商务印书馆同仁日记丛书

叶圣陶日记

上

叶圣陶 著

商务印书馆
The Commercial Press

图书在版编目（CIP）数据

叶圣陶日记／叶圣陶著；叶至善整理. —北京：
商务印书馆，2017
（商务印书馆同仁日记丛书）
ISBN　978－7－100－14971－6

Ⅰ.①叶…　Ⅱ.①叶…　②叶…　Ⅲ.①叶圣陶（
1894－1988）—日记　Ⅳ.①K825.46

中国版本图书馆 CIP 数据核字（2017）第 180199 号

叶圣陶日记

叶圣陶　著　叶至善　整理

商 务 印 书 馆 出 版
（北京王府井大街36号　邮政编码100710）
商 务 印 书 馆 发 行
苏州市越洋印刷有限公司印刷
ISBN 978－7－100－14971－6

2018 年 6 月第 1 版　　　　开本 710×1000　1/16
2018 年 6 月北京第 1 次印刷　　印张 115.5
定价：468.00 元（全三册）

商务印书馆同仁日记丛书
出 版 说 明

在我国近百余年的思想文化和学术史上,作为中国近代以来影响最大的出版机构,商务印书馆与北京大学并称中国 20 世纪学术文化的双子星,南北并峙,相互辉映。这一切均肇端于张元济。端赖张元济进入商务印书馆,大批文人学者纷至沓来,先后加盟商务印书馆,如蔡元培、高梦旦、孟森、蒋维乔、叶圣陶、沈雁冰、郑振铎、胡愈之……旋使商务印书馆在西学名著的译介、教科书的编撰、杂志的创办、文献的整理出版等诸多方面取得举世瞩目的成就。至抗日战争全面爆发前夕,商务印书馆已发展成为世界一流的大型文化出版企业,成为我国艰难岁月里的一道亮丽的文化风景,在我国近代文化启蒙事业上,厥功甚伟。

这些文人学者是那个时代精英文化的代表,他们以自己对中国和世界的理解来规划和经营商务印书馆,使她的出版物不断提升和影响着大众文化,反过来又促进精英文化的进一步升华,这在很大程度上塑造了那个时代中国读书人的思维方式、精神面貌和文化素养,同时也在一定程度上影响了中国的未来。从某种意义上说,商务印书馆的文化精神就是现代中国的文化精神。

他们中的不少人留下了卷帙不一的日记,这些日记是对那个时代独特的记录,是反映那个时代的第一手材料。对这些日记的解读,有助于加深对商务印书馆的了解,同时有助于进一步全面理解那个时代的精神文化。鉴于是,我们策划了《商务印书馆同仁日记丛书》,不论是工作日记、生活日记,抑或是对历时较长事件的专门记录,只要是日记体形式,都是收入本丛书的对象。我们组织人员将这些日记整理、编辑、排印出版,以飨读者。

由于编辑水平有限,丛书中难免会有一些不足甚至失误之处,希望同行和读者提出宝贵意见。

商务印书馆编辑部

2017 年 10 月

目　　录

圣陶日记

缘 起

　　我之生也，以甲午九月三十，以迄昨日，十六周岁矣，而今日乃为十七岁之第一日。日来于百事之动静变迁，以及师长之朝训夕诲，每清晨卧思，若有所会，而未足云心得也；及下床一有他事，则强半忘之，虽于肠角搜索，亦难得矣。因思古来贤哲皆有日记，所以记每日所作所思所得种种。我于是亦效之而作日记，而非敢以贤哲自比也。以今日为十七岁之第一日，故即以今日始。且我过失孔多，已而察之，志之日记；已而不察，人或告之，亦志之日记：则庶以求不贰过也。

庚戌十月初一日未记日记前志

1910 年 11 月 2 日作

开头第一个月

庚戌年(公元一九一〇年)

十月(自公元十一月二日始·全录)

是日天未明即起身,盖昨日为苏城各学堂联合运动会之第一日,而今为第二日也。理发毕到校,早餐毕,列队往会场(王废基)。高柳微飘,白云布空,不寒不暖,诚好天气也。昨日之比赛吾校最胜,他校遂有不甘心者,于是布发传单,云吾校违运动律,而又于临时新闻申明前之传单为妄言,卒又不肯赛他种运动。噫,吾吴学校程度则若此!迫散会已傍晚。

乡人有馈蟹者。因侍严君饮焉,就寝时已十句钟矣。

十月初二日

天气晴和。晨起大晚,盖以观会两日,身体疲困也。走往陆氏,访忆曾、维岩诸兄闲谈。午际归家午膳,复往陆氏少坐。至观前,遇伯祥与李袖梅,遂共往雅聚,茶既,复三人小酌,归已日没。

以昨有余蟹,因侍家君饮焉。(是日校中以运动后休息,故不上课。)

伯南先生夜间来闲谈。彼说懒于酬应,心虽非傲人,终觉冷待于人,大是开罪于人处;说我亦深有此病,以后当戒之。又于无意中谈及今之人皆精明。彼说精明人最是不精明,此语殊深于阅历。

十月初三日

天光朗晴,起亦不早。校中以休息故停课。偶翻《芥子园·梅谱》,学涂十数纸。学之已匝月,未能有分寸之得,其质愚软?

午后至陆氏少坐,走往雅聚,遇校中诸同学,遂共往校中。见有监督条告,云明日续休息一日;且闻十三起将举行临时考试。少停,即归家。

十月初四日

天亦晴和。晨温西洋史数页,继复临郑道昭帖一百字。饭后重镌所用(圣陶)小印。夜则为人书棺材户头之字,约篆数十字。字于乱涂时似乎可观,及正当写时,终不见好,盖胸中有唯恐不好之心,遂致反拘于笔端,心理然也。必多书而神定,庶能无此弊也。

十月初五日

天气晴佳。晨阅朱竹垞词,继读胡介生先生诗。饭后走陆氏闲话,傍晚同维岩、觉先二兄往观前老义和茶店听稗。返家已掌灯时矣。

十月初六日

朔风怒号,木叶脱树,白云漫漫,酿寒天气也。早晨到校尚未上课。前停课几旬日,今日上课大有年假暑假开学时景象,百无精神。

近日明诏颁下,开国会期缩至宣统五年。吾吴各学校拟于十一、十二、十三夜开提灯会志庆。届时万条火龙,倾城士女欢歌高唱,洵盛举也。各同学咸引领望矣。

十月初七日

晨则微雨,向午则时晴时阴。到校时刚及上课。下午散课时,封百、伯祥邀余共往可园谒伯南先生。封百出纸请伯南先生挥笔作篆。书毕闲谈,先生言为学问只须"史汉":表志自是最要,盖以典章经制,治道大端;如以为闷,则列传能细心玩索亦佳,学术文章悉具也。余外则目录之学亦宜讲究,始能知学术派别。至于书法,最要熟六书,六书既熟,篆则不待言矣,隶楷草亦能因而知消变之法,自可有进。既授余存古学堂词章科分教孙德谦所撰《诸子通考》一册。及归,至家已掌灯矣。

十月初八日

急风有呼啸声,天阴而寒骤酷。衣重棉到校,手犹冷如冰,鼻为之赤。同学中有瞩余入校中体育会者,因亦题名焉。提灯会闻已改期,准于十三四五举行。

散课归家后,见家慈为余制夹裤方就。余嫌其裆大,遂致不悦之色与不悦之言并发于尊长前。如此放肆,实属荒谬。尝记九月间,我夸观前某卖牛肉者之肉佳于家君前,因命购少许归以下酒。是日我买得后不即归,反与友人饮。及归,家君酒已饮罢矣,家君怒之。此等事其过非小,志之以便改之。

及天黑,侍家君饮后,伯南先生来谈有顷而去。

十月初九日

天光明晴而风则仍咆哮作威,寒亦不减。到校恰及上课,诸人聚一室中自觉温暖,而散课下堂则益形其寒矣。课毕后即归家。

诸子百家,学说各异,当就其时代而观其是非,不可以为异端而抹杀之。伯南先生曾讲及荀子之言性恶,盖以当时人心未必皆善,归之于恶,使人人循此礼法以致于善也。则荀子何可非也。介生先生亦曾讲及庄子之达观万物,与造物游,盖以当世之人但知富贵卿相,于是发为著作,以为彼之所慕我方弃之,亦使人得稍自知过,是亦救世之苦心。则庄子又何可非也。《汉书·艺文志》列荀子儒家,列庄子道家,俱深知其源,要皆不违乎道;而世人多讥二子者,浅矣。

十月初十日

天亦晴好,狂风骤息,温暖胜昨。早晨到校才及上课。

午后作文题为《志乎古必遗乎今说》。又上经学课,仰苏先生授《周礼》,讲地官:地方行政官之乡大夫一职,与今之地方自治相同;而地方自治每举一事,先议事局议定,及呈之监督(地方官),俟其允准然后施行。古则乡大夫受教法于司徒,退而颁之于下。两者似有不同,实则亦同。盖以古之官长皆克称其任,所行教法自是允当,故无待公议;今则资格完全者寡,故必先议而后呈准也。课毕即返家。

十月十一日

晴暖。早晨到校已经上课。下午课毕时偕诸同学往元都观,见三清殿前高起牌坊,上书"立宪万岁"四大字,红绿彩绸围其四周,电灯之线已通之其旁,唯灯尚未装;路旁则有绳经满,将以悬灯也:盖后日提灯会之预备也。男女老幼咸结伴一观,相互谈论,拥挤不堪,届期之盛可知之预矣。少立即归。

十月十二日

亦晴而暖。晨起较晏,走向陆氏,只维岩念劬在,坐二小时,阅报数纸而归。

饭后往观前,未遇一友人;购笔一支归授多妹,令习字。向晚独酌一盏,看《牡丹亭》数出。今日父亲以租务忙,须几日后一归家。

十月十三日

天暖而阴。早晨到校尚未上课。十时至十二时考西洋史,题虽甚易而余则仅知其半。

下午课毕后归家少坐,仍归校。五句半钟晚膳,六句钟提灯列队出校。灯系红色,上书"公立中学庆祝国会"八字。走至观前已拥挤不堪,及进观,历一小时之久始得抵露台,吹军乐,行军礼,更欢呼"国会万岁""国民万岁""公中万岁"三声,遂往真人殿休息。观内之喧哗,灯色之不一,令人耳聩目眩。憩有顷,即列队归校,尚先于各学校。及步月归家,已九句钟矣。

十月十四日

天阴而风狂。早起太晚,到校已在上课。第三时考物理,余仅答其小半,诸同学中亦罕有全答者。科学既深,而不肯潜心玩索,致此窘急,以后当加功用心。第四五时考几何,共三题:首题准大半;次题谅准;三题则本准,以不知其末式若何,反抹去,以为是误。准而反以为误,知其首而不知其末,总以学理未澈,故致模糊也。毕课后即归家。

十月十五日

阴而寒。早晨到校尚未上课。第三时考东洋史,第四时考英文文法,第五时考化学。课毕后一句钟即在校中晚膳。五句半钟,仍提灯列队出校,一如十三日,唯天甚冷,竟股栗。归家已九句钟矣。

十月十六日

天晴而寒甚。到校后,第一二时考代数,仅一题,明日再考一题。第三时考英文读本。第四至第六时考国文,题为《地方自治宜组织医院说》。"夫我国现日之医生,皆就傅不多年遽悬壶思售者。所谓名医则过高身价,或昂其值。人命在呼吸,彼则昏夜方至,生意多时则日数十家,其能细心研究病理乎,必敷衍开方而已。至贫者而病,则不敢请名医,仅得就所设之施药局等诊治,而局中之医生固非所谓名医也。且人家房屋,于养病终不宜,如病传染症,则在家养病反将由一家而传及一乡。因此种种,则医院宜设矣。医院中之医生,果必择善而请矣。凡有病者皆得入院诊治,则贫病可无忧矣。医生终日在院,则无抱病待医之弊矣。既称医院,其房室必组织至甚完善,则于养病者无不宜矣,且传染之症亦可由医院而阻其传染。医院之益大矣。我城地方自治会已设,而此紧要事件尚未及提议。实则死生,人生大故也,强身,万事之本也。人众而强,然后农工商以兴,则医院可缓乎哉? 施药局等实可不立,以此善举移之彼可矣。余意以为如此。"做毕后即返家。

十月十八日

晴。早晨到校,闻同学王君声准于昨日晚病故天赐庄医院中,家在海门,昨日方去传病信。举目无亲,客死他方,可惨也! 家属来而见之,悲又将如何! 监督命停课一日,以志哀。遂走陆氏闲谈,至午后二句钟归家,午膳后亦未出外,至九句钟寝。

十月十九日

晴而暖。晨走向校中,诸同学皆出外。思往沧浪亭谒伯南师,途遇之,以彼有事,即相别去。复途遇蒋企巩等,遂共往观前,继续往陆氏少坐。

归家后,拟挽王君对联,已就。适顾颉刚、陶岷原来,邀余同访彭葭怀。遂共出娄门,见之于所就馆中。学徒仅两三人在,彼即解馆,邀往官渎桥塽茶坊啜茗。两面临河,颇为舒敞,来坐者皆田间野老,朴实古风存,较城中之大茶居反觉其间闲适。坐两小时许,葭怀归家,我三人亦各归。

十月二十日

亦晴暖。到校后,第一时考代数第二题。饭后停课,为预备往送王君入殓。至三句钟,列队至天赐庄,业已盖棺,各向之行军礼。傍唯其两从兄在。一棺茕茕,深觉凄惨,竟有堕泪者。礼毕仍列队归校。

归家后,走往观前购挽联一副归,篆昨所撰句于上已,备明日可送。及天黑,侍家大人小饮,九句半钟就寝。

十月二十一日

天阴而有雨意。起较早,到校时距上课尚半小时。饭后仍停课,一句钟时,荷枪列队,出校至天赐庄,送王君枢出葑门下船,行礼而归。及至校,蒋企巩嘱撰挽王君联,并书,因即于校中篆所撰句应之,而后归家。

十月二十二日

天晴。到校尚未上课。第二时考体操。午后课毕时以诸同学有托余购挽对者,遂往观前买得,返校中,然后归家。

用器画临时考试之图,须于下星期二交出,故向封百借得图样一纸,从归家至卧,涂去三纸,无一画成者,盖器之劣亦手之生也。

十月二十三日

晴暖。到校后第一时,介生先生上国文课讲欧阳永叔《李氏东园亭记》。篇中言幼时游此园之景象,与此时之景象变而大不同,叹年光之倏忽,踪迹之无常。余因而忆及六七岁时,陆氏住悬桥巷,余与其诸昆季同学宅中,有报春草堂及某亭某轩,庭中梅树数十株,杏李等亦多,解馆及课余时,相与嬉戏其中。今则宅为其族中卖去,彼家遂迁至萧家巷,且此宅亦屡易姓矣。不定人事,思之心呆。

课毕归家后,为袁振声篆挽王子联,十句钟就寝。

十月二十四日

亦晴。到校后即上课。午后第四五时作文,题为《拟阮嗣宗咏怀诗》。余曾有《咏怀》五首,即以其中两首稍改而再作一首,共三首交卷。

课毕后,同封百、伯祥、颉刚往雅聚啜茗。有笔客至,以七十五文购长锋羊毫一支,更定二支,令刻"泥醉涂鸦"四字。及夜方归,又重画前之图,又坏几纸。今已画就半张,明日不知可否完功也。

十月二十五日

晴。早晨到校尚未上课。午后课毕时,观乔笙亚书祭王登南文,系余两日前作而仰苏先生稍为之改窜者也。至天黑方书毕,娟秀可爱。于时,杨彦英亦书挽联,挺拔可喜。同学中书法人人可观,若余之涂鸦,愧惭极矣。

归家即食晚膳。今日以未借得圆规故,昨日之图未能续成。

十月二十六日

晨晴。虽系休沐日,以在家无聊,仍走校中。见诸同学在礼堂遍挂挽联祭文祭帐挽诗等,盖以下午为王登南开追悼会也。因即于校中午餐。迨一句钟,始开会。全校职员学生皆在座,来宾亦且二三十人。始则向王君设位前行礼,继则读挽祭诗文,继则职员学生来宾演说。散会已四句钟,则天正微雨狂风,亦若有所悲者。复与诸同学闲谈,及归已夜。

家大人归,携石一方,云系吴葆初托刻名字之章。因即奏刀,刻就始卧。

十月二十七日

阴以终日。早晨到校已是迟到。午后以东吴大学开运动会,诸同学欲往观者大半,故停课半天。余则未往,与颉刚、笙亚、琯生在校中作掷铁球之戏。余复戏猱升凉棚竹端,五年前旧技尚未忘却。于地上拾得绳一,笙亚即作跳绳戏,余亦效之,盖皆系在公高时所玩弄也。少时,各自归家。

余复画前日之图,至晚始成,亦已污迹无数,然只此塞责矣。盖以余性躁,与此小近也。

十月二十八日

竟日密雨。西风不起,燠暖而令人不适,故骨节间觉酸痛,然以余之年,不应如老年人之多病,乃竟如此,心窃自伤焉。早晨到校刚及上课,至午后,头觉晕胀。课毕归家后,阅曝书亭词。以头晕故,取鲜鲫鱼羹独酌一杯,饮毕似稍舒,卧则较他日稍早。

十月二十九日

终日细雨。昨夜半起西风,今晨到校,咽风冒雨而行,及至校已在上课。课毕归家后,为叶怀兰镌小印,不甚惬意,当重刻付之。夜则习几何题,继复以昨夜夜半口占五律一首存之草中。十句钟而卧。

十月三十日

细雨紧风。到校刚上课。下午课毕即归家。寒渐渐而严,竟落雪珠。因小饮一盏,兴发,弄箫几曲。至夜,偶翻小仓山房诗,遂作《到校》五古一首,录之草中而卧。

辛亥革命那一年

辛亥年（公元一九一一年）

正月（自公元一月三十日始·选录三日）

正月二十二日

晴。晨起已十句钟。洗餐毕，阅《茶磨山人诗》。饭毕时即至云露阁，则见昨日同座之诸人皆在，而多一李映娄。因下坐，阅报几种。茶罢，至观里散步少时而归，则已晚矣。夜侍大人饮，饮毕续吟《杂感》一首。

连日阅报，喜读励人志气之小段。每读毕，则敬之爱之，羡慕之，欲行之，而心中作不可名状之想。

正月二十九日

晴。晨起洗膳毕，即裹书到校，还未上课。午后第六时，胡先生讲文学源流，亦系今年所增之课程。课毕后，张书玉欲至观前，邀余同行。遂由观前归家，将今年所作《杂感》三首录之稿中。上火后，读英文读本两遍。晚膳后，作七律一首，曰《相公》，亦存稿中。

去年以腹泻，曾服资生丸一个月，以至今年，仍未见效。故今日再买资生丸，即从明日服起。

胡先生言："英雄有多种：有逍遥尘网之外，不肯一进樊笼者。有愿进牢笼，以得一舒其志，作枉尺直寻之想者。"然一则心虽高蹈，终属无补；一则稍负瑕疵，其实有益于世。推而进之，则不受笼络，未尝不可施为。竖起脊梁，振作血性，转移也，改革也，何事不可为，只在我耳。此则非所谓大英雄乎。

正月三十日

晴。晨到校时距上课尚半句钟。午后第四时体操，则至王废基操中队教练。操场之西有马厩,声声马嘶,场右营中,呜呜战角,在其中荷枪驰逐,殊有沙场慷慨之概,不禁神往焉。

课毕后,同张令时、张子明至观前游散少时而归。有人托令时作答人诗者,盖义姊妹互相唱和也。令时转托余,余遂援笔成之,然全是敷衍,不存稿也。明日即以予之,聊以塞责耳。

二月(自公元三月一日始·选录九日)

二月初二日

晴。到校与昨日同。午后第四、五时作文,题为《论读史须有高出众人之胸臆》。余做了五百余字,交卷时已逾两句钟之限。

笙亚、令时、映娄、怀兰及余共五人,于昨日合资看《民立报》一份,令送报者按日送至校中。昨日之报以脱班未至,而今日始至。故课毕后即阅报,阅毕乃归家。

报纸翻来满纸不如意事。日、俄于东北,英于西南,皆有跃跃欲动之势。留日学生则有公电致各省咨议局,使提倡国民军。盖以外来之兵日见增加,而政府势有所不及顾与夫。顾不全者,故民苟欲存吾民族者,必自出死力以争之。而民之昏昏者又以为无害,视荷戈则以为下贱,奈何奈何!然今日亦有一差强人意之事见于报纸。则沪上商人或愿牺牲生命,或愿牺牲财产,以供之戎行,为各地商人之先导也。

二月初七日

晨阴。到校尚早。饭后见监学条告:明日丁祭放假,今日下午亦停课,以便往学中观演祭仪式。于是同笙亚、怀兰、岷原、藩室至府学,则尚未演过而人颇拥挤。故亦无心再等,乃至植园,思得一畅游,而走至门前,则见有告白,唯今日停止参观,可恶之至。只得怏怏归校。途中又遇雨,及至校中,衣已尽湿。

思欲看所订之《民立报》,则昨日报馆被火,停止出版,只得看他种报以待雨之停。

二月初九日

阴雨不绝,间落雪珠,寒亦甚烈。到校尚早,午后第四、五时作文,题为《记校中新植二梅》，余仅做百余字。课毕后，诸教员同学在饭堂开谈话会，商议校友会事，大众议决章程。及各条通过而散会，已近六句钟。归家后温英文文法，三角亦看过一遍。

今日《民立报》已出版，但仅一张而为石印者。另附"民立"被火纪念图一张，中画被火状况，殊令人惊骇。偌大一个报馆，竟一炬无遗，再欲发达至如此，难矣。诸报中"民立"为有气，今被火，岂天亦欲斯民之无气耶？嗟嗟。

二月初十日

朝晨醒来，雪飘如棉。及洗餐毕，裹书到校，雪已停止。课毕时阅报，阅毕乃归。将今日所授之英文读本读了几遍，更侍大人饮焉。

阅报见有京电与江督，令其禁止各报馆载中英、中俄交涉事；又有电与留日公使，令其禁止留学生集会议国事及提倡国民军事。呜呼，堪叹夫。如吾等者，居此似乎稍安之地，边虞之危难实不得知，全赖有报纸为之探听，为之警醒，使吾人得有以为之备，有以为之挽回。今乃若此，奈何奈何。彼之意必且以为边虞我之边虞，何关尔等事。哭！哭！！政府靠不住矣。留东学生热衷而奔走民事，宜赞助之，今乃非唯不赞助而禁止之。夫禁止出于他国人之口，可也，乃出之于己乎？是真不以此国为国，而竟视若敝屣矣。哭！哭！！

二月十五日

晨阴。今日以校中五载纪念，故停课。到校时，见礼堂满悬线圈与万国旗，墙上遍挂历史画。诸同学咸欣然有喜色，盖将开纪念会也。

至九句半钟，鸣钟开会。先由监督述开会词。继由程先生述开办时情形。其次为前任监督蒋韶九先生演说，意分三层：一则谓为诸学生个人之将来，一则谓公立中学之将来，一则谓中国之将来。说到末层，语更恳切，同学中竟有堕泪者。蒋先生说毕，胡先生登台，即续蒋先生之意，语亦激烈。谓人有中蝮蛇之毒而割其臂者，我国现在此时此地，亦正当割臂之是务，须坚忍，须耐劳，即至万不得已，我江苏省亦可自成一独立之国，断不可坐而待毙。说完，拍手之声震动玻璃之窗。继为前任唱歌教员华倩叔演说，继为监督演说，又继之为蒋韶九先生得监督之许可，与我诸同学商议不用洋货之事。先生说："此日大局已九分不可为，热中之士徒曰爱国爱国,而问其所以爱国之法,则漠然。呜呼,国之所恃者唯财。近日洋货畅销,土货滞积,数年以后,必致人人饿死,即有田万顷资巨万,宁能独活。我今请以爱本国之货表其爱国之忱。此虽非上策,而有什一之实益。至于国民军云云者,不过不可无此想而不可有此事者也。如如我等者,皆荷一枪挂一刀而赴敌,中国尚可成为中国乎?故宜以爱土货为善。爱土货,不可不用土货而拒洋货。则我今立一社,愿不用洋货者署名焉。亦无罚辱之条,亦无稽察之员,以心问心不愧而止。诸君其赞成乎?"众皆鼓掌示欢迎,乃散会。即在校中午膳。

今晨将《圣陶诗甲集》带出,饭后交与伯祥,请其推敲。待其阅毕,再请封百。

二月十七日

微雨。晨到校时尚未上课。下午课毕时阅报,阅毕乃归。夜抄《经学外抄》,继看《英文汉诂》四页,继读渊明、放翁诗。

报纸屡载有俄国将与我宣明交战之电,滇省英兵又步步进来,我国虽有兵,而枪弹统计只可足一句钟之用,奈何! 政府只知和平了结,不知彼之如此正以太和平之故。如云不战亦亡,战而败亦亡,则宁作背城之一战,以冀其胜也。况我辈数千年神明裔胄,岂一旦而遽灭迹乎? 我同胞中必有所谓英雄在焉。

二月廿一日

雨。晨到校时已将上课。午后课毕时,阅报少时乃归家,读英读本。夜间看《英文汉诂》五页。

《民立报》已于昨日起照旧样出报,另增画一张。卷土重来,煞是可喜。

二月廿三日

阴。到校时尚早。午后第四、五课作文,题为《隋侯修政楚不敢伐论》。课毕后即归家,夜间习三角,直至卧。

二月廿八日

晴。到校亦早。第一课三角,董先生命各自习题。余至下课时已头胀,不料精神如此,亦堪叹也。至下午上课则昏昏欲睡,骤暖春气,最易困人,定当挺起脊梁，不使睡魔扰我也。

课毕后阅报纸，旋即归家。夜间预备明日之英文读本。出月初一起即举行临时考试。

胡先生说："春秋时最耻城下之盟，即兵临城下，必抵死以守，可想见当时民气之为如何矣！"今之民气不知何往矣？何外患日逼而优游嬉戏者之纷纷也。呜呼，其或积习由渐而致然欤耶，抑君主以天下为私产而致然欤？虽然，而今而后，君主虽以天下为私产，我却不得不认之为全国人之公产。既为全国人之公产，我有一份在焉；既有一份，能不起而保守之。且非特此也，苟其不能保守，丧产之外，尚且灭我种绝我子孙，则心虽有情意者，能不亦惊心勉奋，起而保守之。起乎，起乎，中国人其起乎！四万万民气，足哈倒全世界也。

三月（自公元三月三十日始·选录三日）

三月初三日

阴。早晨到校亦不晚。第二时考法制，第三时考经济，合计有八百余字，而成之于两小时之中，我辈笔性不可谓迟矣。第四时考经学，余亦做三百余字。第五、六时考英文读本。考毕后，阅报有顷而归家。

考了一日，故闷甚，遂至观前。然街头独步亦无味，遂即归焉。及夜，饮酒一壶，看《桃花扇》数出。

见报纸载，内廷连日演剧。且所造舞台，费几巨万。际此民穷国穷之时，乃销金钱于最不应用之地，直将歌舞送河山，可杀。

三月初九日

阴。晨起大晚。洗餐后，至笙亚处，邀其同至校。中午膳饭后，同笙亚、岷原至观前，继至沧浪亭高等学堂访张友洛（祖渠），请其导我侪遍游各处，阅一小时而出。思至师范学堂而乏东道主，遂作罢而归校。

阅报纸，见各国在法京已密议妥实行瓜分中国。诸同学皆有不豫之色，相与促膝聚谈，论以后之究竟，都一语三叹也。金轶韦面尤不乐，屡发长叹而唤奈何，有心人也。归家心中不快甚，乃作五律两首，曰《感愤》。

余以为让人分,不如我中国人自分,十八行省十八小国也,更举一总统以统各小国,则中国成合众国矣。夫今日之百事无成者,政府之腐败也。今虽有责任内阁、预备立宪等云云,要皆画虎不成类狗者也。今我民为之主,则国之强与灭,我民之休戚系焉,举一事,行一政,肯草草乎?且外人所惧者,唯我民。今危急存亡之关头,而仍令今日之政府出与对待,适足以送却中国,故不得不构民立之政府与之对待。苟有侵占,我中国民唯有死力以拼之,则必可挽回。若弗自为改革,则荒谬之政府依然,便立宪,便责任内阁,外人即不瓜分我乎?至于不用外货等,虽亦有所补救,而其实末之末也。中国民,中国民,存亡关头,非改革不可。虽然,民识未高,亦可哭。

三月二十一日

晴。晨起大晚,洗餐毕,走往校中,盖今日明日以预备旅行故,皆停课。至自习室,见怀兰为人画扇。余虽不知画,而入目甚适意,以此,必其画之得升堂入室矣。饭后同怀兰至观前,既而遇颉刚而别怀兰,同其访伯祥,不值,遂至植园薄游。只桃花多种盛开,他花悉无之见。新搭藤棚围廊,他日枝繁叶盛,夏雨初过,夕照将收,于此徘徊小立,亦足大涤暑气。既于竹所之石栏少坐,乃迟迟归校。

沪上艺员演国民爱国新剧,以其资助商团经费。据报纸云,演此剧之日,看客颇为拥挤。各艺员妙舌生花,情节动人,满座士女均倾囊慨助。此等艺员价值较常人万万倍,义侠举动而菩萨心肠也。

四月(自公元四月廿九日始·选录四日)

四月初三日

阴。晨到校已将及上课。第一、六课国文以胡先生归,故未上。课毕后,至观前购今年第三期《小说月报》一册。途遇伯祥及其弟,偕行匆匆,小谈即别。归家后看《小说月报》,夜间看三角习题,做不出,大闷。

上月廿九日,广州督署突来革命党多人,或掷炸弹,或放手枪,半署被焚,总督张鸣岐匿避。旋致兵、党巷战,互有死伤。党人不幸,竟有被获者。今日见报上已杀去数十人矣。城门关闭者屡,而民间却安静如常,无所损失。至今日,所至党人捕杀几尽绝,嗟嗟。

今日报上有论此事者,其文不记忆,仅记其中数语之意云:"革党者,不良政治下之产儿也。以捕杀党人为今日之务,则天下之人何往而不党人。于政治上留心经营,改换方针,于生民上注意生计,于外交上无丧国体,则党人庶可归于无有。"此言确且切,然今之政府岂其人欤? 政府非其人,而外患之来,朝不待夕,所以尔尔,也应当。

四月初六日

阴。晨到校尚早。午后第五、六时作文,题为《归自武林与友人书》。课毕后阅报,旋即归家。续作旅行记,又写了五六百字,手仍酸,乃即弃置。

见昨日报纸载,广州获一女子,仅十七岁,身怀炸弹,亦系革党,想总不免于死矣。然大菩萨也,大英雄也。事成不成未可知,总是区区一点诚,此女子之谓也。

据报纸言,革党四起于两广,而粤督奏则云已平静,未知孰是。

四月十九日

晴。晨到校即换操衣上操。今日操野战。先遣十余人为三队,至盘门南园而伏。其余则为侦探队,余亦在其中,沿路屡遣侦探出逻,以觇先遣之十余人,即视以为敌军者。既至南园,则三队皆侦见,合力逐之,夺其帽则为已死。我一队中获胜焉。既而复遣十余人,令于归途一路埋伏。时适余出侦,至王废基见之于丛桑中,欲还报告已不及,帽为所夺矣。归校中则已过十句钟。

饭后休息时习画小树,居然近情矣。及课毕后,阅报。复同子明、令时至王废基,则适见戮人,闻系劫大石头巷朱姓之盗。归家,作旅行记,至卧时共作六百字。

四月廿五日

晴。到校至早。午后第五时体操,至王废基操野战。二十余人为大队,作夜卧于小桥畔;派步哨五队,每队七人,往各处要路紧守,不令敌人乘隙劫营;又令十人分为三队,作敌人来劫营者。既而步哨不留心,竟为章君畴等四人劫入,于是大队大败。此种操于王废基一带极相宜,将来自有用处。

五月（自公元五月廿八日始·选录六日）

五月初九日

雨。到校甚早。第二时体操，魏先生教口令，亦是有用。第六时，胡先生未来，袁先生代课讲法制，讲人民与臣民之分云："臣民者，服从人之民，而人民之权利有不能尽享者也。吾人三百年来，代代做臣民，故亦习惯而不以为怪，然大有弊在。苟一旦人瓜分我，而心中生一同一为臣民之心，则完矣。必心中有一必为人民之心，苟有不令我为人民者，我仇之，我杀之；我人苟有一人在，则必不令人臣民我，如是方无负为人之天职也。"此段余以为精论，故志之。

五月十五日

晴。晨起身后，读《唐伯虎集》，盖昨日向同学中借得也。既而至校中，旋散步王废基。饭后同中新、彦英至盘门，看上海南洋公学打靶，彼固星期日必来也。问何以不即在上海打，则云租界中不许打。殊大可恨，亦大可耻。看少时归校中，同笙亚料理《课余丽泽》事，因即晚膳。复同笙亚至观前购《少年杂志》一册而归，夜即看之。

五月十七日

晨阴。到校亦早。午后即雨。第五时体操，诸人皆欲于雨中演习战攻，魏先生允之。遂先至钟楼头，令五六人为敌人而已破城而入者，其余则皆为拒之者。继则复云敌人在北局一带，乃出决死队拒之而与巷战，每队五六人，队队所行之路不同。是时雨甚大，衣尽湿，及至北局，获敌二人，旋即归校。

五月廿一日

晴。晨到校亦早，算学、英文、历史，皆以停止故不上。两句钟同颉刚、岷原出。颉刚邀我侪至其家，乃随之往，坐一句钟许，更少游观前而归。夜抄《民立报》中英伦通信《英国工党与社会党之关系》。此篇甚长，分几日登。今日仅抄其一日也。

五月廿二日

阴。晨起甚早，续抄昨日之所抄者，复仅抄其一日。饭后，抄《南社》第一集中诗文词,然亦只择其合余意者也。夜间少温历史,更侍大人饮。

五月廿九日

阴。晨起即抄《民立报》社论栏中之《健儿篇》,至吃饭抄其大半。饭后走至观前,思买《东方杂志》而尚未至。

六月(自公元六月廿六日始·选录五日)

六月初六日

阴晴不定。晨起后阅"东方",旋至校中。陆慰萱以余为一年生时之学生考试之汉文卷、经学卷授余重誊。盖其中有所谓触犯忌讳之语,而年终毕业时难以呈之提学司也。噫,初则既出之笔,终则枉初意而改之,言论亦不得自由,实在可恶。然余既受之,而允之重誊,则余之丑态矣。念及此,颇怏怏。适藩室在读嵇叔夜《养生论》,亦从而和之,则又心平气和矣。

晚膳后再至王废基,盖此地实为我校诸同学之游息所也。时适营中点名,军号吹《哀达来》,此谱为最雄壮而又优美者,鼓声和其节奏,实无异听仙乐矣。归家已燃灯时,略看"东方"。

六月十九日

晴。晨起走访伯南先生于可园,不值,乃径归。太阳酷烈,长短两衫湿透矣,急脱去,汗犹未已。昨夜在床上思作《西湖游后缺憾诗》。西泠秋女士墓、岳墓向南朝树,皆未及见也,因各得七绝两首,今日即书之稿中。既而复为颉刚誊其游记,写四页;乃誊半兰诗,写一页,则大人持《民立报》归。乃即阅报,其时已傍晚矣。夜间看《英文汉诂》。

六月廿二日

阴。晨作《西湖游后缺憾诗》一首,系未得见雨湖之意,亦誊之稿中。乃抄《英国工党与社会党之关系》,至饭时共写八页,则此篇抄完。饭后抄半兰诗页半,读文法两页。

六月廿四日

晴。晨起身后,抄半兰诗三页。饭后,温英文文法,较昔日似觉能明白矣。

三句钟时就床小卧,因而睡去,醒来已六句钟。

大人归,持《民立报》授我,乃细细阅之。其杂录栏中有《亡国奴传奇》之登载,为波兰之故事,想其中必有趣味,因于夜间抄之,而以后则每日抄其每日所载出者。

六月廿五日

晴。晨起为蒋棣荪兄仲璋刻"一片冰心"小印,至饭时始刻好,不甚惬意也。饭后看屈翁山诗,亡国之音,凄惨弥甚,可叹也。晚间阅报,至夜则作《西湖游后缺憾诗》一首,即录之稿中,盖系记未得睹月湖之憾。

闰六月(自公元七月廿六日始·选录五日)

闰六月初九日

晴。晨起出箱中书陈庭中曝之。更抄《亡国奴传奇》两页。午后走至校中与诸人闲谈。四句钟归,收好所曝之书,乃读太白乐府数首。夜间温习英文文法三页。

闰六月初十日

晴。晨起温文法三页,往复共读三遍。既而伯南先生来,谈有顷而去。乃读读本及太白乐府。饭后皮榻小睡,醒来则大人归,乃阅报纸。

夜间以读太白《忆秦娥》词,觉音节有说不出之好处,乃亦学填一阕,题则《西泠过秋墓故墟》也。即以书之稿中。

闰六月十七日

破晓醒来,寒气袭体。窗外烈风怒号,窗破矣,风从其隙入,作呼啸声;雨点敲窗纸则又作淅沥声也。觉如此天光,起亦不快,复睡去。再醒而起已七句钟,较昨更晚矣。乃读文法三页,继观昨所购之英美大家文选,翻字典之时间反多于印书入脑之时间矣,所以识字不多亦大苦事。

饭后读《张苍水集》,感成一律,即书之稿中。更阅叶天寥先生自撰年谱。盖亦假自颉刚者也。亡国孤臣之书,几字字令人滴泪,对此风声雨声,益凄绝余怀也。

今日之风雨,亦天气失常事也。立秋才三日,岂有秋来如是之骤者。庭前凤仙美人蕉及其他杂草,均为风雨力所压倒;屋后玉蜀黍两株连根拔起矣。然此皆无足道也,田中之禾不知将若何矣。今年水大,低田已属无望,今又昨一夜而今一日之雨,绝不少停,秋收之希望,岂真必令家家仰屋而啼耶。

闰六月廿四日

晴。秋凉渐至,晨起乃不能早,今日起已六句多钟矣。为颉刚誊游记至十一句钟,仅得二页半。饭后读《张苍水集》,继读钱蒙叟《投笔集》,乃知此老正非可厚非也。

夜作杨笃生挽诗两律。杨君者,大文豪而为留学生也。忧世愤世,遂投海以死。余故不知杨君,然悲之惜之,于是乎挽之。两诗即录诸稿中。

闰六月廿五日

阴。晨抄颉刚游记一页。既而,颉刚偕怀兰来,怀兰复转身即去。乃出诗稿与颉刚观。语次说及伯祥,久未见彼,盍同往访之。乃即行,叩门而入则在家焉,谈东论西,胸襟甚畅。主人意厚,更具馔留饭,即亦不辞。饭后出其日记示我,论事读书皆有见地,愧未及也。至晚,黑云四垂,意将作雨,乃即归家。

阅《民立报》,其社论栏中有哀杨笃生文,读竟作一长叹。

七月(自公元八月廿四日始·选录十五日)

七月初一日

阴。晨间醒来,披衣遽起而天实未晓,于是复卧,再起乃致大晚。即誊颉刚旅行记两页。饭后,颉刚来,游记脱稿矣,乃尽以授余。既即同至其家,坐两句钟,同至观前明月楼啜茗阅报。既而云密布,意将雨,乃急驰归。及家而雨点下,亦幸矣。夜间阅读颉刚游记。

颉刚云:将来终须创一报馆,乃可以少慰所愿。此言也,亦余之愿也。顾我家则无半亩田一间屋,而颉刚家亦非富,无资本而云然,真所谓空口说白话矣。若欲于我乡我里间而访一资本家,则难乎其难,即恐全国亦难访也。盖资本家之普通心理,常不欲为此种事业也,姑志之,以存余今日之志。

七月初三日

拭眼醒来,雨声依旧。校中开学只得失礼矣。

为颉刚誊旅行记四页。饭后将颉刚之草稿订成两册。余所誊者为正本,而此两本为稿本矣,亦可珍也。

晚间伯南先生来,谓存古学堂已决议停办,而彼则留该堂中管理书籍。然薪俸减薄,入不敷出矣。坐少时即去。

夜间吹箫作《秋夜曲》,盖前年校中所习旧调也,不知不觉自有秋意,且觉深有悲愁者。然秋士悲秋,大都抑郁文人之气质,余素叱为无谓。而今乃亦觉其悲,未知又以何也。

七月初六日

晨起尚早。细风斜雨,踉跄到校,则距上课还早也。第五课体操,因雨移至礼堂,而礼堂屋漏,故旋即散队。校中之房屋虽非上等,而较之普通者则固甚善,今尚且如此,则其他何堪设想。

闻城东一带机户皆已停工,机且溺于水中,而所织物则漏污甚多。苟雨再绵绵不绝,则景象殊危。昨日至今日,米价每升增四文矣。

课毕后即归家,誊颉刚旅行记一页。夜间略看今日所授三角,继读今日所授英文。

七月初七日

开眸隐见晴光,急起视之,西墙果有一角嫩阳也。久雨之后倍觉欣喜,想农家必额手相庆,谓天公不肯绝人也。顾到校才少时,而复云蔽雨洒,余心乃戚然。顷之云散,天空四望一碧,骄阳当令矣。盖作晴亦有势也。

第一课体操,仅温旧习"托枪"及"预备——放"诸动作,弥觉其劳,亦足见余力弱也。

第四时英文,续讲昨日之《Broken Heart》一篇,一经先生讲后,觉无处不耐人寻味,无处不出人意表。余于英文素不甚明晰,而自今春读 Irving 之书之后,于课堂上听讲觉津津有味,于是心响往之,以后当勉自研求,以食其精英也。

午后课毕时即归家。誊颉刚游记一页。夜间读英文至十一句钟。

今日为七夕佳节,不知此夜仙侣鹊桥真渡否也。

七月初八日

到校甚早。

明日为商船学校第二次考期。彦英已于第一次应试,藩室于是念复萌,邀心存同往,匆匆偕去矣,好学之心可敬也。

饭后天甚热,遂即停课。至怀兰卧室中,君出所购 Great Authos 示余。怀兰近时于西国文学大有经验,亦可喜也。四时归家。誊颉刚旅行记一页。夜间读英文。

七月初九日

晴。晨到校亦未晚。至十一句钟,热度已达八十五度,于是第四课起即停止上课。

饭后见诸同学聚谈推广国货事,皆欣然愿为先导,组织学生负贩团,于课暇假日实行之。于是各自签名,得有多人。盖已有数君实行期月矣。余以为此事诚不可谓非善,然行之亦颇非易。家庭间之许可,难必阻碍也;社会上之舆论,难必阻碍也。且负贩向学生为之,则仅仅负贩,不亦有所惭于心乎。推广国货是其名义所在,自为最要;而于其外必求能利用负贩团种种之作用。作用唯何?曰"开导社会"四字是其大纲已。不知具毅力欲实行之诸同学,其能利用此作用否?余心亦极欲于此事中占一席,然自顾吾口不能代表吾心,辩才缺乏,亦不如其已矣。

前日所授英文中尚有未透彻处,垦笙亚指而讲之,顿然明晰。如笙亚者,真友而师矣。

四句钟归家。习三角问题十三问。既而大人归,告以校中有人发起负贩团事。大人亦深善之,谓此事可为也。

夜间誊颉刚旅行记页半。

七月初十日

到校未晚。至十句钟,停课之热度已达,因即停课。与笙亚、怀兰、书玉在自习室闲谈,颇及哲理之语。

饭后三句钟,同笙亚、颉刚至沧浪亭,盖传闻水多上岸故也。至则果然路途尽没水,有半尺之深。是处诸学校中以长凳相连续以通人行。于是亦从凳上行至沧浪亭门口桥上,观东西一带,溶漾可喜。颉刚曰:"沧浪之水宜其广也,苟常如此亦是趣事。而于田间则无然,则大善矣。"旋入沧浪亭,坐亭上。风甚大,披襟当之,殊快也。

夜间录颉刚旅行记两页,则全篇录毕,都四万字,亦大工程矣。明日见彼时可以归之。

七月十二日

阴。晨至校,见藩室、心存已考毕而归。藩室谓试验目力,成绩大不佳,未知能取否也。语殊惜恨。

课毕后,礼堂上开训话会。袁监督述近今之危势,谓"非武实不足以存。夏间走京师,观乎政府之种种丑态,益知此辈更不足恃,所恃者唯如诸君之少年耳。诸君切记宦途不可入,虚荣不可慕。"既复谓校中规则,宜若何振作,若何求进。胡先生继之训词,亦无非勉戒之辞。散会后即归家。

晨间以所誊颉刚之旅行记归颉刚,君观后尚有一页须改,于是即于归后重誊之。夜间读英文,窗外又淅淅雨滴矣。

今年秋收已有一半之绝望,又雨矣,奈何!各处掠米抢薪之举,报纸屡见,常熟有数千人入城抢掠富家,城致闭矣,兵士弹压亦归无用。似此暴动,将来何可设想?然亦非暴动者之罪也。即使毫无暴动之事,无米斯绝食,亦属难事。仓廪空虚,耕三未余其一,奈何奈何!

七月十四日

阴。第六课汉文,讲谢皋羽《西台恸哭记》。亡国之音,读之凄然。

课后在校中阅报。既同书玉、颉刚、轶韦散步至王废基,观小学生踢球有顷。归校,同怀兰读今日所授英文。既而柔术教员来,余仍作旁观,约一时许,乃归家。

颉刚嘱余题其旅行记,夜间即作七律一首,意未尽也,思明日再作。明日以秋祭放假,监督示也。

七月十五日

阴。晨起已八句钟。昨夜思得词数句,因即填成《点绛唇》一阕而录之稿中。

既而怀兰、颉刚来,邀余同至校中。则见笙亚已由沪归,谓第一次试已录取,二十日第二次试,须再往申江也。相与闲谈,即在校中午膳。膳毕,同怀兰散步王废基。漫天阴霾,老树含烟,弥望苍茫,吟螀声出墓侧,尤倍觉可怜生也。仍归校,观同学拍网球,静观之间亦得少佳趣。听笙亚、书玉、轶韦、棣荪诸人谈论,亦娓娓可耳也。晚间归家即读英文,既复继之以灯。

诸同学中之愿负贩国货者,已悉于今日实行,销数颇有可观,第不知社会曾受其开导之益否。更不知社会对于负贩国货之诸同学,其感情其议论又何如也。

七月十六日

阴。晨到校亦不晚。第五时英文课,出作文题曰《治饥荒之策》,下星期一为交卷之限期。

课毕后,闻同学宣传商船案已登报纸:藩室甚前列,彦英备取,四年级中则轶韦、棣荪及顾君家炳、殷君履璈皆取焉,心亦为之喜。既而观诸同学习柔术,有顷而归。夜读英文,更习三角,未能尽作出,闷甚。

七月十八日

阴。晨起较晚。早膳毕,仍至校中。既而往商船诸君皆集,决议明日动身。藩室先归,将以整行装也,送之于校中。饭后,轶韦亦归,偕彦英、圣久送之至观前乃别。余三人则至云露阁啜茗阅报。中新旋来,乃同途归校。

棣荪亦归,蓉初邀子请(晋湜)及余同送之于王废基,兼以散步焉。

归家天亦近黑。夜间读英文。英作文未作,明日势无可以交卷矣。

七月十九日

雨。晨到校已上课之时。第一时,吴先生归家未来,因而未上。

同学中有以江阴水灾捐启募捐者,亦助资一角。自知其力远逊于杯水,然亦填海之微心也。大厦万间蔽我同胞亦其所愿,然力薄亦不敢言矣。

下午课毕后即归家。头部觉腾胀，卧片时，似稍舒。夜间作英文论，至十一句钟，构就仅半篇也。

七月廿四日

晴。晨到校正好。第六时历史课，吴先生出英文题曰《It is never too late to mend》。

课毕后，藩室书来，致我全级诸同学，谓该校中将于下星期一开课，规则弥严肃也。旋阅报纸，见告白栏中有商船学校传补备取生之通告，彦英亦在内，不日即且就道也。

既而偕颉刚、蓉初同出校，至观前散步。余更随颉刚至其家，君以所有《Lady of The Lake》一书授余。书为诗人 Scott 所作，意盖欲余迻译之为汉文诗也。余之英文程度远乎其远，何能为此，然携归披阅亦佳，遂受之而归。翻开读之，竟不能明晰，字典无效力也，因即弃置。夜间读 Sketch Book。

川省以铁路国有事持争已久，唇舌文墨已不知费去几许，眼泪血涕亦以随之。本月初一，商界实行罢市，学界实行罢课，税赋亦一律不纳，以争挽回。孰知此不良之政府依旧冥顽不灵，反以为紊乱秩序，令川督虐杀首要。今日报上载川督赵尔丰已将争路代表二人虐杀，咨议局议长亦遭残戮。大众公愤所激，遂围攻督署。赵督调兵以拒。川省兵士固亦有人心者，宁肯助桀为虐，故亦不之应。呜呼，前数日报上固已有四川宣告独立之电矣，何以独立之旗犹未见拂久于蜀山顶上也？伤哉我同胞，何以丁此世而罹此凶哉！要知此不良之政府，此万恶之政府，此犬羊之政府，断乎其不可恃矣！川人川人，抑既已误于前矣。如此之政府，何必向之要求，即要求而得之，须知要求所得之权利，决非黄金世界吾人神圣自由之权利也。此等政府只值破坏，川人亦既已误于后矣，故虽无破坏之力而且脱离之。独立乎，独立乎，我日望之矣。更求川人毋吝其血与骨，以终成之也。且万物非经破坏难以建设，盖物理固然也。则欲救吾中国者，又非独望诸川人，吾黄帝之子孙皆其责矣。

七月廿六日

晴。晨起盥漱，依旧痰中带血，三四口后即亦无之。累大人忧矣。

到校后,知彦英已于昨日赴商船学校,今日且上课。我一级中剩二十一人矣。

午后课毕时,急欲知川事,往阅报室阅报,孰知成都电线已绝,所载之电皆发自重庆,且皆未得究竟之语。蜀山西望,郁郁余悲。

归家后阅《小说月报》。夜间作古歌一首,曰《我思英雄》,意蓄于中盖十数日矣,即以录之稿中。

八月(自公元九月廿二日始·选录十六日)

八月初一日

晴。到校尚未上课,而礼孔子则已过。同学谓余:拜礼毕后,监督曾述其至简略之训话,大旨劝吾侪剪指爪去发辫也。盖此二者为我国之特点,颇超然自异于世界,而亦即我国物质野蛮之表显,毅然去之,固其宜也。如余者,指爪则有生以来未曾留过,不自知觉居然得比于文明之列;而此垂垂一条豚尾,不知何日得并州剪刀以割去之也。

第四时汉文课,以胡先生抱恙未上,乃同岷原、圣久至唐轶林(尧臣)先生室中。先生授一二三年级图画,于余级中不任教科。初见甚为谊厚。盖闻先生善诗,故向之索稿请教也。无如不巧,云稿二本在家中未携来也。

午后课毕,阅报纸,少时乃归家。夜间读今日所授之英文。

八月初三日

晴。晨起后读昨日所授之英文既。阅《小说月报》,始则坐,继则卧,盖阅此项书卧观为适,然亦懒惰性成,不可训者也。树人表兄旋来,坐谈有顷乃去。

午后三句钟乃掷书出门,信步走至校中,同学殊寥寥,盖多出外游散也。送报人适持报至,乃即阅报。见江震饥民肇事。学校、局所皆为蹂躏,情形已属糜烂。民识不存,民财已尽,遭此凶荒,乃生大创,可悲也。又见四川已平靖。赵督允民以铁路仍归商办,愿以身争。苟此信然者,则独立之旗犹将不现,令人望断巫山矣。须知即真归商办,而其他不堪之事尚多;况未必能真归商办也。亦只得付之一叹。

岷原邀余同出散步,乃偕之至观前,往复两周而仍归校,见宾若在。笙亚谓"同学有在王废基拍网球,盍往观乎?"乃更邀宾若同往。至则见旁观多人环视之,因席地焉。细草如茵,绿扬垂幕,日光斜照之中乃见此活泼泼地之四同学舒其轻捷之四肢,作此雅游。满场寂静,唯闻球落地之声,其一边胜,则或闻笑声也。此景也,顿令我思我身殆已不在此百病丛生之中国;或则此老大之中国,殆已一跃而为雄健之少年乎?甚矣,景之移人也!

阳乌下地平线,乃相引归校,即在校晚餐。餐事毕,又少时而归家。读历史两页,又读《美国大家文选》中 Melrose Abbey 一篇,Irving 作也。

八月初五日

晴。到校亦早。上课时身体百不适意,心烦头胀,先生之教授充耳若未闻。饭后天又奇热,头竟难竖直,于是第五课之体操只得请假。及体操毕后,以休息劳力,故免上第六课之英文,遂即请命监学而归家。到家即卧,似觉少舒,竟而睡去。及醒已夜,起食夜餐,旋即就寝。

大人云,吴葆初自沪上归,传闻川中已有推举大总统之举,此事未知确否。顾我昨日阅报,见川人重复发难,有再接再厉之势,则此举或确有之。我虽非川人而亦代为川人喜,深望传闻之非诬也。

八月初七日

晴。到校亦早。天气极热,上课时汗涔涔出,殊不耐也。第五、六课本为作文,以热故,即亦不作而讲,第六课则监督命停课焉。归家后阅《小说月报》。夜间略读英文。

近日《民立报》之杂录栏中载有《佛学赘言》一种。余迩来心乱似麻,安得遇一大哲学家,为我解决余所难决之诸问题,而此一种著作,宛如为我解决者。喜极而抄之,以入于丛抄中。

八月十三日

晴。晨到校尚未上课。第一时体操,魏先生缺席,未上也。

前日托怀兰所购之 Spectator 选本,君昨晚已为我购得,到校后即以畀余。昨晚雨,肯为我而冒雨,可感也。

午后历史，吴先生亦缺席。末课汉文，授吴梅村诗，多佳句，兴跃然。

归家后即看 Spectator。大人归后，即阅所携归之报纸。四川又无甚声息矣，可惜，可惜！

夜间读 Sketch Book。户外月光皎如白昼，起视庭中，四壁无声，露滴渐渐堕衣袖间，盖秋气深矣。

今日监督有条告云，中秋佳节，十五、十六放风俗假两天。

八月十五日

晴。晨起大晚。早餐毕后，藩室来寻访，趋出见之，则衣彼校之制服，赳赳有勇气焉。问伊几时来，则云昨日。邀余同出散步，遂同之徘徊于学宫后之旷野中。告我彼校之课程未甚高深，其中之几门或竟反浅也。又云彼校中运动非常注意：晨必早起，必冷水浴，必跑步四五里也。又问我今年毕业后，明年作何行止，不可不早自为谋。意殊关切，可感也。行至雪糕桥，彼取归家之途；而余亦归，约明日来校再作长谈，彼颔之。

饭后走至校中。校中之同学殊少，盖皆游散去矣。笙亚、书玉在，遂同至阅报室阅报。既而笙亚归，遂同书玉至王废基散步，意欲看足球而无人在焉，乃再归学校。顷之，有同学七八人将至王废基拍网球，亦随之往。球声泊泊，洵可乐也。既而一丸明月推上柳梢头矣，遂相引归校，即就晚膳。

膳毕，同企巩、岷原、中新至观前，亦作应步月之故事。则见游人拥挤，磨肩擦臂，无甚佳趣。乃至王废基，则空明一片，远树含烟，四围柳立，几点灯明。俯仰此身，诚微乎其微，而心脾则弥爽。

立有顷乃归家。读 Spectator 焉。

八月廿一日

晴。晨到校尚早。第四、五课作文，题为《士君子常以转移风气为己任论》，余做了六百余言，皆系平日胸中之感触，不甚合题也。

课毕后阅报纸，见专电栏中有云：武昌已为革党所据，新军亦起而相应，推黎元洪为首领，则协统也，无耻凶恶之官吏亦杀去无数。此事也，其为迅速与机密，出其不意，遂以成事。武昌据天下上游，可以直捣金陵，北通燕赵。从此而万恶之政府即以推倒,亦未可知也。自由之魂其返,吾民之气当昌,其在此举矣。望之望之。

既而同企巩至王废基观同学练习足球,复同之至观前,复至陆氏,则独维岩在。知维岩于出月初三、觉先于出月初五,行婚礼矣。维岩挽余届时必来吃喜酒。余应之,谓十多年同窗,岂有婚而不来一贺之理。少坐即归。

练习运动会中各事须用图章,夜间即刻之。及毕,手酸矣。

八月廿二日

晴。到校亦早。第三课汉文,胡先生讲及近事,谓扫除恶朽,改造神州,本属大英雄之事,若其人者,固当顶礼膜拜之;而或有不逞之徒乘机淆乱,则大英雄之信用名誉将为所玷污,而众同胞之身家性命且转辗沟壑矣。一再思之,势殊可危也。噫,是实大可虑,不知彼大英雄者其有以补救之乎?

练习运动会中尚须刻"职员"二字印一方,盖用于职员之襟章上也,饭后即为刻就。

课毕后报纸来,则见汉阳铁厂已为革党所得,军械取材愈将得手矣。又见蜀、粤两省亦有跃跃欲动之势,风云际会,盛哉此时,心滋喜。

归家后为王嘉黠刻"福华"小印一方。夜间略读 Sketch Book。

八月廿三日

晴。到校亦早。午后课毕后,急阅报纸。见长沙、重庆均为革党所据;黄河铁桥闻亦已炸断,盖恐彼虏之拒敌也;天津、杭州、保定亦有起事之说。英雄四起,当能一扫妖氛,光复神州。我思英雄,英雄固有其人,而前诗为未当矣。各国对此事颇赞美之,谓少年之中国方勃勃而萌芽也。此语余亦颇深信之。盖中国不改革,则不能有起色;终此因循,或竟致为奴为隶。苟一改革,则我至勇至慧至有能力之同胞,皆即为少年中国之分子。而今果改革矣,乐又何如!

归家后抄《佛学剩言》十余则,心有所感,辄注数语其上。

八月廿四日

晴。晨起大晚,旋即走至校中,见同学在扎柏圈,盖预备后日之运动会也。

饭后同慰萱、中新、笙亚、令时至雅聚啜茗,急租报纸阅之。见开封亦已入党人之手,彼虏兵舰一已为党人击沉矣。党人檄文亦有载出,纪律严密,深合乎文明进军之举。智仁勇三者,党人盖兼有之矣。至四句钟茶散,乃各自归家。

夜间叔父归,谓传闻杭州亦已起事,城入党人手矣。

八月廿五日

晴。晨到校亦早。

闻近日银根甚紧,银元缺乏。裕宁、裕苏两局钞票遂失其效用,经济界大受其恐慌。如此情形乃属可危,苟匪徒扰乱者,将何以弭之乎?

第二课汉文,胡先生缺席,第四五课理化,吴先生亦缺席,皆未上。第六课体操,则余自请假。

报纸来后,诸同学拥观之。余不耐争挤,未之观。闻已观者言,则大事约略如昨日,乃即归家。

夜间略做些资料,预备明日运动会中之临时新闻,然而不得谓临时矣。

余昨梦大奇。梦见众人拥杀一人,其人皮肉破碎,血流积地;时而慷慨一呼,则众皆凛然。余意中似以为文信国,又似以为史阁部,后亦不知不觉而醒。千古忠魂何以入我梦寐,不可解者也;而以如此之惨状令我梦寐中见之,尤不可解。

八月廿六日

晴。晨到校绝早,则见诸同学已在悬旗结彩,布置花圈,人人皆大忙碌,余不能任事,然亦少为襄助。第一课三角,后二、三课皆停止,盖恐不及完备也。

苏商体育会中有军乐队十数人,由会中派员恭请,至十一句钟,乃列队鼓吹而来。则陈饵具膳以待。

午后一句钟开会,则军乐洋洋,旗章拂拂,尽人兴高采烈矣。此次入场券印数止四百,本城各校皆寄赠四纸,请举代表而毋以团体,故来宾亦止四百之数。唯公高小学谊属一体,故不券而招待其全体也。校门之侧则派员验券,更有荷枪之卫队;再入则驻收券招待员,会场警察则分站于会场四周。若此规模,当可云完备矣。

余与颉刚则专撰临时新闻,怀兰则独司画画;一纸印出则众手争伸,弥增兴致也。新闻共出十三张,画共出六张。运动之毕,又有来宾运动以为尾声,逮散会已六句钟。至王废基略步几回乃归家。夜间抄《佛学膡言》三则。

今日报纸未能细阅，唯记岳州及九江、湖口炮台已入党人之手，而党人已设立完全政府矣。

又，今日运动会总分数，第一名为蒋君仲川，第二名为书玉，第三名为君畴。

八月廿七日

晴。今日为孔子诞日，故放假。又，昨天运动会，运动、办事之人皆各疲倦，适今为例假之期，即得休息又未停课，巧矣。

晨起甚晚，早餐毕走至校中，见同学甚少，无甚佳趣，乃即回家阅《小说月报》。饭后再至校中，则与岷原闲谈。谈及近时文学，都慷慨淋漓，气象万千。余以为此时者，直当驾乎古人之上。古人虽有名留久远者，比之此时之著作，自当有别，盖亦风会趋势使然耳。既而报纸来，急出披阅之，亦无甚大关系事。阅毕即由宫巷绕道，徐步而归家。

乡人有馈蟹者，傍晚侍两大人及外祖母并多妹，团坐食之。以前曾吐血，故酒未敢多饮也。

八月廿八日

晴。晨到校尚早，见同学中之乡下者多纷纷归家。此等举动可谓无意识已极，皆由见事不明，胸无定见故耳。然我级中固无之也。

午膳后闻吴雨生先生云，芜湖有已下之信，心甚喜，然未知确否，急欲得报纸阅之，而校中所常订之报还未送来，乃与颉刚请假出至观前，遇送报人，乃即购《时报》一份，入明月楼啜茗以阅之，却并无芜湖之信。更租他种报看，亦都无之，懊恼甚。然昨日晨间革党已曾与彼虏交战，革党获胜，亦差强人意者也。虽然，若芜湖、南京等处皆为必争之地，汉家之旗势所必至，而论其能力亦必定能至，唯略有迟速耳。独恨吴地兵士亦曾少受教育，智识既开，见解当正，而何以绝无动静也？

至三句钟仍旧归校，上末课英文。课毕即归家。昨有余蟹，仍于初夜后食之。

八月廿九日

晴。晨到校亦正好。

午后报纸来,则各种互有异同。盖昨日革军与彼虏交战,《民立报》则云革军胜,《时报》则云无甚胜负,《字林西报》则云革军不利。见"胜"之一字固无甚惊异,盖如此正正堂堂之师,本当胜也;而闻不利之消息,则闷郁特甚。苟瞑目静思,革军如一不利,再不利,而终至于消灭,则其后之情景当不堪设想;而若吾侪者,尚何以为生乎!虽然,勿先作此颓丧语,明日有佳音亦未可知也。顾心中终觉不畅。上堂受课亦呆目充耳,若未见闻。

课毕后,颉刚谓:"盍至王废基一畅襟怀乎?"乃同之出。同学有在习足球者,观之亦无甚趣味。归家后心中怅怅然,未能温课也。

余记日记且及一年矣。一年之中,宗旨屡变,见识不一。然自以为其变,其所以不一,皆学问长进处、观察精密处也。

八月三十日

晴。到校后,闻沪上某报馆有被众攻击,遂致停版之说。盖近日报馆之电报时有接到,而到馆探问消息者尤拥挤不堪。故各报馆接得一电后,每大书悬之门首,以便周知之迅速。而该报馆竟忽发奇想,伪造来电云革军大败。观看之众人见之,即入馆询以电码何在,该馆不能对,乃大撄公愤,竟起奋击。观此一端,则虽欲革军之败,其可得乎?彼北虏所率之兵为数虽巨,然或则心已归南,或则怯于临阵,我行将见其溃也。

饭后急欲一见报纸,乃同令时请假出至观前,讵意送报者尚未来,乃至雅聚烹茗以待。已而即来,急购《时报》一份阅之。第一条专电即见廿八日革军系伪败,诱北兵而包攻之,北兵毙四千。我固以为革军必不致败也,心油然喜。以下各电亦殊可人意。

看毕专电即便归校,正在上第四课经学,以报纸携进教室,则同学争夺之,见第一条,皆笑色现于面,暗相告语,不顾程先生在讲台上矣。是课毕,同级人出以告其他众同学,则顿闻至响至宏之欢呼发于自习室中,是真爽快欢乐已哉。

课毕后即归家,以报纸呈大人,大人观之,其欢愉之状自流露于言词间也。

沪上苏省各校联合运动会以鄂军起事故,闻决不举行,若此盛举作罢,殊可惜也。

九月（自公元十月廿二日始·选录二十九日）

九月初二日

晴。晨到校尚早。饭后书玉、怀兰出买报,归后见报上皆革军战胜史,大喜。北兵出降动辄数千;革军德怀远人,可敬也。

第六课体操,余请假未操。旋即归家,阅《小说月报》。夜间作一诗,题之曰《杀北虏》,盖纪实事也。

忆报上云南省城亦有兵士起事已得手之说,所谓总督不知窜向何方也。

九月初三日

晴。到校还早。下乡同学之返家者数益多矣。周先生不在,第二课修身、第四课地文皆未上。报来后,亦无甚干系事。

第六课体操,魏先生亦请假。盖今日机户闹事,先生率商团往弹压也。斯事绝可险。至四句钟,魏先生来,谓幸已平安无事。

既而余且归家矣,见众同学围监督聚谈,近视之,则一短札,上书南京兵起事,所谓总督亦不知走向何处等语。盖监督之友人自沪上寄来也。此语传遍全校,皆哗然。或则喜而舞,或则惧思归。余亦心乐莫名。然更有可虑,苟机户而乘此复扰乱者,则将如何? 余以为唯一之善法,只有富出财,智出谋,召机户而告之,共图恢复以应革军,以建共和。否则一乱且将大受其害也。步廊下,踟蹰者久之。

归家后少坐,即至萧家巷贺维岩结婚。赵孟轺亦在,与之叙谈近事,甚得。宾客甚盛。开夜宴后,一堂喧哗,凡所谈论皆迂俗不堪入耳,殊可厌。

席散即归家,将昨夜所作诗誊诸稿中。

九月初四日

阴,间有微雨。晨到校后,闻南京起事之信实系不确,盖沪上乃有此谣传也。懊恼甚。然龙蛇启蛰,终有一朝,势所必然,少安毋躁也可。

　　饭后阅报,知南北两军相距已止六十里,初一、二、三休战,今日此时当正在杀敌囚虏,明后日可得好消息矣。盼望之殷,恨地球不快转两周。

　　课毕后即归家。夜读 Sketch Book 及 Spectator。

　　胡先生上课时讲及读书,谓读书之味无穷,在各人之识见境地而得其各殊之进步。或竟一人而专读一书,少年时之领悟如是,中年而更读之,其会意异于少年时矣,老年而更读之,则又异。而其领悟,其会意,皆进步也。欲练身救世者,读书一事可不汲汲乎哉!

　　革军文牍如祭天、誓师等,报纸多有载出,皆醇厚静穆,深得书经精髓,而自有一种雄壮慷慨之气,流露于字句之间。汉族重光,气象何其绚烂也。他若致人之函,谕民之示,亦大义彰然,为不可及。文学界似亦经一次革新矣,可喜。

九月初五日

　　阴。晨到校尚早。第四、五时作文,题为《送中国赤十字医队赴武汉救受伤军民序》。无甚发挥,仅作三百多字。且其时来一异人,服海军中等士官服,手持名片,上书三江共和都督某某访袁先生。先生不在,乃即对我众同学陈说,"现今之国势,非急起救之不可。诸君学校中人,自明大势,我所以将遍说各学校"。更说各国将瓜分我国云云。既而心存知其为有神经病者,前次亦已被拘于警察。程先生于是善遇之,请之出。噫,是必热心于国事,痛彼危亡,其热度过高遂以郁成此病,亦千古伤心人也。顾彼形容憔悴,独行踽踽,殆三闾大夫之流欤?

　　课毕后阅报纸,知南昌、西安亦已得手,皆兵士起而响应者。广东亦有独立之说,而昨日战音未有记载也。

　　归家少坐后,往贺觉先之婚。伯南、树人、孟韬亦在。宴散归家较前晚为晚。

　　昨日盼好消息,而今也消息固佳。

　　今晚席间,颇有怪此次鄂军起义实由各报纸肇其端,而有不满意于报纸者。然文学实产生英雄,今日之众英雄皆报纸之生产儿,亦未为不可说。若辈无知,竟敢妄为推委,可恶;然如此无识,亦可怜。

九月初六日

阴。到校亦早。闻颜亚伟今日结婚,同班中多送礼。以为哺啜计,乃亦送一薄礼。

课毕后阅报纸,知北军怯于战,故初四日亦未大战。

既而归家,告母亲以今夜须晚归。乃同颉刚至雅聚啜茗而更阅报。茶散后至校中,同往贺喜者共十余人,结队而往。亚伟结婚纯系新式,繁文尽去,可云文明矣。开宴后同座皆同学,放浪形骸,杯盘狼藉,酒亦因而多饮若干杯。席散归家已在十句钟。

九月初七日

晴。晨到校极早。午后阅报纸,知杭州兵已起事;太原确为革军所据,北军主将荫昌,满虏也,谓已为其下所杀,北军全数降矣。佳消息迭至,可喜也。

第五课英文,吴先生出作文题目《Revolution and ill government》。课毕后即归家,心中思潮起伏,欲读书而未能。

近日报纸载各省之兵士人民已起事与否,殊未一律。汇各报而统计之,则十八省省城,只一南京尚未动也。余在校中阅报止阅一二种,故未能周知。今日同学中为余告云:宣告独立者三四,若滇、川、两广是也;本为土匪,今则起而应鄂军者,若山东、河南是也;兵士心醒,起而反对彼虏以应鄂军者,其余诸省皆是也。报上之信虽未必尽确,而不确者亦不过其小部分,终有一日,必达于其尽确也。且其日决不在远,当即在此句日间。从此以后,腥羶尽涤,大耻一洗,汉族同胞共歌自由,当即有一共和政体之中华民国发现于东半球之东,乐矣哉!

九月初八日

晴。晨起大晚,坐欹,立欹,终觉不适。乃作五古一首以写我怀,即以书之稿中。按箫吹一曲,亦未能得优美之声音也。

饭后徐步至校中少坐,即同笙亚、中新至雅聚啜茗。急租报纸阅之,知镇江确已得手。隔座有客谓,适有亲戚电自镇江来,此说实万真也。镇江为长江门户,铁瓮高城,古称形胜,得之则南京亦将不守,得南京则东南定矣。

既而封百、伯祥来,就我同座,相与作无谓之谈论。茶散后即归校。

岷原有弟入南京陆军小学,此时适来校,云南京旗界中非常野蛮,人有入之者,则必逐一搜检,且架炮几尊对准陆军营中,炮标、马标已解散矣。陆军中小学生亦纷纷请假归家,等之解散也。询以过镇江有所见否,则云安静如常。噫,殆以已起事故,所以安静也。既而心存来,云杭州起事占城亦确,盖其友有家电来故也。于是诸同学纷纷聚谈于运动场中。因即在校夜膳,膳毕步月而归。

各处起事,虽由诸同胞之良知发现,而其地有旗人居者,大都由旗人激之使然。如镇江,如杭州,实旗人先有暴行于汉人,所以一发以制之也。噫,彼贼虏何其可恶,食我汉人之食,居我汉人之居,不知省悟,乃出于铤而走险之一途,虽尽杀之未为残也。盖杀人固不合于平和世界之人道主义,而杀不平和无人道之人,正所以合兹平和世界之人道主义也。

现在金融界受极无谓之大恐慌。现银缺乏,虽由商会发出一种不换纸币,亦未能通行。富贫之家尽叹无钱,而各业亦因之而阻滞,再隔十数日,将至不堪设想。所可望者,只有我人先自起事,遥应鄂军,鄂军中之经济固甚丰裕也。且观各处之已为鄂军占者,军政府皆极注意于维持市面,故知苟如此则必有望焉。而居于可以为原动力之地位之兵士,仍依然不动也。不知果有所待乎,抑不长进乎?

明日重阳,放假一日。监学已有条告矣。

九月初九日

天气清佳。古人谓"满城风雨近重阳",意象究觉萧然。日来万象更新,神州光亮,决非此诗景也。

晨起时,伯南先生来,谈近事殊不能合大势,盖溺于古而远乎今矣。坐多时乃去。

食点心毕,往探企巩,盖有隐疾而居家也。则知疾至今尚未愈,乃告以校中近情。既而同至陆氏,见维岩及觉先,闲谈约一句钟,乃归家午膳。膳事毕至雅聚,则笙亚、中新、心存已先在。既而慰萱、令时皆至。阅报纸,则知安庆确已得手,唯镇江、杭州皆未确也。茶散后至校中,聚数人而谈,无非谈近事。亦即在校中晚膳。

归家后思潮涌,种种心期诉向谁,据案呆坐而已。

近日城中居民异常恐慌,皆纷纷迁家避难,或则至沪上,或则至乡下,而以今日为尤多,河中装家伙之船首尾相接也。不知此次之革命为政治为种族,岂为盗贼之欲肆行抢掠哉!即云防土匪扰事,则立民团以防之可矣,何必迁居?况民团已在创办矣。且下乡盗贼正多于城中,沪上匪徒亦岂云少,犹且屋贵食贵,居家不易,正所谓本无事而自扰之也。一般人如此无目光无定见,亦大可虑。而人心乱,秩序乱,实当归罪于此迁居之人,此一般无目光无定见之人。

九月初十日

晴。晨到校尚早。饭后同慰萱、颉刚、圣久请假出,至雅聚啜茗。送报人来,急向之租阅,知昨日安庆之信又属不确,他亦无甚可人意事。周览毕,相与纵谈,谓如我辈人最是无价值。在胸中自以为见理明矣,主见定矣,而知而不行,等于不知。虽然亦有种种阻碍种种牵挂使之然耳。独不能去此阻碍与牵挂,我辈究竟不是英雄,唯有中心暗叹而已。

及茶兴既阑,相与返校。则已缺两课,地文及文法也。第六课体操,魏先生请假,亦不上。乃即返家。

夜读 Spectator。

九月十一日

晴。晨到校正好。

午后阅报纸,见满政府君主有罪己之诏。辞卑气下,总说自己不是;又有重造内阁、概屏亲贵、实行立宪、不罪党人等谕。读其文固甚似能无害于民者矣,而真能之乎?苟风潮一息,行见蛇蝎之手段随之而施行矣。语虽可怜,其心不诚,不足信也。而欲求语出于诚而能见诸实行者,于满政府是必不可得。我知我有毅力有勇敢之同胞,必不以此而少缓其征伐以姑赦之也。又知龙蛇方将启蛰,然之各地之同胞必不以此而动其恻隐之心以姑忍之也。在余则以为世间有"君主"两字,为绝大不平事。君主善与否,皆当锄去之。盖君主自己承认自己以统治众人,为侵害众人之自由权也。(此说近颇自以为然。唯笔未能透达吾意,以后尚须研究。)则清政府有君主,固当倾覆之矣,奚论其他。

第六课体操,魏先生请假,未上。归家后翻阅《东方杂志》。

九月十二日

晴。晨到校尚早。午后同慰萱、令时、子明请假出,至雅聚啜茗阅报。知安庆之信已确,而济南、保定等处亦有起事之说。又,昨日清政府之罪己诏,各报多有评论之者,皆谓不可信,不可为之少动,唯有竭力铲除之耳。

阅毕归校,则已在作文课之第二时,题为《秋风辞》,不拘体韵。因即以前所作二律草草书之以交卷。课毕后,同颉刚至观前散步。以怀兰有病居家,故偕往探之;其病为腹泻,尚未愈也。坐少时即归家。

革命一事,总可谓之不良政治之产儿。人民不能辨其政府中政治之善否,则亦已矣;苟能辨者,则无人不有推倒之之责,否则即为放弃其天职。我国人民之意旨,固以为清政府之政治善乎否乎?则除少数奴隶之外,殆无不以为不善矣。是即凡我同胞,皆有推倒清政府之天职矣。鄂省同胞首先倡义,可尊也;各省响应,高举义旗,亦可尊也。然细思之,亦不过能尽天职耳。而我苏省则默然无闻,素称文教之邦,而乃若此,耻矣。且苟闻鄂事而遽起应之,犹有耻也,盖不能先实行也;然尚可谓合众力以举,事易办也。我苏省则见人之所为而不能学步,是明明放弃其天职。放弃天职者将不齿于人类,则我苏省人犹得觍然人前乎?然老年之人精力衰矣,无识之人见界浅矣,以此事责之,皆有所不受,而多才多识之少年独能辞其责乎?则江苏人之不闻于世界,实一般少年之咎也。我亦少年,咎将何辞?然经济之能力休论矣,即口舌纸笔以为鼓吹,铁血手腕以为先声,皆未之能行。每夜一灯相对,思虑迭来。则唯有此一卷日记以为消释块磊,以少慰歉憾地耳。可叹亦可怜!

"不肩扶汉之任,徒表欢迎之情",此两语见《民立报》社论中。此等人最可恶,而现在实居多数。

九月十三日

晴。到校极早。午后阅报纸,知保定亦有得手之说。鄂省战争,现正在不解之时,两面死伤各有数千。噫,是累累白骨,非皆我汉族同胞乎?夫谁则使之然者,将归咎于鄂军乎?鄂军之志,本欲唤醒兆人改革政体以谋幸福,而流血伤生,非其本愿也。而北方军人不此之察，徒知效忠于万恶之皇室，拼死以抵拒，则鄂军亦唯有白刃相向耳。是则肇此惨祸，实北方军人之无良有以致之也。然北军之投鄂军者亦多矣，必皆深明大义之流，正未可抹杀。而至今所剩不降之班，乃真最恶之恶人。此等人多死一个本未足深惜，而独恨数千诚勇之英雄亦同之长眠。至思及同种相残，则又不堪凄绝矣。

课毕后，同诸同学至王废基观挑选民团。盖此事已由绅士分五路招募。应募者极为踊跃，其数浮于定额。今日乃会集于王废基，相其体格以定去取。每路选定一百人，日给饭食费焉。闻民团成立以后，则先操练，继站岗，如警察然。而其服装则颇少精神，青布其衣，军式其帽，真所谓四不像；而手则持木棍，尤无谓之极，不枪不弹，亦何所用民团也？绅士办事实属胡闹，可恨。然经济困难，捐集维艰，且枪弹又非贸然可得者，则绅士亦正难怪，独彼有实力势可能者不肯出而任事，则至可恨也。

归家后亦并未温甚功课。大人携归隔日《民立报》，取其社论而读之。

九月十四日

晴。晨起到校亦早。午后闻上海亦已于昨夜起事，今日安静如常，遍挂自由旗矣。及阅报，果然，曾未害一人伤一家，历一二句钟而已定，警察等仍服其卫护之职，商民等仍安其贸易之事，若此过渡诚迅速矣。又见松江亦已得手。两地去苏甚近，吾苏起事当亦可立而待矣。

第五、六课以诸同学皆欲归家慰藉，未上。余则同颉刚往访伯祥，小斋清谈，颇得也。既而同至观前，啜茗三万昌，及晚而归。

汉口大火，北兵实纵之，若辈真非人类矣。人道主义虽尊严，不当施之此等人也；杀尽非人类之人，方可释我恨耳。

九月十五日

微雨。晨起后出《文选》，读赋几篇。既而将昨夜所作五律一首誊诸稿中。

叔父适自街头归，谓吾苏已于昨夜起事，今则中华民国军政府之示遍贴路侧矣。闻之喜极，即驰至校中，则校门上高悬白旗，诸同学方在门首欣跃也。相见后各致慰贺。

得悉昨日之事,系此地巡抚程公德全主其谋。程公夙有兴汉之志,唯秘不能宣,其后上下各相授意,乃于昨日召各官长会议,皆喜悦赞成。于是命巡警加意卫护,居民毋自惊慌,召新军若干卫护督练公所。而督练公所即为军政总机关,程公则群推以为江苏都督。不流血,不放枪,安然革新,皆程公明察之德所致也。吴人得公亦云福矣。

书玉至王废基,亦同之往。则巡防营中亦已高悬白旗,兵士臂上缠以白布焉。

少徘徊即归校。则袁先生适自沪上归,述近日正忙碌,安眠鲜得。沪上起事,先生与主其谋。今则制造厂已得,军械可以不忧,南京在手掌中矣。又谓南京防守甚严,曾冒死往游说各会所,各会所皆空无人矣。先生平日声色不露,乃有此次之作为,可敬也;少坐而又有事他往矣。

饭后同笙亚、书玉、颉刚往瞻都督府。至则兵士束装整列,殊异平日;竿上悬"兴汉安民"四字白旗,临风荡飏。将返身矣,袁先生、胡先生偕来,乃随之游行,过三元坊而沧浪亭。各学堂皆不悬白旗,袁先生一一令之悬挂,而道旁居民亦多悬之矣。归校坐少时,同颉刚至观前,则各商店无一不挂悬。一白如练,气象顿新,盛矣。行至醋坊桥,各自别而归家。

息两句钟再至学校,盖以校中创办学团,今晚须出巡街也。适汪伯珩来,谓今日自沪上归,为述沪上攻制造局事甚悉。首先奋勇者为新舞台艺员小连生,而敢死团之不顾生命尤为不可及。是役死十余人,勇敢英雄,我唯有心香一瓣,遥祭之耳。

晚膳后即穿校服,黑衣而黄裤,臂膊之上围以白布,背荷枪,弹匣刺刀缠腰。既而列队于操场,队整而后出。由临顿路至观前,少息于观里,乃由皮市街而至高等巡警学堂。该学堂固亦办有学团者也。少憩后,彼校亦列队出,随我而行,乃至西半城,由养育巷、十梓街等,则与巡警别。自出校门而至此,途中居民对我亦无荒谬之言惊异之状,镇静如此,亦未可谓无程度也。

至王废基,月色皎然。散队坐草地上,心脾都爽。如此大纪念日,天公何忍示人以阴雨,故特呈此一丸好月也。有顷,乃列队归校。有十余人谓少顷尚须出来站岗,余不能矣,即踏月归。

今日之事:人谓沪上亦来有敢死队一队,程公即遣人迎迓,相与接洽。则无流血等事,尤当深感程公也。

九月十六日

晴。晨间方起身而颉刚来,出胡先生诗稿授余,盖君昨日假自先生者也;略谈数语即去。因读先生诗,见其近作《秋风诗》十六首,详志近事,低徊咏叹,弥多趣致。既而亦成七律一首,志昨日之事,即誊之稿中。

乃走至校中,则下乡同学几几全数归家。盖昨日一举,下乡未免误传谣乱,所以多归家安慰也。无甚聊赖,即归家午膳。则闻谣传城外有战争,居民纷纷聚论,各致惊惶,谓护龙街一带商店都已罢市,而门前确有敢死队负荷炮者自东而西,乃即出外探确耗。至观前遇仲川,则知恐镇江有兵乘火车来攻,所以于车到之时暂一闭城,而复移兵城头以防之也;至所云战争,则实无其事。无知之人凭空造谣,实属可恶。既而遇企巩及彭震亚(畬滋),相与徐步街头,次遇觉先。至雪糕桥乃别彼三人而归家,告母亲以无事,勿惊惶也。

昨日军政府有招兵之示,今日应招者已有千余人。入夜后,尽列队往军械局取枪械,过我家门前,亦出而观之。军衣一律,白布尽缠,虽皆未经操练,而自有一团勇往如归之气。三吴健儿固未肯示弱于人也。

昨日袁先生主暂且停课数天,所以今日不上课。

九月十七日

晴。晨起后即至校中,知昨夜诸同学往高等巡警学堂取新式五响毛瑟枪,盖彼校之余也。枪共二十余支,尚有无人领受者,因亦取其一,人各得子弹十颗,夜间巡街可以无忧矣。即在校中午膳。膳毕同笙亚、企巩、中新至雅聚啜茗阅报,则知北京、南京、镇江、江阴、常州皆已克复。茶散后即归家少息。

至傍晚到校晚膳。膳毕后荷枪列队,出巡街,至观前一带,既复归校。少时而至葑门,过钟楼头。月色白如昼,树影清爽,高寒逼人。偶有红灯一点出林隙,则似在此天然之风景画中,另添一景。村狗无声,游鱼低喁,如此风光,如我装束,顿思战场而有此月色,定当拔剑起舞一回也,而今日亦仿佛似之。至城门口,少坐于警卫所。乃至振声家,盖预约备有粥也。食毕,坐许久乃行。

此地有莳门守望团,封百、振声皆出外巡查矣。城中巷团大约皆已成立,吾巷中亦有之。唯既入学团,巷团可免矣。

绕道巡行,复至校中,时正十二钟。诸同学皆欲眠,愿再出者止余及映娄等四人。于是彼四人荷枪,余佩指挥刀以出。唯天寒益烈矣,假蓉初之大衣衣之,寒尽却。任足所至,乃至阊门,亦少坐于警卫所。归途过永义龙社,映娄有相识,因入而假座索茶焉。坐约半句钟,乃径归校,正在四句钟。假怀兰榻以卧,头着枕即便入梦。

九月十八日

晴。一梦醒来,时已八钟,急起盥漱,即便归家,恐两大人悬念也。读《文选》答宾戏、答客难诸篇,颇多趣味。

至十句钟复至校中。令时适来,则发辫已剪去,劝我尽剪去之。盖近日同学中剪去者已十之八矣。余应之,即请令时捉刀,"磕榻"一声,豚尾之嘲已解,更徐徐修整,令之等长。揽镜自照,已不出家僧矣。而种种之居止行动得以便捷,则我生自今日始也。

饭后同颉刚、中新至雅聚啜茗阅报。既而闻王废基将杀人,乃急往观。盖近日虎丘山置有大炮,而昨日有汉奸三人将炮上机关私行拆去,幸即拿获。今日所杀即此三人也。孰知至王废基,则闻已在督练公所正法矣。此等人恶不可言,杀之实尚嫌其轻也。乃回至校中,既而企巩来,即与之同途归家。

九月十九日

晴。晨起后作《剪发吟》两绝句,即书之稿中。继阅《小说月报》。

饭后亦无所作为,对案呆坐而已。至四句钟走向校中,偕颉刚、中新出,散步街头。过都督府,见有采纳条陈之示:凡任何人有任何主见,皆可陈诸都督;都督辨其善否,善则立见施行。若此则民隐尽通,事当无弊矣。诚美政也。

既而至植园,则寂寂佳树,阒无人影。落阳斜照,红彻半天;一溪碧水,溶漾无言。桥头小立,顿有世外之想,而忘却还在大风云之世界矣。农品陈列所已曾竣工,式仿西国,有四层之阁,弥壮丽也。将来陈列完备,当得一观其内部矣。瞻观少时，小憩竹所。竹影深碧，掩映阶前，有无限之幽意焉。坐约一刻之久，乃起立。旋重至校中，即便晚膳。

前日之夜，巡夜太久，力已疲极，今日夜出只得免矣。因即回家。

武昌起事八月十九日也，至今日仅一月耳，而克复略遍。西国革命史中有如此之迅速乎？迅速若此，诚吾族之光。

监督已定下星期照常上课。

九月二十日

晴。晨起后即至校中。

学团组织已极完备。总机关在巡警学堂，团长为该校教员王君，可以实接都督府。今日颁来肩章若干，上书"苏城学团"，下书"公立中学"，余亦取其一副缝之操衣上。

饭后伯祥来，遂同颉刚及伯祥至观前雅聚啜茗。阅报纸，知南京尚未克复，江防营兵正在劫掠屠戮，日来派兵往剿矣。而广东、四川、云南等处则确已克复。

茶散已五句钟，即归家少憩，既复至校中。晚饭后八句钟，列队出巡。少憩观里机房殿，乃至娄门，所行多小街狭巷，盖正唯此等地方易藏奸宄也。回至护龙街，少憩华严寺。乃至帅君元丙处吃粥。久行于寒露之中，得一沾热浆，自然异常温暖。食毕少坐，遂归校。即假岷原榻以寝。一楼明月，倍觉多味也。

九月廿一日

阴。晨起已过八钟，盥洗毕，即同颉刚同途归家。坐少时，企巩来，遂同之复至校中。

一般人见南京未甚得手，多有惊慌者。迁家避难之事复起，街上挑什物者又屡见矣。此等人实在无主见，因之扰乱治安，诚可虑。

饭后同企巩由观前而至陆氏，与忆曾等弟兄闲谈。企巩谓今夕备有稀饭，招待夜巡诸人也。坐少时即亦返家。

至六句钟再至校中，则闻南京已有确实消息，我军大胜。从此各省可以会师湖北，北扫胡尘，直捣黄龙，餐胥饮血，以光我汉家，以建设共和。

沪上组织有学生军、学生北伐队等，投入者极多，诚以天分中之担负，人人应肩也。苏地亦有发起者，而我校中则寂无其人肯投笔从戎。我校素以雄健称，而若此，对入军之学生同胞当愧死矣。

今日本思再从事巡街，而甚觉腿酸，仍复迟迟归家。办学团所以保卫地方，使军士得尽力于外，无内顾之忧，则我侪虽不从军，亦少尽天职矣。乃因力疲而即不肯勉力从事，尚何天职之能尽？余素不肯居人后，今若此，转而自笑。

九月廿二日

晴。晨起已九句钟。早餐毕后，阅小说几种。既而盛竹表叔来，因即留饭，相与闲谈。饭后，茂增从嫂来，谓女红久停，贫难自给，更述种种之苦语，闻之凄绝。奈吾家亦未能赡足，况际此时势，名钱尤难，对此孤孀，唯有叹息而已，未有所资助也。

至四句钟，走至校中。同学甚寥寥，前吾校之签名入学团者三十六人。今闻学团须补助军力之不足，将来或有临阵之时，于是众皆惊骇，向学团总机关索还签名单，甚或有主张解散吾校学团者。今虽不解散，唯须重行签名，真愿意者签之，而竟无其人，可笑可叹更可耻也。虽然，当必有其人，不过少数耳。余亦行将签名也。

在校无聊，偕映娄散步王废基，有顷而回，则聚数人作无谓之谈论。晚膳后八钟，列队出巡街，仅十六人已。巡多时，至机房殿休息，息半钟，绕道至颉刚家，盖颉刚今宵设粥也。食粥毕，更少憩，乃归校。

前日向上海函购《社会报》，今日已寄来。仍假岷原榻，卧而读之。室中仅余一人，一灯红焰，书味君知，此中情味正复不恶。可惜时已下旬，月升渐晚，时还未有月色也。殆倦而思睡，已在十二句钟。

九月廿三日

晴。早晨醒来，窗外望见红霞，绚烂异常。推窗纵目，市廛尚无声息；临风吸气，清爽满胸。即将昨宵读剩之《社会报》倚窗阅之。阅已下楼盥漱，少时而早餐矣。

本定今日上课，而同学来校无人，他乡者亦然，人数寥寥，每级止三四人，殊难授课。于是监学决议再停几日。然终日无所事事,东游西荡,欲一翻书则神散不属,如许假期,反觉消磨之难,将置身何处也。我等人恒自命不凡,然不凡者得此假期必大有所作为,如近时或则投身军界,担一分扶汉之责,或则下帷攻学,修将来更进之功:而我于此此未能也。壮怀自许亦不敢言矣,羞杀羞杀。

既而同企巩等散步王废基,折而至都督府,略一瞻观乃返校,坐少时而归家。时则风狂天白,大变适间之气象,对之乃觉愁闷,于是就榻而卧,观隔日之报纸。

饭后作答子明书,盖前日曾有书来问苏地近状也。书就,即上街头投之邮柜,顺便往访笙亚,不值,依旧归家睡眠。殆梦觉已在四钟。为多妹理书,背毕已夜。入夜则雨滴洒矣。

九月廿四日

阴。晨起已晚。无聊之极,乃取《小说月报》中之笔记阅之。

饭后督多妹理书。理毕,乃出往访笙亚,遇之。谓校中经费已竭,饭已不开,下乡同学只得尽赋归去,而教员亦且家居矣。监学云,待有眉目方始照旧开课。噫,眉目不知何日始有也。如此一蓬蓬勃勃之学校,乃忽然云飘星散,亦至可叹,悬想今年当无受课之日矣。以后我校学团在机房殿聚集,如欲往者,先晚膳而后至此处。学团未散,尚堪欣幸,而思及校中之如是,则顿灭兴。

与笙亚黯然久之,无已,乃同至雅聚啜茗。企巩、心存、伟士、吴遹骏、刘君直及伯祥皆在,因亦赁座焉。阅报纸,无甚干系事。企巩谓余校中仆役亦且遣散矣。

茶散后,同伯祥、笙亚走访颉刚。颉刚乃出书面多种示我侪。时已晚,即出,颉刚亦出。至宫巷,与伯祥别。三人同至校中,取所有书籍以归。归时服校服,书籍裹于背如军人之背包,毛瑟枪荷于肩,子弹刺刀亦一并带回也。

九月廿五日

阴。晨起后无聊无赖,取叶天寥自撰年谱随意阅之。饭后往陆氏,与其三弟兄闲谈。既而往寻企巩,更同忆曾、觉先共至观前,就雅聚啜茗焉。阅报纸几种,乃茶散。遇笙亚、颉刚,而与二陆别,则同至校中。

廿一日在校中所闻之南京消息,实系未确。南京城中所居之兵为汉奸张勋之江防营七营,已反正之民军皆在城外。江防兵惨无人道,状类贼盗,城中民居一任其劫掠奸淫,伏尸遍地,哭声振天。斯民何辜,乃罹此凶哉!民军奋力环攻,奈所接济之子弹不配枪管,于是只得退驻镇江。现我苏及沪、杭均有兵队前往矣。城中存粮无多,欲出不得,将见其不战自毙也。我军非无猛力摧城之巨炮,唯死此等无人理之人虽不足惜,而城内居民与之同泯,则大不忍,所以不肯出此也。独恨此民贼张勋,甘作异族之功狗,愿为汉家之罪人,即殉满清之节,亦当知无人筑尔忠庙,祭尔忠魂也。如云一身之毁誉在所不计,独不明大义,不顾民命乎?无心肝哉!他日生擒此虏,定当寸寸磔之矣。

九月廿六日

阴雨绵绵,峭寒习习。坐立一室之中,偶望庭畔,则开残之美人蕉,色红殷而淡。似此景象,索居正复无味,乃取《美人手》小说阅之,盖昨日自觉先处假来也。共三册,六十一章,及晚而读终,情节离奇,虽非小说中上乘,亦佳构也。

更将昔时所抄《英国工党与社会党之关系》一篇细细读之。此篇为杨君笃生所著,即蹈海之留学生也。重读之下,觉语语是至言妙理,提醒人当不少。此次大革命,未始非此篇载于报纸之功。前余曾挽以二律,今日读其文以思其人,更为之生无限之悼痛。惜杨君不忍死须臾,而得睹今日之盛举,则亦当少慰孤愤也。虽然,杨君之死亦有功于此举也,杨君不死,此事尚不发难亦未可知。则杨君之死,正与现今血战沙场之英雄同其功德;更一转思,其功德实当更伟。杨君杨君,唯有敬之若天神已。

九月廿七日

阴云冷屋,急风紧吼,望天淡而白,乃如死色,觉身处其下殊为不畅。昨宵偶得句,今日思足成之,然久而不属。独坐呻吟,至饭时乃成五七律各一,即以书于稿中。

饭后走寻颉刚,正在抄劝善文,谓余此妇人之愚信,为祖母命者。余戏谓之曰:"传抄一张子一人"之劫难免矣。相与至雅聚啜茗。天气不佳,座客殊寥寥,而余则转喜其清静。租报纸几种阅之,见《天铎报》一篇社论,题曰《革心》。大约谓今日之势，尤当以改革人心为首要。此主张正与余相同，唯余百般研究而未得其何以革之之法，而此篇中亦来言及，安得一晤作者以共相讨论也。

茶罢，闲步观前，遇企巩、君畴等，略一同行。与颉刚先至校中，则封百、伯祥、宾若皆在。彼三人邀余同至观前，余本无事，亦良佳。至宫巷，封百谓"时已不早，电灯尽燃，我其归矣"。余因亦同之返驾，行至校门与之别，相约几时风清日朗，当偕过伯祥小斋。而余则仍与颉刚同道归。

夜间阅《妇女时报》，假自颉刚处者也。中有《论贵族妇女有革除装饰奢侈之责》一篇，为余所著；前一号中《儿童之观念》一篇，亦余所著。偶有意见著为篇章，该报即能为余发表，使于一般家庭上微有得益，亦一乐事矣。

九月廿八日

阴。晨起身后略读英文。企巩来，呼余同至陆氏闲谈，及午而归。饭后笙亚来，偕之同至雅聚。

阅报纸，知南京已有战事，我军胜也。时心存在座，谓学团总机关处已决议解散学团，明日在我校中摄影以留纪念，约余必往。噫，虎头蛇尾，不将见嘲于人乎？即此为外界之事，无关于我，而此至轻之义务犹未能终尽，独不疚于心哉！

既而吴维叕（本景）来。心存、维叕本当南路民团义务教员，每日必往。心存谓余及笙亚："盍一往观乎？"乃偕两君往。该团在贡院内，及上操，则殊形不整齐，少精神。两君竭力教导，而无奈此等人实在呆木。及傍晚乃散队。余侪亦各自归家。

初一日，吴地有《大汉报》发行，方在征集颂词。余因作七古一首，自抒管识，未能佳也，且复寄去，不知采取与否。该报馆即在可园。

九月廿九日

晴。晨起后即往顾颉刚，告以午后摄影事，乃至企巩处作长谈，有两小时之久。再至陆氏少坐，遂归家。

午时祀先。祭毕午膳，食罢即至校中，作军装。既而高等巡警学校、农业中学、浸会中学、元和小学皆相继荷枪而至，于是即合摄一影。事毕后，团长谓今日大集，亦云盛举，盍联合巡行一周，以扬我学团之光。众赞成，乃出发，经都督府、养育巷,至观前而各目为归。脱去戎服,略憩少时,遂归家。

大人持归今日报纸,即张灯读之。见南京我军大胜,张勋有已死之说。又各国已承认我为中华民国,以后交涉皆用对待名义矣。

我苏城学团,今日知并非有解散之明文,不过巡警学堂以将毕业考试故,无心为此,而其余各学堂亦渐渐不高兴,所以有此阴实解散之现象。

九月三十日

晴。晨起读钱牧斋《投笔集》,既而阅《桃花扇》,美人名士,兵革江山,又触起几多感慨。

饭后走访笙亚,同至校中,则方在开苏民全体大会。该会以城自治会将于初三日选举州长,而更名临时州议会,以继续发生其效力,故该会反对此办法,由发起人八人创设此会。初则由发起人布告原由,继则有某君之演说,意中是旧时城自治会而今所谓临时州议会之办法。于是发起人亦起而攻击,八人聚坐一处,交头接耳,出言不逊。而众人则此言彼语,大乱秩序。彼发起人之宗旨甚是矣,而似此党比攻击,徒逞意见,真谬以千里矣。可叹可叹!及至散会亦无所成事。余则至庶务室阅报纸,阅毕而归已傍晚矣。

十月(自公元十一月廿一日始·选录十九日)

十月初一日

晴。晨起漱餐后往访企巩,尚未起身,乃至陆氏,假其昨日之《天铎报》读之。既而企巩来,相与聚谈,及午则归家午膳。

膳事毕,往寻笙亚,不值。寻颉则,又不值。乃至校中,则颉刚在,同之至可园访伯南先生,未遇。而门首已悬有《江苏大汉报》之牌矣。欲购今日之报,仆人对云,至初四始售钱;而今日之报何如可以得阅,则未有对也。

乃反至观前,茗于雅聚,阅《民立》《天铎》《申报》等。时企巩、君直、渔臣亦在,茶罢,则同行到校,而笙亚在焉。顾君家炳以商船停课暂且返苏,是时亦来校,将至观前,邀笙亚、颉刚及余与偕。于是重作观前之游。及归家,灯火满市矣。

十月初二日

阴。晨起后读 Spectator，既磨擦枪械。饭后往寻笙亚，同至雅聚啜茗。阅报，知程都督于今日赴镇江亲攻南京，有誓师文一篇，绝大文章也。

茶罢而出，途间遇送报人，手持有《大汉报》，乃即各购其一，然昨日之第一号已不可得矣。至校中，坐而阅之，则资料甚少，专电多抄自他报。在吴地创报馆总不能及沪上，亦地位使然也。企巩时亦在校，即与之同途归。

夜间对灯呆坐，戏作小诗一首，题之曰《纪梦》，即以书之稿中。

昨日沪上开中华共和民国联合会，盖以各处光复皆称独立，误会其意，即以为我人自为分割，且无统一之总机关，实在有所不妥。于是设立此会，由各处各团体派委代表，以商议一切莫大之事宜，意至善也。乃阅报纸记载昨日之会，无一事有议定之端倪，不知又以何也？又，我省临时省议会亦于昨日开会，假座于拙政园，其中议员即系旧时咨议局中者。

沪上有辛女士等发起女子国民军，又有某某女士等发起女子军事团，其旨皆在进取，已蒙沪军政府批准，允给枪械。饥餐胡虏之肉，渴饮匈奴之血，蹴平白山，直捣黄龙，须眉巾帼当共与有分矣。独喜我族年来之动机，何以若此之活泼泼地。

十月初三日

风高日丽，气为之爽。晨起后无所事事，闲阅《著作林》。饭后走寻颉刚，同之至雅聚啜茗阅报，亦消磨三四小时。企巩、笙亚亦在。

茶散后，四人同至校中，则临时州议会方在开会，假我校饭堂也。三十日之会何以无效，殊不可解。归时，偕企巩、颉刚同行，皆至我家。以《社会报》假与颉刚，二君乃同去。

今日笙亚购得《大汉报》第一号，余之颂诗早已登出。此诗前日忘录于稿中，夜间即挑灯誊上焉。

十月初四日

晴。起身漱餐后，略读西洋史。即至陆氏，盖昨日与企巩约也。既而企巩果来，乃相与闲谈乐甚。午时归家午膳，膳事毕再至陆氏，企巩亦复来，更邀维岩，三人同至观里,啜茗雅聚焉。

仲川适来,谓明日打靶,约余必往,余应之。阅报纸三种,即出雅聚而至校中。有同学数人已先在练习放枪,以箕作的。张佩苇一枪中焉。略憩少时即归家。

晨间偶得句,剪烛足成之。以有感而言也,即以《感咏》命题而书于稿中。

十月初五日

晴而有风。晨间随大人至观前购物。

饭后即将枪械持至校中。三句钟时乃列队出,赴盘门瑞光塔畔,此处盖打靶常地也,靶子靶旗均假自商团。帅君元丙第二个放,孰知于第三枪时,火药自后喷出,面部遂大伤,血流不止。于是数同学即扶君至阊门外赤十字会医治,究竟为重创与否,不得知也。此种枪械全系新制,而亦有似此之危险,不知其所以然,然而可怕极矣。余放五枪,概未中的,究竟无力之故也。各人放完,即列队归校。余亦即归家。

前将《民立报》中之诗日日裁下,黏为一折,如今读之,极为小而难看,思重抄为一册,夜间即抄之。至卧共抄二十首。

母亲谓午后有人来访余,述其状,当是怀兰,殆病已愈矣。

十月初八日

晴。晨起极晚,餐事毕,抄诗二十首。饭后走访笙亚,同至观里,啜茗三万昌,阅报纸焉。知南京我军大捷,乌龙、幕府等山均已夺得,该两处极为险要,炮轰城中北极阁等处,均毁之,又大战而大伤匪兵,进逼城门;云即日当可廓清南京矣。

茶罢至王废基,思看新招之兵操练,而定时已过,不在操矣。乃至校中,少息而归。

夜间抄诗十首,略读 Sketch Book。

十月初九日

晴。晨起后对窗向日,而企巩、忆曾来,同之出。至校中阒无其人,唯书记陈君鸣鹤在,云湖北民军大不利,汉阳已失。据西报,则武昌亦且不保,似此信息,实可惊骇。武昌根本之地一失，则恐其余各省人心因而涣散矣。相与嗟讶久之，乃至忆曾家坐谈，及午而归。

饭后走访颉刚，途间即遇之，偕陈实甫同行。盖实甫将至沪上入学生军，而颉刚送之也。相见后颉刚挽余同行，余应之，乃出齐门，径至车站。待实甫上车，车动而我二人行，徐步马路而入阊门。至校中。依然无人也。

途间购《民报》一张，即携之而归。汉阳之信大抵确矣，中原大势于斯一转，我军措手愈难而安宁愈远。然以双方之精神气魄而论，我军当无不胜之理。

十月初十日

晴。晨起后，抄诗十数首。即自作七律四章，将以赠颉刚也，故另纸抄之，更即誊之稿中。饭后颉刚来，即以诗授之。与之同访伯祥，不值，折而至观前；至雅聚，则笙亚、企巩、宾若、圣久皆在，乃即就座。

阅报，知鄂省我军确难支持，南京又未能下，大局已变，而各处新招之兵实难临敌，非特丧生，更耗军械。所恃者唯有此心，众心坚结，当不难重复旧观，尽扫贼敌也。

茶罢至校中，少坐而归。夜间挑灯，抽毫作简，并录适成四诗以寄伯祥。

十月十一日

晴。天气熏燠，阶础尽润，身体为之不爽。自晨至午，终是伏案抄诗，有三十余首焉。饭后走访笙亚，偕至雅聚啜茗而阅报。

近时报纸都鲜实信，大抵各依其主见以为胜负。素主革命者则云汉阳已经再克，有官报性质者则云武昌且不支，观于无关系之西报，则汉阳尚在清兵之手，而南京现正剧战，未有最后之结果，此说迫近确矣。

既而心存来，企巩来，圣久及伯祥弟兄亦来，皆就我同座。谈次，论及现今一般人民皆以为我侪小民，可随意于双方之成败。不知此次而苟再失败，吾同胞当失立足于地球之权，唯有蹈东海而死耳。况鄂省未见得手，南京尚未能下，燕都犹在，虏酋未除，正一发千钧之时之势，奈何有此等坐观成败之人，可叹。要知非必荷戈疆场而后云担负，即为地方办事，为军士募饷，以至逢人谈吐隐带劝导，亦未始不少尽职务也。上二项我无此能力，亦为其次矣。

茶散已是薄暮。至校中，遇令时，略谈而归。途间购《民报》一张，挑灯读之。

十月十二日

晴。晨起后即抄书。既而企巩来，邀余出至观前，君购物少许，及至校中，同学无一人在。俄而，颉刚偕彭莪慰来，乃相与叙谈，及午而归。

饭毕往访颉刚之家，与之同寻伯祥，未值。途次言及今世人心，固执者尚其大半，无定者亦非少数，似此任之不顾，终难构成此大民主国。而欲革人心，自非口笔不能。然用宣讲，用小册，若辈方将引而避去，以为导之入邪道者，则口笔亦难收其功矣。人心之得尽革，其在百年以后乎？为之嘻吁。此身定当从事于社会教育，以改革我同胞之心，庶不有疚于我心焉。

行行至观里，乃就雅聚啜茗阅报，约两小时，乃出雅聚。街头巷角见遍贴捷报，谓程都督昨夜来电，南京已全克矣。南京得则江南固，而鄂军得援，可以大振。将见北敌之逃窜也。

思访笙亚，笙亚不在家，乃即返。别颉刚时，约明日再访伯祥。夜间复抄诗，今日共抄四十多首。

十月十三日

阴。起身后坐待颉刚之至，盖昨日固约往访伯祥也，而迟迟不至，乃抄诗。及饭后而颉刚始来，谓晨间有事失约矣。至伯祥家，则遇焉。少坐即至观里，啜茗于三万昌。阅报毕，订约十六日观枫天平，在伯祥家取齐，须至早也。

茶罢至校中，同学十数人在。得知教育会今日开会，议我校事。众会员多主维持，独祝某一人主张停办，且其说多荒谬，因而未有成议。祝某行素卑劣，于我校又有宿忿，所以如此，亦大可恶。我同学当有以讨之，思登报张其罪状而驳其谬说。同学嘱余撰稿，余应焉。归家后即振笔起草，至十句钟而成，凡及千字，尚须与诸同学商榷，然后可投之报馆也。

十月十四日

阴。朝床中，思近时当救之人心约分两种：一则胸无定见，徒自壁上观人；一则心存谬解，妄自怨恨改革。当为文以救之，以作瘖口之忠告。起身后因即握管起草,饭后成篇,得千多字。更楷书缮之,加封以寄与沪上《时事新报》,固能代我发表与否,未可知也。

既投此篇于邮筒,后即至校中。途迂令时,则出昨夜所成之稿示之。君云明日慰萱将自甫里归,待其至后,当与之商量。余遂以稿存令时处,因其见慰萱便也。

行行至观前,乃同就雅聚啜茗阅报,所遇止企巩、伟士、渔臣。茶散后回至校中,则所见亦唯此三人。坐谈少时,即与企巩同道而归。夜间抄诗共三十首。

十月十五日

阴。晨起后即伏案抄诗。饭后颉刚来,邀余同访伯祥。途次遇子明,云适自乡间至,亦邀之同至伯祥家。相约明晨颉刚过余后再往会伯祥,然后启行。

今日闻程都督凯旋,颉刚、伯祥欲往车站观其行色。余不欲往,乃偕子明至观里雅聚,则笙亚、企巩辈皆在,因即就坐。既而封百至,乃尽行同至校中,则慰萱刚到而令时未至,昨日之意徒告之而已。归途与企巩同行。

夜间复抄诗,窗外雨声渐渐,恐阻我明日清兴也。今日共抄七十首。

十月十六日

晴。晨梦醒来,天尚未大明,后门铃声已响,急起开之,果为颉刚。举头望天,净无片云,而微有风吼。大人云如此风势,山中当益甚,其毋去为妙。余不听,徒以好游心胜,竟即同颉刚行,有辜父母爱子之心矣。

行至伯祥家,伯祥已起,其伯其弟亦皆起,云皆有兴,将同游也。少顷即启行。途间食牛羹及大饼以充晨膳,食已,饱而且温,居然旅行态度矣。

出阊门,日已大明。四十五标营前方在上操,大概皆新招者,操法尚在初步也。至枫桥镇,更购饼肉以备糗囊之实。即上江村桥,则所行悉田岸,水集乡村,所过甚多,犬吠过客,鸡啼晨光,在在有致。

约一句多钟而至毓秀桥,则将上山矣。乃先觅茶寮,且少憩而解渴。有顷,乃登山为支硎,竟自辟新径,不循旧路而登。旋至其最高峰,适遇樵妇,问其至天平可从此行否?云不能。然不之顾,且冒险为之。

行行渐下,越巨石无数而达天平之背,乃即复登,然径益险,苟失足者,真将成千古恨矣。贾勇而前,竟到上白云,一望则枫树红如霞,松柏碧于玉,天风浪浪,胸为之快。长啸数声,得七绝一首。

坐地有顷,乃循正路下。过中白云,寺门紧闭,想僧未归也。至云泉精舍、高义园,皆未入,径从潼梓门而下山。时日隐云封,途次竟飘雪花,今冬初见也,然旋即止。惧其再下,乃加快步履,三句钟时已复在枫桥矣。入茶肆憩息约半小时之久,乃更行。兵又在上操。见教练之目兵竟有以动作稍迟持棒打散兵者,散兵不敢抗,则怒目以报之。此事大为不当,苟其举动不合,教导之可耳,何得打?兵全在和睦,若逞战阵之时而报其私仇,岂非误了大事?且肤责又非文明国所宜也。

入阊门,颉刚行稍后,既而顾之不见,待之未至,殆别径归矣。不耐再待,乃行。过伯祥家,即与彼伯侄三人别。至校中,未遇人,乃归家,犹未燃灯也。夜间将所得七绝写于稿中。

十月十九日

晴。晨起身后即伏案抄诗。饭后至陆氏坐谈。既而企巩来,即同至观里雅聚啜茗,座客殊为寥落。阅报纸两种,即舍去而至校中,颉刚、笙亚皆在。

时胡先生已来,示余以《秋风诗》,盖自八月十九日武汉起义以来而至近日之纪事诗也。诗凡数十首,纪事弥详,尚未有尽数。每首皆有笺注,诚伟著也。

晚间偕企巩、颉刚同途归。夜间仍抄诗。今日共抄七十五首。

十月二十日

晴。起身后仍作抄诗之生涯。饭后怀兰来,询校中近状。余谓虽有开课之说,然尚未有定期也;坐少时即去。余旋亦自出,至校中,未遇一人;至观前,遇笙亚、蓉初,乃相与散步街头,绕道而仍至校中,阅报纸焉。时颉刚亦在,晚则与之同途归。夜间更抄诗,纸尽而止。计今日共抄百首矣。乃阅《民国报》,盖假自颉刚之旬报也。

近日割辫者甚多。校中先生同学殆已割尽。然亦有一般人冥顽不灵,牢种奴性,死留此一条亡国之纪念物,自名为不肯与世推移者。此种人无以名之,只得谓之不完全之人耳。

十月廿四日

阴。晨起后，伏案重抄诗稿。既至陆氏，只维岩在，向之假《天铎报》读之；复相与闲谈，亦有一小时之久，乃归家午膳。

膳事毕，走访颉刚，不值；至观里，遇伯祥及其弟，乃同至雅聚啜茗。既而振声来，心存、江颖年(新)来。心存谓近得先锋队差遣员之差。先锋队现驻南京，今日自南京请假归也，为述南京光复后情形，甚悉。颖年本为义勇队员，攻克南京有接济之功，现得二等侦探职，谈战时情势弥详切焉。既而宾若亦来，而诸人纷纷去，只留伯祥、宾若及余三人，乃相与至元都观之后弥罗阁。红墙之上犹留一角夕阳，游人正缓缓归也。旋即亦归家。夜间续誊诗稿，抄尽而止。

鄂江战事现正在停战时期之中，而北方又有遣使来议和之事。夫停战议和，本须有必不得已之势，而后可议和，可停战。今日之势则殊不然。两方立于反对之地位，非战争不可以解决者也。且在民军之初意，非欲成一大民主国乎？则北虏未去，民主国未完全，何可和也？曰停战，曰议和，不过北方缓兵之计耳，待兵多饷足复将起而挑战矣，届时欲扑之难哉。故此时只有战，不可和。此说报界大多主之。

北伐队、北伐军等名称等组织在在皆有，而未闻有束装北上者，不知何故？

十月廿七日

晴。晨起后伏案抄词。饭后怀兰来，即偕访笙亚。而至校中，下乡同学有十余人来矣。书玉、凫岑亦已来校。怀兰发辫尚未割去，余谓盍速去之；乃为之捉刀，及至修齐完工，已历二小时之久。

既而阅报纸，知昨日南京开选举临时总统会，十四省代表举定黄兴为中华民国临时大总统。从此民国基本愈形巩固矣。

晚即归家。夜间更抄词，今日共抄数十首。复整理书籍，为明日到校上课之预备。

十月廿九日

阴。朝床醒来，狂风大吼，披衣以起，寒气袭衣。到校恰及上课。

课毕后，同级诸同学聚议年终毕业可无须考试，以历学期分数作为毕业分数,思上意见书请命于监督,因推余起草。归家后即握管布书,及夜而就:陈说考试之无谓,因考试而废光阴之可惜,凡七百多字,明日将携至校中,与诸同学共商也。

十一月（自公元十二月二十日始·选录九日）

十一月初一日

晴。晨到校刚及上课。午后与诸同学共商昨所作之书。诸人意见尚略有更改也。末课体操,余请假,即亦归家。

夜间作一书与李怀霜先生,盖《天铎报》主笔也。请其提倡改革人心与实行改革人心。杞人之忧当不见屏于大文豪之前,实以张目张耳即触不满意事,故毅然呼号也。

十一月初二日

大雪。年年未得腊雪,故收获常歉。今年得之,而偏于大改革后,迨政治改良,民和年丰,将有无量之幸福于将来也。

到校已晚,未及上第一课。午后课毕即归家,将昨日所作书誊之信笺,待明日置邮焉。夜间为全级作公信与心存,盖以呈监督之意见书寄与,托其面致监督,而以另书誊之也。

十一月初三日

微雨竟日。晨到校已是上课。即偕子明至护龙街邮政局,寄与心存之信,欲其速而不遗失,寄快班焉。归校上第二课,亦且迟到。

午后课毕即归家。今日为冬至夜。夜间祀先,祭毕饮酒。久不饮矣,乃觉陶陶欲醉。

张君森桂、葛君士源,均常熟人,二年级中同学也。今日不告监学而出,将至沪上入学生军,闻且瞒家中人也。二君平日默然无言,似无能为者,乃毅然径去,余对之唯有生羡,思之弥觉增愧。

昨夜皮市街盗劫数家,而下乡盗事已屡屡有闻。同胞程度如此低下,可悲哉！然人冻馁且死,自不能讲廉耻。况金融机关既通而再阻,劳动家遂愈受其影响。持铁血主义之英雄,现正军事旁午,自不能兼顾。而若绅若富固亦有地方治安之责者,奈何不一虑之乎。

又,今年佃人集众抗租,开仓日期已过,而无有一人来还者。现在军饷筹自田赋,田赋收于农佃。田业会中将设法请兵以恐乡人,而此事决无善果也。我于此又将悼同胞之无程度矣。悲观种种,将胜过我之希望心。奈何奈何!

十一月初四日

阴。以冬至节故,放假。昨向胡先生假得其《秋风诗》卷,即振笔抄之,终日而尽,凡六十首,兼有细注,故费时多也。夜间复抄其今年诗稿,抄六页而后已,其四分之一耳。明日须续抄。

十一月初七日

晴。晨间到校已不及上第一课。第五课文法,吴先生缺席。第六课体操,亦未上,偕颉刚至雅聚啜茗而阅报。既而企巩、君直等来,相与聚谈,乐甚。

及归家已傍晚矣。则出《民国报》第二期阅之,盖颉刚假与余者也。阅未尽更继之以夜。"学说"一栏中《研究共和政府论》,至博大而名理精微,自是最完全之学说。读之多有所进益也。既更阅《民报》。

我国革命之首倡者,实推孙中山。先生名文,粤人,善医兼精政治、哲学、兵事等,奔走数十年,举事而未成者屡矣,近复于外洋筹划军饷,迭有巨款运进。全国人心中之第一任总统属望此公矣。昨日由美抵沪,沪上人士均喜跃如狂,并无法以致其欢忱。而先生抱如此之慈悲心,今日得遂其宏愿,不知其乐又将何若也。然某报记者曾于昨日往访,而先生云来日大难,吾侪责任未已也。则亦有所难于所谓建设乎?建设,全国大众之责,我同胞必须毋负先生之苦心矣。不负先生之苦心,亦即能尽吾自己之天职。

日间与企巩、凫岑闲谈,言及近日军饷非常缺乏。凫岑言我校中同学可排演新剧,得资助饷;虽一粟之于沧海,然心可少慰矣。余闻之大喜,即欲编辑脚本,用时事而寓劝化之意。在苏演数日,更可周历各乡,可以广教育,可以集多金,诚善法也。然此事亦诚难,同学中口才佳者甚少,而此事固必须口才也。又无相当之地位,种种之布景,则亦徒能有此想而不有此事者也。

十一月初九日

晴。晨到校已晚,不及上第一课。

晚间课毕后,偕企巩、颉刚、君直观前散步。地摊上有卖风景、运动照片者,三君皆择优购之。至醋坊桥,颉刚别去。我三人则至陆氏,其仲昆皆在,与之坐谈。少顷即归家,企巩、君直则归校也。

近日乡下佃户抗租风潮愈形激烈,各处声气相通,聚人益众,日寻催甲之家毁之拆之。见有城中祭扫之船至,则曰来催租也,亦群起攻之。计数日中,催甲共毁去数十家,亦非有平日之积怨,实视拆毁以为取乐。闻某处乡人更以不耐之举取怒兵士,兵士忿而开枪,致死十三人。似此漫无法纪,其行实同兽类,不知何日始已也。岂不知今年收获亦未见减色,而所收仅须五成完租以外,尚较他年为赢余,奈何欲并此不纳也。方今事事文明,故收租未肯强压,今乃如此,则军政府苟欲得饷,不得不用其兵力,届时擒人治罪,又何苦哉。然下乡人民,性情皆至纯朴,不无匪徒为之扇惑以成此事。我尤望当事者终究勿用武力,得以和平了结,开导其心志,使知正理为若何也。

前报载二十六日举定黄兴为临时总统,实属不确;当日虽有开选举会之说,其实未开也。明日则确于南京开选举会矣。

十一月初十日

晴光普照,气象宏崇。选举总统一事,为历史所未有,亦民国之光荣。街头巷角,高竖五色之国旗以庆盛典,而各学校亦停课一日焉。

晨间于平日到校时仍至校中。各同学都活泼泼地,或游戏,或聚谈,似极欢悦于从此脱却君主之恶魔障者。

颉刚呼余偕寻伯祥,应之而往。则伯祥方起身,坐小斋中谈话,无非及于时事也。约历两小时,伯祥有事他出,我二人即归校。午膳既毕,偕笙亚、颉刚、凫岑至雅聚啜茗阅报。

两小时后,乃弃座而至玛瑙经房书肆。见有沪上某书局所出版之《头颅影》,皆抱革命主义而牺牲生命之烈士之遗像也,或则铁索郎当,或则血花飞溅。夫人总云达,最难一死,而册中诸烈士悯众生之沉沦,甘地狱而先入,苟有能为同胞造福幸者,勇往直前而赴之矣。此身何关于我,即死岂动于心,既死矣,而精诚未死,同志犹存,遂以开今日灿烂之自由花。则对此册而生悲者,必为无志之人。余亦壮男儿,见此何有所悲哉,唯有敬之若天神已。

瞻观有顷,乃出,由护龙街而至王废基。先锋队适在上操,乃从旁观之。新经招募,举动未能纯熟也,旋即向驻所而去。继见儿童一队,裁巾为旗,削竹作刀,一差长儿作司令长。谓为革命军龙虎风云之事,乃亦映入于儿童之脑髓,致为此有意味有纪律之游戏,至可喜也。仰见营中旗杆上高挂军旗,红地黑纹黄星,若至庄严而勇武焉。

至校中,则伯祥在。谓已至观里寻余及颉刚二人,既遇,乃三人同行,再游观前。食汤团于某糕团铺,食牛肉于某摊,盖皆其有名者。又复徘徊三清殿之后,看一抹夕阳犹留弥罗宝阁之角,然旋即无有矣。乃各相别以归。

十一月十一日

晴。晨起到校后未及上第一课。

饭后伯祥来,盖今日为全国国民资格研究会第二次会集,而昨日相约同去赴会也。乃即偕颉刚、中新及伯祥径往,然为时尚早,乃就雅聚啜茗,急租报纸阅之。知临时大总统已公举定孙君文。君久历欧西,一切文明典制定必了然于胸,此时组织临时政府,当能惬我同胞之心也。

既而同学之来者有三十多人,云皆欲赴会者,校中正课弃之不顾,于规则于学课不无未能守未能勤矣。且闻校中以出来人多,即停课半日也。

至两句钟悉至会中。会所在东岳庙内,人数极多,约有千数。我侪之所以来者,以闻有某演说名家演说也。而其人未至,其他人之演说大都无甚阐发,止言国民资格所以应研究,而未有言研究之方法者。

散会时,诸人皆失散,唯剩伯祥。偕至王废基散步,移时而归。

十一月十二日

阴。晨起更晚,盖以星期无须到校也。

十一钟时,至陆氏,假其《天铎报》阅之。饭时归,母亲谓企巩及二不识之人曾来寻余。饭已即至校中,止笙亚、书玉在,即偕至王废基观先锋队上操,约有一小时许,仍旧归校阅报焉。

同学有自观前返者,谓有浙军十数人,持剪刀行,途次见有辫者,辄剪去之,被剪者已数十人。愿为辫子作忠臣者多趋避焉,所以顷刻拥挤异常。笙亚云盍一观之乎,即同往。至则已不见所谓强人剪辫者。遇怀兰,俱回至校中,则颉刚适在,与之同道归家。

（此后用民国纪年）

民国元年（公元一九一二年）

一月（选录二十四日）

一月一号

阴。晨起身后,到校已晚。未及上第一课,适同学某君来,谓吾中华民国已改用阳历。众未信,电话询民政长,果然。则今日元旦也,年假之期当于是数日前矣。以未及知,故未及放;而习惯上有所未便,故知之亦不即放年假。特元旦则必须假,遂放假。

今日为吾国改用阳历之第一日,而吾之日记,亦于今日始改用阳历矣。

饭后观怀兰作画,既而偕岷原、颉刚至观前。风狂云黯,市静人稀,无聊甚。余本欲浴于汇金泉,颉刚亦欲,因挽岷原相陪偕往焉。浴毕而出已是五钟,再回校中与诸同学闲谈,及上灯时遂归。夜间为蓉初作名字小印二方。

一月三号

晴。午后课毕,偕企巩、圣久、君直等至王废基观先锋队上操,既而同至卢君世僖家。卢之兄系陆军人员,现任军政厅长,家中多军械,出手枪马枪见示,杀人利器实是精良。移时乃出,仍返校;更偕企巩、笙亚散步街头,亦有顷而归。

前托心存呈袁先生之一书,袁先生已接到;唯所请未蒙允准。明日起温课,下星期一且举行考试矣,而我全级人之心则固欲免考也。乃公举代表赴宁,谒先生而面述所以欲免考之故。笙亚、仲川当选,大致明日即动身矣。

一月四号

晴。晨间天尚未明弃床而起，盖欲往促笙亚、仲川之行也。盥洗膳事毕，乃渐渐见明光。遽而到校，则校门尚未开。立小桥以纵眺，霜花似雪，营中已呜呜有角声；野马乱滚，晨鸦初飞，地平、树顶、屋颠，则尽罩白色。顿忆某人诗："参天玉树寒无影，压地银河冻不流"之句。二句咏雪者也，乃霜景亦仿佛似之。

再回至校，门刚开，企巩自内出，谓事且中阻，有某某等人以为无须往南京。余大不快，即与之偕访笙亚。笙亚已起，同之回校，再集诸人而会商此事，久之久之，乃决议终行。二人去后，同企巩、怀兰、子明、圣久至王废基观兵士上操。观一时许归校，曝日廊下。

饭后偕企巩、凫岑、圣久至观前散步。回至王废基，正逢戮人，闻系盗案。先由一官长宣布罪状，罪布毕，开枪击之。三人凡击二十余枪而死。易杀头而为枪毙，此日始也。是时观者磨肩，拥挤非常，无聊极。

乃再归校，同诸同学入吴粹伦先生室中，请其示考课之范围，题目之出于何章。盖以请免考试一事未见必成，而此一学期所授之课实少进益，是以非出此则势将不能考试也。他课亦都依此行矣。免考获成自然最好，不成亦不至手足无措。吴先生既见示，乃即归家。

一月五号

晴。晨起身后，为大人剪辫。盖近日之剪辫者已众，而大人固极赞成此举者，徒以大众尚未通行，故迟迟至今日也。既而伯南来，谈有顷乃去。

余即至校中，同学之在校者甚少。饭后偕企巩散步王废基，既更邀怀兰同至观前。怀兰归，余二人乃至陆氏，假其《天铎报》阅之。维岩欲往王废基游，余二人乃偕之往，徘徊有顷乃归校，则轶韦、棣苏在，盖商船以新年放假也。坐少时，乃与维岩同途归。

夜间正在观书，企巩、书玉来唤余，余即随之出，谓笙亚、仲川已至阊门，适以电话相告，云事已成 行行已至草桥，闻铃声叮叮，则二骑前来，盖笙亚、仲川也。下骑后，即述见袁先生后历陈意见，袁先生允其再行上课，将各科之未及完者学完；考试则不可不考，第先出宿题，取其便捷而优美也。二君并谓，观袁先生之意,颇注意于我级诸人云。时月色皎然,谈深意惬,不觉霜之渐渐下也。约半时许,乃相别而归。

一月八号

晴。到校甚早。本拟今日上课,完未完之课本。各教员以为上课有所不便,既停而复上,恐为外人指摘;如必欲完未完之课本,则至教员室中受教。于是上课一事遂作罢论。

午后考三角,系先出题目,临时而誊之卷面,固甚易易也;誊一时许即完,便交卷而出。遇伯祥,偕往观前啜茗于雅聚。既而封百及企巩亦来,坐二时多仍旧归校。

闻袁先生适自南京归。先生为参事,会中江苏代表,现正议订宪法,异常忙碌。大致不日即去也。

一月九号

晨起即到校。我同级诸人意欲与袁先生摄一留别影。而以此时所穿之衣服为旧时虏廷体制,若摄具影而留诸他日,使检阅时则对而生憎,殊未善也,乃议一律穿西装。自有之者则大妙,无之者则借诸其亲或友,于是我出尔入,大形忙碌,至十一句钟而衣服齐,余则穿程君汝梁之外套也。时照相馆中人已至,即择运动场角之层阶摄影。袁先生立于中,诸人则或其旁或其后。摄影毕已是饭时。

午后考理化,其手续亦类昨日也。考毕偕颉刚至观前。书肆中有购孙总统之小像者,与颉刚各购一纸,印工纸料皆非常精美。途间遇企巩、凫岑、中新,相与散步街头,移时归校,少顷即归家。

袁先生谓:"近日议订宪法。有一般人专欲以种种特权加之总统。余竭力反对,盖以宪法中有数字之未当,同胞即永远受无量之亏也。"苦心争持,乃至吐血,若袁先生可谓为同胞出力者矣。又,一般人主张以某君为内阁总理,先生独不以为然,谓某君徒有所作为于文字之间,而未必能处实事也。旋有人举先生为教育部次长者,先生毅然不应,曰:"余既知人之无才以为内阁总理,则能知人也;能知人者亦当知己,教育部次长余不胜其任,肯即因被人举而应之乎?"则先生干事既能尽其力,又不肯不量力而强为其名较高者,先生诚可云人杰也。观其奔走筹算,于此两三月间鬓发蓬茸,面苍颜憔,顿增老态矣。

一月十二号

晨起至早。推窗远眺,白云满布,寒亦加甚。早餐已,偕怀兰至王废基观营中兵士上操,操毕归营,余二人亦归校。旋更偕怀兰及书玉至养育巷椿记照相馆中观前日所摄之影,唯尚未晒出,止得观玻璃片而已,而一切布置则已可明视,尚甚合式也。归至王废基,怀兰先归,余与书玉则观学生军操散兵线。此队系沪上所招而分驻此间者,一切动作自较兵士为上。观移时,归校午膳。

一句钟时考国文,亦不过以去年临时考试之卷重誊一过也。交卷后偕颉刚、笙亚再赴王废基,从其西北行,则多田亩,更进则皆高墩,曩操野战时埋伏处也;再前折而东,又上归校之途。企巩、凫岑将至宫巷瑞记拍照,挽余相陪,余因更邀怀兰、颉刚同往。摄影毕,相约街头散步,过观前,过护龙街至王废基,则兵士又在上操矣。无甚趣处,仍旧归校,坐少时乃径归家。

日间曾与笙亚、书玉、怀兰谈,谓吾侪毕业后势难求学,不求学则必有所事事,方可免惰民之诮,更求免冻馁之忧;而欲得所事事者,其唯谋之袁先生乎。三君皆有同意,嘱余作书以自述于袁先生之前。夜间即起草,两小时而脱稿。署名则连余共四人也。

一月十三号

阴。晨到校至早,示书玉、怀兰以昨所作书,皆云甚是。笙亚来后亦示之,无异辞焉。三人公举笙亚缮写,而以明晨邮寄之。

午后考英文,共作文一篇,亦如昨日之办法也。

后日为民国建立后之第一元宵,理应庆祝,我校势必张灯悬彩矣。顾其费无从出,乃醵资于诸同学,人各五十文焉。收资支付,企巩实董其事。资既集,企巩将出定五色灯,挽余偕往;适伯祥来,即亦挽之偕,过问灯店凡三,而其价始合,定已。天下大雪,伯祥急欲归;余与企巩亦归校。

时封伯在阅报室,书玉亦在,无端闲谈,乃颇涉哲理。既而凫岑来,办兴高采烈,津津有味,谈约有二小时,觉胸中乐不可支也。即在校中晚膳。膳毕冒雪而归。

今夜且积雪，明晨将得一望银世界也。

一月十四号

以星期故，晨起特晚。急视庭中，殊失昨晚所料，暖日之光直射墙角。屋上微有积雪，受日光而溶解，缘檐以下，作的的声焉。

漱餐已，即至校中，同学殊少。校门前一带，同学有试马者，因即作旁观。既而伯祥来，谓："今日下午，中国社会党苏州支部假留园开成立大会，盍往赴会乎？"余曰："知之已数日，本有此心也。"

午膳毕，遂同伯祥、笙亚、颉刚径往。时尚早，既而人渐渐集，有六七百人之多，遂开会。江君亢虎者素抱社会主义，曾周游各国，专为考察此主义，归国后竭力鼓吹。沪上光复后，即创中国社会党本部于沪上，君为其首领焉，今日亦来此演说。述社会主义之起源，则云宗教家之所谓极乐世界，所谓天堂，皆以人生最完美之幸福属之于理想界，而不知实可得之于真实界；社会主义即欲得此最完美之幸福于人世；而且并非臆想，其实实事也。述社会主义之进行方法，则曰破除世袭、遗产之制度：世袭之制去，斯无贵贱之阶级；遗产之制去，斯无贫富之阶级；提倡社会教育，则同胞之程度齐；提倡工商实业，则同胞之经济裕。于是绝对的平等，绝对的自由方达。述各国社会党之状况，则云英国为最发达，其故以英国之国家道德最高，取缔集党等事最少，故各国之党人趋焉；美国亦甚发达，则以美国经济尽握极少数人之手，而极多数人皆贫困无聊，由其反动力而致此；瑞士本为永久局外中立国，其国只有警察而无兵士，有议会而无元首，其人民亦多持社会主义，各国社会主义家方将以其国为模范，欲由此而再加改良也；其余如俄，则以假立宪之下，自无不反动而趋入于社会主义；如法，则本系民主国，奉此主义者亦属多数；如日本，则以去年社会党员幸德秋水被刑后，政府方严于取缔，一般社会亦少信此主义之观念，故此主义尚难鼓吹于东瀛三岛间；大放光明此主义，尚有待于吾中华也。次更述吾国之适合于社会主义等云云。其语详括简要，条理明晰，不愧为此主义之先觉者，而其演说才亦至可钦佩。惜当时未一一记其语，今灯下所记止其大略，遗漏多矣。

散会已近五钟，拥挤之间失散伯祥、颉刚，乃与笙亚急急进城归校，即便晚膳。

袁先生方自南京至,乃倩笙亚见之,告以今晨有书往南京,并以至简单之语述书中之旨。先生云谅可想法,笙亚更请之竭力也。

一月十五号

阴。以元宵补祝新元,故而停课。

晨起已晚,即至校中,则诸同学方在预备灯彩。运动场之中高竖旗杆,悬五色国旗及校旗焉;更悬小灯十,其色一如国旗。校门以内则遍经五色灯及万国旗,门前杨树一带亦经绳而悬以灯。

饭后笙亚谓:"如斯佳兴当有所以助趣者,盖醵资放花炮乎?"集诸人之助资得三元许,乃往购花炮若干。

既而颉刚欲归,乃随之往,向之假《社会杂志》数册,盖彼昨日所购也。仍偕之出,过观前,商店中无不高举国旗。

径至校中,则时已将夜,有人心急,各灯遽燃之火,恍入不夜城矣。旗杆上之灯亦燃以火,因高而小,乃似贯珠。夜膳毕,有三数十人列队提灯出校,余以无操衣而未入队,然衣便衣提灯而从于队后者亦数十人,余亦为其一分子。穿街过巷,观者塞途,去年之提灯会宁有此真乐哉!行约一小时乃归校,即于门前燃放花炮,观者如堵,爆发声之中杂以"民国万岁"之欢呼声,乐不可支之狂笑声拍掌声,声声相应焉,亦有半小时乃尽。于是缓缓而歌归。家家门首,尚红灯闪闪也。

一月十七号

晴。晨起即到校,考法制经济,以上学期之成绩重誊一过也。午后考经学,办法亦如之。誊毕交卷后,偕笙亚、书玉至王废基观学生军操。观有顷,归校。

与怀兰、书玉立廊下闲谈,言及世界进化全赖工商,人生职业舍此莫属,我侪他日之职业,将于是选择矣。如云政治等界,为服务之事业,讵人生之至乐,并非可终身居者,于意殊无当焉。然吾侪实业专门之学曾未问津,虽求学之时日非缺,而求学之能力已殚,则得一正当之职业以立身而处世,且难乎其难矣,亦微可怜也。

既而偕怀兰、颉刚至观前闲观所陈列之货摊。及遇书玉、凫岑，则怀兰、颉刚散失。遂偕至观西乃反身而归校。再同十数人至王废基，徘徊伫立。此地空旷寥廓，爽气宜人，故虽日再往日三往，亦未以为厌也。

一月十八号

晴。晨起较晚，迟迟走向校中。遇蓉初于途，谓余"君级中已在课堂考修身，盍速往乎！"急趋而往，则已有人完卷矣。题为《人欲维持名誉与信用必须自重其责任始说》，遂振笔捷书，草草完篇。此次毕业考试，只此课临时出题，临时构成也。而毕业考试且告终矣。

午后为一年级某君代作国文一篇。捉刀顶替，虐政也，然为之亦非大过。

时封百、伯祥来，颉刚亦已考毕，乃偕三君至观前，途遇令时，亦挽之偕行。就雅聚啜茗阅报焉。谈次，颉刚谓"社会主义我深赞成"，挽余及伯祥共入社会党。余以为苟持社会主义者，亦不必入党，随地鼓吹，随地传播可矣。且余之主义于现今之社会主义尚未满意，或亦未能悉心研究，一偏之见之故，故即欲入党者，再事研究，于党中宗旨适合无间，然后再入，未为迟也。伯祥之意亦云如是。茶散后至校中，晚膳而归。

一月十九号

晴。晨起即至校中。怀兰谓今日袁先生将自沪上归，吾侪必面见之而陈说下情以为请求，谈论久之，要无方法。饭后偕笙亚、书玉至直街松风阁啜茗，亦谈此事，相约言语之次第何如，乃归校。遇怀兰，云袁先生已来而又外出矣，乃坐自习室中闲谈以待之。既而夜矣，既而晚膳矣，先生犹未归。乃与书玉散步廊下有半句钟，而先生才归，即同书玉、怀兰先入见之。语方入题而某君亦至，此事固吾四人秘密者也，只得止而不谈。先生且须夜出，匆匆提灯以去，而我侪所欲言未尽矣。先生明日即往白下，因思即以今日所欲言作书以致之，仍旧余起草焉。归家后即为作就。

今日报载：江苏都督置定江苏省为六十县；苏州府改为吴县，复古称也。

一月二十号

阴。晨起即至校中，以所作书示书玉、怀兰，皆以为然。示笙亚，则云可以缓,因即置之。

偕书玉至王废基观先锋营上操,移时仍归。则轶韦在,聚金声、笙亚、书玉等而闲谈焉。饭后偕笙亚、书玉再至王废基,则又见兵士上操。既至观前,凡二次,更往校中,聚诸人坐一室中而谈话。书玉、凫岑、金声明日归矣;岷原则已于昨日离校。虽然校中于第廿八号举行毕业式,而诸人之再来与否殊未可必。多年同学,居处同,受业同,情谊之重岂止兄弟,乃从此而各不相同矣,于心得无黯然乎?故愿时计之缓行,得多叙一刻也。晚膳毕则时已夜,不得不归矣。乃遍别诸人,珍重数声,以为临分手时之谈判。归途则与颉刚、轶韦同行。

一月廿一号

晴。晨起身后适在盥漱,闻叩门声,开出则为颉刚,谓"今晨九时,社会党支部开党员谈话会,盍往莅会乎?昨已约伯祥,彼在家相待也"。余谓"我侪非党员,何必往"。颉刚谓"非党员岂不可入党乎"?乃径同之出,至伯祥家,为具点心。既而王彦龙(弢)来,则又伯祥预约者也。

会所在阊门外姚家街利济寺,四人即连袂而往。发起组织此间支部者为陈君翼龙、詹君天雁,相见后弥相亲爱。为道欲入党事,则极欢迎。于是四人各具誓约书一纸,购徽章各一焉。徽章绿地而红腰,中文书"中国社会党"五字,英文则书"Chinese Socialist"两字。既而来者络绎,盖皆党员也。闻此间党员已有二百人之多。社会主义之流行乃速于置邮,可喜矣。

开会后,陈君翼龙略述社会主义之大概,继之则有孙君继伊之社会谈,多采最高深之学理,参以己见,自是卓论。然呈义过高,未免难为次一等人说法。盖教育尚未平等,不得不因人而施也。再继之,则有袁君大文之机织说。袁君业机织,劳动界人也,于其业多有发明,且素持社会主义,肯牺牲其一切权利,为社会主义之发展。故其语中有云:"此事非徒挂之口舌者,必须用力去做。明知万难,然三月以前中国无所谓社会党,至今日已各地大放光明;准此比例,则欲达吾社会党之目的,当亦非难。"既而复有陈君提议之事件,詹君报告之事件。

散会已过午时,匆匆各自归家,则即午膳。膳事毕走至校中,同学之留者止十数人矣,凫岑尚未去也。略阅报纸即便舍去。怀兰适来,谓"顷遇笙亚,昨所作书已缮写清楚,寄往南京去矣。"旋偕颉刚散步观前而归。

夜间观昔所抄《佛学赘言》。

一月廿二号

阴。晨间装订各课讲义。既弄笛数声,久未沾唇,乃觉生涩。

饭后至校中,则有十多人在。阅报纸毕,偕笙亚、企巩、凫岑、君畴、蓉初、秩臣至观前游行一周而归校。适王仲来(怀琛)来,丁未年同入公中之头班生也,数月前自北京归,为述北京情状甚悉。更偕笙亚、怀兰散步于王废基,相与道来日之不可捉摸,则各默然无言,凄然不乐。旋即归家。夜间抄《佛学赘言》。

一月廿三号

阴,间有微雨。晨间至养育巷椿记照相馆,购前日同级诸人合摄之影归。至笙亚家,倩其题签焉。更偕之至校中闲谈,旋归家午膳。膳毕再至校中,自习室后种有红萝卜,企巩、凫岑已在掘而食之,因亦效其所为,味弥甘也。

无事消遣,则取《民立》《时报》两种,从头读之。清廷退位甚有可望,所为难者袁世凯一人。袁苟肯翻然服从我民国,则孙总统必以总统让之,盖此言孙总统受任时固已宣布也。

傍晚乃归家。夜间代大人写收租三联单;盖前所出之由纸,早由聚众肇事之乡人毁去。今则议定办法,改收二、三、四成,且设公局三,租粮并收,而由纸则用联单也。

一月廿四号

雨。起身后,校昨夜所写之三联单。

既而怀兰来,谓袁先生昨自南京归,今日须进谒之。乃同之至校中,则先生外出未归,只得在校午膳。至四句钟时才归,乃同怀兰入其室,道恳求事。先生谓:"南京政府中殊无位置,且深不愿尔等之任此等事也。将来地方上举行之事必多,任此种事,尔等为宜。余如小学教师亦可也。"余又云:"我等之势在急于得一位置,先生所言皆非即时者。"先生谓"即时之事实鲜。总之必代为想法也。"乃辞而出。立即归家,续校三联单,校毕更写,乃至夜间。

一月廿五号

阴。晨间即至校中。为毕业等第事,余于分数之计法有所亏损,倩吴先生转商之于袁先生,得允准,于是不失其为最优等。等次固无可强求,然应得最优而不最优,是以争也。

旋即归家。午膳后再至校中,怀兰谓:"托袁先生之事,诚难达其目的;无已其为小学教师乎?"然小学教师之席亦难乎得之也,苟得之,则其品亦至可高贵,固新民之基础须是赖焉;且其中乐趣亦无有穷尽。

既偕之街头闲步,为述种种之事,旋各自归家。夜间复写三联单。

一月廿六号

晴。晨醒后,尚未起身而怀兰来,见余未起即自去,谓待余于校中。乃急起,洗餐诸事毕即径到校,问怀兰有事否。答谓"无事,故尔寻君闲话也。"乃与之散步王废基之野。朔风凛冽,打面面僵然,既而复觉其暖。万事须从苦耐中得乐趣,此理可证以此例焉。

旋各归。余更写三联单数十页。饭后至企巩家,则企巩亦在写此物,凫岑在,为之助手,余乃略为之助。

待彼二人饭毕,乃同出而至校中。则闻江防营与先锋营为剪辫事致启争斗,竟各持枪械战于来远桥一带,城门因而闭,市面因而罢。据道途之传说,江防营中死七人焉。此事如何了结尚不得而知,而江防营之忠于豚尾,竟甘因而流血,可鄙亦可叹。而两营之仇从此而深于大螫。此次之排解虽易,然于心终难释然也。新都督庄公(程都督近为内务卿,故庄代之)行事果决,此举当思所以善其后矣。

在校无聊,即亦归家。夜间仍写三联单。

一月廿七号

晴。晨起后,访伯南先生于其家,不值,乃至校中。昨日两营冲突,途间多有谣传谓北军且至者,居民不免少有惊慌矣。旋即归家写三联单。

饭后再至校中。仲川谓:"吾侪聚处一堂多年,于兹明日以后恐难得有今日之团聚,盖命厨房备肴核以乐今宵哉。"众赞成,乃命厨房预备焉。

既而书玉至,盖明日给凭,特来此领取也。乃偕笙亚、怀兰、慰萱、书玉走出至松风阁品茗谈心。四君之意,以为明年苟无所事事,则得一教员之职亦佳。余亦深善斯言。

茶散后回至校中。既而天已昏黑,乃设席于斋务室中。同席者笙亚、中新、怀兰、书玉、慰萱、仲川、君畴,饮啖无忌,言笑宴宴。诸人多不饮,余与怀兰相对酌。此乐无名,余并不能以笔墨形容之,盖座无不知心之人,无拘礼法之人。一室熙熙,宛如人家昆弟之聚食,其乐固将何如也。

席散已九钟。月色微朦,承书玉、企巩、凫岑、君直之爱,送余至门首焉。

一月廿八号

晴。晨起特早,盖以写三联单故也,至十一句钟写毕,乃至校中。则见礼堂上已陈饰齐整,墙壁间多悬历史画焉。

午后二时,鸣钟开毕业式会。先由袁先生述开会词,更及于现今之大势,谓"经营缔造弥困苦艰难,而一国中之操大势趋向之权者,实在中等社会人。君等由中学毕业入社会,自必进中等社会矣,可不勉之"。继乃给凭。给凭毕,袁先生请前本校监督蒋韶九先生演说,大致谓:能人人各持一责任心,斯可得文明灿烂之幸福与欢乐。继之则胡先生演说。其说甚长,而主要则在"习劳崇俭"四字,谆谆然谓"君等不可一日忘此四字也"。说毕乃散会。今日来宾有数十人,多学校办事人。先时曾柬请民政长、学务总管、教育课长、教育会会长,四人皆以有事未临也。

夜间归家后更写三联单,盖大人复有携归也。

一月廿九号

上午晴。起身后,校对昨所写三联单。校已,乃至校中。则书玉尚缓归程,而企巩、慰萱等亦且将以明日还家也。书玉告余昨晚曾谒袁先生,请其为我等谋一教育上之位置,先生诺之。佳信也,我侪共望之矣。

午时归家午膳。膳毕走至颉刚家,即偕之访伯祥。彦龙亦旋来,则悉赴椿记,四人合摄一影。盖社会党员须交照片于党中,用以便各党员之认识,增相亲爱之感情,意至善焉。至观前,则茗憩于雅聚。阅报纸数种。

茶罢而出,见漫天飞絮,疑是落棉,盖下大雪矣。分别而归,衣服尽缀雪花,然入夜即止。而若此大雪已数年中所未见,于今得之,天然界其亦有意焉。

晚餐后,读先烈邹容所著《革命军》一书,自首讫尾,诵之无遗。得有今日者,于此亦与有力也,今日向颉刚假得之。

一月三十号

晴。晨间随大人至大儒巷吴氏,盖助大人理租由也。手不停书,乃以竟日。

归家则怀兰在坐待,且来已第二次矣。告余云:"余今往谒教育课长吴君讷士,盖即同学吴通骏(万)之父也,未之遇,而仅晤通骏。据伊云,则初等小学四十区之中有教师之缺六七,大致可以想法。"怀兰得闻此语,故特来告余云。

二月(选录十九日)

二月二号

晴。晨起后无所事事,默坐而已。饭后至笙亚家,谓之曰"今日东吴学堂行第五次毕业典礼,君有兴往观乎?"笙亚欣然,乃偕往。

毕业生凡六人,其三皆有演说,而三中之一之演说题则为《论基督教为世界之宗教》。其辞以为宗教种别系派繁多,大都鲜可以研究之价值,而佛教耶教则流行最广,教旨犹正。然佛教最后之目的则至于清静寂灭之无。庄严灿烂之世界,佛教徒乃欲求其无,故佛教亦无取焉。——此君盖犹不知佛者也,佛何尝求无哉,所谓乐国,所谓普渡,所谓大无畏,是佛之愿勇双全,无量生机也。彼寂坐空山合十修炼者,实畜生道耳,乃因若辈而佛为世所诟病矣。其后此君乃陈说耶教之完善,其教旨之纯正何如;耶稣代上帝行其慈悲之仁,其牺牲何如,若何钉架也,若何复活也,言之津津有至味,教中信徒也。

余以为耶教教旨固尽属真理矣,犹未能尽善。盖真理之外何必加上帝、救主等字以为市帝。且人最恶依赖,苟人人恃自力明真理,则无往而不得善果;且其得之也,必欣然曰"我自得之",若至教中则将曰"上帝降福矣"。以福之降自上帝也,于是有祈祷之事。至于复活等语,尤属不经之谈。其教徒虽日号于众曰"我教无迷信",我不信矣。以余观之,宗教之中佛胜于耶,以佛之目的在极乐黄金世界,而由其说以往,决可达到也。然佛虽胜耶,终属宗教。世界进化,宗教且为赘疣,故佛教消灭于将来,亦未可知,然佛之理则不可消灭者也。今之社会党抱佛之旨而非佛之徒也,不有所谓宗教,唯恃我之自力以达我之宏愿,得寸得尺,唯我之力,所以社会主义发展于现世界,日进万里。社会主义遍布地球之日,即一切宗教消灭之日矣;彼指天画地痴心传教者,于此时而扪心自问,不爽然自失乎?

散会已是六时,径即归家。多妹谓有人来寻余,为述其状貌服装,则仿佛企巩也。

二月四号

晴。晨至怀兰处,与之偕往校中。袁先生适自沪上来,因进谒之。先生谓"今晚将访吴讷士先生之家,必为尔等竭力衬托也"。旋偕怀兰访慰萱。接晤之后,慰萱谓书玉归后杳无音信,嘱余作一书问之。余即为作就,至街头投之邮筒而归。

今晨本为社会党党员谈话会之期,余以访怀兰故未及往矣。饭后开演讲会于东岳殿,余无事即径往,途遇颉刚、伯祥,为述晨间谈话会情形。既开会之后,坐听者约七八百人,可见此主义之确能推广也。演讲者为陈君翼龙、孙君继伊、陆君佩萱等,皆男党员也;又有女党员徐启文亦登坛演讲。余以在外招待故,诸人之说概未获闻;颉刚司速记,将索而观之。散会已五句钟矣。今日在座者大都劳动家,演讲诸君恐不免陈义过高,难为此辈人说法也。又,近来党员日益增多,就今日所见,聆其言论,未必能了解党旨,则鼓吹亦未能获效。所以滥于入党资格,亦殊非得计。

既出会后,复啜茗于雅聚,憩约一时乃归。

二月五号

晴。晨起至颉刚处。君正在著鼓吹社会主义之文,细字密行,稿纸五六,将寄与沪上编辑杂志处,嘱余为之誊清焉。誊举归家,文兴勃发,即将此数日内潜心研究之《宗教果必须有乎》之问题,随意之所至而笔之于纸。

午后三时走寻笙亚,偕之啜茗于雅聚。阅报纸,则知清廷逊位大致可以有望,北方军队及大臣无不赞同共和国矣。旋慰萱、中新、通骏等皆来。茶既散,尽至于王废基,伫立而闲谈。约有半时乃各自归家。夜时续成昼间所作之文,约得千数百字。

二月六号

晴。晨起至早,将昨所作之文楷书誊就,以寄与陈君翼龙。盖余所抱主义未敢自信以为真确;而自识陈君后,聆其言论吐属,知非庸俗者流,故欲与之一商榷也。

饭后至校中,企巩、蓉初适在,因与之闲谈。旋怀兰来,与之至观前,啜茗于新民小憩,则慰萱、笙亚、仲川、通骏皆在。通骏谓余诸人云:"我父有言,今晚请君等至我家,以有语见告也。"茶散后先至校中小憩,封伯适来,为谈书画文学等事甚夥。约有一句钟,五人随通骏至其家。时讷士先生未归,乃小坐以侍。

天既夜矣,先生才归。接晤之后,知笙亚任高小英文,书玉任高小历史、地理,怀兰任高小图画,慰萱、中新及余任初等小学教员。余所教之学校在言子庙焉。岷原亦曾托讷士先生谋事,今亦得初小教员之职。是任初小者,同学中及余共四人,互相研究,或当可以少谋教育之进步也。

二月七号

晴。晨间颉刚来,邀余访陈君翼龙于利济寺;余应之,及更邀伯祥同往。既至,则有陈君及孙君几伊、江君景双三人在。

陈君谓已接得余所寄之书,所论排斥宗教问题深为赞成,原稿将为代投于《社会日报》中焉。陈君又谓:"此间支部中党员约三百多人,而能明社会主义者亦仅二三十人。今日凑巧我六人得以团聚一处,作纯粹社会党员之谈话会,乐何如之。"更述及:"支部成立以来,所用款项异常繁费,再不设法维持,恐难以支撑。诸君深抱热忱,亦有以补救之乎?"然余侪数人心有余而力不足,对之唯有代为担忧,而无所施其技也。孙君则云:"于三月初,思以个人名义发行一种杂志,其宗旨则不外依据学理指导国民。虽非社会党之机关报,而亦可以为鼓吹社会主义之助,诸君有意能为之襄此事乎?"余与伯祥、颉刚皆色然喜,以为倡办报纸我之素愿,徒以才财两缺,只得托之空想;今既有孙君之杂志,则苟有意见,有不藉此以发表者哉。

谈约两句钟,六人相率入城。入道前街某饭馆饮酒食饭,饭已至沧浪亭,陆海军将校进行社适在开会,因入其来宾之席,然正在选举职员,无甚可听。即亦走出,至于彦龙之家,心存适在。既而陈、孙、江三君先别去,彦龙因导观其新房。观一周,仍与颉刚、伯祥辞出而至观前,并未啜茗,散步有顷乃归。

二月十一号

晴。晨洗餐毕,至租粮并收局代大人之职,盖大人有事故也,及晚乃出。

至家则案上有丁梦冈(士斌)之名片在。此君盖为言子庙中之旧教员。庙中共有三教室,丁君之外更有钱君,并余为三人,皆为主任教员。适来寻余,为商议以后何为办法也。余遂至其家,其家在干将坊,至后仅遇其父。乃辞而至校中,则遇笙亚、慰萱、中新、岷原等,相与散步于王废基。既散后,余再访丁君,遇焉。为述旧时一切情形,谈约一时乃归。

二月十二号

晴。晨起身后即至校中,胡先生适自乡间至,余告之将为小学教师。先生遂训余曰:"小学之善否,全视教师之经验如何,初任其事自不甚得手;能细心研究,则其中至味不难得也。浅而言之,当先求学童之明晓学科,则可以坚各童家庭之信心;信心既坚,则可由学童以转移夫家庭;数十家既脱离乎恶习惯,其余之家亦从而效之,其责洵非轻浅也。"先生之言如是,特做到如此已非易易矣。

既而岷原来,乃偕至慰萱家,中新亦旋来,于是四人同至南仓桥谒吴讷士先生。先生告我侪以初等学校中一切杂务应若何办法。语既竟,先生往民政署,我四人亦径往。所见仍为讷士先生,而各小学校之教师来者约三四十人。先生所语大致亦为适间所云。时丁梦冈亦在,为指引钱君选青(柏荫),乃各相见致问答焉。

诸人既散,径自归家。饭毕至校中,与岷原、慰萱、中新、笙亚闲谈。皆以为我侪初志断不在初等小学,希望之中恒谓未可限量;今乃若此矣。虽此职之责亦非轻细,然已难耐;唯其难耐,更当于此之寻乐趣也。少时即归。

二月十三号

终日细雨。晨起极晚,漱餐毕,走访企巩于其家,坐谈有顷,偕至陆氏,其三昆仲适在阅《天铎报》。见该报中人发起国事纠正会,第一要着即为反对优待清帝条件。忆曾则大不平,谓绝人太甚矣。盖清帝行将逊位,南京临时政府则正在筹所以优待之之方法,而《天铎报》始终反对优待也。

余乃曰:"反对之诚是也。夫以君主而加于人之上,为不平等,故推翻之。而民国之中固人人平等,无或超出者也。清帝既逊位,则只居于齐民之列;既齐民矣,何以曰优待,优待即不平等也。岂以巨数金钱,作其甘心自退之报酬乎?更进而言之,是谁之位而乃曰'逊'?必待其逊,是已如受清廷之命令矣。故苟其见机而自去,则为至善;如不自去,则北伐军队在,令之肯去亦去,不肯去亦去。清帝之去易事也,最重要者其安固民生,巩斯民国耳。"忆曾闻余言,犹置辩不已也。

午时归家午膳。膳毕无甚兴趣,再至陆氏闲谈,假其宿报阅之,及晚乃归。

二月十四号

阴。晨间在床中吟得诗一首,起即书诸稿中,无以题之,即题之曰《寄感》。

旋走寻颉刚,颉刚告余以今日下午我社会党员开议事会于观里财神殿,臻郊、彦龙行将来矣。有顷而二君果至,相与杂谈诗书焉。颉刚具馔供客,我三人亦食之不愧。

食已即偕至财神殿。孙、江、陈三君已俱在,党员亦渐渐来,二句钟时鸣钟开会矣。所议为党中职员案。职员共分八类,待议妥已费三时之光阴。陈君更提议谓:"十八号为旧历元旦,从习惯上而言,我侪亦当欢乐一日。届时假任何名园开党员欢叙会,此地党员尽数而至,相与怡情作乐,既可增相互之爱根,更无殊家庭之乐事,诚胜举也。又十九、二十、廿一号皆为社会上游散之期,工辍其业,商停其市,相与嬉遨于通都之衢。苟欲鼓吹社会主义者,于此时开演讲会必能大有效力。拟于此三日中择闹热之区两三,多推宣讲员几人,宣讲三永日,诸君以为善否?"众皆赞成。陈君又发表其个人之意见,谓"现在议和事件多有可疑之处,思以各个人名义建立一会以补救之。诸君如有心者,请明日至事务所商议。"乃即散会。

余对于陈君之意见固深表同情者,因约颉刚、伯祥、彦龙明日偕出闾门焉。

二月十五号

阴。晨九时颉刚来,即偕之过彦龙;彦龙有事未能往,乃转而过伯祥,匆匆出城趋姚家弄寺中。

翼龙、几伊、景双固假宿寺中者,是时尚未早餐也;余更有宓君在,亦为有学问之党员。既而诸人围桌团坐,开谈判矣。翼龙发言,谓:"清帝逊位而受民军之优待,及袁世凯之权被北方,据《新闻报》馆所发之号外,则皆已成为事实矣。然何以必待清帝之逊位? 清帝何以须优待? 袁世凯何以即可以统辖北方? 凡此之类,皆决非南京参议中少数人可取决而实行之。必待其逊位,是仿佛待命于清帝,而民国之建立皆清帝之主动矣。清帝既为君主,则即为民生之恶魔。试问有出巨资以优待恶魔者乎? 况其资皆出之于民者也,试问民生果愿之乎? 南北之军既相和矣,则孙文为大总统,与袁世凯为大总统,或更有第三人为大总统,皆未可知;当合全国民之公意而定之。则袁世凯何以统辖北方也? 总之,此事殊令人不满意。不满意乃思所以反对之,反对之方法则先举一人至上海,联合国事纠正会中人访议和代表伍廷芳,向之抄清帝逊位诏、袁世凯宣言书、及优待条件。盖仅凭报纸,恐借口谓无稽之谈也。既得真据,乃遂条驳其谬处,著为篇帙,印刷之以广传布,宣讲之以振愚聩,必至修正议和条件而止。如其不然,则开会发传单不已,虽禁止之逮捕之,终而至于刑及之,亦不少变其宗旨。盖此事重大,为全国民之关系,处一事而有损于国民者,国民可不争乎? 我意如是,诸君以为如何?"于是在座诸人皆应声曰"赞成"。顾此事须有巨大之魄力,若干之资财,我数人者将何以胜此哉? 然决当做也。

谈判既终,乃各相闲话,杂以诙谐。腹枵矣,则共往马路正元馆,醵资果腹。旋游于紫竹林禅院旧址,亦有时。

乃入城,向伯祥假第一年《教育杂志》全年以归,即伏案读之,夜更继之以烛。

二月十六号

晴。晨间续读《教育杂志》。企巩旋来视余，乃同之至其家，合其兄林七及其侄，悉至于光裕公所听会书焉。及散已二句钟，各归家午膳。膳事毕走访笙亚，不值；乃至校中，慰萱及鸣鹤在。既而二君与学款司事二人作雀戏，余即踞坐作壁上观；中新继至，亦即旁观焉。及局终已四句钟，再访笙亚，遇之；颉刚、轶韦、棣荪俱在。

笙亚告余，今日西报中载孙文及各部长、次长均亲至参议院宣告退职，而参议院即选举大总统，袁世凯则当选。盖孙文已预为约就，以为非如是不足以服北人之心也。噫，孙文之心良苦矣。而孰知南人之心有大不服袁世凯者乎？袁世凯挟清帝以为奇货，要求优待，要求厚礼，无非以示自己之威耳；今果堕其术中，又复莫之奈何，乃多方运动，使之任总统之职。以专制之魔王而任共和国之总统，吾不知其可也！如火如荼之革命，大雄无畏之革命家，竖自由旗，策国民军，血花飞舞，城市灰烬，乃其结果则为不三不四之和议，为袁世凯任大总统。呜呼！吾希望者已失望矣，奈何！更可恶者则为参议院，选举而可预先约通，则何必选举哉？此中人大半皆清廷政界走狗，今则改面易目，居然民国议员，可鄙！于此一思，令热心人长灰心之念，所以袁先生出此院已一月多矣。

聚谈有顷，五人偕出，至云露阁啜茗。颉刚狠劝余三君入社会党，语滔滔不绝，宛如传教师，可谓热心者矣。

归家已上灯多时，遵旧例祀先。祭毕，团坐开家宴。

二月十八号

晴。今日为旧历壬子年元旦。岁岁元旦，观夫融融之日，油油之天，每以意象之觉殊，而另有一种境况；此境况，今日亦觉得之也。早餐毕无所事事，乃将旧著诗词录其自许者八九首，将以投诸《天铎报》馆焉。

今日下午为社会党党员大会之期。前曾约颉刚过余后而偕至沧浪亭之会场，乃早饭以待，而颉刚殊不至；两句半钟则独自走出，遇颉刚于途径赴会场，则开会已多时，秩序单中各节已过其小半矣，时则适为刘铁民先生之演说。先生蜀人，在沪上办《社会日报》，才从沪上至也。所语皆言袁世凯之必不能为吾民造福，而苟就今日之大势以遽已，则所谓共和决非真共和，第二次革命在指顾间耳。语至痛切，在场百余人皆鼓掌不止。次为议事，所议为讲演会。一切议定：临时会场明日及大后日在王仁孝祠，后日在天后宫。每日下午二句钟开会，以上午恐听者无此兴致也。乃更请各党员中孰认讲演，孰认招待，孰认庶务；自认既定，则议第二事，即反对袁世凯为总统而商其进行之办法也。当由刘君拟电稿二，一致袁氏，劝其毋任总统；一致黎元洪，谓"公革命首先发难，今乃若此，其何以慰公初心，亦设法以挽救之乎？"刘君更将所以应反对之旨，重言以声明之。翼龙继之，语尤慷爽绝伦，如闻易水之歌，不禁鼓掌如雷。此二电系用苏省国民名义，当时即筹集电费，热心之人竟有以银元掷与发起人者。然此事余很不赞成，发此两电果获有何如之效果乎？余得而臆断之曰"无效"。无效又何必为之也？然亦不可从此而已也，宜用激烈之手段，先致袁氏于死，再则运动军队及全国同胞以解散现今之参议院，更由全国人民公举议员以举定大总统。今诸君之议发电也，仅反对议和条件与袁为总统也；苟修正议和条件矣，袁氏不任总统矣，诸君之目的已达，而参议院举出之另一总统，得保不以反对袁氏者反对之乎？第二次革命仍难免也。况南京临时政府多难满人意哉！

会散已六时，即径返家。街衢寂静，家家闭户矣，盖俗例然也。

二月十九号

晴。晨随大人啜茗于桂芳阁。茶博士进橄榄六，谓为元宝也，食之味甚佳。人之嗜真元宝与金钱，殆亦以其中有佳味耳。一笑。

茶罢，往鞋肆购缎鞋一双。近来一般人事事从节省方面，而一辈易服与喜时尚者，往往改穿革履，所以旧时鞋业每少销场，而其价格亦减低许多矣。途间遇颉刚、怀兰，乃禀于大人而后与二君同行至玛瑙经房，则乱翻其书籍，见有"东方"第八卷第九号，即出资购之。又，该处有印字机，余即定印名片一百张。盖今后且渐入交际之场，名片一物必不可少也。

既而偕至观里，登弥罗宝阁之最上层。观夫手持香、口念佛、膝双屈、首频动之辈，则心滋为之悲，盖悲其无常识，无使用自力之能力，无尊重自己之观念，而徒在此徘徊祈祷，不知其所求果为何事何物也。瞻望移时，即下阁而去，各归其家。

饭后阅"东方"以待颉刚之至,闻扣门声,则趋出开之,果颉刚也。偕之径赴王仁孝祠,则演讲会已早开,正江景双在讲遗产归公之旨。听者满一堂,几有不能再容之势。继之则孙几伊讲教育平等之旨,黄颂林讲融化种界之旨。三人之语皆理真而辞显,所以颇受听者之欢迎。继之又有女党员李静梧、陆启文之演说,再继之则为江景双、李二我二人之问答。江假做为极鄙陋极顽固之人,李则为明达之人;江语时颇杂以诙谐,而李之指导之时则语语含至理。孙几伊又假定为江之仆也者,于语辞之中表主仆不平等之状,而李则指示之以不应如是。此时听者之精神更觉兴高采烈,而若此之讲演竟同演剧然,故知演剧之获效实百倍于讲演。

散会后偕颉刚走出,遇伯祥、彦龙于途,乃悉至于王废基。立谈约半小时,乃别二王,而至于笙亚之家,坐话近事焉。归已黑夜矣。

刘君铁民今日亦来王仁孝祠,翼龙挽余与之相见,谓余如有暇,往上海襄刘君办报可也。而刘君亦非常欢迎者。顾余之愿,则办报最所心向,而余之势,则断无此闲空之金钱以供吾办报时之吃用,故心虽欲应之而口有所不能应也。而与刘君握别之时,陈君犹云"请君自为裁酌,尚待报章"也。

二月廿二号

晴。余恙亦良已,十一句钟走至校中,鸣鹤及笙亚在。案上有昨日报纸,多日未见矣,乃如久渴者之思饮。盖各报纸旧时成例,因阴历年节停刊一星期矣。旋令时亦来,自给凭日分手以来,虽同处城中,今日初见面也;谓前途亦不得意,仅于第四高等小学中谋得一书记之位置而已。

鸣鹤留饭,即亦不辞。饭已,怀兰、慰萱俱来。谈次,知外人颇欲排斥吾侪初小之位置者,茶馆酒肆,谈者习习,盖皆旧时解职之教员也。其所以怨恨者,亦不可不为若辈恕,盖生活问题,人所同急,一旦解职,衣食何赖?然若辈亦识浅极矣,徒汹汹于一身之细,于教育之前途若身外事;其所以解职者必自有其故,不反省其故而詈人以泄愤,气小哉。然吾侪初次涉世,即有不相下之数人于社会中,亦大非幸事也。

既而五人悉至于云露阁啜茗。茗罢,至观里与笙亚合购堂联一副,盖二十五日为蓉初婚期,笙亚书就即以赠之,亦足以为礼物矣。

二月廿四号

晴。晨十钟走至言子庙,丁、钱二君已先在,正在点数器具,列为细目。余则周视一番,教室尚称清洁完全,唯光线不甚敞亮也。后三人略为商议,遂定余教一二年级生,每周约国文十七小时,算术五小时而已。国文钟点非仅为余讲堂上者,二君之课堂余亦须上课。盖必如是,于管理上方能并及也。议毕,各自归。

余则至凤翔春茶肆,慰萱、笙亚、令时、王闻喜皆在,盖慰萱昨邀余于今午至其家午膳,在座诸人皆所邀者也。茶散即至慰萱家,怀兰已在,乃即举箸。慰萱情厚,特备佳肴多色,乃有接应不暇之势。食事既毕,悉至校中少憩。怀兰邀余先往桂芳阁啜茗,乃偕之往。至则遇企巩焉,谓病将及旬,迄今尚未痊愈,更言及今年置身无地,则色然以忧。余亦为之叹惜,然亦无如何也。既而笙亚、慰萱、圣久、伟士、子明皆至,子明盖才自乡间来也。

茶既散,偕笙亚散步于观西,购去年第八、九期《教育杂志》而归。

二月廿五号

终日烟雾弥空。晨起身后怀兰即来,挽余同至其家。盖酱业同人谋设酱业初等学校一区,托怀兰为之布置,而怀兰以之转询于余也。乃先为之定简章及招生广告格式,并及一切杂务亦略为告之。余于此道亦非有经验者,不过凭意想为之耳。

既毕事,独自往访笙亚,偕往贺蓉初之婚。先至九如啜茗,盖预约诸人取齐然后同往也。旋仲川、子明、君畴、伟士皆以次至,乃悉行。后至诸同学又徐徐来,共有二十余人焉。诸人多作雀戏,余遂与伯祥、彦龙、陶伯寅亦效颦,为之三圈之后,午宴开矣。我侪所抱为食道主义,碗无余肴,盆尽见底,唯求其尽而已矣。宴两小时而散,则续为雀戏五圈,余小胜焉。

企巩自其家遣人送字条来,谓"凫岑至自乡间,请至桂芳一叙",乃即行,然中途已遇二君矣。凫岑意亦甚无聊,谓"今年无学校可进,殊为难事。无已,其游学东瀛乎?"余则深赞成之。君又谓"今日匆匆,未能细谈,明晨其相见于桂芳阁也。"乃相别。

夜十句钟，颉则遣人送书至。盖伊适得翼龙信，告已辞主任干事之职，行将赴宁而去苏，伊乃作书挽之。以叔母新逝，故未得亲往也，顾邮寄则迟达，乃转来托余，倩余明晨清早驰往致之。余乃先观其与翼龙之书，则声情激切，痛责以大义，殊为爽快。而此消息则殊无趣也。苏部自成立以来，日渐发展，皆陈君之力；余人虽多，实鲜能办事者。陈君一去，进步难矣，为之黯然久之。

二月廿六号

阴。醒来天尚未明，口占七律一首，则起而书之明信片，天正渐渐白也。洗餐毕，即向阊门以行，以适间明信片投诸邮筒以致颉刚。

既至利济寺，则几伊、大文亦刚到，而翼龙、景双、天雁方起身也。翼龙既读颉刚书，乃挽余至庭中握手道心曲，慨然曰："余与诸君交虽新而情实旧，顾亦未有闲暇以互诉其志愿，是以尔我之历史亦未深悉。龙固自名热血男儿者也，畏首畏尾，素所憎厌。今诸君乃深加责备，正坐我以此罪，使我惶恐无地。然龙之去此也，果自有其故。国事方艰，民福未臻，我党天职尚云未尽；而欲达其种种之目的，必结一秘密之团体。我之赴宁虽云往就友人与我之位置，而天性自由，宁肯为人作嫁者，不过借此为名，行我之志耳。最大之事为集巨款，访密友；如遇凑巧，一星期即可组织完善，则仍旧来苏办事，亦其所愿。今之请江景双、程得时代理者，正以此一星期之中不可无人任此职也。即龙不能遽来，则凡遇党中极为难事，必来苏料理，虽不有主任干事之名。而苏州必且如我之家乡，常为我足迹之所至地。何则，盖苏地之人实爱我也。然此数百党员中虽尽爱我，而我以此一番话告之者，则仅数人而已。君听我言，还请转告颉刚。"余闻其言心遂释然，不欲有挽留之语矣。待其裹行李，整行装毕，则与之同行至马路，乃郑重握手以别。

余则至惠中旅馆访凫岑，不见；思入城矣，而旋即遇之，偕其父同行。盖昨夜宿舟中，今日才移行李住旅馆也。到旅馆定房间后，则与之啜茗于福安。

茶罢，同策蹇入城至桂芳阁，伟士、慰萱、仲川在，乃亦就坐。谈次，慰萱颇欲从事于商业，谓将来呢之用途必广，制呢之厂可开也；草帽于今时必可畅销，山东有草辫原料，可购而制帽以获利也。仲川谓，其家曾有棉纱绳之出品，用途可等绒绳,成本轻而获利厚,若能再扩充,则诚大利源也。凡此种种,孰则不欲? 顾何从得资本乎? 思此则各废然以叹。

茶散,余独自归饭。饭已走访企巩,偕之重至桂芳阁阅报纸焉。既而同学之来者为凫岑,为君畴。凫岑意向又变,欲入南洋大学矣。茶散闲步观前,遇子明、伟士;而凫岑别去,明日归矣,再见当隔多时也。乃即同子明、伟士至怀兰家,谈所办小学事,及晚而归。

二月廿七号

阴。晨起洗餐毕即至颉刚处,告以陈君之言。颉刚终怏怏焉。旋偕之茗于清风明月之楼,刺刺谈之不已,颇及于无政府主义。余之言曰:"此主义亦无甚高妙之学说,不过政府之行为,断不能为吾人造幸福。即果有少数人受其实益,而一般人必不尽能受之,则是无用之长物,又何必令之生存为? 且人群之有社会,纯出乎自然,必以生活上之必需,而后有诸多之组织;试反省诸我身,政府之有无于我何所损益? 以余思之,殆甚无关也。既无关于生活上之必需,又何必令之生存为?"颉刚闻之深为赞许。

言次,君谓近读浏阳谭先生《仁学》,乃奇其颇恶俭朴。余乃跃然曰:"圣贤豪杰见夫世界之沉沦,则悯焉于心,遂发其宏愿,度群生于安乐幸福之中。推其心,则尚奢之心也。然今之时固以俭为美德者也,盖亦自有其故矣。夫今时无量同胞尚未能超出乎困苦之境,种种社会之恶劣习性恶劣组织尚未能破除,若再从事乎奢华,且将增加其苦境;故谓俭为美德,欲以少减同胞之困苦,则亦救世之苦衷矣。若无量同胞尽入于极乐之国,则困苦二字且无以侵人类之身,唯有享我幸福,乐我安宁耳。何者为幸福? 何者为安乐? 则必曰适我身者皆是也;于是声之于耳,色之于目,味之于口,嗅之于鼻,曩之所谓奢华而引以为戒者,今且不妨一一享用之,以适我身,以完全我幸福,以饱和我安乐。浏阳之尚奢,其亦同余旨乎?"颉刚亦不非其言焉。

又论及孔孟之不当尊。颉刚之言曰:"孔子之言,专制帝王之脚本也。李斯承其学,佐始皇以愚黔首,故秦火之中《论语》未绝,《说文》之序可凭据也,彼盖以为此乃锢民有用书耳。后世帝王师其故智,利用尊孔以固其帝制,盖从孔子之言,可以使人心奴也。孟子亦孔子之流,曰王道,曰治民。夫同是人,何必受公之王道? 同是人,何必受公之理治? 视君王天子则若高出乎人类之中者,而其余同胞则悉处于被动之地位。若此学说有可尊之价值乎? 且如为孔立庙,春秋祭祀,直是奴隶其心志,其害甚于迷信宗教矣。"余乃戏谓之曰:"若此语为老学究所闻,定当骂小子狂悖,竟欲蔑侮圣教矣。"一笑。

各自归家。饭已颉刚来视余,同至怀兰之家。庭有二梅,红绿各一,徘徊其下,香袭衣袖,姿势多有致。余曰:"若摹之于纸,定是一幅好画也。若此繁枝,前人画中实未见过。"地有落花,拾而嚼之,味微酸。

旋三人偕至桂芳啜茗阅报纸。所遇者企巩、令时、蓉初、棣荪。茶罢,余与棣荪至笙亚家,遇之,乃促膝以谈。轶韦旋来,乃添谈料。有二小时乃归。途中复与轶韦深谈。君谓"尘世攘攘,我且置之。其乘我壮岁之光阴以致巨富,是时且将只身远去,无论天涯海角,择我所乐者而止。偶然入市,人不知名,一朝寿尽,躯壳任之。此中乐正未可言也。"余聆其言深以为异,殆亦有所感触欤,何以为此言也?

二月廿九号

晴。晨间走访笙亚,不值,则至颉刚家,轶韦亦在,乃三人同访藩室于其家,久未叙首,愈觉话长也。

谈两小时乃出,就面馆食面以代饭,则至于东岳殿,盖开社会党党员大会,选举主任干事也。投票既毕,几伊当选。唯翼龙一去,终觉会场上无精采矣。旋几伊谓翼龙已返自白下,正待颉刚及余于雅聚,乃往寻之,果在。为述种种之事,闻之发直欲冲冠。而翼龙之血性,益令余钦佩不置;得此良友,人生快事也。既而伯祥、彦龙来,乃亦告之以翼龙辞职之故。

傍晚各归。知几伊受翼龙之托,曾来余家。而选青曾来视余,子明及一不知谁某亦以未及遇余,爽然而去也。

在 言 子 庙

民国元年(公元一九一二年)

六月(全录)

六月一号

晴。到校至早。第一时算术,出题练习,向隅者止四五人,似稍有进步矣。为教师者已觉大增兴趣。则学生与教师之精神固互相提携互相竞进者也,其一方面失精神,双方斯俱失之矣。第二时为梦冈代上一课。

饭后温度大增,乃催午倦,暖风拂拂,倍觉身酥若浮。视一庭碧草满被骄阳,在伤情人眼中皆是可怜颜色也。

课毕径归家,所定阅《太平洋报》自今日起增字画一幅,计四页,皆近时名流所作,用连史纸石印,既不失真复可久藏,珍品也。

六月二号

晴。本日为星期,可以稍为晚起以舒积倦,然展转晓床,殊不耐多睡,是以起身亦至早。作致企巩书一纸,将托刘君直设法转寄之,盖邮局固未可通彼处也。

俄而颉刚、岷原来,少坐后偕往母校中。母校自起第二次风潮后,陆某已辞职,校长一席由程仰苏先生暂摄。已出校诸同学闻陆之已去也,有复来此间者,当时状况略已恢复矣。时书玉、中新亦不期而至,膳钟一响,胥入膳堂午餐。未入此堂者已半载,今日饭于此,恍然如在携书包作通学生之时代。人生于学生时期最为愉快,顾此境只许忆及,无从再得矣。当日匆匆过去,至可惜也。

饭后,余五人偕出,啜茗于雅聚,阅报数种。旋至于玛瑙经房,坐有顷,至于王废基,以天有雨意则各自归。

大人以其友人石一方命刻文为"双荐山人"。为刻楷书之阳文,入夜完工,自以为有似乎古铜章也。

六月三号

晴。到校至早，梦冈迟至，余为代上修身一课。今日热度大增，讲解时汗涔涔下，额背尤为湿透。似此苦恼生涯，将何以久耐，况因热而致劳苦复倍之哉。课既毕，梦冈授余以所领得薪金，接而囊之，乃增种种之思念。以为余家贫，所入苟倍此数，亦未嫌其多；然利之生由于有裨益之劳动行为，而余之为教师，学生果受其益乎？一虑及此，更将惶愧无地。且教育事业虽云间接生利，决非提倡直接生利者所嘉许。以口齿之微劳而虚縻此二十番佛，思之复难以自为解嘲。以此两者而并之前之一端，则为教师，受薪金，方且以为莫大之侥幸，然余复视此中为至苦。甚矣余之愚，非唯不合时宜，且更不近人情矣。

归家后阅报作消遣。大人近患腹泻，今日请桑秩卿先生诊视，云系湿重之故，且老年血衰，胃力薄弱，宜主素食以待其愈。余唯望一服其方，遽霍然疾若失也。

六月四号

雨。洗膳已，往请桑秩卿先生，盖大人须复诊也。

到校尚是极早。今日梦冈只来上一课，余仍托我三人代上，谓此一星期中只得重劳诸君矣。是以余复连上五课。

课既毕，与森伯闲谈及诗。森伯为述近时某君之两佳句云："夕阳红口路，春水绿柴门。"盖已忘其一字矣。描写天然真景，叹为绝作也。

既而至母校，晤颉刚及今年五年级诸同学。《学艺日刊》纯系该一级人撰述，出版已四期，蒙尽以见赠焉。旋岷原亦至，谈笑多时乃归。

今日桑先生所开药方，大人早已服过，泻因少止，舒畅较昨数倍，盖其方有效者也。

再，明日为伯祥父吊期，吊礼已同颉刚合送；而灵前一拜，牵于校务，势有所不能。朋友之谊未免为未尽矣。

六月五号

阴。到校弥早。第一课练习算术，出题较难，误者已大半。盖儿童之智力有限，举一反三之能力尚未之具，诚不足深责，然已足令为教师者减其趣矣。

下午,课既毕,至桂芳,遇同学有二十余;久不晤面之令时,今日亦偕书玉同来,乃相与聚谈。笙亚亦在座,所语多至理名言。余常以为别君三日,必有新语精语饷我耳;学问日进,君可以当之无愧耳。日长如年,茶肆消磨竟仿佛有半日之长。

茶室人散,与笙亚绕道过王废基以归。几池蛙鸣,自成佳奏,漫天云影,恍睹奇峰;笳声动而转静,花气幽以弥香:盖入绝妙诗景矣。惜我笔秃,无足以咏之。

六月六号

晴。晨到校亦至早。休息时,间与选青、森伯谈世界幸福之产出法。选青谓:世方重商,种种罪恶未始不由此而发生,当首务农业,则民生充裕,得各乐其生,方可返于太古入于大同也。此言也,余深然之,盖即社会党党纲奖励实接生利之一条耳。

下午课毕后,偕森伯散步观前一周而归。晚侍大人薄饮一盏。灯下作一五律,盖咏太平洋画集中之一幅也。

六月七号

阴而间有雨,盖梅子黄时矣。晨到校亦至早。近来诸生于既入课堂而余未入之时,多嚣乱不堪。夫见教师而安分者,决非好学生,其安分盖恐教师之见责也,贵在教师并不在侧而能谨守规则,举止安详。余无状,不能使诸生有自治能力,思之只益汗颜耳。

第三时代梦冈上四年级课堂。课堂次序杂乱已极。余初意训斥之,继以非久相习而止。此班学生且忘来校所为何事,余实深为之悲焉。下午课毕后即归家,值此困人天气,至长之光阴,唯有以横卧读书报了之。

六月八号

晴。到校又弥早,上课几时,亦无可记处。唯翻诸生练习簿,听诸生讲解答问,时每悄然自思而抱歉曰"我负诸生",此念则无一时或置耳。下午,课既毕即亦径返,盖不入市廛,近亦渐成习惯矣。一塌晚梦或一编小说,亦至不恶也。

大人酌酒时谓余曰:能粗具学识,卜宅名山水之旁,辟地为园遍种植物,种植之法必精,使出产品恒优于其他,以所产出易我衣食,当无不足,人生至乐无过是矣。又谓:人生行乐耳,衣食之间务当求其适。乃有家拥巨资,而其自奉则敝衣粗食,自苦乃尔,不知其所拥资何用。

六月九号

晴,星期休假,晨起较晚。洗膳已,走访岷原,方在批阅学生课艺。正眉皱时候见余至,弃置之矣,即与偕过颉刚。颉刚书多,往往所未见,随意翻阅,乃成久坐。继三人偕出,至玛瑙经房,则又久坐不思行矣。余购《小说月报》第三期焉。时渴甚,乃茗于雅聚。

午时既过,各急归饭,订饭后游怡园,一畅尘怀。三句钟时二子果来,乃即拔足,至则园门虽设而未关,守者二三殊不来逐客之令,盖殆以如我侪者,非裹物而逃之流耳。此间亭榭尚是六年前旧相识,寻径时误,对花忆昔,壁间书画都非曩所见矣。荷厅近正修葺,妆饰殊丽,立对山以望,则相与叹曰:绣闼雕栏,非不豪富气象,然置之园林,园林逊色矣。周览各处辄相与品评,曰此处宜开筵,此处宜独酌,此处宜读书,此处宜静卧。终则坐憩于一亭,鸟语四围,凉风一襟,复慨然谓曰:园林静住,亦大怡我情,人生得此,云何不乐;顾乐志有论,买山无钱,奈何哉。废然而出。

至观前遇李二我,邀往桂芳茶话。李本社会党主任干事,素能热心办事,近受某某之攻击,已经辞职,其言语之间以经此挫折,颇含悲观。然其热心不少减,以个人之名义竭力捐募经费,创一平民学校,收女生及幼年之男生,教员悉聘女士,开课已多日;捐款充裕,当再办第二平民学校云。

茶既散,随岷原至其校中,开窗畅谈,颇多狂语,只可闻于知己,不足为外人道也。

六月十号

晴。到校亦不晚。第二课修身,讲独立性质,为述鲁滨孙绝岛漂流事,诸生聆之笑口咸开。闻所无闻,趣味弥永,固普通之心理,而于儿童尤为加甚,借此便利,语以古人懿行,为益多矣。

下午,课既毕,与同事闲谈。选青家产杏,近正纯熟,特采数枚以相饷,芳香攻鼻,鲜红甚爱,归以分食家人,味至甘冽,佳品也。

晚间侍大人小饮一杯。灯下危坐,足成近日所得句,为一七律。无以为之题,即以《失题》题之。

六月十一号

晴。晨到校亦尚嫌早。天气陡热,头部腾胀,上课讲解殊为苦恼。顾暑假期尚隔多日也。下午末课令诸生温读旧课,其声和谐如鸣鸾凤,聊足以驱睡魔。学既散即归家,阅报之外,更无所事事。

六月十二号

晴。到校正及上课。第一时算术,出题练习。题较难,对者又仅其大半,盖余诸人本未甚明了,逢题较难,固应缩手。盖以余之不良于教授,无术以使之上侪于其他,误彼青年,余罪重矣。愿祝若辈慧心陡长,豁然大悟,问出余口,题出余手,皆能答能作。苟有此日,余心乃若脱重罪矣。

下午课毕后,寻笙亚于怀兰之家。盖笙亚有英文弟子二,日必假怀兰家授课也。至则果在。酱业小学课尚未终,故子明亦在。乃偕二子作闲谈。旋啜茗于桂芳,遇中新、慰萱,皆多日未见矣。时常相处之友,偶不常晤,乃似久别,此情亦至奇者。

茶散,同至最可爱之王废基。高柳送风,暮云咽日,顷之热焰万丈已无剩余一缕,爽快极矣。谈次,言及世界奇景异事至多且繁,必漫游天涯,方云人生至乐。笙亚曰:"譬我身为异国人,今来此游历支那。支那之文字语言我已解之,支那之风俗性情我已知之,似此一思,其乐何如!能作如是观,随处皆乐,不然希望无穷,的终未达,乐向何处求哉!"

六月十三号

阴。晨到校亦正好。第一时讲修身,并未预备,敷衍称述,毫无精意,自任此席以来,此为最不堪矣,笔之以志我过。

余上诸课,都索无生气,且诸生于规则上时有所犯,致秩序纷乱。以余性躁,戒之不悛,乃成忿怒,强抑其怒,是为大苦,以此任受此职,常如坐针毡,时思引去也。欲去又不得去,奈何!下午课毕径归。

入夜风雨大作,窗纸尽湿。农人望水眼欲穿矣,此雨甘霖也。特自苦恼人观之,已仿佛秋风秋雨,为添愁材料耳。

六月十四号

竟日大雨。晨到校尚早,见庭中积水已有一二寸,微风动处也生波澜,仿佛池塘矣。儿童中有以其手工成绩之纸摺船置之水面,以细竹撑之则缓缓前进,遇石而止,则群呼曰"触暗礁矣",皆鼓掌大笑。似此情景,乃觉少有乐趣。特儿童顽劣之举动,总多于此等纯出乎天真者耳。

放学后即归家。阅报已,读《楞严经》数页,后即弃置。灯下学写梅花,未能成一幅也。

六月十五号

阴。晨到校甚早。上课竟日,无感触,无心得,无可记焉。唯接得颉刚书,谓近过伯祥,状至窘急。同是寒苦人,止能作惋叹,无以作臂助。特我尚有一席地,补助一家衣食,差足相安。伯祥则全家担负,寄栖无枝,为尤可悲也。

课毕即归家。水云飘扬,细雨时洒。明日星期,恐为雨囚置我家中也。

六月十六号

晴。晨起大早。儿童遇放学,每半夜不能合眼,盖放心已在舍外矣,余之早起亦仿佛类是。

洗膳已,走访岷原,但君有事须至阊门,不能同作此一日之消遣也。独至观前,遇企巩于途,盖大后日为旧俗端阳,乡村学校徇风俗放假三日,故暂一回城也。乃偕之啜茗于桂芳,中新先在焉。企巩乃述其在乡之状况,谓该处学生性至诚朴,课余之遐则群来相亲,导游各处田头村角,往来审矣。学生或采得一花,则来供水盂之中,或撷得一桃,则谨来奉以相遗,物虽微,情弥深且真也。时或聚诸生教以人须洁身自好,无累人鞭策等语。诸生听之亦深铭肺腑,无或之忘。诸生游戏则附而和之,或更提而倡之,是以僻处穷乡,乃多乐趣。映娄本此校主任,余聆企巩之言,知企巩之劳瘁反较映娄为甚。企巩之性婉而柔,于小学为至当,以较于余,不如矣。又谓一日邻家娶妇,经村人来邀,入座作上宾,肴至粗,别饶风味,盖至情固甘于甘肴也。余与中新闻此不禁神往。时已午矣,乃各自归。

余家今日祀先,祭毕即饭。饭已再至桂芳,则同学十数人皆已先在矣。半日之光阴竟复虚掷于此中。归时购"东方"十二号《教育杂志》二号各一册。

六月十七号

晴。晨到校至早,上课之时殊无精采,课堂秩序亦杂乱不堪,总而言之惭愧而已。

课毕后独至桂芳,企巩亦继至,相与论教授管理之方法。余亦自以为殊非门外,乃施之事实,每未见有效。知之而未能行,殆仍未之知耳。抑余之性止宜于推想与知,而未宜于实行耶?苟其若此,则言论界诚余之乐土矣。且此固余所最醉心者,顾安从足我愿望哉!既而令时来。令时非常相见者,乃多谈话材料,听其言知其亦至不得意也。

茶罢,偕企巩、子明散步土废基,甲新、慰萱以次至。盖此地固恢复精神之佳处,我诸同学视以为胜地者也。每当夕阳欲下,笳吹微动,则见负手而盘桓者,必余同学中人。伫立多时,偕至于草桥母校。课余之时,诸同学多绕廊散步,或携手并语,睹此情景,羡杀做学生矣。

归家已是入夜,灯下作七律一,题曰《柳花》,寄感也。得句已十数日,今仅足成而已。

六月十八号

晴。晨到校正好。终日上课,仿佛任审判官,每一小时中,诸生之控告必七八起,非彼骂我,即此打彼,无术以使之止讼。亦余之感化力弱之故,亦余之一罪状也。

课既毕,如释重负。明日为旧俗午节,放假一日,则又喜不可支矣。急至桂芳瀹茗坐憩,老同学数人亦在,间或作枉谈,于意至适。

茶罢,偕中新、企巩至王废基,笙亚旋至。伫立远眺,凉风入襟,何其幽也。归途过母校门前小石桥,诸同学俱在,因亦小坐石栏。群皆欲闻企巩乡间之所遇。企巩为一一道之,众皆乐甚。归家已八句钟矣。

今日得张藩室书,未通音问已久,今承先施,情意弥厚,当有以报之。

六月十九号

晨醒来适大雨,只闻阶前作碎玉声,乃愁甚,为难以出门也。起身后作书与藩室,告以余近状,累累几及千字。既而雨渐停。余则手"东方"一册读之。

饭既毕,则云消日出,湿地全干。乃走访企巩,不遇;转访怀兰,坐谈良久。偕过笙亚而共茗于桂芳,则企巩、慰萱、中新、令时等已先在矣,互调作闲谈,消时弥速。茶散,诸人偕至草桥母校寻刘君直等闲话。知此间于星期五起将举行学期考试,不出此月行放假矣。旋再至王废基。营中兵士蓄雏鸭无数,持长竿驱之归,其行路,其鸣声,皆极有乐趣,观之亦足移情。

时天已垂黑,中新、慰萱且归,余与笙亚随之,挑灯狂谈,各自抒其牢骚。光阴去不复还,世态较魔更险,出自母腹已与忧患俱来,不生太古世,大不幸矣。继各转而得旨,谓只宜姑作达观,且自随缘,身健康之外,本无所谓乐也。辩论之间颇阐哲理,惜作记时尽已忘却。

六月二十号

晴。晨到校颇早。第一课修身,讲戒迷信,自以为颇能道破迷信之无谓,乃诸生犹至多疑问,习惯之于人深矣。此害不除,社会魔障也,然除之复至难,奈何。

下午课毕,即自归家,燠热殊甚,乃即洗浴,浴罢披衣,竟体凉生。侍大人晚饮,尽一斤。久未多饮,今宵差畅耳。

六月廿一号

晴。晨到校至早。综计今日上课,课堂秩序较余日为镇静,是以胸次亦略觉畅适。

课毕后,走访伯祥不值,寻中新于慰萱之校,遇之,偕游植园,自光复后第一日开放也。异花佳树盛似去年,士女如云,宛然盛世光景。若辈殆亦只解欢娱不解愁者耳。桥栏偶俯,觇着一流碧水,抚时感己,怅然以叹。游览既倦,茗于莲西舫,红莲已绽,碧叶正妍,清香时送,意自为远。令守者调藕粉食之,真有泛棹西子湖风味矣。游倦,至王废基,旋即遇企巩、慰萱等。诸人观营中兵士试马,伫立又复多时。

六月廿二号

晴。晨到校至早。正午放饭时,余级中某生于途间以石击一年级中某生之首,皮碎血流,遂酿成两家家长之交涉。见此事之学生争来相告,而投石之生闻已为其父责打,来校之后,梦冈复打其手心,盖除打实无法以处之。然打总系属消极一方面,必焉使令之为而不肯为,则庶乎其可。今若此,又余之咎矣。

课毕至桂芳,遇伯祥、硕民,因同座。伯祥告余以近状至窘,谋食无地,待食有口,经大故后虽债台未可言百级,然亦颇巍巍。一切商家固犹适用阴历,是以午节以前,常晨出暮归,避债友家。呜呼,衣食之靳人竟至如是,推原厥由,则以金钱为绍介物之可恶耳。如伯祥者,即论其才其识,亦非宜困苦者流。我悲伯祥,我悲世界,岂人人快乐之黄金世界,真只应悬诸理想中耶!

既而封百、宾若至,谈亦良久,乃偕至王废基,则慰萱、中新、企巩及母校诸同学均在。团聚闲语,诙谐杂作。及夫风吹袭襟,星影侵池,则各自归。企巩明日下乡矣,为道珍重,别虽非久,意颇恋恋也。

六月廿三号

晴。星期日休沐,例得晚起。起身后,闲视庭中凤仙,十数株都已着花,绚红可爱。此系鹤顶佳种,于去年觅得者。眼界中经此点缀,已觉满饶秋意思矣。境犹心造,莽莽余怀,固无往而不秋也。

饭后过笙亚,偕至桂芳,则复作半日之勾留。阅报而外,唯有静坐,顾天气熏燠,似此乃可不之觉,计亦良得。归时即晚膳。灯下作小词一首,意颇平常,然亦姑存之。

六月廿四号

晨起时即阴。到校还早。至十句钟遽尔下雨。诸生都未携雨具,午时放饭,则若母若祖,或姐或兄,均持雨具而相待矣。睹此情境,弥长家庭欢乐之思。长者之属望其子弟,子弟之乐迎其长者,其间纯乎至情,不可描摹者也。亦有尢人送雨具竟未归饭者,则苦矣。

课罢即返家,灯下复作小词两首。

六月廿五号

晨醒来即闻窗外雨声如奔涛走浪,一泻千里;复如千军万马冲拥而来。拖泥带水到校,殊为难事矣。途上多积水,深数寸,远远望之仿佛浅水池塘,绕道而行才以避去,然雨斜而急,伞失其效用,已浑身湿透矣。校中无可更易,恃体温熏之使干,然易致病,不可为训也。

遇此大雨,于是学生来者绝少,余课堂上止有十二人,与之温习旧课,情近敷衍而已。余因之而叹我国贫室之众也,或则无伞,或则缺靴,宁缺课而不归校,大半坐此耳。亦有雨具均全,而父母爱子情深,曰"我爱儿恐为雨溶化去,可毋到校。"于此,我则又叹家庭之不善良矣。

雨势于午时始停。课毕后至怀兰家,盖我侪将觞伯豪先生于此,而兼请雨生先生也。既而两先生至,遂设席,同座为笙亚、岷原、怀兰、慰萱、书玉,计共八人。团坐欢饮,其乐无可名状。两先生语辞间多策励意,惭无善状以副盛意。伯豪先生复曰:"同学一堂,固无别说,而既不同学,则分手各天,往往而然。如诸子之既出校门而团聚依旧,亲爱仍然,盖亦寡矣。"先生此言诚深知吾侪者,人生得此,已是幸福。

六月廿六号

阴。到校亦早,应时上课,亦无可记者。课毕,慰萱来,与偕至母校,则所见之人至少,乃至怀兰家,晤笙亚、子明辈。既而与怀兰过颉刚家,邀之出,再去怀兰家,对坐长谈,颇觉惬意。母校同学所出《学艺日刊》已停版,共出百余页,中有《天游杂话》一种。"天游"系颉刚新字,以性好游也。其中亦皆记胜地之游踪,叹名山之靳遇,语词温雅,洵笔记中之上品。

六月廿七号

晴。晨到校尚早。学生见余至,即纷来聚讼,显分两派,互相攻击,聆之颇觉不适于心。盖余方喜余课堂上学生尚有天真,即偶尔相怒,亦如雨过天晴,绝无芥蒂,今乃若此,岂不可恼,于是训以人我之见须泯等语。既而于表面上观察,似已能领会,究有实效与否,未可知也。

课毕至怀兰家,晤笙亚、怀兰。二君正在偿人书画债,乃从旁观之。既而与笙亚茗于桂芳,伯祥、硕民亦在。旋见振声至,久未相见矣,问一般同学近状,余俱以告之,乃去。茶罢偕笙亚至慰萱校中,未之遇;乃至王废基,则遇之,中新偕焉。观数人驾自由车,颇觉爽快。

六月廿八号

晴。到校亦早。下午课毕后,桂芳独坐,既而笙亚至,继之而岷原、中新至,则相与剧谈。茶散,王废基观人踏自由车,风景依然如昨日也。

六月廿九号

晴。到校亦早。天气热矣,上课时头部满缀汗珠,拭去旋生,殊为难过。一堂四十人,诸气混杂,酸香风味颇须领略,亦可厌也。

下午课毕,径自归家,尽去衫袜,乃觉少舒。堪喜明日又是星期矣。灯下作词二首,调依《菩萨蛮》。

六月三十号

阴。晨起至早,至岷原校中少坐,即偕过颉刚。壁上置黑板,余即以昨所作词书其上,盖不则亦须邮寄也。既而三人偕出,至于母校,考试已毕,都束装归去矣。膳钟一动,即就食膳堂,午膳虚坐固甚多也。饭已,偕茗于桂芳,微有细雨,故所遇友人至尠。

茶已,再至颉刚家。案上有画报,画一时装美人,绝佳。提笔临之,无意之间竟画得一绝妙庞儿,全不类原画而风姿过之。思再画一回,则易稿几回未有能成。颉刚曰:"天下最难得者,缘,笔底风度,何堪再现哉!"稿为其从弟携去,不知其何以处此,亦得免薄命之感乎。

岷原归校,余与颉刚且随之。岷原按风琴,余与颉刚曼声和之。歌为七年前所习者,颇忆当日情景,宛然在目也。

天既黑,余乃归,颉刚送之过学宫之后。一角宫墙,几重殿阁,参天古树,铺草小桥,于模糊中视之,但觉心与世远。小鸟眠犹哜,池蛙夜初鸣,虽有声响,转增静致也。颉刚曰此境幽绝,未易于吴地遇之。

失 业 的 日 子

民国三年(公元一九一四年)

七月(选录十三日)

七月二号

嫩晴。课已即归。得颉刚一片,发自天津。我知彼此际必到家矣。又得徐枕亚一书。徐撰《小说丛报》,余曾寄与二篇,今复来索稿也。暑中多闲,当有以应之。

就眠嫌早,即报徐枕亚一书;复作简寄颉刚家中,谓把晤当在后日也。

七月九号

晴。县教育会将开小学成绩展览会,校中不免亦有些出品。然不以平日之成绩而乃以临时之制作,盖平日所为未必遂能炫人眼目。而与会之校无不相尚以假,我亦恶得弗假也,特其违开会初心者远矣。课已,即归浴。

七月十号

晴。晨至校闻瀚如言,暑假将届,外间乃多风传,谓某小学教师将斥换,某某已得其位而代之。其所言及之人多至十数。呜呼,教师非易为也,教师又非可屡更也,今乃以易十数人,闻其言准否弗可知,然总非教育界之佳朕矣。寻其致此之故,则由政界之减政,司法之憔悴。一般食于斯者骤失巢居,怅怅无所如;回顾教育界则范围犹是,虽未扩亦未窄也,且其地位稳而变更少,于是群思趋之,昏夜叩门以求有政。有政之门限且破,遂不得不位置其一二。有政非一,故得位置以十数矣。闻此时求为小学校师者在百人以外,倘欲尽偿所愿,虽尽去今之教师犹不足以位置,是可骇也。

午后狂雨忽作,有顷即止,以久晴而地旋即白。农人已号苦田原矣。课已即归,得石莼一简,告小病已愈,因作一书报之;复草一简致颉刚。

七月十一号

晴。在校得逷骏一书,字作草篆,颇有奇趣。书中盖邀我以明日往也。

课毕至雅聚,方与君畴、子明言此次更易教师之多,而滋伯、漱云从外来招余,谓"适闻确信,言子庙将减去一教室,而减去之教师,则君也。君盍一设法焉"。二君情意良殷,乃承关切,亟谢之而去。余思曩欲辞职,今乃竟被辞,未始不足慰情。二年半教师,误人家子弟当以百计,良堪惭愧,今后亦足释我辜矣。然顾念后日将何道之由语诸一家,必嗟叹并作,则此事良为没趣耳。世事真无定程,人处其间如随波而上下,弗克自振,无意得之而无意失之,亦其固然。二君教我以设法,岂令我昏夜叩门乞无辞我耶。此则我宁散闲,尚无厚颜为此也。

归后批校中考卷。我事必尽为之,以将去而敷衍了事,又所未敢也。

七月十二号

晴。晨至选青所,盖嘱余撰挽弟联也。闻述其弟行诣,颇可悼惜。自幼有志振家业,习商,习师范,俱以无可希望去之,改习法政,有志东渡,遂习东文益力,日出就事,宵灯诵读,往往至夜分。其兄弟阻之意弗忍,任之又可怜,各戚戚忧之。其后致病,即积劳为之。壮志未酬,黄泉饮恨,可悲哉。

后语选青以昨所闻事。选青谓"教师之事,最无趣味,非唯辛勤之可怕,即同事枘凿,狺狺而吠,亦复可怕;亦正设法欲去之,特未得当耳。"选青此言意盖慰我。然我涉世犹浅,患得患失之心尚未全具,意固至安,亦不必用其慰也。辞出后至怀兰所,坐谈良久。

归接颉刚一书,谓我"应千去世忽已周岁,遗著多种,久将散失,盍投《小说丛报》,庶精灵得所凭借。"余极然之,检点遗文,正生友之责也。

饭后至雅聚,坐半日。及晚至君畴校中,方忙碌不堪,预备开会事,因即归家。吾父小有弗适,头微发热而不汗,好浓睡,饮食视平日略减。

七月十三号

晴而多风。至校中,诸同事及学童均先集,即向孔子设位行礼。私念以后如弗为教师,则我与孔先生从此无缘矣。礼毕,将散学生,顾之颇有惜别意。念相处两岁,虽无善状,却颇注心力;或则近有所进,或则斐然可观,间有顽劣,然绝无可憎,而转而可怜,方思有以化之,乃今朝一面,便是分离,能弗黯然? 若语以吾弗再来,学生对我何如固未可料,而自己别泪且将夺眶而出;因弗以相告,仅谓之功课无荒,行检无卑。此盖例语耳,然吾今后则弗再为此语矣。

归家后作一书与徐枕亚。饭已,至颉刚家,弗值,至玄妙观,遇颉刚、岷原于途,偕茗于吴苑,竹径风来,颇为逸趣。后入书场听稗,歌稗者曰王绶卿,名家也,造语雅驯,口齿清晰,允称名手。然一般听者都鹜于郑哇,唯鄙俚无文之歌者,群乃趋之如逐臭。王绶卿虽有盛名,然客座殊弗满,盖已如曲高和寡矣。万理皆如此,岂非可叹。

七月十四号

晴,风益狂,殊贼稼也。晨过颉刚,偕赴拙政园,遇伯南于园中,已知我事,询我将何途是适。余答无实学真才,谋事如汪洋拾芥,至何适则弗能言,盖亦不自知其何能也。伯南旋别去。余侪遂坐南轩中品茗清谈。风声扞乔木,作洪涛骇浪之声,蝉唱节之若鼓乐,其音一宏一细,弥复可听。每入此园,便得与世暂忘,议论亦俊逸,可惜佳侣暇闲,难可兼备耳。

后赵孟辐至,益增忻愉,遂面以当饭,不欲舍此以去也。午后岷原至,幽兴独寻,名园游访,吾辈外盖亦鲜矣。偶步园中,见堂榭方施丹碧,俗光炫目。园欲其疏淡野放,今若此,不已唐突耶。及晚共赴吴苑听稗,后晤诸友于雅聚,更有时,乃归。

夜撰一联挽选青之弟。吾父微恙,服王严士药,已痊愈。

七月十七号

晴。晨至吴氏,为保初之子赋千温书,仅出其校中之修身地理理科课本。此皆无多材料,一览即尽,为之析其疑,诏其忘,一时许已毕事。遂令之休,谓明日当多携几书也。归后作一诗赠颉刚。

饭后觅梦片时,出茗于雅聚,独坐无侣,意致索然。忽叔寅自外至,相见欣然,各叙别情。余遂言此间事,君谓"入苏地学界,吾辈独先,今皆先出,独岷原留耳。万事有循环,固宜尔尔也"。君旋语我处乡情事,谓"居督察之位,便是招人尤怨。今后将仅为教师,不更为学务委员矣。一范围之内往往析有派别,置一人以临之，欢于此派者必怨于彼派，此何往而都然，未有或否。则此一人者不亦难为哉"。别时订后见期，君谓十日以后当再来。

七月十八号

晴。晨起即赴吴氏，赋千已挟书先出，为之温理两小时，出一文题使之练习缀法，谓可缓日缴与我处，非如学校必限定时刻也。归经君畴校，入之，诸生已午饭，儿童之希望心真炽于火哉。石莼、蓉初正助君畴布置一切。余无才，弗能为好友少费心力也。归饭后，扑蜂食蚁，蚁分两穴，争食而战，细察之极有趣也。

待岷原弗至，乃独赴君畴校观游艺会。至则开会已久，五百人拥坐一堂，更无坐地，乃伫而观之。舞蹈唱歌之类均能纯熟整齐。他如家事实习，珠算练习，均有关处世立身之道，诸生为之皆秩然中节，他日由之终身，其益何限，故益令人欢喜赞叹。吾知此会以后，家庭对于君畴之信用，外校对于君畴之赞美，将日以隆密。而君畴之精神将益以奋发，精进而弗已。可佩可爱哉，君畴之能力也。后茗于雅聚，得友十数，欢谈良久乃归。

七月十九号

晴。晨至岷原所，坐谈良久。更访颉刚，君谓"七八日后将侍继母抵杭赴家君寓所，君能同行，则六桥三竺间可以相携重游焉"。余闻此意，极欢愉，第行与不行须视财力，仅答颉刚曰"缓日报君可耳"。

归饭后，至于雅聚。今日为领薪之期，诸教师多来此憩息，余既被辞，尚得享此月劳金也。旋闻诸人谈论，乃知此地教育界正呈波涛汹涌之状。盖此次被辞者共九人，振声亦在其列。据振声云，被辞者中之某某以此事白诸上峰，上峰叱掌学务者之荒谬，令各举被辞教师之弗善以闻，于是有学务委员辞职之说，于是有诸人尽行复职之说。余对此风闻亦毫无喜戚于心，辞去则辞去矣，男儿岂遂饿死，转辗求复，宁非多事；即果得复职，余意亦颇弗愿更为此生涯。盖余之于教职久持消极主义，今得脱离，正其良会，奚肯复蹈。然余对于友人如君畴者、如石莼、如仁侯，复劝之更奋毅力，益厉精神，为儿童造福，为学界模范；且谓如有需我，必当将助。盖余自知无干才，为教师良非称，而此三君皆足以有为者也。

七月二十号

晴。晨至吴氏,为温课两小时许,其实如地理历史理科诸种,余亦毫无所知。曩日所学胥然遗忘,乃腼然讲解发问,好为人师,真可笑也。即如英吉利文,余实未通,故责我以温书,其事虽细,而实令我疚心无已,没趣极矣。

归饭后,折取百日菊插小瓶中为之写生,落笔殊无微似,因即弃之。君畴叩关至,赠我画笔两枝。君畴盖闻之江颖年,谓习水彩当以狼毫,遂命工特制,分惠及我,良可感谢。

旋君去,余遂出茗于雅聚,及坐定,反嫌出来为多事。盖所识之人有言,言学界波潮事,有谈,谈学界波潮事:令余听之止增厌恶。幸君畴、石莼旋来。与君畴言切实办学之方,如家庭访问、考察儿童品质之类,皆所以探本寻源之要务。君畴谓"今后且一一行之,拼掷闲游之光阴并贡之于儿童,此中自有至乐,南面不易也。"君畴能言能行,将来为名教育家堪以预拟,可喜哉。

七月廿一号

晴。晨至吴氏,坐两小时即出。归经君畴校,叩门而入。君畴方握葵扇挥清风,与三数学生为闲话。人家教师视学校如牢狱,在平日课程既毕,便洒然径去,以视君畴,其心思之醇淡如何?人家学生视教师如帝天,虽在同室,如隔千里,以视君畴之和言一堂虽假犹至者,其品性之驯劣复如何?总之,自我纵目以视,苏地学界教师之能尽职者,除仁侯同事之胡先生外,更无胜于君畴者矣,诚可佩也。

曩我著《穷愁》一篇投《小说周刊》,今得其酬报八番佛。圣湖之游原取决于财力,今得此,虽未可以壮余行色,然亦可勉强一行。故颉刚果行者,我亦必得重寻旧游也。

七月廿五号

晴。晨起誊昨夜所撰小说《博徒之儿》,未已,赴君畴校助之略理校务。归后更誊,及晚而竟。

颉刚来,谓明晨决行。余遂偕之出,购一手册,备游时杂写也。

八月（选录十六日）

八月一号

晴。清晨梦回,检点行囊,即赴颉刚家。既会子虬先生,余自来杭,屡叨先生酒食,今朝辞别,感谢弗已。子虬先生送之于车站。八句钟火车开行,历四小时之久,吾身已再履春江,即驱车至吉升栈,亦云畅适。

坐定略食点心,即至大舞台观剧。以较杭州,真在天上,然颉刚犹谓未得佳唱,唯吕月樵之《九更天》差可耳也。剧终,余欲谒吾叔,苦不识路,颉刚为导之,良久乃得其里,颉刚乃自去访戚。

余见吾叔居停之门墙,即叩门以入。叔果在,欣然道家常事。叔旋谓"其买醉酒家乎"？余乃随之出,上大马路旁某酒楼,俯视街心,衣鬓成云,车轮如水,驰驱扰扰,撩眼欲花,成何趣也。酒半以往,叔父兴叹谓:"吾家衰弱,益何久而弗已。尔婶病驱日夕怲怲,馨姊适人方成怨耦,尔今复谋食无方,或且襆被辞家。吾家丁既弗旺,令尔奔走数千里外,亦全家之戚也。"叔父言此,盖余方谓或将走依吴保初耳。余聆此意,亦慨叹无已。酒罢,请叔导余抵寓所,颉刚方归也。少坐,天已入夜,即出观剧于竞舞台,余别吾叔,谓"果往锦州者,必一二年后始相见也"。

竞舞台亦多佳伶,唯是夜所见亦不甚出色。剧终已深夜,归寓即睡。

八月二号

晴。破晓即起,以人力车达车站,为时犹早,即茗于站旁,兼早餐焉。

车既开行则归心转切,以火车之奔驰犹嫌其弗疾。幸有乘客二人方互道其家世,曰某显者吾戚也,某官吾兄也,语既出,相互恭维弗已。继复互述宦途所历,曰某地肥某地瘠,得谁援引,可得某缺,某差可为,有至甘也。若此类语,两人皆引吭高谈,若鸣得意,而一车之喧声转寂,盖咸注目二人也。余从旁听之,亦为夺余速归之思。颉刚曰:"倘次其所语于篇,题曰《车声》,亦至有趣味之小说矣。"余笑曰:"然。"

十句钟车抵苏站,我侪即雇藤舆到家。吾母谓浪游一周,面目黧黑极矣;赤日之下虽有代步,而炎氛所布,亦足侵入肤理。揽镜自视,果苍黑如农夫也。昨夜欠睡,午饭后求浓睡以偿之。

八月三号

晴。晨至吴氏温书,余事狂游,累赋千久荒矣。后至企巩家,君近读书简出,以避酷暑,心静体闲,吾弗逮也。

既而伯南、颉刚亦至。伯南告我曰:"沪上某杂志主任,吾之稔友,曾以函询其须用人否,今日复有函去矣。"余念为编辑固轻松,然何者则余能编辑耶?且该社非欲求之,而伯南屡以言之,亦徒为渺茫之事,无足希望而已。

归饭后至于雅聚,遍视座中乃无友辈。时天作微雨,恐其久而大作也,即返身而归。

八月四号

晨雨昼晴。杭游之日,选青曾来视我,午后因访诸其家。彼语吾言子庙教室今仍有四,盖弗裁矣。并谓瀚如托其转语于余曰,如欲蝉联此席,须往谒学款董事或学务委员。余念裁教室而我去,自无话说,今教室弗裁又未另任他人,则吾并无不蝉联之理也。且主任任免,其权在校长,则瀚如正可作主,乃必为此推诿,亦不识是何意见。好在我意已决,小学教师弗愿更为,如来请我,吾则辞之;不更用我,吾亦无戚戚也。唯此意暂不外宣,对选青亦曰:"容再思之,当有善计。暮夜叩门,弗愿为也。"

后偕茗于雅聚,诸友都来问询,谓圣湖之游乐乎,得诗几何。余曰此乐开怀,七日得诗一句,曰"游罢杭州未有诗"也。诸友皆笑。伯祥偕谈,语入世艰辛,夷险莫测。亦复感慨系之。

八月六号

晴。出吴氏后,往访企巩,略坐即归。饭后伯南来,谓:"杭有某氏欲请一西席,无意中曾谓有叶圣陶其人,而今乃来请,得一见矣。"余问:"修几何?"曰:"'眉数'而已。"余念此则弗可相诺,为此戈戈而他乡作客,宁为得计?伯南再四思惟,谓:"可令添习英文算术,则亦可以得'弱冠'。"余曰:"恐弗从焉。"曰:"姑试之。"伯南情殷,多承关切,然此则余知其徒费唇齿也。

八月七号

晴。晨间伯南来，与偕茗吴苑。茶罢，余自归。选青见访，仍以前辞相劝，谓一访学务执政者，旧席便可安据之矣。余心弗谓然，承其殷殷，则亦漫应之。饭后，朱墙始来，谓瀚如托转语，所语如选青之言，余复漫应之。

出至雅聚，诸友渐至。瀚如后至坐别座。选青就询，则谓适遇学务执政者，聆其辞气另有人矣。余思此则大无趣矣。不裁教室，不以别故而被辞退，人其谓我何耶？不与之辩，适示人以懦；待其另任他人，当有以质问也。时天已夜，雨忽作，冒雨而归。

八月八号

晴。晨至吴氏，坐两时许即出。途遇滋伯，偕茗于云露阁。余语以余事。彼谓此诚无理之尤，令人不平，然致书，质问，彼执政者且以一笑了之，必无答复，则似亦嫌多此一举矣。滋伯性类余，皆非喜多事，故滋伯言之，余则甚韪之也。茶罢各归。

八月十一号

晴。晨至吴氏温课毕，赴颉刚家。君以友人书简分订成帙，余之笔墨乃有数寸之厚，即向假归。以视曩之所怀，则倏忽变更，如电光石火，少年心性弗定，良堪惭愧。

饭后再至其家，子清已先在，盖昨约也。颉刚出所藏字画饷子清，子清观之，意甚愉悦。后偕游拙政园，坐见山楼下，谈《红楼梦》事迹，复觉兴致勃勃。吾辈生性乖，人人之所喜语，吾皆谢之，独此无益之事，则偏欣然而乐道之。时晚风微送荷香，鹧鸪啼破绿荫，亦复难得之佳景也。守者无赖，谓"园门且阖，客可归去"。既闻逐客令，遂各归家。

八月十六号

晴。锦州路修，且川资甚巨，故吴保初处决意弗去矣；然又别途，真困人也。

晚间伯南来，谓："如高等小学之国文教员，尔愿为之乎？"余未之对，盖余固自知毫无朴学者也，即有所观览，复粗疏不肯致力，故所知杂碎鲜序，以此为教，不将堕己名誉误人子弟耶。灯下本此意函达伯南。

八月十八号

晴。晨至吴氏。伯南来见访,谓:"沪上某中学预科闻须请人,欲为谋之。唯事成必赴,弗可反悔,尔意云何?"余疑滞不自决。伯南曰:"论才必可胜任,吾为决之矣。"余曰:"诺。"弗知究有望否也。

饭后访颉刚。宋士宜方自乡间来,寓颉刚家,盖多年弗相见矣。遂偕游拙政园,憩坐远香堂中,品茗清谈亦复良久。出园后至雅聚,复茗坐久久而归。

八月二十号

晴。晨往访吉如。君病虽痊而曩事已失,亦急须得一席地也。

归后默念禹琳近遇,颇可撰为小说,因草一篇,题曰《孤宵幻遇记》。盖今岁暑中,吾苏某氏延禹琳于家,为儿辈温课。宵分梦醒,忽见床前立一美好女子,倏忽不见;其明日之夜,复睹一老者坐其书案中。禹琳恐,不敢复居,遂即辞出。此数语,余盖闻诸他友,禹琳未来,尚未得一探实况,而已装点其事,撰为小说,文士笔端真无赖也。晚出茗于雅聚,及夜而归。

八月廿二号

晴。晨赴吴氏,归后代吾叔书一挽联。三句钟时至于雅聚,诸友皆来,众谈为快。岷原已自乡间来,盖此间小学行将开学矣。而我不复为此生涯,未免自豪然。一念家贫亲老,徒食有讥,又愁叹以之。

八月廿四号

晴。晨至吴氏温课,其后随吾父赴衣肆,余购一秋衣,周旋人世,不得不略光体面,亦无奈何也。午际祀先,盖吾叔即将以明日之沪馆云。

饭后作宰予之昼寝,及醒已四句钟。衫履出门,遇岷原于途,君谓适见伯南,道沪上某中学预科已有人矣。余念自此之后希望尽绝,觅路为难,闲散半年已成意中之事。此固余之所愿,特家贫食乏,势所不得不忧耳。茗坐无味,弗如听稗为愈,遂偕岷原入吴苑书场,听毕即归。

八月廿九号

嫩晴。晨至吴氏,坐两时许而返。三日后,赋千赴校读,温课一事拟即此为圆满矣。饭后至颉刚所,方撰评剧文也,连篇累牍,其言若倾山瀑布,靡有穷绝,余读之心神俱快。阵雨过后,与偕至雅聚,闲谈杂艺,弥复喜悦。

向书肆租得《孽海花》两帙,归即篝灯读之。罗数十年之掌故,呼民魂以归来,洵是能手,允称名著。近日稗官之书充塞乎书肆,类皆鄙俗恶陋,去《孽海花》出世之期才十年耳,其相叛离已如天壤。吾观中国艺事皆今弗如昔,时愈近则艺愈下,如循轨路堪以追索,正可叹也。

八月三十号

晴。晨起后续读《孽海花》,毕之。旋为章小洲作二名字印。刻石一事曩已有戒,人有命之者每以折刀为辞。然小洲托伯南转致,又非可辞者,破戒为之,苦两臂矣。

饭后取章太炎《齐物论释》观之,以其尤有会心者,朱而圈之;非敢批评高文,亦以自志进诣而已。

婶母旧病于兹三载,而以此时为尤烈。今日请桑秩卿诊治,谓病象绝危,恐其有变。吾叔困顿春江,已是穷竭无聊,何堪更遭波折。吾唯祷天佑吾家,毋使愁云惨雾层层笼罩也。

将就卧榻,忽树人叩关至,谓:"农业学校书记一席尚须请人。友人金侠闻堪以绍介,尔意云何?"余念誊写钢版苟日写三四页,尚云优闲,即对曰:"姑试为之。"树人遂去,约明晨同访金先生请作介绍书也。

八月卅一号

晴。晨至树人所,偕访金侠闻先生于师范学校。树人道来意,金即作书界余,令往谒农业校长王契华先生。怀刺求见,于人道谢,平生第一次也。既见王先生,王即与录用,谓余月薪十八元,餐膳自给;须寄宿校中,每日誊写约有十五六页。余聆此心骇然,念此事非如握毛笔作字,轻易弗劳,以钢笔画蜡纸,指头着力有如刻石,写十五六页七八千字,岂能无苦;且我体弱,平时作一二千字已觉手酸肩痛,则此事可一日为耶?次念谋事綦难,姑且允之以为后步,亦无弗可,遂应之。王语余七、八号时可携被袱来校中住矣。途中念抄胥贱役,人之所轻,奈何将欲为之;金钱羁人,可为深叹。即重见树人于可园图书馆中,告以谒王所闻语。树人谓学校讲义必无如是其多者。然王为校长,何事相诳耶。树人之言殆非真确。

饭后作昼寝,颉刚见访,为所唤醒。语以农校事,君亦曰无趣也。后茗于雅聚。夜归作一书寄吾叔,告以姊母病加剧,并及余事。

九月（选录二十六日）

九月一号

晴。晨起后,戏取应千遗译《黑梅夫人》篇重撰之。念友人之为教师者,今日俱已开学,未必多暇外出,只成独游,有何意味,弗如伏案作字,犹有赏心得意也。及夜终篇,仅三千字耳,此臂已觉甚酸。写钢版日作六七千字,何可胜耶?

九月二号

斜雨纤风,弥复凄清。豆花一架,玉簪一丛,粉靥玉容,黯然无语,秋华谁惜,一样可怜也。今日观《十字军英雄记》一书,此为英国名家司各脱原著,陈义醇邃,遣意典雅,允称上乘;而译笔复足以曲达,浏览竟篇,乃有余味。

颉刚以午后来,谓北行之期已择定六号。会面各无言,既别长相忆;见时殊弗珍,将离意凄侧:是何缘由,弗自知也。

九月三号

晴。读《三国志·关羽传》一首,已觉头晕目酸,此躯体亦大无赖,劳之既弗耐,闲之又无适,真莫可奈何耳。

农校书记既弗愿就,恐累之虚悬一席,即作一书与树人,乞托原介绍人金先生善辞之。医家有言曰,极虚之人弗受参蓍;以余之赋闲而得农校之机缘,亦足喻之为参蓍矣,顾乃弗能受也。思此良自伤叹。

九月四号

晴。晨得宾若一书,报余问疾书者,谓病虽已,未得外出,教科之事方倩人代庖也。颉刚篆赤见访,畅谈良久而去。晚后视群蚁弁其食物,营营弗息,胜于惰民远矣。

赴颉刚所。君新购翁覃溪手钩《化度寺碑》石印本,其中翁自题诗记极多。

覃溪书法古茂而娟丽,可以快人心志。坐久之,偕访岷原,同茗于三万昌。归时购《平等阁笔记》一集,并亦购《化度寺碑》一本。《平等阁笔记》为近人狄平子(葆贤)撰,多论佛旨,旁及书画美术,灯下读之,觉此心湛然空明,至为难得。

今夕月有食之,鼓钹之声喧乎四野,意盖为月禳灾也。

九月五号

晴。晨接树人一书,谓农校事既允难辞,不则且为难介绍者矣,故务必就任,俟力不可胜,再倩替人可也。余见此颇为踌躇,念人情世故,原无视事若是其轻率,而我实未克当,则亦无可奈何也。

到雅聚,友人甚多,快谈为乐。继至玛瑙经房,遇树人,君复谓我曰:"农校开学期近,实不可辞。子必去,子必去。"余以体弱相告,君乃听觉不属。语久之,余遂曰"我去矣",私念酿病以归,果弗得免耶?

九月六号

阴雨。午后至颉刚所,君明日准行矣。审熟之极,及无赠别语,少坐即辞出。此别非一年亦且半载耳。

访吉如弗值。至雅聚,禹琳先在,与言书法,颇为得意。继之,岷原、君畴亦至。时阵雨忽作,望门前一片迷蒙,行人荷盖往来,亦可观者也。归后饮酒一盏。

九月七号

雨。晨至玛瑙经房,询农校何日开课。答语之音极幽细,不甚辨悉,似为十一号也。因至怀兰所,托其便中以电话询王契华。

归草小说一篇,题曰《浮沉》,将以售之。晚间怀兰来相告曰,工契华言宜以九号往。余意微慰,盖能迟一日,即余之体力多一日恬适也。入夜饮酒一盏。

九月八号

时晴时雨,秋日天容最可厌也。晨起后略检赴农校所携之物;虽非作客他乡,而日用所需已零星极矣。

午后复撰小说一篇,曰《无告孤雏》。篇终天已垂暮,复饮一盏以振精神。

九月九号

晴。晨起即步出阊门赴农校。既至，由庶务员导至缮印室。同事者曰徐仲玙，语余曰："向之讲义每日约二十页，皆我一人独任。今学生复多两级，故要求添人。然人既添而司印刷之校役遂斥退，意谓既有两人，可缮印兼治矣。宁知写印皆甚劳苦，况每人每日须写十数页，而又兼之印刷耶！"余闻之意怫然。印刷之事乃仆役所务，岂我以贫穷遂侪于仆役，是其可羞已云极点；然初来未便即去，亦且忍之。自午至晚，写蜡纸四页，手指已极酸痛。于是作书禀吾父，请即寄语树人，此任非吾所胜也。

夜间以卧室未整理，暂居某先生空榻。对床某先生，固别地人而已来者也，以其外出，则亦坐以待之。余意盖谓孤介远人，未免不近人情也。熟知待之至十二句钟而犹未归，探亲耶？宿娼耶？余亦不得而知之，特思即此先眠，亦弗能怪我不近人情矣。

九月十号

雨。秋晓风凄，云漫大地，益以此心弗欢，遂如身堕愁雾。起视对床，某先生果未归也。

餐已即事缮写，勤勤弗休，至晚乃得七页，付诸印刷，多有未能清楚者。某教员曰当请重写，余亦自愤，即并力疾书，得四页，复印之已极明显，尚有二页则须俟诸明日矣。其时已十句钟，心焦脑胀，臂痛指僵，卧床际，此身已非复我有，冥心自思，悒然而悲，念我此生当无复有困苦如今日者。一时含糊，遂贻数日之忧戚。而此际此时，斯怀复向谁告语，风雨孤宵，直欲一哭。

九月十一号

阴而微雨。晨起后重写昨之弗清楚者，旋又写二页，觉此臂复弗如昨日，且来此三日，除饮食睡眠外，皆枯坐此一室，闷郁极矣，久将成病。即语徐仲玙曰："我下星期不来此矣。"徐以语王契华，王即来言谓："当时明言每日写十五六页，何遂中道相弃？即力实不及，亦须君自倩代而君自负责，俟请有他人方得交替。"余漫应之。念吾本无求于彼，何复有所谓责任，岂一允任职，此身便非自由身耶？旋即偕徐同归。

一出校门，如离牢狱矣。到家即作书致树人，谓农校一日乏书记即一日不能授课，余实不愿再往，倩代复无其人；乞电语金先生，请之转达此情；至后日王之詈余为妄人，骂余为少不更事，复宁暇顾哉。此函一发，我知树人必不悦我，金必不悦树人，而王复不悦金，然亦复宁暇顾哉。总之书记一席，非余所屑任，亦非余所能任。勉任此三日者，由于金钱主义者半，碍于情面者亦半，今则前者已非我思存，后者亦弗遑顾恤矣。此所以只任三日，而弗愿有第四日也。

九月十二号

晴。晨至君畴校中，告以所遇。旋思昨致树人一信未识已否接到，不如一往访之。遂至其家，弗值；至图书馆，云已外出；更折之女师范学校，始得相见。树人谓："已由金先生绍介一潘良夫为代庖，潘此时必来尔家图接洽矣。"余念早知如此，何苦此两腿也。遂辞归，则潘果已来过，案上留字谓相候于阊门中市。余午膳毕径至中市，见后语以该校情形，彼欣然谓后日必能就任。余念有此一举，我无愧对农校者矣。

茗于雅聚，诸友相继至，均来询余三日间所历。余一一告之，皆谓我曰："此固非尔所为事也。俯首而试入于矮屋，有不怫然引去者耶？"

九月十三号

晴。伯南已去浦东，数日前曾以明片来，承殷殷垂念，即作一书报之。留农校之行李，今日即令人取归。由今以思，殊多此一举也。

饭后去雅聚茗坐半日，及夜乃归。任三日书记，性灵已觉汩没尽净，作字观书，多嫌弗惯，诚以悲愤恬愉，皆一心所幻，心有弗平，而所接诸境都呈素器矣。还于本元，归入真如，钝根人未必可冀；若摄心平善，烦恼无染，我则窃愿蕲之也。

九月十四号

晴。晨起绝早，餐已，握管作小说，以之售去亦可以得微资。文而至于卖，格卑已极。矧今世稗官，类皆浅陋荒唐之作，吾亦追随其后以相效颦，真无赖之尤哉。

午后睡魔相亲，遂就卧榻，一梦遽然，及晚方醒。此际日月，吾身一无系累，作息饮餐，容我懒矣。至岷原校，与消围棋一局，继之闲语花前，良云快乐。

九月十五号

晴。暖日一窗,轻风微拂,宛然三春佳日。唯砌间蟋蟀,庭里繁花,其声其色,令人凄然有秋意思也。

晨得伯南一复片,谓我盍买文与其杂志,尤欢迎者为心理及教育之著作。余思此二者俱我所弗长,勉强为之,徒令人喷饭而已。既而续撰昨之小说,信口开河,唯意所之。村头巷角,有手击小竹自为节拍而口唱歌词以娱人者,其词皆临时杂凑,初无丘壑。余之小说乃仿佛类之,亦可笑也。

九月十六号

晴。晨起后,草小说约数百字,继阅《红楼梦》。此书真云百读不厌,我今乃节其情文最胜者而读之,顿觉心神大快,如饮灵药。

饭后至于桂芳,盖修理之后第一日开市也。诸友至者共得十数,围坐谈笑,不嫌挤闹。亦唯于桂芳,乃得有此放浪形骸之外也。

琴师玉春浦今晚奏艺于吴苑,岷原邀余偕听。乃至吴苑。灯电既明,座人渐集,既而丝弦拨动,如所谓大珠小珠落玉盘者,而金鼓檀板无响弗臻矣。所弹戏三出,其中之《空城计》《滑油山》,皆前日所曾闻,重一听之,味乃益隽美,遏云高唱如袅清歌,吾徒闻肉音而弗辨其为弦音也。呜呼,技亦神矣。场散遄归,已劳双亲伫望许久矣。

九月十八号

晴。晨起续草小说,终篇,共得八千言,题曰《飞絮沾泥录》,俟有机会便当货去之。

午后观《大乘起信论》。我观佛书,诚如五柳所云"不求甚解"。断章取义,偶尔会心,斯悦愉无量矣。

伯祥所居某军队,其营长近已易人。伯祥位置未识是否摇动,因于灯下草一简询之。

九月十九号

晴。晨起,临覃溪手钩《化度寺碑》。忆伯南尝语我曰:习字宁可少写,不可不全神贯注。窃本此意凝心临摹,拟每日之晨临一页以为常课,既得养心,于书法又不无寸进也。

饭后茗于桂芳,与封百、禹琳杂谈艺事,颇以为快。两君闻见较广,俱能益我者也。岷原处转来颉刚两书,言已抵京师。茶罢,禹琳倡议偕饮,岷原、怀兰及余赞同之,遂饮于怡怡。饮已,各醺然,途间遇微雨,则不衫而行,狂奴姿态,思之堪以自笑。

九月二十号

阴。晨起临字一页,继之作一书致颉刚。饭后至岷原所,君昨夜饮最多,故中酒亦最烈,晨间才大吐也。偕至桂芳,无甚胜趣,晚归因而较早。案上有伯祥一书,谓:"已去记室之职,伏处嗟贫,途穷兴叹,此后之日月正将与君同其况味耳。"

九月廿二号

阴雨。晨间临字一页,心绪紊乱,笔划便失其平直。神到然后艺进,真无可幸致也。

得颉刚、君畴两函。即作书报颉刚,谓:"近日颇思少少致力于学问,而此心流转,靡有定力,学艺如汪洋大海,不识何从放棹。乞君为之定一程序,须切实而易循者。定好即以寄我,吾乃遵而行之。更乞君于通函之顷,时以言辞相笃策,如此或乃少有成就也。"云云。盖余性怠放已极,徒借自力恐难振起,得良友如颉刚,乃能提携我策励我耳。

午后观《庄子》数页。晚至岷原所,见有企巩之信,其书法端丽娟秀,远胜昔时。可见人患不致力耳,功力既具,断无不进者也。

九月廿四号

阴。晨间字课毕后。握管草小说,饭后少顷,一篇告终,题之曰《戕性》。盖言家庭教育当与学校教育互相提携。而世之为父母者多有放任而不教,甚且反其道而行之,是皆戕贼儿童之天性者也。

晚间岷原来,闲谈良久乃去。

九月廿六号

晴。字课之后,读宋玉《招魂》一遍。饭后,慰萱见访。君近任教务于角直高等小学,谓是处风景绝胜,课程又简,养生研习,两俱相宜;唯校长某君性颇怪鄙,殊弗堪共事也。谈次与偕至桂芳,诸友相继至,聚谈及夜乃散。

九月廿七号

晴。饭后至桂芳,为时极早,真成独坐。无聊极,乃闲步玄妙观里,默观星卜之徒信口论人祸福丑态,至可味玩。更返桂芳,诸友始渐来。末后伯祥至,即与共语。君谓:"此后岁月唯是暇闲,而穷愁困顿,尔我正同,真云同病相怜矣。"复谓:"今之当路得志之徒,其人必工于诣媚。察言观色,度势审情,在上者而喜谀,则媚之,在上者而恶谀,则以不媚媚之。用是术以行,而富贵利达无弗遂矣。"余谓伯祥之阅历,之才干,皆足以致通达,第犹顾惜两块颜面,坐是一端,便足以憔悴终身而有余,是可叹也。

九月廿八号

晴。昨向封百假得包慎伯《艺舟双楫》一书,论执笔之法甚细。今晨遵其所言操笔以书,向手指颇以为苦;犹思效其提肘,气促手战,一字不能成也。饭后至桂芳,又白掷去半日光阴。

吾自知最少自励心。偶尔兴奋,胥出于他力之感触,非其自心觉悟也。如吾今时之岁月,努力研习实最为得宜,而无有他力感触我,斯朝夕唯余怠惰。如近来之数十日,有何所成就耶,思之真堪愧恧也。前乞颉刚定为学程序,吾日夕盼之。得此之后必将坚毅之力以自课。友人中除颉刚外,盖鲜有能感触我者矣。

九月廿九号

阴。晨起习字,神始凝而终怠,前后页字美恶互判矣。

接颉刚一书,为学程序业为定就,条分缕析,备举无遗。苟能铭其言于肝肺,行之十年,中国学术亦足谓得其大凡矣。兹录其自定为学方针,并以诏我者于下:

一、四部不能偏废。

二、经应尽治,正史治至《三国志》。

三、小学之音韵形体训诂,分年肄之。

四、集部不但重记忆涉览,故前后应不异书。

五、文至南北朝而止,诗至唐代而止。

六、目录学为研究学术系统之关键,必与平议并重。

七、语录学案虽极委琐,然欲洞明学术之大体,亦应涉猎。颉刚为余定每日读书时间如下:

上午,经(两小时),小学(一小时),

下午,史(两小时),小学(一小时),

夜,集(两小时),平议(半小时),目录学(半小时)。

颉刚云:今定程序为四分,每分速治则一年,迟治则二载,中则岁半;不必存猛进之心,唯计日进,量力而读。毕业不妨复诵,圈点不妨重加,毋畏买书,毋畏参考,毋畏巨帙,毋畏新书而不加圈点,毋畏臆想而不登笔记。久而久之,自与神化。

程序第一分:

(经)《诗经》,《春秋左传》;

(小学)《音学五书》,《屈宋古音考》,其他音韵书籍;

(史)《史记》,《通鉴》;

(子)《老子》,《庄子》,《列子》;

(集)《文选》,《楚辞》,李杜集;

(平议)《文史通义》,《国故论衡》;

(目录)《四库全书简明目录》。

第二分:

(经)《易经》,《尚书》,《公羊》,《穀梁》;

(小学)《说文解字》及各家注考;

(史)《汉书》,《国语》,《通鉴》;

(子)《论语》,《家语》,《孟子》,《荀子》,《墨子》;

(集)《楚辞》,《文选》,李杜集;

(平议)《文心雕龙》,《史通》;

(目录)《四库全书提要》,《书目问答》。

第三分：

（经）《礼记》，《孝经》；

（小学）《尔雅》，《广雅疏证》；

（史）《后汉书》，《国策》，《通鉴》；

（子）《商君书》，《韩非子》，《管子》；

（集）《楚辞》，《文选》，李杜集，《庾开府集》；

（平议）《论衡》，《述学》；

（目录）《四库全书提要》。

第四分：

（经）《周礼》，《仪礼》，《古微书》；

（小学）《文始》（此书似汇音形训三者，应在三种治毕后治之）；

（史）《三国志》，宋元明清史，《路史》；

（典制）《通典》，《通志》，《通考》；

（子）《易林》，扬子《法言》，贾子《新书》；

（集）同前；

（学案）《近思录》，《传习录》，各家学案。

颉刚书末谓："君既对影灯前，息肩窗下，不必以寂寞自伤，正研索学术自怡天怀之时也。即谓限期久远，胡能拥书长闲，然在此无事之时，亦不必生有事之想。则取第一分所列而肄之，添书所费亦极菲薄，盍听吾言而姑试之。"云云。颉刚之言如是，所以勉我笃我者甚至，似此至友可一而难有其二，余必听其条教，遵其指挥，以之自淑，并以无负其厚意焉。饭后即以此意作一书复之。

九月三十号

晴。字课毕，诵《周南》《召南》诗，用幼时塾中读本而辅之以顾亭林《诗本音》，盖以考其古音也。饭后圈点《史记》。《史记》一百卅卷，日诵一卷则四月可毕，因取《五帝本纪》点完之，其"集解""索隐""正义"亦并点之。晚间侍吾父饮，亦饮一壶。灯下读《离骚经》全首三之一，意欲其熟，故弗求其多。

第一分程序所列诸书犹有余所弗备者，又准时而读，排次以诵。有如学校中之课程,未免转成寡趣。每日诵习九时,亦似太觉繁重。故我先取已备诸书,择数者习之。先经后史之程序,时多时少之规定,或且有所出入其间。总之不失颉刚所定之大旨云尔。

初 到 尚 公

民国四年(公元一九一五年)

四月(全录)

四月一日

阴。晨起后苦无消遣,吹笛间语以磨时刻。午后至于桂芳。入晚,诸友聚饮于中华菜馆,归已匪早矣。

四月二日

阴,晚作微雨。

晨起即登舟指顺湾扫墓。晕船癖性,迄未能除,低舱曲坐,百不自由。吾父携小说二册,取其一卧阅之,心有所注,遂忘所苦。

抵墓上,见临流石岸益就颓圮。守者刁顽,因其圮而潜携去之,非亟加修茸,数年后且无岸矣。然家贫力弱,难可遽兴工作也。薄暮返家。

四月三日

阴。晨间检点携沪书籍。案上翻来,都难分手,尽携以仃,复苦累赘。其实时与相亲者才数编而止耳。书生结习,恒喜南面书城,亦多事也。

午际,岷原来言已放春假,即须归去。余言此后当有数十日之小别,务请弗疏豪素,以替把晤也。

饭已,至君畴校中坐良久,至于桂芳。企巩来邀,偕浴于汇金泉。重至桂芳,诸友毕集,所言皆中日交涉事。

观今日日报所载,颇有决裂之象,战争非幸事,然不战殆难了事。吾国兵力孱弱,战器窳败,固莫可讳言。而吾国人敌忾之心已炽至极度,有倡议集救国储金者,不数日间,应者潮涌,则以气壮心合而竟胜,亦应有事也。

四月四日

晴。晨间慰萱见访，与偕过通骏所。封百、吉如、石纯齐来会，论字读画，颇为有味。通骏以我无绝佳字印，遂出小石为镌"圣陶"二字，奏刀至速，印出则殊神妙，厚贶也。

饭已，少顷至于桂芳，披览报章，意为索然。日本之所要求于我者，我政府已十允其九，战事之祸虽可暂弭于此日，横暴之加且后悔于他年也。世有国家，已是烦恼，乃更析为欺侮人国之国家与被欺于人之国家，是诚罪恶之尤已。诸友蹙额相告，若逢至戚。吾谓反其道而行之，终当有此一日，终吾之生必能目睹，无事戚戚也。

子清为余作小印两方，谨谢受之，殊不逮通骏所作。一日之短，贤者难免也。

四月五日

晴。晨接颉刚一书，颇相邀约同游学于京师，第余终呼负负而已。检理书籍，俾斋中少清爽。日后沪上归来，憩此得略舒也。

饭后至于桂芳，欢谈及夕，遂归。君畴辈谓明日将送我于车站也。

四月六日

阴。十时别全家，至于桂芳，晤君畴石莼，承送我于车站。别意离情，殊惘怅也。

车既启行，越二时而抵沪，吾叔已在站相待矣。即驱车至尚公，晤曾君品纯，一切规模，语我唯详。曾君好诗文，在沪有东社之集，亦风雅士也。

及启行箧而遗其钥，钥在钱袋中，盖并袋而遗之矣。袋置衣袋间，度为宵小攫去，唯在何时则弗自知，行旅之困难于此可见。因呼铜匠启行箧。

部署既毕，而郭绍虞来，为述教课种种。沪地贵于金，校舍殊不宽畅，即寝室亦宿三人，真弗惯也。

四月七日

晴。晨起后，绍虞别去，即预备应授诸课。历史地理向非熟悉，今必强志穷搜，以备教授，诚强人以难堪矣。

曾君以东社丛刊《天涯吟草》《鹤望近诗》见赠,谢而受之。君颇欲邀余为东社社友也。

独坐翻书,深苦岑寂,欲谒吾叔,复不识路,真如在绝域也。作书二通,一禀双亲,一致颉刚。

晚间,绍虞复来,同住客中,相对弥觉欢愉,谈至黄昏乃就寝。

四月八日

晴。晨间绍虞别去。及上课,知学生才十七人,所课为国文。久未引喉朗讲,颇觉其劳。学生尚驯顺,鲜须管理,则其容易处也。第二时续课国文,第四时为季君代算术一时。

既毕,走谒吾叔,路途生疏,幸未致歧。见后告以苦寂寞,故出散步。旋共茗于某茶楼。俯视驰道,车轮如织,良久乃归校。

晚膳后,听品纯谈农事,颇长见闻。今日同舍陈君瑞岐张君慕骞齐来矣。

四月九日

晴。晨起写说文部首数十字,颇欲把玩简编,奈无此心绪。余往昔未尝离家,即如白下暂游,武林小住,为时至短,终觉精神恍惚,及归乃已。今将久客,此态益不知何时始愈也。无聊之极,作一书禀双亲以近状。

上国文地理习字三课毕,出门散步以舒筋骨。地非素识,不敢远行也。归后作一长函寄君畴,请其与诸旧友同观焉。

校舍之旁,学校五六比屋而居,对门则商务印书馆印刷所在焉。每当朝曦方上,夕照当墙,则见挟书之书生短衣之工人络绎而过,繁于星斗。余思中国之地而尽如此间者,则工业盛而教育备矣。这般佳景象仅见于此也。

四月十日

晴。今日共上五课,则以为季君代课二时也。

课后走谒吾叔,即共至大马路一带游散,并购《小说月报》焉。旋茗于同安,越一小时许乃归校。校役告我有章君来访余,是殆君畴也。

夜,灯下与品纯细论文学,各出所怀,多相证合,语至得意,相与鼓掌。客中之乐以此为最。

四月十一日

阴。君畴重来见访，晨梦为之唤回。因与偕茗于车站旁茶寮，略叙别后之情。车轮无赖，催客登程。昔日君畴送我，今日吾送君畴矣。

时赴淞车将启行，念乘此访企巩良得，即购票焉。既抵吴淞，指中国公学而行，才及门际，遇仲远凫岑，欣然要入其室，则企巩方展卷读。彼三人盖同室也。

企巩遂导观校舍，制作绝崇宏，厦屋层楼，殊壮观瞻，云须十万余金也。饭后复导游江口，黄涛无际，巨舰四列，此际胸怀乃多异感。平生壮观，并之江，才第二回耳。过金轶群没水处，离岸仅数十尺，当时竟莫可救，真云天命，为之黯然。及晚别企巩辈，乘车归校。

四月十二日

晴。午际，伯南见访，将得乡音来也。

今日最为劳苦，须上课五时，复为季君代一课时，遂无休息时矣。晚作一书禀双亲，作一片寄颉刚。

辞家一周，客情渐惯，晨夕作息如在家中。可见习之既久，便成性格，事固无弗然也。

四月十三日

时有雷雨。课毕后接石莼一书。故人情重，鱼书特寄，一纸抵千金矣。

诸同事议酿金饮酒，正中余怀，遂驱车至抛球场某酒楼，团坐一桌，恰得十人。一壶既倾，拳声斯作。诸君皆鸿量，以余比之，止上下驷耳。

酒散，殊饶醉意，与景岐、品纯、绍虞遨游通衢，初不辨其方向，信足所至而已。时有微雨，我辈不衫不履，来趁宵游，可谓落魄清狂，逸情豪兴矣。

归校后聚语于王子进室中。王君酷好文学，性有同嗜，语乃无休时，复出其友人诗词稿见示。醉眼模糊，未之入目也。正畅谈间，灯电忽灭，遂就床卧。今夕之乐亦云难得，盖不减吴中烂醉狂歌之欢也。

四月十四日

雨。课罢作书三通，一寄伯南，一寄企巩，一寄君畴石莼。

出访吾叔，遇之于途。郭鹭顾先生同行也。遂茗于茶室。吾叔授我颉刚一书,拆视之,仍劝余求学京师,并为规画其方法。然恐终难行也。

归校后,适开职员会议,定十八日旅行昆山,又议研究教授国文方法。或主张同事互相参观,余非师范生,参观最所深恨。今乃将如此,则复觉教员不可为矣。

曾君屡邀余入东社,情未可却,遂填入社书为社友。

四月十五日

雨。午前接君畴一书,午后作一书寄家中。

出至吾叔处,偕茗于茶楼。叔言馆东行回杭州原籍,随以俱行,殊非所愿,留此沪上,急切无他就,正深焦虑也。

归校后,绍虞来往,联床快谈,弥复可乐。

四月十六日

雨。晨接企巩两函,前日余向假数金以为日用,故函金寄来也。又接伯南一函,云明日未必渡浦。

夜就品纯谈诗,互诵得意句,至以为乐。

四月十七日

雨。课已,至吾叔所,即偕出茗于茶楼。楼中多弄鸟蓄鸽之辈,聒耳鸣声不绝,对语几不闻,真可厌也。

归校,晚膳已,瑞岐哲侯二君倡议听歌,遂驱车至丹桂第一台。所观以双处之《逍遥津》最为痛快。弱主途穷,苍皇辞庙,一曲哀歌,闻者怆神。其唱能于艰涩之中忽焉奔放,如银河直泻,洪涛十丈。此人沦落常伶之中,所演恒在前数出,亦可叹已。

剧场散已一句钟。归便登榻,梦神早临矣。

今日接颉刚一片。

四月十八日

雨。晨起极晏,好是星期也。

饭后,不可出门,因酿资沽酒,与曾陈严三君团坐叙饮。举杯相属,竟达晚,计尽玫瑰烧三瓶。余已烂醉矣,倒床便卧,不知人事。

今日得颉刚一片。

四月十九日

雨。晨起犹带宿醉,殊觉不适,上堂时不知讲些什么。当出门之际,吾父诏之曰饮酒勿过一斤,离家十日遽忘严训,自取泥醉,真当自罚也。

晚际,高生就余室戏。高为福建人,令为闽语,绝不可通。中国之大,欲尽交各地之人,盖亦难矣。

今日接仁侯一书,论夜学校事。又接子清一书,示以近作石章。旋作一书寄君畴。

四月二十日

雨。黄梅时节,霖雨困人,日日晓窗望晴色,迄无朕兆也。

接岷原一片,述其近况。夜作一书寄家中,复作三简,一与颉刚,一与岷原,一与慰萱。

四月廿一日

阴。课已,至吾叔处,共茗于茶楼。忽焉雨作,急欲归校,见人力车即登之。为路固甚迩,与四十文犹嫌未足,盖觇我路生而非熟谙车价者也。欲与之争,颇觉无味,乃益之十钱。此辈真觉可厌,宜常困苦,遇蛮横者虽少与又弗敢争矣。

与品纯闲话,谈及不可思议,言论遂风生。物固有因耶?其因何自生也?物固无因耶?又何为其然也?科学种种著书立说,岂世界之真耶?遣思至此,可以痴,可以无思。

今日接君畴一书,企巩一书。即作一片复企巩。

四月廿二日

嫩晴。日光如娇羞女儿,殊不肯呈其全面也。

午后二时至叔父所,与偕出茗于易安茶楼。座席都满,几无隙地,且人声喧噪,远不逮桂芳清谈之雅矣。

瑞岐哲侯继至,叔父遂先去。余则偕二君小饮溜家楼。饮毕入民鸣新剧社观剧。所演为前本《武松》,全用古装,扮演武大武松者能将兄弟至情曲曲描出,艺实神绝,至别离一幕,挥泪牵衣,依依不舍,尤见友爱之精神。余原善感,不禁为之泫然,四顾座人亦无作笑容者。所惜余外角色全属胡闹,无复至性。余观新剧此为第一回,今后亦不复欲再观,诚以佳角如麟毛而劣角如鲫鱼也。

驱车归校已一句钟,电灯早熄,鼾声四作矣。

今日接颉刚一书,吉如一书。

四月廿三日

嫩晴。午际作书复吉如、子清、君畴。

晚间偕品纯游对门商务印书馆内之花园。碧草平铺,翠藤作障。绿荫之下位置凉椅,可憩可读也。园中亭舍均以未雕琢之树干为之,弥见萧疏逸景。课余无俚来此小坐,诚好去处也。

灯下点《文史通义》两篇。来沪之后,迄今夜始展书卷。以阅览易忽,故圈点一过,庶无遁句遁义也。

四月廿四日

嫩晴。课已,至叔父所,未值。因归校。

晚饭后偕瑞岐浴于某池。拭体穿衣,都任斯役。浴罢之后,人恒裸卧良久。此诚废时之尤养惰之甚者也。余侪效之,归遂绝晏。

今日接颉刚一书,君畴一书。即作一书复颉刚。

四月廿五日

晨阴。九句钟时,偕和钧、品纯、景岐三君及高等级生二十四人,附赴宁车至昆山,盖修学旅行也。既达,憩于电灯公司,并饭焉。校长庄君之介弟在公司为执事,故得此优渥之招待。

饭已少顷,指昆山而行。此山甚卑小,每从汽车中望见,才如一土阜,今来近观,亦略具景趣。拾级而登,学生均勇往,余已喘息甚促,几步一停顿矣。

既造极,憩华藏寺。寺中有浮图,为是山之冠。其时风声大作,急雨继至。佛殿静听,别成境界,品纯得句云“听风听雨宜山寺”,写实情也。某生未尝登山,今来此间,俯瞰行人,讶曰:“何人之小也。”和钧因吟曰:“山高人形小”;余急续吟曰:“风急语声低”,自谓亦能写实矣。

坐良久,雨犹未止,乃冒雨下山。径润蹬滑,仆者踵接,余幸得免。晚四句钟，吾身复在沪上汽车，真便利也。

仆人告吾叔曾来此，遂出寻之于茶楼。叔言家中有书来，言合家甚安也。

今日接通骏一片。就灯下作书致君畴、石莼、吉如、通骏。

四月廿六日

阴。上课五时，弥觉疲困。盖以昨游多劳，遂至百骸不舒。就品纯所饮酒少许，始少为安泰也。

四月廿七日

阴而微雨。今日作文题为《昆山旅行记》。柴生志明所作一首，记事详核，笔亦雅净，可喜也。

午际作一书禀双亲以近状。晚间得岷原一片，招余归苏同贺通骏祖母之寿。课程羁身，恐未能践其约也。

晚膳后出，谒叔父于茶楼，少语即归。

四月廿八日

晴。久未沐阳光，一朝云消日出，弥觉愉快。午际得慰萱一片。

午后二时，偕诸同事及高等级生参观美华利时钟厂。是厂甬人孙廷原独立创办，原料多用国货，用舶来品才十之二三耳。既至厂中，司事导观制钟件室，锉轮齿空心轮咸用手机，余则以手工，与旧式铜匠无异也。继至装配室，则轮件已全，于此配合也。至校对室，所以校正各钟之时刻也。是厂亦造留声机，为余辈之来，特奏数片相娱，声音殊洪亮也。司事言，此时厂中工匠四五十，工资最厚者月二十元。每月可成钟六十只，销路甚广，方谋渐次扩充，盖此际资本止三四万金耳。

归校后，接石莼一函。

四月廿九日

嫩晴。午际作书致岷原、君畴、慰萱、石莼。

继为瑞岐代课，初一年生游技叫嚣舞扰，罔所措手，甚矣，幼生之难治也。

课毕至叔父所，即偕至商务印书馆购新出之《教育杂志》以归。

晚膳后，与品纯、哲侯散步公园路，借助消化也。

四月三十日

阴。午前接宾若一书,道相念。余何才德,乃蒙诸友系诸怀抱,才兼旬而慰问之书纷至沓来,得不令余感激无已耶。即作一书报之,附一简致伯祥焉。

课已,诸生集道侧广场为足球戏,因偕品纯质侯观之。此事余于十四龄时始戒之,盖踬于地,石创其膝,因卧疾七日也。今日试举足蹴球,高远之度乃弗逮常儿,盖非所习耳。

灯下作一片致企巩。

七十年前的日记

叶至善

一九四六年二月,我们家从四川回到上海。开明书店已经租下了北四川路永丰坊底的祥经里作宿舍,把西边尽头的一个楼面和一个亭子间分租给我们家。住处是有了,家具向亲友借了一些,还不够用,于是想到了苏州青石弄三号。听替我们暂管房屋的亲戚说,那里还留着一些家具。

等新的住处稍稍安排定当,我和弟弟一同去苏州,找着那位亲戚,由他陪着到滚绣坊青石弄旧居。说是"旧居"其实并不确切,那四间瓦房是一九三五年建筑的,那年初冬,我们家从上海搬回故乡苏州,在那所新屋里没住满两年,一九三七年中秋节后就匆匆离开,走水路由运河到杭州。所以无论从建造的年份说,还是从居住的年头说,都说不上"旧"。离开的时候只带走了衣服被褥等随身需用的东西,说实话没打算回来,把房屋连同剩下的一切都交给了一位老女佣看管,她是不想走的,家就住在青石弄口。没想到过了八年半我们还能回来。那位女佣在沦陷期间过世了,一个伪警察局长占了这所房屋,作为他丈人的公馆。日本一投降,局长溜了,他的丈人也悄悄地搬走了,那位亲戚才替我们收回了主权。

亲戚用钥匙打开了那把新装上的大锁。推开大门,只见满院里草还没有一丝儿绿意。原来靠着东院墙的一溜葡萄棚连一根柱子也没有了。父亲再三嘱咐我们要看看院子里的树。海棠、山茶、红梅、银桂、广玉兰几乎一棵也不剩了。原来二尺高的一棵日本枫,倒长得比我高了,屋前一排四棵洋槐只少了一棵,俨然都成老树了。所有树都还没萌芽,因而颇显得荒凉。屋子糟蹋得不算厉害,家具只留下一些狼犹得不便搬动的,像父亲的大写字桌之类。

那对又高又宽的书橱也还在,可是里边空空如也。我们早听人说,父亲的藏书都上了玄妙观里的旧书摊,有人在那儿买到过作者送给我父亲的签名本。弟弟总不死心，把角角落落都找遍了，出于意外，在壁橱的底层找到了父亲的一叠日记，线装本，大小近乎大三十二开本的书，只是稍长些，每本封面上都题着《圣陶日记》四个大字，右上角标明第几册，数了数，一共二十二本，依次叠着，一本也不缺。翻开第一册第一页，知道父亲是过了十六周岁生日的第二天开始写的，无疑是他最早的日记了。留在屋子里的东西，还有什么比这一叠日记更可宝贵的呢？我们用包袱包好了，郑重其事地带回上海，告诉父亲的头一件事，就是我们找到了他在年轻时候写的这二十二本日记。

父亲当然也很高兴。八年半以前离开苏州的时候，父亲把放在手头备查的若干本日记包好扎好，砌在箱子底里，带到杭州，带到绍兴，带到汉口，带到重庆，最后带到乐山，走了几千里路，离火线不能说不远了，没想到结果遭日机轰炸，烧得连灰也没有留下。更没想到留在旧居壁橱底层的一叠早年的日记，倒历尽劫难，居然侥幸地保存了下来。可是当时大家都忙，这叠日记包扎得端端正正的放在柜子里，谁也没工夫翻阅。

直到今年，我和弟弟帮父亲整理旧作，为了要查对一些事实，想起了这二十二本七十年前的日记，于是翻出来细读。开头是一篇小序，庚戌年十月初一写的，日记就从那一天开始。庚戌年十月初一合阳历是一九一〇年十一月二日。一九一二年起改用民国纪年，记月日改用阳历。最后一天是民国五年五月十四日，民国五年就是一九一六年。这二十二本日记，前后记了五年六个月零十三天。小序说得很明白，写日记为的修身，似乎得每天写一篇检讨了，其实并非如此，记的还是学习、生活、工作、交游等等。在这五年半之间，开头还是中学生，后来当了小学教员，中间曾一度失业，于是开始写小说。从大局说，日记开始于辛亥革命的前一年，结束于袁世凯称帝失败之后，在民国史上，那是颇为重要的岁月。父亲在日记中随时记下他的所见所闻所感所思。我们看着觉得很新鲜，在晚餐喝酒的时候，常常跟父亲谈起日记中的一些片断。父亲听我们说，有时候好像听别人的故事，甚至问我们："真有这么回事吗？"有时候也补充一两句，解释一两句。我们都感到无穷的乐趣。

《新文学史料》编辑部听说父亲最早的日记还保留着，要求供给他们发表。

我们弟兄俩商量,这五年半的日记人约五十万字,全部发表,恐怕大多数读者没有兴趣看;即使耐着性子看完了,结果也得不到什么。可采用的办法有两个。一个办法是从头到尾仔细斟酌一遍,删去琐事,把重要的部分摘出来。这样做很费功夫,弄得不好还会走样。另一个办法是摘出一段比较重要的来发表。这样做容易得多,并且能让读者看到日记的本来面目,问题就在于摘取哪一段,选得是否恰当。我们采用了后一个办法,摘取的是从一九一一年八月二十四日(阴历辛亥年七月初一日)到一九一二年八月底这一段。因为这一年多的日子里,在前半段,父亲还是个中学生,在后半段,父亲当小学教员了,读者看了这段日记,至少可以了解一些七十年前这两种人的生活情况。而且这段时间正是辛亥革命前后,社会动荡得厉害,青年的思想也动荡得厉害。父亲对这两方面都有不少零星而具体的记载,我们看了觉得对那个时代增加了不少感性的知识,有些事儿简直不是我们凭空能想象到的。我们想读者看了可能也会有这样的感觉,因而有兴趣把这一年多的日记看完。

可是父亲不大赞成发表这一段日记,理由主要有两点:一是太幼稚,二是用的是文言。我们认为幼稚是当然的,父亲当时还不满十八岁,受的是旧民主主义的教育,无论从哪方面,不幼稚是不可能的。岂但幼稚,错误还一定不少呢。当时父亲怎么想就怎么记下来了,并没有打算给谁看,更没有料到七十年以后还要给读者看,现在照原样发表,正符合他的"存真"的主张,而且正好说明任何一个平凡的人,都要在生活实践中不断地经过磨炼,才能逐渐进步,变得较为成熟。至于用文言,那是千年的传统,七十年前还没有改变,现在发表那时的日记,决无提倡写文言文的意思,读者一定会明白的。如果细心一点儿,还可以看出由于用了文言,意思的表达受到怎样的束缚。

1982 年 11 月 10 日

西行日记(上)

第一部分

避地嘉州[*]

一九三九年

五月（选录二十八日）

五月一日（星期一）

自今日起，各地举行总动员宣传周，普遍宣誓遵守"国民抗敌誓约"。誓约共九条，主旨在于不做敌国顺民。校中八至九时举行宣誓式，余课遂未上。此等事近于无谓，余向所不为也；然于誓约，余自信必能遵守之。校中师生各发誓约一张，签名盖章其上，余将以明日签之。

晨起写慰劳前方将士信两封，武大一学生所托。其中之一封即写前年《颂抗战将士》一词，将士或未解，亦不之问矣。

写毕后，糊窗纸，将我们之床移至客室旁之小间，而移书桌于客室。饭后，将满子之床移入我们前居之室中，俟善满结婚时，二官再移至我母处。扫抹搬移，劳劳竟日，全家动员，亦颇忙烦。

傍晚，子馨来访，言校中有若干同事胁迫校长，请其公开经费收支，以后教师之聘任加薪，由系务会议决定之。校长于是公开声明，在抗战期间，校中教师决不更动。此事殊违背大学法，而校长受人包围，且怕生事故，遂有此违法之表示。文学院院长陈通伯先生，法学院院长刘南陔先生，工学院院长邵逸周先生，及法学院教授杨端六先生因而辞职。校长虽挽留而意不诚，遂成僵局。外间颇言此辈胁迫校长者，谓之"饭碗阵线"。子馨言此事如为外界所周知，则我辈不在"饭碗阵线"者非有表示不可，否则被认为教师皆"一丘之貉"，殊非所愿。余韪之。余觉今日之大学教师实未尽抗战之丝毫责任，每月拿钱，只应惭愧无地。而

彼辈犹欲以饭碗为争斗目标，可谓至丑。平日在教员休息室，常闻同事叹息乐山之生活不好，不知何日可以离去而返珞珈山。此种厌战心理，只知个人安适，岂复以身负教育重责之大学教师耶！

五月二日（星期二）

晨起，改癸组作文。

马湛翁偕昌群忽来，欢然握手。昌群自重庆乘飞机，以前日来此；今后即助湛翁办书院，将接眷来此居住。坐半时许而去。

午后，欣安来谈，言将参加西康考察团，或于六月初登程。该团意在探西康之矿产，西康有金矿及他种金属矿也。又言近接湖南大学及师范学院两处之聘书，该两校在湖南，离开家近，或将择其一处而任职，大约离武大为不可免之事。余闻之颇怅怅，才得昌群来此而欣安又须去此也。

五月三日（星期三）

晨上癸组一课，归来将甲组之文课改毕。

墨林选定小墨满子之婚期为下月四日，于是将为种种准备，虽一切从简，而日用器物不得不添置也。

饭后偕墨及满子出外购物，归来而航空信已送到。一为红蕉所寄，附我妹及冬官书，述琐状甚详。一为开明所寄，丏翁、伯祥、雪村、调孚、振铎俱有信。上海诸友将于善满结婚之晚聚宴，兴致颇不浅也。

今日校中经济系学生贴出布告，挽留杨端六先生，并请校长依照大学组织法办理校务云云。学生既有所发动，今后殆将更有一番波折也。

五月四日（星期四）

上午上甲组二课，不令作文，怕改削也；归来改癸组作文三本。

今日为五四纪念日，二官上午参加开会，下午放假。夜间，全市有火炬游行，全家坐门前观之。队伍甚长，行一时半而毕。二官以明日须参加球类比赛未与，幼卿列商训之队伍。今后无论何人殆均将列入队伍矣。余闻他们高呼口号，心殊感动。

五月五日（星期五）

今日为孙先生就任非常大总统纪念日，校中放假。

上午改癸组作文,饭后预备功课。三时,与墨偕至安澜门小立望江。

今日飞机来而报纸不至。满子往沽酒,闻店中人言前日重庆被炸甚烈。余闻之颇为不宁。

五月六日(星期六)

上午到校,闻人言重庆不但三日被炸,四日及昨日亦俱遭空袭,热闹市街毁十之六七,死伤殆至五六千人,电厂水厂俱被破坏。遥想此曾留十个月之都市,惨状当不可描摩。故人出此恐怖手段,意在挫我人之抗战意识,至可痛恨。心头横梗此感,终日为之不宁。

日来市上多有乡人担新茧出卖者。其茧多红黄二色,白者较少。

五月七日(星期日)

晨起作书,问勘成、伯才、元善、仰之、子冈、蕖良安否,一并封寄,今曰有赴渝之飞机也。

饭后至马先生所。昌群昨病虐,略委顿。云已租定房屋于张公桥附近,日内即将往成都接眷,闲谈二小时许乃归。

五月八日(星期一)

晨四时稍醒,忽闻钟声,是警报也,全家陆续起身。出走亦不易,渡江或出德胜门、瞻峨门、嘉乐门,均须半点钟以上,非我家诸人所任,则静居以待。继闻紧急警报,路上除壮丁警察外无他人,而机声渐近,心中不免惴惴。及其近而察之,知机仅一架,且非轰炸机,乃释然。机在城空来回一周即去。遂解除警报。幼卿闻人言:适之一机乃我国之飞机也。

八时到校,学生皆倦眼惺忪,或则缺席,同事亦颇有缺席者。归来闻幼卿言,今晨敌机卅余架到达泸县、内江,炸否尚未知。敌人近采恐怖政策,殆将遍扰川中各县市。我家来此后,今日为第二次闻警,不知何日将遭其一炸也。多日未见报纸,不知内外情形,仅闻人传言则自流井、成都、叙府、江津等处,日来似均被炸也。

午后作书复上海诸友,且以善满六月四日之婚期告丐翁。饮酒时,癸组杨伦来请改文,即为指点终篇。

五月九日(星期二)

饭后与墨至嘉乐门口,定制床一架,九元;书桌一具,八元;衣柜一具,七元;皆善满房中所用也。

归来,为王功品改旧体诗二首。学生中颇有作旧体诗者,余改之,使协韵达意而已。酒次为二官讲书,一饮乃历一点半钟。

五月十日(星期三)

连晴数日,今日竟日雨。晨上癸组一课,归来倦甚,入睡一时。饭后改二年级作文四本,阅鲁翁集中《唐宋传奇集》为遣。

日来颇有移家渡江者,在路上往来,时见携箱提笼之辈。本地人在乡间有屋可住,自以避往为是耳。邮航机不至,一无重庆消息,怅念而已。

五月十一日(星期四)

晨令甲组作文,出题二,为《乐山闻警》及《重庆惨劫》,限作抒情文。

武大附设机械专科,最近在乐山、重庆、成都三处招考,今日阅卷。余与刘博平、苏雪林阅国文卷,至十二时而毕,几无一可观者。

饭后,略备功课,至江边眺数回,见载行李过江者颇有人。店家皆半掩其门,预防空袭,此景至凄清也。

五月十二日(星期五)

有邮航机来。送报人送来重庆各报联合刊一小张,犹是七日出版者。重庆共有十余家报馆,今仅能出此一张,亦可怜矣。报上于重庆灾况语焉不详,殊未餍望。夜接仰之信,彼已自重庆逃至土主场其妻家。信中言殊简略,仅谓四日下午上半城均被炸,延烧数日,商务亦付一炬。五日轰炸时,彼尚在馆中办事,右邻亨得利钟表行中一弹,幸馆屋坚固,未曾坍倒,否则危矣。作一书复之,并请打听祥麟下落。又作书寄勖成,将仰之书附入,明日航寄。忽传有警报,少顷知是误传。

将睡,接桂林寄来《中学生》复刊号,未细看也。

五月十三日(星期六)

上午令癸组作文,题与甲组同。归来改甲组文数本。下午三时到校,上二年级两课。

夜间，欣安、晋生来谈。

婚宴改于六月三日晚举行，恐四日中午或传警报，令来宾惊慌无措也。

五月十四日（星期日）

竟日改一年甲组作文本。马文珍来，前日以新作诗《涿鹿之战》见示，略为评之。

路人传言，谓前夜误传警报，其为首者为一理发匠，当即被逮，刑掠之下，自认汉奸，今日枪毙矣。此殆是一冤狱。

五月十五日（星期一）

晨上甲组一课，归来改癸组文，计得十本。

四时，有四学生来闲谈，至晚而去。余寓所枯坐，不免寂寥，有此辈来谈，殊足乐也。

五月十六日（星期二）

雨竟日。改癸组文，及晚得十三本，全部改毕。

得子冈来信，告安全，并言《大公报》将在重庆市外购地凿山洞，谋继续出版。又言我们西三街旧居幸无恙。依此推想，祥麟当亦无恙也。

五月二十日（星期六）

上午上癸组两课；并出题与二年级，以免下午再走一次，题为《作一记人之文》。归来改作文三本。

八时，与墨出游夜市，遇昌群，言昨晚携眷到此也。买到昨日之《新新新闻》一份，归来阅之，知战事无大变化，欧洲捭阖纵横，亦仍纷纷。

夜为鼠闹声所醒。寓所之鼠颇有如柳子厚文所称，值得一记也。

五月廿一日（星期日）

晨起即预备功课，改作文本。

午后，马文珍来。渠腿痛已愈，坐在我处闲谈，观其意似颇舒适。独客无可与语，诚人生苦趣也。

三时半，昌群夫妇偕来，谈至四时半而去。昌群夫人已有子女五，态度亦如中年妇人矣。

今日始订得重庆各报联合版一份,每十二日价一元。看报,知日来上海公共租界法租界均甚紧张,日军有入占租界之势。

得祖璋信,催《中学生》文稿。

小墨外出,索得"虫子"一颗。"虫子"者,蜡虫也,形如莲子,剖之则见棕色细虫无数,如蛀屑。在显微镜下照之,大如蟑螂,六足,足有细毛,二触须甚长。日来贩运"虫子"者麋集,云自云南某县运来,每十二两为一包,价三元左右。此间种蜡树者买之,包于桐叶中悬挂蜡树上,俟其食蜡叶分泌蜡汁,即取而煎之,便得白蜡。此吾人向所未知也。

我家之显微镜一具,出走时颇嫌其沉重为累,今小墨习农产制造,乃得其用。今后彼将携往校中,供随时检视矣。

五月廿二日(星期一)

晨上甲组一课。

午后与墨出城访昌群夫妇,其寓在一小山上,前临田亩,屋舍隐于树荫中,四无邻居。房东曰蓝副官,弃兵而务农,新近添造房屋,遂以旧屋出租。与昌群谈复性书院良久,同下山,约其夜饮。遂与墨往买一鸡,归来匆匆作馔,六时半,昌群来,饮谈甚欢。前此八九年,昌群寓居我家,今宛如当时也。

五月廿三日(星期二)

晨九时,与幼卿偕至红十字会,应曹葆杰之招宴。依本地习俗,上午十时许一餐,午后四时一餐,其中间则留客打牌。余吃了上一餐即辞出。红十字会建于高北门城墙上,下临岷江,眺望对江诸山,青连不断。下月三日善满结婚宴客,亦拟假其地。

至土桥街,购得《诸子集成》一部,世界书局排印本也;又购《诗韵全璧》一部,锦章书局石印本也。

归家,将昨日送来之善满新床装起,旋即预备功课。

五月廿四日(星期三)

晨上癸组一课,归来改作文三本。昌群来,送小墨喜礼,以绒毯一条,其值至十二元,殊厚馈矣。

午后,出城访马先生,闲谈良久。前为丐翁索书,承书近作《凌云寺》一律交余。又得其《泰和会语》一本,在浙大演讲稿也,并泰和杂诗一纸。

归来得云彬一书,为余言抗战情势甚详悉。

五月廿五日(星期四)

晨上甲组二课,归来改作文三本。

马先生送来贺礼,篆书"善满居"三字,写于淡绿色之金笺。即付裱褙铺裱之,期于下月三日可以张挂。

夜八时后,忽路上电灯全熄,人众奔逃,皆言警报而未闻钟声。待至九时三刻,毫无动静,即各就寝。

五月廿六日(星期五)

据公园门口所布之消息,敌机于昨七时许至渝市空,被击落轰炸机一架,遂窜至广元,炸城区而后出境。以时间以距离计之,此间均不宜于八时后放警报,防空人员马虎如此,亦可虑也。

早餐后即预备功课,至午刻而毕。午后,作书复祖障云彬、愈之,一同封缄,于明日付邮。

五月廿七日(星期六)

上午令癸组作文,题为《壁报》。午后,小墨归来,购嘉乐纸厂之请客柬,余即书之,缓二三日发出。三时,到校上二年级二课。天气甚热,汗流不止。

夜间,欣安来谈,谓学校之风波已解决。校长修正其所公布之新法,谓进退教师讨论于系务会议不过咨询性质,其决定仍由院长校长主之。而辞职之几位,即以所争者已贯彻,打消辞意。其所以能双方迁就,盖由校外许多校友之劝解与拉拢。以旁观者视之,此实极幼稚之一幕滑稽戏也。

接仰之来信,言商务被焚,损失达二十万,现方清理账目,并准备在重庆近县开小规模之支馆。

五月廿八日(星期日)

徐伯麟刘师尚来助小墨擦窗玻璃。

保长来通知,每户出一人至四圣宫集会,本云八时,但余以十一时往,尚未开会。后乃知系全保之人宣誓,遵守"国民公约"也。讲演者为一小学教师,所语不自知其所以;听者妇女为多,大约均不知所云,枯坐而已。

饭后,吴子馨、高晋生二人偕来,送喜礼,系与苏雪林、冯沅君四人合送,为衣料二件。子馨谈及五祖六祖传衣钵事,有声有色。

接上海信,丏翁、雪村、伯祥俱执笔。附来硕丈圣南书,他们于本月入城居住,仍在铁瓶巷。又得祥麟书,告轰炸时恐怖情形,幸而无恙;诵邨亦安。

五月廿九日(星期一)

晨上甲组一课。归来作书复祥麟,又作一书致勋成、伯才,交明日飞机带渝。午后出外剪发。

徐伯麟等来送喜礼,为自来水笔活动铅笔各一支。墨为满子缝新床被,材料皆自苏带出者,且有绣纹,殊不似草草婚礼也。

五月卅日(星期二)

晨改作文两本。

墨林在料理婚礼衣被,余从旁助之。心不能定,不克久坐,颇冀早早将小墨婚期过去也。

孟实送来学生赵君一文,谓可交《中学生》,余即封寄至桂林。从佛经流通处买得《六祖坛经》一册,归来阅之。此书余于廿余年前曾看过也。

今日应有邮航机来,而不来,不得看报,殊为闷损。

五月卅一日(星期三)

上癸组一课,归来改作文十本。

忽接宋玉书来信,言去年自汉口退出,随国货公司至贵阳,今仍在该公司服务云。我家皆大慰,即作一书复之。

今日邮航机又不至。闻人言,廿五日重庆之轰炸更甚于月初之数回,各报联合版且不能出版矣。又闻此次公园附近受炸最重,死伤甚多,因又为祥麟抱虑。

夜接丏尊来信,致祝贺之意,并言四日将在上海宴两家亲友,大家皆甚高兴云。又有一笺致满子,致勉勖语。

六月（选录二十三日）

六月一日（星期四）

上午上甲组两课，归来改作文本。

午后，接到我们之请柬者多来送礼，孟实、儒勉、吴安贞、郑若川均自来。

今日居然得重庆各报之联合版三份，知昨所闻停刊之说系误传。鄂北我军颇得手，英法苏三国将成立协定，为最重要之新闻。

六月二日（星期五）

晨往访欣安，与商在红十字会装临时电灯办法。欣安识电灯公司经理谢勚哉，谓托之必有成。乃偕往谢家，其后在沫泗塘，依山结屋，颇植卉木。谢本为旅长，今弃军界而事实业。见面后，承谢应允，谓当派工友往装也。

午后仍有来送礼者，中文系二年级全体同学亦馈红木香烟具一副，线毯一条。人皆厚我，弥可感耳。

六月三日（星期六）

今日在校中请假一天，两学期来，余第一次请假也。天时雨时止，殊可厌。上午与二官出买花，得苍兰八支，值七角。午刻，叫菜四元，全家与徐伯麟、刘师尚、黄幼卿等同食。

饭后，郑若川、吴安贞来，助满子理妆。三时半，全家至土桥街大世界照相馆，小墨满子合摄一影，全家合摄一影，遂至红十字会。徐伯麟等及方欣安、高晋生、吴子馨诸位皆助我们招待宾客。六时之后，客尽集，遂开宴，凡六席。客劝酒，新郎新娘而外，兼及墨与余。余饮颇不少。席散时正下雨，于诸客殊抱歉也。

十时返寓，灯烛齐明，年轻人闹新房，欢笑颇盛，客散已十一时。开明同人来一贺电。又接佩弦一信，叙近况甚详。

六月四日（星期日）

宿醒未醒，起来殊困倦。午刻祀先。徐伯麟等六人来，即叫和菜两桌，留他们午饭。付酒席账，共九十二元。

三时后,余睡一觉,醒来较神爽。晚饭后早睡。送信人来,起来开门,得红蕉夫妇、天然妹信各一通,皆来贺喜者也。天然言硕丈已到上海,在苏女中任课。

六月五日(星期一)

晨上甲组一课,归来改癸组文十余本。得彬然、祖璋书,又促作文,心殊不安。

身体困倦甚,偕二官满子出行。出安澜门,江水已大涨,吾人前所经行之堤岸几全没。四川旅行社已挂牌,明日有轮船自叙府开到,此为今年第一班也。又续行至洣泗塘,在荷池旁小立有顷,荷叶已有矗立者,想一个月后当有荷花矣。

六月六日(星期二)

晨起即写信,致丐翁、开明诸友、红蕉、硕丈,一写写了大半天。午后预备功课,改作文四本。又作书复彬然、祖璋,附去武大学生投稿两篇。

六月七日(星期三)

晨上癸组一课,归来改甲组文十本。此次叫他们试作五言诗,他们韵也不押,为之修改,乃殊非易。

得勖成、伯才信,告巴蜀近况。重庆市内学校现尚上课者,唯巴蜀耳。

六月八日(星期四)

晨上甲组二课。归来写信,复勖成、伯才,并致一书于祥麟。又寄信往桂林,附去武大学生投稿一篇。

午后,与墨乘车访昌群夫妇,馈自制熏鱼。谈甚久,昌群言近与马先生谈书院方针,意见颇不一致。马主学生应无所为,不求出路;贺主应令学生博习各种学术,而不忘致用。马又延请熊十力先生,熊来信亦与昌群意同。大概马先生不谙世务,孤心冥往,遂成古调。以我们旁人观之,自以贺熊之见为当也。

四时,偕昌群循田野间行,至小墨之校中。校就江云庵改建,利用大殿外,余皆简单之新屋,布置颇紧凑。小墨之教师曹自晏、孙寄尘两先生前日曾来贺喜,见我们即邀至卧室内坐,招待殷勤。及归家将近六时矣。

饭后,欣安、晋生来访。欣安言拟邀集诸人办一中学,以容纳无校可入之中学生,并容武大毕业之各科人材。余赞之。二官三官均将升学,得一新办中学,则两人均可解决矣。

六月十日（星期六）

晨令癸组作文,题为《随笔》。归来后改二年级文二本。午后三时到校,上二年级二课,天气炎热,汗出不止。

小墨回来,余以《文心》版税与之。今后彼与满子一切添置零用均取给于此,不复由余付与矣。今日为善满结婚之"七朝",由墨制狮子头,小墨旧同学均来吃夜饭。

七时半,子馨、欣安、晋生来闲谈。子馨见裱褙铺中有马先生近作《乌尤寺旷怡亭》诗,背诵相告,共叹其佳,因录之:"流转知何世,江山尚此亭。登临皆旷士,丧乱有遗经。已识乾坤大,犹怜草木青。长空送乌印,留幻与人灵。"九时后,客始去。

今日报纸来,知中央已下令通缉汪精卫。又见公园门口所揭广播新闻,知昨日重庆又遭空袭也。

六月十二日（星期一）

到校上甲组一课,评阅机械班之成都试卷四十本,费时一点半。饭后改甲组诗稿五本。

闻人言,昨日成都被炸,灾情甚重,热闹街市均受凌虐,不胜叹恨。

邮差送来章士钊、王清华二人致善满又贺礼,系米叶《晚涛》《拾穗》两幅之复制品;快递一月而达,亦颇捷速也。

六月十四日（星期三）

上午上癸组一课,回来改癸组之作文本。

祥麟来信,言上月廿五日之轰炸,彼避于公园中之防空壕,壕穿而未及于难,殊为幸事。西三街我们之旧居幸未中弹,附近店铺中弹者甚多。公园门前尸横满地,皆不完全,惨不忍睹。又言彼闻震声,头昏耳鸣,尚未痊愈。

六月十五日（星期四）

晨上甲组二课,精神不佳,讲说甚疲。

今日为先父逝世三十周年忌辰,午刻设祭。作蜀沪第十号书,将善满照片附寄往上海,分赠亲友。

一时半,至皇华台红十字会,应昌群之招宴。客皆复性书院同人,院外仅三人而已。昌群劝余迁居,今寓处闹市,恐遭空袭。余因托其代为托人,如有相当房屋自当迁往。

席散已三时半。马先生言今日天气甚佳,无阳光而凉爽,宜作近游。遂买渡至龙泓寺。寺中蛮洞,近有人设茶座而兼卖菜,可以聚餐。出至路旁小茶房即憩坐,守者烹水冲茶,昌群出所携茶叶饷客。对面远山,大峨二峨皆露其顶,苍翠庄严,山半则白云平铺,时而易其形。余来此后,第一次端相峨山轮廓也。

归来已晚,独酌半斤而后睡。

六月十六日(星期五)

上午预备功课,改二年级文四本。精神不好,午后休卧一时许。

王济诚来,交来剑三致余信。四日丐翁设宴,剑三亦往。此信盖致贺之意。信中言是日到客人百人以上,丐翁有四诗张于壁,可见兴致之佳。

报纸来,知日来英日关系恶化;日人封锁天津英法租界,对于上海租界,或亦将有何种举动云。

玉蜀黍所结子,其行数为双数,向不之知,闻女佣黄嫂言之,数之果然。

六月十七日(星期六)

昨日深夜,邮差送到上海航信,今晨阅之。丐、伯、村、调俱执笔。四日之宴,丐翁大高兴,饮酒大醉,醉卧四五时不省人事。并抄示其所作四绝,颇以《文心》版税饷善满为言。余当和之以助其兴。村公言是日为战事以来最甚之狂欢也。附来硕丈一书,亦致贺之意。

晨到校上癸组两课,归来改癸组文本。午后三时到校上二年级一课,精神不好,少上一课。

六月十八日(星期日)

上午雨,午刻转晴。晨起即思作诗和丐翁,至晚而得三绝,余一绝将以明后日为之。两腿之筋作酸,时时偃卧以求舒适。

傍晚与墨出外沽酒。福泉门泊轮船,往看之。是今年第一次泊此,江水因雨而涨矣。前此数班之轮船均泊观音场也。

夜八时后，昌群来谈。彼与马先生于书院方针仍不能一致，谓颇厌倦于此云。

六月十九日（星期一）

晨上甲组一课。

归来作成和丏翁诗第四首，作书复丏翁并伯、村、调三位。小墨应丏翁之命，作峨嵋游记，甚长，一同封寄，以明日付邮，后日飞机带出。

夜得彬然信，又是催文字，余只得待暑假中报命耳。

六月二十日（星期二）

明日为端午节，我家今日裹粽子，墨与满子动手，余为助手，母则煮饭作菜。余又改癸组文十余本。天气大热，余头昏脑胀，下半身作酸，殊不舒服。

午后四时，昌群来，与偕至文庙观图书馆。昌群谓以视浙大，所藏多矣。遂登瞻峨门俯瞰全城，城小极矣，凌云乌尤丹翠如画。小立有顷，乃归。

令满子、二官、三官持粽子分赠欣安、晋生、雪林、沅君四位，亦以点缀节令也。

六月廿一日（星期三）

今晨本自课，以教部张次长来校讲演，停止弗上。

午前，足成前此未完之《书巢记》，为伯祥作也。全篇约五百言，即工楷缮写，俟便寄与。

午后与二官至江边。前闻今日端午，江中将有龙舟竞渡，而殊无所见，即归。

昌群夫人来，墨陪之谈话。未几，小墨偕二新同学归，共食粽子以应时景。

六月廿二日（星期四）

晨令甲组作文，题为《读诗随笔》，作了此篇，本学期不须复作矣。归来改二年级文，亦为五古，一本而费二小时。

颇闻将有重要机关迁往峨嵋，本有暑中往游之想，恐因此而不成行，亦未可知。而敌机或以此将往轰炸，则乐山为其必经之路，我们似宜移出城区为妥。

六月廿四日（星期六）

上午令癸组作文，题仍为《随笔》。归来改各级作文共七本。三时到校上二年级课，又少上一时，四至五时，诸生往听黄国璋君演讲。

黄为地理学者，历在各大学任教，今为西康考察团之副团长。余亦往听，其所讲甚简单，言学者往往以己所习之学科为原则，解决一切社会现象，此非所宜。应博采他科，而后可以得其通。地理历史二科关系至密，尤不可分隔为用也。

接陈礼江书，为《教育通讯》索文，彼相约已一年，而仍未有以报之，奈何。接《中学生》第二期。

六月廿六日（星期一）

晨上甲组一课，回来改各级文十本。

冯沅君将以下月返昆明，视陆侃如之病，过重庆时拟借宿巴蜀，以防万一遭遇空袭，嘱余作介。遂致一书于勘成、伯才。并附一信去复陈礼江，无非道歉而已。

傍晚，昌群来，言马先生因与彼意旨不合，态度渐冷淡；彼念居书院终且不欢而散，不如早退。语次颇愤慨，余慰之。

日来时疫渐盛，霍乱痢疾，此地均有发现。其原因殆由江水大涨，饮料浑浊之故。

六月廿九日（星期四）

上午上甲组二课，归来改二年级诗作七本。

借得前日出版之《新新新闻》，塔斯社传出消息，谓五六两月，伪满边境之日军时侵入蒙古境，苏联蒙古御之，迭有冲突，有两次大空战，日飞机被击落五十六架云。此或不免夸张，而日本又树一敌，当系实有其事。

午后，从满子意，将前此所作和丏翁四绝书于宣纸。她将以与丏翁诗合裱一轴，张于壁间。

接祖璋一信，告编辑上事务。

二官校中今日举行欢送毕业同学会，有各种表演。三官随往观看，两人于十时始归。

六月卅日（星期五）

上午预备功课。

至安澜门眺望，在路上见《华西日报》，知廿六日苏蒙与日本又有空战，日机被击落三十五架云。

午刻，为冯沅君、方欣安二位作饯，客人除冯方外，为晋生、子馨、苏雪林、袁昌英、刘南陔夫人、贺昌群夫人。晋生一时有课，少坐即去。余皆欢饮，二时半而席散。忽传警报，诸客匆匆自去。至四时而解除。

七月（选录二十六日）

七月一日（星期六）

上午上癸组二课，午后上二年级二课。

归来接云彬一书，论近时政情，颇多感慨。又接端木蕻良书，谓彼已移居北碚黄桷树矣。

晋生关切我家，言闻警不走，终非善计，盍设法于友人家之有蛮洞者，出资修理，及闻警则走往躲避。余深感其意，然如其所言，颇有窒碍，且缓议耳。

七月二日（星期日）

神思不佳，时时偃卧。

傍晚，居然有重庆"联合报"送来，知英法苏三国协商又陷于停顿；苏联方面发表，言英法似无诚意与苏联订一反侵略之协约也。前日之警报，则梁山被炸。敌人已占汕头，浙闽沿海亦海空俱至，思得一逞。

夜接天然妹书，知前此寄沪照片已到达矣。

七月三日（星期一）

晨上甲组一课，回家改甲癸两组文，共得十本。

三时，冯沅君来辞别。冯下学期将任教于中山大学，不复来此，此别不知何日重晤矣。

公园门口黑板上有人大书紧急新闻，谓苏联飞机六百架大炸日本，日军之在我长江一带者退集南京云云。围而观者甚众。以常识度之,必谣言也。

七月六日(星期四)

昨夜二时闻警报,唯墨与余醒,意不致有敌机来,未声张,历四五十分钟而解除。

今晨到校,座中学生无多,因昨夜出避,呵欠时作,遂不复讲说,令散归就寝。他班亦多如是也。归来,出二年级考试题,学生要求提前考试,于本星期六举行。

下午作蜀沪第十四号书,附去缮写清楚之《书巢记》,并致红蕉一笺,即付邮。今日送来报纸,凡四份。灯下展观,亦无可特记者。

七月七日(星期五)

昨夜一时一刻又闻警,且放了第二次之紧急警报。全家穿着整齐以待,至二时半而警报解除。七七纪念已届,敌人殆欲以炸我后方为纪念,且日来夜月均甚明也。酣睡时强起,再睡即难畅适,晨起即觉神思不清。

昨吴安贞嘱题签名册,今日作一绝题之,诗曰:"十八年前大石作,五千里外嘉州城,低鬟娇语情如昨,喜见今朝学业成。"大石作者,北平巷名,缉熙、颉刚赁屋其中,曩余与伯祥游北平,即寓其所。时安贞才五六岁,一引入怜之小女孩也。

午后,墨与满子二官往小墨校中,观其校补行开学典礼之集会。余睡一小时,起来作寿伯祥诗,得数韵,俟徐徐完成之。

夜间接上海来信,丐、伯、洗、村执笔。丐翁谓已允私立南屏女中之请求,下学期到彼教国文。又接仰之信,商务已复业,彼又入城矣。

今日为抗战建国二周年纪念日,市上不卖肉,余家素食一天。闻公园中有僧人作佛事,追荐阵亡将士及死难同胞。

七月八日(星期六)

晨上癸组课,未讲书,闲谈一时,本学期课即此完毕矣。午后一时到校,二年级考试,三时收卷而归。今晚宴常来聚谈之本届毕业同学,六时到齐,凡五人:傅剑秋、赵隆勷、俞铭传、吴安珍、王济诚,墨与三儿共饮。七时半饮罢,又闲谈一时许而散。

七月九日(星期日)

晨方起,学生杨伦来,以余所批作文本自述其领会所得,兼及平日所诵文章,直至十点半始去。

午餐饮酒,小醺;睡一小时,醒来觉身子较爽健。日来余下肢筋胳作酸痛,不知是久坐竹椅之故,抑夜间不盖被着凉之故也。

四时许,曹葆华、葆杰昆仲来访。葆华自成都归,言在成都闻人言,迩来和谈之议又大炽,危机比去年武汉失守时更甚,某高官亦且动摇;党派磨擦益剧云云。吾辈被人蒙在鼓里,毫无所知,忧愤满腔而无可为力,思之悒悒。若以此时委屈求和,则真如顾亭林所谓"亡天下"矣。葆华又言,颇有人于言辞间,吐露"亡于苏联不如亡于日本"之意,此诚何心哉!可叹可叹。

二曹去,早寝,然入睡甚迟。

七月十一日(星期二)

晨起,作寿伯祥诗。

午后二时,到校参加文学系系会,会题为评定毕业论文,由各位指导教师评之审之,经全体教授通过。余并未指导一人,论文亦不曾看过,循例隔坐而已。观论文十余篇之题目,或关诸子哲学,或关小学,论唐人诗者二篇,研究鲁迅者仅一篇,大学文学系毕业成绩如此,未免太单薄也。

归来续作寿伯祥诗,及四时完篇,共得四十韵,即工楷缮写,俟便寄与伯祥。

六时,昌群来,言其房东蓝家有小屋数间,在小山之旁,略加修葺便可居住,且山旁多蛮洞,可避空袭。余拟日内往看之,如出费不大,便当迁往也。

七月十二日(星期三)

上午出国文试题,所拟较多,且须缮写清楚,费了半天工夫。饭后持题历访人瑞、晋生、雪林、东润四位,天气大热,坐定喝水扇风,间以闲谈,归来已四时矣。

接祥麟书,云五日重庆轰炸,彼藏身防空洞中,又为震声所惊,昏去数十分钟。然仍不拟迁至他方,以在原处营业颇有佳象也。此君屡经大难,而勇气倍增,大可佩服。

见《中学生》第四期广告,卷头言中在《法币在外汇黑市中的跌价》一题。余觉此题甚不妥,有耸人听闻之嫌,或会受人指摘。因作书与祖璋、彬然,请他们以后注意。余虽不为实际上之编辑,然担社长之名,不能不负责任也。

七月十三日(星期四)

晨出嘉乐门,至孟实所少坐,即至昌群寓,室中布置已就绪,居然雅洁之至。坐少顷,昌群导余观山旁之小屋。屋凡三间,破烂不堪,但修理一下亦可居住。屋后有一蛮洞。因托昌群顺便问其房东,如修理费在二百元左右,我们决定迁入。一切自较不便,然可避空袭,亦足抵偿矣。十时归,携昌群《藏云杂著》稿本。

饭后,曹葆华来闲谈。彼将动身入陕,略尝艰苦,殊足称也。谈川省教育界黑暗情形,闻之唯有慨叹。

接校中送来续聘书,期为二年。余本无为大学教师之想,因缘凑合,乃将继续为之,诚出所料也。

七月十四日(星期五)

多日不雨,农田已呈旱象。今日得雨,自是可喜,天气亦转凉爽。

十时至校中监试,并将国文试题付印,印成携归。

午后,出外剪发。观昌群之《藏云杂著》,皆考据之作,博淹可喜。彼自往北平,得朋友图书之沾溉,又勤于工作,故进境甚多。若继续不懈,其成就未可限量也。友朋之中若昌群之劬学者,亦不可多得。

七月十五日(星期六)

晨起作二绝和雪村。雪村诗寄来已久,盖题弘一法师在人安里之留影。昔年雪村离寓人安里,宾客游宴之乐极盛,今该里已毁于兵火矣。

三官校中今日开毕业会,考试成绩,三官列第五名。会中有新剧之节目,三官参加表演。墨与二官往观之,云不错也。寄蜀沪第十五号信,答伯、村、冼、调、丐五人。

六时,周伯棣来访。周亦丐翁之学生,与彬然至好,前常为《中学生》作文字。今自西康省政府辞职而来,将至云南入中山大学任教。余留之饮,旋偕出游夜市,至其所寓群德旅馆小坐。明晨彼将乘轮至叙府,乍晤即分别矣。

七月十六日(星期日)

二官往参加中学会考,地点在嘉乐门外二十里皇梁子。清早起身,与一同学各乘自行车而往。考期两日,今日为国文算学两科,明日则考史地理化。

余晨起即看二年级考卷,结算分数,誊于成绩单。作书二通,答颉刚、佩弦。我们将桌子移至前面书栈中,在那里吃饭写字。上有二层楼房,阴凉殊甚。

傍晚,昌群来言其房东蓝君已招工估计修理之费用,须三百元。蓝君主张由余交与三百元,以二百元为一年之房租,一百元为押金,将来退回。余以为亦无不可,大约迁移之举将成事实。

留昌群小饮。昌群言投函来复性书院者已有百余人,其中十余人已决定录取。最足资谈助者,有一八十三岁之老人,工楷录其著作,亦欲报名入院云。书院自不拟录取之。老人为川省人。

七月十七日(星期一)

上午十时到校考试国文,十二时收卷而归。此次考试出三题,一以一诗演述之,一以古文一篇约缩为短章,一以作语体文一篇。各同事分题评阅,余与苏雪林阅语体文。饭后将甲组之卷看毕。

二官又去参加会考,自谓所答还不大错也。

七月十八日(星期二)

昨夜有雷雨,唯雨不甚大。与墨夜话甚久,各欠睡眠。

上午九时到校,与同事合坐一起,评阅考卷,十一时而毕。饭后结算分数,誊上成绩单,一学期之工作至此全毕矣。

接四川省教育厅来信,聘余为暑期中学各科教员讲习讨论会之讲师。余殊不欲往,拟写信婉谢之。

霍乱之势仍盛,我家前后均有哀伤之哭声。

七月十九日(星期三)

晨起,至朱东润所,与偕至校中,将试卷分数单交与注册部。

午饭后昼眠约一时许,闻雨声澎湃而醒。余之斗室,几案板壁均淋漓,书物皆沾湿,急为移开已不及矣。雨固太大,而屋瓦又不密,致遭此厄。雨历一时而止。五时后,与墨、二官、三官往安澜门看水,黄流滚滚,急于奔马,声响亦足骇人。水中夹带竹木茅草,皆冲毁之庐舍也。水面距街面才石级五六级耳,若赓续下雨,水即上陆矣。夜静时闻涛声轰轰,其势殊可恐。

七月二十日(星期四)

上午仍有雨,下午乃放晴。满子二官晚往安澜门,归言水势已不复如昨日之高,石级有十级光景。闻昨日冲下之破屋甚多,有一茅屋顶,上据三人,至大佛岩下,陷一旋涡,瞬息而没,亦惨事矣。

余上午作书致教育厅长郭有守,辞其招邀。

晚饭后为二官、三官、满子讲《孟子》第一章,意在使他们习文言。

七月廿一日(星期五)

上午到校领薪水。来此以后已领十个月之薪水,数在二千以外。余之劳力果足以易此而无愧乎,殊难言也。

夜,讲《孟子》第二、三章,历时一点半。

七月廿二日(星期六)

清早起身,与二官出外买鱼,以一元易墨鱼一条。此间鱼市在学道街,只三家鱼行,往往一抢而光,非早往不可也。遂至洙泗塘,红荷已盛开,小立移时,颇惬心意。游人未止,茶社尚未生火。不获茗坐,遂归。

午后三时,与二官至安澜门,水益退,石级有十余级矣。峨嵋全露,色作淡蓝,偶有云气缭绕。

教育厅又致电王校长。余前一书殆尚未达,如再来招邀,只得勉强一行耳。

七月廿三日(星期日)

余忽伤风,头胀鼻塞,颇不舒服。上午,为本地即将出版之《嘉阳日报》作文,略贡编辑上之意见,题为《一点要求》。突然雨止,屋漏淋漓,半途辍笔,饭后始完成之,仅七百言耳。倦甚,观借来之《西风》为遣,复偃卧有时。酒后,讲《孟子》一时许而后睡。

七月廿六日（星期三）

今日不复雨。余往小墨校，以绒线衣交之，日来水涨，天气转寒也。返身而行，茗憩于东园。其地临江，江水即在槛下。眺望则云暗江天，黄流汩汩，意颇凄恻。坐一时许乃归。

饭后，昌群来，其所居小山下河水没径，彼之出也，翻诸山绕道而行。余只得少迟数日到彼处商谈房子事矣。

夜，有同学数人来，听余讲《孟子》三章。

七月廿七日（星期四）

今日始放晴，阴雨将十日，见晴光心为开朗。然余日来只是困倦，饭后又昼眠一时许。阅姜书阁所编《桐城文派评述》一小册。

出外闲行，眺望江水。近数日可谓交通断绝，江流湍急，下游轮船弗克溯游而上。公路桥梁为水冲断，成都汽车不能至。而开渝之飞机为水上机，以不能在叙府江面降落加油，亦停班不开焉。放晴数日以后，殆可逐一恢复。

吴安贞来，留之晚膳。夜，续讲《孟子》数章，安贞亦旁听而后去。

七月廿八日（星期五）

今日有飞机到来，携来最近数日报纸，知英国与日本为天津问题而开之东京会议，两国已成立所谓初步协定。其内容则英承认日本侵略之事实，并将令其在华侨民不妨碍日之行动也。此与英之先前态度颇违异，道德上实为缺失。英国及他国之舆论均指斥之，我国外交当局亦发表声明云。

夜，仍讲《孟子》。

七月廿九日（星期六）

竟日精神不爽。看《论语正义》，以为消遣耳，非认真读书也。

晋生来，携来为余丐王献唐君所作画，高岩红树，茅亭绿蕉，略写凌云之景也，笔墨甚工，得之喜极。王君并题二绝句于其上。

夜十二时半，雷雨大作，我们床头亦有屋漏。起来避雨历一时许，然后再睡。

七月三十日（星期日）

小墨于校中学制饼干，今日在家试为之，大家动手，亦自有趣。饼干以油炸而不以火烘，味尚可口。

十时后，与墨偕至昌群所，其夫人自制小菜留我们饮酒，房东蓝君夫妇共食。食后至山下看房子，蓝君为余言修理计划，将屋面升高，重筑竹壁，铺地板天花板，加辟窗户，云须一个月以上方完工也。四时归。

二官日来为升学焦虑。成都多中学，彼欲与数同学往应试。我们以为任其独自游学成都，殊非便，最好即在乐山入学。前日见报载吾苏省立蚕桑学校迁来续办，地址即在红十字会相近。因与二官偕往索章程，明日再往报名。二官欲循序入大学，此校非其所喜也。

夜续讲《孟子》。

七月卅一日（星期一）

竟日闲观杂书，意兴颇颓唐，长期休假而如是消磨之，亦无聊之甚矣。

报纸来，有可记者一事，美国于廿六日宣告废止美日商约是也。据各国评论家言：以为两年以来日本所受于他国最甚之打击；若美国更有进一步之措施，不难使蛮横之日本就范云。

近来物价大贵，制造品皆然，布匹每尺五六角，毛巾每条至一元，牙刷亦在一元以外。幸川省去年大熟，今年亦可丰收，故米价尚平。闻昆明米价每石至卅元，肉价每斤一元以上。西安之寄居者，包饭每月卅元，尚不得吃米饭，只吃面糊而已。后方各省，川省以各物都有，生活较易，而川省各地尤推乐山，然乐山亦不易生活矣。今时蓄钱不如备物，钱存于银行几每日减损其价值。然大家备物，物价必突涨，况我人又无钱也。总之将来生活必大艰难，唯有咬紧牙关以度之耳。

八月（选录二十五日）

八月一日（星期二）

九时到校，向图书馆借《大云山房文稿》《茗柯文编》及《词话丛编》四册。见布告处张有通告，开学定于九月廿五，则假期所余不足两个月矣。

同事叶子真君来访，谓教育厅方面有信与彼，请往讲演，并邀他人，复及余。叶君又言教厅将放小汽车来接，留蓉之期不过一星期耳。余言他们诚意如是，若再拒却太不近人情，当勉力随行。叶君言赴蓉之期当在本月中旬也。

夜，讲《公孙丑》首章。昨夜有警报，我家乃未之闻。不闻亦好，可免心不安也。

八月二日（星期三）

午后，有张一庵来访，孟实所介绍也。张君治书法雕刻，有"一庵社"，收学生十余人，教以刻碑、刻印、造像。此次由成都来嘉，将假中山堂开展览会云。张君谈书法及他艺，见识均不弱，坐一时许去。

作成和王献唐赠余画幅题诗两绝，他日将书以素纸，托晋生致之，借申谢意。

得郭有守君来电嘱往成都，此行殆必不可免矣。

夜讲《孟子·养气章》半篇，余未能阐发尽致，听者太于此生疏，亦未必了了也。

十一时后又传警报，我家诸人仍未起。

八月三日（星期四）

蓝君午后来访，谓将令匠人动工修屋，拟先取一年之租金二百元，即与之。迁居已成定局矣。

客来不绝，亘三小时始得休，余倦矣。即续讲《养气章》一小时，仅五六行耳。

八月四日（星期五）

所借《词语丛编》中有新会陈述叔之《海绡说词》，说清真梦窗之名篇。余选其佳者录于《宋词三百首》之上端，亦无聊消遣耳。

灯下续讲《孟子》，而航空信至，遂辍讲。信一系红蕉所寄，言我妹近来身体又不佳，瘵疬又作。上海生活大昂贵，米至二十余元，肉一元可易十二两，金价至四百元以外。是盖英日东京谈判之影响。想美国废止美日商约，与最近英张伯伦在议会郑重声明不变更维持中国法币之消息传布后，当可稍见降低。然沪居不如蜀居,殆必事实矣。

又一信为开明诸友所寄,丏、伯、村、洗、调均执笔。伯祥寄来一五十岁小影,肥满如官僚,已留须矣。信中告我青石小筑之西墙为飓风所倒,硕丈代为主张,雇工修理,须费八十余元。此殊可不必,归去既遥遥无期,则围些竹篱亦可矣。然已动工,钱已由伯祥代汇去矣。诸人皆言生活昂贵之情形,薪水阶级值此,真将束紧裤带矣。

八月七日(星期一)

七时到校。今日为国立各院校统一招生之期,乐山亦一考试区,余往为监考员也。在此报考者凡三百余人。今日第一场考国文。考题凡三:一、文言翻语体(《礼运》首节),二、语体翻文言(蒋委员长之演说辞),三、作文(《建国信仰与救国主义为精神总动员之基本条件》)。十时散场,余从图书馆借《清名家词》五册,并代昌群借《流沙坠简》以归。

下午无所事事,小睡一时,看报纸。夜讲《孟子》数章。

八月九日(星期三)

上午为《中学生》作文,写了数百言,仅开个头而已。

午后困倦,不耐昼眠,遂与二官三官出城访昌群。坐有顷,至小墨校中,小墨方作完实验,乃偕往东园吃茶。登其高阁,凉风入槛,至为快适。坐一时许,徐步而归已五点半矣。

忽校中派人来通知,成都汽车已来迎,明日即当启行。饭后往子馨处打听,则言同往之马师亮、叶之真二君以预备不及,主以后天早上动身。归来而听讲《孟子》者咸集,余以今日疲甚,遂辍讲,并告大家俟归来后再讲。接彬然、祖璋来信,仍促作文。

八月十日(星期四)

晨起拟讲稿,而神思不属,殆已不及预备整齐,只得临时就零碎纲要说辞矣。作一书,复彬然、祖璋。

墨为余整理行装,忙了整天,一切应用均至周备。

八月十一日（星期五）

五时半即起，匆匆料理，即辞别家人出门。二官送余至子馨家。马师亮、叶之真、江仁寿三君已来，将行李装上车，即开行，时为七点。

乐山距成都一百七十余公里，公路颇不平，坐小汽车犹觉震荡不适。过河以渡船，汽车上船，多人撑船而渡；凡数渡，以岷江一渡为最宽。经夹江、眉山、彭山、双流、新津、华阳等县而至成都。在眉山曾停车一小时，步行至苏祠公园，园中竹树茂美，建筑物亦古雅，又有荷池，颇值一观。

下午一时到达成都，计开驶时间为五小时也。至华西坝，访暑期讲习会办事员，办事员招待我们至城内沙利文饭店，据称可以舒服一点。

午饭后。余与子馨、之真再往华西坝。此为华西大学所在地，高大洋楼甚多，草场茂林亦复俱备，似视吾吴东吴为大，部分颇不少。寻暑期讲习会课室所在地，久乃得之，晤该会之教务主任高公翰，知余所担任者尚须下星期五开课，为之怅怅。

辞出后，与子馨偕访徐中舒于四川大学，小值，即归沙利文。我们所住为四楼，下望全城，屋舍隐于树木之中，真如"锦城"，与北平相仿。顷过巷陌，见人家门墙，雕镂绘彩亦类北平，绿树森森常出墙外，诚居家之良地也。然大轰炸以后，迁往他处者闻已不少。被炸区域曾见数处，皆甚广大，已整理清楚，虽颓垣断壁，而无惨象矣。城门旁之城墙正在拆除，便于城中人闻警时出城。

八时进餐。刘子值来，徐中舒来，谈至十一时去。寄一短简与墨，告已抵成都。

八月十二日（星期六）

晨五时起身，结束行李，即驱车至成灌路汽车站，同游者吴叶二君。阵雨忽至，站上挂出"路滑停开"之牌子矣。雨一时许而止，三人共商决以人力车往，每辆三元八角（比汽车票贵七角）。七时半动身，公路泥泞难行，平均十分钟走一公里，自成都至灌县五十四公里，直至下午五时以后到达，本预备径往青城山住宿，结果成为梦想。

途中歇数次，车夫吃茶吃饭。吴叶二君小心过分，于小茶店之茶不敢吃，午餐仅吃一锅烩饭,取其现煮起来也。碗箸皆用酒精擦了再擦(叶君所带),然后敢上手。余亦效之。

路中沟洫特佳,所谓水利,此地当为最早,盖秦李冰守蜀时所治。今灌县之都江堰即李冰之遗功,堰下之水灌及十四县也。路旁田禾渐黄,望之心喜,口占一律:"锦城晓雨引新凉,聊作清游适莽苍。沟浍贯通怀蜀守,田畴平旷胜吾乡。水声盈耳宏还细,禾穗低头绿渐黄。差喜今秋丰稔又,后方堪以慰前方。"

灌县较好之旅馆皆已客满,卒于商业场一家中等旅馆之三楼得房三间,背后即为川戏馆,特别喧闹,办只得将就。

洗脸吃茶已,出至县公署访胡县长。闻此县长颇有政绩,衙门内果然整洁,闻铃声,询之,知为周末工作检讨会开会也。其科长代为接见,我们即托关照青城山道士,为我们留一较好房间,并请于后日为我们致意汽车站,俾我们必得票。某科长皆允为打电话去。遂往寻食店。灌县市面比嘉定为热闹,近来由成都来避者多,殆亦一因。数经大渠,水声轰轰,桥其上。桥上有屋面,有板壁,或即于两旁靠板壁设店肆,此为他处所少见也。最后得一家,曰"又一村"。竟日未正式吃东西,遂吃得好一点,且饮大曲。九时半归。

戏场以十一时散,又听隔壁打牌,嬲妓女。既而军警查缉者来,始慌忙散去。山风甚大,窗之上半截皆无纸,风遂穿室而过,凉甚,拥被而卧。市声既静,诸渠之水声可闻,如大风雨然。

八月十三日(星期日)

晨五时半即醒,起倚窗栏,群山即在右面与右后,微有云封,沟渠轰轰声而外无他声,此境静极矣。忽忆今日为第二个"八一三"纪念日,则静境亦殊不足以宁心也。

吴叶二君既起,谋食早餐,各进煮熟鸡子三枚,此最可靠矣。唤滑竿三乘,每乘四元八角,今日一天游山,明日送回灌县。论价既定,他们去吃饭,中有三人且须抽鸦片,九时后始启程。我们各以棉被为垫,且用枕头,坐之如沙发椅子也。

出城至二王庙,庙祀李冰父子,纪念其治水之功。其庙飞甍四出,子馨谓有唐代建筑风格。墙上石刻"深淘滩低作堰"六字,所谓李冰六字诀也。又有彩绘之都江堰灌溉十四县之鸟瞰图,沟渠密布条分,有如人身之血管。庙屋甚多,正殿后殿而外,未暇详观。

出庙,步行过索桥。桥以巨木为架,植立江中,几八九架,以其粗之竹索若干条并行纵系其上。于索上更横铺木板为桥面。桥旁有栏干,亦竹索也。人行其上须稳定身躯,踏着一条条板前进。否则行到每两架间桥面下垂处,即将左右颠荡不已,颇见危险矣。余初行几节,颇觉胆小,下为轰雷之江水,身着于不稳定之桥索,似殊可怕。后放胆走去,进行甚速,而且走来颇合度。桥长若干不得而知,总之走了七八分钟。是后行经田野,一路水声或宏或细,听之不厌。

滑竿夫歇息时,叶君发现一饼摊正烘面饼,认为可靠,各购食二枚。茶店中茶客甚多,皆入山出山之游客与滑竿夫也。

下午一时登山,在山谷中曲折前进,泉声时而在左,时而在右。至圆明宫,一不大之旧道观,无甚可玩。次至上清宫,观宇大而新,道士留吃茶。出观后而上,约数十步,为青城第一峰,此山最高处也。旧有麻姑炼丹台,今仅一茅亭耳。自上清宫而下,至朝阳洞,为一敞开之大石洞,庙观即在其中。由朝阳洞再前行,佳景始接。有石壁而甚高,望之可见古代冲积之痕。而树益茂,路益曲,谷益深,无以穷其状。前此我们皆失望,以为青城不果尔尔,至此则共相赞叹,谓"青城天下幽"之语非诬。

一路好景目不暇接,卒入于天师洞,所谓第五洞天,额书"古常道观"也。方丈彭道士已接县政府电话,住我们于养志庐,客堂中最雅之室也。外有虚阁,面对石壁,竹树在下,至宜憩坐。洗脸毕,彭导我们游观。此观甚大,殿宇新修,颇宏伟。客室房间甚多,几乎住满了人,盖避空袭者有全家常住于此者也。儿啼锅响,大庭中人挤如市,与其精舍花坞不相调和。我们先观一大银杏树,树真大,不知其几围。又观降魔石,一绝大之石裂分为三,我们从缝中绕行。又观大松若干株,高枝针叶极细,异于常松。壁上石刻,我们均无暇细观。

回客堂即吃饭,有荤有素,烹调尚佳。今日仅吃此一顿饭也。饭后由正门而下,观溪桥及曲径。暮烟渐合,稍感凉意,遂归房而睡。今日口占一律:"愤慨岂因好景平,八一三日入青城。高树低树相俯仰,下泉上泉迭送迎。古内海于望中证(地学家言成都盆地古为内海),天下幽非浪得名。药坞丹房常道观,避灾人集沸市声。"

八月十四日(星期一)

晨七时离天师洞,彭道士留吃早饭,酬以食宿费五元。自天师洞下山,一路山谷树木皆好。此为入山正路。凡游青城由正路入,至天师洞而朝阳洞,即尽其胜。

回城不尽以原路,过两渡,渡法为昔所未见。二水皆甚湍急,于两岸植竹架,架上横一竹索,经河之上空。如是之横索凡十数。每一横索上套一竹索圈。有一长索,一端系着于第一架,通过诸竹索圈,而另一端系着于渡船。船夫只须把舵,渡船即由此岸浮至彼岸,但见竹索圈徐徐移动耳。吴叶二君见此渡甚险,万一长索忽断,不知将冲至何所,且渡者甚众,负担木石者有之,益增重量,遂主走昨来时原路,而滑竿夫不肯。后看人家渡了一趟,亦复平稳,遂勉强渡焉。

十二时入城至县政府访某科长,则谓已与车站说明,必可得三票,车一时即开,宜速往。至则成都来之汽车尚未到,腹已饥而不敢离站他往。待至一点二十分而车始来,遂买票登车。二时开行,四点过到达成都,较之来时颇觉其快。

乘人力车携行李至川大,访徐中舒不遇,即在其室内洗脸,拂去满身灰尘。出川大之门,徐适归,遂偕访刘子植于旅行社招待所。五人至金龙饭店吃酒吃饭,刘作东。食毕浴于沧浪歌,徐作东。遂出城至华西坝华美寄宿舍,余与子馨同一室,室朝东,殊宽大,但桌椅并不齐备。铺床毕即就睡,全身奇痒,知有臭虫,去枕以观,忙跑者十余个,被褥上来往者亦复甚多,遂一一扑灭去。电灯既息,余凡于痒处一摸,必得一二个。如是终夜,乃未睡熟。

八月十五日(星期二)

晨五时,之真忽来敲门;谓有警报,邀共出走。遂共出宿舍向东行,晨野寂寂,汽笛无闻。询以何所见而谓警报,则言闻钟声。回来问校工,则知此地传警报并不以钟也。

早餐后,吴叶二君去上课,余作一书寄墨。遂独自入城,至祠堂街开明书店访冯月樵。冯见面后即谓雪舟在此。俄而雪舟自后屋出,握手至于不释,彼此以前冬为别于汉口,不意今日重逢于成都也。彼近从西安调查书业状况来此,暂不他往,将在此设一开明办事处。谈两年来所见所历,余觉其长进复不少。忽孙俍工来(在军校为教官),四人偕至隔壁一家西餐馆吃面包牛奶,闲谈约一小时。余遂与雪舟往东方书社,访其主人王畹香。王山东人,诚恳而爽直,去年在重庆尝晤面数次。王坚约吃饭,不宜拂其意。

往商务印书馆,访张屏翰。往世界书局,访俞守己,谓有小病未到店。十一点半至涨秋饭店赴王畹香之约。客尚有三四人,他客不饮,王独与余对酌,二时而散。

与雪舟偕全少城公园吃茶,闲谈两年间琐事。四时半出,至金河街访程受百(程亦随军校迁来)。此街垂杨映水,两岸人家俱有绿树出墙,可爱之至。入程寓,程不在,晤其夫人,即坐而休。其庭中亦饶花木,房屋两进,隔以竹篱,自室中外望,如在园林中也。程终不归,余遂与雪舟闲行街巷。六时,余径归华西坝。

午餐甚饱,不思吃夜饭矣。余之床架已由校工用开水冲过。八时半就睡,试有无臭虫来袭,久之,仅得一二个。虽仍有痒处,不复如昨之难熬。十时成眠,一宿酣适。

八月十六日(星期三)

晨六时醒,尚未洗脸而陈斠玄君来访。陈任教于金陵女子大学,被拉在讲习会中任国文科主任也。彼嘱余多讲两小时,言文艺方面之事,不得已允之,于是又得多延一日,至早于下星期三方可回嘉矣。

既而子馨之友商承祚来,子馨往上课,余与闲谈。商君名久已闻之,治金文甲文,并审古物,今在金陵大学研究所任事。商君语二事可记:

一、灌县之索桥为前清一老书生所发明。创建伊始自有疏漏,桥忽断,溺死行人,县官遂杀此老书生以抵。老书生之妻更谋改良,补前之疏漏,率成夫志,永为民利。发明家之报酬为杀头,良可慨也。

二、吴瞿安先生避难,居湘潭逆旅中,旁室无客而闻人语声。命店伙启室门,迹声所从出,乃自一花瓶中。瞿安先生接瓶于耳听之,忽大呼,掷瓶于地,遂以得病,自知不起,亦不言自瓶中所闻何语。此事甚怪,以余推想,瞿安先生血统中或本有神经失常之因素,其诸子中有二人均精神异常,可以思也。

十二时,诸同人共往郭有守(子杰)寓所赴宴。肴馔甚精,同座皆来为讲习会讲课者,大家拘拘,吃得并不痛快。一时半散。

余复入城访雪舟,偕游少城公园,观其博物馆。此公园范围甚大,布置不俗,殊可爱也。

茗坐一时许,仍返开明。雪舟发上海信,余亦附去两笺。雪舟之友人某君来,为书店伙者,三人偕饮于公园旁小食店。买眉山酒一斤,购腊味数事,鱼一盆,菜一盆,汤一味,且谈且酌,乃胜于中午之正式宴饮多多。九时返华西坝,十一时睡。

八月十七日(星期四)

晨访雪舟,与偕至受百所,畅谈为快。受百深悉日本情形,言中日两国人本质上有不同,日本人鄙视我国人之心理牢不可破,故一般人以为中日将来或可亲善,皆非灼见。又承略告所闻于军校之战争情况,皆前所未闻者。十一时半,受百邀吃饭,入公园内之宁静饭店,更邀冯月樵。该店为标准之四川馆,菜确不坏。四人饮渝酒二斤,殊酣适。

天气大热,至雪舟所闲谈。五时,与雪舟闲行里巷,又转入公园,茶店多处俱满座,遂吃粥于小店,进百合粥两碗,汤圆一个,蛋糕二块,颇轻松适意。八时半归华西坝。此间终日有飞机多架在天空盘旋,闻是新到之苏联飞机也。

八月十八日(星期五)

晨五点半起身,洗漱进餐毕,与吴叶二君步往讲习所。少顷即上课,不摇铃而吹号。学员习国文者八,十余人,中有五十以上之老人,只是打瞌睡。余讲两时,题为《国文教学之目标及国文教材之编选》,观听者面色似尚感兴趣。

九时一刻,访陈斠玄于金陵女大教职员宿舍,承陈君约今晚小叙。归宿舍写一信寄墨,告以归期。闻会中已决定雇船送我们回嘉,于廿二日开行也。

徐中舒、姜亮夫来闲谈,即在宿舍共饭。饭后,午睡时许,醒来看《宇宙风》及买来之旧《清华学报》。

五时半,陈斠玄与其子来邀,同来者有姜良夫夫妇。余与子馨遂偕之出。经宿舍后门,门临河道,雇一小舟向东行。舟如西湖之画舫,到复兴门上岸,入城至金龙饭店。全座不饮酒,亦无甚可谈,吃了一顿而已。

与子馨偕至祠堂街买书,归来已九时半。得墨一书,言满子怀孕而见红,曾往医生所,医嘱安睡,睡了三天,已无恙。余语琐事,循诵再三,觉有深味。后附二官信。

八月十九日(星期六)

晨五时半起身,六时半到会所,连讲两时,题为《阅读指导》,听者似颇满意。

九时到开明,与徐中舒有约,徐请我们吃午饭也。徐来后与偕访程受百,十时半忽传预行警报,十一时半闻空袭警报,遂与徐出新西门,行阡陌间。走避者纷纷,携箱提笼众态毕备。俄而我之飞机起飞,轰轰之声笼罩空际,但觉其多,不知其几何架也。离城渐远,则坐河边细竹丛中暂避。坐半时许,仍不见敌机到来,复前行,至于徐君之同乡余君家。余君为金大教员,因避空袭而迁乡者也。承留我们吃饭,肚子已饿,竟吃了两碗半。

三时闻解除警报,遂入城,与中舒别。至开明与雪舟偕出,浴于公园中。浴毕回开明,闻人言今日炸乐山,大惊恐,心绪麻乱,而还得应商务印书馆张屏翰、许季芸二位之招宴。与雪舟至明湖春,张许二君言打听已确,的系乐山,电报电话均不通,且闻欧亚航空公司飞机经过乐山归来言,乐山已炸去四分之三,刻尚在燃烧。余悔不该来此。我家向来不逃,母亲、墨、满子、二官、三官伏居家中,不如如何惊恐,万一受伤或有更大之不幸,我将何以为生!小墨尚在校中,不知躲避何所?自抗战以来,余之心绪以前年往南昌接眷不着时最为难过,今日则尤甚矣。张君关心乐山之堆栈,欲明日附人家之汽车往观,谓如能成行,必与余偕。探听久之毫无结果,然其意可感也。同座诸人亦均慰余,谓大致无事。余亦饮亦食,然恍惚如梦,与诸人别,似不殊平时。

星期一之课决不复上,明日非回去不可。因思往要求郭子杰君,明日以汽车送归。回宿舍,与马、叶、吴三君同商,人同此意,遂访郭。而郭之汽车适以今日坏了,打了几处电话,尚无结果,谓只得明日再想办法。四人愁容相对,欷歔不绝,身在此间,不知家中人生死存亡如何也。观夜报,谓敌机径袭乐山,有三十六架。城内城外俱投燃烧弹爆炸弹,多处起火。呜呼,此可惊之消息何堪入目乎!大家都睡不着,悄悄谈话,余乃记此日记,写毕已一时半矣。

八月二十日(星期日)

昨夜勉强就睡,仅睡熟一小时耳。五时起身,收拾行李。教育厅之二职员入城觅汽车,至八时始来言以三百七十元雇得一汽车,汽油之购入犹是代车行设法者。八时二十分开行,郭君及教育厅职员川大数教员均送行,祝平安,殷勤可感。

天气甚热,车行不停,追过小汽车二辆。同行诸人皆屡看里程碑与时计,唯期立刻到达。一点二十分到夹江,见逃来者,就询被烧里巷,不及较场坝,余心略慰。但至小墨学校附近,遇见武大事务部董君,问之,则言较场坝完全烧光,余家人口不知下落。呜呼,余心碎矣!种种惨象涌现脑际,不可描状,念人生至痛,或且降及吾身。车再进,逃避他往者接踵于途,皆若亡失其精魂。

入嘉乐门,人言车不能再进,遂下车。忽吴安贞走来,高声言余家人口均安,已在昌群所,彼正出城往视。余乃大慰,人口均安,身外物尽毁亦无足惜矣。安贞又言昨日轰炸时,彼正在我家,共同逃出。遂别同行诸友,与安贞乘人力车到昌群所,三官墨林皆在小山上高呼,此景如在梦寐。上山,见母亲及满子均在蓝君房中,蓝君以自己之卧房让与我家,盛情可感。坐定,听诸人言昨日逃出情形,真所谓间不容发,如早走或迟走几分钟,殆矣。

昨日十一时许,嘉定发警报。安贞正在旅行社打听船期,将往重庆就南开中学事,闻警即避至我家。大家以为亦如以前若干次之虚惊而已,照常吃饭。小墨以将举行学期考试,停课温习,回家已数日。故在家者连安贞、黄嫂凡八人。忽闻轰炸机声甚大,遂避至前面堆栈中,而黄幼卿、老刘与幼卿之二友亦来同躲。方伏居书堆中,即闻轰然下弹。大家屏息掩耳,自念既闻其声,此身当尚在。墨偶仰首,见三楼天窗外有火光,大呼"火!火!"大家乃起立。开前门看视,对街诸店,火舌已出于檐。可走之路唯有后门。而后门即余书室之后壁,自余在书室铺地板,地板高而门趾低,开后门必须去地板。老刘、幼卿及其友多方想法,地板终不得去,而火星且自余屋已破碎之天窗中下落。小墨知地板必不能骤去,遂用力将门抬起,使其枢脱于臼,门与墙之间乃有极狭之一缝。大家皆庆得生,陆续钻出。而我母身躯大,背伛,不能钻,安贞在门外拉之,小墨在门内推之,始得出。小墨又返身入屋,取可携之衣物,纳入一竹箱中而出。又在地上捡起余常用之澄泥砚(余所有书籍文具,仅存此一砚而已;此砚为墨家旧物,背有张叔未之铭,此后益可珍贵矣)。统计携出之物,除小墨一竹箱外,我们仅一小手提箱,我母仅一藤篮,内皆单薄衣服耳。

大家既出门,向左行。时后门对面之草屋已着火,空气焦灼,安贞扶我母而行,贴近火屋,灼伤其右臂弯寸许,其左臂弯于钻出时擦破;逃出者共十二人,仅安贞一个受此轻伤,亦云难得。忽敌机飞来,经过头顶,大家伏于路旁躲避。时路上不见他人,至安澜门,于城门洞中又躲避敌机一次。遂下石级,向岷江之滩。沿江小屋正在燃烧,小墨主张必须过江,而小船皆在对岸,仅见一船离江岸丈许,欲渡者凡数十人,呼之而舟人不肯来。小墨乃涉水而前,拉船较近,于是老刘抱我母,小墨抱墨登舟,余人皆涉水登舟。又载他客数人,徐徐抵对岸。

诸人此次得生,可谓机缘凑合。苟小墨不在家,无领导之人,必不得出。苟后门无地板障碍,大家必得早出,得出必趋江滩,而江滩上被机枪扫射而死伤者不少,或亦将在此劫中。今不先不后,得脱于火灾与机枪之厄,实为万幸,天之厚我至矣。

大家在对岸沿江而行,至八仙洞相近,乃雇舟返北岸而至昌群所。昌群望见大火,即为我们着急,欲入城探视而路挤不通,见我家诸人俱安始释然。昌群家有刘宏度(永济)君全家寄居。刘君原系武大教员,本学期回校,方到嘉定,寓于旅馆,闻警而来此。蓝君遂以己室让与我们。刘夫人以一被借与我们,昌群夫人亦捡出被褥数事,俄而徐伯麟、刘帅尚各送一被来,安贞以适间新买之毛巾、肥皂相馈,朋友之情,同胞之感,记之感涕。

昨日之轰炸,下弹时间不过一分钟,而热闹市区全毁。死伤者殆在千数以外。小墨曾见四个焦枯之尸体相抱于路中。较场坝一带,烧死者甚多。右邻一家仅余一儿,此儿与三官为同学,路遇三官,言父母兄弟俱烧死矣。军警于救火救人均束手无策。武大同学与艺专同学皆立时出动,拆房子,抬伤人,奋不顾身。余闻传述如是,觉青年有此行动实前途之福,不禁泣下。武大仅第二宿舍中一弹,他处均无恙。死同学六人(文健在内,此人上余之课,为一优秀学生,闻之又不禁下泪),校工二人。同事全家被毁者二十余家,杨端六、刘南陔两家在内。余不胜记。

傍晚昌群归来,互道大幸。刘家与我家俱吃昌群之饭,合昌群家,大小共十九口。夜间余与小墨、三官睡于昌群书房中,打地铺。刘君与其儿亦睡地铺,同一室。二官与徐伯麟以今午动身往牛华溪买布。

寄上海一信,编蜀沪第十八号,告我家安全。

八月廿一日(星期一)

九时,与墨至嘉乐门附近买物,得土碗廿个,马桶一个,余无可买。城中店铺幸存者亦将货物搬运出城,故有钱亦难买货物矣。

回来后又闻汽笛大鸣,又传警报,遂扶我母入山下蛮洞。洞中聚集三四十人,静待至下午二时始解除。二官徐伯麟自牛华溪归,买土布四十余元,可做衫裤被里,又买零用物若干;来回均以徒步,惫困不堪。

饭后,余昼寝,极酣。醒来而刘清藻在,送来勘成、伯才二人补送善满喜礼,系华美线毯一条,枕衣二事。刘已毕业于重庆高工,将往筑乐西公路,明日赴峨嵋矣。

夜间在屋前看月,今日系阴历七月初七,佳节于我们毫无所感矣。刘宏度将在此筑一小屋,与蓝君议工料之价;此小小空山,以后或将成为住宅区焉。我们所租屋现已动工修理,尚须二十余天方完工也。

八月廿二日(星期二)

晨与二官入城购零物,而所得甚少。至土桥街,一片瓦砾场,焦枯之气扑鼻,死尸已起出,偶见一二白木棺而已。右折经玉堂街,焚烧至三余味而止。入公园,中山堂正中中一弹,堂分为前后二部。入乐嘉小学,晤校长,请重书一毕业文凭与三官,以便升学。至武大宿舍,同学咸来致慰,余谢之。出宿舍遇刘南陔,共言彼此同命,苦笑而别。访高晋生,而朱东润亦寓其处,朱所寓安居旅馆已坍塌。坐少顷,又访子馨,其寓后之小学校中一弹,弹穴径丈余,毁屋一间。辞出,复遇晋生、东润,共入一品香进餐。一品香居然照常营业,殊为难得。共进家常饼等北方食品而散。经东大街较场坝,无一遗留之屋。余寓门面尚在,伫立有顷,感不可言。返身走河街,火势至中河街而至。

返寓,体力疲矣。作二书,一致张屏翰、许季芸,告以平安;一致雪舟,托其为余向商务中华等家买书,期得优惠。

满子之病仍不见好,十九日仓皇逃难,心急身乏,更见困顿,三日来俱偃卧。今日腹部有隆起,且出血如行经。明日拟请校医来诊视之。

八月廿三日(星期三)

竟日未出。教授会有紧急会议,商善后及被灾人之救济,余未赴。

午后三时,校医周君由刘师尚陪来,为满子诊治,谓怀孕抑腹中生东西,尚未能断定,且待之。然无论如何,均须施手术。满子闻"手术"二字,恐而哭。

晚饭后忽传警报,余与刘师尚扶我母入山洞。紧急警报发后,小墨师尚共舁满子下山。居洞中人多气闷,殊觉烦热。十时后解除。余扶母上山,小墨师尚共舁满子。敌机若每日入川一次,我们生活即不得安定矣。

八月廿四日(星期四)

满子仍如昨,不见好亦不见坏。得颉刚一信,告将往成都,入齐鲁大学为国学研究所主任。

入夜又传警报。诸家大小聚集屋前,凡三十余人。月色甚佳,田野如玉海。至九时后不闻汽笛声,遂睡。

今日寄上海信,编十九号,即将二十日之日记充之,俾上海亲友知我家逃出之详情。

八月廿五日(星期五)

晨有雨,天气渐转凉。午后,吴安贞来,言后日或有船往重庆,特来叙别。难后分手,尤觉依依。通伯、孟实、歌川来,皆致慰问之意。闻此次乐山被炸,死者已可稽者在二千人以上,合之伤者人数,当在五千也。

又闻人言,苏联突与德国订互不侵犯条约,且订商约,由德贷款若干与苏联。于是英法苏三国可以不复商谈,和平阵线不复能成立,而德意日防共协定,亦复一笔勾销。今后德可以专力对英法,苏可以专力对日。国际形势突变如此,非我人所能先料也。力言侵略阵线与和平阵线对立者,不知又将何说。

八月廿六日(星期六)

七时入城,访萧君绛先生,请其为满子医病。萧为数学系教员,精于脉理,同事学生信中医者多就之。承慨然惠允,共乘车出城。诊脉后言满子之脉不调,系心脏有病;而脉象与怀胎相反,十之八非受孕也。所开方谓系从王道入手,并开一调经方而去。

晋生来访,言刘博平以国文系主任名义,将派定彼与朱东润、苏雪林及余专教基本国文;此似太叫人劳苦,亦复看不起人,约明日往彼寓所共商应付之方。

午后,蛰居无聊,四时出外散步,遇孟实、中舒。中舒固相约同乘木船来嘉者也,彼以廿三日自蓉下行,昨午到此,凡行两天半。三人偕访通伯,彼二人先走,余与通伯长谈。承告校中权力之转移,现院长一职同于虚设。刘君以新旧门户之见,颇欲排挤异己。相与叹惋。余本不欲为大学教师,去年贪于避难之得暂安,遂勉强来此。今乃为人所嫉视,意颇不快。任余性,当作一书正告校中,国文系持抱残守缺之见,决非武大之福,亦非学生之福。而刘之所为如此,尤羞与为伍,但事实上又不能遽尔他往,只得忍之。然此忍之也者,最难堪之事也。六时半归。

满子服药后,下类似胞浆之水,并紫色凝血一块。恐是流产之象。寓居人家而遇此等事,恐人家以为不吉利,非写租契纳租金不可。遂托昌群与蓝君商谈。蓝并无迷信之见,不肯受纳,久谈而后可。乃写一租契,致二十元。

八月廿七日(星期日)

晨六时起,即入城访萧君绛先生,告以满子服药后情形。萧谓此是好现象,昨所开方不妨连服之。

遂至晋生、东润所,苏雪林已先到。忽下雨,俟其少已,共冒雨访刘博平,告以不愿专教基本国文之意。刘饰说再三,劝大家勿误会,并言必将我们之意达学校。可谓无结果而散。

出城上山,吃墨林之生日面,今日为阴历七月十三也。郑若川来,携衣服借与二官。马文珍来,谓探听我们居处,今日始知之也。皆谢之。

近晚骤起大风,夹着细雨,是秋天景象矣。

八月廿八日(星期一)

晨起写信与雪舟,再托买书。满子乘滑竿往仁济医院诊治,由墨与小墨陪往,归来言医生经诊察,断系停经而非怀孕,宜令通畅,遂改服西药矣。

小墨之同学李君来,谓明日将往成都,请其带回余所购书籍。夜八时后忽传警报,至十二时始解除。月色皎然,天无片云,倦极,亦无心玩赏矣。

九月(破损,剩八日,全录)

九月廿三日(星期六)

晨起作上海信。九时接通知,今日国文系开系务会议,遂乘车而往,会已将毕。所议为各人所担任之课程。余任一年级基本国文两班,及二年级各体文习作。并议定课文必须文言,作文亦必须作文言。在座诸君皆笃旧之辈,于教学无所见地,固应如此。余以一人不能违众意,亦即随和而已。

会散,为满子赎药,至陕西街方、高、朱三君所,被留吃饭。饭后访雪林女士,谈校务,各抱消极观念。二时辞出,至通伯处小坐而后归。

九月廿四日(星期日)

上午续作蜀沪二十一号信,致硕丈、红蕉、天然各一信,一同封寄。

房屋已将竣工,蓝君助余与墨前往扫除,明后日当可迁入矣。

九月廿五日(星期一)

晨至母亲小墨房中,知满子整夜未安睡,左边股际酸痛甚剧。此现象昨日清晨初次发觉,时作时缀,二三小时而止,日间尚不觉什么。今则痛不暂止,俯仰皆非,摩抚捶打亦无用处,于是决定由小墨陪往萧君与仁济医院求诊。

两人走后,余与墨动手搬场,先腾出所占蓝家之屋一间,让他们早得安定。余遂往嘉乐门买钉子,途遇小墨一人步行而来,神色沮丧。问之,则言适至萧君处,萧言忽有此剧变,情势严重,姑开一方试之,实无甚把握耳。遂至仁济医院,医生凡三人,西人赫君与杨君王君会诊结果,言非开刀不可,断定决非盲肠炎,而是子宫上生东西,若不开刀割治,再令流血,即将无救云云。现已住入头等病房,特归来报告。

余闻此言如晴天霹雳,前年小墨三官患猩红热,去年小墨患伤寒,均绝大危险症候,今年又是满子此病,精神上之磨难,墨与余如何经受得起乎!归来与墨商量,既已到此地步,只得遵医生之诊断而行矣。闻动手术者为外科主任杨医生,年六十以上,行医已廿多年,颇著声誉,得其奏刀谅必无妨也。遂令小墨速返医院,且听医生之后文耳。

饭后忽大雨,二时许雨止。昌群来取东西,彼于日内将返马边也。

小墨来言,医生谓满子不能再耽搁,商定明日即为满子开刀。满子意欲墨去陪她。墨遂匆匆结束而往。八时后,小墨冒雨再往医院;十时仍冒雨归,言满子左股际酸痛仍剧,墨为之按摩亦无效。小墨病疟初愈,疲惫已极,不能再熬夜矣,遂留宿家中,明日再说。

九月廿六日(星期二)

晨偕小墨往医院,满子仍酸痛如昨。女护士持医院印就之凭据来,系"自愿求医,如有不测,医院概不负责"等语。此亦向例,但重病者之家属见之,不免心如刀割。墨首先堕泪,故背其面,言丐翁家远在上海,满子万一有不测,不堪想像之痛苦将永难泯灭矣。小墨初犹能忍,继乃立于满子床头,唏嘘垂泪。满子亦复涕泪被面,悲不可抑。余强作镇静,力止三人之哭,一一询之,均言事已至此,唯有开刀一途耳。余忍痛签名于字据,由徐伯麟作证人,亦签名,均再揿手印。字据既送入,医院中人乃为满子灌肠并消毒腹部。

赫君、杨君、王君邀余与小墨至办公室,谓开刀当然有危险,但不开刀唯有死路一条耳,且为期非遥。余闻此言不寒而栗,四肢冰凉,心作寒噤。赫君又言手术后必好好看护,须雇特别护士方妥。余允之,遂请来郭氏姊妹,武大同事之亲戚也,日夜两班,言明每班八元。

午后,伯麟唤同学数人来,以防万一可请他们帮忙。二时一刻,医院全体动员,除杨王二医生外,更请来一西人相助。女看护及郭女士亦皆衣白衣,二时半,均待于手术室。满子由工人舁之往,余与小墨及四同学在旁扶持,玻璃门砰然而阃,我们被摈于门外。余心酸忽作,几欲堕泪。墨则不能自恃,由郑若川陪之,留于病房内。玻璃上涂有白漆,有一小块空隙可以内窥,我们则轮流窥视。初见医生注麻醉剂于满子脊髓,既见奏刀剖腹,时为下午三点。王医生主管脉搏血压,杨医生凝神动手,二西人为之助。约历一时许,满子作呻吟,赫君复将麻醉剂加诸其鼻际。此外看不清楚,唯见杨君时而用剪,时而用钳,最后引针抽线,至七时十分而缝裹毕事,抬满子归病房。满子仍在昏迷中,既而微闻其呼痛,大家感慰多多。

护士为满子注射止痛剂,并注射生理盐水一千 C.C. 于大腿,以补充所流失之血液。并垫高其下肢,以增强其头部之血液流通。满子稍清醒,坚请余弗离去,为其抚摩手臂。余诺之,乃与墨及小墨留宿于医院中。郭女士方知满子是我们之媳妇,颇惊于感情之笃也。余继续为满子按摩,令墨与小墨先睡,待其宁息已十一时矣,遂睡于地板上。二时半醒,见墨已坐于满子身旁,为其抚摩两臂矣。四时许,墨复假寐。由小墨瓜代,直至天明。

杨医生谓小墨云,满子子宫内生一瘤,左侧输卵管中亦生一瘤,今并左侧卵巢而去之。创口直开,长四寸许,手术经过情形良好,两三天内若无意外,即可逐渐恢复健康云。小墨见割出之物凡三盘,两盘皆作淤血模样,一盘为膜质,或即卵巢及输卵管也。据目测,三盘东西殆有五斤之重。尝闻之于医生,瘤之生长甚慢,而满子之病,发觉至今不到两月,殆为急性之一种也。

九月廿七日(星期三)

晨间满子仍呼痛,留余弗去,在旁为之抚摩。杨医生一早即来病房检视,言满子情形颇佳,复言仍须注射盐水。满子请求勿再注射,因时间过长,腿酸难耐。但满子连开水亦不能进口,进口即呕吐,自中夜起呕吐已多次。杨君慰之再三,言盐水于身体有益,以继续注射为是;呕吐乃是用了麻醉剂之反应耳,药性过后则自然停止;且将其身体安置反乎昨之所为,令上身高而下身低,盖有助于止吐也。杨君态度诚恳温和,头发已白,脸形似甘地,一望而知为虔诚之教徒也。

六时半回家看望母亲,助治餐事。忽接学校通知,谓今日八时国文系开会商讨教材,即赶至校中,则到者止三人耳,延至明晨八时再议。余遂归。刘家蓝家皆来致慰,言满子危险已过,今后当是坦途也,并各赠月饼一包,余方知今日为中秋节也。因思前年中秋,余家正准备离苏,无心过节;去年中秋,小墨患伤寒将愈,亦复无心过节,心情正与今日相同也。

午后,二官三官先后回家过节,方知满子开刀,姊弟二人遂皆往医院探视。三时,伯麟来言满子须吃葡萄糖,走遍全城竟无觅处。蓝君闻之,言家有自制之葡萄糖一瓶,即慷慨相赠,托伯麟送去。待至天黑,二官三官犹不归来,余心悬悬,坐立不定,乃缓步迎之,遇之于半边街。二官言满子已不复呕吐,因怕注射盐水,代之以饮葡萄糖水,似颇有效,精神良好,可以放心。二官已向其校申请假三天。

九月廿八日(星期四)

清晨与三官治早餐。二官至菜市购得一鸡归,即杀之,准备煮鸡汤与满子喝,听赫君之言也。

余遂到校参加国文系之会议,商定本学期国文教材,皆文言,得五十余篇。

十一时到医院,见满子精神果视昨日为佳,唯呼胃部胀痛而已,墨与小墨、二官、郑若川、郭女士轮流为之按摩。鸡汤已由二官带来,而杨医生不主张吃,唯令喝清粥汤耳。诸人互谈,今日为第三日,危险期将过,大致可以无虑矣,面皆有喜慰之色。余往住院处付手术费,仅二十元耳,可谓便宜;与每天十六元之特别护士费相比,则便宜到不可说矣。

二时归家,接晓先一信,详告一年来到贵阳以后之情形,云将在此作教,不复迁徙矣。

五时,二官归来,说满子下午不复呼痛,郭女士为灌肠一次,通小便二次。灌肠为促使肠子蠕动;通小便则因不习惯仰卧自便也。又言满子与人说话似颇有神思。余思手术后已过四十八小时,今情形如此,殆无问题矣。

八时一刻忽闻警报。医院中有一防空洞,凡遇警报,例将病人逐一抬入。余曾预先嘱咐,如闻警报,为满子着想,宜留居病室勿动。墨与小墨决不肯舍满子而去,然满子必更着急,设因着急而影响患处,岂非冤枉。而医院至远,且不能违警入城赶往看视,无可奈何,只得明日早往探视耳。

九月廿九日（星期五）

二官清晨至医院,归来言昨夜三人皆未受惊,亦未走动,为之大慰。满子渐有笑语,创口与胃部俱已不痛,唯腰部觉酸耳,现象之好过于预料。

我们遂动手搬东西,一一从山上搬至山下新居,迄于下午五时大抵就绪,居然可以坐定矣。六点半,在新居中进第一次晚餐。八时睡。九时半被母亲唤醒,谓已两次闻汽笛声,至十时半而警报解除。

九月三十日（星期六）

至美丰银行取祥麟划来之上海存款三百元。午后至医院,见满子唇已略红。赫君言已不须用特别看护,遂付与二位郭女士五天之酬金共八十元,亦豪举也。

砌灶计两天,今日完工,明日可以在新灶上烧饭矣。夜九时半至一时半有警报,余醒后即不能熟眠。

十月（选录二十七日）

十月一日（星期日）

晨起佐母亲治早餐。出外买菜,与三官偕。一天工夫无非弄点餐事而已。

二官往医院,归来言满子复有进步,谈话饮啖渐如平时,明日将解去表皮之线,医生云再历一星期可出院矣。

下午,二官归校。写蜀沪廿二号信,特致丐翁一书报告满子手术经过。

夜二时醒,母亲谓屋前小路有声息,知是警报。遂闻轰炸机声,唯距离甚远。警报解除已近三点钟矣。

十月二日（星期一）

晨早起,佐母亲治餐事,迄于午刻始得空下来。

李光普自成都归,带来余所购书籍,视余所开单,仅得十余种耳。蓝君假余一书柜、一小书架,余书悉纳入之,刚好。

据云昨夜敌机炸成都双流也。

伯麟自医院来,言医生已为满子去最粗之缚线,尚有若干缝线缓日再去。昨夕紧急警报,病人看护均躲入防空壕,且熄灭灯火,唯墨与小墨满子留于病房内,闻轰炸机声时,三人惶恐无地,以是颇思早日出院也。

夜十一时醒,又是警报,一连五夜矣。敌人之意盖在造成我们心理上之不安与恐怖也。继闻紧急警报,遂起床,开门月色皎然,薄雾浮于山腰。至二时尚无所闻,遂煎茶煮鸡蛋,饮之食之而后睡,未闻何时解除也。

十月三日(星期二)

晨,余仍早起,烧水治餐事一如昨日。复买木炭两担,用以熏屋子。屋之四壁尚未干透,诸友咸谓居之非宜,用炭熏之,虽花钱犹为值得。

午后作书致雪舟、颉刚。雪舟代余买书共花一百八十元,即由上海开明余之存款项下划付。

今日闻警凡三次:午后二至四时一次,夜七至九时一次,十二时至二时许又一次。日来敌人大肆扰乱,每日以多架飞机入川,似欲炸尽各县之城市。昨日炸叙府,来机五批,叙府几乎炸光矣。

墨与小墨之意,欲于明日归来。已问过杨医生,得其许可矣。

十月四日(星期三)

晨六时起,煮水买菜,买一鸡。八时至医院,见墨与满子皆欣然有喜色,感极欲涕。杨医生来检查满子腹部,余从旁观之:瘢痕自脐起,直下至阴阜,见之寒心。雇滑竿将满子抬归,小墨与友人随行护卫。算医院账,共付五十六元,酬女工二元。连特别看护之酬金,仅一百二十元,亦不算贵也。

余与墨乘人力车归。午刻与四同学围坐进餐,宛如庆功宴矣。

墨既返,家中骤见热闹。二官以伤风请假归宿,一家七口复团聚矣。八时半又传警报,且不管他,仍谈笑如常。至半夜方闻解除。

十月五日(星期四)

天气转凉,时有微雨。

武大今日开学,而余之课程尚未定。晨仍出买菜。

十一时至二时有警报。夜八时即睡,殊酣适,闻夜半又传警报。

十月六日（星期五）

晨仍出买菜，得鱼四尾。

至孟实处借火盆，以烘房屋。闻其言，知通伯已辞去文学院院长，法学院院长周鲠生亦辞职。学校之局殊为可厌。诸人为避难计，聊在此作教，不求长居也。

今日始，原在我家门前卖叶子烟之陈姓来我家帮工，作一切杂务。此人诚实谨厚，想可长住下去。

作沪蜀廿三号信，并致丏翁一书，告满子已安然出院。

午后，在中间堂屋闲坐，眺望绿野，意颇适然。此间多阳光，透气，有树木，胜过较场坝多矣。

得上海来信，丏、伯、洗、调均执笔。余前所寄十九号信尚未收到，殆已遗失。丏翁言余能转境而不为境所移，深致佩意，其实余亦未必能如是也。雪村之尊人已作古。余青石弄之房屋有一家人住入，亦陈妈所牵引，今尚规矩，纳租金十五元，不知以后如何。苏州方面事有伯祥、红蕉、硕丈协商对付，余亦不再操心矣。调孚言开明将出一种文学杂志，嘱余供稿。

傍晚得见报纸，云湘省我方获胜，歼敌三万余，前传长沙失陷之消息不确。三日，我机曾飞汉口轰炸，颇有成绩。欧洲方面，苏联外交颇活跃，又将与日本于莫斯科商订协约。希特勒将作演说，讽令英法屈从。国际关系之复杂无过于今日矣。

十月七日（星期六）

墨既归来，复有陈烟客帮工，余乃得不为家事。而心尚未定下来，镇日徜徉于田圃间，弗克看书执笔也。

得红蕉书，附来照片四帧，吾妹、冬官、多官及新生之女孩各一帧。别已近两年矣，得此展观恍如对面，我妹尚依然也。

十月八日（星期日）

晨复红蕉信，告以我家近况，并致开明诸友书。马文珍来谈。马君逢星期日恒来访问，情殊可感，然彼亦借此以慰寂寞耳。

午后进城寄信,兼买酒。看《李义山集》。

二官自今日起向校中请归宿假,为连日夜间需躲警报,不得安睡,实则小耐校中帖寂之生活也。然其校或将迁往青神,距此地七十里,若果往者,则星期六亦难以归宿矣。

十月九日(星期一)

晨起,墨与余均觉疲劳,此前十余日太勤苦矣。仍闲读玉溪诗。接佩弦书,云已迁居昆明城外,步行到校须九十分钟,此种情形殆各地皆然。湘省又传捷报,云我军大胜,歼敌至四万,颇为欣然。

十月十日(星期二)

诸儿皆以晨间到校,参与庆祝大会。闻重庆成都等处且将庆祝三日。

十时一刻忽传警报,未几而又传紧急。遂将满子舁出,共往山脚之蛮洞。此洞即在寓所后面,走去亦不过二三十步耳。直至十二点半,警报始解除。据传今日敌机袭自流并,曾发生剧烈空战,然语焉不详。

在此居住之武大同事曾屡谈修葺山脚下之蛮洞,以保安全,迄未实施。今日又议及,遂各酿钱,托蓝君主持其事。余家亦加入,先交二十元,如或不足,再行募集。午膳吃面,为中华民国祝寿。

十月十一日(星期三)

日来晨必大雾,雾消日出,晴光大好。曝晒洗濯,墨乃大忙。十二时半警报,未入洞。迩日敌机殆将天天入川也。

三日入城,至开明书店,系昨日开张,幼卿之友人刘君所经营也。刘不敢多存货品于店中,将书五大包寄存余室中。余室本狭小,今则不得转身矣。

十月十二日(星期四)

晨墨语余,谓近日精神不好,睡多乱梦,醒来犹觉不适。起身后即偕陈烟客赴市集买菜,得一豚蹄而归。

午后无事可做,乃伏案作诗,咏遇灾迁居之事,作五言古,得二首,明日续为之。得颉刚自成都来信。又得云彬书,叙近况甚详。

石工今日开工,凿深我家屋后之蛮洞,更将通往右旁之一洞。观其运椎,精力弥强,碎石纷纷而下,若甚松脆者,似比我人刻图章为尤平易也。

十月十三日(星期五)

晨起续作诗,第三首未竟而闻警报。十点半放紧急号,小墨趋归,与老陈舁满子入蛮洞。警报未解除而腹已饥,诸人轮流返舍吃饭。直至二时而解除,不知被炸之地又有若干人毁其家丧其生也。

十月十四日(星期六)

晨起偕烟客出外买油盐酱油之类。归来完成昨所作第四首诗。并录之,题为《乐山寓庐被炸移居城外野屋》。

今日午餐,满子始与全家共桌而餐。

十月十五日(星期日)

晨起,出小墨之教师曹白晏君所藏杨沂孙篆书许叔重《说文解字》后叙一册观之。余往成都时,曹君以此册交小墨,属余题辞。被炸之日,墨纳之于小提箱中携出,始得保全。设或遗忘,即化为劫灰矣。得二十言:"欣睹乡贤笔,篆书浇长文。不磨历新劫,艺苑益珍闻。"即楷书于后,明日即可交还。

作蜀沪第二十五号信,即将前二日所作诗抄与调孚、振铎,在新出之文学杂志上发表。作文在上海发刊之杂志上发表,若稍不留心,将于出版者不利。现在汪兆铭之党蟠踞上海,正言说论往往获咎,故余宁以诗稿塞责。

昌群来,留之吃饭。彼又退出复性书院,举家迁入一尼庵中,阅写自遣。盖马先生于学问之道褊狭特甚,与熊十力意见不相能,使熊不安而去。昌群以书院事无可为,不如早自引退耳。

十月十八日(星期三)

晨与墨至米市买米,每斗价二元五角半。今年秋收大丰,而米价逐日高涨,不知是否政府有计划的救济丰灾之故,抑系奸商从中操纵囤积也。

二官携行李归来,谓学校决迁往青神中元寺,因须修理房屋,搬运校具,放假一个月后再开课,其放去之日期以不放寒假为抵云。

报载本月我机两次袭汉口,敌人之空军根据地摧毁殆尽。鄂湘赣境内之战事,我军均占优势。

十月十九日（星期四）

上午闲看《文字蒙求》。

午后觉四肢寒冷，似有病意。而天气晴明，天无纤云，极宜出游。因与二官渡江，沿山向凌云寺而行，看一大片芦花尚未开足，作嫩红色。偶见几树红叶，亦复可喜。在阳光中进行，渐渐流汗，精神便爽健矣。上凌云山，入寺，访晋生于客堂。屋仅一间，而租价至二十元，贵甚矣。少坐即共出，至东坡读书台一观，即茗坐于大佛旁之亭前。眺望天色丛树，心至快适。然俯瞰对江，则一片颓垣瓦砾，几如废墟，较场坝我家所居屋址亦约略可辨也。三时半下山，渡江入福泉门，缓步而归。

接上海二信，非同日所寄而同日到达。又彬然信一封。开缄细读，神驰诸友所矣。

十月廿一日（星期六）

今日重阳，雨而寒。余穿夹衣两件犹嫌不足。墨为余赶制棉袄。各人之棉衣，此尚是第一件也。

作书复颉刚、晓先，并作蜀沪廿六号信，均以明日寄发。

十月廿二日（星期日）

仍时时有雨。前面村路泥泞难行，路人皆踽步而过。念此后到校遇雨，殊难堪也。

午刻，邀同学之为满子病尽力者聚餐，凡七人，饮啖甚欢。上月满子在医院剖腹之时，初不料今日有此欢会。

颉刚托王受真君带来上海寄余之衣物一小包，诸儿欣然开视，则毛线衫二件。此包系由施复亮君带至昆明交芷芬，芷芬又托颉刚带至成都，在路上走了四个多月焉。

十月廿四日（星期二）

上午再与二官出外买布，色色俱贵，未能多买。

昌群来，言将于后日偕夫人回马边一行。彼自幼年离乡，此为第一次回去也。余以近作四首示之。

与墨偕至缝衣铺,制余与小墨之棉袍。多数衣服皆墨所缝,分与缝衣铺者仅十之二三耳。

夜八时,已睡矣,忽闻警报。今日为阴历十二,敌人遇月夜必来夜袭,几如其常课。至十时而闻紧急警报,遂偕起身入洞。满子昨今两日疟作,时正发热,呻吟坐于黑洞中。余与墨、二官未入洞,在屋外静听。至十二时始解除。墨旋发胃病,于天将明时呕吐,余心绪恶劣。

十月廿五日(星期三)

闲看书籍,皆无味。十二时警报,二时解除。马文珍来,言不乐居此,已向学校辞职,将返清华大学,至迟于月底往昆明矣。其人丰于情,多所感,在不投机之诸人间宜其多郁郁也。约其明日来吃饺子,聊作祖饯。

十月廿六日(星期四)

上午助作面饺。午刻马文珍来,即共食。菜中有一鱼,墨以杭州醋鱼法煮之,文珍食而甚喜。二时,文珍去,谓动身前尚须再来一次也。

校中送来功课表,余本学期教基本国文两班,计六小时,二年级各体文习作一小时,比上学期少一小时;分排四日,星期一、五无课。又接通知,明日开始授课矣。

十月廿七日(星期五)

雨竟日。上午助墨翻丝绵,制余之背心。丝绵涨价一倍有余,每斤七元,我家仅买一斤耳。

得绍虞书,慰问被炸之厄。久未与通信矣,立执笔作答,告以近况,并抄近诗四首寄去。

傍晚,王功品来谈,语我今日之趋势,投考大学文理学院者大减,多因出路奇窄。今年全国大学录取新生五千余人,专习国文者仅卅余人耳。

天气寒甚,已有冬意,今年野居,当不如去年温暖也。

十月廿八日(星期六)

晨六时起,漱餐毕,步行四十分而到校,借此练足力,亦佳事也。今日有第十一组两课。该组为各科之新生,到者仅十数人,乃为谈国文学习方面事一小时。

午后天放晴,泥泞之地略干。与二官闲行,至联中而返。

十月廿九日(星期日)

晨起,玩索顾亭林《先妣王硕人行状》,盖一年级国文教材也。

午刻至通伯所。通伯为马文珍作饯,同座者尚有孟实、东润,皆至熟,饮啖笑谈甚欢。二时辞出,与文珍为别,彼以明后日登程赴昆明,此后不知何日何处再见矣。

接上海信。丐翁知满子安全出院,大慰。并云据祝振纲医生推断,满子之病乃小产而胞衣未下者,否则康复不能如是之快,索非则言恐是医书所谓"子宫外孕";二说皆近之。仁济杨医生谓是生瘤,以对外行人说较易理解也。

我家以去年此日到乐山,今周年矣,其间两易其居,可喜可愁之事亦不少,不知明年又何如也。

十月三十日(星期一)

上午预备二年级各体文习作之细目。又与二官上街买布,布是永远买不齐的了。饭后入城,拟购商务之人名大辞典,但成都且无之,此间当然更难得矣。结果买了一部《事类统编》而归,价四元二角。

三官自昨夜发疟疾,即令服金鸡纳丸。今日未发,但伤风甚厉。墨为开一汤头。在川中服中药本最便宜,今往买一付,无非柴胡甘草之类,即须三角九分,中药亦大贵矣。三官今日未到校。

十月卅一日(星期二)

今晨到校,以建校纪念日放假,遂未上课。饭后将余之书桌移于堂屋之一角,因书房太暗,不便写读。整理毕坐定下来,居然较好。

傍晚与墨及二官往田野闲行。墨忙于缝纫,得此调剂,意较适然。

十一月(选录十六日)

十一月一日(星期三)

晨到校上十一组一课,二年级一课。步行往还,徐徐而行,未觉其疲。饭后选文三篇,供二年级揣摩。

上午嫩晴,及暮,云阴复合,且下微雨,人心随而黯然。

三官今日到校。本届小考,彼得分列第二名,得奖品数事及褒奖状一纸。我家三儿在校成绩俱不坏,可喜也。

十一月二日(星期四)

晨到校上第四组一课,初次与学生见面,致开场白而已。饭后于所选"记物之文"三篇之后作一短叙,言此项文章之要,预备付印,供二年级下星期阅读。

十一月三日(星期五)

上午预备功课。与墨之缝衣铺,嘱制满子之棉袍。

午后晋生来,共商量文字。偕往访东润,快谈久之。上楼访通伯,通伯自其夫人归北平后,独后二室,有寥廓之感。晋生将返大佛寺,通伯倡言陪之过江曝日,余亦愿往。秋阳浴身,竟体温暖。至半途与晋生别;遂往访小学主任梁先生之新居。依山小筑,简陋殊甚,然亦费三百元也。其后有一较大之蛮洞,实有并列二洞,地位均称,其前方为广堂,两壁有雕刻,皆简单之禽兽器物之形,谓是蛮王坐朝之所。通伯言最近梁思成君来考察,断为汉代之坟墓,广堂盖祭堂也。梁君精于考古,于我国建筑,究心已多年,所言当非虚也。仍买舟而归。

十一月八日(星期三)

上午到校上课。得武大毕业女生为国文教师者潘兴周一信,问关于国文教学之事。大学中文系所习功课与国文教学多不相干,出而任教必须自摸门径也。

下午作成《水龙吟》一首,写近怀。首二句得之已多日,自以为切合当前情景。词录于后:"举头黯黯云山,秋心飞越云山外。……"

十一月九日(星期四)

晨到校上一课。归途经土桥街昌言书庄,主人周季滨拉入憩坐。此屋独未烧,亦幸也。据周言此次被炸,损失最大者为天主堂,房屋及储藏共值二百万。其次为杨家,为纱布绸匹之商家,损失一百数十万云。

归来作书二通,复潘兴周及仰之。得祖璋信,又是催稿。抄《禹贡》,预备付印,与二年级阅读。

傍晚与二官出外,购得受污之皇后牌毛线四分之一磅,价四元,每磅价十六元矣;如非受污则每磅二十四元也。近来物价刻刻增高,肉已至四角,菜油至六角六分,比诸去年此时涨一倍矣。

十一月十日(星期五)

续抄《禹贡》,令二官抄《史记·西南夷列传》。

墨制二官大衣完成,衣面为土织帆布,居然与西服店所制无异,亦如作得一篇满意文章,欣喜可知。

今日为阴历九月晦,余四十六岁初度。令老陈打面,煮一八宝鸭,傍晚共食。伯麟、师尚亦来参与。

十一月十三日(星期一)

竟日雨,天气大寒。余初御新棉长袍。墨自制棉袍于下午四时半完成,即穿上身,用棉甚少,不逮吾衣之半也。

今日改文八篇,又改同学祭文健文一篇。原稿皆空泛语,亦不能改之使充实,唯使文句通顺而已。

十一月十五日(星期三)

上午到校上二课,饭后改文五本。身体不适,似有伤风之意,即停笔。同学张贴迎新壁报,欢迎新同学,请余作文,作一诗付之。

傍晚与墨及二官闲行田野,迎三官于学校。二官将往夹江入学矣。(本拟迁青神,以校舍不合,改迁夹江。)三官亦将随学校赴牟子场。两儿去后,殊感寂寞矣。归途遇东润,亦为散步,秋暮携筇,各有萧瑟之感。

十一月十六日(星期四)

晨起见大雾弥空,万象俱失。冒雾到校,上一课。得上海第二十号信,知刘叔琴以肠病逝世,身后萧条,由丏翁倡导,募得二千金遗其家属云。

饭后改文五本。与母亲闲行田野,又与墨入市购零物。

十一月十八日(星期六)

晨冒雾到校,上二课,归来时则晴光满街矣。午后,改文四本。

昌群来,前日方自马边归。谓二十余年,家乡已非旧观,昔固甚殷富,今衰落矣。

夷人种鸦片出售。散兵流氓以贩卖鸦片为生。贩卖之外,复持枪劫烟,遂成盗匪横行之世界。昌群之来回,由乡人三四十持枪护送,且通知在匪中可以说话之人,乃得成行。途中亲见三尸倒卧于地,皆被枪杀者也。所见种种,非他处人所能预想。

十一月二十日(星期一)

晨五时起,助二官打铺盖。进餐后,由老陈挑行李,余送二官至汽车站,会昨日来访之同学,但未预先登记,无法得票。正踌躇间,遇一同学顶替人家登记,谓多一号数,拉二官偕行。余以坐汽车为时仅一点有余,坐人力车须六七点钟,既有机会,自以坐汽车为宜;即令购票。坐位已满,二官与同学挤坐车后置行李之小厢中,此外更有三客。八时半,汽车开行,余始归。夹江虽非远,而交通工具不便,二官不易常常回家也。

家中清寂多矣,改作文,不常起立,成绩大好,得十数本,两组者俱改毕矣。

寓所前面之泥路,有富家出资铺以石板,今日动工,余与墨往观之。我国人向以修桥铺路为大功德,俟铺好之后,雨天出入亦至便利矣。

十一月廿二日(星期三)

到校上课,十一时归。案头无作文本,心里便安静。闲将前作诗词写若干首,预备送给孟实看。余所录诗词稿一册已焚毁矣,其中并有雪村词稿多首焉。

昨日余以一元七角买瓜皮小帽一顶,今日戴之到校,在全校师生中戴此者唯我一人耳。西式呢帽价太贵,十元十二元者犹是最劣之品,犯不着买。十余年前固惯戴瓜皮小帽,今返于其夙,无不便也。

十一月廿四日(星期五)

闲观苏黄诗集,他无所为。作一书复子恺。

得二官信,告安抵学校,其地曰杜公场,教室宿舍均假人家祠堂充之,尚未上课。又得祥麟来信,言上海托人带渝交余之汗衫二件已付邮,此亦越半年以上矣。

满子病虽愈,尚时时流红。今日由墨陪往萧先生处诊治。萧为处方,并言此决无妨事,经大手术之后,殆内部犹有发炎之处,故然;观满子面貌,可见复原之速,非年龄尚轻,不能有是也。

三官之学校放迁校假一个月。彼已家居数日,迄下月中旬,即须往牟子场矣。

十一月廿六日（星期日）

晨与墨及三官自迎春门渡江，往访昌群之居。登岸，雇车至凉桥，方登车而见昌群出来购物，遂约定待之于凉桥。望陵云丛翠中，颇有红树点缀其间，秋色深矣。及昌群赶到，即左折登山，至其所寓之白云庵。庵在山半，群山围绕，石工凿石之声外，不闻他响，幽静极矣。其寓所在殿左，纸窗中唯见山翠，果能息心为学，诚是佳处。昌群夫人饷吾辈以馒头，继以汤圆。至三时而吃饭，余饮酒两杯。食已，遂下山，昌群及其儿女送之。访一大蛮洞，然后循公路步至凌云渡。墨不惯行走，今日累矣。别昌群买舟渡江，乘人力车到家，已六时矣。

今日小墨在家，将其卧室移于后间，而将余之书桌移入左前间彼原住之室中。缘中间堂屋必须开门采光，开门则寒气侵入，殊不宜于伏案也。从此，余得一光亮窝逸之书室，颇满意矣。

十一月廿八日（星期二）

晨起即赶速到校，令第四组学生作文，题与第十一组同，收得四十余本，望而生畏。在府街上海社剪发，久未剪矣，殊为快适。

回家阅报，乃知日军在广东钦防进犯，已攻至南宁。意殆切断我西南国际路线。但桂省民众训练特佳，军队复勇饶，想可予寇以重创也。

十一月三十日（星期四）

晨到校上一课。归来后，一段姓学生来，托改其所作送人家之寿文，文殊不通，而偏欲弄此等把戏，殊可厌也。

有一学生钱祝华者来访，往岁余曾赞其刊布于《文学》之新体诗者也。其人返自延安，述共产党在彼处之设施，有可听者。

观报纸，则明言南宁已放弃矣。

十二月（选录十九日）

十二月三日（星期日）

上午改文三本。

昌群来,饭后偕入城,访刘百闵于嘉定饭店。刘为复性书院事自重庆来,告昌群谓将看余,故访之,坐一时许。与昌群同访杨人梗,他们在浙大为同事也。然后至通伯所,则刘已先在。通伯邀刘吃夜饭,并留昌群与余。

刘语余彼近主持文化服务社,系政府出资而不以政府名义张扬者,现分社设于各处者已百余所。又言彼将竭力设法使出版家与读者两得其便,今日最困难者为书籍之运输。而其访余之意,则欲与开明成立关系也。余允为之寄书与雪山祥麟云。

十二月四日(星期一)

晨起即改文,至午后三时,得七本耳,已精神困顿。

与墨上小山,观李儒勉、钱歌川两家合筑之新屋,将完工矣。房间宽大,眺望甚旷,胜于吾居。下山,忽思种蕉于庭前,因令老陈从小山上掘一棵,值之于篱内正中,明年春夏,当发新叶数丛也。

十二月七日(星期四)

早起匆匆到校,又迟了七分钟。晓雾未散,课室内昏暗不辨人面目,书面与黑板之文字,仅能模糊认识耳。一课毕,即归。动手改文,迄于午后三时,得八本,算是成绩甚好矣。

附近田中多荠菜,本地人所不食,墨与三官挑得一篮,约半斤,明日可以炒肉丝也。前此数日得句,今足成之,为《浣溪沙》小词,曰:"曳杖铿然独往还。……"

十二月九日(星期六)

晨到校,令十一组学生作文。

午后三时,欣安来,偕至孟实所。孟实屋后小山有蛮洞二,内有石棺,遂往探之。二洞皆颇深,且有横通之道,入口狭窄,匍匐而入,各有一石棺,以原处之石凿成,其大视今日之棺加半倍。一棺之旁且有一石盖,则为坟墓无疑矣。曾闻人言尝于蛮洞中捡得瓦棺之碎片;又复性书院同人在对江赁所掘一蛮洞,得殉葬之土偶数事,皆足为"坟墓说"之确证。

五时归,买眉山酒两斤。得雪舟书,彼与朋友合印《青年日记》发售,托余写文为题辞,当于明日作之。

十二月十日(星期日)

晨起作文题《青年日记》,取前所作赠新同学一诗而敷演之,凡六百言,即寄快信与雪舟。久不作文,作此短文已疲甚,吾其不复能写作乎!

下午,从蓝君处乞得洋槐二株,海棠一株,慈竹一丛,栽于庭前。海棠已大,自根分三枝,细枝尤繁。明春必有可观也。

十二月十一日(星期一)

天转寒,落叶时堕,天容晦暗。

上下午改文,得十三本,成绩大佳。老陈买豌豆半合,今日种于庭前,将来藤蔓缠于竹篱上,有花叶可娱,并可食豆苗豆实也。

十二月十三日(星期三)

晨到校上二课。

饭后与墨及三官在近旁挑荠菜,得一斤许。归来和肉为馅,做饺子为晚餐。

足成前日所得句,得《浣溪沙》一首:"野菊芦花共瓦瓶。……"

十二月十四日(星期四)

上午上一课。归时往银行取钱,经大码头,见新搭浮桥,从此渡河不须买舟矣。浮桥系浮竹捆于江面,以极粗之竹索系着两岸,竹捆上更铺木板,其宽可容四五人并行,两旁有简单之竹栏焉。此桥原为闻警时市民疏散之用,然亦便于平时之渡涉者。

十二月十五日(星期五)

晨见大雾,雾散仍不见太阳。改文三本,预备明日之功课。饭后足成前日所得句,为《浣溪沙》小词:"尽日无人叩竹扉。……""几日云阴郁不开。……"

十二月十七日(星期日)

起略迟。午刻,至洙泗塘久大精盐公司驻嘉办事处,应其主任阎幼甫君之邀也。其公司有一《海王旬刊》,近悬赏征求抗战歌词,邀我校同人为之评比,被邀者王抚五、高公翰、吴子馨、朱孟实与余,孟实未到。投稿只十件,皆平庸,就中录取二名发表云。午饭肴馔颇精。饭后闲谈,抚五先生谈徐锡麟、熊成基起义故事,甚有味。四时散,即归。

日来我军大举出击,江西攻南昌九江,河南攻信阳,湖南攻岳阳,皆甚得手。若此数处皆能攻克,武汉敌殆将不战而走矣。灯下合家谈此,各兴奋,转移局势,取得最后胜利,为期其非远乎。

十二月十八日(星期一)

难得见太阳,今日放晴,心为一畅。然十一时后即传预行警报,至十二时半而解除。

昌群来,馈我美人蕉三棵,即栽于篱内。此种美人蕉花开甚大,色深红。

与墨及满子入市,买布及橘子而归。

十二月廿二日(星期五)

晨起抄《范滂传》,预备付印,供二年级阅读。

得沈从文一信,附来田涛之信,询问前年寄余其文稿之下落(殆在开明也)。

明日为冬至节,今日冬至夜,买一鸭六鱼,入夜食之。余饮眉山酒约十两。

小墨校之校长刘君近被任为西康省建设厅长,教部派一周君来继任。同学以周君资历较差,且前任四川中学校长颇不为学生所喜,拟拒绝之。昨已致电周君及教部,若周坚欲来就任,则校中必起风潮。小墨在技专功课颇好,教师皆重视之,颇为得所。若因起风潮而不得不散出,则大为损失矣。

十二月廿三日(星期六)

三官以今日到牟子场学校矣,由老陈伴往,此后大约每两星期回来一次。

余晨到校,令第十一组作文,又带回文稿二十余篇。饭后伏案改文,得八本。

久不得上海信矣,颇念之。

十二月廿四日(星期日)

晨起见大雾。改作文,得四本。

得沪蜀第廿一号信,丐翁、村公、伯翁、调兄皆执笔,大慰。午后作蜀沪第廿九号信,甚长,将以明日付邮。现在蜀沪邮递较慢,一信到达殆须半个月矣。

昌群送来一小幅,书其赠余之五律一首,字极端雅,拟裱而挂之。

十二月廿五日（星期一）

晨起改文五本。作书致伯才、祥麟、雪山、芷芬、文珍、雪舟。

午后三时与墨偕出，过半边街徐家，徐家即邀入小坐。徐之子与三官同学，同为苏州人，日来结识，颇有情谊。其母亲之弟媳曰沈嘉平，墨之同学也，谈起来越感亲近。徐之女嫁一杨姓飞机师，即开驶渝嘉邮航机者。坐少时即出，入城，投邮信，观浮桥，买橘子而归。

日来物价又涨，肉至五角半，白糖至九角，米三元二角一大斗。诸人相见，唯闻谈物价耳。

三官偕同学步行回来，云后日方始上课，拟明日返校。

十二月廿六日（星期二）

晨起到校上二课，午后改二年级作文本，迄于夜九时，全数六本始毕。

得仲华自香港来信，言彼自去秋始，在香港任《星岛日报》总编辑，一切以尝试精神赴之，不惮麻烦，不嫌劳苦，已为该报树立基础矣。久未与仲华通音问，乍得其书，感慰逾常。君精进不已，前程颇广，自顾我章句年年，不胜惭愧矣。

十二月廿九日（星期五）

天晴。改文七本而已。

午后，徐氏母女来，郑若川来，谈笑为乐。

昨夜梦看报，知我军大败，忍辱与敌言和，气愤之极而醒，胸次犹感不舒。当初醒时，报纸文句一一记忆，败于何地，签和约者何人，皆清楚，少顷即不能复省矣。

十二月三十日（星期六）

晨到校上二课。至理发店修发。

归家，与满子入市买一鸡一鸭，明日岁尽，聊为欢饮也。

与母亲偕至浸礼会会所，观各公团新年献金公演。今晚为武大抗战问题研究会表演，剧名《自由魂》，依据《夜未央》而改编者也。会堂甚小，座位拥挤，坐其中动弹不得，腰背俱酸。先为口琴表演，次为西乐演奏，然后演剧。余等观两幕即出，尚有两幕也。表演技术不甚高明，固不足深责。到家已十时，竟体不适，又老鼠出扰,久久不成睡。

十二月卅一日(星期日)

晨起佐理餐事。作文本尚有十余本,既是假日,亦懒不复改,且如债务一般赖过年矣。

午刻,伯麟、师尚、若川来,留与共餐。二官三官不在家过年,今为首次也。余饮较多。

忽有来访者,询之则元善之幼弟元羲也。彼现为川康水利贷款委员会工程师,将往叙府,勘察某二河,谈所历各地情形,颇有味。其人性格爽直,有元善风,青年英隽,气象不凡。夜又访之于其所寓之旅馆。

今年告终,未知明年又将如何也。

一九四〇年

一月(选录十八日)

一月一日(星期一)

仍早起,九时到校,赴同事之茶话会,到者不及半数,吃果物而已。有八个孩子随其父而来,合唱两歌,算是点缀。

回家,元羲来,留饭,仅添一鸡二鱼。

小墨校中拒新校长,尚无结果。旧校长刘君谓待此事告一段落,然后赴任西康,否则恐学生吃亏,同学皆感激之。

夜,对河有提灯会经过,锣鼓喧然,火把如龙,似比去年元旦为盛。大家郁闷已久,殆借此一舒其情也。

一月二日(星期二)

晨大雾弥天。十时至子馨所,通伯亦至。谈半时许,苏雪林、袁昌英二女士继至,遂偕从萧公嘴沙堤过江,访晋生。

晋生近由凌云寺迁往塔旁之姚庄,与王献唐同居。其处有花木,眺望颇佳。晋生献唐所捡石子陈二十余盆,彩色花纹出人意表,人必不信此江中石子乃有此大观也。苏袁二女士争向主人索取,各得数十枚。午刻聚餐,王之厨夫制馒头特佳,各进二枚;又食小米粥。其小米系王之友人所赠,自西安航空寄来数升,运费至七十元,亦太豪举矣。食毕观庄中花木,梅树碧桃树俱已含苞。

茶毕,余与晋生、子馨、雪林下凌云,自乌尤寺后山登,至复性书院访马先生。久不见此老矣,坐谈一时而辞出,仍从原路上凌云,买渡过江。兴致甚好,而足力疲矣。

到家,知三官今日回来,已随小墨往观剧。献金公演,今日为技专表演之《鸽子姑娘》,小墨为舞台监督也。蓝君嘱花匠移一梅树于余庭前,甚大,且系绿萼,有花蕾矣。余大喜,夜饮大曲三五杯,早睡。

一月三日(星期三)

晨复大雾。上午书一篆字联,联语即"观钓颇逾垂钓乐,种花何问看花谁",小墨今晚携往剧场中拍卖,以所得为献金。连日拍卖成绩很好,昨晚居然卖得四百余元也。

闻蓝君来言,外传镇南关失守,心大恚。此是安南入桂要道,我国外路线之一,今失守,大不便矣。

夜,墨与满子往观剧,十一时归。余之对联卖得卅一元也。

一月四日(星期四)

晨冒浓雾到校上课。得子恺一信,发自贵州之都匀。言浙大因广西吃紧,先迁至都匀暂驻,将来拟于遵义、湄潭二地中择一而定居。此次乘公路车入黔,所费又五百元云。

钱歌川来,云李儒勉有一子,欲从余补习国文,余应之。

献金公演团来人言,今日为演出之末日,须得余一联拍卖。余即篆书清真句"新笋已成庭前竹,落花都上燕巢泥",令满子送往剧场。八时半,满子归,言余之联拍卖得二百元,真是奇迹。全家人大欢笑。

一月七日(星期日)

晨起阅报,见有柳州五日电一通,则柳州固未失也。

思作一词答酬昌群,吟哦半日未能完篇。午后晴明,看梅树花蕾绿色可爱,惜为数不多也。

夜,钱歌川夫妇宴邻人,余与墨偕往,此外则刘宏度夫妇程迺颐夫妇耳。八时半散。

一月八日(星期一)

续作昨未完之词,及午而成。词调为《金缕曲》:"八表昏尘雾。……"即缮正赠与昌群。

李儒勉子李凡今日首次来,令自习《苏武传》,留二时而去。

今日为阴历十一月底,满子生日,夜添菜吃面,伯麟、师尚等来共食。

一月十日(星期三)

到校上二课。

得仰之信,代余买得《古书虚字集释》一册,原价仅一元半,而因书价加成,且寄费昂贵,共需五元有余,书亦不能买矣。

午后改文,毕五本而止。夜,去蚕桑学校,为文艺组之同学讲一小时。大意谓且不言文艺而言文字,文字既有造诣,即渐至于文艺矣。八时半归。

一月十五日(星期一)

晨有重雾,旋转大晴。改文两本。

午刻,至通伯、东润处,应二君招饮。读东润之《西征赋》,长五千余言,历叙其离乡西行之所经。如此长赋,今亦难得矣。饮毕归,昌群适来,遂共闲谈。四时去。

李凡来,余讲《孟子》数章,注意于文言之文法。

三官忽归,言发热两夕,闭汗,头甚重,咳嗽,殆是重伤风,休息一二日当可康复返校。杨飞机师代为购得大宝来金鸡纳丸一瓶,凡百粒,以港币折合为九元二角四分。此间疟疾可虞,得此当可聊资防备。

一月十六日(星期二)

晨上二课。至学校校医室,为三官取咳嗽药水。

饭后改二年级文。夜酒后,蓝君来坐,谈嘉定犍为阴历岁尾年头之风俗。蓝君去,又伏案改文,至九时将二年级作文全数改完,明日可以发还矣。

一月十七日（星期三）

晨到校上二课。

欣安夫妇来，馈红梅六枝，即插于瓦瓶中，香溢于室外。

傍晚，与墨及三官乘车至校中之礼堂，将观青年剧团之《残雾》，老舍所编剧本也。礼堂内学生拥挤，非但无坐位，且无立足地。台上止一汽油灯，更无他灯，而幕又久久不启。遂返身出，仍乘车归。

日本阿部内阁又辞职矣，继起者曰米内。自与我启衅，敌已三易其内阁，终将不能挽其厄运也。

一月十八日（星期四）

晨上一课。学生刘法彝来，请面改其文，即为执笔，费二小时。午后改文六本，预备功课。

三官疾不愈，咳嗽依然，面容憔悴。其校以五时半起身，三官颇感睡眠之不足，且受晓寒，又每晨跑步二三里，亦非所胜。墨主不妨暂令辍学，余亦以为然，且俟数日再决定之。

小墨校中，新校长周君将来接事，教部派员来训话，谓学生不宜拒绝校长，而学生犹主非拒周不可。结果如何，数日内当见分晓也。

一月十九日（星期五）

昨夜得雨，虽不大，足慰农人矣。今日犹细雨半天。竟日改文，第十一组之本子全毕，心一松。午后李凡来，为讲书改文。

夜，刘宏度、程洒颐两家宴邻居，余与墨偕往，同座尚有钱歌川夫妇。李儒勉夫妇，李家犹未搬来，及其来时，则依蓝家小山而居者凡五家矣。看馔颇精，而众皆不饮酒，余亦数杯而止。食后，谈一时许散。

一月廿二日（星期一）

上午改文四本，宿债全清，然明日又逢作文矣。

夜，祭祖先。自被炸以来，此事不复举行，今日为先父冥诞，母亲主一祭，并祭祖先。买一鸭一鱼，祭毕全家宴饮。天气大寒，生火炉竟日。

一月廿三日（星期二）

晨到校，第四组作文。

接开明诸同人信，芷芬信，陈礼江信，天然妹信，开读甚慰。唯调孚丧其父，为之感悼。归来作复书。芷芬信中附来开明上海同人合影，似皆视前苍老，唯伯祥与洗翁神态依然耳。

今报载高宗武、陶希圣二人脱离汪精卫，至香港披露汪与敌人议订之卖国条款，并将文件拍照，寄至中央政府。高陶二人此举尚可取，然其当初脱离抗战阵线，秘密随汪，参与汪与敌之密议，终不易得国人之谅解也。或者汉奸团体已起内讧，此二人被摈，故借此以为复归于政府方面之地步。果尔，则此二人益不可问矣。

一月廿四日（星期三）

上午上三课。归来，闻小墨校中风潮已可平息，学生让周君入长其校，而以增加经费、派遣实习、津贴费用为条件。教部似以不损体面为主，务令周君得居其位，于学生之要求咸允从焉。

报上披露汪精卫与敌人所订之"日支新关系调整要纲"全文，凡我国之一切权益，均奉与敌，读之殊愤愤。好在汪系汉奸而非政府之代表，其与敌人所订之约当然不生效力。我方唯有抗战到底，将来驱敌人于海外，是等荒谬文件自不值一顾矣。

一月廿五日（星期四）

晨起见浓霜，田野屋顶如积雪，来嘉以后犹为初见也。

到校上一课，即归，改文至下午四时，得十三本，成绩可谓不恶。

吴学义来，谈及高陶发表汪与敌人订约事，据言此殆为二人复归于政府方面之礼物。又言近有传说，有人为汪至重庆设法，谋得一下场之方式。余以为此举果实现，亦足使敌人大恚，然汪犹得蒙原宥，实非正名之道也。吴又言今之米内内阁犹是过渡，将来或将有纯属军人组织之内阁，其时搜括愈烈，民怨愈甚，而其总崩溃亦近矣。其言颇有理，故志之。

小墨同学一班，每人得校中津贴三十元，至成都参观工厂。他明日与一李姓同学先行。参观工厂盖其名,实际则乘此到成都玩一趟而已。拒校长而得此结果,殊出所料,且可笑也。

三官往萧君绛处请诊治,萧为开一去风寒之方,买两剂而归。

一月廿六日(星期五)

小墨早晨动身,乘公路车往成都。

伏案改文,竟日得十一本。李凡来,与三官同听余讲说。

报载蒋委员长两篇长文,为汪与敌人之秘约告友邦及全国军民。

一月廿七日(星期六)

晨令第十一组作文。

阅报,知日来鄂北我军又大胜,敌伤亡万余,地点在随县附近。浙省钱江北岸之敌渡江犯绍兴,亦被我大创。绍兴两年以来未受兵灾,友好家居其地者颇多,殆亦受惊矣,为之深念。

饭后二时半再到校,参加中文系系务会议。无甚要事而迟迟不了,至五时半始散。

复田涛一信,其前年寄余小说稿,与开明编辑所同毁于炮火矣。

二月(选录十九日)

二月二日(星期五)

天气大晴,竟日阳光普照。改文,得九本。

午后,与满子三官出外,买二鸡,雌雄各一。李凡来,为改所作文。昌群来,谈半时而去。

阴历岁除日将近,日来不无点缀,昨裹粽子,今蒸馍,而墨大忙矣。

作文本改不完,殆又将欠债过旧历年也。

二月三日(星期六)

晨起到校,已过了十分钟矣。

上二课即回家。欣安来,谈政局前途。李儒勉送来一火腿,大曲一瓶,盖其子从余之束脩也,受之有愧。飞机师杨君馈泸州大曲二瓶。余颇有酒人之名,酒遂陆续而至矣。

四时后,二官归来,观其壮健逾昔,心甚喜。

母亲谓前次被炸而平安,殆是神佑,宜如往年之例敬神。遂杀鸡割肉,敬奉诸神。红烛双明,颇有儿时情趣。

二月四日(星期日)

伏案竟日,改文八本,此事越做越无聊,时时有拍案而起之想。

近来各地物价高涨,昆明尤甚。大学教师有质衣度日者,有分学生之余食者。张君劢尝与数友上馆子,点菜而非整席,身怀四十余元,自以为无恐,而算账乃至八十元,借债而后付与,亦骇人听闻也。

二月六日(星期二)

晨浓雾,似甚于往日。出门至张公桥,为兵士所阻,不许通行。询知系在清乡,城内外各街道皆由兵警搜查,其目标在匪徒烟犯。不得已折回,功课只好缺席矣。

回来改文,至午后五点半得八本,第十一组之文课算是改完矣。头昏脑胀,精神委顿,此工作不知何时始了也!

二月七日(星期三)

上午到校上二课。归来无作文本之迫,即觉适然。

今日为阴历除夕,伯麟、师尚、国安、龚之琪四人同来,各有馈赠,人情之厚可感。入夜,祭祖先。祭毕,全家共四人吃年夜饭。听四人谈老舍《残雾》一剧中之警句,皆绝妙。九时半,四人始去。扫地而睡,已十时矣。

二月八日(星期四)

晨起到校,路上寂无人,间闻爆竹声。学生来者仅十余人,即不复上课。同事中颇有索性不到者。除夕元旦,其实亦无甚干系,而皆欲借此赖一天。闻同学中纵博者不少,学校当局殆非不知,而不思所以禁之,亦可忧也。

二月十四日(星期三)

晨到校上一课,归来后坐休至午。

饭后,与小墨二官游白崖,观蛮王洞,一路行于菜花豆花香中,如江南三月时也。于诸洞观其大者,返循乐西公路行。明日二官即将到校,方其未归颇盼其归,而归来颇匆匆,十天又过去矣。待春假时,可再来作一星期之叙。

庭前海棠已有鲜红之嫩芽,花期当不远矣。

二月十五日(星期四)

晨到校上一课,归来看新到各种期刊。

饭后修剪庭前之梅树。此树本有百余花蕾,殆以迁移之故,皆已焦落,看花须期之今冬矣。

看昌群所编《魏晋南北朝史稿》第二章。此章叙谶纬、原始道教与黄老糅合之故,颇有心得,余所未前闻也。

报纸来,知此次桂南大胜,歼敌二万余,残敌现局于南宁一带,若能更与攻击,或可悉歼之焉。

今晨二官到校,托武大同学刘先觉买票,居然买成。在公路局买票,殆亦非走门路莫办矣。

二月十六日(星期五)

为李凡三官二人改文。此次题为《旧历岁尾年头杂记》,两人均写得不坏。

章元羲来,言自月初为别后,往川南各县考察水利航道,备极辛劳,而所获足以偿之。君携有照相机,为我家全家照相两张,一在屋角,一在篱外。次谈其尊人暮年习性,颇有味。五时半去,明日即返眉山办事处矣。

二月十七日(星期六)

昨夜微微发烧,晨起精神略疲,观书写字都无聊。

午后四时,墨陪余出行。至孤儿院门首,有一工人在灌所插柳秧。余请其折一枝条,工人以无刀对。余出角票一,彼即从河边拔一三尺高之小柳畀余,已生根矣。我两人大喜,急携归种于庭前,俟其成荫,大约亦须三五年,三五年后是否尚居此,固余所不计也。

二月十八日(星期日)

晨九时,通伯来,邀余同访昌群。即偕往嘉林公寓,会欣安、人楩,然后买些肉与鸡,恐昌群家一时无法供客也。自大佛沱渡江,循公路而行,四人谈笑间作,不觉路之远。至昌群家,昌群适于昨日往竹根滩上坟,以今日傍晚归。其夫人留我们坐,先饷我们以糉糟蛋,次即为我们做菜。我们坐在屋前曝日,沿阶桃树有作花者矣。四山青翠,闲谈无禁,身心俱适。二时,饮酒食饭,余与人梗各饮四盅,熏然矣。食已,又谈一时许,始辞贺夫人而行。仍徒步,渡江到家已五点半矣。

二月十九日(星期一)

九时到校,赴国文系会,讨论大考出题阅卷等事,直至十二时始散会而归。午后为李凡三官讲文。

傍晚与墨及三官外出,于路旁见一柳树,托玩戏其旁之小儿折取两枝,归即插于庭前,连前日者共三枝矣。

满子自杨飞机师家归,得上海所寄衣物一包,系交卢芷芬带至昆明,再由祥麟夫人带至重庆,由祥麟交于杨君者也。以今日一段路程为最速矣。

二月二十日(星期二)

晨起续改二年级作文两本,于是宿债全清。校中以后日起考试,试后放假三星期。在此期间,案头不复有作文本,在余实为幸福也。

二月廿二日(星期四)

上午到校监试。每场两小时,应自始至终,而他人往往徘徊少顷即走,余亦立半小时而归来。

饭后,剥花生,看墨与满子制花生糖炒米糖,制成后大嚼,即此消磨了半天。假期中,同事多谋往他处小游。余手头无钱,性又怕动,唯在家居闲遣耳。希望能作一二篇文字,应前此许下之愿也。

二月廿三日(星期五)

昨夜为元宵节,夜月颇明。此间有"偷青"之俗,偷人家圃中之菜,谓可得吉利。于是种菜者必以人守圃。一偷一守,遂起争闹,至深夜尚人声沸扬也。

饭后为李凡改文,试作文言,居然能像个样儿。昌群来,谈其编撰史稿之所见。俟其去,与小墨满子往挑荠菜,得两篮,预备明日食之。

二月廿四日(星期六)

天气大好,温暖如江南之季春。午后,与墨及小墨出外郊行。自浮桥过江,沿对岸行,见新筑草屋颇不少,皆城中人避难之所。至龙泓寺,观山脚石刻佛像。渡江而返,计步行两小时。

二月廿六日(星期一)

晨八时前到校,八至十时考国文。

十时后回家,自公园中行,看杨柳梅树之新绿。十一时,见各店中人皆离去,仅留一二人看守,此系遵行县政府之疏散办法,将市面分为两截,以十一时至六时为避走时间。

午后李凡来,从读者又多一徐汉城,三官之同学,亦苏人,杨飞机师之妻弟也。三人同听讲《陈涉世家》数节。

二月廿七日(星期二)

晨即到校,与同事共看国文考卷。一年级国文共分十二组,每人看三组,每卷凡作文一篇,翻译一篇。迄于五时而看毕。中午校中备饭,且设酒。明日尚须到校结算分数。统观诸生之文,几无一篇通体顺适者,是非国文之难,实由不用心之故耳。

二月廿八日(星期三)

午后再至校中结算分数。余所教第四组四人不及格,第十一组全班及格。下学期将依教部之令,与程度较差之学生特为开班,令多所练习。余将第四组中抽出八人,第十一组中抽出一人。议毕,本学期于是结束矣。

三月(选录二十二日)

三月一日(星期五)

上午作书复颉刚及仰之。

午后,李凡、徐汉城来,即令与三官同立一旁,听余批改三人之文,并为讲文一篇。三儿皆能领悟,比较在校授课为有味矣。

接上海第廿三号信,仅伯祥、雪村、调孚三人执笔。言上海物价大昂,阴历过年均略不点缀。又言丐翁之长子吐血旧疾复发,颇为危殆。天然妹以牙疾中毒,病亦不轻。皆足愁虑者也。接陈礼江书,又是催稿。

三月二日(星期六)

晨起即写上海信,迄于午后四时写毕,凡六通,致伯祥、雪村、丐翁、调孚、天然、红蕉,以明日付邮。

王校长为"伤兵之友社"征求社员,余复函加入,纳入社费五元。此社遍于各界,为广大组织,宗旨为抚慰伤兵,予以精神上物质上之援助。若办理者得法,确甚有意义之举也。

三月三日(星期日)

晨起即开始作一散文,将以应《教学通讯》陈礼江之约,时作时辍,迄于下午五时,仅得一千余言而已。

午后,为郑若川看其毕业论文,即指示其缺点。满子自杨飞机师家归,乞得山茶两朵,插供案头,浓态可爱。

三月四日(星期一)

雨已于昨止,今日颇有晴意。十时,昌群来。彼之父亲于前十日去世,彼将返马边料理丧葬,未久坐即去。午后续昨所作文三四百言。

三月五日(星期二)

续作文将近千言,即完篇,题曰《我们的骄傲》,盖记章伯寅先生之事也。即封寄陈礼江,算是了却一个心愿。

三月六日(星期三)

三官又发疟,午后热度将至四十度。余陪之,与讲故事笑话。及晚而热退。幸买有大宝米金鸡纳霜丸,可令服而止之。

三月七日(星期四)

昨夕小墨亦发热,天明而退,亦疟也。此疾纠缠不清,殊为可厌。

作一散文,将以寄调孚,入其所编《文学集林》,得七八百字即停手。午后接云彬信,言半年以来,余不常与桂林诸友通信,得书亦不复,岂彼此之间有何误会乎,嘱余明白言之。此殊使余愧恧。余得彬然、祖璋书,辄思作文寄《中学生》,文成而后复信,奈文迄未成,致令朋友疑怪,实属大过。云彬又言彬然方病,有伤寒嫌疑,大是可虑。因即作书复之,说明所以。

报载蔡元培先生以前日逝世于香港,年七十四岁。今之学术上人才,半皆其所提携者也。

三月八日(星期五)

续作复云彬书,封讫,俟明日航空寄去。续作昨所为文,得四五百言又停笔。

二时,为三官及李徐二生改文,讲《泷冈阡表》半篇。

蓝君从人家乞得春兰若干本,分与余四本,即种于破瓦盆中。已有花,花瓣作红色,非佳品也,然亦可以寄兴。

三月九日(星期六)

上午续作文数百言,完篇,题曰《乐山被炸》,记轰炸所引起之感想。桂林之信尚未发,即以附去,俾刊入《中学生》,亦使云彬等心慰也。

今日天气晴明,饭后与小墨三官由浮桥过江,自陈庄右侧登山。入陈庄,茗于竹林下,颇畅快。坐一时许,仍由原路归。

傍晚得上海转桂林寄来之《文学集林》第一册《山程》,又得佩弦所寄之《中国现代语法》二册,系王力君所撰。王君现在西南联大为教授,佩弦称其研究语法文法颇有独到之处也。

三月十日(星期日)

昨日晴而暖,今日又转为雨而寒。上午看《山程》,作书致佩弦,附复沈从文、马文珍二信,一同寄昆明。

午后看《中国现代语法》,是书不依西洋文法,而注意中国语特点,自然近于真际,且亦有用得多。中国语文法尚在草创之中,王君所走当是正路也。

三月十二日(星期二)

又是竟日晴明。伏案作文,将寄调孚,得一篇,曰《人生观》,不及千言也。收到《大公报》馆寄来之文艺副刊汇订本,选看数篇以为消遣。

三月十三日（星期三）

续作随笔一篇，千余言，题曰"心"，言汉奸心理之不可理解，将与昨作一并寄与调孚。

庭前海棠已开，单瓣，朵甚小，与苏州家中一株相差远矣。然花蕾颇繁，此后十日间大可观玩也。

三月十五日（星期五）

上午作书致调孚、伯祥、丐翁，将以明日付邮。午后，李徐二生来，为他们改文讲书。

报载苏联与芬兰已于十二日签订和约，战事即此终止。芬兰当然让步，租地与苏，然尚不损害主权。评者谓此后苏联国际地位益高，其欲推行和平政策，可以影响世界也。

竟日下雨，农家谓是好雨。傍晚提早饮酒，眺望窗外雨景，颇有佳趣。

三月十八日（星期一）

上午微雨。到校取二月份薪水。自公园中行，中山堂左侧有一海棠树，被炸去大半，仅余一小丛，然亦作花矣。碧桃已开，观既有顷而出。

下午，为三个孩子讲鲁迅之《孔乙己》。

三月二十日（星期三）

晨与墨入城，购眼镜一副，价四元。墨缝衣本须用此，自被炸后，迄未购置。余入夜看五六号字，亦复模糊。今购此，可两人合用之。入公园观览花木，又购杂物以归。

午后二时，东润来，与偕出散步。归家知孟实已来过，言萧军来嘉，约余至其家便饭，一晤萧君。六时往，见萧，东北人，年三十左右，爽直健谈。此君多作小说，其长篇《八月的乡村》曾轰动一时也。遂小饮，饭后，萧先走。

人梗方自成都归，来访孟实、儒勉。据言成都曾发生抢米风潮，抢米者似有组织，纪律颇好，亏抢农民银行、农本局等机关储米之仓库。余思政府储米原有道理，而因储米而提高了米价，此殆是调度不周之咎，当有他法以济之。近政府已有令致储米机关放米平粜，不知实效如何。又闻汪精卫即将在南京组织政府，已派定各部人选,狐狗一群,丑闻弥多。

三月廿一日(星期四)

今日开学,晨起到校上第四组一课。

归来,见张公桥北经余寓门前之路,有兵士数十在掘土平地,将路开阔。闻将直通白崖蛮王洞,以备空袭时疏散之用。

午后又下雨,天气转寒。

三月廿三日(星期六)

晨到校,我家门外路上之石板悉被修路之兵士掘去,昨日天雨,泥泞没足,难走极矣。当时初修石板路者,不意其功之毁如此之速也。久未讲说,连讲二时,颇感吃力。

得伯祥、颉刚、二宫各一信。伯祥告一不幸消息,天然妹以本月五日逝世矣。其病在于牙,因拔治延迟,毒中于头部,卧病兼旬,遂不起。现寄柩于丙舍,将归葬苏州尧峰山。余识天然,尚在为中学二三年级生时。余时与蒋企巩至其家,访其兄广涵,见一小女孩垂双辫戏于堂前者,即天然也。后为铮子内姑母寄女,时往来余沪寓,亲近如一家人。自余迁家回苏,相见渐稀。最近托人带一毛线衫赠墨,衫尚在途中,而天然已谢世矣。其人谨厚有余,待人极忠诚,早年习体操,后改习助产,以此自给,守贞不嫁。闻其噩音,全家悒悒不欢。

三月廿六日(星期二)

上午到校上二课,午后预备功课,至五时。

得上海第二十五号信,伯、丏、村、调皆执笔,均详尽。丏翁言沪居生活昂贵,有回乡或迁居苏杭等沦陷区之意。余意即果离沪,生活亦未必便宜也。村公调兄述上海一般社会及文化界近况,读之如亲睹。丏翁附来去年年底所摄小影一帧,略见老苍,与前无大异,背面书明"是年五十四岁"。

三月廿八日(星期四)

昨竟夜雨,今晨走门外一段路,屡欲倾跌,盖石板既去,新铺土犹松之故。到校上一课。

饭后预备功课。昌群来,言今日即动身往竹根滩,明日乘滑竿回马边;在乡料理丧葬,约有旬日之留。

学生考君来,他编一文艺副刊,属于此间将出版之一种周报,嘱余作文。俟其去,作一五六百字短文应之,题曰《谈宣传》。

傍晚散步野间,遇东润,与偕行。其家乡泰兴于二月初沦陷,报纸所未载也。江苏六十余县,县城未陷者仅泰县、兴化耳。据云如是,未知确否。

三月廿九日(星期五)

天气大晴,室内始见苍蝇。下午,为三个孩子改文讲书。

小墨满子出游,折得千叶海棠数株而回,娇艳特甚。余大喜,插于瓶中。三年离家,此次所见海棠为最满意,然犹不及青石弄余家中所种之一棵也。

三月三十日(星期六)

近来床上跳蚤甚多,睡不得安宁。屋中多鼠,又蓝家三条狗常在我家出入,跳蚤遂致蔓延,真无可奈何也。

到校上两课。得云彬、彬然信,前疑尽释,彬然病已愈,皆可喜。午后,看托尔斯泰短篇小说一篇。

三月卅一日(星期日)

看高尔基短篇小说一篇。学生钱祝华来,谈及陕北有中央军攻八路军事,西康有康滇军队协力缴中央军军械事。此等消息皆报纸所不载,而言者甚众,或诚有之,皆政治犹未能明朗之征,前途之隐忧也。

午后,与母亲小墨出外闲步。观浮桥。至较场坝旧居废墟,与小墨入内一观,犹有商务印书馆存书之残灰。至后进当日憩息之所,唯满地瓦砾而已。在迎春门一家茶馆内吃茶,借苏足力。坐半时,仍缓步以归。母亲居然能走此远路,可慰也。

夜看报纸,知汪精卫之傀儡政府以昨日成立于南京。我政府则下令通缉自汪以下之汉奸,凡一百有五人。

四月(选录二十一日)

四月一日(星期一)

今日本不必到校,而校中招收机械专修班,今日阅卷,余被邀,遂到校。同看国文卷者为苏雪林、刘博平,二人皆未到,余遂独看全部之卷一百卅六本。

校中备饭,饭后一时归,为三个孩子改文讲书。

得《教育通讯》社汇来稿费十五元,久未收得稿费矣。得杨卫玉信,嘱余作文,即作一书答之,询其所需文稿之性质。又得王济诚信,告我本学期在合川女中担任教务也。

刘师尚今日生日,他出钱嘱满子备菜,请我们全家吃夜饭,并邀徐伯麟等三同学。

今日所看机械班国文考卷,其题为《荀子谓"事强暴之国难,事之弥顺,其侵入愈甚",试申论之》。应考者百卅六人中,有半数不明题旨,有以"国难"作今日通行之"国难"解者,有以"事"字作"臣事君"之"事"解者,有简直不知所云者。此似是学生程度之坏,实乃出题者之咎,此等题目即能作得很好,亦有何意义。且此等题目皆平时所不常遇,唯于考试时遇之,不能作得好亦其宜也。

四月二日(星期二)

上午到校上两课,午后预备功课。二时半,二官忽归来,大家欣然;谓请假数日,预备玩玩也。自夹江行五十里至绵竹铺,然后雇人力车而来者。

傍晚忽有来访者,握手细认,则陈调甫也。陈与余在中学时同学二年,后即他往,留学美国习化学,回国后服务于永利公司,殆是最高级之技术人员。余从人闻其行踪,离校以后似未尝晤见,迄今卅余年矣,而彼此尚能相认,可见无多改观也。询其年,已五十,顶秃,鬓发半白矣。此次来嘉,系往五通桥永利公司。该公司规模极大,今退入四川,定居于五通桥,视前迥不及矣。君或将久居于此,或将他往,尚未定。天津永利被日人占去后,君犹留津自营其小规模之油漆厂,今尚无恙。其家属则于去冬迁上海矣。谈几一小时,送至张公桥而别。

四月四日(星期四)

今日始,学校放春假三天。晨起看图书馆借来之《春灯谜》,此书余前未之见也。为二官讲张子《西铭》。三官又发疟疾,不耐烦要人陪,余怒之。

傍晚入城,至洙泗塘永利公司办事处访陈调甫,谈甚畅。他们开夜饭,留余共食。食后偕调甫散步街头,回至余家,又谈有顷而后去。

满子自杨飞机师家取回红蕉与天然赠我们之衣物,托天然之甥贝君带至昆明,芷芬托人带至重庆,而祥麟以今日托杨飞机师带回也。天然赠墨毛线衣一件,手泽尤新而人已去世矣。红蕉馈衣多件,自母亲以下皆有之。以现时乐山之值估之,此一批衣物将值四五百元矣。

四月六日(星期六)

晨作书复马文珍,又致书卢芷芬、潘介泉,三人皆在昆明,一同封寄。芷芬已与伯祥之女汉华在昆明结婚,故贺之。介泉别已多年,前闻其游英国,不知其已返,陈调甫言及其在西南联大,故致书与之。

午后,将《春灯谜》看完,殊无佳趣。

四月八日(星期一)

昨夜发热,晨犹未退,二官辞别往汽车站,余尚未起也。

上午略预备功课。饭后为三孩讲文。看莎士比亚之《麦克白斯》,梁实秋译文也。就译本看之,此作亦殊平常。我意我国之杂剧传奇如译为他国文字,他国亦必鲜辨其佳趣矣。

东润来,偕出散步。据告日来有银行职员数人,集资收买火柴,火柴乃大贵,涨至每匣两角,去年夏间才两分耳。迩来各物昂贵,其原由大率类是。

四月九日(星期二)

晨起仍不舒服,缓步到校,令第四组作文,收得四十本,人数较上学期为少,盖分摊于他组矣。

得伯祥、调孚信。伯祥告余王彦龙于三月廿四日逝世矣。余与彦龙相识亦将三十年,颇怅然。

饭后,作书致元善,请其于开明增资登记事予以方便,盖伯祥所嘱托也。元善现为经济部商业司长,当可帮忙。信由祥麟面致,故又作书与祥麟。又作书答伯祥、调孚,并致书与予同、振铎,一同封寄。写了几封信,殊觉疲惫,及夜而复发热,早睡。

四月十日(星期三)

昨夜发热甚高,今晨尚未退净,乃令烟客持条往学校请假。墨为余开一汤头,希望能出一身汗。卧于竹榻上,看《天下事》杂志。

午后三时,伯麟偕三同学来,谓见余请假,故来探视,情意弥可感。据他们说,今日学校收听中央社电讯,言德突然进兵丹麦、挪威,丹麦已承认受德之保护,挪威京城即将被占,已迁都于他地云。欧局变化诚未知所届。德之此举,显系对于英之报复。昨日报载,英为求封锁德国益加严密,于挪威领海内安放水雷,且派军舰任搜检船只之责。德针对此举,遂突攻击丹麦、挪威。小国几无不为鱼肉,思之怅怅。

四月十一日(星期四)

昨夜有微热,今晨得汗,伤风殆可就痊矣。墨劝再请假一天,遂未到校。

三官于前日起偕李凡往校医处打疟疾针,闻需连打四五次,或可断根。前日写信与伯祥,曾托其在上海买盐酸奎宁粉末,于每次寄信时附来。疟疾可怕,此地金鸡纳丸昂贵,故想了这一法。

午后,师尚来探问;傍晚,歌川来探问。

四月十二日(星期五)

报纸来,知日来江西我军又有捷报,克复靖安、永新,进迫南昌。北欧方面,挪威对德宣战,英表示竭力支挪。瑞典仍表示守中立。

傍晚,看《威克斐牧师传》伍译本数章。此书原文,余十八九岁时曾作课本读之,未尝其味,今观译本,觉其富于幽默,颇可玩味也。

四月十四日(星期日)

上午,东润与陈其可来访。其可家居古里坝,每星期五到校上课,星期六上午复上课,即出城回家。昨以有事未归,故来访,犹是第一次到余寓所也。

据东润谈欧洲战局,谓昨报载英德海战于挪威附近,英有摧毁德海军主力之可能。果尔,则战局或将从速结束,而英之胜利,与我间接有利焉。

四月十六日(星期二)

晨到校上两课。得介泉复信,告余近况。渠对国事颇表忠贞之诚,读之感慰。

又得颉刚及郑心南信。颉刚受川省教厅长郭子杰之托,招余往教厅所办之教育科学馆任审查中小学国文教材之事;心南则招余往福建省立大学附设之师范专修科,任国文科主任之职。福建相去遥远,无法前往,成都之事则可考虑,容与墨商量后答之。

子恺寄来两小画,赠苏雪林、袁昌英二女士,余所代求也。观其邮戳为遵义,知浙大已迁于遵义也。午后动手改文,迄于五时得十二本。

四月十七日(星期三)

上午到校上两课。午后,改文十本,第四组之文卷全毕。

晚傍,通伯来,言郭子杰昨曾来嘉,托其向余致意,劝余赴蓉应其招。此人为教育厅长,似有做出一点成绩来之想望,亦难得也。

夜,将《威克斐牧师传》看完,此书作者宅心善正,于基督教国家宜其为教训之书也。

四月十九日(星期五)

上午作书复颉刚,言教厅之事固所愿往,然一惧迁徙之劳费,二惧成都生活之昂贵,三惧居于成都,人事较烦,将不得宁定,故请婉谢郭君云云。

得上海信,丏、洗、伯、调俱执笔。洗翁已自上虞回沪,述其旅程中琐事,濒于险而皆获免,颇有致。丏翁则深以生活困窘为忧。

阅报,知江西我军向南昌合围,距城仅四华里矣。德有侵荷兰之势,日本则欲乘机攫取南洋之荷属东印度。果尔,则日将与美冲突,似与我有利也。

四月二十日(星期六)

上午到校上二课。饭后改文九本。

作书答郑心南,告以事实不能全家徙闽,而介东润与之。此盖通伯之意,东润亦愿往也。

四月廿一日(星期日)

晨起改文一本,十一组之文卷全毕。

午后晋生来,彼已应民族文化学院(在大理)之聘,暑中即离去武大矣。俟其去,作书复洗翁、伯祥、调孚,共二千余言,闲话而已。尚有他信未写,且缓寄。

三官疟疾又发,打针亦无用,真是讨厌之至。

四月廿二日（星期一）

晨起改二年级文，三本而止。传有预行警报，走避者纷纷，今年第一次也。

午后，为两个孩子讲文两时，三官仍发疟，未与听讲。作书致丐翁、村公。

入夜，余饮酒未毕，又传警报；八时而发紧急，遂避往洞中。久未入洞，颇觉气闷，至十时犹未解除，乃回家。上床后已朦胧，乃闻解除之汽笛，时已十一时矣。

四月廿五日（星期四）

昨夜十二时半闻警报，我们皆未起，至三时许解除。今晨闻人言，敌机轰炸遂宁也。

到校上一课。见校中张贴所收中央社昨日电讯，言我军克复开封。各省省会之克复，此其首矣。

四月廿七日（星期六）

竟夜大雨，今晨仍未止。掌伞到校，令十一组作文。

午刻吃面，今日母亲生日也（阴历三月二十）。午后改文至八点半，得八本。

四月廿八日（星期日）

晨起，母亲言腹中不舒，泻了几次，洗脸后仍就睡。中午吃焦饭粥一碗。墨为开汤头，午后二时服之。希望不成重疾。

余伏案改文，迄午后三时得七本，颇疲倦矣。

四月廿九日（星期一）

母亲病已，起床。而墨又不舒，胃部作痛。

余上午改文九本，午后为三个孩子改文讲书。讲毕又预备功课。伏案竟日，惫甚。

四月三十日（星期二）

上午到校上两课，午后预备功课，改文两本。近来在家唯伏案，实缘站起来亦殊无聊，然而腰背俱酸矣。

墨因胃部作痛，三官因周身发红瘰，奇痒难熬，偕访萧君绛先生就诊。萧言墨系湿重，三官系消化不良，各赎药一剂服之。

五月（选录十八日）

五月一日（星期三）

上午上两课。饭后改文三本,预备明日功课,迄四点半毕。

傍晚接颉刚书,谓郭君意殊诚,以允之为是。颉刚又言我们两人住在一起,可合力成一文学的通史,期以四年,当可有成,亦我们所以报社会之道也。其言殊恳切,余颇为所动。余在武大本不见有兴趣,每日改文,又嫌其苦,今得改途,为中学国文教学谋改进,又得从事著述,是不啻开一新天地也。余决去武大而就教厅之事矣。至于移家问题,暂且不提,先与墨二人住成都再说耳。

五月二日（星期四）

到校上一课,天气热甚,回来汗流满面。

午后改文十本,作书复颉刚,告以决就郭君之聘。

五月五日（星期日）

上午改文一本。

饭后访通伯、东润。通伯前邀余往对江山上看杜鹃,余以无暇辞之,今日天晴又无事,可一往也。遂至凌云门渡江,登山访晋生,不遇。循小径行,不见杜鹃花,就村人家招一女孩为导。女孩导向山阴,无路,则攀援而下,果见杜鹃,然不多且不好,聊采数枝以行。回望另一山,树荫下红艳茂美,则趋之,其处即由凌云往乌尤之道旁也。各弃向之所采,别择可爱之条折之,顷刻盈把。此花又名映山红,闻绍兴等地多有之,而余则仅见花圃所栽耳,见之于山上,丛茂如是,犹是第一回也。烂漫遍山,确是大观。通伯失其手杖,往回觅之不得。遂至大佛寺旁吃茶,坐半时许而行。再访晋生,则已归矣。坐半时许而下山,循浮桥回来,六时到家。杜鹃已憔悴,急插于瓶,得水,渐恢复其故。

五月六日（星期一）

上午改二年级文三本。午后为三个孩子讲书,预备功课。

得佩弦信,言或将移家成都,则此后见面必易,为之心喜。

墨林近日身子又不爽健,胃部常常作隐痛,全身无力。

五月七日（星期二）

上午令第四组作文。

得红蕉、铭妹信，告近况。又得勘成、伯才信，则言有否相当之教师介于巴蜀校也。

饭后，昌群来，长谈三小时。彼下学期殆将任学校功课，不之昆明，即往遵义耳。傍晚改文三本。

五月八日（星期三）

通伯为言明日将附乘人家汽车至峨嵋，两宿而返，不登山顶，唯看山花，招余同行。余以四肢无力，恐不得登陟辞之。失此良机，殊可惜也。

午后改文，至五时而止，得十三本。日来欧洲战事，英法联军在挪威境内大败，闻之颇为不快。我国则鄂豫境内皆与敌战甚烈，据通讯社消息皆言我得手也。

前日买米三斗，每斗八元，昨日涨至八元半，今日则九元矣。人心已失常态，物价飞涨如此，大可忧虑。

五月十二日（星期日）

晨与墨至孟实所，孟实夫人将返南充母家，故往一别。坐少顷出，过米市，询米价每斗九元三角。回来动手改作文，迄于下午五时，得十本。

从街头见收到的无线电讯，荷兰比利时已对德宣战。英国首相张伯伦辞职，代之者为邱吉尔。欧局变化，以这几天为最关紧要矣。

五月十五日（星期三）

上午上课两时。

午刻至东润所，承招吃午饭也。同座有英人李那，此人嗜酒，诸友怂恿余与之并饮，各饮黄酒两斤余。余醉矣，归来即睡，六时始醒，吃了一碗稀饭，复睡。

五月十六日（星期四）

晨大风雨。余起来疲甚，到校上一课，讲说无气力。

得上海廿九号信，伯祥、调孚两人执笔。饭后作书复伯祥、调孚，尚有致他人书未写，且缓封寄。

傍晚得颉刚书,同时得四川省立教育科学馆聘书,余之名义为该馆专门委员。该馆性质如何,余所未详,以意度之,盖是研究机关,辅佐教育之推行者也。颉刚书中附郭君书,言专门委员之薪实得二百卅元,余由五月起薪,以资补剂(依规定须以到馆之日起薪也)。并言将由省府派余视察国文教学,最好于暑假前出发数回云。于是余今后之职务约略明晓,而余之生活决定改一方式矣。

五月十七日(星期五)

上午改文九本。午后为三个孩子改文上课。

傍晚东润来,与偕出散步。据告德军已侵入法之马奇诺防线,荷兰陆军投降。德用降落伞运兵,颇著成效;此法创于苏联,苏与芬兰战争时曾用之,而无大效,德则奏效矣。计希特勒当政以来,迄于最近,吞国家凡七:奥地利、捷克、波兰、丹麦、挪威、卢森堡、荷兰。亡国败家几不当一回事,世运将不知转变到如何也。

五月十八日(星期六)

到校上两课。饭后昌群遣仆人将书至。约明日到彼寓一叙,并嘱代约通伯、欣安、人梗三位。因走往一一约之。

归来作书致丏翁、雪村,与前日所写者同封,编列第卅七号。又作书复祥麟、勖成、伯才、红蕉、佩弦、文珍,致仰之、雪山、芷芬,所书太多,皆草草耳。

夜饭后忽传警报,惧洞中蚊多且气闷,不往。八时半传紧急,待至十时半犹未解除。倦甚,皆就睡。忽于睡梦中闻轰炸机声,不只一架,乃急起趋屋后之洞。机在头顶过,未投弹。有人得讯,敌机在双流与我空军激战,此殆其遁归者也。又久之,始解除警报,已一点过矣。

五月十九日(星期日)

晨八时至通伯所,与偕往嘉林公寓会人梗、欣安,遂趋凌云门。墨与三官候于路旁茶肆,即买舟渡江。江水已涨,沙滩俱不可见矣。既登岸,墨与三官以人力车先行,我们四人以徒步,阳光不骄,徐徐而行,不热不疲。至凉桥,折入登山小径,昌群出迎。既入白云庵,憩坐闲谈无拘。昌群夫人入厨治菜,墨助之。三官与昌群之诸儿登山采映山红。十二时聚餐,共尽大曲一斤。食已再谈,四时始下山,大家步行,买舟渡江而归。

晚餐方毕又传警报。月色绝佳,共坐于廊下守候,鉴于昨夜之仓皇起床,不敢遽睡,直待至一时,闻解除信号。两夕欠睡,困倦已甚。此后十日中俱有夜月,恐常有此累也。

五月廿一日(星期二)

教部新定各大学学业竞赛办法,先于校中竞赛,学生自由参加,选其优者再合而试之。得分多者有奖金。武大定今明两日竞赛,课悉停授。余轮到为今日上午监试员,依时到校。学生参加者殆不及十分之三。

傍晚看报,知我军克服信阳,鄂豫各地均有胜利,可喜也。而欧洲方面,德军距巴黎止六十余里,英法似将抵不过德国,却是可虑。

夜间在床上又闻警报,自初发至解除相距殆有两小时。

五月廿四日(星期五)

晨起预备功课。

三官所集邮已逾八百,分国贴于纸,以楠木板两块夹之。余为书"至诚集邮"四字于面,刻阴文,昨今皆刻一字。俟刻成,将持往漆匠处揩漆焉。

午后,为三孩改文上课。

入城,至浸礼会门口观所收当日电讯。英法联军势颇危急,德军益近巴黎,意大利或将参战。土耳其已加入联军。日本则增兵华南,似有侵安南之意;又请上海各国军队离开,其语气俨然如主人翁。欧战之影响必及于我国,以今日之情势观之,于我殆害多利少也。

五月廿五日(星期六)

晨令第十一组作文。

得上海第卅号信,丏、伯、洗、村、调均执笔,皆甚详,读之颇慰。又得予同、振铎复信。振铎仍致力于编辑出版,最近有《中国版画史》之作,谓其书于国际有地位,可换得若干外汇也。

午后,续刻楠木板,将"集邮"二字刻成。

五月廿六日（星期日）

上午改文，得九本。饭后传警报，历三点钟而解除。李凡来言见防空指挥部揭示，今日敌机六十架炸重庆也。

欣安偕萧化之（赞育）来访。前尝闻人言，萧系蒋委员长所派，令长驻嘉定，监察专科与大学者也。是否每有大学之区均有监察，又何以必须监察，均不之知。谈少顷即去。

五月廿九日（星期三）

上午上两课。归途中又闻警报，到家即吃午饭。数日来敌机俱袭重庆，来必在一百架以上，报纸虽不详载，闻死伤颇众也。午后警报解除。余伏案改文，迄四时得九本。

入夜，东润来，言校中要我们看国文竞试试卷，而此次文题之一，系刘博平所出，曰"试将下文改为恒言"。"恒言"二字有其习用之意义，今用于此殊觉不妥，若随同阅卷，将来且为之分谤。共商之结果，决不往评阅，作一信复竞试委员会，署东润、晋生与余之名焉。

五月卅一日（星期五）

晨起改文，半天得五本。午后抄嵇康《养生论》，备付印，供二年级阅读。为三个孩子改文讲书。

午后二时，墨发热，观种种现象殆亦是疟疾。满子昨日发疟疾，小墨已买得蓝印金鸡纳丸，每粒值二角，明日更须往买若干粒也。

及晚，报纸至。比国王忽下令停战，投降德国，使英法方面更益困窘。意大利亦将参战，如涉及巴尔干半岛，则苏联将出兵敌意。此后变化，正未可料也。

六月（选录二十日）

六月二日（星期日）

晨起改文，至下午三时，得十本。

刘师尚来，言闻同学言，刘博平以我们指其疵谬，向校长辞职云。此人气度至狭，我们并非攻讦其人，不过不满彼之行事，而彼以为与之捣乱，实亦过矣。即访东润,告以所闻。东润言既已至此,自当与之周旋耳。谈良久,偕出散步而后归。

六月三日(星期一)

今日为阴历四月廿八日,为我父廿一周年忌辰,午设祭。饭后预备功课,为三孩上课。

晋生、东润偕来,共商致一书与校长,言我们所以不看竞试文卷之故。并言刘反对于国文选读用标点,实属顽固。由东润起草,余缮写之,三人皆自署其名焉。

六时半,与母亲及墨至浸礼会礼堂观峨嵋剧团之《雷雨》。七时余开演,演毕第三幕已十一时,乃放弃末幕不观,燃火把徒步而归。该社演来殊不恶,余因得重以耳朵读万家宝之著作一遍。其剧富有诗趣,节节皆可诵也。

六月四日(星期二)

晨到校迟十分钟。上两课毕,访苏雪林,以昨日所拟致校长信示之,征其同意。苏谓取此手法近于进攻,攻必期其克,而今日学校情势,刘博平似未易打倒,徒然树敌,不如其已,劝我们再考虑。余因访东润。东润言敌已树矣,信不发亦未必减人之怨恨。察其语气,似以余再与商量为多事。又谓如倒刘成功,我三人须在此支撑下去。余言余之去此已决,晋生亦或将他就,即东润,是否有他处来聘尚未可知,然三人固将走散也。取一快意而走散,亦未始不可。东润乃谓且与晋生商量之再说。初不意为了不去阅卷一点小事,引出如许多纠缠也。

回家伏案改二年级文,迄六时得三本。

二官忽于四时回来,有一同学作伴,谓正发高热,病已四日矣,似为疟疾。即令三官以十元往买金鸡纳丸五十粒,以备服用。

接汤茂如一信,略告教学科学馆之情形。汤其副馆长也。附夹省政府训令一件,派余兼任国文科视导员。

六月五日(星期三)

二官热已退净,仍令服金鸡纳丸四粒。

上午课毕,与东润、晋生共谈。东润仍劝余勿决然言去,余不肯应;遂言既将走散,则不必致书校长,向刘作积极之进攻,以后但取消极之一致耳。

到家得郑心南复书,云东润能到闽,甚为欢迎。又接仰之一信,告平安,上月下旬重庆轰炸之烈殊甚,数日间死伤数千人,郊外机关学校多数被炸,重大、中大、复旦,均有师生被炸死。

饭后持心南书访东润,东润言容考虑些时再决定。

六月七日(星期五)

上午改文六本。

午后,晋生来,言彼决意去滇,无心留武大正与余同。旋共访东润。东润闻人言,谓校中有人以为我们将掀起波澜,又谓刘博平既辞职,将由学校及教授会出面挽留之,而于我们三人,则采有效之处置云云。造言生事之环境中,自然有此现象,姑静观其发展可耳。

六月十日(星期一)

晨起改文一本,案头始清,无积卷。校中决于下月四日起考试,各班再作一次文即可了事矣。

作一书致郭子杰、汤茂如,告以学校课毕后当到蓉接洽。

又作一书致卞之琳,谢其惠赠新诗集《慰劳信集》及记叙文《七七二团在太行山上》。其《慰劳信集》各篇之题皆作《给某某》,凡致力于抗战者,自委员长以至公路小工,无不赠以诗。颇有精思佳句,唯用字构语间有生涩处耳。此君前好为唯美派诗、哲理诗,抗战初起,曾往西北游行一年余,作风乃一变焉。

今日为端午,略添菜。十一时三刻忽传警报,我们照常吃饭。炊事较迟之人家必将饿肚皮过节矣。至下午二点一刻始解除。余遂为三个孩子上课。课毕,看杂书为遣。

六月十一日(星期二)

晨令第四组作文。

午后为一学生解释读书不明之语句。此人读《曾文正集》,成语典故往往不晓,则书于纸。余一一检答之,亦书于纸,共五十余条,竟费了五点钟。十二点三刻至二点半传警报,余亦未起立也。

六月十二日（星期三）

晨到校上两课。见刘博平已到校上课，既已坚决辞职，忽又腼然而来，闻前此亦有类似之事，固非第一次矣。

无线电讯，言意国已宣布参战，进攻英法，美国劝阻无效。德攻巴黎，距离已甚近云。

六月十六日（星期日）

二官今晨到校，拥入汽车之行李厢而去。

东润来，谓间接听到刘博平系得王校长之劝留信而回来。王之信大意言"恒言"之不错，以后如再有人指摘，学校必力为解决云云。及其去，改文五本。

傍晚看报，似宜昌尚未失陷。而欧战局势则联军益危急，巴黎已失陷。

夜间蚊虫为扰，无可奈何，只索早睡。

六月十七日（星期一）

晨至银行，代昌群取款。回来改文八本。饭后，作书致颉刚、雪舟，告以下月中旬到蓉。晋生来，以所撰《老子正诂》一稿交余，余为介绍于开明也。

蓝君来言，人传昨日重庆之炸最为惨重，所扔皆重磅炸弹，以战斗机围绕上空，而以轰炸机肆虐。重庆殆完矣。又言传日军广播，此后将大炸成都云。大好锦城，不免为瓦砾之场，思之凄怆。

六月十八日（星期二）

到校上两课，领五月份薪水。

归途看浸礼会所收广播消息，谓法国准备与德作荣誉之和议，而德宣称除非法军全体投降，和议即不行。英则谓法德即议和，英必单独抗战到底。苏联忽以兵临立陶宛、爱沙尼亚、拉脱维亚三国，似即此占之，并无战事。余看了此诸消息，殊有闷郁之感。

饭后预备功课，至于五时。得伯才信，言十六日巴蜀学校被炸，诱诲堂、厕所、浴室及附近之校产尽毁。防空洞口亦落弹，幸无人受伤。我与此校有半年之感情，闻之殊怅怅。

六月十九日（星期三）

到校上两课。看无线电讯，有云德意谋分配战败国之殖民地，将以安南畀日本。此说果确，与我妨害大矣。

得徐盈、子冈夫妇书，据言因欧局急转直下，我国真到了最后关头。他们在报馆服务，近水楼台，或有可靠之消息也。

饭后，有孩子剧团之二女团员来访，年皆十四五岁。言其团组织于廿六年九月，自上海出发，转徙各地，今属于军委会政治部。现有团员五十余，最长者十九岁，最幼者八岁。月受生活费廿元。团分演剧、音乐、进修、总务等组，自己教育，一切皆自己料理。宣传演剧为其工作，共同研讨以为进修。察其言动似颇精干，诚所为时代之产儿也。

俟其去，余改文五本，作书复徐盈子冈。

六月二十日（星期四）

晨到校上一课。

至三余味面馆会墨林，至欣安所。其夫人方自湖南乡间携两儿来此，途行一月而达。墨与谈别后情况，一时亦不能尽也。欣安于我国前途，就国际情势观察，推得极可哀之结论。余觉其言非过虑，为之闷闷。辞出，冒烈日步行而归。

收到上海所寄书，计《文学集林》二辑，《中国文法革新讨论集》，及余所作《稻草人》之四号字重排本。文法讨论集为东华、望道、光焘、张世禄诸人之文，文篇虽多，尚无相当结论也。

夜，与墨至儒勉家，应其招宴，同座者孟实、昌英女士，又有一周小姐。食后闲谈，孟实言川中中学教师及中学生无适当之刊物可看。于语文教学，尚须如十数年前一样，再来个启蒙运动。若能集合同志办一刊物，不无意义。余深以为然。九时归。

六月廿二日（星期六）

晨到校上二课。归与东润同行，承告晋生不复往大理，但亦不复留武大，将有他行。东润自己之闽与否仍未决，正向他处接洽，俟得报再定夺。

墨日来身子困乏，夜眠醒来腰痛难堪，但仍操作不休。今日既洗被单，又洗蚊帐,观其努力作事,辄感疚心也。

午后改文四本。四时后,孩子剧团九人来,彼辈皆习文艺,向余发问甚多。十余岁之儿童,多看流行之报纸杂志,所谓文艺批评之名词套语,皆能上口,然实无所通晓,徒以名词术语为戏耳。余劝其慢谈文艺,先谋普通文之通顺。一求逻辑之无误,二求文法之无误,然后更及其他。六时而去。

六月廿三日(星期日)

自晨迄下午四时半,皆伏案改文,得十四本。

上星期东润来时,尝写示其所作诗两首,风格颇劲,兹录于此。

"十丈蒲帆挂到天,云山崒嵂任高骞。惊风犀豚群三五,击水鲲鹏路万千。上道酸辛多远客,辞家箫鼓又明年。夜深欲唤鱼龙起,为寄离愁若个边。"《广州湾夜泊》

"齐唱榜人踏棹歌,正南江上见微波。村烟渐近山居远,便下嘉州可奈何。"《自成都水道返嘉定》

东润平日持论,以为诗词已为古人作尽,任尔呕尽心肝,辄为古人所已言,故作诗词之人实为大愚。然东润亦不免偶一为之。余以为以此自遣,自抒其情,要无不可,固不必与古人争短长也。

傍晚,陈调甫来,言明日将至成都,取道香港回上海。谈当今教育之无效,事业界中,辄感学校毕业生之不堪应用。于抗战前途,调甫则颇持乐观,可佩也。六时,握手而别,后会何时末可知也。

六月廿四日(星期一)

晨起预备功课,旋改作文,迄下午四时,得十四本。

午后方为三个孩子讲书,忽闻警报,不听此声一星期矣。历两小时而解除。

夜观报纸,知荆宜一带仍在激战,虽报纸标题大书困敌,实则胜负未判。法国已派代表就希特勒议和。美国改以史汀生为陆军部长,颇引起世界注意,谓是或将参战之先声。史汀生发表演说,谓美当监视太平洋,此则与我国局势有关矣。

六月廿五日（星期二）

晨到校上两课。观学校所收电讯，德法和约已签订，其大要凡三点：一、德意与英作战期间，由德意两军占领法之疆土；二、法之阿尔萨司、劳伦二州割于德国；三、法之军备、矿产、外汇基金等，悉让于德国。此亡国条款也，不知法之人民及军队果悉能默认乎。

到家，改作文四本，于是完全改毕。此后不复作教师，将与此项劳苦工作不为缘矣。

傍晚，歌川夫妇邀余与墨至高北门果尔佳菜馆小叙，盖饯别之意。更邀通伯同宴。天气热甚，汗出不止，犹饮大曲，闲谈甚适，八时半归。

归读报纸，知安南忽阻我之货运，外交当局已向法大使抗议。法国乞和于德之政府为英国所不齿，已断绝关系。别有人在英国组织新的法国政府，英美均将支持之。

六月廿七日（星期四）

晨到校上一课。已与第十一组说明，星期六之课不复上，下星期即将考试。故余在武大上课，以今日此课为终结。两年之间，于同学自问无甚帮助，不免愧恧。

午后三时，食自制之包谷馍，香美可口。忽云起风作，似将有阵雨，而作势久之，仍见晚晴。今年雨少，川中殆将歉收。战事不利，又益之以荒歉，至可忧矣。

六月廿九日（星期六）

晨至邮局寄上海信，并晋生之《老子正诂》稿。

到学校，诸同事集会讨论基本国文之考试问题。刘博平为主席，余与晋生、东润视之如不相识。徐君主不须如前一般会同阅卷，其理由为警报时作，走避多不便。共以为然。遂谓既不会同阅卷，即不须共同出题，各自出题试其所教之班可矣。此殆刘与徐预先商定者，以免如上次出共同之题而发生纠纷也。

会散，东润招余偕行，谓本已决定之闽，而昨夕通伯、孟实劝之甚坚，谓不妨留此，遂决留。乃共往电报局发一电致郑心南，曰"渝途艰，朱君不克行，请别聘，余函详"。他无可说，只得托之于行路艰难矣。过东润所，入内少坐，承交余《中国文学批评论集》《史记考索》两稿,将付开明出版也。

饭后一时许又传警报,历一点多钟而解除。日来重庆仍日日被炸,敌机不复西飞,此间即不发警报也。

傍晚雷电作,八时后阵雨至,一时许而止,附近农田当可少得润泽。闻川中各县今年因缺水,下秧之数已打折扣,及今下雨,亦未必如前年去年之丰稔也。

六月三十日(星期日)

昨夜得雨,今乃转凉,连日酷热,少得苏息。作书复郑心南,告以东润不能之闽之故,且致歉意。

明日拟往夹江,观省立乐山中学,从郭君之意,先就近处视察也。乘便一看二官。其校原名嘉属联中,今名系新改也。小墨为余向公路车站登记,当可成行。

七月(选录二十七日)

七月一日(星期一)

晨七时到车站,售票时间已过,车将开行。与站长交涉,站长责余不知遵守时间,余亦实不知其所规定为何时也。不得已,挤入车厢后之邮包间中,其中已有五人。余坐于邮包上,车开行时即渐渐滑下,两手两足用力支撑乃得勉强坐定,然辛苦矣。自乐山至夹江为三十公里,行十余里而下雨,车中人均谓好雨,惜迟了十天。天凉,路无尘埃,亦是一快。

九时抵夹江,下车,即在茶馆吃茶,待雨之止。而雨益大,如瀑流奔泻,历一时许乃止。入夹江城东门,乘人力车出西门而至周渡,渡青衣江,循至峨眉之公路行,折入小径而至罗祠,高中所在地也。见二官,偕至杜公场,先在一小店吃饭,而后至周祠,总办公所在焉。见校长张一麐君,教务长郑君,事务长钱因之君。校长导往薛祠,观初中上国文,凡三时,循句讲说而已。返周祠,二官送铺盖来,即与偕出,在公路上散步,望见峨眉淡蓝一痕而已。夜在周祠吃饭,设酒,郑君共酌。九时睡。

七月二日（星期二）

晨早起，观各级作文本，每级取二三本，余一一录其题目。八时至罗祠，观乡师科上国文一时，又观高中部作文本十余册。中午吃饭，又设酒，钱因之人甚有趣，善饮，余饮亦不少。

下午四时，与四位国文教师为座谈会，校长教务长亦列席。均言课程标准太高，教国文太苦，余亦无以解答。六时散，又饮酒，余醉矣。

七月三日（星期三）

五时半至罗祠，参加高中部升旗礼。礼毕，由余向学生演讲，题为《国文与文学》，凡一小时半。返周祠，为钱因之写篆字屏条一幅。

食饭毕，余辞出，张钱陪至青衣江畔，为余雇一小舟，搭上自上游来之筏子。此种工具未曾乘过，似有味，故一试之。阳光甚烈，则张伞自蔽，倦则伏卧，亦复不恶。所经时有浅滩，滩声甚壮。自夹江至嘉定，历六小时。五点半在斑竹湾登岸，至高西门，乘人力车以归。墨已往车站候余，而不知余未乘汽车也。

知昨日皇梁子军火库爆炸，死伤兵士若干人；今日嘉乐纸厂锅炉爆炸，伤工人数名。两日之间连续有此不幸事，亦异也。

七月四日（星期四）

上午作一信寄二官，嘱其回来时可乘筏子。出二年级考题。

四时半，与墨应方欣安夫妇之招宴。暑甚，只得坐人力车。他客为李儒勉夫妇，钱歌川夫妇，朱孟实，杨人楩，阎幼甫。欣安夫人治菜甚不坏，于庭中聚食，尤有味。食毕天尚未黑，坐谈有顷而后归。

看报，似日本已决意进迫安南、南洋。美人非常关切，然是否对之以实力，未可知也。

七月五日（星期五）

清晨闻雨声，即起，七至九时二年级有考试也。至高北门，雨势忽大，余竟体淋漓。九时考毕，至缮印处自写一年级考题，备下午四至六时用。遂至银行，为昌群代取重庆汇款。雨复大，思下午将再次入城，不如弗归，乃修发，吃曲，入茶馆吃茶，以消磨刚刻。午后一时又传警报，茶馆且关门，不得已至欣安所。三时解除,依学校规定,考试须改期矣。

归途雨止,至张公桥,见竹公溪水流甚急,其声轰轰。到家知今日全家入洞,母亲滑了一交,致背部骨节作痛,睡于床上,幸不甚剧。

烟客见竹公溪水涨,用虾兜捕得虾廿余只,小鱼数十尾。傍晚即煮以下酒。此间向不捕虾出售,盖非水涨时不易捕也。

七月六日(星期六)

天又转热。晨起墨洗衣,余助之。本往竹公溪涤荡,今以水涨流浊,即于家中为之。

母亲背部仍作痛,买一风湿膏贴之,未知有效否。

七月七日(星期日)

"七七"三周年矣,而余日记适易此新册。避寇以来已得日记五册,前三册毁于去年"八一九"之轰炸。此后不知将更书若干册,始可不复题"西行"二字也。观近来战局,与夫国际情势,似于我不利,抗战或不复延至四周年纪念日乎? 颇有人盼能早日了结,以便归其家乡视其田舍者,余则殊不作此想。非真能取胜,宁愿其继续延长下去也。然客观条件是否能如余之愿,实不可知也。

晨九时得注册组通知:上星期五因警报未及考试之国文,改于今日九时十分补考。乃疾忙到校,至则学生已散矣。询注册组中人,知为送信工人所延误,只得再行定期。

归时买荔枝一斤,值八角,鲜红可爱,形如鸡心。食之不酸而已,并无甘味。

看报,知英国海军忽与法国海军发生冲突,其故为英惧法海军落入德手,要求法海军投诚,结果法海军颇有损失云。广西之敌近向西进,已与我军战于龙州附近。出地图视之,龙州贴近边界,敌人殆将由此以占安南乎?

七月八日(星期一)

精神昏昏,闲坐无所事事。十一时半又传警,延至二点五十分而解除。

为三个孩子讲鲁迅之小说《药》,未毕而东润来,遂辍讲。东润自言其为学博采而约取,夙不肯苟且,至可钦佩。又言研究魏晋六朝文学,必须通观佛书,然后真能明其渊源与影响。此言至当,而循此途者似无所闻也。五时,东润去。

七月九日（星期二）

晨起看二年级试卷，并将分数结毕。

饭后，看《红楼梦》数回。三时，与墨及三官、徐汉诚往洙泗塘吃茶看荷花，汉诚又往招其母及其姐夫之侄女偕行。至则荷香扑鼻，翠盖红裳，眼界一新。就池旁觅座吃茶，墨与徐太太闲谈杂事，意至闲适。五时半归。

七月十二日（星期五）

清早到校，七至九时考国文。收了卷子，到银行取上月份薪水。午后，看卷十余本。为三个孩子改文讲书。浴后，看近出《宇宙风》一册。

七月十三日（星期六）

晨起续看考卷，至午后一时毕。结算分数讫，两年武大任教，即此了事矣。

得上海来信，知丐翁长子近又发病，气喘脚肿，每日发烧，老肺病到此地步，恐非佳兆。丐翁自吉子逝世，家境连年不顺利，老岁遇之，益难堪矣。伯祥、雪村、调孚皆附短札，并寄来代买之盐酸奎宁一两。

九时，大家已睡矣，而二官忽叩门至。谓江水颇涨，教师言乘筏子危险，故乘人力车而来，以下午三时发脚，故到得晚也。同行者男女同学各一，其家皆在对江，不及渡，即借宿于我家。

七月十六日（星期二）

晨起写篆字四张，皆学生请书者。将考卷送往注册组。见新来报名之学生甚多，本星期内即将举行入学考试也。午后一时，又传警报，历半小时即解除。

蓝家日来收包谷，招邻居妇女帮忙，先去其皮，以便晾干，灿黄满地，视而可喜。

竹公溪水又涨，去岸仅三四级矣。有投罾捕鱼者，观之有顷，所得不多，且甚小。

酒后，通伯来，在廊下坐谈半时许而去。

七月十七日（星期三）

晨起写信复上海诸友，编蜀沪第四十号。看钱因之所作小说稿，皆记川中事实，用方言写之，殊为平常。

午后,三女学生来,其二人毕业于国文系,将为中学国文教师,平常未尝留意于国文教学,骤出任教,茫无头绪。余略为讲说,恐亦无多裨益也。

傍晚途遇学生甘士杰君,言将往成都,知余亦欲往,愿代余往汽车站登记。如登记成,则二十日动身矣。

七月十八日(星期四)

晨起头脑昏然,右耳发响,全身疲惫,料是受了湿热,墨为开一汤头服之。偃卧竹榻而外,他无所事。

下午四时,钱因之来谈,留之饮酒。酒罢,送之至竹公溪木桥边而别。

墨忙了一天,入睡后忽觉不舒。余为之刮痧,并服痧药水,然后睡。

七月十九日(星期五)

困倦如昨。晨入城买邮票,午后睡一时许而精神少振。

傍晚看报,知日本迫英国停止滇缅路之货运,英将允之。美国务卿赫尔则正式表示不满,谓是屈辱之外交。我国亦表示抗议。此路货运一断,我更无通海之路,关系诚重要也。日本米内内阁已辞职,继之者为前此之近卫。其内阁屡更,可见其政治之不安矣。

七月二十日(星期六)

晨甘士杰君来言,已为我登记,明日可成行矣。遂整理行装,计提箱一具,铺盖一个耳。

购黄连切末吞之,头脑颇觉清醒。

午后,昌群来,谈一时许而去。接云彬长信一通,谈大局以至朋友间私事。又接红蕉一信,亦长。冬官已毕业于小学,成绩列第一名,且已跳级考入某中学。此儿颇能用功,可喜也。

七月廿一日(星期日)

晨五时起身,洗漱早餐毕,即辞母亲与墨林到车站,小墨二官三官伴送,会甘士杰君。七时购票,乘客纷扰,行李捆扎,延时甚久。票上有号数,各按号入座。然站中又卖出无号数之票若干张,此等旅客则挤于椅间座角,于是编号入座之意义全失矣。但亦不能为车站责,如必严格遵守乘坐人数之规定,则旅客皆将久稽不得上道矣。

九时车开行，余右腿曲不得动，旋感麻木，身躯被挤亦复作酸。在今日旅行，本当受苦也。至思濛，客皆下车进食，余与甘君各食包子三个，面一碗。木炭汽车行甚缓，须时时加水，并摇动机括鼓风。过新津河，费时约一点钟。车中殊无思索，看两旁稻田，如驰行于京沪路上，唯旷原周围多一带远山耳。

七时到达，天已昏黑，与甘君别，雇车至城内陕西街开明驻蓉办事处。雪舟别来一年，精健尤昔，云在蓉印土纸本教科书，颇有成绩；老同事张镜波君及新同事林君，皆能尽力。此间房屋系人家住宅，尚宽畅。庭中紫薇一树正作花，墙外有一高槐，后为御河。林君为余下面一碗，食后，谈有顷，与雪舟同室而睡。

七月廿二日（星期一）

晨起作一明片寄墨。

雇车至城守街教育科学馆，询知已疏散至城外，且汤君不在成都，乃访郭君。郭君在西门外茶店子省政府，约八九里，乘车而往。至则郭君尚未到，坐候一点多钟始来，握手后即言将开厅务会议，不能细谈，约缓时来访余。

余乃出，即在茶店子食点。进一家茶馆吃茶，静观众客姿态为遣。坐约一时半，又入一家理发店剪发。闻人言已传出"注意情报"，余乃徒步缓缓行向西门。即入城，经多子巷，念孟韬住此巷中，扣门访之，不遇。由其子陪至公园。余径归。

四时，郭君来。言此次招余殊无特定工作，唯欲研究出川省国文教学不良之症结，谋有以改善之耳。授余《中等教育季刊》稿一束，嘱为阅看一过。并言又有开会，订明晚至其家吃饭细谈。匆匆即去。开会之多，殆是今日政界之新流行。然开会与实效相去尚远，不知好开会者亦尚念及否？

汤茂如君今日方归成都，闻余至，来访。汤君系川人，向在定县平民教育促进会服务，于教育至有兴趣，望而知为明快精干之人。雪舟镜波邀余饮酒，即拉汤君同饮。谈次，言及近已决定设实验中学，行比较理想之教育。又言及大局，语多乐观，使余振奋。八时半，汤君去。

数日未见报纸，据雪舟语余，英徇日之要求，阻塞我国由香港出口之茶叶运输。而宁波亦于日内失陷。至此，我国通海之路全断矣。

七月廿三日（星期二）

晨起写信，致颉刚、元羲各一通，告以余已到此。又一通致金堂铭贤中学，向索章程，且问考期。此校系昨晚汤君所提起，谓教育之认真，设备之周妥，今时无两。该校本设于山西，款系美人所捐。自山西沦陷，即来金堂相地设校，并不如他校之聊以避难，亦认真布置，为百年之计。因经费多，故所聘教师好，图书仪器齐全。余本欲为三官择学校，因作书致墨，征其同意，并询三官是否愿意住校。如大家以为可，不妨报名应考也。

发信讫，看《中等教育季刊》稿。作稿者皆教育科学馆同人，而文字似均有毛病，内容贫乏，说话不得要领。亦未便与郭君直言也。

孟韬来，随谈别后一切，甚快。雪舟杀鸡，亲自烹调，并令试绍兴人在蓉所制之绍酒。即留孟韬共餐。酒味不恶，似胜于眉山酒，若能陈一些时，当更佳。

五时半，徒步认路，出南门，至华西坝郭君家，则汤君与教育科学馆馆员三人已先在，旋即进餐。餐后共谈，诸人皆言四川教育问题纷繁，欲谋改进，如理乱丝。于余所任之工作，郭汤二君亦不能举出纲要，唯言且俟余草一计划再商。九时散，乘人力车归。

七月廿四日（星期三）

晨八时，至城守街教育科学馆晤汤君。馆址原属一小学校，三层楼，颇坚实。今小学校他迁，由教育科学馆与省立图书馆分用之。图书馆系新办者，新旧书籍皆最近所购入。据馆员言，每日阅览人亦有二三百也。

与汤君乘人力车出新南门，至新村教育科学馆办公地点，系借用一工业学校之临时校舍，草屋一大间而已。室内二十余人，桌椅枇比。余定一席，即观前此时收到之《中等学校国文教法教材调查表》，凡三十余份，拟各项为之统计；又观汤君所拟实验中学筹备计划。颇觉返于前曾久习之编译所生活矣。观各人工作殊不紧张，缺席者亦多。余若每日来此，亦殊不耐。郭汤二君皆言不必每日到馆，且在乐山亦可工作，则似尚可接受也。

十二时，诸人皆返城午餐，余独行，餐于小馆子，自己寻路而至陕西街开明办事处。未几,即闻弄中看门人喊"注意情报",历十余分钟而闻空袭警报,又不久即闻紧急警报。诸人皆就后门外高槐下坐。我方飞机盘旋空际,其响似无所不在,俨如去年"八一九"与徐中舒避出西门外时情况。继闻轰炸机声,知寇机已至。飞过我们上空时,其声震甚,似墙屋树干俱动。余仰首而望,止见寇机四架为一小队,成菱形,殊未闻投弹声。历一点多钟而解除。出里门而望,则见东南面烟焰甚浓,路人言被烧者数处,丢的又是燃烧弹也。

饭毕,作一明片致墨,告以无恙。遂与章、张、林三君同出,至新南门外复兴桥眺望,见东首有烟焰。返入城,见春熙路附近亦有数处被烧。据云城中被炸三十余处,死伤者颇不少,确数自无从知。成都城中被炸,以今日为第二次也。途遇军校学生数队,或携面盆,或持土铲,精神颇整肃,余感动焉。归寓,电灯不明,知是电线中断。

七月廿五日(星期四)

晨至教育科学馆办公处,仅馆役二人在。后汤君及二二人来,汤言城内馆址门首之屋昨亦被炸,碎片飞入正屋。以是住宿馆中之同人皆整顿行李,谋迁至城外。而临时办公处距城犹近,大约将更谋远迁也。余在馆将所收国文教材教法调查表归纳起来,伏案半日,仅去其四分之一。

看报纸,知寇机昨来卅六架,为我击落一架。

冯月樵君招宴于新南门外竟成园。余如其约,以二时到,为最先到客,冯君自己且亦未至。直至四时而客始齐,川中宴会之习固如是也。客为开明办事处章、张、林三君,吕姓马姓两中学校长,王姓老国文教师,李君。余与吕、王谈学校情形较多。月樵劝饮甚勤,尽眉山酒十斤,月樵自己有醉意矣。月樵之书店为开明之特约经售处,近洗翁有信来,有取消特约,收回自办之意。月樵意颇不快,酒醉乃大发牢骚,从我们归,犹言之不休。九时,劝之归。

闻雪舟言,今日所食菜,价为卅五元,加上酒饭烟菜及外小,将为七八十元矣。而菜殊平常,去年不过十元耳。

七月廿六日(星期五)

晨作一书寄墨。

八时，携铺盖乘车出北门，访颉刚。经行商办之汽车路，尚未通汽车。车辙横斜，土泥高下，颠簸殊甚，体为之疲。有行乞者将地铲平，即求行人布施。车行两小时而至崇义桥，改乘鸡公车行于阡陌上，两旁皆禾苗也。鸡公车低，推者在后，并不颠簸，在泥路上胜于黄包车矣。至赖家新院子，入门而呼，颉刚即出，欢然握手。两年不见，君顶发半白矣。见其夫人，瘠瘦可惊，云胃病久而弥甚。其长女则俨然一老处女模样矣。

此院子占地四十亩，墙以内二十八亩，正屋而外，丛植慈竹。有庭院花园，俱不恶。颉刚所主任之齐大国学研究所即在此。诸所员在大厅办公，着手编二十四史索引及辞典，皆大工程也。承颉刚告以十年工作计划，皆史学界不寻常之工作。饭后，颉刚办公，余独坐小园之纳凉亭中，看颉刚所编《上古史讲义》。晚饭甚早，食已，与颉刚散步田间，行甚远，迷途，问路而归。蚊声如潮，不能夜坐，八时即睡。研究所备有来宾寝室一间也。

七月廿七日（星期六）

晨五时即起，知颉刚夫人昨夜又发胃病，呕吐数次，今日热犹未退。其病已历十余年，近因转徙劳顿，发作益勤。颉刚深忧之，而亦无可为力。

早餐后，余仍坐纳凉亭中，草拟余所可为之工作计划。蝉声而外，唯远处微微之流水声，及空中偶尔飞近之飞机声，皆不致扰余心思，半日得千字。

午饭后，偕颉刚至崇义桥。此镇街道长一里，亦整洁。憩于茶馆，然后至镇西南一善堂，颉刚迁此，得善堂中司事之助力不少也。此种善堂实一宗教性之社会组织，各县及较大之镇集俱有之，自编各种书籍，其教义为融合三教，其骨子则道教，且有自办学塾教育子弟者，在中下层社会极有势力。川中凡有四派，各以开创者之姓氏名之，称曰某门；其时代则在清之中叶。

此善堂中新构一楼，凡五层，形式仿岳阳楼，琉璃瓦，细琢石柱，柱上有工细之浮雕，或为禽兽，或为戏文，建筑费殆非数十万元不办。又至石工厂观石工工作，雕刻皆不打样，全凭意度，工细无可议，然仅为工艺品而非美术品，皆承其师传而无独创也。颉刚谓，据称擅此技者川中止八人，必年届衰老然后传授一徒，故亦始终仅有八人。然观七八石工皆年在二十三十之间，岂此项专家尽在于此乎？返崇义桥，颉刚买杂物，仍步行而归。

晚饭后，仍出散步，循阡陌绕赖家新院子一周，亦有三四里，足力疲矣。颉刚详语余为名所累之苦，受人排挤与推崇，皆致阻碍学术之研讨与工作之进行。今避居乡间，亦欲聊减此种阻碍，然亦未必能尽如初愿。余为慨然。

七月廿八日（星期日）

晨起餐后，续作计划书毕，全文千六七百字耳。即为誊清，备入城时交与郭汤二君，俟其核定。

颉刚夫人热仍不退，今日请一西医来。医生云是疟疾，令服金鸡纳丸；并取了血去，检验后或可确知何病也。一女仆忽坚决辞去，于是一切家庭劳作皆自明小姐一人任之。其人颇能操作，然因凤患聋哑，颇是寂寞可怜之相。

晚饭后，观颉刚旅行西北时所摄照片。颉刚复语我方今学术界倾轧详况，皆未之前闻者也。

七月廿九日（星期一）

晨五时起，知颉刚夫人热仍未退。

七时，研究所同人设茶点，为欢迎余之座谈会。颉刚意以为同人不长于写作，拟令余为之劝说指示。然此辈皆研究所或大学毕业生，余何能以告中等学生之言告之乎？因只说他们在此时期，埋头作一种工作，为知识分子之理想生活云。以后杂谈文事及所中事务，历一点半钟而散。看颉刚赠余之《汉代学术史略》。

饭后一时半，辞出，全所中人皆送至门首。由一工人背铺盖，至崇义桥。然后雇人力车，直抵陕西街，约历两点钟有余。雪舟交余二官一片，墨一书，又铭贤中学章程，则考期已过矣。墨言二官拟偕李凡来考私立树德，余即作一复，谓考树德亦可，或仍入乐山县中，明年再考入铭贤为插班生。信以快递，期其明日能寄到。

夜，雪舟开坛饮余，酒系另一家绍兴人酱园所制，亦不恶，胜于眉山酒。闲谈举杯，几历两小时。

七月三十日（星期二）

晨步行至办公处，走一趟殆须四五十分钟。以计划书示汤君，汤阅后以为可行，并嘱余撰实验中学六年一贯之国文标准及细目。又指定王范群君为余助理。王毕业于四川省立教育学院，自谓有意研究语文教学也。余即请其查配需用书籍，并试作书目提要。余坐定，仍整理国文教法教材调查表。草屋顶之竹片为虫蛀，时有竹屑下落，布于桌面，旋拭旋满。室中时有人往来或说话，皆扰心思。如此环境，何可安心作事乎！午刻，独至新南门内北京小食店吃面。

余至崇义桥三日，元羲及穆济波君曾来访余，皆留字而去。穆君亦凤究国文教学，彼此闻而未识面，近在川大任教，兼教乐山中学国文，二官即其所教，屡谓二官欲与余一见，今失之交臂，殊为抱歉。元羲则住附近华大教员住宅，因往访之。谈甚久，谓所谓生产计划委员会原意甚好，而首脑部不得要领，各部分工作多不紧张，将来不过草成若干纸面之计划书而已。挂美名，作虚文，机关类多如此，亦复可叹。

五时，与元羲徐步入城，至祠堂街，就食于西菜馆。三元一客之菜亦殊平常。食毕各归。雪舟正与冯月樵及张、林二君共饮，余复加入，饮两杯。月樵言近年私立中学特别发达，学生有多至二千者，盖四乡邻县抽壮丁，以此为逋逃薮也。

七月卅一日（星期三）

晨仍徒步到馆，续整理调查表。前日坐人力车颠簸殊甚，尾闾部起一泡，今日益大，觉胀痛，侧坐以避之，则吃力殊甚。

十二时一刻，出馆拟就食，而忽传"注意情报"，走避者纷纷。乃返身向东南田野间行，烈日当空，余又无帽，苦矣。卒至一家之土墙下，上有丛竹蔽日，又无他人止于此，余遂停足，观顾颉刚《汉代学术史略》为遣。继闻空袭警报，渐有驻足于余旁者，约十余人，皆席地而坐。余不欲污衣，只得站立。久久不闻解除，余腹楞腿酸，几不可耐。意敌机不必至，姑向新南门徐徐而行。中途始闻解除。观城门口之钟，正指三点三刻，躲避历三小时矣。急购面包，且行且吞之。到办事处洗脸抹身，凉风偶至，如登天矣。

昨领四五两月之薪水,共四百五十余元。计四个月可拿两处之薪,所增数为九百余元,似是好一点,然以之充到蓉旅费,亦复差不多矣。

得二官一书,抄佩弦来信中语,言将以本月到蓉,寓东门外报恩寺。然一路车票难买,未必能如期,明晨且投书探之。

八月（选录二十五日）

八月一日（星期四）

晨作一信寄墨,一信寄报恩寺探佩弦。

仍徒步到馆,虽在清早,阳光已觉灼肤。八时开馆务会议,出席者为专门委员、研究员,汤君为主席。理化专门委员刘君报告视察所见,谓卅余县之中学,理化教学大都不讲究,试验设备大都阙如;其少数有钱者,则滥行购买贵重而不必须之仪器,购备者不止一具,而又无保管知识,结果渐就损坏。刘君又言出外视察,行旅多苦,余闻而寒心。汤君则以实验学校计划书请大家研究,仅有文字上之修正而已。十一时会毕,余续为整理调查表工作。买了四个面包,午刻食之,至三时半始走出。

乘车归陕西街,以冷水洗浴,离家十余日,今日始浴全身也。又自洗小衫二件,然后坐定纳凉。夏承法君来访。夏在军校为教官,谈军校情况,约明晚至其家小叙,却而未可,情殊殷勤也。

八月二日（星期五）

晨依时到馆,续前工作,明日可毕事矣。一时闻警,两时半解除,余坐定未走,作两信,寄颉刚及穆济波。

徐步回陕西街,则雪舟诸人皆出外,盖今日接电报,雪舟夫人等已自重庆动身,今晚到达,故往车站候之也。余之床铺移于东首书栈房中。

傍晚,至宽巷子夏承法家。君勤谈,滔滔不休,时事而外,谈人生经验,谈立达学园同人与学生,谈其所蓄之鹦鹉。君喜畜鸟,所畜鹦鹉数头略能作简短言语。谓其发语上午最勤,下午偶或作声,入夜即不"开腔"矣,余遂不得一领其趣。君又嗜茶,所饮铜梁茶,味不亚于龙井,而清味略逊,去年才八毛钱一斤,今则涨至十四元矣。弄菜甚多,特沽绍酒二瓶;君不能饮酒,余独尽一瓶,醉且饱矣。

九时回陕西街,则雪舟夫人等已至。雪舟夫人携其四儿,又亲戚同乡男女四人,自绍兴跋涉来此,历时五个月以上,所费每人约五百元云。

得佩弦夫人复书,谓佩弦于明后日到蓉,为之心喜。

八月三日(星期六)

昨夜起阵未成,今日较凉。晨起作一片致佩弦,请其到此时务必约期一晤。

八时十分到馆,继为整理调查表工作,至午而全体完毕。因告汤君,下星期拟回嘉,在家为编辑工作,下月再来。

四时回陕西街,休息有顷,疲劳稍舒。倪文穆君来访,言得铜梁县中校长,以道远难于请教师,不拟接受。又言郭子杰为教厅,外间颇有不满意者,欲驱之为快者亦不乏其人。倪君自谓彼所不满者,则郭为中央方面人物,而办事仍不能摆脱一切,认真做去也。余于此等事皆无所知,不能下断语。然郭君终日奔忙,而忙不出个所以然,亦似但能作官而不能办事,则余所深感也。

到夜仍饮酒,吃雪舟夫人带来之火腿与咸鱼,不尝此味久矣。

八月四日(星期日)

晨为雪舟诸君写字,共历两小时,写小幅四,对联一。

午后三时,林雅巢君陪余至中心市区。访商务张屏翰君,谈少顷即出。访世界俞守己君,未遇。然后买杂用物品,闻价均惊其贵。买皮鞋一双,十五元,手提小皮箱二只,每只二十一元,他不悉记。余足力已疲,独上茶楼吃茶。

晚,至东鲁饭庄。张镜波、林雅巢二君为雪舟夫人接风,办事处中人全体参加,男女长幼围了一桌。饭庄系山东馆,菜尚不恶,一席之价三十元,算是最"相因"者。张林二君劝酒殷勤,诸人皆饮不少。席散,徐步而归。

闻雪舟言,成都出虾不多,多数由飞机每日运往重庆。此殊值一记也。

八月五日(星期一)

晨独步至春熙路,买零物。再访俞守己,仍不遇。

十一时,佩弦夫妇忽至,欣然握手。佩弦曾患胃病,又行旅劳顿,似比前数年消瘦。其夫人腹又便便,多子,太辛苦矣。他们预备往吃"吴抄手",邀余与雪舟偕,雪舟乃携酒而往。"吴抄手"至有名,以此名店者有数家,未知孰为最佳。佩弦夫人系本地人,知真的一家在东城根街,吃面与抄手,牛肉与怪味鸡,确清爽鲜美。佩会钞,如此小食亦费三元以上。他们更将往看朋友,约明日下午再来细谈。

归陕西街,作一书致王抚五,辞去武大教职。夜饭后,郭子杰来,言本省中学一时无从整理,颇可虑。其人热心有余,且肯作事,但无得力人物助之,恐亦难有佳绩。坐半时许而去。

八月六日(星期二)

昨竟夜雨,已如深秋矣。晨起较迟,与雪舟出外买小菜,预备今夜小叙。买讫,共吃早饭于"邱佛子",亦著名小食店,牛肉汤极佳。复至文庙后街买女皮鞋三双,每双十五元。雪舟以为自备之菜不足以飨客,又出外定了东鲁饭庄四十元之菜一席,余颇感不安。

四时,所邀冯月樵、王畹香二位来,佩弦、承法、受伯亦以次至。七时起饮酒,不为劝迫,随意举杯,颇为舒适。余商请佩弦与余合作,随时为余指陈如何促进国文教学,承其允可,至为欢忭。十时始散。明日可动身回家矣。

八月七日(星期三)

晨六时离陕西街,雪舟及学徒江仁根送余出东门,至船码头。布置妥帖,然后与雪舟道别。客来渐多,皆因江水上涨,新津河汽车不能过渡而改乘木船者。既而挤满一舱,仅比前此乘汽车略宽舒耳。船久久不开,客多喧噪。舟子盖与码头经纪人算账未完,钱未尽到手,故延搁也。十一时半始解缆。

两岸丛树田亩,颇似行于江南水港中。问明日可到嘉否,舟子乘客皆言开船已迟,明日殆难到达。余闻而怅怅。如此枯坐两天有余,无聊极矣,所携《十八家诗钞》不慎漏落舱底,展卷亦不可得,唯吸烟而已。行约八十余里,天已薄暮,舟忽搁于滩上,左撑右曳,仍不得动;于是舟子全体下水,既抬且推,始得过滩,历时一点半钟。少进泊于一小镇,不知其名,但知尚在华阳县境也。客多数登岸就小客栈歇宿,余以客栈蚊子臭虫可怕,且天方下雨,雷电交作,决宿于舟上。十时雨大作,篷漏,水沾被褥,亦无可奈何。

舟中照例供白饭两餐,余见其饭甚硬,未吃。雪舟为余买点心两匣,又馈余鸡及肉一碗,余即食之以果腹。船上无茶水,竟日未沾滴水焉。

八月八日(星期四)

六时开船,雨渐止。水则大涨,黄流滚滚,舟行如张满帆。共言如此水势,当晚或可"拢"嘉定。余闻而心喜。仍枯坐不动,吸烟,取鸡、肉、点心食之。一客倡言愿多加酒钱,唯期榜人努力扳桨,早到嘉定。榜人闻说,扳桨较勤。薄暮过小三峡,其处离嘉尚三四十里,两岸连山,江流被束,颇似三峡,唯不及其雄伟耳。七时半,舟泊张公桥,雇一人力车载行李,余随之而行。有雪舟赠余之绍酒一坛,必须卫护以免倒翻。

家中闻余呼喊,皆欢呼出迎,盖盼望多日矣。母亲背部已不复疼痛。墨正在烂脚。小墨三官,脚腿部亦有湿气。洗脸喝茶,并吃泡粥,顿觉舒服。丐翁之长子已去世,其家之悲恸可想。更琐琐谈别后事,十时始睡。

八月九日(星期五)

出门兼旬,庭前已改观。所种蕃茄结实小似樱桃,不足一吃,已割去。向日葵高过竹篱,尚未开花。凤仙已长大,花开满株。南瓜二十余枚,皆硕大。缓日拟整治一下,使眼前清爽一点。

饭后闻警报,历两时而解除。傍晚洗热水浴,大快。

八月十日(星期六)

上午补记前三日日记。午后二时,走访通伯、东润,闲谈达三小时。

二官又发热,殆仍是疟疾。墨烂脚不见好,患处红肿,不便行动,因之心情颇焦躁。气候潮湿,蚊蝇大集,亦增人不快。

八月十一日(星期日)

上午书信三通,致穆济波、佩弦、雪舟。看近出之《宇宙风》与《西风》。午后二时又传警报,历一点钟而解除。

今日我家将各种小菜杂煮一锅,既省柴火,亦节人工。以后当赓续为之。物价益涨,此亦俭约之一道也。

八月十二日（星期一）

始作一关于国文教学之文字，以付《中等教育季刊》，才五百言而午饭矣。

饭后热甚，又倦甚，方欲午眠，而空袭、紧急警报连续而至，遂趋洞中。余久未入洞矣。旋闻飞机数架结队而过，众皆惴惴。辨其声，非轰炸机，少顷即飞远。历两小时而解除，共谓适之飞机盖我国者也。

八月十三日（星期二）

气候转凉，余穿夹衫。上午续作昨文，得七百言。午后客陆续来访，未能赓续执笔。

多日未见报纸，不知外事，如居深山。"八一三"三周年，他处当有纪念之集会。我家离苏，亦将近三年矣。

八月十四日（星期三）

上午续作文字，仅得三百言，笔性之慢无以复加。

午后，与东润过江访晋生。江水大涨，过渡须逆流而上，然后横舟疾下，历半点钟以上。在任家坝登岸，沿江行，至篦子街，登山至晋生所。通伯儒勉已先在。坐一时许，至凌云寺。马松令君方结婚，观其新娘，坐新房中吃茶。东润言僧寺作洞房，自来亦有典实否？可一考也。五时半，仍循原径归。晋生下学期决往三台东北大学任教，不日将动身矣。

接陈子展一信，约余为《新蜀报》附刊《蜀风》之发起人。

八月十七日（星期六）

街上传言，昨日五通桥老龙坝被炸。昨在洞中时曾闻轰轰之声，以为雷鸣，不知真是爆炸声也。其地距此约四十里，而能听到，其炸弹殆不轻。

续作文五百余言，即提早吃午饭。十一时三刻又传警报，续传紧急。躲洞中三点多钟始解除。每天只有上午几点钟可以伏案，真是讨厌。

八月十八日（星期日）

昨夜十一时、三时两次闻警。起来开门而望，月色明澈如昼。寇机不以夜间来袭已数月于兹，今复其旧，令人睡眠不足，最受其累也。

晨起仍伏案作文，至于下午三时而全篇完成，共五千余言耳，而作了一星期，亦复可怜。题曰《对于国文教学的两个基本观念》，即作一书复佩弦，并将文篇附去，请其先行过目。

左足小指旁有一处溃烂，大指二指间亦有一处，情形与墨所患相同，肿及脚背，颇感不便。墨之患处渐愈而余又继作，殊感闷损。

八月十九日（星期一）

昨夜余发热，不甚剧。午夜后两点有警报，三点解除。

晨起改郭子杰嘱改之陈君文字，系谈升学指导与就业指导者，意既平凡而不贯，文字又多有毛病，改之无味，如改学生作文也。

十二时又传警报，至二时一刻解除。去年今日嘉定被炸，我家逃窜来张公桥，颇为狼狈。今又一年矣。

八月二十日（星期二）

晨起改毕陈君文，即作一信，寄还郭君。又作信四通，复陈子展等。

昌群派人送信来，言警报频传，可请我母入山暂住。我母不肯，只得谢之。又附马湛翁所赠《辟寇集》，木刻精雅，得之颇喜。

饭后觉两手寒冷，似有疟意，傍晚则发热矣。

王凤岗君来，探听教育科学馆情形。王君本届未得续聘书，高公翰介绍之于郭君也。晚饭后体热渐高，即就睡。一夜昏沉。

八月廿一日（星期三）

醒来热已退。服盐酸奎宁粉一包，伯祥寄来者也。续写信复子恺、勖成、伯才、云彬、彬然、红蕉。饭后又服奎宁粉一包，至二时手足复觉寒冷，殆是所服分量不够之故。即卧床休养，脚部肿烂，亦正宜有此。闻柴胡可治疟，即买柴胡与厚朴共煎之。服后略出汗，热已微，仍起来吃粥。

八月廿二日（星期四）

午夜得畅汗，热即退净。晨起加倍服奎宁粉，午刻再服之，居然不复作冷矣。

作书复雪舟。发蜀沪四十一号信，复丐、洗、村、伯、调五位。

接王抚五校长信，允余辞职。信殆是秘书所书，仅一张八行笺又两行，乃有两甚不通之句。可见国文之不通者不仅学生也。

八月廿四日（星期六）

日来连夜大雨，空气潮湿，空中霉气充盈，殊不可耐。余足烂渐愈，而今日忽觉颈腺肿胀，两侧皆然。应为之笔墨工作尚未着手，心至弗安。

八月廿七日（星期二）

晨雨不休，至九时后稍止。乘人力车就萧君绛诊病。萧谓颈际肿胀，中医名之曰"发颐"，感冒之后未得发表，往往致此。为开一方，谢之而出，就药店赎两剂以归。午后仍偃卧，煎药两道，均而饮之。

日来米价大涨，每斗至十六元（此间之斗，他处为二斗），且市上不多见米。各物及工价以米为标准，亦随而增涨。

八月廿八日（星期三）

昨夜似未发热，但颈胀仍未消，影响及于后脑，亦时时作痛。仍偃卧，杂取各书观之。

收到上海寄来书一包，皆余与丏翁所作关于国文之作。有雪村校注之《助字辨略》一册，甚便应用。

八月三十日（星期五）

八时半乘车入城，请萧君绛重诊。萧开方与前无大异，并令购紫金锭涂患处。至武大，取七月份薪水，赎药购紫金锭以归，磨而涂之，似觉舒服一点。下午仍偃卧，入夜热又大作，量之，三十八度八。一夜梦境迷离，竟体不适。

八月卅一日（星期六）

晨起量热度，仍有八分。左颐大胀，几连肩与颐。于是向染坊索靛青涂之。萧医生亦言靛青消肿消炎最为有效，余嫌其气味难受，且色亦可厌，请改用紫金锭。今肿胀如此，亦复顾不得矣。午后，小墨偕徐伯麟往延校医周君来。周言但虞其化脓，令用泻盐冲水，时时热敷之。至于退热，则主服阿斯匹灵。遂令三官往购，得德国拜耳厂所制阿斯匹灵六片，每片七角半，可谓昂矣。复抹去靛青，改用浸过泻盐水之热巾。服阿斯匹灵，至夜汗大出，热遂降低，殊感爽快。

接郭子杰书，商季刊征稿事，并言余所计划编辑之各种册子，最好托人分担，于本年内完成。其急功欲速,可谓已甚。又接佩弦一信,附来文稿一篇,特为季刊作者也。

九月（选录二十五日）

九月一日（星期日）

今晨乃真无热度。一星期来实每日有热,唯时高时低耳。颈际肿势似略退。余仍偃卧,口授语句令二官执笔,作书复子杰、佩弦,并将歌川所作一稿寄与彬然。

傍晚看报,知日人真欲在安南有所行动。我王外交部长前日已发表声明,如日人在安南登陆,我大军即开入安南,以谋自卫。其声明甚得体,特不知我之实力究何如耳。英德仍互炸,规模比日本之轰炸大得多。苏联与罗马尼亚曾有军事冲突,似将启战祸,但今已和平解决云。

九月三日（星期二）

颈肿如昨,而胃部不舒亦三日矣,按之硬如块,乃磨枳实食之。

前托伯祥购奎宁粉,伯祥听索非之言,购无味奎宁二两寄来。我们知此是小儿所服,大人服之需量甚多,故又重托购盐酸奎宁。此无味奎宁二两,由徐伯麟往询校医室,居然以时价售出,得一百二十元。上海买价与寄费、关税合计才四十余元,无意之中乃得赢七十余元焉。

九月四日（星期三）

胃仍不舒,不敢多吃,仅食鸡蛋烂面。时坐时卧,如病后初起模样。

得雪舟信,言近来成都银行缺乏钞票,其故在各商家提钞往各处办货;附来雪山自桂林致余信。又得祖璋自青田温州中学来信,本学期彼自桂返浙,担任教务,取其与家乡近也。钱畊莘同在是校,亦附一信来。

九月五日（星期四）

胃胀益甚,身体转侧,胃部皆觉酸痛,呼吸亦感急促。墨为检视而骇然,余近来殊瘠瘦,平卧时肋骨尽露,今则不显,可见胃胀之甚,或系胃中生了东西。遂由小墨往请周医生。午后,周医生至,言此系胃中积气,由细菌在肠中作用而来,只消令其宣泄,别无危险。全家闻之大慰。

周所付药,首为泻盐一包,服后至五时而下泻。其他二种大约亦是消化通便之品。

九月六日(星期五)

昨夜泻两次,多系泄气,胃胀果已。唯期从此不复作他病。

晨起,为子杰改《中等教育季刊》发刊词,半日而毕,令二官誊清,作一信寄去。

得彬然信,约余为文化供应社编中学生国文自修书。以余笔钝,又身体不好,不知何日可以成稿也。

就睡时,发见两腿俱肿,殆是日间伏案吃力之故。如此不中用,亦复可叹。

九月七日(星期六)

呼吸仍感急促,起身后即睡于竹榻上。三官以今日到校,仍往牟子场乐山县中,复为一年级生,由烟客送往。临行劝余珍重,其情弥深。

昌群来,谈良久。彼又将返马边,助县人创办县立初中。见余精神委顿,言拟代邀乐以嗣医生来为诊断。入夜,余气喘殊甚。

九月八日(星期日)

午后,乐以嗣医生来,为余听肺脏心脏,云俱无病。按胃部,则知其中积水与气,断为疟疾之后,脾脏略肿,消化系统有阻碍,遂至于此,决非重病云。闻其言,皆欣慰。依乐医生言,须连服奎宁一星期,又炙米为炭,研末吞之,以吸胃中之水与气。

九月九日(星期一)

昨夕小便两次,量甚多,料系体内积水外泄之征。晨起似觉松爽。

二官以今日动身到校,由烟客为挑行李,徒步而往,三十公里,走七八小时当可到达。汽车票难得,人力车价已涨至十一二元,遂决定步行也。

得佩弦信,言本年虽休假,工作亦殊繁忙云。

九月十日(星期二)

昨夜至今晨小便四次,体内积水大约皆已排出,松爽多矣。竟日晴明,为两旬以来所未有,山野沐阳光,眺望意至敞朗。

今日为武大发薪期,而余未接通知单,令三官往欣安所,托代为探问,十一时,欣安来言庶务组接校长条,余八月份之薪不复发给。此殊不合于理,学校聘书以九月始,则年度终了自应迄于八月也。余拟作一书严词质问校长,欣安云姑婉言之,但指明年度应至八月为终耳。即从其言,且看下文如何。

烟客以三时自夹江返,言昨日与二官步行甚疲,到校已六时矣。

下午四时接望道快信,甚欣然。书中言本学期任教于复旦,近研究文法,大有兴趣,嘱代为搜集有关文法之各种材料。余即命笔作复,告以近况,并请助余为义,以推进本省之国文教学。写来不觉甚长,颇感疲乏矣。

报载德炸伦敦,以飞机四千架,伦敦被摧毁甚重。

九月十一日(星期三)

上午作一书复子恺。午后作书复彬然、雪山。伏案便觉吃力,背部及两腿都酸。长此不生气力,如何是好。

今日买一鸡,苹果十余枚,往酬萧君绛先生。此次小病,酬谢三位医生已二十元,其他费用合计之,亦达五十元矣。

九月十二日(星期四)

开始作《精读指导举隅》,伏案约六小时,得千余言,犹是《前言》之一部分也。

得祥麟信,言渝开明办事处于上月二十日毁于敌人之燃烧弹。当时抢救货物,损失甚微。各书业同行皆于被炸后继续营业办公,祥麟亦租得陕西街一楼面支持下去。此种精神,殊可感动。西三街一屋,我家曾寓居其间半年,今又烧去,不无感怀。

傍晚得丏翁信。丏翁于其长子逝世后,每七诵经一种;方读过冯友兰之新著三种,以《新理学》为最好,其他两种皆有说教味;而今日向人说教,实为多事。从字里行间察其意兴,似尚不坏。又得佩弦一信,则商讨编书问题也。

九月十三日(星期五)

昨日作稿,夜眠即不甚酣。今日仍伏案,亦得千言。

午后有警报,徐太太偕其夫及弟媳来避。其弟媳为墨之旧同学沈嘉平女士,于是杂谈家常,语声鼎沸,皆操苏音。徐君盖接徐太太及汉城往重庆,今日方抵此者,沈女士则将往成都。历一小时许,警报解除乃去。

报载我方已将云南与安南接界处河口之铁桥拆断,安南方面与敌人交涉,颇有让步之势故也。

九月十五日(星期日)

续作稿,仍得千余言,墨为我缮写。

今日买米三斗,每斗价十四元二角,尚不够一个月之食用。下次再买,当又超此数,真感到生活之压迫矣。

一个月不饮酒,今日始买眉山酒一斤,饮两杯。酒价涨至九角,不能常饮矣。

九月十六日(星期一)

续作文稿,得千五百余言。

今日为中秋,杀一养了一年之鸡以为点缀。邻居数家互赠月饼水果,然物价贵,仅能表一点意思而已。

收向日葵,十余棵仅得子一升。庭前种植以南瓜收成最好,结了二十余个。玉蜀黍仅得十余穗,辣椒也结得不多也。

入夜,饮毕昨所沽酒。云层重叠,仅偶露月光耳。

九月十七日(星期二)

继续作稿,仍得千五百言,《前言》至此完毕,共八千言。明日始作《精读指导》之正文,拟取《泷冈阡表》而讲之。

三时,三官归,盖其校以星期三为休假日,便于武大同学于星期日往任课也。一星期不见,觉其面甚瘦削。问之无他患苦,殆以迟眠早起,饮食又不够营养耳。校中九时睡,五时起,如三官之年龄,睡眠犹嫌其少。至于营养不足,更是现时学校之一大问题,然所缴一学期之膳食费已至八十元矣。

九月廿一日(星期六)

今日停工一天,以资休息。饭后作书致佩弦,以墨所抄鲁迅之《药》附去,请其作精读指导。

昌群来,言决携眷回马边,三五日内即动身。谓此番回乡,将俟战事结束再携家东下矣。

接王校长复书,以已请新教员,八月份薪归新教员,不能再致送于余为言。此强词夺理也。余心愤愤,即草一书严词质问之。

前年避寇离苏,其日为九月廿一,迄今三足年矣。

九月廿二日(星期日)

自晨迄午后二时,得稿千二百言,觉精神已疲,不敢多作。作书复郭子杰,并附两笺,一与汤茂如,一与教育科学馆出纳室,请其将余之薪水汇来。

傍晚,徐汉城之父母邀余与墨在城内北平饭店聚餐。我们不给他们作饯,他们行者反而来请我们矣。徐君名熙文,字雪洲,今为军政部军用无线电总台总务课课长。籍余姚而居于苏州,余在中学时,恒见其与乃弟(即沈嘉平女士之夫)招摇过市,盖当时之时髦青年也,今则为干练之业务人才矣。座中除徐君与其婿两家外,又有军政部船舶所所长倪君一家。徐君人极豪爽,善于劝饮,而能饮者止余与倪君,于是三人饮皆甚多,殆在二斤以上。席散,徐与余皆醉。余言家有一坛酒,明日可共尝,徐亦言乐尝之。行至高北门,与墨乘车先行。到家,行步不能自主,倒身而卧,衣服皆墨为脱之。

九月廿三日(星期一)

晨醒犹有宿醒,胃部不舒,只得停工休息一日。

昨晚约徐君,今日自须为之作饯,墨与我母、满子遂动手弄菜。宰一公鸡,购一鸭,肉数斤,半天工夫,居然一一煮好。十二时后,徐君与其婿两家全体惠临。开雪舟赠余之一坛酒,酒颇浓。但徐昨醉且吐,今日酒意未消与余正同,故皆弗能多饮,各尽三杯而已。墨所治菜,大家均赞美,谓此是家乡风味,久未获尝矣。二时,徐君等去,谓明日或将成行,此别不知何时再会,各复依依。

九月廿四日(星期二)

上午作稿得千四百言。午后,东润来谈,言今日开系务会议讨论本学期课程,刘博平谓语言学即声韵学;以声韵学为语言学,乃教育部定名之误,此大可笑也。又谓刘对于彼多方表示排挤,彼自谓尚能忍之。东润去后,孟实来谈,彼方自南充经重庆到此也。

四时,偕墨与满子访徐雪洲,表送行之意。三官托人传言,将以明日归来。

九月廿五日(星期三)

今日作稿乃关于文法部分,下笔甚缓,仅得千言。有疟疾预感,晨午各服奎宁粉一包,不知能否挡住。

三官于午前回家,言曾发疟一次,今日复不爽健。为作一请假信,托同学带去,今日暂令留家。

多日未见报纸,今日得一份,则知法政府已向日屈服,日军已在海防上陆矣。此是局势一大变化,不知我方之对策如何,美英之态度又如何。

九月廿六日(星期四)

晨起服金鸡纳丸两粒,以防疟作;三官亦同服。上海寄来之盐酸奎宁粉已完,昨日又买丸子三十颗矣。

晨至晚未离书桌,作稿得千八百言,成绩最多,然身体疲困矣。

王抚五送来复书,以本年新聘教师均以八月起薪,旧教师他去者发薪均至七月止为言。这总算说明了原则,余亦不想再与他打笔墨官司矣。

通伯送来中秋两绝,文稿一篇(评施蛰存对于鲁迅小说《明天》之解释)。

临夜,饮酒两茶盏。开了一坛酒,送徐雪洲三瓶,送昌群、通伯各两瓶,所余已无多,大约可供半月饮耳。

九月廿七日(星期五)

晨起续作稿少许,觉《泷冈阡表》一文已讲完,即停止。

午后二时,访通伯。君曾见二十五日报纸,言安南境内法军与日军对抗作战,此与我为好消息也。又谈及林语堂,于其专事英语著作,投合美国人之好尚,君均致不满。君近读林所著英文小说《瞬息京华》,承以大概相告,则用笔如一般通俗小说,殊少价值也。

四时许,昌群来,言后日即携眷返马边。又承告近所闻之不好消息,余顿感甚深之怅惘。使其言而确,国家将不可为,我人非唯东归无日,且将不知死所矣。于昌群之归,更感惜别,因约其明日来寓小饮。

九月廿八日(星期六)

昨夜思文稿意有未尽,今赓续为之,迄于午后二时得千余言,遂真完篇。即封寄佩弦,请其审阅,并作一书寄之。邮资于今日始加增,平信八分,其他不悉记。生活费用色色高涨,唯邮资仍其旧,今则并邮资亦加增矣。

三官于饭后返校,小墨满子送之于沟儿口。两人归来言沟儿口之芦花洋洋大观,余拟于他日一观之。

四时,吴子馨来谈,言曾见今日之广播记录,德意日三国军事同盟已公布,其对象系为美国,此一大转变也。并言如此之后,中日战争乃与欧战合流,于我为有利。余未能远瞩,唯愿其言不虚耳。

昌群来,以卧床、书桌、木凳等物寄存余处。名曰寄存,何日再来取用殊不可知,等于赠送耳。留之饮,以叙别意。君言他日或时局转坏,将迎我们至马边居住,又言马边有事可为,如小墨学农产制造,亦可到彼小试。余不愿其言之果践,然其情可感甚矣。君醉,小睡有顷,即往刘弘度家宿焉。

九月廿九日(星期日)

晨,昌群从刘家下来,与余为别。此后是否得再见,殊不可料。彼以明日动身矣。

久未与仲华通信,今日不作文,作一书寄之,并请其在香港代买金鸡纳粉寄来。又作书致丏、伯、洗、村、调及红蕉,编蜀沪第四十二号,语多感慨。饭后,作书复祥麟,并附一信寄仰之。我家既得昌群之木器,即动手布置。将吃饭桌移至正间下首,而以昌群之书桌置下首一间之窗前,供墨与满子写字或缝衣。

九月三十日(星期一)

观最近三天报纸,消息颇不坏。美国近以二千五百万美元贷与我国,议定以我国之钨售与美国为抵。因此法币地位转见巩固,人心颇为振奋。此一事也。以德意日三国之缔结同盟,美国态度愈益坚强鲜明,对日本决不让步。此二事也。日军虽侵入安南,而安南已得美国之保证,决与以援助。此三事也。一般评论,均认德意日之同盟益使英美接近,在德日仅以鼓励民气,无裨实际,而日本尤将受此同盟之牵累。此四事也。

饭后,作书复雪舟及贾祖璋、钱畊莘。回来接佩弦信,允以十一月作完精读指导数篇,与余所作一并交卷。

十月(选录二十二日)

十月一日(星期二)

应佩弦嘱,思作一文投《国文月刊》,言白话文用文言调之不妥。翻阅手头所有之书本杂志找取例子,至午后三时,所得亦无多。《精读指导》之第二篇,决用徐志摩之《我所知道的康桥》,遂自抄之。篇幅甚长,抄半篇而止。

物价又飞涨,米每斗至十六元,油每斤至一元九,蓝布每尺至三元。墨以余与小墨之丝绵袍交缝工做,缝价每件为十四元,亦骇人听闻也。丝绵袍之面子系红蕉送我们之美亚绸,丝绵系前此买入者。若以时价计,一件之材料将在百元以上矣。

十月二日(星期三)

续抄徐志摩文,毕。作书复佩弦。

午后入城寄信,乘便访苏雪林闲谈,向之借胡适《白话文学史》,以便将其中《南北朝民歌》抄寄佩弦,为《精读指导》之材料之一。经公园,见今日之广播新闻,滇缅公路殆可开放,美将考虑禁止日丝入口。此为英国美国对于日本加入三国同盟之答复,于我当然至有利也。

傍晚得开明诸友三十四号信,皆甚长,杂谈各方面。久不得他们之信,得之喜甚。洗翁将余存开明之款划一千元至成都。手头有备,可聊解窘困。

夜,为二官抄《愚溪诗序》一篇。二官无国文课本,买既不易,且需三元以上,因与墨逐篇抄出寄与。

十月五日(星期六)

精神不好,又被警报耽搁了两点多钟,作稿仅得六百言耳。

今日又买米一斗,涨至十九元二角矣。灯下聚谈家庭经济情况。开销益大,收入有限,即吃食一项,已不能与收入相抵。墨因主张辞去烟客,小墨不以为然,谓如是则母亲将更为劳苦。烟客工资八元,其膳食以时值计,在三十元以外,共计四十元,占余收入之五分之一矣。

十月八日(星期二)

天气晴明而无警报,执笔至午后三时,已得千六百言。遂作两笺,复丐翁调孚,且待复他人书写毕一同寄发。

今日向烟客说明,我家拟节省不再用人,本月工钱满了即解雇。此人甚诚实,我们与他感情甚好,颇有不舍之情,解雇诚不得已也。

三官以三时回来,精神似比上次回来为佳。云校中须补交膳费八十元,合前交之八十元,一学期一百六十元矣。与二官之膳费合计,即为三百元,如何得了。

十月九日(星期三)

今日暂辍精读指导之写作,拟写《关于大学一年级国文》一文,下笔亦不顺,得五百余言即停笔。

夜饭后,忽闻二官在门外呼唤,盖徒步归来,从上午十时动身者。明日是"双十节",后日是其校建校纪念日,故回来看看。长途八十里,足力疲甚矣。细说校中家中一月来事,话谈得甚久。其校自易长以来,所有教师全部更换,据称都比上学期强,此差可慰也。

十月十日(星期四)

阴雨竟日。晨起即续作昨所为文,迄于下午五时,得千五百言。腰背酸痛,亦只有不去管他。

接上海所寄书一包,内共冯友兰之《新理学》《新世训》各一册,《文学集林》第四期一册,振铎所赠《版画史》样本一册。书系平寄,不满两个月即达,殊不慢也。邮局之服务精神令人感激。灯下翻阅《新理学》。

十月十二日(星期六)

续作文字,至午后四时得千五百言,全篇完毕。墨逐日为我缮写,明日可寄与《教育通讯》社矣。午后有警报,我国飞机有二十架光景飞过,殆自成都南飞避敌机者。历两时余而解除。

阅报,知英国决于本月十七日重行开放滇缅路。美国对日益不客气,而日亦有不怕一战之表示,或者美国真将与日一战也。

十月十三日(星期日)

晨起作书致伯、村、洗三翁,并前写致丐、调者同封,编蜀沪第四十三号付邮。又寄致陈礼江信,复马文珍信。

蓝君为买米一石,价百八十二元半。尚有一石,价已付而米须后至。墨谓有此两石,可吃到明年三四月间矣。

昨日成都又被炸,传言受灾甚重,不悉其详。

十月十四日(星期一)

二官以清晨离家到校,一同学来邀之,谓可得汽车票,然未必;若竟不可得,仍以徒步往耳。

钱被二官取去补交膳费,手头已无钱。唯母亲在银行尚存有二百元耳,因入城,取其一百元应用。

下午取《新理学》《新世训》二书观之,颇不错。有些意思余亦想过,不过说不出或说不透,冯君说得出且说得透耳。

傍晚与墨出外闲行。于学校膳费如此之贵,二官三官又不可不入学,墨想得一解决办法,即移居夹江,令三官转入省立乐中,与二官皆回家吃饭,"添客不添菜",两人一学期之所耗必不至三百元也。此说余极赞同,我们本无住乐山之必要,学校所在地杜公场殊清旷,且可见峨嵋,余亦爱之。只搬动稍稍麻烦耳。其事殆将于本学期终了后行之,且令二官留心有无适当房屋耳。

十月十五日(星期二)

晨起续作阅读指导稿,间断了数日,手生荆棘,到下午四时,只写得千二百言。得佩弦信,专述看了我稿之意见,大体上均表满意,提出一二点商量处,皆无关重要。切磋之乐,余素鲜尝,今乃得之于佩弦,快甚。

有一种植物之块茎曰"地瓜",我江苏所无,川中与湘鄂皆有之,不知他省亦有否。其形如番薯,剥其皮,内洁白,可生食,亦可炒菜。自入川以来,儿辈皆喜食之。余觉其有一种生腥气,不欲入口。近来各种果品皆昂贵,不敢问津。一日，满子切地瓜一片请余试尝。余不顾其生腥气而尝之，觉水分甚多，且颇甜。第二回再食，且不复甚觉其生腥气焉。于是常常食之，以为水果之"代用品"矣。

傍晚，作一信致郭子杰，请其嘱出纳室速将薪水汇来。

十月十六日（星期三）

晨有浓雾，既而放晴。已入"雾季"矣。

伏案竟日，仍不过得千二百言。墨正制各人之鞋子，余即自将所写稿誊清。

得来信四通。徐雪洲告到渝近况。章雪舟告已将上海汇余之千元存于冯月樵处。刘仰之告商务印书馆白象街馆址被炸，今已重建。其所居复兴观巷房屋亦毁，一切器物同殉。此屋我们初到重庆时曾寓居半月者也。昌群告返乡后患痢，尚未愈，蛰居乡中殊不耐，过一二月即当来嘉云。

十月十七日（星期四）

晨起作稿，至午得千字，《我所知道的康桥》一文至此已讲毕。午后作书复佩弦，并将所成稿寄与，自己入城交邮，在城内闲行一周。天容暗淡，风来萧然，殊无佳趣。

十月十九日（星期六）

今日起，取蒋委员长《第二期抗战开端告国民书》为教材，作第三篇讲解。下笔殊滞钝，午后一时不思再写，乃过竹公溪，访东润十其新居。

东润示余以《木芙蓉歌》，富于词藻，余所不能为也。其所居窗外有木芙蓉两树，高出屋面，开花甚繁，朵大，初开者白色，渐转淡红而后深红，绝艳。江浙所见者皆高及短垣，无此大本也。少坐，偕出闲行，至徐家埗，登渡船逆流而上，至于沟儿口。小墨前谓其地芦花弥望，今已吹散大半，不复成片。东润就近察之，谓非芦而为荻，其茎尤细者并荻而非是，其乡所谓"红草"也。在小茶馆吃茶，闲谈甚适。五时，仍买渡过江。

到家，适孟实来招饮酒，即随之返其寓。又有通伯、人椽两位同饮。通伯告我今日是孟实生日，入椽知孟实有三十年陈白兰地一瓶，请其开来同祝长寿云。酒菜由人椽自提食器，从城中买来，小食数色而已。酒确芳烈，余饮三茶杯。酒后，闲谈至九时而归。

十月二十日（星期日）

晨起作稿，至于下午五时，仅得千余字。得佩弦信。又得教育馆事务组信，嘱携印章去领薪，似并未接到余前托子杰转去之信。馆中殆颇有衙门习气，因再作一书，托其汇来。

雪舟所赠酒一坛，今夜饮毕，以后可以"止酒"矣。

十月廿二日（星期二）

自晨及午后四时，作稿得千五百言。

三官自校返，因天雨，泥浆沾衣裤。墨为洗濯，易水四盆始已。秋来多雨，昨今两日几乎昼夜不停点，令人厌闷。

十月廿四日（星期四）

今日放晴，甚为难得。自晨迄下午四时，仍得千六百言。三官以饭后到校。得祥麟信，言其办事处又移至保安路矣。又得桂林开明寄来《中学生》数册，《国文月刊》一册。

烟客以今日去。彼在我家工作十有三月，诚朴谨饬，大家满意，辞去之时不免怅怅。于是买菜、扫地、烧火、劈柴，均须由自己几个人分任之矣。

十月廿五日（星期五）

续作文稿八百言，"告国民书"即解说完毕，俟墨为余誊写后又可寄与佩弦看矣。伤风甚重，有发热之势。下午不复作文，唯作书四通，寄昌群、雪舟、云彬、彬然耳。

收到雪舟划来之款二百元，聊润枯囊。然付三官膳费并归回借欠，所剩亦无多矣。

十月廿六（星期六）

昨服阿斯匹灵而未得汗，今日头昏脑胀鼻塞依然。

开始作一文投《中学生》，亦谈国文方面问题，得千六百言。此殆是余之标准产量也。

天气甚好，午刻有警报，且传紧急，我国飞机近十架往下游飞避，殆仍炸成都。历两点钟而解除。

十月廿八日（星期一）

墨劝余休息一日，遂不亲笔墨。闲倚半日，看杂书，果不如前数日之疲惫。午后三时，将所成稿寄与佩弦。剪发，价已涨至七角。余向剪光头，战前止两角而已。

十月廿九日（星期二）

晨七时半坐下来，至下午四时，得二千四百言，可谓最顺利之日矣。

闻通伯之母夫人病危，脉息几于无有。本是衰老之身，殆无外感，自然机能坏耳。如果不讳，异乡客地，颇多为难之处。余亦同有老母，唯冀其身体常保佳健，得安然东返也。

阅报纸，知德国又唆使西班牙与法国参战。西已允之，法则名义上不参战，而其一切均归德国利用，事实上已是参战矣。英德互炸益臻激烈。美国准备亦益积极。我国战事无甚变化。

成都薪水尚未汇来，而余囊又将罄，殊可焦虑。

十月三十日（星期三）

伤风轻复重，作稿千四百言而止。得昌群信，言暂不出来，明年拟入东北大学。其县所办中学，暂由君主持，谓小墨毕业后若无去处，可到彼为教师。又言邻县屏山有私立初中一所将成立，若余愿为校长，彼可介绍。昌群与余，情殊殷挚，可感也。

得佩弦信，及其所作《药》之解说稿。读之一快。

今日阴历九月底，为余生日。杀鸭一头，买肉斤半，大家吃面。小墨满子为余沽大曲一瓶，傍晚饮半杯。灯下作书复佩弦。

十月卅一日（星期四）

竟日作稿，又得最高记录，约成二千五百言，背部酸痛甚。得佩弦信，补充其文稿。此公作文向不马虎，谓待余寄还后还得修改。

读报，知意大利已与希腊宣战，巴尔干战事爆发，欧战益扩大矣。我国桂南大捷，攻克龙州，进攻南宁，已迫近城郊。此好消息也。

十一月（选录二十七日）

十一月一日（星期五）

身体疲惫已极，勉强将前所作文字续上千余言，暂告一段落，待以后续写，总题为《国文随谈》，拟请彬然连载于《中学生》。午后假卧竹榻，借作小休。

银行送来通知单，成都薪金居然寄来矣。计八、九、十三个月，共六百七十余元，还了借欠，尚有百数十元可用也。

满子往一家毛线厂承揽编织衣物，居然成功，携毛线三磅以归。于是墨与满子皆动针指。每织毛线一两，工资二角云。武大教师之夫人颇有业此者，亦见薪水阶级之窘况矣。

灯下，余仍休卧，墨与满子作生活，至八时半始睡。

十一月二日（星期六）

接子杰、茂如信。茂如长实验中学，邀余往商国文课程。又接彬然信，彼在桂省编中学国文教本，邀余帮忙，且须快速。余手头工作正多，身体又不好，如何能赶工乎！饭后即作书复茂如、佩弦、昌群及彬然，将所作文附寄彬然。

十一月三日（星期日）

晨入城寄信。阳光满街，居然得汗。回家后，将《我所知道的康桥》之解说修订一遍。

饭后，东润来邀作野行。携杖偕出，沿竹公溪而北。至一处，溪曲折过小滩，流水有声。上横石桥，即坐桥面小憩。东润谓柳子厚《永州八记》所记景物，大致不过如此，子厚过称之，遂若真为了不起之胜境耳。过桥循乐西公路行，茗于路旁一小茶店。谈战局、人生、武大逸事，均有趣。四时半归。

得上海三十五号信，唯伯祥、调孚执笔；又得元善信。

十一月六日（星期三）

上午看《战国策》杂志。

昌群前托买西药数种，嘱由邮局寄与。遂将药品缝一包裹，午后入城交邮而归。

小墨满子前为余买大曲一瓶,今日饮尽。

十一月七日(星期四)

昨夜半醒,忽觉身如在江海舟中,历三四秒钟而止,知是地震。上午作书复伯祥、调孚,并致一书与红蕉,皆杂谈近况而已。

天气转寒,午后倦甚,大打呵欠,乃糊纸窗为遣。前面左右两间窗上俱易新纸,殊觉可爱。

十一月八日(星期五)

上午将《泷冈阡表》之解说略事修改,作为定稿。

午后,孟实来,谓已得消息,罗斯福破美国旧例,当选为第三任连任总统。传宜昌、广州均大火,似敌人有撤退模样;皆可喜之消息也。孟实以所作《诗学通论》稿示余,当细读之。

十一月九日(星期六)

读孟实《诗学通论》,迄于傍晚。得佩弦信与明片凡四通,皆校改其稿者,可谓审慎之至。谓其夫人已生产,得女子,正如其夫人所望云。

自出沽大曲,已涨至每斤四元,只得买半斤以归。又买毛茶,每斤三元七,二元仅得九两耳。夜饭前饮酒两小杯。

十一月十日(星期日)

上午续看孟实《诗学通论》。

午后得仲华及昌群信。仲华仍在《星岛日报》为编辑,论世界局势,谓英美与德意日两阵营必将大战一场,而后可以得究竟。我国于此时机,欲善为利用,亦非易事。仲华为余买金鸡纳粉四盎司,交由中航公司寄杨兆蕃,想不日可到。

昌群又想于明年往东北大学任教,又想即在马边住下去,意殊不定,甚感困惑也。

十一月十一日(星期一)

晨为昌群入城取款,即交银行汇至马边。回来看孟实稿毕,说理颇精,而嫌其简略。

饭后再入城,昌群又托购物,为交邮寄去。买土耳其式皮帽一顶,价十三元。去年余戴瓜皮小帽,似与同类诸人不相协调。而铜盆式呢帽贵至六七十元,实在买不起,故折衷而买土耳其式皮帽也。

得上海寄来金鸡纳粉半两。又得教育通讯社寄来稿费,仅十五元,不知何以此次特别少也。

十一月十二日(星期二)

晨作书致丐尊,合前数日所作书一同封寄,编蜀沪四十四号。又作一书复仲华。

余欲至成都,小墨之同学李光普君代往公路周登记。车票已涨至三十四元有余,来回一趟即需七十元,真不胜负担矣。

十一月十四日(星期四)

晨与满子往菜市买得一鱼,重二斤三两,每两价一角,共三元五角。日来鱼多,故价较"相因"也。

阴云满天,殊感惨凄。偶闻雁声,颇尝清真句"云深无雁影"之妙。

余将于明日动身。夜,小墨满子为余打铺盖。

十一月十五日(星期五)

晨起绝早,食已,辞别母亲与墨往汽车站,小墨为余拿铺盖。李君在站相候。七点半买票,八点半开车。站员之迟钝玩忽,乘客之无谓争谈,均使余愤愤。车烧木炭,一路抛锚,加水,摇机关,乘客路人相助推动,殆不下十次。直至夜九时始到成都。余腰酸头胀,困惫已极。

乘人力车抵开明办事处,欢然与雪舟诸人会见。办事处堆货甚多,不能留宿,雪舟已为余接洽,在冯月樵店中楼上治一室,供余下榻。遂随雪舟至祠堂街,在小食店进食后至冯君店中。冯谈所闻川省政局,谓前途障碍尚多,抑平物价难有希望云云。雪舟去,余方就睡,小室尚窝逸也。

十一月十六日(星期六)

晨起作书寄墨。早饭后乘车出东门,访佩弦于宋公桥报恩寺。车行四十分钟光景而达。佩弦所赁屋简陋殊甚,系寺中草草修建以租于避难者也。其夫人产后尚未起床,儿女均在学校,佩弦管理家务似颇耐烦。杂谈无条理,而颇慰数年来阔别之怀。午刻开瓶尝灊酒，不下于茅台。吃云南带来之罐装火腿，久不尝矣，亦一大快。二时，偕访望江楼，余前两次来成都皆未游览。其处布置竹树房屋，雅整朴素。楼数座，下望锦江，而对岸为市屋，殊无旷远之致。薛涛井乃一口井而已，联语诗石均平平之作。在楼上坐片时，静寂之趣，足以欣赏。旋缓步入城，历一时而至春熙路，访商务张翰屏君，为通伯、子馨代购书，遂与佩弦别。

至办事处，与雪舟共饮。酒价涨至每坛六十元矣。开明新出吕思勉氏之通史，余购一册就灯下翻看。九时返冯君所。

十一月十七日（星期日）

晨餐后，出南门访郭子杰，坐谈半时。郭谓将乘汽车至崇义桥赴宴，要否附车访颉刚，余欣然。遂登车，行约一时半至崇义桥，余独坐鸡公车向赖家院。及至，知颉刚全家外出，研究所数人前曾相识，与余招呼。

闻钱宾四君在研究所为导师，请与相见。钱君学问深邃，读其书而未识其人，初见印象极佳，笃实君子也。君家苏州，谈苏州沦陷后情况。又谓抗战以来，旧秩序破坏，人心皆转变，而转变之倾向颇不妙，将来如何恢复，此大成问题也。又知伯寅先生今亦在所中，办文牍，兼点《明史》。

午刻进餐，知此机关已经常吃素，每月吃肉三次，膳费已在三十元以上矣。饭后，余独行田野，候颉刚之归。

三时许，伯寅先生先归，一见即告余抗战以来吟诗甚多，积七百余首，赠余油印本一册。先生精神矍铄，犹如往昔。诗多平浅，然忠贞之心溢于言表，至可钦佩。命余作序，余敬诺之。

四时后，颉刚与了杰同来，盖相遇于被邀请之人家者。颉刚留余宿一宵，余遂与颉刚送子杰至崇义桥而别。我两人饭于小饭店，然后徐步而归。月虽未出，天光微明，田岸尚能行走。闻颉刚夫人病已愈，瘠瘦程度亦略减矣。九时就睡，即在伯寅先生室中。伯寅先生详述其逃难经过，及前为督学时之经验，滔滔不休。及入梦，殆已十二时过矣。

十一月十八日（星期一）

晨起，吃粥。八时，研究所导师孙次舟君演讲，余旁听之。讲研究古铜器之基本知识,分文字、器形、花纹三点述说,无多精彩。

十一时,与颉刚至崇义桥华美女中,颉刚应其校长范希纯女士之招宴。余则从子杰之嘱,顺便往视其校之国文教学。到达已饭时,即进餐。饭后无国文课,仅取高初各一班之作文本阅之。晤国文教师二人,聆其谈论,似于国文科之目标未能了然,与一般教师同。

两点半离华美,与颉刚同进城,仍乘鸡公车,不向北门而向西门,一路有竹树溪流,颇有趣。行二时半而进城,改乘人力车抵不醉无归小酒家,盖雪舟、月樵招宴也。后至者为佩弦、程受百、夏承法、子杰、袁白坚、吴涵真、戴运轨。子杰少坐即去,嘱余因往崇宁之便,至沿途数县观中学数处,此行殆须十数日矣。小酒家治菜甚精,一席之费殆须百元以上。席间谈甚畅,八时半散。颉刚宿雪舟所。

十一月十九日(星期二)

晨餐后乘车至茶店子,找到教育科学馆疏散新址,晤张云波及前次识面之诸同事。张为第二组之主任,第二组者,专管各科教学者也。汤茂如虽仍为副馆长,不常到馆,而常在华阳中学。曾闻颉刚说起,汤君与郭君不甚融洽云。邀王范群君同往图书馆借各种国义选本,预备带到华阳中学去。又向出纳员领薪,知自十月份起薪水不再打折扣,又可得津贴四十五元,于是每月可实得二百九十元有零,聊可慰耳。

遂入城,吃鸡汤面与糖红苕以代午餐。在寓楼休息一时许,至雪舟所闲坐,五时半饮酒。

十一月二十日(星期三)

晨作一书寄墨。步行至春熙路,食糖红苕及红苕饼,甜得彻底,颇满意。

乘车至佩弦所,观其所作《古典常谈》稿数篇。杂谈一切,甚觉惬心。佩买花生一堆,出其葡萄所泡大曲,余饮三小杯。四时半,同入城,且行且谈,不觉其远。至雪舟所,六时,共饮绍酒,甚畅适。

教厅送来旅费两百元,为视察之用。

十一月廿一日(星期四)

晨六时半起,洗脸,进油条豆浆,即携行李离开明。雇车至崇宁,价十元半。

出西门,晓雾弥空。前闻成都郊外时有抢劫,见此大雾,不免担心。在雾中行,寒甚,霜染衣履如细毛,眉尽沾湿。至茶店子,向王范群取所借书。及至郫县,雾消日出。在茶馆喝茶少息,再行,至安德铺,不复走成灌路,向北行十二里而至崇宁。

崇宁产米煤,一路见运米运煤者甚众。华阳中学在北门外城隍庙,到达时为午后二时。汤君相见,欣然握手。晤教务长唐世芳君。少坐,汤君导观全校。是庙颇大,所用木材皆楠木,疏散而得此校舍,亦可慰矣。二十四至二十六日,校中将开三十六周年纪念会,师生布置准备,正形忙碌。

五时十分晚餐。六时全校教师开会,余亦参加。讨论者为六年一贯制中学之各科时间支配问题,皆能发抒意见,不似他处开会之枯燥,从知汤君本学期所聘教师之得人。九时散,犹未有结论,准备再分组讨论。

余宿唐君之榻,唐君返其家。室在大殿之右侧,与刘振羽君同室。刘君为馆中同事,精于数理化,本月来此帮忙,为即将毕业之学生补课。

十一月廿二日(星期五)

晨五时半起。早餐后请汤君写一介绍书,至省立成都女子职业学校视察。校在城内文庙东侧,屋系新建,虽简单,尚清爽。校长罗仿兰女士。见面后余即往观上国文课。观卢君雄女士上两课,许怀德先生上一课。十一时出校,在公园喝茶休息。至市中进甜食为午餐。再至女职校,观作文本二十余本,然后归华阳校。

三时开课程小组会,余为召集人,与会者国文教师唐世芳、庄维石、席大年三先生,史地教师胡慧雨先生。谈两小时,尚未达应得结果之半。明日因校中筹备纪念会,不复能开会。小组会毕,又须开全体会。如是一耽搁,费时日至多矣。

饭后与刘君、陈廷瑄君(亦馆中同事,今日来此)同出散步,至公园。归途经汤君家,入内小坐。汤君谈从前收藏古董,颇成嗜好,所藏皆在北平,言下慨然。坐约半小时归。

出门以后,至今犹未得墨一信。大约是邮递延搁,家中谅皆安好。

闻汤君、刘君谈,安德铺附近近发现类似红枪会之迷信组织,县长率人捕之,居然拒捕。有二人持手枪外,余皆执棍棒。结果捕获数人,尚在鞫讯。闻其中有汉奸煽动,志在攻城。若他处亦有类似之组织,殊为隐忧。

十一月廿三日(星期六)

晨八时后与刘、陈二君同至私立济川中学崇宁分校。校长黄蜀钟先生,未晤。晤教务长董玉阶先生,教国文者也。刘、陈二君先走,余观董先生授课二小时,并观作文本数本,然后返华阳。

饭后独至北极桥喝茶。桥甚长,上有屋顶,桥下水流冲激有声,洪水之际,其势当更宏大。观吕思勉《中国通史》二章,意甚适。三时返,刘、陈二君先生,谓明日华阳开成立纪念会,我侪作客,似宜送礼,余以为然。遂合买纸联一副,由余写篆书,句曰:"自强不息,其命唯新"。盖华阳由叙属联立旅省中学改设,故明日之会,亦叙属联立旅省中学之三十六周年纪念也。

五时,校中毕业班宴请全校教师,余等适在此作客,亦被邀。菜由学生自制,颇佳,饱餐一顿。七时,毕业同学邀开座谈会,汤、唐二君以外,刘、陈二君与余皆说话。余谈国文学习之要,约半小时。散会后与刘、陈二君谈一时许,虽初交,意颇融洽。十时睡。

墨书仍不至,深念家中。

十一月廿四日(星期日)

晨起仍绝早,残月在天。

校中教师学生皆忙甚,布置整理,预备开会。八时半与刘、陈二君在北极桥旁喝茶闲谈。十时回校,客渐渐至,如人家办喜事然。既而子杰与民政厅长胡君及二三士绅自成都来。饭后一时开会,听各人演说,皆平平,唯一卢姓老先生(字子鹤)较有意思。此校之前身叙属旅省联中,系张烈五数人所创办。张为同盟会员,川中谋革命之主动者,光复后为川省副都督,民国四年为袁世凯枪杀于北京。据云其人品格甚高,办事有手腕,苟其人不死,川中三十年来之局面必将改观云。三时半散会。

接小墨一信,知前此尚有一信,殆已遗失矣。小墨言彼将毕业,就事必须离嘉他往,而余又常须到成都,不如迁居成都,觅学校相近处居之,则二官三官均可走读。余以其意为然。灯下作一书寄墨,告以余表同意。又作一书寄雪舟,托渠与冯月樵二人代余觅房子,若须搬动,殆在寒假以内。余怕麻烦,然亦不得不麻烦一番。小墨信中附来云彬、祖璋信各一通。

有魏兆铭君来访,女职中史地教员也,自言好文学,谈半时而去。八时传言有匪警,全校不免恐慌。余适以冬令往来数县,实有可虑,亦唯有不去管他耳。(后闻是神会,与安德铺附近之组织相类。)

十一月廿五日(星期一)

晨仍早起,连日晴明,今乃阴雨。校中本定下午演剧,遂延期。

九时半至唐世芳先生家中,讨论课程问题,及午未得结束,须明日续谈。唐先生留饭,治馔甚丰,饮米酒,余饮最多。

二时回校中,汤君嘱向全校学生讲演,题为《学习国文之方法》。先讲一点二十分钟,休息一刻,续讲一点钟。久不大声说话,微感吃力。

晚饭后教育厅电教处派人来放电影。余往观之。凡三卷,《淞沪前线》《荷属东印度巴里岛》《鲑鱼》,皆从前看过者。

得雪舟快信,转来教厅聘余为视察员之聘书一件,又二官致余书一通。二官谓六个星期后即放学回家。

十一月廿六日(星期二)

上午与汤、唐、刘、陈诸君讨论学校训导问题。陈君在美国专攻职业指导及导师制度,故讨论以陈君为中心人物。余觉训导问题不宜过于琐碎求之。表格繁多,导师填表之不暇,欲求直接有益于学生未免时力不足。而尤为根本者,厥唯教师对教育有热诚,有认识。今之教师,类多不足以语此。此非今人特别不要好,盖亦时势与环境使然。

饭后,校中开游艺会,我们之讨论遂弗克继续。余以来此已六日,闲坐时多,正当商讨时少,不欲再留,拟即动身往彭县视察。校工遂为余往南门雇人力车,刘、席二君陪余茗于北极桥旁候之。久久,校工返,言无人力车。余言鸡公车亦可。及雇定鸡公车已届三时。刘、席二君言恐不克于天黑前到达,余遂不敢径行,仍返校。

往操场观游艺会,节目为话剧《林中口哨》、理化幻术及黑人舞。夜间仍有电影。晚饭后与刘、陈二君入城散步,观电影者倾城空巷,拥挤不堪。及回校,而观众已自校中涌出。探之,知游艺台因站人太多而坍塌,电影机损坏矣。并未伤人,犹为幸事。

有一三年级学生将昨日余之讲辞记下,嘱余修改。其稿在二千言以上,就油灯下改之。余之口音学生未能完全听懂,文字技能亦差,故错误处不通处颇多。改其三分之二,倦甚,停笔就寝,已十时矣。前昨两夜皆与刘君长谈,入睡均在十二时后。

十一月廿七日(星期三)

晨起将昨日学生之文改毕。九时,汤君招宴于城内菜馆。同座者电教处数人,省立戏剧音乐学校教师来助开游艺会者二人。

饮食毕,余遂坐鸡公车动身。三十里路,车价四元。车路殊不平,若坐人力车,颠簸当不可耐。离崇宁城五里,路左见"君平公园",严君平之遗迹也,不知是坟墓还是读书处。一路皆见竹树。车运肩挑者多木炭与猪。

车行约二时半抵彭县城。往于东街湔江宾馆。原为一道观,房屋整洁,殊满意。房间价一元八,在今日可谓廉甚。即作一书寄墨。见另一旅馆附设浴室,往洗澡。浴毕竟体舒快。入一酒肆,饮大曲一杯,食面以代晚餐。食已,闲行南街北街。北街多大店铺,规模胜于乐山。有电灯,亦较乐山之电灯明亮。灯下记日记,写一信寄二官。

十一月廿八日(星期四)

晨早起,出北门,观省立成都女子中学彭县分校,盖疏散来此者。校在龙兴禅院,寺址颇广大,有一塔,建于梁时,半座已圮,斜切而下,已不成塔形。入民国后又坍一次。校长胡淑光女士后至。憩于办公室,各教师均集此室,盖天王殿也。八至九时,观宋清如女士教初三下期,讲现代文学略况。九至十时,观梁桢女士教初一,讲《为学》一文。十至十一时,观徐仁甫先生教高三下期,讲文学史。宋、梁二女士皆外省来者。余觉外省来者教法皆较好。

十一时离校,入城至南街,饮酒一杯,吃抄手水饺为午食。返旅馆休息片时,往小北街观彭县初中女子部。路经公园,有假山池亭,颇不错。初中校长游育经先生,未晤。教务主任蓝世泰先生后至。一至二时,观吴世澄先生教二年级下期,讲东坡《范增论》。课毕,与吴略谈教法。与蓝君订明日往观男生部之约。又观作文本四五册而后出。

再至省女中。三时,为全体学生讲演,题为《学国文之目的》。学生四五百人,不得不大声,讲一点半钟,颇吃力矣。讲毕,学生皆持纪念册来请题字。其不备纪念册者亦以单张纸来。胡校长为解围,谓高中初中两班将毕业者有此权利,其他则不准。然犹有乘间将纸或册子凑上来者。胡校长留饭。饭后再写,共写一百余本,手指已酸,只得溜出。其未得者皆有愠色。

高中三下有学生刘素卿者,上虞人,与满子同学,与余颇有他乡遇故之感。及余辞出,以一书嘱交满子。今日在省立女中时多,虽颇吃力,实感欣慰。返旅馆,看携回之省女中作文本十余本。

十一月廿九日(星期五)

清早出南门,访县中男生部,走错了路,问两位村老,始知其处。两村老皆殷勤导引,且为指点,纯朴之风令人心感。

校在普照寺,柏树茂密成林,房屋颇精洁,有花木,实为难得之居处。寺于清光绪末年即改为学校,已无佛像,寺产归学校,今归县政府。晤蓝世泰先生,导观国文课。八至九时,观邓平先生上初一上期课,讲曾子固《越州赵公救菑记》。九至十时,观张永宽先生上初二下期课,讲陶渊明《归去来辞》。十至十一时,观刘见心先生上初三下期课,讲郑康成《戒子书》。三人均是逐句讲解,而刘最为清澈。刘年龄较大,殆非学校出身,而声音态度均较邓、张为胜。十一时后观全校一周,携作文本十四本辞出。

返城,独酌一杯,食面为餐。遂至小南街华英女中,此校亦自成都疏散来此者。晤校长郑元英女士。又晤周自新君,馆中同事也,今在此暂教国文。又晤余君(粤人),燕京毕业生,今夏访颉刚时曾遇之,亦教国文。二至三时,观杨行之先生(郫县人)授高三年级《国学常识》,自编讲义,逐句讲之。

三时,校长嘱余为全校学生讲演。余讲有关写作方面的话凡七十分钟,并不甚吃力。讲毕,周君言有少数学生嘱书签名册。遂往余君房间书之,未为其他学生所见,幸而不复如昨之困顿。书毕归旅馆少休。六时,杨、周、余及余君之夫人孙女士(在省女中教英文)来访,携带大曲,邀出小叙。遂至南街一小面馆,五人共尽酒十两,食面而散,意各欣然。灯下作一书寄墨,又将县中作文本看毕,然后睡。

十一月三十日(星期六)

晨至私立福建旅彭女子中学。晤校长王峙生先生。八至九时,观刘天祥先生教二年级,教材为任鸿隽之《说合理的意思》。语体文也是一句句的讲,实觉无谓。九至十时,观陈静轩先生教三年级,教材为《赤壁赋》。陈兼教英文,似于文学组织了解较透,虽亦逐句讲解,而颇为清澈。十时后观作文本数册即辞出。该校校址原为福建会馆。自张献忠屠蜀以后,闽广人移居来川者颇众,皆设会馆,其子孙今皆为川人矣。

至旅馆取行李,出西门,雇一鸡公车,价三元。先饱餐一顿,然后动身。晴空无云,阳光满身,眺望竹木远山,意颇畅适。午后二时抵崇宁华阳中学,与诸君相见。三时,校中续开训导会议,汤君邀余参加,旁坐两小时而已。晚饭后与汤、唐二君谈课程钟点支配,历二小时,居然告一段落。得此,即可以草拟六年一贯中学之课程标准矣。

刘君振羽昨回成都,今日未来,与陈君对榻而眠。

十二月(选录二十四日)

十二月一日(星期日)

晨起,将昨夜所谈时间支配加上说明三五条,交于唐君,请渠整理,然后送往馆中。

女职校罗仿兰校长来访,邀于明日至其校演说。辞以不拟再留崇宁,约定明年来时必不推辞。十时遂辞汤、唐、陈三君,乘人力车离校。据车夫言,由崇至灌凡五十五里。出西门,行约一时而抵成灌公路。日光淡薄,远山模糊,然竹树无枯凋之象,亦不觉其萧索。

午后二时抵灌,付车资八元。住凌云旅馆。房间较大,而用具之整洁,茶房之伺应,皆不如彭县之湔江。房价二元八角六。洗面饮水毕,少坐,即出城至离堆公园四川水利局访元羲,因元羲曾言以今日来灌,在此局服务。局在伏龙观,传系李冰父子降伏孽龙处。庙亦壮大,而不逮显英庙(即二王庙,去夏曾游焉)。局无传达处,有六七职员在唱京戏,胡琴锣鼓声喧。就询章元羲,言不知。因回旅馆作一书付邮,托局长转交,谅必能达。若能晤面破寂,亦一乐也。

灌县系富庶之县,而街市之整洁,店铺之设备,皆不及彭县。于路次遇中学生二,就询此间中等学校有几,及其所在地。承告有县中男女生部,男部在附郭,女部在城中。又有私立荫唐中学在青城山麓长生宫,距城三十里。私立临江中学在石羊场,距城四十里。后二校较远,余拟至荫唐而不至临江,因茂如曾言荫唐颇不错。

五时后入一小面馆独酌一杯,以馒首二枚面一碗为晚餐。面甚佳,明日拟再吃。天渐暗。各家皆点油灯。询之,则电灯不明已多日,后询知因公司亏本而停业。返旅馆后,于油灯下开始作月樵所嘱之《普益图书馆序》。光线太暗,思路为之阻塞。作百余字即搁笔。熄灯早睡,窗外有新月之光。

十二月二日(星期一)

昨夜入睡甚早,气候虽寒,盖两被且加棉袍,亦复非常暖和。但睡熟不久,因牙痛而醒。痛处在左下颚旁数第三臼齿之根,虽不甚剧,而全口颇觉不舒。余左下颚第二臼齿已脱落,在上海补之,记是二十五年或二十六年事。因补第二臼齿,旁作金套,着于第一第三臼齿。上月廿六日在华阳操场观游艺会,忽第三臼齿之顶端脱落一金片。当时颇感异样,今其根部作痛,殆以是故,或与饮酒亦有关。若常常作痛,又须请牙医治疗,则甚麻烦矣。醒约一时许,倦甚,又朦胧入睡。晨醒则痛已止,期其不复作痛。

起身洗漱毕,即出旅馆,预备往观荫唐中学。但旅馆中人言,长生宫往返非一日所能。在公园中询一人,亦谓往长生宫宜以独轮车,即刻动身,下午可"拢"。寻人力车,不可得,遂决意不往荫唐,而出东门观灌县初中男生部。出城不远遇一学生,询之,是初中通学生,启东人,遂从之行。循公路行不到二公里,左折循小径而至丰都庙该校,盖亦疏散出城者。庙已破败,然正殿纯用楠木,皆巨材,可见灌县物力之富。

校长董子瞻先生不在,晤训育主任潘瑶青先生与教务主任佟育英先生。八时半校中照例举行纪念周,邀余演讲。余即为讲《学习国文之要》,约四十分钟。九时半上课,二年级有国文两节,担任教师李文欣先生殆有意规避,使学生来请求,谓教本中有余之《养蜂》一篇,正该教授,请余为之讲授。余本可却之,但余思既来视察国文教学,得便自宜尽其所能,遂允之。连授两小时,令学生自己先看,逐节问答讨论。李在旁观看,如此教学,彼殆未尝有此经验。课毕,学生纷纷授签名册来请题,一气写毕,殆有三四十本。后为诸位教师制止。

饭后观学生作文本十数本。改笔殊草率,似是而非之语均得通过,且有佳评。一时半,观李文欣先生上一年级国文,全班七八十人,喧声不息,殊无秩序。二时半离校,有新毕业生数人入城,与余为伴。归旅馆少休,此毕业生数人者携纸墨笔砚来,每人为书大篆字四,共书九纸。今日甚疲矣。

顷在校中闻人言,离城十余里之灵岩山甚佳,秋冬可观红叶。余无此佳兴,不拟独往。又闻伏龙观之萝卜极有名,从前为贡品。今日午餐时食之,确鲜美。又,地瓜一物,灌县、崇宁所产均鲜嫩异常,非乐山可比。天黑时出外食抄手及面各一碗,不饮酒,看夜间牙仍作痛否。买僧帽牌洋烛一支归,价一元二,可谓昂矣。烛光下续作昨文,得三百字而后睡。

十二月三日(星期二)

昨夜牙居然未痛,为之欣慰。但睡眠仍不好,殆以日间讲说写字,精神太兴奋之故。

七时出旅馆,食点心,喝茶。然后至县立初中女生部。校址在文庙,就泮池之后及戟门之处建筑房屋,颇为清静。晤前任校长仰瑞文先生(董先生新接事,女生部暂由旧校长主持)。观其课程表,今日无国文课。八时半至九时半,二年级为图画课,教师未到,仰君请余为学生演讲,遂讲一小时。阅作文本十余本,改笔极潦草,误字不通句多未指出。阅毕辞出。

剪发于旅馆旁,价一元。返旅馆,作书致墨,告以九日或十日可以回家。又作一书寄雪舟。晴光满窗,客意颇愉适。十二时半出外吃牛肉面与饺子,店中之蒸饭实吃不惯。再至水利局访元羲,知尚未来此。遂出西门,重游二王庙。山水清晖,心胸旷然。至索桥旁,观分水鱼嘴。外江一流已下闸,呈枯竭之象,唯内江滔滔东趋。返身入城,往返八里,虽有陟降,未觉其劳。归旅馆,作一书致元羲,仍托局长转交。

傍晚出外饮一杯,食抄手一碗。途遇一人力车,自成都来者,与之约定,明晨拉余至郫县,价九元。回旅馆,文学青年张梦鹤君来访,杂谈一小时。据言都江堰水利工程,有许多返自荷兰之水利专家均深表钦佩,叹李冰之不可及。又言内外江水量,比例为内四外六,内多于四则田亩有被淹之虞,外少于六,则田亩有干旱之患。工程处随时有人测定水量而为之调节。其调节之法为移动鱼嘴处之马杈。此为前所未闻,故记之。续作昨文二百余字乃睡。

十二月四日(星期三)

晨起绝早,七时,昨夕所约之车夫来,即动身。出城,烟雾笼四野,有凄然之感。行三十里,在崇义铺吃饭。又经竹瓦铺、安德铺而至郫县,时已十二点过,凡行三十三公里。

入城,投义华旅馆,陈设简陋,收拾不洁,又远不如灌县之旅馆。房价一元半。少休即至东街,入郫县初中女生部。仅昭级任教师凌女士。一时摇铃上课,一年级为国文,而担任教师杨堃未至。二年级为体育,亦无教师,学生自由掷篮球而已。如此马虎,为他校所未见。二时,校长袁秉灵先生来,支吾其词,导观男生部。男生部在东门外一里许,校舍原为书院,几经增筑,屋颇不少。二至三时,观袁秉忠先生教一年级国文,授李无隅之新体诗《无聊》,亦逐句讲解,然说明尚清楚,范读用说话语调,亦可取。索作文本观之,得三班之作十数本,错字之未尽剔出,勉强语句之未尽修正,与他校同。

四时,往校之隔壁观汉何武墓,墓极大,楠木参天,殊感阴森。余不喜观古迹,到此亦殊无所感。郫县附近尚有杜宇蚕丛墓,及扬雄之子云亭,亦不欲观之。独行入城,尝郫筒酒,酒价每斤一元四。初以为白酒,孰知是黄酒,微苦,带有橘皮味。尽半斤,食面一碗为晚餐。又入茶馆喝茶。川人随地吐痰,习尝未除,到处皆然,殊可厌恶。

返旅馆,又携僧帽牌洋烛一支,值一元。郫县有电灯,而旅馆仍用油灯,殆以电灯费大之故。烛光下续作昨文二百言,全篇完成。每夕写一点,藉遣客中孤寂,居然了却一笔文债,亦一快事。即誊正之,后日到蓉即可交卷。

十二月五日(星期四)

昨夜几乎竟夕无眠。身上时时发痒,连日坐鸡公车人力车,疑身上有了虱子,而旅馆床铺之脏,又足以引起此疑念,一也。旅客谈话。夜深不止,二也。方得静息而忽闻开门,即在庭中小便,三也。鼠时时出游,在床架上往来,四也。有是四者,余乃并朦胧而不可得久。念再宿此间一宵,实不可耐,遂决提早一天回成都。

天方明即起身。洗脸毕,候于旅馆门口。昨日约定之郫中教师兼课于私立大成中学者旋至,即随之至大成。大成距北门约五六里,自成都疏散来此,校舍为护国寺寺宇。晤校长李德龙先生。其校无高中,自编教材,选文颇深,又教《孟子》,绝不读白话文。八至九时,观杜开公先生教一年级,讲《新唐书·李德裕传》,九至十时,又观杜教二年级《孟子》。十至十一时,余应校长之请,向全体学生演讲。本应校长上国文课,未知其意是否逃避也。讲毕,观作文本数本,即辞出。

入城返旅馆,雇一人力车,即携行李离郫,车价六元。十二时动身,三时半抵雪舟所。一路晴光明耀,意颇舒适。墨有二信,小墨有一信,三官有一信,皆附有友人之信及托买物件名目。家中尚安好,为之心慰。唯三官又如去冬一样,伤风咳嗽,为可虑也。通伯之母夫人已作古,闻之特感怅惘。少休,访月樵,将昨所成文交与。托觅房屋,云现尚无眉目,唯时时留心,或可得之。返陕西街,与雪舟及张、林二君畅饮,历一时半。灯下作书寄墨。

十二月六日(星期五)

昨睡甚酣,连日疲乏似已悉除。早餐后,乘车出东门至佩弦所。彼作稿方于昨日完毕。观其所作关于胡适《谈新诗》、柳宗元《封建论》两篇之讲解。略有商讨,切磋至快。全书《例言》亦由佩弦作成,《精读指导举隅》于是告成,后日可交与郭君矣。

中午仍对饮潴酒,闲谈甚畅,不觉便至四时。偕步行入城,访春熙路各书局,代人买书。于世界书局遇俞守己,彼言有屋在红豆山,余屋三间本租于人,今租者将他迁,或可让于余。红豆山距东门十余里,附近有中学,于避空袭及二官三官入学,条件皆甚合。若成事实,诚大快矣。

六时,偕佩弦返雪舟所,与雪舟、月樵及张、林二君共饮,酣适殊甚。

十二月八日(星期日)

晨起即驰车至南门外汽车站,登记一姓名,预备明日返嘉。但站中人言,今日登记者须于后日动身。

至郭子杰家,将所成稿交与。郭君以两种文稿嘱余审阅,并约于明日午后至茶店子馆中,与第二组主任张云波君一谈。于是返陕西街,将郭君嘱阅之《成人班课本》审读一过,并附注改订意见。

午后三时,与雪舟全家及张、林二君出观电影,片名《大红袍》,法国历史故事也,久未看电影,亦复有味。遇老同兴酱院经理朱荣堂君,雪舟之稔友也。朱君硬邀至四五六聚餐,遂至八时方归。本约佩弦今晚来此吃酒,知佩弦来而空返,殊感怅怅,灯下作一书寄之。

近以空袭稀少,疏散出城之消费者纷纷回城。成都市面之盛,臻乎极顶。电影院戏院重开,家家满座。饮食店家家赢利,每日生意恒在千元以上。

十二月九日(星期一)

晨至西马棚街访元羲。元善夫人为其幼子养病,亦居于此。幼子下肢仍瘫痪不能动,现请中医疗治,谓似有就痊之倾向。午刻,即在元羲处吃饭。

饭后,至茶店子教育厅访郭君,将昨所嘱审阅件交还。郭君言颉刚昨自乡间来,拟有《历史教学月刊》之计划,如国文方面亦拟出杂志,即可合并,称为《文史教学月刊》云。晤张云波君,与偕附郭君汽车入城,至春熙路商务中华两家,为馆中采购书籍。余圈定关于文学之书若干种,殆未必全有也。

至华西坝齐鲁大学宿舍访颉刚,不遇。返陕西街,则知颉刚已来看余两次矣。八时半,颉刚又来。与谈《文史教学月刊》大纲,余一人负一半责任,实所不任,只得仍拉佩弦相助耳。待颉刚去,余整理行装,预备明日回嘉。

十二月十日(星期二)

未明即起。六时半,学徒江君丁君为余异行李出城并购票。余与雪舟食早点后至车站,票已买到,遂与雪舟及江、丁二君为别。车以八时二十分开,一路晴光照耀,眺望颇畅,而拥挤至于身体酸麻,则不减于来时。在旧县吃午饭。此次之车机件较好,中途不甚有停顿,速率亦较高,下午六时即抵乐山。乘人力车到家。家中均安好,三官正以今日回来,相见皆欢欣。晚膳后,闲谈至八时而睡。

十二月十一日(星期三)

上午看各处来信。饭后至孟实所,将托带件交与。少坐,至通伯所,在其母灵前行礼。灵柩明日将移寄大佛寺石洞中,丧礼绝简,一切俗节均不用。东润适亦在,共谈约一时而后归。买大曲半斤,傍晚饮三小杯而后进餐。

十二月十二日(星期四)

晨作书致二官。入城寄信,将吴子馨托买书交去。午后作三信,一寄雪舟,告安抵乐山;一寄俞守己,询其家之房客究否迁出;一寄馆中出纳员利君,请其将本月份薪金汇来。

三时,上山至歌川所闲谈。观其所作木刻工致有力。承示所用之各种刀子,有法国式者,有日本式者,皆用纯钢,炼铸颇精。又承示早年所作印章数十方,尚不坏。此君癖嗜之方面甚多也。

十二月十四日(星期六)

上午入城为昌群取汇款,即由银行汇与。回来得彬然、云彬信,言愈之往南洋发展新闻事业,文化供应社主任一职,欲拉余任之。余即复之,言离川之桂,事实上不可能;他们亦有意拉丐翁,如拉得动,最为适当也。又作书复昌群。

下午二时又入城寄信,顺便至公园看广播新闻。近来鄂省我军大胜,斩敌二万。英美两国皆竭力援助我国。德与英仅有空战,德之势焰似渐减。意国为希腊所败,已成弩末。自国内国际情形观之,皆可喜也。

十二月十五日(星期日)

天气温暖如春。上午作视察报告书,迄于午饭时仅得千字。

一时半,刘师尚、唐宏镕二人来。他们组一文艺协会,会友十余人,约作郊游之会,遂随之往,孟实、歌川二召办被邀。至半边街,遇全体会友,即买舟渡江。先至龙泓寺一观,在寺前摄影。次至江边藉草围坐。云谈文艺,而所说殊散漫,学生集会大都如此也。

十二月十七日(星期二)

晨起续作报告,迄下午四时,仍得千余言,明日当可完篇矣。

得佩弦信,于其所作稿,郭君仅致笔润二百元,意有不满。

三官以五时到家。入夜祀先,算是过冬至节。冬至夜盖为二十一夕,提早祀先,亦令三官多吃些菜肴耳。

十二月十八日(星期三)

上午续作报告四百字,全篇完。即作一书致子杰,将报告寄去。又作书复佩弦。

饭后,三官返校,余入城寄信。回家得上海第三十七号信。丏翁近颇看佛书,似欲于此求得心之安定者。雪村正据今年三月颁布之国文课程标准,编辑初中国文教本。新标准中有"国学研究指导"一项,君谓以十余龄之少年,何必导之研究国学?定是标准者诚糊涂人矣。调孚详告友朋情况及上海生活大概,书最长。

四时半,孟实、东润来。于《国文月刊》皆表示赞可。余因告以昨得佩弦书,言此志得稿不易,或将于出满八期后即行结束。二君皆言太可惜,自告奋勇,将于寒假中各作一文投寄云。

十二月十九日(星期四)

因佩弦督促,今日开始为《国文月刊》作文,论命题作文一事。此题有许多话可说,且信笔写下去,说多少算多少。迄于午后四时,所得尚不足千言。然久坐而不感疲乏,比之前月,精神确佳胜矣。

日来常吃炒花生与煨番薯,甘香足乐。花生每斤八角余,番薯每斤一角八。

十二月廿三日(星期一)

续作文字,至下午四时完毕,题为《论写作教学》。即作一信,将稿寄与佩弦,请其先行过目。一事完了,觉身心一轻矣。

十二月廿四日(星期二)

晨得佩弦书,抄示所作《普益图书馆记》及和萧公权诗三首。萧原作为《四十三初度作》,诗颇不坏。其"随分看山无计买,游仙托梦几时真","散尽藏书斑却鬓,好将贫贱学骄人","自甘头为前修白,敢冀书传后世多","荒村冷屋凄清绝,不用深山带女萝","才因世乱添诗料,已为钱轻损酒资","云雁风鸦秋冉冉,檐声灯影夜迟迟"诸韵,均可玩味。佩弦和作,如"荆榛塞眼不知路,风雨打头宁顾身","八口累人前事拙,一时脱颖后生多","东西衣食驴推磨,朝夜丹铅鼠饮河","尽有文章能寿世,却教酒脯患无资"诸韵,亦可诵。因作一书复之,加入昨所封之信中。

作书致昌群,告余家将迁居。作书复丏、洗、村、伯、调孚、红蕉,编蜀沪第四十五号。写如是数信毕,已是下午三时,遂入城寄信。

今日天渐转寒,但与下江冬令比较,则相差远甚。庭前梅树已有花蕾,颇冀在未搬之前能见其开花也。

十二月廿五日(星期三)

录以前所作诗词寄与佩弦,请其商论,并报其录示新作之雅意。三时,东润偕程千帆君来访。程为技专国文教师,长于校勘目录之学。谈有顷,共出散步,至乐西公路而折回。晚饭后,作书致佩弦,附入所录旧稿。

十二月廿六日(星期四)

今日开始,为汤茂如作六年一贯制中学之课程标准。以教部标准为蓝本而略加斟酌损益,并非难事,大约三天可以作毕。

得子恺信,言下学年将担任浙大"现代文学"课程,提出其所拟纲要相商。附言病后身体就衰,鬓发已斑白矣。

十二月廿七日(星期五)

续作课程标准,至下午四时停笔。得红蕉信,言已托美亚汇划,还余前所借之五百元。又述其家生活琐状甚详,亦已不用仆役,我妹操作奔跑,身体转见佳健云。又得昌群书,言乡居寂寞无聊。陈礼江又来索稿,一时亦难以应之。

傍晚酒罢,忽闻二官在外呼唤。言请假居然获准,系乘筏子而来者。谈学校中情形,及其修学近诣,据云各科成绩尚不坏,化学英文列名第一。此殆于同学中比较则较佳,如移家成为事实,下学期即须转至他校,未知其能否仍见长也。

十二月廿八日(星期六)

晨起作书复红蕉、子恺,又致伯祥,编蜀沪第四十六号。

今日满子生日,下午,请技专同学七人,武大同学五人食面。全家自早上即忙甚,准备小菜。小墨二官入城买鱼,以三十余元买得四尾(每斤二元二角),以一尾饷客,三尾腌之,预备送人。余助为杂事,遂停工一天。下午三时,诸同学偕来,笑谈盈室,顾而乐之。晚间食面饮酒,至八时始散。竟日劳碌,大家甚疲矣。

十二月三十日(星期一)

十一时忽传警报,至午后一时半而解除。入城至银行取馆中汇来之本月份薪水。顺便往公园看广播新闻。言日本又将发动南进攻势,或即袭新加坡。德国助之,以商轮来太平洋,将改为军舰,为日策应。

傍晚闻人传说,今日寇机袭成都,炸凤凰山。

十二月卅一日(星期二)

晨起,宰一公鸡,以为除夕之点缀。母亲因宰了鸡,想顺便祀神。祀神本当在阴历年终,且以夜间,今为凑便,改于阳历年终,且以上午,亦有趣事也。

午后,小墨二官为余缮写课程标准毕,校之,他们均不习缮写工作,脱误颇不少。校毕,即作书致子杰、茂如,将课程标准分寄之。

得馆中同事吴天墀信,告颉刚等所拟办之《文史教学》决于明年一月间出版,吴为负责编辑人,向余征稿。此刊为教育厅所办,不得不赶作一文与之。又得俞守己信,言其房客暂不迁出,另探得一处有房屋,邀余到蓉往看之。余到蓉殊不易,拟托雪舟代看焉。

三官以午刻归来。全家齐集,吃年夜饭。

一九四一年

一月（选录二十五日）

一月一日（星期三）

晨有浓雾，雾消之后竟日天晴。元旦得此佳象，特有新趣也。

作书致雪舟，请代看守己所言友人之屋。据云其屋有六七间，吾家嫌多，若与雪舟同居之，彼此可得照顾，则尤好矣。并作书复守己。

午后，与满子二官同陪母亲入城，拍照于大世界，红蕉来信索母亲近影故也。二官亦拍一帧，又与满子合拍一帧。

一月二日（星期四）

今日开始作一文，论教学国文不宜专务逐句讲解，将投《文史教学》。下笔不爽利，竟日得千言。

吴学义来谈，谓我国或将与英美订军事同盟，如有必要且将出兵缅甸，保护滇缅路，甚而至于出兵新加坡云。余思此言如成事实，则中日之战与欧洲战争合而为一。左派或不赞成，以为欧洲战争为帝国主义间之冲突，我之对日抗战为民族革命战争，我而参加欧战，抗战则变质矣。其言亦有理，然似有机械论之嫌。英美与德意日为敌对，我与日为敌对，在对日期其取胜一点上，我与英美一致，则订军事同盟亦何尝不可。此等事余实不甚了了，姑记其直觉而已。

一月三日（星期五）

上午续作文，仅得三百言。

饭后，入城至子馨所。子馨示余以最近收到之武大学生要求改革校政宣言。少坐，与偕出，自萧公嘴渡江。青山丹崖，舟人挽纤，此景不见者久矣。循公路行，至石桥而右折，以为可以至马翁之居，而不知中隔马濠也。沿岸行，至凌云山脚，始得自小板桥过马濠。然后沿乌尤山脚西行，至马翁之濠上草堂。马翁似甚健，一年不见，初无变易，唯须髯益见其白耳。子馨谈理学方面之罕见书，谈汉墓，其辞汩汩，余听之而已。坐一时许，辞出。登凌云山，经大佛寺下山，买渡过江,步行回家。半日之行,亦殊疲矣。马翁书室中悬自书篆字联,集杜句曰"侧身天地犹怀古,独立苍茫自咏诗",甚佳。

一月五日(星期日)

竟日续作文字,仍得千言有余。得佩弦来信,言因病酒,收到余之两信及文稿故而迟复。灯下作书复佩弦。

小墨自昨日起应毕业考试,后日可以毕事,其就业问题尚未定。可往者有三处:一为四川省农改所,元羲所介绍;一为雅安某厂,技专前校长今西康建设厅长刘君指名招往;一为经济部化工实验所,在重庆,该所向学校要人,由学校介往。究以何往为妥,小墨自己不能决,墨与余亦不能决也。

一月七日(星期二)

续作文字,至下午二时得千余字,全篇完毕。定题曰《国文精读指导不只是逐句讲解》。张云波君适来信催索《文史教学》文字,因作书复张君及吴天墀君,将文同封,交快递寄发。

前日马翁谈此间刻书工价,去年上半年每万字四十五元,木板由刻工供给;至于最近,每万字将近二百元,木板自备,且须供刻工膳食。记之,亦书林掌故也。

一月八日(星期三)

晨入城寄信,在公园中理发,购笔二支以归。饭后作书复昌群,寄还前存余处之《烽燧考》一稿。

三时许,歌川来谈。君谓中学生读英文,费工力多而收成效少。将来如能多训练翻译真才,即一般人不须再读英文,亦可得异域新知。余以为其意良是。然数十年来,英文为必修科目,教育界已存成见,未必能革之也。

一月九日(星期四)

今日代子杰作《国文教学丛刊》序文,丛刊即余所编诸书之总名也。作文言,自《学记》中取数语而推阐之。迄于下午四时完篇,得七百言。即自为复写,将分寄子杰与佩弦。

满子购得红梅三枝,香盈一室。庭前白梅绿萼未舒,朵数绝少,俟其开时当无大观,然聊以寄意亦足矣。

一月十一日(星期六)

上午,阅阮真所著《中学国文校外阅读研究》,摘录其可取之意见,余将来编《略读指导举隅》有用也。

午后,为人书篆字单幅两张。欣安夫妇来,欣安告余以近为教部所编《中国社会史》之大概。

今日为先父生忌,午刻设祭。先父生于清咸丰二十八年戊申,迄今九十三年矣。

一月十二日(星期日)

看新买之翻译杂志《西洋文学》,小说及散文数篇,皆非甚精之作。

午后二时,与墨及满子入城,至欣安家回访,通伯、东润亦在。欣安夫人自制包子饷客。四时半辞出,入公园看梅花。白梅数枝已盛开,红梅尚未也。在陕西街,见一人家墙内出贴梗海棠,亦已作花,红艳有古致。

一月十三日(星期一)

开始作一随笔,言中小学各科其实与国文无异,大学各科,除国文外,其实与英文无异。此意余蓄之已久,今各处需稿,即书之。至于午后四时,得千三百句言。

傍晚,有蓄鸭人来门前溪畔歇宿。支篷为宿所,编竹为栏,驱鸭数百头于栏内。入夜,燃烛于栏外,诸人以次膜拜,并焚纸帛。不知是每夜必然乎,抑今日别有因乎。其拜祷之意,当是求保群鸭之安康也。

东润来,以所作文《文章之标准》交余,系投《国文月刊》者。文甚长,将近万言,俟明日看之。谈次,余以君时称其师唐蔚芝(文冶)先生读文之神妙,请摹读数篇,俾余得其仿佛。君遂为余诵欧阳修《五代史·伶官传序》及《秋声赋》两篇,字字咬清楚,为其长处,其抑扬顿挫,与苏人无大异。据谓唐之声调得自吴挚甫也。君去,余送之。月色皎洁,山树辉映,境至幽寂。至板桥,始各自归。

一月十五日(星期三)

八时半,与小墨出门往迎三官。自徐家埠渡江,沿江边山路行至沟儿口,见乐中学生纷纷而来,而不见三官。乃循路向牟子场,一路唯见麦田豆畦与竹树。遇大银杏凡四株,皆可玩。遇三官之同学刘家椿,言三官已自学校附近搭船而下矣。余以足力已疲,遂入牟子场茗憩。场殊不大,今日非场期,店家不尽开门。坐约半小时,循原路归。在徐家埔渡船中,望见三官伫立于沙滩,行李在地,态殊彷徨。就之,知登岸未久,遂分携各物而行,到家已午后二时矣。

饭后,续作文三百字,完篇,命题曰《变相的语文教学》,言今日学校各科教学,无非变相的语文教学也。得子杰书,告已收到余所拟之国文课程标准。

夜,作书致李季谷,将今日所成一文寄与,入其所编之《读书通讯》。彼来信已两月矣。又作书致佩弦,将东润一文寄与。

一月十七日(星期五)

接昌群信,竭力招小墨往马边中学教书。其意甚殷勤,而不知小墨意欲于理化方面谋长进,制造方面求经验,不期为教师以遣岁月也。

又得雪舟信,言房子已为看定,地点在新西门外罗家碾王家冈,正房五间,边屋三间,年租五百元,押租五百元。此时能租到如此之屋,实非易事,全仗守己之力。屋系新筑,大约两星期后可完工。二月一日起租,租金押金均已付出。其余屋可分与雪舟自己及开明办事处云云。于是余家迁蓉之计决矣。余即与小墨理书,装成二篓。小墨去看李光普,托其留意,以后如有乐西公路汽车开往成都,可带东西即带东西,可带人即带人,总望在寒假中搬成。李近在公路办事处任事,可以为我们设法也。

灯下作一书复雪舟。

一月十八日(星期六)

作书复昌群,言小墨不能往马边。作书与上海诸友,告余家决迁成都。与墨访蓝君,告以余家将迁,房屋即退还。询知桌椅等物,可托运货船带往成都。

终日忙乱,空气不复静定。余虽不动手,亦难坐下矣。

一月十九日(星期日)

上午佐墨理东西。小墨将已理好之四件运入城,交乐西公路材料处,托俟便带蓉。午后,李光普来,言二十一或二十四,可以附车动身四人。行色匆匆矣。

一月二十日（星期一）

上午，程洒颐夫妇来，叙别意。程于寒假后改就女子师范学院，亦将动身往江津矣。饭后，访吴学义，复访东润、孟实、通伯，告以将离此。袁昌英本约通伯来余家叙别，遇之于通伯所，谢其殷勤，请勿复枉驾。

到夜，送行者咸集，计武大同学五人，技专同学二人，蓝君亦来，合我家七人，分两桌聚餐。宰一母鸡，买肉三斤而已。饮酒甚欢。据光普言，二十四日或有车，可附载四人先去。全家诸人竟日忙碌，煮菜，款客，理东西，皆疲甚。

接元羲信，发自重庆，系代元善答余者。言元善近来心绪不佳，据他们兄弟之意，小墨以入农改所为得。所谓心绪不佳，当系指其近来被扣一事。通伯曾云见报载，经济部三个司长以事被扣也。

一月廿二日（星期三）

作书致云彬、彬然，告余家迁蓉。与十八日所作沪蜀第四十七号信同时付邮。

六时，与墨应邀往通伯家。主人除通伯、东润、孟实、昌英外，又加入雪林一人。客则我两人外，有欣安夫妇与杨梗。菜系通伯家之老媪所制，色色俱佳。酒各适可而止，最为得当。八时半散。

一月廿三日（星期四）

上午，略理东西。饭后与母亲及墨上山，至钱家辞别。歌川夫妇斟酒相饷，佐以花生饼干之类。洒系以橘汁和大曲，味至清。余饮独多，殆有六七两。歌川言今年暑假中或将去此，在武大任教甚乏味也。坐一时许，辞出。又至刘家，晤弘度君，至程家，晤洒颐君，皆未晤其夫人。至蓝家，晤蓝太太。

李光普来，以乘车证一纸交余，上书余为路局职员，许载四人，其日期为明日。

一月廿四日（星期五）

三时即起，与小墨打铺盖三个，检点箱篮等物，共九件，先行带去。洗漱进餐毕，待久久始天明。雇人力车七乘，人物共载。歌川夫人来送别，墨感而流泪。蓝君望见，亦下山相送。

入城，至九龙巷口，见运货卡车一辆在焉。附载之客有先到者，既而复陆续至，皆携行李多件，似非卡车所能容。来送我者有武大、技专同学九人并欣安夫妇。八时后，路局职员始命工役挑带走之蓑衣上车。蓑衣为路工所用，将由成都转雅安。及挑毕，一车已满。少数人拥上，以行李加于蓑衣上。诸同学助我们将东西送上六件，三官亦已爬上。余等见此殊危险，非但母亲不克成行，余与墨亦复难堪。遂令三官下，并取下东西。十时，汽车开行，所载下轻上重，摇摇可危。本以为必可成行，遂成虚愿，来往人力车费已十五元有余矣。

一月廿五日（星期六）

昨夜大家早睡，而墨思量搬家不易，入睡极迟。半夜余醒，共谈卡车如此难上，母亲决难应付，不如由墨与母亲共乘公路车先行为是。公路车究有坐位，今当阴历年底，来往人少，或不致拥挤，所欠者恐车中途抛锚，不能当天到达耳。晨起与小墨言之，小墨亦以为然，遂往车站登记，以明晨动身。明日为阴历大除夕也。

一月廿六日（星期日）

小墨清晨往车站询问，言昨日成都来车以机件损坏而折回。如今日有车开到，明日方克成行。噫，行旅真非易事也。

饭后，与墨共到歌川所闲坐，观其所藏之各种画片。其夫人出一手册嘱题，即为作一绝曰："竹公溪上经年住，欣与鸿光为比邻。别去未须深惆怅，春回欢叙在淞滨。"甚不佳，有打油风矣。

小墨傍晚往车站打听，今日仍无车到。母亲与墨明日仍不克成行，须延至后日。

一月廿七日（星期一）

阴历元旦，清晨闻稀疏之爆竹声，小儿弄扯铃与喇叭之声。饭后，歌川全家下山来小坐。李光普、陶允和来。欣安来，伯麟来。我家一切杂乱，茶果都不曾备，殊惭无以款客。留李、陶、徐吃夜饭。八时睡。

一月廿八日（星期二）

五时起身，洗漱进食毕，打铺盖一个。天方明，请佣工担铺盖及两皮箱、小件提物三件往车站,除满子、三官外,齐送母亲与墨往车站。今日开两车,而车站乘客及送行人殊稀,为平时所罕见,方当新年,大家尚不思往来,乘此机会可免拥挤,计甚得也。七时半售票。木炭车燃火试开,约费一小时,开行时约为九点钟。希望路上机械不发生阻障,到下午五六时当可到达。十时,发一电致雪舟,请于今日傍晚到南站一候墨与我母。

午后得佩弦一长信,谈《国文月刊》,并论余所寄示文字,读之欣慰。又得刘英士君寄赠其所编之《星期评论》十期。刘余所不识,东润撰文寄与,信中提及余,故寄赠也。

通伯、东润来,共出散步,行颇远。于路旁一小茅店中憩坐,各饮干酒一杯,眺望野景,至觉怡心。店主为一老人,和蔼有礼,二君饮其处数矣。到家,仍饮大曲一杯。余与三官同睡。遥想母与墨当已安抵成都,寓雪舟处矣。

一月廿九日(星期三)

所居仍此屋舍,但心情已异,如在旅居,徘徊坐立均觉无聊。

饭后往访东润,自嘉乐门外右折,偕行于山间,颇赏竹树丘壑之胜。会心旷远,正不须名山胜地也。前年春间,记曾与通伯、子馨一经其地,此后殆亦不复经行矣。行一时有半,而至高西门外。入城,余觉微疲,入玉堂街全家福菜馆食包子,借作小憩。然后徐行回家。

得郭子杰信,言张云波君将离馆,拟以第二组主任名义加余身,促余早日迁蓉,且汇移家补助费三百元。余素不习事务,任主任且将有种种牵制,身体不得自由,拟到蓉后辞之。

一月三十日(星期四)

晨发一电致子杰,告以正谋迁徙,三五日内成行。九时,陈其可来访,言闻余将迁蓉,特自古里坝来辞别,盛意可感。

乐西公路之车尚杳无消息,余不胜焦灼。恐墨延盼,即作一书寄之。得李季谷信,言已收到余所寄稿。得姚蓬子信,嘱为《抗战文艺》作稿。

一月卅一日(星期五)

晨方起,舟子来搬运家具。忽陶允和喘息而至,言乐西公路今有一车送一处长往成都,宜急速收拾行李,附载而往。遂打铺盖,聚东西,即乘人力车入城。小墨且留住几日,料理未了事。

入城至九龙巷登车,乃一空卡车,附载之人除我家四人外,仅三四人而已,以视上次之堆积满车大异其趣。师尚闻信,送我们于车旁。车出嘉乐门,遇通伯及孟实,皆招手为别。两年乐山住,至此与乐山别矣,余亦殊无所感。

公路车站稍过,汽车不能动,修理历一点多钟。此车向用汽油,今改烧酒精,故不甚灵便。及修理完竣开行,已为十点半。速率比木炭车为快,尘土飞扬,沾面目衣衫殆遍,大家相视而笑。一点四十分抵眉山,下车吃饭,停留约四十分钟。车过新津河,见河畔工人麇集,望之如蚁,皆为挑土工作,其数据云有十万,正在筑飞机场,将以居美国供我之飞机者也。如此大景象夙所未见,亦无法描摩。

五时抵成都,在西御西街下车,以人力车运东西,余与满子、二官、三官随之而行。至陕西街,见母、墨、雪舟夫妇,皆大慰。前日母与墨来此,以木炭车沿途抛锚,至旧县即歇宿。母亲不惯乘车,一路呕吐,野店歇宿又颇寒冷,受苦矣。至次日上午十一时始到达。累雪舟夫人深夜候于车站,亦殊不安。

下午有预行警报,母、墨偕章家诸人皆逃出西门外。如此情形,当以从早迁入新居为宜。母、墨已往视新居,云颇不坏,最为心慰。

入夜饮酒,与胡雨岩君对酌。胡新由重庆调来,代张镜波君司会计之职。张君则调往贵阳任办事处主任矣。雪舟夫妇近思戒酒,墨以路上受寒伤风,皆不饮。饮毕就睡已九时矣。

《成都近县视学日记》小记

那是一次很特别的旅行，我独自一个，花了半个多月（一九四〇年十一月廿二日至十二月六日），到了成都西北方的四个县——崇宁、彭县、灌县、郫县。交通工具是人力车和鸡公车；宿所或者是小客店，或者是学校的宿舍；吃食很马虎，经常以面点充饥；而每天总要接触许多陌生的人。这样别致的旅行，我一生中只有那么一次，因此，重读这半个多月的日记，竟像听别人说古似的，觉得颇有兴趣。

那次旅行为的是调查中学的语文（当时叫"国文"）教学情况，当时我在四川省教育科学馆任事，想对语文教学提一些改进意见。每到一所中学，我总是听老师讲课，还向老师要一二十本学生的作文本来看。这种调查方法实在不高明，可见我那时候没有经验。真正有效的调查应该多花些时间，应该从接触学生入手，看他们是否真有所得，听课看作文本只能作为辅助手段。现在只能说说而已，我再没有精力亲自去调查了。

那时候我家还在乐山，这一回到成都，寄居在祠堂街成都开明书店楼上。四川省教育科学馆在老西门外的茶店子镇。

1983 年 3 月 22 日作

收入次年 1 月四川人民出版社版《我与四川》

第二部分

廛寄蓉城（上）

一九四一年

二月（选录二十三日）

二月一日（星期六）

晨与墨、三官出外买杂用东西。在乐山丢掉一批，到此又须买之，殊为损失。

九时，与墨至西马棚，唯元善之子阿保在，元善夫人回重庆，尚未来。元羲则在灌县。晤元善夫人之弟张君，询知元善被政事牵累，谓有操纵物价之嫌，人皆知其冤枉。今元善已不复见拘，其经济部司长之职已辞去，不日将来蓉散心云。阿保病已愈，身体可以自由行动，是可慰事。

夜饭后，颉刚来谈，坐半时而去。

二月二日（星期日）

晨八时半至华西坝，在齐鲁宿舍前遇颉刚，与偕访子杰。前至之客已有两人，后续来四男客、一女客。余与颉刚待他各逐一与子杰接谈，约一小时。颉刚语余，齐鲁校长曾言，为一机关之首长真不易，接待来见者，往往笑容未敛，即须易以怒容。此言殊可味也。与子杰谈约一小时，订今晚再叙，余归陕西街。

十一时，颉刚来，言余全家来此，必招待一餐。遂共至公园，饭于静宁饭店。此店所制为标准川菜，味皆好，然今时之价直足骇人，共点菜八色，不饮酒，付账至五十元以上。

饭毕，颉刚陪母亲及诸儿游公园之动物园、博物馆。余独出东门访佩弦，不值，佩弦夫人言往游草堂矣。遂转达郭君之意，订晚间会叙。

五时至郭家，颉刚先在，佩弦、云波继至。谈《文史教学》撰稿，及推进中小学国文教学事。八时散。

二月三日（星期一）

晨八时，丁贤书君来访。丁为省立乐中校长，二官从彼习国文者也，谈国文教学颇有见识。因约其纠集同志撰稿投《文史教学》，以开风气。

九时半，与墨及三官同出新西门，循大路至罗家碾，再乘鸡公车至王家冈，视新租房屋。屋以土墙围南面，余三面则有竹树。新筑屋五间西向，又两间东向，两间之北，则为一田家所居。中间为广场，无草木为憾。新屋草盖泥地，颇宽大，廊阔，窗小，光线嫌暗，他无不满意处。出大门则平原无际，竹树丛生，俟春回发绿，一望皆生意矣。

复乘鸡公车南行，至光华大学。光华皆西式房屋，草地修治极整洁。此系抗战初起迁川以后所建，而犹奢华是尚，亦复不可解。向其附中索章程，知通学生每人缴费百元有余。居王家冈，以光华附中为最近，二官三官似只得入此校。前昨两日向人探问，均言光华好奢侈，风气不大好，有不满意。然余取其近便，其他且不管。若二官三官能自有把握，即环境不甚佳亦不要紧也。

循大路东行，经草堂祠而至青羊宫，在小食店进面点，休息。青羊宫有市集，今日为场期，百物杂陈。以后我家买物，当至青羊宫，路殆有五六里，不如乐山时之近便矣。又至青羊宫南大同中学索章程，其校草屋竹窗，与光华迥殊。自王家冈往，比光华为远。人言其校亦不佳也。

乘人力车返陕西街，休息半日。墨则仍出外买东西。渠伤风甚剧，左臂又作酸痛。辛劳操心，迄不得宁息，余苦无以慰之。

二月四日（星期二）

晨起又整理东西，包打铺盖，准备迁入新居。与雪舟夫人同搬，诸人分批带物乘车而行。余与墨为一组，以人力车至新西门，然后以鸡公车载物，余等步行随之。

十时半到达，与雪舟重行议分房屋。我家占东面新屋靠南之三间，雪舟家占靠北之两间，西面两间则供两家堆物设灶之用。如是，至灶房较远，欲不走水路，即须经东廊、南廊以至西廊，步数殊不少，然颇合于"远庖厨"之意，亦好。我家三间，余与墨居最南一间，小墨满子居次间，母亲与二官、三官又次之。无复客堂与书室,吃饭即在小墨室中,余之书桌将来即设房内。幸房间殊宽大,我家又无多物,仅此三间尽足回旋矣。

忽佩弦坐鸡公车至,云先至陕西街,闻余已迁,追踪而至者。盛情足感,而我家茶水无有,凳子亦稀少,无以款之,少谈数语即去。

午刻,煮面条果腹。食后,先设各人之床铺。有三榻,皆暂借自月樵、雪舟者。犹缺一榻,以木门代之。炊具尚在木船上,则借雪舟家者用之。

傍晚出门眺望。墙外竹篱内有桃树四五株,不久当作花。又有柏树多株,殊不寂寥。竹篱之外,小沟环绕,可取汲,可洗濯。南望则田亩无际,竹树四起。此种境界,余向未临之,亦有新鲜之感。

夜,饮潇酒半茶杯。大家疲甚,早睡。

二月五日(星期三)

晨起进餐后,与墨及二官步行至青羊宫买菜买柴。忽传预行警报,匆匆回家。田野小路至不易认,走错了道,行几达一小时。

午刻食面条毕,即乘鸡公车至茶店子,借以认路,凡行四十五分钟而达。二时参加馆务会议,子杰为主席,诸人报告工作经过及预计,历二小时而散。回家依来时路行,走一点钟而达。今日行路计二十里以上,又复疲甚矣。

二月六日(星期四)

晨与二官三官至青羊宫买菜买炭。买毕由他们携归。余乘人力车入新西门,出东门,而至佩弦家。欢然倾谈,殊快。君示余萧公权《辛巳元日七律十首》。复商定《略读指导举隅》选用书九种,今后将与君合作此册矣。饭时,佩弦夫人治馔,饮余以桂圆所泡之大曲。二时,与君渡江,入望江楼,游行一周,在竹林下品茗。三时半为别。

出新西门,见小墨自对面来,询知其以昨日附乐西路卡车来此,到时已夜,不及出城。同来者有孟实、人楩、昌英三位,盖武大放寒假矣。小墨带来彬然信一通。留乐杂物已一齐带来。现在只待船上所运器物到达,再忙碌一阵,即可安居如常矣。

二月七日（星期五）

上午写信四件。饭后独循田岸，探至光华附中之捷径，望见其后门而返。自其后门抵寓所，计走二十五分钟。二官三官入学后要回来吃午饭，似尚不够从容也。

二时，与母、墨及雪舟夫妇同至月樵家，应其春宴之招。月樵家在余家村，距余寓东南约二三里，无人指引，多走了些冤枉路。既至，见其屋为中式洋房，余地甚广，若从事栽植，可成园林。屋中有三间皆藏书，大部分即其所经营普益图书馆之物也。主人邀打牌，六圈而罢。遂于屋前空地上开宴，饮眉山酒，吃春饼。月渐升，旁有红梅方怒华，此景如在画中。七时散。母亲与雪舟夫人乘鸡公车，我们随之。墨饮了些酒，意兴甚佳。春野踏月，固亦难得之佳趣也。

二月九日（星期日）

上午无所事。作长书寄上海亲友，报告迁蓉情形，编蜀沪四十八号。

午后，与小墨满子、二官三官入城。余独入理发店，理发毕至开明办事处，今日雪舟宴客。既而小墨来，余与偕访孟实于横小南街傅宅；坐少顷，三人同回办事处，则受伯、承法已来矣。忽孟韬来，雪舟即留彼同餐，以便畅谈。佩弦、颉刚亦来。又有严谷声与俞守己。严为新屋之房东，藏书甚富。此外尚有十余人，皆商界中人，余不甚记忆其姓名矣。

宴饮至八时而散。余与小墨步行而归。有月光，夜行乡野亦殊非难。然去冬西门外屡出劫案，晚归究非所宜也。

二月十日（星期一）

墨昨夜发热，今晨未退。两旬以来，为搬家一事操心劳力，墨为最甚。今日病作，意殊不安。唯冀其少得休息，病不为大患耳。

八时至馆，欲自寻捷径，结果迷路，反而多走了一些。将近化成桥乘鸡公车，到馆已九时矣。因来往人远，此后拟以每星期一、三、五到馆，二、四、六在家。午刻食面点于小馆子，四时半离馆，步行半程，乘鸡公车半程，五时半到家。

今日在馆开始作《略读指导举隅》之前言，心尚未定，新环境又不习惯，竟日仅得七百言而已。

小墨今日持元羲函往农改所接洽,晤其秘书主任韩竹坪。据言所中农产制造部分已裁撤,当于农化部分为设法焉。

木船所运书两篓及笨重物两件已到,由二官至东门外提取。此四件东西运费二十四元,往返载运人力车十余元。

二月十一日(星期二)

墨昨夜仍发热,天明时出汗,殆又是疟疾,即取奎宁粉服之。

九时,与二官三官至光华访附中部主任薛观澄君,未值,晤秘书主任赵谷臣(善治)君,孟轺之堂弟也。询知附中将续行招考一次,只得届期再来报名。

傍晚,偕墨步行至罗家碾,观车水轮及碾之构造。中年夫妇,得此颇为乐事。

满子自城中回,余得三书。一为彬然、云彬者,告以文化供应社之详况。一为祖璋、畎莘者。一为昌群者,言决应东北大学之招,即日启程往三台。以时日计之,今当已在乐山,迟三四天,当来看余矣。昌群移徙特多,冀其至三台而后,能多留些时日也。

二月十二日(星期三)

墨昨服奎宁粉多次,到夜乃未发热。

晨早起,食已,即到馆。午刻入小馆子小酌,张云波君继至,同座谈叙为快。仍以四时半离馆。在馆写稿千余字,并作书三通,寄汤茂如、沈雁冰及沈嘉平女士。雁冰已离新疆而至重庆,昨从云彬信中知其通信址,故与通问也。

到家,知母亲又跌了一交,幸无挫伤。母汲水于井,农家之鹅啄其衣,后退,遂倾跌焉。汲水等事,诸儿本可任之,而母常欲以自力为之,劝之而不听。如受损伤,岂非憾事。

今日风甚厉,寒气逼人,房屋宽大,掩窗仍如在露天。在乐山似未尚遇此寒候也。

二月十五日(星期六)

雪舟自城中来,言日来党政机关检查各书店,凡未获审查证之书皆调去审查,闹得满城风雨。上星期封闭书店三家,为生活书店、读书生活社、新华日报社,封条上皆书"发售反动书刊"字样。今此检查各书店乃其余波。令人叹息而已,他何言乎!

日来有钱而不易得米。我家迁乡以后,仅从青羊宫买得五升,系由小墨、二官努力竞争而得之。所以然之故,闻因当局限制米价,每斗二十七元;乡人嫌其不足,遂藏米而不出售。今日雪舟托熟人设法,介于农人,购得米一石,价三百二十元,如购取私货,须鬼鬼祟祟出之。两家均分,各得五斗,可以有一个余月不愁米荒矣。

小墨以晨往东门候筏子所载杂物,午后雇两板车尽装而来。给筏子上酒资二十四元,两板车自东门运至此,四十元。共计搬运家具,所费不足百元,可谓便宜也。杂物既至,均须揩抹陈设,全家忙碌半日,雪舟夫妇亦相助。到夜诸事归一,居然像个家庭矣。

夜饭后与雪舟闲谈。雪舟谓市上需要小学字典,可由墨或再邀一二人赶编一本应市。又谓国文教本亦缺,余拟以余暇编一部应之。我们目的固在获利,然亦不欲抛荒教育意义也。

二月十六日(星期日)

连日阴寒,今日放晴,人意为之一快。曝衣满庭。同居农人张姓养蜂三窠,蜂少少出,遗矢于衣上,黄斑点点。及于暖日,蜂且群出,必大受其累矣。

饭后入城,访元羲,至西马棚,则言章姓已迁出多日矣。于是登西城眺望,城中树木森茂,红梅玉兰点缀其间,甚可观玩。出新西门,乘鸡公车而归。

小墨满子自城中归,得元羲致余书,言将往巫山第五战区工作。并附书致韩竹坪,嘱为小墨道地。小墨之师林君在南门外办中央工业社,制造酒精,招之往。小墨已应之。余无可无不可,任其自择而已。又得昌群留陕西街一字条,言明日有便车往三台东北大学,即附之往。失此良晤,彼此同怅怅也。

今日买干酒一斤,价三元二角,取其价廉也。大约可饮五天。

二月十七日(星期一)

晨到馆甚早,晴光弥目,青烟平铺,眺望为快。在馆竟日作稿千余言。又致书孟实、佩弦,皆为《文史教学》索稿。傍晚归家,见农人沿溪岸插树秧,一路新插之秧甚多。此殆已成农村风习,故能有此弥望之林木也。

今日小墨、满子、三官又往青羊宫市集买米,分头竞买,仅得二斗,价二十九元。

二月十八日(星期二)

晨与墨入城,至陕西街,与雪舟闲话。十二时至华西坝,先进午餐,然后穿过华西大学访沈嘉平女士于食力村。沈携其子女与其出嫁之两女同住,两婿皆空军战士也。墨与沈老友相逢,杂谈一切,颇为欣快。

三时返陕西街,途遇杨六端、陈通伯。两人昨自乐山来,将赴重庆出席参政会议,匆匆之间,未获畅谈为憾。在陕西街得数信。东润汇来千元,托划付上海致其家中。丐翁来信较平时为详,云近除任学校功课以外,且有走从之学生数人。雁冰复函言数年间遨游西陲,眼界颇宽;其母夫人已于去年四月间去世。

二月十九日(星期三)

在馆竟日,作稿千余字。午后,出席馆务会议约一小时。五时后步行归来,疲乏甚矣。自迁来以后,除母亲外,大家皆跑路太多,深觉困顿。乘车多费,不能不打算也。

小墨以今日入中央工业社,算是就业的开始。携铺盖而往。社中供膳宿外,与以六十元之薪金。此社现方砌锅炉,尚未出货。据云将来拟扩充,不仅制酒精已也。

二月二十日(星期四)

竟日伏案作书。计作蜀沪第四十九号信,致丐、洗、村、伯、调、蕉六人,皆甚长。致云彬、彬然合一信。致雪山一信,彼在贵阳,顺便致一笺与晓先。致昌群一信,寄东北大学。

入夜,雪舟夫人自城中归,带来数信。计伯祥一通,附调孚笺。又徐雪洲、姚蓬子各一信,佩弦信二通。即于已封之上海信封面加数语复伯祥。前为东润寄稿往开明,历时半年,居然到达。即作书告东润,并以版权契约寄与之。

二月廿二日(星期六)

昨未作稿,今日补作,得六百言。墨将作小字典,余为起例,作两条。

午后，二官三官往光华附中应试，并检查身体，明日尚须续考一天也。小墨傍晚归宿，谓日来正筹备开工，下月即将出货。

上床时闻雨声。成都久未得雨，农人盼望甚殷，再不雨且影响春熟。十时半，被小墨满子等呼屋漏声所惊醒。五间无一不漏，则移床搬桌以避之。或谓新草屋必漏，积久自已。冀其言之确也。

二月廿三日（星期日）

昨一夜雨。今日仍放晴。人皆谓是好雨，如落的银子。

上午，作稿七百余言。饭后入城，至陕西街，知佩弦昨来过，留稿一篇交余，嘱转《文史教学》编者。悔不以昨日入城，与作半日畅谈也。与雪舟谈一时许。

至祠堂街购物，并访月樵。月樵言此间需国文教本甚亟，劝余编之。谓宜有两种，一种为可供熟读之文言，一种为按照课程标准之正式课本。余漫应之。作事不能迅速，又缺乏助手；独立担任，必致每日皇皇，此余所以怕也。

割肉三斤而归。

灯下，校阅墨所作小字典数十条，至九时而毕。墨以今日开始工作也。此事虽止于辑集比较，然亦非易。一释欲求精当，往往须思考久之。今仅能"但求无过"而已。

二月廿四日（星期一）

九时到馆，读佩弦所为文。此文以欧阳永叔《吉州学记》之初稿与定本相比较，以见作者推敲之匠心。殊为切实有用也。

代子杰修改《文史教学》发刊词一篇。此文不知由何人代作，幼稚而无序，实不成样子。余仅为修润其文字耳，全体间架只得仍之。下午，续作稿六百言而已。

二月廿五日（星期二）

竟日写书目，为中等学校图书馆着想，有计划的采购各科书籍。余所写者，属于国文科方面者也。此事甚有道理，但欲求实效，亦正非易。吾人不能遍读各家所出之书，即书目亦不齐备。凭记忆及随意检览书之，误漏难免。中学校经费有限，即书目甚美备，未必即能照购。又，今日各家书局书皆缺乏，学校即有力购买,亦难如数到手。故此事或仅成教厅方面之"具文"耳。迄于傍晚,尚未毕事。

二月廿六日(星期三)

到馆。上午续开书目,即交与张云波,不能详尽也。午后,思续作稿,神思不属,遂不动笔。三时,出席图书委员会,余为委员也。此等会议耗时而无益于事,最为无谓。

六时到家,知二官三官俱见录于光华。

余与佩弦所编之《精读指导举隅》近已出版,今日得赠书十册。入馆将近十月,仅成此册,亦有愧矣。以一册赠张云波,以二册付邮,赠朱东润、苏雪林。

二月廿八日(星期五)

昨夜东风甚厉,寒甚,今日雨不止。本应到馆,但田岸泥泞,雨具亦不全,只得作罢。

上午作稿七百余言。午后三时至九时,皆看字典稿,弄得头昏脑胀。

三月(选录二十二日)

三月一日(星期六)

晨雇鸡公车到馆,泥路难行,历一点二十分而达。作稿得千言,《前言》完毕,亦历三星期矣。

云波与余谈,彼将离馆往松潘考察,子杰意欲余继为主任。余殊不愿,言且缓日再谈。

回家,头昏腿酸,似将发疟疾,服奎宁粉防之。

三月二日(星期日)

上午查字典之注音,此事亦颇烦琐。

午后入城,至陕西街。适佩弦亦来。其夫人常病,因而心绪不甚佳。章嘉乐忽来,与别将三年矣,今在空军中为无线电员,颇辛劳。据云我国飞机能陆空通讯,犹是最近一年来事。前此则飞机升空,陆上即无法与之联络也。

独至春熙路,入商务书馆晤张屏翰。据言书籍日少,后至不继,恐有无书可卖之一日。而书籍又将加价,其成数为三倍有七云。

三月三日(星期一)

到馆,成稿千余言,今日起写阅读《孟子》之指导大概也。到家,无酒,夜饭后仍看字典稿。

二官三官到光华附中注册交费,两人共一百五十元,尚不算大。若在校膳宿,便须六百元光景也。

得东润一信。积信已多,明日拟作复矣。

三月六日(星期四)

上午续作稿,得七百余言。午后看字典稿。

得上海来信,丏、洗、村、伯、调皆执笔。余人兴致皆尚好,唯丏翁总不免有衰飒语。此非劝慰所能为力也。

三月七日(星期五)

天晴好,到馆甚早。作稿顺利,至下午三时得千四百言。遂早退,缓步而归,闲眺弥望之菜花,与偶尔从竹树中露出之李花,心意安舒,足力不觉其疲。

小墨今日归宿。彼于一星期内亦作字典稿数十页。余之校阅将应接不暇矣。

三月八日(星期六)

上午缮写日来所成稿。

午后看字典稿,忽感心烦,则出观三官捉虾。三官赤足入溪沟,以竹箕自树根下芦根下舀取,每舀一次得小虾十数只至数十只。余自岸上受之,移入盆中。虾与下江所常吃者不类,殆是所谓"糠虾"也。一时许得半盆,携归以酱炒之,夜饭时食,亦复可口。

夜仍看字典稿,九时睡。

三月九日(星期日)

上午看月樵借余之各种国文课本,殊无所得。语体文实鲜完美之作,文言则大都不切于现代人之生活与思想。以前余亦编过几部国文课本,今日视之,当时实极草率马虎也。

午后与二官入城,晤雪舟。雪舟言冯月樵以开明在此自设门市,提议收去其店,而全数盘与开明,为此函雪山,请其来此商酌云云。得佩弦、东润各一书。六时返。

三月十日(星期一)

到馆看教厅拟稿一件。作稿千言。得复旦吴校长电,招余为教师。此是硬要余出一笔复电之费,岂有应招之渝之理乎?

报载美国议院已通过租借军火案,此后美总统有权将军火租借与其所欲援助之国家。我国当可以此而充其军实也。

今日作大风,天又转寒。归时林树凄迷,望而有萧瑟之意。

小墨同学潘甘泉之夫人以今日搬来,住我家对面厨房旁之二间。潘夫人亦将编字典稿,由雪舟供给薪水。

三月十一日(星期二)

竟日伏案,将欧阳修《五代史·伶官传序》一文加以注释解明。解说之体例略如《精读指导举隅》,而无其详。将来积若干篇,可以付印,供自修或教学之用。然一天工夫未能作毕一篇也。

三月十三日(星期四)

续作文稿,神思不属,仅得四百言而已。

同居农人张青云为人控告吸烟(其人前大概是吸烟的),于前数日被拘于县府。今日得保释出,披红布而归。到门,放爆竹。夜间延道士敬神,锣鼓声喧,系被除不祥之意。农民于被冤之狱作如是观,可记也。

三月十四日(星期五)

晨至馆中,作稿三四百言。

得望道信,陈子展信,皆劝说之辞,招余往复旦。又得吴校长第二电,已由子杰代复,言余不能去此。忽然来此缠绕,使余多写些信件,亦无可奈何也。

十一时,忽传警报,余遂循野路而归。至张家碾,闻高射炮与炸弹声,声在南面,大概敌机炸飞机场也。即止步,伫立于一农家土墙下。敌机久久不去,炮声弹声继作,历一时许而止息。余到家,大家皆盼望久矣。

饭后续作稿,亦仅得四百言而已。灯下仍看字典稿,九时半睡。

三月十六日（星期日）

上午看《孟子》，殊无所得。雪舟午后派人送来歌川、佩弦二信，并带来十二家书店经理公请王云五先生邀余作陪之请帖。王今为参政员，以赴重庆开会，会毕来此游观，且视察商务书馆业务。余久不与面，自当一往。

四时入城，至陕西街闲坐。六时，赴姑姑筵菜馆。不久，宾主咸集。王先生须发如银，而精神壮健似胜于昔，哈哈之笑声令人起劲。其年实亦不老，今止五十四耳。谓余颇见苍老，诚然，三年以来，余之外形殆如过了十年矣。子杰、颉刚亦在座。颉刚夫人近又病，膀胱炎、肾脏结核，入医院已兼旬。势不甚凶，而痊愈殆已无望，花费甚大。闻之叹息。

姑姑筵为此间最贵之菜馆，属于其系统者凡四五家。今夕之菜每席二百元，犹是起码者也。烹调确不坏，浓者清者皆有味，少用辣，与一般川菜馆异。

八时半出城，乘一鸡公车，借星光而行，路上遇行人殆不满十个也。

三月十九日（星期三）

到馆甚早。又得子展两信，皆催余动身之言，其意甚殷，然未免一厢情愿。即作一书复之，告以事实上种种困难，不克去此而之渝。作稿尚顺利，至五时离馆，得千余言，中间且消费一小时于馆务会议也。

返家以步行，得一小路，较近。日来各村中皆李花盛开，树多者，望之甚有味。桃花、樱桃花则颇少。余室之南有一大梨树，高三丈，亦作花。

得上海信，丏、村、伯、调皆有长书。夜看字典稿。

三月二十日（星期四）

上午作书致丏、村、伯、洗、调、蕉，共约四千言，合编为蜀沪第五十号信付邮。

十时后又传警报，未及午后一时而解除。二时入城，在公园中吃茶。面对海棠十数，光艳可玩。旋至陕西街，与雪舟闲谈。

四时，至督院街教育厅，出席检定考试委员会会议。所谓检定考试，系试验不具普通文官考试高等文官考试资格之人，而与以凭证，俾得应考。余所任者，为普通检定考试国文科之出题与阅卷事务。应试者以具有高中毕业程度为限。考期在五月间，距今尚远。委员共有二十人以上，但到者仅五六人。传观一些章则,即散会。

郭君今日交余三百元,谓是作杂稿之酬报,意在补贴。却之不可,只得受之。

三月廿三日(星期日)

昨夜雨,初闻轻雷。晨起作四信,致东润、歌川、孟实、通伯。

前约佩弦以今日来此,买一鸡一豚蹄款之。佩弦以十时至,闲谈无序。中午饮酒,尽两瓶。四时去。虽同处一地而相距甚远,此会亦难得也。

三月廿四日(星期一)

天有雨意,路亦未干,不到馆。

晨作一书致吕叔湘君,请其为馆中编《文法指导举隅》一书,若蒙答应,自必不坏。

续作文稿,至晚仅得千言。夜仍看字典稿一小时。

三月廿五日(星期二)

续作稿千言,午后二时毕,《孟子》指导全篇终了。一篇历二十三日而成,仅万数千言,亦太迟缓矣。夜看字典稿,直至九时。

三月廿六日(星期三)

今日为子杰作演讲稿。彼往各处中学演讲,讲稿多他人代作。讲稿自较容易,可以信笔书之,但同舍各家小孩哭闹,心思不定,仅得千五百言而已,俟明日续作。

午后与满子同出捉虾,历两小时,所获甚多。回来四人同捡,剔去污泥草屑,又一时许,倦乏甚矣。

夜看字典稿。

三月廿七日(星期四)

本星期未到馆,今日虽非自定到馆之日,亦复一往。竟日续作讲稿千六百言,尚未完。归途中觉头脑昏胀,举步沉重,有病意。至化成桥,乘车而归。

得信甚多:计颉刚两信,言其夫人病似有减轻意,将赁屋城中,以便医药。吕叔湘一信,言愿为馆中编稿。方欣安一信,托买书。马文珍一信,附来近拍小影。郑若川一信,托为留意其将来之就业地,并录其试作词稿嘱改削。

途中见农人种甘蔗,即以甘蔗横田中,以土掩之。想来将来即于每节间透出新茎也。

三月廿八日(星期五)

身体疲乏,懒得到馆。在家续作演讲稿,至下午二时完毕,得千六百言。全篇约五千字,命题为《求学的目标和方法》。将以下星期交与郭君。

三月廿九日(星期六)

上午看字典稿。

午后,至华西坝访吕叔湘君,虽初见,谈话亦随便不拘。君于国文英文教学均极关切,现在华大研究所,研究我国语文法。托其为馆中编《文法指导举隅》一稿,当承应允,云二三月内即可完成。谈一时许而别。

入城,至公园看花。海棠将谢,紫藤碧桃方盛开。在祠堂街菁华国货公司遇黄幼卿,方自重庆来,批购各种书籍,与谈半小时而后归。

三月卅一日(星期一)

到馆,竟日看丏翁所译《爱的教育》,盖预备作此书之略读指导也。此书曾看过数遍,尚能约略记忆,故不须缓读。到晚,看完三分之二。

夜饭前饮昨日祀先所沽之干酒。干酒性不和平,饮后头作胀,口渴。

四月(选录二十三日)

四月一日(星期二)

晨起作一跋文,跋美国大学生竞赛得奖之三篇论文,题为《中国前途与美国之利害关系》。此三文由人译出,月樵拟为之刊布,跋文即月樵所托也。全篇凡八百余言。

灯下作一短文,取古谣中之《三峡谣》而解释之。此盖从子杰之意,将选古诗歌之浅近有味者供小学生讽诵,此不得不加以解释,供教师参考。余此作仅示其例,其他将使他人为之。

四月二日（星期三）

到馆，上午看完《爱的教育》，下午出席馆务会议。出两题为统计人员考试之用。

陈子展又来信，约下学期往复旦。再作书谢之，他们没有想到一家人迁徙何等麻烦。依余之意，苟非战事完毕，东归故乡，不愿离成都矣。又作一书复方欣安。

到家，身体乏甚。夜看周谷城所著《中国通史》数十页。此书亦开明出版，与吕思勉所作殊不相同。

四月四日（星期五）

到馆，开始作《爱的教育》之指导大概。因须略述意大利建国情形，取何柏丞所编《高中外国史》观之。得稿千二百余言。

午后三时狂风骤至，天转阴晦。明日是清明节，殆所谓清明风雨矣。归家时行田野间，尘埃扑面，如在北方。

得昌群书，颇念余近来生活状况，殊可感激。灯下与二官三官杂谈文事，二人皆有所悟，为之欣然。

四月五日（星期六）

昨竟夜雨，今晨天气寒甚，冬令之衣又皆上身。都江堰开堰已三日，水流今日始达此间，门前沟中汩汩而流。

作书复昌群，附去一书致晋生，二人同事，且比室而居也。看字典稿，至下午五时歇手。

二官三官小考已完毕，下星期放春假。

四月六日（星期日）

上午入城。访月樵，未遇。访颉刚于青莲巷边疆学会，亦未遇。至陕西街小坐，然后至子杰家。每年暑假，例须举办中等学校教师暑期讲习会。此举劳费甚多，而成效罕见。子杰拟改为通信讲习。今日之会，盖筹议国文科之通信讲习办法。以陈斠玄、佩弦及余三人为主客，又有教厅秘书主任章君，科长宋君，及云波、陈廷瑄二人。先为午膳。膳毕，佩弦与余至斠玄金女大寓所，商定三人各拟切实一点之研究题目五个，并规定研究办法，指示参考书籍，请国文教师择一研究，以结果撰为论文。

三时，与佩弦自新南门入城，闲行街市，随谈不拘，颇适。又品茗于茶楼而后别。到家已六时半矣。

四月七日（星期一）

晨到馆。馆中新任一田女士，指定专令助余者。其人毕业于西北师范学院，曾任中学教师，未知程度如何。且令试作《课外阅读书目提要》及《小学生诗选》之选辑工作。

余续作文稿，到晚得千二百言。

四月九日（星期三）

到馆。上午看统计人员考试卷，计二十五本，无一较可观者。最坏之卷，简直不知说些什么。论此等人之程度，皆高中毕业或与之同等者也。午后续作稿，得七百言。

夜饭后，小墨归来，言明日将去设法买米。近来米价大涨，已至四百元一石，犹无米可买。平价定二十六元，唯挂牌子，器中无一粒米也。其故何在，余亦不甚清楚，总之为目前最严重之问题也。

四月十日（星期四）

缮录昨所作文。继续选国文教材，得二十篇光景。满子入城，携归彬然一信。言作文之人离去桂林者多，《中学生》杂志得稿困难。

小墨三官至苏波桥买米，一石值三百七十五元，又加鸡公车运费五元。云幸未遇宪兵，否则将为拘去，盖不许人多买，每人以买五升为限，多买即有囤积之嫌也。此种办法，去统制原理尚远。我家得此一石，旧存尚有五斗许，可以支持至八月初矣。

今日为小墨生日，夜餐"打牙祭"，吃面。余更吃绍酒半斤。

四月十二日（星期六）

晨早起，食毕，入城，至青龙街考试委员会办事处，盖前此录取之统计人员，今日复试也。据称此次成绩极坏，投考者二十五人，算学英文得零分者且不少；

余所阅国文卷,实亦像样者寥寥。故初试仅取五名,其中仅有一人,平均分数超出六十分而已。九时,此五人者应各科之口试。余略与提问,所答或笼统,或全不着拍。结算下来又斥去一人。考试一阵录取四人,犹是勉强迁就者也。

在会中吃饭毕,步行至陕西街。雨岩沽大曲买花生米饮余,与共饮一酒杯。

二时回家,风甚肆,面目衣履皆沾尘埃。牙仍作痛,且延及上颚之右方,殊不痛快。

四月十三日(星期日)

月樵屡言欲出国文选本,今日想定,先以精读文选一册与之。皆取文言名作,为之详注,略谈作法,供教科或自修之用。遂出云彬昔所注《荆轲传》,为之增补注语。又取已所注《〈伶官传〉序》及《陇冈阡表》,亦为加详。三篇完毕,乃费竟日之功,体疲神倦矣。若积四十篇,当可印一册矣。

四月十四日(星期一)

到馆。田泽芝女士以所作解释李白《静夜思》之稿交阅。文殊不佳,语句亦多毛病。渠师院毕业生也,而成绩如是,大可虑矣。

作稿至傍晚,得千数百言。灯下注《孟子》一章,未毕。

闻米价益高,一石至四百五十元矣。

四月十五日(星期二)

竟日伏案,共注《孟子》一章有半,又邵长蘅《阉典史传》一篇。于《孟子·鱼我所欲也》一章,自觉甚为满意。

今日午前,有穷苦妇女孩子二三十人,携筐来同居张青云之田中摘取蚕豆。经张家央劝,始往西而去,未将田中蚕豆摘尽。据闻此等事四乡都有。非特米贵,有钱亦无从得米,宜有此现象也。不知当局将何以善其后,思之可危。

四月十六日(星期三)

晨到馆,于化成桥又遇摘蚕豆者,人数殆有五六十。保长好言劝说,彼等各摘相当数量而去。

看报,知苏联与日本近订中立条约,共同尊重满洲国与外蒙共和国之主权。苏联出此,殆由于实际利害关系,然与前与我国所订之互不侵犯条约有抵触。我外交当局因有于我不生效之宣言。此举或与世界大局及我国前途至有关系，然余不能为推测也。

续作稿，不顺利，仅得三百余言。遂停手，以缮录前所作稿为遣。傍晚回家。

小墨来，言南门已发生抢米事件。运米车经过，妇人稚子持小刀，割破米袋而取之。

今日母亲寿辰，夜间吃面。

四月十七日（星期四）

晨起伏案，至于夜九时半，注《汉书·苏武传》一篇。仅于傍晚时与墨及三官、满子出外闲行而已。农人已下稻种，较早之秧田中已有星星之绿。菜子已买，麦亦吐芒，新竹方抽条，野景颇不错也。

四月二十日（星期日）

仍坐竟日，注毕《范滂传》，又注恽子居《张惠言墓志铭》一篇。

二官等入城，带回佩弦一信，有所拟通信研究题目，比陈斠玄所拟切实多矣。又示余两诗，皆工稳，颇思和之。灯下作书复佩弦，约以星期四往看之。

四月廿一日（星期一）

到馆。将陈斠玄交来问题，为之改易，拟成三题。加入佩弦五题，共八题，即交与云波，算为交卷。为田女士改稿一篇。作一书致颉刚。午后，缮写前所作稿，未续作也。

二官三官以天气渐热，回来吃午饭不堪烈日，今日起包饭于校中。至暑假尚有十二周，两人纳费百有六元，以今日言，其值殊不贵也。

四月廿三日（星期三）

到馆，改田女士稿两篇。实如余自己作，彼不过司缮录而已。昨日作注疲甚，今日无兴作稿，遂以阅书为遣。

佩弦屡示与萧公权和韵诗，余不觉技痒，亦和其韵作一律，以《近况》为题。灯下校点前日所作注释，至九时而休。

四月廿四日（星期四）

农人盼雨已久，昨夜得雨，今晨亦雨，可喜也。

竟日伏案，注退之《画记》一篇，又子厚《永州八记》之第一篇。

今日二官二十岁生日，满子冒雨往青羊宫买面，买一鸡兼买杂物，一次即用去二十多元。回来乘鸡公车，据车夫告伊言：饭店中饭每碗一元六角，独吃吃不起，则合两人往，分吃一碗，聊以充饥。又言平时不觉得，今日之饭乃特觉其甘香。家中妇女则以一撮米和菜煮之。其母谓之曰："你要推车，不能不吃点饭。我们在家，吃点米汤可矣。"尝一日不吃饭，果然，推车无力，举步不得。——此等语酸楚，特记之。

傍晚吃面，小墨特回来同餐。

四月廿五日（星期五）

田中得雨，麦秆禾秧俱有新鲜之气。

到馆，为田女士改稿二篇。身体疲困，似有病意。午后仅作文八百言而已。

回家，得欣安、雪山、云彬、彬然、元善夫人、刘英士之信。雪山言开明已决定于桂林设一西南总办事处，由洗翁主持，以便在西南谋发展。宋、傅二君告余以文化供应社情形，亦欲谋发展出版事业。元善夫人言元善既退出政界，近在一糖厂而制酒精者服务。刘英士则为所主持之《星期评论》索稿也。又，陈礼江再来信索稿，甚抱歉，无以应之。

日来敌扰浙闽甚猛烈，宁波、温州、福州相继失守。苏日订约而后，敌或撤其在东四省之军来增援。此后战局，殆又将入于紧张阶段。欧洲方面，南斯拉夫已被灭，英希在巴尔干似未能支德之猛攻。观察家或谓欧洲大陆有被希特勒统一之可能。美国备战颇亟，或亦将卷入漩涡。此后世界局面将演变至如何状况，正未可知也。

四月廿六日（星期六）

八时进城，至陕西街闲坐。雪舟、雨岩等谈所闻关于现局之消息，闻之不欢。

十时辞出，剪发。访月樵，未遇。独饭于邱佛子。遂乘车至佩弦所。其夫人为余在友人处买得白布一匹,价一百十六元,比诸市价,便宜近二十元矣。佩弦近耽诗,谈诗甚多,且作一五古赠余。二时,携酒至望江楼,登楼啜茗,继之小饮。此会殊难得,不欲遽去也。五时,乃分手而归。

四月廿八日(星期一)

昨夜大风雨,半夜闻之,如在大海中。晨起,庭中积水成池,雨犹未止。遂不到馆,将前所注文篇点句分段,即此消磨时日。

午后三时许放晴。小墨归来,于报端剪得关于元善之事一则。其启事颇有味,文曰:"善遭奇遇,音讯传播,及于四方。渥承远近亲朋,垂问慰勉,情殷意切。一月二十八日后,复承知好惠我多资,邀作山居。知我爱我,谢无可谢。二阅月来,安适自在,为二十五年来所未有。唯时非贪安之时,人非可闲之人,爰拟参加生产,暂托身心。三月十六日后,通信请寄沙坪坝重庆大学内雍园。"

灯下,出普通检定考试国文题四则。与墨共选国文教材,至十一时始睡。

四月廿九日(星期二)

仍懒于到馆。晨起注子厚《永州八记》,至午后六时而毕。

上星期六与佩弦游望江楼,意有所怅感,今日作成《采桑子》小词("廿年几得清游共,……"),书寄之。

四月三十日(星期三)

到馆,改田女士稿三篇。又补充前为子杰所作讲稿。作书致陈礼江、刘英士,皆言不暇作文,请其原谅。

得通伯、东润信,于米价之高涨,社会秩序之不易维持,皆深忧虑。云波为余言关于社会及军事之所闻,闻之悒郁不舒。余恐今后将长此悒郁矣! 归家,与墨相顾而叹。

灯下,看墨所注国文一篇。

五月(选录二十六日)

五月一日(星期四)

竟日注顾亭林《与友人论学书》。

傍晚,作成仿古乐府一首,书满子前日所闻车夫语也。《国讯》方面久未寄稿,即书此寄之。诗题曰《半碗饭》。

五月三日(星期六)

竟日注《史记·信陵君传》。午刻传空袭警报,历两小时而解除。二官于午后发疟疾。余与墨及三官亦皆服奎宁粉。

日来邻居农人皆收菜子。门前田中皆灌满溪水,预备插稻秧。杜诗"舍南舍北皆春水"一律,仿佛为我居咏也。以前捉虾之溪,水盈溢,下落于田沟,其声轰然,昼夜不绝。

五月五日(星期一)

今日为孙中山就任非常总统纪念日,学校放假,料馆中亦放假,遂来往。上午作书复云彬、彬然。写蜀沪第五十一号信,答开明诸翁。

余左下颚臼齿根又作痛,去冬寓灌县时作痛,即其处,精神不佳。四时,与墨及三官循田岸闲行,至于光华门首,天晴,眺望颇佳。晚饭后,于门首西望,见青山一带,为前所未见。询之农人,谓是灌县以上之雪山,距此二三百里矣。今日空气之清,可以想见。

五月六日(星期二)

到馆,上午改田女士稿二篇,下午改王冰洋君稿一篇。

午刻觉身体略作寒冷,旋打呵欠,腿酸,头胀,转而发热,或又是疟疾作矣。步行至化成桥,始得坐鸡公车。到家即脱衣而卧。

五月七日(星期三)

昨夜微出汗,今晨热退。身体感疲倦,休卧闲看杂书为遣。午后入睡两小时,醒来颇舒适。

得杨人楩信,附来一稿,投《文史教学》者,即作一书复之。夜早睡。

五月八日(星期四)

晨步行到馆,馆中无一人。寻得一馆役询之,知今日为馆之成立纪念日,故放假也。馆之成立已两周年,而成绩似无可指称者。以余观之,实徒多一衙门耳。以余所居之第二组言之,同事十余人,能力均弗甚强,于教育皆无甚兴趣,遑言造诣,而欲以之推进教育,岂能如愿。美其名曰"教育科学",实则据"教育"之名而吃饭也。欲求奏效,宜确定计划,多聘真正之专家,群以全力赴之,而不视为衙门。然余何能为子杰言之乎,彼亦未必有此理解也。

归途仍以徒步,空气清净,雪山皆现,山顶之雪可见,云缭绕之,至可玩。且看且行,不觉途远。

下午,注《正气歌》一篇。

米价每石超过五百元矣,以后将屡屡记之,看它涨到若干。

五月九日(星期五)

晨仍步行到馆。日来农人忙于收菜子,插稻秧,无田劳工多被雇为助力。因而市集上鸡公车甚少,偶有二三轮,则索高价。余唯有不之乘而已。

为田女士改稿一篇,续作稿数百言。

午后传预行警报,谓寇机来者甚多,余遂于烈日中徐行而归。既而雪舟、雨岩诸人护雪舟夫人自城中来,为避警也。雪舟夫人为生产,入城居已半月余,产一男,今后空袭渐多,仍以乡居为便。

得刘英士一信,促作稿。得孟实寄稿两篇,与《中学生》者,即转寄与彬然。并复孟实,附两笔,致东润、通伯。

昨夕一时半即醒,枕上成一诗,即以《偶成》为题("天地不能以一瞬,……"),抄示佩弦,并附以书。

灯下看墨所注文一篇。

五月十日(星期六)

墨与满子至青羊宫赶场,买一鸡,送雪舟夫人,买一鹅,自吃。余杀鹅,助为宰洗之事。

至午,又传预行警报,开明全体又来避难。日来敌机皆炸重庆,三日与昨日,落弹皆数百枚,我损失颇不轻也。

与雨岩、雅巢、文铨打牌,凡八圈,余输焉。他们杀鸡沽酒,邀余共饮。

到夜,我家打牙祭。潘甘泉前日馈余绵竹大曲两瓶,开其一,酌两小杯。竟日未亲笔墨,亦迩来难得之事也。

今日青羊宫米价六百二十元。前日见《大公报》论米的问题，谓症结不在无米，而在人心变态，供求失其调节。囤积者与预购一家足用之米储藏者，心理变态如一。政府若手中有米，可以操纵市面，则人心可渐复于常云。

五月十一日（星期日）

阅墨所注文六七篇。

全家注射霍乱伤寒防疫针（母亲未注射）。以二十元购针一支，九元购药水一瓶，比诸往医院注射省费多矣。

五月十二日（星期一）

晨出门而雨，遂不到馆，而雨亦未久也。

昨日，普通检定考试委员会送来试卷二百三十余本，今日看之终日，尚有五十本未阅。成绩之劣出乎意想之外，文句通顺者，十之一二耳。是等应试者皆高中毕业程度也。题为余所出，一为《文学史家言韩愈倡古文，盖以复古为革新，试言其所以》，一为《发言成辞，执笔为文，古今人无不主立诚者，其故何欤？》二题实平常，而应试者多弗能解也。

五月十三日（星期二）

晨起后，至月樵家中，观其藏书。彼为普益图书馆积书几二十年，所蓄已不少，若整理之，颇可供人一用也。借《明史》一部而归。

将考卷看毕，二百三十余本中，及格者仅二十九本，占十分之一强，可谓少甚。余之批分实甚宽松矣。

午后，墨入城，雪舟、月樵邀之，令佐普益出版部事。傍晚归来，携来红蕉一信；又雪村、调孚各一笺，言雪村之子士敫与伯祥之女清华于五月一日在沪结婚。余为媒人，乃未得临场吃喜酒。又得佩弦信，约余以本星期六入城在公园茶叙。有和余一诗，赠余一诗，又他诗数首。

五月十四日（星期三）

到馆甚早，尚未上班。得丐翁书，谓近来穷愁抑郁，几不可耐，庾子山所谓"人间何世"，深味之矣。颇欲去信慰之，然无可为言也。

午饭后看报，载一惊人消息，德国国社党要员赫斯（希特勒指定为第二继承人),忽自驾飞机,落于英境。德国广播,或谓其自杀,或谓其神经有病。英国所传消息,则言其人殊健全,必有所为而逃。从此可见德国内部之不一致,则可断言也。

为田女士改稿三篇,作稿数百言。

五时,馆中同人邀至宿舍(宿舍中每周有晚会),请余演说。余无可说,则书所作诗词五首,略加阐释,供同人一粲。到家已七时矣。身体乏甚,早睡。

今日同舍张家插秧,招请帮忙者二十八人,每人酬五元,吃四餐,一日之费在三百元以上。农人亦未易为也。

五月十五日(星期四)

上午看墨所注文两篇。午后精神疲乏,不知是身体已衰颓,抑如每年此际之慵倦也。闲看诗词,亦无兴味。

五月十六日(星期五)

到馆续作文稿,为田女士改稿一篇,至午刻头昏眼花,胃欲作呕。强往店中进馒首三枚,馄饨一碗。返馆,伏案上假寐片时,始少觉松爽。身体如此,为之不欢。迄于五时,得稿仅千二百言而已。

二官在校中闻同学言,谓潼关已失守。看报纸,并未提及潼关附近有战事。若潼关果失,则抗战前途殆至艰困,深冀其为谣言也。

五月十七日(星期六)

看墨所注文,孟轺来访,遂搁笔。孟轺在军校任教官,收入太少,不敷应用,拟兼中学功课云。谈幼时同学情形,君谓事隔三十五年矣。

留之吃饭。一时半同进城,余独往少城公园吃茶,佩弦有约也。然待之一时有半而不见至,殆以午刻有预行警报之故。

看报,见潼关尚有电讯一条,昨所闻殆谣言矣。

五时返家。出门一趟,又感疲甚,夜早睡。

五月十八日(星期日)

晨晏起,精神似好些。看墨所注文半篇。饭后睡一时许,起来注史可法《复多尔衮书》半篇,五时搁笔。

满子入城,带回信件。佩弦留开明一信,言昨曾到公园,未遇,怅怅。彼殆到得太早矣。外红蕉一信,《国讯》社一信。

日来蚊虫已多,夜间不复能工作,只得早睡。

五月二十日(星期二)

晨以七时起,亦晏矣。续注《答多尔衮书》。

十时,闻警报。十一时,敌机至,闻机枪声与高射炮声,似未投弹。来者似无轰炸机也。十二时许,机声不复闻,然直至午后二时,始闻解除信号,殆更在近县肆虐也。

今日青羊宫米价,每斗七十三元。涨至千元一石,殆为期还远矣。

五月廿一日(星期三)

晨到馆,续作文稿。

昨日空战,由高射炮击落敌机一架,堕于南门外乡间。然我军则被击落三架,报纸所弗载也。

饭后,与云波闲谈。据言观敌军攻势,似将由鄂西北入陕,此路得手,则潼关方面可以不攻自得。在我方言,若被攻入陕,则西安、宝鸡均难保,至汉中而后可守。至此地步,则前途不堪设想矣。闻之闷闷不欢。

三时开馆务会议。子杰欲多出些书,托余竭力拉人,款可无愁。谓其为厅长不知至于何日,在此任职期间总愿多一分成绩。余实难以如其愿,拉人作稿,谈何容易也。

到家,得彬然一书,催作稿。奈余无心绪何!

五月廿二日(星期四)

晨仍至馆中,因明日拟不去也。作稿九百言而闻警,遂冒烈日急行以归。

敌机于十二时许入市空,初来者为战斗机,闻我方高射炮数声而已。一时后而轰炸机至,飞甚高,望之不见。在南面投弹,即有烟五缕冒起,度其方向,殆是飞机场也。又环飞甚久,然后寂然。直至四时,始闻解除之哨声。

得上海信,伯祥告士敦、清华结婚时情形。雪村、调孚、洗翁亦有信。洗翁以本月十四日离沪至香港转桂,率办事员数人,士敦、清华即在其中,谓迟三四月将来蓉也。即作复书,并复丐翁、红蕉,编列第五十二号。

今日注射第二次防疫针。米价涨至八百三十元矣。

五月廿三日(星期五)

上午续作文稿数百言,《爱的教育》之指导大概完毕。凡万五千言,亘两月有余始了结,可谓迟缓矣。

今日为阴历四月二十八,先父二十二周年忌辰,午刻设祭。

天气热甚,阳光满庭,掩户而坐,犹流汗不已。

下午作诗,答佩弦见赠之作,步其原韵。步韵总不免勉强,自视仅平平而已,不甚惬意也。

五月廿四日(星期六)

昨夜大雷雨,风声如海啸。三间屋漏滴多处,起来移椅搬榻,复油纸于床顶而后复睡。晨起较晏,缮昨所作诗于纸,预备示佩弦。又校阅前所注文两篇。

午后一时入城,至公园,茗坐待佩弦。三时,佩弦来。谈近来大局,种种方面,均有我人不知死所之感。继谈诗词,佩弦示我其同乡吴君入川词《卜算子》八首,境界别开,得未曾有,共赏叹不置。本相约于今夏为峨嵋之游,今资斧弗充,心绪又不甚佳,即此作罢。今生未必得上峨嵋矣。五时半始为别。同处一地而相距遥远,得此一面亦非易也。

到家,知二官又疟作。此病缠绕不已,真无办法。

雪舟家今日开绍酒一坛,遗余一壶,余遂饮三杯。

日来有双燕,时来满子一间之梁间栖止。今日为悬一小木板,傍顶墙,他们或将于此筑巢乎。

五月廿五日(星期日)

上午九时,田泽芝女士来访,将余应得之米一斗二升带来。本月凡公务人员皆得此数,以时价衡之,值八九十元矣。下月有否谓尚未可必。此办法在受之者自觉好得多,但专顾到公务人员而使一般人吃极端高价之米,于理殊弗平也。田女士坐一时许,谓助余工作,颇有兴味;报酬太小,希得加增云。

下午余未有所为,闲看书本为遣。

五月廿七日（星期二）

教厅送来黄任之一束，约余后日入城会面；即作一书复之，告必当如期赴约。此老奔走国事，当可从渠得些消息也。

作《木兰诗》解释，至下午四时得二千余言，尚未完毕。

月樵新生一子，今日开汤饼宴，与墨同往。到即开宴，余饮酒不少。归来已八时矣。

五月廿八日（星期三）

到馆，作完《木兰诗》解释，改田女士稿二篇。午后，看子杰嘱阅之《公民》课本两册（高小用者，全四册，系教厅中人所编）。文字草率，内容芜杂，尚不及书局所编者。余若言其无出版价值，必有多人为之不欢。唯有看过一遍，略为修改，即行交还而已。

下午起有伤风之感觉，殊不适。

到家。同舍张青云割蜂房取蜜，馈我家一碗，尝之鲜甜。

五月廿九日（星期四）

晨早起，七时半入城，至月樵店中。九时，任之先生如约而至。三年不见，精神仍矍铄；近为劝募战时公债，奔走各地，劳顿而不形于色。彼之约余，盖欲招余至重庆编《国讯》。此事前曾谈过一次，今为再提。余即以搬动为难之情形告之，并谢其盛情。旋承告以十八集团军近状，谓本月初，曾见蒋委员长，又与共党重要人物周恩来深谈，皆谓近来殊无磨擦。该军在晋南大约仍参战，唯军械尚缺，须中央接济耳。谈一时许而别。

购一份报纸，全世界瞩目之美总统罗斯福之《炉边谈话》已于前日发表。其中说明美国已全面入非常时期，为保护民主主义，必须加紧保卫，准备牺牲；对于中英两国，将更竭尽方法援助。攻击希特勒主义甚烈，但未提及日本。我国外交总长王宠惠谓此是历史上重要文献之一也。美国此后殆即将参战。我国论者多谓美宜先击日本，肃清太平洋，如此正所以援英，而成功易，费力少。若参加欧战，则比较艰困，胜负之数殊未可必。然以美国人之言论及美与英之关系观之，美国大约取径直援英之方式也。

伤风益甚,喉间非常不舒,似有些热度。到家眠于竹榻,以为休养。

明日是端午,今日我家裹粽,聊以点缀。田女士令人送鸡蛋三十枚来,以粽十枚报之。

入晚,发热,朦胧入眠。

五月卅一日(星期六)

热度已无,呼吸系统仍不舒,体亦疲惫。复兼天热,头脑昏昏,屡起屡睡。

午后三时半,勉强衫履入城,先至陕西街取信,次至青年会,文协假会所于此地也。时钟将五点,不见一负责人。适有关山月在此开画展,就观之;标价甚高,最低者亦二百元。五时半,文协始有人来布置会场,亦复半时,乃开会。先由许君奏琵琶,曲名《十面埋伏》,似不恶。次由余讲演,题曰《写作漫谈》,殊无新意,说辞亦不畅,约五十分钟而毕。用力说了一阵话,身体转觉松爽。乘车到家已八时过矣。

夜眠不好,仅入睡一小时,殆是说话用力之故。

六月(选录二十六日)

六月一日(星期日)

天仍酷热。竟日或坐或卧。思作一词,怀念家园,未竟。小墨又发疟疾,以下午三时归来。傍晚,余注射第三次防疫针。夜眠仍不安,十二时后始入梦。

六月二日(星期一)

晨到馆,朝阳炎热,已汗流不止。看完《公民》教本稿,略书所见,送还子杰。午后益热,馆所单墙薄壁,四无依蔽,如居蒸笼中,闷坐拭汗而已。

归来汗湿衣衫,头昏足疲,洗抹休坐,始渐清爽。

六月三日(星期二)

晨间起风,继之下雨,天气突凉,余又穿棉背心矣。

作书致佩弦。前日所作《忆家园榴花》词,调寄《湘春夜月》,今日足成,即附寄之。

六月四日（星期三）

人仍不爽，强为到馆，改田女士稿一篇。欲自作稿，而头脑昏，不能思索，遂阅《白雨斋词话》为遣。有魏兆铭君来访，以所作新体诗嘱看。

到家，知邹君斐曾来访，以所作悼亡杂记嘱看。月樵亦曾来，以黄任之《苞桑集》诗稿交余。黄意欲余为之删汰，由月樵出版也。

得上海信，伯、村、调三人执笔，共言丏翁近已愿受开明之薪，且欲为编辑工作，意兴似有转变，皆为欢快。又得彬然信，仍催作稿，殊觉愧对。

晚餐后即睡，又发热。午夜出汗，热退。

六月五日（星期四）

伤风犹未愈，体仍不适，看君斐悼亡文两页，不耐再看下去。

一时入城，至陕西街看报。三时至华西坝中国银行支行晤君斐。彼将往重庆服务，悼亡文托余代为设法付印。

四时至协合高中，晤卢剑波，少坐即演讲，听者约百人。仍谈国文之读写。听者皆若有会，自觉亦较满意。谈一点二十分而毕，乘车到家，已七时矣。

得佩弦一信，约星期六在公园吃茶。又接元羲喜柬，本月十五日在灌县结婚，新娘姓胥。

六月七日（星期六）

上午看邹稿两页。改田稿未竟一篇。写上海信，复伯、村、调、丏，编第五十三号付邮。

午后一时半，与二官、三官入城，至公园吃茶，候佩弦，候之至四时半犹未至。谅余看信误会，彼所指殆是下星期六也。遂归。灯下作一书致佩弦。

六月八日（星期日）

晨看邹稿二页。得马文珍书，前得其一书犹未复，即复之。又作书致子杰，请其为小墨、郑若川留意，有无相当职务。

小墨服务之中央工业社，酒精尚未能出货，据称其毛病在蒸馏塔。塔系厂长自行设计，选用之铜板有砂眼缝隙，焊合复不得其法，蒸馏时遂到处渗漏。而资本已尽，改造更无力量，殆将倒闭矣。自营小工业在今日本属要图；然如是草草从事,亦复何益。不用现成机械,自为制造,亦今日必循之径。而事前设计弗能周密,发见弊病又无法补救,实人力未尽之咎也。若多数工厂皆如是,大可悲观也。

饭后入睡一时。起来看魏君新体诗稿,皆极肤浅之抗敌言语,文字多不通处。如是作品且欲出版,实太难矣。恐其不能自觉,将不通语句逐一指出,书满一纸。又作书告之,谓不如勿谋发表,以免后悔。此君在崇宁女子职业学校教史地,思之怅怅。

傍晚,与墨及二官杂谈文艺教育,意颇畅适。

六月九日(星期一)

晨到馆,见桌上二信;一为吕叔湘所寄,告"文法指导"已成八章。一为钱宾四所寄,介稿一篇投《文史教学》。即将该文读毕,与云波商定刊用,遂作书复宾四;同时附一笺致颉刚。改田女士稿一篇,看邹稿二页。午后,余续作《陌上桑》解释,得七八百言。

报载重庆近日空袭时,大隧道中闷死多人;归来闻二官言,有人谓人数逾万,此大惨事也。蒋委员长大为震怒,特派要员严查此事。

六月十日(星期二)

上午,将《陌上桑》解释作完,全篇三千五百言。饭后,入睡一时。

有金大学生李军者,记录余在文协讲辞,交开明转来。即为之修改。余之讲说未必畅达,李之记录亦欠精密,以故殊不易下笔;改半篇而止,待明日再改。

六月十一日(星期三)

到馆,改田稿两篇,将演讲记录改毕,便是一天工夫。

作书复吕叔湘,约于下星期二在陕西街相会。

归途听鸡公车夫言,饭吃不起,吃面不得饱,身体无力;为之怅怅。

六月十二日(星期四)

朝,床中感轻微之地震,约三四秒钟即止。

代子杰作《科学教学季刊》之发刊辞,八百余言而已。

六月十三日（星期五）

到馆，开始作《小学生诗选》之序文，成五百言而止。十二时回家。

今日雪舟生日，兼为其新生儿开汤饼宴，招邻人聚饮。菜系自备，材料之值将二百元，仅得两席而已。有金华火腿、江瑶柱、鱿鱼，皆疏阔久矣。

得佩弦信，言明日必出来吃茶。得吕叔湘信，恐前信未达，再约见期。又得周联君一信，不相识者，问读书之事。

六月十四日（星期六）

晨起作一小诗贺元羲之婚，云："嘉耦双璧人，青庐胜莫比，开帘玉垒云，凭栏离堆水。"殊无意义，迹近敷衍。即付电局发出，明日是其吉期，当可到也。

午后一时，离家入城，至新西门而忽传预行警报，只得返身而归。旋闻空袭警报，三时方解除。与佩弦之会又之成"黄落"，可谓缘悭。即作一书与佩弦，约十七日三时半在公园吃茶。又作书复周联。

天久不雨，高地插秧为难，今年旱象已成矣。

六月十五日（星期日）

晨起为三官剪发，剪了两小时，而参差不齐，望之难看，聊省一块钱而已。

午后睡一时许，未熟寐。起来作毕《小学生诗选》序文，全篇千言。又作越谣歌《君乘车》一首之解说，得千余言。

今日雪舟之长女入城，带回佩弦所留之《史记菁华录》一部，代余买者也。可知彼昨仍往吃茶，恨未于警报解除后入城，致失此良晤。又附来前此所见吴徵铸君之《卜算子》八首，系佩弦代向吴君索取者也。重读一过，佩羡无已。

六月十六日（星期一）

昨日晚饭后觉身体不舒，闭汗，腿酸，墨为我刮了满背的"痧"。就睡时发热，半夜出汗退凉。此非疟作，殆是前两日中午野行受了热，又因疲劳之故也。

今晨起来，体觉疲软，天又似有雨意，即不复到馆。上午作《大风歌》解说一篇。饭后入睡一时有半，极酣适。起来又作《易水歌》解说一篇。两篇共二千余言。《小学生诗选》已有五十篇光景，可以成一木矣。

六月十七日(星期二)

昨夜雨,但仍到馆。泥路难行,拄杖徐进,幸免倾跌。至化成桥,得乘鸡公车。天又下雨,张伞而进。

到馆,校阅《小学生诗选》缮清稿,半日尽其小半。

午刻,坐人力车进城,车价二元半。饭于邱佛子。饭毕,至开明办事处。二时后,吕叔湘如约而至。以所撰文法稿交余。共八章,为上编,名《词句论》。尚有下编,名《表达论》。与谈文法,颇多沾溉。其论"弗""不"之别,"毋""勿"之别,皆绝精。三时半,与共至公园,候佩弦,而佩弦不至。五时,分别各归。

余自新西门到家以徒步,泥泞益甚,鞋底沾泥,重一二斤,寸寸前移,疲惫极矣。

灯下看吕稿一章,甚可观。

得魏君一信,于其诗稿不自知其无聊,而谓人于其诗所见不一,意若谓余不懂其诗者。

六月十八日(星期三)

正欲出门到馆,忽下雨,遂留。看吕之文法稿,半日而毕。此稿文言白话并论,扼其要点,所见皆切实有用。但恐教师学生无此耐性细读,不能从此书得益耳。

午后,续看君斐悼亡文稿。云波及吕朝相将往松潘一带考察,馆中同人于今日下午开茶话会饯之,未及参加为歉。

六月十九日(星期四)

晨有雨,如下江黄梅天气。不知何日得晴,只得到馆看看。未得乘车,泥泞之途,行之不易,乏甚。

案上有丐翁一书,其意似少解,谓将做些笔墨工作,与余将《国文百八课》五、六两册编成。坐定,校阅《小学生诗选》原稿,半日而毕,与吕君文法稿同交出,均可付排矣。张云波出外考察,期以两月,其主任之职,子杰嘱余代理,大约是挂名而已,漫应之。

晚归,携回本月所发公米,乘鸡公车直达。足力虽不致酸,而腰背酸矣。

二官又发热。彼日内将应学期考试,做功课积劳不得休,致身体不能佳健。学校功课究竟有何意义,殊不可究诘。今令二官三官入学,习这些功课,亦无非随俗浮沉而已。

今早吃炒豆,右上颚一臼齿中裂,不复便咀嚼,嚼即作酸。于是左右两面臼齿俱不能利用,以后吃东西,殆将囫囵吞咽已。

六月廿一日(星期六)

上午仍雨。作邹君之夫人传一篇,无话可说,才五百字耳。

林雅巢自城中来,带来佩弦一信,约余今日茶叙。又有彬然一信。

饭时雨止,且有阳光,遂与雅巢偕行。赤足着破鞋,拄杖而行,屡欲滑跌。至罗家碾,得鸡公车,车夫亦不敢走大路,绕道循小路,泥泞较差。至陕西街,洗脚易皮鞋,遂至公园吃茶。

少顷,佩弦至,相左三次,今得会面,殊感欣慰。佩交余所为《〈唐诗三百首〉指导大概》一篇,长二万余言,详密之至。又示我萧公权、吴徵铸、施蛰存三人诗词。闲谈至于五时半而别。

阳光照了三四点钟,路即较干。到家,得雪山一信,意欲邀余至桂林,主持开明编辑部事务。余何能再谋迁徙乎。

六月廿二日(星期日)

晨作书致君斐,以其夫人之传寄之。

九时闻警报。十时后敌机经过,未炸,但闻我方之高射炮而已。十二时解除。

饭后入睡一时许,起来注前所选颉刚之《中华民族是整个的》一文。其文甚长,至晚仅注五分之一而已。《抗战国文教材》,月樵既有意而无意,余遂亦无兴再弄。昨彬然来信,云其文供社可以出版,复续为之。然心绪不佳,意兴阑珊,未知果能完成否也。

闻人言,此次重庆大隧道惨案,就死者身上检下之公务员证章即有七千,手电筒亦七八千,可见人数之多矣。

六月廿三日(星期一)

晨到馆即闻"预行"。闻人言昨炸三处,雅安几乎烧光。得叔湘一信,校正其稿之错处。余已代为校正,即寄一信复之。

九时半闻空袭警报,余不拟跑归,与吕朝相君偕至附近防空壕躲避。及闻"紧急",见敌机八架飞过,甚高,未投弹。我方高射炮亦数发而止,旋即寂然。坐地疲甚,直待至午后一时始解除。

进点心后返馆,又传"预行",余不愿再入防空壕,乃徒步而归。足力不济,越走越累,到家休卧一时。起来续注颉刚之文,到晚而止。

近来蚊虫已多,入夜即不能安坐。点土制之蚊香,其气味刺鼻,殊难受,只得早早钻入蚊帐中耳。

六月廿四日(星期二)

昨又一夜雨,今日雨半日而止。下午放晴。

晨起续注颉刚文,作书致东润、通伯。

饭后睡一时,起来排次《抗建国文教材》,共得今古文四十一篇。观香港《大公报》寄来之文艺副刊。

雪舟自城中归,言德国与苏联以前日开战,调动大军至四十万。苏联应战,出乎意料,不免少少吃亏。以常识论之,此当有利于英美,可以透一诱气,充实准备,应付德国。而德竟不惧多树敌,亦复不可解。德苏于前年曾订不侵条约,两年来彼此似颇有交情,而一旦翻脸,立以兵戎相见,国际信义至此扫地矣。

六月廿五日(星期三)

到馆,得斠玄信,谓欲招余至金女大为教师。得通伯信,托余代汇家属费用至上海;但限期即为今日,不能便入城,只得俟下月汇出矣。得颉刚信,系自重庆所发,彼方出席边疆教育会议也。即作书复斠玄,告以不拟复为学校教师。复通伯,言款未能汇出。

今日开始作《呐喊》之指导大概,头脑昏昏,又是每年黄梅时节之常态,实无心构思,得四百言而止。下午,开馆务会议。茂如适来,报告华阳中学一年来之概况。据谓颇可乐观,校风确有异于前。下学年将以新教材实验新方法,实做

"实验中学"云云。

今日起,二官三官校中学期考试,二人灯下预备,早起预备,看了使人发闷。星期五考毕,即放假矣。

六月廿六日(星期四)

晨起作《抗建国文教材》序文,至下午三时完篇,约二千言。

满子自城中归,带回信三件:一、君斐复信;二、上海信,伯祥、雪村、调孚执笔,前余去信有郁抑语,皆致慰;三、李军信,附来小稿,嘱阅看。

又带回今日报纸,知德苏战至烈,波兰北部尤甚。英苏已开始军事谈判,英外相表示欢迎苏为击溃德国之盟友。美总统则提出保证,决以全力援苏。日本尚未表示态度,彼与德有三国联盟,与苏有中立协定,又需斟酌其间,取最便宜之途径,亦不甚容易决定态度也。

六月廿八日(星期六)

晨起作广播讲稿。教厅每星期在电台有广播节目,子杰嘱余作一稿,定题目为《怎样学习国文?》至下午三时,得二千余字,神疲不耐续作,只得俟明日完成之。

小墨回来,言日来城中贫民成群结队,抢劫米面铺及小食铺者甚多。有一二家银行亦被攻击,非欲抢钱,盖为泄愤。米贵至此,一升将近十元,教贫民如何为生。思之可忧。

六月廿九日(星期日)

续作讲稿,至下午三时而毕。今日得三千言。田女士来,以所成《学生阅读书目提要》稿一篇交余阅看。留之吃饭,至四时后始去。

二官、三官入城,带回佩弦、昌群、君斐之信各一件。昌群将自三台返马边,不日过此,云下学期又拟至昆明西南联大,其人真好动不好静矣。

雪舟言近来小工厂多停工,商店亦不景气,皆受米贵之影响也。

七月(选录二十四日)

七月一日(星期二)

续作《呐喊》阅读指导,天热,神思不属,得七百言而已。

封缄《抗建国文教材》,以明日连同昨所作书,寄与彬然、云彬。

七月二日(星期三)

流汗到馆,竟日流汗作稿,居然甚顺利,得二千五百言。

云波以明日动身,同行者七人,中有电影员、医药员。边民不知卫生,饷以医药,自属善计。然医药员走后,边民仍无从获得医药,且知有其事其物而求之不得,失望更甚。仅为流动之宣传,余以为实无意义也。

得孙伯才一信,言巴蜀学校仍勉强支持;勋翁患黄疸病,渐见衰老云云。

报载德、意、罗马尼亚三国承认汪精卫之伪组织,我即撤回驻该三国之使节。目前侵略阵线与反侵略阵线益见分明,彼三国之出此,固无足异,亦于我无甚影响也。

七月三日(星期四)

今日续作《国文随谈》,彬然已屡来催索矣。迄下午三时,得千五百言,犹是辑集从前成稿中语,非新有之意见。待后日再行续作。

七月四日(星期五)

天气仍热甚,我家已无寒暑表,据人言至九十五度以上。或甚谓五十年来,成都无此高热,不知确否。

到馆,竟日作《呐喊》解说,得二千五百言。

看报,我与德、意绝交。日本态度尚未认定,拟走骑墙式途径,不背三国同盟之约,亦遵守苏日中立协定。实际上此路决走不通也。

到家就浴,而汗仍不止。

今日得四信:佩弦、东润、叔湘及上海信(伯祥、雪村、调孚所书)。

七月五日(星期六)

晨有北风,天阴,遂转凉。下午虽仍有太阳,亦复堪耐。余晨作一书复佩弦,看《星期评论》;午后续作昨稿,得五六百言即止。

今日算是休息,意较舒适。傍晚,看三官在溪中游泳。三官今年在光华与同学共学游泳,居然入门;观其姿式亦颇有几种。彼往年时时有病,而今年半年从未因病请假;或即是乡居习游泳之效也。顺便捉虾,复得三寸长之鱼一尾。取自己所制酱煮之，以佐晚餐。酱系小墨所制，以霉菌加入煮熟之大豆与炒熟之麦，为时仅半月即成，味甚鲜。

七月六日（星期日）

昨夜睡不好，晨起即头昏。

今日是阴历六月十二日，夏师母六十岁生日，满子受丏翁命，添菜吃面。

午餐毕，墨为我刮"痧"，满背满颈都遍。入睡一小时，醒来始有汗，头亦不昏矣。而满子又发热，殆亦是疟疾也。

傍晚，与二官至屋外东角乘凉，上荫丛竹，下有流水，其声汩汩，颇舒适。

七月七日（星期一）

与日本交战，今日满四年矣。此后更须几时，结果复如何，殊不可知。

晨行至化成桥闻空袭警报，遂返身回家，睡一时许，精神稍好。警报至九时而解除。

午后续作稿五百言，并缮抄前此所成稿。

到晚又是"预行"，但来放"空袭"。小墨回来，言今日上午入川敌机有十批之多，他们亦做纪念也。

七月十日（星期四）

晨间墨忽腰痛甚剧，经捶击按摩，始渐已。观其皱眉呼痛，殊不可忍也。

余竟日未有所为，仅作二书，复萧衍庆、周受明。二人皆武大毕业生，与余初无关系，萧托谋事，周托介绍译稿耳。

七月十一日（星期五）

到馆，作《呐喊》解说，竟日得千五百言，成绩尚佳。

看报，昨日报载苏联击退德之进攻部队，全线获胜，列宁格勒转危为安。今日报载德又以坦克万辆进攻，数目真是惊人。

到家，知昌群于上午来访，谓将留此半月，明后日当往访之。接洗翁自桂林来信，言在桂布置总办事处就绪后，将来川一行。雪山将返上海，雪村将自沪之桂云云。

今晨墨腰痛如昨，起来历一时许而止。

七月十二日（星期六）

上午作书答洗翁、雪山。又作书致颉刚，彼在重庆，闻下星期可归来矣。又缮抄前所成稿。

上午下雨，午后雨暂止，说得高兴，便与二官三官出门。泥路难行，自青羊宫沿城墙东行，至于华西坝。访昌群于华大研究所，即吕叔湘所居。昌群所之主任，即闻在宥也。相见欣然握手；去年君迁回马边，意料此别必久，各深怅惘，不意十个月后，即会面于成都。

坐半时许，偕出，于陕西街小驻，同至于祠堂街，小饮于邱佛子。日来禁屠（为祈雨），无肉食，所食除咸蛋而外皆素酱菜。昌群会钞，亦须十五元。别时，约下星期二在我寓小叙；兼投一书，约佩弦亦来。

出新西门已六时半。城外一段路最难行，有几处田中水溢，积路面深尺许，乃脱鞋袜涉水而过。不惯赤足，步步欲滑跌，虽艰困而有新趣。到家，天已黑。自出新西门，几行一点半钟，平日但需一半时间耳。

得佩弦书，抄示潘伯鹰君和余一诗。潘君不知何许人也。

七月十四日（星期一）

昨夜雨，今晨到馆复苦泥泞。十时，出席教厅厅务会报，馆中主任例需参加也。各部分人员报告上周工作，听之至乏味；唯闻一督学言视察所得，颇感兴趣。十二时半散。

看报，见载美苏缔约，两国共同抗德，互助而外，且决不单独言和。

续为文稿，不顺利，仅得五六百言。

七月十五日（星期二）

墨于晨间又腰痛甚剧，不能再睡，于是大家早起。

昨夜雨，今晨不止，约昌群、佩弦二兄以今日，恐未必能来。九时许雨止，遂令小墨二官往青羊宫买菜，不敢买鸡与鱼，唯割肉耳。买大曲十两，价十元，亦骇听闻（最好之大曲有贵至四十余元者）。

十二时，二兄果来，大喜。即相与饮酒。饭罢闲谈，亦无甚重要话，唯觉旧雨相对，情弥亲耳。四时半，二兄去。昌群将于日内至乐山，再转犍为，候其夫人自马边迁出,寓居于此——其夫人不惯居马边老家也。佩弦拟以九月下旬返昆明,为别之期亦不远矣。

七月十七日(星期四)

今晨墨腰痛较轻,前此之痛,或与空气潮湿有关。

天又大晴,殆又将转热,挥汗若干日矣。续作稿,得千言。

七月十八日(星期五)

到馆。视导会议需要专科视察报告,即抄录前所作之报告书之大部分与之。

午后,穆济波君来访。闻名已久,通信亦频,而识面尚为初次。其人耳聋,多发言,不能听明他人之语,只独自发言,似一笃实热诚人也。

续作稿,仅得数百言耳。

看报,知日本近卫内阁又倒,其天皇仍命近卫组阁。一般论者谓此为日本将更为冒险,南进南洋或北攻苏联之征象云。

七月廿一日(星期一)

昨夜大雨,到处皆漏。起来四顾彷徨,只得任之。今日上午仍有雨,下午始放晴。余不能到馆,续作稿数百言。

三天不看报纸,不知世界上又有若何变化矣。

七月廿三日(星期三)

到馆。田中水溢,有数处水深半尺,鞋袜尽湿。

看报,知日本新阁仍以近卫为首相,阁员多数仍旧,唯易外交大臣松冈为丰田。松冈者,与苏联订中立条约者也,今去职,似为日本废弃中立条约而侵苏之表示。观通讯社电讯,日本在本国及我东北军运频繁,似准备攻苏。而南进亦复跃跃欲试。论者均谓日本必将响应德国,扩大冒险也。

作稿,得千余言而止。归家时乘鸡公车直达。一路见溪沟皆满,黄流湍急。若不即晴,殆又将闹水荒矣。

到家,得绍虞信,久不通信矣。寄来近作数篇,皆言国文教学及语文研究者,彼近年来致力于此也。

右上颚中裂之一臼齿，其里面半颗，于今日脱落。

七月廿四日（星期四）

续作文稿千余言，《呐喊》之解说完毕，全篇一万七八千言，足足写了一个月。

满子入城，买回报纸，知日本侵越南渐露骨，而英国警告之。日本无论北攻苏联，南侵南洋，皆为大局一转变。以余猜想，彼必且"碰壁"也。

七月廿五日（星期五）

昨夜又雨，迄于今午，遂又不能到馆。作书复绍虞，凡二千余言，尚未尽所怀也。

小墨归来，携归佩弦信，并所作《〈蔡子民言行录〉指导大概》，即看之。佩弦看书极能得扼要概念，说来又畅达，余自愧不如也。

七月廿六日（星期六）

到馆，得颉刚信，谓居渝一月有半，今始回来。又得复旦吴校长及诸教师电，招余赴彼。发电辞之。作书复颉刚、佩弦。《教育通讯》社来信，嘱为其教师节特刊作文。久未应酬此志，须有以报之。

看报，日本已与法政府协议，借用越南之军事根据地。美国政府有严重表示，谓其有侵犯其利益之意。英国亦将作同样表示。似锣鼓渐打得紧起来，日本将与英美正面冲突矣。

今日下午见阳光，湿云渐散，雨期殆过去矣。

七月廿七日（星期日）

久欲游武侯祠，今日久雨新晴，天不大热，遂决往。墨早起，作了许多杂事，大家帮忙，八时始出门。余与墨之外，满子三官二人随行。步行至青羊宫，雇鸡公车，每乘一元二角。

入祠门，老柏成荫，突感清凉。正殿祀先主，两旁为关张，两庑为蜀之群臣，塑像皆平常，每人之前，有一石刻其略历。后殿祀孔明。殿屋颇高大，柱皆朱漆。余不爱观碑刻，亦不知何时重修。后殿右侧有荷池，绕池水阁设茶座，遂吃茶。今夏尚未见荷花，得此亦足寄意。

十时半,忽闻空袭警报,遂走出,意未必果来轰炸,即于空军机械校附近之竹树下憩坐,冀解除后可以入城。及十一时方过,而复鸣"紧急",敌机即随之而至。其声甚大,不知其几架。旋闻呼呼之声,如阵雨自远而至,又觉似有如阵之风。随之即闻轰轰爆炸之声,殆数百响,似即落我四人所坐竹树之后。我四人皆平卧贴地。墨与满子三官皆恐慌甚,自言将殒命于此。余自问尚镇定,木然听之,及机声去远,始起坐。四年来历空袭,当以此次为最其矣。旁有空机校学生十数人,据言敌机来者多批,总数为百零八架,被炸地点则为少城公园一带云。静俟至一点半,始闻"解除",本欲入城,亦已无此兴趣,遂缓步而归。至青羊宫,小墨迎面来,家中为我们忧急甚矣。

三时到家,吃午饭。饭后,复校君斐悼亡文校样。费一时许。

傍晚,开明学徒江成根来,言少城公园炸死人甚多,园之周围街巷皆有落弹,南门大街及东门西门,亦有被炸处。则敌机今日之目标,盖为城区也。其机之列队,云成人字形,故所被者广。月樵店中有三学徒皆避入公园,一死,二受伤。农人张青云回来云,罗家碾、苏波桥均死人不少,殆系死于机枪。乡间亦复如是,殊可虑矣。

七月廿八日(星期一)

晨到馆,到茶店子即知有"预行"。入馆坐半点钟,或言已放"空袭",皆走散,余亦归。昨日之轰炸,死伤殆二千以上,成都数次遭炸,此为最剧,因而今日走避者特多。到家历半点钟而闻"空袭",但不闻"紧急",仍于午后一时半解除。

午后阅《史记菁华录》,预备为此书之略读指导。此篇作成,佩弦再作一篇,《略读指导举隅》一书即完稿矣。

七月廿九日(星期二)

晨八时即"预行",九时一刻闻"空袭",直至下午二时三刻始解除。烈日之下,城中人奔走田野间避警,苦矣。

余心不宁定,仍勉阅《史记菁华录》。

小墨携归昨日报纸,知美英两国俱封存日本在其国之资金。此当为对日经济封锁之初步。美国在夏威夷宣布警戒状态,则为更露骨之表示。德苏战局,苏颇能支持。此等消息，皆足乐观。

七月三十日（星期三）

天阴，白云满布，以为必无警报矣。到馆，步行至化成桥，而又闻空袭警报之声，乃转身回家，其时为八点一刻。

到家倦甚，小睡两次，看《黄山谷集》。直至下午三时始闻"解除"。敌机袭川时间比昨日更长矣。

开始作一文，拟与《教育通讯》，但兴致不好，写四百余字即停笔。

七月卅一日（星期四）

昨夜九时即雨，直至今晚不止，时时有风。天转凉，余又穿棉背心。现当田稻开花之时，此雨殊为不利。然敌机竟未入川，使连日奔避之人得以略资苏息。

余晨起即伏案，续作昨日之文，迄于傍晚，得二千余言。若明日仍如此顺利，即可以完篇矣。文题为《如果我当教师》，分小学、中学、大学三部分言之，对今日教育界现状，略致针砭。

八月（选录二十五日）

八月一日（星期五）

道路未干，又恐传警报，上午不到馆，续作昨之文字。十时许果传"预行"。

饭后不闻"空袭"，殆敌机已出川，遂步行到馆。晤子杰，云上午奉节被炸。得伍蠡甫快信，仍欲拉余。此次复旦招余，可谓总动员矣，而余实不能去，彼等未免不替人设想。续作文字，至五时停笔。全日得千五百言。

八月三日（星期日）

上午续作文千字，全篇完毕，共约八千字。自谓于为教师之态度，颇能说出一点道理。饭后入睡一小时，起来作书致陈礼江，即以所为文附去。

八月四日（星期一）

晨到馆。今日开始作《史记菁华录》指导大概，上午得五百言。下午，子杰嘱阅《四川文物小丛书》之农业方面稿两种，并修润其文字。阅一册未竟，即下班。

天转晴，又渐热，到家洗身更衣，颇感舒快。

今日看报,知日本于东北增兵甚多,似为响应德国,准备攻苏。于南洋则既与越南联防,陆空重兵调到甚多,复压迫泰国,强令入伙;而泰国之态度尚未决定。我国与英、美、荷有成立谅解之讯,必要时得互用其军事根据地。德攻苏联,损失颇重而进展无多,现将由土耳其攻苏云。

八月五日(星期二)

上午墨洗蚊帐,余即揩抹床之全体。此是昌群所贻之楠木床,尘垢一去,望之焕然。

城中人来,携来颉刚、佩弦书各一通。颉刚以《史记菁华录》一部假余,以便校雠。佩弦云九月下旬将之昆明,刻正在作《胡适文选》之指导大概。又言西南联大罗莘田君拟招余往任教。

午后,续作《史记》解说,得五六百言而已。

阅报,载许地山以昨日逝世,患心脏病。地山在香港大学任教已多年,余与不相见者殆十年矣。

八月七日(星期四)

上午缮写前日所作稿,并加修润。沈嘉平女士携其二女来,将往光华附中报名,留之午餐。

饭后,余小睡片时。今日余伤风,头胀鼻酸,殊不舒适。

八月八日(星期五)

到馆。竟日作稿,得千八百言,尚称顺利。

到家,得两信,一为欣安所寄,问我们受惊否;一为陈友琴所寄,附一稿,投《国文月刊》。二官接伯祥女清华(与雪村子士敫结婚者)自桂林来信,言此次随洗翁到桂,行路辛苦,每人旅费至千三百余元云。

八月九日(星期六)

晨起续作文,但不久即感觉头脑昏胀,遂停笔。饭后,满子为余"刮痧",又饮痧药水,较觉松爽。休卧半日,未作他事。

前昨及今日,均发注意情报,敌机又来扰川矣,殆均至重庆而止也。

八月十日（星期日）

续作文稿，成六七百言。作书复佩弦、欣安、君斐。为君斐校印其悼亡文字，已订成一样本，即附去。

日来米价渐低，今日至五十九元，大约是中央制裁与新谷登场之故。

今日日间发注意情报四次，小墨于傍晚回来。

八月十一日（星期一）

昨夜下雨。晨四时半，为空袭警报惊醒，大家起床。遥想城中之人，急行于泥泞之野路，其狼狈定将不堪。未久，即闻"紧急"。而敌机旋至。余所见七架，整队而来，殆是战斗机。我方之机有数架，散飞追逐，绕出其上下左右，机枪时鸣；地面高射炮亦四起。如是约半小时，机声遂寂，然迄不"解除"；直至十时半，始闻呜呜之长鸣。余不克到馆矣。继之，又传注意情报，约有二三次，不能详也。

饭后，余酣睡二小时。醒来作稿，亦仅数百言而已。

迩来墨于夜半睡醒时，觉腰部酸痛，甚剧，须俟起来后运动若干时始已。其痛处恒在贴着床褥之一侧，转身而卧，痛感亦移。究是何因殊不可解。就医不便，墨又惜费，不甚欲就医。闻其呻呻呼痛，殊觉无可为助也。

八月十二日（星期二）

昨夜一时放"空袭"，余家诸人未起床，旋小墨自厂中回来。清早醒来则已解除。屋之门外，有避警者多人，皆席地而休。七时半出门馆，至茶店子又传"预行"，亦不去管他。既解除又"预行"，殆有二三次。

余作稿竟日，得千五百言，在馆工作，比在家宁静也。

八月十三日（星期三）

晨醒来代开明办事处作一挽联，挽中华书局总经理陆费伯鸿，文曰："识势是英雄，伟业创于开国岁。擘谋推祭酒，书林不尽忆公时。"因作挽联，记起三十余年前在草桥中学时，某同学病故，其家属载柩还乡，同学列队送之于葑门外，后开追悼会，周秩臣先生代同学作一联云："伤心葑水扁舟，漠漠溪阴孤榇远。回首草桥精舍，醰醰书味一灯知。"其语静雅，故历久而不忘。

小墨于晨四时叩门回来,因传"预行"也。余仍到馆,迄于下午而始解除。重庆人日夜伏于防空壕中,其苦可想,而外县被炸者亦颇不少。迩来敌人改变作风,以少数飞机继续更替,入川肆扰。此殊恶毒,使我全省人惶惶不宁,弗克安心作事。

今日为"八一三"四周年纪念日。余在苏州首次见敌机来炸,为八月十六日。避警听炸,不觉历四足年矣。

在馆作稿千余言。到晚步行回家,全身汗流,一浴而爽适。晚饭后,与墨谈少年时事,告二官三官知之,并及五卅运动时之经历。三官听之至感兴味。

报载印度太戈尔近已逝世。

八月十四日(星期四)

今日为"空军节",盖二十六年八月十四,我国空军在上海开始与敌激战,故定是日为节日,以纪念也。九时许,见飞机三十余架,列队飞过。闻尚有降落伞下降及他种表演,惜未之见。

续作稿,得五百言。午刻仍传"预行",亦不知何时解除。午后作书复颉刚。

八月十五日(星期五)

昨夜大雨,今晨未止,遂不能到馆。续作文稿,得千言。

午后,写信与伯祥,编蜀沪第五十六号。附去三信,一致周允言,向索前借自余处之百元。一致红蕉,问其近况,彼久未来信矣。一寄岳母,圣南来信言及,杭州失陷后渠曾他往,今仍返杭州故居,念祖似不复欲回来,老人家殊孤苦,故寄书问之。

八月十七日(星期日)

上午又有空袭警报,历两时许而解除。

城中人来,带来昌群自马边来信,及上海丏、村、伯、调四人之信。昌群又拟至西南联大,可谓心思太活者矣。即作复书;有人传马边近亦被炸,颇为挂念,顺便问之。复上海四人信,编蜀沪第五十七号。前寄五十四号信,伯祥谓未收到,已不记所书何语,无从重述矣。近英美与日本渐趋于正面冲突,人皆谓上海殊无安全保障,我国资本应谋撤退。余因向雪村提及,要否速自为谋,将开明全部内移。其事固非易,诸家人口搬动尤难,然值得一考虑也。

八月十八日(星期一)

到馆,校《小学生诗选》排样,已排全书三分之一。午后,阅同事田世英君之书稿一册,略为修润,并指出其应改正处。田君于地理教学颇有经验者也。

阅报,知美总统罗斯福与英首相邱吉尔会商,决定两国态度,大致为建立世界安全之新秩序,击溃纳粹之武力,于全世界各地情况,皆考虑及之。并商苏联,开英美苏三国会议,讨论军火之分配。苏表示同意。日本似尚不敢动手。英美二要人发表之谈话,亦未及日本,通讯社谓其意在困日本于五里雾中。而两国对日本之经济封锁更益加紧,则为事实。

到家,小墨已辞去酒精厂事而归。此厂主者林君无精密计划,开办半年尚未出货,而待人又不好,故小墨厌之。有一同学介绍小墨于中央大学医学院生物化学系为助理员,待某教授与谈一次即定。此事若成,比较酒精厂有意义多矣。

屋旁梨树结实累累,旬日以来落地者多。捡而食之,带苹果味,颇不恶,唯略粗耳。每日食七八枚,以时价论将近两元矣。

今日取本月份之米,带归。

八月十九日(星期二)

上午续作稿数百言,因传“空袭”,意思不属,即停笔。历二时许而解除。

饭后,与三官游苏波桥镇,其地在我居之西,约距十里,张伞从田野间徐徐而行,虽汗出,不致不可耐。淡云四浮,背映碧天,田稻欲黄,溪流不竞,宛然秋景矣。其镇视青羊宫为大,各种店铺皆有。入公园,虽小而修整,疏柳鸣蝉,红薇照眼,亦复不恶。西临一河,水流颇壮,苏波桥架其上,不知此河何名。

临流有茶馆,即坐而吃茶。购报纸一张,未携眼镜,令三官遂一为余读之。三官读报已颇能理解,听之颇清晰,偶念几个别字而已。报载英贷苏以巨款,且互相接济军火。美亦决派代表团至苏,与苏密切协商。英美于日本,则欲使其脱离轴心,特不知日本肯就范否也。坐两小时,再游市街,入店理发。缓步而归,到家已六时矣。

前年乐山被炸,我居焚毁,即八月十九日也,不觉已两年矣。

八月二十日（星期三）

昨夜大雨，今晨小能到馆，在家作稿。饭后步行到馆。以为今日开馆务会议，而子杰到渝未归，因而不开。余遂续作稿。全日得千二百言。仍步行以归。有微雨，三官携伞迎余，遇于张家碾。

上学期二官三官之成绩，皆学业、操行列甲等，体育列乙等，今日始详知之。依学校章程，应得免除半数学费之奖励。二人初入光华附中，居然姊弟得奖，殊为荣誉。下学期学费益高，据云以半数计，二人免除者在二百元以上也。

八月廿一日（星期四）

到馆，校《文史教学》第二期稿四篇。此期已出版，而编者徐君不善校对，错误太多。余以为拿不出去，议作"刊误表"，乃不得不助之校对几篇。午后，看孙元琛君所编《小学教师通讯答语集》，又是文字不通，别字连篇。馆中人才太差，思之怅怅。

阅重庆《大公报》，见一社论，评罗邱二氏宣布之八项原则。谓此为英美抗德之明白宣言，表示宗旨颇正大，又为英美由并行而进于联合之表示，大可重视。其及于世界之影响，可使弱小民族及已被灭亡国家怀有希望，亦参加抗德阵线。又言英美既操此原则，将来必须兑现，而兑现之道，须进行两种革命。一为鉴上次欧战之覆辙，对于上次欧战时战胜国之态度革命，即于侵略国，必须取消其武力，而于其人民，必须维持其生存权。一为对社会制度为和平的革命，渐渐革去资本主义之流弊。今当战时，一切制度本已含有社会主义性质，顺水推船，以暂为久，至便利也。此文甚有远识，故录其意。

八月廿二日（星期五）

晨续作稿，五百言而止。饭后又"空袭"，越二时而解除。

开明人来，带来佩弦、君斐、刘英士、唐锡光之信。佩弦言光华大学有邀余为专任教授之意。余即复一信，言兼教四五小时则可，辞教育馆而为专任，殊觉未便。英士嘱为其所主《星期评论》作稿，拟勉应之。

八月廿三日（星期六）

小雨。路以夜雨，泥泞不能行，遂不到馆。续作文稿。饭后仍传警，且放"紧急"。唯闻我驱逐机凌空回旋，其声忽远忽近，而高射炮声无闻，殆敌机未来也。历两时半而解除。再作文稿，全日得千二百言光景。

邻人竭沟而渔，三官乘便往捉虾，所得不少。虾已连捉数次，焙干之，以和自己所制之酱，亦绝佳小菜也。

八月廿六日（星期二）

到馆。上午看徐君已编成之《文史教学》第三期稿，各篇皆平平，无可观者。此等杂志实可不出，然子杰以多一种为善，未可与语也。下午续作文稿，得千五百言。

看报，英首相邱吉尔对世界广播演说，言英美两国必摧毁希特勒主义；于效法希特勒之日本，颇致谴责，言外似有胁令日本脱离德意关系，放弃侵略政策之意。论者一致赞美，然日本受其威胁，能即改弦易辙乎？

归家，得两信。一是彬然所寄，谓于余前所寄之国文选本，拟酬五百元。余得之不无小补。一是龚弘所寄，此人为"中国青年写作协会"之理事，嘱作写作经验也。

雪舟至夹江买纸，昨回来，今日来乡。据言上星期六乐山被炸，自夹江望见黑烟，可见燃烧之烈。又谈夹江纸业，谓今后将日就衰落，抗战以来复兴之手工业，不免将如昙花一现。其故因夹江所有者唯竹，制纸之其他原料，如石灰、碱、漂白粉，皆须自他处运至。此等物料价既昂贵，运费又巨。以巨人之资本，化竹为纸，其利甚微，甚且亏本。所以不得不为之者，缘工人即农家之佣工，农隙佣工闲暇，只得以此项工作为调剂。然至非亏本不可时，亦唯有废弃竹料，废弃人工，不复制造耳。

八月廿八日（星期四）

到馆，续作稿千数百言。"史菁"指导大概完篇，而"略读指导"余所任之稿亦完毕。心头放下一事，亦颇舒快。

下午三时，与薛、周二君至教厅访子杰，坐谈半小时。子杰至重庆半月，刚回来，故访之。

看报，知美国决派军事代表团来我国，为技术上之辅助，供给上之规划。美于苏联亦派军事代表团,殆欲知我国与苏联抗战之实情也。德军攻苏,已近列宁格勒。如列宁格勒失陷,大足动摇世界人心也。

到家,小墨、三官自城中归,带回信件。佩弦以《〈胡适文选〉指导大概》稿交来,"略读指导"全稿至此完成矣。信中言光华方面之意,余如不能为专任教师,兼任亦可。又约余于后日在少城公园茶叙。又一信系通伯所寄,言乐山此次被炸,受害颇轻,死二十余人,烧去县街一小段。武大师生无有受害者。读之心慰。

八月廿九日(星期五)

晨到馆,空气清澈,西面雪山全现,天际涌玉,颇为佳观。

坐定,看佩弦《〈胡适文选〉指导大概》。九时半,忽传"空袭",冒烈日而归。十一时解除。午后,看佩弦文毕,精审无可评摘。

校阅"精读"印本,以将付商务重印也,仅阅半本而止。

八月三十日(星期六)

清早,墨与二官三官入城买东西。余续校"精读"印本。

九时半仍传"空袭",直至下午二时半解除。余即入城,茗于公园中之绿荫阁,此家以薛涛井水为号召者也。大炸以后,今日第一次入城,痕迹已无多,公园中唯见断树数棵,又树干及墙上有弹片之洞而已。

不久,佩弦至,交换看文稿诗稿,闲谈近况,颇快适。五时,偕至邱佛子吃小酒。佩弦于下月二十日以后至重庆,在重庆候机赴昆明。再一二面,即为别矣。

六时出城,乘鸡公车,背月而行。

八月卅一日(星期日)

晨起整理"略读"誊清稿,令小墨写总页码。

午前祀先,盖中元节将届也。

十一时又传"空袭",少顷即"紧急"。继之寇驱逐机来,我方高射炮大鸣,其声结实而爽利。既而轰炸机至,投弹声与放炮声相和。满子自上月受惊一次,胆更小,闻之哭泣。三官、小墨伏床下,三官强余同伏,遂亦仆伏贴地。墨与母亲、满子则伏桌下。其实此何用乎。约历半小时而机声杳。至两点半而解除。闻寇曾有广播，前一周曰"疲劳轰炸"，今后将为"恶性轰炸"，不知其"恶性"将至于若何程度也。

傍晚饮大曲，吃祀先之小菜。徐斟慢酌，久无此适矣。小墨入城回来，知今日被炸处为凤凰山。相距殆二十余里，而弹声颇响，其弹之大可知。

九月（选录二十六日）

九月一日（星期一）

到馆，改田女士稿三篇。余令作《学生课外阅读书目提要》，语多不得要领，亦只得任之，就其文字改得通顺而已。

得颉刚一书，云近卧病数日。又得红蕉信，谈及青石弄之房屋。言租住者为军人，近有逐出陈妈之意。红蕉托人设法，拟令军人退租，再租与正当人家。伯祥之意谓如能卖去为最好。余当时忽思建屋，今日想来实为多事。卖出固亦是办法，然契券已毁于轰炸，如何可卖也。

日来农家打稻者已多。同居张青云家雇十余短工，竟日工作。此辈来自外县，其本地之稻已割毕，故来此帮人家也。路中常遇见十余农人为一群，偶携小衣包外，唯一镰刀为其工具，皆来觅工作者也。

九月三日（星期三）

晨到馆甚早。空气清澈，西面之山皆现。未受日光，雪色不显，雄奇遂成深秀。一路观玩，不觉足力之疲。

在馆作书二通，一复佩弦，一复颉刚。改田女士稿一篇。下午，开馆务会议。余将"略读"稿及"精读"校正本交与子杰，据称即寄往商务香港馆，其排印不过需二三月耳。

傍晚，领本月份之米，坐鸡公车而归。

日来报纸之重要题目为美日会谈。日驻美大使与罗斯福曾谈一次，内容不详。但据政府中人表示，美尊重九国公约，决不与侵略者妥协。新闻界揣测，则谓美日所持意见相背，会谈必无结果，太平洋上或将起战氛矣。

九月四日（星期四）

今日为阴历七月十三，墨生日也，今年四十九，大家主张供寿星。清晨，兄妹弟三人往青羊宫买菜买面。大家动手，相助弄菜。便点烛供寿星。沈嘉平女士适来，留之共膳。墨与沈为老同学，今日来叙，殊为凑巧。饮酒吃面，皆甚欢畅。

明日是十四，余与墨结婚之日也。我两人结婚，至此满二十五年。此二十五年中，相伴相助，余以为甚愉悦可慰。愿彼此各保健康，仍相伴相助，以至于暮年，他无求矣。

九月五日（星期五）

到馆，又接复旦寄来聘书。此校办事多不接头，殊可异。即挂号寄还。阅陈斠玄所编《司马相如》，馆中所约撰，将以入《四川文物小丛书》者也，殊平平，无胜处。

午后，作《写作经验》一文，将以应龚弘君之请也。到晚，得千五百言，明日续作。

报载我军克复福州及马尾，是可喜事。大约寇军他移，该地兵力单薄，故得克之。

归时购月饼五枚，每枚八角，全家分食之，算是纪念余与墨之结婚二十五周年，取团圆之意。晚餐时，与墨共饮昨日所余之酒。小墨自城中归，购归晚香玉一束，亦祝贺之意，即供于案头。

得昌群书，言马边并未被炸，又言又拟就重庆中央大学之聘，其变更可谓多矣。

九月七日（星期日）

续作昨文，得一千言，完篇。题曰《杂谈我的写作》，抄毕即作书寄与龚弘君。又作书复通伯、东润，复施润青太太。施太太近来信，绍兴虽沦陷，其家并未被扰，仍安居乡间也。

九月八日（星期一）

昨夜下雨，晨挂杖到馆，走了一点半钟。在馆中看《东坡集》及绍虞之《文学批评史》，准备作《三苏》一册，入馆中所出的《四川文物小丛书》也。

回家走至张家碾，母亲与三官迎面来，系来接我者。母亲自迁居此间八个月，仅至月樵家一次，罗家碾一次，今日为第三次耳。

九月九日（星期二）

雨竟日，杂看《庄子》、郭沫若《豕蹄》、端木蕻良《科尔沁旗草原》，他无所为。

九月十日（星期三）

到馆，看《东坡集》，诗文皆看之。得绍虞复信，北平来信亦不过二十余日耳。

前数日报载德潜艇袭击美舰，今日又载有一美舰为德机炸沉。美国或将由此参加欧战乎。苏联列宁格勒已危急，德攻之甚猛，飞机多至二千架。

九月十一日（星期四）

今日为阴历七月二十，三官生日。做饺子，中午食之。

食后，余独行入城，至陕西街，与雪舟、月樵诸人闲谈。得上海五十一号信，伯祥、雪村二人执笔。雪村言开明内迁困难。伯祥则代余汇来五百元也。坐一时许，至春熙路巡行一周，回至少城公园吃茶。似觉颇有闲趣，平日鲜遇之。五时出城回家。

上午写两信，与颉刚、佩弦。

九月十二日（星期五）

昨夜及今晨雨，未能到馆。精神不佳，看《吕氏春秋》数篇，《东坡集》数页。

二官、三官往学校缴费，共缴五百四十元，应得之奖金尚未扣除也。

九月十三日（星期六）

晨走泥路到馆。作《中学生》杂志之《国文随谈》。头胀，精神不佳，仅得千余言，且不自满意。

报载美总统发表演说，斥德之袭击美舰为海盗行为；并力主海面航行之自由，谓已令海空军维护此政策，以后再遇袭击，即予重创。其言亦未及日本只字。近日颇有谣言，谓美将强令我与日本言和。今美总统之演说不及日本，谣言殆将益炽。然以常识论，美未必出此，即出此，我亦不必一定听命也。

到家又闻一不快消息。满子近月来似有妊娠之象,今日入城往医院检验,医生言孕否未可知,而其腹部似有一瘤。岂前年之割治除根未尽,又复萌生耶。若其言诚然,须再剖腹,此何可再试乎!墨因此殊闷损,以为遇命之厄,务使经历劳困忧患,永不得休。余亦唯有叹息耳。

九月十四日(星期日)

竟日默坐,翻书屡废,甚无聊。

雪舟家以今日迁回陕西街居住,缘其一子一女在青羊宫读书,雨天往来,泥路难行也。迁去之后,我家顿感寂寞。

九月十五日(星期一)

昨夜又雨,但今晨余仍到馆,一步一移,走两小时始达。在馆续作前日文字,尚顺利,得千五百言。傍晚回来,路稍易走,然亦走了一点二十分钟。

小墨以今日入华西坝中大医学院就事,据云从生物化学教授郑集为助理员,其工作为分析若干种食品,测知其营养分之种类及其多寡。此后须每星期六始可回家一宿。此事余以为颇相宜,从教授学习,可得实际本领。而其余暇,又可听该院之几门功课。虽不习医,总是有益也。

九月十六日(星期二)

半月阴雨,今日午刻始见阳光,半日未隐,或者可以转晴乎。余竟日伏案,续作昨文,亦得千四五百言。

小墨以傍晚归来,谓探得中央大学医学院有一产科专家,明日陪满子就之求诊。

九月十七日(星期三)

晨到馆,先治杂事,然后作文。午后修发。至散归,仅成千余言而已。

上午,墨与小墨陪满子入城求诊。经阴毓章医生诊断,谓其子宫外确有瘤,且似有两个,而又有妊娠现象,非剖腹割治不可。该医院不日将迁出老西门外,迁后即可往割。墨听其口气,似不如上一次之严重。

剖腹总是危险事,思之可怕,我家偏屡屡遇之,真莫可奈何。费用之大固不必言矣。今日挂号费及验血验尿等费,共四十余元云。

九月十八日（星期四）

仍到馆，将《国文随谈》抄毕，即作书致云彬、彬然，将稿附去。又作书致丏翁，告满子病状，相约于其剖腹后三四日，发电报告情形。又作书复雪村、伯祥。

到家，得上海五十二号信，伯祥、调孚执笔。并附来岳母复信，言近来多病，念祖在云南，不常赡家。因复一信，汇与五十元。又加复伯祥、调孚，一并封寄，编列蜀沪第五十九号云。又得高晋生信，问余有否往东北大学任教之意。

九月十九日（星期五）

到馆，竟日写信，亦仅六通而已。田世英作一文投《中学生》，因又寄一信与彬然。教厅办教育行政人员考试，嘱出题阅卷，因出国文题四份，作书送与杨伯钦。复晋生一信，言不拟往东北大学。此外三信，则复君斐、叔湘及王功品也。下午又雨，傍晚踏泥路而归。

小墨请假归来，言中大所设医院近期内不能迁移竣事。又探知有董秉奇医生，精于开割，自设诊疗所，明日拟偕满子一往。如由董奏刀，则早日了此一桩心事。

九月二十日（星期六）

久不得佩弦书，未知即动身否，因拟往看之。八时离家入城，新西门大路泥泞之极，走得很吃力。至陕西街休坐，再步至东大街，然后乘人力车至宋公桥。

入门，佩弦方抄书，见余至，出乎意外。云动身当在月杪，又拟自水道至泸州，搭西南运输处车辆往昆明。并为言近独游新都桂湖，其地景不凡。旋即饮滿酒，与留居其家之客周君同饮。周君习空军，前为学生时曾失事，汽油延烧全身，医治四月而愈。今观其四肢，皆僵白之皮肤。据言迩来寇机不来肆扰，缘我之轰炸机队已调往他处之故，非关天气也。三人尽酒一瓶，食牛肉面，殊为酣畅。下午三时为别，约下星期再见一面。

今日满子至董秉奇处求诊，据言其瘤似不严重，开割殆是易事。董之手术经验丰富，闻于全国，遂决意请其奏刀。明日即将入居其自办医院，后日即可开割矣。

九月廿一日（星期日）

晨，满子离家，往董医生医院，由小墨约伯麟共陪往。渠日来颇有怖惧之心，时时暗泣。虽慰之，而生死之际，何可以言语慰耶。大家心头亦感重压，而皆不欲明言。此中况味殊复难堪。

十时前后日食。此地所见为偏食，食十分之八九，所余如新月。其时天际昏暗，如大雨将至。陕西即可见全食，有多数天文学者在宝鸡观察也。

无聊之余，作二律送佩弦之行："平生俦侣寡，感子性情真。南北萍踪聚，东西锦水滨。追寻逾密约，相对拟芳醇。不谓秋风起，又来别恨新。""此日一为别，成都顿寂寥。独寻洪度井，怅望宋公桥。诗兴凭谁发，茗园复孰招。共期抱贞粹，双鬓漫萧条。"即缮就寄与之。

傍晚伯麟归来，言董医生今日仔细检查满子身体各部，谓均正常，依理当可受割症而无危险。即定于明日下午奏刀云。

九月廿二日（星期一）

今日以家中人少，不到馆。墨以朝晨由伯麟陪往董医生处，大约须陪伴满子数日方可回来。余在家殊无聊，杂看案头书，皆无心绪。雪舟家之女仆以下午来，临时帮我家做事。母亲料理一切，究不胜其劳矣。

五时半，伯麟归，言已开刀，经过良好。董医之手段甚敏捷，一点钟即毕事。据言腹中并非瘤，按着之块系子宫及其中之胎儿。上次割治断一韧带，未接好，致子宫移位，若不治，将来胎儿长大时颇危险。今为接好，即无事矣。闻此良慰。然既系怀孕，将来生育时又为一难关，引人忧虑。虽医言无事，仍不能无惴惴也。

九月廿三日（星期二）

晨有雾，后开朗，晴光皎洁，久未见此矣。

余八时出门，入城乘人力车，至董医生医院。墨告余满子割治后经过良好，唯有呕吐，不得安眠，麻醉剂效力既过去，割处觉痛，呻吟不绝。因是墨亦未得安睡。夜间用特别看护，价十八元，一切照料则绝不须墨动手也。既而雪舟来视，坐一时许而去。余与墨、小墨同出，饭于小饭馆。食已，仍返医院。

二时,余步行至陕西街小坐。得王鲁彦来信,亦系嘱作稿者。旋至公园吃茶看报。苏联之基辅失守。日军近于湖南增兵来犯,激战于汨罗江边。此为大事。五时半,步行到家。

九月廿六日(星期五)

不作文无聊,勉作一文,论大学太多,宜合并。作千余言而心烦,停笔,待明日续作。改换方向而作诗。昨半夜醒来,闻碾声,以为在家园闻火车声,旋知其非。因思此诗料也。灯下将诗足成,即以《半醒》为题,缮寄与佩弦看之。

九月廿七日(星期六)

昨夜几乎整夜失眠,大约是作了诗文,吃了糍粑(张青云家所馈)与地瓜之故。起来颇倦,周身酸痛;但到馆时在朝阳中走了一阵,也就不觉什么。

在馆看陈斠玄所作《扬雄》一小册,亦平常。旋即续作昨文,到晚得千二三百言。

三官今日下午无课,入城视母嫂,六时归来。言董医生今日为满子去缝线,但去了数条,未全去。明日尚不能归来。满子精神则大好,比未开割前远胜矣。

九月廿八日(星期日)

竟日续作文字,及晚完篇,题曰《谈大学的合并》。

二官于下午入城探视,归言满子明日尚不能出院;墨之右手拇指忽肿胀作脓,不知何因,医院中为之涂药。

携归红蕉一信;又晋生一信,言已介绍余于东北大学当局,当局以为可,促余应聘。其情甚可感,然余岂能应聘乎。

灯下作书致刘英士,将所成稿寄与。

九月廿九日(星期一)

到馆。作书复晋生,言不拟作教,请其原谅。又作书致颉刚,请其以所得文稿,择其相当者分与《文史教育》。皆以快递寄发。

看《文史教学》投稿三篇。改田女士稿一篇。

归家后,知墨与满子明日可以回来矣。

入夜,馆役来叩门,系田女士嘱送中秋馈物——月饼、糖、栗子、龙眼。受之殊感不安。

九月三十日（星期二）

看《西洋文学》一册，此系翻译杂志，有两篇小说可观。

十一时后，墨与满子归来；满子由医院院役抬舁床而来，价二十八元。问此次所费，云共付出一千四百四十六元；此数在我家出之，亦可观矣。

下午，余无所事，完全休息。雪舟家之女佣回去，一切仍须由自己操作矣。

小墨请假已久，今日返校。嘱其明日发一电往上海，告满子已愈，免丐翁悬念。

十月（选录二十七日）

十月一日（星期三）

到馆，先治杂事，后改田女士稿，未终一篇。

午后与陈伯琴君闲谈，君谓教育科学馆虽一小小机关，而情形颇复杂，事亦难办。余原不知此等情形，闻其言，益信此为一衙门，不过名目好听而已；若欲办有实效，非先排除衙门风习不可。

傍晚归来，行走疲甚。饭后即就睡，少顷发热。十一时许，为夜间飞行之机群声所惊醒。随后糊里糊涂，作了不少的飞机梦。

十月二日（星期四）

热度未退，晨量之，三十七度二，午刻三十七度六。竟日休卧，亦未尝入睡，日来失眠多矣。

雪舟大女来，带来数信。雪舟于后日晚为佩弦作饯，邀余同饮。佩弦约余于后日下午三时，茗于公园中绿荫阁。吕叔湘寄来谈英文之稿一篇，付《中等教育季刊》。龚弘收到余稿，汇来润笔七十元。

十月三日（星期五）

热度仍未退，但止二三分，即不去管他，仍到馆，至化成桥乘鸡公车而往。

改毕前日未改完之田女士稿一篇。看投稿二篇。阅教育行政人员考试国文卷三十八本。此辈考取后将为地方教育视导员及县政府第三科科长科员，而皆思路不清，文句不通，别字连篇，思之殊堪怅惘。

阅报，知最近湘北我军大捷，歼敌于长沙外围至六七万；昨日各地皆燃放鞭炮庆祝，我们乡居未之知也。前年秋中，湘北亦有大捷。敌人欲抢洞庭湖周围之米，今我之胜可以保若干之米，而敌则窘矣。可喜可喜。

归来仍于半路乘车。曝阳光中，身上微有汗，以为可以退热。而晚饭后量之，尚有六分。即就睡。

日来晴明，夜间月色至佳。飞机出来练习，恒至午夜始休。亦尚往鄂湘各处敌军阵地轰炸也。

十月四日（星期六）

清晨得汗，热度始退净。起来感疲倦，若病后景况。

作《二友》诗，半日而成。此诗怀之已将一周，写成为快。语无佳联，然余固不以为意也。

午后二时出门，乘车入城，茗于公园中绿荫阁。少顷，佩弦至，共谈彼此性情学行，颇畅快。此后未易得此乐矣。

五时，偕至陕西街，听雪舟谈商界金融界近况，颇惴惴于生活费之益将增高，无以抵付。六时半聚饮，办事处同人而外唯有一月樵而已。余殆饮至一斤，稍觉其多。饮毕，与佩弦珍重握手而别。君言重见时当在抗战胜利之后，愿此言非虚也。

乘车而归，月色蒙原野，清旷殊甚。小墨三官迎余于罗家碾相近。到家，小坐而睡。进食较多，睡又不安。

十月七日（星期二）

门外杂树竹丛间有芙蓉一枝，杆倾斜而高，枝条在高处已放五六花。此花不耐细看，而颜色特艳，亦可喜。大约可有十日之赏玩也。

傍晚，光华教务长薛观澄（迪靖）先生来，要余教基本国文一组，四小时。余怕改作文，本拟拒之，而其语颇殷切，遂允焉。相约以下星期开始。作此一诺，身上又多一事；以余之衰躯，实不宜过劳，亦只得且强为之耳。

十月八日（星期三）

到馆。治杂事。继改陈斠玄之《扬雄》稿。此稿由子杰交佩弦看，佩以为其白话文实不像样，须改作。子杰遂托余为之。余因就原稿改看不清楚，索性重写一过，竟日得八页。

回家，无鸡公车可坐，行走疲甚。到家进晚餐，即就睡。

风疹块仍未退，墨为余抚摩，见小腿肿胀。量热度，三十八度。遂大忧虑，疑肾脏有病。余决以明日往中大医学院所主持之公立医院检查身体。

十月九日（星期四）

晨起无热度。饭后，乘车至正府街公立医院。孰知内科方面须在上午往诊，废然而出。明日国庆日放假，须以后日再往矣。

至陕西街，得佩弦一信，言于昨日始买舟而行，上星期六大醉，至呕吐云。得《星期评论》社寄来润笔七十五元。又得晓先来信，彼近在盐务办事处任职。

看报，似郑州已失守，我军与敌战于郊外。德又大举攻苏，莫斯科甚吃紧。

光华送来聘书，并时间表，每周二六各上两时，皆在上午八时至十时。兼任教员报酬以授课时间计，每时八元云。

夜，量热度，三十七度半。到夜总有热度，不知何因。风疹块仍未退。

十月十日（星期五）

晨起，精神似少好。既要授课，又得选材。选定《史记·魏其武安侯列传》，加标点，细细讽读，亦复花了一天工夫。至傍晚，亦略感疲劳。

二官、伯麟入城归，言城中得捷报，今日克复宜昌；市民狂欢，鞭炮之余烬遍地。此是大可喜事，今日得之，尤足兴奋。杜老云："初闻涕泪沾衣裳"，余亦有此感也。

十月十一日（星期六）

晨即乘车入城，至公立医院。规定门诊时间为九至十一时，而候至十时半始有医生来。余依章纳检验体格费二十元，由一黄医生诊察。手续与平常看病无殊，此外仅令验血验小便（又付检验费十一元）而已。但闻其含糊答我肺部殆无病；于何以瘦削，健康情形究竟良否，均不得要领。余颇不满。怅然而出；于此人之服务精神,颇抱反感。

时已午刻,进面点于"吴抄手"。徐步至陕西街,与雪舟、雨岩闲谈,坐两小时而后归。

报载苏联受攻,情势危急,英国方面几有爱莫能助之感。苏若崩溃,于我至为不利也。

到家小休,看杂书。灯下作书致公立医院戚院长,询以检验体格究应如何;于其院之不守时刻,亦致规劝。又作一书致丁光生,请其就近问黄医生(黄当是其教师),余之健康情形究如何;并托其于下星期代为看验血验小便之报告,书以告我。

十月十二日(星期日)

风疹块仍不退,然身体已较爽健。续缮陈斠玄《扬雄》稿,旋觉无聊,即止,得四五页而已。午后,诵读《魏其武安侯列传》。

草屋坠下小鼠三头。鼠皆巢于屋顶,奔驰无忌,不知以小鼠会坠下。后见一空处,白色之蛇腹徐徐移过,乃知蛇捕鼠也。用竹挑蛇,即逸去。我家诸人多怕蛇(余与小墨二官不怕),今明见蛇藏于屋顶,不无惴惴。

十月十三日(星期一)

八时到馆。云波及吕朝相已自边区考察回来,不知何所得,亦无暇问之。竟日缮改《扬雄》稿,得十余页。子杰馈余以三百元,作为补贴,受之颇有愧。

看报,知宜昌实未克复,不过于国庆日我军一度冲入而已。现我军在城外,并攻荆沙,势似不错。苏联则似甚危急,莫斯科已在疏散妇孺矣。

得昌群、绍虞、刘英士各一信。昌群已决就中央大学之聘,以为余已至复旦,信由复旦转来。刘英士则嘱余再为文寄与也。

今日精神尚好,风疹块已隐。小小不舒服,亦复连续十天光景矣。

十月十四日(星期二)

一夜秋雨,路又泥泞。晨与二官三官一同到校,颇难走。自八至十时上两课。学生为新生,编组未定,往来时有,余为讲自己预习之方而已。由观澄先生介绍,往见副校长谢霖先生。谢常州人,五十七岁,闻为国内有名之会计师。坐少顷,即归。

饭后,入睡一时许,颇酣。起来改订余与丏尊所编之《开明初中国文》。其中选了汪兆铭、周启明之作各二篇,须为易去始可发卖也。

十月十六日(星期四)

晨起写上海信,致丏、村、伯、调、红蕉,编列第六十一号。次选《史记》叔孙通,陆贾两传,加以句读,为光华学生教材。

饭后偕墨入城,先至陕西街。得信数封。上海来五十四号信,丏翁接余前信并电,虽不致惊惶,仍觉系念不安。伯祥、调孚皆谈杂事。东润、通伯汇款四百元来,托转上海赡家属,余即托雨岩办理。高晋生来信,告已以所作《周易古经今注》寄开明。郑若川来一信,告已在重庆某中学任教,教国文。公立医院院长戚寿南来复信,语颇歉损,于其不周处表歉意。丁光生来复信,谓已向医生探听检验结果,云余无病,为之心慰。

坐一时许,出游市街,买棉胎两条,一以奉母,一我们自用。价每斤七元。遂入公园,吃茶休憩。坐半时买肉买菜蔬而归。

十月十八日(星期六)

昨又一夜雨,晨起即偕二官三官踏泥路到校。学生太多,将近八十人,想起他们将来交来之作文本,不免发愁。只得少作几次耳。薛观澄君前言至多四十人,不知何以多至一倍。拟问之,而薛君未来。

课毕,入图书馆,藏书极少,而阅览室设备颇佳,可以静心阅读。

归来饭后,入睡一小时。起来看所借之《栾城集》。

三官小墨归来,言今日报载莫斯科益危急,苏联政府移至喀山。日本天皇命原任陆相东条出而组阁;以此推之,新阁当属全为军人。美国白宫紧急会议;救援苏联,应付日本,殆其重要题目也。

十月十九日(星期日)

手头无事,且谋一日闲,使心地宽舒。作书复丏、伯、村、调,皆如晤面对话,凡二千余言。列蜀沪第六十二号。

午后看昨所借到之《王安石评传》,柯昌颐所撰。为安石张目,引征甚博,颇可诵。

十月二十日（星期一）

雨十余日，今日始得嫩晴。晨到馆，看《王安石评传》。

十一时半，西北中学以人力车来迎，招往演讲，盖陈斠玄、陈伯琴二君来说者也。校在土桥，行二公里而至其女生部，晤事务主任马君。男生部又在距三四里之乡间，由马雇鸡公车同往。晤校长金君、教务主任韩君等。此校本设于北平，曰西北公学，旨在培植回教子弟。抗战后教职员携少数学生西来，在成都、兰州各设校一所。回教子弟才六分之一。校中除伙食依回教教规外，他无仪式。今有男女生六百余。教职员以外省人居多，似不染川省中学习气。又知北平之原校，敌人为之扩充，名曰西北学院，欲以笼络回教同胞也。

饭后待至二时，女生到齐，遂开讲。题曰《中学生之写作》，讲九十分钟。自觉尚畅达，唯嫌粗略。教师听之，以为然者似不少。由校雇车送回茶店子，遂步行至化成桥，又乘车而归。到家天昏黑矣。

灯下略预备明日功课。

十月廿一日（星期二）

晨至光华上课，昨讲说太劳，今日上课甚感疲劳。二课毕，晤薛观澄君，告以学生太多。君谓于学生作文本，须想办法。

步行至青羊宫，乘人力车至西门外北巷子树德中学。盖近来教厅为整顿私立中学，组织视导团，先将私立中学考察一周；视导团由厅中五六人，馆中则云波、伯琴、海翰及余，又有教部一人组织之。

余到后，仅观高中女生上文学史概要一课。讲义为四川名宿林山腴所编。今日所讲为两宋之经学，与文学无涉。经学又并非讲经学之研究方法，唯记书名卷数及作者人名。"义理""象数"等名词，教师随口说出，学生默尔而听，恐未必明所指为何。总之，此课非高中所宜有也。川省学校多以为如此则提高程度，私立中学尤然，殊不知皆耗费学生时力于无用之地耳。若直率语之，彼且以为言者不懂学问，实则如此记诵确非学问也。

午刻，全团饭于现代食堂。食毕，余观该校所提出学生作文卷。题目不切学生生活,立意多陈腐,而不妥适之语句,颇有未指出者。诸团员则会商,对该校一切设施如何指示。余则提出国文必须预习,必须兼教语体文,若《文学史概要》之课尽可废除。此意将由厅中人达之。谈毕,约明日往观济川中学而散。

余乘车到家,得城中送来信数件:洗翁一复信,唐锡光一复信,学生唐义昌一信,金溟若一信,青年学报社一信,又佩弦自乐山寄来和余诗二首。

十月廿二日(星期三)

晨乘车至华西坝济川中学,同团诸君或先至,或后到。余连观国文四课,教师四人,皆逐句讲解者,并语体文亦然。

午饭于餐馆,饭后集会于茶店。余提出"须令学生切实预习"、"语体文尤不应逐句讲解"两点。复议定明日停一天,后日观明新中学。

余遂入城,至陕西街,与雪舟谈一小时。遂归。

今日满子入城就医诊察,遇小墨。言丁光生曾谓小墨,余之肺尖有小病,影响及于交感神经,眼睑之下垂,即以是故。并谓以后应多食营养品,少劳力劳思。光生恐余惊,不以书告而为小墨言之如此。余闻之,似亦无所惊也。

十月廿三日(星期四)

晨到馆,阅同事孙元琜君交来其友人所作谈国文教学之文字一篇,略书所见还之。阅招考海军幼年学生之国文试卷二十八本。校《小学生诗选》十余面。改田女士稿一篇。得颉刚一信,谈《文史教学》编辑事。得顾诗灵信,彼失业居重庆,托余谋事。

午后,写信致佩弦,附一信与文珍。又作书复晋生、诗灵。三时三刻早退,归家。

十月廿四日(星期五)

晨起即乘车至老西门,入民新中学。观国文三课,亦皆逐句讲解。其代理校长为张亮青,去夏在夹江曾遇之,长省立乐中者也。

午刻,与同团诸君饭于现代食堂。集议时,余发表意见与前日相同。又至附近之培英初中。其校曾被炸,规模简陋。二时半,散出。

余入城,至陕西街小坐。得上海信,伯翁、丐翁二人执笔,皆谈琐事。四时出城,乘车而归。灯下略准备明日之功课。

十月廿五日(星期六)

到光华上两课,即乘车赶往华西坝,观高琦初中。此校为教会所办,精神振作,与他校不同。晤校长杨立之君,自任初一国文,用余与丏翁所编教本。于余等所作论国文教学之书籍文字均颇留意,且能依之实行。历观若干中学,尚未见国文教师如杨君者也。另一国文教师姓郑,聆其谈吐,亦欲革除旧方法,渐令学生自为预习。观各级作文,所命题颇切近学生生活。

十二时辞出,同团诸君聚食于小馆子。集议时,余于高琦之国文教学颇有褒词。二时,各散。

十月廿六日(星期日)

晨以六时半起,算是较晏矣。十时,同事孙元琜君偕王成德君来访,王尚为中学国文教师,今为教厅科员,与余谈川省国文教学一般情形。川人之曾出川者,见解恒较通达;王毕业于师大,受业于黎劭西,故其言可听。坐一时而去。

饭后小睡一时许,起来闲看杂书。奔走数日,今日在家颇觉闲适。

今日天气突冷,余戴墨为余新制之绒线帽(购土毛线六元为之),穿棉鞋。

十月廿七日(星期一)

晨到馆,仍阅《王安石评传》。得云波所为《雷马屏峨考察记》,观之,亦如普通之游记,无精粹之识见与卓越之观察。此是所谓边区,问题甚多,治川而不解决此区之问题,隐患正无量也。

十月廿八日(星期二)

晨到光华上二课。归途行于阳光中,四望清旷,甚舒快。

饭后,与墨入城,茗于少城公园。今日重阳,无高可登,无菊可访,小坐园庭,聊以寄意而已。

二时至陕西街,得云彬、彬然来信。他们欲办中学生适用之国文杂志,招余合作。旋即游行春熙路,观各家店肆。物价皆昂甚,不能买,看看而已。过祠堂街,遇月樵,立谈有顷。出新西门,乘车到家,已垂暮矣。

今日行路颇不少,余尚好,墨少疲矣。

十月廿九日(星期三)

到馆。作书复云彬、彬然,言为中学生办一国文杂志,余甚赞同,愿为之相助。话虽如此,而将来又多一文债户头,亦殊难事。

田女士新购法国某文人所作《法兰西之悲剧》一书,余取而观之。此书叙法国此次之崩溃,由于军备之疏忽,战术之陈旧,人民之惧战,当局之不协,使读之者深感怅惘。

看报,美罗斯福作演说,谓美已准备作战。苏联莫斯科虽被围,似尚可支持。我与敌在鄂在晋均有激战。

四时离馆,到家天即昏黑,日子益短矣。

十月三十日(星期四)

竟日细雨迷蒙。

昨约于今日观成城中学,遂乘车入城,又出东门,至该校,而同团诸君无一到者。校中亦不询余何为而来。余不便独自"督导",即返身而出。

入城于春熙路一茶楼吃茶看报,饭于邱佛子。入月樵肆,与月樵谈印刷出版界情形。既而程受伯至。程现助月樵任编辑事务。月樵沽酒,遂共饮。同座又有一李君,印刷工人出身也。酒毕到家,天已黑矣。

十月卅一日(星期五)

到馆。校《小学生诗选》,全部毕,此书仅七十页耳。

下星期光华将举行第一次月考,因出题目三个,皆关涉所读文字,非令作文一篇也。

月樵处将出一种《战时文艺》,要余作一短文,午后动笔,成千言而止。

接商务书馆来信,言《略读指导举隅》一稿不拟接受,《精读指导举隅》则愿以版税百分之十之条件接受。其于"略读",以稿件堆积,不暇排植为推托;揣其真原因,殆以此稿有解说而无所选书籍之本文,恐不受读者欢迎也。且俟晤子杰后再商定如何处理。

十一月（选录二十六日）

十一月一日（星期六）

晨到光华上两课。学生不大肯用心，问以问题，茫然不知所对，与中学生小学生并无两样，实使教者感觉无聊。

饭后，续写昨日未竟之文。既而月樵来。前夕余偶然谈及国文杂志可以办，彼即欲办之，邀墨主持其事务方面。余以为在此办杂志，最难在作稿者之集合。月樵提出中学国文教师数人，以余揣想，其识见未必与我辈相近。若令作稿，恐难满意。谈话结果，且会晤彼数人者，然后再说。月樵去，余又作文。至晚得千五百言。

小墨归来，闲谈一星期内杂事。迩来物价又飞涨，人谓是宜昌克而复失之故。此事刺激商人之心理，殆确也。

十一月二日（星期日）

上午续完昨文，凡三千言，题曰《爱好和修养》，言爱好文艺之青年须有相当之修养也。适雪舟之女与侄女来，即令带入城中，转交月樵。

午后，重取黄任之《苞桑集》整理之。历两小时而止，尚未完工。

十一月三日（星期一）

到馆，开始作一文，论语体文亦须精读，针对此间一般中学之忽视语体文而言；预备付《中等教育季刊》或《文史教学》。竟日得千五百言，预计可有万言也。

看报，昨报载我军克复郑州，而今日之报又不提起，或亦如宜昌之克而复失矣。美之驱逐舰一艘为德水雷击沉，美德关系益趋紧张。日意或将据三国同盟之约，与美处敌对地位。世界舞台之锣鼓越敲越急矣。

墨以今日始入城往月樵处助理编辑事务。以后每星期均须入城一二次。回来时带回数信：佩弦一信发自叙永，述水行所历。东润一信，昌群一信，皆接余书而作复。又伯祥第五十六号信，甚简短。

十一月四日（星期二）

晨到光华，令学生温习一时，举行小考一时。余到校三星期，仅授《魏其武安侯列传》一篇，即就此篇出题。计摘取篇中词语令造句者，六句；取篇中文句令翻为白话音，六句；就全篇比观而须略抒己见者一题。取所交卷观之，及格者似不多也。

今日督导团适观光华附中，余至附中，诸君皆先到。观三位教师上课，教三官之关君似甚差，教二官之翁君最胜任。

午刻，饭于同团梁科长之家。梁即住于光华教员住宅，其夫人在附中任课也。治肴馔极丰美，大家皆饱餐一顿。食后集议，至二时而毕，余即归。

昨日起伤风，今日益甚，又感颇不爽快。欲为之事多，而身体时时有阻障，致影响精神，殊属憾事。

十一月五日（星期三）

到馆，续作前日所作文，仍得千五百言。中间又为钟禄元君校稿样一篇，为伯琴之子改演讲记录一篇（伯琴之子在西北中学，所记即余之讲辞），以故竟日未休息。

傍晚携上月份之米归，乘鸡公车直达。车资四元半，比上月贵小半矣。

十一月六日（星期四）

晨有浓雾。于雾中乘鸡公车至新西门，改乘人力车出南门，至敬业中学。同团诸君到者尚不多。

九至十时，观萧君上初二国文课，讲爱罗先珂之《春天及其力量》，此篇实非初中学生所能了解。十至十一时，萧君与余长谈，听其言词，于国文教学颇不如一般教师之拘虚。十一至十二时，观冯君授高中国文。冯为老先生，亦无特别坏处。

午刻，饭于唐家花园，菜尚好，有炸鱼一尾。二时散。

余至陕西街，看报，与雪舟闲谈。五时到家。今日得晋生、通伯、叔华、欣安、张梓生、龚之琪数人之信。叔华要编儿童文艺丛书，嘱余作童话，且须长篇。以余现在之忙迫，何能为此耶。

十一月七日(星期五)

晨冒大雾,乘鸡公车沿城墙而行,经西门而至北门,于万佛桥下车,遂步行至迎恩楼,观清华中学。此校为清华大学毕业同学所办,颇胜于一般川省中学。有初二一班无课,余略加考问,学生所答颇不差。观各级作文本,初中多作白话,高中作文言者亦通顺。

午刻会食于小饭店。茗于茶店,会谈两小时,将对于该校称美及劝令改进之点商定,然后散。

四时到家,即预备明日之功课。灯下,整理前所为精读文之注释,以便交月樵付排。

十一月八日(星期六)

晨到光华上两课。

饭后应月樵之约,与墨同入城。将至新西门而遇雨。

在开明坐一时许,余独至盐道街,访朱君允女士。女士为熊佛西之夫人,前托茂如转言,欲与余会晤也。其实并无甚事,唯不满意此间中学,尤其是国文教学,询余能否以教厅之力促其改进耳。余为言教厅虽有此心,而实效难期;吾人子弟欲获进境,只能以自力为之,不必属望于学校。

谈一时许,辞出,重至开明。程受百、戴伸甫、王梦瑶、王沙萍、李海初诸君咸集。月樵盖欲以时请诸人集合,助其出版事业也。五时半饮酒,至七时方毕。

天已昏黑,道路又泥泞,月樵留我们住其店中。我们不欲,向索一灯笼,乘人力车出新西门。雇鸡公车,仅有一乘,墨坐之。余燃灯笼而行。黑暗包围,除足下数步外无所见,泥路滑甚,屡欲倾跌。到家已八时矣。小墨已回来,谈有顷而睡。

十一月九日(星期日)

晨起已九点钟,数年所未有也,睡甚甜适。

饭后,始作一文白对译之例。月樵拟出《国文杂志》,将以为该志之材料。余近有一想,欲以个人之力撰此杂志,每期二万字,似亦不难。试出半年六期,且看成绩如何。若于学生有所补益,亦一乐也。

伏案至夜八时,觉腰背酸痛,此最无聊。

十一月十日(星期一)

昨夜大雨,今晨虽止而路难行,遂不到馆,续作昨文。

饭后觉身体发冷,腰背益酸。勉强阅考卷,历两小时,通过二十余本,益觉不支。遂与墨步行田间,至张家碾而返,曝于日光中亦不觉暖,殆又须发热,或疟疾作矣。

十一月十一日至十六日

十日之晚果发热。十一日晨至晚,体温均三十九度半,假定病为疟疾,服奎宁粉。十二日,热减至三十八度光景。十三日益降低,至十四晨始无热。

曾作一书致云波,请假数日。卧床中将光华考卷看毕,由墨及二官三官念之,余听之。

雪舟、雨岩、文铨十四日同来探视,甚可感。

十五日,勉强到光华上二课。

十六日,田女士来探视,云云波又将往西北一行。

十一月十七日(星期一)

晨入城,就中医李薏园君诊治。李君开一清理中焦之方,谓以后须谋补血。买药二剂,皆平常药,往日不过一二角者,今每剂价三元。

至陕西街休坐看报。知美国撤退上海军队,英国派兵增防香港已达。远东风云愈益紧急矣。

下午一时回家,补记日记。不执笔几一星期,此为近年来所未有也。

得东润信,又托汇上海款。得佩弦信,告已抵昆明,并示新诗。即作一短简复东润。

十一月十八日(星期二)

晨至光华上两课。饭后改三官所作一文,将以入《国文杂志》者也。

十一月十九日(星期三)

到馆。天气阴寒,殊无欢趣。校《小学生诗选》毕,即可付印矣。

得顾诗灵、李儒勉、马文珍,及上海丏、伯、村、调诸公之信。积信已多,尚无力复之。

三时离馆，携本月份之米归。

十一月二十日（星期四）

寒雨竟日。晨起改光华学生文八篇，看一遍而已。文字皆似是而非，若要细改，一天工夫亦不过八本而已。

作一稿，论"非不知而问之询问句"，至下午四时完篇，成二千余言，将以实《国文杂志》。

风来不耐，只得关门。白日点灯，与墨对坐，各执笔而书。

今日未能出外买菜，午餐以菠菜煮饭，晚餐以赤豆煮甜粥。

十一月廿二日（星期六）

晨到光华上两课。

饭后，与墨偕入城，先至月樵所。后至陕西街，向雪舟买夹江仿宣纸十张。子恺将开画展于此，余拟写些篆字，附入展览。如能卖出，亦可少资补贴。设想至此，亦复有些无聊矣。

四时，买杂物而归。

十一月廿三日（星期日）

潘甘泉夫妇以今日离此而去，同居九个月，分别亦稍有寂寞之感。潘将往永川任国立中学教师，教生物学。

余今日整日写篆字，共写对联六副，横条二幅。自视尚可，皆工稳。

午刻月樵来，将《国文杂志》首期稿之半数交与。此志每期需二万言，独力为之或尚可应付。

十一月廿六日（星期三）

到馆，续作本月五日未完之文，竟日得千四百言。

日来天气阴晦，行于田亩间，怅然不欢。

灯下改光华学生作文本七本。所收有七十余本，决不能细改，只能看过一遍耳。对此作文本，颇悔当初轻易应薛君之约矣。

许多来信未复，许多文稿未作，堆积心头，皆感不快。

十一月廿七日（星期四）

晨起改学生作文本数本。

入城，至月樵所，知《国文杂志》稿送审，即可取还付排。

至陕西街，以所书篆字交雪舟，取其一半付裱。裱对一副需二十元，余裱八件，共百余元。若卖不出去，则"偷鸡不着蚀把糯"矣。

得东润书，又托汇家用千元。又得伯祥、丏翁书及叔湘书。即作复致东润、叔湘。

午饭，雪舟备大曲，饮一杯有余。二时辞出，至春熙路一转。入城一行，归来觉倦甚。

十一月廿八日（星期五）

到馆，续作前文，仅得千言。

看报，知日美谈判美已表明明显态度。国务卿赫尔致声明书于日特使来栖及日大使野村，谓美之基本外交态度为遵守前此所表示之主张。日必（一）退出轴心，（二）撤退在华军队，（三）不支持汪兆铭之伪组织，方可与美接近。日本当不能接受此种意见。则美与日必然对立，此我之利也。此后太平洋上或将发生战事，而我与英美荷澳将联合对日，非复孤立作战矣。

今日得家属米贴暂支二百元。具体津贴办法，闻不久即可发表矣。

十一月三十日（星期日）

清晨，西方雪山甚显明，作玫瑰色，皱襞如工细之图画。

上午写篆字，计作两联两单幅。饭后写复信。复颉刚一信，言由彼代编《文史教学》事。复张梓生一信，高晋生一信。又复丏、伯、村、调，编列第六十三号。

伏案竟日，又感困乏，头胀背酸，手足作冷。恐疟将复作，急服奎宁粉一包。

十二月（选录二十六日）

十二月一日（星期一）

晨起天尚未明。到馆，续作前稿。

十时许，有教厅职员冉君来访。冉曾作一《征妇词》，刊成小册，欲以教厅名义介绍于各中学为补充教材。子杰嘱余审阅，余评云，其辞未臻纯美，不适为教材。冉以是愤愤，来访余有问罪之意。初尚客气，后竟作流氓口吻，谓"人对我不客气，我也会对人不客气"。同室诸人闻之均不平，群起而斥之，有呼"滚"者。后薛远举君来，拉之出，余亦陪出，婉言告以余盖就文论文，别无他意。彼始转颜为歉容而去。

余受此不相干之气，虽不致动怒，而心不免快快。朱启贤君意欲相慰，拉出共就点心店小饮。继而子杰、云波偕来，向余致慰，并云必立即处理此事。饮毕返馆，不久，子杰导冉君来，令向余道歉。余笑答之。闻冉为哥老会中人，有小小势力，足以暗中给人吃亏。今如此，或不致结成怨仇。苟其人果要施用流氓手段，余亦无可如何，防亦无可防也。

午后，寄蜀沪六十四号信与开明诸友，为馆中之《四川文物小丛书》欲委托开明出版事。

四时离馆，如早上一样，徒步。到家即天黑矣。

十二月二日（星期二）

晨到光华上两课。归来作《国文杂志》稿一短篇。

午后二时半离家入城，缘王云五来此，子杰于今晚宴之，招余作陪也。先至月樵所，月樵知余今晚不能回家，留余宿其店中。四时半，徐步街头，微雨沾衣，尚不致淋漓。成都夜景，今年尚未一观，偶得机会，亦复自得。

六时，至东鲁饭庄。少顷，主客咸集，皆教厅与教育馆中人，外客仅王云五、张屏翰、蒙文通、钱宾四而已。王精神极佳，谈笑风生，饮量亦豪。自言以六年之力，搜集各体古文字，创一七角号码检查法编排之，使读者一检即得。其释文释义，则悉用各家之说，"述而不作"。今其书即将出版矣。谓此为"不识古文之人教人识古文之一个钥匙"。余觉其书于人殊有用处。

席散已九时。返祠堂街，与月樵谈一时，即就睡。被薄，觉寒冷，竟夕未得好睡。

十二月三日（星期三）

晨六时起，洗面毕即走出。大雾迷漫，不辨十步以外。吃豆浆油条。乘人力车到馆,尚无一先到者。云波以明日离此至城固,或将返汴一行,视其家,其主任职务又须余代理。昨夕曾与子杰言之,谓余实不能为,子杰谓且缓日再说。此殊感无聊。

今日未作一字,看《中等教育季刊》之来稿,为之修改。五六篇而止,即费竟日之时力。

得刘孔淑一信。又得晓先来稿一篇,入《国文杂志》。

四时半到家,离家一夕,如久客乍归焉。

十二月四日(星期四)

晨起即作文,得二千余言,题曰《略谈学习国文》,入《国文杂志》。第一期稿至此齐全。

饭前忽感不舒,头昏,胃中有欲呕之感觉。不知是用心写文之故,抑因吸了昨日云波所赠之叶子烟卷(赠我百枝)。食饭半碗,即就睡。

入睡一时许,醒来较好。起来作书复晓先。夜间改光华学生文九篇。

今日为阴历十月十六日,我妹生日(今年四十岁)。夜餐吃面。

十二月五日(星期五)

到馆,上午看《中教季刊》投稿。

午后,与朱启贤君商订《中小学教师进修丛书拟目》。此系子杰嘱朱君主持者。朱君治教育,看书颇多,在馆内同人中能力算是较强者。商谈历二时,目录粗定,将来即约人编撰。其书果能完善与否,须视编撰者之能力如何矣。

墨今日入城发稿,携归彬然、云彬来信。他们也决定办《国文杂志》,嘱余作文颇多。余非不愿努力,但身体不好,时间不够,奈何!

十二月六日(星期六)

至光华上二课。

归来刻昨日未竟之图章,阴文,文曰"叶绍钧字圣陶",印出自视,殊平平。即以用在写件之上,较之平日所用铜章,似乎好看一点。

傍晚,小墨归来,谓在城中遇通伯。不知其住何处,否则当往访一谈。

十二月七日（星期日）

晨起作书复云彬、彬然，允作文字寄往，以本月二十以前为期。

饭后与二官同入城，至陕西街，拟盖印章于写件，而装裱尚未完工，只得星期四再行入城。得东润信，仍托汇款至沪。

坐半时许，辞出。二官往拍照，购杂物及水仙一束而归。久不供花矣，得此聊使茅屋有些生意。

灯下为小墨讲杜律三首，他拟作笔记登于《国文杂志》也。

十二月八日（星期一）

晨起甚早，到馆仍为第一人。作书寄钱宾四，催作稿，入《中教季刊》。治杂务，至十时而毕。作一短文，应光华《青年之声》之征。

忽通伯推门而入，欣然握手。谓适至我家，不遇，又转来茶店子，盛意可感。遂共入小食店小酌，谈生活琐事，谈国事，谈世界局势，久未得此乐矣。君劝余多为文艺，奈余近来思路已不复趋于此方面何！食毕，复往吃茶，盘桓共两小时，珍重握手而别。君明日返乐山矣。

返馆，得见《中央日报》号外，谓日本飞机出动炸夏威夷之珍珠港，美国对日宣战，英国即继美对日宣战。远东战争于是爆发。而今日报纸尚载日使与美国国务卿会谈之电讯也。就一般说，英美战日本于我为有利。但英美距南洋远，军舰调动费时较多，若为日本捷足先登，据定南洋，则胜负之数殊难逆料。今日吾人之前途命运，皆已作为世界大博局之下注品。苟胜利在侵略国方面，则为奴为仆而外，他无路矣。故闻此消息可喜亦复可虑也。上海公共租界已为日军占领。英军早已退出，美军亦于上星期退出矣。沪港航路必将断绝，此后上海来信，不知须如何辗转而来，此亦颇令人难受也。

十二月九日（星期二）

今日因欲作文，向光华请了假。所作文为桂林《国文杂志》之发刊辞，彬然所嘱托也，竟日仅成半篇，千五百言。

午后，月樵处送来黄任之《苞桑集》之校样八面，即为校阅，亦耗时一点多钟。

满子入城归来，带回今日报纸，知日海空军在太平洋上及南洋一带极活跃，四出袭击，似颇占些便宜。其陆军则在泰国与英军作战。而对日宣战之国家续有五六个。今日真成两个阵线之世界大战矣。满子从城中闻人言，美机五百架轰炸日本，此消息大快人心。

灯下作书致东润，谢其惠赠《读诗四说》，并告以其款尚未汇出，今蜀沪汇兑已不通矣。

十二月十日（星期三）

晨到馆。本拟作文，而同人以稿嘱看，遂不能执笔。仅完成前日为光华《青年之声》所作一短稿而已，题曰《高等教育所要养成的习惯》。

午后看报，知我国于昨日亦对日宣战，同时对德意宣战。我与日战争已历四年有余，而今始宣战，此中意义大可感慨也。英美方面骤遭日本攻击，一时似尚不及应付，故无甚关于还击日本之消息。美机炸日本，亦未能证实。大约一星期，可有激战矣。

十二月十一日（星期四）

晨入城，至月樵所。月樵导至汪家拐排字房，复校《苞桑集》，但工友未改好，无可校。乃至陕西街，裱件尚未取来，未能打图章。又至新南门印刷所，《国文杂志》排字已成一半，而未装版，亦无可校。颇有一切工作一切事情皆迟缓，不能使余称意之感。

食甜点代午餐，复至陕西街。裱件已取来，打图章其上，即交与雪舟，俟子恺画展开幕，加入陈列。复至汪家拐，校件已改出，然尚有错字，未能算数也。

五时到家。灯下出国文试题，系全省中学毕业会考所用。今日报载有英国巨舰威尔斯亲王号为日本炸沉。日军甚猖獗。英美之大军尚不及集于太平洋也。

十二月十二日（星期五）

到馆，开始作一文，言国文科应改革之点，预备入《中教季刊》特辑。上午尚顺利，下午有他杂事缠绕，即不行，仅成千二百言。

今日报载美对德意宣战，世界之任何地区，美皆将派遣军队与敌作战。如此阔大口气,亦唯今世得闻之耳。

十二月十三日(星期六)

晨到校上两课。回来即伏案,续作昨文。迄于傍晚,亦不过写成千五百言耳。

小墨回来,询以今日报上消息,英美尚无制止日本进攻之具体表现。民主国家行动迟缓,令人焦心。苏联应有表示,就情理及利害而言,均宜对日宣战,与我国及英美站在一线,而尚无所表示,亦令人焦心。

十二月十五日(星期一)

到馆。改文,看文,治杂事,忙碌竟日,未能作稿。归来后,于灯下续作稿一页。如此忙中偷闲,亦复可怜。

战局无大发展。英之香港,美之关岛,有人言已失去。然报纸上无之。——关岛确已失守(十六日补志)。

十二月十六日(星期二)

晨有浓霜。到光华上两课。回来即续作昨文,迄傍晚,得千五百言。

墨入城,回来言雪舟托俞守己往询我寓屋主严阁声,严意明年之房金将大加,押金亦须增加。俞主张加千元,每年千五百元,严尚未允。余意守己之议若成,则我家须出千元(开明出五百),已觉其不胜。若必须如此,则只得谋迁居矣。——如迁居入城,二官三官须住校,缴费可观。余往来乘人力车,车费亦不少。如遇空袭,出城又麻烦。故千元之数若议成,在余犹上算也。

十二月十七日(星期三)

到馆。续作昨文,至下午三时,得千五百言,尚未能完篇。携本月份之米以归。

灯下校《国文杂志》排样十八面,九时始毕。错误尚多,还须复校。全册共三十二面,大约再须两星期方可校毕。此间印刷工人工作迟缓,较之往时在上海印杂志,迥不同矣。

十二月十八日(星期四)

晨起续昨文,写五百言,定题曰《论中学国文课程之改订》。又续作上星期未完之文,成七八百言,仍未完。

教厅派人送信来,谓督导团明日出发,往崇、彭、灌三县,四日而返,邀余同往。余以事忙,辞焉。

今日墨入城,携绍酒一斤以归,价七元二角矣。晚饭前酌一小杯,殊未餍。

十二月十九日(星期五)

到馆,重行校阅《中教季刊》所收文稿,一一批明排装款式。自战事起来,余不编《中学生》杂志后,此项工作久不为矣。总计所收文,得十万言,已够全册三分之一。即以明日付排,由孙元琼君与印刷所接洽。

归来后,仍小饮一杯。灯下改小墨所为文稿,投《国文杂志》者。

报载英美苏荷及我国,正谋取得密切联络,为应付侵略国家之有效努力。此好消息也。太平洋战事无大变动,香港仍坚守,日军占九龙,与港方互以炮轰。

十二月二十日(星期六)

晨于大雾中到光华,举行第二次月试。

归家吃早午饭,饭毕即入城,至新南门兴华印刷所,校对前日校订之《国文杂志》排样。至四时方校毕,十六面完全无误。匆匆返家,天已断黑矣。

小墨归来,言今日子恺画展之第一日,曾往一观,余所附入之篆字若干件,已售去一部分,且有预定者。此项生意似还做得;余字实不佳,亦为稻粱谋耳。

十二月廿一日(星期日)

晨起续作上星期四未完之文,得六七百言,完篇。即以寄与彬然,为桂林《国文杂志》之发刊词。

午后改小墨之文稿,毕。其题曰《杜律试解》,盖讲杜律三首也。

三官自城中归,带回东润、昌群之信。昌群言刘百闵君欲邀余往重庆,佐办其中国文化服务社之编辑出版事务,薪给从丰。昌群极盼余能应之。然余一动不如一静,居此尚可,亦复怠于他往矣。

夜间祀先,今夜为冬至夜也。

十二月廿三日(星期二)

晨至光华上课。归家饭后,入城至陕西街,将售去之写件题上上款。此次售去十一二件,计所得可五百元。

俞守己来信,言已与严谷声谈妥,我居之租金为千二百元,较今年加七百元。此尚近情理。非守己之交情,严决不肯如此让步也。

归家,灯下无所事,看《黄衲集》。

十二月廿四日(星期三)

到馆,看《中教季刊》来稿,凡五六篇,皆为修润,付排。诸稿作者多大学教师,而文字欠妥,意义平常,往往而是。思之亦复怅然。

报载英首相邱吉尔抵华盛顿,与美总统罗斯福会议。此为反侵略国家组织统一机构之始,俟二人会毕,当有进一步之联络也。日军猛攻菲律宾,其目的盖在新加坡。香港岛上,英军尚与日军激战。我军攻广九路,已抵九龙境。若能取得九龙,可为香港军民得一退步。

四时半到家。利菲芳馈余大曲一瓶,酬余代为写字。晚饭前饮半杯。

十二月廿七日(星期六)

今日光华学生为检阅预习,停课,余得免到校上课。在家改小墨文一篇,亦入《国文杂志》者。

墨入城归来,携回《国文杂志》校样,遂着手细校。

墨在城看报,知香港已失守,缘水源断绝,小能再战。残破伤亡,厥状甚惨。唯此次受难者多系富贵之家,不若他处之贫贱者独苦也。

月樵嘱书赠铭章中学成立纪念之件。铭章中学设于新都,系纪念临阵死难之王铭章者。余勉凑一绝,灯下写篆字于幅。诗曰:"百战英名为国光,梓乡建校示无忘。诸生好自承遗泽,各为邦家作栋梁。"

十二月廿八日(星期日)

晨起,二官三官倡议看电影,遂同入城,至智育影戏院,看苏联影片《夏夜》,系本哥戈里小说改编者。本事似平常,而彩色摄乡野园林之夜景,绝美。

散场,余至兴华印刷所,复校校样,至十二时后校毕。李渔初、冯月樵留饭,饮黄酒。三时至陕西街,小坐即归。

天气阴寒,似有雪意,成都去年未见雪,不知今年能一见否。

今日报载，上海商务、中华、世界、开明等书局均被日本人封闭，存书多捆载以去。开明诸友以后居上海不知将如何支持，遥念不已。

十二月三十日（星期二）

晨至光华上课。回来之后，写"国志"第二期《社谈》，至四时得千五百言，题曰《读些什么书》。

同居张青云今日卖出猪四头，得价三千三百元，一头猪值八百余元矣。特记之。

十二月卅一日（星期三）

到馆，为同事诸君改所出各书之简单提要，以为《中教季刊》之补白。诸君所撰，字句间皆有问题，文字之难，初未信其如是也。

接晓先信，并得其来稿。又得绍虞信，系上月下旬所发。

今燕大必已不能开门，不知绍虞又将如何。

傍晚到家，知今日上午，墨往河畔洗衣，堕入河中，全身没水，幸满子在旁，即与扶起。闻之殊怅惘。墨勤劳已甚，而又遭此水厄，苦矣。受惊后稍觉精神恍惚，不知今夕将发热否。

一岁终矣。号为胜利之年，亦仅于国际地位上稍有好转。而此后全球大战，艰危正多，胜负之数尚难逆料。明年究为何种年头，未可知也。

一九四二年

一月（选录二十六日）

一月一日（星期四）

晨起即作一文，题曰《正确的使用句读符号》，预备入《国文杂志》第二期。下午四时作毕，共千七百言。

满子入城归，言城中热闹殊甚，大有新年景象。夜间且有提灯游行。

报载敌又大举进犯湘北，我军拒之，激战甚烈。

满子带黄酒一斤归，傍晚饮一杯。灯下又作另一文字，亦入"国志"者。思久未属,精神提起,夜间遂不得美睡。

一月四日(星期日)

晨以八时出门入城。至月樵所,以第二期"国志"稿交与,请其送审。又至陕西街,晤雨岩。雪舟将于六日动身赴桂林,或以飞机,或以汽车。

十一时至徐恒之君家,应其招宴。主要之客为易君左,其先生也。余与易晤面在十五年前,今各为中年人矣。菜系徐君夫人自办,颇丰美。二时散,余即归。

今日报载二十六国家发表共同宣言,通用资源,通力作战,不单独与敌停战或讲和。

一月五日(星期一)

到馆,仍为《中教季刊》之编校事务,他无所作。

报载湘北战事已入决定阶段,我又可得大胜,此好消息也。同盟各国推我国蒋委员长为中国战区最高统帅,安南、缅甸、泰国之战事亦属之。此自是当然之事,而报纸记者均特别渲染,以为荣誉,此亦微失体统也。

一月六日(星期二)

晨到光华上二课。回来,母亲言顷方烧火,忽感腰脊部麻木,几欲倾跌。时阳光方露(多日未有阳光矣),扶至南廊倚坐,渐觉活络。近几月来,母时感颈部酸痛,自意殆将折断。今又及于腰脊,恐是脊骨之病。或由高年气血不和所致。深可忧虑。

午后,改晓先所为文,入"国志"第三期。改毕即不复作他务,亦算略事休息。

一月七日(星期三)

到馆,看投稿二篇,改短稿三篇。

下午,看《亚洲内幕》下半部,皆述南洋及西亚各国,是皆今日战祸蔓延之区,余向来并不了了者也。其书作者殆是美国一记者,所收为最近几年来之材料,助人理解不少。

看报,我国湘北确大捷,歼敌二万。太平洋大战据称将入第二阶段,同盟军即将向日本反攻。

到家,知母亲腰脊部仍不舒,不敢起立,恐致倾跌。

今日得云波自陕西城固来信,言为西北师范学院拉住教课,暂时不能回蓉。

一月八日(星期四)

九时后阳光满庭,移桌庭中,改三官所为小文《集邮》,乘此曝日。三官此文殊不坏,将来或可有成就。

饭后入城,至陕西街。雪舟尚未登程,因飞机票不易买到。谈一时,与雨岩偕出,至春熙路买虎骨酒一瓶,供母亲试饮,或可活血舒筋络。

今日得佩弦、昌群各一信。

一月九日(星期五)

晨踏霜到馆。看来稿两篇。作一书复云波。下午作书复佩弦,未及写完。

傍晚到家,墨卧床发热,胃部作痛甚剧。此是旧病,两年未发矣。所以致此,想是平日劳顿,以及上星期失足坠水,受了寒气之故。墨近几月来颇健,肌肉渐丰,经此挫折,又须好久才恢复矣。

一月十日(星期六)

晨至光华,无教材,空讲两时,于学生之程度不佳颇下针砭。

饭后,续作致佩弦书,又致马文珍一书,同封航寄。

傍晚小墨回来,言今日报载,长沙之捷歼敌三四万,刻尚有二三万在包围中,或亦可灭之。此次之胜利过于前两次矣。空军与敌空军战于长沙附近,击落敌机五六架,亦为近来快事。

墨昨夕退凉,今日仍操作如常。母亲亦转好,行动已不须拄杖。或者虎骨酒有些许效力也。

一月十一日(星期日)

晨起代人作贺新屋落成及祝寿之颂语,得四韵三十二字。系二官同学王介阳所托也,且须写成一巨大之匾,每字径尺。据笔作字,迄于下午三时,方写完。缘大小难匀,几乎每字重写。此亦太麻烦事矣。

三官入城,带回两信。一为仰之所寄,发自桂林。彼现在桂林中储会办事,为公务曾往来浙赣各地。近将接其家属到桂同住。一为司马文森君所寄,为其刊物索稿子。

一月十二日(星期一)

到馆,改田女士稿四篇。下午作书复仰之,告以我家近况。

报载马来半岛战事,英方颇不利,日军已南至雪兰峨,新加坡殆将不守乎。新加坡若失陷,同盟军方面殊难乐观也。

一月十三日(星期二)

晨至光华上两课。饭后改二官所作一文,直至七时始毕。全篇亦不过二千余言耳。

一月十四日(星期三)

到馆,治杂事。作一信寄洗翁,询以开明今后之方针。附两书,一致云彬、彬然,一致唐锡光。

午刻,与朱启贤君小饮于食肆,田女士旋亦来,共饮大曲半斤。

一月十五日(星期四)

竟日改文三篇,一篇为小墨所作,两篇为墨所作,皆随笔也。自编《国文杂志》,大家皆引起写作兴趣,亦一佳事。

一月十六日(星期五)

到馆,上午作"国志"之稿二页,作书复李儒勉。

午后,教厅送来教厅在中教会议之提案,嘱编入"季刊",观其文字多不通顺,意义亦平庸。时至今日,莫言实践,即笔头文字,亦复不成样子,对之浩叹。修润一过,费三小时,尚未能细细推敲也。

晚归,携归本月之禄米。

一月十七日(星期六)

晨至光华,学生来者不足四分之一,盖下周即举行大考,彼辈以温课为名,自动不上课矣。其他教室阒其无人,教师亦无至者。大概光华之传统如是也。即返身而出。

到家续作昨稿,又成一页,完篇。午后作《文句检谬》,评三句,凡七八百言。

傍晚吃面,满子作生日也。生日系昨日(阴历十一月底),凑小墨今晚回来,移至今日。

一月十八日(星期日)

续作《文句检谬》,至傍晚四时始完。

雨岩来,带来东润一信,中附刘延陵来信,谓在马来亚吉隆坡,而不言所为何事。吉隆坡近已失守,延陵殆在四窜逃难矣。

灯下为小墨讲杜律四首。

一月二十日(星期二)

墨与满子洗濯衣物,余为之下手。

饭后,与墨缓步入城。至祠堂街,思吃茶小憩,闻一家楼上有乐声,即登楼吃茶,顺便听之。此种游艺名"洋琴",盖乐器以洋琴为主,而以胡琴等物和之。演奏者五人,皆盲子。所唱为伯牙碎琴故事,其文词殆亦文人之笔也。

坐四十分钟,买布及绒线,然后至青莲巷访颉刚夫人。颉刚夫人久病,近自崇义桥迁住城内。据谓其一个肾脏已坏,欲求佳健,必须割去。现待颉刚自渝回来,即将就董秉奇医生割治。我们因为道满子割治经过,宽其愁虑恐惧之心。其实此殊可虑,以久病之身,而所割者又为极关重要之肾脏,结果如何未可知也。

四时半辞出,又在市中买杂物,到家时天几黑矣。

一月廿一日(星期三)

晨步行到馆,孙元琇君留条于桌,嘱入城往西南印书局校对《中教季刊》。因即乘人力车往。此志须于二十四日运往重庆,子杰于二十六日中等教育会议开会时将分赠与会诸人;而印刷局延未动手,须于三日内赶成,非我们到彼校对即赶不及也。竟日伏案,共校四篇。

午刻与孙君饭于小馆子。六时到家。灯下又校三篇,明后日尚须继续赴印刷局也。

一月廿三日(星期五)

早起即往西南。今日大忙,伏案至于下午七时,始将全部校毕。午餐晚餐俱在厂中,身体甚疲劳矣。工人须连夜改正印刷装订,明早有汽车开往重庆,即须将成书带往。其实此中殊少可观之文字,不过有此一种杂志,子杰可以表示在做事情耳。

到家已八时半,家中盼望久矣。

一月廿四日(星期六)

连看校样三日,如生了一场小病。起来看光华考卷,其一半系墨代看者。

买大曲四两,五元,饮其半。七时半即就睡。

一月廿五日(星期日)

上午写字两幅,一系易君左嘱书,一系小墨之主任郑礼宾嘱书。

午后,校黄任之《苞桑集》十余面。一天工夫,即此消磨矣。

一月廿六日(星期一)

到馆,看通信讲习之答案一本。去年暑中发出题目,原欲中学国文教师人人作答,而来稿仅此一份,教厅之命令为力微矣。

身体倦甚,殆是上星期校对太忙之故。

灯下刻一图章,并不见佳。

今日为始,二官三官放寒假矣。

一月廿七日(星期二)

晨入城,欲往印刷所校"国志"第二期。先至月樵所,知校样已送来我寓,遂至陕西街小坐。雪舟久言往桂林,今日始克乘飞机登程。仅系飞至重庆,自重庆至桂林大约不再飞矣。

至青莲巷,悉颉刚已归来,但外出,未之遇,约后日早晨再往访晤。遂归。

伏案校对,迄于七时始毕,又疲甚矣。

一月廿九日(星期四)

晨入城,至颉刚处,坐谈一时许。略闻政界学界情况,皆可慨叹。今者"抗建"二字并举,以实况观之,"抗"或者因盟国之力而终胜,"建"则实无"必成"之征兆。吾人已皆半百之人,殆无获见承平之望矣。君为馆中代编《文史教学》已成一期,携其稿而出。

至兴华印刷所,复校"国志"第二期清样,很顺利,留一时许即毕事。入小食肆吃面而后归。

鸡公车夫老俞托作新春门联，为撰两语，自谓颇不恶。"有子荷戈庶无愧，为人推毂亦复佳"。盖老俞有一子在前线当下级军官也。

一月三十日（星期五）

到馆，取昨所得《文史教学》稿，加入原存馆中稿五篇，加以编排，半日而毕。即托钟禄元君交西南印书局付排。此期比较像样，余既经管其事，总望所出书刊较有意义也。

到家，为先父冥诞设祭。我父生于戊申，今为九十四周岁矣。

今日午后续作昨稿二页。

一月卅一日（星期六）

墨与二官洗衣，余为下手。午后扫除屋宇，去尘埃，余办略事拂拭。每届阴历年终，例有此举，吾苏谓之"掸檐尘"。墨计算离乡入川以来，历年俱以故未举行，今年尚是第一次也。

二月（选录二十五日）

二月一日（星期日）

晨起，将前日之文续完，共三千言，题曰《致文艺青年》。

"国志"三期之稿已齐，午后墨与二官入城，即带交月樵，嘱其送审。

刻毕昨日未完之图章，印出不甚满意，"后"字中间太空阔矣。

得洗翁自桂林来信，言尚未得上海村、伯诸人手书，但从他方得知开明确被敌人封闭。翁希望能有二三中坚人物来内地，为开明谋复兴，与余所思正同。然事实上恐非易也。

二月二日（星期一）

到馆，竟日辑集《中教季刊》二卷二期，居然完毕。

颉刚来，言彼与钱宾四两人之意，邀余往齐鲁大学教国文。余言非不领情，事实上实办不到。彼言明日齐大校长招宴，且于晤面时再说。

报载马来亚战事已结束，换一句话，即马来亚已尽入日本之手。今后即为新加坡与爪哇之攻守战。英美援军迟迟不见到来,令人闷甚。

二月三日(星期二)

晨以九时入城,至月樵所少坐,又至陕西街取信,然后至颉刚所。

十二时,偕往明湖春菜馆,齐鲁刘校长及宾四已先在。他客皆大学教师,曾识面而并不熟悉者。席散,客皆去,刘与宾四、颉刚与余谈担任功课事。余再三却,而三君皆不肯已。最后约定先物色他人,万一找不到,余勉补其缺。宾四允之,唯言无论如何必往齐鲁教一个课程两小时。遂散。

余至汪家拐印刷所,复校《苞桑集》排样。

五时半到家。灯下刻成一名字印。

二月四日(星期三)

到馆,治杂事。作一信寄伯祥,问上海亲友情况。自太平洋战事发生以来,尚未得上海信,已两月矣,怀念不已,因寄此书,编蜀沪第六十五号。

报载英美两国复以巨款借与我国。此后军实充富,抗战当更有成绩。然亦须英美在南洋能转败为胜,方有济也。

二月五日(星期四)

昨夜身体不甚舒服,体内发冷,胃肠作痛。今晨晏起。食已,为墨刻成一名姓章。

午后看曹禺之新作剧本《北京人》,未完。顺便在阳光中取暖。

作一信,复昌群。

傍晚,与二官至光华村,买肉一斤,干酒四两。走了一趟,身体顿觉松爽。望村落之间,颇有红梅作花矣。

二月七日(星期六)

晨起与墨及二官三官往青羊宫赶场。余坐茶馆中守候,他们往市杂物。至十一时回家。

午后,写篆字联,写了三副,均不好。

屋主严谷声买田,今日成交,借此宴请中保及邻居,来者三十余人。其所买田,每亩之价在四五千元云。

二月十日(星期二)

为月樵看其所收之初中历史教本稿数十页。又看杂志数册,皆三官自同学处借来者。

雨岩来,言今日报载,日本军已在新加坡西北登陆,该岛殆必将失守乎。英人设防之疏懈,遣援之迟缓,至于如此,真不可解。

二月十一日(星期三)

晨作雪,不大。入川以来此为初见。冒寒到馆,校《文史教学》第四期排样三篇。

午刻,田泽芝招余与陈伯琴往其宿舍吃面。又买酒肉,围炉小饮,同坐尚有朱启贤、李女士、朱女士。吃了两点多钟,甚酣适。

傍晚,乘鸡公车归。暗云低垂,空中仍飘雪花。

二月十二日(星期四)

仍飘雪花。草屋上有薄薄一层积雪。

饭后看初中历史稿本,毕其第一册。又看吕朝相所作小说一篇,为指陈余之所见。

天寒甚。为采光关系,又不能关窗。坐于窗边,殊索瑟难堪。

二月十三日(星期五)

仍下雪,晨到馆已将十时。

朱启贤君以所作讨论中国文化承先启后问题之文字交余阅看,即仔细看之。午刻与细谈,即同出食面食。君言彼于对人,非常简单,只持一个原则,曰"对得起人"。余深然之。此即所谓"尽其在我",存此一念,其他不必枝枝节节考量矣。

看报,知蒋委员长近至印度,与印督及印民众领袖晤谈。此行俱评为意义重大,而重大之故何在,皆不评言。意者印度近方向英要求独立,而英靳而未允,日人则乘机鼓煽,欲令亚洲人与亚洲人为一。委员长将晓以利害,俾印度人坚定其立场,勿脱出同盟国范围乎?而滇缅路已受威胁,我将于印度另辟国际路线,或亦此行之一目的。此种事件之真实原因,非至将来,恐未易邃知也。新加坡方面，日军已攻入市区，其陷落殆属必然。如此良港，失之益复艰困，为我国计，为全世界计，皆堪忧虑，不知固有开颜一笑之日乎！

傍晚，雪益大。在急雪中步行而归，衣上尽白。虽寒冷，亦复有趣。

二月十四日（星期六）

晨起，见屋面积雪盈寸。雪犹未止，飘绵飞絮，远望昏然。据张青云言，如是之雪，成都不常有。影响于农事，主稻麦大熟，收获可增一倍。唯菜蔬不免损色耳。

今为阴历除夕，我家略添食物，烹煮竟日。寒甚，余从旁观看，迄未坐定。傍晚，祀祖先，然后吃年夜饭。

二月十五日（星期日）

雪止，积雪渐融，仍极寒冷。泥路难行，不便外出，在家袖手徘徊而已。

月樵欲另出小学国语教本，托余编撰。余于八九年前为此，颇劳神思。今令小墨起初稿，再为改定，期节省心力。小墨已着手作第一册，今日与之商讨。此事限于内容，限于形式，殊不能信手挥洒，运思半日，所获无多也。

二月十六日（星期一）

本应到馆，大家说阴历新年可不去，遂不去。天气仍寒，雪未全消。

与小墨商小学国语课文，亦不甚顺利。

饭后与三官偕出，自青羊宫沿城墙行，登南门城头，眺望城内外。至陕西街少坐，看报。新加坡之战已成尾声。荷印被侵益亟，自毁其油田。全无好消息，殊觉气闷。又步行自新西门、罗家碾而归。

馆中送来聘书，任余为第二组主任。又附来苏诚鉴君一书。即作一书致子杰，辞主任。余不能分配工作令人为之，观馆中同人似亦无甚可为。余之不愿任主任，以此也。

二月十七日（星期二）

晨到馆，看朱启贤君之旧稿。君所作教育论文将三四十万言，皆尚有见地。

午刻离馆，步行入城。茗憩于少城公园，看报。英首相发表长篇演说，勉其国人镇定坚强，应付难局。其言皆空洞，读之怅怅。

二时,至汪家拐李渔初家,应其春宴之招。晤月樵及程受百,他客皆不之识。月樵言拟以半年出小学国语四册,用木板刊刻。图画仍拟烦子恺,托余征其同意。四时开筵,余饮大曲不少。六时散席。出城,乘车到家。

二月十八日(星期三)

到馆甚晏。同人闻余辞主任,皆来相劝,谓馆中精神涣散,余若不就主任,势将瓦解。其情可感,而其言实过分。

午刻应田世英君之招,到其寓吃午饭。途遇子杰,亦以勉维现局,勿为谦辞为言。余不欲遽允也。

返馆,作书致子恺,请其为小学教本画图。又作书致彬然、云彬,久不得二君书矣,故问之。

二月十九日(星期四)

预备《国文杂志》第四期稿,改来稿及三官之作,共三篇。

午后,与满子往附近花圃,思买山茶一株。索价十余元,空手而归。

二月二十日(星期五)

到馆,续作论语体文教学之文,亦仅成两纸而已。

到家,满子自城中归,带回齐鲁大学送来之课程表。当初匆匆一谈,余未答应,而遽以课程表送来,手续殊不合。因作一书答刘校长及钱宾四,仍表不愿任教之意。余实不愿亦不敢为教师,非矫情也。

二月廿一日(星期六)

今日阴历正月初七,闻人言草堂寺开放(因军官学校居之,平日不得入观),遂与墨及三官往游。

寺中楠树绝高大。除正殿后殿外,均为军校借用。其中包含工部草堂,今为军校宿舍,中有塑像三,未能就近观之。昔闻人谈及,盖工部与涪翁放翁也。寺之一角,今为某军人别业,梅花大开,一池绿净,颇可爱。来成都已一年,始见草堂寺,不可不记也。

饭后,改二官新作一篇,入《国文杂志》第四期。

二月廿二日(星期日)

胡雨岩来,谈近得间接消息,上海开明已复业;雪山在香港无恙;仲华已自香港到桂林;雪舟已抵桂林,回蓉时或与洗翁同来。留之吃午饭,饭后一时去。

余遂与小墨商小学国语课文,成六七课,第一册完毕。全书共八册,不知何日可全部告成也。

二月廿三日(星期一)

到馆,看新到《文史杂志》第十期,颉刚所编也。复校《文史教学》排样。复苏成鉴一信。

午刻,田泽芝、朱朝珍二女土宴请朱启贤夫妇(朱夫人方从重庆来),邀余同食。食毕,在田野游行一周,阳光和暖,菜花将遍,居然下江三春景色矣。

二月廿四日(星期二)

二官作短文,论文章之开端与结尾。今日余为之找例证,并附加说明。伏案竟日,仅成其半。

小墨自学校同事处购得米五斗(较市价略便宜),运之以归。灯下,与商谈小学国语第一册之练习课,全体草成。此后即可绘图缮写,付木刻矣。

二月廿五日(星期三)

到馆,校《中教季刊》二卷二期排样三十余面。竟日伏案,全身酸痛,眼亦不舒服矣。

子杰来,谈主任事。言余既不愿任,而目前尚无相当人物,还请暂代。余从之,旋即送一“仍请暂代”之书来,此事即此解决。

到家,光华送来本学期聘书,明日当作书辞之。

满子带回东润一信,及“国志”三期校样。灯下看校样十面,疲甚。

二月廿六日(星期四)

晨起续看校样二十一面。作补稿一篇,题曰《“殊”字的误用》。看光华补考卷四本。作一书致薛观澄,辞光华教务。墨缮抄小学国语第一册毕,为校阅一过。一天光阴,即此消磨矣。

出外观农人捕鱼。现届修堰截水,溪沟水浅,农人车水至极少。用笼兜之,居然得鱼甚多,有大至盈尺者。三官则往捕虾,得半碗。去年颇以此事为消遣,今年又值此时节矣。

灯下写信复东润。

二月廿七日(星期五)

到馆,校"中教"及"文史"校样,至午后二时讫。开馆务会议,子杰一人说话,皆琐琐。

到家,始得上海信,为第六十一号,知未达之书有三四通,而余所寄信,亦有两通遗失。或者迟些日子均可送达也。开明诸友均安,丐尊仍教书,红蕉家已与伯祥同居,我妹于下月间又将做产。开明将收去门市,专营批发。店被封几个月,今已开业,有些书禁售,余之《倪焕之》与《文章例话》亦在其列。店中尚有二十余人,无他事可为,丐翁谓拟合做字典。此事若能完成,亦有意思也。

今日初见燕子,有双燕飞入吾家,相度去年余所悬于壁端之小板。去年欲其营巢而不果来,不知今年能留住此一对否也。

二月廿八日(星期六)

入城,访月樵谈小学教本付刻事。

至陕西街。又至颉刚所,闲谈。于青年之不好奋发共致叹惋。君不久即将回重庆矣,其夫人已决定不复动手术开割,云近来身体似好一点。

十一时,至兴华印刷所,复校校样,午后一时完毕。遂食面点,茗憩于少城公园。看报,则仰光已入于需要"保卫战"之阶段矣。殊无佳消息。四时归,惫甚。

三月(选录二十三日)

三月二日(星期一)

到馆,竟日校"文史""中教"两志之排样。

下午归,路上初见李花。

闻车夫言,昨日起,城中又强迫疏散。乡间草屋贵至五十元一间(每月)矣。

三月四日(星期三)

到馆,又是看校样。得子恺复信,允为小学国语课本作画,殊为可慰。华西大学教育学院傅葆琛君来信，邀于本月十九日下午往彼讲演。王冰洋君来信，言成都"文协"分会新近改选，余被选为理事，本月七日午刻，新理事在四五六餐馆集会。

五时到家，孟辂夫妇来已久，闲谈半时许，送之至罗家碾而归。

作书复子恺，并将第一册国语稿寄与，请其作画。

三月五日（星期四）

今日取二官之文言习作一篇，为之改订，并加说明，入"国志"第四期。居然写了三千言。

得钱宾四信，仍嘱到齐鲁任课。其书为上月二十八日所发。但据昨日孟辂言，已由彼介绍其族叔与颉刚，且定局矣。此事即可解决，余得脱然，为之快慰。

三月六日（星期五）

到馆。作"国志"社谈一篇，题曰《就来稿谈谈》。作一书复宾四。得苏诚鉴信，言《文史教学》第五期已编成。

午刻，剪发。二时，开馆务会报。子杰言近来印刷工料价俱飞涨，三种杂志须谋节约，否则将难以支付。当初办杂志毫无预算，其他书籍亦滥出，今皆堆存于空屋中。此中浪费，固不仅在印刷成本方面也。

二官自城中取得数信。一为云彬、彬然所寄，彬然将与雪舟同至重庆，推广文化供应社业务。事毕之后，将来蓉与余一晤，商文供社及开明编辑事务。一为齐鲁刘校长所寄。余尝为颉刚言，拟试开"中学国文教学"一课程于大学，为欲为国文教师者贡献些意见。颉刚向刘校长言之，遂邀余在齐鲁开设。再不应允，便若拒人于千里之外，只得勉允之。每星期六两小时，尚可应付也。一为叔湘所寄，问近况。

灯下作书致丐、伯、村、调及红蕉，编列蜀沪第六十六号。

今晨同居张青云家失窃，被窃去二鸡及腊肉四方。

三月七日（星期六）

晨起，作书复刘校长及叔湘。

入城，至月樵所谈半小时。途遇王冰洋，与偕访颉刚，未遇，探知颉刚以十一日飞重庆。遂与王同至四五六餐馆，赴成都"文协"之会，到新选理事凡十人，李劼人、陈翔鹤与焉。共谓《笔阵》虽已出版，唯内容不充实，脱期亦厉害，今后拟整顿之。谈笑甚欢，饮食亦畅，三时始散。

冒细雨步行到家，棉袍尽湿，足疲甚。

今日二官三官到校缴费，两人共纳六百九十元，可谓巨矣。手头钱不够，昨向开明办事处暂借五百元，方得缴付。

荷印放弃巴达维亚，日军几占全部荷印矣。

三月八日（星期日）

竟日商讨国语教本，订正小墨所作稿十一课，三官所作稿三课。第二册居然成其半数矣。此次编撰，练习课有专供阅读之课文，又有关于语法之训练，此点较前一次为胜也。

三月九日（星期一）

到馆，治杂事，校"中教"十数页。作书复云彬，并附书致洗翁、仲华。仲华自香港避出，近至桂林，与云彬同住，故候之。

太平洋战事益不佳，荷印以寡敌众，几不可支持。美以大量军实运澳洲，谓将以为反攻之根据地，未知后效何如。

携二月份米回家。

墨出访沈嘉平及徐太太，携归所赠小鲫鱼十一尾，即煮食之。迩来吃鱼为难得之事，不可不记也。

三月十日（星期二）

竟日为人写篆字，写了七件，腰背酸矣。

雨岩来，言上星期城中闹"红灯教"，其人自谓刀枪不入。据称其徒有数千，散于四城。将抢入皇城坝之警报所，假放警报，俟居民走避，而各处劫掠。幸当场击毙数人，又捕获数人，其计未售。然终为社会之隐忧也。

三月十三日（星期五）

到馆，拟明天齐鲁讲说之纲要，校校样。下午三时开馆务会报，四时半散。

到家，得读东润一信，洗翁两信。商务寄来"精读""略读"两稿文版税契约，即签署寄还之。商务近方艰困,此二书不知何日能出版也。

灯下改二官之随笔半篇。

三月十四日(星期六)

晨即入城,至陕西街小坐。遂至华西坝,问明上课之教室。十至十二,讲开场白两小时,注册选习者十人,九女一男,其中不尽是齐鲁学生,亦有华西的学生;旁听者约二十人。观学生面部表情,似尚不感觉此课程之枯燥。

宾四方从崇义桥来,邀共吃饭,饭后吃茶,谈甚畅。宾四颇忧我国文化之绝灭,近常作文论之,今日所谈亦多此类。到家已六时矣。

小墨回来。李光普君自渝来此,留之宿。李君谈所见所闻,听之有可笑,有可慨。今日一般人皆注目于钱,因想钱而几失人性,此大患也。

三月十五日(星期日)

本拟作国语课文。而天气晴好,邻居两佃工在溪中捕鱼,小墨三官往助,余遂搁笔看之。作堰车水,甚费气力。得小鱼约斤半。由我家烹之,分与他们一碗。傍晚佐餐,颇觉鲜美。

三月十六日(星期一)

得晓先寄来一文稿,即略为修润。看田女士所作《应用文讲义》,俱不合式,无整统观念,说明亦不畅达,令其改作。校"中教"校样十数面。

临归时遇子杰,被拉住谈话。彼于馆中人才之无用,成绩之虚无,近亦觉之,似感着急,询余如何补救。余亦有何法耶。无结果而散。

灯下改毕前日未改完之二官之随笔一篇。

三月十九日(星期四)

晨起略预备下午之讲演辞。饭后一点半入城,至陕西街小坐,与雨岩闲谈。三时四十分到华西大学教育学院,四时开始演说。题为《文艺作家之教育力量》,系来函所提出。余略事敷演,无甚精义。听者约八十人左右,观其面部表情似尚觉有兴趣。历九十分钟而毕。匆匆赶回家,已七点矣。

昨满子入城,买绍酒一瓶,分为三天饮之,今夕饮其第二份。

三月廿一日（星期六）

早晨入城，至齐鲁上课，言教国文应偏重于方法。讲说两小时，亦复疲乏。

吃饭于邱佛子，入公园吃茶。园中十余株海棠将放花，碧桃已盛开，顾而乐之。二时半到家。

灯下作书复子恺。又作书与彬然、雪舟，寄重庆开明办事处。

三月廿二日（星期日）

天气大晴。邻居张青云家所养蜂分封，一时群蜂舞空，聚声甚闹。急以一如漏斗状之竹器（涂泥）系于高竿，随其群至于墙外。未几，蜂王歇于器中，群蜂即渐集，一器几满。遂携之而归，纳入新制之蜂筒中。此向所未见也。张家恳余书一小联，贴于蜂筒之门口。

上星期小墨作第三册国语课文十课，今日余修改之，及晚而毕。

灯下，为齐鲁两学生写篆字两张。

三月廿三日（星期一）

到馆。得晓先信，因闻余为国语课本，愿分任工作。即作书复之，告以余今所为课本之大概，并言将来须为教授书，当请相助。看田女士稿。作课文三课。

墨入城，携回绍酒一斤，饮三分之一。

陕西街送来仲华一信，略述香港脱险情形，其历年搜集之著作材料，于敌人将到时付诸一炬，此最可惜。其他损失亦不赀。今彼拟暂居桂林，埋头为世界局势之研究。此公精神饱满，进取不懈，深可钦敬。

三月廿四日（星期二）

晨起作文。昨仲华信中言及，《中学生》之五月号拟集教育之士向青年致训勉语，谓余居社长名义，宜有一篇，因即执笔。上午写千言。饭后倦甚，小睡一时许，起来续作千言，未竟也。

傍晚与墨及三官在张家田中摘苕子，将晒干之，留待他日佐餐。成都平原田中种苕子，以为肥料。曾见农业家所作文字，言此区地力不竭，大部为苕子之功。川省他区不多种苕子，农改所为之宣传推广，农人亦不甚相信也。

三月廿五日（星期三）

到馆，续作昨文，又得二千言，完篇，题曰《改善生活方式》，意在对青年下针砭。即寄与仲华，请其先看过，再付社中排植。并附书致洗翁及唐锡光。

傍晚到家，疲甚，饮酒休息，始少恢复。灯下改二官所作随笔，题曰《梦的杰作》。

三月廿六日（星期四）

准备"国志"第五期稿，取《史记·叔孙通传》，为作注释，次论其叙写之妙。竟日伏案，仅注三分之二，留待他日续作。

傍晚，与墨及满子在田间摘马兰头。踏青挑菜，亦有趣事也。

三月廿七日（星期五）

到馆，朱启贤君示以郭沫若近作《屈原思想》一篇。略谓屈原多受儒家思想，欲见德政行于中国，而当时楚国现实状况距此甚远，使彼苦闷，此为其自沉之因。

饭后，校"中教"校样。二时半，开馆务会报，四时散。步行回家，又复惫甚。

灯下续作《叔孙通传》注释将近千言。

三月廿八日（星期六）

上午至华西坝，上课两时。

课毕，叔湘来相访，偕进面于小食肆，又共入城，茗于少城公园。谈语文方面意见，颇有乐趣，未易得也。叔湘续作文法书，名《表达论》，已成四章，交余先读，携之以归。

归途顺便访月樵，向支小学国语润笔二千元。余与言定，此书抽版税，每成稿一册，先支一千元。以数目观似为巨数，然与物价相衡，亦至微薄也。

到家疲甚，缘昨夕睡眠未安之故。虽今日小墨回来，未与商谈编书之事。

三月三十日（星期一）

到馆，校"中教""文史"复校样，作书致颉刚及苏诚鉴，看叔湘文法稿两三章。竟日不休，腰背酸痛，更兼晚归以步行，疲惫不堪。

墨入城，买归黄酒一斤，饮其三分之一。灯下续注《叔孙通传》，毕。

三月卅一日(星期二)

上午作"国志"社谈一则,至此第五期稿完成。

饭后入城,至兴华复校第四期,留一点半钟而毕事。仍乘车回家。

买得煨红苕六个,全家人各一个,烂熟甘美,为下江所不及。此地之红苕(即番薯)特别甜,煨烘之术亦较长,故致此。

傍晚仍饮黄酒三分之一斤。

四月(选录二十七日)

四月二日(星期四)

竟日改小墨所作国语课文,改罢六课,重作两课。

门前细竹有新笋,余采其八九枝,与肉共煮之,颇鲜嫩。墨与二官在田间摘艾及黄花,预备做清明团子。此皆田野生活也。

四月三日(星期五)

到馆,预备明日讲义节略。云波自城固来,为西北师范学院买书请教师,不久仍须回去。

午后作国语课文三课。傍晚携上月份之米归。

近日报纸上最重要材料为印度问题。日军将侵入印度,而印度与同盟军合作与否尚有问题。英方提出数要点,谓将来以印为自治领,而印人不满,须立刻自操防卫权,不知下文如何。苟印度问题解决不下,此又同盟军方面一个大弱点也。

四月四日(星期六)

到齐鲁上课二时。午饭于祠堂街邱佛子。

至陕西街,得信数封。红蕉来信言我妹于上月生一女,名曰修。红蕉自去年夏间起,右臂呈疯痹之象,医治颇多,迄今尚未痊愈。洗翁来信,言开明拟在后方作小规模之编辑事业。昌群来信,言生活益艰,而意兴不衰。

与雨岩谈一时许,即出城。忽大风扬沙,啸声盈耳,宛然北地景象。乘车到家,全身是灰。坐定即继续修改小墨所为课文,至于夜九时改毕六七课。

夜雨颇不小,农人正需雨矣。

四月五日(星期日)

竟日为小学国语课本之工作,迄夜,第三册大体就绪,仅余少数练习课未作耳。

今日清明,午刻祀先。傍晚饮酒,连续小饮,已六七日矣。

四月六日(星期一)

到馆,开始作中学国文教学进度表。此系教厅所需,将以分发与各中学,中学未必能照办,而教厅不可不有此一举。余为此更有他用,排比妥善,即可据以编适合课程标准之教本也。大约花一个月工夫,可将此表拟妥。

下午,作书答红蕉,留待明日付邮。

四月七日(星期二)

写信致丙翁、伯祥、雪村、调孚,编列第六十七号。又致书子恺,将第三册须画之各课附去。又致书叔湘,约以本星期六往访。

午后三时,雪舟、雨岩来。雪舟以四日回来,谈各处情形,皆困于生活不易。复谈开明情形,云彬然尚在重庆,不久即当来此。承赠鲞鱼及糖,洗翁亦托带莲心虾米等物相遗。谈至五时半而去。

灯下看文协会杂志《笔阵》之来稿,实无佳者,而又不能不用,看下去殊觉无味。

四月九日(星期四)

晨晏起,多睡两小时。续看《笔阵》稿,至午后二时而毕。整理国语第三册稿,以便托人缮写。

傍晚,看墨灌溉所种诸种之秧。计南瓜、扁豆、茄子、辣椒四种,每种十棵。俟其结实,可佐盘餐。

灯下作书致洗翁,谢其远道遗赠。附寄一书与云彬。

四月十日(星期五)

到馆,续作进度表。午后与启贤入肆吃茶。启贤方游青城山,自携青城新茶而往,甘香可爱。承以一小包见遗。

二时半开馆务会报,毫无意义。五时归。

所种各种秧,为鹅鸭吃去十之六七。墨颇不快,缓日当谋补种也。

四月十一日(星期六)

八时离家,至华西坝。先访叔湘,以云波意告之,欲请其至西北当英文系主任。余仅为传达而不为劝说,以今之旅行困难,全家离川入陕岂易事哉。

十时至十二时,在齐鲁上课。吃面毕,至汪家拐普益,校对活叶文选。

至陕西街,雪舟谈雪村不肯来西南,于开明前途之进行颇不便。得上海信,伯祥、雪村、调孚三人执笔。调孚又丧母,闻之怅惘。又接子恺信,以国语第一册画稿十余幅寄来。

遂至祠堂街访月樵,未值。匆匆到家已七时矣。竟日奔波谈话,疲倦欲僵。虽小墨以今日回来,未与谈课本编辑事也。

四月十二日(星期日)

睡了一夜,仍是疲乏不堪。起来,校对写手所抄第一册课文,逐字审其笔画,半日工夫,仅校十八页而已。饭后睡两小时,起来又校阅子恺所作画稿,并为支配其写字之地位,亦复花去半日工夫。

四月十三日(星期一)

到馆,写信致王云五,询叔湘所为《词句论》曾否在香港遗失。又作书复子恺及东润。

午后,看启贤所为《教育哲学》稿数十页。

傍晚回家,墨又自城携酒归,因饮之。

英印谈判告决裂,而敌人侵印之势颇亟。瞻望前途殊无佳象,颇为闷损。

四月十五日(星期三)

到馆,校《文史教学》第四期毕,写目录封面样等件。此类事亦无人能助理,亦觉无聊。作一书致苏诚鉴,附一笺与颉刚。

看启贤《教育哲学》稿及吕朝相《论少年维特》稿。他们皆以余为有评骘之能力,实亦无能为力。他们之文字实亦太随便,看看殊觉无味而费时间。

今日起,雇一王姓老媪帮作家事,缘满子即将生产,墨须入城陪之也。

四月十六日（星期四）

晨起倦甚。九时半，忽雪舟夫妇偕彬然来，欢然执手。五年为别，话头太多，杂乱谈说，屡易其向。二君恧惹余往桂林一行，商量开明编辑组织。余意桂林之游未尝不欲，而旅费巨大，旅途困难，殊未敢决定。

饭后一时，余独入城，晤程受百，与茗于公园，略谈普益方面编辑事。即将应刻应写之《小学国语》稿交与之。三时应高琦中学杨立之校长之约，至其校参加其校教师之团契会。四时，余讲话，以《教育所以养成好习惯》为题略为阐发，语殊杂乱。

亟亟返家，已七时矣。遂与彬然小饮。君带来杭州龙井茶及内江糖食。此茶久未尝矣，冲饮一杯，无上享受。遂剪烛杂谈，君所言政界、学界、文艺界情形，皆余所未知。余处成都郊外，一切不知，真如在世外矣。所闻多可慨叹。十一时就寝，疲甚矣。

四月十七日（星期五）

为彬然在此，今日不到馆。

九时与彬然步行至青羊宫，入而观其大殿。殿供三清，颇整洁。然除此一殿之外，余屋皆破坏不堪。遂乘鸡公车至武侯祠。其旁刘湘墓已完成，余尚未一观，欲先观之。守门兵士言星期六星期日开放，今日非其期。遂入武侯祠，略观殿堂，而后啜茗于池旁。闲谈编辑方针，并及广西情况。进面点。步行至华西坝，在校区内绕行一周，而后入城至陕西街。天忽下雨，淅沥不已，俟其少止，即出城返家。彬然则留陕西街。薄游一天，已觉疲惫不堪，早睡。

四月十八日（星期六）

八时半入城，至华西坝齐鲁大学，上课两小时。以下午三时尚须应金陵大学文学系史学系之约作演讲，即在新南门进点喝茶，延挨时刻。

三时到金陵，即启口，题为《乐亦在其中矣》，大意谓人生须有理想。预备不充分，讲得殊不佳。听者殆有百五十人左右。四时散。

又值下雨，亟乘车到家。又复倦甚，未能与小墨商谈《国语课本》。

四月十九日（星期日）

昨夕二时许，满子觉腹痛。墨即起床整理衣物，以便入城住院。天方明，小墨陪满子离家。墨亦于八时半入城，拟暂住祠堂街月樵处，取其来往保婴院较方便，可以照料满子产后之饮食。

十时后，彬然、雪舟偕来，闲谈为快。留之午饭，又谈一时许而去。余以夜睡不足，倦甚，看三官携归之各种图画杂志，卧于竹榻休息。

小墨三时后归来报告，言满子于二时产一雄，虽初产，尚不困难。闻之大慰。余早已拟定此儿之名为"三午"，缘余生于甲午，小墨生于戊午，而今年为壬午也。父子相去各二十四岁，可为纪念。又按阳历小墨生于四月二十日，而今日为四月十九（阴历为三月初五日），父子相去整二十四年仅差一日耳。

夜间点燃彬然所赠桂林制造之植物油灯，光明又胜于洋烛，看书写字极便，唯颇费油耳。

小墨言报载美国飞机炸日本东京一带，丢燃烧弹。此在日本为第一次遭炸，诚大快人心。然日本民众无辜，亦必有死伤流离之痛，宜哀矜而勿喜也。

四月二十日（星期一）

到馆。复子恺一信。看教厅嘱审稿《大中理解》一种。又看马长寿君所赠《四川古代民族历史考证》一长篇。马君凤研究西南民族问题，入川四年以来，足迹遍全省，其所作当非泛泛之谈。余于此全无所知，读之颇增常识。

灯下，二官三官伏案温习，预备本周应校中小考。余则寂然无聊，墨不在家，便觉异样。

四月廿一日（星期二）

八时入城，至祠堂街小坐。至陕西街，知洗翁与雪山昨来电报，邀余偕彬然航桂一游，旅费可由开明支付。游桂固所愿，然于开明无所裨而用开明之钱，心所难安，以是意未能决。

十时与彬然步行出东门，访望江楼。天气晴明，绿树生辉，锦江水发，平波东去，正是出游时节。登楼茗坐，续谈一切。彬然邀余往桂林一行，谓可商谈二事。一为开明之编辑方针，商定后由余主持，又一为另出一较大规模之《国文杂志》，商定后由余主编。并为文供社撰一《国文手册》。于是余可家居执笔，不必复跑茶店子。此亦余所愿，然改变生活方式，一时亦未敢径即决定。

略进面点，坐至三时始入城。同驱车至保婴院，晤墨及满子。墨未住月樵处，即住院中与满子同室。满子产后安好，略无病苦。婴儿颇秀美，浓发盖顶，五官端正，小手伸动。

坐半时，回至陕西街。雪舟留饮，饮黄酒半斤以上。匆匆出城，到家已七时半矣。

今日得子恺、红蕉、东润之信。

四月廿二日（星期三）

到馆，续作进度表。伏案竟日，将初中部分草毕。得王云五复信，言叔湘之书近已印出，余与佩弦之《略读指导举隅》下月可出，为之欣慰。

天气大热，夹衣已嫌其热，入夜有少数蚊虫嗡嗡作声矣。

作一律赠彬然（"成都不异逃空谷，……"），即篆书一通，明日与之。

四月廿三日（星期四）

八时入城，至陕西街。雪舟往航空公司探询，知此间无直航桂林之飞机，欲乘飞机须至重庆搭乘。只得由彬然先往重庆，如有得票之可能，余再遄往重庆耳。

十时至保婴院看墨，墨方购蛋染红，预备分送少数友人家。满子乳汁太多，婴儿吃不完，则于巷中觅一人家之婴儿来吸之。据云婴儿脐带明日即可脱落，后日可出城回家。

十一时仍返陕西街，雪舟招余与彬然、雨岩往"小酒家"小吃，吃菜三色，值八十余元，亦太奢矣。回办事处打牌。墨来送红蛋，替余打四圈而去。牌毕，复小饮，雪舟夫人煮鳖，甚佳。饮毕，匆匆到家，已七点半矣。

今日得三信。马文珍寄其全部诗稿来，算是相赠者，意殊可感。上海伯、村、调三位来信，皆言上海生活窘状，读之扼腕。云彬来信言《国文杂志》必须创办，主编必须由余任之。

四月廿四日（星期五）

昨夜有雷雨，起视屋漏，搬动书籍。晨间雨止，而道路泥泞，不克到馆。

为高琦中学写"一粥一饭当思来处不易"十字，杨校长所托，将制匾悬于新建之食堂。

饭后入睡，连日倦甚，一睡亘四小时。起来作书复文珍，并附一书致佩弦。理文珍诗稿，其诗胜于一般之新体诗，拟为设法出版，不知有望否。

四月廿五日（星期六）

上午有风，作细雨。八时半离家，至齐鲁上两课。食面点，即至陕西街。

彬然言无论有飞机票可买与否，且同至重庆如何。余漫应之，遂约定以五月一日动身。出游亦所愿，离家复不惯，意殊矛盾。

与彬然、雪舟夫人、周君打牌八圈，余小胜。小墨来，言今日墨与满子等弗能归，缘婴儿脐带尚未脱落。据院中人言，明日亦未必脱落也。未几，三官亦来，欲往院中省母，且看婴儿，遂言明今夕宿小墨校中。

五时至嘉利西餐馆应月樵之招。月樵所宴为二三远来旧友，兼请彬然，余与雪舟、雨岩则陪客也。八时席散，车轮辗月而归。明日拟息心作文，既须离家，须将各事作一小小结束方可。

四月廿六日（星期日）

为欲出门，须赶作六月份《国志》之文稿。晨起即伏案，作一文谈写字。并令二官译述一文，谈描写方法。十时墨独自归来，闻余将出门，故先归。余之一文至夜完毕，全篇三千字。明后尚须续作他文，方够一期之用。

四月廿七日（星期一）

到馆，续作进度表。竟日伏案，将初中部分拟成。其高中部分须少缓着手。傍晚，携本月份之米归。灯下改三官所作随笔，助墨排活叶文选目录，九时半歇手。

四月廿八日（星期二）

晨起将《项羽本纪》中《鸿门会》一节译为白话，拟入"国志"。九时半彬然来，谈动身准备，沿途耽搁何处，拟访问何人等等。

十时许，满子携婴儿归来。从同居农民张家之意，悬红布一方于门，且放爆竹。对于产妇有禁忌，此殆是极古之迷信。

午刻吃面，因今日为小墨之生日。午后三时彬然去，约明日再会面于胡雨岩设宴时。余遂捉笔疾书，至傍晚译成半节，只得写上"未完"，待次期再续。灯下改二官所译文字。

四月廿九日（星期三）

到馆，校书记所抄《初中国文进度表》，并作"中教"之征稿信。

午刻离馆入城，饭于邱佛子。遂至陕西街，与彬然说定，决延后一日，于下月二日登程。

吴梦三君来访。吴为美亚成都发行所经理，红蕉嘱渠与余会面，故来访。其人为一能干商人，健谈。闻余言将出游，自任代买汽车票，谓可得优良之位置，因即托之。

五时往姑姑筵。盖雨岩新生一儿，设汤饼宴也。及入席，余之一桌皆书业中人，笑谈甚欢。姑姑筵之菜甚精，为成都第一，然一席之价在五百金上下。共设四席，所费二千金，亦豪举矣。

二官三官亦来赴宴，偕归。出新西门，天已黑，幸微有月光，余坐鸡公车，两儿随行。此境亦复新鲜有味。到家已九时矣。

四月三十日（星期四）

晨起改二官续译《鸿门会》之稿，缘计算字数尚不足之故。又助墨编文选目录。傍晚，光华四学生来，托改诗文稿。文皆坏甚，看之乏味。匆匆料理，一日未得空，尚未能弄得齐整也。

子恺以第三册之画稿寄来。此次颇希望能在遵义歇夜，与子恺一面。

西行日记(下)

第三部分

蓉 桂 之 旅

一九四二年

五月（全录）

五月一日（星期五）

晨起写"国志"之社谈一短篇，然后料理衣服笔墨，准备启行。午后一时辞别母亲与墨出门。此行殆须一月以上，然意兴在于游览，并无怅怅之感。

二官三官送余至罗家碾，即乘车入城。至月樵所，彼托余数事。程受百亦来叙别。

公园中今日有工商竞赛会，于文化馆中见有旧日木刻工人所仿作西法木刻画，笔意颇不差，而观者均不甚注意之。

至陕西街晤彬然、雪舟等。未几，云波、启贤、泽芝、朝珍四人来访。彼等已接余信，意余未必成行，先至余家，复入城相访，情意可感。云波受子杰意以五百元授余，谓是路费。余以受之不合，却之。云波倡议小饮，遂偕饮于西御街某小馆子。饮毕遂别。

回至陕西街，再略饮黄酒。小墨在，以所作一稿呈余，略为修改。

十时就睡，已入梦而子杰来，起与略谈。彼无甚事，送别而已。余乃不复能酣睡，有数蚊虫嗡嗡作扰，直至天明。

五月二日（星期六）

六时离陕西街，雪舟、雨岩相送。至车站，知今日之车为卡车，票上虽有坐位号码，而车上并无位次，只得坐于箱子铺盖上。所幸车为"新道奇"，系新自仰光运来者，机件精良，可无"抛锚"之虞。

八时登车，大家一拥而上。彬然与余不善竞争，遂不获靠边而坐于中间。开行时尚凉爽,停车时即觉日晒,热不可当。而坐时须用手足之力支持,又颇吃力。

车中有十余位军官,皆往重庆受训者。彼等从前方来后方,聆其言谈颇有意思。

十一时在简阳进面点。经资阳、资中而至内江,已是下午六时。拘坐竟日,下车如重获自由。在中心旅馆看定房间,洗脸,即出而吃茶。旋仍进面食为晚餐。略买茶叶糖食,归馆酌茗吸烟,作一书寄家中,又写此日记。

五月三日(星期日)

晨六时许开车。昨日坐位又经争挤而变更,彬然与余仍守原位,但挤轧益甚,更觉费力。我人已不适于乘现时之公路车,未必系人家之专顾自己,不守秩序,实亦由我人之太无用也。

中午热甚,太阳当顶无所蔽,身穿双夹殊嫌不耐,然无法脱卸,亦只得忍受。唯览东川田野,丰沃滋茂,聊以娱心而已。直耐至下午五时始到重庆。计成都至重庆四百五十公里,车票价二百七十元,又加特快车票四十元,共三百一十元,特志之,以觇自桂回来时又将涨至若干数目。

出车站,茗憩于茶室,洗面喝水,如登天堂。六时至开明办事处,地点在米花街,今名保安路。祥麟兄欣然出迎。张梓生先生适在,范寿康先生本寓此,皆握手叙久别之情。

祥麟兄招饭于稻香村,四层楼客皆挤满。重庆近为令人节约,菜馆内不准喝酒(但酒店仍许卖酒)。喝茶吃菜,旋即吃饭而已。其菜八色(菜亦有限制,八色已为极限),所费一百五十元以上,皆云此店颇为便宜。可见重庆之一般生活矣。饭后在附近闲行一周,已不大认识,马路多开宽,房屋多由炸毁而重建,重建者皆低矮简陋。杂乱喧闹犹昔,煤气扑鼻犹昔,五官所触皆足以唤起印象——此乃重庆也。祥麟为预备铺位,即宿店中。

此行已无航空之望,缘渝桂线近无定班。彬然有一表弟瞿姓,为司机员,今夜来访,云不日有五车开贵州,可附载,即与约定。早则三五日,迟则一星期,准可开行。此是大幸运,若依常规向公路局购票,得票必无如此迅速,缘每日开黔客车只有一辆,购票颇不容易。

五月四日（星期一）

昨夜未得好睡。对门有一家印刷所，印机终夜不停。清晨防护团操演，步声呼声盈耳，颇忆廿七年寓西三街时情景。洗漱毕，与彬然偕入公园，思喝茶而公园中已无茶馆。望西三街一片瓦砾，不可辨认。欲望长江，烟雾迷蒙，未能清楚一览。当年离重庆时以为再来之日必且顺流东归，孰知今日重来，仍须为蜀中久客乎。

茗于苍坪街吴宫茶室，吃面。遂步行至观音岩，下坡往枣子岚垭，访李伯宁、宋蕴庄夫妇。伯宁将离此去桂，在桂自立营造厂，与我们结伴同行。闻徐盈、子冈夫妇住邻近，即往访之。二人壮健犹昔，殊可喜，约我们明日午饭。

旋返伯宁所吃饭。少休，至巴蜀学校访勖成、伯才。伯才方经大病，近正请假休息。二君治校，近以经费问题颇感困难，而又无法摆脱。视巴蜀校舍，几全部被炸而经简单之修理，不复如昔日之整齐可观。房屋之大部已租与各机关，止留教室而已。国讯社亦在此，往访黄任之、杨卫玉二先生。仅见杨先生，谈少顷即出。

乘轿上观音岩，寄信与家中及雪舟。中苏文化协会有《送苏木刻作品预展》，入而观之。诸作皆不坏，问题似多在刀法之稚嫩，线条之少意味。遂乘人力车归开明。祥麟买大曲饮余。饭后写此日记。

五月五日（星期二）

晨起茗于广东酒家，进点。刘百闳、孔锡庸亦来闲谈。刘亦将往桂林，其任务为迎"文化人"来渝。别时，刘言将寄口信与昌群，约昌群自沙坪坝来会余。

遂复步行至观音岩访黄任老，聆其谈论，甚快。其言谓为一作家必上承文化传统而及于今日此时之观点，又必大概审知世界情况而及于我国我人之观点。若纵不承往古，横不知世界，或纵与横俱备而不立自己之观点，皆难有成就。此言颇有理。陈纪喆自离教育科学馆，旋入职业教育社，任老知为余同事，邀来一晤，坐半小时而去。勖成坚约明日午饭，不可却，即定约。

遂至徐盈、子冈家，访其同居之沈衡山老先生。先生清癯而健，其日常生活由子冈照顾。聆其谈论，亦年老而精神不老者。即共饭，甚欢。二时辞出，返开明。

余独访王云五先生于白象街。商务白象街经轰炸,先生居一小屋中治事,眠食会客亦在此,而勤奋益甚,大可感佩。坐半小时而出。途中遇姚蓬子,询知老舍刻离城居乡,不获会面为怅。

返开明,彬然之表弟瞿君适来,谓开车尚需一星期。余出门本期一个月,今为预计,二十日未必能达桂林,将来回来,觅车艰难,伴侣有无不可知,颇有即此而止之意。彬然谓既已存心到桂,还以不变方针为是。勉从之。

入夜,祥麟以开明名义宴客,至冠生园。久不吃广东菜,吃之颇有好感。一席价三百元,以今时言之不算贵。

归来听寿康、彬然谈运输困难情形。登床后与彬然谈国文教学,并及十五六年时之往事,至十二时后始入睡。

五月六日(星期三)

晨与彬然吃茶,以豆浆油条为早点。姚蓬子来访,谈一时许。作一书致冼翁、雪山。

十时至巴蜀。午刻吃饭,勚翁、伯才、彬然皆不饮酒,余独饮大曲一大杯,颇有醺醺之意。今日立夏,勚成夫人特为蒸咸鸭蛋,依苏俗人各一枚。

二时辞出,步行归开明。适昌群来访,同往生生花园吃茶。昌群今在中大任事,尚无不适,唯生活艰难,以后拟请其夫人亦出外任事。六时同入北平馆子进面食。散步街头,见一戏馆悬牌有大鼓书,其台柱为山药蛋。昌群兴发,谓不妨偶一听之。遂购三票招彬然同听。其处为电影场,座位在五百以上,实不适于演唱大鼓。我辈座位在后,听之不甚可辨。仅有四人演唱,旋即继以电影,此所未及料也。电影曰《断肠花》,故事及表演皆绝无足取,唯女主角袁美云尚姣好而已。十时半散,腰背俱酸。与昌群为别,彼明早即回中大。

归开明,知颉刚两次来访,约余明日访之于两路口。就睡,与彬然谈至十二时后。

五月七日(星期四)

晨醒较迟,窗外雨如注。看彬然之文供社所编《初中国文》稿两册。

吴朗西来访,为别已三年有余矣。君忙于业务,而仍兼顾文化生活社之出版事。聆其谈罗致文稿,待遇作者及推广销路之办法,皆有理想。最近将往金华,为其服务之银行设办事处,顺便运回存在上海之书籍。君知余能饮,邀往一家售绵竹大曲之店。自菜馆不许饮酒以来,酒店之生意大好,客恒不断,几如茶馆。例不许售荤菜,只备花生豆腐干。各饮酒二两,遂饭于粤香村,又吃茶于某茶室而别。所谓茶室,布置类咖啡店,茶一杯值一元五角。

余遂乘车趋两路口,访颉刚于组织部。其任事部分为部中之"边疆语文编译委员会",会中有通晓各族语文之编译员,将翻译党义文件,编撰常识书报,俾边疆各旅之人与他地人同其文化水准。除此而外,颉刚又在中大任课,兼出版部主任,又为《文史杂志》主编。其繁忙特甚,然自己作研究撰文章,则不可能矣。谈半时许而别,返开明。颉刚告余元善迁居贵阳,经过时当往看之。

傍晚彬然作东宴稷友于小洞天,又上馆子吃饭。饭后闲谈甚久,余感疲劳。

十时后马宗融来访,谈复旦情形,谈望道、子展近况。君为回教徒,近颇努力于宣传回教教义,俾人共晓。老舍所为剧本《国家至上》即君所嘱托,特以回教精神为内容者也。君风度依然,语有妙趣,五十一岁,犹有童心。谈至十二时始去。

今日发一航空信与洗翁、山公,仍是昨书之意,因闻明日有飞机开出,寄此期其早达。又作一书寄家中。

五月八日(星期五)

晨起后独出吃茶看报,彬然自去访友。

缅甸战争似已结束,英军早退却,吾军亦退至滇缅边境。

归开明,闲看杂志。十时半刘清藻以汽车来迎,驱车至化龙桥金城银行总管理处,宋蕴庄小姐附载,往其亲戚处辞行。此系伯才代约,为该行业余进修会演说。金城建筑虽不十分壮观,而在今日已觉穷奢。其大会堂、办公厅、图书馆皆颇讲究。图书馆书库系山洞,障以铁门,不虞炸烧,书籍多数属于经济部门。在合作社吃饭。十二时半至一时半演说。其主持人嘱作修养方面之语,遂申敬业之义,语不甚畅。听者约一百五十人。在门首遇孙伏园,久不见面矣,握手叙旧。君近在《中央日报》社服务,顷亦来听余之演说。仍驱车而归,至蕴庄家下车,休坐其室中。

夜间,蕴庄之同居郑明德、梁闺放夫妇设宴。郑、梁二人昔在上海相识,余曾据其所历为据作小说《夜》者也。郑与彬然皆为杭州一师学生,来客三人皆一师同学。听各人谈其所务所见,亦复足长经验。九时返开明。

五月九日(星期六)

晨与彬然出外品茗,吃北平人所制之大饼。归来得二官一信,言我母发热两日,似是疟疾,已服金鸡纳粉。他人皆平安。余颇心念,即作一书复之,令即寄一书至贵阳,俾得早读。

张梓翁来闲谈,即在店中午膳。设酒,余饮一大杯。饭罢甚倦,入睡两小时。醒来见彬然已外出,遂独自出行。见唯一影院映《尘世浮云》,记有人誉为佳片,遂入观之,实亦无甚深意。散场后吃茶食面而归。

彬然系往访其表弟瞿君,据称购买汽油证尚未办妥,动身尚须待三四日。余来渝已一周,颇感心焦,然亦无可如何。

五月十日(星期日)

晨出吃茶进点,与昨日同。归来续看彬然之《国文教本》稿一册。作一书致元善,请以其住址见告。

饭后入睡两小时。天气大热,穿单衣犹有汗出。

梓翁来,谈有顷而瞿君亦来,言手续已办妥,明日下午或后日清早可开车。此出乎预料,为之心喜。与梓翁、彬然偕出吃晚饭,即分散。余独自吃茶于小肆。归来作书,一寄家中,一致昌群,一致勖成、伯才。

五月十一日(星期一)

晨出吃苏式汤团。彬然自去访友,余吃茶。归来整理衣物,吃午饭。

渡江至海棠溪。有雨,但未致淋漓。江水大涨,轮渡之外,再乘木船方得登岸。入海棠别墅,伯宁、蕴庄已先到,行李多件堆室中。询彬然之表弟瞿君,谓车开否未可知。此次系装载盐巴,以手续未完备未能即装。遂至卫戍司令部所设机关领出境证,由开明备函,证明吾二人系店中职员,因事赴桂。领证须本人亲到。职员视姓名,即翻阅一簿籍。闻近有若干人不许出境,簿中殆即此辈之姓名,外国所谓"黑单"者也。略略翻阅一过,即填写一证与吾二人。

返别墅坐三小时,知今日决不能装盐,至早须在明日上午。念此旅舍湫隘而喧嚣,留宿一宵必难安眠,宁冒雨渡江,仍宿开明。向伯宁借得一伞,二人共之,衣服居然未湿。余穿布鞋,仍湿鞋袜而已。

食面点,即返开明。听窗外雨声,略感闷损,此次如于到渝之日即设法购公路车票,虽竞争不易,今日必已登程。为欲便捷,决附瞿君等之车,不意反致延迟。然亦以有伯宁、蕴庄结伴之故。彼等搬家,公路车自非所宜。俟至贵阳,苟尚须等待多日,余与彬然当以公路车先行矣。

五月十二日(星期二)

晨起雨已止。八时重复渡江,闻盐尚未装上车,明日行否不可知,颇为怅怅。午刻与伯宁夫妇同饭,询餐馆可得酒,即斟酒于茶杯中饮之。

因爬坡疲劳,不拟回宿开明,即在海棠别墅开一房间。前临大江,楼下有涧水声,尚可居。余午睡一小时。醒来知汽车已在装盐,明日准可登程,为之一快。据瞿君言,今日有汽车者悉受运输统制局节制,只能装公货。由渝往筑之车有百辆以上,大都装盐。渠等之东家有车五辆,装公货仅够开销,不能有盈余。此次同行者四辆,除司机及下手共九人外,仅载东家王君一人及余等一行大小六人(两儿为伯宁之儿女),故极宽舒。

夜饭仍小饮。灯下作七绝一首。来重庆后只觉喧嚣不宁,而昨夜醒来,众响毕绝,唯闻雨声与杜鹃声,此境不可不记也。诗曰:"终日驰车不见津,滔滔江水未归人。渝州万籁一时绝,夜雨鹃声听到晨。"

五月十三日(星期三)

晨五时半起,天有晴色,即将登程,意颇舒快。十时,我们一行至距海棠溪一公里之烟雨堡,汽车即停歇于此。伯宁之行李多件皆上车,专待开行。时阳光灼热,不耐立待,遂茗于茶肆,但迄无开车之讯。枯坐至下午六时,始知今日又不成行矣。其故为运盐费尚未领到,开车执照尚有问题,亦不能明其究竟。余颇思即此渡江,径回成都,不复远游。而彬然、伯宁等劝之,谓既已存心游桂,不宜因此小挫折而退缩。

在茶肆默察来往人物，多数为汽车司机，聆其口音皆江浙人。举止行动有粗野者，亦有蕴藉者，若瞿君之纯系青年学生模样者则绝不多见。自战事兴起以来，司机为天之骄子，服用豪奢几冠于各色人物。今值滇缅路断，运外货无其途径，运输又归统制，处处皆受限制，司机之黄金时代过去矣。

即在烟雨堡之小栈房赁一房间，余与彬然同榻，无电灯，价亦十八元。晚饭后吃茶。归栈房，写一信寄家中。

五月十四日（星期四）

晨五时起，七时开车。等待多日居然成行，为之一快。天气晴朗，更增愉适。至一品场，受检查，交纳出境证。饭于綦江，宿于松坎，入贵州境矣，共行一百九十六公里。重庆至贵阳四百八十八公里，尚有三百公里弱。余坐于司机台，彬然、蕴庄各乘另一车之司机台（共有车四乘），殊舒适。车皆"新道奇"，快速殊甚。因天气炎热，中途停车休息二三次。过綦江至东溪，见家家闭户，询知传空袭，旋即闻解除之钟声。

自过綦江全为山路，爬过高山两座，无人指导，不知其何名，坡路多"急弯"，盘曲而上，盘曲而下，颇有趣。伯宁以工程师之眼光评之，谓其曲度不依标准，易发生危险。一路见"抛锚"之车十数辆，有撞毁车头车箱者。自綦江以南，沿山农田较少，唯见平山晴翠而已。

松坎停歇车辆数十乘，旅馆中皆司机及乘客。旅馆颇简陋，于油灯下写此日记。昨日起我们始吃客饭，烟雨堡每客八元，綦江亦然，松坎六元。记之以备他日参证。

五月十五日（星期五）

晨五时开车，即上高坡，行四时许而至桐梓。此一段最险峻，有一处名钓丝岩，山崖垂直，而车路极狭，转折处易出事，曾有高级军官若干人覆车殒命。过钓丝岩曰花秋坪，山色甚佳，车路盘旋而上，有七十二曲，据云其实尚不止此数。登最高处下望，车路之线条如粗笔所涂抹，其曲势殊难形容。汽车行驶其间，如甲虫之爬行。

在桐梓吃饭。下午一时许过遵义,车少停,入站登记即复开。不及往访子恺,颇感怅惘。渡乌江桥,回顾殊为伟观。两岸峻崖,不泻急流,大似三峡景色。车路斜画山腰,下临江水,不知其几何丈,可谓险地。桥以去年造成,观其碑记,费二百五十万,日役民工二千名,亦巨大工程。前此以舟渡,战事起后西南运输以此为要道,汽车候于两岸者亘数里,通过往往需一二日。今有此桥,便利多矣。四时许至息烽,六时半到达贵阳。自川入黔,南望诸山皆可俯视,可见所越山脉之高。

车中得一律,拟寄子恺。"始出西南道,川黔两日间。凿空纤一径,积翠俯千山。负挽看挥汗,驰驱有愧颜。怅然遵义县,未获叩君关。"

路中见运载者甚多,物资流通,此为要道。其种类有板车(木箱装两轮),有驮马(以十余匹为一群,其领头者有红色缨饰,观其徐徐而行,颇有古趣),有背负,有肩挑。爬山越岭,实亦不但挥汗,观其喘息之状,可感且自愧。

在贵阳城外五公里运输统制周登记,候半时许然后至城门口。乘人力车至独狮子开明办事处(其屋为刘薰宇之老家),镜波及丁君皆欣然握手。一路奔驰,尘埃满面,洗涤一过,少觉舒适,而头脑昏昏如乘海船方登岸时情况。

贵阳城内以一条大街为主干,宽阔而整齐,两旁之巷即较狭隘。大街市廛颇盛,夜市似不减重庆,但汽车少,人语声不如川人之喧嚷,故较觉静谧。

丁君出寻旅馆,归谓各旅馆皆客满,镜波言不妨即宿办事处。未几,金韵锵自桂林来,将往重庆办事处任事,亦留宿于此。伯宁夫妇则住旅馆。出外吃饭,昂贵不亚于重庆。回来颓然就睡。

五月十六日(星期六)

昨疲甚,熟睡醒来已天明。起来作书寄家中,以昨所得诗寄子恺,又作一书寄洗翁,谓翁或雪山如无入川一行之意,请许韵锵留此少待,俾得与余为伴。

九时与彬然出行市街,入国货公司支店访宋玉书。玉书于廿六年冬伴送墨等至汉口,即由红蕉介绍入国货公司,继由汉来筑,在公司已为老资格,今为支店副店长。各道别后情形,坐半时许而出。在路上遇晓先,浓髯益多,导往其新迁之屋中,见其夫人及二子,坚留余等午膳,饮余以茅台酒。晓先自己则又戒酒矣。

二时许,晓先导余往访元善。元善之机关为国际救济会,其职称为驻会常务委员,实为总会之领袖。此会分会遍于各地,专从外国捐募或购买药品,以廉价售于医院,使药品不至匮乏。总会初甚紊乱,国人与外国人皆不知如何将此事办好,元善允以四个月之时,力使之就绪,系义务职,膳宿亦自给。今来此已三月有余,因其组织与管理之经验,居然一一入于常轨,人称其职,事无不举。余言药品系大利之所在,难免发生弊病。元善言非医院不能购会中药品,药品运输皆有专人送达(多为外国人),可无问题。继之谈彼此状况,知其家仍住重庆沙坪坝。元羲在中大为教师。关于去年司长任内受冤之事,语焉不详,约略以"梦"字了之。谈至五时半而别,约明晨再叙。

归开明吃饭。身体不适,似有发热之感觉。左眼干涩,有眼污。元善惠余硼酸及脱脂棉,冲水洗之。

何日再行尚无定期,由贵阳至金城江,得车不易,归来更难。此一段间之车费,黑市至八百或一千,骇人听闻。余思归途之难,浪费之无谓,又萌返身之想。

滇省战事已至腾冲,距昆明约五百公里。苟昆明有失,川省亦动摇,思之良可忧虑。

五月十七日(星期日)

晨至元善寓所,共吃点心。元善示余以其关于冤狱之记载,被累十二日,几致殒命。但君临危之时,处之泰然,颇足见修养之功。其公暇仍以唱曲为消遣,已能唱二十余出,案有苏州之曲笛。墙角有玉屏产竹笛手杖(手杖而兼竹笛)若干枝,赠余一支,吹之,音较高,非唱曲所宜也。

十时后偕往银行公会听票友唱曲。今午本有瞿君招饭,念久已不听曲,机会难得,遂送字条与彬然请代谢瞿君。据元善言,重庆唱曲之风极盛,社集甚多,贵阳则仅有银行公会一集。到时方排演《长生殿·小宴》,又观排演《奇双会》。午饭肴馔甚丰,色色精美,银行中人之享受例如是也。饭后元善清唱数曲,念字吐音均马虎。有一严君唱数曲,则操纵自如,顿挫有度,殊可赏心。

三时散,共至梅园咖啡店。此店新开,陈设绝精,如上海法租界中之店。元善之友于永滋君作东,五六人吃咖啡点心,共花百元,亦太浪费矣。元善尚欲请余吃夜饭,余辞焉。

归开明,晓先来,遂共闲谈,讨论《小学国语教授法》编撰方法(此书托晓先为之)。入夜,镜波煮鸡设宴,余饮茅台酒一杯。晓先谈至十时半始去。

今晚下雨,天气转凉。

五月十八日(星期一)

晨间宋玉书来,邀余与彬然同出,进茶点于冠生园。为余言服务情形,收入不丰,老母已逝,浙中汇款不通等事。既而同游中山公园,仅有一荷池而已,不足观。出公园,见绥靖公署押烟犯二名游行市街,将执行枪决,殊感不快。

与玉书别,回开明,作书寄家中。据晓先言,于《国语第一册》有所修改。既而晓先来,招余与彬然同出城,至大夏大学访谢六逸,不值。复至谢之家。其地名花果园,茅屋三间,尚不如余成都寓所,亦疏散房屋也。遇谢夫人,略谈数语即出。我三人共饭于社会服务处,每客一菜一汤,取值五元,在今日为甚廉矣。社会服务处系社会部所举办,有宿舍、食堂、图书室、会堂,略似青年会,以推行新生活为旨,标语曰"人生以服务为目的"。重庆、贵阳、桂林皆已有之,而成都独无,不知何也。

饭罢至文通书局始晤六逸,比以前消瘦多矣。彼在书局中有会议,约明日再至大夏会晤。归开明,入睡两小时。醒来见沈迪康在,约彬然、镜波、韵锵及余至彼晚膳。迪康系上海开明同事,萧山人,今在此间盐务局任事。傍晚至迪康寓所,见其父与弟。治馔甚丰,情意殷勤可感。饭后听韵锵谈上海杂事。九时归,即睡。

五月十九日(星期二)

九时晓先来,与彬然同往大夏。六逸而外又晤李青崖,亦视前消瘦。六逸言有一部分学生欲见余,招作座谈。不可却,勉从之,向学生谈话约二十分钟。彬然、晓先亦谈话。大夏文学院有社会研究部,专事研究苗族文化,由陈国钧君主持。陈君导观其研究室,所藏皆关于苗族之图片及器物,且为一一指说,颇长见闻。十二时辞出,入小店吃茶进点。途中又遇陈国钧君,导往观图书馆、物产陈列馆及科学馆,屋皆新建。杭州之《四库全书》一部分寄存于此图书馆,唯另藏于别处。科学馆最简单,仅有卫生室、标本室及公路工程模型而已。

归开明,接二官一信,知母亲已愈,为之心慰。家中他人皆安好,墨偶往普益帮忙。

晚饭后往元善处坐,共谈滇局如有变,前途不堪设想,相对怅然。既而元善温理昆曲,余听之。九时归。

五月二十日(星期三)

晨起自洗衣裤三件。看冯友兰《新事论》。饭后入睡一时许。出外剪发,其费五元。五时与彬然、韵铄至晓先家。今日为晓先夫人生日,留我们吃面,另有客三人。余饮茅台一茶杯有半,食面一碗。

辞出,随彬然至瞿君家。其东家之车本云不日开金城江,询知尚无开行确期。无名无目,忽来贵阳闲荡,浪费时日,深悔多此一举。

敌人于浙东大进犯,将取衢州、金华。而滇省亦告急。东南西南,两皆危急,忧心如捣,复何意游历乎。

五月廿一日(星期四)

晨复自洗衣裤三件,连日所积存也,殊不能干净,总算洗过一道而已。随意取架上书阅之,以为消遣。十时许吴朗西来谈。我辈先行,吴君后发,不意先行者留滞于此,为所追及。约如有车可早发,彼此招呼,结伴同行。饭时饮酒半杯。饭毕入睡一时。

晓先来,偕彬然与余出街游行。自南门出,折而向东,群山之下稍有溪流树木之胜。望甲秀楼,楼前有鄂尔泰及另一人聚苗人兵器所铸之两铁柱。更东曰南明路,将为城外住宅区,已成未成之西式房屋颇不少,皆甚难看。沿路看山,却颇不恶。至水口寺,小市集也,临流有茶馆,茗憩其中。五时自东门入城,共餐于北方小馆子。

灯下听韵铄谈上海杂事及其回绍兴沦陷区之情况。九时半就睡。

五月廿二日(星期五)

上午闲观架上书。李青崖来谈大夏大学情形,最近又决议设贵州大学,校长已任定。大学越多越好,余真不明其所以。

饭后与彬然偕出,至大路中心之铜像台(铜像系前省长周西成)附近,观苗族人赶场。今日为阴历四月初八,苗族例于是日入城。或谓铜像台地址原系其族祖先之葬地,故来朝拜,并吹笙笛,作舞蹈。传说如是,不知确否。其女子或系多褶之裙,佩用织花之带,或腰围织物如日本女子,显然可辨为苗族。其男子服装与汉人无殊,往往三五成群来回路上,其数亦不甚多。看热闹之人拥挤不堪,比苗族多不知几何倍。察苗族人面目与汉人有不同,余仅能辨其二种型式,实则不止二族也。看热闹人中除本地人及各省人而外,又有避难返国之华侨,男子穿不合式之西服,女子长衣大袴。此辈人数闻颇不少,有甚为狼狈者,近在此登记安插。

三时返开明,入睡一时。醒来晓先已来,闲谈至于夜九时。

登程尚无期,闻近以滇边告警,车辆益难得,又颇萌即此返川之想。

五月廿三日(星期六)

上午枯坐无聊。十时许,晓先来,倡议游花溪。适吴朗西亦来,愿同游。更有韵锵、彬然,决五人同往。先进面点,继至贵州公路局购票,每票九元半。

花溪在贵阳市西南,相距十八公里有余,本非名胜。今贵州省主席吴鼎昌发见其地有山林泉石之趣,始经营之,并置贵筑县政府于此。下午一时开车,行五公里许而"抛锚",司机修治再四,乘客皆下车推之,而机器迄不能发动,司机遂返身乞援。阳光炙热,闷坐车中,余颇有不欲前进之意。待至三时半始开来一车,换载而行,四时到达。

晓先往清华中学托觅宿所,引唐校长来相见,共憩于茶亭。清华中学系留筑之清华同学所办,今财政厅长周贻春实主持之,在花溪购地七十市亩,建校舍甚精。教师富有青年气,每班学生以三十人为限,此是其特色,他校所罕见。唐校长言今日星期六,较佳之旅舍已客满,其次者恐污浊不堪居,不如即宿校中。又言今夕可与学生谈话,情不可却,而颇咎晓先之多事,如不往清华探问,即无此意外之酬应。

坐一时许,遂出游观。四望山色颇佳。贵州之山草多而树少,而此处则有丛生高树者。山围之中，平原旷畅，大于贵阳市数倍。花溪贯之，东北流至贵阳城南，即南明河。溪有石堰数道，水面均相差五六尺，冲激下流，遂成瀑布，飞雪泻玉，轰雷喧鼓，颇为壮观。小山之上新建筑杂立，茅亭精舍，或合式，或与环境至不相称。盖经营时无整个规划，不以审美观念为基点也。马路曲折回环，随处可通。野花之香时时拂鼻，不知其名。野蔷薇方盛开。自入贵州境即见野蔷薇，朵大，烂漫于山蚪或路旁。在成都已开过一个月矣。

步行约两小时，返市镇，饭于餐馆。饭毕，至清华，唐校长介在校诸教师相见。遂至楼上礼堂，学生咸集。学生各以其有罩之油灯置于讲台边缘，俨如舞台上之"脚灯"，颇感兴趣。余讲《国文之学习》约五十分钟，彬然、朗西各讲三四十分钟。

九时后散，遂入宿舍，余与晓先、韵锵同室。窗外雨作，继以雷电，久久不止。余与晓先灭灯而谈，谈数年间情事，谈立身之要，直至二时许始曚昽入睡。睡亦未久，醒待天明。

五月廿四日（星期日）

五时起身，洗漱毕，入小肆吃包子。

重缘溪而行，朝阳照瀑流，益见明莹。观人在溪边网鱼，笱中已得四五尾，皆尺许。游行两小时返市集。闻今日为牛场，是所谓"大场"，赶场者将甚众。贵阳赶场每十二日一轮，用"地支"名之，丑日之场为牛场，午日之场为马场，辰日之场为龙场(阳明谪居之龙场，即取义于此)，戌日之场为狗场。而花溪复有马场，则为小场，来集者较少。吃茶坐一时许。雇得一马车，价六十元。此种马车形式颇简陋难看，连马夫载六人。贵阳、花溪间一趟例为每客十元，而此车夫定须多索十元，则以今日星期，游花溪者众，遂破例涨价，亦如其他物品之有所谓"黑市"也。车以十二时开，沿路见苗人中所谓"仲家"之男女甚众，皆来赶场者。在甘荫塘打尖，吃糍粑。

三时入城，返开明，知伯宁之幼儿抱病，似为肺炎。彬然往看之，归言情形似不严重，或可速愈。

余于马车中成一《木兰花》词(《游花溪听雨竟夕》)，写示晓先、彬然。

六时元善来,招偕出吃饭。饭毕至元善宿所。元善将于下月初返重庆一行,余颇思同载,但人数已满,不可能,因托其设法觅车。闲谈修养、曲艺,至九时而归。彬然言瞿君曾来过,其车或于后日开行,因复劝余决意赴桂,勿萌中途而废之想。余以归期迟,得车难,天气炎热,心神不安,殊怅怅未能决。

日来浙省军事颇紧,敌人兵十万分三路西趋,已迫近金华。滇边亦无佳息。

五月廿五日(星期一)

上午闲看书报。天气闷热,已为夏令。元善送信来,谓明日或有车往重庆。饭后入睡一小时。

晓先来,共谈国文教学。言前在贵阳医学院教国文,其院长李君以为医生不宜使用英语,而国文为医生所不喜,且亦有其缺点,不适于医学上使用;究宜如何教学国文,方可使习科学者乐用国文,且用之而略无遗憾。此问题余以为尚简单,将来可在《国文杂志》为文论之。

复谈余之行止,晓先、彬然、镜波皆以为去程公路凡三段,已走三分之二,折回殊可惜。且在桂诸友为别已久,至宜一晤,此次不往,重逢更不知将在何时。余遂勉从诸君之意,决复南行。然瞿君来时又言开车期还须延后一日。

傍晚任昌来君招饭于松鹤楼。任君前曾在开明营业部服务,战事作,任贸易公司职员,往来西南各地,颇致赀财。同座者晓先、彬然、镜波、韵锵而外尚有二人,亦开明老同事。此间如重庆,禁酒甚严,而松鹤楼仍可致酒,次等茅台一瓶值六十元,可谓贵矣。余饮约四两。八时半散。

至元善所,知有运药车一辆,将于后日或其次日开渝。即与说定俾韵锵附载而往。归时在光明路旁为路石所绊,跌了一交,右臂破皮少许,镜波为涂红药油膏。诸人围坐闲谈,十一时过始睡。

五月廿六日(星期二)

天气大热,殆在八十度以上。竟日不出门,取架上书观之。瞿君来,言开车当在明日午后。伯宁之幼儿病已愈,明日可以登程,大是可慰。作书寄家中,告行程。又致书子杰、云波及齐鲁教务处,继续请假。又作书与佩弦,今与彼相距甚近,不足五百公里矣。

金华故事已在城郊,报载敌之企图在夺取浙东浙西之飞机场,以此等处之机场为我袭敌之航空根据地故。

傍晚,正风书店之主人王君宴彬然,兼邀镜波与余。再至松鹤楼。王君善经商,所营不止书店。据谓年来通货膨胀,各业营业额虽增长,而销费力实已远不如前,各业危机已不远,闻之怅怅。八时半至元善所话别,听渠唱曲数支而归。月色当空,露坐一时许始就睡。

五月廿七日(星期三)

晨起整装待发。初言午后开车,而迄于午后,瞿君来言汽油尚有问题,正在交涉,未能即开。其问题为何,殆颇有曲折,不便问也。无聊之极,复困炎热,取曹禺之剧本《蜕变》观之,草草终卷。此剧取义与对话均佳,而结构嫌其松散。

作诗一首,咏公路行旅。"自古难行路,今难倘有余。临程谈'黑市',过站上'黄鱼'。蚁附颠危货,麇推老病车。'抛锚'愁欲绝,浑不傍村墟。""黑市"者,抬高票价也。"黄鱼"者,例外附乘之客也。子恺昔画汽车损坏,多人推之,题曰《病车》,颇觉新颖,故诗中用之。

入夜有爽风与明月,坐庭中吃茶,意较舒快。晓先夫妇携其二子来,谈至十时许而去。

五月廿八日(星期四)

晨起头脑昏晕,殆是天气乍热之故,往年亦常如是,料非疾病。

与彬然出行街市,七点半尚家家闭户,贵阳早市视他处为晏矣。进面点。骄阳炙人,即归。归而偃卧,时或坐起看书。闷热不可耐,时时挥扇。

午后三时晓先夫人携骨牌来,遂与彬然、蕴庄及余成局。打八圈,余输十四元。入夜晓先来,复共坐月下闲谈。晓先夫人谈逃难经过,滔滔不绝。九时半始散。瞿君曾来关照,明晨五时出发。此必一切都已办妥,预计抵桂时日,为之一快。

五月廿九日(星期五)

未明即起,候至六时半而不见瞿君来招。彬然往探问,知所缺汽油尚未买到。阻障重重,行路之难如是,余真悔此行矣。

以晨起太早，偃卧入睡两次。心绪不好，书亦看不进去。挥扇流汗，起立徘徊，呆坐怅惘，至于傍晚。

至晓先所，方有客数人来，同坐庭中闲谈。晓先夫人备水，令余月下洗足。九时半归开明。

余已不作桂行之想，而汽车消息又来，谓明早准可开行。即能成行，回来时困难正多，亦且不为预想。

洗翁有电来，令韵锵在此候余，同往重庆。可知洗翁尚不拟入川一行也。

五月三十日（星期六）

晨六时起，以为即可登车，而仍不见来招。往探问，谓仍是汽油之问题。余闷甚，复思不再前行。彬然劝之，余语颇愤愤。唯思得一汽车，与韵锵同载返渝。

饭后晓先来，言闷坐开明殊滋不快，不如到其家闲坐。遂与彬然偕往，酌茗挥扇，谈开明今后编辑方面之事。在镜波处吃茶不畅，室小人多，坐立无地，今得一变环境，心地为之一舒。

余积有衫裤五件未洗，晓先夫人为余洗之，殊可感激。晓先煮薏仁粥为点心，以泡饭为晚餐，均属家庭风味，几忘其在旅中。八时归开明，九时半睡。

五月卅一日（星期日）

昨夜大雷雨，有霹雳一声，其响似甚于炸弹。晨起御夹衫，天气转凉。

七时后得信，谓车即可开行，遂整装出威西门至汽车停歇处。余本想不去，念既有此行，不到桂林似说不过去，乃勉强就道。然归来之困难即于此注定，必须备尝之矣。报载运输统制局规定，六月起商车须改用木炭，以节省汽油。或者乘汽油车此为末一次，以后乘木炭车缓缓而行，其味当又不同。

晓先、镜波皆送于车旁。车以十时半开。昨夜有雨，风不扬尘，云隙之阳光不烈，皆足快意。六公里至图云关，停车受检查。十二时后，饭于龙里县。穿过贵定县城（在贵定见花苗），五时歇于马场坪，此是平越县境。自贵阳至马场坪凡一百十三公里，约为全程（贵阳至金城江）四分之一。途中曾遇阵雨数次，余坐司机台，毫无影响。伯宁坐于司机台后，上无遮蔽，则满身淋漓。今日皆行于山间,路旁少见田亩,山多石而少土,不便耕种。此一段公路多陡坡,殆当初勘路者草草为之,据司机诸君言,此一段颇不易驾驶。

余之车先到。余即看定一栈房,俟彬然、伯宁后到。六时进餐,居然可得酒,余饮包谷酒四两。栈房系上海人所设,颇清静。灯下作一书寄家中。

六月(全录)

六月一日(星期一)

昨夕为臭虫所扰,竟夕未得安睡。雷雨时作,倾泻如注,静夜听之乃泯杂想。

五时起身,不久即冒雨开车。经都匀而独山,进午膳。是二县似尚丰饶,山上树木较多,路旁亦常见田亩。至一站曰六寨,则已入广西境,属南丹县。广西境之公路两旁多种树,虽未必株株完好,究为行旅之荫。树为油桐,桐实累累。广西桐油亦大宗出产。此外似为马缨花,尚有其他。将入广西,山已作广西风格,不规则,有尖顶,闻桂林、阳朔之山为此种风格之极致。彬然语余在广西几乎四季闻秋虫。停车打尖时就山脚草际听之,果闻唧唧之声四起。

六时歇南丹。旅馆甚简陋,蚊声如雷。

今日共行二百四十二公里,明日再行八十余公里即可抵金城江。黔桂铁路今以金城江为起点,不久即可北伸至南丹。南丹以北,见分段筑路基之工程。傍山铺石,凿山开路,亦巨大工程也。

伯宁今晨检点放置车上之物件,其一洋铁箱中失去衣料毛线等,价值不赀。殆以存放多日,为人顺手窃去。及晚下车,又发现失去铺盖一件,其中有衣服,值亦可观。此殆是今晨在马场坪仓卒登车,未及携上。瞿君谓当于归途代为访之,未知能璧还否。伯宁夫妇成怏怏,余与彬然亦无欢。

今日上午车上一陡坡,以雨甚路滑,加铁链于车之后轮而后上陡。此法余为初见,盖取义于坦克车。余所携两个小包随身携带,皆未沾湿。伯宁、彬然之物均湿透矣。

六月二日（星期二）

晨六时开车,行五十六公里至河池县。停车登记,颇延时刻。闻人言金城江霍乱盛行,已死数十人,不免有戒心。其地前数日天气酷热,至九十余度。昨今有雨,当可少凉,疫势亦当少杀。再行二十六公里至金城江,时为上午十一时。计贵阳至金城江凡四百三十七公里。

下车闻火车汽笛声,见车站、铁轨、火车。此景暌违已久,乍遇之不禁感慨。入铁路宾馆,其主任曰夏传谟,苏州人,彬然前与相识,在贵阳致一电请留房间,得四榻之屋一间。此馆客室甚多,分设于各座平屋中。每座平屋皆独立,不相毗连,既得清静,复免火灾时延烧。客室分数种,四榻之屋为其最下者,然被褥蚊帐均清洁,上有承尘,下有地板,有窗四扇,殊可满意。旅中恒住小栈房,得此如入华屋矣。馆中有餐厅,亦清洁。午饭时吾人均吃醋一匙,以预防疫病。午后晤夏君,人甚干练。余预为请托,将来返程代余设法购车票,夏君允之。余乃放下一桩心事。

三时浴于馆中浴室。易衣衫,竟体舒适。

五时后与彬然出游街市。店铺皆极简陋之板屋,杂乱无序,群蝇乱飞,令人不快。此处自黔桂路通达以后始成要地,将来路线展长,便将为一无关紧要之小车站。今之充斥于市廛者,为旅馆、餐馆与日用品店。活动其间之人物则以司机为众,而娼妓、赌徒亦复杂厕其间。市面虽如此,自然景物却不恶。四望皆山,突兀矗立,近翠而外,复见远青。金城江水流颇急,江中有滩,激水若沸。市街之杂乱喧扰如彼,山水之静穆严整如此,共处一境殊不调和。

七时宴请司机诸君,酬谢此次招顾之意。所饮酒名"三花",广西产,味不香美,而足致头胀。余饮较平时略多,返室即睡。

六月三日（星期三）

天气仍酷热,挥扇而汗不止。

托宾馆往车站买二等卧车票。十一时进午餐。餐毕即入站登车。瞿君送之,余与彬然皆深致谢意。

列车系由各路原有车辆杂凑而成,人戏名为车辆展览会。我们四人占一间。室中器用固以前所惯见,而暌违已五年,骤见之不无异感。电扇生风,电铃唤役,绒毯软垫,无不舒适。以视挤坐于卡车之中,何止天壤之判耶。车以下午一时十分开,行驶甚缓,平均每时殆不足三十公里。窗外所见唯广西风格之山,略有田亩。所经镇集县城不能详记。七时至柳州,停两点多钟再开。我们就睡,而衬褥太厚,天气闷热,又略有蚊虫作祟,不能安眠,终夜朦胧而已。

六月四日(星期四)

五时起身,见窗外下雨,念桂林将到,殆可以不复在车中遇警报。讵意六时许车抵横山即传有警,车遂停止不进。询知敌机来者仅一架,颇不足怕。察头等卧车所谓"蓝皮钢车"者,车箱顶下有钢件颇多,伏其间避机枪弹绰绰有余,因不复他适。同车之客则有避至路旁山上者。等候两时许始解警,车复开行。

九时抵桂林。经检查及呈验证明书,乘人力车至环湖路开明,已十时矣。晤洗翁、锡光、士敩及开明其他同人,皆欣然握手。洗翁精神如前,为别四年,绝不见老。而不见清华,询知近方小产,因移居乡间乃妹处休养。少顷仲持来,仲华来,俱叙别后之情。仲持亦是由香港退回此间者。

饭后看收到之信件,墨与诸儿共有五六封。知家中安好,为慰。此外又有朋友之信五六通。洗翁为余发一电致成都,告今日到达。

倦甚,入睡一时有半。醒时云彬来。云彬风度依然,不减当年。吴朗西、韩祖琪来,朗西先到此多日矣。四时随云彬至其寓。寓中熟人聚居,有雁冰、仲华、联棠诸家,共占两楼两底,颇为热闹。雁冰夫妇亦仍如前,他们五年来行路最多,见闻自广。雁冰方作一长篇小说,俟其出世当为佳作。傍晚在云彬处小饮。其夫人特为余煮面,颇可感。酒罢与诸友在楼廊乘凉闲谈。

八时后归。既而阵雨大作,而并不转凉。与洗翁谈开明近况,直至十时。洗翁特为余购蚊帐,假以新席。因新购之床未到,旧者恐多臭虫,令余睡士敩之床。孰知其床亦有臭虫,熄灯之后即潜出肆虐,一夜仍未得美睡。

六月五日(星期五)

晨早起。自楼廊外望,树荫之外衬以湖水,殊不俗。湖名榕湖。食毕作一书寄家中。

彬然来,与偕出。访刘百闵于乐群社,未值。访胡仲持于青年会。仲持言近拟筹设西文印刷所,并将精译西洋文学名著。

辞出,在路旁拍"快照"。此种照法余初未见过,虽略模糊而好在当时可取。因云彬言乘飞机或可有望,有此照片即可往登记。

午后入睡一时。起来闲看书报。五时云彬、彬然来,偕洗翁与余往建设研究会,应李任仁(重义)、陈劭先二先生之招宴。李为省参议会议长,陈为文化供应社社长。建设研究会系一赞助行政之机关,聘研究员若干人,集会时就省政作究讨。其会址本旧时之藩台衙门,小有园林布置,有八株桂花树,厅因名"八桂"云。同座客有雁冰、仲华及文供社同人数人。肴馔甚精,殊酣适。广西前曾禁酒,令已开禁。宴集时有酒,便觉像个样子。

听同座诸君谈战局,皆言敌人于攻占缅甸之后不向印度而加力攻我,其意盖欲得一解决。今浙、滇之形势我均挫失,此后演变将更使我感觉困难。余闻斯言,心忧不已。

九时后归,复与洗翁长谈。十时半睡。

六月六日(星期六)

八时,洗翁导余至仰之寓所,仰之全家不在。女佣言太太在医院生产,先生往看之,少爷们均入校读书。

遂入商务印书馆,请其经理徐丽川君为余担保乘坐飞机不得有不法情事。徐君允之,签名盖章于保单之上。保单之后为申请书,申请于航空检查所。得其批准,发给购票许可证,方可向航空公司接洽购票。洗翁亦填一份,同往检查所交涉。答称三四日后可来打听。此举原系所谓"撞木钟",万一有望,则与洗翁同航重庆,既不孤单,复免长途之辛劳,太舒服矣。

回开明,改三官《我与游泳》稿一篇。店中同人有往医院打霍乱预防针者。余念日来各地有此疫蔓延,打一针为妙,取得证明书,购车票时亦免麻烦,遂往请注射。此种注射只须一次,免费。

既而仰之来,言其妻生一女,生时颇危险,现在医院休养。渠于明日将出门至闽浙,其职务系为中央储蓄会送致储蓄奖券于各地,每两个月往送一次。谈半时许而别。

余忽觉头胀身冷,似将发热,遂就睡。本定傍晚在陆联棠家小集,只得不赴。既而热度甚高,矇眬入睡。醒来天已黑,满身淌汗不止,而热已退。始知系疟作,非其他毛病,取金鸡纳粉服之。

六月七日(星期日)

晨起服奎宁丸两粒。九时后,与洗翁、锡光、彬然至榕湖对岸之功德林素菜馆,仲华、联棠继至,略谈《中学生》编辑事。功德林布置如小园庭,楼用竹瓦,树木四围,颇有雅趣。

十一时许,阵雨大至,雷电交作,天气转凉。午餐毕,雨亦止。回开明,再服奎宁丸两粒。与彬然谈编辑何种书籍为有裨于读者。作三信:一致夏传谟,一致邹君斐,皆托设法车票;一寄家中,杂告来桂后见闻。

六时至天然餐馆。今日为诸友聚餐会会期,夫人小儿咸集,凡两席。该馆系广西式之菜馆,所制品近乎广东,诸品皆原汤,有真味。菜凡十色,值百二十元,颇为便宜。席间雁冰谈在西北时骑马,射猎,饮马酪,吃烤羊之情景,颇动听。八时散。余再服奎宁丸一粒。

六月八日(星期一)

上午改二官三官文各一篇,洗衣服两件。

饭后一时与洗翁同至文供社,晤彬然,参观其社之各室。彬然及其同事宾君又导至社中所设之建设印刷厂,在内地看来有大小印机六七架,已算大厂。厂之门外,开明自建之栈房在焉。其地曰百雁山,有岩洞若干个。入一洞名"丽狮"者,宽广可容三千人。洞非一口,故颇通气,天然之防空洞也。桂林一地若此之洞甚多,最大者可容三万人云。憩坐于路旁茶馆,然后循小路而归。

傍晚与洗翁对酌闲谈。八时许,洗翁倡议往听鼓书,唯董莲枝最佳。此人在沪在渝余俱听过。余尝谓歌唱者必能化嗓音为乐音而自由操纵之,方成一家,董即此等人也。此外皆平平,又杂以魔术及苏人之弹词,令人生厌。

六月九日(星期二)

天气晴朗而不燠热。晨起看西南联大寄来付排之《国文月刊》稿凡三期,颇有佳作,殊觉惬心。作一书复沈从文,为其小说集交开明出版事。

十一时至雁冰所,应其招饭。雁冰夫人治馔甚丰,有鸡与鱼虾。云来桂后从未请客,此为第一次也。午后一时许传警报,未久而传紧急。雁冰夫妇不逃,余亦留。雁冰为余谈在新疆一年间之所历,颇长异闻。旋飞机声起,隐隐闻投弹声,继见高射炮之烟两朵,复次见敌机四架,飞行甚高。约历一刻钟而寂然。雁冰继续谈说,中气甚足,直至四时半而终止。雁冰夫人复谈香港脱险经历,南北往来行程经历皆可听。

六时上楼,与云彬饮茅台酒。酒罢,彬然及三四友人偕来,谈编辑《国文杂志》事。出版登记证限期将届,不出版即将无效,须于本月内编成第一期。余被派作文三篇,须于一星期内赶出。然诸君又言星期五往游阳朔,星期日方回来,真没法安排矣。

九时半归,与洗翁谈半时始就睡。

六月十日(星期三)

晨起,洗翁邀游七星岩。甫出门而警报作,遂改道至联棠家,即吃粥。不久,敌机一架飞于空中,盘旋有顷而去。逾四五十分钟又来十架,而余仅见三架。在机场投弹数十枚而去。十时解除。

联棠家之邻舍有广东人之谈话,语声似驾驶到乐山班机之杨兆藩,探之果是。询知自广东来此,将于明日飞回重庆。

归开明,看《国文杂志》收到之稿两篇。

饭后仲持来,谈编选英文名著之计划。张明养来(系自香港归来),言将往重庆,重入商务。

傍晚与洗翁、彬然、锡光三人小饮。洗翁言开明拟设编辑委员会,而以余在成都主持其事。委员职务之分配,联络之方式,尚待细商。

吴全衡来,谓其夫胡绳逃出香港最迟,一路辛苦,近方卧病,言次泪下。

晚饭毕,即与彬然至文供社,应杜中同人结集之文学组之招,作一次谈话。二十余人散坐庭中,不拘形式,倒也有味。唯余并未思索,谈来杂乱无序,殊不自满。谈一时许,复互为讨论一时许,然后散。

今日往航空检查所，申请书已批准，得一购票许可证。只须有亲切之人向航空公司关说，即可成为事实。虽云彬、联棠、士敳等人皆愿为我设法，恐未必果有成也。

日来赣、粤、滇战事皆甚紧，浙省几已全陷。艰苦之局，今年为最。不知能有术打破此难关否，心甚忧之。

家中无信来。他们不知我何时离桂，恐以后不复有信。月余不得家中消息，以前出门时所未有，颇感难堪。

今日得馆中同人来信。

六月十一日（星期四）

晨五时许醒，而警报已鸣。独至文供社，访彬然，洗面。旋传紧急，偕至社址后面之岩洞旁。晤仲华、云彬、欧阳予倩诸君。向予倩请教桂剧大概。谓桂剧本系湘剧，其唱句为二二三、三三四两种，与平剧同，唯调子不同。音乐有牌子，而歌唱无牌子云。继知敌机已到，群皆入洞，余亦入焉。其洞亦宽广，而石隙漏水，地面潮湿。旋闻投弹声，较前昨两日为重，地点仍为飞机场。及飞机声杳，即归文供社吃粥。

七时闻解除信号。遂坐楼上彬然室中作文，充《国文杂志》材料。午刻吃饭后，于室中入睡一时。醒来续作，至三时而成一篇，仅二千言耳。

归开明，擦身，并洗衣服三件。与洗翁谈开明事。

六时仲华偕其妹来，邀往桂东路全家福小饮。仲华为谈三年来在香港办报经历，并谈开明编辑方针，皆有识见。此君识力益富，余所深佩。又语余美国助我飞机已开始来到，桂林已到有少数架，综其共数殊为可观。敌人每日来袭，即以此故。余闻而心喜，不利之战局或可因而有转机乎。八时餐毕，偕往漓江上之中正桥，观桂林夜景。徐步而归，已逾九时。

六月十二日（星期五）

晨四时半起，洗漱毕而警报已鸣，几同常课。仍至文供社后面之山洞。闻机声，即入洞。云彬家携有一长凳，拉余共坐。洞中人几满，颇感闷热。约略闻投弹声。既而人稍稍走出，及闻机声，又一哄而入，如是者数次，至七时半解除。始知今日我机(美空军志愿队)迎击,发生空战,击落敌机四架(后知为八架)。如此胜利久已不闻矣,为之心喜。

返文供社,晤柳亚子先生及其女无垢,亦来此避警者。柳自香港返国,将寄寓此间。貌清癯,须发萧然。

看报知英与苏订立军事同盟,美与苏亦有进一步之谅解。此事关系世界全局颇大。午刻随云彬返其家吃饭,小饮。仲华谈国际间之纵横捭阖,以打马将、打沙哈为喻,妙切事理。

一时半返开明,入睡一时。醒来向锡光索读者投稿一篇,为之批改,入《国文杂志》,仅改其六分之一。傍晚与洗翁对饮。饭后出外剪发。九时睡。

六月十三日(星期六)

晨仍早起,预备避警,但并无动静。敌人经昨之挫败,殆不敢轻易来袭桂林矣。

七时洗翁邀出游行。出城东定桂门,过浮桥。浮桥两旁皆泊木船,即于船中陈物求售,如店铺然。入龙隐寺,寺后有洞,建小塔及香藏,石壁上有元祐党人碑。坐少顷,转至七星后岩,未至洞数十步即感寒气。在洞口观望,石隙水下如雨,阴气迫人,不敢久留。又折至七星前岩,洞口阔大,政府机关在此建一巨屋,为庋藏档卷之所。洞有栅门,加锁,其中木凳满布,空袭时开放,可容三万人,为桂林最大之洞。亦可纳费入内游览,余则无此兴致,在岩前空地上吃茶。茶座几满,皆预备避警者。四望山容野景,颇为畅适。看报,知江山亦已放弃,赣省敌颇深入。经中正桥而入城。进皇城,望省政府背后之独秀峰,一峰孤起如柱,上生丛树。

十时半返店。饭后续作昨所为文,至四时半完篇。今日得二千余言,全篇三千余言。

傍晚,洗翁邀仲华、彬然、云彬、锡光、联棠在店中小饮,谈设立编译机构事。议定设于成都,由余主之,定名曰"开明编译所成都办事处"。仲华、彬然、云彬皆为编译委员,相助编稿约稿。每月以印书三十万字,出版两册或三册为定则。收稿费用年以十万元为度。其他事务费用亦有规定。九时散。

天气热甚,登床,挥扇而汗流不止。

六月十四日(星期日)

晨起作文,谈韩愈《答李翊书》。饭后睡一小时,起来续作,四时半完篇,凡二千言。此篇与十一日所作一篇同隶于《未厌居文谈》总名之下。以后将赓续为之。

傍晚至联棠家为聚餐会。此次由雁冰夫人主办,所治肴馔,甜咸皆精。酒罢,洗翁倡议打牌,邀余与仲华及云彬夫人入局。打四圈,余负焉。桂林禁此戏颇严,故于桌上铺厚毯。

六月十五日(星期一)

竟日伏案作文一千五百言,题为《作一个文艺作者》,为《中学生》之卷头言。

联棠往中航公司打听,士敩往欧亚公司打听,皆言只须有飞机来此,当可与以便利,令尽先购票附载。余本定以十八日动身,今闻此讯,拟守候飞机,不复思乘汽车。闻自金城江至贵阳之公路上有桥为水冲断,又闻自贵阳至重庆,汽车改用木炭(公路车殆全用木炭),须历七日始达。此皆令余视公路为畏途。唯愿飞机来桂,得航空而归耳。

周伯棣来访,谈一时许。周于廿八年过乐山,曾见访。今在广西大学任教,邀我们往游,缓日或当一往。

今日热至九十度以上,入夜下雨,稍转凉。

六月十六日(星期二)

晨起至文供社,与彬然、云彬谈《国文杂志》编务。即留彬然室中作文,取一诗,谈理解与鉴赏。

午刻饭于云彬所,先之以小饮。与仲华闲谈,知前途颇难乐观,怅然不欢。

二时半返开明,继续作文。艾芜来访,谈有顷即去。夏传谟来访,方自金城江来,谓已为余登记,可得廿二日之票。即告以或将航空。

傍晚与洗翁应锡光之招,至其寓小叙。其夫人治馔亦精,醉饱而归。

六月十七日（星期三）

晨起续作昨文。午后倪文铨自金华抵此，言金华失陷时民众流窜之情形，与物资损失之巨大，闻之殊深感叹。张明养来，欲于日内动身，即取夏君为余所定车票以行。当为介于夏君。四时，文完篇，两日共得二千言。又作"国志"编后记一篇，于是第一期中余所任稿已齐。将交与云彬，由渠送审付排。

五时下大雨。雨后至云彬所，应其招饮，此外只一彬然是客。云彬夫人治馔，鱼、鳖、虾咸备，烹煮得宜，恣食之为快。饭后闲谈，听仲华之一子吹口琴，一女唱歌，恰如也。

九时归开明，即就寝。

六月十八日（星期四）

晨起作书寄家中，告决候机回川，到家当于下月上旬。

今日为端午节，对湖菜市人声如沸。清华昨送字条来，邀往乡间一游，兼以过节。八时许与洗翁、士敫偕往。出丽泽门，行于山间，约三四里而至桂馨园。桂馨园者，修炮厂（近改为兵工厂）所在也，占地甚广，不知其几千亩。屋皆散布，不相连属；厂房办公厅而外，又有职员住宅多所，或讲究或简陋，称职员之等级。遥见一住宅中有人招手，则清华与其妹静鹤也。清华小产后已复原，唯清瘦不异从前。静鹤则壮健殊甚，与其姊妹均不类。坐定先吃粽子，继以杂谈，五年为别，可谈者多，东鳞西爪而已。园中合作社为端节宰猪，已宰二十头而向隅者尚多，只得续宰，猪之号叫声不绝。静鹤之夫黄业熊在厂中为技术员，专司检验，往在上海曾于伯祥家遇之。午刻归来，即共饮食。菜皆静鹤所治，尚不恶。饭后仍闲谈。天忽晴忽雨，如下江黄梅时节，燠热而闷，令人疲困。

四时后返开明，清华谓下星期日将入城到店作事矣。余遂洗身，洗衣衫，六时完毕。店中亦添菜过节，菜皆几个女同事所治，颇丰。余以午间进食已多，不能多吃，饮酒半杯，吃饭半碗而已。与洗翁在楼廊乘凉闲谈。八时就睡。

六月十九日（星期五）

晨间文铨来，即偕往大华饭店访夏传谟，请以所定车票之一让与之。得墨一信，颇有牢骚，为之怅怅。作书致佩弦，并附一信致王了一，皆请为"国志"作文，并以书稿交开明出版。看完丁西林所作《妙峰山》剧本,结构与台词均好。

午后一时至桂林中学,应校中同人之招。校址在文庙旁,旧为书院,兴办学校后几经转变而为今校。校长雷震,国文教师叶苍岑,历史教师周之凤,其他不能悉记。全校教职员多至一百四十一人。学生千三百余人,分二十余班,高中多而初中少。叶君等导观各处,房屋园地多,而皆不甚整洁。理化器械药品及书籍亦丰足,然颇积尘埃。观高中男生宿舍,一切凌乱,赤膊学生若干人仰卧于床。偶观教室上课,亦无非循文讲解而已。索观学生作文本,程度似尚均齐。三时半余演讲,以十五日所作之"卷头言"为材料。学生自由来听,礼堂中站立几满。四时半讲毕,察学生神色似尚能领会。

返开明,仍与洗翁小饮。饭后偕行于湖滨。八时半就睡。

六月二十日(星期六)

上午拟编译所办事处办事规程数条。看《中学生》之投稿一篇。

午刻,洗翁以开明名义邀夏传谟君小叙,将来运输书籍或须得其相助。联棠兄弟、彬然、仲华、文铨同座。夏君人极爽直,自言服务之经历,可知其为尽职之人。散时夏君又订明日之约,仍在此天然酒家,仍为此一席人,再畅叙一次。

返开明,明养来,介于文铨,俾今晚结伴出发,同至金城江。仲持来,谈选印英文文学书事。入夜,在楼头乘凉,与洗翁闲谈。九时睡。

六月廿一日(星期日)

上午作《中学生》卷头言一篇,千余字,题曰《五足年了》,为抗战五周年应时之作。

有唐现之来访,本为中等学校校长,今为广西教育研究所(现并入广西师范学校)资料室主任。其人极推崇开明所出书,因而并重视其作者。教育研究所殆与余所处之教育科学馆性质相近。余询其所之组织与工作,答语不详,似亦草草,与我馆同样有名无实。

午刻至天然酒家,应夏君之招。席间皆昨日同叙之人,唯少一文铨耳。夏君谈其生平经历,并及重庆、香港琐闻,皆有味。餐毕,握手而别。

归开明,入睡一小时。清华自乡间进城,即销假,照常在店任事。四时半,美国空军驾机九架飞驰于市空,市民皆欢呼拍手。此辈绰号"飞虎",击日机有佳绩,宜受人欢迎。

傍晚至联棠家,为聚餐会,今夕系锡光夫人主办,雁冰夫人佐之,菜亦不错。食后读云彬所作《谈经》,《国文杂志》之材料也。与仲华闲步街头,君语我镇压青年及被认为不稳分子之实况,闻之深叹。

十时就睡,而臭虫大出肆扰,臂腿肿块累累。直至三时,始朦胧入睡。

六月廿二日(星期一)

上午拟作文,为次一期"国志"之材料,翻书多种,而迄无所得。饭后倦甚,入睡一时。起来注解蔡子民之《责己重而责人轻》,为《国文选读》栏之材料,但作数百字即辍。

下雨,天气大凉,余穿夹衣。

仲华来,洗翁与余邀共小酌。仲华言秋间或将移居成都,从事述作。余深盼其能实践。

雨窗无聊,七时就睡。

六月廿三日(星期二)

续作昨未完之注解,得二千余言,仍未完。

下午三时与洗翁、云彬、联棠偕出,至商务、中华、世界三家购书,备店中同人随时翻检。书价又将提高,故从早购入为得。但现价亦已可观,付出七八百元,仅购十数部而已。

傍晚与洗翁小饮,彬然来,同饮。饭后楼廊坐月。唐现之君来,言有桂林师范毕业班三班来城中参观,寓教育研究所,约于后日下午往作演讲。余允之。

六月廿四日(星期三)

雨竟日,时大时小。

上午续作昨文,至下午二时得三千言,全篇完毕。

彬然来电话,言仲华所托海关秘书高君电话通知,中航机将开,可往购票,于是联棠及其弟剑秋冒雨而出。彬然、云彬相继至。洗翁与余整装待发。但联棠归来言未能得票,盖已为捷足者先得,其余八座则归"办公厅"支配。唯中航主任已答应,下次有机来时必令二人同行云。一小时之间空忙一阵。余先则欣然,至此不免颓然。

洗翁谓今日云彬、彬然在此,可续谈开明事,遂招仲华来,楼头共酌。先谈分担《中学生》各门类作稿约稿事,次谈编译所事,委员除云彬、彬然、仲华外,加请子恺、祖璋二人。以墨为办事处职员。关于各人之薪水与费用亦有商定。

仲华去时,余托渠再向海关秘书高君嘱托,务令中航公司因彼之人情,使我们有航行之便。

六月廿五日(星期四)

仍竟日下雨。

上午为店中略作改编旧版书之工作。其所以须改编,因现在各地设有书审处,凡书店初版再版书籍均须送审,审后如有所指摘,须改编方可印行。

写二信,一寄家中,告日内或可离桂,一寄子恺,申述请为编译委员之意。

午后一时彬然来,与张伞偕出,过中正桥,直东过花桥。漓江水大涨,黄流滚滚,虽不及大渡河,亦复壮观。自花桥右折,即至教育研究所。唐现之君令桂师毕业生三班集合于礼堂,即为演讲会。余讲训练教学之要及文艺写作之要,彬然讲出任教师宜取之态度。余不自满意。

梁漱溟先生自港回大陆,留居桂林(梁本桂林人),近寓所中,现之、彬然导余往访之。状貌严肃,发言颇缓而沉着。坐少顷,现之邀往吃月牙山豆腐。月牙山在研究所附近,山前有素菜馆,煮豆腐尤有名,桂人所谓桂林三宝之一。三宝者,乳腐、月牙山豆腐及女伶小金凤也。余在店中几乎每餐有乳腐,豆腐则适然遇之,是已识其二宝,唯小金凤已嫁人,不复唱戏,此宝不可识矣。谈次知梁先生持素已三十年,其动机为不嗜杀生。问其近著何书,谓方拟作《中国文化概义》,因言全书之组织并及其书之结论,结论可以一语表之,曰"中国文化之特质为理性发展得早"。理性别于理智而言,超出事物而为客观观察,是为理智,处身事物之间而求主观体检,是为理性。儒家即纯从理性上做工夫者。儒家之影响最大,以故中国社会史之种种问题皆当从此一结论出发而探求之。梁之言大略如是。余以为有所见到,而谓遽可以解决文化方面之诸问题,恐未必也。吃豆腐,的确滑嫩鲜美。另吃素菜三色,各吃面一碗,而后出。

现之、彬然导登月牙山,石磴之左为石壁,其右高树拿攫,漓江直泻,远望诸山,烟雾迷蒙,颇称佳景。石磴不过三四十级,上有寺,殿屋在洞中。其前临江楼阁贮藏军用品,锁闭不得入,未免憾事。伫立有顷而下。

入城返开明。彬然与余谈作事之态度,颇有所得。士敫、清华与余谈数年间杂事,亲切有味。洗翁出饮归来,又谈有顷。九时半就睡。

六月廿六日(星期五)

上午胡绳、全衡夫妇来谈,得知数年间二人境况。胡绳病已愈,面瘦削干黄。

饭后小睡一时。起来助锡光校《国文月刊》二十余面,至于日暮。清华、士敫特做菜饷余,因与彼夫妇并洗翁共叙。菜有鸡、鱼、虾、排骨,不禁多饮逾于往日。席间言二人结婚,余为媒人之一,当时未及相谢,此有谢媒之意云。

洗翁倡议看桂剧,八时往广西剧场。剧场门面颇壮大,里面则不及上海之戏院。据闻桂剧系自湘剧转变而来,有静趣,不用大锣大鼓。该场之戏班现由欧阳予倩君指导,于各方面均酌加改良。奏乐者不现于台面,唯仍有值场两人与演员同在台上。所观戏凡三出,曰《黄鹤饮宴》,曰《打雁回窑》,曰《荷珠进府》,第三出不知出于何种说部。唱工做工与京戏相仿佛。因距离较远,唱白多未能听清,似无多大佳趣。十一时散,归店即睡。

六月廿七日(星期六)

上午熊佛西来访,渠亦编文艺杂志,嘱为撰文。谈一时许而去。看《鹤林玉露》为遣。

饭后入睡二时,昨日迟睡,得此可以补偿。醒来时仰之在洗翁室中,云此次至赣即折回,未及入闽。其夫人产后出血,颇为危急,幸得人输血,已无问题。医药费殆七八千云。

云彬、仲华、彬然皆来谈,不久即去。傍晚与洗翁对饮,小醺而止。天气如江南黄梅时节,云压群山,风飘阵雨,气压极低,令人困倦。八时就睡。

飞机杳无消息,思归之心甚切。

六月廿八日（星期日）

甚无聊，竟日看架上杂书为遣。看《今古奇观》最多，约十篇左右。傍晚为聚餐会，仍集于联棠所。本为仲华之妹当值，渠不善烹调，委佣妇为之。仲华方发烧，似为疟疾，未参加。食毕谈一时许即归。洗擦全身，较感爽适。

六月廿九日（星期一）

晨起作"国志"文稿，得数百言即停手。梁漱溟先生来访，托带一文至重庆。

与洗翁偕出，至社会服务处观叶浅予漫画展览。画凡七十余幅，分两部分，一曰《重庆小景》，一曰《走出香港》，前一部中有写空袭期间之种种状况者。后一部中记其所亲历，画面时见敌兵形象。叶以画《王先生》著名，今所展出之画观察深入，笔姿似拙而劲，可见其进步。社会服务处系新开幕，房屋与布置较贵阳者尤讲究。凡大都会殆必将有一社会服务处，以见社会部确在办事。然仅为都市旅客数十人解决食住问题，岂即"人生以服务为目的"之义乎？盖亦粉饰表面而已。

回开明，看雁冰在香港所撰杂记《如是我见我闻》小册，皆记在各地旅行之琐屑事，寓讥评于反语之中。余以为如此作法似欠缺诚挚态度。

孙春台来。春台近为中国旅行社编《旅行杂志》，上唇已蓄髭，壮健诚恳犹昔。言前闻余阻滞贵阳不得车辆，曾寄书于余，介往中国旅行社。余闻而心感之。坐不久即去，约明晚在乐群社宴饮，再谈一切。胡绳来，谈半时许。小饮后与洗翁在楼头乘凉。《宇宙风》之编者林憾庐来，林语堂之兄也，亦谈一小时。

天气闷热，洗身而睡，仍复不爽，小臭虫潜而肆扰，半夜未得美睡。

六月三十日（星期二）

晨间洗翁邀同出，思吃汤团，但途次遇雨，在一家北方馆子吃烧饼、油条、小米稀饭而归。归即续作前文，至于下午五时，得三千言左右。系以学生口吻谈自己学习国文之经验，思以引起一般读者之注意，俾各自抒其所见，为文投来。

接小墨二官各一信，尚是月初所发，希望我于端午前到家。讵知我在此候机，距端午已十多日，尚未能动身耶。二官久咳不愈，人见得消瘦，疑肺部有病，往照X光照片。我颇念之。又接君斐一信，言已为我托定银行中人，到渝时可往接洽返蓉附车事。

午后桂中教师叶苍岑、周之风来访，言已与此间特种师范教师说定，如往参观，当派人来接。特种师范专收瑶人子弟，毕业后即令从事瑶民教育，颇值一观。但地点距此十八里，往返无可代步者，又恐适有飞机到来，只得辞谢不去。

傍晚与洗翁及雁冰夫妇至乐群社，应春台之招宴。实系中国旅行社请客，为《旅行杂志》宴请作者与画家。客凡两席，菜甚精，饮湖南制之绍酒，味作酸。九时散。

七月（全录上半月）

七月一日（星期三）

上午续作昨文，得一千余言。午刻，为纪念总办事处成立一周年，全店"打牙祭"。饭后入睡两时。醒来，校《国文月刊》十余面。傍晚彬然来，再约云彬、锡光偕出小饮叙谈。入下江馆名复兴馆者，坐于露天，谈叙甚适。唯念不知何日成行，心总不能安然无事。家中必已盼我甚矣。

七月二日（星期四）

晨早起，作《中学生》卷头言《德目与实践》。

九时洗翁邀同访仲华，视其病。至则知其病确系疟疾，医生主打针，购药一支，价千元，尚系便宜货，市价须千二或千三，亦骇人听闻矣。仲华言海关高秘书来言，五日或六日之飞机决可附载，闻之心为少慰，唯希其言不虚，又无他种阻障，致不得成行耳。复至雁冰之室中少坐而后归。续作文字。饭后入睡一时半，起来复续作文字，完篇，共千五百言。

傍晚仍与洗翁对饮。八时洗翁邀余与士敫、顾惠民往听大鼓书。董莲枝唱《哭祖庙》，此折叙事句多，不及唱《红楼》《西厢》等多抒情句者之宛转有致。花佩秋唱《武松杀嫂》，系八角鼓杂牌子，虽声音响亮而无多趣味。十时半散。坐书场中虽为时无多，亦颇感疲劳。

七月三日（星期五）

晨出剪发。归后取郭沫若所译屠格涅夫之《新时代》为遣。思归程不知在何日,究以何种交通工具而行,心至不宁定。饭后仍午睡两时。起来续看小说。

傍晚应熊佛西、蒋本菁、萧铁(蒋、萧系经营书店者,未详其店何名)三君之招,至功德林。同座有柳亚子父女、雁冰、洪深、春台、胡风及安娥女士。洪深多年不见,彼此共言消瘦矣,然其谈风之健仍如曩日。素菜甚佳,共饮颇畅。向柳无垢女士约得翻译小说一篇,供《中学生》用。

八时归。九时睡。臭虫肆扰,久不成眠。方得矇眬而忽传警报,看表方两点。遂独往文供社,月光下照,诸山生辉,人群如流水而余厕其间,宛然梦境也。在彬然室中小坐,彬然令余洗面。坐一时许,警报解除,仍踏月而归。

七月四日(星期六)

晨以六时半起,较往日为迟。早餐方罢,又传警报,与洗翁偕往百雁山堆栈中,栈旁有洞,紧急时可入。此堆栈系租地自建之屋,存书不少。以前堆栈分散为四五处,今集中于一处,管理上方便得多。继闻紧急警报,闻我方之飞机声,而不见敌机到来,旋即解除。遂缓步而归。

至老君洞旁,警报器复鸣,先归者皆返身而来,遂上磴道,观老君后洞。洞不止一个,高下不一,各有其名。入之,皆凉气袭人,于方出汗之身体非宜,因立于洞外。又传紧急,姑入洞小坐。待半时许,不见动静,乃自后山履岩石翻至前山,入老君洞一观。洞中有老君像,高大而颇拙劣。旋闻解除,遂缓步至联棠家,登楼访仲华,小坐然后归,时为十一时。观报纸,知昨夜敌机炸冷水滩(在自桂至衡阳之中途)。

饭后洗衣,小睡一时,起来观《新时代》。四时半韩祖琦、吴朗西(方自柳州来)偕来,邀余与洗翁往桂东路昌生园小叙。昌生园为广东馆,其菜颇可口,使余忆及上海之新雅。食方毕又传警报。此去江东甚近,即过中正桥,桥上之行列殊为大观。过桥不远,至文化生活社之社址小坐。朗西即宿社中,又有青年五六人皆寄寓其中者。林憾庐亦在。又见巴金之恋人陈女士。祖琦将来即管理桂林社务,为朗西之助云。未久,警报解除。朗西赠余以曹禺之独幕剧《正在想》。陈占元君(前曾到乐山,由孟实介绍相识,广东人)赠余以其译作两册,曰《夜航》,曰《山水阳光》。

归店早睡。夜一时三刻又传警,余与洗翁未出,起来至楼下坐。忽下雨甚大,风亦大,颇为洞旁避警者虑。三时解除,余匆匆登床而睡。

七月五日(星期日)

昨夜雨后天气转凉,今日遂无暑意。上午将《新时代》看完。此书前曾读过,今日重读仍极有味。写人物,写动作,写风景,处处有佳趣,殊不可及。饭后入睡一时有半,起来看《正在想》。此是喜剧,在曹禺为小品。

傍晚与洗翁凭楼阑饮酒。饭罢彬然来,言海关高秘书今日访仲华,于乘机事彼颇关心,无论中航或欧亚,日内有机到必为设法。闻之心少安。余于昨日已致电成都,告尚须候机数日,以免家中悬望。今日之交通不能如所预期,固亦无可奈何事。

左下颚所装金齿今日脱落,于是左下颚靠边二臼齿俱无,殊不便于嚼物。此金齿装未十年而已脱落,亦见牙医之技拙劣。

柳无垢女士来,交一翻译小说,曰《低声歌唱的人》。

七月六日(星期一)

晨起洗衣。看《低声歌唱的人》,略为润色。又看张铁生《哲学讲话》一篇,亦《中学生》所用。又作新书提要三则,预备登广告于报纸。

十一时半传警报。与洗翁偕往联棠家。即午饭焉。既而有敌机一架现于云际,"飞虎"两架追之。未闻机枪声,殆以彼此距离尚远之故。阵雨忽至,远山迷濛,敌机亦即杳然。一时许解除。

归开明,心绪恶劣,念何日可以登程,思之殊不能释。傍晚仍与洗翁对饮。今日清华特买鲢鱼一尾供下酒。饭后煮普洱茶品之,闲谈至八时半。

七月七日(星期二)

晨临窗下望,见街民与学生之队伍,皆赴体育场参加抗战五周年集会者。广西保甲制度比较办得好,凡公众集会,街民每家至少有一人出席。然此犹是形式,民众咸集而集会本身苟无精魂,则仍为"具文"而已。

海关高秘书前言迟至六七日,欧亚机位必可弄到,今日已是七日,而高处杳无信息。欧亚机似亦未见到来,纳闷之极,至于坐立不安。自为排遣,足成前夕所得句为一律("相见都教躁妄捐,……"),以赠洗翁。

午后大雨。雨少止,因闷甚往仲华处小坐。据谈高君关切,机位当非无望。又谈开明编辑及《中学生》收稿事。三时半归。

傍晚与洗翁对饮听雨。晚饭后吃荸荠,此亦桂林名产。

七月八日(星期三)

晨接成都办事处来急电,问余行否,知家中盼念深矣,心益不安。洗翁为复一电,言仍在候机。十时联棠往海关访高秘书。归来言已得欧亚应允,今明飞机到来即可令余附载。乍闻之几疑梦寐。联棠复详述所历:顷与高君偕往欧亚公司,询知今明有机来,即请将余名入乘客之列。答言人家登记者尚多,不能越次(余之申请书在中航)。高言海关有杨税务司本可乘此班之机,今杨不动身,可易之以余。公司主任闻之,遂于名单上圈去杨税务司而写上余名。一俟机到,即可购票。接洽至此,殆已不成问题,然事正难言,总须成行方可算数。午后士敩往公司探听,言飞机尚未自重庆开出。主任复言此班附载必可算数。

傍晚,云彬、彬然、仲华皆来,洗翁留之小叙(唯云彬以有客在家,先去)。谈杂志编辑事,仲华最为关切。八时高秘书来,言明日中航亦有机到,正为洗翁设法,或亦可以成行。如成事实,中航机以明日午刻自桂返渝,洗翁且先我成行矣。

今日写聘请编译委员书五件,分致仲华、云彬、彬然、子恺、祖璋。

七月九日(星期四)

晨间,士敩、清华邀洗翁与余至桂东路鸿运楼吃小笼包子与汤团。其点心系苏锡式,亦以怀故乡也。所食皆素品,以今日追悼五年来阵亡将士,全市食店无售荤者。八时许挂红球一个,此为"注意情报"之记号,但未久即解除。

中航机到,洗翁往访高秘书。高言此一班无办法。十一时后看此机开出。士敩往欧亚询问,知机来须以明日,登程为后天。余已深知今时旅行毫无定准,亦复不着急。

忽言有高君来访,下楼见一木然之人,目定,身僵,面无表情,扶一人而立。其一人自言黄姓。高君即高士其,前曾为《中学生》撰稿,集其稿而编成《菌儿自传》《细菌与人》者也。高毕业于清华,继留学美国,研究细菌。有某种细菌自其耳际入于脑,神经系统遂受损伤,司言语与动作之官能皆木强不灵,得病已十五年,近乃加剧,曾在各地治疗,今日自曲江到此(因曲江疏散人口)。扶之坐,则垂头而坐,手脚皆抖动不已。与之语,发言甚慢,且不相连贯,久之乃曰"我说不出来"。为科学研究而牺牲至此,深可悲悯。黄君系其同学,云至医院就医,无空病榻,遍找旅馆,亦无一空房间,希望相助。洗翁乃嘱同人代为寻找,居然于隔壁西亚旅馆得一单人房间。黄遂扶之而去。黄言在桂林有高之友好数人,须往访之,庶几可以共同扶助。又言高拟撰《自然科学发达史》,已拟定大纲,将来殆须有人为之笔录云。

刘百闵自乐群社打电话来邀往午餐。至则共餐于食堂,吃素西菜。刘此次来桂系代表中央邀自港来桂之"文化人"赴渝,但来已两月,殊无成果。其意似欲余向雁冰、仲华劝说。其语亦有感情,有理由,而谓某某人必须住某处而不宜住某处,则没甚道理。刘言甚多,余听之亦广见闻。直谈至三时而别。

余前在文供社夜会谈话,有人录之。云彬今日送其稿来,嘱订正。余即为删润,附条言此决不值发表,希望留在抽斗中为纪念可也。

傍晚与洗翁对酌。彬然来,谈有顷即去。晚饭后煮粥一器送与高君,与洗翁偕看之。黄君言高饮食由渠喂之,夜眠与同榻,以便照顾。友情如此,良可感动。高君闽人,其家属皆在本乡。

七月十日(星期五)

晨八时至文供社,与彬然、云彬为别。余言来桂月余,今又分别,不知何日再见,不免有怅然之感。关于"国志",彬然言彼愿任约稿并设计,嘱余勉力为之,每期连《习作展览》供给两万言。至雁冰所,以昨与刘君会晤事告之,于仲华亦然。二人均无应招径往重庆之意。仲华谈拟办一杂志曰《新史地》,聆其规划,颇有胜处。

云彬忽归来,言士敩来电话,嘱往欧亚公司购票。意下午即将飞航,匆匆别云彬夫妇、雁冰夫妇、仲华兄妹、联棠夫人及蕴庄而行。到开明,士敩已携余之衣包及小皮包而待。偕往公司,填表格,权体重,然后购得一票,其值为一千三百五十元。余之体重为五十公斤,两个包才六公斤耳。公司职员嘱以今夜到公司取齐,飞航当在明晨。归开明,彬然已先在,闻不即行,复归文供社,言下午再来。

饭后入睡一时有半。士敩、清华以海货及三午之毛巾衫相赠,洗翁以汗衫相赠,却之不可,只得受之。此次来游,费诸友好亦已多矣。

三时至仰之家,门锁上,全家不在。意其夫人尚未出院,即往省立医院看之。晤仰之夫人一人而已。云产后病已愈,而复患疟疾,遂留滞院中。坐少顷即归。

傍晚联棠邀吃北平津津馆,同往者洗翁、锡光、云彬,后至者彬然及莫志恒夫妇。饮食毕归开明,打牌八圈为消夜之计。前四圈余与洗翁、云彬、彬然成局,后四圈云彬归去,胡瑞清代之。余赢二十余元,共谓归程顺利之兆。牌毕,清华备小酌,共吃鸡粥,时已午夜矣。

七月十一日(星期六)

晨二时离开明,洗翁、士敩、彬然、瑞清送行。余言此生未必再来桂林,此游良可珍惜。诸君言未必然,人事变更难料,或不久须重到也。至欧亚公司,乘客到者尚无有。候至三时半,客始到齐,遂入汽车往机场。送客者例不得同往,珍重道谢,招手而别。

车行约半时许到达,亦不知所经何路,场在何地。到则入一草棚中。至天放明,关员检查行李。见场外一机,机身大如两间房间,两翼横广,约相当于屋七间。发动机凡三个,一一开动,试验推进机之旋转有无障碍。旋公司主任令上机,诸客自机左侧之小门入。座位凡两行,每行七座,余坐左边之第四座,正居中。自窗外望,即见左翼之顶部,如在楼上望平屋之屋面。五时四十分开行,左旋右转数次,机即直驰,渐渐离地,初不知觉。在漓江上空北行,未能详观桂林市廛。余初以为或将感觉不舒,此时乃知不然,与乘汽车无异,又似乘江上小船,有随波轻荡之感。机声虽响,亦不致震耳,初塞棉花,旋即去之。凭窗外望,唯见山头,大约黔桂之山带黑色,川境之山多绿色。白云铺于谷间,为诸山之界。有时下望尽是白云,初阳照之,其白乃见明朗,卷舒松散似棉絮,不像雪山。有时掠疾流之云而过,则暂时无所见。余虽不知升高若干尺,意料之殆不甚高。机头司机者三,机械复杂远胜汽车,亦不知其分职何如。乘客有老头、老太太,有时装女子、西服青年,有美大使馆馆员一人,又有日本俘虏一人,一军官押解之。此俘虏似作冥想,垂目而坐,不知其何所思也。余曾入睡半时许。八时半降落于重庆江中之珊瑚坝。自桂至渝不足三小时,痛快极矣。若陆行乘木炭汽车,即一路无耽搁亦须半个月。

在机场取行李,候检查,历一小时,遂乘划子靠岸。雇滑竿往保安路开明办事处,闻人言日来重庆酷热。余坐滑竿上汗流不止。至则与祥麟、诸同人及寿康、李诵邺(近从泸州来)握晤。看家中之信数封,又有君斐之信,言中行不日有车开蓉。余心动,即驰往中行,访君斐之妻弟方谋成。方言君来良巧,明晨即有运钞票之车开出。遂为余介绍司其事之同事数人,并嘱下午再往问明确息。

归开明午饭,祥麟打黄酒一器,因与诵邺及诸同人共饮。饭后入睡二小时。三时半再至中行,知明晨决开车,即纳车价二百七十元。因墨信中有入城接余之说,即往电报局发一电曰"真晨乘中行车"。大约由于太高兴了,竟弄错了代日韵目,明日该是"文"而非"真"也。累墨空候一趟,殊觉不安,决以明晨再发一电更正之,告以十三日抵蓉。

四时半至中华书局访金子敦。金自金华来渝已近两月,主持中华编辑事务,与余于开明相同。多年不见,亦颇见老态矣。七时至冠生园,祥麟以开明名义请客,客为子敦、寿康、李季谷,此外则办事处同事(韵锵在焉,韵锵以本月一日抵渝,主出版印刷之事)。仍不饮酒,光吃菜。子敦谈自泸返金华,自金华来重庆之经历,颇有味。

席散归开明,洗身洗衣,十时就睡。但天气炎热,辗转难成眠。一夜仅朦胧两小时而已。

七月十二日(星期日)

五时离开明至中行,祥麟送余往。为时尚早,则憩于小茶馆。六时半始装钞票及行李于汽车。车为福特卡车,用汽油,此最令余满意。附载者皆行中同人及家属,又有押车宪兵数人。六时四十分开。余坐一铺盖之上,以呢帽遮日光。过化龙桥,停车修理约一小时。至青木关,检查站以所载汽油有问题不放行,磋商再四始商定通融办法,然费时已多,再开时将十二时矣。日光灼体,热不可耐,幸开行有风,聊舒困迫。两臂发红,抚之作痛。在路旁一大树下休息半小时,在安富场中行吃茶,休息半小时,余时皆开行。

此车并不快,夜八时方抵内江。余入复兴旅馆,洗面毕出外进餐,买糖食少许而归。有武大毕业同学服务于中行者林春森君来访,坐少顷即去。十一时睡。天热,臭虫为祟,终夜未获安眠。

七月十三日(星期一)

晨起洗面进餐毕,至中国银行。知汽车尚在修理,何时可毕事殊不可知。阳光渐高,热度亦增,不能早行,为之怅惜。

至十时半始开车。余坐一装钞票之板箱上,昨日所坐人家之铺盖不复可得。讵意开行而后即甚感困苦,臀部与木板摩擦,越来越痛,皮肤破碎多处。转侧移动,勉为支持,身体费力不少。幸天空有白云,聊遮阳光,稍减灼热之苦。下午四时至简阳之石桥,饭于中行办事处。五时半再开,八时始入成都城,停于中行行内。

余盼墨或小墨在相候,而不见。乃雇人力车至新西门,改乘鸡公车到家。在门外呼唤开门,家中诸人欢声出迎。自母亲以下皆安好。三午肥大,已如半岁以上之小孩。二官毕业考试已过,不日将参加毕业会考。三官则正将应学年考试。杂乱谈旅中所历,不能详尽。洗身毕,食鸡子三枚以代晚餐。十一时就睡。

七月十四日(星期二)

臀部痛甚,不便坐,卧养竟日。在卡车上用手紧握铁条,两掌肿痛,亦难受。连日欠睡债,今日乃时时入睡,一日间约睡六七小时。醒来则看外来函件,头绪不少,只得缓日徐徐答复。

雪舟家之器物大部已迁往城中,所余屋两间即可为编辑办事处之用。须购置应用器物若干,已由雪舟负责采购,大约须布置半个月方能就绪也。

七月十五日(星期三)

上午作书致洗翁,告归程略况。附一笺致士敫、清华。

天气甚热,人仍困倦,午后入睡二时,醒来与墨等谈旅外杂情。三午精神饱满,令人爱悦,墨尤爱之,以抚抱为乐。家中无婴儿久矣,今得此儿顿增生气,宜人人欢快也。

　　傍晚，小墨归来，自明日起得暑期休假半个月。中大医学院本定暑期休假一个月，系主任郑君以化验事忙，商减为半个月云。

　　入夜，蚊虫肆扰，早入蚊帐中就睡。

附录:

《蓉桂往返日记》小记

　　这段日记一共八十九天,记的四十年前——一九四二年我从成都去桂林的一次旅行。

　　抗日战争期间,桂林因为政治空气特殊,成为"文化人"集中的地方,过去在上海差不多朝夕相见的许多老朋友都在那儿。他们到桂林大致分两个时期,走两条不同的路线:有的在"八·一三"之后不久就离开上海,先到汉口,后来溯湘江而南,进入广西,少数人或绕道贵州;有的先到香港,后来太平洋战争爆发,就渡海西行,溯西江进入广西。不论走哪条路线,都是受了日本军队"进入"的驱使。我当初也到了汉口,一九三八年年初带了一家老小入川,在重庆安顿了十个月,后来接受武汉大学的聘请,又把家搬到了乐山。从此我落了单,跟老朋友们疏远了。一九四〇年夏,我脱离武大,进四川省教育厅的教育科学馆工作,第二年年初就把家搬到了成都,离群索居的情况仍然没有改变。所以这一次到桂林,是经过好几年的颠沛流离,尝够了"人生不相见"的况味之后跟许多老朋友的重逢,心情之畅快真是难以言说。现在事隔四十年,老朋友大多成了古人,而当时"惊呼热中肠"的情景宛然在眼前,更使我怀念他们不已。

　　另一方面,这次旅行的艰辛也难以言说。现在从成都到桂林,乘火车要不了两天,我那一次竟走了一个月又三天,沿路阻难重重,如今想起来还心有余悸。搭上公路汽车先得作种种奋斗,搭上了还是前途茫然,像坐了舢板飘洋过海似的,连能不能到达彼岸都难断定。一路上我情绪坏得无以复加,居然能坚持到目的地真不容易。

　　至诚看了这段日记感到很有趣,就抄了下来。从成都动身的日子是五月二日,为了把这次旅行的缘故交代明白,所以从四月十六日抄起,直抄到七月十三日回成都为止。

1982 年 8 月 11 日作

第四部分

廑寄蓉城(下)

一九四二年

七月(下半月·选录十五日)

七月十六日(星期四)

本拟入城,以天雨而止。得雨天气即转凉,亦为快事。

上午,为人书篆字数幅。不得好墨,墨磨后稍久,胶沉而水浮于面,用之即黏滞笔端,且多化笔,殊无办法。

饭后入睡二小时,起来作书。一致君斐,谢其关切,招呼车辆。一致叔湘,约其订期会晤。一致子杰,请辞去馆中职务,容其留职停薪。理由为将任开明之事,原在馆中收入不敷应用,每周往茶店子三次,亦复嫌其劳顿。此书将于晤见时面致之,想可得其允许,因书中复言以后馆中有事,仍愿照常担任也。

七月十七日(星期五)

晨与墨乘鸡公车入城,方至罗家碾,雪舟乘车自对面来,携菜与酒为余洗尘,并谋竟日之叙谈。遂折回。

坐定,雪舟为余谈开明办事处改称分店事;谈取消月樵处之特约经售,颇费周折,尚待中间人斡旋事;又谈成都印刷界为投机之出版界扰乱,费用激增事。于编辑所办事处之设立,雪舟颇为经心,布置与购置皆正为筹措。

午刻饮酒食面,食后各午睡一小时。醒来杂谈途中闻见,友朋近况。傍晚食八宝鸭。雪舟乃去。夜八时就睡。

七月十八日(星期六)

晨与墨入城,至陕西街,晤雪舟,商量为三午开汤饼宴。本拟由墨自备菜肴。雪舟言太麻烦辛苦,不如托人往菜馆定菜,三百五十元一席者亦可以飨客矣。因定菜三席,于二十六日下午借雪舟寓所设席。

九时半,偕墨至商务印书馆采购书籍,供编译所应用。可购书不多,而价又加增,购书不满百册,殆需千数百金矣。

在春熙路吃点心当午餐。然后出复兴门访沈嘉平女士。墨与沈畅谈家务及近况,余旁听之。

五时始复入城,再至陕西街。巴金适在,多年不相见矣,握手道契阔。雪舟留饮,遂小饮吃饭而出。至祠堂街,阵雨乍至,入一店家躲雨。雨势甚大,连续至一时许始少止。念新西门外泥路必难行走,遂折回雪舟家,留宿焉。

七月十九日（星期日）

晨至华西坝访子杰,拟面投辞职之函。子杰方往南充开行政会议,未值。遂访叔湘,与吃茶于新南门外茶馆。叔湘下学期改就金陵大学研究所事。余请其作文法稿件,供《中学生》及"国志"刊载。叔湘允之。

午刻回陕西街,吃饭。以所作辞职函邮寄子杰家,即与墨回家。乘车至罗家碾,而阵雨又作,急入小茶肆躲避。待一时许,雨少止。到家亦半身沾湿。

二官明晨参加会考,考场在西门外新民中学,即以今日住该校附近沈嘉平女士之大女儿家中。会考凡两日,须以后日下午方回来。

七月二十日（星期一）

离家两月有余,所积信件颇不少矣。晨起,作书复高晋生,言其书出版之事;复东润、通伯,以东润前托汇上海三千四百元寄还之。复王了一、佩弦、晓先(附一笺致镜波),皆催作稿。

饭后入睡一小时。二时半,与墨偕入城。至祠堂街访月樵,未晤,遇其夫人及李一泓。月樵处方贩到翻印西书一大批,价值二十万,售出得价当在五十万左右。询余所编小学国语刻印情形,知第一册已刻成,第二册仅刻成一半。下学期销售殆将不可能矣。

四时半至陕西街。今日开明宴客,客为受百、承法、巴金、剑波、谦弟、协合高中吴校长及巴金之弟两人。诸人皆与月樵有旧,拟托其劝导月樵,俾与开明好好分手,不致涉讼。七时席散,复谈有顷始散。

与墨乘鸡公车回家，半规月在天际，凉气扑人，颇舒适。到家，三午忽大哭。墨鸣之，顿感烦热，乃有不适之感，似乎发痧，幸睡后即无恙。

七月廿一日（星期二）

城中工役来，助我家迁移房间。雪舟两间既让出，小墨移居最靠北之一间；余与墨居其次；母亲不动，又居其次。第四间为客室。靠南一间为编辑室，设二桌，余与墨各占其一。新购书架二，将余之书与新购书陈列其上。

午刻，二官归来，言会考泄漏题目，今日诸生罢考。成都泄漏考题已非一届，作弊者出售考题，向每校学生索价动以千数。上届与本届之事，余以为尚有政治作用，其意殆在排去子杰。总之乃可叹之事象也。

七月廿二日（星期三）

清早往茶店子，馆中诸人皆欢然来谈。离去两月，禹海涵、钟禄元二君已辞职他去。同人变动太多，亦办不好事情之一因。孙元瑛嘱观"中教季刊"稿，余为看一过，即付排，此是第二卷第三期也。作书复苏诚鉴，告以《文史教学》编排情形。并附一书托转致颉刚。

午刻，诸君邀吃豆花饭，为余洗尘，饭前小饮。同人于余皆颇真诚相待，此最可感。余告以即将离馆，诸君皆言不便。与田世英君谈，请为《中学生》撰关于地理之稿件，承允诺。

午后校《文史教学》第五期排样二十面，校毕已五时。乘车到家，满身是汗。浴既吃饭。在庭中看月乘凉。九时睡。

七月廿三日（星期四）

晨起改二官文一篇，三官文一篇。二官文题曰《会考》，三官文题曰《乐山遇炸记》，皆预备入"国志"《习作展览》者。

午刻祀先。宰一鸡，令三午略尝鸡心，取其与"记性"谐音，苏俗也。

饭后入睡两时。醒来改小墨试作之小说一篇，曰《一对新的父母》，长六千言。

晚饭后，月樵来，谈渠与开明之争执，颇憾雪舟办事严刻，少有情义。余不为左右祖，唯期其彼此接近，不致破裂耳。

七月廿四日(星期五)

清早,二宫往应会考之补试。廿一日既罢考,今经教厅与各校商定,补考了事。

余晨起读王了一为"国志"所作一稿,昨日方收到者也。复撰《编辑后记》,封寄彬然,为第二期稿。并作一书致彬然、云彬。又作书谢王了一。复子恺信,请其不必推辞开明编译委员之任(其来信系前数日所收到)。饭后,入睡二时。

小墨三官入城,携归洗翁书一通,云俟雪山返桂,翁将由公路入川。

雪舟之意,我家既为三午设汤饼宴,稔友如程受百、夏承法不可不邀,主张再加一席,多请数人。其意亦良是,唯有从之。然四席之费,将在二千金以外矣。

七月廿五日(星期六)

晨即入城,至陕西街,续发请客柬帖八九份。既已入城,顺便买书。至正中书局,买书七百余元,仅二十余册耳,且皆土纸,印刷极拙劣。又至中华,可选者不多,买二百余元。次至世界,知守己在店,上楼访之。谈书业中近况,又谈严谷声于我家所租房屋又欲加价。其夫人在苏州,近派人迎来成都,将自苏州至徐州,转陇海路入汴入陕,然后南行入川。此圈子极大,然在今日,较便捷而平稳也。时已午刻,守己邀余同出吃饭。饭罢仍返世界,选购书九百元。

二官考金陵归来,云英文题难,最不自满意云。

七月廿六日(星期日)

今日宴客,全家分两批入城。母亲及满子、三午乘车,小墨随行,余少迟雇车随于后,为第一批。墨与二官、三官则午后入城。

余至小南街,访孟实于其亲戚家,未值。即至陕西街。应有之准备,皆承雪舟雨岩办妥,余作主人几可全不操心。

午刻,孟实与程会昌来,雪舟留之吃饭。二君皆米办武大招考事。孟实任教务长有年,似颇应付裕如。程君颇深于旧学,于大学国文教学认识亦精,而年事尚轻,殆未出四十。一时许而去。

四时后,客渐渐至。六时开宴,凡四席。余饮酒较多。客见三午,皆惊其肥硕。客散,留程受百谈开明与月樵之事。

九时出城,乘鸡公车,玩月而归。今日所费殆在二千左右,皆暂由雪舟代付。

今晚二官随沈嘉平女士归,寓其家,以便明日投考武大。

七月廿七日(星期一)

昨日倦甚,今日大家晏起。

随意看书以为消遣。午后入睡二时。天忽作风,气候转凉。

傍晚,三官自城中取所购书归,即登记,盖章,陈入架中。购书已三千余元,及余之旧存,犹不能陈满两个书架。

三官携归子杰复书一通,已允余辞去,唯谓仍须为馆中作稿云。

七月廿八日(星期二)

晨改三官文,题曰《纪念册》,尚不坏。

墨选文章,预备编《开明初中国文》第五、六册,余亦随同翻捡,得十余篇。

午后,入睡两时。天气凉,人困倦。入夜,八时许又复困倦欲眠矣。

七月廿九日(星期三)

晨以六时半起。

八时半,二官归来,言考试题目又泄漏,今日罢考。此次武大与东北、川大三校联合考试,题目系由东北泄漏出去,其间即有人乘机图利。学生与学校有关人陷溺至此,真可痛惜。因发现作弊,前昨两日所作试卷均不算数,须待重考。于是不作弊之人大吃其亏矣。

城中人来,携来子恺一信,允姑任开明编译委员。

改小墨所作一文,曰《成都平原的溪沟》。午后仍小睡。

选国文教材,得十数篇。诸家教本皆将用熟文数篇选来选去,实则未必适合。欲求适合而且新鲜者,亦殊非易事。

傍晚,月樵来,谈普益图书公司之出版方针。

七月三十日(星期四)

晨起即作《中学生》之卷头言,就最近成都考试泄漏题目事,抒其所感,题曰《偶感》。直至下午五时完篇,凡二千余言。午后亦未午睡。

灯下作书致洗翁、仲华、锡光，并作编译所办事处通讯第一号，将文稿一同封寄。

今日得见报纸，国内江西方面，敌人攻势已挫。德国攻苏联高加索，则锐不可当，苏联情况似甚危急。

八月（选录二十六日）

八月一日（星期六）

二官又报考中大，今晨一早出门赴考。

余继续写字，至于下午四时，共写联一副，条幅四张。于是所积写件全部清讫，亦一快也。条幅中之一张，系以余与雪舟名义，赠与文化生活社成都办事处者，凑一绝句："艺林声誉良非虚，英华谁不识璠玙。共指文化生活社，巴金著作曹禺书。"

八月二日（星期日）

昨夜大雨，但今日须入城。遂乘鸡公车，冲泥浆积潦而过。至汪家拐，晤月樵，看《小学国语》第二册校样。

月樵与其友人组织普益图书公司，前拉余入股千元，近余被选为董事。今日开董监联席会，原定午前十时，候至十二时而诸人始集。所讨论系请求登记及规定营业方针各项。二时聚餐，余饮大曲五六杯。菜系李与初家所办，颇不恶。四时散。

二官考罢中大归来，言各科均不佳，殆无考取希望。

八月三日（星期一）

晨起写信。一复王非之，为问剑三消息。剑三近在上海，与开明诸友共编辞典。一复东润，并寄还前存余处之余款十余元。一寄孟实，希望以其近作文稿编成一集，交开明出版。一复洗翁，为教部嘱将教本重行送审事。昨在雪舟处得悉洗翁已飞抵重庆，故书寄重庆。

午睡两小时，起来改小墨所作一文，言在中学时受国文教育之经验者。

八月四日（星期二）

晨起作文，讲解周清真《关河令》一词，预备入"国志"。饭前完稿，共千四百言。

午睡一时许，起来改三官所作随笔，曰《宣传》者，复改二官所作言学习国文经验之文，皆"国志"材料也。直至夜九时，始改毕。若为国文教师，半日仅改两篇文字，将永远还不清文债矣。

八月五日（星期三）

全日改墨所作选文注释三篇，此选文即收入初中国文五、六册者也。

二官入城，取还信件。丐翁致小墨一书，系上月所发，略言上海生活益窘，法币须折合伪币，物价益高，不久且将计口授粮云云。颉刚信中言在渝繁忙，而全家无病。近被选为参政员，其所得可以为日用之挹注。苏诚鉴信中言《文史教学》文稿事，其在馆中兼职近已由子杰解除云。钱歌川书中言下学期改就川大教席，有英文书稿，拟交开明出版。吕叔湘复信，与余商量为《中学生》及"国志"撰稿之体例。此君发凡起例均有法度，即作一书答之，表示无不赞同。

伏案竟日，便觉左肋不舒。

八月八日（星期六）

上午自注选文一篇，改墨所注者一篇。

午睡醒来，忽伯琴、世英夫妇、田小姐、朱小姐来访。他们之来并无事故，皆由感情较深，特来访问，殊可感也。款谈两小时，他们始去。

小墨归来，携归取得之信件。中有红蕉之信，述近况尚好，唯物价益高，费用益大。附来五百元，为母亲另用，及墨五十寿辰之礼，给与三午之衣值。他家亦不甚宽裕，而致此巨数，心为不安。

闻小墨谈今日之报纸记载，知苏联之高加索已将不守，该地油田已自动破坏。高加索若失，德军即可通伊朗，而近东危急矣。小墨又从航空界方面得知，美国与我国已通空运，每日有二十余架飞机自印度加尔各答开我国西昌。此则较可慰之消息也。

八月九日（星期日）

上午作《国志》稿一篇，系取老舍所作《济南的冬天》而解释之，为选读之范文。凡千五百言。

午睡起来，写信复红蕉、丐翁，又致书伯祥、雪村、调孚三人，编列蜀沪第六十八号。因浙省战事阻梗，不寄上海信者将四月矣。今邮路渐通，或可于一个月内寄达上海。

晚饭后，蚊虫群飞，不堪其扰，早睡。

八月十日（星期一）

晨至茶店子。孙元琜君以"中等教育"校样嘱校对。他已校过一遍，而由余看后，满纸错误。馆中连杂志也无法出一本，真是可叹。作一书，复苏诚鉴。

午刻，云波邀小酌。谈馆之前途，云殊无振起精神之途径。云波不久即将离馆，仍往西北师范学院任教。

看报载印度国民大会主要人物如甘地、尼赫鲁、阿沙德等十七人俱被捕，国民大会禁止开会。该会前通过"英人离印"之议案，而印督报以如此强硬手段，实属不智。其影响于同盟国家之前途，殆将严重至无法估计。

三时归家，行于烈日中，汗流不止。到家不复作事。伤风鼻塞，殊不好过。余已亘三四月不伤风矣。

八月十一日（星期二）

改墨所作注释三篇。午后入睡一时半。伤风益甚，至于时时流泪。

小墨买米归来，言今日报载印度各地果发生骚动。美国工党对于英国之措置致谴责云。此一事变，不知将发展至如何地步也。

八月十二日（星期三）

晨拟入城，而云集雨作，遂作罢。改墨所作注释一篇。

城中人来，带来信件。洗翁有书复余，言正候车来蓉。叔湘寄来一稿，为介绍其所著《中国文法要略》于读者之作，细读之，甚感满意。集计为"国志"第三期所蓄稿已有二万五千言，遂封寄与彬然、云彬，附一书致二兄。

郑心南寄来所刊郑所南《心史》与谢皋羽《晞发集》之合集，及其诗稿曰《笠剑留痕》者。其诗殊平平，而郑谢二集则弥可喜也。

八月十三日（星期四）

昨夜大风，势如奔涛，继以雨。今日仍不克入城。

竟日伏案，改墨所作注释。起立闲散，则抱三午逗之笑乐。此儿已知人意，笑颜相向，则亦嘻笑，有时且格格作声。

八月十四日（星期五）

晨与三官入城，往邮局寄信，往银行取"国志"之汇款。至春熙路，入各书局闲看，无所买，吃"赖汤圆"。回至少城公园吃茶。久未得此闲适矣。饭于邱佛子。遂至陕西街。赵隆勷适来，谈一时许。彼在彭县省女中教英文。雪舟交余洗翁自渝来信，及雪山、锡光自桂来信。谈两时许，遂出城。

在晋康桥畔小茶馆吃茶，待太阳渐西，然后到家。

八月十五日（星期六）

二官又报名于燕京大学，今晨早起往考。燕京在北平者已关闭，今来成都重开也。

三午腹泻四五日，今日满子携之入城，往前经收生之保婴院诊察。据谓系消化不良，无大毛病。所以消化不良，殆由于乳汁太浓。院长见三午，言历年所收小孩未见有如是肥硕者。权其体重为九公斤半，超过标准多矣。

余今日改墨所作注释两篇。作一书寄晓先。昨洗翁信中言及晓先应金子敦之招，将于十二日到重庆，入中华任事，计今日已在重庆矣。

午后入睡两小时。此习已惯，有时不作午睡，便觉精神少差。

昨日看报，知印度各地尚平静。英政府之意但须印人放弃"不服从运动"，即可重行商谈。他国对印度事件皆缄默不言。诚以处今日之下而有此不幸事件，实无置喙之余地也。

八月十六日（星期日）

竟日作注释两篇有半。

傍晚，二官考罢燕京大学归来，言又发生泄漏题目，学生鼓噪之事，唯未至于罢考，仅重出考题重考。此非必考试当事者之失，其故殆由一般学生之平时不好学问,临事又工于作弊。至于常常闹事,又四川学生之通习。如何可以转变风气,良非易言也。

八月十九日(星期三)

竟日伏案,作注释两篇,改墨所作注一篇。

作一书寄高晋生,贺其结婚(本月廿七与罗姓女在三台结婚),并寄贺仪。

八月二十日(星期四)

晨与三官入城,向雪舟处支取薪水应用。洗翁有电来,以昨日动身来蓉,今晚或明午必可到达矣。

看报,见武大广告,二官已见录,但须补考数学;数学如合格,方可入学。

午刻回家。睡一时许,起来作注一篇。

八月廿一日(星期五)

晨入城,至陕西街,洗翁果已到。为别月余,又得晤面,欣快之至。翁在渝留三星期,承告与同业接洽各情。在此拟亦留三星期,然后返渝之昆明。晓先已到渝,将助金子敦编小学教本云。

午刻,雪舟治餐具酒,饮至半醺。各为午睡,余醒来已将近四时。开明全体同人及雪舟、雨岩两家今夕为洗翁接风,邀余加入。席散已八时半,而天有雨意,遂决定不归。

就睡后雨大作,至一时许始朦胧入睡。

八月廿二日(星期六)

晨与洗翁、雪舟偕出,访问同业。计至月樵所、东方书社、商务、世界、中华五家,皆座谈有顷即出。

返陕西街,午刻仍小饮。闲谈至四时,余出城归家。

后日为墨五十生辰,凑小墨在家,改于明日家庭小宴,兼请洗翁、雪舟。小墨归来,买一鸡一鸭,明日再添买肉与蔬菜即可。

两日来接信十余通。佩弦书来,告以大一国文选目,甚欣慰。叔湘寄来稿两篇,甚精,亦可喜。"国志"首期已到,尚不恶。

八月廿三日（星期日）

上午九时半，洗翁、雪舟自青羊宫乘车而来。午刻饮酒吃面。墨与满子就洗翁探询上海情况，并谈五年来诸事，皆甚欢。

四时，忽阵雨大作，庭中积水成池。拟留二位宿此，勉强挤一挤。五时后雨止，二位踏泥路而去。

晚饭后，与小墨三官闲谈。他们谓兄妹弟三人所作随笔，将来可出一集子。余言且将已成之作再加修改，并俟篇数多时，从中选择，再谋出版不迟。

八月廿四日（星期一）

细读叔湘之稿两种，各作介绍文字一则，入《编辑后记》。其《文言虚助词浅说》付《中学生》，《笔记文选读》付"国志"。于是写信，致锡光、雪山各一通。致云彬一通。又答晓先一信。并致书潘介泉。介泉家居贵阳，晓先曾代余拉稿，承渠应允，故作书促之。又致书田世英，亦为催稿也。

八月廿五日（星期二）

九时离家入城，往邮局寄信。至陕西街，与洗翁谈编辑出版方面之事。午刻，与洗翁、雪舟偕往邱佛子吃饭。

前日写一小条幅，小墨将以赠其同事。今日往裱，较好的一家索价六十元，今年年初尚不到二十元也。遂持往较差之一家，言明三十元。

仍回陕西街，看投稿一种。夏承法来谈，与之约，为开明编高中三角及物理。仅谈原则，细目尚待再商。

六时，至明湖春饭庄，商务张屏翰、中华陈经理、世界俞守己三人宴请洗翁，余与雪舟为陪也。八时席散，乘车回家，月色朦胧，虫声盈野，有秋意矣。

八月廿七日（星期四）

改墨所作注一篇，自注一篇。发寄上海第六十九号信，谈及上海存稿寄来内地事。又以近作诗词寄孙春台，春台来信为《旅行杂志》索稿也。又看《笔阵》之投稿，不可用者交吕朝相加封退回。如是数事，即已竟日不得空。唯抽出午睡之一时半耳。

八月廿八日（星期五）

晨与墨入城，与洗翁谈店务。午刻小饮。雪舟又主打牌，七圈而止。

今晚开明请客。客为程受百、夏承法、戴运轨、张仕章、章嘉禾、周文卿六人。与承法约定编辑高中三角及高中物理两种教本。张仕章以今年一月间离上海，最近接上海家信，言生活昂贵情形，肉价每斤至三十四元，其他可以概见。章嘉禾以去年至美国受军事训练（所习为航空无线电通信），最近归国，经海洋时，遇德国潜艇之袭击多次，达加尔各答，从高空飞抵重庆。据谈我国空军在美国极受尊崇。美国生产虽丰富，而运输困难，实成问题。章君身体甚健壮，风姿英挺，令人生羡。周文卿前为我家住上海麦加里时之邻居，且为余同乡，与墨谈杂事甚多。

八时散席，又谈少顷，我们始归。到家已十时矣。

八月廿九日（星期六）

竟日伏案，作注两篇，改墨所作注一篇。本周屡次入城，今日在家，便觉怡静舒适。

二官今日往应武大之第二场考试，试数学。自谓尚不错，有录取希望。

近日我国浙赣方面，颇有胜利。赣省已克复要地数处，今日且传克复浙江衢县。衢县之克复关系甚重大，美国空军即可移驻其地，为轰炸日本本部之计。

八月三十日（星期日）

上午作注两篇。

午睡后入城，至陕西街小坐，与洗翁、雪舟偕至明湖春，应王畹香、严志豪、周文卿之招宴。因洗翁来蓉，而宴饮多次，无清谈之乐，唯以酒食为事，殊感无聊。然王与明湖春特有交情，今夕之菜与酒均精善，人人赞叹。

到家又是九点半矣。

八月卅一日（星期一）

上午九时，与墨离家入城，至陕西街。午刻，偕洗翁、雪舟出，进面食于回教馆。

傍晚，月樵、一泓、黄子璞三人应招来宴饮，洗翁与谈成都开明解约事。月樵表示均无所争执，以后继续商谈当无多大困难。

八时席散，电灯忽不明。天上有云，似将下雨，我们遂留住雪舟家。

九月（选录二十四日）

九月二日（星期三）

竟日注文一篇。走动数日，坐定觉其有味。

作二书，一复高晋生，一复奚君，系探听刘延陵下落者。延陵前在马来亚，其地为日军攻占后，不知流浪何所矣。

九月四日（星期五）

上午，就洗翁所作致著作人通函（为版税问题）加以润色，居然花了半日工夫。

午后一时，入城至陕西街。洗翁应月樵之招，至月樵乡居，未晤。与雪舟闲谈有顷，并看收到信件四五通。

五时归家。灯下作注释一篇。

九月五日（星期六）

上午注文，动手有顷，雪舟夫人来取衣箱。恐她一人照顾不了，余即伴之入城。

洗翁为余谈前两日与月樵商谈情形，尚未能完全商定。又示余雪山来信，于余兼任"国志"编辑人，意有不满。余因言此志之发起在余回归开明以前，其事于余为兴趣，于读者界为有益之举。唯兼任名义，观瞻上确不好，表示即去书辞去，而实际事务仍须担任。洗翁亦并无异辞。

午刻小饮。陈翔鹤来访，谈半小时而去。

四时归家，即致书云彬、彬然，表示辞去"国志"编者之意。并附寄佩弦寄来之《论朗读》一篇。又作书复佩弦，谢其撰文之惠。

小墨与三官合作小说一篇，曰《头发的故事》，长至七八千言。灯下为之修润，至三分之一而止。小墨于文艺颇相近，此篇全体虽松懈，其中小节目却有胜处。

九月六日（星期日）

昨接锡光信，言《中学生》十月号须有卷头言一篇，关于国庆日者。因作《国庆日贡言》一篇，仅千言，意亦平常，所谓应酬文字也。

午后作书致雪山，告以余关于"国志"编辑人一事之处置。又作书复仲华、锡光，皆言编辑方面事为多。遂续改《头发的故事》，至夜间八时方毕。即附寄与锡光，请编入《中学生》。又附去小墨之《女学生对于结婚的观念》一篇。

今夕洗翁答宴开明同人，本邀墨与余同往。余因疲惫，且须写文写信，由墨一人独往，即留宿城中。

小墨往燕京大学看榜，见二官之名居然在焉。燕京最近复校，规模当较简陋，如获考取武大，仍当往乐山耳。

九月七日（星期一）

注文一篇。午后改小墨所作《病中情味》，半篇而止。

墨自城中回来，言明日如不雨，洗翁将来访，渠不日离蓉矣。

钱歌川来信，言不复任四川大学事，现在重庆任英国大使馆编辑；兼任中华书局编辑，拟复刊《新中华》云。

九月九日（星期三）

晨九时乘鸡公车循泥泞之路入城，至陕西街，晤洗翁。

孙元琜来，嘱观"中等教育"稿。田泽芝来，嘱观《文史教学》稿。虽离馆，仍脱不了干系也。

午饭时，月樵、黄子璞、甘君三人来，为签订开明与月樵最近拟定之合约。饭后签字，余为见议。五时回家。

九月十日（星期四）

上午为田泽芝刻一图章，殊平常。

下午三时入城，洗翁已买到后日展开渝之车票。余遂留城，便于后晨送行。

入夜饮酒。小墨来，程受伯来，皆与洗翁叙别。饭后，又与洗翁、雪舟、受百打牌四圈。

十时半睡。打牌乏甚，未得好睡。

九月十一日(星期五)

清晨往华西坝访子杰,遇之于途中,立谈有顷。渠言教育馆人人想走,几乎溃不成军,言下怅然。承告我老舍寓附近侯宝章家。

老舍来蓉,固已知之,而不悉其寓所。今既闻知,即往访之。相见甚欢,因八时渠有学校邀往演讲,约明日小饮。同时识侯宝章君,在金大为病理学教授,喜集书画,壁间挂纪晓岚条幅、齐白石花卉,皆可观。辞出时,遇小墨所从服务之郑集君,承侯君介绍,与之识面。

遂返陕西街。叔湘来,谈作稿事,甚惬。既而三官来,与之偕洗翁同往公园游行一周。

午刻小饮。嘉禾来,谓顷往余寓居,远道相存,意殊可感,但未能多谈。缘洗翁请章胡两家并余父子二人看电影也。影片为卡通,题材为《小人国游记》,绘制甚精。唯余久已不入戏院,出来殊疲乏。

朱启贤来,云即将去重庆。余约其以后日来我家小叙,前数日并曾与泽芝、元琛诸君相约也。

夜饮后打牌,九时完毕,与洗翁谈有顷,即睡。

九月十二日(星期六)

黎明起身,洗面进食后即与雪舟、雨岩、周君送洗翁往车站。车以七时半开,翁甚欣然,余亦无怅然之感。

仍回陕西街,候老舍。三官先自家中来,为见老舍也。九时半,老舍偕吕朝相来,即与偕往湖广馆街一家苏州馆,雪舟、三官偕。菜颇不恶,饮酒凡五斤,殊畅适。老舍出语无不妙,人人笑乐。二时散。

老舍谈川剧之音乐与唱调异常复杂,但与其他地方剧相同,近渐渐平剧化,旧时典型不久将尽,若不保存之,将来即归泯灭矣。其识甚当。

余与三官往小墨学校中一观,观其工作之实验室,观实验营养成分而饲蓄之老鼠。

遂出城,乘车到家。居城中两日,疲乏甚矣。

今日见报载武大广告,二官已获考取。既如此,自当入武大而不入燕京。

九月十三日（星期日）

九时许，云波来谈教育馆事。言离去者多，势将无法支持。子杰心有余而力不足，人虽欲助之，亦无能为力。

继之，伯琴、世英、元瑸、启贤、泽芝俱来，杂谈琐事。元瑸、泽芝嘱以友谊代为阅杂志稿件，世英言将以所作地图上之说明文字交余审阅。云波不日往城固，启贤往重庆，而元瑸、泽芝亦有他就之意。

少顷，叔湘偕胡赞平君来。胡系此间实验小学之教师，言有某家欲延余为其两儿补习国文，余谢之。

午刻，留诸君小饮，各欢然。然作些菜肴，全家忙了半日矣。

午后三时，客始去尽。余倦甚，不复作事。

九月十四日（星期一）

晨起作书，致通伯、孟实、人楩，令二官带去。二官既取入武大，拟于日内偕伯麟动身往乐山，余致书三君皆申所愿，予二官以指导与照顾。于致人楩书中，并与商编高中外国史之事。前承叔湘告知，言人楩有此意也。

午睡一小时，起来仍写信，复东润、歌川、碧野、梦三，并以二官一稿寄与锡光。一天工夫便尔消去。

三官以今日开课，仍在光华附中，为初三级生。

九月十五日（星期二）

昨夜下雨，今日未止，气候已如深秋。

上午，看启贤稿《哲学与玄学》，看钟博约所拟作长篇小说之大纲，看元瑸嘱编"中等教育"稿，皆作书致之。

午睡一时有半，起来作注释两篇。此事停顿将近十日矣。

九月十六日（星期三）

上午作注一篇。午睡后作注两篇。作一书寄红蕉。

三午于昨日开始食饼干。融于水，以小匙喂之，尽一片。渠又已能站直，能倚坐于小床之一角，皆近日进步之现象也。

九月十七日（星期四）

竟日作"国志"稿，取冰心女士一文，为之讲解，及晚完篇，约三千言。

二官明日动身往乐山入校，部署忙碌，至夜始就绪。

九月十八日（星期五）

未明全家皆起。二官以六时动身，与伯麟偕，趋东门外乘木船赴乐山。乘船需两日或三日，费用约须八十元；乘汽车则倍之，亦未必当日可达。二官从此离家入学，恐以后在家之日常少矣。

墨以八时入城购物。余则伏案作书。致书云彬，寄昨所作稿。复彬然书。又复陈万里书。万里来信，言抗战以来居浙东，今年始入川，服务于重庆卫生署。其兴趣近注于陶器之研究，有著作两种已出版。而各处游历考察，兴亦仍如往昔。又作书致伯祥，编蜀沪第七十号。

午后闲散半日，看自城中取来之报纸。

九月十九日（星期六）

今日取卞之琳一诗为欣赏讲录，入"国志"，竟日仅得千言。大部时间俱以与三午玩戏而消磨。

小墨傍晚回来，全家聚谈为乐。此次二官入武大，悉由己意，我们俱不愿其离开家庭，若在成都入学，每星期便可回来一叙。墨于此尤感怅然。

九月廿二日（星期二）

天仍未晴，时时淅淅一阵。后日中秋，殆无见月之望。

作注两篇。夜间点彬然前所赠之植物油灯，揩擦得法，且已知灯之性，光亮不亚于二十五支光之电灯。于其下写字，心为一舒。

九月廿三日（星期三）

竟日作文话一篇，共千数百言，曰《语言与文字》。即作书致云彬，将前日作成之稿一并寄与。

九月廿四日（星期四）

上午看铁拉摩尔《中国边疆地理》。

今日为中秋，雪舟、雨岩、雅巢、实学书局之石君皆送礼物来。雨岩之礼物为绍酒两瓶,午刻因小饮。

午睡一时半。起来看城中带来之叔湘文稿,其《文言虚助字浅说》一种,即封寄锡光,以便从早付印。

傍晚,小墨归来,恐余过节无酒,特买大曲。不知余有绍酒矣。入夜仍小饮。但殊无月亮,在灯下闲谈一时许而睡。

九月廿六日(星期六)

上午,料理选注各文,尚缺十篇左右,再待补充。

午后入城,至陕西街,看收到各信,未晤雪舟。至祠堂街,与月樵闲谈。月樵导余往普益新迁金牛坝办事处,晤熊集生、程受百,谈一时许。受百言《小学国语》排至第二册,以后可赶速进行。于是搁置已久之《小学国语》,又须着手矣。

六时到家。小墨偕其同学储君来,留之小饮,且留宿。储君在西康建设厅作事,谈康定、雅安、西昌各地风物,甚有味。

九月廿七日(星期日)

竟日写信。作一书复雪山,与辩论兼任他处编辑之事,与答复锡光书同封。即以此书之副本寄洗翁一观,并复洗翁书。计洗翁将抵昆明,因作书与芷芬,托其转致。又作答云彬书,慰其牢骚,并谈“国志”之事。

今日始得上海信,由伯祥执笔,不详言生活情况,而与雪村汇来百元,为墨林寿礼及三午汤饼之资。丐翁有信致小墨,亦汇款来。因并答三公,编列蜀沪第七十一号,寄发。

又作书答谢冰莹,她在西安编《黄河》杂志,来拉稿件。又作书致歌川、晓先,彼二人在中华书局为同事,同封付邮。又致书子杰,约以后日清晨往访。子杰屡往陕西街访余,不宜不一往访之。写此多件,颇疲劳矣。

二官来信,言乘船到乐山,途中历三日有半,时间既多,费用亦不比乘车便宜。由墨作书复之。

九月廿八日(星期一)

竟日作注五篇,皆易注之文,无多啰唆,故较快。

灯下作一书寄佩弦,请其为“国志”作稿,并代拉稿。

三午已能食饼干，融而饲之，日三四片。今夕晚饭时，渠见饭盛于碗中，凑首近之，蹙口如小燕，作欲食状。此态为初次表现，故记之。

九月廿九日（星期二）

清晨即起，往访子杰。步行至新西门，一路观看晓色，殊为新鲜趣味。七时半到达，子杰果相待。渠言仍须留余在馆支撑门面。其情殷切，而馆事实无可为，且余亦无此暇刻，只得不作决定，含糊了事。坐一时许而出。

至陕西街，与雪舟闲谈。接洗翁自渝发快信，言教部将统一教本，选定"国定本"事。黄方刚来，为武大买书，雪舟留之吃饭，小饮，共为闲谈。三时出城回家。

灯下作书复洗翁，复写，分寄昆明、贵阳两处，缘翁以明日飞昆明，小作勾留，即往贵阳也。

九月三十日（星期三）

晨起写编所编事处通讯第三号，复写，分寄桂林及洗翁处。

作《小学国语》编辑要旨，寄程受百。受百近主持普益编辑事也。

午睡两小时，起来注《蔺相如传》，仅得半篇。

十月（选录二十四日）

十月一日（星期四）

上午注毕《蔺相如传》。午睡后又注《论语》五章。

夜间，三官为余读《文艺杂志》所刊袁俊之《美国总统号》剧本。近日杂志用土纸，印刷又极模糊，实不易阅览。三官读而余听之，至方便也。

十月二日（星期五）

三官早出，与同学往华西坝，听美国派来特使威尔基之演讲。余因此亦早起，竟日注文两篇。

邻舍张青云家所蓄鸡鸭，于前二日发现瘟病，死鸡五头，鹅一头，传染之速殊可骇怪。今日悉所有鸡鸭鹅担往市集卖之，其损失良不轻。小三午喜观此类在庭间场上行动，今不可得矣。

三官听讲归来,述威尔基语,殊空洞。在此等公共场所,向学界诸人讲话,自亦不能精切。威氏来自苏联,闻在我国有两周之停留也。

十月三日(星期六)

上午注文一篇。

午睡醒来,小墨已归。带回信件多份。中有上海第六十七号信,丏、伯、村、调皆执笔,剑三有诗稿,丏与村谈所编字典辞典之体例,读之甚慰。因作复书致五君,并附一笺致红蕉,合封,编列蜀沪第七十二号,明日寄发。

十月四日(星期日)

上午九时半入城,至金家坝普益新迁之办事处,出席第三届董监联席会。开会三时,余默无所言,唯为旁听。月樵已不为经理,退为寻常董事。听他人言词,似于其办事颟顸,界限不清,颇致不满。今由董事长熊集生兼理总务,李与初专管出版,程受百主持编辑,似颇上轨道矣。

一时吃饭,与熊李二人共饮,尽大曲一瓶,微醉矣。三时走出,不辨方向,愈走愈远,竟至鼓楼。余居蓉已一年有半,而道路仍未熟悉,为可笑也。

乘车返祠堂街,略购杂物,出城归家。墨谓余醉矣,谈两时许而睡。

十月六日(星期二)

竟日作注释,注毕《梧桐雨》第四折。国文五、六两册共需七十二课,至此注完。以后便将作"文话"及"文法讲话"。

十月七日(星期三)

上午,将所选各篇分册排比,未完。

饭后入城,以小学国语修订稿交程受百,访之于金家坝,未遇。至陕西街,收到信五六通,一一看之。与雪舟闲谈。中秋节后物价益涨,米价已在千元以外。余迩来亦不复记物价于日记矣。

灯下写信。一复老舍,言其与友人合编之剧本《王老虎》,开明愿为出单行本。一复杨人楩,言开明愿以版税办法,托其编高中外史。一复通伯,无甚要事,闲谈而已。

迩来三官每夕有功课,英文、几何、物理,均有练习题,灯下相对,恒至九时。

临睡前谈文艺写作，或所见书内容，又半小时而后入睡。

十月八日（星期四）

编排篇次，校阅他人所缮抄之注释稿，仅毕第五册而已。

昨日入城来回，新西门外均以步行，甚疲乏。今日又兀坐竟日，至于夜九时。遂不得安眠。

十月九日（星期五）

起来甚倦，身体发寒，似将疟作，遂服金鸡纳粉。

雪舟来，交来老舍电稿，询剧本要否，拟一电复之。带来冼翁自昆明复余信，渠见余抄与之致雪山信，代雪山颇相解释。俟其去，余编排第六册毕。

午睡醒来，觉精神较佳。小墨已回来，明日国庆日放假也。又带回数信，一一看之。

十月十一日（星期日）

仍疲倦，未作何事。

小墨借得一照相机，以九十元买软片一卷，今日天晴有阳光，为大家拍照。三午拍最多，将选其佳者分赠亲友。母亲拍两张。墨与余合拍一张。

小墨、三官往青羊宫赶场，买米五斗，每斗一百一十元矣。木柴一捆，亦一百数十元。物价之贵，时时开新纪录也。

灯下写一信与佩弦。屡寄数信，未得其复，故促之。

十月十二日（星期一）

今日开始作国本教本中之文话。此类东西，以前所作已多，但须辑集节采而已。以故上午作一则，午睡起来以后又作一则，殊不费事。

满了采得桤木菌，以油煎之，味颇鲜美，然不如我乡之菌之肥嫩也。

十月十四日（星期三）

晨入城。昨夜有雨，步行泥路中，颇不易。

至陕西街，看收到各处信件，取十月份薪金。至金家坝，访程受百，谈教本印刷事。即在其处午饭。出南门访叔湘，谈"国志"编辑方法。叔湘示以所译小说三篇。渠二至四时有课，余遂以二时入城，买零物归。

田泽芝、朱朝珍两女士在我家相候，言馆中仍望余每周去一二次，余含胡应之。

灯下，校孟实之"十二封信"二十页，此书在此间重排也。

十五日（星期四）

竟日看新订之杂志数种。

墨入城，下午归来，又取得外间来信。其中有雪山信，颇以前次来信所说之语为歉。

傍晚，与满子出外采菌，得二三十枚。

十月十六日（星期五）

作书复洗翁、雪山，并附一信复锡光。

看李健吾之剧本《草莽》，系刊于《文艺杂志》者。对话甚佳，舞台技巧精绝，甚可玩味。此君与曹禺当有无限发展。

午睡起来，看《笔阵》投稿，积存已多，及晚始看毕。灯下，校"十二封信"二十余面。

满子携小三午入城种牛痘。在医院权其体重，为二十六磅，皆言超过标准甚多矣。三午出生及今，仅半岁也。星期日所拍照片已取回，均尚不坏。将复印多帧，分寄亲友。

十月十七日（星期六）

今日作第五册国文之文法讲话，据丐翁前所作而为之，成一篇有半。

傍晚，与三官往溪边采菌，仅得十枚耳。

今年双十节，美国与英国俱通知我国，废除不平等条约，取消领事裁判权，唯英国并未提及香港之归还。是日，美国并敲击自由钟三十一下，此固彼国国庆日之典礼也。又将于华盛顿地方立一孙中山先生之铜像，亦属创举。

十月二十日（星期二）

入城，至陕西街，看信。

雨岩偕往省府印刷所，询"十二封信"排植情形，与工人约，余以后日到印刷所校对，以期便捷。

返陕西街吃饭。往剪发，已涨至六元。购火柴十盒，价十五元。物价之涨，近来益甚。余今日始穿一双新皮鞋，系小墨为余买来者，价二百十元。

四时到家。灯下写信复人梗，复老舍；并以老舍为"国志"所作文寄与云彬。

今日见报载，邮资于下月涨价，涨得甚多，平信且一元二角有余矣。

十月廿一日（星期三）

竟日作文法讲话，成一篇。国文第五册至此全矣。

作信寄叔湘，约以明日午后在少城公园吃茶。

三午种痘已一周，今日视之，殊无发作情形。前余在桂林时，渠亦种痘而未出，岂其抵抗力特强耶。昨日为始，三午能手握三官所用之童子军小旗。夜间注意墙上人物之影，则已多日矣。

十月廿二日（星期四）

昨夕传预行警报，未几解除。余卧床上但闻犬声四起，知出城者不少也。川中已一年多不担心此事矣。

八时入城，至省府印刷所校对。十时后又传"预行"，出至新西门，立道旁观望。不久，路人皆反身入城，余亦至陕西街。

饭后，韵锵自重庆来此，今后即在此任出版事务。往印刷所校对事，余即以托付之。

二时，至公园吃茶。叔湘偕吴赞平来，闲谈甚畅，五时始散。灯下作一书致东润。

十月廿三日（星期五）

竟日不离座，作成第六册之文法讲话一篇有半。

今晨天未明时起大风，至午后渐息，气候乃大寒。余御重棉，颇思饮酒矣。

前日老舍来书中附赠余所写字一幅，朴茂有致。系书其村居诗，有闲适之趣，录之："茅屋风来夏似秋，日长竹影引清幽。山前林木层层隐，雨后溪沟处处流。偶得新诗书细字，每赊村酒润闲愁。中年喜静非全懒，坐待鹃声午夜收。""半老无官诚快事，文章为命酒为魂。深情每祝花常好，浅醉唯知诗至尊。送雨风来吟柳岸，借书人去掩柴门。庄生蝴蝶原游戏，茅屋孤灯照梦痕。""历世于今五九年,愿尝死味懒修仙。一张苦脸唾犹笑,半老白痴醉且眠。每到艰危诗入蜀,略知离乱命由天。若应啼泪须加罪,敢望来生化杜鹃。"

十月廿四日(星期六)

昨受寒,遂伤风。头部处处皆不适。

觉第五册之文法讲话有未妥处,取出修改,又为批明排植格式,以便即日付排。如是亦费一天工夫。

下午小墨归来,闲谈为遣。

十月廿六日(星期一)

竟日伏案,至于夜九时,成文法讲话两篇。

天气转晴,空气干燥,身体即觉爽健。此后六七个月间,当可好好地作事过日子也。川中之雨季,于余实不相宜。

三官重看《水浒》,颇能留心其写作之技巧,谈谈甚有味。

十月廿七日(星期二)

上午作第六册之文话一篇,尚余四篇未作。午后,为三官改所作之随笔一篇。

三午开汤饼宴时,雪舟馈绍酒一坛,留而未开。今日开坛,饮半斤许。一坛殆有三十斤,可连饮月余也。

灯下闲谈,看《水浒》数段。

十月廿八日(星期三)

上午续作文话一篇。

午后韵锵来,携来各处信件,中有云彬信及上海六十八号信。因作书复云彬,附去叔湘《笔记文选读》稿并小墨三官文各一篇。又附去致彬然信,请为开明重编高小初中地理。

垂夜饮酒两杯,不知何故,脑觉昏胀,似有醉意。灯下勉强执笔,作第九号信致洗翁,言店事。附去复锡光书及致士敫、清华书。

十月三十日(星期五)

上午作文话二篇,因系抄辑旧稿,故如此便捷。至此,第六册已完成,即检点一过,以便寄挂付排。作书致锡光,详述排植上应注意之点。又写编译所办事处通讯第四号一通,随稿与信同寄。一件工作终了,心头觉得松爽。

十月卅一日（星期六）

作"国志"文字,介绍绍虞之《学文示例》一书于读者。时时起立,下午小墨归来,又听渠杂谈,故所作甚少,仅千余言而已。

最近美与日在苏罗门岛附近又作激烈之海战,双方互有损失,而以美国为重。美有航空母舰一艘,为日方潜水艇击沉云。

十一月（选录二十五日）

十一月二日（星期一）

晨入城,至陕西街,观雪舟制日历,全屋工人皆作此一事,殊为繁细。

作一书与受百,催其为《中学生》作文。

午刻,雪舟邀余与韵锵、雨岩、文铨数人小叙于虎幄。此菜馆颇有名,银行界中人多赴之,菜绝佳。然仅是一顿随便吃喝,付帐已至二百八十元矣。

食已,余独往商务印书馆,取《精读指导》第一期之版税,居然有七百余元,与佩弦分用之。

十一月三日（星期二）

上午思作"国志"文字,坐半日而未有所得。

午后,取小墨所拟小学国语第四册稿改之。小墨之认识甚不错,所拟皆颇有教育意味,课文虽短,含义丰富。直至夜八时,改十五课。

十一月四日（星期三）

自上午至下午三时,改小墨所作课文十二课,须改者已毕。尚余七课诗歌,须由余撰作。因精神不佳,不作诗歌,而以缮写所改稿为遣。酒后仍就灯下缮写。

十一月六日（星期五）

竟日作小学国语之诗歌,居然得六首。余为此虽不费力,然亦颇觉神疲,余殆不宜多用心思矣。

十一月七日（星期六）

上午为车夫老俞写送人喜联一副。作小学国语之诗歌一首。

午后，刘百川、陈伯琴、朱朝珍三位偕来。刘现离教厅而入教育馆，任馆长室秘书及第一组主任。刘、陈二君约余每星期往茶店子一次，商谈馆事，只得漫应之。坐一时许，三人去。

今日为余生日（阴历九月二十九），"斋星官"。傍晚饮酒吃面，略"打牙祭"。

小墨携归各处信件，灯下作复三通，致云彬、彬然、郑婴。郑婴系十七年前所识，今在桂林干编辑工作，渠欲为"国志"作文也。

十一月八日（星期日）

起来即与小墨三官合同工作，检查小学国语四册之生字，至下午四时完毕。全册生字尚匀称，多者每课十三字，少者三字。此事若以一人为之，殆需三天工夫也。

作书复佩弦。又致书王了一，请其继续为"国志"作稿。并致书芷芬，佩弦、了一之书即托其转致。写毕已八时矣。

三午仍发烧，咳嗽，呕吐，不吃奶。不知是否出痧子。

十一月九日（星期一）

昨夜十一时许，余睡醒，见墨起床，谓因闻三午呼吸甚急，故起来看之。余亦起，则热度增高，神色亦见委顿。满子年轻，不会照料病儿，墨即与之同榻，坐而抱三午于怀，为之抚拍。观其病象殆是肺炎。大家皆忧急。余旋就睡，但未得安眠，墨则仅于三时后睡两小时耳。

天明而后，小墨先入城，往公立医院挂号。八时许，余陪满子抱三午往。适天雨，坐鸡公车，虽用棉被将三午围裹，恐仍不免受寒。九时半到达，小墨已先在。十一时始经小儿科医生诊断，谓大致是肺炎，以住院为宜。有小墨之友丁光生君（通伯之外甥），为医学院学生，正派在小儿科实习，可得其照料。

缴费手续完毕，入病房已十二时过。预付五百元，三等病房每天十元，伴者食费亦十元。小孩热度为三十九度七，口干甚。及送来开水，余持杯就其口，即张小手拉杯不放，张口连饮，为状甚可怜，竟尽大半杯。

十二时半,余离医院,饭于邱佛子。至陕西街取信,即出城回家。母与墨闻讯,虽明知肺炎在今日已有近乎"特效"之药物,然皆似不能放心者。数年以来,每年均须闹病跑医院,亦太无聊矣。

灯下,作书复佩弦,渠之《伦敦杂记》一稿欲售与开明,允之。又作书复孟实,渠拟编大学英文教本,余亦表示欢迎。

十一月十日(星期二)

晨,墨入城,往医院探视。

余坐定即写信。计复人梗一书,谈高中外史之编辑。致田世英一书,谢其以《四川教育文化地图》相赠。复叔湘一书,谢其代查《元曲选》之讹文。致佩弦夫人一书,请其入城取版税款。复伯翁、调孚一书,又附书致丏翁、红蕉,编列蜀沪第七十四号。

饭后,校"十二封信"二十余面。看《笔阵》投稿。又致书王云五,询《略读指导举隅》何以尚未出版。

五时,墨自城中回来,言今日三午往华西坝照爱克司光,缘医生尚未能确定其病是否为肺炎。在路上来回一趟,遮护既周,天气又好,出了一身汗。体温上午高而下午低,均不出三十八度,比昨日为减,此似为佳象。唯精神委顿,开眼不过五分钟,即闭目而睡。或者食料少进,发热之余合有此象乎。心为少慰。

十一月十一日(星期三)

晨八时入城,到医院看望。爱克司光检查报告,断为确是肺炎。三午精神比昨为好,张目视周围,逗之仍极注意,唯不笑。热度三十七度九,据此殆必无危险,大家受一场虚惊而已。

十时三刻到陕西街,看来信,与雪舟接洽琐事。在祠堂街吃面点,即回家。

写信复彬然。代彬然致书颉刚与世英,为《文化杂志》拉稿。作书复叔湘。作长书致洗翁,列钧字第十号。直至夜八时始写完。

十一月十三日(星期五)

墨前日曾将小学国语第四册重抄,及其半而止。余今日继续抄后半,半日而毕。下午,撰是册练习课之语法部分,仅成其三。尚余二课未作。

墨清晨入城,下午四时后归来,言三午热已退净,药亦止服,医生谓明后日可以出院矣。

十一月十五日（星期日）

上午,作事务上之复信两封。为三官改一文,论《水浒传》描写鲁智深者。

饭后,因不见小墨等回来,入城看之。知缘医生嘱咐,病虽已愈,尚须防其有他转变,以多留一日为宜,遂未归来。大约明日必可回家矣。坐少顷,即出城返家,告墨与母亲知之。

三官入城,至陕西街,取得上海七十一号信,及洗翁、佩弦、东润之信。远道书来,读之意颇快慰。

入夜饮酒,一星期来,今夕为酣畅。

十一月十七日（星期二）

作书致人梗,以他家高中外史寄与之。复洗翁一书,列钧字第十一号。致云彬、彬然信,附寄三官之《鲁智深》一文。

下午,为鸡公车夫老俞写送人挽联。

十一月十八日（星期三）

入城,至陕西街,绝无事。佩弦夫人适来取钱,雪舟遂邀彼与余同往一家北平小馆子吃饺子,以代午食。食后仍返陕西街,至三时离去,出城返家。

天气阴寒,到家即饮酒,甚酣适。

日来英美军攻北非,非洲法属地皆与同盟国联合,似是佳象。

十一月十九日（星期四）

作书复朱启贤,渠现在重庆,为民生建设实验院之导师。作书致吕朝相,亦请其设法借旧杂志,补辑佩弦《伦敦杂记》之缺稿。

为人写篆字,计写联一副,单条两幅。

十一月二十日（星期五）

看投寄《中学生》之来稿数件,又看《笔阵》投稿六七件。作书致昌群及宋玉书,二君皆于五月间晤面,别后未通音信,故问之。

日来此心寂然,全无思致,意兴又不好,不思作事。闲坐起立,俱觉无聊。傍晚早饮酒,七时半即就寝。

十一月廿一日(星期六)

晨起无聊,忽思年来所作关于国文教学之文六七篇,又益之以杂谈教育之文数篇,可出一集子。其中有两篇须由原稿重抄,遂与墨分抄之。

下午,小墨归来,携回数信。中有芷芬信,皆言招致稿件事,即作一复书与之,请其竭力设法。

小三午今日又不甚爽健,入夜发热,量之为三十九度余。墨与余遂未得好睡。

十一月廿二日(星期日)

上午看小墨所改开明初中算术稿,以便再行送部审查。下午续抄文稿,毕。略加编次,即可付排。

小三午热仍未退,不知其何因。或由行将出牙,或由上星期离院时注射白喉防御针而起反应。观其并不委顿,逗之仍嬉笑,当无大病耳。

灯下,校"十二封信"十余面。

十一月廿三日(星期一)

晨入城,至月樵处。月樵自邛崃运到木柴多捆,分与我家一百捆,其价当比市中便宜。然亦须十余元一捆,一百捆在千元以外矣。

至陕西街,取本月份薪水。午刻,与雪舟、韵锵偕出,闲行祠堂街、西御街,观各家书店。饭于邱佛子,余即归。

佩弦《伦敦杂记》所缺稿,已由吕朝相君代假旧杂志一册,余为之补抄。于是全稿无缺,即可付排矣。余自己之稿亦编定,取名《国文教学》,计八篇,又附录杂论三篇,亦可付排矣。作一书致叔湘,告所需旧杂志已借到。

小三午热仍不退,形容渐见消瘦,为之焦虑。

十一月廿四日(星期二)

上午大雾,直至十时始散。

墨陪满子携三午入城,仍就公立医院求诊。午后一时许回来,言并无大病,只因病后身体较弱,日来气候寒暖多变,致受感冒。闻医言如是,皆心慰。

余作书复佩弦,告以《伦敦杂记》已编就,寄与芷芬,托其面致。又作致洗翁第十二号信,与致锡光、士敩书同封。又作书寄云彬、东润,复朝相及一不相识之中学生杨汉震。写信完毕,已午后四时矣。

十一月廿五日(星期三)

上午入城,将余与佩弦稿交雪舟,请其先送往图书审查处审查。

金世泽君由总办事处调来成都,佐雪舟任副经理。午刻,雪舟宴之于东鲁饭庄,全店同人皆往,邀余亦往。饭后仍回陕西街闲谈。

四时到家,墨与满子皆惶急相告,今日午前三午热度大高,将近四十度,几呈昏迷状态。一时无措,曾招一附近之老太婆来看,谓是热内蕴不宣,留草药及药丸七粒而去。草药皆凉药,丸药何物,未敢服也。余往观三午,确似沉迷,然未几即哭,即张目而视,逗之亦能注意。墨曾为开一伤风汤头,煎而饮之。未几汗出,而热度不见减低。

垂暮,小墨适归来。究是何病,皆莫能断言。墨抱三午于怀几半夜,入睡仅二三时。余时则满子抱之。余夜起三次,未得安睡。母亲亦夜起一次。

十一月廿六日(星期四)

晨,墨发见三午头部有红瘰,察其体部亦偶有之,始揣其病为痧子,大家心较定。墨遂自任看护,伴于床不离。

作第十三号信致洗翁,言教部发还审查教本四部之事。又以叔湘交来之《笔记文选读》稿寄云彬。

看近日报纸,知北非盟军占优势,关系颇大。若盟军能全占北非,即可渡海攻意大利,击轴心中较弱之一个。有蒋委员长一文发表于外报,申言中国并不欲成为亚洲之领导者,颇为外人所重视。

十一月廿七日(星期五)

小墨所担任之国语第四册练习课五课,作成已有日,今日余为修改,毕其四课。

三午痧子殆已出齐,热度仍高,略见烦躁。

三官携报纸归来,知苏联史太林格拉被围数月,今始解围。围攻该地之德军反被所围,俘获至数万。史城战局之转变,以盟军攻北非,德军欲防御北非,不得不调动攻苏军队,于调动之际,遂为苏军所乘矣。复次,天气已入冬,在战事上,此利于苏而不利于德也。

十一月廿八日(星期六)

晨起续改练习课,毕,誊清之,遂消磨半日。

韵铮来,带来书信数件,中有上海第七十二号信、伯、丏、村、调及剑三皆执笔。丏翁信中相告,弘一法师于阴历九月初四日圆寂于泉州,预写一遗书致丏,兹录之:

丏尊居士文席　朽人已于　月　日迁化

君子之交　其淡如水　执象而求　咫尺千里

问余何适　廓尔亡言　华枝春满　天心月圆

谨达不宣　音启

前所记月日系依农历　又白　[印]

丏附告曰:"卧病只三日,吉祥而逝。即于九月十日荼毗。春秋六十三,僧腊二十四。此老为法界龙象,而与弟尤有缘,今闻噩耗,顿觉失所依傍,既怅惘,又惭愧,至于感伤则丝毫无之。遗书为渠最后之纪念品,偈颂俊逸,俨然六朝以前文字。"余极赏其末二语,描写死之境界,殆可前无古人。然亦唯艺术家而宗教家之弘一法师,始能作是想有是言也。

上海物价益涨,食用物品,贵于川中者一倍。诸友勉强维持,良可叹惋。

十一月廿九日(星期日)

上午作一书,复云彬。

雪舟派人来,托写送人字轴及开明招牌。遂写之,计联一,单条二,招牌三。

午后与小墨三官往化成桥看草台戏。戏系几个善会集资所演,演十日,每日戏价即须四千五。摊贩群集,帐篷满野,居然成市。瞻望有顷,即归。

三午痧子渐退,今日上午热度不多,似颇正常。然至夜间热度又高,咳嗽不止,几整夜不能宁贴。岂又引起他病耶,焦虑之至。

十一月三十日（星期一）

晨起作书，复伯、村、丏、调，并附一纸致红蕉，列蜀沪第七十六号。书编所办事处通讯第五号，亦附寄上海一份。

三午睡房中，恐其着凉，即移入我们房中。我们房在中间，晨晚寒气轻些。草屋齐檐多缝，为用稻草塞之。移定后即入睡，似甚酣，过午始醒，量其体温又降至三十七度七。请夏禹鼎医生来诊，由韵锵陪来，诊察后谓仍是肺炎，殆由痧子引起，并不沉重，令服"大箭黄"。既知所以，心似略定。夏出城看病取百元，似甚贵，然不过一斗米之值耳，以前一斗米之值，固不够请一医生来家也。

十二月（选录二十七日）

十二月一日（星期二）

晨起改小墨所作国语第五册稿五课，下午写一单幅赠与韵锵。

三午昨夜睡较安，今日热度已降低，仅超出常温数分，或可不日就痊。

十二月二日（星期三）

晨入城，访受百于普益，以国语第四册交与之。至陕西街，看收到之信。饭于雪舟家。四时归。朝相以柚子二枚馈余，交在陕西街。余适未坐鸡公车，提之甚费力，剖之而甘，亦足偿矣。

三午热度仅余一二分，人亦安静，唯咳嗽尚剧，仍服咳嗽药。

十二月三日（星期四）

作书致受百，言小学教本排印事。作书致子恺，请为国语第四册画图。午后，改小墨所作课文，仅改四课，天色已昏。灯下复改三课。

十二月四日（星期五）

上午续改小墨稿，凡六课。

下午，草拟开明版税契约及购稿契约。是等文件在上海，未曾携来，今须收稿，自当重印。因据商务及文供社之约文而增损之。

酒后，灯下作第十四号书致洗翁，并致书锡光，附寄叔湘之稿一篇。

三午咳嗽已稀，起坐玩耍，复能嘻笑矣。

十二月五日（星期六）

竟日作彭士望《九牛坝观角觝戏记》之注。此篇入《精读文选》，普益印行。此选已出一辑，第二辑已排成，尚须出第三、第四辑也。

小墨归来，闲谈多适。天寒，夜早睡。

十二月六日（星期日）

续作昨日之注，半日毕。

看《文化杂志》所载胡绳君评冯友兰《新世训》文，谓冯合道家主张与理学家主张成此书，所用方法为形式逻辑，未足以指导现代人之生活方法，颇能言之成理。

十二月七日（星期一）

上午入城，以《精读文选》交普益。至陕西街，得洗翁信三通及彬然信。三时回家。

三官在校中受常识测验，初中三级中得分最多，亦难能。

同居农人张青云有烟癖，去年上半年由保甲人员拉去调验，拘数日而出，殆由纳贿，出后吸烟如故。今夏县中令前有烟癖者具结，谓烟已戒绝，如或再犯，甘受枪决之处分。张既具结，心恐，入城就医院戒烟，不十日而归来。初颇委顿，不半月而精神如常，察其行踪殆又吸矣。今日保长携二兵于薄暮又挟之而去，不知结果复如何。

十二月八日（星期二）

上午，将小墨所撰补作初中算术一编，为之修饰文字，以便缮抄送审。

下午，作书复教部中学及国民教育司，填送开明编辑教本人员表。又作书致祥麟与晓先，皆为教本之事。

天色昏暗，又寒冷，下午三时即须点灯。

今日三午移归己室，仍卧床，偶或坐起。必须有人伴之，逗渠笑，为之歌，人或离开即啼哭。此儿之生不足八个月，已不甘寂寞如是。

十二月九日（星期三）

看吕朝相所作小说两篇，作一书复之。改三官二官所作随笔各一篇。

二官近致力英文,余时仍习文,文字渐趋干净,亦复可慰。

十二月十日(星期四)

上午,改田女士"书籍提要"稿。此稿在馆未改完,积至十余篇,能为改完亦了一事,改九篇而止。

前月所开一坛酒,饮四十余日,至今晚而毕。今冬拟再饮一坛,缓日托雨岩购之。

十二月十一日(星期五)

作书复王了一,与商谈其所著《中国现代语法》事。看完田女士稿六篇。饭后,看《笔阵》之投稿。

同居张青云释放归来。始知有一中学失去一风琴,探知偷窃者名张青云,而一保中名张青云者凡数人,则皆拘而询之。今释放归来,证明无事,然已白花数百元矣。当初其家皆以为因吸鸦片之故,今知非然,以为大幸。夜间请保长吃饭饮酒,谢其奔走保释之劳。

十二月十二日(星期六)

上午,为人写篆字五六幅。

下午,小墨归来,携归信件。中有昌群信,拟以其《汉唐文化研究论丛》交我店出版,即作一复书与之磋商。有东润书,附来一文曰《怎样读〈诗经〉》,系特为"国志"撰作者,心感之。

有上海第七十三号信,伯、丐、村、调四人执笔。丐翁录示其挽弘一法师联语曰:"垂涅槃赋偈相诀,旧雨难忘,热情应啸溪虎。许婆婆乘愿再来,伊人宛在,长空但观夕阳。"下联暗含法师"晚晴"别称也。村公亦有一联云:"一念真如,问华枝春满,天心月圆,几辈修持曾到此。亡言何适,怅晚照留晴,秋英含秀,甚时飞锡更重来。"法师临命终时,书"悲欣交集"四字,亦殊可味。

十二月十三日(星期日)

竟日作书。致彬然一信,逐条答复其来信。作致洗翁第十六号信,亦系答来问,并附书致锡光。致书佩弦,请其与《国文月刊》社诸君磋商,勿将月刊由开明取出,另交他家。盖他们以出版延期,意有不满,有此议也。作书与东润,谢其为我作稿,并言其将来拟作之《张居正传》,完稿后可交开明出版。

又作寄上海第七十七号信,复伯、村、丏、调。丏嘱作挽弘一法师文字,因作四言二首:"'华枝春满,天心月圆'。其谢其缺,罔非自然。至人参化,以入涅槃。此境胜美,亦质亦玄。""'悲欣交集',遂与世绝。悲见有情,欣证禅悦。一贯真俗,体无差别。磋哉法师,不可言说。"

十二月十四日(星期一)

晨即入城,至月樵所,晤其夫人,接洽明日派人往取所购木柴事。至东方书社,晤王畹香,座谈。《笔阵》改由渠出版,已历三期,每期所费六七千元,而收不到账款。虽非由余向渠接洽,亦感抱歉。

至陕西街,吃饭,取本月份薪水。雪舟言在蓉排书,呼应既不灵便,工价又极昂贵,实颇困难。而洗翁最近来信,亦感桂林排书之难,意欲多数由蓉地任之。如是则两地俱难。余本欲使店中每月有一二本新书出版,今殆无望。思之殊困闷。

午后一时往访叔湘,谈各种稿件之撰作与出版之事。同至少城公园茗坐,闲谈为畅。垂暮到家。

十二月十五日(星期二)

看《王临川集》及《司马温公集》。

午后无聊,为云彬书一联,曰:"岂能尽如人意,但求无愧我心。"渠所嘱也。云彬不能隐藏,酒后往往出言得罪于人,颇受无谓之怨恨,故以此自警。余为跋之云:"此碰壁者之言也,既唯尽心,壁于我何有焉。"

十二月十六日(星期三)

作致洗翁第十七号信,商量排印新书事。有稿可收,而排植无法,殊难办也。致云彬一书,将昨所书对联寄与。

午后,钟博约君来,以所作小说托余看之。赠余《升庵长短句》一册,系升庵十三世孙崇焕所刻。崇焕者,钟君之舅,父也。

十二月十七日(星期四)

注司马光《致王介甫书》。拟入《精读文选》第四辑也。无可为,至觉无聊,以此为遣。

十二月十八日(星期五)

上午为人写篆字。

下午,续注司马光文,至于夜八时。文中有"王子雍方于事上而好下佞己"一语,不知其事,翻书亦翻不到,遂停手。

十二月二十日(星期日)

晨间略发汗,热退。起来较晏。观叔湘所译美国索洛延短篇集。此集名《石榴树》,凡十四篇,将由开明出版。观三四篇,又观新收到之杂志报纸。昨购得托尔斯泰之《战争与和平》译本,译者名高地,凡四厚册,他日拟一读之。

傍晚祀先,缘后日为冬至,明晚为冬至前夜,凑小墨在家,故以今晚祀先。买眉州酒一斤(十六元),饮其半。

十二月廿一日(星期一)

前日接信颇多,今日又得整天写信。作第十八号信致洗翁。复东润信,谓开明愿收印其《中国文学批评史》。复叔湘书。复王了一书,王来信欲别编《中国语法纲要》见惠,谢之。作一信致芷芬,托芷芬访王面致之。复卢剑波,卢编《因明易解》,拟出版。复张梓生,亦为探询出版事。致书田世英及戴伸甫,皆为中学教本事,请约期会面。复祥麟,答以所寄书物俱收到,写毕已下午三时矣。

看毕《石榴树》各篇,颇惬意。傍晚,饮昨夕之余酒。

十二月廿二日(星期二)

作书致张镜波,托其在贵阳补购《思想与时代》杂志缺本三册。韵铴来,以《石榴树》原稿交与,先往送审。刻印人张一盒(华阳人)以其父蘅芝先生家传相示,嘱为题词,因作一绝寄与之。"事母无违数十春,与人为善性情真。诚中形外艺斯至,留得丹青世共珍。"应酬之作,殊无意味。

午后,为小墨改随笔一篇,题曰《擦皮鞋的》。灯下看《战争与和平》四十余页,全书共一千七百余页,不知需几时才得看完也。

十二月廿三日(星期三)

改小墨之散文一篇,题曰《旋涡》。今年小墨二官三官作文数十篇,拟取其中二十余篇编一集子,名曰《花萼》。小墨作序文一篇,颇脱俗(三官之评语),亦为改之。

托雪舟向上海酱园买酒一坛,今日送来,未知其价。傍晚开坛饮之。大约可饮一月有余。

十二月廿四日(星期四)

芷芬前日寄来一文,曰《词语的修养》。应余之嘱为"国志"作也。文须修改,今日以半天工夫改之。

午后,田世英来,与谈编辑初中本国地理教本,应教部之征约。渠甚兴奋,愿辞去华西大学一部分课而为之。此事甚匆促,明年三月底即须完稿,渠亦允从。余大慰,即作第十九号信致洗翁,告以此事。明日有航空班,因自往光华村投邮。

十二月廿六日(星期六)

天寒,生一炭盆,围坐取暖。

傍晚,小墨回来,携回信件。上海来七十四号信,伯、村、调三人执笔,附振铎一笺。伯祥见余近影瘦削苍老,不欢者半日,进夜餐,吐而出之,一夜不得好睡。具见关念之深,可感甚。晓先已接眷到北碚,暂获定居。子恺经迁移之后,到渝又大病旬余,近方痊可。

十二月廿八日(星期一)

晨作一书致彬然,附去芷芬之文,托交云彬。

十一时离家至茶店子,适子杰及教厅诸科长在饭馆吃饭,即共坐。饭后吃茶。旋至馆中,与伯琴、泽芝谈。馆中同人邀余甚切,但余到后亦殊无可谈。五时归,此路久未径行,徒步往返,亦复有味。

十二月廿九日(星期二)

昨闻李剑农(原武大教授,今在蓝田师范学院任教)将其旧撰近三十年史扩充为近百年史,在蓝田印成。其近三十年史前曾读过,材料甚详,今书当仍佳。因寄二十元购之。

九时入城,至陕西街。途遇吕朝相,谈有顷。渠于元旦结婚,邀余往聚餐云。与雪舟、韵锵谈一时许,独出食面点。访张一盒于其店中。张出其父蘅芝先生(钧)之画相示,花鸟皆雅健,颇可观。至商务,购书数册,遂归家。

二官来信,言向基督教会请得补助金二百元,自益一百二十元,买皮鞋一双。此事殊不合,灯下作书诫之。今日学生请贷金、领补助,而消费于无谓之途者,颇不乏人,我不愿二官亦如是也。

十二月三十日(星期三)

晨作书复子恺。汇款中央研究院历史语言研究所,订购其所出之"集刊"。

十时许,至茶店子,参加教育馆同人之年终聚餐会。先开馆务会报,子杰邀余同坐。所谈皆平常,无甚意义。

午后一时半始进餐,菜皆同人自作,颇精。余饮大曲至半斤,颇有醉意。五时后到家,饭罢即睡。

一九四三年

一月(选录二十六日)

一月一日(星期五)

上午有浓雾,日色甚薄,飞机结队飞空,往往闻声而不见其影。

十二时入城,往少城公园内桃花源菜馆贺吕朝相之婚。公园内游人极众。王铭章将军铜像铸成,以今日揭幕,举行仪式。

候至三时,贺客始集,入座聚餐。新郎新妇鞠躬而外,无复仪式。余为证婚人,盖章于婚书而已。四时半散,即出城归家。

一月二日(星期六)

晨起,写编所办事处通讯第六号。致第二十一号信与洗翁。复芷芬书,言王了一撰语法纲要事。致书叔湘,本年聘叔湘为编译委员,即与商谈有人来问一种英文书稿,是否值得收受。

午后,世英来谈。渠于初中本国地理即将动手,与余商其体例,大体俱得解决。此君颇思编成一书,新颖精当,异于他家同类之作。余颇鼓励之。

俟其去，续改二官文稿，仍未完。

一月三日（星期日）

改罢二官之文。伯琴嘱为《四川学生》作文，勉强为之，写数百言即辍。近来作文益无意兴，奈何。

下午，墨自城中归，携回信颇多。中有丐翁寄赠弘一纪念印品十份，印生时像、涅槃像、致丐辞别书"悲欣交集"四字之绝笔书等，印刷甚精，颇名贵。又有昌群、洗翁、叔湘、云彬、佩弦诸人之书。

灯下，作长信复洗翁，列第二十二号。附一书复锡光。以弘一纪念品三幅分赠洗翁、云彬、彬然。

一月四日（星期一）

上午续作昨文，毕，共千三四百字，题曰《为己》，言学须为己之意。

午后，觉天气特寒，今冬为最。即于中间生火盆，尽闭门窗，点灯写字。作书致伯琴，以今日所成稿与二官稿寄与。作书致夏承法，探询渠编撰高中物理学事。作书复昌群，渠恐学术未纯，论文出版徒滋悔愧，余为之解释，请其勿过矜持。又作书致文珍，其诗集洗翁主由开明出版，因请其重定书名（原名《君玠的诗》，似未足引人注意），并与商版税率。

一月五日（星期二）

晨早出门，至陕西街。黄如文君来晤。黄为燕大国文教师，与绍虞共事，去年离北平，最近到蓉，仍服务于此间新设之燕大。渠有与绍虞合作之稿，将交与我店。据谈绍虞在北平颇苦，欲去不能，留则精神物质多困也。十一时，田世英来，以预支稿费付之。

遂访孙玉如（元琛）于燕大，渠已辞去教育馆事，在燕大任教务处事。共出吃小馆子，闲谈一时许。遂往访叔湘。叔湘又介往访徐益棠。徐前为商务同事，而不甚交往，今为金大教师。渠主民族学会，有《民族学报》，与我店接洽出版事。余答以他日商定后答复。四时归家。

今日为满子生日（阴历十一月底），小墨以傍晚归来。生炭盆，饮酒吃面。酒罢闲谈，颇畅适。

一月六日（星期三）

晨起较晏。作书复佩弦。

满子往买炭一百十四斤，二百六十二元，当可过此一冬。

午后作书复洗翁，编列第二十三号，所谈事多，不能不长。又附去叔湘文法稿一篇。又作书复丐翁，并致书伯、村、调诸公，编列蜀沪第七十九号。仅此而已，天已昏晚。

酒后，就灯下作书，复云彬、彬然。近来文供社有变动，二兄俱将退出，其因为何，未明也。

一月七日（星期四）

起来仍作书，复郑婴一信，附云彬信中寄发，并附叔湘之《笔记文选读》稿。复孙起孟一书。孙现在昆明，任教厅主任督学，编有《进修丛书》，寄赠两种，颇不错。

看《笔阵》稿，为潘子农写篆字。傍晚天寒，又生火盆，围坐至于就睡。

一月八日（星期五）

晨见浓霜，有太阳，为之心爽。

冒寒入城，观卓别麟《大独裁者》于中央电影院。此片轰动世界，讽刺希特勒、墨索里尼二人，而发挥卓氏自由主义民主主义之见解。讽刺皆有深味，惜有支支节节之感。前在重庆开映，连演两旬，座客常满。而今日早场，乃仅有五六十人。大概成都观众程度较低，不了解其何所谓，反不如国产通俗片之易于领受也。

散场后至陕西街取信，取本月份薪水。忽文协派人来，邀往全家福聚餐。驱车而往，会者凡二十余人，中有话剧编者导演数人，潘子农其一也。潘为余谈迩来剧作者多有新作，皆能深入，为之心喜。

三时散，复商定《笔阵》八期之稿子，到家已垂暮。

一月九日（星期六）

看一高中生杨君之长篇小说《鱼》。此稿交来已月余，有信来催，只得看之，殊平常，即作一信复之。又看完钟博约之小说，视杨君之作更差，亦作一信复之。两稿看毕,即是一天工夫。

一月十日(星期日)

晨起作第二十四号信致洗翁。子恺来信,于开明出书延缓,影响著作人之利益,颇有微辞,故作书与洗翁,商量加紧排书印书之工作。复东润信,谈其著作之版税率。复调孚信。调孚以上海诸君所撰《辞综》样稿见示,其体例极新,贯穿疏通之功甚勤。去书赞之。列蜀沪第八十号。又作书复朱启贤,渠与朋友创办"学报",发表学术文字,亦是佳消息。

小墨等三人之《花萼》一集,昨已编排竣事。云彬言由《国文杂志》社出版,今日遂以大半之稿先行寄与。尚有数篇未抄,待他日补寄。

一月十三日(星期三)

今日开始编《百八课》。此书前与丏翁合编,六册成其四,今拟补成之。其"文话"目录,丏翁已规定,即据以选范文,得十篇,由墨抄之。

下午,杂看书籍,亦无聊。

一月十四日(星期四)

晨入城,至华西坝,访戴伸甫于金陵大学,与谈其所编初中物理之修改事。

回至陕西街,看收到之信,即在雪舟家吃饭。洗翁信中言本年大家加薪。余与墨二人,薪津膳三项共得二千零四十元,觉受之有愧矣。

五时到家,灯下饮朝相所赠郫筒酒一瓶。此酒亦不恶。

日来我国与英美重订新约,盖即所谓"平等条约"。报纸论文,或谓一洗百年来之耻辱,或谓此皆六年抗战之成果,而言外不免透露"受宠若惊"之心情焉。

一月十六日(星期六)

晨起作书复人楩,仍为高中外史事,渠定欲抽版税,而我店意欲买稿。作第二十五号信寄洗翁,谈书稿事,甚长。附一笺复云彬,托洗转致。作书寄叔湘、朝相,皆托代觅冰心文字之刊于杂志者。我店与冰心订约,出其全集也。

午后小墨归来,又带归信件。中有上海七十六号信。迩来一封平信,自沪来蓉二十一二日可达。

一月十八日（星期一）

取《苏联作家七人集》观之。此系曹靖华所译，其中《第四十一》一篇最满意。

傍晚，杀鸡敬神，盖时近阴历岁暮，循往年常例也。合有鱼，但鱼甚贵，购买亦不便，未之用。

一月二十日（星期三）

选文数篇。

三官学期考试完毕，即放寒假。入城购书，自得其乐。归来携回信件多件，一一看之，又有新到杂志。

天气益寒，西风振树，炉火仅觉微温而已。

一月廿一日（星期四）

又是竟日写信。致一书与受百，告收到普益股息。作书复张世禄，因张介友人之稿投《国文杂志》。作书复云彬，谈杂志事。二书皆寄黄学尧君转致。又作致洗翁第二十六号信，附寄冰心小说一篇，吕朝相代为借到，墨所手抄也。

三官腹有寄生虫，小墨探知"山道宁"可以治之，今日下午四时六时八时各服一小包，不知影响如何。

今日有太阳，天气便较和暖。往年尚不觉得，今年真觉蜀中之太阳为珍品矣。

一月廿二日（星期五）

天气大好。晨与墨同入城，至陕西街。看信，写一信复孟实。午刻在雪舟家吃酒。雪舟近悟家庭教育之重要，与店中风纪之必须整饬，所言皆有见地。下午三时，全体同人在店门前拍照，预备寄往桂林。缘桂林同人先合拍一帧，寄来嘱交换也。

余遂独往东马棚，访夏承法，重谈编撰高中物理事，与约定按月支稿费办法。六时到家。虽来往以车，谈话亦不多，而颇疲倦。殆以将交立春，正在所谓"土王用事"之候也。

三官昨日服药，今日便蛔虫六七条。此药性烈，或可将肠内寄生虫除尽。

一月廿三日(星期六)

晨起作一书致雪舟,关照夏承法支款事,令三官入城送之。作第二十七号信复洗翁(附与孟实来信)。并致一笺与清华,告以校对应注意之事。作书复东润、昌群,皆告以版税之率,并预支版税之数,算是接洽成议。

一月廿四日(星期日)

上午"掸檐尘",此是苏州话,阴历年终扫除屋宇之意。余为扫地抹桌等事,取其较轻易。

午后,改小墨短文一篇。韵锵来,携来寿康、子恺信件,并佩弦《伦敦杂记》之校样。寿康近应洗翁命,加入开明为驻渝代表。今来信为嘱如期以地理原稿送部事。

校《伦敦杂记》十三面。身体疲甚,头脑亦昏昏,酒罢早睡。

一月廿五日(星期一)

复寿康信。致书世英,希望其地理一书能于三月底如期完成。作书复子恺。又致书雁冰,雁冰已离桂到渝,寿康以其寓地见告,故与通一函。

午后,改三官短文一篇。久不作"国志"文字,云彬来信云积稿已用尽,故促小墨三官作之。

一月廿六日(星期二)

致书马文珍,告以其诗集可由开明出版,集名《北望》,余所题也。又致书佩弦,催作《伦敦杂记》序文。致书芷芬,与谈接洽稿件事。皆附文珍信中航空寄递。修改《国文杂志》投稿一篇,预备付桂副刊。

一月廿七日(星期三)

翻译《世说新语》八则,入《国文杂志》。

一坛酒已喝完,余两小瓶,渣滓几满,以纸以脱脂棉漉之,俱不相干,遂罢饮。不知渊明如何以头巾漉酒也。

一月廿八日(星期四)

与三官入城,至陕西街接洽杂事,看信。在雪村家吃饭。

二时离开,观张大千画展于美术馆。张之山水颇苍凉,临摹敦煌壁画造象,工致绝伦。渠近在敦煌,诸幅皆敦煌所作也。观画展已多,如此满意者盖寡。

购杂物而归,买徽县大曲一瓶,与墨对饮一盏。

一月廿九日(星期五)

上午佐墨裹馍馍,亦年景也。站立工作,腰臂俱酸。

午后,为三官改短文一篇,并作按语,封寄云彬。此是"国志"第六期之稿。

一月三十日(星期六)

墨与三官入城,余神思不好,未作何事。下午,为邻人张青云写春联及祖先神位。

小墨归来,携归一坛酒,价又涨,三百八十四元矣。尽此一坛之后,当待来冬再饮矣。不知来冬酒价又复如何。

一月卅一日(星期日)

改昆明杨明君寄来投"国志"稿一篇。下午作书致云彬,将杨君稿寄去。复杨君书。昨为莫志恒写字两张,作一书寄与之。

天又转冷,傍晚生火盆。新春将届,宜供水仙。昨墨往购之,一束索价三十元,只好作罢。

二月(选录二十二日)

二月一日(星期一)

久未作小学国语,而小墨积有存稿,今日改之。竟日改九课。小墨编书确不错,人家编辑所中郑重其事而为之,亦未必能胜过也。

二月三日(星期三)

作第二十八号书致洗翁。作书复人梗,仍言其稿之报酬事。

满子向附近花圃买得红梅两大枝,值三元,可谓便宜。其种系透骨红,花尚未放,插于瓦瓶,亦算清供。

午后,田女士来,馈食物,谈馆中近事,并及其所任之工作。

二月四日(星期四)

云彬寄来投稿一篇,系教师修改学生之作文两篇。可用而不甚好,余遂为之修改。自晨至下午三时，仅毕一半。

小墨归来，明日始放假三天，名为庆祝与英美重订平等条约，实则放阴历年假也。此是政府所规定，未免滑稽。

傍晚祀先。祭毕，全家吃年夜饭，川人谓之"团年"。二官不在家，桌上多放筷子一双，苏州俗也。

九时睡。爆竹四应，彻夜不绝。

二月五日（星期五）

今日立春，适逢阴历元旦。"百年难遇岁朝春"，或者大局于今年有佳象乎。

续改昨日未完之文，至下午三时完毕。即作书与云彬，将稿寄与。并作书复彬然及黄学尧，一同附去。

天气又转寒，傍晚且起大风。生火饮酒，酒后谈文艺，九时睡。

二月六日（星期六）

新收到《文学创作》第三期，看毕熊佛西所作《袁世凯》戏剧。此作殊不佳，几乎在水平线以下。

天气大寒，闭户生火盆，一家人集居暗室中。余改三官文一篇，至晚而毕。

三官入城，携归《大公报》，见商务广告，《精读指导举隅》居然再版矣。

二月八日（星期一）

今日偕墨入城，至雪舟家，算是回答拜年。到即食点心，依绍兴风俗，进点须饮酒。继之午餐，复饮。食毕，打牌四圈，余小负。四时许，程受百来，谈半时，我们出城。

到家，月樵在等待，邀我们后日到彼处吃春酒。并言小学国语急于应市，第五册须着手赶成云云。留之饮两杯，然后去。

一天工夫，无非吃喝，即付消磨矣。

二月九日（星期二）

晨与墨及三官往青羊宫赶场。今日为新正第一场，贩物者取利市，价较便宜，买布二百数十元及杂物以归。

饭过，世英来，交来初中本国地理稿第一册。俟其去，取为校读。此作编制甚好,而文字不免粗疏,须为修改。直至夜八时,改二十七页,全册之三分之一耳。

二月十二日(星期五)

上午,改小墨所作国语课文五篇。

饭后,至营门口访世英,以地理稿交与,请再修改。坐半时,自老西门折回新西门,步行而归。

灯下,作书复伯、村、调、均、丐五人,编列第八十三号。

二月十三日(星期六)

上午作长信复洗翁,列第二十九号。附去两信,答锡光、士敫。

午后至夜,改小墨国语稿六篇。普益又派人来催促,言预定第五册者已有多起,不得不为之一赶。

小墨买一鲤归来,重斤许,值四十元。我家久不吃鱼矣,傍晚煮以佐酒。

二月十四日(星期日)

上午作国语中所用诗歌二首。

韵锵来,带来信件,并东北大学一电报,由校长臧启芳、国文系主任陆侃如署名,又来招余。每逢假期几乎必来缠一次,殊难事。拟一复电,托韵锵入城发出,电费计当四十元,真不在预算之中也。

午后至夜九时,与小墨三官计算国语第五册之新词汇,仅毕小半。此至麻烦,身体颇疲。

三午近两夕夜眠不宁,殆以患重伤风,又将出牙之故(其生将满十个月而尚未出牙,迟矣)。

二月十五日(星期一)

晨起复寿康一信。又致书世英,告以地理须于三月底赶完,寿康来信言教部主张如是也。

改国语课文两篇,又作练习课二,由三官佐之。午后,与三官轧词汇,半册完成,明日可先交普益付排。若无小墨起稿,余不能成此书如此之快。三官之助力亦复不少。两儿均能佐余,甚可慰也。

下午五时停手,连日伏案,体颇困顿。

昨寿康信中附告,言今年年内,收复缅甸及轰炸日本(从阿拉斯加起飞)二事,必可办到。此是好消息。

二月十六日(星期二)

作书复龙志霍,与接洽其所作英文文法稿《渡船》出版事。

三官入城,往观话剧《正气歌》,遂令其将国语稿送月樵。

余观云彬寄来"国志"投稿六篇,其中四篇皆作书退还作者;二篇为之修改,付刊于杂志。作书致云彬,以所改稿寄与。五时始完毕。

二月十七日(星期三)

三官自城中回,携回信件。校佩弦《伦敦杂记》十数面。作书复人梗,其高中外史决称"教程",不作教本,抽取版税,又收受其《论德国民族性》一稿。乃兄东荪愿为我店作高中本国史,作书允之。商务来信,送"精读"版税,甚少。而"略读"迄今未出版,致书王云五问之。子恺寄来《漫画的描法》一稿,三万余言,由我店出版。为校读一遍。

作事较多,甚感疲乏。

二月十八日(星期四)

入城,访龙志霍君于实业街。此君教英文,知学生困难在动词,遂作《渡船》,全用英文写成,四百余页。后半部尚须修改,再交来审阅。叔湘观其前半部,谓甚见精心也。

至陕西街,看信。雪舟言守己邀余往谈,即偕雪舟至世界书局访守己。其夫人及子女新从苏州到此。其子及一潘姓青年往光华,拟住我家,托余顺便教导。情不可却,允之。共入餐馆吃饭,三时辞出。

到家,写信复歌川、东润、陆侃如、叔湘,东润、叔湘二人,皆寄与版税契约。

上海来第七十八号信中,有丏翁结婚四十年诗一律:"如幻前尘似水年,佳期见月册回圆。悲欢磨得人皆老,福寿敢求天予全?故物都随烽火尽,家山时入梦魂妍。良宵且忘乱离苦,珍重亲朋此酿筵。"诸友皆和之,缓日余亦当和作。予同已加入开明,共为《词综》工作。

二月十九日(星期五)

上午未作甚事。午刻与墨入城,应李与初之招,吃春酒。帖子写一时,而客至四时始集。听人谈话,闲观其庭中之梅花,暖日当窗,亦复舒适。

成都花会为每年春季盛事,战事起后,停止已数年,据言今年将续行。盖群以为战事了期将至,我国胜利有望,宜一泄快乐情绪也。至于此意之来由,盖以英美两国领袖俱宣言今年将向敌进攻之故,尤其美总统,声言将猛攻日本。然谓即此可了,亦未免早计矣。

六时席散,至陕西街取信,戴月而归。

二月廿一日(星期日)

晨与墨入城,至国民戏院,候潘子农,潘招观其剧团所演之《正气歌》也。九时半,潘至,以两券相赠,座在第八排。时尚早,闲游街市,入中山公园一观,并进面点。

戏以十二时开演,四时半完毕。为时颇久,坐得周身作酸。此剧系吴祖光所撰,演文天祥事,支离破碎,没有中心。台词多文言,如听背书。演文天祥者为魏鹤龄,念台辞有体会,表情亦佳。他皆平平。布景颇新鲜,最引人兴味。

自国民散出,至陕西街一转,到家已六时半矣。

二月廿二日(星期一)

晨改正小墨所作之练习课三课,国语第五册至此完成。校《伦敦杂记》十一面。

饭后入城,先至陕西街,次至普益,以国语稿交与。遂至小关庙街陶雄家,赴文协之理事会。约期三时,但诸人至五时始集。本期为本届之末次理事会,商结束事宜,不日即开大会改选。

六时半散,乘车到家已七时矣。小关庙在北门,乘车而行,颇觉其远,因念成都城之广大,实一可爱之都市也。

二月廿三日(星期二)

改小墨所作国语六册稿,仅改毕四课。

作书致子杰并唐仲芳(近任教厅主任秘书),皆为文协向教厅请求津贴事。

二月廿四日（星期三）

续改国语稿三课。

午后，作书复伯、丏、村、予、调五人，列蜀沪第八十四号。作成和丏尊诗一首："无诗排闷欲经年，提笔祝公人月圆。遥审双杯为乐旨，醉吟四韵见神全。望中乡国春将近，偕老夫妻情更妍。此意同参堪共慰，预期会日启芳筵。"亦随信附去。

墨与满子携三午入城，种第三次牛痘，不知此次能出否。

灯下作一书寄佩弦，请签《伦敦杂记》契约，并请和丏翁诗。

二月廿五日（星期四）

作一书复雁冰。雁冰已迁居重庆，在江北租定房屋，预备久居，从事写作。

午后世英来，以地理第二册稿交余。据云下月月底，必可将三、四、五册完成，如教部所定之期限。俟其去，余即执笔为之修润，仅改二课而止。

二月廿七日（星期六）

改地理稿，校缮抄写如昨日。

下午小墨归，带回信件甚多。以文协请求增加津贴之呈文寄子杰，陶雄所托也。作书复陶雄、钱歌川、龙志霍。又作书复洗翁，列三十一号。附书致锡光，以歌川文稿、三官文稿交与之。

上月买酒一坛，至今晚而饮毕。去冬迄今，连饮三坛，可以止矣，待今冬再沽耳。

二月廿八日（星期日）

上午陈伯琴来，据言世英好胜心甚，急欲完成地理稿，心神暴躁，身体不好，在家常与夫人吵闹，渠受其夫人之托，嘱余去书宽慰，以安其心。因作一书，托伯琴带与。

作书复伯、村、调三人，列蜀沪第八十五号。复高晋生，又言其稿《周易古经今注》之出版；此稿已移交文通书局，而文通迟迟未出，晋生因是又欲交我店云。致书东北大学副教授傅庚生君，渠以其《中国文学欣赏举隅》一稿来投，读之有可观，因与商接受条件。毛仁学君投来一稿，拟登"国志"，为修改一过，即寄与云彬。并复毛君一书,附于复芷芬信中寄发。

三午种牛痘,此次居然发作,亦可放心事。

三月(选录二十七日)

三月一日(星期一)

校改地理稿,将世英已交来者全改毕;并佐墨缮抄一章,计九页。

三官入城,取回书件多通。彬然将其所认编之高小地理稿两册交来,明后日又须赶紧校读矣。商务寄来《略读指导举隅》印成本一册,付去逾一年,今始出版,殊为缓慢。字尚清楚而用纸极坏,令人生厌。

三月二日(星期二)

作书复洗翁,列第三十二号;附入复彬然信,及编所通讯第八号。复赵清阁,渠以外国小说改编剧本,答以不拟出版。又复马季明,中美文化协会欲翻译我国新文艺作品,嘱为选择。余实不知所对,举曹禺《蜕变》,李健吾《草莽》,郭沫若《虎符》三种应之。

午后,看彬然寄来之高小地理第一、二两册稿。无甚问题,通读一过,事尚简易。看完后,改二官寄来之《贷金的故事》,结构尚佳,文字经修改,亦可诵。至夜九时改毕。

三官以今日开始受课,灯下读英文读本。在放假期内,渠专看小说,未尚一翻英文书也。

三月三日(星期三)

上午,改二官所作散文《养蜂》,半篇而止。

连日闷坐,身体疲乏,饭后入城一行,藉以舒散。到陕西街,看信,与诸君谈。坐两时许,买大曲一斤(四十八元)以归,备而不常饮,有兴即饮之。今夕有昨日所买小鱼,遂饮一杯。鱼系张青云所捕获,共得十斤光景,以二十元易其一斤。

日来内江修理,沟中水少,农人多捕鱼卖之。移居成都后,已三见此景矣。

三月四日（星期四）

写信复昌群，以《汉唐文化研究》之契约寄与。又致书祥麟，请其以二千元付昌群，为预支之版税款。复孟实一信。又致书调孚，列八十六号，以近出《中学生》中之文数篇寄之。上海自被敌人占领后，《中学生》即不复寄去，聊与看几篇，亦慰相思也。

午后，改毕二官《养蜂》一文，又改三官之《捕鱼》。近来作文，三官最用心，渠以明快之口语书写，效佩弦体，颇有佳处。至夜仅改毕半篇。

三月五日（星期五）

天气转寒，不易冬令。

改毕三官《捕鱼》一文，致书歌川，试投其所编之《新中华》。又致书锡光，以二官之《贷金的故事》投《中学生》。并致一笺于彬然。发第三十三号书于洗翁。二官《养蜂》一文，则寄与云彬，收入"国志"。为儿辈之文，辛勤修改，又与写信寄出，似不异自己之文也。

三月六日（星期六）

校阅墨所抄地理课本稿。

雪舟夫妇来，晒芥菜，带来信件多通。世英嘱向子杰写信，托其介绍于川大，即作书致子杰。又作书致陶雄，告以向教厅请加津贴，可以酌加。

前嘱莫志恒抄寄雁冰之《秋夜偶成》诗，今日寄到，录之于下："炎夏忽已尽，金风煽萧瑟。渐觉心情移，坐立常咄咄。凝望剑铓山，愁肠不可割。煎迫讵足论，但惜智能竭。桓桓彼多士，引领向北国。双双小儿女，驰书诉契阔。梦晤如生平，欢笑复呜咽。感此倍怆神，但祝长健硕。中夜起徘徊，寒蜇何凄切。男儿志四方，未敢耽安逸。振衣上征途，慷慨投虎窟。"

三月八日（星期一）

致书杨东莼，拟一合同稿与之，约编高中本国史。又致书东润，寄与《读诗四论》之契约。此书已由商务出版，向东润于其印刷发行俱不甚满意，改交我店再行出版。内容诚不恶，然非繁销书也。致书锡光，以东润《文学批评史大纲》之序文寄与。

饭后,看昌群《汉唐文化研究》稿,批注其校排应注意之点。至夜释卷,未毕事也。

三月九日(星期二)

校读昌群之《唐女子服装考》《流沙坠简校补》两篇。

世英续交地理教本稿不至,送审截止期已近,颇为心焦。

灯下抄昌群之《烽燧考》千余言。此篇非重抄一过,不便付排,当排日徐徐抄之。

三月十日(星期三)

续抄《烽燧考》三千字。

韵锵携来信多件。傅庚生(肖岩)之《中国文学欣赏举隅》决交我店出版,即作一书复之,并寄与契约。

三月十一日(星期四)

续抄《烽燧考》二千余字。作书,致马文珍,以其诗集《北望集》之契约寄与,并附一信与佩弦。校墨所抄《汉代政治制度论》,亦昌群《汉唐文化研究》中之稿也。改小墨所作国语第六册稿三课。竟日书写,疲困殊甚。

满子齿痛已二日,今日面发胀,且发热。小墨归来看之。明日当入城就医。

三月十二日(星期五)

满子入城就医,得敷药以归。医期其能消肿而不致化脓。

余改小墨所作课文二篇。致一书与歌川,申述不能作文投《新中华》之故,渠盖以是相责矣。

午后疲甚,卧床休息,不成眠,看丁西林《等太太回来的时候》剧本一种。无甚深味,而文字洁净,首尾完整,是其所长也。

起来续抄《烽燧考》,至夜成二千余字。

三月十三日(星期六)

世英来,交来地理稿第三册。前二册有可商处,即与商定。因补抄一、二两册未抄之篇,亦将四千字。

今日下雨,小墨下午归来,在路上跌交,头触电杆,左眼角起大块。渠自幼即常跌交,及长而犹然。

屋角梨花已有花苞,不日将开,居此已三见开花矣。

三月十五日（星期一）

续改地理五十余页,第三册看完。墨竟日缮抄。三官亦于放学归来时抄一部分。三官又携数节到校中,托数位同学抄之,以期迅速。

余校佩弦《伦敦杂记》三十余面,全书校毕。俟佩弦寄到序文,即可付印矣。

今日更疲乏,几乎无一处不酸痛。夜亦未得好睡。

三月十六日（星期二）

今日以疲甚,索性入城一行,以资松散。至陕西街,晤徐师度君。徐在雅安办茶叶公司,谈国内外情势甚悉,皆不可乐观。最近中央与西藏有问题,若演变而至恶化,殊为可虑。此等事皆不见于报纸也。

午刻,雪舟招往"小酒家"小叙,有徐君及科学书店之孟君,新自桂林来者,余皆店中同人。

二时,忽传预行警报,徐步至金河街,便闻解除。乃返身往陕西街剪发,并买肉而归。此间买肉无问题,而重庆近难得肉,价至五十元,尚不易买到也。

三月十七日（星期三）

校阅诸人所抄地理稿,亦复竟日。

上午仍有预行警报。去年一年中敌机未入川,今年殆又欲来肆扰矣。

彬然所作高小地理第三、四册,今日寄到,明日当赶速看之。

三月十八日（星期四）

上午看毕彬然稿两册,即全部装订,待小墨补图数幅,即可寄发。

午后,续昨校看诸人所抄初中地理。世英来,以编例及附录之稿见惠。一俟改定抄出,可先寄发三册,余二册下月再寄。

满子今日入城,拔去臼齿二枚。渠之牙齿坏者已多,医主陆续拔去。现小墨方在中大医学院任事,医费可以家属名义打折扣也。

昌群来信中附诗数首,录之。

《渝州山居除夕书怀》"未必中兴愿已迟,百世世事起深悲。九州丧乱风兼雨,一卷穷愁泪是诗。沧海有声沉战骨,监门无笔写流离。寒灯岁暮催残夜,泠泠西窗暗雨吹。""不堪多病艰难日,又是残年风雪天。人事寂寥中岁后,深宵儿女一灯前。江城古木寒云满,野店山桥小径偏。忽忆杜陵悱愤句,万家哀乐到心田。"《和丐翁韵》"天下兵戈数六年,白头双照月长圆。庞公市隐行吟健,阮籍风流得失全。巴峡云寒波渺渺,江南春暖草妍妍。故凭蜀水将霜鲤,为报诗心入盛筵。"

三月十九日(星期五)

晨以昌群和丐翁诗寄上海,列八十七号。

改正世英所为编辑大旨等稿,因缮抄之。午后,先订成第一、二两册。作书复云彬,附去傅庚生稿一篇,抄自《中国文学欣赏举隅》者也。《花萼》之稿已抄全,亦附去。

三午生已十一个月,久不出牙,大家时时说起。今日始发见下颚有牙痕透露,甚迟矣。

晚饭后,偕三官往青羊宫。明日为老君诞日,今夜人多来烧香,老妇多人围坐于八卦亭周围及三圣殿前,云将念经终夜。小食摊茶座甚多,而售日用品者尚少。据闻每年"花会",例以老君诞日(阴历二月十五日)为开始之日,大约从明日起,货品之来集者将见多矣。往返徒步,甚觉腿酸,到家即就睡。

三月二十日(星期六)

昨夕疲劳,今晨起特晚(九时)。作书致锡光、彬然、清华,并致冼翁第三十四号信,与叔湘改定之《文言虚字》(原名《文言虚助字浅说》)稿数篇,一同封寄。

下午小墨归来,携归信件。佩弦以《伦敦杂记》自序寄来,此小册即可排成矣。又附来和丐翁诗:"举案齐眉四十年,年年人逐月同圆。烹鲜佐酒清谈永,伴读当机乐趣全。平屋湖山神辄往,小堤桃柳色将妍。胡尘满地身双健,莫为思乡负醉筵。"

三月廿一日(星期日)

以佩弦和丐翁诗寄上海,列八十八号。写公函两通,致教部国民、中等教育两司,送呈地理稿本。又作书致允臧,以稿寄与,请其在渝派人专送教部。

作书复雁冰。雁冰来信中抄示《赠陈此生》一首,虽然出韵,而颇生辣:"岂缘离别故依依,但恨重逢未可期。刍狗无灵怨圣德,木龙有洞且潜居(此生居木龙洞)。忧时不忍效乡愿,论史非为惊陋儒。落落人间啼笑寂,鸡鸣风雨寸心知。"

午刻祀先,算是过清明节,其实下月五日方交清明也。

午后,复佩弦书,又致书芷芬,同寄。校墨所抄《汉代政治制度论》。田泽芝来,以所为文嘱改,坐一时许而去。

灯下,看新到杂志。

三月廿三日(星期二)

上午续抄《烽燧考》四千言。

三午咳嗽气喘发热,令服"大箭黄",下午似轻松些。

二时,与墨入城,至陕西街。今日金世泽为其新生儿设汤饼宴也。凡四席,饮酒甚多,菜系文铨所制,颇佳。小墨亦来参加。八时散,三人步行到家,略有月光。

三月廿四日(星期三)

上午作书复上海诸公,列蜀沪第八十九号。

抄毕《烽燧考》。又校看昌群稿中《唐代文化影响及于日本》之一篇,系杂志排用者,而错字甚多,至夜始校毕。灯下,又看其论敦煌艺术之一篇。

三月廿五日(星期四)

作书致锡光,以昌群《汉唐文化研究》、人梗《德国民族之侵略性》两稿寄与,请其发排。又作书复昌群,以其手写原稿寄还之。作书复人梗,寄与稿费及契约。作书致子恺。子恺于上月游乐山,云将由乐山来蓉,而至今未到,大约已顺流返渝,故以书问之。

午后,小墨归来视三午,其实三午已渐愈,唯痰尚多耳。

晚饭后,墨发肝阳,早睡。余伤风头胀,服阿司匹灵两片。

三月廿六日(星期五)

改小墨所作国语课文三篇。

下午未作何事。忙迫多日,宜有休暇,看翻译小说数篇。

三月廿七日(星期六)

写一信与二官,她欲应某团体文艺竞赛,来问可写者为何,余亦无以告之。二官自往乐山,写信均由墨与小墨执笔,余去信甚少也。

精神不好,闲看商务出版史学丛书之各种年谱为遣。

饭后入睡一小时。小墨归来,携归叔湘所译《石榴树》之排样,即校之,至十四面而停手。

入城,未遇鸡公车,徐徐步行。见青羊宫外席棚密布,往游者颇多。盖前此老君会,尚非花会之正期,正式开会在下月一日。不复名花会而名物产展览会,颇杀风景。

至"小酒家",应丁贤书等十四人之招宴。昨见柬帖,署名者十四人仅识丁君一人,不知何事。及询明,方知此十四人皆北大同学,今拟设同学会,而避同学之名,拟名子民学会。余曾在北大预科任教,故亦被邀。酒次,诸人皆言联络之必要,言外则欲团结而为生活竞争之一动力。余固无意于此,唯唯而已。大约半月后尚须续会也。

八时散,乘车至新西门,改乘鸡公车,夜色昏黑,仅辨树影。至半途,小墨三官来迎,一路闲谈。

就睡后,因足力疲乏,未能安眠。

三月廿八日(星期日)

续校《石榴树》十二面。复孟实一信,收受其《我与文学及其他》一稿。

午后,得洗翁来信,言"中志"为政府所忌,讽示须移川出版,翁意欲交余编辑。余言在此文稿无来源,若诸友肯负责相助,当勉为其难。书颇长,编列第三十五号,并附一信复锡光。

洗翁附来卢冀野和丐翁一首:"去我丐翁忽六年,海天明月旧时圆。别来阅世纷千变,乱亟凭谁策万全。小友亦惭驼坐废,黄花应与鹤争妍。西南飘泊悲还喜,难得人间不散筵。"卢方经过桂林也。

下午四时写毕信件,即觉肝阳上升,头昏,胸次有作呕之感觉。睡一时许,少好,饭后即就寝。

三月廿九日（星期一）

身子仍觉不舒,体内作寒,坐立俱无聊。写一信寄上海诸友,希望为《中学生》作文字,为我后援。列沪蜀第九十号。

三月卅一日（星期三）

发见前日签字之《石榴树》校样尚有错误,入城往印刷所改之,已不及,盖打成纸型矣。至陕西街,续校《石榴树》八面。十一时半出城。

路中见往观花会者甚众,拟他日一观之。

午后作国语课本所用诗歌二首,亦费半日工夫。灯下观美人司坦培克所作小说《人鼠之间》,自具风格,颇为满意。

四月（选录二十六日）

四月一日（星期四）

作诗歌二首,国语第六册课文至此齐全,再作练习之课,便可完成。

午后,观新购文艺杂志中之翻译小说数篇。

四月二日（星期五）

思作一小说,与歌川所主编之《新中华》,遂执笔试之。此调久不弹,手生荆棘,作千余言而辍。

下午二时半,与三官观青羊宫花会。于青羊宫外辟地若干亩,骈列篷屋,中界衢路。有陈列各项物品之馆,如博览会模样,并设店铺,以餐馆茶肆为多。其一隅,花圃中移植各种果木花卉,以待售。牡丹山茶皆盛开,惜余无地可栽花也。书摊则设于大殿檐下,问其价,皆甚昂。茗坐半小时,缓步而归,竟体疲乏。

今日张青云修沟堰,顺便捕鱼。满子得虾数两,涂以面粉,煎之于油,佐酒。

四月四日（星期日）

作毕小说,题曰《皮包》,略表讽刺公务员之意,自视不甚满意。作一书致歌川,即以小说寄与之。

午后,雨岩来,带来《石榴树》排样,即校之,约二十页。

所居草屋,本年之房租已由守己与屋主严谷声说妥,为六千元。余与店中各出一半,未免昂甚。第一年五百,颇觉便宜。昨年一千二,于秋间严君定欲加些,又加五百。今年乃涨至六千,可谓突飞猛进。然闻有某银行挖租此屋,愿出八千或一万也。不知明年又将涨至何数耳。

小墨三官选一翻译小说集,略加阐说,欲谋出版。灯下为改定其文字,四篇而止。

四月五日(星期一)

续校《石榴树》十余面。作书复雁冰,为渠以他人所作《归国曲》一稿托余谋出版事。又复红蕉,渠寄来四百元,以我母七十九寿辰将届,以此为寿。

饭后入睡两小时。起来写三信。一致田泽芝,以嘱改之文稿寄还。一复寿康,一致上海诸友(蜀沪九十一号)。

灯下,仍为小墨三官润色文稿,至十时而止。

四月六日(星期二)

上午闲看书籍。雨作,屋漏处处,为之烦心。午后,睡三时。狂风忽作,如下江之飓风,彻夜不息。

作书致洗翁,列三十六号,附致锡光信及子恺纪念弘一法师文稿,投《中学生》。复叔湘、孟实各一信。

四月七日(星期三)

晨间风定,闻女佣言室门已启,知窃贼乘风雨入室。起来检视,知贼所到为靠南之两间。计失时钟一,茶壶一,茶杯六,书包二,西藏铜佛一,笔筒一,热水瓶一,墨为三官裁而未缝之校服一,小墨之学生服一,三官领巾一,余之呢帽一。店中之纸型启其一包而弃于地,书籍一无所失。是诸物以时值计之,已在千元以上。而无时钟与热水瓶,最感不便。迩来附近一带时传失窃,亦见民生之多艰。

作书复子恺,子恺昨来信,至乐山即返渝,须于暑中来蓉矣。致书于守己,谢其为租屋事奔跑多次。以叔湘文稿寄云彬,书列第七号。又作第三十七号书寄洗翁,请其考虑以总办事处移川。余觉为适应环境,似有此需要。

入夜,于靠南两间之门上加防,横竹而系之,统关诸扇之门,又堵之以桌子。

夜寝醒时,默听有无声息,未得安眠。其实窃贼来过一次,未必即来第二次也。

四月八日（星期四）

昨夜寒甚,晨起屋上有浓霜。此于麦及油菜殊有损,今年"小春"恐无丰收之望。

入城,至陕西街,与雪舟诸兄闲谈。午刻,共往南门小饭店吃饭。

洗翁来信,言本月又调整同人薪津,余之薪津膳三项,共为二千二百四十元,未免太多,受之有愧。四时出城。

灯下,看闻一多《楚辞校补》,今日新购也。

四月九日（星期五）

作文介绍《楚辞校补》,拟登"国志",竟日伏案尚未完毕,文多抄录原文也。

今日为三午周岁日（阴历三月初五）,买一鸡,肉三斤,酒十二两。垂夜,全家聚饮吃面。

邻家周姓种蚕豆,本以为肥料,今日刈割,而豆荚亦从入料池。乡人食蚕豆,必俟其老,嫩豆所弗嗜,而我们正以为时品。因往取之,得三大碗,食之鲜美。此是下江立夏时节事,而在此间,则清明才过耳。

四月十二日（星期一）

代三官作所编翻译短篇小说集之解释,凡二篇,此集即完成。集名《情诗》,叔湘所译索洛延小说之一篇也。三官自去接洽,将交路明书店出版。

午后,为二官改所作独幕剧《明儿吃喜酒》,此篇以女学生生活为题材,尚可。余为修改,窜易颇多,迄于夜九时尚未改毕。

四月十三日（星期二）

改毕二官之剧本,写一信与之。稿由墨缮抄,因二官将以应某处之征文。为母者之心,真是处处体贴子女也。

作一书致芷芬,以前日渠寄来之某君译稿寄还之。作《石榴树》之广告辞。并代三官作《情诗》之广告辞。

灯下看冈察洛夫之《悬崖》数章。此小说产生时代早,全用细磨细琢之笔法。

四月十四日（星期三）

九时入城，至陕西街，看信。《伦敦杂记》已印出，模糊殊甚，为开明第一本坏书。其故在打纸型技术不高，铅字行间用木条。辛苦校对，成绩如此，殊为不快。

十一时，闲行至春熙路，念小墨之学校已近，即往看之。与偕出，吃面。至英大使馆所设图书馆，中多陈杂志图画报，无他书籍，实一宣传站而已。小墨归校，余入店剪发。

再往陕西街，章嘉禾适来。数月未见，渠惊余憔悴，以为新病。六时归家。

迩来米价大涨，已至一千八百元。今日老西门已有纠众抢米之事，载米过市，众即拦而分之。是可忧也。

孟实抄示和丏翁诗，颇不恶，录之："一别鸿光二十年，传来好句讶珠圆。尝嗟胜侣云泥隔，尚喜高人福慧全。心为逝川忘昼夜，诗从禅悟证清妍。近来酒兴如前否？何日湖居再酿筵。"

四月十五日（星期四）

晨起即写信。致文原印刷所安君，与谈排书不清楚之原因，及改善之方法。复昌群信，渠介绍程仰之文稿。复东润，附一笺致罗雨亭，谢其为"国志"作文。致书颉刚，渠嘱为某书店作《陶渊明》一稿，余实不能作，辞焉。复龙志霍、杨东莼。寄书致上海诸友，列蜀沪第九十二号。

午后，看翻译三幕剧《造谣的社会》，颇满意。

四月十六日（星期五）

作国语第六册之练习课，关于内容与形式讨论之部分，作毕五课，算已齐全。

续看《悬崖》，迄于临睡，全书将近五百页，仅余百页矣。

四月十七日（星期六）

检点国语第六册所用生字，编制词汇。此事如捉虱，颇须耐性。半日工夫，仅检六七课而已。

为人书一扇面，泥金面难写，殊难看。

观美人司坦倍克新作小说《月亮下去了》,系写挪威沦陷后某地人抗敌之事,与我国一般抗战小说相较,远胜矣。

三官入城取回信件,中有洗翁复信,《中学生》决定在蓉编辑送审,桂林诸友担任文稿三分之二。从此余又须每月集稿,事益忙迫矣。

看毕《悬崖》。

四月十八日(星期日)

作长信复洗翁,谈"中志"移川事,列第三十九号。复村、调、丐三人书,列第九十三号。并致书子恺、叔湘、朱采芷(佩弦之女,以佩弦版税款交与之)。

世英夫人来,以地理第四册初稿交来,言世英身体不佳,方事休养,未能赶作云。

校《石榴树》二十余面。

今日小墨生日(阴历三月十四),吃面。

四月十九日(星期一)

入城,至陕西街。雪舟谈店用房子皆涨价,殊不合算。拟自建草屋,费十万元,则栈房厂房编译所均可足用。且战事未能即了,作三年五年之计划,尤为便宜。因由余致书洗翁,商谈此事,信列第四十号。

十一时出,闲行街市,吃面为午餐。美术馆有杨乡生边疆画展,入观之。所绘为川西及甘肃塞外风物,画亦平常,然题材有趣。杨为山东人,尚系青年,嘱余题字,为书"边情在目"四字。遇吕朝相,共入公园吃茶。谈川省政情,云似视以前防区制时期尤坏。坐一时而别。访月樵,知普益图书公司已决定解散,其原因为现款周转不灵。

五时到家。灯下与三官杂谈小说。

四月二十日(星期二)

上午校改世英地理稿,凡六十余页。饭后睡一时许。

韵锵来,携来信件。中有二官信,寄来小说习作两篇,云将以其一应某处之征文。因为阅看,择定一篇修改之,迄于夜,仅改全篇五分之一。

四月廿一日（星期三）

竟日改二官小说，至夜而毕，篇名《转变》。

满子入城治齿，携归大曲，傍晚饮一小杯。

洗翁来复信，言总办事处拟迁重庆，唯须俟雪山重到以后（今雪山方在上海），大约今年秋间可实现也。

四月廿二日（星期四）

作书复洗翁，列第四十一号。附书复彬然、锡光、士敩、清华。又致书二官，以所改小说寄还之。写此数信，即花半日时光。

饭后睡一时。起来续改地理稿，尽青海、新疆二省。

四月廿三日（星期五）

晨作书复孟实，答复渠介绍友人叶石甫书稿事。

九时偕墨入城，观寄卖所十余家。墨购女衫二件，值三百二十元，购此种布料即须千元光景矣。男服即无廉值者，见哔叽西服一袭，标价至八千元也。

食面点当午餐，遂至陕西街。取最近一届之版税五千五百元，付本年房金二千四百元；余本拟出三千，今从洗翁之意也。

三时离开，买一鸡，肉三斤，红烛一对，明日是母亲七十九生日，拟"斋星官"。

天气大热，到家流汗矣。观看新得书，与三官闲谈。

四月廿四日（星期六）

改地理稿，尽西部地方一章，第四册毕。

作书复伯祥、调孚，列蜀沪第九十四号；又作一书复权湘。为小墨友人李君刻一图章，尚可。

傍晚，全家聚饮吃面，祝母亲生日。

四月廿五日（星期日）

写信，复孙锡洪、马文珍、朱佩弦、金仲华、杨人楩、顾颉刚。

人楩拟作西洋人物志，投寄《中学生》。颉刚拟作本国名人传，嘱余为之润色，余因请其以一部分登《中学生》。若两种稿件俱不"黄落"，亦有意思也。

颉刚书中言渠与余之别，彼狂而余狷，彼近伊尹，余近伯夷，彼什么事都肯为，余什么事都不肯做。虽未免言之过甚，亦有味也。

为小墨刻一名字章，尚可。余治艺事，皆平常，久而不见进步，殆亦不复能进步矣。

四月廿六日（星期一）

上午校订小墨、三官二人所录国语第六册之词汇，校十余课而止。

午后，为雪舟写字，渠将以送人。计写联三副，单条六张，手亦酸矣。

四月廿七日（星期二）

晨至茶店子，晤伯琴、泽芝二位。以叔湘所作《文法要略》中卷交与，托转致子杰。

坐一时，乘公共汽车至春熙路。此车开行未久，余尚是第一次乘坐也，以视人力车究便捷不少。票价为九元。

至陕西街，知雪舟夫人昨日生一子，雪舟邀余吃面，并饮酒一小壶。一时出城，行烈日中微微发汗。

续行校订词汇，完毕，第六册国语至此全部完成。灯下，校墨所抄地理稿。

四月廿九日（星期四）

作书寄上海，列第九十五号，附一信致红蕉。作书复佩弦，以其《欧游杂记》寄与之，渠拟修改一过，再行排植。复子恺信，请其作文，为青年言艺术学习之重要。复云彬信，列第九号。渠疟疾已愈，其夫人患肋膜炎，危险期已过，渐就平安矣。

午睡后，作书复洗翁，列第四十二号。附去复锡光书，及办事处通讯第十号。

灯下校《石榴树》二十余面。

四月三十日（星期五）

续校《石榴树》十余面。校阅墨所抄地理稿第四册，毕，装订成册。

小墨携行李自中大医学院归来，于今日解职。渠与同学储君等设小规模之农产制造厂于雅安，本拟二月间即去雅，后因教授郑君不允即离职，几经商谈，始言定以今日离职。下星期中,渠即将乘车赴雅矣。

饭后入城,以《石榴树》校样交韵锵。与雪舟谈,经济前途可虑,不知能支持此长期战局否。六时返家。

三官以今明两日参加童子军露营,宿营幕中,未归。夜间雨颇不小,在他们童子军必特感兴趣。然受寒受湿,家中人殊念之矣。

五月(选录二十七日)

五月一日(星期六)

作书寄上海,依雪舟之意,请他们考虑招股增资,以利展布,列蜀沪第九十六号。作书致二官。

午后,看孟实文《我与文学及其他》,为校正误字,以便付排。孟实要余作序,思动笔而未果。

灯下,改小墨一文稿,预备入《中学生》,仅改四分之一。余编辑《中学生》以今日为开始也。

五月四日(星期二)

作一书与潘介泉,请为"中志"作文。与介泉通信尚是两年前事,今彼大概仍在西南联大教书也。

午后,改国语第七册之课本三课。第七册之初稿,小墨已大致拟就矣。

五月五日(星期三)

晨入城,至陕西街,看来信多件。雪舟将于日内动身往西北,视业务有无可以发展之处。本拟在西安设一办事处,今作罢论。

十一时,往访叔湘,请其为"中志"作稿,并拉稿件。闲谈甚久,偕行至春熙路,在新开之冠生园进茶点而后别。

六时到家,走路较多,足力疲矣。

五月六日(星期四)

半日工夫写信。复凌叔华女士,她欲以其短篇集交我印行。复陈斠玄,言已读其评论大一国文选目之文字。复孙锡洪,言其书再版之事。致书洗翁,列四十三号,附二信,致锡光、士敫。致书佩弦,以陈斠玄文寄与,请收入《国文月刊》。致书世英,询地理稿进行何如。致书吕朝相,请代觅凌叔华之《小哥儿俩》一集。

校《石榴树》五六面。

饭后入睡一时半,起来闲看各书。灯下,改国语课文一篇。

五月七日(星期五)

晨间世英来,以地理稿三篇交来。俟其去,即为润色。墨便抄之。

小墨明日动身赴雅,今日去买车票,价将近四百元。渠去后或将至中秋始回来也。

五月八日(星期六)

清早起来,看小墨携行李离家而去。此是渠离开家庭所在地,到他处去就事的开始,亦可纪念。据云汽车以九时开行,烧酒精,下午三时可达雅安,尚称便捷。

俟其动身,余又写一些信。复歌川、叔湘、李士英、朝相,致书晓先、伯琴、凌叔华。李士英余所不识,以徐玉诺之消息见告,故答之。朝相代买到叔华之《小哥儿俩》一集,故谢之,并告叔华。

续改地理稿一章,校墨抄本若干纸。

午睡起来,改小墨之国语课文,两课而止。

五月九日(星期日)

上午作文珍《北望集》之跋文一篇,才五百言耳。文珍嘱作,情不可却,故勉为之。

午后,作书致文珍,将跋文寄与,附一书致佩弦。又作书致锡光,亦以跋文寄与,请付排,并寄与《北望集》之广告辞。

续改国语课文两篇。

五月十日(星期一)

从孟实意,为其《我与文学及其他》作序文一篇。午后睡起方成,不过千言而已。又作是书之广告辞,全稿即可寄桂付排。昨今两日,将两部稿子之未了事件弄清楚,心亦舒快。

五月十一日（星期二）

作书复孟实。致书叶石甫，收购其《经子选注》六种，孟实所介绍也。

午睡起来，改国语课文三篇。作成一律，题沈君匋之《风雨一庐图》。沈系中学时代之同学，低余两班。自离学校，从未会面。今在重庆任事，题图事系托颉刚转致者。

五月十二日（星期三）

九时入城，至陕西街，遇联棠之兄梦生，系贩书来蓉者，为余谈桂林近事。午刻，世泽邀余及梦生、韵锵、雨岩，共往南门外小饭店吃饭。

归陕西街，校《石榴树》二十余面，全书校毕。剪发而后归。

小墨到雅后，信尚未来，念之。

五月十三日（星期四）

作长信复洗翁，列四十四号，附去致锡光及清华信。复伯祥、调孚信，列九十七号。复黄念田信，黄系季刚先生之子，来询其父之遗稿出版事也。作一书复叶石甫，言其校正之稿已到。

午睡后，改二官《三八之夜》一文，记妇女节集会者，拟以投《四川学生》。

灯下，改国语课文二篇。墨缮抄二官稿，三官试作剧本，三人共一灯，俯首执笔，余谓此趣亦未易得也。

五月十四日（星期五）

作书致陈伯琴，将二官之文寄与。

店中送来信件数通。小墨已有信来，略叙雅安景物，云酱油及麦片生意有希望，自是可慰。

五月十五日（星期六）

改国语课文五篇。

午睡起来，重读《月亮下去了》。前所见为节译本，今据《新中华》所载，则全本也。

三官入城，携回所购翻译文学作品二十余本。渠近来甚喜买书，几成癖嗜，陈之架上，顾而乐之。而迩来出版界多出译作，旧译重印者，新译初版者，时时有广告载于报端，此亦引起三官兴趣之一因。灯下，余亦伴之翻检新购之书以为乐。

五月十六日（星期日）

叶石甫之《孟子选注》稿虽系学校排印，而错误尚多，款式亦须改良，因为校阅。昨已校《韩非子》半本，今日校毕，复校《庄子》一本，即是一天工夫。

五月十七日（星期一）

晨入城，复出城至华西坝，访冯芝生。冯自昆明来蓉讲学，余未与识面，然为我店之著作人，义当访之。未值，留条而出。

至春熙路，入图书审查处，访冷风君，向彼探询杂志转移出版地点手续，承渠详告。又至西御街访李儒勉，李在川大，新近自峨嵋来。为别二年有余矣，重逢甚欢。为余言生活困难，所入不敷应用云云，余于此殊不愿多谈也。同饭于邱佛子，同茗于少城公园，午后一时分别。

余至陕西街，作一书复孟实，孟实为我特作一文入《中学生》，殊可感。又致一书于洗翁，告以书审处所告情形，列第四十五号。五时回家。

近日盟国在北非获胜，将德国军队完全解决。此后殆将在欧洲开辟所谓"第二战场"。邱吉尔第五次与罗斯福会晤。世人均甚兴奋。

五月十八日（星期二）

墨将孟实寄来一篇文字重抄，为其字体太草，恐排字人不识。抄毕，余为校读一过。作书复张梓生。作书致雨岩，嘱其办一些杂事。校叶石甫之《孟子选注》。

午睡起来时，世英来，续交地理稿三章，尚有二章未成。俟其去，余即动手改其二章。墨亦动手缮写，至于夜九点半，抄成一章。

五月十九日（星期三）

校改地理一章，看墨所抄清稿一章有半。校毕叶石甫之《孟子选注》。

看美国作家汉明威之《战地钟声》。此书以西班牙战事为题材，写游击队诸人之心理颇深微，不愧为佳著。汉明威自己固曾参加西班牙战事也。

五月二十日（星期四）

晨起校叶石甫之《墨子选注》。

雨岩、韵锵来,携来信件。即作书复锡光,皆谈"中志"事。复老舍,请为"中志"撰文。致书陶雄,请其为应云卫来蓉演剧吹嘘,盖老舍之嘱托也。

锡光寄来"中志"第一批稿,逐篇看之,为校正其错字糊涂字。此事久已不为,今又重理。直至夜八时而后罢手。

五月廿二日（星期六）

晨起校看"中志"稿。

十时,世英夫妇偕来,交来地理之末后两章稿。俟其去,即为修改,墨即抄之。至于夜九时,尚有数页未毕。

五月廿三日（星期日）

晨早起,墨续抄地理稿,余写信致寿康,然后一并封固,入城付邮。地理教本赶了四五月,今日方完工,亦复一快。

到陕西街,看来信数通,与诸君谈。午刻,陆梦生君邀至"小酒家"吃饭,并约世泽、雨岩。真是小食,菜五色,酒四两,饭四碗,付账三百有余,亦贵矣。

四时回家,忽感伤风,其势甚剧。

五月廿五日（星期二）

伤风仍剧。

看《中志》存稿,均正所译述者,合生物理化而一起讲述,甚有致趣。

午后入城至陕西街,冯芝生来信邀约,谓将来访也。三时半,冯偕其夫人同来,满腮黑胡,有朴厚之象。此次来华西讲学,约一月有余。谈半小时而去。余即归。

五月廿六日（星期三）

拟作一文入"中志",介绍《石榴树》一集。自晨至晚,中间午睡两小时,仅成稿七纸,未完篇也。

五月廿七日（星期四）

续作昨文,至夜得四纸,仍未完。

上午雨岩、世泽偕来，携来信件。中有上海八十二号信，丐、伯、村、调、予五人执笔。伯祥告我，圣南已离苏往大庾，不知何事。硕丈仍在黄埭面粉厂任事。孙树人先生亦健在。

下午，三官带回当日报纸。罗斯福、邱吉尔二人发表会商结果，谓今后用兵，将对太平洋战场及欧洲战场并重，此是令人兴奋之消息。本月二十二日莫斯科广播，共产国际执行委员会决议解散该共产国际，各国共产党所负遵守共产国际之法规与决议之义务，亦同时解除。此事为现代史之一重要事件，英美皆一致有好评。此暗示战后苏联仍将与英美合作，而目前之合作，自当更趋紧密。

五月廿八日（星期五）

晨起作完昨文，全篇将近七千言。

店中学生来，送到信件多起。中有洗翁信，上海八十四号信，及锡光所寄第二批"中志"稿件。即作书致高晋生，告以其《周易古经今注》决在上海排印。致书孙锡洪，告以其未收到之退回原稿，已函邮局查问。复书龙志霍，约渠于三十日午后会晤。于是看锡光寄来之稿，校点两篇。

午睡起来，作《冰心著作集》之广告辞。计二篇。

灯下，作书致叔湘。复东莼，告以其稿一篇（投"中志"者）已到。

五月廿九日（星期六）

晨起即写信，复伯、村、调、予、丐五人，又附书致红蕉，列蜀沪第九十九号。又作第七号信致寿康，询以与中央书审会接洽之结果。

十时许，忽传警报，已一年有半不闻此声矣。我机凌空戒备，声势甚壮。敌机并未至，十一时半解除。

午睡起来，作第四十六号书复洗翁。又复锡光、士敩、清华。又致书东润，向之索稿。统计今日所书，殆将七千言矣。

灯下作书复谢瑞阶。此人皈依弘一法师，嘱题弘一文献册子，因书余前所作《弘一涅槃颂》（此名系丐翁所定）寄与之。

五月三十日（星期日）

晨起作办事处通讯第十一号，凡千余言。

午后入城,至龙志霍君寓所,取其改定之《渡船》一稿,与订版税契约。此稿叔湘云甚好,导学者通英文动词,俱自出心撰。龙君成稿于去年四月间,三易其稿,始成定本,亦殊可佩。

三时至陕西街,取本月份薪水,看来信。叔湘、子恺皆有稿来,甚慰。六时到家。

寿康信中言时局,云战局至少再有二年;德将促日夹攻苏联;盟围攻缅及炸日,令年必实现;最近日军攻鄂西,才二三万人,其意在劫掠,无足虑云。

五月卅一日(星期一)

晨起作书致锡光,语以《渡船》付排应注意之点。并寄与叔湘《文言虚字》续稿,请其连同前稿合为一书付排。附一书致洗翁,列第四十七号。作书复叔湘、子恺,又以版税契约寄龙志霍,缘其《渡船》之练习答案,须别为一书也。

午刻,以今日为先父逝世纪念日(阴历四月二十八),设祭。

饭后,睡一时许。起来作“中志”卷头言,纪念抗战六周年。到晚仅成千言,未完篇。

与上海诸兄通信,自余迁乐山后,重行编号,今于次一回寄信满一百通矣。因赋一律以志之:“岷畔邮书今满百,五年况味此泥鸿。挑灯疾写残烧后,得句遥怀野望中。直以诸君为骨肉,宁知来日几萍蓬。一书便作一相见,再托双鱼致百通。”诗以前夕想起,今日足成。

六月(选录二十七日)

六月一日(星期二)

晨起作昨文,完篇,共二千五百言,题为《抗战第七年》。

十一时,吕朝相、王冰洋来访,坐半小时而去。朝相有友人办文艺刊物,以雁冰介绍于余之《归国曲》一稿交与之。

午睡起来,写第一百号信寄上海,谈店事及催稿,以昨日一诗附去。伯琴嘱看一投稿,看毕,寄还之。

今日起,邮资又增加,他埠平信须一元矣。

六月二日（星期三）

晨起即动手作一文，介绍佩弦新出版之《经典常谈》，将刊入"中志"。此书为古籍之导言，浅明精要，宜于中学生阅读也。到夜成二千五百言，尚余结尾，俟明日续成之。

六月三日（星期四）

晨起结束昨文。

三官以今日为光华开校纪念，到校行仪式后即归。即与偕入城中，饭于邱佛子，买零星东西，然后至蓉光影戏院观《幻想曲》一片。此片收摄名曲家作品若干阕，依其音乐之情调，绘为卡通。此可谓纯艺术之影片。我辈虽不懂音乐，而听之至愉适，修培尔德《圣母颂》一曲似尤有味。三时散场。

至陕西街，看来信。与世泽约定，以本月十二日宴冯芝生。六时归。

三午又伤风甚剧。

六月四日（星期五）

晨陪满子携三午入城，往夏禹鼎医生处就诊（门诊四十元）。断为感冒，有轻度之肺炎。归即以"大箭黄"令服之。然此儿不受药，药物入胃即吐，前时已然，迩来尤甚，实亦无可奈何。且一伤风即哮喘，医生言来自遗传，满子果如是，丐翁亦尔也。

端节将近，墨以今日裹粽子，余作下手，半日而毕，将分赠陕西街诸友。

写信复孟实、叶石甫，又致书佩弦之女采芝，嘱其来取"略读"之赠书五册。改三官记冯芝生之演讲辞，题为《人生中之境界》，将收入"中志"。

六月五日（星期六）

作一文，题为《以画为喻》，借画画谈作文，长二千言。系吕朝相所嘱，入其友所编之文艺刊物。午睡起来，又作一六百字之短篇，题为《说话听话的态度》。系王冰洋所嘱，入其友所主持之《新民报》成都版。一日成两文，在余为稀有之事。

小三午昨服大箭黄，今日热度已退，精神亦好些。

三官入城归来，携回信件。中有锡光所寄"中志"稿，六十五期即可编齐。灯下看仲华、彬然二兄文各一篇。

六月六日(星期日)

上午写"中志"六十五期目录,分配稿酬。午睡起来,作书复佩弦及吕朝相。

小三午今日仍有热度,仍令服大箭黄。

六月七日(星期一)

八时进城,至陕西街小坐,然后至图书审查处,访陈处长,递公文,交与"中志"原稿。陈在渝未返,仍晤冷君。据冷君言,稿当特别看得快,星期三可以发还。

十二时半到家。今日端午祀先,祀毕,小饮。母亲饮酒一小杯,食物较多,至三时而呕吐。遂就寝,晚饭未进。

三午今日又入城就医,夏医生言肺炎已愈,而感冒尚未愈。午后热退,人亦有精神,大约可以愈矣。

日来有一种小蚁,作棕色,常行于人身上,偶为所螫,立起大块,数日不消,其痒难熬。前年去年居此似无此种小蚁,今年于蚊蝇之外又多一扰,实觉难以对付。

作书致允臧,告杂志已送审。又致祥麟,托其代领商务之版税。此次版税有三千余元,与佩弦分得之,亦可小补。

六月八日(星期二)

作一文,再介绍《经典常谈》,预备入"国志",到夜作三千言,未了。

母亲昨呕吐,今日无恙,唯进食较少。三午仍有热,时高时低,不知何故,明日再当就医。

傍晚,钟博约君来访,馈其县(新都)之土产桂花糕。

六月九日(星期三)

晨起写信,详复锡光。又作第四十八号书致冼翁。

满子以清晨抱三午入城就诊,夏医生检查至详,谓别无他病,只是流行性感冒。据谓此病重者,发热可连续至累月。今令服退热药,如仍不退,则须注射"亚姆那定"针药矣。

午前作毕昨文，作一书致云彬，附锡光信中，托转致。

饭后入城，买药。至陕西街，冷君未将杂志稿送来，只得待之。吕朝相来，代购得历史语言研究所集刊三本，殊可喜。剪发于邻近店中，其价每回增长，今至十六元矣。

五时归家。三午服药两包，热度即退，大约可以愈矣。

六月十二日（星期六）

改毕三官所作之独幕剧。

上午仍下雨，午刻而止。道路泥泞不堪，而必须入城。往雇邻家之推鸡公车者，云推不动。遂穿草鞋，拄杖而行，行一条田岸，即已两脚是泥。得兄弟二人，云愿载余行，讲定二十元，允之。其弟前挽，其兄后推，居然能行。轮陷泥中二三寸，进行自不能快，又绕小路，历一点钟始至新西门。

改乘人力车至陕西街，洗足，换穿鞋袜。询知“中志”文稿，审查处尚未送还。而洗翁来信云“中央审查会”之意，欲令“中志”在渝发行，已在渝办转移登记手续。党政方面注意此一种并无政治意味之杂志至此，殊不可解，而其事不免令人气愤。

五时，偕世泽、雨岩至少城公园内静宁饭店候客，不久，承法、叔湘、马季明、黄如文、龙志霍、赵君（文供社之营业主任，方自桂林来）、冯芝生以次至，尚邀世英及钱宾四二位，殆以居处太远，道路经雨不便走，未来。席间谈话不多，饮酒亦少。八时散，余不复能出城，仍返陕西街。

赵君为余谈桂林近事及重庆见闻，皆可慨。九时半，睡于雪舟儿女之室中。不惯易地，一夕未得好睡。

六月十三日（星期日）

晨，叔湘来访，谈一时许而去。作第九号书致允臧，询以“中志”转移登记如何。又作致冷君书，嘱雨岩以明日往访，取还文稿。又代陆梦生撰文光书店新书广告词四则，遂买另物而归。

太阳晴佳，路已能走。此次之雨至关紧要，成都平原以外皆感旱甚，得此，今年或可有六成之收获，否则殆矣。

饭后入睡两时以上,精神始清爽。起来作一书致冯芝生,以三官所记冯之演讲辞请其审订。作书与小墨。渠到雅一月,云酱油生意甚好,营业额全月至四万五千元,拟即扩充股本,以谋增多产量。

六月十四日(星期一)

作书致世英,与结算其所编初中地理之稿酬,全稿一万一千九百元,亦复可观。校改杂志六十六期稿数篇。

午睡起来,满子自城中带回信件,中有歌川寄来文稿,即作书复之。又有允藏信,言中央书审会允"中志"暂仍在桂审桂印。作第十号信复之。又有圣南信,发自江西大庾。谓三月离苏,五月到彼,在钨业管理处服务。硕丈仍在苏。墨作一书复之。余又致书洗翁(四十九号)、锡光,及士敫、清华。

傍晚饮大曲,满子携归一瓶,又可饮一星期矣。

六月十五日(星期二)

八时入城,至陕西街,雨岩已将"中志"原稿取回,即与昨写之信一同封寄桂林。

朝相来,言未名书铺主人时君藏旧杂志甚多,意欲售去一部分,因偕访时君。时君亦系写文字之人,初来成都时,喜欢收旧书,积累既多,遂开书铺,租与人阅看。其搜罗颇见辛勤,旧杂志有缺册,多方设法配齐。此是图书馆员应有之精神也。观其杂志,余拟购《译文》与《月报》两种,皆全份。议价未就。

午后两时到家。动手改二官寄来一文,曰《欢送会》。甚长,改三分之二而停手。

酒后,于灯下校阅墨所抄三官之独幕剧,题曰《洞子里》。渠将投寄桂林《文学创作》云。

六月十六日(星期三)

改毕二官之文,随即改小墨所作课文三篇。又将墨所抄国语课文校阅,即是半天工夫。

午睡两小时。起来作东润《文学批评史》及志霍《渡船》之广告辞,作成,皆缮清之。

六月十七日（星期四）

作叔湘《文言虚字》及傅庚生《中国文学欣赏举隅》广告辞各一则。作第十二号书复云彬，以二官一文附去。

午睡起来，校读"中志"所用之翻译短篇小说，名《塞尔维亚之歌》，系最近作品，写塞尔维亚人民抵抗德军侵略之事，甚有激动之感情。到夜始毕。

三官应校中毕业考试，今日完毕，明日起即不须上课。渠之初中阶段至此告结束矣。要否参加会考，尚未得悉。

六月十八日（星期五）

作书致方欣安，渠以所撰《史学史》及《社会史》见寄，谋出版，故答之。余拟收印其《史学史》。作书致孙玉如，询燕大转学手续，二官往乐山不便，拟令转学燕大，每星期可以回来一叙。

改三官所作国语课文一篇。午睡起来，作国语课本所需诗歌一篇。题为《钱塘潮》。

三官入城，带回信件。允臧交来中审会批，许"中志"仍在桂排印。因作第五十号书致洗翁，将批附去。又复书锡光及士敩。并将此批抄一份寄与冷风君，请其致川审会之陈处长。

六月十九日（星期六）

作第十一号书复允臧。作第百一号书寄上海，复伯、村、调三兄。作书复罗膺中（庸），渠以其稿《鸭池十讲》交印，佩弦所介绍也。寄与芷芬，请其转致。于致芷芬书中，附一笺致佩弦。致书佩弦夫人，请其来取佩弦之版税款。致书叔湘，告以其"笔记选"之稿已收到。又致书夏承法，托其为武大毕业生韩君谋理化教师位置。半日工夫，写信了之。

饭后，改三官一短文，记《幻想曲》者。

睡两小时，起来作诗歌两首，亦国语教本所用者。

六月二十日（星期日）

作"中志"六十六期卷头言一篇，题为《实践》，一千六百言。

午睡起来，作国语教本中之诗歌一首，第七册课文至此齐全。以后只须作练习课矣。

看改译之易卜生剧一种,名《鲍志远》,甚满意。

六月廿一日(星期一)

昨夕饮酒较多,胃不舒服,精神亦不佳。

自《石榴树》中取一篇,译为文言,刊入"国志",为文白对照之例。才千言耳,午后完篇。

六月廿二日(星期二)

昨睡后发烧,今晨以检温计量之,已退。精神不佳,偃卧竟日。午后手足略觉冷,检之又有一度热。疑为疟疾,服金鸡纳粉数次。

今日为夏至日,白昼卧床,真觉其长。

六月廿三日(星期三)

晨起热已退,仍服金鸡纳。

作书复歌川,谢其续寄稿来。作书致云彬,寄与两稿。作百二号书寄上海,复丏、伯、调三人。此外未有所为,时或休卧。

六月廿四日(星期四)

改三官所作国语练习课三篇。

夜间,听三官读袁俊所改译之剧本《好望号》,非常满意。

六月廿五日(星期五)

晨起写篆字联两副,赵晓思、孙明心二君所托也。世英来信,言余计算其稿之字数有误,因作复,告以余之算法,并言彼此再可精数。作书答芷芬,皆关于接洽稿件之事。

城中人来,带来信件。作第十二号书致允臧,以关于出版冰心著作集之启事寄与之。灯下作书复锡光,又作书复洗翁,未竟也。

今日精神仍不好,热升在脑部,坐立俱不适。

六月廿六日(星期六)

晨起写完致洗翁第五十一号书。又作百三号书致伯祥,附佩弦之《经典常谈》三十面,以后次第分寄之。又作书复吴大琨。此君曾经被系,今乃知已释出,在建阳暨南大学任教,欲以其所作《战时经济学讲话》谋出版。答以看了再说。

午睡后,改三官所作练习课一篇,心思阻塞,即改此等文,亦复历二小时而毕。

入夜早睡,蚊虫渐多,不堪其扰矣。

六月廿七日（星期日）

令三官赶作练习课一篇,即为修改。余又出习问若干,第七册算是完毕,唯余词汇未编耳。午后,改小墨寄来之第八册课文六篇。小学国语为之已一年有半,急欲完毕,了此一件工作矣。

昨日三官校中举行毕业典礼,渠考试列第一名。

六月廿八日（星期一）

上午续改国语课文六篇。午睡二时。

三官入城取信,带回佩弦书两封,言胃病渐愈,腿肿不复发,又谈介绍稿件之事。因作一书复之,托芷芬转致。渠拟以谈国文教学之文辑为一集,余提议以余同类之文与之出合集,不知其意如何。

六月三十日（星期三）

续改国语课文四篇。

午后,看钱宾四《国史大纲》宋至明一段,此非著作而为割记。摘举大要,论断颇精。

七月（选录二十六日）

七月一日（星期四）

晨入城,不入城者半月矣。至陕西街,取上月份薪水,并看来信。于东润信中,知颉刚夫人已去世。前闻迁居重庆后病已霍然,不知何以忽至于死。颉刚已两度断弦,亦人生苦事。

午后写信致孙玉如,仍为二官转学事。作书复文珍及东莼。应云卫、陈白尘二君来蓉演戏,曾来陕西街看余,作一书答之。

看陈竺同君投稿《中国上古文化史》,以地下材料为据,尚可观。

七月二日(星期五)

作书慰问颉刚。作复书致东润及世英。世英同意余之字数计算法,谓不须重算。作第百四号书寄伯祥,仅短短数行而已。改小墨作课文一篇。

午睡起来即入城,至陕西街,得颉刚、子恺、小墨之信。颉刚告我,其夫人身体太坏,疟作二三日即去世。其长女已嫁往贵阳。次女方患伤寒,现尚未愈。语至悲苦。子恺在沙坪坝自建小屋,开明亦托其在附近租地建屋,预备将总办事处迁往。小墨忙甚,独管一酱油厂,并将在酒精厂兼事,寄来文稿一篇。

倪文铨今日为其新生之子开汤饼宴,假座于雪舟家。待至七时半始入席,闻月樵、雅巢等人谈经济恐慌将届,各业俱不景气,为之愁虑。八时半,与三官先离席,至新西门乘鸡公车回家。

七月三日(星期六)

晨起再作一信慰问颉刚。作书复子恺,将子恺昨日寄来一文校读一过。

午睡起来,改小墨昨寄来之散文,题曰《画展》。又作一书与之。

七月四日(星期日)

续改国语课文一篇。

三官入城,带回介泉信,渠近在贵州大学任教,地在花溪。即作一信复之。二官来信言八日或九日到家。

写编所办事处通讯第十二号。办事处之设立,至此一周年矣。等待桂林寄来"中志"文稿,迄不见到,殊闷闷。

七月五日(星期一)

作一书致彬然,与谈陈竺同之《中国上古文化史》。作第百五号书寄伯祥,告以颉刚丧偶事。校看叶石甫之《荀子选注》,毕。

迩来米价飞涨,今日已至五千二百元,前此两个月尚不到二千也。此是否经济崩溃之征象,抑别有人从中捣鬼,企图他谋,皆不可知。然前途可虑定是事实,思之至无欢。

七月六日(星期二)

校阅叶石甫之《诗经选注》,至全册之三分之二。

看前日所买之《译文》杂志，此志前由黄河清逐期寄赠，多未细看，今觉其翻译之论文及作品均不坏，徐徐看之亦复有味。全份二十九册，并《月报》全份七册，价一千元，系店中所购入，吕朝相为余得之自未名书铺者也。

雨已两日，终日萧萧，屋漏处处，环顾无欢。城中无人来，欲入城取信亦不可得。二官将归，一雨恐阻行期，殊为闷闷。

七月七日（星期三）

校阅《诗经选注》毕。对一庭愁雨，仍看《译文》为遣。

下午，三官冒雨入城取报纸信件，兼买小菜。傍晚回来，信件中仍无桂林来稿。

七月八日（星期四）

作书致昌群，叔湘言金陵欲邀昌群任教，托余探之。又作书复叔湘。又作书复钟博约，渠邀余同往新都桂湖看荷花，余亦有此兴，而由渠导往，必劳破费，因托故谢之。又作书致锡光，告以杂事。

午睡后，校看东润之《读诗四论》，此书已在商务出版，而复取出，授与我店者也。将以付排，正其讹字。看两篇未毕。

米价又涨，至六千二百矣。

七月九日（星期五）

续看《读诗四论》。十时，城中送来信件及锡光所寄文稿，即着手校读，将"中志"六十六期编齐，写目录，填送审表，开发稿费，至傍晚始毕事。

今日身体甚疲，后脑昏沉，不知何故。

七月十日（星期六）

晨三官随墨入城，带"中志"原稿去送审。余作书复陆侃如，答其所问鲁迅印书事。作第十四号书答云彬，附一信复汪允安。作第百六号书寄上海，答伯、村、调、丐。丐翁居然有一篇译文寄来，甚为难得。作书复晓先。作第五十二号书致洗翁，附书致雪山、锡光、士敩。一天工夫，专为写信，尚有数件未复也。

七月十一日（星期日）

作冰心著作之广告辞两则，即附寄与锡光。作书与祥麟，请代送歌川之稿费。复书孟轺,渠介绍友人之化学译本,谢之。复胡和龙君书,允为学术资料供应社之发起人。

头昏腰背酸,精神至不佳,即偃卧。饭后睡一时许,亦不甜美。

三时,二官归来。相见甚欢。日来河水大涨,公路车分段载客,故历一日有半始达。携归乐山之鱼,煎之以佐晚餐。

三官以明后两日赴中学毕业生会考,考场在南门外,今晚入城寄宿店中,以期便捷。

七月十二日(星期一)

作书致叔湘催稿。复赵廷为书,渠拟作教育概论一类书,交我店出版。作三绝句,寄应云卫、陈白尘。渠等之中华剧艺社将演夏衍所撰之《第七号风球》,须出特刊,来征稿,无可写,勉强作诗应之,殊平常也。

午睡后,看黎烈文所译《第三帝国的兵士》,匈牙利霍尔发斯原作,系以一兵士之口吻,叙述所历,藉以暴露纳粹之政象,命意笔法俱佳。

五时许,泽芝偕朱朝珍同来。泽芝言即将离去教育馆,往重庆转贵阳,即谋一事而为之。六时半去。此别而后,重逢未知何日也。渠以一女子,独身来内地,居然能自立,虽实力不充,亦非易矣。

七月十三日(星期二)

人仍困惫,将《读诗四论》校阅完毕,即卧于竹榻看《译文》。

三午左目患结膜炎,满子携之入城,往存仁医院诊治。医生见其眼珠不作蓝色而作滞白色,谓是营养不良,殆即缺少某种维他命之意。此现象余亦已注意及之,不过十天以内之事,以前其眼固澄澈而明蓝也。余意医生所言营养品中,鱼肝油吃不起,猪肝不易买到,唯番茄最易致,当令生食之。

三官以下午六时半回家,考试两日,云自以为尚可。

报载盟军已于西西利登陆,载兵以军舰及飞机滑翔机,皆大批,声势甚盛。此为欧洲开辟第二战场之开始,辩论至久,今始实现,重大事,可记也。

七月十四日(星期三)

作书复歌川,告以"英语杂话"三则已收到。作书致东润,以《读诗四论》校误表寄与。

天晴二三日，今日又阴雨，人因而困倦。

三午又伤风发烧，此儿初本壮健，今每月必有花样，将转为瘦弱之躯矣。

七月十五日（星期四）

小墨将显克微支之《乐人杨柯》之文言译本译为白话，将以入“国志”。余为改之，半日仅改三分之一。

午后入城，至陕西街，雨岩将“中志”六十六期稿取回，即封寄。冼翁来信，言近日桂林航班暂停，因只得寄快信，到达自更迟矣。至燕京大学访孙玉如，未遇，因访教务长韩君，与商二官之转学事。承告大致可以办到，唯期教部不致批驳。

六时到家。今日走路不多，而两腿特酸，自膝弯以至脚跟，几乎全部不舒服。至夜，因腿酸而惊醒者两次。自念此种现象殆非病而为衰老，为之不欢。

七月十七日（星期六）

将小墨译稿改完，又改二官随笔一篇，题曰《速写》。作第五十三号书致冼翁。

晚饭毕，即就睡，以舒困疲。

七月十八日（星期日）

上午看杂书为遣。

午睡后，城中人来，知雪舟已归，馈兰州葡萄干。

昌群有复信，语多牢骚。录示《癸未四十书怀》一律云：“万千哀乐上心头，襞绩残丛廿二秋。岂爱周情怜孔思，难平汉恨起唐愁。苍凉我自拼憔悴，意度平生总渺悠。两字功名频看镜，书灯冷月照沉幽。”于金大之致聘，谓房屋及旅费如能供给，则可以来蓉。

傅庚生来信，附来陆侃如为其书所作序文，即作书复之，以陆序寄锡光。晓先寄来“国志”文稿，因作十五号书致云彬，以晓先文及小墨、二官文寄与之。

老舍来信，欲以新作剧本交蓉文协出版，余不过问文协事，即以其书转致陶雄、陈翔鹤，请其决定。并作一书答老舍。

七月十九日（星期一）

晨入城复出城，访叔湘于其办公室，以昌群复书交与。偕出，吃茶于小茶肆，谈一时许。

乘车入城至陕西街，途次遇大阵雨，半身淋漓。往晤雪舟于其家，谈次其语殊悲观。言游历西北两月，所见皆经济凋敝情况。至于我店，开销大，成本大，书价递增而销路益减，恐终将窘极而止。虽雪村亲来，亦未必有多大办法。其语亦有道理，余闻之怅怅。

孙玉如来访，告余燕大已经决定不招收插班。二官如欲投入，须与新生一同应试，录取则入一年级，但在武大之学分可以承认。如是则毕业须延后一年，自不合算。转学燕京之想自此可以放弃矣。

在雪舟处进午饭，谈至下午二时，出城而归。与二官谈转学不成事，渠言拟转金陵大学。而金大报名之期已过，因作一书致叔湘请其设法，明日由二官自往投递，并探下落。

七月二十日（星期二）

作书复晓先。又复赵善诒君，答以不欲收受其所撰大一国文教本之稿件。又致书受百，催其作化学文稿，入"中志"。又致承法，与谈所任高中物理之预支稿费事。

午睡醒来，二官已归，言叔湘往设法，金大女生宿舍不敷，未能报名，因改报金陵女子文理学院。考试以后日始，如入学新生相同，殊为麻烦。设去年即入燕大（本已考取），今年即无此麻烦矣。

七月廿二日（星期四）

闲看山谷诗为遣。

天热甚，下午关窗坐暗中，却暑兼拒蠓蠓。

前于花会中买晚香玉根，植之墙角，今发六七茎，瘦甚。剪其三茎，插瓶中，香气亦浓。

七月廿三日（星期五）

作成和昌群诗一首，录之："四十银丝未上头，感怀诗语挟霜秋。夺朱乱雅嗟时尚,酌汉斟唐发古愁。欲骋靡芳殊蹩蹩,问天曷亟只悠悠。熟知善养浩然气,才不动心境自幽。"

下午七时,二官考罢归来,自谓考试尚不坏,当可见录。带回信件甚多,中有上海诸君信,为余今年五十岁,汇款为寿,殊为感愧。

报载美国飞机往炸日本千岛群岛,此或是轰炸日本本土之先声欤。

七月廿四日(星期六)

作复信寄陶雄,告以文协开会须在午刻,余方可参与。复世英,渠仍回教育馆作研究员矣。作第百七书复上海诸公,并谢馈余之寿礼。如是数信,即是半日工夫。

午后,以昨所作诗寄昌群。作第五十四号书复洗公,并复一书与士敫。

七月廿六日(星期一)

看上海寄来振铎之《悼伍光建》一文,入"中志"。又看绍虞之《论歌小记》一文,入"国志",即作书寄与云彬。又复一书致士敫,致云彬书即托转交。又寄第百八号书与调孚,告以收到各稿之处理情形。

午睡醒来,韵锵来,言雪舟家以今晚设汤饼宴,招余与墨往。四时,遂离家,炎阳灼体,热不可耐。

至少城公园门首,见有《新民报》馆大字招贴,发布紧要消息,言墨沙里尼之法西斯党已放弃意大利之政权,德国大为震惊云。此事若确,则德意已去其一,欧局或急转直下。然意之新政权若亲同盟国,德军即将蹂躏意国,且德与同盟国终将在意作战,是意人仍不免大吃苦也。

到陕西街,七时半开宴,菜为文铨所作,甚佳。闻孟尚锦君言,黔桂路现已通车至独山,此后或可展至都匀。都匀至贵阳一段则未必能继续兴筑,缘材料与工价皆成问题。

八时半辞出,至新西门乘小车于星光下行进。稻已作花,颇闻香气,如新米饭初熟。到家热甚,竟夜未得好睡。

七月廿八日(星期三)

上午作"中志"卷头言,得千余字,未终篇。

午睡起来,二官、三官自城中看电影归,携归信件及报纸。看报,知意大利墨沙里尼下台属实,代墨任首相者为一不赞成法西斯之老人。意国今后态度如何,尚无所表示。盟军攻西西里,则已占其岛之大部分地区。太平洋方面,美国正结集大量舰队。其要员表示有云,美将先击溃日本,然后以舰队回向欧洲。今年殆真成为决战之年矣。

看《哲学评论》所载冯芝生之《新理学在哲学中之地位及其方法》一文,甚有意味。

七月廿九日(星期四)

续作昨文毕,题曰《学习不只是记诵》。

十一时半,雪舟陪方欣安同来,方为武大来蓉招新生也。不见已两年有半,杂谈一切,头绪多端。至下午四时始去。

傍晚闷热殊甚,入夜风生雨作,转凉,得酣睡。

七月卅一日(星期六)

晨与二官三官入城,访孟实于小南街,坐半小时,约下午六时在雪舟家小饮。遂至陕西街,告雪舟,雪舟即买菜亲手治之,一以省费,一求可口。

午刻,余与两儿食面点于回春园。食毕,两儿往观电影。余回店中闲坐,小室闷甚,精神昏昏。

四时后,章嘉禾来,谈前月鄂西之战,渠往参战经过,甚令人神往。渠在轰炸机群之领队机中,专司通讯,负责甚重。飞行高度达一万五千英尺,下望高射炮火,历历可见,其时神经紧张极矣。此一战役若无空军参加,非但不克致胜,且川东有受威胁之虑。

六时过后,孟实与欣安、中舒偕来,即开饮。雪舟之菜皆精,大家称美。七时半散,孟实、欣安二兄明后日即返乐山矣。

余与二官三官步行至新西门,乘小车而归。小墨仍不见到,亦无信来,大家甚念之。

八月(选录二十五日)

八月一日(星期日)

看新到之《新中华》两期。体倦甚,午后入睡至三小时,沉迷不醒。

上午烈风猛雨,屋漏如注。已招工人修补,而工人迟迟不来,为之闷闷。

八月三日(星期二)

上午,看二官案头之英文本短篇小说。

午后二时许,小墨到家,大家欢慰。渠以前日登程,车时时抛锚,行两日半而始达。此行携来麦片数百磅,将在成都销售。

城中人送信件来,有锡光所寄稿七八篇。冼翁已于上月廿七日离桂,循公路之渝,此时当已在贵阳。

看报,知林主席于一日逝世,国府主席一职由蒋委员长代理。

八月四日(星期三)

上午大雨,天气凉如秋。俟雨止,抹干桌椅,乃坐而校读锡光寄来各稿,作书数封,退还投稿者之稿件。坐约六小时,感肋骨作酸。

八月六日(星期五)

伏案竟日,改毕三官之文,又改二官一小说,亦将入"中志"者。

小墨入城,偕雪舟往访食品铺,推销其麦片。其厂中又拟制肥皂蜡烛,亦须多所探问。

八月七日(星期六)

晨起改学生投稿一篇,亦费半日工夫。于是"中志"之六十七期稿齐全,因编排之,书写目录。午后小墨入城,即令带往陕西街,于后日送审。看叔湘交来文稿,即作书封寄云彬。

八月八日(星期日)

复钟宪民一信,钟在中国文艺社编杂志,向余索稿。致祥麟书,托其送丰子恺、钱歌川稿费。致冼公第五十五号书,度冼公将抵重庆,即附在祥麟书中。看李晓舫《科学的人生观》一文,系叔湘代为拉来。即作书谢李君。又作书答叔湘,谢其于盛暑之中为作大批文稿。

八月九日(星期一)

作书复昌群、东润。又作书复雪山,并复锡光,详答所问各事,且作《鸭池十讲》之广告寄与之。

伏案数小时,肝阳上升,头昏恶心,遂就睡,二官为余"刮痧";入睡一时许,醒来乃愈。饭后看翻译小说数篇,未作他事。

三官入城归来,购新烟斗一个,为余五十岁之礼物,其意亦可感。

八月十日(星期二)

作书复云彬。检点"中志"第六十八期所用文稿,一一校读,计之已得三分之一;尚需二分,待各处寄来。

午睡一时许,起来改二官所译短篇小说,未毕。

二官考取金陵女子文理学院,今日往纳保证金。得悉开学之后,他科均读二年级课程,唯英文一门须读一年级下期者,其他转学生均如是。未知是否将因而延后毕业时日。

八月十二日(星期四)

晨起校阅二官译文之誊清稿,即寄与伯琴,投《四川学生》。

小墨二官入城,带回信件甚多。复叔湘一信。复晓先一信,渠已辞去中华而入巴蜀,家眷可住校中。复佩弦一信,渠允以其所作国文教学之文与余作合同出版。

看报,知罗斯福与邱吉尔又将会晤于加拿大,商讨军事大计。德国政局不稳,有推翻希特勒之情势。

灯下,与三个孩子作"桥戏"。余本不会,经小墨二官一说即会。此戏流行于大学生间,颇有沉湎忘返者。

八月十三日(星期五)

作书复颉刚,渠之女病已愈,照护甚费心力赀财。复田泽芝,她已抵贵阳。复彬然、锡光、清华。神思昏昏,作书毕,即僵卧。

修草屋之匠人来,买麦草三百斤,仅修补治事室之一角,俾书架不致淋雨。若五间全修,需草数千斤,工力十余工矣。

今日为墨生日(阴历七月十三),中午吃面,傍晚小饮。

八月十四日(星期六)

晨入城至陕西街。店友往审查处,言送审"中志"尚须下午发出。

有罗孟韦（倬汉）君来访，系朱孟实、钱宾二人介绍，欲以其所作《诗乐论》交我店出版。此稿经本年学术评议会当选给奖，孟实言很佳，余允出版，唯须在明春云。罗去，作一书复世英。

雨岩有绍酒一瓶，与余共酌，以花生下酒。雪舟归来，言小墨等所制麦片分配于经售之家，颇有顾者，然麦片作油耗气，买者往往来交涉。应如何设法改良，始可推销出去，宜斟酌也。

午后取回送审稿件，即付邮寄桂，算是了了一事。

五时到家，以麦片事语小墨。渠谓燕麦经烘烤，其油分即有一部分分解，贮存日子稍长，因与空气接触而有油耗气。外国麦片所以无此病，乃烘烤温度适当及封闭周密之故。今烘炉之温度无法控制，纸盒及洋铁罐复封闭不严，故不能久贮。如无法改良，此麦片生意即当不做。然此次运来之货，价值即为三四万矣。

八月十五日（星期日）

九时许入城，至陕西街小坐，十二时至梓橦桥长美轩，出席文联理事会，到者七人。商决会事并聚餐毕，诸君有欲往访中艺剧团者，余随往，答访应云卫、陈白尘二君。复晤赵慧深女士。又有张逸生、金淑之夫妇，二人皆前在剧校之学生，今在团中为演员。谈次，知剧团之主持，心思财力皆非易易。五时辞出，乘车而归。

日来秋热特甚。余两日连续入城，如行远程，又甚惫矣。

八月十六日（星期一）

作书复孙明心，渠现任《国文杂志》社社务。并附一书致汪允安。

天气热甚，挥扇闲坐而已。傍晚作云，雨仅数点而止。

八月十七日（星期二）

嫩阴，略微凉，而人复懈懒。午睡后看《愤怒的葡萄》六章，美人斯坦培克所著，今世誉为名作者也。

八月十九日（星期四）

看毕《愤怒的葡萄》。此书叙失地佃农流窜西部，求工作而不可得，颠沛流离，极为生动。美国资本主义之发展流弊至此。读此终卷，试为探究解救之道，其必以社会主义矣。

八月二十日（星期五）

作文介绍《蔡孑民先生传略》，将刊于"中志"。徐徐写之，仅得千余言而已。

今日三官生日（阴历七月二十），中午吃面。

夜间，听二官三官读马克·吐温之游记数章，殊有幽默之趣。

八月廿二日（星期日）

续作昨文不足千言，完篇。

午后看翻译剧本《天上人间》，奥某人所作，颇可观。

八月廿三日（星期一）

上午下雨。书室经修理而仍漏水，只得于卧室内移桌于门旁作事。

作书复雪山，兼致书锡光，皆谈店事。作第五十六号书寄洗翁，洗翁已抵渝矣。作书复马文珍。文珍有一稿投"中志"，校读之；二官一同学来一稿，亦读之，皆可用。

八月廿四日（星期二）

竟日伏案，改二官新作随笔一篇。

上海有九十一号书来。洗翁到渝后亦有书来，言或将来蓉一行。

八月廿五日（星期三）

洗翁来信中言，世英所编地理稿送编译馆审查，其第二册为鼠所啮，馆中嘱抄一份送去。今日即动手，余与墨及三儿皆执笔，竟日共抄二万多字。此是出乎意料之工作，大约明日再抄一天可以毕事。

八月廿七日（星期五）

晨起，检点前二日所抄稿，为之装订。即作一函致编译馆陆殿扬君。又作第五十七号书致洗翁，与地理稿同寄重庆。作书致黄念田，告以上海所答关于季刚先生著作之出版事。又作蜀沪第百九号书，答伯、村、调、丐、绍虞，并致红蕉。绍虞已自北平移家返苏，渠个人到上海就事于开明，为《辞综》一书之主持人。

一连写字已至三日，右臂酸甚。

看近日报纸，知罗邱会议已结束，据其宣言有重大决定，注意日本不亚于德国。一般观察家均谓不久将有重大之行动表现云。此是好消息。

三官带回大曲，灯下饮三两光景。复听三官读《黑字二十八》，曹禺、宋之的二人合作之剧本也，虽无深意而宜于上演，笔墨亦尚可。

八月廿八日（星期六）

昨三官带归调孚一信，因复之。雪村以公司增资提案见示，余有所疑，因作书询之，编列蜀沪第百十号。又作书致洗翁，亦论增资事，列五十八号。作书复芷芬、马文珍，一同封寄。又复彬然，与致锡光书同寄。写如许信，至午后二时始毕。

今日自青羊宫买米五斗，每斗三百七十元。新米登场时价若此，明年春夏之交，将贵至若干，殊不可料。

看美国威尔基所作之《天下一家》。威尔基乃共和党要人，去年曾来我国者。此书即述其去年访中东、苏联及我国之印象，所论多深辟。鼓吹各民族互相认识，和衷共济，不据幻想，唯本事实，或者是其比威尔逊伟大处。然亦非其人比威尔逊为高明，时代使然耳。

八月廿九日（星期日）

改三官随笔一篇，曰《级会》。又改其译文言为白话之翻译小说一篇，曰《一文钱》。

作书复东润。东润作《张居正传》，欲为我国传叙文学开一新途径，稿已寄在途中，商出版之事。

报载同盟国任孟巴顿（英人）为西南太平洋总司令，将规复缅甸。孟不久即来我国，与蒋委员长协商。英美皆有巨舰东来（此是非洲肃清，西西里占领之故），将压迫日本海军，作一决战。而美国之飞机亦将增加来我国之数量。虽未必指日击溃日本，而其机已启，成功有时，为之心喜。

夜听三官读高尔斯华绥之《银盒》（郭沫若译本）。三官读之，余与墨及二官听之，此亦近来之一乐也。

八月三十日（星期一）

检点"中志"六十八期文稿，已有三分之二以上，即加以校读。

二官入城回来，带回信件。即作书复云彬、雪山、士敫三人，一同封寄。

报载美国发言人宣称，日本千岛群岛北端之幌筵岛将为日本之西西里，意者美机空袭将先集中于此岛，然后及日之本土乎。

八月卅一日（星期二）

作"中志"卷头言，甚缓，半日不满千言。

午后，朝相、冰洋二君来访，言《笔阵》现由会友推渠二人编辑，嘱余作稿。谈一时许而去。

二官今日往金女大报到，迟三五日即须住校。携归东润之《张居正大传》，全稿将近三十万言，可谓巨著，拟仔细一读。

九月（选录二十三日）

九月一日（星期三）

上午作毕昨日之文，全篇不过千五百言耳。

午后读东润"张传"稿。全稿三百七十页，每日读五十页，一星期可毕。

九月二日（星期四）

作书致东润，告以稿已收到。

墨与三官先入城，余亦旋入城，待之于少城公园茶店。俟其来，同往回春园进面点，为午餐。遂至陕西街，读洗公来信。公于上海增资办法亦以为不妥，将登报声明，不承认上海之行动。此在维护我店在内地之立场，固宜如此，而设想不周，或且多生枝节。因发一电，并写一信，请其再慎重考虑。公谓已在航空机关登记，拟于十日左右来蓉，再细商而后出之，自当周妥也。

二时，偕墨与三官同往春熙路购另物。余买丝棉裤料一段，系嘉定绸，五尺，四百五十元。茗于茶馆，然后驱车而归。

夜饮大曲一杯。听三官读《法网》（高尔斯华绥作）两幕。尚有两幕，明日续读之。

九月三日（星期五）

又作一书致洗翁，列第五十九号。又以我内地诸人之见解告上海诸公，列第百十一号。复李广田一书，李君以其散文选集交我出版也。又复陈伯琴一书。

午后睡二时，久未午睡矣。起来看"张传"十余页。

夜，续听三官读《法网》毕。

九月五日（星期日）

作书复陈仲子，陈注《晞发集》，欲出版，谢之。复张世禄，张以稿惠《国文杂志》。即以张稿寄云彬。续看"张传"二十页。

午后改二官近作一小说，未完半篇。此小说系墨造意，命二官写之。

夜听三官读夏衍改编之《复活》两幕。

九月六日（星期一）

续改二官之小说，仍未完。

午后，二官携行李出门，往宿金陵女子文理学院宿舍。时细雨适止，大约不致沾湿。三时以后，又滴沥不止矣。

夜，三官为余读《复活》毕，其末一幕写发配西伯利亚之犯人群，绝佳。

九月七日（星期二）

晨起为人写应酬字，计四张，即是半日工夫。午后，为三官校《情诗》之校样十六面。

彬然来信，曾以治圃百岩山乐事相告，因作一诗赠之（"鄙事信多能，……"）。

灯下，三官为余读苏联童话《文件》半本。此系《表》之同一作者所作，甚有趣致。

九月九日（星期四）

复苏子涵一信，渠投来一稿，拟用之。复云彬一信，东润一信。续看"张传"若干页。

三官入城回来，言今日报载意大利表示投降，此是盟国之胜利。盟军近日方登意之南端，意国迟迟不决，殆欲得较好之条件；今见压迫太重，不堪负荷，于是无条件投降矣。

高晋生送来一信,言已来蓉,在齐鲁大学任教,住华西坝。缓日当看之。

九月十二日(星期日)

续校《情诗》十六面。改三官一小说,仅及三分之一。此小说与二官所作同一题材,皆墨所创意,以弃儿于育婴堂为主。如是同题共作,亦练习上之有兴味事。

饭后仍至陕西街,洗公有一信,言飞机票已购得,日日言有机,而日日失望,致不克成行。若再不得机,即退票乘汽车来矣。

三时,至祠堂街观庞薰琹画展。所绘皆工笔人物,有唐代舞女之姿势,及苗人之生活写真。此君本作西画,于解剖有研究,故仕女体格皆如实际之人物,与一般仕女画之削肩瘦形者不同。设色亦鲜美,颇可观。五时到家。

九月十三日(星期一)

续改三官之小说,又续看"张传"若干页。

墨与三官入城,与雪舟夫妇共同预备肴馔,为明日过中秋节之餐,并为余作五十生日。雪舟等本欲送礼,经墨说明,即借中秋聚餐了此一案,较为省事。自己做菜,比诸上馆子省钱在一半以上也。

九月十四日(星期二)

天气绝佳。晨,全家入城,至陕西街。点红烛一对,供面与馒头,算是作生日。余与韵锵、雨岩及马老先生(寄住在雪舟同居孟君家者)打牌。

午刻聚餐,凡余一家、雪舟一家、孟姓一家、文铨一家及开明全体同人,共三席。菜皆墨与雪舟夫人及文铨所为,而文铨为总提调,颇不恶。

饭后仍打牌。母亲由二官三官陪往公园一游,而三午亦初入公园,皆甚欢。今日为中秋节,又值蒋委员长被推为国府主席,全市悬旗庆祝,市中特热闹也。

归家时已入夜,轻云淡月,夜色不甚佳。墨治菜,余打牌,皆觉甚疲。

九月十五日(星期三)

今日三官开始到校上课。自此为高中生,服高中生全副服装,另是一种姿态。

昨日晴朗，今日秋雨不止，风色凄然。余改文，看"张传"，如平日。

午后看显克微支小说《地中海滨》，灯下看斯脱林堡《结婚集》中之数篇。

九月十六日（星期四）

上午续看"张传"数十页。

午后，韵锵来，带来锡光所寄来稿四篇。即为校读，编排次序，写成目录。六十八期至此编成，明日可送审矣。

傍晚小墨回来，言洗翁已到，当于明晨入城看之。

意国投降，德军即增兵意境，与盟军及意军之不顺德者战。今日消息，盟军且少挫。此后将有激战，未知前途如何。墨沙里尼被意政府所拘，而德以伞兵劫之，将成立傀儡政府云。

九月十七日（星期五）

清晨入城，至陕西街，与洗翁晤面，谈店事甚多。午刻小饮。至少城公园茗坐。六时为别，出城。

一年未见，洗翁神采依然，唯须多白者，又耳重听，眼昏花，似皆老态也。其年为五十九。

九月十八日（星期六）

晨与墨入城，至陕西街，仍与洗公聚谈。午刻，全店聚餐，为洗公洗尘。饭后，洗公及墨等打牌，余旁观。六时半到家。

二官回来，言英文功课比武大为重，预备与诵读颇感困累。

九月二十日（星期一）

晨与墨入城，偕洗公及雪舟夫妇游望江楼。先出新南门，泛舟而往。凭楼茗坐，眺望至畅。中午小酌，酒系携往者。三时，仍泛舟而归，宛如在江南水乡也。

到陕西街，知送审杂志稿已取回，明日即可寄桂。六时半到家。

九月廿一日（星期二）

清早起身，小墨动身赴雅。渠此去约两月而归，归后即在蓉设厂，殆可不再赴雅矣。

作书复夏承法。夏编高中物理，本当此时交稿，今因不及，须略缓，允之。致书昌群。昌群本已应金陵之聘,以迁徙不易,遂作罢论,故以书致意。作第百十二号书致上海诸君。又致书与云彬,附去叔湘及二官三官之稿。

午后入睡二时,连日入城,至感困倦。起来看刘易士之《大街》数章。

九月廿四日(星期五)

上午看"张传"毕,看此一稿历时兼旬矣。午后看《大街》毕,印象尚佳。

复徐西亚一书。西亚者,玉诺之子,来信言玉诺自河南至重庆,将经成都。别玉诺将近二十年矣,偶从报端见人叙述其怪僻行径,若来时,不知其谈吐思虑若何。

九月廿五日(星期六)

晨与墨入城,至陕西街,看来信。小墨有电来,言星期二当日到达。

午刻,洗公邀雪舟夫妇与我二人酌于"小酒家",无客套,饮啖甚适。

饭罢,同往祠堂街看徐悲鸿画展。作品颇不少,精品甚多,为他人之画展所不逮。有《田横五百士》油画大幅,又有《愚公移山》《冉有等侍坐》《九方皋》等幅,皆可观。徐君喜画马,皆腾跃俊健。多画竹,皆作粗干,用墨色显阴阳,得竹竿油绿之趣。其他花鸟山水,亦均雅绝。所用印章甚伙,印泥亦佳。

看罢仍返陕西街小坐,三官二官皆来。天有雨意,遂同归。

今日三午始能独行两三步,是可记也。渠身体较重,数月以来,皆扶携而能行步,今日满子偶放手,居然能走几步。此时渠已有上下门齿各四枚。又小臼齿方发生。犬齿尚未出。

九月廿六日(星期日)

作书复东润、颉刚,致书锡光,又寄一书与小墨。看东润寄来之《文学底内容与形式》一文,特为"中志"写作也。看斯特林堡之剧本《父亲》。改苏子涵之投稿,未终篇。

九月廿七日(星期一)

入城,至川大新生院访黄念田,未晤,留言其家人,请来陕西街。至齐大,访晋生,未晤。遂访叔湘于其办事室,谈半时许。

返陕西街,与洗公、雪舟同餐,小饮。一时许,黄念田来,以其尊人之诗词稿交余,殆将允为印行。叔湘来,坐一时而去。月樵来,又有他客来,坐至五时离去。到家已断黑矣。

灯下致一书与东润,言叔湘欲与对划川沪款项,未知渠愿否。

桂林友九人汇款九百元来,为余寿,受之有愧。九人者,云彬、彬然、仲华、锡光、联棠、瑞卿、允安、志恒、甫琴也。

九月廿八日(星期二)

九时入城,至陕西街。与洗公谈。

午刻,商务、中华、正中、世界、正声五家宴洗公于静宁饭店,邀余同往。座皆熟人,唯商务经理黄觉民与正中经理罗君(武大毕业生)为新识。饮啖甚畅。

席散,余购别物,即归。

九月廿九日(星期三)

起来作书复祖璋,谈其所编生物教本事。又作书复锡光、彬然、云彬,并作谢信,致汇款来之九人。

午后,校读锡光昨日寄到之文稿三篇,即是半日工夫。伏案竟日,腰背都酸矣。

《新民报》载周弃子《偶成》一律,论诗颇有见,录之:"持论何曾薄四唐? 自于深秀爱陈黄。要资卷册三余力,微厌楼台七宝光。神理最难归淡远,声情元不戒悲凉。由来寂寞千秋事,敢较时贤一日长?"

九月三十日(星期四)

九时许与墨入城。昨夜雨,路难行,墨得小车,余拄杖徒步。到陕西街,知洗公接洽车票,于二日可成行返渝矣。

午刻小饮。饭后,与洗公闲行街市,买杂物,复茗憩于公园。五时半出城返家。

夜间,三官为余读柴霍夫《樱桃园》一幕。

十月(选录二十二日)

十月一日(星期五)

九时入城,至陕西街看报看信。

午刻,仍与洗公及雪舟夫妇小饮。饭后,与洗、雪及马群超老先生打牌八圈,手臂运动,颇感酸楚。遂与洗公为别,明日登程绝早,余不能送矣。小叙半月,颇感欣慰,又临分别,未免怅然。

夜,三官为余续读《樱桃园》三幕。

十月四日(星期一)

续改完投稿一篇。检视"中志"第六十九期稿,大致已齐。再待数日,如桂林有较佳之文字寄到,则易去数篇耳。

午后,看《外国独幕剧精选》一本。共七八篇,俱不坏,亦无特别佳者。

十月五日(星期二)

开始作一文,预备入"国志"。伏案竟日,仅得一千八百言,待明日续作。

看《弱小民族小说选》中之两篇。其一为台湾作家之《送报佚》,颇朴质可喜。

十月六日(星期三)

续作昨文,竟日得二千余言,仍未完。

看朝鲜作家、波兰作家小说各一篇。台湾与朝鲜之作家,其文显然具日本风格,所从入者自影响及于文字也。

十月八日(星期五)

续作昨文五百余言,全篇完毕,题为《读罗陈两位先生的文字》。即寄与云彬。

城中人来,送来桂林寄到稿件,四篇皆仲华作,即为校读,将"中志"第六十九期编齐。于是写定目录,明日即以送审。

劳惫不堪。

十月九日(星期六)

晨出门,徒步至罗家碾,路滑,力甚疲。以车入城,至陕西街,托雨岩持稿送审。

至华西坝,访晋生于齐大,仍未遇。访叔湘于办公室,少谈即出。

遂独行入少城公园吃茶。园中正在悬彩。明日为国庆纪念日,又为蒋主席行就职礼之日,热闹当胜于往年。看报约一小时,饭于邱佛子。牛肉一器,饭两碗,价十六元,今日为最便宜之餐事矣。

仍返陕西街,二时许,晋生来访。三年不见,君神采依然。今在齐大,为国文系主任。课余研究《墨经》,写成一稿矣。此君精力殊胜,可佩。谈半时而去。

三时,二官来,遂同往美术协会看中大毕业生五人之画展,皆可观,然亦无出色之作。

十月十日（星期日）

作书复云彬、允安、士敩、清华,一同封寄,又复东润、谢冰莹、吴大琨及不相识之投稿者章宗舜。

午后,与二官出门,拟入城看热闹。但行至罗家碾而雨至,势不小,遂吃茶于小茶馆。坐一小时许,雨止,踏泥路而归。

十月十三日（星期三）

续作“国志”通讯两则,即与小墨二官文一同封寄云彬。

饭后,作第百十三号书寄上海诸友,并附书致红蕉。不得上海信已一个半月,颇深念矣。又寄书洗翁,投重庆,列第六十号。

看苏联作家《复仇的火焰》一册,系雁冰所译。此书写苏德战事初期,苏联游击队之故事。颇不坏。

十月十四日（星期四）

九时入城,至陕西街,与雪舟闲谈。即在其家午饭。

至书审处,识其职员数人,取回“中志”送审稿件。仍至陕西街,包札付邮。遂购杂物而归。

今日得他处信多件,又连日之报纸,一一看之。日来物价渐跌,银行中颇有人存款者。据云系黄金解禁,准许自由买卖之故。而黄金若干,则将由美国借来也。

十月十五日（星期五）

作书答洗公,列第六十一号。又答锡光,并致一书与雪山。答杨人楩。答投稿者左治平。

午后作一短文,应陈白尘之嘱,付《成都晚报》副刊。

十月十六日(星期六)

作沈从文《边城》之厂告辞一则。改小墨寄到之小说,甚长,至下午三时,仅改七页。

看柴霍甫小说一篇,名《接吻》者。

十月十九日(星期二)

抄完小墨之《如法炮制》,又抄三官之《看戏》。

午后,看《古史辨》为遣。灯下看左拉小说一篇。

日来饭罢,即移灯入卧室,余与三官看书,墨与满子作针线,亦有情趣。

十月二十日(星期三)

晨入城,观电影于蜀一,剧名《一代乐圣》。以为是名音乐家之故事,孰知系叙一歌女之生活。然歌曲与舞蹈均不错,久未观电影,观之亦有趣。

进午餐于面馆,然后至陕西街。日来开明正卖廉价,每日平均可售得五六千元。书业与他业相同,迩来至不景气,廉价为号召者纷纷矣。三时,购杂物以归。

作书与小墨,与谈作小说。

十月廿一日(星期四)

作第六十二号书致洗公,据韵锵云,洗公暂不返桂。附一书致祥麟,托其代取商务本届之版税(二四一三元八角)。复子恺一书。又复钱宾四一书,渠将以罗孟韦君之《诗乐论》稿本交余也。

观子恺交来文稿。改小墨寄来一文,曰《神经警察》。又看钟博约嘱看文三篇,作书告以所见。

十月廿三日(星期六)

续作昨日文毕,题曰《再谈实践》。复凌叔华信,允收其小说集重印。二官归来,携回宾四交来之罗孟韦《诗乐论》,因作书复宾四。

报载盟军东南太平洋总司令孟巴顿来我国,与蒋委员长商谈,即返印度。大致攻缅甸之战即将开始矣。

十月廿四日(星期日)

作书复东润。又复芷芬,附一笺寄佩弦,久不得佩弦信矣。致书锡光,附两书,一致雪山,一复云彬。

墨为二官制一冬大衣,余为之参谋。令店家制西式大衣,工价在五百元以上矣。

十月廿五日(星期一)

作一文,介绍威尔基之《天下一家》,仅写两纸而停手。

午后,三官在校中请假,随余至老西门杨氏劲草园看芙蓉。其地名芙蓉岭,园一边倚溪流,芙蓉之外,多植梅树。芙蓉以天阴,开不盛。场中鸡冠花独茂,深红有绒光。

回至市集,憩于茶肆。复步行而归。往返殆在二十里以上,足力疲矣。

十月廿七日(星期三)

久阴之后,今日放晴,为之一爽。

与墨入城,至陕西街,看信甚多。上海有一来信,犹是八月初所发,仅伯祥、予同、调孚三人执笔,皆简短。

坐一时许,出至西御街,进餐于北平饭馆。买布,并买肉三斤,明日为余生日,须吃面也。二时到家,看来信及报纸,他无所作。

十月廿八日(星期四)

作书复锡光、雪山。又复程千帆(会昌),谢其赠余以所编《文学发凡》二册。复陈白尘,答以应招于星期日往观《家》一剧。又复王槐荫,王为美亚厂成都经理,红蕉托渠以一袍料送余为寿礼也。

今日为余生日,二官、三官俱请假在家。午刻,小饮吃面,适雪舟夫人来,留之共餐。

午后,作第百十四号信寄上海,复伯、予、调,并致书绍虞、红蕉。看锡光昨日寄到之仲华译稿两篇。

十月廿九日(星期五)

晨起正伏案,晋生来访,遂共谈。渠邀余往齐大教国文,谢之。言近作老庄哲学及《墨经》释,询余可否出版,皆允之。墨忙治馔,匆卒间亦复楚楚。晋生饭毕即去,余送之于罗家碾。

归来作完《读〈天下一家〉》之文,全文共四千余言。

三午能行之后,旋惧倾跌,不敢放步。日来能扶椅摸壁而行。人自背后牵其衣,实不着力,渠亦放胆走去。大约其能行自此始矣。

十月三十日(星期六)

改三官作随笔《训话》一篇,入"中志"。

饭后,精神不佳,与满子三官携三午行野间,曝阳光。

二官归来,携回信件。又有上海信来,为之一快。

十月卅一日(星期日)

晨与二官三官入城,至陕西街。陈白尘君昨已将戏券三纸送来,座在第二排,可谓佳位。遂略进面点,至国民戏院。人绝拥挤,以观客所携小儿合计之,人数必超过座位甚多。戏以十时开演,下午三时半终场,余惫甚矣。

此剧系曹禺据巴金小说《家》而改编者。殊散乱,就文艺而论,应为曹禺失败之作,然颇能号召观众,生意眼中,自是佳剧。剧中有独白数段,用韵,如新体诗,此是曹禺之尝试,听来殊不自然,似不足为训。

散出后,二官返校,余与三官茗憩于茶肆,然后购杂物以归,到家天黑矣。

灯下谈所观剧,颇历时间。

十一月(选录二十六日)

十一月一日(星期一)

作书复伯、村、丏、调四人,列第百十五号。复马文珍,退还其《孙子十三篇》一稿。致书子恺,渠介绍某杂志于我店,谢之。

午后,作一短文,才七百言光景,寄与陈白尘,入其所编《成都晚报》之副刊。

十一月二日(星期二)

作书复洗翁,列第六十三号。洗翁书来,言又须即日返桂,故书寄桂林。致书祖璋,言其所编生物博物纲要两种决计付排。

午后校读罗君《诗乐论》，全稿四册,毕其首册三分之二。

十一月四日(星期四)

入城,看信。本年七月起,店中增加薪津,以资调剂。今日得洗公通知,定为余每月支五千五百八十元,墨每月支二千二百元,视前倍之而有余。依目前物价,此数供每月之需,殆可从容应付矣。

坐一时许,离店,进面餐。观菊花、绘画、手杖展览于美术协会。手杖最可观,可百枝,皆藤本,各有殊致。

下午一时到家,世英在待余,以其友薛君之译稿交来,商量出版。世英去,余作书复孟实、志霍、祥麟,并致书孙锡洪及小墨。小墨之厂近颇困难,缘有全华酱酒厂欲压倒雅安各小厂家,定价特低,小厂家因而不能涨价,亏本发售,然非可久支也。

十一月五日(星期五)

作书复李广田,谢其寄稿。又作书致佩弦,道相念。二书皆托芷芬转交。又复书龙志霍、张孝威二君。

随整理"中志"稿件。下午,韵锵送来桂林寄到文稿。即着手校读,编目,计酬,将第七十期编齐。

十一月六日(星期六)

清晨入城,将"中志"稿托雨岩送审。

在店中坐三小时,出,遇二官于途,遂偕进午餐于回春园,茗坐于公园。三官来,三人同闲步街头,逛书肆。

于《新民报》见平伯《偶成》一诗,颇见怀抱,录之:"泽中鸿雁几辛酸,久寄长安菽水难。少日谁知堪北虏,屏居差喜尚南冠。原来绯绿逢场戏,只在青黄反手间。岂必虫沙酬故劫,清霜不媚谢庭兰。"

十一月七日(星期日)

复调孚书,列第百十六号。复锡光、仲华书,谈明年"中志"集稿事。又复洗翁,列第六十四号。又复清华。复云彬,以叔湘、小墨之稿寄与之。并复孙明心。复叔湘,谢惠稿。函佩弦,催作文。致书祥麟,请付子恺稿费。又复一张姓投稿者之问。直至下午四时，写信始毕事。

二官以午前归来，墨为之续裁大衣，余从旁参谋。至夜九时完工。居然西式大衣，唯略不平挺耳。大家皆疲甚。

十一月八日（星期一）

改二官小品一篇，题曰《大衣》，寄与歌川，投《新中华》。

午后，续看《诗乐论》数十页。

西风大起，天气转寒，阴云不开，已呈冬象。余穿棉袍棉鞋矣。

十一月十日（星期三）

入城，至陕西街。送审杂志稿已发还，即封寄桂林，本月提早一个星期，为快。谢冰莹女士来，近住成都抚育两儿，谈半时许而去。于雪舟家吃午饭，小饮。二时离店，购物而归。

知朝相来过，云友人约于十五日聚餐，为余作寿，于报纸作纪念文字。此殊无聊，然无法却之也。

灯下，看通伯所译英人梅立克小说数篇，颇精美。

十一月十三日（星期六）

作书复彬然，锡光。

伯琴、世英、朝珍三位送信来，约于明日会于公园，似有为余祝寿之意。情意綦厚，殊为可感，余作书辞之。

饭后，改三官新作小文一篇，曰《英雄气概》。看桂林寄来杂志文一篇，言艺术技巧者，甚长，半篇而止。

十一月十四日（星期日）

入城，至公园，运动会方进行，满园是人。趋茶馆，则叔湘已先至（前日预约），又有胡赞平及许君（音乐家，在省立艺专任教）。已而陈叔明君至，许、陈皆叔湘之同学，余初识面者也。叔湘、赞平见报载明日有人为余作寿消息，坚欲觞余，五人遂偕进食于聚丰园，饮绍酒，吃面，闲谈甚欢。

三时散，同至陕西街店中小坐。闻运动会中方出事，警察与观众争哄，开枪；或传有一二人毙命，或传未死而创伤，令人不快。

到家已六时许，天黑矣。

十一月十五日（星期一）

晨有浓雾，雾开而晴光皎洁。

偕墨及二官三官入城，在陕西街小坐，然后驱车出新南门，至江上村竟成园。堂中陈讲台，挂寿字，桌上有红烛寿糕，为余始料所弗及。皆由陶雄、陈白尘二君筹备，并号召文艺界参加。

十一时许，客到齐，约七十人，余所不识者约半数，王畹艻、雪舟、谢冰莹、陈翔鹤、应云卫夫妇、卢剑波、张逸生夫妇等均在其中。开会，五六人作颂语，语多夸饰，实与余不相当。张逸生读余《倪焕之》中一节文字，张为演员，读文颇能中肯。末后余致简短谢词。于是奏乐（细乐），放鞭炮。此宛如一幕戏剧也。

会毕聚餐，共五席，每席皆劝余夫妇饮酒，所饮白酒较多。食后，刘开渠夫人及李旭生唱京戏助兴。全体拍照，始散。

今日所费，殆需万元，每人参加纳费一百五十元也。诸君又备一题语册子，人各书数语，因尚未写齐，将缓日送来。

此事就意义言，实亦无多，而人皆与余颇亲热，实为可感，余将何以报答诸友及社会乎！

出竟成园，至王洁之君寓中小坐。又至二官校中，墨入观其寝室，余与三官在会客室待之。及出，食抄手于小铺子，驱车到家，已上灯矣。

知母亲为扶携三午，站不稳，蹉跌于地，幸有桌子倚靠，其势不急，坐地而震及臀部腰背，因感痛楚，大约数日后可愈。此甚危险，思之憬然。

今日《中央日报》副刊，及《华西晚报》《成都晚报》之副刊皆为余生日出特刊，文字类无可观。诸友以余为题目，俨然当为一件事矣。

疲甚，然墨兴致甚佳，余乐之。

十一月十六日（星期二）

读叔湘《白话与文言》一长篇，即寄与云彬。续校读前日所看陈烟桥论艺术文字，仍未完。看新到杂志。

十一月十七日(星期三)

入城至陕西街,看信多件。以墨所制小孩绒线衣三件袜六双寄昌群。

十一时半,入公园,赴伯琴、世英、朝珍三位之约。前经辞谢,而三位仍欲宴余,约在今日。共至祠堂街全家福进食。成都近仿各都市例,提倡节约,以昨日为始,菜馆不得售酒。伯琴与店家商之,仍饮酒数杯。三位情意弥可感,设菜甚丰,闲谈至畅。二时半散。余购物以归。

灯下,看东润寄来评马文珍《北望集》一文,此可入"国志"。

十一月十八日(星期四)

作信寄云彬,附去东润文稿。致陶雄信,言星期六文协理事会,余不克出席。复东润、傅肖岩、孙锡洪。作第六十五号书致洗公,公已于九日到达桂林。复潘子农,潘来信贺寿。

饭后,作书复杨东莼、李晓舫,杨谈稿费支付事,李以文稿见惠。阅毕陈烟桥谈艺术一文。

天气甚寒,余御棉裤。所有冬衣今日尽上身矣。

十一月十九日(星期五)

晨入城,至陕西街小坐。至春熙路,购狗皮膏于达仁堂。母亲蹉跌之后,腰部酸痛,试以是治之。又购另物以归。

知上午钟博约来,馈余生日礼物。此君收入甚少,所送物几及其月薪之大半,实亦太过。然其情可感,作书谢之。

卢剑波来信,约于下星期一往其校(协合高中)演讲,答书请其改期,以便构思。

改小墨一文,至夜始毕,题曰《集体创作》。

十一月二十日(星期六)

上午改小墨之另一文稿,题曰《狗的葬礼》,与昨所改一篇,皆将编入"中志"。

午后杂览书报。夜,听三官读《信号》之一幕。

十一月廿一日(星期日)

"国志"明年一月特大号需文稿,选佩弦《论诚意》一篇以为范文,略加说明,并附问题。伏案及晚,尚未完毕。

小墨来信,言其厂前途殊无望,渠拟于下月归来,另谋他事。

十一月廿二日(星期一)

续完昨所作文字。读子恺寄来之文,论东西洋工艺美术者。即复子恺一书。又复叔湘及陈思苓(《新闻周报》编辑)。并作书寄小墨,与谈文事。

灯下看哈代小说一篇,听三官读《信号》第二幕。

十一月廿三日(星期二)

作书致云彬,以昨所作"范文选读"寄与。又致薛贻源君。薛以美人克来塞所著地理书译出,来商出版,故答之。于是开始作叔湘《笔记文选读》之序文,同时可为"国志"之材料。迄于下午四时仅得千言,明日续作。

灯下,三官读《信号》毕,复读《戏剧春秋》两幕,均满意。《戏剧春秋》系夏衍、于伶、宋之的三人所撰五幕剧,以三十年来戏剧运动为线索者也。

十一月廿四日(星期三)

续作昨文,得六百言。

午后入城,至陕西街坐,看外来信件。晋生送来书甲骨文联一副,为余祝贺,可感。联曰:"伯玉知非,仲尼知命。嘉州倾盖,锦水班荆。"坐一时许,买酒而归。

夜间听三官读《戏剧春秋》第三、四两幕。

近日湘北战事甚剧,其区域颇广,包洞庭湖之一半边。

十一月廿五日(星期四)

续作昨文,得千数百言,仍未完。作书复晋生,谢其赠。又复子恺,盖续寄随笔一篇来。致书二官,令其往见卢剑波,约定下月一日下午往协合高中演讲。

灯下,听三官读《戏剧春秋》第五幕毕,又读《小城故事》三幕。《小城故事》系袁俊所作五幕剧也。

十一月廿六日(星期五)

续作昨文五百余言,全篇完毕,即寄与云彬。叔湘之《笔记文选读》全部整理稿亦即寄与,谋在桂林出版。

雪舟来谈店务,并言林语堂回国,今日来蓉,我店当款之。因留之午饭。雪舟去后,余书人托写篆书,计书一联三单幅。作书复洗公,列六十五号。

夜听三官读《小城故事》毕,此剧趣味甚卑,视袁俊他作为逊。

十一月廿七日(星期六)

作书复伯祥、调孚、雪村三人,凡三千言,列第百十七号。复佩弦、文珍,同封航空寄。下午二官归来,带回信件。又作书复锡光,并托士敫买《从兄蓬斯》。又作书致邬侣梅,退回其译稿。竟日工夫,俱是写信。

灯下听三宫读《边城故事》,亦袁俊之剧本,较《小城故事》为胜。听两幕而睡。

十一月廿八日(星期日)

校读昨日桂林寄到文稿两篇,即是半日工夫。

午后作书复祖璋,渠亦寄来文稿。又复昌群,渠寄来《汉唐文化研究》之序跋。致书姚蓬子,为三官询问姚所设书店买书事。孙玉如托为詹幼馨所编《中学国文教学浅论》作序文,此稿平常,无可言,因为题一诗,即作书复玉如。诗录于后:"所好者道进乎技,攸往咸宜良有以。徒事占毕训释间,为学教人两无似。往尝捉笔肆言辞,窃不自量唯此旨。喜君与我趋同途,用敢书之求正是。"

夜听三官读毕《边城故事》,又读曹禺独幕喜剧《镀金》。

成都市近普查户口,见报载全市人数为五十万三千二百二十九人。据闻此次调查甚马虎,实际人数超过此数尚多。

十一月廿九日(星期一)

晨与墨入城,至陕西街。雪舟、雨岩将动身往西安开设分店。雪舟回来须在两月之后,雨岩即留彼主持,恐一二年内未必回蓉。我两人饯之于"小酒家",并邀世泽、韵锵、章夫人、胡夫人、金夫人及文铨。犯禁饮酒,注酒于茶盅而饮之。皆至熟,兴极酣畅。

饭毕,仍回店中。朝相适来,谈半小时而去。傍晚回家。

夜,听三官读健吾之三幕剧《以身作则》。

小三午近日已能脱手独步,行十余步,甚稳当。

十一月三十日（星期二）

校读昨日寄到之文稿四篇，迄于饭后。写明年一月号杂志之预告，长一千余言，即寄与锡光，刊入七十期中。致锡光书，谈出书事甚详，亦千数百言。复答田世英、禹海涵各一书，田交来薛君译稿，禹交来所作关于生物学之小文。竟日执笔，至夜七时半始休。

十二月（选录二十八日）

十二月一日（星期三）

晨入城，偕雪舟至励志社访林语堂，未遇。

王畹香为雪舟、雨岩作饯。午刻，同往东方书社王寓。同座有同业四五人，饮啖甚畅。三时散。余以五时到家。

夜听三官读柴霍夫独幕剧《求婚》，又读李健吾之《梁允达》一幕。

十二月二日（星期四）

作书致子恺，告以代买藤黄已买到。藤黄一斤，小小一包，值一千七百元。

看瓦希列夫斯卡之长篇小说《虹》，系苏联最近之佳作，以乌克兰一村庄被德军占领后人民之抗德心情为题材。至傍晚，看完半册，二百余页。

灯下，三官续读《梁允达》第二幕。

十二月三日（星期五）

作卷头言一篇，竟日而毕，千五百言，题为《新年致辞》。看龙志霍寄来文稿，复以一信，言稿收到。

三官归来言，报端发表蒋主席与罗斯福、邱吉尔二人会于开罗者五日，已于一日返重庆。所讨论为全力攻击日本，及战后关于台湾、琉球、朝鲜等处之处决。此当然是一大事件。罗、邱二人更将与史太林会于伊朗。所以不举行四巨头会议者，殆以苏联并未与日本作战故也。

十二月四日（星期六）

竟日作新书广告辞四种。每则不过二百余字耳。

灯下，与二官三官闲谈，涉及文艺理论与哲学方面。

十二月五日（星期日）

看叔湘交来文稿，系评论英译唐人绝句，甚有味，妙在辨诗极精。即作书答叔湘。又复子恺书，复薛贻源书。致书锡光，寄与昨所作广告及昌群《汉唐文化研究》之序跋。

十二月六日（星期一）

作长信复云彬，复昌群。

二时至华西坝，入大门，遇叔湘，共往协合高中。前约余演讲，改定在今日。三时过，作演讲五十分钟，谈文艺，不自满意。有川大数学生来招邀，此殊可畏，约以缓日再谈。到家已六时矣。

十二月七日（星期二）

致子恺一书，告藤黄已托人带渝。开始作一篇"范文选读"之说解，所选为《上海——冒险家的乐园》一书之序文。至午后四时得千五百言，未完也。

于《新民报》见沈尹默两诗，可诵，录之。

《坐忆》"回黄转绿清江水，肯为游人照鬓边。何日得归归已老，经时无梦梦难圆。吹绵弱柳不成絮，著荚高榆空费钱。如此春情成坐忆，眼前芳草远连天。"

《自课》"饮有芳醪食有菘，山茶清供蜡梅同。不因殊俗忧居陋，未免常情愿岁丰。境寂每思临水月，山迥特爱听松风。此身莫道无拘检，故纸明窗自课功。"

灯下写篆字联两副，单条两张，雪舟所托，将带往西安送人也。

十二月八日（星期三）

续作昨文，至晚得二千余言，仍未完。

三官回来言，罗、邱、史三人伊朗会谈已结束，决定对德种种方策。

日来就近处小店买干酒饮之，取其价较便宜。

十二月九日（星期四）

上午作完昨文，即寄与云彬。作书答刘百闵。刘为《读书通讯》征稿，悬两题，一为《我最爱的书》，一为《我的学习生活》，二题皆不能作，辞焉。午后看翻译短剧两篇。

《新民报》又载沈尹默两诗，仍录之。

《寂坐》"寂坐一窗风露清,高林黄落减秋声。残灯耿耿思遥夜,短卷寥寥阅此生。久客人情真足惜,倦归乡梦遂难成。新来惯听巴山雨,山月何心亦肯明。"

《三月晦日雨晓起有作时居陶园》"帘幕清凄抵早秋,春归幽思在高楼。市潮一哄初惊晓,鸟啼千般不解愁。雨洗巴氛山活活,风回江路水油油。三年为客惭诗卷,惯是长吟总未休。"

十二月十日(星期五)

为余五十岁,友人作文者有六七篇,余所未见者当更有数篇,语皆溢美,而其情可感。因作一短文答之,亦以应白尘之索稿。文仅千言,题曰《答复朋友们》,即寄与白尘。又作一书致李晓舫,告其文已收到。

夜间,与三官杂谈思想及政治社会问题,甚畅适。

十二月十一日(星期六)

改小墨所作一寓言,曰《黑熊磨坊》。文甚长,凡二十七页,至傍晚仅毕十二页。

十二月十二日(星期日)

致雁冰一信,以唐弢嘱转信寄与。复谢冰莹一信。续改小墨文数页。

饭后入城,至陕西街小坐。三时,往公园内绿荫阁,晤叔湘、赞平及许君。叔湘又偕一范勤贤君来,系用直范佩恒之第四子,余在用直时,渠尚在初小,今则为中国通商银行来蓉开设分行。询知佩恒已于去年作古,柏寒、冰黎皆避居上海;用直与各地同,中产人家皆没落,狡狯之徒成富翁。又言苏州人对于敌人最为恭顺,敌人最满意。闻之亦愤亦耻。

茶散,五人同观沈福文君漆器展览会。沈系闽人,家擅漆艺,又留学于日本,专研此事,今为此间艺术专科学校教授。所作漆器,图案与色泽皆古雅,光彩照人,无一不可爱。会中晤子杰,拉余题字,余遂题"如入宝山"四字于册而出。

五人遂同乘车至苦竹林,应陈叔明之招宴。尚有他客未至,约定四时,而至六时过始入席。余被推坐首席,饮眉山酒,自作之菜尚精。

七时半食毕,余急乘车而归,出城行野间,殊不遇路人,亦无所恐。到家已八时。余乘酒兴,再饮白酒一盅,与墨及二官、三官快谈,乐甚。

诗婢家裱画店制书画笺,亦方展览,世泽往购之,分一套与余。其齐白石、陈师曾所画者,皆翻刻北平之出品,亦有近人新作,如庞薰琹、关山月等。其笺似不逮北平,刻工与设色皆较逊,然亦难得矣。

十二月十三日(星期一)

昨桂林文稿到,今日校读,编排,迄于日暮始完毕。第七十一期特大号至此齐集。

体甚疲,脑中昏沉,又嗡嗡作响,殆是天将下雨,空气转浑之故。

十二月十五日(星期三)

再致书锡光,以叔湘之《英译唐人绝句百首》稿寄与。致书子恺、祥麟、胡绳、傅肖岩、东润、薛贻源。

午后,写上海信,复伯、村、丐、调、绍虞、唐弢,并附一信致红蕉,列第百十八号。竟日写信,惫矣。

灯下复写信,致叔湘、祖璋、志霍、海涵,皆为寄与稿费通知。

十二月十七日(星期五)

作书致调孚,列第百十九号。前日之信系快寄,今此平寄,看何者先到。近日川沪寄信,需四十余日始达矣。又作书复钟宪民、熊佛西,皆系来索稿者。钟主编《文学修养》,熊于《文学创作》外,近又创《当代文艺》云。

续改小墨之寓言《黑熊磨坊》十余页,尚未完。

傍晚,偕三官往前村小店沽干酒。临睡前,听三官读果戈里戏剧《婚事》数场,渐就朦胧。

十二月十八日(星期六)

改二官近作小说一篇,题为《母与子》,直至夜八时改毕。此作较有深味,为二官之佳作。

二官归来,带回陶雄交来上月十五日在竟成园所拍照片,及当日集会诸君题赠与余之册子。照片尚好,余苍老而有挺拔之概。题字皆平平。

灯下闲谈甚久,兴奋,致未得好睡。

十二月十九日(星期日)

改三官新作一散文诗,题曰《生命》。渠与二官皆欲投《时与潮文艺》,不欲以文字专在"中志""国志"发表,不知《时与潮文艺》之编者以为可取否。

傍晚祀先,算是过冬至节。冬至夜实为二十二日,所以提早者,凑二官在家也。

听三官读毕果戈里《婚事》,早睡。

十二月二十日(星期一)

看"中志"下期需用稿两篇,费时半日。午后为人写篆字两件。有陈思苓君来访,嘱作文。

夜与三官谈作小说,渠之言颇有所见。

十二月廿一日(星期二)

思看报看信,遂入城至陕西街。报上殊无要讯,外来书信亦无多,唯华华书店代雁冰寄来其新作长篇《霜叶红于二月花》,殊可喜。午刻即归家。

作一书复调孚,附去赠唐弢篆字一小幅。四川大学学生之文艺团体来邀演讲,复书言暂缓。又作书致胡赞平,请其为小墨留意,有无相当职业。胡主持职业指导所也。

十二月廿二日(星期三)

上午看完长篇小说《虹》。此作亦不能算上品,作者之爱国心炽甚,寓于各个人物而为表出,遂少深致。

下午作一小文,应陶雄之嘱,题曰《能读的作品》。

灯下看显克微支小说两篇,鲁彦所译。

十二月廿三日(星期四)

作一短文,应陈思苓君之嘱,亦谈文艺,题曰《知人》。

傍晚,二官归来,以明后日校中为圣诞放假。带回信件稿件,灯下看文。子恺为"国志"作文,即作一书复之。

十二月廿四日(星期五)

复锡光一信。复罗孟韦信,告以《诗乐论》已寄达桂林。以子恺稿寄云彬。

复川大学生罗鸿儒一信,亦来邀演讲者。

陈思苓君又来,谈拟撰文学史国学概论等,并约于后日出席其《新闻周刊》社之文艺座谈会。此殊无聊,余于文艺实鲜所知,果有所知,与人谈谈固亦佳事。

看锡光寄来文稿两篇,皆用入"中志"第七十二期者。

灯下,看波兰短篇小说两篇,施蛰存君所译。

十二月廿五日(星期六)

作文介绍《虹》,将登入"中志",半日写成二纸。

午后二官自城中回,携回信件。即写复信。计复傅肖岩一信,傅自三台来蓉,堕车受伤,今方就医,谋支版税。复朝相一信,渠将编《华西日报》副刊,来索稿。复允臧一信,渠信来谈扩大收稿范围,余以所见答之。复洗公一信,皆为店务,列第六十八号。洗公于一月九日在桂召集临时股东大会,余即请渠代表。

十二月廿六日(星期日)

晨早起,与三官入城。余至陕西街《新闻周刊》社,座谈会约定九时始,而十时后方开,到者大中学生十余人,所谈皆空泛,余随答之。十一时半散。

余至店中,会三官,偕往饭店吃饭。入美术协会看邮票展览会,收集者李超然君,川大教授,共有二万余枚,可谓大观。各国之中,苏联与希腊,图样色彩最精美,而我国最不出色。观者拥挤,不克细看。又入少城公园,看全省中学美术展览,多临摹之书画,无足观。

今日满子生日(阴历十一月底),夜餐吃面。

十二月廿七日(星期一)

续作介绍《虹》之文字,日子苦短,写千言即届中午,午后写千余言即天黑矣。

十二月廿九日(星期三)

写信,复文珍、薛贻源、詹幼馨、林仲达。致书锡光及洗翁(第六十九)。即是半日工夫。

午后开始写一文,将应钟宪民之嘱,投其所编《文学修养》。写七八百言,天已昏暗。

三官归来,携回信件。灯下即复写信。复陶载良一书,陶在隆昌主持立达学园中学部,有事向教厅说话,嘱余代达。致宋大鲁一书,即代达陶君之意。复孙锡洪一书,孙目盲,生活甚苦,新编化学书,亟欲谋出版,但化学书不易排版,难遽应之。

复小墨一书。小墨言在雅安如守孤岛,公家之厂中情形皆不好,人多不致力办事,难与为伍。又言下月十日左右将回来一行。余即嘱其携铺盖回来,不必再去,谋他事虽未必即得,亦无妨在家闲住些时。写信毕,已九时矣。

十二月三十日（星期四）

晨起作一书,复杨东莼。续作昨文,至午而毕,共千五百言,即寄与钟宪民。

甲长来,收补助远征军费用七十元。询知每保出远征军一人,远征军选择比寻常壮丁为严,身体方面略有不合标准即不收,故购丁之价亦昂,在一万元以上。此七十元即购丁费。由保长收集,交与主管机关,机关中即提出一合格之人,作为此保之应征者。此次征募大中学生应远征军,各地皆极踊跃,以为出国往印度,联合盟国打敌人,其事至有意义。而不知在民间,仍以此种卖买方式出之。其为可叹抑不足措意,一时亦难以想清楚也。

午后,写信与上海诸友（第百二十二号）,以前所作答谢友人之短文附去,并附一信致红蕉。

夜看迭更司之《大卫·高柏菲尔》三章,许天虹所译。前余曾阅林译之《块肉余生述》,即此书也。

十二月卅一日（星期五）

看均正文译稿一篇,谈相对论者,将用入"中志"第七十二期。

午后,看《大卫·高柏菲尔》四章。

二官傍晚归来,带回报纸信件,灯下看之。

一九四四年

一月（选录二十八日）

一月一日（星期六）

晨起写信。致书子冈,托其促徐盈续作文稿。复胡赞平、胡绳、赵廷为、陶雄。

午后，为人写篆字联两副。

夜十一时光景，西邻叶姓来绑匪十余人，劫绑人口，予以三万元而免。但仍绑去一佃户，云亦须田主去赎取。近来离城数里周围时有劫掠偷窃之案发生，民生困苦，而不经训练之兵又多与匪为缘，宜其如是也。

一月二日（星期日）

上午看《大卫·高柏菲尔》。

午后，二官前在乐益之教师张宗和偕其夫人、女孩来访。张本在昆明任教，以生活昂贵，不胜负荷，将绕道归其合肥本乡。张家本在苏州办乐益女中，抗战以来，兄弟姊妹散处四方。前在苏，宗和尝来我家，相熟，今日他乡遇故，颇觉可亲。留之小饮，到晚而去。此后重逢，不知又在何时矣。

灯下，看《大卫·高柏菲尔》第一册毕（全书共三册）。

一月三日（星期一）

晨与二官三官入城，往新明电影院观美国片《忠勇之家》，盖鼓励人民参战之宣传片，故事平常，而摄制尚佳。

午刻散，食面点。至美术协会观多人联合之书画展览会，以沈尹默氏之书法为可观。

至陕西街取信件，晤韵锵。韵锵在此造货已结束，缓半个月即将往重庆任店务。

吃茶于少城公园，五时到家。

前夕之劫案，知并未绑人，亦非索诈，唯抢去衣物数万元。方从事捕缉，而尚无所获云。

一月四日（星期二）

写信复伯、村、调三人（百二十三号）。伯、村皆以为洗公与彼等有误会，嘱为解释。余言一店而分立，全缘彼此处境不同之故，实亦无所谓误会。书在二千字以上，犹觉言之未畅。作书致洗公（七十号），即告以此意。亦写千余言。

致书陶载良，以宋大鲁之复信寄与。

天气转寒。下午觉冷不可支，头胀，六时即睡，果发热。

一月五日（星期三）

晨间热未退净，起来甚晏。续看《大卫·高柏菲尔》。夜六时半就睡，仍微微发热。

一月六日（星期四）

晨起仍晏。韵锵、汪声潮（新由渝店调来）二君来，带来邮件。俟其去，作书复歌川。看徐盈寄来文稿。午后生火盆取暖。

小墨归来，大家甚欢。据言其友储君不放离去，在家休息一个月后，仍将返雅。携回煎鱼，晚间以佐酒。雅安多鱼，今值冬令，水清见底，游鳞可数。本地人不甚嗜鱼，价遂甚廉，每斤才四十元耳。

灯下闲话，至八时睡。

一月七日（星期五）

重看徐盈之文，其文多直语，恐不为审查处所许，略为改削。又看龙志霍之文，为写正胡涂字而已。

午后，开始作一卷头言，精神不好，写三百字而止。遂围炉闲谈。

夜半醒时，忽闻枪声连作，狗吠四应，料又是盗劫。因与墨谈迁入城中居住，陕西街栈房有余屋可居，但须俟雪舟回来后始可商定也。

一月九日（星期日）

起来作书复洗公（七十一号），并致锡光。

十一时入城，至福兴街全家福，应子杰招宴。客有沈尹默、陈寅恪、钱宾四、陈觉玄、闻在宥、李小缘、蒙文通、徐中舒、张大千、马季明、冯汉骥，皆所谓学人也。沈、陈、李、张，皆余初面。看馔甚美，且设酒，盛以茶壶，饮以茶杯。子杰为行政官而躬犯禁令，亦见禁令徒为掩饰耳。

饭毕，至张君家，观其画品。张往敦煌，居二年，摹写壁画数十帧而归。观观音像及供奉信士信女像，皆极富丽华美；供奉人之像，可考见当时之服装体态，甚有意思。不日将开会展览，门票价至五十元云。

三时辞出，至陕西街小坐，遂归。家中正谈前夕之盗劫，闻盗纠众至数十人，衣服被褥无不欲,皆捆载而去。此殊可怕,我家虽无所有,苟服用被劫,即无异又遭一次轰炸。虽未必果来劫我,然每夕惊惶,醒来即想,心理上之不安实难受,因决议迁入城中。陕西街百零六号,因印刷工作停止而有空房,而此间房租正届满期,恰好迁移。遂定明日由墨与小墨入城相度一切,能早搬即早搬。

上床后心情激动,久而不成睡。念乡居三年,又须迁移。入城固有方便,而乡间亦可恋。余恒有此种心思,住定一地即安之,不喜移动。离苏以来每次移徙,俱感怅惘。不知来日复将移徙几回,始可东归故乡也。

一月十日(星期一)

竟日未坐定,整理杂物。未作重力事,而已疲劳。

墨与小墨自城中归,言明后日迁动。雇定板车三辆,器物由鸡公车运至罗家碾,然后装板车入城。

信件中有红蕉一信,言均平安。久不得其信矣,得之殊慰。

一月十二日(星期三)

墨五时即起,余亦起。

雇鸡公车九乘,运物至罗家碾,包定一天,每辆百元。板车三乘至罗家碾来接,来回三趟,每乘每趟三百元。余家器物而外,兼运店中存书,至夜尚未搬完。

墨先入城,布置桌椅床铺之陈设。余陪母亲,与满子三午以下午三时入城,小墨三官最后至。

余家占住下首朝东四间之靠外两间,其一居母亲,其一居余夫妇及二官三官,半间为办事室。小墨夫妇则居上首靠里之一间,无地板。此间有电灯,殊为方便。自廿七年离重庆,我家不用电灯至今矣。

一月十三日(星期四)

整理竟日,仍未就绪。徘徊四顾,未获坐定一刻。到夜疲甚,昏昏如在长途旅行中。

今日定吃饭亦在余室中,吃毕即移桌移椅,恢复原状。虽嫌挤,亦"窝逸"。

一月十四日(星期五)

整理大致就绪,作息仍未习惯。

　　午刻，胡赞平偕戴小江（传章）来访。戴任广汉县立中学校长，胡欲介小墨与之。然小墨已说定仍回雅安，不能考虑。

　　午后，看胡绳交来稿一篇，直至日暮。

　　二官归来住，助理衣物。渠已应教会五大学外文系之甄别考试，自谓甚不满意，恐不能通过。五大学于外文系特别认真，不通过此考试即不许读外文系。究竟如何，下星期可见分晓。

　　前洗公与雪山馈余绍酒一坛，凡三十斤，今夕开而饮之，甚醇。

一月十五日（星期六）

　　坐定写信，复胡绳、薛贻源、刘百闵。刘作一律诗为余寿，故谢之。又复红蕉一信，较详，寄美亚厂中。

　　胡赞平复来，言戴君意欲请小墨再加考虑，希望能到广汉任教。小墨允考虑，于明日答复。

　　午后看仲华寄来文字。

　　二官傍晚回来，言英文甄别考试已无望录取。五大学参加此考试者四十余人，据已评阅各项试卷之结果，及格者仅七人，其中金陵女大占三人而已。

一月十六日（星期日）

　　十一时至公园吃茶，候赞平、叔湘、戴小江。园中方开会，由冯玉祥氏主持，劝募救国献金。冯近旅行各地，专作此事，成绩颇不坏。

　　十一时半，三君相继来，即与胡、戴说明，小墨愿往广汉一试。即邀三君到我家，饮酒小叙。下午二时散。

　　入城以来，生活即不清闲，日久当惯之。

一月十七日（星期一）

　　晨往访龙志霍君，以《渡船》之校样交与之。买红梅数枝以归，插于瓶中，聊以点缀。

　　午后，作书致洗公（七十三号），谈编译馆拟以英译我国名著交我店出版事，附书致锡光。又作书复佩弦，佩弦胃病大作，身体委顿，余劝其归蓉休养。

　　三时，孟韬来，邀观卢锡麟摄影展览，遂偕往美术协会。照相分云南、印度、缅甸三部分,多摄风景名迹,取景构图均不俗。出来后,与孟辚闲步街头,随行随谈。幼年同学,远在异乡得此乐趣,殊为难得。

饭后,与小墨至蓉光大戏院,听中华交响乐团之演奏。有《仲夏夜之梦》《英雄交响曲》《浮士德》及别一短曲,历时二小时。我人不懂音乐,唯听其旋律娱耳而已。有许多人不知交响乐为何物,来凑热闹,及知其不过众器杂奏,首曲未终辄离去。票价殊不低,最高为四百元,我人购最低者,五十元一纸。

一月十八日(星期二)

复莫志恒一信。昌群寄一文来,可入《中学生》,校读之,即作一书复之。致书祥麟,嘱送昌群、徐盈、胡绳三人之稿费。

饭后,胡赞平来,以广汉县中之聘书交小墨。小墨即填应聘书,此事即算说定。

一月十九日(星期三)

晨起即全家动手制糯米团,共制三百余枚,分赠邻家及店中诸友。半日始已,大家疲矣。

赞平又来,代余家买民食供应处员工米九斗,每斗五百六十元,比今日市价便宜八十元。

华阳中学教员庄维石君来访,以所作稿一册曰《唐昌讲授谈》交余阅看。

阅报,苏与英又有不协事。苏联通讯社发表,谓英有二要员与德外长秘密会谈,商单独媾和条件。英则绝端否认,并对苏提抗议。罗邱史三人会谈而后,群以为三国完全一致,不知尚有矛盾存在。其事至可焦虑,希望不致发展往坏的方面去。

看龙志霍文稿,到夜始毕。

洗公来信,言九日股东会开成,开明决增资至六百万元。选举董监,余被选为董事。

一月二十日(星期四)

今日《中央日报》载屯溪电讯,沪敌捕文化人至二百人,唯举丏尊、雪村二人之名字,他皆不详,览之至深远念。作书致调孚询之(第百二十四号),并复他事。

下午,循旧例敬神,在阴历,今日为腊月二十五日。

龙志霍来,以校样交还。即作书致锡光,寄与之。

二官今日考毕,携行李归来,此后将有三周之寒假。

一月廿一日(星期五)

晨起即全家动员,准备菜肴。午后祀先,算是大除夕之祭。

雪舟于今日回来。到夜,即请开明全体同人来吃午夜饭,另有孟尚锦、章夫人、胡夫人、倪夫人诸人,分男女两席,小墨二官两人在厨下烹调。饮啖甚畅。八时散。收拾停当,大家惫矣。

一月廿二日(星期六)

昨子杰来信,催作文字,为张大千临摹敦煌壁画展览特刊之材料,今日勉作一诗寄去。"敦煌古艺苑,壁画尤珍奇。妙绘诸佛相,并留信善姿。张君摹百幅,神迹两无遗。观者开心眼,如游西北陲。"

钟博约来,言将脱离农改所而往射洪当女子中学教员。其所以脱离农改所,缘其会计主任欲与通同作弊,设法开支某年之积余八十余万元,云将以三十万为酬。博约知其事不义,拒之则将不安于位,事处两难,只得引退。此足见其青年之纯洁心情,至可奖赞。而公务机关之腐败,滔滔皆是,堪为深叹。

叔湘来,闲谈一时许而去。

五时,与二官三官至国民戏院,观《柔蜜欧与朱丽叶》,三官系再度往观矣。此剧系曹禺所译,大部用韵,语言殊不自然。表演尚可,亦无动人之处。至十一时始散,余稍感疲乏。

到家,接范寿康来电,询丐、村二人在沪遭逮捕事。余亦仅见报纸记载,所知并不多于寿康也。

一月廿四日(星期一)

上午,将久未改完之小墨所作《黑熊磨坊》改完。

午刻,店中与雪舟家合办年夜饭,余与母亲、墨及小墨同往,饮啖甚多。

夜饭之后,与二官三官出观市场。成都居三年,皆在乡间过除夕,今既城居,自宜一观。青年路两旁皆设地摊,燃烛甚明,所售货物价较便宜。呼卖之声沸然,但购物者似不多。又至悦来场,游人至拥挤,货物尤为低等,而价尤廉。

到家已十时,即就睡。警察当局禁敲锣鼓,禁放鞭炮,然仍有所闻,彻夜不绝。

一月廿五日(星期二)

晨间,相识各家互为来往,算是拜年。余作书复云彬。

午后,与墨及二官往观张大千临摹敦煌壁画。共四十余幅,半数皆前在张君家中所见。街上皆嬉游之人,无所事事,结伴往来。

到家提早饮酒,余小醺。

一月廿六日(星期三)

改二官一文,题曰《安命》。即与小墨之《黑熊磨坊》同寄云彬。庄维石来,即将其稿交还,婉言辞绝,不拟出版。往街头看报,微雨路滑,余跌一交。自前年在贵阳夜访元善,在路旁跌交之后,此其续矣。

午后三时,孟韬与承法相继来访,共谈学校情形,生活琐事。承法先去,孟韬谈幼年同学时事,意兴甚浓,即留之小饮。又谈苏州各家之轶事,皆可发噱,全家大笑。九时始去。

一月廿七日(星期四)

开始改三官一文,仅改半页而许洁夫来访,杂谈开书店作生意等事。留之午饭。

饭后打牌,洁夫、世泽、潘君与余。八圈毕,时已入夜。雨岩夫人招宴,同座中有刘姓青年,雨岩夫人将为雪舟大女儿作伐,俾成姻眷者也。九时散。

新年中如是度日,在一般人为常事,而余深感疲乏无聊矣。

一月廿八日(星期五)

上午续改三官文。

午后,小墨往观大千画,三官随许洁夫观电影,余亦思出门而无处可去,遂写篆字为遣。彬然来信嘱作字寄去,将以参加展览,得资助梁漱溟先生办学院。

正写字时,孟韬来,见即归取白纸,嘱余顺便书之,计写联三副。遂与孟韬闲谈,留渠小饮。九时始去。

韵锵以明早动身赴渝,天未明即出门,不及送矣。

一月廿九日（星期六）

上午改毕三官之文。

午后看刚寄到之"中志"文稿三篇，七十二期至此始编齐，已延后二十天矣。所以延迟，皆航班减少之故。

夜，听三官读健吾戏剧《喜相逢》一幕而睡。

一月三十日（星期日）

作书复锡光，附一书复彬然。洗公有意请彬然回开明服务，余劝之。

午刻，林雅巢请吃年酒。回家后写篆字五六幅。

夜听《喜相逢》第二幕。

一月卅一日（星期一）

与三官往协合高中，访卢剑波，商三官转学事。该校本期不公开收转学生，但叔湘、赞平为余向吴校长（先忧）谈起，吴允可以通融。今知于下月十日至十二日须参加考试，各科均要考。询寄宿生缴费数，共需六千余元（其中包括敬师米二双斗），可谓甚大。

归来饭后，看"中志"七十三期刊用之稿。

五时，与雪舟、世泽偕往月樵所，观其正在修筑之三层铺面。聆月樵谈话，言一切行业皆不景气，渠所参加之工业及商业几尽停歇。目前最难维持者为工业，商业亦将继之。其所以如是，在钞票之滥发，究其根源，则在物资之越来越缺乏也。

月樵夫妇留我们小饮，有安君、李君同坐。李君年五十余，信佛，酒后谈佛，气势甚壮，余笑而听之。

到家，小墨二官三官往听某君提琴独奏。俟其归，续听三官读《喜相逢》第三幕。

二月（选录二十七日）

二月一日（星期二）

作书复陆侃如，陆欲寄存书籍五箱于桂林总处。作书致洗公（第七十五号),并附一书与彬然。复孙明心,告汇来"国志"稿费已到。复杨刚,杨在《大公报》编辑《文艺》,来索稿也。饭后,看徐盈寄来文稿。

夜,听毕《喜相逢》之末一幕。此剧甚平常,非健吾佳作也。

二月二日(星期三)

作书复投稿者程铮。取回"中志"第七十二期送审稿,寄往桂林。为人写篆字,计一联一单幅。看薛贻源所译美人克来塞《中国地理之基础》第二章一章,为之校订。孙玉如夫妇来访,坐半小时而去。

灯下,三官读杨村彬所作《清宫外史》之第一幕,全剧计五幕。

二月三日(星期四)

作书复薛贻源。续看其译稿第三、四章,至下午四时。与二官闲步街头,过美术协会,又有人开书画展,入观之,甚不佳。

酒后,与小墨二官共读美成词。又听《清宫外史》第二幕。

二月四日(星期五)

续看薛君译稿第五章。

十一时许,西首吉庆里口人家起火,相距六七家,一时颇惊惶。幸旋即扑灭,焚屋二间。成都救火只用小"滂浦",汲水于井,倾入桶中,而后吸射之,其力甚微。房屋又多编竹为墙,故火警殊可怕。

谢冰莹来谈,言此间友人将办《文境》杂志,嘱余作稿。

午后二时,思与三官入浴室洗澡。入三家,皆停业,正在修理房屋。既不克洗澡,则入一书场听书。此种玩艺名"竹琴",实则以渔筒简板为歌唱之节奏。歌词似只有两种形式,一为七字句,一为三、三、四之句。唱书二人中之一名贾瞎子(树三),系此道中名手,念字有韵味,使调有变化,足以传词中之意。其所唱为破镜重圆故事,题曰《送姬》。

二月五日(星期六)

续看薛君译稿第六章。此稿凡六章,其第一章尚未寄到也。作书复昌群、歌川,并致书祥麟。

三儿之集子《花萼》,由桂文光书店印行,出版已数月,今日始取到赠书十册。分赠佩弦、叔湘、朝相、剑波、文珍、圣南、师尚诸人。

二月七日（星期一）

晨访孟韬。孟韬言传闻光华中学缺一化学教师，嘱余托胡赞平探之，因往访胡赞平。饭时，朝相、冰洋二人来访。

饭后，续看《大卫·高柏菲尔》中册二章。

桂林信到，逐一看之。知董监联席会议，选洗公为经理，山公与余为协理。又知店中定于四月一日开扩大营业会议，将集各分店经理会于桂林云。

二月八日（星期二）

复锡光书，复彬然书，复洗公书（第七十六号），复雪山书，复士敩、清华书，一同封寄。

孟韬夫妇来，小坐即去。饭后，孙玉如偕詹幼馨来访。

看桂林寄到稿件。至夜，"中志"第七十三期编成。

三官转学，事殊麻烦。最近教厅规定，本市各校学生不得转学。协合吴校长遂谓须得教厅特许，方可报名。因令小墨持函往谒子杰或宋大鲁。遇宋君，言特许不可能，只能改以战区新来学生之名义，先经教厅之统一考试，然后投入协会。事实所限，亦只得公然作假矣。

二月九日（星期三）

将七十三期原稿送审。料理结算稿费发通知书等事。复东润一书。

饭后，叔湘来，谈一时许而去。

久阴，昨今两日始朗晴，瓶中梅枝发香。然出门无可适，坐定又无可读无可写，亦殊闷闷。

连饮已多日，今日酒断，未饮。酒价益贵，恐亦只得偶一举杯矣。

晚报载电讯，谓丐翁、村公已释出，前讯若确，此当亦非诬，为慰。

灯下作书致子恺，子恺代买得中大《文史哲》季刊第一期寄来也。

二月十日（星期四）

作书致佩弦，请其为"国志"考虑改进办法，并拉浦江清作文。作书致洗公（第七十七号）及锡光，一同封寄。

今明两日,三官往协合高中应插班考试,各科均须考。

明日小墨即动身往广汉任教去矣。广汉距成都四十五公里。

二月十一日(星期五)

未明即起,小墨携行李出门,二官送之。八时,二官归来,言汽车票已售完,改乘人力车,三百五十元,到达广汉当在下午三四时。

作书致晓光,促渠作文。又致志恒,谢渠以《图画手册》寄赠。

二官往学校注册,学校以其未通过统一英文考试,不得再读英文系,令转系。因改入社会系。其目的在得一大学文凭而已,将来作何事业,具何意愿,初不自明也。唯仍拟自修英文,至少要做到能读能写。

午后,往图书杂志审查处,参加作者编辑入之座谈会,并欢迎中宣部宣传指导科科长魏绍征君。言明一时开会,而处长陈君及魏君延至二时过后始到。谈话无甚深意,六时散会。

归途与一骑自行车之人相撞,幸彼此俱未倾跌。余左手拇指着于车柄,皮破出血。

二月十二日(星期六)

作书复洗公(第七十八号),取回"中志"七十三期原稿,一同快邮寄桂。

午后,戴镏铃君来访,言孟实与渠及方芦浪三人编选之大学英文书稿,即将竣事。俟其去,即作一书致孟实,促其从早完成校阅工作,以便付排。

有川大教授朱君来访,询中学国文教学方面之问题。据所怀答之,谈约一时许。

二月十三日(星期日)

晨至公园,应赞平之约。座有陈其可君,三年不见矣。絮絮为余谈收入微少,教师没落等语,余颔之。

十一时,偕往陈述民君家,应其招宴。座客均其北大同学,叔湘亦在。二时,偕至文殊院游观。此寺甚大,建筑颇壮伟。登藏经楼,观所悬佛像字幅。茗憩于方丈。

四时至孟铹所,告以赞平回话,光华方面已无希望。遂至龙志霍君寓,应其招宴。座有川大教授饶君,盛言学道修炼之功,语多可怪。今日见其可及饶君,皆大学教授,而精神皆荒唐,方面不同,其归则一,殊可深叹。余饮大曲较多,七时归。

女佣邓嫂辞工而去,归为佃户。自此即不拟再用人,可省米将近一斗也。明日起,膳食包于店中,由厨师料理。家中事忙,大半为膳食,墨尤偏劳。今若此,墨可较得空闲。

二月十四日(星期一)

作一书致韵铸,请其在渝接洽印刷厂家。

看《大卫·高柏菲尔》,旋看旋释卷。

小墨信来,言同事及学生皆未到,开学尚须迟一星期。学校破败零落,殊无佳象。尚缺几科之教师,戴校长拟随便拉人凑数。闻校工言,学生甚不驯,须用体罚方可制服,小墨甚以为惧。学校之实况大致如是,距改进教育云云极远,思之可叹。

今日开始不弄餐事,墨确觉清闲不少。饭菜虽较差,能使墨安闲些,亦大可慰矣。

二月十六日(星期三)

作一文,论学校训育,用书信体,总名拟为《致教师书》。在此总名之下,每信论一事,针对教育现状说话,如不间断,可得数十篇。下午文成,得千八百言。即往访朝相于省训团,交其《华西副刊》刊出。未遇,留稿于其桌上。

傍晚,程千帆来访,谈我店出书谨严,愿为助力,拟拉陈寅恪先生之稿交来出版云云。又谈其在川大教诗选,所编材料,以足以代表一时风尚、个人风格者为主,语极中肯。

夜间,三官为余读欧阳予倩之独幕剧《一刻千金》,平平而已。

二月十七日(星期四)

作"中志"卷头言一则,至下午四时毕,凡一千七百言,题为《略谈音乐与生活》。写些杂文,一天总算有个交代,心头便觉平安。

午饭后,朝相来,谈半小时而去。

二月十八日(星期五)

晨与三官往华西高中,缘考插班已被录取,今日往注册。决定寄宿,由宿长派定宿舍。缴学费膳费及尊师米两斗,共七千九百元。此数在从前可以留学外洋,今日则殊不足一用,然以我家经济状况论,已深感不胜负荷。

今日店中学生王显银出一事,可以一记。王以千元借与一刘姓者,久索不还。近得刘通知,约于今日往西门吃茶。王遂借二官之同学寄存我家之自行车而往。到茶馆,刘言无钱可还,唯有些书籍可以作抵。遂令一张姓者偕王往取书,自行车则留茶馆,由刘看守。

张导王至乡间一僻屋,引之登楼,即阖户而去。王见屋中有数人先在,询之,则若辈皆被卖充当壮丁者。骇甚,自楼窗跳出,见人力车即乘之,令拉回城中。途见张姓,扭住之,偕往乡公所。往茶馆看观,则刘姓与自行车俱杳。乡公所将张姓吊起,令其招寻刘姓,取回自行车。张姓言可办到,不知究竟如何。

此事殊可骇异。刘、张二人盖流氓(川中谓之"袍哥"),约王吃茶,盖欲骗得其人,卖充壮丁而取其身价。及见自行车,更属意外之财,即并盗之。苟王不克逃出,则壮丁成交,即被送出,我店中且将永不知王之下落,唯认为窃车而逃。苟王途中不复遇张姓,则刘、张住于何处,渠皆不知,此事便一无线索。今王得逃出,且拘住张姓,可谓不幸之幸。而流氓之不法行为,实可深叹。若辈以人身为卖买,拘留僻屋之人盖皆若辈之货品,以俟善价者。役政之黑暗,于此亦可见一斑。设一切讲公平,各保抽签抽出之壮丁皆必亲身入伍,不得顶冒,则流氓亦无从乘机获利。主其事者未必不知此种情形,而皆相因为利,不谋正办,此最可憾也。

下午四时,黄任之先生夫妇二人来访,谈丏、村二人在沪被累消息,并略谈我国经济战事。承赠其诗集《白桑》一册。

夜间,孙玉如来闲谈,谈及山东各中学于战事起后集体后退,众凡数千人,徒步抵陕川,其事深可感动。

二月十九日(星期六)

看《美国六十家》。此书系美经济学者伦德堡所著,据其调查统计,说明美国资本主义之真象,以为美国虽行民主政治,而实际则大权全操于巨富六十家之手,此等巨富积聚资产益多,如水之归壑,而大多数人益困,此为美国之极大矛盾。余思今次战后,美国将操全世界之霸权,亦即此六十家操全世界之霸权,其矛盾益广大,衍变至于何极,颇耐人寻味也。

下午四时,至金家坝月樵所,参加有斐阁之新春年会。有斐阁者,普益图书公司解散之后,其中十数股东即以原股另行组织者也。余有股一千元,亦在其中。讨论结果,股本一千元者,八个月间之红利亦一千元。此红利升为三倍,作为新股云。入夜聚餐,月樵夫人治馔甚精,饮啖甚适,八时归。

二月二十日(星期日)

天作春寒,且霏霏下雨。竟日无所作,与二官三官等闲谈。

傍晚谢冰莹来。谢教两个中学之国文,问余教授之要。

迩来物价益涨,总之是物资缺乏之故。而成都附近修筑八个飞机场,美国空军将大批到来,亦为一要因。

中太平洋战事,美军甚得手,已攻占马绍尔群岛,近且猛攻土鲁克。土鲁克者,日海军之强大根据地也。

二月廿一日(星期一)

二官三官皆以今晨到校。余改小墨寄来一文,曰《雅安通信》,至午后而毕。文颇不坏。作一书与小墨。

与雪舟至美术协会,观蒋夫人访美影片展览。皆夫人与美国各界会晤,出席演讲会与欢迎会,或所受大学名誉证书及各界赠品之相片,凡三百幅光景,形形色色,如观电影片。

出至雪舟家,雪舟为余谈店事宜如何改进,意谓必全体同人乐业,而后业可发展。以今日而言乐业,实最难之题目。

天寒,傍晚买大曲饮之。

晚饭后,开始为店中五学生教国文,雪舟之女二人及袁姓一女孩附从。以后拟每夕课之。二官并拟于归来之日,教他们英文。

二月廿二日（星期二）

复韵锵一信，并托代取商务版税。致书锡光，复彬然书，又致书洗公（第八十号），一同封寄。致书佩弦及陈觉玄。彬然言拟在"中志"第七十五期出一特辑，纪念"五四"之二十五周年，因请佩弦及觉玄作文。

饭后，致书云彬，以小墨之文寄与。致书赞平，托为孟铄留意职业。

傍晚，至悦来场四五六菜馆，文协少数会友公宴渝地会员李葳。李君东北人，在重庆工专教英文，多为翻译工作。会友到者有陶雄夫妇、翔鹤、冰洋、朝相、车瘦舟。闲谈甚适。禁酒已成具文，以茶壶茶杯盛酒，店家并不视为犯禁事。七时半散。至李君寓所小坐，又谈一时许，乃归。

二月廿三日（星期三）

作《致教师书》之第二通，谈训育。至午后三时，得千五百言，有尾段未完。

二官归来，言社会系之课殊无意味，拟再转系，入国文系。余以为然，因作书致陈觉玄，代二官请求准许，陈为国文系之主任也。三官亦归来，寄宿生活尚未习惯。少顷，姊弟二人同去。

孙锡洪偕夫人自三台来，就医医眼。其眼因试验炸药受伤，右眼珠挖去，左眼珠仅辨明暗，近益趋恶劣，故欲就医。左手亦炸去三指，全不能用。其人前在汉口重庆皆尝会面，为一英气勃勃之壮年人，今则沉静凄黯，与爱罗先珂相似，对之惨伤。留之晚餐而去。

灯下授课一时有半，讲说不免用力，略感疲乏。

二月廿四日（星期四）

完成昨文。饭后，朝相、冰洋来，即以稿交朝相。

傍晚，李葳来访，与谈英文教本及翻译名著。

六时，至荔枝街一小菜馆，应车瘦舟之约。车有茅台酒一瓶，前夕邀余共尝，此小菜馆烹调绝佳，邀余一试。茅台酒久已未饮，饮之而甘，菜亦确好。同座尚有陶雄、朝相、冰洋三人，甚畅适。七时半归。

二月廿五日（星期五）

三午于昨日断奶。满子涂万金油于乳房，三午即不欲吮吸，到夜不想睡（平时含乳而睡），但亦不哭，直至倦极始入睡，中夜亦未哭闹。断奶如此容易，出乎意料。

上午，黄任老来，说定其《苞桑集》由我店重排出版。一柳姓女子来访，以其夫所作《法学通论》商出版，却之；柳托余作一信介绍于商务王云五先生。晋生来，谈少顷即去。报载吴子馨（其昌）于前日病殁乐山，共为叹惋。

作书复韵锵、小墨及钟博约。钟已到射洪，任县立女子中学教师。

看徐盈寄来之《云南》一文，仅看其四分之一。看韦尔德《圣路易之桥》毕，此小说甚新鲜奥奇，不易捉摸。

入夜，上夜课两小时。

满子面部有癣，已多日。前昨两天去就诊，涂药膏，皮肤受刺激，大为肿胀。三午见而惧，避不欲就抱。午夜醒来，于电灯光中见其母之面，大哭不休，由墨鸣之始入睡。

二月廿六日（星期六）

续看徐盈文，仍未完。往旅馆访孙锡洪，上下午两次皆未遇。复韵锵一信。

二官归来，言已转入国文系。三官归来，言英文教师尚好，其他皆平平。

夜间，二官为学徒们教英文，余与三官助之。一夕之经验，觉教四川学生学英文实在困难，最难在读音。

满子面部益肿胀，望之可怕。殆因其皮肤不好，涂外敷药而起反应，又因服内服药而血液中毒。三午望而却步，夜与我们同睡。

二月廿七日（星期日）

午夜满子苦闷而啼，余与二官起视之。今晨往询医院两处，皆以星期不看门诊。适小墨之友李吟园来，李在交通银行，云有一医生常来玩耍，可以请其诊视。满子遂往。归来传医生言，与我们之猜测相符。医生改用较轻之外敷药，并用泻药以清血毒。不知何日始可奏效复原。

晨间，孙锡洪夫妇来，言已往医院检查，医言其视神经未坏，而角膜已损。角膜可换，若奏技成功，可以复视，但成功与否殊无把握。孙遂不愿换，恐失败之后，并光线而不之见，则人生之安慰更微少矣。余闻孙君言现在能辨光线，多少尚有些安慰,觉其语甚哀,深可体味。

午后,叔湘、赞平相继来,谈一时许而去。赞平言光华附中终于延聘孟辂教化学,赞平又为孟辂弄到大学先修班之化学功课四小时,此殊可慰。

作书复彬然,并复锡光,一同封寄。又致书孟实,请其为"中志"作文。

二月廿八日(星期一)

看叔湘昨日交来之稿,其稿谈英文学习,分为十次,此其第一次,甚为精辟。续看徐盈稿毕,作一书复之。改投稿人文一篇。又改二官新作散文稿,半篇而止。

三午惧其母,唯要墨与余抱,大家弄得疲甚。

雪舟将以明日动身赴渝,再与祥麟、韵锵结伴往桂,参加四月一日之扩大业务会议。余本当同往,然以行旅艰难,只得缺席。灯下作书致彬然,又致韵锵,皆托雪舟带去。

二月廿九日(星期二)

送雪舟动身,此行至少须两月方可回来。

访孙锡洪于旅舍,与谈作稿出版各项。邀渠夫妇二人同饭于邱佛子。

回家,墨言三午发热至三十九度半(前晚昨晚俱有微热),宜往诊视。余遂抱之往夏禹鼎所,夏断为肺炎,仍用大箭黄。三午身体不适,殊为烦躁,墨与余轮流抱持,颇为疲惫。满子面部肿势渐衰,大约渐可转愈。

午后,改毕二官之文。孙锡洪夫妇来,谈少顷即去。

入夜,应川大学生文艺研究会之邀,至南较场川大新生院讲《怎样读小说》一时有半。随意谈说,亦无精义。讲毕,答少数学生之问题。晤新生院主任张敦录君及教师赵君,不记其名。

三月(选录二十六日)

三月一日(星期三)

看胡绳寄来之文稿,毕,即复渠一信。

孙锡洪夫妇复来,言明日将归三台。三台去此仅四百里,他们怕坐汽车,改乘人力车及滑竿,须三日始达。珍重送别。

作一书复叔湘。看投稿一篇。志霍来,交来《渡船》第二批校样,即寄与锡光。

满子面部肿势已退。三午服大箭黄,今日热仅余数分,精神转佳。然仍不喜其母,时时觎墨抱持。且脾气特坏,稍不如意,哭闹随之。此殆是突然断乳,心情上感抑塞,故对一切易起反感。

夜间上夜课两小时。

三月二日（星期四）

改投稿一篇,已由桂林同人改过,然不妥当,须再改。李晓舫来访,交文稿。谈大学生于纯理学科颇不知喜爱,前途不堪设想,言下多感慨。

午后,黄开万君来访。黄编一《田家画报》,以照片为主,文字为辅,照片多数由美国供给,铸成铜版寄来,经费亦由美国补助。嘱余作文,允之。

看李晓舫稿半篇。灯下授夜课。

三午咳嗽特甚,性转烦躁。令服枇杷膏及咳嗽药片,皆强而后可。

三月三日（星期五）

作书复韵锵、傅肖岩。致书佩弦夫人,请来取商务版税款。

复洗公书（第八十一号）,并复锡光。洗公来书中,言上海来内地者所述丏、村二人被捕情形。大约敌方令丏翁出任某种文字工作,丏不愿,遂加拘捕。临出门时,丏嘱女佣往告雪村,敌宪兵遂并拘雪村。二人所居之霞飞坊曾封锁三日,不许通行。至如何释出,来人未之知。余思保释之际,或不免表示虚与委蛇,然违志而行,其情益苦。最好自当乘间转来内地。唯一经离沪,必将有人代受厥累。如何计出万全,实为难处。

午后,看桂林来稿三篇。

出沽大曲十两,拟作三夕之饮。现已十元一两矣。灯下上夜课。

三月四日（星期六）

看桂林寄来稿一篇。作一文,应黄开万君之约,得千余言,题曰《青年的去路》。作一书致黄,预备后日送去。

倪文铨自西安归来，言在西安晤朱达君。朱达君近年为我店董事长，最近内来。言丐、村二人确曾被拘，原因不明，拘留十日，未受痛苦。唯丐精神受刺激，似不甚好。朱离沪时，村托渠来访我店，详述上海详情，及闻桂林有四月一日之会，拟赶往桂林，参与此会。大约不日将经过此间，余当晤之。灯下作书致洗、山二公（第八十二号），即告以此事。

小三午今日又发热，三十九度，仍令服大箭黄。

三月五日（星期日）

作书复云彬，附入昨致洗公书中。复薛贻源，告以已收到其译稿第一章。

嘉禾来，闲谈甚多，有一项可记。渠闻诸军界中人言，川军留川之一部分部队，风纪极坏。中央调之出川，抗不应命；催迫既多，则设法应付。其法令兵士往赶场之所，尽拉场中壮丁，劫其衣服财物，而与以敝旧军服，驱之应命，以为自己之替代。或包围戏院，劫持壮丁为代如上述。中央知其如是，非不能严惩，而投鼠忌器，索性不复征调此辈。而此辈留川中，则为种种罪恶之渊薮，良可深叹。

下午三时，与二官三官入美术协会，观秦威画展，画为水彩，线条与设色皆有法度，甚满意。此君喜用灰暗之色，风景人物皆有苍茫之感。

归来小饮，明月半阶。灯下作书致雁冰。

三月六日（星期一）

写"中志"第七十四期之编辑后记，得千四百言。

午后作书复佩弦。又作书复田泽芝。田近在贵阳师范学院附中教国文历史，已与一金姓结婚，其同乡人也。

伤风甚剧，头昏脑胀，午后入睡一时许。起来看薛贻源译稿半章。灯下仍授夜课。

三月七日（星期二）

上午作《致教师书》第三通。得千七百言。午后至省训团，交与朝相。省训团所在为石室中学校址，原为成都府学。颇植卉木，玉兰四株，正含苞欲放。独至少城公园再访海棠，花蕾已齐，尚无开放者。数之凡十株。

归家，觉身体各部酸痛，且有微热，即就睡。

孟轺来，言有人介往科学馆，今日往接洽，晤陈伯琴（伯琴已离教育科学馆而入科学馆，为推广组主任），其事似可成，嘱余致书伯琴，期其牢靠。

体热至半夜而退，一场伤风，或即此过去矣。

三月八日（星期三）

作《致教师书》第四通，谈学校禁止看小说之不当，川中确有如此学校。一坐竟日，得二千五百言，未完。

得上海信，有伯、调、丐、绍虞四人执笔，调孚信述丐、村二公被捕事甚详，唯何因而受捕，又何因而释出，皆不明晰。我妹亦有亲笔信来，言合家尚安好，为慰。

雪村被拘，不废吟咏，调孚抄寄二首，虽不甚佳，亦见旷怀。录之："日食三餐不费钱，七时早起十时眠。一瓯香饭抟云子，半钵新茶泼雨前。汤泛琼波红艳艳，盐霏玉屑碧芊芊。煤荒米歉何须急，如入桃源别有天。""一日几回频点呼，喧凄尼散哈凄枯。低眉敷座菩提相，伸手抢羹饿鬼图。运动幢幢灯走马，睡眠簇簇罐藏鱼。剑光落处山君震，虎子兼差摄唾壶。"

三月九日（星期四）

作书复彬然，复洗公（第八十三号）。附书致士敩，托裱寿洗公六十词，昨夜醒时所成也。又附复王知伊君。王系新来我店之同事，在编审部工作。

饭后作书致余冠英，为《国文月刊》稿件不清楚事。又作书致吴祖光，告以上海出版其戏剧集之情形。

续作昨文，得千言，完篇。即作一书，以稿寄陶雄。

寿洗公《鹧鸪天》词录于此："霁月光风胆照人，亦儒亦侠亦仙真。寻常川桂三千里，尚复朱颜六十春。　遥致祝，畅开尊，榕湖绿转正芳辰。云何不乐诗人语，行见中原扫虏尘。"

前见《新民报》载章行严一词，颇不恶，题为《题李印泉曲石诗录》，调亦《鹧鸪天》。录之："早莅中原唱大风，晚擎退笔过巴东。胜流入蜀无今古，儒雅端推李卫公。　胸似月，气似虹，天留一士壮腾冲。英雄老却浑闲事，囊有贞诗不算穷。"

今日此报复载叶遐庵一诗。叶已入北平碧云寺为僧，诗系答洗玉清女士者。并录之："武陵岂复在人间,相望吞声且闭关。瞰室顿惊炎易灭,巢林谁道倦能还? 浮生老判乘流尽,孤抱坚宁比石顽。应念唯心皆净土,风幡静处即名山。"

夜授课一时许。

今夕月圆,清光甚澈,灭灯小坐,殊为难得。

三月十一日(星期六)

晨复韵锵一书。改三官文,改了三页,意兴不佳,即停笔。

下午三时许,朱达君先生到,久未晤面,颜色已苍。渠本在商界,在沪可无虑,唯恒有亲友相牵,拉之任不相干事,为免麻烦计,遂不惮跋涉,间关内来。途中经历两月,尝坠车伤臂,又尝击撞伤胸,旅费已花五万。言上海店中情形,云各人从事编辑甚紧张,营业不多,而囤有连史纸,卖纸为食,可维持同人之生计。

村、丐二人被拘事,朱所述与调孚信中同,唯带来雪村手书诗三首,其一为调孚所未抄,盖不便抄也。兹录之:"执戈无力效前驱,报国空文触网罟。要为乾坤扶正气,枉将口舌折侏儒。囚龙笯凤只常事,屠狗卖浆有丈夫。惭愧平生沟壑志,南冠亏上白头颅。"

入夜,偕墨及世泽、文铨陪朱先生及王小姐(朱途中遇见之伴)至全家福聚餐,杂谈上海近况,甚欢。

小墨自广汉归来,谓休息二三日即去。观其兴致尚好,似教师可以做下去也。

三月十二日(星期日)

偕二官三官同往蜀一看电影,片名《逃生》,系写德人受政治压迫,自集中营逃出之事。故事殊平凡,唯演员尚佳。

十二时半,应林雅巢之招宴。林宴中宣部魏绍征君。余皆图书审查处及书业中人,肴馔甚精。二时半席散,复至朝相寓所应其招宴。有冰洋、陶雄诸君同座。余不复饮,坐谈而已。

五时归。朱达君、王小姐、赞平、戴校长在,复共闲谈。六时许,始皆去。

竟日外出,与人谈话,甚感疲惫。

三月十三日(星期一)

吴世昌(子臧)来访,渠自桂林来,将往乐山奔乃兄之丧。少坐即去。

达君、王小姐来,偕往观华西坝校舍。野行向东,经川大而至望江楼。登楼茗坐,闲谈上海内地情形。十二时半,乘车入城,饭于四五六,遂归。

孟韶来,馈玉兰两枝,亟插瓶中。

灯下上夜课。

三月十四日(星期二)

晨往新蜀饭店,访吴子臧,并邀午饭。回家准备宴客,抹桌洗杯箸。墨则作肴馔,由厨师老闵助之。二官亦于十时回来相助。盖预约龙志霍为之作饯,并邀叔湘、赞平等。十一时半,客相继来。二时席散,谈至四时始皆去,颇疲劳矣。自治肴馔,亦费二千元以上。

小墨于今早返广汉。

三月十六日(星期四)

将薛贻源君译稿整理完毕,作其书之广告辞,一并寄与彬然。

午后,达君来,偕往少城公园,桃花海棠已有初花。美术协会有张大千所藏书画展览,购门票入观,每票五十元。中多朋人之作,间有唐宋品,甚饱眼福。余甚赏丁龙泓分书一联,及明吴小仙玉缸春暖图(仕女捧酒尊)。

桂林寄到"中志"第七十四期末批稿,灯下看之,即将七十四期编齐,写定目次,明日送审。

三月十七日(星期五)

作书致彬然、锡光,附将"中志"目录等寄去。又作致志霍、晓舫等书,皆为致送稿费。

饭后,吴祖光来,交来其新作剧本《少年游》,系以北平沦陷后之学生生活为题材者。决定收受,为之出版。吴去,即看其第一幕,为之校订。

达君来,言明日附车赴渝之说已归黄落,正托人另想方法,以期早日动身。夜,雪舟夫人治馔宴达君,余与墨同往。座有马老先生,达君之连襟蒋君(燕大新闻系主任)等。谈至九时始散。

三月十九日（星期日）

九时偕二官三官往蓉光看电影。片名《拂晓攻击》，保罗茂尼主演，叙挪威沦陷后人民反抗纳粹之事。报纸鼓吹此片甚盛，实亦不过如是。

午后，达君与其亲戚蒋君偕来，言明日准可成行，车以早五时开行。夜间，至达君寓所叙别，九时归。

三月二十日（星期一）

作书致云彬，以叔湘之《语文杂记》寄与。看完《少年游》第三幕，作书寄与彬然，请其送审付排。作书复余冠英，又复孟实。孟实已将大一英文选之原稿寄渝。

四时离座，与三午玩半小时。渠尚不能说话，而活泼殊甚，与之玩，无厌倦。

灯下授夜课，即睡。

三月廿二日（星期三）

作书致锡光。答罗孟韦书。致陶雄书。致夏承法书，询问物理稿成未。

午后修发，又涨价矣，四十元。往公园观海棠，碧桃亦开，紫荆甚烂漫。入美术协会，观许士骐画展，山水人物花鸟皆可观。许为中央大学教授。沽酒而归。

傍晚小饮。灯下作书复洗公（第八十五号）。

三月廿三日（星期四）

复士骏一书，与昨夜致洗公书同寄。看徐盈谈广东一文，略为删润。

饭后，复徐盈一书。作《致教师书》第五通，千言而止，待明日续作。

傍晚饮昨之余酒。授夜课。

三月廿四日（星期五）

续完昨文，共长二千五百言。作书寄与冷风君，冷将编《成都晚报》副刊也。改毕三官之童话一篇，此篇搁置已多日。

灯下授夜课。

三月廿五日（星期六）

作长信复彬然，附一书复士骏。达君书来，言得二十四日票可直驶独山，则本月底当可抵桂，复以一书，亦附去。志霍交来《渡船》末批校样亦附去。

午后，叔湘来，坐谈一小时。俟其去，观其所译小说《飞行人》，迄于夜毕其半篇。

伤风甚剧，微微发热，头昏脑胀，至不适。

三月廿七日（星期一）

晨起略迟。看《大卫·高柏菲尔》中册毕，此书间断久矣。

余之《文章例话》一书，因选有周启明之作，不能再版。彬然嘱易去，因请墨抄余前讲卞之琳一诗之稿寄与，附与一书。又作书复吴祖光。

今日得雁冰复信，言迩来失眠病大作，复常伤风，致无意趣。

小三午又发热，不闹，甚沉迷，不知又是何病也，为之焦虑。

三月廿八日（星期二）

意兴不好，看书作文皆不成。作书致彬然，为桂林寄到简明书目分类失宜事。

午后，科学馆馆长段天育君来访，谈欲以科学书稿交我店出版事。

今日三午两周岁（阴历三月初五），傍晚吃面。渠热已退，今日进饭及面。小墨来信，言四月一日将归来。二官三官皆宿归，缘明日青年节放假。青年节者，即黄花岗革命纪念日也。

灯下上夜课。

三月廿九日（星期三）

复薛贻源、雁冰、傅肖岩三人信。傅作《读〈浮生六记〉后记》一文。"六记"一书非青年所必读，只得将稿退还。

学生王显银遗失刘淑铭之自行车，刘来索车甚急。初拟赔以一万五千元，不允。而王实不能出钱。今日刘来，墨与谈妥，以三万五千元偿之。王生付不出，由我家设法垫付，由王徐图偿还。为此事，墨几夜不得好睡，二官亦然，且哭了几回。二官认刘不讲交情，将以所赠照片悉数还之，表示决绝。

三月三十日（星期四）

今日老母又不适，午前发冷，继之发热，终乃出汗，似是疟疾。服金鸡纳粉一包。

午前世英来,渠现为教育馆第二组主任,意欲拉余回馆,婉辞之。

饭后,朝相、冰洋来。冰洋告余因作文字,与人辩论,而引起意气,殊为不快。文人积习,殊无办法,余劝慰之。

作文无心绪,则为人写篆字。写两张,殊不好,又停笔。复一书致徐盈。

夜间授课。

三月卅一日(星期五)

母亲仍有时发热,有时退凉,共服金鸡纳粉三包。此未必疟疾,殆是天气不好之故,全院十数人皆感不舒。余与墨皆昏昏如醉,全身酸痛,三午仍有微热,满子亦伤风甚剧。蜀中居住,每年此际必然,真盼望早获东归矣。

作"国志"文字,取夏衍所作《〈戏剧春秋〉后记》而为之解释,心不宁,仅成千余言。

傍晚复写篆字两张,仍不佳。灯下授夜课。

四月(选录二十七日)

四月一日(星期六)

今日母亲较佳,未发热,服金鸡纳粉一包,仍未起床,进粥。

余续作昨文,午前毕;即致书云彬,以稿寄与之。

午后,冷风来,言《成都晚报》之副刊,渠不拟担任编辑,改由冰洋担任,以余所交与之《致教师书》第五通交还。余遂往省训团访冰洋,拟交稿,未遇。独游公园,海棠花已尽,碧桃亦凄然,连夕有雨,昨夕且有猛风也。

作书复东润,东润有女将内来,或经成都,托余照料。作书复孙东生。今日得洗公书,谓文字学之书目前无法排版,故答孙其《中国文字学》一书不克重排。

傍晚,小墨归来。放春假三天,又预备拖延二三天,可留家中一星期。

四月二日(星期日)

叔湘来,与偕往商务、世界采购英文书,孟实为我店编英文丛书,嘱购者也。得九册,价一千六百有余,在今日尚不算贵,回家,留叔湘午餐。

嘉禾来,谈其志在研究无线电机械,以期统一空军通讯用之无线电机。此殊为要图,目前空军杂用各国之器材,其式不一,因而通讯之效能颇受限制云。

四月三日(星期一)

读陈觉玄交来一文,即作书复之。

红蕉来信,作书答之。渠托美亚蓉店送来红帐一轴,为我母八十寿礼,今日送到,缓日当再作书谢之。

中午祀先,算是过清明节(后日清明)。母亲渐愈,能进饭一碗又半。

三时至陶雄家,出席文协理事会。商量召集年会,准备改选等事。理事到八人,李劫人、王余杞、王冰洋、陈翔鹤、罗念生、苏子涵、陶雄及余,唯谢文炳因病未到。五时散。

到家,饮小墨买来之绵竹好大曲,确甚佳。灯下上夜课。

四月五日(星期三)

看彬然一文,为之修润。又看胡绳一文,为之改清胡涂字,即费一日工夫。作书复胡绳、吴潜英夫妇。

上午,佩弦夫人来访,谈居家不易云云。渠亦劝佩弦回来休养,而佩不欲离西南联大,谓有图书之便,朋友之乐。

四月六日(星期四)

重行整理黄任老之《苍桑集》,预备付排。写定目录,撰成广告词。然后致一书与任老,寄与授与版权契约。直至下午三时始毕。

薛远举来访,以招余回入教育馆为言(薛现为馆长),辞焉。

彬然寄来"中志"七十五期文稿,身体疲甚,只得留待明后日再看。

与三官在祠堂街、西御街闲行一周,足几不能举,春令气候,与余太不相宜矣。

傍晚吃面,今日为小墨生日(阴历三月十四日)。授夜课毕,即就寝。

四月七日(星期五)

晨起作卷头言一篇,题为《本志复刊五周年》,"中志"在桂林复刊不觉五年矣。午后作毕,凡一千六百言。看仲华、思玄各一稿。

黄任老信来,言书业不景气,不欲以其《苍桑集》累出版家受损,拟取销付印之成议。答书谢之,告以此书分量无多,不致受损,可以承印。

明日将为母亲作八十寿,生日本为阴历三月二十,凑小墨在家,故提早数日。预备自治餐两席,宴店中诸人及章雪舟夫人等。买鸡买鱼,剥莲煮枣,颇为忙碌。店中同人皆馈寿礼,敬受之。

夜七时,应燕大少数同学之招,参加其文艺座谈会。所谈为短篇小说之种种。此十余同学似尚有程度,所谈不肤浅。十时散。

四月八日(星期六)

看彬然一文,仲持一文,皆回忆"五四"者。今年为"五四"二十五年纪念也。

墨治馔,大忙,世泽佐之。二官以午后归来,亦动手。

午刻,供寿星,余书一篆字"寿"字,悬之正屋正中。文铨馈馒头与面,邹德培、徐星慧馈生日蛋糕,皆供于桌上。

傍晚客集,凡三席,孟辄夫妇及小墨二友而外,皆店中及邻居也。饮啖颇欢。九时散。母亲亦兴致颇好,八十之年,诚可慰也。

客散之后,料理杂务,十一时睡。余所为皆轻便之役,然已疲甚,筋骨都酸。

四月九日(星期日)

小墨以清晨出门返校,此后当以暑假归来矣。余坐定即看寄来之稿,一一校改。

饭后,与墨及二官往观关山月画展,皆绘西北风物,与一味仿古作山水画者不同。获识关君,广东人,年三十余,有刚劲之表情。

回家仍伏案,至四时,"中志"七十五期编成,即写定目录,预备明日送审。

昨夕有余酒,饮之。早睡,疲极而酣眠。

四月十日(星期一)

作长信复彬然,附一书致锡光。午后,桂林信又至,再复彬然、锡光,又将近千五百言。

东润《张居正传》之原稿为印刷所失去数页,因以校样托东润自校,作一书寄去。致书孟实,告以买到之英文书目。复李广田信。

坐太久，出门闲步一周而归。夜授课毕，即睡。

四月十一日（星期二）

改司马文森之小说，半日仅改三分之一。

饭罢，驱车往望江楼川大，应其同学之招，作演讲。题曰《文艺写作》，无非一套常语。听者二百人光景，说话一时有半而毕。仍驱车而归。惫甚，卧床休息。

夜仍授课。课毕，燕大一研究助教朱奇武君来访，云自感国文程度不够，拟托余指导。其人甚诚恳，谓其将从基本做起，重修中学之国文课程。余以为不必，但就所读书究其文理可已。九时去。

四月十二日（星期三）

续改司马君之小说。

叔湘、赞平来，云来祝我母之寿。系孟辂告陈淑明，而淑明转告二位者。今日为阴历三月二十日，正是我母生辰也。仓卒之间无以为款，仅备小碟四色，白酒数杯，吃面。只得缓日补宴。

四月十三日（星期四）

作书致锡光，下午取回"中志"稿件，一同付邮。任老书来，即作书复之。改司马君小说，仍未完，殊觉索然寡味。

午后三时，王公维来，谈其所著《经济哲学》之内容，自抒新见，颇有味。

下午五时，至明湖春，应王畹艻之招宴。客中有徐霞村，久未晤，相见甚欢。渠患神经衰弱，每日中午前后五六小时如中风，不能运思，说话写字亦易致误，拟往青城或乐山休养。明湖春之菜绝精，甚可欣赏。八时散归。

《新民报》载陈弢庵赠陈散原一律，寿散原八十岁，甚可诵。录之："平生相许后凋松，投老匡山第几峰？见早至今思曲突，梦清特地省闻钟。真源忠孝吾犹敬，余事诗文世所宗。五十年来彭蠡月，可能重照老龙钟？（散原会试，题为《岁寒然后知松柏之后凋》，故首句云然。）"弢庵为散原之座师也。

四月十五日（星期六）

看薛贻源寄来稿《战争与地理》中之一篇，薛君以所作地理论文集成此稿，意欲出版。

饭后往青年会,出席文协成都分会之年会。到者三十余人,余为主席,各部报告而后,改选理事。余与陶雄、翔鹤、谢文炳、罗念生、李劼人、刘开渠、杨云慧、陈白尘九人当选。又决定明日下午在南门外竟成园开茶会,作文协总会六周年纪念,又庆祝老舍创作二十年纪念。

四月十六日(星期日)

晨起将室中布置更动一番,余与墨相对而坐,壁上悬王献唐一画,昌群一联,似觉眼前一新。

作书复云彬,附复孙明心、汪允安各一书。

十一时,偕墨往奎星楼街,应陈思苓君之招宴。同座有李晓舫、罗玉君夫妇、谢冰莹及陈君、张君,饮啖至三时始散。

余遂驱车往竟成园,到者十余人。先开文协理事会,余被推为出版部主持者,与白尘同职。屡辞不获,只得将就,然必不能作何事也。次开两种纪念会,皆一言了之,总算大家集会一次矣。

陶雄将离蓉去渝,任交通部事,到会诸友为之设饯,共餐一顿。大家不便出多金,饮食殊俭约。七时,乘车而归。

四月十七日(星期一)

晨出新西门,乘车往光华附中,为纪念周之演讲。陈述民君托赞平来约者也。题为《学科、课本、教师》,一时而毕,仍乘车而归。

青羊宫附近正在填土筑路,为自来水厂之厂址。施工一年,成都人将可用自来水矣。

饭后,入睡一时许。出去应酬三日,不觉疲乏不堪。起来后亦未有所为。夜上夜课。

四月十八日(星期二)

作一书答薛贻源,告以所寄稿已收到。

看王了一《中国语法纲要》稿,为之摘出条目,备作索引。至下午四时,看完半本。此稿系我店约王君编撰者。

四月十九日（星期三）

余续作开头已久之介绍《世界二次大战参考地图》一文，至下午三时完篇，全文约二千言。

作书复子恺。作书复彬然，附一书复士敩。

夜间停电，油灯昏暗，早睡。此间电灯公司以偷电者多，无法制止；电力不足，恒用分区停电办法，以为调剂。最近规定各区每四日停电一日，故三夜光明，即有一夕暗然也。

四月二十日（星期四）

作书致梁漱溟，谢其托人馈余素纸，为余书件之报。附于致彬然书中寄去。

续看《中国语法纲要》，下午四时完毕。将排版及作索引应注意之点详细批明。

章嘉禾来，言明日即将出国往印度喀喇蚩，会合美国人训练我空军，将有三个月之勾留。以衣物寄存我家。

今日二官生日（阴历三月廿八），二官三官皆归来，吃面。二官出生之年，阴历三月廿八为阳历四月二十，今日亦然，殊为巧合。夜授夜课。

今日上午八时许有预行警报，逃者纷然，旋即解除。看夜报，知敌机自山西起飞，炸南郑。近日敌人调东北军队甚多，图扰中原，我方当亦有军事之布置，移兵应敌，故敌机时时出动，骚扰豫陕也。

四月廿一日（星期五）

晨间嘉禾来告别。同行者一卡车，渠为领队，即往机场飞昆明。

余开始作文介绍叔湘之《文言虚字》，至下午三时，仅成千言。

作书致彬然，以《语法纲要》寄与之。附一书致嘉禾之弟嘉泰，告以嘉禾出国。嘉泰新入我总店为职员也。

出外剪发，价仍四十元。闻米价已超出一万，或言涨至一万三千，不知确否。

傍晚，文铨宴外地来蓉之同行数人，邀余作陪。饮酒颇不少，八时半散。绍酒之价，每斤为一百二十元矣。

四月廿三日（星期日）

续作昨文千言，全篇完。由墨重缮一过，寄与云彬。如是则"中志"及《国文杂志》同时刊载，可使见者增多。作一书复韵锵，渠亦到桂参加会议，计当已返渝。

四月廿四日（星期一）

作书致洗公（第八十七号），又致锡光，复士敩、清华。叔湘来，交来两稿。即以其《语文杂记》寄云彬，附于致锡光书中。

李小峰夫人蔡漱六女士来访，少坐即去。许洁夫来，以其店中承印之《缪钺文论甲集》校样嘱校。缪君论词论宋诗，见解颇深，余乐为校对。凡历四五小时，校十六面。

四月廿五日（星期二）

将及八时，发注意情报，逃者又纷纷，历一时许解除。日来河南省战事扩大，敌机时时出动袭豫陕，注意情报必将常有。我母即乘人力车出城，拥挤之中，亦殊不便。余亦怠于奔跑，故唯有留家不动。墨亦相守。

余作一书复卢剑波，卢前以《因明浅说》相示，欲出版，婉言谢之。看叔湘、徐盈、子恺之稿，历三四时始毕。复徐盈一书。

四月廿六日（星期三）

看李晓舫稿一篇。

复柳亚子书。昨接柳书，言欲以林庚白之《丽白楼自选诗》交我店出版。林与余相识于上海，二十七年遇于重庆。香港失陷，林适在焉，为敌兵枪杀，当世叹之。其诗才气横溢，时创新境，于旧体诗中为革命者。自可接受出版，因答柳以此意。

午后，许洁夫以前日所校校样之改正样送来，再为复校，亦费两小时。

为人书字一张，摹吴清卿所书之钟鼎文，此亦余之"处女作"也。

夜授课。今夕本当停课（规定每星期三停课），因缺课已多，故补之。夜雨敲瓦，颇有幽意。

四月廿七日（星期四）

答孟实书，渠欲以近作谈文学之文成集，交我店印行，允之。

作记事一篇，论丐、村二公被拘事，拟登于"中志"，以告怀念者。

许洁夫以《缪钺文论甲集》之原稿来，托余先为符号，以免校对时麻烦。余颇赏缪君文，即阅五六篇。

夜授课。月樵来谈，渠方自重庆归，谈其观感。

四月廿八日（星期五）

续观《缪钺文论甲集》稿二篇，全部看毕。

看桂林店中同人王知伊君小说两篇。王君嘱余评骘，因书所见，以原稿寄还之。

看施友忠《形上学序论》，甚惬意。施君系在协和大学时之学生，今为哲学家，教于燕京大学。此书赠余已久，未之观，今日展卷，乃获至乐。三时许，精神疲倦，小睡片刻。夜仍授课。

四月廿九日（星期六）

看薛贻源《地理与战争》中之文二三篇，决定收其稿，即去一书，与商出版条件。

桂林寄一部分稿到，附来去年下期之版税清单，余得一万八千余元。

作一书致洗公（第八十八号），谈店事数项。看寄来之稿一篇。

午后二时半，与二官出外闲行。二官入照相馆拍照，才一寸之照耳，价二百元。入甜食店小食。

回家，孙玉如来谈。继而朝相来，言据闻迩来外交方面颇不好。英美嫌我国政治不够民主，深致不满，美国且有停止援助之意。此等事在报上绝无记载，但蛛丝马迹，说穿时自不为无因。今年政府当局大谈宪政，鼓励民间研究宪政，本为对外掩饰之用，讵意英美犹以为未足。不知当局将何以缓和之。日来中原战事正亟，闻此消息，不禁怅惘。若不能驱日寇而胜之，吾人其将为牛马奴隶乎！

灯下续看文稿两篇。

四月三十日（星期日）

看杂志稿四篇，费时半日。午后睡一小时。

昨途遇子杰，嘱开文协理事名单。渠拟会谈办一文艺杂志，因作书与之。又致一书与陈翔鹤，致一书与叔湘。

傍晚，与墨及二官出游街头。

《新民报》载胡朴安近诗。此老现居上海，诗系以杜公部《闻官军收河南河北》一首中之押韵句为首句，凡四首，惜报上只录其二首："漫卷诗书喜欲狂，支颐窗下细思量。儒冠误我违心论，简册盈箱果腹粮。六四卦爻皆古史，九千文字吐奇光。几回抛却殊难舍，业障太深总不忘。""青春作伴好还乡，引类呼朋结伴忙。故国山川萦梦寐，一家去住费商量。华堂自昔曾藏兔，沧海而今已树桑。好景无多容易暮，当年何苦太披猖。"

五月（选录三十日）

五月一日（星期一）

改三官文一篇，作通讯体，系谈教育现况者，将取入"中志"。

天气转热。余又与往年相仿，方食午饭即昏倦欲眠。饭罢，入睡一时许。

今日劳动节，店中休业，学生皆出外游玩，故未上夜课。

灯下作书复彬然，附书复士敫。

五月二日（星期二）

作文答"中志"读者关于文艺方面之问题，至午后三时毕，凡二千五百言。

小墨托人自绵竹带来好大曲二斤许，傍晚饮之，香醇殊甚。

上夜课毕，代二官作送别毕业同学会之歌词。先有谱，后作词，不免拘牵。歌词录于下："不说惜别，不说临别依依；心心相印，交情岂在形迹？古有赠处，唯愿共取其义；今日之会，将为欢无极。"

五月三日（星期三）

作书复东润、佩弦。

饭后睡一时许，出游少城公园。见有秦良玉遗物展览，入观之。袍三件，帽一顶,鞋一双,剑数事,后人所题诗词之拓片而已。美术协会有书展,不记作者姓名,字极平常,而十之七八已有人购去。

归来未作何事,体疲甚。

五月四日(星期四)

晨拟作文,应王了一之嘱。写三百字而桂林稿至,即弃而校读文稿。

饭后倦甚,不欲就睡,索性出外观电影。片名《春江花月》,二官三官慕其名已久,近方开演,余乃先观之。叙一音乐家之故事,无甚意思,唯片系彩色,颇悦目。归来即继续看稿。

子杰来,渠欲办一文艺杂志,强余为编者。此事前曾谈起,余辞焉,而彼意非余帮忙不可,七日约文协诸友集于其家,即谈此事。文艺杂志最难编,余所不敢为,若不得脱身,真是无聊之事。

五时,稿看完,即写定目录(第七十六期),预备明日送审。灯下授课。

五月五日(星期五)

作书复锡光及彬然,所谈甚多,将近四千言。

午睡起来,续作昨日之文,到晚得千言,完篇。题曰《邻舍吴老先生》,系想象之材料,不成小说,殆可谓之杂记。即作书致王了一,以稿寄与之。

灯下授课,课后即睡。

五月六日(星期六)

昨得桂林来信,因作书复洗公(第八十九号)及彬然,又复云彬。看胡绳寄来文稿,论我国之官僚政治,甚好。即作一书复之。

五月七日(星期日)

为人写书封面一纸。

复祖璋一书。渠以今春丧偶,身在浙省,而以家乡沦陷,未能一诀,至可伤也。

十一时,至子杰寓所,应其招宴。到者除文协理事外,有吴作人、饶孟侃、周太玄诸君。谈杂志事,拟名为《文与艺》。诸君硬推余负编辑名义,稿则分头拉拢。其实大家无一致之理想,所集文字不必能有何精采。共谓七月间出首期,亦只得漫应之。下午三时散。

至赞平所,出席草桥同学会。此会每月聚一次,余为初次参加。到者十余人,听一顾君谈修筑飞机场情形。四时半散。

到家疲甚,亦不复作何事。

五月八日(星期一)

作书致胡绳,复徐盈。看桂林来文稿三篇。为许洁夫校缪君文论集八面。作《文与艺》征稿启一则,数百字耳,先寄与白尘看了再说。李广田寄来文稿,系付"国志"者,细续之,即寄与云彬。

河南战局扩大,取地图按报纸看之,河南中间区域已尽成战场。我军不利,殆因器械不良,士兵训练不佳。我空军及中美混合空军前往轰炸,或可助我地面部队不少。

五月九日(星期二)

作书致吴祖光,请其为《少年游》送审事,向渝书审会一催。致书雁冰,请其为《文与艺》作文。读李广田论诗之文三篇(拟出集子),作书报之。

饭后,致书施蛰存。蛰存在长汀厦门大学,先以书来,答之,复韵铮书,渠已自桂返渝矣。

托林雅巢代取送审文稿,不来,致预定寄稿期错过,为之怅怅。

子杰来,取昨日余所拟文启而去。渠于此事,颇有兴致也。

夜授课。

五月十日(星期三)

看"中志"存稿四篇。

饭后,往五世同堂街访白尘,与谈《文与艺》之编辑。共谓既办此志,总宜弄得好些,有精神,活泼。复商定杂志形式,招稿方针等项。四时归。

校桂林寄来《英译唐人绝句百首》。复薛贻源信,寄与契约。

夜十二时许,外传"预行",余未起床。世泽出外探知,敌机六十余架,袭云阳、万县等处云。

五月十一日(星期四)

写信致锡光,以昨日之校样寄与。看薛贻源《地理与战争》中之稿,计三四篇。

午后看艾芜小说稿《女人·女人》,系投"中志"者。倦甚,睡半小时。二官无课,归来小休,与之偕行祠堂街一周。酒毕,上夜课。

送审稿仍未取回,其故因主管者生病。余至希杂志准期出版,早寄一日亦所争取,而偏遇不巧事,怅甚。

五月十二日(星期五)

子杰遣人送来印成之征文启,即致书雁冰,寄与之。又致书佩弦、云彬,皆为拉稿。致书黄开万,渠嘱介绍可读之书,刊于《田家》画报。又致书子恺,亦索文也。

饭后睡一时。起来得桂林信,即复锡光、彬然。酒后授夜课。

中原战事益扩大,洛阳被包围(或已失),敌人西进,距潼关已不远。若潼关有失,西安即难保,而四川大受威胁矣。与墨灯下谈之,相对怅甚。

五月十三日(星期六)

作一短文,题曰《辞职》,衍钟博约事,半日而毕。

秦佩衍君来访。秦山东人,为绍虞之学生,后同事于燕大。战事起后遍历鲁豫皖诸省,近自洛阳来此。据谈我方部队情形,各地民间实况,此次豫战前途殊难乐观。今鲁山已失,敌人南趋即至南阳,自南阳入陕,可至汉中,不必远道入潼关。唯希我空军能发挥威力,却敌后退,步兵方面似难致胜云云。

午后,出外剪发。归来写信致彬然,俟取到送审稿同寄。受百来,亦谈战局,据言敌若攻南阳,当趋鄂北老河口,自此有路指川东北,此最为可虑云。

六时,与墨偕受百至月樵所,应其招宴。月樵盖宴文化服务社副社长窦君。饮食闲谈甚多,食罢复谈,十时始散。

五月十四日(星期日)

晨与三官往菜市,买鲫鱼十尾,甲鱼一个,值三百九十元。我家来川,吃鱼为稀有之事也。

急看当日报纸,豫战仍激烈,地区益扩大,向西向南,渐迫陕鄂。日来心头梗此一事,总是悒塞无欢。

饭后,为许君校缪钺文论八页。与二官三官出门,入公园,观教部社教队所办之木刻展览,颇有佳者,题材均现实材料,可喜。入美术协会,观韩乐然画展,全部水彩。韩君殆完全从西洋画入手者,毫不参以国画意境。

傍晚,以甲鱼佐酒。墨独不食,彼向不食此也。

五月十五日(星期一)

作致洗公书(第九十号),与谈近时局势,询以为店事宜作若何准备。作《诗乐论》广告辞一则。

徐盈寄稿来,书中言敌人在粤亦将大举,粤汉南段紧张。此在敌人,自宜有是策应,以谋贯通平汉、粤汉两线,而在我方,实将不胜其负荷。就最后结束而言,敌人终必崩溃,盟方终必胜利,可以乐观。然国土上经此次剧战,人民必吃更甚之苦,是可恻然深哀耳。

午刻取回送审稿,即封寄桂林,比诸上月迟后两日。

雁冰书来,转老舍书,意欲重印其《蛤藻集》。因作书复老舍,并拉稿。又复雁冰。

看徐盈写浙江近况之文字,至于夜间。授夜课。

五月十六日(星期二)

作书复一投稿者。又复韵铧,附书致允臧。

有人送孟实信及稿来,以为渠来成都,往小南街其亲戚家访之。始知来者系其夫人,因小儿伤腿来此就医。回家,作书复孟实。看孟实交来稿,谈读诗方法者,可以入"国志",因寄与云彬。

饭后,作书复孙明心。睡一时许。起来以前日所作《辞职》寄与王了一,顺便拉稿。

酒罢,上夜课。

五月十八日(星期四)

校阅薛贻源稿数篇。看莫泊桑短篇集。

午后仍小睡。了一来书,寄示其所主之副刊,余前寄一稿已登出,作书复之。二官以下午无课归来,与闲行街头,购烧饼花生以归。

灯下授课。

今日报载洛阳仍在我手。林祖涵自延安出来至重庆。大约政府方面与共产党方面可以接近,因而可调驻陕之大军出关应敌,自在意中。此是好消息也。

五月十九日(星期五)

致一书与韵铭。秦佩衍君以一稿投《文与艺》,不佳,复书退回。致书白尘。答陆侃如书。

饭后,往美术协会观苏联国情照片展览。照片甚多,各方面都有,皆表显其长处,虽不无宣传意味,而自有其值得宣传者在。返观我国,良可恐惧,一切均不能脚踏实地,空言建国,复何裨益!

傍晚,小墨归来,言可留四日。

灯下授夜课。

五月二十日(星期六)

作书复雁冰,渠允为《文与艺》作文,去书表欣慰。作书致洗公(第九十一号)。作书致子杰,谈杂志事。

改小墨交来一文,题名《喂蚕儿》,至晚改毕。此篇甚好,已无幼稚之语,造句亦畅适有致。拟用入《国文杂志》。

五月廿一日(星期日)

李吟园来,代余向武大旧同学募捐得吴子馨遗孤教育基金万元,余亦捐五百元。即托吟园汇往乐山。作书致韦润珊,韦盖主其事者也。

看报,我军克碓山,连前此所克之遂平及驻马店,梗断平汉路,使敌人打通此线之愿不得遂。洛阳仍在我手。敌西进者至陕县卢氏。据军委发言人说,我已选定有利地点将与决战云。

饭后,子杰来,商杂志事。俟其去,拟《〈文与艺〉创刊举要》,预备召人预定,并登广告。即寄与子杰,请其付排。小墨一文由墨抄完,即作书寄与云彬。

五月廿二日（星期一）

作一小文，取车夫老俞之事而点染之，得二千言，题曰《春联儿》。

下午三时许，与小墨往美术协会观英国十九二十世纪之绘画展览。画皆复制品，多作风景，亦可观。

夜授课。

日来物价飞涨，米至一万七千，切面每斤五十元。因食粮之涨，其他各物随之。

五月廿三日（星期二）

复薛贻源、赵隆勷信。叔湘来，谈一时许。

看报，我军克复鲁山，佳息也。然潼关外战事方亟，不知如何。中美联军在缅北将攻下密支那，亦为可喜。

午后，看《谈虎集》。小睡，未成寐而许君送来《缪钺文论集》校样，即校其四页。

白尘来，交来投稿三篇，嘱观可用入《文与艺》否。留之小饮，聆其谈重庆事，多可慨。又谈剧团情形。投稿中有袁水拍君文，其信中言曾于苏州玄妙观书摊上见余藏书，多有作者签名题赠，卖一二元不等。余存家中之书殆散失已尽矣，一叹。

灯下授课。

五月廿四日（星期三）

清晨，小墨动身返广汉。

余坐定，作书致郭沫若，请其为《文与艺》作文。作书复韵锵。又答编译馆陆步青，陆与允臧商，拟为我店编英文丛书，寄来合同草稿，故答之。

看袁水拍君所译小说，忽觉头胀，恶心，似为肝阳，即就睡，未进午餐，午后食大饼少许。卧约四五小时，遂起。然亦未复作何事。

报载豫中我军三路反攻，一自关中趋陕州，一自卢氏向东，一自鲁山向东，皆指洛阳。或者洛阳之围可以解乎。

五月廿五日（星期四）

作书复老舍。渠来信言方作百万言之长篇小说，期以二年，不能间断而作他种文字。其精力亦可佩。看完袁水拍君之翻译小说。

饭后，张伞出观电影《天方夜谈》，在家坐疲乏，藉此一抒。片为彩色者，摄影甚佳。

到家仍卧休，傍晚小饮，饮毕早睡，未授课。

五月廿六日（星期五）

校缪钺文集八面。作书复臧克家、李晓舫、汪允安。吴祖光书来，复之。子恺寄《画碟余墨》来，复之。即以其稿寄云彬。

彬然、锡光书来，言店中拟将初中理科方面各种教本重编送审，因取前由教部发还之各种复审本看之，签出意见，预备寄桂，供重编时参考。至傍晚始离座。小饮后仍授课。

三官归来留宿，聆其谈论，近颇关心于政治方面，以为一切皆系于政治；政治宜如何，而后可使最大多数人蒙福，深可研究。此可见其意念之转向，故记之。

五月廿七日（星期六）

作书复彬然、锡光、洗公（第九十二号）。复孙锡洪。复胡赞平，答言下星期日决参加草桥中学同学会之集会。

看报，知洛阳已情况不明，殆真失陷矣。前言我军三路反攻之说尚无下文，令人焦急。国民党近开十二中全会，云于政治经济方面多有重要决定，不知实效如何。

朝相来，谈当今世界政治见解之趋势。苏联修改其经济理论，言资本主义自有其进步因素，剩余价值归于公享，可以福利大众。美国政界当局鼓吹民主之重要，而注重于经济之平等。英国为战后计划，亦重在大家有工做，大家有饭吃。可见此次战争，乃涌起民主之主潮，而此所谓民主，与以前名义上之民主已大异其趣矣。此事确大可玩味。

徐稣甘之弟来。渠新自重庆归，为谈重庆所闻。共党与中央谈判接近，或可暂时共御顽敌。及其他杂事，则多不能令人快意。

看李广田寄来谈新诗文稿,此君谈诗甚不错,能体会诗心。

灯下,与二官三官闲谈,甚久。

五月廿八日(星期日)

续看李广田稿,至于下午二时许而毕。

与二官看电影于中央,片书《沙场喋血》,叙美国德克司州加入联邦之事。

傍晚,雪舟归来,别去三月,杂谈各事,历一时许。月樵来坐谈。十时后睡。

五月廿九日(星期一)

作书复李广田,与商其《诗的艺术》一稿之出版条件。昨雪舟带来林庚白《丽白楼自选诗》,即为之校阅,改正错字及点号,至下午五时完其半部。

今日报载湘北之敌又蠢动,与我激战于新墙河畔,中原战场则毫不提起。忧思甚深,殊不能自解。日本今次之猛攻,似与德国有呼应。英美开辟第二战场,云已准备就绪,所以迟迟未发者,殆由于我国战场之失利乎?若我国挫败益甚,德国得以从容布置,果局势一变,德日垂败之局得以挽回,则盟国垂成之功废于一旦,他日之世界则不堪问矣。

傍晚,作书致子杰。余编文艺杂志,若能弄得好亦殊乐为。然今《文与艺》无基本作稿人,发出征文启近于乱拉。来稿佳者少而坏者多,坏稿即勉强登亦无法尽登,退回人家又不便,故杂志必弄不好。而余为主编,不免因文稿之用否引人致恨。且投稿来者,登门送稿来者,已有数起,将来必多,余实无法应付。因告子杰,请其另推他人为主编。或由余具名,而实际一切不管。书末复言,若能不办则尤妙。余知子杰必不愿不办,然如此办杂志实无多意义也。

酒后授课。自今夕起,改令学生看书,以《爱的教育》与《新世训》两书为读物。

五月三十日(星期二)

续看《丽白楼自选诗》,至下午三时毕,即作其广告辞,预备他日出版时用。又作《英译唐人绝句百首》之广告辞。

雪舟馈余善酿两瓶,傍晚饮一瓶之三分之二。

五月卅一日（星期三）

作《少年游》之广告辞。作书复洗公（第九十三号）。致书清华，又致书锡光。又复柳亚子书，与"丽白楼诗"一同封固，快信寄桂。子恺又寄稿来，复之。

今日报上皆载鄂南湘北敌之进展消息。此次敌于各地动，其动又为"面的"动，真可忧虑。而中原消息乃无一条，似已平静无事者。通讯社与军委会亦太使人难受也。

六月（选录二十八日）

六月一日（星期四）

看胡绳寄到之谈历代兵制之文，半日读毕，觉其好，作书复之。钟博约来信问近况，答之。

叔湘来交文稿。与谈近局，共相慨叹。湘中战事益紧，已成长沙被包之势。长沙曾三度却敌，此次敌势甚张，不知第四度能继前功否？叔湘言闽中原到有美海军千人，预备规划一根据地，俟美海军攻至我国沿海时，内为策应。今因平汉线已被占，粤汉线又不稳，此千人者亦西撤。闻之亦可扼腕。若粤汉线果被敌人贯通，则我国被界而为二，西部被包益紧，其苦更甚。而美军攻日本，亦将多费数倍之气力，其关系正不在小。而个人身家，一店利害，固不足齿数矣。

袁昌英介绍人与余，助编《文与艺》。此等人事问题殊啰唆，益坚余辞去此事之志。因再作一书与子杰，告以必辞。

夜授课。九时许，大雷雨。屋漏，室中亦处处淋漓，视前乡间草屋略胜耳。

六月二日（星期五）

致书云彬，以叔湘、子恺稿寄与之。看秦佩衍交来小说，甚不佳，作书退还之。校《缪钺文论甲集》排样二十余面，至下午三时始毕。全书至此终。许洁夫来取之而去。

夜授课。

六月三日（星期六）

晨与雪舟茗于公园，谈店中事。渠言洗公、雪山二人皆廉洁刻苦，而处事之观点不一致,遂使诸事有阻难。又谈人事上之纠纷种种。

饭后接到之第七十七期"中志"稿,即逐篇校读之。至傍晚,全册编齐,写定目录。

酒后与三官闲步青年路,观地上书摊,问数书之价,皆不成交,空手而归。青年路夜市列摊于地,行人围观,颇有情致。

六月四日(星期日)

八时至赞平所,与步行至望江楼,参加苏州中学同学会之茶会。到者十六七人,孟辂、叔湘、赞平而外,余皆不相识。十一时,至省立实验小学,校长胡颜立,亦草桥出身也。聚餐,凡两席,校中代办菜肴,颇不恶。食毕,参观全校。此校皆用新方法,尤以工艺部门之设备为佳,理科实验亦甚注重,于川省小学中当无过之者。谈至四时,径乘人力车归,余疲矣。

晚饭后,赞平来,邀余与三官往公园观教部川康沿线社会教育工作队之演剧。剧凡二种,皆外国剧改编者,演技殊草率,一笑而已。此种社教工作实无多大意义。

九时半归,知朱达君方自重庆来,将往西安,因往雪舟家看之。渠将返旅舍,少谈即别,约明日再见。

豫中敌人已停止进攻,其目标似已移于粤汉线,报载其军队结集于汉口、广东者达三十五万。洞庭湖四周仍激战,我保卫长沙未知能奏效否。

六月五日(星期一)

雪舟来言,达君今日游青城,须以明日归来。

作书致韵锵,托代取商务版税。复薛贻源书。复顾石帆书。复昌群书。其夫人又生一子,为第八产矣,多子,在今日之世实为苦难。

看报,美军已攻入罗马,此是欧战场一大事。

饭后,睡一时许。起来复陆步青一书,与续商英文小丛书之合同。作书致韦润珊,询前汇款到未。复雪山书。雪山之女士珍发疯经年,今憔悴而死,去书慰之,并与谈店事。

五时起立,旋饮酒。夜授课。

六月六日（星期二）

作书致洗公（第九十四号），又致锡光。

看报，洞庭西北我颇占优势，克服数地，并猛烈反攻。

饭后出外剪发。倦甚，睡一时许，醒来与三午戏。

酒后夜课未毕，达君至，聚谈甚久。忽街头卖"号外"，购阅之，知盟军于今晨进攻欧陆，开辟第二战场。跳伞部队降落于塞纳河口，海军于哈佛尔猛击德舰后，大军随即登陆云。前此于登陆地点多所猜测，或谓挪威，或谓丹麦，今揭穿矣。其地距巴黎甚近，盟军殆将攻占巴黎乎。

六月七日（星期三）

致书祖璋。作《地理与战争》之广告辞。

看报，敌于长沙东北分数路攻袭，距长沙仅七十里，长沙之保卫战业已开始。中原方面，陕县敌向西进展，几近潼关。皆深可忧虑。进攻欧陆之战事则殊令人兴奋，空军海军在法北登陆者不止一起，其详情尚无所报告，唯知盟方损失较预料为轻。统帅艾孙豪威尔勉其部属，言此举为十字军之精神云。

饭后仍午睡。醒而达君至，共为闲谈。

五时许，子杰来，商《文与艺》事。余言此志未必能出色，子杰谓出而平平，不如不出。因决定停止进行，来稿皆退回，以经费不能筹足为词。子杰又言怀此意有年，不出一种杂志，心终不甘，又欲余另起炉灶，出季刊或两月刊。余只得姑应之。

七时，店中全体同人与达君共餐于雪舟家，饮啖甚适。明晨达君离此往西安矣，将入陕西省银行任秘书。

六月八日（星期四）

作书致洗、山二公（第九十五号）。本拟与杂志稿同寄，但往审查处取了两次，皆未取到，也就留着。

饭后，桂林来信数件，逐一细看之。

与雪舟、世泽至祠堂街，观我店将顶租之大陆书局之店面。其地点与月樵之店相对，后临少城公园，自比陕西街为胜。已谈妥顶费三十六万元，有生财值二十万元光景,其十余万元则完全虚掷,不过是所谓"口岸费"耳。雪舟主迁彼,本当商诸洗、山二公,唯以事须速决,得达君与余之同意,亦复一样,遂即决定。此事自雪舟以至店中学生,皆极兴奋,以为以我店之身分,宜开张在祠堂街也。

三时回家,忽小墨归来。渠胃部作痛甚剧,已历一周,医治不便,饮食不良,故回来。校中距暑假仅两周,此归已不必复去。特不知其胃痛究是何病,俟明日往诊察之。

作书复陆侃如,致书叔湘。夜授课。

六月九日(星期五)

写书籍封面字多种。作书复锡光、彬然、洗公(第九十六号)。取回送审杂志稿,同封寄出。

午后睡一时许。起来将收到之《文与艺》稿退回作者,写信三通,与臧克家、陈觉玄、陈国桦。余稿明后日再退。

夜授课。

小墨今日往公立医院诊治,医生言其病殆食某种特殊之蛋白质而起,观其身上有成片之红色小瘢点,乃皮下微血管破裂之症象,其肠胃之表面亦必有相同之瘢点,遂发剧痛。于是买药而归,服后痛仍不止,又买拜尔之"加当"止痛药服之,第一片甚有效,不五分钟痛即止,但逾时复痛,服第二片即无效。观其辗转反侧,倦极而不克入睡,为之搔首。

三官以傍晚归,言校中两批学生相斗,今日未上课,明日殆亦不能上课。川中学生有流氓风,闻之心恻。

今日得上海信,已数月不得信矣。伯祥之弟已去世。雪村谈店事,于洗公之办法表赞同。调孚则言上海文艺界近况。

六月十日(星期六)

致书白尘、雁冰,皆告《文与艺》缓办事。复人梗书,渠欲以《圣鞠斯特传》出版,谢之。致孟实一书。复韵锵书。复李广田书,与订《诗的艺术》之出版契约。

睡午觉,未熟。起来,写开明照牌字。大字只能如漆匠似的做,写两时许,成八个字。

傍晚,赞平、陈述明、许可经来,约余于晚饭后往公园吃茶。饭毕即去,杂谈音乐戏剧,约一时半而散。

小墨仍作痛,红瘢隐后,继续复发,发即内脏觉剧痛。小三午又发烧,甚高,大约是吃得太多之故。

六月十二日(星期一)

昨夕小墨又大痛,至晨始少已。八时,陪渠往公立医院就诊,候至十一时,始经指定医生黄克维诊治。据断此是胃部微血管破裂,而其神经末梢有过敏性,故作剧痛。处方仍为止痛之剂,复开维他命 C 之注射药,借以增强血管。其价甚昂,未之买。

到家,知白尘方来过,馈我以乐山之腌鱼,峨眉之茶,留一字条而去。午后二时,白尘复来,告以《文与艺》缓办经过。

看报,河南战事,灵宝已在混战,敌再西进,即是潼关。长沙御敌之炮已自城中发出,可见被围之紧。唯滇西我克复龙陵,算是胜仗。若再克腾冲,则滇省侵地即可完全收复。

作书复云彬,致书东润。作书致韵锵,请其持余之介绍信往访刘百闵,希望其文化服务社为我店运书事略予助力。

四时许,小墨又作剧痛,起卧翻侧,号哭呼叫,竟不可耐。余曾晤病理专家侯宝璋君,遂访之于华西大学病理室,告以小墨病情。侯君言黄医生之诊断殆准确,病家宜信任医生,盍于其痛作时请黄医生一视,或可能触发其灵感。遂决意请黄医生。知李吟园与黄稔,即请渠往接洽,或黄来,或我们往,以电话通知。旋闻铃鸣,吟园言黄在家,宜速往。余遂偕小墨乘人力车至四圣祠黄寓,至则言黄已来我家,始知电话系误听,急转身而归,黄与吟园已相待半时许矣。黄仔细诊察,比日间在医院中为周密,仍持原诊断,言是肠胃微血管破裂,其痛则以疲惫与饮食少进而神经敏锐,益觉其剧。为注射麻醉剂一针而去。

待吟园去,时已十一点钟。小墨之痛仍时剧时减,墨与余轮流为之抚摩。渠言余之抚摩较舒适,墨乃就睡。小墨除注射剂而外,又服安眠药三片,但其痛辄于入睡后使之惊醒,连续入睡无逾十分钟者。余遂为之杂谈诗词,移其注意力,果有效,渐忘痛感,即又沉睡,唯睡不久则复醒矣。如是者至于天明,余交睫殆不过两小时。

六月十三日(星期二)

上午九时后,余入睡两时许。

小墨今日不作剧痛,唯觉肠部不甚适。时作呃,放屁,时欲大便,便中略带宿血。余猜前昨之大痛,是又一批新的瘀点在内部发出,或有一些血管破裂,故至于此。有热度,下午四时半量之,为三十八度半。

二官三官课余皆归来视其兄,友于之情可慰。

作书致李乃仁(荒芜)、曹靖华,皆为《文与艺》事致歉。作书复孟实、韵锵。往小南街访孟实夫人,坐谈半时。

傍晚饮酒,倦甚,不授课,八时即睡。但墨仍至二时始入睡。二官睡于藤椅上,时时起来照顾小墨,竟夜未成睡。

六月十四日(星期三)

作书致袁水拍(光楣),退回其译稿,《文与艺》之来稿至此退清,心头一松。作书致佩弦、芷芬,一同封寄。中华书局蓉店经理陈仲英来访,坐谈半时许而去。

饭后,复孙锡洪书。致东润书,以刚收到上海所印之《史记探索》一册寄与之。作书致上海诸兄,写四纸,觉头昏心烦,遂停笔,明日再写。

七时半,蓉店同人集会,谈店务。自下月起,将以总店规定,每十日开店务会议一次。九时散。

小墨今日略好,稍进饮食。唯夜十时许又作痛一次。墨仍夜起两次。

六月十五日(星期四)

晨起写毕上海信,计致伯、村、调、丏、红蕉,一同封寄(第百二十六号)。致蛰存书。昨所收《史记探索》,即由蛰存带闽转寄而来者也。

看报,湘省浏阳、长沙战况仍烈,中美空军予寇重创,但似未能遏其猛攻。

饭后,复章嘉禾信,其信自印度卡拉齐寄来。佩弦寄来《论青年》一文,作书复之。

二官三官在家,闲谈文事,甚快。

傍晚,子杰来,仍言另出文艺杂志,其心甚急,余仍漫应之。酒后,授夜课。

今日小墨较好,而墨忽于夜十一时大发胃病,呕吐数次,作剧痛,自二十八年在嘉定发过一次,以后皆小发,未有如此次之利害者。二官三官与余皆起,抚摩敲背至于二时,墨始渐渐入睡。

六月十六日(星期五)

墨卧床休息,竟日进食甚少,形容憔悴。小墨胃部仍不舒,曾作呕吐,皆胃液;精神委顿,筋骨都痛。二官三官下午仍回来,有二人在家作些杂事,便可对付过去。

抄昨日佩弦寄来之一文,渠欲保留原稿,故抄之。

晚饭后,店中学生搬往祠堂街新屋住,忙甚,遂不上课。

今晨报纸发号外,报告昨日美以超级空中堡垒轰炸日本本土。此事为盟国人民所切盼,居然实现,兴奋之情可想。晚报所载比较详细,言所袭为门司、八幡、小仓三地,损坏颇重。又言此种超级空中堡垒,速率每小时在三百哩以上,高飞可达三万呎以上,其炸弹及装备之武器,为现代任何飞机所未有云。湘战益烈,战事已在岳麓山。豫省我克复灵宝,算是佳息。

世泽来言桂林同业皆谋疏散,据人传言,我店总部将迁重庆。此后麻烦甚多,思之心忧,想日内必可得洗公详信。

六月十七日(星期六)

复白尘一信。

至祠堂街,观雪舟、世泽在新址招呼匠人,整理店屋。

小墨仍是反胃,呕吐,下午四时,陪之往传染病医院,求黄克维诊治(黄兼任该院院长)。据谓此病象已与前异,盖胃病之复发,买药而归。墨仍疲惫,但今日已起床作事。

观报纸,似此次远程轰炸日本之飞机,即从成都出发。德用秘密飞机袭伦敦,纯用电波操纵,伦敦警报时间空前的长。此在盟国,又是一必须克服之难题。

韵锵信来,言总店决迁重庆,洗公将先往。可见桂林人心已不安定。现长沙尚未失,人谓将与敌在南岳会战,若能歼敌于南岳,即湘省可保,桂林亦安矣。

六月十八日(星期日)

士敳来信谈店事,写一长信复之。

饭后,与三官偕往祠堂街,见泥水匠已将余所书大字钩上高壁,远望之尚站得住。

小墨之病已有转机,昨晚一吐,夜眠即安适,今日居然大好,种种不舒俱无所感,能略进饮食。或者至此可以就痊矣。而满子与三午又伤风发烧。病患不断,殊令人不快。

长沙尚未失陷,而敌已至湘潭及株洲,包围益密,恐终难保也。

六月二十日(星期二)

作书致雁冰。雁冰已作文寄来,今寄还之。看毕徐盈一文,叙江苏近状者,复以一书。取已有之第七十八期文字统计之,可排四十余页,仅须补充一半可已。

午后仍睡一时许。腹中不舒,似肠有小病;明日为夏至,全身又酸痛不适。则看大仲马之《法国宫闱秘史》为遣。此系伍光建氏所译,甚干净,原作又佳,颇足赏心。夜早睡。

六月廿一日(星期三)

作书复文珍。文珍有到渝任教之意。复子恺一信。致汪允安一信,告汇来款已收到。

看报,知长沙已于前日撤守。敌转而攻醴陵。此次长沙之不能保,固在一般人意中,唯期衡山会战能有佳绩,阻住敌骑。美机与日机大战于塞班岛,击落日机三百架。日本之必争塞班岛,为其距本土太近。观《大公报》载龚柏德之论文,谓美军完全占领塞班岛后,次一攻击目标该为小笠原群岛。其言若确,则日本崩溃之期不远矣。美国副总统华莱士昨日到达重庆,其来华任务初未公布,据一般传说,则为调停我国国共两党之关系。国内党争而需他国人来调停,亦殊令人爽然。

饭后,睡一小时。起来,与墨至祠堂街店中,与雪舟闲谈,购零物而归。归家,续看《法国宫闱秘史》。

六月廿二日(星期四)

复蒋牧良一信。蒋在湘乡,其信来索稿,余之回信恐未必能寄达。复孙锡洪一信,告其《最新化学要解》稿已收到。又复孟实一信。致子恺一信,为路明托画商标事。

看报,醴陵已陷,敌又攻湘乡。自粤汉路以观,敌正张其左右两翼南扑,以取衡山。美海军于马里亚纳附近发现日海军,向之挑战,日内即将发生大战。日海军一向避匿不出,今殆以压迫太近,不得不出。美人料该处或系日海军之全部。若能一鼓而歼之,诚绝大快意事矣。

午后,桂林信来,稿子来。彬然言桂林人心惶恐,群谋疏散。我店总机构决迁重庆。锡光言已排将成之书,设法赶印,已排而距完成尚远之书,则收回原稿。清华拟即赴渝,加强渝地排印工作。初不料我店渐入轨道,而又须逃难,一切又得从头做起。叔湘来谈,据谓衡阳如不守,敌必趋桂林。闻之怅甚。

睡一时许,起来而二官三官皆归,考试完毕,即此放暑假矣。

陆梦生自重庆来,言得桂林信,洗公与士敫于二十日动身离桂到渝,大约先拟在渝布置也。夜闲谈至十时始睡。

六月廿三日(星期五)

写信复彬然、锡光,他们正忙于预备疏散,余亦心绪不佳,写来甚草草。又致书雪山,亦无好语,想渠必镇守桂林调度一切。洗公或已离桂,不复寄书与之。

看报,湘乡已失,敌已抵衡山。如此前进无阻,则到衡阳、桂林,亦复无多时日,怅恨何已。美日海战结果则大佳,美击毁日舰十四艘,飞机六百架。日海军向台湾方面逃去。报载美海军攻击之次一目标当为小笠原群岛,则贴近日本本土矣。

饭后,作一书复杨人楩。看昨日收到之文稿。睡一时许,起来复看。

夜,谈至九时半。

六月廿四日(星期六)

校读文稿数篇。

今日为端午前一日,墨裹粽子。而天气不正,人多小病,三官腹泻发热,满子感冒,母亲昨亦微热,今日腹泻,饭食之量仅耗平日之半犹不足。

桂林有两电来,嘱汇款贵阳,备疏散之用;又言洗公已离桂,总机构决迁渝,可见桂林之惶急。

报载衡山激战,似无特别奋力抵抗模样,不知明后日发展如何。

作一书复薛贻源。夜早睡。

六月廿五日(星期日)

复邹君斐一信。致韵锵一信,请渠在渝接洽排字厂家,以便排杂志,并排少量之书稿。改小墨所作一文曰《话剧》者,半篇而止。

雪舟来言,王云五先生来蓉,与共往访之于春熙路商务印书馆。王精神极好,须发如银,而颜色红润。自言访英一行,飞行往返历二百余小时,经过之地寒暑倏异,而体重转增。书业界将于后日宴之,并请其作演讲,述英国战时情况。十二时半归。

今日端午,宰一鹅,割肉若干斤,全店聚餐。但身体不舒者多,大家吃不下。我家昨病诸人仍未见好,而墨于食后又发胃病,一时痛作,睡有顷始已。余虽无恙,而天气燠热,亦复感闷郁不舒。

到夜,与二官与墨共读辛稼轩词,兴致较好。

六月廿六日(星期一)

改毕小墨之文,出外剪发。

看报,敌绕过衡山而攻衡阳,不知所谓衡山之防是否将归于虚设。衡阳已入战时状态,桂林必大感惶恐。遥念诸友,不胜怅感。

到家,张静庐来访。张联合桂林出版家四家,重庆出版家十九家,组织新书业联营处,而为之总经理。此次与云五先生同车来蓉,将在蓉觅屋成立联营书店。此办法甚妥,各书店自为发行,能力不足,推销弗广,今合众力以赴之,人力大见经济,而效果则加强。据谓此组织若有效,以后各书店自身将专事出版,营业之事悉由联营处任之矣。

饭后,改二官文一篇。复李乃仁一书。睡一时许,起来小饮。

今日竟日雨,到处湿润,心绪亦不佳,殊感无欢。

六月廿七日（星期二）

作书复王了一,以前作《春联儿》重抄一过,寄与之,并附小墨之《话剧》一篇。《春联儿》已付此间之《文境》杂志,唯尚未出版。

看报,敌已陷衡山,战事已及衡阳外围。敌势如破竹,我竟无法遏之,奈何。

饭后,清缮陆步青《简易英语丛书》之契约,渠与余所改订已致同意,故即可署约矣。

三时,步行至玉沙街姑姑筵,参加书业界同人招待云五先生之宴。到者甚多,分三席。席间云五先生谈访英琐闻。

五时半散,共趋燕京大学,听云五先生讲战时英国之出版界与教育。时间短,仅能概括言之。六时五十分散。

六月廿八日（星期三）

复陆步青信,寄与契约。复东润信。作书致云彬,与谈"国志"要否移渝出版。

十时,与二官观电影于中央,片名《翠堤春晓》,叙华尔兹曲创始者之生平,音乐歌舞俱足娱心。女主角之歌喉旋转旋高,声如金石,尤令人叫绝。

柳亚子书来,附一诗,录之于后。

《辑庚白丽白楼自选诗一卷成,滕附录十种,寄叶圣陶成都,以梓行之事相嘱。九叠九字韵》:"九章九歌九辩九,葩经而后推祭酒,继以汉魏六朝唐宋元明清,代有风骚毓灵秀。中华民国诗圣林庚白,谁欤匹者亚子柳。林诗深刻柳诗大,诗才无独偏有偶。逐鹿中原沛季骄,屠龙沧海扶余又。不相菲薄却相师,我与林生称畏友。林生论齿少十龄,忘年犄角堪左右。香江一弹殒人豪,归来我已俨然叟。丽白楼殒丽隐兴,君家哲妇才华茂。杜陵兄妹亦因缘,美人虹气贯牛斗。由来枚叔避相如,休夸七步陈王豆。春草池塘梦惠连,敢以兄肥轻弟瘦。一卷遗诗比托孤,丹铅日夕摩挲久。江东叶弟旧知音,说部当年落我手,地老天荒《倪焕之》,墨椎影事怜君厚。褚渊袁粲死生殊,一钱不值吾终负。桂岭相逢未论心,举觞空拟为君寿。绝业名山幸托君,禹穴龙威堪纳牖。林生林生倘有知,风云横海蒲牢吼。"

亚子颇不忘余之小说《倪焕之》，书中又抄录其旧作一绝见示云："光轮未转肉先糜，一语深悲《倪焕之》。风雨鬼雄多入梦，楚骚哀怨泣江篱。"

下午，为店中书广告牌，备七月一日张于店门口。小墨三官为绘图案于边缘。二人向不治此，画来居然可观。

六月廿九日（星期四）

竟日与小墨三官画广告牌，小墨打样，余与三官着色。

桂林来快信，洗公、山公、云彬、彬然俱有手书。洗公已动身，购车票不易，余人离开殊困难。洗公似不即到渝，先须在独山、都匀、贵阳等处调度运输事宜。桂林排印工作已全停顿，"中志"殆须在重庆出版。桂林人所恐者，敌自南入桂，则无法脱走。云彬、仲华之家眷皆已离去。而单身居桂者，则大骂疏散家眷之人，以为不要脸。

观报，衡阳战事已在近郊，殆不日即将失守。

夜间，程受百来谈。据言此次豫湘之战，我方军队毫无斗志，皆望风而逃，故失地甚快。军队所以如此，则在将佐之腐败。各师皆有巨大缺额，一师仅有二三千人。而于此二三千人，又复刻扣，使不得一饱。至于兵官，虽在低级者亦心存弄钱。如此之兵何以应敌乎。又谓迩来间谍充满各处，政府机关之事无不泄露，美国在华军队中亦复有之。以故美军虽援我，而防我国人之心甚严。瞻念前途，殊可忧虑。敌人广播，言将于中秋在四川吃月饼。政府改善，渺无踪影，大家喊要求民主，而政府若未闻。或者穷则变之时期不远乎。怅然无极。

六月三十日（星期五）

仍写广告牌。

十一时，至祠堂街店中，观三官为各书分类陈列。今后兼售外版书。分类之事，雪舟亦不了了，他人更不明，故三官代之。下午，小墨往佐之，至六时始毕。一切布置大致就绪，明日开幕矣。

酒后，小墨出在广汉所购笛，余亦吹之。

报载我克服萍乡，而寇复侵耒阳，势仍未受挫。

七月（选录三十日）

七月一日（星期六）

竟日在祠堂街店中。墨与小墨三官皆帮作应酬主顾之事。余与雪舟招待来贺之客，同业中人陆续来，如贺喜庆。店址与生意确甚有关系，今日廉价，营业数居然超过五万。若在陕西街，虽售廉价，决不能至此也。七时归，大家疲甚。

于来客之谈话中，得闻种种消息。有谓敌人企图，将自湘入桂，通达安南。今衡阳已危，桂林为次一道防线，其地自当尽量疏散。有谓苏将出而击日，果能如此，自为全局最有利之事。有谓中央欲保全实力，以制共并防杂牌军队，宁任敌多占若干地方。此说唯期其非确，果若此，诚最愚笨最可恨之举矣。美副总统来华，实在目的为拉拢中苏，团结国共。于其成效说亦不一，有谓有成，有谓无结果。报纸上皆毫无迹象，故猜测特多。

七月二日（星期日）

仍如昨日，竟日至祠堂街店中照料。星期日顾客较多，营业至六万元以上。

《新民报》编辑王楷元来访，嘱撰"七七"文字。谈次知王君曾于二十六年入开明为编辑，当时余不常在沪，故未与相识。

夜间接联棠来电，云人货亟待疏散，速汇款若干。联棠原定在桂留守，今其言然，可见情势益紧。又不知其他诸友俱离桂否。

七月三日（星期一）

写一信致陆侃如，告以存在桂林我店之书箱，须即设法托人处理。致一书与陈翔鹤，以教厅补助文协款项之通知单寄与之。

饭后到店中。遇同行傅君，系二十六年过宜宾时承为照料者，今在自流井开书店。谈有顷，配书若干而去。

七月四日（星期二）

上午九时许，闻空中飞机驰逐，且开机枪，以为系练习打靶。下午有人传言，敌人侦察机一架来蓉，被我击落。及看夜报，此说果确，敌机堕于崇义桥附近，人机俱毁。

余以上午半日之力,写成数百言,应王楷元君之嘱,题曰《七七七周年随笔》。心绪不宁,诸人随便在室中说话,又使我不能静想,故文殊草草,毫无意义。下午三时,将文送往《新民报》馆,顺便往春熙路买《东方杂志》。

夜饮毕,倦甚,早睡。

七月六日(星期四)

上午,顾石帆(牧丁)来访,坐有顷而去。

张静庐从事出版事业二十五年,诸友为之纪念。张以素纸嘱题,因作一诗写以赠之。"文学革新廿五年,君之业书与齐焉。其间作者后并先,君乃罔不与为缘。经营惶恤心力瘁,若此专攻良足贤。而君豪志殊未已,方将奋翮益高骞。战时出版难登天,务欲胜之如攻坚。不徒独善求自全,领袖群伦策共前。其功不在将士下,精神堡垒耸巍然。他日书林谈掌故,君乎君乎百世传。"

看报,湘中我军总反攻。然并未有实绩,恐无甚佳消息。美舰队轰击小笠原,则可注意。若能于此岛登陆,则可以制日寇于死矣。

饭后,睡一小时有余。傍晚,至嘉利餐馆,宴请此次送礼贺我店迁移诸人。到二十余人,连店中全体同人,凡三十二人。吃西餐比较便宜,每客四百四十元。若用中餐须四席,所费在二万元以上矣。

今日接贵阳来电,告洗公已到贵阳。

七月七日(星期五)

为同行傅洁生君写一篆字联。

午刻,母亲不舒,发热,就睡。

看报,纪念"七七"七周年,又是长篇大论。湘局似无转机。

夜九时半,发预行警报,继而"空袭""紧急"续发。小墨、满子、三午、三官出门走避。余与墨及二官移母亲卧于桌下,上复棉被多叠。此是战事初起时多惯为,不图历时七载,仍尝此味。月色澄澈,四听无声,偶尔有我机一二架时而近远。

十二时过始解除。小墨等归来,言据闻寇机七十二架袭绵阳,绵阳亦美空军基地也。寇殆以今日为"七七",特来示威,并报前日击落侦察机之仇。深冀美空军能击落其若干架予以痛惩。一时始就睡。

七月八日(星期六)

作一书复朱达君,寄西安陕西省银行。

报来,于昨夕之空袭俱不载,岂我方损失甚重,讳言之耶。昨夕美国超级空中堡垒又炸日本本土,袭佐世保,亦自我国基地起飞。计其时刻,与此间传警之时相近。后有人言,昨夕空袭实系误传,美机归来,误认为寇机,致有此惊惶。其说甚近理,殆系事实。衡阳尚在我手,守城将士于战斗之际,且开"七七"纪念会也。

母亲热已退,微有腹泻,竟日未起。晨进粥一碗,午及晚均食少量之面。

夜间,蔡漱六女士及一顾君来,谈曲艺。二人皆自曲会散出者,歌唱之事方着迷。

十一时许,又传"预行"。旋下雨。我家皆未起,不知何时解除。

七月九日(星期日)

作书致冰洋,以二官一小说寄与。作书致白尘,以唐弢之散文寄与。唐弢远道寄文来与"中志",而不甚相宜,故为改投。致一书与佩弦夫人,询佩弦有归来之消息否。

看报,衡阳尚未失,湘境四窜之敌已有各处吾军挡住。前传我大包围之局已完成,其即此乎。

母亲今日仍未起,腹泻四五次,似痢。进稀饭及面如昨日。

下午,余酣睡二时许。精神不好,心绪恶劣,天又雨,只感困倦。

二官又患重伤风,病者不断,亦复无聊。

七月十日(星期一)

复子恺、李庆华(前剧校学生)书。致书雁冰,代唐弢索其写字。作书致洗公(第九十七号),计其日内可到渝,故即寄渝。

看报,醴陵克复,我军包围湘境之敌益紧,似有转机。美军完全占领塞班岛,得此一地,即可轰炸日本本土及菲律宾、台湾诸地。法北盟军入克恩。皆好消息。

饭后至店中,今日为廉价最后一日,购书者甚众。自明日起,更将延期十日,以期多收现款。四时归。

今日母亲起床,尚腹泻数次,但非痢疾。二官发热,入夜热极而作呓语。平日太勤劳,一病即百体不舒。

余亦四肢酸楚,似有病意。竟夜未得美睡。

七月十一日(星期二)

作长信复雪山。又复彬然、云彬,附同寄发。目前桂林当少安定,他们未必遽离去也。

午后,看柴霍夫剧本《海鸥》。此剧十余年前曾看过,今重读矣。

傍晚,接洗公、彬然自贵阳来信及锡光、清华自桂林来信。因知桂林紧急疏散,非走不可,我店大部人员已在桂黔途中,独锡光拟暂避近地,若桂林无恙,再回桂料理排印未了事件。此次搬运费用,其数可观,而存纸存书,一时无法运走,若此后不为我有,则其损失之重,殆难以遽望恢复。思之怅甚。

有一事堪慰者,接佩弦来信,以七日飞渝,即谋归蓉,大约日内可到矣。

母亲今日起坐如常,一病已过,为之心慰。二官热已退,仍觉委顿。

七月十二日(星期三)

昨彬然自贵阳寄来文稿数篇,即为校读。复检点前已整理之稿预备入第七十八期者,并作编辑后记,至下午四时完工。只须再作卷头言一篇,七十八期即此编齐矣。

今日天气甚热,沐身。

灯下听三官读袁俊所译之《审判日》,甚好。此剧系美国人所作,暗射希特勒之纳粹政权种种欺压人民情形。袁之译文甚流畅。

七月十三日(星期四)

执笔作卷头言,天热,时作时辍,至傍晚,得千六百言,尚有尾梢待续。

湘战仍无转坏模样,衡阳或可不至失陷。据宣传部中人对外国记者发言,不久当有令人满意之佳息。深盼其言非虚。

夜间,三官为余读袁俊所作剧本《万世师表》一幕。所叙系"五四"时期北京学界事,似非佳构。

七月十四日(星期五)

续完昨稿,题曰《革自己的命》。于是编排次序,写定目录,寄与韵锵,请其将此七十八期先行在渝付排,第七十六、七十七两期原稿皆在自桂至渝途中,只得他日补出。写信嘱韵锵以种种应注意事,甚长。复陆步青书,答以先付与预支版税两万元。

夜间,听完《万世师表》。后数幕叙二十八九年间事,系以西南联大师生徒步入滇之事为根据,尚觉满意。

七月十五日(星期六)

写信复彬然,甚长。又复洗公(第九十八号),复士敩、清华。皆寄重庆,附一信致韵锵。

午后二时许,佩弦夫妇偕来。三年为别,握手甚欢。佩弦病胃甚久,至今未愈,本为圆脸,今呈尖形,皮色亦苍老,鬓多白发。云在此将访问医生,希得治愈,两月之后将回昆明。仍不得长叙,未免怅然。坐半时许即去。

傍晚,孟辙来闲谈。今日见《大公报》,颉刚与张女士于本月一日在北碚结婚。五十二岁仍复续弦,亦其家人口太少,不得不然。

夜接重庆来信,知洗公、彬然、士敩夫妇等九人已到达,日内正布置一切,准备办公云。

七月十六日(星期日)

作书复洗公(第九十九号)、彬然、韵锵、士敩。有田稼君来访,田亦文艺青年,在教厅任事。

报载衡阳外围,我之部队已合围,将敌兜住,而城中则为我之守军。德国将撤退留于立陶宛、拉脱维亚、爱沙尼亚之军,因苏军将攻东普鲁士,不撤退即将被切断。此是欧洲战场上之一大要事也。

傍晚雨过透凉,与墨及小墨出听贾树三竹琴。七时开唱,凡两段,一为伍员与浣纱女,一为破镜重圆,今年初春曾听过一遍者。文辞仅能辨十之三四,其发音颇渊雅有味。听众约八十人,每人二十五元(连茶),贾之收入可观矣。

九时归，又闲谈许久而后睡。

七月十七日（星期一）

至华西坝齐鲁大学国学研究所，购胡厚宣所撰《甲骨学殷史论丛》初集，值一千元。归来检视，其中两册皆有缺页，他日尚须往调换。

改二官近作短文一篇，至午后二时改毕。

傍晚，墨与小墨三官出观夏声学校演戏。此校设于陕西，专收十余岁之学生，如普通学校授课，并训练平剧。剧之排演及唱词皆有改良。近日在蓉公演，系为书业公会图书馆募款。十一时，他们归来，据言甚不坏。

七月十八日（星期二）

出外剪发。看"中志"七十九期所用文稿。

饭后睡一时许。接彬然自重庆来信，即作书答之。

傍晚，吹箫笛，习《思凡》开首之《诵子》。

七月十九日（星期三）

看徐盈寄来文稿。

刘师尚自嘉定来，三年余不见，神态依然。渠在武大为训导员，所务清闲，自为修习英文及德、法文字。谈武大诸教师之窘况，闻之扼腕。

傍晚，与世泽、二官往观夏声演剧。剧名《播鼓战金山》，该校新编，演梁红玉故事者也。其中偶插昆曲数支，观之宛如八九年前在沪观仙霓社演剧情景。十点半散。

七月二十日（星期四）

复陆侃如书。复钱歌川书。渠介绍金君所编《实用英文》一稿。致彬然书，以歌川介绍书稿事与之商量。看毕徐盈稿。

接彬然书，并寄回"中志"七十八期全稿，渠主张仍在成都送审，然后在重庆付排。因即将稿送书审处。

夜报载日本东条内阁全体辞职，此又一大事也。东条内阁在战时诸阁间寿命最长。方其登台，即发动太平洋战争，随之而席卷太平洋诸岛，气焰甚盛。今其辞职，殆见于政治军事皆已无出路之故。虽日本仍必勉强支持下去，而其内情之穷蹙亦可推见。

夜二时后,墨又发胃病,为之敲捶抚摩,至五时许始已。

七月廿一日(星期五)

作书复孟实,谈叶石甫《史记选读》一稿事。

佩弦来闲谈,留之午饭。渠将于下周照爱克司光,一决胃部究属何病,苟非癌病,便可放心。三时去。

下雨甚大,至夜不止。

报载日皇命小矶、米内两人联合组阁,小矶属于陆军方面,米内属于海军方面,战时曾一度组阁者也。美国政界方面观察,谓其不出二途,一为今后准备求和,一为更将疯狂作战。其实此二途以后者为近,日本之军力尚未摧毁,未必便欲忍辱求和也。

夜间,墨胃病又作,仍是呕吐,胸膈作痛。服鸦片酊少许,始已。

七月廿二日(星期六)

看杂志所用稿一篇。整理各篇,七十九期已得其半数。

报载希特勒被刺而未中,其预埋炸弹者即高级军官。于此可见希之政权已颇动摇。此事与日本东条之下台同时发生,尤令同盟国家感觉兴味。

午后入睡一时。起来看叶石甫所注《史记》一篇。

入夜,至月樵店中,参加其店员之同乐会。歌唱笑谑,亦复有味。十时归。

七月廿三日(星期日)

晨间与墨及二官往祠堂街买物。

作书复洗公(第一百号)、彬然。

午后,陈翔鹤来,谈文协分会响应文协总会募集救济贫病作家基金事。将在此间募捐,并请会友作文,以其稿费捐助。

三时,与三官外出,各买布鞋一双,余一双五百元,三官一双三百元。闲步至提督街而后折回。

夜间,谢冰莹来谈少顷。

七月廿四日（星期一）

看《史记注释》若干篇。

三午因眼球发黄，历时已久，疑其有黄疸病，抱往小儿科专家某医生处求诊。医生断言此是营养不良，缺少数种维他命所致。其走路甚迟，胸部低陷，腹部突出，则由于缺少石灰质。今骨已硬化，而身体便成畸形，虽未必有碍健康，总之是一缺憾。医生令服鱼肝油精，价甚昂，改令服含鱼肝油之钙片，一千元仅得二十片耳。半时宜多食番茄，则殊容易，此固我家每日购食者。

下午四时，得彬然信，谈店事，并告重庆所闻之消息。据言，敌于衡阳志在必得，占衡阳即赣粤桂之机场失其作用，于我方将来之反攻至为不利。然观报纸所载，衡阳似无失利情事。

五时，至华西坝李晓舫家，应其招宴。他客有李方桂夫妇、沈福文夫妇、李君夫妇、张君夫妇及蔡漱六女士。李夫人罗玉君治馔颇佳。食已，夫人们唱昆曲数支。九时归。

七月廿五日（星期二）

作书复彬然，以陆步青稿二种寄与之。又复韵锵、清华。续看《史记注释》。

午后，睡一时许。傍晚至明湖春，六家书店宴七联供应处副处长王君，余与王畹乡、李旭生作陪。食毕，畹芗、旭生邀往观夏声戏，入场已迟，仅观《得意缘》半出而已。

七月廿六日（星期三）

续看《史记注释》。

午后三时，与二官至华西坝，观东方队与西华队之足球决赛。为时尚早，徘徊骄阳中殊不耐，则入小馆子吃抄手。四时购票入场，票价一百元，坐看台上曝阳光中以待之。至五时而看台满座，国人对足球有如此兴趣，初未之知。东方队为现时国内最有名之球队，声誉甚隆，宜有此号召力。五时半始赛，赛四十分钟，易地复赛，结果似为一比四，以天将作阵雨，离去匆匆，未及观其终场。东方之盘球确甚佳，彼此呼应，收发如意。华西队相去远矣。

到家雨犹未下，疲甚，小坐即睡。

七月廿七日(星期四)

取还送审文稿,有两篇卷头言因指责现状太刻露,谓须修改。审查制度即在使人家不说老实话,务为掩饰,以相欺蒙,于此可见。余勉改数处,再送往审阅,遂通过。即封寄彬然。

七月廿八日(星期五)

续看《史记注释》。

明日将宴少数朋友,今日整治室内,拖地板,刷窗子,全体动员。大家疲甚。

看报,苏联军入波兰,将趋华沙。似将来先抵柏林者,当为苏联军队。我衡阳方面守卫已月余,仍在激战。昨日克耒阳,究竟双方势力如何,报纸所载亦殊难明。

今日买黄酒十斤,预备明日请客,今夕先饮之。小墨买回西瓜一枚,全家分食之。不尝此味已两年有余矣。

七月廿九日(星期六)

墨治馔,余与二官收拾器皿、洗刷桌椅,忙碌竟日。请一次客真非易事。

五时后,客渐集,凡陈述民、赞平、叔湘、佩弦、晓舫、玉君、雪舟、世泽、梦生九人,杨人楩最后至。谈话甚多,而饮食皆不尽量。九时始散。

佩弦胃病,已由爱克司光照过,医断为十二指肠溃疡。其病不算严重。人楩自乐山来,为武大招收新生。三年余不见矣,风趣依然。

七月三十日(星期日)

赞平偕戴小江来。戴今后不复任广汉中学校长,因而小墨之教职成问题。戴拟介之于蜀华中学。而小墨适外出,未能说定。

程会昌来,探佩弦所居地址。田稼来,谈教育界情形。此人亦国文教师,近在教厅第二科办事。

昨日辛劳,今日只思困眠,饭前入睡,饭后复睡,二时后起身。

报载昨日美空军之超级堡垒出炸辽宁之鞍山,并及津、沽、郑州。鞍山有日本之工厂甚多,此盖破坏其军事工业。

小墨之友人李君自雅安来,谈西康情形,闻之深叹。工厂皆仅有其名,有厂长职员而无工人。烟苗到处皆是,农民种烟并无收益,其利皆归于流氓及军队。

政府于烟亦征实,借以补贴开支,报告中央则易烟而为米谷,以便欺蒙。各种机关无不营私舞弊,此距复兴大业太远矣。

傍晚饮昨日之余酒。

七月卅一日(星期一)

翔鹤来,商量为援助贫病作家基金招待新闻界之事。捐款册已送来,即往祠堂街,向月樵、洁夫、穆伯庭各捐得若干元。

在穆家小坐,张静庐亦在,主张发动书业界,请以一二日之赢利捐入此基金,以引起社会人士之注意。其说可以考虑。

饭后,开始写一短文。二时,至《新民报》访王楷元,并晤张慧剑,与谈募金事,请为帮忙。访翔鹤未晤,遂归。食西瓜。

刘师尚来,留之小饮。夜间,听师尚谈苦学经过及其家庭情形,如读小说也。

八月(全录)

八月一日(星期二)

续作昨文毕,全篇二千言,题曰《就理论而言》,讽当今言论之不得自由。

作书复洗公(第百一号)、彬然、韵锵,又致书歌川,退回其所介绍金君《实用英语》一稿。

午后,王楷元来,佩弦来,程会昌夫妇来,王与程皆闻余言佩弦今日来,故来会晤也。程又偕一殷孟伦君,川大教师。谈有顷,共往少城公园绿荫阁吃茶,佩预约萧公权及某某二位已先至,于是群集围坐。萧与佩皆出诗稿,诸人传观之。如此茶客实为少见,然亦略有酸意矣。余与楷元及程夫人谈。程夫人通词学,所为词甚有佳处,今在金陵大学任课。非苏人而久住苏州,一口吴语。六时散。

八月二日(星期三)

晨起为佩弦写一赠医生联,佩弦之儿女去年重病,经某医奏功,故赠之。句系佩自撰,"生死人而肉白骨,保赤子如拯斯民。"颇工。

九时,文协诸理事来余处开会,讨论响应募集援助贫病作家基金事。到者陈翔鹤、刘开渠、罗念生、杨云慧及余,商定募集书画家作品,发售之,以捐入此款。又拟请某提琴家开演奏会,票价亦悉捐入。文协诸友作文捐稿费者,其稿由余校阅,分配于各报副刊。

午后,作文介绍王楷元之小册子《人和书》。诸篇皆曾刊于《新民报》,谈人物,谈书籍,皆尚雅洁。王嘱作文,只得从之。

三时半,与雪舟茗于少城公园,谈店事。洗公招余于日内往重庆也。

三官向雪舟自荐,愿在蓉店任店员,雪舟允之,定于明日进店。学校教育之无甚意义,余家诸人皆已一致承认。学生必进学校,无非为资格计,欲得一文凭耳。三官自言将涉猎社会诸务,自创天地,不要文凭。余与墨亦以为然,遂从其志。此在三官系一转变,不可不记也。

灯下续完日间之文字。腹泻,睡不安。

八月三日(星期四)

校读文协会友文稿,预备刊于各报副刊者。

周子龙君来访。周为蜀华中学校长,戴小江介小墨于渠,故来访。谈次,说定聘小墨为初中部导师,教课不过十余时,较诸广汉中学,殊见轻松。

饭后睡两小时。起来作文,至夜成两篇,一为《援助贫病作家》,一为《记夏章二君被捕》,皆拟投于《新民报》,捐助其稿费于所募捐款中。

傍晚,刘师尚复来,小墨等陪之看电影。渠明晨开船回乐山,托其携稿费一万四千元,函一封,带交叶石甫。

竟日执笔伏案,殊感疲劳。

报载土耳其与德绝交,有人猜测,土并将参战。此又是德国之一困也。

三官第一天入店作事,到晚回来。雪舟欲令其留宿店中,明后日即将携铺盖而往。

八月四日(星期五)

上午作一短文,题曰《暴露》,亦将以付报纸副刊,响应募捐运动者。

午后访王楷元,以所作文交与,约可供《新民报》副刊一天之用。王商之于张慧剑,张同意,并言润笔共二千元,特别从丰,悉入捐款。余甚慰。

访翔鹤,谈募款事,并及明日招待新闻界之茶会。

入店剪发。到家而闭汗,发热,盖重伤风也。即就睡,服阿司匹灵三片。夜八时许发汗,热度旋即退净。夜眠甚酣。

八月五日(星期六)

又作一文,应王了一之嘱,曰《八一三随笔》,仅千三百言,即寄与。

下午四时,至教育厅,文协假其地之会议室招待新闻界。记者到者仅十余人,余略作报告,念生、翔鹤、云慧皆说话。此次成都募捐,得新闻界之助确不少。晤瞿冰森君,《中央日报》记者,瞿菊农之弟也。又晤黎澍君,醴陵人,近代白尘编辑"华晚"副刊者。六时半归。食毕即就睡。

今日报载中美军攻克缅甸密支那。云南境内,前数日我已克腾冲。滇缅盟军会通不久可以实现。此亦一大事也。

八月六日(星期日)

整理收到之文稿,分配于中央、华西、华晚三报之副刊。中央瞿冰森派人来取稿,一并付与,托其转致。

杨人楩来,代其兄东莼支《高中本国史》之稿费。十时,至南门万里桥畔之枕江楼,赴苏中同学会月会,并公宴杨人楩夫妇。人楩尝执教于苏中者也。到者近二十人,可谓盛会。楼外江声如涛,颇有豪致。饮啖尽兴。食罢,与人楩、叔湘、赞平、勤贤吃茶闲谈,直至五时半始散。

到家即偃卧榻上,与墨及二官闲谈。至于十时,阵雨大作,屋漏数处,以盆承之。雨势少止始睡,已过十二时矣。

八月七日(星期一)

作书复龙志霍。渠回湖南,道阻贵阳,湘战仍紧,恐一时无法回去。看彬然寄来所收文稿,竟日仅看三篇有半。

午后睡一时。吴祖光来谈。范敬贤来,代余捐款得六千余元。彼言秋后拟回苏,即返用直蛰居,以俟克敌战胜之日。陆梦生来,谓文光亦拟迁渝。

夜间赵隆勷来,谈川中中学校情形,总之全是生意行径,毫无教育意味,闻之啼笑皆非。

八月八日（星期二）

续看杂志文字。十时出门,拟访翔鹤,以捐款交与,未晤。途遇佩弦,与共入甜食店小坐,约星期六来余家。

遂访赞平。陕西街房东派人来说,房屋将自用,嘱我店迁让。察其情,似系管事人捣乱。房东王家之少奶奶系赞平之女弟子,因托其往探究竟。

饭店二时至店中,得彬然寄来文稿及他人信件。回家即看文稿,至于傍晚。

赞平来,言已往王家,少奶奶言将俟其夫归来时,嘱管事勿来捣乱。大致此事即可无虑。因留赞平共饮。赞平谈离苏到汉之困顿情形,到川后妻死续弦,亦复艰窘。闻之深叹。九时,赞平去。

今日立秋。天气大凉,余穿夹衫。

八月九日（星期三）

作书致孙锡洪,与谈化学教本稿出让与我店。作书复洗公（第百二号）、彬然,皆言十五日余动身去渝,面谈一切。已托文化生活社李君代余向邮局登记,附乘邮车,其期定于十五日。闻邮车开行甚速,两日之时间必能到渝。作书复陆步青、邬侣梅。

看报,知衡阳守军死亡殆尽,其军长方先觉发出最后之电文,谓必以一死效忠,大约终将失守矣。在外围之我军似未能奏功,不知何也。美超级堡垒昨日往炸上海。上海久无战氛,此当使居人震惊,不免遥念诸友。

人梗夫妇来,托余以其稿带往商务,交云五先生。少坐即去。作书复仲华。其信来自柳州,告余以与其夫人林君分开而不公告离婚。又作书致锡光。锡光到柳而折回。今衡阳难保,或又将仓皇离桂乎。田世英夫妇偕来,谈半小时而去。

八月十日（星期四）

作"中志"卷头言,以《动动天君》为题,劝读者多思。

王楷元来,长谈,至午始去。饭后继续执笔而叔湘来,谈亦两小时。

杨东莼托一学生送其所撰《高中本国史》来。此稿逾期至半年以上,居然交来,为之心慰,然尚有小部分未齐也。

续作文稿,至晚完篇,仅千四百言耳。

衡阳已不守,此后战局发展,不知又将如何。

昌群来信,即复之,告以将到重庆,会面在即。

八月十一日(星期五)

昨王楷元嘱作"八一三"文字,无以应,写前此为王了一所写文之首节与之。

至图书审查处,询问以后杂志尚须送审否。答言要送。自春熙路步行至东马棚,访夏承法,询其所编《高中物理》成未。未晤,遂归。

写定"中志"第七十九期目录,往送审。作书复徐盈、李广田、杨东莼、卢芷芬。

三官自店中搬回来住,雪舟令其管理货房。渠作事很认真,亦可慰。

看夜报,美机昨夜炸长崎。罗斯福宣布,以后将加紧对日本本土之轰炸云。

八月十二日(星期六)

晨起甚倦,似有病意。卧榻上,看鲁翁之《壁下译丛》。

十时,承法来。言物理稿即将完成,本月内可交来。

翔鹤来,佩弦继来,留二君午餐。翔鹤先去。三时,偕墨与佩弦同出,拟往听贾树三竹琴。至提督街,牌悬四点半开场,为时尚早,游行春熙路。再往书场,则茶役言今日贾因病缺席,未免怅怅。茗于某茶馆,六时归。

余腿酸脑胀,量体温有八分之热度,即就睡,服阿司匹灵三片。九时后入睡,热似即退。

天未明时传"预行",旋即解除。

十三日(星期日)

作书复伯祥、调孚,列第百二十七号。邮程迟缓,所谈多不接头,一书之达须历三月,亦无兴多寄上海信矣。复锡光书,寄桂林,诚恐书到之日,渠已离桂矣。

下午三时,孙次舟来访,以所著杂文稿一束见示,嘱为作序。孙勋学而傲,眼中少所可,既承相嘱,只得勉应之。孙去而五十年代社经理沈君来谈,言出版界情形。在新出版业中,此社颇有特色,若丰于资本,可以有为。沈去而孟辂来,闲谈甚久,八时始去。

八月十四日（星期一）

晨翔鹤来,言有若干票友拟演戏为遣,欲借文协募捐名义（非募捐即不能卖票）出之。余以为若不负其他责任,则乘此净得若干亦佳。翔鹤以为然。

午后,与二官出门,观少城公园池中荷花。

夜七时,蓉店同人茶会,为余送行,八时半散。明日动身,早睡。

八月十五日（星期二）

晨三时半起身,五时离家,雪舟及小墨二官三官皆送余至邮政总局。昨日买票时,邮局嘱以五时半以前到,而到时殊无动静,候至七时始上邮包。客渐渐集,计之得十六人。司机台只容二人,票上有注明。余票无注明,自当坐后面。车系敞车,邮件高与拦板齐,望之危危乎。小墨为余购麦草帽一,以遮阳光。

七时半车开,爬登之后亦复不恶。然车行速时手必须有所攀援,足亦须用力,因邮包不平,不能稳坐之故,腰背遂不免酸麻。晨间太阳未烈,风来有爽意,尚可。至于午后,阳光酷热,尘埃扑身,则殊苦矣。

午前十一时车停简阳,吃饭。同车有史女士,苏人,谈次知其父为史襄哉,东吴大学教师,因与共餐。女士在景海女学学幼稚教育,擅英语及音乐,人殊爽直。

下午车上灼烫,坐又须用力,殊困顿。五时达内江,脚踏平地,如入胜境。

邮车站中设有招待所,即宿其中,一室宿四人。余洗面毕,作一书寄家中。遂至内江城中,街上行人如蚁,殊无聊。吃面,即归。同室有粤人梁君,在铅笔厂任事,系大学工科毕业生,与谈,觉其人颇明白。

九时睡。受热太甚,其热似集于脑部,不能成眠。才朦胧,臭虫一二出扰,眠仅二三小时耳。内江已颇热,据重庆来人言,重庆日来极热,闻之殊惴惴。

八月十六日（星期三）

晨五时起。在车旁见邵力子先生,渠与其夫人乘邮车往成都。在车旁谈数语即别。

东行车以六时开。榉木镇渡河时凉风习习,殊佳。近午则比昨日更热。饭于永川。史女士改乘美空军车,余遂默不与人语,唯看路旁记里数之石以计到达之迟早耳。邮车系一九四一之"道奇",开行甚快。唯停顿多,遇邮局必停车上下邮件。二时达青木关,换乘另一车,停一时许。购一小西瓜食之,尚未熟,取其有水分而已。

六时达重庆太平门,遂下车。余别重庆已二年,今重来,似市容略见整齐。步行至店中,与同人相见。洗公与清华方往邮局候余,未遇,少顷回来,相见甚欢。彬然、士敩则至海棠溪接山公,少顷亦到。同日到此,可谓巧甚。山公偕其夫人及二子,又有俞颂华为伴。颂华形容憔悴,背弯曲,俨然老人矣。余与山公自二十六年别后,今方重逢,计之已七年矣。遂共往进餐,饮酒。酒禁尚存而已不如以前之严,但须用茶壶茶杯耳。

归店后与诸公闲谈。十时后睡,余卧二层楼办事室之大写字桌,取其无有臭虫。彬然陪余睡另一桌,谈又甚久,始入睡。

八月十七日(星期四)

晨起与洗公、彬然出外吃油条豆浆。归来坐二楼办事室,市嚣如沸,天气蒸热,殊不习惯。

饭后入睡一时许,睡甚熟,颇解困倦。起来作《青年丛书》《英语丛书》之广告辞各一则。

五时后与洗、山二公饮酒闲谈,花生米南瓜子下酒,颇忆前年在桂林时之风味。饭后,与士敩浴于励志社。淋浴,甚快适,价才三十元耳。

九时半睡,天热,竟夜未得美睡。

八月十八日(星期五)

晨与洗公、彬然啜茗于公园。下即西三街,廿七年常常经行者也。

回店,写信寄家中。孟实之"英文选"已排成付印,发现错误甚多,因与诸君分任重校。自午前至下午五时仅校十二面,校英文盖素所未习也。

徐盈来,谈少顷即去。与洗、山二公及彬然饮于对面酒家。王耘庄君来,共饮,已多年不见矣。

夜间,梅林、以群二君来访。二君近主文协总会,约下星期二夜间集会,招诸友小叙。

天气益热,桌面亦烫,入夜仍然。竟夜昏昏,未得甜睡。

报载盟军已攻入巴黎之讯。前数日,欧洲已开辟第三战场,盟军在法国南部登陆。今日又传开辟第四战场,在阿尔巴尼亚登陆云。

八月十九日(星期六)

八时起续校昨日之清样。饭后睡一时许,甚熟。起来续校,到晚仅得二十面。

与洗、山二公饮酒。陶载良来访,陶在隆昌办立达分校,欲添设高级农产制造科,拟招小墨。余告以小墨已就事于成都。

姚蓬子来访,长谈。饮毕,共出门吃豆花饭。饭后姚仍共谈,至九时半始去。

洗公主明晨清早往南温泉避暑,盘桓竟日。睡后汗出不止,竟夜未成眠。

今日接墨寄来"中志"七十九期全稿,并附一短信。

八月二十日(星期日)

六时许渡江至海棠溪,同游者洗、山二公,彬然、士敫。往南温泉之汽车首班以七时开,我们依手续先登记,次买票,候至九时始获挤上第三班车。今时无论何事,凡涉公众者,辄不免兴叹,守法即吃亏。

在中途下车,乘小舟溯花溪而上。水平不波,两岸有树,风来作爽,在重庆附近可谓佳境。至小温泉上岸,洗公曾于廿七年来游,当时墨亦偕游,洗公欲寻当年印象,已不可得,其地改为政治学校矣。复登舟,遂至温泉,先喝茶解渴,次餐于冠生园。食毕,购票浴于温泉,彬然、士敫入游泳池,余与洗公各占一浴室。浴水取之无禁,颇热,有硫磺味,连日垢污荡涤净尽,一快。

三时,乘汽车返海棠溪。过江后至凯旋路同人宿舍中小憩,士敫、清华即住此。洗公购茶叶瀹而品之。五时返店,小饮。

得柳州来电,言我店存柳州车站之书一百九十三包悉焚毁,此是此次迁徙以来最不好之消息。焚毁原因未详,殆由敌机轰炸。此一批货值四五百万元。

与洗公、彬然谈店中杂事,至十时而睡。今夕有风,眠颇熟。

今日寄一书与颉刚,告以寓址,请其来城中时一晤。

盟军已抵凡尔赛,凡尔赛距巴黎四里耳。

日寇有侵湘桂之势,桂林或不免遭劫。

八月廿一日(星期一)

作书寄家中。

九时,参加业务会议,商定人事方面数事。

徐盈来,约明晚往其家吃饭。张静庐派人送一烟斗来,前在成都时渠所约定也,余实无需乎此。仲华之母夫人及妹端苓来,方自贵阳到此,携仲华之一女。仲华与夫人不明言离异,而乘此次桂林疏散,即此分开。人生遇此等事,不能怪谁不好,唯有忍受不幸耳。

饭后,出外理发。续校英散文选毕,作广告词一则。有人送帖子来,署雁冰、端先、以群、黄洛峰四人名。招明晚聚餐。与徐盈所约时间冲突,遂作书辞徐盈,又作书谢张静庐。巴金来,谈少顷即去。饭后,李庆华来,言或将任事于母校(剧校),有所作剧本拟交余看一过云云。

偕士敩、韵锵往国泰,观苏联童话片《大萝卜》,无甚深意,而设景颇佳。归店,与洗公、彬然闲谈,复小饮一杯。十时睡。

今日晚报载盟军潮涌入巴黎。美空军昨又袭日本本土。

八月廿二日(星期二)

晨七时偕山公、彬然、韵锵往江北观自强印刷所。先乘公共汽车至上清寺。乘客候车皆站成单行,不相凌越,车满不获登则待次一辆到来。此为重庆近年之一种进步,守秩序已成风气,则不必有任何强制矣。自上清寺步行至牛角沱。渡至对江,上坡行一刻钟即至自强。此厂规模不大,有对开机二,排字月可得五六十万字,系俞君所办,俞昔曾任事于立达学园。经人介绍,韵锵已托其排印数书。今日俞适外出,遇其长子,导观厂屋,为言如能专作我店之工作,则我店可以相助增添设备,彼此两利。且俟遇俞君时再详商。

十时自江北买舟抵临江门,乘滑竿上高坡。返店,知勖成、伯才、楚材三君曾来访。午后一时,即驱车至巴蜀学校,访问三君。三君皆无恙,巴蜀之支持,勖成颇瘁心力,约星期五到彼小叙而别。访黄任老,渠言拟以近作诗若干首补入《苞桑集》。又为余言最近促进宪政之工作，并及各界风气之败坏，当局者之闭目塞聪，群僚以欺骗蒙蔽为能事等等。

四时半归店，遇雁冰。又遇陈达夫。陈在贵州办一中学，十余年不见，豪兴依然，唯于当前局势，语多悲观。

五时半，偕雁冰、彬然至读书出版社应招宴。主人以群、洛峰、夏衍而外，尚有张静庐、何其芳诸君。肴馔丰而精，饮啖甚适。七时半，共步行往文协会所，诸友已集，一一握手相见，都三十余人。熟友有伏园、沈启予、陶雄、冯雪峰诸君。伏园主席，言此会系欢迎余与崔万秋。余因言成都募捐情形。万秋谈河南战时情形，渠方自战区来也。今日报载王鲁彦病死桂林，因商及致赙办法。十时散，与彬然乘人力车归。竟日奔忙，疲劳特甚。

今日接墨及二官信。

八月廿三日（星期三）

作书寄家中。复孙锡洪书，复云彬书。

雁冰来，听渠谈各方面事。

下午三时许，歌川来，不见三年有半矣。既而子敦与朱复初来，酒人相遇，便入酒肆。子敦、复初、歌川、洗、山二公与余凡六人，且谈且饮，共饮大曲一斤又七两。

七时与彬然至天官府郭寓。少数友人已先到，请《大公报》记者孔君谈此次参加记者团，参观延安种种情形之感想。孔君谈延安似颇公正，彼处政治设施多能就事求得解决。来听者中有张骏祥、白杨女士夫妇，余以前所未识也。又有王亚平君，亦新相识。归店已十时半，十一时睡。

今日午后，张承修君来访。

八月廿四日（星期四）

晨阅报纸，知巴黎至今乃真克复。其部队为法国内地军，原系地下工作者之群，知盟军已近巴黎，即起而抵抗德军，搜捕维希政府之官吏。既成功，《马赛曲》响彻各地，报纸大标题为《巴黎解放了》。想象此情景至可感动。计巴黎之沦陷凡四年有余。

作广告词一则,看文稿二篇,"中志"之投稿也。饭后入睡一时许,甚酣。

三时,胡绳、刘白羽、何其芳三位来访,因与彬然邀他们饮于酒店,畅谈。三位同服务于一家报馆,于文化方面之宣导极关心,询余有何意见,余愧无可答。饮至六时,夏衍来,诸人共吃豆花饭而散。

疲甚,八时半即睡。

八月廿五日(星期五)

清晨看报,罗马尼亚宣布改组内阁,加入盟军方面与德作战,此亦一大事件。

徐盈嘱为行将出版之《大公晚报》作一文,开始执笔,市嚣盈耳,热气熏蒸,殊不顺利。

吴朗西夫妇偕巴金来。胡风来。午后徐盈来,谈政府用人行政将大有变更,大约下月初参政会开会以后即将实行。

五时偕洗公、彬然至巴蜀,应勖成、伯才之招。余先访勖成夫人,并晤其子女,皆健好。其长女服务于花纱布管理局。七时开始饮酒,余与洗公各饮黄酒一斤有余。饮罢,坐廊下乘凉。弦月已上,竹风徐动,甚为快适。

十时返店,与洗公谈半小时。十一时睡。

八月廿六日(星期六)

昨得元善信,告其办事处在南纪门马蹄街中国国际救济会,因往访之。讵知其已返沙坪坝。返店,写一信与之,约下星期二再往。复晓先一信,请于下月二日入城晤面,渠现任事于中国毛纺织厂。复袁光楣一信,谢其以译诗一册见赠。寄家中一信。

傅剑秋来访,渠在中央通信社任事,不久将往美国。续作昨文毕,共千五百言,题曰《扩大白话文字的境域》,即寄与徐盈。

午后二时开业务会议,讨论当前店中诸事。历三小时而毕。旋即饮酒,八时就睡。

下午得雨,不酣畅,未足解暑。夜眠仍沾汗。

八月廿七日（星期日）

晨看李庆华寄来之剧本《春暖花开》，天热，移坐总觉不适，看一幕有余而止。李儒勉来访，携其子女李凡、李平。李凡已高大如成人，今为大学一年生，余在乐山时曾为教课者也。

十时偕彬然至作家书屋访姚蓬子，晤侯外庐，治史学者也。蓬子赠余所印书数种。出经儒勉家，儒勉在门口，邀入小坐，并订小饮之约。遂乘公共汽车至上清寺，步经学田湾而至枣子岚垭郑明德家，盖杭州一师之校友在此集会也。沈仲九、胡公冕、姜伯韩及余四人为教师，余二十人为同学，皆余未及教者，其中余仅识彬然、明德、达夫、雪峰、孔雪雄数人而已。席间各期同学分别为老师寿，云今日为八月廿七教师节，大有意义。余甚愧，饮酒不少，致辞示歉。沈仲九闻名而未前见，与久谈，渠赞余之关心国文教学。四时散，与彬然步行上坡，憩于小茶馆解渴。

五时到店。清华杀鸡治馔，留余饮酒，实已不能多饮。

自桂林押送行李之岑君今夕到。途中稽留颇久，至三十余日。最关重要之帐册与纸型尚无消息。诸君料量帐册或正在柳州车站焚毁之一九三件中。此说若确，则至麻烦，欲理出头绪，难乎其难矣。

九时睡，汗仍不止。

八月廿八日（星期一）

晨四时半即起。六时偕洗、山二公及彬然出，应雁冰之招。先在小茶馆喝茶。至嘉陵码头乘民生公司轮船。船以八时一刻开，顺长江而下，至唐家沱登岸。其地为一个场，市街尚整洁。雁冰所居在新市区，市政府于其地建屋供疏散之用。屋系独立之小洋房，建筑不精而结构尚佳，雁冰夫妇又善布置，居然楚楚。雁冰夫人两鬓已苍，视两年前似更甚。先品梁山产之青茶，继即饮酒。雁冰夫人治馔八器，皆佳。彼此至熟，谈话无禁，饮啖甚适。食毕又谈一时许，遂往码头，雁冰送我辈登轮。轮以三时开，五时到嘉陵码头，上水行舟，其时倍长也。登岸渴甚，茗于茶肆。

返店，读墨来信。

编校部同人覃必陶、王知伊皆到，途中各有苦辛，稿件皆无遗失，可少慰。

七时许传挂红球，系"注意情报"之意，而并未放"空袭"。

今日报载保加利亚亦退出战争。德国之败似已不远。

八月廿九日（星期二）

清晨访元善于马蹄街。两年未晤，似见苍老。其会中新设一组，请工艺专家研究改良手工业之工具。某君示余以所制工具一副，斧锯刨凿皆依中外旧制而略有更改，以便于用。会中并不制造此等工具发售，但供人家采择仿制。会中他务尚多，皆服务性质，所耗资财为数绝巨。而人员不过二十，且皆案无积牍，唯觉其闲，此元善注力于组织管理之效也。谈两小时乃别。

至李儒勉家，遇其女，辞明晚饮酒之约，遂返店。柳无垢小姐来晤，小坐即去。参加编校、出版二部之工作会议。校《张居正大传》，至下午四时，尽四十余面。

天气益热，坐室中衣裤尽湿。自前星期日在南泉洗浴以后，未尝再浴，竟体不爽适，乃浴于隔壁一浴室。浴罢，刮垢一层，似觉稍凉。

六时，偕彬然至留俄同学会，晤张志让。张治法律，具正义感，任教于复旦，颇知名，约余相见。握晤而后，张约余为其《宪政》月刊作文，余勉应之。旋沈衡山先生来，此老矍铄犹昔，谈吾人服务于文化，其效虽不可骤见，而实深广。留俄同学会者，实一西餐馆，近来重庆颇有类此名称之餐馆。菜颇可口。

八时散。又传挂红灯，九时许解除。

睡桌上，汗出不止，辗转反侧，以避汗渍。

八月三十日（星期三）

起草致著作人公函两通，一为版税事，一为书稿付排延迟事。午前，自强印刷所主人俞君来访，询知系立达老教师，犹记小墨当年就学事。渠谈愿与我店合作，所有工力悉归我用。与洗、山二公及彬然偕之出，吃豆花饭。

饭后，作书复老舍。老舍招往游北碚，余惮其跋涉，辞焉。校《张居正大传》十余面。徐蔚南来访，十余年不见，亦苍老矣。渠为图书审查会秘书，参政会邵力子先生之秘书。晓先夫人来，谈其家在李家沱毛纺织厂琐事。毛纺织厂似颇注意同人福利，晓先夫人津津言之，甚感满意。洗、山、士敩、清华及余陪之饮于酒店，闲谈甚久，复吃豆花饭。

晚八时偕彬然至作家书屋，商王鲁彦身后事。到者蓬子、雪峰、巴金、以群、梅林。商定约集友人致赙，并于十六日开追悼会。

十时返店。士敩以榻位让晓先夫人，来与余同室而寝，亦睡一写字桌。为余谈店事，及应兴应革，甚有见地。

今日天气转凉，到晚余穿夹衣。

八月卅一日（星期四）

续校"张传"，看"中志"八十期所用稿，凡三篇，作书复墨。

力扬君来访，渠任教于陶行知所主持之育才学校。此校为一试验学校，承告余以其校大略情形。

四时偕彬然至交通银行，参加《宪政》月刊社邀集之宪政座谈会。黄任老、张志让二位皆曾相邀，故往。到者约三十人，相识者不多。子冈与余邻座，会场中不便谈话，书短语于纸为问答而已。讨论题目为保障人身自由问题，以政府最近颁布之两项法令为对象，发言者六人，余仅识沈衡山先生耳。聆诸家之意见，则新颁法令实有论理上之谬误，殊不足以见尊重人身自由之意。多数主张实行提审法、司法一元化。余于此等事皆未尝措意，但听诸君之言，亦颇能明晓。

六时半散。至沈衡山先生之事务所，应其招宴。坐间有与沈同在一处之三位律师（其中有沙千里），又有张恨水、周鲸文等。听一位龚君谈苏沪近状。看馔系闽式，甚精。主人不强客饮酒，各取酣适。

九时散。返店，知元善曾来看余，与洗翁对饮而后去。

九月（全录）

九月一日（星期五）

看"中志"文稿两篇有半。

午后，卢冀野来，畅谈。渠任事甚多，礼乐馆中亦有一职。听渠谈制礼作乐事，余念此事之成果殆将并叔孙通而不如。卢今为出席参政会而来，此会将以日内开始。

五时与洗、山二公及士敫入酒店，本拟谈店事，而周谷城来访，遂已，闲谈而已。回店吃饭，与诸君散步街头。九时后睡。

九月二日（星期六）

起来作书寄家中，致昌群一笺。又以七日讲题寄李辰冬，题为《谈国义教学》，他无可谈也。续看昨未看完之胡绳文，至午时而毕。饭后又看两文。

偕山公往访王云五，余以人梗托代交之书稿交与之。归来即作一书致人梗。晓先来，谈其任事之毛纺织厂之情形。饮酒后同出，就小馆子进面食。

今日为中元节，店之邻近，沿街设盂兰盆会，磬钹之声甚扬。与晓先谈至十时始睡。

九月三日（星期日）

看文一篇，与晓先闲谈。宋易来访，渠近在一商业机关任事，活泼犹昔。午刻，韵锵煮一鸡馐同人，遂小饮。晓先外出，偕一律师吴星恒来访。此君前任法官，富于正义感，好结交青年，前日宪政座谈会中渠发言甚多。二时，晓先归李家沱，此后再见当更须年月。

与士敫、惠民、韵锵闲行街头，购章行严《逻辑指要》以归。小倦，睡一点钟。洗公治馔四色宴新到同人，饮啖甚适。食后杂谈店事，十时半睡。

天已大凉，余假韵锵一被盖之。

九月四日（星期一）

写信致吴朗西，托为余设法返蓉车票。作"中志"卷头言，纪念辛亥革命，现编之第八十期当于十月出版也。

夏衍来，巴金来，谈一时许而去。继之冀野来，望道来，张西曼来，谈政治现况，共多感慨。望道已多年不见，瘦弱殊甚，近在复旦任教，于新闻系深有兴趣。

望道、西曼去，遂与冀野、洗公小饮，谈店中近况。冀野亦本届董事也。饮后出外吃豆花饭。午后二时返店，续作卷头言，五时毕，全篇仅千五百言耳。

尚未搁笔而陈达夫来，谈其往安顺办学校经过。偕洗公与共外出，饮于新生市场。达夫不喜白酒，遂饮黄酒，三人各尽一斤。徐徐饮之，自以为有江浙人饮酒之风度。饮罢食馄饨烧饼,遂归店。与洗公、彬然谈至九时乃睡。

九月五日(星期二)

望道来谈,言近仍研究文法,注力于词之分类,意兴飙举,与十年前无殊。杨卫玉来,言《国讯》编辑委员会将乘余在渝时商谈一回,又谈及杂志之编辑、发行诸项。陶雄来,约下星期日偕其夫人同来,邀余小叙。

作书寄家中。又复一不相识之余君,见我前日在《大公晚报》登出之文字而投书来商讨者。

作一报告书,叙述我店最近编辑出版情况,将提出于八日之董事会者,屡辍屡续,而未完篇。

饭后昌群来,系特地入城看余,谈近况及国事甚多。在中大所得不够维持生活,每月赔贴至万余元,亦甚难矣。继之子恺来,白发已多,须髯亦苍,而精神甚好。回想以前会晤,尚是二十六年在沪共编小学教本时事。子恺为我店监察人,八日之会亦当出席,渠将在城留住,九日始归沙坪坝。昌群以三点半去,约余得暇往沙坪坝,恐未必能往也。

吴朗西来,言可为设法购公路车票,唯购票须凭出境证,领出境证须凭身份证。渝市已发身份证,而机关办事迟缓,自桂来渝诸同人尚有未领到者。余系暂住,自不往领。今需用而往领,势必久延时日。渝店同人某君与机关相识,可不凭身份证而领出境证,因托其即往进行。俟此证取到,始可托朗西购票。

五时偕洗公、彬然、子恺、璋圭(子恺之亲戚)至大梁子一小酒肆共饮黄酒。谈彼此近况,谈艺术界情形,甚欢,各饮酒三碗有余,食素面于紫竹林。子恺宿璋圭处,彬然归宿舍。余与洗公返店,谈至九时而睡。

九月六日(星期三)

续作昨日未完之报告书。

九时东润来,特地自柏溪来访,与昌群同属可感。东润视前较瘦削,持论深严,犹如往日。论对日战争,渠料明年暑前或可结束。撰《王阳明传》已成,其分量与《张居正传》同。与约如我店情形较佳,当为出版。十一时半偕出,同就食于新运会餐室。西餐坏甚,殊难受。东润坚欲作东,其情至厚。食已,闲步街头,谈大学中文系青年不如中年人切实等等。一时至临江门码头为别,渠乘轮返柏溪。

余返店,续作报告毕,清缮两份。五时与洗公对饮,各尽一小杯。饭罢,偕至凯旋路宿舍。山公腹疾少愈,尚委顿。彬然亦略有腹疾。在门外人行道上设椅共坐,凉风时至,颇快适。八时半归店。

九月七日(星期四)

看彬然文及其子又新之文,皆预备收入"中志"者。午后接昌群来信,约于十二日往沙坪坝小叙,并约东润。余作书应之,言如尚未返蓉,必当一往。

出境证已领到,洗公即持往文化生活社托交朗西。购票顺利与否,未可知也。

略写纲要,预备今夕之演讲,五时仍与洗公对饮。六时至曹家庵文化运动委员会,晤李辰冬、赵友培、徐文珊诸君,皆会中职员。即共饮。七时一刻开始讲演。会场名文化会堂,听者一百四十十人,多系公务员与学生。余所预备纲要言之未能详尽,历一时半而终。雨甚密,乘人力车以归,洗公已就寝矣。

近日敌人循湘桂路西侵,已陷祁阳,且至冷水滩,似桂林为其所必达。一般观测,均谓桂省必遭糜烂,念及大局与我店,均堪愁虑。

九月八日(星期五)

晨间晓先来,渠因厂中事入城,少坐即去。餐后看林仲达稿,长篇,半日而毕。作书寄家中。午饭后出外剪发,剪发处多人坐候,亦见重庆居人之众。升坡,自中央公园至白象街。入商务印书馆,欲购卞之琳所译《维多利亚女皇传》不可得。归店,作广告词一则。

六时,为董事会开会时刻,洗公、山公、子恺、彬然、允藏、士敖及余咸集,而邵力子先生及冀野未至,待之。二君皆在参政会,日来正开会,散时较晏。元善偕其同事朱君来,意欲约余出外饮酒,知余有会事,坐谈有顷而去。

七时一刻,邵先生夫妇与冀野同来,先为聚餐,餐毕开会。历次董监会以今夕到者最多。洗公报告今年增资、营业及撤离桂林之经过。余以所写编译所报告传观。讨论之议案,以设法向外国订购印刷机及填报抗战以来我店损失以俟敌人赔偿为要。九时，邵夫妇先去，余人续谈至十时而散。

冀野独留，谈日来参政会中所见所闻。此次参政会，诸参政员皆勇于发言，为民喉舌，语多指摘行政官吏。行政首长答复询问，皆执礼甚恭，语多自认愆咎，为以前所未有。报纸所载，洋洋大观，俨如严父兄与不肖子弟对话之记录。《大公报》盛赞此种态度上之转变，今日刊一社论曰《公开之明效大验》，以为一经公开，行政者自认过失，则愤愤者亦释然。其实殊未然。往时不自认错，多方掩饰，今则反其道而行之，自言过失，苟实践方面无所改变，又何别乎？欲求行政之清明，殆非易事，此所以可虑也。冀野以十一时去。

九月九日（星期六）

晨起作《国文月刊》广告词一则。

八时偕洗公、子恺往元善办事处，昨夕所约定也。到即共进早餐，烧饼，油条，咸蛋，颇为实惠。元善示以美国新寄来之建筑书籍七八种，遂观其图画。中有一册专论我国园林，附图多摄苏州、杭州之名园，不禁引起乡思。居川七年，未见一像样之园也。继之参观其小工场，由某君一一说明，洗公、子恺皆感兴趣。

十一时返店，将"中志"已收集之稿编定目次，待彬然一文交来即可先行寄蓉送审。作一书致墨，俟与稿同寄。傅庚生以其稿《文学批评论集》来谋出版，作书辞之。渠仍在金堂铭贤学校。

五时仍与洗公对饮。七时半，明社开会。明社者，店中同人业余之团体也，本在桂林，今来重庆，合总公司及渝店同人，出席二十三人。彬然为主席，报告社务而后，余随意说话二十分钟。改选干事，继之为余兴。十时半散。

九月十日（星期日）

晨与洗公出外喝茶，吃烧饼。看报，知昨日晨零时有少数敌机扰蓉，为二年以来之第一次。遥念家中，不知受惊否。

归店，看彬然之子又信最近寄来之文稿，叙军中见闻者。又信随军攻腾冲，近来文笔逐渐有进，至可喜。略为改窜，编入"中志"八十期。

饭后胡绳来，长谈。政闻，艺事，人物，随意所到，互抒所见，甚快。三时去。

五时，与洗公、彬然、韵镝至米亭子访旧书铺，书价之贵甚于新书。遇雨，避于小茶肆。返店,与洗公对饮。

雁冰来,长谈,叙新疆往事,颇动听。陶雄来,言其女病痢,未能早来邀余共餐。即旁坐听雁冰谈,九时始去。雁冰宿我店之宿舍中。

韬奋已于前月病故于苏北。此君戆直有书生气,为时势所推,敢为前锋,卒遭疑忌,窜身异域。香港陷后,间道归来,隐居不为人所知,近乃移往苏北。余与之有相识之雅,闻其噩耗,殊感怅惘。

敌人攻湘桂,已达桂省边境。或言保卫桂林可望较衡阳为佳。或言其地难守,且守志如何可商。或言今后兵源枯竭,全局堪虞,且新募者亦难于应战。人谋不臧,自属定论。思之怅恨无已。

九月十一日(星期一)

作书致孟实,告"近代散文选"已印成。又致书李庆华,以其剧本《春暖花开》寄还之。罗莘田来信约会面,答以十四日上午访之于聚兴村。如得票返蓉,只得失约。

开业务会,讨论此间于十六日举行廉价之办法。

午后三时许,李葳来访,约后日再来。六时,元善应预约而来,遂与洗公偕元善饮于对门酒店。谈及其一女已嫁,有子;一女即将结婚。朗西、巴金来,同坐。朗西言明日或后日可得车票,闻之甚喜,然一天雨意,连日滴沥,雨中乘车二日或三日,亦可愁虑。酒罢,朗西邀往陕西街摊子上吃"棒棒鸡",洗公、元善皆有兴,撑伞而往。摊子到夜始设,仅一桌,靠近锅盘。鸡绝脆嫩,确不恶,各饮酒一两,食抄手一碗。食毕各散归。巴金赠余以白纸本之《悬崖》一册。

九月十二日(星期二)

雨颇不小,而与昌群有约不能不践。八时二十分自苍坪街乘中大校车出发。雨天人不多,居然有座。水滴自顶篷连续而下,欹侧避之。行一时许而达中大校门。余于二十七年曾到此一观,当时规制甚简陋,今已颇改前观。

问询而行,达教员宿舍,昌群正相待。渠亦约东润,东润答书云能来,而如此大雨,柏溪来渡江不便,不能来矣。谈有顷,昌群招邻居黄小姐(幼雄之女)来晤。黄嫁吴君,在中大童军人员训练班任教,有二儿矣。十一时,至昌群家中,其夫人劳于家事，而精神体魄均佳，犹是五六年前模样。午刻，其诸儿在中小学者均归来吃饭，则皆不见壮硕，独乳抱中之一儿颇肥硕耳。遂与昌群对饮，其夫人陆续治馔。餐炊坐卧，俱在一室之中，亦颇迫窄矣。

饭罢，昌群为导访元善之家，途中望四山俱为云封，似雨意郁不得开。至则晤元善夫人及其一女。谈彼此琐事，坐约半小时而出。遂转向访子恺。小径泥泞，颇不易走。望见一小屋，一树芭蕉，鸽箱悬于屋檐，知此是矣。入门，子恺方偃卧看书。其子女见客至，皆欢然。闲谈之顷，阳光微露。晚晴之际访旧，似别有情趣。傍晚饮酒，子恺意兴奋，斟酒甚勤。余闻子恺所藏留声机片有一昆曲片，请取出观之，则袁萝庵所唱之《游园》，余曩曾蓄此，且熟习者也。开机而共听之。"良辰美景"、"赏心乐事"等句，昌群谓荡人心魂。子恺赏平剧之声调，余与昌群则言昆曲尤美妙，子恺谓将试赏辨之。余因以此片之曲文写出，供子恺按字听之。自昆曲转而谈宗教，谈艺术，谈人生，意兴飙举，语各如泉，酒亦屡增。三人竟尽四瓶，子恺有醉意矣。共谓如此之会良不易得，一夕欢畅，如获十年之叙首。余知子恺盖颇有寂寞之感矣。

八时半辞出，至沙坪坝市街购火把，返昌群家。余洗足，又茗坐有顷，别昌群夫人，偕昌群返其教员宿舍。室有二榻对设，各就寝。初欲卧谈，而酒意颇甚，旋各默然入梦。

九月十三日（星期三）

五时起身，洗面毕，昌群送余出。晤黄小姐之丈夫吴君。吃醪糟蛋于校旁小铺。遂登校车与昌群握手而别。此后重晤不知复须几时。

车以八点十分达苍坪街，即返店。寄家中一书。答邬侣梅一书。邬托谋事，为致书歌川、儒勉二位。与彬然、士畋偕出，啜茗于青年会之江山一览轩，谈店事。

十二时与彬然同往紫竹林素菜馆，应黄任老、杨卫玉二位之招。外有孙几伊、张雪澄及国讯社职员三人。食素菜毕，共往青年会借一室，会谈《国讯》今后如何进行。谈及宗旨、读者对象、撰文之态度与方法等项。在座者皆为编辑委员。余于廿七年之顷即已被拉为委员矣。

三时散,返店小憩。五时,李葳来,共饮于对门酒店,余饮四杯。进餐于大三元。李君必欲作东,且自曾家岩远道而来,其意可感。

返店,出席明社之座谈会,余讲一小时,谈国文学习,诸友共为讨论,尚有意趣。九时半散。又与洗公谈店事半小时始睡。

九月十四日(星期四)

八时许乘公共汽车至上清寺聚兴村,访罗莘田。伍叔傥先在,陈万里后至,二君皆久别,不意相遇于此。莘田以其稿《中国人与中国文》交余出版,此是艺文小论之集子也。渠将于近期内赴美讲学,兼采访语言学、语音学之材料。

坐一时许出,步行于中山路,入各书店闲观。在两路口等车,排入候车人队伍,约三十分钟光景而轮及,居然有座。返店,洗公告文化生活社中人来言,迩来车辆既少,到蓉之人又挤(有入校之大学生),得票为难。若改往遂宁,再从遂宁到蓉,则较容易。余与山公相商,觉经过遂宁亦可。洗公遂为托购遂宁票,不知何日可得。坐定,将《中国人与中国文》全稿整理一过,工友得空,即可付排。

下午四时开业务会议,讨论简化组织、清理积压工作等项,各就实际发言,颇有结果。六时散。

与洗、山、彬然饮于对门酒家。酒罢,洗公邀往看汉剧。此种戏剧前在上海曾一观之,又须生曰余宏元,硕大声宏。论节奏视京戏为简,却为京戏之一源。今夕观二出,一为《收黄忠》,一不知其名。故事为悔婚、谋害、昭雪等节目,殊少佳趣。场中竹椅有臭虫,余痒甚。九时半散。十时后睡。

九月十五日(星期五)

晨阅报纸,敌军已抵全州,我军与激战。桂林已岌岌可危。国外消息则甚佳,罗斯福、邱吉尔再度会于魁北克,其主要议题为对日进攻之加强与速效之方案。美海空军屡击菲律宾,有将于菲律宾登陆之势。罗马尼亚已与英、美议和,本与德国一气者,今且转而与德作战。以德国言,东西两面皆受攻甚紧。人言欧洲之战将以今年结束,殆可信乎。

早餐后看何容所著《中国文法论》,前此望道所介绍,谓值得一看。

十时,与洗公、彬然访柳亚子先生。柳于数日前自桂飞此避难,云神经衰弱,委顿殊甚,居处又非所喜。然以飞机避难,到后即有安适之寓可以借住,若此之人亦极少矣。仲华之母夫人亦来,颇心系仲华之安否,足见母心之深爱。仲华甚活泼,危急之际必能设法离桂。

返店,午饭后入睡一时许。起来看案头新购之书。

晚饭后,雪峰、蓬子来谈。雪峰于文事所见颇深,自言为文不能阔大,同辈为文,鲜能自成风格,其说皆精。又谈及周知堂,言此人终毁于时世,实可深哀。周明知其非,而最近为文则表甘自为之,非由被迫之意,此益可哀矣。谈一点半钟而二君去。

明日为始,店中廉价半月,同人方装饰店堂,余旁观之。九时一刻睡。

九月十六日（星期六）

今早士佼动身到蓉,昨夜睡前写一家书,托渠带往。

看报,见登载昨日参政会中国共双方报告商谈之经过。国所望于共者为军令统一,共所望于国者为政治民主。双方事实上相距尚远,而如此题目,居然公开报告于会中,刊布于报端,总是较好之现象。美军在帛硫岛登陆,距菲律宾甚近矣。然我桂省战事则全州已陷,桂林危急。或谓桂省之战关系甚大。豫湘之战太不争气,若桂省复然,盟国殆将自与日本作战,而不考虑我之局势,则我之国际地位低落矣。或言桂林纵不守,总须在菲律宾收复之后,不知能有此支持力否。

作书复陆步青,致书冰心女士,皆为店中之事。今日举行廉价,顾客较多而不拥挤,不如蓉店廉价时。

午后倦甚,就睡而未成眠。文化生活社中人来,言车票尚无把握,将分向邮局公路局设法。欲归不得,颇焦虑矣。

清华为一谣言而愁虑。此谣言传者甚多,谓上月中旬美机袭上海时,霞飞坊曾中弹,死若干人。上海与此间电信不通,书函无如此之快,所传皆屯溪电,而上海与屯溪相距亦远,未必事事明白。以故此事殆有因而非至确。霞飞坊中除伯祥家而外,有红蕉、丐翁、均正、索非数家,设此事确,诚为难堪。

三时后,晓先夫妇携其二子同来。五时,与洗公对饮。六时,诸人同出,吃面食于小店。

七时偕洗公、彬然、晓先参加王鲁彦追悼会,地点在观音岩中国文艺社。到者四十余人,蓬子主席。余被邀说话。外有雁冰、彬然、王平陵、张道藩诸人。

九时散,入小茶馆喝茶。王平陵、张西曼后至,同桌。谈时局,张左而王右,各是其是,各说其说。张抵桌而谈,表现其湖南人本色。

到店,知达君今日自西安飞来,待我们久,已返其寓所矣。与洗公共谈,如达君不欲更为银行中事,可邀渠入店共事。

九月十七日(星期日)

晨起作书寄家中。

看报,桂省北部湘省西南部一片地全失,桂林失否亦难言,报纸记载例须后于事实三四日也。此次敌自湘入桂,几于所向无敌,其迅速与豫战同。于此见我方之兵殆已不可用。向谓精兵尚未用,兵源决无虑,皆成纸老虎而被戳穿。且而今而后,敌之进攻将何底止,亦难测料,苟彼力所能及,未尝不欲进窥川滇黔。自全局以观,敌人诚极烦闷,彼之想法或以为纵英、美如何相迫,先吞下我国西南部再说,亦自有之。美国确真能打仗,亦真欲打败日本,今为我国所牵,为其大累,实属憾事。至于我国之不振,不能推言积弱,政治之不善实为主因。此言余自今深信之矣。

达君来,相见欢然。渠言不拟再往西安。余探以可否入店共事,渠未有确答。询以陕中虚实,言亦甚可虑,且洛阳有敌增兵之讯。晓先来,彬然来,谈今后局势,共谓此际为一大转变期,转变自当向好的一面,然所值艰难困苦更甚于前。

饭后晓先购票,邀余与山公、彬然等往观中电所演之《山城故事》,袁俊所撰话剧也。其地曰"银社",系银行同人业余进修社之简称,筑成戏院式,颇不俗。观众程度比成都为高,居然能不谈话,偶有拍手声嘘嘘声而已。剧本写一以个人苦乐为重之青年,遭遇波折,终于死灭,似无甚精意,而演员之技术尚佳。演技胜于剧本,固今日之一般情形。六时后演毕,兀坐四小时,甚为吃力。

本当应徐盈之约到其家便饭,但昨夕说明下雨即不去,出戏院时雨颇不小,遂不去。与诸君共饭于粤香餐馆,吃牛肉数品。

返店,洗公、达君正相待,遂共小饮。九时睡。

九月十八日(星期一)

看报,言保卫桂林之措置已完成,但并无桂林发出之电讯。

午刻,梦生、剑秋兄弟招饮于新味腴,彬然同座。归店,杂看旧杂志。达君来,言往探各银行,日内皆无车开蓉,公路车被征调,三四日开客车一班耳。闻之爽然。

傍晚与达君、洗、山二公饮于对门小酒店。洗公谈及生死问题,以生时且求心地欢畅为归,揣知此老颇深寂寞之感矣。归店吃饭。八时就寝,特早于他日。

九月十九日(星期二)

八时至凯旋路彬然处,出席编审、出版、推广三部联席会议。十时散。返店,达君来,言四川省银行日内或有车开蓉,此是一线希望。

饭后偕洗、山、达君再至凯旋路,邀彬然同往公园喝茶。各地公园殆以重庆为最差,小山坡上杂植树木而外,唯通路数道,何名公园乎。遇武大经济系教师钟君(忘其名,始终想不起),邀之同座。钟亦待车已久,将往成都任教于齐鲁云。

四时至新运会观都冰如石刻展览,系仿碑刻与石刻画,摹仿而无创造,无多意趣。士敫亦来观,告我以谢冰心曾来店访我,留字而去。余即至其所书地点中一路嘉庐,晤谢及其夫吴文藻君。冰心连日出席参政会,疲甚,小睡方起。观其姿态,已是中年妇人模样,余尚是初次见面也。谈其著作之版权应如何保持,并告余其《关于女人》一书在他家出版,颇多不满意处,拟交我店重出。坐四十分钟辞出。

回至酒店,洗、山、达君正相待。饮罢,饭于豆花饭店。返店,得昌群信,中附一诗记十二夜之晤叙者,录之:"幽居且喜故人回,误尽儒冠百事哀。不觉流年添白发,最难肝胆映深杯。江天小舍风灯乱,雨夜丛林篝火催。此别醉谈愁论后,何时襟抱得重开?"

九月二十日（星期三）

看报，侵桂之敌数路而来，似将越过桂林而取梧柳。以前闻战事紧急，辄以为援至即好，改取有利阵地即好，盖以我兵可用为前提也。今经各方揭穿，乃知我兵虽多，实如无兵。敌唯意所之，苟欲蛮干，由湘桂而黔桂，而入黔入川，又何不可。历年以来，此时可谓最黯淡矣。而外瞻欧洲与太平洋，则盟方节节胜利。我不克与配合，致成牵累，何以对己，何以对人。此皆腐朽之政治有以致之，我今乃深信矣。时时念及此端，遂无好怀。

作一短文，入店中新添之同人通信（油印）。午后睡一时。达君来言四川省银行之车无望。寿康为作一书，托待从室某君设法。王亚南小姐亦为托人致一介绍笺与公路局。而出外接洽，皆托韵锵。李儒勉来，知余尚未成行，约明晚至其家小饮。

傍晚，与山公、达君在店中小酌，洗公有应酬外出。达君买电影票十余纸请店中同人。七时至国泰，片名《歌场魅影》，歌舞片也，无意义，而彩色殊悦目。椅子有臭虫，余被咬几不可耐。返店即睡。

九月廿一日（星期四）

写信寄家中，告欲归未成。

到凯旋路，与彬然、必陶、知伊、清华同校"中志"七十八期之三校样。自强印刷所初次排我店之杂志，一切俱生，虽名三校，犹是满纸错误。五人竭竟日之力，每篇由两人看过，至晚而毕。

中午彬然邀饭于紫竹林。傍晚至儒勉家，长谈。其夫人煮番茄牛肉汤，绝佳。小饮，别无他客，遂成家庭风味。

九时返店，洗、山、彬、达方为闲谈。余谓七年抗战，今始云整军建军，可谓绝大遗误。值此最危急之秋，虽有美人援助，苟无实事求是之精神以赴之，整建亦难望有成。思之殊忧虑。

韵锵持王亚南小姐所得介绍笺，代余奔走数个机关，结果得重庆局副局长之亲笔批注，言有班车时即售与余车票一张。日来已数日无班车，明日亦无之。

九月廿二日（星期五）

买我店所出语文书二种，送与儒勉之夫人，夫人在景海女学（苏州之校在渝复校者）任国文教师。

看报，侵桂敌五路进攻，梧州一路已与我军战于郊外。有一军长因擅自放弃全州，被罪枪决。以此推之，敌人进展之速，实缘我方之不为力战，岂所有军队悉已变质，我国真成有兵如无兵乎！此至可怕也。

韵锵为余往车站探问，知明日无车，大约尚须待三四日，又以最高国防委员会秘书处之介绍信为山公、达君二位登记，轮到买票当更在余之后。成都有电来，询余与山公行未，知家中盼余归甚殷，即复电告尚未行。士佼到蓉后来信，言墨脚患湿气，不便行动，知之深念。

傍晚与洗、山二公在店中小饮。晚饭后，彬然、士敫、清华等加入聚谈，无非谈国运前途，战事倾向，大家无好怀。九时睡。

九月廿三日（星期六）

写一信寄家中。竟日抄杨东莼《高中本国史》稿，得四千余字。此稿决送教部审查，由同人分章复写三份，以期早日抄完。余欲归不得，闲坐无聊，因以此为遣。

下午五时歌川来谈，邀出吃酒，与洗、山、达偕至对门酒店。饮罢，饭于粤香。仍同返店，共品恩施清茶。今日托同事马君往车站，询知明日无车。

华莱士返美，其评我国以三个 no 字，谓无战争，无法律，无民主也。或言此次美派专家二人来，系进一步考察我之实况。及知其糜烂不堪，则提出改革要点若干，谓苟不遵循，则美之实力由我国撤退，将来再从海面攻进我国，击溃日兵（如是则置我于全不对等之地位矣）。此近乎要挟之词，我亦不得不听，于是报纸发表对于美专家提供之关于经济之意见，当局全盘采纳云。其军事专家尚留此未去。

或言洛阳敌增兵，且已发动，意似在侵陕。越南亦增兵，似欲窥滇。我既无精兵，又受敌之四面攻击，处处牵制，七年以来，今日又遇一大危局矣。

九月廿四日（星期日）

晨与洗公、彬然访达君于陕西省银行办事处，共出进早餐于苏式点心馆。返店，余续抄杨之高中史稿。洗公倡议打牌，因与达君、彬然同入局。在三楼寿康之室中，局促一角，阳光照背，可谓苦中作乐。打八圈，余负焉。即在寿康处午饭。饭后余退局，小睡一时许，起来仍抄文稿。

韵锵为余跑车站两次，归来言明日有车，可以得票，站长已面允。因即整理杂物，汇成三件，韵锵、士敩、清华三人助之。清华特购酒菜，供余与洗公小酌。饮罢，出外饭于大吉楼。返店谈有顷，返宿舍者皆去。此别之后，时局推移，不知重见之日为悲为喜，亦颇感怅惘。又与洗公谈店事有顷，九时就睡。

九月廿五日（星期一）

四时起身，旋韵锵亦起。五时离店，诸友皆在梦中，遂成不别而行。到两路口车站，韵锵为余买票，排在行列中至一时许。及得票，座次为第六号，系第一排靠窗，算是佳座，不知是站长预为排定否。既而达君乘人力车至，特来相送，盛意可感。

七时半车开行，觉此车行驶甚速，为之心喜。但行二十余公里而一轮之内胎爆裂，遂抛锚。附近有一修理厂，司机托其补缀，粘橡皮一小块于破处，用火力贴合之。工作殊缓慢，大家不要不紧，至上好轮子，已耗去约三小时。开至青木关，宪兵检查旅客之行李，亦费一小时。再开至璧山，停车进午餐，观车站之钟，已下午二时过矣。余吃饭一碗。下午太阳益烈，汗出如蒸，至不可耐，日将没，抵永川，遂歇宿。今日仅行一百二十公里，不过全程四分之一强，本料两日可以抵蓉，今知不可能矣。

入一旅馆，开一单人房间，茶房力言无臭虫，余未之信。洗身毕，出游街市，其城无电灯，而街上行人殊多。恐不识路，少行即返身，在旅馆楼下喝茶。忽传警报（打钟），旋即传"紧急"，旅客出避者众，余则坐于室中，油灯悉灭。邻室有一皖人任下级军官者与余攀谈，言任事数年一无所成，其志在积钱。余含糊应之。历两时许而解除，遂就睡。臭虫出袭，满身起大块，痒不可耐，遂起坐。倦而复卧，痒甚复起，最后决坐以待旦。

九月廿六日（星期二）

天明即携行李下楼登车。车以七时许开。一路小修理，几次停车。进午饭于安富镇。车至楠木镇，发觉电瓶已坏，不能发电，遂入楠木镇车站之修理厂修理。余从旁观之，觉此辈于机械原理不甚了了，做工皆极苟简，于器材不知爱惜，任意消耗或损坏。此种作事态度与其他各界之一般情形相同。所谓转移风气，必须于此等处多下功夫，我国始有面目一新之望。修理约三四小时，算是完工。装上汽车试之，仍不能发电。遂宣告明日抛锚，今日且勉强开到内江歇夜。余闻此言殊为不快，明日又不克到蓉矣。

到内江入一小旅馆，与茶房说明为余铺一木板，上铺一席，以避臭虫。遂上街买糖食品，入一酒肆，饮大曲两杯，吃饭一碗，即归旅馆早睡。余计仍失败。板上席上亦有臭虫，不过比昨夕较少耳。忽又传警报，亦放"紧急"，旅客走尽，余与茶房二人独留。坐庭前仰视明月，四无声息。坐久倦甚，返室而睡，痒甚，始终在朦胧之中，不知何时始解除警报。

九月廿七日（星期三）

清早即入车站，知昨夕未将电瓶修理，司机与站员皆若无其事，不以从速修理、从早开车为意。有人问站长，站长言大致可于午刻修竣。余遂入肆剪发，消磨时间。又入茶馆喝茶，入一下江馆子吃面。余时则徘徊站中，盼外出修理者持完好之电瓶归来。候至十二时过，始见其来，装上汽车试之，仍不灵，卸下再修。如是者数次，居然可以发电。大家欣然，如获生望。二时许开行，抵球溪河，已近日落时候。

入一小客店，所谓"鸡鸣早看天"之类，室容一榻，屋几及顶，明知必不能安睡，亦只得忍之。即在旅店中喝茶吃饭，在店前徘徊，仰望明月。少顷即归宿。臭虫立即来围攻，全身皆遍，红块坟起，按之心作恶。起来检视，得吸血已饱者十数枚，一一扑灭之。复睡，仍有继至者。块上加块，全身火烫，较之发风疹更难受。复起而扑灭之。如是数四，竟无肃清之望，遂决心坐以待旦。而倦不可支，瞌睡时作。及闻鸡鸣，以为天明有望，然听更锣尚是四更也。

九月廿八日（星期四）

清早开车，计程尚有一百三十公里，如无阻障，午刻可到成都。车至简阳，下车吃饭。司机卸下轮子检视并打气，费一时许。闻人言前夕之警报，敌机来炸成都，城东近郊曾落弹。车再开，距龙泉驿尚有十数公里，而一轮之内胎又爆破。大家大失所望，以为今日恐仍未能到达。司机与机匠无可奈何，停手且去休息闲谈，如无其事。最后乃得一勉强之办法，即将爆破之轮子卸下，后面一边为双轮，一边则单轮，勉强开行。此事明知其甚险，然亦无人愿留居荒野，且等待亦无较善之法。行至龙泉驿下，司机命男客下车，步行登山，以免危险。此自当遵从，余遂随众人登山。山颇高，上升复上升，余喘不可止，汗出如流。忽而云起雨至，霎时全身淋漓。足穿皮鞋，山路滑不易走，更费气力。行一时许，到山顶，据言有十华里矣。重复登车，缓缓下坡，而雨势亦杀。天气突冷，风来如刺，余知殆将受病矣。抵龙泉驿站，受宪兵之检查，又停车一时许。于是直驶牛市口，到站时已四点半，急乘人力车到家。家中已接重庆电报，知余以二十五日启行，候而不至，颇为慌虑矣。

自老母以下皆安好，为慰。墨患烂脚，渐就痊可。三午已能作简短语三四句，此是一月以来之进步。三官管理店中货栈，自谓尚有兴致。小墨、二官皆在校中。饮大曲二三两，吃面一碗。雪舟来谈。王冰洋来谈。八时就睡。微微发烧，今日上龙泉驿之影响也。一夜困睡，沉酣如死。

九月廿九日（星期五）

检视送审取回之"中志"第八十期原稿，重行写定目录。作书致洗公、彬然、士敳、清华、韵锵、王亚南，与原稿一同封寄。

月樵来谈。蔡漱六女士来，因与谈冰心著作之版权事。

午刻，至雪舟家饮酒，雪舟为余迎风也。其夫人及文铨同座。

二时半归，欲小睡而朝相来，与谈重庆见闻。傍晚，又微微发烧，即就睡。

又传警报，未放"紧急"，历一时许而解除。二十六日之夕，敌机来蓉炸机场，投弹皆落野地云。

九月三十日（星期六）

晨至赞平所，探听佩弦行止，据云以等候飞机，入城住东新街郭家。即往东新街，则言已以前日行，系乘机往重庆，再在重庆候机往昆明，余为之怅然。至《新民报》馆访王楷元，未晤。

饭后，楷元来，以《新民报》馆代收之援助贫病作家捐款四万数千元交余。余即走访翔鹤，以此款交与之。据云已收到之款为十七万余，估计他项收入，五十万之总数殆可达到。

傍晚，承法来，以所撰《高中物理学》交余。因与署约，付清稿费。

小饮一杯，仍早睡。

小墨在蜀华任课，每周十七时，兼任导师，颇为忙碌。二官在校中为系会之会长，级会之书记，事务亦繁。

十月（选录二十九日）

十月一日（星期日）

今日为中秋，不免添些小菜，墨忍脚痛入厨烹调。中午饮酒，二官招一同学朱女士来共餐。

余倦甚，入睡一时许。起来作书致叔湘，告余已归来。又作书致承法，请其探听军校排印部之情形。

傍晚，全家至西御街宴宾楼，与全店同人及章家全家家属会餐，算是过节。此店菜肴殊平常，食之无味。诸人斲酒，余饮甚多，墨亦复不少。

席散而山公、达君至。二君乘车止二天，独余所遇不巧，竟行四天。叙谈甚久，十时始睡。

墨以操劳及饮酒，脚痛历半夜。

十月三日（星期二）

作书致彬然，并发"所"字第一号信，皆言关于编校方面之事。以后凡此类事皆作号信，不致私人。又复叶石甫信，复昌群信，致卢芷芬信。

午后三时，达君来谈。达君去而叔湘来，谈两时许。

入夜,全店同人聚餐于祠堂街店中,欢迎雪山、达君,月樵亦来参加。九时散。

十月四日(星期三)

上午为《国讯》社作一答问之文,凡千余言,即寄与杨卫玉。

饭后,王楷元来谈,嘱作"双十"文字。既而陈翔鹤来,三人偕至美术协会,观女作家书画展览会,所得款亦以援助贫病作家者也,书画均平常。

出即至店中,与山公、达君谈店中设立新据点问题,谈及宝鸡与泸县两地,未决。傍晚,共饮于大众食堂,酒菜俱劣,殊草草。

到家,孟轺在,谈有顷而去。

困惫殊甚,只思睡眠,殆以旅渝月余,所欠睡债太多之故。

十月五日(星期四)

上午初次检视"中志"八十一期所用稿件。

午刻至祠堂街,与雪山、达君、雪舟同往姑姑筵,应同行七家之招宴。菜颇精,然皆嫌肥浓,食之腻胃。三时散。

到家复齐鲁一学生信,略评其所作文。致书洗公(百零三号)。达君来共晚餐,吃泡粥。

今日报载敌人于闽江口登陆,此是抢先着之举,恐美国军队在闽海岸登陆,使其措手不及也。桂省战况,我迭挫败,毫无转机可征,令人忧郁。

十月六日(星期五)

上午作《双十节随笔》,应王楷元之嘱也。

午后,看小墨所撰《代数》教本缮抄本,校正其错字与句读。此稿小墨以一暑假编成,俟余看毕即送部审查。半日仅看六十余页。

傍晚,山公偕程受百来,留之饮酒。受百谈战局前途,及日本人之性习,皆颇有可听。九时,二君去。

十月七日(星期六)

上午,整理《国文教学》全稿。此集系余与佩弦之论文,附浦江清一篇,序文由佩弦作,尚未完成。

午后,达君来,承法来。承法见小墨所编《代数》教本,愿为审阅一过。又愿与小墨合编《算术》教本,赶于年内送审。

入夜,文铨宴山公、达君,聚食于其家,八时散。

至十一时许,传注意情报,既而"空袭",既而"紧急",全家皆起,坐于正屋书堆中,正屋较坚牢,书堆且可掩护也。月色朦胧,四无声息。至二时过,闻投弹声三四声,不闻机声,知距离尚远。三时后方解除,大家倦不可支矣。

今日致一书与佩弦,径寄昆明。

十月九日(星期一)

晨作书致洗公(百零四)、彬然。续看小墨《代数》教本稿。

午刻,孟尚锦作东,宴山公于公园内静宁饭店,邀余作陪。二时归,续看《代数》稿。

陈白尘偕叶鼎彝来,叶示以文字变迁考一稿,凡六巨册。

入夜,与小墨二官三官至暑袜街礼拜堂听费曼尔女士小提琴独奏。票资悉数捐入文协之援助贫病作家基金。此会由子杰夫妇张罗,售票甚多,可得二十万元。大约费女士之提琴亦有名,听者甚拥挤,可千人,不得票而退出者怏怏而去。奏琴凡六曲,以不知音者听之,似小品反较大品为悦耳。十时返家。

十月十日(星期二)

自晨至下午三时,续看《代数》教本稿。

达君、山公、雪舟来,偕出闲行。今日为国庆日,满街嬉游者,少城公园中尤为拥挤。然时势演变至今,于政事战局,大家均感前途茫茫,究何所乐乎?

到店中,山公买酒共酌。饮毕,进食于削面馆。归雪舟家中,谈店事三小时。达君将于后日返渝,到渝即进店作事。渠意拟至贵阳一行,设法将自桂运出之货赶速运川。

九时归家,即睡。

今日报载英相邱吉尔到莫斯科会斯大林,为重要消息,想所谈为欧洲问题也。

十月十一日（星期三）

上午续看《代数》教本稿。

午刻，与墨偕山公、达君、雪舟至邱佛子吃饭。饭罢，共步行出新西门，一望郊外景色。余已七个多月不走此路矣。在城门口遇老余、刘老汉等鸡公车夫，神态皆如旧。

归家，续看《代数》稿，至晚而毕。此稿将请承法审阅一过，然后寄往重庆送部审查。

接洗公、彬然来信，附来桂林诸同人信件，叙疏散中慌乱情形，观之意不欢。店中大批货皆在途中，无交通工具可用，克保与否未可知。纸型若干箱已运抵独山，算是可慰之事。

入夜，至雪舟家小酌，与达君叙别。八时散。

夜报载美海军袭击琉球岛，毁日本船只飞机不少。现在甚望美军在我海岸登陆，此或为其前奏。然菲律宾尚在日人之手，此举非易为也。

十月十二日（星期四）

晨早起。乘车至邮政管理局，达君、山公、雪舟已先到。邮车搭客至十余人，与余前赴渝时同，唯达君所托买票人尽力，注明得坐司机台，方便不少。七时半，车开出。

余独入小肆吃点心，即归。复陈万里书，渠欲以所作谈瓷器之书交我出版。饭后，作书复洗公（第百零五号）、彬然。

傍晚饮酒，酒味劣，遂停饮。饭后即就睡，身体疲乏，似有病意。

十月十三日（星期五）

晨至华西坝看二官，缘知冰心女士来蓉，住坝上，令探其确址。二官探询再四，不获。卒往询其校吴校长，始知在一外国人家。按址往问，果遇见冰心，但即将外出游观，立于车次，遂约午后一时半再来。

返家，看祖璋稿一篇。饭后再乘车至华西坝，至则距约定时刻尚早，遂入观美国新闻处主办之照片展览。陈列者为各地战事照片，巴黎光复之照片已在其中，可见传递之迅速。片甚多，不暇细观，见超级空中堡垒之详照，其巨大实可惊人。

再至外国人家，晤冰心，与谈其著作之版权问题，并约定其《关于女人》一书，决校正后交我店重出。

乘车至刘开渠所，出席文协理事会，到者白尘、翔鹤、朝相、云慧、开渠与余。议定参加韬奋追悼会，开晚会答谢赞助募款诸人，并开歌唱会继续募款等项。四时散。

白尘馈余中艺剧团《棠棣之花》戏券三纸，余遂重至华西坝，以一纸与二官。回家，即偕三官乘车至青年会观剧。此剧剧本早已看过，为郭沫若所作，今观其演出，实非佳作。大缺点在全体系叙述而非表现，小疵病则语多文言，不为口语，听之殊不顺耳。十时半散，步行而归。

竟日奔跑，疲乏殊甚，上床未得美睡。

十月十四日（星期六）

为陕西街房屋加租事，代雪舟致一书与房东王学姜。往祠堂街，以示雪舟，即为缮写送出。

饭后，作书致叶鼎彝，叶以其作报纸论文见示也。复孙明心书。孙现在贵阳文通书局主营业。又致书洗公（第百零六号），言《无望村馆主》《旅行随笔》两书为中审会禁止事。

傍晚，朝相来，留之吃面。据言前周华西坝各校学生开宪政座谈会，请在蓉各参政员参加，当时情况甚热烈。三青团及特务机关即以为此风断不可长，计谋防范。而学校亦开训导会议，传将解散各校参加座谈会之各个学会。此事殊可慨叹。学生非不关心现实，而环境限之，务使趋于沉默颓唐之途。然压之过甚，终将爆发，国势益危，激刺益甚，学生运动当会兴起也。

朝相又言，美国大使高思曾致照会我政府，以为我国应付现局，宜设联立政府。此是某参政员所言。上月二十四日重庆多人集会，喊出联立政府之口号，殆即与美国意见为桴鼓之应。朝相又言美国军事专家驻渝者曾提出为我装备四十师，训练亦由美人担任，唯其中十师应为陕北方面之军队。我方拒之，言此必不可能，虽美国即此停止援助亦无所惜。党派之见超于整个国命，实为现今最无可奈何之事。吾人心焦意切,而无能为力,徒有愤慨而已。

十月十五日(星期日)

陆步青续寄一英文书稿来,作书复之,即将其稿寄与彬然。

饭后至店中。今日起廉价发售污损书,顾客甚拥挤,全店同人皆在店堂中照顾,余亦略为助理。

陈斠玄来买书,邀之入内小坐。为余言其子以大学生应征调,为翻译员,在云南边境。实则其军不与美国人接触,无须翻译,在军中转为部队之累。无事可做,无饷可领(为主者扣住),饥饿疲乏,甚至求死于前线而不得。斠玄欲揭露其事于报纸,又恐累及乃儿。闻之深叹。

四时归家,傍晚饮绍酒半斤。

报载昨日大批超级堡垒往炸台湾之冈山。超级堡垒来我国后,此为出发之第十次。

十月十六日(星期一)

雪舟来言,昨日房东王学姜招往,其人唯利是图,毫不讲情,房租问题必须当面谈妥。结果说定自本年四月至九月,每月一万六千。自十月至明年三月,每月二万,唯房东津贴每月修理费四千。以后每半年调整一次,明年四月自将由二万再加若干矣。房租如是之高,实亦可惊。

孙次舟来,畅谈学术方面杂事。此君颇有才气,目无余子,余听之而已。

孙去,余续观其文稿。而王楷元偕何文龙君来,拉出小饮于宴宾楼。何服务于海关,系一文学青年,似颇清澈。饭毕,余至店中,徐中舒来,谈有顷而去。

余归,卧一小时。四时后,偕墨再至店中。得洗公信,言昆明近感恐慌,银行准备撤退,我滇店至必要时,拟退西昌云云。此在报端毫无所觉,岂敌人将自安南攻滇乎。彬然亦有信,并言西安亦谋疏散。

既而巴金夫人陈女士来,山公、雪舟邀之至宴宾楼,余与墨同往,并邀月樵夫妇,七人为小叙。陈女士初来成都,住其夫家,举止行动尚不脱女学生体态。谈饮甚适。八时归。

夜报载美日海军大战于台湾海面,详情未悉。美海军追迫日海军,迄未交锋,日海军今退无可退,遂不得不出而应战。且看往后数日内之战果如何,此至关重要之一战也。

十月十七日(星期二)

以罗元鲲《高中本国史》第三册寄渝,致书洗公(第百零七号)、彬然。看完孙次舟文稿,摘录要点,以备作序。

看报,美日海战尚无详载。桂省桂、柳二地之守御,云颇可靠,敌人攻势已缓。然敌军去此二地已甚近矣。

十月十八日(星期三)

今晨三官与江成根、宋玉泉出发,携书箱十余包,出北门往新都、广汉、金堂三县,访各学校,即在校中销售。此举尚为初试,意在使各地读者深印开明之名于心。不知结果如何。此去大约须历一周。

余坐定,作书致佩弦,并寄一简复芷芬。校改"中志"所用《读者之页》文稿三篇。

午后二时,觉微倦,入睡一时。起来与墨牵三午游行街市。三午居然能自行,由陕西街折至三桥街,复折经西御街,入削面店进食。复折经半边桥街,三午乃索余抱持,因抱之而归。携三午出游,此为第一次,可记也。

五时后,狄君武(狄为国民党中央委员兼立法委员)偕俞守己、陈仲英二君来访。狄并欲访马超群老先生,因往请马老先生来我家。五人共游少城公园一周。狄论颉刚一生忙劳,不得安定,病在社会推崇之过甚,致令多参外务,未得专力于学术。狄与颉刚盖同时考入北京大学者也。余询以迩来大局如何,狄言"不要紧,军事吃得住。你放心,我们国民党不拆烂污的"。余意其言苟非不诚,即属糊涂,"不拆烂污"四字岂轻易可以保证者乎。此一点无可与谈,则与谈他语。

出少城公园,进点心于廿四春。狄欲饮黄酒,而无热酒店,余遂邀入我店,买酒三斤,购牛肉皮蛋若干,徐徐共酌。酒尽,共吃面于宴宾楼,遂各自归。

据守己言,贵阳亦有疏散消息。

报载日本舰队与美舰队遭遇,慑于美之强力,远逃而去,初未对战。前夕美日海军大战消息,乃东京方面之广播,东京方面以为其海军当与美对抗,而不知其海军见势不佳曳尾而走也。吾人颇希望两国海军早日决战,日海军早日摧毁。今见仍未交战,未免失望矣。美空军仍猛炸台湾,成都附近之超级堡垒亦连日出动。

十月十九日(星期四)

改投稿译文一篇。校看叶石甫《史记选注》稿数篇。此事搁置已久矣。

下午五时半晚饭后,二官拉余至华西坝某一教室,参加各大学同学之集会,纪念鲁迅翁逝世八周年,兼悼韬奋。到者二十余人,皆自好之青年,怀一腔热诚者。被邀者除余而外,有陈斠玄、马哲民二君。此会略带秘密性,缘纪念鲁翁、韬奋,皆为侦伺者之好题目,设或被觉察,参加者多少有被损害之可能。主席言今夕到会者彼此皆可信赖。余觉诸人表情,似有参加秘会之快感。余略谈鲁翁在沪时情形,并言韬奋系被群众所推,不欲辜负群众,乃努力学习,努力实践,以至于死者。九时半散。

与二官冒风雨步行而归。燕大同学三人相伴,情意可感。

十月二十日(星期五)

整理年来所作杂文,将剪存稿加以校订,其模糊过甚者,则由墨为之缮抄。兀坐竟日,颇觉疲倦。

报载美军在菲律宾某岛登陆,消息由日方传出,美方无所报告,不知其事确否。

十月廿一日(星期六)

昨日重庆寄来文稿一批,晨起看文,毕其三篇。

沈志远来访,沈与余为初见,而相知已久。渠现在《大学杂志》编者,邀余为文。并谈拟邀集渝、蓉、滇三地友朋,组一较大规模之学术团体,招余同为发起人,并于下星期三,先集蓉地友人一谈。

报纸来,知美军在菲律宾中部登陆已证实,颇为顺利。日军在菲律宾者二十万,设防重在南北两部,中部为其最软弱之处所云。桂省战局尚无大变化,似我方可以支撑。

饭后,叔湘来闲谈,以所选英译我国古诗一稿交余,坐两时而去。

偕小墨往省参议会,布置试场。盖陶载良托我代为主持立达高级农产制造科招生事,明日即其考期也。报名者仅三十余人,布置甚易。

遂至成都大楼,观张大千画展。张所见古画绝多,又曾留敦煌二年余,取法之范围广,笔墨亦自不错,故以仿古而言,其作可谓精品,山水、人物、花鸟,无一幅不成立者。观众拥挤,匆匆过眼,未能细观也。

晚七时,应燕大复活团之招,出席其座谈会。会众多问及作小说,就所见答之,历二小时。谈说已疲,然觉颇有味。

到家,小墨二官正在出明日需用之各科试题,并用复写纸缮抄之。载良寄试题未到,只得另为代出。至十一时始毕事,大家疲矣。

十月廿二日（星期日）

晨与小墨二官至省参议会。投考者二十八人,多已在高中上学者,殆以立达农产制造科不取学膳费,故希望改投。观所写卷,程度皆低下。余先归,下午即由兄妹二人往监试。写信致陶载良,将各科试卷寄与之。

燕大三同学来,谈一时许,约于下星期五往演讲。傍晚,与二官闲行街头。

十月廿三日（星期一）

竟日看"中志"文稿。徐徐涂改,不过看五篇而已。

午后,叶鼎彝来,谈一时许而去。朝相、冰洋来,少坐即去。济川中学教师杜君来,以所改某女士之弹词一稿嘱作序。

至祠堂街店中小坐,傍晚而归,饮黄酒两杯。灯下续看文稿。

十月廿四日（星期二）

晨出外理发。

竟日整理自己剪存文稿,添注涂改,亦复费事。

下午收到重庆寄来又一批文稿,灯下看其两篇。

午夜醒来,闻超级空中堡垒连续飞过,有数十架,想又是出击何地。人家作战当一回事,我国作战有气无力,相形之下,宁不愧死。

十月廿五日（星期三）

开始作一文,预备入"中志"八十一期。至午后二时,得千五百言,未完。

应约往红照壁街,参加集会。到者沈志远、马哲民、黄宪章、陈白尘、叶鼎彝、黎澍、杨伯恺君、田一平君,与余凡九人。共商组一学会,名未定。宗旨以民主与科学为标榜,其性质凡三点:为一民众之组织,为一同业公会之组织,为一建立实际事业之组织。分头邀集各地同气为发起人。推筹备人五人,余居其一。余怕多作事,又不能作事,却之而又不可。

谈毕,已五时许。马君邀众人聚餐于宴宾楼,余买酒四斤,谈饮甚欢。

七时散。本拟续作文字,饮酒稍多,只得作罢。

十月廿六日(星期四)

续完昨日之文,题曰《冲破那静寂》。又看重庆来稿一篇。于是全册齐全,即为编写目录。

叔湘之稿一篇,由燕大学生沈家驹取去,为抄副本,尚未送回。余忽忘沈之姓名,因步行至叔湘所问之。于叔湘所遇华大历史教员汤定宇君,系余幼年同学汤肇钧之子,谈有顷。遂至燕大宿舍访沈君,令其于明晨送回叔湘原稿。

归家,二官回来,谈功课事。

七时发注意情报,不久即发"紧急",十时后解除,未闻机声。

今日报载美日海军大战,详情未悉,但言日海军失挫甚重。日海军于美登陆菲律宾之时,被迫出而应战,亦属无可奈何。报言日海军凡三支,殆亦竭其全力。不知此役将摧毁其几分之几也。

十月廿七日(星期五)

将"中志"八十一期全稿送审。审查处给一回执,写明请勿将此回执号数刊在杂志上。于此可见今后并审查证而无之。他们对外欲泯灭审查之迹,而事实上则不肯放松,其心至可鄙。

连日不写信,待复之件已多。作书复洗公(第百零八号)、彬然、韵锵,并附书致士敫。作书复仲华。仲华自桂逃出,狼狈殊甚,今在贵阳小住,余书探以可否来成都。

看报,知此次美日海战,日受损甚重,有二十余舰击沉或受伤。美方亦有损失,唯比率甚小。

饭后继续写信，复昌群、子恺、陆梦生、陆步青。

朝相来谈，言各团体商讨开会追悼韬奋，可成事实。缘恐外界猜疑，横加捣乱或压制，事前不先声扬，其期亦于会前短期内通知。迩来对于此等集会，防范綦严，重庆友人以茶会形式纪念鲁翁，结果于纷扰情况中散场，可以见矣。非政府中人民主呼声愈高，政府压之愈力，其将演而为极端对立乎。

至店中小坐，与山公闲谈，即归。

六时半又发注意情报，放"空袭"而未放"紧急"，九时解除。昨夕敌机在广汉、新津等处投弹，其意在超级堡垒之基地也。

十月廿八日（星期六）

小墨之《代数》教本稿由夏承法校阅完毕。今晨为订入目录及编辑要旨，即封寄重庆，嘱送部审查。

写信致胡绳，促其作稿，并托请其友人林曦为余作语文方面之文稿。

十月廿九日（星期日）

复顾石帆、钟博约信，皆寄还其见示之文稿。将所存杂文编排次序，预备寄与陆梦生，而集名尚未想出。

广西之寇又大举蠢动，分三路进攻桂林。其所据地，皆距桂林不过数十里。前衡阳之战，历四十七日而失陷，今桂林未知能否终保，退一步，未知能守四十七日否。

入夜六时半，又传注意情报，历"空袭""紧急"，十时半后始解除，未闻机声弹声。

十月三十日（星期一）

作书复李儒勉，渠以英文书稿一种交我出版也。即以其稿，并叶石甫之《史记选注》稿，一同封寄重庆。作"所"字第三号通讯。

报纸来，知昨夕发生空战，寇机一架被美驱逐机击落于金堂境内。桂林外围激战甚烈。

午后，看《老学庵笔记》为遣。三时后，叔湘偕汤定宇来。余与谈出版英文名著选读事。已而雪山来，孟轺来。孟轺嘱看所作文一篇。山公在我家吃饭，饭后谈至八时而去。

十月卅一日（星期二）

晨至店中，山公嘱看他家寄售书籍，其有不合于我店之"店格"者，则剔去之。看半日，亦未有所剔出。即在店中吃饭。饭后，墨携三午来玩。

二时，余至双栅子沈志远寓，出席学会之筹备人会。到志远、哲民、伯恺、黎澍与余，凡五人。议定会名"新世纪"，志远所起之缘起及章程由余润色，并分头约他地朋友作发起人。会毕已五时，乘车到家。

饭后，与墨及二官至美术协会，参加文协与《华西晚报》主办之晚会。此会在文协方面，意在答谢各界相助募款之人。场中陈桌椅如茶肆，罗列茶具及点心，客到各自就坐，颇为自由。到者在百人以上。七时，余致词申谢。随之有唱歌、唱戏、话剧、谐剧等节目，皆可发噱。九时散。

此次成都募款，约计可得百万。合重庆、昆明两地计之，将近四百万元矣。

十一月（选录二十九日）

十一月一日（星期三）

山公来谈店事，坐一时许而去。余动手改志远所作缘起及会章，至下午三时而毕，即写一信，明日送去。

复聂绀弩书，渠在渝将出一杂志曰《艺文志》。

燕大同学二人来，重订后日到彼演讲之约。谈学校情形，政治近况，久之。

李华飞及张君、赵君来，渠等将办一种《星期快报》，嘱作文字。

桂林敌围攻益急，我方军事似无好转之迹象。

十一月二日（星期四）

晨九时后，至春熙路买杂志，并取回"中志"送审原稿。即封寄重庆，并"所"字第四号通讯一同寄出。

饭后，山公、雪舟来谈。叔湘来，谈英文名著选读，决先取《石榴树》《人类的故事》两种。

桂林战事已迫近城郊，守军将领言此是歼敌之良机，唯愿其言为不虚。然以实际情形衡之,恐不然也。

十一月三日(星期五)

作文与《星期快报》,谈对该报之期望,凡一千言。

午后四点半,应燕大同学文学研究会之约,往谈"读小说"一小时,不自惬意。

今日三午玩一蚱蜢,见其飞跃难驯,则指一空鸟笼,欲纳其中。空鸟笼所在,渠记忆甚清晰。纳入笼中则可把玩,亦由经验而知之。可见其心思敏活,积累已多,独语言尚弗习,仅能发少数之单音字。

十一月四日(星期六)

开始作一随笔,预备寄雪峰,入《抗战文艺》。雪峰两次来信催促,不忍却也。至于夜,得二十余字,俟明日续完。

朝相来,谈政府与美国方面颇处得不好,值此危急之秋,大非佳事。

杜明通来,促题其所作弹词稿本,尚未能勉为应付也。

十一月五日(星期日)

晨至店中。雪舟谈昨日书审处召集书业界谈话,于检查出售书本及未印原稿,定有种种繁复之办法,而表面上皆不落痕迹,以示并无妨害人家自由之意。处长陈君竟公然向众曰,"放宽尺度实即收紧尺度。"其言甚老实,而行政当局之可鄙殊甚矣。

即在店中写信复洗公(第百零九号)。又复高晋生,晋生本期在城固西北大学任教。又复雪峰,俟一篇文字写成时寄与。

饭后,作一短文,曰《文艺团体》,系二官受人之托请余写作者。

四时,三官来店,言方自金堂到家。渠等三人出门半月,历三县,售书十余万元,所见闻皆足长识见。

五时回家,知老母于午后感不适,殆由天气突然转寒之故。卧床唯欲昏睡,晚不思进食。

余饮黄酒三杯,有鲫鱼佐酒。听三官谈出外经历,颇有味。

十一月六日（星期一）

作书致顾石帆、傅肖岩。二君皆在金堂，三官在金堂承其款待，故谢之。

续完前日所作随笔，题曰《知识分子》，即寄与雪峰。

燕大一学生徐君来，记余所讲话，嘱为看过，因删润之。

王畹芗、穆伯庭来，嘱为集成图书馆作记。集成图书馆者，书业公会所设之图书馆也。

母亲今日未起床，亦未进食。困惫殊甚，自己不能起坐，溲溺须为扶持。高年力衰，深感忧惧。

华大两学生来，又是拉往座谈，答以且过两旬再说。

十一月七日（星期二）

作《集成图书馆记》，从书业公会同人之意，勉作文言，得七百言。余曾自定宗旨，凡表白于社会之文字一律用白话者也。

杂文集子已编齐，凡文二十余篇，定名为《西川集》，志其写作之地。即寄与陆梦生，请其付排。

午后二时，至东方书社，以图书馆记交与王畹芗。入美术协会，观苏联乌拉尔军事工业图片展览，甚可观，复叹我国之太不如人。

闻孟实来蓉，访之于小南街其亲戚家，遇之，谈一时许。渠言书业于此时宜作准备，俟战事停止可立谋发展。又言翻印旧书尚属可为，今虽未能着手，而不妨先事计划。其言皆有见。四时归。

今日母亲略见硬朗，然仍未起来，进粥一碗。

十一月八日（星期三）

上午为杜明通作其所改编之《杜鹃血》弹词序。此君屡来探问，如索逋欠，却之无词，只得勉为执笔。亦用文言，得六百余言。方写成而杜君复来，即付之。如还却一笔债务。

午后开始为孙次舟之文集作序。作千余言，觉精神不好，乃出外闲行。见某中学学生全体列队，欢送其同学从军远征。迩来政府号召知识青年从军，颇张皇其事。而应征者并不踊跃。良以其号召殊未得其道，不为鼓起敌忾精神之谋，唯以将来有便宜可占为饵（如毕业考试可以除免，升学留洋有优先权等等），且主其事者往往宣讲，将来若辈当与反革命之分子作战，而于当前之大敌日寇，反不多提及。有识之青年宜其无意参加矣。余又揣此事之发动，盖以当局于其所建立之军事系统已深感幻灭，而有彷徨无所依之慨。故谋别立一军事新基，为其集团所托命。然此事非可仓卒而就，且应征之青年亦未必全无脑筋，宁可如愿以偿乎。

报纸发布号外，言昨日美国选举总统，罗斯福与杜威竞选，据今日十二时所收广播，罗在多数州中均占优势，将连任第四届总统，当无问题。罗之政治识见为举世所崇，果得连任，于今后世界秩序关系至大。以一人而系天下之望，自古以来殆未有如罗氏者矣，明日报上必可知其究竟结果。桂省战局仍危急，敌军在桂柳周围蔓延，我军似无阻遏之力。

母亲今日仍未起床，进面及粥各少许。其左小腿红肿几遍，举动不易。此是所谓"流火"，近年来每冬恒发。

灯下续作序孙集之文，至九时而完篇，全篇约二千五百言。又还却一债，心头一松。

又有一事不可不记。报载苏联纪念十月革命，斯大林发表演说，以日本与德国并列，斥其行动为侵略。苏与日邦交依然，斯大林又素以慎言著称，而其言若是，或者其外交政策将有转变乎。

十一月九日（星期四）

将昨作文稿托墨誊清，作一书与孙次舟，以稿附去。作《西川集》之序文，得四百言，即寄与梦生。

午后，孟实偕罗念生来，坐未久即去。

三时至店中，与山公、雪舟商定，以十二日宴孟实。并约熟友数人一叙。看收到彬然、洗公、胡绳信。

二官归来，言近日市立中学警察殴学生事，将引起学潮。其事起因，市中学生两派争执，致起冲突，市长余中英命警察局长方超往弹压。方即派警士近千名携械而往。大概学生先有抗拒行为，警士即大肆武力，伤学生五人，并乘机劫掠学生财物。此事激动学生界之公愤，以为当此主张保障人身自由之际而有此事，实属可怪。遂四出联络，群力表示非依法惩办负责之余市长、方局长不可。而省政府方面则召开大学校长紧急会议，大概希图消弭于无形。又传日本广播亦及此事，谓成都学生界反战，则诚借题发挥矣。总之，今日一般人对于统治者之举措深致不满，故遇小事可以扩而为大事。而统治者怙恶不悛，毫无悔心，他日之冲突固将层出而不穷也。

酒次，为二官看所作文两篇。

母亲今日仍未起床，精神似略好。

美国选举结果，确由罗斯福当选。晚报传路透消息，谓罗近期内或将来访我国云。

十一月十日（星期五）

作书复洗公（第百十号），并复士敩、清华，兼函必陶。致余冠英书，以傅肖岩之一文交与，请其收入《国文月刊》。

得孟实来信，言十二日有他约，恐不能来叙。因往访之，未遇。在店中写一信与之，希其能来为妙。

回家，改彬然寄来其子又新之文，记最近腾冲之战者。

母亲今日仍以足疾未起，左小腿红胀，发烫，似尚无退势。大便不通，进甘油一匙。小便红热，知其体内蕴热。

五时半，应中华剧艺社之招，观演《桃花扇》。社主应云卫近租得三益公旧戏园一座，加以改造，居然似一小剧场，较诸假座电影院者为胜。今夕开幕，专招待各界以资联络。《桃花扇》系周彦所编，唯取侯李离合故事，南都拥立、阁部殉国等事，仅于对话中叙出。即以离合故事言，语皆平浅，未足感人。盖亦如其他剧本，专事叙述而不为表现者。周彦适在余旁座，谓余言所以如此者，盖恐涉及政治，即难通过。然其才实平常，未足以此解嘲也。

余准时往，候至七时始开幕。十一时毕。腰背俱酸。到家则十一时半矣。

方上床闻击梆声，又是注意情报。不之顾，亦未有空袭警报也。

十一月十一日（星期六）

续看傅又信稿，毕。计算"中志"八十二期稿，仅有五分之一，而今日已入十一月中旬矣。

谢冰莹来，谈贫病交迫，至典质衣物。其貌殊憔悴，犹须勉力教课，并操家事。赞平来，谈所闻政局方面事，并及市立中学事件。

饭后，作书复吴祖光，渠欲支取其在上海所出剧本之版税。因复作书到洗公（第百十一号），告以此事，俾得接头。

四时出外寄信，见大中学生结队游行，为市中事往省府请愿，其口号皆指斥市长余中英与警察局长方超。沿途贴标语，有可取，亦有甚无谓者。自二十五六年以来，结队游行已绝响，抗战而后尤为厉禁，今日见之，不胜隔世之感。此举原因殆甚复杂，而学生太感苦闷，不满现状，要为其主因。自政治观点言，在主张民主、拥护自由之今日，官长发令打人，即起而抗争，实颇有意义。特不知以后发展至于何如耳。

酒后，与墨及二官三官闲谈，及于近事。二官渐知留心现实，三官近喜搜新哲学及经济之书而观之，皆为转变之迹。

三午前已能说"没有"，近日更能加上主语，如说"糖——没有"，"橘——没有"，此其新进步也。

母亲仍未起床，进食则渐如常，左小腿尚无好转之象。

十一月十二日（星期日）

山公以晨间来，示余以洗公信，言子恺提出要求，欲收回我店所出渠之书籍版权。洗公已婉词请收回成命，而子恺不谅，继续致书，必期达到所愿。子恺与我店关系至切，其所以如此，盖不明我店实况，且受他家书店之怂恿，计算利益，认为吃亏太甚，遂致失其平时从容和平之态。山公主张以渠与余之名义致子恺一书。

余遂属稿。未毕，沈志远来，告余前所拟学会缘起已分寄渝、滇友人，请其签署。并告拉余加入民主政团同盟，且余已被推为其中某某委员会之委员云。

叔湘来而志远去。遂与叔湘、山公外出。街头见报纸，知桂林已在巷战，柳城且已失陷,战事转变之速出于初料,岂我军竟绝不抗拒乎。此后敌人动向虽尚不可知,而我方无法阻遏,其危险诚不堪设想。

入公园,书业公会之集成图书馆今日开幕,方有人在演说,签名而未入。

至宴宾楼,受伯、承法、赞平、罗念生、张小留、马季明相继至,而孟实竟不来。遂开宴,席次无非谈市中问题、兵役问题、知识青年从军问题。诸人看法互有不同,而无有表示慰心者则同。

二时半散,余归,写毕致子恺信,送与山公看之。俟明日缮发。

今日所闻,有数事足记者。教育部长陈立夫在中央大学劝导学生从军,力言待遇如何优厚。学生答言吾人从军初不在享受。又至重庆大学向学生言之,改称从军而后,升学留学均占优先,且胜利在望,诸君从军可获大功。学生答言吾人殊不欲占此便宜。而签名从军者无有。各地情形,大都类是,故号召将一月,而人数实不多。因揣当局本欲由此别建一军事系统,至今日必已深感幻灭。命之不以其道,宜其致此也。

有某地从军学生数人,途中被拉充壮丁,结果如常例,以每人数万元赎出。此事甚确,系马君所述。役政如是,焉能有改善之望。迩来每逢警报,逃避者稍趋僻远,恒有被拉之虞,单身行旅亦复难免。受百且谓军校学生,全身武装,亦尚被拉。拉壮丁之部队,盖视其事为劫盗矣。呜呼!

美空军在成都附近者,其一举一动,皆为日本方面所详悉。今日之事,明日日本广播即琐屑言之,毫不错误。此可见其间必有汉奸,其无线电传播之技术且甚高明。此汉奸苟非美军,必为服务其中之国人无疑。

市长余中英谓学生曰:"谁欲主张正义,即遣送入远征军。"此语意味深长,更何能令青年慷慨从戎乎!

十一月十三日(星期一)

清缮致子恺书,与山公同署名寄出。并以信稿寄洗公,附致一书(第百十二号)。

看报,桂林消息已断,情况不明。柳州在城郊激战。两地失陷,已无可疑。汪兆铭已于本月十日在日本病故。此贼得及今日而死,实为大幸。其死讯前已频传,或系日方控制新闻,到今方发布,亦未可知。

饭后,往观电影《小鹿斑比》。此系英国某作家所作童话,仲持尚译之,名曰《森林中的悲喜剧》。片系华纳迪司耐所绘卡通,与其以前诸作又不同。设色趋于柔和,构图益见美妙,设想之佳,亦堪赞叹。余尚谓卡通乃为纯粹之人工艺术,以人演剧,布设实景,犹不能悉屏自然之限制。唯影片趋于此途,亦如绘画之趋于印象派,去现实人生远矣。

有新闻片一卷,摄本年巴黎解放之前,地下军与德军巷战之景。民众挖掘壕沟,设置工事,携枪伺守,敌至则奋然出击。红十字会员扬旗奔走于弹雨之中,救护创伤之人。及全城收复,则列队游行,歌呼若狂。此情此景,至堪激动。法人能有地下军,宜其享此乐也。

田稼君嘱看一小说。搁置已久,今日得暇,为看之。书其所见,将稿寄还。

母亲仍未起床,大便不通多日,今日稍得解。傍晚初觉作冷,后乃燠热,而非发烧,殆是血脉不和之故。

十一月十四日（星期二）

晨间,与三官至少城公园内枕流浴室洗浴,久矣未浴,出来时颇感轻快。

报载柳州城内已在巷战,大约亦将"情况不明"矣。

饭后作短文一篇,题曰《读剧偶写》,将以与朱稼轩。

墨听余赞《小鹿斑比》之佳,独往观之。墨自来成都,从未入电影院,且颇厌三官辈之屡欲看电影,今因余之怂恿,居然有此佳兴,可慰也。

入夜,因有人送《秋子》歌剧之座券二纸,墨复与三官往观。余于灯下,看重庆寄来"中志"八十二期稿一篇,作书复徐盈及孙起孟。孙在昆明,将出一刊物曰《进修》,与"中志"同其性质者也。

十一月十五日（星期三）

作书复佩弦,收到其所作《国文教学》之序文。即以此序寄清华,嘱其与全稿一同付排。

看徐盈寄来记西康之文,略为校改,至傍晚犹未毕。孙次舟来,谢余所作序文,谈有顷而去。

今日为余生日,略添菜肴,夜间吃面,邀山公来同餐,小墨二官亦各自校中归来。

二官言近有美国人毕范宇博士自美国来,同华西坝学生演说。略谓美国青年或直接,或间接,皆参加战时工作。来华作战之从军青年见我国学生仍安然读书,若不知有战事者,皆作书告其国人,美国人知之皆表惊异。又谓我国在最近一月在外交上军事上将为最重要关键。其意以为现时桂、柳已失,若敌人进迫至于黔滇,则美国方面既有拟议,唯有退出我国,专在太平洋上致力,直攻日本本土。届时强大之美国空军自必撤退,而我国西南更无可与敌人抗拒者矣。

毕氏之言,诚属语重心长。其谓我国青年不知参加战时工作,讵知青年非不热心,奈政府惧怕青年,不欲令其参加,故唯添设各种学校以为软禁之所。今势穷情迫,始号召知识青年从军,而又命之不以其道,不克招致多人。政府误事,实不可道。其谓最近一月为重要关键,要非危言耸听。我国西南即不能击退敌人,亦必坚守各要地,拖延时日,至于最大限度。如是,始可俟美国完全收复菲律宾,在我国东南沿海登陆。今桂、柳之守,犹不如衡阳,衡阳凡守四十七日,桂、柳则才近城郊,遽告失守。以如是之速度,敌攻贵阳、昆明,亦属近期以内之事。迩时在川在滇之美空军基地直接受威胁,且留则徒为无谓牺牲,自当舍而去之。一旦美空军离去,则事实上之艰困,心理上之震动,必将出于溃决之一途。于是西南不堪设想矣。

一夕谈论此事,全家皆无欢。我人尚不愿言"不知死所",然欲致力又何自致力乎!

十一月十六日(星期四)

致陆梦生书,为东润《国文杂志》之稿费。复东润书,谢其寄来一稿,并谈近事。复顾寿白书,顾在眉山行医已多年,颇有声誉。

看报,敌人已进至宜山。马哲民来谈,谓美方运川物资已有停止之讯。敌人在鄂豫,在安南,皆有重要准备,意欲围我西南。各方实力派皆谋于最危急时如何支持下去,而其道殊不易得。余询真至最后关头,所谓各方实力派者将否从敌。马答称不至于。此言若确,尚属可慰。

陈思苓来谈。叔湘来谈。皆谈近事,相对叹息。

看东润文一篇,胡绳文半篇。胡绳文曰《当胡骑踏进中国的时候》,今日读之深有意味。

三官有一同学来,云加入远征军,渠与谈久之,亦萌投军之念。余与墨皆嘉其意,而不能竟许。自知矛盾,尚未能克服。

华西坝方面,自毕博士演说后,大学生颇有从军者。毕之言从利害从大义方面说,彼谓大家应认战争为"我们的战争",故比较有效。而党政界之号召者徒以一套空话,利诱势胁,自不能打动青年之心。近数日来,似忽然嗅到战争之气息。此宜在二十六七年间之事也,而延至三十三年冬季,此果谁之咎乎。

市中问题似可结束。上星期六学生游行,向省府请愿,省府待学生甚谦恭,皆允所请。市长余中英,警察局长方超,皆拟议撤换,而余、方二人亦先行辞职,聊全面子。然今日街头,又发现挽留方局长之标语,下款则某镇某保之市民也。

母亲仍未起床,左小腿涂以碘酒,肿势渐消。连日入夜咳呛甚剧,致不能安睡,日间嗽殊稀,则昏昏入睡。

十一月十七日(星期五)

看文稿三篇。

在驻印新一军补训处任秘书之王君来,余询以军事上有无转机,答称无之。又谓闻日方有爬山汽车五百辆在豫,似将待机而动,越大巴山而入川。所谓驻印军者,已出去数千人,其配备与训练皆由美国任之,将来准备攻缅甸、安南,即简称为远征军者也。

傍晚小墨归来,全家谈如何于危急时自处。小墨主暂避僻处,忍受苦辛,静默以待解放。余无辞,心绪颇不宁。

三官昨日实已往市政府报名,今日外出,知已不及加入此次飞印之队伍,遂未往检验体格。据其自陈,下届出发之际,必欲报名加入。余言此事甚有道理,无可反对,唯若一旦出发,即等于从此家庭中少此一人,此在余感情上殊难忍受耳。墨与小墨亦持此说。结论则谓果欲脱离家庭,致力于国族,不必定欲从军,亦可别趋他途。所谓他途者,且徐徐图之。

晚报载金陵大学凡四宿舍之男生已签名呈请政府全体征调,有建议八项。其第三项云,"全体为国军,服从最高领袖,不属于任何私人或党派。"此项殊为精当。其他大学亦有陆续签名者。此殆是毕博士演说之效,而桂省战事挫失太快,亦有以促成之也。

十一月十八日(星期六)

作书复陆步青。致书胡绳、洗公(第百十三号)、士敫,以陆步青昨来之英文书稿附去。又作一书致雁冰,所托事与致胡绳书同,皆为三官。

朱稼轩来,渠系报馆外勤记者,向探近事,亦无佳息。

看报,则宜山已失,敌兵西进而至怀远镇矣。更西进即为河池县,县属金城江而上,山势渐高,论者谓可以据守。然据守须有兵力,今有兵如无兵,险亦何足持乎。

母亲今日始起床,倚竹榻而坐,一卧十余日,全身酸楚矣。左小腿之肿仍未全消。涂碘酒致脱皮,今日止而未涂。

三时出门,入美术协会,观画片展览。所陈列者都为习见之西洋名画,亦有少数国画,匆匆过目。独一室中陈列此次大战之画片复制品,所绘皆兵士在战场之生活,较有意义。

到店中,与山公闲谈。渠谓在蓉而言退步,似宜往雅安。时洗公书至,书中亦言及昆明如有警,我店拟退西昌。西昌与雅安可联系也。

山公买酒,对饮解闷。

六时半归。灯下致吴祖光一书,告以内地不能付上海刊印其戏剧集之版税。

十一月十九日(星期日)

晨起作书复洗公(第百十四号)。出外寄信,至店中小憩。

二官今日归来(昨以其校纪念日开会,未归),言成都各大学校长集议决定,请政府许大学生就地训练,听候征调。此事若成,则二官势亦须从军,而学校功课则从此可以搁置矣。

看报,敌在龙江上与我军炮战。龙江并不险急,渡过当非难事。湖南宝庆方面,敌又动兵西犯。此可见其目标在贵阳,一路由桂入,一路由湘入,而会于筑垣。若不能力予阳挡,则以近数日敌在桂省推进之速度,危机已迫在眉睫矣。而河南与越南,传敌亦驻有重兵,似将待机而动,是陕、滇两省,亦复可虑。吾人处此,自当无谋可展,独不知彼谋国者作何计议,抑将任其自溃乎。

雪舟偕一中学教员礼君来,礼与小墨三官俱相识,留之午饭。据述所见远征军营中情形,家属涕泣留其子弟,子弟匿不出见,坚欲成行,颇可感动,礼自己亦系来送学生者,渠辽宁人,独身在此,视学生如子弟,故谓其送行也,实兼家属与师长之两种心情。自家属之观点言,不免惜别。自师长之观点言,尤感学生一腔血气,奋起从军,诚属可嘉,而意志未坚,认识未清,将来趋入之途可正可斜,实不胜其顾虑。此是良师也,在中学中不可多见。

午后二时,与小墨二官携三午入公园闲行。归来亦未作何事。

入夜,谈将来情形,种种悬想皆不可慰。其将必至于是乎,抑可幸而免乎。

十一月二十日(星期一)

看叔湘谈英文之稿一篇。

看报,敌又陷宜山南之忻城,桂林西北之龙胜,似将两路入黔。

月樵来谈,言书业已成弩末,必不得已,渠将迁居僻县,改设小货铺为生。

至《新民报》馆,晤王楷元、张慧剑诸君。知政府官吏今日决定有调动,财政之孔,军政之何,教育之陈,为国人所深恶者,皆调去。然新任者仍是以前当过政事之人,其绩亦平平,可谓换汤不换药。据张慧剑观察,敌之动向不取贵阳,亦不在重庆,余闻之将信将疑。四时归。

傍夜,孟实来,言日内将往南充访其岳家。因与约明晚小叙。

夜间,山公来,谓拟定我店紧急处置初议,作书与洗公商量。大意为如至不得已时,店中同人与其家属合为一大家庭,虽同人分处各地,店中皆维持其全家生活之最低限度。店中之事即由此各家之人分头任之,其自有办法不欲留者听之。余赞成其说,以为甚公平贤明也。

十一月廿一日(星期二)

看报,宜山西进之敌仍在怀远。宝庆西进者,则谓已击退。有一重要消息,载近来方自加尔各答筑一油管通至我国,其最艰难之一段工程已成就。俟其全部完工,则美之空运机可以改载他项重要物资,而美空军之在我国者,其出击次数亦可大增。所虑者敌人进迫太快,恐不及俟其完成而西南已糜烂耳。

取普式庚之《甲必丹女儿》观之,三官言此书甚可观。

四时至店中。四时半,孟实如约而至。为余言颉刚来蓉,即刻将来我家。余因回家,途遇墨陪颉刚夫妇同来。颉刚之新夫人为初见,殊富丽大方。颉刚此来,系为齐鲁大学重办国学研究所,留月余仍当回北碚。两年不见,渠白发益多,然气色甚好,远胜于余。同至店中,会孟实、山公、雪舟,遂聚餐于"小酒家"。谈笑甚适。

据孟实、颉刚言,昨晤于斌主教,于谓敌与美海战,海军实力损失三分之二。此次广西之猛攻,盖以进为退,企图救出其南洋方面之兵力。故谓其将攻贵州,殊属未必。此是一种看法,亦不尽可靠。敌当审知我军之不堪用,苟其力之所及,亦何惮而不犯贵州乎。

六时半散,回家,外传注意情报,旋即放"紧急"。又闻轻微之轰炸声,爆裂声,察其方向系在北面。坐在黑暗中闲谈,候至十时始解除。

十一月廿二日(星期三)

战局无变化。或者敌军于突进一程之后,少休从事整顿,再为进攻。昨夕之敌机炸北门外凤凰山机场,曾发生空战,报载有敌机两架击落。

嘉禾自印度来信,言归期未定,或将再度到美国。即作书复之。

看完《甲必丹女儿》。其书诚佳,文字朴实而美,写人物均凸出。

今日小三午咳嗽发热,殆并不严重。

十一月廿三日(星期四)

出外剪发,修光头八十元矣。

回来,为店中运书往兰州须教厅证明,作书致子杰。又作书致梅林、叶以群,请在文协总会提出,予谢冰莹以经济上之援助。

饭后,访颉刚于齐大之鲁斋。谈三小时。颉刚言此后工作将注力于通俗通史,已约六七人分撰,期以二年写成。余谓须作者立定观点,而此实至难。

上灯时，又传注意情报，未放警报。山公来谈，八时始去。

十一月廿四日（星期五）

作书致洗公（第百十五号），及士皦，并附去子恺之复书。子恺复书殊简单，唯谓"要版税"而已。作书致云彬、仲华，托镜波转交。云彬夫妇已抵贵阳，昨日书来，谓此次逃难经历尚不算狼狈。然狼狈者固大有人在，惨痛不忍闻者，其事累累矣。

就近东门城门口有刘开渠所造无名抗敌英雄铜像，因详观之。姿态颇有力，人誉为佳作，不虚也。

有警察局户政室主任吴君，由朱稼轩同来晤谈。吴研究以号码表人之形相，为警政之助，获内政部之奖励。其法与王云五四角号码检字法为同类，以六个数字，代表一人之形相。十万位表面形，万位表额形，千位表眉式（限于男子），百位表鼻形，十位表嘴形，个位表特征，女子则不取眉而取下颔。据云就众多之人而评定之，其号码不致相同，即相同亦必甚少。以此标明一人，视用相片尤为可靠。吴作有歌诀，以便记诵，挽余改之，使其叶韵。余遂为改之，强叶而已。

三午今日就医服药，热已退，医谓其病系支气管炎。

十一月廿五日（星期六）

看昨日寄到之"中志"文字五篇。

看报，知超级堡垒自马里亚纳群岛基地起飞，轰炸东京。此基地距日本较近于成都附近基地，供应之便捷则远过之。美国方面表示以后将经常轰炸日本本土云。

作书复洗公（第百十六号）、清华、必陶。

午后，为二官缮写其所作《远征军》一文。华大一学生来，约余于下星期午后出席其校同学之文艺座谈会。

十一月廿七日（星期一）

看《群众》所载郭沫若关于古史研究之论文。

报载美人魏德亚迈（为我国统帅之参谋）之整顿我国军队之计划，已为当局所采纳。而美军将来我国助战，防守滇黔，闻公路桥梁皆赶速改造，以便通行坦克车。言之者亦不一其人,似此后军事情势未必如想象之坏。敌于宜山之西,近日止有斥候行动,殆整理尚未就绪乎。

午后至《新民报》馆,访楷元小坐。旋至店中,世泽决于后日往乐山,转往西昌,接应昆明撤退之货物。昆明之撤退,今日实嫌其早,唯以损失已多,不得不未雨绸缪耳。六时,饯世泽于"小酒家",七时散。

十一月廿八日(星期二)

看翻译小说二篇。

报载广西敌军又前进,已至河池城郊。日本东京昨又遭炸,以后大约将为常事。

雁冰回信来,论我辈对于子女之用心与态度,其言甚有深味,兹摘录之:"小伙子有这样志气和胆识,我们做长辈者当然很高兴,可是又总觉得他们的美丽的青春时代就被这样严酷的现实活生生催老了,实在不忍。我们这一代的生活是沉重的,而他们的更沉重;我想我在至诚的年纪时,实在还浑噩得可爱而又可笑。做父母的人,看到儿辈有此决心,衷心是快乐的,却又有点不忍。这种心理,我近来常有。不过理知还是使我们挺直起来。我想兄及嫂夫人也有此同样心情吧。从大处远处看,我们也只有这样鼓励他们。"

世泽来,言今日接昆明来信,押货往西昌者为吕元章君。吕到西昌不复返滇,故世泽可以不去矣。

十一月廿九日(星期三)

作书复雁冰。山公带来洗公及彬然书。彬然之书自滇发,言作书之翌日可以乘机返渝,度今已在渝,因作长信复之。并复洗公(第百十七号)、士畝。

看报,桂敌尚在河池附近。滇西则我攻遮放,缅北则我围八莫,皆属进展之势。

十一月三十日(星期四)

作书复韵锵。

报载广西敌窜大山塘,其地不见地图,雪舟谓已属南丹境界。

所居对面一排房屋,由联营书店来租定,堆货物并住人员,租金万元。现我方租金为一万六,得此减轻负担不少。因将屋内货物搬出,我店人员乃大忙,墨与三官皆劳动竟日。

灯下又为小墨之学生写篆字四张。

今日天气转寒,颇感冬意矣。

十二月（选录二十八日）

十二月一日（星期五）

三官连日为小墨抄写其所编之算术教本,今日继续搬动书籍,无暇抄写,余遂代之,半天抄五页。

看报,广西我军已自大山塘退守六寨。六寨为桂黔边境,敌如更进,即将攻独山矣。美在华军官魏德亚迈对记者发表谈话:战局诚严重,但正在设法改善,且可能实现改善后之希望。其言较可慰人心,唯期其不仅安慰人心而已。

饭后至赞平所,托介绍其友能为影印书籍工作者。我店有若干可销之书,纸型不在内地,重排工作繁重,苟合算,拟以影印方法重版。

至华西坝,访颉刚,闲谈约半小时。三时入华西大学,应其学生某社之招,出席座谈会。到者约五十人,诸君随意询问,余据所知为答,历两小时而散。

乘车回家,饮酒未足御寒,吃饭一碗,已冷,不甚舒服。

接汪允安信,告跋涉几三月,近方到达重庆。又告我仲华与云彬亦将离贵阳到重庆。《国文杂志》仍拟续出云云。

灯下续抄《算术》教本五页。

十二月二日（星期六）

作书复汪允安。

有王浩（炎侠）君来访,渠为中国新闻专修班之教导主任,约余往其处讲四次,课名"文学讲座"。却之不可,去实无聊,勉强答应,于下星期二开始,四周而毕。

午后出观电影《北极星》。此是一村名,故事为德军侵苏,苏人奋起而为焦土抗战。在今日观之尤有意义。拍制手段甚佳,无普通美国片之圆滑轻巧,甚表出朴实强毅之风。

出电影院,往春熙路购杂志数种而归。

傍晚,朝相来,谈所闻消息。谓国共谈判,已可接近。又言军事上决将成立最高统帅部,由中美两方组织之,指挥各部分之抗日力量,而蒋公将不复为委员长。未知信否。

灯下续抄《算术》教本数页。

十二月三日(星期日)

续抄《算术》教本数页。

报载广西敌仍与我激战于六寨之东,似毫无可以遏止其势之迹象。滇省我克遮放,自是胜利。然滇省之战利,亦促使敌之进攻黔省益急。

傍晚,吴志谦、王楷元二君来,留之晚饭。杂谈文学、剧本,甚欢。楷元言照目前情势,贵阳恐难保。虽传说有美军开到相助,胡宗南部队亦自陕调黔,然成果如何,难断言也。贵阳如有挫失,则川省震动矣。

十二月四日(星期一)

今日报载军委会消息,敌仍在黔桂边境。而美空军机关所发布消息,则美机曾在独山南之鸡场扫射敌兵,且在独山附近发现敌兵二千,马五百匹,可见敌已进犯独山。其来势之迅速,我军之不堪抵御,实出人意料之外。大约贵阳之围即是日内事矣。此际黔桂路上,难民之行列恒长数里至数十里,狼狈情形远过于战争初起时之京沪道上。同胞何辜,受此荼毒,思之痛心。更念及最近之将来,我辈殆亦将同历此境。谋国者之不臧,坐失抗战之良机,贻民众以祸害,今当危急,不闻有一谋一策,并不切实之对策而无之,其肉岂足食乎。川省人士近在集议保乡自卫,武装民众。其办法为“就地编枪,就枪练人,人不离枪,枪不离乡”。主张者皆所谓绅者,此辈之认识去民主殆甚远,则所谓武装之民众,恐亦难达保乡之目的也。

酒后,与墨及小墨三官仍谈现局,彼此均无欢。

十二月五日(星期二)

候看报纸。定阅者送到甚迟,则往街头看之,出门三次,始见张贴。敌人与我战于独山南二十余里之地。以意度之，敌之前进不依公路线铁路线，唯于群山之间抄小路，我方之防御既疏，遂令窜入甚速。宋子文代任行政院长，此一人事调动，较诸前半月调动几个部长，意义为重大。美方成立一运输航空队，加紧运军械来我国。中印公路最后一段将完成，由美方工兵助我赶修。美之欲挽回我之颓势，实可感动。今之所争者为时间，若贵阳有失，即云南方面隔绝，中印公路打通之意义减弱。若贵阳能支持较久，则公路通时，美之援助可大量增加，取胜较易。然我方兵质如不改善，仍如传闻所称不肯应战，甚且以枪易钱，则亦毫无希望也。

午后，得彬然信三通，皆返渝后所发。据其所告美军事家之观察，敌殆注目于滇省。又告美方仍积极筹画在闽粤登陆云。山公、雪舟来，闲谈甚久。

五时半，新闻专修班以车来接，冒寒至宁夏街，讲两小时，略言文艺之为何物。听者将五十人，或为学生，或为公务员。

彬然信中言仲华已到重庆。

十二月六日（星期三）

看徐盈新寄到之《重庆》一文，费时半日。

报载我军与敌战于独山之南，另一股敌占八寨，经我击退，又有西指定番者。可见敌在山岳地带四窜，唯期得间前进。曩闻一般人言，敌进山岳地带则于我有利，以今观之殊来见其然。

下午三时，应协合高中同学之约，至其校演讲。本定讲何为文艺，余易其题，改说青年当今之自处。胸有真诚，而辞弗能畅达，说一小时有半，不自满意。

晚报载中央拨款一亿元犒赏前线军队，此亦令人叹息。平时不讲养兵，临时则诱之以利，其于作战精神所违实多。

半夜醒来（昨夜亦复如是），闻美国运输机飞过，其声甚巨，几乎每二三分钟飞过一架，亦不知其共为若干架。美国之援我，固亦为其自己之胜利计，然关顾全局之热诚与实干精神，至可感动。物资运来成都后，复由美军以其自己之人力与汽油，车运往东达于重庆。其所拨之车辆，报纸隐其数目，唯知为三位数字，则当有数百辆矣。此等物资如不能善为利用，或且遗弃之而资敌，尚有何面目与美国朋友并生此世乎。余作此想,不知当局者是否亦作此想也。

十二月七日(星期四)

今日报载独山已于五日失陷。敌进向独山西北,似将迂回包贵阳。宣传部长王世杰答记者之问,谓我将择有利地点予敌猛击。独山都匀一带地形最高,岂尚非有利地点耶。为之闷闷。

颉刚来,留之午饭。渠言我家八年来,到处安居,老幼无恙,可谓最幸福者,不若渠之连遭丧病,痛苦万端。余念其言诚是,然此后我家将如何,亦殊难料矣。

三时,访楷元于报馆,亦无可慰之消息。楷元言若至情势紧急,成都殆不宜留,须择僻静处所避居,而倚川人为靠赖。又谓川省所谓武装民众,颇可置疑,是否将出于一抗,亦成问题。

冰莹女士来,同谈。渠窘甚,既以其夫之皮大衣易万元,又以其平日写稿之自来水笔求售。文人至于售去其笔,诚可慨已。

回家,饮酒御寒。程受百来,谈甚多。渠言我人奔波远来,无非求精神上之安适,而七年既过,今将仍不免于受辱,此乃最不甘心,搔首扼腕者也。此言实道出余之所感,余之闷闷即此意耳。又谈就大局而言,大家多吃一些痛苦,将一切腐败因素淘汰净尽,反为前途之福。今若幸胜,则改革不彻底,殊无可慰。又谈战后世界,德与日殆将行社会主义,美与苏虽不尽同,大体上则同为社会主义。我们如何,亦大势已定。其言甚精,不及细载。我家数人听之皆色喜,忘其关于小己之忧虑矣。

十二月八日(星期五)

晨得彬然长信,即持往店中,以示山公。

看报,知克复八寨以南之三合。美人魏德迈亚发表谈话,言寇进入益深,给养益难,我如并力攻之,必可取胜。又言美国在华军队必竭其可能协助我军作战云。其人为中国战区之总参谋,实际上已为我方之最高指挥者,其言如是,于安定人心影响至大。

饭后,朝相来,言传闻统帅部确已成立,魏德迈亚为参谋,而朱某为之副。又言川省拟组织民众武力者颇有其人,有一部分为大学生,基层则恃帮会。或主以大巴山为根据地,或言川北涪江流域交通便利,农产丰饶,尤为妥善。余以为此事须得绝大天才,善为领导,则可以有成。而领导者之选出,不能由公推票举,须于实际行动中自然选拔而出。与朝相谈一时许,意兴颇爽发。

"中志"八十二期,以待重庆稿不至,至今未编成。近清华主张八十一、八十二两期出合刊,则已有之稿即可足数。因取出编排,备明日寄渝。拟不去送审,图书审查处实一纸老虎,姑试不去理他,看有无反响。

晚报载今晨攻克独山,我军乘胜向南追击。闻之颇高兴,或者战局以此为转捩点乎。

十二月十日（星期日）

竟日亦未有所事,看苏联剧本《前线》,一场而止。

晚报载黔境续克下司,我军南趋将迫六寨,似颇有可能驱敌人出黔境。日来论者,有谓敌于攻桂之初,本欲向南通越南,取得内陆通路。及见桂、柳之攻陷太形容易,遂变更初计,转而西攻贵州。其攻贵州又轻于量我,运用之力并不厚,又因山岳地带不宜用重兵器,唯以步骑兵前进。自我方言之,贵州本属空虚,敌以少量之兵冒险,未始不可以闪击成功。幸美方以空运相助,自陕自豫调兵堵塞,尚及在贵阳将危之候,阻敌于独山以南。

今日小墨携三午往看电影,此为三午看电影之始。历时一小时有半,仅后之半小时注意力较涣散,余皆凝神观看。见有放枪者则伏匿而窥之。片名《人约黄昏》。

十二月十一日（星期一）

作书复东润、徐盈,又作长书复士敩。看《天下文章》（一种《文摘》式之杂志）所载谈北平教育情形之一文,大致沦陷区都如是,而北平则可为其代表。

午后三时,翔鹤来,言明日午后二时,文协理事在我处开会,讨论湘桂黔之友如有来蓉者,宜如何为之招待,使得少舒喘息。翔鹤又言,此次敌之由独山南退,乃因其力不厚;且所部为降顺于彼之我国部队。若结集巨力重行来犯,则前途殊难逆料,其言偏于悲观一面。

傍晚，与墨至东方书社，王畹芗宴颉刚夫妇，邀我们作陪，他客有山公、雪舟、李旭升、严志豪。严君于今夏携眷返沪，留沪二十日，复跋涉来蓉。述往返途中困苦情形，令闻者气阻。尝于豫境平汉路侧，为伪组织之军人所劫持，名为清查间谍，实则意在劫掠，被恫吓历半夜，屡言枪毙，结果同伴五人所携财物去其大部分。复言上海市况萧条，入夜即如墓墟。而一般人心之切盼光复，似远胜于后方。彼辈见美国飞机屡次袭沪，以为解放之期已不在远。其见解诚太简单，然其心可感佩也。余询以霞飞坊被炸事，严君言美机袭沪，未有于公共租界、法租界落弹者。则前之所闻自属谣传，可为大慰。八时散归。

晚报载我军于昨晚克六寨，贵州境内已无敌踪。

十二月十二日（星期二）

陆步青又寄一英文书稿来，作书复之。作一笺致彬然，将陆稿转去。

午后二时，白尘、翔鹤、劫人、开渠四位来，连余共五人，即开文协理事会。决定文协为发起人，更去邀约热心人士，开一座谈会，请彼辈同列发起人之次，共定办法，援助湘桂流亡来蓉之文化界人士。

今日为星期二，本当至新闻专修班上课，王君说明每次以车来接，而车不至，遂未往，大约是忘却吩咐车夫。此辈作事马虎，可以概见。

接信甚多。洗公有长信，谈店事。附告雁兄转语，谓三官远游可成事实，其期速则一月，迟则两月，嘱我家准备行李，以俟通知。此事墨甚欣慰，以为令三官远游，亦如平常之出外求学数年。余亦毫无不赞同处，唯觉别离难受。三官有些见解颇与余谈得来，若彼离开，余少一可谈之人，未免寂寥。

彬然信中告在渝与诸友商定革新"中志"之具体办法。其意皆是，唯恐大家执笔不能悉依之而行，结果又走了模样，仍成杂凑。彬然附告据可靠消息，国共接近殊不如外间所传。中央仅允政府官吏可分出数席与人，所谓联合政府与联合统帅部之议，均不愿商量。

云彬自贵阳来信，告沈振黄于独山之南坠车而死。沈近年在柳州一带，在军队中为宣传工作，此次难民西趋，助人之处甚多，而己则死于逃难，可为痛悼。沈前为学生时，以画稿来投"中志"，时予采用。后遂入我店为绘图员。战事起后，即入部队中以绘画为宣传。其决定一生之行事，与"中志"至有关系也。

十二月十三日（星期三）

晨山公来谈。作书致彬然，未毕。

报纸来，言南丹克复，我军向河池追击。前所记之方先觉，忽传脱险抵渝，谒见蒋主席。究系假降敌人而乘机归来，抑真为由湘境逃出，真相未能明也。

小墨与承法合编之《初中算术》教奉，今日始抄齐，灯下为之装订，明日寄渝，送往教部审查。

十二月十五日（星期五）

上午飞雪，我家始生炭盆。近日炭价每斤五六十元，我家之炭就是暑中以十余元一斤之价购入者。

饭后，朝相来谈。二时，至沈志远寓所，出席新世纪学会筹备会，余与志远外，到杨伯恺、黎澍二君。推定志远草拟学会工作计划，俟下次会议讨论。

杨、黎二君言此次黔境驱寇甚为迅速，而详情不闻，有可疑处。

五时回家，与墨及小墨三官共饮，历二时许，闲谈甚欢。

十二月十六日（星期六）

与三午戏，唱歌，闲说。渠虽未能成语，大人之话大半明了。

许洁夫来谈，欲出幼稚园课本。出版界已成驽末，销售地盘缩小，造货成本昂贵，乃觉无有把握之书可出。重庆小书店颇有翻印旧日之低等小说者，意在吸收下层社会之钱。幼童课本以为可印者亦颇有人，则注目在幼童矣，可谓已至于穷极之境。然令幼童识字，实大非教育之道。若谓印刷精美之图画，则今日之技术与造货工本，俱不许可也。

饭后二时，济川中学学生来（前日曾来约定），偕往校中，憩于教师宿舍。候至三时过，正课完毕，余始为演讲。教室颇大，两旁窗棂无纸，寒气拂面，说话亦颇费力。讲一时半而毕。

回家，饮酒取暖，复与三午戏于火盆之旁，滚小玻璃球，乃历两小时。

今日水缸结薄冰，手巾晾起即冰硬，如此现象，在成都为少见也。

十二月十七日(星期日)

作书复彬然,又致一书与洗公(第百十九号)。

报载缅境我军攻克八莫,不久即可与滇境我军会师。美军在菲律宾北部明多罗登陆成功,此后即可控制自菲律宾到我国之海面。此二者皆好消息。至于桂境战争,我攻河池尚未能下。敌人是否从事准备再图攻黔,抑将由桂南下,直通安南,尚不可知。(后知广西自南宁以南皆已失陷,殆以未有争战,军委会即不发表耳。敌之所谓"内陆走廊"至此已打通。)

下午三时,余至店中,与山公、雪舟闲谈。店中昨接贵阳来电,言我店纸型已起运往渝。此大批纸型为我店命脉,自桂林移出虽颇早,而运输阻梗,滞留途中甚久,全店同人皆为之悬悬。今已离筑,大约可以保全矣。

傍晚小饮。二官学作旧体诗,余为指点,勉成一绝。酒罢,同看《清真词》,乃至二更。

十二月十八日(星期一)

作书复昌群、梦生、允安。

午后至嘉乐纸厂,出席座谈会,讨论援助湘桂文友流亡来蓉者之办法。到会者近二十人,即以此二十人为发起人,组一"文化人协济委员会",属于文协,以免别立名目,有登记之烦。推出委员十三人,分为总务、财务、协济三组。余被推为协济组之召集人。其实各方接头,设法募款募实物,以李劼人、杨云慧所负责任为多,如余者,固无能为力也。又,文友苟能到渝,必略有办法,已可在渝歇脚。欲自渝来蓉花费至多,行旅不易,恐未必有多人来此也。然有此一举,亦见文人互助之情,自是佳事。开会历三小时有余,会散到家,已六时矣。

暖酒独酌,与小墨等闲谈为乐。

十二月十九日(星期二)

小墨之学生又有以纸来索书者,雪舟亦欲以余书赠人,遂磨墨写字,计写单条五张,对联三副。冬日甚短,即此便消磨一日。

六时至九时,敌机来袭,灭灯坐暗中者二小时。闻投弹声一阵,大约在北门外机场,又闻掠空而过之飞机一架,其声异于平日惯听者,或是敌机。日来美机常出攻敌之在华空军,前两夕皆有超级堡垒出动甚多。

十二月二十日（星期三）

写信复清华、韵锵,并附一书答胡绳。

午后,楷元来闲谈。小墨归来,谓昨夕之炸似在南面。

报载美机连日袭击我国各大都市敌之军事设备。中央广播,劝陷区同胞速行离开城市及军事目标。余思陷区同胞未必尚有收音机,此种广播恐成具文。苟生命财产毁于美机之炸弹,益可伤痛,然又未可谓美机不应出此也。

半夜醒来,复闻美机掠空而过,其声甚巨。殆皆出发自广汉机场者。

十二月廿二日（星期五）

续改三官之文,毕。

报载前夕美机出动,系往炸沈阳。近数日来美机轰炸各地,规模之大空前,或为美军在华登陆之先声。

午后,雪山来谈。书业营业范围益小,而制造工本益高,从今以后殆将真入于困难之极境。我店一方与商务、中华为伍,一方又为新出版业之一员,徘徊于两个阵营之间,其势更难自如。如何勉力支持,立于不败,非易论也。洗公信来,皆商店事,此老不忧不惧,随机应付,殊可深佩。

傍晚与小墨对饮,酒后与三官戏。

十二月廿三日（星期六）

昨洗公信中附来所拟《为播迁损失,敬告有关各方》之启事,略为增损,交由山公寄还。

饭后开始作一文,楷元所嘱,刊于元旦之《新民报》者也。得千余字,未毕。

报载我攻河池尚未能下,大概敌人已筑成强固之工事。欧洲方面,德军于西线猛烈反攻,已入比利时卢森堡境,当之者为美国军队。若能作一决战,重挫德军,则德之崩溃殆不远矣。

晚报载一口谣,迩来流行于黔桂线上者,足见此次逃难之非易。曰"三千五千,死在路边。三万五万,逃到车站。百八十万,才算逃难"。

酒后,与墨及二官谈三官近作之文字《拉路车的》,甚见用心,语句皆极费斟酌,而又切近自然,为其近来进步之征。

余手足皆生冻疮,胀紧,奇痒,皆难熬。

十二月廿四日(星期日)

晨起续完昨日之文。

午刻,应冯列山君之邀,至全家福餐馆,他客有颉刚夫妇、蒋荫恩夫妇及张君石君。冯君拟办一种周刊,云将筹集款项,以每月贴出四万元为率。食已,冯君又邀观电影于蜀一。为歌舞片,故事浅薄已极。

余至《新民报》馆,以所为文交楷元。颉刚以楷元之嘱,亦作一文,记渠与余幼年之交。余匆匆看过,有若干琐事皆不之记忆矣。

四时半回家,仍独饮。孟辄来,谈两小时而去。为二官改一短文,亦投《新民报》者。

十二月廿五日(星期一)

上午,沙汀来访。沙汀君前曾一遇于上海,今为再见。其人甚诚笃,方自重庆来,为余谈重庆友人近况,并及政局战局。志远来,谈学会及协济会事。饭时,二君皆去。

午后看报,闲翻案头书。

一般人因战事不复迫近,心情已定,与月初时大异。而据观察者言,今后敌人若攻滇省,滇省若有失,则川中安危未可知也。

十二月廿六日(星期二)

上午,青年画家杨乡生君来访,云将开展览会,邀赴其茶会。谈画事有大志,谓五十岁以后将创作巨幅,表现人类之过去至未来。最近在新津飞机场画修筑机场,全幅人物在一万以上,于其姿态皆尝分析研究。于同时画家少所许可,谓张大千为"翻前人之版",谓庞薰琴、关山月较可。

午后二时,至成都大楼,观美新闻处所办之"时事摄影展览"。皆近日各国情形及各战场之照片,说明详细,颇可观。观者拥挤,一览而已,然亦费时一点有半。

十二月廿七日(星期三)

作一短文,题为《〈前线〉书后》。燕大若干同学出一《流星月刊》,屡来索稿,却之,又托蒋荫恩写字条来代嘱,遂不得不勉为之。《前线》者,苏联近出剧本,以红军之改进为题材者也。得千五百言,方完篇,《流星》之编者即来取去。

十二月廿八日(星期四)

作一文,为白尘所编之《华西晚报》《艺坛》元旦日刊用。题曰《我们的话》,表白文人之态度。凡一千言。午后访朝相,托其转交白尘。

六时,新闻专修班以车来接,遂往作第二回之讲述。

八时半回家,看洗公、彬然之信,知达君、锡光、甫琴均已到渝,纸型全部亦到,为之大慰。唯运在路上之货,则已证明全部损失,可为悼惜。计湘桂所有书籍纸张,运抵重庆者不及四分之一,而损失者且加上巨大之运费,我店实力太耗损矣。

十二月廿九日(星期五)

写信复彬然,甚长,又附信复仲华、云彬。

饭后,出外剪发。至美术协会,观杨乡生画展。大幅一为飞机场之修筑,一为《同心跃马》,写我国各族之人跃马前进。构图与线条似均感幼稚,未臻成熟。

回家,写信复徐盈,又复詹幼馨。酒后,听诸儿谈笑。

十二月三十日(星期六)

作书复洗公(第百二十号),并附书致达君、锡光、士敫、清华。

午后,叔湘来闲谈,坐两时许。

允安寄来《西川集》之校样数十面,即着手校对,至于夜间,校毕六十面。

十二月卅一日(星期日)

续校校样十余面。

午后十二时半,颉刚夫妇、孟辒夫妇及山公应约而来,相聚小餐。幼年同学,客地相逢,共为辞岁之宴,亦为难得。

改三官一文,至于上灯时分。马老先生来,与之对酌。马屡言此是送穷,盖先已饮酒,有醉意矣。入睡较平日稍晚,亦算守岁之意。

一九四五年

一月(选录二十八日)

一月一日(星期一)

晨起较迟。午餐小饮,酒后困倦,又睡一小时许。

傍晚沙汀来访,与共茗于少城公园。余就问三官远行是否适宜,渠极表赞同。并表示两点:一、不宜为找作文资料而去;二、去时不宜取作客之态度,必须参加实际工作。此两点甚重要,余谢之。渠不日将归家乡,此来仅两面,觉其人深可爱。

回家独酌。饮毕,与二官出外吃抄手。家家挂红灯一盏,表示新年,亦有味。然系警察挨户关照之效果也。

一月二日(星期二)

作书致允安,以《西川集》之校样寄与。

午刻,至锦江边《新民报》经理邓季惺女士家,应其招宴。同座八人,多报馆同事,客仅三人而已。三时归。

得刘仰之信,知其家已迁回重庆,作书复之。六时至新闻专修班,连讲一百二十分钟,冒寒而归。于是饮酒,进粥,与墨及二官三官闲谈,甚适。

一月三日(星期三)

看重庆寄来文两篇。时已入一月,而一月号之"中志"尚未编齐,仲华、彬然之文迟迟不来,殊无办法。

午后,朝相冰洋来谈,拟发起一文艺联谊会,按时集文艺工作者会面,交换意见,讨论问题,余赞之。冰洋谈及小报执笔者之作风,有时颇能道着痛处,有时则其意颇不高明,近于反动。朝相以为此是生活态度上之问题,中无所主,玩世不恭,宜其然也。冰洋又言他们总爱挑眼,无论好意见坏意见,务欲找些错处,加以讥嘲,故有时反为恶势力张目。其言亦是。

孟轺偕其族人某某老先生及科学馆之同事胡君来访。老先生兼课于黄埔中学，教国文，就余问教学方法，余以所见语之。

傍晚，赞平偕汪刃锋君来访。汪致力于木刻，前在展览会见其作品，有力，有深意，志之不忘。又能画山水花卉，承以牡丹一幅捐赠于文协。遂留二位饮，听汪君谈木刻，颇有意味。

七时半，二位去。半日工夫皆为会客。

一月四日（星期四）

作卷头言一篇，千六百言，题曰《革除传统的教育精神》。

午后，山公来谈，言拟暂不离蓉，将蓉店整理，试验种种管理方法，为一模范分店云。

川大学生孙跃冬君来，约于星期六到彼校，参加其同学所组织之文艺座谈会。

梦生寄《西川集》第二批校样来，即校阅二十余面。

报载我军克复畹町，滇边之敌至此肃清。故军方谋自桂自越南攻滇，不知能拒之使勿入否。

一月六日（星期六）

上午十一时至杨云慧家，协济委员会集会，到劫人、翔鹤、白尘、开渠、季惺诸位。会中募款已得市长陈离允许，于电影戏剧之入场券加收十元，以二百万为度。房屋亦经市长答应，在东门城边拨屋若干间。此后若有湘桂撤退之文友来蓉，即可暂时安顿矣。

杨云慧留饭。饭后至川大出席文艺茶会。到学生约二百人，先为讨论，诸友发言，但所谈均无关宏旨，于文艺之理解与写作不甚有用。次则朗诵中诗英诗，五时半散。驱车而归，灯下独酌。

一月七日（星期日）

上午校《西川集》校样毕，即寄与梦生。

下午二时，汪刃锋君来，以所作木刻五幅国画三幅见示。其木刻自创新线条，有我国金石之意味，余以为可以发展。其山水亦不恶，然无出色处。汪君为余画像,作素描,半小时而成,虽不甚肖似,而笔致甚好,谢之。

李晓舫来,约星期二到其家晚餐,言吴雨僧(宓)欲与余会面。

夜间,钟博约来,言已辞去射洪女子中学教职。原因系其校主者皆不谙教育,博约看不惯,非离去不可。听其讲设施种种,可笑复可气。承馈麂腿一,情意可感。

一月八日(星期一)

为李庆华之剧本《春暖花开》作序文,无甚可说,七百余言而毕。当年戏剧学校同学为演员为导演者不少,时时作剧本久而不懈者,唯李君而已。

午后至美术协会,观王笃生画展,并现代西洋名画展。王君油画、水彩、素描均有工力,闻尚是青年人。西洋画系复制品,皆十九世纪末二十世纪初之新派,奇奇怪怪之表现派、野兽派、抽象派之代表作均有之。此等画大都曾见过,唯所陈复制品张页大,印刷精,弥可玩味。

至店中,闲谈。受百来,共饮黄酒数小杯,五时归。

一月九日(星期二)

楷元前嘱作《新民报》短文,今日为作两篇,一曰《慰劳》,一曰《吃空额》,小墨昨亦为作一篇,修润一过,一同送与。

五时半,至李晓舫家,晤吴雨僧、李哲生、陈国华、谢冰莹。雨僧与余同岁,身长挺立,言谈颇豪爽,近在燕大讲《红楼梦》,借以发抒其对文学与人生之见解,颇别致。主人治馔颇精,而不设酒。余以酒人,觉其勿习。八时散,复至月樵所,方宴颉刚夫妇,尚有他客六七人,墨先在。余乃饮酒十余杯。十时归。

夜气寒甚,墨中寒,且方发胃病,酒不落肚,悉吐之出。幸无其他不舒,旋即安睡。

一月十日(星期三)

写信,致彬然,复詹幼馨、胡乐炳(即来请指导读书者,今归绵竹家中)。

午后一时许出门,至沈志远家,出席新世纪学会筹备会。晤张友渔君,方自重庆来,彬然常请其为"中志"作文者也。会谈约三小时,商定募集款项,出版杂志,加邀发起人,于十九日开发起人会等事。

五时半到家,晚饭已过,遂独酌。有郭迪尼君来访,云将出一杂志《朝花》,嘱作文,应之。郭君在书审处为职员,屡为余言此志与书审处无关,似恐余有若将浼焉之意,且于任事书审处颇有愧色,亦有味也。

报载美军于吕宋岛仁牙因湾登陆,此又是一大事。

今日天气寒甚,冷风似吹入腹中。

一月十一日（星期四）

作一文,介绍汪刃锋之木刻与绘画,汪君所嘱托也。饭后携往《新民报》交与楷元,编入后日之报。汪君于明日起开展览会于青年会,凡三日。

得彬然信,嘱将"中志"八十三期稿寄去,先行付排,然后送审。遂编排次第,封固寄发。

美军在仁牙因湾登陆成功,陆军凡六万人,已推进二十五哩。日军在吕宋者十余万,预料两军将为大决战。

一月十二日（星期五）

作书复重庆,计致沈公（第百二十一号）、彬然、达君、锡光、士敫、清华。士敫有肺病嫌疑,痰中曾带红,为之忧虑。

雪峰又来索文,一时难就,以登在《华西晚报》之《我们的话》寄与之,登于《抗战文艺》似尚相宜。

今日报馆印刷工人罢工,各日报皆未出。平日亦无所谓,报来未必细看,今日不来,乃顿感异样,似与外间隔绝。唯夜报仍送来,询之派报人,含糊言他们殆已讲好,不甚了了也。

二官归来,借一留声机来。久未亲此,乃感其喧闹。

一月十三日（星期六）

晨起作《新民报》短文一篇。

十一时,与三官偕至青年会,观汪刃锋展览之作品。木刻最精。国画山水似平常,花卉及马间有佳者。素描殊不恶。

饭后又作《新民报》短文一篇,改用文言,别署名字,前日与楷元约,允作文言稿也。

二官于晚间招待文艺会友，余助之布置室内，移桌子成丁字形，设十余座，又为烹水泡茶。到晚，客十人至，人各进一碗面，冷菜一碟，颇见新鲜别致。食后各以十余分钟之谈说饷人，或讲故事，或诵诗篇，或述人物，虽见呆板，尚有味。九时过始散。做菜下面，皆墨一人主之。

一月十四日（星期日）

上午写信数通。饭后看子冈寄来《怀沈振黄》一篇，又看徐盈记四川省之文半篇。两人为夫妇，同为新闻记者，而子冈之文胜于徐盈多矣。

杨村人王希瑾二君来访。杨前在上海相识，不见已十余年，今在此赋闲。王治绘画，今编一杂志曰《新艺》，邀余为特约撰述员。

孟辂夫妇来，杨王二君始去。既而颉刚夫妇来，小坐，即去赴友人之宴。颉刚在此几乎每日有人宴请，午晚无间。如是应酬亦大苦事。留孟辂夫妇晚餐。俟其去，开留声机，听名家之曲数阕。

一月十五日（星期一）

晨起作《新民报》短文一篇，文言，题曰《政治家》。饭后送与楷元，未之遇，留稿而归。

叔湘来，闲谈一时许。俟其去，作文应郭迪尼之约，依其所请记丐翁事，千言而毕。

云彬信至，言"国志"仍须进行，远行当在来春。灯下作书复之，以东润文寄与，请编入"国志"。

一月十六日（星期二）

晨至店中，与山公闲谈。看报，我军克服滇边与缅北之要地南坎，中印公路于是可以畅通，我国被封锁之局至此打开。美国之援助品已车运抵密支那，行列长二英里。此后若能善为利用，自可为反攻之资。美军在吕宋推进顺利，直趋马尼剌。西欧德军反攻巴被阻遏，东线苏军进攻甚烈。综观全局，似颇有佳象。

少城公园中欢送青年军入营，行者凡四车，营地在泸县。店铺皆悬旗，车过处，鞭炮齐放。昨叔湘谈，此次青年军，其人凡两类，一类为极沉笃热诚之人，一类为学行俱劣之辈。两类人汇于一处，不知习染之后果如何。

十时半,冯列山夫妇来访。冯言《自由周报》集资已有眉目,将于三月间创刊。谈其计划甚详,以后尚拟印书,出日报。

饭后又作《新民报》短文,迄于夜,成两篇,皆五百余言,文言。作书复东润,徐盈。

一月十七日(星期三)

前数日,山公谈及《字辨》一书便于俗用,销行甚好,我店可仿其意,另编一书以应市面。昨夕半夜醒来思其体例,略有规定,就一般人易于读错写错之字,为之点明致误所由,统排一起,有疑可检而知之。今日起来试作数条。此事须余一人着手,非可请他人共作,徐徐为之至于成书,非仓卒可就。以意兴言实不甚好,以后续写与否未定也。

作书致允安,复吴祖光。午后二时至楷元报馆中闲谈。晤冰莹女士,言儿病,医药费用大,穷愁潦倒。

报载滇境与缅境我军业已会师。

一月十九日(星期五)

作完《新民报》短文。午后,朝相来,程千帆来,皆坐不久而去。

四时,余出外沽酒,至楷元所小坐。遇徐霞村,索瑟殊甚,来取稿费。闻渠染烟瘾,十余年前一翩翩少年,今大不同矣。

傍晚饮酒。楷元来,谈甚久。

一月二十日(星期六)

晨起未久,觉头昏恶心,遂偃卧,饭时始起。下午亦未有所事。

傍晚,邀山公来饮酒,以博约所赠之鹿腿为佐。山公读《延安一月》,颇佩服延安人之刻苦实干精神,谓若在彼中,亦可为“劳动英雄”也。墨亦言然。

一月廿二日(星期一)

续改洗公之《从兄高平行述》,又去其六分之一。

午后至嘉乐纸厂,出席文协理事会。议定于下月三日开联欢会于青年会,有讨论及种种游艺节目。

五时归,与小墨对饮。重庆寄文稿至,匆匆看之,待明后日修润。

一月廿三日（星期二）

看重庆寄到沈起予、张申甫、宋易三人之文，即是竟日工夫。日来每至下午，余辄头皆，手足自内部发冷，精神不佳，到夜则此现象便无有，精神转好，不知是何因也。

三午昨今皆发烧，呼吸急促，咳嗽。今晨就医，言是气管炎。神思委顿，不言亦不思食。全家为之忧虑。

一月廿四日（星期三）

看重庆寄来译文两篇。改完洗公之《从兄高平行述》，即作书致洗公（第百二十二号），又复彬然一书，一同寄发。

至店中，山公接重庆信，知其夫人心脏病复发，拟于日内返渝。

三午今日再往就医，医生为打一针（二千元），谓效力大些，明日当可退热。并言此儿扁桃腺特大，为呼吸系统易于受病之因，最好于满四岁后割治之。

颉刚来，余未之遇。言明日动身返渝，此后重面不知又将在何时矣。

一月廿五日（星期四）

二官自学校携衣物归来，放寒假矣。看投稿一篇，写信退回。傍晚，请山公、雪舟小饮。

三午热已退，唯尚哮喘。小墨买长毛白兔一对供渠观玩。

一月廿六日（星期五）

开始作一卷头言，室中人言谈间作，心不静定，成五百言而已，待续。

午后，楷元偕何文龙君来访，共茗于少城公园。楷元言从下月起，《新民报》将出日刊，其同人欲余为之长期作文，每周二三次，谈教育方面事。允之。本拟在公园中曝日，而太阳乍隐，寒风拂顶，不可耐，坐不久即各自归。

二官之同社友数人来集，商后日开文艺茶会事。三官与史芳小姐对念李健吾之《十三年》剧本，为会中之表演一节目。

晚饭后与墨及三官至雪舟家，与山公话别。山公尚未买到车票，明日往车站碰机会云。

一月廿七日（星期六）

未往送山公。雪舟回来，知山公居然得票成行。

续作昨日之文，又得千余字，完篇，题曰《四个"有所"》。

黄药眠来谈，新世纪学会欲倩渠主编杂志，渠意殊未全肯。午后，沈志远来谈，言明日学会开成立会，嘱余必到。

夜间，三官与史芳小姐重念《十三年》剧本，凡两遍，余从旁听之。

近日敌人攻广东江西以前未沦陷地区，颇占胜着。各报论其意图盖在巩固东南，以防美军之登陆。此等地区有我国军队，而应援不易，作战自难。苏军在东线进展甚速，但泽自由市及兴登堡俱已攻下，前锋距柏林仅百英里矣。

一月廿八日（星期日）

作《新民报》文字，四百言而止。

午后至慈幼院，出席新世纪学会成立会。到三十余人。晤常燕生，二十余年前在中国公学附中同事，别后未尝再见，各老苍矣。周太玄为主席。由沈志远报告筹备经过。于是通过会章，选举理事。凡组织会社，此事最麻烦，历三小时而毕。选出理事十七人，在重庆者二人，在昆明者二人，在西安者一人，余十二人皆在成都，余与焉。继开第一次理事会，选出常务理事七人，余又与焉。推选正副理事长，张表方为正，余为之副。余至不宜于此，而固辞不获，只得勉强承允。此外沈志远、马哲民、常燕生、周太玄、周谦冲五人为常务理事。散出已六点过。

出城至华西坝，参加二官与其社友之文艺茶会。到四十余人。会于三时开始，余到时方在讨论"我们需要怎样的文艺"，余略致辞。谈者甚多，皆主张为大众，反封建，反法西斯云云。讨论一时许，然后由到会者朗诵诗歌数首，末为《十三年》之诵读。三官于广众之前，诵读不如在家之自然。

散会已九时。天下雨，踏泥路入城，在小馆子吃面。到家又闲谈有顷，始就睡。今日疲矣。

一月廿九日（星期一）

作完《新民报》之短文，题曰《改变教育》。夜间作一短文，赠新闻专修班甲组毕业同学，他们将于报纸上出特刊也。

一月三十日（星期二）

作一文，谈作者须发动扫除文盲运动，以期其作品可发生最大作用。至于夜间完篇，共千七百言，将以付歌川新编之《风雨谈》，此志专收散文随笔者也。

午后一时，黄药眠及朝相来，共商下月三日文艺联谊会中讲话之内容。我三人被推讲话，乃分项就文艺界之现况与未来，订定纲要。届时每人讲二十分钟云。

一月卅一日（星期三）

普益店员陈堃代唐锦良君来求余作其所编《国学常识问答》之序文。此事答应已久，陈堃屡次来催，今日始动手，得七百言之一篇。

饭后，独自出观苏联影片《莱蒙托夫》，叙诗人莱蒙托夫之生平。表演亦平常，而摄影之构图胜于美国片，几乎每幅皆为佳画。三官激赏此点，然一般观者略之。于莱蒙托夫又不知为谁，故观者甚少，余数之殆不过百余人。明日即换片，仅演两天耳。

入夜，墨与二官三官满子出观中艺之《结婚进行曲》，余就灯下写《新民报》短文。马哲民来，言拟于后日下午在余家开学会之常务理事及财务委员之联席会议。常燕生、周谦冲、李劼人（财务）三位由余去信通知。俟其去即作书。

晚报载德国谋迁都，盖苏军距柏林不过五十哩矣。

二月（选录二十六日）

二月一日（星期四）

写信复莫志恒，又致书佩弦夫人，请其来取商务版税。

有航空机械学校高级班学生王君来访，云其校可以参观，因与三官随其往。校址在南门外，过锦江数百步即是。昔年与墨及满子三官游武侯祠，遇大空袭，吾四人即躲于该校墙外之竹林中。校地甚广，观其宿舍课堂，尚整洁。全校千余人，分高级中级初级。高级系大学毕业生，在研究飞机原理，期将来能制造。中级系高中毕业生，学习飞机之装卸修理。初级系初中毕业生，则动手工作者，同于工匠矣。场中陈飞机十余架，模式不一，供学生观察实习。一室陈列发动机甚多,汽缸少者七个,通常为九个,多者有十四个。王君言此需精钢方能制造,我国炼钢不佳,故唯发动机不能自制。又观铁工场、木工场,学生正在工作。统观全校似颇闲散,无战时空气,与社会一切正复相同。

回家午饭。朝相来谈,继之翔鹤来。客去,作毕昨日未完之《新民报》短文。

收到上海寄出之新书三种,皆佳纸精印,线装。系调孚托施蛰存带至长汀,施又托友人带至淳安,然后付邮者,计其时日已逾一年矣。一种为刘大白之《中诗外形律详说》,六册;一种为潘承弼之《明代版本图录初稿》,四册;一种为《别号索引》,一册。版本之图用珂罗版印,在内地观之如睹瑰宝矣。

晚饭后,楷元来闲谈,至十时始去。日来连续作文,夜眠又较迟,颇欠睡债,疲矣。

世泽夫人今夜生产,得一女。墨为之助治杂事,午夜始睡。

二月二日(星期五)

晨间与小墨等在半边桥街买皮鞋,遍观各店,卒以三千零五十元买得一双。

午后,李劼人来,言近日伤风,须求医并早归,不克出席下午四时之会。朝相、顾石帆来,同坐。李劼人盛赞沙汀《淘金记》,运用四川方言,颇增神味。唯写字往往记其音而不明其本字。据两字为例,"把嘴都说铹了","铹"是本字,金属蚀损之义。"鸪你的冤枉","把我鸪够了","鸪"是本字,义与"岂有鸪人羊权子"之"鸪"字相同。二时,诸君皆去。余玩昨夕收到之明本图录。

四时后,哲民、燕生、太玄、志远四君来,遂开常务理事财务委员第一次联席会议,决定聘定秘书,展开会务。曾庶凡君(财务)继至,偕王梅生君同来。王居昆明,投资于银行,与昆明成都学术界人士皆相熟,深赞同我学会组织者也。六时半,七人共至祠堂街梅园聚餐。

听诸君谈论,敌人今后之动向仍将攻黔,由黔而窥滇。因此路势最顺,可运重兵器,若由桂西百色攻滇,或自安南入滇,皆为小路,且有横断山脉,行军不利。又谓敌人复欲窥陕,或将自鄂西寇汉中,其发动当在此后一两月内。而我方训练新兵,配备武器,须俟半年后方可就绪。故在不久期间,或将又一度紧张。

王梅生君谈盛世才事。盛夤缘入新疆,初为军事教官,继以诡谋胜回人,逐金树人,取得新疆之地盘。猜忌成性,于其袍泽几无不加害。又凡佐之者,不久即见疑,或杀或囚。综计被害之人,数至巨万。今势力削弱,被迫而任农林部长。神经错乱,常常见鬼。据猜谓其结局将非病死而别有他途。余念此等枭獍之人竟亦主持一方,俨然重镇达数年之久,亦唯我国现阶段之政治之下始有之。而其人之荒谬,实堪深恨。

九时散,天雨,踏泥路而归。

二月三日(星期六)

下午一时许至青年会,参加文协会员联谊大会。到者五六十人。大家迟迟其来,本定一时开会,而延至二时始开。余为主席,先由余与朝相、药眠报告今日文艺界之现况,继由各会员发表意见。

楷元为新会员,言文人须熟悉各种生活,不妨经商为官,又言戏剧宜多写成功人物,诗歌最难,宜少作。此数者皆为一班青年文人所不满,冰洋首为反驳,继之者颇不乏人。青年一肚子的公式,一腔的单纯感情,发言态度甚不好。余亦无以平之,任其倾吐而已。

末为余兴,张逸生唱陕西调,王君念其所作《祥少爷》之通俗诗,张允和小姐唱《琴挑》中之一曲。

五时散会。到家饮酒,以今日之会为话题,直谈到就睡。

二月四日(星期日)

写信复姚蓬子、孙伏园,皆为骆宾基、丰村二人在丰都被扣事。二人任教于丰都,为稽查处所拘,大致为思想问题。附一书复雪峰。又复聂绀弩(《艺文志》编辑)、徐文珊(《文艺先锋》编辑),二人皆来索稿者。又复孟韬。孟韬代人来接洽书稿出版事,答以暂不收新稿。

饭后,观叶鼎彝所撰文字学《形义篇》。于"转注"一目,用钱玄同、黎劭西二氏之新说。其说曰:"假借太滥了,又太歧了,于是乎有转注。转注者,'建'立事'类'为'一'个部'首',遇着这个假借字是和这个部首'同意'的,就把这个部首加上去,成为一种表意义的偏旁,这就叫做'同意相受'。'相受'是说假借字要容受这个表意义的偏旁,而这些偏旁也就是些图象文,要授与那些假借字的。这样'相受'的结果,形声字就大批的产生出来了。转注是形声的起源,'声'这一半,就是已经行用的假借字;'形'这一半,就是转注而来的一种意义符号。把另一个字'转'移作一种符号来'注'这个假借字之义,故曰'转注'。"叶君申其说,以为许慎所举"考老是也",与"上下是也""日月是也""江河是也""武信是也""令长是也",语法截然不同,盖余五者皆并举两字为例,而此则举两字之关系为例,语若曰"犹考之从老是也"。余思此说殆甚确。既曰转注,必然涉及两字,"考"之与"老",决非并举而不相关者。昔人皆未尝注意此点。叶君又说明"考""老"转注之理,谓"考"字古文初假"丂"字为之。"丂"者,气欲舒出而上碍于"一"也。人老气衰而难舒,故假为"考"字。假借既久,遂又注以"老"旁,"考"受"老"意,故二字之关系为转注。转注之义,说最纷歧,殊难通晓,此说简捷可喜。末又抄黎劭西之说曰:"形声字有两个源头。其一就是转注。先有已经行用的假借字为声,再注上一个表义的建类符号为形,所谓'以事为名'也。又其一方是大批造字的谐声,先立一个表义的建类符号为形,再谐上一个假借的标音符号为声,所谓'取譬相成'也。"

傍晚祀先,算是"年夜饭"(今日为阴历十二月廿二日)。备菜两桌,由厨司老闵动手。一桌送店中,请全店同人用之。一桌合家聚餐。

今日立春,晨有微雪。

二月五日（星期一）

许洁夫、朝相、叔湘来,谈约一时许。写信致洗公(第百二十三号),与谈戴运轨教科书版税事。并附书致彬然。

报载中印公路上,首批运输车已载物资达昆明。美军在吕宋者已迫近马尼剌。苏军进攻柏林,相距不过四五十哩,柏林已闻炮声。罗邱史三人在秘密地点开会,大致系讨论处置德国及欧洲善后问题,而苏之要否对日作战,或亦在讨论之列。此皆好的一方面之消息也。

夜间,小墨等往听张定和音乐演奏,余与墨早睡。

二月六日（星期二）

早报来,美军已攻入马尼剌。苏军前锋距柏林仅三十哩。

余写篆字两张,系冯列山所嘱。

饭后至嘉乐公司,出席文协理事会,到者有劫人、翔鹤、开渠、白尘诸君。讨论救援骆宾基、丰村二人之事,无切实有效办法,仅能写信致刘峙、冯焕章、邵力子三人,请代为设法而已。闲谈至四时后散会。

傍晚,赞平来,邀同往听张定和音乐会。遂与之小饮后前往。唱歌十五支,据识者言,张定和颇有天才,青年已能有成,将来深造,必大有发展。九时归。

二月七日(星期三)

与雪舟、世泽商谈,拟于十日宴请学界朋友,请其为我店之助,推广教本之销行。作书复山公,并致书彬然,又复韵锵。

午后,朝相来谈。继之,叶鼎彝偕其新夫人来。叶允暂任学会常务理事会之秘书,若离此往兰州西北大学任教,则另请他人。叶自谓志在作研究工作,于文字学及近代史两方面致力。聆其言词均甚通达。示其新作《甲申岁暮》一首,亦可诵。诗曰:"年年歌舞话临安,风雪萧萧岁又阑。万里寒云盲百姓,一天浓雾舞千官。说经肯把真经昧?执笔还愁曲笔难。我欲携尊求解惑,世途是否醉乡宽?"

二月九日(星期五)

为叶鼎彝写篆字联,句系其自撰,以"只爱云山非学道"对"但开风气不为师"。

午后二时,开学会之常务理事与财务委员联席会议,到劫人、一平、太玄、哲民、志远及余六人,鼎彝为秘书。讨论编辑、出版、研究、联络四部之工作计划及财务委员会之计划,四时散。

午后下雪,至晚未止。今年成都之寒为十年来所未有。报载国内外各地皆奇寒。围炉闲坐,饮文铨夫人所馈之绍兴酒。早睡。

二月十日(星期六)

竟日飘雪,寒甚,屋上略有积雪。

十时至店中,十一时半至梅园餐厅。客迟迟其来,至下午一时始集,到十二人,邀而未到者五人,我店同人六人。余略言请诸友帮忙推销之意。

餐已，墨忽胃痛甚剧，由小墨扶之下楼，乘车而归，几乎不省人事。到家呕吐，下泻，进麻醉剂始止痛。墨近日身体不佳，又值天寒，疲劳，遂发旧病。入夜复作痛，重服麻醉剂，量加多，许久始止。为余言身体一年不如一年，老病之苦或将久缠不已，余闻而怅然。深冀其多休养，精神愉适，老而弥健，共过以后之岁月也。

小墨等磨粉制馍馍，全家动手，至九时始毕事。

二月十一日（星期日）

仍雨雪，午刻较大，如絮如杨花。

墨今日未复作痛，而精神委顿，不思起床。

中午，孟尚锦邀饮于公园中之桃花源。其家眷而外，则为雪舟世泽诸兄，皆至熟。菜绝佳，饮啖甚适。

三时许，钟博约来，言谋事未得。因作介绍书两通与之，一致楷元，一致赞平，或者《新民报》与四川经济建设委员会两处中可有一处之希望也。

灯下作书复黄念田（子耕），彼欲自印其父之诗词集，托我店包售三百册。并作书致洗公（第百二十四号），与商其事。附书致山公与曾忠岱。

二月十二日（星期一）

冰洋之友人王云楷，系一作曲家，近将开演奏会，其节目中少一关于民主运动之歌，托余试作之。因就昨夕睡醒时所思书之于纸，未完成。

十时半冒雪出门，至商业场二泉茶馆，应赞平及许可经之约。二君宴张定和，招余共谈。未几，张君至。与谈前夕演奏会之观感。张君有志深造，现从事鉴别我国音乐之良窳，择其良者而记录之。他日拟游学他国，终于完成自己之风格。于学校音乐教育，张许二君皆谓宜竭力提倡，使入正规，并谓"中志"宜于此致力。"中志"恐未足以任此也。三时归家。

今日为阴历除夕，街头行人纷纷，食品店中最为热闹。

傍晚，孟轺来，馈自制之年糕及乳腐。留之晚餐。

墨今日仍未起身，进食皆面品，胃病渐愈。

二月十三日(星期二)

阴历元旦,我家仍如老样,不放鞭炮,不言恭喜。章家、倪家、孟家及店中同人相继而来,杂语盈室,果壳满地。田世英夫妇来,携其子;田稼来,亦坐一时许。

完成昨所作歌词。天未有晴意,寒甚,早睡。

二月十四日(星期三)

作书复陆步青。陆来信言编译馆审阅我店所送杨东莼之《高中本国史》稿,认为编制合宜,拟与部编《高中本国史》稿参合,作为国定课本。将来于编者及送审书店与以名誉上之奖励,并给书店以奖金,特征求我店之同意。余答书表示可以赞同,又作书致洗公(第百二十五号),告以此事。

饭后,与小墨等出观《白雪公主》卡通片,携三午同往。电影院中观客满座,小儿啼哭之声四应。

散场即归家。白尘、药眠、鼎彝、许洁夫四君相待已久。谈文协及文化人协济会事,药眠谈往年桂林文友情况。继之,承法来,赵隆勷来。他客旋去,独隆勷留。即留其晚餐,饮白酒,谈翻译之事。

二月十六日(星期五)

续改重庆寄来之文稿两篇。

午后,与小墨三官闲步街头,店铺大多尚未开门,新年游人稀疏,似皆呈倦怠之态。入美术协会观世界名画展览,其实只是拆散画册数本张于壁间,借以收取券资(二十五元)而已,不无受欺之感。

过中央电影院,二官携三午正观毕而出,遂同归。三午连日观电影三次,能耐性观看,不急欲离去。墨戏谓三官等嗜电影始于五六岁,今三午更早矣。

楷元令人送所藏周启明集子三种来,皆二十五六年间所作之文,余所未见者。取其《秉烛谈》观之。所谈皆深通人情,思想明澈,并世所罕见。奈何从敌作奸,使人不屑齿其名,思之怅怅。

夜报来,载美军特种舰队驶进日本东京海外,距东京不过三百哩,以一千五百架飞机猛袭东京。美军节节进击,使日本无喘息余地,深可感佩。

灯下续看《秉烛集》,十时睡。

二月十七日(星期六)

上午看周知堂书。谢冰莹来。

午刻,孟尚锦邀至其家进午餐。孟与雪舟及书业同人连日打牌,间以牌九,卜昼卜夜,输赢动辄数万元。

二时,与小墨三官闲步街头,访各家旧书肆,凡已开门营业者皆入观之,而一无所购。游行二小时,空手而归。

到家,钟博约在。既而黄念田来,博约去。黄仍谈印行其尊人词稿之事。既而杨村人及编《新艺》之王君来,念田去。杨谈文艺界近情,王嘱为文字。

夜报来,知美机袭击东京一带,亘七小时未歇,谓将延续至一星期。东京湾外美舰列阵广一百哩,可见日本舰队并不在彼,其海防可谓绝对空虚。

二月十八日(星期日)

仍看周知堂书。

一时半,独自出门,仍游行街市,闲观书铺。自西南城而至春熙路,过新世界,见贾树三竹琴方登场,入而听之。所唱曰《黑虎队》,坐位相距较远,不辨其辞。唯茶叶甚佳,等于品茗休息。贾唱毕,继之为孙大玉之梨花大鼓《古城会》,声调颇难听,未俟其毕而出,即归。

小墨三官以三千四百元购中华书局排印之《缀白裘》全部归。此本系二十九年所出,我们所未见也。卷首有胡适之所作序文,言元人杂剧限于四折,故制作最讲经济。明清传奇恒数十出,以八股之法作剧,致一本之中,佳作不过数出而已。《缀白裘》所集皆属各本中之佳作,且为当时舞台上经常搬演者,又保存昆曲以外之短剧若干种,故其书值得重视云云。

夜报载美机仍继续袭击东京;苏联对柏林已入于围攻之阶段,双方战斗甚烈云。

孙玉如夫妇来,言将同任教于资阳。

二月十九日(星期一)

作文拟应聂绀弩《艺文志》之征,得数百言,未完。

午后,叔湘来,鼎彝来,皆谈一时许而去。

阴历岁尾年头之积压之信件,今日始送来,一一看之。子冈寄来一文谈"三八"者,为之改润,其字体潦草特甚,因为重抄一过。作一书复之。

报载美军登陆琉璜岛,已立滩头阵地。琉璜岛距东京七百五十哩。轰炸东京仍继续不断。

二月二十日(星期二)

作书复洗公(第百二十六号)、山公,并附书致清华。又复允安、傅肖岩、凌叔华。药眠来,谈半小时而去。

饭后至嘉乐纸厂,出席文化人协济会委员会。十三人缺其三,谈二时许而散。与诸友至刘开渠家,观其新塑之中山先生像。像略侧坐,作观书后沉思状,穿长袍马褂。开渠之雕塑,论者谓其精胜有神,此作大约亦不恶。围炉闲谈,饮咖啡一盏而后归。

今日家中吃春饼,以冬笋肉丝为馅。余取以下酒。

山公来信,调三官往重庆,暂在编校部作事。因即允之,谓得有同行之伴即动身。联营书店之经理范君不久将往重庆,或当随之往。

二月廿一日(星期三)

续作前日所为文,得五百言。

十一时,至小天竺楷元家,应其招饮。天气晴明,与楷元入附近人家果园,梅花方盛,望而怡然。既而何文龙赵超构到其家,遂进餐。赵超构为《新民报》记者,去年往访延安,其所著《延安一月》,近颇为人传诵者也。慕名已久,得会甚欢。承赠余浏阳纸本之《延安一月》一册,较前所见者清楚得多。

一时半,至四五六餐馆,出席新世纪学会理事会,讨论募款事,三时始散。至叶鼎彝家小坐,然后归。

重庆寄到稿件,灯下校读之。编成"中志"第八十四期,写定目录。

二月廿二日(星期四)

检点"中志"八十四期稿,送审。复黄子耕书,又复龙志霍、谭丕模、孙雪洪。龙近在重庆,其著作《渡船》正在付印,将出版矣。谭来商印行其文学史稿,却之。孙又欲增加其化学教本之报酬,却之。作《国文教学》与《中国人与中国文》

之广告词。

饭后,与二官观《神鹰队长》影片,叙英国训练空军之情形,全片皆飞机轰轰之声,亦有趣。

归家,楷元在焉,与谈有顷。既而孙明心来访。孙自重庆来,将接任此间联营书店之经理,与余家同院而居。谈重庆友朋近况,甚慰。

灯下作书致歌川,询以前寄文稿曾否收到。又作书致洗公(第百二十七号)、山公、彬然、士敳。今日写字甚多矣。

二月廿三日(星期五)

看毛君文艺座谈讲话之小册子,药眠前日交来者也。觉其以文艺为教育工具,自其立场言,实至有道理。

续作前日所为文,又得三百余言。

饭后,楷元来闲谈。既而鼎彝、白尘、翔鹤、药眠相继至,前日预约今日共为闲游。遂与四君共出南门,食抄手于小铺子。翔鹤入一小圃,购“康纳馨”之秧。经华西坝至锦江边,茗于江上村,杂谈文艺。药眠提出问题为多,余愧未能应之。日暮,入新南门,聚餐于走马街一小馆子,饮酒闲话,甚适。七时半归。

二月廿四日(星期六)

续作昨文,又得数百言,完篇,题曰《对于“读书”的反感》,即寄与聂绀弩,总算又了一债。

昨鼎彝交来丁聪所作《现象图》一幅,嘱余题之。图绘后方各色人物,皆可叹可哀之象。饰色,用漫画笔法,讽刺意味甚重。余作《踏莎行》一首:“现象如斯,人间何世,两峰鬼趣从新制。莫言嬉笑人丹青,须知中有伤心涕。　无耻荒淫,有为惕厉,并存此土殊根蒂。愿君更画半边儿,笔端佳气如初霁。”即题其上,又为写署端三篆书。

天已放晴,午后尤暖和,水仙盛开,春意满窗。

因日来眼睛发炎,今夕始止酒。

二月廿五日(星期日)

开始作文,预备付《新艺》,成四百余言而中止。

十一时至店中，少休，即至宴宾楼，应房东张小楼招饮。候客至一时过始集，皆张君在川大之同事，仅余与雪舟为生客。开席未久，二官来言楷元偕赵超构来访，因辞谢而归。听超构谈延安杂事。三时，偕出逛旧书肆，楷元超构皆有所得。仍共返家，留二君饮酒。酒系小墨友人所馈，为上好绵竹大曲。又有广汉之熏兔以为下酒之物。到夜，二君乃去。

今日二官迁入校中居，明日开学矣。三官亦将动身，此后家中将见冷静。

报载土耳其对德日宣战，又有南美数国亦然。此因最近美英苏三领袖会议，决议于四月二十五日开旧金山会议，商讨战后和平问题。凡出席此会议者，必须对德日宣战，且须在三月一日以前宣战。土耳其等国欲参加此会议耳。然有一问题，苏联尚未对日宣战，不知将作何解也。

二月廿六日（星期一）

续作昨文，毕。全篇才千余言，题曰《改革艺术教学》，即寄与王希瑾君。

天气转暖，而余忽感冒，头昏脑胀，颇感疲惫。饭后睡二小时。傍晚偕墨及三官至雪舟家聚餐。座有百星书店之郭君，将令三官随其赴渝。郭君言行期定于下月三日。

孙明心及其夫人小儿始迁入我屋对面之房间居住。孟尚锦同来，共谈书业界近况，历一时许。

二月廿七日（星期二）

复华开进——信。华系图画教师，以画册来托我店代售。

伤风甚剧，坐于椅上腰背俱酸。饭后索性出门散步。在图审处取回"中志"八十四期送审稿，晤郭尼迪、杨村人二君。杨邀吃茶，遂往二泉，坐约二小时而散。

到家，云楷元已来过，代何文龙君邀余与三官小叙。五时半，至《新民报》会楷元、文龙，往四五六餐馆。文龙买泸州橘精酒一瓶，味颇醇，类葡萄酒，饮之尽。既而西南茶庄主人张君来，谈商况不堪，店中资产愈多而存货愈少，势将不了。八时归。

二月廿八日（星期三）

改刘清扬文字。头昏脑胀，改数纸即舍置。

饭后就睡两时许。广汉教师礼君来，谈教厅中人许入当校长，其法令其人回乡设法鼓动风潮，风潮既作，即派其人为校长云。此举出之于教厅中人之计谋，殊觉无话可说矣。

傍晚，田稼君来叙别，言明日将往自流井任师范学校教务主任。

寄陈思苓一文与颉刚，投《文史杂志》。酒罢早睡，伤风尚无就痊之意。

三月（选录二十九日）

三月一日（星期四）

复陆步青、詹幼馨书。詹以所稿《南唐二主词笺释》见示。改完刘清扬文，掷笔犹有余憾。

饭后，作书复彬然、锡光、士畍。朝相来叙别，云将送其夫人回蓬溪。

闷坐腰背痛，出门寄信，至店中小坐。回家惫甚，卧休一时许，起来复梁品如信。梁君著有《补订梁任公稼轩年谱》一稿也。

昨服阿斯匹灵两片，未发汗。今夕仍服两片，入睡不久即出汗，伤风便见轻减。

三月二日（星期五）

作书致士畍、韵锵、山公，由三官带去。药眠来，谈半时许。

午间，孟尚锦邀余与三官宴饮。他客有《中央日报》社长张明炜，《新民报》编辑赵君等。席间饮酒甚多。三时回家卧休。

钟博约来，云已得什邡县中教职，不日将动身。三官行李已料理清楚，明早动身矣。

三月三日（星期六）

未明即起。三官离家，由小墨陪往车站。余谓墨，三官此行无异出外游玩，访问亲旧，与谋得一业，竭力料理勉力往就者大异其趣。以故余二人皆无多惜别之意。九时半，小墨归，言郭君到站迟，不与三官同车，登程而后恐未能作伴。因发一电,请渝店于明日下午到两路口接之。

一时许,与小墨二官满子三午往三益公剧场,观吴晓邦表演舞蹈。吴印券六百张,以其半赠与文化人协会,会中约可得三四万元。规定二时半开始,而观众迟迟其来,延后颇久。表演之舞蹈皆吴自创,有《饥火》《思凡》《生之哀歌》《网中人》等目,均抒受压抑之感情,挣扎百端而终于颓然倒地,颇嫌其同致。

文光寄来《西川集》印成本两册,颇为清楚,可以满意。

三月四日(星期日)

整理昨日寄来之文稿,以便明日送审。此是"中志"八十三期稿,先排后审,反而在八十四期之后矣。

往访程受百,托其转达戴运轨以我店所拟关于其所著《初中物理》之报酬办法。我店拟作为收入新稿论,一次付于酬金若干,同时取消前此之版税办法。谈此事竟,又共谈语文教育问题有顷。归途经《东方周报》社,朱稼轩君邀入小坐。

饭后作书致梦生,复清华书。出外寄信,信步入少城公园看梅花。风甚厉,花片乱飞。绿梅二三树花方盛,最有精神。到家复写信,复锡光、洗公(第百二十八号)。酒后,又致书彬然。

三月五日(星期一)

应楷元之嘱作一文,题曰《谈成都之树木》,全篇千余言。楷元为市政府编一杂志,不得不就本地风光说话也。

午后二时出门闲行,于书肆中购《霜崖词》一册而归。凡四卷,系瞿安先生于流亡中所手定。词亦无甚胜处,大抵系所谓"合作"而已。

雪舟夫人馈绍酒二瓶,与小墨饮其一瓶。孟轺夫人来,馈邛崃酒二瓶。戏谓酒倒有得喝,自有人陆续送来也。夜得重庆来电,告三官于昨日午后四时到。

三月六日(星期二)

改前在《新民报》所刊谈教育之短文,为"中志"卷头言。

冯列山来,言在重庆购进铅字与纸张,准备办杂志。

看胡绳文,论历代农民起义,畅达之至,甚为激赏。傍晚,药眠来闲谈。酒后改沙溪之时事文字。

三月七日（星期三）

卷头言尚缺一篇，今日就博约所谈四川有几处创设书院之事，作一文，到夜完篇，不足二千言，题为《书院和国学专修科之类》。"中志"八十五期至此完成，此是三月号也。

楷元以午刻来，闲谈甚久，谓今春灌县都江堰放水，将为余索取招待券同往观之。其夫人新生一女，已有二女而复来一女，言下有何不换换口味之感。

三午近来颇好弄，一不如意即放声号哭。其语言仍极简单。谓饭菜等不热为"火——没有"，其创造之心理至可玩味。

三月八日（星期四）

编齐"中志"第八十五期，送审。作书复彬然，信甚长。又复胡绳信，附去。又复书杨东莼、汪刃锋、傅肖岩，并以傅之《读诗偶识》一文寄余冠英。写信工夫凡半日。

饭后至店中闲坐。四时，至美术协会观现代美术展览，其门票售价亦以充文化人协济会基金。出品者凡二十六人，皆选其得意之作，比较普通展览会为可观，开渠之塑像、沈福文之漆器亦陈列其中。

回家，助王显银拆寄到之书包。小墨于晚饭后携铺盖到校住宿，本学期蜀华自西门外迁回蜀华街原址，去陕西街才两巷而已。杨村入黄药眠二君来谈，坐一时许而去。

我军攻克腊戍。美军即可全占领琉磺岛。苏军距柏林仅三十五哩。皆是好消息也。

三月九日（星期五）

上午复助拆书包。

饭后观电影于中央，片名《纳粹内幕》，叙德国一牧师抗拒纳粹党之故事。片制自美国，自当如是着笔。若出之于苏联必大不相同，将以群众不堪纳粹之虐，起而反抗为题材矣。

鼎彝来，闲谈半时许。孙明心来谈。

晚报载缅甸之瓦城已为盟军克复。缅境失地已收回一半，日军之在缅南者势将退入泰国。

三月十日(星期六)

作书致三官、清华。

看沈从文之《边城》,写湘西风物颇为美好,如白描画。然其写人物,恐非写实手法也。

午后,赞平、叔湘来,谈一时而去。店中又寄到邮包大批,与墨及小墨一同开拆,工作两时许,颇疲劳矣。三官信方到,言一切安好。

夜报载美军又登陆民答那峨,菲律宾殆不久可全部收复。

灯下作书致叔湘,请其为《英文月刊》作文,士敫来信所嘱也。"中志"之英文部分抽出,另成《英文月刊》,已得内政部之执照。又致书赞平,今日房东来收租,陕西街房屋涨至每月七万元,托其向房东王家情商。

三月十一日(星期日)

上午继续拆邮包,工作半日。

午刻与墨偕至冯列山家,应其招宴。阳光满庭,坐廊下曝日。他客有张明炜、张琴南、蒋荫恩夫妇。二张、列山与余酒量相当,饮不少。列山治肴甚精。酒后,复饮其手煎之咖啡。三时归。

楷元来,言燕大开迎新会,演吴祖光之《少年游》,共往观之。布置甚缓,开幕已迟,至十一时始毕。此剧由学校团体表演最适宜,以其中人物皆学生,性情体态相差不远。燕大学生多北方人,语言尤可听,故印象颇佳。

三月十二日(星期一)

前由三官选一些文篇,预备编语文读本。今日无事,取墨已抄之各篇校订之,如文字有可商者,略为修润。

午后二时至店中小坐。入少城公园访海棠,花蕾已多,尚未开放。社会服务处有英国新闻处之照片展览,入观之,皆澳洲风物及备战情形。

回家,知药眠已来过,留一油印件,系成都文化界对时局宣言,征余签名。所称皆近日流行之一番话,谓为不合,自属非是,果生效否,则亦难言,余签名固无可无不可也。

报载东京与名古屋均遭大炸,超级堡垒三百架,炸弹二千吨,破坏力可观。越南之军队皆为日军缴械,其国王宣告脱离法国而独立,实则无可奈何,只得作傀儡耳。上海之法军亦同时缴械。京沪一带日本妇孺开始撤退,上海强迫疏散届民一百万人。不知亲友各家近况如何,遥念而已。

三月十四日(星期三)

写信复梦生、田稼、博约。志远来,言对于时局宣言,拟改得和缓些,希望签名者众。继续作书,复洗公(第百二十九号),附一纸致三官。下午稍助作拆包工作,未为他事。

报载越南敌军或将侵滇,我方已有准备云云。

三月十五日(星期四)

整理所收集之各种杂志,大多为文艺性质者。

午后无事,观林译之《十字军英雄记》半部。此书余幼时尝观之,为接触翻译文字之始。今将四十年,重观之犹有兴味。

三月十六日(星期五)

晨接通知于十时开会,以为新世纪学会之会也。至志远所,乃知系民主同盟之会。此同盟系政党性质,沈马诸君曾拉余加入,而余不甚感兴趣,未尝参加。今日之集为工作委员商讨工作,余尚未加入而来通知,亦见颠顸也。到会者将近二十人,初次会面张表方、李幼椿、张志和诸君,余人皆不记其姓名矣。讨论者为催促国内团结,务期于四月二十五日旧金山会议时,我国代表能代表各个党派。而十一月间之国民大会,亦望其能真正代表全民。余聆诸君之言词多属报纸杂志上通常论调,与实现民主之具体途径相去犹远。余固亦不知其途径究应如何也。会散时,填具表格算是加入。

午饭后,续观《十字军英雄记》下半部毕。傍晚,志远、药眠来谈。

三月十七日(星期六)

看近出杂志。午后出外闲行,亦无聊,少顷即归。适重庆又有邮寄书包到来,与墨共拆之。拆完二百余包,天垂暮矣。

沙汀托人带来酒一器,其名曰双沙陈色。云绵竹好大曲不易得,嗜酒者多舍大曲而取双沙。其情可感,作书谢之。与小墨共尝,味淡而醇。

酒未罢,赞平来,言房租事正设法托人周旋,总期不至加增过多。赞平乐于助人,深可感激,留之共饮。既而楷元来,隆勷来,笑谈甚欢,直至九时后,三客始相继去。

美军已完全占领琉璜岛,是役凡二十余日,双方死伤均重。美军轰炸神户,投弹二千余吨。东京、名古屋、大阪、神户四处受创略相等。其他日本城市此后恐将一一遭炸,俱归毁灭。

今日复云彬一信。云彬已与其夫人飞往昆明,昨接其来信,似所务与盟军有关,语焉不详。谓在昆明环境甚好,有工夫作文看书。《国文杂志》拟继续编辑云云。

三月十八日(星期日)

金大同学某君来邀余作演讲,辞以缓日再说。某君为言到印度之远征军近已调回国内,驻滇黔境,颇受军官之压抑,食不得饱,稍致反诘则楚箠随之。其同学数人方自云南逃归,言之如此,可信其千真万确。又言金大之加入青年军者十八人,青年军送往泸县,其待遇与一般壮丁无殊,不堪其苦而逃回者已有十六人矣。远征军与青年军之号召去今不过三四月耳,当时热心者踊跃奔赴,怀疑者则谓殊不必往,今怀疑之言验矣。军政方在革新,报纸屡屡宣传,而实际如是,尚复何望。根本不改变,一切无从谈起也。

午后仍至店中一观。今日门市售二十万元有余,此数为最高纪录。回家,观我店所出翻译小说集《巴黎之旅》之一篇。

有《党军日报》记者拱女士来访,索文。同来者孙永庆,军校教官,系颉刚在齐鲁大学之学生也。

前日云彬来信中叙昆明物价,颇可记。毛纸一刀四百元,肥皂一块二百元,猪肉一斤七百元,猪油菜油一斤一千五百元。云彬夫妇住一旅馆,每日房饭费六千元。比之成都皆高至一倍以上,而成都已大闹物价狂涨,民不聊生矣。自另一面言之,非物价之涨,而为币值之跌。报载我国已请一美国专家赶速飞来,为我国筹整理通货之方。如今事事皆请美国专家,一若百病丛生之人,病急则一再延医。而病者自身之活力苟不加以培养,虽良医亦难奏功也。

三月十九日（星期一）

晨出剪发,付二百元,果然又涨价矣。作拱女士嘱作之文,其副刊名《血花》,即分"血"与"花"二字各写一段成篇,长一千三百言。

十二时,至宴宾楼出席新世纪学会第三次理事及财务委员联席会议,并欢迎潘大逵君。潘亦为理事,居昆明者也。

二时回家,看彬然、锡光、清华、三官来信,言店事甚多。灯下写信复彬然。

三月二十日（星期二）

作书复锡光、清华、三官,与昨夜致彬然书同寄。

午后,赞平来,仍为设法解决我居之租金问题。又约后日至张毅崛家,并邀超构、楷元同往。

鼎彝来,谈学会经费事。孙永庆来,代拱女士取稿。楷元文龙来,闲谈时事。

客既去,余校对王了一之《中国语法纲要》校样。此书须为作索引,校对亦须精审,故锡光寄来由余校之。至于夜九时,凡校三十余面。

三月廿二（星期四）

改"中志"八十六期所用文两篇。

午后,赞平偕向姓冷姓二大学生来,为会超构。超构、楷元旋亦来。六人同至黄瓦街张毅崛家。张为赞平之友,原为军官,今家居,喜杂览书籍,周知外事。因超构曾访延安,就询延安事,言外有惧其扩而为大势力遍及全国之意。张居甚广,树木森森,山茶海棠方盛开,庭列兰蕙数十盆,其中春兰亦正抽瓣。设计布置均不俗,书画亦可观。军人如是,甚难得矣。留吃夜饭,超构、赞平并试吸其鸦片。八时归。

三月廿三日（星期五）

阅吴晗所撰《明太祖》一书毕。吴君精究明史,此作以通俗之笔,叙明太祖开国规模,甚为精要,誉之者颇众。

饭后,独行出新西门观花会。草棚中唯多茶肆与小食铺,农器无多,花木则绝无。无可观,仍步行而归。

傍晚,受百偕戴运轨来访,谈戴君教本版税事。

夜七时至文化生活社,应邹荻帆之邀,出席其所召集之晚会。二官亦在座,凡十九人。请张友渔谈日本方面之各问题,张君盖号为日本通者也。九时散。

三月廿四日(星期六)

作书致洗公(第百三十号),与谈戴运轨教本版税问题。

饭后,与二官至东大街省立图书馆,观美国新闻处主办之第四次时事照片展览。一部分前已见过,最新者为罗邱史黑海会议,美军琉璜岛登陆,中印公路开通等数辑。四时归。

夜,孙明心以所收左宗棠致其胞兄信若干通见示,云以千二百元得之于桂林,系湖南人售出者。信中多叙战事,在军中所书,字极道劲,观之悦目。

报载鄂北豫南,敌又结集重兵窜扰,似有窥陕入汉中之势。美舰机猛攻琉球,似将登陆。

三月廿五日(星期日)

取昨夕所观左宗棠信札,录而存之。

午刻祀先,算是过清明节,清明为下月五日也。饭后看林译《贼史》若干页。三时至店中小坐。世泽、声潮方买酒小酌,邀余共饮。四时半归。

入夜,杨村人来谈,渠任教于南虹艺专,不复往重庆矣。

报载有一英国青年诗人作《中国兵颂》,命意颇佳,录其译文如下:

"他从不曾享受文化的恩典,/他的长官和虱子都已把他遗弃,/在一条薄被盖下他瞑目长眠,/他的名字永不会载在战史上面。//他头脑里装着的知识也许还存在,/他的笑容却一去不回,/像战争的日子一样阴暗没光彩,/他的名字随着他的面容永远消散。//他不懂也不会挑选什么是安乐,/但在他殉身于祖国的土地时,/他已教训了我们的儿女们/土地是如此可爱。//他又教训我们别在恶犬之前忍辱受难,/他更教训我们/只要有山有水有庐舍的地方/也就是有人民的所在。"

三月廿六日（星期一）

开始作一"中志"之卷头言。天气好，晴光满室，桌上瓶中海棠呈艳，笔下亦遂见顺利。

午后，朝相来，谈此次返蓬溪，所见本乡恶势力布满，全无佳朕可言。既而徐中舒来，言其友人欲编近代史丛刊，问我店可否出版。答以少量则可，多则不胜。续作文字迄于夜八时，得二千三百言，未完。

得洗公及三官来信。三官去后，信来三封，语焉不详，殊逊在家时随便谈笑之欢矣。

夜报载美军在琉球群岛北部之一岛登陆，日方守军正在抵抗中。此举若成功，则美军直达日本之门户矣。

三月廿七日（星期二）

续作昨文，又得一纸有余，毕，题曰《独善与兼善》。又作一随笔，叙三午知能发育情形，到夜而毕，凡三千言，题曰《我的侄儿》，盖假托儿辈之口气也。

豫鄂战事续扩张，敌势似将取钳形攻老河口，复由老河口以窥汉中。中美空军皆出袭击，但徒恃空军终非良策，不知陆军可以一抗否。

我国出席旧金山会议之代表团已选定，凡十人，以宋子文为团长，余九人则顾维钧、王宠惠、魏道明、胡适、吴贻芳、董必武、张君劢、李璜、胡霖也。

三月廿八日（星期三）

作书复陆步青。此人唯知言钱，来书言币值大跌，前之预支版税太少，主增加一倍。而其所编《简易英语丛书》实毫无精义，且来书中明言撰此以应急需，殊违著作之义。余答书拒绝其要求。又作书复洗公（第百卅一号），并附去一书与三官。

饭后改钟博约寄来一文，可用入"中志"，作书复博约。

三时半出外寄信，闲行街市一周。回家得三官及韵锵等信，灯下复之。书《英文月刊》及《中国地理基础》之封面字。《英文月刊》即将创刊，以仲华为之主持人。

三月廿九日（星期四）

作书复允安、刃锋、叔湘。并致书傅肖岩，请其作一介绍书，介我店于《时与潮》社印刷所，希与以印刷上之便利。

今日为青年节，小墨二官皆放假回家。公园中学生集会，大约是听人训话。饭后续看《贼史》，倦甚，睡一时许。

晚报载德军西线已溃，英美加军向东进展，西线苏军亦猛攻，预料欧洲之战即可结束。美海军于琉球近旁或将与日海军作一大战。

灯下作书致士敭、彬然，忽头昏甚剧，即就睡。入春身体恒感不舒，年年如是也。

三月三十日（星期五）

昨二官作一随笔，今日为之修饰，即为誊正，题曰《街上》，拟刊于"中志"。

接骆宾基丰村二君来电，言已离酆都抵渝，谢此间友人之援助。二君得脱于拘系，前已知之。唯突被囚禁，释出而置之不问，殊违保障人身自由之旨。曾以此询彬然，彬然言重庆友人之意，释出即了事，殊不愿以此牵涉各方面。此亦怕事者之见解也。

饭后出外闲行，殊无聊，即归。归而卧憩，续看《贼史》，入梦约半时许。

报载敌军距老河口仅四哩。河南方面正攻南阳，我军坚守。此二处若失，不知以后发展如何。

三月卅一日（星期六）

上午作一卷头言，题为《欢迎我们的姐妹刊〈进修月刊〉》，一千一百言。《进修月刊》者，孙起孟、曹伯韩诸君在昆明所编辑，与"中志"相仿，且作稿人多半为"中志"之作稿人也。

午后得金子敦、巴金、雁冰三人署名之函，云将组成一团体，为文友谋写作及出版上之便利，由三人另邀十一为发起人，余名在内，即作书允之。又复川大一学生之信，其人将寄文字来嘱余过目。

天气大热，余去棉袄而衣夹衫。出外寄信回来，酣睡一时许。开始看林译之《滑稽外史》，十余页而止。

灯下，应燕大学生之嘱，作一短文付《燕京新闻》，题曰《算了算了的态度要不得》，盖言见恶不诛，"算了，算了，"实为助长其恶，纵容其恶，亦恶德也。故人人应勉与恶斗云云。

昨夜闻初雷。有雨，而不大。

四月（选录二十八日）

四月一日（星期日）

有绵竹茶叶商人熊君来，带来胡东炳之信，并所赠诗笺两札、信封两札。即作书谢胡。

章嘉禾托其同学李洪庆来取共衣服，同来者为一《扫荡报》之记者（忘其姓氏）。章现居昆明附近某空军基地，时时出袭敌人。据李君言，南阳老河口皆已失陷数日，而今日报纸犹言两地我军正挫敌也。敌窥陕企图似非实现不可，为之怅恨。李又言我方不争气，致英美方面给与援助，动有阻碍；我国空军在印度者观外国报纸，与外人交接，辄有莫可言状之痛苦。

饭后，独出观电影于新明，片名《希魔恶死》，叙希特勒以貌似者为其替身，兼及纳粹暴状。故事自属虚构，而饰希特勒者状貌酷肖，颇有趣味。

回家，药眠来谈近闻，坐一时许而去。

灯下写信致彬然，附一书与三官。

四月二日（星期一）

续看《滑稽外史》。

报载南阳老河口仍坚守，大约当地驻军未溃，而敌兵则抄过其地而前进，故传业已失守之说。美军登陆大琉球，今日美方始有正式公布，规模之大又是空前，士兵至十万人。

午后出外闲行，观《泰山情侣》电影片。

五时回家，接信数件，独重庆稿件不至。约定作稿者往往不守信，彬然必陶亦不能限期作文，以至于"中志"始终脱期，无由提早，真无可如何。

云彬信中抄示某报对于战局之观察，似颇有见，录之："豫鄂战争关系密切，自鄂北北上与自豫西南斜行向下之敌人,显然是一个大钳。在此钳状攻势中,敌必妄图消灭我布置于伏牛山南北两麓及汉水(下游)流域的野战军。敌人可能以南阳老河口为初步目标,击破或截断我桐柏山前进阵地之兵力,会师于桐柏伏牛两山脉的缺口上。然后分两路前进,一循豫陕公路,沿伏牛山北麓,以入陕东,向北威胁西安。一自伏牛山南麓,溯老白公路及汉江而上,以入陕南,遥窥汉中,威胁成都,甚或中途分兵侧击重庆。敌人果有如此野心,那么,他的第一个战略目的当为截断我们的大西北,使我战场割裂,后方孤立,然后相机进击成渝,动摇我国抗战基础。第二个目的是夺取汉中宝鸡一带的空军基地,以解除华北华中空中威胁,以保护其交通线和工业生产。第三,敌人最大目的,恐怕还是企图破坏我国的团结统一,瓦解我国的反攻准备,打击我国的民心士气,同时妄想在军事的烟幕下,以发动其阴谋。"云彬又谓,滇中将来是否要受威胁尚难断言。唯许多人看法,敌或将在各处发动云云。据此,当前局势实为空前严重,而酣嬉犹是,因循犹是,思之怅恨。

四月三日(星期二)

作书复叔湘,嘉禾,文珍,田泽芝,并致书人梗。泽芝自贵阳退渝,今在资中女中任教,已生一女孩。人梗托叔湘来言,欲以旧作西洋史改编出版,允可商量。

饭后,续观《滑稽外史》。鼎彝来,约定星期五开学会之常务理事会。

得彬然来信,皆言店中事。来言有人传言,愈之避居于荷兰东印度,已以病死。此说深冀其未确,愈之之才,友朋中不可多得也。怅然不欢。

四月四日(星期三)

晨起作书复锡光、彬然。又复一来问之施展君。又作书致洗公(第百卅二号),告以顷得陆步青书,《初中算术》已审毕,《初中植物》宜送部复审。饭后得信多件。中有洗公书,决定应付教本著作人之办法,即作书复之(第百卅三号)。

一时半,白尘等来开会,系讨论协济会事,四时而散。

楷元送来参观都江堰开水典礼之乘车券三纸,明日可与小墨二官偕往。此事动机发于楷元,谓既在成都,此每年一回之盛事不可不一观。而小墨二官亦欲往,因托其向建设厅设法三券。得之甚不易,楷元至云"不辱使命"。

六时,应孙永庆君之招,至四五六饮宴。客半为其军校之同事,余则钱宾四、黄文弼诸君。与宾四不见者且一年,渠胃病初愈,瘦削殊甚。

八时归。灯下看今日重庆寄来之文两篇。

四月五日(星期四)

晨未明即起。六时,与小墨二官至忠烈祠街公路总局,上赴灌县之专车。楷元后至,未与我们同车。车凡二十余辆,七时半起先后开出。过郫县,见地上泥泞,知夜来有雨。再往西而雨作。九时四十分到离堆公园,下车冒雨而行。登伏龙观,自其后下,循内江河道至二王庙(此时未开水,河道可以行人)。先观索桥,小墨二官来回走之,余走一小段,觉头晕而退回。二十八年来游,余亦曾走过也。反身入二王庙,观祭祀典礼。省主席张群为主祭官,其仪式与人家祠堂中祭祖先相似,观者挤于两旁,笑语间作,甚无庄重之仪。祭毕,共至河边,鸣炮开水。由工人砍断"马槎"(用以拦外江江水之障碍物)一截,用一粗索由人力牵引之。马槎既断,外江水即冲入内江,观者群呼,于是礼成。登岸经玉垒关入城,返于离堆公园,则游人已在登车争坐位。我们亦争入一车,候甚久而楷元携其女至,遂挤坐一起。四时开车,五时半到忠烈祠街。

竟日未进水,未吃饭,仅食面包饼干。以实言之,此开水典礼亦无甚可观。急回家,洗脸,进晚餐。

小墨二官尚有兴,即出赴音乐会听音乐(今日为音乐节),余则疲不能复出矣。灯下略改文稿,早睡。

四月六日(星期五)

晨间报至,苏联通知日本,废除苏日中立条约。日本小矶内阁总辞职。此重大事也。

改毕收到之文稿,编排次序,写定目录,"中志"第八十六期完成,于下午送审。

鼎彝来谈,谓将至三台,入东北大学任教,余甚为赞成。四时,在我家开新世纪常务理事会,到者连余五人。决定改月刊为丛刊(以登记暂难取得执照),分头募捐,联络会员情谊等项,五时半散。药眠又谈半时许而去。

杨村人来,约余于下星期二往南虹艺专演讲。

灯下作书致李劼人,告以今日集会事。又致彬然。并复沙汀信,请其作文。

四月七日(星期六)

作书致锡光,请其注意书志之印刷,务使清楚匀净。附入昨夜所作致彬然书中。又作书致洗公,言购到嘉乐纸事,亦附寄。改何文龙投来一文。

午后叔湘来,谈《英文月刊》事。继之受百来,谈日本武人强不知以为知,蹙其国运。甚可听。又继之,楷元来,留渠晚餐,谈至八点半而去。

八日(星期日)

日本新内阁组成,首相曰铃木贯太郎,为一海军界之老人。豫鄂战事,电讯殊简。南阳之名已数日不见记载,殆已失陷。老河口则敌军冲入城垣,我方歼之,亦已在危险阶段。作书致锡光,告以昨日叔湘所谈各节。

复佩弦一书。渠来信言胃疾复发,教课而外,他无所作。

白尘送来戏券三纸,招观中艺社之《戏剧春秋》,与小墨二官往观。以演员演戏剧界之故事,自属当行本色。且夏衍、于伶、宋之的三人合编之剧本原亦不坏,故表演成绩,以余观之,当为中艺社所演诸戏之冠。五时归。

灯下改毕何文龙之文,又改二官观开水典礼之文。

昨日三官来信,言迩来身体消瘦,疑有病,颇念之。今日墨回信,嘱其即往检验。恐其有肺病,若是疲劳所致,但须休养而已。

四月九日(星期一)

看白尘所赠其近作《岁寒图》,未毕一幕。

午后二时,至书审处取回"中志"八十五期送审稿。即作一书致锡光,封固付邮。

晚饭后,忽人声鼎沸,传言隔壁茶馆中寄居之壮丁脱逃。既而屋瓦上有脚步声,一壮丁破屋面而下,求为宽容。旋趋入厨房,又越墙他去。事后闻人言,壮丁逃去者将二十余人。此等事近日时有所闻。缘本年抽丁,一次征足全年之数(本分四季),故额数特多。乡镇抽齐后(实非抽而为买),皆送入城来,而师管区有种种需索，不即收点，于是寄居于各街巷。壮丁之食既不好，待遇犹如囚犯，遂皆欲伺机而逃。前此十余日，三桥街有一壮丁脱逃，被枪击而死。上星期祠堂街有壮丁逃入少城公园荷池中，追者拘及之，以大刀痛击其身，旁观者不平，则群击操刀者，警察来弹压，亦被痛殴。昨夕祠堂街复有逃者，看守之兵放枪，死数壮丁及二路人。今夕我街居然未放枪，犹为幸事。役政之坏，至今而极。以人口为卖买，狡黠者从中取利，俨然一新辟之牟利事业。待遇不改善，中签入伍者苦于牛马，以此拒敌，甚于缘木求鱼。思之伤心，闻之惨恻。而政府方且以役征已趋改善自诩也。颇思作一文刊于报纸，供军政部长陈诚、兵役部长鹿钟麟读之，而因循未果，心头总似有一事未了者然。

四月十日（星期二）

晨间看报。九时半出门，至南虹艺专。十时开始为学生讲话。他们标题为《文学的修养》，余随意讲说，殊不切题。一时半而毕。校中人邀至华西坝餐馆吃饭，坐间诸人谈鬼怪故事，皆云实有其事，其人其名可以指数。听之亦有兴味，一时半归。

至店中。雪舟今日往嘉乐厂接洽，购入嘉乐纸二百令，每令价一万三千元。三时归，续看《岁寒图》，至第二幕而止，出外买酒，傍晚独饮。

孙明心已搬出，联营书店分出三间租与文化生活社，今日搬来。于是我们屋内共有三家书店矣。

昨夕跳屋而下之壮丁实未越墙他去，竟夕缩于两屋夹墙之间。今夕厨下有人声，渠始出。询之，知其人姓黄，十七岁，居西门外，为粗纸业，出外收账，途中被拉，身上衣服及囊中一万余元均为军官没收，而易穿灰布军服。我们遂检出旧衣令其改装，以便俟机走归。渠不敢以夜行，恐逻者守于街之两端，拟以明日清早疾驰以归。昨夜逃脱之壮丁殊不少，住茶馆中者为一连人，今日观之，似留者不过三四十人。方纷纷走散时，街坊人民抱住军官与守兵，夺其手枪步枪，乃未致开枪杀人之祸。夺去之枪不复交出，则其未必纯出于抱不平怕出事之心理，可推知也。看报，知此批壮丁将候机运往昆明，据云于一星期内可以运毕。

四月十一日(星期三)

来信甚多,一一复之。允安寄《西川集》之版税来(六万余元),寄与收据。傅肖岩欲在成都任教,以便看书访友,答以有机会当可尽力。赵家璧为良友公司二十周年征纪念文字,答以有可写则作,否则不作。蒋牧良在湖南晃县任《国晨报》副刊之编辑,嘱作文,答以少缓,容思之。云彬来信,言在昆明接洽文友,改进"国志",复之。允安欲得佩弦《经典常谈》一书之出版权,因作一书与佩弦商量。

燕大二学生来,谈日来访问留城待送壮丁所见所闻,惨事甚多,闻之气愤。

饭后,朝相郭尼迪先后来,闲谈甚久。二君去,文化生活社之濮君来谈。濮系溧水人,祖父来川作知县,即居于此,与巴金家为亲戚。承以其祖父所作之《眷眉词》一卷相赠。

傍晚,凌叔华来访。凌将自乐山迁居重庆,或将絜女游英,与通伯同为旅客,今尚未决。谈乐山近事及武大情况,言下多感慨。承赠佳墨一段,江西细瓷茶杯一器,却之不恭,唯有受之而已。

小墨归来,与饮酒闲谈,体力较恢复,意兴亦好。

四月十二日(星期四)

作八十八期"中志"所用之卷头言,得千余字,未完。

下午四时至店中小坐,自少城公园返。春花俱已残谢,绿叶成荫矣。

晚饭后,燕大学生来邀,参加各大学代表之兵役问题座谈会。诸人发言皆有见,而结论则为此是整个问题之一部,政治不民主,即兵役不能改善。争取民主,当自各项具体事情上表现之,就兵役问题有所工作,即一种之表现。主张发起募捐,经常慰问入营壮丁;刊印记录,将所见所闻报告于社会,面谒兵役部长鹿钟麟(即将来蓉),为壮丁请命。此数事若经各大学之自治会赞成通过,即可成为事实。九时半散。

今日城中寄居之壮丁已迁出城外,闻在城之西北,不知何地,其总数为八万人。大约当局亦觉太不像样,恐惹是非,不如匿而不见之为愈也。

欧洲战场东线苏军,西线美军,相距不过百哩有余。德政府及希特勒,时有破灭死亡之谣传，战事结束必不远矣。而我国战场情势甚不好，老河口已于昨日失陷。

四月十三日（星期五）

续作昨文，至午而毕，全篇二千余言，题曰《五四文艺节》。以五四为文艺节自本年始，此殊有意义。

方饭时，忽闻叫卖号外，则罗斯福总统突然以脑由血于今晨逝世。闻之惘然。罗氏实为世界的人，与世界人民最亲近，骤然失之，震撼非轻。总统由副总统杜鲁门继任，据云其人为罗氏作战政策之忠实拥护者。号外并列我国战场消息，言老河口于今晨收复，此可慰也。

二时至店中，与雪舟闲谈。雪舟所住屋已由房主收回，今迁其全眷居于店中之前楼，经济而方便，自是正法。

五时回家，知《星期快报》之张西恪来过，言将出一专册纪念罗斯福，嘱余作一千言之文。余本欲有作，遂动笔。晚饭后续作，至十一时毕，千二百言，题曰《吊罗斯福总统》。余以罗氏为真正的政治家，而真正的政治家又必为教育家，罗氏亦当之而无愧。

夜间作文，就床即不得熟睡，竟夜半醒半眠，自觉疲劳在于后脑。

四月十四日（星期六）

晨出剪发，居然未涨价。

人梗书来，又谈高中外史之编撰，复之。昨得文光寄来《西川集》十册，分送与佩弦、了一、广田、雪峰、沙汀、叔湘、赞平、楷元。

饭后，子杰来访。言文化界对时事宣言署余名，外间颇有注意余者，以为有背景，劝余不必多与闻此等事。余谢其盛意，但亦告以见有不满意事，亦不得不管。赠以《西川集》一册。

作书致彬然，以昨夜所作文附去，请其在重庆刊布于报纸或杂志。

倦甚，入睡一时许，起来看《滑稽外史》数章。

四月十五日（星期日）

晨至店中小坐。归来杂看《滑稽外史》与《苕溪渔隐丛话》。天气又转暖，饭后昏昏如醉,入睡一小时许。

李晓舫罗玉君夫妇来访。玉君以所作《巴黎鸿爪》一稿嘱余校读。赠以《西川集》一册。

雪舟旧居有桃树梅树各一株,今既迁居,移植于我居之庭前。明春想仍当居此,当可见其放花也。

四月十六日(星期一)

看罗玉君之《巴黎鸿爪》,略为改易文句。作书致洗公(第百三十四号)。

午后一时应张承春之邀,至其家午餐。张系楷元之友,久欲邀余吃饭。今日尝新茶,饮茅台酒,食其家肴,甚适。他客仅楷元及文龙,余则其弟而已。

楷元文龙言罗斯福之逝,影响大局者,厥为英苏之关系恐将不复如前之固结。英之邱吉尔甚恣肆,不易与苏协调,而唯罗之声望与政治头脑足以抑之,杜鲁门非其选也。

二时半归,倦甚,入睡一小时。傍晚,白尘来谈,坐一时许。

今日三午生日,吃面。此子三周岁矣,聪慧可喜,祝其年有长进。

孙明心来闲谈,言重庆印刷工价益高,出版事业即不受政治势力之摧残,亦几趋于绝路。

四月十七日(星期二)

邮差送到信多件,皆经延搁。询其故,答言今时邮资与物价比,实为低廉,故寄信者纷纷寄快信及挂号,致此项邮件积压,不克迅速分送。其言似有理,然邮务员服务精神不振,当亦为一因。

即作书答洗公(第百卅五号)及彬然,附书与三官。复陆步青书。致书孟实,允将来印其《翻译示例》。又答傅肖岩书。

洗公彬然书中均言决定创刊《开明少年》,此事由余总其成。以后必较繁忙,然不忙亦复无聊。拟以七月一日出首期,准备稿件,即着手矣。

叔湘于午后四时来,交来英文对译书稿一种,即就《石榴树》中选四篇为之。其所为注释,特详于一字一语之用法,为同类书中所罕见。

报载我军克复襄阳、自忠、南召,似反攻尚为有力。洗公书中言重庆观察家以为豫鄂之战无足虑，其故何在，洗公未之详。

四月十八日（星期三）

昨夜大雷雨，今日上午复雨，至午而止。

起来后作新体诗一首，题为《言论自由》，白尘嘱作，将以纪念《华西晚报》之四周年（后日）。余久已不作新体诗，今为之，取其较作散文省事，即此一点意思，作散文费时当陪之。校读昨日收到文稿两篇。

饭后，出观影片《含冤九泉》，以其为名演员保罗茂尼所主演，故观之。故事为一冤狱，保罗茂尼为剧本所限，无以展其长。

四时归，续校读文稿。雪舟馈绍酒一瓶，与小墨共饮之。

四月十九日（星期四）

改三官所作读书笔记，亦将刊于"中志"者。毕，即致书三官，并附笺致洗公、彬然、锡光，皆不列号。

午后，朝相冰洋来，以所作慰问郭沫若文见示。郭为政治部文化工作委员会主任，今其会撤消，名曰裁去骈枝机关，实含有政治意味，故慰问之。余略为改易而已。

三时半至《新民报》访楷元，五时偕至冠生园，协济会宴请市政府高级职员，希望于会事随时相助。

席间，知《华西晚报》于昨今两日连遭川大夜校学生捣毁。其故因刊载一文，叙某大学夜校之不佳情形。昨日即有夜校学生二十八人到报馆寻事，被军警拘去，经学校保释。今日遂往报仇，纠众至二百人，捣毁工场、办事处，并殴打人员。其事表面上自是青年冲动，胡乱寻事，然背后或有鼓动之者，则又含有政治意味矣。

托庞薰琴为《开明少年》画封面。与志远药眠畅谈。

八时归，月樵在，谈学校教本必须赶印，以求秋季供应之无虞。

四月二十日（星期五）

昨日初识马思聪，有名之提琴家及作曲家也。开渠薰琴嘱作短文刊于《新民报》，以欢迎其来蓉，并为其演奏会鼓吹。今晨即作一文，仅七百言。

饭后，朝相来，谈一时许，偕往青年会，参加《华西晚报》四周年纪念会。馆中人于被川大学生捣乱略有陈述，即请来宾进茶点，观傀儡戏。戏为《金山寺》，在台后歌唱者皆年老之人，所唱与川戏馆无殊。此辈之后，恐无复业此者矣。五时归。

四月廿二日（星期日）

晨起作卷头言一篇，题曰《管公众的事》，不足千言。检点其他各篇，写定八十七期（五月号）之目录，封固，备明日送审。

饭后，赞平来，言房租已托向宇芳与房东之管事说妥，每月五万，一年内不再调整。此事算告一段落，我方收入联营及文化生活社之租金及其半，所纳为二万五千耳。

俟赞平去，与小墨访月樵，观其所藏《百科全书》及《儿童知识丛书》，编辑《开明少年》可以利用。五时归，仍饮绍酒。

四月廿三日（星期一）

日来疲甚，拟休息竟日，不作何事。

上午看报纸，理架上书籍。午后至蓉光看电影，系苏联产，曰《凤羽飞马》，据童话摄制，无甚意义，而片甚美，用彩色，山林海底之背景皆可观。

出影院，路上叫卖号外，则苏军已攻入柏林城。正当旧金山会议之前夕，可谓丝丝入扣。

到家，观洗公士敫书，复之（致洗公书为第百卅六号）。

四月廿四日（星期二）

上午作一歌曰《少年》，备刊入《开明少年》之首期。余拟每期有一歌，并为作谱。今此歌则请许可经制谱，致书许君托之。

人梗来信，仍谈高中外国史事，复之。

饭后至嘉乐厂，出席文协理事会。待久之，会众始集。议定于下月四日开会员大会，并庆祝文艺节。余于四时半先退，往书审处取送审"中志"稿，云尚未审毕，空手而归。

今日将月樵处之《儿童知识丛书》（英国出）二十册借来，大有可取材者。

四月廿五日(星期三)

作书复陆步青,告以其稿已收到。作长信复彬然,附书致三官。

又致书云彬,嘱作纪念愈之之文,"中志"拟于八十九期出一纪念愈之之特辑也。

小墨归来,共商《开明少年》之编辑方式。今日小墨生日,傍晚吃面,面价每斤一百三十八元矣。

四月廿六日(星期四)

上午作短文一篇,预备入《开明少年》。歌川、孟实书来,复之。取回"中志"八十七期送审稿,即寄往重庆。饭后入睡一时,起来改汪刃锋所作论绘画之文,亦拟入"少年"。汪君之文不能自达其意,改之殊费力。

子杰送来马思聪提琴演奏会券两张,七时与小墨往听之。听众满堂,盛况殊常,闻我国小提琴家以马君为首,宜如此也。所奏曲中有马君自撰之《绥远组曲》,余约略辨其有中国风味。此外皆欧西作品,余不能名其佳胜何在,唯觉其悦耳娱心,不觉时间之过去耳。九时散。

四月廿七日(星期五)

续改刃锋文,仅数纸而止,肝阳忽升,头昏恶心。勉作书答刃锋,并复苏文涵。遂就睡。

与墨言吾二人身体皆无病,而半老就衰,体力不足以副其精神。应作之事方多,又不克坐而嬉游。宜访医生求其定一补养之药,或服用,或注射,以增强体力。墨亦以为然。

午后二时,与墨同至店中,就雪舟谈造货之事。今后成都分店需印教科书,占全数三分之一,供应川西及西北数省。傍晚至月樵所应其招宴,盖为其新生儿开汤饼筵也。八时半归,雨,乘车而行。

四月廿九日(星期日)

上午作文一篇,亦谈"五四"文艺节,与《星期快报》。饭后,《党军日报》之章君来,接洽五四日刊载文协统筹之纪念文稿。此事由白尘主持,重庆文友有大批文稿寄来,此间文友亦将各有所作,届日分配于全市之各种报纸,蔚为大观。

因作书致白尘,请其分配文稿于《党军日报》。

改小墨所作天文学之通俗文字,将刊于《开明少年》。张先辰来访,坐有顷而去。灯下改二官所作短文一篇。

今日报载德国向英美无条件投降,而不向苏联投降,出面者希姆莱。此说未经官方证实。又传英美答以须向盟国全体投降,始可接受云云。又传希特勒命已垂危,墨沙里尼被捕,且被枪决。时当此际,异说纷传,自在意中,唯欧战即将结束,则无可疑矣。

四月三十日(星期一)

上午又作一短文,仍谈文艺节,将付与白尘,由其分配刊于日报。

饭后往中央观电影,借为休息。片名《蝴蝶夫人》,主角葛雷斯摩亚之歌喉大可欣赏,表演《卡门》及《蝴蝶夫人》两歌剧,情趣不同,皆足怡情。

回来执笔校读文字,到夜校毕胡绳之历史讲话一篇。

黄子耕来,送来所刊《季刚先生所为词》百册,卖与我店。余即赴店中取款,备明日付与之。

德国投降,尚未证实。墨沙里尼及其法西斯党徒十余人则确已被意大利民军枪毙于米兰。陈尸街上,致辱百端,亦见其怨毒之深。又传希特勒已毕命,何因致之,未详言也。

五月(选录二十九日)

五月一日(星期二)

竟日不离座,校改文稿三篇,复书陆步青及锡光、彬然。

上午,鼎彝来谈。傍晚,药眠来,以所作《文艺与民主》讨论纲领见示,五四之日将于文艺节会场中提出供人参阅者。

夜间,燕大二同学来,谈学生界之沉闷之空气今已打破,此后自当更有不同云云,甚快。

今日为母亲生日,傍晚吃面,且供寿星。

五月二日（星期三）

又竟日校读文稿，仅下午入睡一小时而已。"中志"及"少年"之稿陆续至，本月内编成"中志"两期"少年"一期，尚不为难。唯须连日伏案，余自己再补作数篇始可编齐耳。

昨日今日报纸排字工友怠工，各报皆减少篇幅，出一小张。若不即解决，后曰"五四"，文友所筹备之若干文篇将无由刊出矣。

夜报载希特勒于昨日病死，以邓尼兹为继任之人，将继续抵抗。而希姆莱接洽投降之讯，仍颇有传说。可见纳粹党人际此日暮途穷，亦复不相一致矣。

五月三日（星期四）

作书答沙汀，退回其小说稿，恐触忌讳也。代鼎彝寄其文稿与颉刚，投《文史杂志》。复书致彬然、山公、士敫、三官。

饭后仍入睡一时。起来出外剪发，未加价，仍为二百元。回来复改杂志文字。

冯列山来，谈国内国外情势很多，偏于乐观。又言将担任《成都周报》编务，邀余参加。

灯下致锡光一信，三官一信，复田稼一信。

今日收到三官寄来照片，甚瘦削。据言已请医生看过，肺部无病，或腹中有虫。

晚报载苏军已完全攻克柏林。意大利之德军已全部无条件投降。英军登陆仰光，似缅甸之收复已无问题。

五月四日（星期五）

晨起改二官短文一篇。

九时，与二官至青年会，出席文协年会。到者约八十人，颉入主席。报告会务后，选举下届理事。理事本为九人，今增多六人，余仍当选，实则力既不逮，时亦不许，余未能作何事也。午刻，会友聚餐于四五六，凡五席，一部分会员未参加。鼎彝邀至其家小休，泡浓茶见饷。

二时，再至青年会，参加庆祝文艺节之会。到者除文协会友外，尚有各文艺团体之主持人及各报副刊编者。余为主席,致词半小时,复请周太玄演说,谈五四精神。继之则为余兴节目。

四时半散,至吴梦三所。承其招饮,而今夕尚须往华西坝,不克践约,故往谢之。吴经营工商业颇广,两年以来,闻致巨富矣。

到家稍休,吃晚饭。即与二官驱车往华西坝。坝上殊热闹,各大学皆特出壁报纪念"五四",蔚为大观。方在开大中学一百零五个学生团体之纪念"五四"大会。后有特务人员来捣乱,裂旗拆台,会遂散。特务人员以此为工作,为报销,不足深责,而行此制者,其恶不可恕矣。

余所参加者为营火会,亦各大学学生所召集。燃木柴一大堆,火焰炽然,会众围之,藉草而坐。歌声四起,别有情味。虞特务人员再来捣乱,则各校推出纠察队。致辞者四人,陈觉玄、林体兰(燕大秘书长)、文幼章(美国人)及余。余先退,与何文龙往视王楷元。楷元病气喘,今日照爱克司光,尚未得医生之正式答复。坐有顷,遂归。

仰光已克复,缅甸境内战事至此结束矣。

五月五日(星期六)

作成"中志"卷头言一篇,取成都各大学学生追悼罗氏会中所发表之《告世界青年书》,稍加按语以介绍于读者。

饭后入睡一时。醒来时,赞平来,《党军日报》之章君来,闲谈。

留赞平饮酒,直至八时始去。谈次,知赞平之姑夫为黄摩西。黄名人,与伯南先生瞿安先生为友,执教于东吴大学,不修边幅,人称为怪。而其文学见解则颇逸出传统,尝编一文学史,实则为文学史材料,收入小说与俗文。在四五十年前,不能不赞为超出矣。余幼时常见之于路上,今犹能想见其状。

五月六日(星期日)

晨与小墨二官至教育厅旧屋,访寓居其间之许可经、刘开渠二君。许言不久即将为余所作之《少年》一歌作曲。于刘处参观其雕塑之工作室,向索其所作无名英雄像之照片,将刊于《开明少年》,并询制作经过,余将为文以张之。

出复兴门,往华大博物馆观其古玉展览。古石器与玉器并列,余于考古无所知,唯叹其古色斑斓,精光动目而已。

回家饭后,作卷头言一篇,曰《升学与就业》。至此"中志"第八十八期稿齐集,于是写定目录,预备明日送审。

灯下作书复世英。世英又回教育科学馆任事,来信问余有无回去服务之意,余谢之。

欧洲德军局部投降,尚未有代表全体出而投降者。对于苏联,则除被俘者以外,无自动之投降。旧金山会议中,为波兰问题,英美与苏联颇成僵局。欧战虽可即了,而前途未必甚可乐观也。

五月七日(星期一)

作书致彬然,并致锡光、三官,无非言杂志编辑事。改小墨所记法国革命之文,亦入"少年"者。

晚后入睡一小时。有崇宁职业学校教员来访,以所作《珠算》一稿见示,答以缓日决定。至店中,与雪舟世泽等谈店事,五时归。灯下作书复洗公(第百卅八号),又附一笺与三官。

五月八日(星期二)

晨间报纸来,载德国已向盟国无条件投降。华盛顿、伦敦、莫斯科同时公布此消息,并定今日为欧战胜利日。欧战凡历五年又八个月,计一千七百二十四天,较诸第一次大战为长。而我国之对日战争八年犹未已,且前途困难尚多也。

作《少年》所用稿一篇,取孟郊《游子吟》而讲解之。

上午,鼎彝来谈。下午,叔湘来,交稿数篇,均佳。

五月九日(星期三)

作"少年"所用文一篇,将近三千言,谈开渠之无名英雄像。

今日起,我国各地悬旗三日,算是庆祝欧战胜利。英美表示其军力均将东调,对付日本。此后对日之战当更剧烈。

傍晚饮酒,与小墨谈教育,其所理解与余相近,甚慰。

灯下检点已有之"少年"文稿,逾预定数之半。创刊号拟为九十六面,字数六万有余也。

五月十日（星期四）

上午改锡光所作小说一篇。锡光向不作小说，今此篇以儿童为题材，切合生活，为少年所易解，甚佳，以入"少年"最为适合。唯文字粗糙，余为修改，涂勾满纸。

午后作书复锡光、彬然。并作三信，复元善、东润、赵家璧。灯下校读"中志"之投稿一篇。

五月十一日（星期五）

上午作文，评二官及叔湘之女所为习作，亦将刊入"少年"者。

午后二时，文艺协会在余家开首次理事会，除劼人外，到者十六人，殊为难得。分配担任职务，余入联络组，与邹荻帆、王冰洋二人同组。议定于阴历五月五日开诗人节晚会，于暑期中举办文艺讲座，五时半始散。

薰琴以绘就之"少年"封面画交余，开渠则以其无名英雄像之照片放大见赠，皆可感。灯下，修改薰琴所写封面字。

五月十二日（星期六）

将"少年"封面画及无名英雄像照片等寄与锡光，请即铸版。又作书致彬然，以振黄子女教育基金捐款寄与，托其转致，计二万余元。"中志"八十八期全稿则已于昨日寄发矣。改二官文三官文各一篇。

六时后到冯列山家，应其招应。张琴南先在。三人饮酒甚徐，杂谈办报、办杂志、国际形势、国内政治等。一餐亘三小时。酒罢更谈。十一时半始归，倦矣。

美军近以空中堡垒在日本沿海及内河布水雷，其目的在使日人不能利用水运将各种工业迁往安全地带。此种战略为前所未有也。

五月十三日（星期日）

致士戢一书，刃锋一书、三官一书。校读"中志"八十九期文字两篇。

饭后睡一觉，昨夜少睡，十分沉酣。天气大热，洗身。傍晚未饮酒，以忘记去打也。偶一间断，似觉弗惯。

灯下写《致教师书》第六通，将以与列山，编入其主持之《成都周报》。仅得五百言而止,明日续写。

昨日接文珍信,示余以悼罗斯福一诗,颇佳,录之:

"沉重的青铜棺抬出白宫,／盛开的花朵收敛起笑容。／／飞机之群盘旋在青天下,／依依的掩护着素车白马。／／安息吧,这里是你爱的／家园,是你爱的图书馆。／／你更爱的理想定会长生,／人们将尽力把它完成。／／蓝色的广播网散着悲哀,／全世界的人都落下泪来。"

五月十四日(星期一)

续作昨文,完毕,凡一千五百言。

子杰来,以丁聪所作木刻《阿Q正传》裱装本嘱余题记,将赠与英国。志远来,谈学会事,并论今后战局。

饭后入睡一时,起来出新南门,至江上村吃茶,应预约也。到白尘、药眠、鼎彝、钟凡诸君,商定文艺讲座办法甚详。此事有意义,唯我入颇需费若干精力也。五时归。

灯下,小墨作头花数幅,余为写字,将以刊入"少年"。

五月十五日(星期二)

作书致沈体兰,商借燕大礼堂,为文艺讲座之会所。致书可经、叔湘,皆请其于讲座演讲一次。于是作"少年"之开场文字,不能迅速,仅得千余言。

饭后仍睡半时。四时往访沈体兰,据答礼堂大致可借,但须校中别无他用。

至店中,与雪舟闲谈。新出之《英文月刊》销行甚佳,来蓉八百余本,十日即售罄,重庆且在再版矣。

五月十七日(星期四)

上午作"少年"之发刊旨趣及广告,预备登报。

天气大热,宛如盛夏。人谓年来成都天气改变,寒暑俱烈,且其来也骤,往时不若是也。

饭后入睡一时。一时至祠堂街茶馆,出席学会之理事会。商定下星期开座谈会,讨论欧战结束后之世界局势与我国情形。四时散。

许可经来,已将余所作"少年"一歌制成曲谱。文艺讲座请其讲音乐二小时,亦蒙允可。

灯下作书致士敔,以上午所作广告等件寄与。士敔现主持推广部事也。

五月十八日(星期五)

再作一笺,加入昨所书致士敔书中,言盼"少年"文稿不到,心中焦急。

叔湘来信,评新出之《英文月刊》,即转寄彬然。元善来信邀余参加七月间之手工艺座谈会,作书允之。届时元善将来蓉也。

饭后睡一时。小墨归来,作成疟疾疟蚊一文,即为改之,文长,未改完。傍晚,寄到"少年"稿一批。

七时至燕大,参加其学生之文艺晚会,说话十余分钟,即归。灯下看寄来之稿。

五月十九日(星期六)

改毕小墨之文,又改重庆寄来之文。"少年"创刊号至此编齐,凡文二十篇,可排八十面。于是写定目录,预备明日寄重庆。自定以今日完成,居然如期,亦为一快。

五月廿一日(星期一)

复洗公书(第百卅九号),并致书士敔、锡光、三官。

倦甚,饭前即小睡。饭后往春熙路买杂志,归后仍偃卧。紧张连日,至此乃颓然,亦见精力之衰。

五月廿二日(星期二)

作致教师书第七通,题为《谈利用》,仍与《成都周报》。复胡绳书。

午后仍入睡一时。鼎彝来,商讨文艺讲座之讲题与讲员。四时,至中央观电影为遣,片名《银行假日》,尚不坏。

晚饭后接云彬信,附有纪念愈之之文,并请曹伯韩同作此题,就灯下读之。冯列山来,谈《成都周刊》事。黄子耕来,商其父《〈文心雕龙〉札记》出版事。俟客去,致书锡光、韵镪、三官。

报载桂省我军克复河池,大好消息。不知系敌人缩短防线欤,抑我军之力增强欤。

五月廿三日（星期三）

报载桂境又克复金城江。

作书复云彬。以"国志"积稿寄允安。复书谭丕模，退回其稿。致一书与士骏。

作文纪念愈之，完篇，千五百言。

午后仍入睡一时。小墨归来，缮写许可经所作曲谱，余助之。

五月廿四日（星期四）

上午半日，剪贴歌谱，即寄与锡光。

饭后往《华西晚报》宿舍，访张天翼。张患肺病甚久，迄不见愈，此次来蓉意在休养。余与不见者且十年矣。一榻萧然，顾而凄恻。

灯下作书致士骏、叔湘、允安。

五月廿五日（星期五）

作一短文，略谈普式庚《波希米人》一诗。此诗译者甚多，有瞿秋白之译本，名曰《茨冈》，诗人节会中将由数人诵之，邹荻帆嘱余特撰此文。

饭后仍小睡。起来作丁聪《阿Q正传》木刻之题记，凡七百言，即写其上，明日送于子杰。

母亲今日未起床，昨夕发热，殆是寒暖不定之故；晨进粥一盂，夜食面一碗。

报载盟国舰只四百艘集中琉球附近，似有在我国海岸登陆之势。

五月廿六日（星期六）

晨出剪发，价仍为二百元。

雪舟来，言近来预备造货，与重庆函电往来，说不明白，拟往重庆一行，邀余同往。前此洗公彬然来信，均劝余到渝一行，共商店事，汽车麻烦，则设法乘飞机。余心欲晤诸君，而行旅又觉其可怕，今既有雪舟作伴，则亦愿奋力一行，决以廿九日乘特快车往。

午后与墨至美术协会，观吴作人画展。吴氏所画多甘宁青康风物，勾勒、设色、布局皆到家，为不可多得之画家。

至店中，接寄来之"中志"八十九期稿一部分。晚饭后，就灯下看稿三篇。

五月廿七日（星期日）

晨起作诗人节集会之致辞一篇，亦邹荻帆嘱作，渠谓将找一善于朗诵者诵之。端午节余未必回来，故必须先行作就，得千二百言。继改重庆寄来之文稿。

午后，与小墨二官往观苏联电影片《虹》。摄影甚佳，故事已熟，观之甚有味。观众特多，此一篇小说太著名矣。

回家仍伏案。傍晚，文铨尚锦为余与雪舟作饯，文铨自治馔颇佳，饮啖甚酣适。

回来编齐"中志"八十九期，写定目录，唯俟明日作一卷头言耳。

五月廿八日（星期一）

晨间报纸来，载我军克南宁。

作"中志"卷头言，纪念"七七"八周年，不得不应景，亦觉无聊。半日完篇，得二千言。于是检看各稿，送往审查。

饭后仍睡一觉。起来检点携带之衣物，甚为简便，并交与三官之物仅两个小包裹耳。晚饭后，与墨同至店中，同人为茶会叙别。九时归。

五月廿九日（星期二）

晨三时即起。天甫明，雪舟来，即驱车至牛市口。车以八时开，特别快车装潢尚好，人各有座位。天阴，风来送爽，车不抛锚，意颇舒快。在简阳吃午饭。至内江而为时尚早，司机主多走些，至荣昌始歇宿。

与雪舟小饮，并畅喝茶。房间颇肮脏，即宿桌子上。无臭虫，而蚊虫为祟，竟夕未眠。

五月三十日（星期三）

晨五时开车，一路疾驶，至璧山进餐。至青木关检查，有男女二人带烟土，于是一车之客大受其累，行李俱受仔细检查。及到达两路口，又经宪兵检查，花时间不少。

乘人力车到店中，午饭方罢，诸君皆以到达之早为异。成渝一天半，在诸人经验中诚罕者也。

四时，与达君雪舟出外洗浴。返店小饮，至凯旋路，在路旁乘凉闲谈。三官较瘦,腹有虫患,令服使君子尚未照办。

夜与达君同室,达君以其床让余,因其绝无臭虫也。一夜酣睡,果无扰害。大气大热,竟夜未盖被袱。

五月卅一日(星期四)

晨出吃点心。坐编辑部,改三官一文,而时时立起,至傍晚始已。子恺来,李儒勉来,郭沫若与雁冰来,吴大琨来,巴金来。

傍晚叙餐,因今夕开我店之设计委员会,子恺、雁冰、巴金皆为委员。餐后开会,讨论今后出书及明年纪念廿周年之办法。十时散。

六月(全录)

六月一日(星期五)

昨睡酣适,而困倦仍未舒。

竟日校"中志"校样,六月号已选校,为之欣慰。午后睡半小时。

傍晚,雁冰来,谈盛世才事,其人之恶毒苛刻,竟非人类。孙伏园来,在店中聚饮。至凯旋路,坐路旁乘凉,谈店事,十一时归。

六月二日(星期六)

昨夕赵家璧偕巴金来,未晤,今晨往访家璧于其良友办事所。辞谢嘱作《我的良友》之文。而家璧言且俟之,仍要余勉为之。回店,校"中志"校样。

午刻,家璧邀巴金来,拉我店数人同餐于滋美。以群来,亦同餐。以群言本月二十四日,将为雁冰祝寿(实只四十九岁),嘱余为邀请之公启,并为文纪念。余又思邀集各书店,凡出有雁冰书者,届时共同登广告发售其书。

返店小睡。允安来,梦生来。大琨来,详谈其受累三年半之经过,所述甚惨。渠与雪峰同系也。既而夏衍来,仲华来,遂在店中共饮。仲华与余饮较多,久已未晤,可谈者多。八时后,洗公、仲华、达君、彬然打牌,余看数圈,先睡。

六月三日(星期日)

晨与彬然至滋美进茶点,应陶行知之约。余前以《西川集》赠陶,陶以为作教师者皆宜一读,尝介绍于北碚管理局卢君,卢即广为采购,分赠其属下之教员公务员。陶近办育才学校,略依理想,但开门七件,日需六万元,故张罗之力为多,教育之功犹少。陶又约郭任远同叙。郭为行为派心理学者,夙有声名,最近将往美国讲学者也。九时散。

十时半,观电影于一园,几乎所有同人俱往。片名《威尔逊总统传》,叙威尔逊生平,据事叙述,殊少戏剧性。盖美国民主党用以抵拒共和党之宣传片也。甚长,演二时半而毕。

天气酷热,闷郁殊甚,饭后睡一时许。起来与彬然、达君、梓翁闲谈。莫志恒来,坐一时许。至凯旋路,应士敫清华之招饮,甚酣适。返店仍为闲谈。十时睡,竟夜流汗不止。

六月四日(星期一)

晨起即往凯旋路,就清华之写字桌作文,可得安静。先作一邀请朋友参加雁冰五十寿辰茶会之书函,仅三百言,由少数至熟之友人具名。继作回忆文,得二千言,往事实不胜其记述也。骄阳夺窗而入,流汗执笔,亦殊苦事。

四时返店,"少年"之排样已送校,迅疾可喜。在店中饮酒,余与洗翁饮较多。

再至凯旋路,坐彬然锡光诸兄室中,尝彬然所购之新茶,甚可口。锡光为余述去年逃难故事,困苦万状,系木板于车厢之下,行李人口悉附其上。前见美新闻处照片有此景,题曰《湘桂流民图》,不料锡光身历之也。

十时归,与洗公达君谈店事。十二时睡。天热,日间作文,复多讲话,竟夜不眠。

有人谈浙江近况,谓两种政权并存,其一方之标语曰"比比看"。此三字简单扼要,无以复加,另一方诚不经一比也。

六月五日(星期二)

晨为同人之初级国文班上课,本由士敫与三官担任,余为示范。

上午作编辑后记两则。午后入睡一时,困倦稍舒。俞守己来,渠近主世界书局总公司事务,经常在重庆。

傍晚仍在店中饮酒。八时,与达君士敫往观《小人物狂想曲》于青年馆,票系孟君谋所赠。此剧殊无深意,而耿震、沈扬、白杨等演技自佳。观其二幕,倦甚,眼几不得开,遂归,亦已十点半矣。

六月六日（星期三）

晨与三官访元善于其会所，共进早餐。谈其推进手工艺之规划，及七月间集谈会之筹备情形。九时返店，为《商务日报》作一短文，王知伊所托也。

饭后仍小睡，天气益热，了无雨意，室中熏蒸，竟不克作事。傍晚应巴金兄弟与朗西夫妇之约，偕洗公雪舟至文化生活社饮酒，谈燕甚畅，八时归，九时半睡，热甚，未得安眠。

有柳州克复之传说。

六月七日（星期四）

晨为店中人谈国文学习，仍多泛论，未有实际有用之言。

至凯旋路，作文，应胡绳夏衍之嘱。仍写致教师书，谈大学中文系，二千余言，不畅。四时返店。傍晚饮后谈店事，至十时睡。竟夜流汗，未得宁睡。

六月八日（星期五）

晨与诸君进早点于百龄餐厅。八时，偕洗公雪舟至中一路，贺文光书店新店开幕。允安梦生至精健，值此书业大不景气之时，犹能勉为扩张，实为难得。仍步行而归。全身湿透矣。

作一诗，送郭沫若出国。郭应苏联之邀，出席苏联科学院二百二十年之庆典。去与不去，小有周折，结果决定去。同被邀请者有丁西林，而丁则辞谢不去。诗与彬然同署名，其语云："期申文化联盟愿，聊遣乘桴浮海情。天地终宽复谁局，独往独来郭先生。"文化联盟者，郭近作刍议提倡者也。

饭后睡一小时，昨夕未得眠，小作补充。参加编校推广部第卅次工作会议，谈甚久，颇有决定，非虚应故事之开会。

雁冰托人送信来，邀余加入文艺联络社为发起人。并邀七时赴会，以时间冲突，辞焉。文艺联络社，与国外通声气者也。

芷芬自昆明乘飞机到，八年不见矣，握手甚欢。仲华、俞鲤艇、刘尊棋、秦柳方来，同饮酒。俞即将去此，往东南助美军工作。刘秦皆知名而初识者。

八时，明社开全体晚会，先以谈说，继以余兴，尚欢畅。十时半散。余以床上太热，以床让芷芬，睡四层楼之大写字桌。而亦并不凉，仍竟夜淌汗，未得宁睡。

六月九日（星期六）

晨作书寄墨。

九时开业务会议，据各人报告，迩来造货成本太高，再生产往往不够本，营业益难。须亟谋改变作风，推广营业，始可勉强维持。会至十二时毕。共出聚餐于第一家，菜中有虾仁一色，值二千余元。

傍晚，与仲华、胡绳、戈宝权、徐君、彬然饮于留香园。此系专售黄酒之肆，布置如咖啡店。共饮六斤，颇畅适。又入冰肆饮冰橘水。

遂至凯旋路，睡锡光之床，锡光今日返沙坪坝家中也。居然得酣睡三四小时。醒来周身浴汗，不能复睡。

今日往车站登记，云十四日可动身，十二日去买票。

六月十日（星期日）

晨起，清华备早餐，豆浆，烧饼涂以美国奶油，芷芬自昆明带来者也。

至店中，为人题画册，写条幅。士敩韵锵顺便嘱余写字。心绪宁定，虽淌汗亦不嫌烦热。

饭后，与韵锵三官出观电影，片名《马克·吐温传》。马之一生富有戏剧性，弗特立马区演来，刻画甚工，佳片也。

至作家书屋访雪峰，未遇，遇蓬子。为余言近来一般青年之动向，以及国内现状，皆可听。

返店，坐电扇下闲谈。七时，应梦生允安之招，餐于兵役部餐厅。余与仲华谈以往相识及同事情形，颇深怀旧之情。

九时散，仍宿凯旋路。阵雨忽作，风来甚烈，天气转凉，遂就睡。而雨未久即止，后半夜醒来仍复浑身是汗，不复能安眠。

六月十一日（星期一）

晨为同人谈语文学习一时有余。看"中志"校样。拟各家联合特价发售雁冰著作之广告。此亦纪念之一方式也。

致一书与亚子先生。彬然言亚子先生居沙坪坝，颇寂寞，闻余来，屡来信问及，期于二十四日雁冰五十岁纪念会中相见，故谢其殷勤之意。

饭后天气转凉，余穿夹衣。入睡甚熟，历二小时。雪峰蓬子来谈。既而颉刚偕丁君匋来。颉刚以昨日来城中，见报纸载余在此，故来访。

七时，董事集会，力子先生准时来。先为聚餐，继乃开会，形式而已，无甚要事。

以群来，示余以文艺联络社之旨趣与简则。此社为文艺之介绍机关，不但介绍国内各地作者之文稿于各刊物，且尽中外介绍之力，经常费用月需三四十万，亦非易也。

十时睡，盖棉被，来渝以后此为第一夜也，睡甚熟。

六月十二日（星期二）

晨，颉刚偕丁君匋及金君来，邀余及山公等进早餐于冠生园。广式点心颇不坏，余久未尝矣。付账凡四千余元。返店，校《丽白楼自选诗》之校样。

午刻，李儒勉夫妇偕来，邀洗公与余进餐于北京小馆子。食菜四色，饼数张，值二千余元，算是便宜矣。仍返店看校样。

傍晚，同人十余人宴余与雪舟芷芬于白玫瑰，川菜甚佳，然两席在五万以上，实为繁费。洗公言此所谓人穷世富，相与慨叹。

至凯旋路，睡锡光之床。锡光以夫人流血，于午刻赶回沙坪坝矣。士敫清华亦俱小病，为之愁叹。

六月十三日（星期三）

晨仍为同人谈国文学习。

晓先特自李家陀来，知余明日将归蓉，故来一面，其意可感。劝余迁家来渝，谓巴蜀将办高中，余与小墨若往任教，以得其住屋为条件，则亦良佳。彼谓将往探勘成之意，余颔之。

饭后，与洗公达君谈店务。与彬然必陶谈编辑国文准教本，以以前之本为据，并不另起炉灶。允安来，谈《国文杂志》事。

车票已买到，明日准可成行，为之一快。傍晚在店中饮酒。酒罢至凯旋路，与诸友叙别，直谈至九时。又共进冷食于百龄餐厅，始散。返保安路，倦甚，即就睡。

六月十四日（星期四）

未明即起，与洗公达君为别，偕雪舟驱车至两路口。韵锵三官来送行。蓉生允安亦至，且赠余以新出版之雁冰所译《人民是不朽的》。

车以七时半开，一路打瞌睡，几无清醒时。天气不热，略有风沙。进午餐于永川，下午六时抵内江，歇榕村旅馆，颇爽气。思进食过端午节，而今日餐馆多停业，遂饮酒数两，食粥一盂，以咸蛋佐食。九时就睡。

六月十五日（星期五）

车以六时开行，途中修车数次。昨夜有雨，绝无尘沙。余一路瞌睡。进午餐于简阳，下午四时抵成都。

到家，知老幼均安，为慰。三午告以昨日往观诗人节集会情形，居然说得清楚。十九天以来，其说话技能显有进步矣。

晚餐后，偕墨至蓉光电影院，观重庆曲社之公演。此间鲜有昆曲之公演，大有号召力，观众拥挤特甚。戏为《探山》《寄子》《琴挑》《梳妆》《掷戟》《游园》《惊梦》七出。佩弦夫人饰陈妙常，平平。《游园》《惊梦》最佳，两女士演来甚为细腻熨帖。饰柳梦梅者，则仙霓社之伶工姚传芗也。十时散。

报载我方再克宜山，敌向柳州退却。

六月十六日（星期六）

昨夜仍未睡好。起来改所积文稿，倦甚，未能顺利。饭后得熟睡两小时。

孙明心、孟尚锦来闲谈，寄居在联营机房之陈君亦来加入。陈君以去年自上海来内地，言上海情形甚详。

晚饭后，燕大一学生偕尹德华来谈。尹在各地讲述外国小说已数年，意在普及文艺之兴味，今在成都，每周于女青年会仍为讲述，亦有心人也。俟其去即就寝。

六月十七日（星期日）

竟日校改"少年"文稿，心思甚急，因发稿期已迫，而手头不克迅速。上午，叔湘来。下午，志远来，鼎彝夫妇来。傍晚，白尘夫妇来。夜间，孙明心来。

临睡前与二官谈话，为述余之感慨，心绪不佳。

六月十八日（星期一）

伏案改文，仍如昨日。

饭后，朝相来谈。余倦甚，一睡两小时，起来觉不爽，既而发烧。傍晚即睡，楷元文龙来访，未与应酬。

六月十九日（星期二）

热度虽退，人仍困倦，偃卧半日，时时入睡。午后强起工作，仍改文篇。洗公信来，由墨代复，即寄发（第百四十号）。

报载克复温州。桂境我军迫柳州。

六月二十日（星期三）

上午仍改文。丁君訇来访，渠将在此设大中国书局之办事处。

饭后，张西洛偕罗君来访。罗在自流井设制革厂，而喜弄文艺。

一时半，至教育科学馆访田世英。该馆已自茶店子迁回城守东大街原址。遇世英，请其修改前年所撰初中地理，将印为准教本。世英介往晤新馆长陈行可。陈有意招余回馆工作，屡托世英致意，今见面，以事忙辞焉。

二时半，至李劼人嘉乐公司，出席文艺讲座委员会。议定以下月九日开始讲述，下月一日，集讲师为茶会于子杰所。此外杂谈甚多，至五时始散。到家疲甚矣。

日来重庆霍乱猖獗，沿成渝线各地均有发现，成都亦复波及，殊可忧虑。

六月廿一日（星期四）

继续改文。伤风渐剧，头脑与口腔大感不舒。饭后一睡两小时，起来则觉发低烧，勉强支持，仍复执笔。

傍晚孟辁来，传陈述民之意，欲请章伯寅先生来光华中学任训育主任，嘱余去信达意。章先生在重庆洛碛，任女子师范教师也。

六月廿二日（星期五）

晨起写信致伯寅先生。

伤风甚剧，发热，支持不住，即就睡。十时半至樊培禄医生所就诊，云伤风而外无他病。归来偃卧，时时入睡。

六月廿三日(星期六)

热仍不退,竟日未起。

今日为丏翁生日,六十岁矣。邮书不通,曾未致一语为祝。满子下面作肴,余傍晚进黄酒半斤。

小墨为店中及同寓各家人注射防疫苗。

六月廿四日(星期日)

晨间热度已退净,起来尚觉疲软。

检点"少年"第二期稿,大体已齐,只待略事补充,即可成编。于是先写定目次,以便缮抄。

午后二时,至祠堂街华记餐厅,出席雁冰五十岁纪念茶会。到者八十人左右。药眠主席,余略改辞,颇感吃力。

四时半散会,与白尘翔鹤诸君茗于少城公园,天翼亦在。渠来蓉休息些时,身体已转好不少。承告谓余之小说,渠往往读之数过,以为深入生活。余闻而愧甚。茶散,诸人聚餐于宴宾楼。八时归,今日倦矣。

六月廿五日(星期一)

上午补作"少年"未了之字,即将全稿付邮寄渝。人仍虚弱,不能多作事。饭后睡一时许。起来看"中志"稿两篇,复觉不舒,遂搁笔。

叔湘来,少坐即去。夜早睡。

六月廿六日(星期二)

以鼎彝一文寄余冠英。托墨代书答彬然。

"少年"稿已齐,又须赶编"中志"九十期。看稿至夜九时,其间午后曾入睡一时许。

旧金山会议今日闭幕,最大成就为草定世界宪章一份。

六月廿七日(星期三)

仍校改文稿。

鼎彝来,谈大学国文系应如何办理,可发动各家之讨论,引人注意。

午后仍入睡,起来复执笔,入夜早睡。

六月廿八日（星期四）

九时至华西坝，访叔湘，小坐。又至赫斐院访戴申甫，与谈教本版税事。戴于金钱计算甚周，与谈殊不爽快。

驱车至新南门外竟成园。今日雪舟四十生日，诸友觞之于此。我家母亲、墨、满子、三午俱来参加。先啜茗于江边，后乃聚餐。凡四席，饮啖甚欢。二时半散，驱车而归，倦甚，入睡一时许。

傍晚得雨，天气转凉，早睡。

六月廿九日（星期五）

复佩弦、云彬、允安诸人信，皆由墨代笔。

冯列山来，谈将接办《成都周报》。罗永麟来，闲谈川省政情。俟其去，仍校改"中志"文字。第九十期至此编齐，只待余作卷头言一篇，即可寄出矣。前与彬然商定，今后"中志"改存重庆送审。

饭后仍睡一时。醒来，朝相来谈。作书致张友渔，托渠作文。

晚饭后，小墨怂恿余与墨出观电影《幻想曲》。此片前度来时，余仅见其半，因往观之。十时归。

六月三十日（星期六）

晨起作卷头言一篇，神思不好，仅成短篇，殊不惬意。而头脑已昏昏，且作恶心。

忽佩弦来，殊出意外，为之狂喜。据云因有直航飞机之便，遂回来休息一暑假。渠迩来心绪不好，次女在扬州夭逝，长子在军中，去年广西战役以后，迄今无消息，料是凶多吉少。闻此亦无辞以慰之。

午后二时，佩去。"中志"编成，即包裹付邮，遂为卧休。

夜报载柳州克复。

七月（选录二十九日）

七月一日（星期日）

上午，赞平来闲谈。饭后仍睡一时许。近日脑中似有事，总之不舒服，只思偃卧。起来，驱车至子杰家，参加文艺讲座讲员之茶叙。六时归。

报载行政院长宋子文访莫斯科。中苏邦交或者有改善之望。黄任之先生等七参政员飞延安，续谈国共团结问题。此事有成与否，干系甚大。

七月二日(星朝一)

作书复陆步青。编译馆欲重编小学教本，延余与金子敦入馆任事，期以一年，余辞焉。

作书复洗公，谈店事多端，书列百四十一号。受百来转达戴申甫之意，教本版税坚持须有百分之五。

罗永麟来，邀余与墨聚餐于静宁饭店，其伯父同坐。其伯父为川大法学教授，耽吟咏，即席赠余一诗："仲夏生意盛，蝉鸣高树林。冷淡深杯意，静宁齐物情。能诗勿学易，无咎自几仁。理乱形骸外，桃源何必寻。"饮酒各一斤许，菜甚精，畅适殊甚。

归家睡一时。接子恺来信，言将于十日前来蓉，参加手工艺座谈会。夜间，楷元文龙来闲谈。

七月三日(星期二)

罗永麟交来其所作剧本《企业之光》，嘱余观看，搁置将旬日，今日看其二幕，殊无出色处。

饭后睡一时，起来偕母亲三午至撷英餐厅，贺雪舟女儿士勉之婚礼。墨与小墨、满子、二官各自往。到客一百二三十人，甚热闹。五时行婚礼，余为证婚人。礼毕聚餐。散时餐厅付账至二十八万，亦豪举矣。八时至士勉与刘君之新居参观，即在隔邻巷子中，贺客戏闹，殊无兴趣。

七月四日(星期三)

上书章伯寅先生，系陈述民所托。伯寅先生有允任光华中学训育主任之意，今此书与之说定。

看见罗君《企业之光》，书意见数百言。饭后仍入睡。起来改"中志"稿一篇。傍晚至刘君新屋，应其谢宴。九时归。

七月五日(星期四)

校读"中志"文稿一篇。

姚雪垠董每戡二君来访。二君皆任教于东北大学,据言东北中文系教师十余人意见皆相近,不取抱残守阙,重在继往开来,殆为各大学所少有。为文学院长者,则陆侃如也。

饭后小睡,起来至店中小坐,过月樵所闲谈。

观美国新闻处之时事照片展览于美术协会。此次有旧金山会议、攻入柏林、德国人残害民众之照片。观者共多,不能细看也。

回家,朝相来谈。既而闻在宥来访,探余之意,欲拉余任教于华西大学,辞焉。鼎彝来,谈文艺讲座事。

七时至东方书社王畹苹所。王宴姚董二君,邀余同饮。饮白酒不少。酒罢,姚君谈幼年陷于土匪中之情事(姚为河南人),甚可听。十时半归。

七月六日(星期五)

昨夕饮酒较多,今日更见疲乏,天气又酷热,饭前即就睡,饭后复睡。

孟韬来,谈军校教职或将被裁。罗永麟来,于余所评其剧本甚以为然,谓将重作。

浴身,亦不复作事。近两周来怕动厌事,竟如老年人矣。

据载元善已来蓉,不知其寓居何处。

七月八日(星期日)

鼎彝以清晨来,与之至燕大,观其讲堂布置,明日文艺讲座开始矣。共返余家,闲谈为遣。

午刻至长美轩,应瞿冰森之宴。主要客人为董姚二君,他客皆熟友,饮酒甚多。驱车而归,一睡两小时。

夜间,药眠来谈甚久。

七月九日(星期一)

晨间下雨。文艺讲座开始,到者仅四十余人。余致开场白,子杰讲《文艺与教育》。

回家,改小墨所作天文文字。饭后睡三小时,精神比较爽健。

雪舟来闲谈。既尔胡乐炳来,言闲荡非计,拟投考学校。此人心欲上进,而从小未入学校,家庭又有钱,能尽量供给其消费。及今入学,恐已迟矣。

开渠来谈,言雕塑家在社会间不被人了解,亦颇烦闷。又云俟子恺来,艺术界朋友拟集会欢迎之。

入夜早睡,但入梦已迟。

七月十日(星期二)

晨间又大雨。至燕大,听雪垠讲《小说的创作》。姚君能谈话,杂以诙谐,颇动人听。

饭后就睡,未成眠。方欣安来访,两年不见,所谈甚多。渠从三台来,方施教于东北大学,系临时帮忙,仍将回武大。

六时,至华西坝金大农业专修科,应元善招饮。所邀为集谈会之主持人,饮啖而外无多讨论。八时散,冒大雨乘车而归,全身衣服湿透。入睡甚晏,且不酣适。

七月十一日(星期三)

晨起甚早,八时至华西坝出席手工艺集谈会之开会式。余系第一个到,大楼之门尚未启。然规定时间固为八时也。候至八时三刻,始开会。省主席张岳军致词尚有意思。十时半毕。余由蒋旨昂邀至其家小坐。元善即寄宿蒋家。

午饭后,至庞薰琴家喝咖啡。沈福文为余谈漆器制作,听之殊有味。

二时半开首次大会,高叔康为主持人,讨论题目为《手工艺与工业化》。高先为演讲,继由到会之人发言。余聆其言皆论文式之辞,殊无兴味。五时散,遂回家,亦甚疲矣。夜眠仍不酣畅。

七月十二日(星期四)

晨至燕大,候佩弦来讲,过时半时许而至。其讲题为《新诗之趋势》。所听者较前数日为多,一以天不下雨,一以新诗为青年爱好之故。

午刻,董每戡作东,邀佩弦、觉玄与余吃饭于宴宾楼,雪垠鼎彝同座。杂谈艺文,甚适。散,佩弦至余家,适叔湘来,遂共坐闲谈。俟二君去。余乃就睡,但未睡熟。

傍晚,杨村人来告将往松潘游观,回蓉当在明年。

楷元文龙来闲谈,甚久。忽传子恺已到,与楷元访之于嘉利客寓。同来者为陶载良,在内江耽搁十余日,昨日公路桥梁被水冲坏,乃致延迟。此来将留十余日,或开画展。十时归,夜眠仍不好。

由墨代写信复洗公(第百四十二号)、易君左、李广田,后二人皆索稿也。

七月十三日(星期五)

晨子恺载良来,小坐即去。

作明日讲辞之大纲,未毕。脑中抽痛,忽前忽后,人亦困甚。而欣安中舒二君来谈。俟其去,即就睡。未进午饭,仅食饼干十余片,汤一碗。请墨代写,余口述大纲毕。

四时,楷元来,既而子恺载良雪舟来。旋共饮酒,谈叙甚欢。七时散。余进阿斯匹灵两颗,未久即发汗,夜间得熟眠。

七月十四日(星期六)

六时起身,昨日得汗,精神较爽。天亦转晴,余之困倦或者将有转机矣。

七时,子恺载良雪舟来,遂与墨偕三君出城,访子杰。子恺系拜访性质,载良谈立达备案事。

辞出,进早餐于小肆。遂入华西坝,赴手工艺集谈会会场。九时半,余为演讲,题曰《手工艺对心理建设之贡献》,系元善所出,含义不明,余只能作搭题。讲约一时半,观听众之面部表情似尚不厌倦。继之熊女士讲《手工艺与儿童教育》,继之听众发表意见,余略为解答。

十二时散,进食于饭堂。与子恺载良入茶肆吃茶,坐一时而归。疲甚,遂休卧,而赞平来访,起与闲谈。五时,共饮酒。

小墨陪墨往观舞蹈会,系子杰所召集,表演者皆名家。余不敢过劳,故未去。

《开明少年》创刊号今日寄到,印刷尚可。成此一编颇费心力,把玩亦复欣然。

七月十五日(星期日)

晨出剪发。至燕京,今日许可经讲《音乐的欣赏》,余致介绍辞,即归。

子恺偕武君来访。武君习书数十年,近将开展览会。谈书道津津有味,执笔法,用功途径,言之皆带玄味。余虽听之,殊不置信。俟其去,即休卧。

十一时,受百来,偕至明湖春。今日余与雪舟宴客,两席,所邀皆远地来者及有关之诸友。计立达校友有九人,几如立达校友会,而以子恺为中心。子恺人缘之好,无与伦比。谈饮极欢,两时半散。归家仍休卧。

席间闻王畹艻言,渠系血压过高,故酒烟茶皆戒绝。问血压过高之征象,则言未明即醒,眉头部分压紧,后脑抽痛,醒来口干。余于前三点皆犯之,唯睡醒时口不甚干耳。或者亦为高血压之故欤。

六时,与墨及小墨满子三午往观《离离草》。应云卫盛意,特送余票四张,不得不往一观。此剧系夏衍所编,演员演来甚精采,殊可赏心。十时散,尚不甚疲。

七月十六日(星期一)

晨改小墨叙大豆之文。改文不多用心,然已觉头胀,改三页而止。张西洛、鼎彝、雪舟相继来谈。

十时半,驱车至全家福餐馆,余与钟凡、鼎彝、白尘四人作东道,宴董每戡、雪垠、佩弦三人。谈文艺界种种事,甚欢。席散,复吃茶于茶馆。四时归。

钟博约自什邡归,谈所居县立中学情形,教师之昏庸溺职,令人深叹。

七时后,与小墨同访子恺载良于旅馆。子恺将于下星期开展览会。余为言其画应改变作风,今所用线条宜于旧画而不宜于表现现实。子恺谓将徐徐图之。十时半归,疲矣。

七月十七日(星期二)

晨起预备明日之讲辞,题曰《小说的欣赏》,取鲁迅《风波》与《药》为实例。

楷元来,馈余方自果园采摘之桃子,其情可感。

饭后熟睡两小时,颇觉舒快。作完讲辞。

傍晚,载良来,偕访陈行可于华西坝之可庄。复访宋大鲁,接洽立达备案事,未遇。八时半归。

七月十八日（星期三）

昨夕睡不好。

九时，至燕大演讲。听者居然满堂，为开讲以来之最高纪录。十一时半毕，讲《风波》一篇，犹未能尽所欲言。力已疲，只得截止。

饭后就睡，未成眠而赞平来，言向育仁先生明日宴请子恺载良，兼邀及余，约同往。余与向尚未识面也。

赞平去，复偃卧，亦未得好睡。起来续改小墨《大豆》之文，仍未完。东北大学一学生来，因陆侃如之介，托余谋事。余无能为力，谈一时而去。晚饭后，元善之妻弟张君偕其夫人来访，谈半时许。

余与墨至月樵所，参加其星期三座谈会，会友皆其熟友，兼欢迎子恺载良。各为说辞，十一时始散。

日来生活逸出常轨，至不安定，杂志稿件许多皆来看，为之焦急。

七月十九日（星期四）

晨至燕大，介绍邹荻帆于听众，其讲题为《新诗之创作》。即至子恺载良寓所，赞平佩弦以次至。五人驱车出新西门，观青羊宫之大殿。载良佩弦各戏求一签。遂过送仙桥，乘鸡公车抵向家。久不坐鸡公车矣，今日恍忆昔年乡居情况。

向今为省议长，爽直不失军人体态。他客有陈筑山、陈行可、宋大鲁等。闲谈为遣，至二时后午饭，五时回城。

在店中小憩，又啜茗于公园。七时半，到刘诗圣所，雪舟诗圣作东，宴子恺载良。因子恺素食，雪舟夫人治素菜若干色，甚精。十时归。

七月二十日（星期五）

上午避居书栈房中，改"少年"文字，仅毕其三篇而已。

饭后入睡未熟。钟博约来。立达同学张十方匡女士来。东北大学之学生来，仍言谋事，情殊窘迫，余无以慰之。

五时，至宽巷子访吴组缃。吴前未识面，近方自重庆来，遇之，印象颇佳。渠与冯焕章将军同来，介余见冯将军，谈一刻钟许。

遂至东方，应王晼荖之招宴。主要客人为子恺与法尊法师，此外有王之同乡及雪垠、雪舟。席间诸人谈相法,雪垠则谈其观人之经验,颇有昧。法尊法师为一新式和尚,游学西藏多年,深于经典,且谙藏情,闻名已多年,今始晤见。十时归。

七月廿一日(星期六)

晨至燕京,介绍庞薰琴开讲。与白尘诸君商定,廿四日开茶会于月樵所,欢迎来蓉之友,并邀集讲演诸君。既而与白尘鼎彝茗于公园,谈文事,甚快。回家忙里偷工夫,改"少年"之义字。

饭后睡一小时。二时半,子恺来,同驱车至望江楼。叔湘、卢剑波、佩弦以次应约至。楷元文龙适在彼。闲谈为遣。

六时半,与佩弦子恺步行至子杰所,应其招宴。客有半数不相识,肴馔甚精,八时散。载良拉子恺与余同访宋大鲁,遇之,谈半时许,遂回家。药眠在,谈半时而去。吴组缃孙次舟来访,皆未晤。

天气大热,竟夜流汗。霍乱流行,市民谈"虎"色变。

七月廿二日(星期日)

晨至燕京,介绍戴镏龄讲《传记文学》。回家改文。白尘来谈。既而叔湘、赞平、向于芳来。向毕业于华西大学,有志文学,拟出文学杂志。余劝其缓办,与叔湘赞平意同。留三君吃面为午餐。

三时后,余独至店中,观子恺书画之预展。明日起在美术协会展览三天。佩弦亦来,遂与其至子恺旅舍闲谈。老友久不得此,杂谈中年心情,颇畅适。

八时,我店同人欢迎子恺、载良、佩弦三人,为茶会。阵雨方过,疾风送谅。诸人各说话数分钟。九时半散。

七月廿三日(星朝一)

晨至燕大,介吴组缃讲《生活态度》。其言甚可昧,谓宜兼取执着与超脱。十一时讲毕,与组缃、白尘、鼎彝茗于公园,谈文事甚快。共进食于天津馆老乡亲,然后散。

余至美术协会助子恺照料画展。观者甚众,子恺之名太大矣。熟人来者亦不少,皆为应酬。七时归,就灯下改文,毕其三篇。眼睛排屎,视觉模糊矣。

七月四日(星期二)

文协为茶会,欢迎冯焕章、吴组缃、姚雪垠、戴镏龄,及子恺、佩弦,兼集讲座讲说之诸君。假地于月樵店中之楼上。九时,与白尘、鼎彝、二官到彼布置。冯吴到甚早,前于约定之时间(十时),而他友迟迟其来,十时半始开会。余为主席,致欢迎辞。冯、吴、朱、丰、姚各为谈说,继之自由集谈。午刻聚餐于宴宾楼,尽欢而散。余到家即就睡,醒来仍改"少年"之文字。

沈体兰偕其夫人来访,告余燕大近接三青团中央团部之密令,谓有奸伪分子假其校设文艺讲座,所讲多荒谬,嘱彻底究查呈复,并令成都团部另组一讲座,以为纠正。此事可气复可笑,与沈相对叹息。

灯下改文一时许,九点半睡。

七月廿五日(星期三)

晨至燕大,介子恺讲《艺术与艺术家》。俟其讲毕,回家改文。

此"少年"三期之稿,小墨助余不少,一部分经渠先行改过。余又未作一字,应由余作之稿皆由其代作。念将来战事平息,印刷条件改善,父子认真办一二种杂志,亦是有意义事也。

饭后入睡,睡起仍改文。孙次舟来访,为川大夜校来劝说,欲余就文学系主任。余辞焉。

晚饭后,楷元来,偕至子恺寓所闲谈。子恺开画展三日,售去卅四件。渠谓此为末次画展,以后不拟复开。余谓以后作风有新创,社会人士之认识有进步,亦何妨复开。

日来霍乱益猖獗,成都全城已死四百余人。

七月廿六日(星期四)

上午避居书栈房,改毕"少年"第三期文字,即写定目录,作书寄于锡光。饭后睡一小时,起来改"中志"九十一期之文。此期最好能在月内编成。丁贤书来谈,欲访子恺,嘱为先容。

六时,与子恺偕往刘开渠所,应其招宴。他客有吴作人及中医王君等。食毕即辞出,与子恺闲游街市,步行而归。

七月廿七日(星期五)

晨间门外呼"号外",谓中美英三国令日本即日投降,否则将遭彻底摧毁。

雨甚大,至燕大,介吴作人讲《敦煌艺术》。听者仅十八人,可谓最少。若不雨,当必众多。小墨就吴询到敦煌途中景物,预备作文。

回家看报,有三事足记。日本广播,请美国改低投降条件,即可投降,一也。英国大选已揭晓,工党空前胜利,阿特里组织新政府,邱吉尔下台,二也。中央军与共党军队在陕北边区冲突,见于中央社之电讯,三也。

改"中志"文字,迄于下午五时,毕五六篇。志远来,谈半小时。

霍乱势益肆,月樵之第二姐以今日死。门前出殡经过者,今日凡六起。

七月廿八日(星期六)

晨起续改"中志"文稿。

十一时,谢颂皋来,会子恺。既而子恺偕何酒仁来。何君前在上海,闻名而未相识,上星期于子杰席间始叙晤。渠近拟办一通讯社,欲与余识,为谈叙之友。邀子恺与余饮于锦城酒家,谈川中情形,谈国内政况,皆有识见。三时半散。

续改"中志"文,毕。即写定目录,致书彬然,托子恺于明日带律重庆,较之邮寄可以迅速递达也。

五时半,子恺来,共出南门,应沈福文之邀。其居不易寻,步行田间,历一时又半始达。他客有李晓舫罗玉君夫妇,蔡漱六女士,张四小姐及楷元。先鉴赏沈之漆器,次听罗蔡唱曲,四小姐吹笛,然后聚食,肴馔甚丰。九时散。诸客持火把行田塍上,前呼后应,火把偶灭,则驻足重燃。行久之,始抵华西大学大门。遂雇车至子恺寓所叙别。子恺载良明晨乘车离蓉,余不能往送。叙首将及两旬,亦为难得。握手而别,已十一时矣。

今晚有号外,我军已克复桂林。桂林之陷不足一年,影响则甚巨。苟无去年湘桂之役,物力保全者多矣。

霍乱益烈,家中议购漂白粉石灰于各处布洒。

七月廿九日(星期日)

至燕大,听姚雪垠讲《小说之结构》。

回家,拱女士与章君来访,其《党军日报》现改称《黄埔日报》矣。

饭后,睡二小时以上,起来写信。信件积至数十通,将徐徐复之。今日复四通,致东润、在宥、冀野、步青。介东润于在宥,在宥有意,因为之接头。致冀野步青,则仍辞编译馆之聘。

日本不接受中美英三国之劝降,表示仍将作战抗拒。

七月卅一日(星期二)

晨至燕大,与白尘晤。白尘讲《戏剧之创作》,余未听。

回家写信一件,改小墨所作文。饭后睡一时许,起来续改。雪垠偕李束丝来,雪垠谈文事,余深佩其识。闻在宥来,嘱以电促东润,期其必来。

傍晚仍小饮,尝小墨之友人所馈绵竹大曲。蚊虫甚肆,早睡。

八月(选录三十日)

八月一日(星期三)

清晨李劼人来,今日轮到渠讲演,题为《佛罗贝尔》。偕往燕大,俟其开讲,与鼎彝茗于少城公园。鼎彝言渠倾向于怀疑,作教为学,细思之亦似无谓。余谓此是我辈之常态,病在松懈,一切不能起信。

观沈福文之学生七人集合展览其漆品于美术协会。较之沈君所作,图样光泽均不逮,然已颇可观。唯此类东西为奢侈品之尤,只宜少数人为之,不须大量推广也。

饭后仍就睡。起来改小墨所作文毕。作书致元善,介胡颜立之学校工厂计划与之。

列山来,谈又将办周刊,因"自由"之名已有人用去,更名"民族"。继之,楷元、孟辑、张西洛来,闲谈至夜。

八月二日(星期四)

晨出剪发。回来为人写扇面及屏联。积压稍多,今日得闲,即为清理。至下午二时止,尚未全清。

楷元又送桃子一小筐来。叔湘来,闲谈甚久。叔湘去而中舒来。

七时至燕大交谊室,听周谦冲为燕大同学讲出席参政会观感及中苏关系。其辞甚长,十时半始散。

街上锣鼓喧阗,火把成列,谓以驱疫鬼也。霍乱之势尚未戢,路上仍时有出殡者。

八月三日(星期五)

昨陈克成以书致雪舟,言潘公展在此,欲与余晤,因乘车访潘于中国旅行社招待所。据谈对于"中志"之意见,谓宜注意基本工具学科,少弄社会科学文字。又言渠不满审查制度,若编辑人各自检点,审查制度即可以废止。其言殊可笑,余不与辩,颔之而已。若非顾及开明之立场,则面斥之矣。

回家写篆书一张,系白尘所嘱。饭后入睡,天气阴凉,睡甚熟。起来写信三封。

沈体兰来,言燕大拟尽地主之谊,招待文艺讲座同人。余答以商量后再行奉告。

八月四日(星期六)

晨至燕大。庞薰琴讲《工艺美术》,天雨,听者仅十余人。与鼎彝商定,讲员廿余人,招集不易,燕大之邀只得辞谢。因往晤沈体兰,告以此意。

饭后,改小墨所作谈黄金之文,毕其大半篇。

六时,与小墨往观悦来园之川剧。此园有川剧老辈数人,为斯道典型。余久欲一观,而四年以来迄未竟往。今日兴到,亦殊难得。悦来园之结构纯系旧式,听众满座,大约将二千人。余二人以黑市买得第九排第十排入座牌子,每牌价五百元,亦不知定价究为若干。

今夕之戏多为单篇剧,出出认真。所谓老辈,仅有贾培之一人登场,尚有二三人不知何故不上演。贾演《马房放奎》,表现老仆之矛盾心理,老主人令渠杀奎,而小姐令渠放奎,唱做俱佳,处处是戏,盛名非虚传也。此老年已六十六。

其他之戏曰《首阳山》(程婴公孙杵臼谋易赵氏孤儿事),《三祭江》(孙夫人祭刘关张三人)，《杀伯奢》(捉放曹)，《幽闺记》《秦雪梅》《凤仪亭》，皆不悉演者为谁。又有一出曰《巴九寨》，演袍哥一类人物巴九与同道论理，其说白几全为江湖话，表出袍哥之思想与心理。若得其剧本而抄之，亦社会史料也。

川剧之表情动作，夸张程度较大。其曲调牌子，据说在各地戏剧中为最多。帮唱之法近于古剧之合唱，然与锣鼓同为厌人听闻。十时半散，步行而归，尚不甚疲。

八月五日（星期日）

晨至燕大，今日讲座结业，到讲员十余人，听众百余人。九时，余致闭幕辞。继对此讲座作一检讨，大家发言。复由听者提出问题，由讲员分别答复。十二时散，与诸友聚食于北平饭店，复啜茗于公园，随意闲谈，至为舒适。三时半归。

八月六日（星期一）

作长书寄洗公彬然，久不写信矣。改欧阳文彬之文，亦入"少年"者。续改小墨谈黄金之文，至晚而止。

竟日伏案之生活间断已久，今日恢复，亦觉心静体闲。

八月七日（星期二）

谢扬青代劼人来言，明日至其郊外居所宴叙，盘桓一天。

饭后，郭尼迪偕汪子美来。汪系漫画家，最近将展览其漫画作品《幻想曲》。又有《朝华旬刊》之二君来。傍晚列山来，言其《民族周刊》将于十六日出版，嘱余为之相助。

重庆信来，言"中志"九十一期中张友渔所作《收复东北》一文，在审查处被扣。张之一文极平稳，而竟被扣，闻之生气。

晚报载美国炸日本，利用新武器原子弹，其威力胜过两万吨之炸药云。宋子文与新任外长王世杰再度赴苏，与苏商谈，此是大可瞩目之事。

八月八日（星期三）

九时半，冒雨乘车至嘉乐纸厂，会谢扬青。开渠朝相继至，四人同出发，以人力车至沙河堡。沙河堡在东门车站之东，离城殆五公里。下车，循泥路前进，拄杖蹒跚，一步一滑，自迁入城中以来，久未尝此风味矣。行约半小时，抵劼人之居。其居曰"菱寓",以近旁之菱角堰得名。泥土为墙,厚约尺半,草结屋顶,有丈许高之统楼,冬暖夏凉。屋前杂植卉木果树,苹果累累,野趣盎然。

周太玄、翔鹤、鼎彝、白尘以次至,遂为闲谈。午餐饮绵竹大曲。劫人家之肴馔夙有名,皆其夫人手治,所谓家常菜,成都精于此道者,各家有各家之风味,品目不多,材料亦寻常,而烹调得宜,色色可口。饭罢,吃树头新摘之苹果,甘鲜无比。继开文协常务理事会,决定数事。五时辞出,步行至车站,乘人力车而归。竟日之叙,颇为酣畅,虽值大雨,亦复有趣。

原子弹之消息传出,已轰动全世界。晚报载投于日本广岛者仅一枚,预料该城十二方哩内之卅万居民将全数牺牲。如此惨酷之武器,将使其他战术为无用,谁有此物,谁即胜利在握。又,破坏原子之方法应用于工业,可以解决动力供应问题,使工业起一大革命。此时会当不远矣。

八月九日(星期四)

晨大雨,庭中积水,漫上阶沿。街上亦全街是水。

外卖号外,苏联对日宣战,以今日为始。苏外长莫洛托夫告日本驻苏大使,苏联应盟国之请,为缩短战争,参加对日作战。此事当决定于柏林三巨头会议。日本当此,殆非投降不可,战事年内结束之说该可实现矣。

作书复洗公、彬然、锡光,甚长。天气潮湿,肝阳上升,饭后乃入睡。醒来见第二次号外,谓苏联已攻"满洲国",空军袭击某地。

水势大涨,祠堂街一带河水上岸,皆成水乡。我店店堂中水且没踝。本地人谓十年来仅见此大雨也。

傍晚佩弦来,少坐即去。灯下仍改文,九时睡。

八月十日(星期五)

竟日改文,午后睡一时。傍晚,列山又来催作小说。余此调不弹已久,一时实无以应之。

五时半,乘车至三益公茶馆,会白尘翔鹤等。系前日约定,为鼎彝药眠作饯。鼎彝将往三台,药眠将往昆明,聚首甚欢,临别不无怅惘。到者凡十人,共餐于四五六,闲谈原子弹及苏联参战。九时散。

到家未久,外传日本投降,已于今晚发出广播。既而报馆发号外,各街燃放爆竹,呼声盈路,亦有打锣鼓游行者。余自问殊无多兴奋。日本虽败,而我国非即胜利。庶政皆不上轨道,从政者无求治之诚心,百端待理,而无术以应之,去长治久安,民生康乐,为期固甚远也。所可欣慰者,日本飞扬跋扈,欺我太甚,而终见其崩灭耳。

今日报载谢六逸以心脏病逝世于贵阳。三十一年余过贵阳,曾与重逢。相识已二十余年,闻讯怆然。

八月十一日(星期六)

发电致重庆,日本既表示投降,杂志中有关"九一八"之文字,口气皆须换过,请彬然注意。又寄信与彬然细说此事。续改小墨所作谈敦煌之文。

日报送来,载日本投降系政府奉天皇之命,希望早复和平,免除惨杀,故愿接受中美英苏四国之最后通告云。其手续系由中立国转达盟国,盟国尚须协商,然后答复。

下午三时,应车度舟之约,至其寓叙饮,座中多数为昨夕共谈之友人。诸友闻昨夕之讯,类多不成安眠。思念已往,瞻望未来,忧思正多,欢欣尚远,宜其如此。

五时散,坐车到祠堂街店中,与诸友为文铨作饯。文铨将运书往西安,兼往兰州。九时散。

大雨之后,河水泛滥,井水浑浊,霍乱之势复炽。全城死亡之数无统计,据传说已可观矣。

八月十二日(星期日)

报载中美英苏已表示接受日本之投降,唯谓天皇须受盟国驻日最高统帅之指挥云。

改小墨记辛亥革命一文。此第四期之"少年",小墨所作甚多,几占其半数。

冯列山来,又催作文。饭后睡起,陈仲英来,谈成都各书业同行间之小纠纷,言之不休,亘一点钟有半。既而雪舟来。入晚,孟轺与赵隆勷来。时间不克由自己支配,客来闲谈,即白白消耗,亦苦事也。

八月十三日（星期一）

晨起赶作一随笔，才逾千字，预备交冯列山。鼎彝来还书，即留其午饭。

饭后，列山来，言数日之间，人心大不安定。营投机生意者，因物价惨跌，惶惶不可终日，甚有损失至于破产，因而自杀者。与政界接近者，当此之际，皆思四出活动，谋得一新地位。以此之故，其筹备之周刊不克于十六日出版，只得少缓些时。列山又谓安定若渠与余者，实为难得。然渠亦将于日内往重庆，订购外国之印机与纸张，预备在新加坡办报。则真安定者，唯余而已。

陈思苓来，谈近研究墨子之思想渊源，颇有所得。冰洋偕一音乐教师侯君来，言现值胜利，集会之顷，大家思唱些什么，而无可唱者，嘱余撰一歌词，侯君愿为作曲云。余念其歌甚不易作，答以未必有成云。楷元来，拉余编辑《新民报》日刊之副刊，余辞焉。今日客又不少。

四国之复文交中立国后，日本尚无答复。以意度之，投降殆无可翻悔矣。

八月十四日（星期二）

作书复洗公彬然，告洗公以冯列山或将往访。

戴申甫来谈，以其所见，推测原子弹之结构与力量。谓原子弹爆炸之时，其热度几与太阳相同，被炸之土地生机尽绝，同于沙漠。

饭后睡一时，起来作一诗，系孟轺所托。渠携来一幅《云山渔艇》，不知何人所作，上题柳子厚"渔翁夜傍西岩宿"一诗，嘱余题其上方。诗曰："画伯诗宗托意超，渔翁高致竞抽毫。轻舟试撒江湖网，将叹生涯亦已劳。"

张西洛邀出茶叙，谈其《星期快报》如何可以改进。余略贡意见，亦无多把握。

回家，雪垠在。渠言今届胜利之日，投机者有失望之感，丧利者有痛惜之感，而有心人则有沉重之感。以前种种喻惰，皆可诿之抗战时期，今战事结束，更何所推托。其言甚当。

各报发号外，言日本已答复盟国，接受盟国之旨，从此投降。晚报来，并载盟方提出畑俊六等六人为日本战争罪犯，皆海陆军人也。

夜间大雨。

八月十五日（星期三）

改小墨所作谈杜诗一文。

饭后，与小墨往观航委会所办之航空展览。观众拥挤，汗气熏蒸，未能细看。然亦觉航空事业实集大成之举，就学理技术而言，几乎无所不包，就材料而言，实兼取动植矿三大类。唯望此次战事而后，航空悉用于福利事业耳。

至志远所，出席新世纪学会理事会。到友渔、哲民、志远、一平、伯恺、鼎彝、药眠诸人，决议开座谈会等事。鼎彝药眠即将去此，此会固亦无甚生色也。

五时回家，接信颇多。中有东润信，言不拟应华西大学之聘。适闻在宥来，即以告之。渠因余尝提起傅肖岩，又拟聘傅，言回去后决定。

晚报载中美英苏已同时宣布准许日本投降。中苏两国已缔结友好条约。日本陆相阿南唯几切腹自杀，此不愧为日本之武士道精神。

八月十六日（星期四）

晨起写信，复陆侃如，复洗公。致书上海诸友及红蕉。一年不写信矣，希望今日之信得附第一班航机到沪。

李晓舫昨送来一文，谈原子弹。即为修润。晓舫治科学，而作文立语殊不精密，颇多疏漏。

午刻祀先，中元节近矣。饭后，叔湘来闲谈。在宥送信来，嘱试与傅肖岩接洽，因发快信寄傅。

今日各街巷保甲纠集市民，往春熙路孙先生铜像下献花，庆祝胜利，一路爆竹锣鼓。晚后与小墨出外观之。所见行列皆衣衫不整之人，杂以小儿甚多，与新年间游行无异。如此庆祝，实可伤惨。即归。

又伏案二小时，与小墨共商，将李晓舫之文改毕，即送交冯列山，托其明日带往重庆，交与开明。如是则此文可插入"中志"九十一期，于九月间刊出也。

八月十七日（星期五）

晨改"少年"所收投稿文。

楷元来，言将设法驰赴汉口，创办一种报纸，集款已有眉目，只俟交通有术，即便前往。下午，吴组缃与徐秘书（冯之秘书）来，言日内回重庆，以后晤见将在上海。

夜间,收达君彬然二位之信。达君言渠与洗山二公皆主张令小墨助理编辑,特此约定。此事前已说起,小墨亦曾向校长辞职,唯尚未说妥。关于我店今后步骤,来信中亦有提及。拟俟交通渐开,达君与洗公分路而行,一循长江,一向南海,酌设分店,并回沪与诸友接头。山公留渝,并招余到渝,以便共商各事。我家因此须于今年秋冬之交迁渝。又将播动,不免稍稍心乱。

八月十八日(星期六)

晨作长书,复达君彬然。中言小墨决辞教职,入店为编辑。我家逾一月到渝,云云。

饭后,赞平来闲谈,共往美术协会观两画展。一为高龙生汪子美之漫画,总名曰《幻想曲》,多讽刺现实之作。一为赵少昂之国画,系岭南一派,参以东西画法,几乎幅幅可观。晤张逸生,言观此两画展如两个世界。其言甚隽。

到店中,与雪舟略谈店事。回家,朝相楷元来谈。

八月十九日(星期日)

作"少年"四期之社论,题曰《三大原则与四大自由》,二时完毕,凡二千字。四期至此编齐,即封固送往店中,明后日有便人带渝,可较邮递为快。闲行街头,购烟卷而归。

晚饭后写庆贺胜利文字数百言,系楷元所托。待各国订定庆贺日之时,《新民报》将出特刊也。

日本投降专使已抵马尼剌,将与盟方之最高统帅麦克阿瑟商投降手续。我国复员之声盈耳,但工作效率素低,似只嚷嚷而已。

八月二十日(星期一)

鼎彝已往三台,致一书与之,附去余冠英信。看一学生记录余之讲辞之稿,寄还之。

今日墨生日,午刻吃面小饮。一时许外出,至《新民报》馆,与楷元文龙闲谈,四时归。

白尘来,谈不久彼此均将往重庆,此间文协之事,只得由留此诸友理之。又知药眠已往昆明矣。留白尘小饮,八时去。

今日寄到"中志"稿甚多。灯下校读其两篇。十时睡。

八月廿二日(星期三)

上午大雨,庭中积雨几满。雨季连续已二十余日,潮湿郁蒸,令人不舒。霍乱疫势因而大煽,诚莫可奈何。

仍校读"中志"文稿,竟日不停。午后为二官之事,闷闷不乐。

灯下作一《胜利日随笔》,将以与白尘,俟胜利日刊于其所编之《华西晚报》副刊。

八月廿三日(星期四)

傅肖岩复书来,言可以应华大之聘,唯居住房屋须有着落。遂往华西坝访闻在宥,告以其事,闻答缓数日决定。

小墨将《缀白裘》中杂剧《张三借靴》改编,将以刊入"少年",即为改定,颇滑稽可喜。

入夜,洗公彬然书到,告以店事。一为先于重要地点恢复据点。二为与上海诸友商议,两地之店如何合流,印刷出版如何在沪进行。

十时,又为二官事大发怒,竟夜不得好眠。

八月廿四日(星期五)

作书复洗公,并致书山公。又书一笺与三官,后此三日为其二十岁生日,祝贺之。并告以日来之不快。

闻在宥来,嘱作书答傅肖岩,希其来蓉任教,但房屋无着。如其旨作书发出。

下午闷闷,未作何事。赞平来,少坐即去。小墨沽绍酒归,共饮之。早睡,但仍不安眠。

八月廿五日(星期六)

大东书局有卡车将开重庆,尚有空位,因将编所及余家之书打包入篓,托其带去。余虽不动手,而空气已有将去此间之意,不免心中不宁。余即将"中志"九十二期编齐,写定目录,并致书彬然,一同带去,期其比邮递早达。

阅报,载蒋委员长演说,言及承认外蒙古共和国之独立,并将助西藏,令为极高之自治。此说就表面而论,甚为美善。

饭后入睡一时。与小墨往美术协会观法国新闻处之照片,总名曰《今日之法国》,似平常。

傍晚仍饮绍酒。夜间,白尘来闲谈。既而下雨甚大,竟夜不止。余心念装在卡车上之书篓,恐其着潮,又不得安眠。

八月廿六日(星期日)

清晨起视,庭中水满。既而室中地板下水自溢出,未几漫及全室,有二寸以上之深。大家赤脚来往,坐则箕踞。此是生平未历之经验,据云成都亦鲜有此象,不知究以何故。有人言灌县都江堰工事有损坏。余则猜想前年去年修城中干道,今年又埋自来水管,或将旧有之沟渠损坏。至于今年雨量特多,想气象学家必有解释。其影响田事自至深刻,未收之稻将漂没,已收者则将腐烂。疫疠则因此迄不得消减。墨谓避难八年,火水既济。火指乐山之炸,水则今日之事矣。

雪舟来,言装上卡车之书篓仅二篓稍着潮,余俱无恙,为之大慰。

下午校读文稿两篇。室中积水至下午三时始稍退,到夜仍有一脚之深。洗脚早睡。

八月廿七日(星期一)

醒来视室中,水已退尽。庭中亦只余洼处,尚徐徐渗入阴沟。

早报来,载中苏新约之全部内容。约期三十年,名义为共同战日本,并防止日本之再事侵略。大体关于东三省,苏承认东三省政权与领土之完整。铁路共管,旅顺共同用为海军根据地,大连辟为自由港。关于外蒙,双方承认其独立。关于新疆,苏不干涉其内政。知识分子同情苏联者多,共党自亦不会斥责苏方,想言论界殆无表示不满意此约者。

报纸又载我方军队将以空运收复南京上海北平,美军同时开入各区,似为保镖。盟国占领军以明日登陆日本。日本之降约将于下月初签字云。

晨间钟博约来,谈所闻杂事,听之生气。

今日三官二十岁生日,中午吃面,且分饷同居各家。下午改三官寄来之稿两篇。傍晚仍饮绍酒，仍吃面。

八月廿八日（星期二）

报纸来，载美国大使赫尔利飞延安，邀毛泽东到渝，与蒋氏谈国共两党之团结问题。此事最为国人所切系，团结问题不解决，则抗战方毕，内争即起，民不堪矣。据毛之复电，似其来渝颇有可能。若能从此和解，双方赴之以诚意，则共事和平建国，前途实多光明。余虽不与政治，然望治之心甚殷，极欲于未死之年，获睹民生康乐，庶业繁兴。今日见此消息，不禁心喜，未知后果如何耳。

作"中志"卷头言一篇（九十二期用），题曰《发表的自由》，意在彻底取消书报检查制度。午后完成，即致书彬然，封固发出。

看朝相所作小说一篇，甚不佳。为店中女学生二人各写篆字联一副。

佩弦偕张志和同来。佩言明日有飞机，将直航昆明。清华等校将于年底迁回北平，渠即随往，以后再来接眷。他日会面殆将在上海矣。此次佩回来，晤面次数不少，而叙谈无多，又将分别，不免怅然。张志和为我家之东邻，前曾识面，佩之熟友也。坐未久，即去。

傍晚与小墨共饮，饮甚多。

八月廿九日（星期三）

早报载毛泽东已于昨日到渝，此事甚为国人所注意。以意推之，中苏新约既成立，国际形势亦不容我有内争，或者可以彼此相让，趋于团结乎。

作书三通，复不相识之投书者。看彬然等所编选国文本，书其所见，以告彬然。

午后子杰来，言马思聪又将开演奏会，嘱余为文。谈及中苏新约及对于苏联之观感，语皆不甚中于理。大概从政之人别有一种想法耳。

三时至《新民报》馆，晤楷元闲谈。渠动身在即，将至重庆，俟交通有路，即往汉口。

五时，独观电影于蓉光，乃苏联所制新闻片，一为克里米亚会议，一为攻入柏林。前一片中，罗斯福苍老不堪，瘦削衰颓，自飞机下，即乘吉普车，殆已不任步履。念斯人不辞劳瘁，非唯为美国，抑且为全人类，至于损其健康，此次会议后即与世长辞，为之怆然，几于泪下。后一片专叙红军战绩，柏林人民在炮火中趋避，凄惨无伦。

七时归，独酌，进月饼一枚即为晚餐。

八月三十日（星期四）

改小墨所作鼠疫之文，亦将入"少年"。川省霍乱未戢，而川南又传鼠疫之警，自秀山延至黔江，虽经卫生医务机关防御，而经费不多，一般知识水准又低，未必有大效。若蔓延及于大都市，较霍乱可怕更甚矣。

傅肖岩自金堂来，通信已久，初次识面。其人不到四十岁，颇有清介之气。即为言闻在宥之住所，请其自往接洽任教之事。

饭后，《新民报》之两记者来访。询以国内团结问题之前途，皆言未必有大望，然亦不致决裂云。

读黄任老所著《延安归来》，系叙其访延安五月间之经历。觉延安之作法平易切实，就事解决，处处为改善民众生活着想，殊可钦佩。各地若均能造成如此风气，则一切有办法。若继承传统之官僚政治，变本加厉，则一无可望。任老尝以人存政举、人亡政息之意询毛君，以为延安之将来或亦将循此轨迹。毛君答此诚可虑，然已找到一新路，其路即为民主。余观而深喜其言，所谓人存人亡，皆指倡导者而言，既成民主，则倡导者退居于不重要之地位，自无政息之惧矣。

入夜又细雨，至于夜三时，大雨倾盆，累时不止。心虑明日又将遭水厄，不得安眠。

八月卅一日（星期五）

起来见室中又积水二寸许，仍赤脚竟日。上午雨不止，午后起风水退，雨亦止。然迄于夜间，又淅沥而下矣。

上午作文一篇，题为《送马思聪先生序》，仿古文家命题也。将以刊于《新民报》。午后改"少年"之投稿一篇。

近日美国军队开始登陆占领日本本土。日方与盟国签字，正式投降，殆将在下月二日。我国政府人员已飞抵南京上海汉口各地。在华日军向我国投降，又将在下月二日之后。

毛泽东与蒋先生已会见两次,报载谈判已展开,为期八日。关于军事,由国共双方讨论,关于政治,由各党派及无党派人士讨论。据此,似不致决裂也。若能得一较好之结果,实为我国前途之福。

九月(前二十五日,选录二十四日)

九月一日(星期六)

上午校读陈原一文,谈苏联之科学研究。其研究用集体的方式,其目标在增进人民之福利,理论与技术不分,发见与应用联系,大可感佩。非社会主义之国家不克臻此境域也。

报载东三省改为九省,曰辽宁、安东、辽北、吉林、松江、会江、黑龙江、嫩江、兴安。该处地面辽阔,开发有望,增设省份以期事功,诚有理由。然若以此为位置若干人作官之办法,则毫无意义,且见其可鄙矣。

午后钟博约来,言明日即往什邡,仍任教务。朝相来,谈时事。出外闲行,至于店中,祠堂街积水未退。回家,作书致芷芬。重庆诸人久无来信,念之,又作书致彬然。

九月二日(星期日)

日本今日向盟国正式投降,由其新任首相东久迩签字,仪式在美国军舰米苏里号上举行。各盟国宣布世界第二次大战至此告终。我国定以明日起,三天为庆祝日。

饭后至《新民报》馆访楷元闲谈,渠言在汉办报,内政部登记不易,尚须徐徐设法。因而离蓉之期未可早卜,由何文龙先往重庆打干云。

至春熙路买杂志数种而归。赞平来,留之共饮。谈还乡之期及在乡闲适情形,共为设想,未知究何日实现。

九月三日(星期一)

上午闻炮声及解除警报,鸣炮之数闻为百有余声,不详。警报甚低微,自廿六年起年年闻此声,唯愿从今而后,永不复闻。

报载昨日日本投降,签字于降书之日本代表为重光葵与梅津。重光葵为其外长，梅津则前此签所谓"何梅协定"者也。麦克阿瑟代表盟国签字，此外签字者为中、英、苏、澳、加、法、荷及纽西兰各国之代表。

谢冰莹来，以纸索书。俟其去即为书之，附带写他人所托书件二。

饭后改小墨所作谈原子之文半篇。入睡一时许。四时与墨出外游观，街上悬旗结彩，游人来往。至店中，观祠堂街及少城公园中游行队伍之集合。所扎灯笼及所饰汽车，皆简陋粗俗。人众止有嚷嚷，无以表其欢愉之情。此事自关教育程度，无可强也。六时归，不待游行队伍之出发。

饮酒半瓶，楷元来闲谈。九时早睡，时闻零乱之锣鼓声。

九月四日（星期二）

续改小墨谈原子之文字，毕。

连日下雨，成渝路桥梁冲坍，交通阻塞，邮书不至。

报载蒋氏所发表文告，其言亦倾向民主，为诚为妄，尚待事实证明，然其能为此，亦世界潮流与国内空气有以致之也。

志远来，拟就成都文化界对时事之意见一通，邀余署名，即署之。

《新民报》载陈寅恪氏《闻日本投降》一律，录之："降书夕到醒方知，何幸今生见此时。闻讯杜陵欢至泣，还乡贺监病弥衰。国仇已雪西迁耻，家祭难忘北定诗。（丁丑八月先君卧病北平，弥留时犹问外传居庸之捷确否。）念往忧来无限感，喜心题句又成悲。"

九月五日（星期三）

晨改前作胜利日随笔，勉成短篇，寄与邵荃麟。邵继编王鲁彦所主持之文艺杂志，屡来索稿，苦无以应，今指明此题，不得不勉应之。

作"少年"需用之短文一篇，题曰《两种习惯养成不得》，指不养成任何习惯之习惯，以及妨害他人之习惯也。

饭后看新购之杂志为遣。作长信寄上海诸友。胜利以来，此为第二书，不知得到复书将在何日。阅报知已有运送邮件之飞机经常来往，或者得复不在远矣。

入夜，门口裁缝店之徒弟呕泻并作，疑是霍乱，全院各家皆慌甚，助裁缝洒漂白粉水及石灰以为消毒。后经防疫医院诊断,知其非是。

九月六日（星期四）

昨夕不知何故,竟夜未得酣眠,或是气候转变之故,背部中心作酸痛,如经人拳击。今晨起来坐定,旋觉头晕殊甚,胸闷恶心,遂就睡。入睡仅少许时,未进午饭。

下午三时,与小墨出外观旧书摊。迩来各物皆跌价,新书业亦群卖大廉价,期吸收现金,而购者仍寥寥。唯旧书肆未见减价,似不受潮流冲击者。

至玉龙街折向南,在楷元所小坐休息,然后归。饮滔后早睡,但不舒视昨夕尤甚,竟夜未获入眠。

九月七日（星期五）

晨作书复马文珍,并附一书致佩弦。

雪舟为人索书,即写小屏条一幅。用凌权华所赠之墨,写来较为可观。饭后与小墨三午观电影于中央,片名《塞上春晓》,殊无意义。回家,孙次舟夫妇在,谈半小时而去。

接山公信,言营业困难,复员受种种牵制,殊难进行。我店留金城江之货,一部分为军队所得,与之交涉,需以千元赎一斤云云。作书复之方毕,而洗翁、彬然、三官之信多通送到,就灯下一一复之。明晨陈雪岑君动身到渝,即托其将信及"少年"已改好之文稿带去,预料后日傍晚即可到达。

洗翁想回上海,与诸友商讨店事,而交通困难,暂无切实把握。关于我家迁渝事,翁主张俟之下月,谓将租屋应用云。

夜十时睡,居然得安眠。

九月八日（星期六）

晨间《华西晚报》之黎澍君来,邀余至其报馆集会。缘昨日此间得讯,重庆《东方杂志》《新中华》《宪政》及我"中志"等八种杂志,决自即日起不送审查,以为对于审查制度之抗议。八种杂志并拟发行联合增刊,取名《民主与团结》云云。因此此间报馆、通讯社、杂志社拟响应此行动,遂有今日之会。余于此事,昨曾于信中与彬然详谈。审查制度之必须取消已无可争辩,既政府不取消,我人自动取消之,最为干脆。且当此时会,提出此主张亦最为适宜。曾告彬然我店必当参加。今知业已参加,为之欣慰。

到会者十余人,计报纸两家,通讯社数家,杂志社十余家。余为主席,议定致书重庆之八杂志,表示以行动为响应。又议以舆论界立场发宣言,提出其要求,由余起草。十二时后散会。白尘邀至其寓午餐,特为设酒。

三时归,感觉倦甚,入睡一小时。入夜早睡。两夕之失眠,竟如大病一场,身体衰惫,为之怅惘。

九月九日(星期日)

晨起作昨日所决议言论界对于言论自由之主张,全文凡二千言,将由成都各报社、通讯社、杂志社以己意签名,然后发布。要点在取消事前之登记特许,事后之检查与传递时之扣留。并言政府协助言论界之复员须求其公平,并严惩降敌附逆之文人,保障文人之人身自由,文化事业不得由一部分人独占云云。

下午四时至少城公园集成图书馆楼上,出席文协文艺顾问会小说组之座谈会。到者二十余人,余为主席。讨论今后小说倾向,及文艺下乡诸问题。六时散。归家独酌,吃面为晚餐。

日本在我国之军队今日向我国投降,仪式在南京举行,由何应钦受降。报纸夸扬,谓是历史上之重大事件也。

九月十日(星期一)

雪峰来信,嘱为《抗战文艺》作文,言战事已结束,文艺界抗战协会即不解散另行结会,亦当改换名称,因而会中之《抗战文艺》亦必停止。今渠所编者为末了一期,望余务寄一文与之。因执笔随写。而昨夜肠胃作痛,起来腹泻,今日精神不好,不敢多写,得千言即停止,待明日续之。

为人写篆字三件。此事不费心思,人供白纸,由我涂抹,殊可为也。

以叔湘一长文《汉字与拼音字的比较》寄先安,将编入《国文杂志》。作书致云彬,与谈《国文杂志》事,并告近况。

九月十一日(星期二)

续作昨文,又得千言,毕,即致书雪峰,寄与之。饭后出外剪发。

黎澍来,言余所作出版界要求自由之意见书,即将征求各报社通讯社杂志社签名,于最近期内发布。

腹痛尚未愈,每餐食面少许。

九月十二日（星期三）

作书复昌群。又复鼎彝,附一书致陆侃如。看翻译小说《牛郎忆语》,写美洲牧人生活,甚有浪漫情趣。

饭后与小墨至五世同堂街,观希成博物馆。馆主黄希成,向在军界,收藏甚富,多川省新出土之品。陈列室凡五,一为石刻佛像,一为石刻字画,一为铜器,一为瓷器,一为陶器。最古者为汉魏之作,下则宋明。品多,不备基本知识,就其可观者谛视之而已。仍步行而归,来回两小时有余。

忽孙伏园来,欢然握手。其来蓉系就齐鲁大学之国文系主任。余为言大学国文系最宜另起炉灶云云。承告以重庆杂志界自动取消审查制之详情,言出版界团结得紧,取消非不可能。昨日报纸因载有新闻检查即将撤消之消息,然图书杂志审查未经提及。我辈之意,则任何出版物俱不宜有审查也。

伏园又告余传闻毛泽东向人宣布,渠有基本意旨三点:一为"商谈",即谈而无成,商谈之门不闭。二为"拥蒋"。三为"各得其所"。据此以观,内战殆可免矣。

伏园去,与小墨饮黄酒。三官之同学武德泽来,其家在绵阳有盐井,坚邀小墨往观,愿为东道。小墨允之,以明展同行,大约留三四日而归。

九月十四日（星期五）

孙明心借余以美国记者史诺所著《战时苏联游记》,即看之。苏联人已有新型之社会意识,故不可侮。

饭后为人写篆字,以为消遣。四时出外闲行,然亦无可适,旋即归。

九月十五日（星期六）

上午伏园来,谈半小时而去。欲邀余在齐大为临时讲演,未说定。余于此等事实亦无多兴趣也。仍为人写篆字数纸。

饭后携三午看电影于蓉光,片名《嫦娥梦幻》,系五彩舞蹈片,三午观之甚有兴味。回家读来信数件。洗公信中告余达君与韵镑已于八日乘民权轮下行,期达上海,供应本期教本。查之报纸,尚无民权轮到汉口之消息也。作书复人,凡四通。

傍晚沈嘉平女士来,方谋出脱其旧衣服,以轻行李,怂恿墨亦效为之。迩来下江人家以回乡有望,售其衣物者甚多,因而物价甚便宜。我家则殊无多余衣物可以出售也。

九月十六日(星期日)

上午叶鼎洛来访。渠系画家,来蓉拟开画展。自力书局李剑青君来,嘱作《自力手册》题句。沈嘉平女士携衣物来,在我寓门前出售,我家亦取少数不需用之物凑在内。半日之间,空气不宁。

午后二时至华记茶厅,参加草桥同学会,与叔湘赞平晤谈。

作书致伯祥,此为第三书矣。昨日有人接上海航空信,而余家无之,不胜遥念上海之亲友也。

洗公托徐世度带来信件,言如车票方便,我家尽可早日到渝。姑定动身之期在月尽月初,又不免慌乱矣。

九月十七日(星期一)

作文,将以与重庆各杂志社之《联合增刊》。此增刊为各杂志社争取民主之表示,彬然来信嘱为文字,不可却也。至于午后,余一尾巴未完成。

叔湘来,闲谈一时许。谈文字之改革,甚有味。

三时至《新中国报》编辑部,参加各报各杂志社之集会。决定组织一联谊会,并如重庆样,亦出一联合增刊,取名曰《自由言论》,最近期内即出版。

小墨于五时自绵阳归。我家动身之期大约在下月之初,早日成此一行,亦是佳事。

九月十八日(星期二)

作完作文,得二千言,即作书致彬然,将信附去。又作《自力手册》题词,凡四百言。

饭后,为人写篆书三纸。投稿者张蒙功来谈。其人译苏联少年科学丛书中关于化学之一种，决定收用，分期载于"中志"。三官作略叙列宁生平之文，为之修润，毕其半篇。

九月十九日（星期三）

傅肖岩来访，云已任华大教职，其家眷亦由金堂来蓉。

作《自由言论》之发刊辞，甚短，仅八百言。续改三官之文，未毕。

傍晚楷元来，留之晚餐。白尘来，言廿三日文协诸友聚餐，欢迎伏园，并为余作饯。明心来，言渠亦将携眷往渝。楷元去最迟，谈文事，谈生活，甚畅快。

九月二十日（星期四）

雪垠来，谈小说之创作，一般人喜搬理论，而笔下不足以副之，颇为病弊。余以其言为然。朝相来，谈所闻关于团结问题之消息。作书复洗公，并致书彬然、三官。

今日为中秋节。午刻，全店与几家家属聚餐，并邀马老先生及徐苏甘。徐谈我国前途，颇多不能乐观之言。

午后三时，入睡一时。起来亦未有所事。意兴不佳。秋分节将近，全身酸痛。

九月廿一日（星期五）

竟日未有所事，意兴甚不好。

九月廿二日（星期六）

晨往访牧野，为二官事，与之吃茶于茶肆，言余之不快。此不快终身难忘，皆其所赐。

接重庆来一电报，言台湾教本急待商订，促余即往。此电度系寿康所发，渠参与陈公侠主台之事。然与余何关，殊不甚了了。总之只得即行，独行不如全家同行，遂拟提早行期。

雪舟来言同业数家宴孙伏园于明湖春，邀余同往。遂至明湖春，饮啖甚适。三时归，疲甚，卧而未入眠。

傍晚承法来，约后日为我家作饯。楷元来，同样有此议。谈至八时而后去。

九月廿三日（星期日）

晨起整理书桌杂物。昨小墨去托赞平购票，今日赞平特出东门，来言已购定廿六日之票五张，于是离蓉之期确定矣。

叔湘来，接墨至于其家小叙，满子三午随往，并游望江楼，兼访佩弦夫人。

午刻，伏园来，偕至北平饭馆，当文协诸友聚餐。计到十有八人，可称盛会。

回家小休，与二官谈话，余未生气，但语之以理。

雪舟赞平来，偕至陈述民家，傍晚开宴，肴馔甚精。他客有承法、叔湘、可经、翁以观、孙东生等，七时散。与雪舟、叔湘、赞平步行而归。叔湘劝余勿坚责二官，宜开门俟其受苦而后来归。甚意殷勤，余感之。

九月廿四日（星期一）

晨起写信致东润，又致书劼人辞行。

余精神不好。小墨又发热，且痰中常红，不知何因。正将动身，一切须渠领导，为之闷闷。

下午五时，与墨至祠堂街。途遇世英夫妇正将来访，赠余大曲皮蛋。到店中，世泽声潮赠以罐菜饼饵。墨往辞月樵夫人，承赠以绉绸被面，题字为纪念。交情真厚，为之感慰。

至努力餐菜馆，承法作东，客除我二人外，为述民、赞平、以观、可经、雪舟、世泽。楷元知之，来间席。饮谈甚欢，酒至十斤左右，皆醺醺然矣。楷元约定明日午刻作东，不可却，应之。然动身之际多所饮食，实不相宜也。

九月廿五日（星期二）

晨间大雨，念及明日动身，或将淋雨，为之焦心。

为月樵题刘松年《九老图》，作诗不成，随写数语而已。

十时至齐鲁大学，应伏园之约，为国文系同学谈话，杂谈余平常对教有之想头，一小时而毕。至陈觉玄处辞别，未晤。

入华西坝步行一周，眺望建筑及卉木，以后未必再来矣。

十二时至子杰家，应其招宴。子杰犹未归，他客皆不相识，因谢子杰夫人而出。至楷元家，墨与满子三午已先在，又有叔湘、高语罕。高系初见，谈吐殊慷爽。楷元夫人作馔，务合我家口味。二时归。

为人写篆字，系伏园代托。翔鹤来，佩弦夫人来，孟辂夫妇来，皆为送别。朝相以上午来，未之遇。傅庚生来，少坐即去。

入夜，全店同人及家属为余家饯行，外客加入者马群超老先生，孟尚锦夫妇，刘诗圣夫妇及月樵。饮啖甚欢，八时半散，各执手而别。明晨在车站尚有多人送行也。

附录：

《蓉渝往返日记》小记

那一次我从成都去重庆，完全为开明书店的店务。那时候的情形与两年前有所不同，由于政治情况的转变和桂林的疏散，许多出版机构和"文化人"又集中到重庆。我在重庆的那一个多月里，正碰上日本侵略者大举进犯湘桂，于是又有一批"文化人"撤退到重庆来。所以那次在重庆，我与朋友的交往甚至比战前在上海的时候还频繁，彼此的心情也复杂得多。现在大多数朋友已经成了古人。可惜我的日记记得太简略，自己看了还能回想起当时的情景，别人看了恐怕很难揣摩我的那些朋友的声音笑貌了。

1983 年 3 月 22 日

第五部分

复 员 第 一 程

一 九 四 五 年

九月（末五日·全录）

九月廿六日（星期三）

未明即起,整理行李。雪舟、世泽、陈永贵、江声潮、老龚、林荷翘亦皆起,甫明即驱车离陕西街。除林荷翘老龚外,余人皆送至车站。候赞平来,即为取得预购之车票,不需在购票处拥挤。行李凡八件,权之超过七十余公斤,纳费一万三千余元,本当另装行李车,由赞平向站员唐君关说,即得附载随身而行。白尘、翔鹤、朝相、月樵亦来相送。二官亦厕送行人之列。

母亲本晕车,车行即呕吐,近知可以服药,即托夏禹鼎为开一方,配药两包,在站上买开水先服一包。八时开车,与送行者招手为别,以后殆不再来成都矣。

天气晴朗,而昨日下雨,尘土不扬,最为心慰。沿途无可记。除余一人而外,他人皆首次经过此路,感觉有新趣。母亲居然不呕吐,唯略感昏昏然。小墨尝以药方问另一医生,医生谓殊无效用,有之则由心理作用。今次之幸免呕吐,不知究为心理作用与否,未可知也。

六时歇内江,入榕树旅馆。装卸行李最为麻烦,由小墨招呼,甚为劳力。出外小餐,即返旅舍休睡。一室三榻,居四代之人,余与母亲同榻,墨与小墨,满子与三午,皆为母子,是可记也。

夜二时许即醒,醒即不复睡,起坐以候时间之逝去。

九月廿七日（星期四）

明月当头,即雇人搬行李,伫于车站门外。满子起来时即感腰痛,至此益剧,几不可抑,继之以呕吐。渠近怀孕,如此大可虑。三午嬲母抱,墨导之游观灯火小摊之夜市,立足不稳,跌了两跤。于是大家感然,似感不祥之预兆。及站门开,小墨招呼行李,又大劳力。

车以七时开。天气仍晴朗。在榉木镇渡河,憩于小茶馆,知墨未跌伤,满子不舒服已减轻,而母亲仍不晕车,心为宽慰。

一路无可记。下午五时抵重庆,三官士敔候于车站,已半日。三官正在发烧,似系疟疾兼伤风。既而陈雪岑君亦至,卸行李,雇车,一阵忙乱,然后到保安路。见各位老友,皆谓东归之程,至此已走了第一步矣。

洗公相告,上海已有信来,诸友皆安,唯近来生活殊艰苦,远过于我后方诸人。丐翁有病,为肺结核及肋膜炎,精神不佳,拟劝往白马湖休养。仲华已动身到上海。达君韵锵到达与否,尚无消息。人多语乱,一时不及细谈。

进晚餐于店中,少休,驱车至中兴路螃蟹井三号。其屋为三层一幢,店中以二百万元租用三年,可谓大贵。原住山公夫妇,山公之长子士信夫妇,及同事数人。今迁出同事,由我家占用三层前后楼各一间。前楼居母亲、三官、小墨、满子、三午,后楼居我二人,并设写字桌三,为我二人及小墨办事之所。保安路四楼不能再设写字桌矣,洗公并谓居此办事可以避扰,较胜于保安路也。

疲甚,略略安排,倒头即睡。重庆天气犹热,不盖被,出汗。中夜大雷雨。榻上有臭虫,睡熟,不觉其扰。

九月廿八日(星期五)

晨与三官至店中,途中遇大雨,全身淋漓。三官热未退,受雨益觉困乏,即归而休睡。余至四楼,与彬然、锡光、必陶诸位谈编辑出版事。

既而晓先至。晓先亦被邀,将参加台湾应急教科书之编辑工作。余听其言,似主其事者并不在得一套满意之教本,唯欲装点门面,取便报销,则我辈参加殊无意义。且待商谈后再决定。

既而歌川来访。渠近唯主编《英语半月刊》,在沪江大学任课数时而已。

十一时返寓,晓先与清华来访。清华方自昆明归来,腹隆然,下月即将生产。午饭由店中送来。此后每餐如是,不必自己治餐,较为省事。俟晓先清华去,着手布置两间房屋,一阵忙乱,一身臭汗,不久亦即停当。于是煮水洗身。

重庆之水,最感威胁,自来水量少,挑江水亦供不应求,只得尽量节用。电灯亦可厌,入晚仅见灯泡中之红丝,尚不如烛光,须待至十一二时方见光明,甚为不便。

晚餐后即就睡。三官热不退,服金鸡纳霜数回,墨又感焦虑。

九月廿九日(星期六)

清晨与墨起身,生南炭炉子,不着,由满子扇之久久始燃。漱餐毕,墨随山公至保安路,小墨出访其旧同学。余留家,看"少年"文稿两篇。精神昏倦,时时休卧。

饭后至店中,会寿康、沈仲九、金子敦、晓先、彬然,共商台湾临时教本编纂事。沈仲九为台湾行政长官陈仪幕后参赞一切之人,陈等将以下月到台,拟携教本之稿俱往,俾即可开学,有书可用。寿康系受沈之托,约我等共事,实际执笔者,子敦、晓先、彬然与余而已。商谈之结果,现在急需者为国语与历史两科。为进行省事计,亦为实际需要计,先编小学国语两册,初中国语一册,中小学历史各一册。各以应用半年为准,半年之后改用另行编撰之正式教本。国语三册,晓先与余任之,小学中学历史,彬然子敦分任之。为期迫促,须以一月内交卷。余殊不愿为此,彬然晓先谓此是帮人之忙,可令小墨相助,遂勉应之。

傍晚与洗公晓先小饮。张志让来,共谈出版界情形及最近之政闻。

八时归。三官请一黄姓医生来诊,云是肺炎,服大箭黄。三午肠胃亦不好,呕吐且泻。满子亦委顿。迁涉方定,又值病痛,真无聊也。

九月三十日(星期四)

上午雨甚,不能外出。晓先来商谈教本形式方面之各点。至于内容,俟其回李家沱拟定后再来共商。晓先任写小学之两册,小墨任写初中之一册,及三册之练习课文,余则任校改之责。商定,晓先去。

饭后,午睡未熟。彬然来,杂谈种种。四时偕至保安路,发信,信皆墨所书。六时,与洗公饮酒。七时,偕士敫小墨往观吴祖光《风雪夜归人》之上演。徐行上坡,至于抗建堂,讵知以停电缀演,白走一趟。归途经文光书店,晤梦生允安。九时归。

三官热渐退,用药有效。余以榻上有臭虫,改睡桌子,居然竟夜无扰,得安眠达旦。

十月（选录二十八日）

十月一日（星期一）

上午校读"中志"文字两篇。

午后，与墨及小墨冒雨至保安路，出席编审校对部之工作会议。议定以后改名编译所工作会议。历两小时而毕。

元善与孙起孟偕来。元善云不日将飞上海，再往北平，约两周而返。

傍晚与洗公对饮。从他人处得信，达君已到上海。接达君一信，则自汉口所发也。八时半归，三官热已退，可慰。

新闻检查与图书杂志审查以今日废止，机关亦裁撤。此可记也。唯望以后不再有类此之制度出现。

十月二日（星期二）

晨与小墨访元善于其办事处，天气晴朗，阳光满前楹，殊为爽心。元善言乘美国飞机去沪殆即在今明，余托带墨所书致丐翁函一件，及洗公致村公函一件。观其会中所制儿童玩具，殊无新意。又观其会所建新宿舍，遂归。改"中志"文。

致佩弦一书，谈《国文月刊》事。佩弦与其同事拟以此刊改为私人所办，余店赞成之，仍愿为之出版。

饭后，晓先来，共商台湾教本之内容范围。忽雁冰夫人来访。墨与雁冰夫人已十年未见，相见倍觉情亲。

五时至保安路，与洗公山公共饮。雪峰来访。雁冰来，少坐即去。渠新作剧本《清明前后》方在上演，日内拟往观。其单行本归我店出版，尚未印成，方嘱印刷所赶工也。

十月三日（星期三）

晓先清晨来，续说台湾教本内容范围，历二小时，大体规定。

彬然陪徐盈来。徐将飞往天津，复刊天津之《大公报》。渠以记者身份，接触之人甚多，所知广博。听其谈各方面，皆不能乐观。总之，斯时为大有为之时，而当事者非大有为之人,美人竭力抱腰,而其人终为阿斗。阿斗之病,一在自私,只知有己,二在愚昧,不识群己之关系。此皆不可救药,因而误事太多。询以子冈,知已往上海,宁其苏州老家。

饭后,偕墨至店中,与洗山二公及彬然士敫共谈复员事。决派人入湘,沟通东南与广西,并在湘造货(教本),供应中部区域与广西。上海方面,若有船位可得,则派单身之同人二三人先行。以一二人在汉口设通信处,为货品之接应站。此间总店人数减少,则归并职务,节约人员。谈约两小时。

《大公晚报》载中央新加坡电讯,言愈之未死,已返星岛,此大可喜。海外东坡,今有新例。以愈之之为人,其人尚在人间,不但老友,即不相识者亦必闻而欣跃也。

雁冰夫妇来,招我店诸人出外聚餐,他客有何其芳及乔木二位,皆方从北方来者。七时半归。

十月四日(星期四)

上午作一文,系"中志"十一号之卷头言,题为《青年界之复员》,凡一千八百言。午后看稿两篇。

四时出门,剪发。至店中,校排样数页。莫志恒来,渠不日将随美军总部飞上海。

看报,龙云已被免云南主席,中央之势力遂可管制云南。周佛海已被捕。日来上海大捕汉奸,凡三五十人,梅思平、李圣五俱在内。

与洗公山公共饮,补谈杂事。七时半归,就灯下写定"中志"十一月号之目录,明日即以付排。

来渝一周,生活已惯。小楼伏案,外缘尽绝,可以静心。在蓉往往有出门无所适之苦,今则一到店中,除同人而外,常可遇来访之人。事务较繁忙,亦不至枯坐无聊。不快意之事,因人不在目前,地又改易,亦可以淡忘。墨劝余早日离蓉,或可以鼓起兴致,其言果有见也。

十月五日(星期五)

上午改文多篇,工作效率似比在蓉为佳。

下午三时至店中,参加十杂志《联合增刊》第三期之编辑会议。此刊每期以三家任编辑,轮流为之,第三期则《东方杂志》《再生》与我"中志"也。别以张志让为常任编辑。晤张志让、苏继庼及其他三人,我志则彬然与余。苏继庼已二十年不见,今主商务印书馆编辑事。议定"增刊"第三期以或将召开之政治协商会议为中心。五时散。

邵荃麟来访,谈半时而去。仍饮酒如昨日,闲谈至九时归。

十月六日(星期六)

清晨,李辉英王语今来访。二君皆东北人,李为素识,王则初见。

作"中志"读者来信之答语,凡三篇,共将二千言。

晓先昨以其台湾教本稿之一小部分交来,即为修润完毕。

下午四时至店中,洗公接村公信,云将设法来渝一行。上海之店已改为办事处名目,同人薪给亦照内地标准。

五时半,至新味腴宴客,我店同人到者洗、山、彬然、墨、士敫、小墨及余,客到者有雁冰夫妇、张志让、徐盈、胡绳、莫志恒、孙源、章嘉禾等,其中有数人皆即将离此他往。谈饮甚欢,八时半散。

十月七日(星期日)

上午,与晓先小墨讨论教本稿。小学部分甲乙两编,各十五课,其前十五课皆商定。内容大致如所谓民众教本,与正式小学教本殊异。饭后,复投稿信数件。孙明心夫妇、陈雪岑、汪允安来访,谈半时而去。

三时至店中看报。傍晚,与洗公彬然等共饮黄酒,谈至八时归。

十月八日(星期一)

寿康将于明晨出发,随接收人员赴台湾。先以飞机抵上海,然后改水运。因作书致丏、杖、伯、调、均正、红蕉,托其带去,明日即可送达。余尚未接上海诸人直接寄余之书也。

作"少年"第五期卷首文一篇,题曰《人民的世纪》,凡千余言。此期遂编齐,即可付排。饭后至店中,看彬然必陶所作卷头言,"中志"七十三期(十一月号)亦齐。

三时,偕彬然必陶至青年馆,观高谪生君画展。柳亚子在挥毫题字,握手欢晤。高君画不俗,山水有拙趣。嘱余题一幅,余依亚子所题句,为书《愿事黄石图》五篆字。

返店饮酒。李儒勉来,云不日将返乐山,回入武大任教。

夜六时半,明社开全体大会,改选干事监事,九时始散。

雪舟来信告余,二官与牧野以六日在明湖春宴客,宣告结婚。二官自己来信则仅有轻描淡写之一语"在明湖春请几桌客"而已。余前曾大动怒,今已知其不可挽,闻此无所动心。

十月九日(星期二)

作复人书数通。作"中志"编辑室题语,凡千余言。

东润来访,系专来看余,为之欣慰。谈教育、著作、用世各方面,颇欢。与共餐于冠生园。遂别。

二时,出席编所工作会议,谈二小时。又与彬然、必陶、三官讨论编辑国文准教本事,历一小时。于是饮酒,八时归。

十月十日(星期三)

晨作长信复调孚,皆谈出版事。附一笺致伯祥。又书其他信数通。

午后二时,偕墨及满子三午往青年馆,观雁冰之《清明前后》,座票系雁冰所赠,在第二排正中,可谓优越。此剧以上半年黄金案为背景,写工业界之困顿情形,因种种压抑,趋于无可生存之绝路。似不能为高品,亦是应时之作,难免化装演讲之嫌。三午不耐,时时说不要看,慰之,亦复勉强终局。小酌于松鹤楼,吃鳝丝面,下江风味也。七时半归。

耿济之来渝,携来村公致洗公书,来而即飞东北。俄文人才多往东北,济之为外交界老手,宜其被征用也。

十月十一日(星期四)

上午写信两通,代此地明社全体同人慰问上海及广西之同人,此是前夕明社大会之决议也。午后看稿数篇,皆不用,退还。

四时至店中,看外间来信。内有自成都转来之上海第一信,伯翁村公调孚三人所书。虽事皆前知,再读一回亦慰远怀。

饮酒后,有人来告洗公,有建国轮船将驶沪,洗公可冒船上职员尊长名义附载。洗公本欲得乘飞机,而其事甚难,因谓乘船亦好。

十月十二日(星期五)

写复人书数通。作短文两篇。一入《联合增刊》第三期。一入《民主》,陶行知托彬然来嘱写者也。

国共谈判初步协议之会谈记录以今日发表,为民主运动史之一大纪程碑。于解放区之民选政权及军令统一两点,双方未获协议,将于政治协商会议中解决之。毛泽东已于昨日飞回延安,两党协商仍将继续进行。

清华已生一男,墨与满子等往看之,云产后颇佳健。

三时至店中,与各人谈杂事。酒后,柳无忌小姐来,渠在美国新闻处作事,将以十五日飞上海。金瑞苓小姐同日飞行。托其带书稿纸型若干。洗公行期已定于十六日。

十月十三日(星期六)

晨至店中,看《联合增刊》稿三篇。老舍来访,略谈文协会务。明晚理事会开会,余允必往出席。颉刚夫妇来访,坐不久即去。

洗公以将离此,邀余与山公、彬然、锡光共谈半年间之计划,就出版营业各方面,分别有所决定。

四时,偕彬然至励志社,观十余作家之木刻展览会。出品大体可观,比诸以前颇有进境。诸人多作大品,多作彩画,题材则以现实生活为主。获识其中之三位作家,陈烟桥,王琦,黄荣灿。又识女画家郁风。

返店,周劢翁在相待,谈半小时而去。渠办巴蜀学校已十多年,谓将乘此时小休矣。

洗翁得信,知后日之晨即须登轮,候船之开行,真是别去匆匆矣。

十月十四日(星期日)

清晨偕墨至店中,进早餐。九时,会洗山二公至金家,与瑞苓小姐叙别,并访其老太太。瑞苓以明日飞沪,可带行李一百五十磅,于是各书店皆以纸型交与,装一木箱,共图在沪印售。友人又各以钱钞托带,一小提箱为之塞满,计其值在千万元以上矣。我店亦有托带。

十一时半,与墨乘公共汽车至文光书店,应允安梦生之招宴。同座有彬然,又有李公朴。听李谈话,似颇爽利。

餐毕,送墨至观音岩,渠独下坡访巴蜀学校。余则至抗建堂,观吴祖光之《风雪夜归人》,并坐者有彬然、梦生、小墨,系祖光特赠座券来也。此剧有新趣,而殊无现实感,似无深味。

戏散已天黑。独自观音岩下坡,至文协会所,出席理监事全会。在渝诸文友大多晤面。先为聚餐,继乃开会,议定更改会名,删去"抗敌"二字,并设法助文友复员等项。九时散,赶至店中,知洗公明日不动身,遂归。

十月十五日(星期一)

晨间作复书数通。晓先来,改完教本稿十余课。晓先与小墨皆执笔甚勤,然尚未成其一半也。

今日所接书中,有丏翁手书一通,红蕉手书两通,附冬官一信,最为欣慰。丏翁言前曾患病数月,今已去其八九。为上海某杂志拉稿,可以见其意兴尚不坏。红蕉家情况如常,冬官已毕中学业,尚未入大学,方就伯祥补习国文。

午后二时,偕彬然至江苏同乡会,出席《联合增刊》全体编辑会,议定以后四五两期以政治协商会议为,中心,及其他杂事。

四时半返店,知洗公明晨登轮。偕山、彬与洗公共饮于滋美,此后联杯当在上海矣。洗公同乡人胡君为轮船上会计,与公要好,使冒充其父亲,以职员家属名义得乘船之权利,然付价需二十万元,可谓"黑市"之甚。依规定之价,最高等之舱亦不过十一万余也。且建国轮到汉口而止,自汉至沪,招商局是否切实负责,亦是疑问。以是,念我全家东下,其事非易易,还是少缓些时再说。

墨及小墨三官亦来与洗公叙别。闲谈杂事,九时归。洗公明晨须至唐家沱登轮,不能相送矣。

十月十六日(星期二)

半日写信,复伯祥、丏尊、雪村、调孚、均正、达君。又复孟实、叔湘。墨则复红蕉、冬官。

三时至青年会,出席杂志社联谊会。到者十余单位,参加之总数为二十三单位。听黄任老报告时事消息。言政治协商会议可于下月召开,重要问题有三,即和平建国纲领之制定,国民大会争持之解决,宪草主要精神之取定是也。又及国共谈判,五外长会议,国内民生痛苦等项。

六时,偕叶以群吴组缃二位至曾家岩,应周恩来之招宴。闻周之名已久,见面尚是初次。其人有英爽之气,颇不凡俗。同座有老舍、勒以、胡风、何其芳、徐冰、王若飞诸位。饮啖甚适,笑谈无忌。十时散,驱车而归。

十月十七日(星期三)

改小墨作一文谈盐井者,半篇而止。午后至店中,写店事信两通。罗永麟自自流井来,知余已来此,特见访。谈工业困难,政府无计划云云。

三时,苏继庼、张志让、尚丁来,编定《联合增刊》第三期,明日付排,二十日可出版。七时归,惫甚,早睡。

十月十八日(星期四)

上午改文。

午后二时到店,接襟兄张贡三来电,言岳母于十二日在杭州病故。念祖出外未归,嘱汇款治丧云。与岳母为别在廿六年秋季,此后通信数次,不意不得重见矣。

"少年"第五期校样已来,即伏案校对。与同人分任,余校十余面。傍晚仍与山公等饮酒。

晓先来,作成新课文,偕余回家,督余即看。而元善在我家,谓飞机之期屡误,今定明日登程云。谈有顷,元善去。余为晓先改课文。墨与余轮流缮抄小墨所为课文。台湾行政长官将于后日到台,课文于明日先交小半,故必赶抄。抄毕二十课,夜已深,睡眠误时,反睡不熟。

十月十九日(星期五)

晨间写信致调孚伯祥。前日闻苏继庼言,致觉已作古,语焉不详,故问伯祥。

九时至店中，开工作会议。十一时，与山公、士敳、彬然谈店务。总店部分须渐谋结束，以备移沪，而各处布置，亦须于此时先有成竹。但人手不足，干才寥寥，殊难安排。士敳富青年气，主一切先具计划。山公凭经验，谓只能就事应付。余于此等事不甚有主张，听听而已。

一时半，至白象街西南实业大厦，参加鲁迅逝世九周年纪念会。到者甚众，殆在五百以上。许季黻为主席，说话者冯焕章、郭沫若、余、胡风、周恩来，参以赵丹、徐迟、老舍三人朗诵鲁迅之著作，至六时始散。去年此日，余在成都参加纪念会，到者不满二十人，带半秘密性质。今年乃有此盛会，亦民主势力渐张之影响也。

洗公所乘船于昨日下午始开行，公在唐家沱等候三日，必甚无聊。

十月廿一日（星期日）

上午写信改文。

十一时，晓先来，与之步行至巴蜀，应孙伯才之招宴。凡两桌。除巴蜀范围之人以外，有吴研因、郭沫若、徐仲年、顾荫亭、潘梓年、彬然等。听郭沫若谈苏联见闻。听吴研因谈菲律宾情形。

吴到南洋，菲律宾即沦陷，伏处贼中，解放后始出面协助侨民教育。据言南洋各地，唯美国处殖民地最成功，英荷等皆失败。美以菲律宾为商货中途顿卸码头，由此可以推及各地。其一切设施皆收菲人之好感。其教育颇新式，足以提高其知识，此知识适可以使菲人能消费，知享乐。而消费之资料，无论巨细，美人皆供给之。菲人一切仰赖美国，非唯无重工业，亦无轻工业，何以立国。今虽云独立，名目而已。此言似颇为有见。

伯才所备菜殊丰美，食之大饱。三时，偕晓先、彬然、研因访雁冰于其寓所，未遇。此寓所系徐盈所让与，自唐家沱来则居之。遂步行至上清寺，茗憩于小茶馆。六时，共进面点。

余与彬然至文协，出席其茶酒晚会。到者四十人光景，余识其小半。七时半开会，老舍主席，余报告成都情形，郭沫若致辞，周恩来谈延安文协近况。十时散。三官亦来参加，共乘公共汽车到都邮街，步行返寓。月色佳甚，望重庆夜景，亦复不恶。然白日观之殊足生厌。

十月廿三日（星期二）

上午仍写信改文。

得二官之同学姚梦兰来信，渠特往青石弄为我家视察房屋，言门户无损，花木已长，现居之租户保守尚好云云。闻之心慰。

饭后到店。二时，《中苏文化》之郁文哉与《中华论坛》之罗又玄二君来，共商下属杂志联谊会之日期与地点。议定以下月九日在中苏文化会集会，邀约参与政治协商会议之诸君演说，并定提议事项。傍晚仍饮酒，早归。

十月廿五日（星期四）

照常作事，饭后到店。

吴文藻来访，谈其妻冰心《关于女人》版权被天地出版社侵害事，嘱我店为之处理。因代冰心作书致天地社，如其不理，则登报警告，且将广告辞拟就。李季谷来访，少坐即去。

十月廿六日（星期五）

上午改文。饭后，李辉英、黎丁二君来访。李将赴黑龙江任事。为尹瘦石书篆字一幅。

到店看信。访仰之于中央储蓄会，犹是卅一年在桂林晤见也。其家仍在土猪场。储蓄会营业不佳，而开销庞大，将来要否裁撤，尚未可知。

返店，候至六时，柳亚子尹瘦石二位应约而来，共饮酒。尹系一青年画家，日来与亚子合开诗画展览。亚子不能饮而豪于饮，照杯即一饮而尽。语絮絮不休，可谓狂士。八时散。

十月廿七日（星期六）

为李辉英潘子农写篆字各一张，改文一篇。

饭后至店中，与彬然谈近事，感慨殊甚。复员工作之进行，无非为当事者攫利争权之举。从政者一切恶德，皆于此时表露无遗，殆为古今腐朽之顶点。军事冲突，自绥远以至浙江，随地而有，似内战之祸终不可免。经济政策，唯事依傍美人，民族工业之兴起杳无朕兆。我国翻身，本以此时为最好机会，今则其机已失，须待从新来过,然而民生困苦太甚矣。

得伯祥红蕉书,知元善到沪,皆往访谈。伯祥言致觉健在,居僧寺注释佛藏,愤于时局,弃致觉之名,期不为人知,法名契悲云。余大慰。

傍晚,彬然约王蕴庄、李季谷、汪子清三人来聚饮,店中诸友共坐,谈笑甚欢。八时散。

十月廿八日(星期日)

作书复伯祥、红蕉。

十一时至店中,会彬然,偕至郭沫若寓,郭与潘梓年作东招宴。客有研因、伯才、恩来、友渔、乃超。席间研因谈菲律宾解放后情形,恩来答人之问,谈近日形势。三时散。

至中苏文化协会,观柳诗尹画展览。尹多作人物画,勾勒不坏,而设色嫌其庸俗。柳之书法甚爽利,有可观。

五时归,在家独饮,与三午闲要。

十月廿九日(星期一)

写信致调孚,兼复达君。

成都运来之书籍衣物,以所托运输行不牢靠,辗转相托,直至今日始取到。实则到此已十余日,不来通知,使我家悬悬。昨日得雪舟信始知之。衣被俱着潮,霉气难受。值此雾季,太阳难得,无由曝晒,对而兴叹。

饭后与墨到店,开工作会议。会散,校“中志”九十三期校样十余面。傍晚为瑞卿作饯。瑞卿已接洽得一舱位,开行期尚未定。

十月三十日(星期二)

写信致佩弦,谈《国文月刊》由我店接办事。佩弦昨来信,言拟停办此月刊。我店似不宜任其停止,拟请绍虞主持,继续刊行。又作详信致调孚,请上海诸君怂恿绍虞任之。

饭后到店,接上海信,言将出《初中分年国文杂志》,余意与其新出一志,不如维持旧刊,因再作书,致雪村、调孚、伯祥三位。

竟日作书,他无所作。张志让来,拉共饮酒。七时归。

十月卅一日（星期三）

上午作一短文，将以供《联合增刊》之用。此刊为迩来颇有发动内战之可能，因赶出一期。余文曰《也算呼吁》云。

饭后到店，作杂事外，将彬然必陶等所编国文本重看，觉材料可取者少，可删者多。到傍晚，看完第一册。

酒后闲谈，于胜利后国内种种不如意事，共致感慨。七时归，灯下改"少年"文一篇。

十一月（选录二十六日）

十一月一日（星期四）

晨作一书致雁冰。写登于《明社消息》之短文一篇。十一时到店，续看国文本选稿。

饭后偕彬然至中苏文化协会，参加杂志社联谊会之临时会。以内战危机迫切，有人提出不及待至九日。听各人报告所闻，似内战已不可免，一切设施皆集中于备战，敌伪参加部队，美军任运输修路，紧缩工贷，不顾工厂关门，大众失业。闻之皆可痛伤。山西一部分地区不顾政府免赋之命，令民众追缴八年来之赋税，抗者腰斩，真不知人间何世。最后决议由各杂志发一呼吁文字制止内战，由余起草。并定九日开座谈会，邀社会人士共商此事。余于写文字为呼吁，颇疑其有无效果，彬然则谓能由多数人说，总有些效果云。

与彬然酌于小餐馆而别。山公归来，言孙国镐弄到船票数张，彬然、惠民、瑞卿可以购用之，大约三日或四日即可启程。余于彬然之行，甚为怅怅。少一可谈之人，至感寂寞，而杂志文字之拉拢，亦复无人为助，独力任之，势将竭蹶。更念大局，清明无望，怅然入睡。

十一月二日（星期五）

作各杂志呼吁不要内战文，半日而成，凡千二百言。

饭后到店，为冰心《关于女人》版权事，又为代写一信。

黎澍来，言明日飞沪。邓初民、张志让来，二人同被推为起草员，将余所起草看过,皆无异议,即可发出,由各杂志社审定之。

孙伏园自成都来,拉之共饮,谈叙甚欢。八时归,灯下看方寄到之上海《周报》,振铎伯祥皆有文字刊其上。

十一月三日(星期六)

晨起,写邀请各界人士参加座谈会之信稿。

晓先来,邀墨至其李家沱小住,与其夫人闲谈。墨遂往,乘毛纺织厂之自备小汽轮,据云甚为舒适。

前数日有《扫荡报》之编者来访,言该报将于本月十二日改名《和平日报》,嘱于为文。今日执笔,就"和平"两字发挥,至午刻得千余言,未完。

饭后到店,得硕丈信,仍居黄埭,健好。看"中志"九十三期之三校,毕。

乘车至两路口,看子恺之漫画展。子恺兴致甚好,此间展览毕,复将往北碚。所陈列者皆小幅漫画,非卖品,人收门票一百元,两日之数已达二十余万,生涯颇不恶。时局不好,道路难行,暂不考虑东下,子恺与余同。渠云他日或将住北平,缘其儿女或任事,或读书,皆将在北平云。

五时半回家,独酌,吃牛肉面。

十一月四日(星期日)

续作昨文毕,即寄与《扫荡报》刘君。

芷芬自昆明到,渠将留此助山公理业务,相见欢然。今日余生日,小治肴馔,吃面,邀章家诸人共餐外,兼留芷芬。午后改文稿。

傍晚,彬然来,偕往育才学校,应陶行知之招宴。到者二十余人,食饭不设酒,客自己盛饭,颇见朴素之风。其宴客之意,盖为其所办《民主教育》半月刊拉文稿。此刊本名《战时教育》,今改斯名,方出第一期。吴研因谈菲律宾教育甚多,余与邓初民亦略有言,八时散。

彬然拟与惠民乘木船东下,尚须雇船,办各种手续。

十一月五日(星期一)

上午改投稿两篇。

马宗融来访,偕马继高君。继高亦回教徒,通阿拉伯文,尝译余之《稻草人》

各篇,载于开罗之报纸,并将出单行本。承以报纸多份相赠,蜷曲如蚓,一字不识,然固余之作也,留之亦有味。宗融谈复旦校内杂事,无非同事互相排挤,为几小时课斤斤较量。大学教育,诚可谓全不是那么一回事也。

十一时,墨自李家沱归,盛言晓先所居毛纺织厂,厂屋宽敞,整治有条。

饭后到店,看上海来信,知洗公已于三日到沪,为之大慰。作书复调孚。看林砺儒《教育哲学》稿。

子恺来,邀往滋美餐饮,同座有山公、彬然、梓生、夏君、陆君。饮酒不少,谈亦甚畅,八时散。

灯下看赵紫宸所为《耶稣传》数页。

十一月六日(星期二)

改王知伊所作综叙本年大事之文,将以刊入"中志"九十四期。文甚长,改半日而毕。饭后,整理九十四期决用稿,先以付排。

二时后到店,晤雁冰夫妇。其女霞在延安,以专意攻读,怀孕而堕胎,医生消毒不净,致染及他人之病菌,竟殒其命。此事传来消息已久,友人恐雁冰夫妇不堪,最近方告之。雁冰夫人为余语此,凄然欲泪。余亦无以慰之。

看报,内战方蔓延,消弭似甚难。为之不欢。酒后闲谈,七时而归。

十一月八日(星期四)

修润小墨所为台湾国语教本,至午后三时而毕。全册五十课,至此完成,虽颇草草,内容尚不坏。

天雨,未外出,小墨买酒归,饮之。看《耶稣传》,颇有闲适之趣。来渝而后,此趣罕逢矣。

十一月九日(星期五)

编齐"少年"第五期。到店,开工作会议。

昌群特地入城来访。云新近回马边,视其老家。数月以后,或将往日本,因参加教育部之检收日本掠自我国之文物之委员会也。共食于小餐馆,由小墨导之到我寓。

余则与彬然至中苏文化协会。先观木刻漫画展览,多陕北作家作品,颇有佳者。后出席杂志联谊会,余为主席。主要决议为致书美国人民,请促其政府撤回在华美军,以免参加我国内战之嫌。实则美军确已助一方面为内战。余又被推起草,陈翰伯副之。会中听各人报告消息,知内战必将扩大。前途茫茫,余个人徒深愤慨。

六时散,应伏园之招宴,聚餐于外交会堂,到者将二十人,交换意见,各告所闻,颇不单调。九时归。

十一月十日(星期六)

作《致美国人民书》。下笔不快,各杂志态度不一,有几家对于此点力主郑重,故措辞亟需斟酌,至下午四时方完篇,不过一千四百言耳。

晓先偕孟君谋夫妇来。君谋之夫人吴茵,于话剧界甚有名,善饰老太婆,近日方在演夏衍之《芳草天涯》也。

清华所生小孩肌肉收缩,四肢木强,大家愁叹,而莫明其故。晓先来告,最近方由医生说明,系看护员误将收缩子宫之药与小孩吃,致成此果。现危险期已过去。然初生时即遇此厄,于发育上多少总有影响。

作稿完毕,即与小墨共饮。六时到店,候陈翰伯。云彬夫妇以七时到,从昆明到泸州,附盐船而来,一路颇辛苦。即暂寓店中。翰伯以八时至,于余之稿略无增损。油印,分发,请各家签名,译为英文交与外国记者,皆由渠任之。

天作闪电,雨点且下,急与山公驰归。

十一月十二日(星期一)

晨与三官到店,参加同人之汪山远足团。今日为孙中山先生诞辰,店中放假。同行者十一人,自储奇门渡江至海棠溪。余与彬然乘滑竿到黄桷垭,阶级甚多,不坐滑竿恐将喘息不止。黄桷垭市集颇繁,盖一疏散区也,居者多优裕之家。尽市街得公路,循之而行,凡四公里至汪山,坐憩于一茶肆,吃所携面包糖果,余独饮酒二两。坐一时许,上汪家花园,规模不大,而修治整洁。远足以此为目的,实无多意思。余谓名胜古迹大多无甚意思,结伴访胜,其趣即在结伴而行之中。彬然谓人生殆复如是耳。

循原路返黄桷垭,折游老君洞。一道观殊平常,未观其洞。此时走下坡路,余两膝弯酸痛殊甚,几于不克投足。平日不爬山,乃至于此。遂乘滑竿下龙门濠,渡江,乘缆车上坡。所谓缆车,斜设轨道,车一上一下,挽以钢索,动以电力。开设仅数月,在余犹为初见也。步行返店,两腿木强,几不能上楼梯。

六时,往贺章桂之婚,客凡十余席,皆书业同行,云有七十二家之多。人声杂乱,饮啄殊乏味。八时归,腿酸甚,即就睡。

三午又发热甚,就医云是扁桃腺肿,取血验之,未知有他病否。

十一月十三日(星期二)

上午半日,写信复上海诸友及佩弦。下午作一短文,应邵荃麟之嘱,不知将刊于何志也。

徐世廉送来一稿,曰《周易阐微》,系其从兄世大所作。世大在水利界有名,以其余暇研《周易》,一空依傍,谓《周易》系晋人中行明所作。所以作此,盖因被囚求援,而隐约其辞,待人参详。中间有自叙传,有社会考察,有哲学见地。其说殆无人说过,余直觉上不能尽信。然其解释六十四卦为社会人事之分类,解"孚"为俘,"无妄"为死,"亨"为通常,等等,皆新颖而可信。翻阅一过,颇感有味。

腿仍不舒,未出门,在小楼独酌。三午热仍不退,时时哭闹,不肯服药。我家自来重庆,人人伤风不断,而三午发热已两次矣。天气太不宜人,然急切亦未能去此也。

十一月十四日(星期三)

晨至店中,彬然告余杂志联名告美国人民书,主张美军即日退出中国,《东方杂志》不同意发出。黄任老亦有犹豫,以为有关国策。实际报纸上作此说者已多,美国舆论亦多云然,杂志界书之,未必即得罪美人。此种心理,余只能以不了解解之。

看彬然所作卷头言一篇。章桂来邀午饭,偕彬然至其家,新婚祀先,宴其熟友。客皆书业同行,余虽不之识,说起来亦复闻姓名。饮酒颇多,二时半散。

乘汽车至上清寺,访伏园于其中外出版社。谈发表致美人民书事,共谓若有数社不签名,即见联合之不坚。为维护联合计,此书有从缓发出再事协商之必要。

三时半,到特园鲜宅,出席全国反对内战联合会筹备会。特园主人喜以其房屋供人开会,言民主者往往趋之,谓其居曰"民主之家"。今日到者五六十人,梁漱溟为主席,发言者甚多。结果决定于最近期内开大会,并致书杜鲁门,亦言请美军退出中国,不由会署名而由知名之士个人签名。天已黑,会犹未散,与彬然先出。

到家则知三午热度至卅九度半,昏睡沉沉,全家方着急。今日复往就医,医断为肺炎,仍令服磺胺类药,并为打一针,以治咳嗽。惶遽间,忽元善叩门,偕其弟元羲。二人皆言小孩热度卅九度半尚不致昏厥,殆无危险,全家闻而少安。

元善以上星期六回来,此行到上海、天津、北平三地,谓恍如死人复生,历经生前所到之处,一一皆有情感。并谓各地人对胜利后一切措施之失望,可谓至乎其极。如此政治,而犹欲以盛气凌人,必无幸存之理。元羲在北碚水利工程示范处办事。二人谈一时许而去。

十一月十五日(星期四)

元善清晨来视三午,情殊可感。三午热渐退,思食,大可慰。不复就医,仍服药。

上午作卷头言一篇,曰《与青年们共勉》,千五百言。午后二时到店,校"少年"六期校样数面。

白尘来访,谈成都近事。罗永麟来,以所作记荣县县长之文嘱余看。傍晚,与云彬芷芬等人饮酒,闲谈有顷,即归。

十一月十六日(星期五)

看罗永麟文。为人写联一幅。

十时到店。十一时偕云彬彬然乘车至特园鲜宅,参加郭沫若五十四岁之寿宴。到者甚众,余仅识其小半而已。一时开宴,陈席于草地,凡七桌。客互劝饮,吞酒无算。三时散,偕雁冰至其寓所小坐。遂至张家花园,入《国讯》社,与尚丁谈有顷。归家即僵卧,疲惫甚矣。

十一月十七日(星期六)

看"中志"文字,已是明年一月号需用者矣。

午刻，聚餐于新型饭店，为彬然、惠民、瑞卿、欧阳文彬小姐钱行。彬然惠民决乘木船，闻将于后日或大后日开行。瑞卿接洽者为轮船，而其船其期屡改，尚无确息。欧阳小姐附美国新闻处所包之轮船行，明日即须上船。

饭罢，返店小坐，看报。美国驻华大使赫尔利在美竟发表声明，显示干涉我国内战之意味。美国政府态度越来越坏，一为对苏，一为使我国处于殖民地地位，永不翻身。念及将来，悲愤填膺。

到家即偃卧，腰部大酸痛，至于不便转侧，不便咳嗽。殆星期一游汪山之故，然余之身体太坏矣。

独酌后即睡。念店事国事，辗转不能成寐。

十一月十八日（星期日）

写信八通，皆为接洽接办《国文月刊》及为月刊拉稿之事。

腰部仍酸痛。午后三时支杖到店看报。内战蔓延，山海关激战甚烈，美国官方谈话令人愤懑。

六时到文光书店，梦生允安作东，觞余与云彬、彬然、瑞卿、惠民。席间谈《国文杂志》仍继续出版。九时归。

十一月十九日（星期一）

作书两通。为《国文月刊》校改原稿竟日。余冠英寄来之原稿未加校读之功，排版时常发生困难，故为校之。此是第四十期，盖余君所编之末一期矣，此后将由我店编辑，当较修整。

墨因余腰痛，思及北京药堂之狗皮膏，令三官买一枚，入夜贴之。少顷，居然稍见活络，起来与坐下不必再用手支撑，身体转侧亦自由。此何以故，颇难明也。

十一月二十日（星期二）

膏药颇有效，腰痛大减。

作书复调孚、洗公，并复钟博约、胡乐炳。钟以不容于同事，已离什邡初中。胡入川大夜校，开学日听校长演说，即感不满。此二人皆有志青年，见解较清，即与环境不协，此亦一问题也。

报纸来,有《无声的上海》一则,言上海报纸十数种,皆一鼻孔出气,新出杂志多种,颇受欢迎,近数日内忽绝迹。黄任老与雁冰之书不能发卖。可见钳制之严。取消书志审查制度才两个月,方以为群力之效。今乃复然,群力苟不继起,则前功尽弃矣。

午后二时到店,知彬然以后日登船。芷芬倡议,我店雇一木船,将应行东下之各人及家属悉数载行。余赞其议。盖以目前情形推之,从容乘轮而下殆难断其时日也。推芷芬作详细计划,果得成行亦当在一个月之后。其事较冒险,水急一险,土匪二险,但为事简便,一了百了,若安然到达,则比之分批成行省力多矣。

卢冀野来,欲接办《国文月刊》,告以已决定由我店接办。

四时归,夜与小墨三官谈杂志编辑,心绪较佳。

十一月廿一日(星期三)

续校《国文月刊》原稿,毕。改文稿。若真将于下月乘木船东下,须先将“中志”及“少年”之稿三期弄齐,方可准时出版,不致脱期。急于赶作,甚非易也。

午后到店,知瑞卿文彬小姐各已登轮。彬然惠民明日上木船。校“中志”校样。傍晚略作小东,与诸君叙饮。早归。

十一月廿四日(星期六)

上午写信改文。午后到店,邵荃麟以所译小说稿交来,将连载于“中志”。

三时,到张家花园《国讯》社,出席十家杂志社之会。待至四时开会,余为主席。“东方”《新中华》《民主世界》来函要求退出《联合增刊》. 表面言人手东下,无法兼顾,实则为第四期刊载责备美国之文,彼辈未能同意。经任老颂华劝说,“东方”《新中华》可不退出,《民主世界》无人出席,尚待疏通。余言联合非易,既联合而分离,予社会之印象太不好,最好维持原式,一家也不退出。众皆赞之。任老报告时事,言东北问题,苏联与我政府近以公文达意,或可谋解决。此一问题解决,余意内战或可停止。

六时散。俞颂华拉余与苏继顾叙于小餐馆,言我二人商务书馆老同事也。同座又有尚丁及颂华之婿葛君。

食毕,余至文协会,晤梅林。文协拟雇一木船载会员东下。余意可与我店之船同行,彼此可以照顾。唯文协待准备之事尚多,恐未能于下月中旬成行。九时到家,甚惫。

十一月廿五日(星期日)

昨夜不得好睡,想得一诗赠雁冰,("二十五年交不浅,……")书于文协赠渠之册子。

看荃麟所译小说,竟日。午后入睡两小时。起来独饮。灯下仍看译稿。

墨往枣子岚垭,访专医痔疮之郑重。有人传言此人有秘药,医痔绝效。回来言索价至十万元,未免太昂,未与说定。

十一月廿六日(星期一)

写信致洗公调孚。仍看稿。

郑重医生之夫人来,意盖不放过此一笔生意,愿意让价,与谈定五万元包医。渠遂为墨上药。据言此药系其父所创,传女而并及其婿云。

饭后到店,候周觉识。周将返香港服务,《英文月刊》殆难续编,与说定明年之二月号必为编齐,以免中断。

四时,访赵家璧于良友,渠于上星期六看余而未遇也。良友拟续编《新文学大系》,以抗战八年为限。请郭沫若编论文,雁冰编小说,李广田编诗,洪深编戏剧,老舍编报告文学,而托余编散文。材料由家璧搜集供给。余怕事,而又情不可却,勉应之。交卷大概在明年三四月间。

回家独酌。郑太太下午再来诊视。墨用药之后,痔疮即突出,多出黄水,不便坐,只得卧休。据言四五日后,水流尽,疮即瘪下,凡两周可以全愈。果其言验,二十年之旧疾一旦消除,亦大快事也。

十一月廿七日(星期二)

上午写信看稿。

午后二时到店,校"少年"校样。白尘来谈。云彬来,留之小饮。芷芬以明日飞滇,逾一星期再来。彬然来电,船已到涪陵。上海来信,于我们之将乘木船以归,亦喜亦惧,意殊矛盾。

墨殊痛楚,痔疮突出如蛋大,胀痛,流黄水。精神亦不好,疲乏,不思饮食。

殆是用药之故。云俟痔疮全体突出,然后另用一种药收其功。

十一月廿八日(星期三)

小墨三官早出,将偕士敫同游北碚。但天雨殊无晴意,游陟恐扫兴。

余仍改文。下午到店,与锡光谈店事。彬然自涪陵来信,言船中生活颇好。瑞卿来电,已到宜昌。

受百来,谈世界大势,言第三次大战目前必不致发生。尽力弥补,各自生息,一旦至于无可妥协,则大战复作。以近来科学之进步,其期恐不需二十年。受百之言如此,余为之怅怅。当罗斯福未死之时,国际间交流美好之言词,似人类已觉悟,永久和平可期。今为时才半年,而一切转变,局面全非矣。与受百山公饮酒,七时归。

郑太太今日来为墨用药一次。疮如蛋大,尚未转焦。日间不甚痛,入睡前转剧,服鸦片酊少量而后睡。

十一月廿九日(星期四)

墨之疮渐干缩,刺痛少减,当是佳征,郑太太只上午来一次。

上午仍改文字。午后三时到店,接彬然自忠县发电报。

看上海信,有调孚仲华之文稿,皆言"中志"之往事。此志创办迄今已十六年,余亲自经手者十年,亦非易事。

尚丁来,谈《联合增刊》第六期之编辑。余毫无成竹,只得待志让自北碚来城后再商。尚丁作一剧本,曰《咫尺天涯》,取西藏二百余年前一活佛之事为材料,富于现代精神,亦多浪漫趣味。余昨夕今晨读之终,以为颇不环,劝其再加润饰,期益完美。

傍晚与山公对饮。七时归,灯下写信致伯祥、调孚、胡绳。

十一月三十日(星期五)

作"中志"特辑《中学生的老朋友》之发端词,凡千言。检点积稿,一期将足,拟以明日寄与调孚。我辈既须东下,杂志排版只得悉数由沪任之,然后寄纸型来渝,印发内地。

饭后到店少坐,即归。写信致调孚,开寄稿清单,又复投稿者两人之信,至九时始毕事。中间唯酌酒时休息约一小时。

墨于日间颇舒适,至深夜则作痛,不得好睡。期其早日痛止痂脱,坐起如常耳。

十二月(止于十日·选录九日)

十二月一日(星期六)

上午仍改稿。午后到店,与锡光必陶谈杂志事。坐一时许而归。到家仍伏案。

小墨三官自北碚归来,雨中尝游缙云山,观博物馆,又观煤矿。唯天气转寒,恐不免受冻。

墨入夜复大感痛楚,悔当初未细问,早知须受痛甚多日,则不拟请郑太太医治矣。又恐动身之前未获全愈,懊恼种种,慰之无效。

十二月二日(星期日)

竟日不出。成"中志"卷头言一篇,题曰《对于收复区学生的措施》,凡一千六百言。看三官作稿一篇。此外则为墨洗涤敷药。到晚饮酒,为仅得之休息。灯下开始作第二篇卷头言,得七百字。

十二月三日(星期一)

读作昨文,完篇,题曰《教育改进之目标》。午后到店,看《国文月刊》校样。

邵荃麟来,介绍他人小说稿。周觉识来别,将往香港任事于教会学校。以后之《英文月刊》,渠未必再能编辑,须在上海另找人矣。

四时归。酒后续看校样,至于九时。

墨今日痛楚渐轻,所结痂有将近脱落之势。自上星期一用药,至今日第八天。

十二月四日(星期二)

看胡绳送来之一文。

晓先来,谈木船东下,大须考虑。其意甚殷。但今日除木船而外,无他种工具可供我店利用,亦唯有勉强一用木船耳。

饭后写定明年"中志"一月号目录,并规定封面格式,明日即可寄出。

三时到店。巴金来,渠飞往上海,昨又飞回,带来上海我店新出版书,及唐弢之信件与其所办之《周报》。

写信致林砺儒,寄与《教育哲学》一稿之润笔。

罗永麟来,闻余将离此,拉出饮酒,三官随往。渠在自流井办制革厂,佐其丈人办炼钢厂,颇有新见解,与一般上业家不同。然不以此为有意义,欲从事著作。观其所为文,亦所谓眼高手低者也。七时散。

昆明学生为反对内战开会,军队开枪,伤多人,有四学生因伤致死。军阀时代之恶劣现象于今重见,思之可恨。

十二月六日(星期四)

上午应荃麟之嘱,作一短文,曰《去私》。盖《希望》《中原》《文艺杂志》《文哨》四杂志谋出联合特刊也。目前杂志皆以销路停滞,印刷困难,迁徙未定,未能续出,为此"特刊"亦解岑寂。

午后到店,土觳知伊方去打听木船,尚未雇定。

三时归,改小墨所作《陪都剪影》一文。酒后,看新买之《东方杂志》。

十二月七日(星期五)

上午,二官之旧同学沈凤英来,仰之夫妇及其子尚礼来,遂未能作何事。

郑太太为墨缚药线于痂上,期其早脱。缚后不免感觉痛楚。计自开始上药迄今已十二日,而尚未收功。当初以为两星期全愈,且毫无痛楚,今知不然,墨深以上当为恨。

饭后到店,知彬然已到巴东,有来电。又闻政府将还都南京,所有飞机轮船木船皆被征用。我店适于此时雇木船,恐又费周折。

看来稿四五件,三时归。写复读者信四通。小墨与三官就烛下赶作"少年"文字。

十二月八日(星期六)

上午赶作"少年"一月号之编首文字,题曰《新年快乐》,一千余言。

饭后,白尘祖光来访。祖光将至长春。长春市办艺术馆,渠主持戏剧部分。

谈半时许而去。

看小墨所作《竖鸡蛋》一文,至于夜,竟日未出门。

十二月九日(星期日)

改知伊所作"少年"用之文字。

徐世大徐世廉来访,谈《周易阐微》出版事,余允其由我店出版。

午刻,山公之次子士佼与宋宇小姐订婚,在王福楼宴亲友,子恺锡光为媒人。余与小墨往。三时回家,仍复执笔。

傍晚,张志让来,谈《联合增刊》第六期之集稿。烛下编集"少年"一月号稿,明日先寄出一批。作书致调孚。

十二月十日(星期一)

晨间,有两种学生之刊物之编者来,邀《中学生》社共同发起募款为昆明死伤同学之丧费医费。近日,此事颇热闹,追悼会于昨日举行,到者甚众,皆极悲愤。

十时,携三午到店,看金弟弟。盖世泽夫妇昨日到,将同载东返也。木船两艘,单包其舱面须三百余万,尚未讲定。

二时归,仍改稿。梅林臧克家来访。

烛下改汪刃锋谈套色木刻一文,毕。

商务印书馆同仁日记丛书

叶圣陶日记

中

叶圣陶 著

商务印书馆
The Commercial Press

东归日记

第一部分：江行纪程

第二部分：沪上三年

江 行 纪 程

一九四五年

十二月

十二月十一日（星期二）

上午，邻舍斥小孩，三午亦哭闹，耳根不净，未作何事。

午后到店，与山公、士敫等谈雇船事。运输行老板来，山公与说定，计人数付值，每人为四万元。此后须往验船，然后装书篓行李，各人之事尚待料理，大约二十日前不能开船也。

云彬、胡绳来，共饮于酒肆，闲谈各事，历二时许，颇舒适。

十二月十二日（星期三）

开始作一卷头言，得数百字而止。饭后到店，看锡光译稿，必陶谈荷印之稿。

吴潜英来访，前回在桂林相见，已三年多矣。尚丁、罗又玄二位来，谈《联合增刊》第六期之编辑。决以政治协商会议为中心，以十八日集稿，十九日再集会共同看稿。政治协商会议迟迟未开，闻日内真将召开矣。

四时归，饮酒。烛下写信致调孚，预备于明日寄"少年"第七期第二批稿。小墨、三官皆作夜工，至十一时。

墨之痔疮所结痂，今日脱去其大半。俟小半亦脱去，大约即可全愈。墨心情转佳。

十二月十三日（星期四）

续作昨文，尚未完。

饭后到店，汉华已到，系乘邮车而来。芷芬乘飞机，尚未到。电来谓今日到，大约因雾重，飞机不克降落。彬然自巴东来信，言一路游览之乐。冀野来闲谈。

四时归,看秦柳方文一篇。全身酸楚,头脑亦不舒,早睡。

墨之另一痂亦脱落,待肠头收缩进去,即无事矣。

十二月十四日(星期五)

看知伊一文。十时到店,途中剪发。

作书致邵力子,请具委托书,在上海以洗公代董事长。

十二时,至白玫瑰餐厅,应陈铭德之招宴。他客有雁冰、沫若、翰笙、彦祥、巴金。余则白尘、祖光、超构,皆《新民报》人也。《新民报》颇欲改进,近日已颇得社会好评,一般认为在《大公报》之上。诸友亦乐于助之。饮酒甚多,皆甚欢。三时散。

返店,知芷芬已到。昨日雾大,机到重庆而不能降落,遂降于成都云。

超构来访,复言《新民报》之立场,无非欲为人民之报纸,其言甚切。

作书致调孚。六时归。与三午闲耍,未作何事。

十二月十五日(星期六)

续完前日所作卷头言,又另作一篇。并曹伯寒交来之一篇,"中志"二月号之三篇已齐。作书致叔湘,告即将离此。

郑太太来,交来熏洗药方一纸,谓每服可煎四五次,凡四五服,肛门即收缩如常态。墨已能起坐,但因未复原状,须当卧休。

饭后到店,写信四五通,四时归。看锡光所译《科学之萌芽》一文,可入"中志"。

今日小墨应劳工协会之邀,为工友讲原子弹。此是渠第一次为之,可记也。

十二月十六日(星期日)

正欲提笔,晓先夫妇携其二子来,谈甚久。

到店,听芷芬谈昆明学潮实况。军队开到学校寻衅,掷弹死伤多人,为昆明各界所共愤。而当局偏谓系有人捣乱,实可耻鄙。

十二时后,与三官偕至徐雪洲家应其招宴。满子携三午先往。饮啖甚适,三时归。

五时,徐世大、世廉偕马可兴来访,拉至五芳斋小饮。马亦绍兴人,现在参政会任事。谈颇洽,八时归。

手头正忙,而竟日应酬,一事未作,不免怅怅。

十二月十七日(星期一)

写成《联合增刊》一文,题曰《赠参加政治协商会议诸君》,仅千余言。

钟博约托人送来一绿石水盂,灌县产。有一女学生来问出版界情形,备作毕业论文。下午,何文龙来,谓将被派往山东任税务员。

傍晚到店,知木船已讲妥,将于明日订约,云二十日开。即延后数日,为期亦促,而许多事尚未了,不免焦急。祥麟作东,宴山公夫妇、世泽夫妇、芷芬夫妇及余。至五福楼,欢饮而归。

灯光下改"少年"文稿,至十二点过后始睡。

十二月十八日(星期二)

看稿,将"中志"二月号编齐,即寄出。

十时出门,往戴家巷访冰心,途遇东润来访,请其暂候于茶肆。冰心谈《关于女人》版权事,渠无主见。以后渠夫妇两人将回燕京任教。谈半时而出。

与东润至俄国同学会进餐。东润力言木船不可坐,劝余考虑,其意甚殷。余甚感之,以"吉人天相"之套语谢之。一时散,以后再见大约在上海矣。回家,写信致调孚。

三时到店,运输行来订约,言木船以二十四日开行。六时开董事会,作总公司迁沪之决议。邵力子先生先走,余人聚餐,余与云彬、子恺饮,甚适。八时归。

墨之脱痂处渐渐收缩,似将恢复常态。二十余年疾苦,下此决心,居然尽除,亦为快事也。

十二月十九日(星期三)

作书致洗公调孚,改士敩一文。

饭后到店。三时,俞颂华、尚丁来,共同编定《联合增刊》第六期。各文多言政治协商会议。此会议将于月内开之,共党方面人物前数日已抵此。五时编毕。

与山公芷芬饮酒,元善勋成来,拉与共饮,杂谈甚欢。

十二月二十日（星期四）

上午作杂事。墨整理衣物，又是"行色匆匆"矣。午后到店看报，三时，买物而归。

傍晚，丁士秋来。渠任护士，似颇胜任，人亦活泼着实，有服务精神，比诸女大学生似切实得多。

十二月廿一日（星期五）

晨起治杂事。心已不宁，欲作文而不成。

午后到店。程受百来谈，渠颇欲至台湾，研究糖与樟脑。

一时半，偕山公至立信大楼，应出版界同人之邀，讨论对于政治协商会议应提出之意见。余为主席。讨论集中于出版自由，议定具体项目若干端，将托出席会议之王云五、郭沫若二位表达之。四时余散。

六时到巴蜀学校，向勖成辞行。勖成之甥邱家模欲附木船东下，余应之。

六时半到文协会，出席晚会。到者不足二十人，亦讨论提供于协商会议之意见。结果决定扩大范围，邀约文化界各部门之朋友共商，再行提出。九时散。余与诸君为别，以后相见当在上海矣。乘人力车以归。

墨以动身在即，而诸多未备，不免焦虑。

十二月廿二日（星期六）

早起即到店，与芷芬士敭谈旅途组织事。

九时，秦牧夫妇及沈同衡、潘天青四位邀至广东酒家进早餐，锡光、知伊、必陶三位同往。此四人皆服务于劳动协会，编《中国工人》。

返店，于卓来访，渠将往长春办教育，欲将我店之杂志在彼重版。余答以原则赞同，办法细商。

十二时，受百邀往五福楼进餐，山公、云彬、芷芬、士敭同往。凡八人，饮酒十斤，可谓大快。三时散。

返家整理"少年"二月号稿，先将第一批寄沪。其第二批将在船中弄齐，然后寄出。

五时复到店，芷芬等方与运输行中人交涉，嘱其从速下货，既已言明廿四日开船,必准期开出。

六时,山公、梓翁、忠岱三人作东,饯动身诸人。两席,畅饮无忌,八时归。

十二月廿三日(星期日)

早起至七星冈,乘车至小龙坎下,访探数四,至于昌群之居,与之叙别。渠日本之行恐将作罢,明年随中大东下,然后到北平,为北平图书馆之研究员,后年或可以研究员名义游英。渠注意东西文化之融合,此点诚重要。谈一时许,同至小龙坎乘车。渠于牛角沱下车,余径归。

午后三时到店,知明日尚不能开船。船夫装货未叠齐,货高出舱面,须令铺平。

胡绳来访,继之徐冰及王君某某(忘其名),共至留香园饮酒畅谈。六时散。

余仍返店,与芷芬士敫等共谈。明日以多人往督促船夫,务令安排妥贴。八时归。

十二月廿四日(星期一)

今日未能开船,云货未上齐。

午后到店,尚丁来访,谈《联合增刊》以后之事,志让、任老与余皆望到沪后仍刊行,实际恐须视整个政局而定。五时归。

十二月廿五日(星期二)

晨间方起,店中工友老李来,为我家打铺盖。搬移一阵,由力夫运至码头。于是全家到店,候取齐。临行前,梅林来叙别。

午后,云彬偕吴世昌来送行。晤《福幼报》之编者崔女士。崔附我店之船同行,唯不与余同船。其《福幼报》供儿童阅读,嘱余店诸友为之相助,余允之。《天风》之编者金君来送崔女士,为言到沪以后仍须致力联合。

四时,码头监视之同事来言可以上船,即往临江门。夏宗禹及店中诸友皆送行。下许多之石级,至于船旁。母亲与墨以肩舆下坡。自此恐与重庆市不复会面矣。尚丁以傍晚到船送行。

船甚长,首尾约六丈余,其宽则适容两人抵足而卧。余家睡于中舱。中舱置一写字桌,日间作事,夜间睡两人。燃四盏油灯。用油布遮两旁以挡风。八时,大家就睡,余傍母亲而卧。江声汩汩,船家相呼,别有风味。

半夜,风甚厉,自油布之缝隙而入。寒甚,颇以以后之二十余日船上生活为虑。

十二月廿六日(星期三)

晨早起,壮年人重行整理舱中杂物,较见宽舒。又分批登岸购物。孙明心、陆梦生、汪允安及山公皆来送行。

饭由船上供给,菜则由老李煮之。

船未开,据云老板尚未发工钱与伙友。木船往往如此,亦心急不得。幸太阳甚好,晴光满目,居船中竟日,不觉厌烦。

十二月廿七日(星期四)

船仍不开。上午,船主与棹夫议工价。摊钞票若干叠于船头,中间人为两方说合。结果,每一棹夫得工价二万八千元,到宜昌。宜昌以下,另雇棹夫。棹夫得钱,云将往贩白术,每百斤万余元,到下游可卖二三万元。船所以不开,缘船主与驾长之交涉尚未办妥。又言驾长之凭证尚未领到。又言今日为阴历二十三,不吉利;王知伊有一热水瓶破裂,亦不吉利。总之,船家对于开船迟早初不关心,而乘船者则心焦甚矣。

下午,与三官登岸,巡行市街,亦辞别重庆之意。三时,视电影于美工堂,片名《美目盼兮》,平平。

舱中加若干防风设备,以棕垫为前门,两旁亦加张油布,夜间颇暖。

十二月廿八日(星期五)

船居然以十一时后启行。解缆撑篙,亦费数十分钟。舵手之工价犹未谈妥。离码头正为十二时。自此与重庆别矣。

午后晴光渐露,嫩阳照江山,似此行之兆殊佳。伏桌上写信。致山公,以"东归"字编号,又致元善、仰之告别。

二时到唐家沱,停船,云为三十五华里。我店之船两艘,及另一艘,皆船主杨姓所有,同行同止。到埠则互相往来,或共话于沙滩,颇不寂寞。诸人多登岸游市街。傍晚饮酒,未黑进餐,七时即就睡。

十二月廿九日（星期六）

晨雾甚浓，待雾消已十时许。棹夫二人得工资而逃，船主作书寄重庆告中间人。检查机关一人来船检查，颇马虎。解缆已十一时许。晴光渐放，眺望颇怡心。

舟行无可记。五时半歇于洛碛，已进晚餐。偕小墨、三官登岸，入镇，至国立女子师范。余谒章伯寅先生，小墨访其同学李杏宝，李在校中为训导员。伯寅先生精神仍矍铄，授余小册子若干份，叙其一生办教育经历者。坐半小时辞出，观洛碛市街，颇热闹。

归船，士敩小墨等打桥牌，笑语杂作，各人皆欢然。九时后入睡。

洛碛距重庆八十华里，属江北县。

十二月三十日（星期日）

晓雾甚浓，船不能开。杏宝女士来言，其校中有胡女士，系墨三十年前同学。墨遂登岸访之，获知少数同学情况，亦复难得。候至十一时后始开船。所过市集不详其名，傍晚泊于石家沱，地属涪陵县。

老板缺米，借钱与之。

王亚南病疟。甫琴之子小宝患腹疾。深冀一路平安，无复有人患他种疾病。船中小儿多，时时哭闹，看书作文皆不甚方便。预计种种，恐将"黄落"耳。

十二月卅一日（星期一）

雾不浓，船以七点后开。略见小滩，水皆平稳。经蔺市、李沱，午刻至涪陵。青年人皆上岸游观，余未上。午后一时许复开船。棹夫停手休息时，青年人往替之。初不熟习，历二三回，居然合拍，上下一致。傍晚歇于南沱，为一小市集，无甚可观。

今日除夕，犒舟子以肉六斤，令"打牙祭"。余与芷芬等饮酒，甚酣。铺盖铺齐后，各人坐于铺位，听汉华唱《思凡》《问病》《琴挑》，声音节拍皆合法度，余甚赏之。

今夕余与芷芬等四人守夜。余轮到上半夜，但下半夜亦未安睡。廿六年自汉入川，在宜昌过年。今越八年而东归，过年尚未出川境。我生居川，盖足八年矣。

一九四六年

一 月

一月一日（星期二）

晨早开，午前过丰都。人家在山脚，屋颇不少。山上有庙宇，层次至山顶，舟人指为"天子殿"。过丰都若干里，有礁石与岸平行，激起水波甚急。舟子奋力划桨，舵手谨慎把舵，须使船勿近其处。一时邪许声大作，情绪紧张。是名"铁门槛"，约历十余分钟，安然而过。

下午四时停泊于一小集，名羊肚溪，系忠县、石柱、丰都交界处。乡名鸿鹤，系属忠县。人言前曾有盗劫船，不无戒心。

一月二日（星期三）

晨发绝早，九时后抵忠县。

雨下，前后舱之篷均拉上。但仍漏水，于是于里层张油布。事前备油布颇多，今乃得其用。雨不停，决定今日不复开船。

午后，偕芷芬、三官登岸。于皮鞋外穿草鞋，拾级而上。多橘子行。橘子自万县运来，着地堆成长方形，长丈许，宽五六尺，高尺许。每家行中四五堆，洋洋大观。入城，市店不甚多，街亦狭。见一理发店，余与三官皆理发，价仅二百元。理发店旁设茶桌，泡茶闲坐。对门为县政府，清静如寺院。四时归船，买橘子一千枚，价一千二百元，较重庆便宜一半。日来食橘子甚多，味已甘。大约自宜昌而下，不复能多享此味矣。

复饮酒，诸人皆饮甚多，各有醉意。八时睡。半夜醒来，篷上仍有雨声。

一月三日（星期四）

黎明即开船，雨已止矣。十时后过秦良玉石宝寨。巨石矗立，倚石建层楼，愈上愈小，凡八层，最高处有一亭。下午四时半抵万县，歇于西山公园下。沿岸石障有三层楼高。仰望公园，见钟楼树木。

下午将"少年"二月号之第二批稿整理毕，预备明日付邮。自万县转重庆，再从重庆航寄上海,大约十日可达。诸人皆上岸,余与墨与母亲守船。

闻明日将停泊一天,船主欲借钱买米买煤,芷芬允代为购入,不借与现款,以免多生枝节。

一月四日(星期五)

晨起见晴光照江山,心神舒爽。诸人皆登岸入城游观。余致书调孚,寄"少年"文稿,兼告途次略况。遂与三官上岸,坡子至多,不免腿酸。入西山公园。卉木颇茂密,山茶将开,梅亦含苞。园址颇广,未之周游。钟楼耸峙,建筑甚工。入城(并无城墙),寻邮局,寄信。见《川东日报》,言国民党政府所提避免冲突条件,中共已允接受。大约政局或可有转机。

食豆丝一碗,买汤圆返舟,分饷留舟中诸人。晴光一舱,怡然于怀。

饭后,与三官再度登岸,浴于浴室,竟体舒爽。有一大溪,不知何名,此时水落,急湍自巨石下,犹轰轰作响。溪上见两桥,一曰万安桥,系新式;另一桥穹形甚高,桥面建屋,工整精妙,颇可赏玩。四时返船。下坡时小腿酸痛,徐徐移步,三官扶之。万县市廛之盛,人口之众,信可称川东大邑。

今日两度登岸,在余实为勉力,惫已。小饮进餐后即睡。例当余守夜,仅醒觉数回而已。芷芬亦值班,但亦鼾睡。

一月五日(星期六)

我店之另一船,离渝时即发觉舱中漏水。(最低处曰太平舱,看水即看太平舱。)近日渗入渐多,昨夕去水五六回。于是乘者忧心,拟再停泊一天,以观究竟。至八时,仍决定同开。

午后过兴隆滩,水势至急,波浪激荡,一时诸人情绪紧张。三时歇云阳。城市尚大,其高不如万县。对江有张飞庙,又有睡仙楼,供吕洞宾。余未登岸,斟酒独酌,后与舟人尤姓及知伊同饮。

有人传言去云阳四十里许,昨日有行舟遭劫掠,闻之各怀戒心。相约明日诸船同开,亦犹行路结伴之意。

自重庆开船后,遇县城即发电致重庆上海,告平安。

一月六日（星期日）

六时开船,晓风甚厉。望前顾后,行船不下十艘。激滩渐多,时时有风声浪声邪许声轰然杂作。晌午风益急,船不能进,泊于沙滩一时许。余乃饮酒,酒后酣睡两时许,醒来日已斜。五时歇奉节。

我店之另一船途中与军粮船相撞,损船舷一板。检视之,后舱入水甚多,货物浸湿,余与三官之书三篓在内。舟中人皆惶惧,云不敢复乘此船。一时欲易船,势不可能,议论纷纷,迄不得决。余主张以后开船时,彼舟之人聚于我舟,停泊时仍归宿。且过三峡,到达宜昌再作计较。

第三舟损一舵,缘过滩时用力过骤,不胜水力,遂至损坏。而我舟亦于停泊时折一前端之大棹。川江行舟之险,今乃亲尝之。

一月七日（星期一）

今日不开船,三船皆动工修整。余之主张,彼舟之人表示同意,云至此亦唯有如是。明日开行,只得老小五十余人挤坐一舱,如在公路上乘卡车矣。

九时许,同舟多数人出发游白帝城,余未往。远望夔门,高山莽莽,颇为壮观。白帝城可见,高仅及高山之三分之一。下有白烟丛起,云是盐灶煮盐。水落之时,沙滩有盐泉涌出,取而煮之。一年中可煮四个月。据云盐质不多,而费燃料殊甚。

午后一时,游白帝城者归来。谓其地距城十余里,循山腰而往,至山半始有石级。石级凡四百余,乃至其颠。昭烈庙无可观,而地势绝胜,俯瞰滟滪堆,对望夔门,平眺峡景,皆为胜览。然往回奔走,众皆疲劳。三午亦由小墨、三官抱之往,归来由二位邱君与陈君抱持,亦可记也。

三时,与芷芬、清华等入城。城如山野小邑,人口无多,市肆不盛。见有产科医生黄俊峰悬牌,系吴天然之同学,昔尝往来。入访之,告以天然已去世,未坐定即言别。购酒与零食而归。有卖梳子筷子者,木质白润如象牙,各购若干。饮酒,饭毕即就睡。

一月八日（星期二）

晨七时后开船。另一船昨经修理,渗水已甚少。诸人以为移乘我舟,未免拥挤,索性不移动矣。

经白帝城下,仰望亦复巍然。滟滪堆兀立水中,今非如马如龟之时,乃如盆景湖石。夔门高高,真可谓壁立。石隙多生红叶小树。朝阳斜照于峡之上方,衬以烟雾,分为层次,气象浩茫。风甚急,泊于夔门壁下避风。

小墨、三官等爬乱石而上,捡石子,色彩纹理均平常,无如乐山所捡者。又有木片,亦经水力磨洗成圆形,略如鹅卵石,盖不知何年何月覆舟之遗骸也。

停舟二时许复开。大约于下午二时,瞿塘峡尽。复历激滩数处,四时抵巫山,泊岸。人多入城游观,舟中清静,余遂独酌,竟醉。进饭毕,即倒头而卧。半夜醒来,滩声盈耳。

一月九日(星期三)

六时半开船。入巫峡,山形似与昨所见有异,文字殊难描状。水流时急时缓,急处舟速不下小汽轮,缓处竟若不甚前进。舟人言巫峡九十里,行约三十里,风转急如昨日,且有小雨,船不易进,复泊岸。

左边连峰叠嶂,以地图按之,殆即是巫山十二峰。以画法言,似诸峰个个不同。画家当此,必多悟入。而我辈得以卧游巫峡,此卧游系真正之卧游,亦足自豪。

泊舟二时许,再开。行不久,泊碚石。地属巫山县,系川鄂交界处。我店另一舟先泊岸,我舟在后数百丈。忽见彼舟之人纷纷登岸,行李铺盖亦历乱而上,疑遇暴客。舟人见此情形,断为船漏。及靠近问询,则知驾长不慎,触岸旁礁石者两次,水乃大入。此驾长好为大言,自夸其能,而举动粗忽,同人时时担心,今果出事。犹幸在泊岸之际,若在江心,不堪设想。于是众往抢救行李与货品,亚南、亚平、小墨、三官、两邱君皆颇奋其勇力。书籍浸湿者殆半,非我店之物,而余与三官之书则有三四包着湿,即晒干可看,书品已不存矣。逮货物取出,水已齐舱,下搁礁石,不复沉。

乡公所派壮丁七八人看守货物,且为守夜。舟中之人则由乡公所介绍一人家,以屋三间留宿。晚饭后商量善后,决依船主之意,破船修好再开,唯不乘人而装货,人则悉集我舟,且到宜昌再说。乘舟十余日,意已厌倦,又遇此厄,多数人意皆颓唐。唯愿此后一路顺利,不遇他险耳。

今夜余守上半夜,倚枕看谷崎润一郎之《春琴抄》终篇。篷上淅沥有雨点,风声水声相为应和。身在巫峡之中,独醒听之,意趣不可状。

一月十日(星期四)

早起,知失事之驾长已逃,惧遭拘系。船主雇匠修船。其方法殊为原始,以棉絮塞破洞,钉上木板,涂以米饭,又用竹丝嵌入,如是而已。

午饭后,与芷芬访碛石(云应作"培")乡长于乡公所。经过街道,清寂如小村落,仅有小铺子数家。坡路或上或下,皆以沿岸之青石铺之。晤乡长易春谷,谢其保护之好意。易约于傍晚款我辈,却之弗得。乡公所旁为中心小学,校长为宋女士,教师六人,多数系二十余龄之青年,皆知余名。啜茗闲谈,题纪念册数本而出。是校学生现仅四十余名。云学龄儿童远逾此数,皆以在家助劳作,不肯入学。乡公所强派,且以壮丁压之至,如拉夫,校中始有学生。乡僻之区,大都如是。

返舟,舟中正在下另一舟之行李,全舟纷然。俟其毕事,余重整铺位。

乡公所以人来邀,余与芷芬知伊三人往。易乡长与其属下及校中教师劝酒甚殷,并告以下行程应注意之事项,情意殊可感。酒毕,为乡长书一联一单条,为他人书三联。然后辞出,乡长等送之于舟次,握手道别。又承馈鸡一、酱蹄一、咸菜一罐。受之有愧。

一月十一日(星期五)

晨间,留宿岸上之另一舟之人皆来我舟,全船载客至六十人。以铺盖卷衔接直放于中舱,人坐其上。于是如三等火车,众客排坐,更无回旋余地。然较公路上之满载一车,犹觉宽舒。舟以八时开。未几,舟人告已出四川境。十时许,船首一主棹折,泊舟修理。与芷芬、士敦饮酒,自成一小天地。午餐时,人各一碗饭,上加菜肴,由数人传递,他人则坐而受之。

四时许,泊巴东。一部分人上岸宿旅馆。墨以不耐烦扰,亦上岸宿。余上岸观市街,荒陋殊甚,旋即返舟。所有儿童几全集舟中,哭闹之声时作,便溺之气充塞,甚不舒适,余竟夜未得好睡。

一月十二日（星期六）

晨以八时开。过滩不少，皆无大险。晴明无风。意较闲适。闲望两岸，总之如观山水画。仍与芷芬、士勚饮酒。

午后三时抵新滩。今日众心悬悬，为此一滩。将到时，即闻水声轰轰。此滩洪水期较好，枯水期危险。通常过此滩，改请当地舵工驾驶，乘客则登岸步行。而我舟之舵工李姓尤姓以为可以胜任，不须别请，乘客登岸则不敢阻挡。于是众皆登岸，唯留三官、亚南数人于舟中。母亲与墨皆乘滑竿，三午由一十余龄少年驮之。余与其他步行者循沿岸石路而行。处身稍高，下望滩势，悉在眼中。此滩凡三截。第一截最汹涌。礁石拦于江中，水自高而下，有如瀑布，目测殆有丈许，未足为准。第二三两截则与其他之滩无异。我舟顺水流而下，一低一昂之顷，即冲过第一截，有乘风破浪之快。三官、亚南扬手高呼，岸上诸人亦高呼应之。我辈行抵滩尾，舟已泊岸。风势转急，云今日不能再开矣。

母亲登舟，跳板两截不胜重载，由老李驮之涉水，船上四人提而上之。念行程才及四分之一，此后上岸登舟，次数尚多，老母不便行履，殊可忧心。

四时半进晚餐，一部分人上岸借小店宿。入夜风益狂肆，吼声凄然。篷皆张上，且幔油布，乃如无物。寒甚，小孩闹甚，余又未得安眠。

一月十三日（星期日）

晨间风狂如昨夕，候至八时后始稍戢，乃开船。晴光照山，以一角一段观之，皆成佳画。十时许过空舱峡，舵工李姓尤姓请当地舵工操舵。众以为必险如新滩，或萌好奇，或怀恐惧。其处江面不宽，中矗巨石，我舟循巨石之左侧而行，约十分钟许，当地舵工即去。至此各爽然。盖李姓尤姓不熟其处航道，审慎，故请人代庖。熟习者临之，则轻松无事矣。

行未久，又停泊扎风（舟子谓避风为"扎风"）。越二时许再开。峡势渐尽，西陵峡殆已过矣。经三斗坪，为抗战期间转口要地，未能上岸一观。四时许，歇南沱。其地距宜昌或言四十里，或言六十里，不知确数。岸上仅幺店子数十家，上岸者分头借宿。

就睡后灭灯，月光映于两旁之油布，如张玻璃。杂然一舟，至此乃归幽寂。

听江流潺潺,念及《春江花月夜》之诗句。

一月十四日(星期一)

晨以八时开船。行程艰难,今日可抵宜昌,众心咸慰,几视宜昌为目的地矣。水险已过尽,诚属可慰。作书致山公,详告奉节以下经过。与芷芬、士敫、小墨等共饮。十二时到宜昌,大家快慰。

饭后登岸,访新生书店,承借与房间,留宿另一船之人。于是我舟可以恢复旧秩序,稍见舒畅。打听下驶办法,知可由小轮拖带,约三四天抵汉口,但其价甚昂,拖木船一艘云须一百五十万元。

宜昌市屋十去七八,系为寇兵拆去充作燃料,故皆留屋顶墙壁。碎瓦颓垣之处亦颇不少,不知何因而毁。现皆新筑木板小屋,或居家,或开小铺子。得见当天之《武汉日报宜昌版》,始知国共于避免冲突,恢复交通,已成立协议。政治协商会议已开会,报载昨日之会为第三次。

返舟,吃鱼杂豆腐下酒。老李昨在南沱买一大鱼,体长与三午相仿,吃晚饭即吃此鱼。就睡时心绪甚适,缘宜昌已到,舟中旧秩序已恢复。夜眠亦酣适。

一月十五日(星期二)

竟日晴朗,天气暖和,人意舒爽。打开受潮之书篓,晒于舱板及篷顶。三官蓄书,其心甚专,得千余册,皆翻译本文学著作,在重庆盛满一橱,顾而欣然。今着潮者殆二之一,其土纸本皆成湿漉漉之一块,虽经曝晒,未必有用,难免丧气。但三官犹谓将重行购买,以补此缺憾云。

乘破舟押货而来之邱君(国际救济会职员)以昨夜到,今晨来船。其船经险滩居然无恙,实为大幸。据云经新滩时见两船覆没,将抵三斗坪又见一船覆没,人落水中,无人援救。川江行船之险如此,我辈初不之知。若早知如此,决不敢冒此大险。犹幸今已抵宜昌,险处过尽,堪以相庆耳。

三官今日发烧甚高,想系连日疲劳所致。渠助舟子划船,抢救水险时出力特甚,每日登岸歇宿,自肩铺盖上下,凡此皆致困之由。期其不为重病耳。

芷芬、士敫往接洽拖轮,颇有眉目,至早后日可以动身,价在一百二十万元左右。果尔,则虽所费较多,而行程迅速,亦为快事。

傍晚,仍与诸人饮酒。昨买干酒,饮后口渴。今买大曲,亦不甚佳。然其价便宜,八百元一斤,且是老秤也。

一月十六日(星期三)

太阳不如昨日好,仍曝书。作书致山公。又向胡绳催稿。寄书上海诸公,并附一笺致我妹。

接洽拖轮尚无结果。徘徊一舱,起坐一铺,无事可为,实在无聊。闻由小拖轮带,遇风亦须停泊。如风肆,到汉之时日恐甚多,本月杪未必能到上海。"中志"与"少年"三月号稿,皆须于本月杪发排,而迄今稿尚未有,必致脱期,为之心焦。傍晚仍饮酒,诸人杂谈,意兴较好。

一月十七日(星期四)

上午大翻舱,将另一船之货移于我船,尘灰飞扬,杂乱殊甚。

下午四时半,与墨及芷芬、士敫登岸,应桂文梁君之邀。桂系索非之友,任事船公司,昨曾来船见访,热心相助,允为接洽拖轮,并为介绍汉口轮局,以便到汉时易于购票。至桂之旅馆,晤其友四人,皆运输界及贩卖商人,皆宁波人。共进餐于宴春楼,饮甚多。菜为江浙口味,皆可口。八时返船。

附拖轮前进,云二三日内可有望,只得耐心以待之。

一月十八日(星期五)

竟日缮抄小墨所作《钦差大臣》之缩本,抄时即为修改,以遣时光。

墨发烧,偃卧,未进食。亚平小姐亦发烧。余意兴不佳。动身之期未可知,电重庆汇款未到,淹留宜昌已四日矣。下月二日为阴历岁尽日,希望能到上海与亲友共吃年夜饭,恐难能矣。

一月十九日(星期六)

晨间知墨已退烧,为慰。

芷芬上岸接洽,已说妥由招商局飞岛轮拖带,明日开行,价百有十万元。旅程又进一步,大家欣然。邱嘉模乘划子落水,全身浸湿,虽立即拉起,颇受寒受惊矣,即偃卧休养。舟中无聊,与士敫共饮。

饭后,与芷芬、士敫登岸,至招商局缴款。款系向新生书局及桂文梁君借来。又书公函,说明途中如遇损失,与招商局无涉云。于是移舟泊近飞岛轮。此轮颇不小,云有七百余匹马力,至多可拖木船二十艘。若不遇风,四日可抵汉口矣。

傍晚,寄宿新生书店者齐下船。小墨、三官移卧前舱,以其位置让与寿康夫人及其老母,以及世泽夫人。就睡已九点半。

一月二十日(星期日)

晨间桂文梁君来船送行,为关照飞岛轮人员,予我船照拂,又为指点汉口轮局人员某某,谋购票之便利。桂君盛情深可铭感。

轮以十时开行。旁附铁驳一艘,大木船一艘。其后并排拖盐务局大木船三艘,桅樯高耸,旗帜飘扬,载有武装军队。又其后拖较小木船两艘,一即我船,一则上海市商会社会童子军自备木船也。连飞岛轮共为八艘,颇有浩浩荡荡之势。计其人数,恐在千以上矣。晴光一江,水声汤汤,较诸划船之时,意兴迥异。

行约五六里,忽停轮。见有两木船前来,知是"黄鱼",亦犹公路乘车,"黄鱼"于站外附载,余诗所谓"过站上黄鱼"也。但盐务局船不之许,以为拖带太多,行程必缓,不克以四日到汉,阻飞岛轮营私,且架机枪于船首,以示威胁。纷议至三点钟,始解决,"黄鱼船"上之警官员生悉登铁驳,木船两艘则不得附行。为此一事,延搁路程恐将一百里矣。两岸已无高山,多见丘陵,沙洲平铺,烟波壮阔。

士敩发烧,芷芬伤风咳嗽,余乃独酌,眺望夕阳。日没时,船泊于宜都枝江之间。抛锚江心,旁无村落,然同行者众,又有武器,一无足惧。我船无锚,即系着于盐务局之木船上。日来天气暖晴,最为可慰。夜间月色,无夕不佳。

一月廿一日(星期一)

晨以六时开船。天气仍晴朗,有东南风,下午转烈,江中见白浪。

三时泊沙市。船随波颠荡,舵舷激触有声。多人皆上岸,余于风中独酌。小墨、三官归船,买来熏甲鱼、油炸虾。

今日寄山公一书,详告在宜昌五日经过,列"东归"第十号。改知伊所作《师生间》一文,耳边不静,仅改五六页耳。

一月廿二日（星期二）

晨六时开行，即有东南风，至十一时许而益大，遂停泊。轮船亦须扎风，殊非前料。依我辈经验，冬令应多西北风，殊不知出峡而下，鄂西一带，天晴即吹东南风。诸葛亮周瑜殆熟知之，故有赤壁之胜。询停泊之地址，名郝穴，去沙市仅九十里。而开行已五小时，每小时行十八里耳。

午饭后，与小墨等登岸。市集颇不坏，有棉花行。鱼摊甚多，鲫鱼长尺许。购两尾，重斤半，二百四十元，若在重庆，将值一千五百元矣。周行既遍，返舟。因避风，日间亦盖篷，舟中昏暗，小儿哭闹，殊无聊。

晚饭后，邻舟之姚君、华君来，共谈出川经过。所闻水险匪患，虽未亲历，思之犹悸。若当初知之甚详，亦不敢有此一行矣。继之，二君唱各地小调，汉华小墨唱昆曲，八时始散。无聊中得此，亦复稍慰。又闲谈至九时半，乃睡。

一月廿三日（星期三）

晨六时开行。风势不大，下午几乎无风，直至天黑停轮，共行二百三十里，去监利尚三四十里。初以为自宜昌到汉口，得轮船拖带，四日可已，不知几将倍之。

今日两岸皆平沙浅岸，无山可见，亦无村集。白鸥与野鸭时时可遇。

改《师生间》八九页。下午与士戭等饮酒，吃宜昌所买熏鲫鱼五尾，甚畅适。夜八时睡，暖甚，盖一被犹嫌脚热。

一月廿四日（星期四）

早开晚泊，仍行二百数十里，歇于城陵矶。长江之曲折，以鄂西一段为甚。以故舟行觉风时时转向，转折之处，风浪恒大。

登岸游观，市集亦只一条街道。闻有口寇俘虏留置处，即往探访。其屋旧为学校，破败已甚，不知何校。寇俘约百许人，坐卧于地铺上，燃木烘火，呼笑杂作。其年皆二十余，身体壮硕，胜于我国兵士。同行者鲜通日语，以国语英语语之，了解程度不过十之二三。据言若辈在此任劳役，碾米运货，每人得米十余两，他无供应。询以日本军国主义如何，答言天皇好，军阀不好，中日为兄弟，今得收留于此，深感恩惠云云。此亦套语而已。

乘划子返船,云漫长天,不辨方向,一面似水波无尽,或即是洞庭湖也。夜二时许,篷顶淅沥有雨声。起张油布,心为忧虑。此行仅在忠县遇雨半日,甚为侥幸。今距汉口尚有两日程,若终于淋漓,实为憾事。篷皆已破碎,雨若久下,虽张油布,毫无用处矣。

一月廿五日(星期五)

晨六时开行,至十二时扎风,行百许里。停泊转弯时,舟身大荡,几欲翻倒。舟后部之柜子倒仆。母亲晨进厚粥,已不舒。至此复晕船,头胀恶心,状甚委顿。

停泊处名茅埠,属沔阳县。去新堤八里。新堤者,抗战期间鄂湘客商绕道所经,曾繁荣一时。

改"中志"文稿半篇。午后三时,独饮昨夕所沽之高粱酒,味甚淡,远不如大曲。汉华饷以昨夕所购之熏鱼,大嚼称快。

三官、亚南、亚平三人乘牛车游新堤,天黑未归,小墨、意焕二人往候之。未几归。云将至新堤时,受军队详细盘问,索观证明文件,否则不许往新堤。交涉许久,始得前进。盖其地为八路军所尝到,颇得群众好感,后八路军退去,遂严其检查。三官购天鹅一只,重五斤许。又购柿饼,形如枣,味甚甜。

夜十二时雨下,篷顶漏水,遂张油布,复以面盆承水,然被褥犹沾湿。雨时作时止,一夜不得好睡。颇盼早到汉口,然距汉口尚三百五十里,明日即风平浪静,亦不克到也。

一月廿六日(星期六)

风烈,天气转冷。篷不开,船中昏暗,益感无聊。晨七时开船,下午五时停泊。闻距汉口尚一百二十里。所泊地不知其名。停泊时雨至,急张油布于篷顶。然少顷即止,且竟夜未复雨。

一月廿七日(星期日)

晨以七时开船。写信分致山公及上海诸君,告抵达汉口。饮后,望见汉阳房屋,既而黄鹤楼在望,一船之人皆欢呼指认。船泊于招商局码头,看江汉关大钟,时为两点半。

即与芷芬等登岸,循江汉路而至交通路,景象与一九三七年无殊。美国飞机轰炸汉口,其势颇猛,而此热闹街道适未遭受。遇骤雨,满身淋漓。昔年我店店址今为《华中日报》社,交涉仍归我店租用已无望。其隔壁为联营书店办事处,我店办事处于其间设通信址,探知惠民住对门交通旅馆。于是晤惠民。询知彬然到沪已二十余日,甫琴曾来汉口,现已返长沙。下行轮船不多,得票甚难。军政界中人可优先登记,我辈毫无名目,恐须停留若干日,始可成行耳。

看报,知协商会议将于廿九日闭幕,有原则之决定,少切实之办法,殆与其他会议无殊。唯有此协议,内战似当不至公开进行。

返舟,与小墨共饮。舟中一部分人上岸住旅馆,铺位较宽舒,夜眠甚适。

一月廿八日(星期一)

晨即下雨,风声凄然。

今日起舱提货,余待母亲辗转移座。至下午一时许,始略就绪。我家本拟竟住船上,直至得票登轮,以免母亲上下之烦。而他家皆欲登岸,亦只得从众,遂移居交通旅馆。一个房间住我家老幼七人,价二千六百元,七折。母亲睡床上,他人皆打地铺。小墨、三官今夕仍宿舟中,守护未取完之货物。

饭毕即睡。较之船上,无风雨之侵袭,安适多矣。

一月廿九日(星期二)

竟日徘徊旅馆室中,仅写一信寄上海。诸人所谈,无非船位难得,成行无期,重复又重复,闻而生厌。下午曾出外剪发,价五百元,殆以阴历年底,循例加价。买汾酒一瓶,熏鱼油虾一包,归与同室诸人共饮。

今夕室中多住小墨、三官、意焕、嘉模、乾阳、瑞垚,全室十一人。地铺栉比,与船中无殊。茶房见而愕然。

一月三十日(星期三)

晨与诸人共游旧日租界,今为敌侨集中地区。美飞机炸汉口,以此区为标的,破坏殊甚,颓屋断垣触处皆是。各街口拦以铁丝网,开其数口,任敌侨出入。出入之时,须以身份证示岗警,并行敬礼。敌侨寇兵似皆贫苦,衣服不称身者,衣单现索瑟状者,时时可见。其无一椽可蔽者,则构芦席为小棚,小棚之多,如兵营列帐。炊事洗涤,悉在露天。店铺仍营业,但多售旧货,及纸烟灯烛。购食豆沙甜食,细腻可口,昔在上海所曾尝也。

十一时返旅馆。邵荃麟来访。邵以飞机来汉,为时仅二小时,费五万元,较之我辈,太舒适矣。邵为余道一月来重庆政闻。协商会议总算有成果,但决议诸端,期其实行,尚须人民之督促。偕至乐露春,与同船诸人聚餐。

返旅馆,知张静庐、田一文来访,即往对门文风书局回看。二君于我家须得较好之船位,皆甚关心,谓当为设法。虽未必有效,而意殊可感。谈半时许而归。

一月卅一日(星期四)

晨起知昨夕芷芬、惠民与一运输行接洽,有丰茂小汽船,将直放上海,可载客货。每客收四万五千元,供白饭。较之官定票价当然相差甚远(官价不足一万元),然可免在南京登岸改乘火车(大轮船多数至南京而止),实为便利不少。

十时后,芷芬等往相小汽船,归来言此船只一统舱,可容六七十人。与水手商让一房舱,有四榻,酬十六万元。我店之货,亦附载其上。虽未付定钱,已大致说妥。余意辗转请托,购得官价票,仍需别出花费。而耽搁时日,旅馆无聊,实为难熬。今虽出资较巨,而干脆迅速,且人与货一起解决,实较痛快。

今日下午上货,明日乘客上船,云后日即可开行。后日为阴历元旦,明日在小汽船上过除夕,亦有异趣也。

午后与芷芬访张静庐。傍晚独酌。九时睡。

二月

二月一日(星期五)

晨起即准备动身。三官等先往监视书箓下舱。次运行李。

荃麟偕《大刚报》社长王怀冰来访。

饭后二时,各家次第上船。阴雨多日,今日放晴,阳光满街,而寒风甚烈。以人力车至三北码头。母亲仍由老倪驮之上船,甚感危险,而竟安然下舱。

船名风茂,非丰茂。原为日人之船,全体木制,装内燃机,烧柴油,专运货。

其构造只有一货舱,我辈即居货舱中,以盖板铺平舱底,张一大帆布,以蔽风雨。我辈一行二十余人,展铺盖已满,较诸前次木船略见宽舒。尚有他客三人,略予让出地位。如是,几如为我辈开驶之专轮矣。水手之房太贵,即亦不复借用。

部署既定,斟酒独酌,以酱豆下酒。继之,吃船上之客饭。阴历年夜,如此简单寂寥,可记也。

二月二日(星期六)

晨起甚早。旭日初升,一行平静,众轮寂然,望而畅适。作书寄上海诸公,告我辈动身之消息。

船以八时开。开即全船震动。母亲恐晕船,即卧而不起,此数日间只得以安睡度之。船行速率似胜于飞鸟,意者五六日必可到沪。所居在水面之下,两旁皆船板,仅前后之上方,帆布留一三角形之空处,无可眺望,如居囚室。偶爬上甲板一望,则意为稍舒。过黄州时,余适在甲板上。四时半歇于黄石港。舟人有事接洽,故早停。

舟中供白饭两顿,冷而不匀净。吃自备之腌肉咸鱼。夜间风大作,其声隆隆,船为震荡。幸遮掩尚密,船内不感寒冷。

二月三日(星期日)

舟人事未了,迟至九时后开船。浪花自上顶缝隙窜入,适落余家数人所居之铺位,被褥不免沾湿。以呢毯塞缝隙,舟子以桶承水,以板障水,纷扰久之。我舟向东行,而所吹适为猛烈之东风,舟行速度自必减低。下午仍饮酒,一无可为,唯此一途而已。

六时泊九江。望岸上电灯通明,而人影寂然,偶有锣鼓声爆竹声而已。多人上岸,购买瓷器。俟其归,取而观之,鲜可爱者。士敫、止芬在汉口旧日租界购日本瓷器各一色,价不贵,而色泽、图案、形式均足赏玩。

舟居月余,与舟人为伍,同行者往往发见衣虱。余亦时觉发痒,而觅之不见。今日得一枚于胁下。

二月四日(星期一)

晨六时后开船。今日无风,波浪不兴。

十一时过小孤山。余唯见平沙远岫,如云林小品。午后二时过马当。左为平沙,右为马当山,略有障壁之势,较之峡中诸山,险夷悬殊。其处江面特狭,故为险要。见有沉轮数艘,舟人言是被炸者。据云江底沉船颇多,廿六年冬封锁时所为也。当时见报载此消息,以为足御敌。今亲临其处,知毫不足恃矣。

六时泊安庆。小墨等仍登岸购杂物。

二月五日(星期二)

晨五时半开船。东风又大作,天昏暗多云,寒甚,似有雪意。昨日立春,得雪为春雪矣。

母亲连卧数日,唯进食时坐起。

闻此风茂轮向为日人捕鱼所用,我辈所居之舱,当初为盛鱼之所。此轮今只有运货执照,无载客执照,我辈附载,实为"黄鱼",则此舱仍为载鱼舱也,一笑。

夜七时泊芜湖,余已入睡。仅三官等数人登岸,归来已九时矣。

二月六日(星期三)

舟人登岸买米买菜,迟至九时始开行。天气晴明,微有右侧来之横风。

上海渐近,大家计算到达之时日,大致尚须舟居三日。自汉到沪,亦须七八日,颇厌倦矣。计自渝到沪,共历四十余日,如此长途旅行,亏我辈居然能忍受。以时日言,自东半球至西半球,亦不逮其半数也。

下午三时半,泊南京下关。帆樯如林,码头建筑宛在,偶有一二高大厂房,破坏余空壳。同舟多登岸。芷芬等往探京沪火车班次。余独立甲板上,观玩江心落日,波平风清,意殊闲适。

既而士敩归来,云夜快车九点开、明晨六时半到沪,购票颇不难,若往乘车,可早到两日。于是士敩夫妇、芷芬夫妇各携其小孩弃舟乘车,而墨与三官亦偕行。墨欲早日在沪租定房屋,并购置日用器物,故先行。余送之登舢板,未见其抵码头,盖已暮色昏然矣。计登岸者大小十二人,舱中铺位颇见宽舒,可以转侧。

九时,小墨由城中归来,携归油鸡、熏兔及酒。余乃独酌。据云城中并不热闹,无多可观。

二月七日（星期四）

船以四时半开。余以六时半起身，望初阳，江光明丽，风顺水顺。念墨与三官等此时已抵上海矣，而我舟中人犹须延迟二日，工具不同，致效斯异。

十一时抵镇江，下锚卸货，货为桐油二百桶。余独自登岸，坐小划子，随波上下，风声贯耳。先至理发店修胡子，然后游行中华路大西路，购板鸭、酱菜之类。此地流通者似伪币多于法币，购物者多持伪币一大叠，票面一万元者作法币五十元。店家称货价犹言若干万，皆依伪币计算也。

返至码头，见我舟已起锚，小墨、世泽等皆招手遥呼。急乘划子登舟，登即开动，几乎错过。而亚平、亚南两小姐及另一客竟未及返舟，只得乘火车到沪矣。方起锚而余未到之时，三午大哭，言阿多犹未来，及闻人言已望见余，始止哭。渠虽系心于余许购之二梨，而天真可爱，堪为佳话。

开行时为下午二时。风益大，掀帆布而起，舱中如风箱。波浪涌起，水花溅及司机台之下脚。略为部署，以阻风与水。然后与小墨饮酒，以熏鱼、牛肉、酱瓜下酒。天黑后舟仍开行。出舱以观，月明星朗，一江风浪。遂就睡。朦胧中闻锚下垂声，看表为十点，亦不知泊于何所。巨浪击船，作镗鞳声，船身颠荡，挂灯摆动。

余右下腭一臼齿作痛，未得安眠。此齿作痛已三夕，入夜就睡则痛，起来时即不痛，痛亦不甚剧，未知何故。

二月八日（星期五）

晨四时起锚。昨夕泊处，舟人亦不知何地，总之距狼山尚有四五小时之路程。天气仍晴明，风浪较昨日下午为小。舟人皆言今夕可到上海，或言下午七时，或言八时。

午刻过狼山。狼山在望者几四小时，初在右方，既而移至左方，终乃靠山脚而过。其处江面宽阔，波浪汹涌。于是盼望崇明沙，旋亦见之。遂打铺盖，准备登岸。四时已望见吴淞口，屋树如淡墨一线，海口黄水涨起。余立司机台侧望之不已，期早入口。而海潮方作，水势逆舟而来，舟进甚缓。同舟皆怀愁，恐时过六点，逾越淞口之规定时间，不及进口。未几，舟人果宣称将于淞口抛锚，抵其处已六点十余分。近处泊美国军舰二十余艘,电灯闪烁,望如厦屋,颇有威胁之感。于是重开铺盖,在舟中多宿一宵。

二月九日(星期六)

黎明即起,望炮台湾,此固余熟悉之地,建筑虽有改观,大体均能记认。六时开行,进黄浦,缓缓而行。八时抵南市停泊。未靠码头,店中同人亦不来,无法登岸。

有流氓型之数人来拉生意,代运行李。此辈在码头上为权威,非经其手不可。即与讲价。一行人之行李,大小八十余件,送至四马路店中,讲定四万五千元(后又多索五千元)。

其时三官、冬官、瑞卿及店中工友探询到来。遂请母亲先行上岸。先自汽船抱上小划子,众人扶掖之,划至码头,扶之上埠,乘人力车,余与冬官随行。行李由小墨、三官等料理。路经之处皆似熟似生,颇有化鹤归来之感。旧法租界各路似甚少改观。

至霞飞坊三十五号,叩门,先见伯祥夫人,神采如旧。墨与我妹下楼相迎。我妹已望如老太太,牙齿悉去,补以假牙。八年余为别,老母时时念之,今得重逢,心慰可知。余此次东归,最可慰者即侍母还沪,得与我妹见面,且一路无恙。有此可慰,一切辛劳足以抵偿矣。墨与三官前晨到沪,即留宿我妹处。于是登三层楼,坐定,话亦无从讲起。冬官颇清秀,但稍见文弱。以下三甥女,其二为初见,皆驯顺。

进点心后,至同里三号,访丏翁。丏翁坐床上,相见之顷,唯言"老了!老了!"彼此忍泪,不能为言。翁之肺病殆已犯实,时时发烧,而心绪复不佳,自家庭琐屑以至天下大事,皆感烦恼。见余与满子等归来,自觉意慰。夏师母则依然如故。龙文在水泥厂任职员,尚可敷衍。旋即饮酒。丏翁饮已甚少,因余之来,居然多进一杯。

下午二时,返三十五号,洗澡。悉去身上衣服,借穿红蕉之衣,以清除虱子。傍晚,红蕉归来,风采亦如旧。于是我家七口,红蕉家六口,团坐聚餐。此不易得也。我妹所做菜皆苏州名色,八年来所未尝,今乃一一重尝之。唯闻近日以来,上海物价飞涨,几乎超过重庆,虾一斤值三千元,肉亦八九百元。今夕一席自备菜,值在二三万元矣。

饭罢下楼,与伯祥畅谈。伯祥谈兴犹昔,滔滔不穷。既而均正夫妇来访,谈至十时始散。余与墨宿三楼亭子间。

二月十日(星期日)

晨起食蒸糕,亦久已未尝。九时,与墨及小墨、三官乘电车至外滩,事事重温,皆觉新鲜。而墨下车后,步行于车辆驰骤之中,趋避颇感生疏。余因省觉,以后决不能令其独自外出。

自外滩经白渡桥,入虹口区。达三角小菜场附近,沿路出售日人旧货之地摊栉比,较之汉口,尤为大观。选购磁器漆器若干件,以供家用,皆较江西磁可爱,而价特廉。又购小皮箱一只,日人和服二件,可改作被面。墨以行步疲乏,忽滑跌一交,幸未受伤。余益觉不能独出之念为有理,以后须随时留意。

遂以人力车至北四川路虹江路口,自永丰坊入祥经里。我店于里中租定房屋六幢,曾出巨大顶费,即分租与同人。洗公先迁入,彬然、锡光、绍虞、欧阳小姐等亦已认定地位,从事布置。彬然等所居一幢为日本式,门窗橱障,俱精巧有致。派定余家所居者尚有人居住,一星期后迁出,因未往观。

在洗公处坐定,未几,调孚、达君、伯祥相继至。遂共饮。店中之事,缓日再谈。

饭罢,墨先归霞飞坊。余与伯祥、调孚、小墨、三官循虹江路西行,日本旧货摊满地皆是,贩卖者选购者纷纷,路为之塞。越淞沪铁路,折至宝山路南行,经河南路,至福州路店中。一路似无甚可观,热闹情况且胜于八年以前。我店店面移在原店面之东,仅有一间,殊不壮观。办事部分则即原店址之后进,旧为栈房及宿舍者。调孚导观二层楼及三层楼,指示某座系某人之席,人多屋窄,颇见拥挤。行路已多,颇感力乏,遂坐定休息。

五时归,我妹仍为余具酒。九时就睡。

《东归江行日记》小记

《东归江行日记》是从旧日记中抄下来的，从一九四五年十二月二十五日起到一九四六年二月九日止，前后四十七天，记的是从重庆到上海的长江航行。

一九六六年夏天，好多老朋友突然不见面了，还时常传来叫人不忍再提的消息。有的朋友偶尔在路上相遇，彼此心照不宣，别过头去只作没瞧见。在那凄凄惶惶的岁月里，还保持来往的只剩下王伯祥先生一个人。伯祥先生腿脚不如我，我去看他的回数多，搭公共汽车四站路，每月两三回。见了面也没有什么可谈的，只好说说陈年往事。有一回说起了出川东归的江上旅行。他说抗战八年，好容易胜利了，在上海的亲友都盼望你们早日东归，没料到你们决定乘木船，大家日夜为你们提心吊胆，只怕人舟俱没，从此不再相见。我说我们在船上倒不怕也不着急，反正慢慢地往下游淌，总有到达的一天。于是又说起旅途中的琐事来。可是时隔二十多年，那些琐事我也记不真了。那天回家就把旧日记找出来，重温那次回忆起来颇有点儿浪漫意味的旅行。忽然想起何不把这一个半月的日记抄下来，让伯祥先生卧游一番呢，反正大家无事可干，于是找了个本子抄起来，从重庆上船一直抄到上海登岸，在本子的封面上题了《东归江行日记》六个字。伯祥先生看了之后说些什么，我记不清了。他作古已经五年，真可惜，他没能看到倒行逆施的"四人帮"垮台。

那次乘木船出川完全是不得已。飞机、轮船、汽车都没有我们的份，心头又急于东归，只好放大胆子冒一冒翻船和遭劫的危险。木船是开明书店雇的，大小两艘载了五十多人，有开明的同事，有搭载的亲友，有全家老小，有单身一个。年纪最大的是我的母亲，过了八十居然还能出川，看望昼夜惦念的女儿——我的妹妹。最小的章建昌出世才一个来月，他是士敩和清华的孩子，锡琛先生的孙子，伯祥先生的外孙。伯祥先生还有一对女儿女婿在船上，就是汉华和卢芷芬，他们也带着儿女。即此可见上海有多少亲友的心系在这两艘木船上了。也亏得那时下了决心乘木船,要是再延迟半年,就见不着夏丏尊先生了。我们到达上海后才两个半月,丏尊先生就怀着满腔忧愤去世了。

我有这么个日记抄本让姜德明同志知道了,他一定要借去看,看过后一定要在刊物上发表。我老是犹豫。日记本来是只备自己查考的(其实也未必查考),所以记个大略就够了,来龙去脉自己心里有数,用不着多写;提到熟人,更用不着注明性别、籍贯、年龄、身份和相互关系,等等。这样脱头落襻的文字,给熟朋友伯祥先生看看是无妨的,因为我经过的事他大体知道,我交往的人他也大多熟悉;登在刊物上给广大读者看可就不大相宜了。还有一点,我主张公开发表的文字必须用普通话写,写日记不避文言,因为日记本来不打算给别人看,用文言却可以少写几个字。现在把这样半文不白的文字发表在刊物上,我总觉得有点儿不负责任。无奈《大地》已经刊出了预告,不容我再犹豫了。把文字通体改一遍,当然办不到;把提到的人和事都加上注,也办不到。只好敬请读者原谅了。

　　　　　　　　　　　　　　　　　　1980 年 12 月记

《出川日记》小记

这二十一天的日记是《东归江行日记》(已经收在《日记三抄》中)的前半截：从重庆上木船起，到宜昌登岸止。有了这一段出川的经过，那么从一九三八年年初，写"渝沪第一号信"向上海的亲友报告入川经过起，抗战期间在四川度过八年的记录就有头有尾了。

关于那一回旅行，我在《东归江行日记》前面的小记中有一段说明，现在抄在下面："那次乘木船出川完全是不得已。飞机、轮船、汽车都没有我们的份，心头又急于东归，只好放大胆子冒一冒翻船和遭劫的危险。木船是开明书店雇的，大小两艘载了五十多人，有开明的同事，有搭载的亲友，有全家老小，有单身一个。年纪最大的是我的母亲，过了八十居然还能出川，看望她昼夜惦念的女儿——我的妹妹。最小的章建昌出世才一个来月，他是士敄和清华的孩子，锡琛先生的孙子，伯祥先生的外孙。伯祥先生还有一对女儿女婿在船上，就是汉华和卢芷芬，他们也带着儿女。即此可见上海有多少亲友的心系在这两艘木船上了。"

《东归江行日记》的后半截记的从宜昌到上海的经过，行旅虽然稍为顺利，但是已经感到内战迫在眉睫，前途仍旧渺茫。二月九日到达上海，阔别了八年的亲友，彼此历尽忧患，总算都见了面，高兴自不待说，可是也没有不为时局担忧的。至于我的亲家丏尊先生，他已经病得十分衰弱，两个半月后，就怀着满腔忧愤与世长辞了。

1983 年 3 月 22 日

第二部分

沪 上 三 年

一九四六年

二 月

二月十一日（星期一）

九时后到店，晤绍虞、予同。二君皆风采如昔，唯闻予同实患神经衰弱。其他旧同事一一晤叙，不悉记。

报载重庆昨晨开各界庆祝协商会议成功大会，特务大肆捣乱，持铁器打人，伤数十人，沫若、公朴、复亮诸君皆在内。特务横行，盖已自感没落，而作你死我活之斗争。颇闻特务之组织殊庞大，人数将五六十万人。其费用浩大，本由国库支出，以后政治稍上轨道，此法即不可通。若辈已预为之备，争抢生产机关金融机关，以资挹注。故其势力殊不可轻视，争取民主，势必与此辈作正面之斗争。协商会议居然有结果，最为此辈所不满，故有昨日之丑事。以后恐将不断发生，或且有更严重之祸乱。又闻国民党中对于蒋之让步深为不满，有提出弹劾之意。吴敬恒且谓今日之事为国民党之"戊戌政变"云。

午刻，仲华来。我辈千辛万苦，以一月有半之时日来沪，仲华于其间自沪到渝，盘桓旬日，且返沪矣。偕出吃饭饮酒，彬然、达君同往。谈政闻，商店事，皆甚畅快。

返店闲坐，五时返霞飞坊，至丏翁家。夏师母与龙文亲手治馔，宴请我全家，唯我母上下楼麻烦，丏翁意不必惊动。治馔者不厌其精美，而丏翁犹是老脾气，嫌其太浪费。章守宪同坐，精健犹昔。

七时半，至中国科学社，赴民主促进会之茶会。八时后开会，到者五十人左右。是会中人多不相识，以马夷初先生为领导。今夕之会，意在招待自渝到沪之人，并联合上海民主运动之团体，成一总组织。黄任老适在沪，到会，谈协商会议经过甚详。胡子婴女士继之。末后发电慰问重庆昨日受伤之人，全体签名。至十时半始散。于会中晤振铎、乔峰二位，皆握手欢然。

今日蒋来沪，满街国旗。

二月十二日（星期二）

九时后到店，与诸友分头接洽杂志事，午刻，偕洗公、调孚、士敏至锦江菜馆，应《周报》唐弢及刘君二人之邀。唐弢编《周报》，为迩来最流行之刊物。劝酒甚殷，与洗公皆醺然。

返店，写一信慰问沫若、公朴诸君，与彬然同署。

六时，偕店中诸友至青年会餐厅，应《浙江日报》之邀。到者十九皆旧友，不可悉记，一一握手，道八年来情况。席散，振铎有兴，同路步月。十时睡。

二月十三日（星期三）

晨九时到店，洗翁与士敏谈东南区之事。士敏在东南区设支店办事处若干处，渝沪皆责备其颇事铺张，渠遂有慨愤，洗翁慰之，告以总公司有所言，皆对事不对人云。十时半，参加稿件处理委员会例会，决定收退稿数种。午刻在店中进餐。店中新近决定，对同人供午餐，包饭三桌，菜颇不恶。

上海于每日午刻发放警报，以代午炮，齐一时刻。此不祥之声也，闻之无欢。又，政府近决定每逢星期日上午九时，各地皆发放警报，无警报器者则鸣钟，以资惕厉。此又是一种形式主义之措施也。

饭后，作丐翁所选现代文选之评语，将以收入《国文月刊》。心尚不定，作两短评犹未完毕。以群来访，为某学生刊物社代邀余出席明晚之文艺晚会。余辞以以后再说。

五时，与伯祥徒步南行。伯祥自店回家，经常步行，道途至远，居然胜任，其故在怕坐电车，不欲受挤受气。经新城隍庙，入而观之，吃南翔馒头。新城隍庙者，战时城内被封锁，好事者就难民收容所建"邑庙行宫"，以为利薮，闻香火亦甚盛。

入夜，伯翁家宴余全家，并及芷芬夫妇、士嫩夫妇。菜偏重鱼与虾蟹，皆精美，大嚼称快，酒则特开一坛。既而文权夫妇来，而伯翁之七小姐原来与其婿寄居于此,四女四婿齐集一室,又兼老友全家同在,伯翁夫妇之乐可知。酒罢,杂坐笑谈,歌声间作,至十时半,始就睡。

二月十四日(星期四)

九时半到店,作选文评语一则。写信若干件,皆复关于稿件之事。文萃社王君来访,为谈羊枣被害情形。特务横行,闻之愤愤。孟君谋来访,言上海剧运尚难展开。

傍晚,至南国酒家,应美国新闻处处长费正清(美人)之邀宴。客七人,皆杂志之主编人。费君之意,其机关愿以资料及图片供给各杂志。杂谈甚久,至九点半始散。乘人力车归来,寒风甚厉,月色则颇佳。

二月十五日(星期五)

晨至丐翁所闲谈,到店已十一时。看"中志"约稿二篇。

傍晚至拉都坊章守宪家,应其招宴。守宪情重,邀我全家,治馔甚精。欢谈至九点半始归。

二月十六日(星期六)

晨偕伯祥、芷芬冒风至士敫家。既而洗公、达君、予同、彬然诸君皆来,商量改定公司组织,先为拟议,然后正式通过于董事会。议以原来之三级制改为两级制,经协理以下不设处所,分立各部担任各项实际工作。谈至十二时而散。到店进餐。午后治杂事,而以闲谈之时刻为多。

傍晚,诸同人应均正夫妇及索非夫人之邀(索非在台湾),共至索非家欢宴。两夫人治馔极精,劝酒甚殷。余大饱,胃有胀破之感。九时散,午夜腹泻。

二月十七日(星期日)

晨八时到八仙桥青年会,参加欢迎沈衡山先生之大会。是会由三十余团体发起,到者四百余人,可谓盛会。沈先生讲最近国内情势及国际状况,结局于民主运动之必须加紧努力。余为欢迎词,誉沈先生无所为而有所为,无所为者私利,有所为者民主之成功。会终通过联名致书于蒋氏,严办教场口惨案,实施其四项诺言。又,要求上海当局撤消戒严令,停止推行保甲制度。又,劝市民拒填保甲户口表。

十时半散会,余乃出席青年文艺会欢迎余之会,逾预定时间已一时有半。到会者将百人,似皆学校青年。赵丹君正在谈其新疆遇难经过,言之娓娓,听者动容。赵君毕辞,会众推余说话,余乃言文艺与非文艺之别,以为如赵君之辞,笔而出之,即为文艺。

十二时散,余乃步行街头,重认旧识,自南京路而四川路,转至三角小菜场,观日本旧货摊。又步行至虹江路,入祥经里余将赁居之屋。小墨、三官、金才三人方在洗涤自守宪家借来之家具,移置于楼上。是屋朝东,有南窗,正间前后间隔以磨沙玻璃窗,光线甚好,开间亦宽。余与墨与三官住前间,母亲住后间,小墨等居亭子间。以前自沪返苏,以为可以脱离上海生活,不意十年之后,旧调重弹。留一时许,与小墨、三官偕出,观虹江路之日本旧货摊,匆匆走过,无所获。

返霞飞坊,入门而圣南妹与其夫俞君实携其六个月之女儿在。相见欣然。知硕丈在黄埭甚康健,出一照片观之,则一清癯之老人,几乎不相识矣。既而红蕉之甥婿王乃军来,余家青石弄房屋,承彼多年照管者也。亲识叙晤一室,即共小饮。今夕饮白酒三杯,比较舒适。欠睡甚多,九点半即睡。因留圣南夫妇,余与冬官同卧于前间之地板上。

二月十八日(星期一)

晨九时到店,与诸友商杂事。午间,偕洗公、伯翁、予同、同光共饮于石路上一小酒肆,谈甚畅。饮毕返店。

四时,至金城银行餐厅,出席文协大会,是会欢送老舍、曹禺二君出国,至美讲学,并欢迎我辈从内地来沪之诸人。留沪之旧友,及在渝在桂在蓉常叙之诸友,皆聚于一堂,回首八年间之情形,欣感交集。五时开会,振铎为主席,余与老舍、曹禺、祖光等皆发言,大致皆谓今后文艺之大途,为推动民主。七时散。会中犹须聚餐,而余以先应文权、漱华夫妇之邀,即辞出,乘人力车至同孚路,寻访再四始得其处。除墨与小墨兄弟外,同坐为伯祥夫妇、红蕉夫妇。笑谈甚畅。十时,步月而归。

二月十九日(星期二)

晨八时许出门,改伯祥之子同官谈上海助学运动经过情形一文。十二时,乘人力车至静安寺路梅龙镇酒家,应蓬子之招宴。到者有老舍、夏衍、振铎、家璧、朗西、以群及女士六位。饮啖甚适。三时返店,改毕同官之文。

五时许,偕彬然同乘电车返祥经里,今日即住入其处。墨与小墨、满子、三官、三午于上午到,老母仍暂住我妹家,待整理清楚后再迎回。室中有床有凳,而桌子尚未借到,未免不得着落。略进面点,即就睡。连日疲劳之极,倒身而卧,几如瘫痪。然被褥新洗,床铺平贴,自离成都以来,五个月未有此舒适矣。屋后近淞沪铁路,火车经过,噪声为扰。邻舍开收音机,俚曲殊可厌。除此而外,固甚清静也。新居一屋,竟夜未安眠,身体似微微发烧。

二月二十日(星期三)

晨以七时离家。意谓欲乘电车而得坐,必须从早。出里门登车,果得坐。经外滩,望黄浦江晨景。至南京路下车,吃五芳斋之肉面。经望平街,报贩麇集,伫候发报。凡此皆旧梦也,一一温之。

八时到店。写数信。出席编审会议。陈乃乾、唐剑我、钱君匋来访,谈有顷而去。午刻,饮泸州大曲,仲华前月飞渝,带回赠洗公者也。傍晚,与诸友步行回寓,疲甚。冬官来,明日将与小墨、三官同往苏州。绍虞来谈,互道数年间情形。俟其去,洗足,早睡。

二月廿一日(星期四)

小墨、三官、冬官以七时至车站,乘九时之快车到苏。预先买票,头等票九百余元,比诸自霞飞坊到祥经里之三轮车价,犹为便宜。

余以八时半到店。九时后,出席特别业务会议。此次因内地东返者已到达,整个店务有重新商定之必要,故开此特别业务会议,期参加者尽量讨论,决定之各点务须切实施行。谈至十二时休会,明日续谈。与会诸君皆能有见必言,精神颇良好。

午后三时,偕彬然至梅龙镇,贺吴祖光之婚礼。新娘吕恩,为一演员。来宾多文艺界戏剧界朋友,济济一堂,可谓盛况。婚仪甚简单,老舍、曹禺及余被邀致辞,祖光答谢,新娘分蛋糕,即散。

余与许广平共随振铎至其家闲坐。晤振铎夫人及其一女一子,女已俨然成人,子则十龄矣。广平为余谈及周启明。启明对鲁迅,对鲁迅前夫人及老太太,对乃弟乔峰,皆颇刻薄。又,渠自投敌伪而后,种种表现,皆贪吝卑劣,且为一班文人作奸者之挡箭牌,以为启明先生尚为汉奸,他何责焉。余闻而怅然。向谓启明思想明澈,识见通达,实为少数佳士,即使作奸,情犹可原。今闻一席话,渠实为言不果行之尤者,殊可鄙矣。启明今以汉奸名义被拘于北平,尚未发落。

六时,与振铎、广平共至愚园路赵家璧家,应其招宴。他客有老舍及其他数人。客来甚晚,七时半始开宴,粤菜甚精,酒为竹叶青,至佳。餐毕,复共闲谈,十时后,始雇一汽车送回诸客。余最远,乘车开行夜街历一时许而到家。墨待我,尚未入睡也。

二月廿二日(星期五)

晨以九时到店。未几,续开业务会议,至十二时休会。

饭后出外剪发,价五百元。日来上海物价飞涨,因金价高昂。由当局禁止黄金买卖,于是游资抢购日用品,米价涨至每担三万元以上。民不聊生,前途昏暗。又,最近东北局势又紧张,实际上为美苏之冲突,表现为我国促苏联撤兵。一般人咸惴惴,以为第三次大战迫在眉睫。第三次大战,我国一班反动派固期其早日发生,实则在停战仅及半年之今日,美苏休养生息之不暇,必不至立即发生也。

午后,参加出版计划之小组会议,以其决议供于业务会。所谈无非历年常谈若干点耳。

傍晚,偕绍虞至百老汇路严幼芝(煜庆)家,应其招宴。严为三十年前尚公小学之学生,今为龙门书店之经理,又开设一木器店。他客有廖茂如、郑西谷及其他三位。谈宴至九时而散。尚公同学今多为社会中坚,亦可喜也。

二月廿三日(星期六)

上午继续开业务会议,议定增加薪给,重订出版计划各案。迩日各界纷纷怠工罢工,以物价之飞涨,感生活之困顿,实亦势所必至。我店同人虽无此动机,而所得不足维持,亦与他家相同。因决定全体普加底薪二十元,并减低战前米布价之基数,以求倍数之增高。平均计算,低级者可增加百分之七八十,高级者增加百分之四五十,而每月此项支出,则在二百万元以上云。

午后,看稿,写信。晚间本有崔万秋招宴,不拟往,托调孚代为辞谢。六时到家,独饮黄酒,饮毕即睡。

二月廿四日(星期日)

晨至洗公、绍虞、彬然、锡光所少坐。于彬然所遇孔另境,邀余作文。

乘车至霞飞坊,先谒我母。母与妹及二甥楼居甚安闲。于是至伯祥之室,观振铎所刻版画本,又观湖帆夫妇画册。午饭于我妹处,小饮。然后访丐翁。翁近日身体稍佳,但仍发微热。谈一时许而出。

至蓬子之作家书屋,文协上海分会于此开理监事会,而总会理事亦出席。老舍叙文协过去情形,及将来之办法,甚详,听者动容。老舍本为总会之常务理事,管总务。于其出国期间,推余为之代,云已在渝通过。余只得应之。五时散会。至杏花楼,我店作东,为老舍、曹禺作饯,并宴夏衍、祖光等文艺作家。饮甚欢。

九时归家,小墨等已自苏归来,云房屋尚完好,略有破损,小修可了。器物书籍损失至二分之一以上,择其可用者,交由小轮船运来。房屋拟租与人家,尚未得适宜之人家也。谈至十一时而睡。

二月廿五日(星期一)

晨与墨偕出,电车罢工,因乘三轮车到店。

看报。日来京沪渝各地发生所谓爱国运动,攻击苏联,学生罢课游行,标语有"反对东北特殊化""不愿见九·一八重演""打倒赤色帝国主义"云云。据知其实际者言,此系国民党党内之争,执持党务之 C. C. 派攻击当政之政学系耳。特以反苏为幌子,于党内既尽其排抵之用,于党外复可以抑压民主运动,借题发挥,其技甚巧矣。

十时,续开业务会议,至午刻,会议完毕。四日间议决诸案,皆切实而扼要,唯人力不足,技术亦差,求其一一贯彻,恐未必可能耳。

午后写信若干封。五时后,至金城餐厅,绍虞、予同、调孚三人作东,宴请同人。凡两席。七时半散。

回家得乘电车,大约罢工之期甚暂,已告结束矣。

二月廿六日（星期二）

八时许到店。上午看稿写信。下午三时,出席董事会,通过变更组织系统及划定营业网二案。复共商谈就新定组织,配合人选。

五时,与伯祥至小酒店共饮,候老舍、振铎。老舍尝谓盛宴共餐,不如小酒店之有情趣。振铎因以电话来约。未几,二君偕来,谈甚欢。共谓数十年之老友得此小叙,弥可珍也。八时散。天雨,乘电车而归。

二月廿七日（星期三）

冒雨乘车到店。改稿写信。协和同学黄嘉历来访,言办《真理与自由》周刊。

文协明日开文艺欣赏会,有老舍、曹禺之演讲。报纸刊出消息,我店代售座券百张,几小时即售完。上海青年视此等事为新鲜,故然。据云其他代售处亦售罄矣。

五时,偕洗公、达君、彬然与墨至仲华家,应其招宴。他客有冯仲足夫妇、刘尊棋夫妇,及王德鹏君（字翼云）。王为用直之学生,今为钱庄襄理。本务之外,喜为文化事业,曾收购翻译名著稿多种,今出资供仲华办《世界知识》,思想颇进步。谈用直近况。席间饮颇多,仲华有醉意。九时,雇汽车而归。

二月廿八日（星期四）

依时到店,仍写信改文。商定各人职务,重行分配,如另起炉灶也。又改定各人薪给,以往重庆上海有不平衡处,今为调整之。

午刻,至吕宋路洪长兴,文协与苦干剧团作东,宴请今日参加文艺欣赏会之诸人。此店为羊肉馆,年来甚有名,牛排与涮羊肉鲜嫩可口。食毕,偕胡风（前日方到）、葛一虹至辣斐戏院,听众几已满座。二时开会,余致开会辞,老舍、曹禺、胡风各为演说,又有朗诵歌唱,而殿之以苦干剧团之《正在想》。此剧为曹禺所改译也。

五时散会,乘人力车一时许,至王翼云（德鹏）家,应其招宴。墨与伯祥已先在。王之夫人亦用直学生,又有其戚赵君亦学生,皆忘之矣。他客有冯仲足夫妇及仲华。肴馔甚佳,色色精美,饮酒至半醺而止。以汽车送归,到家已过十时矣。

三月

三月一日（星期五）

天雨已将十日，掌伞而行，全身沾湿。到店改杂志文字。午刻，偕洗公、伯祥、周为群等餐于同华楼。为群已应我店之聘，为南京分店之经理。座中有宋君谈前年渠避难零陵，及一路逃奔、被俘、作苦工之经过，闻之伤恻。

返店，仍改文。傍晚归家，进晚餐。

八时，大学新闻社以汽车来邀，至震旦大学，参加其社主办之文艺晚会。同被邀者为熊佛西。熊与余皆说话半小时，此外为朗诵歌唱等节目。十时散，仍以汽车归。

三月二日（星期六）

上午开杂志社工作会议，商定"中志""少年""国刊""英刊"四志各项工作程序。下午，改文写信。

雨仍未止，傍晚与墨乘三轮车而归。到家即饮酒，甚觉清静安闲。早睡。

三月三日（星期日）

知伊搬来楼下住，祖璋将与同室。墨与满子、三午至霞飞坊。余于十一时到振铎家，振铎与许广平作东请客。客有老舍、胡风、家璧、凤子、清阁等。老舍以明日上船，后日开行。居美之期一年，约明年再共饮。

二时散。至卡尔登戏院，观李健吾之新作《青春》。戏剧技术颇佳，而内容殊平平。

五时散。到家，与知伊、小墨、三官共饮啤酒一瓶，绍酒半瓶。久不饮啤酒，饮之有新趣。墨等归来，云江夏两家皆安好，丐翁兴致较佳。

三月四日（星期一）

写信多封，索《国文月刊》之文稿。绍虞编此志，觉文稿来源甚少，殊难为继，故为之向友人催询。看稿若干篇。今后"中志"归彬然主持，"少年"归小墨主持，而修润仍由余为之。所收文字不经修润，实不能付刊也。

傍晚归家,饮酒。欲执笔作文,而精神疲惫,只思就睡,遂罢。

三月五日(星期二)

改文。出席推广工作会议。我店之四种杂志将在沪发行,须求其推行。

作一短文,应孔另境之约,谈对日感想。将翻为日文,载于供日人阅读之《改造月刊》。余谈日本之教育须根本改革云云。

吕诚之先生来,与伯祥等款之。吕编断代史若干册,由我店出版,已出者有先秦及秦汉两册。

傍晚到家,饮高粱,早睡。春风甚作,撼玻璃窗楞楞作响。

三月六日(星期三)

上午改文。午刻,偕洗公、达君、芷芬饮酒于小酒肆。日内芷芬将离沪赴平,创设北平分店。洗公与语见事行事,一切斟酌办理云云。饮二小时,返店,仍改文。

吴大琨来访,谈时势,并约下星期三到其家饮酒。致觉来访,苍然一老人矣,寓西门一僧寺中,为校经工作。

六时,至嵩山路吴湖帆家,应其招宴。湖帆与余同岁,亦老苍矣。所约皆草桥同学,有张吉如、张禹琳、范烟桥、陈子彝诸君,又一人为王翼云。蒋仲川、沈君匋以离沪未来,伯祥有小恙,亦未到。禹琳今执教于上海中学,烟桥为"文汇"编辑。湖帆闻余谈江行,出示所藏石涛之《长江一览图》。卷长五丈,以整幅生绢为之,峰峦城郭,笔墨变化,然皆以意会之,与实际之景物固相差甚远。后有石涛之纪游诗若干首,字迹奇瑰可喜,诗句亦时有佳者。此卷湖帆谓为神品,洵非虚也。又承湖帆赠其夫妇画册,精印,彩色,绝佳。其夫人已去世,此册为纪念之品。宴饮时,看馔甚精,饮白兰地,颇畅适。将辞出而庞京周来,因复坐。京周今为临时大学医学组主任。

十时乘人力车归,寒气侵袭,全身欲僵,在川中所未有也。

三月七日(星期四)

晨出,电车又罢工。日来各业轮流罢工,此歇彼起,社会极度不安,或者经济危机不可免乎。

午后开编审会议。傍晚乘车而归,寒气彻骨。去冬上海未冷,交春转冷,迩日为甚,大约又是北方寒流来袭之故。就附近沽黄酒,饮半瓶。既而必陶到,渠返乡省视,云湘省破坏殊甚。谈一小时而睡。

三月八日(星期五)

电车仍罢工,以人力车到店。百货公司十余家亦停业,缘职工要求提高待遇,公司方面自动停业。

午前,开经理室工作会议。午后二时,于一家春茶点款友人,商谈"中志"及"少年"之改进问题。店中同人出席者十余人,外客到者为仲华、仲足、雪峰、陈原、柳方、胡绳、起孟、夏衍、宝权九人。因平常甚熟,诸友皆能畅所欲言。诸君皆以为欲求杂志之精良,须接近读者云云。四时半散。

达君邀宴,而天雨甚,雇汽车不得,延至六时半,始雇得三轮车,与墨并载而往。同叙者皆店中同人,饮甚欢。兼为芷芬作钱。九时半,乘汽车而归。

三月九日(星期六)

作短序序又新之《军中归讯》。在店内作文,人多声杂,颇难静思。不如在蓉时远甚。

饭后,开人事委员会,决定进用人员数人。来店登记者有二三十人,不适宜者居多,虽有许多事需人办理,不能多用也。

尚公学生柴志明来访,今为交通大学教导长;抗战期间,渠奔走各地,尽力于建筑运输之事。尚公同学多佼佼者,亦足以自豪也。

六时,开明社会员大会,到卅八人,余为主席。决议设同人消费合作社,会场空气极佳。九时始散。

三月十日(星期日)

昨夜窃贼自洗翁家之厨房,弯屈窗上铁条而入。偷去各家厨房中之用具。我家失饭锅一、铜面盆一、鞋一双。屋后为空场,殊不谨慎,有人主养狗,当徐徐图之。

孔另境偕其弟令杰及妻儿来访。冬官来,午饭,与小墨、三官出观电影。余与洗公出观日本旧货摊,无所得。售价已比我辈初到时高十倍矣。傍晚小睡,醒来饮酒。头脑昏昏,竟日闲荡,殊为无聊。

三月十一日(星期一)

作"中志"三月号之卷头言一篇,题曰《助学运动》,系就上海学生界最近发动之助学运动加以评论。严大椿来,以翻译小说两篇嘱余观览。刘师尚自乐山来,云将至华盛顿,服务于我国资源委员会之办事处。吴勘初之子济华来,向服务于重庆某油厂,炼桐油为汽油柴油。以后国外汽油将重行输入,此等厂必归于淘汰。下午又下雨,到晚乘三轮车而归。郑缤小姐馈自制蛋糕,食之甚甘。酒罢即睡。

三月十二日(星期二)

今日为中山逝世纪念日,又为植树节,书业界以植树节名义放假。

上午,余作"少年"三月号之卷首辞一篇,题曰《少年们自己的刊物》。苏州运来器物至今未到,室内未能布置停当,甚感不便。午后无聊,杂取书观之,而又无心观看。傍晚饮高粱,仍早睡。

三月十三日(星期三)

选文两篇,加以评语,入《国文月刊》,栏名为《当代文选评》。略改孙起孟一文,寄与云彬,入《国文杂志》。云彬来信言《国文杂志》将续办也。午后,开经理室工作会议。

报载马歇尔飞回美国,逾三星期将重来。马氏来我国七十日,有两大成就,一为助成协商会议之召开,并得良好之结果,二为调停国共双方,阻止内战,并建立整军方案。渠谓在我国历史上,近二三月为最紧要之时期,所关至大。盖其间须改组政府,整顿军队,办理善与不善,皆影响此后之局面也。

傍晚,偕洗公、彬然应吴大琨之约,至其家小叙。其母治馔,苏州口味,其妹二人及夫人同餐,至闲适。吴言此后局势未可乐观,民主力量虽增强,反动势力亦不弱,若辈利用生计困顿、经济残破之弱点,足以号召一般人,使趋于法西斯之途。目前社会不安,未始非当局者人为之力有以致之。若辈自知已趋没落,索性不顾大局,拆国家之台,聚敛自肥,期他日下台,居外国作富翁。余询经济困难究有无办法解除,吴言办法固有,无如当局不措意何。十时到家。

三月十四日（星期四）

改出版业致参政会之说帖，要求改善税收及邮递办法。改而未毕。

开明旧同事沈家海自湖南来沪，谓久未饮绍酒，午刻，邀洗翁、伯翁及余等出，饮于小酒肆。甚畅适。

午后开编审会议。傍晚雨甚，冒雨候车，满身淋漓。

夜间，陆梦生来，王达三来，皆坐有顷而去。

三月十五日（星期五）

得了一、叔湘书，皆附有文稿，复之。

午后，食台湾西瓜，甚甘。瓜系洗公友人所赠。多年未尝佳瓜，且于春令食之，益见珍贵。

傍晚，黄幼雄来谈，发几全白矣。渠现在杭州，参加一印刷厂之工作。

张伞到家，欧阳文彬来谈，留之晚餐。汉华、清华、士勋等来谈。早睡。

三月十六日（星期六）

雨仍未已，连雨将二十日矣。到店，作完一短文，题为《赠服务社会的大学毕业同学》，系一青年来求索者。改出版业致参政会之说帖毕。

得东润、佩弦来信。佩弦附来一诗，忧心时事，兹录之。

> 胜利已复半载，对此茫茫，百端交集，次公权去夏见答韵："凯歌旋踵仍据乱，极目升平杳无畔。几番雨横复风狂，破碎山河天四暗。同室操戈血漂杵，奔走惊呼交喘汗。流离琐尾历九秋，灾星到头还贯串。异乡久客如蚁旋，敝服饥肠何日赡。灾星宁独照吾徒，西亚东欧人人见。大熊赫赫据天津，高掌远蹠开生面。教训生聚三十春，长宵万里嗓光焰。疾雷破空时一吼，文字无灵嗟笔砚。珠光宝气独不甘，西方之人美而艳。宝气珠光射斗牛，东海西海偕歆羡。熊乎熊乎尔诚能，张脉偾兴争烂绚。谁家天下今域中，钩心斗角从君看。看天左右作人难，亚东大国吾为冠。白山黑水吾之有，维翰维藩吾所愿。何事久假漫言归，旧京孤露思茕万。旧京坊巷眼中明，剜肉补疮装应办。稷台黄菊灿如金，太液柔波清可泛。只愁日夕困心兵，孤负西山招手唤。更愁冻馁随妻子，瘦骨伶仃沦弃扇。"

傍晚雨中候电车，久久而挤不上。墨乘人力车，余步行而归。疲甚，酒罢即睡。

三月十七日（星期日）

晨看《周报》。有陈友琴之子偕其二友来，询问组织读书会及如何自修之事。此子现为独立出版社之小职员。

十一时，偕绍虞与墨至功德林，公祭彬然之祖母夫人。参加者为全店同事。彬然之祖母年八十余，于彬然到家后数日，无疾而终。祭毕，素菜四席，共为聚餐。

二时散，至丐翁家。翁近日仍气喘，有热度。进食不多，意兴不甚佳。坐有顷，至我妹处省母，母与妹皆健好。妹留母多住几时，俟满子生产以后，然后返祥经里居住。

五时，再至丐翁所，与翁对酌。翁饮两杯，余饮半斤。翁自谓自余返来，未尝好好地共饮，今夕高兴，为之加量。所谈文法文章，不涉生活困难云云，因而亦无愁叹。七时半出，候车费时，到家已九时矣。

三月十八日（星期一）

冒雨至私立储能中学，于其纪念周上作演讲。此校校长段力佩，为中学教师联合会之负责人。办学校令学生自治，与一般学校不同。伯祥之两子皆在此校肄业，其七小姐则在附属小学任教师云。余讲各科学业皆在养成好习惯，历四十分钟而毕。

到店，写复信数通。午刻，于士敩家宴特约编审委员。近议定邀店外七人为特约编审委员，计马夷初、吕润之、仲华、何柏丞、振铎、夏衍、叔湘。除叔湘在成都外，六人皆在上海，今日宴之。夷初未到，柏丞少坐即去。席间未谈编审事，仅资联谊也。

二时返店，三时开经理室工作会议。散工时候车不至，步行而归。酒后改彬然文一篇。在家灯下作事，此为开始也。十时睡。

三月十九日（星期二）

改文两篇。王翼云偕朱蕴石之子来，年廿一岁，能绘画，佐王办《世界知识》

事务。

傍晚,潘垂统来。已十余年未见,现仍在保险公司服务。自言其志愿,谓将尽力教育,拉拢教育家与工商界,使其合作。工商界投资,营有关教育之种种事业(如出版公司、玩具厂),以其赢余,助全国小学教师联合会作事。其意亦良佳。

到家即饮酒。灯下为三官写重装书面及脊封,此诸书皆东归途中受潮者也。

三月二十日(星期三)

改文数篇。午刻,与洗公、伯祥、达君、郑小姐入酒店小饮。沐绍良来谈。渠本在商务编辑所,今入《大晚报》为编辑。

傍晚,候一路电车至一句钟,车少,到站时挤不上,乘三轮车而归。

苏州运来家具已到,放置室中,便觉回旋不得。绍虞夫人自苏到沪,偕绍虞来访。多年不见,发已半苍,俨然老太太矣。俟其去,观苏州带来之积存相片,因而重温往事,久久不能释手。三官整理书籍,颇为不易,案头床头,堆积累累。十一时睡。

三月廿一日(星期四)

上午改士敩文一篇。雪村前与王稚圃接洽,聘为北平分店经理,以通信延迟,此间不接头,已聘芷芬。近日雪村函电迭至,谓不可失信于王。今日共商,决定聘王,芷芬则改由总公司聘为襄理,仍往北平,协同王君筹设北平分店云。

饭后,出外剪发。返店,刘延陵之子来访,现在《和平日报》任编务,以意趣不相投,欲俟机改投他家报馆。潘梓年来访,云将在沪出版《新华日报》。

三时开编审会议。傍晚仍挤不上车,步行而归。酒次,彬然、清华、士敩来闲谈。酒罢已倦甚,早睡。

三月廿二日(星期五)

晨早起,搬动器物,将搬来者易去借来者,并腾出空间,以便全家吃饭。至七时停手。

天又下雨,乘电车到店,仍然满身沾湿。改锡光文小墨文各一篇,又写信数封。傍晚仍徒步归,饮酒如常。

三月廿三日(星期六)

看振铎纪念吴瞿安一文,于在春谈作文教育一文。又改小墨文两篇,投稿数篇。傍晚乘无轨电车至四川路桥,然后步行而归。

洗翁招饮,皆店中同人,外客有濮文彬、唐剑我及冯君。诸人皆能饮,饮颇不少。酒罢人散,与洗公闲谈店之前途。十时睡。

三月廿四日(星期日)

天气晴明,心意畅适。十时,至山海关路育才学校,赴小学教师进修会之招,作讲演。会场颇宽,听者约三百人。入场,孙起孟已在演说。他说我人宜改变思想方式,勿向上看,勿向后看,是二者皆将觉前无佳境。若易向上看为向下看,易向后看为向前看,则前途在望。其言甚扼要。余续为说辞,仍以养成良好习惯,读书宜取广义为言,皆余旧说也,辞不甚畅。

十二时半到家。刘师尚在我家。下午,小墨、满子往霞飞坊,三官偕师尚出观电影,余闲坐,偶得半日闲,甚觉安适。

傍晚饮酒,与师尚闲谈。渠读英文已通,德文、法文亦能看书,日文、俄文皆初学。谓俟语文工具纯熟而后,拟专研经济理论。此人有志可佩。

小墨、满子归来,云丏翁忽便血甚多。丏翁之身体在逐渐转坏,大可忧虑也。

三月廿五日(星期一)

看稿数篇。沈仲九来,谈台湾情形。他们到台数月,一切尚未就绪。台湾之生产规模,无法维持以前状况。总原因为人才不够,少数之人又无办事经验。台湾大学于农学医学最有成绩,设备亦为全国大学之冠,但以今日之人才,实未能加以利用。

午前,尤秩臣来,渠今在浦东中学任教,在一钱庄任文牍。谈起章君畴,言避匿不知所之。

下午四时,与墨探视丏翁。知前日便血而后,至今三十六小时未复便。身体无甚痛苦,气色言语如常,似无多大关系。即留饮酒。雨甚大。夜雨叙亲旧,至有情致。

七时,到红蕉家省母。红蕉适在家晚餐。谈半小时。冒雨而出,乘汽车至河南路。候一路电车半小时不得,乘三轮车而归,全身沾湿。已十时矣。

三月廿六日(星期二)

竟日改文,写信。雨仍不止,殊为闷损。夜间,洗公、世泽来闲谈。

三月廿七日(星期三)

晨候车甚久,下车冒雨到店,全身沾湿。三月间雨量之多,今年开三十年之记录。

改文一篇。午间,与诸同人应《正言报》徐亚倩之招,赴杏花楼午餐。《正言报》有《读书生活》一栏,约我们为之作文。

二时,至圆明园路沪江大学真光团契作演讲,与彬然偕。各讲四十分钟而出。仍返店,看来信。到家颓然,酒罢即睡。

三月廿八日(星期四)

昨日以群来,云将与夏衍办一半周刊,名曰《春秋》,坚嘱余作文。今日作一文,题曰《我坐了木船》,千五百言,即以付之。

上午开经理室会议,周为群不习于商店生活,请辞南京分店经理之职,允之,以钟达轩继任。午后开编审会议,谈甚久。

傍晚,与洗公、伯祥、芷芬、起孟至酒肆饮酒,将请起孟作演讲。酒毕返店,明社开会员大会,起孟讲民主精神在文化机关之运用,语甚精。辞毕,讨论组织消费合作社事。十时始毕。雇汽车而归。

三月廿九日(星期五)

今日以革命先烈纪念日放假。九时后,至丐翁所访视。翁日来每夕仍有热度(卅九),便中仍带血,意兴颇萧索,无好词以慰之。

中午,至红蕉所午餐。今日红蕉四十九岁生日,其甥女甥婿皆来,我家到母亲、墨林、小墨,又有伯祥同坐,饮颇适。酒后,与伯祥闲谈。五时归。丐翁之长媳在我家,留之晚膳。余疲甚,早睡。

三月三十日（星期六）

店中添建四层楼已完工，今日将办事桌搬上，开始在四楼作事。光源甚好，而市嚣转甚。

写信数通，改稿数篇。午后开杂志社联合例会。傍晚乘十一路电车归，以有太阳，觉为时尚早。

酒后，缮抄评《张居正大传》一文。《正言报》《读书生活》索文，故即抄而付之。十一时睡。

三月卅一日（星期日）

晨与墨至虬江路小菜场买菜。早膳后，续抄昨文毕。为三官写重装书之书脊。

午后二时出门，拟至作家书屋，赴文协理事会。候电车不得上，步行至北站，乘五路车至大马路，改乘一路车至卡德路，然后步行至爱多亚路。足力疲矣。到时，诸友已在集谈，商谈以款项援助贫困之会友。四时半散，六时到家。

小墨、满子今日复往霞飞坊，归言丐翁热度益高，至卅九度半。共谓衰病至此，恐难久延，思之凄然。

四月

四月一日（星期一）

竟日改文。改王亚南小姐之《过新滩》，渠叙其亲身经历，颇不恶。

散工后，与同人随达君至其侧室处，小饮。今日为达君生日，梁夫人治馔甚精。坐皆熟人，闲谈无禁，甚为舒适。

八时半出，候车甚久。上二路电车，至外滩，步行而归，足力疲矣。十一时睡。

四月二日（星期二）

作"中志"卷头言一篇，题为《慰问教师》。教师生活太清苦，迩来上海学生界发动尊师运动，将募捐济助，其事虽不彻底，其情亦复可哀，然学生之心可钦也。我志于此，特作文慰之。

午刻，吴觉农来，偕洗公、伯祥与之外出小饮。觉农以茶叶专家，今为某某茶叶公司经理。

傍晚，偕伯祥、绍虞、予同随高祖文至王艮仲家聚饮。王办一中国建设服务社，其中有图书馆、出版部，皆为人之业。高苏州人，王浦东人，与余皆为初见。而言谈无禁，甚适。十时半归。

四月三日（星期三）

天气渐热，略似初夏。近年来常如此，似只有冬夏，无复春秋。今年来沪后，常在寒冬，天一转晴，而春季已溜走矣。

精神疲困，写一文付"少年"，未完篇。方光焘来。渠随暨大迁闽，今方来沪，已十年不见矣。散工后即归，酒罢早睡。

四月四日（星期四）

作完昨日一文，谈木刻连环图画《一个人的受难》者。午后开编审会议。复信数通。

楼适夷来，言丐翁之病宜积极疗养。医药杂投，不作整个之计划，殊非所宜。渠主募集款项若干，供疗养之用。余赞成其热诚。夜间酒后，与洗公谈此事，公亦云然。

四月五日（星期五）

写信数通。午刻，至士畝家。今日清明，士畝家祀先，祭毕，邀我们饮宴。下午，天气转寒，风大作。

傍晚，与翼云、彬然共至雷米路冯仲足家，应其招宴。外有振铎、适夷、陆治三人。听适夷谈在浙东苏北推行文教情形，以为深得教育之本旨。渠又言介一林姓医生往视丐翁，居然得丐翁之信任。殆将请其经常疗治。林姓医生正在试用治结核特效药，在我国，只有三位医生在试用。若得经彼之手，完全治愈，则大可庆幸之事矣。九时过后散，雇汽车而归。

四月六日（星期六）

看文数篇。午后二时，偕彬然访丐翁。翁近服林医生药，热度稍见减低。渠于林有信仰，下星期一将往照爱克司光检查。

至我妹家省视老母。仍与彬然偕出,至中国科学社赴茶会。是会系马夷初诸人所邀集,云将办一综合杂志,于"五四"出版,拟定名为《星火》,尚未确定。

五时挤入公共汽车,又接乘电车而归。

今夕与洗公、彬然、士敆作东,宴仲华及其母夫人与妹,并达君夫妇及雪村夫人。九时散。

四月七日(星期日)

上午在家未出。于《文艺复兴》第三期观曹禺之新作剧本《桥》,观半幕而止。此剧为写战时后方之工业界。

下午一时到店,二时半开业务会议常会。各部分报告皆甚长,六时半始散。到家饮酒,即睡。

四月八日(星期一)

竟日改文,略写数信。

上午,王芝九来访。芝九现任吴县教育局长,并在学校兼课。

傍晚归家,刘师尚与其同学吴君在,留之晚餐。餐后,与洗公、芷芬长谈,谈店事。

四月九日(星期二)

上午开经理室会议,议决处理东南区分店之办法。冯仲足来,谓将创刊《联合晚报》,嘱为其副刊作文。

适夷来,言林医生为丏翁照爱克司光及验血之结果,知其肺已全部有病,而且日来热度之高,则系斑疹伤寒。林医谓情形甚严重,殊无把握云。答以仍恳林医负责治疗,诚不能挽回,则亦无法矣。

小墨往访杜克明,告以林医生诊断之结果。杜言斑疹伤寒可以半年内患此病者之血制成血清,用以注射。唯何从访得患此病者乎。小墨言丏翁曾略言后事,云已托定某和尚,入殓之事由和尚主之,家人不必过问。闻之怅然。

归家候车不得,与墨步行,疲甚。汪刃锋在家候我,留之晚餐。九时睡。

四月十日(星期三)

改三官一文。午后,赵超构、张慧剑、吴祖光、胡风、夏衍五人偕来。赵、张将在上海主办《新民报》，于下月一日出版。胡、夏二位言文协拟出版文艺杂志曰《中国作家》，欲交我店发行，答以商后再作答。

杜克明医生来，言顷往视丐翁，其病似非斑疹伤寒，肺已糜烂至此，大难乐观云云。

四时后，开始作一卷头言，怀念罗斯福，得四百余言而停笔。到家即饮酒，疲甚，早睡。

四月十一日（星期四）

续作昨文，毕，全篇仅千余言。

胡雨岩自开封来，徐炳生自杭州来，芷芬将往北平，瑞卿将往汉口，因偕洗公、伯祥，与四君共餐于同华楼。物价之贵至可惊骇，炒蛏子一盆，开价七千元。一席简便之午餐共费四万余元云。

午后开编审会议，决定《中国作家》予以接受。并接受印行中国哲学会之《哲学评论》云。

散工后，至晋隆餐馆，应《消息》半周刊之招宴。此半周刊新出，云颇有前途。目前黄色刊物极风行，全上海多至四十余种。此足以夺去正当刊物之销场，并移易观众之视线，使不注意现实问题之真实意义。在反动方面观之，实为可以慰心之举。然于吾人，则大为可虑。如何与之奋斗，颇费周章，今《消息》略取其形而易其质，实为得要之道，故宜助之。未进餐即辞出。

至慈淑大楼七楼，应银钱业联谊会文艺座谈会之招，略作讲辞。至者约五十人。八时半归，购面包蛋糕，充晚膳。

四月十二日（星期五）

晨六时半，偕墨乘三轮车至霞飞坊探视丐翁。时在清晨，翁气色尚好。言语有条理，唯口音不甚清楚。呼吸急促，每分钟三十二三次，似尚无危殆之象。见余至，劝余少留，俟医生之来。因至我妹家小坐，我母健好，唯筋骨酸痛。

十时，林医生来，嘱继续打针。谓连打十日，或当见效。并言宜多进牛奶，以培本力。医生去，余遂到店。

午后，作书复王了一。三时半，与墨早退，至横浜桥第四医院视满子。满子今晨感腹痛，似将临产。至则知作痛不剧，为时尚早。此医院即日本人所办之福民医院，墨尝往就医。当时规模甚小，今则巨厦高耸，房间栉比矣。由市政府接收而后，据云管理与设备皆较逊。又不知医生之学力能力如何。

四时半出，理发，价又涨，需一千二百元矣。酒后，洗公、芷芬、汉华来谈。九时，小墨自医院归，言满子于八时二十五分产一子，甚平安。大慰。

四月十三日（星期六）

晨偕墨携三午至医院，视满子。渠甚安健。新生婴儿居他室，由看护抱出。墨谓与三午初生时相似。面目端正，重六磅半。三午初生时重八磅。

九时到店，作杂事。傍晚，偕绍虞至交通大学，应柴志明君之招宴。七时过，客始集，皆尚公旧同学，除方子勤子范兄弟外，余皆不之识。九时散，以汽车驰归，道远，历四十余分钟。

四月十四日（星期日）

上午未出，抄旧稿应索稿者。午后二时至育才学校，应"时代青年社"之招，讲《中学生与文艺》。历一时有半。听者约六十人。五时归。小墨往探丐翁，归言神气益衰，恐难挽救。九时睡。

四月十五日（星期一）

上午写信多封。中午，至酒店饮酒，缘文供社之赵晓恩，以及陆梦生来访之故。文供社仍设于桂林，以香港为印刷地点，供应西南及南洋各地，其意甚善。书业皆集中于上海，原非有见之办法也。

午后，改文数篇。得均正传消息，言今日丐翁稍好，不知能有转机否。

傍晚，至一家春，《联合日报》请振铎编《文学周刊》，以故请客。到者多熟人，初识芦焚、钱钟书二君。谈笑甚欢。十时归。

四月十六日（星期二）

看振铎记"五四"一文。下午，开始看振甫所编字典稿。此字典由丐翁设计，由振甫执笔，写成而后再由丐翁校定。今振甫已将写完，丐翁阅过者为量甚少，同人以为此字典应早出，由余通体看过一遍即为定本。且看过一部分即可发排，庶合从早出版之旨。此工作甚琐细，然亦不得不勉为之。

到家即饮酒。汪刃锋来谈。小墨往视丐翁,云今日又较昏沉,大约难以挽回矣。

四月十七日(星期三)

作书致佩弦。看字典稿。

有人馈威士忌酒与达君,午刻开而饮之,四人尽一瓶。余饮颇不少。中酒倦甚,伏案而睡,达两小时有余。到家未复饮,饭毕早睡。

四月十八日(星期四)

写信,看字典稿。午后开编审会议。

傍晚到家,满子已携新生儿回家。此儿绝不啼哭,闭目而睡。其后脑有凹进处,殆是脑壳发育有异,不知有损于健康否。

酒罢即睡,睡思昏沉,全身如瘫痪。天气亦不恶劣,不知何以然也。

四月十九日(星期五)

改文两篇。精神不好,全身酸痛。据伯祥言,日来正交"土王用事",为最有影响于身体之候。身上挂历本,越来越甚,殊感无聊。

午后,小墨往探视丐翁,归言今日复较好,气似稍平,热度亦不高。唯言不要打针。打针已逾十日,臀部疼痛,诚不可耐也。

傍晚到家,饮罢即睡。

四月二十日(星期六)

今日电车加价,自虬江路至大马路,价一百二十元,原来仅四十元耳。

午前,方光焘与赵厚斋来访。方闲谈语言学及文法研究。渠主研究文法应从形式入手,抓住若干形式上之要点,以解语言中之文法关系。午刻,厚斋作东,共饮于小酒肆,伯祥、予同同往。返店,疲甚,未有所为。

傍晚,与调孚至李健吾家,应其招宴。到者有振铎、钱钟书夫妇及戈医生。健吾治饺子,饮啖甚适。八时十分出,九时到家。

东北国共二军冲突益甚,苏军自长春撤退,少数国军接防,现已被共军攻入,占领长春。哈尔滨亦将有同样情形。大抵国军所据者为点线,而共军则为面。美国马歇尔已自美国赶到,将着手调解。局势紧张,以此时为最甚。

四月廿一日（星期日）

天气晴朗，同人结伴游龙华，余未往。吴觉农来访，坐有顷即去。

午后，我妹来视满子，云母亲于昨日上马桶时跌一交，身体本酸痛，因而加甚。高年动作不便，看护难以尽周，殊为可虑。

二时半，中国建设服务社所办图书馆开读书座谈会。高祖文君以汽车来迎，驰往赵主教路馆中。至则已开会，王艮仲为主席，会友约三十人，皆各大学同学。余讲《读书之话》，皆常义。继由会友作读书报告，互相讨论，发言者颇众。六时散会。至王艮仲家中晚餐，与高祖文对饮，各尽一斤。九时归。

四月廿二日（星期一）

晨五时半起，六时出门。于电车中遇朱和钧。朱已六十三岁，望如五十许人。

至南屏女中，应其招作演讲。晤姚韵漪女士，渠在校中任教。校长为曾女士。八至九时，为初高中女生讲话，亦系常谈。

至霞飞坊探视丐翁，肺炎已见好，而心脏转弱，大为可虑。语言甚模糊，为余言"胜利，到底啥人胜利，无从说起"。医生尚未至，昨日医生主强心，并进葡萄糖以增营养云。

至我妹所视老母。坐一支烟许而出。遂到店。

天气大热，已如初夏。午后，改文数篇。傍晚，于电车站遇孙伯才，渠将留沪休养，暂不作事。到家，取水浴身。小墨之小学同学庄诚（庄叔迁之子）来，留之晚餐。早睡。

四月廿三日（星期二）

上午改文数篇。

午后，小墨自霞飞坊来电话，言丐翁已危殆。即偕彬然驰往。至弄口，闻念佛声及木鱼声磬声。叩门入，丐翁已挺然僵卧，闭目，呼吸急促，手足渐冷，似无痛苦状。念从此将分判，各处一世界，不禁流泪。念佛者有唐敬杲，某君，及丐翁之二媳，及其内侄女。丐翁信净土，预言临终时须有人助念南无阿弥陀佛，故然。观其状，似临终即在今明。

坐一时许,仍回店中,与诸公商定公告启事,并撰消息交通讯社,一俟其命终,即行发出。六时到家,酒后昏昏,意兴不佳。小墨以九时后归,言仍与日间同状。

四月廿四日(星期三)

小墨以清早往霞飞坊,七时半来电话,言丐翁已昨夕九时四十五分逝世。昨日下午一面,竟成永别。前日数语,为其最后语余之言矣。

天雨,冒雨到店。九时,守宪来,与诸友共议,决于明日在上海殡仪馆入殓,上午十时至下午二时,为瞻仰遗容之时间。报纸广告及新闻消息立即发出。下午三时,与洗公、芷芬乘车抵殡仪馆,遗体已移至,方在洗濯。及毕事,移入陈尸室。观其容貌颇为安宁,无惨痛之象。《中央日报》记者来,为遗体摄影,摄多张,将选用其一。棺木衣服购自绍兴会馆。棺价二十万元,衣服皆棉质,唯鞋为缎面。

七时返家。今日三官随以群等至江北旅行,约须两星期始归。以午后六时往车站取齐,乘夜车抵镇江,明日即过江。

四月廿五日(星期四)

晨与墨携三午至殡仪馆。今日店中停业一天,特志哀悼。同人陆续到齐。既而吊者渐至,皆签名于簿。马夷初先生痛哭失声,使人感涕。日人内山完造沉默致敬,亦可感动。美新闻处钱辛稻君为画遗像两帧,临摹准确,线条老练,大可宝贵。各报纸皆有记载,或详或略,一致推崇丐翁之操守与识见。午刻,素饭九席。午后三时一刻,家属举哀,全体吊者瞻视遗体一周,然后入殓。四时一刻,柩运往法藏寺化身窑,待定期举火。余未送往,即与墨携三午归。三午受寒发烧,余与墨亦皆疲甚。

国民大会原定下月五日开会,今已公布缓开。东北战事因马歇尔及国内他党之周旋,或可协议停止云。

四月廿六日(星期五)

上午作一短文,记丐翁最后语余之言,付《消息》。予同、彬然亦各作一篇。午刻,同人至聚丰园,为芷芬、瑞卿作饯。前已屡为二君作饯,因船少难成行,迄今犹未动身,据云一二日内必可成行矣。

下午三时开编审会议。会毕,改文。到家即饮酒,看新出杂志。

四月廿七日(星期六)

竟日改文,他无所为。

四月廿八日(星期日)

上午,在祥经里开董事会,议定褒恤丐翁办法。达君、予同、伯祥、调孚亦来旁听,略谈店事。午刻,聚饮。

午后,墨往霞飞坊探望夏师母。余作一文,题曰《答丐翁》,应唐弢之嘱,付《周报》。至夜八时写成,凡千四百言。

四月廿九日(星期一)

上午看稿数篇。开经理室会议,决定于台湾设分店。雪村在台湾主持其事。又议定于下月三日开丐翁治丧委员会首次会议,共商营葬、追悼、纪念等项。

四月三十日(星期二)

早晨,借彬然至槟榔路玉佛寺,参加王若飞、秦邦宪、叶挺、邓发、黄齐生诸先生之追悼会。此诸人除黄齐生外,皆中共党员,以奔走和平团结,乘飞机往延安,中途失事,全机尽死,计乘客十三人,美国机械师四人。余仅与王若飞晤数面,余皆不相识。九时开会,黄任老、左舜生、陶行知、马夷初、章乃器诸人演说,皆力言争取民主、巩固团结之要。而今日报载,东北战争仍未停止,重庆各方协议未获结果,殊令人愤慨。

十时半到店。午后,朱和均、沈百英来访。略看文稿,未作何事。

五月

五月一日(星期三)

今日劳动节,店中放假。看报,知政府定本月五日还都南京,将举行庆典。和平协商即移南京举行,马歇尔已到南京,我国各党派人士即日东迁。

十时起,执笔作"中志"卷头言,题为《夏先生逝世》,至下午五时完篇,凡二千言。

绍虞来,谈半时许。以某画师为渠作画像,嘱余题咏。知伊偕一徐君来,徐君编文艺刊物,向余索稿。

五月二日(星期四)

今日起工作时间提前半小时,以八时半开始,下午放工亦提早至四时半,故晨出特早,到店时仅七点半。改数文,心思不属,未作他事,看新到之杂志。

下午五时许,偕洗公、伯祥至唐剑我店中,应其招宴。客七时始集。菜中有鲥鱼,久未尝矣,亦无甚佳味。饮酒甚多,九时半始散。乘人力车而归。

五月三日(星期五)

书一题名册之卷首语,文协署名,赠与孙夫人宋庆龄。孙夫人主持中国福利委员会,以七百五十万元交文协,为济助文化人之用,故以此谢之。

午后二时,开丏翁治丧委员会首次会议,就营葬、追悼、纪念三项,逐一讨论。葬地为公墓,葬仪由各个单位共同主持,追悼会定于六月之第一个星期,纪念金将以奖赠任职较久的中学国文教师,议定大体如是。四时散会。

五月四日(星期六)

上午九时后,至辣斐戏院,参加文协主持之文艺节纪念会及文艺欣赏会。预售座券几全售完,全场满座。余为主席,略致数语,次由予同讲"五四"之意义。景深读自撰之"五四"大鼓词,健吾朗诵新体诗数首。于是某女士及景深唱昆曲。殿之以欧阳山尊、李丽莲之秧歌。秧歌系陕北民间歌曲,共党主持边区政府后,采其调而另制新词,为推行各项政令之助。今日所唱为《兄妹开荒》,则系鼓励生产者。二人带唱带表演,助以丝竹,甚令人感动。与脱离现实,徒资悦耳之昆曲,处于两极端矣。

十二时散,返店,知颉刚来访,与洗公、伯祥、绍虞在永兴昌饮酒,因往寻之。颉刚言将摆脱一切,以此后时间专事著述,或居苏州,或就其夫人居徐州。伯祥与余皆愿其诚能如是。

二时返店,看稿二篇。六时,至金城餐厅,参加文协会员聚餐会。到者六十余人,五席,甚欢。

九时,与颉刚、绍虞偕行。先至绍虞处小坐,后至我家。颉刚寓文通书局,渠名义上任文通编译所主任,文通在老靶子路,距我居甚近也。

五月五日(星期日)

上午仅看报纸而已。南京于今日举行还都大典,国事色色糟,实亦无可庆。

冬官来,留之午饭。饭后小睡一时。醒来时,与洗公偕出,先步行,既而乘电车,至霞飞坊视夏师母。夏师母正在念经,云借此解闷。坐一刻许,至伯祥家,伯祥已与颉刚至予同所。

余因登楼视我母我妹,遂与洗公至予同所,伯祥颉刚果在,又有文祺、志行、许杰三君,闲谈一时许。遂与洗公、伯祥、颉刚、予同偕至严良才家,应其招宴。七时开饮,良才向善饮,今以血压至高,绝对戒酒。治馔甚精,皆其夫人手制,余等酒人,不免饮过其量。九时散,以电车至外滩,然后步行而归,疲矣。

五月六日(星期一)

上午看文一篇。

十一时,偕墨至法藏寺,今日丐翁二七,故在寺中作佛事。此寺建筑甚精,而限于地位,不能宽宏。丐翁、致觉等参加之译经会,即设寺中。余因访致觉,见其同事四五人,或译经,或校经,亦一编辑部也。购《坛经》一册,《净土经》一册,皆兼收各本,以资比较,铅印精校,每本才一千元耳。丐翁所译《南传大藏经》之《本生经》,已出二册,龙文购以赠余。此二册才全部《本生经》之十二分之二,已译成者尚有七册,以无资不能排印。未完之三册,由钟子岩译之。

午刻,素斋四席。二时半出,仍到店。夜间,寺中送“大蒙山”一堂,墨与小墨、三午将俟佛事毕然后归。所谓“大蒙山”,殆与施食相类,取名何义,询诸致觉,亦不知也。

灯下看书独酌。八时后,墨等归来。

五月七日(星期二)

今日作一文,言作文修改之要,下午完篇,才一千七百余言。付“中志”刊出。

上午,储安平君来访。储前在渝办《客观》周刊,以自由思想者之立场论政治,颇受人欢迎。今来上海,将出版《观察》周刊。虽系初见,谈颇洽。

五月八日(星期三)

上午写信数通。下午看尚丁之剧本稿。稿名《咫尺天涯》,去冬曾看过,今经修改,嘱余重看。余觉其骨骼颇佳,而血肉犹未充盈也。

傍晚,以明社开月会,在店中饮酒,与洗公、伯祥三人,尽糟烧一瓶。原约守宪演讲,而颉刚适来,亦复拉致。六时开会,颉刚讲西北观感。守宪继之,讲其立身处世之大要。均甚动听。复讨论社务,至八时半散。

五月九日(星期四)

看完尚丁之稿,作书复之。必陶编初中国文准教本第一册成,嘱余看之。林本侨、谢似颜、方光焘、李季谷来访,既而孙源来,方自重庆飞至,因邀此数人至聚丰园午宴。同人往者,洗公、伯祥、达君、予同及余。谈次多及丐翁逸事。

二时散,返店开编审会议,杂志社工作会议,会散即放工。夜间,颉刚、绍虞来谈有顷。

五月十日(星期五)

上午开经理室会议及人事会议。午饭后,偕墨至石路买草席,大小四条值二万零五百元。系宁波产品及浒墅关产品。

林焕平来。王畹香偕姚雪垠来。雪垠方自陇海路到此,云将返豫视其家。施复亮来。诸人皆谈时局沉闷,东北之战未解,而中原及苏北又将动干戈。中央确无求治诚意,协商若断若续,马歇尔亦未有施为。据闻马氏尝叹谓,日本系自杀,而中国所为,则系另一方式之自杀。闻之至可痛心。余又遥念三官,渠本拟出游两周而归,今若此,恐未必能遽归也。

放工时,芝峰、亦幻两法师来。二僧皆丐翁稔友,后日丐翁火化,将请其举火。治丧委员会去信通知,芝峰在焦山,亦幻在宁波,皆特地赶到,深可感激。推定由芝峰举火。

六时到家。

五月十一日(星期六)

上午改文稿,看必陶所编初中国文准教本语体之第一册。午后,吴济昌来访,犹是廿七年在重庆遇见。渠几年来往来陕滇鄂豫,与一般青年同其气味,参加抗战,干学生运动,遇特务而走避,今在东吴法科读法律云。

四时,至沈世璟女士主持之拉格勒小学(市立),为全校教师谈话,凡三十余人。余谈向所怀之教育杂感,历一小时许。洗公、伯祥、予同应邀继至,参观校舍。此校原为法租界工部局所立,屋有四层,甚讲究。沈女士主此方半年,颇诱导其同事进修,甚为努力。六时半,沈女士设宴,我店四人外,有教师三人及严修权女士(前在甪直之学生,今借居沈女士所)。劝酒甚殷,肴馔不断,各醉饱。九时,与洗公乘三轮车而归。

五月十二日(星期日)

晨七时半,与小墨坐两截电车至卢家湾,向南步行,至于化身窑。夏师母及至好亲友三十余人皆前至。视香火和尚将丏尊灵柩送入窑中。

九时许,芝峰、亦幻两法师至,于是举行仪式。僧人十数人念经,芝峰穿法衣为领导,亲友一一向灵柩拜礼。最后芝峰说法云:

> 昔香岩禅师有云,去年穷,非为穷,尚有卓椎之地,今年穷,方为穷,卓椎也无。见出古人怎样于生死坚牢大地,拔除情根,斩断葛藤处,显露出一物无依底本地风光来。夏居士丏尊六十一年来,于生死岸头,虽未显出怎样出格伎俩,但自家一段风光,常跃然在目。竖起撑天脊骨,脚踏实地,本着己灵,刊落浮华,露堂堂地,蓦直行去。贫于身而不谄富,雄于智而不傲物,信仰古佛而非佞佛,缅怀出世而非厌世,绝去虚伪,全无迂曲。使强暴者失其威,奸贪者有以愧,怯者立,愚者智,不唯风规今日之人世,实默契乎上乘之教法。虽然如是,这仍落在第二门头边事。今者于末后关头,更进逼一步,在无言说无表示中,向诸有缘眷属亲友说法。恐诸人只贪天上月,失却掌中珠,特嘱山僧代为拈出,完成这则公案。但山僧到了这般田地,如何举扬呢。
>
> 莫道丏翁寒骨硬,今朝硬骨也成灰,
>
> 涅槃生死两无着,活火光中绝去来。

诵至末句,芝峰即引火燃棺下之积薪,仪式遂毕。据云需七八小时,而后骸骨悉成为灰。芝峰之稿先尝交诸友传观,余不知何因,悲从中来,忍泪久之。中段数语,甚道着丐翁生平,最为笃切。至于末后一段,自是佛氏应有之义,自余观之,甚无谓也。信佛者男女老幼十余人,亦应和僧人,同声念佛,虔诚可感。

亦幻邀余等至法藏寺小叙,因共往。于其静室围坐。芝峰长于佛学,谈禅宗与理学之交涉,天台宗与禅宗之区别,皆可听。亦幻则为佛家之革新派,言佛入中国,即适应中国之宗法社会,祖徒相传,亦成宗法。佛寺俨然成庄园,为剥削阶级。渠意奉佛为信仰中事,佛徒应从事生产。又欲参稽史籍,搜寻佛入中国后之组织制度方面之材料,为史的研究。二僧皆卓然不群者也。午刻,设素斋甚盛,情意殷切。

二时,与洗公同归。章师母在我家,听其与墨闲谈。并留其晚饭。

五月十三日(星期一)

上午改文五篇,下午改文一篇。致书雪村,请其写丐翁传,刊入《国文月刊》。《国文月刊》有一栏,曰《纪念抗战以来国文教师》也。

五月十四日(星期二)

窦存我老居士来,言已接洽玉佛寺,于下月二日为丐翁开追悼会。

作必陶所选国文教本各篇末之提示,所作不多。知伊之友徐君送莼菜来,久未尝之矣,深谢之。因约知伊、必陶来余家小饮,共尝莼菜。其实无甚可吃,寄兴而已。

夜七时,欧阳小姐夫妇邀其友钱辛稻来,为余画像。用墨笔,以淡墨烘托,约四十分钟而成。极肖似,勾勒正确,线条有力,可喜也。

五月十五日(星期三)

今日起全国改夏令时间,提早一小时。我店仍恢复九时上工,五时散工,实则比前半月更早半小时。

到店,起一启事稿,将登于报纸,公告为丐翁开追悼会。

十二时,偕小墨至夏家,午饭。往视母亲,母言近来四肢益酸痛,坐卧不适,至为愁虑。此自非病症,实系年高身体渐衰之故。初见新生之曾孙(满子亦在夏家),为之色喜。言明日迎之归家。

再至夏家,偕龙文夫妇及窦存我二女(丐翁之学生)往化身窑,检取丐翁骨灰。取一坛,系寺中制就,陶质黄釉,画莲花,余书"夏丏尊先生灵骨"七字,并记火化年月日,题名其上。骨灰自窑中检出,仅头盖骨、脊骨、一腿骨可认,余皆为碎片。诸人检半时许,毕事,用膏水封固。一僧谓余曰:"人生就如此,亦幻化矣。"坛存于一室中,此室架上列坛甚多,多数为僧人之骨灰,亦偶有在家人。一僧念《阿弥陀经》一卷,余等各行礼,然后出。返店中,仅历半小时即放工。

三官今晨归来,大为放心。据其所述,彼处确有生气。唯所至地不多,未能作全般之观察。

五月十六日(星期四)

作丏翁纪念金募款启。午后,开编审会议,又开丏翁治丧会常委会,通过余所为追悼会启及募款启。

四时,与墨早归。到家则母亲已归来,由小墨、三官往迎,以汽车载归,满子及两小儿同载。

夜间,疲甚早睡。颉刚偕其嗣子来访,因复起,谈半小时而去。

五月十七日(星期五)

改文,作国文提示,他无所作。

夜六时,偕士敭至一家春,参加新出版业联谊会之集会。七时半,人始集。先叙餐,后开会。陶行知讲其教育主张甚详,余略致数语,言新出版业须加强团结。后讨论会务,有抗议妨碍出版言论自由等件。目前抄查扣禁书志,各处都有,自非争不可。十时四十分散,到家已十一时过矣,疲甚。

五月十八日(星期六)

今日电车又罢工,与墨乘三轮车到店。

竟日看稿改稿,作卷头言半天。放工后,步行而归。为绍虞题其画像,写得很坏,余之书法永不会进步矣。诗为昨夕所作("独立何所思?……")。

酒次,刘清藻来访,言其妻妹明日与陈君结婚,邀余为证婚人。复言伯才近患肋膜炎,就医治疗。清藻去后,其妻与新郎新娘同来。新郎曰陈其康,新娘曰沈逸君,战时同在浙江为公务员,今后将往台湾云。

五月十九日（星期日）

上午九时到店，十时开董事会。午刻，饮于永兴昌，同坐者洗、伯、达、予、彬、敫六人，闲谈甚畅适。

三时，清藻夫人来邀，偕至大西洋西菜馆。四时，陈君、沈小姐结婚，余证婚，略作颂语。于是进茶点。再返店中，会议尚未毕。及散会乘人力车而归，电车仍在罢工也。

我妹与欣我姊在我寓，方余至，并载而归，未及多谈。欣我姊已有两孙女，照顾幼孩，颇为辛劳。入夜饮酒，早睡。

五月二十日（星期一）

在店中终日伏案改文。收到信件甚多，未暇作复。

和平空气沉寂，东北及北方战争扩大，经济危机益严重，此为最闷郁之时期。归家，饮罢即睡。日来身体又甚疲惫。

五月廿一日（星期二）

仍竟日伏案。作毕前日未完之卷头言。写信数通。

明社需社歌，同人推余执笔，今日写定如下："开明风，开明风，好处在稳重，所惜太从容。处常绰有余，应变有时穷。我们要互助，合作，加强阵容，敏捷，活泼，增进事功。开明风，开明风，我们要创造新的开明风。"

傍晚归后，倦甚，入睡一时许，然后起而饮酒。

五月廿二日（星期三）

写信改文，略无停刻。

午后，仰之来访。渠到沪未久，仍在中央储蓄会任事。其妻及诸儿尚留重庆，俟在沪觅得居屋，然后来沪。

电车仍未复工。晨出以三轮车，晚归步行。今日天放晴，徐徐而归，意尚舒适，足亦不甚疲。夜，颉刚之嗣子来谈。

五月廿三日（星期四）

今日电车复工。

工作如常，下午开编审会议。

傍晚偕洗公、调孚、锡光至钱君匋所,应其招饮。君匋有藏酒,至少八年陈,知洗公与余好饮,因招尝之。其夫人治馔颇精,陈酒确佳。他客有王子纯及高尔松、尔柏兄弟。君匋办万叶书店,出儿童用书及画本,经营数年,颇得法。以所藏印章三大匣见示,无特佳之品,然皆可观。九时,步行而归。

五月廿四日(星期五)

阅报,国民党军已攻入长春,共军向北退。国民党为维持面子,曾表示夺回长春始可恢复协商,讨论和平。今既如其愿,马歇尔及其他党派加紧调停,或可暂息干戈乎。

到店,因精神不好,作事松懈。

五月廿五日(星期六)

作于在春所作《习作实验》之序文,少作辄止。

饭后,开经理室会议,讨论各项中,开始提及筹备我店之二十周年纪念。又谈及下星期日追悼丏翁事。

散工后,与洗公、伯祥共饮于王宝和。恢复从前绍酒店小饮之情调,颇有味。饮一时许而归,太阳犹未尽敛。

五月廿六日(星期日)

竟日未出,不作任何事,殊为难得。晨间挂蚊帐,前此一二周已多蚊虫,近日尤甚,非用帐不可。

我妹偕其诸儿来。仰之亦来。午刻,祀先,兼为我父逝世日纪念。祭毕共餐。

午后三时,雁冰夫妇来。自广州来沪,今日方到。此后将留居上海。曩在桂林重庆会晤之诸友,十之八九皆来上海矣。

今日热甚,无寒暑表,计当在八十度以上。入夜就睡,绝不盖被。

五月廿七日(星期一)

到店仅作杂事。天热,出入曝骄阳。

下午回家后,雁冰来,谈文协事,兼及广州、香港文艺界情形。

七时,至千爱里吴大琨之新居,应其招宴。外有振铎及一美国人,中名曰文公直。此人现服军役,原为华盛顿大学之系主任,通远东事,能说中国话。谓华盛顿大学设一研究院,专究中国,将来写成分门之著作,然后综合之,成一叙写中国之巨著。大琨已应邀,将于下半年到美,研究经济,将来写关于中国经济之一章。美国重视我国,自一方面言,固不可诬,然自另一方面言,实堪警惕。目前现象,已觉我国衣食住行全将仰赖美国,将来更益发展,殆将如菲律宾之与美国然。此大可痛心矣。酒后,谈至九时过而归。

五月廿八日(星期二)

上午亦未作甚事。巴金来,与洗、伯、予偕之共饮于永兴昌。闲谈甚适,午后二时始返店。四时,守宪来,谈丐翁追悼会事。雁冰来,诸友欢然握手,共话别后情况。

六时,至新都餐厅,应美亚绸厂之招宴。美亚今年二十五周年,悬奖征文,请评判员十余人,我店伯、予、虞及余皆在内,此外有马夷初、胡朴安、严独鹤等人。征文仅大略一翻,实际已由红蕉、孙君立、徐莲僧阅定。宴饮甚迟,至九时后始散。各人得赠品袍料一件,被面一幅,真可谓无功受禄。与绍虞乘三轮车而归。

五月二十九日(星期三)

昨日风紧,今日天气转凉。连日少睡,午前已倦甚,乃伏案而卧。

余所作明社社歌,请马思聪作曲,已寄来。饭后,诸同人试唱,居然可听,乐之。

二时一刻,乘车至新闻专科学校,应其校同学之招,作演说。余闲谈一点半钟,遂归。

昨日满子等称体重,兹记之:满子一百三十五磅半,三午三十六磅半,婴儿十四磅。

五月三十日(星期四)

上午作毕于在春书之序文,即送与之。下午,开编审会议,继开四杂志联席常会。

散工后,候宦乡、以群二君来,今夕明社开会,请二君演讲。先与二君至永兴昌小饮,洗公、达君诸人皆同往。七时一刻开会,以群讲苏北现况。宦乡讲目前局势,据谓和战问题还将拖延下去,至下月中旬,或有开朗之望,因其时欧洲四国外长会议将续开也。讲毕已九点半,与墨乘三轮车而归。余疲甚。

五月卅一日(星期五)

写信多封。梅林来访,渠以昨日飞到。略谈文协事,与共进午餐于五芳斋。下午,仍写信改文。

回家,雁冰夫人在,龙文在。雁冰夫人少谈即去。龙文留饭,谈至九时后而去。其所任事之水泥厂(在无锡)已停止工作,恐将闭歇。缘美国之水泥已到沪,每袋三千元。而无锡之厂,制造一袋所用之煤,即不止三千元。此何可与抗乎,其他工业大抵如是。苟非有整个的彻底的工业计划,我国将无工业可言,而永为美国经济上之奴隶。而今之当局固甘为奴隶者也。

六月

六月一日(星期六)

明日开丏翁追悼会,将展览遗物、遗稿及手迹。今日上午,余写说明书若干纸,俾观众明晓。

午后,杜克明医生来,为同人注射防疫针。上海已发现真性霍乱,不得不速防。因乘便询杜医生,如我母之手足发麻,全身关节酸痛,有无药品可以服用。杜答此殆血管硬化之故,药品固有之,唯皆无明效。

六月二日(星期日)

上午九时,偕小墨至槟榔路玉佛寺。因候电车,且需换路,到达已在十时后。伯祥、调孚已前至。于是布置会场,于大雄宝殿东侧屋中,将丏翁诸像悬于朝西之屏门上,其下长桌上陈遗物。南壁挂翁所书对联条幅等,北壁则挂翁之文稿。遗像之上嫌其太空,余为书"劳生永息"四篆书挂之。十二时后,先到之同人素斋午餐。

饭后,与会者陆续至,皆签名于簿。至二时四十分,得三百余人。于是开会。马夷初先生为主席,先为说词。继之全体致敬,三鞠躬。次守宪报告翁之生平,于是姜丹书、许广平、雁冰、大愿和尚、徐蔚南及余相继致悼词。余言死最为寂寞,次就翁"啥人胜利"及相信净土两点,加以发挥,听者似颇为首肯。次由龙文致谢,遂散会,已四时过矣。南屏女中学生见遗物有泣下者,殊可感动。

今日识和尚四人。一曰苇一,玉佛寺之代理主持。一曰大泽,一曰觉某,皆寺僧。一曰大愿,系杭州一师学生,丏翁曾教过,今寓寺中。苇一情殷,邀进茗点。食后,开弘一大师纪念会之临时会,邀余与调孚、子如等参加。外有居士数人。余等被推为常务理事。此原为丏翁之事,亦不得不担任。食毕已六时过。与小墨乘三轮车而归,今日疲矣。

丏翁纪念金截至今日止,已逾一百五十万元,可见此举甚得一般人之同情。

六月三日(星期一)

上午孙起孟来,言有人拟恢复《生活》杂志,继韬奋之余绪。邀余共赞其事。余允之。

朱经农来,言拟好好办光华大学,邀余与予同任教,并托余拉施蛰存为国文系主任。余言自己不任大学教师,拉施君则可以效力。因致书蛰存。午后,颉刚来,谈半小时而去。

今日作一文,谈丏翁之小说《长闲》,将以付徐君所编之《新文艺》(在广州出),成一千字,未完。下午到家,饮酒为遣。

满子语余,三午见无轨电车,询何以此车无轨而亦能行。可见三午观察之精,因记之。

六月四日(星期二)

上午作完昨日一文。中午,以今日端阳,在午餐时饮白酒。酒毕,伏案而卧。

醒来时,偕洗公、伯祥、达君、守宪乘汽车远至漕河泾,为丏翁相墓地。所至公墓二,一曰"中国",一曰"万年"。守护者皆马虎,地价又贵,无所决定。仍乘汽车而归,车价至三万二千元。

六时,至金城餐厅,参加文协聚餐会。今日诗人节,兼为柳亚子先生补六十寿。到者甚众,至一百余人,文艺、戏剧、音乐、绘画、新闻各界之人皆有之。凡九席,九时散。

六月五日（星期三）

治杂事。以必陶所编国文第一册付排。

傍晚，与予同、绍虞应朱经农之招，至爱文义路张家。所邀皆预备聘为光华教师之人，余固无意，而朱以为可以答应也。先谈校中情形，继共晚饭。肴甚佳而无酒。九时半到家。

六月六日（星期四）

上午，望道来，渠昨日自渝飞到。

开编审会议。午后，改文数篇。

四时半，偕伯祥、彬然访翦伯赞。余与伯祥皆初与识面。谈史学著作，我店请其作一论文。六时归。伯祥同至我家，因共饮于洗公所。三人徐酌，八时半始散。

六月七日（星期五）

报载国共双方下令停战半个月。在此期内，共同协商，以期永久和平。政府方面不说起政治的话，周恩来谓危机仍未过去。近来美英责备苏联，我国政府殆将为其尾巴，而易其对象于民主运动者。半月过后，或将重起战事，同时压迫所有民主运动者。反动之高潮，恐有增无已也。

天气炎热，竟日昏昏。电气工人来店装风扇，墙灰木屑飞扬，坐不安席。到家洗身，饮雪村夫人所馈之高粱酒。九时睡。

六月八日（星期六）

上午开经理室会议。

叔湘自家乡来，与我店诸人一一握手欢晤。尤秩臣来，托为其子留意位置。永安公墓经理人庄君来，云愿为丐翁营葬事效力。留叔湘午饭。饭后，请其与沛霖、必陶、均正共谈《英文月刊》事，仍以叔湘为顾问。谈至三时半而毕。

颉刚来，明日即返苏州矣。云以后将定居于苏州，不知可成事实否。到家，周身沾汗。楼上风多，坐定即凉爽。

六月九日（星期日）

八时半，偕墨至巨籁达路，访寻元善母夫人之居址。到沪以后，早欲往访，而诸事牵率,直至今日始往。老太太尚佳健,互谈二十年来情事。又始识元美之夫人,元羲之夫人。元善、元羲皆已东来,善在沪,羲在京。

十二时回家,天气炎热,至九十余度。午后睡一觉。往年时作午睡,今来上海,此为第一次也。

三时半出门,至伯祥所。上楼与我妹闲谈。五时偕伯祥至辣斐德路大昌南酒店,应徐莲僧之约。徐已先至,自携酒菜四色。遂共饮,酒颇不坏。既而予同亦至。闲谈甚适,各饮一斤有余。九时到家,就睡而后,竟夜流汗。

六月十日(星期一)

半日雨,天气转凉。上午改文。午后得浦江清寄来《花蕊夫人宫词考》,系入我店纪念文集者,即看之。傍晚早饮早睡。

六月十一日(星期二)

续看"宫词考"。午后,邵力子来。既而叔湘来,谈一时许而去。回家后,小墨之同学赵富有来谈。赵服务军政部军医试验所,研究生物化学云。

六月十二日(星期三)

竟日写信复人。中午,与洗、伯、达共饮于山西路毛长润,谈店事。

国共停战十五日,期于商谈中获和平。今日报载,国民党方面在东北之军事长官杜聿明宣布废止停战之约,借口为共产党方面违约。今日尚丁来谈,据闻国民党方面实不欲和,所以停战十五日者,为谋取得美国之借款,并予马歇尔以面子而已。此次破裂,战祸势将拖延且蔓延。老百姓已不堪此祸,而无力以止之,奈何奈何。自日本投降以来,近数日内为最不痛快之时期。此后或当更甚,忧心如捣矣。

六月十三日(星期四)

改文写信。午刻,应濮文彬招宴,偕洗、伯、达同至悦宾楼。饮甚多,二时半始散。

靳以、萧乾来访。靳以来自重庆,萧乾来自英伦,偕其未婚妻同来。萧乾居英数年,为《大公报》写通信,国人深赏之。今态度仍如一青年学生,英俊可喜。其未婚妻之母为英人,故酷似西方人,且不能操华语。

孔另境来邀,至其服务之《改造日报》社,参加座谈会。《改造日报》者,第三方面军接收日本报馆而创办,系日文报纸,专供日本人阅读,其意将再教育日本人。到会者有马夷初、郭沫若、田汉、冯乃超、雁冰、望道、翦伯赞,外则报社中人。论题为日本民主前途,日本民主文艺前途等项。诸人皆有发言,不外报纸杂志常见之论调,皆不满麦克阿瑟管制日本之措施。余无能为役,仅言日本裁汰不合潮流之教师四十五万人,我国之教育昏昧如故,其应裁汰之教师殆将数倍于四十五万,否则教育前途无光明云云。八时始散,腰酸背痛。到家小饮,其惫少解。

六月十四日(星期五)

梅林、以群来,云在蒲石路觅得一屋,可为文协会所,需出顶费金条四条。四条者,四十两也,虽云上海通例,未免太昂。二人谓再廉即不可得屋,因姑作决定,复往王辛笛所,商量付款办法。

午后,接长沙分店报告,言长沙市政府及党部召集书业谈话,不得出售"敌党书刊",我店之《中学生》亦在其内云云。此是当局之新手法,表面上无检查,而由各地分禁,不书明文,而以口头宣告之方式出之。南昌方面已先有此类事,唯未禁《中学生》。余愤甚,起草一呈文致内政部,表示抗议,于"敌党书刊"四字略事发挥。由伯祥修改,准备发出。

傍晚,我店在金城餐厅宴客,欢迎雁冰夫妇、巴金夫妇、望道夫妇、沫若夫妇、田汉、靳以、叔湘、鞠侯、伯赞,并为亚子夫妇祝寿,兼邀无垢小姐。谈饮甚欢。九时散。惫矣。

六月十五日(星期六)

今日候梅林不来,想嫌房屋之顶费过巨,不欲径与成交。

看稿数篇。下午孙明心、汪允安同来。孙来沪已月余,汪则方到也。

五时散工即回家。近日觉准时回家,意最安适,应酬宴饮,实觉其苦。又,经行街头,车声杂闹,人影纷乱,辄觉烦躁。以前居上海无此感觉也。

六月十六日(星期日)

晨与小墨乘电车至兆丰公园(今名中山公园),改乘人力车,至霍必兰路永安公墓。庄君、祖苓先到,导观全境。杨贤江之墓即在此,于其墓前伫立有顷。空穴尚多,唯一穴须四十万元,丐翁墓兼夏师母寿域,非四穴不办。庄君言渠自有四穴,愿以相赠。余言此殊不敢当。结果言且与夏氏家属商量后再定。仍乘车而归。

到家已十二时一刻。夏师母、章师母及我妹均在我家会晤,仰之亦在。

有唐坚吾之友叶君邀洗公、伯祥及余午宴,其居在大德里,即赶往。肴馔甚精,饮黑啤酒,樽中不空。

一时三刻辞出,赶往店中,开业务会议。所谈无非造货成本益高,书籍销路益窄,瞻望前途,搁浅堪虞云云。

五时散,返家,知元善及其弟两双夫妇同来过。雁冰夫人适在,章、夏夫人及我妹尚未去,一室热闹殊甚。

九时就睡,大疲矣。

六月十七日(星期一)

竟日写信,欲作文无时间。中午,应唐坚吾之招,至其家宴饮,一坐即两点半钟。人家固好意,而废时失事,实为累赘。

六月十八日(星期二)

报载《文萃》《周报》《民主》《昌言》《人民世纪》等杂志,警察局将予封禁,以违反出版法触犯刑法之名目。反动之举,前此仅见于他地,今乃及于上海。以我人言,此等举措自必起而反抗。若日来国共谈判不能有结果,则其恶焰更将扩大,或者如我店之杂志亦且被禁也。

作《写作漫谈》,将入"中志",未毕。调孚昨晤同业多人,共言书籍绝少销路。成本又高涨,如商务印书馆,有一版仅印三五百本者。又常遭特务分子之麻烦。广州一地,打书店之举屡见。且将店中书籍捆载以去,无论新书旧籍,行同劫盗。书业至此,可谓濒于绝路矣。闻调孚言如此,共为叹息。

三时,梅林来,仍谈租屋事。前言及之一所已放弃,今又有他处,或可成交。雁冰适来,因共谈论。雁冰言苏联邀彼到苏一游,或将于今秋成行云。

放工后,与洗公步行而归。谈店事,公言章氏兄弟多疑,于某某某某皆以为不可用。而我店人手甚少,实已无可更动。且人不可以求全责备,欲其纯然圣贤,则无可用之人矣。余赞其言。

六月十九日(星期三)

续作昨文毕。程受百来,渠居南京已数月,今将往台湾,任教且编书。

午后,出外剪发。叔湘来,谈有顷即去。

三时,开董事会,决定于本年开股东会。于夏师母致送丐翁之半薪,终其身。五时散。

南京谈判又呈悲观,蒋氏提出共军驻区限于东北之北部,共党表示不能接受。因此一点,并前此已经谈妥之恢复交通办法,亦不能签字成立。谈者谓十五日停战期满而后,大致还是拖的局面。然而各方面均濒绝境,何可复拖乎。

六月二十日(星期四)

改"少年"刊用之文字。开编审会议。

午后,梅林来谈。卢冀野来,渠近任南京《中央日报》主笔。陆剑秋来,系新到。

报载谈判已陷僵局,焦点为蒋氏所提之整军方案,及与马歇尔以最高仲裁权,为共方所不能接受。停战期于二十二日满期,以后如何,深可焦虑。

达君见余常感疲劳,今日馈余针药一盒,谓其效力比"赐保命"为大。盛情可感。入夜酒后,即令小墨为余注射一针。

六月廿一日(星期五)

上午写一信,致已订约之著作人,告以出版界现况,成本奇昂,销路奇窄,书稿暂时无法出版云云。迩来印一五万言之书稿一千本,直接成本即近百万,而每印一书,往往仅销三百本,此不可维持之局也。

梅林又来,决定与文联社合租旧法租界一两层单幢屋,出顶费黄金两条半。梅林夫妇与会计员李君即可迁入居住,姑作解决,亦是佳事。

饭后一时半,偕彬然至思南路一零七号,应董必武君之招,告以近日谈判经过。到者十数人,均熟识。董君谈甚久,皆报纸所载。华岗君方到沪,谈南京最近消息。谓蒋氏与马歇尔,皆觉旬日以来之表现非佳。蒋氏之意,政府所提各点拒人千里,将引起人家之印象,以为政府绝无诚意。马氏则自觉袒护国民党过甚,亦欲稍稍转向。而谈判已陷僵局,遂挽燕大旧校长司徒雷登出面斡旋。司徒雷登奔走各方,先商延长停战期限,次提军事与政治并谈,且谋各个问题逐一解决,解决一个是一个。此为报纸以外之消息,今日所得之秘闻。二君咸称欲得和平,还待各方面反内战之表现充分。五时散,路上见晚报,则知停战期限已延长八天矣。

到家,据三官云,后天上海将有二万人之反内战大游行。

六月廿二日(星期六)

改文,写信。赵廷为来。张明养来。赵仍为中大教授。张仍为复旦教授。

天气闷热,人感昏倦。归来步行一半路程,已觉疲劳。

六月廿三日(星期日)

晨七时半,与小墨至北站。今日上海各界争取和平代表马夷初先生等八人及学生代表二人乘车往南京请愿,各界送之。各团体皆结队而来,张旗唱歌。至九时,广场人满,不知其数,殆在五万以上。余与诸友上火车送动身者,其中余只识马先生一人。十时开会,有动身代表蒉先生、雷女士说话,次则送行者陶行知、林汉达、吴晗等人演说。今日之口号为"反对内战,争取和平"。前数日亦有学生游行,其口号为"反对内乱",则是国民党方面所操纵。据实而言,自以今日之会为真正民意之表现。市政府及警备司令部方面预闻今日有大会,曾迭次会商。警备司令宣铁吾主力压,市长吴国桢则主放任,渠盖鉴于昆明去年之事,若用力压,发生巨案,即无以保其市长地位。此止是私图,非晓然于民意之真当尊重也。火车以十一时开。各界队伍遂为大游行,小墨、三官参加其中,余即归。直至下午二时半,二人始归,游行犹未毕,他们以足力乏退出。路上未发生事故。

三时半,胡绳潜英夫妇来,谈一时而去。

傍晚,请彬然,其子又新,及祖璋三人来我家晚餐,谈饮甚欢。

八时,圣南妹偕其夫携其女从杭州来,即留住我家。今夜打第二次之补身针药。

六月廿四日(星期一)

晨看报,知马夷初先生等昨日到京,在镇江即遇留难。有自称苏北难民之群众无理叫嚣,阻勿到京。及车抵南京下关,复有所谓苏北难民者出而纠缠,后乃动武,打伤代表五六人,报馆访员二人,马先生亦在其内。群众纷扰至五点多钟,而军警假作痴聋,任彼辈行凶。此事为预设之局面,显然可见。昨日见上海群众声势甚盛,不敢动手,遂改变方向,布置阴谋于镇江、南京。无耻至此,令人深恨。同人共谈,无不愤激。而一些国民党方面报纸记载此事,谓马先生等"自称人民代表","所谓人民代表",亦属卑鄙无耻。余遂致一书于《大公报》,声明确曾推选马先生等,并附愤慨语,与彬然、予同、伯祥、达君共同署名。

傍晚,雁冰、振铎、夏衍三人来,商定于星期日开文协总会及上海分会之联席理事会。

五时三刻,明社开月会,请雁冰讲新疆之经历。雁冰娓娓而谈,至三小时之久,犹仅其一小部分。到家已九时三刻,颓然就睡。

六月廿五日(星期二)

昨日以群托付,对于南京殴打马先生等之事件,希望多少写些意见,付与《文汇报》。因请诸同人均写些,共得十余短篇。于此一事,我店同人盖一致愤恨矣。

下午四时,至极司非而路,出席中小学教师职业保障会所招集之座谈会。余略有发言。七时到家。

在电车中听两青年谈话,知系身边带枪,特务分子之流,身份为学生,神态意识全属流氓。此辈专事与民主派为难,凡民主派有所举动,此辈无不捣乱。而豢养之纵容之则为国民党。至可伤心已。

到家洗身,一快。飓风之须掠过上海,三日间均有烈风,震动玻窗,其响不绝。十一时睡。

六月廿六日(星期三)

同人常谈南京车站事件,连作事亦无甚心绪。余写复信数封。

到家后看《大晚报》,载有南京电话,谓黄延芳等三人不满马先生等所为,不与合作,即将回沪云。此大致是造谣,将以此分化代表团。手段之恶劣卑鄙,实可深恨。

今日仲华来谈,云前途颇险恶,国民党方面主作战,日来之商谈,仅为点缀而已。

六月廿七日(星期四)

飓风渐微,天气大热。作一短文,应文学青年所办刊物之嘱。下午开编审会议,复开四杂志工作会议。到家洗身,汗流不止。

英文《大美晚报》昨有叙载,谓三十日谈判决裂而后,反动势焰将大炽,最近已见端倪。"届时恐再蹈一九二七年之覆辙,对一切'中心偏左'之团体及私人,均将施行袭击。"是或非过虑也。然而惨矣。

六月廿八日(星期五)

夜睡未稳,身体困倦,作杂事如常。傍晚,方光焘来,与共饮于王宝和,洗、伯、予、墨偕往。七时归。

六月廿九日(星期六)

竟日改文。

晚报载马夷初先生等今日飞回,在京见蒋主席、周恩来、马歇尔(见蒋仅由黄延芳一人为代表),表达人民意见,无非为不要内战,争取和平。停战期间至明日午刻为止,而国民党方面尚坚持,马歇尔所提折衷方案,仍不接受。

晚七时,至仲华家,应其招宴。洗、达、彬、墨同往。他客有冯仲足、王翼云、雁冰夫妇。座皆熟人,谈叙甚畅,十时半散。

六月三十日(星期日)

圣南妹以早车归苏州,大家皆早起。看报,知和平希望不绝如缕。马歇尔竭力斡旋,仍无结果。

饭后至店中,文协总会及上海分会之理事假我店开联席会议。约定三时,但候至四时始成会。余为主席。讨论提案多件。六时散。

夜报载政府发一文告,谓停战期虽已届满,而政府仍望和平,盼马歇尔再为调解云云。此文告表面似甚平凡,实则政府要打即打,从前政治协商会议所决定之各项,均将置诸不顾耳。国民党已毫无可以为善之处,令人气闷已极。

到沪以后,每日中午十二时闻警报,可以对准钟表。每星期日上午九时亦放警报,云是惕励之意,则殊为无聊。自今日起,此项警报停放,报载各地皆然。此事意味着此后或又将防空矣。政府欲战不欲和,于此可得一证。

七月

七月一日(星期一)

看稿,写信。

下午四时阵雨大作,五时不克回家,遂酿资聚饮,诸人共闲谈,至七时半始归。夜眠不安,几乎全未成睡。余迩来恒酣眠,失眠为难得之事。

七月二日(星期二)

昨日美国于海洋中试验原子弹,以舰群为目标,上装山羊等生物,所投为第四颗原子弹。第一颗系制造成功时试验投掷者,第二三颗投于日本。今日报载,投掷结果不如想象之甚,有四舰炸沉,二十余舰受伤,山羊等未全死。此次试验有示威作用,在国际情形不安时行之,实足以促起反感。美国曾有人结队游行,反对此次试验,其标语中有试验原子弹为第三次大战之序幕云云。

改文数篇,作国文教本之提示数则。傍晚归家,饮毕早睡。一夜下雨,气候转凉,睡甚酣。

七月三日(星期三)

马路积水,电车不开,乘三轮车到店。年来上海阴沟失修,黄浦久未疏浚,每逢大雨,水即积滞难退。此后受累之日恐将甚多也。

仍写信看稿。傅耕莘自台湾返沪,谓雪村已购得飞机票,星期四或星期六可回来。余与雪村不见者将九年矣,廿六年十一月间,雪村自武昌登车南行,余送之于车站,此后即未复晤。

晚报载国防会通过于十一月十二日召开国民大会,决不再行变更。此事未为他党派所预知,又将成为争论之一题目。

【漏记一日】

七月五日(星期五)

竟日作国文本之提示,亦只作三篇而已。放工后,与墨、小墨、三官进面点于五芳斋,余独饮酒一斤。墨自归,余与二子缓步西行,至于育才学校。新书业同人联谊会假该处开第一次联欢会。八时,到者满堂。遂开会。士敩为主席,余与戈宝权、许杰以次演说。余谈书业所受种种压迫。以下有游艺节目,余与小墨先归。到家已十点半矣。

七月六日(星期六)

今日墨以身体倦怠,未到店。余仍作国文教本之提示,他无所作。

邱汉生君来访,以所作《中国的故事》见示。系效房龙笔法,写通俗之本国史。此君在复旦大学任教,授中国通史。

傍晚大雨,乘人力车而归。饮毕。早睡。

七月七日(星期日)

今日"七七",各地追悼国殇,各报皆出特辑。语皆振奋惕厉,然与现实情况对比,则见其皆徒说好听话而已。

余竟日未出门,卧床休息,看旧俄某作家之《诸神复活》一书。是书以达文西为主要人物,详述文艺复兴时之文化情形,生活状况,颇有可观。全书八百余页,今日看两百余页。

七月八日(星期一)

仍作国文本之提示。第二册作毕,即付排。全书六册,预定秋季开学前出版三册。

日来天气转湿,时作细雨,黄梅时节延后。人身因感不适。

夜间,龙文来。其服务之水泥厂已停办,渠被遣散。洗公有意,拟令为福州分店之经理。共至洗公所谈。龙文谓俟考虑后决定。

七月九日(星期二)

改文,写信,作第三册国文之提示。

放工后,剪发。至霞飞路某西菜馆,应张君、雁冰之招。张君为大同书店之经理,请孔另境为编文艺丛书,而由雁冰为之拉拢。到沫若、乃超、田汉、洪深、振铎、雪峰诸人。席间各为闲谈,菜颇不坏。九时散。

知墨归来时滑跌一交,幸未受伤。墨走路颇不灵警,余时时为之担心。

七月十日(星期三)

竟日作国文本之提示。

午刻,《上海文化》之编者庄智源君偕赵景深同来,邀至一家春午餐。缘《上海文化》最近辟《作家论》一栏,下一期将请景深论余。景深言余回沪以后,虽数度晤面,而未细谈,庄君因约小叙。闲谈一时许而散。

晚报载两事,均重要。一为美国派燕大校长司徒雷登为驻华大使,一为联合国救济总署宣布停运救济物品来我国,原因为我国不能以到沪物品运送全国,实现救济之目的云。而今日日报复有一记载,在我国之联总官员职员三百余人发表意见书,谓救济物品已为政治之工具,复以运输无力,多数物品归于腐坏云。此二事似可视为美国稍改其对华政策之朕兆。上月月底,国共谈判无结果,停战时期将届满,马歇尔曾挽司徒雷登出任奔走。今以司徒雷登任大使,佐马歇尔特使调停我国政事,实现和平,虽未必遽有大效,要可为美国又一努力之征。至于停运救济物品,当可视为加于政府之一种压力。

傍晚到家,洗身后独饮。墨与小墨满子在霞飞坊,今日为夏师母之生日,九时始归。

七月十一日(星期四)

报载国共以外人士之主张,以为目前情势,唯在彻底改组政府,容各方面人士加入,庶可以消弭国共之争。今令国共两方谈判,彼此仇恨已深,所持太相违异,无论如何不能有结果。此说自然言之成理,唯国民党把握政权,不顾一切,安肯让步至于如此境界哉。

改文,仍作国文本之提示。

午刻,木刻家陈烟桥、李桦等来,他们全国木刻协会将于本年"九一八"开一展览会,示木刻历年来之进程,并以展览作品中选择百幅,印成一册,以为流通,此册拟交我店出版。我答以大致可接受,详细办法待细商。

五时到家,即饮酒进餐。七时复出,至福煦路浦东大楼,应中华职业补习学校东院同学会之邀,作演说。题为他们所出,曰《怎样学习,学习什么》,余谈一点多钟。乘三轮车而归。

七月十二日（星期五）

飓风又作，其力甚猛。

赵纪彬来，交来哲学浅说两短篇，即看之。开编审会议。午后，作国文之提示。

傍晚回家，看《诸神复活》二三十页，酒罢早睡。

七月十三日（星期六）

报载李公朴被人暗杀于昆明，此定是特务人员所为。倒行逆施，愈来愈凶，前仅用殴打之手段，今以李案为始，且用暗杀手段矣。李为民主同盟之盟员，多说话，颇露锋芒，或即以此贾祸。去冬在重庆，余尝与晤数面也。

写信数篇，改稿数篇。

下午，沈从文来访。渠昨日自昆明飞来，今后将往北平，仍在北大任教。据云昆明市上，美国消费品充斥，一如上海。有云南军队一师，拒绝调往鄂省参加内战，全师走散云。

陈烟桥来，谈出版木刻选集事，大体说定。俟其将稿送来，即可铸版。

到家后洗身饮酒，早睡。

七月十四日（星期日）

竟日未出，赤足，午后小睡一时许，甚为舒适。作一文，题为《开明二十周年》，将刊于八月份之"中志"。文凡二千言。

龙文来闲谈，留渠晚餐。谈及各业萧条，经济危机已深，正不知此后岁月将何以为生，相对深叹。

晚报载蒋氏避暑庐山，不知何意，殆必别有作用。京中商谈，已成停顿。豫鄂西部战事渐炽。马歇尔调停无术。司徒雷登尚在北平，未抵南京。时局沉闷，令人难受。

今日甚热，幸有风。

七月十五日（星期一）

上午九时后，昌群来访，与诸友共叙别后情形。既而李青崖来。李亦任教中大，与昌群为同事，卅一年余与遇见于贵阳，亦已四年矣。中午，与伯祥、予同邀昌群、青崖小饮于永兴昌，并招来振铎、王以中二位，谈甚适。

返店后，代书联作一短文，为李公朴被刺事公告社会。

困倦甚，伏案而眠。六时，开业务会议，为时甚久，至九点半始散。

七月十六日（星期二）

改文数篇。开二十周年纪念会筹备会，决定以双十节举行纪念，以后每周集会，加紧筹备。

下午三时，偕彬然至南海花园，应民主同盟政协代表之招。到者五十余人。民主同盟主张重开政协会议，解决国是。然政府一意孤行，苏北及豫鄂皆发动军事，宁复有协商之意乎。又谈起李公朴之死。来客发言者六七人，皆可听。七时到家。

七月十七日（星期三）

报载闻一多亦被刺于昆明，气愤之至。当局以如此手段对付呼号民主之人，岂复有存立之道！

作文应高祖文之嘱。高之杂志曰《中建》，征文嘱说建国的话，于此时势，何可言乎！得千字，发牢骚而已。

振铎来书，嘱为其所编《民主》作短文，谈闻一多之被杀。余请彬然代作三百字付之。

梅林来，言闻一多为文协理事，今遭惨杀，宜开会员大会商量应如何表示。余请其与诸友接洽后再定。

下午，开经理室会议及人事委员会。

傍晚，在店中宴请从文、巴金、受百、光焘四位，余皆店中友人，谈叙至八时半而散。

七月十八日（星期四）

写信数封。下午，开编审会议。续开二十周年纪念筹备会。直至放工时毕。

张纯嘉君猎得野鸡，送与我们下酒，洗、伯、达、予、敫及余六人共饮。八时归。龙文在我家，谓后日动身往福州，与士敏同行。

七月十九日（星期五）

写信，看稿。冯乃超来，以致联合国自由保障会一书之稿见示，系谈李、闻被暗杀事，即签名其上。尚丁来，谈任之先生近况。汪刃锋来，谈木刻选集事。董每戡、赵纪彬来，二人谋教职，尚无所成。

到家洗浴，始吃西瓜。买西瓜一个，四千余元。今日酷热，流汗不停。

七月二十日（星期六）

晨出即流汗。校国文第一册校样，至下午，全册初校毕。

朱文叔自台湾归。渠在台编国文本，并教国文。据云，台人习国文几如习一种外国语，颇为艰难。台湾教育经费宽裕，惜到彼者少，人才不敷分配。询以政治设施，则谓自不能令人满意，然以较大陆各省，则犹不至腐败至此。

七月廿一日（星期日）

上午看《诸神复活》数十页，此书写雷翁那图·达·文西，均经详密之考证，小说而实史传，大可贵。

午后二时，至花旗银行，文协借彼开会员大会，讨论对于李、闻被杀事件之对策，到者颇众，欧阳予倩方自桂林来，马彦祥方自北平来，尤为难得。四时开会，余为主席。郭、田、沈、洪十余人发言，皆悲痛激昂。欧阳及马君谈桂林、北平近况，皆窒息万分，毫无自由空气。结果通过对国人宣言一通，对外国作家呼吁书一通，并募捐赠李、闻家属等件。六时后散，乘人力车归。甚感疲劳。

七月廿二日（星期一）

写信数封。改文数篇。

下午放工回家，我妹及冬官在。冬官本在大同大学，今欲转学清华。但报名转学者甚众，未必有把握考取。谈有顷而去。余续看《诸神复活》二十余页。

七月廿三日（星期二）

改稿。张宗和来，谈在苏恢复乐益女中，颇为劳瘁。梅林来，谈会事。

饭后，李桦送木刻稿五十一幅来，与讨论木刻选集之印刷装订等项。

晚六时，应郭沫若之招，至其寓所。到者二十余人，多数为熟友。听周君谈近局，剖析极详。分两席会饮，饮毕复谈，到家将十二时矣。

七月廿四日（星期三）

上午，章伯寅先生与其子来访。先生清健犹昔，唯较消瘦。

写信数通，作一短文付乔峰所编之《新文化》。

下午四时，王以中代邀吴晗来我店。吴晗系史学名家，近年来在昆明参加民主运动，与闻一多为同气。予与伯祥、予同皆未之识，因约一会。其人年不满四十，精健有余，学问行谊，皆可钦佩。既而金子敦、振铎来，即买酒共饮。

饮至六时半，余与振铎先出，共至于银河餐馆，欢迎新到沪之文友。到者五十余人，被迎者八人，为欧阳予倩、洪深、马彦祥、阳翰笙、李何林、臧克家、周伯勋，其一人已忘之。余为主席，略致辞。李何林方自昆明来，谈李、闻被刺事甚详。民主运动人士如张奚若、潘光旦等十一位以同有被刺危险，避入美国领事馆。而官方提出抗议，谓外国人无保护中国人士之权。可谓无耻之尤。九时散，乘人力车而归。

七月廿五日（星期四）

上午改文数篇。

饭后，仲华来，言陶行知先生今晨以脑充血逝世，闻之愕然。前日之夕犹与晤面。陶坐一椅子上，未甚开口，精神似不佳。近日上海盛传黑名单，某人某人将被杀，而陶居其首。今突以病死，真将为仇者所快，而同气之人益深悲痛矣。

一时半起，开编审会议。继开四杂志联席会议。继开二十年纪念筹备会议。

今日又闻何柏承先生之噩耗，患肺病，没于昨夕。何本任暨南大学校长，战时内迁，备极辛劳。最近调长英士大学，意颇不快，当为增病之一因。

七月廿六日（星期五）

九时，与彬然、三官至上海殡仪馆，吊陶行知先生。是即丐翁殡殓之所，不意数月之间，两度来此送丧。公祭入殓以下午四时，此时到者尚不太多。然泣下者颇有其人，且有出声而哭者。翦伯赞扶病而来，亦流泪不止。遗体藏于一室，吊众自纱门外望之，掩白绸，未能详见，然反身走者皆掩泪。陶先生以事业与热忱感人，宜其致此。

十一时返店,赵纪彬来谈。午后,沛霖语我以如皋被炸事。国共两军战于如皋,共军以廿三日下午四时退出如皋,而空军飞机三架于五时自大场起飞,携五百磅炸弹廿六枚,在如皋投二十枚,毁屋三千幢,死伤未确知。彼何人乎,非方入城之国民党军,即全不预料之民众也。此事报纸未载,而沛霖得此消息,来源甚可靠。闻之令人愤恨。

李桦来,续交木刻五十幅。

三时,偕伯祥、调孚至中国殡仪馆,吊何柏丞先生。吊者亦众,而为另一批人。晤东华。东华近潜居不出,以翻译小说为生。五时到家。

三官往观陶先生入殓,与祭者满堂,皆哭尽哀。夜间作一诗挽陶先生("惨恻方殷又此悲,……"),冯仲足所嘱,将刊于《联合晚报》。

七月廿七日(星期六)

作新编国文教本之序文,即付排。

傍晚,明社开例会。备酒菜面包,且吃且谈。不请外间诸人作演说,各人谈自己工作上生活上之事,倒也有味。八时散,挤入电车而归。

七月廿八日(星期日)

竟日未出,殊为难得。作木刻选集之序文一篇。续看《诸神复活》数十页。午刻睡一时。买西瓜食之。

明日为丙翁逝世之百日,满子携两儿以今日归宁。小儿出门,家中特别清静,甚觉安适。

七月廿九日(星期一)

竟日忙迫,稿来信来人来,应接不暇。浦江清君来访,余与初见,短小如叔湘、蛰存。

下午,李桦来,与订木刻选集之契约。

七月三十日(星期二)

竟日看稿写信,略无暇晷。各国昨开会于巴黎,报载此为形式,实则四强为之主。四强者,美英苏法,我不与焉。初以为此次战后,情形当与前殊,不知与第一次大战后正复相同。

今日热甚,夜眠时开窗,且不下蚊帐。

七月卅一日(星期三)

上午,施蛰存来。渠已允就暨南教职,因可有房子住。光华方面只得辞却。渠自徐州来,报上记载多云共军围攻徐州,实则以国军向四围出攻也。午后,杨人梗夫妇来,闲谈一小时许。李青崖来,谈大学国文教学。客来频数,作事颇受阻碍。

傍晚,偕予同、伯祥、以中应谢刚主(国桢)之招,餐于知味观。外有振铎及徐积余老先生。九时散。挤电车而归,知雪村已飞回上海。

八月

八月一日(星期四)

晨与墨至雪村寓所访问,自二十六年分别后,今为初见,各言精神犹昔。谈台湾情形,言台湾行政固未能令人满意,然较诸他省则坏得轻些。台人习国语,颇为起劲,魏建功、何容诸位之推行工作极努力。而台人习国文,欲期能读能写,则颇为困难。

到店,开编审会议。午刻,与洗、村、伯、予、达共饮于永兴昌。

三时,应《文汇报》之招,偕彬然出席其座谈会,题目为《升学与就业》。四时半客方到齐,有沈体兰、杨卫玉、雷洁琼、李某(上海市教育局副局长)数人。余言此在今日殊无可谈。沈君之言最为切实有条理。李君虽并无官气,而其言殊迂庸,颇可致驳。六时半散。

八月二日(星期五)

上午写信。午后开二十周年纪念筹备会。

日来天津附近发生共军射击美军事件,报纸题目皆集中于此。有云此系企图促美军退出中国,若美军应久驻于我国者。马歇尔与司徒雷登皆取审慎态度。而其他和平谈判则皆搁置矣。美国货益充斥,且贱如火柴肥皂亦大批运到。小工业将不能立足。

近日母亲身体转佳,扶桌子能自走动,起坐睡倒亦灵便,进饭可一碗半。

今日大热,汗出不止。

八月三日(星期六)

改文,校国文第二册校样。

昨报载政府空军于昨日往炸延安,毁往投延安之飞机一架(驾往者名刘善本),死伤数不详。此又是一大事,足征和平之望甚微,内战扩大为必至之数。

傍晚,同人假三山会馆,为洗公夫人祝六十寿。欢宴凡四席,饮酒三十五斤,醉者颇多,余尚可。与墨乘三轮车而归。

八月四日(星期日)

天气大热,超出百度。据云去夏上海不致如此之热。余竟日未出,上下午各睡一觉。看《诸神复活》数十页。吃西瓜,洗浴。

夜间,大琨来谈。据云日来物价殊平稳,此非好现象,盖涨价已达饱和点矣。渠料经济总崩溃为期已不远,不在中秋,即在年底。于是社会秩序会乱,掠夺厮杀,到处皆是。思之至可惧。

床上嫌热,铺席于地板上而睡,仍然竟夜流汗。

八月五日(星期一)

晨以三轮车到店,较之挤入电车凉爽得多。写信看稿如常例。午饭时略饮白酒,并吃西瓜。今日之热殆在百度以上。

放工后,入绸缎铺买一熟罗裤料。衣料陈列满铺,伙友十余人闲坐,乃无顾客。购买力尽矣。

到家洗身,汗仍出,挥扇不已。夜未得安睡。

八月六日(星期二)

酷热如昨。作国文本之提示数篇。傍晚散归,裸身挥扇,夜间仍不得好睡。

八月七日(星期三)

为人书一扇面。写复人书十封。天气仍热,云阵不浓,不能致雨。放工后候电车不得,乘三轮车而归。

看《诸神复活》数十页。灯下看书,即觉眼涩,自今以后,夜间只能无所事事矣。

八月八日（星期四）

写信，看稿。午后立秋，同人醵资吃西瓜。

天仍无雨，四时许有风，稍见凉爽。

五时半，与洗、村、伯、达、予、彬、敫共饮，谈店事。八时半散。

八月九日（星期五）

改"中志"文稿四篇。

午刻，同人宴请顾惠民于悦宾楼，惠民方自汉口来沪。熟人闲谈多，三时始散。

今日为阴历七月十三日，墨之生日，晚餐吃面。明日为我们结婚纪念日，三十周年矣。

八月十日（星期六）

改文数篇。为木刻协会改木刻选集之序文。此班美术家俱不善为文，言不能达其意。

下午三时半，窦存我老居士来，约本月二十五日开弘一纪念会，筹议印行弘一之遗墨。缘有菲律宾高文显君来函，愿在南洋募资为此一举。

到家仍洗身饮酒。北窗有风，而余室窗开东南两面，仍甚热，汗流不已。

八月十一日（星期日）

报载马歇尔、司徒雷登二人发表联合声明，承认彼等斡旋我国和平，已告失败。此为一足以激动人心之举。有人谓系致国共双方之最后通牒。有人谓二人本未处于调人之正当地位，美国政策欠妥，其失败自属必然。

九时许，孙明心、汪允安同来，既而彬然来，共谈《国文杂志》续出之事。彬然愿任规划，而以事务中心属诸小墨，未有说定。

一时半，全家至夏师母家，母亲与三官除外。今日为中元节，夏师母家祀先，借此款诸亲友。到洗、村、伯、敫、守宪诸人。中午饮酒闲谈。酒后设牌局，余旁观，六时归。

八月十二日（星期一）

改木刻协会之序文竟。梅林来，谈文协事。午后仍改文。傍晚坐电车至四川路桥,步行而归。母亲三午皆生大痱子,有脓头。往在成都,夏不酷暑,今返上海,适逢盛热,遂至于此。

八月十三日(星期二)

作国文之注释一篇,即是竟日工夫。

母亲与三午之疮疖大作,头部及肩背部皆是,转侧难安。三午且有热度。

施锦芳小姐以事来沪,留宿我家。

八月十四日(星期三)

作注释,改文,殊无暇刻。

蒋氏发表文告,甚长,余未之看。据他人言,文中以现局不好全诿过于他人,外加空洞之教训语。此其一贯作风也。

入暮,洗翁以佳酿一坛开酒会,凡两席,多店中同事,外客仅达君夫人、仲华、振铎、华问渠父子及施锦芳小姐而已。酒甚醇,饮之尽。九时散。

八月十五日(星期四)

工作如常。为木刻集之作者小传润色。

午后三时半,偕彬然、必陶出席《文汇报》之座谈会,讨论题目为《教材与教本》,除报社中人四人外,尚有舒新城、朱文权、俞庆棠、孙起孟四位。余谈教育欲求稍有改良,宜少用教本,许多知识能力,假途于文字以求之,往往转成障碍云云。六时散。到家洗身小饮。

八时至夏兴中学,参加市立小学工作人员之文艺晚会。作演说者余与熊佛西。健吾诵诗。耿震等念剧本。音乐有国乐团体之大合奏数曲,甚可听。其中一曲配合男女二人舞剑,尤有味。外有张大小姐及某小姐之昆曲,张君之钢琴独奏,某君之小提琴独奏。十二时归,倦甚矣。

八月十六日(星期五)

竟日润色木刻作者之小传,毕。事务总做不完,常有积压。

六时回家。酒后看哈代之《还乡记》。徐徐看去,不知何日始能完毕也。

八月十七日(星期六)

工作如常。夜间开业务会议,九时散。

八月十八日（星期日）

内战益扩大，苏北、豫东、晋北皆激战。人民不要内战，而事实如是，真可痛心。有一段通讯，标题大意，我为胜利国，而不安如是，日为战败国，而渐趋安定。诚极大之讽刺也。

雪村、达君、彬然与洗公"游黄和"，午间，余与诸君饮。

红蕉来电话，谓冬官考取燕京一年级（物理系），即将往北平。余因到霞飞坊，访冬官。据谓乘船不易，轮舰皆应差运兵，现托招商局中人设法。渠本已在大同读一年，亦曾在清华投考转学，而清华发榜甚迟。现先入燕京，若能考取清华，即改入清华云。

四时半归。洗浴，看《还乡记》。

八月十九日（星期一）

竟日排比木刻作者小传，致肝阳上升，颇不舒服。下午三时开董事会。

今日政府公布调整汇率，每美金一元，本为国币二千余元，今改为三千有余。其意在抵制外货，保护民族工业，平抑物价。其效如何未见，而害立见，今日各货皆突涨，有涨至一倍以上者。以我辈薪水阶级言，即是减薪也。

到家，以头脑不清醒，饮冰啤酒一瓶。

彬然来谈其子又新升学抑就业问题。结论为暂在上海任教，学额则请学校保留。

八月二十日（星期二）

报载共方宣布全面动员，起而自卫。政府方面则致最后通牒于共方，如不停攻大同，政府军将进攻张家口、延安或承德云。全面内战之局已成，为民国以来所未有。以往军阀交战，皆不过限于一二地区而已。马歇尔与司徒雷登即将返南京，作最后努力，然其失败已可预料。

竟日伏案，事仍有压积。许多来信皆未作复。

傍晚到家，知满子面部生一大疮疖，发热。小阿东亦发热。三午面部背部，仍有新疮疖生出。殊为不宁。母亲之疮疖幸皆结疤。

八月廿一日（星期三）

上半天写复信多封。下午，作国文注释一篇。傍晚酒后，看《还乡记》数十页。

八月廿二日（星期四）

清晨，子冈来访。她从北平来，与徐盈在北平甚受注意，当局者以彼二人为不稳记者，有不保安全之言。谈半小时许去。

到店，作国文之注释两篇。下午开编审会议。又开二十周年筹备会。

到家看《还乡记》。此书写人物心绪性态极细。

八月廿三日（星期五）

竟日伏案，未有间歇。

天气又大热，二十来天未下雨，殊为不耐。回家时续看《还乡记》。

八月廿四日（星期六）

竟日作国文之注释。

傍晚，举行酒会于三山会馆，凡三席。酒为雪村所藏十年陈，预约须俟我辈东归方开坛。今日又为雪村生日，诸酒友借此为之称觞。酒味确醇美，至半中，一坛已尽，复开一坛较新者，亦饮其大半。九时散。

八月廿五日（星期日）

十时到霞飞坊夏家，窦存我老居士朱稣典二人约会于此，讨论筹备本年弘一法师纪念事。既而刘质平至。刘为弘一最亲近之弟子，收藏弘一遗墨最富。渠欲实现弘一遗志，办一艺术师范学校。其款将发卖弘一遗墨以筹之。四人即在夏家午饭，谈至三时而散。

余到家，我妹及冬官在。冬官将以二十九日乘船北上矣。睡一小时，起来饮酒。我妹与冬官去。施锦芳小姐将于明晨返杭。

八月廿六日（星期一）

竟日作国文注释。

四时许下雨而不大，仍未能却暑。墨不舒服已数日，放工后到家即发热。

八月廿七日（星期二）

今日孔子诞放假。

墨已退凉。十一时，至三山会馆。今日雪村之女士文小姐与宋君订婚，故宴客。余为证明人，盖章于订婚书上。介绍人则伯祥、予同也。燕饮甚欢。三时散。余到家就睡，睡三小时而起来吃晚饭。

八月廿八日（星期三）

竟日作国文注释。

五时，偕彬然至沫若家，友人到者四十余人。听李君邓君谈政治谈战事。似全面内战最近期间殊无停止之望。虽马与司徒两人仍在斡旋，而美国苟不变其两面政策，则适与斡旋之力相抵消。谈毕，举行鸡尾酒会。八时半散。

八月廿九日（星期四）

上午写信。午后开编审会议及杂志社工作会议。

五时半到家，洗浴。天气仍大热，汗流不止。夜间未得好睡。

八月三十日（星期五）

仍作注文。今日热甚，几不可耐。

夜间，杨晦及季君到彬然处，招余共谈。杨晦系星期三初见，季君则新识。季君归自德国，云将任北大东方语文系主任。孟实则长西方语文系。如此分法，国内各大学尚未有也。谈一小时许而别。

夜间睡于地板上，较可安眠。

八月卅一日（星期六）

仍作国文注释。

午后二时，丐翁治丧委员会开结束之会。决定葬丐翁于白马湖。纪念金已得六百余万，推出九人为委员，主持管理与分发奖助金事宜。奖助金给与任教十年以上，卓著成绩之中学国文教员，此等教员如何选出，最为难题。

三时，至红棉酒家。文协开茶会，欢送冯玉祥、吴组缃等出国，并欢迎新到上海之会友若干人。到者逾百人，可谓盛会，余为主席。冯之赴美，系为考察水利，实则无可施展，聊排郁闷耳。发言者十余人，历时一点四十分，散会。仍返店。

六时,明社开月会。雪村讲台湾情况。八时散。

与墨乘三轮车,至海宁路口而大雨骤至,避入店中,约十余分钟。冒雨至弄口,于门楼下避雨。小墨、三官先到家,以雨伞出迎,遂奔至家。全身湿透。雨落一小时而止。得此大雨,夜气转凉为快。

九月

九月一日(星期日)

上午看报,看《还乡记》。

午后三时,偕彬然至玉佛寺,开弘一纪念常会筹备会。到居士和尚近十人,余为主席。决定以阴历九月十九开纪念会,并印弘一手迹一种,再版《永怀录》一千册。会毕,寺僧留吃面。到家已七时矣。

九月二日(星期一)

天气仍酷热。到店,看《哲学评论》校样。

午刻,同人宴晓先、索非于悦宾楼。晓先以昨日到,在九江以下曾遇船沉盗劫之祸。索非方归自台湾,我店之职已解除。三时散。

傍晚回家洗澡,流汗看《还乡记》。

九月三日(星期二)

竟日看《哲学评论》校样,全册毕。天气仍酷热。

九月四日(星期三)

作国文注释。今日天气稍凉,有风。晚,洗公来作长谈。

九月五日(星期四)

作国文注释。下午,开编审会议。

傍晚,洗公之侄与揭小姐订婚,雪村为证明人,余与伯祥被邀共饮,他则皆洗公之亲戚。饮甚久,十时散。

九月六日(星期五)

续作注释。上午开人事会议及经理室会议。

天气渐凉,唯午间较热。晴空一碧,了无云翳,夏秋雨量之少,似为特例。

九月七日（星期六）

续作注释。有客三四人来谈，颇费时间。傍晚到家，看《还乡记》。

九月八日（星期日）

上午看《还乡记》。晓先夫妇偕来，将往苏州省视坟墓。

十一时半，与洗公同至雪村所，到者又有达、予、伯、彬，即共谈饮。饭罢，洗公等"游王和"，余与伯祥闲谈。六时后，牌局完毕，再饮，共谈店事。九时散。

九月九日（星期一）

今日三午入怀恩幼稚园入学。与芷芬之子白龙同往。园在东宝兴路，来去尚不远。中午须送饭，往返又须陪伴，费事多矣。

今日天气又转热。在店中作复书数通，余时仍作注释。

梅林来，言明日中秋，文协举行聚餐会。

九月十日（星期二）

上午因事访王辛笛于金城银行，待之一点钟而不见来。返店续作注释。

十二时回家。今日丏翁之长孙弘宁与王洁小姐结婚，全家往贺，女佣阿琴亦随往，余乃留家伴母。校《哲学评论》二校，看《还乡记》。

六时，墨与三午先归。余乃乘电车至佛教净业社，参加文协晚会。其地甚佳，有假山小池，杂植花木，一堂甚大，可容十余桌。唯只能素餐，且不饮酒。饭毕，与会者百许人露坐堂前，开会。月不出，中秋而无月可赏。余为主席，略就素餐发挥。以下即游艺节目，无非哼哼唱唱。有人舞剑，较可观。十时散，与白尘乘三轮车而归。

到家与墨闲谈。月已出，灭灯，清辉满窗。

九月十一日（星期三）

看稿八九篇，写信数通。

程侃声（鹤西）来访，通信将近二十年，今始晤面。君近任教于武昌农学院，以农学为业，而嗜作新体诗。

五时后，乘二路公共汽车而归。此车新近改道，经四川路自南向北，适于我辈为便。

天气仍酷热,南风虽大,未足却暑。

九月十二日(星期四)

竟日作注释。午后,程侃声再来,告明日离沪矣。

傍晚,偕洗公至大利餐馆,贺张静庐之子鸿志结婚。到者多书业同人。六时行礼,洗公为证婚人。礼毕开宴,天热,汗流浃背,无心多饮。

章宅来报山公已到沪,因往章宅。多月不见,山公仍瘦甚。渠以昨日飞南京,今日乘火车来沪,闲谈至九时归。

九月十三日(星期五)

续作注释。第二册国文之注释完毕。

午刻,共饮于聚丰园,为山公洗尘,并款待晓先夫妇。

夜间得雨,唯为时不久。迄于午夜,又皓月当空矣。

九月十四日(星期六)

为人写篆字联一幅。开始作国文第三册之注释。

傍晚下雨,以汽车至仲华家,应其招饮。同往者洗、伯、雪村、雪山、予同。他客有吴觉农、柳小姐。仲华母夫人治馔款客,务求精美。诸人谈燕至欢畅,九时散。

九月十五日(星期日)

午刻菜中有蟹,因小饮。饭毕睡一时。

出至钱业公会,观抗战八年木刻展之预展。我店所印《抗战八年木刻选集》今日始装成,即送至会中。此集余为改稿,托人翻译英文,锡光主持交排交印,用心用力至一个月以上。今日一编入手,尚称可观,为之欣慰。

三时半,到店中参加明远同学会。明远同学会者,尝求学于杭州第一师范之同学之集合,执教者亦延揽。此校名称屡更,因取明远楼之“明远”二字名之。余任教不到一学期,亦被邀入。所谈为经子渊身后事,经之遗族困窘,共谋济助之。墙上挂经之遗作画幅若干,将来拟标卖之。

六时散,至夏家。今夕新亲上门,因会旧亲。聚宴至九时半而散。

九月十六日（星期一）

写信，看"中志"文稿。

下午，汪静之来访。战时渠随军校第四分校转徙广东、广西、贵州三省，今尚未获教席。

望道来，闲谈研究文法。渠历年来所探索，为研究中国文法宜何道是循。谓探路若不谬，他人继续研究可少走冤枉路。并世研究文法者，如了一之概念一派，光焘之形态一派，渠均不甚满意。渠主就功能与组织而为研究。

散工时，有一苏州人吕君来访，年六十有五，本业绸缎，而善研究小学。信从读书必先识字之说，以为今之学校所教，皆不足使学生真识字。取说文部首编为语句，便人记诵，又选定千余基本字，复欲编撰教本，通行于世。其心可佩，其识实不足取。余告以所见，渠不甚信也。谈一时有半而别。

到家已七时。母亲右耳患中耳炎，肿胀殊甚。为涂消治龙油膏。

九月十七日（星期二）

写信，看"少年"所用文稿。下午，续作注释。

九月十八日（星期三）

看稿，作注释。

雪峰来，谈文协出《中国作家》事，约于星期六多邀数友再谈。

天气骤凉，余竟日穿夹衣。到家，看完《还乡记》。哈代以小说自抒其人生见解，余以为堪玩味。

九月十九日（星期四）

续作注释。下午开编审会议。又开经理室会议，决定进用晓先，为编辑。又议调整同人薪给，大约将增加十分之三。六时散。

夜间，听三官谈渠读小说之所得。

九月二十日（星期五）

上午看"中志"文稿。下午，开始作一"中志"之卷头言，仅成数百字。环顾世界，内视国内，皆充满不祥之气，实亦无可言者。勉强执笔，其事殊苦矣。

九月廿一日（星期六）

续作昨文,至午刻而成,全文近二千言,题曰《现实与理想》,就爱因斯坦及华莱士之演说而为言。余以为二人皆正视现实而不忘理想者,余人则于大战方止一年后,已全忘作战当时之理想矣。

午后,昌群来谈。渠往北平一个月,开一目录,详列我国古物之在日本者,预备向日本交涉收回。余以为在目前,此事不如其已。若一一收回,或可毁于内战,亦可失于偷盗,不如仍存日本,则此物终在天壤间也。

马文珍来,云自昆明陆行到此,候船北上,仍服务于清华图书馆。

三时,偕彬然应周君之邀,至其寓所。到者六七十人,挤满两间。周君谈将满一年之谈判经过,而终于无成者,实由美国之政策所致。最后决裂与否,将于此数日内定之。语甚长,历两小时有余。

六时返店,与诸公同饮。饭毕,开业务会议,九时半始毕。

九月廿二日（星期日）

竟日未出,上午看报,午后睡三小时,傍晚看房龙《圣经的故事》。此书原系为少年写作者,而文笔甚有趣致,拟将其徐徐读完。

九月廿三日（星期一）

写信。续作注释。

下午四时,至新仙林餐馆,赴茶会。美国各州有若干团体,于本星期举行"美军退出中国周"。上海十余团体响应之,亦同时举行。余以文协代表资格参加。今日招待上海外国记者。到外国记者十数人。沈体兰为主席。继之数主人发言,外国记者亦有询问。谈话皆以英语,余约略能辨其意而已。六时半散。到家已八时矣。

九月廿四日（星期二）

子恺全家来店。子恺以陆路东下,于宝鸡、开封、汉口,皆有稽留。今后将在杭州卜居云。

午后,开经理室会议及人事会议。

回家时,我妹在。我妹记忆未真,以为今日为余生日（今日为阴历八月底）,

特携鸡及豚蹄来。傍晚,遂共餐。妹言冬官到北平入燕京,来信言未甚习惯,如有所失。红蕉将赴平看之。此子太柔弱孤僻,殊非所宜。

八时仲华来闲谈。言今日之局,可谓险恶之至。美苏对立益尖锐。美国右派抬头,军人趾高气扬,咸欲从速解决苏联。第三次大战虽未必今明即发,而趋势正向此一点,殆无疑义。美国于我国,务欲操纵控制,其意在以我为战事基地。诱导商谈于前,协助政府方面于后,无非欲排除大战时基地上可能发生之阻力。因此,人民生活改善,实现民主精神,皆成不易实现之梦想。共叹我辈不幸,变得在如此之世局中度其后半生。此后之困烦愁苦,殆将更甚于抗战期间耳。

九月廿五日(星期三)

上午续作注释。

午后三时,雪峰、巴金、振铎、胡风四位来,共商文协之杂志《中国作家》出版事。议定出两月刊,以明年一月出版。目前各出拉稿,务期有较具斤两之东西。四时半散。

放工后,洗公倡议吃蟹,十人共至言茂源。各吃蟹一只,一只价四千元。洗公与伯祥日内将往游嘉兴,约余,余不拟往。自觉近来于游览观玩,了无兴致。八时半归。

九月廿六日(星期四)

上午续作注释。开编审会议,图书委员会议,四杂志社联席会议。

午后三时,至青年会,为响应美军退出中国周,招待教育文化界。到三十余人,余为主席。谈对于此事之认识,及足以收效之具体办法,发言者甚多。沫若谓我辈不第要使美军回去,并须使美国之政策回头,回到罗斯福之路线。又谓此一工作或须继续一世纪。其言甚有深心。大战停止才一年,而世界各国联合协调之精神顿改旧观。所谓"一个世界"之理想,已为美国当局所遗弃。欲挽而回之,一世纪恐非夸张之辞也。六时半散。

飓风挟雨,晚景甚凄凉。乘电车而归。

九月廿七日(星期五)

竟日作注释。

上午雨甚大,下午放晴。放工时走出,路上积水处处,公共汽车电车一部分停驶。几年以来,浦江失浚,沟道失修,每逢急雨,即复如是。现在之工务局,办事效能不及租界时期之工部局,恐未必能整顿如旧也。

夜间,臧克家李长之来访。李系初见,谈半时许而去。李将往北平,任教于师大。

九月廿八日(星期六)

今日放晴,意为之舒。上午续作注释。

午刻,觉农来,因与洗、伯、予偕之同饮于永兴昌。酒罢,同往观抗战八年木刻展览。又往观张聿光国画展。张以六十四岁之老画师,而所作殊平常,线条与设色皆不足观。

返店已将四时。六时,明社开例会,修订社章。九时散。

九月廿九日(星期日)

上午看报,看《圣经的故事》。

饭后,与三官乘电车至南京路外滩,然后循南京路西行,闲观商店陈列品,而至于大光明影院。影片演北非沙漠中战争,尚可观。院中装有机关,纳费五百元,则得耳机一副,听之,则一女音以中语讲剧中情节及各人之对话。散出后,仍徐徐步行。于一小店中各吃酒酿一碗,然后归。如是无事闲荡,返沪后尚是初次。足力疲矣。酒罢即睡,颇沉酣。

九月三十日(星期一)

作些杂事。下午开经理室会议及人事会议,会后又有客数人来,遂无他事可为。

王翼云送来甪直烧酒一大瓶,归即饮之。续看《圣经的故事》。

十月

十月一日(星期二)

自今日起,夏令时间取消,全市时间改迟一点钟。我店定晨八时半上工,下午四时半放工。

今日客来甚多，几未作事。先为刘开渠，将留居上海，相机进行雕塑工作。继之梅林来，谈会事，及参加美军退出中国周检讨会事。继之吴维寚来。吴为小学时代之同学，久居银行界，今为中央银行厦门分行行长。继之黄任老来，于我店印其《苞桑集》，颇深知己之感；复欲以具散文交我店出版，答以会商后答复。继子窦老居士来，谈本月十三日弘一纪念会事。下午，钱经宇来，年六十四，而精神尚好。云将辞监察委员，休居养老。

到家，续看《圣经的故事》。

十月二日（星期三）

续作注释。

郭一岑自衡山来，多年不见矣，两鬓斑白，与余同。午刻，与伯、予、村、晓筋之于言茂源。酒罢，至雪村家闲谈。

三时，梅林以群来，谈会事。四时半放工，到家已将断黑矣。

十月三日（星期四）

未作何事，抄写雪村所集韩诗联语。韩诗硬挺，集为联语颇有别趣。

夜间，作二十周年纪念碑辞，将镂刻于铜牌，砌入四楼会议室之墙壁，下款则全店同人也。其辞曰："书林张一军，及今二十岁。欣兹初度辰，镂金联同辈。开明夙有风：思不出其位，朴实而无华，求进弗欲锐，唯愿文教敷，遑顾心力瘁。此风永发扬，厥绩宜炳蔚。以是交勉焉，各致功一篑。堂堂开明人，俯仰两无愧。"

十月四日（星期五）

晨早出，与小墨三官至天蟾舞台，参加李闻追悼会。

先是闻党政方面已有布置，令二三千人占据座位，操纵会场空气。入场而知果然。会时定九点，余入场才七点半，座席凡三层，已占去十之七八，据闻若辈皆以六点钟即到矣。挽联悼辞，悬挂几满。准时开会，行礼如仪。市长吴国桢为主席，就"民主"二字发挥，谓今日之会即是表现上海之民主，并言一切争持，皆须守法云云，语不及李闻，而鼓掌者之齐一与踊跃，足证预先布置之奏效。

演说者四人。首为潘公展，言民主，言美苏，而意实攻诋民主派，鼓掌亦如前。次为沫若，民主派大鼓掌以迎之，历时更久。沫若预拟一稿，朗声诵之，虽非前知,语足以抵潘。次为邓颖超女士,代表其夫周恩来诵一短稿,语颇激越,亦大鼓掌。末为罗隆基,就潘所言美苏而发挥之,其语精警扼要,足以折潘之气焰。谓我人所求之民主至简单,为人人能活,人人能成一个人。美苏之民主虽不同,而美苏之人民皆能活,能成一个人,我辈未足与美苏并论,此所以必需争取也。鼓掌亦甚沸。

在筹备此会之时,闻各方约定,不及政府杀李闻之一点,故郭邓罗皆不之及。在党政方面,借此得以开成一会,不闹乱子,自足心慰。而在民主派方面,容忍成事,得一宣传机会,亦未始非得计。追悼会原为普通之事,而关系曲折如此,亦有味也。十一时散会。

饭后,开明社干事会,余当选为本届监事,亦列席。复开编审会议,图书馆会议。继之魏建功来谈。魏在台湾推行国语,用力甚勤。其推行会中有读本一种,将由我店出版。

竟日未能坐定于座位上。放工后,与三官观电影于沪光,借以消磨时间。影片系据契诃夫小说改编,尚可观。散出后,至青年会,应陈鹤琴之招宴。陈主持一教师进修组织,将约人讲演,以故请客。九时散。

十月五日(星期六)

上午作杂事。

下午二时,梅林、乃超、以群及木协漫协诸君来,共商美军退出中国之宣传品之制作办法。结论出画册数种及通俗文字集数种。

夜间,吴觉农约吃蟹,坐中皆熟友。孙春台方来上海,亦在坐,九时散。

十月六日(星期日)

八时半出门,乘车到静安寺。今日各界公祭李闻二君,余代表文协,与木协、漫协、美术会同祭。十时后,各界之代表齐集,遂上祭。余读祭文,昨夕灯下匆匆拟就者也。祭毕即归。

饭后酣睡四小时,起来即饮酒,看《圣经的故事》。

十月七日(星期一)

晨七时出门,至幼稚师范。此校陈鹤琴为校长,颇创导活教育。八时,校中行纪念周,余作演讲,约一小时。十时到店。

傍晚,店中宴客,到钱经宇、孙春台、唐现之、颉刚、振铎、一岑、巴金、建功诸人。谈笑甚欢。酒后,各写字一张,以为纪念,春台则作画。九时半归。

十月八日(星期二)

写复信四五封。写篆字条幅一条,对联一副。

下午三时,至亚尔培路,出席响应美军退出中国运动十团体之座谈会。候至四时半始开会,通过章乃器所拟之《响应美军退出中国运动宣言》。此文甚得体,当可得美国人民之同情。六时半散会。乘车甚不易,辗转到家,已近八时矣。

今日小墨偕芷芬至无锡,为十一日我店全体同人游无锡之准备。十一时归来,谓已托人雇定船只,届日到无锡下车,即可乘船周游矣。

十月九日(星期三)

上午续作注释。午刻,芷芬买蟹,邀往永兴昌共食。

午后二时,各团体代表在我店集议,筹备于十九日纪念鲁迅十周年。共谓值此时局,大规模之群众大会殆不可能(可作会场之处所受社会局警察局统制,不能借到),只能举行茶会方式之会集而已。去年在重庆却能成大会,时势演变,后而弥坏,可为感慨。五时散会。

六时,至杏花楼,以文协名义宴刘开渠、萧乾。并为洪深慰劳,洪于闻李追悼会,甚为劳瘁。共集者沫若、雁冰、田汉、白尘、广平、伯赞、梅林、振铎、赵清阁。饮甚多,皆有醉意。九时归。

十月十日(星期四)

今日为国庆,实无可庆。和平谈判濒于破裂,内战之局扩及数省,国趋于殖民之地,民处于困绝之境,复何可庆者。唯我店以此日纪念二十周年,则不无欢慰之意。

十时后,同人全体及其家属,又有店之好友如马夷初、雁冰、仲华、子恺诸人,会集于金城大楼之餐厅,举行纪念仪式。洗、村、夷初、觉农、雁冰诸人相继演说,皆就开明之作风为言,颇不同于寻常颂祷。余代表同人致辞,以"有所爱,有所恶,有所为,有所不为"四语交勉。十一时半摄影,十二时聚餐,凡十余桌,饮甚欢。到者各携礼物,汇为"摸彩"之戏。余摸得玻璃球镇纸两事。饭后复共坐,为余兴,或唱或说,或为戏法。伯祥以扬州口音唱郑板桥道情一首,犹是三十年前之态,兴复不浅。四时始散。

返店稍休,至万寿山餐馆,贺章育之女儿结婚。至则男女两家尚未到,盖在他处结婚而来此宴客者,留一字条而出。至来喜饭店,参加余之介某女士订婚之宴。到者多教育界人,在五十人以外。诸客演说,皆就志同道合,同志恋爱为言,盖新娘亦教师,与余君同为陶行知之信徒也。语虽不错,然别无新意,坐而听之,甚觉其恋。因念每逢集会必有演说,愈多愈好,似皆乐此不疲。实则言者言不必言之语,听者听不必听之语,同为公式主义教条主义所束缚而不能自脱。如一反省,可笑复可怜。更思集会时听演说已觉其疲,而学生在校受教育,每日听类乎此类演说之讲授,安得不疲。少年青年之光阴,于此困疲中消磨,岂非大作孽之事乎。末了黄任老演说却出新意,谓今日盛会,何必言订婚,即日结婚,亦复甚佳。于是诸客和之,群相劝说,而新人有难色。客且出外找旅馆为洞房。后乃知某女士之母夫人不赞同此意,乃以希望从速结婚为下场。此亦趣事也。

九时散,与彬然乘三轮车而归。圆月当空,清辉明澈,苟不思人事,此景亦可欣。到家,墨与小墨方自万寿山宴毕归。

十月十一日(星期五)

晨四时即起。六时,偕墨及小墨、三官至北站。同人及家属渐集,遂登车。车系托振铎说项(其亲戚在车站为职员),包定一辆,挂于特别快车之后,虽不能人人有坐,而自由畅适多矣。车以七时开,开即唱明社社歌,借志欢快。于是大家谈笑,久不尝此乐。余自廿六年五月返苏,乘京沪车尚为第一次,颇有感慨,而莫可言述。

抵无锡将近十时,即登预雇之无锡大号游船,船以摩托船拖带,先至蠡园。园临一湖,结构颇平常。余于此等处皆不感兴趣,随众一望而已。园中有一钢干矗立,高约等四人之高。有人揉升,余亦一试,至小半而力不能上。此为余幼年所优为,今腕臂之力不济矣。复登船,直放鼋头渚。登小阜,至万方楼,进午餐。余与洗公、村公、伯祥等同席,饮酒甚多,同游者十席,余辈独后散。饭罢已三时,遂回城。停泊一次,游某名胜,余未上岸。靠城已入暮,会餐于聚丰园。菜甚佳,而腹中方饱,不觉其美。食毕至车站,仍登原定之车。

车于八时后开,九时后抵苏。余与墨下车,雇人力车入城。离此城九年余矣,街巷重经,似无变更。至铁瓶巷,圣南候于门前,遂登楼。知硕丈方自黄埭来城,以卧榻让余,故宿于仲靖澜家。共话一时许,乃就睡。

十月十二日(星期六)

硕丈以七时来。矍铄犹昔,精神仍甚年青,颇知光明方面之情况。老翁如此,大足兴奋。共进面点于某馆。

余与墨往青石弄视家屋。房屋尚不甚破败,租居之人家略加修饰,屋内尚不坏。唯庭中则乱草不除,颇见荒芜。树木皆已长大,海棠、梅树、杏树、石榴、枫树、柳树皆在,唯广玉兰一株不见,殊为可惜。

坐半时许,驱车出葑门,至安乐园,拜铮子内姑母之墓,依然完好,大慰。

返铁瓶巷,圣南请我们吃蟹,硕丈略谈别后情形。

四时,偕墨出城,买得二等票,乘五点二十九分特别快车。车中殊拥挤,不得坐,只得站立。车不误点,以七点半到沪,即乘三轮车而归。到家饮酒,吃饭。

今日国民党攻下张家口,下令召集于下月十二开国民大会。日来各方面拉拢,和平团结之僵局似可打开,共党以不进攻张家口为参加谈判之条件,而今若此,似全国分裂之局不可免矣。

十月十三日(星期日)

上午九时,到玉佛寺,参加弘一大师纪念会。与会者各携大师墨宝,张挂于一室。小墨陪夏师母携大师赠丐翁之写件二十种来,为出品甚多之一员。张挂毕,琳琅满壁,无一不精,如是展览会,实不多觏。寺中以所藏佛教史地方面之书志,及各种画幅石刻,另辟一室陈列,借以弘法。参观者渐渐来,以预在报纸刊消息,爱慕大师者故来赴。

十一时,明远同学会同人集体行礼,明远诸人固皆大师之同事与学生也。午刻,同学会同人素斋聚餐。

午后一时半开纪念会,余为主席。商定以后进行方针,其原则为刊行遗墨,扩充纪念图书馆,建造纪念塔,明年需编一纪念年刊诸项。五时,收去展览各件,散会。

窦老居士邀至其家一叙,同往者夏师母、祖璋、稣典、王君。窦居士全家吃素,特备精美之素斋饷客。至八时半散归。

今日颉刚以新生女孩满月请客。余未能往,墨独往。到家时,墨先归来矣。墨以连日疲劳,又略饮酒,午夜胃疾复发,至于呕吐。

十月十四日(星期一)

到店写复信,续作注释。

耿济之来店,为别已十余年矣,近方自东北归来。

午后三时,开鲁迅纪念会筹备会。往社会局登记,已获准行。然批文未拿到,会场未借到,问题尚多。讨论具体进行办法,决定多项,六时始散。

回家吃蟹,蟹颇小,且不结实。

今日丁易来访。

国民党攻下张家口,宣布召开国大之后,共党尚无所表示。一般论调均以为分裂之局已成,此后将为长期之争战。和平不可致,建国徒成话头,国家地位益低落,人民生活益困顿,前面似唯有一团黑耳。

十月十五日(星期二)

上午看"中志"文稿。

下午,黎劭西来。魏建功继至。共谈国语统一问题方面之话。后参加人事会议,下半日时间即此消磨。

归后饮酒。连日忙迫,得此消闲,颇觉安适。

十月十六日(星期三)

改"中志"文篇。

刘岘来访,系初见,通信则甚多矣。渠自河南来,言各城市往往搜捕清醒分子,或明或暗,或拘或杀。万方同概,思之怆恨。

午后,开经理室会议,重要事项为补充明年春季教本。今年教本营业颇不恶,其他书籍则甚平常。我店以二十周年名义,自十四日起廉价二日。乘此机会,重印若干旧书,余之《十三经索引》再版亦于今日装成。我店向不廉价,三日以来,每日门市售书之值为一百五十万至二百万,大家深感兴奋。

四时,与诸同人至大新公司,观子恺画展。皆余所前见,一望而已。售门票,每日观者约五百人。售出画幅亦不少。子恺之名甚震,到处受一般人欢迎,他人所不及也。至大鸿楼,应濮文彬君之招宴。客皆我店同人,凡三席。谈笑无禁,八时而散。

十月十七日(星期四)

看"中志"及"少年"文字。

王向辰(老向)、钟灵秀二君来,商谈印行通俗读物事。王在编译馆,主持通俗读物之编撰,历年以来已得千种,少数经印出,而未尝推销。钟为教育部社会教育司之科长,责在推行此种书刊。谈一时许,答以容我店细商后答复。

沈嗣庄君来访,授余以中华工商专科学校之聘书,沈盖此校之校长。此事前由杨卫玉君来谈起,已答应,担任国文一班,每周三小时。事务益多,只能尽力为之而已。

午后,丁易来谈。开编审会议,于收印通俗读物,原则上接受,但尚须细商。会毕即届放工之时。

夜间看《圣经的故事》。

十月十八日(星期五)

写复信八九通。所积来信尚多,殊未易清理。

下午刘岘来,以所作木刻河南旱灾连续图相示。刘向作极工细,用木之横断面刻画,今作改变作风,悉用粗犷之刀法。然未见其能与工细之笔并美也。

晚报出版,知中共对蒋主席之八项时事意见有所声明,大意为一切依照政协决议,则彼党可以恢复和谈。而蒋之八项意见,固若已忘有政协会议之事者。昨日政府派邵力子、吴铁城、雷震来沪,邀请各党人士赴京共赓会谈,而共党之态度如是,且正直无可非议,其陷于僵局必矣。此局一僵,即将引致长期之内战,思之心伤。

艾寒松来,告以《民主》周刊为当局压迫,将出《终刊号》。同其命运者有《文萃》与共党之《群众》。警局强令不许出版,且使贩卖头脑具结,如犯禁即受拘禁之罚。横逆之来,殆将有加而无已,去年此际,以为我国当渐入坦途,真梦想矣。回家看报,意殊颓唐。

十月十九日(星期六)

看稿,写信,校国文注释。

饭后,驱车至辣斐戏院,会场由木协漫协诸君布置,中悬巨大之鲁翁画像,旁悬鲁翁语录多则,简单朴素而庄严。到会者已涌至,迄于二时,坐位尽满,站立者亦无隙地。由邵力子先生主席,先唱颂歌,邵先生继为演说。次白杨女士诵许广平之《十年祭》。次余之演说,仍如去年,就鲁翁爱用之“相濡以沫”一语而为发挥。次沫若、雁冰演说。次沈衡山、周恩来演说。周之语悲壮而沉着,得掌声最多。殿以许广平之演说。健吾朗诵鲁翁之《聪明人傻子与奴才》,沈扬、耿震等朗诵其《过客》。于是映鲁翁葬礼之新闻片。

今日之会秩序甚好,听众满堂,肃静无哗,诸友均大为满意。初意此会未必能顺利举行,而居然得此成绩,深足慰矣。

到家已六时。疲甚,酌酒而为休息。看晚报,知和谈成否决于此数日以内。邵沈周等未及散会即退席,即往商谈大局也。

十月二十日(星期日)

上午七时半,至劳动协会,昨日借定此会之大车,运诸友往虹桥路万国公墓。八时开车,一路接人,到墓地已九点过。先至者已一二百人,皆男女青年。此公墓前颇多树木,今殊见零落。上海各公墓,经过战时,大抵如此。鲁翁之墓以昨日种下柏树十二株,高不过四尺,期其葳蔚,当须十年二十年。

十时,群众集五六百人,围墓地成环形。扫墓礼开始,先唱纪念歌,余献花,行礼,默哀。于是致辞,先沫若,次沈衡山,次及余,皆呼鲁迅先生以告之。余谓“此是先生之坟墓。当下葬时,棺上覆一大旗,曰‘民族之魂’。先生虽死亡,民族之魂不会死亡。试听方才所唱的歌,‘一个人倒下,千万人站起来。’”余之后为雁冰、曹靖华、胡风、洪深、田汉、雪峰、广平,殿以纪念歌之重唱,礼遂毕。

休息有顷,乘人力车至工商专科学校,是校以今日行开学礼。到时江问渔方作演说,次之为杨卫玉,次之为沈嗣庄校长,然后散会,已十二时三刻。于是聚餐。餐毕开校务会议。教国文者,余以外,为江问老及苏君。三人略谈取教材之方针。以意度之,见解未必能尽同,用相同之教材,各行其法而已。明晚余即有课,选文未具,只能以空讲开场。

会散,候电车归家,到家已五时。今日疲矣。

报载周恩来与第三方面人士以明日飞京,进行商谈。此给与一般人一丝松散之感。谓将先商停战,战事停后,再正式商谈各项问题。然国共双方所持意见相距甚远,能否接近,实未可知也。

十月廿一日(星期一)

写信,看稿。

至雪村家,共商对于法院检察官之复文。战时上海各书店被敌伪压迫,组织联合出版公司,担任印售伪教科书。检察官来函询问此事,函中列举各店负责人姓名,雪村之名亦在内。此事可大可小,自宜郑重答复。爰就雪村所拟原稿,加以删削移动,重行写定。下午,洗公持与商务中华各家共商,务期各家复文语调态度一致。

晚报来,知周恩来与第三方面人士以今日上午飞京,准备商谈。而到京以后两小时,蒋氏即飞往台湾,与夏间避往庐山之事,如出一辙。虽报上无明文,而其无诚意求和平,已可灼见。此次商谈未必有成,于此已可预知矣。

五时,挤汽车不得上,乘人力车至迈尔西爱路,于小餐馆食粽子二枚,然后至工商专科学校,时方六点。六点半上课,未有选文,只能空说,谈学习国文之话。学生四十余人,多为职业青年,以神色观之,彼辈颇能领会余之所说。上课每节四十五分,连讲三节,历一百三十五分,甚感吃力。乘两节汽车,等候许久,到家已十时矣。

吴大琨将以明日动身赴美,今日来店叙别,适余往雪村家,未之遇,留言嘱余写字赠之。因书篆字一张,文曰:"送君无别语,传告美国人,中国自有体,绝非菲律宾。"云将于夜间来我家取之,而竟未来。

十月廿二日（星期二）

看稿,写信。

乔峰屡促作文,写《相濡以沫》一短篇付之。缘见二十日报载余之说辞,皆记述有误,不得要领,遂为此文。放工后即回家。

晚报载和谈之门尚难打开,各方事先协商,尚无成果。以意度之,恐终不能有成果耳。

三午发水痘,面部最多,身上亦有之,发热,至三十九度半。此子近来多病痛,颇见瘦弱。

十月廿三日（星期三）

写信数封。作"中志"卷头言一篇,千余言,题为《生活教育》,此是陶行知先生所号召也。顺便可以移用于即将举行之陶先生追悼会纪念刊中。

下午三时,开人事会议。最近招考练习生,取定十人,令于下月来店。复决定进用数人。现在合总分店计之,同人总数在二百左右矣。

到家,看《圣经的故事》,酒罢即睡。

十月廿四日（星期四）

看"少年"所刊文字。下午,续作注释,开编审会议。

南京和谈,仍无进展。本以停战为主要目标,而日来所谈者为停止双方之宣传战,犹未能有结论也。

今日为余之生日,家中略添小菜,邀弘宁王洁两夫妇来共餐。吃蟹,各进两只。八时而散。

十月廿五日（星期五）

竟日作注释。

向锦江君自苏州来访。向系投稿者,近日来信托谋事。而彬然有友人在太湖办私立中学,欲聘教师,因函向君来沪一谈。印象颇不坏,望而知为热诚之青年教师。彬然即去信太湖,为之介绍云。

晚归后,续看《圣经的故事》。霜降节（昨日）前后,身体疲乏,背部腰部俱感不舒。早睡。

十月廿六日（星期六）

陆联棠自广州飞来，与总店接洽。前在桂林相遇，犹是三十一年之事。桂林撤退时，联棠辗转各地，所受辛苦最多，而身体反转康健。

竟日作注释。晚六时，开业务会议。所谈为账务方面之事。账务颇有积压，山公所定规章繁细而难行，各店多有不遵守者。尚待改从简要明快，庶可清理。

十月廿七日（星期日）

八时，偕彬然出门，至震旦大学，参加陶行知先生追悼会。大礼堂坐满立满，十之六七为青年人。九时半开会，演说之人甚众。有一山海工学团之农民，叙述陶先生创设工学团，帮助农民之种种情形，语自然而朴质，大受听众欢迎。有一育才女学生述陶先生办理育才之精神，声泪俱下，座中多有饮泣者。此外沫若、沈衡山、俞庆棠等之演说，皆有见地。散会已十二点半。

步行至我妹家。母亲由小墨陪侍，乘三轮车到来，将小住数日。依前数月之情形，母亲手足木强，行动不便，余私心自思，恐其很难到我妹家。今乃渐见好转，在家可以扶桌抚壁而行动，今日居然下楼走半条弄堂上车，到霞飞坊后，先在伯祥家小坐，上第一楼梯，又小坐片刻，复上第二楼梯，而仅须搀扶，动作仍由自动，实为大可心慰之事。

今日红蕉之老太太逝世十年忌，余到时方在设祭。祭毕共进午餐，小饮。红蕉治美亚事，甚繁忙，方自汉口归来，下月七日又将飞北平。

膳毕，至伯祥室中，看报，闲谈。东北国民党军又进占安东，予斡旋和平者以又一重大障碍。国民党之无诚意求致和平，实为路人皆知之事实矣。

四时后，偕伯祥同到店中，为酒会。到十九人，凡两席，轰饮甚久，九时始散。

十月廿八日（星期一）

上午改"少年"所用文字。下午续作注释。

傍晚至我妹家，省母。即小酌，进面一碗。

六时半，在工商专校上课，所读为孔文举论盛孝章书。九时半回家。

十月廿九日（星期二）

晨作注释。

十时,至雪村家。因甫琴、联棠二人在沪,总店诸人与之非正式晤谈,就现有各地分店加以全盘之考虑。现有分店凡十五处,人位与作风往往有不甚适当处。徐徐商讨,历午至下午三时,始散。

张仕章来谈,颇欲于基督教团体中养成文艺人才,其用心甚深。

夜间,于锡光家公请甫琴联棠。吃蟹,谈店事,甚有趣致。

十月三十日(星期三)

沈同衡君相约,于今日至其家乡罗店,参观其兄同文所主持之私立罗溪中学。八时半雇汽车出发,同行者同衡彬然而外,有《大公报》、《文汇报》、新闻通讯社之记者各一人。

罗店属宝山县,地与嘉定毗连,距上海约五十华里。自江湾入沪太路,一路田野,居市集久,颇觉神爽。而战争之迹犹可见,破屋残壕,往往皆是。经大场飞机场,两度受守军检查。

车行一时有余,到达。此校为初级中学,有学生四班(一年级两班),凡二百余人。多农村子弟,余则镇上商人子弟,观其外貌,知颇朴厚天真。余与彬然皆为学生讲话,十一时半毕。于是宴饮,沈校长款待甚丰。

饭后,导观全镇。罗店本为大镇,但一二八、八一三两役,敌人皆于此抄袭,拉锯战争持颇久,故房屋损失达十之九,今所见者多系新修。现有纺纱厂一所,面粉厂一所,皆入观之。又观孤儿院,孤儿三十余人。三时,仍乘汽车返沪。来回颠簸,亦颇疲劳。

入夜,饮黄酒。酒系洗公大批购来,分与同人者的是绍兴货,余得五坛。昨夕开坛,以后将每夕饮之。

十月卅一日(星期四)

今日为蒋氏之六十寿辰,各报一片祝寿声,有用"万寿无疆"之语者。前此数日,见章行严撰一寿序,全以蒋拟帝王。又见戴季陶所作《天下归顺歌》,举古圣贤所标德义之目悉数归之。士之无耻,有如是者。

今日作国文第三册注释毕,即以付排。饭后,开编审会议,杂志社联席会议,图书委员会议,人事会议。于人事会议中,决定改变门市部之风气,务使各店友充满服务精神,于读者多所帮助。因请欧阳文彬小姐主持门市部,而调汉华与三官佐之。

到家,乘店中所购之汽车。系一旧汽车,可坐十人,价七百余万,修理二百余万。以后出入,可以不必挤坐电车或公共汽车,然未能人人享用也。

十一月

十一月一日(星期五)

治杂事。

梅林来谈,商量资助各地文协分会之数目,拟就说明,请各位理事表示赞同否。

午后一时,为新进店之练习生作就业指导。洗、村、伯、予、芷芬、士敫及余均致辞。此次考取练习生十人,五男五女,今日到店者七人。

续开人事委员会,于各部分人位略有调动。

傍晚六时,同人往徐家汇参观联华制片厂,去者五十余人,由联华以大卡车来迎,孟君谋导观各部。厂中布一街道之景,宛如路旁建筑,尚未竣事。入一摄内景之棚,棚中布西式房间,楼下楼上之景各一。时工作人员方晚餐,君谋邀同人即在楼上之景内合摄一影。强烈之电灯齐放,颇觉炎热,光亦刺目。君谋为我们备晚餐。食后,观拍影片。镜头即为剧中诸人在楼上室内会集,有四人方打麻将。练习再四,然后开拍,同时录音。此片名《八千里路云和月》,史东山所编导。观拍摄一镜头毕,同人齐集膳堂,请郑君里为谈制片过程。谈约四十分钟,同人辞出。仍由大卡车送至中正路河南路口,余乘公共汽车而归。到家已十时矣。

十一月二日(星期六)

积信已多,今日作复信多通。看《国文月刊》投稿两篇。

中午,陈建功来店,同人与之饮于永兴昌。陈为国内算学名家,向在浙大任教,今兼中央研究所事。

傍晚到家,腰背酸痛甚,小卧。起来饮酒,旋即就睡。

十一月三日（星期日）

看报。《圣经的故事》已看完，今日开始看尤利巴基之《牺牲者》。据三官言，此书颇可观。

十一时，乘复旦校车至复旦，应萧乾、靳以二位之邀。至萧乾寓所，系日本式小洋房，紧凑而舒适。观其所藏英木刻家集子，工细之极，刀法圆熟，大为赏叹。客陆续至，有雁冰、洪深、健吾、巴金、家璧、辛笛、之琳、宗融、望道诸位。午后一时，会食于餐馆，两席。听洪深谈洪帮历史与组织。洪深研究此事甚深，一般人所不甚注意也，即帮中人亦未必了然。

席散，复旦学生拉作座谈会，会于大会堂。实则并非座谈，系单人演说。余与雁冰、健吾各随便说辞，然后散。到家已五时半。

夜间，在彬然家聚饮。彬然之子又新与山公之女相爱，今日请洗公、达公为媒，商谈联婚。大约可成事实。笑饮至九时而散。

十一月四日（星期一）

看"中志"文数篇。下午三时半，至我妹家省母。

五时，到工商专校，以开校务会议，故早往。实则并未开，仅聚餐一次，于席间略谈教务而已。饭后，上课三节，讲《魏文帝与吴质书》。同事苏渊雷君归南京，雇汽车到车站，余附乘而归。

十一月五日（星期二）

看"中志"与"国志"所用文字数篇，写复信数通。入夜开董事会，在店内聚餐，议定于本年内开股东会。八时归。

谈判尚无开始之眉目，第三方面人士无能施为。而十一日、十二日国民大会之开会期将到，政府屡言决不改期，他党均表示遵守政协决议，现在未能参加。此僵局不知如何打开也。

十一月六日（星期三）

续作国文第四册之注释，竟日未能终一篇。

上午，梅林来谈老舍事。老舍到美后，美国通讯社曾发简短消息，谓老舍曾在某一会中发言，美国应保持原子弹秘密，以与苏联折冲云云。上海友人见此，颇不满于老舍,沫若、雁冰、田汉皆尝为文论及此事。其文传至美国,老舍大恚。大约通讯社之消息系有意或无意之误传,而沪友不察,遽加指摘,而执笔者均为支持文协之老友,尤伤其心。最近老舍致书与余及振铎、梅林,请辞文协理事,并退还前年文协支助之药费,于发言事并未直接提明,唯言到美后未公开演说。此事欲求弥补,转落痕迹,唯有俟老舍归来时当面一谈,庶几前嫌尽除耳。

傍晚饮酒时,三官偕一陈姓青年来,苏州人,系今春与遇于苏北者。酒后,芷芬来谈店务,甚快。

十一月七日(星期四)

工商专校嘱选定学生所读文篇,供排印。今日专为此事,写定目录后尚须示江问渔、苏渊雷二人观之。

午后开编审会议,《夏氏字典》由振甫作稿,即将完成,议定由雪村、振甫与余三人重看一过,然后发排。

傍晚,诸人至唐坚吾所,饮酒吃蟹。座间谈鬼之有无,佛法西方净土之真幻,甚有味。终乃及于字典、文法。九时归。

近日报载中美签订商约,我国只待立法院通过。此约表面上甚平等,而国力差异,实际上大不平等。根据此约,我国门户洞开,美国经济势力无远弗届。《大公报》曾有评论,结语谓“以江宁条约为始的不平等条约,曾支配一百年的半殖民地命运,无疑问的,以这个中美商约始的平等条约,又将支配中国今后百年之命运”。言外颇含悲愤。唯有今日之买办政府,始与美国订如此条约。诚宜发动广大运动,反对此有关百年命运之举措。并昭示于世界,此等大事非经真正代表民意之议会批准,不生效力。然民众无组织,无力量,政府仍由一党操持,真正代表民意之议会无从产生,现在实际上亦只能任国民党作恶,俟将来加以改正耳。

十一月八日(星期五)

写定工商校选文目录,送与沈嗣庄。看“中志”文稿若干篇。续作注释。

闻振铎患伤寒,为之焦虑。其夫人不甚能照料病人,其母年老,尚须操作家务,骤生重病,恐难获好好之将护。

晚归即饮酒,饮已即睡。

美国重行改选议员,共和党获全胜。一般看法,均以为共和党较民主党为顽固,此后世界局势益将恶化。苏联之评论以为美之共和党与民主党已为一丘之貉,无甚差别。余尝思之,罗斯福确有襟抱,当其生时,以美国之实力,颇有导世界入于自由平等之可能。无如罗氏死在最不适当之时会,而美之其他政治家,无罗之识力与气魄,徒然为资本家与军人之尾巴。以故一年以来,罗之遗风余烈全被扫除,美国完全化为帝国主义之魁首矣。世界欲入于自由平等之境,恐须在又一次大变动之后耳。

十一月九日(星期六)

报载蒋氏下令停止冲突,意谓所有军事冲突皆迫而出此,今国民大会将开,期望继续和平商谈。此举甚狡狯,示政府并不欲招致分裂。然于其破坏政协决议,仍未能挽回。盖依照政协决议,内战固不必有,国民大会亦不应由国民党之政府召开也。

到店,续作注释。午后,与同人往探振铎之病。病不严重,但振铎不耐静养,恐复原较迟。

晚归,看《牺牲者》。今夕墨住霞飞坊。

十一月十日(星期日)

晨八时半离家,到霞飞坊晤墨,与偕访元善夫妇。元善于政府之措置,认为原形悉现,诚伪分明,亦是佳事。余以为就我国言,本可循和平之途径而致民主,今则以执政党太恶劣,恐已不可能。就世界言,本可一改旧观,循和平途径而臻集体安全,今则以美国执政之违反罗氏意旨,恐亦不可能矣。晤元善之子女。子在高桥,管理一储油库。女在劳动协会,办理托儿事务。

饭后,至我妹处省母。六时到家。今夕墨仍住霞飞坊。

十一月十一日(星期一)

上午作注释。

午刻,驰车至工商专校,与江问渔、苏渊雷二君议定国文选目,即付排印,而余任校对之役。依余之主张,印时不分段,不加句读,令学生自用功夫。即在校中午饭。

二时半返店,续作注释。散工后,至我妹家,进夜饭。于是至工商专校上课。连讲三时。又兼日间往返,疲劳特甚,小脑系统感不舒。一夜未得安眠。

十一月十二日(星期二)

今日以中山诞辰放假。国民党违反政协决议召开之国民大会,本定以今日开幕,而报纸送来,首条载延期三天之讯。其所以延期,谓感于社会贤达之恳请,提名报到有所不及,故作此决定。此自是分化第三方面人士之举,报纸谓第三方面人士又遇严重之考验矣。沫若发表声明,不承认为国大代表,殊为得体。

早餐后,看《牺牲者》。十一时,雁冰夫妇来,谓游历苏联,两星期内即当动身。十二时,往孔另境家,墨亦往,应其招宴。他客有洪深夫妇。吃蟹,谈甚适。

二时半,偕彬然至玉佛寺,出席弘一纪念会常务理事会。讨论不得要领,实以事无中心,大家又未能专心为此之故。此会本以丐翁为中心,今会众欲继丐翁之志,不能不勉维。然实力不足,恐难集事也。讨论至六时散,驱车到家,饮罢即睡。

十一月十三日(星期三)

上午写复信若干通。午后三时,开经理室会议。

梅林来,谈会务。

龙文自福州归,今日来店,因邀之同归小叙,吃蟹。请芷芬、惠民同叙。福州较贫苦,书价与他物比,见其甚高,故龙文谓营业难见振起。龙文拟返白马湖,将丐翁骨灰下葬,封以水泥,与地面平,然后徐谋立碑刻石。碑文由马夷初先生执笔,已完成。

九时,访白尘于其寓所,未遇。

十一月十四日(星期四)

上午作注释。

梅林来,开发资助各地文协分会之款项。

午后,开明社干事会,商定本月常会之办法。开编审会议。

傍晚,同人应章守宪之邀,会餐于鸿运来。杂谈美学、哲学、宗教方面之问题,甚为畅快。通常座谈会不能得此也。八时散。

晚报载明日决定开国民大会,共党与民盟不参加,青年党与其他各党大致要参加。从此,所谓政协决议已被绞杀,和平商谈亦成历史名词。此次国大之责在于制宪,而其基础先已不稳固,所制之宪法未必能令人满意,自可推知。国民党号为还政于民,实则欲借此延长其统治耳。极不高明之统治,加之以不息之内战,外国经济之压迫,中国人殆将百岁无安乐之望矣。

十一月十五日(星期五)

洗公往南京,转往开封视察,以今晨归来。余到店后续作注释。

报载国民大会今日开会,以吴稚晖为临时主席。此老侪于倡优畜之之列,可鄙也。

傍晚到家即饮酒。酒后访白尘,仍未遇。早睡。

十一月十六日(星期六)

续作注释。午后,开董事会,决定于下月八日开临时股东会。

三时,偕予同、彬然至大西洋,赴《文汇报》召集之座谈会,题目为《改革中等教育》。谈次,各人皆言就实际情况而论,改革诚无从谈起。吾人所称当如何如何,无非痴人说梦而已。

五时散,至金门饭店,应大地书屋之招宴。此大地系由大同改组,由雁冰主编一文艺丛书,而并列余与沫若、洪深、振铎之名。书已出两种。宴中,主人蒋寿同君致辞,兼为雁冰饯行。沫若、雁冰、洪深与余皆作答。摄影而散。

十一月十七日(星期日)

报载周恩来发表谈话,声明不承认现开之国大。渠以和谈已终止,不日将返延安云云。此公商谈十年,迄今仍一无结果。

十时,偕洗公与墨乘车迎村公伯祥,共往吊郑亦秀小姐之父之丧。十一时返店。

午刻为雁冰作饯,他客唯一耿济之。二时半散,回家。续看《牺牲者》,入睡。醒已夜,即独饮。

十一月十八日(星期一)

上午,来访者数人,因而未曾作事。下午,看"少年"所用稿。写复信。

四时半,至我妹家省母,即留晚餐。饮酒,食炖鲫鱼。六时二十分,到工商专校上课。回来就睡,又一夜不得安眠。

十一月十九日(星期二)

又有客人来,未能伏案。

下午,开经理室会议,决定一原则,明年起将版税支付办法改变,以一次付清,不再按售出数计算。按我国版税办法,始于商务印书馆,商务定为售出结算,各家皆仿行之。其实此制规仿欧美,欧美固皆一次付清也。照我国以往办法,出版家固可不必早付出一笔钱,然结算之麻烦,亦足以抵过其便宜处。今后改变,实为出版界可纪念之事。复开人事会议,至放工时始毕。

到家即饮酒,早睡。夜间二时,墨胃病复发,痛楚甚重,服止痛药两片,徐徐入睡。

十一月二十日(星期三)

墨在家休息。余到店后看杂志文稿,写信。午后三时,开董事会,为下月八日开股东会之准备。

雪峰来,谈《中国作家》集稿事。此志为文协之会刊,须比较像样,文字均在水平以上。然值此时会,文友皆心绪不宁,何能有像样之文字耶。

四时半,"中志"社举行座谈会,以《中学生与政治》为话题。发出邀请函十三封,到者仅孙起孟、沈体兰、沈亦珍、张季龙、陈青士、曹孚六人,又有吴耀宗以文字表示意见。诸人发言均甚有兴致,然仍为浮面之词,深切处不便谈。唯我国处此局面之下,乃有此问题也。时逾七点,始毕会,便餐而散。会谈纪录将刊于明年一月份之"中志"。

到家疲甚,小脑系统不舒。

十一月廿一日(星期四)

看文稿。下午开始作一卷头言,身体疲劳,精神因而委顿,下笔殊不顺利。开编审会议。

散工后仍留店中。六时半,朱季华律师来,洗公就询关于股东会之事,遂共餐。八时半归。

彬然与墨为祖璋作媒,说起者系夏师母之内侄女,与祖璋谈数次,殆将成就也。

十一月廿二日(星期五)

续作卷头言毕,凡千言,题曰《名与实》,发挥甚不畅。续作注释。

傍晚,应米星如之邀,至吕宋路洪长顺小饮,吃涮羊肉。他客皆米在神州电讯社之同事。

十一月廿三日(星期六)

上午仅作些杂事。

午刻,同人应关实之、徐行之二君之邀,餐于杏花楼。关为大同大学教授,与徐共经营一玻璃厂,制造化学仪器。至二时半散。

杨承芳来,同人与之讨论《英文月刊》改良事。龙文来,言不日将回白马湖,为丏翁营葬云。

五时后,偕调孚至青年会,应中苏文协之邀,参观苏联保卫三大城之照片展览。六时半,中苏文协开餐会,为雁冰作饯,到者五六十人。食毕演说,由戈宝权任翻译。戈君由中语译俄语,由俄语译中语,均甚便捷,行所无事,至可佩。九时半到家。

十一月廿四日(星期日)

上午睡半日。

午后,至清华同学会,文协及其他团体欢送雁冰,到百余人。三时半开始,诸人说话,五时半散。

七时,至浦东大楼,为中华第四职校同学演讲,谈写作。九时归,疲惫之甚。

今日母亲归来,小墨、满子二人往迎。母亲坐汽车未觉其不舒,为慰。

十一月廿五日(星期一)

看文稿及《哲学评论》校样。

傍晚,至苏联总领事馆,应总领事哈林之招,为雁冰作饯。到者二十余人,进俄国菜,频频干杯,直至十一时始归。大惫。

十一月廿六日（星期二）

到店忘携眼镜，看与写俱不方便，几乎未作何事。午后，开经理室会议，讨论改革版税之支付办法。

到家即饮酒。酒后，彬然来，谈版税事，以为宜注意作者之反应。早睡，半夜因背痛而醒。

十一月廿七日（星期三）

为版税支付事，与诸君商谈，主张于下届经理室会议时复议。看《哲学评论》校样。

汽车损坏，乘三轮车而归。即饮酒，早睡。

十一月廿八日（星期四）

仅治杂事。午前访米星如于神州电讯社，为谈我店服务情形，盖米亦股东也。午后开编审会议及杂志社联席会议。准时回家。

日来国民大会开正式会议，提出宪草讨论。据云宪草依政协原则，然改变之处甚多。且国民大会本身即有问题，自难为全国所共守。内战仍进行，共党言国军包围延安，而山西、苏北等处，国军亦受包围。

十一月廿九日（星期五）

看稿，作杂事。下午，作"少年"之卷头言，心思不属，未成篇。

天气太冷，冬意已深。到家即饮酒。王亚南小姐明日结婚，新房即在我居之楼下，同人参观其布置，时闻欢笑。

夜间醒来，作一诗，寿朱德六十岁，录之。"止戈为武古之训，乃役于人耶墨心。六十生涯龚革命，敢缘公义祝长春。"此实打油诗之流。

前夕在苏联领事馆宴饮，席间黎照寰君首作一诗，沫若、田汉、衡山、颜惠庆与余皆和之，亦为打油之类。余之一首补录之："今宵不惜醉千杯，语各相投襟抱开。为送雁冰致一语，幸凭慧识发天才。"

十一月三十日（星期六）

上午有人来访，未作何事。

午刻偕彬然至思南路，为朱德祝寿。到者六七十人，多熟友。酒用烟台带来之陈白兰地,易于上口,而其力甚强,又兼诸人互相干杯,余乃大醉。醉时自己失去统制,一时悲从中来,出声而哭,所语为何,不自省记。乘车返店中,众人扶上楼,又发言哭泣。小墨为购安神药一颗服之,始入睡,睡于冼公办事室中。

六时,明社开大会,为王亚南小姐与周君结婚致贺。此婚仪甚别致,明社居于家长地位,全体同人皆证婚人,婚书止一纸,由社长与总干事署名,如毕业凭证。众人欢叙,余乃偃卧如死。及会散,墨乃唤醒余,余神志仍未清。到家,在亚南小姐新房中一转,即上楼而睡。

十二月

十二月一日(星期日)

晨起似已复原,但穿着进食后,仍觉异常恍惚。本约九点半为中小学教师进修会演讲,只得作罢,令小墨驰往道歉。午刻,颉刚为其子之婚补宴;下午三时,陈景歧之子结婚,亦皆不能去。

卧而看报,知本市昨日出了大事。市当局取缔摊贩,拘捕甚众。摊贩家属要求释放,遂酿成暴动。警察放枪,受伤多人而外,闻有致死者。此又一"五卅惨案"也。群众捣毁大公司大店铺,各店都关门,电车汽车停驶。今日外出者归来,云全市几乎罢市,群众仍有集会,警察戒备,如临战阵。报纸论调均责备市政当局之操切,一致表同情于摊贩。摊贩所争,盖生存而已。夜间听吴市长广播,言摊贩可于空地上设摊。唯又言昨之暴动与摊贩无关,乃系暴徒措使,欲以捣乱秩序,取得政权。此又是一派诬陷之辞矣。于警察放枪,则又抵赖。此等官僚,毫无为民服务之意,令人气极。

偃卧竟日,宿醉渐消,至于夜间,若无其事矣。仍饮黄酒两杯。

十二月二日(星期一)

到店只作杂事。午后买棉鞋一双,三万二。李桦来,携所作水墨画,选其数幅作"中志"之封面画。开人事会议。

傍晚到工商专校,先进面点。授课不甚有劲。苏渊雷君以所作《东归诗历》见贻,粘之于此。

十二月三日（星期二）

急成"少年"所用之卷头言，题曰《写人物》，殊不惬意。续作注释。此事搁置已多日，续为之殊不顺利。下午三时，开经理室会议，谈改革支付版税办法，仍未结束。

到家后，雁冰来小坐，言明日行李上船，后日启程北行矣。

十二月四日（星期三）

续作注释。下午，续开经理室会议。于支付版税事有所决定，但结算积压之账，须费工力甚多。

傍晚，因顾惠民与田野女士新婚，同人为之聚餐欢贺。凡五席，饮笑甚畅。与雪村、予同共谈，皆谓宗教于老年人有用。老年人虽有子孙，而孤寂之感难免。若信宗教，则足以移情，俾有所寄。雪村、予同谓若愿信教，当舍佛而耶。余则为吟旧句"教宗堪慕信难起"云。

十二月五日（星期四）

今日改用大客车接送永丰坊同人。西南区同人则用自己之旅行车接送。于是同人出入皆由店中料理，不需自挤电车公共汽车矣。大客车每日迎送一次，价五万元。

到店后，与洗公、彬然、调孚至海关码头送雁冰夫妇。到者有三四十人。以驳船载往苏联船斯摩尔尼号，船在外白渡桥北。登船，观其房间，休于其客厅，摄影于甲板。苏联人来者不少。船上有女水手，殆为他国船只所无。至十二时，催送行者离船，遂与雁冰夫妇握手而别。

返店，食面包为午餐。二时开编审会议。散工后，为练习生上国文课。此短期进修班以三个月为期，国文每周一小时，计十三小时耳。

到家即饮酒，九时睡。

十二月六日（星期五）

明年"中志"拟载国文选读，今日开始作稿。取欧阳修《伶官传序》讲之。下笔甚慢，竟日仅得五六百言耳。

放工后乘大客车归，车以五时开。

十二月七日(星期六)

续作昨文,进行仍不爽利。

午刻,同人宴吴研因、魏冰心于鸿运楼。研因现任教部国民教育司司长,冰心则其部属也。

夜间,为明日开股东会,同人先与有关诸人一谈,共为聚餐。然到者仅章守宪、何五良二位耳。

江湾一军械机关失慎爆炸,自下午三四时起即闻隆隆之声,如临战阵,迄于深夜犹未已。初甚惊恐,后探问报馆始知之。

十二月八日(星期日)

报载江湾昨日所毁炮弹殆二万发。此等炮弹用于内战,受害者皆老百姓,不如付之一炬之为愈也。

十时到店,名为筹备股东会,而余实无事可为,乃续作昨文。晴日一楼,静无声息,颇为快适。

午后二时开股东会,邵先生为主席。通过修改章程,增资一万万元两要案。讨论无多,三时半即散会。

傍晚,饮酒,食红烧鸡与肉塞鲫鱼。看蔼理思之《性心理学》,潘光旦所译也。

十二月九日(星期一)

续作昨文,兴致较浓。午后三时开人事会议。店中事务渐上轨道,而头绪繁多,各部皆感人手不够。添用既难,调动亦费斟酌。

五时,至霞飞路,我妹家晚餐尚未备,即在伯祥处进餐,饮红玫瑰烧两杯,甘香可口。到工商专校上课,讲《孔乙己》。

日来寒气甚厉,但余穿大衣,并棉衣三袭,殊不觉冷。夜归时明月满街,气清而肃,此景亦难得。

十二月十日(星期二)

续作昨文,他未有作。下午三时开经理室会议。到家已昏暗矣。

十二月十一日（星期三）

竟日续作昨文。连作五六日，亦厌倦矣，而仍未终篇。夜间酒后，又续写一纸。明日殆可完成矣。

十二月十二日（星期四）

续作昨文，午前完篇。此篇连写七日，计八千余字，笔性之慢可见矣。午后，看"中志"刊用之文字若干篇，开编审会议。放工后，为进修班上课，讲《孔乙己》。

乘电车回家，街上车辆拥挤，计行四十分钟，视步行为慢。上海人口益多，车辆亦益多，交通困难，殊成问题。我店幸而以大客车接送，否则晨晚出入，视为畏途矣。

昨日，小外甥女阿秋忽然病作，昏厥，脉几停，吐血水。急延医诊视，谓是中毒现象，不知所中何毒。舁往医院，注射盐水，幸而复有呼吸。医生谓须经二十四小时方能脱险。此儿身体不好，近患颈腺结核，星期一余往，渠方发热。此次罹险，或系另一医生开药不当，或药量太重之故。

十二月十三日（星期五）

看"中志"所用文字。下午，校国文第三册校样。

天下雨，气候转湿。余又浑身不舒，肌肉酸痛，精神委顿。酒后早睡。

外甥女阿秋已脱离危险期，唯调养至于恢复健康，恐须甚久，费用亦不赀耳。

十二月十四日（星期六）

看"中志"文字，写少数复信。来信积已多，殊无尽复之暇，奈何。

十二月十五日（星期日）

上午作"中志"卷头言一篇，又是新年希望之类的话。

午后至幼稚师范，为市校同人福利会联欢会作演讲。略谈语文教学。予同继之，谈孔子为革命教育家，其特点为否定自己之阶级，甚动人听。到家已五时半矣。

十二月十六日（星期一）

上午又作"中志"卷头言一篇。作成诗一首，刊于四种杂志之首，为新年贺年之卡片。诗系与《春耕》木刻画同刊，即题画诗也。

午后五时，与伯祥同归其家。我妹尚在医院中看护阿秋，余即在伯祥家晚餐，饮酒四大杯。到工商专校，上课三小时，疲甚。

十二月十七日（星期二）

校"中志"校样。

午后，与墨至愚园路医院中，视外甥女阿秋之病。病已无甚危险，唯失血甚多，须调养。或将输血，以血球检验之结果为断。我妹住院看护，夜间不惯，不能安眠，辛劳殊甚。

返店，开经理室会议。

十二月十八日（星期三）

作杂事，他无所为。

傍晚，龙文来我家，谈祖璋之婚期定于本月月杪。臧克家来，谈一时许而去。

十二月十九日（星期四）

竟日写复信，共写二十封。只能如打电报然，简约言之耳。傍晚，上进修班之课一小时。

到家即饮酒。祖璋来谈，其婚期决定于明年元旦日。

十二月二十日（星期五）

续作注释。此事久搁矣。竟日未能毕一篇。

到家饮酒，祖璋来谈筹备婚事。

十二月廿一日（星期六）

续作注释。

午刻，至卡德路广和居，应马夷初、沙千里、胡厥文、陈汉生、许广平之招宴。此会之主旨在欢迎民盟主席张表方，及最近到沪之鲜特生、范朴斋、周鲸文数人。凡三席。席间罗努生报告南京近闻，谓国大行将闭幕，此后一两月间，国共或可恢复商谈。章伯钧亦方从南京来,报告军界确息,国民党方面最近在苏北损失七旅,就整局看,军事上有种种困难。

三时半散,余仍返店。到家后祀先,今日为冬至夜也。

十二月廿二日(星期日)

十时到店,开人事会议,商量年终人员进退及加薪事。

十二时为酒会。到者凡三席,饮甚多,振铎、洗翁、子敦、坚吾皆醉。光烝与余长谈,谓年事已长,颇思以所知于语文者贡诸社会。谓有兴编字典。余与雪村皆鼓励之。

五时归。满子生日,吃面,日间余饮已多,仅饮一杯而已。

十二月廿三日(星期一)

续作注释,看"少年"刊用之文字。

夜间开业务会议,余以上课,不能出席。先至我妹家晚餐。我妹以昨日携阿秋自医院返。阿秋病已愈,唯每日下午尚有热度,须调理。

六时到工商校,晤沈校长。余表示身体不胜,任课以一学期为止。沈譬说种种,无结果而退。年来余每往学校任课,初时恒思勉力,试之一二月,即以成效不睹,讲说多劳,萌生退意。今复然矣。上课两小时半,疲甚,又竟夜不得安眠。

十二月廿四日(星期二)

看"少年"刊用文稿,续作注释。下午三时,开经理室会议。放工即归,饮酒,早睡。

十二月廿五日(星期三)

续作注释。午刻,洗公倡议在店中小饮,为村公被日军拘捕后释出之纪念。此事在三十二年,今三周年矣。同被拘捕之丐翁已作古,为之怅然。

夜间,臧克家来谈,余嘱其为"中志"作稿。

十二月廿六日(星期四)

报载昨日有航机三架,在上海失事,死伤甚众,原因在雾气太重,不能降落。重庆之雾经常重,而飞机不至失事,何也。

国民大会已闭幕,宪草已议定。此原是国家大事,而以基础之不稳固,操纵者之别有用心，人皆以玩戏视之。此项宪法之不足为法，盖昭昭也。

今日作"少年"之卷头言一篇，取"大地藏无尽，勤劳资有生，念哉斯意厚，努力事春耕"一诗释之，为新年勖勉之辞。全篇一千七八百言。午后开编审会议。

赵君俪生自西安来，初次见面。其人出身清华，任中学教师，好文艺，人极朴质爽利，不失北方人本色。谈半小时而去。

傍晚，上进修班之课，讲《陇岗阡表》。到家即饮酒。今日以作文，又为讲说，夜间睡不安。

十二月廿七日（星期五）

上午写信，下午续作注释。夜间，看法国人所作《人之子》，耶稣传也。首章为楔子，曰《耶路撒冷》，叙犹太民族当时之情形，甚为生动，文笔极美。末一章《耶稣受难》，注重耶稣当时之心理。中间之章尚未看。

十二月廿八日（星期六）

竟日作注释，天气甚寒。

十二月廿九日（星期日）

上午与墨逛旧货摊，购日本磁器数件。看赵俪生之《中条山之梦》，叙抗战初年事，可以过去，但并不出色。

饭后，小睡有顷，出至青年会，筹组织中国语文学会。到者雪村、予同、望道、靳以、宗融、在春、光焘、绍虞、志行、文祺。推出筹备员五人，下星期再集会。雪村邀至其家饮酒，望道、宗融、光焘、靳以偕往。饮啖谈论俱适。

八时至清华同学会，参加文协辞岁晚会。到者甚众，挤满一堂，以青年男女为多。由胡风主持，讨论一年来之文艺工作，余至十时先归。诸人谈兴犹未衰也。

十二月三十日（星期一）

北平美军强奸一女学生，报载今日北平各学校将罢课游行。政府又将致力于防范，而忘其体统，竟不出而交涉。最卑鄙之谣言有女子非清白人家人，又言此系共党通同美军所为之苦肉计。人之无良，一至于此，岂止痛恨而已乎！

今日余精神不好，全身发冷，未作何事。工商学校之课请假。振铎邀同人至其家为辞岁小宴,余亦未往。到家饮罢即睡。

十二月卅一日(星期二)

竟日作注释。身体仍不舒。

傍晚,全店同人及家属聚餐于一家春,为辞岁之会。凡十五席,热闹云甚。去年岁除,我等在东归途中,上海宴会止有三席。时越一年,而扩大至五倍,亦可欣也。餐毕,小教联戏剧组应邀为演话剧。剧名《荠头店》,皆女角,尚可观。戏毕到家,已十点过矣。

一九四七年

一月

一月一日(星期三)

今日起放假三日,算是功令,名义为庆祝宪法完成。实则此次宪法,一般民众固未措意,有识之士多不予承认。

十二时,至郭沫若家,应其招宴,至则始知渠与于立群结婚之第十年纪念。宾客甚众,在八十人以上。饮谈歌唱,三时半始散。

今日市中有学生游行,为抗议美军强奸女生事。

四时至店中,诸友皆来,贺祖璋之结婚。六时,行礼于一家春,雪村证婚,洗公为祖璋方面之主婚人,余与彬然为介绍人。礼毕开宴,男女两家宾客凡十三席,亦云热闹。八时散。余与墨为点花烛于新房中。今日复大愈。

一月二日(星期四)

起来之后,仍复卧休,看《人之子》。

午后三时,与三官出外看电影。片名《莎乐美》,系一舞女袭是名,非《旧约》中之莎乐美也。片系彩色,舞艺甚可观,足资消遣。归后饮酒,早睡。

一月三日(星期五)

洗公邀至其家午饮,座有武康县长张君,正中书局董君,及雪村、李仲樵两位。饮罢,余回家熟睡。

夜间,墨胃病大发,终于呕吐,三时许方得入睡。

一月四日(星期六)

竟日作注释。昨夜少睡,精神委顿。

张纯嘉打猎,得野鸭一头,付厨房煮之,饷我辈耽饮者,因于午刻小酌。傍晚,为进修班补上一课。

归家乘人力车。警察见其未提小灯,喝止之。车夫未闻。警察即掴其颊甚重,谓何以不听话。余见而心愤然,然亦无从发泄也。

到家饮酒。看罢小说《断桥》,早睡。

一月五日(星期日)

上午看报纸。北平美军暴行事,各地学生界非常愤慨,作游行,表抗议,令美军退出中国。而行政院长宋子文则令各地当局设法制止,谓将损害中美邦交。此一论调,抗战以前对于日本亦尝见之。当时民众感情痛恨日本,政府亦以此辞横施压抑。今则易日本而为美国矣。唯当时日本对于政府施加压力,民众或犹谅政府之无可奈何。今日美国貌似和善,而政府惧之不遑,益见其奴性十足矣。

红蕉偕其两女来。今日为先父九十九岁冥诞,午刻设祭。祭毕与红蕉对饮。

二时半到店中,开语文学会筹备会。到者雪村、予同、光焘、望道。望道拟一缘起,雪村拟章程,并商定邀约入会诸友之名单。闲谈至五时散。

到家即饮酒,早睡。

一月六日(星期一)

作注释,看"中志"文稿。三时后开人事会议。

放工后至我妹家,进晚膳。外甥女阿秋一病经月,热度从今日退净,除所费不赀外,我妹之劳瘁亦甚矣。

到工商专校上课,讲美成词五首。亦只是敷衍,于同学无多益处也。天雨,乘三轮而归。车底积水,不之觉,棉鞋湿透。

一月七日(星期二)

看"中志"文稿,校"少年"校样。下午三时,开经理室会议。

晚报来,载马歇尔明日返美矣。马来我国一年有余,意在调解国共纷争,而今一无所成,此后殆不将复来。

祖璋宴其连襟王陈二位夫妇,邀夏师母及洗、雪、彬与余同饮。八时散。

一月八日(星期三)

看"少年"所用文稿。改望道所拟中国语文学会缘起。

健吾新作剧本《和平颂》,系一讽刺剧,旨在反内战,有阳世与冥世之分。最近将上演,健吾坚嘱作文,因题一绝赠之。"人生苦难关冥世,讽刺流传见政情。谁识健吾酸楚意,和平颂里悼苍生。"

傍晚至雪村家,为九九消寒之酒会,今方交三九也。九时归。

一月九日(星期四)

美国发表命马歇尔为国务卿,继贝尔纳斯之任。

上午作注释。下午开明社干事会及编审会议。梅林来谈。溢如来访,邀我星期日至其寓小叙。为进修班上课。

高祖文邀至马上侯饮酒,伯、予、芷芬、晓先、振铎同往。八时散。

一月十日(星期五)

看"少年"所用之文稿。

似将伤风,身体又感不舒。放工后即回家饮酒。已四天不在家中晚餐矣。

三官以元日起,不复到店服务,正式辞职。渠在家读英文,看小说,进学校恐无适当机会。如是久之,未必有好处,盖势将趋于松懈之一途也。

一月十一日(星期六)

作一随笔,付"中志"。竟日伏案,完篇,凡二千余言。

夜间昌群来。渠将兼任中国文化服务社事,编辑《读书通讯》。大学教师所入不够生活,尤须兼职也。然无可兼者苦矣。

一月十二日(星期日)

晨至启明义务学校,为其学生随便谈说,约一小时。学生为初中程度。

归家午饭。饭后偕墨至夏师母家闲坐。龙文将于后日赴福州。朱文权夫妇及祖璋亦来,共为闲谈。既而至我妹家,坐两小时许。遂至溢如家,应其招宴。

其子惠元开商店,颇为顺利,故有欢叙亲朋之兴。十时散,乘汽车而归。

一月十三日(星期一)

看"中志"及"少年"之文稿。

平伯来信,欣感交集,即作一书复之。

感冒甚重,周身不舒。工商校课只得请假。本周考毕,学期即结束。下学期不拟去上课矣。放工后即归家,饮毕早睡。

一月十四日(星期二)

看"中志"及"少年"文字,作"中志"卷头言一篇。下午开经理室会议。准时归。酒后,芷芬山公来,闲谈店事。

一月十五日(星期三)

改文,作注释。下午开董事会,决定于二月间开临时股东会议,缘增股已招足,须改选董监事。

夜间,颉刚来谈,云将摆脱学校教课,专心在家工作。渠约定族中将办一中学,以其夫人主之。办事精神可佩。共至绍虞所小坐,遂别。

一月十六日(星期四)

续作注释。写复信。下午开编审会议。放工后上进修班之课。

天雨,乘人力车归家。酒罢闲坐至九时睡。

一月十七日(星期五)

续作注释。

午刻,同人宴陈此生及李君于聚丰园。陈君曾于三十一年在桂林相见。李君系初见,为军人中之老辈,追随中山先生,今则赋闲,与陈此生同为民主人士,今自香港来沪,盖为参加民主同盟之大会也。二时散。

傍晚,驱车至濮文彬家,为消寒之会。中餐酒食俱饱,未能多进。

振铎携来一样本,为美国之发明品。将书页缩至一张骨牌大小,肉眼观之,不得辨其字划。一张纸上印数十页,一部大书亦不过数十张纸耳。一个图书馆之所藏,亦不过一架而已。特制一机器,有放大镜,以书页就机器观之,则放大如原书。此机器售美金二百数十元。此事若能大量推广,则印书业必将完全改观矣。振铎怂恿我店向美国购得此机器之专利权,印行大批典籍。然资力必甚大,恐为我店所不逮也。

八时散。汽车一路送人,我与洗公、芷芬最后下车,计坐车中一小时。

一月十八日(星期六)

校对,续作注释。

午后与墨及小墨外出,墨购买雨衣一件,皮鞋一双。

一月十九日(星期日)

看报,政府发动和平攻势,拟派张治中赴延安,接洽重开和谈,征求共方同意。今已见共方答复,谓前提两点未经考虑,张治中虽来,亦无济于事。所谓两点,即取消国大所订之宪法与恢复去年一月间双方军事之态势也。

十一时后,与彬然至万寿山餐馆,应翦伯赞之招宴。客二十余人,多历史学者,伯赞拟出一历史杂志也。二时半散。

到家即入睡。疲劳甚,醒来时亦不即起。夜间,彬然为其子又新将结婚,宴媒人主婚人等。谈饮至九时而散。

一月二十日(星期一)

写信,续作注释。

下午四时,偕小墨观电影《居里夫人》,群传此传记片之白眉,因往观。买黑票入座,每票四千五百元。片较长,放映二小时而不觉其长。纯以镭之发见为中心,无多枝节。语皆简短,而至得要。余甚感满意。七时到家。

一月廿一日(星期二)

竟日作注释。

今日为除夕,入夜祀先。仰之来,兼邀必陶,共吃年夜饭。三官饮于家,又往亚南小姐处饮。醉,大吐。晨六时,渠偕弘宁、王洁乘火车到杭,转往白马湖。弘宁、王洁宁其母也。

一月廿二日(星期三)

晨以七时半起,甚迟矣。同里诸同事皆互相拜年,未能免俗。余无此兴,客来则随分而已。

平伯寄来一长诗,为抗战期间所作,不欲发表,仅以示旧友。雨窗无事,录之,下午抄毕。此诗计三千七百字,文意在可晓不可晓之间。傍晚早饮酒,七时半就睡。

一月廿三日(星期四)

今日仍放假,昨今两日名曰春节假,阴历新年,不能不顺人情也。

晨以八时起身,视昨日更晚。看臧克家交来小说投"中志"者,客陆续来,至夜始终篇。

午后调孚来,谈八年间沪居详况。继之红蕉来,何代枋、汪刃锋来,元善夫妇来,梅林来。入夜,与小墨共饮。

一月廿四日(星期五)

到店,同事少其小半。或返乡里,或会亲友,年节固如是也。续作注释竟日。

夜间,伯祥、晓先、芷芬、又新在我家小叙,谈饮甚欢。八时半散。

一月廿五日(星期六)

续作注释。午后飘雪,不甚大。

一月廿六日(星期日)

晨起,见屋瓦上落有积雪。

九时偕墨出门,先至元善之母夫人处拜年,坐一时许。继至元善处,坐亦一小时许。遂到我妹家吃中饭,饮酒少许。外甥女阿秋已痊愈,仍衰弱不堪。三时至夏师母家,守宪亦在,闲谈。

四时半,共乘汽车到悦宾楼,贺傅又新、章士贤之婚。五时一刻行礼,余为证婚人,秩序颇佳,全场肃静。开宴凡十八席,可称热闹。七时半散。到家后,往新房中一观,与雪山、彬然闲谈,然后睡。

一月廿七日(星期一)

写复信,看"少年"文稿。

午后,至文协会所,讨论举行普希金一百十周年纪念会事。系文协与中苏文协主办,会期为下月十日。五时散,乘无轨电车回家。

一月廿八日（星期二）

上午有人以电话来催促，嘱往参加"一二八"十五年纪念会，已说不去而电话再来，遂往八仙桥青年会。大会堂人集已满，绝无隙地，皆男女青年。此时人心沉闷，得此一题目借以发泄，故热闹如是。九时半开会，演说者皆指斥政府，抨击美国，痛快淋漓。至午后一时半始毕。余坐听"疲劳演说"，腰背俱酸矣。

返店，写复信数通。傍晚，连襟张贡三、妻妹竹筠偕来，云将往福州住家，贡三任事于福建盐务局也。遂邀至我家小叙。贡三与彬然、祖璋为杭州一师同学，因邀二君同饮。九时散。

一月廿九日（星期三）

续作注释。午后，开经理室会议，于各分店经理，决定有少数调动。按时归家，饮酒如常。

一月三十日（星期四）

续作注释。下午开编审会议及杂志社联席会议。为进修班上课一小时，然后归。

美国声明退出调处。至此和谈之门已闭，国共纷争，纯将决于战场矣。

一月卅一日（星期五）

校对国文本排样，作《国文月刊》当代文选评之评语。五时半，偕墨回访钱卓英于商学院。钱系元善之妹婿。谈半小时而归。

二月

二月一日（星期六）

作"纪念论文集"序，未完成。放工后，开业务会议，六时半散，归家。

硕丈自苏州来，谈至十时。

二月二日（星期日）

上午仍有人来拜年。我妹全家来，留餐。彬然、雪山办会亲酒，余亦被邀。

饭后与硕丈、伯祥、小墨、三午游虹口公园，树木萧索，仅球场有人踢球，无甚兴味。遂至城隍庙，游人拥挤，亦无聊。吃茶于得意楼，观新建之李平书铜像，五时半归。小饮,谈至九时睡。

二月三日(星期一)

今日上下午俱飘雪。明日立春矣。上午看"少年"刊用之文稿。

午刻,雪村邀硕丈至其家午饭,洗公、伯祥与余偕往,小饮。返店,店中请硕丈书一匾额曰"衍福楼",悬于会议室。又书一对联曰:"开来而继往,明道不计功",嵌"开明"二字,而口气阔大甚矣。

下午,开始编国文第五册。

放工后,昌群来谈。渠之看法,谓当政者非垮不可。邀其至雪村家,同人本须为子如作饯,因拉昌群共饮。子如调任杭州分店经理,即日动身矣。

八时半散,乘汽车而归。雪甚不小。

二月四日(星期二)

续作注释。下午开人事会议及经理室会议。

傍晚,为消寒会于洗公所,常员以外,加入硕丈、昌群、山公、祖璋等。饮甚迟,饮量颇多,而均不醉。

二月五日(星期三)

竟日作注释。

二孙儿日来患病,微有热度,不快乐(此儿经常快乐),明日当延杜克明医生诊治。

日来物价大涨,黄金至五十万,米至十万,纸至八万。其首因当为内战不已。而最近发行之大额钞票(五千、一万元),亦极具刺激力也。

二月六日(星期四)

续作注释。午后开编审会议。放工后为练习生上课,讲唐诗三首,遂归。

今日请杜克明为二孙儿诊病,断为扁桃腺肿胀,为之放心。

硕丈已于昨日下午返苏。

二月七日(星期五)

校国文三四册校样。续作注释。

黄金涨至五十四万,白报纸至十万以外。经济崩溃之期殆已不远。届时社会纷乱,生活艰困,将达何种情形,实莫能想象。

夜六时,至湖帆家,应其招宴。湖帆出黄山谷草书长卷,龙蛇飞舞,字不能尽识,共辨认之。跋语甚多,皆明清大书家手笔,均可玩赏。进餐时肴馔至精,饮啖甚适。到家已十一时矣。

二月八日(星期六)

续作注释。下午开始作一文,刊"中志",谈国文精读。

物价齐涨,如中狂疾。我店书价亦不得不涨。观其趋势,以后恐将每周改价,乃至每日改价,此何可维持乎!

前致平伯书,告以余读其诗,不甚了了。承渠寄来跋语数首,谓或有助于理解。灯下无事,录之。

二月九日(星期日)

上午续抄平伯之跋语。孔另境来,言大地书店不能支持,行将收场。洗公、芷芬来,谈店事。

午后二时独出门,至光陆观电影,片名《圣玛利亚之钟》,平平。

看晚报,知今日上午百货业同人开会,提倡爱用国货,抵制美货。会尚未开,而特务分子多人涌至,动手乱打,伤者甚众,有一人(梁仁达)致死。吴市长则谓此事提及抵制美货,显有政治作用。其语之荒谬,实为绝伦。

夜间酒后,彬然、芷芬来,亦谈店事。

二月十日(星期一)

续作谈精读之文字。

范寿康、张同光自台湾来,午刻共饮于雪村家。共谓台湾风物宜人,应结伴往游。余果有此意,然国事动荡已甚,民不堪苦,复何心出游乎。

夜间酒后,看"少年"所用文字。

二月十一日(星期二)

续作昨文,时时起立,不能顺利。下午开人事会议及经理室会议。经济大变动,货物售出,易为钞票,实大吃亏,共商如何勉保实力,无切实可行之办法也。

夜报来,金价涨至九十余万,米涨至十五六万,且无米可买,纸价涨至十六七万。十年以来,市场之变动,激刺人心之利害,无如今日者。

夜间酒后,臧克家来谈。

二月十二日(星期三)

续作昨文。中午,与洗村诸公同寿康餐于聚昌馆,小饮。

二时,至暨南大学,应其学生之招,作演说。题为《文学系同学研究之标的》,说得不畅。

三时半返店,与诸君为董事预备会议,商讨修改公司章程事。

夜报载金价渐回跌,政府讨论平抑经济狂潮,未有具体办法发表。

夜间酒后,续作文,得一纸。

二月十三日(星期四)

续作昨文,毕,全篇七千余言。看"中志"所用之投稿。放工后,为练习生上课,谈写字,以清楚整齐为言。

至达君家,为消寒会。达君买到泸州大曲一瓶,颇好,余与洗公分饮之,他人皆饮绍酒。谈话甚适,不觉时间之长,两人竟尽一瓶。乘汽车到家尚清楚,扶头而睡,便昏沉矣。

二月十四日(星期五)

醒来犹有醉意,起身不得,仍蒙被而卧。胃不舒,中午食面,仅半碗,夜间亦未进食。多数时间均入睡。昨日太贪酒,意颇悔之。

二月十五日(星期六)

今日已复原。到店,写各处复信。

吴大琨到美国,介绍华盛顿大学麦博士来访。欲托我店买书,经常发生关系。

傍晚回家后,不饮酒。以后不拟每餐饮酒,兴至则饮,戒酒亦不必。

二月十六日(星期日)

天甚寒。上午九时,偕三官至泸光,观电影。片名《民主世界》,系述一受纳粹教育之美国少年返美,表现种种不良行为,卒为美国精神所感化。故事牵强,无甚意思。

食面于五芳斋。到店,二时半开临时股东会,修改章程,改选董监。邵力子来为主席,谈次,及国共拟重谈,由渠发动,共方无回音。余托其向内政部催问《中国作家》登记事。

五时半,雪山之子士佼与宋宇结婚,即就股东会之会场集宾客。礼毕,酒宴,中菜西吃。余与方光焘对坐。渠于余前日在暨大所讲话颇有评论,并言余写文太客观,少同情。谈约一时许。九时到家。

二月十七日(星期一)

经济风潮澎湃多日,政府筹拟对策甚久,今日始见发布。大要为禁止黄金自由买卖,不许外币流通,将美钞之汇率提高至一万二千元。其他详细办法,余亦不愿措意,实亦不明其影响究如何。直觉的印象,则物价必将由美钞之汇率提高而大涨也。

到店,作"中志"卷头言一篇。报载上海教育界发动"抢救失足青年运动",所谓"失足青年",系指盲从反动派,参加反民主之行动者。余之一文响应之。

午后看稿,校清样。开人事会议,经理室会议。昨日投票之结果,余仍当选董事,得票最多。依昨日修改之章程,今后董事之任期为三年矣。

天甚寒,回家仍小饮,进二杯,不敢多也。

二月十八日(星期二)

写复信,看杂志刊用稿。天气仍寒甚,坐在店中四层楼,两腿冰冷。到晚仍饮两杯。

二月十九日(星期三)

看杂志文稿。写信。

被打死之梁仁达本定今日出殡。而吴市长昨日招治丧委员会负责人谈话,谓据闻将有五万人游行,而工会方面则有十万人亦拟游行(实即党方之一,亦即吴市长方面之人),难保不出事,因令不要出殡。马夷初、沈衡山、章伯钧三位则以后援会之负责人被邀。论辩达两小时。自市长之眼光观之,治丧会后援会皆捣乱分子也。而自我辈观之,凡在政府方面者,皆丧心病狂,与众为敌者也。

夜报来,载北平大捕所谓"不稳分子",至一千二百人。白色恐怖将复燃矣。

五时半,开第十届第一次董事会,推邵力子为董事长,雪村为常务董事,聘任洗公为总经理,余与山公为协理,达君、芷芬、伯祥、予同为襄理。修订董事会章程。会后聚餐,至九时散。

余中寒,夜间发烧,至晨而退。

二月二十日(星期四)

晨起较晏,墨劝余休卧一日,余以在家无聊,仍附车到店。续作注释。下午开编审会议,并与雪村、振甫等讨论国语辞典之编例。放工后,为练习生上课,以报纸所载一不通之文为材料,指其谬误。

六时到家。白尘来,少坐即去。

二月廿一日(星期五)

续作注释。校对"中志"排样。

午后与墨至国货公司购物。收坟粮人朱姓来,询以我家坟墓情形,言十年来依然如故,无甚损坏。俟天气暖和,当往一视。

二月廿二日(星期六)

上午作杂事。下午,写一短文,应《文艺春秋》之征求。

入夜,举行消寒会于芷芬家。汉华治肴甚多,乃母佐之。九时散。

二月廿三日(星期日)

上午,穆木天来访。

午刻,山公家宴子恺,邀余共饮。余家则宴郑缤小姐及清华诸姊妹,欢笑盈室。酒阑客散,余睡一觉,阳光和煦,颇感春气矣。

六时,至中华第一补习学校,随便说话。九时归,食面一碗。

二月廿四日(星期一)

写复信,阅杂志文稿。

傍晚,开明社大会,欢迎新社员二十余人,皆近一二月间进店者。各作自我介绍,或详或略。会时小餐,冷盆,面包,人食牛肉汤一碗。七时半散。

二月廿五日(星期二)

修改国文第五六册所用教材。下午三时,开人事会议及经理室会议。我店全店(连分店)同人薪给及膳食等项,据最近计算,每月需一亿四千万元,其数之巨,至可惊人。

二月廿六日(星期三)

继续修改教材,并改"少年"所用稿。午后出外剪发,光头三千五百元矣。

赵家璧来,赠我渠所出版之老舍之《四世同堂》第一二两部,凡四册。并言前拟出抗战期间新文学大系,仍将进行,余允编散文之部分,不可作罢。余姑允之,然实无此时间与心绪也。

到家,木匠为余家楼梯上作一门,已完工。诸家聚居,后门洞开,夜间则患窃贼自灶房破壁而入。有此一门,较为谨慎。

二月廿七日(星期四)

仍改教材与杂志文稿。下午,开编审会议,杂志社联席会议。庞薰琴来,谈半小时而去。

放工后为练习生上一课。遂至雪村家聚饮,寿康与李季谷明日将返台湾,亦作饯之意。

八时半到家。伤风甚剧,喉头不舒。

二月廿八日(星期五)

写复信,看杂志文字,续改国文教材。

伤风甚剧,头昏脑胀,流泪,咳呛,甚不舒适。傍晚到家,饮毕即就睡。发烧,中夜出汗,唯睡眠颇酣。

三月

三月一日(星期六)

晨间报载政府令中共人员于本月五日以前撤返延安,由美国飞机送往。至此,和谈已绝其根,双方唯有决于战事矣。

到店,写信,改稿。中午,诸人会餐于雪村家,商如何加强店中同人工作效能,以勉应此后之艰难时日。傍晚开业务会议,会毕,进餐而归。

夜报载宋子文去行政院长职,由蒋氏兼任。宋当就任之初,颇有人寄以期望,以为渠理财当有良绩。不意至于今日,一败涂地,怨声盈国。然不能为宋一人咎,以政府之意旨与作风,任何人不能有丝毫成绩也。

三月二日(星期日)

九时半,到八仙桥青年会,为其图书馆之读者谈话,谈至十一时一刻而出,进面点。到店中,于四楼独坐看报。

下午二时,语文学会开成立会,到十八人。通过会章。选举理监事。余与雪村、绍虞、予同、望道、光燾、建功当选理事,夷初、沫若、振铎当选监事。会已成立,而进行研究非易,恐将成为空名之集团耳。雪村邀余与光燾、建功、陈麟瑞至其家小饮,畅谈语文方面之问题,甚快。九时散。

三月三日(星期一)

《文汇报》添设《新教育》周刊,彬然与孙起孟、余之介任编辑,余为作文,竟日而未完篇。时局至于今日,已入最沉闷时期,政府不能自为振作,唯以战争对共党,以压迫对全国人民。余一面感发言之无用,另一面以为即发无益之言,今后恐将不复可得,则亦唯有勉发其言耳。

今夕消寒会集于伯祥家,墨同往。谈饮甚畅,至九时始归。

三月四日(星期二)

报载耿济之逝世于东北,患脑充血,相识二十余年,虽不长见,各相敬慕。骤闻此信,为之神怆。

到店,上午续完昨文,凡二千余言,题曰《如果教育者发表精神独立宣言》,意谓教育者在今日,宜抱精神独立之旨也。

下午,续改国文教材。建功来,共谈语言声音之事,甚畅适。傍晚回家饮酒。

三月五日(星期三)

改国文教材,看"中志"读者稿。下午开经理室会议,至四时半毕。

芷芬之幼子患脑膜炎,仅三四日,今日夭亡。芷芬夫妇感伤甚,邻人皆为之怆然。

三月六日(星期四)

续改国文教材,看"中志"刊用稿。午后,与墨林出外购杂物。二时半,开编审会议。放工后,为练习生上一课。补习班定期三个月,至此终结,以后或将再开。

夜间酒后,昌群来谈。

三月七日(星期五)

日来谣言孔多,皆谓政府既令共党人员撤退,此后将对付民盟及民主人士。《文汇报》及《大公报》因此著论,暗示此举如有表现,实属大愚。或者系所谓"神经攻势"也。

到店,看"中志"刊用稿,写复信多通。

傍晚,昌群来共饮。细谈近怀,甚快。九时去。

三月八日(星期六)

改国文教材。下午,开董事会。

放工后,偕光焘至雪村家小饮,谈文法研究,词典编辑,甚有味。光焘于文法注重形态,谓必需于现代语言中得一文法体系,而后教学上可以应用。八时散。

三月九日(星期日)

上午在家看报。午后与三官步行至卡尔登,看法国片《卡门》。女主角甚佳,摄影亦与美国片不同,富于艺术味。仍步行而归。

日来台湾发生暴动,原因系不满政府之一切措施。前年中央人员到台时,台人欢迎,流泪满面,曾几何时,怨声载道矣。

三月十日(星期一)

续改国文教材。写信数通。

今日莫斯科四国外长会议开幕,我国政府方面曾通知四国,不得讨论关于中国之问题,如或讨论,其决议中国不予承认。此次会议,固在讨论对德对奥之和约,然中国之不安,威胁全世界,四国未必不拟讨论。我国无聊报纸与政府一鼻孔出气,以不得干涉中国为言。比较开通者谓干涉固不愿受,而必须自为争气,方为有效云云。

放工后即回家,小饮。八时半,为两孙儿种牛痘,兼及女佣之女阿芝。

三月十一日(星期二)

今夕消寒会,墨须作菜,故未到店。余到店后续改国文教材。下午三时半早归,助作杂事。六时开饮,昌群与郑缤小姐临时加入,甚酣畅,九时散。

今日达君赠余注射剂四针,即渠去年尝赠余者。达君谓余去年注射而有效,宜再注射四针。此药系德国货,存货极少,其价甚昂,询诸药房,四针须六十六万。达君设法得十针,价虽不至此,亦当可观。如此厚馈,受之有愧。

三月十二日(星期三)

今日植树节,店中放假。

上午看报,彬然来谈。午后,雪村来,他们全家以今日回绍兴扫墓。

小睡二小时,起来与祖璋乘三轮车至沈世璟之校中。既而伯祥、均正亦至。其校今日开自然科学教学研究会,请均正、祖璋演讲。二位讲毕,余亦略致数语,谓自然科之目标,在养成观察、研究,从而有所发见之习惯。会毕,晚餐,我四人以外,校中教师六七人共坐。八时散。

汪刃锋来,谈有顷而去。

三月十三日(星期四)

今日田寿昌五十寿,兼为创作三十年纪念,各界同人为之集会庆祝。余作诗两绝赠之,皆就其致力戏剧而言:"五十华年殊未老,卅春创作兴方酣。身为剧艺更新史,最识此中苦与甘。""众体兼收时出新,贯之以一为人民。源头活水此其是,愿奋如椽再卅春。"托晓先书之。

午后二时至宁波同乡,庆祝会之会所也。到者满堂,演说与游艺杂厕。轮及余,即诵二诗。游艺有弹词,滑稽,各地戏剧,及朗诵寿昌旧作之剧本等项。盛会难得,会众盖亦感于心头之苦闷,借此题目以聊为发泄耳。七时,至会宾楼开宴。凡十余席,酒未半,诸人轮流唱戏,皆可听。九时归,疲矣。

三月十四日(星期五)

竟日写复信。

傍晚,至杏花楼,与诸友为万家宝接风。家宝谈美国作家对文协之观感。诸人因谈到我们与国外联络不够,外国均不知有文协之一团体,亦不知我国作家写作如何,宗旨如何。多数主设法联络。九时散。

杜鲁门发表演说,极言资本主义世界安全之被威胁,为防止共产主义之伸张,主张援助希腊与土耳其。各国对此均表震惊,以美国不惜与苏冲突,引起第三次大战。另一种看法,以为此为外交上进攻之姿态,日来莫斯科正开外长会议,杜鲁门之出此,系借以压迫苏方使不为进攻式之辩难。

美英苏国已同意于会外谈论中国问题,并允我国代表参加。我国政府声明不派代表,并反对用任何形式讨论中国问题。各地发动护权运动,亦有游行罢课等举动。

三月十五日(星期六)

写复信,续改国文教材。

放工后即归。一连四夕不在家饮酒,今夕独酌,颇觉舒适。

三月十六日(星期日)

晨起看报。午刻,陪母亲乘三轮车至万利酒家。红蕉今年五十岁,生日为后日(阴历二月廿六),今日乘星期宴亲友。凡三席,至二时散。母亲由小墨陪往红蕉家,将留住数日。余与墨买些衣料,即归。入睡二时,醒来已入暮矣。

三月十七日(星期一)

看杂志刊用文字。续改国文教材。

放工后,与墨至国际影院,观国片《八千里路云和月》。此片以戏剧团体之活动为主,写八年抗战之艰苦情形,及胜利以后之失望。誉之者甚众。以余观之,实极平常。材料琐碎,不成整体。平铺直叙,了无表现。片甚长,演至两点有余。散场后,食馄饨而归。

三月十八日(星期二)

作"中志"之卷头言,未完。下午三时,开人事会议,经理室会议。

放工后,与小墨至我妹家。今日红蕉生日,在家小宴。我妹自治肴馔。八时半归。

三月十九日（星期三）

续作昨文，完篇。改"少年"刊用稿。

傍晚到家，汪刃锋来谈。芷芬邀至其家小饮，洗公与徐炳生同座。闲谈店事，甚久。

小墨归来，谓街上发号外，国军已攻下延安。此事不能谓政府方面即占胜利，而适在莫斯科会议与国民党三中全会之际，自足为好战者打气。莫斯科会外讨论中国问题，以我国拒绝派代表，英美亦即表示不能讨论。

三月二十日（星期四）

作杂事。看"少年"刊用稿。续改国文教材。开编审会议。

傍晚于店内作消寒会，予同作东。至此，九九已终，消寒会结束矣。八时半归。

三月廿一日（星期五）

写复信。续改国文教材。

放工后即归家。酒已尽，满子乞诸洗公家，仍小醮。九时半睡。

三月廿二日（星期六）

写复信。续改国文教材。

下午三时，至文协会所，开理事会。四时始集，讨论各项，至六时半毕。梅林备酒与粥，大家环立进食，宛然抗战时期情形。八时半归。

三月廿三日（星期日）

上午八时，与墨至夏师母家。夏师母宴其亲戚，因邀我家两代同餐。

午后一时，至我妹家省母。我妹为母制寿衣，渠制内服衣裤，我们制外穿长服。母之寿衣，十余年前已制过一回，携之西行，毁于乐山之轰炸，故须重制。

四时许归，看纪德之中篇小说一种。

三月廿四日（星期一）

到店得平伯书，中录一词见示，书法端好。

看"少年"刊用稿。续改国文教材。傍晚，芷芬招其亲戚黄君饮，洗公、伯祥、晓先与余同座。至九时半散。

三月廿五日（星期二）

上午,梅林来谈一时许,皆言会事及文艺界近事。

续改国文教材。放工后,开明社大会,改选干事监事,余继续为监事。于是集体祝寿。五十岁者予同,外客有振铎与光焘。四十岁者孟通儒。三十岁者十人,小墨与士敮、清华皆是。二十岁者亦数人。共一十九人,坐两席,曰"寿翁席"。余人分坐八席,饮啖甚欢。餐毕,为余兴,歌唱吹奏之外,殿以话剧。剧名《未婚夫妻》,白尘之旧作。演员皆青年女同事,三人以女饰男,尚不坏。八时散。

今日新出《明社消息》,伯祥自述文中录余所作一文一诗,其稿已不存,剪贴于此。

三月廿六日（星期三）

上午客来三四,接谈费时,未作甚事。午后,明社新干事监事开第一次会,晓先被推为总干事。讨论今后社务甚详,将近三时始毕。

放工后即归家。罗迦君来,谈营救骆宾基事。骆东北人,返乡省母,在沈阳被捕。

饮白酒,食张纯嘉所赠之野鸡。张君喜打猎,每星期日必有所获。

灯下作文,应沫若之嘱,付其所编《新文艺》周刊,未完篇。

三月廿七日（星期四）

续作昨文,毕,凡二千余言。看"少年"刊用稿。午后,开编审会议,杂志社联席会议。

冯列山来谈,为别已将两年矣,渠今在暨大任训导长。

七时,至青年会,参加中等教育研究会之座谈会。硬要余演讲,余遂将前在《新教育》所刊一文说一回。后为讨论,会众殊少精神。九时半散。

三月廿八日（星期五）

续编国文,作选文后之提示。下午开经理室会议。放工后即归。

三月廿九日（星期六）

今日为青年节,照例放假。

上午在家看报,看苏德曼独幕剧一篇,施蛰存所译。

午后至文协会所,为营救骆宾基事。骆宾基返东北省亲,忽见《大公报》专电,在沈阳被捕。诸人共商之结果,致一电与国民党政府主席,一电与东北杜聿明司令,皆以尊重人权为言,请即释放。

会散,至妹家省母,即留晚饭。八时半归。

三月三十日(星期日)

上午与三官出外闲行。至十余年前所居之景云里,房屋如旧,循宝山路折至北四川路而归。

午后,独往光陆看电影,片名《黑龙会之秘密》,叙战时一美国飞机失事,机中人跳伞降落,为日人拘捕,被迫令供出出发之所,而美人坚不肯说。片中诸日本人皆留美华侨所扮演也。此片无甚意思,且亦不足娱乐,殊无可取。五时归。

墨偕满子三午往观《卡门》,此甚难得之事也。

三月卅一日(星期一)

写复信多封,续作国文之提示。

小墨自四川土产公司购大曲一瓶,傍晚饮一杯。灯下搜寻国文教材,迄无所得。平伯寄来剪报一纸,粘存之。

四月

四月一日(星期二)

上午梅林来,谈到南京后观感。商定以友人名义为振铎祝寿聚餐。并定于济之开吊日,约会友同往公祭。

下午,开明社干事会,决定本届半年内之活动。余时作国文课之提要。

夜间,白尘偕蒋牧良来访。蒋为初见,湘西人。白尘谈文艺界电影界事,闻之有味。

四月二日(星期三)

校"少年"校样,续作国文之提要。下午开经理室会议,于店中之组织,拟略有变更。

放工后,与伯祥同至村公家,闲谈。既而振铎、建功至,遂共饮。饮罢,至建功寓居之旧书肆,观建功幼时其祖父寄与之书信。字皆端工,语极叮咛善导之致。当世学人之题跋不少,并可观。又观钱玄同与建功书若干通。九时乘三轮车归。

四月三日(星期四)

补选国文教材,仅得一篇。第五、六册急于付印,然尚缺十余篇也。

日来背部酸痛殊甚,自后脑起,直下至臀部,分两路自腿而下,至于脚跟,无不作酸。

回家即偃卧,看杨绛女士之四幕剧《称心如意》。无甚深意,而对话俏皮,结构紧凑。杨女士者,钱钟书之夫人也。汪刃锋来谈。

四月四日(星期五)

写回信多封,看“中志”文稿。

傍晚,诸友至振铎家,振铎为魏建功作饯。八时,建功先行,即登赴台湾之轮船。振铎近编《中国历史参考图谱》,颇搜集古物及艺术品之印本。室中陈列中古之土俑二三十件,皆可观。九时,与洗公乘电车而归。

四月五日(星期六)

仍补选国文教材。

午后至静安寺,文协与中苏文协联合会公祭耿济之。到者二十余人,献花圈行礼而已。济之之妹致辞道谢,掩泣不能毕其辞。

返店,开业务会议,即在店中晚餐。九时归。

今日晨注射达君所赠之针药。每隔三天打一针,四针为一个单位。日来酸痛疲劳殊甚,颇希其能见速效也。

四月六日(星期日)

上午看报。作一词寿振铎,写于纪念册上:“今日为君举寿觞,不宜老友漫称扬。照人肝胆情犹昔,五十之年鬓未苍。 缮旧简,出新章,共欣文史得津梁。精修笃学长无懈,伟绩他时讵易量。”

午后,至南京戏院看电影。片名《南方人》,写美国南方农民生活,颇有写实味,与一般美国片有异。

五时半,至会宾楼,诸友为振铎祝寿。到六十人,五席。九时散。

四月七日(星期一)

写复信,仍补选国文教材。

午后三时,至储能中学,参加其教师研究会。所谈为国文教育与语文问题,余发言独多,教师十余人中,仅三四人发言而已。历二小时而毕。

四月八日(星期二)

偕彬然至绍兴同乡会,缘有湘湖师范毕业班同学来沪参观,邀我二人为之讲话,各谈四十分钟。余系说空话,彬然则以萧山人,与同学有乡谊,语甚切实。

十时到店。写复信。午后,开明社第二届进修班筹备会议。此进修班将于下周开始,共二十周。余与晓先任国文,每周各一小时。又开编校部工作会议。

五时,与诸同事至悦宾楼,陈邦俊君以雪村、芷芬将出外视察分店,为之饯行。饮啖甚缓,九时始散。

到家,诸人方惝揣。缘有侦缉队八九人守于锡光之室中,云捕盗贼,盗贼即在附近。各不敢就寝,唯恐格斗发生,枪声突作。至二时,此辈始去,似并未动手捕盗也。

四月九日(星期三)

续作国文之提示。看"中志"刊用之稿。写复信。

午后三时半,开语文学会第一次理事会。推定望道为理事长,光燾为研究部主任,雪村为总务部主任。

五时归,偃卧,看《文萃集刊》,早睡。

四月十日(星期四)

看"少年"刊用稿。午后,开编审会议。

靳以、适夷二位来,共商《中国作家》征集稿件之事。此事算是从今上劲,希望能编成较为像样之刊物。二位去,又开经理室会议。半天工夫,未作他事。

回家,看《费嘉乐的结婚》一幕。八点半就睡。

四月十一日（星期五）

看"中志"刊用稿，作国文之提示。饭后理发。梅林来，谈会事种种。

四时半，偕三官至兰心戏院看儿童剧《表》。此系据苏联儿童小说改编，并无甚佳处。散场时，三官言我们不妨亦自编一二种儿童剧，余亦有此意。

至我妹家，母亲安好，红蕉方赴香港。即晚餐，饮苹果酒一杯。九时归。

四月十二日（星期六）

戴应观久病不愈，见报载哀告，于今日入殓。十时，与雪村、予同、守宪同往乐园殡仪馆吊之。夫人于尸旁号哭。其母八十一岁，于三周前故世，家人秘不告应观，当其临终时，始告之。

返店，余访王辛笛。午后，开董事会。傍晚，至雪村家聚饮。雪村、芷芬将动身，此别殆须三个月也。八时半归。

四月十三日（星期日）

晨七时半，乘卡车至四马路。今日同人游佘山，雇卡车二乘，借小汽车、大吉普车各一乘。余改乘小汽车。一路西行，九时许至青浦，游其公园。有假山池塘，结构尚不恶。十一时开佘山。山前多小酒食肆，与洗翁、伯祥入坐，饮携来之大曲。墨惮于登山，守候于车中。余等饮毕，登山。山实不高，教堂神像，石路整洁，似福州之苍前山。山顶之教堂与天文台，据云不得入，因未往山顶。三时下山，直驶而归，五时到家。虽无多跋涉，亦倦矣。

夜间，昌群来谈。

四月十四日（星期一）

晨至绍兴旅沪中学，于其纪念周作演说。

到店中，作"中志"之卷头言。头脑不清，下笔迟钝。午后二时，开经理室会议。雪村、芷芬以明晨飞汉口，然后由湘而粤而川而滇。会毕，续完卷头言。才一千言耳。

回家，卧看《费嘉乐的结婚》。

小东病数日，发烧，呼吸急促，多痰。今日请杜克明诊之，云是痰体，痰多致病。俟其病愈，注射针药，可免以后常发。

四月十五日（星期二）

看"中志"用稿。写复信。作"中志"文字，下笔仍不爽利。开人事会议。

今日起改为夏令时间，时钟拨早一小时。我店工作时间加增，上午九至一，下午二至六，共八小时。

注射针今日打第四针，一个单位打完。未知数日以后身体上能否见效也。

四月十六日（星期三）

续作昨文。

午刻，与洗公等为钱歌川作饯。钱将以明日往台湾，任教于台湾大学。

午后开经理室会议。福州分店营业不佳，将予以撤销。复议设辞典、教本两委员会，余为辞典委员会之主任，予同为教本委员会之主任。

六时半到家。白尘来谈，多及戏剧事，甚有味。

四月十七日（星期四）

续作昨文，仍未完。竟日执笔，神思昏昏。

傍晚，昌群来，邀余与伯祥、予同、振铎小饮于永兴昌，谈甚畅。昌群明日返南京，下月再来。

四月十八日（星期五）

续作昨文，午前完毕，凡五千言。午后看《国文月刊》来稿，写复信。

迩来政府改组，国民党拉拢民社党与青年党，并少数所谓"社会贤达"者，组成国府委员会，以张群为行政院长。实则仍是国民党一党专政。此于一般人毫不发生兴趣，唯有嗤笑与愤怒而已。

四月十九日（星期六）

上午看"少年"刊用文字。下午开经理室会议，讨论修改章则。

归后以甲鱼佐酒。

四月二十日（星期日）

作一文谈耿济之。系振铎所嘱，将刊于《文艺复兴》者。

午后小睡片时，与彬然同往清华同学会，贺余之介结婚。五时半归。

四月廿一日（星期一）

早出到店，上进修班之课。此次进修班规定为二十周，余于每星期一上课一小时。写信若干封。

后日为丏翁逝世周年纪念日，明社将集会作纪念仪式。余作一诗，届时将由会众按旧谱而歌之："神灭形销既一年，于心宁觉隔人天。谁欤胜利犹无对，国尚蜩螗只自煎。闻讯更当长叹息，摧肠应作九回旋。算来一语差堪告，未改襟怀志益坚。"

看"中志"刊用稿。放工后，听同人习唱昆曲。此是明社康乐活动之一。近来康乐活动甚多，音乐方面即有口琴、歌唱、昆曲三种。昆曲请一曲师教之，参加者有伯祥、达君、郑缤、汉华、小墨等人。所唱为《望乡》《游园》两出，汉华小墨较入调。八时归。

四月廿二日（星期二）

梅林来谈会事一时许。

写复信。继续修改国文教材。开经理室会议。傍晚按时归。

四月廿三日（星期三）

写复信，续改国文教材。

放工后，开明社大会，前半纪念丏翁，后半讨论社务。余谈丏翁之小说《长闲》，予同、守宪、伯祥诸人谈丏翁之为人，殿之以纪念歌。较之寻常纪念，甚见真趣。九时归。

四月廿四日（星期四）

写复信。继续修改国文教材。

回家后看康拉特之小说《台风》一章。此人以海洋文学著名。描写人物，确有胜处。近因拟编《中国作家》，看投来之小说若干篇，皆只是无生命之记事而已，此由于作者修养之不足，无可强求。

四月廿五日（星期五）

看"少年"刊用文字，写信。午后开经理室会议。

雁冰夫妇游苏归来，于今日午后到埠。四时，偕彬然、调孚往迎之于海关码头。友人二十余人先在,船已停泊,但尚未卸客与货。候至五时后,雁冰夫妇始乘驳船登岸。一别五月,彼此依然。记者访问照相,又是一番忙碌。

余返店,仍附车而归。今日三午生日,家中多备些菜,余独酌,吃面。看《台风》第二章。

四月廿六日(星期六)

上午作杂事。

午后至许广平家,文协开理事会。议定以下月三日开会员大会,四日开文艺节纪念会。五时散。

至我妹家省母,即留晚餐。我母将以下月一日返家。九时,与小墨同归。

四月廿七日(星期日)

上午在家看报。许彦生买一笛,余亦取而吹之,吹《游园》《望乡》,不熟习,未能成腔。

午后睡一觉,未酣。偕墨往贺元善之子结婚。婚仪西式,颇简单。五时归。

酒后,至土敫家小坐,郑缤、汉华等亦在,习昆曲,余为吹《游园》。

四月廿八日(星期一)

晨早出,为进修班上课。

雁冰来,谈旅苏情形。据谓苏联中之小共和国最为舒适,对外大事,有长房相似之俄罗斯共和国担当之,小共和国可以自治其国,欣欣向荣。人才在小共和国中亦易于出头,凡有一长,即可自致于重要地位。雁冰代我店及中华书局购得俄文书籍若干种,已运来,将于下月一日展览,供同人观摩。

雁冰去,余治杂事。身体疲困,精神不宁。

放工后,偕彬然至沫若家,诸友举行迎雁冰之宴。凡三桌,甚欢。席散,雁冰略谈苏联之文艺家关心中国文艺界之情形。十时散。

四月廿九日(星期二)

补选国文教材。看"少年"刊用稿。下午开经理室会议。物价又大涨,书价亦不得不涨。自下月一日始,普通书售三千倍,杂志售一千二百倍矣。以造价言,印成书一页,现需六七十元。售价固可提高,然购者无力购买,销路自必减退。此关系整个社会,前途如何,莫能预言。

傍晚归,看改译之独幕剧数篇。

四月三十日(星期三)

补选国文教材。作复信数封。

傍晚归,看独幕剧数篇。

五月

五月一日(星期四)

今日以劳动节放假。

竟日雨,余偃卧休息,看译本数种为遣。墨与小墨、三官至士散家,士散三十寿宴客。

母亲本定今日归来,因雨未果。夜间吃面,因东儿今日周岁也。

五月二日(星期五)

续补选国文教材。午后出外剪发。至青年会,文协与中苏文协合开欢迎雁冰返国之茶会。雁冰杂谈苏行观感一时许。

五时散。到家,三官有一友人来谈,其人居印度一年许,杂谈印度情况。

五月三日(星期六)

上午仅作杂事。

饭后,孔另境邀至杏花楼,座有雁冰与蒋寿同。蒋君本预备出《大地文艺丛书》,并开书店。今以资力不足,不复进行,与另境有纠葛,余固不相干也。

三时,与洗公等往贺邵力子之侄之结婚。新郎初不相识,徒以其为邵力子之侄耳。

四时,至清华同学会,文协开会员大会。到者百有余人,颇称热闹。候邵力子来主席,延至六时始开会。多人演说,后讨论提案。提案中有数件牵涉政治,力子曲为解释,竟谓文协之为团体,政治性不宜太强。余人续有辩论,后将文辞改从婉和而止。于是改选理监事,定八日开票。聚餐毕,有山东人说书。此人来自南京,文友皆誉其艺术,特邀之来。说武松故事,描摹与传神均佳。十时散。

五月四日（星期日）

晨七时半出门，至黄金大戏院，开文艺节庆祝会。全院满座。九时开会，沫若、力子、雁冰、胡风讲演，余为游艺节目。十二时散。

到家，母亲已归来。亲友盈室。今日小墨三十岁生日宴客。凡五席，令厨师治馔。酒罢，余与洗公、彬然等打麻将八圈。久不为此，偶为之，亦有兴味。

小墨新购收音机一具，试开之，适有一电台播送昆曲，遂留郑缤小姐共听之，并留饮，听至九时始毕。一日疲劳殊甚，眼睛发炎，甚不适。

五月五日（星期一）

看"中志"刊用文稿。为段立佩撰储能中学校歌。曹靖华来，看雁冰带回之苏联书籍。下午，雁冰、金子敦来。

今日傍晚，本有人约共为雁冰洗尘，九时又有茶会，文协理事与邵力子商谈会事。余以身体疲乏，皆不克往。归家酒罢早睡。

五月六日（星期二）

看"中志"刊用稿。续选国文教材。

今日立夏，同人皆权其体重。余重一百三十五磅，视去年立夏日，加重九磅。墨为一百二十磅，亦较去年加重。小墨一百六十五磅，与予同、晓先同其重量，为全店之冠。

傍晚饮黄酒，小墨生日向洗公借酒一坛，有余剩也。

日来米价大涨，上海至三十万元。杭州、无锡、成都皆发生抢米风潮。变乱之局已成必至，唯不知何日突发耳。

五月七日（星期三）

开始作"中志"文字《精读指导》，取《史记》叔孙通定朝仪一段文字为材料。下笔不快，仅得千字而已。午后开经理室会议，延长至三小时。

归后即饮酒。知伊来闲谈。

五月八日（星期四）

写复信数封。续作昨文，亦不过成千余言而已。放工后开业务会议，历两小时。然后饮酒，九时归。

五月九日（星期五）

续作昨文,亦未能完篇。夜至钱君匋处,渠宴雁冰也。

五月十日（星期六）

今日母亲生日,家中供寿星。余未到店,在家偃卧看书,以为休息,疲劳迄不得解。午后我妹来,携来为母亲所制寿衣,即封入箱中。入晚家宴,吃面。

五月十一日（星期日）

晨起续完前日之文,共九纸。

十时,与墨乘三轮车至法藏寺,今日丐翁周年祭,在寺作佛事。因访致觉,渠近甚丰腴,专心校刊佛书,不问外事。午刻进素斋,凡五席。食毕,偕洗公等至法国公园,观莳花会,杜鹃最可观。

独归家,入睡一时许。夜间,听昆曲广播,殊无佳唱。

五月十二日（星期一）

写复信。看"少年"刊用稿。续改国文教材。

中午,与洗、伯、予餐于同华楼,原约李箴凡,而李未至。

傍晚依时归。天气暖和,中人欲醉,疲惫之外,又加倦困矣。

五月十三日（星期二）

今日编国文第五册,第六册亦可于近期内编成。

梅林来告,文协选举开票结果,余仍当选为理事,将定期开理事会。

午后,开经理室会议。近来米价高涨,影响我店薪津之倍数,若仍照旧法计算,所发数目过巨,将不胜负担。因议重定算法,俾实发数较少。目前营业不振,而开支续增不已,前途危险,不堪设想。然亦不仅一店一业为然也。

傍晚回家时,欣我姊与其子惠元在,留之晚餐。惠元经营百货业,居然能自立门面,殊为难得。

五月十四日（星期三）

续改国文教材,看"中志"刊用文字。

夜听收音机。有平剧讲座,讲者为一女子,于平剧之各种常识及唱法派别,均随时讲述。且答复人家之询问。听之颇有味,墨亦乐听之。

五月十五日（星期四）

作"中志"卷头言一篇。

唐英伟来访。唐系十余年前"中志"之投稿者,常作绘画木刻,与沈振黄、徐盈为同辈,今为杭州艺专之教师。

傍晚,与洗公、朗西、巴金、晓先小饮于永兴昌。

五月十六日（星期五）

写复信多封。校"中志"排样。开经理室会议。

迩来各地大学生多罢课请愿,或反对教部之措施,或要求增加食费,此响彼应,势甚汹涌。而究其底里,实有一主流焉,即反对内战是也。今日读书,实甚无谓,不得安定,一无可为,学生盖深明此义矣。

三午伤风发热,往杜克明处诊治。杜谓此儿胸部低陷,肺量太弱,故易致病。宜常服鱼肝油,常作深呼吸。又,其骨骼尚未坚硬,宜多服钙片。

五月十七日（星期六）

续改国文教材,为工友德胜改文一篇。下午四时开董事会。

依时回家。听广播之口琴演奏。

五月十八日（星期日）

上午为墨刻一图章,便平时应用。

午后二时,至文协会所,开第七届第一次理事会。候一时有余,始有十二人。推定常务理事,余仍在内。余实作不来事,却之又不可。五时散。

夜听广播之昆曲,唱者皆不坏。

五月十九日（星期一）

校"中志"校样。续作国文之提示。

下午四时,与洗公等驱车至中华书局编辑部工厂参观。今日雁冰到彼,故子敦、新城诸君约我等同往。雁冰已先到。观其图书馆,藏书至富,方志至三千种,外国书籍亦不少,计其量,当视以前之东方图书馆有过无不及。新城为开教育电影片,系自美国购来者。局中现方拟自制卡通片,为推广识字运动之工具。中华之基础良厚,惜主持者不得其方,未能充分发挥力量。六时聚餐,且饮且谈。八时半,仍驱车而归。

五月二十日(星期二)

今日编完国文第六册,即付排。此后尚须作五六两册之注释,事亦非轻。十余年前余所编高小国语,颇得教师之好评。后以通行国定本,遂从废弃。近来同人主张重行印行,供高小学生自由阅读。今日即删去其时事部分之若干篇,持以付排,定名为《少年国语读本》。

上午忽接报丧条,孙伯才以昨日逝世。伯才于二月前曾来我家,当时言医治有进步,岂意即成永别。午后三时,与晓先驱车往中央殡仪馆,则已入殓。刘清藻相告,谓伯才病变仅四小时而亡。结核菌入脑,无可救药。在棺旁立移时,辞出。

途中狂风忽起,尘沙如墨,继之下雨。坐车中半身着湿。

晚报来,载今日南京学生游行,军警压制,用武力,伤学生二十余人。民众正愤恨于心,奈何复激之,政府之昏庸实已臻其极。今日为参政会开幕之期,会前各参政员均主于此会中,宜以停止内战,恢复和谈为主题。然好战者方以民命为赌注,殆无望也。

五月廿一日(星期三)

因昨日南京之事,彬然谓宜在下月之"中志"加入一篇卷头言谈之。余执笔竟日,勉成千字一篇。此事直宜痛骂,言之甚不痛快。又写信数封,复各方来信。

五月廿二日(星期四)

写复信数通。

午后三时,至教育局,出席语文教学设计实施计划委员会之会议。缘本年九月间,将有联合国文教会之代表来我国,考察我国之语文教学,遂有此委员会之设置,亦敷衍门面事也。与会者多市立小学校长,聘外间人七人,余居其一。枯坐三小时,通过预拟之计划草案,甚无聊。

乘三轮车而归。酒后听三官自诵其近作小说,甚不坏。此子于写作肯用心,若能历久不懈,当有成就。

五月廿三日（星期五）

写复信。校"中志"校样。开经理室会议。准时归。

各地学生定于下月二日发动全国运动，以是日为"反内战日"。

米价涨至三十八万。东北战事，长春危急。合各种迹象观之，似国民党政府难以支撑矣。

五月廿四日（星期六）

看"少年"用稿。

看郭效汾君所作长篇小说。系写抗战开始迄于今之各个时期，以一个主人公贯穿之，无异日记。

到家酒罢即睡。

五月廿五日（星期日）

晨七时与墨至外滩，将到周浦晓先家，晓先夫人五十生日，邀我们聚宴。入渡轮，伯祥夫人与其子女及郑缤小姐已先在。

看《大公报》，知《文汇报》及《联合晚报》《新民晚报》三种被警备司令部勒令停刊，理由为刊载不利军事之消息及颠覆政府之言论。上海报纸甚多，唯此三种不利于政府，急而出此，固在意中。主要作用，大约在防范下月三日之全国性运动。

船以八时开，行四十余分钟，抵周家渡。购票候小火车，车至，居然各得座位。车如电车，尚整洁。亦四十分钟而至周浦。经市街至晓先家，其家赁王梦岩之屋。梦岩于战前建此新屋，颇讲究，前后有隙地，栽卉木作物，望而意适。梦岩今已不作事，在家灌园为乐，语刺刺不休，皆言人生得此已足。至中建公司访周公南。再回晓先处，遂开饮。余饮白酒独多。四时，乘火车离周浦，渡浦到家，时为六点半。

酒后听广播昆曲。

白尘来，持两稿，一为对于和谈之意见，一为对于学生运动之意见，余皆签名其上。余以为此等事殊无多效也。

五月廿六日（星期一）

早出到店，为进修班上课。至大生纺织公司办事处，代平伯办理股票事。看"少年"及"中志"刊用稿。傍晚准时归。

昨日各大学学生出外宣传，被捕者八十余人，今日上午放出。车经警备司令部门口时，见数卡车挤满学生，方燃爆竹迎其放出之同学也。

五月廿七日（星期二）

今日开始编国文教本乙种，即专载文言作品者。就必陶所选之各篇中选定五六篇。此事转比选白话为易，唯注释须讲明文言与白话之异点，导初中学生明白文章之理法，则较繁难耳。

午后，与墨闲行南京路。返店，校国文第五册校样。看"中志"刊用稿。

刘诗圣与士迷小姐自重庆来，今日到，刘即在总店服务。乘轮船直达，历时仅九日耳。

准时归。夜间俞钧硕来。

五月廿九日（星期四）

续选国文教材。校国文校样。

午后昌群来，谈南京学生运动情形。昌群近在南京大学教师群中颇持正义，为当道者所注意。然渠谓可与语者不多，甚有寂寞之感。

傍晚归家，知昌群曾来过，特以新茶见赠。饮酒时汉华小姐适来，留之共饮。

五月三十日（星期五）

续选国文教材，改"少年"刊用文字。下午，开经理室会议。

日来各大学又大遭搜查，捕去学生甚多。手段毒辣，用武器毁损学生肢体。当局已全不顾面子，日暮途穷，倒行逆施，至可愤恨。

傍晚，昌群来共饮，谈彼此心绪，一快。

五月卅一日（星期六）

校国文教本校样，写复信。

报载市长与警备司令发表书面谈话，认定学潮为共党所策动，与蒋一鼻孔出气,并指近日拘捕之学子皆为共党。而今日报载复旦教授之罢教宣言中称,军警到复旦搜捕,颇肆凶残,且有劫掠行为。故按实际言之,今日之局,为大盗窃柄,纵其小盗,以种种之手段祸人耳。

振铎来电话,济之之枢自北方运来,于今日安葬于虹桥公墓,邀共往送之。遂与予同、伯祥驱车迎振铎,共往公墓。至则济之家人尚未到,因席草地而坐,共谈近事。此公墓颇修整,中外人皆有葬于此者。绿树两行,成一荫道。扫墓者两三辈。至两点半,济之家人迎枢而来,下葬于泥穴,石灰掩之,上复以泥。其家人哀哭,闻之凄恻。四时许,返店。

六时半归。施太太与其姨太太及其子自杭来,留宿我家。

六月

六月一日(星期日)

上午十时,与小墨等观电影于大光明。片名《璇宫艳后》,即埃及皇后与凯撒故事,本萧伯纳之剧本。殊沉闷,然彩色摄影极好,英国出品也。

饭后,午睡一时许,起来杂看书籍。夜间仍听广播之昆曲,有红豆馆主之《山门》。红豆馆主大有名,而似气力不足,声音沙哑,无甚佳趣。

六月二日(星期一)

早出,为进修班上课。

报载各大都市均戒备,均捉人。重庆捉人最多,至一二千人。夜报则载武大被枪杀三学生,有教授数人被捕。如此措施,何名政府!

今日全日均校校样,仅抽空写回信数封而已。

六月三日(星期二)

竟日校国文校样。下午开二小时之经理室会议。

放工后,与同人至仲华家,应其招宴。仲华谈时事,以为前途殊少光明。庭前绣球花盛开,顾而乐之。饮酒甚久,十时散。

六月四日(星期三)

上午校国文校样。下午改《少年们的一天》之原稿。伏案竟日,颇感疲乏。

小东儿近日腹泻,类似痢疾。本为小胖子,今不胖矣。

六月五日(星期四)

改《少年们的一天》原稿十余篇,校国文校样数十面。

明日洗公与伯祥至杭州,视分店事,兼事游息二三日。余本拟今春到苏扫墓,而因循至今,下星期或更后,总拟去一趟。心绪不佳,游赏与移动皆无兴致也。

六月六日(星期五)

伯祥早晨来偕洗公到车站。承告予同之女于昨日病死,为之怅然。此女前日发病,云是腹膜炎,一日而死,可谓迅速。予同向患神经衰弱,今经此变,必甚伤痛难安。午饭后,与同人至予同家慰问。知其女尸体准备火葬,所费二百万元,为最经济之办法。予同尚能达观,其夫人则甚悲伤,方休卧,未之见。

今日仍改《少年们的一天》之原稿,并校对国语之校样。

傍晚回家时,途中见一人为汽车撞倒,昏于路上。上海车辆多,汽车伤人之事时时有之。

到家,知小东儿又在发烧,腹病则略已。

六月七日(星期六)

写复信,校国语校样,为君匋书一联一扇。准时归。酒罢早睡。

六月八日(星期日)

在家因小东儿发热须关窗,室中闷热,因独至店中坐。校国语校样,看报,写信。

进面点于五芳斋。看电影于南京大戏院,片名《杀人者》,系据美作家汉明威之小说。殊无意义,一盗杀侦缉之故事而已。

五时归。听广播昆曲四出:《小宴》《训子》《亭会》《见娘》。

六月九日(星期一)

晨冒雨早出,为进修班上课。写信多封。续校国语校样。洗公、伯祥今日自杭州归。放工后开业务会议。会散小饮。今日竟日狂风,雨亦大。

六月十日（星期二）

风仍猛烈。到店后校对国语课文之校样，午后开经理室会议。

夜间，墨与小墨往观《桃花扇》，系欧阳予倩所改编。余与施太太闲谈一小时许，入睡。墨以十二时归，谓观剧颇满意也。

六月十一日（星期三）

上午选国文教材，下午校国语校样。

放工后，与话剧组同人至华联同乐会，假其舞台彩排《称心如意》，以便本星期六开同乐会。《称心如意》系钱钟书夫人杨绛所编，余尝看过，因话剧组人手不足，由三官删去一幕，改为三幕。诸人练习已月余，今夕观之，均已不至怯场。唯不免如背书，语调甚平，殊无表情。业余剧团初步试为，固亦不能苛求也。十时归。

六月十二日（星期四）

续选国文教材。

蒋仲川来访，不见者二十余年矣，今在苏州为参议会之秘书。

午后，梅林来，谈会事，兼及诸友之性情脾气以及文艺见解。

续校国语第三册之校样，全册完毕。

放工后，话剧组诸人聚而对念台词，邀吾听之。念台词亦至不易，非体会剧中人之品性与当时之情绪，即不免流于背书。诸人反复念之，徐加修正，亦有进步。九时归。

今日小墨腹疾，发胃痛，未到店作事。满子与小东儿伤风。阿琴亦患腹疾。家中病人多，空气即显得不安定。

施太太全家于今日离去，经杭返绍。

六月十三日（星期五）

校国语校样。写复信。开经理室会议。以时返家。

今日余全身骨节酸痛，精神不好，似有病意。中夜醒甚久，以肢体总放不舒服故。

六月十四日（星期六）

今日身体益不舒，且亦患腹疾，如厕四五次。在店中仅写复信，未作他事。

放工后，同人全体至华联，观同乐会。以七时半开始。首唱明社社歌。次唱歌三支，曰《大家唱》《跌倒算什么》《春到人间》。歌咏组平时由孙平君教练，极为认真，故成绩颇佳。次为郑缤与汉华合唱《游园》，小墨与许彦生吹笛点鼓板。练习才两月许，居然成腔。次为口琴合奏。又次之，钱琴珠与沈芳娟唱《起解》。殿之以《称心如意》三幕剧。大家演来甚有精彩，视预演时为胜。十时半散，人人均欣奋。

六月十五日（星期日）

竟日偃卧，腹疾亦不见增剧，仍如厕四五次，夜听仙霓社社员播送之昆曲。

六月十六日（星期一）

晨早出，为进修班上课。腹疾渐愈，唯仍觉不甚舒服。写复信数通，看"中志"及"少年"刊用稿，校国语校样。

午后出外理发，又已涨价，光头六千元矣。

我店之书，今日起亦涨价，普通书售四千五百元。价越涨，销路将越窄，然不涨又不可也。

放工后准时归，听广播稚青女士说戏。

六月十七日（星期二）

腹疾已愈。作"中志"卷头言一篇，一千三四百言。开经理室会议。写复信数通，准时归。

晓先来共晚餐，谈明社各种游艺，以歌唱与话剧两项最有集体性，宜好好为之，以唤起同人之兴趣。九时，晓先去。听稚青唱《文昭关》首二句，讲说极畅，宗汪派，声音渊厚可喜。

六月十八日（星期三）

看"少年"刊用稿，写复信。

傍晚，雁冰来店，为全体同人谈游苏观感。就职业青年生活，妇女情况，出版界大概，随意叙说。同人亦相继询问，如寻常对谈，甚有味。九时半散。

六月十九日（星期四）

作《少年们的一天》之序文一篇，此书附《开明少年》分赠订阅者，亦单独发售。写复信数通。作《少年国语读本》之广告词。准时归。

小东儿病至今已痊愈，伤风、腹疾，皆已就痊。余腹疾虽愈，晨间如厕，连日便血，殆肠中血管破碎之故。

黄幼卿昨今两次来访，渠年来任事于沈阳商务印书馆，最近辞去，将西归重庆。承贶人参一枚，云特赠我母者，谢之。

六月二十日（星期五）

作一短文，应中大学生自治会之请。写复信数封。开经理室会议。

夜间九时半，昌群来谈。渠已辞去《读书通讯》之编辑事务。振铎邀渠共撰文化史，即用振铎现在收集之历史图谱插入。谈议方始，尚未定局也。

六月廿一日（星期六）

改"少年"刊用稿，写复信。

为周公南看其所作小说，略书评语。

飓风之尾梢掠过上海，风雨大作，气候转凉。

夜间于店中设宴，外客有雁冰夫妇，觉农夫妇，仲华母子，以及振铎、昌群、文彬，余皆同人，凡两席。欢谈甚畅。九时归。

六月廿二日（星期日）

晨九时，乘人力车至外滩。马路上积水深处至尺余，公用不给，沟道失修，每逢大雨，即复如此，不如租界时代矣。

乘小轮及小火车到周浦，应周公南之约。到即至菜馆聚餐，同坐皆小学教师。饭毕，至中建工作站，为演讲。无非说文艺之类，实无多意趣。听者约五十余人。三时散。以吉普车至东昌路，公路泥泞，车行颠腾殊甚。乘轮渡渡江。以三轮车归。

我妹携诸女来我家。及余归，她们归去。余疲甚，即偃卧。夜间仍听广播之昆曲。

六月廿三日（星期一）

晨早出，为进修班上课。竟日校国文第六册校样。今日端午，店中午餐添菜备酒，同人共饮。放工后即归。

六月廿四日（星期二）

往大生公司办事处，为平伯取股息。

题濮文彬所藏程万里罗汉渡海图作一绝，毫无是处。程万里不知何时人，其笔仿李龙眠。诗云："柔毫钩勒细于丝，遗法龙眠宛见之。万里繄谁传此卷，主人炯眼赏珍奇。"

午后开经理室会议，改"少年"刊用稿。

准时归，偃卧，饮酒，听剧艺讲谈。

六月廿五日（星期三）

田泽芝偕其丈夫来访，欲归沈阳省亲，而东北战事亟，又不敢前往。约其于星期日来我家谈叙。

改"少年"刊用稿。为练习生改作文。为洗公、彬然书扇。

放工后，话剧组请健吾演讲。首言业余剧团与职业剧团之异点。业余剧团物质基础差，尤须参加者各显其能，分工而更注重合作，排除一己称能之习，以求公众之愉乐。且业余剧团不求图利，唯为艺术之追求，故造诣深时，往往可以突过职业剧团。次言台词之念诵。演剧以语言为主要工具，于声音感情皆不能疏忽。先求悉中规矩，然后神而明之，斯为艺术。其所言未免过高，于我店话剧组恐不相应，然语皆有本，听者取法乎上，要非无益。讲谈历时两小时有半，非常卖力，皆鉴于余之盛意邀请，余深感之。九时归。

六月廿六日（星期四）

到店坐一时许，觉神思昏倦，腰背不支，遂回家休卧。此是天气潮湿之关系，余最怕黄梅时节也。

入睡一时许，听广播为遣。今日为联合国宪章签字之二周年纪念日，各国人士均有演说，由联合国电台播送，并有华语之翻译。众皆言国际合作之重要，联合国虽无大成，究非失败。此日听之，皆觉其勉强矣。傍晚仍饮酒。

六月廿七日（星期五）

写复信数通。校国语第四册全册。开经理室会议。

放工后，至吴淞路沙龙燕集，应熊佛西之招，渠宴瞿菊农。余与菊农十余年不见矣，渠仍在平教会任事。他客有雁冰夫妇，绍虞，沫若，振铎等。沙龙燕集为日本菜馆，须脱屦而入。起坐室甚宽广，布置无不雅美。进餐又为一室，诸人围矮桌而坐于蒲团。侍女进食，长跪于旁，唯衣服改华装矣。菜取分食制，口味纯系中国风。酒为日本产，杯特小，余与振铎殆可进百杯以上。食毕，有人持册子嘱题，为书三册。

窗外阵雨大作，乘汽车而归。天气燠热，又饱食，未得好睡。

六月廿八日（星期六）

作杂事，校国文校样。周公南来，请余评其小说。

放工后，与墨、伯、予、达驱车至振铎家，振铎宴瞿菊农也。其室中陈列泥俑泥马益多，云皆唐物。又有墓门上之浮塑三守门人，剥离而镶于佳木小屏风上。三人衣褶身段线条极好，面目皆西方人种。可见唐代战争虏获之外国人不少，皆没入人家为奴。架上考古之图籍益丰富，惜室中局促，人皆聚谈，无由展观。菜肴甚精，皆振铎之母夫人手制。九时散。

六月廿九日（星期日）

天气燠热，神思昏倦，竟日偃卧。

报载美国决以剩余军火售于我国，以后并可续售。此为美国对华态度之一大转变，始以内战为我国国内之事，美国貌为不干涉，今则揭穿假面，公然帮助一方面矣。于是最高法院下令通缉毛泽东。并传南京方面日内将有重要决定，殆为对共党下讨伐令耳。战事更无结束之望，而物价之涨风，共信下月必将大起。民生困苦，至于此极，人无乐生之心，并微渺之幻想亦不存在，回思抗战时期，大觉当时之可羡也。心绪恶劣，举杯无欢。

六月三十日（星期一）

早出，为进修班上课。写复信，校"中志"校样。制定令读者猜字之谜图一幅。傍晚准时归。

圣南妹来沪,今日偕钧硕携其女采访,即留晚饮。据谈硕丈甚佳健,近居苏州。

七月

七月一日（星期二）

为人看稿,写复信。复校国语第四册校样。开经理室会议。注射第二次防疫针,第一次在上月二十一日注射。放工后,与墨自四川路桥步行而归。闲观店肆,采购杂物。

七月二日（星期三）

改"中志"刊用稿,写复信。

上月底诸同人得升工一个月,皆纷纷出购杂物,任他高价,总比储藏钞票为便宜。余家亦购物不少,合计之,将四百万矣。

天气大热,时时出汗,不久即出霉令。依据旧经验推测,此后余当可渐转康健有精神矣。

七月三日（星期四）

天气更热,下午超出九十度。

看"中志"用稿,开始作国文第五册之注释。准时归。

赵纪彬来访,云下期受山东大学之聘,将往青岛。并告余丁易在北平师范学校,董每戡在金陵女大,皆将解聘。以近来情势观之,恐教师之接近学生者,其思想较开明且有正义观念者,皆将不安于位。凡留校任教之人,为清一色之唯唯诺诺昏庸胡涂之辈。于是教育益不堪问矣。

热甚,南风甚大,而不敢开窗入睡,竟夜未得好睡。

七月四日（星期五）

看稿,写信,继续作注释。

放工后即归,圣南与钧硕均在。晚餐后他们即去看戏。明日,圣南返苏矣。夜十二时大雨,听如奔涛。

七月五日（星期六）

今日政府发表文告，大意为全国总动员，以戡定共党叛乱。在上月初参政会开会之时，各方均盼恢复和平，停止内战，而报答之回声如是，可以见矣。自此一切均将恢复战时体制，而人民所受苦难，将比抗战时期益深，殆无疑义。

到店，续作注释。

午后三时，至凯福饭店茶叙，由李健吾、马宗融二位出面，招待两法国朋友。到者二十余人。法人之一向在上海法租界主持教育，今为法使馆中对外文化专员。又一人为法国通讯社中国分社之主持人。他们愿与我国文友结识，并知文艺方面近况。谈至五时半而散。

余仍返店，出席明社社员大会，讨论社务，并提议提早办事时间，辩论甚多，八时半散。

七月六日（星期日）

天气甚热，而东南风大，开窗坐家中，尚可不汗。

孟伯泉邀至悦宾楼参加其订婚之宴，女家姓董。两席，三时散。

返家，佩弦之女采芝偕其夫王永良来访。王与许彦生同学，任事于资源委员会之炼油公司，人似颇活泼能干。闲谈良久，留之晚餐。

余与三官偕出，至业余图书馆，为其读者作演说。所谈皆常语，复令听众发问，所问皆不得要领。九时半散，乘三轮车归，一路风吹甚爽适。

七月七日（星期一）

早出，为进修班上课。竟日为人看文稿，写复信。不相识者往往寄一文来，嘱为修改。修改虽不可能，而总得看过一回，略说些意见。此事亦殊费时间与心思。

放工后即归，地窄，又无浴盆，分三截洗身，当窗取凉。早睡。

七月八日（星期二）

续作注释。

放工后，至会宾楼，文协宴请沈衡山、沙千里、林某某三位律师。盖三律师为文协出面，与春明书店交涉，责备其出版各作家选集为妨害著作权，结果议和解，春明交出纸版，并赔偿每一作者一百万元，此可谓大获全胜也。其实此类书已有十多年之历史，出版者非仅春明一家，一向无人过问，即亦自然流行。今文协代作者出面追问，自为本分中事。先对春明，居然胜利。此后再与他家交涉，即有先例可据矣。同席者沫若、雁冰、振铎、胡风、广平、梅林、适夷。九时半散。

七月九日（星期三）

天热甚。写复信，续作注释。

午后话剧组开会，决试练两本独幕剧，一为《禁止小便》，系一讽刺剧；一为《古堡中》，系一间谍剧。两剧人物皆不多。

打第三次防疫针。放工后即归。

丁士秋小姐来为宿舍中各家属打防疫针，满子请其检查胎儿之位置与心音，云皆甚好。满子近发现其右胸之第二三根肋骨部分隆起，不觉痛痒，实已有半年之久。士秋谓此难断定为何，如系骨痨，则甚讨厌。全家闻之，不免怀愁。当先请杜克明医师视之。

七月十日（星期四）

昨日所注射之防疫针，与前两次注射者非同一药厂出品。大约以是之故，同人发生反应，感觉不舒服者颇不乏人。我家余与墨，小墨与三午，皆头昏脑胀，有发热之感觉。

写复信，续作注释。今日起作事时间提早一时，晨八时始，下午五时散。

返家后，早饮早睡，腿酸背痛，殊无聊。

七月十一日（星期五）

改"中志"及"少年"刊用稿。续作注释。开经理室会议。

准时归，洗身，饮酒，听讲平剧。

七月十二日（星期六）

校国文第六册之校样。

南风甚大，四层楼中吹风竟日，身体因而不舒。墨尤甚，似有发烧之意。

七月十三日（星期日）

昨夜大雨，今日颇凉。

十时半,至夏师母家。其内侄女云庄新结婚,今日与其新婚徐君来会亲,因款之。餐毕,与小墨、满子观电影于国泰。片名《她一生中的几个男子》,叙一舞蹈家之一生,甚为满意。

至我妹家。与伯祥闲谈。我妹邀余小饮,吃面。

遂乘三轮车至凤阳路益友社,应其招邀。益友社者,各业青年之业余组织,社友多至四千人。事业除类似团体多有者外,尚有诊疗部、托儿所、摄影组、缝纫组等。观其社员办事并作各种活动,皆有精神,甚可慰。八时一刻,为其文艺研究股随便谈话,全九时三刻毕。驱车而归。

七月十四日(星期一)

进修班已决定放暑假两个月,故余今晨不须早出上课。到店后看"中志"刊用文字,续作注释。

傍晚,光焘来谈。渠在暨大下学年得休假一年,以后殆不获续聘。其原因为此次学潮中同情学生,署名于宣言,并向行政当局为学生有所交涉。暨大本期解聘者有二十余人,其中八九人皆因斯故。不唯暨大、复旦、交通等校,亦有同样事情。不唯上海一地,其他地区各大学亦复如是。教师欲在大学立足,唯有仰承行政当局之鼻息。教育自当益不堪问矣。

美国近派前曾来我国之魏德迈任特使,率领随员,将先到日本朝鲜,然后来我国,作视察,报告杜鲁门与马歇尔。我国各报一律表示欢迎,以为美国将加力援助政府方面,卑谄之态可掬。

七月十五日(星期二)

写信。续作注释。开经理室会议。放工后即归。

八时半,偕墨与满子至海光剧院观《大雷雨》。我店话剧组组员多数往观,意将以为研讨之资料,求自己之进境。此剧为俄国作家作品,表现旧社会习俗加于人性之压抑,写心理有可取处。演员大多称职,但亦无特别出色之才。到十二时一刻毕,余甚疲矣。

七月十六日(星期三)

续作注释,看外来投稿。

放工后即归。听稚青女士讲《群英会》,唱句圆润可喜。早睡。

七月十七日(星期四)

改"中志"刊用稿。校国文第七册校样。

雪村与芷芬以今日由汉口飞回,雪舟偕来。放工时,闻已安抵。到家,往访芷芬。渠等出行三月,周历西南及中部各处,言书业甚不景气,视抗战期间相差甚远。

就睡前,听三午讲其自己编造之故事。虽不甚联贯,而居然能收集种种材料,亦复可喜。此儿耽默想,注意人所不注意处,殆近于艺文。惜身体甚瘦弱,当设法使其康强。

七月十八日(星期五)

晤雪村、雪舟。与雪舟别将两年矣。据雪村谈此行观感,谓西南数省之大患,为"袍哥"之盛大,此一势力存在,社会永不得安宁。又言于东归轮舟中见一兵士,名目系新抽中之壮丁,实则渠已当兵十年,退役得"胜利荣归"之徽章,归家省视,人已无存,屋亦不在,无可为计,只得自卖其身,仍充壮丁。如此惨事,殆甚普遍,而川省仍为兵源地,亦于此可见。东下舟中,壮丁固相继也。

作"中志"卷头言一篇。开经理室会议。放工后,同人为雪村、雪舟、芷芬洗尘,集于雪村家。九时归。

七月十九日(星期六)

校国文第六册复校样。

傍晚,明社请万家宝来演说,谈美国电影界戏剧界之情形。大意谓美国写作表演有自由,但其自由之限度,以不触犯若干大家族之利益为其界线。若出乎其界线,则所遇者非查禁,而为舆论之群起反对,而舆论界固皆大家族之企业也。谈一时许毕,少数同人即与家宝共饮,八时半散。

七月二十日(星期日)

天气转晴,大热。臧克家来谈。

午后,冬官来,渠以昨日自平飞回,在清华读一年,甚好,身体亦略壮健。

傍晚,至芷芬家聚饮,章氏兄弟与洗公、彬然等同坐。八时半散。

七月廿一日（星期一）

作注释。午后出外剪发，余修光头已涨至万元。

刘大白之女儿欲为大白刻全集，邀大白友好会于清华同学会。三时往，候至四时，到者不足十人。决先从搜集入手，登报公告，请人寄来，以三月为期。

六时归，饮芷芬带归之泸州大曲。

七月廿二日（星期二）

续作注释，写复信，开经理室会议。

傍晚，店中宴客，同行而外，有振铎、巴金、建功诸位。笑谈劝饮，九时始散。

七月廿三日（星期三）

天气大热。写信，续作注解。四时放工（以本星期一始，早放一小时，伏尽而止），时为九十八度。

洗身后，开始看罗曼·罗兰之《约翰·克利斯朵夫》。此书誉者甚众，久欲一看，今始展卷。译本共四册，每册五百余面。徐徐看下去，恐需二三月矣。

王洁小姐以前日生一子，夏师母得重孙，当是欣慰之事。

七月廿四日（星期四）

今日热更甚。到店，续作注解。

下午归家后，知保长来关照，现方办理免缓征召申请，三官为及龄壮丁（二十一至二十五岁），如欲申请，须从早办理。最近政府决定，上海市不抽壮丁，改用征募志愿兵办法。如征募不足，则抽及龄壮丁补足之。今办理免缓征召申请，盖为征募不足之准备。此时当壮丁，确然太不成话，然三官殊无免缓征召之条件。此事如何应付，余实无法决定。果须抽签时，抽而不中，则亦无事。如抽而中，余以为不妨入营，非欲参加内战，入营身历一切，亦大足以长其识见。然墨以为此绝对不可。谈之许久，并无结论。

小墨自外归，知陈烟桥失踪两日。迩来各地均秘密捕人，陈之失踪，当属被捕。

夜间，雁冰夫妇来，谈一时许而去。

七月廿五日(星期五)

续作注释,写信。开经理室会议。

马宗融来,言渠为复旦解聘,名曰休假,可多支一年薪水而已。渠不甚关心政治,于此次学潮,亦未尝有所推动,唯好直言骂人,遂致被辞。

梅林来,谈济助贫困文友之事。

到家,洗身闲坐,挥扇而已。夜间,白尘来谈电影界、话剧界情形,甚久。

七月廿六日(星期六)

续作注释,改"少年"刊用稿。

下午回家,吃西瓜。天气甚热,而西瓜不能涨价,每斤价一千元至一千五,可见多数人无闲钱吃西瓜。

七时半,至女青年会,为其文艺团契谈话。到者仅十余人而已。九时归。

东南风大,路上固甚凉,然回室中,则汗流不止矣。

关于申请缓役事,今渐明其所以。申请缓役者尚需缴优待费(其数多少尚未知),以优待志愿兵。实言之,即志愿兵之费用,皆由及龄壮丁担负之,则所以郑重其事,催人赶办缓役申请也。无合于条款之理由则无由申请,亦无非促人速找一理由耳。三官将往市立实验剧校报名,高中以上在校学生可以缓役,此即理由也。至于入剧校,三官原有此想,余则以为无甚意义。

七月廿七日(星期日)

热甚,满室阳光,坐立不安。看《约翰·克利斯朵夫》数十页。

午后二时,至青年会,为文化函授学校同学谈话。听者四十人光景。

返家,洗身,吃西瓜。家无浴室,且无浴盆,分三橛洗濯,究不舒服。夜听昆曲。竟夜流汗。

七月廿八日(星期一)

续作注释。看"少年"刊用文字。昨日警察与宪兵在金都大戏院冲突,宪兵开枪,死七人,其六人为警察。今日回家时,见路上自四川路桥以南无岗警,盖罢岗也,此亦罕闻之事。

天气仍热,东南风强,因而似比昨日稍好。

七月廿九日（星期二）

续作注释，国文第五册今日注毕。开经理室会议。

傍晚，同人至夏师母家，携菜一席，祝其生日，兼贺获重孙。夏师母今年六十六岁。洗公等先为牌局，七时开宴。饮毕在弄堂中乘凉，候汽车送归。到家已十一时矣。

七月三十日（星期三）

写复信，看来稿。

下午四时后，话剧组请新中国剧团之汪巩君来演说。新中国即最近上演《大雷雨》者也。汪之言谓剧团工作，表演与种种事务技术工作宜居同等，事务技术工作如马虎，即不能得完美之演出。此外尚有许多经验之谈，自切实际，然我们之话剧组尚未具剧团之规模也。六时散。

五时许下阵雨，天气稍凉，夜早睡。

七月卅一日（星期四）

写信，作"少年"之卷头言，未完。

下午六时后，昆曲组为曲会。同人曹永瑞之父仲陶先生为桐乡名曲家，由渠邀得俞振飞、许君二人。俞为昆曲大名家，许君则有"笛王"之称。余邀景深夫妇及蔡漱六女士。达君则邀其友朱君及朱之女儿。诸人各唱数曲，自以俞振飞为最妙。其声音能操纵自如，抑扬高下，灭尽曲谱之痕迹，似自由吟唱，而韵味无穷。所唱为《哭像》一曲，《三醉》二曲。余于俞之唱，仅一度观其上演，余则自留声机唱片听之，今得接近听之，大是愉悦。许之吹笛亦神妙，爽利，洪亮。八时聚食，饮酒甚欢。饮毕复唱，至十一时始散。醉者景深夫人，芷芬夫妇。

八月

八月一日（星期五）

续作昨文，毕。中学文言教本尚未成一册，取已有之材料观之，期能补充。下午，开经理室会议。

准时归，吃瓜洗身，饮昨夕之剩酒，早睡。

八月二日(星期六)

续选国文教材。

下午三时,至许广平家,开文协常务理事会。议定对困窘之会友三十一人,各致送八十万元。又议《中国作家》赶速出版,内政部之执照发出已四月,六个月内不出,执照即将失效矣。然余实不能编此志。投来者多不及水准之作,请诸人赶作一篇,凑成一册,复何意义。所谓"为办杂志而办杂志",至无聊矣。然他友均不作如是想,他们以为有胜于无,且出了再说。五时散。

至我妹家,与冬官闲谈。吃瓜饮酒,八时归。

八月三日(星期日)

十时,步行至雪村家,行一时许始达。以电车拥挤,屡欲登乘而不得也。振甫、光燕、建功亦应邀至,谈字典之编辑,兼及语言文法。光燕、建功时出新意,聆之甚有味。饮酒,食西瓜与波罗蜜。谈至五时半散。

余到家进晚餐,复出至洞庭东山同乡会,参加其图书室读者之集会。余略谈读书,后有余兴节目,十时半散。

天气大热,竟夜流汗。

八月四日(星期一)

续选国文教材。

祥麟、甫琴自长沙来。祥麟现为长沙分店经理。来沪述职。甫琴调沈阳分店经理,将在此候船北上。

李伯宁自香港来,携云彬手书。云彬近撰近百年史,意兴颇佳,谓颇有希望于明日。

午后四时下雨,天气渐凉。

夜间,克家偕艾芜来访。艾芜方自重庆来,云将在沪小住。谈半时许而去。

八月五日(星期二)

续选国文教材。下午开经理室会议。

傍晚,饮于雪村家,同人而外,有陈达夫、程受百、张梓生、魏建功四人。窗外大雨,室内轰饮。九时散。

今日为人书扇,一楷书,两篆书。

八月六日(星期三)

国文文言本第一册已编齐,今日开始作各课后面之提示,偏重于文言虚字之用法。在店内执笔以至回家续作,灯下为之,共成八篇,全册三十篇也。夜间写字,视力不准,仅凭手挥动而已。

下午三时,雁冰来店,谈及《中国作家》出版事。彼此以为勉强凑集,必无佳篇。外间属望此志甚久,而所出平庸,殊失文协信誉。且开明承印此志,以目前工本之高,读者购买力之差,必致亏损。亏损而出一平平之杂志,亦甚无谓。至于内政部之执照,失其时效,亦未足惜。果有佳文,固不必以杂志形式出版也。余因托雁冰告有关诸友,望共喻此意,暂不主张此志之出版。

八月七日(星期四)

自晨及夕,作成十二篇之提示,去其三分之一矣。赶紧出货,以应市面,慌忙如此,亦可笑也。

上午黎烈文来访,十余年不见矣。渠将任教于台湾大学。

下午四时,小墨、三官乘车往杭州,将游湖三日。他们兴致好。余则事事倦怠,游任何地方,均觉无甚意味。但求宁定安适,然何可得乎。

八月八日(星期五)

自晨迄晚,续作提示十篇,于是第一册完成,赶速付排,期于本月下旬出版。下午开经理室会议,四时后开业务会议,六时毕。在店中聚饮而归。

八月九日(星期六)

写复信,作国文文言本之序文。

四时半,参加中国福利基金会召开之会,盖将公演《文化春秋》六场,以其所得分与各文化团体。福利基金会由孙夫人主持,其戏券将售美金十元,计可收四万万元。但演剧系由各明星扮演(其稿亦多人合作),导演、管理,均不容易。

余先退出,返店,同人宴请祥麟、甫琴、梓生、伯宁、黄璋元(黄将调往沈阳)。欢饮至八时散。

八月十日（星期日）

热甚，竟日赤膊。看奥尼尔《天边之外》全本。冬官来。小墨、三官以七时归，云杭游甚畅。

八月十一日（星期一）

上午，谈小学字典之编辑。营业方面之同事恒言我店无字典，最为缺憾。现届出版界困窘之际，确需一繁销之书，以维店运。因决议不谈理想，务求必成，且速成，但望能比人家较好，即可。我店谈字典已久，皆以理想过高，视人家之作均不佳，而如何方佳亦实难言，遂迁延下来。丐翁与振甫合作《夏氏字典》已完稿，大家看来，无多出色，且不便于初学。虽将出版应市，恐未能畅销。因议别作小字典，以今日为开始讨论之期。希望一年而后，即能出版应市。

下午五时，明社开大会，欢迎雪村、芷芬出游归来，并送黄璋元赴东北。有种种音乐节目，八时散。

雁冰来谈，十时去。

八月十二日（星期二）

上午，与晓先谈编辑字典事。拟作"中志"之《精读举隅》，仅得数百字。下午开经理室会议，准时归。闲坐不作事。

八月十三日（星期三）

续作昨文，毕，此次谈鲁迅之《风波》也。准时归，闲坐而已。

南风甚大，墨受风，闭汗，微觉发烧。

八月十四日（星期四）

竟日校国文文言本首册之校样。全册仅四十余面，恐其有疏漏，看之甚慢，竟花一天工夫。准时归。

八月十五日（星期五）

作字典样张，以"了"字、"以"字为例，同人各试作数字，然后共同讨论，商定体例。日来各人皆有兴于此，时时谈起。

夜间甫琴来，言后日飞平，再转沈阳。孔另境来谈。

八月十六日（星期六）

续作字典样张。

午后三时，至梅龙镇茶叙，讨论《中国作家》之出否。余与雁冰主暂时缓出，仓卒集事，必无佳绩。其他诸友均主出之。既多数如是，但需集稿足数，即可已。

六时，至仲华家，与诸熟友小饮。饮大曲及白兰地，甚适。

八月十七日（星期日）

上午看报，续看《约翰·克利斯朵夫》。

饭后，与三官看电影于金门。片系根据王尔德之小说《陶林格之画像》，无甚意思。夜听昆曲，仙霓社诸人所唱，甚不恶。

八月十八日（星期一）

开会讨论字典之编辑。看"中志"及"少年"刊用稿。校国文文言本首册之复校样。

开经理室会议。我店营业，照成本与售出之值计，本已亏本。而尚不致困窘者，缘购纸结外汇，照官价计算，纸张实较市价为廉之故。易言之，即挹注之方，全在有分配所得之纸张。各同业皆如此。有若干家用纸不多，而配给所得有余，即以售纸为业，颇获利益。书店而外，报馆以是为利者更多。但昨日政府定办法，外汇于官价之外，另定市价，为三万九千五（官价一万二），由指定银行买卖。以后购纸，即须以市价为准，于是书业藉纸以营利者固不复能仍其故步，而规规矩矩印书之家如我店者，亦莫能支持矣。书价提高，自属可能，然愈高销路愈窄，殊难办也。

今日起恢复八小时工作，下午以五时放工。

八月十九日（星期二）

看"少年"刊用稿。校国文甲种第五册注释校样，未完。

王耘庄来访。渠在新疆文化运动委员会任事，搜集新疆历史材料。据谓新疆汉族以外人，颇有兼入苏联国籍者。纠纷时起，今后恐加甚。

五时后，与墨偕至夏师母家，弘宁生子满月，宴亲戚也。婴儿甚小，视之生异感。余为命名曰"光淳",丏翁为其孙辈取名,多取从前皇帝之名,向来避讳不书者,余仍宗其意也。至我妹家小坐,候客至,至七时半始入席。听守宪谈访问台湾感想。渠往台湾,代表若干投资家往观有无事业可为。有许多接收下来之工厂标卖,价虽便宜,但整理需时,人才难得,买之未必有利。成品销售,市场何在,亦费考虑。守宪谓台北如超山,风景绝佳,到彼游赏,确足怡心。十时归。

八月二十日(星期三)

续校校样,看"中志"文稿。写积而未复之信。准时归。

秋热殊甚,洗身讫,较觉舒畅。小东儿始能倚墙而立,观其神色,似甚得意。

八月廿一日(星期四)

店中拟编尺牍,由同人分书信件。振甫之稿已交来,即为改之。

傍晚,举行酒会于四楼办事室中。酒系傅耕莘所赠,云有十余年陈。到者除我店十人外,来客二十余人。各就办事桌倚坐,室中俨如小酒馆。菜用冷盆,佐以鲜藕、巧果,亦小酒馆之吃法也。尽一坛,虽无大醉者,亦皆醺然矣。张牖青唱大鼓、京戏,颇不恶。张,中华书局之编辑者也。十时归。

八月廿二日(星期五)

校"中志"校样。写复信。

午后出外剪发,理发人为余修须,修之过短,仅余一分光景。坐就揽镜,不觉失笑。余自三十一年留须,一向浓黑,近年渐转花白,今日剪短,乃感异样。返店,同人皆莞尔。

回家,祀先,算是过中元节。祭毕饮酒。闲中与墨谈三午习性,谓其关顾家庭琐务,有似小墨。小东儿将来如何不可知,今观其表现,似性较刚强。

八月廿三日(星期六)

校国文甲种第五册注释复校样。将各人关于字典之意见加以归纳。开经理室会议。准时归。

八月廿四日(星期日)

看报。续看《约翰·克利斯朵夫》。余每于星期日看此书四五十页,恐将一年而始毕矣。

午后,出至附近九江浴室洗浴。此处甚干净,水为一大池。浴毕休卧,甚适。纳费一万五千元。

夜听昆曲,为昆山之曲社同人所唱,各角均佳。

八月廿五日(星期一)

写复信,看来稿。下午,讨论字典之编辑,决定着手办法若干项,准备即日动手。

七时,至杏花楼。丏翁之次孙弘奕订婚,邀余为证人。女姓陶名瑾,常熟人,现为小学教师。到者有质均、守宪、陶之父母兄,及弘奕之母。盖印后进餐,一席费至一百二十万元。十时归。

今日得雨数场,渐见秋凉。

八月廿六日(星期二)

看杂志文稿。开经理室会议。开始注释国文甲种第六册。准时归。

俞钧硕来,言圣南妹怀孕,而腹中有瘤,须开刀。闻之不免担心。

八月廿七日(星期三)

今日以孔诞放假。同人集体出游,连家属得六十余人。分乘大车二辆,以九时抵冠生园农场。其地整治至清洁,有野趣。瓜棚结种种冬瓜,金鱼园种类甚繁,皆可观。憩于大席棚中,青年人或拍羽毛球,或拍台球,并作其他游戏,余辈则坐而闲谈。适元善亦至,拉与共饮。元善知我辈携有笛二枝,则曲兴大发,愿留而共玩。郑缤、汉华、元善皆唱。小墨与许彦生为之吹笛。午刻闲宴,则饮酒。多人以余时参观冠生园制造工场,并游附近的黄家园,余皆未往。得此清闲,披襟受风,余意亦已足矣。五时归。

三官游黄园,自矮墙上跌下,挫痛腰部,墨为之不快。此子举动恒浮动,坐立皆无好相,言之已屡而不悛,殆亦生活太无拘检使然。

八月廿八日(星期四)

写信。续作注释。

傍晚,以墨生日,小宴数青年友人。许彦生将离店,返其故乡任师范校教师。章士敢将至清华任助教,其妹密小姐考取燕京。冬官于下月初将北上。因为此数人作饯。而新来店之卢锡畴君尚未与往还,因迎之。酒罢,诸人唱曲,作桥戏为乐。

九时散。秋热仍盛,夜间关窗,则汗流竟夜。

八月廿九日(星期五)

续作注释,居然得五纸。

傍晚,吴朗西邀洗公与余至其和成银行饮酒。闲谈为快。八时归。听稚青女士说《贵妃醉酒》。

八月三十日(星期六)

看杂志刊用稿。续作注释。准时归,听广播昆曲。

八月卅一日(星期日)

天气仍热,竟日未出。续看《约翰·克利斯朵夫》,写主人公少年时期,觉渐入佳境。夜听广播昆曲。

小东儿已能够移步,挈其两臂,两腿甚喜搬动,此是二三日内事也。

九月

九月一日(星期一)

续作注释竟日。

回家后身体不适,伤风,闭汗,酒罢早睡。半夜汗出。母亲亦伤风,不适。

九月二日(星期二)

竟日写复信。为许彦生写屏条一,为秦瘦鸥书扇一。开经理室会议,决定以士敫任长沙分店经理,祥麟调总管理处。

归后,知小东儿又有一新动作。电熨斗上有一柄,钉脱卸落。东儿执柄在手,凑于耳际,口呼"噢,噢",且作凝神谛听状。初不悟其何意,后乃知其系模仿打电话。此儿见人打电话回数甚少,居然已注意。熨斗柄形略如话筒,即引起其联想,且能驱其体魄,表现此状,不可谓不聪慧矣。爱记之。

九月三日(星期三)

看"中志"刊用稿,为之改易。

冬官来辞别,以今夜登轮北行。明年暑中须实习,实习工厂如在北方,则须俟后年毕业时归来矣。国多苦难,不知后年暑中又复如何。准时回家。

新近以晒台改为一小间,木工泥工系店中所雇用,材料自备,共费三百余万元,已完工。此间将令三官居之,其书籍亦移置其中,于是我们室中可以稍宽舒耳。

九月四日（星期四）

续作注释,竟日未停。

傍晚,同人宴请北平图书馆赵斐云君（万里）,兼为范允臧、方光焘作饯。而以振铎为陪客,谈笑至九时散。

九月五日（星期五）

写复信。看杂志稿。续作注释。开经理室会议。

天气大热,汗流不止。久不得雨,江南晚稻势将歉收。

九月六日（星期六）

续作注释。平伯寄来便函一,工楷书其近作五言诗,甚可爱。

天气热甚,自午刻作云,迄不下雨。至午夜而始雨,倾注极畅,庆得新凉矣。

九月七日（星期日）

三官以书桌书架移入新建之小间。我室遂更改布置,以卧榻置西窗北侧,似较空敞。添置钢架沙发椅二,置于南窗。椅价十六万元一只,在今时言之,觉其便宜。

中午,于洗公所为山公、士敫作饯（山公偕士敫至长沙监盘）,兼饯士敢密小姐。余与洗公、达君作东。

续看《约翰·克利斯朵夫》数十页。夜凉殊甚,起取棉胎。

九月八日（星期一）

续作注释。放工后开业务会议,历两小时而散。小饮。然后归。

九月九日（星期二）

上午作杂事。梅林来,杂谈会务。下午续作注释,开经理室会议。

准时归。新凉,早睡。

九月十日(星期三)

竟日作注释。

下午六时,明社开会,欢送士馼与俞成荫(亦调往长沙分店)。既而杂谈店务,随便发言。于出版业前途之危机,及应付此危机之对策,各抒意见。八时半散。

九月十一日(星期四)

续作注释,校《中国作家》校样。准时归。白尘夜间来谈。

三午已开学,为一年级生。回来写描红纸,更用铅笔抄书句。此儿于先生交代之功课不肯马虎也。

九月十二日(星期五)

一多全集之原稿已由沫若处交来,尚缺一部分。其已来者将近七十万言。此书甚富学术性,宜为仔细校雠。而发售之际,人震于一多之名,亦必能畅销也。

胡朴安逝世,雪村为语文学会撰一联挽之,余书之。联曰:"治许唯段桂严王是宗,由绚烂归平淡;说易在阴阳爻象之外,化朽腐为神奇。"

戴伸甫来访,明日即将返台湾,与同人至雪村家留渠午饭。

返店,以余墨为伯祥书一联,即取余"情超哀乐三杯足,心有阴晴万象殊"之句。开经理室会议。准时归。

龙文在,谈渠以后工作。渠拟请假两月,往永安贩木头,木头系作梭子之原料,据云有一倍之利。此君不甚耐坐办公室,店中薪水嫌其死板,故有是谋。

克家、艾芜来访,谈有顷去。

九月十三日(星期六)

看杂稿,写复信。续作注释。准时归。

九月十四日(星期日)

上午,余揩玻璃窗四扇。室中本极凌乱,以不易收拾,任之。今既较空,且居然整齐,遂兴揩窗之想。墨亦出力揩其他处所,且移动器物,求其更安。

饭后,出浴于九江浴室,消磨两小时,甚舒适。归来续看《约翰·克利斯朵夫》，全书四册，今仅毕其第一册，大约要看到明年去矣。

芷芬、汉华自苏州归，馈鸡头及鲜藕。得尝乡味，趣在味外。

九月十五日（星期一）

看"少年"刊用稿。校《中国作家》。

郭子杰自欧洲返国，今日来沪，邀友人会于善钟路郁姓家。余以四时往，久候而渠始至。渠现任职于联合国文教会，此次文教会亚洲各国代表来我国开基本教育会议，渠偕来，廿二日即须出国，返巴黎。此君好为艺术方面之活动，人家开画展，开音乐会，竭力拉拢，今在欧洲亦然。谈及文教会之略况，亦无甚要义。

余与振铎先辞出，至王艮仲家。客八九人坐于草场，旋即饮酒。酒罢闲谈，多及王之农场。其农场略取集体农场之意，先为"训政"，将渐入于农人自有其田，自管其田。用美国机器，效尚未大见。田在浦东，凡千余亩云。

九月十六日（星期二）

天未明，满子将临产，由小墨陪往产科医院。先已挂号，入院便易。迄于十时许，医院来电话，谓已产一女。

余继续校对《中国作家》。午刻，至雪村家小饮，明晨山公与士敫飞汉口转长沙，聊为饯别。

下午，开经理室会议。

陈达夫招饮，借座雪村家，因再往。谈饮至十时始归。

墨往医院视满子，此次生产甚顺利。婴儿重六磅半。

九月十七日（星期三）

两夕以十时归，不能谓甚晏，而余已觉不习，睡不得畅，精神因而委顿。今日未作何事，仅与均正讨论闻氏全集之发排版式而已。五时半归。饭罢早睡。

九月十八日（星期四）

竟日作"中志"卷头言一篇，才千字耳。思想阻塞，竟觉转动不得，古人所谓"才尽"，殆即此乎。

回家后，见三午为其功课发愁，又因遗失练习本而发愁。其家中需作之功课有描红，有铅笔字，有算术练习等项。算术练习作轻重厚薄之比较，印本上书轻重厚薄等字,并绘各种物品,令儿童判定孰重孰轻,孰厚孰薄。此法似好而不好。此等比较宜凭实感,今凭文字图画,仍是舍生活教育而取书本教育也。其印本出自儿童书局万叶书店等家,若辈以为有此利器,可以推行新教育,不知相去远矣。遗失练习本,则惧教师之责骂。大约教师之态度,经常有责骂等情。总之,三午已视入学为可畏可虑之事矣。

倦甚,酒罢早睡。

九月十九日(星期五)

写信。校《中国作家》末校样。开经理室会议。五时归。

满子已自医院回来。院中产妇多,铺位不敷,遂提早退出。幸产后安佳,无妨移动。婴儿面目端正,颇丰腴,已能张目四视。其右手背食指之根部有"黑记"一摊,戏谓长大之时,与人握手,必将自嫌。此系墨之遗传。墨之"黑记"在右小臂。三午亦有之,在左耳后。小东儿则无之。小东儿见其母身旁多一人,即不复与母亲昵,时欲离房他徙。其小心中必甚感不快,惜无自知其详也。

九月二十日(星期六)

写复信。看文稿。下午开董事会。

归至虹江路,与墨走旧木器铺,购得衣橱一具,小型器物橱一具,共价八十万元。运至弄中,以绳索曳之上楼,放定位置。室中至此始算略备,不复如逃难时期模样。揩抹移挪,虽不需花大力,亦颇乏矣。

九月廿一日(星期日)

晨起觉器物位置未安,又复移动一下。我妹来,馈满子以食品。饭后,余仍浴于九江浴室,并理发。

归后作短文一篇,谈弘一法师之临终偈语,苏慧纯所嘱,将以刊于《觉有情》杂志,为纪念弘一也。

小墨亦欲购衣橱,余与同往昨日成交之一家,得一具。

夜早睡。

九月廿二日(星期一)

看"少年"刊用稿。

写"闻集"之金甲文文字。写堂对一副,送与王梦岩,贺其子之结婚。写七言联一屏,将以参加孙夫人园游会之义卖。又为某校书一堂名。余写篆字,只能谓之尚可,去精熟尚远。今人篆字,余佩吴稚晖王福安,若能达彼二人之境界,则快慰矣。

五时归,三午又为学校功课哭闹。

九月廿三日(星期二)

续写"闻集"金甲文字,毕。开经理室会议。依时归。天气又转热,至八十五度以上。

九月廿四日(星期三)

看稿,写信,续作注释。

五时回家,雪村夫人在,来视满子者。我家得人家之友情甚重,满子生产后都来探问,并馈食品。

九月廿五日(星期四)

写"闻集"金甲文字。续作注释,今日完毕。自去年初夏开始编国文甲种,至今乃全部完成,了一件事,亦快事也。

夜七时,至戏剧学校观昆剧。景深在此校任昆曲一科,约集曲友作一会串,名曰"见习同期"。校中剧场有四百余坐位,今夕不得坐而立者无数,大概上海各曲社皆有人到,与曲社中人有关者亦到。演至十一时半而毕,以项馨吾、殷震贤之《佳期》,俞振飞、张氏姊妹之《断桥》为佳。项年在五十左右,且系男子,而饰红娘细腻熨帖,令人心醉。俞则声出金石,演唱并美,微嫌其做作稍过火耳。

九月廿六日(星期五)

写信,作杂事。下午开经理室会议。

欧阳予倩夫妇六十岁,其母夫人八十岁,设寿堂于祥生饭店,五时而往。到者多戏剧界人。开宴凡十六席,酒半唱戏颇热闹。余以十时归。

九月廿七日(星期六)

天气又大热,竟至九十余度。神思昏昏,竟日未作甚事。

九月廿八日（星期日）

午后仍出浴，甚舒适。续看《约翰·克利斯朵夫》数十页。

九月廿九日（星期一）

为晓先书送人斋额，初用甲文。究非熟习，三字之中，一字甚僵。

中午，以今日中秋，店中添菜备酒。余饮一斤。酒后仅作杂事。夜间，家中小饮。连夕有月，今夕独无月。

九月三十日（星期二）

仍仅作杂事。下午，为人书小幅篆字，信笔书之，计成九幅。

五时后，与墨至五芳斋吃点心。糖芋艿一碗，烧卖一盆，馄饨两碗，价二万九千元。

六时，明社开大会，改选干事及监事。继开时事讲谈会，必陶讲联合国之各方面，彬然讲美苏对立，晓先讲殖民地之觉醒，而予同为之总结。同人平日看报，未必有统整观念，经诸君为之提纲挈领，自然可有较好之看法。八时半散。

天气已转凉，夜眠盖棉被矣。

十月

十月一日（星期三）

看投稿，写复信。

今日起改于上午八时半开始作事，下午五时半放工。到家不久，即入暮矣。

十月二日（星期四）

四杂志社开工作会议。日来书价提高，杂志暂不改价。《中学生》在上海人观之，六千余元，殊不觉甚高，而内地则颇嫌其不胜负荷。我人出杂志，亦具普遍辅助各地青年之微意，自不得不有所迁就。暂不改价，职是之故。然外汇率逐步提高，工价亦时有改变，以后书价且将逐月调整，杂志亦终需涨价也。

下午，为"中志"作一通函，致书教育家医学家，请其作文，参加《中学生的健康问题》之笔谈会。

入夜酒后，续看《约翰·克利斯朵夫》十数页。眼涩，即就寝。

十月三日（星期五）

改振甫所起尺牍稿。开经理室会议。依时归。

天蟾舞台俞振飞与梅兰芳合唱《贩马记》，电台播其音，听《写状》一出，甚可玩味。

十月四日（星期六）

续改振甫所为尺牍稿。

依时归。听收音机之弹词。各地均有唱书一类之游艺，而苏州之弹词，声调最平，殊不能表现感情，三弦之伴奏又极简单。与北方之大鼓书相较，差别多矣。余幼年随大人听书，中学生时代复与同学共往，流行之各书，几皆重听数遍。今日听之，乃觉其了无趣味。

十月五日（星期日）

看报，续看《约翰·克利斯朵夫》。

方欣安夫人近芬女士来访，渠自武汉大学来，将返新昌探其老年之双亲。

午后，余仍往九江浴室理发沐浴。四时归，续看罗兰之作。夜听梅兰芳之《贵妃醉酒》。

十月六日（星期一）

看《国文月刊》之投稿，改"中志"刊用稿。

饭后，窦存我老先生来访，谈弘一纪念会事。

近芬女士带来其友所藏书画，欲在沪变卖。又有图章一方，系文三桥所刻，留其蜕于此。边款署"文彭"，又行书书此二语。又有金冬心之题语曰："识金宝玉者甚伙，藏书尚画者亦比比皆然，未若余之好篆也。于斯可耳。"末一语不知何谓。

十月七日（星期二）

续改"中志"刊用文字。

孔另境将办一杂志，以登记不易，用丛刊形式。屡来嬲余作文，今日写一篇与之，共一千五百言。余实不能作文矣。

开经理室会议，依时归。

伯祥观文三桥图章,断为赝品。前在甪直,我们见文氏印谱不少,且亦见若干原石。文氏多作白文,其石均经烧过(此是其人之癖性,盖不欲久传之意,或正相反,不欲人磨去而别刻他印)。今此章作朱文,不甚佳,边款"文彭"二字亦可疑,石又未经烧过。殆诚是赝品也。

十月八日(星期三)

写复信,作杂事。

臧克家屡来索文,今日勉执笔应之,仅成四百言而止,俟明日续写。

夜开业务会议,会毕饮酒,八时半归。

十月九日(星期四)

改"中志"刊用文字。续作昨文数百言,仍未完。

十月十日(星期五)

上午,克家来,谈文坛现况,于胡风颇不满,谓其为取消主义宗派主义之尤,于他人皆不满,唯其一小群为了不得。余于此等事向不甚措意,然胡风之态度骄蹇,亦略有不满也。俟其去,续作昨文,毕,全篇仅千五百言耳。

饭后,仍出外沐浴。浴毕,观电影于国际,片名《天堂之夜》,善为寓言之伊索为男主人公,故事无稽,而彩色摄影甚悦目。

夜,听国乐之管弦乐队合奏之广播,颇佳。

十月十一日(星期六)

程千帆自武昌来,偕潘伯鹰来访。

午后,作杂事,复人来信。龙文与余同归,饭后芷芬来共谈,谈店事种种。

十月十二日(星期日)

上午续看《约翰·克利斯朵夫》。

下午至大法轮书局,与窦存我、苏慧纯、朱稣典诸位共商,定于十二月九日循向例在玉佛寺纪念弘一法师,兼纪念丏翁、经子渊先生及震华法师。八时归。

八时后白尘来谈,亦颇不满于胡风。

十月十三日(星期一)

改"少年"及"中志"刊用稿。写信数通。为人写篆字四张。依时归。

日来物价又大涨,米至八十万,白报纸八十余万。店中秋销以来有些现款,买纸不成(纸须配给,定纸结外汇,皆颇麻烦),日趋低落。

十月十四日(星期二)

作"中志"文字,尚属顺利,然亦仅得一千余言。开经理室会议,议定减少各杂志篇幅。一为纸源缺少,一为顾及读者之购买力,减少篇幅,涨价时可以少涨些也。

夜读《约翰·克利斯朵夫》数十页。

十月十五日(星期三)

续作昨文,毕。全篇裁二千字耳,题曰《讲解》。看"中志"刊用文字。

夜于收音机听梅兰芳之《黛玉葬花》。

十月十六日(星期四)

伯祥以谢子明所有张令涛之画幅嘱题,一一题之,凡八幅。

中午,华问渠来店,与同人共陪往永兴昌小饮。华家在贵阳办文通书局,在宣统年间。当时搬运机器,皆以人工升入。今其书局存在,颇欲与他家共驱。

酒罢返店,看晓先书店招大字。我店旧用黄蔼农隶书,今易之。

与予同、绍虞等共谈《国文月刊》之编辑方针。结论为任其自然,有稿可用,即为登入。余意此志宜促进国文教学,而作文者不多,未能做到也。

六时,与洗公、伯祥共应谢子明之召宴。谢购屋于横浜路,加以修葺,器用全新。庭中布置一大花坛,植松树、桂树及杂卉,配以湖石石笋,甚可观。谢营文具业,近年获利颇丰也。酒馔俱佳,九时始散。

十月十七日(星期五)

作杂事。下午开经理室会议。店中于川公路购地六亩余,即我同人所居之后面。拟先建住屋数幢,供同人租用。复建较宽广之房间若干幢,或作编校部办事室,或作栈房,或办学校。我店于书业中为认真办事者,一本往日作风而益求改进,事业宜可发展。无如时势限之,便常感困窘耳。

夜七时,同人为曾忠岱钱行,曾将于后日返重庆。凡两席,饮啖甚欢,有薄醉者。

十月十八日（星期六）

校"中志"校样，点闻一多所选之《唐诗大系》。

梅兰芳演剧，同人多欲一观。今日托人购得花楼票十张，余与墨取其二。若非有人可托，戏票决难到手。花楼实为二等，逊池座一级也。而其价为七万一张，池座则八万矣。晚七时，与墨偕往天蟾。坐位尚好。场中秩序亦不恶。杨宝森之《失空斩》尚可，然其扮相及表演殊不见儒雅。梅演《贵妃醉酒》，以余观之亦甚平平。其实对于平剧，余皆觉其无多意味，虽亦一种艺术，然其艺术殊粗疏也。梅与余同年，居然尚能作许多身段，不现老态，自亦非易。十一时散，余疲甚，因而一夜未获好睡。

十月十九日（星期日）

续看《约翰·克利斯朵夫》，闲抱小东儿，与之嬉戏。饭后仍出浴。夜饮绍酒，系新自绍兴运来者。余购五坛，足供一冬之用矣。

十月二十日（星期一）

进修班之国文课，前以暑期中止，今日起继续，每星期一晨由余担任。课毕，写复信若干通。下午续点《唐诗大系》。

子恺来，谈弘一纪念会事。渠此次来，专为陪其女儿观梅兰芳，连日往观。明日返杭，约定弘一纪念会时再来。

夜间酒后，续看《约翰·克利斯朵夫》数十页，第二册毕。尚有二册，不知年内能否看完也。

墨往霞飞坊，探外甥女秋儿之病，九时半归。

十月廿一日（星期二）

写信。续点《唐诗大系》，毕。

开经理室会议。下月中下旬，店中将开扩大业务会议，各分店之经理皆须来沪出席。时处今日，营业非易，确须共图善策，庶可稳度危难。

依时归家。酒后，汉华来闲谈，谈表演戏剧，于扩大业务会议期间开一盛大之游艺会。拟演吴祖光之《少年游》，尚待公决。

十月廿二日（星期三）

有数人来访，即消费半天工夫。写信数通，看"国刊"投稿两篇。

傍晚，酒会举行小集，以今日为重阳节也。地点即在店中之四楼，亦可谓登高。陈菊数盆，聊为点缀。酒次吃蟹，蟹已不坏。张牖青唱大鼓，徐炳生唱绍兴戏，九时散。

十月廿三日（星期四）

看"少年"刊用稿，写复信。

开话剧组会议，决定排演《少年游》，演员即经派定。是剧凡三幕，将以一星期练熟一幕，三星期而完毕。

放工后即返家。酒罢听广播，又是杨宝森之《失空斩》也。听罢就睡。

十月廿四日（星期五）

作完一文，为《创世》杂志作，二千言，谈学校教育令学生枯坐听讲，实为刑罚。

因节约纸张（实为节约外汇），政府令减缩杂志之篇幅，月刊以六十四面为限。我店各志皆逾此数，自下月起，即从减缩。据人揣测，此尚有政治作用，政府固甚厌恶若干杂志，唯期其不出版，借此因由，亦可以寻班索瘢，剔除数种也。

开经理室会议。依时归。夜听杨宝森之《打鼓骂曹》。

十月廿五日（星期六）

作杂事。梅林来谈。适夷亦来，言《中国作家》第二期稿尚未集。夜间，欧阳小姐来谈，甚久。

十月廿六日（星期日）

天雨。上午看《约翰·克利斯朵夫》。饭后仍出洗浴。

满子携新生之婴儿归宁母家，昨留一宵。今日墨与小墨亦往，傍晚同归。

十月廿七日（星期一）

改"少年"刊用稿。看"中志"文艺稿。写复信数通。

平伯书来，论佛法甚精。

夜间，《少年游》开始对辞。请聂淼为导演，聂君先谈剧中人物性格，然后各演员对念第一幕。计念两遍,已耗两小时。余旁坐听之,亦使诸人鼓起兴趣而已。诸人国语皆平常,念辞亦不能表达出感情。初学此事,自有此象也。

十月廿八日(星期二)

校国文甲种第六册之注释。开经理室会议。

夜间,聂君仍来,为诸人排戏。诸人皆生手,读台辞不能达出感情,动作亦拘束欠自然。导第一幕之前半,凡两遍。俟聂君去,又自练一遍,至十一时始散。余旁坐而观,过于注意,遂成疲劳。竟夜未得好睡。

十月廿九日(星期三)

拟续编国文乙种第二册,翻寻选文,竟不可得。所难者二。一为内容难适合初中学生之程度,二为文字往往有艰深处,欲求平易之文言,形质并美者,难乎其难。其实学习文言亦不必用教本,从前人看《三国演义》,为通习文言之门径,此日仍可沿用也。曾以开辟取材范围询叔湘,不知其能有所见告否。

夜间仍观同人练习《少年游》,排第一幕毕。计观两遍,十时先退,他们犹在排第三遍也。

十月三十日(星期四)

看"中志"投稿。

午后开临时董事会,决于下月十六日召集临时股东大会,讨论增资。董事会提案,拟由一亿元增至三十亿元。所以然者,盖欲少减"做账"之困难。由于通货膨胀,币值低落,各业就其营业数字观之,皆远超出于原有资本之数。为避免付出巨大之所得利税(如照算各无以存立),几无一家不造假账。我店资本增至三十亿,在目前聊可应付。股东不必出现金,即以一股升为三十股可也。

夜间,晓先、芷芬来谈,谈我店建屋事。先造宿舍九间,即日动工矣。空地尚多,将来再谋建他屋。

十月卅一日(星期五)

看"少年"刊用稿及"中志"文艺增刊稿。

午刻,与墨至雪村家午餐,盖张近芬女士将于今日登轮返武昌,雪村为之作饯。酒次,雪村谈阿凤事,原原本本,甚有趣。

开经理室会议,明日书价又须提高矣。

夜间,雁冰来,克家艾芜继至,谈文友之态度及见解。俟其去,听弹词数回而睡。腰酸背痛,睡不得安。

十一月

十一月一日(星期六)

看文艺稿。

午后,龙文交余丐翁致弘一法师一书,系代余乞书者。其书作于二十八年十月,寄往福建永春普济寺。后经退回,信封批明"收信人有病,闭门静养,不能收信,故退回"。丐翁收回后,藏诸家中。今龙文既检出,余当珍藏之。

自今日起,钟点拨慢一小时,取消夏令时间。我店工作,上午八时始,下午五时散。实则比昨日延后半小时矣。

十一月二日(星期日)

天气暖晴。上午看《约翰·克利斯朵夫》。

与小墨、芷芬携三午、白龙至怀恩小学,晤其校长,告以两儿年龄尚幼,不胜任小学一年级之功课,宁愿退回幼稚班。校长允之。此不特两儿心慰,两家之大人亦复安心。自秋初开学以来,两儿各有课本五六本,练习本十余本,外有铅笔、毛笔、墨、橡皮等等零物。两儿不能自己照料,往往遗失,回家则先之以哭泣,非补购不可,几乎每日如此,平均消耗五千元一天。抄书、剪贴、习字、算术等事不能自为,则由大人为之帮忙。而自教师视之,程度仍不合标准。最近得学校之成绩报告书,两儿皆有五六门不及格,对三午之评语为:"品学俱劣,屡戒不改。"余回批其上云:"不能同意,尚宜善导。"教师见之,询女佣阿琴云:"此儿家中人殆全是神经病耶?"如此教育,实无意义。徒以三午在家讨厌,满子必欲托之于学校。小墨能陪三午玩,但无其时间。今出于下策,退回幼稚班,亦勉强足以慰藉。下学期自必另换学校矣。然他校亦未必胜于怀恩也。

午后,仍出外洗浴。回家后发现收音机之旋钮有障碍,不能旋上旋下,凑合周波。因拆开检之,希望修好。但病原虽察出,修治则不能。忽肝阳上升,恶心头昏,遂就睡。未饮酒,亦未吃夜饭。八时始无恙,吃饼干数片而睡。

十一月三日(星期一)

写复信。改"中志"文艺特刊稿。

下午梅林来谈,语多愤慨。

回家后,吃蟹,虽不甚大,已颇结实。饭后仍看同人排演《少年游》第一幕。聂君终不谓可,从其术语,即所谓"没有戏"也。俟聂君去,诸人联读第二幕一遍,及毕,十一时矣。

十一月四日(星期二)

三午昨日入幼稚班,教师不之纳,仅令旁坐,不认为正式幼稚生,谓其仍得入一年级。今日略有腹痛,即此赖学,哭闹一场,终于未往。

余到店,续看文艺稿。午后,看新收到之杂志,开经理室会议。依时归。

夜间看同人排《少年游》之第二幕上半。先退归,就睡。

十一月五日(星期三)

写复信。为孙起孟、庞翔勋二人作其合作之《国文学习谈》之序文,得千五百言。

放工后,与伯祥、予同至振铎家,应其招宴。振铎收藏古物益多,皆为明器,云均真品。观其所印名画集及西域画集。既而向觉民至,为其所请主客。不见将二十年,向亦苍老矣。原在北大任教,今来南京,将任事于中央博物院。他客尚有徐森玉、李伯嘉、舒新城、顾起潜。看馔甚精,谈叙颇适,十时散。

到家,墨告余今晨三午仍不欲到校,哭闹一场,被打一顿,勉强入校,坐于一年级教室中。依余与墨之见解,此时可暂令停学,而满子嫌其在家讨厌,必欲寄之于校中,亦无可如何也。

十一月六日(星期四)

写复信,改《国文月刊》用稿,看外来投稿。

傍晚,与村公同至胶州路民众学校。此校由俞庆棠女士主持,女士以其兄颂华先生作古,邀集先生之友人若干人,请发起为之开追悼会。及所邀之十余人俱集,议定于下月七日在静安寺举行,拟定函稿,更广邀发起人。余与颂华交不甚深,然颇佩其笃实。于追悼会等事,凤以为世俗点缀,了无意义。唯感迩来颇须参加友人之祝寿会与追悼会,实亦年岁渐老之征。

会毕聚餐,菜肴系校中习家事者所制,颇不恶。唯不设酒,余未免不习惯。食毕,俞女士邀观其学生上课。此校有幼童班、成人班、技工班,自晨及夜,课室中均有人上课。教法比较改良,然无多设备,仍多由教师讲解。据俞女士言,学生颇爱其学校,有暇即来校,上课之外,继以游戏。观女士与学生之表现,确亦感情交流。如是学校,在我国已属不可多得矣。

九时半归。知今日上午三午到校后,独自溜出,徘徊于街头,为女佣所见,携之而归。此儿于学校,厌恶甚矣,再迫令入校,徒增恶果,因与墨决定,明日起不再令入校。

十一月七日(星期五)

看"少年"刊用稿,略为润色。

下午三时后,雪舟自重庆飞到,盖来参加业务会议也。南昌分店经理沈陶孙以昨日到,为最先之一人。雪舟方到,而成都分店忽来电报,谓副经理胡志刚被捕,原因未言明。以意度之,当是被人诬陷,牵入政治。迩来政府指民盟为非法团体,民盟总部宣告解散,而各地以共党及民盟之嫌疑被捕者,传闻为数不少。胡君之事或即以此。

今天三午不到校,恐其在家与乃母缠绕,携之到店,令看画报,偶弄笔墨,亦复安然。

放工后与墨携之出外,并偕晓先同行,食素面于素菜馆,然后看电影于大上海,票系明社所赠。片名《青春的旋律》,盖去年苏联体育节之纪录片。苏联之各民族各衣其服装,各显其运动之特长,而一致注重于集体运动,洵为大观。青年男女之体格无不壮健,精神无不愉快而活泼,决非强为扮演,盖可一望而知。他人如是,回思我国,未免凄然。九时到家。

十一月八日(星期六)

写复信数通。看外来投稿。五时半开业务会议,无多讨论。饭毕而归。仍观同人温习《少年游》第一二两幕,十时毕。墨往剧校观"歌唱晚会",余候之,一时始睡。

小东儿已能自己扶桌椅而行走,时亦能脱手独立,喜而志之。此儿久未命名,近名之曰"大奎",系墨所定,盖"大块"之谐音也。人以此儿壮硕,皆呼之为"小大块头"。实则自断乳以后,肌肉已宽弛,非复名副其实之大块头矣。

十一月九日(星期日)

晨七时半,与洗公、彬然、祖璋、小墨等驱车至玉佛寺,既而预约者咸集,张挂陈列书画写件。以一堂陈弘一法师之遗墨,一堂陈经子渊之画件,一堂陈经先生所藏书画,而震华法师之遗著原稿亦陈其中。供弘一、丐翁、震华之相片,经先生无像,则为设一神位。观者陆续至,或观书画,或为膜拜。中午素餐。食毕集会,谈弘一图书馆进行工作。及暮散归。窦老先生循例设斋于家,邀往一叙,余谢之。

到家,圣南妹在,盖来沪游玩。

既而士敫来,一别两月,丰采甚好。知今日来者尚有刘甫琴、王稚圃两位,此次开扩大业务会议,各地分店经理以须如期赶到,多乘飞机。招待费用合计之,将在二亿元左右矣。

十一月十日(星期一)

为进修班上课。改来稿,寄回投稿者。

夜仍观同人排戏。张镜波自贵阳来,谈半小时而去。今日到者尚有昆明分店经理吕元章。王稚圃带来徐盈子冈夫妇二人之信件,并惠赠之蜜枣、口蘑二物。

十一月十一(星期二)

看外来投稿。

下午放工后,至南洋女子中学,为其全校师生作说词。教师凡四十余人。余言班级制非妥善之办法,乃不得已之办法。令学生默坐听讲,虽似颇使学生舒服,实则不利于学生。须任学生多思多动,发展其知能,当前应用,充实生活。此皆平日所怀,但说来并不畅达。七时聚餐,观诸位教师相处,似颇融泄,亦比较可称之学校也。

墨之妹竹筠自福州来,留住我家,将返杭州,为岳母营葬。

十一月十二日（星期三）

今日中山诞辰，放假。按阴历，适亦为余之生日。墨治馔，忙了半日。既而夏师母与龙文携两儿来，我妹亦携两儿来，郑缤小姐亦来，而红蕉最后至。于是聚饮吃面，甚欢。食毕，小墨吹笛，郑缤、汉华、红蕉唱曲。

四时，客尽散。余乃出外洗浴。浴毕，至仲华家，应其招宴。仲华盖宴我店诸分店经理。既而陆联棠、胡瑞卿皆自飞机场径来，外有士敫、甫琴、雪舟。而洗公、彬然、梦生亦到，遂聚饮。全座十人，皆尝于抗战期间奔走各地，且皆尝至桂林，情谊之亲，因而更甚。九时散。

十一月十三日（星期四）

写复信数通，其一与叔湘谈共编高中国文。看《闻一多全集》中之《近代诗抄》，为之校改误字，以免排植有误。

士敏今晨自台湾到沪。至是，分店经理未到者只余三人矣。

傍晚到家，德祉在，言鸿君以上午离沪。夜看同人排《少年游》第三幕之下半。

十一月十四日（星期五）

续校《近代诗抄》。

下午开经理室会议。五时后开谈话会，会众皆业务会议之会员，全体凡三十九人，仅胡雨岩一人尚未到沪，缺席。此为正式会之预备会，首次大会于十八日举行。七时散，聚餐，餐毕而归。

十一月十五日（星期六）

写复信。作一短文，刊于廿四日联欢会临时刊。校阅《近代诗抄》，毕。

傍晚归，酒后看同人练习《少年游》之第三幕，凡两遍。稍有进步，仍然欠纯熟。诸人说国语皆不佳，有数人竟全然学不来，语言固亦有天才也。

十一月十六日（星期日）

晨九时，与小墨陪母亲至我妹家，乘小汽车。在家中下楼，母亲举步尚易。到霞飞坊上三楼，则颇困难，扶栏杆而上，举足甚艰。且分两段而上，到二楼小坐，然后上三楼。母亲此次留我妹家当有二三旬。

余则乘电车到店中,以午后开临时股东会也。下午二时半开会,通过增资二十九亿,共为三十亿元。此完全如演戏,各股东来会,亦以演成此一幕戏耳。

会毕,偕墨访鸿君之夫人,已不在旧居。人言亦将于后日离此。未知何日重来。不免怅怅。

夜餐时圣南与其夫同饭。俟其去,早睡。

十一月十七日(星期一)

阅"中志"刊用稿。作卷头言,以前所见苏联运动大会影片为材料,作千字而未完篇。

傍晚到家,小东儿呼吸器官有病,发热而不烈。满子言小猫儿走失,墨与余皆怅然。此猫系我妹家携来,便溺有定所,不讨厌,而室中有鼠,复正有用。走失于午前,访寻半日未得,以为无望。入夜,人言弄堂中汽车内有一小猫,视之果是,大喜。

仍观排练《少年游》,十时睡。

十一月十八日(星期二)

续作卷头言,上午毕。写复信数通。

午后二时,开董事会,议定办理增资手续,于下月十四日再开临时股东大会。

下午五时半进餐。六时半开业务全会(原名扩大业务会议,不妥,改从此称,前在桂林曾开一次,此为第二次)。今日先行排定议程,各人为一般性之述说,详细讨论以小组会议行之,议有所定,再决之于大会。以往各地分店对总公司颇有隔阂,此次各经理咸莅(唯胡雨岩在开封,尚未到),共希相见以诚,消除隔阂,趋于融谐。九时一刻散。

十一月十九日(星期三)

写复信。看投稿中篇小说。

午间,歌咏组同人练习合唱,为二十四日之联欢会之又一节目。以风琴、笛子、胡琴三种乐器伴奏,尚未能和谐一致。

傍晚七时,至成都菜馆,各杂志社编者聚餐。商定以后每两周举行一次,互通声气,借谋共进。《观察》编辑储安平谈其近来遭遇,以为文抨击美国反动评论家,受社会局传询。其寓所曾有可疑人物访问,自以机警未为所尝。后南京方面知其事,大约亦不扑灭其刊物,报纸又屡传其事,遂不复有下文。

九时归,练习演剧者尚未散,陪观至终,乃睡。

十一月二十日(星期四)

看投稿。校阅雁冰之《苏联见闻录》。渠以此稿交我店出版,分两部分,一为日记,一为专篇随笔。专篇列目三十三,尚有十余篇未作,俟其完成,即可付排。

夜间酒后,偕诸演员至戏剧学校,借其舞台,三幕总排一次,历时两点半。加上布景时间,须演三小时矣。导演聂君以专业者之眼光观之,自不能满意。明晚仍假其处彩排。二十四日联欢会,亦假其处,费用须纳二百万元以上。

十一月廿一日(星期五)

写复信,开经理室会议。

守宪嫁其次女,下午三时往贺之。

六时至剧校,观《少年游》之彩排。化装布景由校中同学帮忙。化装甚迟,历两小时。八时半开始,三幕演毕,至十一时半而毕。说白动作,均尚有疏漏。国语不佳,往往引人发笑。然初学者得此,亦复可慰矣。

倦甚,到家进饼干,即睡。

十一月廿二日(星期六)

阅"中志"刊用稿。

下午,开业务小组会议,讨论题目为"推广",余为主席。至放工时未完,延至二十九日续开。此次会议集各分店经理于一堂,平时之隔阂与误解,均可祛除,彼此亦能推诚相见,各倾所怀,均以为大有收获也。

回家,墨发热,先睡。渠盖积劳,又值天气转变,以至病作。

十一月廿三日(星期日)

墨热未退。

九时,余至立信会计学校,为其补习班之文艺组讲说,略谈词学,历两小时。似听者尚觉有味。

饭后,出外洗浴。傍晚,饮于洗公所,分店经理多数在座。饮酒颇不少。

十一月廿四日(星期一)

墨热已退,不到店,在家休息。余到店,为进修班上课。阅"少年"刊用稿。

梅林来谈。

下午三时半,与话剧组同人至戏剧学校,并携需用之道具。五时后,诸演员开始化装,由剧校同学涂抹。七时,客已集,全场位子四百零六,仅后面三四排空着。七时一刻,联欢会开幕。唱歌三支,吹口琴三曲,于是《少年游》上演。诸演员皆卖力,成绩视彩排时为胜。调孚、韵镪管道具,孟通如、陈贤辉管服装,井井有条,亦助成佳绩。于此见一剧之成功,实集众人之力而致之。十一时散,众皆欣然。

十一月廿五日(星期二)

写复信。阅来稿。开经理室会议。

午间,与墨食蟹粉面于五芳斋,三万元一碗,自家购蟹剥蟹粉,决不够也。购杂物而返店。

傍晚归家,墨又发热。满子买蟹,与小墨、三官、满子共食之。早睡。

十一月廿六日(星期三)

墨发热已退,而精神委顿,不到店。

余因范泉之嘱,撰一短文,付其所编之《文艺》。杂事纷来,未能完篇。

下午,续开关于"推广"之小组会议,本定于廿九日,提早之。谈二时有余,全体议题谈毕,将交与大会决定之。

五时半,明社开全体大会,欢迎各分店经理。演说讨论一时许,继之聚餐余兴,尽欢而散。

十一月廿七日(星期四)

续完昨文,交与范泉。写复信数通。

午后,参加"营业"小组会议。此一项目头绪最繁,关系最大,讨论半日,仅解决全部议题之五分之一而已。

五时一刻,话剧组开座谈会。请孟君谋吴茵夫妇二人参加。吴茵为名演员,以善饰老年妇人著名。首先谈话,评《少年游》演出之全部与各演员之技术。据谓业余团体能有如此之成绩,已属不坏。演员十数人,承其称赏者亦三五人。次谈演员创造人物之历程,大意为必须深入剧中人物之生活。其旨与文艺创作相通。末述化装技术之大概。

孟君从事剧运二十余年,谓我店同人有兴演剧,殆重在借作精神上之寄托,发泄其情绪,娱乐云云,抑在其次。复据其管理剧务之经验,谓一戏之成功,实为演员职员之共同成绩,必须互助合作,而后可致。会期共历三小时有余,人各欣然,略无倦色。

今日墨未到店。余回家,知大奎发热,小孙女亦伤风。墨谓在家看看,满子管理三个孩子实在穷于应付。非唯无片刻之闲,耳中安静些时亦难得。生儿育女,通常如此,亦无可奈何也。

十一月廿八日(星期五)

今日墨到店。余上下午均出席"营业"小组会议。至于放工时,尚有五分之一问题未经议及。

归家即饮酒,酒罢早睡。

十一月廿九日(星期六)

看"少年"刊用稿,写复信。

午后,开"人事"小组会议。此题内容亦甚繁复,至于五时,仅谈三分之一耳。

到家饮白酒。新买绍酒五坛,已去其二。每饮与小墨、三官共之,消耗自易。尚余三坛,拟少时再开。否则寒冬之际将无可饮矣。

十一月三十日(星期日)

上午十时,至我妹家省母。母安好,甚慰。留彼午饭。

饭后到店,续开"人事"小组会议,至于六时,仍未终了。晚饭毕回家。

墨又因扁桃腺肿胀而发烧。此病于抗战前一年发过后未曾发过,距今十一年矣。

十二月

十二月一日（星期一）

写复信多件。

下午，出席"人事"小组会议，至四时而毕。全体同人至有恒路栈房，于其草地上合摄一影。

小墨于午前身体发冷，先归，未与拍照。及余辈到家，则渠已发热甚高，至四十度。三午特亲其父，见其父呻吟，则啼泣，亦见其忠厚，同时表现其忧郁性。

余今日亦觉体内发冷，但未发热。精神颇不佳。早睡。

十二月二日（星期二）

校《开明少年》校样。写信。

午后，参加"出版与编译"小组会议，至五时而毕。据分店经理之意，嫌我们成书太迟，不能多出各类之书，应付市场。实则编校两方面二十余人，能有若是之成绩，已属努力。欲求更进，唯有增加人力，然此谈何容易，不仅经济上有问题也。

六时，与洗公等至傅耕莘家，应其招宴。饮十余年之陈之佳酒，进其夫人手制之美馔，谈笑甚欢。十时归。

小墨仍发热，未起床。

十二月三日（星期三）

校"少年"校样。

下午，出席"业务竞赛"小组会议。分组会议至此而毕，所议定各项，再当决之于大会。

王翼云来，交来湖帆所画竹石，系余所托，以赠达君者。请托尚在六七月前，由翼云经手，送以五十万，意欲其便宜。说明希望作山水小幅。而今以竹石来，或缘所送太少，与其润例不相应乎。

到家未几，杜克明医师来，为小墨诊病。发见其左喉扁桃腺肿胀，并不严重。

十二月四日（星期四）

校"少年"校样，写复信，看外来投稿。

傍晚至雪村家，与各分店经理吃蟹。座有台湾来之何容、方师铎二人，皆在台推行国语者。据云从事国语运动多年，自至台湾而发现种种之问题，非当前求解决不可。其故因台人受日人教育五十年，于拼音之观念及审音之技能皆甚进步，一遇教者有疏忽，即能指出而问焉。两年推行国语之结果，台人已自读音之阶段越过，进而入词汇与文法研究之阶段。此皆初无准备，故推行者必随时解决，其事甚劳，而趣味亦浓。据云台人之困难，在动词前后之语词不能得其当。又如"难道"，检字典而不得其解。就教育之观点言，语文学者须做之工作固甚多也。

八时半归，小墨已不发热，但尚疲惫。

十二月五日（星期五）

校"少年"校样。

中午，教育书店贺氏昆仲宴我店同人于知味观。各分店经理来往各地，与同业多有交往。余与贺君仅识面而已。

下午，开经理室会议。放工后听郑缤、汉华二人唱昆曲，颇有进步，而韵味仍不出。

六时，偕沛霖、知伊二人至复旦同学会，参加上海各杂志聚餐会。到者六十余单位，可谓大集合。议定筹备组织公会，并请政府配给纸张。会毕聚餐，八时半散。

中国戏院马连良上演，电台播其声。所演为《龙凤呈祥》，听至半中入睡。

十二月六日（星期六）

晨间候汽车不至，意其机件损坏，因与墨乘三轮车到店。未至中途，而见汽车北来，即亦不复改乘。进面于五芳斋。

作一诗寿雪村。此次分店经理咸集，以为明年雪村六十寿辰，彼等未必共临，乘此机会，为之预祝，日期定于明日。诗曰："论交二十年逾外，未合称觞贡谀辞。依母情怀犹少日，任儿施展取无为。不名耽饮不辞醉，亦解超玄亦执持。我与从同为此咏,共看菊有傲霜枝。"中间两联所称四事,确为余与雪村所同也。

午后,写信看稿如常。夜六时起,开业务全会。各小组已决之事,皆已有印件,不再提及,唯议未决而须大会决定之事。至九时半,人各惫甚,而议题仅了其半。只得延至明日再开。

汽车又坏。乘三轮车而归。

十二月七日(星期日)

晨九时,至市立剧校。其校成立二周年,熊佛西邀余参加纪念仪式,以余为学生家属也。本定九时开会,延至十时。佛西报告而外,有李熙谋、顾一樵、虞文、余及田汉之演说。历两小时,摄影而散。

到家吃饭,赶往店中,以一时半起续开业务全会。中间,与雪村、予同暂离,往静安寺赴俞颂华追悼会,不俟开会,行礼而返。会议至六时毕。此会几将二十日,商讨颇有佳绩,彼此隔阂亦颇消解。

即至一家春,预祝雪村六十双寿。同人与其家属到百五十人,分坐十三席。欢笑一堂,八时半散。

十二月八日(星期一)

晨间为进修班上课。

子恺于上月度其五十寿辰,开明同人未有表示,今赠与一纪念册,各签名其上。余作一律:"何以为君寿,吟诗博上娱。声名周海内,啸嗷对西湖。崇佛情非佞,爱人德不孤。巴山怀昔醉,此乐欲重图。"

看外来投稿,写复信。放工后,至鸿运楼,参加业务全会之上海同人作东,宴请各分店经理。凡四桌。饮酒至多,喧笑盈室。八时半散。

十二月九日(星期二)

看外来投稿,写复信。作一短文,述此次业务全会之感想,入《明社消息》。放工后即归。

前此一连五夕未回家晚餐矣。在家小饮,弥觉舒适。听收音机中谈平剧。早睡。

十二月十日（星期三）

报载今日为始，发行二万四万十万之大钞，通货膨胀愈来愈甚。据人估计，现在之十万元，仅抵抗战前之一元耳。

看"中志"刊用稿。为联棠写一条幅。往大生公司，代平伯调换股票。开经理室会议。准时归。

墨于今日拔去一臼齿，精神不甚爽快。俟创口复原，将镶假牙。

十二月十一日（星期四）

作精读指导文字，入"中志"。时作时辍，仅得六七百言。

佩弦书来，允与叔湘及余共编高中国文。叔湘书来，试作文言教本之模式一篇，于文言无一字放过，以启初学，实为良法。各作一书复之。

放工后，至我妹家省母。母佳健，约定以廿一日归家。余留饮，进代代花酒一大杯。

八时半到家。小墨、满子、三官等出外看电影，俟其归，余已入睡矣。

十二月十二日（星期五）

上午续作昨文，仍未竟。

下午，到江湾复旦大学，应其中文系之招作演说。听者盈一大教室。余说一时三十分许，均余平时常说之语。观听众面容，似尚中听。

四时半到家。酒后，往附近之虹光戏院观电影。片名《魂断蓝桥》，誉之者甚众，然实平常。十时半散。

十二月十三日（星期六）

看"中志"及"少年"刊用文字。续作昨文，仍未完。

下午三时，至华南酒家，应《时与文》社程君之邀。此志近颇受读者欢迎，而有若干地方则禁止发售。近欲增设随笔杂感之栏，邀友人共抒意见。而到者仅有潘子农、凤子女士及黄女士，闲谈而已，无甚结果。六时散。

十二月十四日（星期日）

小墨夫妇携三午与婴孩至夏家。余等在家扫除埃尘。余揩抹桌椅门窗，易水四五盆。

饭后,洗浴。浴毕,赶至店中,参加股东临时会。此会以增资完成而召开,实为形式,开会历一刻钟即毕事。旋归。

十二月十五日(星期一)

校闻一多之《周易义证类纂》,竟日工夫,仅校三十余面耳。尚余一半,他日续校。放工后即归。

夜听新疆歌舞团之奏乐与歌唱,上海电台播音。此一团体由新疆省政府邀来京沪,显有政治作用。然其歌舞颇为人所欣赏,前在剧校,闻洪深极言其舞艺之佳妙。余闻其歌,似与印度日本南洋之歌为同类,节奏简单,时有曼长之音。听其报告员之语,则酷似俄语,盖维吾尔语也。

十二月十六日(星期二)

续作前日之文,全篇仅二千言耳。看"中志"与"少年"之刊用稿。午后,续校《周易义证类纂》,仍未毕。傍晚以时归。

酒后,艾芜来访,杂谈文事。

十二月十七日(星期三)

作"中志"之卷头言,未完。上午梅林来交《中国作家》第二期之稿。下午,高祖文来闲谈,皆延误不少时间。

放工后,至我妹家省母,坐一小时。于是至《科学画报》编者杨臣勋家,参加杂志编者聚餐会。诸人皆感纸价之激涨,杂志实属难办。谈宴至九时始散。

十二月十八日(星期四)

竟日飘雪,天气大寒。到店,作完"中志"卷头言一篇,系明年新年号所用。下午,开经理室会议,其中一项决议为请叔湘、佩弦二人为特约编辑,与余同编高中国文。

放工后,同人读书会甲组集于三官之小楼,此次所读为屠格涅夫之《罗亭》,诸人已读毕,因集会讨论。缘赵景深曾译此书,请其参加。诸人中以欧阳文彬理解最深广,其他诸人亦能有所见。谈两小时有半而散。窗外风吼,围坐谈文,亦一佳境也。

十二月十九日（星期五）

阅"中志"刊用稿。

午后,竹筠妹自杭州来,言明日动身往福州,船票已买到,今晚宿我家。

校雁冰之《苏联见闻录》剪存稿,此书即付排矣。

依时归,酒罢扯丝绵,预备制一被。

十二月二十日（星期六）

写复信多通。

放工后,参加同人读书会乙组之集会。所读为鲁迅之《呐喊》之半本。诸人尚未能透彻了解,由予同、振甫及余略为导引,决定下次会期仍讨论其上半本。

七时到家,酒罢即睡。

十二月廿一日（星期日）

晨起助墨整理家具衣物。

十一时,至雪村家,应其招宴。全座凡八人,洗、伯、予、彬、达、山、雪及余。饮罢,雪村言今后将摆脱店务,移家杭州,专编《词综》一书。洗公继言,欲辞其经理之职,俟更胜任者继之。余人皆言开明尚未稳固,彼此既融洽,不宜遽言退。

谈至二时半,余至我妹家,迎母亲归。于是浴于九江浴室。酒罢早睡。

十二月廿二日（星期一）

看"少年"刊用稿。

下午,邵力子夫妇来店,谈一时许而去。渠于明午将宴请文协理监事云。

放工后即归。今夕为冬至夜,我家祀先。祭毕,共餐,外客有晓先及竹筠妹二人。母亲不甚舒服,仅进清淡之馔少许,未食饭。

满子以日入市肆,极言日来物价增涨之可惊,几乎日易其价。据一般估计,阳历年终或尚可,至于阴历年度过,迄新年开市,必将更有可惊者。

十二月廿三日（星期二）

应《国讯》社之嘱,作五百字之短文,言明年之希望。

十一时,梅林来,偕至梅龙镇,应邵力子之招宴。到者二十人,文友久不会面者咸集。半年以来,如此之会殊少,以故各感兴奋。三时散。

返店,参加经理室会议。

放工后,至钱业中小学,为其全体教师作演说,亦有他校之教师来参加。说话一小时,均为余常说之老话。

十二月廿四日(星期三)

晨起时,忽女佣阿琴、云兰二人同时昏倒。察其故,知因生炭炉两个甚旺,而厨房门紧闭,空气不良,以致窒息。急扶至通气之所,始渐清醒,继乃拥被而卧。若发见迟半小时,殆矣。

余到店后作一绝,题子恺之画,将以为《中学生》杂志之赠品者。其画作元旦日合家穿新衣,大姊正为稚弟穿上之状。余诗曰:"深知天下犹饥溺,试着新衣色赧然。安得家家俱饱暖,眉梢喜溢过新年。"

作复书数通。又作一绝寄巴蜀学校,颂其十五周年,则大类打油矣。"张园我亦留鸿爪,巴蜀人皆颂盛名。十五年来如此绩,愿持精进祝长生。"

放工后即归。两女佣已恢复常态。酒后,听墨与竹筠妹谈家常。

十二月廿五日(星期四)

作一诗,寿南通理锦峰七十岁。此人余不之识,复旦一学生以笺来,坚请作之。诗甚不足道,敷衍之作也。"乐育本天性,不厌唯循循。七十犹未已,从心得其真。桃李江南北,同庆揽揆辰。即此堪欣悦,翁乎宜万春。"即书于笺上。

十一时半,至祁齐路罗家,姚蓬子假其地宴邵力子,邀诸友作陪。宴至三时散。

返店,开董监会议。今日出席者最多,董监十八人,仅缺寿康一人而已。会毕共餐,欢迎邵力子,并为王辛笛饯行。王将于下月赴美,调查信托事业。

今日店中同人举行唱片音乐会,由戈宝权解释,其编排亦由戈主之,于西洋音乐作系统之概说。会历两小时,余未及听。

十二月廿六日(星期五)

袁水拍主编《新民报》之副刊,嘱为其元旦特辑作一短文,因作而与之。半日工夫,完篇仅六百言耳。

午后写复信,作"少年"之卷头言,未完。开经理室会议。依时归。酒罢早睡。

十二月廿七日（星期六）

续作昨文毕。午后，为余荽芬写一条幅。臧克家嘱作小说，思欲动笔而不可得，因作书谢之。或者余将永不复能为小说矣。校"中志"校样，依时归。

十二月廿八日（星期日）

竟日闲散。上午，携三午出外步行，北风甚烈，购一纸制面具而归。午后，出外剪发沐浴。回来看《约翰·克利斯朵夫》二十页光景。此书搁置已久矣。

三官出外参加捐募寒衣运动。此运动系各大学学生所发起，将以救济贫民，今日为最末一日。学生运动被压至极低潮，借此一题，亦过屠门而大嚼之意也。

十二月廿九日（星期一）

校"中志"及《中国作家》校样。进修班于年底结束，今日出题考试。午后开经理室会议。

竹筠妹于今日登轮，明日开福州。夜听收音机之弹词。

十二月三十日（星期二）

竟日校《中国作家》校样，仅校三十面光景。下午开经理室会议，讨论改革薪给制度。

六时半，偕彬然驱车至王天一家，为杂志界同人之聚餐会。九时半归。

十二月卅一日（星期三）

续校《中国作家》。伤风甚剧，头昏，恶心，未进午餐。午后懒，未作事。

入夜，明社开辞岁晚会，或谈说，或歌唱，甚有味。继之猜灯谜，系雪村、伯祥、均正、调孚、彬然、小墨六人所制，有颇佳者。店中备年夜饭，达君加馈八宝鸭与蹄子。食毕摸彩，余得《普希金文集》一部。此书已由戈宝权君赠余，因转赠予店中图书馆。

一九四八年

一月

一月一日（星期四）

看报。校对十余面，头又昏胀，体寒，因假卧。下午一时半出外，步行至青年会,行一小时有余,体内觉温暖,精神亦较爽。

到青年会因朱学莲与殷小姐订婚,朱之父蕴若先生,系甪直学校之同事,别将二十年矣,今来上海,自宜往一晤。见时知其老而不衰,双目失明四年,近入医院,一目已重明。所患曰白内障,破眼球膜,剔去内障,居然无恙。三时半进茶点,伯祥与余及冯宾符三人致辞。到者约七十人,十之六七系甪直人。伯祥与余离甪直时,此辈或方为婴孩,或且未出生也。六时回家。

一月二日(星期五)

今日仍放假。校对十余面。偕墨至夏师母处。夏师母入冬恒不健。后至我妹家,小饮,吃面。

二时,至兰心戏院,观《同命鸳鸯》,系欧阳予倩根据《孔雀东南飞》所编制,号曰"新型平剧"。演两小时四十分毕,平平,无吸引力。六时归。

一月三日(星期六)

晨因小事与母亲争执,余至击桌,母亦大怒。既而深悔之,乞母容恕。母谓他均无谓,唯尔不宜出此态耳。谈半小时许,母怒解。余即在家校对。饭后到店,人均问舒适否,盖墨为余掩饰,谓身体不舒留家休养也,因此益感愧赧。

校毕《中国作家》,看"中志"刊用稿。准时归。

一月四日(星期日)

上午续看《约翰·克利斯朵夫》数十页。午后出外洗浴。四时一刻观电影,片为《天方夜谈》中之《神灯记》,荒诞不经,但取娱目而已。

夜间,欧阳小姐来谈,至十时半散。

一月五日(星期一)

写复信,看"中志"刊用稿。午后写一联,赠郑缤小姐之丈夫。取旧句"花好月圆人寿,酒甘茶熟香温",而所购联较长,不宜六言,因加两字,上为"心清人寿",下为"曲雅香温"。郑之夫姓倪,胜利后以涉嫌经济汉奸系狱,历两年有三月,近方出狱也。又为达君书一联。

夜续看《约翰·克利斯朵夫》。

右下颚之一臼齿,本已破坏,今夕又去其所余部分之大半。余之臼齿仅左上颚无损,余皆脱落破坏,食物皆胡乱吞咽耳。

一月六日(星期二)

写复信多封。改"中志"刊用稿。开经理室会议。

雪村自杭州来,携来丰子恺所赠马一浮先生诗集六册。

一月七日(星期三)

看"中志"刊用稿。选高中国文五六篇,此为编辑高中国文之始。叔湘亦已着手选文,佩弦则尚未动手。下午,看《中国作家》清样。准时归。

一月八日(星期四)

续选教材,写信。午后五时,开业务会议。报告而外,多为闲谈。通货膨胀益甚,物价跳涨益速,货物售出得货币,将无从取回原货,因而营业不如不营业之为愈。然开明之机构已不为小,如何维持支撑,实非易事。来日大难,局面不变不成,而变亦将益趋纷乱。就一般人生活而言,今后难堪殆将十倍于抗战时期矣。会毕聚餐,八时归。

一月九日(星期五)

看外来投稿。阅"中志"刊用稿。午后开经理室会议。

放工后至雪村家,沈家海为其次子结婚,借其处宴客。到即开饮,八时散。

一月十日(星期六)

翻检教材,殊无所得。

上午忽传斯大林逝世,系英美电讯社误传,至晚报出版,始知为谣言。前数日曾传苏联有一要人患癌病,请瑞士某专家往诊。今忽闻此谣,足见英美人仇苏之深。

傍晚,同事十数人共往振铎家,观其所藏古代明器。振铎为之讲述,自汉迄五代,一一言其特点,与其鉴别之方,并以实物为证,听者惬心。渠嗜此事才一年有余,而识力极丰,收藏亦富,其气魄大可佩服。七时聚饮,到者各携菜肴一色,十四人围坐,别有风味。九时半散。

一月十一日(星期日)

九时半至市立剧校,应市校教师福利会北区分会之招,为作演说。说仅四十分钟。观游艺三个节目而归。

午刻,宴请仰之夫妇及其子女三人。仰之夫人新自重庆来沪,盖仰之服务机关分配与房屋,故其夫人来同住也。

三时客去,余乃出外洗浴。归时遇大雨,满身淋漓。

一月十二日(星期一)

竟日作"中志"卷头言,得两篇,虽皆短篇不出千言,而两篇成于一日,实为稀例。

侬时归。圣南妹来,晚饭而去。

一月十三日(星期二)

阅"中志"刊用文。下午,开经理室会议,讨论一部分同人加薪之事。

傍晚,同人请娄立斋谈经济情况。立斋分通货膨胀、物资缺少、外汇枯竭三端言之。坐是三病,今后物价之腾跃将不可预料,各种工商业将窒息而死,殆已成定论。政府所拟对策,皆枝节之事,但知勉维残喘,而不计民生疾苦,其效自微。七时半,会散。

洗公将于明晨飞台湾,薄游十余日,临睡前走与之别。

一月十四日(星期三)

校阅雁冰《苏联见闻录》之原稿。其稿尚缺四五篇,俟其作齐,即可发排。其书约于三四月间问世。

准时归。酒后听说书,《杨乃武》与《长生殿》。《长生殿》之书系新编,尚雅驯,方说至李太白作《清平调》也。

一月十五日(星期四)

阅"中志"刊用稿。续阅《苏联见闻录》原稿。

天气甚寒,盖在"三九"中矣。夜间仍听书。

一月十六日(星期五)

写信,校读"闻集"原稿。下午开经理室会议。

夜七时,读书会集会,诸人阅读高尔基之《母亲》,讨论历两小时。

一月十七日（星期六）

上午作杂事。下午作"中志"副刊文艺集之序文，未完。

六时，至金城银行餐厅，应王辛笛招宴。王将于下星期游美。渠为开明董事，因与全体董监叙别，并邀振铎巴金诸人。八时半散。

一月十八日（星期日）

上午与墨出外购杂物。续看《约翰·克利斯朵夫》数页。

午饭后即往洗浴。然后至剧校，观《第二梦》。此为巴雷之剧本，洪深所改译。二十余年前曾观，今仍由洪深导演，剧校学生扮演。有意味，语言值得咀嚼，较诸一般创作剧本，自是可观。四时半散。

一月十九日（星期一）

写信。下午续作上星期六未完之文，毕。

沈福文来访，云携其漆器来沪，将开展览会。渠近年曾游敦煌，其漆器之新作品多用敦煌图案。又摹写敦煌壁画多幅，将同时展览。

归家后看《约翰·克利斯朵夫》若干页。

一月二十日（星期二）

上午作杂事。

中午至雪村家，宴陕西教厅科长梁午峰。方光焘任教广州中山大学，近返沪，同饮，谈甚适。返店，开经理室会议。

回家后看《约翰·克利斯朵夫》若干页，听说书四档。近于说书尚觉有味，他无可为，借此消遣。

一月廿一日（星期三）

上午治杂事。

饭后，往汇丰银行四楼观沈福文之漆器预展。各器图案多用敦煌画。色彩多不用特别鲜明者。所临壁画为小幅，幅数不多。

返店，集若干同人讨论杂志之成本问题。我店各杂志售价多不及直接成本。因议定一估计定价原则，算出后即行改价。

夜间，白尘来谈。

一月廿二日（星期四）

写信。看《国文月刊》投稿。写国文教材。依时归。

一月廿三日（星期五）

选国文教材,校"中志"校样。开经理室会议。

放工后,与伯祥诸人驱车至振铎家,观其所新得之俑。一般之俑多正立,不为动作之形象,此次所得九俑,皆作舞蹈之状,其一则倚石侧立,衣服为粉彩,上加金饰,故为可贵。既而共饮,陈冷盘三十二具,各色不同,皆其家制。酒次谈及二十余年来之往事,欢笑满座。振铎藏有较旧之墨,余向索三锭,他人亦各取数锭。辞出后,于车中闲谈,予同谓振铎之忽趋考古,亦精力无可寄托之所致。九时半到家。

一月廿四日（星期六）

晨与墨至玉佛寺,我父百岁冥诞,在寺作佛事。天气严寒,诸孙不便外出,因而满子亦不能往。三官校中考试,亦未往。小墨到店作事,将午始到。余等到寺,诸僧相识者来闲谈。午刻,红蕉、我妹携三甥女来,龙文亦来,共进素斋。

饭后,僧导观玉佛,复观弘一图书。于是余为佛学院青年僧人五十余人作演说,谈读写之要,历一时二十分钟。观诸僧之神色,似乎欣受。

楞竟、淦泉二僧来谈,僧人以诵经为职业,以时势观之,殆不可久。故拟办学校,为社会服务。又拟令僧人有一技之长,可自食其力。余为言如印刷技工,寺中正谋办印刷所,可令僧人习之。又有医学,似亦宜于僧人。唯僧人治业向所未有,既有技能,如何打入社会,亦难题也。五时半归。

一月廿五日（星期日）

看报。续观《约翰·克利斯朵夫》,第三册居然完毕,尚余一册矣。

饭后,出外洗浴,浸入热汤内,竟体大快。然出浴室而归,即寒不可支。夜间,于收音机听昆曲两折。

一月廿六日（星期一）

天气仍大寒。在店中人来客往,竟未作甚事。

午刻至冠生园,应中国福利会美国人邓君及廖梦醒之招,同座有振铎、白尘、冯亦代三位。洛克番罗基金会有款美金七千五百元,拟以援助我国文人,令翻译欧美人文主义之著作,托福利会代办,福利会因之邀友人共商。商谈之后,决先挑选著作若干种,胜任翻译而亟需工作之友人数人,写定一计划,交与福利会转去。此款甚少,至多只能译书十种而已。

一月廿七日(星期二)

写复信,看《国文月刊》文稿。下午,开经理室会议。

回家后,饮范君(王亚平小姐之夫)所赠之高粱酒,甚香冽。去年余买绍酒五坛,深秋开饮,今已去其四坛。小墨、三官往往同饮,故消耗甚速。尚余一坛,须俟阴历岁尾年头开饮矣。

酒罢,至对面虹光影院,看名片《鸳梦重温》。此片以战士经受伤,患遗忘病为题材,尚可观。

一月廿八日(星期三)

玉佛寺僧楞竟记录余之讲词,寄来一观,即为之订正,费时半日。

午后,有一宁海少年丁君来访,请介绍工作。问其学历,仅毕小学业。家有田三数亩,由父耕种。兄在宁波读书。以家况贫困,故来沪找工作。而上海曾无一亲半友。问其何以敢贸然出此,则谓高尔基不亦到处流浪,亦工亦读,以臻成学耶。余告以无能为力,则泪下不止。执其手而别,余心颇为欷然。

看"中志"刊用稿。依时归。

一月廿九日(星期四)

写信,看来稿。选国文教材,无所得。

晚六时,与外间杂志社之主者作聚餐会,集于我店。所谈无非纸张昂贵,印工涨价,杂志维持不易。九时半散。

一月三十日(星期五)

看"国刊"及"中志"投稿数篇,写复信若干通。观胡适《藏晖室札记》,欲从其中取得教材。此君于其札记中,颇表现其求知问学之勤。

洗公自台湾归,与郑小姐夫妇同舟。酒后与谈,谓十余日之间,历游台北台中台南,其地幽静,厌尘嚣者所乐至。

雪村、雪山之母夫人以前日去世,今日上午接绍兴电报知之。二公以今晨返里,尚未接噩耗也。

一月卅一日(星期六)

晨间阅报纸,知甘地被人狙击身死。印度号称已独立成国,而印度教与回教分治,且双方时起冲突。甘地呼吁合作与和平,最近且曾绝食,乃被人所恨。目前世界已裂为两线,一为人民势力,一为反动势力,双方之斗争实不可免,而甘地导之以和平不争,或为见恶于人之一因。至其详情,报纸上尚无记载,且今世新闻社各以己之眼光记载事实,未必全示真相也。

振铎家来电话,谓振铎昨日午后出门,至今未归。诸友神经过敏,最初想到者为或系特务暴行,后思振铎殊无政治活动,恐不至此。于是猜测其当为夫妇间之不和,情趣恶劣,乃愤而出走。人生遇此,亦大不幸也。

看投稿数篇。午后,开经理室会议。依时归。

二月

二月一日(星期日)

上午续看《约翰·克利斯朵夫》将近百页。午后仍出外洗浴。夜听唱开篇,皆无可听,聊以消遣而已。

二月二日(星期一)

看投稿。写篆字对两副,一赠卢默庵,一为星期五杂志界聚餐会摸彩之用。

振铎于上星期六之晚即回家,出外一宵,不知何往。而报纸已流布谣言,或谓其失踪,或谓已往香港。

二月三日(星期二)

写复信,开经理室会议。因朱翊新之托,为七宝农职校作一校歌。

夜六时,宴请几位作稿者,以杂志社名义作东,同人陪坐者亦八九人,凡两席。八点半散。

二月四日(星期三)

佩弦选得国文教材二十余篇,寄来征余同意。今日一一阅之,不同意者亦有数篇。其同意者即付复写,然后寄与叔湘观之。三人合编一书,分处三地,究不甚便,然无可如何也。

夜饮大曲,系明社所购,凡两瓶,每瓶十八万元,为余教进修班功课之酬报。徐州高粱两瓶,已饮毕矣。

二月五日(星期四)

续观佩弦所选教材。其中用者,令练习生缮抄,以便人各一份,可以讨论商量。余亦自抄之,复写甚费劲,抄一篇未完。

夜于收音机听卫仲乐弹琴,其《流水操》极富描写之能事。

二月六日(星期五)

续作抄书工作。开经理室会议。

赵悔深自开封来,云将往北平。据谈豫省战况,全省仅三数县未遭波及。民众深知双方作风不同,多以为彼胜于此。而此方军政界之蛮横,竟使人几无生路。为之叹息。

夜六时,偕墨及洗公、达君、彬然、清华应仲华招宴。他客数人,皆治经济者。至十时始归。

二月七日(星期六)

晨至福利基金会,讨论翻译外国书事。书本由冯亦代与振铎开出,计八十余种,将于此中择数种译之。遂选定需要辅助而又能翻译者十人,拟于下次会时邀集共谈。

返店,为雪村之父母墓书篆字墓额。续为抄书工作。下午五时开业务常会。八时归。

二月八日(星期日)

上午在家佐理杂事。今日阴历小除夕,将祀先、吃年夜饭也。午后仍往洗浴。回家,续看《约翰·克利斯朵夫》。五时祀先,祀毕聚餐。外客仅龙文、弘宁、王洁三人。食后进西瓜,人各一块,甚甜,郑小姐自台湾携归所赠者也。

二月九日(星期一)

到店作杂事,写复信。

得平伯寄示慰佩弦一律,粘之。承告佩弦《不寐书怀》之前四句:"中年便易伤哀乐,老境何当计短长。衰病常防儿辈觉,童真岂识我生忙。"其意想甚萧飒,为之不怡。

放工即归。明日起放假三天,大家放阴历年假,不得不从俗。然放假实无甚趣味。夜间爆竹声四起,竟夕未得安睡。

二月十日(星期二)

上午出门,至国际电影院观《夜店》。此系高尔基原作,柯灵、芦焚改编为舞台剧,今复拍成电影。就对白言,此为国产片之佳者。或由于原作佳也。

返家,仰之夫妇来拜年。至洗公所闲谈,既而打麻将,与洗公、梓生、韵锵同局。共八圈,余输二万元而已。回家饮酒,早睡。

二月十一日(星期三)

贺年者陆续来,皆少坐而去。元善谈较久。惠元则留饭,听其谈商业经络。

墨终日治馔。至夜,宴洗公、彬然父子、芷芬、惠民、诗圣、韵锵、锡光、祖璋九人。笑谈甚欢。八时散。

二月十二日(星期四)

上午偕墨至钱王倬夫妇处贺年。回家,续看《约翰·克利斯朵夫》。

饭后至剧校观《狂欢之夜》,即果哥里之《巡按》也,演来尚佳。

回家酒后,续观《约翰·克利斯朵夫》,全书仅余一百余面矣。

墨与满子往观《夜店》,九时许归来。

二月十三日(星期五)

到店,写复信多封。下午,开经理室会议。校阅吴小姐所抄之国文教材。肝阳上升,恶心头胀,几不可持。到家即睡,洗公邀为春宴,只得不往。至八时许,始渐舒服,吃面一碗,复睡。

二月十四日(星期六)

写复信数封,看稿。

放工后,与墨驱车至元善母夫人处拜年,获遇元善之二弟元美,尚是初次会面也。遂至郑小姐家,应其夫妇之招宴,客皆我店同事,不拘礼节,笑谈饮啖甚适。

二月十五日(星期日)

上午九时,全家驱车出,仅留母亲与阿琴在家。

余与墨先至元善家闲谈。元善处有一客,方自沈阳来,云中央军在东北仅余五据点,各点彼此不相应。五点者,沈阳、吉林、长春、四平、锦州也。报纸所载无如此明显。

十一时,至仰之处小坐。与仰之夫妇共往我妹家,即午饮。闲坐至傍晚,至夏师母家,又复饮酒。八时半驱车归。

二月十六日(星期一)

到店后看来稿,写回信,抄所选国文教材。傍晚准时归。听说书三回。

谭廉逊以中风逝世,年七十。余识其人尚在任教尚公小学时,三十余年矣。伯祥等组织酒会,谭以量洪年长,被推为会长。及今计之,酒会会友去世者六人,即丐翁、邱晴帆、孔雪雄、何柏丞、丁云先、谭廉逊也。

二月十七日(星期二)

作"中志"卷头言,得千余字,未完。

开经理室会议。

冯芝生自美国讲学归来,今日来访。

返家后仍听书,至九时而止。

迩日天气潮湿,母亲及墨与余皆感身体不适。余背酸其剧,上连于小脑部。上床后身体无论如何都不能放得安适。睡眠尚好,然数日之间必有一夕不甚酣畅。

二月十八日(星期三)

续作昨文,毕,亦得一千余言。

下午开经理室会议。沈阳分店副经理李统汉来书,言沈阳已成围城,人心惶惶,渠拟设法撤退。决定答以人货俱撤(实则货必不可撤,外通唯借空运,何能撤笨重之书籍乎),如不可能,则封存货物,交托妥当处所,资遣本地进用之人,李与黄璋元则退至北平。抗战期间,我店各分店屡经撤退,不图今日复睹此局。运沈书籍为数不少,已售出者款不能来,未售出者保全与否尚未可知,又有一部分在寄递之中途,此项损失实甚巨大。又议开封一地亦已四阻,其处分店亦宜紧缩,至紧急时相机他撤,实亦无处可撤也。

回家即饮酒。七时,第十八民众学校之二教师来迎,同往其校。校在商学院围墙外,自建简陋之平屋。有成人班九班,儿童班五六班,并推广教育及于四周之棚户。今夕邀余为其"小先生讲习班"谈国语教学。余随口谈说,并请听者发问。听者六七十人,意颇亲切。九时一刻归。

二月十九日(星期四)

改"中志"刊用稿三篇,写信数封。准时回家。酒后出外洗浴,八时半归。

三午报名于附近一贯小学,昨往考试,由教师口问若干语,今日往看揭榜,名在其中。此次重为一年级生,不知能一改以往之厌恶心理否。

二月二十日(星期五)

写信。为程千帆所著《文论要诠》书封面字,系渠所特嘱,书篆字,久而始就,费时不少。看"国刊"文稿。开经理室会议。依时归,仍听书为遣。

二月廿一日(星期六)

看《中国作家》文稿四篇。靳以以为尚可,余以为实无佳处,杂取一些事实作小说,事实之背后无深旨,写人写物又皆平常,何堪为小说乎!

叔湘自南京来访,坐二小时而去,下星期将再来,商量编辑国文教本事。

下午三时开董事会,报告营业情况,上月开支超出营业数之半。虽上月为"淡月",然如此比例,究足惊心。

二月廿二日(星期日)

竟日未出门。中午,我妹携其三女来,仰之夫妇来,共为春宴。

续看《约翰·克利斯朵夫》,仅十余页而已。五点以后,仍听书,至九时而止。

二月廿三日(星期一)

叔湘来,与谈国文选目。渠入图书室,搜寻教材。

作复信数通。看《国文月刊》文稿。晚归后仍听书。

二月廿四日（星期二）

叔湘仍来，与谈字典之编辑。

下午开经理室会议。

夜间举行读书会，讨论雁冰之《子夜》。余久已忘怀，不多能置喙，旁听而已。九时散。

二月廿五日（星期三）

选国文教材。皆叔湘所选，由余复看之。

傍晚，宴叔湘于家中，店中诸友八人同聚。满子治肴，弥见进步，共致赞美。八时散。后日叔湘返南京矣。

二月廿六日（星期四）

上午至福利会，仍商讨翻译外国名著事。靳以同在，谈《中国作家》第三期之文稿收集为难。渠交来所收小说数篇，以余观之，均不堪用也。

午后仍选国文教材。

日来物价又大涨，米价每石至三百万元。我店杂书，今日起自二万倍改为三万倍，计算之犹为仅够成本。

二月廿七日（星期五）

续选国文教材。

饭后出外剪发，光头六万元。购橡胶底鞋一双，十四万元，布底鞋一双，十七万元，甚觉其便宜。盖以烧饼作比，近日烧饼值五千元，则十四万元不过二十八个烧饼之值耳。以前二十八个烧饼决不能易一双鞋也。

夜间，宴旧同事许彦生。许以去年暑后还乡作教，今来沪访旧。渠与郑小姐、汉华、小墨同习昆曲，因兼邀郑小姐、汉华，并及芷芬。饮甚欢，九时散。

三午以昨日开始入贯一上课，察其对教师似无厌惧之意。

二月廿八日（星期六）

续选国文教材。下午开经理室会议，谈及少数分店之撤退问题，而未有决定。今年春销不如去年远甚，而开支则大增。有若干分店，如南昌、贵阳、汉口、杭州，实可撤废。将于下月中决定之。

回家后仍听书。

二月廿九日（星期日）

上午看报,续看《约翰·克利斯朵夫》。

饭后出外洗浴。四时偕墨看电影《幽谷芳草》于永安戏院,片尚不恶。回家仍听书三节。

三月

三月一日（星期一）

今日起恢复八小时工作,上午以八点始,下午五点放工。

看"中志"用稿,写复信,抄国文教材。

傍晚,店中宴张静庐、田一文、李孤帆、巴金四人,余同饮。八时半散。

三月二日（星期二）

续抄国文教材,写信数通。午后开经理室会议。准时归。听书如常。

三月三日（星期三）

退稿件两种,均作复信。校阅他人所抄之国文教材。

下午复开经理室会议,于士敏之处事态度有所商议。此君年少气盛,个性甚强,处事不为公司全局着想,每多乖违。决定由洗翁去信规戒之。

归家后仍饮酒听书。

三月四日（星期四）

仍选国文教材。

叔湘书至,言其所译科学文字数篇可采用,因取而观之。通俗科学文字,外国专家往往有所写作,以其思想之周密,言语文字亦从而清顺可诵。我国治自然科学者文字往往较一般人为差。以余观之,实为思想上之问题,治科学者而思想不科学,乃致所作令人费解。

依时归。母亲大便闭结历三日,甚不舒服。切肥皂如橄榄大,纳入,不久肥皂出而便仍不下。

三月五日（星期五）

伯祥为选"通鉴"一大段;"霞客游记"数日,皆甚好,缮录之。

午刻,与洗、伯、予、达、芷五人饮于永兴昌。缘芷芬明日将出行,当有一月之别。此行至南昌,视察其处分店有无撤废可能。转至长沙,与甫琴洽谈。又或至桂林,看其处代办分店可否与筑店合并而设于柳州。返店,开经理室会议。

到家,知母亲便已通,为慰。

三月六日（星期六）

竟日缮抄"通鉴"与《徐霞客游记》,为教材。

三月七日（星期日）

上午看报,读毕《约翰·克利斯朵夫》。此书可视为罗曼·罗兰所撰之近代文化史,于欧洲文明多所批判,非仅小说而已也。或谓此为罗兰中年之作,颇含尼采之色彩,罗曼于晚年亦不自满。我国译本出世以后颇为风行,影响读者之思想不小,而此与我国争取民主实有不利。余谓此亦难言,无论何书,善观之皆无害,不善观之未免不发生坏影响者。不宜以此责《约翰·克利斯朵夫》与其译者也。

午刻,洗公邀小饮,山公、达君、予同同坐。酒后谈店事,一为薪水制之宜否改革,二为新建房屋宜如何分配于同人。谈至四时散。仍复听书。

前种牛痘,余居然发作,一脓疱如豆瓣大,以是未能出外洗浴。母亲伤风甚剧,气喘,就睡复呻吟不已,闻之心恻。

三月八日（星期一）

作书多封,皆答来问。继续缮校所选国文教材。

下午五时半,并业务会议。无非谈局势益坏,营业益艰。于讨论改变薪水计算法时,雪村出言不逊,意颇刻酷,虽不为任何人而言,闻之殊气愤。余因发言表示反感。洗公继谈店中会议制原于公司章程制度无据,唯为集思广益而设,余闻之亦不快。饭罢到家,写一书致洗公,表示拟辞去董事及协理之职,此后唯为普通编辑员。余既不能说服他人,又不欲听不愿听之言,则唯有消极自退耳。且余于店事,固亦无能为力也。

三月九日(星期二)

仍为缮校工作。

午刻,洗公邀余与达彬二君同饮于永兴昌。谓余言昨夕余书所提,公甚表同情,唯须通过于董事会。公复言店事益难弄,拟引退,唯须得善者而交付之。达君亦表示消极,一由于身体不佳,二则渠负责调度经济之责,实甚重大。二时返店。经理室会议例会,余即不复出席。

准时归。听书。

三月十日(星期三)

竟日缮抄曹禺《蜕变》之第四幕,作为教材。

七时举行读书会,谈余之《倪焕之》。诸人促余谈说,余实无可谈,只能零星说一些,后仍舍此书而杂谈文艺。九时散。

三月十一日(星期四)

仍缮抄曹禺之剧本。

天气转换,初闻雷声,继而骤雨。归后饮酒听书如常。

三月十二日(星期五)

今日植树节,循旧例放假,唯书业为然,他业皆不放也。同人结队往游吴淞,余未参加。

上午看报。取《旧约·约伯纪》观之,其辞繁累,不能终篇。午后,偕墨携三午观电影于永安。片名《黛绿年华》,描写一少年之遭遇,尚可观。

三月十三日(星期六)

缮抄三人所选文篇之目录,分寄佩弦、叔湘,并作书,商工作进行步骤。依余预计,高中国文白话文言两种各六册,五月底必须完成各二册,庶几可于下学期供应学校采用。

下午四时,至兴慈中学校。校在共和新路底,与宋公园为邻。其校长曰范梅僧,初不之识,近曾来访数次。兴慈者,一僧人之名,于僧界为前辈,范梅僧所皈依者也。其校址甚宽,将近十亩。屋为一家庵,原为项氏之产,而施舍于学校者。大殿上新塑四面观音,尚未开光。此则甚为特殊,然亦如耶教教会学校之有礼拜堂耳。学生二百余人,内有僧人三十余人,别为一班。僧人班加授佛学功课,余则与他校无殊,亦不强信佛法。唯膳食一律素斋,厨内不做荤菜,为其特别规定。运动场旁新建弘一纪念堂一所,大可容五六百人。平时作膳堂自修室,集会时即为会堂。范校长拟登报公告,请各界施舍弘一遗迹,保存于此堂,永可纪念。今日之见邀,即以此也。

继到者有张小楼、吴志青、朱稣典、陈海量、李笑白,参观一周,众皆赞叹。范校长经营此校,挪移捐募,极费苦心,其动机皆由于笃信佛法,志欲度人,此尤可佩。据云先曾为基督教徒。余观其精明干练,殆由基督教会之训练而来。傍晚共餐,素餐来自法藏寺,甚精。张吴二老习藏密,其他诸人亦皆笃信佛法,所谈另有一套,余听之亦有味。

八时归,雷声徐动,电光时照,雨犹未作。

三月十四日(星期日)

上午作一短篇,谈儿童节,应严大椿之托。下午作"中志"卷头言一篇。皆未伏案,执纸于手,取自来水笔书之,以是不甚疲劳。五时后听书如常。

三月十五日(星期一)

治杂事。看外来投稿,写复信。

佩弦书来,以余尝提及其衰飒之诗句,承以全诗抄示。读之不欢,录于后。

《夜不成寐,忆业雅〈老境〉一文,感而有作》:"中年便易伤哀乐,老境何当计短长。衰病常防儿辈觉,童真岂识我生忙。室人相敬水同味,亲友时看星坠光。笔妙启予宵不寐,羡君行健尚南强。(君湖南人)"

(平伯以为首四句诗意已尽,然五六亦所深感也。)

三月十六日(星期二)

续为抄校国文教材之工作。

下午四时,应中苏文协之邀,观苏联影片《七百年前》。此片为其名导演爱森斯坦之遗作,写俄国抵抗外侮之史事,发挥爱国精神甚至。其中主人翁之语曰:"俄国土地不容他人侵入。谁遣刀而至,谁必死刀下。今日如是,将来亦永远如是。"可以见矣。拍摄技术甚佳。群众场面往往将地平线放在极低处,使天空见其阔大。此一点似为苏联影片之特色。

七时归。于电车中彬然劝余于店事不宜消极,并评论章氏昆仲之思路与态度。余非消极,实不愿费无谓之神思耳。雪村想心思每自是,视开明为一人之业,此余所看不惯者。本欲勉于扶掖,俾共守集议共商之路,而渠每出言不逊,余不能说服之,而心则不快,恒起反感。遂退出此局,亦使人知以后凡有决策,余无其份也。

三月十七日(星期三)

工作如昨。左侧牙关忽作酸痛,口不能大张,食物说话均感困难,不知何故。

傍晚饮酒少量。白马湖带来白鸡绝鲜嫩,余仅能取小块胡乱吞咽而已。身体作寒,早睡。

三月十八日(星期四)

抄选如昨。心有所专,弥觉时间之易去。

天气阴寒,殊为闷损。牙关酸痛稍好,但仍不甚便咀嚼。

三月十九日(星期五)

工作如常。

午刻,洗公邀至功德林聚餐,店中诸人外,并有守宪、觉农、耕莘三位。言及业务困难,前途可虑,而语多集中于余之退出。发言者皆谓余若不为主管人员,对内对外皆发生影响,此实挽留词之公式。余未肯枉己徇人,谢诸君之好意,而未允改其初意。而为此紧张,胸中颇闷闷。夜至彬然所谈,坐两小时。

三月二十日(星期六)

上午,晓先、均正、调孚、锡光、祖璋、彬然诸君邀余共谈,谓余若退缩,诸人之情绪皆受影响。晓先并谓诸人如共处一舟,不宜由一人顿荡,使舟失其安稳。余谢诸君爱我之厚,而以为余甚微藐,其进其退,均不致有如何影响,诸君亦夸张言之耳。

抄国文教材如常。

下午四时,至女青年会,雨甚急,乘三轮车,衣颇沾湿。至则与教会学校青年三十余人谈话,谈作文之道,约一时许。仍乘车冒雨而归。

三月廿一日(星期日)

今日章家老太太在法藏寺开吊,十时,与诸人共往拜奠。因访致觉。渠况如常,唯乃兄勋初近复中风,卧床不起。购《维摩诘经》一册而出。守宪亦于座次劝余,余谢之。

午刻进斋,食毕即归。浴于九江浴室。仍听书。

三月廿二日(星期一)

写复信数封。抄国文教材如常。

放工后,伯祥、予同来我家,共饮畅谈,剖析店中诸友之品性,及店事之前途。二君亦劝余取消初意,此则余所不肯,言出必践,固其守然也。唯当不为追迫,以免使人难堪耳。三人共饮酒四斤,历两小时,为快。

三月廿三日(星期二)

工作如常。

下午天放晴,阴晦多日,不知能即此转好否。下星期一青年节,有例假,与廿八日相连,得假二日,颇拟乘此到苏扫墓,且缓数日再决定。夜间仍听书。

三月廿四日(星期三)

以缮抄已就之选文寄叔湘。佩弦亦来信,渠愿任白话之一套,推余任文言第二册,以叔湘任文言第一册,京沪距离近,彼此商量接头容易。余因托叔湘定二册之目,并为作样本一篇。叔湘善于创意,精审之至,余故请其起例也。

傍晚,至会宾楼,祝杨慧修(晦)五十寿。到者五十余人,甚热闹,八时半散。

三月廿五日(星期四)

选义抄校如常。

洗公以今晨往杭州小游,彬然则以明晨往。余亦决意至苏,与小墨偕,车票由沛霖托其友人之在路局者购之。夜间仍听书。

三月廿六日(星期五)

工作如常,无可记者。

中午,伯祥邀至永兴昌小饮,吃刀鱼面,鲜甚。谈次复及店中诸人的癖性脾气。傍晚归,饮酒听书。

三月廿七日(星期六)

上午到店写信数通。

十一时,偕小墨往车站,与朱光暄君,及张无垢、陈守勤、卢漱玉三小姐同行。卢返其家,朱陈张三人则到苏州春游也。车票由张沛霖托人代买,不须挤轧,登车甚早,得坐,颇适。

车以一点五十分开,四时后到苏。雨渐下,穿雨衣步行入城,与其他四位分别。路滑,举步不易。到观前,觉累甚,乃与小墨就宫巷中一家小酒店小饮。余欲重温少年时代买醉之景,而酒人殊寥落,提篮卖小菜者亦稀,颇非当年之景象。或者我辈入店太早耳。而苏地中产者之没落,不复能过悠闲之生活,必为其因之一。

酒罢已暮,至幽兰巷,探钧硕圣南之家,数问而后得之。他们候我等不至,正在疑怪,为说明小饮延时,乃恍然。其家甚宽适,房间大于上海房子一倍。有一轩,三面玻窗,窗外为一大花园,卉树甚繁,夜黑不能望见。谈有顷,即就睡于轩中。窗外雨声颇密,念明日上坟,希其速止。

三月廿八日(星期日)

晨起雨未止。开窗望花园,知花树几无所不有。桃花已谢,杏花将落。海棠数树,繁蕾已垂。牡丹亦有蕾。余心爱树木,一一观玩之。

念此来为上坟,虽下雨,非去不可。因与小墨出胥门,登开往洞庭山之轮船。客甚挤,进早点,买小食,纷纭不休。船以八点二十分开,约行四十分钟,至石湖边杏春桥,余等上岸。冒雨在上方山麓行,至于仁湾,访至坟客朱家。余所知朱心香一辈皆已亡故,今所遇为其子二人,其侄一人。到坟上观看,石栏颇有损坏,驳岸之石几已无存。如此坟工,略加整理即所费不赀。且整顿坟墓,余亦以为无多意思,且任之耳。酬坟客以一百二十万元,足足十年未曾上坟,酬以此数实不丰也。

请坟客摇一无篷船,送我等返杏春桥。雨中过石湖,烟波浩渺,亦有别趣。入石佛寺,寺无人。幼年上坟,每到此一观,其时未亲岩壑,见此亦觉新鲜也。

循塘路行,至于横塘。候苏福汽车过,登之,回至胥门。即步行返幽兰巷,则硕丈已自黄埭来,清健犹昔。钧硕为余等沽酒十斤,谓须由我父子二人包办,乃饮酒,圣南妹治馔甚忙。饭罢小休,侍硕丈出行。先至怡园,其中破败不堪,假山仍旧,而亭榭卉木皆不如昔。世界已变,此种文化必当淘汰矣。遂至悬桥巷九如吃茶。其处多棋局,硕丈入城恒来此观弈。余因告小墨,此悬桥巷为余出生之地,此九如茶馆,余幼年即有之。坐约二小时,乃归。旋复饮酒。

晚晴,明日当可不穿雨衣矣。九时睡。

三月廿九日(星期一)

天放晴,听园中鸟声相应,殊感愉快。

八时许,与小墨至青石弄看家屋。园中三柳方呈新绿。杏花已谢,海棠将作花。广玉兰本干已去,自根处萌新条十数,上级叶芽。枫树高齐屋檐,十年前仅两尺许耳。屋后一桃树,花开烂漫,一大枝出墙外。此是十年前由桃核萌发者也。爬墙草遍于四墙,叶芽尚未生。观房屋则泥饰颇有损坏,门窗亦须修理。询租住者,知屋间有漏处,而地板亦有动荡者。若将来回苏居住,徐徐修整,尚不甚费事。特不知何时实践此愿耳。

至公园,花木颇修整。憩于东斋。朝阳入廊,游人未集,一望尽树色,意甚舒。遂至观前,购糖果及酱肉之属。各种店铺,一一认之,勾起回忆。又入玄妙观,登三清殿,自前绕至后,下等之书画铺仍满,此则自幼年所见即然也。观内吃食摊几满,我等未之尝。访一家旧有之酒酿铺,其家适不开,遂亦不复思吃酒酿。

回幽兰巷,即饮酒,至此,十斤之酒尽。饭后,余睡一时许。与硕丈闲话。至五时,又吃早夜饭。

六时半,辞硕丈等至车站,与卢小姐会。车票由卢小姐向站长购买,系对号入座者。若不然者,以今日游人之拥挤,即平常之票亦难得,遑言对号票矣。

车以八点十几分开,一路不停,径达上海,时十点方过。步行到家,母亲与墨尚未入睡。话两日来经历,就寝已十二时矣。

三月三十日（星期二）

观调孚所选国文乙种第二册之材料，与之商讨。傍晚归，饮酒听书如常。

三月卅一日（星期三）

竟日写复信。与叔湘讨论国文本格式，较有兴趣。

答复沫若、雁冰二位（关于美国捐与文协一款分配事），则颇感不快。美作家共捐二千四百余美元，意在救济我国作家，交来而后，由余保管。曾捐助困窘者三十余人，其名氏由理事会决定，每人国币八十万元。又曾付出《中国作家》之稿费。此外会中杂用皆取给于是。今尚存一千九百美元。梅林之意，以为此款即可支持会用。最近沫若、雁冰来信，言此款亟宜分配完毕，报告美国捐款者，否则无以取信于人，其言甚是。而所以致书于余，盖以为余乃管此事者，言外不无责备之意。不知余实无心管此等事，一切皆由梅林作主。而所谓总会者，确亦无事可为，仅有一会所，一书记，以及梅林为驻会秘书耳。设撤销会所，不用职员，亦复无妨。然梅林之居处即成问题，彼将何所往乎。余为此心中不安，拟即辞去总务部之责。但恐召开常务理事会时，他人不我许也。

在店中晚饭。饭后参加明社社员大会，改选干事。今届干事皆新人。八时半散。

四月

四月一日（星期四）

今日始作国文选本之注解，取梁任公《国体战争躬历谈》注之，依叔湘所示之例。一日工夫，仅成四分一耳。余所为者系文言第二册，叔湘则为第一册也。

夜间，读书会请许之乔讲契诃夫戏剧。许系剧校之国文教师，三官所从授课者。谓契之剧多写平凡之人生，唯自己有生活之体验，乃可以深深了解之。因谈其所遇之人物，皆契剧人物之类，谈一时许，尚未及于《凡尼亚舅舅》。约定下星期四续为一会，再来谈说云。

四月二日（星期五）

竟日作注解，一篇仍未完。夜间仍听书。

四月三日（星期六）

竟日作注解及提示，梁文一篇始完毕，已历三日矣。以如是速度为之，五月底恐不克完成一册。

下午为人写对联及条幅，由工友磨墨，墨甚好，写下去颇愉快。余往常写字多用淡墨，自己磨之，不耐待其浓也。写两小时，腰背酸楚异常。戏谓晓先，如鬻书为活，即有主顾，亦不易为也。盖吾二人曾戏言联合定润格云。

四月四日（星期日）

母亲至我妹家小住，十时半，以汽车往。余与小墨三午陪往，一车之中，四代同坐。即在我妹家饮酒。饭后，睡一小时许，余乃归。仍听书为遣。

四月五日（星期一）

续作注释，取平伯之游记一篇注之。迄于日暮，仅成小半篇。

午前十时许，接电话，系二官自机场打来，云已抵沪，询家中详细地址。余等与她为别，已二年有半。傍晚到家，二官抱其女孩，迎于弄中。渠以昨日离渝飞汉，今日自汉飞沪，颇为便捷。观其状貌不甚丰腴，神态则依然。又多一小孩，家中益不安静。

酒罢本欲出外洗浴，而周公南来，谈一小时许，遂作罢。

四月六日（星期二）

续为注释，毕平伯一篇。

放工后至我妹家省母。六时全家至夏家（我母未往），祝贺龙文四十岁生日。未几开宴，凡两席，谈饮甚适。九时归。

四月七日（星期三）

今日续注一篇洪迈之笔记，篇幅短，居然完毕。

午刻与伯祥、洗公饮酒一瓶，吃酱猪肉。值一万五千元一块。

放工后归即饮酒。饭毕出外剪发浴身。天气渐暖，在浴池中汗不止矣。

四月八日（星期四）

续为注释，取高季迪《书博鸡者事》注之，未毕。此事甚琐屑，然余以为可以宁心。

六时至银行公会餐厅,参加杂志社聚餐会。到者不足十人。《国讯》被勒令停刊,以其为共方宣传,《世界知识》与《时与文》同受警告,以其言论偏激,有损对美邦交。此事为谈话资料,多以滑稽事件视之耳。九时散。

四月九日(星期五)

积信已多,今日作复一天,共成十六封。其中一部分须为看稿,略表意见。

准时归,许之乔已来,即与饮酒,谈剧校现况。七时半,渠开讲,谈契诃夫之小说,尚未及于戏剧。听者将近二十人,九时散。

四月十日(星期六)

写长信与佩弦,皆谈编辑国文本事。

《创世》编者以时届四月,丐翁逝世足两年,嘱为文述丐翁。其情不可却,因取雪村一文为蓝本,略为更易而成篇。

四月十一日(星期日)

今日墨发烧,盖受凉及积劳之故。

饭后,余至我妹家省母。旋至许广平家,文协开理事会。议定以美国捐来之钱,除去已用去者,将其余数之百分之四十付港分会。余提辞去总务,不管钱财,大家不答应,无可奈何。

会以四时半散,偕振铎至伯祥所。三人小饮,余从我妹处取菜三色佐饮。无所不谈,历两时许,甚快。九时到家,墨热已退。

四月十二日(星期一)

看"中志"刊用稿,写复信,续作注释。

今日墨在家休养,余回家,知渠佳好。夜间听书一节。

四月十三日(星期二)

写复信,注毕高季迪之文。佩弦寄来所作白话本之注释及讨论练习等五篇,详审活泼,余所不及也。

今日三午生日(六足岁),吃面。

四月十四日(星期三)

写复信。作注释,注黄远生一文。

傍晚饮酒,三官告我以学生界情形,其判断颇有理。

丁士秋来看二官。她在医院为护士,据云病人颇有在院谋自杀者,为护士提心吊胆之事。自杀原因都为经济。社会穷困至此,能不悲叹。

四月十五日(星期四)

阅调孚所编"国文乙种"第二册原稿,略为改定。全册选文四十篇,毕其一十六篇。

雨岩自开封移其妻儿来,将返绍兴。谈豫省民生甚苦,开封城周围二三十里外即为共军。

归后即饮酒,留晓先共饭。听书至九点半入睡。

四月十六日(星期五)

续观调孚所编稿,仍未完。

傍晚,许之乔与蒋可夫君来,同饮。许为同人续谈契诃夫之作,余未之听。

达君、芷芬、士敩三人以今日自粤飞归。夜晤芷芬、士敩二人。

四月十七日(星期六)

续作注释,与佩弦、叔湘通信。

傍晚,应王叔旸、王文彬二君之招,宴于杏花楼。二君在新加坡营书业,近拟编小学教本,推行于南洋。书由云彬、起孟在港主持,编者近十人,而欲邀余审读其国语,挽彬然为编地理。饮酒颇不少,八时半散。

四月十八日(星期日)

上午,写《中学生手册》中关于国文之要项,得千字,俟续为之。此手册将于六月间出版,所以纪念"中志"刊行满二百期者也。

饭后,出外沐浴。往第四医院,探朱光暄之病。其病为胃溃疡,不甚严重。

观电影于永安,片名《蛊姬》,甚无道理。夜间饮酒时,彬然来谈。

四月十九日(星期一)

写信数通。续注黄远生文。

晚报出版,载今日国民大会选举总统,蒋氏当选。此为众所早知之事,固不待今日也。

今日大奎生日,吃面。圣南妹来沪,今夕来我家共餐。

昨看朱光暄,渠曾接血两次,每次二百西西,值四百余万元。供血者由承揽人招来,不与受血者见面,承揽人持血而来,一手交货,一手取钱。据闻供血者所得至菲,余皆承揽人收入云。

四月二十日(星期二)

续为注释,注施耐庵《水浒传》自序。

傍晚饮酒,几个小儿哭闹,女佣以失衣而啼,心绪甚不快。

四月廿一日(星期三)

续作注解,注《水浒传》自序毕。

午刻,以墨胃不甚佳,与偕出吃鳝丝面。面每碗六万五千元矣。

夜间酒后,校梅林所作小说一篇,在《中国作家》第三期中者。此志甚无聊,余不欲观。所以校梅林此篇,恐其有违碍处,影响代售之家也。

四月廿二日(星期四)

上午写信。下午续作星期日所作《中学生手册》之文,得千五百言。

今日小墨生日,饮后吃面。

余独往对门虹光看电影,片名《煤气灯下》,系一侦探片,甚无谓,并娱乐价值而无之。片上附国语说明,情节与对话一一说出。此在余为初遇。然有时与英语声音冲突,即去其英语,致英语忽断忽续,亦非好办法。

四月廿三日(星期五)

今日为丏翁去世二年纪念日,全体同人以七时半开会追念。余致辞为神不灭论我人未能置信,其人已去,即归冥漠,追思纪念,皆生人自慰其寂寞之事。儒家重祭祀,为作种种阐发,亦无非生人自慰而已。片言举要,"如在"二字可以尽之。以其"如在",故必重于敬,敬则愈觉其"如在"也。今日以丏翁为"如在",而逆想其音容,将见其发种种愤语、愁语、幽默而表反感之语矣。彬然、雪村并有短辞。最后张无垢小姐诵丏翁遗作《阮玲玉之死》而散。

今日除写信外,仍作注释,注王静安之《自序》一篇,未毕。夜间芷芬来谈。

白尘与蒋天佐偕来,谈五四文协出特刊事。余不以此等事为然,大家凑些无聊文字,有何意义。但诸友均不欲如余之"拆穿"也。

四月廿四日（星期六）

续注王静安之《自序二》,未完。叔湘寄还余与佩弦之作,疏漏处皆细心指出,此君之精审可佩。

傍晚,至振铎家与文协诸君聚餐。餐后谈会中悬赏征文,以期推进文艺之事。余亦无甚兴味,以今日文艺界情形,决无比较可观之作可以产生。会友所以出此,亦谓既有此会,即不能不有此一举,以免无何工作之讥耳。至九时半散,乘电车而归。

四月廿五日（星期日）

上午与小孩玩耍,看报外未作何事。

饭后,与墨携三午至山海关路育才学校,观某曲社之见习公演。到者甚众。我们坐位较后,听不甚清楚,且观看亦时为站立者所蔽。三午不感兴趣,表示无可奈何。而墨牙痛甚剧,复感场中气闷,四时半即退出。以余所见,《磨斧》一出较好。

到家,墨即就睡,面部益肿。其牙新往镶装,而根部之患未除,乃致发作。

四月廿六日（星期一）

上午,书丏翁之墓记,将刻石立墓上,在马夷初先生所为铭文之背面。是记系余所作,二百余言,仅记生卒葬时,及直属亲属而已。

墨往仁济医院就诊,医生予以药令消肿,俟肿消再谋拔治。

下午,余仍续作注释。

放工后,至我妹家省母。母甚安佳。即留彼晚餐,饮酒。饮至半中,红蕉归来,与共饮,谈渠游四川情形。八时半辞出,九时一刻到家。

四月廿七日（星期二）

上午作杂事。梅林来谈会事。下午,续作《中学生手册》之文,仅写一纸而已。放工即回家,饮酒听书。

四月廿八日（星期三）

续作手册中文字,不顺利,仅得千言。

下午四时，应中苏文协之邀，观苏联新片《新生命》。写一科学家努力研究，发明医治神经之方，多历挫折，卒底于成。大抵苏联影片，富于教育意义（广义的），以其注重此点，往往忽略娱乐意义。美国影片则重在娱乐意义，有时并娱乐意义而失之。而自美之统治者立场言之，则亦自有其教育意义，唯非我人所欲领教耳。

到家吃面，今日母亲生日也。

四月廿九日（星期四）

上午看国文第三册所选各篇，拟定目录。尚缺数篇，仍未能定也。

午刻，至雪村家，以今日士敫生日，邀诸友往宴饮。子恺亦在，盖特地来沪听梅兰芳也。

返店，注胡适之《藏晖堂札记》，未完一篇。

外面鞭炮声大作，系为李宗仁当选副总统。日来为选举副总统，南京引起轩然大波。李出竞选，而国民党中之一大派不之喜，闹出种种可笑事。今李仍当选，一般人固无爱于李，其所以称快，殆为某一大派之不得逞耳。

夜六时，明社举行书法座谈会，由余与晓先、伯祥三人分谈之。同人听者约五十人。此事全在心手相应，同人又无多时间，恐无裨实际也。八时散。

四月三十日（星期五）

续注胡适之日记。

墨往医院拔去右下颚牙齿二枚，据云不甚痛楚。

午刻至法藏寺，为丏翁作二周年纪念。夏家以阴历日子为准，店中同人则记阳历，故两回作纪念矣。用斋后仍返店。

天气大热，至八十余度。

傍晚至振铎家，应其招饮。观日本人所印我国名画集，其彩色者，由名手木刻精印，复套珂罗版，可爱之甚。饮甚欢。至九时后始归。

五月

五月一日（星期六）

今日以劳动节放假。同人或往苏州、昆山，或游龙华，余则家居不出门耳。

续作手册文字,得三页,全篇毕。

午后出外拟洗浴,不知浴室以劳动节休业,废然而归。昼寝一小时许。看《观察》周刊。

夜听管夫人独唱之广播。管为女高音,所唱为中西民谣,声音可味,情趣甚至。

五月二日(星期日)

天雨。上午补作手册文字近千言。饭后,出外洗浴。

四时与墨至绍兴同乡会,贺顾惠民之弟惠臣结婚。余为证婚。行礼后又依旧俗祭祖,见礼,往女家回门。宴毕返家,九时过矣。余感疲甚。

五月三日(星期一)

今日整天写信,答复识与不识者之来书。

夜间,与士敩、清华叙别,在彬然所闲谈。士敩自湘来沪已十余口,将接清华同往。清华为店中主要之校对员,今离去,于校对工作不无影响。

三官往参加文艺晚会,预行纪念"五四"。"五四"在青年心中永为光明之象征。而我文协则以种种关系,并聚餐会亦不举行,仅出一小册子《五四谈文艺》而已。去年此际,尚开年会及群众大会也。

五月四日(星期二)

今日注东坡《书蒲永升画后》,毕。

伏案竟日,辄成劳累。回家饮酒听书,早睡。

五月五日(星期三)

今日注张宗子《西湖七月半》一篇。

今日立夏。午刻,伯祥主买饮,各饮一斤。饭罢称人,全店以龙文为最重,一百八十余磅。余一百二十三磅,据查记录较去年轻一磅余。墨亦较去年为轻。

放工后,至我妹家省母。与瑞生共饮酒一瓶。到家,墨方发胃病,呕吐,殆日间食酒酿之故。

五月六日(星期四)

注白乐天《缭绫》一诗,尚未完。

伤风甚剧,咳嗽,回家酒罢早睡。

五月七日(星期五)

今日注严又陵《英文汉诂序》,未完。

六时半,开明社大会,修订社章,费时颇多。又为祝寿之会。六十岁者雪村与工友任华坤。五十岁,晓先与彬然。四十岁者,三十岁者,至于二十岁之卢漱玉小姐,凡十人,皆为之致祝。又为送迎之会,送士畒、清华夫妇之长沙,欢迎刘甫琴来沪。

散会已九点半矣。窗外阵雨大作,乘车而归。北四川路积水将及尺。

五月八日(星期六)

注完昨文,又注蔡子民《责己重而责人轻》篇,尚未完。

放工后即归,疲甚,但饮酒而后,即复释然。

后面新屋开始分配于同人。我居楼下,祖璋、亚南均将迁入,两家空屋闻将让于余家。余意局促亦无所谓,何必多占,俨然特殊人物。满子等谓我家原有三人之份,全家占一幢,亦不为多。余亦听之。近日颇与墨谈及迁回苏州,姑期之明年暑中,奉老母,携大奎,闲居不出,间作编辑事,或亦一道也。

五月九日(星期日)

早起至车站,登车,与予同会。盖马荫良约往社会教育学院也。马在院中任新闻系主任。

车以七时开,车中看报,九时到苏。荫良候于车站。驱车之学院,其址即奉直会馆、拙政园及园东邻张氏之宅。不来拙政园十余年矣,而余幼年,实以此为游息所,一亭一榭,皆如老友,回行一周,甚有佳兴。遂至新闻系教室,与其系同学四五十人坐谈。他们有所问,予同与余答之,较之演讲亲切得多。历两小时余而毕。

于是期间,天容晦暗,盖系日食,云重,益见其暗。此次之日食,有若干地区可见环食,治天文者赶往适当地点候之。而今日天气,恐晴明之区为少,候之者殆以失望为多矣。

荫良导往游狮子林,亦循行一过,未登假山。拙政园畅爽,狮子林累重,余爱拙政园矣。

驱车至松鹤楼,荫良夫人携其一女二子先在。遂小饮,吃鲥鱼、鲜豆瓣、莼菜汤等,颇兴归居之思。散出,与予同茗于公园之梅树下,闲谈两时许。至观前略买糖食。无可往者,即饮于全茂源,买多种小菜,予同皆以为有味。饮酒两斤半,历三时有余。

雨下,驱车出城,未几而荫良至,同车返沪,车以八点一刻开,到沪方十时。雨益甚,虽乘车,不免沾湿。

五月十日(星期一)

续注蔡子民文,毕。

傍晚,举行酒会。酒系洗公所赠,十余年之陈酒。到者三十余人,散坐于四楼办事室,俨如酒馆。余与振铎、予同同席。酒确醇厚,菜亦不恶,未几而有醉者。客促郑小姐唱曲,余勉为吹笛,唱《游园》引子一支。郑小姐轻声为余唱《八阳》,以验其近日从良师而有进步。余听之,确有韵味多矣。欢笑盈室,亦有呕吐者。九时半散。

五月十一日(星期二)

叔湘寄来其所为第一册之《导言》,令读者知文白之异。凡三万言,颇精。其第一册之诗篇嘱余注释之,因动手注《越谣歌》,未完。身体疲甚。

回家后往后面游观,新屋中人家半已迁入,人声热闹,居然成集。酒后听书一回,即睡。

五月十二日(星期三)

今日注《游子吟》及《十五从军征》,亦入叔湘所编第一册中者。注两诗不过二千言,伏案竟日,甚感劳累。

归后仍如昨日,听书一回即睡。

五月十三日(星期四)

今日注《陌上桑》,尽四纸。即将所注数诗寄与叔湘观之。

放工后至我妹家省母。母健好,唯以近食蚕豆,大便不甚通畅,此是每年如是者。余即留晚餐,饮酒四大杯。八时辞出,因候车,到家九点半矣。

五月十四日(星期五)

十时半,偕调孚至大光明,观曹禺新片《艳阳天》之试映。此片编剧导演皆出其手,且为初次之作,而故事有血有肉,取景俱简要,故自不凡。宗旨则为好人应站出来管事,不应取消极旁观态度。然代表好人之阴律师,其人殊不真实也。片中健吾饰一角,为奸雄之绅富,不恶。

观毕,承邀宴于新雅。两席,坐皆熟人。曹禺完成此作,至兴奋,饮酒甚多,颇有醉意。而坚欲请人评其缺失,不欲闻赞语,尤见其艺术良心。

三时半散。返店,未几,与彬然至愚园路女子师范,因湘湖师范同学来沪游观,寄寓此校,邀吾二人谈话也。同学尚未回来,因访女师教师杨慧修、夏康农二位,闲谈。及同学归,我二人各谈四五十分钟,到家已七点半矣。

五月十五日(星期六)

今日作"中志"卷头言一篇,言此志之宗旨与态度。此志至下一月,出满两百期,故须作一番回顾。文长二千言,下午作毕,疲惫至极。

回家后小饮。至虹光看《孤星血泪》,缘票已由三官预买,只得往观,否则亦不往矣。此片系英国出品,根据迭更司之《块肉余生述》,表演甚不坏,摄影亦佳。

五月十六日(星期日)

竟日卧床,背部酸楚,殊不见好。

上午达君来谈,亦倦于开明之行政事务,拟徐徐引退,不落痕迹。

饭后,出外洗浴。小墨之居室自亭子间迁至楼下,搬动甚劳累。余身体疲惫,莫之能助。

傍晚,邀芷芬来我家饮酒。亦谈开明前途。渠谓此事业如花方开,便尔舍之,似亦可惜。余则以为未必能有佳境,而余之退缩,亦精神身体之衰颓使然。开明能有佳境,余固亦乐闻也。

五月十七日(星期一)

取佩弦所编白话第一册整理之,已得三分之一,先以付排。如此匆匆,盖期此书在暑假后应市。自今计之,届时当可有白话一册,文言二册。全部共十二册,文六百六,迄于完成,亦甚费心血也。

傍晚至锦江餐馆,应美人范君之邀。范为洛氏基金会代表,来商谈翻译名著事。到者皆熟友,参与此事之委员会者。谈至九时而散。锦江菜甚佳,惜范君未令备酒。

五月十八日(星期二)

今日注李葆恂之题画记一篇。归后饮酒听书如常。

五月十九日(星期三)

校国文文言第一册之排样二十四面。

放工后,与墨至霞飞坊省母,并问我妹之病。妹系贫血,头晕,卧床数日,今渐愈。

下楼,与伯祥闲谈,及于店事。渠方饮酒,邀余同饮,尽数杯。登楼又饮,不觉就醉。与墨乘三轮车而归。

五月二十日(星期四)

昨日酒醉,今日颇不舒服,虽仍到店,未作甚事。

夜间,高祖文来谈,渠方游北平,为言北平知识分子近况。约星期日邀我店同人饮于其寓所而去。

二官由周振甫介绍,任教员于台北某中学,将以明日随刘甫琴同行。(甫琴新任台店经理,士敏以意见不合,辞职去香港矣。)余于其留女孩于家,而独往台湾,颇感不满,然亦未之言。

五月廿一日(星期五)

复校国文排样。

作一短文,略谈《艳阳天》,曹禺所嘱也。

二官以下午三时登中兴轮赴台,小墨送之于码头。

入夜,酒罢即睡,困倦之甚,如被打击。

五月廿二日(星期六)

校读佩弦所作注释。

中午,与伯祥、芷芬饮于永兴昌。返店后,与彬然、仲华等五人摄影于王开照相馆。诸人皆尝署名为"中志"编辑人,此照相将印于"中志"第二百期,借以与读者相见。

回家酒后,为母亲之床张蚊帐。母亲后日回来矣。

五月廿三日(星期日)

助墨整理房间。伴大奎与宁宁玩。饭后,睡片时。

二时至店中,出席股东常会,重行选举董监。傍晚,与伯、予、调、晓、铎至多伦路高祖文之办公所,应其招宴。饮酒甚畅,谈话亦畅。九时归。

五月廿四日(星期一)

重行修订已注各篇。

下午三时,与小墨至霞飞坊迎母归家。母坐于小墨室中休息久之,然后上楼。酒罢,余早睡,日来昏倦,唯欲眠也。

五月廿五日(星期二)

仍修订已注各篇。又校阅佩弦稿,续发排一部分。

晚归饮酒,芷芬适来,拉与同饮。彬然来,谈店事。

开读书会,戈宝权应邀而来,谈瓦希列夫可卡娅之《虹》。余从旁听之。宝权谈及瓦氏之新作曰《爱》,以战场归来之残废战士之妻子爱人之态度为主要题材,而归结于仍致其爱。

五月廿六日(星期三)

仍修改已注之篇。

夜间到虹光看《新闻怨》,系史东山新作,意在表示社会制度之不良致使家庭不能有幸福。故事平常,搔不着痒处,殊无佳胜。散归后,三官为余谈近日所见之外国佳片数片,余于其解说处知其眼光之有进步。

五月廿七日(星期四)

工作如昨。

夜间入睡一小时而醒。小墨、满子出外观电影,小孩哭闹,余遂不得复入睡。及朦胧,已三时矣。

五月廿八日（星期五）

竟日校对佩弦所撰之白话第一册，计五十面，头昏眼花。

归即饮酒，听书一回，即睡。

五月廿九日（星期六）

注黄公度《今别离》，未毕。

傍晚，杨晦来为同人演说，谈《新闻怨》。谓是片种种观点皆落旧套，未能表现社会之实际。八时散。余以为此片实不足评也。

五月三十日（星期日）

晨起为母亲剪发剪足指甲。校对国文白话第一册。

饭后睡一小时。至青年会，观儿童教育成绩展览会，将数十年来之教育化为图表，颇为醒目。

浴于九江，五时半归。

五月卅一日（星期一）

写复信，续作注释，复作校对。依时归。时入黄梅，空气转润。

六月

六月一日（星期二）

竟日校叔湘所为导言，样式复杂，甚费心思，一日仅校二十余面耳。

夜间饭罢，至后面新屋。明社于其中占两室，一为台球室，一为阅览室。阅览室布置方就绪，以今日开幕。回来，听书两回而后睡。

六月二日（星期三）

续校校样。从《聊斋》中抄《大力将军》为教材，注之。

夜听书一回，听昆曲两折——《扫松》及《问病》。

六月三日（星期四）

注毕《大力将军》，看佩弦寄来注释稿三篇。

归后，陈烟桥来谈，被累释出，在一女子中学任事，而又有少数学生寻其错处，致不得不自退。其遇可怜亦可愤。

九时后,白尘来谈,述其新编之电影故事,殊平凡。

六月四日(星期五)

注杜老《无家别》一首,居然完毕。

中午,偕均正、祖璋、知伊至海军青年会,应王天一之招宴。王君原办杂志曰《科学大众》,现又拟办出版事业,专出科学书籍。并将增出两种杂志,一为医学,一为农学,其锐进之意甚可佩。邀我四人,盖欲有所讨教,并请均正、祖璋经常为作文耳。

返店,芷芬以其亲戚租我青石弄房屋之陈叔平之来信见示。书中言我屋空关之一间被军人占住云云。苏州近到战场退回之军人不少,滚绣坊一带人家,有空屋者均被强占。余闻之,初颇不快,既而思抗战期间,此屋亦曾遭此命运,今不过其延续耳。唯余近来颇思明年返苏居住,今若此,恐未必能实现矣。

美国扶植日本颇为积极。我国除政府外,几乎无不反对,而学生间情绪尤激昂。晚报载司徒大使发表书面谈话,谓我国人若此,必将引起不幸之后果,颇含恫吓之意。是何言欤! 美国与我政府一致,与我人民为敌,即十年前之日本也。

夜间听书一回,听昆曲《望乡》《游园》两出。

六月五日(星期六)

作杂事,取《聊斋》中《促织》一篇注之,未完。叔湘以为此篇迫近唐人也。

五时后,二马路忽起大火,浓烟上升,红焰舞空,又闻爆炸一声,如飞机投弹。系一堆栈失火,其中多易燃之物,故至于此。死伤恐不少矣。

到家,祭祖先,今日(阴历四月二十八日)为先父逝世纪念日也。

六月六日(星期日)

晨起看报。九时半,同人谋组宿舍自治会,参加共谈。

夏师母来,治餐宴之。饭后,出外洗浴,在浴室入睡。

六时,至第十八民众学校,为其教师谈国文教学。十时归。

六月七日(星期一)

竟日校国文本之复校样,殊为烦心。

依时归。南风甚强,已成夏象。夜听书一回,听《折柳》一曲。

六月八日（星期二）

看调孚所编国文乙种第三册全稿，至下午四时而毕。此书一套凡三册，首册为余所编，二三两册调孚继之，今完成矣。此后由调孚自第一册注起，以至于第三册。

归后与大奎玩耍。此儿每见余与墨归，必要求抱持，与之嬉戏。二官之女宁宁则快乐时少，一不称意即张口而哭。

六月九日（星期三）

高祖文来，商共同具名，对美国大使司徒雷登之声明书（斥我国学生反美，自言美国并无扶助日本恢复其军事与经济侵略势力之意图）表示抗议。司徒之声明书发表于四日，日来报纸上刊载多人具名之抗议书已有多起，高祖文亦欲踵之。余以为此等事无多意义，而高自拟之文实不妥，因与明言。彼即强余草一篇，不得已，作四百言。由彼去拉人签名，据云仅拉最熟之杂志社之编辑人耳。

午后，续注《促织》，未完。

天气甚热，返家居楼上，流汗不止。床上始铺台湾席。

六月十日（星期四）

续注《促织》，仍未完。

归后，与三官谈话，渠态度不逊，余大怒，至于屡以拳击其身。余所谈两点。一、渠不顾自己之衣着琐事，又邀友来家聚食，食已一哄而散，渠亦不稍服务，一若家中婢仆甚多足供使令者。二、渠以朋友有急需，强求于母，贷与千余万元。余问渠若家中有急需，令其设法千余万元之应用，能有如是之热忱否。渠答曰不知我意何指，不能了解，而态度傲岸，俨然革命分子对付官吏军警之状，此余所以大怒也。余不恒动怒，怒则不可遏，亦自知其过分。且以杯子掷之，碎其一，若不幸，竟可伤生。久久不欢。中夜思之，此儿亦无大恶，然距我远矣。

六月十一日（星期五）

为王叔旸之书店看所编小学教本。其书将行销于南洋侨胞间，系云彬、起孟诸位在香港编撰。今日看常识两本。虽止短短几句话，亦复颇费研索。

中午，雪村家以有人送鲥鱼，邀大家共尝。今日盖端午节也。午后热至九十余度。

傍晚,家中亦添些菜,饮达君所馈之威司克。饮时,为三官说明昨晚余发怒之由,并令其思索,余之所以向彼不满,彼是否有以致之者。

六月十二日(星期六)

上午看常识稿一本。

天气热极,余渐感头晕恶心,甚似发痧。由墨为余刮背部,居然显出红紫。复于颈部扭之,亦然。微血管破坏一些,居然略感松爽。

下午,续作注释少许。

归后,洗身,早睡。但热极,又略有蚊虫,竟夜未获安睡。

六月十三日(星期日)

上午看常识稿一册。饭后出外洗浴。作微雨,天气转凉。看公民稿一册。酒罢早睡。点蚊烟香,得安睡。

六月十四日(星期一)

调孚自南京归,带回叔湘所注教本续稿,阅览一过,即予发排。

佩弦前日曾来信,言胃病复作,拟编成白话二册后,即解去编务。余复信谓且从缓议,此次合作,仍望如在蜀时之始终其事也。

午后二时,至国货公司,观小教联主办之儿童创作展览会。以文字与图画为主,似无出色处。

返店,观新出版之《谈艺录》,钱钟书所作,多评旧诗,博洽可佩。

夜听书一回,曲二出。

六月十五日(星期二)

注毕《促织》。下午,校国文白话本之校样,半天工夫专力于此,疲甚。

回家即卧休。同人邀赴读书会,未往参加。

六月十六日(星期三)

看云彬寄来国语稿两册。校国文白话本复校样。伏案竟日,疲甚。

六月十七日(星期四)

校国文文言本复样。

饭后,为伯祥写《书巢》额。渠名其书室曰“书巢”,抗战期间余为之作记。

今渠整理亭子间为书巢,因需一额。余题其后云:"伯翁藏书有巢,读书有巢,余前已记之。今兹重为整治,复命题额。老友好之,何说可辞。夫天下之书众矣,废寝食读之,犹不能尽其百一。而以有涯逐无涯,多读百十种奚益? 少读百十种奚损? 余方以是将废书不观,冀免牵缠,而为翁书是额,虽未敢笑其老而好事,亦复兴不同如面之叹矣。"

又为晓先书一联,依其旨书鲁翁"横眉冷对千夫指,俯首甘为孺子牛"之句。又为人书一真书条幅。

六月十八日(星期五)

看公民稿本三册,即送与王叔旸。此事开始到现在,已看十本稿子矣。

为倪季祥写扇,又为人写一联。午后倦甚,伏案半时许,亦未作何事。

六月十九日(星期六)

绍虞丧其母,近方自苏来沪,与予同、伯祥至其寓吊之。其母年九十。体衰,消化机能沮滞。余年幼时,固常至其家承颜色也。

饭后,注射第二回防疫针。

复致书董事会,辞去协理名义。校国文复校祥。归后饮酒听书如常。

六月二十日(星期日)

上午看报,看《谈艺录》,与大奎闲玩。

午后至剧校,观《夜店》。此为高尔基原作,柯灵、师陀改编者。同学演来颇不恶,与年初所见电影,殆有过之。六时归。

六月廿一日(星期一)

拟自译本《天方夜谈》或《格里佛游记》中节取一段入国文本,结果选定格里佛初入小人国一节,即缮录之。下午,校国文复校样。

以时归,听书如常。又听《贩马记》二出。

六月廿二日(星期二)

上午校对国文校样。

张敏逊君将离去开明,自设书店,同人拟赠与签名纸一幅。余为作小序如下:"敏逊先生和易坦率,与之接者,无不作春风旷原想。某等获交于开明,或杯酒时把,或谈笑偶亲,虽疏密有殊,而敬钦则一。今者先生将自营书肆,来相叙别,闻讯之余,不无怅惘。犹喜所业从同,旨趣仍谐,沪地非宽,过从弥便。爰各署名于此纸,以为交情不渝之券。"

傍晚,饮于洗翁所,伯祥、予同、达君、芷芬同坐。各备菜肴一二色,酒甚醇,皆欣赏。达君之第二妻梁小姐继至,亦以肴馔相饷。饮至八时半始毕。复共至后面新屋,登楼看月,憩坐晓先与调孚之室。十时散。

六月廿三日(星期三)

作杂事。为《中学时代》作短文一篇。下午,从事校对。

回家时,章守宪先在,为余言勿萌退志云云,余谢之。留之共餐。守宪谈从事工业之经验,并述其对于学校教育家庭管理之感想,皆通达。八时去。

听书两回。

六月廿四日(星期四)

校对国文四十面,历时六点钟。为王叔旸看公民稿一本。

六时后,同人为张敏逊叙别设宴,凡两席,饮一时许而散。

到家,仍听书两回而后睡。

六月廿五日(星期五)

作《开明少年》征文集《我》之序文一篇,一千言。此题令投稿者以自己为描写对象,得来稿六百余篇,选取三十篇。下午,看佩弦寄来注释稿,写信,看香港寄来国语常识之二次改正稿。

日来物价又大涨,米至二十万。开封为共军攻下,殆是其一因素。国军轰炸开封,颇为猛烈。

六月廿六日(星期六)

交大学生因前之反美扶日运动,发动游行,为上海市长吴国桢所质问,意谓其受"职业学生"之指使,非公众自发者。并谓若不能满意答复,即将公开传讯。学生亦不弱,定今晚开公断会,邀市长议长及社会人士出席,评断学生此举究竟是否错误。有学生来邀余,余惮此等集会,谢之,为书数百字与之。云问题在美国究竟有否扶日之事实。既事实昭昭,反对之为当然。其不反对者,非愚不可及,即别有心肝。至于学生,亦为中国人,其反对亦属当然,其行动属于道义,余认为绝无错误云。

下午作杂事,并看香港寄回之教本稿。

六月廿七日(星期日)

上午闲看《谈艺录》,入睡半小时。饭后出外洗浴。

四时一刻,偕墨观电影于永安,片名《舞宫莺燕》,多舞蹈场面,颇可娱目。夜仍听书两回。

六月廿八日(星期一)

上午看常识稿两册。下午复校国文校样。

开封已由国军收复。报纸记载,此次轰炸死者至五万人。有一女校,存活者止四人。此实太惨酷矣。政府方面早已置民心于不顾,民心之不复惜之,固其宜矣。

六月廿九日(星期二)

川大教务长叶麐来访,言局面至此,势难久拖。文化工作者宜如何互通声气,以尽其本分,实可一商。余亦然其言,然无具体意见。叶又言二三年来,川大积极扩充,购地购屋购仪器,学生至六千余人,教师阵容亦甚强云云。

叔湘以文言读本之例言寄来,长二千六百言。余为缮写一通,将寄与佩弦观之,以此书署三人之名,共同负责也。

六月三十日(星期三)

写信数封。校调孚所编国文乙种第三册四十面,费时五点有余。

黄梅天气,时雨时晴,郁蒸闷烦,甚为不适。回家后时时偃卧,于朦胧听书中入睡。

今日得上半年之升工,计一亿有余。同人谋为储蓄,购白报纸储之。余购五令,每令一千七百余万。以战前之值论,五令仅十五元耳。

七月

七月一日(星期四)

作杂事,写信数通。

邵先生来沪,梅林来言,决与之一叙,即开文协理监事会。六时至梅龙镇,诸友徐徐至,七时半开宴,饮谈甚欢。食毕开会,循例报告而已。继以闲谈,十时半始散。到家,墨与小墨待我久矣。

七月二日(星期五)

作杂事,写信。下午,缮抄《浮生六记·闲情记趣》中谈插花之一部分,将以为选文。

三官拟出游,余与墨皆同意。唯如何登程,尚须考虑也。

七月三日(星期六)

注释《闲情记趣》,未毕。

下午三时,偕彬然至红棉酒家,为何香凝祝七十寿。何在香港,其女廖梦醒亦不在沪,祝寿之会系妇女界多人所主持。到者约八九十人。由主者点名演说,语皆肤泛,实无足听。余亦被点,勉就何之画虎敷衍数语。五时散,兀坐两小时,疲劳特甚。

七月四日(星期日)

上午为王叔旸看稿。饭后出外洗浴。

四时三刻,至虹光看电影。片系去年苏联体育节运动大会之记录。注重集体运动,男女皆壮健欢快,一如以前所见者。此次多构字构图之戏,多人排列,以衣之彩色构成文字图画,最妙者构一斯大林之半身像,宛然妙肖。

七月五日(星期一)

续注《闲情记趣》,仍未完。

饭后买布底鞋两双,每双一百二十万,人皆以为至便宜。若买皮鞋,时值在二三百万矣。通货膨胀益甚,人不肯藏纸币于身,得钱即往易物,故货值尽量提高,而莫有嫌其贵者。今之所谓储蓄,盖在物资而不在钱币矣。

七月六日(星期二)

竟日飓风。其中心虽未至,而急雨时作,呼啸屡闻。人居室内,掩窗仍感闷热,开窗则不可。

注毕《闲情记趣》。

看美国斯坦培克之《苏联行》。此书专记所见之琐事,能与人以真切印象,较雁冰之"见闻录"为胜。

七月七日(星期三)

注东坡《和子由踏青》一诗,作为教材。飓风已过,天气转晴。

放工到家后,仲华来谈。渠现在不担任事务,唯画地图,以饷国人。其图融政治文化于一,披览之下,一目了然,在国内允为独创。夜间听书两回。

七月八日(星期四)

看常识稿本。校国文排样三十余面。佩弦寄来续稿,阅之。

三官出游,近又作罢。本拟与其同学到台湾演剧,今日知亦不能成功。又拟出演于杭州,未知结果如何。

七月九日(星期五)

为人书扇面两页。代洗公作寿张葆灵七十诗如下:"与公祝寿将何叙? 四十余年君子交。东国初游欣识面,汉滨永忆岁投桃。己饥己溺情如昔,树木树人老未劳。他日四明山色好,愿随杖履偶逍遥。"

傍晚,杂志社聚餐于我店。为近来航空费增加,周刊之多需航寄者不胜负荷,联合十余家以停刊表示抗议。减至原价殆不能办到,杂志界亦无非欲唤起社会之注意耳。谈次诸人均言政府于军事、政治、经济皆无办法,一切措施,唯以人民为敌,垮台殆不远矣。九时半散。

七月十日(星期六)

校叔湘所编文言读本第一本之校样。竟日为之,亦劳倦。

夜听书如常。

七月十一日(星期日)

上午看国语稿本半册。看报,与芷芬、调孚闲谈。

冬官已自北平回来,午前来看我们,谈求学情形。暑中将往闸北电厂实习,此是电机系三年生之例举。渠在清华绝不参加学生运动,唯治功课。遇因事罢课,适以补平日温习之不足。

饭后,余仍外出修发浴身。

七时半至青年会,为其图书馆读者会演说,信口谈一点钟而归。

七月十二日(星期一)

竟日校对,头昏眼花。

七月十三日(星期二)

写信若干封,仍校对国文之排样。夜间看国语稿本小半册,听书三回。

七月十四日(星期三)

竟日校对,亦不过二十余面。

店中分三次发薪已数月,逢"四"则发。今日余得六千余万元,逐月加增之速,可以见矣。中央银行之钞票已不够应付,目前流行之钞票,最大额为十万元。据云更大之钞票已印就,为五十万元、百万元,即将待机而发行矣。

七月十五日(星期四)

竟日校对。

放工后,应熊佛西之约,至剧校访之。晤后,承告余以三官四科未考,无分,照章应令退学,以其学力颇好,人亦不错,惜之,故邀余一商。余于此事初未之知,只得代为认过,并希望能令补考。归后询三官,始知当初以将出游,故未往考。问其欲继续入学否,渠答谓居此范围殊窄,模式已具,拟往开廓处生活。余知其意亦不谬,但不妨姑往补考再说。明晨当致书吴天、邱玺(教务、训导主任)二位,代陈此意。

七月十六日(星期五)

仍为校对。

二官已自台湾归来,下学期是否重往,不得而知。

傍晚,同人共往国际戏院,观沈浮、阳翰笙所作《万家灯火》。写上海人生活,多取现实,唯于实况而外,别无耐人寻味处。演员则颇认真,吴茵亦在其内。片甚长,演足两小时,到家甚感疲劳。

七月十七日(星期六)

复阅以前注释各篇。校校样。

傍晚,调孚夫人治馔邀饮。余与予同、彬然、晓先共往扰之。馔颇多,色味俱不恶。坐于楼廊上,风来甚畅。

食毕,集练习生为谈话会,又将开始授课,故先一谈。此次余不担任功课,国文由调孚、彬然分担之。

七月十八日(星期日)

晨往交通大学,应其自治会之招为演说。听者一百余人,谈一时有半,彼辈脸上尚无倦容。

十一时半至霞飞坊。先往夏家,今日适夏师母生日,小墨、满子携其儿女俱来致祝,其他亲戚到者亦数家。余遂留而吃面,饮啤酒。下午至伯祥所小坐,后至我妹家。五时,余先归。酒后倦甚,早睡。

七月十九日(星期一)

竟日校对。今日起减少工作时间一小时,每日下午四时半放工,凡四星期而止。

今日发行大钞四种,最大者为关金二十五万,等于法币五百万元。通货膨胀至此,社会秩序无法不乱矣。

七月二十日(星期二)

仍为校对。

午刻,同人与高觉敷小饮于聚昌馆。高已久不晤面,此次将往南岳,接收教育学院为院长。子恺适来沪,亦来小饮。

夜间看小学国语稿数课。

七月廿一日(星期三)

继续校对。

早过小暑,而"倒黄梅",天气潮湿,令人不舒。店中同人近百,病者将十人。

七月廿二日(星期四)

写复信若干封。看"中志"卷头言三篇,皆为修润。

调孚乡人贩平湖西瓜,我家购一担,值六百万元。剖而食之,味不恶。日日饮白酒,今夕不饮,颇觉舒适。拟自此废例饮矣。听书两回而睡。

七月廿三日（星期五）

又竟日校对。

归后仍听书。近听钱雁秋之《西厢》。《西厢》之编制颇不恶，唱词雅驯，平仄无误，不知出于谁手。

七月廿四日（星期六）

竟日校对。

晚饭后出外剪发浴身。今夏未大热，常有东南风，殊为凉爽。

七月廿五日（星期日）

上午看报。饭后睡一小时。

看美国人所作电影剧本《吾土吾民》一种。亦言德国占领他国，他国人民意志不屈之事，颇不恶。此是张骏祥所译也。夜仍听书。

七月廿六日（星期一）

上午校对校样。下午取范文正《岳阳楼记》注之，未完。

傍晚，俞均硕来谈。夜间，绍虞夫妇来，言已葬其母。苏州到兵甚多，凡有空屋者，均来借住。绍虞家屋租出一部分，尚有余屋，则设床铺，陈杂物，以示其并非无人居住。又谈颉刚家事。颉刚开支甚大，勉为支撑，心实不愉也。

七月廿七日（星期二）

竟日注《岳阳楼记》，仍未毕。

归家食西瓜，前购一担至此而毕。以前一夏恒购三四担，今不能矣。

七月廿八日（星期三）

又是竟日校对。

上午有私立小学两教师来谈教师生活困苦情形，极大多数乃不如女佣；若遇疾病意外，更难对付。余亦无善言以慰之。

今日热甚，夜不得好眠。

七月廿九日（星期四）

续为校对，写复信。下午续作《岳阳楼记》注。

五时三刻，开明社之全体大会。七时一刻会毕，全体同人皆至开明新村，居于斯者作东,分别招待居于他所者。我家留朱子如、卢锡畴、章家密小姐、龙文四人晚餐,而余则饮于洗公所。诸家均留客,如各地所谓"留戏饭"者,亦殊多情趣。

八时半,于场中开映电影,借苏联影片,名《伏尔加,伏尔加》。全体同观,十一时始散,虽疲甚,大家甚有兴。

七月三十日(星期五)

写复信,校校样,注毕《岳阳楼记》。

店中新定办法,积存版税书之版税分十二个月付清,现时新出之初重版书,其版税皆一次付清。此版税办法之新规,系属创例,故记之。今日余得上月份之款一亿六千余万,似颇巨。然据统计者言,一亿之实际价值,等于战前之二十元耳。

今日又买西瓜,不甚佳。

七月卅一日(星期六)

九时半至福利会,讨论翻译工作之分配。此事谈之已数月,尚未决定妥当。今后将由翻译者与福利会个别订约,可以告一段落矣。

返店,修改旧作注释稿。

晚五时半,偕绍虞赴尚公旧同学之宴。柴志明、方子勤二位作东,地点在方之家。屋前有草地,点缀卉木湖石,颇畅适。到者男女将二十人,皆当时同学,余或识或不识。三十年前小学时代之同学仍有此交情,殊为难得。餐后放电影。

十时半,柴以汽车送归。

八 月

八月一日(星期日)

张天翼在蓉卧病三年,昨日飞沪。欧阳文彬小姐系其学生,迎之留居寓所。余往看之。谓肺病仍未停止进行,一切皆如常,唯不宜劳动,还须卧休。欧阳之居甚局促,因商之洗公,暂令居于客房中,洗公允之。

余回家,看国语稿第八册十余课。饭后出外洗浴。回来食瓜。即闲散未作何事。

八月二日(星期一)

改作高季迪《书博鸡者事》之注。此篇记元末事,托伯祥为查元时典制,重行注释,至下午而毕。回家后看国语课本稿数课。

夜间,天翼来谈,略及文事。仍听《西厢》。

八月三日(星期二)

校对国文文言第二册校样。

中华书局传来消息,朱稣典昨日心脏病逝世,闻之凄怆。下午二时,偕彬然等往乐园殡仪馆吊之。金子敦相告,稣典自病作至死去不足三小时。其病为绞心症,系心房忽然阻塞,痛楚不堪。稣典五十三岁,有老母,子女十人,半数未了嫁娶。余念近来恒送死,殊觉不欢。

归家后,看毕国文教本稿第八册。云彬、起孟于余之意见均心折,皆有长书来道此意,故余亦乐为尽力。

夜间仍听《西厢》。

八月四日(星期三)

续为校雠。

王芝九来沪,偕伯祥、晓先与余小叙于聚昌馆。芝九谈河南大学迁苏情形。政府以轰炸开封,又惧河大学生闹事,于招呼方面颇不惜钱。学生有恃无恐,多所需索。

午后有阵雨,不畅,热稍减。夜早睡。

八月五日(星期四)

继续校对。

天气大热,开窗而眠,尚时时出汗。睡眠不足,不免疲倦。

八月六日(星期五)

开始作白话注释,系自佩弦处分来者,渠注第二册,以八篇分余。今日所注为《儒林外史》之末回,仅注四之一耳。

今日客来较多,有程仰之、闻立勋、王鋆、张宗和、金克木、臧克家诸位。

宗和以下午四时来,随车同返我家,视二官。此君于学生甚亲切,为不可多得之教师。留之小饮。并邀汉华来唱昆曲,宗和与汉华合唱《惊变》。谈至九时而去。

天气热甚,竟夜流汗。明日立秋矣。

八月七日(星期六)

叔湘寄回余之注释稿,有所指正,因修改之。

午刻,同人为惠民作饯于聚昌馆,凡四席。惠民将往台湾,佐甫琴任副经理。天气酷热,多人饮食,叫嚣一堂,殊为烦躁。返店伏案一卧,乃历一时有余。

八月八日(星期日)

晨与天翼略谈。

看报。看英文詹森所作《苏联游记》。是书为冯仲足所译。书中言苏联建国将三十年,以其制度不同,已产生一种新人。此观点殊为扼要。书凡三百余页,将徐徐看之。

午后,出外洗浴。阵雨忽至,大气转凉。俟雨止回家,已四时矣。夜卧得酣眠,唯不盖被单,未免受凉。

八月九日(星期一)

观佩弦寄来白话注释稿五篇。

午刻,与同人为胡雨岩作小饯,兼款程受百。雨岩于开封为共军攻入后逃出。后开封收复,知我店损失尚微,因往售出存货,即将分店结束也。

午后续注《儒林外史》。回家后又得阵雨,天气颇凉。夜仍听书,十时后睡。

八月十日(星期二)

复校国文校样。

忽得佩弦之子来信,言乃父忽胃痛大作,入北大医院开刀,经过尚好,而未脱危险期。闻之不胜遥念。佩弦为胃疾折磨已久,时好时坏,今又大发,至于剖腹,不知其体力能胜否。治愈而后,能转于佳健否。因发一电致王稚圃,请其代往探问,并以所见详告。

下午五时,明社开临时会,欢送惠民赴台。有电影,系联合国文教组织所制之教育卫生片。八时到家。

明日将往苏州游荷花荡，系达君请客，邀夫妇将十对。船菜由芷芬之侄默庵预定。

八月十一日（星期三）

晨早起，与墨步行至车站，登车，同人多先至。票系对号，熟人聚坐一起，甚舒适。七时开行，九时到苏，余坐当风，凉爽而微感头胀。

出站即登预雇之大木船，舱极宽敞，可容四桌人，而我辈仅二十余人，太觉舒服矣。撑至阊门，泊舟。候做菜原料至，遂以小摩托船拖行。绕胥门盘门至葑门，出觅渡桥而南，至宝带桥，折而东，即至荷花荡。荷花已不多，然尚随处可见未开之花苞。十二时开宴，菜多而精。所谓船菜名手，本不多，今以生计艰困，堪此享受者趋没落，若辈早已歇手。默庵设法觅得三人，使临时复员一天，及成此局。据谓此调恐将成《广陵散》矣。余饮黄酒约斤半。小舟群集，兜售荷花、藕、莲蓬。各买之。

四时，舟至胥门，皆登岸。余与墨及伯翁往访硕丈。遇之，品洞庭山碧螺春，甚佳。遂至观前街购糕饼，即乘人力车到车站。车以八点十五分开，十时到上海。回家洗身，临睡将十二时矣。

报载佩弦患病电讯，云动手术历五小时之久，属十二指肠溃疡，结句谓情形严重。

八月十二日（星期四）

上午作杂事。因昨日早起迟眠，倦极思睡，午后伏案而卧，历两小时有余。

放工前接王稚圃复电，言佩弦未脱险境。

返家，饮啤酒，墨为余购啤酒四打，以代白酒。

陈烟桥、蒋天佐来访张天翼，陪往小坐。

八月十三日（星期五）

晨，彬然在晒台上相呼，言顷见报载，佩弦于昨日上午十一时后逝世矣。呜呼，三日来唯惧传此消息，而今果然，默然无言。

范泉来信，言其《文艺春秋》于十七日出版，乞余赶作一文，记佩弦之死。意不可却,即为动笔,至下午而完篇,仅二千言。所言皆不精当,未能尽佩之百一也。《大公报》记者来访,询佩之生平。

夜间,臧克家、杨慧修二位来,亦谈佩弦。导之访天翼,谈一时许。

八月十四日(星期六)

彬然言我人之"中志"亦宜有一文记佩弦,促余动笔。竟日仅得千六七百言,俟明日续为之。

到家,冬官在。渠实习于闸北水电厂,实亦长时期之参观而已。于工作程序及工人生活,固犹在其外也。留之晚餐,八时半始去。

八月十五日(星期日)

续作昨文数百字,仍未完。

午刻,祀先,预过中元节,请彬然及又信来共餐。

四时半,偕墨观电影于虹光,片名《金石盟》,尚可。夜间早睡。

八月十六日(星期一)

上午,王叔旸、尤秩臣、孙玄常三人相继而来,接谈多时,遂未作甚事。

吴辰伯书来,言关于佩弦身后拟作三项:一、凑一笔款,赡其家属;二、各人作纪念文字;三、为出全集。并问开明有无出全集之意,宜尽先考虑。

叔湘书来,云"倒下去的一个个倒下去了,没有倒下的只有勉力多做一些事"。并主张佩所编《高级国文读本》一二两册出版逾万册以后,酌提售价百分之二,赠佩弦家属。友情皆可感。

午后,续完昨文,全篇凡三千余言。

夜间,胡风、雪峰来访张天翼,顺便看我,谈半小时而去。

同事陈贤辉小姐之未婚夫游学美国,电讯传来,以游泳淹死。陈闻讯哀哭不已,为之怅惘无欢。

八月十七日(星期二)

作书复各处,将近十封。

店中决定接受出佩弦之全集,因告吴辰伯。于叔湘之见,以为有未便处,拟别觅途径助佩遗族。又拟请李广田继佩编书,作书询之。

傍晚,以今日为墨生日,添菜吃面,招龙文及弘宁王洁夫妇共餐。

三午忽患胃炎,时时呼痛。其他数儿生疮疖哭闹,耳根殊不清静。

高祖文来谈,坐一时许。

八月十八日(星期三)

克家嘱为《文讯》杂志作纪念佩弦之文字,已允之,只得勉为。今日动笔,谈佩之《老境》一诗,竟日得二千五百言。

回家,知三午腹痛依然。夜间,请施医生来视,谓或系盲肠炎,须验血断之。遂驱车至某医生处检验,归来已十一时半,谓其白血球数为一万三千,盲肠炎当至一万五千,殆非是。其余推测,则为过敏性胃痛或有虫害。听其时时作痛,宛转号叫,殊不快。墨亦伤风发烧,一时全家烦愁。

八月十九日(星期四)

上午写信,下午校对国文文言本之第二册校样。

回家后知墨仍发烧,傍晚服阿斯普洛二颗。三午仍时时呼痛,满身发红斑,似风症块而不坟起,每块大小不等,中心白而边界红,不知何名。据小墨言,其消化道表面当亦然,自然不能熬矣。九时后,抱之至施医生所,施抽其静脉血三西西,注射于臀部。此是治风症块之一法,我人前亦尝闻之,又令服麻醉剂少量。回来后稍见安静。母亲又大便不通,腹部膨胀不舒。余见数人之不适,殊感无可奈何。

八月二十日(星期五)

报载政府自今日起改革币制,此是大事。其法为发行金圆券,收回法币。金圆一元抵法币三百万元,其总发行额为二十亿元。最大之金圆券为一百元,合法币三亿元。余不明其究竟,直觉的想,此是极度之通货膨胀耳。法币之大钞为五百万元,今之大钞则等于法币三亿元。又金圆券之发行总额实倍于法币之全额,非通货膨胀而何。对于外钞及金银,限期收买,逾期不拿出即犯罪。人民因法币随时贬值,多易外钞及金银以为储蓄。今金圆券之性质无异于法币,虽有严刑,人亦何肯出其所藏。政府一厢情愿,欲收得外钞金银,无如其仅为一厢情愿何!即人民出其外钞金银,而以其信金圆券未见愈于法币,势将抢购物资,此又促动物价之涨势。而生活指数之取消,工资不复逐月调整,在薪水收入者亦为严重之问题。以余绝端外行观之,此殆百无一是,竭泽而渔,益苦人民,谋国者岂宜若是耶!

续校国文校样。天气大热,时时流汗。

回家后知母亲便仍不通。墨则于傍晚复发微热。三午红斑未退,而腹痛已止。

夜间白尘来谈。听《西厢》两节而后睡。

八月廿一日(星期六)

得雨,时时急泻。天气转凉。

写信若干通。浦江清来信,嘱为佩刊讣告于《大公报》,并代收上海之礼金。

墨今日到店。傍晚,到我店隔壁之孟河医生丁仲英处求诊。候之一时许而出诊归来。按脉极短暂,口授脉案药名,令弟子书之,乃作文章调,使人起滑稽之感。渠言墨仅系湿热内蕴,唯须宣化而已。归家,煎两回服之。三午之红斑仍未退。

叔湘以上午来,少坐即去,约明日来我家。

八月廿二日(星期日)

上午看小学国语修改稿,凡两册。饭后,冒雨出外,仍沐浴修发。

叔湘以三点后来,杂谈一切。傍晚叙餐,邀彬然、晓先、又信、调孚、洗公,彬然且助菜两色。九时散。墨上午弄菜,颇复疲劳。

八月廿三日(星期一)

叔湘将以明日返京,今日检佩所任第二册之课文三篇,寄与之,拟两人早了此一册,然后编第三册。又复他人书数通。

今日已有人取得新发行之金圆券一元五元两种,其上并无"金圆券"字样,显系当时印刷已就,而不适于时用,遂经搁置者。

下午四时,梅林来,偕往清华同学会,晤其干事赵燕声君,商量同学会与文协联合举行佩之追悼会。日期定于本月三十日,其他布置亦逐一商定。

返店晚餐。同人请娄立斋谈改革币制。据谓此次名为"管理金本位",为独创之名词,本只有金本位及虚金本位而已。其发行条例,罅漏甚多,准备皆不可靠。收兑外币及金银,政府方面皆进益一成,取消生活指数,薪工阶级必大困,而公用事业复将依战前标准,实即大大涨价。以故几乎无一是处。据立斋观测,今后米与煤将领导涨价,其速度将加增,二十天即为一倍。

余未听毕,依约到青年会,应女青年会诸女士之招,谈如何写作。又是老调,谈一时半,到家已十时矣。

八月廿四日(星期二)

绍虞为《国文月刊》作悼念佩弦一文,其文全系文言调子,余为改之。亦费半日工夫。午后作书慰佩夫人,兼谈杂事。

自本星期始,工作时间恢复八小时。下午五点半散,六点到家。夜早睡。颇凉,盖棉被。

八月廿五日(星期三)

看"中志"卷头言三篇。

陈梦家来访,系初识面。渠研究古文字学,曾闻人言有所见。谈半时许而去。

下午,观新出版黄裳之《旧戏新谈》。我店系购其现成纸版,颇有错字,兼为校对。此书于旧剧甚为内行,而议论编剧与剧中人物,时有妙绪,余深赏之。

傍晚,偕伯祥、予同、达君至振铎家,应其招宴。主客为潘光旦、陈梦家二君,余人亦多熟识。九时乘电车而归。

八月廿六日(星期四)

续看《旧戏新谈》。

傍晚,偕墨至我妹家。冬官实习已毕事,今日回家。红蕉亦早归,因得晤全家之人。与红蕉共饮啤酒,闲谈。

十时到家。

八月廿七日(星期五)

今日孔诞放假。同人出游,少壮均往嘉兴,年较大者携儿童则至冠生园农场。余与墨及二官、三午亦属后者。憩于草堂,去年此日亦曾来此。旋往观金鱼。中午饮洗公所带之白酒及郑小姐所带之威士忌。冠生园未知今日放假,备菜不多,致供不应求,我人延至下午三时始食毕。五时归,余购竹一盆。

到家倦甚,即睡,醒来已九时。进饮料少许,复睡。

八月廿八日(星期六)

为人写对联一副。

文联挽佩之联,托雪村撰句,托晓先书之。句曰:"言行唯经典常谈,师表真堪垂后世;文章则雅俗共赏,才名自合冠群伦。"店中同人一联曰:"长向文坛瞻背影,从教簧宇辍弦声。"皆颇工切,唯少哀挽之意。

余校国文文言本二册复校样,工作逾半日。

傍晚,店中宴请著作人,有杨东莼、巴金、陈岳生、端木蕻良八九位,同人作陪,凡二席。十时归。

八月廿九日(星期日)

十时,与彬然到店中。今日为杂志编者之会,轮及我店作东。到宾符、祖文等十一人。饭后聚谈,各贡所闻。三时后散。余仍往洗浴。

夜间电线有障碍,燃烛则以天热而易融,索性坐暗中。天大热,睡不得安。

八月三十日(星期一)

天气甚热,又以下午开佩之追悼会,心不宁定,竟未作何事。

四时,至清华同学会,晤佩弦之弟其清,及佩之女采芷。到者逾百人,言是四时,而延至五时始开会。致词者颇不少,皆不足听,唯健吾叙其受教时情形,泣下屡屡,最为恳切。六时半散,坐至疲矣。

驱车至高祖文所,应其招宴。彬然、予同、芷芬同往。他客有宾符、仲华、翼云,又晤姚韵漪女士。饮酒颇多,十时始散。

八月卅一日(星期二)

竟日写复信,他无所为。

夜间以疲甚早睡,然竟夕未成好眠。余于疲劳时辄觉后脑作胀,或可称为木强之感,虽不甚痛楚,而至不舒。劳甚则此感沿背脊而下,至于尾闾。于是必不成好睡。不知由医家释之,此是何因也。

九月

九月一日（星期三）

仍作复信,谈佩弦全集事,退回人家嘱看之稿。

秋热仍厉,到家后当窗取风。幸入夜较凉。听国乐广播一小时而后入睡。其中有《霓裳羽衣》一曲,又名《月儿高》,甚为繁复。

九月二日（星期四）

靳以交来《中国作家》第四期稿,嘱为看遍,因与调孚分看之。

下午开编审会议,历一时有半。此为新成立之会。余于店中之会,仅参加此会与教育委员会耳。

放工之前大阵雨骤至,车冒雨载同人归。虽得雨,仍未转凉,夜眠时时出汗。

九月三日（星期五）

续看"作家"文稿。诸文实皆平常之至,看之乃如受罪。

啤酒已尽,今日购得黄酒一瓶,与小墨分饮之。以后拟每日如是,至于深秋,乃开坛。天气仍热。

九月四日（星期六）

续看"作家"文稿。又看新出版杂志数册。

夜间热甚,起来铺席,仍不得安睡。

九月五日（星期日）

看报,看《苏联印象记》,午后仍出洗浴。

昨夕得雨,今日仍有雨,天气转凉。傍晚无黄酒,取去年郑小姐所赠张裕白兰地开瓶饮之。虽有十余年之陈,而殊不佳。夜间仍听国乐演奏。

九月六日（星期一）

写复信数通,其中复佩弦夫人者颇长,谈佩身后诸事。

将放工时,忽接王艮仲电话,谓辰伯来沪,欲与余相晤,将以车来接。候之至七时许,车始至,又迎振铎及辰伯之弟春曦,遂至艮仲家。辰伯两年为别,精健弥甚。谈平地近状,亦谈佩之全集。旋饮黄酒。食罢复谈。

及驱车到家,将十二时矣,累墨相候,为歉。

九月七日(星期二)

云彬寄到高小国语稿首册,嘱为速看,因以竟日之力看毕。

傍晚,文协诸友小叙于延福楼,谈征文评选及他事,至九时而散。

今日大雨竟日,马路积水处甚多,车辆皆如在运河中行。我祥经里门外亦水深没踝,余呼工友大宝负之而入。此次之雨系由于飓风,风未至沪,而水厄已甚矣。

九月八日(星期三)

仍作复各处之信。

天气转凉,今日余始穿夹短衣。

晚餐时,听三官言渠与同学二人共同导演《富贵浮云》,颇竭心思想种种新花样。

九月九日(星期四)

续作国文注释,注《儒林外史》末回毕。自佩弦之死,此事搁置多日矣。

傍晚,偕彬然应王艮仲、许揆若、孙晓村、高祖文四人之招,聚餐闲谈。到者将四十人,共谈《中建北平版》之如何充实,上海友人宜如何供稿。发言者其多,余默坐听之,历两小时有余,甚觉疲劳。

九月十日(星期五)

写信若干通。下午,看香港寄来之高小自然教本第一册,未毕。傍晚,与小墨、三官共饮竹叶青。

九月十一日(星期六)

合编课本之事,叔湘主以李广田继佩弦。余与广田函商数度,承其慨允。今后白话一套即由渠编之。续看高小自然稿本第二册,又看高小公民稿本第一册。

昌群忽来访,别无他事,因念及沪上友人,便乘兴而来。适雪村家宴客,即拉与俱往。雪村开三年陈之酒一坛。二十余人畅饮之,乃有数人入于醉,子恺、鞠侯、昌群、振铎、雪村也。昌群本拟住振铎家,疲不能动,即宿雪村家。

九月十二日(星期日)

上午看报,看公民稿本第二册。饭后出外洗浴。

四时许,昌群来,谈时事,谈世界前途,昌群均有卓见。渠谓在南京可谈者寥寥,亦无聊事。学术研究,于今日为之,不啻自我麻醉。六时许饮酒。酒后复谈。既而白尘来。昌群即留宿客房中。

九月十三日(星期一)

竟日作复书。

傍晚至振铎家。振铎宴昌群、子恺,邀我店同人作陪。外有徐森老及梁医生。闲谈甚欢,但一坐达三小时,余殊感疲乏。十时归,昌群仍宿于客室。

九月十四日(星期二)

昌群以清晨赴车站返京。为别时多,偶得二三日之叙,亦不易也。

余到店后,为教员团体看应征文稿。

忽介泉来访,为别十数年矣,大欢。留之小饮,畅谈历六小时。渠谈锋仍健,识见老到而现实。于教授之清苦,颇感愤慨,然谓为穷教授亦唯有在北平乃有意义也。渠明日即返平,仅得一晤,未免嫌其不足。

九月十五日(星期三)

作复信,续作国文解说。

返家时,我妹在。渠以守家惮出门,久不来我家矣。

多日欠睡债,今夕九时即睡。

九月十六日(星期四)

注毕《儒林外史》末回。开编审常会,商量缩约名小说及童话,供小学高级生阅读。此事言之甚易,而欲成套出书,需有动手之人数辈始可。思索就近之人,仅得三官,较为适宜,才难之叹不免。

傍晚,应王翼云之招,宴于银行公会。客凡三席,饮啖甚适。九时半归。

九月十七日(星期五)

得浦江清来书,详谈佩弦全集事。佩之骨灰将葬于西山清华墓园,又拟为佩向教部请恤。按恤例，任教满二十五年者，其遗族可得原薪百分之四十五。佩在清华二十三年，拟以中学校之教历足之。

中午，至伯祥家。其次子订婚，邀余为证婚。女家姓戴，原同住霞飞坊，两小在里弄中熟识者。三时半返店。

今日为中秋，家中略有添菜。而余胃纳不佳，所进不多。高祖文来，馈酒一瓶。夜间有月，不甚明澈。

九月十八日（星期六）

作复书若干通。

午后，偕伯祥、予同至大新公司，观敦煌画展。此系教部所主办，画皆由敦煌研究所诸人临摹。分类分时代陈列，较诸以前所见诸画展有系统。最感兴趣者为"飞天"，全属曲线，飞舞生动。观者甚挤，不及细看。

九月十九日（星期日）

晨以七时半起身，甚晏矣。看报纸看杂志。

方饭时，杂志聚餐会以电话来招，遂赴钱业公会。辰伯亦在，诸友向致欢迎。二时半散，与辰伯至我店谈话，议及佩弦全集出版事。

四时，往剪发洗浴。今日天又热甚，飓风方过，云宜有此象。

九月二十日（星期一）

作复信数封。

陈万里来访，畅谈。渠现任江苏省卫生署署长，力谋医药卫生之下乡。于县城谋设公立医院，于乡镇谋设卫生服务站，皆劝诱当地富室与热心之士自起组织董事会，卫生署则给予策划指导，并以善后救济总署之物资分与之。聆其所谈，皆切实有利于民众。余因谓做官诚当如是，而所以能如是，则赖夫一种类乎宗教家之精神。万里善摄影，懂书画古董，能唱戏，于瓷器尤有深识，今皆排弃而致力于公众卫生，盖亦进德之征。前年治十二指肠溃疡，胃割去三分之二，当其病时，苦楚逾于佩弦，而今康健殊甚，饮食如常。渠因谓友朋中如患胃病，必须早治，割治之先，必须审慎检查。午刻，小聚于聚昌馆，欢饮而别。

返店，作一短文，应高祖文之嘱，未毕。

傍晚，与祖文、辰伯、仲华、仲足、翼云饮于马上侯，言谈无禁，甚为畅适。十时散。

九月廿一日（星期二）

续完昨日之短文，题曰《漫谈革命》，即送与高祖文，入《中国建设》。

傍晚，文协在我店开理监事会，凑合邵力子先生来沪之便也。讨论评阅征文之办法，甚烦琐。征文系于"五四"日发表，所悬门类至伙，应征者极踊跃，长篇小说亦有二十余部，其他门类均有之。评阅之事，实甚麻烦。而诸友皆不之措意，唯谓其中必有好东西，精心发掘，意义无量。以余言之，虽不敢遽谓无望，亦不能如此乐观也。会毕聚餐，欢饮笑呼，九时散。

九月廿二日（星期三）

在店作杂事。天气不好，神思昏昏，殊觉疲惫。

隋树森君来访，以所译《世界大事年表》稿商出版。此稿经渠补充与订正，又补附录若干种，洵为有用之书。如排版可以想办法，自当为之出版。

傍晚，至《观察》社，应储安平之招。到者有辰伯、祖文、张季龙、张绚伯、施复亮、叶笃义，盖以辰伯来沪，邀友闲谈。辰伯谈北平搜捕学生情形，绚伯、季龙谓于上海被拘学生，宜使少受冤屈。次及其他时事。聚餐而散。

储安平请客单印有三事，别开生面：一、客不多邀，以五六人为度。二、菜不多备，以够吃为度。三、备烟不备酒。曾参观其社友工作情形，十数人方将新出版之杂志插入封套，预备投邮。其出版日为星期六，而今日星期三已印就，订阅者于星期五即可收到。又以纸版分寄台湾北平两地，因而该两地与上海附近同样，可于星期五阅读。此君作事有效率，可佩。《观察》销数至六万份，盖为发行最多之一种周刊矣。

九月廿三日（星期四）

重看佩弦所作第二册注释数篇。午后，开编审常会。

傍晚准时归，一连三日不在家晚餐矣。

九月廿四日（星期五）

上午十时，至霞飞路中国福利基金会，此系其新迁会所。分人家花园之一角,建新屋,芦壁草顶,窗有红框,颇有雅趣。开翻译工作委员会,推定振铎为此会主席,商量以后新计划,并筹设西文图书馆。

会毕,偕振铎至环龙路,观雕塑展览会。此系市美术馆所主办,陈列泥俑、陶俑、石刻、铜镜等件,振铎之出品颇不少,其所藏之骆驼,居于正中。

午后,观调孚所作国文乙种第一册之注释。

放工后,同人请杨东莼讲话,谈学问修养之要。于是数友偕东莼饮于马上侯,谈叙甚畅。

九月廿五日(星期六)

看"中志"卷头言稿三篇,写信数封。

午刻,餐于蜀腴,缘以前同事谢君来店访问,而雪村将于明日赴台湾也。下午,看云彬寄来高小国语第一册改正稿。

九月廿六日(星期日)

济南陷于共军之手,此为一大事。饭后,剪发洗浴。

三时至康乐酒家,应比利时人善秉仁神父之约,同在者有其同国人高乐康神父。此二人居我国二十余年,能说北方话,抗战期间为日人拘押,在囚系中泛览我国之现代文学,发生兴趣。遂为编书目提要,成《一千五百篇中国小说》一书,以法文、英文、中文印行,前承其赠英文本一厚册。今复欲编作家人名辞典,特自北平来沪搜集材料,并访问诸人。其意甚可取。友人继至者十余人,共摄一影,进茶点而散。

余遂至辰伯寓所,应其招饮之约。到者仲华、仲足、振铎、祖文、黄裳。辰伯义乌人,近自其家运来陈酒一坛,乃邀诸友共尝。七时举杯,辰伯之弟春曦及弟妇亦能饮,全座酒徒,所饮不少。春曦谓其兄四十岁,适来沪,亦称庆之意。

到家已十点半。

九月廿七日(星期一)

续看高小国语第一册,毕。又看曹伯韩所作高小历史稿第一、三两册。续看调孚所注国文乙种第一册。

傍晚准时归,得在家休坐,殊感闲适。

屋后空地建编辑所图书馆,即将动工,工人已架起竹架,以备打墙基矣。

九月廿八日(星期二)

续看调孚所作注释。

托守宪买西文打字机一具,值六百八十金圆。我家固无所用之,藏之而已。自改用金圆以来,人家购积物资者益众。衣料之类,不论好坏,皆所欲购,至限制人购一件,店铺于下午四五时即收歇。而菜馆舞场之营业甚盛,苏杭两地,游人颇众,皆以花钱得暂时之乐为归。则皆改革币制之影响也。其他牵涉工商业者,余固不甚明其底细,总之一切俱僵耳。

傍晚五时半,至镇华中学,其校国文教师约他校教师凡二十余人,邀余一谈,他们皆采用我店之教本者也。谈两小时,虽如寻常谈话,并非演讲,亦甚吃力。

到家,独饮,吃广东馄饨。九时三十五分,听马思聪演奏之广播,凡四曲,甚为爽耳。

九月廿九日(星期三)

继续看调孚所作之注释。

傍晚,在店中四楼小饮,外客有辰伯、振铎、祖文、黄裳四人,同人六人。连饮两小时,谈话又一小时,始散。

九月三十日(星期四)

续看调孚所作注释。

下午,沈柏寒来访,十余年不见矣。今年六十四岁,身体衰弱,走楼梯一架即喘气。其子女嫁娶大多已了,且有数孙,妻依其子居沪,渠独以沪居不惯,闲居用直,无以为遣,则作画。示余所临大痴富春山色图,余评其线条不坏,而点子不免疵颣。谈当世人心习惯,渠极慨叹,以为还须从基本做起,一切知识道德,必须化为习惯而始受用。其谈锋之健,犹是民七八年间之状。其意大致无误,唯以鲜与外界接触,不知世事真相,所谈未免不切于实际。渠不日返乡,深以未获畅谈为憾。余谓越一二月,当往访用直,畅谈三日。余亦确有此意,老友能多见一回,亦乐事也。

十月

十月一日（星期五）

今日起钟点拨慢一时。

七时半至车站，应高祖文之招游苏州，同游者振铎、予同、辰伯、黄裳。至则诸君几皆先到，唯予同未来，不久亦偕许杰同来。许在社会学院执教，今日往上课也。

车以十点半到苏，高之夫人及其友人许显民女士在站相候。许为商营汽车公司之经理，备大车一辆，载全体径趋木渎。先往观韩蕲王碑。幼时观此碑，屹然立灵岩山下，不知何时倒仆，碎为数块。今以水泥为框，碑端与碑文并立，碑文几全不可认。上有萧蜕篆书题字，记乙酉年，则民国三十四年也。赑屃之头已断，头没草间，黄裳拾一小石块，系青石，断为此碑碎块。

于是入木渎镇，至石家饭店。此店以于右任"多谢石家鲃肺汤"一诗得名，二十年来，游人争趋之。余等此来适得其时，正有鲃肺汤，然此汤实无甚好吃。其他菜肴均佳。全体饮酒四瓶。

遂以肩舆上灵岩山。男女农人竞抬肩舆，纷扰殊甚。余前未乘此，觉颠荡殊甚，损于西南之抬滑竿者多矣。观印光法师塔院，观寺之大殿及殿旁花园。后然从后山下，径趋天平。自高义园登山，憩于兼山阁，品钵盂泉，此处余于小学二年级时初到，觉其幽静，意识界一新。今来仍觉甚佳，确有山林之趣。同游者亦赏叹。听空中鹞鹰长鸣，悠然意远。

四时半下山，从灵岩山麓行，仍全木渎。于是乘车入城，抵观前吴县县银行，晤吴觉民君，亦祖文之至友也。重复宴饮，肴精而丰。许杰偕马荫良及社教学院其他二教师来访，相与对饮，又尽酒六七瓶。

振铎、黄裳欲访书，而护龙街书肆已关门，叩之都不应。于是至景德路汽车公司总所，许女士将其经理室设榻容我等睡。室甚精洁，唯有蚊虫少许，余两臂起块几满，以是未得好睡。

十月二日(星期六)

晨六时即起。黄裳自其友人家来,祖文自其家来,遂往访汪氏义庄之假山。其园已荒芜,台榭皆破败,而假山如旧,大枫树一株如旧。此假山今日重观,觉其好在完整,以画的眼光观之,系整然之一幅。至于狮子林,即觉其琐碎,唯成湖石之展览会耳。同游者皆谓得见此山,乃此游良获。遂至观前,进面点于观振兴。各购糖果饼饵。

然后驱出城,先至西园,亦见破败,唯一水依然。投馒头十数枚,巨鼋殊不起,盖节候已凉之故。仅见大鱼之影,攫得馒头即沉。遂至佛寺,观五百罗汉,观大殿。过留园而未入,闻破败更甚。至于虎丘,各处巡行一周,憩于冷香阁。食素面一碗。十一时四十分抵车站,谢许女士与胡君之招待。特别快车以十二时二十余分开,二时即抵沪。

此游甚匆忙,微感疲累。到店,看来信。

十月三日(星期日)

竟日看云彬所作高小国语第三册之稿。饭后出外洗浴。

四时半在虹光看《纽约奇谈》,此剧系几个故事,以一件据称不吉利之礼服为线索,尚可观。

明日将与墨游杭。我两人三十余年以来,仅于廿六年春出游南京,今第二次耳。

十月四日(星期一)

晨至车站,车以八点半开,晴光照野,心至愉适。十二时半到杭,先至杭州分店,晤子如、鸣祥及诸同人。进面点于奎元馆。至祖庙巷,访墨后母母家之老仆,陆姓,名顺宝,请其于明日为导,扫胡家两代之墓。于是入子如所代定之新泰旅馆。

日来到杭者甚众,一为游览,一为抢购物资,旅馆家家客满,非预定即无可下榻。

子如夫人陪我等游湖,任其容与,初无目的,仅于三潭印月及西泠印社两处登岸而已。夜间,子如、鸣祥、雨岩等约饮于酒家。吃蟹,尚不结足。十时睡。

十月五日（星期二）

晨间陆姓老工友来，贡三之女润华及其邻居王太太继至，皆陪同往扫墓。于湖滨候公共汽车，八时后上车。车系开往留下者，我人于未至留下前一站杨家牌楼下车。访得坟亲吴姓家，吃茶小坐，遂往拜岳父母之墓。复乘返杭汽车至老东岳，访坟亲蒋姓，拜太岳父母之墓。墓皆杂厕众墓间，如无人引导，未易访也。余与墨结婚后一年，曾随铮子内姑母来过一次，今已逾三十年矣。

午刻返湖滨，餐于多益处。回旅馆小憩。润华陪同闲谈，渠在职业学校习会计也。

傍晚至分店，洗公今日自上海来，将返上虞。遂与店中诸人共饮于多益处。

十月六日（星期三）

晨步湖滨，以三轮车趋灵隐。湖上乘三轮车，眺览舒适，最为配称。茗于飞来峰下，赏其树阴之浓密，观寺中之大殿。复至玉泉观鱼。仍返湖滨，入西湖博物馆，观其自然之部分。中有僵化不腐之男女尸体各一具，观之如骨骼模型，而包以皮层。颜色形状皆令人作恶。

茗憩于中山公园，桂花香甚浓。步经平湖秋月，折往孤山，徘徊于放鹤亭下。于是泛舟游湖，眺望为乐。荡一时许，暮色已下，登岸，饮于酒家。返旅馆，早睡。

十月七日（星期四）

晨往拉鸣祥，请其导往购物。衣料店中已被抢购一空，上海所行之凭身份证购物办法，杭地亦于今日实行。墨之身份证上，即由一家盖上印记。火腿、茶叶等物则无限制。

遂上吴山，眺望钱塘江，茗坐休憩。下山，鸣祥作东，饮于王润兴，此是有名之饭馆，所谓"王饭儿"者也。

返旅馆，桌上有蒋伯潜、张同光留字，嘱往其校（杭州师范）作演讲。情不可却，即赶往。于礼堂讲一小时，男女学生约三百人。订明日来此午餐。

复荡舟返湖滨，至分店。七时，与全店同人共餐。食毕，明社杭社开会，邀余说话，子如、鸣祥亦各有所言。会毕返旅馆，将十一时矣。

十月八日（星期五）

今日归去矣，已购对号车票，以下午四时登车，心甚舒泰。不意进店复返旅馆，茶房讶余何以不走。始知下午之车名"西湖号"，而余误购"金陵号"之票，应于上午八点半前登车，已不及矣。遂往购不对号之票，以二时半开，此车极拥挤，必须提早到站。

于是甚形匆忙。到分店，别店中诸同人。通电话于杭师蒋校长，拟辞午饭，不获，则请提早时间。十一时到彼校，即进饮食。蒋氏父子、同光、袁学中同座，情皆殷切。

十二时半抵车站，乘客满大屋中，一拥而入，我等居然占得坐位。此车开沪凡五小时，有许多大站皆停靠，较对号车多一小时。眺望夕阳，心极安闲。此次游杭四日，皆值天晴，亦巧遇也。

八时到家，家中老小皆安好。

十月九日（星期六）

到店，看数日来积存之信件。

王润华相告我妹家已看定新屋，将于日内迁出霞飞坊。

店中同人五十余人以今夜赴杭，小游两日。小墨亦往，将转往白马湖，视丐翁之坟工如何。

十月十日（星期日）

在家写复信，看香港寄来之高小公民第三册。

午后偕墨出门，看附近市街，店家停业者极多，名为庆祝双十节，实则借此少开一日店，少卖出一些货品也。

振铎今日为银婚纪念，邀我等夜宴。下午五时，与墨及调孚乘车出，先往接予同，然后至伯祥所。伯祥臀部生疖，已请假十数日，尚未痊愈，不克往振铎家。我与墨登楼晤我妹，小坐片时，即驰往振铎处。菜极精，为福州厨子所制，共致赞许。

九时到家。

十月十一日（星期一）

今日补放双十节。余续看公民稿，毕，复看高小自然第三册。

饭后，出外沐浴剪发。店家亦多补放假休业者。币制改革，物价限制，始于八月十九，已历五十日。今成无物可购，商店工厂皆无以维持之象，强制压抑殆将冲决矣。

夜听书两回，杨振雄说《长生殿》，颇可听。

十月十二日（星期二）

竟日写复信。饭后与墨观附近马路，店橱中皆陈物甚少，亦有全空者。

四时，梅林来谈会事。

饮酒时，听三官谈对于易卜生《野鸭》之看法，甚有见。仍听书两回。

十月十三日（星期三）

写复信，致叔湘一信最长，谈文言读本第三四册之编辑。

今日下雨，始有秋意。余因伤风，精神不甚佳，夜眠后似微微发热。

十月十四日（星期四）

看调孚所作注释。午后，开编审会议。身体不舒，周身似被捶击，酸楚时作。小饮后早睡。

十月十五日（星期五）

续看调孚所作注释。

下午杨刚女士来访，尚是初见。女士住美国数年，为《大公报》通信记者，谈国际问题，颇为明达。

日来市面益萧条，百物皆无由购得，日用品俱为人家抢购一空。衣料等物，仅存次等之货，需凭身份证购买。南货铺中金针木耳亦成宝物，咸鱼铺中海蜇亦无有。商店皆开门不久旋即关门，我辈放工时，街上已如元旦日光景。此抢购之风已历两星期，至近几日而购无可购，遂成此象。自八一九改革币制以来，当局为欲稳定新币所谓金圆者，将一切物价限定于八一九之数，绝对不许涨。迄于本月之初，当局认烟酒两项为消耗品，应令加税，因加税而得涨价。即此一显端倪，群遂争购纸烟，由纸烟而及于其他各物，凡可以用去金圆者，无物不好。而厂家以无原料,无利润,不克继续生产。贩卖者以无利可图,亦裹足不前。遂成此空前未有之局。黑市固未免有之,然普遍言之,总是匮乏之象。我家以内,满子最感头痛者为买小菜,鱼肉菜蔬,皆需努力与众竞买,而结果未必买到。添购燃料及调味品,亦需多方设法,仰求于人。此事如何了局,诚不可预知也。

十月十六日(星期六)

仍续看调孚所作注释。

致书介泉,询其迻译易卜生全集之计划果否实行,如译出,我店甚愿出版。介泉前来店谈及,译易氏作已十数种,译其全璧,固平日之愿望也。

夜间,明社同人分数处看电影,余与墨观虹光之《卡萨布兰卡》,尚可观。

十月十七日(星期日)

母亲欲往我妹家,余与小墨陪往。妹家新居在襄阳南路,三层一幢,修饰一新,颇见舒适。母亲此次到彼,殆有一月之留。余坐一时许,仍以原车归。

饭后洗澡剪发。看奥尼尔之《梅农世家》,此作分三部,系性格戏,看一部半而止,俟他日续看。入夜吃蟹,尚不大。

十月十八日(星期一)

写复信。

梅林来,以征文收到之小说两部交我审阅。此等作品殆不会好,而必须约略看过,亦是苦事。

锦州已为共军攻占。济南被占后,据传秩序已恢复。

夜续观《梅农世家》,未完。

十月十九日(星期二)

续看调孚所作注释。

下午,杨慧修来谈胡风之为人及持论。此君自命不凡,否定一切,人家之论皆不足齿数,而以冗长纠缠之文文其浅陋。余于文艺理论向不措意,唯此君之行文,实有损于青年之文心。

入夜,酒后倦甚,早睡。

十月二十日（星期三）

续看调孚所作注释，第一册至今日而毕。

饭后与墨出游南京路，店肆大多空空。照相馆亦拉上窗门，停止营业。盖日来换领身份证，需用照片，市民皆往拍照，而照相馆不能涨价，有蚀本之忧，且原料耗尽，亦可虑也。

十月廿一日（星期四）

开编审会，写复信。

愈之作儿童小说曰《少年航空兵》，由文供社印行，士敏以其清样来，嘱余作序，因看之。是书以南洋华侨少年为主人公，梦游新中国，作者因以抒其对于新中国之憧憬。设想甚奇幻，而皆有所据。文字浅明，不为执拗之新文学体。未看完，俟他日续看之。

夜间白尘来，亦谈胡风之文与人。九时半去。

十月廿二日（星期五）

兴慈中学范梅僧前以书来招，今日其校弘一纪念堂之纪念室落成，为弘一纪念之会，将念佛供奉，嘱往参加。晨八时出门，自西宝兴路而中山路，折入宋公园路，步行一小时而达。久未野行，殊感清爽。晤范及唯云和尚，谈纪念室修筑不易，近以购料困难，塈饰尚未能完工。余拜弘一之像。唯云和尚近受传为我苏北寺之方丈，与范二人发愿，将在北寺办一弘一艺术学院云。

十时到店。续看《少年航空兵》。

傍晚，至我妹家省母，即留晚餐。晤溢如，其居在隔壁。是里名"锦村"。

十月廿三日（星期六）

看新收到各种杂志，乃未作他事。

下午三时，偕调孚出席翻译工作委员会。会毕，与靳以、振铎谈《中国作家》编稿事。

仍返店，与同事十余人饮酒吃蟹。供菊花两盆，聊资点缀。蟹不甚结实，余吃三只。

十月廿四日（星期日）

上午看报看杂志。

午刻，应王辛笛之招，会于悦宾楼。多《大公报》友人，听王芸生谈时局。今日报载国军放弃郑州及包头，战局之坏，乃如墙崩。萧乾久未见余，渠年来受人排挤，怨气甚深，辄因酒后向余倾诉。

餐罢，余独至新城隍庙，购虎耳两盆，龙舌兰两盆，橡皮树一盆，载之而归。夜间酒罢早睡。

十月廿五日（星期一）

时局变化多，看报时间较长。下午，为愈之《少年航空兵》作序，仅得数百字。

下午六时，明社开大会，今届小墨任总干事。会毕，全体进餐。厨司买菜不易得，每人只能吃一盆饭，上加白菜虾仁。迩来物荒严重，饭馆面馆或停业，或限制供应数小时。人人所谈者，皆为买不到东西。黑市当然有，但不易得其门，且其价特昂。共谓如此景象，前在沦陷时期所未有也。餐罢，放映国产电影，片名《花落水流红》，殊无可观。

九时归。登楼甜香触鼻，盖昨日墨购佛手二枚，供于案头也。

十月廿六日（星期二）

续作昨日之序文毕，全篇亦不过千数百言耳。写复信若干件。

购物益艰难，几于色色俱无。此系出于人为，将物价限于八月十九日之故。为政岂能轻率若此耶。物资阻其流通，饥饿之虞，人人不免，社会秩序一旦大溃，何可轻易收拾。思之殊可忧也。

十月廿七日（星期三）

复信数通。下午，细读《虬髯客传》，为编文言读本第三册之始，第三册列此篇于首也。

放工时经过市街，店家家家关门。满子言晨间到菜场较迟，唯有葱与姜耳，渠于里中贩子处抢购得鲢鱼一尾。

酒罢，出外洗浴。擦背人言浴室恐亦将停业，买不到米，伙计吃不饱，如何卖力气乎。

十月廿八日（星期四）

开始作《虬髯客传》之注。此事搁置数月，重为之便觉手生。

余冠英来书，告佩弦骨灰已于本月二十四日葬于香山万安公墓。

下午六时半，应黄裳之邀，餐于锦江。同座为巴金、振铎、唐弢、靳以诸君。餐馆均拉上铁栅门，侍者守之，云是定座者始放入。锦江侍者言其馆今日清晨自吴淞购得一猪，入市区后，沿路贿赂警察，凡费四十元，始得保有此猪。饮啖甚适，菜中唯无鸡耳。九时散。

十月廿九日（星期五）

看彬然、必陶所作"中志"卷头言，凡三篇。起一信稿，致各界较有实际知能之人，请各就所见，向青年说话。将于"中志"之明年一月号汇而刊之。

饭后，偕伯祥出观市街，家家空无所有，惨状可怜。关店不准许，而无物之市，实即罢市。此现象已遍于全国，人人感无物可得之苦。政治影响各个人之生活，当于此咸深切感知矣。食物无由购得，最为危险，发生祸乱，固时时可以引致也。

十月三十日（星期六）

写复信若干通，皆关于投稿者。

傍晚，偕墨至我妹家省母。即晚餐，八时半归。

十月卅一日（星期日）

上午臧克家、穆木天来访。

今日余生日，原有一鸭，圣南妹为买得黑市之肉与鳜鱼，郑亦秀大妇来，馈其自制之面条，遂得聚餐成局，居然像样。生日无面可买，前未之有也。

夜间听广播，政府放弃限价政策，粮食可以自由买卖。其他办法，无非取消其八一九之办法，而故作冠冕语。于是金圆券与法币无异，以后将一直跌下去。而人民手中之若干金银与外币，则为政府攫而取之矣。一个月来，大家为抢购物资与购不到物资焦虑，今若此，或可松弛一点，然物价之狂涨，可预卜也。

十一月

十一月一日（星期一）

经济变动，影响所有人心，所谈所思，几无不在此一事。市面秩序有待重新建立，家家索性暂停营业，俟物价议定，再行开市。大约尚有三五日之延续。我书业最为镇定，居然仍行开市，然至午后三时，亦纷纷关门。限价取消，小菜即涨至三四倍五六倍。以前为无物可购，以后将为有物而买不起矣。

午刻，与洗公、伯祥、芷芬饮于永兴昌。马荫良以无法得午餐，寻访而至。各吃光面一碗。邻座世界书局同人馈以湖蟹，人各一只。

返店，观广田所作注释。

傍晚，全家至我妹家，因其请吃搬家酒。外有伯祥系统之各家，及溢如之子女等。九时归。

十一月二日（星期二）

续看广田所为注释。

程千帆来，渠现为武大中文系主任，以为中文系宜理解古人之治学途径而不限于此，原则自是不错，特实行之方殊难定耳。

杜守素来，谈近事，致远方之意。谢之。

午后，梅林、靳以来谈《中国作家》事，无结果。

傍晚，与全店同人往虹光看《功名尘土》，此片系英国出品，旨在讽刺工党人物。若辈初时亦未尝不欲为大众谋福利，及其跻于政治舞台，则脱离大众，与之对立矣。演技颇不坏，多数人多誉之。

十一月三日（星期三）

新建编辑部之楼屋，墙壁已砌至第二层，同人议为此楼题名。余拟名为"丏尊楼"，伯祥主改"怀夏楼"。"怀夏"之音响好，决用之。今日余书篆字，并附短跋，将刻于白石，砌入二层楼之正中。书不惬意，更易多次，而后勉强作数。

下午，作复信。夜，吃蟹，系张纯嘉所馈，而满子亦自买若干，因得大吃。

沈阳已为共军所占。至此，东北全入共军之手。

美国改选总统,今日下午传杜鲁门连任。世界舆论事前预料,均以为此次改选,共和党之杜威当选决无问题。而人民投票结果,仍取至不中用之杜鲁门。论者谓此足见美国人不愿见第三次大战之心。二杜虽大致相仿,而杜鲁门究较杜威稳重也。

十一月四日(星期四)

作书若干通,续作注释。

物价大涨,日用品一日数易其价。而物资仍不见充富。殆蓄货者考虑于金圆券与物资之间,虽得高值,钞票究不如物资也。

夜间复吃蟹两只。

十一月五日(星期五)

续作注释。

日来徐州蚌埠间又见紧张,谣言甚多。国军已不能战,殆成普遍认识。其将续遇不幸,恐属必然。

夜间,白尘、克家二位来,言沙汀患病甚重(殆是胃溃疡),穷困无以为医,友朋宜量力资助。余出三十元。二人去,听书一回而睡。

十一月六日(星期六)

续为注释,但成绩甚少。

物价飞涨一日数易,有若干店家复关门。米买不到,而但闻其价越来越大,人心因而恐慌。

晚饭后,外出洗浴。上一次付八角,此次付六元,倍数不少。然听浴室中人言,今夕一包大英牌香烟,即需五元矣。

十一月七日(星期日)

助墨治丝绵被。往阅报室看报。

汪刃锋来,为余画像。画未毕,而徐盈来访。徐方游台湾,不日返北平。谈近事,坐一时许而去。

午后一时,群往剧校,盖今日为明社五周年纪念,包其校之戏一场,以相娱乐。戏名《欲魔》,即托尔斯泰之《黑暗之势力》,欧阳予倩所改编者。其剧先叙堕落,终于悔悟,与《复活》相类。演来尚不坏。五时散。吃蟹佐酒。

白尘来闲谈一时许而去。

十一月八日(星期一)

竟日写复信,亦不过十四通耳。

抢米之事已有所闻。买米无从,而米价时有所闻,几乎无刻不涨。八一九限价时,规定米每石二十一元,迄于今日上午,至六百元,下午则传一千八百元矣。予同谈,同济向复旦借米,复旦不予,同济学生声言将列队就食复旦。三官校中已改吃稀饭,校长同学商量半天,毫无结果。首需有钱,穷学校穷学生何从得钱。即使得少数之钱,一千八百元之米能买几许。且不得其门,虽愿花大钱亦不可得米。学校如是,升斗之民何堪设想。

今日上海市清查户口,夜七时至次日二时全市交通管制,市民须各在家守候,俟清查人员到来,换领新身份证。我家于十时许查讫。身份证上附有配给证一百四十四方,云将来如有所配给,此可应用。市民为此一层,皆挤往拍照,视身份证为重要。实则社会局长早有声明,非有所配给,乃凭此限购耳。

十一月九日(星期二)

半日写信,半日作注。

五时半,徐盈来店,为同人谈时事。谈毕叙饮,八时半散。渠后日返北平矣。

今日铁路工人怠工,车运停顿数小时,经发米发钱而解决。夜间传水电工人将罢工,群闻之,起来蓄水。后询报馆,云工人所求已解决。

米既不可得,而银根又奇紧。店中以后发薪,即感困难。筹商集体自保,物资有无相通,其事甚不易。余因不善决事,即亦不假思索,俟他人各贡所见,合成具体方案耳。

十一月十日(星期三)

竟日作注,《虬髯客传》未完。

致觉来访,询问近事。渠在法藏寺粗饭不能下咽,素菜无油,甚苦之。欲与进素食于素饭馆,访之则门闭不开。遂送之归,各怅然,伯祥尤欷歔。

看晚报,徐蚌间之战,国军不利。迄于夜间,有蚌埠失守之谣。

虹光电影院主持人蒋果夫来共饮酒,谈电影院以看客不多,职工薪水增加,恐亦将不能维持。

臧克家来,言同人纷纷离去,竟不免惶惑。余劝以镇定,我行我素。

听书无味,早睡。

十一月十一日(星期四)

叔湘寄回广田所作注,颇有改正,余因重为整理。

傍晚偕墨往郑亦秀家,承渠招饮。外有伯祥夫妇、达君夫妇及洗公。酒间唱曲。亦秀得曲师沈传芷指导,颇有进步。笛王许伯遒偕其妹同来。许吹笛确远胜于沈,爽利而圆转,听之悦心。许小姐与汉华对唱《游园》,与亦秀对唱《折柳》,传芷独唱《定情》,皆可听。九时半散。

今日起戒严,夜间十一时起不得通行。戒严区以南京为中心,远至沪杭。

十一月十二日(星期五)

报载经济措施又有变更。黄金外币,人民可以持有,银圆且可流通。向以持有此项货币为有罪,今忽又改之,出尔反尔,全不讲信用,为政岂可如是。黄金外币之值,则较八一九大五倍,低于黑市者尚甚多。

十时,至我妹家省母。红蕉在家,与闲谈,且小饮。

午后二时,步行于霞飞路,店家俱已开门,不复如前数日之萧条,但物价之高,往往十数倍,购买者自极少。

到家已五时矣。夜间随意听广播。墨近日腰痛甚剧。

十一月十三日(星期六)

续为注释。

午后三时许,肝阳上升,头昏,胸口作恶,先归家休卧。入夜起来小饮,复卧。

日来市上已有米,且其价降至四百五百。前此之无米,自是隐藏之故。何以忽而齐出,不复居奇,诚不明其所以。上海当局向美人乞米,美人假之于港督,其米尚未运到也。

十一月十四日（星期日）

上午看报。饭后洗澡。

四时观电影于虹光，片名《魔城喋血记》，叙大战时美科学家于意大利救出意科学家事，尚可观。夜听广播。

十一月十五日（星期一）

上午写复信，下午续作注释，《虬髯客传》今日始毕，亦谓缓矣。

天气转寒，西北风呼吼，放工到家即饮酒。振甫夫妇来谈，少顷即去。

陈布雷以前日去世，报载系心脏衰弱，眠而不复醒。今日又载其遗书，主薄殓薄葬云云，则其非突死而为自杀，殆可断言。陈久为蒋氏幕僚，已在倡优畜之之列，今当危急，忽而自戕，必其所见所闻有甚不可告人者。其遇盖深可悲也。报载张阆生（宗祥）挽联，感慨愤激，堪称传作，亟录之："蹈东海而亡，昔闻其说。秉中书之笔，吾惜此才。"

十一月十六日（星期二）

注东坡《赤壁赋》。

南京方面以徐蚌战事紧急，人心惶恐，政界中人与富有者皆迁家作避难计。传说此辈分三级，高级游美国，中级往香港，又次则至台湾云。

达轩来信，同业均拟撤退，渠亦已将书籍打包，请示机宜。一店如是，他可类推。

夜间，晓先、彬然来谈。

十一月十七日（星期三）

续作注释。下午，开编审常会，讨论应合时宜，编中小学补充读物。

张天翼将以明日飞港养病，夜间来告别。据云港友已为接洽医院，有一年之费用。其飞机票值三千余元，若以法币计之，将达一百亿矣。赵家璧来送天翼，与谈约半小时。

十一月十八日（星期四）

续为注释。

圣南妹为我家买得米一担，值三百八十元，颇称便宜。

酒间与小墨、三官谈演戏技术。

十一月十九日（星期五）

上午写复信，下午将《赤壁赋》注毕。

接叔湘来信，言学校任教，听者藐藐，不感兴趣。最近时局动荡，校当局表现不佳，真到危急，殆将一散了之，以故拟来开明专任。此事自为编辑同人所喜，但时处今日，店中主持者苟无远见，恐将以此时不宜添人为言也。

店中以近日营业不振，收入减少，所蓄已用完，借贷不方便种种原因，议定薪水打折扣。多者多打，少者少打，使多少相接近。每人原有米五斗，系发代金，今将改发实物。此皆善法，余所赞同。

陈布雷自戕，其致蒋氏及诸友信件，今日报纸披露之。皆言精神极度委顿，不堪任事，于出此下策，则极自毁诋。其于蒋氏，如奴仆之于家主，并无谏诤之言。有人遂谓其并非尸谏，仅显其奴性。伯祥一语甚妙，尸谏非奴性人不办。书中有言二十年来国家措施大体无误。视政府为国家，甚且视一人为国家，实甚荒唐。各书皆拖沓殊甚，虽云出于临死精神不安之际，要亦平日头脑不清所致。平时见其代拟文告，多芜杂荒乱，以为其奉命而为，今乃知陈之头脑固亦如是。盖与其主之头脑混而为一矣。

上海市清查户口之后，已发表总人数为五百四十四万八千余人。据闻实际不止此数，为七百五十万人。所以减少发表，恐益增大家粮食恐慌之感也。

十一月二十日（星期六）

写复信，看高小自然第四册稿本。

日来徐蚌间战争稍松，米亦有到沪者，上海人心较定。

十一月廿一日（星期日）

上午看报。

午后，与墨及二官外出，拟往昆山书场听书。至其地而书场已停闭。遂观电影于民光。片名《天涯追踪》，系述缉拿运鸦片人之事。无甚可观。

十一月廿二日（星期一）

写复信数通。答叔湘者，告知此间欢迎来店任事之意。

午后开编审会,讨论分担编辑中小学读本。众意令小墨编小学国语,而《开明少年》将商请宋易返店主之。晓先则编历史。会毕,余开始作"中志"卷头言。未完。

傍晚,至我妹家省母。即小饮。红蕉回来,与谈一小时。九时到家。

十一月廿三日(星期二)

续作昨文,毕。午后,始注陈鸿《长恨传》。

酒后早睡。日来背部疼痛,夜醒时殊甚。

十一月廿四日(星期三)

作复信,续作注释。

归时汽车坏,乘三轮车。到家即饮酒,早睡。

十一月廿五日(星期四)

作"中志"特辑发端词一短篇。下午仍作注。

依时归,饮酒听广播如常。

十一月廿六日(星期五)

竟日作注。

纯嘉自杭归,芷芬自苏归,于火车中皆闻军人谈话,颇厌战争。此现象殆甚普遍。

夜饭毕,出外修发沐浴,八时后归。

十一月廿七日(星期六)

叔湘寄归注释稿,重为整理。渠之来此已确定,所藏书籍先运来沪。

傍晚,宴请为杂志作文之数友,有立斋、仲足、柏园、金枝、宝权、岳生诸位。九时散。

十一月廿八日(星期日)

上午看报。

饭后,与墨及二官至城隍庙群玉楼听书。汪云峰说《金枪传》,钱雁秋说《西厢记》,杨振雄说《长生殿》,各一小时。杨常于收音机中听之,今与对面,确属不恶。客特来听杨者特多,一楼座满,殆将二百五十人。五时散。

余独往妹家省母,即留宿。

十一月廿九日(星期一)

写复信,整理注释稿,发排其一部分。

傍晚归,红蕉在家,与之对饮,尽酒两瓶。听书一回,九时半睡。

十一月三十日(星期二)

注《长恨传》毕。

叔湘来沪见访,午刻与诸友共餐于聚昌馆,又有宋易与沈陶孙。宋易为旧同事,将于明日返店任事,继小墨主编《开明少年》。沈则自南昌来,商洽南昌分店事。叔湘明日返京,俟机会即全家迁沪。

晚归后饮酒听书如常。

十二月

十二月一日(星期三)

士皦自长沙来,商店事。余略与谈话。

写复信数封,为店中作一书致著作人。盖近以周转困难,原定每月付旧存书版税,新出再版则一次付版税之办法,已不能实行。今改每月付半数,新出及重版则分为六次付云。

今日起如去年一样,作事时间减少一小时,晨八时半到,晚四时半散。

到妹家即饮酒,历时一时有半。妹为制虾饼子下酒,九时睡。

十二月二日(星期四)

注《长恨歌》,未毕。下午开编审会,讨论各种教本之纲要。

雪村与其家眷自台湾返沪,下午已抵埠,因值放工,未之晤。近时迁台避难者甚众,人闻雪村反自台来沪,皆以为异。

返妹家后饮酒听书如常。

十二月三日(星期五)

未到店,即在三楼北窗伏案,续作注释《长恨歌》毕。窗外为人家庭园,枇杷方作花,阳光暖和,甚适。

傍晚,至厚德福餐馆,为杂志编者之会。而到者寥寥,连余仅六人。与仲足、翼云共饮,亦甚畅快。八时半散。

十二月四日(星期六)

看广田新作注释,半日而毕。

下午,二官、三官来闲谈,至傍晚而去。饮酒听书,九时睡。

十二月五日(星期日)

晨起较晚,戏与三个甥女打牌一圈。墨携三午来,我妹治馔,余遂午饮。

三时,至大富贵菜馆,为练习生姜东生证婚。婚礼毕,进茶点。遂至霞飞坊,访夏师母,以车载小墨、满子及孙辈归。

彬然宴士敩,余亦往,同事十一人聚饮,闲谈至九时散。

十二月六日(星期一)

写复信若干通。下午,缮录司马温公《训俭示康》一篇,备作教材。

六时,冒雨乘车至梅龙镇,应蓬子之邀,与邵力子共餐。文友均集,共十一人。席间无甚谈话。九时散。

十二月七日(星期二)

校国文白话本校样二十面,此为第二册,开首数篇,犹是佩弦所注释也。

吴研因来访,渠任教部司长,现以请假方式离去,殆将从此辞官。今日之官实无可为,恐欲去者甚多也。

傍晚归饮,不在家饮酒几将十日矣。早睡。

十二月八日(星期三)

注"训俭",未毕。

放工后先往修发洗浴,然后回家饮酒,食蟹一只。二官已迁出,其女儿喜哭闹,去后殊觉清静。

十二月九日(星期四)

写信数通。

午刻宴吴研因夫妇于挹江楼。楼在水上饭店,实一趸船,泊于北京路外滩。入之如在船楼,眺望浦江,殊有空畅之趣。食涮羊肉,饮白干,进馒头烧饼。二时散。

三时偕伯祥至其家，候沈柏寒来晤叙。柏寒依时至，谈其感慨，滔滔不休。余稍慰之。一谈历二小时有半，始去。余乃至我妹家省母，小饮，进粥，即归。

十二月十日（星期五）

校国文二册校样二十页。写复信数通。

夜间，各杂志编辑聚餐于我店。听贾开基分析战局，甚为详尽。九时后归。

十二月十一日（星期六）

写复信。看广田所为注释。晚归即小饮，早睡。

十二月十二日（星期日）

看报。往后面新屋观看，已在涂刷墙壁，三层二层方钉楼板。地板皆狭条，颇为讲究。据云年底可以落成矣。

下午往光陆，欲看《希特勒情史》，悬客满牌，即回来。墨与二官、三官、三午先往，购得黑市票，此片系汇集新闻片而成，据云无多意思。

十二月十三日（星期一）

看"中志"校样，系各家对青年所发之言。共三十一家，多数为熟人，其言大都不错。校样三十面光景，共看五小时。

回家后饮酒听书如常。

十二月十四日（星期二）

予同之嗣父去世，渠将返乡治丧。店中公送挽联二副，由雪村拟稿，余与晓先分书之。余顺便为人写一联一小屏条。

午后，校国文排样二十余面。放工后，饮酒吃蟹。

与墨偕同洗、山、彬诸位访金老太太，老太太将以明晨乘轮赴香港，与之话别。仲华则先已抵港矣。坐约半小时而归。

日来北平为共军所包围，炮弹已落于清华校中。今日下午，有人传其已易手。红蕉曾有电话来，云甚顾念冬官。我意必甚安全。然亦无以解其焦虑也。

十二月十五日（星期三）

整理文言第三册已成稿，付排。午后，校白话二册三十面。

至我妹家省母。我妹于午后一时打通北平长途电话，冬官已入城居住，较为放心。于此可知北平易手之说非确。唯据报载，北平已被围甚紧矣。八点半到家。

十二月十六日（星期四）

续校国文校样。晓先近开始编一历史教本，余允为之修饰。今日看其第一篇，未毕。

夜间为练习生讲孟郊之《游子吟》。此一期由彬然、调孚教国文，余则临时插入也。

十二月十七日（星期五）

看完晓先所作之历史稿一篇。

午刻，赵家璧招饮于其寓，他客皆熟友，甚畅适。三时半散，仍回店中。

十二月十八日（星期六）

看历史之第二篇，仅改半篇。

晚饭后，墨往观《大团圆》电影，余则外出洗浴。

十二月十九日（星期日）

竟日未出，听书多回。

觉农来，为远方致意，余再度谢之。

十二月二十日（星期一）

看完历史之第二篇，校国文八面。归后饮酒听书如常。

北平天津战事，近尚未大作。傅作义集其军队于市区，有作战之姿态而已。

昨小墨至我妹家，知我妹心念冬官，时时含泪，不思食饭。而北平之围恐非甚暂，此诚莫可奈何也。

十二月廿一日（星期二）

叔湘来信，言渠定于后日挈眷迁沪，即住我店宿舍。所居止有一间，未免局促。

午后，至我妹家，知昨夕与冬官接通长途电话，冬官安居城中，我妹已颇为放心。甥女怡官患白喉，已注射血清三针，当无问题。

返店,思欲作文,而诸友多谈时局,心不宁定,未能下笔。

入夜,祀先,今夕为冬至夜也。略添小菜,饮酒历一小时。

十二月廿二日(星期三)

作文一篇,为诸家告青年文之"书后"。凡一千七百言。

放工后,与墨观《战地钟声》于国泰。此根据海明威之小说,余曾读其译本。男主角为贾莱古柏,女主角为殷格兰鲍曼,均名手。背景取山野,彩色摄影,非常悦目。片长演两小时有半,而不觉其长。到家已八点半矣。仍小饮。

十二月廿三日(星期四)

晨至河南路,汽车为挤兑金银者所阻,停顿至一刻钟。兑金银为经济政策改变后之办法,意在维持金圆之信用,实则系不成体统之措施。举办以来,挤兑纷纭,逐利者得金售于黑市,得半倍以上之收益。公教人员规定例可得兑,实同于政府分其余赃于伙伴。今日挤兑最甚,银行区域聚集至十万人以上,皆以晨四时来者。迄于夜报出版,知挤死七人,伤二十余人。此办法殆不能更延续矣。

归家后知三官亦尝偕其同学往挤,无成,且被警察所打,几与警察冲突。此子事事都欲经历,亦未尝不好。然自为父母者观之,总觉其不逊也。

余上午续注"训俭"。

下午致觉来,我店将请渠与黄幼希合译牛津字典。二位系字典老手,想必胜任愉快。俟条件谈妥,即可动手,唯云约须四年,似嫌过长。果尔,此书出版当在五年后矣。

十二月廿四日(星期五)

为人看文一篇。校国文四十面光景。

放工时无车,徒步而归,微雨路滑,颇累。

到家,昌群在焉。渠已将家眷迁回里山,此次将往南京一行。即与小饮,深谈至十点半。即留宿我家。

十二月廿五日(星期六)

十时许,昌群与振铎来店,即留饮酒,谈甚适。

下午,作短文与范泉,未毕。

傍晚,同人孟伯泉结婚,在店中宴客,全店同人俱参与,八时半归。

叔湘夫妇已来,暂居我屋对面亭子间中。昌群仍来留宿。

十二月廿六日(星期日)

昌群早起,动身赴京。

余导叔湘访各家。午刻,孟伯泉宴证婚人介绍人等,邀余同叙。食毕,冒大雨出外沐浴。

五时,与同人十余人至王翼云家,应其招宴。墨、小墨、二官俱往。凡两席,饮酒一坛,甚酣畅。芷芬大醉。

十二月廿七日(星期一)

作毕前日未完之文,即送与范泉,刊入《文艺春秋》。

下午,续作国文之注释。为彬然、晓先看所编小学地理教本第三册稿。放工即回家。与叔湘夫妇同进晚餐。饭后,与叔湘闲谈编辑事。

三官又动出游之兴,墨已许之,余亦云然。云不日即当束装也。

十二月廿八日(星期二)

校国文校样。

午后,偕彬、予二兄访铎兄,谈近事,无结论。返店,作毕《训俭示康》之附文。

士敫自港来沪,报告近状。夜饮后,彬来,士敫继来。

暂拟偕墨一游,缘是心不宁定,竟夕未得好睡。

十二月廿九日(星期三)

看校样若干页。至我妹家省母,告以昨之决定。适红蕉归来午餐,亦详告之。渠谓如是亦佳。

返店,看晓先所为历史课文。夜间,以满子三十岁生日,围坐小宴。合家仅母亲在我妹家,余俱集,并邀叔湘全家及士敫、龙文、王洁数人。

三官定明日出游,此别总得有一年半载耳。

十二月三十日(星期四)

上午于洗公客室会谈,定余与彬之出游。即留小饮。到店,接谈杂事,他无所为。

放工回家,三官与其伴方蹬三轮车。甚不凑巧,此行适值久雨。江岸泥泞,恐不易走也。

听《长生殿》一回。

十二月卅一日(星期五)

改晓先所作历史课本。午后,看云彬所为高小国语十余篇。

入夜,全店同人为辞岁之宴。共坐十席,宴中摸彩歌唱,颇热闹。知伊饮而醉,哭不止。听其语,皆青年人郁结之意也。小墨抚慰之。

一九四九年

一月

一月一日(星期六)

晨起购得报纸,见蒋氏所发表之文告。辞为愿意和平,唯须共党一念之转,若共党不欲,则与周旋到底。其主要条件为不违宪法,军队有确实保障等。至于个人进退,绝不萦怀云云。此是一厢情愿,对方如何,未可知也。

九时访彬然,谈出游程序。既而士敫来,复与商量。

午后一时,同人八十余人共往天蟾舞台观评剧。至则铁栅紧闭,缘有兵士多名在内占座,而门外亦有多名尚欲拥入。后经管事人疏通,约以某日专为渠等演戏,始退出,门始开。

予购花楼第一排座票,位置甚好。戏共观三出,一为《铁公鸡》,二为《走麦城》,三为《蝴蝶梦》,均不恶。《走麦城》之老生为唐韵笙,初饰黄忠,继饰显圣之关公,后饰刘备,唱工表演俱佳。《蝴蝶梦》之旦角为童芷苓,赫赫有名,表演田氏思春,细腻而近于荡。多数同人皆谓评戏究无甚可观,今日盖已为电影之时代矣。五时半散。

夜听书数回。

一月二日(星期日)

十时偕墨往我妹家省母,携大奎同往。坐一时许,至夏家。夏太太特令玉严治肴,款待甚殷。三时至伯祥家闲谈,吃自制水饺。六时归。

晓先以结婚二十八年纪念,邀余夫妇及彬然聚餐。八时半散,至芷芬所,知伊继至,闲谈店事。十时睡。

一月三日(星期一)

看毕高小国语第二册稿。又为三官之同学看一电影剧稿。

夜间,诸友来闲谈。墨整理衣物。十时睡。

一月四日(星期二)

作书若干通,将寄与余个人之稿件退回一部分,未能尽也,其他只得俟他日再说。

下午,叔湘嘱写对联,因并他人所托者亦写之。

放工后,与同人驱车至达君家。十位作东,迎叔湘,送余与墨、彬、芷芬、士敫五人。铎兄亦来会。谈饮甚畅。

十时到家。天气严寒,今日益甚。

一月五日(星期三)

清理书桌,亦不能净也。

芷芬往外购票,谓后日即可成行。

傍晚,偕墨及小墨、二官至我妹家。妹为治馔,全家侍母亲共餐。红蕉亦特地回家进晚膳,与之叙别。八时半辞出,请母亲珍重。唯作乐观之想,小游回来,母体仍佳健,其他不敢想也。

到家复清理东西,十时半就睡。连日多饮酒,肠子不甚舒服。

一月六日(星期四)

到店仍理杂事,心不定,亦坐不定。出外理发,购杂物。郑小姐惜别依依,至于流泪半日,为之心感。承赠手套,墨与余各一双。渠谓用之而敝,当归来矣。

放工后,驱车至铎家,计洗、村、予、祥、达、敫、彬与余。铎特备羊肉锅饷客,酒次诸公各有赠别之言,当牢志之。八时半别而归,调孚、锡光、韵锵、知伊、芷芬在我家饮方毕。洗公复来话别。叔湘夫妇亦来。

待客去,复整理东西,十一时始睡。

附录：

《在上海的三年》按语
叶至善

　　三年前,花城出版社出版了我父亲的《日记三抄》,抄的都是旅途中的日记,前两"抄"还是新中国成立以前的。《东归江行日记》是抗战胜利后,从重庆乘船顺流而下的一段,共四十七天,抄到一九四六年二月九日到达上海为止。《北上日记》是绕道香港进入解放区到达北京的一段,共七十八天,从一九四九年一月七日离开上海抄起。现在发表《在上海的三年》,正界于这两段日记之间。当时,我父亲在开明书店主持编辑部的工作,又代老舍先生主管文协的总务,跟文艺界、学术界、教育界、出版界的人士有许多交往;上海在解放战争时期的民主运动,我父亲大多参加了,在日记上留下了记录。读者凭借这些简略的记录,也许可以印证一些资料,发现一些线索。我打算在今后的三年内,每个季度抄三个月的日记给《新文学史料》发表,每期约三万字。写日记的日期跟发表的日期正好相隔四十年,这是个无意的巧合。按期阅读《新文学史料》的读者可以记住:您现在看到的,正好是发生在四十年以前的事。

1985 年 10 月

北游日记(甲钞)

涓泉归海记

一九四九年

一月（七日始）

一月七日（星期五）

晨五时起身。六时后，红蕉来，二官亦来。七时车离祥经里，送行者十余人。车至华盛码头，为时尚早。候至九时，海关人员始检查行李。至十时乃登轮。我人购房舱票，一间十四人。余与墨上下床，靠右舷。士敫与彬然上下床，靠通道之壁。芷芬则与余榻成丁字形，亦上铺。戏谓较之自川东归之木船，不啻天壤矣。

送行者有晓先、锡山、达君、知伊、韵锵、纯嘉、伯泉，皆挥手而别。小墨与二官待船开始去，时十一时差十分也。

舱中通入热气，颇暖。坐少定，即开始饮酒。先饮玫瑰大曲。此行共携酒四瓶，其二瓶为白兰地，洗公所赠也。饮毕进午膳，膳毕各卧休。时时朦胧，波浪不大，亦不知所过为何地。

夜仍小饮。早睡。卧看瞿宣颖之《人物风俗制度丛谈》。八时即睡熟。

一月八日（星期六）

七时起身，生活如在家时。舱外寒冷，甲板潮湿，不能登眺。亦唯或卧或坐，闲谈而已。此永生轮须转台湾，我人得乘此一游，亦殊不恶。

舟行甚速，下午五时开抵基隆口外。检验医生不至，口内码头又不空，须在口外停泊一宵始得入。玫瑰酒一瓶已尽，夜间饮自浸之佛手酒。香气太浓，不能多饮。八时许写信，一致小墨，一谢诸公，俟到台北时付邮。

听同舱丁君谈济南近事，甚有味。九时半睡。

一月九日（星期日）

七时起。望基隆在舟之右前方，左前方则海天而已。候至九时半，港警人员来，始可登岸。各人出示船票及身份证。士敦仅有旧身份证，被阻不得登岸，为此行遗憾。以小舢板渡至岸边，雇一汽车直驶台北。车路以水门汀铺，甚平。过山洞二。望中皆不甚高之山，一较高者顶戴微雪，云是草山。行二十余公里而抵市中，至中山北路分店。今日星期，闭门休假。叩门而入，惠民出不意。台店为四层屋，甚宽畅。

墨书一笺，致二官满子。甫琴以夫人病，往访医院。遣人觅之，候少顷未至，以时间匆促，由惠民导游街市。马路甚宽，行人不多，汽车亦少，驶自行车者特多，有悠闲之致。观中山堂及旧时总督府之外貌。遂至餐店状元楼。甫琴已候于门，握手欢欣。菜颇不恶，有鲜江瑶柱一味，为平生所初尝。饮洗翁所赠白兰地。

一时半，乘特快公共汽车返基隆。甫琴惠民送行。并赠大橘四篮，西瓜二只，香蕉一篮。抵舟次未及三点。船上牌示三时开行，实则上货方始，开行尚早。若预知如此，应多游若干时也。

返舱。吃同舱者张姓所剖西瓜，颇甜。六时仍饮白兰地。此时墨忽发胃病，满头是汗，呕吐两次。大约是行路疲累，进食较饱，吃西瓜又进少量白兰地之故。幸吐后即觉如常。此后仅两人在外，尤宜互相珍护，如遇病痛，实难应付。墨既有胃疾，宜不复饮酒矣。

舟以夜十二时开行。初时颇有浪，余已朦胧，不甚觉得也。

一月十日（星期一）

晨七时起。询墨已不觉什么，但不敢吃粥饭，唯食饼干而已。

竟日睡眠时多，非晕船，但坐亦无聊，不如卧休。看书亦不能多，少看即入睡。天气转暖，地益南矣。晚六时后，与彬然芷芬凭阑闲谈店事。

对面房中有一病人，云将绝气，因而同舱皆惴惴，恐到港而后，被海关所阻，不得顺利登岸。芷芬言以前曾两遇此事，皆以尸首抛入水中，以免周折。七时后，传此人已死，是一青年女子，患肺病。旋即移尸入医疗室，其所卧床褥移置甲板上,见之怃然。

余就睡后,以明日将抵港,如小儿心情,不得安睡,仅能朦胧而已。

一月十一日(星期二)

八时许整理行李,芷芬士敔二位费力最多。十一时抵港,望之如重庆,唯房屋较整齐。候医生登船,对于病死之人居然无问题,全船大慰。全船之客集于甲板,候医生检验,出示牛痘证。而无此证者实多,则云上岸后各自往种。此实绝妙辞令,彼固不便言就此马虎也。

船泊定已一时许。望见岸上有士敏与其同事徐君在守候。以行李交旅行社运送,自携小件登岸。海关检查亦不甚严。乘汽车二辆达轮渡,渡至九龙。此轮渡平稳舒适,前所未见。

士敏为我们赁房间二于德邻公寓。其值每日港币十余元。而今日之港币,值金圆五十元矣。亟看报纸,知淮海之战已将结束,天津亦将攻下,南京惶急已甚。

既而云彬夫人偕陈劭先夫人来访。继之云彬至。三年不见,风度依然。晚六时,陈劭老邀宴于餐馆。七时半散。云彬来夜谈,告以种种情形。十时睡,疲劳殊甚,仍不得好睡。

一月十二日(星期三)

十时访云彬于其寓所,渠与陈劭老比屋而居。既而夏衍来,所谈与士敏云彬相同而加详。谓昨日又接北方来电,询余到否,一切尚待商谈,缓数日再决。

午餐于小餐馆。返公寓欲觅午睡,而仍不得入梦。四时后,访仲华于其寓所,并谒其母夫人。仲华亦小心过分,谓余出来为佳,留沪不妥。余于此终未能深信。若不为有事叮做,仅为避扰,决不欲有此一行也。

晚餐于闽菜馆,与云彬芷芬士敔饮绍酒二瓶。绍酒殊平常,淡而寡味。返公寓。荃麟来长谈,陈劭老亦至。十时散。

一月十三日(星期四)

在寓看报,天津尚未下,人民代表接洽停战,无结果。南京颇慌乱,政府机关谋赶速撤离。

午刻,饭于一家平津馆。返舍时,途遇高祖文李正文。自去年九月杪同游苏州与高别后,此次为初晤。而李则于十日前访余于四马路,转达促行之意,今又相遇于此矣。

午睡一时许,未成眠。仲华来,闲谈约一小时。上海信来,系伯祥调孚所书,皆言此别颇惆怅。

夜七时,出外晚餐,又遇高祖文,承以茅台一瓶相赠,言知余耽饮,而此间无好绍酒,特以茅台为馈。其情深可感。遂至一四川馆,遇夏康农。又于座中见吴耀宗,未招呼。皆最近到港者也。抗战期间,一批人初集于桂林,继集于重庆,胜利而后,皆返上海,今又聚于香港,以为转口。余固不在此潮流之中。而事势推移,亦不免来此一行,复自笑也。

与芷芬士敷合饮酒半瓶,进饭一碗。返舍,云彬士敏相候,谈至十时半而睡。

一月十四日(星期五)

十时许,联棠自广州乘飞机至。盖昨以电报邀渠来一叙。徐行之来,渠在此办玻璃厂,日后拟北上,为新建设致助力。陈原来,李正文来。

午刻,餐于雄鸡饭店。返舍小休。三时后,仲华来,导我侪渡海,乘登山电车眺览。此电车与重庆之缆车同,而精整过之。行一刻钟而全程毕,升高一千余尺。坐车中望两旁之住宅建筑,皆歪斜不复垂直,颇有趣。下车处有平坦之山道,绕山头一周,其不堪筑路处则架空如桥梁,盖栈道之精者。路自东而南而西而北,回至原处,行一点十余分钟,足力疲矣。行至背阳处,山风飒然,有寒意。下眺海面,小岛迷濛,香港九龙密如蜂窠,颇为畅观。询此山何名,仲华云是挚旗山。憩于咖啡馆,观落日没地平线下。尝于站外小店衡体重,墨一百零八磅,余一百廿七磅。记其数,俟他日比较。仍乘电车下山。

乘电车行市中。此间电车皆双层,车身殊狭,望之如玩具。餐于上海饭店。能饮者合饮白兰地半瓶。遂渡海返舍。夜间望两岸灯火如缀珠。瓦斯灯发绿光。云彬复来,谈至十时而散。

一月十五日（星期六）

报载毛泽东之文告，答复国民党之和平要求，提出八条件，谓在此条件之下，可以商谈。一、惩办战犯，二、废除伪宪，三、废除伪法统，四、根据民主原则改编反动军队，五、没收官僚资本，六、改革土地制度，七、废除卖国条约，八、召开无反动分子参加之政协。数种报纸均谓是皆应有之义，否则即不成其为革命矣。

至云彬所，得小墨一书。留与对饮，午饭。

返旅舍，候潘君不至。蒋仲仁来，朱光暄之姊光熙来，云彬之子剑行偕其新夫人来。既而柳亚子夫妇来。未及往访，乃承先施，感其情矣。

夜渡海，应大公书局主人徐少眉之招宴。我们去八人，略有他客。菜甚精，饮白兰地。十时始归。

一月十六日（星期日）

报载天津已攻下，共军整队入市区。北平守将傅作义态度转软，容许地方人士与共军商洽和平解决办法。晚报载南京对于毛氏之八条件，除第一项外，其余均可考虑。无论其言诚否，其情可知矣。

今日来客亦七八人，不悉记。老友则有仲持。渠为南洋某报之驻港记者，谈一时许而去。

下午三至四时，得酣睡一小时，醒来较爽适。云彬来，导余与墨及彬然渡海访荃麟夫妇。然后至乃超寓所聚餐，晤潘君、方君、周而复、夏衍诸位。唯方君为初见。九时散。

近日往往饮白兰地，虽为量不多，而提神作用甚强，不得安睡，早起之后则深感疲乏。视手表之带眼，手臂消瘦矣。

一月十七日（星期一）

作书至上海，言芷芬可以相机北行，于人于店，实为两利。南昌之行，无妨作罢。唯必须候店方同意，希望即速来电。联棠为赁得九龙饭店房间两间，价值相等，而陈设与招呼较佳。即便迁入。其地在德邻公寓之左边，搬动甚便。于是出外照相，余与墨与彬然合拍一张，系明社同人所需，作为小别之纪念者。

渡海，进茶点于广东式之茶楼。食毕，又拍一照，余与墨、彬然、云彬、芷芬、士敿、士敏、联棠八人合影，为此次旅港之纪念。

返九龙，欲谋昼寝而始终不成眠。神经似拉紧之弓弦，迄不得弛，殊觉不舒。

接小墨来信，知冬官已乘飞机返沪，我妹必能安心，为之大慰。

六时，再渡海，至上海饭店，应上海书局方志勇君之招宴。白兰地搀水甚多，菜亦不敢多吃，自觉胃中较舒适。然夜眠仍不得酣。

一月十八日（星期二）

塘沽亦已攻下。长江北岸，国民党军几乎尽撤。南京政府尚会议纷纷，迄无应付之方。

杨东莼来，谈一时许。渠在青山达德学院，主持系务。

饭后，士敿联棠乘飞机往广州，墨与芷芬送之。此别之后，不知何日重逢，想来不致甚远也。

余与云彬彬然至一小茶室，应新中国书局之约，谈编辑小字典事。主其事者为陈原，荃麟亦与闻其事。此字典拟供应工农之略识文字者。余据所知略贡意见。谈两小时而散。于是访曹伯韩。曹方养病，小室一间，颇萧索。复访柳亚老，坐半时许。

返旅舍，在房中进餐，与芷芬饮茅台半瓶。早睡，始得好眠。

一月十九日（星期三）

晨起仍食面包。面包颇精，而其值较贱，犹在上海吃大饼油条也。

朱智贤来，谈教育方面各问题。渠亦达德学院任教者。继之陈此生来谈。

中午，食自备之饭食。雇一女佣，在云彬家烧煮，送来旅舍食用。较之上馆子吃饭，可省钱一半。

饭后午睡一小时许。《文汇报》三记者来访，陈钦源、金慎夫、刘湖深。继之千家驹与萨空了来谈。

傍晚，渡海至胡仲持家，应其招宴。仲持夫人自治馔，甚丰。云彬饮较多，有醉意，来我旅舍夜谈，十二时始去。

一月二十日（星期四）

政府决定迁往广州,状至仓皇。江北之兵退至南京,散乱殊甚,必不堪战,而为祸地方则有余。京沪两地之命运如何,至系人焦思也。

今日未外出,亦无人来访,仅于下午四时许,偕墨于附近巡行一周而已。

余忽伤风,头胀,时时欲咳。

一月廿一日（星期五）

伤风颇剧,上午卧休。

午刻,渡海至海景楼,应《文汇报》徐铸成之招宴,余等数人外,余皆报馆同人。二时半始散。于是乘汽车往香港仔,访务实中学。蒋仲仁朱光熙殷勤招待,雇小艇子泛于近边。登一小山,上有天主教修道院。云南杨君为余夫妇摄一影。泛舟一小时,仍返校中,即开宴。香港仔为渔民集居地,多产海鲜,菜中有龙虾一盘,为珍品。八时散,仍乘汽车返。汽车在山上盘曲而行,路旁整治修洁,殊可爱。

返旅舍,疲甚,即就寝,夜发微热。

一月廿二日（星期六）

晨发汗不畅,热度似已退。

报载蒋氏已离开南京至杭州,将往奉化。其文告不曰辞职而曰引退,职务由副总统李宗仁代理。李亦有文告,言外仍有维持法统之意。此与一般人所想有距离,以后发展如何,近期内当可明朗。

仲华来谈。饭后睡一小时。云彬邀观电影于景星,片名《双重生活》,系考尔门所主演。叙一名演员,演莎翁名剧《奥赛罗》,剧中人性格影响其自己之性格,妒心甚强,致伤人命,后亦自戕而死。表演颇深刻,甚为满意。

六时后,饮于云彬家,云彬之女儿方自台湾来,手治菜肴。同席有陈劭老一家人。八时半散。

夏衍来,谓后日有船北驶,芷芬可先成行。昨已得上海复电,嘱芷芬相机而行,于是其行决矣。高祖文来,谈半小时而去。

一月廿三日(星期日)

北平和平解放已谈妥,政权交与共方,国民党军队于一个月后改编。此为局部解决开一先例,各地若能仿此,则可省若干无谓牺牲。南京派出和平代表五人,以邵力子为首,候共方约定地点即往商谈。此在共方言,或未必接受,以其不顾毛所提之八条件也。

上午写信寄上海。彬然购一椰子,饭后剖食之,其汁尚可口,而甜味不浓。此生平初尝也。

午睡有顷。渡海至大华酒家,应曾昭抡夫妇、朱智贤、严希纯四人之茶会。到者将二十人,中有马季明、卞之琳。马任教于香港大学,卞新自英国归来。五时散。

夜应伯昕、荃麟、陈原等之招,宴于红星酒家。座皆熟友,谈出版编辑方面事。十时半始散,疲矣。

一月廿四日(星期一)

上午十时,云彬邀往观苏联片《西伯利亚史诗》之预演,在胜利剧院。到后晤熟友甚多,皆上海重庆常见者。此片以音乐为主,旨在表达艺术宜接近人民,表演甚佳,趣味松爽,色彩又柔和,群皆赞叹。

返寓,臧克家夫妇来访。饭后,钟敬文来访,渠亦在达德学院任教。

夜在寓小饮。高祖文来谈。

芷芬明日可动身,行五日至山东之石岛。预计二十天以后,当可与彼相晤于北平。

一月廿五日(星期二)

九时,送芷芬于码头,观其乘一小汽艇登轮船。同伴减少一人,旅馆房间即可省去一间,购一帆布床,彬然用之。

楼适夷来访。渠住在一小村,其处有文友不少,缓数日拟访之。

刘湖深来,邀往其寓所一游,并吃饭。彼以元旦日与李小姐结婚,今为婚后初次请客,情趣极浓。李小姐身长挺立,颇能干,亦服务于《文汇报》,昔曾参加学生运动,被系三月。观新夫妇情好甚笃,颇为远在海外之延陵庆。

二时半辞出,返旅舍,睡一小时许。

夜,以群、李儒勉来。李方自英国归,闲谈甚多。夜眠仍不得安睡。

一月廿六日（星期三）

报载中共允与南京作和谈。非谓南京政府足以代表人民,乃为缩短战事,减少人民痛苦之故。此点甚扼要。至于商谈地点,当在北平云。

白天在寓,杂看书报。午睡未成眠。

傍晚,以群来,导往张骏祥白杨夫妇二人之家,应其招宴。客二十余人,皆电影界人物,而陈铭德邓季惺夫妇亦厕其中。九时后散。

夜眠仍不得酣。

一月廿七日（星期四）

昨得洗公信,知铎兄将以明日动身来此,与家宝同行。

报纸均指出南京求和之意非诚,盖欲掩护其撤退,以谋在东南立定足跟,再事抵抗。以余简单之想法,国民党方面已不能复战,其主观愿望必难实现也。

上午余头脑昏昏,磨墨一盂,预备写字。午睡一小时后,即起身写字。一纸为明日晚会之赠送礼物(明夕为阴历除夕,昨日共宴诸友将有晚会同乐,邀余参加)。一纸为祖璋书,系彬然所代托。一纸为陈钦源书。一纸赠刘湖深,系一绝句:"湖深饮我小山楼,新妇欣看健亦柔。世运方如春渐近,向荣致实愿双修。"

六时半,至仲华家饮叙,亦是吃年夜饭之意。同座有柳亚老夫妇。初识仲华之妹婿刘火子。九时散。

一月廿八日（星期五）

上午代云彬写一酬谢医生之匾额。午睡醒来,仲持来闲谈。继之适夷来,约后日至其村中一游。今日为阴历除夕,广东人特喜放爆竹,自下午起,其声连续不断,如在战场。傍晚,至云彬所。劭老夫人邀吃年夜饭,我等与云彬夫妇狄超白为一席,青年男女又为一席。食罢,笑呼歌唱,欢腾一室。

十时后,以群来,导往沫若之寓所,即晚会所在地。沫若已北上,唯其夫人在耳。到者殆五十余人,多为种种博戏,呼笑震耳。入此少年之场,余与墨固不感兴趣也。我二人摸彩得奖品,为巨橘一只,枣子一匣。十二时半归旅舍,彼辈兴犹未阑也。

一月廿九日（星期六）

今日为阴历元旦,爆竹声终日不断。人无论大小,随买爆竹若干藏于袋中,兴到即燃放一二。今日不扫地,此间守此迷信甚严,命旅馆茶房扫地,亦答称今日不扫,街上爆竹之残屑满地。

午刻,至云彬家吃饭,小饮。饭后归舍,因白杨索书,为作一绝句,并及其夫:"骏祥写剧入人意,白杨演剧移人情。夫妇同趋俱进道,一双璧人照眼明。"此非虚语也。

小睡一时许。李儒勉来谈,仍言英国杂事。夜仍饭于云彬家,仍饮茅台。一日饮两次,胃中不甚舒服。然余有能饮之名,亦不便拒却。

九时睡,较得熟眠。

今日无报纸,明日亦然。日来局势正多变化,两日无所闻,亦难耐也。

一月三十日（星期日）

仲华火子来访,约于下星期日乘车游行九龙外围。

《华商报》有号外,载中共方面一文,告南京执政者,谓目前应作之事主要者有两项:一为重拘被判无罪之日本战犯冈村宁次,交与解放军;二为拘留蒋氏及其次之战犯,无使逃逸。行政院正副院长孙科、吴铁城已离京赴沪,军队退至沪杭,准备更往南移。仍谋与共方言和者,在京唯李宗仁与邵力子耳。

十一时,云彬来,导往荔枝角。下车即面海,适夷等所居之小村位于山坳,望之幽然有雅致。此荔枝角为九龙风景区,有海滨游泳场。行二里许,至适夷寓所。此村居民农户百家,全是曾姓,系客家人。男子多在外,务农者皆女子。登其楼,晴光满室,眺望海山,眼界甚畅适。适夷夫人治馔饷客,情意颇殷。隔屋居蒋天佐,亦来闲谈。三时后,访杨慧修夫妇。出至村口,访臧克家夫妇。此数家皆甚简约,如在抗战期间过避难生活也。

五时返旅舍,休卧有顷。晚饭后,邹荻帆夫妇来访,互谈别后情事。十时就睡,但不得安眠,殆是步行疲劳之故。

一月卅一日（星期一）

今日有报纸，无重大事。上海似无骚扰。

午刻过海，应《华商报》主持人邓文钊之招宴。凡两席，《华商报》同人而外，皆上海来之所谓民主人士，多年老者，计有陈叔通、马寅初、包达三、张纲伯、盛丕华、吴羹梅、俞寰澄诸先生。又有廖夫人、方方、潘汉年等。三时散。余饮白兰地一大杯，颇有醉意。返舍睡一觉，历二小时。

晚饭后接洗公信并冬官信，灯下复之。夜眠仍不见好。

二月（全录）

二月一日（星期二）

十时，与云彬及其儿女媳妇同乘广九路英段车往粉岭。经油麻地、沙田、大埔、大埔墟四站而至粉岭，历五十余分钟。过山洞数个，其一最长，车于洞中行三分多钟。一路时时可见镜平之海湾，小岛绵延，人家皆殷实，屋舍整齐。

下车，僧人巨赞、觉光候于路旁。巨赞系一新派僧人，云彬、彬然与相识于桂林，约今日往游。其居曰静庐，系一小洋房，而于中一间设佛堂。周围卉树茂密，梅已开过，桃方作花，而木樨、僧鞋菊、秋海棠亦呈艳，可谓聚春秋之花于同时矣。午饭素菜甚佳，共称可口。同舍一僧曰石瓢，能画。巨赞以社会革新，僧人不能不谋出路，曾有所拟议，将商之于新政权方面。

既而游隔邻之蓬瀛仙馆，系一道院，建筑胜于静庐，而转见庸俗。主之者非职业性之道士，盖在家人而信道教者。

三时返旅舍，小睡约一小时。夜得小墨、冬官来信。

二月二日（星期三）

上午看报，看宋人诗。朱智贤来谈。

午后二时，至本市医务处种牛痘，并注射防霍乱、伤寒、鼠疫之注射剂，取得其证明书。此系北上之准备，如在北朝鲜登陆，即需用此证明书。顺便访阳翰笙，其同舍有史东山夫妇，亦访之。所居系昆仑电影公司所赁房屋，颇为舒适。

返寓后开始作一文，勉应杜守素之嘱。杜为《大公报》编一副刊曰《思想与生活》。迄于夜十时,仅得千余字,未完篇。

注射后余反应较轻,仅臂部发热,大脑稍感昏沉。墨与彬然皆全身发烧,颇不舒服。

二月三日(星期四)

上午十时,重往医务处,由医生检视昨所种牛痘,于证明书上再签一字,完成手续。回来后昏倦欲睡,但睡不熟。

午后一时,至一小学校,香港文协于其处欢迎新近来港诸友,举行同乐会。到者一百余人,识者固不少,不识而记其名者更多。先由黄药眠为主席,致辞,次则被欢迎者说话,余略说数语。继之为余兴节目,无非朗诵与歌舞。歌舞者为自南洋归来之二剧团,皆见南洋风格。四时散。

回舍后续作昨文,数百字而止,明日再续。晚饭时饮茅台三小杯。刘湖深夫妇来访,坐片刻而去。

二月四日(星期五)

续作昨文,至午后而毕,全文二千五百言,题曰《谈抽象语词》。

仲华来谈,渠亦有远游之意。

彬然昨购荷尔蒙注射剂,劝余亦购五针。今日由云彬之子剑行为余注射第一针。

午后三时许,至云彬家闲谈。初识王亚南,方自厦门来此。振铎云将来此,而至今日犹未到,岂改变初意,不复来乎,颇为念念。即在云彬家饮酒吃饭,坐至九时返寓。

到港已二十五日,尚留滞寓舍,墨渐有厌倦之意矣。

今日有微雨。来港而后,无日不晴朗,遇雨尚是第一遭也。

二月五日(星期六)

晨访以群于其寓所,谈一时许。回寓,看云彬之国语教本稿。

饭后,来客五六人,中有杨慧修、张志让、巨赞和尚。张方自上海来,途中轮船触礁,已穿上救生衣待跳海,幸抢救得法,全船无恙,仍得开抵此间。巨赞和尚示余其所拟改革佛教组织之计划。渠拟以僧人为专事宣教之人,全国限定为四万人,寺院于各城市留一所,僧人皆从事生产,寺院不得为地主云云。余以为照此办到,恐非易事。若以硬性的政令出之,恐非善导之方也。

晚饭后,观电影于景星,片名《天伦乐》,写一顽强性格之丈夫,表演绝佳,颇为满意。此本美国作家某君之小说,叔湘曾译之。

二月六日（星期日）

观又信所译之《汤姆潘恩》,系新近出版自沪寄来者。

往就剑行,请渠注射第二针注射剂（名"奥利通"）。

十二时半,仲华火子借一汽车来,邀共出游。出市区山行,至沙田而止。其地有西林寺,今日为阴历正月初九,游人甚众,而并非烧香。其寺因山结构,有泉有树,布置甚佳。室内似旅馆,似俱乐部,牌局数起,聚食者亦不少。树木多热带植物,一一认之。有一大龟,径尺许,云其寿五百年矣。再驶行至大埔墟,进食于一餐馆,小饮。此间市镇,房屋形式多类香港九龙,消费品亦从同,整洁亦尚可。以视西南东南各省之乡镇,真如天渊之判。

再驶行,经粉岭及其他数镇而至青山。达德学院即在其处,入校门相其房舍,未入访友,想诸友必不在也。此校近有问题,港政府拟令停闭。其故在校中多收华侨青年,彼辈来自东南亚,将来回去势将影响东南亚之政治,与英人有直接利害冲突矣。校中正谋与港政府折冲,未知结果如何。

至容龙别墅,系供游泳者寄宿休憩之所。凭高望海,意至适然。其中略畜禽兽,招引儿童。有一大龟,视西林寺者更大,高一尺有余,云已一千岁矣。头略伸出,木然不动,目亦不瞬。

饮咖啡一杯而后行,径回市区,时方五点。此行绕一人圈,凡五十余公里,皆所谓新界,九龙租借地之扩张地区也。

夜承火子端苓夫妇招宴。外有柳亚子夫妇,及一朝鲜人安君,系安重根之侄。询以朝鲜近状,据云北朝鲜在一年来建设猛进,南朝鲜则腐败不堪。九时散。

今日之游一无拘束,最为畅适。

二月七日（星期一）

上午出访袁水拍,欲就询芷芬所乘船之消息,找其居址不得,因作一书投寄《大公报》馆。

续看"潘恩"。俞鲤艇君来访。

四时独自渡海,至大公书局取钱,供在此之费用。我侪留港,以旅馆费为最大,每日二十元,一个月即六百元矣。

欲访徐莲僧,不得其处。六时,至中国酒家,应方志勇之招宴。云彬、彬然、墨继至。方谈其书局所编南洋教科书之事。他客有蒋仲仁、陈君葆、费振东。费为费青、费孝通二人之兄,居南洋二十年,近为荷政府压迫出境者。谈饮至九时而散。

今日风大,便觉稍寒。

适夷、周而复来访,嘱作文。

二月八日（星期二）

上午出外寄信,剪发。

小墨寄来四个孩子之照片,粘之于此。大奎仍不能说话,而小妹妹反而能呼女佣来。小墨谓振铎已打销来此之意,因闻人传言我辈且将回沪矣。不知何来此说,颇为可怪。

饭后,开始为文应适夷之征,谈其所编《小说》中之一篇小说《煤》。

黎澍来谈甚久。继之袁水拍来,言此间接芷芬所乘船途中之电讯,电发于上月二十八日,谓三十一日可登岸,以后尚未接消息云。继之萧乾来,谈《大公报》情况。

六时,至云彬家小饮,吃台湾之乌鱼子下酒。酒罢,文化供应社开社务常会,余与彬然旁听。九时半返舍。

二月九日（星期三）

续作昨文,至下午完篇,共二千五百言,题曰《读了〈煤〉想到的》。

剑行来,为注射第三针"奥利通"。杨乔来,谈其昔年在集中营之生活。杜守素来,杂谈教育、著作方面事。

六时,至侯外庐夫人家,学术工作者协会香港分会假其地宴请外来会友及朋友。到者宾主二十七人,谈叙甚欢。

据荃麟言,铎兄将于明日登轮来港,打销初意之说非确。余闻之欣然。

二月十日(星期四)

竟日雨,竟日未出,看"潘恩"约百页而已。

东莼来谈,言现在一般青年喜空言大问题,而于一举一动之微不讲。其实此亦思想问题,不注意其小,何由成其大。其言甚中肯,余深赞之。今后教育,自宜注重于培养优良之品质。

傍晚,彬然外出,余与墨对酌。方志勇来,坐少时即去。

夜半醒来时闻初雷。

二月十一日(星期五)

为彬然看地理教本稿一册。看"潘恩"数十页。午饭后小睡醒来,适夷来,取余所作文而去。

与彬然冒雨出门,至荃麟所,观北方来之各种出版物。有友人三十许会集,共谈对于此等出版物之观感。六时归。

得知日内即将启行,行装须得整理。

饭后至云彬所,由剑行为余注射第四针"奥利通"。

二月十二日(星期六)

上午将"潘恩"看完。此书写人物,下笔生辣。惜余于美国独立及法国革命之史事知之不多,因而未能融会其全旨。

作书与小墨,告以将行。

午后,《文汇报》二记者来。继之,钟敬文偕其二友来。晚饭后,士敏来谈。

出游夜市。今夕元宵,在此殊无应景之点缀。月掩于云,未见澄澈。

返舍,仲华来谈,论及中共之优点在知过而改,能深察客观情势,且不惮批评。余深然其言。

二月十三日(星期日)

上午十时,往平安戏院观苏联片《政府委员》。买票时拥挤不堪,向隅者恐不免。据云此为近来之风气,凡映苏联片无不轰动。观者多所谓"文化人"。此片叙第一个五年计划时期之事,初办集体农场,种种困难须待克服。余觉其空洞,大多从言词中表现,少具体之表现。而誉之者则谓其中提出种种问题,足资我国将来借鉴。

士敏接芷芬自北平来电,谓已安抵,闻之欣慰。其电以十一日发出,自动身迄抵达,凡十八日,亦云不慢。

午后一时,渡海至六国饭店,应港九教师福利会之招待。是会多中学教师,小学教师亦有少数。今日到者殆一百四五十人,特别招待余与彬然、东莼,甚为惶愧。我三人各作说词,余仍言平日说惯之老调,自觉无聊。四时半散。

返寓,联棠在室中,方自广州飞来,将出售我店存纸。

六时,与云彬、彬然再次渡海,至海景楼,应周而复及吉少甫之招饮。二君为群益书社主持人,邀我等商文艺小丛书之编辑计划。各有意见告之。

九时归。李君在相候,言我侪之行期又须延后,大约尚须留十余日。居此已月余,竟日坐候,至感无聊,不禁起怅然之感。

二月十四日(星期一)

上午写信致洗公,告以行期延迟。洪遒、朱智贤、林焕平、张君四人来,杂谈种种。

午饭至云彬家吃,以女佣忙不过来之故,彼兼为云彬家服务也。以后每餐如是。

饭后看沈起予所译泰纳之《艺术哲学》。此书系吉少甫昨日所赠,凡五百余页,今日看六十页。旅居无聊,藉以遣时。

夜与云彬对酌。返舍,写信二通。

二月十五日(星期二)

上午徐应昶来访,渠现任商务港分馆经理,系从报端知余在此。谈起其姊丈王云五,渠谓王有戆劲,别人不肯干的事他想试试,结果在经济部长任内上了个大当,至于身败名裂。余唯唯。其实,王任内发行金圆券,推行吮人膏血之经济政策,于今名列战犯,固得其所,岂上当哉。

以群嘱写一横幅,介绍《西伯利亚史诗》影片,将请诸友签名,以资号召。即为书之。

饭后作一文,应钟敬文之托,交其所编讨论方言文学之刊物。傍晚完篇,一千七百言,题曰《谈谈写口语》。

陈原来,谈编辑,谈香港学校教育,甚可听。香港小学荒谬处甚多,英人在其本国当不如是,是所谓殖民地教育也。

晚饭后,士敏相告,元善曾到其处探我侪消息。渠自加拿大归国,在此有四日之留,明日当访之。

国民党方面分崩离析,而皆无求和之诚意,各地咸作备战姿态。今日报载上海白色恐怖复炽,又有开名单准备捕人之消息,相识者且有被捕者。铎兄迟迟其行,迄未见到,深为悬念。

二月十六日(星期三)

晨与墨访元善于上海银行,遇之,欣然。渠系从报端知我侪在此。即驱车共游浅水湾。浅水湾在香港市区之背面,越山而往,南望杳冥,即大海矣。其地至幽静,山多短树,山路回曲,水面镜平,为夏日游泳佳处。循山路行,且行且谈。元善此次出游,系以私人资格进行国民外交。在加拿大留居最久,亦曾至美与英。据谓外国人殊不明了我国情形,渠乃详悉言之,主要为今日所进行者乃革命而非内战。外人聆其言,稍稍明晓。渠亦颇寄希望于新政权,谓从此进展,前途当可有望。

憩于饮食店,眺望为乐,十二时归。下午三时,元善来,又谈一时许而去。渠于十九日飞回上海,托带口信告小墨。

今日接洗公电,言铎兄已动身,十九日可到。夜间东莼来,闲谈甚久。

二月十七日(星期四)

晨间薛迪昌来。薛系生活书店上海经理,被捕六个月,近释出,来香港。

十时,至胜利戏院看苏联片《以血还血》,仅映开头一部分即停止。此片未经香港政治部通过,今日乃私演,观者皆熟友,不过百人。而政治部已知之,即来禁止。观片端说明,此片系叙苏民抗德,游击致胜之故事。英国亦受德攻击者,何致不能上演。且英国素以崇尚自由,称海德公园之中,各党各派皆可起而演说,奈何在香港不能容一影片。意者香港为其殖民地,不同于本国,游击抵抗恐影响及其加于马来亚之压迫,故不得不出此耳。

饭后,李儒勉来闲谈。

开始为彬然之小册子《思想与生活》作序文,成七百言而止。此册皆其所作"中志"之卷头言,将谋出版。

夜间,仲华来闲谈。

二月十八日(星期五)

上午作毕昨文,全篇一千七百言,题目为《往实际方面钻》,先付云彬所主编《文汇报》之《青年》副刊登载。

饭后,元善偕马季明来谈。明晨元善飞沪,邀余与墨往送之。看《艺术哲学》二三十页。入夜,与云彬对饮,各饮白兰地三杯。酒后闲谈,九时返寓。

二月十九日(星期六)

晨七时半,至航空公司晤元善。观其称量行李,办妥一切,即与握别。

与彬然过海,至太古码头,振铎所乘之盛京轮已到埠。士敏登轮寻访,未几即见振铎偕其女出。彼此相见甚愉悦。于是同返九龙酒店,振铎赁得一房间,在我室之右。徐伯昕邀午餐,以振铎为福建人,特觅一闽菜馆。饭后,陪振铎访家宝、以群、翰笙,皆未遇。返寓入睡一小时。

夜七时,应商务徐应昶、李孤帆之招,餐于大华。座有马季明、徐伯昕等。九时散。访夏衍于报馆,谈半时而归。

二月二十日(星期日)

上午看报写信。午刻,与云彬振铎小饮。

与彬然渡海,至汉华中学,参加教育座谈会。此会系少数教师所组织,近方研究解放区之教育情况(彼辈名之曰"新教育"),传阅书册,共为讨论。邀余发言,余偶尔提及广东学生语文方面负担太重,诸人遂相继发言。广东学生学国语,其实亦是另一种语言。又须读文言,读英文,实太繁重。然一时亦无法以解之。五时先辞出,返寓。

六时半,至以群所,小宴。除余心清及另一人外,余皆熟友。酒罢,电影界中十余人来,谈至十时半始散。

二月廿一日(星期一)

竟日客来颇众,所谈无甚意味。傍晚,联棠作东,宴铎兄于红星,他客有仲华、朱智贤,兼为宋小姐作饯,渠明日返台湾矣。与铎、云、仲四人饮白兰地一瓶。

返寓,徐铸成、陈钦源来谈甚久。连夕以十一时后睡,疲矣。

二月廿二日(星期二)

上午周钢鸣来,导我人至达德学院。一行有墨与铎兄父女及萧乾。车行一点钟,座颇不舒,弥觉吃力。十二时到达德。先我人而至者有曹禺、以群、适夷、马思聪、东山、张瑞芳等人。一时午餐。一时半开座谈会,全院学生二百余人俱入座,外有院中教师多人。其会场曰民主会堂,木屋五大间。余先演说,凡两点:一、文艺勿为社会科学之例证与文艺理论之演绎。二、文艺创作必注重语言文字。以次外来诸人均演说,以曹禺之言最为可听。马思聪拉小提琴一曲,大受欢迎。四时半散会,枯坐三小时,疲矣。乘汽车而归,又大疲劳。

晚餐于旅馆中,十时就睡,比往日为早。

二月廿三日(星期三)

上午出外购杂物,至上海街,其处物价较大道上为廉。

得通知,我人行期已近,为之欣然。午餐于旅馆中。

三时,至《文汇报》社,与其编辑部同人谈话。余以读者之见地,言报纸应注意之点,皆小节。谈一小时许。陈钦源君陪余游公园,卉木修洁,眺望旷远。五时归。

夜间客来四五。方志勇君馈酒二瓶,途中供应足矣。

二月廿四日(星期四)

午刻,柯灵作东,为我人饯行,假座于蒋君超之寓所。他客多电影界中人,凡两席。饮威士忌,余饮颇多,至于入醉。与家宝谈话,不记所言为何,总之衷有所感,至于流泪。三时返寓,入睡两小时许,醒来酒意少解。

晚饭后至云彬家,向其夫人辞别,并别陈夫人。

二月廿五日（星期五）

上午托徐云瑶将行李搬过海，送到大中华旅馆。午刻，我侪一行人渡海，至上海餐馆，应徐铸成之招宴。三时散，入大中华。此是一旧式旅馆，房间极局促，余与墨各据一小榻。彬然与振铎父女别居一室。

夜七时，至六国饭店，应王芸生、萧乾之招饮。一日会餐两次，胃纳过饱，幸节饮，未至于醉。返寓就睡，市声与打牌声喧甚，不得安眠。

二月廿六日（星期六）

除晨出购物外，竟日未出。以此行略带秘密性，防为人注意。行李以晚六时上轮船，而我等之旅舍又须更换。八时，迁至大同旅馆。其陈设益简陋，然较静。曹禺与其邓小姐亦来居此，于是我人一群凡八人。

二月廿七日（星期日）

在旅馆中无聊，且伏处不出，亦复使人生疑，余倡议打牌。与墨及云彬彬然打四圈。

饭后，余入睡一时许。醒来而王芸生、徐铸成、赵超构、刘尊棋四人来会。四君亦此次同行者。诸人除余与彬然外，皆穿西服。而此行大部须冒充船员身份，改穿中式短服。此时皆改装，相视而笑。云彬冒充庶务员，独不改。余之身份被派为管舱员。女客则以搭客身份登轮。

三时许，墨与郑、邓二小姐先由李君导引登轮。我辈则以夜九时许往。先行者五人方下电船，而巡警二人即来查问。余与芸生、铸成、振铎四人望见，疑有疏漏，即避不前进。既而巡警徐徐行去，我四人始下电船。询知系侦察所携物件，恐为走私。而所以启其疑，殆由于不伦不类之短服也。

电船驶向轮船，行一刻许而达。登轮，墨已住定八号房，两人上下床，颇为安适。唯今夕墨须与曹禺对调。余管舱员，自不能与女客同舱，而曹禺之职亦为管舱，亦不能与女客邓小姐同舱也。

十一时许，末一批朋友登轮。此次所有乘客皆往同一目的地，平日皆熟友，除以上所记及余十二人外，一一记之。年较老者六人：陈叔通、马寅初、包达三、张絅伯、柳亚子夫妇。又有张志让、沈体兰两位。吴全衡携其二子。外有包达三之女儿。外有小姐三位,皆往出席全国妇女大会者。总计男女老幼二十七人。历次载运北上之人,以此次为最多。

余夜眠甚酣。

二月廿八日(星期一)

上午船不见开行。据人言此轮挂葡萄牙旗,而葡领事留难,尚未签证。

李君又来,一一告以应对之说辞,搭客宜如何说,船员宜如何说,恐海关人员查问。又嘱勿登甲板,以此是货轮,甲板上貌似旅客者众,恐致启疑。然至十一时五十分,轮竟开行,海关人员竟未来。如何交涉,抑或纳贿之效,未可知矣。

此行大可纪念,而航行须五六日,亦云长途。全系熟人,如乘专轮,尤为不易得。

开行历一小时,传言已出香港水警巡查之区域,可以不必戒备。于是登楼而观之。餐厅颇宽畅,其上层为吸烟室与燕坐间。午餐晚餐四菜一汤,尚可口。余等皆饮洋酒少许,恐所携不多,不够消费。

略有风浪,墨午饭后不舒,略呕吐,晚饭时即未进食。诸君谋每夕开晚会,亦庄亦谐,讨论与娱乐相兼,以消此旅中光阴。然晕船者殆居半数,恐未能每夕举行,人人入座也。余略感头晕,居然可以起坐进食,自以为异。

三月(止于二十五日)

三月一日(星期二)

竟日有不甚大之风浪。余尚可,墨则未起床,仅食面包两片,饼干数片而已。

余睡醒之余,补记前数日之日记于别纸。日记本寄存于船中秘处,由李君交去,今日检点,尚未查出,颇恐其遗失。缘上船之前,所有书籍、信件、字片、印章,凡足以表露其人本来身份者,皆自行李中取出,藏于秘处。设想之周,防备之密,至可佩服。然余之日记本若竟因此遗失,未免怅惜矣。

晚饭以后,举行第一次晚会。包达老谈蒋介石琐事。曹禺唱《李陵碑》《打渔杀家》,邓小姐唱《贵妃醉酒》,张季龙唱青衣,徐铸成唱老生,余皆不知其何戏。全衡与郑小姐唱民歌。轮及余说笑话，余以谜语代之。谜面为我们一批人乘此轮赶路，谜底为《庄子》篇名一。云彬猜中为《知北游》，"知"盖知识分子之简称也。云彬索奖品，要余作诗一首，并请柳亚老和之。继之为集体游戏数节而散。

此夕风浪较平，大家适然，唯墨仍偃卧未出席。余归寝后作诗，迄于深夜得一律，将以呈同舟诸公。

"南运经时又北游，最欣同气与同舟。翻身民众开新史，立国规模俟共谋。篑土为山宁肯后，涓泉归海复何求。不贤识小原其分，言志奚须故自羞。"

三月二日（星期三）

晨起风平浪静，晴光满窗。云已近福州洋面。又知星期六即可舍舟登陆。

墨亦起来，早餐后坐顶舱中与诸友闲谈，意至舒适。余诗传观于众，颇承谬赞。柳亚老和作不久即成，兹录之："栖息经年快壮游，敢言李郭附同舟。万夫联臂成新国，一士哦诗见远谋。渊默能持君自圣，光明在望我奚求。卅年匡齐惭无补，镜里头颅只自羞。"

陈叔老亦有和作，此老七十有四，兴复不浅。诗云："奔赴新邦未是游，涉川惭说用为舟。纵横扫荡妖氛靖，黾勉艰难国是谋。总冀众生能解放，岂容小己各营求。青年有责今方始，如我终蒙落后羞。"

张季龙之和作继之而成，并录之："开浪长风此壮游，八方贤俊喜同舟。经纶首作三年计，衣食须为万众谋。学运文潮黉沼起，奇才异技野田求。衔泥聚土成丘陆，回顾平生不自羞。"（第三句谓恢复经济应首作三年计划，末句后改作"群力擎天漫自羞"。）

饭后睡二小时许。晚饭后仍为晚会。陈叔老谈民国成立时掌故。柳亚老谈民初革命，一以无民众基础，二以中山先生不能统御众人，当时无强有力之政党，故致徒有民国之招牌。云彬谈民十六以后，杨晢子曾赞助中共，在沪多所救护，为前所未闻。继之，几位小姐唱歌。余与云彬合唱"天淡云闲"，此在余为破天荒，自然不合腔拍。邓小姐唱《刺虎》，颇不恶。谋全体合唱，无他歌可唱，乃唱《义勇军进行曲》，此犹是抗战时间之作也。九时过方散。

三月三日（星期四）

晨登楼厅眺望，海水渐浑，颇见帆船，云将近长江口。

十时开座谈会，题为"文化及一般社会如何推进新民主主义之实现"，张季龙为主席。在座诸人各发言，多有所见，唯皆不甚具体，亦无法作共通结论。十二时散。

叔老为余谈袁世凯称帝，英国公使朱尔典实怂恿之。其后各省反对，朱尔典又劝袁氏取消帝制。日本与英国，对我外交往往相反，其公使日置益实不赞同袁氏为帝。今各种记载往往称日本助袁氏称帝，而不及英国，非真相也。余因谓叔老，此等事宜笔记之，流传于世，以见其真。

午饭时小饮。饭罢，与亚老闲谈颇久，然后归舱昼寝。醒来已四时矣。

晚饭后仍为晚会。叔老谈胡林翼以其母联络官文之妾，收为寄女，使官文不加钳制。包达老谈上海掌故。继之诸人唱歌。家宝则谈戏剧而推及其他，以为将来纪录影片必须尽量利用，乃可收社会教育之大效。次言一切文化成果，将来自宜普及于众，然不可仅止于此，又宜使之逐渐提高。其言可谓有心，大家称善。复各说笑话而散。

在舟中已四日，颇习惯矣。

三月四日（星期五）

上午暖和而下午转寒。

十时，开第二次座谈会。诸君就新闻事业发挥甚多，占一小时有半。其余四十分钟谈及戏剧电影等。

午饭后睡一小时许。起来时云彬示以和韵诗，录之："蒙叟寓言知北游，纵无风雨亦同舟。大军应作渡江计，国是岂容筑室谋。好向人民勤学习，更将真理细追求。此行合有新收获，顽钝如余只自羞。"

墨以明日将登陆，即整理箱箧之一部分。晚餐时仍饮酒，方志勇馈余与云彬之四瓶白兰地至此而罄。其间振铎亦出两瓶。共饮者凡七人。

七时起开晚会，至十时而止。船上人员均来参加，兼以志别，兴致极好，甚为难得。歌唱甚多，不悉记。墨亦唱《唱春调》四句，则破天荒也。叔老谈甲午之役轶事,似亦未见记载。船员倪君谈其经历一事。倪某服务于招商局某轮,前二年由加尔各答返沪,途遇飓风。见一渔船已失其控制,驶近救之,则中无一人,殆已漂没,唯见大鱼满载,其长与一人或二三人等。舟人识为珍品,则藏之冷气间。抵沪售诸鱼市场商人。商人言上海已无制罐业,无所用之,若运至澳洲则至值钱,每尾可得数十美金。舟人与商人情商,勉强成交。逮卸货未半,管理虬江码头(此为军用码头)之军官责其不法,将吊销鱼商之执照。纳贿而后无事。而海关人员又来刁难,复纳贿焉。时天气甚热,已卸之三分之二,冰块全融,鱼已腐烂。卫生局知之,谓弃于黄浦江有妨饮用水之清洁,须载出吴淞口弃之。于是鱼商含泪载腐鱼往吴淞口。众闻此故事皆动容。

又有徐君谈抗战期间新四军自苏北渡江而南之经历,甚详尽。结论谓今日解放军已非昔比,渡江自不成问题。船上经理则致歉词,谓招待不周。实则此行饮食起居皆至舒适,即茶房服务之态度亦大异寻常,众皆心感,非徒口谢而已也。今夕晚会,人各自忘,情已交融,良不可多得。

叔老录示旧作二首,皆极浑成,愤慨甚深,录之:

《日本投降枕上喜赋》"海隅偷活鬓加霜,八载何曾苦备尝。未见会师下江汉,已传降表出扶桑。明知后事纷难说,纵带惭颜喜欲狂。似此兴亡近儿戏,始知史册半夸张。"

《秋热》"事事年来反故常,秋行夏令太张皇。已无多日犹为厉,不到穷时总是狂。谚语有征嗟猛虎,烦冤谁诉让吟螀。移时霰集须防冷,老去忧深苦昼长。"

三月五日(星期六)

昨夜风浪甚大,今晨墨遂不敢起床。

闻舟人言,昨夜遇国民党军舰盘问,因而故为改道,作向朝鲜行驶状,遂延迟行程一小时有余。午后船抵烟台。山前屋舍并列,防风堤卫护于港口。山头有积雪。候海关人员登舟,至三时后方来。傍码头已五时矣。

码头上已有军队及市府人员迎候,盖先接电报通知。诸人分乘汽车入市区,至一大屋。晤徐市长及贾参谋长。闻一大可喜消息,国民党之军舰重庆号起义,自上海开来烟台。首难者二十二人自书遗嘱,共誓必死,而竟成功,此于海军影响至大。徐贾二君态度极自然,无官僚风,初入解放区,即觉印象甚佳。席间饮张裕葡萄酒。此间第二次解放仅四个月,前此为国民党军队占据一年又半个月。于此期间,葡萄产量锐减,鱼之产量亦然,大部洋房皆为拆毁作工事,充燃料。撤退之际,掳去青年及学生达二千人。

饭罢,徐市长询要否洗浴,余与云彬等四人应之。由人导至浴室,洗大池,甚痛快。

以汽车至宿所,乃一西人别墅,距市区较远。因恐国民党飞机来袭,故特指定此处。此屋近旁之别墅则俱拆毁,颓垣断壁,战事之象显然。余二人与家宝二人联屋,各一小室,原为仆人之居。余人则分居正屋。

十时就睡,一梦甚酣。

三月六日(星期日)

晨起甚寒,海涛击岸有声。

华东军区三位特来烟迎接,今晨会见。一为郭子化,系鲁南老战士,近任调配粮秣,支援前线。一为匡亚明,谓与余相识,系从前景云里邻居,今任宣传工作。一不记其姓氏。三位为我们谈解放区种种情形,以及战争所以致胜之道,皆可听。就山东而言,去年之主要工作为救灾,今年之目标则为加紧生产,支援前线。

午刻自宿所乘汽车至聚餐所,途中遇空袭,高射枪炮齐发。此况已有好几年未遇,不意于此重逢。其实飞机仅一架,大概来自青岛,意欲侦察重庆号之踪迹者。未几即飞去。于是聚餐,又畅饮葡萄酒。

饭罢,与诸友巡行街市。店家大多闭门,如元旦景象。询之则谓消费者多离去,故市况未能遽尔恢复。烟市人口最多时将近二十万,今仅十万有余耳。彬然谓以前之繁荣系建筑在剥削关系上,今此关系已打破,当然萧条。此后生产发展,重进繁荣,乃真繁荣矣。其言甚确。

回宿所休息。六时,至某戏院,赴烟市党政军民之欢迎会。全院满座。我辈居池座,为被欢迎者。先由徐中天市长、郭子化秘书长致词,我人由叔老、亚老、绀老三位演说。于是开戏,演《四杰村》《群英会》两出,唱做皆不恶。演员一部为戏班中人,一部为部队中战士,有此成绩,可称难得。十时后戏毕,于是至聚餐所会宴。明日行矣，以此为送别，我人深感受之不安。返宿所已过十一时，颇疲惫矣。

日记本已由轮船上人送来，为之大慰。

郭子化系华东局之秘书长，为华东党方面之高级人员。

演戏者名胜利剧团第二大队平剧部。

三月七日（星期一）

晨起早餐后，看军士为我人将行李装上卡车。至海滩闲步曝日，看包郑二小姐捡石子贝壳。

十二时午餐，一时开车。车辆由郭老派定，余与墨与铎兄共乘一吉普。包达老原乘一小包车，而机件损坏，来我侪之车，于是铎兄换乘他车。达老有胃出血之旧病，故乘小包车，而终于不成，颇为愁虑。

公路颇不佳，车颠簸殊甚。所经村落皆瓦屋，骡车运输时时可见。四时歇桃村，其地解放已将十年，土改已完成。村人脸色多红润，可见其生活不恶。五时复开车，一路见新修大桥数座。桥皆低平，意水涨时将溢出桥面。未修复之处，车涉小水而过。经此一带，想起"沮洳"二字。

直至九时，车始停歇。其地曰三李庄，距莱阳城三十里。据闻莱阳近分为四县，曰莱东、莱西、莱西南、五龙。三李庄属莱西。晤一青年姜汝，二十五岁，小学毕业程度，从事青年工作将十年，聆其所谈，颇头头是道。余思共党从生活中教育人，实深得教育之精意。他日当将此意发挥之。即进晚餐，皆先派人在此预备，农村风味，亦自有致。诸人分宿于农家，余与墨宿一李姓家，睡一土炕，甚宽。天气虽寒，自携铺盖较充，竟夜温暖。

三月八日（星期二）

晨闻达老昨夜果吐血，共感愁虑。渠亦颓唐，自叹身子不好，欲返烟，或暂留于此。众以为皆不妥，总须设法顺利前进。

询知党军政各机关现皆散居周围二十里之农村中，莱阳城反而弃置不用。盖城中多残破，又恐遭空袭。上午，各机关人员来者颇多，闻郭老一一介绍，惜不能记忆。彼辈均善于谈话，有问必答，态度亲切，言辞朴质。

风甚肆。距此一里许之村庄中开"三八"妇女大会,余与尊棋体兰及同行之妇女数人往参加。先至一党务人员薛姓之宿所,其人颇风雅,壁悬陈师曾之对联,何子贞之屏条,皆收购者。又有印刷品书画集数箱。出城子崖出土之黑陶一具相示,上有文字,与殷契相类。铎兄谓此物与龟甲文同时也。

十二时半开会,在一院子中,妇女二百余人,多数为公务员,皆席地而坐。男子参加者不过十之一。余被拉致辞,略述蒋管区妇女近况。同来之邓女士亦发言,较余切实多多。继之为出席华东妇女大会之代表作报告,甚长,运用新词语已颇纯熟。察听众神色有兴者不少,皆疾书作笔记,但木然枯坐者亦多。解放区开会多,闻一般人颇苦之,不知当前诸妇女中有以为苦者否。

久坐受风,似难耐,乃中途退出,返三李庄。又与诸招待人员闲谈,杂记所闻。

军队中除作战外,每日必有一小时或两小时之学习,视为极重要事。

每一连中,每人每月可购书籍四十"配其"。全连集合,即可购许多册。其费用作正当报销。

团以下团长与士兵同等待遇,一切供应皆同。

夜间,在田野间举行欢迎会。阒地作舞台。我等居于台前,铺褥坐地,前设炕几,陈烟茶瓜子之类。其外围则士兵与村民,不详其数,约计之殆将五百人,而寂静无哗。欢迎会仅郭老略说数语,无他噜苏。演剧凡四出,皆歌舞兼之,多采用旧形式。演员皆部队及政工人员,有男有女。一曰《拥护毛主席八项条件》,为花鼓戏之形式,而从集体演唱出之。二曰《交易公平》。三曰《积极生产》,皆叙解放军之优良传统,据云俱有事实根据。四曰《开荒》,则延安之旧作,亦系事实。亚老感动甚深,自动要求当众致词。余亦以为如此之戏,与实生活打成一片,有教育价值而不乏娱乐价值,实为别开途径之佳绩。而场中蓝天为幕,星月交辉,群坐其中,有如在戏场之感,此从来未有之经验也。且风势已弱,并不甚寒,尤为舒适。九时半散,即返农家就寝。

三月九日(星期三)

晨早起,八时即开车。先在车旁全体照相,我侪与郭老等及当地人员皆在内。

自烟台到三李庄二百余里,三李庄到潍县则多约五分之一,其准确里数,言人人殊。公路较前益坏,颠簸殊甚。午后一时歇于平度县,进午餐。二时再开行,我等所乘车抛锚修理,延搁一小时有余,到潍县已九时矣。宿于招待所,为一大院,如北京式。余与墨睡东屋。询知此间今称潍坊特别市,解放已一年有余。市长姓郭,副市长姓臧,为克家之本家。晚餐罢就寝,已十二时矣。

达老铺厚褥于车中,卧而乘载,颠簸竟日,自云尚可。大家略为放心。

三月十日(星期四)

晨与墨往访叔老数人之居,在彼合影,进早餐。小米粥,大馒头,菜肴甚丰。于是应邀至电影院看电影。特为我人映一场。片系苏联产,叙空军中男女奋力击敌,殊不见佳。

散出已过午。众分两批。一批登城,观解放军攻入之遗迹。一批至图书馆。余隶后一批,由副市长臧君为导。馆在十笏园,系一私家花园,不记其何姓。有假山池亭,假山结构不恶,唯其石不类江浙所用之湖石。馆长陈君,为陈簠斋之孙。观藏书颇多,多数为丁氏所捐赠。新书则寥寥。铜器瓷器不多,然尚精。闻旧无图书馆,解放以后始创办。

二时至市政府,全府各局长列座茶叙,不免彼此致词。三时进餐,餐毕,返宿舍整行李。

休息未久,驰车赴车站。已预备卧车一节头等车一节在站,即先行上车。一行人连卫士在内不过六七十人,而用车两节,太宽舒矣。既而班车到站,两节车挂上,以六点十分开行。车中听云彬谈昆曲,铸成谈平剧,皆颇精。

八时许到青州市(益都)。下车,党政军方面多人已在站迎候,驱车入城,至招待所。其处原为教堂,屋颇宽畅,坐憩之顷,有如归之感。

余不喜向人多所问询,听吴仲超君谈收藏保管文物之情形,头头是道,至为心折。诬共党者往往谓不要旧文化,安知其胜于笃旧文人多多耶。

晚餐毕,各归指定之房间。系一大室,与墨各睡一榻。就寝已十二时矣。

即以招待客人而言,秩序以有计划而井然。侍应员之服务亲切而周到,亦非以往所能想象。若在腐败环境之中,招待客人即为作弊自肥之好机会,决不能使客人心感至此也。

在潍县城内,见各家门首均有粉笔字或纸条书"街评三等""街评二等"字样。初以为此乃对于其家人物之品评,询之臧君,乃知不然。此乃对于房屋之品评,据以定房捐者,由委员会先拟定标准,视其屋之建造年月、建造工程及使用价值而假定其等第,凡分九等。房主可以提意见,街坊亦可提意见,俟各无异议,始为评定。据云潍为大城,房主多以屋出租,故有房捐。其他城市类此者亦有之,小城及乡镇即不收房捐云。

到烟之翌日,同行之人各以美钞港币易人民币。余以港币十元易得北海券四万八千元。北海券者,今认为辅币,正币为人民银行所发行,称人民券。人民券一元等于北海券百元。其与外币兑换之比率是否各地一律,尚未之知。——此为使用人民券之始,特补记之。

三月十一日(星期五)

晨起闻飞机声。时有一架飞过。昨夜就寝后亦闻之。据云此为青岛太原间之运输机。太原尚未下,接济全恃空运。其运回者,或为日本兵。阎锡山畜有日本兵三万人,为其抵拒解放军之本钱。

十一时后,与彬然出门散步。房屋多坍塌毁坏,街上行人极少,此地经拉锯战多次,损坏重矣。城内多麦田,麦苗尚短。出南门,城墙颇厚实,门框高而深,过于吾苏。反身而行,见一天主堂,钟楼两座高耸,建构颇好。其中已无教士,现居军队。

返舍进餐。二时,驱车至孟家村,距城二十五里。华东党政军各机关俱在此村及其周围。所谓华东,包括山东、江苏、浙江、福建、安徽五省。然则此间诸村庄,其重要性可知矣。先为茶叙,各机关高级人员俱到,个别谈话,答问唯求其详。四时又为盛宴,菜多酒多,吾人虽尚饱,亦不得不勉力进之。

六时,入大会堂。此堂系木构草屋,通十大间,有舞台。座中已满,料想当是各机关中下级人员,约计之,殆将五百人。此为华东正式之欢迎会。先由两位致欢迎辞。来客相继被邀登台演说者凡八人。余致词谓来解放区后,始见具有伟大力量之人民,始见尽职奉公之军人与官吏。其所以致此,则由此次解放战争实为最大规模之教育功课,所有之人皆从其中改变气质,翻过身来,获得新的人生观也。此意尚未想得周全,他日当为文表达之。

将近九时,始为游艺。演平剧四出,《空城计》《三岔口》《御碑亭》《芦花荡》。演毕已十二点半。演员为投降军官与其夫人,亦有部队中军官与士兵,彼辈亦属于胜利剧团,不详其为第几大队也。《三岔口》打工甚好。《御碑亭》中之青衣为投降军官中之高级者,唱做俱佳,铸成颇致赞赏。《芦花荡》之张飞亦佳。驱车返寓,进点心即睡,已两点矣。

马寅老见王有道休妻,恶其思想荒谬,不尊重女性,不欲复观,先行返寓。此老看戏而认真,亦复有趣。

三月十二日(星期六)

八时起身,进早餐后,有两位女医士来问身体有无不舒适处。

前日托匡亚明,请与苏北通信,打听三官近况,嘱三官寄信到北平。昨知已特为发出电报。此间办事迅速而周到,即此可见。

十一时,参观附近之托儿所。儿童自不足两岁至四五岁,凡八十五人,皆工作人员之子女,父母俱出外任事者。一切皆由公家供给,幼儿每二人共一保姆,较大者则四人共一保姆。每日并点心进食五次,我人到时方第二次进食。食品为馒头与小米粥。观儿童脸色,多红润而肥胖。唯衣服不甚清洁。然庭中方曝晒被褥多条,卧榻之上,被褥亦整洁。卧榻为木板,以大砖支之。每榻睡二儿。儿童较大,则送入保育小学。此虽一鳞一爪,已可概见。夫妇二人从事工作,子女不复需照顾,而托儿所之照顾殊不坏,其能专心于工作可知矣。据云此处成立不久,设备不周。不久将迁往济南,当可有进。

饭后二时,乘车出发,至城北四十里外某庄,观军官教导团。风扬黄土,满身俱沾。教导团者,收容投降军官之所。蒋军投降军官总数在一万以上,华东之团共十四分团,我人参观者为十四分团之一。在一堡寨之中,分组而居,多为将校级之人。邀十余人与我人对坐谈话。其中最著名者为王耀武,此外多为军长参谋长,余不能记其名。王耀武先发言,自谓始臻光明正路,知忠于一人之非。又谓在此学习,读书讨论,大有兴味。又谓此间待遇甚优,颇为感激。另一人谈此间生活情形,颇切实。以余观之,待遇被解放军官以最厚之友谊,此为最有效力之一点。所谓宽大政策之道,于此见之。复参观其宿所。一切生活方面之劳动,各自为之。此辈在蒋管区,固莫非婢仆侍奉之特殊人物也。

六时半返寓。晚饭后,听刘组织部长谈王耀武失守济南及被俘之经过。又谈其他二人之被俘经过,皆富于戏剧性。余询以处理俘虏情形。承告士兵大部施以教育,编入部队。所谓教育,先与阐明为谁打仗,又发动诉苦运动,令各自诉其家世代所受痛苦。经此之后,大多觉醒,本为被动之人,今成自动之兵。在战争紧急之际,亦有不多教育,即令作战者。其老弱疾病之人,则遣令回乡。至于军官,尉级者多送入军政大学。此辈已有军事知识,重在令习政治知识,毕业之后即入部队。解放战争胜利,得力于此部分兵士军官之补充者甚多。校级将级者则送入教导团,令自为学习,调查研究,撰写报告,颇类大学研究生。毕业后大部遣回。若王耀武之辈,今时所不能放心者,唯恐将来民众控诉,指为战犯,要求审判。此间诸首长时时加以宽慰,渠稍放心。以后若无人提出,渠即可为自由之人。

十时就寝,在此数日间为甚早矣。

三月十三日(星期日)

上午,两女医士又来问。余以无他疾病,请量血压,知为一百二十,稍见其低。按标准当为九十加年龄数,则当为一百四十六。据云血压稍低无所谓,其原因或是疲劳之故。

饭后搬行李,先上卡车,将卡车装上火车。

三时许,将俘获之杜聿明送来与我侪谈话。杜名已列入战犯,故加脚镣。颜色红润,服装整洁,殊不类阶下囚。诸君发问,渠皆言不知其详。亚老纲老愤甚,发言叱骂一顿,渠笑而受之。一般印象,渠或亦知必将判罪,故态度与王耀武不同。王因希望能得安然释放也。

四时,早进晚餐。诸首长俱来陪饮,干杯屡屡。五时,驰车至火车站,按指定之号数入卧车,余二人与振铎父女同一室。七时许开车,郭老直至此时下车,握手而别,共道大军渡江在即,江南相见。

余以九时就寝,和衣而卧,不设被褥,以免麻烦。车行甚缓,缘铁路修复未久。余居然入睡甚酣,曾夜醒数次。有一次车突然而停,继闻飞机声,殆恐其空袭。晨四时到济南站。

三月十四日(星期一)

六时下车,市长姚君及各部人员在站迎候,驱车至商埠区,歇于招待所。

初晤赵俪生,渠在华北大学作研究工作,近将回开封中原大学。承告北平解放之后,对知识分子之教育颇感困难。余与铎兄闻教员俱拟令受政治训练,以为殊可不必。前此数日,叔老曾谈及,凡国民党之所为,令人头痛者,皆宜反其道而行之,否则即引人反感。而令人受训,正是国民党令人头痛者也。

济南各方面负责人员多初不相识而曾闻其名者,不能悉记。

进早餐后,承导游大明湖,望如水田,亦甚平常,因《老残游记》之吹嘘,似觉有味。继至湖旁之图书馆,有卉木山石,观所藏石刻铜像。于是至趵突泉,泉翻涌甚有趣。细察之池底随处起泡,视西湖玉泉之珍珠泉,水泡多且大。自来水公司之水源即取给于此。继至广智院,观博物馆。此是传教西人所设,积储已久,就通俗意义而言,可谓应有尽有。

又至华东大学,在齐鲁大学原址。齐鲁校舍广多,花木遍植,大似成都华西坝。今大部分师生逃亡于蒋管区,留此上课者仅百余人耳。华东大学即借其处。云有学生近千人,分教育、社会科学、文学三系,又有研究部。实为一干部训练班,非正规之大学。就学者常为小组讨论,殊少教室听讲,以桌椅缺少,仅有一大教室而已。校长韦捧丹,前曾在商务编译所任事,余闻名而初见,为笃实之士,略谈片刻。

返招待所进午餐。饭后开座谈会,各人问攻下济南经过,及接收济南后之处理方法,由党政各位答复甚详。

四时登火车,徐徐开行,经数小站而至桑梓店,已入暮矣。自此至沧州四百余里,铁路尚未修复,须至下月初方能通车。一路见路旁积储粮秣甚多,又见南行火车载炮车及马匹,云是东北方面入关者。此皆渡江之准备也。我人火车上所携汽车悉落地,分配乘载,夜八时始开行。一路颠簸殊甚,手足并须用力,乃大疲劳。初尝迷路,找不到公路,走冤枉路不少。然月色甚佳,空气不太寒,夜行经验亦复有趣。在临邑打尖,已过十二时。复开车到德州,天方微明。

三月十五日(星期二)

至招待所,进油条豆浆,即就寝。醒来已十一时。云彬等已购得德州烧鸡,分饮所携白干,余即加入。酒罢共谈日来之感想,皆希望中共作得美好,为新中国立不拔之基。

下午三时,正副市长设宴款待。地方较朴,饮食亦差,唯烧鸡两大盘极可口。梨绝佳,鲜嫩爽口。询居民人数,云不过二万耳。

餐罢,余独出洗澡。黄土为屋,行人稀少,有寥落之感。出西门,入清华池。设备不逮上海之三等浴室。然入汤一泡,亦感松爽。

步月返寓,尚不到八时,而墨已着急,卫护人员已派人寻找矣。以明日须早行,早睡。

三月十六日(星期三)

晨以八时开车。余所乘车不久即坏,几经修理,而迄不见效。遂将全车之人分配于他车,余坐行李车之司机台。风狂肆,卷黄土而驰,遂迷失前路,车行不能快。午后二时许在东光打尖,与诸酒友小饮,进面食。四时复行。一路见军民赶修铁路。每大车一辆载铁轨一条,其枕木电杆,云皆自关外运来。观其涵洞,似不结实。殆以军事之急需,工程只能从简,将来自当更求坚实。

夜八时半到沧州。有电灯,市面似较德州繁荣多多。先至招待所。知天津已开来专车,即于火车上宿,仍与振铎父女同室。进夜餐于餐车。入睡已过十二时矣。

解放军以刻苦为一大特点。而招待我人如此隆重,款以彼所从不享用之物品与设备,有心人反感其不安。

三月十七日(星期四)

晨起甚早,亚老示以二绝。昨夕在车站等候较久,亚老向招待人员发脾气,既而悔之,遂作二绝。其一云:"驱车赍夜入沧州,风露中宵动旅愁。蛇影杯弓疑过敏,如虹剑气浩难收。"其二云:"谩骂灌夫原失态,数奇李广不成名。水心两字能箴我,克己终怜负友生。"

竟日在车中闲坐漫谈。入夜,自石家庄来之人上车,晤杨之华、邓颖超。之华已二十余年不见,渐渐老矣。略谈其历年经历。九时就寝。车以十时许开,行驶甚慢,晨五时许到天津。

三月十八日(星期五)

北平方面有三人来迎,只记其一为连贯。车停天津一时有余,遂开行。此一段为双轨,行驶颇速,十时许到北平。候于车站者数十人,中有北平市长叶剑英。此外大半为熟友,皆所谓民主人士,不能一一记其名。唯愈之已十余年不见,且曾有海外东坡之谣传,乍见之际,欢自心发。

驱车至六国饭店,特赁此为我人之宿所。余与墨住一百三十五号房间。服用至舒适,为凤所未享。虽主人过分厚意,实觉居之不安。进午餐后,先到之诸友相继来访。诸友居于北京饭店,其规模亦如六国。客稍稀,洗浴沐头,竟体松爽。

芷芬旋来,谈别后一切。知余所撰《小学国语》近为此间采用,而同业颇存妒意。

三时后,随芷芬至北平分店,访王稚圃、李统汉诸君。谈次略知平市情况。六时,在店中聚饮,畅谈甚欢。七时后返寓。早睡。但被褥太暖,进食太饱,未得美睡。

三月十九日(星期六)

上午仍有客来,皆握手未坐而去。十时,至北京饭店回访诸友,即于雁冰所久坐。承告此间文教方面之大概情形。即在北京饭店午餐。

下午晤周扬,谈组织全国文艺界协会事。世界各国方拟召开世界和平大会,文艺界亦将推代表往参加。三时,由雁冰夫人导我二人巡行街市,观东安市场,购冰糖葫芦而归。

傍晚,叶剑英、罗迈、齐燕铭、连贯诸君为我侪洗尘。叶演说谓行百里者半九十,今后军事政治之胜利,其获致尚相当艰苦。即一切反动势力俱已铲除,犹如辟一平地,其一切建设亦非容易,贵乎大家之努力合作。其说甚精当。宴二小时而毕。

稚圃、统汉、芷芬三位来访,谈至九时许而去。

三月二十日(星期日)

早起见飘雪,地上屋上略有积雪。九时许,与墨访平伯夫妇。多年不见,共叹老苍。其尊人方患气管炎,年已八十有二,颇为可虑。承示新作长诗,记北平围城时之事,携归读之。

饭后偕铎兄访赵万里,由赵陪同访介泉于红楼,未晤。遂访孟实、从文。从文近来精神失常,意颇怜之。杂谈一切,五时始辞出。

至北京饭店,罗迈、周扬二位招待同人,谈响应世界和平大会之事。结果主多发宣言。至九时始毕,实则其事至简单,不需费如许唇舌也。

复开文协理监事会,准备与华北文协开联席会,筹备全国文艺界协会。又是二小时,余疲甚。

三月廿一日(星期一)

上午未外出。饭后一时,与墨随诸君乘大汽车至西郊,先访清华。至佩弦夫人家,观佩弦书室,物在人亡,几欲陨涕。既而至会客室,晤清华教授十余人。与江清谈佩弦遗集出版事。于是至燕京,校长陆志韦教授数十人会于客室,一一握手道姓字。旋为茶叙。五时归。

夜七时,二百余人会于一堂,听罗迈谈话。分为四点:一、解放军致胜之由(在于土改),二、关于和谈,三、关于新政协,四、共产党人待人处事之态度。其言至亲切,余极为满意。十时散。兀坐将近三小时,又大疲。

三月廿二日(星期二)

许昂若来谈,与同饮于云彬室中。共谓我人历经艰危,而今日犹得在此饮白酒吃花生米,未尝不可慰。昂若在沪,为特务人员监视,前后门各有一怀枪之人,历时半月,居然能溜走到香港,亦为幸事。

午前,董老来访,渠方自石家庄来。午后,晤曹葆华,一别十年矣。渠久居延安,自习俄文,翻译理论书籍,于其前所嗜之新体诗,不复有兴趣矣。谦和朴实,大有延安风度。

四时,与墨步行至前门。墨购果饼而归。

出席教师联合会筹备会之国文教学组。晤国文教师五六十人。讲一小时,皆余常常谈及之一套。晚饭后,文协理监事与华北文协理事开联席会议,决定筹备中华全国文学艺术工作者代表大会。推出筹备委员多人。又推出出席世界和平大会文艺方面之代表,计十二人,沫若、振铎、田汉、洪深、家宝等俱在内。九时半散。

三月廿三日(星期三)

十时至北京饭店,出席学术工作者协会之理事会。余前未参加此会,而在上海曾被举云。其一议题亦为推举出国代表,推出邓初民、马寅初、翦伯赞、侯外庐四人。会散,至雁冰室中小坐。雁冰仍患感冒。

与墨偕云彬、振铎至东安市场附近,入一餐馆,饮酒进面食。于是余独访介泉于红楼,遇之。介泉谈解放后观感,甚感满意。一谈至六时,共饮于隆福寺街灶温饭店。且饮且谈,直至九时。今夕最为畅适。

三月廿四日(星期四)

上午,张云波、丁易、叶苍岑三位来访。彼辈皆在师大,丁易兼为军管会驻师大之代表,犹如吴辰伯之于清华也。

饭后二时,墨往怀仁堂,全国妇女代表大会今日开幕,渠往旁听。余与云彬、彬然至王府井凤凰厅听大鼓书。并非全系唱书,亦有杂耍,唱有三数人尚佳。到北京饭店晚餐。

出席文代筹备会,推定常务七人,余在内,加推筹备员六人,共三十七人。即此简单事,亦费二小时有余。

三月廿五日(星期五)

上午愈之来谈,颇广余之闻知。初晤李广田,握手甚欢。

午后一时半,六国饭店之大厅中举行茶会。初未知何事,及坐齐,始知中共中央今日迁来北平,毛先生与其诸同志将检阅军队,此间诸客谋有所表示。众决定出郊欢迎。于是驱车出西郊,抵飞机场,沿途戒备甚严,军队已排列于场周。

各界来集者无算。候至五点许,毛先生一行到达,军乐与口号齐作。少数代表与诸君握手,余不能一一记忆,唯周恩来为旧相识耳。于是诸君登车,绕场徐徐而行。所见军容军械甚盛,军械大多系国民党送来之美式装备也。

入城返寓已七时。街上售号外,报告此举。此诚意义深长之大事也。

附录：

《北上日记》小记

一九四九年是我国历史上极其重要的一年。那年年初，我离开上海，绕道香港到达解放区。现在把旅途中的日记抄出来，取个名称叫"北上日记"。

一九四八年十一月初，辽沈战役结束，就有许多民主人士和文化界人士陆续进入解放区，真像"涓泉归海"似的。香港成为当时的中转站，遇到的熟人有一百位左右，大多是受中国共产党的邀请，在那里等待进入解放区，参加政治协商会议的。跟我接头的记得是李正文，查一九四八年的日记却没有记载，可能是当时有意略去的。只十一月二日记了一句："杜守素来，谈近事，致远方意。"十二月二十日又有一句："觉农来，代远方致意。""远方"指中国共产党。同时被邀的有傅彬然，并且说墨林可以与我同行。登程的决心是将近年底下定的。

从香港同乘轮船北上的二十七人中，民主人士有柳亚子、陈叔通、马寅初、俞寰澄、张绚伯诸位老前辈，文化界人士有郑振铎、宋云彬、傅彬然、曹禺诸位老朋友，还有新相识的好多位，大多数都年过半百，可是兴奋的心情却还像青年。因为大家看得很清楚，中国即将出现一个崭新的局面，并且认为，这一回航海决非寻常的旅行，而是去参与一项极其伟大的工作。至于究竟是什么样的工作，应该怎样去做，自己能不能胜任，就我个人而言，当时是相当模糊的。同行的诸位决不会跟我一样，可惜后来没有机会细谈。现在大多数人已经作古，重温这一段往事，不免怅惘。为了以大团圆为结笔，日记抄到三月二十五日为止，那是旅程结束之后的第七天了。

1981 年 5 月 31 日作

篑 土 为 山 记

一九四九年

六月（十一日始，略去五天）

六月十一日（星期六）

午饭后，齐燕铭来访，言十五日始，开新政协筹备会，余被推为筹备员之一。余于此等事实非所习，参加时亦不过默然而听，因告以能免为佳。彼又言开会之次数不多，不必推辞云云。遂允之。

六月十二日（星期日）

二时半，在北京饭店参加筹备新政协之同组诸君开会。余之一组曰"文化界民主人士"，凡七人，雁冰、振铎、欧阳予倩、田汉、侯外庐、曾昭抡及余也。如是之单位凡二十三，人数凡一百三十四。闻知大会于十五日开幕，连开四日，然后将筹备各项交与秘书处执行。正式大会则定于八月中旬举行云。五时会毕。

六月十四日（星期二）

上午写一赠文代会之字屏，系会中所送。

午睡后至文代会会所，开常务委员会，至五时而毕。议定大会以本月三十日始，预计延续十天。出席代表五百人，可谓文艺界之大集会。

六月十五日（星期三）

十一时至雁冰所，集议结果，我们一组推出曾昭抡参加单位及名额之小组，侯外庐参加纲领之小组。即在北京饭店进午膳而归。

五点半，再至北京饭店。晚膳后，筹备代表共至中南海。会场在勤政殿，布置颇雅致。此会全名为"新政治协商会议筹备会"。诸人按指定位次入座，每单位集居一排。一百三十四代表而外，又有来宾数十人，刚好坐满。八时许开幕,毛泽东、朱德、李济深、沈钧儒、郭沫若、陈叔通、陈嘉庚七人以次讲话,皆不甚长,作用同于序文,中间休息十分钟,至十时过散会。初料今夕之会必将甚久,而简短若此,殊觉欣悦。

六月十六日(星期四)

午睡起来,即至北京饭店。与大群共至中南海,准三点半开全体大会,李济深任主席。讨论新政协筹备会条例,大体照草案通过。并推出常务委员二十一人。会以七时完毕。

六月十八日(星期六)

三时,至中南海,参加第二小组之会。第二小组主起草新政协组织条例,今日先交换意见,须开会四五次,历一个月之时间,方克完稿。六时散会。

六月十九日(星期日)

下午三时半,至中南海开全体大会,通过以后正式会议之参加单位凡四十有五,人数共五百有十。又加特别邀请之一单位,以容纳傅作义、张治中、邵力子等人。至六时半,决定休会若干时日,俟常务会及各小组工作完成,再行召开大会。于是至春藕斋聚餐,凡十有余席,餐后尚有娱乐晚会,演秧歌剧。余恐散场甚晏,径归。

六月廿一日(星期二)

晚餐后,余至文协会所,开筹备会常务会。大会期已近,筹备百端,余固无可尽力,然集会亦渐多矣。十时散。

六月廿三日(星期四)

晚饭后,偕墨至中南海怀仁堂,参加平剧晚会,系款待新政协筹备代表者。戏两出,一为谭富英之《空城计》,一为程砚秋之《锁麟囊》,皆平常,十二时散,颇倦矣。

六月廿四日(星期五)

上午九时至北京饭店,与谭平山周新民等四人讨论新政协组织条例之纲要,以便提出于小组会议,为讨论之依据。此会议论性质为统一战线或人民阵线,论作用相当于人民代表大会。政府由会议产生。会议与政府之关系不同于英美之议院,亦不同于苏联之苏维埃。究竟如何,尚待细论。十一时归。

六月廿五日（星期六）

午后至文协会所，开扩大常务会议，此次与会者至七百余人，主席团一百余人，可谓盛会。主席团之拟定，颇费斟酌。此是解放区之习惯，盖视此为一种荣誉也。晚饭而后归。

灯下写短文一则，谈文代会之感想，刊于《文艺报》。

六月廿六日（星期日）

晨至北京饭店。李维汉邀集教育界四十余人座谈，将发起教育工作者代表会议之筹备会。此四十余人即为原发起人，再行邀集若干人共同发起。自此会议须产生政协代表十五人，此十五人须于七月十五日前推出，故其事须赶紧才行。午饭后而归。

灯下仍作谈文代会之短文，系《光明日报》所嘱。

六月廿八日（星期二）

午后二时至北京饭店，开第二组全体会议。就廿四日商定之新政协组织条例提纲，逐一讨论。一致认定此新政协为暂代人民代表大会之机构，在人民代表大会召集之前，闭会期有常务委员会，代表资格仍旧存在，以便有需要时开第二次大会。末了推定起草者十一人，余亦在内，幸实际执笔者为周新民史良二人，待他们草成，各自签注意见而已。

唐弢偕柯灵来访，唐与文代会上海代表七十余人同来。既而巴金、辛笛、健吾、家璧四人来，即与云彬、彬然邀之往灶温小叙。诸友对于上海解放，颇多好感。

七时，至东总布胡同，开末次之全体筹备委员会，通过各代表团团长副团长人选，大会议程，主席团人选，全体代表人选等项。皆极费斟酌，而余则无所用心，默坐而已。此次通过而后，尚须通过于全体代表大会，乃为决定。会至一时始散，连坐六个钟头，腰背酸痛，夜不得好睡。

六月廿九日（星期三）

午后，至北京饭店。此次文代会，将各代表按地区分为十个代表团，我会有五人（余与乔峰、胡绳、云彬、孟超）俱在南方一团。此时全团集会，共谈参加大会之种种预备事项。五时散会。

六月三十日（星期四）

晨驱车至中南海，开文代会预备会。会场在怀仁堂。上海南京诸友一一晤面。八时半开会，通过种种名单与规章。主席团将近百人，余在内。饭后开主席团会，推出常务主席十七人，余不在内。

七月（略去五天）

七月一日（星期五）

林砺老作教育工作者代表会议缘起，嫌其芜杂无序，彬然嘱余为之改作。尽半日之力，居然完篇，不过一千五百言耳。

午刻，会中添菜设酒，祝中共二十八周年纪会。

毛泽东氏发表一文，《论人民民主专政》，甚明畅。

七月二日（星期六）

晨至怀仁堂。大会以八点四十分开。郭沫若之主席致辞如朗诵诗，义实平常。雁冰报告筹备经过。继之为来宾演说，朱总司令、董老以下有十数人，其姓名其言词不悉记。午后一时散。

胡绳来谈，共商旧国立编译馆要否由我会接收，我会即扩大如编译馆模样。今日遇陆定一，即提出此意。余于此固有兴趣，我人虽无长处，然知闻稍广，友朋颇多，为编译工作尽组织安排之力，则尚能胜任也。究竟如何，且待再商。

七月三日（星期日）

与胡绳灿然谈扩大我会之组织，拟名曰"编审局"，下分各处，编审各种教本而外，旁及社会教育用书及辞典字典年鉴地图等。

午后二时至北京饭店，开教代会议发起人会，讨论干事会所拟缘起、章程及预备邀请之发起人名单。缘起又有两处改动，遂文理不清。余主不用缘起，否则以教育人员而出此，令人齿冷。大家皆主张用，并有人谓此稿"四平八稳""平正无疵"。辩论结果，仍决由起草人修改。会以六时散，饭罢而归。

灯下将上午谈话之结果记下，亦算一份计划书也。

七月四日(星期一)

晨至怀仁堂,出席文代会。雁冰作报告,谈国统区之革命文艺活动,依据发布之印刷品而讲说,如教师讲课然。十二时散。

晚饭后,与彬然共同修改教代会缘起,历两点半钟而毕,就原意使之连贯,删成七百余言。迩来此种文字应用甚多,一般人似以为有之即可,不必深究。余则以为非通体完密,得体合理不可。喻此义者甚少也。

七月五日(星期二)

晚饭后至北京饭店,乘车至怀仁堂,赴七点半之会。缘纪念"七七",新政协筹备会将发一宣言,表明我国之立场。此稿已由常委会通过,周恩来即据此而为说明,以期齐一各方面之意见。谈三小时,自国内国际和平民主阵线说起,次及八年抗战三年解放战争,表明人民胜利之信心,最后及于外交方针。散归已十一点半。

七月六日(星期三)

午后二时,驱车至怀仁堂。周恩来向文代会代表作政治报告,一堂几满。渠自三十年历史讲起,历叙革命形势,至于今之大告成功。次叙此革命依靠农民、工人及民主人士之力量,其规模为前古所未有,文学工作者欲取材,舍此更无主源。

余听其辞未毕,与乔峰振铎先出,至北京饭店,应董老与薄一波聂荣臻之招宴。此宴为庆贺"七七",到者二百余人。董老与聂将军致辞,李济深亦发言。七时席散。后知周之讲话凡历六小时。

七月八日(星期五)

九时许,乘车冒雨至怀仁堂,开主席团全体会。讨论如何组织各个协会(如文学、美术、戏剧、电影等),如何定今后议程。预计十四日闭会,以今度之,非延长数日不可。饭后续会,一点半散。乘三轮车而归。密雨不停,恐将酿成水灾。

七月十一日(星期一)

午刻至玉华台,友人凡十三人欢迎王剑三。剑三别十余年矣,苍白殊甚,骤见之几乎不相识。为余道年来困顿情形。二时半散。

至出版委员会,应愈之之约。到者乔峰、胡绳、黄洛峰、华应申、丁华。缘将来政府成立,关于文教方面之部有教育、文化、新闻、出版四部。出版部设编审、出版两局。今之拟议,愈之殆将主持出版部,因约我人商量此两局之组织与人数。谈久之,组织大致规定,两局人数共五百余人。复谈可招致之人选,各就所知记出,亦不过二十许人耳。晚饭后复谈,至八点半散。送愈之往光明日报社,入内参观。愈之为总编辑,民盟之机关报也。留有顷,径归。

七月十四日(星期四)

傍晚,至御河桥二号,应华北党政军及以下各级机关之招邀。文代会代表全到。坐于露天,作鸡尾酒会形式。止叶剑英代表主人致辞,雁冰代表客人作答。饮葡萄酒。酒罢有歌舞数节,八时散。如此六七百人之大会餐,殊有兴趣。

七月十五日(星期五)

晨至北京饭店。南方第一代表团集会,选举联合会委员之候选人。将来文艺界之总会名为"中华全国文学艺术界联合会",有委员一百余人,须由此次代表大会选出。汇合各团之选票,得票多之一百五十人即为候选人。正式选举时即据此名单,但亦可选另外之人。

至六层楼,民盟在开被难烈士之纪念会。烈士凡六人,闻一多、李公朴、陶行知、杜斌丞、黄竞武、曾伟,其中陶行知实非被难者。听李维汉、李任潮、郭沫若、臧克家、王立明数人致辞,先出。

至美专校所,观文代会主办之艺术展览会。所收虽不齐全,而已为洋洋大观。未能细看,匆匆过目而已。

七月十六日(星期六)

午睡后,与诸同人驱车至怀仁堂,参加中苏友好协会之发起人大会。此会发动于出席和平大会代表团,由该团邀人发起,得六百余人,声势浩大。听沫若、朱总司令、周恩来、吴玉章四人之演说即出,以下尚有多人之说辞。

七月十七日(星期日)

晨至怀仁堂,投票选举文联全国委员。手续至郑重,每人于名单上选举八十七人。开票结果俟明日方知。及十一时,讨论提案,余即先归。

七月十八日(星期一)

午睡起来作短文一篇,谈全国教育工作者会议之基本任务。缘廿三日起将开筹备会,须出一会刊,诸筹备委员共对此题抒其所见。文仅七百字。

七月十九日(星期二)

晨至怀仁堂,出席文代会末次大会。郭沫若作大会总结。余未能听明白。发表选举结果,全国委员八十七人,余在其内。沫若作闭幕辞,有一语最可记,此次大会费用值小米三百万斤。于是散出,二十天之会遂告结束。余以出席甚少,所得无多。他人颇有谓大有收获者,大致知见之交流,自是此会最大意义。

酒后,与云彬至国民戏院观舞蹈会,招待文代会代表者。文代会开幕以来,每夕都有戏剧音乐舞蹈之会。余从未往观,今夕为第一次。十时散。

七月二十日(星期三)

午刻,至惠尔康,应振铎、辛笛、唐弢、柯灵之邀宴。他客多解放区中作家。二时散。

至北京饭店,开全国文协筹备会。筹备即此结束,二三日后,又须开全国代表大会矣。

七月廿一日(星期四)

傍晚,至北京饭店。中共中央宴请文代会全体代表。设席七十桌,两厅全满。七时散。

七月廿二日(星期五)

午睡起来,至协和礼堂,开教代筹备会议之预备会。为事甚简,一时许即散,可谓至短。

七月廿三日(星期六)

上午至协和礼堂,教代筹备会正式开幕。自九时至午后一时半,全为演讲。

三时至青年会,集筹备代表而为座谈会。东北代表董纯才谈东北教育情况,略有可听。董君即翻译伊林之著作者,现为东北教育部副部长。六时散。

七月廿四日(星期日)

上午至北池子高教会会所,开教代筹委会主席团会议。商议二事。一为筹委会之章程,二为常务委员之名单。其事本甚简单,而大家好深究细察,遂至于十二时始毕。所得结果,尚须分发全体筹委分组讨论,然后提出于大会。

七月廿五日(星期一)

晨偕乔峰胡绳至华北政府,列席其委员会扩大会议,盖全政府各部分之总会议,出席列席者殆将两百人。会期三天,余亦不能每日列席也。听董主席之总报告,晁部长之文教报告。返会午饭。

三时至北京饭店,统战部招待全体教代筹备委员。由李维汉作报告,说明此次筹备会议之速开,为将产生政协代表之故,五时散。

六时,华北高教会、华北教育部、北平教育局三机关宴教代全体筹备委员于东兴楼。凡十余席。

返会少休,复至北池子开主席团会议,根据各组讨论之意见,修改筹备会章程及常委名单。继复提出教育界政协代表之初步名单,请各组先加讨论,再为修正。今日之推选大都如是,所谓"民主集中"也。较之不先协商,径自投票,而实则出于私下运动者,自进步多多矣。十时归。

前日文协开成立会,选举全国委员,余未往。昨阅报,知余当选在内。

七月廿六日(星期二)

晨至协和礼堂,开教代筹备会大会。通过章程及常委名单。开会之事,主席大有关系,主席爽利,进行快速,主席黏滞,即便迟缓。今日成仿吾为主席,即此二事,讨论历三点多钟。

七月廿七日(星期三)

晨至协和礼堂,开教代筹备会大会。通过参加政协之代表名单,余在其内。继之摄影。继之到会代表发言。五人发言而午刻已至,遂停止。下半日尚有十余人发言,继之即闭幕,余未往出席。

傍晚至华北政府,会餐。合政府扩大会议出席者与教代筹备委员全体,一堂几满。七时半归。

七月廿八日(星期四)

九时至公园来今雨轩,文协全国委员会开首次之会。互选出常务委员二十一人,余不在内。又将大会通过之章程加以修润。十二时散。

八时,至北京饭店。全体教代筹备委员为茶会,周恩来作报告。其言涉及方面甚广。据谓除新疆青海西藏而外,半年之后,当可全获解放。台湾解放或须在一年之后。次言军事胜利,仅为初步,革命胜利,必须俟封建势力肃清,帝国主义势力全部排除之时。次言今日经济困难,一切皆出自农民,解放大城市而后,农民之负担益重。去秋统计,农民每人负担公粮小米八十斤,为其全年收入之百分之二十。今则将至百分之三十或四十。末言克服困难之三事:一、发展农村,二、精简节约,三、疏散城市人口。周君统筹全局,语重心长,深可钦佩。十一时散。

七月廿九日(星期五)

午后拟一说辞之纲要,后日应用。后日将邀集教代筹备委员之一部分人,谈论教科书之编撰问题。余以主催人身份,须得致发端辞也。

七月三十日(星期六)

上午取同人签注之意见,重行整理昨日所拟之讲辞提纲。

七月卅一日(星期日)

至留香饭店,晤上海来参加文代会之诸友。彼辈本以今日返沪,因大水没铁路,遂留滞数日。与巴金梅林谈较久。旧日文协取消,梅林需有服务之所,一时亦无由决定。十一时返。

午后二时,至女青年会,借其地开座谈会。到者二十余人。大致教育行政当局于教科书考虑已多,发言皆有着落。会至六点后始散。

八月(略去二十四天)

八月二日(星期二)

上午偕彬然文叔至华北教育部,参加其所召集之座谈会。出席者仍为教代筹备会之各地代表,意在交换经验,研讨教育上存在之问题。半天工夫,仅五六人发言耳。老解放区之人有一特点,即确能实事求是,不为高谈阔论。其视教育甚重,而困难正多,皆欲力求克服。下午续谈,余不复往。

八月七日（星期日）

上午与愈之胡绳茗于中山公园，谈成立编审局之种种准备。所难在请人殊难其选。愈之胡绳皆主从宽，余不甚以为然。谈至午后一时，进点心而散。

返寓小憩，至华北大学总部，开文字改革会发起人第二次会。定名为"中国文字改革协进会"。为全国组织，又是讨论章程、名单那一套，六时散。进晚餐而归。

八月十五日（星期一）

午后，与乔峰、胡绳、灿然至北京饭店，与陆部长、愈之、黄洛峰诸人谈将来出版署之规划。署中拟暂设编审、出版两局。编审局分教本、工具书、翻译、通俗书、杂志诸部分。杂志部分出月报与通俗画报二种，拟于十月一日出版。翻译部门有他处转来之俄文译者二十人，皆不甚高明，以石磐为之领导。所缺人手尚多，一时无从征集。谈至六时而散。

八月十八日（星期四）

晨与愈之在公园茗叙，系余所邀约。余告愈之以余之性习，骤改不可能，不改则不适应集体，教科书之事，亦以无能领导，难期有比较满意之成绩。希望得不在将来出版署范围之内，以求心安。愈之似亦理解余之心情，但无明确表示。

八月二十日（星期六）

与乔峰、胡绳、灿然商房屋之分配。同人渐增，办公处居住者须迁往宿舍，余家准备徙东四八条矣。墨今日买得写字桌、方桌及椅子，以备应用。余耽懒，住定一处，最怕搬动。今后若移八条，每日来回四次，颇以为累。

八月廿三日（星期二）

午后至东总布胡同十号，其地即将为将来编审出版之办事处。与陆部长及愈之诸人讨论出版资料杂志。决定定名为《新华月报》，下月初着手收集资料，十日发稿，二十日排齐，十月十日出版。愈之开创之力甚阔大，而看事容易，余所不能追随也。一谈至七点始散，疲劳殊甚。

八月廿八日（星期日）

晨早起，墨即整理器物，呼唤力夫，准备迁徙。余惮于杂乱，且不能下手，索性出外一天,以资逃避。至颉刚寓所,与畅谈半日,久未作如是长叙矣。午刻,独游中山公园……于是访介泉于红楼,傍晚,同至东安市场小饮,七时为别。至东四八条,墨已布置井井矣。

余家居北屋,三间,为全屋之精华。与其他房屋均不能比。因而显见其特殊,余往日之不欲居此,即以是故。地板,前后玻窗,有洗浴室,盖上等之家屋也。

九月（略去七天）

九月四日（星期日）

夜间高祖文来谈,知政协即将开幕,锣鼓渐渐敲起来矣。高助我编《进步青年》三期,甚可感激。第五期不日即可出版。此后移沪编辑,即可放心多矣。

九月五日（星期一）

午后二时,至华北大学,开文字改革会第四次发起人会。吴玉老致书于毛氏,告以文字改革之意见。毛氏请马夷老、沫若、雁冰三人审议之。三人以书复毛氏,谓新文字当须研究,尚未至推行阶段;研究以北方语之拉丁化为主,顾及方言,徒乱统一之步骤;至于目前之急要者,为审定若干简体字,以便易识易写。今日之会,即据此一书。大致无多更改。余猜此三人之书即代表毛氏之意见,盖平正通达之道,非好高骛远之论也。吴老本将于政协会议时提出议案,今日则谓此事殊可不必矣。会至七时散,一坐五小时,甚觉其疲。

九月六日（星期二）

五时半,至华文学校,为政协会议报到事,得会议之纪念章一枚。晤仲华铸成,皆今日方到者,系为参加政协,即住华文学校中。

九月七日（星期三）

元善、复亮等一批人来访,继之又有芸生、仲华、超构、铸成一批人来访。各方之友云集北平,此一月中将为最热闹之时期。

午后三时至北京饭店,听周恩来报告。一堂济济,凡四五百人,为政协代表及其他人士。周之报告分三点:一、关于各单位及人选之说明;二、关于政协组织之说明;三、关于政府组织之说明。人选取其有代表性,实现统一战线之策略。人数将有六百五六十人。政协组织将长期存在,即人民代表大会成立之后,此会仍有协商意见,调和各方之用。政府组织不同于旧民主,无所谓总统制与内阁制,而取民主集中之方式。其言甚扼要。六时半散。

九月八日(星期四)

午后三时,至北京饭店,与政协筹备会同单位之六人共同讨论共同纲领之草案。此共同纲领实为今后之约法,作用同与宪法。凡七章六十条,逐条诵读而推敲之。六时一刻完毕。

九月九日(星期五)

十时至勤政殿,参加小组,讨论共同纲领。凡已来平之政协代表俱以今日讨论此草案,共分二十小组。余之一组凡二十二人,以林伯渠为召集人。此方式余以为甚善。六百余人共聚一堂,必不能为详密之讨论,今于事先分组研究,然后综合各组之意见而为修订,可谓普及于人人,实比旧日开会方式进步多多。此新民主之民主集中大异于旧民主者也。全文至下午五点半讨论完毕。

中午在瀛台午饭,他组之人同在,约计有百余人。晤陈叔老,渠自沪重来后犹为初见,精神甚佳,饮食如壮年人,为之心喜。此次之代表,最高年者为萨镇冰(未到),九十二岁,而学生代表之最年轻者二十二岁,人喜谓此四世同堂也。

经过天安门,方在修刷城墙。门前之树木俱已拔去,许多工役方铺平地面,辟为广场,以供开群众大会。

九月十日(星期六)

午刻,偕云彬至欧美同学会,应张菊生先生招宴。余前在商务,未尝与张见面。此次张以参加政协来平,八十三岁之高龄,望之如六七十岁。同座皆与商务有关之人,宾主凡十六人。菊老言五十年前见光绪帝于勤政殿,又言戊戌政变时所谓新党人物,皆已作古,渠为鲁灵光矣。二时散。

九月十三日(星期二)

午睡醒来,仲华在彬然处谈话,少谈即分别。余至来今雨轩,文联邀文艺界出席政协之代表及东北参观归来之会员开座谈会。夏衍谈上海解放后之情况。荃麟谈香港文艺界情况。黄药眠谈东北之观感。荒煤谈华中文艺活动未见开展。刘白羽谈军队文艺工作。皆有可听。六时散。

九月十四日（星期三）

午后二时至北京饭店，又参加共同纲领之小组讨论。所据草案系经过讨论而加以修改者。余前已参加讨论两次，今为第三次。前日昨日教育工作者之小组讨论，余应参加而贪懒未往。否则今日为第四次矣。如此反复商论，由分而合，合而复分，实足包纳众意，期于尽善。是深可称道者也。讨论至五时半而毕，亦仍颇有修正意见。

九月十五日（星期四）

午后又至北京饭店，出席政协筹备会起草政协组织条例之小组会。听谭平山报告组织条例起草经过，现已定稿。知筹备会全体会将于后日重开。经此一会，不久即可开正式会矣。四时归。

九月十七日（星期六）

下午三时，至勤政殿，开政协筹备会全体会议。通过各小组所拟政协组织法、政府组织法及共同纲领，即可提交将来之正式会议。又通过大会主席团名单，凡八十余人。据报告，此次参加大会者凡六百六十一人，至今日为止，已在平者有六百三十五人矣。何日开大会，俟筹备会常委会决定。会以五时毕，可谓迅速，出乎意料。全体筹备代表于勤政殿门前合摄一影，于是至瀛台会餐。八时至怀仁堂看戏，全体政协代表俱到。戏为程砚秋之《红拂传》，袁世海李少春之《野猪林》，以一时散。竟夜未得好睡。

九月十八日（星期日）

晁哲甫来访。渠任新立之平原省省主席，今来参加政协，与余同为教育工作者会议筹备会之代表。

六时至北京饭店。华北人民政府及各党派各团体之北平分支机构凡二十单位为主人，宴请全体政协代表。六七百人挤坐两个餐厅进西餐，殆为空前盛会。余与家宝为邻座，共饮葡萄酒甚畅。八时散。

九月十九日（星期一）

午后至华文学校，参加教育单位同人之座谈会，讨论政协、政府两个组织法。诸人无多意见,就条文研摩而已。五时散。

九月廿一日(星期三)

九时至华文学校,与教育单位之诸君集会。戴白韬报告关于出席会议应注意之琐事。其次讨论本单位首席代表在大会中发言之内容。各单位皆须发言,发言分三日,计五十四人。教育单位之首席代表则成仿吾也。

六时二十分,驱车至怀仁堂,参加人民政协会议之开幕式。此会场经过改造,有桌可凭,有圈椅可靠,较之前此舒适多矣。墙上粉刷简单而明快。台上悬孙中山与毛泽东画像。中间挂政协之会徽。乐声时作,场外鸣礼炮,全体鼓掌,会遂开幕。先为毛氏致开幕辞,继之,刘少奇、宋庆龄、何香凝、张澜、高岗、陈毅、黄炎培、李立三、赛福鼎、张治中、程潜、司徒美堂十二人相继讲话,历二小时有余。其中赛福鼎为新疆人,所讲殆是维吾尔话,有人翻译。司徒美堂八十三高龄,所讲为广东话,亦有人翻译。以内容言,自以毛氏之言为充实,次之则刘少奇、宋庆龄二人亦有意义。

开会未久,外面起大雷雨,电灯曾熄灭少时。散会时为十点半,雨已止。门外积水,上车须等候,到家将十二时矣。

九月廿二日(星期四)

下午三时,至怀仁堂参加全体会议。林伯渠报告政协发起与筹备之经过。谭平山报告起草政协组织法经过。董必武报告起草政府组织法经过。周恩来报告起草共同纲领经过。六点半散。

九月廿三日(星期五)

上午至北京饭店参加小组,讨论国旗、国都、纪年之问题。国旗系公开征求,应征者甚众,选出三十余幅,彩印分发与全体代表,于今日分组讨论。余之一组之意见,多数赞同首数幅,即红旗上缀一黄星,又加一条黄条纹者。黄条纹象征黄河,示我国文化发源于黄河流域,为我国之特征。究竟采用何式,尚待综合各组意见,反复详究而后定。至于国都,一致赞同定于北平,改北平之名为北京。纪年则一致赞同用公元。

下午三时,仍至怀仁堂参加全体会议。今日为各单位首席代表发言,凡十八人。其演辞均分发,发言者照诵一过。六时散会。

九月廿四日(星期六)

下午仍至怀仁堂。今日发言者多至二十二人,大多为相同之敷陈。回族献毛主席便帽毛帽各一,又披肩一袭。毛当众穿戴,全场鼓掌。散会已七时。

九月廿五日(星期日)

上午九时至北京饭店,参加政协组织法草案整理委员会。盖取各组各个人之书面修正意见汇集而整理之,以俟提出大会,顺利通过。诸人议论甚多,至午后一时始散。

三时,仍至怀仁堂,开第五天之大会,今日发言者二十人。六点半散。

驱车至东总布胡同十号,应愈之之邀谈。政府即将成立,愈之殆将为出版总署之署长。署设两局,编审局与出版局。编审局中,愈之兼局长,余与胡绳副之。局分教本、一般读物、通俗读物、时事读物、翻译等处,而以余长教本处。其他各处,大多有所拟定,而其下人手缺乏,皆将成光杆。群言努力找人,有人即提出,而结果仍以他日再商了事。十时散。

九月廿六日(星期一)

今日政协休会。夜间有晚会,演歌剧。余惮其劳,未往观。

九月廿七日(星期二)

下午三点,仍至怀仁堂开大会。发言者多至二十五人,完毕已六时。于是讨论政协组织法、中央人民政府组织法两草案,于小节颇有商讨,然后全体通过,鼓掌历数分钟。继之讨论国都,决定北京。纪年,决用公元。国旗,决用五星红旗。五星一大四小,均在四分之一之部分内,四星集向大星,确比前次小组讨论者为好看。国歌,决以《义勇军进行曲》暂代。至于国名,两个文件内皆明书"中华人民共和国",大家不赞同用"中华民国"为简称。以"中华民国"与"中华人民共和国"绝非同物也。此诸决议通过,复大鼓掌。此确是一大事件,值得永远纪念。

九月廿八日(星期三)

上午拟作一简短之讲稿,应新华广播电台之招。彼嘱谈参加大会之感想,而殊不易下笔。

饭后,至华文学校,与教育单位同人往王府井拍照,全体共拍一帧,各人独拍一帧,将刊入政协纪念册也。他单位亦在拍照,等候至两小时。

仍至华文学校,即晚餐。食毕全组开会,讨论主席团所提出之政协全国委员会之名单及中央政府委员会名单,备明日通过于大会者。全国委员多至一百八十余人,政府委员亦五十余人。教育单位对此二名单无意见。余之名与成仿吾林砺儒同在全国委员之中。散会已八时半。今日政协休会,而复有此小会。

回家后,作广播演辞,得八百字光景,入睡已十二时过。余从毛氏所谓"中国人民站起来了"发挥,谓以后必将涌起爱国主义之高潮,因为一切都属于人民自己所有。此意殆未经人说过。

九月廿九日(星期四)

上午九时,新华电台派胡若木君来迎。墨为余抄演辞方毕,即携赴电台,录音于蜡片。录毕开放一遍,余听之殊不类自己之声音。国语当然不好,而段落语气尚清楚。据胡君谓自己听往往觉其不像,而录音之结果,音色必有若干变动也。

返会,戴白韬以电话来招,遂往华文。仍讨论两个委员会之名单。主席团于人数又有增加。讨论结果,无甚意见。继讨论起草委员会所拟大会之宣言。原稿殊无力量,余之单位于词句略有拟改,仍不见佳。且俟综合讨论后再定。

午后三时,仍至怀仁堂开大会。共同纲领照原草案通过。此为重大事件,今后之立国原则与设施要点,俱在此中也。继之讨论提案。通过数案中最重要者为通告联合国,国民党之代表已不能代表我国,联合国一切决议,在新中国代表未参加之前,我国不负任何责任。五点三刻散会。明日尚有一次大会。

十时,自收音机中听黑人歌唱家罗勃生所唱我国之《义勇军进行曲》录音。甚沉着有力,发音成调均合。据闻此君歌唱之前,请人讲解其意义,体会已久,始录此音。

九月三十日(星期五)

晨作一谈话稿,应《进步日报》记者之约。

十时至华文,开小组会,仍讨论两个委员会之名单。政协全国委员增至一百九十余人。政府委员会主席一人,副主席六人,委员五十六人。我之一组无意见。

下午,仍至怀仁堂开会。先选举全国委员。以候选人一百八十人之整个名单一次举手通过。尚留空额十八名,俟将来需要时再补。次选正副主席及政府委员,系无记名票选。票即候选人之名单,投票人于其不同意之人可以划去其名而另易他人,亦可划去而不补书。

投票毕,讨论宣言稿。已与昨日所见者有异,又经修改矣,大致皆三个文件中重要语句,文尚可诵。一致通过。继之通过建立百余年来为国牺牲之英雄之纪念碑,即以政协全体会议名义于今日奠基,地点在天安门前,广场之正中。于是全体代表驱车至其地,行简单之仪式,为时约十余分钟。

返会场不多时,开票已结束。毛泽东当选为主席,朱德、刘少奇、宋庆龄、李济深、张澜、高岗六人当选为副主席,此外政府委员五十六人不悉记。一时鼓掌高呼,情至热烈。于是朱总司令致闭幕辞,乐队奏国歌,散会。

政协会议至此乃圆满完毕。全体代表齐赴北京饭店会餐。回家已十点矣。

十月（止于一日）

十月一日（星期六）

清晨至会中,主持升旗礼。大殿前原有一旗杆,全体同人东向立,唱国歌,注视国旗上升。余致词,即以前日录音之稿口讲一遍,似尚动听。全体合拍一照片,墨适以伤风头胀,未来参加。

十时半,驱车至车站,欢迎苏联来之代表团。缘明后两日世界拥护和平大会中国分会将开成立会,苏联特派代表团四十余人来参加,以作家法捷耶夫与西蒙诺夫为团长。据云如此之代表团尚为少有,不可不热烈欢迎。十一时,火车到站,乐声欢呼声大作。代表团下车,欢迎者围之数重,主客演说,互为翻译。余退至外围,与望道闲谈。既散,至北京饭店,在雁冰室中憩坐。

今日天安门及东西长安街断绝交通,因开庆祝大会故。候检阅之军队以昨夜进城，歇于东长安街两旁。参加各单位八时即出发，各按指定地点就位。此为余凭栏之所见。

二时半，驱车至天安门后，登门楼，凡政府委员及政协代表皆登楼。凭栏而望，群众之盛，红旗之密，颇有壮观。据人云，此广场比莫斯科之红场更大也。

三时开会，升国旗，鸣礼炮，奏国歌。于是主席副主席政府委员就职，主席发布公告国内外之文件。继之阅兵。有海军陆战队，又有飞机飞空，海陆空俱备矣。阅兵历两点半钟。继之群众队伍游行，自五桥前分左右而行。所携之纸灯皆点燃，或则持火炬，殊为大观。五彩高射花炮齐发，亦殊可观。如此场面，如此意义之盛事，诚为生平罕觏。

群众行两时许，尚有三分之一未动。遂归，到家方九时。估计今日到场之人数当有十五万云。

元善随余归，即共饮。大家兴奋，饮甚欢畅。云彬言可作文记之。余谓文字之用有限度，如此之光景，唯有五彩电影可以摄其全貌与精神，文字必不能也。

出版总署的五年(上)

一九四九年

十月(二日始,略去四天)

十月二日(星期日)

晚七时半,至东总布胡同,参加新华书店工作会议之主席团会谈。前此未久,愈之被任为新华书店之总编辑,余与胡绳为副总编辑,实即将来编审局之底子。以故其处开会议,余需参加,而列入主席团。所谈为明日开幕式之程序,及会期之安排。此会须开十余日,亦复不小,余则闻而皱眉矣。十时归。

十月三日(星期一)

晨驱车至东总布胡同。九时半,开幕式开始。朱总司令、陆定一、雁冰、云彬、沈衡老、赵树理及余相继演说。……会以一时毕,全体照相。此次参加者一百余人,皆来自各地之新华书店,编辑、印刷、发行之人员都有。此次之会,除讨论此数项外,尚有一项,即如何使之企业化也。全体会餐,举杯屡屡。餐毕,观陈列之展览室,遂归。

十月四日(星期二)

晨间会中少数同人会谈一小时,遂至东总布胡同,参加工作会议第二日之会。今日之节目为陆部长之政治报告。分三段,一为国际现状,二为国内现状,三为出版事业如何与现况配合,有可听者。午后零时三十分散。

十月五日(星期三)

上下午俱在会中,亦未作何事,仅为教育部看民众读本第三册半册而已。

晚七时,会中同人咸集,由余与乔峰、云彬、胡绳谈参加政协情形及三个文件之要点。关于三个文件,各机关须普遍学习,此发其端耳。

十月六日（星期四）

上午，重行审订中小学语文课程标准。会谈者五人，文叔、云彬、蠖生、仲仁及余。决以所谈结果，修改初稿，予以发表，发表之时不名"草案"，而曰"课程标准初步意见"，以征各方面之反应。

下午，语文组全体开会，今有十三人矣。就业务方面漫谈，及于分配工作。

十月七日（星期五）

上午审查小学课程标准总纲草案，与文叔、灿然、仲仁、彬然、智贤五人共谈。此草案系仲仁所拟，大家加以修正，将据修正意见重行写定，以初步意见名义发表之。

饭后，偕雪村至来今雨轩，参加出版委员会召集之在京出版界茶话会。各家均到会，又有新华书店各地区之工作人员，凡百余人，可谓盛会。余首为演说，言统一战线之意义，强调公私出版业之团结。继余发言者十余人，大致相同。愈之最后演说，于将来出版事业之通盘筹划，作原则性之提示。渠将任出版总署署长，虽尚未发表，而今日之言，即处于署长地位而为宣布。五时半散会。此后必将成立全国出版工作者协会，盖事实上确有此需要也。

十月八日（星期六）

上午审查中学课程标准总纲草案，除昨日数人外，加入乔峰与蠖生。此草案系智贤所拟。究论甚详，十二时半始毕事。

十月十日（星期一）

上午在会中未作何事，仅商量杂务……午后一时，至协和礼堂，开文字改革协会成立大会。到者才六七十人……讲话者七八人，皆不甚坏。继之通过章程及理事名单，余在理事之内。六时散会，稍感困疲。

十月十一日（星期二）

上午参加出版会议，黄洛峰言进行会议之步骤与主要点。余与胡绳报告委员会之情况。

十二点三刻完毕。至玉华台应中宣部陆定一徐特老之邀宴。其意在宴请张菊老，陪坐者商务旧同人及中宣部与出版委员会之同人，凡两席。

十月十二日（星期三）

上午与少数同人集谈，商如何培植新同人，分配以工作。余于此殊无办法，前在开明，系无为而治。今日谈一小时，亦不得要领。至东总布胡同，参加出版组之小组会议。讨论新华书店与三联书店之分工，余皆不能置词，听听而已。

下午，集数人通读仲仁所改小学课程标准总纲，历三小时。

十月十三日（星期四）

竟日治杂事，不成片断之工作。以后恐将永远如是矣。

十月十四日（星期五）

上午改定两份课程标准总纲。

三时许，达君均正来访。二君以今日到京，达君将在京设办事处，均正则探听出版界之前途情景，不久仍须返沪。

十月十五日（星期六）

傍晚，觉农来。达君均正出游归来。而农祥亦秀及孙国豪后至，最后则芷芬来。燕饮历两小时半。觉农彬然均正达君共谈开明事，商如何改为公私合营。余于此无意见，旁听而已。

十月十六日（星期日）

成仿吾送来政务院各部署主持人之初步名单，请提意见，俾政府委员会作最后决定。余名在出版总署，与乔峰同为愈之之副。他们何以提及余，不之知。余实怕尸其名。就实际而言，余岂能助理全国出版事业之大计乎。唯提出余不愿为，亦殊啰唆。葛志成旋来，将名单取去，转示教育单位之同人。

十二时，至玉华台，应张菊老之邀宴。同被请者为愈之、洛峰、伯昕、雪村，此外则陈叔老与商务京馆之二位。……三时散，与雪村愈之至愈之之寓所，谈出版界事。雪村主将来出版界可以合并发行，又言开明最好能趋入于公私合营之途。坐一时许，雪村自归。

六时，重至玉华台，应《学习》杂志编委会之招宴。《学习》杂志系三联所出，胡绳为其重要台柱，近方出第二期。文章偏重于马列主义之宣扬，正投时尚，销路颇广。一般读者责望甚深，编者遂觉负荷綦重，非更要求精严认真不可，遂邀集友朋,为此燕集。到者卅余人。食罢座谈,商如何支持此志。余与此道无所知,固不能赘一词也。

十月十七日(星期一)

竟日治杂事,修改余所拟之中学语文课程标准,依据前此众人公商之意见。

十月十八日(星期二)

午后二时,偕乔峰至东总布胡同。候一小时许而开会。今日之会为大会,通过决议案,决议案之起草,系按小组会议讨论之结果。六时许,全体代表入中南海,见毛主席于颐年堂。毛主席与诸人一一握手。余等数人顺便访胡乔木,坐亦半时许。会尚须续开,余不复往,径归。

十月十九日(星期三)

会中四个学习小组之组长作汇报,历两小时。……下午三时仍至东总布胡同,参加出版工作会议之闭幕式。来宾讲话者甚多。末了陆定一致闭幕辞,勉新华工作人员以五点:一、无条件的为人民服务,二、尤其重要为工农兵服务,三、内部统一,四、与同业团结,五、加强学习,为革命的出版工作者。其语甚切实。

十月二十日(星期四)

上午九时,至华北大学,开文字改革协会理事会。至三十余人。诸人发言,多主张拼音文字用北方拉丁化方案为基础,而加以改进。……末了选举常务理事二十五人,余在其内。

十二时散,至东安市场润明楼,与达君、均正、愈之、觉农、振铎诸人会餐,商开明问题。达君、均正表示开明最好改为公私合营,编辑与发行均可以相通。愈之言此事可考虑,而其基础须在开明之自愿。达君言当先经董事会讨论,再提出于股东会,乃可作决定,手续亦合法。三时散。

今日报章载政府委员会所通过之政府各机构负责人名单,愈之为出版总署署长,余与乔峰副之,如前此所见之草案。负其名固不费事,而尽其职则甚难,将如何尽责,目前尚茫然也。

十月廿一日（星期五）

上午开语文组组会，历半日。杜子勤识解颇强，蒋仲仁精密而有条理，皆为组中能手。一组连助理已有十一人，不为少矣。

十月廿二日（星期六）

九时至东总布胡同，与愈之、胡绳、洛峰、伯昕诸君谈出版总署之成立问题。各部署皆未安排就绪，出版署较有准备。然期于十一月一日成立，恐亦不易。出版署下设三局，编审局、翻译局、出版局。人均不敷，房屋亦嫌少。谈至午刻而止，下星期再正式会商。

十月廿四日（星期一）

上午至东总布胡同，谈总署布置事。仅决定以沈志远任翻译局局长，沈且亦列席会谈。此外则愈之复述星期六所谈，无何重要商定。饭后返会中，与乔峰、胡绳、灿然商编审局人事布置。局下拟分四处，教科书处以蠖生、云彬主之，一般书处以彬然、文叔主之，通俗书处以曹伯韩主之，时事书处以王子野主之，皆未决定，尚待共商。

建功来，与语文组同人共读高小语文第二册课文，仅十余篇，已至日暮。

十月廿五日（星期二）

下午作成《国旗歌》一首，插入高小语文第一册。人民共和国业已成立，课本中无所表现，亦说不过去也。为此之故，初小语文八册且须重行排版。

大中国书局三位来，言高小地理中地图太不成样子，愿意为之重绘。其意甚可感，即决定重绘。然因重绘，重排之篇页亦不少矣。

十月廿七日（星期四）

九时至东总布胡同，开总署成立之筹备会。办公厅与三局之负责人大体拟定，总署之条例亦商定，均待送政务院批准。饭罢返会中，与灿然晓先商如何建立文书制度，简要而切用。托晓先拟其条例。

看同人修改之小学语文两本，教育部送来之农民读本第四册一本。

十月廿八日（星期五）

改文叔所撰高小语文课文。渠以十月一日开国大典为题材，此题未易写，写来殊呆板。

饭后,讨论朱智贤所撰《教育学》之第一章。邀外间十余人,而到者止方与岩、董渭川二人。自己人六位参加。新的教育学不易写,诸人评语,俱言政治观点不够。

十月廿九日(星期六)

晨间商谈重行调整办公室。我会于东邻郭宅租得北屋七间,补充办公室之用,而仍只能容编审局之两处。

晓先所拟文书管理条例数条,共商一次,拟即试行,如有未妥,再谋修改。续改文叔所为课文。

十月卅一日(星期一)

上午至东总布胡同,为明日总署成立之筹备会议。又将组织条例讨论一次,各局人员之配备讨论一次。

十一月(略去二天)

十一月一日(星期二)

晨到会,观新租七间之办公室,其地静僻,晴日一窗,颇为舒适。……晓先为余作对外复书,墨亦襄助其事,觉治事颇有轨道。改文叔所为课文一篇。

三时,至东总布胡同,为出版总署成立之会,先拍照,继之开会。愈之宣布组织条例,略为讨论。余与乔峰为副署长,均有致辞。到者仅二十余人耳。五时一刻散,继之聚餐,饮谈甚欢,七时归。

十一月二日(星期三)

晨至东总布胡同,开《新华月报》编辑会议。"月报"筹备于九月初,预定十月上旬出版,而工作计划未周,至今尚未能出版,须至本月中旬方出。全书三百余页,六十余万言。第二期定十二月十五日出,须期准期。此事将归编审局第三处(时事读物)主持也。

饭后二时,至文教委员会,开首次工作会议。文教委员会有两种会议,一为全体委员会议,一为工作会议。工作会议由主任副主任办公厅主任及所属部院之正副长组成之。文教会之主任为沫若。副主任有数人，今日到者为陆定一与陈伯达。办公厅主任为乔木。余则文化部副部长周扬，教育部副部长钱俊瑞，卫生部部长李德全及副部长某君，科学院院长沫若，新闻总署乔木与范长江萨空了三人，出版总署愈之乔峰与余三人。讨论者为各机构之组织系统表及局级人选。在工作会议通过，然后送交国务院，由政府委员会批准。六时半散。

十一月三日（星期四）

再行讨论文书制度，据晓先所拟章程，略加修改。下午作诗歌一篇，补入高小语文第三册，其题为《咱们的新国家》。

十一月四日（星期五）

上下午俱治杂事，无可记之工作。建功来，讨论高小课文数篇，即去。

十一月五日（星期六）

九时至东总布，开署中第一次工作汇报。谈及各局须于本月内成立，先为筹备，定其工作条例与工作计划，并及房屋、人事种种问题。

冯宾符到京，入夜来访。其《世界知识》与《翻译》杂志将移京出版，其出版社或将公私合营。

十一月六日（星期日）

六时，蒋石舟邀饮于泰丰楼，同座雪山、薛迪畅、云彬。谈以大东之小学算术供应华北事。

十一月七日（星期一）

晨至东总布，谈全署各局准备工作计划，并及预备招致之人员名单。午后与同人商杂事。

入夜，复至泰丰楼，应联营书店北京分店之招宴。是店初开，设宴谢致贺之人，并欢送赴东北参观之上海同业代表。凡五席，皆是熟友，甚为欢洽。八点半散。

十一月八日（星期二）

上午在会中开成立编审局之筹备会，讨论组织机构，至于年底之工作计划等项。午后至东总布胡同，开署中之汇报会，略谈各局所订之工作计划，以及人员进用条例。

三点半至文教委,周总理来会,与各部署负责者商各部署之组织条例。一谈至八点半始完毕,在会中吃夜饭而后归。

十一月九日(星期三)

上午至东总布,仍会商杂务。须作明年整年之计划与预算。

饭毕返会,看郭地所编《革命故事集》。此将代替政治课本者,而内容与文字均平常,殊觉不好意思拿出去。

十一月十日(星期四)

上午仍至东总布汇报。饭后到会,续看《革命故事集》。忽然肝阳上升,头昏,恶心,卧于沙发半时许,稍已。五点回家,即就睡,不复饮酒食饭。

十一月十一日(星期五)

上午仍至东总布,开署务会议。

至美决入翻译局工作,今日与沈志远接头,自下星期始每日到局。此局将多译俄文书,俄文译员有十数人,程度均不见高。英文翻译仅三四人,可翻之书甚少,不知至美可任何事也。

午后二时至教育部,晤柳湜程今吾二君。二君任事于视导司,余与谈明春教科书之选定问题。教科书自当由教育部主其事,今后须时常彼此联络。谈一小时而归。

十一月十二日(星期六)

看《革命故事集》。建功来,共读语文课本教材。

十一月十三日(星期日)

午后,续看文叔所为课文,又看云彬所为课文。

十一月十四日(星期一)

上午看晓先所为高小历史第四册稿。柳湜、程今吾、方与岩来谈教科书事,留之午饭。午后仍看诸人所为教本稿。

十一月十五日(星期二)

上午至东总布,为汇报例会,谈杂事甚多。进午饭而返会,看《革命故事集》

数篇。

十一月十六日（星期三）

饭毕，驱车至东总布，文教委诸负责人来我署，一面参观，一面听取我署之情况与计划之报告。至六时始散。

十一月十七日（星期四）

看同人所编稿数篇。下午，与第一处诸君会谈，对于明年教科书方面编撰工作，作初步拟订。

十一月十八日（星期五）

上午至东总布，开署务会议。下午，在局中开全局会议，讨论四处明年工作计划之初拟。五时半散。……夜间，余发烧，旋汗出热退，不知其何因也。

十一月十九日（星期六）

上午在会中看武行生所编高小政治课本。饭后，在家休息。托云彬开一汤头，服之。

十一月廿一日（星期一）

晨到局有顷，偕乔峰至卫生部，庆贺其部之成立。……其部址为清摄政王府，殊广大。十一时开会，无非诸人讲话。……余与乔峰皆就出版方面立言，勉作数语。

十一月廿二日（星期二）

九时至东总布，开署务会议，谈各局预拟明年之工作计划。我编审局拟明年出书二千余万言，翻译局则不满千万言，愈之均嫌其少，以为须扩大。渠谓明年总须恢复抗日战争前之出版总量，后此更求增高，乃可以配合文化建设之高潮。结论为各局再谋扩充，星期五再谈。

饭后返会，续看《革命故事集》之稿。

十一月廿三日（星期三）

上午建功来，讨论课文数篇。二时，局中开会，讨论扩大明年之计划。

三时，余与乔峰退出，至政务院，参加周总理召集之会议。所谈为文教部分六单位之下一级人选，即局长司长等。皆照前此所拟通过，大致不久即可发表矣。六时散。夜间又发烧,殆是疲劳之故。

十一月廿五日(星期五)

上午到东总布,仍讨论明年之工作计划与预算。又决定编审、翻译、出版三局于下月一日同时成立,合开一会,以期省便。

下午返局,写复信数封,看武行生所为高小政治课本数篇。

十一月廿六日(星期六)

上午续看政治课本。

十一月廿七日(星期日)

十时,与云彬至团城,应振铎之招,谈整理旧文学,准备出版。其会议室居高临下,北眺北海公园,为景殊胜。到者皆各大学文学院教授,凡十七八人。结论无非就水浒、红楼、西游及乐府、杂剧加以整理,注其名物训诂,重为刊行。余私意其事不难为,而求其有价值则甚难,虽不敢扫人之兴,亦不存大希望也。一时半会餐,饮酒适量。酒后复闲谈,至三时而毕。

十一月廿八日(星期一)

竟日在局中治杂事,看蠖生所为近代史教本稿。

十一月廿九日(星期二)

上午在局改文叔所为课文二篇。

午后,偕乔峰灿然驱车出阜成门,至新华印刷厂,参加其工会之成立会。先参观各工作部门一周。此厂原为正中书局印刷厂,北京将解放时,纵火焚烧,口字形之主要厂房全毁,机件材料损失无算。四月间,出版委员会整理残余,重复开工,至今有工人六百余人矣。工人来源不一,政治与技术互有高下。三时后开会,无非演讲,余亦略致数语。六时散。

达君已为开明购屋一所于赵家楼,值布二百匹。今时房屋买卖,俱以布匹为单位矣。

十一月三十日(星期三)

上午在东总布汇报。议定依政务院通知,以上午八时至下午六时为工作及学习时间,此外时间皆任各人自由。……又议各局原定于明日成立,今以各局负责人尚未经正式任命,暂缓举行集会。内部则各局以明日为始,作为成立矣。又修订总署明年之工作计划及预算,预算额为八千万斤小米。

一点半返局,改蠖生之历史教本,仅十余页。

余于工作时间之延长,学习之必须领导而又领导不来,出版署责任之重,编审工作之难以作好,一时纷集于胸,颇思脱去此公务机关。墨劝之,谓不宜如是。余思竟尔离去,诚令人觉其怪,然余实不习此也。

十二月(略去五天)

十二月一日(星期四)

黎明即起,冒晨雾到局。改云彬所撰课文一篇,改蠖生之历史稿本约二十页。

十二月二日(星期五)

九时至东总布,专谈对上海出版界参观团谈话之要点,盖今日下午招待他们也。他们提出若干问题,如分工合作,纸张供应,出书标准等,希望出版署指示。而我们所能回答者,唯有若干原则性之意见耳。饭后一时半,上海诸君齐来,各出版家多仅一人,中华二人,而开明多至五人,洗、珊、达、芷芬、士敤也。先由愈之致辞,继请出版界各位发言。余略谈编辑方面事,言之未畅。会以五时半散。

六时半至勤政殿。中央人民政府委员会开第四次会议,我们被邀旁听。被邀旁听者甚众,有百数十人。今夕主要讨论明年之概算及发行公债事。……毛主席则谓前途确有困难,但是有办法,有希望。经少数人发言,即一致通过。此为一件大事,值得记也。

十二月四日(星期日)

午前,卢文迪蔡同庆二位来访,谈中华书局之编辑方针。余实无可回答,实亦不应由我们规定也。

十二月五日(星期一)

清晨到局,途无三轮。积雪结冰,滑甚难行,与墨缓步而进,至觉吃力。写局中壁报文字一短篇。

十一时,与愈之乔峰至中南海春藕斋,与文教各部署同人会晤华东、中南、东北之重要当局,三位皆能才,处理各事,深得其要。不多更张,先求了解,了解而后定办法。余闻之皆叹服。会以下午三时半散。

十二月六日(星期二)

上午,第一处开处务会议,余往参加。处中现分语文、史地、教育三组,各为报告。明年拟编小学中学语文课本全部,人手不敷,工作非易,虽经商讨,无具体结果也。

十二月七日(星期三)

上午至东总布,汇报至午后一时。

灿然将以明日参加华东工作团动身往南京,接收各机关,乘便往上海。余介其访伯祥予同,并物色可用之人。

十二月八日(星期四)

在局治杂事。下午,与少数同人会谈,讨论着手编定初中语文课本之目录,及如何拟定大学国文古典文之部之目录,以与北大清华两校同人共商。

夜间,洗翁来谈,言与愈之接头,开明改为公私合营,原则上无问题,细节尚须详商。

十二月九日(星期五)

九点至东总布,开始所谓联合办公。谈我署与各机关会商编译工作之准备,及接受各机关稿件之办法。又谈编撰《共同纲领浅释》之编例。其他杂事尚多。四时返局。

十二月十日(星期六)

八至九时,乔峰为同人讲李森科学说之大概,此为业务学习,以后每周举行一次。

午刻至玉华台,由总署宴请上海出版界同人,凡三席,摄影而散。

十二月十一日(星期日)

竟日未出,来客颇多,不悉记。君匋来谈一时许,亦询出版方针。上海华文印刷厂主陆桢祥来,谓拟来京设装订作。

十二月十二日(星期一)

竟日在局治事。

夜七时,至总署,有同人廿一人加入青年团,举行宣誓仪式。已入团者及其他同人多与会,坐满一堂。余致词十余分钟,复听胡绳之演说,即先归。

十二月十三日(星期二)

上午,至总署联合办公。略谈薪给标准,并作后日参加各机关编译工作座谈会之准备。

十二月十五日(星期四)

上午在局中治事。午后二时,到文教会,参加政府各机关及北京人民团体之编译工作座谈会。陆定一所召集。其意在介绍出版总署于各个机关团体,期望彼此联络,务使出版各种书刊勿偏勿缺,渐入于计划化之途。总署则以可能之出版发行力量告众人,在此范围之内,可接受交来之书稿。会以六时散。

十二月十六日(星期五)

至总署。今日雪村始来加入工作,名义为办公厅计划处专员。与愈之谈署中事,约两小时。饭后返局,看稿数种。

十二月十七日(星期六)

为市妇联修润所编之妇女课本。

十二月十九日(星期一)

续改妇女课本,毕,即送还市妇联。下午,观新出之《新华月报》第二期。审稿一种。

十二月二十日(星期二)

上午至总署,名曰办公,实则谈话,谈亦非言不及义,但于业务进展亦无多助。

叔湘来信,盖谓今岁入开明,原期共事,不期不数日而余即远扬。一年之间,为开明同人推为重心,劳瘁至多,而著述之业颇荒。又复胃病时发,亟思改易生活方式。今秋本已应清华之邀,为开明同人挽留,请假半年。现假期将满,拟即往践约,嘱余勿复代开明相留。余答书谓于其所称,无不同情。唯今日大学教授,亦非甚闲,休养之愿,恐难实现耳。

十二月廿一日(星期三)

与云彬文叔子勤仲仁会谈初中语文一二册材料。此材料系同人所选,由子勤编定者。其中不能满意者多,还待重选,而实未易得也。

十二月廿二日(星期四)

看通俗读物两种,略提意见。

十二月廿四日(星期六)

冒晓寒到局。八至九时,为同人作业务讲话,题为《语文杂谈》,不畅。至总署,开署务会议,所谈甚多,下午二时始毕。返局,看通俗读物一种。五点即归,仍感疲乏。

十二月廿六日(星期一)

今日新来一同人名王辑五,系华大研究所毕业,加入史地组工作。

十点半,参加第四处之工作会议,历两小时。下午,改同人记余上星期六演辞之记录稿,逾两小时以上。……云彬为余开一汤头,临睡服之。

十二月廿七日(星期二)

上午至总署,会谈约三小时。饭后,与乔峰、蝶生、云彬、彬然试定同人之薪给及名义,一谈亦二小时。看通俗读物一种。夜九点半睡,仍服汤头。

十二月廿八日(星期三)

看通俗读物四种。此类稿件皆第二处曹伯韩所辑集,或系改作,故成书甚易。而惬心贵当,合于"通俗"之义者,殊不多觏。

十二月廿九日(星期四)

上午,愈之来局中,与第一处第四处同人晤谈,就工作情况略作讨论。

午后倦甚。云彬来嘱为《人民日报》副刊作文,遂勉强作语文随笔数百字。夜间酒罢,程今吾来访,谈教育部将就教科用书事加以考虑,拟设一委员会,主持设计审查之事,并述各地教育行政当局对于教科书之观念。谈一时许而去。余续完随笔始睡,已十一时矣。

十二月三十日（星期五）

上午至总署会谈。饭后返局，看通俗读物一种。写信复予同，决定招其子光坼来京工作。

十二月卅一日（星期六）

治杂事，看文稿。五点半，全署同人会餐，凡七席，陈于大堂上。六点半为辞岁晚会。余简单致辞，谓我人已度过具有世界历史意义之一年，明年将为开始努力建设之年，宜各欢欣，珍重。游艺节目……余吹笛子一曲，云彬唱昆曲两支。继之全体扭秧歌，而余竟无法扭。最后为交际舞，我们以九时先归。……又各进两杯，余谈余旧作诗词，云彬、晓先、蟫生数人听之。十二时睡，亦算过年有兴矣。

一九五〇年

一月（略去八天）

一月三日（星期二）

上午至总署，商明日请参加教育工作会议之各地教育行政当局来我署座谈之事。又略谈上海儿童书局与世界书局事。

一月四日（星期三）

十时，各地教育行政当局二十余人咸莅，又有教育部首长六七人，及我署处级以上人员，济济一堂。愈之致欢迎辞，余与金人洛峰报告三局略况，随即请各人表示意见。大家对于中小学教本，师范教育科目用书，工农识字课本及政治课本，至感迫切需要，大多主有胜于无，宁可有而较粗糙。此外希望于我署者尚多，颇有不胜负荷之感。谈至下午二时始毕，会餐而散。

一月五日（星期四）

清晨，听文叔演讲，谈我国文字形音义之常识。……至八面槽，开明东城营业部开幕，循例道贺。

午后二时至文教委，讨论卫生部与出版总署两机关之工作计划。卫生部之工作预防重于医疗，甚为得要。次及我署，亦无多大修改，次谈及学校教本，教部韦副部长亦在座。共拟组一委员会,专主两种中学(普通中学及三年速成中学)各科教本之设计与审阅事宜。其程序先定课程标准,然后分配着手编辑之机构或个人。最后稿成,审阅修订。而陆定一之意,欲余主持其事。余实无此精力,但亦不便拒绝,且待教育部方面如何决定再说。六点半散。

一月六日(星期五)

上午至总署会谈,讨论昨日所谈,将工作计划略加修订。又杂谈他事。下午一时毕。

一月七日(星期六)

上午十时,柳湜来,谈教科书事。渠代表教部商如何把教科书问题一一解决。结论仍为先组织委员会,提举人名,教部数人,我局亦数人,此外再补加。

一月九日(星期一)

灿然以昨夕归来,相见欣然。渠接收编译馆,书籍将先运来切用者数万册,人员则拟用十二三人。与谈一月间事一小时。参加第四处之工作会议,谈两小时。

一月十日(星期二)

至总署,开署务会议。通过修订之组织条例,改为出版局专管行政;新华书店设总管理处,独立经营,受总署之领导。下午二时返局,治杂事。

一月十一日(星期三)

在局治杂事。午刻,应《文汇报》之邀宴,二时散。顺便访洗公,谈及叔湘已可仍留开明,但须由余向清华协商,许其解约,余已致函广田江清专洽此事云云。

一月十二日(星期四)

九点半到总署,就开明事有所商谈。开明将改为公私合营,可无问题,而人事配备,工作应合,尚须磋商。今日仅及大概而已。

五点半至玉华台,随便谈开明事,洗公、雪村、邵力子、吴觉农、愈之、彬然与余,凡七人。皆主将开明重心移来北京,编辑部来少数人,出版部暂不来。愈之谈出版总署可以为助之点。九时散。

一月十三日（星期五）

上午到总署会谈，所谈者教育部决组教科书编委会，拟以余为主任。又谈出版局如何专管行政，不管业务，以确定其组织。

一月十六日（星期一）

上午看稿及现成书数种。

下午二时半，第一处开处务会议。告大家今后工作将集中于中学之文史地，小学可以暂缓。我局之人尚不能尽任文史地之各种，须求之于外间。又谈大家须学习文稿之整理工作。五时散。

一月十八日（星期三）

上午，第一处语文组开会。此组工作，现集中于编辑初中语文。谈分配工作及业务学习等项。下午二时至东总布，出席第二处之处务会议。此处专编通俗读物，于对象、写法谈论甚久。

一月十九日（星期四）

整理付排之外稿一种讫。此事殊无人做。而在一般书店，此工作为经常事。将来稿件多时，不知将如何应付。即以教科书而论，同人作稿而不需董理者不多。若皆由余为之，虽废寝食亦无济矣。

一月二十日（星期五）

上午至总署开署务会议。午后二时半返局。四时半，为同人语文学习组讲话。取不妥文字一篇，一一指其谬误。诸君或未必有此意兴，甚且以为此是小节，不讲亦可。余唯愿于业务上略有所助益也。

一月廿一日（星期六）

建功来谈。一谈大学国文选本（文言），明日将集北大清华两校同人共谈者。二谈高中语文之编辑，我局拟托建功于讲师助教中招引数人，专任此事。建功允之。

一月廿二日（星期日）

九时到局中，清华北大之国文系同人以次至，得十六七人，共商大学国文古典文之选目。先商定学习此科之目标为：培养青年阅读古典文，获得批判的接受文化遗产之能力。定目凡二十余篇,学习时间至少,分量不能多也。午刻留饭,饭后续谈,二时许始毕。

广田江清与余商叔湘事。叔湘若不到清华,清华方面亦有困难。叔湘若脱离开明,开明亦难。殊无法解决,且待叔湘续有来书再说。建功邀得同人四位,愿任高中语文编辑事,略一商谈,约他日详谈着手步骤。

一月廿三日(星期一)

上午十时,参加第一处之处务会议。

饭后两时,偕乔峰灿然访周启明于八道湾。启明于日本投降后,以汉奸罪拘系于南京,后不知以何因缘由国民党政府释出,居于上海,去年冬初返居北京,闻已得当局谅解。渠与乔峰以家庭事故不睦,来京后乔峰迄未往访,今以灿然之提议,勉一往。晤见时觉其丰采依然,较乔峰为壮健。室中似颇萧条,想见境况非佳。询其有无译书计划,无确定答复,唯言希腊神话希腊悲剧或可从事,但手头参考书不备,亦难遽为。盖其藏书于拘系时没收,存于北平图书馆也。谈四十分钟而辞出。

一月廿四日(星期二)

至总署,会谈三事:一、准备作三个月之工作总结。二、筹备出版图书批评之杂志。三、如何定审稿审书制度。

一月廿五日(星期三)

同人提出语文问题,写答问两纸。午后,少数同人会谈,作即将召开之教科书编委会之准备。

一月廿七日(星期五)

上午至总署,会议工资问题,精简组织问题,百科丛书问题,通俗读物方针方法问题。

一月廿八日(星期六)

治杂事,无或间歇。国立编译馆旧人由我署进用者十余人,已到京。今日四人来访,郑作新、隋树森、施君、马君。郑君治动物分类学,或将入第四处任事。隋君前年曾见访,治元曲甚勤,今将请其整顿资料室。施马二君则为事务方面工作。尚有五人入第二处编通俗读物。

一月三十日（星期一）

上午与灿然同往北大访曾昭抡，与谈北大出版计划，并请审阅自然科学方面之书稿。未遇，与其秘书略一言之。……至科学院，访杨钟健，遇之。所谈与告曾昭抡者同。

一月卅一日（星期二）

上午至总署，看文卷数种。与愈之闲谈编辑、出版、语言文字，谈甚多。乔木致电话与愈之，谓迩来留意报纸杂志文字，确有问题。苏联报馆有修辞编辑，甚注意语文，而我国则否。渠谓欲求速效，宜设一训练班，招各机关之笔墨工作者参加，而由余为之指导。讲义讲辞并可刊于各地大报。乔木此说近乎理想，欲以行政力量改变文风，此岂易事乎。

午后二时，编审局在总署开局务会议，总结三个月之工作经验，期有所改进。四位处长顺次报告，即费四小时。未及讨论，俟缓日继续。

二月（略去七天）

二月一日（星期三）

上午，教育部三位来，林砺儒、张莘中、柳湜。我第一处同人及余与灿然与之共谈。谈如何定中学各科之时间，及如何节约各科之内容，去其重而举其要者。饭后二时毕，教部中尚须详商，始可决定。

天雨雪。余作杂事，渐觉不舒，果发烧。

二月三日（星期五）

今日仍休息一日。墨归来时，告余田世英全家已从重庆来此。此君研习地理，然囿于美国一派，欲编新书应今日之需，尚须埋头学习也。

二月四日（星期六）

到局治事，积累颇多，殊无暇刻。

二月五日（星期日）

上午至六国饭店，文教委开第二次全体委员会议，各部署局级以上人员俱列席,一堂百余人。先听董老(副总理)之政治报告,继听沫若(文教委主任)之各部署工作计划摘要。饭后,六个单位作三个月之工作报告,文化部、教育部、卫生部、科学院、新闻总署、出版总署。末由胡乔木报告各部署之概算。余兀坐竟日,腰背酸楚,急驰归。

二月六日(星期一)

到局,晤田世英,与约请其夫人亦来工作,助编地理课本。

下午,第一处开处务会议,商语文、历史、地理三科之教学时数与教本编辑办法。又谈及教学书之编撰。决定中学各科都有教学书,帮助教师施教。此为前所未有。局中胜其任者殊乏其人,然必须设法为之。六时散。

夜听晓先读其所撰历史第一章之第一节,已四易其稿矣。

二月七日(星期二)

午后至总署,续开上星期未了之局务会议。共言工作不明确,人力与计划不配合,非赶紧重作计议,所成将无多。谈至六点过,仍未毕。

二月八日(星期三)

上午伏案未少休。下午,北大五位教师来谈,为我局编辑高中语文。谈至五点半,此事稍有眉目,暑假可以出书数册而不至不成样,心为稍安。

二月九日(星期四)

仍竟日伏案,看武行生所为高小政治课本稿,看所选大学国文之分段与标点,写我局对编写语文史地之意见供教部斟酌,又写信两通。

二月十日(星期五)

至总署会谈。谈我局第一处第三处工作明确,第二处第四处则较朦胧,但今日之谈亦渐觉其明晰。第二处先不急于多作,唯搜集各地较佳之通俗读物而重印之。工作人员先求熟习工农,俟其有得,乃从事多写。第四处则以审读为主,推动人家著述,自己不以著述为务。

下午三时返局,校阅大学国文原稿。

二月十一日(星期六)

上午在局治杂事。午后一时,与灿然驱车出城至清华,访刘仙洲。刘为清华编译委员会之主持人,我局拟托其审阅正中书局之大学用书。谈次甚洽,刘所提编译意见正应我局之需。约以后经常联络。三点半返局中。

二月十二日（星期日）

饭后二时至总署,招待华北宣传会议之出席人员,凡二十余人。诸人发言,多谓失学成人之文化课本最为急需。若辈见闻已多,经验已具,不复能以儿童课本授之。且冬学读书,明冬复读,已忘其所习。必须于课本之外有可供自习之书,明冬则加深其程度,始可不忘而渐进。惜我局人手太少,一时未能应其需也。此外所谈尚多,皆据实际经验,言不虚发。六时一刻散。

二月十四日（星期二）

上午至总署,观新购进之办公房屋,屋与总署为贴邻。继与愈之乔峰胡绳会谈,决定明后日开扩大署务会议各半日,总结过去,并明定迄于三月底之工作计划。午后二时返局,治事甚杂。

二月十五日（星期三）

下午二时,开扩大署务会议,讨论对于本署工作任务之认识,直至六时始已。三月有余之时间,同人对于出版总署一机构尚觉模糊,或以为即一大书店。今日总结,乃确认为对于出版事业之行政机构,旨在推进出版事业,使其量多而质精,益推动读书运动,为人民服务。我人编辑,只能就力之所及,择其尤要者为之。而推动作者,使努力于著译,亦我人之分内事也。

二月十六日（星期四）

上午至总署,续开署务会议。所谈皆比较具体之事项,视昨之属于原则性者易于解决。继讨论三月底为止之工作计划。午后一时半完毕。

今日以大除夕,四点即放工。

二月十九日（星期日）

芷芬来言接叔湘信,渠全家以廿一日晚自沪启行,廿三日晨可到。同来者覃必陶与三午。覃并不脱离开明,但为我局编高中外国史,以经常须商酌,故须来京。

二月廿三日（星期四）

九时至总署，参加署中总学委会之首次集会。结论大致为今后全署人员聚居一处，学习须加紧。政治学习与文化学习应并重，尤宜与业务连结。

汉华电话至，谓必陶与三午已在店中。遂往开明。既而叔湘至，运行李暂住杨人梗家，匆匆而去。余与必陶三午返局中，相识者皆来，谈别后情况。

二月廿四日（星期五）

上午至署中，会谈审读各家出版书刊之手续办法。此审读旨在了解出版界之情况，进一步欲收提高出版物之效。然人力薄弱，未易为也。

二月廿五日（星期六）

上午治杂事。下午开始作大学国文文言之部之卷首序言，得五百字。

二月廿六日（星期日）

午刻，叔湘必陶来午餐，同寓诸君共坐，乃开两桌。墨自昨夕即治馔，居然成章。饭后，愈之来，共谈文字语言之改革问题。

四时半，至乔峰家坐，遇杨之华，知秋白之全集方在整理，不久可付排。余固尝自任为此之校对员。全部一百数十万字，校对亦复不易。

二月廿七日（星期一）

今日必陶始来局办公。先与灿然蠖生等商谈，试拟一大纲，再定高中外国史究如何编写。

九时半，第一处开处务会议。暑假中必须有教科书拿出来，几个人均强调此点。

二月廿八日（星期二）

上午至署中，会谈文化部交来之书稿之接受问题，及审读与付排之办法。下午三时返局。

三月（略去四天）

三月一日（星期三）

马忠耀君始入局工作。马之父绍良，系余前在商务时之同事，绘地图。忠耀传其父业。我局须绘图插于教本，故余招之。

九时半，开局务会议。报告而外，谈工作如何条理化，如何注重重点。下午续作昨文，仅得一纸而已。

三月二日（星期四）

上午看语文组所选初中国文数篇，为提出问题。下午仍看语文教材。

三月三日（星期五）

上午至总署，开署务会议。午刻孙伏园来，渠以昨日到。愈之拟请其主持署中之图书馆，尚未谈妥。

三月四日（星期六）

今日局中迁移，余未往。

三月六日（星期一）

晨至总署。余之办公室择定在洋楼东南角之亭式小间，光线甚佳。窗前有丁香一树，将来叶茂，可蔽过烈之阳光。

午后三时，至文教委，听郭沫若报告关于财经之近况。渠系转述副总理陈云之报告。二月间曾开财经会议，于增加收入、节省支出、统一收支三点，有九种文件之订定。各级能照此施行，财经困难不见严重。六点散。

三月七日（星期二）

伏园来谈，对于主持图书馆，渠表同意。此外又将请渠主编成人课本。

下午，看云彬所作语文注释。看曾次亮所作本国地理稿。

三月八日（星期三）

上午治杂事。下午……余与彬然灿然往师大访林砺老，林新任师大之校长。共至大辞典编纂处，晤黎劭西。黎主持编纂处二十年，因其曾为师大校长，编纂处隶于师大。今教部有意将此处改属我署，故往一观。先由劭西谈编纂处经过，知其历年工作，多在收集，已得卡片甚富。至于编排写定，尚须大费时日人力。今日大辞典工作已停顿，改编四种规模较小之辞典，人员凡十六人。余私意此大量之卡片总有用处，大辞典云云，恐现阶段国内学人尚无此实力。十六位工作人员如来我署，分配工作亦感困难。辞出时并未表示任何意见。

三月九日（星期四）

上下午均杂看教科书稿及文牍。

夜间，建功来，与谈大辞典之机构如由我署接收过来，可否由渠主持其事。渠谓于字典辞典颇有雄心，唯须北大方面职务能摆脱方可。谈至九时始去。

三月十日（星期五）

上午会报，谈取缔北新书局之《新知识辞典》。此书有违人民民主，故令其收回销毁。意固在予出版家及读者以一种刺激，并望出版家认真编撰也。写信多封，皆答复杂事。

三月十一日（星期六）

上午续作大学国文序。后与愈之孟超谈我署图书馆之建立。现有图书逾十万册，来自旧编译馆之三五万册已编目，余俱未编。每书一册须有卡片四张。此编目与写卡片之工作，若以一人为之，将十余年矣。如何分托人手，节省费用，大须斟酌。

下午，丁易应余之邀来谈，语大辞典编纂处之情形甚详。渠意我署接此机关，同于"包袱"，未必相宜。俟其去，续作序文，一日亦不足一千字也。

三月十三日（星期一）

上午至教育部，参加《人民教育》之编委会。此刊物为教育方面之主导刊物，须认真，正确。徐老谈最多。次推负责人，成仿吾为主任，余与柳湜为副主任。又多一事务，真无可奈何。

二时返署。未几，教育部中教司张萃中来，谈数理化教科书之编撰问题。俟其去，看国文教材数篇。

三月十四日（星期二）

今日续作序文稿，得一纸而已。上午汇报，谈编审局第二处事。第二处之通俗小文库，有两种已出版而有错误，停止发行。伯韩适夷均承认疏忽，谓拟修订重写。二君看事太易，今后当可渐改。

下午，写信复赵景深，为《新知识辞典》事。余与愈之劝其勿事零星补缀，致贻草率从事之讥；宁可重行编撰，确收认真出版之实。函发自私人，景深殆不认为打官话也。

三月十五日（星期三）

竟日看稿，看公文，写信，略无休息。致书竺藕舫，谈科学名词之审订亟宜由科学院主持。竺为科学院副院长也。

三月十六日（星期四）

竟日作序文，亦复时作时辍，不过得两纸而已。

三月十七日（星期五）

上午开署务会议，各部分报告事多，议决事无甚重要者。午后，全署人员会坐于庭中，为学习中苏新约之总结。

三月十八日（星期六）

续写序文，仅得一纸。序作至此，谈文言与今语之异同，即抄叔湘所为《开明文言读本》之导言入之。抄录亦不能快，他可想矣。

上午，竺藕舫来谈，及于科学名词之审订问题。此事殆以文教委名义组织委员会为当。

午后三时，编审局开联欢会。会将终，愈之来传达周总理所称四点：一、重视土改，二、注意爱国思想，三、生产节约，四、劳动与学习联结。此四点确甚重要，如何融入宣传与教育，大须研讨也。

三月十九日（星期日）

上午叔湘来谈。谓开明现在编辑人手缺少，无得力人员，即改为公私合营，亦殊难办。

三月二十日（星期一）

续作序文，得三纸，仍是抄叔湘之文。夜间，芷芬来共谈，多及开明事。渠语余所希望于开明之公私合营者。

三月廿一日（星期二）

上午为汇报，谈开明公私合营事。先谈对于公私合营之一般原则，以为合营非限于国家投入资本，凡与以任务，公私合作，皆属之。故方式有多种，可因对象而施。如开明者，编辑方面可与我编审局配合，发行方面可与新华书店配合，有其他事,总署可参加讨论,助之解决。此即合营之义也。拟于二三日后与达君试谈二次,再定如何答复开明之请求。

下午,续作序文,得一纸而已。

三月廿二日(星期三)

看语文选材及公文。汇报,讨论新华书店之稿酬办法。拟不取从前之版税制,而以租用版权两年计。凡租用两年,每千字致送十个折实单位,其稿前未发表者加两个,写作极费心力者加两个,估计销数广多者加两个,至十六个单位而止。此制恐未必为多数作者所欢迎,将试与各方讨论云。

午后,达君来,与愈之静庐诸人共谈开明合营事。拟出版总署不投资于开明,唯以合作之故,派人员与开明董事会职工会中人合组业务委员会,为决策与执行之机构。达君以为可以满意。

三月廿三日(星期四)

作初中语文课文一篇,半日仅得半篇。题材为初入中学,以学生口气,言入学之要旨。

二时,偕愈之至文教委,开第三次委务会议。首修订本年度各单位之工作要点,皆文字之修正。此事讨论将近四个月矣。次讨论科学院各研究所之所长副所长人选。振铎任考古研究所所长云。

三月廿四日(星期五)

上午续完昨日之课文,俟诸君共商之。下午二时,集全署科级人员于礼堂,由余传达政府统一财政收支之要旨及我署本年之工作要点,约一小时。愈之继为阐说,历时两小时有余。

六时半,至玉华台,开明在京董事小集,余与云彬非董事,亦参加。达君又将返沪,谋迁总管理处及编辑部来京。闲谈甚适,八点半散。

三月廿五日(星期六)

竟日杂阅公文。大学国文之序文一搁多日,尚未了。其他未了事亦多,如何是好。

三月廿八日(星期二)

续作大学国文序,仅得三四百字。余时俱为看公文。公文颇有积压,即实际工作不克紧速做出,如讥为官僚主义,亦颇难辞其责也。

同人将在《人民日报》办一评论图书之双周刊,期提倡认真出版,推进出版事业。分头拟撰稿件,余观已成之数篇,颇不惬意。评论确不易为也。

三月廿九日(星期三)

九时,偕愈之往新闻总署,参加全国新闻工作会议之开幕式。主要问题为改进新闻工作之态度,展开批评与自我批评,讨论新闻界之分工,并计划全国新华社之统一。是数者皆与我出版总署方面有相通处。郭沫若、马夷初、许昂若、李德全、余与丁西林六人致词。余未预备,胡乔木嘱余谈语言文字,言之甚不完足,为怅。

下午看图书评论稿件,为之修改。又与愈之乔峰谈公务,未得片刻休。

三月三十日(星期四)

上午总学委会开会。决定筹备业余学校,教育署中文化程度较低之人,分初小、高小、初中三种程度。其余之人一般为政治学习,其程度尤高者,则为理论学习。此比较合于实际。

下午,第一处开处务会议。估量各种教本,暑假中未必能按预期完成,即勉可出版,为时亦太急迫。余亦无法使诸君从速作稿也。因此深感快快。

三月卅一日(星期五)

上午开署务会议。通过稿酬办法、开明公私合营等案,至下午三时而毕。……余确深感疲劳,而所作事殊无佳绩,奈何!

四月(略去四天)

四月一日(星期六)

上午开局务会议。下午三时,新华书店总管理处成立,开会。诸人讲话,无非鼓励劝勉之语。余亦致辞。至六点半始散,余坐久疲甚。

四月三日（星期一）

上午仍有微雨。语文组开组会,讨论加紧编辑初中语文,定为分册负责制,每人负责主编一册。十一时散。看公文多件。下午作完大学国文序文,尚须请人审阅,方可定稿。

四月四日（星期二）

上午杂看文件,看工会所编业余学校语文课本。

与同人谈科学名词统一之事。此事由文教委召集各机构会商,将组织一工作委员会,分科审定名词。从前教育部与编译馆为此事已多年,且有若干科名词已经公布。今未必另起炉灶,但加以追认或修定而已。其尚未定妥者,则从今定之。范围不求其广泛,但取便于常用即可。

下午,看完业余课本,凡九册,批意见交出。

四月五日（星期三）

上午与诸君会谈,讨论全署工资问题。……整个精神在节省国用……期将此意传达于全体,如有意见再可修改。

四月六日（星期四）

上午谈《图书评论》之编辑问题。此刊物载于《人民日报》,为双周刊,已于昨日出其首期。拟令每篇解决当前一个问题,此殊未易做到也。

下午续改大学国文之序文,系据灿然之意见。杂事时来牵缠,尚未能毕事。

四月七日（星期五）

上午会谈数事。主要为曾世英所主之地图社归我署主持事。午后,曾世英来,集出版局编审局方面之人共谈。曾君精于测绘,为地学之研究家,所为《申报地图》,近年来为最高出版物。新作《人民地图》,依《申报地图》而更求其精审,将来归我出版。据估计,须至明年一月方可问世。曾君本人将入科学院为研究工作。其地图社为属于我署之机构,先由曾君部署,领导则别择适当之人任之。谈至六时半始毕。

七点半,我署之中苏友好协会支会开成立会,照例参加。

四月十日（星期一）

上下午作佩弦遗集《读书指导》及《图文教学》之跋文毕；改大学国文之序文毕。写信致均正，请其改写高小自然课本。开明总管理处迁京，尚无具体办法。

四月十一日（星期二）

上午看晓先近代史教本稿二章，系由同人提出意见而略加修改者。袁水拍来，谈其诗稿之修辞。

午后，叔湘来，谈编辑方面数事。杨钟健偕关君来，谈科学院与我局之联系。三时半，听适夷报告参加郊区土改工作；又听臧克家报告山东灾况。

七时至怀仁堂，列席政府委员会第六次会议。周总理报告中苏新约经过与意义，历一小时。程潜黄任老等七人发表演说，继之通过批准此新约。休息一刻之后，林彪报告中南区工作，邓小平报告西南区工作。又通过任命名单一大批，乃散，到家已十二时矣。

四月十二日（星期三）

改初中语文课文。十时，参加新闻工作会议之十数人来，应我署之约开座谈会。现在各大区均有新闻出版局，一方面关涉新闻总署，一方面关涉我署。愈之先为谈话，言我署之现况。以后谈各地方出版方面之任务，略有拟定。总之偏重于发展，为积极之推动，务使所有实力均能为人民服务。

午后，续看晓先之稿。

四月十三日（星期四）

上午看罢晓先之稿，至太平天国结束止。又看田世英之稿，渠编高中地理，以天文地理始。

午后二时，我署招待苏联国际书店副总经理赛米金，开座谈会。其所谈皆我人所已知，而苏联出版事业之精进，要足使人敬佩。六时散。

四月十四日（星期五）

上午少数人汇报。午后杂看文稿及公文。

三时，赛米金偕二苏人来共谈。赛氏以其经营国际书店之经验，观察我国，觉其效率甚低，工作不够。殊不知我国读书人本属少数，本国书籍销行尚无多，何况苏联书籍乎。关于翻译，赛氏主张择其善者而译之，应改变漫不别择，见书即翻之作风，此自是正理。谈至六时半散。驱车至萃华楼，宴此三君。余困疲殊甚，全身不适，参与谈宴，实出勉强支撑，到家即颓然而卧。

四月十五日（星期六）

竟日雨。上午看文稿数种。午后，北大四位教授来，谈高中语文编选问题，一谈又是四小时。余仍勉强支撑。到家膳罢即睡，旋即发烧。听雨声潺潺，念明晨我母等到京，淋漓堪虞，心颇不安。

四月十六日（星期日）

晨间热已退，而墨谓余不宜早出，由她与至美驱车到车站迎接。雨仍繁。八时过，车回来，我母、至善、满子及两小孩俱载归，沾湿尚不甚。我母尚清健，至可喜。今余全家唯三官一人在外矣。

四月十七日（星期一）

今日休息一天。

四月十八日（星期二）

上午开扩大署务会议，总结一二三三个月之工作。未完，下午续开。

余则至政协全国委员会，出席文教组之首次会议。此组以振铎任组长。讨论政务院交下之《关于职工业余教育之指示》。此指示将由政务院发布，文教组据此座谈，期其完善。职工业余教育注重于消灭文盲，期于三五年内，凡现任职工无不识字。此外则修习普通知识文化学科，相当于高小及中学。此外又有政治班及技术班。讨论至六点半，全文研究完毕。即留饭，设酒，同座振铎、吴晗、余心清、邵荃麟，皆酒友也。

四月十九日（星期三）

晨驱车出城，八点半到香山，访得新闻学校，陈翰伯相迎。此校系新闻总署所办，学生系招考而来，凡二百余人，在学期间半年，将来即分配于各项新闻事业中服务。第一届即将结业，尚须续办。今日邀余，特指定谈文字方面之问题。九时开讲，十二时毕。材料系文叔所供给，皆摘自近数日之《人民日报》。观听众面部表情，似尚能接受。留饭，下午二时返署。

三时,处级以上人员齐集,听愈之传达周总理关于统一战线之报告。分两大部分,一为国际之统一战线,一为国内之统一战线。讲至七时始毕。此报告甚重要,将令全署人员学习,并讨论之。

四月二十日（星期四）

午后二时,偕愈之至文委,出席第六次委务会议。陆定一报告华东文教情况,结论谓现在仅能维持,尚未臻发展阶段。胡乔木报告新闻工作会议经过,有改进新闻工作要点数项,颇切实。次讨论文化部所提关于保存古物发掘遗址之数项办法。六时半散。

四月廿一日（星期五）

晨间胡绳向办公厅编审局之全部同人传达周总理之报告,余亦往听。

下午,观董纯才所作关于语文教学之一文,系教部送来,将刊于《人民教育》者。所见大多与余相同。

四月廿二日（星期六）

上午,邀第二处同人座谈。第二处编通俗读物,迄彷徨无方向,今日谈半天,共同认识比较明确。愈之主先做到从群众中来,然后到群众中去。此将俟下星期续谈。

四月廿四日（星期一）

上午第一处开处务会议。于各种教本之完稿出版,详加估计,务期署中有书出版。

四月廿五日（星期二）

竟日开扩大署务会议。上午各部分报告所拟第二季工作计划。十一时,胡乔木来,为讲其对于出版事业之感想,于编辑发行方面均有所及。下午,据各部分之报告而为讨论。五时散。工作计划由办公厅为之整理,较之第一季之计划切实多矣。

驱车至玉华台,新华书店总管理处宴请文艺界同人,商谈书稿报酬办法。愈之洛峰均主张报酬不全据书籍之销数,拟取消从前之版税制,而易之以定期致酬制。雁冰周扬艾青诸位皆以为不甚妥。办法还得重加拟议。九时散。

四月廿六日（星期三）

看仲仁所选国文教材及晓先所撰历史课本稿。计今年暑假中,我局须编成应用者为语文教本六册,历史教本三册,地理教本三册。为排印发行计,最好今日即完稿。而诸君下笔不能迅速,写成之后,尚须同人阅看,并请局外人提供意见,估计六月底尚不能全以付排。为此余颇着急,设暑假过去,尚有数种未能出书,殊无以对各地之教育当局与学生也。看稿至下午三时半,肝阳上升,恶心。遂停止。身体不强,不能多作事,亦复可虑。

四月廿七日（星期四）

看蟪生所写历史教本稿。

午后二时,至文委出席委务会议。各部分汇报,花二小时。以后讨论教育部对于高教会议之准备问题。此会议于高等学校之课程、组织、地区分配等均将有所改变。谈至六时一刻散。

四月廿八日（星期五）

与愈之胡绳会谈杂事。商务经理谢仁冰来谈:商务经济困难,出版方针难定,人才不易得,皆感棘手。我署于此最大规模之出版业自当相助,如何办法尚待熟虑细商。谢去,余续看蟪生之稿,又续看仲仁所选语文教材。

四月廿九日（星期六）

上午会商对于商务应如何致助,因而谈及一般之私营出版业。大致须分工合作,教育改造各种干部。此项任务,均在我署。现尚未能确定,俟研究有头绪,将于七八月间开全国出版会议决之。

四月三十日（星期日）

中午至玉华台,我署宴请谢仁冰,叔老、黄任老、振铎、宦乡四位同座。食后,谢谈商务困难情况,愈之答以必当设法相助。具体办法以后再谈。四时散。

五月（略去三天）

五月二日（星期二）

看世英地理稿。看子勤所选语文教材。

复商如何为商务助者。商务亟须主持编辑之人物，一时实不易得。余谓如以伏园为主，而辅之以灿然，颇为适合。愈之以为然，然我局不能舍灿然也。商务历年出书约两万种，汰其不适于今者，当有数千种，基础之厚莫与伦比。唯淘汰之工作须有较高之思想政治水平，此其人最难得也。

小墨言上海来信，洗公伯祥于明日动身，星期五可到。

五月三日（星期三）

仍看各种教材。中午，谢仁冰设宴于欧美同学会，愈之仅语以必设法相助，陆定一亦言如是，然均无确实办法。

五月四日（星期四）

上午开《图书评论》编委会。此为双周刊，已出三期，附于《人民日报》，由彬然主持，而主要文篇以灿然所作为多。谈两小时许，拟定数个中心，为今后数期之编辑之方针。

下午二时，又登天安门，庆祝五四青年节。会场布置仍一日之旧，节目亦为群众列队游行。

五月五日（星期五）

与开明通电话，知洗翁伯祥已到。

看语文选稿。写致教师信，请审读我局所编初中语文教本第一册。相烦者语文教师十数人而已，不能多。俟彼等提出意见，尚须开一座谈会，然后再加修改。其他教本亦复如是。集思广益，以前所未有也。

午后二时，至和平门外新华书店华北总分店，华北分支店之经理会议以今日开幕。愈之与余均致辞，四时返署……八时，署中开晚会，庆祝"红五月"，纪念五一、五四、五五。余致辞，略谈共产党，未能畅达。文艺节目颇不少。

五月六日（星期六）

上午十时，洗公、伯祥、联棠、张梓生诸位来署，遍访交识，谈一时许而去。

六时，至萃华楼，洗翁以开明名义宴客，凡两席。酒散，愈之振铎等共往开明小坐，谈出版总署与开明如何公私合作。十一时散。

五月八日（星期一）

上午,谈援助商务书馆问题。谢仁冰来,夏衍亦参加。商定助其审定可用之书,由新华书店向彼定货,各地营业人员由新华书店吸收,以期节省开支,等项。

下午,谈与开明合作之问题。我署推出沈静芷、金灿然、史育才三人,由开明董事会聘为业务委员会委员。开明董事会三代表为洗公、雪村、达君,大家无异议。职工方面三代表仅想得叔湘士敫二人,余一人尚待考虑。

三时,三联经理会议之各经理与新华华北经理会议之各经理咸集,与苏联赛米金为座谈会,专谈发行问题。六时始毕。

五月九日（星期二）

看杜子勤所选教材多篇。余之介来,讨论工农中学课程,欲得我处编教材之经验。

五月十日（星期三）

九时,新华、三联之经理来署,愈之、洛峰作报告。愈之强调出版与发行之分工,谓新华将为国营之书籍发行机构,不唯发行自己的书,且发行所有他家之书。能将群众所需之各种书迅速供应于群众,即为完成任务,即为做好革命工作。至于书之好坏,乃出版部门应注意之事,发行部门固不必问,不能谓革命之书始与发行,非革命之书即不与发行也。此点旨在改变新华工作同志之思想,彼辈盖颇具宗派主义与关门主义之倾向也。洛峰谈新华与三联之关系,旨在加强团结,对其他书店起领导作用。

午后,改五日在新华经理会议中余之讲话记录,费两小时。

五月十一日（星期四）

上午偕灿然至教育部,访林砺老、张萃中,谈教科书稿之审阅问题。我局担任编中学文史地三科之书,昨日始以初高中语文教本一册送教部,为急于发排,希望教部审阅之时间缩短至一星期。教部以为马虎一看无意义,细看须请外界人士,决非一星期所能办到。共谈久之,教部同意我局之意见。教部大体一看,如无问题,先行发行,然后仔细审阅,再为修订。非如此,不能供应秋季开学之用矣。又访吴研因谈小学教科书之供应;访程今吾谈我局教育资料丛刊之编辑。

十二时返署。饭后看教本稿。第四处新来数学物理方面之工作人员三位，即合第四处之自然组全体座谈。谈一时许。

五月十二日（星期五）

上午开署务会议，就本季之重点工作而为讨论，午后一时始散。阅看语文选材，满意者太少，殊感闷损。

五月十三日（星期六）

作明日往市文联演讲之准备。余之讲题为《唯一的工具》，指语言文字。傍晚，至开明。先共聚饮。八时开董事会，余旁听。决定组织业务委员会，召开干部会议各项。十一时归。

五月十四日（星期日）

上午九时半，在青年宫演讲昨日所预备之材料，历一点半钟，听者约五六百人。余自觉说得尚清楚。

饭后小睡片时。二时至吴老家，文字改革协会各委员会之负责人为座谈会。乔木发言甚多，谓将来制定拼音之新文字，由政府公布之。制定之先，必须极端审慎。字母须照顾各地方言及少数民族语言，声调必须有所表示，否则无从发正确之音。此外陆志韦、罗莘田、丁西林皆本语言学音韵学有所发挥，余默听而已。六点半散。

王芝九已来京，在教部初教司任编审，今日来晓先家，余与谈半小时。

五月十五日（星期一）

竟日作文一篇，二千五百言，谈流行文字动词名词不相应之弊，将以付《人民日报》。

夜间，洗公来，谈开明事。叔湘不愿任编辑主任，将久居清华，此在开明为不利，谋有以挽之。叔湘身体确不佳，在清华究较清闲，然其所以坚决不任开明专责，则尚有他故，盖同事欠振奋之气，未必能有所展布也。

五月十六日（星期二）

上午作汇报，杂谈人事方面种种问题。午后二时，本京国文教师十余人及教部王泗原君来，座谈我局所编高初中第一册语文课本。诸君皆先认真阅过原稿，见无不言,深可感激。以为课文在语言方面尚欠纯粹。余即请诸君再为读正,蒙允可。今日作事,人人负责,解放以前所未见也。

五月十七日(星期三)

上午看教材与文件。午后二时,座谈地理教本稿。到中学教师十余人,外有师大黄国璋,清华王成祖,人民大学孙敬之等。稿系曾次亮所编之初中地理。曾君无组织能力,地理亦殊难编,经诸位一指点,几乎体无完肤。会以六时一刻散。如何修改,急于付排,实为令人焦心之事。

五月十八日(星期四)

看教材,看文件。上午开总学委会,议定自下月起,除已成立之业余学校外,又成立政治甲乙两班,凡不入业余学校者,必须于两班中入其一。

午后,柳湜刘松涛来谈《人民教育》之编辑。此志将为全国性高级教育指导杂志,以教育部为之后台,此目的可以达到。

五月十九日(星期五)

上午与第一处少数人会谈,商如何进行地理教本之修改。决由曾君自为增补必要之材料,蠖生则为之删其繁冗,余则重读一过,润色其文字。看教材多篇,合用者仍不多。

下午,参加《图书评论》之座谈会。外来客意见亦不少。此副刊要做到出版界之思想指导刊物,尚非易事。

五月二十日(星期六)

晨间,曾世英自南京来,谈地图制版事。又谈地图编辑委员会拟于六月间召集,为新华地图社之策划机构。

教部王泗原来,告以所提对于初中语文课本之意见,甚周至。此君原欲来我局任事,而教部方面先谈妥,今见其能力颇强,深感失之交臂。然彼此固可经常联络也。

潘光旦吴泽霖二位来,以清华大学所制社会发展史《从猿到人》一部分之挂图商出版。此殊有用,原则上自当接受。

五月廿二日（星期一）

改曾君地理稿，仅得八九页。……自今日起，午饭于十二点进用，以后为午睡时间，两点半再办公，到六点半止。

五月廿三日（星期二）

上午会报，谈本署图书馆事。房屋不敷，陈列为难，须将现作宿舍之两座楼腾出，始可够用。

作书于北大汤校长，与商可否任建功离去北大，来我局主持辞书机构。

五月廿四日（星期三）

上午续看语文地理两种原稿。午后二时又开座谈会，讨论晓先所作初中本国近代史初稿。中学教师所发表意见均切实。徐老发言特多。谓自从鸦片战争后，中国史实为世界史之一部分，不可分割。又谈太平军，谓曾国藩将地主组织起来，太平军未能将农民组织起来，因分成败。其言皆有见。

八时，与署中十余同事为漫谈会，开始讨论如何于九月间召集全国出版工作会议。欲求会议有成绩，必有充分之准备，预作接洽，预开若干小会。以后每星期须商量此事，日间无时间，只得移至夜间。然余实深惧熬夜也。十二时归，疲甚。

五月廿五日（星期四）

仍续看语文地理稿。

五月廿六日（星期五）

上午开署务会议。胡绳拟半年工作报告一文，共同讨论，补充意见，再加修正。午后，续改曾君地理稿，至傍晚，全册毕。曾君之文字实粗糙，余修改亦不能精细也。

五月廿七日（星期六）

上午业务学习，第一处同人据余上星期所作之文而为讨论。同人意见大体一致，认为考究文字决非咬文嚼字。

午后，与王成祖谈修改其地理教本。与云彬仲仁等商如何完成语文教本高初中各三册之预期。与愈之谈我署对于黎劭西大辞典编纂处之处置。黎言此于毛主席,毛商于乔木,乔木意可由我署接受。我等之意则不受为佳。

五月廿八日(星期日)

十一时,至演乐胡同,开明同人小叙。饭后共谈两时许,各提开明已往之优点与缺点,预备开明下月开干部会议时,洗公据以作报告。

五月廿九日(星期一)

竟日与语文组诸同人最后订定初中语文课本之原稿,将以明日付排。我局于本届暑假中,须出中学文史地三科之教本计十二册,而此为其第一册。明日发排已嫌其晚,而其他各册尚在编写中,何日可付排尚难定,真堪焦急。

八时,为准备出版工作会议第二次之漫谈会。大致须于六七八三个月中,先开数个较小之会议。就京津出版界之范围,开出版会议与发行会议。复在上海开各出版家之会议。各个会议有所拟议,大家认识趋于一致,乃可于九月间开全国出版工作会议。谈至十二时始散。归后又不得好睡。

五月三十日(星期二)

上午看语文教材。三时,至政协全国委员会,出席文教组之座谈会。全国委员会将于下月十日始,召开大会,今日之会系谈有无提案可以提出。……振铎当主席,颇明快,开会历两小时而散,实为罕有之例。余径返家,五时过已到家,亦罕例也。

五月卅一日(星期三)

上午治杂事,看杂件。墨以清晨参加全署大会,听愈之报告重订学习之办法,听胡绳传达总理之统战报告,在庭中兀坐三小时,初受晨风,继被日晒,旋感身体不支,即返家休息。

午后二时半,又开教本座谈会,讨论蠖生所撰之高中本国史之前二章。到会者俱云此稿观点立场俱好,唯不易教。蠖生之书如史论,固非教本体裁也。

会以六时半散。返家。墨发热甚高,呕吐,头胀,筋骨作酸,当是积劳之故,或兼发胃病。灯下,余作《人民日报》谈语文之稿半篇,仅一千余言,已达十二时。

六月（略去二天）

六月一日（星期四）

墨发烧仍未退。余在署中，除略看文件外，续作昨夕之文，得一千余言，题名《拆开来说》。傍晚回家，墨热度已退，唯仍委顿。曾就医诊治，谓是疲劳之故。

六月二日（星期五）

上午汇报，所谈为本月内开京津公营书店发行会议之问题。此会议提出问题而不作决定，将为全国出版会议之预备。午睡起来，看国文教材，未有休息。

六月三日（星期六）

竟日开局务会议。上午检讨四五两月之工作，下午讨论准备第三季之工作计划。余听各人所谈，觉我局确在进步，大家肯努力作事，亦是可慰之现象。

六月五日（星期一）

半日看文稿，见客。下午又为座谈会，讨论田世英之高中地理课本稿之二章。此为天文地理与自然地理，来客所提意见均胜如以往之数次座谈会。

六月六日（星期二）

上午仍看语文教材，或为取舍，或为校订。下午，建功来。汤校长未允渠解去系主任事……由余再致书汤校长商之。复与讨论语文教材数篇，谈约两时许而去。

六月八日（星期四）

仍读改语文教材。发第二书与北大汤校长，再言建功事。午睡起来，复内蒙古自治区人民政府文教部之来问，所问为文体问题，谓中学语文教学方面有此疑难。

六月九日（星期五）

上午署务会议。午睡起来，驱车至辅仁大学，系叶苍岑所招邀，为其校中文系教育系谈中学语文教学问题。自三时至六时，皆由余一人说话，稍感疲劳。

六月十日（星期六）

上午仲华来，王了一来。余与了一通信二十余年，而见面以今日始。仲华系来出席全国委员会第二次会议，了一则来参加高教会议。客去之后，阅改稿件无休时。

六月十一日（星期日）

晨至公园，会调孚，渠以昨晨到此。既而叔湘至，共谈开明编辑方面杂事。茗叙至十一时半出。偕调孚至全聚德，应市文联之招宴。日来到京者众，该会故欢迎来京之文艺家，有梅兰芳、周信芳、张天翼、巴金、调孚等人。饮啖甚欢，二时散。

六月十二日（星期一）

竟日看语文发排稿，校正错误。上午，望道来访，渠亦系出席高教会议者。谈在沪甚忙，又谈欲继为文法研究。余则劝其撰一最浅近之文法书，供初学者应用。前夕与王了一亦尝言之。

在署中晚餐。至愈之家，漫谈准备全国出版会议事。诸人所言集中于减低书价，使读者获实益。十一时半归，倦甚。

六月十三日（星期二）

上午汇报，讨论各种办事章则。下午看将付排之国文本稿，及田世英之地理稿。

到家，龙文与朱子如在，二人以今日到。留饭。既而联棠与沈陶孙来。共谈开明干部会议事。十时，客去。

六月十四日（星期三）至十七日（星期六）

此四日下午四至八时俱往怀仁堂参加政协全国委员会第二次会议。……此次会议，以土改问题为主要内容。中共拟一土地改革法草案，准备于本年冬季进行一万万人口之新解放区之土改工作。第二日至第四日，每日上午，所有委员均分组讨论。众皆认为法案殊无可议，唯执行之干部必须优良，否则徒法不足以自行。余于土改所知甚少，今乃颇有所会。四天开会，深觉疲劳。

均正、锡光、知伊、雪舟、瑞卿等皆已到京，开明同人大集。

六月十八日（星期日）

晨六时半，与开明同人共往颐和园。众皆观玩，余与雪舟茗坐于石舫之旁，竟未他往。中午,餐于听鹂馆,凡五席。叔湘亦来会。餐毕,摄影于排云殿前。继之茗叙,谈《进步青年》事。张明养拟不复担任主编,众皆劝其再维持数期,然后移京编辑。

六月十九日(星期一)

今日原有文教组之小组会,讨论文教方面之提案,余以本位工作不能久荒,未往。到署,参加第一处之处务会议。曾世英又来京,与谈地图编刊委员会事。此会为地图方面之指导组织,将于近期内开成立会。

下午,建功来,北大汤校长已允其解除系主任之职,来我署主持辞书社。因商如何谋此社之建立,首要在延致人员,此事由建功任之。

六月二十日(星期二)

上午,京津发行工作会议开会,愈之作报告,兼招全署人员听讲。报告分两部分:一部分为我署之政策方针,二部分为新华书店之发行工作。十二时半散。

三时至科学院。彼处开院务会议,分组讨论。考古研究所与语言研究所合为一组,邀余以馆外人名义参加,共商其工作方针。考古研究所主持人为振铎,语言研究所主持人为莘田。六时散。

六月廿一日(星期三)

上午看语文教材,至十时许,肝阳上升,遂卧于沙发。

四时至怀仁堂,今日为大会讨论。以次发言,有刘文辉、李根源、唐生智等人。十人发言毕,休息片时。余支持不住,先退。到家即拥被而卧,旋即发热,一夜昏沉。

六月廿二日(星期四)

晨醒来热已退,头痛已愈,眼酸依然。在家休息半日。下午三时仍至怀仁堂,先拍集体照,然后开会。今日发言者十四人,中有叶恭绰。继之,刘少奇报告土地改革法之研究结论,综合各小组之意见,论其当否,甚长,讲毕已九时。到家小饮,十一时始睡,又困倦矣。

六月廿三日(星期五)

上午汇报。午睡未稳,身体又感不舒。四时仍至怀仁堂。今日为大会闭幕之日,通过各项决议,毛主席致闭幕辞。五点半散。众皆趋北京饭店会餐。入夜复有晚会,余以身子不舒,径归。

六月廿四日(星期六)至三十日(星期五)

廿四日勉强到署,中午吃硬饭半小碗,为以后胃内不舒服之根。下午热作,仍勉强支持,晚归即睡。夜发热甚高,次日晨未退净。在家卧病一星期,或退热,或有热而不高。

七月(略去一天)

七月一日(星期六)至十五日(星期六)

二日,墨主张到北京医院住院疗养。于是住院一星期,到八日出院。所有各种检验均做过,医生亦未能言是何毛病。在院如禁闭生活,甚寂寞。每日三餐两点心,略无变动,望而生厌。曾拔去坏齿两枚,平时固无暇为此者。……到家后仍觉不爽快。至十日清晨醒来,满身大汗,自觉已好转,吃东西果觉其有味。……而身体仍困乏,犹是卧休时多。至十三十四十五三日,乃看语文教材及世英之地理稿。

七月十六日(星期日)

云彬蠖生代余作一短文,斥美国侵略朝鲜,并蓄意侵略我台湾,应《文艺报》之征集。余缮抄之,仅六百余字,已颇觉其劳。

七月十七日(星期一)

今日到署。看公事数件,与愈之谈一小时。渠告我拟与教育部合组教育出版社,专事编审教科书,以第一处诸人为其一部分人员。又告我压低教科书售价之种种具体办法。午刻回家午饭,从诸友之劝告,下午不复到署。

七月十八日(星期二)

上午汇报。华应申报告京津出版会议情形。继续讨论京沪分开私营出版业座谈会,主要为产出参加全国出版会议之代表。于全国会议之前,新华书店先开全国会议,解决种种业务问题,并先讨论全国出版会议中需要讨论之问题。十二时散,余仍即回家。

七月十九日(星期三)

上午到署,治杂事,看语文教材,与同人谈话。仍回家午饭。

七月二十日(星期四)

到署,因建功约定于下午来,未回家午饭。建功以二时半来,谈至五时,无非关于辞书社之事。说话多,疲劳甚,即归休。

七月廿一日(星期五)

九时去师大,十时为工农中学师训班上课。一延再延,至本周不能再延矣。共讲两时,仍是余平日之一套。十二时半到家。休息之后,仍感疲困。

夜间,达君联棠均正来,三人盖为愈之留住,谓开明之事未大定,何能遽去。

七月廿二日(星期六)

晨到署治杂事。十时复到师大,讲两小时。

七月廿三日(星期日)

十时,愈之静芷以车来,同往公园晤开明诸人,谈高级人选之确定。……会餐毕,又与开明诸董事谈,三时半始散。余大疲矣。

七月廿四日(星期一)

上午在署,下午在家休息,疲惫殊甚。

七月廿五日(星期二)

出席第一次出版会议筹备会,时时走开,又且早退。下午又发现有好转之象:一、时时出汗(前数日虽甚暑而不出汗)。二、小便有畅适之感。三、喝鸡汤有鲜味。恐非药力,自是机能通畅之故。

夜间,晓先来闲谈,既而均正来,谈所拟开明之出版计划。

七月廿六日(星期三)

上午到署,写信半日,信皆积存者。午饭时仍回家。

傍晚,陈哲文来访,馈德州大西瓜一枚。谈甚久。余请其号召教师,批评并修订我局所编之教本。又请其为我局及开明物色有编辑能力之教师,脱离教师岗位而来从事编辑。又请其助开明之青年丛书及《进步青年》之编撰。皆承惠允。渠则约余于下月初为教师暑期进修会讲一次。余亦允之。

七月廿七日（星期四）

从九时起，开座谈会讨论小字典如何编辑。建功与其所邀来共事者三人来，又有叔湘，此外我署同人五人。小字典拟以叔湘在开明设计而未经修订之一份字典初稿作底子，此是余数月前之设想。究竟如何，待建功诸君细看后决定，但今日初步一谈，似可成为事实。商讨技术问题甚多，皆有所获。中午休息，既而续谈，将近四时始散。复理杂事，五时归家。疲甚矣。

七月廿八日（星期五）

开出版会议筹备会之第二次会，余少坐即出，至师大。今日取我局所选初一语文教材一篇《国家的》，为诸君谈如何提出问题，使学生通篇了解。多数人谓语体文无法教，以余言之，颇有可教也。

七月廿九日（星期六）

九时即驱车出和平门，往师大，与丁易闲谈。今日上课仍是教学示例，取苏金伞一诗为材料。讲毕时余问，来此四次，诸君印象如何。答称颇有实益。约以后经常通消息而散。到家累甚……盛饭半碗犹未能尽……午睡未熟。

七月卅一日（星期一）

上午在署治杂事。下午三时，偕愈之至教育部出席所召集之识字运动会议。听各人发言，至六时而出，会尚未散。余以为罗莘田之言为有价值。主识字应不脱离语言，研究常用字不足，应调查常用词汇。余平时亦如是想，但以语言表达之，不能及莘田。

八月（略去五天）

八月一日（星期二）

今日庆祝建军节，并反对美帝侵略朝鲜及我台湾，晨八时在故宫中举行大会。晚上于北京饭店，朱总司令大宴宾客。余俱以力不及，未往。……在署作杂事，下午早归。

八月二日（星期三）

晨到署，为语文组同人谈前在师大关于《国家的》一文之话，约一时又半。出席出版会议筹委会各组之汇报。午睡起来,治杂事。

建功来,谈一时许。辞书社之工作者今日开始到局工作,仅两人耳。建功尚未工作。

八月三日(星期四)

上午开通书座谈会。此是我局第二处之工作,计划中之材料极富,似不切实际。来客苗培时谈渠与赵树理等合作,与北京原出通书之书坊合作,因势利导,颇见其胜。

八月五日(星期六)

上午愈之作报告,谈国际情势及最近中央各机关举行精简节约检查之意义。全署人员听之。十点后毕。余看新收到之书籍杂志,并校校样二十面。

八月七日(星期一)

晨与语文组同人谈前在师大所谈之诗。墨聆余言,于国文教学颇有所悟。余劝其助为编选国文教本之工作。

八月八日(星期二)

竟日治杂事,亦复未闲。下午五时,集处级以上之同人,谈如何进行精简节约检查。自明日起,各单位先准备讨论,本星期六下星期三两个下午俱停各种工作,全署进行检查。主要之点在改进工作作风,增进工作效率。

八月十日(星期四)

上午,邀请有关部门派人开会,讨论年关宣传品(如年画、历本)之各种问题。愈之顺便报告,即须赶速发动反美侵略朝鲜及我台湾。谈至十二时而散。

八月十一日(星期五)

上午,筹委会各组汇报,十二时毕。下午看杂件。

八月十二日(星期六)

八时至二龙路师大女附中二部,为本市中学教师暑期国文讲习会讲话,系应陈哲文之招。仍以前曾讲过之一文一诗为材料,至将近十二时毕。

回家午饭睡觉,两点到署。今日下半日停止工作,专事检查。余参加编审局第一处,云彬为主席。因事前酝酿不足,会没有开好。原意在检查一切是否合于精简节约之旨,今成为开会而开会,大非精简节约矣,希望下星期三之第二次检查能有佳绩。

八月十四日(星期一)

沈静芷、张静庐、储安平三位往上海,与私营出版家开座谈会,为全国出版会议作准备,并酝酿出席代表之人选。三位归来,今日下午作汇报。至六时半散。

八月十五日(星期二)

上星期六作讲话,昨又送来记录稿,嘱为修改。原稿十二纸,改半日,去其七纸。此稿已属差可者,然又大需改动。此事亦诚苦矣。

下午,汇报精简节约检查,又花去两小时有半。检查之结果,即他无所得,亦可以发现若干问题,为继谋改进之门径。且全部中央机关均检查,综而观之,增进效率不少矣。

八月十六日(星期三)

上午续改昨文,至饭时,尚余半纸。下午两点半,全署续开检查之会,余仍参加第一处。诸人发言比上次好,颇提出若干问题。

八月十七日(星期四)

与愈之及灿然谈教育出版社之筹设。此社已于愈之之报告中提及,刊于报纸,非办不可。且教科用书确有综合编辑、审定、出版于一之必要。愈之嘱余多考虑其事,余殊无实干之才,因此托之灿然云。

午后,编审局四个处及办公室汇报精简节约检查经过及所得之问题,一谈三小时有半。于死板之学习方法,各单位均表不满,将改为自发、自修之方法。

八月十八日(星期五)

今日未作甚事,多与同人杂谈。与灿然与蠖生谈教育出版社,与云彬、仲仁、子勤谈语文教本。

八月十九日(星期六)

上午开筹备会议。即华东代表名单一题,已消耗半日。饭后二时,续谈展览问题。孟超所拟展览门类殊不切实,须大家助之,期有所改正。四时毕。

商务印书馆谢仁冰先生以无力应付难局,辞职,商务有瓦解之虞。此一大出版家不能任其崩析,于公私调剂声中,于出版会议召开之日,苟商务不支而坍塌,实为至大之讽刺矣。愈之乔峰伯昕与余共商此事,未决,伯昕有方案,须详商也。

八月二十日(星期日)

饭后睡一小时。四时,偕愈之伯昕访陈叔老,谈商务事。结论为俟知谢仁冰辞职以后全馆情况再商,我出版总署必助其渐即坦途。六时归。

八月廿一日(星期一)

竟日看杂件,治杂事。……七点半,集小组会谈,为将来出版界描一轮廓。今夕先谈美术出版社之建立,此系有现成底子,有人,有设备,合而为专业,其势至顺。其次谈"通联",系上海出版通俗读物之出版界五六十家所组织。我署拟支持通联,使有稿有力,可以出版较多之读物。会员店则分任发行之责,以普及于读众。十一点钟散。

八月廿二日(星期二)

上午,叔湘均正来,谈开明编辑方面事。余杂看文件及语文选材,今所编为初中四五六三册矣。建功来谈一时许,均涉字典。

八月廿三日(星期三)

刘薰宇自贵阳来,十数年不见,须发已苍,精神尚佳。渠在本乡任校长,有书来谓有出游之意,愈之乃邀之。究于何处工作,尚未定也。

三时集小组会,谈教育出版社之大概。又谈文艺出版社要否建立,结论为无须。且与文化部及文联共商文学书籍之出版究如何分工,再行研讨。

八月廿四日(星期四)

看语文教材。谈出版展览会。原定会所在北海公园,今知中山公园可以借用,虽为期不长,亦必争取。唯恐展览之品无多可观,设计难周,未能示人以何物耳。

下午三时,至文委开委务会议。先讨论卫生部卫生会议之总结报告。次讨论明年度各单位之概算。我署提出一亿八千万余斤,文委核减为一亿零七百万斤。因须支付各出版社之事业费,殊感其难办。其他单位均有此情形,所需者多，经核减则不周于用。谈至八点过，未能决定，下次再谈。

八月廿五日（星期五）

上午开署务会议，连带开筹备会。出版展览会只能借北海公园。北海与中山两园咸设书店售书，以引起人之注意。

柯政知君以所编小学唱歌本见示，多标语口号之作，书余所见答之。

八月廿六日（星期六）

上午办杂务，与辞书社三位谈小字典问题。

午后，联合小组谈中华与商务两家之问题。中华尚有实力，只须商定致力方向，不须我署多所相助。商务则接近于溃烂，非注入新血液，由我署插手不可。此小组凡谈三次，于主要私家出版业均已谈及，他不复论矣。

八月廿八日（星期一）

晨七时到署，缘前此精简节约检查宜有结束，愈之于今晨作总结报告。渠谈一小时，颇空泛。余继之，言出版事业之编辑、审读方面，我署方于不知不觉中创造一种作风，由个人的转而为集体的。其意甚可发挥，惜余未能也。

九时，全国新华书店第二届工作会议开预备会议，即往出席，勉强作短简而无聊之讲话。各地区代表谈书店实况，则较有可听。十二时半散。

七时，总署俱乐部开欢迎晚会，招待各地区来会之新华代表。俟余兴节目开始，即退出，与愈之伯昕诸君集会，谈人民出版社事。人民出版社系新华之出版部门，将来新华既专业发行，此社故当成立，以出版政治书籍为主。其人员将取编审局之第二第三两处充之，主持人或为王子野。谈至十点毕，场上余兴节目犹未完。

八月廿九日（星期二）

午后三时，全国新华书店第二届工作会议开幕。郭沫若、马夷初、李德全演说。继之胡乔木作报告，分三部分。第一部分言国际近况，多及朝鲜战争，谓和平民主之力量远胜于帝国主义方面，我国人宜存此心理，观一切之变化。第二部分言国内。谓立国虽仅一年，困难甚多，而成就不小。第三部分言新华书店将来专业发行，实为增强其政治任务。其言明切周详，于来京会议代表之思想上启发甚多。乔木思虑周密，条理秩然，余深佩之。如此之人不可多觏也。

八月三十日（星期三）

九时，愈之向新华工作会议作报告，至十二点半毕，阐明出版发行分工，各种出版专业化等项，俱平常，未有精警之论。

三时，至文化部，与雁冰、荃麟、靖华等会谈，讨论文学出版社要否成立。结论为暂不成立，将来再说。现在各种文学书分配于数家书店，以期渐趋于专业化。五时半散。

八月卅一日（星期四）

晨九时，偕愈之、云彬、蟪生、智贤等驱车往教育部，与部长、司长诸公为会，筹商成立教育出版社事。彼此同意此社为一业务机构，犹如书局，由教部为政治上之领导，出版总署为业务上之领导。所需资本，以华北上海两个联合出版社之国家资本充之。末了决定成立筹备会，由刘恺风、蟪生与余就双方再邀数人组织之。

傍晚，灿然来商调整编审局同人薪给。此事自是紧要，以一般而论，我处之待遇殊低微也。

九月（略去一天）

九月二日（星期六）

上午在署，由少数人商量我署对于商务印书馆致助之方。十一时诸人共往玉华台，与陈叔老、黄任老、雁冰、振铎、宦乡会谈，即言商务事。谈次，均谓须商务劳资双方有重振此馆之意图与表示，乃可以由政府致助。至求行事有效，须建立临时机构，以代替不复奏效之经理制。谈至午后二时散。

建功邀余与字典社同人共谈，就已写成之数字而为讨论。新参加者有萧君夫妇二人。谈次，觉诸人所见均齐，所撰字典当可胜常一等。

九月三日（星期日）

上午八时仍到署，开各组汇报，共谈大会筹备事宜。讨论会期间之日程，即花费三小时许。其实可不必集如许人而为讨论，三数人研究可也。

九月四日(星期一)

晨看语文教材,不几篇即止。蟆生示余以我署精简节约检查之总结报告,将呈送上级者。其文为王姓同志所拟,满纸空话,前后无条贯,实不成样子。余谓此类报告如欲敷衍将事,大可不作。如欲认真作,必须言之有物,见我署检查之真相。姑由余试为重作,草成而后,再由大家修正。顾杂事牵萦,来谈话者时有,下午仅成两纸。回家于灯下续作,复成一纸有半。目前一般文件,皆不可究诘,朦胧表意,细按之则问题重重。余力微,亦无能挽此倾向也。

九月五日(星期二)

上午,与蟆生、云彬、智贤、灿然四人谈教育出版社之筹备。缘明日教部同人将来我署开筹备之会。谈至十一时半散,推云彬、智贤起草组织条例。

九月六日(星期三)

看杂件数种。伏园来,以出版展览会之说明语句相商。午后写信数通。与建功商字典之注释。教部以简体字表嘱提意见,余与建功皆主简体字仅便于书写,本体仍须认识,否则但识简体者即被摈于种种现成书籍之外。故简体字仅能取已有者而挑选之,不必另行创造,每字必简。教部颇有自作仓颉之想,是为我人所否认也。

九月七日(星期四)

九点后,教部柳湜、葛志成二位来,续谈教育出版社之筹备。云彬已拟组织条例及组织系统表,即据以商谈。至十二时散,预约下星期一再谈。下午看国文教材,多不当意者。

夜七点半,邀各地新华书店来会之首席代表茶话,请其于本届之工作会议,各抒意见。诸人发言皆甚长,或关想法,或涉实务,皆非空言。愈之以所怀答之。十二点半散归,大疲乏。

九月八日(星期五)

上午看杂件,为灿然改一谈话记录稿。下午,看语文教材数篇,皆不如意。

九月九日(星期六)

愈之告余,出版会议开幕时,渠作关于出版事业之报告,余致开幕辞。今日始起开幕辞之草,仅开其头,即因谈论他事,未能续作。

午后,李维汉来,为新华来会诸同人谈统战问题……谈来头头是道,使人心折。历时四小时而毕。

政府委员会派人来,谓国徽早由全国委员会通过,即将公布;于其制法,起数稿而未安,托余另造数句说明之。即造四句付之,似亦未尽佳,若不看图,仍不能明其所指。

九月十日(星期日)

十时,与愈之会,驱车至前门外新华旅馆。代表到者尚仅小部分,有金子敦、王叔旸、史久芸等人。会谈半时而归。

九月十一日(星期一)

伤风甚重,在家休养,兼作开幕辞。伏案半日,饭后入睡不成,以想心思故。……灯下续写开幕辞毕,全篇不足二千字耳。须俟诸同人看过,再加修订。

九月十二日(星期二)

到署,以开幕辞示愈之蠖生。二君于前后次序有所指正,并谓某部分可以加畅。因修改之,竟日未能专意于此,遂未完工。

下午,李小峰来访,谈北新情形。继之,子敦、新城、文迪、绍华四位来访,谈中华情形。入夜早睡。

九月十三日(星期三)

开幕辞又经彬然、胡绳、建功提意见,重加修改。蠖生为余谈我署周围作发行工作之少数人之情况,甚详。一般人意见,主持全国新华,以伯昕为宜云。

今日来客有华问渠与吴朗西。入夜,总署及新华方面出席出版会议之所有代表开座谈会,由愈之报告此次会议之纲要,期诸人认识一致。九点半散。

九月十四日(星期四)

上午坐定治杂事。饭后,与胡绳、蠖生、墨、至美驱车至北海公园,观同人所布置之出版事业展览会。此会分四馆。第一馆表明鸦片战争迄于今日出版界倾向之历史。第二馆表明种种之印刷出版技术。第三馆陈列古代版本,由北京图书馆供应。第四馆陈列苏联图书,由苏联国际书店供应。各馆皆在布置,第一馆甚杂乱,拥书甚多,不分轻重,令观者茫无所获。因共茗饮,邀伏园孟超同谈,重行商定陈列纲要,去其繁重,以显明为主。

四点后返署,与愈之伯昕诸君共谈明日开会之各种准备,一谈至七点一刻。七点半有欢迎酒会,客咸集,出席列席代表将三百人,尚有各机关团体之来宾。以葡萄酒为主,有酒菜点心数色。众立而饮,互相举杯,甚欢。十点后到家。

九月十五日(星期五)

晨出前门,至新华饭店,晤颉刚调孚诸位。九时,至所借新中国电影院,开大会预备会,通过议事章程及主席团名单等。十时,主席团三十一人开会。午餐于惠丰堂。所有代表之每日饭食,皆由此堂承办。每餐数十席,如大办喜事也。

午后二时,举行开幕式。余致开幕辞,历半小时许。次之,沫若、吴老、雁冰、李德全、振铎诸位讲话。殿以三位代表讲话。三位皆少数民族,一为维吾尔族,一为朝鲜族,一为蒙古族,颇令人兴奋。六时散会,开幕式颇不错。会餐于惠丰堂,八时到家,疲甚。

九月十六日(星期六)

今日上午,愈之作报告。自九点起,至下午一点半而毕。坐会场中太久,余深感疲惫,恍恍忽忽,如在梦中。

三时,偕建功驱车至教育部,晤郑林曦,叔湘应邀先至。继之晤马夷老及胡乔木,于是六人会谈。乔木叙明要旨,谓拟发动运动,促起各方对于文字改革之注意。毛主席对于此拟加考虑,先欲得简要之资料,希有人能整理而供给之。决定由马夷老作文发表,引人注意。资料之整理,则请科学院语言研究所任之。谈次,乔木主张文字改革,多造简体汉字,以毛主席亦倾向此意。余与建功叔湘皆不甚赞同,俟他日从长讨论。

七点至大众剧场,十五单位于此开晚会,欢迎全体代表。余致简短之辞,看节目四个,即先归。

九月十七日(星期日)

十时,至北海公园。出版事业展览会预展,请诸位代表先行观览,提供意见。愈之略致数语,众人即顺次观四馆。第一馆已颇有改观,尚可满意,皆胡绳之力也。第四馆陈苏联书精而多，我国出版现况殆莫可与比拟。诸人自为解嘲，则曰，三五年后，我国之出版界亦将如是琳琅满目耳。书业同行复于公园各处设书亭八座，陈列书籍发售，亦一一观之。各亭陈设皆平常，未足引人。北京图书馆邀请诸人往彼馆参观，余足力已疲，未往。

今日厌烦特甚，几乎无一而可，自觉此种心情殆是所谓老境矣。

九月十八日（星期一）

今日起开分组会议凡四日，余不入分组，即不复出城，到署治杂事。厌烦心情如昨，精神恍忽如昨。

九月十九日（星期二）

看高中外国史稿。此稿原由覃必陶作，而必陶患肋膜炎，搁笔几两个月，近方由胡嘉续作。胡之条理与文笔远不如必陶矣。

薰宇来谈，明日将迁入署中住，愈之请其暂在编审局看稿。

下午，作关于我署精简节约检查之补充报告，呈政务院。大旨为陈述关于改更我署组织之意见。拟废去三局，改为一厅三司及图书馆。办公厅只设秘书、行政二处，或加设审计处。三司者，一为出版事业管理司，以原计划处及出版局组成之。二为图书审核司，以原编审局第四处为基础而扩大之。三为人事司，或称干部司，以原人事处改组，专司全国出版业干部之统筹调配。总署之下直属企业部门凡三。一、新华总店，专管发行，为原新华之发行部门。二、人民出版社，为原新华之编辑出版部门，加入编审局之二三两处。三、新华京津印刷厂总管理处，原为新华之厂务部。此外翻译局暂令独立，为业务机构，非行政机构。此外则与各部署合组之企业部门，如人民教育出版社及美术出版社等。

九月二十日（星期三）

晨与愈之至新华饭店，开主席团会议。决定分组讨论至星期五毕，廿三、廿四、廿五三日开大会，廿五下午闭幕。会散，署中少数人共谈，研讨日来分组会议情况，谋如何使此次之会较有成效。

返署已饭时。下午治杂事。建功、伏园、家霖三位来谈文字改革问题。

九月廿一日（星期四）

观伏园所赠定县推行平民教育之报告节要,此书所记经验,于此后扫盲运动颇有用处。他亦未作何事,仅书复信数通而已。

九月廿二日（星期五）

上午在署治杂事。下午三时至总工会,出席全国新闻出版印刷工会之筹备会。此次出版会议有工会代表若干人,即为筹备全国工会之准备。今已商定决定此筹备会,推出筹备委员廿一人,余与新闻总署之范长江俱在内。三点半开会,刘子久说明筹备意义,余与长江各致辞,于是全体照相。会尚须续开,先退。

七点半至新华饭店,开主席团会议,决定此后三天之大会在北京饭店举行,商定议程。十点半始散,余疲甚。

九月廿三日（星期六）

大会准九点在北京饭店之西厅进行……印刷、出版、发行、工会、期刊各组均作报告,上午即过去。下午一点半续开,胡乔木作报告,一部分言国际局势,大部分言出版工作,听者心悦。余于开会之顷阅文件起草委员会所起各种决议草案之底稿,略加修改,于报告之言辞未甚措意也。

九月廿四日（星期日）

晨至北京饭店,九时开会,各位代表发言。余不甚听诸人之发言,阅看文件起草会所拟之决议案及通电等草稿。此次须有五个决议,一为出版工作之总方针,其他四件则为出版、发行、印刷、期刊四方面工作之如何改进与发展。决议而后,出版界即须共同遵循,亦犹共同纲领也。通电二通,分向毛主席朱总司令致敬。声明一通,告全世界,我出版界反对美国之侵略行为。午后一时,主席团开会,讨论此项文件,各人提出意见,或删或补,或改其思路条理,至四时后始毕。推出余与胡绳、灿然、新城、云彬、文叔六人再加修润整理。找云彬、文叔,二人不见于大会会场之中。我四人遂至新华饭店,逐件细读修改。除进晚食外,略不休息,至九点始毕。尚有通电与声明,只得明日再说矣。到家神思恍忽,如在梦中。

九月廿五日（星期一）

上午仍开大会，通过五个决议，亦颇有讨论，讨论者多涉及实际问题。中间插入朱总司令之讲话，会众甚兴奋。饭后两点续开，通过提案及通电声明，继以陈劭先、邵力子等人之讲话，于是愈之对于大会经过作总结，即为闭幕辞。出版会议至此结束。余以三点时离开会场，驱车至怀仁堂，参加全国战斗英雄劳动模范代表会议之开幕式。

九月廿六日（星期二）

上午，大会秘书处汇报。大会虽已闭幕，而未了事尚多。各私营出版业须分头接头，决议诸点可以立即执行者须执行。会至午刻而毕。

偕愈之伯昕驱车至萃华楼，应谢仁冰之招，谈商务事。有叔老、任老、俞寰老、振铎、华东新闻出版局二位、商务工会一位。共谓商务必须集中力量，以谋改革，宜成立业务委员会，略如开明之方式，以为计划决策之机构。谈次进餐，食毕复谈，四点始散。

六点复至萃华楼，应钱君匋吴拯寰之招。二人皆出儿童书者。余告以欲出好儿童书，首宜培养绘画人才，先求其正确，次求其生动传神。其次，语言文字亦必力求精审。九点归。

今日为中秋，忽欲看月，自中庭望之，碧天圆月，清澈无比，似为往年罕见也。

九月廿七日（星期三）

上午于署中开末次之主席团会议，主要依大会之决议，将五种文件再加修正，期其完密。诸人评论甚详，至十二点半始毕。于是会餐于萃华楼。

九月廿八日（星期四）

此次出版会议，各地出版行政机关俱有代表参加，会议时设出版行政组。而诸人因参加其他各组，于行政未有所商讨。因以今日始，集此诸人为出版行政会议。今日倾听诸人报告当地情况，提出问题。自九时始，中间休息两小时，至七时毕，尚有二人未及报告。

九月廿九日（星期五）

出版行政会议继续开会，余则于上午与吉少甫、万国钧、灿然共谈教育出版社事。吉与万共主上海联合出版社出版教科书,此社将与华北联合出版社合并,其中私家股本退出,国家资本即为教育出版社之资本。华北社主持者为于强。而芷芬亦曾参加华北社,余拟拉使共事。谈论历两小时,决定由吉、于、卢三人共商办法,以为正式讨论之底本。万则将参加他务,不能来共事,请其从旁协助,出些主意。

九月三十日(星期六)

出版行政会议于今日上午结束。余未往,而主持编审局之局务会议,总结今年第三季工作。不拘开会之形式,彼此称心而言,乃多意义。会以十二时毕。

下午三时至中山公园音乐堂,全国委员会召开庆祝国庆之会。露天座位尽满,亦不知其几许人。周总理作报告,题曰《为巩固和发展人民的胜利而奋斗》,翔实、朴质、雄健,其辞甚善……一小时而毕。其声广播于全国同时闻知也。

夜八时,至北京饭店。毛主席以庆祝国庆,举行酒会。

十月(略去七天)

十月四日(星期三)

到署,看语文教材数篇。与柳湜、少甫、于强、芷芬、灿然诸君会谈,听少甫所提出组织教育出版社诸问题。余未必俱能理解,唯觉此事头绪纷繁。

下午,乔木来,为各地出版行政负责人谈话。此诸人即将返其本地,尚有若干事未能想通,故有此会。余旁坐听之。

十月五日(星期四)

上午,子敦、华问渠来谈。看语文教材。下午,闲看杂书。与建功、云彬谈语文教本之编辑,谓留心此事唯得一经验,即可为教材之文太少。以此语人,人或不信,然实况如是矣。

十月六日(星期五)

上午,少数人汇报,谈书籍进口问题最久。外国书之于我有用者,唯恐其进口少,而帝国主义之反动书刊,则又须防其进口。宣传部所拟办法,主要在统一进口,由国营之国际书店任之,而辅之以海关检查。午后续为汇报,谈各人经手与私家书店接洽之情形，四时毕。

十月七日（星期六）

上午与来访者杂谈。下午，许广平、雪峰、胡风、乔木、振铎诸君来谈鲁迅著作出版事。结论为许广平结束其鲁迅出版社，将版权托付我署。编选翻译鲁迅著作，悉由我署决定之。我署则委其事于编辑社，社由雪峰主之。

十月九日（星期一）

上午，少数人会谈，讨论商务印书馆业务改进委员会之组织与人选。华东出版局、上海出版处合推三人，由商务董事会聘请，参加此业务委员会。其中一人为万国钧，将以委员名义，实际上助谢仁冰处理一切，改进各项。又议及编辑之主持人，有两说，一说以乔峰主之，一说以陶孟和主之，助商务整理旧书，另出新书。究竟如何，尚待各方商洽。然必须旧有班子为后盾乃可，否则无论为周为陶，均不生效也。

下午，柳湜来，人民教育出版社筹备会开成立会，议定各项，即报告教育部与出版总署。办公室暂设于我署，教部有十人来参加编辑工作，不日即可来治事。吉少甫为经理部主任，于强与芷芬副之。造印教本供明年春节应用，即日当开始矣。

十月十日（星期二）

今日与人闲谈时多，与愈之雪村谈开明，与军委会编辑员二人谈部队小学课本，与伏老谈平教会。《进步日报》嘱作文纪念保卫和平大会之一周年，令二官代作，略加修改，寄与之。五十年代出版社将设门市部，嘱题词，书一尺幅与之。袁水拍来书问常用词汇之正别字，作书详答之。一天过去亦甚忙迫，然无成绩可言也。

十月十一日（星期三）

上午治杂事。午后两点半至文化部，雁冰邀开新文学选集之编辑会议。编委缺席者多，仅余与雁冰、杨晦、丁玲四人会谈而已。此选集选五四以来作者二十余人，老解放区之作家不在其内，各选其文为一集，印行传世。余之一集，原定自选，余以不愿重览已文，请灿然代定之。今各册目录已大致交到，故开会商讨。即按诸目逐一检览，或略表意见，或无异议。决定再由编委分册重看一过，以示郑重。此书将交开明出版也。

十月十二日（星期四）

教育部将开中等教育会议，来商我署同人为起草中学文史地之课程标准。被请之五六人集谈一次，结论为义不容辞，只得勉应之。

十时，与图书馆及计划处同人商讨版本图书馆之工作步骤。版本图书馆者，不以供人阅览为务，唯事收藏逐月逐年之新版再版书籍，据此为统计研究，以观察出版界之情况。谈两小时而止。

洗翁以今日返沪。渠身体不佳，云将在沪休养一个月。年已六十六，本甚健康而今突然衰老。

十月十三日（星期五）

上午作杂事。下午三时，与愈之乔峰列席政务院之政务会议。今日讨论我署关于出版会议之综合报告，故然。愈之作报告，详述出版界状况，及所以开出版会议之故，会议所得之收获，历一小时有半。政务委员多人发言，结果为基本上批准愈之之报告。尚有代政务院草拟之关于出版事业之指示一稿，则组小组加以研讨，修改后再定夺。会以八点后散。

十月十四日（星期六）

今日整日开扩大署务会议，上午总结出版会议，下午各单位报告第三季工作，继之讨论第四季之工作计划。愈之上午任主席，余下午任主席。竟日坐而听，颇感疲乏。

十月十六日（星期一）

竟日作杂事。明年春季用书将发印，与同人商作必要之修改。观东北教育部所译苏联之植物教本，其编制作一般的叙述，俾读者明晓植物之生活情况与种植方法，确较我国为胜。唯译笔不佳，我国中学生读之，颇多文字上之障碍。

十月十七日（星期二）

上午汇报，谈人民出版社、人民教育出版社、美术出版社、新华总店、新华印刷总管理处之种种安排，仅发其端，未有决定。最后推出九人小组专事研究之。

午后看初小语文之修订本。与彬然芷芬谈芷芬完全脱离开明之问题。

十月十八日(星期三)

竟日作杂事。与灿然谈教育社事,渠主张多与外面适当之编辑者发生联系,其人可编某书者,即编辑与修订咸归其负责,如是乃可专精。缘外面之人有种种关系,未必能来我处共事,而以其余暇助我工作,则往往可能也。即据此意见共商可托付之对象,亦有三四起,余较觉可慰。

十月十九日(星期四)

今日鲁迅纪念会,余未往参加。在署看教材及苏联初中植物学下册,并接洽杂事。

两点半至文教委,开委务会议。马夷老报告接收辅仁大学经过。此校为天主教会所办,近教会以办学宗旨不与相符,欲更换校长,辞退进步教授,而以停止接济为要挟。我政府遂收归自办,仍命原校长陈援庵为校长。声明此举为教育权之问题,与宗教问题无涉,诚义正辞严也。钱俊瑞报告工农教育会议之经过,并提会议中拟定之条例办法等六件,供众讨论。大旨为今后工农教育,不漫指工农,而以在职干部及老解放区农民为重。其方式取多种多样,不限于一格。

会尚未已,余以五点半先退,至琉璃厂荣宝斋。荣宝斋为诗笺裱背铺,其出品甚精,《北平笺谱》中以其店之成绩为多。近以营业不振,亏累不少,欲将歇业。我署乃投资一亿元,作为公私合营,始可维持。今日为重行开张之期,特设宴请客。余到时已开宴,愈之、振铎、建功诸位先在,即共饮。七时散。

十月廿一日(星期六)

上午在署作杂事。午后二时,偕建功云彬至教部,出席起草中学语文课程标准座谈会。缘十二月间教部将召开中等教育会议,在不更动学制之原则下,拟订各科之课程标准,以便教者遵循。今日到会者除七八熟友外,余皆本京中学教师。林砺老致辞后,莘田、建功、慧修及劭西及余七八人发言。末定教部中教司与少数教师先起一草,然后共为讨论。五时散。

十月廿三日(星期一)

谈商社事,阅看稿件,竟日未得闲。今日起改行冬令工作时间,晨以八点始,下午以五点散,中午饭后休息计一小时。

十月廿四日(星期二)

上午愈之约少数人会谈,言最近时局。北朝鲜受美军反攻,损失惨重。周总理国庆日报告,有朝鲜受帝国主义侵略,我国不能置之不理之语。而美国舰队驻扎台湾海面,美国飞机屡犯我东北领空,我亦再三声明,认为美国对我之侵略。愈之昨曾参加政务院方面之会议,大致决策为朝鲜与我为唇齿关系,……故所谓不能不理,换言之即非理不可,对于朝鲜宜予援助。……美国知难而退,最为善果。否则相持而至于扩大,我亦已有准备。美有国内矛盾及与他国之矛盾,亦并非不可抗之敌。所以今日宣传之口号应为抗美援朝,以求全国一致。愈之报告毕,复杂谈教育出版社事。

下午写复信,校读应发布文件,亦复未有空暇。

十月廿五日(星期三)

晨与祝志澄、芷芬、于强诸君谈教科书之排印事。照北京目前印厂之数量,配合当地出版界之需要已颇拥挤。解放军印部队教科书,即需用纸一万五千令。而我处之中小学教本亦须及时造成,非严密规划,扣紧时间不可。谈毕,祝君允注意此点。

十时汇报,改制小组报告开会经过,然后讨论。仅涉及出版总署之改组问题,亦尚无定论。

午后,与第四处自然组诸君会谈,请诸君从下月起审阅理科各方面之教本,以便选出其优善者,供学校暂时应用。自去年暑假后迄于今秋,中学理科方面之教本皆混乱无序也。会毕,阅东北编译之苏联中学植物教本。

十月廿六日(星期四)

晨间全署同人集会,愈之作报告两小时,申明抗美援朝,保卫和平之旨。请诸同人据此以研讨,以求意见之一致。

余续阅植物教本,加以修改。此书翻译之成分多,供初中用,学生多文字上之障碍,但令自观,未必能明。于是教师须为讲解文字。理科之教学而至于讲解文字,其教学效果必寡矣。

七点半，共至北京饭店，开中国保卫世界和平大会委员会及反抗美帝侵略大会委员会。郭沫若报告，此二会拟合并为一，意谓反抗美帝即所以保卫世界和平，保卫世界和平必须反抗美帝。于是按预拟名单通过此会之全国委员将二百人。又通过出席保卫世界和平第二次大会之中国代表团数十人。此次大会将于下月十三日在伦敦开幕。唯英国方多方阻挠，是否能开成尚未可知。

十月廿七日（星期五）

竟日修改植物学教本，仅与灿然芷芬谈教育出版社事数项而已。

十月廿八日（星期六）

晨至署中，知任弼时于昨日以脑溢血逝世。

伏案作文，因云彬之怂恿，为《学习》杂志作，题为《没有什么文字问题》。言文字问题实为语言问题，亦即思想问题，缘思想必凭借语言而进行也。迄于午后，得六七百字。

教部王芝九、余之介、濮原仁三君来，此三人皆将参加教育出版社，故来接洽。约定于下月一日起，来此与我处同人共同工作。

十月廿九日（星期日）

续作昨文，迄于下午三点，全篇完成，长二千二百言。

十月三十日（星期一）

晨至劳动文化宫，余辈登殿前之台阶，未及入大殿瞻仰任之遗容。九点二十分，追悼会开始。国歌，哀乐，行礼，刘少奇讲话，继之即移灵。乘汽车随灵车缓缓而行，至于八宝山。为时几两小时。

夜七时，至华北联合出版社，为工作同志讲话，告以此社改组为教育出版社，任务加重，业务扩大，望各努力工作云云。九时到家。

十月卅一日（星期二）

与灿然、于强、芷芬谈社事。十时，讨论我署改组方案，至午刻仅及其一半。下午改植物教本。看署中房屋分配，以便调整办公室。夜间尚须续谈改组事，余缺席自归。灯下仍改植物教本。

十一月（略去一天）

十一月一日（星期三）

上午半日，开署务会议，详细修改改组草案，予以通过。俟呈请文委批准，乃可实行。下午，柳湜余之介来谈社务。

四时，愈之向全体同人报告改组大概。今日为我署成立一周年纪念，经一年之摸索，乃定行政与业务划分，署专管理全国之出版工作。夜六点半，开纪念晚会。由余略致数语，即演苏联电影。九点归。

十一月二日（星期四）

今日《人民日报》始见关于援助朝鲜之正式口号，为"抗美援朝，保家卫国"八字。余谓"保家卫国"一语甚好，切近实际，可以予人直接影响。

午后两点半到全国委员会，盖举行座谈会谈时事，到者二百余人，诸人陆续发言，均谓于此事宜统一看法，朝鲜被侵非独朝鲜之事，实亦我之事，故必加援助。罗隆基言民主党派将共同发表声明。会以六点散。

十一月三日（星期五）

晨与自然组诸君谈话，请以三个月之时间，遍阅各家理科方面之教本，得一全盘之了解。将来拟订课程标准，编辑新的教本，均可以供参考。

十时至工会，开新闻出版印刷工会筹备会之第一次常委会。推定范长江为主任，余与祝志澄为副主任。此工会包含者广，情形复杂，宜如何组织，大家均无明确想法。因决定先设三个研究小组，发动各方面加以研究，然后汇总于筹备会。余与祝君任出版总署方面研究小组之推动与组织工作。

二时至怀仁堂，听周总理讲话，到者为政府各部门之负责人。周谈时局，说明于朝鲜事不能不理、不能缓理之故。今加援助，自有困难，但据以往经验，忧患可以增加力量。最后号召政府部门为首创，各以自愿方式，赴东北作支援之工作。……回署略作商谈，即归。

十一月四日（星期六）

上午十时，集处以上同人为会，由余传达周氏昨日之言。讨论如何向全体同人发动，使思想上有一致之认识。……除开此会外，其余时间余均改植物教本，颇获新知，亦复可喜。

十一月五日（星期日）

民主党派之时局声明以今日发表，颇不坏。

十一月六日（星期一）

晨九时，全体同人集合，由愈之报告，为动员之会。俟其语毕，诸同人纷纷发言，自陈前往东北之决心，竞夺播音器，激昂之情得未曾有。蠖生劝大家分头签名，乃得散会。

青年团李庚来，与均正祖璋相会。开明既以出版青年书籍为方向，其出版计划与杂志编辑方针，自当与青年团配合。约定一二星期之后，双方有所拟定，再来共商。

下午一时，与云彬、灿然、薰宇、晓先、仲仁谈教育出版社事。三时，在署长室集会，决定前往东北人员之名单。报名者总署及新华书店国际书店计三百余人，而实际无须此数，因于其中挑出四十人，以王钊楼适夷为领导人。其报名而不得去者，尚须为之致慰，俾安定情绪也。

十一月七日（星期二）

竟日除谈杂事外，续改植物教本。

六点一刻，署中集会庆祝十月革命三十三周年。请宦乡报告时事，剖析甚详，两小时而毕。金人讲苏联之爱国主义，平平。九时散。

十一月八日（星期三）

仍改植物教本。

十一月九日（星期四）

谈杂事外，看乔峰所编动物下册之全稿，略为修润。其书条理颇清楚，而未能多及各种动物之生活特点，亦未能与生产建设相关连，是其短处。

十一月十日（星期五）

改植物教本，今日上午毕其事。再请自然组诸君与渠辈所改诸本综合，成一定本，然后付排。

与云彬、灿然、仲仁、芷芬谈社事,拟定秘书处与总编室之组织。下午开《国书评论》之编辑会议,一谈又是两小时。

十一月十一日(星期六)

上午,听同事陈建中报告其研究拉丁字母编目法,谓可用于书目、人名卡、档案、栈房管理等项。其法确实有用,再加研究后,将设法推广之。

十二点半,署中业务学校欢送往东北之师生八人。余亦参加,略致辞,共摄一影。四时,余等十数人欢送往东北之人全体,凡四十二人,余仍致辞,亦摄一影。六时会餐。

十一月十二日(星期日)

九点半访介泉,与闲谈,留余午饮,二时始归。介泉从余劝,自五月起,得闲即续译其尚未译过易卜生剧,今已成一种有半矣。

十一月十三日(星期一)

上午杂看书报。下午三时,署中同人与新华书店同人共集,为欢送前往东北诸君之大会。愈之与余及乔峰、蠖生均致辞。行者王钊、适夷二位亦致辞,情意皆殷切。

六点半,与灿然共往华北联合出版社。缘上海联合出版社有十余人从上海至,与华联合并,共同为教育出版社之工作,故华联欢迎之。余致辞谓须彼此团结,交换经验。他如于强、芷芬亦讲话,均注重此点。二社原来之作风固不尽相同也。

十一月十五日(星期三)

竟日看中学语文教材。发排时期已迫,又有赶不及之势。语文组诸君习于延缓,虽有预期,无不拖后,实属无可奈何。

饭后,往东北之四十二人乘车出发,全署同人送之,合唱《团结就是力量》。余与愈之少迟往车站,登我署同人乘坐之车厢,与一一叙别。两点四十五分,火车开动。送行者呼叫拍掌,甚盛。今日登程者盖文教系统之各单位,不仅我署一队也。

十一月十六日(星期四)

续看语文教材。午后一点至北京饭店,文协召集在京作者为会,讨论抗美援朝之宣传。余被拉发言,临时应付,未能说得好。诸人发言至五时,乃讨论预拟之宣言稿。

十一月十七日(星期五)

上午,少数人谈调整机构后之人事配备。拟以蠖生、卜明主办公厅,洛峰长出版事业司,静芷静庐副之,乔峰长图书期刊司,灿然彬然副之。午后,续看语文教材。稍稍订正同人所为之注释与提问。

保卫世界和平大会第二届会议以英国拒绝各国多数代表之入境签证,改在华沙开会。

十一月十八日(星期六)

上午与云彬仲仁等会谈,估计今年应完稿之教本至迟于何日方能付排,而不至供应失时。又预计明年可为之工作,定其项目,待以后细商。

午后与萧家霖同往教部。叔湘在开明,亦当往,载与俱行。所谈为编集文字改革之资料,供毛主席等参考。教部拟有提纲,几乎将有关文字语言之项目尽包在内,实非仓猝可就。其中一部分有材料,一部分则无之,尚待研究。其有材料者,抉择评判,亦费工夫。谓由各方分担,叔湘、莘田、劭西担任一部分,我处则萧君可以参加工作。会以五时散。

十一月十九日(星期日)

叔湘来,坐二时许,与联棠、芷芬等谈出版发行分工之利弊。

十一月二十日(星期一)

上午在署治杂事。下午二时,至青年团宣教干部训练班,为二百余人讲语言文字,即余平常所说者。观听众面部表情,似颇能领会,且感兴趣。四点归,改陈原所编初中外国地理下册之稿。

十一月廿一日(星期二)

八点开署务会议,主要为推定改制以后各单位处级以上人员之名单。余以九时半先退,至师大在京中学教师轮训班,上课二小时。课名"教材教法研究"。

余则仍讲余之一套,似听者尚觉其有意义。

上午,在署看同人所作语文教材之注释。均正联棠来,谈私营书店教科书之售价问题。我社之教科书,明年之售价与今秋相同,其意在使学生不增加负担。而迩来物价颇涨,纸价尤跃升,其损耗请政府拨款补贴,名义为专贴纸张。私营书店依纸张之市价计算,教科书之售价须高出我社百分之八十。定价固无所限制,但读者取两方面之书互相比较,必将诟骂私营书店之重利,此最难堪也。此一问题一时亦莫能解决。

十一月廿二日(星期三)

上午与诸君谈教育出版社事,柳湜亦来参加。午后二时,复至青年团宣教干部训练班,为听众讲语句之构造。以最近各民主党派之宣言为例,逐句分析,至第三段而止。听众颇满意,余亦欣然。

十一月廿三日(星期四)

竟日与人谈事,室中来者不断。一日工夫匆匆即过。灯下略观陈原之外国地理稿。

十一月廿四日(星期五)

晨与愈之谈开明事。愈之主张将开明之组织简化,有效化,略如人民出版社与教育出版社模样。余促其于明日晚间邵力子邀宴时提出。愈之去后,余仍与人谈杂事,与昨日同。

十一月廿五日(星期六)

晨与愈之、邵公文、静芷、静庐共谈。三联、商务、中华、开明、联营五家将组织联合管理处,统一发行工作,特于下星期一始开干部会议。公文为此事倡导人,报告所知之各方面情况,俾我署同人知如何发言,使与会者可以解除顾虑,知所振奋。

九时半,教部中、初、社三司诸位来,与我教科书编辑同人开座谈会。我社系教部与出版总署所共立,教部犹如主顾,我社犹如工厂,自宜经常联络。余先报告实况与明年之工作,双方同人均有发言,虽非研究专题,亦增进互相了解。

午后,少甫、芷芬、灿然共余谈社事。少甫方自上海来,为社中之经济,特来探听。此事经伯昕之努力,总署与教部各可拨出一部分,又可向人民银行贷款百亿,暂可应本期之需矣。

四时至北京饭店。统战部邀集各民主党派来京开会之各诸党派之代表人士集会,到会者殆在四百人以上。周总理讲话,声斥美帝国主义,详陈抗美援朝为当前适合之举措,并为种种顾虑作譬解。末谓今后政府重要工作有四:一、巩固国防,二、巩固人民民主专政,三、巩固建国以来之财经成绩,四、巩固文教方面之成绩。其辞甚长,历三小时,于是会餐。

十一月廿六日(星期日)

六时至萃华楼。五联今日开预备会议,因而邀宴。此次与会者一百八十余人,五个单位之各地负责人及职工代表均来,规模虽不逮出版会议,亦复可观。诸代表中,余所识约有三四成,谈叙甚欢。

八点半归。灯下写明日在五联会议开幕式中讲话之轮廓,至十点而毕。

十一月廿七日(星期一)

九时至灯市口五联所假开会场所。谢仁冰致开幕辞。愈之讲话较长,余亦讲一小时有余,皆言联合发行有发展前途,并勉全体与会者重视工作。祝志澄继讲新闻出版印刷工会即将成立,大家须予重视云云。

散会已十二点半。即至文化俱乐部。黄洛峰方自苏联归来,愈之为之洗尘。……返署,与少甫谈社事。看陈原所编外国地理稿。

十一月廿八日(星期二)

看陈原地理稿。十时至师大,为轮训班诸教师谈话。初无准备,信口谈平时所怀之意见,连续一百分钟,听者似尚满意。

午后二时,商务、中华、开明、新华负责人及教部中教司中人共谈,商量数理化生物教本之供应问题。此类书尚须用诸家所旧有者,而各地供应,问题甚繁复。谈两时许,尚不能全部解决,须继续磋商。

灯下,改昨日余讲话之记录稿,亦费一小时有余。闻洗公返沪,委顿殊甚,深可虑。

十一月廿九日（星期三）

晨与云彬灿然诸君谈社事。看毕陈原之地理稿。今之各种教本，为急于应用，不得不付印发行，实则只能视为最初之草稿。以后据此草稿，逐步修改增删，其工甚多。

傍晚至开明。今夕开明之董事会与业务委员会联席会谈，邀愈之与余参加。先聚餐……餐毕谈话，多而寡要，至十时始散。

十一月三十日（星期四）

上午看同人所作语文教本各篇后关于文体之提示。此是王泗原所草而经他人修改者，余观之似未能切中要害。重作至不易，仅能修改而归之。午后治杂事。写编辑部全体同人之工作职位分配名单。

五点半，偕云彬至开明，会晤伯祥、调孚、均正三人。五人共至北大，应其邀宴。缘北大史学研究所有书稿若干种，由余介于开明出版也。北大方面有汤校长、王友三、金静安、郑天挺、罗莘田、向觉明六人，此外有客人振铎。餐后共谈，九时而归。

十二月（略去五天）

十二月一日（星期五）

开署务会议，通过改制以后各部分负责人名单。实行改制以今日始。编审局取消，教育出版社成立，余之兼职非局长而为社长矣。讨论数事而后，黄洛峰报告苏联出版工作方面之各种情况历两小时。

午后二时，集我署六单位推出之人开会，成立新闻出版印刷工会之研究小组。决定各于其单位成立工会筹备小组，进行工会之筹备工作。一天两会。他事即无可为矣。

十二月二日（星期六）

上午，看晓先所作历史教本稿一章，并作杂事。午后二时，全署同人及直属单位同人集会，由愈之报告我署改制情况，并发表高级干部名单。继之，洛峰谈游苏感想，以旅行记方式出之，娓娓动听，历两小时不嫌其长。

十二月四日（星期一）

竟日治杂事，略看教科书稿。柯灵来访，谈《文汇报》不易办好，而总希办好。约明日酒叙而去。

十二月五日（星期二）

上午作汇报。以后每星期二五作汇报，按次谈署内各单位事。今日谈办公厅之事。于公事分配办理及公文处理手续，一年以来尚未上轨道，期以改制之后，渐就条理。

十点至师大，为教师轮训班谈两小时。以毛主席《改造我们的学习》为例，言其宜如何提示问题，俾学生据以研摩。

下午在署内治事。看世英之地理稿。建功家霖来谈字典之编辑。六时至同和居，应柯灵之邀。同座有老舍、家宝、振铎、伏老、树理诸君，谈甚欢。

十二月六日（星期三）

看完田世英之稿两章，又看晓先之稿一章。

午后二时，至雁冰所，开新文学选集之编辑会议。此次选二十二家，甚巧合，今半数已亡，半数犹存。全数为四百五十万言，将付开明，明年上半年当可出齐。

五时返署。旋至北京饭店，新闻出版两总署作东，宴请新从苏联回国之宣传文教工作人员，以及来京开宣传会议之人员。凡八席，至八点半散。

朝鲜战事自我志愿军部队加入，予美军南朝鲜军以重创。昨日消息已收复平壤。……我派赴联合国安理会控诉美国侵略之代表伍修权已抵成功湖，其发言引起资本主义各国之惶恐。综观今日局势，我之出而援朝，实为转捩历史之伟举。

十二月七日（星期四）

上午伏案治事。下午二时，偕云彬往协和医院，视智贤之病。智贤肺病重发，吐血，已月余，血已止，然治疗颇麻烦，需时甚久。

十二月八日（星期五）

上午汇报，谈出版用纸问题。生产消费皆拟走上计划化，而所据材料不足且不确,往往出之以估计,殊难丝丝入扣。我国为维护国产纸,非不得已不用进口纸。而国产纸产量无把握,质量复较差,欲求出版品之精美,尚未可期也。

午后二时,与自然组诸君谈审读与编辑方面之事。复与灿然芷芬谈社事。他无所为矣。

十二月九日(星期六)

上午治杂稿。下午两点半,到中国科学院,听罗莘田报告斯大林关于语言学问题论著中之要点,及其与中国语言学方面之联系问题。莘田报告约三小时,于联系中国语言学方面之问题,几乎面面俱到,涉及至广。乔木续发言,承认中国文字之混乱现象,而要求语言学者予以准绳,确定文法。余意混乱是事实,而毛病不在讲文法,乃在词汇之乱用,语言之不精炼,毛病还在思想方面。此意建功与余相同。

十二月十日(星期日)

九点后至伯祥家闲谈,承留饮。午后共至介泉家,一谈历三小时。介泉谈及一事甚为重要,谓今日广播员之发音多有不正确者,此影响于群众之语言甚大,宜加注意。余当为新闻总署中人言之。

十二月十一日(星期一)

九时,教育出版社开成立大会。编审部经理部同人齐集,教育部出版总署首长咸莅。余以社长致开场白,马老、韦老、愈之、荃麟、云彬、吴研翁、张宗麟皆讲话。至一时而毕,摄影而散。此是重负,比以前更重,余可谓勉而任之。

下午,与人谈杂事而外未作甚事。夜间看田世英地理稿。

十二月十二日(星期二)

上午汇报,谈图书期刊司之事。午后看晓先之历史稿,开教育出版社之工会筹备小组会议。一日工夫,亦即此过去矣。

十二月十三日(星期三)

与芷芬谈事,修改行将发布之关于教本采用及售价之决定。十时,与编审部诸君谈明年之出版计划。

午后一点半,至文委出席委务会议。听萨空了报告西北访问之观感……张铁生报告香港文教情况……吴文焘报告在东欧之观感……至六点半散。

十二月十四日(星期四)

上午,续与芷芬少甫谈行将发表之决定,修改完毕,送交有关方面研究。

下午二时半,教部中教司张萃中副司长来,约编辑同人共谈中学史地之课程标准及教本之编撰问题。教部拟议,以后小学方面之史地,殆为必要之常识。自中学起,乃习系统之各科知识。学制改否尚未定,今拟标准,总之避免其循环重复。以便将来制度变更,少所更动。谈两小时许而罢,以后尚须再谈。

夜间,看晓先、曾次亮二人之稿。

十二月十五日(星期五)

开署务会议,各单位择要报告。继之讨论明年工作计划之纲要,至午后一点半散。

十二月十八日(星期一)

上午写信理事,亦复无暇。

下午二时,人民出版社开成立大会,全体工作人员咸集。王子野以副社长身份先为报告。次之,陆定一演说,旨为新中国确非昔比,在宣教出版工作中,应特别注意坚定全国人民之自信心。次之全体摄影。于是愈之与余相继致辞。会以六点半散,聚餐。

十二月十九日(星期二)

为文叔看所撰杂志文字。十时汇报,讨论明年工作计划,仍未有决定。

午后,与语文组诸君会商明年另编小学语文课本,于旧有者,则加以必要之修改。灯下,观王泗原君之《离骚的语文》原稿。此君于形声义均钻研至深,所得结论皆确切,甚可佩。

十二月二十日(星期三)

看语文教材数篇。与灿然谈社事。午后一时,偕祝志澄至总工会,开新闻出版印刷工会筹委常会。所论多无关紧要,而发言甚多,直至五时始散。开会大都类此,余所深畏者也。

十二月廿一日(星期四)

愈之忙于作明年之计划,而所得材料,或颇残缺,或出臆造,统而观之,至难合

�。我国人初无计划化之经验,今始习之,宜多困难,不知行之二三年能有进步否。

十二月廿二日(星期五)

上午开工会研究小组之会议。决定我组之六个单位可先成立工会筹备会,作工会应作之事。俟会员众多,条件具备,再开成立大会。

下午一点半,到教育部,应高教司之招,参加大学理工科教本及设备之座谈会。大学生今有一种情况,皆不赞同用外国文教本,以故亟须编译。到者多大学教师,各抒所见,未有定论。至于设备,或则全无,或则至不完备,尚待拟订最低限度必备之目录,然后设法致之。

十二月廿三日(星期六)

写信,看语文教材。傍晚,芷芬少甫来谈社事。

夜七点,与新华各大行政区总分店负责人及总店经理诸君谈教育出版社与新华之关系。以伯昕卧病未来参加,不能有具体之决定。

十二月廿五日(星期一)

上午与愈之、少甫、芷芬谈社事。社中经费甚少,现在资金百四十亿,又向银行贷一百亿,供应华北华东两区明春之书,勉可对付。若欲进而供应全国,则尚须增加甚多。午后,商量教部与我署会衔发布之关于教科书之决定两件,送文委核定后再发。

续作昨文,至夜而毕,亦仅得两纸而已,题目《写话》。

十二月廿六日(星期二)

上午治杂事。下午二时,开社务委员会,讨论明年工作计划,薪金调整问题,进用人员之手续问题等项,至五点半散。

十二月廿七日(星期三)

上午再度会商,究竟明春之教本是否全国同一售价,缘教部与我署会衔之"决定"即将发布故。共谓纸张虽贵,若提高教本售价,违反我人前数月不复涨价之谈话,殊失政府信用。西北西南区民生艰难,今秋定可以涨价,实未合理。因决定全国同价。此是一大事,向所未有,值得特书者也。其因此而来之亏损,由总署设法,要求国家补贴。

下午，由灿然汇合编审部、经理部两方面之工作计划，写定全社之工作计划，余与修订之，备交总署。写复信数通。

十二月廿八日（星期四）

十一时，图书馆汇报。馆中调出孟超，改以朱泽甫任副馆长，辅佐伏老，一切似渐有条理。

午后二时，开教育出版社工会之筹备小组会议。决改称筹备委员会，共十五人，即着手筹备。

十二月廿九日（星期五）

上午汇报，讨论计划。此系全国之出版计划，希望全国出版界明年即据此工作。初事计划，必不能准确，但期从此渐上轨道，大家均能有所长进也。

三时，至政务院，列席政务会议。首由郭沫若报告，提出对于接受外资经营之学校、医院、教会、救济事业之处理办法。讨论而后，决定先令登记，然后分别情形，或予接管，收回自办，或仍任其存在。……其次，由刘景范报告政务院各部门精简节约检查之总结。……刘君报告毕，发言者甚多，后由周总理作结论，及毕，已十时矣，列席者先退。

十二月三十日（星期六）

上午治杂事……饭后，叔湘来谈。二时后，出城至新华印刷厂，参加印刷厂总管理处之成立大会。去年曾来此厂，尚系正中书局之残厂。今已另建新厂，凡两幢，其宏大为全国第一，唯机器不多，各种设备亦未能与厂屋相称。略观一周，先行拍照，然后开会。余与乔峰照例致辞。即驰回署中，已届辞岁会餐之时间。会餐者为总署、人民出版社、教育出版社三单位之同人，凡六百人，七十五桌。

一九五一年

一月（略去二天）

一月一日（星期一）

六时，偕愈之乔峰至中南海勤政殿，参加中央政府之新年团拜聚餐。席次先经排定,毛主席为主人之第一席居殿之正中。余在第七席,周总理为主人,同座有老舍、萧三、钱三强、陈援庵、振铎、罗隆基、梁漱溟、徐悲鸿。毛主席首举杯,祝贺新年,愿大家多做些工作。既而全堂诸人互找对象敬酒碰杯,颇热闹。余之一席间谈及文字改革,周总理亦颇留恋汉字。八时散,径归。寒甚,飘雪。

一月二日(星期二)

到署,看世英之地理稿。午后一时半,与语文组诸君共商编辑工作,至四点半散。

一月三日(星期三)

续看地理稿,毕。又看语文教材数篇。选材不易得,往往选翻译文字。以本国语文教本而多用翻译文字,其讽刺性之强可见。余恒欲避免此途,苦于不能。

午后一时半起,与历史组诸君会谈。芝九重编高中外国史,晓先修改其所编之中国近代史,并参考书。又商如何与他处联络,多所请益。四点半散。

一月四日(星期四)

上午看教育组所编《小学教材教法研究》之一部分稿子。同人中于编辑少经验,文字训练亦差,殊觉看不顺眼。中学教本有六七种尚未发齐稿子,排齐样张,而春季开学即在二月中旬,距今仅一月有余。赶速印制,或者北京上海还可及时,其他地区必已无及。初意教育出版社成立而后,至少可以争取及时供应,今并去秋且不如矣。往者不可谏,唯期今年秋季可以免此病耳。

午后一时半起,与地理组诸君会谈。地理书半数约外间人士编辑,而以田世英为之联络。将来收到来稿,亦倚田君为之整理。

一月五日(星期五)

晨到署即开署务会议,讨论工作计划之修正草案,至十二时毕,仅原则通过,尚须加以改正。

午后与自然组诸君会谈。数学、理化、生物、生理卫生均将有新编之稿。数学由薰宇执笔,自是老手。其外诸君皆未曾编过书,恐未必能合适也。

一月六日(星期六)

上午看语文教材。与建功谈辞书社事。诸君所书之稿,曾以一部分油印本发送各方评论，回来之意见颇多，须汇合而考校之，择其善者，以改良我社之编撰方法。总期将来出书，于一般人之语文学习有所助。

午后一点半，与教育组诸君会谈。此组编两种书稿，一为教育年刊，一为教育资料丛刊。诸君皆初业编辑，于业务尚须学习，余拟随时予以助力。

文物局副局长王冶秋新自苏联归，来我署讲苏联图书馆情形。彼处有一中央书库，自一九二〇年起，所有书刊均保藏一份。我署之版本图书馆即师其意。王谓中央书库不仅保藏，且为全国之图书馆与读者服务。编印图书馆所用之书目卡片发售，他馆即不需各自编卡。又发印各种书目，分周分月编排，最后则有图书年鉴。我署版本图书馆固亦宜为此种种，然人力不逮，恐未能尽学也。

一月八日（星期一）

在署看曾次亮所撰初中本国地理第二册之下半册。又看杂件数起，与人谈事数起。

一月九日（星期二）

少甫芷芬来，谈社事甚多。我人于出版界颇为熟习，而环顾能手，实属无多，欲于其中选择适当人物，为我社增进实力，竟难乎其选。本年教科书之供应将顾及全国，苟无长才，殊未易为也。下午，看语文教材数篇。

一月十日（星期三）

二时至新华社，新闻出版印刷工会筹备会邀请乔冠华报告赴联合国控诉美国之经过。乔随伍修权出席联合国安理会，今方归国。连讲三小时，大意谓由于毛主席之正确领导，及我国志愿军在朝鲜之胜利，乃于资本主义世界中造成印象，中国确有力量，其力量足以影响全世界。乔君发言风趣，听者不倦。

一月十一日（星期四）

午后二时，开工会研究小组之会议。我署六个单位均将于近期内成立工会，而如何使工作有意义，有生气，恐亦非易。

芷芬将于明日往沈阳，视东北造纸工业，如可定货，即与成交。

一月十二日（星期五）

午后二时至教育部，高教司为大学文法学院教材之编辑问题开座谈会。到者多京中各大学教授。大致此方面之教本,其难于下笔有甚于理工学院者。各系任教者均有发言,均谓先从商定提纲入手。其已有条件者,固亦不妨试编。编之而应用,用之而修改,逐步求进,当有臻于完善之一日。今日初谈,仅属开端,并无具体结果。会以五时散。

一月十三日(星期六)

到署不久,即驱车至师大,为工农中学师训班第二届学员讲话。本届由李何林主持,系李所招邀。杂谈余平日所怀二小时,初未准备,信口而言,不自满意。

饭后两点,柳湜邀苏联教育家哥果里为我社同人座谈。哥氏谈苏联教科书编辑出版之认真,系我人所理想而骤未能实现者。此后将陆续请专家来谈,至有所助。

竟日未在室中坐定作事,殊觉匆迫。

一月十四日(星期日)

午后两点半,偕建功访萃田,三人同应乔木之招,会于中南海。同座者尚有胡绳与陈伯达。所谈为编撰文法书籍,供一般人学习,并于中学校加文法功课;以期语言之渐入规范,减少混乱。共议以叔湘主持其事。今日本亦邀叔湘,而渠以母病回沪,俟其来后再当劝驾。乔木主语言文字以毛主席与鲁翁之作为准。……以彼为范式,固可以号召,但举例之时,编辑者不妨斟酌其间,择其纯粹者而用之。会以六点后散。

一月十五日(星期一)

伏老偕黎季纯来,黎即将参加我社语文组工作。渠于语言文字深有研究,可得其助力甚多。

与建功萧家霖谈辞书社事,决加添人员,加劲工作。此于语文运动颇有关涉,辞典确定语汇之意义,并示其用法与限度,当可稍免语文之混乱。

午后三时至外交部,为其工作人员讲语文问题。承留饭。七点归。

一月十六日(星期二)

午后三时,至怀仁堂,听周总理报告,题目为说明本年概算之意义。周氏从朝鲜战事说起,云今年之概算即据此而定。国防建设置于第一位,经济文教建设,择其要者而为之,次要者则不废弃而延后。如治淮工程,且特定庞大之预算,为自来所未有。末言干部待遇,目前尚谈不到改善,仅能维持生活。然与赴朝志愿部队相比,彼辈以最艰苦之生活,干改造历史之大事,则一般干部再吃苦些时,亦复何足齿数。此一段深足动人,余为之咽涕。

周氏报告以六时半毕。余即往新华书店。彼处开工会筹备会成立大会,余讲工会之意义一小时,深觉疲劳。

一月十七日(星期三)

九时至师大,为教师轮训班补讲一次,讲各种文体。午后在署写信,看杂件。闻洗翁在沪病笃,为之怅惘。

一月十八日(星期四)

上午,与辞书社同人会谈,商讨小字典之编法。决定此字典以小学教师为对象,使其了解字义,并及用法与限制。逐项讨论,各有解决,谈半日而未完,俟他日续谈。

午后两点半,我署请乔冠华报告代表团赴联合国情形,余主持此会。听者有外客,共千四百人,可谓盛会。所言与上星期余所闻同,而较为简要,至五点半毕。余略致辞,号召捐助朝鲜难民。

一月十九日(星期五)

上午开学委会,讨论今后之学习问题。总之须酿成空气,期能人人学习。

午后一时至人民出版社,开历史小丛书座谈会。以往对于我国历史多取否定态度。毛主席谓我国如无过去之史迹,何来今日之伟大成就。本年且以号召爱国主义为重心,爱国主义自当以历史为重。于是大家珍重历史,报章刊物,均喜谈往迹。人民出版社遂有小丛书之辑。所拟目录,无非人物与史实,由到会者分认,余固未有认定也。

一月二十日(星期六)

上午全署集会,由余转述周总理星期二之报告。愈之继讲本年出版工作及总署工作之要义,强调作事需分工分层负责,各级各人需自有其计划,十二时一刻毕。计划者,吾人夙所未习,尚待学习。

午后一点半起,与辞书社诸君共谈。据所写稿子为讨论,研究其字之义类与用例,颇有兴味,较之一般开会,意义多矣。

夜间蟆生来,为余谈编译局之情况。又邀云彬共谈编写高小历史课本。

一月廿二日(星期一)

到署即开我社编审部全体会议。主要为讨论工作通则。柳湜发言至通达,共以为渠思想颇见搞通。午后,各方洽杂事,亦复无片刻暇。

一月廿三日(星期二)

上午编译局汇报,谈两事甚重。一为由局方与苏联国际出版局订合同,他们提出书籍供我们翻译,我们则分配与各出版家,编译局为包揽承译之机关。一为准备于半年内开翻译工作会议,将全国翻译家组织起来,有系统有重点的翻译外国著作。顺便研究提高翻译技术,使共趋于精密准确。

午后二时至新闻总署。新闻出版印刷工会筹备会借其处开报纸副刊座谈会,余为主席。北京有报纸四种,《人民日报》《光明日报》《工人日报》《新民报》。此四家各有副刊,多者将近二十种。到十余人,共谈甘苦,颇可听。会以五点一刻散。一日两会,惫甚。

一月廿四日(星期三)

上午八点半,总署及人民社、教育社同人集合,又有新华北京分店及三联、国际之代表,听余讲组织工会之意义。余仍以芝九之提纲为依据,讲一小时而毕,似尚使人满意。此后各单位即将筹备成立工会,其时期视筹备程度而定。十时半散会,续开教育工会之筹备会,议定即日登记会员。

午后二时,新闻出版印刷工会筹备会在我署开常委会。顾炜女士报告其视察华东区工会之所得,甚有精彩。此辈搞工会工作已久,经验至丰富,思想条理亦有轨迹,余听之颇得益。又议事多项,至八点始散。一会至六小时,惫矣。

一月廿五日(星期四)

柳湜来,与历史组语文组诸君会谈,商定召开座谈会,为修改历史教本语文教本之依据。又定后日由渠来我社报告爱国主义与历史教学之意义。

午后,写余自己小说集之序文,此文前日已动笔,今日仅得数百字而已。六时，我署之业余学校放寒假，余为致勉励语。

一月廿六日（星期五）

上午与语文组同人会谈，修改中学语文课程标准之初稿。谈三小时，仅修改全部之四分之一。午后治杂事，续作序文。

一月廿七日（星期六）

上午九点，柳湜来，为同人讲《爱国主义与历史》。渠谓爱国主义不是挂在口头讲讲的，必须在事实上使人民感觉祖国之可爱，而且须养成习惯。过去之历史观点妄自尊大。近百年来则妄自菲薄，处处自卑。新派历史著作对于过去又一切否定，以今日之目光，衡历来之事件与人物，乃觉一无是处。之数者皆非是。必须对史实还其本来面目，就其时代与环境观之，凡有进步作用者皆可褒扬，不然者加以贬抑。如是乃可以解释我国数千年历史之积累，发展以至于今日，并可以解释今日之革命成功，蔚为东亚大而强之国家。对于否定一切之观点，必须加以纠正。又谓今日中国之成就何等重大，我人往往不自知，友邦人士之感觉反而视我为敏捷而深切，此大非所宜。故了解今日之历史，亦为切要。谈三小时而毕，意甚深长，大家心服。

午后，与建功、家霖、灿然开辞书社之社务会议。芷芬来，谈印刷人民地图事。此图由曾世英主持，今年上半年可以出版，将为国内最完备之地图。

陈哲文来，介绍工作人员与我社。并谈及语文教师能力差，新分子无自培养，中学生语文程度低落，大是隐忧。

一月廿八日（星期日）

我署近日将招待捷克文化代表团，大家派余谈我国教科书情况。余令至美起一稿，下午加以修改，入夜始改毕，不过二千言耳，将翻成英文。

今日，墨在家竟日校对，为教科书赶工，勤劳特甚。

一月廿九日（星期一）

上午九时，教部开中等教育会议之预备会，教育出版社须出代表二人，余与云彬往参加。此预备会须开六日，我二人不能常往出席，只能请同人轮流赴会。马夷老致辞后，由林砺老报告，希望会议就中等教育重点何在及普通中学应如何改进两点有所决定。语毕,即按地区分组讨论会议应如何进行。余在东北、西北、华北之一组,顺便发言,谓语文教学失效,教师无法施教,今后师资愈形缺乏,为严重问题,期于中教会议中有所讨论并决定。

下午在署治杂事,亦无多休闲。

一月三十日(星期二)

与历史组同人开会。陈哲文介绍张中行来我社,今日见面,请在语文组工作。

午后两点至文化俱乐部。编译局邀集翻译界同人六十余人开座谈会,商量如何召开翻译工作会议,会议之重点为何。发言者甚多,大多谓翻译工作应按目前之迫切需要,其次要者,留待他日。结果推定十一单位集会筹备。以五时半散。

一月卅一日(星期三)

晨九时,偕晓先、芝九、陈侠共往教部。今日为全体会,上午听苏联专家报告,题为苏联之中等教育。谓苏联教育目标为建设共产主义之人。一方精神品质,一方知识技术,俱依此而进行训练。讲至午后一点半而毕。无多深意,然听之亦复兴奋。

两点半,听韦老报告教部之意旨。谓三月间之中教会议拟讨论普通中学之方针任务,中学之课程改革,中学生健康之增进,以及如何贯彻爱国主义教育之问题。并谓中小学学业进程拟取一贯,不事重复。中学仍分高初,而一贯之义不改。讲至六时毕。

二月(略去一天)

二月一日(星期四)

上午作毕选集之序文,全篇仅三千言耳。对于自己之作未能有所剖析评判,仅略述所以不佳之由,亦借以暗示当世之作者。

下午看杂件,治杂事。今日居然未参加任何集会,殊为难得。

二月二日（星期五）

晨偕晓先、世英、仲仁至教部，参加讨论。上午讨论中等教育之方针、任务、目标，下午讨论课程，发言皆不甚深入。如此之会，费时甚多，各人且自远道而来，亦大可不必。五点返署。

二月三日（星期六）

上午，来谈话者五六人。午后，教育组开会，柳湜亦来。决定教育资料年刊不出，以所得资料分成三册出之，一为教育法令汇编，一为教育大事记，一为教育论文索引。柳湜强调学习之重要，谓今日对于教育，正需努力研习，针对实际乃可有用。以前一切，以模仿苏联为宗，今知苏联之实际不同于我国之实际。此一进步，大可记也。

二月四日（星期日）

接士敫电话，谓洗公于今晨四点逝世，闻之伤恻。所患为十二指肠癌。念余与渠相识将二十年，抗战期间尤相亲近，今日死别，如何不咽涕。

今日阴历小除夕，吃年夜饭。龙文夫妇亦来参加。

二月五日（星期一）

上午，看语文教材若干篇。看陈同新所编译之初中物理稿。午后仍治杂事。夜间吃饺子，从北京本地人之风俗也。

二月六日（星期二）

今日始春节放假三天。客陆续至，都四五十人，皆开明系统中人。与芷芬至善共饮，谈出版界情况。

二月七日（星期三）

九时，偕凤祥乘清华校车出城访叔湘，十时到达。与叔湘谈语法问题。叔湘招江清来，谈佩弦全集问题。遂共午餐，饮葡萄酒。饭后，往访佩弦夫人。三时离清华，入城，逛东安市场而归。

二月九日（星期五）

上午到署。会谈十四日如何招待捷克文化代表团。

二月十日(星期六)

上午作文,答各方评论教本之文字,将刊于《人民日报》之《图书评论》。所据为语文、历史、地理三组之拟稿,昨已动手,今日续作,未能完篇。

教育部韩幽桐副司长偕部员三人来,托余完成语文课程标准之起草工作。余不得推辞,允以下星期每日开会,至起草完成而止。

二月十一日(星期日)

十时后叔湘来,与偕往中南海,晤乔木胡绳,谈语文之事。彼二人怂恿叔湘编语法书本,即留饭。两点半应语言研究所之邀,至孑民堂作座谈会。就语法及语文教学各抒所见,发言者十余人,谈三小时,并无结论。会散,会餐,凡两席。

二月十二日(星期一)

九时,工会研究小组集会,我署六个单位之工会筹备委员会汇报。诸单位均欲成立正式工会,但一般工作同志于工会之性质、意义尚未彻底明晓,有一一解答之需要。余所知亦甚浅,将乞全国总工会派人来作报告。我新闻出版印刷工会筹委会之顾炜同志见识颇广,于一部分问题能即时解答。如此女子,亦可谓中国之新型人物,以前不能有也。

饭后,续作答复批评教科书之文,至于散班大体完毕。

二月十三日(星期二)

看许南溟所编初中物理,盖与陈同新合编者。二人之作以苏联之书为蓝本,切于实用,余以为颇佳。

午后二时,教部汤君,教师三人,来与我语文组同人为会,修订语文课程标准。一谈三小时,仅商定目标项下之一半而已。念杂事纷集,曾无少得空闲之望,不免心烦。

二月十四日(星期三)

招待捷克文化代表团。来者四人。愈之谈我国出版概况,余谈我国教科书之略史。皆由同人张君译为英语。十二时客去。

下午二时,续开会讨论语文课程标准,进展甚缓,仅勉强写定目标一项而已。悬甚悬甚。

二月十五日（星期四）

上午接洽杂事，与诸同人洽谈，看物理学稿十余页。下午仍与数人商语文课程标准，进行亦不能快。余所为答评论教科书之文，灿然复加补充，抽空看之。

今日墨以伤风在家休养，自开汤头服之，得汗而热退。墨迩来致力于校雠，殊为劳困，而意兴至佳，亦可慰也。

二月十六日（星期五）

晨开署务会议，通过本年出书计划。此是全国出版界之计划，而实现此计划，乃出版总署之责也。十时先退，开社务会议，讨论下月内开教科书会议，商量有关之各项问题，期实现全国统一供应。柳湜主于会前先解决资金与纸张等关键问题，其他问题则可迎刃而解。柳之气魄甚大，余初不之及，唯有勉力以赴而已。

饭后看我社答各方面批评教本文稿之校样，刊于《人民日报》者。整理昨日谈语文课程标准之稿，清缮一通。今日停开会议，余戏谓放学也。

墨尚有四分热度，伤风尚未愈。余伤风而不重。

二月十七日（星期六）

看语文教材数篇。九时半至师大，为工农中学师训班讲《民主党派宣言》，计两小时。此是学员所要求，为将来教学时之范例。

午后看物理稿数页。二至五时，仍与诸君商量语文课程标准，计通过原稿两页。

二月十八日（星期日）

偕彬然往开明。开明以邵力子名义请客，欢宴予同，兼开董事会。商谈结果，总经理由邵力子以董事长暂兼。协理雪山，主营业方面，参加五联。另聘彬然为协理，主生产方面，每周到店三个半天。其外几位襄理仍旧。一点半会餐，酒菜俱佳。饭罢开董事会，余与愈之、均正、调孚诸人旁听。

二月十九日（星期一）

上午与诸同人洽杂事。看物理稿将近三十页。午后仍与诸君谈语文课程标准，全稿十一纸，已商至第八页，大约再经四五次集会，即可完稿。

二月二十日(星期二)

上午新华书店汇报,议三事。一、总店于本周内开成立大会,二、改订店中工资标准,三、与邮电部商洽发行问题(邮局一年来亦发行书报,颇有发展)。

午后三时,诸君仍来谈语文课程标准,成绩不多,修改原稿不到一页。

二月廿一日(星期三)

九时,我社之工会筹委会开会,讨论两小时。一点半,至中央文学研究所。此是文联所办,专训练各方面原任文艺干部之人,使其深造,为期二年。现有新文学史及文艺学两门功课,余则请人作专题演讲。余讲三小时,仍是余之老调。

二月廿二日(星期四)

上午与愈之、洛峰、蟫生诸君谈教育社资金事。午后二时,教部林老、吴老、方老、柳湜诸君来,与我社同人谈中小学教本之修改问题。谈三小时,颇有决定。大致为既云修改,即以少所变动为原则。精心为之,如意为之,只得俟之将来之新编本。

墨在家休养数日,今日已到社任事。

二月廿三日(星期五)

上午,图书馆、编译局、人民出版社三单位汇报,至十一时毕。图书馆将仿苏联中央书库之制,为全国图书馆服务,期节人力。编译局筹备全国翻译工作会议,四五月内,应须进行之事甚多。人民出版社尚未能如计划工作,稿源不丰,干部不足,印刷力不充,皆其原因。

午后二时,应中国青年报社之邀,为之讲话。听者皆为报社之工作人员。此报系青年团所办,方在试印,尚未发行。余就其试报四份,为言标题、撰文、校对、标点各方面应注意之处,两小时而毕。又答问约一小时。似尚能使听众满意。中午亦怠甚,讲话一通,精神复振。然余实颇怕此等招邀也。

二月廿四日(星期六)

上午八点半,我署开工会之成立大会。机关成立工会,以我署为始。选举结果,余被推为十一委员之一。余固非积极分子,而大家相推,殆以余时时谈及工会,不知余实勉强也。

午后二时,我署招待邮电部发行工作会议之全体代表,共为座谈。彼等谈发行工作之典型经验,我方由王益发言,谓出版方面如何希望与邮局配合,共同搞好发行工作。五点散会。八家书店招待此辈代表于森隆餐馆,余亦参加,与谷春帆同席。谷在邮界为老辈,邮局发行固由渠策划者也。

二月廿五日(星期日)

张允和女士来访,欲在我社工作,谈话甚多。俟与诸友共商后决定。

二月廿六日(星期一)

晨与芷芬、少甫谈社务两小时。与愈之、灿然共谈两小时。午后,文物局孙家晋、彭处长来,怂恿我署办中央书库,谈一小时。复与泗原汤源二君商谈语文课程标准。

二月廿七日(星期二)

上午汇报,谈印刷厂工作分配。目前印刷能力已感不敷,我社教科书需大量运用印刷力,如无补充,顾此即失彼。可能之办法在用卷筒机印教科书,然此亦非急切可以实现者也。

下午,仍与汤君及泗原谈语文课程标准。至于五时,居然全部完稿。即请汤君带回教部,便尔交卷。此事亦延至半月有余矣。

二月廿八日(星期三)

上午与同人洽杂事。看文叔所改小学语文课本。午后二时汇报,谈教育社资金问题。

三月(略去三天)

三月一日(星期四)

与地理组诸君会议,谈最近期内之工作。少甫来,谈社事一时许。午后,看文叔季纯二位所改小学语文课本,尽两册。写信数通,皆接洽杂事。

《人民日报》记者来,嘱撰关于爱国主义之文章,姑应之,不自知何日可以交卷。

三月二日(星期五)

乔峰已自杭州返,谈南下见闻。愈之继报告中央决定至明年底止为准备期,自后年起,十年建设。就我署各单位而言,教育出版社供教科书,新华书店主书刊之发行,新华印刷厂领导印刷业,皆关于准备甚巨。故必以今年明年一一搞好,乃可与其他方面配合。

二时,工会委员会初次集会,余被推为主席。推辞久之,顾炜亦言政工不分,往往无好结果。而同人均以为不妨,亦只得应之。副主席为程浩飞,固善于决策办事者也。

三月三日(星期六)

上午柳湜来,催灿然、晓先、芝九速拟订中学历史课程标准。又谈社事甚久。俟其去,余看物理教本稿两章。

午后三时,至怀仁堂,听周总理报告,题为目前局势与今后工作。就抗美援朝、土地改革、镇压反革命等项而为发挥,谓此数者皆为准备时期之主要工作。六时散。

三月四日(星期日)

上午九时,叔湘自城外来,谈血脉跳动轻重迟速不匀,医谓须得休息,而事务所迫,不可得休,实属难事。十点过,乔木来,应约与叔湘会晤,请叔湘在《人民日报》刊载文章,谈文法,供干部研习。中共中央已通知各级党委,嘱大家注意文理,并言《人民日报》不日将刊载此类文字,故索之甚急。谈论结果,决先从报纸杂志搜集材料,据材料然后为文,期于二三月内完篇。乔木事甚忙,谈毕即去。叔湘留饭。

午后二时至青年会,为洗公举行追悼会。到者为开明同人及出版界同业,凡百余人。发言者十余人,余亦在内。

三月五日(星期一)

上午来谈话者数人,看稿数种。午后二时,我署女同志为预祝三八妇女节,招待同人之家属及保姆。陶大镛夫人牛平青为主席,讲话甚得体。余被邀讲话,小儿杂闹,不可理思路,说得短而坏。此外发言者复数人,继之为余兴。

三月六日（星期二）

振铎派孙家晋来，约余与渠联名发起为座谈会，讨论筹建中央书库，其期定于星期四。云彬自杭州返，谈沪杭现况及出席省政府委员会情形。

明日，因同人之邀，余将为大家讲毛主席之《实践论》，不得不为准备。回家晚饭后，仍复玩索，至八点而毕。

三月七日（星期三）

上午，我署预备参加明日座谈会之六七人会谈。共谓中央书库之必要，不须讨论，须讨论者为如何筹建，以何机关为主。共谓需文化部与我署共同任之，筹建图书馆固文物局分内事也。

午后二时，为教育社同人谈《实践论》，以余之所见为阐说，历一点四十分钟。听者似尚以为非瞎说。

晚六时半，全署女同志举行三八节妇女座谈会，余以工会代表讲话。八点归。酒罢，整理三日周总理报告之记录稿，明晨将向全体同人传达。

三月八日（星期四）

晨八点半，全体同人会集，余传达周氏之报告，历一小时二十分毕。乔峰继之，谈此次南行观感，偏重于浙江土改后之情况。愈之又继之，谈土改情况，抗美宣传，防止匪特，在署内发展各个民主党派，扩大统战工作之效。会以十二点半散。

雪峰来京，将任文学出版社社长。愈之邀渠会餐于文化俱乐部，余与洛峰蟪生同往。谈次共谓人才难得，成立文学出版社，实颇单薄。

二时，余与蟪生至文物局，出席筹建中央书库之座谈会。共谓此库有意义，宜着手筹建。以独立为妥，不附属于任何部门，而以文化部与出版总署共同领导之。结果推出七人，我署四人，文化部三人，草拟具体之筹建计划，以便提出于文委。

三月九日（星期五）

晨与语文组诸君开会，谈分配工作，赶于本月内将中小学语文本付印付排。又谈书上使用专名号之问题。此事不可细究，细究实甚繁复。今日共谓只能自定办法,即不甚合理,但有可解释,即亦任之。居然商定条例,今后排书稿便以此为据。

午后一点半,人民出版社工会开成立会,余以全国工会筹委会代表名义致辞。语毕即退出,参加总署工会委员会之会议,商定各种工作委员会之建立,又谈各委员会工作重点。同人俱有搞好工会之决心,余亦深望此愿不虚。

三月十日(星期六)

上午与建功、家霖、子劲三位共同讨论字典稿,期于讨论中发现必须遵循之体例。因有客来,仅讨论五六字而已。客为宗亮寰,原在我社上海办事处帮忙,暂来北京助理本月下旬之教科书出版会议。另一客为新华通讯社之韦明,谓彼社因通讯稿文字不佳,发动全体社员为"练笔运动",邀余为之顾问,并约于下星期六到彼处讲话。

午后二时,我社之工会开成立会,余为主席。同人情绪确颇热烈,于国歌声之洪亮兴奋见之。举出基层委员七人,经费审查委员三人。五点半聚餐,菜虽不佳,兴味自佳。

三月十二日(星期一)

今日居然无集会。看文叔季纯所改小学语文。又看物理学稿一章。芷芬已自沈阳返,谓东北产纸量无多余,唯余木浆。如能购其木浆,令关内纸厂加工造纸,则大可供应需要。今后恐只能从此点想办法。

三月十三日(星期二)

看语文改本一册,与少甫芷芬谈社事。午后一点半,为同人讲《实践论》,系用语文老师之讲法,连讲三小时。自己仍不满意,似无所说明。

三月十四日(星期三)

写复信数封,看语文改本一册。午后,与教育组诸君开会,谈工作。

三月十五日(星期四)

午后二时,教育社工会基层委员会开第一次会议,余以筹备委员会主任名义为之主席,推出芝九为委员会主席,杨定远为副主席。设组织、文教、劳保、生产四个工作委员会,基层委员分别参加,另外于会员中选出委员充任之。又设秘书、妇女委员、财务委员。此一套余向所不习，盖新经验也。

三月十六日（星期五）

看苏联中学教本《自然地理》之译本。青年团团校两女同志来，询如何作语文方面之修养，以期辅助青年团之工作同志。柳湜来，谈下星期教部开中等教育会议，邀我处多人参加。

三月十七日（星期六）

上午九时，开辞书社社务会议。现编之字典期于九月底完稿。第二季之工作，一部分为搜集资料，作将来编辞典之准备。

一点半，至新华通讯社，为其编辑人员讲语文问题。听者二百余人。余讲老一套两点半钟有余，似颇能引起兴味与注意。又与少数人为座谈会，历一点半钟而毕，留饭。七点归。

三月十九日（星期一）

今日中等教育会议开幕，余未往，俟讨论语文课程标准时乃去。

上午，巨赞和尚来访，介董秋斯与谈佛经翻译。当时佛经之翻译反复周详，可为今日译界之楷模。

三月二十日（星期二）

上午与编译局诸君会谈，主要谈筹备翻译工作会议。十一点半散。

午后二时，为毛主席选集刊印事集会。"毛选"之正式刊印，筹备已二年，今年七一，中共纪念日必须出版。今年决刊印五十万册，分三次，第一次印成二十万册，分北京、上海、沈阳三地印造。此选集约一千五六百页，洋装穿线订，工作颇不易。各部门如能各不延误，则可以印出不误。"毛选"之正式出版，为今年出版事业之一大事件也。

夜七时，至师范大学。新华书店与师大共办一业余学校。新华出店员二百余人，师大以四年级学生为之教师。今夕开学，双方当众签订合约，一方保证教好，一方保证学好。此场面开新例，为之深感。余讲话约二十分钟。其他讲话均热烈诚挚。十时散。

三月廿一日（星期三）

晨治杂事。二时,出席新闻出版印刷工会筹委会常会。往东北之调查小组已回来,由张同志报告所得材料。属于新闻出版印刷系统之人员极大部分已参加工会。成问题者,脑力劳动与体力劳动之职工合在一起,工会应如何搞乃有意义。据其电台之典型经验,其工会重在推动生产,即大有活气。长江同志乃谓调查有此收获,即有价值。大致工会方面即以此途为要。顾炜报告我出版总署系统中已成立五个基层工会,谓宣传不够深入,参加未免马虎。唯期今后好好的搞,务求实效,不致徒有空名。此外又讨论会务数项,以六点散。

三月廿二日（星期四）

上午十时汇报,讨论教育社之资金问题。蝥生表示意见甚得要。渠谓教育社既为企业机构,非保本且赢利不可。如政府不赞同涨价,以为应作何折扣,即当由政府补贴。此意以前未明白认清,盖以今日为始。

午后一点钟,工会请政务院参事李俊龙报告中南区土改情形。余听之颇有长进,虽历两点半而不倦。

傍晚,许广平、高祖文偕来,即共饮。许以政务院副秘书长名义,负责联系文教机关首长,慰其辛劳,问其疾苦。余实无可言,闲谈而已。八点去。

三月廿三日（星期五）

上午,工会研究小组开会,到者为总署系统内十个单位之代表。其已成立工会者凡五,为总署、人民出版社、人民教育出版社、新华总店、国际书店。其在筹备阶段者亦五,新华北京分店、三联总店、三联北京分店、科学技术出版社、中国图书发行公司。各为报告,共谈其经验与难解之问题。下午一点半,总署基层工会开会,报告工作,解决问题,又是半天。今日全为工会事开会,亦复非往日所能预料。余固不能处理此类事,从中学习,亦颇有进益。

三月廿四日（星期六）

晨到署即与语文组诸君会谈。缘《人民日报》刊载一文,评我社之中学语文课本,谓其爱国主义不足。其言有当者,亦有未当者。因共商定要旨,请云彬起草一文答之。谈毕,与少甫、芷芬等谈下星期一开始开教科书出版会议事。此会将历一星期，各地代表已有报到者。谈毕，人民出版社汇报，子野、应申谈社中近况。午后一时，人民教育出版社社务会议，亦谈教科书出版会议事。

三时，民盟在总署之区分部成立筹备会，邀余以总署行政负责人名义参加。近因中共号召，各民主党派均将谋发展。在政府机关，则各党派分别认定发展对象。我署以民盟及民主促进会之分子较多，故即由此二者在署发展。愈之为民盟之组织部长。乔峰则民盟而兼民进，皆任中委。区分部筹委会之召集人则云彬也。谈话者十余人，余以"组织起来"为题，谈约十分钟。五点半散。

三月廿六日（星期一）

晨到署，即与少甫芷芬商谈余之讲话提纲，一部分言教育出版社之概况，一部分言教本供应之未能满人意之情形，最后希望今次教本出版会议获有成果，能使今秋做到"调整生产，准时出版，及时供应"。又至署长室会谈，商定愈之讲话之内容。于资金、书价、版本、发行各方面各有意见，供会众参考。

午后一时半，教部马韦两部长到，又有各大行政区之文教当局数位。出席代表将五十人，来宾十余人。他则我社之全体同人。文化宫居然坐满。两点开会，余以主席致辞，讲四十分钟。继之马部长讲话，愈之又继之。次之为华东沈体兰，东北车向忱，山西某君，上海某君。会以五点散，诸人讲话皆切实而紧凑，不流于形式，开端颇好，余为心慰。六时，会餐于萃华楼。凡七席，七时散。

三月廿七日（星期二）

晨至署中，少甫即以昨余之讲话记录稿嘱修改，谓将刊印，供与会同志讨论。余草草看过付之，不能工也。

八点半，即驱车至教部，参加中教会议语文课程标准之小组讨论。但上午议程有改动，先为大会，由副部长钱俊瑞报告《中学暂行规程》之修改要旨，中教司林砺儒报告修改之文句，至十一时毕。继开中学语文课程标准之小组会议，由余主席。由起草者报告起草经过，继之请与会者发言。十二时休会，两点半续开会。此小组有八十一人，实一大组，至散会约十余人发言。

三月廿八日（星期三）

上午在署治杂事。午后一点到教部，与陈哲文、金魁之诸君会谈，讨论小组会议应如何进行。结果由哲文就昨日诸君所谈,分目标及教材两项归纳为几个问题,以便据此为讨论。两点半,小组会议开始,直至将近六点,仅毕目标一项。一部分会众强调思想政治,谓必须于课程标准中明文规定。草稿以达到"中学暂行规程"之第二条各项代之,此辈均嫌其不够。其实思想政治应融化于各科,此一观念为人所共有。而如何融化以期收效,则能言者已无多,能行者尤寥寥。揣主张必须明文规定之诸君之意,似谓写入课程标准,即加一重保证,此则视规定之文为符咒矣。

驱车返署,应民主促进会支会之邀,往贺其会之成立。支会之主持人为乔峰。余俟发言毕即返。精神疲惫,发言颇支离。

三月廿九日(星期四)

上午到教部,九时续开小组会议,半天工夫仅毕教材一项。原草稿仅就文体而言,许多发言者则主张须规定教材之标准与内容,意若否则颇不能令人放心。又有人主张高中三年级可将课名改为文学,修习文学史及文学理论。对于文言,绝无主张不必学者。但有人谓分量不宜多,原草稿高中三学年,文言教材之篇数占三分之一,嫌其太多。

饭后休息,两点半继续开会。讨论时间、课堂教学、写作指导、课外阅读指导四项,居然至五点将近即毕。原稿于后之三项言之甚周详,皆据优良教师之平日经验。而与会诸君似于原则问题则深感兴趣,于方法问题则意见无多,故每一项经四五人发言,即可不复讨论。

语文课程标准之小组会议至此完毕。所有发言皆经记录,俟教部参考归纳,为修正之依据。小组会议固不作决议也。

此次中教会议,所有记录人员均调师范大学学生任之。讨论各科课程标准时,即以学习此科之学生任记录。此事颇有意思,特记之。

三月三十日(星期五)

到署,少甫芷芬来汇报,谓日来教科书出版会议颇有收获,各地生产情况渐就明了,资金之调度,任务之分担,亦有所解决。本星期尚不可能如期结束,大约须延至下星期二。

曾世英李旭旦偕来，谈地图制作及印刷之事。曾制《中华人民共和国地图》，凡四十六幅，胜于渠以往所绘之《申报地图》。原定四月底出版，今缘所得纸张不佳，须另行采购适当纸张，恐至六月底尚未能出版。观印厂试印之样张，精美殊甚，可骖欧美标准矣。

观文叔季纯再度修改之小学国语三册，略提意见。下午写信数封，亦复忙迫。今日无会，究觉轻松。

三月卅一日（星期六）

上午九时，署中少数人会谈，讨论如何定自四月至明年年底所谓准备阶段之计划，以期后年开始，入于所谓十年建设之阶段。又讨论如何作本年第一季之总结。午后，看文叔重改之语文本。

六时，教部与我署宴请教科书出版会议之代表，兼宴请我社编审部之编辑及经理部科长以上同志。教部来作主人者为韦老、林老、研因、柳湜四位。

四月（略去二天）

四月一日（星期日）

晨八时到署。我教科书出版会议之全体代表与各大行政区各省之文教当局开座谈会，意欲促进其注意，使明晓教科书之出版发行皆其分内应顾之事，必须随时督促协助，乃可使学生有书可读，教育得以进行。而各地行政当局连日开中等教育会议，已甚疲惫，昨夜又参加晚会至两点始散，致来者无多。候至十点，仅来华东、中南、西北、西南四人。彼此报告情况，互表意见，自于出版发行有所助益。尚须由中央教育部多所指示，乃可收我人预期之实效。会以十二点半散，即在署中共饭。

四月二日（星期一）

到署后，少甫芷芬来汇报，谓出版会议各项技术问题大体已得结论，明日准可结束。与愈之闲话，顺便谈及叔老所谈商务香港工厂迁回广州之问题。

午后一点半，中央团校以车来迎，往为其宣教人员研究班讲话，又是语文问题。信口谈，赓续三小时，似尚佳。

四月三日（星期二）

上午看杂件。十一时，参加教科书出版会议之结束，不云闭幕式，盖以无铺张。此次会议甚有成绩。本来于教本之印造供应皆颇模糊，有此会乃了如指掌。据此了解，乃可以作各方面之布置，一切事务进于有计划有步骤。教育行政、出版机构、发行机构之必须联络，亦自此会而后大家心中有数。凡此皆值得特别记载者也。

午后二时，我社全体人员及参加出版会议之人咸集，听所闻于中教工作会议之报告之传达。仲仁传达乔木所讲《爱国主义的教育》。芝九传达宋劭文所讲《财经概况与技术人才》。陈侠传达韦副部长所讲《中教会议总结》及钱副部长所讲《反对教育上的客观主义和主观主义》。所言皆精要，与我社各种工作皆有至深之关系，听者皆心悦。

四月四日（星期三）

公安部部长罗瑞卿于今日下午作报告，题为《关于镇压反革命问题》，各机关均须往听。我署同人遂以十时吃午饭，十一点集合，整队至太和殿前。余与乔峰另有票，以二时往，登主席台，即殿前之露台。罗之报告以三点始，六点毕。镇压反革命之理由，余皆首肯。今日之会，盖欲使潜伏之反革命分子能自觉醒，坦白自陈，则可免于严惩也。

四月五日（星期四）

上午，人民出版社来汇报。子野谓乔木评人民出版社之出版物多而不精，为树立风气计，宜斟酌转变方向，做到宁精毋多。余谓此非可骤冀也。

午后二时，总编室召集会议，商量今后之校对工作。三月底前，编审部未能将应改各书赶出，尚有数种须延至本月中旬。本月之工作将集中于校对，校对组人少不够应付，则邀各组人员临时参加，期于本月内将各书校毕，打成纸型。如是，今秋方能做到及时供应。唯各组人员皆未习校对，生手未必济事。余因谈校对之要点在养成敏感与细心，此是习惯上之事，习惯既成，则其事殊不足奇。会至五点散，诸人共勉，务期不致失时。

余又参加工会之基委会，幸程浩飞主席，处事明快，余旁听即可。七点散。

四月六日（星期五）

八时起署务会议，各单位作本年第一季之总结报告。余报告教科书出版会议之收获，大意谓教科书供应情况如何，经此会议而了解，可为面向全国之基础。五三年春季，我社能供应全国。各单位之报告皆有经验教训，可资研究。最后商议作自今至明年年底（即所为准备阶段）之工作计划，决定由各单位出人组小组计议之。

七点半，我署及人民社、教育社开联会庆祝工会之成立。余为主席，略言庆祝之由，有数人演说，于是放映电影《宣誓》。

四月七日（星期六）

晨至开明，为其同人讲话，有三联及他处人员参加，题为《关于工会》，谈约一点四十分。十时到署治杂事。午后，将余在文学研究所讲辞之记录稿改毕，即送去。

四月九日（星期一）

晨九时，编译局汇报，至十一时散。下午写复信五六通，芷芬来谈印刷方面事。

今日起，上午休息十分钟，习体操。下午休息二十分钟，习唱歌。余于下午加入唱歌，学唱《志愿军进行曲》。近有规定，五一节共唱五曲，此其一也。

四月十日（星期二）

上午八点半，与编审部各组组长会谈，商量今后之工作计划。本年秋季供应各书，大部分已修改完竣发排，尚余小部分，本月中旬亦可竣事。今日之计划大要，时期至明年年底止，然后于其中划定最近之一段，为第二季度之工作计划。讨论结果，到明年年底止，中学各科新课程标准实施后之教本可以全部完成，小学语文课本亦可完成四分之三。粗略估计如是，其具体细目尚待细商，如期实现尚待努力也。

十一时，少甫、宗亮寰、赵景源诸君来。宗赵皆来参加教本出版会议，不日返沪。赵在我社上海办事处工作，宗则另有事务，余与少甫留之而未允。

午后二时至午门门楼上，观敦煌壁画摹本之展览。乃常书鸿君及其同人所主持之敦煌文物研究所之成绩,规模远胜于其他诸家。其摹本于原本至忠实,饰色皆与今日之色相同,剥落之痕亦皆照摹,使人如到敦煌。诸画若付印刷,工本至巨,为今日经济能力所不许。然选其精品而印之,实为必要。

四时至开明,参加其顾问委员会之会。开明近请青年团之李庚、许立群二君为顾问委员,他则有叔湘,皆店中同人,谈编辑之方针与设计。七点半毕,共为小饮。

四月十一日(星期三)

晨治杂事。八点半起,与历史组诸君会谈,据昨日所谈定此组今后之工作计划。余主今后编撰历史教本必须先定大纲,取舍、轻重、详略,皆一一共同商定。然后征求各方意见,再经修改,乃由某人据大纲撰写。如此,方为集体意旨而非个人述作。商定大纲不妨多花时力,推究既详密,著笔则较易,实甚值得。晓先芝九皆以为然。十一时会毕,少甫来谈社事种种。

午后一时,乔峰主持之民主促进会支会主办"新闻出版界控诉大会",控诉过去反动派之罪行,为近日镇压反革命运动之响应。同人几乎全体参加。控诉者十余人,皆自言身受之迫害。中有羊枣之夫人,《文萃》社之某君,《观察》周刊之储安平,《联合晚报》之陈翰伯,三联之邵公文,其他不悉记。直至六点半散,尚有八九人未及发言。

乔峰与云彬今夕又动身往杭州,出席浙江省人民政府之会议。云彬兼此职务,于社中编辑事务不免略荒矣。

四月十二日(星期四)

云彬作成"答江君评我社语文教本"之文,仲仁既为修正,交余过目。余今晨重为修改。

十时,编译局诸君来汇报,谈召集五四座谈会之问题。此会将就"五四与翻译"之中心意旨,请与会者发表意见,录之而刊于《翻译通报》。

继续改文,至下午五时始毕,仅五千言,竟费一日之时间,可谓用力不少。此文将付《人民日报》刊载,缘江君之文亦刊于此报也。

四月十三日(星期五)

改送来校阅稿子数种。《参考消息》载麦克阿瑟已由杜鲁门免职,其职由李奇微继任。究竟意味何种前途,尚不可知。

午后三时,自然组开会,讨论工作计划。薰宇编辑数学教本多种,以其甚熟,进行至快,至明年春季,初高中所需各种可全部编齐。陈同新许南明合编物理,亦有把握。其余诸君于编辑皆少经验,写成之稿是否像样,莫可预料。余劝大家先作详尽之提纲,此法亦未必即可解决写作能力之贫弱也。竟日改稿谈话,到晚辄有颓然之感。

四月十四日(星期六)

前日修改云彬之文,灿然看后又略有改动。其所指出皆中要害,使逻辑性严密,可以佩服。嘱同人缮抄。今日余核其缮抄稿,再加修润,亦费二小时。

张允和已自上海来京,下星期将来社工作,午后来访,谈半时许。两点半,教育组开会。此组同人能力较弱,虽云拟编师范学校用书,恐未必能满人意。所编教育资料丛刊已出二三十种,皆采辑现成文章,目光亦多平常。

四月十六日(星期一)

看字典之缮清稿十余页,一一提出修改意见。辞书社所编字典尚非敷衍之作,一义一例,均用心思。唯不免偏于专家观点,以供一般人应用,或嫌其繁琐而不明快。深入浅出诚大非易事也。

十一时,语言研究所孙德宣君来谈创办语文杂志事。大家愿其实现,而无此力量与时间。余亦乐观其成,然深知办好此种杂志实非易事,雅不欲揽在身上。仅答孙君不妨姑作座谈会商之。

午后小睡。起来看俄文字典稿。此是编译局之工作。余不通俄文,聊知其大体规模而已。

三时,柳湜来,邀编审部各组组长共谈。多言我社责任至重,必须增加人力。其道一为由各人就其相识,设法罗致。二则教部决就各大行政区征集强有力之教师二三十人,来为我社编辑上之助力。至于润色文字,使书本可以上口入耳,字斟句酌,则拟另请文字编辑若干人任之。柳约近期内往教部一谈此事云。

四月十七日（星期二）

晨，仲仁转述李立三之报告，谈企业机构之公私关系，谓无论公营私营企业，俱应贯彻"公私兼顾，劳资两利"之方针。

饭后小睡片时，起来校高小语文课本。大部分教科书稿于上月发出，日来校样涌至，除墨所领导之校对组外，其他同人均须参加校对。此为本月内之主要工作，余因参与其事。

地理组开组会，讨论工作计划。所需新编中学地理书凡五种，其一半将约社外人士编之。又拟绘制小学用之地图，由马君侯君二人动手。会散，仍复校对，至于放工，校毕五十面，亦可谓不慢矣。

四月十八日（星期三）

上午八点半，集编审部诸组长等会谈，讨论至教部座谈，如何发言表示我社之工作计划。决定直陈近日情形，大致谓在明年准备直施中学新课程标准之前提下，编辑各科新本子，期于明年秋季均有可供应。九点半，连余八人，一同驱车至教部。座谈会即开始，教部有钱、韦、曾三位副部长，中等初等司司长及部中人员多人，又有苏联专家二人。钱俊瑞言以往教部于教科书之事注意不够，今后将以大力关顾及之。诸人陆续发言。钱作结论，同意我社所称致力于新编适应新课程之书。至于增加人力，邀集各方面商定教学提纲，教部均将尽力协助。苏联人亦参加意见。

小睡片时，起来看字典稿十余页，批注意见亦有稿子四页。与灿然谈旧日编辑教本之通病。灿然阅读将发排之稿，发现旧日教本之通病甚多，一经说穿，皆绝可笑。余谓宜举以遍告同人，庶几可以不重犯此病。

四月十九日（星期四）

昨夜助墨校书十余面，至十点过始睡，今晨精神不振，到署坐定即打呵欠。作文改稿固耗神思，而杂务纷集，亦复困惫。

上午，人民出版社、教育出版社、编译局三单位来汇报，解决若干琐务。午后一时半，编译局邀集"五四与翻译"座谈会，余为主席。外客到者将四十人，自己同人亦有三四十人。各位外客皆被邀发言。所言有精警者，亦有至平凡者，将录之而刊于《翻译通报》。会以五点过散。竟日时间,大半费于集会,生涯如此,非始料所及也。

四月二十日(星期五)

晨八点半开署务会议,共商如何配合文教委员会之要求,就出版范围内制定到明年年底之计划。各方面共为配凑,知今日严重问题为印刷能力不足,排字能力除装版工作而外,尚非甚难。印刷能力之加强,固须增加机器。而合理的使用现有机器,调整印刷能力之分配,亦为当务之急。印刷技工不足,则亟须设训练班,期以一二年时间培植熟练工人。诸人谈话甚多,但一时尚不能遽定明确之计划。其次谈我署第二季度之计划。

饭后,看教育组所编教育大事记。其稿殊无体例,抄辑报纸记事,异常草率。余意此类书稿不宜付印,写千余言意见归之。若未能改使像样,竟可终于搁置。此书之编辑,出于智贤之造意。余一直未加过问,实为过失。及今成稿而不能用,人力浪费,责无可推诿。而同人能力太差,亦属无可奈何之事。

三点半,工会开会,主要议程为同人借款条例。工会现有新华方面交来之稿费一亿元可资运用,因即以此办贷款,解决同人临时之困难。

墨于晚饭后伏案校对,忠于工作,大是可佩。

四月廿一日(星期六)

今晨到署,疲倦特甚,呵欠连连,唯欲入睡。午后,为三个工会之联合墙报(迎接"五一"者)作开首之辞,仅二百余言耳。大字书之,凡三纸。

四月廿二日(星期日)

偕图书期刊司同人游昌平明十三陵。

四月廿三日(星期一)

上午看杂件。午后二时,邀新华各地来参加管理委员会之诸人开座谈会,谈我署办干部训练班等问题。余往听一时许,先退出,看语文修改本一册。

四月廿四日(星期二)

业余学校之政治常识班开学,今晨举行开学典礼。参加者六十余人,将以正规化系统化之学习,于今年年底修毕其课程。余往讲话约一刻钟。

少甫芷芬来谈，经理部拟在石驸马大街自建房屋，供办公之用。若多建一所，编审部即可以与经理部一起办公，便利不少。计两所之建筑费用殆在十五亿左右。余固赞同，然以资金不敷之今日，似非经济之道，且俟众人共决之。

看陈同新所撰初中物理稿。陈翰伯来，邀往其新闻学校讲语文方面之题目。

四月廿五日（星期三）

看杂件种种。中华金子敦、舒新城、罗文迪三位来访，谈有顷而去。

傍晚回家，云彬已自杭归来，与共小饮。据云杭州举行土产展览，游人甚众，不输于往年之香市。又谓此次浙江省政府委员会开会，主要问题为镇压反革命。反革命分子确然有之，为巩固人民民主专政，自非以全力镇压不可。

灯下校初小语文一册，墨亦校中学教本一册。勤于工作，视之如分内事，我人固可以自慰矣。

四月廿六日（星期四）

晨间，愈之向全体同人作报告，题为当前局势。大致谈抗美援朝之意义与成功，今后必须继续努力，加强抗援，保卫世界和平，反对美国武装日本。继之，余朗读和平理事会所发表之主张五大国缔结和平公约之宣言，以及对日本问题之决议（即反对武装日本），全体同人一致举手，表示同意且拥护此两项文件。余谓此一举手，意至庄重，盖表担负起保卫和平之责任矣。

会以十点散。教育社来汇报，讨论自今迄明年底工作计划之拟订。午后，编译局汇报。继之，校对语文课本排样。夜间仍为校对，至九时半歇手。

四月廿七日（星期五）

晨间，教育社编审部同人共定爱国公约。稿系汇集各小组之意见而成，今晨再加修改讨论，举手通过，以昭郑重。约中各项皆抽象语，人人付之实践，尚须订定具体条目也。

看杂件，理杂事。午后两点半参加辞书社之工作会议。小字典初稿已写成，凡收六千字。今后工作为修订初稿，期其美善。叔湘曾提意见，于稿样批驳颇多，今日即据叔湘之意为讨论。同人之认识各有增进。五点半散。夜间校对中学语文课本之校样，十点歇手。

四月廿八日（星期六）

九时，署中邀各地出版行政当局来参加宣传部会议者座谈，无非报告各地情况。余坐一时许而退出，返室中治杂事。

四月廿九日（星期日）

今日仍到署。浙大陈君绘鸟瞰地图，交我社出版。将地面绘成立体的，就各方面表示，附有说明文字及生活之照片，用意甚佳，于观者印象至深。余为校阅其所注文字之错误，并修正其说明文字。半天工夫，除应付杂事而外，仅阅八幅而止。

午后二时，语文组开组会。王泗原主编工农中学语文教本，同人于作注及提问题各抒意见。蔡超尘、张中行二位重编高中语文，云彬助之，亦颇有进行编辑之办法谈出。文叔与黎季纯将新编小学语文本，究竟如何着手，尚待与教部诸君共商而后定。今日亦略有所商，决主语文本旨在令小孩学习语言，而不荒弃文学兴趣之培养；语文之规律则于"练习"课中提示之。谈至六点而散。

四月三十日（星期一）

晨八时，出版总署全体同人通过爱国公约，余略致辞，即朗读条文，然后全体举手，表示认可。九点半，教育社汇报，仍讨论截至明年年底之工作计划。房屋准备建筑，二三年内暂以石驸马大街为基础。至于将来，则在阜成门外划定地皮，将与新华书店、人民出版社、新华印刷厂凑合一起，共为出版机构之中心所在地。

午后，看世英自然地理之改本，为之重行修正，以便付排。又看字典稿若干页。

五月（略去五天）

五月三日（星期四）

上午九时，中共总署各支部开代表会议，余应邀坐来宾席。卜明作一年来工作报告，大致谓优点少而缺点多，并提出今后改进意见，至十二时始毕。

午后,观梁君所译苏联某氏心理学稿。译文又殊粗劣,观之似懂非懂,文句多莫可辨析,辄为皱眉,一一记之于纸。此类文稿最难处理。照其原稿,决不能出版。若请精通俄文及心理学者为之校改,且不言其人难觅,即得之,彼既有兴校改,何不径自译之,径自译之爽利多矣。

方宗熙君校订世英之自然地理,指出错误数处,为之重写,皆甚切要。世英于天文、物理、生物皆不甚知,抄集而成书,自既不明,下笔当然模糊。其贻误学生,思之实感疚心。以往通过书稿太随便,今后宜取严格。然如何得人审阅,实为最难解决。方君毕业于英国,得博士,系愈之避地南洋时之友人;近来总署,以后将请其转入教育社,主持生物一组。我社向无生物组,今从自然组分出;所余者改名数理化组。

五月四日(星期五)

八点半开署务会议。灿然报告宣传部宣传会议之结论,谓各地方报纸必须有供农民阅读者。编撰之际,务须求说法之浅显,语言之上口,以便读与文盲听之。工业集中之地,必须有工人报纸。其他书刊,亦宜力求易晓,注意实用。宣传部注意此事,实为得要。唯编撰适于工农之报纸书籍大非易事,写作者殆须弃其旧习而从头学起,乃有希望也。

灿然报告毕,余即偕渠及仲仁驱车至石驸马大街经理部,商定建房屋事。经理部办公房屋不敷,将新建三层楼房一所。编审部与经理部分处两地,诸多不便,复拟稍稍拆去旧屋,建四层楼房一所。请一石姓工程师来共谈,托其设计。

午后二时,吴研翁来,与语文组诸君共谈小学语文课程及语文课本。谈一时有余,无甚要领。

五月五日(星期六)

晓先所撰高小历史课本第二册已排校,而文字尚草率,须加修整。因就其校样与晓先共商改正。张允和、苗孕华二人旁听,亦略为参加意见。自上午八点半起,饭后休息一时半,至五点而毕,亦不过十四课耳。

七点半,三工会联合开红五月庆祝晚会。构台于场中,观众皆露坐。余略致辞,即表演各种文娱节目,皆同人自任之,虽平常,亦复可观。散场已十一点一刻,大家倦甚矣。

五月七日(星期一)

自上午十一时至下午放工,均与晓先共阅高小历史第一册之校样,仔细为之修润。晓先之作大体尚可,加以修润即见清澈。而其他同人之作,则有芜乱至无法修润者。又,余与晓先至熟,见有未妥,可以明白指言。而于比较生疏之同人,余即未能若是,且言之亦未必了解。此所以批评与自我批评虽为今日普遍之口号,而于我社尚未能生效也。

五月八日(星期二)

上午仍为晓先修润课本,至饭时而毕。午后看杂件,他无所作。

五月九日(星期三)

晨间写复信数通。各单位方作球赛,将赠优胜者以字幅,嘱余书之。余题二十八字:"取胜之道在配合,众人奋力如一身。宁唯球戏理若是,堪临万事此精神。"

午后重看世英自然地理之校订本,即以发排。看工会重拟借款办法草案,提意见数点。

五月十日(星期四)

编译局来汇报,谓翻译工作会议筹备不充分,恐须延期。与愈之谈,知川省将赶速加紧土改,北京方面发动高级干部往参加。盖期其声望可资号召,且能正确掌握政策。

午睡起来,与工会方面代表协商重点实施劳保办法,主要为疾病之济助。将据今日会谈结果写成合同,双方签订,即便实行。又略谈薪给标准。

五月十一日(星期五)

晨看杂件,写复信数封。九点半,与各党派中人协商我署往川省参加土改之人选。欲去者有五六人,结果议定以梁纯甫、温宗实二君往。午睡起来,以明日将往新闻学校讲语文课,略事准备。

五月十二日(星期六)

上午至新闻学校讲三小时。名为语文课,余仍作抽象说理语,亦与平日无殊。以后继来上课者为叔湘、建功、伏园三位。

午后一时半,请佟嘉力君来署报告,全体听之。佟君系老干部,实际经验甚富,自经验而证理论,认识深切;又尝支持地道战七日。愈之曾在他处听其报告,谓富有教育意义,且语言不染知识分子腔调。佟君先述其家世,贫农出身,略识文字。从七七事变讲起,在本乡(河北安国)参加抗日,受党之领导,所作事甚多。继之叙七天地道战,末了讲打败国民党军队。随时有见理至真之语,有极富表现力之语,确为可贵。余略致数语谢之。

五月十四日(星期一)

晨看陈同新物理学稿数页。八时半,开社务会议,通过自今至明年年底之工作计划。柳湜谈日内即将讨论改变学制。本拟小学五年一贯,而各地反映,为配合当前情形及国民经济,小学五年犹嫌其长,多主四年。

会未半,愈之召开临时署务会议,即先退而之彼。盖愈之报名参加四川土改工作,已获批准,后日即须起飞,故集会而为嘱咐。谈至十二时散。

午后看杂件,与建功灿然谈话。七时,同人饯愈之、梁纯甫、温崇实于萃华楼。

五月十五日(星期二)

观新出之《翻译通报》。此志因翻译而涉及语文之文章颇不少,多可诵者。谈翻译史,遂有多人论及佛经翻译之佳绩。颇有人属望于我署,谓当开大规模之译场。此非目前所能办也。

五月十六日(星期三)

晨六点半,驱车至西郊机场送愈之。此次往四川作土改工作者九十九人,有章乃器、梁漱溟、高名凯、张光宇、陆志韦等。八时半,启行者分入三飞机。观飞机驰行于跑道,余即离机场。

至教育部,参加学制座谈会。钱俊瑞先为报告,谓学制必须改革,高等教育各方无多意见,中学教育则视初等教育而定,需考虑者五年抑四年,二者各有利弊。若为五年,中学仍将为三三制。若为四年,则中学需七年,又有前三后四、前四后三之两途。教部提出此意见,请大家讨论。发言者多人,意皆平常。刘皑风主张小学四年，以国家经济及农村情况为据，谓乡村小学一般的为四年，若加一年，即需增多三十万教师及若干教室，殊难骤办。余则谓吾人计较此一年，盖有一前提，即学生受教育一年，收一年之效。苟收效难验，则多一年不为功，少一年亦无妨。余所担心者为教师之实力差，不能见实效。若于改定学制之顷，于提高教师实力亦有切实办法，则小学四年亦未尝不可也。午饭于教部，饭罢返署治杂事。

五月十七日（星期四）

上午八时，与灿然、文叔、剑华往劳动文化宫，观煤矿生产展览会。下午理杂事。

五月十八日（星期五）

九时开署务会议，专讨论出版行政会议之筹备。此会议将于七月间召开，及今筹备已不甚从容。讨论五人小组所拟之计划，逐条修正，即以为定。

下午三时，列席政务院之政务会议。马夷老报告教育部过去之工作及今年之计划，其中谈及教科书之出版，由余报告约二十分钟，以后继续讨论。教育之方面太广，各据一二点发言，即占时间甚多，十点半始毕事。饭罢而归，深感疲惫。

五月十九日（星期六）

九时至教部，续开学制改革座谈会。今日发言者多主张小学五年，殊无赞同四年者。十一点半先退，返署。

下午二时，为全社同人谈吾社二十个月工作计划之意义，并及吾社之全貌。纲要系仲仁所定，余据而发挥之，自觉尚畅达。诸人将据而为小组讨论，借以改进工作，加强成绩。

五月廿一日（星期一）

上午九时，开翻译工作会议之首次筹备会议，主要商谈此会议之目标。后渐趋一致，为配合当前切需，制定一翻译计划，计划必须兼顾书与人。确定何书宜先翻，须循种种途径。有其书而无适当之译者，亦复徒然。故必须胸中有数，何书由何人翻之为当。苟一两月内能有大致之拟议，则九月间即可召开会议矣。

下午三时开临时署务会议,专讨论管制国外反动刊物及宣传品进口之办法。斟酌三小时,通过管制办法之草案,今后订购国外书刊,统由国际书店独家经营,其他单位皆不得进口。此草案尚须经上级层层研究,最后由政务院发布。

五月廿二日(星期二)

晨八时,邀司长局长级同人会谈,动员继往西南参加土改工作之人员。此次去者五百人,乘船不乘飞机,文教部门分配得七十名额,我署仅得五人而已。犹须动员,自愿报名,由行政方面抉择而批准之,明日决定名单。

与自然组诸君会谈,告以析自然组为二,一为数理化组,陈同新为组长,一为生物组,方宗熙为组长。又与蟫生、洛峰诸君商教育社筑屋经费所从出之问题。余于此类事实不甚了了,然亦不能不一听。

午后二时,余作评文之演讲,署内社内全体同人而外,复有新华社、人民日报、教育部及开明之同人。所评者为五月三日《人民日报》记载天安门庆祝大会之文。此文疵病百出,可谈者甚多,一一举而讲之。历四小时而毕,犹觉发挥未尽。听者似尚满意,余亦欣然,然甚觉疲惫矣。

五月廿三日(星期三)

晨间学习时间,参加研读《联共党史》之一组,旁听。办公时间多作杂务,他无所作。

五月廿四日(星期四)

土改人员动员结果,由人事处确定四人前往,由余与乔峰批准。听灿然谈宣传工作会议经过,主要为共产党员必须宣传马列主义,使此主义深入人心,促进社会之改造。

下午三时,辞书社开社务会议。今年字典编成,继之将续编小学生字典。难题仍在无得力之人手。

五月廿五日(星期五)

昨夕微微发烧,殆是疲累之故。晨间热已退。墨劝余休息一日,以便明日可往天津。盖民盟之支部相邀,后日为天津市中小学语文教师作演讲。

五月廿六日（星期六）

晨七时半偕云彬、凤祥离家……九点车开，十一时半到津，即至开明。今经理为沈迪康。中国图书发行公司派出之视导组适在开明，一一握手。此组凡四人，郭农山、许季芸、张朝同、章士敫也。坐未久，即共饮酒。饭罢，浴于某浴室。一饮一浴，身体乃觉爽利不少。

傍晚，民盟支部来迎，共至开滦煤矿所设之三五俱乐部，即为招待我人之宿所。洋房，陈设亦洋，少坐，共进洋餐，同坐者常书鸿，彼方来津开敦煌画展。食毕，往听常君之公开演讲，所讲即为敦煌艺术。

五月廿七日（星期日）

昨夕睡颇酣。七点至开明。中图视导组集参加中图之商务、中华、开明、三联四家之全体同人开会，报告视导沈阳之情形，并谓天津方面条件亦已成熟，可考虑于七月间四家合而为一，成立中图分公司。到会者百许人。余被邀讲话，致鼓励之辞，仍以余前所谈"混合""化合"为言，谓各家同人热望合并，是为已臻化合之征。

天津教育局王德培来访，告余天津中学国文教师集体备课，共订教案，期收成效之情形。谈两小时光景而去。王君盖欲余针对实际情况而为说辞，然余未能副其望也。

云彬以上午演讲，地点在民政局之大礼堂，讲题为《如何接受文学遗产》。偕云彬共往周家食堂，应教育局梁何二局长招宴。晤张琴南君，今在《进步日报》任总编辑。此外为民盟及教育局同人。二时复至民政局，余准时作讲。听众殆七八百人，楼上下俱满。所讲仍为余之老调，如倾瓶中物，随意倾出若干，未作预先计划。听者初闻，或尚感兴趣，且觉其略可解决问题。四点三刻，以须往车站，不得不停止。车以五点二十分开，到北京为七点四十四分。

到家，惊闻王鞠侯于昨日去世，今日已焚化。王因吐血，诊断知是肺癌，昨日动手术，初云经过良好，未几，因咳嗽而血管破裂，血出不止，遂不救。王君在开明为得力之编辑，治学甚勤，进步甚速，今忽离去，思之伤悲。

五月廿八日(星期一)

今日报载一大可纪念之事,西藏地方政府与中央政府洽谈许久,已签协定,西藏可得和平解放。一切均遵照共同纲领处理,军政统一,外交统一,他皆渐谋改进,不事急躁。至此,大陆境内已全部解放,唯余海中之台湾一岛矣。

九时,参加文委全体会议之小组会,所谈为学制,集中于小学之年限。一组中全主小学五年一贯,无一人主张小学四年者。余发言十余分钟,仍是前在座谈会上所陈之义。下午不复往,治杂事。

五月廿九日(星期二)

九时仍至教部,合数小组而为会,仍谈有关学制之问题。下午复未往,看杂件,几乎未有暇刻。

五月三十日(星期三)

九时仍往教部。全日开大会,由沈体兰、韦悫二位综合各组讨论学制之意见,作总结报告。继之李四光发言,遂休会。下午仍为发言,余先行请假。

返署后熟眠一时许,起来参加教育组之组会,历时两小时。此组诸人能力薄弱,颇思提携使进步,而殊无其方。

五月卅一日(星期四)

上午治杂事。与语文组少数同人会谈,准备后日于教部座谈会中提出之意见,盖讨论关于小学语文课本之问题也。

午后二时仍至教部。今日为大会,即此次文委全体会议之结束。陆定一作总结,综合连日讨论学制问题之意见。四点三刻散会。驱车至中山公园啜茗,六时会餐。

六月(略去二天)

六月一日(星期五)

九时开署务会议,讨论两题。一为翻译工作会议之筹备情况。二为出版行政会议之筹备汇报。至十二时毕。

六月二日（星期六）

九时，总署系统各单位之同人会集于东首之广场，听赴朝慰问团团员之报告。此团人数在六百以上，在朝鲜巡历一个半月，近方归国。先在北京作宣传讲，不久即将散往各地，俾抗美援朝之举深入人心。今日来者男女十余人，作讲者一人，为艾寒松，余素识也。略谓朝鲜战争胜利必属于我，唯困难颇多，胜利非可骤致。彼有甚多之飞机，滥施轰炸；我运输不易，粮食弹药之供应与调配俱受妨碍。我军之困苦，非以国内历次战争可比。虽然，军士皆充满信心，慰问团到朝，彼辈气益皇，志益坚，谓非坚持至胜利不可。战场英勇事迹，可歌可泣者无一部队无之。朝鲜人民沉着临事，家家有惨事而绝不流泪。青壮俱参加战事，妇女则从事各种劳作。近方考虑中学大学恢复学业，以储备人才。次谈中朝人民亲密无比，血与血之交流织成最深之友谊。美国方面弱点至多，士气不振，几以临阵投降为出发前之心理准备。艾君末言前方所需何物，居后方者宜明确知之，列举甚多，兹不赘。

今日报载抗美援朝总会号召三事。一为普遍开展爱国公约运动。二为捐献飞机大炮等物运动。三为优抚战士家属运动。于第二事，有数位同人登台发动，期于近日内完成捐献之举。

一时散会，与来客共餐。随即驱车往教部，出席小学语文课座谈会。到者无多人，教部同人十余。于选材、语法、语汇、注音根据及符号均有谈及，余亦悉据我社同人所拟发言。六点散。

六月四日（星期一）

上午，人民出版社汇报。三联书店将并入此社，对外则仍存其名。书籍质高量充者，人民出版之，较次而亦切合时需者，三联出版之。

洛峰蠖生来谈捐献武器事。共谓此次之号召重在鼓励大家增产，增产所获，则全部或一部为捐献。非欲令众人作一次之慷慨解囊，即云了事。其事宜持久，积累久之，虽微亦巨。此意当请同人共晓。

仲仁、杨定远来谈我社招考之事。此次报名者四百余人，观其自叙，通知来考者二百余人。看毕考卷，通知来口试者八十余人。口试又汰去半数，今则又于半数中去其半,准备取二十余人。实无甚胜之才,资历虽不一,知能皆平平,需人甚亟,只能将就试用耳。

午后二时半至外交学会,新闻出版印刷工会借其处欢迎参加赴朝慰问之新闻界同人。来三十人左右。长江主席,致辞。来客五六人作短篇演说。余谓工会可号召新闻出版印刷三方面至少各捐飞机一架,多则更善,并申增产及持久二义。新闻界努力鼓吹,集事亦非难。四时半会散。

六月五日(星期二)

《人民日报》社记录余评文之语,今日送来,嘱为校阅。全篇八千余言,非一日可能毕事也。

下午四时,偕静芷、应申至文化部,出席人民文学出版社之首次社务会议。此社由文化部与出版总署共同领导,故来相邀,余固非社务委员也。社长为雪峰,兼总编辑,如余之于教育出版社然。副总编辑为冯至、曹靖华、聂绀弩等。会议讨论组织条理、经费预算等项。至七时而毕。留餐。

六月六日(星期三)

续改《人民日报》社之记录稿,迄于下午,仅及全稿之半。五点半,至苏联大使馆,应罗申大使及罗果夫君之邀,为酒会。国人到者三四十人,皆文艺界新闻界诸友。罗果夫任塔斯社社长,又设时代出版社,出版《时代日报》及苏联文艺作品之译本,于我国之革命助益不少。今渠将返国任事,故为此会,与其本国友人及我国友人叙别。

六月七日(星期四)

上午芷芬来谈,谓今后我社印书,大部分可改用轮转机及胶版机,纸张则拟用苏联纸。如是,以前所拟分区造货计划恐将全部变更,造货殆将集中于北京上海两地。芷芬去,余续改记录稿,添加涂改,无异重书一通。

午后二时至教育部,文委召集座谈会,于中等教育会议中讨论过之《中学暂行规程》草案再加修订。所根据者为文委诸委员提出之意见。大率于草案小有修改,使设想益周,意思益完。唯高中三年要否学习解析几何,一时尚未解决,须待细商。

六月八日(星期五)

上午与同人谈杂事,仍改记录稿。午后两点半,开座谈会,谈如何使销路甚少之专门著作得以出版。邀请各机关人十余位,仅来两位,而我署参加者八九人。先谈所谓专门著作之范围,次谈如何评定。评定之后,我署务必为之设法出版。结论则谓此事宜建议文委主持之,不当由我署径自发布。

六月九日(星期六)

上午将记录稿改毕。连续五日,虽非整日为之,所费功力亦不少。当向《人民日报》社要求稿酬,为余增产捐献之需。

十二时至《人民日报》社,长江邀工会常委会餐,讨论一通告稿,向全国新闻出版印刷职工号召,实现余所提至少捐献三架飞机之议。据不完全统计,全国新闻出版印刷职工约八万人。一架战斗机值十五亿,三架四十五亿,平均每人不足六万元。分摊于六个月,每人每月不足一万元,此至易集事也。

两点返署,我署与新闻总署少数同人开会,续商管制国外进口印刷品办法及与此有关之补充办法。此事牵涉方面颇广,条文遂大须斟酌。十余人开会,实则共同造句,至六时半毕。下星期尚须由两署召集有关各机关会商,然后提交文委上呈政务院,俟政务院认可公布后乃可照办也。

六月十日(星期日)

叔老见访,遂邀云彬来闲谈。谈及政府各机关将重行清查各人之历史。其有隐蔽不实而无作恶行为者,期其坦白自陈。其有存心不良有意捣乱者,则检举而治之。此事余已前闻,并知将以学习会之名义主持之,我署学习委员会名单亦已报告于文委。叔老主以安定人心为要,勿使群相猜疑。余以为然。

六月十一日(星期一)

九时,编译局汇报,仍谈翻译工作会议之筹备。看张中行、蔡超尘二君汰存之高中语文教本材料,毕。此教本已出齐,而用者谓殊未尽善,因此须重编,汰去若干,另行新选若干。汰去尚容易,新选而得当,大非易事也。下午二时,参加地理组之组会,谈两小时。

六月十二日（星期二）

看物理稿三章，午后杂看文件。四时，开工会基层委员会议，专论响应抗美援朝总会之三项号召。于第二项增产捐献，决组爱国增产委员会主持之。总署方面能得捐款一亿元，即云不错矣。

六月十三日（星期三）

上午看文件，与同人谈事，看王泗原所选速成中学语文教材。午睡起来，开始为《中国青年》写稿，谈作文方面之事。彼方来接洽已两月，时时打电话来催，如负凤债，非了不可。然未能一气写下，得三百言而止。

六月十四日（星期四）

晨间参加语文组之组会。先退出，听人民出版社之汇报。王子野谓其社收稿拟极端严格，余大为赞同。

午睡起来，出版行政会议筹备会之各小组长汇报。渐谈渐见具体。下星期内，各组均可写成参考资料及方案，供筹委会讨论。

六月十五日（星期五）

上午九时，邀集有关之十余单位代表，座谈印刷品进口之管制办法。他们大体同意我署所拟之办法，而提出修正处亦多。所知不同，观点互异，汇集而补充之，自较合于实际。结论为由我署据今日所谈再加修订，写成草案，分送各单位再行阅看。

饭后入睡，三点始醒。续作昨文。傍晚至文化俱乐部，宴请画家数人，希望他们为我之助，于教科书之绘图工作尽力。到者有王朝闻、王式廓、邵宇、古元诸君，皆今日美术界优秀人才。宴饮至九时散。

六月十六日（星期六）

晨七时，全署及有关单位七八百人会坐露天，听王子野关于武训问题之报告。我署我社俱已讨论数星期，今日由子野针对各同志之疑问，予以解答。

我社开编审、经理两部联席会议，估计明年春季供应各书编撰修订之期日，总之须以本年七月底毕事，乃可从容排印。

六月十八日（星期一）

上午看稿数种。仲仁草一文，谈注意语言文字之要，将付《新观察》。余与对面商量，为之修改。修改处仲仁皆心服。亦唯如仲仁之辈，所为文乃可为之加工。若根本不成样子者，亦无力可为矣。

午后两点半，全署及直属机构为文书工作者咸集，开座谈会。盖依文委之通知，各机关须检查公文稿，视有无毛病，宜如何改进。余已先请文叔、季纯、建功、家霖四君阅看一部分文件，提出意见。今分类而归纳之，择要为同人讲说。同人以上级号召，均重视此事，发表意见，均愿研习。然何时可收实效，殊难言也。

六月十九日（星期二）

九时，编审局开局务会议，余以兼代局长为主席。谈第三季度工作，共谓当以开好翻译工作会议为要。下午看稿看文件。所积较多，看之难尽，深为怅怅。

六月二十日（星期三）

上午看物理稿一章。看蔡张二君所选高中语文教材十余篇，大多数余皆以为不可用。诸君于选择教材皆未有把握，余自谓心知其故，然亦未能为诸君畅言之。午后，为陈驰修改其所为文，将刊于《图书评论》者。此文评三种不甚妥当之地理书，组织不周密，发挥不充畅，语言不干净，实为勉强应用之作。同人中文笔大多如此，思之深怅。

与仲仁、文叔、季纯商谈，如何为同人组织学习，以叔湘所为刊载于《人民日报》之《语法修辞讲话》为资料。其事颇不易收效，然既为同人所切需，我四人亦只得任之，或须讲解，或须解答，不得辞劳。

六月廿一日（星期四）

除与人谈话及阅看文件而外，均执笔续作前文。自今阅看发出之文稿，拟为之修润，期使办文书之同人大家用心，所为渐有进步。然此事殊费心思与时间也。

六月廿二日（星期五）

九点至长安大戏院，全国委员会组织之临时学习委员会邀集各机关负责人为会。此临时学习委员会实即清理委员会……总学委之下有分学委，各机关则有基层学委。总学委之主任为彭真,报告将两小时,阐明此举之意义及其进行步骤。继之有李任潮陈叔老五六人之讲话。返署已逾十二点。

二时开署务会议,决定翻译工作会议以九月上旬开。出版行政会议原定七月中旬开,今以所谓临时学习,延至七月杪开。五时,复参加工会基委会之会,讨论借款及补助办法,算是确定,竟日开会,疲甚。

六月廿三日(星期六)

我社编审部为全体之会。苏联人凯洛夫之《教育学》一书中谓对于教科书有六个要求,自思想政治、学科系统以至语言文字、排印形式,无不提及,甚为精要。因由灿然、文叔、云彬、季纯、余、仲仁六人各就其一项而发挥之,为同人参考之资。共讲三小时有余,以灿然之语为胜。

午后三时,偕蠖生至文委。文委范围内有一临时学委会之分学委,各部门首长及办公厅主任大多为委员。今日开首次会议,通过各部门基层学委之名单,并定此项学习至迟于下月二日必须发动,为期一个月至一个半月。余于此殊无经验。据延安来之诸君言,曩在延安为此,即所谓"审干运动",起来之后如风卷潮涌,其紧张不下于临阵,掌握不好,易生偏差。今次鉴于前车,或可不至有不良结果。

六月廿四日(星期日)

晨偕凤祥至北海公园,茗于五龙亭之中间一亭,即执笔续作《中国青年》之一文。约两小时完篇,立题曰《拿起笔来之前》。

六月廿五日(星期一)

胡乔木作"中共的三十年",于上星期五刊布于《人民日报》,纪念中共之卅周年。此文剖析情势,与吾人以种种识见,而造语遣词,疏漏颇多。在号召群众留意语文之今日,且为文者为乔木,实不宜有此。因作一书寄之,径达此意,并谓我社同人方将一一举出,由文叔加以整理,送请采纳。此亦发愸之举也。

九时,开基层学委会,商量如何进行我署范围内之学习。决定为期凡五周,以今日为始,迄于七月之杪。其他各点,皆题中应有之义。谈至十一时半散。

下午看种种公文,需发出者则一一为之修改,遂无暇刻。如是办公究竟有无意义，甚难明也。

墨新参加民主促进会，晓先新加入民盟，云彬则为总署方面民盟之主持人，今夕须为集会，共商于此次学习中如何起模范作用。因此余与文叔先归。

六月廿六日（星期二）

九时，署中一部人至长安大戏院。文委系统之较高级人员咸集，听胡乔木报告。乔木既已刊布"中共的三十年"一文，今日即据其文作扼要之说明。此文分为四个时期，说明每一时期解决者为何，未解决者为何，成就者为何，失败者为何。自毛主席处于领导地位，即无一举不正确，其关键在遵义会议。经其阐说返观其文，更可得明确之了解。至午后一时始毕，全场悦服，鼓掌不绝。

返署，未复午睡。明晨将在署作报告，为临时学习之发端。此报告不同于平时关于语文之讲演，不宜信口而言，因执笔起讲稿。

六月廿七日（星期三）

晨七点半，余向全署及两出版社同人作报告。以写有底稿，说来颇有条理。以提倡忠诚老实、政治自觉为主旨。蠖生为之补充。云彬、乔峰、刘及辰各作简短讲话，代表民主党派之意见。会历三小时而散。所谓临时学习即自今日始，每日下午四至六时为学习时间，迄于七月底乃止。

午睡起来，开出版行政会议筹备会。会议定于下月三十日开幕。推出数人整理各小组所写初步材料而研究之，修订之，期于下月上旬完毕，交筹委会讨论。

七点，至全国委员会，讨论沫若向政务院所作关于学制问题之报告。十一点始散，余默听之而已。睡眠少，集会多，惫矣。

六月廿八日（星期四）

九时，开翻译工作会议筹委会。议定于九月三日开幕，一切加紧筹备。于此会议之目标为何，同人讨论甚多。细节颇有不同意见，而大纲则从同，无非使翻译工作计划化，组织化，且提高其质量。

六月廿九日（星期五）

前日晨余所作报告，同人数人记之，将印发与全体。昨以其汇合之稿交来，嘱为订正。昨日疲甚,因嘱至善代为之,亦花一日之时间。今日余重复阅看,觉尚多疏漏,徐徐改之,复费半日工夫,全篇亦不过四千余言耳。

傍晚,偕雪村、薰宇、云彬至中山公园啜茗,与予同、绍虞、光尧晤叙,彼等均来京参加教部召开之高等教育课程改革会议。同坐者尚有振铎、伯祥、彬然、均正、蠖生。旋即会餐,谈杂事,几无止境。天气凉,觉有寒意,九点半到家即睡,深夜果发烧。

六月三十日(星期六)

晨间量体温,尚有三分热度,因不到署。上午几乎无时不入睡,午餐后一睡,又至三点始醒。余所欠睡债甚多,今日得此酣睡,殆可有若干日之清爽。

先农坛体育场有庆祝中共三十周年之大会。六时,开收音机,大会正开幕。听刘少奇之报告,综合扼要,掌声欢呼声时作。继之为陈叔老,以下诸人之辞不复细听。唯知大会于八点即散,以雨甚,尚有十余人准备讲话而未讲也。

七月(略去一天)

七月一日(星期日)

七点半,署中开庆祝大会。余演说,题为"对于马列主义者之认识"。继之云彬演说。俟其辞毕,即先退,偕墨与云彬驱车至怀仁堂,参加庆祝戏剧晚会。

七月二日(星期一)

上午八点半,临时学习会之小组长全体为会,共谈如何掌握学习。

今日报载联合国攻朝军之总司令李奇微发出广播,致朝鲜人民军及我国志愿军之司令,谓希望彼此举行停战会议,如获同意将派出代表云云。同时公布我方之答复,谓同意举行停战会议,会期准备在本月十日至十五日。此举盖导源于苏联驻联合国首席代表马立克之提议。可见美国甚欲抓住此机会,冀解其僵局也。

七月三日(星期二)

上午七点半至八点半,参加四个小组组长之联席会议。今后每晨有此会谈,各组长报告昨日之学习情形,讨论当日之进行方法。余拟得暇则参加。

下午,看季纯所改小学语文课本一册。

七点半至中南海宣传部,参加其宣传会议。乔木作报告,谓马立克之提议,预料双方可以接受,颇为合适。美方知难而退,先提停战,实出于其迫切之愿望。我方之表示同意,一因愿望和平,原为我方之标举,二则欲竟全功,尚须大力,一时未易驱美军于朝鲜之外,停战议成,究可节省若干力量用于其他方面。至于抗美援朝,应云收获甚大。支援朝鲜,见其友爱。示美以实力,彼已确知我之不可侮。更就国内而言,缘有此举,人民政治认识提高,爱国热情空前发皇,收获实为无可衡量。停战而成,政治方面尚须作种种斗争,未可稍呈松懈。乔木之言,余大多深以为然。唯于作文宣传将如何着笔,并未有所说明,殆须俟多加研究耳。

七月四日(星期三)

晨仍参加小组长之会谈。与安平、浩飞谈出版行政会议筹备事。改预备发布之文件。

七月五日(星期四)

看方宗熙所撰生理卫生稿若干页。改基层学委会向分学委会报告一周情形之底稿,乃卜明所拟,不改拿不出去,一改即需两三小时。以前余对于文稿皆马虎处之,看过即签字发还。今为提倡整饬文字,一一为之修订,然实难以周遍也。

七月六日(星期五)

上午开三十六次署务会议。下午看张蔡二君所选语文教材二十余篇,大多不中意,余以为可者三五篇耳。

七月七日(星期六)

上午参加语文组组会,于中学教材,共叹选择为难,顾无解决之方。

午后三时,基层学委会开会。学习进行已历旬日,下星期将入第二阶段,重在实践忠诚老实,交代过去之历史。下星期一上午将开小组长会议,布置应如何工作。下午则由余报告,鼓励大家之勇气,并排除其顾虑。余实深觉其疲,然责任所在,亦未欲卸去也。

七月八日（星期日）

晨与三午凤祥至北海公园，划船一小时。啜茗于双虹榭，观文叔所汇集诸同人校出乔木"中共的三十年"语文谬误之本子，因明日即将送于乔木，供渠作修改时参考。

旋至大牌坊胡同，至美与蠲生结婚，今午邀少数友好会餐，借作公开表示。设两席，皆至熟之人，而且夫妇共临，谈笑颇洽。

三时半，偕云彬至民盟总部，参加其座谈会，题为《陶行知与武训精神》。陶为民盟人物，今日作此讨论亦题中应有之义。余首先被邀发言，稿子系仲仁代拟。大旨谓陶行知精神与武训精神绝不相同，二人亦绝非同型。陶不过借其苦行兴学以自况而已，不足损陶之为人民教育家。末谓陶若尚在，今日必深自检讨其错误矣。继之发言者数人，大体与余所言相近。

五点过，偕云彬先退，至中山公园来今雨轩，应大众书店之邀。此店将出版一种《语文教学》，邀诸人座谈，大半为熟友。共谓此志殊有需要，谈编辑方针，发言颇多。餐毕到家已九点半。一天忙碌，甚惫。

七月九日（星期一）

八点开学习小组长全体会议。发言者不少，皆属小组长应如何领导，方可使有可交代者尽量交代之类意见。刘及辰与仲仁为典型报告，各谈其组之学习情况与收获。下午三时，偕洛峰卜明等至怀仁堂，总学委会邀集各基层学委会之主任及办公室主任为会，首由人事部安子文报告各机关学习之概况。次之，重工业部副部长何长工，人民银行行长南汉宸作典型报告。最后由彭真讲话，勉各机关首长亲自动手，庶可致佳果。六点四十分散。

灯下准备明日报告之简稿，取自己所见与他人之意凑合成之，大旨在鼓励交代问题，解释种种顾虑。

七月十日（星期二）

上午八点半，集全体同人为会，余作临时学习之第二次报告。先阐说此次学习之目的，次言何谓自觉，复次言此次学习盖取对朋友对同志之态度，皆上次报告言及而不详者。继述两周学习之收获，两小时而毕。洛峰、蠲生为之补充。此会精神似尚饱满。

两点半,苏联驻我国之商务代表及其国际书店驻我国之代表来访,谈苏联所印中文版书籍在我国销售之问题。一小时而散,由沈颖为翻译。余遂看文件十数件,他亦不能有所为矣。

七月十一日(星期三)

晨间,参加地理组之组会。灿然细看初中外国地理课本,发现错误及文理不通处甚多,为地理组同人讲之,亦期其提高识力之意。可憾者其书业经销行,方在误人子弟,且使教师增许多麻烦。虽从今尽可能为之修订,过去之失无可追矣。

张萃中来谈,谓中学课程标准将以明秋实施,望我社届时能供应初高中一年级之新课本。其事已甚局促,因秋季用书须于明年二月付排,而今日尚未定教本之提纲也。

志远已自上海归来。编译局事可以由渠主持,余卸代理之责。

下午,全体同人均分组学习,余独看文叔季纯二位所改小学语文课本。

七月十二日(星期四)

昨日洛峰来言,缘临时学习,出版行政会议尚未能作好准备。与其草草开会,无多成果,不如再予延期为善,主张延至下月二十日为始。余然之。今日向各处发出函电,说明此意。

下午,教部韦部长来访,谈关于教科书之各项问题。谓教部于我社照顾不足,联络不够,颇致歉意,望以后有所改进。谈两小时而去。

看辞书社写定之字典稿,有所见即记于纸,期再加考虑。

七月十三日(星期五)

上午续看字典稿,又看文件多种,酌加修改。今晨本觉头脑昏沉,浑身酸楚,至十点而头痛益剧,遂卧休。中午未进餐,下午头痛稍已,卧看新收到之《美国之世界扩张》。此书系一美国人所写,叙美国之帝国主义之想法与做法甚详。

七月十四日（星期六）

上午改同人所为书评一篇，看文件数起。十时左右又觉不舒，视昨日较轻，亦即任之。下午，三个学习小组联合为会，听二同人作忠诚坦白之典型报告。

七月十六日（星期一）

九时，基层学委会开第四次会议。决定自本星期始，于交代问题而其问题并不严重者，加以研究之后，即由行政负责同志与之谈话，告以其所交代自属可信，今后幸努力工作云云。于交代问题而尚须研究者，则致力于调查，稍迟作结论。对于有材料存于人事处，而其人尚不肯忠诚老实者，则多方设法打破其顾虑。

下午暑甚，精神委顿，看新到各种杂志，他无所作。

七月十七日（星期二）

邀建功、家霖、季纯、仲仁四人会谈标点符号之用法。缘政务院将发布关于公文之规定，其中有一附件言标点符号用法，他们认为举例不甚合式，又无说明，嘱余为之重行草拟，因请四人会谈，收集意见。谈三小时，余略有把握。因定由余起草，草成后再请诸人提意见修改。午睡起来即开始起草。余认定句号、逗号、顿号、分号、冒号皆表示说时各种之停顿；说时之停顿，书写时即为各种符号。他如问号，余认为一句问话完了之表示。此等意见，一般谈标点符号者皆未尝言也。至于放工，仅将句号写完，得稿两纸有余。夜眠不佳。以余之精力，恐不宜用心作文矣。

七月十八日（星期三）

竟日作稿，仅得四纸，谈逗号、顿号毕。仅抽少量时间看文件而已。

七月十九日（星期四）

续作昨稿，又得四纸，谈分号、冒号毕。为此颇有兴，而疲劳亦难耐。

午后三时，苏联商务代表米葛诺夫又来访，谈久而来决之我国翻译苏联书，与其国际图书公司订合同事。我方不拟采此方式，告以此类协议，须循正式外交途径云云。谈一时许而去。

七月二十日（星期五）

仍续作昨文。竟日亦仅得四纸，谈引号、括号毕。心思集中于此事，头脑昏昏,夜不得安眠。然欲求其安适,须俟全文作毕始可也。

七月廿一日(星期六)

上午九时,开基层学委会,讨论如何深入,如何为已交代问题者作结论。大家发言颇零碎,未有具体办法。唯谓下星期二,再由余作一次报告耳。

午后二时,文委分学委会假政务院会议厅开扩大会议。周扬作报告,叙述三四星期来之学习情况,提出工作大要数点。继之,教育部一人,新华社一人,各言其处布置学习之情形。七时散。

夜间未能续作昨稿,仅就已成之稿加以修改,亦复至十一点后。

七月廿二日(星期日)

晨至北海公园,坐漪澜堂啜茗,续作标点符号之说明。初甚安静,既而游客纷至,人声嘈杂,不复能思索,遂离去,仅得稿一页半耳。

午后,芷芬来谈。傍晚张贡三来,仲仁来。待九时客去,余重行作稿,至十一时,全稿完毕,凡二十多页,题名《标点符号用例略说》。

七月廿三日(星期一)

整理昨夕完成之稿付抄。

九时,开小组长联席会,由灿然作报告,谓学习宜更求深入,已交代者期其彻底,心存顾虑者期其彻悟而交代。于今后小组长宜如何工作,提出办法颇多。下午,少数人来谈,亦无非关于学习之事。

七月廿四日(星期二)

竟日谈关于学习之事。明日余当作报告,下午,灿然为余提供若干意思,蠖生为余写若干讲稿,皆敦促交代不彻底者彻底交代,应交代而尚未交代者尽速交代。夜间即据二人之意以已意排比之,贯穿之。事虽非难,亦迄十二点而始完工。疲惫殊甚。

七月廿五日(星期三)

八点半开全体大会。余据昨夕之稿作报告。卜明继之,宣布已作结论之人数及姓名事由。语毕,大家鼓掌,祝贺此辈表现其忠诚老实。又有杜大纲、牛平青两人演说,述其于学习所体会者。大会以十一点散,下午各学习小组皆讨论余之报告。

午睡起来,看字典稿若干条。

七月廿六日(星期四)

仍看字典稿。

余之《标点符号用例略说》托开明同人沈永清缮写蜡纸。沈之写蜡纸可谓圣手,字体端正,行款匀称,观之悦目,故特托之。今日缮印竣事,得二十份,阅之乃无一错误。即以两份送政务院秘书厅,并以其余分送社中友好。彬然灿然咸谓盍发表之以供众览,余谓如得政务院同意,自可发表。

七月廿七日(星期五)

仍看字典稿。报载中朝与联合国双方代表讨论停战,于昨日已就议程一项取得协议。

七月廿八日(星期六)

批阅文件,杂看书报,无复他事。

七月廿九日(星期日)

上午均正来谈,言开明人手无多,延人不易,预定之出版字数逐月不逮其半。旧书皆须修改乃可重版,无充分之人力配备。余亦无以慰之。

下午三点半叔湘来。渠观余所谈标点符号,以为简而赅,切于用。杂谈语文方面事,五点过去。

七月三十日(星期一)

晨九时,开第六次基层学委会议。为求深入起见,学习运动决延长一星期,至下星期二止。明日需开大会报告此事,希望续有所获。

下午,取《标点符号用例略说》酌加修改,缘文叔与叔湘均指出其小疵。高祖文来电话,谓政务院秘书厅于余此稿有所商量,嘱渠来面谈。余请其今夕即来。到家少顷,祖文便至,与共饮。渠述政务院于此稿大体满意,唯为使全国文书人员均能学习,均能应用,希望更求通俗浅显。又谓说明所用例句,有若干须适当更换。余于第一点,答以所叙已甚浅明,习者但能细心观看,必不致弗解。修改工作重在另找例句,虽为数不过七八,而得其当者非仓猝可致。余希望政务院能相助,以期早日定稿。

七月卅一日（星期二）

晨八时,开全体大会,由余报告学习运动延长一周之所以。

十时,偕沈颖往访米葛诺夫,告以我政府之意,愿与苏联订一双边之协议,凡书籍彼此翻译,同样处理。并谓此意已由外交部副部长伍修权通知苏联大使云。坐约二十分钟而归。

下午寻找例句,修改说明之文字。翻检颇多,所获有限。预计本星期内未必能改毕。而政务院需此甚亟,谓将于下星期公布也。

七点半至青年宫,参加人民解放军建军二十四周年之庆祝大会。

八月（略去三天）

八月一日（星期三）

晨与四组之小组长会谈。灿然谈研究各人之材料,须注意若干点。其言可通于一般之知人论世,实为思想方法之经验谈。此君之可佩在此。会谈毕,看文卷杂件。

下午,写明日演讲之摘要,又是语文教师暑期讲习会矣。摘要不过随想随写,甚少条理,若好好准备,可以讲得较好也。

八月二日（星期四）

晨往羊市大街三女中为中学教师作演讲。三女中之校舍原为历代帝王庙,讲演会即在大殿举行,到五百余人。讲题系文教局中人根据教师之意见而定,谈各种文体之特点,及指导写作与文体之关系。余信口而谈,自觉不甚有条理;而颇有若干见到之言,为听者所欣会,此观听众之面部表情可以知之。一谈历四小时,尚不甚疲。

返署进餐,即午睡。起来仍修改标点符号一稿。建功为余找得若干例句,选而用之。

八月三日（星期五）

上午八时开署务会议,谈出版行政会议在本月二十开,必须于下星期集中人力加紧筹备。又谈翻译工作会议。志远谓原定九月三日开幕,今料不及,势须延期。会至十点半散。

下午三时,列席政务院政务会议。今日有公安部罗瑞卿关于镇压反革命之总结报告,故各部门首长均来参加。报告历两小时许,既而多人发表意见,大家拥护其报告。末了周总理作结论,谓今之革命乃在改造社会,自须消灭一部分绝不可能改造之反革命分子,而后可以改造其外之大部分。所镇压者为土匪、恶霸、反动会道门分子及特务间谍,皆国人皆曰可杀者也。周讲毕已九点,列席者咸退,政务会议尚有他案讨论。

八月四日(星期六)

竟日作修补标点符号一文之工作。重抄、添注、涂改、剪贴,至于傍晚,仅毕半篇。

八月六日(星期一)

仍修改标点符号一文,已改好之部分缮录之。午后三点,偕志远、沈颖、蠖生往外交部,晤伍修权副部长。既而米葛诺夫应外交部之约至,因共谈。三方面言明,为中苏两国互译书籍出版拟专订一协定,不及其他。米表示当向莫斯科请示,俟得回音即来答复。谈约半小时返署,重复伏案。

八月七日(星期二)

仍为修改工作。九点开基层学委会,大致讨论学习运动至今日结束,而工作未了,应作如何布置,庶几不致草率了事。

下午,彭子冈以记者名义,来采访关于本届教科书供应情况。谈起渠为记者已多年,近颇思更换工作,若能于出版社方面服务,实为深望。余告以我社及开明均需人,以彼之才能,皆可见容。最后谓当从长考虑。俟其去,重复伏案。夜间亦挥汗执笔,尚有一小段未了。

八月八日(星期三)

八时以前,将标点符号一文改完,送与高祖文。此事消费余二十天之时间与精力。今日完了,心头一松。

九点,开小组长联席会议,余宣布学习活动完了而工作尚未了结。灿然继之，讲两点。一为调查研究及作结论之方法，甚见精密，一为经过此次学习，大家在思想方面有所进步，宜求有以巩固之。

下午三时到政务院，郭沫若召开座谈会，讨论政务院所拟关于学制之决定。余默听多人发言，有深有见地者，亦有相去远甚者。至七点散。

八月九日（星期四）

上午，祝志澄来谈新华印刷厂召开之印刷工作会议，示余以几种调整与扩充之方案，即此次会议之主要议题。又示余以渠之报告底稿，嘱为修润。俟其去，即动手修润，至午刻完毕。

灿然、云彬、仲仁来闲谈，共感我社人手缺少，工作不紧张，必须设法改善，然亦无具体办法。

八月十日（星期五）

晨八点又开全体大会，于此次学习运动作简短结论，又号召大家检举反革命，以今日一日为期。末由卜明报告已作结论者之名单。

下午三时至政务院，列席政务会议。讨论题仍为前日座谈之改革学制决定。文教方面人员多所说明，继之发言者甚众，最后由总理作结通过，已九点过矣。

八月十一日（星期六）

晨请适夷为全体同人讲志愿军后勤部队之英勇故事。余为开场白即退出，主持出版行政会议之筹备会，商讨应行提出之文件。原稿颇草草，改之甚费心力。上午四点半钟，下午五点半钟，同于集体作文，尚未能全部改毕也。

八月十三日（星期一）

九点，基层学委会开会，至十点三刻散。续开出版行政会议筹备会，讨论者仅管理出版印刷发行业之条例一件，全部十三条，亦费时不少，到下午一点半始毕。

匆匆吃饭，驱车出城，至新华印刷厂。今日全国新华印刷厂工作会议开幕。新华厂为国营企业，应领导其他印刷业，故会中讨论者为全国之书刊印刷工厂。去年出版会议之际，鉴于印刷业之不景气，决议中曾有一项，谓不得盲目扩充。

今时隔十月,情形已大不同,出版物大量增加,印刷能力非谋调整与扩充不可,此次会议即以此为主要题目。两点半开会,祝志澄致开幕辞。余继之致辞,就蠖生为余预备之简要稿子加以敷陈,谈半点多钟。次之蠖生演说,以后尚有七八人。六点散,全体照相,会餐。

八月十四日(星期二)

看积压文卷多件。看文叔季纯选辑之高小语文教材十余篇,详细提出意见送还之。午后,看字典稿一大叠,亦提出不少意见。连日开会,今日伏案看稿件,虽亦不闲,颇觉有味,此可见我之性情于编审工作为宜。

八月十五日(星期三)

晨间蠖生洛峰来告,昨夕与乔木会谈出版行政会议事。乔木主张此会欲其开好,宜兼邀各地区之宣传部长以及公营出版社、新华书店总分店之负责人,俾与出版行政机关配合,方可达到推进出版事业之目的。为须添加与会人员,会期又须延后,改于本月二十七日开幕。

看字典稿约两百张,均提意见。

八月十六日(星期四)

治杂事,看文卷,与同人谈事,写复信数通。傍晚,业余学校假满开学。余为讲依新定之学制,业余学校亦属正规学校之义。讲话者甚多,并报告上学期成绩。

八月十七日(星期五)

八时,开出版行政会议筹备会,通过两种条例之草案,商定出席列席名单、主席团名单、会众分组办法。看文叔所撰语文课文数篇。

灿然、蠖生、云彬来谈统战部拟请云彬往杭州主持民主同盟事。余谓教育出版社中坚极弱,不宜抽出云彬。以云彬之才能而论,亦未必宜于党派活动,故以婉谢为宜。云彬亦自言不欲往。此事须再与各方面商量。

八月十八日(星期六)

祖文将《标点符号用法》最后一次校样本送来,立即看过一遍,因而牺牲了午睡。作稿改稿,复继之以校对,积习如此,亦复可笑。总之一切喜欢自己动手,不甚相信人家,此亦手工业作风也。

四点半,集编审部同人及署中少数同人,为讲新定之学制。略谓此是新民主阶段初步之学制,一方面适应现状,一方面规定将来之发展方向。有特点数项:教育为工农开门,尽量顾及国家建设,全面的教育与专业的教育并重,等等。阐发未见透彻。

八月二十日(星期一)

看各种教本之修订本。与仲仁、灿然、云彬谈云彬离此去浙江一事。云彬昨听沈衡老之言,意有所动,颇思易地。余谓以人民教育出版社之立场言,自不能赞同。以余个人之见而言,仅觉感情上不甚舒服,然不肯谓云彬决不能离去,余固无强制他人之权也。

下午仍看杂件。明日又须作报告,名曰"思想总结之启发",其意盖欲使同人巩固其所得于临时学习者。蟪生为余起一稿,观之,略加补充。

八月廿一日(星期二)

八点,全部同人集会,余作报告,历两小时而毕。午后看字典稿一叠。

八月廿二日(星期三)

九时,开教育出版社社务会议。少甫报告各地学校将开学,教科书之供应居然及时。此是两年以来第一届之及时,可记也。明年暑后将实施新定之学制,各级之初学年须有新课本,而中学之课程标准未定,小学之课程标准尚未拟议,我社遂无以依据。按印造方面言,此项书本须于明年二月梢发排,距今仅六个月。柳湜亦深感其局促,然谓教部实未能匆遽确定各科之标准云。谈及增加人力,柳谓各处电调,有两人可致,其他则尚渺茫。又谈房屋问题,改进教本之质量问题等。

三点半至怀仁堂,听周总理报告。缘有八个专业会议要求听报告,遂组此会,听众据云将二千人。报告分五个小题:一、停战谈判与美英操持对日和约,二、国防建设为我国头等要务,三、巩固人民民主专政,四、巩固财政,五、新定之学制与培养人才。周氏宏通博识,随意发挥,无不得要。七点四十分毕。

八月廿三日(星期四)

晨作一书致教部四位部长,希望其部原办工农速成中学之一所房屋拨于我社。

看字典稿两叠。灿然、云彬、仲仁来共商编审部调整薪水,历两小时而毕。教育出版社原与出版总署同,薪水以小米数计算,今改成与一般企业机构同,以折实单位数计算。小米五斤改为一个折实单位,实得货币可以略多。复视工作能力之强者,均予增加,借资鼓励。

晚七时,署中学习班开学。今设两班,一为政治经济学班,一为中国革命问题班,报告者各逾一百五十人。每星期讲授一次,余则分组自学讨论。余为讲话,举毛主席之语,期大家"有的放矢",仅二十分钟而毕。

八月廿四日(星期五)

看字典稿一叠,看修订发排稿数种。教部自西北调来我社之刘御同志来访。渠向在老区任编辑工作,望其貌,听其言,似为笃实之人。

看文卷数件。下午亦看杂件,殊未得休。

八月廿五日(星期六)

八点半开出版行政会议筹备会,会期将届,一切均须安排停当。散会即开始修润各部分凑合而成之报告讲稿,此稿由余口讲,并须刊布,原稿殊草草,非修润不可。凡十八纸,将二万言,以余改文之速度,恐须十五小时,方可蒇事。

下午三时,开基层学委会,讨论四十余人处理问题,尚须经分学委之批准云。散会复改文,迄散班仅改三纸而已。灯下又改三纸,迄于十一点。

八月廿六日(星期日)

上午七时半到署,在家不能静心,仍以在署改稿为便,迄于五点共改八纸。精神已委顿甚,只得暂休。回家饭后复改,至十一时终篇,疲极。

八月廿七日(星期一)

八点,出版行政会议开幕,假干部学校之礼堂。乔峰作开幕辞,郭沫若以文委主任名义讲话。次之,由余据所改稿子作报告。一讲四小时,至午后一点四十分毕。相当疲劳。饭罢入睡,起来已五点。

七点半,全体与会者在署中食堂聚餐。八点半,开主席团会议。各组报告今日下午讨论余之报告之大概情形。诸人多以为将就出版事业作全盘检讨,实则此次会议之主要意图在提高出版物之质量。灿然蠖生皆说明此点。会散已十一点矣。

八月廿八日(星期二)

余未参加分组讨论。王泗原来,谈其所编工农中学语文教本之注释本。

午后三点半,仍假干部学校礼堂为大会,请乔木作报告,总题为"改进出版工作的几个问题"。分四段:一、宣传马克思主义,二、计划性与一定的质量,三、印刷发行方面之问题,四、党的领导。渠谓提高质量,先宜求之于公营出版社。缘公营出版社之出版物,供应量占百分之八十几,影响特大。且公营者不为表率,亦无以领导私营。此意甚卓。会以六点半散。

八月廿九日(星期三)

看《时代》终刊号,其中译苏联《真理报》严格批评其文艺、戏剧、电影之文章。一切以人民的利益国家的利益为准,大可为我们取法。

十时,集社中各组负责者为会,讨论教部提出于初等教育会议中之"小学规程"及"小学课程标准"。初等教育会议现方开会,我社由仲仁为代表前往参加。我们之意见将汇集而书之,以教育出版社名义提出。讨论两个小时,仅发其端而已。

下午三时,辞书社开社务会议。小字典初稿早成,现加以修订,进度甚缓,求其加速,拟调整同人之工作。此外讨论事务方面问题,至五点半而毕。余又参加"小学规程"之讨论,于开宗明义数条有所修改。明日将分组讨论语文、算术、自然、地理、历史之课程标准。夜七点半,主席团会议,各组汇报讨论情形,语皆甚长。十点四十分始散。

八月三十日(星期四)

八时半起,听来会代表之典型报告。中南区二人,一谈其区之出版行政工作,谓重点在教育农民。一谈广州检查进口书刊情形。华东区二人,一谈上海私营出版业情况,云宜重于团结改造,助其发展。一谈通俗读物之编辑。十二点半散。

下午三时,参加语文组之组会,讨论小学语文课程标准草案。推文叔季纯二位书之,向教部提出。晚间仍有主席团之会,余请假径归。

八月卅一日(星期五)

上午与灿然邀各组组长商量调整薪给。凡工作成绩工作态度较好之人,此次增加有差,不加者仅绝少数人耳。

午后三点,胡绳向会众作报告,谈人民出版社之情况,兼及如何增进工作效率,提高出版物质量。

九月(略去五天)

九月一日(星期六)

今日分区讨论所拟之各种方案条例。余未参加,在室中治杂务。图书馆与图书期刊司布置一小型展览,供会众参考,邀余先往一观。此展览陈列各区较好与较坏之书,平平者不列,有说明书予以褒贬,不啻一份书报评论也。午后看各种文卷,未为他事。

九月三日(星期一)

九时开主席团会议。明日下午会议闭幕,将由余作结论,今日先讨论结论之提纲。提纲由灿然起草,并将分发与会众,请大家亦提意见,俾事前修改。如是之开会方式,可谓周妥之至。

午后三点半,至勤政殿列席政府委员会第十二次会议。周总理作外交报告,讲二事。一为朝鲜停战谈判,二为美英召开旧金山会议,操纵对日和约。陈云副总理作财政报告。陈君理财大有办法,处处顾到,估计审慎,殆可谓精通理论之典型。次之通过关于法院之条例三件。七点散会,会餐于怀仁堂。

九月四日(星期二)

上午仍开主席团会议,各组汇报讨论各种方案、条例、办法之情况。次讨论结论提纲,诸人均提出修正补充意见。会散,与灿然再就提纲研讨,确定应如何措辞立论。忽接全国委员会电话,谓今日下午愈之自重庆飞回,嘱以车往机场迎候。余因须作结论，不能往，请墨代之。

三点，准时举行出版行政会议闭幕式。先由马夷老以文委副主任名义讲话。次即余之结论。计讲两小时，自觉未能满意，发挥多未畅达。会散，全体照相。是时愈之适到署，以途中疲劳，径回寓所。照相毕，往晤愈之。据云参加土改工作虽劳，而精神身体俱佳，思想认识方面尤有所获。坐少顷，即往中山公园来今雨轩，十七个公营出版企业单位宴请全体代表。七时开宴，宴罢即归，早睡。

九月五日（星期三）

上午治杂事，写信数通。午后二时，集全体代表为欢送会，借此可使诸人与愈之会晤。愈之谈话一时许，其中一点甚重要。略谓此次外出，深感国家与人民进步之速。我人从事文教工作，理宜与之俱进，而实际远为落后。是非加紧自己之修炼，多多与群众联系不可。

九月六日（星期四）

星期一在勤政殿与乔木接席。渠谓余之《标点符号用法》宜发布于报纸，提出小节数端，嘱余考虑修订。今日据其所称究讨，改易增补三四处，即以修订本寄与之。看文卷若干件，午后看字典稿。

九月七日（星期五）

明日将与教育社编审部同人讲话，旨在肯定我社所出之书质量不高，错误颇多，思想政治性不强。期望大家想办法，订定切用之制度，养成新鲜之作风，使以后得以逐步改进。今日起讲稿之草，竟日而毕，大约可讲两小时。

九月八日（星期六）

八点半，编审部同人为会。余讲昨日预备之稿，听者似动容。仲仁继之，转述钱俊瑞在初教会议中所讲"教育工作中之思想领导"。所谈与我人在出版行政会议中所说之精神相合，于我社工作人员颇有受用。

三点，工会基委会开会。照章我们一批委员任期本月下旬届期，须谋结束半年内之工作，作成报告以资交代。同时即须筹备改选第二届委员，今日商量提出一参考名单。鉴于第一届委员行政方面人较多，"政工不分"，原为工会所戒，今经我署试办半年,益证明其不妥,故所拟名单保留旧人绝少。又议他事数端,五点散。

九月十日(星期一)

看字典稿,又看文卷及其他杂件。

美英把持之对日和约已经签字。此次参加会议者,连日本在内,共五十二国。苏联代表开始即谓宜详细讨论和约之条文,并谓无我国代表之参加,订定和约即无多意义。波兰与捷克代表皆以斯言为至当。而美英则谓条文业经协商,只须签字,又制定横蛮之议事规则。签字之际,苏、波、捷三国代表当然不参加,故与日本签订和约者凡四十八国。日本签此和约,实际上为任美国驱使之合法化,美军可以驻在其境内,若干军事基地须供美国使用……苏联代表谓此非趋于和平之约,乃趋于战争之约,诚非危言耸听也。

傍晚,与辞书社全体同人会餐于萃华楼,为此社成立一周年之纪念。

九月十一日(星期二)

乔木于《标点符号用法》又提数点意见,今日据以补订,重抄一本付与之。一壁伏案抄写,一壁听历史组同人开组会,稍稍参加讨论。

至石驸马大街经理部,为同人讲话,谓我社之书印刷之质量亦差,须共谋订定制度,培养作风,始克有进云云。经理部新建房屋即将完工,凡三层,尚不能尽容经理部现有之人员。

九月十二日(星期三)

上午九时,应教部之招,往参加其座谈会。到者皆各地区之教育行政当局,来京参加初等教育、师范教育会议者。首先谈增加我社人力之问题。马部长致辞后,由余略述我社情况,人手不足,改进为难。然后提出最低限度须增若干人。钱部长即请各地区分别担任,从其干部中抽调来京,全力集中于完成教科书。诸人或首先应命,或陈说困难,或则谓尚须回去考虑,对于余所提出人数,一时凑集已足。此为教部关顾我社之重要一举。十一时半,谈此事已毕,先行退出。与灿然仲仁共谈以如此方式集人,是否妥当,大可研讨。各人对于编辑工作,对于胜任编辑之人才,认识未必一致,若来而不适于用,非唯无济于事,且转为负累。灿然主张先研究备调人员之材料,乃作决定,此自是审慎之计。

在教部始识辛安亭,原任甘肃教育厅厅长,教部招之来我社,拟请任副总编辑。下午,李光家来访,系中宣部自山东调来参加我社工作者。其人任教师将二十年,作过编辑工作,或能于语文组大有助。

李君去,余修改上星期二闭幕式中讲辞记录。当日据提纲发言,稍嫌其乱,因而记录颇不成样,打字得五纸,观之深觉惭愧。修改迄于下班,仅得一纸而已。

九月十三日(星期四)

继续修改记录稿。灿然昨参加《人民日报》之座谈会,讨论书刊避免错误之办法。《人民日报》已成立检查组,就排成之清样分各人按某一项目检查,颇有成效。灿然述其情形告同人,我社当可仿行。午后未入睡,仍事修改,仅得一纸有半而已。虽云修改,实同重写。

九月十四日(星期五)

上午仍改记录稿,仍未毕。午后二时,至中山公园,人民美术出版社假其地开成立大会。人民美术出版社由萨空了、朱丹任正副社长,今年四月初开始筹备,出版各种画刊、画幅及连环图画等。资金由我署与新闻总署拨出;工作人员现有一百十余人。三时开会,愈之、周扬先讲话,次及于我,以下为蠖生及新闻摄影局副局长某君,而终之以空了之概况报告。讲毕已六点半,于是至来今雨轩会餐。客甚众,凡十余席。

九月十五日(星期六)

续改记录稿,十一时毕,即付打印,将请同人修订。午刻,至至美所小饮。她明日动身赴安徽参加土改。又兼今日为中秋,添菜数色。

九月十七日(星期一)

上下午俱在署中开会,讨究出版行政会议中提出之方案、办法、决定等件。当时各组均有意见,或增或删,或为补充,记录之而未加整理。迄乎会毕,乃分别由同人据以修改原草案。今日即讨论此项修改稿,在署中通过而后,即送文委,请其审阅。竟日商谈,各件仍未能遍及也。

北大周祖谟君前日索余之《标点符号用法》，今得其复书，感其知音，录之于下："其中最扼要最中肯綮者为指明句号以下七种符号系根据语言之停顿而设，语言中有种种不同之停顿，则符号亦因之有异。环顾坊间所出论标点符号各书，未有能洞察及此者。尊著首先提出，使人人了此胜义，可谓沾溉无穷矣。"余之稿本印出后，能明乎此者不超过五人也。

九月十八日（星期二）

上午开翻译工作会议筹备会。决定此会于十一月五日开始，为期一周。主要为激励翻译家认真工作，为提高译品之质量而奋斗。制定翻译计划，亦为提高之一因素。

下午修改昨日所议之方案数件。看方宗熙所撰植物稿若干页，为之修润。夜八时至怀仁堂。今夕举行"加强国际和平"斯大林奖金授奖典礼。得奖者为宋庆龄，代表委员会授奖者为苏联作家爱伦堡与智利诗人聂鲁达。

九月十九日（星期三）

九时，集九个出版社之负责人开座谈会，其中七个皆属公营，私营者仅商务、开明两家而已。先由王子野报告人民出版社所出书籍发生种种错误之情形，并谈致之由及以后改辙之方法。次仲仁谈我社之教本，错误亦多，思之不寒而栗。次朱丹谈美术出版社出版之各种美术出版物，亦复时有误谬。余因就我署所拟之规定，与众谈一稿成书之必经程序。末言到场之九家如能大家认真，即可转移风气，导出版界趋于正规。

二时半至北京饭店，文联欢迎爱伦堡、聂鲁达二人，开座谈会。三时，爱氏先讲话，谓创作非有迫切之要求与成熟之构思，不宜妄作。多知多识，深入生活，实为切要。此亦我人所恒言，唯爱氏表达其意颇有艺术方法耳。聂氏讲话，强调以诗为斗争武器。

九月二十日（星期四）

八点半，与编审部同人谈话。明年春季用书，应于七月底发出付排或付印，而至今尚未发齐，恐误造货之期，致明春复不及时，不得不向同人催促。

九点半，偕愈之入中山公园。新闻出版印刷工会筹委会假其处欢迎爱伦堡，开座谈会。爱氏乐与新闻界人会面，今日到者多新闻界，约一百五十人。十时，范长江迎爱伦堡至。爱氏自动提出题目，言其写报告文学之经验。谈话约一点有半，大致谓言为心声，文宜有其个性，自铸新词，不落陈套；文宜求短，短文视长篇为难写；事非熟知，必难求工等语。意亦并非新鲜，而措辞设想，委宛有致，自是可钦。此等语对我国今日之报章文字可谓针锋相对。我国报章文字殊少能表出作者个性，用词布局俱有程式，喜长不喜短，不熟悉之事物亦强欲挥写。爱氏一席话，听者虽似皆欣赏，恐未必能有些微实效也。

三点，邀七八单位开座谈会，讨论资料工作问题。非重在资料之收集与保存，乃欲讨论如何鉴别资料，研究资料，使于运用之时不生谬误，以保证出版物之可靠。其次，讨论各出版单位如何交换资料，凡可靠之资料为众所共享。新华社来人谈最好，言其对于权威资料之解释，言其社之工作情况，皆于会众有启发。他人谈话皆泛泛。

七点，社中编审部全体及经理部少数负责人聚餐，欢迎辛安亭、刘御、李光家三位，并欢送云彬。余致辞之后，此四人以次讲话，语皆朴实。餐后，柳湜、方与岩与余及辛安亭、灿然、仲仁诸人共谈，无非教部与我社如何加强联系，加强教本编辑工作之事。

九月廿一日（星期五）

八点半起开署务会议，讨论结束行政会议未了之事，确定翻译会议日期与办法，决定出版一种《图书评论》，认真编辑，务期可为表率。尚有其他事项。下午看文卷与杂稿。

九月廿二日（星期六）

看王泗原所编工农中学语文本第二册之材料，为之提意见。云彬夫妇以今日离京，待余回家，他们已赴车站。回思一九四九年四月教科书编审会初成立时，人员亦近二十人。至于今日，仍在教育出版社服务者，唯余夫妇及灿然耳。

九月廿四日（星期一）

上午续看泗原所编工农中学教材。泗原适来，与谈良久。编书之事，渠颇专心，且有见地。如此人才如能加多，集事即较易。

下午,校《人民日报》送来之《标点符号用法》校样。乔木主将此文刊登一回,俾全国共守。余以四个小时之时间校毕,可谓甚慢。《人民日报》现方注意于消灭错误,凡党员工作同志,以党之纪律相绳,发现错误有褒奖,贻留错误受惩处。余观此校样,仅发现一字未经校出,可见于校字工作已颇不坏。然于格式尚不能注意,余指出须改正者甚多,皆有关格式之事。因致书其总编辑邓拓,告以此意。目前新闻界出版界追求精审,群相勉励,久之当可蔚成风气,此则余所乐闻也。

九月廿五日(星期二)

上午看杂件,重复修改出版行政会议闭幕时余之讲辞,缘洛峰灿然皆有意见提出。

集安亭、薰宇、灿然、仲仁为会,讨论张某所编《教育概论》究竟要否出版。此稿以抄集诸书而成,体例不纯,品质凡下。经柳湜匆匆翻过,以为可供师范学校之用,即予收下。社中觉其不妥,由陈侠为之整理,亦不过大略检查其引用出处而已。今清样已成,即可付印,灿然鉴于近方号召提高出版物之质量,乃提出讨论。最后决定再请柳湜详加权衡,如此之书可否流行于社会间,且供师范学生研读。

薰宇提出近观人民出版社转我社之一稿,系翻译苏联之微积分学,亦已排成清样,页数甚多,而错误百出,非唯不通数学,亦且不谙常识,考其译者,则某大学之数学教授也。如此之译本当然不能出版。察其致此之由,殆是此教授居迻译之名,实际翻译工作则由劣手为之,迻译既成,未加审核即谋出版。科学院第观译者为谁,不察译品如何,贸然介之于编译局,编译局轻信科学院,贸然发交人民出版社。人民出版社见介绍重重,以为可靠,即付排版。

今日所究二书稿之事,皆见作者之间,各机关之间,于出版一事,态度甚不严肃,大违我人所称提高出版物质量之旨。欲求纠正此风,亦大需斗争也。

午后三时,苏联米葛诺夫来访,仍言两国订立互翻书稿合同事。渠欲我们提出具体条款,作为将来双方正式代表讨论之依据。余答以可试拟之。谈三刻钟而去。

夜间与晓先共读其重编之小学历史第三册之课文,随即修正其文辞。工作两小时,看过半册。

九月廿六日(星期三)

看方宗熙所改写之植物教本一课。看蔡超尘张中行二人注释之高中文选四篇。改晓先之高小历史两课。此外则杂看文卷信稿。

七点,至文化宫,青年团支部欢迎新来我署参加工作之十七人,兼迎往四川参加土改回来之同志数人。余讲话,略告新来者我署所事为何。

八点至愈之家,十数同人陆续至,漫谈明年出版方面之计划,并及后年为始之五年奋斗目标。我国之建设五年计划大致须于后年始。从无计划而趋于有计划,各方面皆须准备,明年将为准备之时期。今夕所谈,大意为出版计划须数字与质量兼顾。无数字即不能准备物质条件,确定财务开支。单有数字而不及内容与质量,则提高出版物之说无由实现。谈至十二时始散。

九月廿七日(星期四)

上午,与洛峰、蠖生重行研讨行政会议中所起之条例、决定等稿,由余再加修润。每修毕一份,随付打字印刷,备明日署务会议作最后决定。午后,依据洛峰、灿然等所提之意见,改余于开幕日所作报告之稿,迄放工尚未完篇。竟日作此一事,无非欲早日组成一会议之文件,一方面呈报上级,一方面印发各地出版行政机构,俾有所依据。

姚韵漪自松江来,将参加我社工作。

今日得《毛泽东选集》精装本第一册。排校、印刷、装帧均讲究,可谓近来出版物中之上品。此书凡四卷,陆续出版,今年未必能出齐也。

九月廿八日(星期五)

八时半开署务会议,讨论昨日修改之各项文件。又有若干修改,至十二点过方全部通过。即付缮印,备送呈文委。

午后写明日往中央团校为其训练班讲记叙文写作之提纲,晚饭后续成之。又修改余在闭幕时所作结论一节,系愈之所指出,余亦认为必须修改者。

九月廿九日（星期六）

晨在家候中央团校来迎，九点过，车方至。到即开讲，在其新建之礼堂。听众逾五百人，座位作阶级式。讲两小时有余，似颇令听众满意。十一点三刻返署，愈之、洛峰、蠖生、伯林四人正匆匆忙忙商量明年之计划要点。

饭后，伏案看各种杂件。少甫来谈，渠将往上海住一个月，并往广州汉口等地视察印造情况，与余商量有关各事。

看稿件数种，发还编者。明年春季供应之书，其编稿或改稿应于七月底发清，以种种原因，拖延至今日。人手少，工作方法不善，计划往往不克执行。

仲仁、灿然来谈，谓下月须商量整顿组织，订立制度，期检查已出各书之缺点，确保新编各书之有所改进。定于下星期四开编审部部务会议，集众人共谋之。

十月（略去三天）

十月三日（星期三）

竟日治杂事，看字典稿，看新到杂志。

将放工之时，往语文组参加其组会。云彬既去，此组以刘御任组长。商量最近期内谋编小学语文本，第一册于明年二月底完成，暑假后供新制小学一年级生之用。以后九册逐次编出，以余估计殆须两年竣事。此一套课本必须有教授书，为小学教师之助，其第一册亦当于明年二月完成。此外则重编高中语文本，修订初中语文本。二者之中，重编高中语文本较难。选材既非易，作注提问亦颇生涩，任其事者，今有蔡超尘、张中行、李光家、姚韵漪四人。四人之想法未趋一致，下手亦精粗不齐。余拙于指说，偶有所见，亦未能倾筐出之。欲求推动而入于轨道，良非易事也。

十月四日（星期四）

上午看杂件。十时，与愈之、洛峰、蠖生共谈，商下星期一往文委，如何作关于出版行政会议之报告。兼谈及本年第四季度之工作要点，约为订种种具体办法以贯彻行政会议之方针，筹备出版《图书评论》，召开少数主要出版社之会议等项。皆环绕提高出版质量之中心也。

午后二时，驱车至教育部，中宣部假其地举行学术演讲会。主讲者为苏联尤金博士，讲题为"斯大林语言学论文与社会科学之关系"。此论文影响于苏联学术界者甚大，各学科专家皆据以检讨本科之成就与缺失。尤金谓所谓上层建筑源于经济基础，经济基础者，乃谓生产资料属于孰一阶级也。经济基础改变，上层建筑亦随之改变，而生产与技术则传递下去。次言社会科学属于上层建筑范围，生产与科学则否。唯科学家必属于某一阶段，解释与运用遂不免有所不同。其讲稿不日将发布于报端，当观之。

十月五日（星期五）

八时半，编审部开部务会议。教部有韦老及中等教育司三位同志来参加，盖关心教科书之情形也。首由余报告出版行政会议中"提高出版物质量"之主要精神。各组组长依次报告明年春季供应各书之编写修改情形，以及秋季供应各书之计划与准备情形。新定学制既经公布，中小学课程标准已有草案，从明年秋季始，各级学校将自一年级始实行新学制、新标准。小学一年级之语文、算术两种非有不可，且均须随出教授书，供教师为教学之依据。初高中则未能各科全有新本。经与教部诸君商量，力能成新编本，则明秋用新编本；其不及有新编本之学科，则仍用旧本，后年秋季用新编本。

饭毕，即动手修润蟪生所起草之向文委报告之稿。余改文如作文，不能迅速。稿仅三千字，费五小时有余，且始终未间断也。

十月六日（星期六）

上午埋头理杂事。

午后二时，偕蟪生往文委，出席委务会议。首讨论文委向全国委员会第三次会议所作报告之提纲，盖将于本月中旬开会也。报告已拟有初稿，复经乔木重拟一提纲，供会众比较。讨论结果，共认为乔木之提纲为佳，多说明理由，少列举数字，使听众可以了解文教工作之全貌及准备努力之方向。

次之，余作关于出版行政工作会议之报告，历一小时。乔木就余之报告而为说明，谓此中有两要点，带有革命性。一为无论何种著作，何人之著作，编辑有提意见与修订之权,编辑向读者负责。一为私人出版家之不负责任、投机取巧者,将设法予以取缔。施行之际必将引起若干风波,故须审慎出之。乔木之言盖引起与会诸人之注意,期大家多所考虑。对于此事之讨论,留待下次会议。

十月八日(星期一)

上午与语文组编中学书之诸君会谈。商定高中授文言以一年级始。期其教学有效,每周授文言一节。李光家、姚韵漪皆方离教师岗位者,据云一般中学生皆惮学文言。余谓既规定高中需学文言,即不宜迁就学生,应说服学生使认真学习。此外谈选材之分量,则谓我社旧本分量较多,每学期未能授毕,今后宜减少。又谈语法修辞如何教授,如何编排教材。余谓拟与叔湘一商之,约同人明日共访清华。

午后,看发文稿多起,酌加修改。与仲仁、灿然谈社事约一小时。

十月九日(星期二)

上午与灿然、仲仁、安亭、薰宇四位谈社务,商量分工与学习两个问题。安亭任副社长,将多顾及各单位之开会,以及同人各方面之情形。编辑方面分科照顾,余为语文,安亭为历史,灿然为地理,薰宇为理科。学习拟求其简化而有效。政治学习,鼓励同人共选中国革命问题。业务学习,拟即开语文一门。至于临时之时事政策学习,视其难易繁简为断,能少花时间为妙。

饭后,偕文叔、仲仁、超尘三位驱车出城,往清华园访叔湘;遂共往颐和园,茗于长廊。盖欲请教于叔湘,关于语文本中语法如何编辑。小学教本自可不谈语法,但如何将各种句式循次安排;亦为语法之事。初中高中均有语法,但如何有所区别,大须考虑。谈三小时,五人意见本相近,甚洽。叔湘将于细思之后,略书大纲相示。

六点过到家。饭罢,改蟆生为余所拟临时学习之总结报告。此事拖延已久,近日一切处理已了,应开大会作总结。

十月十日(星期三)

全国委员会承应毛主席之号召,发动机关党派人员于今冬明春参加土改,其数为六千至七千人。日来方填表申请。

姚绍华来，谈中华书局一部分编辑人员将迁移来京，几种期刊将在京出版。又言《辞海》方在修改，有若干问题不易解决。所有旧书拟从事整理，汰其不适用者，亦未易着手。

下午，灿然言《毛泽东选集》定于后日正式出版，此是一大事件，宜为庆祝。经数人共商，决定开一小型之会，凡参加其书之出版工作者与会，共论出版此书方面之事，亦复有提高出版物质量之用意。此书于后日在全国各大城市同时发行，报纸发消息，党报刊载同样之社论。以后殆将有遍及全国之学习运动。唯印刷力量有限，随印随装随发售，恐有供不应求之势。

十月十一日（星期四）

上午集会，讨论翻译会议与会人选。此亦大有经纶。翻译机关，视其规模较好者，则请其派出代表。个人则视其有代表性与否，译品多，口碑好，则请其出席。个人之中以从事文艺翻译者为多，而今后须重视科技财经。从事科技财经之翻译者系谁，我人莫能举其名，则请各地出版发行机关推定之。全体与会者凡百四十人上下，不日即可发出通知。

下午二时，教育出版社各负责人开会，继续讨论上星期五未竟之议题。凡论二事，一为商定检查书稿编写及其质量，二为商定有关编务之各项办法。对于第一题，由仲仁提出，谓检查分定时、定量、定质三个方面为之，具体办法则为商定计划，书之于表格，按项检查。各组组长须注意于初步之审读，然后由副总编辑审读，由专人分别核对所用之材料。对于第二题，组成六个小组，讨论标点符号之用法、同字异体之取舍、书版格式之规定等项，皆于下星期内制定方案，以供应用。我社成立将一年，至于今日方着手制定规制，有草创之象。良以以前但知赶急应付，第期有书可供应，不遑及其他。而余之无为而治之夙习，亦施延之要因也。

十月十二日（星期五）

上午开《图书评论》编委会。将于明年始，我署出此月刊，指导读书，以书评为主，兼以指导出版工作，提高出版物之质量。共商每期必须有一中心，今须预定全年各期之中心，分别征稿。中心须与明年全国之出版计划与宣传要项相配合。每一文篇须经多人审核,分项检查。我署既提倡期刊之计划化与编辑之严肃作风,自己办期刊固当树之典范。所难于解决者,目前能作书评者无多,欲得有分量之文篇至不易耳。

午后二时开《毛泽东选集》出版庆祝会,到者将二百人。愈之首致辞,次之编委会田家英报告编辑情形。选集凡四卷,今出版者为第一卷。各篇取舍,经毛氏审慎考虑,存录者复亲加修订校阅,多者六七遍,少者亦两遍。田谓于此第一卷中,可见毛氏思想之发展,及以后种种规划之基础。次由人民出版社中人报告排校此书之经过,新华厂中人报告印刷此书之经过,新华书店中人报告发行此书之种种布置。此三方面皆视此事为重大任务,想尽办法,务期尽善尽美。因而特订若干工作制度,创造若干工作方法,皆可以提高今后之出版工作。今就成品而言,此卷无一错字,唯有三四字前后用字不统一。印成单片皆经检查,故无污页、摺皱页。订成后复经检查,故无缺页错简。邮局以新制邮袋装运,书店人员取携皆戴新手套,以保持封面之整洁。凡此种种皆见精到,尤可见对于毛氏之爱戴。此第一卷共印一百零一万册,外精装本(非卖品)六千册。至于外文译本,俄文本拟在莫斯科印,今年或可出版。英文本已有成稿,尚须修订,出版当在明年夏秋矣。会将终时,有人建议以每年十月十二日为出版节。此事当可考虑。

十月十三日(星期六)

上午开临时基层学委会末一次之会议(第十次),讨论蠖生所草拟余所修订之总结报告稿,略有修正。定于下星期一召开大会,由余据此讲述,为此次临时学习之结束。

下午二时,我署于露天大广场为大会,欢迎志愿军归国庆祝国庆之代表三人,并请他们作报告。听众凡千余人,包括署内同人及出版系统之各个单位,大多席地而坐。三人所讲皆其亲历之事,至餍众望。仲仁为自由发言,据其所闻于三人者以勉励同人。五时散会。留三人进餐,余作陪。

夜间与晓先共校高小历史第四册之校样半册,即顺便为之修润。半册仅七课耳,而费时三点有半,入睡已十一点。

十月十四日（星期日）

午后入睡一时许，与晓先续为校改历史课本，又经三时有余而毕。

十月十五日（星期一）

晨开全体大会，由余作临时学习之总结，讲一点有余。卜明继之，报告由公安部逮捕之四人之罪行。下午三时，教育社工会开全体大会，改选第二届委员。芝九报告第一届委员会之工作。余讲话一时许，多勖勉之辞，希望工会发动全体会员作好教科书之出版工作。安亭与仲仁皆讲话，咸非泛泛之辞。最后揭晓选举结果，连任者不多，盖非不满于旧委员，实取轮流为众服务之义。

夜间，墨偶以高小自然校样嘱至善阅看，至善发见其书多粗糙含糊之语，谓实非善本。此稿去年编成，已印过数版，余从未看过。经至善提出，取而观之，开首系讲劳动创造人及米丘林学说，确属不好，非特不能使儿童明晓，恐教师亦无从据以讲说。遂发心与至善共同修改。至于十一时，仅改两课有半。此是第四册，若全书皆为修改，亦不知需花多少时间。

十月十六日（星期二）

上午，灿然来告昨夕在宣传部会议中所闻薄一波所谈关于财政之情形。据谓财政收入增多，而支出之增益更多，故见其紧。今必大力提倡节约，压抑物价上涨之势，一面则努力增产。财政部门尚须统筹全局，自订制详密之计划着手。他则一切经常开支，踵事增华，迹近于侈。云毛主席将重行号召节约，唤起人民大众之注意，凡机关及政府人员迹近于奢侈浪费之举，人人起而揭发之，乃可获有成效。此届全国委员会开会，即将以此事为中心议题也。

下午二时，开工会基层委员会。本周即将改选，今日为第一届之末次会议。谈杂事多项，最后讨论下届候选委员之名单，及程浩飞所拟工作报告之提纲。五点半散会。

夜间仍与至善共改自然课本，至于十点过停手，改得七课。如此灯下打磨，余与至善俱感疲劳殊甚，明日始，拟改在日间为之。

十月十七日（星期三）

晨携至善到署。署中各党派负责人到我室会谈，再行讨论工会委员候选人名单,略作更动。诸人去,与至善续改自然课本。至于午,至善去,亦仅得四课而已。

午后,周振甫来,前年年初一别,今为初晤。渠以佩弦全集之校样数篇来相商,谓以今日观之,佩弦之某些想法可以无须刊布问世。余以为然,谓可存其目而下注"删"字。振甫去,余以疲劳未作甚事,翻看报上所刊叔湘之《语法修辞讲话》为遣。

夜间,与至善续改自然课本,至十点过,毕其第四册。此册凡一十八课,计费三个夜工,半个日工,合两人之力为之。尚有三册,本月内必不克全了。此第四册俟排字房改过打样送来,尚须请自然组、理化组同人审阅。我父子二人所改恐亦不免有误也。

十月十八日(星期四)

竟日治杂事。大众书店之张君来,告我其店所办之《语文教学》销二万二千份,深感责任之重,编辑人员少,外面领导之依靠亦无自而致,殊嫌力量之单薄云云。开明近亦出《语文学习》一种,主之者为张志公,沛霖、必陶、至善数人辅之,规划与文篇皆比《语文教学》为胜。余谓此恐难以为继,期期费大力为之,少许人未必能济事也。

刘御来谈语文组诸人分配工作事。周天行来谈翻译会议筹备事。伏园来谈其弟春台来我社任事事。春台原任上海中学校长,已辞职。我社拟请其主持美术工作。近少甫到上海与之面洽,但须华东教育部同意即可来京。

十月十九日(星期五)

上午参加语文组之组会。分初中、高中、小学三部分而为讨论。初中方面,彻底修改第一册,余五册则择要而修改之,以后再彻底修改。高中方面亦然。小学方面,力量多用于新编第一册及其教授书,如有余力,酌量修改旧本。即此数点,讨论亦延长至三时有半。

下午二时,至首都大戏院,参加鲁迅先生逝世十五周年纪念大会。会以四点半散,甚紧凑。余仍返署,与宗熙、同新二位就自然课本之校样再加修改。夜间,与至善共改自然课本第二册。至于十一点过,仅改二十页,尚算顺利也。

十月二十日(星期六)

八点半工会会员大会。愈之作报告,号召三事,希望工会配合,共为推动。三事者,合理化运动,节约运动,学习运动也。浩飞作工作报告,颇详密。于是投票选举第二届委员。

余伤风甚剧,精神不振,下午坐沙发上看图书期刊司嘱阅之长篇小说,为师陀所著《历史无情》,不佳。夜间,勉强与至善改自然课本十页。

十月廿一日(星期日)

饭后,与至善续改自然课本,进行甚速,改毕第二册。

十月廿二日(星期一)

上午看杂件,与愈之、洛峰、蠖生等会议署务。……夜间,与至善同改自然课本第一册,三小时工夫改成十五页。

接得通知,全国委员会第三次会议于明日开幕。原定十五日开幕,延后八日矣。

十月廿三日(星期二)

政务院秘书厅转来华东军政委员会询问关于标点符号用法之问题,立即答之。翻译会议拟请叔湘来作专题报告,作书邀之。与灿然谈社事数项。

午后三时到怀仁堂。此次会议除出席者百数十人而外,列席者甚众,会场七百余座皆满,包含各方面人物至广。准时开会,毛主席致开幕辞,周总理作政治报告,五时即散会,大家赞其干脆利落。

夜间续改自然课本,进行不顺利,仅得十页而已。

十月廿四日(星期三)

晨到署治杂事。九时到怀仁堂后休息室,参加小组讨论会,讨论毛主席之开幕辞与周总理之政治报告,盖亦学习之意也。十二时散,余返署进餐,略看文书及校样。二时半复至怀仁堂,在堂后草坪拍全体照。三时开会,陈叔老报告全国委员会之工作。彭真报告抗美援朝总会之工作。总会提出由全国委员会作一决定,规定全国人民今后努力之方向,由郭沫若报告,其中以增加生产、厉行节约为主,于是多人相继登台发言,表示对诸人之报告极端拥护。最后通过决定,通过致志愿军及朝鲜人民军之贺电,盖我国抗美援朝,明日届一周年矣。

到家未作甚事,灯下改稿觉其累,今夕暂停。

十月廿五日(星期四)

九时仍至怀仁堂,开小组会,讨论昨日之两个报告。十二时散,仍返署。下午三时再往,听陈云之财经工作报告,郭沫若之文教工作报告。六时散。夜间续改自然课本。所叙太芜杂,改之使人烦躁。意兴不佳,改两课而搁笔。

十月廿六日(星期五)

全国委员会休会一天。晨间与方宗熙等共商自然课本中关于发酵与腐败一段之修改。与愈之、志远等谈翻译会议事,会期已近而筹备尚未就,其匆促情形与出版行政会议同。

午后二时,韦老来,即邀语文组全体同人为会。此间以小学语文本之意见送教部,韦老今日即就此而言。渠大致同意我社之意见,唯强调思想性,不宜再取以往"拍拍手""去看花"之老套。注音符号同意用,唯谓拟减少字母数。关于此点,我社同人均不以为然。

会未散,余先退出,开始语文讲座第一次之讲说。此原系教育社之业务学习,外间书店、出版社俱欲有人参加,遂只得扩大,报名者将六百人。此讲座凡八次,每周一次,以叔湘之《语法修辞讲话》为据,扼要而谈,以期有助于自修。今日尚未触及本身,仅为空讲。余宣称此次不算,以后有连续之八次云。夜间已疲甚,未作修改工作。

十月廿七日(星期六)

今日上下午俱有小组讨论会。余往请假,在署治杂事,修改政务院关于学习标点符号之指示。此指示已发布,余匆匆一观,未多注意。灿然谓其文字与符号俱有毛病,宜为修改而归之,至于如何处理,俟政务院决定之。因为修改一过,由灿然以私人名义寄与齐燕铭。

下午四时至萃华楼,出版社联谊会为月会,邀余演说。凡二十余人,候至五时方到齐。余谈编辑须注重文字,一小时而毕,殊未畅达。于是聚餐,至七时半即散。

十月廿八日（星期日）

九时仍至怀仁堂开小组会，讨论文教工作之报告。回家午餐，三时重往怀仁堂。今日为大会发言，以傅作义谈水利工作为最胜。六时散会。径归。

十月廿九日（星期一）

九时仍至怀仁堂开小组会，于教本编辑、文字改革等题彼此随意发言。彭真谓汉字为地球上全人口四分之一的人所习用，谓其不行而欲去之，含有自卑感。其言颇可注意。大致毛主席、周总理及一班注重实际之负责人皆不主张废汉字，而唯欲改繁复笔划之字为简字。

十二时返署，看愈之将在政务会议中报告出版行政会议之要点一稿，殆是蠖生所拟，草率殊甚，无可修改使完密，略润其文句而已。

三时再至怀仁堂出席大会，听多人发言。以李德全谈卫生工作为最切实。七点始散。

十月三十日（星期二）

上午，与内蒙古出版局同人十七人座谈。出版行政会议之际，此局局长名勇夫者欲请我署派数人到张家口演讲出版工作各方面之事。后勇夫回去，决定令其局编辑人员来京学习参观。十七人由我署招待，我署为之组织一个星期之座谈会，分别有人主持。轮及余者为语文问题，实太广泛，只能谈编辑方面之零星经验。彼处编辑以迻译为主，据汉文书本译为蒙古文。小学课本已译齐，此后将译中学课本。通俗读物亦有迻译，其涉及蒙古风俗习惯者则须新编。并将编汉蒙、蒙汉之字典。谈至十二时而散。

下午三时仍至怀仁堂出席大会，发言者一十四人。本定于今日闭幕，而发言者众，将延长两日云。

十月卅一日（星期三）

翻译工作会议将于下星期召开。今日九时，集服务于此会议之全体工作人员为会，希望大家协力工作。余首谈会议之意义，约二十分钟。即先退，至愈之处与诸人漫谈各项事务，以涉及翻译会议者为多。

下午三时仍至怀仁堂，发言者又十余人。余于会场中看志远准备在翻译会议中所作之报告稿。意颇平凡,文尤芜杂,略提意见而归之。

十一月（全录）

十一月一日（星期四）

上午开署务会议,为第四十次。我署成立迄今日二周年矣。愈之报告全国委员会会议之大要。子野报告人民出版社检查出版物之经过。彼社近发动全体人员为此事,结果发现粗疏错误至多,皆一一书之,陈列为展览会,供社内社外观之。观者已逾二千人,皆从事出版工作者,影响必不小。今后将书其经验,遍告各地出版社,若能各自检查其出版品,于编辑出版必能有所改进。洛峰报告清产核资委员会之工作情况。公营企业须清理资产,核定资金,乃可推行经济核算制,乃可计算盈亏,鼓励增产,厉行节约。出版系统之清核,据云今年年底尚不克完成,须延至明年二月底。灿然报告所拟学习"毛选"之计划。报告毕讨论二题。一为配合增产节约之号召,各部门就其业务之性质检查其工作,期以本月内专注此事。一为学习"毛选"之计划,由灿然彬然细商后再定。

二时仍至怀仁堂。周总理作结论,继之通过各项决议。致电和平理事会,拥护五大国缔结和平公约之建议。最后毛主席致简短之闭幕辞,会议乃告结束,时正六点。于是会餐。餐后有戏剧晚会,余惧熬夜,径归。

十一月二日（星期五）

九时至文委,开委务会议。我署由沈志远报告翻译会议之意义与办法。讨论颇多,或谓所拟明年之翻译计划未切实际,或谓此会议之目的不明确。而会期已定,通知已发出,只得于今后再谋补救。次之,胡绳报告人民出版社之情形,注重于检查错误及今后之改进方法。会散返署已午后一时。

四时又开翻译会议之筹备会,讨论开会之种种部署。长日忙迫,无静定之时。明日将续为语文讲习,不能自为准备,乃烦仲仁代之,余据其所指出者而口说之耳。

十一月三日（星期六）

上午九时开全体大会,兼邀直属企业单位及主要出版家之部分同人参加。

意盖纪念我署成立二周年。先由余报告全国委员会会议概要。愈之继之，多谈出版总署及出版界之具体工作，多所检讨。末后号召三事：一、消灭错误，提高质量，二、消灭浪费，提高产量，三、消灭官僚主义，提高工作效率。

一点半，语文讲座照例举行。余据叔湘之作讲词汇，自谓尚清澈。复伏案看志远所草之报告底稿，已由洛峰、灿然、蠖生加以修改。余更为之整理，实则同于校对一过耳，十一点始完工。

十一月四日（星期日）

午后三时，偕蠖生至怀仁堂，听刘少奇报告，题为《共产党员之条件》。其所举八项，以余观之，理解易而实践不易。以此保持党之日新，确为得要之举。

十一月五日（星期一）

上午至新闻出版印刷工会开常委会，专谈出版品方面消灭错误之问题。灿然非委员，以其热心此事，邀与偕往。长江谈工会一向摸不到中心工作，今以消灭错误为中心，推动之而成运动，可以经常做去，大有利于人民之文化生活。拟由新闻、出版两署连同工会向全国发联合指示，并定推动此运动之办法数条。

二时，辞书社及语文组同人约王了一茶叙。了一来京参加翻译会议，余乃造意作此一会。谈约三点钟，多及语法及辞书之编撰。拟请了一相助做些工作，彼允考虑而后决定。

夜间，与至善续改自然课本，至于十点钟，仅改三课而已。

十一月六日（星期二）

九时，翻译会议开幕。代表一百五十余人，实到一百十余人，旁听者亦百余人。首由愈之致丌幕辞。继为文委副主任马夷老讲话。继为李达、曾昭抡、陶孟和三位讲话。最后由乔木作报告，阐明译品质量必须提高之义，以及全国翻译工作必须有计划进行之要。娓娓言之，听者忘倦，至十二时而毕。

午后一点半，开主席团会议，讨论分组办法，并推定各组之召集人。两点半复开大会，由沈志远作报告，即据前数日拟定之稿循诵一过。夜间，继改自然课本，毕其第一册。至此，全书四册，仅余第三册矣。

十一月七日（星期三）

八时，开署务会议，专论响应增产节约之号召。我署及几个直属机构以一个月之时间进行检查，察其缺失所在，针对之而订定改正办法。各单位自成立委员会，合行政、工会、党派、青年团于一起，以其发动群众，大家参加。总其全局者则为署务会议。

会以九时散。余即修改萧家霖所作讲《标点符号用法》之一文，乃《人民日报》托余拉人写者。萧君之文殊不清澈，遂修改之，至下午三时而毕。原稿五纸，改毕仅余二纸又半矣。

安亭、灿然、仲仁来共谈我社如何进行检查，推仲仁草拟简略之计划。

十一月八日（星期四）

尝托建功告周祖谟，请其作一文论《标点符号用法》，以付《人民日报》。昨日周君寄来一文，今日为之删改，送往报馆。

二时，往出席大会，听专题报告。张锡侪君谈苏联翻译界情况，较空疏。樊以楠女士谈人民大学译员之培养，及其校译稿之审读制度，颇为切实。七时开主席团会议，决定明后两日讨论我署所拟之关于译事之规定，及明年度翻译方面之选题计划。八时半散。

十一月九日（星期五）

竟日治杂事。瞿菊农来，以所译批评杜威思想之稿见示，欲谋出版。渠谓今日确悟往日在定县办平教会之非。

十一月十日（星期六）

上午治杂事。云彬以民盟开会来京，今日来署看诸友。

午后，讲语法两小时，仍谈语汇，听者不衰。长江来，谈新闻、出版两署与工会发出联合指示，号召消灭错误运动之要点。余拟托灿然起初稿，加以修润后送各方研究，大家以为可，乃发出。

十一月十一日（星期日）

下午三点，与至善续改自然课本。而李健吾来访，搁笔。李去，又续为修改。迄于夜九点半，亦不过十余页耳。

十一月十二日（星期一）

上午出席翻译会议之大会,听各分组之代表报告其组讨论之情形。华应申报告提案审查之结果。如此一会,提案亦多至五十余件。

一点半,大会再开。陶大镛报告各代表对于翻译计划之意见之整理结果,洛峰报告对于两件决定之意见之整理结果。于是全体拍照。余作结论,讲一时有余。稿系蠖生所拟,曾以示乔木。至此,一个会议又开过矣。全体会餐,尽欢而散。

十一月十三日（星期二）

八时,教育社行政、工会、党派、青年团组成之检查工作会议开会,讨论今后四周检查各方面之工作。十点半散,治杂事直至放工,竟无一观报章之时。

春台将以明晨到京,参加我社,主持图画编辑,而寓所无着,只得请其暂居伏老所。春台在上海中学任校长,薪金较丰,与我社不相称,今如何调剂,亦是难题。

十一月十四日（星期三）

上午九点会社集会,余作报告,增产节约运动于此开始,期以四星期。余据所拟计划而阐说。安亭继之,谓运动欲期有效,必须运用自我批评。凡有三要,一为站定立场,二为善于分析,三为勇于说出。此义甚是。

两点半至文委,出席委务会议。谈简政问题,文委系统各单位需去人员五分之一,改入文教工作及企业部门。意在使行政人员减至最少限度。第二议题为讨论文化部下各单位之工作报告,甚繁。会以七点散,回家已甚疲,不复能改文。

十一月十五日（星期四）

晤春台,谓在沪与少甫接洽,于教本中图画之事粗有拟议,唯画家不易找,好手尤难得云。

九点,新闻出版印刷工会召集报社、出版社、印刷厂、书店之工会负责人四十余人,在我署文化宫开座谈会,号召消灭错误。王子野报告人民社检查错误之经过。新华社杨君报告其社之练笔运动。《人民日报》何君报告其社之责任制与检查制。三人谈毕已过十二点,不复共为讨论,只得请大家归其单位,推动消灭错误运动而已。

午后一点,为语文讲习。自今日始,讲习改至星期四。讲毕,参加辞书社之工作会议。竟日为会,并看报之时间而无之,疲乏亦复难胜。

十一月十六日(星期五)

灿然代余拟成新闻、出版两署及新闻出版印刷工会准备联合发布之指示,今日加以修改,不为涂乙而另纸书之。十点,总署之增产节约检查工作委员会首次开会,通过计划,并讨论如何进行工作之方。午后,继续修改指示稿,至三点而毕。与图书期刊司诸君观之,期获修正补充,亦使诸君了解作事之不可苟简草率。

四点,与语文组诸君为会,讨论小学语文课本中如何编入注音字母之问题。黎季纯主正规地教,他人嫌其繁,恐儿童未易领受。未作结论。五点过,伏老、朱泽甫来谈图书馆事,因将检查工作,二位谈其致力要点。

十一月十七日(星期六)

晨八时半,我署全体为会,由余作增产节约检查动员报告。谈一点半钟而毕。午后,教育社检查委员会首次汇报,各组组长述其组之检查计划。

十一月十八日(星期日)

雪村与士敭来,留之共饮吃饺子。雪村谈此次增产节约运动中,渠拟提出规定全国书版之规格。苏联之书籍,纸张利用率为百分之六十几。我国大抵不到百分之五十。若能使全国出版社依照规格印书,纸张与印刷力之节省将是巨大之数目。余深赞其言。灿然颇欲注意杂志之浪费,凡不必要者,彼此差不多者,尽量设法使其不出,亦是节约纸张及印刷力之一道。此等事皆我署所当特别留心者。

十一月十九日(星期一)

上午看语文组所选教材,将以修订已出之教本者。诸君多取材于杂志,而杂志文字往往报道一时一地之事,事过境迁,即感乏味。语文教本并非报章文章之汇辑,此意向不为同人所通晓也。

下午看字典稿。稿存我处已多,半日仅毕其三分之一。

夜间与至善续改自然课本,至九点半毕。全书四册,至此完工。尝问方宗熙,方谓此书经余修改,科学性较高,文字似修整,然仍为要不得之教本。以其不适于小学高年级生之程度,取材无抉择,样样都有,而叙说不畅,一语之中含义至多,未能使学者彻底领会也。

十一月二十日(星期二)

上午看字典稿一叠有半。近有北京市中学教师数人来社参加工作,系文教局受教育部之命,并经余向吴晗恳商而后成为事实者。此数人每周来我社或以两日,或以三日,余时仍在学校任课。人力逐渐得补充,工作当可开展,唯办公室不敷,亦为难事。

午后一点过,十数出版社之人员咸集我署,座谈消灭错误。诸人各言其社出版物之错误情形,亦谈其已行或拟行之纠错办法。五点半散。如此屡次为会,欲以此意遍布于出版工作者之心,而求发生影响耳。商务有王天一发言,中华有姚绍华发言,开明有均正发言,此三家于消灭错误之旨似尚未抓住要点。

十一月廿一日(星期三)

上午与仲仁、灿然、安亭杂谈社事,与语文组诸君谈高中语文本之编辑。

下午,修改方宗熙重撰之初中植物学原稿。方君仍据苏联本之体系而加以增损,增者我国之材料,尤注意于我国之特产及我国植物资源之丰富,损者为苏联所重而在我国无足轻重者。方君已撰成生理卫生稿,又修订苏联《达尔文学说基础》之译稿,并将加以改编。继之并将重编动物学教本。渠谓苏联生物部门之各科彼此配合,组织至密,最合科学体统,故欲一手为之,期有利于学生。此种精神大足赞扬也。

十一月廿二日(星期四)

到署治杂事。午后一点半续为语文讲习。天气寒冷,而到者不减。讲毕,开总署方面之检查工作委员会,各单位汇报其所拟之检查计划,并讨论进行检查之准备。

十一月廿三日（星期五）

看晓先新撰初中历史提纲。此将以应明年暑期后之用。缘较满意之课本一时难就，先不名课本而名提纲，另撰参考书，供教师据以教学。今日观其开头数节，谈古代人类迄于夏商，觉其材料繁富，而条理不清。杂提意见归之。

与春台谈教本之图画。佳手难得，虽我人颇存奢望，恐亦只得逐步求进。与宗熙谈生物科各书之编撰。看字典稿一叠。至此手头无积事。

十一月廿四日（星期六）

上午治杂事，观地理组检查所得之错误。午后，教育社检查工作委员会开会，各单位汇报。安亭于各组讨论之际皆往参加，能指出做好工作之要点，颇有领导之方。此为余所不逮，且亦无暇为者也。

十一月廿五日（星期日）

文叔出示其新撰之小学语文课本稿十余课，皆不坏。论思想，论教育意义，视以前教本为胜。文叔于此用力甚勤，不到社工作，在家求其清静，可以凝思，恒深夜不休，在床上亦复思之念之。余劝其勿过劳致疾，彼之身体实不能堪此也。

十一月廿六日（星期一）

《翻译通报》欲登载余在翻译会议闭幕时之讲话。此稿系蠖生所拟，草率殊甚，既须刊登，非改不可。余最怕此事，实逼出之，不得不作。原稿仅三千余言，改之半日，仅得其半，视作文更慢矣。

午后二时至怀仁堂。宣传部请财委副主任李富春作关于增产节约运动之报告。大旨为新民主主义社会与社会主义社会同，积累资本之要途为增产节约。此并非一时之运动，实为永久之实践纲领。今经号召，明年初试，于其中取得经验，制定制度，想出办法，更开日后之规模。四时半散，夜间继改稿，未完。

十一月廿七日（星期二）

八点半开署务会议，谈二事。其一，我署与各直属单位报告其检查工作之进行情况。其二，讨论干部训练班之教学计划。我署初成立时即谈起举办出版干部训练班，今房屋已修成，招收学员之通知已发出，明年年初殆必可开学。教学计划分出版政策、出版业务、发行业务等数项，教师以本署及直属单位之人充之。

午后一时，又开我署之检查工作委员会。商定星期五开动员大会，于增产节约之要旨加以详说，并谈检查之法，以及何者为官僚主义。盖此数者尚未为一般人所通晓也。

续改讲稿毕，即交与《翻译通报》之编者。夜间，改宗熙所撰初中植物稿十数纸。

十一月廿八日（星期三）

晨观姚韵漪所搜集之语文教材，预备换入初中第一册者。

十点，总署召开检查运动各小组组长联席会议，报告各组情况而外，并提二次动员报告之要点。午后接民盟天津市支部来信，邀余于星期日到天津谈语法问题。

十一月廿九日（星期四）

晨看语文组所作注释。十时，教育社编审部全体为会，听语文组、历史组、辞书社三单位检查工作之典型报告。刘御谈其组检查初中语文本第一册之结果，孰不适于用，孰修改得不甚妥，言皆中肯，当初余亦未尝见到。晓先谈其组检查高小历史第一册之情形，提出问题者一百多处，未能扼要综合，言之较琐碎。萧家霖谈其社检查字典原稿之情形，亦有思想性不够、科学性欠缺等弊。诸稿余亦看过，多数毛病亦皆忽过。于此可见作稿必须共同订正，依靠群众确有好处。今日之会，虽所谈三门各不相同，亦足以互相启发，大有益也。

午后一点半，仍为语文讲习。会散，辞书社开社务会议。谈事甚多，主要者决定字典以明年六月完稿，年底出版。尚须随时督促，鼓起大家之积极性，方克有济也。

看工会方面送来新华社练笔运动报告一稿，提出修改意见而归之。

十一月三十日（星期五）

晨看语文组之注释稿。十时至愈之室，谈杂事。一谈调整工资。次谈明日作报告之内容。又次谈今日下午至政务院报告出版行政会议之准备。

午后三点至政务院。首由邮电部人员报告中德电讯协定之内容，随即通过。其次,曾昭抡作报告,谈教育部调整工学院之计划。讨论许久,原则通过,再由教育部及有关部门详加计划。于是愈之报告出版行政会议之要点。报告毕已八点,周总理谓留至下届会议讨论。

十二月（略去三天）

十二月一日（星期六）

八点半,总署、人民社、教育社三单位咸集。余讲增产节约之意义,大致据星期一闻自李富春者。愈之继之,讲何谓官僚主义及检查运动中应打破顾虑。

午后一点半,仍开教育社检查工作汇报会。各组汇报之后,共谈今后检查宜更求深入,应注意教本是否合于教育,适于教学,贯彻思想政治是否足够。三点半散。

十二月二日（星期日）

九时携凤祥至车站,登对号快车。车以九点二十分开,十一点二十四分到天津。民盟吴定球、赵伟之二君相迎,共至一俄式西餐馆进餐。遂至民政部礼堂。楼上下满座,据云有千人。一时半开讲,介绍叔湘之《语法修辞讲话》,信口而谈,皆为平日之见。谈至四点十分止,听众似尚满意。至开明小憩,晤沈迪康。开明已改为中图矣。旋至车站,登青岛来之快车,以五点十四分开,八点零四分到北京。一天奔忙,尚不觉疲。

十二月四日（星期二）

看宗熙初中植物稿,为之仔细修改。看李肖白送来人民出版社自述其检查错误之稿,将刊于报纸,作按语一小段归之。

下午,愈之来谈。谓我署检查工作,主要之缺点恐非各部门人员所能指出,其病殆在领导思想与领导方法,二者不当,全体人员遂认识不一致,大家照例办事,形成官僚主义。余意此亦不错,但仅此抽象一语,无济于事。如何化为具体行动,使二者各得其当,大值研究。而能否运用马列主义,亦即于此觇之。余固自知甚难有所见也。

瞿菊农来,其所译稿,余托两位同志看过,咸谓译笔生硬。余径告之。菊农言平常译书固亦加以融化,使合我国之语言习惯。今译此稿,以其属于马列主义方面之著作,唯恐立场观点有误,不敢稍事变更,遂成生硬。拟重加修改,再行交来云云。其言至可味。

五点后,检查工作委员会办公室汇报,余听之。墨参加民进之会,余候之,过八点偕归。

十二月五日(星期三)

李肖白来谈工会如何推动增产节约。余谓就新闻出版印刷方面而言,无非提高编辑工作,使所出书刊于人有用。可有可无之书刊,尽量少出。他则研究书刊之版式,使在不伤目力、不失美观之条件下,尽纸张之用,以期节约纸张。印刷设备亦宜尽其用,不可仅用百分之数十而止。肖白又谈起我工会可与广播事业局联合发起为语法讲座之广播。余谓此事当然好,但须徐徐图之。广播宜求其精要,选材如何,首须研讨。定其要目而后如何起稿,亦须推敲,此如准备上演之剧本,丝毫马虎不得。俟其去,作一书致叔湘,商量此事。

五点,听办公室汇报各单位开会检查情况,大多举出各方面之缺失,亦有对各级领导人之批评。六点过,与乔峰同至愈之家晚饭。饭罢闲谈署中事,蠖生来加入。主要谈如何抓住中心,改进以后工作。又谈翻译局之存废,大致须废。缘志远将去华东服务,处长人选甚少,实际上已无由成立也。

十二月六日(星期四)

治杂事。下午,一点半至三点半,仍为语法讲习。言明以后尚有三次,今年年底结束。如此随便讲说,恐于听者无多补益,若听众提出改进意见,明年还可续办也。

五点,仍听办公室汇报。六点,教育社开全体大会,欢迎新同志。三个月以来,自安亭、刘御为始,计有新同志二十四人。诸人讲话而后,继为余兴。八点半毕。余遂归。

十二月七日(星期五)

上午为同人自租房屋者装火炉事及房金补贴事,与仲仁、李宝光、芷芬、苗孕华(工会主席)谈了两小时左右。看稿数件,皆略书意见。

午后三时,列席政务院会议。今日仅讨论一题,精简机构,提高效率。此题甚大,关涉全国。中央各部门负责人均到。薄一波作报告,大致谓此次精简,盖据两年来之经验,重作合理之调整。重复者去之,性质相近而不重复者合并之,尚欠充实者充实之。其与我署有关者为新闻总署取消,大部分并入文委,小部分并入我署。大行政区仅东北、华东、中南三区留出版局,其他行政区及省市则视情形设出版专员。余以为此至合理,出版行政机关固不须各地都设,盖出版事业之分布甚不平衡也。薄报告毕,附带谈及目前行政机关贪污情形至严重,亟宜发动反贪污运动,大张旗鼓,以转移风气。周总理继之,于薄之报告详加阐发。次及反贪污,谓宜与反浪费反官僚主义相结合。随即推定节约检查委员会卅五人,由薄一波主之。此检查运动将历四月,至明年三月而止。会散已十点半。

十二月八日(星期六)

上午治杂事,看杂件。与洛峰、蠖生共商,上海、广州、天津三市于出版事业至关重要,宜留出版处,设较多之员额,乃可领导并管理。即以此意告文委,希望补入昨日政务院所谈之决定中。

午后一点半,教育社检查工作汇报。地理组尚于教本中提出数点(如每次修改,叙述上均有改动,则并列四次之课文而作思想性、科学性之检查)共同讨论,此于提高识力,改进编法,皆有益处。各单位汇报毕,商定此次检查完毕,各组须写成总结一篇。汇集诸篇,即为我社此次检查教本之总结,将付《人民教育》发表。此亦见我社能作自我批评,并使教师知课本之甚不完美,于施教之际,避其谬误而补其缺漏。

七点,至市文联作讲,系老舍所约。老舍腿病复发,痛楚殊甚,然犹勉强来主持。听众约一百二三十人。余仍谈有关语文之老一套,历一点半钟而止。

十二月九日(星期日)

九点半,叔湘来,谈广播语文讲座事。如何定题目,选教材,未有决定。渠谓不妨商之于周祖谟。交我以季镇淮所撰佩弦之年谱。佩弦全集一拖再拖,时已三年,思之疚心。总望诸友催促,开明赶紧,能于明年暑前出版。

二时到愈之家,我署高级干部及人民社、新华厂、新华书店首脑咸集,漫谈我署缺点之主要原因何在,应如何改善。发言甚多,大致为领导思想不明确,领导作风有问题等等,尚未谈及如何改善。

回家已七点。墨已先睡,有发烧之意。余看佩弦年谱两遍,乃睡。

十二月十日(星期一)

墨留家休息。余亦困乏,到署仅改稿约十纸,与安亭、仲仁、灿然谈社事而已。所改稿中有中学语文课程标准说明一种,系教部恐课程标准发出去,全国教师未能明其用意,托京中若干教师所撰。说明凡三十余纸,殊平平,改之寡趣。

十二月十一日(星期二)

改语文课程标准说明数页。原稿甚肤泛,语多抽象。下午讨论文叔所起小学语文本第一册稿。诸人想法不一致,于语言训练之进程,认字数量之多寡,内容方面之选择,皆未能有共同认识。谈三点多钟,仅通过开头之三课而已。

余伤风甚,夜间微微发烧。

十二月十二日(星期三)

在家休息一天。晨以九点半起。看方宗熙生理卫生稿,并修改之。得二十页。夜早睡。

十二月十三日(星期四)

精神不振,到署后改植物稿数页。下午一点半,仍为语文讲习。讲两小时,未免吃力。文委今日有委务会议,未往。

十二月十四日(星期五)

为方宗熙改一文,谈苏联中学植物课本之长处,经东北及我社编译而发生之缺点,并言此次重改将弥补其缺点;盖欲刊布于报刊,普告全国学校者。十点至愈之室,共闲谈,蟪生亦来。多谈编译局必须改变,如何安排乃为妥适。下午与灿然、仲仁谈社事,他无所作。

十二月十五日(星期六)

看计志中所辑我社各书版式之材料。当初每发一稿,以意为之,不相关顾,今观此材料,五花八门,殊无条理,非求其一致不可。此后当订定若干规格,不属于甲,即属于乙,乃见规模。唯订定亦非易事,须详细商酌乃可。

十时到十二时,仍举行检查工作汇报,期于下星期结束作总结,最迟亦必于年终了之。下午杂看书志,精神昏昏腾腾,殊不爽快。改方君生理卫生稿数页。

十二月十七日(星期一)

改语文课程标准说明数页,原文甚差,改之乃无劲儿。下午,署中诸人开座谈会,赓续九日在愈之家举行之会。所谈无非以前谈过者,五点散。

十二月十八日(星期二)

上午治杂事,下午看高中语文注释数篇。

十二月十九日(星期三)

晨至新闻出版印刷工会筹委会,主持座谈会,到会者新闻印刷单位八九个。谈我会所提消灭错误是否可与反贪污、反浪费、反官僚主义相结合。有五六个单位代表发言,大致报告其消灭错误之情况。余末谓此当然可以结合。消灭错误自然可以避免浪费。错误之来源总之为对工作不认真;敷衍了事,马虎过去,正是官僚主义之特性。消灭错误,自然合于反对官僚主义。再者,一个单位之中而有贪污情事,欲求成品之无错误亦复甚难,故亦可结合而检讨。会以十二点二十分散。

一点半,集七八人为会,讨论文叔所拟小学语文稿,通过课文四课。复商定两个单元及其内容,仍请文叔属稿。并商定教授书之进行办法。

至美在阜宁参加土改三个月,已于今日返署。

十二月二十日(星期四)

上午多与同人谈稿件事。陈同新来谈高中化学尚无人担任。田世英来谈师大教授王某所编自然地理稿甚为幼稚芜杂,拟不复托其编写。辛安亭来谈芝九所编高中外国史有二缺点。一为叙事多轻轻表过,有骨架而少血肉。一为过"左",于史事皆以今日之观点衡之,谓为无甚足道。晓先示我以其所撰一文,言检查高小历史之结果,多摘其缺失。

下午仍为语文讲习,谈标点符号用法两小时。王舒冰作我署一年来各种学习之总结,以底稿交余阅看。

十二月廿一日(星期五)

上午开署务会议。我署与各直属单位各报告其增产节约检查运动之情形。为遵行中央号召,明年尚须作节约运动,为期三月,以反贪污、反浪费、反官僚主义为主。署中又须成立委员会及办公室,随时开会,随时汇报,与以往诸运动同。其次讨论作今年之工作总结。余谓两年以来,我署之总结皆草草为之,写成文字往上一报,自己则归入档案,于实际工作不生关系。若此之总结徒然耗费心思力量,可以不做。必须前一度之总结可以影响后一度之工作,使工作得以改进,总结乃有其意义。众皆以为然,谓以前确有官僚主义作风。此次总结比较认真,逐步自下而上,或可较有实际作用。

饭后杂看各组送来之稿件。夜看生理卫生稿十页。

十二月廿二日(星期六)

续改生理卫生稿十余页。校我社所定编辑用字之规定表。如"臺"一律用"台","脣"一律用"唇","贯彻""彻底"不用"澈",皆以习用为据,又参以省便之条件,不以文字学为准。姑试用若干时,以后可重加更改。

午后二时,我社召集座谈会,讨论地理组所拟高中外国经济地理之提纲。此提纲已分发地理学界征求意见,并以示人民大学一位苏联地理学专家。今日之会,以听此专家之发言为主,发言者颇多,于我社拟稿多所指正。会以六点散。灯下仍改生理卫生稿数页。

十二月廿四日(星期一)

晨至中图公司,为其全体同人谈增产节约,反贪污、反浪费、反官僚主义。余未及准备,仅就平日感想与见闻信口而谈,恐无多助益。

返署,看新闻总署所拟消灭错误运动之指示稿,略加修润即送回新闻总署。此稿将以新闻、出版两署与新闻出版印刷工会联名发布,视余上月所拟者详尽多多。

下午,改愈之在政务院所作关于出版行政会议之报告一稿。此报告已在上星期五原则批准,再加修润即可发布。

十二月廿五日（星期二）

看王漪所改小学语文四册。此是未改学制之班级所用，只求无大不妥，故改动不多。

十点后至愈之室杂谈。新华书店存货越积越多，去年约值一千亿，今年又增约一千五百亿，此是惊人之浪费。其原因在群托推销，而书籍或不适于用，或与他种重复，不尽由于新华发行业务之不振作。愈之欲由我署代为审书，区别其可销与不可销。洛峰、灿然皆不以为然，谓此事宜由新华主之，发行家进货与否，固有其自由。余意出版家如尽能认真，书必有用，则不致有积存。此所以提高质量，认定对象，为今日出版家急要之务也。明日又须开动员大会号召三反，由愈之为之。

午后修改出版行政会议所拟之几个文件，已在政务院通过，最后作文字修正。又改生理卫生稿二十余页，至此上册毕。方君有兴，余亦意致甚佳。苟同人俱如方君，则教本之编撰尚非甚苦事也。

十二月廿六日（星期三）

八时半，开反贪污、反浪费、反官僚主义动员大会。我署及直属单位咸集，估计达千五百人。愈之作报告，言三反之意义，并举出版界之实例，至十一点半乃毕。经此一动员，前之增产节约运动略作结束，便须转入三反运动矣。其方式与前之临时学习相同，号召坦白检举，注意细密调查，继之于有问题之人还须处理，期以明年二月完毕，亦甚费时力。

午后一点半至文委，文委各部门及各部门之直属单位均有人到，总计将百人。先讨论成立文字改革委员会，属于教育部，将研究并制定汉语拼音方案及中国拼音字母。继之十余单位汇报三反运动情形，至六点乃毕。

七点半，至外交学会会所，参加郭沫若获得"加强国际和平"斯大林奖金之庆祝会。……

十二月廿七日（星期四）

九时开社务会议。决定年内结束检查运动，转入三反。编审部仍以消灭错误为主，结合三反，学习时间可较短。生产部分则依一般办法，检查贪污浪费，务求深入。次讨论全社明年之工作计划。次讨论更改组织,将原有之两部改为三部,编审部仍旧,经理部专管全社总务,另立出版部,专管出版工作。经理部芷芬主之,出版部少甫主之。又推仲仁任副总编辑,少甫任全社秘书。

一点半,仍为语法讲习。此是最后一次,作讲亘两个月,从未间断。余告听众,希望明年重行开始,改进方法,可收较好之效。讲毕,与诸君讨论文叔所写小学语文稿。集体思考,改七八课而已,颇有几句修改得大家称好。

十二月廿八日(星期五)

九时,在署长室会谈翻译局事。沈志远将调上海任事,编译局已无领导中心。且我署于去年年终变更组织,其他部分均将业务划出,专司行政,而编译局仍混而未分。今一年将尽,必须加以调整。经讨论三小时,决定于出版司中设一小单位,人数不过六七人,专管行政,掌握翻译计划以领导翻译界。局中半数同人(三十个左右)则入人民出版社,一则译成几种好书,以为译界倡,二则借《翻译通报》以传播经验,创立理论,以提高译家之能与识。此外则重点审读译品而评其得失。局中原有七人编译俄文字典,则并入时代出版社,缘彼社亦在作字典工作。所余之人则分配于各出版社。我教育出版社亦分得三人,可代编审部同人看俄文书。

下午看杂稿数种,看毕中学语文课程标准说明,送回教育部。

十二月廿九日(星期六)

全日伏案看稿,殊为难得。上午看高中语文注释稿。于其文言部分颇不满意,同人尚未了解文言应如何指点,方能使学生通晓。虽略为指出,恐亦未易生效也。午后,看新选中学语文教材五篇。

十二月三十日(星期日)

十一时至愈之家,愈之与余及乔峰作东,为沈志远夫妇作饯。

《人民日报》送来一函,系新闻总署与我署及新闻出版印刷工会之联合指示稿,发动消灭错误之运动者,并附对此事之社论一篇,嘱为校读。社论颇不简练有劲,然亦不易于匆促间为之删削,略于修正即送回,亦无可奈何之官僚主义也。

食罢叙谈我署之机构及中心工作。余连日迟睡,居然于座间入睡,可见疲劳之甚。

十二月卅一日(星期一)

曾世英自南京来,应我社之邀,商讨地图绘制之疆界问题。此事由中缅疆界问题而起,请示政务院。政务院初以为其事简单,后知并不然,中苏疆界有问题,中蒙疆界亦有问题。既为官方发表之地图,必须根据政策,站定立场,不应含胡将事。后定先由我社拟具体意见,与各有关部门会商,最后由政务院决定应取办法。拟请曾君勾留旬日,拟定意见,与他部门会商过,乃云毕事。曾君所绘地图集本定今年出版,四十六幅已印成四十一幅,一切材料已购备,投入资金将十二亿。今因疆界问题,图幅须重印者甚多。积压资金之损失,作废重印之浪费,其数必不在少。在今日反浪费声中,可为一典型之例子矣。

下午一点半,全社同人咸集。对增产节约检查作一结束,同时转入三反运动。余讲话一时有半,次之辛安亭讲编辑部检查情形,芷芬讲经理部检查情形。余结语谓我人应以认真工作迎接一九五二年。

一九五二年

一月(略去三天)

一月一日(星期二)

将六点,乔峰来,偕至怀仁堂,赴新年团拜聚餐之会。六点半,毛主席入场,祝今年各方面之胜利,最后祝新的战线上之胜利,即三反运动之胜利,谓必须大张旗鼓,雷厉风行,消灭所反之对象而后已。今夕治馔甚简约,亦不互相敬酒,大约均是节约之道。

一月二日(星期三)

晨九时,总署节约检查委员会开会。总署及所属单位汇报动员以后情况,花时甚多。蟹生报告在总委员会之所闻。谓毛主席认三反运动为当前最重要之务,如不贯彻此事,则共产党将不成其为共产党。限令在新年十日之内,未发动者立刻发动,已发动而不深入者立即进求深入。最后愈之作结论,号召各单位加紧动员,其要则在负责人亲自动手,多作自我批评,以启发群众之积极性,打破群众之顾虑。饭罢,灿然、仲仁、安亭来谈,共商我社如何加紧进行三反。

四点,语文组初中小组诸君来谈,商课文后之提示如何撰写。余略言所见,而诸君未必遽解。余言之未能畅达,而诸君之理解相距较远,亦为要因。

竟日忙迫,头绪纷繁,诚不知抓了哪一头好。又兼精神不佳,身体疲惫,深有却顾不前之想矣。

一月三日(星期四)

八点半至文委。昨夜接通知,嘱出版总署系统之各单位前往汇报三反运动进行情况。马夷老与长江为主持人。马老言毛主席极端重视此举,甚至谓此事如不彻底进行,其不蹈国民党之覆辙者,未之能信。斯言沉痛,亦见决心。愈之报告我署系统各单位之情况,继之共为讨论。结论谓务必加紧发动群众。十二点散。愈之于车中相告,言文委之主意,将派陈克寒(新华社社长)来任我署之第三副署长,加强党之领导。

午后一时,至愈之室谈,决于节约检查委员中推出七人为常委,以便随时会商,处理急要问题。余则言处此紧迫事务之中,实觉无能为力,而神思体力俱不济,真有不克追随之势。愈之言深能理解余之怀想,唯恐无由却退耳。

返室,看文书。看王漪所改小学语文一册,批注意见还之。伤风甚剧,竟日头胀。

一月四日(星期五)

上午看王漪所改小学语文课本两册,提出意见归之。看姚韵漪等所集材料,预备改写成语文教材者。又批图书期刊司所提对于余修改通报稿之意见,予以解答,请同人传观。同人愿注意文字语言之修炼,余甚乐为指点,凡有所知,自必倾筐相告。

午后三点,听各单位办公室及检查组之汇报。发动群众皆嫌未足,我常委谋有以助之。

一月五日(星期六)

竟日治杂务,无可记者。据愈之相告,此次鼓动商界坦白,凡纳贿于人者须自说出,否则纳贿者与受贿者同样科罚,迄今纳贿在千万元以上者已有数千起。如此雷厉风行,定可移风易俗。

一月七日(星期一)

八点半开三反运动动员大会,全署及直属单位之人均到。原定程序,蠖生、卜明、洛峰、灿然四人各作自我检讨,大致承认其具有官僚主义,然后群众发言。不意蠖生所作检讨流于形式,态度亦不诚恳。乃有人起立叫喊,如此检讨无多意义,应变更程序,先讨论蠖生之报告。愈之作主席,请群众表决,主张变更程序者占多数。于是群众热烈发言,大多指蠖生之失职,并及总务科同人之贪污行为。蠖生任办公厅主任一年有余,由于不甚了解情况,失职实多。较次之毛病则为对人之态度不好,办事无规则,等等。余心久不以为然,今日听群众所言,知其招人不满深矣。彼任总支书记,署中党员已向彼批评多次,而彼满不在乎,未能接受。今以反对官僚主义而终于揭露,亦复佳事。

下午二时续开大会。愈之往迎陈克寒来,请其即日住署中,主持三反运动,因即介绍陈与群众见面。会以五点止。坦白贪污者多,亦有批评蠖生者。我署自成立以来,群众大会以今日为最盛。有谓今日乃见共产党之批评精神。亦有谓于蠖生尚且严刻批评,他复何所顾虑,尽可以畅所欲言。

六点,署中党组开会,陈克寒代蠖生为书记,任主席,余与愈之乔峰应邀列席。共谓今日之大会应算成功,群众真个发动起来。但党组落于群众之后,事前未将蠖生之报告加以研讨,事后亦未能控制,皆属党之领导不强之故。次讨论一周内之运动进行计划,至十二点半始散。

一月八日(星期二)

看王泗原所编工农中学语文课本原稿,略提意见。午后与愈之谈一时许。愈之亦不满蠖生之作风,自谓平日未与之直言,致成此日之情势,亦宜检讨。散工时墨未归。渠为社中检查组组员,往经理部开会。夜间总编室又有会。渠现为积极分子,努力参加各种事务,实际不免疲劳。

一月九日（星期三）

续看王泗原所编工农中学语文课本半册。墨昨夕归来，谓我社将于明日开全体大会，由领导同志作自我检讨。余例宜检讨，且有话一吐为快。夜半醒来想两时许，今日即笔录之，大意分三点。一、余明知我社之教本质量甚低，而因循敷衍，不及时设法，两年以来，此在全国学生之损失不可数计。二、余亦知批评之要，工作集团之间无批评即不能改进工作。而余对己不批评，对人亦知而不言。三、不善领导，而以本不习此自慰。在其位即须谋其政，不习者必须学习，否则为失职，为妨碍工作。针对以上缺点，拟自白自今为始：一、各稿必须仔细看过，必认为可以拿出去然后发稿。二、将试习知而能言，以前亦非无此勇气，徒以贪懒怕事，今后必去此毛病。三、将学习领导之方。

午后三时，驱车至怀仁堂，赴三反运动报告大会。人数之众逾于往日，两旁休息室及正面堂内咸满。周总理为主席，薄一波作报告。第一部分言情况之严重，列举种种事例。第二部分言此次运动之性质。谓贪污、浪费、官僚主义之危害在两方面，一方面为经济，如任其危害则资金无由积累，工业化即谈不到；一方面为腐蚀干部。故此为有关革命成败之根本问题，必须取得胜利而后已。第三部分言运动之方针与政策，号召坦白检举，立意改悔。第四部分言取得胜利之条件有二：人民与人民政权一致，此其一；干部均动员起来，检讨工作，批评自己，此其二。薄报告一时许，即散会。

偕安亭、灿然至经理部，会少甫、芷芬，谈明日检讨会事。余与芷芬、灿然、少甫各以所拟提纲讲出，互提意见。明日总署方面会场俱不空，只能在经理部开会。

一月十日（星期四）

晨驱车至石驸马经理部。全社一百数十人，假师大之雨天操场为会场，由安亭为主席。上午，余与芷芬为自我检讨，各讲一点半钟。返经理部午饭，再至师大，由灿然与少甫二人为检讨，亦历时两点又半。少甫讲毕，安亭请群众提意见，则针对少甫者独多，指出其种种缺点，虽未必尽属可信，而亦可见经理部实甚混乱。会至六点而散，复至经理部商明日如何，决定宜复开大会。三反必以反官僚主义为始,此无足奇,但宜迅速转入反贪污反浪费。今日上午我署总委会为会,已指示于此点须特别加意,宜使群众知之。

一月十一日(星期五)

上午看杂件,与愈之谈一时许。午后一点半,在署中文化宫续开我社全体大会,仍由安亭为主席。群众为坦白检举,所言贪污之数皆细小。七点散。

到家则署中电话至,党组集会,招余列席。食毕而往,则讨论蠖生再行写过之检讨稿。蠖生按稿谈毕,十余人各有意见,皆沉重。而蠖生胡涂,允宜受此,受此乃有更新之望。陈克寒归结众意,谓蠖生不是处甚多,宜再加省察,再行修改其稿。原定明日开大会令其检查,改至下星期一。

一月十二日(星期六)

大家已卷入三反之浪潮,经常工作几乎全部停止。十时至愈之室,听愈之转述昨日下午政务会议中薄一波所作关于三反运动之报告,及周总理之结论。薄言工商界腐化干部,几乎无微不至,皆有显例。次言官僚主义之领导实为滋长贪污浪费之源,故必须反对。末言此种运动宜为常规,每年于年终洗刷一回,乃可轻轻松松过年。周之结论词甚多,其有精义者,谓官僚主义实即麻木不仁,不动脑筋。辛辛苦苦忙于事务,为事务所蔽,脑筋亦即胡涂,予资产阶级思想之侵袭以可乘之机。必须理论修养与实际结合,官僚主义乃可根治云云。

午后一点半,我社节约委员会开会,讨论安亭所拟今后七周之工作计划,复决定加强办公室与检查组。墨为积极分子,既为检查组组员,复被推为办公室工作人员。最后由余转述上午闻之于愈之者。会以四点半散。墨参加民进之集会,未同归焉。

一月十三日(星期日)

傍晚,伯祥应余之邀来小饮。开明亦方进行三反运动。伯祥甚称此举之有意义,互相批评,开未有之前例。余于此运动,初以为与贪污浪费无涉者,意义即较少。及蠖生之遭批评,乃悟官僚主义也者,益非泛泛言之,实与贪污浪费同其可恶,且为贪污浪费之源。而官僚主义实为人人所有之通病,仅程度有深浅耳。此次运动将使人人于思想上洗一回澡,洗濯干净,工作必将改观,故其意义至为深广矣。

墨既被推为检查组之办公室工作人员，将以明日搬往经理室住。整理铺盖杂物，戏谓往参加土改。此一场斗争固亦不亚于土地改革也。

一月十四日（星期一）

到署即列席党组之会，半小时而散。于是开大会，专为蠖生事。署内同人而外，各单位或全体或一部分人参加。先由署中五大组各推一人，报告组中对蠖生之意见，并分析其思想根源。于是蠖生作第二次之检讨，态度尚诚恳。继之，工会、青年团、党支、民盟臧克家、九三学社魏建功、党组书记陈克寒相继发言，大致谓此次检讨较好，但究竟能否接受群众之教育，尚须观其能否改正。最后愈之作结论，谓蠖生在工作中造成之损失，渠与余及乔峰亦应负责，我三人之官僚主义，助长蠖生之官僚主义。继谓蠖生此次检讨较佳，共愿观其后效。至于如何处理，俟上级决定云。蠖生之事至此告一段落。

会散已将一时，饭罢，教育社检委会开会，复召开小组长会议，讨论本周工作，并由安亭宣布今后七周之工作计划。四时散，复与语文组编辑初中教本之诸君为会，大略决定初中第一册之目录。进面一碗为晚餐。灿然来谈署中事社中事，余深感百孔千疮，医治匪易。

七时，总署系统之节约委员会开全体会，余为主席。首由愈之传达薄一波在上周政务会议所作之报告及总理之结论。次之，陈克寒整理各单位之七周计划，提出意见，大致谓贪污浪费之重大案件，各单位尚未揭露，本周内须各开坦白检举大会，仍须首长带头，层层检讨。到会二十余人均无多意见。散会已十一时，察各人颜色，有不胜负荷之意。

一月十五日（星期二）

晨看杂件。克寒来谈，谓渠来署一周，深感署内问题严重。高级领导有意见皆存之于心，不肯相互批评，是为不能做好工作之关键。余亦谓两年以来，诸人对于工作无一致认识，出版总署究当如何，无明确之纲领。所定计划，所作总结，类皆以意为之。余虽不敢言应如何才对，而确知所作者为纸上空谈，徒增档卷。余亦时时隐约言之，未能引起大家注意。唯自三反运动以来，批评检讨之空气已造成,或可痛快直言,共为改进。克寒言彼将向诸人摸索一番,如觉时机已至,即可作一回开诚布公之座谈。

下午三时,节约委员会开小组长联席会议,综述各组讨论余与灿然、少甫、芷芬四人所作检讨之意见。各组于余,多谓不能总顾全社,所谈仅及编辑。自认不善领导,不能以此自恕。群众观点薄弱,未尝想及有事与群众商量。诸人谈毕,决定明日开编审部大会,由各组代表发言,并欢迎个人发言,范围为对四人提意见。

一月十六日(星期三)

上午,图书期刊司为会,由彬然、灿然二人作自我检讨。彬然之言较平常,灿然则视上星期在教育社所谈深刻多矣。余与灿然相交两年有余,气味甚相投。由今思之,所以相投者,以其有自由主义之作风,正与余相近。而此正为其缺点。以共产党员而言,甚不宜有此作风也。

下午一时半,编审部全体为会,讨论余及金、吉、卢三人之检讨。综合各人之意,共劝余注意全局,不宜局于一隅。于新事物缺乏敏感,此殊妨碍工作之推进。必须加紧学习,改造思想,乃可为适当之领导。余知诸君皆出于诚恳之善意,所言深中余病。然思想改造乃至实践变革,谈何容易,虽欲勉力追随,恐未必能立见功效耳。若能减少兼职,使专于一事,或可略有寸进。而身体亦须足以副之。若长此疲困,亦难乎有望也。

五点散,安亭依诸人之见,请灿然、少甫于他日重行检讨。检查委员数人在余室会谈一小时,定后日开坦白检举群众大会。墨住经理部两日,仅于昨晨通一电话,知其工作忙也。

一月十七日(星期四)

晨与语文组高中教本之几位编者会谈。复王了一书,渠在参加土改工作,谓将抽出时间,徐徐为我社撰《语文知识》。余告以我社之意见,表示欢迎。此书系了一来京时谈及,合语法、修辞、文章法则于一,使中等教师吸收之而以哺学生。本拟今夏出书,今渠参加土改,成稿即不能有把握,唯期来岁可以问世。

午后二时,各单位办公室汇报。克寒传达中央及文委节委之指示,谓此次运动为激烈之阶级斗争,资产阶级之思想行为向革命阵营侵犯,其具体表现为种种之贪污,今必坚决反攻,克敌而后已。文委谓我署系统运动不甚佳,群众虽已发动,而劲头不大。因议定坦白检举群众大会略延后,星期六先为动员大会。愈之之动员报告须包含自我检讨,庶可使群众奋起,共为击敌之战士。

七时,十余人共集,听愈之所拟检讨讲辞,谈两小时,责备自己甚多,散漫而不集中。继之诸人提意见,余先发言。余谓愈之有开创之力,而无致密之思,持续之能。总署两年来之领导,分工专业为出版界之一大变更,但未有以善其后。至于行政工作,如定计划,作总结,皆凭直觉,信笔书之,书就即归档,徒耗人力,无裨实际。又愈之行事往往不与人商量,若余者固无甚主见,然苟愈之明白说明其主见,使余晓然于其所以然,则余亦复有主见矣。凡此皆属官僚主义项下,工作不能作好,或由于此。继之乔峰、蠖生、洛峰、灿然皆发言,平日所不言者,今夕皆直率言之。克寒谓今夕之谈甚好,但尚有未尽,以后须续谈。急要者为后日之会必须开,如此检讨恐难收动员之效果;宜择主要之数点告之于众,随即作鼓动之讲辞。愈之自谓日来情绪激动,必如此琐琐言之,乃觉洗涤一快。重作一稿,必仍落旧套,希他人为之助。最后灿然允为代拟。会散已十二点半。

今日墨因事来署,观其面容憔悴,疲劳实甚。据云在经理部参加种种之会,多至一日六会,又复与人个别谈话,探问情况。六十之年而有青年精神,余落于其后矣。

一月十八日（星期五）

上午理杂事。饭后,曾世英来谈。曾缘地图事来京已十余日,尝与边疆地区之行政人员留京者晤谈多次,获得若干资料。又据翻检参考所得,排比而录之。将集有关各部门会商一二次,征求意见,然后写成报告送往政务院。因三反运动正在高潮阶段,此座谈会尚未能召开也。曾询地图社近期内之工作。余告以不妨将行将重印而延搁之大地图认真检查一下。据我人检查教本之经验,检查一过,所见错误必将出乎意料之外。如无疆界问题,此图业已问世,延搁虽云积压资金,实予我人以仔细检查之机会,此机会不宜放过。曾以为然,又谈地图社他事数项。

四时，教部张萃中来，询我社编写教本之情形。张近主教部之编审委员会，此为拟定教学计划、审定教科用书之机构。谓将邀我社若干人参加其委员会，以达到编审合一之目的。

六点半归，候至八点半，署中送来愈之自我检讨稿。稿本由灿然代拟，拟就后共谓不甚合，因令蟫生重拟，已由克寒修改过。余细看后略作删润，大体尚可，唯动员部分力有未足。

一月十九日（星期六）

晨即与诸人再看昨日之稿，克寒已另拟后半动员部分，传观后复略有更改。动员大会九点开始，大礼堂满座。愈之依稿作讲，动员部分集中于反贪污。谓今后一星期中将集中火力，向贪污分子进攻。甘愿坦白者勿失其时，否则被人检举而后，难期宽宥。愈之讲两小时而毕。余以主席作结，谓我人于美帝国主义有"三视"，今于贪污亦宜"三视"。自今以前，"卑视""鄙视"有之，而"敌视"则未足。今日此会，共坚"敌视"之心。无论己不贪污者，贪污而愿坦白者，本此"敌视"之心，即可团结一致，集中火力，向顽固不化、不惜以身试法者进攻云云。会以十一点半散。共谓今日此会，精神与秩序均较佳。

一月二十日（星期日）

今日不休假，缘此一星期为反贪污之紧张阶段，休假则难免松懈。十时开编审部方面组长会议，讨论今后一周之运动。各组组长既已自我检讨，宜自工作人员中择若干人请其检讨。来社为时较久者，工作关系较重者，缺点较多者，则期其务必检讨。安亭报告其昨参加重要党员之大会，所闻于薄一波者。略谓新年以来，三反运动进展而有获。一般人已信共产党不会腐化，缘其有决心，有办法，又有自我批评之武器。于资产阶级思想之恶劣一面，亦有进一步之认识。国内外反动派本在等待共产党腐化，然后乘机捣鬼，今亦知其无望。由此运动引起机关内之民主改革，视三年来任何一次为深入。此次运动比土改尤为复杂，缘资产阶级之心思技巧胜于地主。移风易俗已见诸事实，铺张浪费之习颇见消退。末谓目前围攻贪污分子之局已成，一星期内集中火力，必将有大贪污犯继续发现云。

墨捎来一字条，谓星期六晚乃可回家，是夕盖阴历年之大除夕矣。

一月廿一日（星期一）

看公事数件。自今日始，每日上午九时，署长副署长会晤共商公务，有话则长，无话即短。今日克寒外出，未参加。共谈本周内应办事为制定本年之工作计划，送文委，并办妥编译局改制之事。中图公司下午开坦白检举群众大会，邀余往讲话，因草草书一短稿。

饭后一时至中图，即入会场。余讲半小时，明言此为斗争之会。坦白者己与己斗，检举者己与人斗，而斗争之对象皆为损国害民之大敌，非仅张三李四私人而已。于是邵公文宣布一轻贪污分子免究，令其当众保证不再犯。次为三个贪污分子坦白，皆为偷盗存书贱卖于同业者。群众纷纷指摘，"坦白要彻底"的呼声时起。所谓集中火力，于此乃有具体之感受。结果公文宣布限此三人于近期内彻底坦白。余以四点返署，估计此会必将开至深夜而后已。

一月廿二日（星期二）

人民社、教育社、总署三个单位今日下午合开反贪污之坦白检举大会，上午三单位之主要检查委员先作准备，讨论历三小时。克寒言此次必须弹无虚发，集中于主要之贪污分子。然三单位皆未能做到心中有数，意谓今日之会仅能收鼓动之效，以群众之压力促使贪污分子知所恐惧，甘愿坦白。余则作种种布置，云开会必须有所布置，乃可规正方向，不至散漫。此为余所未尝历练者也。

一点半开大会，先令贪污分子数人坦白，皆前此已经坦白者。宣布其中三人态度老实，坦白较好，可免受法律制裁。次为检举。登台者云检举某人，某人即须登台面众而立，此亦心理作战之一法。一人被检举，即有若干人登台揭发其人之可疑处和不检处。声势殊盛，然所发之弹多未击中要害，迄未有一人当场彻底坦白者。最后宣布凡坦白者未坦白者，务于廿六日以前交代清楚，过期即以被检举论罪。

墨于午后来署参加大会，忙碌一周，颇见憔悴。今日留宿于家。

一月廿三日（星期三）

八点半，节约检查会常委开会，讨论若干问题。与贪污分子斗争确如作战，而常委则为出版系统之高级司令部。余固绝无作战方略,唯于其间略获新知而已。

下午看书报公文,改植物稿数页,此事搁置久矣。

一月廿四日(星期四)

上午,与出版事业司、图书期刊司少数同人座谈本年之计划。计划由两司起草,今将合而为一。分如下之部分:一、本年出版工作之方针任务,二、本年出版行政,三、出版、印刷、发行之重点工作,四、配合第三部分之各种表格。文委催此件甚急,谓须于明日交去。余则与诸君言,计划当然不能尽切实际,缘我人未作精确之调查研究,大半出自悬揣;然亦望其比较切合实际,明知办不到之事最好不提。又谓此计划通过于政务院之后,必须使全体同人共知之,深明其所以然,乃有实现之可能。若去年之计划,精印一本分发而后,即复不提,则殊非所宜也。嗣得消息,谓日来反贪污紧张,计划可延至下月交出,大家觉心头一松。然本年之工作计划于二月中方始草成,层层审核,至早须于三月中批准,则一季已去矣。

下午二时,开总署节约检查委员会,各单位之委员办公室主任咸集。克寒传达中央节委会之报告,谓目前在中央范围,已发觉贪污一亿元以上之大贪污犯(所谓大老虎)五十余人,估计尚有百许人,故斗争尚须延后,至二月十日止。次言斗争大贪污犯之若干经验。继之,各单位逐一汇报,克寒为解决其难题,指示其重点,俨然大将指挥作战,余唯有心折而已。从旁听各单位内情,知纷乱复杂者多,不纯洁之人所在都有,皆非初料。

一月廿五日(星期五)

上午,听时代出版社王泰雷之汇报,系昨日留至今日者。时代原为苏联所办,今归我国,列于公营,由我署领导。王谈良久,其社浪费严重,管理松弛,编辑人员之待遇特高,贪污者虽有端倪,群众亦多有指摘,而若辈尚无坦白之意。最后请王于明日约其社领导者陈冰夷一同来署一谈。

午后写一短稿,弁于语文组、地理组、生物组三篇检查报告之首,将投登《人民教育》,俾全国教育工作者共观之。此三篇皆自举其谬误。我社之工作期于作好，须作不知若干次之检讨，此第其发端而已。

一月廿六日（星期六）

愈之昨往列席政务会议，会议决定一事，所有机关生产一律于二月交出。机关生产原由调剂供给制而来，在以往确有作用，今则弊病百出，贪污导源于此者为多。机关生产既废除，于供给制人员则分十等加以补助，负重责者待遇宜高，不采平均主义。亦见实事求是之精神，余故录之。

十时，王泰雷、陈冰夷来，尚有其同事二人。克寒向彼宣读其社三同人投我署之一书，书中皆言陈有顾虑，不能领导运动之事。克寒继为说明，必须站定立场，投入运动，乃可提高领导之威信。陈颇悦服。

下午看语文组修改之初中教本稿。杂事扰之，未能多看。回家，墨已携铺盖归，谓今后不须再去。今日为阴历除夕，满子治馔，蠖生、至美、宁宁、龙文父女来共吃年夜饭。

一月廿八日（星期一）

一时后，偕安亭同往经理部，灿然、仲仁等俱在，开社中之节约检查委员会，商讨至二月十日为止之工作计划。决定小贪污分子须于二月五日扫荡清楚。较大之毛病殆在建屋与用纸两方面，必须研究材料，彻底查明其弊为大为小，情节如何。编审部方面则检查人力时间之浪费，制度作风之缺失，继之提出合理化建议。

一月三十日（星期三）

九时到署，开节检会常委会。由克寒综合十一单位之工作计划，定于二月十日前必须分别负责，检出各单位中之大贪污分子，明日上午开动员大会。

一月卅一日（星期四）

九时，再度为反贪污之动员大会。愈之据昨定之稿作讲，言明集中火力打大老虎，比之于战事，今后一战为淮海战役。克寒继之，讲半小时，清楚、切实，听众精神为之一振。

下午，社中诸同人来谈各种事，仅以少量时间看语文组之修改教本稿。夜间，看方君植物稿一二十页。与墨谈，社中编辑方面殊多不惬意，而一时又莫能解决,如负夙债,思之将失眠。余于所负责任,以其未能如愿做好,深有倦惮之意矣。

二月(略去二天)

二月一日(星期五)

晨间会谈我署办干部训练班事。此事言之已两年,去年年底始决定举办,以东城外房屋已落成,有地可容。来学者皆出版、发行及出版行政机关之在职人员,期提高政治思想与业务水平,训练期半年。学员已陆续至。以三反运动紧张,署中尚未作开学准备,学员颇有不满之意。而最难决定者,孰可主持其事,与学员同其生活,相助学习。结果谓明日再商。

时代出版社总编辑姜椿芳来访。姜自上海来,转入中宣部迻译《斯大林全集》。愈之、克寒与谈务必兼顾时代,使领导人共同协力,搞好三反运动。

中山公园音乐堂有公审大会,由最高人民法院设临时法庭,审判大贪污分子七人。余与愈之、乔峰以十点半往,登主席台。场中满座,据云在五千人以上。十一点,刘景范致开会辞。于是沈衡老以最高人民法院院长就席,审判开始。贪污犯七人立于台前,面向群众。对于每一贪污犯,由其所属机关之一人控诉其罪行。控诉毕,沈衡老宣判,两人处死刑,曰薛昆山、宋德贵。薛为商人而钻入国家机构盗窃资财者,宋为共产党员而受资产阶级腐蚀以至于犯罪者。以下三人处徒刑十五年、七年、五年,后二人皆暂缓执行,以观后效。末二人坦白彻底,诚心悔改,交出赃款,并愿努力为人民服务,则宣布免于法律处分。此二人一为工程师,经过心理斗争,自动坦白;一为航空方面机械人员,云有小发明。从宽处理,甚得其宜。二人既获宽宥,即令下台入群众席,群众皆鼓掌。宣判毕,法庭散。薄一波作报告,据今日之会而阐发政府之政策,甚畅。场上口号时作,东起西应,声势壮大。座中当不少坦白而未彻底者,或隐恶而未坦白者,谅必有动于中,知唯有彻底坦白乃为生路矣。

会散返署已午后二时。食面包三枚。看完方君植物稿。

二月二日（星期六）

九时至愈之室。愈之昨夕列席政务会议迟归，候至十点过始来，承告彭真昨夕之报告。彭谈北京市三反运动情形。京市工商界中不作弊者实占少数，此事决非偶然。周总理作总结，断言此次斗争为工人阶级与资产阶级争领导权之斗争。工人阶级而胜，则走社会主义道路；资产阶级而胜，则走资本主义道路。而资本主义为绝路，非随时警惕，使资产阶级驯化，接受工人阶级之领导不可。其言甚精，不能详记，颇为可惜。

下午静坐室中，看语文组修改之教材。

二月四日（星期一）

九时，总署节检会开常务会议。各单位多呈胶着状态，虽云加紧打大老虎，实则无多大进展。克寒提出可于条件具备时，选定主要对象，开斗争大会"斗"之。愈之转述所闻于政务会议者，谈颇久，十二点半散。

下午看语文组修改之选文稿及注释稿。

二月五日（星期二）

晨与愈之看彬然等所起我署工作计划之稿。草率支离，未合实际。共谓即自己同人据以讨论，亦不够格。愈之因决定自起一稿，明后日再商。所谓工作计划，理应根据对于全盘工作之了解。而欲了解全盘工作，非周知出版工作各方面之实际不可。今同人所知皆甚少，所思所虑，彼此又不一致，欲求订成切合实际之计划，诚难乎其难。愈之自己动手，恐亦不免于悬揣也。

至灿然室，张萃中在，谈小学语文课本事。教育部于文叔所拟第一册不满意，将重行讨论几个主要问题，求得比较一致之意见，然后规定内容之范围，语言之注意点，另行编撰。约余辈明日往教育部专谈此事。此课本将于暑假后供新学制班级应用，而今尚待讨论如何起草，实觉局促。稿成而后，须经各方研究。最费工夫者为图幅之绘制。若于四月底付印，运送各处已恐难于及时矣。

午后修改语文组之选文及注释稿。下笔不能快，抽斗中经常有积存者，奈何奈何。

二月六日(星期三)

八点半,偕文叔、安亭、刘御驱车至教育部,会谈小学语文课本之编辑。钱、韦两副部长及研因、与岩皆出席,尚有苏联专家一人。钱言今秋开学必须有新教本。缘教部尚未定出小学各科之教学大纲,致编辑部无所依据,形成拖延,教部应负全责。今需于最短时间编成第一册,已不待教学大纲之草定。此第一册决不可能求全,但求大致无误,堪以应用,即为满足。韦提出思想政治方面之要求多项;又言读本与语法分编,诗歌故事应多容纳等项。余谓思想政治之种种要求,决无不以为然者,难在如何贯彻于课本之中,用何种材料何种手法表达之。小学语文本又有一任务,在使非普通话地区之儿童学习普通话,此一点必须注意。在普通话区域,又须使课本之语言不致落后于七岁儿童日常应用之语言。研因反对余学习语言之说,其意大约认为课本只供阅读,学习语言另成一套。文叔言编辑课本之难处,言皆由衷,泪留于眶。渠研究苏联语文课本及读法教学法,颇有心得,主张积极培养儿童之语文能力,必须于旧时之一套办法有所改进,皆为卓见。安亭、刘御、与岩及苏联专家亦各发言。最后钱作结,谓有一原则,必须以工人阶级思想为主导思想。农村中人必使知工人与工业。工人子弟亦必令知农事。其他阶级之儿童亦须了解工农。所言事物不必机械的求普遍性,一地之人从书本知他地之事,乃见中国之大。文叔所讲课数宜多,课文宜长,为阅读教学之重要关键,大可采取。钱此言颇关紧要,在我社中,固尝因普遍不普遍,其事非儿童所亲习,而争辩不休也。最后决定由文叔、刘御二人拟定第一册之目录要旨,下星期再讨论。目录要旨既定,即动手编写,随写随传观,争取于三月底定稿,并画成画幅。余恐未必如愿以偿,然亦不能再延迟矣。

返署已逾午后一时,休息有顷,改语文教材一篇。

二月七日(星期四)

九时,总署节检会开常委会。克寒昨往文委节检会,出席传达中央节检会报告之会。大致谓自公审大会而后,打击大贪污分子颇有进展。唯困难亦多,一难在材料不充分,二难在人力不足,不克多方面应付。中央指示大贪污必须全部肃清,不肃清不休止,中小贪污亦须扫清。于所谓大老虎下定义云:一、贪污一亿以上者，二、贪污虽不逮一亿，但使国家损失甚重者，三、一亿以上之集体贪污之主谋者与组织者，四五千万元以上之贪污，其性质至为严重者，五、窜入之坐探，使国家损失一亿以上者，六、解放初期接收物资及官僚资本，吞没一亿以上者。克寒述中央之旨毕，复言文委昨规定本月十五日以前，我署系统内尚须打到大老虎若干，中小老虎若干，请各单位自认其数目，合足总数乃散会。

饭后一点，偕灿然、安亭往经理部，开我社之节检委员会。我社经理新建房屋已经检查，断定其为偷工减料，损失在一亿左右。监工者是否受贿，尚未查明。纸张方面，料知我社前身华北联合出版社时期有毛病，但初组成一年间，并帐目而无之，须从外界之材料稽考，乃可探得线索。余告诸君限期已近，总得着力。会散已六点，一天工夫专谈此事，殊觉闷损矣。

二月八日（星期五）

晨九时与少数人谈工作计划之起草。仍由彬然执笔，分五部分：一、提高质量，二、增产节约，三、加强管理，四、培养干部，五、准备计划化。每一部分提出主要具体工作数项。谈至十二点半仅毕其三部分，俟明日再谈。

下午看公事若干件，改语文教材一篇而已。

二月九日（星期六）

晨改语文教材一篇。九时继续讨论计划，重读彬然所整理之一二三三部分，增删其草拟之四五两部分。下午，彬然复为整理，余助之修润，至四时而毕。此种工作计划仅略举其要，须据以制定细目，逐项专人负责，并定完成之时日，乃可施行，亦有所稽考。此后当努力促成之。

文叔、刘御草小学语文第一册目录已成，交余阅看，即将送教育部。定目录并不难，难在写课文不违要旨，而简短之语句又足以达之。且俟教育部如何推动此项工作耳。

克寒自新华社调来谢彬彦君，任我署办公厅副主任，以代替卜明。卜明现方助新华印刷厂打老虎，将来须致力于干部学校及人事处，无力兼顾办公厅事也。

二月十一日（星期一）

晨八点半，与文叔、安亭、刘御驱车往教育部，仍开小学语文本编辑准备之座谈会。诸人谈话甚多。于诗歌一体,文叔主少用,谓诗歌往往违反普通语言之规律。其他数人谓诗歌之规律亦语言之规律,或不同于普通语言之规律耳,同样为儿童所需要。苏联专家谓诗歌甚重要,激动感情,引起想象,大有用处。余知文叔所反对者为不成样之诗歌,诚如苏联专家所言之诗歌,谁复肯反对耶。于用字数目,意见大体一致,小学五年认三千字,初始三年约二千,后两年约一千。开始学注音字母;其次为看图念话,先用简单语句出现若干必要之字汇;然后为正式之课文,在三十课以内。如是则编写课文较易着笔,可驱遣之材料较多。此一办法大家亦同意。后复谈注音字母部分与看图念话部分混合编写,众以为此办法尤佳。次讨论我社所拟目录要点,诸人提出意见,颇有裁减。最后决定仍由文叔、刘御二人据此目录要点排定次序,编定注音字母与看图念话之目次,以一星期为期。

散会已将一点,饭罢而后返署。署中开全体大会,斗争总务科之贪污分子。余未往参加,与社中各组长为会,谈编辑人员往往应外间要求作文译稿,并代私营出版社审稿组稿,此事亦值检讨。

竟日唯务开会,余亦无多意见,而具体工作则搁置,为之怅惘。

二月十二日(星期二)

晨至经理部,九点开全体大会。仍申追究贪污主旨,继续发表小有贪污而坦白彻底之五人免于法律处分。斗争已有所坦白,共认为不彻底之贪污分子一人。末由余以节检会之名义宣布,令其停职反省。

会散,与仲仁、灿然谈编辑方面事。发稿期已近,而稿未写就,审稿未能精,提高质量徒成空谈,余殊感不舒云云。二君亦未有所对。返署食馒头一枚。重看王漪所改小学语文本三册。

安亭参加教育部之工作会议,归来言教育部自知其向日不重视教本之谬误,今后决致力于此。部中设教科书编审委员会,为总领导机关,我社则为业务机关;于人力配备、政治业务训练方面,将尽力相助。部中腾出一部分新建房屋为我社编审部之办公室,供我社迁往,庶几于商谈接洽,布置学习,有种种便利。

二月十三日（星期三）

九时至愈之室，共谈工作计划之附件本年图书期刊要目之拟稿。此要目示本年出版工作之重点与方向，凡列入之作，一期其必能出版，二期其必能较为完善。话虽如是，实不能必达，则以我国一切距计划化尚远也。

午后，作书复乔木。乔木来书劝余写语法作文之书，以启初学，谓必有此类之书，语文可趋于完好，徒为枝节之批评，收效不多。余答言余或能为此，但必有二三人合作。精力渐衰，若今日之忙于杂务，亦未能勉为。复言余为出版总署副署长实同尸位，主教育出版社亦不胜负荷，若得于出版社中任一文字编辑，则尚可任。请渠为余设法，俾如其愿。末言此系出于自知之明，绝无"闹情绪"意味云云。乔木多关心文教界中事，故以此语之。此意固尝以语愈之，愈之亦谓不妨商之于乔木也。

改初中语文教材，仅得半篇。

二月十四日（星期四）

今日在愈之室，仅将图书期刊司修改之书刊要目拟稿看过一通，付打印以便传阅。

改语文组所撰教材，又看所修订之旧课本。各件存余抽斗中已多日，每日看一些，至于今日始全部发还，稍觉快慰。

二月十五日（星期五）

为语文组同人拟初中语文本中关于语文知识之提示稿数条，希望同人隅反。

午后二时，总署节检会常委开会，各单位负责人均参加。愈之今日上午出席文委之节检会，传达中央节检会之报告略如下：半月来反贪污成绩甚大，战况艰苦。近日打获之虎往往成窝，数目逾于先时之估计。唯其成窝，打时不免吃力，因而打虎者难免流于急躁，或致过火。中央之方针，打虎必须彻底，不彻底不止。决定再搞一个月，迄三月十五日尚有可打，则再事延长。各部门领导尚须克服以贪污为未必多、少获即欲休止之右倾思想，以三日为期，总结经验，整饬队伍，深入调查并研究材料。策略方面，今后转为攻心。并交代处理贪污分子之各项政策,赃款赃物之可收回者应立即收回。我署系统决据此意旨,续定今后半月之工作计划。

历史组与北京市文教局中人讨论芝九所编撰之外国史课本稿。据反映,我社之史地教本,学生多不愿买,必教师竭力动员而后买。其原因以教师教授并不依据教本,各地多自编教学提纲。据反映我社之史地教本应有尽有,而浓缩者多,言一事一物均不能说得清楚,即所谓"不能解决问题"。如反映属实,则我社之工作大值得检讨矣。

二月十六日(星期六)

灿然来告,昨夕经理部反贪污颇有收获,有吐露端倪者,有坦白未经坦白之事实者。至愈之室,愈之与雪村草拟各种表格,为我署工作计划之附件。

编译局、图书期刊司各单位之编辑人员方在大灶食堂开会,余遂听王城、王次青、高尔松三人之检讨。此三人皆与私营新潮书店有关,或为审稿,或为撰稿,或为组稿,皆自言不自检点,为私营书店所利用,失其革命干部之立场。最后克寒讲话,谓出版总署人员代表国家与人民,对私营书店应有领导管理之观念,若忘此一层而徇私,遂生种种谬误。苟为读者群众之利益,撰稿亦非谬;如纯为稿酬,粗制滥造,即为非宜。或假此而相勾结,则为丧失立场,绝无可恕。此中情形至复杂,尚待节委会研究,不可骤作结论。

下午看王泗原所撰工农中学语文课本第二册之语法部分。

二月十七日(星期日)

九时到署,开我社之节检会。以明日须向总署节委会交出工作总结及月底前之工作计划,讨论即据此两点进行。灿然拟一总结提纲,略谓我社以往认识敌情不足,又存早日了结之念,实未认真作战;今既了解此举在反击资产阶级之进攻,自必重作整顿,认真应敌;次举种种缺点。杨定远等五人发言,无非证明灿然之说,或为之补充。次谈止于月底之工作计划,分为两个阶段,以五天整顿内部,认定斗争对象,分工负责,作调查研究。于积极分子加以训练,如何查帐,如何访问,如何保密,如何发言,皆须为之指点,务使动必有的,言不虚发。自二十四日起,则集中力量斗争认定之目标,务期水落石出,老虎就擒。余实无能为力,以职务所关，不得不参预其事而已。到家午饭已三点钟。

二月十八日（星期一）

晨至愈之室谈，彬然同座。愈之谓经此三反运动，我署与私营书店之关系须重新考虑。以往政策方针不明确，似乎好意加以扶助，总无错误。不悟私营书店为私人资本，其目的务在营利，我署不自坚定，往往予若辈以可乘之机，今后至少须与私营割断关系，服务公家者不能与私营有瓜葛。因言我三人皆为开明股东，此一点首宜使众周知，其次则宜自表如何处置此股份。愈之言拟捐与公家，或则由总署收购作为公股（此点甚不妥），结果未有所决。

午后二时，总署节检会常委开会，各单位均有人来参加，讨论至月底之工作计划。各单位除"毛选"出版，教本工作，工厂印刷，书店门市外，其他次要之工作皆从缓，全部心力专注于打虎。

二月十九日（星期二）

晨至愈之室，仍谈昨日上午所谈之问题。既而洛峰来，克寒来。共谓某一方面之行政部门，必须与某一方之私营企业割断关系，此为今后必循之方针。就出版而言，编辑、出版、印刷、发行，皆与私营企业有千丝万缕之干系。如何使各方面干部交代清楚，如何方为恰如其分，尚须加以研究。如是随谈，即花去半天工夫。

下午，看语文组送来初中教材之复审稿，仅六篇而已。

二月二十日（星期三）

沈静芷自上海返。渠到沪已月余，专为调查出版系统中之有关材料，为此间三反运动之助，所获颇不少。与各方面核对毕，仍须去上海继续工作。我教育出版社之上海办事处几乎全部垮台，而教本之印造不可间断，必须代之以整套人马，整套人马自何来，实为目前之大难题也。

下午，看语文组重改之教材数篇。诸人笔下皆平平，所写所改之文以充范文，实未能满意。余亦无法一一加以润色，使各篇咸成精彩，审读一过，略为改动，只能以不惬意之心情送还之而已。

二月廿一日(星期四)

文委于国会街新华社礼堂召开"武松大会"。盖既以贪污分子为老虎,则打虎有功者为武松,会集一堂,共谈经验,将有裨于今后之斗争。余与愈之以八点四十分到,场中已满座。范长江先作报告,大意如前此数日之所闻。继之,一人报告故宫博物院发现贪污分子之经过。其题颇引人兴趣,而余坐于台上,与扩音器放声之方向不顺,大部分未能明晓。下午尚有五六个"武松"作报告,余返署而后不复往听,续看语文课文修改稿。

二月廿二日(星期五)

十时,教部韦老、吴老、方老、萃中偕来,谈小学语文课本编辑事。据谈部中屡与小学教师商谈,教师俱主张注音字母宜教,但仅作汉音注音之用,不宜先教字母,次教汉字。部中又考虑今后不久将制定字母,为拼音文字,若先教注音字母,他日再改,徒多纷扰。故决定注音字母为现时过渡之用,不写入教本,而编入教授法,令教师掌握之,以统一各地之读音。我社同人于此点无意见。此外则唯余着手赶编课文,以应急需。吴老谓我人宜有心理准备,此第一册只为应急,不必求全,可以对付即为了事(易言之,不妨马虎而已)。大家亦无他言。如此态度,余谓实非至当。

下午复来信数通。看语文组所拟高中课本之例言,写意见若干点归之。临归与愈之略谈,渠明日将召开署务会议。三反运动恐非仓猝可了,业务延搁颇多,必须确定计划,必要之务仍须按期办了。

二月廿三日(星期六)

上午开署务会议,决定三四两月重点工作为三事:一为制定本年工作计划及去年之工作总结,二为《毛泽东选集》第二卷之出版工作,三为中小学教本之编辑出版工作。此外经常业务照例办讫。与此无涉之人皆投入反贪污运动。次之,决定以我署节检会之经验随时通报各地出版行政机关及企业部门,各地之运动迟于北京,有此通报,可节省彼辈之心力。复次,讨论要否号召交代与私营出版业之关系。众谓此事作用不大,牵涉甚广,且足以转移群众之注意力,以从缓为宜。

午后,续看初中语文本之提示稿。

二月廿四日(星期日)

傍晚,陈侠来访,商明日开编审部部务会议事。所拟商讨者为定稿、发稿、校稿等等问题。下学期发售之书即将印造,于此商谈此等问题已感其迟。本希望提高质量,从容审订,今以时间匆促,不免如往日一样,唯求对付。究不知至于何日,乃可仔细编审也!

二月廿五日(星期一)

上午九点,编审部开部务会议。余报告今届印制秋季用书,新编及改旧凡九十一册。今已发交印刷所者不逮半数,恐今秋及时供应又将感其局促。次讨论四事。其一,定稿发稿之程序,决经各组讨论后再行决定。其二,各书之度量衡用公制抑米制。其实公制与米制均为公制,所不同者名称之表述而已。结果多数主张用公制,唯物理化学组谓物理书用公制有不便处,且俟再商。至此已午刻。

一点半起续开会,讨论第三事,书中数目字应用何种字体。大致决定叙述语依照语言,书写汉字,统计数字及计算数字则用阿拉伯字表之,细节俟再商定。第四事为成立检查科,于新编教本须加检查乃可发稿,以期减少错误。已自总署调来朱光暄君主持此科,此外尚有二人,殊嫌单薄。共商再调二人充实之。此事为新创,未必遽收大效,然及今发足,乃可积久成佳绩也。

返室,安亭、仲仁共商开一单子,告教育部我社编审部工作人员几人有家属,几人为单身,俾得为我们设法宿舍。若宿舍有着落,则编审部即可自总署迁入教育部矣。

二月廿六日(星期二)

在愈之室会谈,无多事,一时许即散。看语文组所拟课文后之提示稿。

二月廿七日(星期三)

晨灿然来谈,谓我社打虎,尚无克敌致果把握,本月杪恐未能如所预期。至愈之室会谈,多言杂事。无非今后对出版界必将重行考虑,如何领导与管理,皆须有所改变云云。

二月廿八日（星期四）

九时，总署节检会常委集会，讨论克寒之讲稿，于今日总署系统反贪污斗争大会中作报告者。复讨论大会之程序，共以为妥。

十时，与数理化诸位组长讨论度量衡问题。决定除理化教本外，一律用公制表述。理化教本需用量名甚多，分析至细，苟用公制名称，确易混淆，自以用米制为宜。

午后二时，开斗争大会。总署与各直属单位均到，凡二千数百人，分居三处，大礼堂坐千余人，文化宫及大灶饭厅各坐数百人。陈克寒作报告，交代政策甚详。其次处理贪污分子四人，三人从宽，一人因态度不好，由公安机关逮捕。又其次各单位检举贪污分子，被检举者立于台上，当众低头。当即有十余人愿彻底坦白，则由各单位带至场外谈话，不必再登台受窘。今日之会成绩大佳，良由布置好，处理好，乃克臻此，皆克寒之劳也。

二月廿九日（星期五）

上午在愈之室会谈两时许。今时印刷生产力已有多余。大家少出书，投机书商将受打击，各机关之印刷所皆将交出，宜其有多余。连带及纸张，去年纸张恐慌，今后亦将有过剩。复谈出版业是否宜于私营，今日亦为可加研究之问题。出版不同于造纸织布，纸布私营，其主者唯利是图，受损者不过应用之人，出版家挂文化之招牌，行营利之实事，为害人民不堪设想。克寒尝谓出版业当先他业而社会主义化，确为有见之言。

下午，看语文组所拟初中课本语法教材之目次，略提意见归之。余于此殊无自信心，可商之人又无有，安得经常会见叔湘，随时商量耶。

三月（略去一天）

三月一日（星期六）

至愈之室会谈一小时，多言打虎事。观新出之《人民教育》，此志已有数期多载批判陶行知、陈鹤琴二氏教育思想之文字。

下午，看语文组交来初中第一册之注释稿五六篇，一一为之修改。同人笔下多用报纸调，句长，句之组织累赘，去语言甚远，唯能"目治"而不适于耳受。余亦无法依余之意加以修改，只得任之。

今日收到《毛泽东选集》第二卷之精装本，此卷视第一卷为丰富。中有《矛盾论》一篇，为《实践论》以后之哲学论文，二论实相辅，容细细玩味之。

三月二日（星期日）

十时，开始修改方宗熙所编高中用《达尔文主义基础》之原稿。此稿本将付排，有同人谓总须一看，乃决意以数日之力毕之。至于五点四十分，仅得二十余页。方君之稿系以苏联教本为蓝本，斟酌我国情况而加以增删，内容颇不弱，然文字方面实多疵病。余为之修改亦不能甚仔细，仅求大体不谬耳。

三月三日（星期一）

到署即伏案续改方君稿。愈之室会谈有顷即散。

仲仁已自经理部归来，缘编辑方面事务繁多，节检会办公室工作以王城代之，请仲仁专搞业务。余告以凡新编课本必须经同人多看，并由检查科作各个项目之检查，乃可发稿。他则语文组之工作，亦须仲仁多所照顾。

复伏案，夜间亦续为之，迄于九点。今日看稿五十页左右。作了些实事，即觉此日并未空过，较为满意。

三月四日（星期二）

续改方君稿。上午九点，社中各组组长、检查组员在我室开会，商量编审部之三反运动。编审部有问题者亦有六七人，皆于业余为私营出版社工作，务必彻底究明而后已。据人告余，他们认为我社颇合脾胃，因余事事不大过问，社中政治空气不浓，深合他们自由散漫之习性。余之疏简乃生此不良影响，亦初所未料也。余固自认不宜为领导者，此是又一证明。若谓勉为之而适于为领导者，恐将河清难俟矣。

继之，复谈各组教本之编写修改工作，本月与下月为非常紧张之时期。余他无能为，唯愿校读各种新撰本之原稿，亘两个月不间断而已。下午仍改方君稿，迄于夜九点。墨对坐，共一灯，校阅校样。

三月五日(星期三)

竟日改方君稿。仲仁来谈,余告以余心头之不快。语文组同人不注意语文,所写所撰教材顾到思想政治一面,忽略艺术一面,致中学教本无异于报道时事时人之杂志,各篇皆不能起感染作用。余自以为颇关心我国语文之前途,而我社之书若是,实使余颇为懊丧。仲仁相慰,谓须求大家想法一致,当可有所改进。余此种意见,唯文叔、仲仁与灿然可以一谈,此外将以"纯技术观点"相讥矣。

夜九点,改方君《达尔文主义基础》稿上册毕。七八万字,四天而毕,亦云不慢。看稿较用心思,夜眠即不得酣,由此可知体力之衰。若自撰文字,恐疲劳更甚,今后殆不能写作矣!

三月六日(星期四)

晨间灿然来谈,谓初中语文本第一册之提示多及政治而疏于语文方面,殊非所宜。余告以所选文篇可诵者甚少,仅注意解放以来之新事物,而文皆平平,告诉人家有这么一回事而已,能感动人者、足以生感染作用者不多见,此为最无可奈何事。余若谓此等文篇不佳,同人将谓请以佳者易之,余无以对也。灿然言终当共同讨论。余谓果有可以改善之方,余无不乐从。既而仲仁来,亦谈此事。最后请仲仁先将第一册所收各篇通观一遍再说。

仲仁去,余观中宣部送来《中国文学概说》一篇。此系聂绀弩、文怀沙、艾青等人所撰,将付苏联百科全书,为书中之一条目。中宣部印发之,请各方面提意见。全文将三万言,自甲骨文字叙至今日。余亦无多意见,仅提出二三小问题耳。

午后,安亭来谈,昨日教部会谈我社所拟初中历史教材大纲之初稿,嫌其未能贯彻历史唯物论,须得重作。我人大略有些历史唯物论之观念,而与本国历史尚配合不起来。此非特我社同人为然,若干关键问题,史学界亦尚未趋于一致。欲于短期内获得真知灼见,且为初中学生说法,殆为不可能之事。余主与教部再行商酌,如教部能邀集专家,于关键问题能有明确之论断,则不妨努力试为之。

方宗熙来,就余所提意见一一答复,谓余之修改渠皆满意,唯有一处误会其原意,改成错误。余为之心慰。心力不虚掷,自是可喜。墨以工会小组长开会,又迟归。渠之辛苦甚于余，虽亦感疲劳而意志不衰，胜余多矣。

三月七日（星期五）

九时至愈之室，与乔峰闲谈。候一小时而愈之未来，不见已三日矣。

仲仁约语文组编初中教本之诸君来谈，如何于教本中编入有关语法之材料。决定第一册谈句子之结构，次及词汇之构成，词义之辨析。余主语法教材须顾及学生之实用，不宜出之以专家研究之姿态。共以为然。唯着手编写亦复不易，主意与实做固有距离也。

三月八日（星期六）

九时，总署节检会常委与各单位主委开会。谈反贪污须于本月完毕，务期发掘净尽。如能早了，即转入处理阶段，对证追赃，按情定罚，其事亦颇繁重。各单位步调不求一致，视其实际情形自定程序。

午后三点，余与乔峰、克寒往政务院，列席政务会议。刘景范报告《中央节约检查委员会关于处理贪污、浪费及克服官僚主义之决定》，彭真报告《北京市人民政府建议在"五反"运动中关于工商户分类处理的标准和办法》。此二项办法皆从研究案情得来，斟酌轻重，寓教育之意。有数人发言，谓两个办法用意甚好，但须言明今后从严之旨，并申意在教育改造之要。周总理作结论，分四部分谈三反五反运动之目的与任务：一、改造私营工商业，不容他们向资本主义发展。二、改造国家工作人员，使之树立工人阶级之思想。三、树立社会新风气。四、建立各机构之健全制度。末谓此次运动为统一战线内部之阶级斗争，目的在达到更好的团结。会散已过十点。上下午开会共坐十时，大惫。

三月十日（星期一）

九时至愈之室会谈，十时，总署节检会开会，讨论于下星期复开大会，处理一批较易处理之贪污分子，或示宽大，或示严惩，借以交代政策，俾至今未交代及交代未彻底之贪污分子知所抉择。定名为"第一次处理贪污分子大会"。

饭后作书复叔湘。叔湘以教部又有调彼来我社工作之意，不得意则兼任亦好，故述种种困难，嘱余相谅。教部近知注重课本，鉴于语文本之不甚像样，语法教材之无从编成，颇主调叔湘来任其事，实非我社之转托。余书中告以此意，并谓最好脱离清华。任教于清华，受其益者不过学生数十辈，来我社编书，受其益者为无量数之中小学教师及学生。故谓任教于清华为很大之浪费，亦非过甚其辞也。书尚恳切，不知叔湘观之如何作答。

四点半，克寒来谈，三反运动如何安排，署中机构如何布置，皆有所及。渠主张各出版社之经理部或可合并，采购与保管统一，一减少漏洞，二节省人力。余深然之。

夜间，开始改褚亚平所编之初中自然地理稿，系据苏联课本及东北译本而重写者。间架不坏而文字大须修润。至于十点半仅改六纸。

三月十一日（星期二）

伏案至下午四点，仅改地理稿十余页，平均一小时二页，改动处亦不多，可见其慢。

三月十二日（星期三）

改稿进行颇不顺利。彬然上下午俱来，杂言开明事。乔峰来告，渠将往东北，参加考察团，调查美国丢下细菌毒虫，不仅行之于朝鲜战场，且及于我东北若干地区一事。乔峰将暂离，愈之又将往印度，于彼国之和平大会为来宾。余守于此，杂事益多，奈何。

政务院于上星期六批准之两个文件已刊布于今日报上。余集编审部全体同人一谈，大略举出所定办法之精神；次谓现虽入处理阶段，而并非就此收兵，贪污必须全部肃清固为今次运动之根本方针云云。迄于放工，改稿不及十纸，为之怅怅。

夜间伯祥来共饮。开明近作五反运动，渠为资方人物，不免为考察之对象。因谓个人守在开明，为五反之标的，于职工对渠之态度实觉不能忍受。余稍稍慰之，恐无多用处。唯渠发泄过后，亦较为舒松。十时始去。

三月十三日（星期四）

晨间张萃中来，谈部中决意请叔湘来我社，不复与清华用商量方式，而将以命令行之。于北大则调建功，亦用同样方式。复谈及中学语文本，谓于工人阶级思想颇有距离，文字亦差，初高中看不出明确区别，目的性不显。余皆以为然，如何改进,还须究讨。总之,我社各书现状,数理化生物皆尚可观,以其体系皆据苏联,唯据我国实况而损益之。文史及本国地理则皆感无从下手,以其无所依傍,必须自出心裁,而此正非易事。

下午续改地理稿。

三月十四日(星期五)

今日未伏案执笔。与地理组同志谈,在自然地理课本中插入彩色地形图,俾学生养成看地图之习惯。如制印时间不太久,工价不太重,决试为之。

下午,对外文化联络局副局长陈君来,欲请方宗熙为愈之之秘书,随往印度。此事言之已数日,余与方君俱以教本为重,表示不允。陈今日言适当人选难得,不得已相烦方君,余勉强允之。此去大约须一个月。愈之语余,出国前须集署中同人一谈,交代若干事务之纲领。余不善处事,唯有商之克寒,请其从长考虑耳。

三月十五日(星期六)

晨,建功来谈。渠以参加北大教师结合三反之思想改造运动,久未来社。为余谈北大同人自我检讨之经过。余告以辞书社须研究整顿,方可做出成绩。

十时,总署节检会常委及各单位主委集会,讨论明日第一次处理贪污分子大会之程序。克寒预备一篇报告,阐明宽大与严肃结合、教育与惩治结合之精神。午后,集社中编审部组长及检查组组员为会,讨论明日大会前应作之准备工作,争取贪污分子于会前彻底坦白。

叔湘来,自言不甚宜于我社之工作,谓较近者为语法研究。科学院语言研究所方拉渠从事于此。若能得一共同认可之体系,则无论编写教材,一般应用,皆可有所依据,故为尤属基本之事。于教部之强迫命令,渠若有所不满。余无以折其言,所言固皆有理,只得再与教部商量耳。

开始改芝九所为世界近代史稿,亦据苏联教本,高中所用。初稿嫌其繁,经芝九删削,安亭亦看过,然后交余。迄于夜九时,改十一页。

乔峰以今日下午赴东北,其团名"美帝国主义细菌战罪行调查团",专家颇多,少数人至东北若干地区,多数人则至朝鲜前线。

三月十六日（星期日）

今日不放假，仍到署工作。改芝九之世界史稿。克寒以十点来谈，谓下午之会假劳动人民文化宫之劳动剧场举行，余亦须略作讲话。于是匆匆起草，成一稿约千余言。

十二点半至劳动剧场，露天设座，群众已到齐。愈之先讲开会之宗旨。继之克寒作报告，历一时许，即宣布处理贪污百万以下者二百余人，依据新颁布之处理办法，此辈不受任何处分，且可不名为贪污分子。复处理贪污百万以上千万以下者数十人，此辈但受行政处分，酌退或全退赃款。于是余作讲话，谓以上两批人之处理充分表现严肃与宽大相结合之精神。第一段说明何以必须严肃。第二段说明何以可以宽大。第三段劝勉受处理者，谓既趋自新之路，必须努力工作，有良好之表现。末段向群众进言，谓若辈既已悔改，宜视为亲密之同志，欢迎若辈回到革命队伍。休息半小时再行开会，从事坦白与检举。若干贪污分子要求坦白，一一任其当众发言，克寒随即予以处理，或从轻发落，或令其继续交代。最后由北京市人民法院拘捕一坚不坦白之人，会以此最高潮宣布结束。

三月十七日（星期一）

晨续改芝九稿，毕其第一章。九时，与少数同人共谈刘御所撰小学语文第一册之稿。此稿昨由教部邀若干小学老师谈过，今日据若辈所提意见商量如何修改。此册实平平，无多大毛病亦无多精彩。如大家以为可，唯有付印问世，试用一下再说耳。

饭后治杂事数件，复取初中自然地理改之。回家晚饭后复伏案，毕一章。诸君下笔均欠精细，然余之改笔亦未必尽可靠，不过较为修整而已。

三月十八日（星期二）

早上仲仁来言，初中语文课本经数人看过，各有修改意见，最好集三位原编者共同通读，定其然否。余以为可，即请三君来余室，外加助编一人，仲仁亦参加。从第一篇起，由余朗读其课文，并及注解、提示。遇有可商处，即停止而细商之。此稿余已看过数回，今在通读中，又颇发现其未安。集思广益之效，诚足深信。

午后，褚亚平来商余修改之自然地理稿，渠言余精细，若干修改处皆彼组同人所忽略者。褚去，继续通读语文课本稿，至于四点四十分，全日仅读四课半，可谓甚慢。

愈之来，言渠将于廿一日动身。署中之事除三反由克寒主持外，拟成立业务办公室，处理调整机构人事、订立合理制度之事，以洛峰主之。渠草就自我检讨一稿，俟重行反官僚主义时向全体同人布之，明日将在署务会议中征求意见，嘱余今晚先看。渠自举其病有如下数点：一、思想政治领导弱；二、不善于依靠共产党，建立坚强领导核心；三、在处理公私关系上有右倾思想；四、主观主义，好大喜功，不切实际；五、不善于走群众路线；六、在任用干部方面有某些不适当的地方，尤其是不重视教育干部。此所举诸点，余与同病者正复不少。

三月十九日（星期三）

上午继续通读初中语文本第一册，商量半天工夫，仅修改两篇有余。

午后一点过，至克寒室，愈之洛峰均在。商及今后人事，愈之言不妨让灿然脱离教育出版社，专治总署方面事。余不以为然，谓四九年成立教科书编审委员会，共事十余人，今唯余余与灿然二人。彼深知余之习性，余亦觉彼最相得，故势不可相离。谈有顷，无明确决定。

二时开扩大署务会议，讨论三事。一、成立临时业务办公室，以洛峰主之，如愈之昨日所言。二、编译局于月底撤销；于图书期刊司设翻译处，由周天行主之；于人民出版社设人民编译社，由董秋斯主之。三、以金灿然为干部学校之副校长，以朱泽甫为其教务主任。干部学校学员已来，凡六十余人，究将授以何种训练，殊未有所定。灿然、泽甫之任綦重，不知将何以处之。末为愈之诵其检讨稿，请与会者提意见，子野之意见为最可取。渠谓以机关首长身分作检讨，最须从工作着眼。首长之工作主要者二项，一为执行政策方针，一为任用干部。苟据此二者反省两年以来之工作，并检查所有决议指示执行如何，则思过半矣。其他人多谓必须举出重点事例，乃可使听者得所启发。愈之之稿固约缩实事为抽象之叙述，稔熟如余者诚能明其所以然，一般工作人员难通晓也。愈之记录诸人之意见，谓将据以修改其原稿，于动身前改毕，乃可留于此间，俟反官僚主义阶段由他人代读。渠之行期定于后日夜。

夜间起一短稿，供明日署中广播，动员全体同人作好春季防疫卫生运动。稿才千余字，信笔书之，至十点而完稿。然竟夜未得安眠，余真不能用心思矣。

三月二十日（星期四）

上下午俱修改语文教本，仔细商量，仅毕三篇，皆颇以为可。且如是同斟共酌，凡与其役者皆有进境。提高业务，此为正轨，培养干部，亦有着落。然其事殊为劳累耳。

三月廿一日（星期五）

今日社中举行大扫除，语文教本之修改暂停。余乃独处室中，改芝九之世界历史稿，自晨迄放工，共改四章，尚余两纸。以前亦看过西洋史，于欧洲各国之历史总觉头绪纷繁。今芝九此稿依据苏联教本，叙述固重在人与事，而线索则为社会发展。举此纲领而驭众事，即觉脉络分明，可以理解，可以记忆。此稿较之以往同类教本有所进步，然此进步非我人之成绩，盖以有苏联教本为蓝本也。

夜间打电话至愈之家，拟与叙别。沈兹九接电话，言愈之今夕未能动身，缘印度大使馆尚未签准其护照。

三月廿二日（星期六）

今日总署部分大扫除，余室由凤祥及服务员为之。余因移往隔壁小室中，仍与语文组数人共同修改语文教本，一天工夫仅得四篇。

夜间开始改颜迺卿所为世界经济地理稿，系高中所用。据苏联课本改写，叙述苏联部分则采集他处材料为之。初稿颇繁富，据外间所提意见加以删削，安亭已略为改过，余复为修润。迄于十一时，共改十二页而已。

三月廿三日（星期日）

晨起即续改世界经济地理稿。午后二时，伯祥来商今后行止，坐两时许而止。余复改稿。

入夜，克寒来访。余前致书乔木，谓希望减少头绪，为一编辑人员。乔木以十二指肠溃疡入医院割治，近方休养。余书为陆定一所见，陆遂嘱克寒来问是否工作有困难。余亦无甚困难，唯自知力不胜任，遂存此想云尔。径告克寒此意，继谈署中事。克寒来署不久，据其观察确有领导不统一之病，因而力量相互抵消。今后当可捏拢来，领导少管事务而多握总纲领，必可有进。其言固是，但亦未必能确奏佳绩。

克寒去，余续改地理稿，十点过搁笔。今日共改三十余页耳。

三月廿四日（星期一）

上午仍与语文组诸君共读初中语文教材，仅两篇而已。下午三时，张萃中来访，于刘御重改小学语文稿，提出教育部之意见，尚须大加修改。而意见颇矛盾，生字要少，思想政治内容要充实，各种顾忌又甚多，如何凑合，大是难事。张又谓我社中学语文教本颇不佳。思想政治固须顾到，但既为语文本，各篇须是可诵之文，不宜取时间性极短者，总须在数年内可以运用乃为合适。此言甚合余意。余于选文不满意处甚多。径直言之，今日之语文本为报章杂志文字之选辑，与时事杂志无异。同社诸君乐趋此道，教师复唯此是尚，余亦不复置辩，然余固知语文本非此类也。张君提出选材宜宽，不宜以时事为限，凡入选者必须为佳作，余皆首肯。然此类文字不多靓，确为难事。

夜间续改世界自然地理稿，交来之五章看毕。

三月廿五日（星期二）

仍商量修改语文教材，至下午四点而止，不过四篇而已。对高中组诸君，余以字条告知，对初中组诸君，则当面言明，皆谓我社之语文本远于理想，不足有助于学生。必须众人共晓，知其所病，乃可渐求改进。

身体困疲，意兴阑珊，如此辛苦工作，益于人者究有多少乎？

三月廿六日（星期三）

晨晤愈之，渠谓印度方面尚无消息。印度和大系人民团体，我代表为来宾，亦由人民团体派遣，非出政府。印政府并不乐意其和大，故留难我代表前往。

九点后，韦老张萃中偕来，仍谈小学语文之编辑问题。第一册才四十课，小学生于此开始认字，而论者要求甚多，于此极有限之篇幅，设种种条件，希望无一遗漏，实为难能之事。谈至下午四时，始定仍以刘御稿本为据，酌加修改，以期早日成稿，可以及时供应。复谈中学语文本之编辑，各言其所感觉者，无甚结论。

唯今日之杂凑成本,决非办法,则为一致之意见。谈至六点始散。坐谈竟日,所得无多,余意殊不快,体亦疲甚。

三月廿七日(星期四)

昨日下午有人来告,谓今日须由余向总署与教育社同人作动员报告,要大家交代与资产阶级之关系。灿然交余一提纲甚简略,余今晨即草拟讲稿。所谓关系,无非社会关系、经济关系、工作关系三方面。交代而后,组织上与同志间同知共晓,即可以互相帮助敦勉,不复受资产阶级思想之玷污。愈之与克寒先后来谈,皆谈此同一题目,结果未及写成全稿。午后一点半,向大会作报告,讲一点钟而毕,不自满意。

夜间,改自然地理第五章稿,仅得三纸。墨以工会小组长开会,回来已十点。渠今日连开四会,竟未作日常工作,兴固尚好,疲劳实甚。

三月廿八日(星期五)

上午续改自然地理稿,得十数页。先以已改者交还褚亚平君,褚阅后即来共商,意颇认真。余于此等处,稍得乐趣。前数日参加初中语文编辑之梁君语余,谓连日共商改教材,于彼颇有益处,与仅凭稿端批改、字条达意者不同。余闻其言亦复欣然。

下午两点半,琢磨文叔复加修改之小学语文本。共谈者六人,余与文叔、仲仁、刘御、王漪及王老师(本京小学之优秀教师,由教部调来,为编辑方面顾问)。除斟酌内容外,余特别嘱王漪与王老师留意课文之语言,务期正确而有神,不违普通话之规律,以二王皆本地人也。一字之增删,一语之改易,遇有佳处,人各会心,亦复有味。迄于放工,仅读十数课,每课自一句话至三四句话而已。

三月廿九日(星期六)

上午改毕自然地理之第五章,又改颜酒卿续交来之外国经济地理稿。一点半后仍如昨日模样,六人共商改小学语文本,至六点而罢。褚亚平又交来自然地理第七章,灯下改之,至十一点而休。

三月三十日(星期日)

续改自然地理稿,十点毕。此稿至第七章为一册,算完了一项修改工作。

王泗原来，共谈语文教本之编辑，并及语文混乱。渠有一意甚卓，谓今时《人民日报》之势力极大，而其文字颇草草，混乱情形，每日可睹。苟能使《人民日报》端其趋向，凡其所刊载绝无疵病，则于文字语言方面可以移风易俗，其收效胜于努力撰语文教本矣。余因戏言，我人舍弃所业，共投《人民日报》如何。

三月卅一日（星期一）

上午续看经济地理稿，又与褚亚平商量自然地理稿之修改。午后，续读小学语文本稿，至于六点，全稿读毕。小学教师王女士之修订颇有见地，斟酌内容，改易语调，皆中窍要。我人勉强写北方语，往往有杜撰之说法，经渠说破，不觉失笑。因思文艺作者欲使语言灵活，妙达神趣，必须多方咨询。而一般作者每忽视此事，认为小节，所成作品殊难乎其为文艺矣。

夜间看芝九之世界史稿，迄于十点，看过二十余纸。

墨扁桃腺肿胀已多日，痛楚不甚而精神委顿，殆是积劳之故。渠不愿休息，六十老妇犹不服老，苟非新时代，恐不易觏也。

四月（全录）

四月一日（星期二）

续改芝九之世界史稿。十时，少数同人集会，商量本月上半月之各种会议。表列十五天，分上下午，几乎无日无会。余表示不克一一参加，若逐一参加，唯有舍弃教科书之审订工作耳。愈之重行谈其检讨报告之要点，将另起炉灶云，一方面检讨其领导总署之工作，一方面亦对下级起带头作用，为各单位补作反浪费反官僚主义之倡导。灿然、克寒、浩飞皆有意见为愈之提示，余则胸中并非成竹，无可言者。

下午续改外国经济地理稿。困倦殊甚，意兴亦不佳。王芝九与颜迺卿之稿可谓最粗之毛坯，皆信笔挥洒，后一节未必与前一节连贯，后一句未必与前一句呼应，同类意义，达之以随意变换之句式，同一事物，表之以彼此互异之词汇。余为之修润不能甚细，但求大体可诵而已。待印孔亟，只能草草问世。今后尚须厘定内容，重行编写。

墨今日在家休养,曾往徐大夫处求诊,谓确是扁桃腺炎。

四月二日(星期三)

晨续改地理稿。九时,署中党组开会,邀愈之与余参加,议程为各单位负责同志交代问题。交代者为吉少甫、邵公文、李士谷三人,同志各提意见,令彼等重行思索。前曾想,共产党之所以坚强,以有批评与自我批评;就每一党员言之,乃所谓蓬生麻中,不扶自直。今日之讨论又得一证明。

下午改完经济地理稿,续改外国史稿三章。至此,两种皆看毕,整理后即可付排。

墨到署注射潘尼西林,即回家休息。

四月三日(星期四)

九时,集各单位之节检会人员,讨论人民法庭开庭判处贪污分子事。克寒谓反贪污运动成功与否,视人民法庭之工作如何,其言甚确。必须严肃从事,凭确切可靠之材料,作权衡至当之决断,乃可使犯者得所戒,群众亦从而受教育。而各单位已交来之十余份起诉书,大多叙事不精确,行文不严密,颇违斯旨。因讨论起诉书应如何写,动笔之先尚须再行深入研究案情,乃可下笔有据。本定五日开第一次庭,今准备不及,只得后延。

下午,续与语文组诸君讨论初中一册之教材与提示。已收之教材尚有数篇,经细思后认为不适用;提出备选者数篇,一时亦不能决。最近期内必须付排,实为难事。

放工后至乔峰家。乔峰已于昨日归来。渠言美国飞机投下之物有蝇、蚊、蚯蚓、蟋蟀、蝗虫等,细菌即附于此类身上。据渠在东北调查,传染病已发现者有斑疹伤寒及急性大脑炎,患者不多,是否将蔓延尚不可知,故防疫实为至要。春耕之后,农作物是否将受影响,亦当在考虑之列。

四月四日(星期五)

芝九以其稿上半之誊清本交来,余为重看一过,复略加修改。又补看外国经济地理稿一章。下午,看补选之初中语文教材两篇。

到家,伯祥先在,因共小饮。酒次,渠发牢骚,谓开明创立二十余年,今将与青年出版社合并，不意残局之收结，责归于其身。在合并机构中任事既勉强，且心意上不安（以薪金特大，与他人不协调），最好别谋他事，嘱余设法。谈至九时而去。墨今日仍在家休养。

四月五日（星期六）

上午开编审部部务会议。重要议题为各组于下星期总结编写修改之经验，为今后改进工作之助。秋季供应之课本，除语文、历史尚未悉了以外，其他均已完毕，花一星期之时间总结一下，彼此交流，实大有裨益也。其他议题皆属事务性质，决定后由总编室执行者。

下午，张萃中来，谓教部于小学语文课本之三改稿大体同意。着手既迟，为时又促，不能求精，且印出供暂用再说。明年此时，当别有新本问世。于是关于此课本者，为作画问题。先由刘御、文叔写定要求于画之要点，于下星期邀请诸作画者一谈。作画者已由春台约妥，为美术学院之师生。全册图画，须于两周内完成，大是难题。画成时必多可议之处，势必一改再改，即屡改亦未必能满意。唯愿所虑非实耳。

夜间开始看方君所撰初中动物学教本，改十余页而止。

四月六日（星期日）

上午续改动物学十余页。今之初中学生先习植物学，次习动物学，次习生理卫生。迄于高中，则习达尔文主义基础。生物学课程成一整然之体系，大是胜处。然亦缘依据苏联教程，乃克臻此。

夜续看方君稿。墨今日往中医王恩普处求诊。王谓喉间血管肿胀，系内热所致，开一清泻剂。服后果觉舒适。

四月七日（星期一）

上午讨究小学语文本之排版方式，大费心思。此第一册各课均须附图，图与文字之安排必须相配合。字大，图之地位即无多。一课不能尽于一面，则须占两面。如是则页数增多，书之售价增高，加重学生家长之负担；且增加纸张之用量。此等事在写稿时皆未顾及，今将付排始加考虑。但计议半日，未能有所确定，由文叔逐课考虑后再说。

下午，与仲仁、计志中、霍德元三人共读小学算术课本，略加修改。此课本系俞子夷与霍德元所编。俞为有名之小学教育家，研究小学算术教学已数十年，近见苏联之小学算术教本，大为心折，来函要求新课本非由渠编不可。我社因派霍往杭州，助俞编写。今读此稿尚有疏略处，非再校读一遍不可，迄于六点始毕。此书亦多图画，排版非易，将托志中主之，而以二三同人为之辅。我人不仅编撰，且须顾及排版，身兼数役，亦复甚劳。夜间，续改方君动物学稿二十余页。

四月八日（星期二）

晨，仲仁来谈小学课本制图排版事。本月底为发稿之最后期限。秋季开学当在八月下旬，新书必须提前发到全国各地。而如西南各省，寄递之程既远，运输又多困难，五日内如不制成纸型，即不克及时供应。思之甚感困闷。续改方君动物学稿约二十页。

二时，开人民法庭预备庭。法庭布置于文化宫。被告不到场，仅各单位之公诉代表与少数积极分子到场。代表人按起诉书陈述，审判长与审判员随时提出询问，历三小时，仅提出公诉九起耳。余虽为副审判长，未提一问。退庭后共商，以后不复有预备庭，只须各单位提出完备之起诉书即可开正式庭。

灯下续改方君稿二十余纸，至此动物学上册全毕。全份一百三十余纸，余以三日看完，亦云不慢。

四月九日（星期三）

九时，在愈之室谈我署之编制。拟议今后改为一厅三局。厅为办公厅，三局为出版事业管理局、印刷事业管理局、发行事业管理局。全局二百五十人，外加勤杂人员。人数虽未减少，然业务增加，加入原新闻总署一部分之事，故可谓有所精简。至于各局如何分科，须俟明确分工，乃可决定。两年多来，组织已再变矣。但求切合实际，行之有效，不厌其屡变，此固今日之方针也。

下午写复信五通，积之已久，迄无暇刻，今日少闲乃清夙债，心头为之一爽。墨今日再往王医处求诊，王谓尚须清补，以资恢复。

四月十日（星期四）

今日无稿可看，无集会，亦少有人来谈话。略作杂事，看报章书籍，较觉松闲。

四月十一日（星期五）

上下午俱与语文组编初中课本几位共读补选之两篇教材。他们眼光较差，看文篇不辨好坏，用力虽勤，而大多归于浪费。余谓可以电影《带枪的人》及《向新中国前进》为喻，同人皆曾往观。前一片凡动作语言，皆有深味，一望而知是佳作；后一片则平庸之极，一言一动，不过告诉观众有那么一回事而已。优劣之判显然可见，文篇亦复如是。彼辈仍觉辨别殊无把握。余亦未能以言语开示，良感怅然。

四月十二日（星期六）

上午看王泗原所选工农中学语文课本第二册之教材。下午看周芬所编高中化学课本稿。此本取旧日教本杂凑而成，觉其叙述无序，语言不精密。此稿已由薰宇看过，即将付排。薰宇亦太马虎，如确仔细看过，余能看出者，薰宇必能看出也。即与灿然、同新共商，决定请同新细看一遍再说，如无甚出色处，自不必付排付印。

四月十三日（星期日）

于凤池来探墨之病，谈及校对科工作。今年校成签字之书，比去年同期为少。此非校对科不出活，盖由编辑组一改再改，至七校八校犹未能签字之故。

饭后，愈之来访，示余以其重拟之检讨报告稿。又语余上星期五在政务院之所闻。陈云报告经此次三反，财政经济方面得益甚多，继之而来者将为激烈之增产运动。中央方考虑对公教人员照顾两项，一为负责其医药费用，二为负责其子女教育费用。至于受教育者，大学生拟全部公费，中学则增加公费生之名额。此两点如能办到，确为一大改进。愈之又谈及今后署中之人事安排，拟以洛峰主办公厅，程浩飞、谢冰岩副之。以克寒兼主出版管理局，灿然、彬然副之。以卜明主印刷管理局。以伯昕主发行管理局，王益、储安平副之。此尚是初稿，以后或须更动。蠖生与祝志澄将他调。

四月十四日（星期一）

今日更变工作时间，晨以七时到，晚以六时散。

八点半,少数同人会于愈之室,作下午会议之准备。下午二时,举行扩大署务会议,各直属单位负责人均到。先讨论我署组织机构之更改,由洛峰报告。于一厅三局之布置,诸人均同意。次讨论本月下半月之工作,由克寒报告,结束反贪污,进行反浪费反官僚主义。领导于开始时检讨未彻底者,须行补课,由群众作民主鉴定。改定制度,端正思想作风。总之其事甚多,为时甚短,又须认真作去。末了讨论愈之之检讨报告,诸人提意见不少。

四月十五日(星期二)

九时,开审判委员会。人民法庭受理之案件,由审判员三人分别负责调查研究。开庭之时,某案由某审判员研究者,即由其人审讯,正副审判长可不出席。今日开第一次庭,以后间日或间两日开庭,本月内未必能将本系统内之案件审毕也。

十点半,与安亭、灿然商我社下半月之工作计划。编审部方在总结编辑工作,安亭主张可与反浪费反官僚主义相结合。俟各组作成总结,由我三人中之一人或二人综合为报告,顺便为自我检讨。至于经理部,则浪费与官僚主义大有可反,宜自上而下,发动群众为之。此外则为调整机构人事,改订制度,本月内只能择要为之,未可期其全部了结也。下午一点四十分,集各组组长共谈,即宣布此意,大家无异议。顺便谈发稿校对工作,余唯望大家努力以赴,使今秋课本仍能及时供应。

三时应邀参加党组之会。会中讨论洛峰之检讨报告稿。诸人于洛峰之思想作风均有所批评,皆较深刻,谓其稿未中要害。克寒请洛峰重行起草,务期比较深入,而后当众讲之,于己于人俱有助益。

四月十六日(星期三)

九时,全署及直属单位之科级以上干部咸集,会名"三反运动建设阶段动员大会"。愈之据其稿作讲,一面自我检讨,一面动员,请各单位领导同志均作自我检讨,作好反浪费反官僚主义之工作。渠之检讨中有不善于依靠共产党之领导一段,克寒因继之讲话,谓此是愈之之谦词,共产党员诚须深自检讨,协助行政领导,团结党外人士云云。

下午看仲仁所撰初中语文第一册关于语法之提示。此册之编辑至此始完成。

愈之之稿拟付印，嘱余重看一遍，余为校读，费时两点钟。

四月十七日（星期四）

九时为署务会议。先讨论洛峰据组织系统表所撰之组织条例，逐条斟酌，修改颇多。次由愈之提出厅局级之人事安排，大体与星期日所谈相同。唯谢冰岩为出版管理局副局长，与灿然、彬然并列而为三。印刷管理局正局长虚悬，卜明与沈静芷并列为副局长。将据此呈报政务院批准。

午后，秘书处写定组织条例，为之校阅一过。与仲仁、灿然谈编辑事。

四月十八日（星期五）

除作零星杂事外，仅改初中化学稿十三页，至夜十点过方止。此稿原由中学教师两人合编，觉其芜乱，由周芬修订，将付排矣，检视仍觉未妥，复请陈同新为之修改。余今改者，盖陈之改本。余不习化学，仅思其所叙，发见欠精密处则改之。余之改笔仍须请陈看过，固不能遽以为是也。

四月十九日（星期六）

九时，编审部与出版部十数负责人开联席会议，讨论如何多方努力，期今秋课本之供应不至后时。今年发稿情形不逮去年，去年四月间，绝大部分课本已制成纸型，而今日为四月十九，尚有十六种未经发出。今年新编稿多，固是一因。同人视去年为精审，一改再改，你看我看，教部复索观原稿，提出校订意见，又为延迟之主因。讨论后商得种种办法，是否可靠实亦难言，余唯有恳大家尽力耳。

改化学稿本，乃至夜十点，得二十余页。化学书叙种种实验之装置，颇啰唆，观之未易遽明，亦是难事。

四月二十日（星期日）

……十点半，改化学稿数页。

晚饭后，与至善共评小学语文本之图画稿样，共二十余幅，为美术学院诸学生所绘。彼辈亦颇用心，而不熟悉生活，基本训练不充分，几乎幅幅有可议处。然亦有佳者，人物神情绝妙。至善眼光颇敏锐，佐余提出许多意见。余一一书之,准备交回美院诸生,请彼辈据以修改。稿样为铅笔画,较易见好,俟用墨笔勾勒,恐尚须打折扣也。至于十点,二十余幅看毕。

四月廿一日(星期一)

续改化学稿。十点半,张萃中来,谈教部审读我社各种教本事。谓于薰宇所编各种数学书稿未能满意,尚须研究。亦杂谈其他课本。又谈编审部迁入教育部事,大约下月可以实现。

至下午三时,改毕化学稿之第四章,灿然主张托袁翰青审读一过,余以为然,即将四章先行送去。处理稿件认真,已渐成我社风气,余所心喜也。

墨喉际仍肿胀,午后往北京医院求诊,亦无非令服消炎药,用药水漱涤。

四月廿二日(星期二)

竟日改化学稿四章,计四十余纸。夜间未作甚事,疲甚,有颓然欲仆之感。

四月廿三日(星期三)

上午未作甚事,看《学习译丛》及报纸。午后二时,偕愈之、彬然至文委,参加祁建华之受奖典礼。祁建华者,西南军区某部之文化教员,创速成识字法。其法先为动员,令战士深明不识字之苦,以引起其决心。然后利用注音符号,教学员拼音识字。初认之时不求强记,唯令多多接触,时时见面。又从群众中总结经验,得出若干记字写字之方法。如是学习二三个月,可识字一千六百,可看通俗书报。此法在军队中推行,又在工农中试验,皆确有成效。故文委特颁奖状,谓祁为具有创造性之文化工作者。其法且将广为宣传,用电影幻灯,宣传小册,俾普及于全国。

返署,看陈同新交来之化学稿数页。到家,文叔交余美术学院用墨勾勒之画二十余幅,大多均依余之意见修改。虽笔致有稚嫩者,而趣不恶俗,较之以前课本为胜,颇出余之预料。良由美院学生之思想已有所改进,深明其事重要,故尽力为之。而工作皆出于集体,多商量,多批评,亦为见好之主因。于此等处,余深感可喜。

墨今日上午喉痛甚剧,请喉科大夫来家诊治,谓绝非严重症候,为注射潘尼西林一针,嘱明日再往其诊所注射。

四月廿四日（星期四）

上午仲仁来谈，隐示余与语文组少数同人相互不了解，彼辈以余为抱着纯技业观点，余以彼辈为徒知强调思想政治，而不悟内容与形式之必趋于一致。仲仁以为此种不了解由于接触时少，若经常接触，所思即可渐就接近。余谓余实所知不多，偶有所见，自知无术充分表达，即表达之亦恐不能服人，故怠于吐露。余希望大家广其识域，识域广即不致拘墟。然不敢遽以此为号召也。

续改化学稿，迄于下午三时，改毕两章。至此，化学上册之十章改毕，亦历一星期矣。

墨今日略愈，未作剧痛。续往徐大夫处注射潘尼西林。

四月廿五日（星期五）

愈之谓近又有往缅甸参加其和平大会之行，但能否得缅甸方面之签证，殊未可知。

与芝九重订其所编外国史两章。稿经教育部看过，又经社中检查科看过，皆有修改意见提出，我两人即据以斟酌改定。检查科属于总编室，仅朱光暄、隋树森、周光岐三人。

午后，与同人商谈发稿杂事。灿然来谈，以后须定每月工作计划，简要而可行，分工负责，庶几事有进展，人有专务。余然之。

四月廿六日（星期六）

晨间安亭、灿然、仲仁、刘御四人来会谈，安亭自述其向同人所作检讨之稿。又共谈下月份之工作要项。

九时，开审判委员会，为已审讯完毕之贪污分子十余人量刑，或判有期徒刑而缓刑，或判劳役改造，或判机关管制，或判免刑。审讯皆由三位审判员任之，听彼辈之陈述，均熟悉案情，甚可佩服。有人固尝谓经此次三反，法院中一部分有劣迹之审判员亦垮台，而人民法院之外行审判员经历练而有成绩者，正可以补其缺也。

下午，看外国经济地理之补足稿。原稿中印度与巴基斯坦合叙，外交部提意见谓宜分叙，故为重写。看两时而毕。

四月廿七日（星期日）

墨之病尚不见好。渠心情甚懊丧，余亦感不快。上午又至王恩溥处求诊，王仅谓须多休养调理。

芷芬来，谈杂事。文叔以美术学院学生续作之小学语文本图画稿样来商，随即逐幅加以批注。

四月廿八日（星期一）

晨间集社中各组组长为会，讨论如何交代社会关系及作民主鉴定。二者须于下月五日前作毕，又须以许多时间开会，不无妨碍书稿之编写。因决定手头有急要工作者可不参加开会。又略谈下月之工作要项。

十点至愈之室，谈我署科级人员之名单。今后署中分三级，局以下废处存科。此是精简之道，且可提高工作效率，各机关皆然。名单实不够健全，若干科并拟议之人亦不可得。仅有如是几着棋子，摆来摆去，总难摆得妥帖也。

下午两点开署务会议，即讨论上午所谈之名单。又谈署中五六两月之计划。既经改制，计划大部分须另起炉灶，亦殊为紧迫。

四月廿九日（星期二）

看初中历史稿四章，大体尚可，而殊粗疏。稿已油印分发各有关机关，如大家以为尚可，余乃为之修改。看办公室所草对贪污犯之判决书十八件，亦只能迁就认可。

墨今日发热，量之为三十七度五。或许近日均有热度而未之措意。渠拟入北京医院治疗，探之须过五一节乃可。

四月三十日（星期三）

晨看杂件。张萃中来，商数学各科及化学用书，拟以东北所译苏联课本代我社所编者。薰宇动笔之际，余与灿然皆以为渠参照苏联本，不知未尽然。化学课本之编撰则依据教部之课程标准草案，未知教部已不满其草案矣。

午后，愈之招往其室，与中华书局潘达人谈事。中华有印刷设备在香港，已迁回一部分，今日为考虑国内需要，告以尚可迁回一部分。中华整理股份，潘有请求公私合营之意。克寒告以此宜从缓，目前但能认真出版，私营固与公私合营无殊也。

五月（略去三天）

五月二日（星期五）

到署看杂件数事，继看俞子夷、霍德元共撰之小学算术教育法，略作修改。午间饮青梅酒一杯有余，忽身体不舒，气喘甚促。坐沙发上睡一时许。醒来较好，仍勉强看稿。

墨晨起又感喉痛较剧。下午至北京医院看内科，医生作检查后谓心肺俱佳。转往喉科，乃言其病为喉膜炎，并不严重，电疗五回或可以已。因即为之电疗。医生解释甚详，墨心绪转佳。

五月三日（星期六）

晨与安亭、仲仁谈，薰宇所编各种数学课本究竟优劣如何，其与苏联课本究竟同异如何，我人皆不详悉。教部中人谓之不适用，我人则不知其适用与否。此宜先为研究，乃克有下判断之依据。然数学组除薰宇外仅有三人，能否为此研究，实未可断言。

请袁翰青审阅之初中化学稿今日送回。袁言此稿与以前之化学课本比较，殊无出色处，不严密，不切实际，不结合爱国主义，皆其缺点。同人因谓此事可谓严重之教训，编写之前未有计划，盲目施工，盲目修改，结果前功尽弃。责任当由领导者负之，不能责备执笔之人。余为社长兼总编辑，尤当负责，必须检讨也。

九时，节检会开会，讨论本月三反运动之计划。本月须作思想建设、制度建设、组织建设三事。以思想建设为基础，重立制度与组织，至月底，三反运动始告结束。计划由克寒草拟。

下午，续看算术教学法两篇，即交还霍德元。尚有若干部分，渠尚在整理。

墨情绪又不佳，今日仍往医院电疗，而喉痛未见减轻。

五月四日（星期日）

仲仁来探墨之病。留之晚餐，共谈社事。墨仍不见佳，即咽流质亦作痛，因惮于饮食，而腹中又觉饥饿。此大是苦事。

五月五日(星期一)

与同人谈社事,续看小学算术教学法之各单元教学部分。虽仅为二十以内之加减法,而编制极有匠心,顾及从具体到抽象,顾及推理方法,顾及已得之知识与新知识之联系,苏联之研究确可钦佩也。

墨往北京医院电疗并注射潘尼西林,又往徐荫祥大夫处求诊。徐细加看察,谓其喉间右边有些高起,最好取出少量组织作切片检查。墨惮于受痛,谓且待他日再说。然闻此言,心头又多一层顾虑,余亦然。据墨自己之感觉,今日下午较昨日松爽。

五月六日(星期二)

晨与安亭、灿然、仲仁谈社事。一为各种书稿之应付排者,如何促其于月内完成。一为普遍交代社会关系,各组组长作鉴定,均须于二三日内结束。

墨来电话,谓想想总觉不安,拟再往诊视。于是由蠖生陪往,复至北京医院喉科。医生谓作痛而有间歇,生瘤之可能性不多;又言为观察之方便与仔细起见,不妨住院治疗。因由总署函政务院机关事务管理局接洽,俟手续办妥即可入院。

下午二时,我署请祁建华来向全体同人作报告,连讲四点半钟。渠讲识字何以能速成,谓一由于战士之迫切需要,二由于利用成人之优点,即已有政治与各方面之经验,所差者经验与语言不能结合文字耳。渠先教注音符号以便读音,同时即教文字,用战士常用之语汇为各字之解释,又利用形声字之构造以便记忆,故学员可以一日认数百字。认字之后,令学者相互检查,共同温理,其法有种种,皆切合战士之生活。目前军队中方培养大批速成识字教师,战士脱离文盲为期已甚近。推广至工农方面,其效亦佳。如是则全国文盲之扫除已有把握,盖一绝顶重要之大事件也。祁讲话中谈及其为人民服务之观点。唯其乃心革命,始克有所创造,此于我辈文化工作者大足深省也。

五月七日(星期三)

晨八点半,至干部学校讲语文课。校在城外半里许,屋系我署自建,除学舍外,尚有我署同人宿舍若干幢。干校学员七十余人,以任发行工作及行政工作者为多,编辑工作者仅数人而已。渠等来京已四个月,来即参加三反运动,上月中旬始上课,预计七月结业,恐所获无多。干校之需办,不成问题,谈之亦已两年。而着手办起来,即感欲其有效实非易事。今日余之所讲仍为老套,无非思想依靠语言云云。此后尚须讲三四次,拟谈语汇、语法、文章结构等事。

十一点半返署,知墨已由蠖生送往北京医院,住二等病房。有一事颇不惬余意。余托机关事务管理局介绍入院,而彼局批明费用均由局付。余嘱蠖生说明医药费用均拟自理,医院则谓既如是批明,自当照办。由公家付费为余所不愿,将来当向管理局说明之。若管理局不从余意,则此歉莫能释矣。

下午看新出之《翻译通报》。通报中多载批评、检讨文字,盖翻译界受三反影响之表现。有数篇指摘极端荒唐之译品,竟不成其为语言,观之生恨。

五月八日（星期四）

上午看一投稿,系翻译苏联之幼儿语言教学课程。循序渐进,由接触外界以立其概念,使概念与语言结合,使发展其思想,大有价值。所列方法与教材皆生动,教养员善用之,幼儿之幸福大矣。惜译笔颇差,修改后方可出版。

午后二时,至北京医院视墨。入院一日,渠自觉松适多多。医生言肿胀不消,当是年老过劳,体力一时不能恢复之故。在院休养旬日,排日电疗,即可就痊。

返署,审判员二人来谈人民法庭开庭事。谓明后日又将开庭,中有四人将由余主审。谈一时许而去。

五月九日（星期五）

晨与审判员诸君为会,讨论明日人民法庭开审问庭之准备。以前开过数庭,案情较简,被告较老实。明日之八起案件中,有两三件则不然,已令外面作证之人说话,而为之录音。据谓虽如是准备,有一二被告或尚须抵赖。

五月十日（星期六）

九时,人民法庭开庭,由愈之主审。被告四人,三人皆承认公诉书所称属实,自己确有罪。唯美术出版社工厂一干部,只承认一部分贪污,于盗窃厂中器材,虽放证人之录音,并由证人到场自白录音所称属实,尚拒不承认。至午后一时半退庭,皆候他日宣判。两点半继续开庭,由余主审,被告亦四人,三人皆无异词。末一人为我社经理部主管修建者,只承认其零星贪污,于其得自营造厂之贿赂两千八百万元则坚不承认,虽放该厂工程师证词之录音,说明屡次行贿之情形。此人狡猾殊甚,仍谓实未得款,只得停止审问,告以听候处理。五点半退庭。

审判之事,居然亦须尝试,自觉好笑。而兀坐七时有余,且依法庭规矩,不得喝茶抽烟,殊感疲惫。

五月十二日(星期一)

上午与灿然、仲仁谈社事。所定本月工作计划实际上皆须延缓,一切无由抓紧,亦为难事。后日将往中共中央俄文编译局作讲,虽仍属老套,亦须略有准备,写提纲两纸有余,尚未毕。

下午,芝九交来其外国史之订正稿。重看一过,又有若干处须修改。半日仅改一章,仍不惬意,当重写乃可顺适耳。

五月十三日(星期二)

晨间,安亭为编审部同人作讲,题谓"新道德问题"。略谓今日之道德有人民之基础,以广大人民之利益为准,注重集体,共求精进,与过去时代之道德迥不相同。末言批评与自我批评不特为进德之方,且为道德之重要构成部分。其言甚是,而阐发不畅,于日来社中进行思想建设学习,自有所助益。

续看芝九之稿凡五章,仍略为修改。午后,准备明日之讲稿。明日除俄文编译局而外,上午尚须至干部学校也。晓先辈又印出初中本国史稿数节,匆匆看过一遍。同人笔下均差,随便写下即算数。他日为之修改,尚须大费劲。

五月十四日(星期三)

八时后至干部学校。朱泽甫、王舒冰为余言,上星期余所讲者,多数学员不甚明晓。缘其中多数为发行人员,卖书而不恒看书,知识范围较狭,而余谈语言与思想之关系,为若辈平日未尝思虑者。余今日讲述,系据叔湘之书,谈运用语汇应注意之点,随时询问明了与否,则答称明了。讲至十一点二十分毕。

二时至俄文编译局,讲演以两点半开始。听者除其局工作人员外,尚有俄文学校学员及其他机关人员,共七百人左右。余以听众全系文字工作者,仍讲余之老套。盖以为语言既为思想所凭借,则思想之表达与传递,非求语言之正确明白不可。不能谓某人之思想固正确明白,而其语言文字则草率谬误。脱离语言文字,又何从判其思想之正确明白乎。今日之讲辞,提出数语为以前未尝说过者。谓"思想拿不出来,而语言为拿得出来之思想"。谓"语言是思想的定型"。谓"我人凭借外国语言之习惯,了解外国人之讲话或著作。凭此了解,以中国语言之习惯思维之,然后述之以笔舌。若此工作,即为翻译"。讲至五点四十分毕,系临时划断,若不顾时间,信口随谈,尚可讲下去也。

上下午作讲六时有余,颇感其劳,头脑中涔涔作胀,两腿亦觉其酸。但居然能支持,不露力竭声嘶之态,亦复可以自慰。

五月十五日(星期四)

十时,审判委员会集会,于上星期六审问之被告七人(我社经理部之一人不在内),为之量刑。我社编审部之二人一判免刑,一判机关管制一年。尚须俟文委核定,然后宣布。

午后写信与云彬,约渠重编高中本国近代史。现用之本系云彬旧著,不甚适宜,外间颇多意见。灿然乃造意,请云彬与蟫生分段合编,自鸦片战争至五四属云彬,五四以后属蟫生。若二人俱答应,于年底完稿,则明年暑假后即可应用。据闻云彬在杭州颇清闲,料必可答应。

五月十六日(星期五)

九时,开署务会议,讨论下半年之出版工作计划。今时日已去三分之一有余,为实事求是计,只得改为半年计划矣。

二时半,至医院视墨,喉间已不复作痛,进食自如,精神亦愉适。医生劝多养几日。谈半时许,仍返署,修润上午通过之工作计划草案。

五月十七日(星期六)

十时,与各组组长会谈,商如何结束本阶段思想检讨之讨论。决定于下周开全编审部之会两次,各组互相交流思想检讨之情形,期彼此有所启发。

午后二时,偕彬然至市政府晤吴辰伯,商量佩弦全集之出版问题。参加者尚有平伯、江清、均正、振铎、佩弦夫人。佩弦全集在开明排版,已成大半。而以今日看佩弦之作,有若干篇不合时宜,于读者无裨,因有重加考虑之必要。余前数日与辰伯谈及此事,共谓佩弦若在,自定其文,必将有若干篇须删弃。故我辈为出全集,一必对得起佩弦,不逊其在群众中之印象。二必对得起读者,使读者有所受益。今日辰伯说明此义,讨论许久,决定不出全集而出文集,数人分别重看其文,删去其不适者,所收者以具有进步性为准。余分得三种。月底诸人看完,再集会商量。

五月十九日(星期一)

上午看芝九重行修订之外国史稿五章,历三时有余。

下午,愈之来谈署中事,兼及如何配合祁建华之速成识字法,令出版社编写供应识字者阅读之书本。又及字典之排列方法。愈之谓势须分主音主形两道。主音自当依注音符号,但次序之排列可与西洋相同,如是则有种种便利。主形之排列,设计者至众,皆不甚方便,如何乃可,大须研究。

四点半,偕至美往北京医院迎墨回家。病痛已除,精神愉适,余为之大慰。

五月二十日(星期二)

上午至干部学校上第三次课,仍讲虚字。学员程度不齐,有提出极平常之语词为问者。唯一般均能理会余之所讲,且表示希望多讲几次,亦为可慰。

下午二时,编审部同人全体集会,听田世英、张克强二人自言其思想认识之转变。

七时,邀美术学院同学十人及刘继卣、鲁少飞二君为茶会,谢他们为小学语文课本作画,并望以后经常相助。余谈期望他们者三点,一为更多作基本训练,一为更求熟悉各方面生活,三为揣摩看画者之心理。大家谈话颇多,十时散。

五月廿一日(星期三)

上午与安亭、灿然、仲仁谈社中组织及制度事。迄于今,思想检讨已告一段落,至月底为止,须搞好组织建设及制度建设,于是三反运动结束。建设各项仍须经群众讨论,提出合理化建议。凡切实可行者,必采纳而实施之。其意甚善而暂不能行者,必说明其所以。今日讨论我社拟恢复编审经理两部,经理部主在作出版工作。其纸张之采购、保管、支配,已集中于总署印刷管理局之纸张管理处,因此可省大部分之事务。另设办公室性质之机构，掌全社之人事、文书、审计、总务等项。最难处者还在人事调配，有若干人无适当工作可为，又有若干人未安其位，皆须从长计议也。

午后二时，偕愈之出席文委之委务会议，议题为讨论科学院筹设东北分院之报告。会以五点散。

五月廿二日（星期四）

今日除看杂件外，看历史组新写成印发之初中本国史两章。此书尚未写完，而五月又将尽，殊感局促。

明日为毛主席作文艺座谈会讲话之十周年纪念日。文联发来通知将于明日举行座谈会，列中心要旨三点。一、如何加强文艺工作者之思想改造，批判并清除资产阶级之思想影响。二、如何克服文艺创作上公式化概念化之倾向，加强作品之思想性及艺术性。三、关于文学艺术的民族化和大众化问题。余未必往参加座谈会。于所提第二点，余以为此全在认识之深。感性理性之认识轮替提高，则佳作不求而自至，思想性与艺术性亦自然提高，二者固不相反而相成也。强欲创作而死啃理论，或往工厂农村参观，以期有所启发，皆未必有大效。

五月廿三日（星期五）

晨间历史组三位与安亭、灿然来余室，以初中本国历史请人家提意见，已有一部分提出意见寄来，其间颇有出入，须商量何去何从。谈未久，愈之邀余至其室，商量祝志澄之工作问题。祝为印刷界之老资格，革命队伍之老干部，实乏现代之知识与技术，管理新华印刷厂不得法，无力求创新之精神。今日邀其副厂长张容、王大任来，商谈祝之去留。张王二人力言愿与合作，各方相助，主仍令祝管厂。二人去，复与少数同人谈署中科级人员之名单，至十二点半散。下午二时开署务会议，通过此名单，任命新华印刷厂正副厂长。

前闻蠖生言，新华厂中有人发明在铅版上涂铁，可以增加印刷次数而不损字之轮廓。今日问张王二人，谓确有其事，"毛选"即用此法印刷，印五万次而换版，实则尚可多印。余谓此事宜宣传推广，亦可促进印刷界创新之风气。我署新机构有印刷管理局，尤宜注意此等事，当与其局之主持者卜明、沈静芷言之。

五月廿四日(星期六)

晨间略写提纲,准备向编审部同人作组织建设与制度建设之动员报告,经理部方面令少甫为之。报告会以九点半始,提出组织条例草案及组织系统表,制度方面则仅提出要点,不举具体方案。于下星期一二全日讨论此事,务望大家从全局出发,从现状出发,提出合理化建议,使工作得以改进。

午后二时,人民法庭又开庭,余继续审讯我社修建中之贪污者。审毕即退,余案由乔峰审之。

看愈之动员报告稿,总署将延至下星期一动员。

平伯来访。渠看佩弦著作数种已毕,略提意见。谈一时许而去,留赠一诗笺。

五月廿五日(星期日)

九时,访伯祥闲谈。渠近来情绪渐转好。五反已过,并作过思想鉴定,言此种种皆为有益之举,无可非议。于其今后之工作,谓愿就能胜任者为之,不存名位观念,待遇亦无妨降低。余因言开明与青年合并之后,宜于编辑部成立一检查机构,检查书稿,消灭错误。如史地材料与引文之检查,彼皆至堪担任。伯祥闻而大喜,嘱余提出此议,期其实现。

五月廿六日(星期一)

晨间灿然交来所拟社中自今日到下月五日之工作计划,旨在结束三反,改定组织与制度,确定下一季之工作计划。应办之事甚多,而时间至紧。

午后,陈之东、吴晓铃二君来,商谈《中国语文》由我社出版。此为科学院语言研究所及文字改革委员会合办之刊物,谈文字改革、语文法则、语文教育方面之问题,务期深入浅出,于一般人俱有助益。余与灿然答应接受。

建功来谈其本人之工作问题。教部已向北大表示,须调建功专任我社事,编辑辞典。北大亦并非不肯放,唯建功自己迄无表示,亦不好径允。余与灿然因促其明白表示愿为辞典尽力。建功虽应允,而殊不爽快。

五月廿七日(星期二)

九时开审判委员会。文委于我署所判之刑,有少数案件嫌其过轻,嘱须加重。依文委意见改定后,复就最近审讯之案量刑,斟酌损益,颇费权衡,十二时半始毕。

小睡醒来,看历史组交来之五胡十六国一段初稿。旋请晓先、李赓序来,共同试改此初中历史稿。所改为秦始皇统一天下一段,两点钟工夫仅改原稿两页,未免太慢,当设法期其加速。

云彬来信,答应承编高中本国近代史。其一半将由蟫生担任,蟫生有无时间尚不可知。渠将任事于联络部所办之学习班,地在城西新北京。彼处有翻译部门,至美亦将调往工作。

五月廿八日（星期三）

晨八时,集编审部全体同人为会,由安亭作报告,动员大家总结工作,偏重于编辑,旁及其他。渠主以编成之书为据,逆溯历次之修改变更,于是看出何者为长,何者为短。并宜检查其业务思想,一视学习苏联之努力如何,二视所受资产阶级影响如何,三视民族化中国化之表现如何。总结工作已屡次言之,迄未完成,此次期以三日完成之,为今后工作依据。

愈之来,邀方宗熙共谈,劝渠勿作赴山东大学之打算,以留居北京为宜。方在生物学方面造诣颇深,而国内治生物者颇少真切之专家。教部今后将谋改革课程,方留京可以相助策划也。

下午仍开审判委员会,就已判之诸案重为衡量,以昭郑重。定于星期六开宣判大会。

五月廿九日（星期四）

上午至干部学校上课,讲句的构造。下午与晓先、芝九、中行共改历史稿,四点钟仅改原稿五纸。据此进度计算,第一册须十个整天始可改毕。然大家都有好处,余亦乐为之。虽身体疲困,非所顾也。

文叔来谈,渠于社中工作颇有不快处,所见不免拘执,余亦无以慰之。

五月三十日（星期五）

上午续改历史稿。愈之来邀,谈我署五年计划之大略估计,盖财政部门将约计需要之款项,为制订五年计划之准备。五年计划殆将以明年为始矣。

午后仍改历史稿,迄于散班,不过数纸而已。

五月卅一日(星期六)

晨至北京戏院,我署借其处为宣判大会,各单位均以一部分人参加。由愈之读宣判书。凡二十一案,免刑者十人,机关管制者七人,服劳役者三人,徒刑者一人,其他俟他日宣布。余继之,分析各案判决之所以然,以惩治贪污条例为据,举例说明从轻、从重、减轻、加重之故。克寒继之,说明于受刑之人,旨在管而教;于免刑诸人,则须团结之,使知所勉。

午后续改历史稿,四点钟工夫仅得五纸。

六月(略去三天)

六月二日(星期一)

上下午俱改历史稿,得十余页。甚感疲惫。

六月三日(星期二)

我署布置公文展览会,秘书科同人邀余先往一观。此展览会于去年年底即已筹备,为时亦甚久矣。所陈列者皆为处理不当之公文,仅五六十件,而各有代表性。或足以见处理者粗枝大叶,不究实际;或足以见处理者因循敷衍,贻误良多。亦有一事而由数个单位处理,处理结果各不相同;或则公文在署内各单位周游,卒已失时效,不了了之,归档完事。凡此种种,俱见我署办公文不为解决实际问题,而在为有公文而办公文。此为官僚主义之尤,非力戒不可者。今为此展览会,无非提高大家之警惕,而欲件件切合实际,未必可以马上做到也。

下午续改历史稿,四点钟工夫,仅得七纸而已。

六月四日(星期三)

晨间看公文。出版管理局作一研究报告,分析上海一百余家私营出版家之情形,作出总结。余观之深觉有意思。我署成立将近三年,此工作为第一次做。据此为基础,乃有指导与管理可言。

八点半起,续改历史,至午刻毕东汉部分。下午改商朝一章,未毕。统计数日所改,仅得全册三分之一而已。毕此第一册,尚须十天工夫,颇有支持不下之感。然每日勉力为之，终必完工也。我社编教本以此册为最费功力。自制定大纲起，自己斟酌再三，又印发外间提意见。初稿打印之先，已几经改易，其间又经检查科之检查。各处意见交来后，又据以修订更改。迄于入余之手，稿已八九易矣。余改过誊清之后，尚拟由社内数人通读一遍，总希望不致有重大谬误。

六月五日（星期四）

晨看公文，又看文叔小学语文教学法稿。文叔于概念与词之关系讲得甚多，期教师深明思想与语言之关系，然后施教，用心甚可钦。惜其未能深入浅出，语句繁复冗长，有类译文，恐一般小学教师未必遽能体会也。

八时后续改历史稿。于氏族社会转成奴隶社会一段，稿仅五百字，研摩至两点半钟。良由此等道理，余等皆不甚明辨，意念不清，下语联句自困难矣。下午续为之，至武王灭商止，亦不甚顺利。

五点过，与安亭、灿然、仲仁共谈，为明日社务会议作准备。我社组织条例与数种重要制度，已由全体同人讨论，提出合理化建议，即据以修改，俟明日社务会议通过，即可实施。

六月六日（星期五）

九点，开社务会议。通过暂行组织条例。去秘书长，增副社长一人，共二人。仍分为三部，唯编审部改名为编辑部，外则出版部与经理部。编辑部下各组改名为编辑室，俾名副其实。总编室改名技术编辑室。又通过会议规则、请假办法、奖惩办法，皆制度方面之重要者。又通过下半年之编辑选题计划。

小睡起来，即往干部学校。天气大热，出汗不已，讲两点多钟，早退。

六月七日（星期六）

晨自七点起即改历史稿。上午改毕西周部分，为芝九所起之草。下午改春秋战国部分，为李赓序所起之草。今日有数处改得颇为得意，原稿好，略为改动便见出色，诸人相对欣然。

六月八日（星期日）

因雨不克外出，看佩弦遗文。念出版故人之集子，宜分别言之。如为纪念性质，则宜求其全，一鳞一爪，皆搜罗无遗。如为流通以益人之意义，则宜慎为抉择,虽不能以今日之标准为标准,至少亦须以今日观之尚有进步性,于读者多少有用处。自后一点观之,则颇有可删者矣。

六月九日(星期一)

晨以七点起即改历史稿,迄于下午五点,改毕东周一段。今日尚顺利,改原稿至十七纸,凡七千言。

继之,与刘御、文叔、仲仁商量小学语文参考书之编撰。已由文叔、刘御写成三篇,只待斟酌的修改。未写成者,今日定其纲要。希望能于暑期中印出,俾小学老师先事研摩,及开学教新书,可有恃而无恐。

六月十日(星期二)

八点开始改历史稿,迄于下午放工,改原稿十纸,已至南北朝。尚有两节,原稿仅五纸,第一册即可完毕。连日伏案,署中会议皆不参加,报纸及来信亦未暇细看。最好日夜作事,节省休息时间,而体力所不许,亦莫可奈何也。

六月十一日(星期三)

晨八时至干部学校。取前年各民主党派对时局宣言为例,说明文章之脉络,节与节如何承贯,句与句如何连接。讲三小时而毕,似听者颇能领会。

下午续改历史稿本,连续四小时,尚余稿纸两张未毕。

六月十二日(星期四)

我社编辑部定于后日迁入教育部。各部分皆整理书物,装入木箱。同人皆自己动手,余则由凤祥为之。念日后东西奔跑,虽乘汽车,实感惫累。余之脾气不好动,感情上殊不愉适。

九时开署务会议。各厅局报告工作近况。洛峰报告各直属单位调整组织机构事。次讨论重建保密委员会,新建计划小组,研究我署五年计划之大要。

两点半,续改历史稿,历二小时许而毕。此后尚须全册统看,整理名词用语,大约须二十日前后始可付排,已嫌其迟矣。

六月十三日(星期五)

九时集编辑部全体同人为会,鼓励大家把搬家工作做好,要爱护公共财产,勿使有所损失。易一生活环境,未免有不方便不习惯处,可从长计议,勿随意表示不满。与教部中人要注重团结,融洽如一家人。韦老与张萃中特来参加,各致辞表欢迎之意。

会散,看本年出版工作计划大纲草案之修正稿,为修正其文字。

午后,安亭仲仁来谈,我社下半年之工作计划略加修改,将交与总署。

李宝光邀往重观公文展览会。此会将于下星期开幕,历时一星期,任我署系统中各单位参观。

六月十四日(星期六)

为公文展览会开幕,李宝光嘱余题语,因写五六百言付之。

余未往教育部,俟办公室布置妥当后再去。在总署之办公室亦须搬动,迁至楼下靠西之一间。皆凤祥与总务科同人动手,余未参加。

六月十五日(星期日)

看文叔重写之小学语文教学法之一篇,凡一万五千言。彼力求浅显,尚有未合小学老师程度处。因即告之。

六月十六日(星期一)

晨间重看文叔昨交来之一文。九时在愈之室会谈,共商余暂以每日上午到总署,每日下午赴教部治社事。东西奔跑,虽不劳我步,而亦感其不安定。

云彬来信,寄来所拟高中近代史提纲,即作书复之。

午睡醒来,偕灿然同往教部。我社办公室尚整齐,余之一室窗朝西,书桌即在窗下,布满阳光。凡朝西之各间均须立谋遮阳,否则无法坐下工作。

灿然复看初中历史改正稿,又提出修改意见,今日交来开头之两章,即与晓先芝九同为改定。

往观单身人之宿舍,屋为新建,虽面积不大,颇见安适,胜于往日。旋即归,汽车开行须廿五分钟。

六月十七日(星期二)

晨间陶大镛作报告,述其在广西参加土改之经验与体会,较为精细而不觉其啰唆,历三点半钟,听之甚有味。

下午至教育社,看文叔所撰说明小学语文本练习课之用意一文,略提出意见。

六月十八日（星期三）

到署看文件数种，看灿然复看之初中历史稿。午后到社中，与晓先重行研摩，皆就有人提出修正意见之处着力，其他即亦不顾。

四时，钱俊瑞来谈。谓我社编辑部迁入部中，今后将逐渐扩展，凡属教科用书，无论何种程度，何种学校所用，皆由我社出版。部中之编审委员会则致力于教学计划、教学大纲之制订。社与会密切配合，随编随审，名义上则以审定之责属之于会。又谓部中之意，今后大学理工方面之书拟径译苏联之本，说明为试用本；未免不切合我国实际，则于试用之际大家提出意见，共同修改，但求积数年而后有适用之本。中学理科方面似亦可同样办理。渠不甚信编译，谓编译者无多把握，于增删之间，或增其所不必增，损其所不宜损，即破坏学科之系统性，损及苏联课本之精神。其言皆有见，当与我社诸君共考虑之。

七点半，教部开联欢晚会，欢迎我编辑部全体同人。钱致欢迎辞。余精神不好，答辞颇草率。继之有歌唱及电影，余疲甚，先退。

六月十九日（星期四）

看文件数种。午后，墨来署，偕同乔峰、伯昕共往联合诊所保健部检查体格。本年新定办法，各机关首长身体较差者、年龄较大者，可往休养处所休养数星期，我署以余夫妇与乔峰、克寒、伯昕五人报，例须先作体格检查。经两小时而毕，余与墨身体均正常。早归，五点一刻到家。

六月二十日（星期五）

到干部学校，讲标点符号用法三小时。来此凡七次，今日为末一次。余告诸君，无所准备，信口而谈，恐无多助。唯期引起诸君之注意，以后随时自为修研，必可有进云云。

午睡起，驰往社中，与安亭仲仁谈社事。与晓先重为研摩历史，又历两时有余。

六月廿一日（星期六）

看文件数件。至愈之室，与愈之、克寒会谈。署中事由克寒抓紧，颇见精神，劲头逾于从前。

午后偕灿然到社中，与安亭共谈社事。迁徙才一周，同人于生活起居颇有不满。辛安亭处理果断，又切中情理，渐就安定。若令余处之，将不胜其烦矣。

又与晓先研摩历史稿，至魏晋南北朝止。上星期改毕此稿，本周重读，至此又是一遍。

夜间写意见两纸，预备明日送往民盟市支部之语文教学座谈会。余惮往出席，聊书意见，亦酬雅意。其讨论题为二：一为大学国文选材以何为标准，二为大学如何进行语法教学。写罢已十一时。

六月廿三日（星期一）

晨与愈之、乔峰、克寒会谈，以后每星期一均作会谈，为常例。大致为听各局之汇报，如有事可商，不妨为时较长。

午后三点至社中，与安亭仲仁谈事，看语文组重定高中语文第二册文篇，毕五六篇而已。

六月廿四日（星期二）

看署中发布之文件，细为修改。午后到社，续看语文教材，毕，明日拟共同讨论。

六月廿五日（星期三）

《人民画报》社来书询一句文句之通不通，答之。此等事经常遇见，亦见一般人于语言文字之疏略，实则就常识判断，即可知其然否也。

下午两点半到社。修改安亭所修订之编辑工作总结一稿。此稿系安亭草拟，经数人看过提意见，渠又重加修订。其中提及领导工作，谓我辈总编辑副总编辑者不能于事先掌握原则，决定方针、规划、办法，唯于编辑中途或成稿之后为商量、检校、修订工作，此是部分的而非全面的。商量、检校、修订之事亦甚劳，且于工作亦至有助，然唯此之务，则不免于辛辛苦苦之官僚主义矣。此言甚得要，我社领导方面之病诚在是。唯余实不能为全面之领导，思与诸君分工，余仍偏重于商量、检校、修订之方面，虽属辛辛苦苦，亦所不辞。此意尝与灿然、仲仁言之，他们以为然。

四点半,与仲仁、李光家、蔡超尘、杜草甬谈高中语文第二册之改编,剔去数篇,易以较适宜者。谈未毕,留待明日再商。

六月廿六日(星期四)

晨,丁玲来访。其所主持中央文学研究所将设我国古代文学之课,由诸友分题讲授,派余"古文"一题,云是振铎所定。余亦不知如何选材立说,当与振铎商之。与丁玲杂谈近来对文艺之感想,历一时许,尚畅适。

下午到社,仍与晓先商定历史稿本之修改,尚未毕。柳湜来谈重行校正凯洛夫之《教育学》译本,供大学用。建功家霖来谈辞书组拟就教部所定一千五百常用字,拼成词汇,供初识字者之用(此是叔湘创议)。留社中四点钟,迄未空闲。

夜间,高祖文来访,云是政务院托其分任联系各部门负责人,询其工作与生活安否。余答以我之情况最简单平常而已。

六月廿七日(星期五)

上午开署务会议,讨论办公厅与各局下半年之工作计划,历四小时,尚有发行局之计划未及讨论。

下午至社中,续与晓先斟酌历史定稿,至此算是毕事,将付排矣。与安亭仲仁谈明日开全社同人之会,由余与安亭报告有关组织建设、制度建设、工作总结等事。

六月廿八日(星期六)

余以九时到社,与安亭、仲仁、史晓风(近任社长室秘书)商量今日下午开全体大会事。下午两点半开会,余说明我社之组织机构、人员编制、重要制度,皆经同人反复讨论而由余等商定者。安亭继之,讲八个月来编辑工作之总结,即前数日大家看过之稿。讲毕已六点半。墨今日下午到社听报告。渠一病休假已三个月,下星期起将照常工作矣。

六月三十日(星期一)

晨七时,总署共产党支部开大会,邀往参加。听程浩飞报告三反运动之初步总结。九时,听署中厅局汇报,虽云简约,亦费时两点有余。继之,开审判委员会。尚余三案未经审讯,皆较麻烦。下午我人又皆不暇,因决定缓日审理。

午后至社中，即开编辑部部务会议。讨论三事：一、汇报上周工作，确定本周工作。二、汇报各单位研讨薪金及其他制度之情况。三、重行研究下半年之工作计划，如须更动，及早提出。一谈即四小时，会毕已逾放工时间。

竟日开会，共九点有余。

七月（略去二天）

七月一日（星期二）

八时半开署务会议。继上星期五未竟之会，讨论发行管理局下半年之工作计划。谢冰岩报告出版管理局所拟各国家出版社之领导关系方案。又讨论重组学委会，组织条例中规定署长二人为委员，以余与克寒充之。余实不适于为此，幸有克寒可赖。又议于署中设编译委员会，组织编译力量，俾与出版力量配合。

午睡醒来已两点半，不复往社中。四点，总署及人民出版社之党支部开大会，庆祝中共建党三十一周年纪念。王子野作报告，一部分言三反运动之成绩，一部分言今后将从事国家建设，各种建设皆有赖于出版工作，又一部分言如何学习马克思列宁主义与毛泽东思想。六点半散。墨在教育部亦参加纪念会，听钱俊瑞之报告。

七月二日（星期三）

上午看公文。王剑三来访，甚见苍老。此次来京，缘听周总理在全国委员会作普遍学习共同纲领之报告（余未往），今晚即回济南。渠任文教厅事，事务亦至繁，下笔写作，亦谓甚为困难，大约与余相同，恐不复有所写作矣。午后至社中治种种杂事。

六时，至萃华楼，应文学研究所之邀，讨论所中开中国文学课之事。此事由振铎主持，渠讲文学史概要为纲，诸友分讲作家作品以配合之。为时仅四个月，学员又多未尝接触旧文者，只能概略言之，未能详也。谈毕聚餐，九点散。

七月三日（星期四）

晨间改社中所定编校书稿程序及通联工作办法。此编校顺序相当严格，负责审订者众，随时检查，反复走群众路线，请各方提意见，若能完全照办，书稿自可不致马虎。

十时开审判委员会，为最后审讯之三案定刑。至此，贪污案件审毕，人民法院之工作即可结束。

午睡起来至社中，安亭仲仁来谈同人租房事。此事麻烦颇多，余唯听之，不能有所主张也。又邀薰宇谈其所编各种数学课本事。缘外间颇有批评，近渠自书检讨，承认下笔草率，而草率之故，在急于供用，且以为临时课本，无须认真。共谈之下，决以社的名义分别答复批判者，并争取刊于报端。

七月四日（星期五）

上午看杂件。下午到社治杂事。看中华书局所译苏联中学之外国史教本。我社编高中外国史，即以此书之原著为蓝本。大体只需删繁就简，去其与我国关系较少之章节即可。

七月五日（星期六）

上午看杂件，下午到社治杂事。与刘御谈小学语文本之编辑一时许。渠言今日各地小学之教法颇有改进，我社同人宜出外参观，视实际教学情形，以为编辑之根据。

七月七日（星期一）

九时举行署务汇报。厅局皆叙其上周之工作，并及本周之工作计划。原定于下月开计划会议，为规定明年出版计划之准备。今决定谓与其召集各地人员来京开会，不如由署中派人到各大行政区分别开会，兼可了解各地之情况。回来之后，汇集资料，于十月间开第二届出版行政会议，即于会中制定计划。出去者三人，卜明至东北，王益至华中，谢冰岩至华东，于本星期五出发。

午后又是大雷雨，俟雨止，驱车到社，治杂事，看信，写信，商量零星事务，亦复碌碌。

七月八日（星期二）

晨即至社中，缘教部开工作会议，专讨论我社之工作。会以九点始，钱、韦、曾三位副部长咸莅，外则教部同人二十余人，我社同人十余人。余依据安亭所为之总结，谈我社之编辑情况。安亭谈编辑人员情况，总之人数不多，质量亦弱。

我社同人亦各有发言。张萃中谈编辑方针,宜以大力注重于新编,文史地采苏联之精神,自然科则径自迳译苏联之本。韦老杂谈颇多,无要义。钱君结论,强调学习苏联。添补人员,部中以大力相助。十二点四十分散。

午睡起来,开社务会议。谈事颇多,一谈至七点,不详记。

七月九日(星期三)

晨看文件及新到期刊。十时,开第一次学委会。商定自八月初至年底,学习"毛选"第一卷。甲组先读《实践论》《矛盾论》两篇,余则按次读各篇。乙组以乔木之《中国共产党的三十年》为纲,选读半数文篇。水平较低者入业余学校学文化。余谓业余学校不能如普通学校,进度宜求其快,欲收实效,宜吸收外面经验,在教法上渐求改进云云。

下午到社,即有研因、萃中、安亭、文叔、刘御诸位来谈小学语文参考书之几篇文章,系文叔刘御所写。萃中述教部之意谓未能满意,钱部长主郑重出之,虽云参考书,拿出去人家即奉为圭臬。安亭仲仁研因皆主张付印,谓多少于小学教师有助,欲求尽善尽美,一时势难办到。最后决定再修改一次,然后决定出版与否。余颇能体会萃中之言,盖朱刘二位皆未免教条。朱谈语文教学应注意之点,采取苏联之书者甚多,未能尽融化,且不顾及今日小学教师之接受能力,故教师读之,未必能知如何为教。刘谈第一册之思想政治内容,未能阐明语文课究为语文课,如何于语文课中贯彻思想政治教学。其文似谓语文课中另有一套思想政治应当发挥,此亦今日一般教师之通病也。余未以此意说出,实余之病。余知朱刘二位今日俱有不快之感矣。谈毕,复与安亭萃中谈调干部。萃中为之计算,指名或不指名,共二十余人。

七月十日(星期四)

上午看公文,看辞书编辑室重新改定之字典稿十二页。此是三反运动开始后经组内同人重定体例而后改定者,看来亦无多长处,不甚解决读者之问题。建功因受同人批评谓其不走群众路线,今乃一变其道,众以为应如何即如何。余则谓博采众意固重要,亦必须有领导乃可。否则大家杂凑,成稿固易,而拿不出去,亦复徒劳。我社经教部与北大商量,请建功专任此间事。两年以来殊无成绩,外间需要字典甚急,迄无以应之。

下午到社,看杂件治杂事,绝无闲刻。建功来谈,约略告以余之意见,建功答语不得要领。明后日再细商。墨一天工作,回家亦复颓然。

七月十一日(星期五)

晨间建功来谈辞书编辑室事,邀灿然共谈。灿然谓观今次印发之一部分字典稿,仍嫌对象不明确,究竟供何等人翻阅,解决何等人之疑难,殊无所主。体例亦未明定,何取何舍,孰详孰略,皆以意为之,殊无准绳。渠意先就印发之稿修订若干条,共同商定,作为标准,供随后修改定稿之参考。灿然之意固不错,但编辑室十数人,能执笔者实极少,建功与家霖皆不动手,唯事审订,欲求成稿之完善,实甚难。

十一时,愈之邀余会谈,缘卜明、王益、冰岩三人即将分别率队出发,听冰岩报告其所拟出外工作之注意事项。

睡起到社,建功家霖来谈字典事,琐琐不集中,同于闲谈。继而仲仁超尘来谈语文课本之编辑,亦复泛滥枝蔓,各抒所感。余手头堆积杂事稍多,而诸君不要不紧,实感头痛。王泗原亦来谈半时许。应看应批之文件俱未了。"辛辛苦苦的官僚主义"亦未易也。

七月十二日(星期六)

上午与方宗熙谈报载小麦密栽已获佳绩事。方云密栽则杂草无从生长,亦为丰收之一因,而于各棵小麦之发育无妨。种内无竞争,此米邱林学说之一要义也。

下午到社,看超尘交来补选之高中语文教材五篇。

七月十四日(星期一)

八时,出版总署系统共产党支部开代表大会。此为第一次,将就三反运动成果之基础,为整党作准备。所谓整党,将令党员学习共产党员八个条件,期其更进一步,为真正之工人阶级先锋队。每党员四人选一代表,共六十余名,凤祥亦被选为代表。余与愈之乔峰被邀为来宾,因往入座。先由周天行报告党支部过去之工作,及三反后党员之思想情况。次由黄洛峰报告三反运动之总结,颇为周到完密。两人报告,均将俟代表大会讨论之。

下午到社,看灿然所作我社三反总结稿,明日将据以报告于众。报告本应由灿然作,而渠推让,只得由余讲之。至放工时,全篇尚未看毕。

七月十五日(星期二)

晨续改三反总结稿,改毕,仍交灿然看之。总结有一定程式,先言成绩,次言缺点,次言所得之经验教训,末言今后应如何改进。此不能谓之公式化,盖作事之情形本来如是。既认真办一事搞一工作,或多或少,必然有成绩。但十分美满完全无缺者亦绝少,或多或少,必然有缺点。忽视成绩,不足以劝勉,忽视缺点,不足以警戒,是故成绩与缺点非并举不可。而所以致此成绩与缺点必有其因,分析而认识之,皆为今后之镜,此即所谓经验教训。据此经验教训,定出具体作法,则以后所作所为,至少推进一步。总结为推进工作之要途,其故在此。然分析综合,抉择判断,其为当与否,固存乎其人。未可谓凡名总结,俱有意义也。

午后到社,与安亭晓风谈事,看高中语文材料一篇。四点半,集全社同人为会,余据稿作报告,历一点半而毕。又表扬三反运动中工作积极者十一人。此十一人皆经各单位讨论提出,又经行政方面核定者。墨在其内,优点为工作积极,勤于劳动,能关心群众生活云。

少甫、芷芬、柳永生(新调来经理部副主任)来谈教科书出版会议筹备情形。又谈估计今年农民课本之需要量将过于小学课本。所以如此,一因全国土改大体完成,二因祁建华速成识字法之大力推行。七点散。余惫甚,只觉颓然欲仆。

七月十六日(星期三)

上午看小字典两种,跳页抽看,不过各十余字而已,摘记其未妥处,供出版管理局诸君参考。迩来学文化之风甚盛,农民经土改之后,要求认字,祁建华速成识字法推行,工厂与部队纷纷传习。识字之后,自需看书,看书乃要求字典。部队中尤为急切,东北军中谓但能指出某种小字典较为切用,彼处即需二十万册。出版管理局遂谋挑选较好者二三种,作内部之介绍,俾出版行政管理机关、业余教育机关、发行业机构知之,以便掌握。已选出三种,介绍简文亦已写就。然余观此两册,毛病颇多,或不能予读者明显之概念,或语焉不详,虽不云错,亦未全对,或用语艰深,不易使读者领会。总之,初学者得之,固以为得所依傍,实则未能解决问题,或仅在解决与不解决之间。市上小字典当在百种以上,大家抄来抄去,猜想皆此类耳。出版家喜出小字典,视为商品,未能多为读者着想。我社有鉴于此,故成立辞书社,而编辑将两年,迄未完稿,思之实为焦心。

午后到社,细看高中语文材料一篇有半,摘记其未妥处,备同人修改时参考。

张萃中来言,教部之意,于刘御所写小学语文本第一册思想内容一文,文叔所写同书之语文教学要旨一文,不拟编入教学参考书。缘二文将思想与语文拆开来讲,恐于小学教师影响不好。又,刘御之文牵扯较远。脱离语文而谈思想内容,正是今日语文教学之弊病,我人不应复为此推波助澜之举。余亦以为然。唯刘朱二君精心起草,费力颇多,今竟不用,恐难免不快矣。

七月十七日(星期四)

晨间彬然来谈小字典事,又谈佩弦文集出版事。佩弦夫人甚盼其早出,致书吴晗;开明方面则有若干顾虑。余谓且于近日会商一次再说。

看出版管理局送来之《出版通讯》第五期原稿,为之修润。此系出版系统之内部小刊物,带有指导性,同人均重视之,集材编稿,兴致颇好。余期其无大疵病,答应每期细看一过,篇幅不多,尚属省事。

下午到社,与筹备教科书出版会议之诸君为会,商定会议须要讨论的重要事项。此会议去年开过一次,今为第二次,集文教机关、出版行政机关、出版社、发行机构之人员于一堂,就教科书供应之诸问题详细讨论,目的在作好此工作,使求书者得书,其书又价廉而质美。主要问题在于资金与纸张。资金由我社通过总署向银行商定贷款总数,分区借贷。纸张由我社总筹。目前又一大问题为农民识字课本之供应。据教部较低之估计,今年须印造农民识字课本两亿三千余万册。若以各大行政区、各省市之估计相加,则需四亿册。此数超过小学课本甚多,纸张及印刷能力皆不足以副之,期于此次会议中能得到解决办法。此外,书价谋减低,书本之规格谋明白规定,亦皆为讨论之要项。

七月十八日（星期五）

中央文学研究所派定余讲"古文"一目，将于下月举行，前日来催问应为学员预备何种材料。余于此殊未涉想及之。振铎既为此课程之领导，譬诸教务长，余宜先与一商。因作一书，略书所思，请渠订正。余拟视"古文"为古代散文体之书面语言，为知识分子所共习，种种文章皆用之，而描写人物以《史记》为杰出。次述骈文为人工语言，适于玩艺而不切实用，但与时代风尚相应。韩愈之"古文"运动实为回复到散文体之书面语言，其所谓"气"，实即为语气之顺适自然，不若人工语言之全违实际语言。俟振铎复书来，再行深加考虑。

下午到社，看文件种种，改译稿之序文一篇。陈侠来谈苏联心理学教本之编译。仲仁来谈渠领导语文编辑室，拟若何徐谋改进。

七月十九日（星期六）

九时开署务会议，专谈评级评薪。此办法亦殊见表现民主集中之精神。我署评委会以余为主持人，须于下星期内将此事作毕。愈之今日下午先为动员，希全体同人认真此事。

下午到社，三点，社中工会开全体大会，选举第三届基委。第二届基委工作不甚好，杨定远作报告，说不出多少。余讲话，述工会之要，在推进生产。今经三反，大家认识提高，工作将会发生较多作用云。讲毕返室，看杂件，并看完前日未毕之语文教材一篇。

七月二十日（星期日）

八时，偕墨驱车至清华访叔湘。缘教部与清华商调叔湘来我社，尚未得确切回音，以为叔湘有所顾虑，故托余说之。坐定即谈此事。叔湘谓个人毫无成见，但视工作需要，悉听调遣。唯大学方调整院系，清华之文科并入北大，尚未及商定人员之安排与去留。又谓就语法工作而言，语言研究所拉渠，盖草定语法之体系，作为供众讨论之草稿。我社则期渠领导语法教材之编制。就先后次第言，必研究有所成绩，乃可用之于教科书。若据一家之言，未能遵共循之轨，殊非所宜。其言皆有理，余不便硬劝，只得据以告教部再说。

佩弦夫人来，谓佩弦文集总望其早日出版，嘱余帮忙。江清来，亦谈此事。

余答以最近期间再当一谈。王瑶来,杂谈种种。叔湘留饭。闲谈平日杂忆,甚畅,至三时辞出。大雨方过,车路无尘,新凉袭体,殊为快适。

七月廿一日(星期一)

余到署,芷芬即来商量渠与少甫为余准备之教科书出版会议开幕辞。谈一小时有余。

九时,评级评薪委员会开会,商定全署人员名单,或仍其旧,或予提升,将发与群众讨论。某人之薪工宜列何级,亦由群众评之。然后汇交委员会审议,加以厘订,送首长批准。群众评议以明日始,至星期四为止。

十一时,与愈之谈农民课本供应问题。愈之谓,少甫芷芬等将工农扫盲课本与中小学教本视同一事,担心于资金之统一商借,纸张之统一筹措,印刷力之统一调配,皆难乎其难,此实认识未清。中小学教本由我社统一供应,行之二年,已上轨道。扫盲为群众运动,今各地情绪极高,皆欲从早一扫而空。课本之供应为一全新之事,与中小学教本不同,统一为之殊不易办,宜由各地领导扫盲运动之机构掌握之。彼辈不习于出版,则出版社与书店可为之服务,受其委托而作印造与发行之工作。如此广大之运动殆须采取革命办法,因地制宜,不拘一格。各地有何种纸即用何种纸,有何种印刷设备即用何种印刷方法,不求书本规格之划一,定价亦不须如教本之全国统一。某地农民生活较好,书价不妨照本;某地农民生活尚差,则当抑价出售,其亏损由政府补贴。愈之之意甚善,解去余之忧虑,此事确不应由我社独担。如何作全盘考虑,固是扫盲运动领导方面之事也。

午睡醒来,于雨中驱车到社。两点三刻,第二届教科书出版会议开幕,会场假教部之和乐堂。除与会者五六十人外,我社同人大部分到场。余致开幕辞一点钟有余,韦老讲话约半小时,愈之讲话最长,亦最详尽。三人之言皆作记录,供与会者讨论。

七月廿二日(星期二)

振铎复书至,于余之意见有所补充,但语焉不详,尚待揣摩。少甫送来余昨日讲话之记录稿,匆匆为之修改,不能工也。

午后到社,看语文教材两篇,治杂事。张萃中来谈,仍言必欲致叔湘。又谓近期内教部将约集教师与专家,就中小学之语文教学大纲交换意见而制定之。于中学历史亦复如是。彼拉余参加语文方面之工作,余实惮之。

到辞书编辑室,与家霖、克强、子勤三人谈字典事,历一时许。归途遇大雨。

七月廿三日（星期三）

上午看《出版通讯》第六期原稿全份,两小时而毕。此通讯于出版之政策方针颇多阐明,篇幅虽小,解决问题。同人皆重视之,编辑审阅,不厌其周详也。

午后到社治杂事。自语文编辑室借经子数种,准备选些材料,在文学研究所作讲。

七月廿四日（星期四）

看小册子《我在清水塘》。此系模范教师史瑞芬自述解放以来办学之经历,他人为之笔录者。史的确解悟何谓“为人民服务”,若何乃为“走群众路线”,解悟而后能身体力行,故荣誉归之。余告出版管理局此书值得推荐,为教师者,治其他事业者,读之咸可以振奋。

十时至教部,参加商定各科教学大纲之筹备座谈会。教部已召集各地优良教师数十人,益以部中及我社之一部分同人,将以明日为始,在暑期集中力量于教学大纲之研讨与写拟。小学方面为语文、算术两科,中学方面为语文、历史、数学、物理、化学、生物六科。语文、历史较麻烦,期以三个月,其他则期以一个月。他科一以学习苏联为主,非第教学大纲有所依傍,且我社出书亦省事不少,大致为译校之工夫而已。语文、历史大不然,可采者精神,此外均须独创。钱部长谓三个月如不解决,无妨再与延长也。

下午看文叔、刘御二人所收集之教材,可供编入小学语文本者。文叔所采为苏联课本之译文,刘御所采为以前旧课本中之课文,两相比较,苏联课本远胜矣。

七月廿五日（星期五）

晨与浩飞洛峰商我社评级评薪事,复与灿然相商。安亭与杨定远已拟有进行群众评议之办法,今经数人参加意见,尚须有所更动。至于交群众讨论,当在下星期矣。

十一时许,自觉身体发烧,头昏眼倦,不能复坐,因回家休卧。量体温,为三十八度三分。午晚俱未进食。

七月廿六日(星期六)

昨夕出汗,今晨量之已是常温。但疲倦甚,因复休卧,看日报与《学习译丛》,不能专属。午晚俱进面食。入睡数次,皆酣。

社中编辑人员今夕与出席教科书出版会议之人为座谈会。墨往参加,回来已逾十一点。六十老妇,勤劳如此,亦复勉强,余窃恐其不能支持。墨谓各地人员不满于我社编辑出版方面者甚多,言皆有据。安亭答谢谓当努力改之,条件不具备,固知距理想远甚也。

七月廿七日(星期日)

发烧一日,如久病新起,殊感恍惚。饭后二时,偕伯祥至中山公园茶叙,讨论佩弦遗文出版事。开明同人、清华同人、吴辰伯、振铎以次至。调孚病休一年有余,今日第二次出门,面色尚可,共为心喜。讨论两小时许,决定定名《朱自清文集》,散文而外,收系统的著作两种,诸人看过主张删去者全删,共余八十至一百万言。序文请王瑶起草,俟大家看过修改过,署辰伯、平伯、振铎及余之名。出版期于十月上旬,缘过此以后,开明将与青年出版社合并,以专业方向言,不宜出此类书矣。佩弦夫人似颇心慰,可于其容色见之。

七月廿八日(星期一)

晨作书复云彬。渠动手写高中本国现代史,余促其勿懈,写成若干,即交来打印,分送诸人阅看。九点举行署务汇报。厅局长各叙其已为者与拟为者,事殊不少。克寒至北戴河休养二十日,已回来,听其裁决数事,皆有原则而中肯,颇为心折。会以一点半散。

饭毕就榻,以时晏未敢入睡,精神遂不振。到社,看杂件,谈杂事。四点半,集全社同人为会,作评级评薪之动员报告。讲稿即愈之用之于总署者,盖浩飞所拟。余删去其若干,扼要言之,讲一点二十分。旁人听之,或以为余声宏力足如平日,余自觉大为吃力。

七月廿九日（星期二）

今日以上午到社，与建功家霖诸君商《常用字用法举例》之初稿。教部公布之常用字一千五百，又益以较常用者五百。虽无明文规定，各地推行扫盲往往据之。叔湘因建议不妨以此两千字配合成常用词，供之于初识字者，一为识字之助，二为"写话"之资。叔湘谓一望而知者，但举其词即可；其义较难悟者，其用较难明者，则造成短语或句子以表之。余深然其议，即与诸君共商，大家以为其事应为，即为突击，期以短期完成之。初稿写成已数周，持以与识字班、工会学习组、部队文化班观之，群众颇有修改。如原稿"眉目"一词，以例语"找不到眉目"表之，群众不晓。后经说明，一人曰："那我懂了。你若说'事情有眉目了'，我早就懂了。"彼之改语，确比原稿为胜。今日共商，以叔湘批评之意见为据。结论为不求完备，最需精当，一为切合初识字者之需要，二为现成、明确，不牵强附会。已成之稿犹嫌其多，宜加删汰。至于体例，固须讲求，然不宜过于繁密，初识字者亦无所依赖于编辑体例也。谈毕，余即之总署。

三点半，开评级评薪委员会，审议全署工作人员之等级。以三项材料为依据：一、各部门人事秘书会之初步意见，二、小组评定之意见，三、各部门领导评定之意见。三者相同者，委员会即予同意；三者有所不同，则详加讨论而决定之。最后尚须经署长核定，可谓郑重之至。

七月三十日（星期三）

上午先至社中，看杂件与教材。饭前到署。下午三点，署中节检会开末了一次之会，讨论三反总结。稿系浩飞所拟，平稳而已，用之他系统亦无不可。子野提补充意见较多。共言须及三反以后之新气象。余谓编辑人员共知认真编撰，须对读者负责，应是新气象之一。明日将开大会，出版系统之人俱来参加，由愈之作此报告。三反运动亘七个月，至此乃告结束。

七月卅一日（星期四）

文学研究所所排中国文学科目中独无词，余自告奋勇，愿讲稼轩词。所中同人与振铎皆以为然。今日因选稼轩词数首，录之，备所中打印。作讲之期当在下月下旬也。

十时,与愈之、克寒、洛峰、浩飞四位共谈评级评薪事。署中之厅局级与出版社之社长总编辑,书店之经理,工厂之厂长一起"排队",人数不逾二十,而甲与乙比,乙与丙比,殊难作断。计议两小时有余,亦不过暂定耳,尚须与其他系统比。

午后到社,文叔来发牢骚。谓热心工作,无非为教育,为学生。而教部领导马虎,于其所为工作有指摘而无指示,实难干下去。言可否调往总署任事,又言不治小学语文而改治中学语文,亦好。余谓不妨商之,文叔又言不必。余谓心有不惬,宜告之于人。文叔又言无须,第欲以语余个人耳。文叔幽郁成性,余殊难为之宽慰,见其泪承于睫,益复无以处之,唯有相对无言而已。既而少甫来言事,局始解。

教科书出版会议以今日下午结束,少甫为拟一稿,供余致辞之用。余观之,就问其详。此次会议主要之决定为改变教科书之经营方式,确定为"统一筹划,分区经营,分区生产,统一定价,分区负责结算盈亏"。于是各地区教科书之生产,系属各地方出版社分内之事,非受我社委托之事。我社与地方出版社仅有业务指导之关系矣。五时,向到会代表致辞,讲一点半钟,当时未觉吃力,到家乃感疲甚。墨归来亦言惫乏。长日如此,恐非久计,奈何!

八月(略去十四天)

八月一日(星期五)

上午看杂件。与愈之谈评级评薪,次及改进印刷装订技术。我国出版物,与他国之成品相差甚远,分项研究,促使进步,亦我署之分内事也。

《人民日报》检查组之黄植来谈。此人专检查语言文字之病,嘱余经常为之相助。

八月二日(星期六)

上午八点半,开扩大署务会议,各单位负责人均参加,专谈评级评薪事。愈之谈此举之意义,主在人员站队,本单位内伦次齐,此单位与彼单位等级齐,此后人员调动即有许多方便。至于薪给,目前因抗美援朝,致力经济建设,尚只能是低薪制。期于数年之内逐步调整，中下级人员能恢复战前之水平。克寒谈我出版系统较诸新华社、人民日报、广播电台，工作较为轻松，人员之水平亦较低，故虽处同一标准，而评级宜稍下。又谓各单位能自谦逊，则其事好办。其言皆有见。末决定成立评级评薪委员会，为各单位之处长级与部室主任排队，兼及编辑人员。委员十余人，又以余为主任，期以本月上半月完事。

会散已一点。睡起到社，看文件甚多。接总署人事科电话，言政务院机关事务管理局通知，余夫妇以明晨往北戴河休养。事殊匆促，安亭适未来，只得向仲仁言之。余离去两星期，一切照常进行，不因余而延搁。到家，略事整理衣物。

八月三日（星期日）

清晨浩飞来，陪我们至车站，情意可感。七点，辞别全家到车站。机关事务管理所龚本善君在站相候，陪余等同往北戴河。浩飞闲谈，自谓每夕必看完《人民日报》，并看文艺书若干页，每晨则看理论书籍。此君事务繁忙，心手无停刻，而犹不废诵习，大是可佩。渠自谓往昔韬奋在港办周刊，出版校对工作皆渠任之，一期出版，如得新儿，大是可乐，是皆余所未知也。

登车，所买系卧车票，我二人并凤祥、龚君，四人刚占一间。太感舒适，亦复有愧。车以八点开。……

八月十七日（星期日）

……车以七点到站，总署白文彬同志在站相候。即驱车到家，家中人不意我人到来若此之早。文叔、晓先来谈两星期内社中杂事。评级评薪尚未完了，现方为整党学习，非党员亦皆参加。二君去后，始与老母至善等谈家中杂事。

八月十八日（星期一）

晨仍以六点半到署。堆积信函印件较多，一一理之观之。八时，电台广播安子文整党学习报告之录音，讲共产党员八个条件之简要阐说。此次整党学习，固在提高党员，但亦欲增进一般人对共产党之认识，并使明晓社会主义、共产主义之前途，且于其中吸收新党员，故欢迎非党员自愿参加，而非党员亦无不愿参加者。为期两个月，至十月间始毕。

克寒、愈之皆来问休养舒适否，又谈署中近事。

午后到社，萃中安亭来谈社事。教育部方在设计各科教学大纲，萃中言他科尚易集事，唯历史与语文为难。欲求比较妥善，亦不能期成过急，总须广泛征求意见，多所讨论研究，乃克有望耳。

已而与方宗熙一谈，方恒欲离去我社而之山东大学，余劝留之。又至仲仁室，视其病。仲仁肺病复发，每日有微热，因请假一个月，在宿舍休养，仍以少量时间为语文本之修改审订工作。叔湘来电话，约明日入城看余。

墨因此次评级评薪将其校对一科作行政部门论，不作编辑部门论，意颇不快。谓其所以不快，由于全科同志意兴不佳，将妨碍工作，非出名分之私。余为之解慰，谓商量后或当改变。彼终不释然，谓即改变已落痕迹。

八月十九日（星期二）

到署后与浩飞谈我社校对科事，请大家考虑。后浩飞来告，已与洛峰天行讨论，依余之意，仍作编辑部门论。杂阅各件，颇嫌头绪之繁。

饭后午睡，竟未成眠。到社，看稿两种。既而叔湘来。渠已作来我社之打算，唯须余与罗莘田一商，我社与语言研究所合聘乎，抑我社为主而兼研究所之事乎。叔湘主张先由研究所写定我国语法之大概，经广泛讨论而后，再加修订，然后据以编初中教科书，以后年供用。渠谓编写之役须有人共为，颇思拉张志公。然张在开明编《语文学习》，甚忙，且亦未必愿舍彼而为此。余拟一试之。此外共谈目前语文发展情况，彼此所思颇相近。

叔湘去。余与萧家霖、张克强、杜子勤共谈。彼等已编成《常用字用法举例》，即可付排。辞书社成立已将两载，此为第一种出品也。

八月二十日（星期三）

晨间，谢冰岩以党支部名义向署中同人作整党学习动员报告，宣布整党开始。渠谓我署之党支部与党员于钻研党之方针政策不够，故处事缺乏原则性，或左或右，摇摆不定。次则批评与自我批评虽亦有之而弗强。联系群众，予群众以思想政治上之帮助，亦复微薄。此次整党首在建立并加强共产主义之人生观，使党员以八个条件检查自己，违则纠正之，弱则增强之，乃可使健全党之队伍。党支部欢迎非党同志参加学习，一可以觇党如何整其党，二可以提高自己之认识，三可以帮助党员作好整党工作。谢报告毕，即来余室谈话，述在上海调查华东区出版情况之所获。

饭后睡甚酣。到社开社务会议。为恐妨碍编写工作，决将整党学习阅读文件之时间减至每日两小时，星期六讨论半天。阅读如能专心致志，两小时固足够矣。会散，看发排稿两种。

八月廿一日（星期四）

八点至文学研究所，讲辛稼轩词。先讲词之体式，言之甚浅。次略及辛之生平，乃及于词。历时四点钟，尚不甚吃力。

回家午饭，入睡一时许。到署，缘出版局召集各出版社负责人，由冰岩报告其调查所得读者对出版物之意见。及晤冰岩，谓关于教科书，所得材料不多，其他将作书面报告，谓余不必往听其口陈。余遂坐室中，为文学研究所下星期三讲课作准备。

八月廿二日（星期五）

九时，开署务会议，讨论两事。一为计划统计科之任务。此科系新近合并而成，由谢冰岩专主之。其任务为设计并制定明年之计划以及五年内之出版计划，又掌握各项统计，附带管理出版系统内之基本建设。又一讨论题为去秋出版行政会议所定之出版、印刷、发行三业之申请营业条例及期刊登记之办法，最近始由政务院公布，须提出具体办法，各地出版行政机关方可着手办理。按一般言，条例与办法而外，具体办法皆在施行细则中。今以凭空定施行细则未必尽当，故先作若干要点之指示供执行者遵循。若辈于执行时必有若干疑难，汇而析之，再逐次扼要作指示。若此，所谓争取主动而不致被动也。会中就拟定之指示稿研究，经修正补充，确较原稿完密。

饭罢小睡片刻，即匆匆到社。与同人接谈，看语文选稿，亦复忙迫。

八月廿三日（星期六）

晨间，改定洛峰等修正补充之指示文稿。继之，杂看书志文件。下午三点，民盟总署之区分部开成立大会。余被邀参加，以行政名义致辞。先由臧克家以筹委名义报告筹备经过。次之吴晗以市支部委员名义作报告，讲民盟之性质，讲民盟为何号召全体盟员参加整党学习。次之余作通常之感想与勖勉语,言非党人员亦可以八个条件衡量自己,缘共产主义之前途系大家之前途,既趋向从同,自可悬以自勉。讲毕先退,驱车至社中,发稿一种。

八月廿四日(星期日)

九时,访罗莘田,谈叔湘事。言明我社与研究所合聘叔湘,叔湘入城居住,其宿舍双方留意寻找,孰得之即请渠迁入。正事谈妥,即杂谈语文方面问题,颇洽。已而丁西林来,复续谈。

八月廿五日(星期一)

晨看高中语文第二册之编定稿,其注释及提示皆经重作,仔细看之;选文则已看过,翻阅而已。

九时,会谈发行问题,为下午与邮电部会商发行问题作准备。报纸之发行原属邮局,期刊有一部分亦由邮局发,今后将明确分工,报纸与期刊全归邮局,书籍则全归书店,但彼此可以互批。尚有辅佐发行之一个系统,为全国之合作社。诸系统配合得好,发行网即可完密,书刊可以无远弗届。至于出版物之生产量,今后须趋向计划化,关顾全局,确定某种书刊印若干,不作无限度之增涨。如是,纸张之生产量与印刷力之扩展亦有计划可定,使于整个经济建设中占适当位置。计划生产以计划发行为条件,今日郑重讨论,即所以期成计划发行也。与邮电部会商须历数日,我署推八人参加,以愈之为首,余不在内。

下午到社,续看书稿,并看文件。与安亭薰宇再度考虑部室主任及编辑、科长之评级评薪名单,此已经群众讨论,于原评者略有改动。

八月廿六日(星期二)

晨间续看高中语文第二册之改订稿,毕。写信介绍瞿菊农经过修改之译稿于人民出版社,介绍不相识者金明德君之《辛弃疾传》于人民文学出版社。此稿历叙稼轩生平,兼及南宋政治经济情况,而以稼轩之词与政论按时期插入,甚觉眉目清楚。

下午到社,看王瑶代撰之佩弦文集序文,将付打印,交诸友提意见,然后由余汇总修润。王瑶为佩弦弟子,深悉其治学与为人,此序大体不错。看王漪所修订之小学语文本两册,嫌其粗糙,嘱再加琢磨。

八月廿七日(星期三)

晨间为文叔修改小学课文四课,费时将两小时,其中两课,余自觉改得较为满意。

九点半,与系统内各单位开评级评薪委员会。各单位编辑及处级以上人员之名单改定后复经群众讨论,今就讨论之结果再加斟酌,即此定局。科级以下者由各单位自行决定,唯须报告我署而已。

午睡起来到社。三点开社务会议,主要讨论二事。一为上半年之结算书。余不谙数字表格,听财务人员详细说明乃知其意。一为基本建设计划,五年内兴建若干,明年需兴建若干。五年内全社将发展到四百二十人,决定按此人数要求分配地皮,明年动工则以三百一十人所需者而为规划。地点大致在城外,城内无空地,旧屋尚可用者又不准拆。我社之计划须与各出版社及书店、印刷厂配合汇总,由总署提出。

八月廿八日(星期四)

八点,至文学研究所,讲"古文",选材为《刺客列传》,空讲三小时,尚未讲到《史记》。

驱车到署,与浩飞、灿然谈事。下午两点半开署内之评级评薪委员会,就群众在讨论中有意见之十余人逐一讨论,亦费一点半钟。

驱车到社,张萃中来告各科教学大纲之讨论起草情形。据谓数、理、化、生物四门大致可于九月内写定草案。语文、历史较麻烦。语文之讨论将托余主持。余实未能为此,亦不便拒却。张去,与安亭重行审核我社助编及科级以下人员之级薪。至此,署中社中评级评薪事完毕,亦拖延一个月矣。

八月廿九日(星期五)

晨间分发王瑶所拟佩弦文集之序。看文叔所撰小学语文课初稿,略提意见,未作修改。九点至愈之室,听王益华应申汇报与邮电部讨论发行工作之情形。

午后两点四十分到社,看文卷,与芷芬、陈侠、文叔谈事。芷芬处事明快,每来谈必解决数点而去。陈侠较黏滞,语多而不得要。文叔恒言其苦闷,合作无人,对自己无信心,工作做不好,如是云云,每回皆然。彼亦非欲求得何种解决,不过来余室发泄一通耳。

到家后,晓先为余谈薰宇颇感孤独,似乎大家均不理之,宜有以慰之。余知其所以如此,盖由其数学书数种受人批评,其稿新编者未经印行,且作了检讨之故。大家每日事忙,无闲谈之余裕。若谓有意冷淡,非特余无此心,他人亦无此心也。宜如何慰之,实颇为难。目前除薰宇外,至少尚有文叔与方宗熙二人,皆觉居此未安。人员且将日益增多,团结工作做不好,日常工作亦难有进。余念及此,更觉怅惘矣。

八月三十日(星期六)

八点复至文学研究所,连讲四小时,仅休息十分钟而已。讲《荆轲传》《小石潭记》《伶官传序》,极简略,解释处少,有关古今虚字之辨析处较多。余知学员于是三篇未能通体明晓也。闻办事人员言,明日将有新自大学毕业之学生三十余人来入学,别为一班。彼等略具文学知识,而不谙文艺政策文艺方向,故令入学一年,期养成创作者或研究者。

到家午饭。到总署为座谈会,讨论王瑶所撰之《中国新文学史稿上册》(开明出版)。座谈会由我署与《人民日报》共同主持,旨在推动批评风气。而此书为大学所通用,所述又为至关重要之文学,故特取为批评之对象。到者有北大、清华、燕京、师大之文学系教师,外则文联、报社及我署之同人,凡二十余人。诸人皆有准备,携书而来,发言唯恐其不畅不尽。综合诸人之见,大致谓此书立场观点不稳,编撰方法失当,为参考资料尚可,实不合称文学史。此事本未宜以个人之力成之,而王搜辑颇勤,成书甚快,以致种种失误。此书已印八千册,为补救此八千册在社会中造成之不良影响,宜发动批评。先据今日所谈,《人民日报》与《文艺报》各为综合报道。次则发动较有力之批评家,写专篇批评文章。会以七点散,大家谓今日之会甚好,彼此交换意见,彼此有益。唯余兀坐将五小时,注力而听,随时写记,致腰酸背痛,大感疲累。

九月（略去二天）

九月一日（星期一）

九点半,作署务汇报。本月份工作集中在为下月之第二届出版行政会议作准备。行政会议主要在规定明年之出版计划。

一点半到社,未及坐定,即参加教部召开之编撰教学大纲全体人员之联欢会。盖数理化生物各组之人即将散去,尚须留此者仅历史语文两组耳。钱部长讲话,甚得要。略谓三年以来,种种之运动已为经济建设打好基础,今后之教育主要为经济建设服务,培养成各种合格之干部。今日编定教学大纲,写撰教科书,均须在此意义上植其基。次述一切学习苏联之方针。与会人员略有发表意见感想者,会散已五点半。

九月二日（星期二）

方君昨日交来生理卫生下册之全稿,余仍拟如上册一样,为之修润一过。上午连看四小时,仅看原稿十七页耳。以此数衡之,须八个半天乃可看完也。

饭后小睡一时,即驱车到社。商讨语文教学大纲之主持人韩君郭君来告近日讨论情形。一般意见,小学与中学均分语法与文学,与苏联同。小学入学之初,先注重识字,然后语法、文学分头并进。中学亦然。所谓语法不取其狭义,兼包修辞、逻辑、文章结构之类,以何名为妥,尚未能定。初中阶段读现代文学,高中阶段以文学史编列,亦古亦今。究如何安排,亦尚未定。二君谈两小时而去。

芷芬来谈出版方面事,建功家霖来谈字典稿之修订事。字典编辑已两年,尚未能定稿。究较一般小字典为胜否,亦殊无把握。

已而至仲仁室中,与仲仁谈最近至少有薰宇、宗熙、文叔三人怀不安情绪,希渠加注意。仲仁善为团结工作,余故托之。渠休养两周,自谓殆可无虑。

九月三日（星期三）

上午看改编之高中语文本第四册。仅看其注解与提示,提出二十余条修正意见,即复无甚暇刻。注解皆甚简略,提示命意繁琐,有时流于凡庸,实未能令人满意。而同人水平仅限于此,重作亦无能提高。

午后两点到社,即有顾炜来访,谈新闻出版工会事。今年年初发动三反,会中同志皆参加运动,工作停顿至半载以上。顾谓今后拟致力于印刷方面,交流先进经验,提高工作效率。在印刷一门中,又分装版、印书、装订三目。装版工人颇有新经验,每小时排字之记录已超过三千字。印书与装订两行皆平平,亟须推动,使之改进,此是我工会之事也。顾女士识见甚周密,断事有步骤,切实际,深可佩服。彼以余为副主任,向余请示工作次第,余实无可指示也。谈两小时而去,于是看公文,看书稿,一刻不闲,迄于放工。

九月四日(星期四)

上午半日,看方君生理卫生稿,仅得二十六页。一小时才五六页耳。

午后到社,教部高教司派人来谈高等院校教材之翻译。今既决定一切学习苏联,教材自须翻译。秋季开学之后,殆只能现翻现用,或仅据教学大纲,教材由教师自己设法。译成以后,校订出书,总须在明年矣。我署新成立编译工作委员会拟配合此事,即以此告教部之来人。

安亭来谈社事。芷芬、家霖来谈《常用字用法举例》之版式。余外则看公文,看书稿。

九月五日(星期五)

续看生理卫生稿。下午三点,偕愈之列席政务会议。议题为教育部本年工作要项。马老报告历两小时有余,钱俊瑞补充,多人发言讨论,至八点乃毕。其次议题为各地设文史研究馆,容纳年老失业而较有声望之人。北京已设有中央文史研究馆,符定老、柳亚老、齐白石诸人皆在其中。估计全国若此类者约四千人,赡其生活,且使组织起来,意甚善也。会以九点散,即共晚餐。

九月六日(星期六)

上午仍看生理卫生稿,及于脑与神经之作用部分。方君采入巴甫洛夫之学说,详述条件反射与无条件反射。余觉其叙述不显达,造语繁复,须细思而后晓,恐于学生之领受有妨,劝其多加修改,一求确切,二求明白。

下午到社,安亭来谈今秋教科书之供应又不及时,小学已开学,中学于十日开学,而课本之印造尚未完工。印齐而后分发各地,更须时间。新华书店为此要求我社登广告于报端，普告社会，以明责任。我社自当从之。究其病因，一以印造数量增多，二以出版部不能通盘筹算，预为布置。而出版部之疏失，或与芷芬之调离出版部有关。调度筹划方面，芷芬盖胜于少甫也。方今已须筹备明年春季供应之书，而排版校对尚未开始，势将较今年更迟。同时又须大量印造扫盲运动用书，印刷力之调配更见其难。拟于下星期集出版部同人会商，郑重考虑此事，务期布置周妥，乃可安心。

九月八日（星期一）

上午续看生理卫生稿三十余页，未举行署务汇报。

午后到社，即与少甫、芷芬、王伟、张景勋、沈德荣五人会谈排、校、印、订之进程。据谓今秋供应不及时，其故有数点：一、印数较多，二、印刷力不足，三、我社布置安排未能有条有理，缓急均匀。须从早警惕，使明年春季勿复蹈覆辙。拟编排完稿、发稿、校对、制型之进程表，各书均限定期限，排定次第。各部门共守勿失，则如期完成可致。至于印刷，京中已感不足，或须令厂中加班，开用闲置之卷筒机，谈至五点方散。

九月九日（星期二）

上午续看生理卫生稿，至九点半，全稿看毕。此事始于上星期二，除去星期日，共看七日，每日四五小时。

与卜明沈静芷谈我社排版印刷之困难。二人为印刷管理局副局长，故与商量。二人均言当为调度，并言我社之印造如能常年不间断，可以考虑专以一厂印教科书。

下午到社，辛安亭来谈社事。已而建功来，又是领导不起来那一套，屡屡言之，不离故辙，余感其难办。方宗熙来，言余所提意见大多得其要，颇感兴奋。又言外间观其各种初稿者，皆言能为生物教本开一新境界。生理卫生稿中介绍巴甫洛夫学说，为国内著译中最明白畅达之本。余言是固然矣，而欲以示中等学生，尚须更求精确易晓。次之蔡超尘来谈高中语文之修订，仲仁来谈同人间之团结工作。

九月十日(星期三)

上午看建功家霖重复改定之字典稿七页,亦提意见二十余条。编撰之事确亦至难,每改一次,以为无病,而他日重看,又见疵颣,欲求精审,谈何容易。

看预备发出之召开第二届出版行政会议之通知。稿系浩飞所拟,有叠用"所以""因此"处。余每改公文稿,遇此辄改去,有时且说明于眉端,而同仁未措意。因写其故告浩飞。浩飞来言余说甚是,将以余之字条请同人传观云。

下午到社,治杂事外,看检查科所检高小语文修订本三册。检查科精细而涉于繁琐,语文编辑室于可此可彼者往往不改,检查科于此感不快。余只得逐条细看,为之裁定。半日工夫,手指目视,心不旁骛,又复困惫。

九月十一日(星期四)

始看方君所撰动物学下册之稿。动物学比生理卫生看起来容易,然交来之十四页,亦看三点多钟始毕。

下午到社,叔湘来访。渠言既已为我社主持语法教本之编辑,必须有得力之助手,渠属意于张志公,已向张征询,张甚愿合作。唯开明与青年出版社是否放张离去,《语文学习》月刊由张主持,张离去后何以为继,皆成问题。最后决定由余与开明协商,志在必得云。叔湘去,余于是看书稿,看公文,直至放班。

九月十二日(星期五)

上午仍看动物学稿。又看愈之所草三年来出版工作一稿,将付新华社发表者,略为修改。下午到社,看稿看公文,曾未空闲。

高祖文送来法令汇编之例言,嘱修改。灯下为之,亦费一点半钟。

九月十三日(星期六)

续看动物学稿,半日仅二十页。用心较细,不能求速。午后到社,看书稿公文稿如常。

九月十五日(星期一)

晨间彬然来谈调动张志公事。谓青年出版社之李庚于此事并不坚持,只须《语文学习》可以出下去,张调出亦可。余因告彬然,且再与叔湘计议,我人欲另谋人力代替张志公,实亦难乎其难也。

续看动物学稿，半日工夫居然改三十余页，为迩来之最高记录。

下午到社，看修订之语文稿本一册。致书叔湘，告以接洽经过。开始改褚亚平所撰之初中自然地理第二册稿，迄于放工，仅改三千字而已。到末了有肝阳升之感，阅看太多，用脑太多矣。

九月十六日（星期二）

上午改动物学稿，得三十页。下午到社，改自然地理稿两小时，昨日之不舒服感觉又来，遂停笔。刘御来谈语文课本之编撰，方宗熙来谈余动物课本之修改，略为松散，不舒之感渐已。

九月十七日（星期三）

晨到署，被邀参加党组中心小组之会，听洛峰检查其思想，至十一点半散。以是之故，上午未执笔改稿。下午续改自然地理稿约三小时。余则看文件，并与安亭谈话。

九月十八日（星期四）

上午续看动物学稿，毕。全稿一百五十页，共看六个半天。方君之稿甚好，言动物进化，井井有条，余深感满意。下午到社，续看自然地理稿，毕其第一章。此稿修改较多，故看得较慢。

九月十九日（星期五）

看教部交来之小学算术教学大纲草稿，为修订其文字，几二三十处。又看方君所为文，答生物学教师所问关于教学《达尔文主义基础》者，将刊于《生物学通报》。其文不见充畅，余以为尚须补充，乃可发表。又为陈侠改书籍序文一篇。

下午到社，与安亭、文叔、刘御诸君为会，谈小学语文本第二册教材之取舍。朱刘二位选定四十八课，共谓其中有八九课不适合，须更换。待选得可取之材，再共商。会散，开始改颜迺卿所为高中外国经济地理第二册之稿，约三千余字。

九月二十日（星期六）

续看外国经济地理稿，毕其叙美国之一章。看发文稿多件。

下午到社，教部编委会召开座谈会，讨论中小学语文科中语法之分量、内容、教学时间诸问题。此次拟订语文科教学大纲,参加者先研究苏联之教学大纲,见其中语法与文学分开,语法所占分量至重,遂信我国亦非如是不可。而今日座谈,凡平日留心语法者,如叔湘、莘田、丁声树诸君,咸谓语法非万应灵药,可以为辅助而不宜独立教学,使学生视为畏途。此大可注意也。座谈半天,各言所见而已,未足谓交换意见也。

九月廿一日(星期日)

顾炜来访,以新华印刷厂创互助上版法。印机上版原需四小时以上,今减至一点半,我工会拟发一通报,介绍此经验于各地印刷厂。通报稿系顾所拟,嘱余修改。稿甚不明白,余虽询问数四,亦不能改好,以顾于此事亦不尽明了也。顾去,余续改外国经济地理稿十余页。

九月廿二日(星期一)

上午看外国经济地理稿,并看方君之初中植物学下册稿,两共二十余页。

下午到社,即被邀开教部教科书编委会之会,到林砺老、吴研老、安亭、莘中诸人,尚有郭霖与马迎秋列席,余与林老等皆为会中之委员也。莘中报告所拟中小学教学计划表,并及拟订各科教学大纲近况。据称各科之中,语文教学大纲最少把握,历史次之,而语文科中,小学尤难。诸人信口而谈,皆无深意,而费时实多。余本拟料理若干实务,乃一无所为。

九月廿三日(星期二)

上午仍看地理、植物两种稿子。克寒来谈半时许,看办公室拟稿半时许。下午到社,看检查科检查过的语文课本三册。张莘中来谈关于教学大纲事,要余多顾及此,而余实无此能力与时间。

墨身体不甚舒,有发胃病之象。自我社西迁,墨确大为不便。晨必坐三轮车,历时三四十分钟,午食又不适口,身体不免受其影响。

九月廿四日(星期三)

晨续改植物学稿。九点半开署务会议,讨论各地出版行政机关所询关于登记出版印刷发行各业及期刊之问题,为之逐一解答。此事执行起来问题甚多,出乎初料。

两点过到社,看小学算术第二册稿,亦略为修润。褚亚平来谈其所撰自然地理课本,约一时许。

墨身体不舒,未进晚餐,九时食少许挂面,至十一时胃病大发,呕吐二次。究已年老,每日伏案至八九小时,实难担负。渠言会当退休,余亦以为然。

九月廿五日(星期四)

续看植物学稿,又看文若干件。

午后三点半,署中为预祝国庆之大会,直属单位人员俱来参加,集二千人。愈之作报告,述我国三年来之成绩,最近中苏会谈成就之意义,以及即将在京举行之亚洲及太平洋地区和平会议之意义。结语为所以致此,皆毛主席之远见卓识也。语甚长,至七点始散。

回家,知墨上午腹泻数次,腹痛已止,殆是肠炎。且休息数日再说。

九月廿六日(星期五)

续看植物学稿。十时,在愈之室会谈,以下午政务会议讨论我署工作计划大纲,同人先就计划草案加以研究,视有无应修正处。磋商两小时,均涉及统计数字。数字时有变更,所据不一,实为难事。下午三时到政务院,愈之报告后,诸委员发言颇多,终获批准。七时散。

九月廿七日(星期六)

晨间彬然来闲谈一时许。续看植物学稿。午前叔湘来,谈其入城居住之宿舍问题,以及张志公来我社工作问题,皆无结果。下午二时到社,改经济地理稿。

九月廿八日(星期日)

访莘田,就询叔湘宿舍事,科学院未能遽作解决。与莘田闲谈语法及文事,至十一点归。午饭后一睡甚酣。起来续改经济地理稿,止于夜间。

九月廿九日(星期一)

上午续改植物学稿,毕之。方君之稿,一连为看三种矣。九点半举行署务汇报,专谈出版行政会议之种种问题。本定下月十三开幕,今以和平会议延后,恐须改期,亦不能太迟,太迟则不克布置明年之计划矣。

下午到社,仲仁来谈中学语文教学大纲之大概情形。谈甚久,余乃未能看多少书稿。

至萃华楼,我署宴请苏联商务代表及其国际图书公司中人。此公司最近赠我署书籍六千余册,供翻译之用,今后将陆续相赠,因设宴谢之。

九月三十日(星期二)

晨作书复天津市立中学语文老师,答所询关于《古代英雄的石像》之问题。此篇选入课本,问者甚多,皆谓究何所指。余亦不能省忆,答语无由明确。甚欲删去之以避麻烦,而同人不从,亦莫可奈何也。续改经济地理稿南美洲之部分。

下午到社,改自然地理稿二章。安亭来言,整党学习中党员各自检讨,嘱余为提意见。余答以"随和"二字为其缺点。余于安亭实无可言,非谓其大纯无疵,盖平时涉想甚少,无灼见也。

七时前至怀仁堂,应毛主席之宴。

十月(略去五天)

十月三日(星期五)

上午续看自然地理稿,又看署中文件四五件。下午到社,看初中语文第六册重编稿,但看其提示部分,他皆不及看。

十月四日(星期六)

今日夜间社中开迎新大会,须余致辞,因拟其稿,遂不及做改稿工作。

下午两点后到社,修润教部交来之中学物理教学大纲,看高中语文本第六册修订稿一册。

夜七点,借逸仙堂开会。六月以后新参加之同志,自张萃中以下凡四十人,今全社同人达一百九十余人矣。余致辞四十分钟。安亭代表党支部,刘御代表工会,王漪代表青年团,皆讲话。萃中则以被欢迎者之身份陈辞。此外新来者数人亦即席发言。情景尚不坏。继之为余兴,散会已十一点,墨与余皆大疲。

十月六日(星期一)

上午九时,我署与新闻出版印刷工会共同邀请劳动模范杨树彬作报告,听者为印刷界负责人与工友近百人。杨为西安青年印刷厂厂长，以其有所创造，被推为劳动模范，来京参加国庆观礼。所创为"圆架坐排法"，将铅字架子围成圆形，拣字工人坐于其中之转椅上，双手拣字。其特点有三：一、缩小字盘之面积，汰去不常用之字，以字之首要次要定所居之位置，首要之字居于最易拣取之地位。二、坐排，双手同时工作，一可减少工人之劳乏，二可增加拣字之速度（据云最高纪录为每小时三千七百余字，往日之平均数每小时仅八百字耳）。三、节省无谓浪费之时间，平常拣字，工人徘徊于字架之前，此往返之时间即无谓之浪费。其法于七月初发表，各地印刷厂工人热烈欢迎，函电交至，赞为先进经验。北京《人民日报》印刷厂且已制作圆架，以一部分工友学习其法。余思拣字仅为排版方面之一项工作，拣字迅速而装版改版迟缓，则产量仍无由提高。且此事为手工，将来之趋势，排字装版必将改为机械工作，如使用打字机然（上海已有人创造中文打字排版机，尚未完善，但必可达到完善）。唯在打字机未成之时，改进排字技术仍有其价值。再者，排版而外，印刷与装订亦复大可钻研，颇有发明创造之余地。末后余讲话，即发挥上述之意。十二时散，宴杨君于萃华楼。

两点返署，开署务会议，继续讨论答复各地出版行政机关所问关于核准营业之问题。又讨论出版行政会议日期，确定为本月二十五日。

十月七日（星期二）

上午续改经济地理稿十数页，看署中应发之文稿。叔湘来，又言张志公事，渠意必欲张正名定分，去开明而来我社。饭后，邀张与彬然来共谈。结论为共作如下默契，张主持《语文学习》，至年底为止。在年底以前，大家共谋支持《语文学习》之道，并物色主编之人。

三点到社中，亦未能作甚事，改陈侠所作书稿序文一篇而已。

十月八日（星期三）

晨间彬然来谈一小时许。开始改理化编辑室所译苏联中学化学教本。仅观其一章，即觉其大异于他书，每一概念必求其明确，步步踏实，循序渐进，确为有益于学生之书。理化室诸君翻译尚不恶，但尚有不类我国语言处，又有尚欠精密处，拟为之仔细校改，使成较善之本。自晨至暮，改毕一章，不过十七纸耳，其速度远逊于上月改方君之作。则以停笔考虑时多也。

教部为我社自西北调来高云屏君,任秘书长,今日高到社与余相见。高在延安与安亭共事,任行政工作多年,据安亭云颇有经验也。

十月九日(星期四)

上午续看经济地理稿三十余页,可谓多矣。下午到社,为陈侠改书稿弁言一篇。

十月十日(星期五)

续改经济地理稿之非澳两洲,毕。此书根据苏联之本,叙世界两种制度之殊异,两条经济路向之不同,颇为明显。

下午到社,即与文叔、安亭、刘御、季纯、芷芬共同讨论小学语文第二册之稿子。商定仍用印刷体排版(第一册用印刷体,有人反对),"的""地"暂不分化,依北京话分别用"你""您""我们""咱们"。于是逐课讨论,研摩其文字,迄于六时,毕二十八课,尚余二十课。

十月十一日(星期六)

晨到署即看冰岩交来之明年出版工作计划大纲,将提出于第二届全国出版行政工作会议者。此事冰岩已为之兼旬,有时深夜工作,或至天明,轧斗数字,常用算盘。余不能审其数字,第修润其语言。体例不一,语言不明,时时而有,一一为之改正。迄于十一点半始毕,仅二万字光景而已。遂返家。社中同人于今日游颐和园,故不须往西城。

十月十三日(星期一)

手头无可改之件。上午仅签发文件十余事。彬然来闲谈。余则看《学习》杂志。

下午到社,世英、亚平、同新、周芬来谈,皆关于改稿之事。余认真修改,诸君亦认真自订,为之心喜。五点始,改化学译稿第二章,夜间灯下续为之,十时睡。

十月十四日(星期二)

上午改毕化学稿第二章,又改经济地理稿德国之一节。下午到社续改之,毕。至此,经济地理稿全毕,总算又看完一种矣。

顾炜来谈一时许,商如何推广杨树彬之先进经验于印刷厂。墨以民进开会,不便夜归,宿于芷芬家。余于灯下改化学第三章稿,十点睡。

十月十五日(星期三)

上午改毕化学第三章,又为教部修润中学数学教学大纲草案一份。此大纲大部分系逐译苏联之作,语句繁复,观之有朦胧之感。一般人俱以为译出即得,不悟译之不到家,不依我国之语言习惯,即令观者必须揣摩猜测,于是误会滋生矣。余不谙数学,只能就确知其误者改之,不能使通体明顺也。

下午到社,与文叔、刘御、季纯、芷芬、王漪五人继续研摩小学语文第二册稿。迄于六点,尚余三四课未了。

十月十六日(星期四)

谢冰岩将一九五三年出版工作计划草稿修改一过,重又分发,请同人提意见。余又为细看一遍,加注若干意见送回。

下午到社,与昨日之五人继续商讨小学语文第二册稿,仅余下之三四课,亦复研摩两小时有余。费时虽多,修改皆颇惬意。因念此等书稿之编撰,若自始即集体为之,完工将较快,成绩亦将较好。

十月十七日(星期五)

八时集各企业单位之负责人共同为会,商量于最近期内布置学习,选举人民监察通讯员。此项通讯员原有设置,但非经民主选举,且未必各单位都有,一般工作人员亦不知其事。而此监察通讯员如果得力,积极方面可以推进工作,消极方面可以防止贪污、浪费与官僚主义,实大有意义。八月间政务院曾有指示,必须加强。人民监察委员会遂与我署洽商,我署系内宜各有通讯员,先经群众学习,俾共明其义,然后选举适当之人,乃可收效。我署答应以本月内选出,故急需布置学习计划,讨论一小时余而毕。

为教部修改化学教学大纲草案,历三小时。下午到社,与少甫芷芬二人谈编写排印工作,务期节节紧凑,明年春季供应及时。又劝二人去除隔阂,同以工作为重。二人者,皆我社强有力之工作人员,芷芬圆通,少甫急躁,近来颇有隔阂,同人多感觉之,余故以此为言。二人各举所怀而谈,尚能坦白,少甫劝芷芬注意学习,芷芬谓少甫宜去其教条。虽未必即能融洽,似各有撤去障壁之意。以后多多倾谈,当可好转。

十月十八日(星期六)

上午改化学稿第四章,看发文数件。

下午二时,至和平会议工作委员会会所。我国新闻出版工作者与来京之各国同业为座谈会。外国人包括十余国籍,我国人四十左右,大多为熟友。长江致欢迎辞后,即有印度、巴基斯坦数人提出一连串之问题,大要为中国有无新闻自由。此外提问题者尚有六七人。愈之作答,大致谓我人依据者为共同纲领,纲领中载明人民有言论出版之自由。吴冷西作答,说明我人对新闻之看法不同于资本主义国家,有益人民之消息为重要新闻,无益或有害者即在排斥之列。仲华作答,言我国新闻极重批评与自我批评,《读者通讯》有专栏,被批评者必须负责答复。王云生作答,我国有私营报纸,《大公报》即其例,以遵守共同纲领言,无一种报独立,以发挥真知灼见言,无一种报不独立。余略述我国工会之情形。南美洲数国有代表对上述之发问颇感气愤,发言称扬我国报纸之进步,声言致敬。开始发问者似感愧意,亦表示致敬。此亦一场小小斗争也。

十月二十日(星期一)

晨八时,集总署与人民出版社全体同人为会,由余动员学习政务院加强人民监察通讯员之指示,并于最近期内选出通讯员。此义甚明,讲四十分钟而毕。继之由浩飞动员捕鼠,谓本市发动捕鼠运动,每一市民须捕鼠一只。

会以九点半散。余续改化学稿之第五章,毕。下午到社,复看颜迺卿周光岐修改之外国经济地理稿,此稿即可付排矣。叔湘来,仍谈语法课本编辑工作之如何着手,城内宿舍之如何获致等事。叔湘去,开始改方君所撰《达尔文主义基础》。

十月廿一日(星期二)

上午八时开署务会议,讨论愈之将在第二届出版会议中所作报告,题为《为进一步地实现出版工作的计划化而奋斗》,及一九五三年之出版计划。两件讨论甚久。继之讨论我署出席会议人员之名单、代表之分组办法,并及会议之日程。

下午到社，续改方君稿。刘御来谈小学语文之赓续撰辑，建功来谈辞书编辑室之难于领导。夜间，孙春台夫人携其女来，言春台病、血压过高已两月，皆由三反期间同人批评失当，工作不能顺利之故。余不善对付，颔之而已。

十月廿二日（星期三）

上午改化学稿第六章。监察通讯员已由各小组选出候选人。九点半，党、政、工、团各方面为联席会议，就中选定翟之桢、张玉书、牛平青三人为正式候选人，明日由全体同志以无记名投票选举。若不欲选此三人，尽可另选他人。此选举法最合民主集中之旨，而先决条件为事先有充分之协商。

下午到社，改毕化学稿第六章。各书发稿期已迫，而余不能同时兼看数稿，殊为心焦。

十月廿三日（星期四）

卜明来谈出版行政会议中印刷组之种种问题，渠为分业组中印刷组之组长，而余参加其组，故来相商。我国印刷力量至为分散，配合计划不易，唯有调查而了解之，徐徐着手求其合并。灿然交余其所代作之开幕辞稿，略为修改，即付打印分请同人提意见。

其余时间均改方君之稿。午后到社，复赓续为之。绘图组以绘成之画稿来请审阅，余为提意见而归之。重看历史组修改之旧教本，亦费一时许。

十月廿四日（星期五）

改化学第八章稿（第七章缮抄未就）。九点，开出版行政会议之预备会议，除我署诸人而外，各区代表团之团长参加，通过会议日程与分组讨论办法。会议期定为七天，于月底结束。

下午到社，改毕化学第八章，续改方君之稿。

十月廿五日（星期六）

上午九时，出版行政会议开幕，余致开幕辞。今日为我国志愿军赴朝与朝鲜人民军并肩作战之两周年纪念日，余提及此，并谓宜致敬，全场起立鼓掌，久而始歇。余辞毕，即请郭沫若作政治报告。郭叙我国三年来各方面之成就。次叙国际情况，民主阵营日益加强，侵略阵营日益衰弱。末谈亚洲太平洋区域和平会议之成功。语甚长,至午后一点半始毕。三点继开大会,愈之作报告,至六点半散。

十月廿六日(星期日)

九点到署,续开全体大会。华应申作发行方面之中心发言,极强调发行之计划化。以其依底稿诵读,听者未尽明晓,还得印发其底稿。余因语洛峰,我人起稿既未能悉符语言,当众讲说之际必须化书面文句为语言,乃克收效。颇期下午发言者能循此意。洛峰以为然。下午两点半续开会,卜明为印刷方面之中心发言,沈静芷为纸张供应方面之中心发言。二人皆依余之言,不依底稿诵读,发声亦响亮,听者大体能明白。

十月廿七日(星期一)

上午续改方君稿。行政会议今日为分区大组讨论,余不须参加。

三时,偕愈之到怀仁堂,出席全国委员会之扩大会议,讨论"中苏友好月"之工作。首由钱俊瑞报告,谓举行此事盖欲为大规模之宣传教育,俾全国人民知学习苏联之重要,为我国明年开始五年计划作准备。此次苏联将派代表团来,系各方面之专门家,包括各种艺术家演员,合计在二百人以上。来后在京演讲、报告、讨论、表演,约十日;然后分四起往我国各地,与各地人民接触。我国人民必须在此期间认识苏联如何建设,如何走入社会主义云云。俊瑞报告毕,大家发言。因俊瑞谈及清华大学教师突击学习俄文,不半月而成功。大家就学习俄文之难易与重要性发言,几忘所谈之中心题目。最后通过预拟之通知稿而散。

会中晤振铎,言于北大新设之文学研究所已成立,渠为主持人(尚有何其芳),伯祥可入所为研究员云。余党其甚为得所。

十月廿八日(星期二)

昨日分区大组讨论,各位代表于制订计划尚无头绪,于我署所拟计划草案中各项数字之来历尚未明晓。因于今晨八点半开临时全体大会,由冰岩针对大家之所需,详为解释,历一时许,继开分区之会。余未参加,续改方君之稿。

下午三点,开专业大组会,余参加印刷组。听各地介绍情况,大致均言印刷力不足,未能完成计划所定之任务。各地印刷厂多分散,机器小型者多,不便于大量印造。此外则工厂设备皆差，厂房皆败坏，即不言发展仅言保持，亦须巨款，而明年我署可拨者无多。出版社与印刷厂各从本位出发，难于协调。总之，出版行政机关不甚注意印刷，故问题特多。卜明作结论，谓若干具体问题，拟俟大会闭幕之后召开座谈会，希望能尽量解决。明日续为专业大组会，第致力于印刷潜力之发挥。会以六点一刻散。夜间饭罢，续改方君稿数页。

十月廿九日（星期三）

本当参加专业大组会，以急欲改稿，未出席。改化学稿第七第九两章。上册共九章，至此改毕，下午到社交出。续改方君稿，至于放工时。饭罢复伏案，此《达尔文主义基础》下册亦改毕。今日所看最多，合计殆将三万字矣。两个月内共改稿六种，方君之稿四种，余则化学与外国经济地理也。

十月三十日（星期四）

上午看化学稿之附录实验提示，甚可欣赏，若化学教师悉能据此指导学生为实验，则学生之了解必将非常明确，化学课决非可厌之物矣。看毕，续改自然地理之第四章。

午后二时，偕愈之乔峰至文委，出席委务会议。郭沫若报告文委加强后之阵容，以习仲勋为专任副主任，钱俊瑞脱离教育部，为专任秘书长，其他机构亦有调整，以适应明年开始五年计划之新情况。次言年来文教工作方面之成就，举思想改造、院系调整、爱国卫生运动数项。继之陆定一、胡乔木发言，皆言今后将入于计划化，一切工作必须更求切实。于是钱俊瑞报告研究各机关之计划草案所发现之问题，雁冰报告文化部召开电影行政会议、戏剧观摩大会之情形，愈之报告我署召开第二届出版行政会议之情形。会以七点半散。

十月卅一日（星期五）

续改自然地理稿。十一时，在愈之所会谈，克寒出其所拟关于此次会议之结论底稿，请共商。其稿言三年来出版工作有成绩，然缺点亦不少，重要者为盲目性。今将开始五年计划，出版工作自以计划化为重。次言此次会议之成就，大家均有进一步之认识。会议中有若干宜与批评之意见，皆得涣释。次发挥计划化之旨，即以出版工作而言，各方面必须互相配合，共同进展，乃克有成。克寒能了解实际,顾及全面,其稿甚不错。

下午两点半,全体与会者照相。三时举行闭幕式,克寒报告其所拟之结论。历一星期之会议至此结束,尚须以二三日时间与各地代表开座谈会,解决若干具体问题,并须作实现计划之种种准备,实可谓另一阶段之新工作于此发轫。

十一月(略去三天)

十一月一日(星期六)

上午改自然地理稿。下午三点,陆定一因愈之之请,来为参加会议之代表作报告,各直属单位之部分同志亦来听。陆之大旨为过去三年工作在于恢复原状,并进行民主改革,今后将开一新局面,入于有计划的建设。并言计划化之必要,语多勖勉。讲两小时。

十一月三日(星期一)

上午九时举行署务汇报。于行政会议未了事,如中央级报纸与全国性期刊之印数等,讨论许久。次谈我署范围内之各方面工作如何与"中苏友好月"配合。十二点过始散。

两点到社,与芷芬谈发稿方面事,与世英、宗尧谈绘制地图事,与安亭谈社长、秘书长分工事。余时看新收到之《人民教育》。

十一月四日(星期二)

手头无可改之稿,因出上月之报纸,观苏联共产党第十九次代表大会中马林可夫之报告。此报告叙世界现势,苏国内情况及今后奋斗之方向,甚为重要。文甚长,看三分之二而止。

下午到社,开社务会议,谈社长秘书长分工问题,高云屏偏重于行政及干部教育,余与安亭偏于编辑方面,萃中则教部中事忙,未能多及社中事。次谈其他议题数端,至六点始散。

十一月五日(星期三)

晨即至社中,缘座谈中学语法教学问题。原约罗莘田、郑介石、丁声树、李荣皆不能来,而来语言研究所其他三位。外则吴研因、张志公、萃中、安亭。讨论提纲由叔湘草拟，并经叔湘当面陈说，大家发言均切实。自晨及暮，谈之竟日，颇有所获，共不以为倦。邀叔湘到我家晚餐。所谈无非有关语文之事，甚快。叔湘尚未在城中觅得宿舍，独自暂居语言研究所云。

十一月六日（星期四）

开始改芝九所为高中外国史第二册。九点，开署务会议，讨论出版行政会议未了事项。通过增设财务计划司，以谢冰岩任司长，专司有关整个出版系统财务计划事。次讨论"中苏友好月"之各项工作。

饭罢到社，续看外国史稿。方宗熙来谈，言中学四种生物学方面之课本已编齐，拟着手小学之自然课本，仍以苏联课本为蓝本，而求其适合国情。余请其先行计划，俾众人商定之。

高云屏来谈，谓"中苏友好月"各单位皆须学习苏共十九次代表大会之重要文件，拟于后日动员，余须作报告。余所知甚少，又无多时间作准备，然又不能不勉为之，只得略谈其感想耳。

十一月七日（星期五）

上午改稿不多，看马林科夫报告，及斯大林之演说辞。饭后偕乔峰至首都影院，出席苏联影片展览之开幕典礼。

十一月八日（星期六）

上午改外国史稿，进行不甚快，仅十数页而已。下午到社，文叔来谈小学语文第二册稿，此册已付排，因叔湘建功提意见，再作一番研摩。芷芬、李惠乔来商美术出版社同人所画语文第二册之画稿，计十数幅，可修改应用者仅三四幅，余皆不成样子。语文本印数最多，各地须早印，而画稿尚未就，只得嘱图画组同人勉力为之。

萃中嘱观一讨论提纲，缘中学语文教学大纲拟于中学教学文学，将邀集专家与教师，共商具体项目。余略为修润而归之。

十一月十日（星期一）

晨看斯大林《苏联社会主义经济问题》。九时，我署开庆祝十月革命三十五周年之会，各直属单位俱有一部分人参加，一堂集七八百人。今日尚是庆祝会之一部分,仅作报告,他日还将赓续举行。首由愈之报告十月革命之意义与中苏友好之意义,历两小时。次由洛峰报告苏联出版方面情况,述及苏联出版总署之组织以及两个出版社之概况,于同人颇有用处。十二点二十分散。

下午到社,续改外国历史稿。观美术学院为我社画语文第二册之图画,颇觉满意,胜于美术出版社所作多矣。

十一月十一日(星期二)

上午改外国史稿及教部生物科学之教学大纲。此大纲包括植物学、动物学、解剖生理及达尔文主义基础四门,循序渐进,理论结合实际,大可欣赏。此是翻译苏联之作,非我国人研究出来者。

周天行邵公文来言,苏共十九次代表大会文件既已布置学习,而高级人员未参加,拟集合高级人员为一组,每晨学习,定期讨论。人员包括直属单位之人,总计二十有余,首次讨论定于本星期四。余然之。

下午到社,仍改外国史稿。夜归后,胡绳来访,即共饮。余告以语文混乱现象,中宣部宜多加注意。杂谈甚多,意颇畅适。九点半,胡绳去。

十一月十二日(星期三)

晨续改外国史稿。九时,我署及直属单位一部分人员共集,听冯宾符作马林科夫报告第一部分之阐发。此是我署学委会所布置,以后尚有三次,为诸同志学习之助。宾符讲国际形势两小时,颇明晰。

下午到社,即开编辑部部务会议,讨论总结五月至十月之编辑工作,编制明年之编辑选题计划等项,至六点一刻始散。

十一月十三日(星期四)

上下午俱改外国史稿。上午开署务会议,余未出席。社中图画组同人以所画小学语文所用画稿相示,较前颇有进步,画人物合乎解剖,线条较纯熟,为之心喜。

回家晚餐后再去署中,为高级人员学习讨论会,就马林科夫第一部分国际情况,灿然、愈之、尊棋、克寒诸人皆有所阐发。自己阅读之后,为此一谈,确能融会不少。会以十点半散,夜寒殊厉。

十一月十四日(星期五)

上午改外国史稿,自六日至今日,九天改毕第二册。此册较第一册为胜,条理清楚,文亦畅达,至于内容,固以苏联本为据也。

写信一封,勉励社中图画组同人,期其更求进步,自求深造。下午到社,晓先世英二人来谈布置工作。我社人手虽增,而按需要言之,实尚不足。且已有之人亦嫌其不强,只得徐谋进展耳。

十一月十五日(星期六)

署中治文书之同志邀余作公文讲座,算是业务学习,将于下星期开始,今日拟第一次讲话之提纲。

文学出版社古典部主持人文怀沙来访,言社中拟于明年出版古典作家之选集若干种,屈原、李白、杜甫、白居易四家已有人编选,要余选辛稼轩之词。余允之,唯杂事纷集,恐不能从速交卷。文君于旧籍似有研究,因介绍高晋生之《周诗新释》与之,并告以王泗原有《离骚语文释》,亦拟介绍请其一看。

下午四时至勤政殿,列席政府委员会之第十九次会议。周总理作报告,大意谓明年将开始建设阶段,政府机构与建制须有所调整,乃可适应。毛主席随时插入阐说,如家人谈话,听者神往。重要决议为大行政区人民政府或军政委员会一律改为行政委员会,为代表中央人民政府在各该地区领导与监督地方政府之机关。其次为调整省区建制,撤销平原与察哈尔两省;成立江苏省人民政府,区划大体上复清代之旧。又其次为增设中央人民政府机构,成立国家计划委员会、高等教育部、扫除文盲工作委员会、体育运动委员会。高等教育部以马夷老为部长,杨秀峰、黄松龄、曾昭抡、刘皑风副之。教育部改以张奚若为部长,韦悫、董纯才、林砺儒、柳湜副之。会议以六点半钟散,至怀仁堂进餐。

十一月十七日(星期一)

九时举行署务汇报,杂谈日常工作历两小时。

饭后提前到社,与蔡超尘谈事。高中语文课本选用余之旧作小说《一篇宣言》,近有人投文于《人民教育》,谓此篇有种种不妥处,不宜为教材。余以为此篇立场如何,涉及文艺与教育两方面,应否作为今日之教材,宜请有识者详为究论。果属要不得,则作者虽可不表示什么,我社却必须承认其谬误。若投文者所言不尽合,则宜为之指点,以期共晓。余拟请雪峰、周扬讨究之,超尘以为然。

同社诸人选用余文作教材,余恒言不妥。彼辈以为既然发表于世,即为社会公物,不必有所避忌。余则深怕麻烦,对于己之旧作,实无能力批评剖析,每有人投书来讨论,辄为皱眉,如《蚕儿和蚂蚁》《古代英雄的石像》及此《一篇宣言》。今后语文教学大纲订定,教本须重编,必当坚持初意,请同人勿复选取余之文篇。

安亭来谈,根据上星期部务会议所谈,编辑选题计划已初步拟就,不日即可写出。又谓方宗熙君以编撰四种生物学课本已毕,仍欲离去我社而之山东大学,我社可同意其离去,但为设法留于北京,或入科学院,或入某一大学,乃可就近相烦。安亭去,为图画科同人研究画稿,指出应如何修改。

四时后,偕墨至国际俱乐部,我署举行酒会,招待苏联商务代表、大使馆秘书、真理报记者、塔斯社记者、国际图书公司代表、外文辞典出版局代表及我国外文出版社之苏联专家。夫妇并邀,凡四十余人,亦为"中苏友好月"之一个节目,七点散。

十一月十八日(星期二)

日内将为社内同人讲一次,述出版行政会议之要,计划化之所以然,以鼓动大家之积极性,今晨预作准备,写其大旨。伏案两时有余,旋觉肝阳上升,头昏耳鸣,即辍笔,闭目而休。午饭仅进少许,卧休一时许,醒来略见好,仍至社中与同人谈杂事,研究图画组之画稿。

十一月十九日(星期三)

晨偕墨到社。作书致介泉,询问北大西语系能否为我社编辑英语俄语之课本。我社无此人力,而中学亟需此两种课本。

九点,主持教部召集之座谈会,为草拟语文教学大纲之准备。到者有黄药眠、艾青、叶丁易、蔡仪、老舍、钟敬文及北大两位女教员,教部及我社二十余人旁听。上下午两段开会,大家意见如下。文学课之教材须是文学,政治性科学性之文章亦必有文学性乃可。高中以文学史为线索,仍以作品为主,于作品之选择排列,体现文学内容与形式之变迁。五四以后之文学宜详,五四以前分量宜较少。古典文学语言隔阂,大家未能断言如何使学生通晓。外国文学均主张采取,唯译文必求其纯粹。长篇作品宜取其一段,教师启发剖析得当,于学生阅读全部至有裨益。文学课与语文分开,大家均赞同,唯彼此必须密切联系。老舍发题外之言,谓儿童无优良读物,宜择有写作能力之优秀小学教师,令其脱离教师岗位,培养之使成为儿童读物作家。此言深得人同情。会以五点散。

到家吃饭,至署中为学习会,讨论题为"社会主义经济法则及价值法则在我国营企业内如何具体掌握"。以斯大林著作为据,联系我出版工作,大家发言颇多中肯处。

十一月二十日(星期四)

九时,举行第一次公文讲座。听者我署人员最多,此外为各直属单位治文稿之人员,凡九十余人。讲两小时,初发其端,似尚引起注意。

饭后入睡一时许,到社中。叔湘昨日谈起,我社编英文俄文课本,即使组织外力,社内不可无主持其事之人,龙志霍至相宜。余与志霍多年未通问,闻在南京中苏友协任事,主持俄文夜校。因写信致志霍,劝渠易一岗位,去南京而来我社。教夜校所及者为有限之学员,编课本则泽及全国之中学生。且实力充富,宜用当其量,不宜低抑。志霍若同意来我社,诚一员健将也。

校对科校对高小算术,发觉其稿体例不纯,语句生硬,来就余商量。此系俞子夷自改其旧稿,余观之,诚不能满人意。其修改殆依靠助手,然渠亦当过目,足见其于编辑之术初未措意。我社同人亦经审读,并未发现不妥,可见亦殊粗疏。余未能就每一书稿而详审之,毛病随时可出,诚为无可奈何。积极办法自当提高全体同人之责任心,磨砺其识力与眼光,然此事谈何容易。因告陈同新君,请其与薰宇共商如何补救。

晚饭毕,仍至署中为学习讨论会,赓续昨日未竟之绪。王益作中心发言,谈国营企业宜如何掌握价值法则,参考详备,解释清楚,大家均感满意。

十一月廿一日(星期五)

上午看公文及杂志报纸。下午到社,芷芬告余今晨共商算术课本事,决由数学编辑室曹飞羽君重看一过,或删或改,再行排版。此自是不得已之办法,然耽误造货时间已多矣。俞子夷及其助手草率交稿。我社送教育部教材编审委员会阅看,委员会曰可,我社即认为无问题。余为总编辑,仅于发稿时签字,内容绝未一看。此是一连串之官僚主义作风,堪为典型。他日有机会将当众言之。此风不去,出版物之质量何从提高哉。

瞿菊农来访,商其就事及译书之事。方宗熙重写动物学课本之一章,为之修改。

十一月廿二日(星期六)

上午看报纸杂志上有关斯大林新著之文字,以助理解。

下午到社,与安亭商谈高小算术课本事。曹飞羽君来告,谓详看其第四册,确属谬误甚多,以国家出版社而出版此等书,实太对不起学生。曹君青年意诚,言次几欲哭泣。共商之后,决由曹君与三位同人各改一册,以三四日为期,改毕而后,由余通体审读一过,以两日为期,争取下星期内完工,然后重排。至于浪费工力财力,耽误造货时间,亦不能说矣。我社同人不加详阅,徒闻教育部认为可用,即以付排;薰宇主持数学一科,亦未详审;余见大家通过,即签字发排,皆属无可卸责。会当公布于众,以为警戒。

十一月廿三日(星期日)

向觉明来访,为北大图书馆订购苏联期刊事,托余与国际书店有所商洽。又谈及学术著作虽专门,亦宜少量出版;印刷装订技术宜求改进;于书本成品、纸张种类,宜择要收集,组成小型之博物馆,为出版界供给参考之资。凡此皆与我出版总署有关,觉明言之,足见其有心人也。

十一月廿四日(星期一)

上午九时,我署全体与各单位之主要人员七八人为会,听周立波作报告。缘马林可夫报告第二部分叙及苏联国内情况,特别详论文学艺术,要求甚高,批评颇严,因请周立波一讲,为众人学习之助。立波讲演分五点,一为苏联文学影响之广,二为苏联文学之特点,三为何谓社会主义现实主义,四为关于典型之问题,五为关于"无矛盾论"之问题。历三小时,听者不倦。

饭后到社，与安亭萃中谈社事。与数学编辑室谈修订高小算术。入美术编辑室观诸人之工作情形。

雪峰来复信，评论对于余之《一篇宣言》之看法。以为此亦写当时实况，评论者谓其不够积极，未能多写进步一面，实为过分要求，且有违历史主义云云。又言今日持论若此者甚多，颇须纠正，而纠正须有人写充分而尖锐之驳论，奈无人得闲为之。余即以雪峰信交蔡超尘，请其考虑如何处理。

十一月廿五日（星期二）

上午看公文，准备第二次公文讲座之提纲。与愈之闲谈半小时。下午到社，与安亭云屏谈社事。少甫来，谈出版方面种种不顺手情形。

十一月廿六日（星期三）

叔湘来，谈张志公事。告以李庚复信，张志公允调，但须将《语文学习》一并转移至我社。此事不易骤决，尚留待细商。谈次杂及语法问题。

午后到社，应付杂事。接介泉复信，谓北大西语系能否为我社编辑教本，待研究后正式答复。龙志霍亦来复信，谓甚愿来京参加我社工作，第须妥为设法，俾得调动耳。目前招邀人员，最苦于宿舍无法解决。

十一月廿七日（星期四）

上午九时，为第二次公文讲座。谈两点，一点为避免公式化概念化，又一点尽量顾及对方，不宜任意为之。历时一点五十分钟。

下午到社，与诸君谈杂事。《语文学习》势须接过来，当与李庚详商具体办法。

晚饭后到署为学习会，讨论价值法则在出版、印刷、发行中之反映。

十一月廿八日（星期五）

昨带回高小算术第一册之修改本。预约四日改毕，蔡君如期交来。今晨余即为之审读，润其文字，且订其格式。

九点开署务会议。余听毕谢冰岩报告文委核定明年出版建设计划之情形，即退出续看算术本，下午两点看完，全册六十面耳。

到社中，《中国语文》社来拉去参加座谈会，谈新闻广播方面之语言问题。

盖谓语言不切合一般说法，使读者费解，听者难晓，应谋有以解决之。余略发数言即退出。

三点半，集全社同人为会，由余讲出版工作计划化之必要，请大家讨论拟议之选题计划与出版计划。

十一月廿九日（星期六）

九时，我署数人与直属单位负责人为会，商讨下星期普遍学习保密及保卫方面之事。讨论一时许，通过预拟之计划而散。余遂修润高小算术第二册之修改本，下午二时许改毕。

四点到社，与安亭、云屏谈社事。昨日发布一请假条例，余未详加考虑，即予批准。条例中规定事假逾一日者扣工资，引起同人不满。墨亦极言此事未妥，欲使同人提高积极性，而乞灵于扣工资，实为下策。人事科杨定远与办公室副主任柳永生喜搞章则，以为有章则可据，办公少麻烦，不知此实最机械之工作方法也。因招杨定远来，四人共谈。余主先废除此条例，请假办法以后另拟。知其不妥而立改，亦无所谓威信之不立。大家以为可，决于下星期一出布告撤销之。

十一月三十日（星期日）

下午，修润算术第三册之改订本，连续五小时，毕。预计今日看完四册，今尚差一册。

十二月（略去一天）

十二月一日（星期一）

天气严寒。晨间墨穿皮袍，外加呢大衣，戴棉帽风镜口罩，又加围巾，坐上三轮，又加盖小棉褥，在寒气中行半小时以上，恐尚须受寒。社中同人外宿者，以墨为最远。移家不可能，遇酷暑严寒，六十老妇当之，实颇为难也。

余照常乘汽车到署。上午杂看书报。下午到社，修润高小算术第四册之修改本，迄于放工。晚饭后赓续看之，毕。至此四册通体看过，虽未精纯，已无大谬。然即日发排，已误造货之预期也。

十二月二日(星期二)

准备公文讲座提纲,本周拟讲语言之连贯,谈若干连接词。

下午到社,与治数学诸君共谈。因余读高小算术,屡见"扩大几倍""缩小几倍"之语,以为"缩小几倍"之说不妥,说到"倍"只有扩大之意,"缩小几倍"殊难想象。然社会间已经流行,工业部门之报告往往用之,余以为此为破坏我国语言之一例。前月愈之亦谈及,亦认为不妥。此系从俄语译来,余尝问刘泽荣。刘谓俄语中无论扩大若干,缩小若干,同用一字,此字本身并不专含扩大义,如我国之"倍"字然。而我国别无相当之字,只有一个"倍"字,用于缩小实欠妥,亦无法以易。余遂与曹飞羽谈及,曹解其意,与同人共商之后,改为"缩小为几分之一"。而今日薰宇知之,认为不合,因乘余到社时共谈。薰宇之意,谓苏联教本讲乘除,一贯的用"扩大""缩小"以明之,说法必须一致,乃可使学生概念明确。若于扩大说"几倍",缩小说"几分之一",即不足以建立明确而一致的概念。薰宇解说谓不宜死看"倍"字,宜将"扩大几倍""缩小几倍"合成一个概念看;"扩大几倍"即乘以几,"缩小几倍"即除以几,只须向学生说明,亦无多妨碍。诸君听薰宇之言以为然,皆主从其说。"倍"字之意义自此变更矣,"缩小几倍"之说恐更益流行,亦属不可抗拒之势。

两点半起,与林老、柳湜、研因、萃中听语文教学大纲小组韩树田君汇报工作及拟具之意见。大家均满意,请小组写成两份报告书,一简一详,将送往文委讨论。以往语文教学最无办法,成绩最少,而此事最为重要,诚值得细加研究,详为讨论也。

十二月三日(星期三)

上午杂览书报,看少数公文。下午二时到怀仁堂,听苏联专家某君之报告,题为"社会主义经济基本法则之性质",为大家学习斯大林著作之助。

十二月四日(星期四)

到署后,翟之桢交来动员保密保卫学习报告之初稿,余略作调整与补充。十点,全署及人民出版社全体,尚有直属单位若干人咸集,听余作此报告。

下午到社,半日工夫,全为与人谈事。据芷芬相告,上星期所拟选题计划太粗略,无从定出版计划,须请编辑同人再加详密乃可。我社编辑同人大多不谙出版情形,且亦不知如何乃为严密之编辑工作,欲令作详密之计划,诚难乎其难。然我社为最大之出版社,所需纸张和印刷力占全部出版事业一半以上,如不能作精密之计划,明年全部出版工作计划化即成空话。故必须勉促同人努力为之。

晚饭后到署,为学习讨论会。杂谈出版业中价值法则之作用,大家发言甚畅。谈定从下星期起,每星期三星期六下午集中学习三小时,以斯大林《苏联社会主义经济问题》为主,旁及其他参证资料。我国方将开始建设,高级干部学而通之,领导各事必可顺利云云。

十二月五日(星期五)

上午开署务会议。灿然报告明年三月份将大规模宣传婚姻法,我出版方面须谋种种配合。王益报告检查新华书店之营业情形,以期改进,又报告消灭发行业方面强迫摊派之计划。此外尚有他题,讨论甚多,午后一点始散。

饭毕即到社中。萃中约雪峰来谈,请其发表对文学课之意见,余与研因、叔湘、树田参加。雪峰谈文艺界人力薄弱,未及关心教育,难有所贡献。谈其对文学课之看法,谓要求不能太高,宜徐徐而进,意颇平实。

余以三点先出,缘开明与青年出版社举行合并联欢会,借青年宫。余与墨偕往参加。四点开会,彬然报告合并之筹备情形。继之余讲话,致勖勉之意,并谓出版物之质量必求其佳。继之,青年团中央某君讲话,李庚宣布合并后之组织机构及人员名单。合并之局,至此乃定。于是为鸡尾酒会,笑呼之声盈耳,继以舞会。八点半演京剧,看其三折。余疲惫不堪,时又太晏,遂归。

十二月六日(星期六)

上午看公文及拟稿几件。治安保卫委员会之候选人已由各组选出,十一时,党政工团代表来余室再加斟酌,确定七人,今日下午由群众投票选举。

饭后酣睡一时许。到社,看方君等所撰小学自然稿十余页。系根据苏联之小学课本,一部分以水为中心,一部分以矿藏为中心,叙述方法甚佳,循序渐进,浅显易晓。余告方君等此稿给小学生读,尤宜注重语言,不可留有文字上之障碍。

少甫、芷芬来谈。少甫主我社有一专属之排字房,乃可使书本有一定之规格。余甚然其言,令其与卜明商之。卜明固印刷管理局之主持人也。

十二月八日（星期一）

改陈驰代写之文,言出版界概况,以应新成立之中国新闻社（仲华主之）约。改毕,请愈之观之。愈之提出数点,仍请陈驰改之。

因与愈之谈及我社自筹一专属之排字房,愈之以为可行,并谓不必纯作企业经营,可以作种种试验,以改进排版技术。适克寒来,闻此,谓小规模不济事,终必如麻雀虽小,五脏俱全,人力物力耗损实多。凡属工业,大规模总胜于小规模,言改进,言产量,均以大规模为宜。故应要求新华印刷厂改进技术,使书版合乎规格云。克寒此言甚是,然新华厂之负责人偏于保守,少甫欲另辟蹊径,盖感其难于打通耳。

午后到社,看语文室所选高中教材,高中语文本尚有数册未齐,故又须选辑。选来选去,无非老花样。诸君知此是临时课本,亦不甚经心。萃中来谈语文教学大纲事,欲余出些主意,余实无甚主意。

十二月九日（星期二）

陈驰改其稿交来。余复改之,并重抄数页,寄中国新闻社,了此一事。

下午到社,与安亭谈社事,多关人事,不易办得妥帖。韩树田君来谈中学语文如改为文学课,有若干材料可用。彼与同志们已预为摸底,开一简目。余观之,与从前选本无大差别,尚嫌其多,而难求其精。谈一时许而去。

十二月十日（星期三）

晨偕墨至石驸马大街,与少甫芷芬诸君共谈今后排书,究应如何安排。余主从改进新华厂与我社之关系着手,务使完成我社之排版任务,且质量须符合我社之要求,自筹排字房实非善计。少甫谓将提出书面意见,与署中同志共研究之。

九点到文委,出席委务会议,专讨论我署第二届出版行政会议之报告。愈之据书面作报告,无多讨论,仅钱俊瑞略提补充而已。

返署午饭,二时又至怀仁堂,听苏联专家然明之报告,题为"社会主义商品生产与经济法则之问题"。

五点半再返署。缘朝鲜方面派代表来京,与我署商订图书期刊报纸贸易合同,已讨论旬日,今日合同签字。我署设宴款之,由余为主人。六点半至文化宫,朝鲜代表金君及其同来者已到,外交部有三人来参加,外则皆我署系统内之人。七点入席,互为领袖干杯,情颇殷挚,九点散。

十二月十一日(星期四)

九点半,作第三次公文讲座,略谈虚字之要。精神不佳,讲毕归室,颇有颓然之感。饭后睡一时许,到社。芷芬来谈事,与史晓风谈事。

四点后,邀图画科六人来,勉以更求进步。谓彼等画人形已渐能正确,今后宜求生动,尤宜注意面部之神情。可多为速写,随时见典型性较富之人物,即记之于手册。他若动物植物舟车宫室,必须仔细观察,宜识其真。六人皆年轻,闻余言皆欣然,愿努力修习云。

十二月十二日(星期五)

九点开署务会议。应申报告与朝鲜签订书报贸易合同经过,我国每年约须补贴三十亿光景。卜明报告新华印刷厂之查定工作。所谓查定,即检查其操作方面、管理方面、设备方面之缺陷,由领导与工人共同讨论,以谋弥补改善,而后确定生产之定额。卜明言其印刷部门已颇有眉目,排字与装订则尚未有数也。次之,谈出版社与印刷厂应订立合同,各按计划工作,乃可不致失调。我社之排字工作全由新华担任,协助其改进技术条件与管理制度,俾合于我社之要求,不再考虑自筹排字房之事。我社全年印刷总数为三十六万令,新华印四万令;大部分分配在天津,印十八万令;尚有十四万令,分配给北京各私营厂家。

饭罢到社中,看初中动物学上册修改本。方君改动不少,余拟通体看过。

刘御以工会主席名义来谈事。言近开基委会,讨论我们行政方面措施不当,致同人不满之三件事。一为张允和解职事。允和返沪养病已久,近经行政方面决定,去书令其不必再来。此事违反工会章程,照章程,工人解雇须得工会同意。一为请假办法事。此办法已由行政方面宣布缓行。又一为申请宿舍办法事。此办法曾增补一条,谓须编辑或科长以上始得申请,同人大觉反感。关于张允和事,显因大家未熟悉工会章程,并非有意规避。请假办法于重订时自必考虑周详，经妥善之手续而后公布。申请宿舍办法所以增补此条，实出于目前之窘况。刘御言渠在基委会中一经说明，诸委员即释然，并将传告于群众。刘御如此行事，甚为得要。然我们行政方面处事确有缺失，有机会还得向群众当面言之。

十二月十三日（星期六）

晨至社中，续看动物学修改本。午前到署。两点半至愈之室，为首次之集中学习，阅读斯氏之作两小时，乃共谈两次听苏联专家报告之观感。中宣部将汇集各单位之意见，求其改进，以期收效。

夜间均正来共餐，谈张志公及《语文学习》事。

十二月十四日（星期日）

下午，足成谈广播新闻语言问题之一稿，全篇约二千五百言。此稿始于前一星期日，每日写二三百字，文意及语气未免不甚通贯矣。

十二月十五日（星期一）

晨作书复王了一，告以中学语文科将分为文学语法两部分，及叔湘担任编语法课本事。又作书复高晋生，于其以新观点释《诗经》，余无能发表意见。下午到社，与薰宇安亭谈社事，续观动物学上册修改本。

十二月十六日（星期二）

上午准备第四次公文讲座稿，仅谈表达，实未及于公文。下午到社，续看动物学修改稿。

四时，集编辑室主任及各科科长为会，由安亭谈张允和解职、请假办法、申请眷属宿舍办法三事，谓皆有粗疏草率之咎，但分析观之，有当有不当。将请大家评其然否，取得一致看法，然后普告同人。有四五人发言，大致赞同其说，唯于申请眷属宿舍事，主张较多，须再加细商。

十二月十七日（星期三）

晨至社中，看韩树田交来一稿，言其研究小组对于中学文学科之意见，即前此两度听其口述者，将供上级机关考虑。文长万言，而韩君谓犹是简本。因语言芜杂，意念颇朦胧。即书此意告之，恐韩君亦未必能领会也。又续看动物学修改本。

十二时到署,至愈之室少坐,听史育才调查书店强迫摊派之报告。书店方面混乱殊甚,欲实行发行计划化,于读者有实益,尚须作种种整顿也。

一点半至怀仁堂,听第三次之苏联专家报告。报告者为包得列夫,题为"从社会主义过渡到共产主义的条件"。

十二月十八日(星期四)

九点半为第四次公文讲座。饭后到社,接少甫电话,谓昨与新华印刷厂商谈,由彼厂担任我社之全部排版任务,结果颇好。下星期正式洽谈数次,即当签订合同。

与世英马宗尧谈订正地理课本事。缘行政区划改变,中小学课本皆有需改正处,而书已在各地印造,只得另发改正图文,分送各地。在发行方面,此为麻烦之事。续看动物学上册修改本,毕,送回方君。

十二月十九日(星期五)

看世英所拟初中本国地理提纲。此提纲仍偏重自然地理,其涉及人文者,仅为利用自然、改造自然与经济建设。此亦根据苏联之教学大纲及课本。世英将约社外二人合作编写。余略为修改,并提出少数意见。

愈之来闲谈。谈及去年第一次出版行政会议提出提高质量之口号,今究如何。愈之谓太不成样之书已较少,重复浪费稍减,即为提高之证。余谓此就消极方面言之耳,一年来所出诸书平平者多,则谓无所提高亦可。

午后到社,看语文编辑室所选高中教材,书所见而归之。

十二月二十日(星期六)

晨先至社中,因调用龙志霍事,写一信致钱俊瑞。钱为中苏友协总会之总干事,宜可与其南京分会讲通。

萃中来谈,韩树田君写东西实力所限,无能修改,拟托王微重写之。余自无不可。写此类归纳要义、提纲挈领之文字,仲仁较为擅长,惜仲仁养病于医院,不能以是托之。

午前到署,两点半开始集体学习。此事已得政务院通知,至明年三月底止。

十二月廿一日（星期日）

墨写一信给三官，余附几句，劝其来京小住。三官已往农村"体验生活"，今方计划创作剧本，进行未能顺利。此是今日文艺工作者之共同苦恼。若辈初以不了解生活，遂往朝鲜、工厂、农村"体验生活"。但体验归来，或则仍无从下笔，或则写成而仍不像样。余以为"体验生活"而以旁观态度出之，事必无济。体验之时必当忘却写作，及作品之胚胎成熟于胸中，乃考虑创作。而写作之时又必忘却理论，理论牵萦胸中，即不克写作自如，徒成障碍。三官难于创作，或亦正坐此病，拟俟其来与谈。

十二月廿二日（星期一）

上午写信数封，看印刷管理局报告数件，他则看报纸杂志。

下午到社，写信致胡绳，谈翻译外国文学作品多不成样，对原作者原作品为贬损其价值，而于读者，一则降低其文学胃口，二则搅乱其语言习惯。我人既欲顾及读者之利益，适应读者之需要，即不能不加意于是。此事余久蓄于心，亦尝为人言之，而人多不甚措意。胡绳居宣传部，有注意此事之责，且其识见通达，当不以余言为杞忧，故书告之，促其考虑。

萃中来相告，叔湘将参加科学访问团去苏联，虽为时不长，而于写作语法课本事，颇有妨碍。共商早日借得张志公，于叔湘出国前先行谈妥，请张执笔起草，俟叔湘归来再行修改。然尚须与青年出版社商谈也。

十二月廿三日（星期二）

准备公文讲座之材料，取叔湘书中文字繁冗之一例，以供听众评论研摩。

九时，伏园、泽浦、静庐、彬然及印刷管理局三人至余室，商量收集成品，加以研究，然后辟一陈列室，为推进印刷技术之助。此事由余向伏园提起，伏园以为有意义，可由渠之图书馆兼治之，遂约数人作初步商谈。共谓此举亦有助于普及印刷知识，陈列可分排版、印刷、装帧、纸张四个项目，分人负责取材研究，再行共商。十一点散，看发文及杂件。

下午到社，安亭来谈昨与少甫、景勋等人研究各项计划事。文叔来谈，又闹情绪，欲改任他项工作，眼泪盈盈，余无以慰之。

十二月廿四日（星期三）

晨先至社中。张志公事，云屏已与青年出版社接头，志公以一半工夫来助叔湘，以半年为期；我方则以王泗原往，《语文学习》移交事暂且不谈。晓先交来初中本国史第二册稿，已几经修订，嘱余作最后通读。因即看之。此书明年二月即须应用，而稿尚在余手中，恐必将延误矣。

午前到署，饭后续看稿。两点至五点，仍集坐愈之室中，共读斯氏之书。

余日来染流行性感冒，今日特甚，咳嗽气喘，体作寒。早睡，旋即发烧。半夜出汗，热退。

十二月廿五日（星期四）

在家休息。起甚晏，续改初中本国史稿，少作辄止。午后一点过，墨忽归来。谓今日高等教育部成立，有习仲勋、钱俊瑞、马夷老、张奚老四人讲话。中午全体同人聚餐。下午放假，此殊无道理。而我社亦随同放假，尤无道理。墨为余开一汤头，即服两煎。傍晚仍形寒，略饮酒，早睡。

十二月廿六日（星期五）

今日尚疲惫，再休息一日。总务科马彝民来探望，有顷而去。十时起床，续改历史稿，至下午二时许，毕宋元一章。洛峰、灿然、宝光来访，同人情厚，深感之。

十二月廿七日（星期六）

晨至社中，与安亭、云屏、景勋共谈。景勋报告出版计划之大体轮廓，明年我社造货，供应华北区域总数为二十四万令不足，其中中小学课本为十六万令，占三分之二。财务计划即据此制作。今年只余四日，所有计划须于年内制定交总署。商定下星期一与编辑同人会谈，希望保证按计划如期完稿，不复拖延。下星期二开社务会议，于整个计划作最后之研究。

与文叔谈话，请其任副总编辑，助余审改书稿，于小学语文仍负一部分责任。文叔于助余改稿，欣然同意，谓只作为受余之委托，而不欲担任副总编辑。文叔素淡于名位，然以行政方面考虑，不予名义亦非妥，当续说之。

高祖文来访，告余中央有意于明年开人民代表大会，订立宪法，询余有无意见。余表拥护，此事头绪繁多，余实无法想象，好在也无须余考虑也。

十二点到署，下午两点学习。

十二月廿八日（星期日）

傍晚，伯祥、叔湘、志公三人来共谈。叔湘志公开始商量语法课本之体系与组织，期于叔湘出国前大体拟定。六点共饮，多谈语法方面事。次谈及翻译文学作品及一般书籍不注意语言等问题，彼此所见颇同。九点，三君方去。

十二月廿九日（星期一）

晨即至社中，缘教部召开小学语文教学中之语法问题与识字问题。九时开会，余为主席。先由两位小学教师报告教育现况，谓北京各小学大部教语法，唯不成系统，遇什么讲什么。余遂谓今之讨论，即将使有系统，组织体系，列入教学大纲之中，俾全国教师共循。与会者于是发表意见，大多主张初年级在讲课之际顾及语法，但须有重点，有目的，并多所练习。最后一年或二年则规定时间，专授语法，整理前所已知，使成系统之知识，但亦须注重练习。

余最后发言，谓语法为儿童所已习，非入校而后习之，不过常日由之而不自知。既入小学，则赖教师按种种语法现象，分别列出各项目，适时提出讲授，自知其然而进于知其所以然。叔湘纠正余言，谓所以然甚难知，即专家亦难办，还是说培养并巩固其语法习惯之为得。（事后思之，所以然亦非不易知，不过不应言一切所以然耳。如语句必须有主语有谓语，儿童固幼而习之，于适当之时，不妨令其知非如是不成意义。此即所以然也。唯言所以然诚有流弊，改称法则或规律，即较得当。）

散会时，苏联专家谓在座诸君多言最好避免以语法名词术语传授给儿童，彼惑不解。彼谓苏联小学随时指授，儿童可以接受，而中国儿童之聪明才智，固无殊于苏联儿童也。今日会中诸君多说名词术语能少教即少教，能迟教即迟教，盖亦据实际经验而言。苏联教之而不感有弊病，恐是教法优良之故，他日应与此苏联专家商之。

下午续谈识字问题，余因社中有会，不复往参加。三时集编辑室主任为会，重行叮咛，希望所定编辑选题计划能如期完成，可以提早而不可落后。此一计划为基本环节,苟或脱误,其他相应之计划即皆落空矣。

十二月三十日(星期二)

晨间看来文数件。彬然来谈少顷。改初中本国史隋唐部分。此次已经数次修改,且缮写工整,观之较顺利便目。

下午怀仁堂有苏联专家报告,余以社中开社务会议,未往。此次会邀科长与编辑室主任列席,讨论出版计划与财务计划。诸人提意见不多,暂作通过,明日送总署。

与安亭、柳永生、杨定远谈杂事,与文叔谈小学语文及字典。夜间改历史稿五页。

十二月卅一日(星期三)

上午在署看书报,详改发文稿一件。下午到社,看发文数件。以除夕故,提早放工,四点即散。灯下续改历史稿数页。

一九五三年

一月(略去二天)

一月一日(星期四)

晨起较晏,续改历史稿。既而愈之来,闲谈出版社及书店情形。下午坐炉旁改稿,今日共改十余页耳。傍晚,至怀仁堂参加团拜会餐。七点半散。

一月二日(星期五)

缘行政区划有变更,中小学地理课本应作订正。春季供应之书大部已印就,征得文委同意,另发《订正说明书》一种,俾学校据以教学。此项说明书已由地理室草就,今晨为之修改,并定其体例。又续改历史稿数页。

下午到社,开全体大会。辛安亭就请假办法一事,张允和被辞一事作说明,大致谓行政方面不得辞咎,确有粗疏草率之过。继之以党支部书记身分讲话,综合答复整党学习中非党同志向支部与党员所提之意见。安亭所谈甚多,然未能明畅。刘御以工会主席身分谈请假办法与张允和被辞二事,行政与工会俱暴露其缺点,但亦表示双方之诉合无间,此后宜交相勉励。末了高云屏讲话,就同人学习马林科夫报告之第三部分"党"所提出问题,作综合解释。云屏善讲话,言足以达其意,宜称其识。

灯下续改历史稿数页。此稿尚须交灿然看过,当犹有改动。余据其所改将重作修润。

一月三日（星期六）

晨至社中,续改历史稿数页。看诸人所拟全社工作总结草稿。大家不甚有总体观念（余亦然）,对全社工作不能高瞻远瞩,得不到有价值之意见,观之但觉朦胧,似道着,似并未道着。若要余另起炉灶,余亦无能为役,只得就此算数交与总署。然总结之意义已失,仅为报销主义耳。

看我社与新华厂工作联系之协议书草稿,略为修改。十一点半到署,下午集体学习。

一月四日（星期日）

下午四时偕墨至青年宫,参加中国青年出版社之新年联欢会。邵力子夫妇亦来。雪村病后新起,拄杖而来。六点,李庚邀少数人宴于萃华楼。同行相遇,无非谈出版工作方面事。八点散。

一月五日（星期一）

晨间,人民出版社、文学出版社、新华印刷厂、印刷管理局各出代表一人,与我社芷芬、王伟集于余室,共谈新华厂一字数体之铅字事。此三家皆由新华厂排字,三家用字一致,影响已不小,可以转移其他出版社。讨论结果,由芷芬就各家用字标准加以整理归纳,下星期再共商。又《人民日报》威信颇高,最好与之取得一致。

看方君《人体解剖生理学》修改稿。此书原名《生理卫生学》,以教育部之教育大纲改用今名,亦从而改名。

下午到社,与安亭谈社事。请文叔为副总编辑,助余改稿,文叔仍未接受名义。晓先赓序来商灿然所改中国历史稿。灿然删改皆有见,深可佩服。与语文室同人共读小学语文第三册稿,两小时改毕四课而已。

一月六日（星期二）

到署后复看灿然所改历史稿。又看《人体解剖生理学》稿五十页。饭后到社中，与语文室同人续改小学语文稿，仅五六课。

今日在讨论小学语文稿时得一新知，稿由王漪朗诵。"月亮掉在井里了"，"小羊儿跑到树林里去了"，她念作"月亮掉井里了"，"小羊儿跑树林里去了"，动词与地位词之间不复用通常所谓之介词。历试许多话皆然，此殆是北京话之规律。教本究以北京话口语为标准否，今尚未明确，大家决定暂用"在"与"到"。

一月七日（星期三）

晨至社中，安亭以教部编委会生物方面人员对方君四种课本所提意见一份相示。提意见者原居东北，任翻译苏联生物教本之工作，因而研摩较深。以为方君未能体会周至，有时变更其顺序，致有失教育意义与科学体系；有时增益材料，加重学生之负担；有时取若干中国材料，谓是进行爱国主义教育，未免有流于形式及教条之处。其稿凡万余言，似皆有见。因即请方君参考而再改其书稿。九时，续与诸君共读小学语文稿。

午间得总署电话，下午暂停学习，遂与建功家霖共谈。字典稿即将付排，为慎重起见，请专家座谈一次，请程度与应用此字典之人相当者座谈一次，取得双方之意见再作必要之修改。余唯恐其无甚长处，复多谬误，不仅徒耗纸墨也。

两点后续看小学语文稿，至放工而止。翻译苏联课本之十余课无一不好，其他或为新作，或选自旧日之课本，相形之下显不协调。若细细琢磨，未尝不能有佳作。而时日限之，非赶成不可，即不得不出以杂凑矣。

一月八日（星期四）

上午为第五次之公文讲座。

新出版之《中国青年》有伊林一文，批评一般通俗科学读物不善写作，未能深入浅出，吸引人心。此言出之于伊林，决非徒为高调，彼固以另一方法写书而大获成功者也。文中有云："思想表达得正确不也靠语言运用得正确吗？'恶劣的叙述'往往是'模糊的理解'的直接结果。"又云："只会用修饰文体的方法来创作文艺性的作品，那是不够的。必须会用艺术家的眼光先去看世界。"皆是精语。

下午二时,到新闻印刷出版工会筹委会开常委会。缘三反运动及其他运动故,已一年未开常委会矣。今日有两议程。一讨论两年以来工作之简要报告,二讨论本年之工作计划。筹委会成立之初,以此会兼包脑力劳动者与体力劳动者,拟双方沟通,冶于一炉,故于报社出版社亦做了些工作。嗣知此两方面工作不易,非筹委会现有实力所胜,故今拟工作计划以印刷发行为重点,而尤重于印刷。此亦是实事求是之办法。讨论至六点半,决定再加修正,然后定稿。

一月九日(星期五)

晨间调孚均正来访,谓佩弦文集排版已就,即可付印,而序文尚缺。前托王瑶代撰之序文,大家认为夸饰处多,不合用。而评论人物与作品,欲求得当,确亦大难。因商由余作一简短之题记,叙此集拖延至四年以上,几经变更之经过,在最近期内办讫。

九时开署务会议,灿然报告三十余种期刊(印数较多者)已核定印数,以免浪费。并排定重要期刊之出版日期,使印刷厂之工作均匀,邮局发行亦不致忙闲失调。叶独青报告核定全国报纸印数之情形。继之讨论我署编制,未有决定。拟增翻译局与报业管理局,皆无适当人选,恐只能各设一科,附于出版管理局内。

下午由愈之向全署与各直属机关报告去年之工作总结。余未参加,仍至社中与诸君研摩小学语文稿。

一月十日(星期六)

晨至社中看文件,续与诸君研摩小学语文稿。修润改动至得意处,大家欣然。十二点到署,下午集体学习。

一月十二日(星期一)

晨至社中。我社与教育部一致,自今日起,即以讨论工作计划为学习事项。九点开扩大社务会议,邀请科长及编辑室主任而外,并及民主党派、青年团、工会负责人。安亭报告计划之重要,我社计划之特点,及如何保证计划之完成等项,将以此发动群众,请大家讨论是否适合。大家发言不多,商定明日上午开动员大会。饭后,与安亭、云屏几位商定动员大会之程序。

三点至怀仁堂听周总理报告。此亦中宣部所组织,帮助大家学习马林可夫报告之国际形势部分。听者极众,除会场外,北面大厅及两旁休息室均满座,讲毕已七点。

八点至全国委员会。今夕为扩大常务会议,讨论中央人民政府委员会之决议草案,关于召开全国人民代表大会及各级地方人民代表大会者。今年将举办乡、县、省之选举,开人民代表会;在此基础上召开全国人民代表大会,将通过宪法及五年建设计划。于是政协仅为一统一战线机构,于政府,于人民代表会,起沟通协商之作用,有建议致意之权(此盖原定于"共同纲领"者)。决议之末尾谓将成立两个委员会,一起草宪法,一起草选举法。周总理作决议草案之说明,他人颇有讨论,最后决定于本月底下月初开第四次全国委员会会议。散会已十一点。

一月十三日(星期二)

晨至社中,八点开动员大会。余首讲计划之要,多半空论。安亭继之,重述昨日上午所谈。于是萧家霖以九三社员身分、晓先以民盟盟员身分、芷芬以民进会员身分、薰宇以副总编辑身分、刘御以工会主席身分相继发言。末了云屏作结,告大家以讨论计划须扼住要点,提出"提高质量,降低成本,及时供应"十二字。午后一点始散,下午全体同人即阅读文件(《人民日报》之两篇社论)及计划草案,先分组为漫谈;十日之内,有六个半天专事讨论计划。

三点半至勤政殿,列席政府委员会第二十次会议,讨论题目即为召开全国人民代表大会,以昨夕所议之草案为据。周总理说明甚详尽,各委员相继发言,皆表示热烈拥护。毛主席作结语,谓办选举固非易事,而较诸其他运动则未见其难。言次提及蒋介石诡言"还政于民",现在还给我们,总算如了他的意了。此言颇有幽默味。散会已七点过。

一月十四日(星期三)

晨至社中,看日来积存之文件。各组汇报昨日漫谈情况,请安亭云屏主之。余与语文组续改小学语文第三册稿,至十二点,全册读毕。但删去之若干课尚须补充,未安之若干课尚须修改,未可谓通体改完也。

到署，进面。两点为学习之会。

一月十五日（星期四）

始看理化室所译之高中化学课本三十余页，略加修润。下午到社，看发文稿而外，续看化学课本稿四十余页。同人皆在讨论计划，视以前他种学习为认真。

一月十六日（星期五）

晨写信两封，答复不相识之人询问关于语文之问题。

文委最近邀各大行政区文教部门人员来京，会商本年之计划，期中央与地方之计划合拍。先在文委开会，然后分别至各部、院、署开会。如是不厌其详，亦以计划方始，慎之于初，必能多获成绩也。九时开署务会议，会商彼等明日来我署，应如何与之讨论，决定先听取彼等意见，然后择要解答。其次讨论我署一二两月之工作计划，决定以结束计划之修订与布置计划之执行为主。

下午到社，看化学稿一章，又看小学算术课本第一册之修订稿。

一月十七日（星期六）

晨至署中，改一本通俗读物《卫生常识》。此是卫生部所编，供扫盲后巩固识字能力之用。内容甚平常，语句多不周密，余为修改，亦未能使臻于充实。编印此类读物之主张出于刘少奇，除卫生外，尚有政治、历史、地理、自然数种。其意甚是，而编辑人才缺乏，实不能成较为满意之稿。

九时，各大区文教人员来署开会，并我署人员，合计四十余人。各区人员报告其对于出版建设计划之意见，均同意努力控制，真个走上计划化。末由克寒述我署之想法与做法，并希望彼此协助，执行计划。会以十二点一刻散，即会餐。

两点，复为集体学习。会毕，续改通俗读物数页。

一月十八日（星期日）

往访叔湘，知彼出国当在月外。与谈字典事，叔湘提出若干意见，谓必再修改，始可问世。次谈及领导方法，断言我人实不善领导。我人之想法不出二途。一为得好手而信赖之，任其自己挥洒。一为任人家写出毛坯，不惮烦劳而为之修订。二者皆非今日应有之作风，或为高拱无为之官僚主义，或为辛辛苦苦之官僚主义而已。余谓余亦深知其弊，但无由转变，将奈何。谈一时许而归。

饭后就调孚交余之草稿,写佩弦文集之题记,甚短,不足千字。明日送于调孚均正观之。

一月十九日(星期一)

到署,看发文而外,续改卫生通俗读物。

一点半到社,安亭来谈,告我以各组讨论计划之情况,群众之认真似以此次为最。余又为安亭言,字典总觉拿不出去,尚须修改。渠言当与字典室同人开会商之。昨日邀请可为字典之读者对象者十数人开会,彼辈于字典之评论亦有可采云云。

续改卫生通俗读物,毕。随写字条告彬然与孟超,谓此稿如采用,尚须作三事。一、请生理卫生方面专家看有无说错处。二、请粗识文字之人看有无看不懂难明白处。三、检查全稿所用字,其不属于常用字者,须注音作注解。

一月二十日(星期二)

晨间与灿然彬然谈话。十点半,伏园诸人来,第二次会谈成立印刷展览室事。共议此事之目的在指示印刷方面之知识,而重要在改进印刷之技术。彬然补充之,谓评论技术之优劣,以表现于印刷品者为主,其他实物及照片为之辅。雪村则言排字宜向机械化方向发展。日本已有排字机与照相排字机,宜就其基础而为改进,俾合于我国之用。今上海有人设计排字机,又有某君创造装订机,其实外国已有,自出心裁,其心思智虑固可嘉,然不顾人家之创造,另起炉灶,实为不经济之办法。会至十二时散。

下午到社,看语文室所为高中语文本之注解及提示。文叔来谈,萃中来谈,画图科嘱看画稿,看稿时间不多。

一月廿一日(星期三)

晨至社中,续看高中语文之注解与提示,毕其一册,仅十八篇耳。

十二点到署,看新到书报。两点为学习会,讨论社会主义基本经济法则。灿然与浩飞为中心发言,余人亦各有所陈,皆能联系我国实际,或就出版工作而言,非徒事复述书本中语。余言基本经济法则之目的为"满足不断增长之社会需要",我署既提出"提高质量"之口号,必当有切实之办法以实现之。以译品为例,早期译理论书、文学作品,译出即好,人家拿去死啃,亦复满足。今则要求已见增长,不能以是为满足矣。余之意盖感于我们一班人多喜言提高质量,而于具体书本则要求不甚高,标准不甚严,故为此说。

一月廿二日(星期四)

晨写信二通。接文委电话,乔木向各大区来京开会人员作报告,邀我们亦往一听,遂以十时往。乔木谓计划即法律,且是积极的法律,规定必须如何如何做。抓紧计划须兼顾三事。一为数量,可能而必要之数量,务须达到。二为质量,数量必与质量合而言之,乃有意义。三为成本,必求其节约。不讲定员定额,成本之亏耗必多。又谓以往专以签署文件、开会议、作决定指示为领导方法,而一般忽略检查执行情形,此最要不得。今后不应以年终作总结、按季作检查为事,应按旬按周按日随时检查,乃可保证计划之完成。签署文件而为领导之人已属不需,所需者乃业务之专家。领导者须自为专家,又须培养后继之专家。末言宣传问题。谓宣传者,无非提倡什么,反对什么。过去财经方面宣传尚好,文教方面作得甚差。乔木审事周密,能见其大,深为可佩。下午一点讲毕。

余即至社中,食小面包三枚果腹。看重行发排之小学地理一册。四点,各学习小组长会谈,讨论计划之事将告结束,尚有一天,商量如何布置。安亭主以提高质量为纲,明日上午由渠作简短之报告,下午讨论即集中于此点。

一月廿三日(星期五)

晨间写信三封。其中一封答浦江清。江清见余所为题记,以为太简略,主张仍用王瑶所拟序文而由余修改之。察其言外之意,必以为余简率了事,厚负佩弦。因告以王瑶之作不能用之故。又谓余与佩弦亦非泛泛,宁不欲勉成一文以传佩弦之真,以慰读者之望。无如力有不及,良深愧疚。余愿补充题记,俾较为丰盈云云。

宣传部干部学校以人来,嘱往讲语文课数次,允之。余于此事实亦无多办法。不善设计,无暇准备,讲毕每自不满。署中之公文讲座,以是于上星期宣告暂停矣。

下午到社,即至技术编辑室参加其小组讨论,集中于提高质量、精简工作程序两点。发言者颇多,态度皆诚恳。余发言就检查、校对、编务、图画四科分别言提高之方,非谓意皆至当,以供大家讨论而已。

一月廿四日(星期六)

晨八时,克寒作报告,动员全署及直属单位讨论计划,并各自制定本单位本人之工作计划。又将如历次学习,成立办公室,掌握各方面之讨论进程。

余听至半中退出,偕谢冰岩共往文委,听习仲勋为文教会议之总结。习之报告分三部分,一为按计划办事,二为文教工作之主要任务,三为调整机构,加强领导。并提出本年文教工作之纲领十六字:"整顿巩固,重点发展,保证质量,稳步前进"。又谓宜注意了解情况,今所了解实甚大概,宜求精确。次言领导方法,大致与乔木前日所言相近。

返署进食后,即为学习之会,今日为阅读。将散时,共谈集体学习收获无多,大家忙于工作,竟无从容浏览徐徐思索之时间。以后将就本位工作,结合今日布置之计划学习,讨论若干次云。

一月廿六日(星期一)

接浦江清复信,不复提王瑶所作之序文,第就余之题记补充若干语句,谓供余参考。余观其所补充皆记实事,即略为润色,送与均正付排。佩弦文集至此始竣事。文集开端缺一篇传状佩弦、评论其造诣之有力序文,终感不满。余复江清书中有云"此事终觉草率,厚负佩弦",盖实感也。

愈之来谈,谓执行计划,首须解决思想问题。吾人习斯氏书,亦能略述其书之旨,而了解中国现状,究明社会主义基本经济法则已否起作用,良非易事。此而不讲,徒反复述斯氏之语句,即为教条主义。彼将研究此点,提出若干问题供大家讨论云云。

饭后偕彬然同至社中,彼访萧家霖,谈其对《新华字典》之评议。余即参加教育部之座谈会,仍谈小学语文教学大纲之内容问题。提纲中提出生字之多寡、语法与阅读之分合等问题。轮及余发言,余说两点。一点为小学语文课教学生语言,发展学生之语言。其语言为北方大致通行之普通话乎,抑为以北京话为标准之语言乎,首须有所规定。二者中无论取此或彼,非北方话区域之儿童均为新语言,必须舍自己的母语而习之。故语文教学之任务,在非北方语区域为教以北方话,相形之下,其任务比较重。教育大纲应注意此点,作明确有效之指示。又一点为谓儿童掌握若干字,此甚难言。缘字或即词,或为词之组成部分,单以字言,掌握与否不可断定。须言令掌握必需之若干词,乃有确切意义。小学儿童究需多少词,今无人能断言,但必当在此方面作研究工夫,渐求有获也。发言者甚众,最后苏联专家普希金发言,会毕已六点。

偕彬然到家,祖文已候我于室。即共小饮。祖文之来,盖为联络。全国委员会将于本周内开会,询余有何意见。余无意见,无非到会听发言耳。

一月廿七日(星期二)

上午借谢冰岩之笔记本,核对所记习仲勋语。听人演讲作笔记,今已成日常生活中之要项,而其事良不易。聆听不细心,手写追不及,即不能得完整之记录。又加讲演之人思想语言习惯各各不同,完密者易记,散漫者即难办。余见会场中大家执笔疾记,往往想此数百人之所记,不知有几人吻合于演讲者之本意也。

下午到社,顺便往全国委员会秘书处报到。安亭来言学习委员综合各组之意见,分题加以讨论,今日之议题为组织机构,余即请大家来余室讨论。为保证计划之执行,编辑部拟恢复总编室。出版部由部主任总抓出版工作。芷芬以为有此两头尚不够,必须总归于一,随时检查工作之进程,乃可发现问题,亟谋补救。此事宜归之于办公室之计划财务科。柳永生杨定远等则以为今尚无经验,干部条件又不足,不宜为此过高之要求。于此题讨论甚久,未有所决。定于星期四先就群众意见讨论选题计划。至于总结此次学习,尚须多加研摩。

一月廿八日(星期三)

上午九点半,偕乔峰至文委。钱俊瑞报告文委之工作,以最近文教会议讨论计划为主,大致与习仲勋所谈相同。唯所谈此次会议中发现文教工作人员之思想情况,甚值注意。一、对此次计划之为根本转变了解不足,以为计划既定即可松一口气,不悟随其后者即须努力作事。二、领导人往往不能抓计划,不悟须发动群众共同为之。三、了解情况不够,讨论时心中无数。四、意气甚盛,所提计划偏高偏大,及明确重点,而未必能抓住。五、不注意财务工作与基本建设。六、对于条件之估计,规格之订定,多据老经验。以余观之,此数点确为一般情形,若不克服,计划化未易奏效也。

习仲勋发言,谓会议太多,大家疲劳。文委以后拟每两个月讨论每一部门之问题一次,大旨既定,具体工作由各部门自己去管。又谓以后各部门每两个月向文委报告工作一次,送下两月之工作计划一次,此易流于形式,拟即废除。各部门如有可推广之经验,自可作专题报告。习氏此说,可见其确有实事求是之精神,良可佩矣。

张奚若谈清华大学情形,谓去年招生,程度好者占百分之六十,余皆次者及尤次者。尤次者中之程度极低者,并高小程度而无之。校中且以次等教师教最好之班,最好教师教次等之班,此实为浪费。曾昭抡谈现在教师神经紧张,工作繁重,群趋积极,皆有若将不胜之感,不为设法恐难持久云云。此等情况皆余所未知,听听究有好处。

十二点半返署,抽暇看方君重改之初中植物学稿数页。三点至怀仁堂,听邓小平报告人民代表大会及各级人民代表大会选举法草案之大旨。此草案昨已发来,仅为呆板之条文;今听邓之报告,乃觉其切合实况,多方顾到,确为煞费苦心之作。明日全国委员会将分组讨论。

一月廿九日(星期四)

晨九点到文化俱乐部,讨论选举法草案。小组长为许德珩。渠参加起草,据其所知而作解释。大家无甚意见,历两小时而散会。余遂至社中,治积存之杂事。

下午一点半,开扩大社务会议,讨论经过修订之选题计划。余据安亭之报告发言,谓此次修订,具见顾到提高质量与切合需要两点,可断言颇有进步。完成之字数虽减少,但能按此实现,亦复非低估之计划矣。

一月三十日(星期五)

上午写信数封,看新到之书籍杂志。浩飞之夫人偕一刘姓同志来,二人服务于统战部,做文教方面之工作,嘱余与之联系。

下午到社，看预备付印之初中语文修订本一册；又校读高中化学译稿十六页。

一月卅一日（星期六）

上午至社中，续看化学稿廿九页，为修润，并提出可商之处。十二点前到署，杂看发文及新到书志。

两点，署中高级人员及直属单位负责人会于文化宫。愈之传达乔木报告，余传达习仲勋报告。继之，克寒就执行计划发表意见，谓计划即法律之语，今已成口头禅，实际上群众了解并不深刻。若大家玩忽视之，必出错误。又谓执行计划须推行责任制，某事归谁负责，划分清楚，然后功有可归，过有可责。又必须加强联系制。计划化者，大环小环互相扣合，不求联系，徒自闭户工作，必无济矣。次又谈及出版、发行方面具体事项，其发挥确足令人振奋。

中宣部来电话，谓乔木之意，外文出版社须加聘编辑数人，为修润中文稿，不必通晓外文，要余负责推选一人。余思索久之，无适当之人，以问愈之，愈之亦谓无有。又谓外文出版社专出外文书销往国外，何以需中文编辑，不得其解。今日彼社副社长刘尊棋来，余以是问之。刘言诚有此事，译成外文须据中文稿，所据中文稿多不通顺，致使翻译者无从下手。今欲请中文编辑先为修润，成中文之定稿，然后付诸翻译。余往日言中文之通不通，可以能否翻译检验之（当然非唯一之方法），不能翻译者必为不通之文。今外文出版社之事，良足以证余说之不谬也。

二月（略去六天）

二月一日（星期日）

接通知，全国委员会定于明日下午开会，会期四天。改化学稿十数页。

二月二日（星期一）

到署后接通知，谓开会延至星期三，其故为与会之人欲先行阅读文件，加以研究。文件已送到者两份。一为陈叔老关于全国委员会之报告，前一部分言过去之会务，后一部分言将着手准备召开第二届中国人民政协全体会议。一为郭沫若关于全世界人民和平大会之报告。余看罢两份报告,亦无甚意见。高祖文打电话来问,余径答无之。

下午到社,看译稿苏联学前教育一册,翻译而已。此稿经朱智贤校阅,似尚可诵。又看方君修订之《达尔文主义基础》上册稿一部分,今删去若干段落,俾较近高中学生之程度。

田世英来谈地理学会最近召开各地地理教师代表会议情形。地理教师普遍缺乏,改用苏联教材,能纯熟运用者尤少。会议建议于教育部,用短期培训之法养成师资。训练小学教师,俾教初中,训练初中教师,俾教高中,训练高中教师,俾教大学。据云教育部将考虑采纳也。

夜七点,仲华来,即与共饮。渠谈出国见闻,甚有味。又谓国外走走,即感我国人之演讲报告不如人,大致毛病为公式化概念化。渠谓今日大家方溺于此中,不欲改辙,将来必有一日深悟其无效,运大力以改之。又谓出国以前,宋庆龄以英语写演讲稿,甚好。翻为中文,送各方提意见,于是颇有增益。而将增益之部分翻为英文,辄觉无从下手,非第公式化概念化,与宋文风格全异,且违乎思维与语言之规律。仲华此说,亦可以证余之说,不成样之中文无从翻译也。九点过,仲华冒雪而去,渠往和平宾馆。

二月三日(星期二)

晨看文叔所作说明小学语文第二册练习课之文,将刊于《小学教师》。文叔唯恐教师不善运用,说明务求其详,其助人之心,跃然可见,良可深佩。

闻愈之患感冒,发烧已两夕,偕洛峰克寒等往看之。至则方坐而看书,热已退。即共谈署中调整机构之事。拟于各厅局司多设科,每科有限定之任务,范围分明,或可较有佳绩。

下午偕灿然至社中,会曾世英。曾略谈地图社之工作,谓人员多望迁徙来京,得所领导。我署正考虑将令地图社不属于我社而属于署。所绘地图,俟疆界问题有所解决,即予出版。该社之办公室以东城外干部学校之房屋充之,唯宿舍尚待设法。曾似颇满意,即将南下谋北迁。

与安亭、灿然、云屏共谈社事,殊感头绪之纷繁。半天工夫,迄未坐定看稿,而各室送来嘱看者甚多，难免草率应付矣。

二月四日（星期三）

十点开署务会议，各部门报告此次学习计划化中之关键问题，大致相类，无非领导同志不善领导，交代任务不明确，分工不明，联系不够，彼此之间常有脱节等等。克寒谓春节前须作毕三事：一、明确各部门之方针任务，使各有专责；二、确定组织机构，因事设人，人各有事；三、调整各部门之人员，使人尽其才。大家以为然，即据此通报全署，共同努力。

两点卅五分到怀仁堂，入座有文件。陈叔老与郭沫若之报告已看过，唯看周总理之政治报告。此报告历叙国内外之形势，最后谓今年之主要任务凡三事：一、继续抗美援朝，二、进行五年计划第一年之大规模建设，三、准备召开全国人民代表大会。三点照相，外面下雪，即在怀仁堂大厅前照。三点半，会议开始。总理、叔老、沫若挨次依刊印本诵读，费时不多，六点即散会。

二月五日（星期四）

九点到怀仁堂大厅，参加小组讨论，以周总理之政治报告为主，按三大任务之次序先谈抗美援朝。大致谓我操有利条件，可战可和可拖，而美国则反之。

十二时休会，余至社中小休。芷芬、少甫、晓先来共谈，商量历史室中三种书稿提早其交稿期。此次就应编各书逐本确定其交稿期，随之即排定发稿、校对、付印之期。据芷芬估计，若能认真做去，一步不延误，今年秋季尚有少数书不能及时供应，明年春季则无不及时矣。

下午三时再至怀仁堂，讨论总理报告中所提之第二大任务，大规模经济建设。六点二十分散。

余以泥泞载途，往社中迎墨同归。到家则叔湘在相候，既而志公亦至，遂共饮。所谈者无非语文语法，甚快。叔湘将于十天后启行，留苏十星期，回国之日，榴花开矣。过十点，二人去。

二月六日（星期五）

晨先至社中，然后到怀仁堂。讨论第三大任务，召开人民代表大会。吴辰伯转述周总理前此关于人民代表大会之讲话，颇餍众意。代表大会为政权机构，政协为统一战线组织。人民代表大会包含统一战线，而广于统一战线，所有先进分子悉包罗其中，乃可顺利推进工作。今后将定宪法，记载已做到之事项，共同纲领仍须有之，为统一战线努力争取之事项。讨论至十二时，小组会至此结束。

仍至社中，吃四个小面包。墨与芝芬、计志中来我室，谈校对科定计划事。今年应校之字数增多，细算下来，嫌人力不足。补充人力不易，有人而为生手，亦无补于事。须细商也。

三点至怀仁堂，今日为大会，发言之人凡十九，讲稿先分发，无非取周陈郭三人报告中语句，作敷演阐说。六点半散会。到家时墨已先归。连日搞计划疲劳，扁桃腺又作痛。饭罢渠即就寝。

二月七日（星期六）

墨仍觉喉间作痛，在家休息。余至中宣部干部学校，应约为作讲。学员二百余人，有旁听者约百人。余依斯大林之说，讲语言为工具、语言与思维之关系等，一讲三小时，自觉尚满意。以后尚须来讲数次。

至社中小休，仍吃小面包。看方君改订之《达尔文主义基础》约二十余页。

三点复至怀仁堂，继续大会发言。发言者仅四人，以安子文所作反对官僚主义、反对命令主义、反对违法乱纪之发言最有价值，最有分量。发言毕，稍事休息，再开会时即通过各项决议。最后毛主席作简要指示，凡三点。第一点为加强抗美援朝之斗争。美扣留战俘，破坏停战谈判，并欲扩大侵朝战争，故抗美援朝必须继续加强。美若不放弃其无理之要求与侵略之阴谋，我方即与朝鲜人民一直战斗下去。彼愿打多少年，我与他打多少年，直到他愿意罢手为止，直到中朝人民完全胜利为止。第二点为学习苏联。我国即将进行大规模之经济建设，种种条件不够，困难甚多。故无论何人，无论作何工作，不仅要学习马恩列斯之理论，且须学习苏联之先进经验与科学技术。第三点为在领导机关领导干部中反对官僚主义。领导方面只知写决议，发指示，只知布置工作，而不注意深入下层，了解情况，检查工作，如是脱离群众，脱离实际，必使工作中发生种种严重问题，如基层机构基层干部之命令主义与违法乱纪。此种官僚主义必须加以反对，彻底纠正。毛病既去，建设必能成功，帝国主义必然失败，我们必将取得完全胜利。毛主席辞毕,全场鼓掌久之,会议于是结束,时为五点半。六点会餐,八点晚会,至十点方散。

二月九日(星期一)

到署杂看书志,看发文数件。下午到社,修改识字班巩固阶段之读物关于政治之一册。此册由人民出版社起稿,我社工农教材编辑室鲍永瑞君为之修润,今入余手,为第二次修润矣。时因有人来谈话打断,仅改六页而已。

安亭云屏来商,谓全社计划经群众讨论,又作修改,将作学习总结,为郑重起见,明日再开一次扩大社务会议,试谈总结要点,经大家讨论,开全体大会布之于众。

墨今日起请假疗养。舌根木强,非复扁桃腺肿。自觉年衰,颇有不胜工作之感。

二月十日(星期二)

晨续改通俗读本,未能毕一篇。九点开署务会议,愈之传达毛主席于政协会议闭幕时之指示。继谓我署虽经毛主席提及,言略有进步,然决非即无官僚主义。拟于春节后作一次检查,希望各直属单位提出意见,共谋去我署之官僚主义,以期加强领导。

下午到社,开扩大社务会议,试作此讨论计划之总结。余略致辞后,由安亭作报告。渠据四周来之反复讨论,归纳群众意见之可取者,分提高质量、及时供应、减低成本三点,言之甚详尽,至六点过始毕。云屏未及讲话。

二月十一日(星期三)

晨八点到社,继续开昨天之会。云屏报告如何保证计划之完成,甚透辟。分六点:一、调整机构,健全制度,各自制定工作计划;二、社中各种组织,如党、团、工会、民主党派,皆环绕计划改进其工作;三、加强政治学习与业务学习,政治学习必须联系实际;四、充分发扬民主,可按期开工作人员代表大会,自下而上提出批评与建议;五、改进领导作风,要坚决贯彻计划,密切联系群众,从全面着眼抓住中心环节;六、注意同人之健康问题。云屏谈罢,到场者三十余人分为三组,讨论一小时,然后合在一起,各组推代表提出补充意见。明日安亭之报告于是大体定局。如此做法为前所未有,可谓相当郑重矣。

饭后改通俗读物稿两篇。三点至勤政殿,列席政府委员会之会议,议程为讨论人民代表大会选举法。首由邓小平说明起草经过与其意义,大致与前在怀仁堂报告者相同。观印发之草案,见第四条加上一句,谓妇女与男子同样有选举权被选举权。前参加政协分组讨论时,沈兹九嘱余在小组内提出加此一句,余谓第四条既有不分性别云云,即包含此意在内,加此一句实为重复。沈谓余乃书生之见,妇女同样有权,必须大书特书,乃可引起全国人民之注意。余从其言,即提出于小组,唯谓此是传述女同志之意。大致妇联方面分别叮嘱各小组成员于会上提出,今乃补入此一句耳。报告毕,发言者甚众,皆谓此草案实事求是,斟酌至当,通过时已八点矣。

二月十二日(星期四)

晨至社中,八点半开全体大会,由安亭作计划讨论之总结报告,渠合自己之报告与云屏之报告为一,连续讲三点半钟。余俟其讲毕,略致数语激勉而已。

两点仍到勤政殿,今日讨论本年之国家预算。入门领得预算表一份,座上置薄一波之报告稿一份。三点开会,先阅读文件一小时,然后由薄作关于国家预算之报告。薄云我国虽在抗美援朝斗争中,去年国家预算之执行情况是好的,不仅收支平衡,且有盈余。我国的财政情况是基础巩固,不断进步的;国家的预算是生产性的,建设性的。今年之预算以发展工业、首先是重工业为中心,说明我国已经开始进入大规模的有计划的经济建设的新阶段。工业化为全国人民百年来的梦想,现在这伟大的梦想开始一步一步地变为现实。末言保证预算之实现是可能的,此须展开斗争,反对建设工作中之盲目性,反对生产中之保守主义,反对企业与行政机关之浪费云云。此报告令人振奋,讨论时发言者甚多,直至九点始表决通过。

二月十三日(星期五)

九时开署务会议,前昨两日开会,余均缺席。今日讨论组织机构及编制人数,意在分清职责,按责设科,人员则期其精简,不留虚额。

饭后改通俗读物数篇。四点半,全署同人及人民出版社同人会餐,春节联欢。余举杯致辞，谓近日来喜事重重，选举法通过，预算通过，皆标志国家之更好发展。末言我署受毛主席表扬，谓有些进步，皆同人努力之果，唯尚须加紧努力，乃可更进一步云云。所饮为二锅头，同人多来对饮，竟醉。

到家本拟与全家共吃年夜饭，但已不能饮，旋即沉酣入睡。忽被唤醒，知是三官归来，时已过十点。全家皆欣然。渠有十二天之假，亦太匆匆。

二月十八日（星期三）

晨至社中，看积压之书稿文件。十点，与安亭云屏等人共商本月内之主要工作。云屏提出三事：一、各部门按全社之计划各自制定其工作计划；二、确定组织机构之调整，并据此安排人事；三、以本届若干书本不能及时供应为中心，彻底检查各个环节，务使今年秋季不复蹈此覆辙。除此三事外，并按选题计划作第一季度之检查，如有不及完成者，赶紧设法补救。云屏所提甚为得要，因推定每事之负责人，分别按事筹划，明日汇报。

我社于十四日《人民日报》登一启事，说明今届有中学课本五种不能及时供应，此于教学上损失甚大，无可补救。唯有保证今秋不复如此，庶可稍赎其咎。今特公开叙明，盖望在社会随时督促之下，使保证成为现实云云。载于启事者虽仅五本，各地不能及时供应者实不止此五本。尚有分区造货之书，因我社寄发纸型较迟，不能于开学前分发各地者十余种。此次检查将一并列入，乃可使全社同人明了关系之重，影响之大，大家黾勉努力，作到发型印书无不及时。

十二点到署，下午二点仍为学习会，讨论价值法则，发言不踊跃，亦无多深意。

墨今日往中医胡荫培所求诊。胡谓阴虚蕴热，无大毛病，须休养调理。赎药二剂，服后再往。

二月十九日（星期四）

上午在署中看连日积压之文件书志。午后到社，发文发排稿纷至，一一看之。四点后，昨日集会之人来汇报，检查延期迟出书限于十一种。得结果不特遍告全社，且将通报于有关各单位。

二月二十日（星期五）

上午看周芬交来之高中化学稿，略为改动。他则看发文数件而已。

三点至政务院，列席政务会议。愈之报告去年第二届出版行政会议之情形。大家注意于书报之强迫摊派。此是出版系统中之命令主义，书店店员，乡村干部，以及邮局邮递员，均不了解书报之用，第以多销为尚，遂使好事成为坏事。若辈所以如此，则以上级领导交代政策不明，指示方针含糊。我署与邮电部已竭力克服，当有见效。总理作结论，谓我署于出版工作有些成绩，但在发展中未有预见，遂有强迫摊派之事，在政治上生不良影响；近来注意发掘缺点毛病，亦是成就，宜更益奋勉云云。散会前提出任免事项，中有任命扫盲委员会委员十人一项，余亦在内。此为事恐不多，第又多一开会之事，余深以为惧。委员会之主任为楚图南。

二月廿一日（星期六）

晨至社中，续看化学稿。建功来谈字典事，嘱余于下星期为编辑同人谈话，确定今后修改之办法。在计划中，字典规定于六月内完稿，七月付排。修改之期仅余四月，若不抓紧即难如期。

饭时到署，两点为学习会，阅读马林科夫报告关于党之部分。四点，科级以上人员共集，愈之传达昨日所闻总理之言。克寒加以补充，谓总理嘱我署以半年工夫作整顿，认真修订出版计划，务求切合实际，适应人民需要。此责颇重，又至迫促，非大家振奋莫能就也。末言署中反官僚主义，自下星期始，望大家抓住要点，提出意见云云。

二月廿三日（星期一）

八点半至扫盲工作委员会。自今日始，将开一个星期之工作会议，与会者除委员外，有各地区担任扫盲之人员。首由楚图南报告开会宗旨与办法，略谓此次会议意在反映情况，了解实际，总结并交流经验，讨论本年扫盲工作之方针任务，制定切实之计划，使工作趋于正常发展。尚须检查过去领导机关之官僚主义，以及推行工作中之命令主义。继之，马夷老以文委副主任名义讲话，谓去年大家热中扫盲，视其事甚易，全无计划化思想，一时成为高潮。教育部未有预见，至应检讨。后经领导仔细研究，乃决定今年仍为准备阶段云。继之，华东一位代表、山东一位代表各报告其地区之情况。余聆此四人之言，知扫盲亦与他项工作同，本为好事，而以命令主义行之，辄生种种问题。毛主席于此时提出反对命令主义，与去年之提出三反五反同其重要也。

回家进午餐，下午不复往开会，而至社中。多人来接头事务，连续谈话，看稿仅十数页耳。孙玄常自上海调来我社，参加语文编辑室工作。

二月廿四日（星期二）

晨至署中，续看化学稿。最后看其绪言。此非翻译而系周芬自撰，须改动处甚多，且改动后仍难惬意，尚须设法重作。

下午到社，与辞书室同人共谈，外加文叔、黎季纯二人。余谓编辑字典二年以来，迄今体例未定。当初于工作中找体例，想法原不错，后来未能明确规定若干条，使大家共同遵循，乃领导人之过，余与建功应负其责。次言我人之字典为应读者之需，总得为读者解决问题，虽不能尽善尽美，终当有多少优点。故余主延迟定稿之期，至六月底为止。室中同人近以《工人日报》之一篇文章为例，摘出其中主要用词，视字典中是否都予解决，结果漏列者有之，已列而解释未周者有之。余谓此一工作若从早为之，即于取材大有裨益，今宜限期补作。次叙余对于字典不满意处。大家颇能虚心讨论，于原稿之缺失与改订之方，似有所领会。

回家酒后，看克寒所为我署检讨官僚主义之底稿。其稿详列我署缺失，唯属稿匆匆，意有不周。余亦未能补正，仅细看一过而已。九点看毕，令凤祥送回署中。

墨今日往北京医院求诊。医生言喉间作痛系神经性，原因在疲劳，他无毛病。

二月廿五日（星期三）

开始改方君与其他同志所编小学自然课本稿，系依据苏联课本而有所增益。苏联课本专讲无生自然界，今增益者为生物及卫生方面之材料。苏联课本据实观而究其原因，循序渐进，步步踏实。增益部分未能仿效其法，显然不一致。重作为难，只得试用而后再作修改耳。

十时，与愈之、克寒就克寒之底稿重加研究，略有修改。饭后复改自然稿，并上午所改，得十一页。

两点半，开扩大署务会议，邀直属单位负责人参加，将连续开三个下午，专事检查我署之官僚主义作风。今日由克寒就其所起稿作报告，一谈即三小时。乔峰与戈茅以上午参加文委召集之各部门反官僚主义之汇报会，钱俊瑞、习仲勋并有讲话，戈茅悉转述之。大意为此次反官僚主义不是运动，宜和风细雨的搞，旨在改变领导机关领导干部之认识与作风，故必须与具体业务结合，求得改进方法，解决工作中之问题；并须经常注意，官僚主义乃可渐减，一切工作乃可切实有效云云。

二月廿六日（星期四）

晨至社中，同人皆往教部听钱俊瑞作反官僚主义之报告。余独处室中改小学自然稿，用心较细，收获不能多。

午前到署中，下午两点半续开扩大署务会议，听各出版社负责人向我署提意见。所提皆实际工作中事，如无明确之方针指示，责办之事多，穷于应付，请示往往延不作答，答亦不解决问题等等。虽未造成严重之事故，但即此各项，已十足表现其官僚主义之作风。克寒主张必须逐一答复，逐一定出解决办法。余于此诸事皆似无关，缘少所参与，多不过问，盖官僚主义之尤也。

二月廿七日（星期五）

晨至社中，继续改稿。张萃中来，先谈语文教学大纲事。次谈加强各编辑室之领导人员，务期其有专门研究，有教育学识，而不为编书匠，乃可予学生以货真价实之教材。其言甚是，然余实不胜为领导人员也。每一念及，辄欲离去，乃觉心安。

十一时，偕孙玄常访张志公，使二人相识。拟令孙助张撰语法课本，此外则参加教部草拟语文教学大纲之工作。

到署中饭后，即看乔木送来《斯大林全集》三篇序文之译稿。乔木尝为此项工作托余物色人才，余无以应。今将译稿送来，要余改定其文字，供译者有所遵循。余因不出席扩大署务会议，专意看之。三篇序文不过三千余言，余看五小时，提出意见六十余条，即便送回。苟译者虚心而且细心，当有若干得益也。

二月廿八日（星期六）

晨至社中，诸编辑室纷纷送稿来，初中物理，高中物理，高中语文，小学自然。大家均欲按计划规定时间交稿，而未将余看稿之时间详加估计。余亦甚愿诸稿按期交出，竭力以赴，而劳困甚矣。亦有若干种稿，编者自知不及如期交出，提出改期。此系打破计划之举，最好少发生。芷芬与晓风正商拟办法，改动日期必须经过何种手续乃可。少甫来亦以此点为言。渠在出版部之立场，改动交稿日期确为其头痛之事。

余邀编撰小学自然之六人共谈，指出苏联自然课本每课先为观察与实验，或源于或接近日常生活，皆简明易晓。然后得出自然之法则，其法则至单纯，而说明极透彻。同人所撰之补充部分即远不逮。期大家体会苏联课本之精神，将补充部分再加斟酌。

十一点半到署。饭后伏案至五点，改初中物理三四十页，小学自然十余页。头昏眼花，不复能为，即停止。

三月（略去四天）

三月二日（星期一）

上午专改小学自然稿，亦不过十余页耳。下午开署务会议，就上星期各直属单位所提意见，各厅局司提出答语，或接受批评，或加以解释。语甚繁多，会时遂长。克寒亦提出答语，至为平安，又各有改善办法。

三官以明日返南京矣。此次回来，余观其生活与思想，印象不坏。据云今年未必能再来，当期诸明年。

三月三日（星期二）

出门时与三官为别，不无惜别之意。在署中半天，专一伏案改小学自然稿，亦不过得十五页耳。午后到社仍改自然稿，有人来接洽事务，随与交谈。晚归饮后复改稿数页。不免疲乏，且不去管他。

三月四日（星期三）

晨至社中,仍改自然稿,已去其六分之五矣。云屏来谈再设法调龙志霍事。刘御来谈小学语文第三册用词类连书法排版事。绘图组来请看所画画稿。文叔来谈其近日所观苏联论文之心得。建功来谈修改字典稿之进程。

十一点半到署。饭后看初中物理稿三章。两点半,开扩大署务会议,邀直属单位负责人参加,由克寒据前日所讨论者答复各单位所提之意见,洛峰、卜明作补充。

三月五日（星期四）

上午改毕小学自然稿,全一百四十四页,改八日而毕。虽较用心,然未敢谓已无谬误,斟酌重改还须诸君为之。

报纸送来,头条新闻为斯大林病况公报。斯氏于本月一日晚患脑溢血,右腿右臂麻痹,失去知觉与语言之能力,迄四日上午,病情仍极严重。骤睹此新闻,余怅然若失,心绪莫能描叙。

放下报纸,开始改扫盲巩固阶段用之历史读本,系荣孟源执笔。此稿较嫌深,但文笔畅达,甚易看下去,迄午刻改毕半本。午后到社,看陈同新重编之高中物理,二百余页,匆匆翻过一遍而已。

三月六日（星期五）

上午看初中物理稿数章,上册至此看毕。又看完荣孟源之稿。

午后到社,开编辑部部务会议,议题分两组各两题。属于执行计划方面者:一、第一季执行计划情况;二、变更编辑计划之手续。属于检查我社官僚主义者:一、如何认真检查供应不及时之详况,且求改进;二、应如何认真对待外界批评我社课本之文字。

讨论第一题未竟,忽传来消息,斯大林已逝世。会众即起立,开收音机静听播音员诵苏联最高机关公告,谓斯氏于昨日夜间逝世。同人有泣下者,余则胸中有一空之感。

重坐下讨论。于第一题,决定各编辑室仔细检查,如有后期者,应谋补救。于第二题,决定必须各方面协商妥当,方可有所更动。教育部为斯氏逝世,于五点半集全体人员于礼堂,听部长传达中央命令。我社须往参加,会议延至下星期继开。余亦随众往礼堂。堂中已满座,寂然无人语声,既而哭声作,殆有数十人。斯氏感人之深,于此可见。忽总署来电话,愈之召余回署,遂退出。

匆匆返署,愈之方自政务院归,传达周总理之讲话。周谓中国共产党之成立与发展,中国革命之进行与成功,皆与斯氏分不开。今斯氏逝世,我人宜百倍努力工作,建设新中国,与苏联加强团结,为世界和平与人民民主而奋斗云云。中央政府下令,自明日起,全国下半旗三日,停止一切娱乐宴会三日。

愈之谈毕,即共往苏联大使馆致唁。同往者尚有乔峰、空了、洛峰三位。路上见群众队伍甚多,皆臂绕黑纱,往苏联大使馆者。我人入大使馆,签名于簿,入一室,中陈油画斯氏立像,向画像三鞠躬而出。

三月七日（星期六）

晨至社中,看高中物理稿数章,至此毕其第一册。十一点到署,开始看颜迺卿所撰初中外国地理稿,亦依据苏联课本者,虽未能作重要之订正,略为修润,总是佳事。迄于放工,眼花背痛,甚矣其惫。

史晓风来电话,谓教部主张小学语文本须改印刷体为楷体,第三册分量嫌多,须删去若干。我社已将第一册付印,若须改变字体,又浪费,又延时。第三册即当发排,若加更动亦必延迟。我社与教部迄未将关系与手续讲明白,工作实难做。思此殊感闷损,且待下星期再说。

三月八日（星期日）

姚韵漪、计志中来访,皆劝墨不要离去我社。墨以身体衰弱不胜繁剧为言,并感谢二人之好意。

余续改外国地理稿,至午后毕其第一册。旋即撰一短文悼斯大林,系《文艺报》所嘱。题目太大,不易作好也。

三月九日（星期一）

晨至社中,即与同人谈语文课本事。张萃中亦来,经商谈后,得教部同意下一届再改用楷体,本届仍用印刷体。第三册稿酌加删改,不多更动。此亦影响出版时间。

余谓萃中,以前教本皆由余认可即付印,此系教部之责,余乃负不应负且亦负不起之责。萃中以部中无人审阅为言。坐谈许久,不甚得要领,余意殊怏怏。及散,安亭为余言,曾有少数人拟议,教科书之编辑机构属于教育部,教育出版社负责出版;出版社之编辑任务则为供应一般教育书籍。此意成熟之后,将提出于文委。余闻之欣然,期其早成事实。安亭谓他们拟将余包容在教部编辑之内。余实不能胜任,必坚决辞去也。

十一时半到署,开始改师范学校用之心理学稿。此系诸人合作,由陈侠组织者。

三点半,至天安门,参加首都人民追悼斯大林大会。

三月十日(星期二)

上午请灿然来,与谈教育出版社工作不易,余力实不胜,颇思有机会能舍去。谈约半小时,续改心理学稿。此须细看,不能求快,半日工夫不足十页。

午后至社中,续开上星期未完之编辑部部务会议。关于检查出版不及时问题,决先由少数人针对实际情况提出改善办法,然后请全体讨论。关于处理外界批评问题,决由社作检讨,明言以往置之不理,态度不当。各编辑室则各就报刊上评论本科书本之文,扼要作答。此二者皆须于一个月内作毕。

三月十一日(星期三)

上午专改心理学稿。下午续为学习之会。《苏联社会主义经济问题》之学习至此结束,共言其所得。或谓所得不多,或谓学习不宜求速效,认识增多,无形中必有裨于思想行动。决定每人作文一篇,不拘题目之范围大小,以本月底作成。以后不复集体阅读,每星期三讨论一次,以为定制。自明日起至于廿五日,则学习悼念斯大林之重要文字若干篇云。

三月十二日(星期四)

上午专改心理学稿,半天不足一章。午后到社,即有人来谈话。陈侠谈心理学稿又据余所看过,将送教部再看。文叔来谈小学语文亟须商定修改办法与第四册之编撰办法。世英来谈地理室之工作。柳永生、杨定远来谈机构调整后之人员配备。最后与安亭、芷芬商谈明日开全体大会,报告检查今春供应不及时之情况,期本届不蹈故辙。安亭谈其所拟报告之要旨。半天工夫于是又去矣。

三月十三日(星期五)

上午续改心理学稿。克寒来谈,谓不日将偕十数同人至华东检查出版工作。灿然曾以余思摆脱教育出版社之意告渠,渠因询余所感困难者何。余约略言之,总之自知力不胜,又怕烦劳耳。

下午到社,两点开全体大会,安亭作报告,即昨日语余者。余仅报告人事之有更动者。会散返室,谈话之人陆续至,直至放工时。夜间改心理学稿数页。

三月十四日(星期六)

晨间续改心理学稿。愈之来,余与谈教育出版社事,亦表示如有可能,深愿摆脱。九时开署务会议,讨论中图公司与新华书店合并,俾发行一元化,可有种种便利。原则通过,实行当在下半年。于是书籍发行将由新华书店掌握其绝大部分,此是出版界大可纪念之举也。次之讨论派出检查组到华东检查出版工作之计划,厅局司或在本京或至外地之检查与调查之计划。计划经少数人提意见,略有修改。检查与调查皆须于五月内完成,据所得材料所见情况修改下半年之计划,使更近于实际。次之讨论本月中至五月中两个月内全署之工作大纲,列举将近二十事。十二点过散会。

饭后续改心理学稿,至此已改五章,其他稿尚未交来。看田世英修改之初中本国地理第四册稿,仅观其修改部分,四点看毕。手头居然无积稿,意稍松。

墨自至社中,取存于社中之杂物,并与同人言别。渠情绪有些激动,谈话较多,归来遂感不舒,睡眠不好。

三月十六日(星期一)

晨至社中,九点开编辑室负责人之会,商量如何就安亭之报告而为讨论。时间宝贵,讨论至多半天,希望鉴往慎今,能使今后供应不复脱期。

十一点至署中。克寒言上星期六在文委与柳湜谈,教部非注意领导我社不可。柳湜表示自当如此,将郑重考虑其方案,提出共商。饭后灿然来谈,谓曾往访萃中,表示不以编辑出版分割为然,果予分割,纠缠必多,如期供应更难。此自是灿然之见。以余私愿,固甚望其能分割,俾余得抽身而去。且教部若领导有方,明乎及时供应之要,则亦不致与出版社脱节也。

三月十七日（星期二）

上午看褚亚平修订之自然地理上册,第就其改动处看之,十点看毕。于是看悼念斯大林之若干重要讲话,兼看《斯大林传略》。

饭后酣睡一小时,然后到社中。云屏来谈事。陈侠又交来心理学稿两章,即改之。执笔者皆大学教师,心理专门,而表述不合逻辑,用语随便杂凑,殊觉悲观也。

三月十八日（星期三）

晨至社中,续看心理学稿。安亭、云屏诸君来谈,机构既调整,人事亦安排,须各按全社计划自认其任务,并各制定其第二季度之工作计划。云屏提出其所拟之进行步骤,余无意见。

改毕心理学稿一章而后到署,已午刻矣。两点,中心学习小组为会,讨论悼念斯氏之文件。大家无多准备,讨论并不热烈,商定再讨论两次。

四九年以三月十八日到京,忽已四年,亦殊不觉其久。

三月十九日（星期四）

续看心理学稿一章,至此,上册之七章全已改过,下册尚未交来。余所不能改者,皆标明其须改动之处,俟陈侠与陈选善二君为之。

余改课本原稿,始于去年上半年,迄今已历三学期。去年三反之时,余作检讨,曾当众明言,新编之稿将逐一细细看过。三学期之修改稿本,为实践斯言耳。灿然谓此工作若作总结,将有助于同社诸君,至少可资编撰时参考。而余迄未能为总结,并无人助余为之。自知如此下去,影响不大,良非所谓领导之方。因拟嘱陈侠保存余黏于稿上之全部纸条,俟心理学排校完毕,据此比照研究,或可找出些东西以飨同人。

午后到社,看褚亚平修订之自然地理下册,毕。集编辑室负责人为会,布置自定任务、订制第二季度工作计划之事。

六点到愈之家。愈之作东宴客。客为沈志远,相别已一年多矣。他则恽逸群,新自上海调来我署,拟议中将负责不久拟成立之辞书出版社。而克寒、冰岩将于明日率综合检查组去上海,故为作饯。此外为乔峰、空了、洛峰、灿然诸人。谈饮甚适,十点过散。

三月二十日(星期五)

晨至署中,手头无改稿,重看斯大林关于语言学问题之著作。午睡醒来,作文就斯大林语,浅释语言与思想之联系,供《语文学习》之用,仅得两纸。

三月廿一日(星期六)

晨至社中,续写昨稿。既而谈话者渐来。晓先告我其同寓梁君(在教育编辑室)之妻昨夜自缢而死,神经原不正常,近因为何,不得而知。余闻之意颇不快。晓风来谈,语文室答复投稿者,评其语法稿,所言不尽得当,而又延误五个月之久。投稿者各处投书,张我社之失,意颇汹汹。余亦不知应如何处理此棘手事。每至社中,总有或大或小之困难问题入于耳而萦于心,余诚倦矣。

十一点半到署。下午两点,复为学习之会,讨论仍不见踊跃。

三月廿三日(星期一)

上午续完昨所为文,题曰《语言跟思想的联系》,不过三千言耳,即送于张志公。

下午到社,开社务会议,通过去年之决算,又讨论我社与各地印造课本之出版社拟订之租型合同底稿。

三月廿四日(星期二)

方宗熙交来其室同人所撰小学自然教学法稿一部分,即为修改。此稿配合新撰之小学自然课本,为教师之助。

下午到社,多为杂事。文叔絮絮谈现居社中兴趣不佳,希改换工作。彼谈之屡屡,余仍无以慰之。

三月廿五日(星期三)

续改小学自然教学法十数页。复信数通。下午两点中心小组复为学习会。今日谈较好,多数人发言,认识不相远。下次学习将改学《实践论》,中心小组与一般同人同其材料,以便辅导。此意甚好。

三月廿六日（星期四）

学习中心小组已学毕斯氏之《苏联社会主义经济问题》，相约各写笔记一篇，以自检验，限期于本月底。今晨开始写此笔记，得两纸而辍。

九时，总学委开会，讨论布置《实践论》之学习，以一个半月为期，各单位统一，目的在使大家知晓理论学习之并非艰难。于程度较差者，宜为之讲解，先使明晓文义，然后联系实际，作讨论与研究。

十一点，会于愈之室，讨论明日开署务会议事。

午后到社，与安亭、云屏、少甫、芷芬等为会，讨论各科室提出之工作任务。一谈历三小时。又看发文数件。

三月廿七日（星期五）

晨间写笔记两页。九点开署务会议。静芷报告出版用纸问题。灿然报告医卫出版社已可成立；时代出版社以易定三为社长，由中苏友协与我署共同领导；新华地图社已北迁来京，其所绘地图由中华书局出版。此外有浩飞、洛峰等报告他事。

到社中后，与方宗熙谈。方决定往山东大学任教，将于下月往青岛。安亭、云屏、晓风来谈社事。既而张萃中来，絮絮谈如何加强人力之事。余实无法可想。

三月廿八日（星期六）

晨到社中，将小学自然教学法看完。又看方君所作答谢批评介绍其书之文一篇。文叔来谈字典，渠作一"破"字条与余商量。

十一点半到署，续写笔记两纸。两点为学习之会，曾言明可各自阅读，亦可会于署长室阅读。余仍至署长室，来者仅乔峰、戈茅、浩飞、彬然、天行五人而已。余就《实践论》逐段提其要旨，并分为大段落，四小时刚好看完一遍。

三月三十日（星期一）

晨间续写笔记，毕。不过三千余言耳。当然无所发明，然因作笔记而将斯氏此作重读一过，亦增加一些理解。不知他人亦如我之信守约言否。

午后到社，世英交来高中本国经济地理稿，即看之。此稿系约人民大学教师编撰，在我国为创新之作，而芜乱殊甚。世英与编撰诸君已商改数次，今嘱余看者为其誊清稿。

三月卅一日（星期二）

上午续看本国经济地理稿。

报载周总理声明，同意联合国军方面提出之协商交换伤病战俘，并谓停战谈判应重行举行，以期早日结束战争，符合全世界人民之望。至于其他战俘，主张先遣返一部分，其另一部分对方所谓"不愿遣返"者，则交中立国方面研究，然后遣返。余揣对方或将接受。

下午到社，看杂件。安亭来谈，言教部将暂行取消小学五年一贯制，乡村小学仍为四年，此事酝酿成熟，不久即须公布。前年讨论此问题，余亦赞成五年一贯。今渐知外间情况，乡村教师程度之低，出乎意料，教法自谈不到。而我社编辑小学课本，主要之语文一种，亦无甚把握。教师、教法、教材三者均差，可知前年决定五年一贯制，实未考虑条件，亦所谓"冒进"也。今为改变，确是实事求是之办法。唯乡村小学仍为四年，程度固降低，而低等之教师未必即能完成其任务。如何提高教师之能力与知识，应为教部之重点工作矣。

四月（略去三天）

四月一日（星期三）

晨至社中，改经济地理一章。前所改三章，余以为只是毛坯，尚须更动次序，重行组织。安亭在试为之。

十一点到署，作复信数通。下午仍为学习会，集体阅读，到者视上星期六为多。余不复看《实践论》，而看《学习译丛》中论述《苏联社会主义经济问题》之文数篇。

四月二日（星期四）

九点，听王益汇报北京新华书店"试点"情况。此次试点由发行管理局与新华总店组成一工作组，以北京分店为点，试验计划发行与改进门市。为时已三月有余，今告一段落，商定若干制度办法，俟实施后再求改进，将推广于其他各处。

余于发行略有所知,故听之甚感兴趣。

三点至北京饭店,全国委员会之学委会请艾思奇报告《斯大林之学说与事业对中国之关系》,所论颇扼要,大致与报刊之文章相类。六点散,遇高祖文于会场,高本欲访余,即同载以归。其意盖询余于周总理之声明有何意见,即共饮徐谈。余当然无甚意见,高乃语以其所闻,大致为周总理出此系争取主动云。饮谈两小时,高旋去。

四月三日(星期五)

晨八时,我署青年团总支开第一届代表大会,邀余往。余讲话约一刻钟。继之,戈茅以党总支代表名义讲话,强调学习之重要。俟渠讲毕,余乃退出,杂看报刊。

下午到社。安亭修改之三章已毕,余重看之。

四月四日(星期六)

晨至社中,居然无事。看《联共党史》中之《辩证唯物论与历史唯物论》一章。前已看过几回,重看似又有所会。

十点半到署中,看新收到之书志报刊。下午两点,复为集体阅读,到者不多。愈之谈昨日周总理在政务会议中谈及朝鲜战事,谓各国无不欢迎我方、朝方、苏方之声明,美方甚为狼狈,而我方取得主动。目前先谈交换伤病战俘,停战谈判当可重开,唯亦不宜过于乐观云云。

四月六日(星期一)

晨往署中所办业余学校参观。余久欲助其提高效果,拟先从了解实况入手。凤祥入学已三年,成绩殊不见佳,即观凤祥上课之一班,乃高小程度之较高班。坐听教授语文一时有余,觉老师亦尚可,唯显见其无计划,未作充分之准备。语言太繁,而不能引起学员注意。

拟学习《实践论》之提纲凡两纸,先交浩飞阅看,请其提意见。俟大家商定,将发与我署系统之各个单位。

午后到社中,看静芷交余修改之《平行交叉上版法》小册子。此法系北京国营青年印刷厂工人所创造。原来停机上版,须四小时,此法改为机下上版,停机十二分钟，换上新版即可。上版时间大减，即机器之利用率大增，自属大宜推广之事也。

晓先来谈历史室编辑情形。少甫来谈将往上海，料理群益出版社转移事。文叔来谈其夫人患病，医生谓恐是胃癌，其夫人极度颓唐，文叔亦愁思重重。余殊无以慰之。

四月七日（星期二）

晨间仍至凤祥上课之教室。今日为算术课，学习分数乘法。老师教法较呆板，黑板演算不能用便捷之方法。学员皆二十以上之人，似于分数尚不能彻底明了。

九点，集各厅局司负责同志会谈，由浩飞报告各地出版行政机关指摘我署官僚主义之意见。所举具体事项，皆由有关部门记之，以便查究其详，作出答复。综合其要旨，大致为下列几点：一、不了解实况，凭空发号施令，不顾其办得通与否；二、不交代政策，不说明所以然，任下级自行摸索，缺少指导与帮助；三、有布置而无检查，发出公文，即为毕事。此数点正是官僚主义之通病。共定下星期大家提出答复意见及改进办法，再开会讨论。

下午二时，至北京医院检查身体，周历各个诊室，出院时已过四点，不复往社中，径归家。夜间，为署中检查公文之内部刊物作一发刊辞，仅六百多字。

四月八日（星期三）

晨偕墨至文叔寓所，探望其夫人。余少坐即至社中，看近日交来之本国经济地理第四章。来谈事者数人，看稿颇不顺利。

十一点半到署。饭后假寐片时。两点为学习会，大家漫谈，以《实践论》之理省察过去之工作，各有抒发，而并不集中。

彬然告余，章育文、傅耕莘近来京，出席中国青年出版社之董事会（由开明方面推出）。余回家，则知育文与其夫人曾来过，耕莘亦同来。育文仍办梭子工厂，耕莘则不作甚事。明晚其出版社将欢迎二人，邀余参加，当图一叙。

四月九日（星期四）

晨入初中二年级教室。系浩飞任教师，教语文。渠讲解甚细，而偏重于文中之理而不多及语文方面,与政治理论学习无大差别。

写信,看杂件。又参考他处之提纲重写学习《实践论》提纲,仍将请同人观之,定其妥否。两点半到社中,看发文,与人谈话,因而修改本国经济自然地理稿不甚多。

六时半到萃华楼,与章傅二位晤。他为开明方面青年方面同人,凡二十余人。会饮毕,开明方面诸人会谈开明事,为后日参加新机构董事会之准备。余非董事,旁坐而已。到家已十点半。

四月十日(星期五)

晨仍入初中二年级教室,功课为代数。系初入手,学生似尚能了解。

九点开署务会议。武行生报告增加若干期刊之印数。今年实行计划化,我署核定期刊印数甚紧,邮局于发行中分配未能尽善,以是读者纷纷反映期刊缺少。我署遂出此因势制宜之举。王仿子报告批复各区出版计划之情形。此是财务计划司之事,批复时第顾数字,尚未能及于质量。必须于若干种数若干册数之中,多出切实有用之书乃可。王报告毕,详作讨论。又讨论他事,会以十二点半散。

两点半到社中,续看经济地理稿第五章。

四月十一日(星期六)

晨至社中,续看本国经济地理稿,毕其第五章。此稿之芜杂,实无可修改。余主张重写,若他人以为无关紧要,有些内容即可,则亦任之。颇有人认为内容与文理为无甚干系之两件事也。

十点半到署,看报刊。下午二时仍为集体阅读,到者仅六人,此会大有支持不下去之势。余看《联共党史》第九第十两章。以前亦曾看过,不甚了了,今观之颇觉亲切,良以我国三年来之事,与彼国当时颇多相通耳。

四月十三日(星期一)

晨至另一班初小教室,观上语文课。教应用文,教师讲说尚明白,学生能理解。唯总嫌空话太多,教学进行至松懈。

观建功交余之字典最后修订稿"ㄅ"母"ㄆ"母两部分。未能多提意见,仅枝节有改正而已。

午后到社，安亭、薰宇、云屏、芷芬、永生集余室，与方宗熙叙别。方君自述其来社两年之工作情形，并言渠去后生物室同人如何安排。安亭向彼赠言，意谓科学研究亦宜多走群众路线。余无甚可说，即亦不说。方君明日买车票，后日殆可成行矣。

夜间宴请守宪夫妇及傅耕莘，并邀雪村、伯祥、彬然、龙文，共饮醇酒，皆赞赏。满子治馔亦至佳。饭罢欢谈，将近十点，客方去。

四月十四日（星期二）

晨仍至昨所观之教室，上算术。学员为低级职员与服务员，平时必已熟习简单之加减乘除，而一翻书本，一为笔算，即觉困难，且辨认一题，未能遽断。此在学习心理方面不知如何说法。或者由于教师不甚研究对成年人之教法。

为刘直奉改其所译植物学教学法。午睡起来到社，为陈同新改其所作批判其初中物理学一书之稿，将刊于刊物，为自我批判之例。稿仅七纸，改至六点半毕。

四月十五日（星期三）

上午写信数封，看杂件。文学出版社方白来访，谓彼社将重印余之《倪焕之》，建议删去其第二十章及第二十四起至末尾之数章。余谓此书无多价值，可以不印。方嘱余考虑，留书而去。余略一翻观，即写信与雪峰、方白，首先主张不重印。若他们从客观需要考虑，认为宜出，余亦不反对，则同意方白之建议。

午后仍为学习会，发言者颇踊跃，纠缠于何谓"概念"，如何"飞跃"。余觉大家求之过深，转成阻碍，拟于下次讨论时详谈之。

四月十六日（星期四）

晨入初中一年级教室，系上语文课。复习旧课，发还作文本。学员要余讲关于作文的话，即为讲四十分钟。

看字典"П"母修正稿，至十一点半而毕。午后到社，为《小学教师》写答问稿五六百字。

安亭、莘中偕来，交余看语文教学大纲拟订小组所拟之高初中文选目录。此目按照教学大纲草稿之宗旨,全选文学作品。高中阶段自古迄今,兼收旧俄及苏联作品,余谓大致可以。初中阶段有民间文学,有现代短篇创作。内容主题且不论,其间语言文字恐未尽纯,若以授初中学生,始基恐将不克稳固。因谓内容苟可取,加工殆属必要。略经商量而后,决定此目先由教部讨论,或再提出于文委,请决其大体妥否。至于各篇之取舍,须经缮录印出,分发各方共论。

四月十七日(星期五)

晨至初中一年级教室,观上算术课。

观新收到之《中国青年》。开始写一稿谈《实践论》,准备在学习会中发言,请同人评议。

午后到社,看我社与书店拟订之产销合同稿,为之修改,亦颇费时。曾世英来访,谈有顷而去。其新华地图社脱离我社而直属我署,为一事业机关,所绘地图交中华书局出版。今已迁来,居我署东城外干部学校屋中。

四月十八日(星期六)

晨至社中,看字典"彡"母全份。十一点到署,看报刊。

下午二点仍为学习会。余据昨所写稿发言,大意为学《实践论》不宜求之过深,举论中几个名词解释之。同人于余所称颇有纠正,论辩直至六时。余自省诚有失当处。

四月二十日(星期一)

晨起即写关于《实践论》之发言稿。日来杂想颇多,而贯穿为难,写之不能畅达。下午到社仍复写之。仅建功文叔来谈,停思若干时间。

建功来商"奈"字,此字甚古,而解其意揣摩其语气不易。文叔言其夫人往照X光,未发现癌究在何处。渠私与医生谈话,医生谓迁徙性之癌最难办,几于不治。文叔愁烦益甚,涕泗不已。

四月廿一日(星期二)

晨间写信两封,皆回答不相识者之询问。余未作统计,大约平均每天一封。

至愈之处,愈之告余最近中央各部门各级负责人往各地检查工作,其中一部分人又趋于官僚主义,各地对于彼等有十二字评,曰"到了就问,问了就写,写了就走"，盖谓其不能解决问题也。任何良法美意，执行者不得其当，固皆可以为官僚主义也。

饭后睡一觉，醒来到社。看总编室所拟约稿合同草案。看字典"了"母稿数页。与安亭、萃中谈事约半小时。

四月廿二日（星期三）

晨至社中，看字典稿。文叔来谈其愁烦，安亭、云屏来略谈社事。十一点到署，看报刊。饭后小睡，未酣。

两点复为学习会，余据所草底稿发言一时许。主要意思为马克思主义之认识论发见人类认识过程之真，人类认识过程为客观之真理。非能以意志转移之。唯必社会发展到现阶段，乃能有马克思主义，乃能有合于真理之认识论。谈毕，诸友发言指正，有足使余心服者，亦有断章取义，不明余言之要点者，亦由于余思之未谛，言之未明。六点散。

四月廿三日（星期四）

晨间我署系统内学习《实践论》者会于大礼堂，听陈珪如讲解此论大意。前已讲过一次，此为第二次，余往听之。陈女士讲物质先于意识，认识发展过程，皆颇浅明。至中间休息，余退出看书志。

午后到社，与安亭、云屏谈社事。薰宇任工会生产委员会主任，来谈今秋课本及时供应问题。工会颇关心此事，今知尚有书六册必须努力争取。

四月廿四日（星期五）

晨间始观列宁之《唯物论与经验批判论》，看一百余页。以常识衡之，唯物论之理易明，而为列宁所驳斥之理论难明晓。观列宁之叙述，诚不知此等哲学家何以愚昧至此，好为此观念之游戏也。

午后到社。陈侠告余以教育部请苏联专家每周一次讲教育学之情形，将继续四十余次，部中及我社人员均大部往听。与丁酉成谈，丁现主我社俄文翻译科，余告以余虽不懂俄文，但可为诸同人之顾问，共商译事。与建功商字典稿之修订。余近于此事颇感兴趣，两人共商尤有味。作书致柳湜，催促其所主编之师范学校用教育学稿。少甫自上海归来，告余以我社之上海办事处已商定并入华东人民出版社。

四月廿五日（星期六）

晨续看《唯物论与经验批判论》。下午学习会为阅读，到者寥寥。余重读《马克思主义与语言学问题》一遍。斯氏之作，言简而含意深广，余重读一遍，辄增加若干新的体会。

七点，偕愈之、洛峰、灿然等人应苏联商务代表古米诺夫、国际图书公司经理兹米乌尔之邀，赴苏联大使馆宴会。

四月廿六日（星期日）

晨至北海公园，与志公、泗原、均正、振甫、沛霖茗于双虹轩，闲谈《语文学习》约稿觅题等事。余以为正式开座谈会，往往无多结果，随便闲谈，转多触发。志公以为然，因约茗叙。

四月廿七日（星期一）

上午看我署同人所译马尔珂斯关于出版事业之著作。此书前经译过，译者俄文程度不高明，又不晓出版工作，译稿几不可读。此次重译，多人共为商量，成绩较佳。凡十余章，今日仅看其一章而已。

午后到社，陆续有人来谈话，处理各事。工会生产委员会张贴鼓动文章，请全体同人努力争取今秋做到完全如期供应。以现状察之，似确可做到。

四月廿八日（星期二）

上午续改出版工作译稿。下午到社，来谈事者五六人，人去事了，仍看译稿。苏联出版工作有一套完密之制度，其目的无非提高全民之文化水平。三年来我国出版工作大体上效法之，而得其精神，尚非易致。

四月廿九日（星期三）

地理室昨交来新编初中本国地理三章，今日开始改之。此稿比高中本国经济地理整齐得多，可以修改（彼稿可谓无法改）。半天工夫仅改一章，不过八页。

克寒昨夕归来，今日来谈，谓至华东华中一看，深觉我人居北京不了解外间情况，所思所行往往近于高调。今知今年之计划势必削减，重要之点还在着实整顿。问题以新华书店系统为最大。人员复杂，不识其任务为何，旧时书业之习气,几乎无不有之。书店进货,私营出版社之书占一半以上,此大大引起投机出版者之贪欲。若辈粗制滥造,出书交与新华即本利俱收,转比以前省事。今后整顿新华书店与投机出版业,其事即不简单云云。

午后两点,偕伏老至国际俱乐部,参加文联邀请芬兰瑞典两国文化代表团之座谈会。

四月三十日（星期四）

上午在署中,下午在社中,俱改地理稿,亦仅得两章耳。

五月（略去三天）

五月二日（星期六）

为便于休息,今日放假,明日补上班。余伏案改地理稿,迄于下午二时,共改毕两章。

五月三日（星期日）

晨至社中,改地理稿。

午前到署,下午两点开署务扩大会议,由克寒报告检查华东、中南两区之所得。报告历四小时,其结论为本年计划必须修改,主要着力于整顿与巩固。所谓整顿,一改善供需关系,二改善公私关系,三改善地方关系。供需关系,农民尚无力购书读书,多量供应,以致强迫摊派,此为必须制止者。在城市则为不能满足各方面之需要,新书少,有价值之旧书售缺,均非善为服务之道。公私关系为发行方面必须有所警惕,勿使投机出版家有隙可乘,以劣质书籍贻误读者。其出版物优良者,当一视同仁。地方关系为各地出版发行机构必须受地方党委之领导,乃可办好其事。克寒所述甚细,听者皆餍心。

七点半至愈之家,党组开会,讨论克寒之报告,并讨论今后工作目标,邀余与愈之、乔峰、空了参加。十二点半始散。余倦甚。

五月四日（星期一）

人民出版社排《斯大林全集》第一卷,以其校样送来,嘱余看其排版式样。其式与《毛泽东选集》相似。余翻阅一过,指出其应注意者数处,交还之。

开始看初中本国史第三册原稿,修改两节,系明初之部分。饭后酣睡一小时,两点到社,修改地理稿。

五月五日(星期二)

上午修改地理稿,下午到社,赓续为之。毕一章,即交世英。至此,上册十二章已改十章,尚余二章未交来。于是改初中本国史稿两节,至放工时完毕。此稿先由张中行改过,余几乎不需动手,故看之甚速。

五月六日(星期三)

晨看报章文篇。九时开汇报会,华应申报告至河北一县检查书店之所得。于书店之供销情形,当地人民之生活程度与文化需要,均言之甚详。戈茅报告检查美术出版社之所得。此社多美术家,政治水平不甚高,所出《人民画报》追求形式之美,有时且伪造景象。非设法整顿不可。会毕已十二点半。

饭罢小睡。起来仍为学习之会。余看关于斯大林语言学问题之译文两篇。

五月七日(星期四)

上午专改地理稿。谢冰岩已归来,谓此次检查到南京扬州无锡等处。各地看看,方知一切发展皆热情太甚,求之过急。今后须改为稳步,乃可踏实。

午后睡起到社,仍改地理稿。

五月八日(星期五)

上午看完地理稿,凡十二章,共历十日改毕,此是第一册。续改本国史稿,下午到社,仍复改之,迄于放工,共改四节。

五月九日(星期六)

晨至社中,续改历史稿一节。又开始改师范学校用之教育学稿。此稿系教育部所组织,分约数人编写。今日交来之一章又属毛坯模样,执笔者殊无体例之观念,达意措词亦不求明确。余仅能略为修整,非可根本改善。

十一点半到署。下午仍为学习,到愈之室,他人均不来。大约所谓集体阅读即此取消矣。余遂亦返己室,仍改教育学稿。

五月十一日(星期一)

上午续改教育学稿,毕其交来之一章。写信,看报纸杂志。下午到社,专改中国历史第三册稿,迄于六点一刻,毕其最后之三节。历史室同人预计于明日发稿,可以准期发出。

夜间看苏联儿童小说《古丽雅的道路》之译本,原名《第四高度》。署中同人嘱余看之,希望余能为介绍文字,为儿童节之点缀。余姑看后再说。

五月十二日(星期二)

晨间在家看《古丽雅的道路》。八点四十分,至新闻出版印刷工会,为欢迎来京参加第七次全国劳动大会之新闻出版工会之五位代表。九点半座谈会,五位代表略述各地工会之情况,多言编辑部人员组工会,殊无办法,工作颇不明确。谈至十二点,共趋森隆餐馆会餐。俟客去,范长江言今后工会须实事求是,我会当初条件未成熟而急于成立筹委会,故工作殊难展开。此后内部为总工会之一个研究部门,过一年或数年,再行正式成立云云。

两点到社,看翻译稿《初级教育学》一种,略为翻阅而已。芷芬来谈,今秋各种教科书之及时供应当无问题。唯新华书店估计印数往往不足。苟迄于开学之时,因定货不足而大量添货,则印刷需时,仍将成为不及时。

五月十三日(星期三)

晨到署改昨日收到之教育学稿一章,系朱智贤所写,条理较清楚,语言较顺适,为之修润较为有味。

九点半,偕乔峰、克寒、洛峰到文委,参加其常务会议。克寒报告我署派出调查组检查出版工作所获情况,末言今后拟即修改计划,注重于整顿巩固方面。与会者略有询问与讨论。末后习仲勋作结语,略谓我署获悉情况,据以改革工作,自属至佳。继即转而谈及一般方面,谓三年来打垮国民党,推翻封建地主,各方面有种种建设,此为绝大成功。唯我国家底为农业,而农民至穷,故家底殊非丰厚。目前最须休养生息,不宜增加农民之负担。因而除必办之事以外,可不办者不办。如强销书刊,虽似属好意,实非农民所需,即宜制止。今日首要宜注意工农联盟,农不得其所,为绝对不容许之事。余闻习氏此言,颇联想及历代开国后之重农之规模,虽未能全相比附,而意义有相通处。

下午本为学习会,仍各自阅读。余未阅读,续将教育学一章改毕。

五月十四日（星期四）

晨看《唯物论与经验批判论》数十页。九点开汇报会，卜明至华东、中南、西南三区了解印刷方面情况，据其所得作汇报。大致就现况论，印刷力量尚有多余，不须遽求发展，重要在提高工作质量，改进技术。

午睡后到社。安亭、云屏二人来谈社事。写复信数封。

五月十五日（星期五）

晨看字典"ㄅ"母稿，仅看其一半。

九点开署务会议。克寒谈昨日政务会议略况。谓财政经济委员会之各部由若干人分别负责领导，俾责有所专，系统分明。总理又谈及朝鲜停战谈判虽续开，而美方于战俘问题多方刁难，谈判仍有停顿之可能，今日从事建设必将有所准备，即准备一方面建设，一方面作战云。

克寒谈毕，讨论第一议题，《人民画报》由人民美术出版社改隶外文出版社。此画报以中文版为主，据中文版翻译英文、俄文等版，行销国外，其事本由外文出版社为之。又译为蒙古文、藏文、维吾尔文等版，行销于少数民族地区，其事则由民族出版社为之。此画报编辑人员水平不高，于宣传工作未能深刻体会，编排印刷亦大须改进。欲其像个样子，固大须努力也。

次一议题为各单位积压物资资金问题，由浩飞报告检查之结果。检查对象为报馆两家，出版社四家，书店三家，印刷厂三家，共积压之值四百余亿。如何方可避免积压，尚未研究得结果。

饭后少休即到社，两点半开社务会议。章士敏报告到上海参加新华书店华北总分店教科书发行会议之情况。遂讨论如何提出切实之办法，建议于各地造货部门、新华书店以及教育行政机关，以保证今秋之及时供应。据芷芬少甫等人谈，今因小学教育方在整顿，学生数目难定，故我社之编辑出版虽已提早，而今秋供应上之毛病仍不可免，或且将更大。于是决定分人想办法，于明日写出讨论，为各方面之督促呼吁，务期毛病出得最小。末后，安亭作第一季度执行计划第二季度修改计划之报告，此报告将于明日向全体同人言之。

五月十六日（星期六）

上午在署专看字典稿，看完"ㄅ"母，又看"ㄊ"母之一半。

下午学习会到者不多，无非漫谈。克寒自言今重读《实践论》，同时反省过去之工作及最近检查之所得，深觉主观主义之严重。

人民出版社已将《斯大林全集》之第一卷排成，凡三百数十面。今日送来，嘱余就校样读其译文，如有意见，即提请原翻译机构编译局酌改。灯下看十余面，确然有可商处。因稍用心思，夜眠未酣。

五月十七日（星期日）

志公来访，即出《斯大林全集》第一卷原本请志公观之，俾决余对译文之所疑。志公谓凡余所指，确皆有问题。讨论良久，余得一结论，译者只顾俄文之语法而未能体会汉语之语法，遂有此弊。如何使译者精究语法，比较于汉语俄语之间，此为要事。余以为叔湘与志公二人可以胜任也。

三时，与洛峰、沈颖同乘，驰往颐和园。缘苏联国际图书公司兹米乌尔将于明日归国，我署为之作饯。

五月十八日（星期一）

上午专看斯氏全集校样，凡译文有可商处，皆为提出意见，供编译局同人考虑修改。

下午到社，晓风以所拟向教部及总署陈述教科书及时供应问题之报告交余过目，即为之修改。我社务期真能及时，而欲达此目的。非多方努力不办。文叔来谈较久，其夫人日益消瘦。建功亦来谈少顷。丁酉成往南京打听龙志霍情况，已归来，谓龙已交代其过去之历史，表现颇好，该无问题，调用之事大约可成事实。

夜间，看斯氏集校样数面。

五月十九日（星期二）

晨间仍看斯氏集校样。

九时开署务会议。首先讨论各部门六月底以前之工作计划。克寒提出应贯彻反官僚主义之精神，并贯彻修改本年度工作计划之精神。其次讨论本月下旬

(廿七日始)邀集大区人员开修订计划之会议,旨在切合实况,仔细核算。其次讨论检查公文。

检查公文乃毛主席之指示。毛主席以为反官僚主义为经常之工作,必抓住关键事项一一反之,务期切合实际。前既提出各财经部门检查物资积压,并研究如何避免,今又提出检查公文,视三年来所作决议、决定、指示等项究有若干确为切实可行者,其不合实际者,径即废除。此是求实简政之要义也。讨论之后,我署决成立综合、出版、发行、统计报表四小组,取油印铅印之文件逐一详加研究,期于六月底作出总结。克寒谓欲就文件中发现问题,必有自我批评之精神,否则件件皆可无问题。余平日不甚作主张,随意发号施令之病自然不犯,并于他人作决定,下断语,往往怀疑其是否确实可靠。唯此态度亦非是,此是消极的不动天君也。

下午到社,来谈话之人不断,因而未看什么。

五月二十日(星期三)

上午看教育学稿一章。此章言身体及心理之发展情形,尚通顺。

下午仍开学习会,叶籁士作中心发言,他人继而随谈。旋谈及如此学习,究竟有多少意义。学习为必要的,此是肯定之点。然限定时刻,强而为之,集坐一起而心不在焉,实非顺应自然之道。大家说于六月初就此点讨论一次,或须改变方式,即向政府党委提意见云。

五月廿一日(星期四)

上午校斯氏全集,半日工夫仅得二十面。

饭后酣睡一时许。到社,看字典"ㄅ"母之稿。萃中、安亭来谈,又要开座谈会讨论关于语文、历史两科之诸问题。余无可无不可,此固当以教部为主也。

五月廿二日(星期五)

上午续校斯氏集,得二十余面。下午到社,为刘直奉看其所译植物学教学法,得半章。建功来商量字典稿,文叔、晓先来闲谈有顷。

墨于昨今两日均往文学出版社接洽,楼适夷谓仍任校对科之事,原来之科长因病休养,由墨暂代。从下星期始往上班半日。

五月廿三日(星期六)

续校斯氏集二十面。灿然邀署中少数同人及时代出版社二人共谈《古丽雅的道路》,将由余写成介绍文字,刊于报纸。诸人各有所见,缓日当据以下笔。

饭后入睡未酣。自两点至六点半,开署务会议,讨论经过修改之本年计划草案,由谢冰岩执笔。此次修改以所获情况为依据,比较切于实际。开会较久,余用心细听,遂肝阳上升,颇感不舒,回家时殊委顿矣。

五月廿四日(星期日)

身子疲惫,不思出行。起来后为世英修润其检讨地理课本答复《人民日报》批评之文,稿仅五页,亦花费两小时有余。

五月廿五日(星期一)

上午校读斯氏集三十面。又复肝阳上升。午饭仅进少许,昼眠未得酣。

到社,安亭相告,毛主席近询教育工作,知我社编辑人员稀少,谓此事至要,宜大量增加人员,自各方面调集。因定增加百人之打算。余意此固大佳,然一时调集百人,大非易事。萃中来谈,仍言语文、历史两科方面之事。建功来商量字典稿。为刘直奉看完其译稿之一章。

五月廿六日(星期二)

上午校斯氏集二十面。开总学委会,讨论结束《实践论》之学习,于六月上旬布置选举法之学习一星期,为七月开始学习《联共党史》第四章作准备。

下午醒来,因困倦未去社中,仍校斯氏集,迄于六点,得二十面。

五月廿七日(星期三)

晨间续校斯氏集十余面。

九时,计划会议开会。除各大区新闻出版行政机构人员而外,有各直属单位之人员及署中同仁参加,在座者凡百人左右。余首为致辞约一刻钟,继为克寒之长篇发言,将四小时。所谈系渠历次报告之内容,明辨实况,分析精细,提出修改计划之要点,扼要而照顾甚周,料听者必能深有所会。

进食后就睡,仅得朦胧而已。起来续校斯氏集十余面。

五月廿八日（星期四）

晨间校斯氏集约二十面。写一我社自己检讨其不重视批评之短文，答复《人民日报》对我社之《简评》，谓今后将改变此风，于批评必须作答，并欢迎更多之批评，以期编好课文。俟社中同人看过后，将与田世英检讨地理课本之文同投《人民日报》。

下午到社，芷芬晓风来请看应发文件，一一为之修改。安亭来谈事两次。余时仍校斯氏集。

五月廿九日（星期五）

晨续校斯氏集若干面。邀人民出版社出版部三位同志来谈斯氏集之排版校对问题。此次初校样于格式字体皆未多注意，而此书既须郑重出版，自必求其严格。三位同志皆以为然，谓将与翻译此书之编译局联络，彼此加意，多为商讨，多校几次，以期尽善。

午睡醒来到社，仍校斯氏集。教部又开座谈会，讨论小学语文科问题，期作一决定，请上级批准。余以此类会往往随便发言，不得要领，兀坐数小时，殊不合算，遂未往参加。

五月三十日（星期六）

晨至社中，续校斯氏集十余面。

九点开编辑部部务会议，讨论三事。一为布置下半年之编辑计划。二为稿酬标准。议定一般书稿每千字七万元至十一万元，定额自一万册起至八万册，视印数之多少而定。教科书稿自十五万元至卅万元，一次付讫，不计印数。三为翻译科拟定定额翻译，超额另致稿费。大家认为此事牵涉颇广，未易遽行，且待再加研究。

十二点半散，急趋署中，食罢就睡。起来续校斯氏集，至六点半，全册校毕，凡三百六十九面，每面七百余字，共二十余万字。余细心看过，译文方面，校对方面，兼为留意。然未能遽以此为定，编译局尚须复看，人民出版社尚须细校也。今日居然了此一事，亦为一快。

六月（略去二天）

六月一日（星期一）

今日为始，机关办公时间改为每日八小时，上下午各四小时。学习及党团活动每周可占用办公时间七八小时。原定每晨一小时半之学习取消。据云此一改变意在关顾干部之健康。唯夏令以八点始办公，转觉其晚。

余仍以七点到署。署中一室颇安静，早晨伏案，意至爽适。写复信数封，继之看字典"巛"母稿。下午到社仍继续看之，看毕后即看教育学之第一章，仅得两页。

六月二日（星期二）

晨间克寒来告七天来计划会议之情形。大致均商讨就绪，各项指标数字之改定，大家意见一致，颇为顺利。各大区人员急欲回去，会议以今日结束云云。

人民文学出版社送来整理过之《倪焕之》一本，于不甚妥适之语句，故意用古写之字体，皆提出意见，嘱余自己定之。余十之八九从之。以今日视二十余年前之旧作，实觉粗陋草率，细改亦殊为难，只得仍之。送回时附一短书，谓重翻一过，复感愧恧。务希尽量少印，聊资点缀即可矣。

下午两点到社。文叔即来谈其夫人之病，兼及在社中工作不适合，希独担一件工作，"硁硁自守"云云，重复其平日惯言之一套。建功来商谈字典，亦将一小时。俟其去，翻阅《古丽雅的道路》，准备作介绍文字。

放工后仍回署。七点，宴请参加计划会议之人员于文化宫。

六月三日（星期三）

晨醒来困倦殊甚，遂卧休一日。

六月四日（星期四）

今日始作介绍《古丽雅的道路》之文字，《中国青年》拟刊载之。余既有此意，同人传出去，遂为《中国青年》编者所闻，于是势非竟作不可矣。除签发公文与午睡外，竟日为之，仅得三千余言。

五日（星期五）

昨日构思疲劳，今日不复赓作，而誊写已成之稿。

九点开署务会议。叶独青报告其在华东检查新闻事业之所得。次之，程浩飞报告北京私营出版业发行业之概况，亦检查之所得。述三家私营出版社甚详，其中五十年代出版社与宝文堂书肆，为具有基础而改进未尽善者，尚须积极予以领导。下午仍誊写文稿。

六月六日（星期六）

晨续作前日之文。未几，何公敢来访。何现为福建省政府委员，顷以民盟开会来京。所谈甚多，皆系其所编字典及所创检字法之事。以字典之一部分交余，托我署为之提意见。

下午两点半到社，与芷芬谈事。教部方开教育工作会议，今日钱俊瑞作报告，余往听之。钱谈过去教部工作之缺点与错误，约为三端，即主观主义、官僚主义、分散主义。所谈事例甚多，自今日听之，确为不合。分散主义，意即领导出于多门，非属集中统一也。此毛病教部甚重，余亦觉察之。讲两时许休息，余头昏不耐兀坐，遂退出径归。

六月八日（星期一）

晨至社中，数人来谈杂事。续作介绍《古丽雅的道路》之文，而思路窘塞，殊不顺手。十二时到署，午睡起来复续作，迄于五点，全篇勉强完毕，凡十五纸。即交于灿然、王城、王次青诸君看之。苟大家以为可，即付《中国青年》。

晚，新同舍卢鸣谷来访，谈半小时。卢新从上海调来，任新华总店副经理。其居即晓先前居之屋，与余家南北相对。

六月九日（星期二）

晨间校阅修订后之出版工作计划校样，凡二十余面，亦花费两小时。

作书复编译局，告以愿从其请，继续看斯氏全集译稿，并拟约叔湘、志公、文叔诸人，为其局之顾问。

报纸送来，知朝鲜停战谈判中关于战俘遣返问题已达成协议。谈判始于前年，至此，停战谈判条款皆已商定，殆将实现停战。而后问题尚多，然我方处于主动之地位,固肆应咸宜也。

开始看周芬所译高中化学第二册稿,下午到社,续看之。云彬来,与历史室诸君商量其所编之高中近代史。谈罢来我室闲谈,建功亦来。

六月十日(星期三)

上午续看高中化学稿。倦甚,饭后睡一时许,犹觉未畅。

编译局一人与人民出版社人偕来,共商用字、用标点、排版格式诸问题。余告以深愿相助,望以后随时来商量。

六月十一日(星期四)

看字典"厂"母稿。

民盟开毕其全会,愈之今日来署,闲谈有顷。民盟之任务为团结高等知识分子,协助做好文教工作。愈之为秘书长,实即事实上之当家人,其事颇繁复也。

戈茅、周天行来谈,政府党委表示,今后学习须出自觉自动,方式可以多种多样,宜求实益,不事勉强。余觉今年之一切措施有一贯之精神,自广义言之,可包括以"休养生息"四字。以往三年成绩不少,而不免有强迫命令之处,今纠之而返于正,稳步从事建设,固其所宜。

下午到社,芷芬来商代教部所拟将提出于教育工作会议之建议一件。芷芬之稿有未谛处,令渠口达其意而为之着笔,花费一时许。

看发排稿言幼儿园游戏之译本一种。仅看其一小部分即签字发出。余于此类稿件往往如此,分量多,事实上不能细看也。萃中来谈,仍是语文教学、增加人力等等。

六月十二日(星期五)

昨日陈侠交余教育学稿一章,今日看之,于不妥适处一一为之眉批,希社中同人仔细参详,固不求写稿人亦知之也。写稿者强调思想政治,而不求言之明确周密。此病犯之者多,一时恐难改变。

看发文数件。下午到社仍看教育学稿。云彬来闲谈两次,建功来谈字典稿之修改,余借此少休。

今日发现猫生小猫于书案之柜中,殆欲得衬垫,撕破余之日记两本,破碎殊甚,竟无法拼合。此两本为三九年四〇年之日记，乐山被炸后之首两册也。以前日记悉毁于轰炸，今又损两本，未免可惜。继思之，余之日记亦无多意义，未足甚惜。

六月十三日（星期六）

上午续改教育学之半章，至此，上册之稿俱已改毕。饭后酣睡一时半，即不复到社，续看字典"厂"母稿，毕。

六月十五日（星期一）

编译局送来斯氏全集第二卷译稿四十篇，开始看之。何公敢来访，谈其字典或将交与五十年代社出版。

下午到社，仍看译稿。萧家霖以字典之排版样张见示，尚不坏。五十开本，全册殆有七百面上下。

六月十六日（星期二）

续看斯氏全集稿，半日工夫得五六篇，皆短篇耳。下午到社，除发稿两种外，看字典"丩"母稿，未能毕之。

六月十七日（星期三）

九时至妇联会所，开儿童文艺评奖委员会。此评奖之举，意在鼓励作者多为儿童写作。委员中半数为熟友。评奖结果于明年儿童节发表，为时尚多也。十一点半回署。

下午未到社，看斯氏集译稿五篇，即花四小时。

六月十八日（星期四）

上午看斯氏集译稿两篇，其中一篇较长。下午到社，看完字典"丩"母稿。夜间叔湘夫妇来访。叔湘于昨日回京。谈少顷即去。

六月十九日（星期五）

我署邀请回国参加青年代表大会之战斗英雄作报告。来者三人，为特等功臣一级爆破英雄黄家富，特等功臣检定时炸弹能手李德学，二等功臣优秀医务工作者窦吉芝。各直属单位皆有一部分同志来听。八时开会，余致辞欢迎，于是请三人讲其经历。虽不善讲述，而其事迹本身自能动人，且其人令人敬仰，听者皆感奋。讲毕献花，鼓掌久之。

下午到社，芷芬来商一件文稿，系代教部、总署所拟，关于教科书之印造发行者。余为之修改，历时一点多。建功来商字典稿，亦有半时许。余时改斯氏集译稿一篇。

六月二十日（星期六）

上午续看斯氏集译稿。

下午三时，至北京饭店，政协全国委员会请习仲勋作报告，谈文教工作。习谓三年来之文教工作，有成绩是基本的，但亦有严重之缺点。缺点在盲目冒进，与经济建设不相配合。今后应克服主观主义、官僚主义、分散主义云云。

六月廿一日（星期日）

伏案看斯氏集译稿。一点过，至美携宁宁来。饭后与至美谈译事，余之所云，渠均能理会。

六月廿二日（星期一）

晨看斯氏集译稿一篇。既而看字典"く"母稿。下午到社，看毕"く"母稿。

安亭来谈，教部已提出四十余人之名单，请人事部门调来我社任编辑工作。教部开教育工作会议历时二十余日，今日方闭幕。旨在纠正盲目冒进，转而趋向整顿巩固云。

六月廿三日（星期二）

上午看译稿五六篇，皆短文。下午到社，看字典"丁"稿。陈侠、建功、芷芬、萃中、功炎来谈，因而不能多看。

夜间看《钢铁是怎样炼成的》之节缩本。此类节缩本颇多，以其易于销行，出版界竞相出版，工力自有高低，品类恐大不齐。出版管理局因而托人分别看之，希望得出一总印象。

六月廿四日（星期三）

竟日看斯氏集译稿，未往西城社中。中间为彬然改一书评稿，评论投机性之语文书籍。

六月廿五日（星期四）

续看斯氏集译稿，与前昨所看合计之，又得十篇，即送回编译局。如是送回者三次矣。看字典稿,毕"丁"母,又看完"口"母。

下午到社,叔湘、志公二位来,因与萃中共谈语法课本之编撰。谈甚枝蔓,至六点而毕。邀叔湘、志公到余家晚餐,闲谈为乐,至十点。

六月廿六日(星期五)

九时,在署长室为会,讨论印刷管理局所拟在印刷厂厂长会议上之报告。此稿意思不集中,尚须重作。

下午到社,看斯氏集译稿四篇。与芷芬谈社事。与建功谈字典。

六月廿七日(星期六)

上午专看斯氏集译稿,下午不到社,续看之。旋即送回一批与编译局。第二卷凡五十篇,已看四十八篇,尚余较长之两篇矣。即看字典"屮"母稿,至放工时止。竟日集中心思,头脑又复昏昏。

六月廿八日(星期日)

晨间彬然来。八点半,偕墨与彬然至科学院,听叔湘作报告,谈苏联语言学界情形。此次科学院访苏团归来,分科作报告,以所见所闻告知国人,并将分科开座谈会。叔湘讲至十二点半毕,余颇广知闻。

六月廿九日(星期一)

上午看毕字典"屮"母稿,接看斯氏集译稿。

下午到社,三点与字典室、总编辑室、出版部十余人为会,商量字典之排印出版问题。此虽一小字典,而为之将三年,今年第四季必可出版。于版式、装帧、校对、宣传各方面皆有所计划。少甫之意,将以此书试验出版计划之成绩,于此获得经验。会毕已六点。

六月三十日(星期二)

上午在署中,下午在社中,皆看斯氏集译稿。

署中陈列将往德国莱比锡博览会展览之出版物,彬然邀往观之。我国书籍较有分量者极少,印刷装帧均不讲究,仅线装书与木刻旧版画较为精美,堪以示人。美术出版社之画幅甚多,思想艺术皆差,余以为少拿出去为妙。

《北游日记》(甲钞)整理后记

叶至善

一九四九年初,作者应邀参加将要召开的新政协,绕道香港进入北方解放区。离开上海的时候,他换了一册新的日记本,在封面上题上"北游日记"四个字。他以为这一回北上,不过时间比较长点而已,等开完了会,全国的局面彻底改观了,就可以回到上海,仍旧坐在开明的编辑部里,继续他暂时中断的工作。他完全没料到竟会从此定居北京,到一九八八年逝世,一直住了将近四十个年头。《北游日记》这个名字却沿用了下来,写在以后的每一册日记的封面或者扉页上。其实他早就打消了迁回上海的念头;在日记中,反而把偶尔去上海看看称作"南游"了。

《北游日记》共五十六册,本子的大小和厚薄不一,每页字数有多有少,很难统计总共有多少字;如果按照平均每日写三百字估计,将近四十个年头,应该在四五百万之间。全都收进这部《叶圣陶日记》是不可能的,按编《圣陶日记》的办法,选出八个片断编成两卷,这两卷就称作"甲钞"。

"片断之一",全录作者一九四九年年初离开上海到达北平日记;曾以《北上日记》为题,发表在一九八一年八月号《人民文学》上,如今依据作者在北上途中吟成的一首七律,把题改了。那首七律中有这样一联:"篑土为山宁肯后,涓泉归海复何求。"上联说为了创建人民的新中国,谁都争先,愿意贡献一分力量;下联抒发知识分子投身融入广大群众的兴奋欢快的心情。题目改成了《涓泉归海记》,略去了"复何求",应该说是缺憾,好处是免得跟《北游日记》相混。作者为《北上日记》作的《小记》,仍按例附在后边作为说明。

作者北上,是应邀参加筹建中央人民政府的新政协,接下去的"片断之二"应该以此为中心,正好以《篑土为山记》作标题,从六月十一日作者得知被推为新政协筹备委员始,抄到十月一日他参加了开国大典后回家,与朋友们举杯畅谈为止。在这前后一百一十三天的日记中,略去了跟这一片断的中心无关的四十五天;摘录的六十八天,也根据同一原则作了少许删节。四月中,作者已经担任了华北人民政府教科书编审委员会主任,略去和删节的,主要是关于编校方面的工作,以及交游和生活的零星记录。

"片断之三"紧接"片断之二",摘录了作者担任出版总署副署长那五年的日记,因而以《出版总署的五年》作标题。总署从筹建到撤销建制,开完最后一次署务会议,其实不止五年。新中国出版事业的格局,就是在那段时间内逐步建立起来的,许多重要措施,大到出版事业管理体制的创建和旧出版业的改造,小到编辑、印制、发行等技术方面的规定,作者在日记中都有或详或略的记载。作者那时兼任人民教育出版社的社长,因而又详细记录了开国之初中小学教材的建设情况。"片断之三"就以作者在出版总署和人民教育出版社的工作为中心,旁及他所参加的文化活动和政治活动。根据这一原则,在那五年多的日记中删去了将近两百天,绝大多数是星期天和其他休假日的。抄录下来的一千六百七十二天,也根据同一原则作了删节。如果一字不漏照录,字数大约会多出一倍。

"片断之三"是很长的片断,因而只好分成两截。编入《北游日记》(甲钞)整理后记的"上"截,按字数计,占"片断之三"的三分之二。

2001 年 12 月 28 日改写

商务印书馆同仁日记丛书

叶圣陶日记

下

叶圣陶 著

商务印书馆
The Commercial Press

北游日记(乙钞)

出版总署的五年(下)

一九五三年

七月(略去二天)

七月一日(星期三)

上午续看斯氏集译稿。下午,往大华观《伟大的公民》上下集。自二时起,至六点三刻出院,坐得相当吃力。然此片确佳。

七月二日(星期四)

上午到社,仍看斯氏集译稿。下午到社,亦复看之。余凡有改动,必说明其所以然,亦希于译者有所影响。译者之病,多违背我国语言习惯。又写成之后不复诵读一过,致语句多拗强不顺。凡此毛病,余时时为之提醒,录于小纸片。

与田世英、颜洒卿谈有顷。与建功商量文法稿。

七月三日(星期五)

上午看完斯氏集译稿《马克思主义与民族问题》。至此,第二卷之五十篇全已看过,其事可告一段落,即送回编译局。

下午到社,看字典"彳"母稿,毕之。至建功、家霖所,谈一时许。龙志霍由我社调来任俄文编辑,已接洽妥当,今日来信,谓不日即可来京。

七月四日(星期六)

上午看高教部交来审阅之一稿,系北京大学所编,教东欧留华学生学中国话者。高教部拟以此稿发往东欧各国,供彼国学习中国话者作参考。余观其稿颇觉满意,不为琐屑之语法研究,而注意汉语之特点,言其应如何而外,复言其反面,谓不应如何。苟教者善于掌握,确可使学者学而能通。稿凡二百数十面,余翻阅一过,未能逐页细看也。

下午三点偕彬然灿然至怀仁堂,听钱三强作科学院访苏团之综合报告,钱盖访苏团之团长也。其词甚长,内容丰富,至八点半始毕。到家疲甚。

七月五日(星期日)

晨偕墨与我妹至文叔家,缘知文叔已决定伴其夫人返上海疗养,日内即动身。文叔夫人瘦甚,面目尚清朗。深冀其能获痊愈,他日重来京中。安亭先在探访,共谈社事,坐约一时许。

七月六日(星期一)

上午看杂件,作复信数通。子恺发起于虎跑建塔纪念弘一法师,余捐一百万元。不相识之钱伯诚去年以辛稼轩评传寄示,余为介绍于文学出版社,雪峰因邀渠到社任事,今钱君有脱离原单位之可能,余答书表欣慰。并致书雪峰促成其事。

下午到社,即为芷芬改一答复《人民日报》读者投函之稿件,关于课本供应者,费时一点半钟。辞书室与出版部诸君谋订联系合同,余参加其间。联系合同订明各小单位、各个人于总的工作中应负之责,实为公约之意。工厂中有此制度,我社则于今次发排字典开始试行。今日尚是预商,正式签订将在下星期六。

七月七日(星期二)

晨看字典"尸"母稿。卜明来谈,印管局开印刷厂厂长会议历一周,大家于整顿巩固之方针,提高质量之目标,均有明确之认识,今日会议结束,邀余到彼讲话,以资鼓励。余应之,即就平日所见作讲话底稿,偏重于印刷品之质量。质实言之,今日印刷品之质量殊未能满人意,苟欲研求改进,头绪甚多。余所知太少,只能约略言之耳。下午三点,会众咸集,凡八十人左右。余据稿讲话,历一时有半而毕。七点过,宴与会者于文化宫。

到家,何公敢方相候,滔滔不绝谈其字典与检字法,九点半乃去。

七月八日(星期三)

晨间看罢字典"尸"母稿。

九点半,偕愈之出席文委常委会。文委计划财务局作关于编制全国文教事业计划工作之报告。分三部分:一为编制今年计划之主要经验;二为综合各部所提出之五年计划纲要草案,提出初步意见及其中之问题;三为五年计划与一九五四年计划工作之布置。习仲勋作结语，希望明年之计划胜于今年，且能及早提出。

会散已一时，返署进餐，午睡起来已三时。即至社中，芷芬来谈事。与陈侠谈约外间译稿。文叔夫妇已于昨日上午动身赴沪。

七月九日（星期四）

八时半开署务会议，讨论明年出版建设计划之各项指标数字，系计划财务司所拟，为草拟明年计划作准备。克寒提出数点皆重要。如报纸期刊之份数尚嫌其多，多即未免强迫摊派。如基本建设宜集中于某方面，今各方面皆建设一些，必致年年谈建设，年年闹房荒。

三时到社，取新出之《小学教师》看之，检查校对工作之质量。校出错误即记之于纸，送往校对科。建功来谈字典有顷。

七月十日（星期五）

上午看陈侠交来之教育学稿一章，已由检查科先看，颇不费事。又看字典"ㄗ"母稿。午后到社；看字典所有诸韵母之稿，属于诸韵母之字数并不多也。

出版部汇印外间来信，言及我社之书装订错误甚多。此事殊不可恕，须设法克服，作书与少甫谈此事。

安亭来谈，言大批调用编辑人员，其名单虽经教部开出，而管理人事之系统不一，公文辗转需时，今尚无眉目。又谓日内拟开全社代表会议，期能巩固今年上半年及时供应之成绩而转入提高质量。

七月十一日（星期六）

看教育学稿又一章，写得甚差，无由修润，循诵一过而已。此书由教育部约多人分章写述，有较好者，亦有甚差者。教育部要求不高，第观其讲及什么，而不问其怎么讲什么，故模糊笼统之病，所在都有。以此为师范学校课本，教者实难掌握，学者亦如在雾中。余固深不满意此类书之刊行，然若提出此意，彼必将以今日水平只能如此，无法作过高之要求为言。故亦只得任之。

下午三点，开总学委会。宣布依政府党委之指示，各单位高级组、中级组悉学《联共党史》，初级组学经济建设常识。并讨论领导组织之方。

丁酉成译小学俄语教学法一稿,我社将出版之,供教师参考。余决为之修润,以今日始。

七月十二日(星期日)

三时到科学院,语言所既由叔湘作报告,今日遂开座谈会,到者二十余人,多熟友。诸人发言,皆谓有关语文之事宜由语言所出而领导。余谈语言混乱之象为害甚大,宜共努力研究,设法消解。六点半谈毕,留饭。

七月十三日(星期一)

上午续观俄语教学法译稿,进行甚缓。愈之来谈有顷。下午到社,接龙志霍信,谓以今晚到京,嘱人事科派人往候。建功来商量字典稿。仍改丁君译稿。

叔湘来,谓参加《中国语文》社之座谈会,讨论译名问题。到家与至善谈。渠谓我国化学名词之制造据形声字之例,甚有系统,视而可知,学者称便。语文家以其为单音词而欲改用音译,实无裨于化学界云。

七月十四日(星期二)

上午仍改丁君译稿。彬然、伏园来谈。下午到社,开扩大社务会议,宣布将开全社代表会议,由安亭说明其意趣及办法,然后大家讨论。决定成立一筹备委员会,推定七人,即着手筹备。

七月十五日(星期三)

建功、家霖草成一关于字典之宣传件,嘱余看之。为逐句推敲,加以润饰,费一时许而毕。

了一来信,有来京之意。即作书复之,告以毛主席指示增加我社之人力,教部方开列名单调人,其名字亦在名单之中云云。了一之意在科学院语言研究所,我社之编辑工作,或非其所希,姑告之,事成与否,因素甚多,且观其结果耳。仍续看丁酉成译稿。

下午到社,新自福州来我社之洪心衡来相见。洪君投语法稿一种,我社未收其稿而延聘其人,托高名凯为介。今后将请其佐叔湘编撰语法课本。

芷芬来谈事数起,其事皆繁杂,幸渠强干,肆应无滞。看杂件。杨定远来谈少数人员酌量加薪事。本谓今年工资将普加,以灾情严重,此举遂作罢。

七月十六日(星期四)

晨续看丁君译稿。九时,芷芬来电话,言出版部方邀新华厂工友座谈字典排版之事,请余参加。即驰往出版部,凡与此事有关之人咸集。讨论集中于版面格式,此字典有图三百余幅,排版殊麻烦。

龙志霍来人事科谈事,因与相晤。不见者将十年,渐见苍老矣。略与谈编辑中学俄文课本至为急需云。

十二点半返署。午睡醒来,仍看丁君译稿。

七月十七日(星期五)

晨续看丁君译稿。八点半开署务会议,应申报告新华书店会议之结果,于注意供需关系,区别城市与乡村之发行情况,与会者取得一致之认识。卜明报告印刷厂厂长会议之情形。

叔湘来谈,欲调本市中学女教员一人为志公编语法课本之助手。顺便谈及我社之字典,谓其质量不高,以国家出版社出此字典,恐难餍外间之要求。余闻而怅然,但势已至此,非发排不可,而以今日编辑部同人之水平,即再加修改亦莫能更臻美善。

下午到社,与安亭等谈事。至建功室中,商量字典之排版格式,复告以叔湘之言。建功意谓此字典仅属草创,总算脱了窠臼,不如其他字典之抄来抄去。至于求其精纯正确,无懈可击,只得俟诸异日。

七月十八日(星期六)

晨续看丁君译稿,将交余之稿看毕而止。又看叔湘昨交余志公所写初中语法稿将二十页。此是叔湘回国后再经商量,重起头绪者,务求其浅,每课注意一二点,说明甚详,余以为可以满意。又看新出版之重订小学语文本第一册,专注意校对,将视校对科之精确程度如何。发现错误不多,错字竟绝无。以后尚须看他书,多中为综合,乃可见其平均数。下午不到社中,省却在烈日中乘车一趟。看字典稿"ㄎ""ㄙ"二母。

七月二十日(星期一)

晨间校阅高小地理课本之成品,检查校对工作。

九时,至文协,开扩大常务会议并代表大会筹备会。下月下旬,文联将开代表大会,继之各协亦开代表大会。文协于其时将改为作家协会,整顿组织,期于创作方面多起推动作用。

三时半到社中,龙志霍来谈有顷。建功来商字典稿。余时续看地理课本。

七月廿一日(星期二)

晨间看完地理课本。又看《光明日报》交来之外间投稿两篇。一篇论文章体裁之分析,大致谓从前丏翁、望道与余之分法未免机械,与今日各体文章不能相应。一篇讨论文章作法之书,谓余与丏翁之《文心》当时虽稍有进步作用,今日观之已嫌不够。而其影响尚在,一般谈文事者,往往袭其绪余发为论著,实于初学者无多助益。余觉此两文皆有道着处,然批判不深刻,发挥不畅达,刊布于报刊,未必即有裨于一般人之深入思考。余于此两事,尚未能有正确深辟之见解,不足以揭昨非而标其今是。《光明日报》嘱余裁决,余不能作有决断之处理也。

文学出版社以《倪焕之》之校样来,于校对提出若干问题,一一为之解决,未能通体自校一过。

下午到社,校读高小算术课本之成品。丁酉成来,就余于其译稿所提意见与余商量,谈一时许。丁君能用心研究,就余所改处一一揣摩,余深慰。

七月廿二日(星期三)

写复信数封。其中一封回答询问《古代英雄的石像》之意旨。此篇选用于初中课本,问者时时而有,实为麻烦。一般教师皆求之过深,以为必有所影射。实则余当时不过瞧不起所谓英雄,又略有为大众服务之想头,以为唯有如石块铺路,供人行走,乃为有意义之生活。故此篇盖发挥余当时之人生观耳。余惮于作答,答之又说不清楚,甚欲删去此篇,以图省事。而同社诸君以为不须删去,于是询问之函陆续而来,亦有投书者谓此系非无产阶级思想,不宜为教材者。究竟如何,惜无明识者为之下断。

续看高小算术课本之成品。算术不若文科书籍之易校,迄于下午放工,尚未看完一册。错字未有发现,唯发现使用标点符号体例不一致之例十数处,校对工作不错,可慰也。

七月廿三日（星期四）

上午校毕高小地理课本。又看字典"丨"母稿。两点半到社，续看"丨"母稿，毕之。

七月廿四日（星期五）

上午看陈侠昨日交余之教育学稿之又一章，叙学校少年先锋队之组织，亦殊平常。下午到社，看丁酉成绩交来之译稿数页。又看语文室改订错误之中学语文课本三册。

七月廿五日（星期六）

地理室诸君撰文三篇，叙新编三种地理课本之意图与编写经过，将刊于《地理知识》，交余看而改之。半日工夫，未毕其一篇。

午睡起来，至文化宫为茶会，招待即将赴苏留学之我署系统派遣之学生七人。今届派遣之留学生共七百余人，我署提出应考者二三十人，仅外文出版社之三人获录取，因由高教部指拨四人归我署系统，共得七人，四女三男。其中五人学新闻学，一人学书籍贸易，一人学印刷企业管理，均为期四年。余略致勉励之辞。洛峰到过苏联，为言留苏应注意事项。谈叙两小时而散。

灿然来谈，言今日与安亭共往人事部，商我社调用编辑人员事。灿然之意，以为徒然增人，未必即能编好课本。如历史一科，若干根本问题不得解决，教学大纲未能写定，增人亦复奚益。渠谓此可托付之于科学院历史研究所。其他如语文，如辞书，亦可以同样方法行之。编辑方面既有专门之领导，我社只须负出版之责。余谓此意甚善。安亭当能提出于教部，由教部向文委作报告。此未辜毛主席编好课本之旨也。

周振甫来谈，渠不欲居中国青年出版社。余介绍渠于文学出版社，雪峰、适夷俱欣然，将托渠整理稿件。但调动不易，余告适夷径与中国青年出版社商量。

七月廿七日（星期一）

晨间续看地理室介绍新课本之文，改毕其又一篇。十时，与愈之、戈茅、浩飞、天行商量高级班之学习事宜，决于下月为始，学习《联共党史》。

十一点，收听电台广播，朝鲜停战协定已于今日朝鲜时间十时，由我方首席代表南日大将与对方首席代表哈利逊中将签字,然后由双方最高司令官签字。首席代表签字后之十二小时,协定即生效。继之播送协定摘要,甚繁而细。末后播送朝中最高司令金日成、彭德怀之停战命令,告所属部队严格遵守协定,并提高警惕云云。朝鲜战争迄今三年有余,谈判停战亦两年有余,若非我方实力充盈,使美方诚如周总理所云"知难而退",决不可能致此停战。美国统治集团为事势所迫,不得不如此下场,在世界瞩目之下示其脆弱无能,当为其痛心之事。今得此消息,我人固咸感兴奋,世界各国人民亦必欣慰无极,都云今日盖具有历史意义之日子也。

下午到社,芷芬来谈事。出版部来商量字典之版式问题。又看发排之校正书一种。

晚饭后均正来,谈周振甫调动工作事。顺及中国青年出版社人员不少,而能力不齐,殊难作好工作。九点半去。

七月廿八日(星期二)

改毕地理新课本介绍文之第三篇。继之改丁西成续交来之译稿数页,下午到社,毕之。叔湘送来其新撰之《语法三问》一稿,将付《语文学习》者;细看一过,略提意见送回。陈侠来谈译事,并及教育学方面之译名尚不统一,但亟须统一。

七月廿九日(星期三)

上午看陈侠交来之教育学稿又一章之一节,又看字典稿"ㄨ""ㄩ"二母。至此,字典稿全部看毕。此稿经同人屡次改易,最后由建功与余校阅,复作修改,用力不为不多。然下断多凭直观,未作深入之研究,错误处不当处必不少。且俟问世而后,经比较多数人之批评,再作改订耳。

下午未到社中,看《联共党史》第九章,即规定自下月始须学习者。

七月三十日(星期四)

陈同新昨交余高中物理稿,今日看之。此是明春供应之书,又是一个开端矣。周而复始,甚为迅速,亦殊不觉。彬然、灿然合作一文,评数种劣等之语文书,嘱余改之,费时两点有余。

下午到社，看芝九所修改高中外国史第二册。安亭来谈，调人之事尚无眉目，前与宣传部、组织部之人为会，原开五十余人剔去必不能致者三十余人，仅余二十余人。而此二十余人何日可来亦复难知。又云高云屏将调往国家计划委员会任事，而代之者尚无着落。

七月卅一日（星期五）

上午看许南明重编之初中物理稿六十余页，又续看陈同新之高中物理稿。

下午到社，少甫、芷芬、张景勋来谈版式规格。彼三人欲提高印订方面之质量，并及插图之位置与美观。谈两小时有余而散。又略看发排之教育书稿两种。

八月（略去二天）

八月一日（星期六）

上午看教育学稿德育一章，皆抄现成之语，又经检查科先为润色，看下去甚不费事。继看周芬所编译之化学稿五章。同人交来稿子，总望早日看过送回，以是余尽速看之。下午未到社。

八月二日（星期日）

四时，余与墨及卢鸣谷、杨庚共载，至颐和园。迩来署中及直属单位之高级人员颇有新来者，为此游园会聊表欢迎之意。所谓新来者，除卢、杨二君外，有常紫钟（出版局副局长）、易定三（时代出版社社长）、吴文焘（外文出版社副社长）、恽逸群（地图编绘社副总编辑）数人。共游者有署中局长以上诸人。或携眷属，或带小孩，凡三十余人。天阴，湖波平静，西山沉翠，游人已渐散。雇舟四艘，分乘之，进冷饮冷餐，自前湖而后湖。荷花盛期已过，然尚有可观。后湖至幽静，如在苏杭溪涧中行。既而舍舟登陆，入谐趣园，复绕至湖滨，散坐闲谈。无月色，景物悉沉于昏暗中，而仍依约可辨。湖波微动，鱼跃水面，声宛然可闻。如是夜游，亦殊赏心。到家已九点半矣。

八月三日（星期一）

上午为彬然改一文，介绍语文书籍，将刊于《图书评论》者。文叔来信乞援，言上海数家医院均谓其夫人患绝症,拒不收纳。病人痛苦不堪,文叔在旁护视,一筹莫展,希设法使得入院。而此实无能为力,奈何!

下午到社,芷芬来谈事。明年之选题计划无由遽定,有关各方不甚能配合,闻之愁虑。为曹飞羽看初小算术补充教材一册。与建功、家霖重行讨论字典之"所"字条。半日工夫,殊无暇刻。

八月四日(星期二)

上午看许南明之初中物理下册稿,又看教育学稿一节。

饭后到社。三点开小型茶会,送高云屏离社,渠将往计委之文教局任事。大家谈云屏来社后于行政工作、思想领导颇有成绩,作事能抓重点,断事有原则性。五点半散。

八月五日(星期三)

丁酉成等译《真理报》社论一篇,论苏联教科书之出版发行工作者,余为改之,将分发同人参览。此文言有若干教科书已不及现时之科学水平,编制未尽精善,致使学生增不必要之负担。他则美术装帧不佳,形式不美观;供应未能及时,未能于开学之前悉送达学校。凡此种种,皆应归咎于出版社与教育部。此宛如我国之情形,唯其所谓质量不高,犹高于我国之质量,此殆可断言也。复为出版局同志改书评一篇。

下午三时,开总学委扩大会议,商定自下星期起,高级组、初级组皆开始学《联共党史》第九章。高级组负研究解答之责。集体学习改定为每星期三下午,文教单位皆然。会至五点散,改陈同新之高中物理稿一小时。

八月六日(星期四)

续改陈同新稿,言分子物理,看之颇有味。又看小学语文修改本一册。又为沈兹九看交来之童话投稿一篇。

下午到社,萃中来谈,安亭亦来谈。俟其去,又看小学语文修改本两册。江季云来商量昨日所改《真理报》社论,迻译盖出其手。渠近突击学俄文,居然能迻译,余为之指点,皆能领会,为之心慰。

接文叔信,启之仅六字"若华今晨病故",观其日子为三日。为之怅然。回家语家中人，皆叹惋。

八月七日（星期五）

安亭昨相谓，云屏已调职，我社秘书长虚悬，可致书习仲勋，请渠设法补一相当之人。今晨因作一书致习。

八点半开署务会议。浩飞报告一年来核准出版、印刷、发行三业营业之工作情况。常紫钟报告近日方在开会之报社座谈会情况。彬然报告我署参加外国展览会之筹备情况。此事今后将日益增多，不宜取应付态度，应知其为国际宣传之利器，应专力为之。

下午到社，与芷芬、安亭谈小学语文课本事，甚久。缘五年一贯制之缓行，春季始业班之取消，小学语文课本只能就旧本重为编排，勉强杂凑，几不成样子。既大家以为只得如此，余亦无异议，然实非所宜也。

八月八日（星期六）

晨间又为《图书评论》改稿一篇。农业大学一职员来，邀余为学生讲文艺方面事，谓学生多观苏联小说，希据此就生活态度、思想方法有所发挥。余看苏联小说甚少，且事先准备不易，辞之。

看安亭所拟《巩固及时供应，提高课本质量》之报告稿，大体无误，然不精警。下午到社，少数同人集会讨论安亭之稿。大家随意发言，无甚可听，至六时三刻乃散。

八月九日（星期日）

晨间开始看《牛虻》，此系英国女小说家之作。我国青年见奥斯特洛夫斯基与卓娅皆盛称此书，又见高尔基亦加赞赏，乃投函各方面，希望迻译印行，余处亦收到投函。余与雪峰商之，雪峰云待觅原本。而中国青年出版社先得之，即托人迻译。因闻余言此类书既必风行，不第影响青年之思想，亦复影响青年之语言，译事不可草率，遂屡改译稿，审校再三，延至今日方出版。

八月十日（星期一）

上午改丁酉成译稿十余页。

署中又拟举办公文讲座，浩飞拟一计划，余看之改之。余言个人任此，力所不胜,多人共商,由余讲之,乃或可就。盖办理公文,实即处事决策,余于此良非所长。余所能为者,处事决策已有成竹,如何表之以文字,使明白清楚耳。

复傅雷一书,较长。傅君以我社教本不用人名、地名号,来书表异议。余答以此事甚难,迄无善法解决,故索性不用。傅再来一书论之,因复作答。

下午到社,陈侠交来教育学论美学一章,即为看之。安亭与少数同人来,谈其经过修订之报告稿,研磨又两小时有余。

八月十一日(星期二)

晨续看陈同新高中物理稿一章。

顾炜来谈,全国总工会为加强各产业工会之领导机构,拟暂时撤销较弱之机构,而以干部补充必须加强之机构(主要为机械工业、建筑工业等)。新闻出版印刷工会筹委会亦在暂时撤销之列,询余意见如何。余谓当初喜搭架子,实少基础,贸然筹备,良为非妥。今集中人力办好几个重要产业部门之工会,以配合经济建设,确系实事求是之举。顾又谈印刷界情形,渠所知甚多,闻之足长知识。

下午到社,看历史编辑室说明新编苏联现代史之稿,将刊于《人民教育》者。安亭、柳永生来谈拟建一两层小楼为办公室,购料雇工俱非易事,年内未必能完工。尚有数人来谈杂事。

六点后返署。七点,宴请报社座谈会与会者。此次座谈会开会八日,省级以上报社均有人参加。主要解决发行问题,次则为企业经营问题。

八月十二日(星期三)

我社为全社工作人员代表会议,今日假第三十三中学之礼堂开动员会。余七点十分到,为第一人,及全体到齐,逾约定时间七点半者十余分钟。余首致辞,甚简短。安亭继之,据其日来所拟之稿作报告。其报告如讲课,按稿读出一两句,然后加以解释,其实与所读之句无甚出入。余尝与暗示,谓此稿讲三小时大致已可,渠亦云足矣,而仍讲四小时。凡事习惯已成,固难遽改也。安亭讲毕,筹委会李赓序讲讨论安亭报告之要项,又说明选举代表之办法。

余返署,进小面包两枚,即睡。三点,高级组诸人为会,商量学习事宜。约定每月讨论一次。分四小组,由浩飞、彬然、邵公文、常紫钟为组长,负组织督促之责。即此小小决定,亦谈至两点半钟。

六点半到家,高祖文来,与共饮,闲谈为快。渠参加选举委员会之工作,据云全国基层选举将在明年三月完毕。原云希望在今年召开全国人民代表大会,恐须延至明年国庆前后云云。

八月十三日(星期四)

上午改许南明所撰高中物理稿两章。此稿系许与陈同新合编,据苏联课本,分章担任,其事同于迻译。二人颇精细,笔下相仿,有小疵而无大谬。下午到社,同人皆往听学习之启发报告,屋内寂静,余复改物理稿一章。

八月十四日(星期五)

今日无稿可看,因看校对科交余检查之书。下午未到社,缘愈之将往青岛休养,聚十数人谈最近期内之工作,有拟订计划,编制财务计划、建筑计划等项。

闻克寒言,明年国家预算,收入项或视今年为少,故一切须从紧打算。农业税不能增加,而今年受灾之区且须减免;国营企业之利润不会大增,重点建设与国防建设之支出不可减。因而其他方面必须从紧,乃合轻重得宜之旨。

八月十五日(星期六)

上午续看初中物理印本,居然未发现错字,仅有不合规格者数处。下午到社,芷芬来谈事。看杂件数种,复续看初中物理印本。

八月十七日(星期一)

看颜迺卿、周光岐所撰初中本国史地理下册稿。彼等急欲交余,匆匆整理,第一批仅二十页耳。下午到社,数人来谈杂事,续看初中物理印本。

八月十八日(星期二)

续改初中外国地理稿二十余页,续看初中物理之印本。

下午到社,萃中来谈中学语文教学事。萃中语甚多,而不集中于某几点,认识不甚周遍而颇执着,往往不得要领而罢。一青年文艺工作者来访,谓入工厂体验生活三个月,回来后犹不知如何下笔。此在老作家亦复如此,可谓普遍现象。因两人来谈,下午遂未看什么。

八月十九日（星期三）

上午看高中物理稿四十余页。周振甫来，约明日下午会于中山公园，谈《语文学习》编辑事。下午为学习时间，重看《联共党史》第九章及斯大林之长篇报告。

八月二十日（星期四）

晨到署忘携眼镜，遂不能看文字。余不靠眼镜，看新四号字之书即觉朦胧一片，写如此日记大小之字，亦觉手无把握，难于落笔。近来又觉久视而后，虽戴眼镜亦觉昏花。就医殊感麻烦，重配眼镜亦复噜苏，暂且由他。

八点后，眼镜由卢鸣谷带来，余乃可复做经常之工作。将初中物理学上册之印本校阅毕，预备交陈同新、许南明看后，再交还校对科。手头更无积件，遂看新到之书志。

下午三点，偕彬然至中山公园来今雨轩茶座，《语文学习》社诸君已先到，既而叔湘亦至。共谈《语文学习》如何持论，助教师致力于作文教学。座皆稔友，随谈无拘束，至七点过乃散。若是座谈会，大家说一些公式话，余将大感疲倦矣。

八月廿一日（星期五）

晨至社中，八点，工作人员第一次代表会议开幕。当然代表与选出代表合计将六十人。余致辞后，安亭讲话，略谓自动员大会而后，全体同人经分组讨论，提出意见多至三百六十余条，其中三分之二皆触及此次会议之中心题目，即巩固及时供应，提高课本质量。此三分之二意见可分八项，会议即将依此八项分组讨论，再开全体会议共同讨论，以期得出集中之意见，共同据为准绳云。会至十点散，明日和下星期一为分组讨论之时间。

十一点半到署。下午开署务会议，讨论通俗出版社之筹备方案，杨赓作报告。大家发表意见颇多，多主此社之出版物应以初级文化程度之基层干部为对象。凡此辈所需，均宜供应，故其社应为综合性的。目前人员不多，宜先就能力所及出书。稿源何在，宜早为设想。次谈我署九月底前之工作要点。

八月廿二日（星期六）

晨间看建功、家霖二位所编之检字表，将刊于字典者。缘字典按声音次第排列,故须附检字表,供不谙拼音字母之人翻阅。此检字表分点、划、直、撇四类,每类之字之排列,亦依笔顺之点、划、直、撇为序,翻检手续麻烦;又以仍顾及部首,属彼属此不易遽定,须碰机会。说明亦甚噜苏,恐为读者所不耐。只得搁置一旁,俟与二位面商后再说。改初中外国地理稿,未竟一章。

乔木送来一稿,系所拟将在文代大会讲说之报告,嘱为之润色。文甚长,殆在二万言以上,粗略翻看一过,觉其甚佳,政治性极强,于文艺界痛下针砭,思致极深,即执笔改之。

下午到社,安亭来告余今晨主席团会议及组长会议之情形。余于此等会均不克参加。看语文室重订之小学语文第四册全稿。又杂看他件。

八月廿三日(星期日)

改乔木之文。至美来,渠观乔木之文,于余所改者颇能领会,又能指出余所未及注意处。俟其去,与至善共为商量,至善亦复如是。至晚餐时,全篇仅改三分之一,而余颇疲累矣。

八月廿四日(星期一)

上午专改乔木之文。下午到社,除与人谈事外,仍复改之。至散班时,尚余全篇之六分之一。

八月廿五日(星期二)

上午九点,将乔木之文改毕,即与送去。余致乔木短简谓"此作深、强、透辟,心折之至"。

继之改初中外国地理稿。下午到社,仍复改之。迄放工时,交与余之部分改毕。

八月廿六日(星期三)

上午改芝九所撰世界史之导言。此系重行编写,又是旧石器时代新石器时代一套,唯较之前此所撰确为完善,余修润之亦复意兴不恶。改毕,又看高中物理学稿一章。

下午学习。昨日《人民日报》有一论文,论述列宁斯大林新经济政策各方面之意义,与此际之学习正相关合,遂细看一过。

八月廿七日（星期四）

上午看初中外国地理稿。继看高中化学稿，下午到社，仍复看之，看完交来之稿而止。看得太多，颇感疲乏。

八月廿八日（星期五）

今日无稿可改，取浩飞、光暄交来之存档发文观之。我署又将举办公文讲座，拟分公文为五类，逐类讲之。二君为余收集资料，佳者不佳者兼收，以为讲说之例子。此不仅关乎文章，尤须明白其事之全貌，颇非易事，观览有顷，未能确定如何开讲。

外文出版社二君来访，一为荒芜，通信已久而初识面，又一人未及记其名。二君谓外文社已译若干作品为英文，行销国外，最近将译余之童话，嘱余自选。余之童话殊平常，彼社既觉需要翻译，亦复不之拒。余意既需翻译，即当译得好些，为纯粹之英文，因谓如有必要，余可托熟友数人校读译稿，如孟实、介泉、叔湘诸人。二君谈半时许而去。

下午到社，与安亭、薰宇及工会委员二人为会，讨论将提出于代表会议之奖励名单。受奖者以有关今年及时供应者为限，先由行政方面、工会方面酝酿，各自按其组织讨论，提出名单。今综合双方名单而研究之，计议将两小时，得个人凡七，单位凡三，将各述其应奖之由，并附缺点所在，印成单张付代表会议讨论。

会毕，至建功、家霖所，商量字典检字表之编排问题。二君因余提出意见，谓所定编排法不便，已商量改进办法。大致仍依笔形按笔顺次第编排，唯一律从左上算起，取消以前间或从右上算起之办法。其易于致惑者，则取互见之办法。谈一时许，余觉较胜于前，因请再作研究，务以便于读者为主。建功谓我辈固觉其不太方便，初识文字者习染不深，殆无所谓。余谓恐未必然。

八月廿九日（星期六）

上午改初中外国地理稿，至此全部改毕。此书揣摩苏联课本之精神，以自然地理为主，兼及必要之政治经济方面事项，较之以前陈原所编一种，自见进步。至于叙述生动，引人入胜，殊谈不到。余为修改，仅能去其不适切之词与不通之语句而已。

下午到社，知代表会议方在出版部方面开全体会。无人来谈事，遂作复文叔与云彬，时间宽裕，所写遂多，两书均在千言以上。至绘图科，与同人谈画。

八月卅一日（星期一）

上午杂看发文及新到书籍。

下午到社，三点开代表会议之全体会，讨论八项提案。此提案系综合各组之意见修订而成，今日为最后之讨论，即将由主席团重为订正。诸人报名发言，皆颇中肯。可见开会之方法与技术亦颇有进步。谈及最多者为保证计划之执行，加强检查审查以提高质量，加强翻译工作以保证吸收苏联经验等项。

九月（略去一天）

九月一日（星期二）

从人民出版社取来《斯大林全集》第一卷之清样，与余所校一份校样对勘，观编译局从余之修润者凡有多少。对勘半本，依余改动者十之八九。其不依余改动者，有一部分系彼辈未明余意，或于词义句式较疏，以为不必改。此外一部分，则诚为余之穿凿。

八点半开署务会议，讨论明年计划之三项指标数字：一为出版计划指标，报志图书之种数份数；二为基本建设指标，均属修建房屋之数字；三为财务计划指标，即国家用于出版事业之钱数。明年与今年相近，实际支出者仅三千亿有余耳。此三项尚未为定论，第据以编制计划，经文委、政务院、国家计划委员会层层核定，尚须许多工夫也。

下午到社，安亭来言前提之奖励名单于群众中探询之后，三个单位均取消，个人者则稍有更动。奖惩之事欲求其允当，使人人心服，良非易易也。

九月二日（星期三）

上午专看高中物理学稿，午前毕其第二册，可告一段落矣。

张献之先生所撰《诗词曲语辞汇释》于今年四月出版，印数甚少，购之未得。今日始由彬然以出版局所得一部假余，因展观之。前尝观其原稿，匆匆未及详，今日细看，觉各条无不允当，可与《经传释词》《助字辨略》比美。彬然谓可作一短文评之。余有此意,且缓几日再说。

下午学习,看列宁之《论粮食税》。

傍晚回家,汪静之在相候。渠去冬来文学出版社,为古典文学部之编辑。留渠晚餐,谈至七点半而去。

九月三日(星期四)

晨至社中,缘代表会议今日闭幕。八点半开会,先由提案整理委员会报告主席团根据大会讨论,对决议案作修订之情形,提付全体表决,一致通过。此八项决议为此次会议之收获,亦即今后全体同人努力之方针。于是会众自由发言,皆谓此次会议开得好,发扬民主,集中认识,于巩固及时、提高质量确有益处。又谓于会议期间学习所得不少,认识显有进步。最后余致闭幕辞,亦无非他人所已言者。十二点散,即到署。

下午写文介绍《诗词曲语辞汇释》,迄于六点,得千余言,头脑已觉昏昏。

到家,方宗熙来访,渠以科学院召集开会来京。留渠晚餐。所谈多涉生物科学,甚有兴。渠在青岛教课做实验,较之在我社任编辑,匆忙写稿,自觉佳胜。九点去。

九月四日(星期五)

上午续成昨日所为文,即誊写之,得六纸。刊于何处,且俟彬然、灿然定之。

今夜将开会欢迎往朝鲜任发行工作近方归国之同志,须由余致辞,遂不复到社,预拟其辞数纸。七点半开会,受欢迎者二十余人,皆坐于台上。全场鼓掌久之。余致辞仅半小时。归来人员中之一个略陈在朝鲜情形。于是举行文娱晚会。余十一点归,尚未终场。

九月五日(星期六)

上午继续对勘斯氏全集之清样与余之校样。下午到社,世英交初中本国地理第二册之稿,即执笔改之,约历三小时,仅毕其一章,原稿十五页耳。

至诚来信,言结婚期定在本月中旬,邀我们去南京,墨本拟去,余以事牵,只得不去。其对象名姚澄,为锡剧之名演员。至诚为之助研演技,相爱已有时,议婚之前,尝致书其母转探余意。余并无不同意之想,议遂定。

九月七日（星期一）

上午作书致编译局诸君，缘对勘斯氏全集第一卷之清样与初校样，有余认为不易通晓之处，经提出请再为斟酌者，而彼等未加考虑，仍其原译。余以为此是不甚负责之态度，故作书直陈余意。余谓翻译之事，首在为读者服务，尤宜顾及者，为不通外国文之读者，必不能责读者以明晓外国之语法表达法而后读译文。言外之意，译文不第须对原作者负责，并须对读者负责也。

作书致荒芜，选定童话十一篇，交与翻译。又致书《人民日报》，缘报社明日开座谈会，讨论儿童文学方面之问题，余不克往，遂书意见数条送去。

下午到社，与五六人谈事。书稿有逾期未定者，已开会设法补救，所谓及时供应，大约今后真可以巩固矣。

改初中本国地理稿，毕其一章。

九月八日（星期二）

上午续改本国地理稿一章。彼辈以余最后须修饰，存依赖心理，草草完稿，即以交来，故余之办法实亦非妥。然若径任彼辈修饰，不复插手，事实上亦难大体无误也。

下午两点，至全国委员会，系召开常务委员会扩大会议，一般委员均被邀参加。周总理报告过渡时期之总路线，陈云副总理报告财经情况与存在之问题。所谓过渡时期，其总路线为在相当长之时期内，基本上实现国家工业化，农业、手工业合作化，基本上实现私营工商业之社会主义改造，又必须随时顾及国防建设。陈云报告略谓今年各方面俱有增进，唯农产以水旱霜灾之故，估计仅能与去年相仿。次言财政与商业工作中之几个问题，谓双方皆有成就，但均有原则性之错误，既经检讨，已定出改善办法。目前工作要点一为增产节约；二为集中力量于工业建设，相应顾及民生；三为反对投机，稳定市场；四为规定私营工商业之资本家应得利润之比例。陈报告毕已八点。

九月九日（星期三）

九点至怀仁堂，参加小组，讨论周、陈二位之报告。诸人据所闻发挥，实即敷陈其义。余未发言。

下午二时半再至怀仁堂,李富春报告苏联对我之援助。继为讨论,发言者多工商界中人。六点散。芷芬夜间来谈社事。

九月十日(星期四)

上午本当参加小组讨论,下午亦有大会讨论。余以无甚意见可发表,而手头积事尚多,遂未往。

开始看云彬所撰之高中近代史稿。此稿始于鸦片战争,云彬为初稿,李赓序助之校核,已送与各方面提意见,又由李为之整理。俟余看过,即为定稿矣。自晨至晚,不过看万数千字。用心稍专,头脑昏昏。

九月十一日(星期五)

上午续改云彬之稿。

下午仍至怀仁堂,全国委员会常务扩大会议本定三日,以发言者众,延长一天。今日发言者有陈嘉庚、梁漱溟、邵力子、章伯钧、侯德榜诸人。休息而后,周总理作补充说明,答复讨论之际大家提出之问题,首段重申工业化之必要,次段言私营工商业主之前途。此问题在民族资产阶级自当极为关心。会毕已过八点。

墨往南京之票已购得,系后日上午者。当致电至诚,嘱渠于十四日到车站相候。

九月十二日(星期六)

上午复展梁建新所译中学文学教学法之稿观之,朦胧含糊,意皆非明确。因不复观,作书劝梁君改变作法,先求了解,然后动笔。

下午三点到怀仁堂。今日为政府委员会第二十四次会议,被邀列席者视前为众,殆有二三百人,故会场不在勤政殿而在怀仁堂。彭德怀作关于中国人民志愿军抗美援朝工作之报告,继之有三数人发言,皆盛赞毛主席之领导,志愿军之英勇。最后毛主席讲话,略谓朝鲜停战,战争告一段落。所以致此,虽于领导有关,主要为我人民军队之功绩。美国方面不得不协议停战,非第有军事上之原因,且有政治上经济上之原因。我方付出之代价与美方相比,彼多我少,相差颇远,而所得主要有三:一、扼住"三八线",二、取得军事经验,三、全国人民之政治觉悟。得此三者,遂推迟美帝对我之侵略行动,推迟第三次大战之爆发。彼苟欲蛮干,则我已得之三者仍在,足以应付也。末言有人鉴于农民生活尚差,希望多顾及农民。人民生活自必逐步改善,但若以为此即"仁政",实非根本。最根本之仁政为抗美援朝,今后为经济建设。全场鼓掌久之。七时散会。

夜间王了一来访。高等教育部召各地大学校长及主要教授来京开会,熟友来者甚多。了一欲晤志公,因邀志公来同谈。谈甚畅,二君十点半去。

九月十三日(星期日)

晨间送墨往车站。九点四十九分车开。余遂至中山公园来今雨轩,应伯祥之约,晤绍虞、予同。少顷诸人咸集,尚有芷芬、士敩、振甫、振铎及其子。绍虞容色依然,绝无老态,腰背挺拔。予同亦不坏。杂谈京沪情形,颇为愉快。

九月十四日(星期一)

上午改中国地理稿二十页。

下午仍至怀仁堂,列席政府委员会第二十五次会议。陈云副总理作财经工作之报告,与前在全国委员会所闻者相同。继之发言者皆甚长。粮食部部长章乃器谈粮食供应工作尚切实。渠主张米面不必求其过白,多留维他命 B 于身体有益,而自总体观之,即可节省粮食。又主张各地宜就地取食,产什么吃什么,勿使粮食到处旅行,亦节约之道。

会散已八点过,仍返署中,为伯昕作钱。伯昕患神经衰弱,治疗休养迄未见效。近与苏联方面接洽,将于明日赴苏治疗。

九月十五日(星期二)

晨间改毕昨日余下之中国地理稿半章。

下午三时仍至怀仁堂,列席政府委员会第二十六次会议。李富春报告苏联援助我进行经济建设之情形,视前在全国委员会所谈加详。继之发言者数人。最后高岗副主席讲话,反复阐明工业化之必要与可能。综观此次开会,包括全国委员会与政府委员会,几位负责人之报告与讲话,无非说明工业化为首要之图。此理亦甚易明,而不惮反复叮咛,殆以主张民生尚艰困,致疑于工业建设者不乏其人之故。今日会场中分发毛主席旧作《抗日时期的经济问题和财政问题》,供大家参考。其中即有谈到"仁政"处,与上星期六所谈意旨全同。易言之,工业建设为永久之利益,此所以为大仁政也。

九月十六日(星期三)

愈之昨自青岛回来,今晨相见,气色甚佳。上午改云彬之历史稿第二章,半日仅改十九页,不足万字也。

下午仍至怀仁堂,列席政府委员会第二十七次会议。彭真作政法工作之报告,郭沫若作文教工作之报告。彭之报告中言去秋曾行群众性的禁毒工作,规模之大,办法之周密,殆为前所未有。目前可谓基本上扫清毒祸,唯边区与沿海地区,毒犯仍与美蒋反革命分子勾结,偷运毒品入境,须严格堵塞之,毒祸乃可根绝。报告后发言者数人。陈毅就华东实况,工商农渔无不谈及,听者动容。

到家独饮,芷芬来闲谈。文叔已于昨晚到京,日来余不到社中,尚未能与会晤也。

九月十七日(星期四)

上午续改云彬之稿二十页左右。

下午三时仍至怀仁堂。章伯钧、周总理发言历三小时,皆集中力量批驳梁漱溟之言论。梁于全国委员会之小组与大会中均发言,昨日亦尝发言。其大致谓总路线无问题,唯行之好不好,颇须注意。渠希望于经济计划之外,更知其他方面之计划,俾大家研究讨论。渠希望建国之业成为伟大之运动,而目前所有之组织团体及种种工作尚不足以副之。渠谓共产党入城而后似乎已遗弃农民,于农民之关顾不够,农民之生活与工人之生活相衡,一在九地,一在九天。此外尚多。周总理一一驳斥之,用词吐音至严厉。毛主席时于其间插数语,或为周之言作申说,或径直斥梁之非,而往往以笑颜出之;然谓"讲老实话,梁之路线我们决不采取",颇为斩钉截铁。

休息时分发梁在一九四九年二月所为一文,题为《敬告中国共产党》,供大家参看。其文主旨为两点,一为必须容纳异己,一为不要用武力。会议本定于今日结束,因今日之发言,明日仍须续开。

七点半到家,文叔来访。余恐其多为哀愁语,而实际不然,多谈近日所观之翻译小说。唯谓余曰："暮年孤独生活是难受的呢。"

九月十八日（星期五）

上午仍改云彬之稿。

下午三时仍至怀仁堂。梁漱溟发言，语气高傲。谈仅十分钟，即有人喝住。多人谓如此反动言论，不宜容彼在此乱说。毛主席希望梁以较短之时间毕其辞，但群众不以为然。结果举手表决，赞成不容其发言者占绝大多数，梁遂归座。于是多数人相继发言，或谈梁之思想，或谈梁之往事。总之此人犹是旧日之士大夫，自以为可以治天下，实则思想行动，无不具封建地主之意识。即使此次渠之发言别无坏意，而客观上确有反对总路线、挑拨离间工农联盟之嫌。最后高岗副主席谓梁之问题，归全国委员会处理。继之通过决议，人民代表基层选举延至明春完成，缘今年有荒灾，农村以生产为要，不能全国普办选举。

夜间接墨来信，言至诚于后日结婚，渠归来将在下星期三四云。

九月十九日（星期六）

晨间续看云彬之稿。九时，集出版系统之人员将八百人于礼堂，由余传达周总理在全国委员会扩大常委会上之报告。余所记大约不过六成，讲说未能通体明畅，两小时而毕。

下午到社，同人方为学习，集会讨论，所遇之人殊少，仅与晓先谈历史编辑事有顷。

周扬送来在文代会上之报告草稿，嘱阅看提意见。文甚长，看三小时而毕，意与乔木之稿相近，而表达远不逮乔木。余仅为改尤为别扭之少数语句而已。前日在怀仁堂遇乔木，渠谓渠所拟稿不欲在会上讲。余言如此报告，听者有益，不讲可惜。今日顺便告周扬，重申此意。

夜间王剑三来访，渠来参加文代会。谈一时而去。

九月二十日（星期日）

晨仍至社中。文代会筹备会嘱余在大会上发言，余拟静居半日以起稿，无非谈语言问题。下笔不顺利，仅得其四分之一耳。

午间愈之作东，宴老友于全聚德。余以外，到者有予同、望道、绍虞、光煮、振铎、剑三、雪村、伏园、薰宇九人。纵谈为快,亦殊难得。餐毕游颐和园,步行过长廊,然后雇舟行后山涧中,于谐趣园登岸,即出。园中木樨盛开,浓香四溢。复游西郊公园,出园已六点。

邀剑三到余家小饮。谈文艺界情形,谈青岛解放以前情形。八点半,剑三去。

九月廿一日(星期一)

续写稿,仍不顺利,迟滞如是,良可叹。灿然、彬然皆来闲谈,皆及文叔,谓不妨更其工作,请渠改稿而不复参加小学语文之编辑,缘渠实惮之。二君并劝余减少办公时间,多事休息。余看稿改稿已成习惯,休息无所事事,亦甚无聊也。

下午到社,晤安亭,共谈一时许。多数人往我署听克寒作传达报告,未晤。在室中缮写已成之稿,晚餐后示至善。至善指出一点不妥,即改正之。

九月廿二日(星期二)

晨间续作昨稿。文叔来,谈不愿复为小学语文,余告以大家同意,今后请与余分任改稿之事。

十时接文联通知,谓九时开文联全国委员会。通知为收发室延搁,故已后时,即与伏老、克家偕往。会所在东四三条,周扬方报告此次开文代大会之意义,继之通过主席团名单,文联与作协章程之草案,预备在大会提出者。大会以明日始,至下月六日结束,中间各协会分别开会。会期如此之长,实觉可畏,余不能每会必到也。

返署进午餐,酣睡一觉,醒来仍不爽,即惮于往社中,勉强执笔属稿。迄于傍晚,发觉所写不合,并昨日所成稿一并删去,两天工夫等于虚耗,而头脑昏昏,全身困乏。每作一文即时时刻刻思之念之,此习近来越甚,而身体精力不足以副之,遂成苦事。

九月廿三日(星期三)

九时至怀仁堂,出席者列席者将八百人,此外尚有旁听者,余认识之人不满一百。郭沫若致开幕辞,继之工会方面之赖若愚、解放军方面之傅钟、民主青联方面之胡耀邦相继讲话,最后为德国来宾某君讲话。十一时即休会,余深幸其为时不长。

三点再至怀仁堂,听周总理报告。主要部分即为过渡时期之总路线及据此总路线应有之方针任务,与前此所闻大略相同,最后一部分述其对文艺界之个人意见。散会已七时半。

至善告余,民主青联将派渠参加赴朝慰问团,已答应。余亦赞成。此次将派出四千人,其半为文工团。为期两个月,以下月上旬或中旬出发。

九月廿四日（星期四）

今日未往开会,缘周扬之报告已观其原稿,可不听矣。

八点半开署务会议,讨论明年财务计划及基本建设计划。继之讨论各单位增产节约问题。下午到社,来谈者不断,拟续作稿子,仅得数行而已。

夜间接至诚电话,告墨以今日动身,明晚当往车站迎之。

九月廿五日（星期五）

九时至怀仁堂,仍为文联之大会,梅兰芳、老舍、陈沂、蔡楚生、马思聪、黑丁诸人发言。

下午再至怀仁堂,文协代表大会开幕。丁玲致开幕辞,意颇激动,谓种种学习种种集会,目的唯一,即要求产生作品,其作品为较好之作品。来宾有一德国朋友讲话。以下即雁冰之长篇报告。其稿已看过,内容与周扬大致相同,表达方式视周扬为胜。余仍想余之文稿,得句即书之,亦不甚顺利。

回家饮罢,偕至善、凤祥至车站迎墨。车准时以八点五十四分到。墨于车窗内招呼,我等一望而见,即偕归。墨谈三官结婚情况,又谈姚澄品质颇佳,毫无习气,演艺甚不坏,本不识字,现已能看书写短文云。墨于剧团中看他们过集体生活,排练演戏,深感兴趣。于婚宴中墨为致辞,谓大儿子结婚之时亦有许多青年在一起,而欢快远不逮今时。今时有此欢快,不能不感激党与毛主席。此诚实感,深受来宾赞许。

九月廿六日（星期六）

今日开小组会,地点在贡院直街党校,距我署甚近,步行而往。共分十组,余被编入第三组,组长为靳以与沙汀。上午为阅读文件,余乃重看雁冰之报告一遍,觉此稿于文学创作、文学批评各方面谈之甚周密,亦复可佩。魏金枝、王剑三同组,偶与闲谈。下午不拟再往,即向沙汀请假。

返署,克寒来谈。谓董纯才托其转询,教育部有意调余为副部长,主持教材之编辑工作。如余同意,再设法谋其实现。余即表示不欲。余主教育出版社,实感为力不及,深冀其移归教育部主管。今彼无其人选,乃思移余入教部。余不能因名义之变更,实力即见充盈。余固无完全脱离教育出版社之想,第求缩小工作范围,限于看稿改稿,社长与总编辑之名义雅不欲居,至于改入教育部,更非所愿。余自知与出版工作尚相近,颇思于各个出版社在编辑工作上略有所助,他亦无甚可为。余请克寒以此意答谢董纯才,克寒谓且转告再说云。

午睡起来续作昨稿,迄于放工仅得千言。边写边改边誊,其方式殊不佳。

徐悲鸿患中风,以今晨逝世。二十三日上、下午,渠均来开会,登台为执行主席之一。二十四日即中风。渠此病前已发过,医治久之始愈。今次再发,遂成不救。

九月廿七日(星期日)

至署中续作文稿,至十点半完篇。断断续续为之,历八天,至不顺利。作文成苦事,殆以此次为最。论其内容,均为平时常常想及之意思,论其长短,不过四千言耳。誊录毕,心头一松,可以丢开此事,不复想矣。

九月廿八日(星期一)

上午在署改本国地理稿一章。此稿交来已数日,因开会作稿而延搁。

下午三时,偕愈之至美术学院,吊徐悲鸿之丧。一堂殆三四百人,仪式简单而庄严。余念此人于廿三日参加文代大会,与社会关系甚密,两日而后,即与此世无关。此际大家集会公祭,与彼毫不相干矣。此是生物之悲哀,殆永远无法可解者。

九月廿九日(星期二)

续改本国地理稿。下午到社,与安亭略谈社事,仍复改稿。

高觉敷、许杰来访,二人系来教部参加师范教育会议者。高近见我社新出之师范学校用心理学教本,谓甚不合用。余询以是否谬误甚多,渠则谓多人分编,全书无体例，又不顾学生之年龄特点，强拉苏联书中材料以予之，学生读之势必茫然，教师恐亦难于讲授。高之言甚是。余前为此稿修润，总觉其说不明白，令人似懂非懂，而教部主有胜于无说，定欲出版，实则有等于无耳。此类事所见不同，亦余惮于此事之一因。

九月三十日（星期三）

晨间续改地理稿。

九点至党校，今日开文协大会，代表发言。上午发言者七人。老舍呼吁大家多为通俗文艺，天翼呼吁大家多为儿童文艺，皆切时要。余希望大家多多注意语言，虽亦切要，恐影响不大，唯希转变观念而已。其外为振铎、柯仲平诸君。十二点半返署，饭罢昼寝。

三点复开大会，发言者冯至、何其芳、胡风、黄药眠、曹禺五人。何、胡二人信口而谈，占时颇长。后闻代表中有人谓，发言固为与会者之权利，然亦当顾及听者之利益，此言可觇群众之反映。

回家晚餐，七点半至青年宫，音协举行观摩会，专请文代大会代表。节目凡十五，均不坏。

十月（略去二天）

十月三日（星期六）

上午九时，文协仍开大会。丁玲首先发言，谈"体验生活"。渠谓此语已为文艺界所习用，然须究明其义。非缘作家于生活初无所知，于是投入生活，酌取一些，以为写作之本钱，且将由此而成书，而立作家之名。据渠之见，作家固宜"落籍"于生活之中，与群众同其呼吸，同其脉搏，初无著书立说之意，而有坚决斗争、争取美好生活之心。夫是之谓体验。能若是体验者，当必有较好之作品出其笔下。又谓时至今日，群众对于作家之尊重，为古所未有，作家创作之条件，亦古所未有，诚宜各自奋勉。丁玲感情甚充富，其思致亦不落套，余所深佩也。次之陈荒煤发言。陈主文化部电影局，极言电影之重要，电影剧本之缺乏，请文学作家共同关心此事，试为电影剧本。次之为萧三、章靳以发言，十二时散。

至善将于明日登程,行装已准备就绪。

十月四日(星期日)

九时仍开文协大会。荃麟作总结,大致谓今后文学活动将环绕着总路线,为实现社会主义而奋斗。所标举之社会主义现实主义,固不自今日始,盖于五四时期已有萌芽,而现实主义且为我国传统之主流。其他谈创造人物、选择形式等事。末言文协今后改为作家协会,期于鼓励创作,多产作品云云。荃麟讲毕,通过作家协会章程,又按章程选举理事,用无记名投票方式。提名八十八人,大致开票结果不会有何变动也。

两点至怀仁堂,开文代大会。中共中央农村工作部廖鲁言作报告。三点许报告中止,共至后园照相。排列既定,毛主席与朱、刘副主席,周总理、陈云副总理,习仲勋、陆定一、胡乔木、陈伯达诸人偕来。一时掌声大作,欢呼如潮。诸人坐居中,共照相片。毛主席与诸人徐徐离去,掌声呼声又久久不绝。于是廖君继续作报告。廖君之言分两段。前一段谈农业生产与农民生活。略谓四年来农业生产逐年提高,今年灾情虽重,估计仍可达去年之水平。以是之故,农民生活亦逐年有所提高,并分七点指出其原因,列举其现象。廖君谓据此七点,如云农民生活不见提高,显然决非事实。唯更求其提高,则有赖于工业化。第二段谈农业之社会主义改造,略谓其步骤为互助组而生产合作社,而集体农庄。农业不改造,即不能与工业化适应;改造又不能急躁,于其过程中必须保证产量之不断提高。须示农民以良好之实例,使农民在自愿之基础上,逐步走向社会主义。

到家后半小时,墨自车站送至善动身回来,盛言欢送情况之热烈。

十月五日(星期一)

九时至怀仁堂,开文代大会。丁玲以作协代表之资格发言,大致与前日所谈相近,劝大家改变生活方式,勿拘拘于小圈子,又谓文艺首在创造人物,使人物活在读者心中。又谓作者恐受人批评,不敢于作品中泄露其感情,实则苟与群众打成一片,个人之感情即人民之感情,则随意倾泻,必无错失。此言良是。丁玲能有灼见,又勇于披露其意见,良可激赏。

继之,波兰、捷克、罗马尼亚来我国之文化代表团团长演说,言皆肤泛。继之,振铎代表古典文学艺术研究者,曹禺代表话剧作者,田汉代表剧协,吕骥代表音协,江烽代表美协,王尊三代表曲艺界,戴爱莲代表舞蹈家,相继发言,各有中肯语。今日听诸人之发言,约可知目前文艺界之大概情况。会以午后一点四十分散。

回家进食,赶往署中,续改中国地理稿。社中已来电话催促矣。迄于六点全部改毕。此稿叙述实甚粗糙,余未能细改。此后尚须反复修订也。

十月六日(星期二)

九时至怀仁堂,仍开大会。中苏友协代表李君讲话,述文化交流之现况,希望文艺界注意于此,文艺团体俱加入中苏友协。于是通过两个决议,一为此次大会对于文艺工作目标之决议,一即所有文艺团体加入中苏友协之决议。继之通过新改定之会章,又照章选举全国委员,凡一百零三人。余据所提名单一一圈之,大致他人亦复如此。

休会时尚不到十一点,遂往署中。出版局交来《图书评论》将发之文稿六篇,即看之。

下午两点,再至怀仁堂。先由古巴作家某君讲话,次则乔木作报告。其报告非复前此所示内容,大概因其意已由雁冰、周扬谈及,不需重复之故。今日所谈专及文学艺术团体之任务,分如下数点:一、鼓励创作,二、鼓励批评与研究,三、注意编辑出版工作,四、从事普及工作及教育训练工作,五、组织政治学习理论学习。末言党必督促党员正其作风,与非党员团结,务使文学艺术趋于繁荣。乔木思事能深入,不为浮泛之辞,朴素而严密,使人心折。于是雁冰致闭幕辞,大会遂告结束,时为六点。数百人开会十余日,实甚劳累。然大家收获不浅。于国家之前途,文艺之趋向,颇有所会,且创作之兴致亦颇提高,此后之事唯在实践耳。共期五年后再开大会,各方面之成绩将斐然可观。

十月七日(星期三)

文委通知开常委会,愈之不能往,余遂往。体育委员会作汇报,谓我国参加世界青年联欢节体育比赛,游泳得第一,然一般尚不如人家。苏联于国民体育有种种规定,旨在加强人民之体魄,间接即提高各方面之工作效率,与务夺锦标者大异其趣,然亦致力于在国际竞赛中取得优胜,以增高其国际地位,此亦政治。我国于解放前,体育运动仅限于学校范围之内,今则大不相同,各方面俱知注意,参加各项活动者达百分之七八十。今后当加意号召,徐谋展开,使全国人民感受其益。又谓十一月将开民族体育之表演竞赛大会,提倡国术之有价值者。习副主任作结论而散,已逾十二点。

三点至国际俱乐部,外文出版社邀文代大会代表二三十人为茶话,意欲与作家多联系,使介绍工作臻于美善。师哲报告社中略况,周扬、萧三发表演说。余被迫说话,一时无话可说,仅勉说五分钟耳。与萧乾、杨显益同座,杂谈译事,甚快。

十月八日(星期四)

上午在署中看新到书刊。午后二时,偕伏园至北京剧场看川戏,亦招待文代会代表者。散场即至北京饭店,全体会众会餐。大会已毕而复有此余波,可谓兴致不浅。

七点半到家。文学出版社选余旧作《寒假的一天》为通俗文艺读物之一种。墨携归其校样,余遂校之,改动语言未妥者若干处。

今日《人民日报》社论以《努力发展文学艺术的创作》为题,专就此次文代大会立论。观其大意,即乔木首次报告草稿之数点,不知系谁执笔。

十月九日(星期五)

八时半开署务会议,先讨论《颁发一九五四年度出版事业计划控制数字的指示》。此指示将派人分往各大区传达布置,俟各大区筹划停当,再集会于北京,开计划会议。议定克寒、冰岩往华东,应申往中南,浩飞往西南,卜明往东北,而余与灿然往西北。余本拟私人旅行,今亦以公事出门。大家均谅解,余实为休假旅行也。次讨论第四季度之工作计划,自以出版事业计划为中心。复次讨论精简人员。中央之方针,行政机构用人须至简,移其多余者于其他方面,今年须减去百分之二十。我署已有拟议,可精简者六七十人,估计其去路凡三:一为本系统内之企业单位,二为教育单位,三为工矿企业。

下午到社,与文叔谈。文叔近看过书稿两种,余即不须复看。与安亭谈社事。与建功谈字典之校对,大约须于十二月间问世。与芷芬谈教本之排印情形,据云可保证及时供应,自是可慰。

十月十日(星期六)

与灿然说定,决以十五日动身,姑到西安再说。下午到社,同人均往听习仲勋在教育部作有关师范教育会议之报告,仅晤少甫。与余谈教本之装订尚多错误,正设法改进。傍晚晤芷芬,言伯祥夫人往上海,本欲重温旧游,适病作,入医院检查,或系癌症。

上海之少年儿童出版社宴会于森隆,余以六时半往。客约四十人,半相识,多儿童读物作者,彼社意在约稿。

十月十一日(星期日)

至善来信言其所属分团在沈阳慰问志愿军之后勤部门,大约十三日离去。

墨以假日工作,所校为《红楼梦》。每回有语词之注释,颇详备,不知何人所为。第知平伯亦参加其间。

十月十二日(星期一)

看新收到之书刊。下午到社,芷芬、晓先来谈。安亭来谈甚久。萧家霖交来字典之凡例。

十月十三日(星期二)

上午看两种文稿。一为孙功炎之讲稿。翻译科同人为业务学习,请孙讲说,孙因取彼辈所译之有疵病者,分类归纳而写成此稿。余谓第就译文而评其妥否,恐于原文有出入,最好兼顾原文,告彼以如何乃为善译。孙谙英文、法文而不通俄文,可请张志公、龙志霍相助也。

一为《新华字典》之凡例,出于建功之手笔。条数颇多,每条又言之琐琐,道编辑之甘苦,而达意不甚明畅,将使读者望而却步。余为签注意见十余处,希望扼要从简,针对读者立言,不须语读者之意即不必说。

下午到社,叔湘、志公来,即邀安亭、文叔及中学语文室四位同人为会,讨论其所拟《汉语课本》之编辑计划。缘中央前曾有指示,语文课程之事由乔木领导,乔木遂邀社中同人商谈此事。渠以为语法课程范围太狭,学生习之为用不广,谓宜涉及正音正字、构词用词、句法段落等项,并授以语言学之初步常识。叔湘、志公于是弃其前定之语法计划,重拟一稿,书名《汉语课本》,亦姑且书之,未必即此为定也。讨论历三小时,大家无甚修正意见,均谓计划极佳。课本凡三册,教师参考书亦三册,全体约四十万字以上,何日完成不能预言也。

十月十四日(星期三)

文委开常委会,讨论计划之各项控制数字,愈之往参加。余即不往,在署杂看新收到之书籍。下午两点半,愈之邀诸人作非正式之会,行者留者有事则互相交代。明日启程者为克寒、冰岩、应申、灿然与余五人。

雪峰来电话,言细看余之《倪焕之》(近已出版,印二万五千册),此是写生活,颇不错,劝余赓续执笔写小说。余告以明年当试为之,拟供青少年读。

行装已齐备,墨与满子考虑与购置,已历数日,今夕我妹为之装入箱箧。如此出门,亦太舒适矣。

十月十五日(星期四)

墨仍以七时半出,为别而去。九时,辞老母,满子抱永和送于门口。至灿然之居,愈之方与灿然闲谈。十点三刻乃趋车站,愈之送之。车以十一点三十五分开。

十月十六日(星期五)

车应以夜十点七分到西安,误点,到已十一点半。西北新闻出版局金照同志与其他三位候于站,迎至其局中留住。谈话,进夜粥,就睡已一点过矣。

十月十七日(星期六)

印刷管理局唐泽霖与其他二位来访。三人自中南来此,复将往西南,任务在视察各地印刷厂之建筑工程。据此间副局长张性初言,总署常派人至各地视察,于各地甚有助益也。

九时,由金照、张性初导我们往参观历史博物馆。返局已一点过,饭罢入睡一时许。晚六时,西北文委主任杨明轩先生来访,邀宴于西京招待所。杨为薰宇、予同之师大同学,尝为开明编数学教本。

十月十八日（星期日）

晨间与灿然、金照闲谈。十一时再至博物馆，离馆已一点半。于是闲行东大街，为西安最热闹之街市。过中图及新华书店，入而视之，皆拥挤不堪。中图别设一阅览室，有卡片柜，人皆可以检卡片借书，宛如图书馆。进食于一清真馆，吃炒面。

返局小休，往访西北局宣传部长赵伯平，谈出版方面情况约一时许。于隔舍访张仲实。张新近调来，任宣传部副部长。坐半时许而归。

十月十九日（星期一）

上午，灿然与出版局同人座谈，讨论工作，余亦参加听之。西北区多民族，新疆地方辽阔而交通不便，有若干事项与他区不同。灿然皆记之于簿，徐谋解决。

洛峰打来长途电话，言文委以各部门皆派人至各地区传达方针，了解情况，使地方分别应付，良非便捷之道。因决定组成工作组，集体到各地。西北区之工作组以余与灿然为正副组长，高教部、教育部、文化部之人员日内即将到来云云。既如此，余等在西安势必多留几日，工作组事毕，能否分散而余等专事游览，亦须看情势而定矣。

下午两点半，局中集出版方面有关人员于广播电台之会堂，约八九十人，余传达明年出版工作之方针与各项控制数字。一口气讲两点半钟，尚不觉吃力。会散即回局。傍晚小饮，金张两局长、办公室主任王乃夫同饮。

十月二十日（星期二）

晨间洛峰又来电话，系告文委所嘱向大区传达之要点，关于财务计划及其他者。又言他部分之人大约于廿二日动身。

九点过，离城游临潼。同游者金张两局长，王乃夫，尚有新疆来此商量计划之同志一人。返局就寝，时已十点半。

十月廿一日（星期三）

上午与西北人民出版社同人座谈。社长张思俊谈其社之情形颇详尽，于调查群众需要，提高书刊质量，颇下工夫。灿然谓西北干部有审慎细密之作风，此言可于张君证之。此社计划之书稿，以属于政策宣传者为多，偏重农村，注意生产。此外仅占百分之二三十耳。

饭罢,余入睡一小时。起来时灿然已与新疆来之同志谈新疆之出版工作。新疆为多民族地区,一种书籍须出多种版本。又地面辽阔,运输不便,发行工作甚多困难。以故在新疆要求计划化更不能太严太快。谈至六点。

十月廿二日(星期四)

写二信,一寄墨,一寄署中诸君,略告近况而已。

出门闲行,进泡馍于小食铺,至两点乃归。四点至文委访杨明轩,略谈工作组事,共谓俟教部、文化部之人员到后再作商量。坐半时许而出。金照同志导观南院街之旧书肆。凡看三五家,余购得第三版之精装本《倪焕之》一册,值一万二千元。回局已七点,共为小饮。

十月廿三日(星期五)

上午,灿然与新华书店同志座谈。余以下午将为新闻出版系统作讲,在室中略作准备。他们要求谈语文问题,余即据在文协大会之发言稿扩充之。

西北大学派傅庚生来访,谓文学系同人邀余会面,并作座谈。余与傅已数年未晤,据谈渠近教现代文学与古典文学,出讲授杜诗之提纲相示。余谓可与文学系同人一晤,但不能作讲,实无所有,不宜空说。傅允之,由余定期然后通知。

下午两点半,金照同志陪往广播电台会场。发票三百张,会场只容三百人。尚有未得票而来者,则集于另外两室,通话筒于其处俾听之。讲两点四十分,自觉尚可。郑伯奇亦来听,渠为此间文联负责人之一,邀余与文艺界同人作讲,余谢之。彼若再来,似亦难却,然实无可讲,殊为苦事。

十月廿四日(星期六)

竟日在局中。灿然参加局中讨论计划之会议。余则留室中看小说。

文化部派来之同志二人以今日来访,而教育部之人尚未到。灿然与洛峰通电话,言文委之意图已交我署,邮寄来此。而信尚未到。为此,我人势须等待。

十月廿五日(星期日)

上午十点,驱车出南门。四望之中,兴建之较大建筑殆有十数处。西安南门外将为文化区,此建筑殆皆文教机关。折而东,至慈恩寺,观大雁塔。复东行至曲江故址。

回局已逾三点。四点进食，睡一时许。教育部派来之同志四人来访，谈半小时而去。

十月廿六日（星期一）

晨间记日记毕，觉困倦，因休卧一小时。起来看报。出携来之斯氏全集译稿改之。此是第九卷之稿。编译局为配合我国经济建设之需要，一方面一、二、三、四卷顺次出版，一方面另起一端，自九卷起顺次迻译。迄于饭时，携来之三篇毕其两篇。

印刷局之三位同志将以明晨离西安，来谈所了解此间新华厂之情形。他们将乘火车到宝鸡。自宝鸡乘汽车越秦岭而至成都，经成渝路到重庆，观重庆印厂之兴建工程。然后出三峡至汉口，作同样之工作。余忽念如是游历一番亦良佳，以语灿然。灿然亦谓不恶，然须视工作组之事如何乃可定。各单位人员工作之后若须汇总，只得往兰州一游，再回西安矣。

十月廿七日（星期二）

上午看毕斯集译文一篇，即与昨日看过之两篇一同寄还编译局。

下午两点半，至西北文委开座谈会，西北各局之负责人与教育部、文化部、扫盲会来此之人共谈。先由文委秘书长亚马同志报告西北之文教工作概况，继由余转述中央文委关于计划工作之要点，于是各部门来人自述其调查检查之要求。我人于所谓工作组，初以为仅求了解情况而已。今知各部之要求在检查工作，西北文委亦如此认为。检查工作必须发现问题，解决问题，而以余为之首，实不胜任；灿然纵能干，然不悉其他部门之情形；且其他部门来者均非精干之人，势难实现检查之任务。可见中央文委作此布置，未免有草率之嫌。我人在此既不能有所作为，又不能早日离去（杨明轩谓今日之会为开始。工作组何日可告一段落尚不知），实有无聊之感矣。灿然谓将与北京通电话，说明此情形，且看答复如何。

夜八时，张仲实来谈，坐两小时而去。

十月廿八日（星期三）

上午灿然与洛峰通电话，请其与文委商量我人在此任务如何，行止如何，大约明日可得回话。

十点，余往西北文联访郑伯奇。缘郑来信请约期来访，余遂先访之。谈四十分钟出。再去博物馆参观。

饭后入睡一小时，偕灿然、凤祥逛街。步行三小时，足力已疲，乘三轮归。晚饭后，文委招演皮影戏者作表演，邀我人一观。

十月廿九日（星期四）

竟日未外出。

十月三十日（星期五）

上午听灿然为西北人民出版社编辑同人谈选题计划，凡讲两小时，详明而有要点，必于听者有助。

我人决以明日动身，先至宝鸡，托局中往买车票。因致书傅庚生，谓往访西北大学且待重来西安时再说。

下午五点，出版社、新华书店、新华印刷厂邀宴于西安旅社。七点餐毕，则至香玉剧团看戏。

十月卅一日（星期六）

晨起天作小雨。金照等谓何妨缓日动身。我等以为阴晴难定，况路途颇远，过几站即晴亦未可知。下午两点，驰车至车站，性初、一夫及其他数同志送之。火车以两点四十分开。灿然与余谈作此行之游记，谓火车上之服务、西安现况、博物馆、临潼、曲江池，皆可写一篇。余颇有此心，惜探问不详，记忆不清，更兼感兴不深，恐难如愿。

七点十余分到宝鸡。以长途电话联络缠误，累新华书店经理程锋同志未能接着我人，及我人雇人力车而往，始于途中遇见。到其店小坐，由程君陪同出街，进食于小馄饨铺。听程君谈其经营书店之情况，知为一能干之经理。返店，余与凤祥睡程君夫妇之床，灿然与店员同室。

十一月（略去一天）

十一月一日（星期日）

程君预为我人买软席卧票三张，晨八时，送我人至车站。俟我人食豆浆油条毕，送进候车室，即谓渠将上班，径自回去。青年人爽直，未学客套，又看重其工作，大可称美。车以九点四十分开。

十一月二日（星期一）

十一点过，到兰州。新华书店经理马照岐登车相迎。新闻出版处兼处长阮迪民（任宣传部副部长）及人民出版社同人相候于站上，皆初见。乘汽车至新闻出版处少休。此处建立未久，人员甚少，工作尚未展开。坐一小时许，宴于陶乐春，饮徽县酒，颇烈。

我人本拟住新闻出版处，而阮君谓邓宝珊主席已关照，留我人于其私人之园中，邓公好客，不宜违其意。我人只得从之，驱车至东门外邓家花园，见邓公。余与渠在政协会议中同堂开会，而未尝交谈，今日为初识。渠于各方面均有识见，尤熟西北情形。室为土屋，白墙纸窗，雅洁脱俗。询年岁，亦为甲午，与余同庚。导观其留客之居，在其室之后。室中庭中，菊花罗列。土屋三间，修整殊甚，有炕有榻，任我人自择。

阮君托新闻出版处之井秘书陪我人。井携铺盖来，居于他屋。晚餐甚精，邓之秘书窦君相陪。九时许，邓君归来，来余室谈颇久，兴致甚高。及就寝，灿然睡于炕，余睡于榻。

十一月三日（星期二）

上午由井君导游五泉山。十二点回邓园，邓主席同进餐。不为筵席之格式，精品数色，无不可口。此公盖深通生活之艺术者。一公营剧团来访，中多青年。邓公请彼辈清唱，邀我人往听，系秦腔。

四点后，井君陪同观黄河，乘羊皮筏游雁滩。晚饭后至文化会堂观京剧，散场已十二点半，大疲大疲。

十一月四日（星期三）

九点半，驱车访民族学院，在皋兰山麓，占地甚多，长一公里有半。院中学生一千五百以上，汉族以外，有十余少数民族，人数多少不等。分预科及本科。预科授中小学程度之文化课程。本科分语文系、法制系、政治系。语文系为培养翻译人才。今第三期将毕业。学生一切皆由院中供给。据云初办之时，少数民族皆不敢来，今则皆欲争取入院，而院中不克尽录。于全院游行一周，礼堂、教室、宿舍、建筑之工地、分族之厨房，一一观之。时已及午，全体学生会集于露天，按民族分区进餐，食品即陈于地上。至藏族进食区，余尝奶茶，灿然兼尝其糌粑。

辞出已十二点半，至《甘肃日报》社，社中同人五六位接谈，即共进餐。食毕，略谈报社经营情况，遂参观编辑部及印刷所。印刷力量大有剩余。

四点辞出，至文教馆。原为庄严寺，有三绝，书绝、画绝、塑绝。书绝者，元人某所书"勅大庄严禅院"匾额，为颜体，确极佳。画绝者，大殿后壁观音画像，下半截已为补作，上半截确有古意。塑绝者，殿中之佛像。又至城隍庙，无甚可观。

回园进晚餐。食后，邓主席命剖瓜。余尝哈密瓜、绿瓤甜瓜各一块。

十一月五日（星期四）

新华书店、人民出版社各来一人谈工作情况。灿然皆记其要。省文委谢秘书长来访，云今夕特为我人组织一联欢晚会，演河南梆子，辞之不获。文化事业管理局马局长来访，略谈甘肃省文化事业之现状。

晚餐时，邓主席宴请来省开会之各地党委书记，凡两席，肴甚丰。邓劝食殷勤，余又过饱。将八点至戏馆，散场已十二点，大疲。

十一月六日（星期五）

昨夕睡未稳。上午，井君为谈新闻出版处之工作情况，余亦听之而已，询问、记录、提意见，悉由灿然。

将三点，驱车至《甘肃日报》社作演讲。系文委所召集，听者除新闻、出版、广播方面之工作人员而外，又有党政军三方面之人，凡三百人以上。余只能将在西安所讲者重复一次，一讲三小时，未免疲劳。会散，承留餐。

归园中又与邓主席闲谈。邓闻我人将以明日动身，坚称务望多留一日。邓之好客殷勤,良可感激。上床后思作一诗赠邓,居然成篇,然又失眠矣。

十一月七日(星期六)

上午来访者为西北出版局派来甘肃布置计划之同志。又有《甘肃日报》社两位同志来谈《甘肃画报》之试版。仍由灿然与之讨论,余从旁听之。询购车票如何,乃知邓主席已嘱勿买,要我人再留一日,参加十月革命之宴会。此亦无可奈何,只得任之。

午餐后,在邓室中长谈近三小时。邓欲观余写字。因即篆书昨夕之诗。写得颇吃力,而字不甚好。平时不常写,偶一为之,宜其然也。

七点至西北大厦,赴招待苏联友人之宴会。苏联专家凡数十人,任务在规划市政建设与勘定炼油厂地址也。

十一月八日(星期日)

昨兰州大学来约,邀往为文学系同学作讲,其意难却,勉应之。九点半,兰大三位教师来迎,共驱车而往。晤副校长陈君。十点过,至学生游艺室。学生听者二百人以上,尚有教师十数人。余随口谈文学系学生之前途,谓可为者有四事:中学教师、编辑工作者、文学研究者、作家。此四者均值得做,以其同为人民服务之要项。谈一点半钟而毕。于是学生蜂拥以来,围余于中心,要求签名。此风在北京已不通行。余告彼等此殊无意义,而彼等谓有意义,只得勉从其愿。

午餐时邓谈及灯谜,兴致大好。餐毕续谈,至于三点半犹未倦。所谈颇有佳者。晚餐后复长谈,较午间为有味。谈梁漱溟问题,谈此间之建设,谈黄河上游水力之开发,谈西北军区之马政,至十一点半方散。

十一月九日(星期一)

九点至新兰浴室洗澡。新华书店门市部即在浴室对面,浴毕入而观之。

回邓园已十二点半,少休即午餐。我二人为邓举杯,谢其殷勤招待,并祝其健康,兼以辞行。饭后复闲谈。邓出一诗相赠,步余诗原韵。邓之喜为风雅,于此亦可见。

小睡片时醒来,文委之谢君与阮迪民偕来。既而邓亦来客斋,谈至五点一刻,即驱车往车站。邓与其他人坚欲相送,情不可却,而意殊不安。又承邓赠绿瓢甜瓜二筐,井君为新闻出版处购赠苹果一筐。我人则自购百合与葡萄干。携归之物品颇不少矣。车以六点正开,与邓招呼再三,订于北京重叙,并言或明年再来云。

灿然尝谓余不为休假而为旅行,此想法甚不错。唯到一地方,招待太殷勤,在人家浪费人力物力,而我人则感其不甚自由。以后若能妥为规划,并与各方面说通,使我人所到之处仅为指导而不为酬应,我人尽可自由活动,则大佳矣。

十一月十日(星期二)

作一书寄墨,告以十五日大约可以到家。

晚六点到宝鸡,书店之程君已在站相候。到店中少坐,仍至前次进食之小铺吃馄饨。回店未久即睡,而程君犹与其同人搞计划,计议未已。此店颇有朝气,可为模范。

十一月十一日(星期三)

清早与程君别,以人力车抵车站。车以八点五分开,十二点四十余分到西安。王乃夫在车站相迎,即驱车回出版局。

饭后,灿然往文委探听布置计划中有何问题。归来相告,谓文教方面之主要问题有二。一为小学发展太大,经费无由分配。西北拟提出方案请上级考虑,将乡村之一部分小学仍归民办,乃可抓住重点,以办好若干完全小学与中学。余谓此亦是办法,但如何与民众说明,使不致发生怨望,此大须研究者也。又一问题为新疆方面尚存冒进之倾向,须与说通,共趋稳步前进之途。

十一月十二日(星期四)

我人拟明日动身返京,有少数处须往辞别。先至张仲实处,又访其同舍之赵守一。赵与张同为西北局宣传部副部长,我人初到时渠方至各地视察,故为初见。其人殊精干,谈出版方面事熟悉而有卓识。坐一时有余而出。至杨明轩处,杨不在,留语而返出版局。人民出版社送来麦积山照片数十帧,观玩之,亦可谓卧游。彼社拟印行。余意此等照片必须精印,在西安恐印不好。振铎方面或亦将出版此套图片,须彼此接头,以免重复。即以此意复人民出版社。

下午,灿然至文委,听文化部派来之同志汇报其检查工作之意见。余则往游莲湖公园、革命公园。六点过，灿然归来，谓文化部之同志检查当地各方面工作，列举琐碎之不甚妥当处，咸谓其方针不明，原则有违。于当地之领导与措施，甚乏尊重之意。且已向各机关表示其意见，恐使闻之者发生反感。余辈既为工作组之组长，未能预与讨论以避免发生此类弊端，实亦有责。灿然谓此事尚须与西北文委一谈，而教育部派来之同志工作进行如何，亦不能不一为顾问。明晨启程回京之议只能作罢，得之非易之车票只得退去。

十一月十三日（星期五）

晨间张局长邀往鼓楼最有名之牛肉泡馍铺进早餐。食毕。灿然至文委，余回局中。十二时许，灿然回来，言已与文委之同志说妥，我人明日即启程。教育部之同志往近县视察，召回不易，可不复汇报。于是再托出版局同志往购车票。

傍晚，杨明轩来送行，坐半时而去。晚饭后，与金照、王乃夫二君谈，就出版工作各方面，随所想到，彼此交换意见。二君能力颇强，足可领导西北区之出版工作。我署于具体事项尽可少管。

十一月十四日（星期六）

晨以五点一刻起身。匆匆整理，即驱车往车站。局中一同志与司机送我人登车。车以六点三刻开。

十一月十五日（星期日）

车误点约一小时，以下午五点半到北京站。白文彬等在车站相候。驱车到家。家中老小无恙，见余归，皆大喜。至善仅有一信自朝鲜寄回，尚无回国之期。

墨告余一噩耗，硕丈病肋膜炎去世矣。久思请渠来京一游，因循未果，今不可偿此愿矣。又告余京中近事，面粉悉归公卖，私营粮店改为零售店。市民买面粉每人每月八斤，意在令大家掺食杂粮。此办法施行之日，市民安然，一可见对政府信赖之深，二可见于大局了解之切，大是可慰事。

十一月十六日（星期一）

依灿然之嘱，在家休息一日。凤祥往署中取回一个月来收到之书志信件，累累一大包，一一翻观，知其大略而已。夜饮时与墨及满子谈游历之所见。

十一月十七日(星期二)

晨至署中,与诸同人晤,述出游所见。克寒为言上海市况,谓物资供应赶不上人民需要,市场时有波动,今党政方面致力于粮食,必使供应无缺;限制购粮数量,私商不得经营粮食生意,皆为此故。

编译局送来斯氏集第九卷译稿已不少,今日看四短篇。

十一月十八日(星期三)

上午改斯氏集译稿四篇。

下午学习,为漫谈会。近日方学习过渡时期之总路线。今日谈及者,为现阶段革命之性质问题。

夜间芷芬来,谈社中近况。明春之书已发清,明秋之书亦有一部分已发云。

十一月十九日(星期四)

上午改斯氏集译稿三篇。

下午到社中,晤安亭、芷芬、晓先诸君。编辑部迩来编务较清闲,拟分别为业务学习,以求共进。将成立业务学习委员会,为全面领导。余深赞此议,而殊不能言其方,且看大家之想法如何再说。

十一月二十日(星期五)

上午开署务会议。先由外出者报告至各地了解之情况,次讨论我署之编制。编制本精简精神,须缩减百分之二十,全署人员定额为二百八十人,如何分科任事,再由各部门详细考虑,闻明年尚须缩减云。多余之人本云颇有去路,或当教师,或加入工业建设部门。今据戈茅言,全国小学教师实不缺少,且有多余。而我署多余之人,若令任中学教师,则力有不及。至于工业建设部门,急需者为领导骨干,一般人员殊不缺乏。如是则缩减编制似难实现。不知人事部门何以处之。

午后改斯集译稿,迄于五点半,改两篇有半。

十一月廿一日(星期六)

上午看译稿,仅得一篇半,盖篇幅较长。

下午到社中,即参加社务会议,讨论明年之财务计划。据作计划之徐保衡言,此次之计划较去冬精致。逐年进步,计划工作可以上轨道矣。谈两时而散。

董纯才来看余,谈调用干部尚无多眉目,拟向组织部人事部催询。不得已而思其次,所调人员仍留原单位,但原单位必须谅解,减少其一部分工作而为教育出版社工作。又谈访问东欧各国时所闻关于教科书出版之情形,谓日内将商谈编辑教本之制度与办法,期所成之书比较固定,不须每个学期改动。

建功、家霖亦来谈有顷。

十一月廿三日(星期一)

终日改译稿,仅得一篇有半,盖篇幅较长。

十一月廿四日(星期二)

上午续改译稿,为最长之一篇,半日看四十余页,仅其小半耳。

下午至社中,安亭、萃中、文叔、芷芬相继来谈,竟未作他事。

十一月廿五日(星期三)

上午续改译稿约三十页,写信数通。看稿将一周,下午思为游散,于是偕凤祥至故宫博物院,观其绘画馆。

以金日成为首之朝鲜代表团来我国已逾旬日,与我国政府签订了经济及文化合作协定,今日离北京返国。我国政府决定自一九五〇年六月二十五日美国发动侵朝战争时起,至今年年底止,此一时期中援助朝鲜之一切物质与费用,均无偿赠与朝鲜政府。又自一九五四至一九五七之四年内,拨八万亿人民币无偿赠与朝鲜政府,以恢复其国民经济。

至善来信言下月十日左右当可回来。信中叙及朝鲜人民之困苦。当此时令,犹穿二三件单衣。小学生来欢迎慰问团,团员与握手,小手皆冰冷,深感难受。

十一月廿六日(星期四)

上午九点半至文委出席常委会。今日为听取派往各大区检查工作之组长汇报。刘皑风报告东北情况,余报告西北情况,杨秀峰报告中南情况,克寒报告华东情况。余之报告由灿然起草,简要而不甚有原则性之见。我人本非专意检查工作,只能如此。

返署午餐后至社中。与少甫、芷芬商谈出版方面事,余则续看译稿约二十页。

十一月廿七日(星期五)

上午看完斯集译稿较长之一篇,即便送去。未知第九卷已尽于此否。

彬然来谈,谓近来各方面均学习总路线,有人概括成四语云:"普渡众生,同登彼岸(社会主义),阶级消灭,个人愉快。"

下午到社,仅绘图组同志以写生画稿相示,余略表意见。渠等近在美术学院听课,一为中国美术史,一为创作理论。每星期以两个半天练习人像写生。渠等均为青年,有朝气,能共学,余经常鼓励之。

看周芬之高中化学稿将一百页。

十一月廿八日(星期六)

上午续看周芬之高中化学稿。此稿前已交余看过,缘有所改动,嘱余就改动处重看。

下午两点,集全体同人为报告会,由愈之传达所闻于政务会议之二事。其一为周总理所谈资助朝鲜之意义。其二为关于粮食问题之认识。连谈三小时有余。

会餐于文化宫,缘储安平将脱离我署之发行管理局,而往《新观察》杂志社任事,故与一叙。

十一月廿九日(星期日)

约数位朋友来小叙,闲谈以求松适。十点半,叔湘、文叔、伯祥、芷芬、晓先、彬然、薰宇、志霍陆续至。而昌群适在京中,往访伯祥,伯祥邀之偕来,为不速之客。昌群明年将改入科学院历史研究所。此研究所将增为三所,第一所研究上古,第二所研究中古,第三所研究近代。昌群之第二所,兼管科学院之图书馆工作。午刻开饮,诸人饮酒不多,而于满子所作之菜肴,无不欣赏。食毕闲谈至四点,客去。

《新观察》之夏君来访。彼社知余游西北,希望刊载游记。余允之,唯谓写成不能快,又未必有意思,且待写成了再说。

十一月三十日（星期一）

上午看克寒交来之党组向中央报告我署工作之文一件，略提小修改意见交还之。

下午三点至怀仁堂，参加全国委员会之常委扩大会议，讨论发行一九五四年国家经济建设公债。此项公债原在今年预算之内，共六万亿元，缘农产歉收，延而未发，今改于明年发行。邓小平副总理报告，略谓今年廿一万亿赤字已得弥补，大致尚有结余。弥补之道在增加收入，节省开支。今后每年可靠之收入为税收与利润两项，约占支出之百分之九十二。故必须另想些办法，发行公债为办法之一。六万亿之数，于城市推销四万二千亿，农村推销一万八千亿。根据人民之生活及工商业农业之情况，如上分配为可能的。定八年还清，利息为四厘。邓报告毕，发言者甚多，皆表赞同，仅讨论其细节。末后周总理为结语，略谓购公债为个人以其所余参预国家建设，而分享其成果。又谈及年来观银行存款之递增，知游资必须妥为利导。储于银行为一途，购买公债为又一途，更须别辟他途。近拟在各大区试办投资公司，国家收集游资投资于各种小工业，使投资与小工业均纳入国家资本主义之轨道云云。散会已七点。

余在会场中觉眼球甚酸，筋骨不舒。夜间略发烧。

十二月（略去二天）

十二月一日（星期二）

精神不爽，在家休居亦无聊，仍复到署，看出入文件，杂看新到书籍。未往西城，缘惮其跋涉，且社中亦无甚事。

十二月二日（星期三）

上午仍看新到书志，补看离署期间比较重要之出入文件。

两点为学习会，于过渡时期之"过渡"辩论甚久。以经济言，自当为由多种成分之经济过渡到单一社会主义经济。以社会言，则由新民主主义社会过渡到社会主义社会。自开国之日始，即宣告民主革命结束，社会主义革命方开头。自此而迄于社会主义改造基本完成，社会主义工业化基本实现，皆过渡时期也。同人谈一阵,亦无一致之结论。余书其所见,未知切当与否。

十二月三日(星期四)

灿然作出版管理局今年工作情况与明年工作计划之报告一份,今日在党组内先行讨论。党组邀余与愈之、彬然参加。今年出版工作方面之成绩为计划化有初步成就,供需关系稍见进步。缺点在思想政治领导不强,提高出版物质量无具体办法。灿然所拟之工作计划尚多空泛不实,与会者均提意见,请其重加修改,务求精要。然后提出于出版管理局全体同人之前。

下午到社。文叔来谈颇久。孙功炎来告其工作情形,方助叔湘、志公准备材料。萃中来谈,教部教学指导司二十位同人以本月始并入我社,须分配于各编辑室。重编中学小学语文课本拟以近期开始。久久未定之教学大纲宜先求草成。余谓此项工作计划先请张、辛二位草拟,然后大家商量。宣传部方面有乔木担任指导。乔木甚通达,其事或易于说通,易于进行。萃中谈两小时始去,此君谈话无不长也。

十二月四日(星期五)

上午开署务会议,主要讨论商务、中华、龙门三家之公私合营问题。此三家早有此要求,总路线提出以后,认为时机已至,复来商量。而我署亦应根据政策方针,导彼等入于此途。故先令彼等算清家底,提出材料供我署详细考虑。一方面与高教部商谈,彼部拟成立高等学校教科书出版社,即将由商务改充。又与财经方面各部门接触,请彼等各抽出著译人员,组织财经出版社,而以中华为底子。又与科学院商谈,提出编辑人选,改龙门为科学出版社。此三事皆尚未作定论,但明年必须办,至少商务、中华两家,须于明年上半年定局。

下午至社中,与灿然、恽逸群偕。辞书编辑室之《新华字典》已完工,即将出版,今方总结工作,准备明年之工作计划。而建功在北大事忙,未能以全力领导(渠实亦不善于领导),故拟以恽逸群为副室主任助之。恽在地图编绘社为副总编辑,尚有余力可分担辞书室事。今日邀彼到社,与室中同人见面并座谈。下星期起,渠即可每周到社三四次矣。

十二月五日（星期六）

上午看文件。

我署所在之东单区将于本月至下月间办基层选举事，而机关干部于此一般不甚重视。浩飞嘱余作一报告，意在促起大家注意，不第自己认真参加，且须负宣传鼓动之责。报告之纲要已由办公厅拟就，颇浅薄松散。余思自作，一时未能有成。

下午两点开全署大会，一堂座满，余讲一点半钟，颇不自惬意。浩飞继之，转述所闻于他处之李维汉之报告，题为学习总路线之意义与方法。

接颉刚来书，谓偕丁君匋、蔡漱六来京，将以明日来看我，意在谈几家书店公私合营之事。余因与克寒、洛峰、灿然预商应对之辞。

十二月六日（星期日）

十一时许，颉刚偕丁、蔡来，尚有丁之夫人。三年不见，颉刚头发已全白，精神尚佳，谓犹能走五十里路。为余谈广益、北新、人间世、大中国之一部分，已商定联营，改名四联出版社，专营通俗读物。大中国之另一部分将专营教育图片，已出图片若干组。此次来京，意在向我署报告情况，争取早日公私合营。余略谈我署之方针，唯一切具体商洽，应与地方新闻出版行政机关联系云云。

时已午刻，留共午餐。颉刚言及虎丘塔将圮，大成殿亦将崩塌，苏州人皆盼能设法修理。拙政园已修理就绪。留园破坏甚重，而经费不足，仅能修理一部分。又谈一班同学之境况，谓贫病潦倒者多。谈至三点过乃去。

接至善信，谓已返东北，尚须慰问归国之志愿军。回京之期大约在岁尾年头矣。

十二月七日（星期一）

晨间看文件。与愈之谈话，告以颉刚来京，将来看渠。既而颉刚与丁君匋来，共坐谈。愈之答语与余昨日所谈者同。二人坐半小时而去。

下午两点半，党组开会，讨论发行管理局明年工作方针任务之请示报告，余与愈之、乔峰均参加。发言颇多，皆有所见。有一点为余之新观念，特记之。国家有新华书店，发行网已掌握百分之八十。此可以对私营出版家起作用，或为批货，或为总经营，视情形不同而分别其条件，可达利用、限制、改造之目的。往日新华书店多注意营业,多为经济工作,此诚重要,但今后应兼及营业以外,兼为政治工作。至于我署之发行管理局,既为行政部门,尤宜经济政治兼顾也。

回家,李克俊在候余。据言自四九年来共工作已四年有余,无所表现,拟往师大深造。余答以个人甚赞成,苟社中商量下来皆以为然,自可成为事实云。

十二月八日(星期二)

到署后思动手作游记,《新观察》已来电话催促,而精神不振,鼓不起执笔之兴。

下午到社中,晓先、芷芬来谈,言颉刚与丁君匋曾来社访问。安亭亦来谈,谓因教部有二十人并入我社,办公室方经调整。俟其去,看新出之《人民教育》。

归则独酌。墨因其社中作年终鉴定,须主持会议,未能早归。既而董纯才、萃中、安亭偕来。余以为有何急要事,而谈半时许,无非闲谈。余遂问之,答谓闻余身体不佳,故来探望。此不知自何来,安亭且下午与余晤谈。余乃谓无非肩酸背痛,不名为病,向不措意,承顾念,深感而已。

十二月九日(星期三)

晨醒甚困倦,遂休息一日。昨日董张诸君疑我身体不佳,今居然欠佳矣。墨仍以夜九点半归。渠甚认真,谓做人当如是做。

十二月十日(星期四)

上午到署杂看书报。下午到社。安亭言明日将开会欢迎新加入我社之人。四点过即归,卧休。

十二月十一日(星期五)

上午开署务会议,讨论中图并入新华之方案。此事将在明年一月实现。

下午到社,三时开迎新大会。计自五月迄今,新来之同志凡五十七人,编辑部方面卅九人,出版部办公室方面十八人,可谓不少。现全社有二百六十余人矣。余致辞一小时有余,薰宇以工会名义致辞。有新同志二人演说。安亭最后演说。五点一刻散。

十二月十二日(星期六)

晨间仍看文件。

燃料工业出版社副社长曾君来访,谓其社招收高中毕业生卅人,训练两年,预备充助理编辑、见习编辑。欲余为致中国现代文学、语法修辞、写作实习之教师。余言现代文学之教师可商之作家协会,语法修辞之教师或可助其解决。余之意想,或可请孙功炎任此席,第需社中同意,孙君自愿,其事即成矣。

下午改稿两篇,系社中内部刊物《编辑工作》之稿。此为不定期刊,专谈编辑。余意可布之于兄弟出版社,起提高质量之作用也。

十二月十四日（星期一）

竟日在署中,除看文件、报志而外,均续写昨日开始之稿,并不顺利。

十二月十五日（星期二）

上午续作游记,得千余言而已。

下午到社,续看上星期六来看完之《编辑工作》之稿子。文叔来谈,谓近来胃病略痊,唯仍感寂寞。无他事,取未终篇之游记誊之。

恽逸群与余同车归,告余日来在辞书编辑室商谈编辑小辞典,大家讨论颇有劲。

十二月十六日（星期三）

仍续作游记。下午两点开学习会,讨论现阶段中资产阶级为敌为友之问题,今后统一战线扩大抑缩小之问题,辩论颇甚。余听之,未有所言。

十二月十七日（星期四）

作复信数封。其中一封复吴奔星。吴在苏州江苏师范学院任教,取余之小说《一篇宣言》说明而剖析之,写成稿以授学生,另作一文言余之生平及创作,作为附件。两文印成小册子,寄来示余。其中多过誉,余复信请渠删汰其过誉之部分,乃可不致学生得误解。

到社中,与孙功炎说定,请其担任燃料工业出版社专业训练班之语法修辞课。芷芬、李惠乔来谈,谓拟改变中学课本封面之式样,原只排书名,拟加绘适合内容之图画或图案。余言能为之固甚好,唯须具有意义,又须美观大方,整幅调和。芷芬又谈社中杂事种种。

十二月十八日(星期五)

上午开署务会议,讨论印刷管理关于纸张配给之种种问题。现在凡书报用纸,公营公私合营者皆由我署统购统配,以尽量用国产纸为原则。配纸之价每令二十二万元,市场之价则为二十六万元。今拟以管理之责属诸我署财务计划司,购纸配纸之业务别设一营业机构司之,专为报社、出版社、杂志社服务。缘此变更,须定一套制度办法。文件草案四五种,一一研究,费时甚多。

作书复绍虞。绍虞以所撰语法论文相示,余先送叔湘看过,今日看之,作书寄回。傅雷寄赠所译《邦斯舅舅》一册。傅雷认真翻译,所译已多,其译品异于恒译,而大家不甚提及之。余思作文鼓吹,而识力不足,未易着笔也。

十二月十九日(星期六)

酸痛困倦,在家休息。

十二月廿一日(星期一)

上午到署,专复积已数日之公信。饭时归家,下午不复到社。明日冬至,余之肩背不舒,至近日而甚。坐卧稍久,均难受。夜睡至十二点后,辄因不舒而醒,辗转反侧,不复能酣矣。此似开始于居成都西门外之时期,记忆亦不真切。自此而后,逢季节即感觉之,而以这一回为最重。自后脑下至臀部,背面之肌肉筋骨悉不自然。谓之病似非病,不谓之病,则固令人减其意兴。

十二月廿二日(星期二)

晨间开始作第二篇游记,记临潼之游。愈之交来其所拟报告稿,谈中图并入新华事,将以明日向两店干部讲之。余为看过一遍,略作修改交还。

午刻仍回家,坐卧不安,游记未能写下去。傍晚邀伯祥来小饮,与谈颉刚今后之工作,共谓若今之搞私营出版社,殊非所宜。伯祥谓科学院古代历史研究所有意招之,振铎并告以我署将设古籍出版社,亦拟请共参加。据云颉刚曾表示明年暑中可择一而任之。谈至八点半,伯祥去。

十二月廿三日(星期三)

上午到署,续作游记,缘坐不舒服,下笔甚不顺利。午后仍在家休息,誊已成之稿两纸。

十二月廿四日（星期四）

上午在署作游记，得千言。浩飞来谈，星期六又须余作一次报告，鼓励机关干部重视普选，积极参加酝酿候选人之工作。

午后在家仍誊写已成之稿。若此游记，等于信笔写日记，而亦不能一气呵成，可见笔性之慢。

十二月廿五日（星期五）

上午在署续作游记，得千言。愈之来谈，嘱余与颉刚一谈，劝其立意作研究撰述之事。回家午饭，休息后仍复作文，所成无多。

十二月廿六日（星期六）

到署，浩飞来谈，告余以选民榜张贴后市民欢欣鼓舞之状，供余作报告之材料。余略起稿子，亦费一点许。十一点在礼堂作报告，听者我署及人民出版社之全体人员。余解说提出名单之办法，为贯彻民主集中制之最好表现；鼓励干部必须带头，积极参加讨论，作好酝酿候选人之工作。

抗美援朝总会来电话，谓至善以明晨七点一刻到站，将以欢迎证两张送来。拟托青年出版社派人去接。

下午誊稿子，续作游记数百字。周身不舒，似愈来愈甚。夜间十一点钟即醒，转侧久之，不得熟睡。

十二月廿七日（星期日）

晨八时至善即回来，青年出版社三同志迎之于车站。小孩欢腾，大人谈话交错，颇有远客归来之景象。至美来，既而芷芬来。午餐尽酒两壶。

三点后，余入睡一时。起来作游记毕，全篇十一纸，题名《游临潼》，付《新观察》。

十二月廿八日（星期一）

晨偕彬然至我社，缘辞书编辑室讨论《新华通俗小字典》之编辑计划。明年彼室拟致力于此，供具有小学程度之人使用。鉴于《新华字典》之计划未前定，随时变更，耗力甚多，而又未能作好，此番拟多为事先之准备工夫。各人就所拟之草案提意见，谈至十二时散。

返署,作书复胡绳。彼来书鼓励余多作游记。又填写作家协会所发明年创作计划表。余谓明年必作供青少年阅读之作一种,主题、题材、体裁皆未有所定,先提出此一语,欲以督促自己,俾不能不兑现耳。

十二月廿九日(星期二)

始作第三篇游记,记在西安看戏。作家协会女同志韦君宜来,言将出一种指导文艺阅读创作之浅近杂志,于明年四月出版,以计划相示,嘱提意见。谈半时许而去。

下午三点,至天坛疗养院访蒋仲仁,坐一时许。渠割去肋骨而后,现已无大痛楚,手臂运动亦胜任。谓下月间可得医生许可出院。一病一年有余,亦殊难忍矣。

十二月三十日(星期三)

续作游记,所成不多。

下午三点本为学习讨论会,闻王益在向全署同志转述廖鲁言言农业社会主义改造之报告,因往听之。大致如下:农民有二重性,为劳动者,故反对剥削,但又为商品生产者,故有资本主义倾向。二者之中,当以前者为主。今言改造,即导使避免其后者。次言农业之必须改造,又在于工业发展甚速,不改造即不能与工业相适应。末言农村之合作化,可以使农民安步入于社会主义。王益转述甚清楚而有条理,听之不厌。

十二月卅一日(星期四)

晨八点开署务会议,修改明年之出版建设计划草案。此已反复讨论数月,今日为最后改定,即将送出。

饭后至东单新华书店古典门市部观看。此为新近增设者,开岁即将营业。所陈多商务、中华之出品,书籍而外,兼售影印石印之碑帖书画。他日更将收卖木版书云。

至社中,与芷芬、安亭、萃中闲谈。刘御回昆明休养数月归来,为余谈昆明、重庆、武汉三处参观小学语文教学情形。

灯下续作昨日之文,得一纸而止。一九五三年于是终了。

一九五四年

一月（略去二天）

一月二日（星期六）

晨看《编辑工作》之稿数篇，即送回芷芬。看《新观察》社送来《游临潼》一文之校样。又看发文稿一批。续作文字，所成无多。

一月三日（星期日）

约颉刚、伯祥、元善小叙。伯祥先到，谈其校注《史记》工作。元善次至。颉刚忙甚，十二点半乃至。满子治菜，大家称赏。食毕与颉刚谈，请其考虑工作，为公家多尽力，不必再管私营出版社。渠言甚愿如此，唯开销月须五百万，又家中人口多，有书五万册须集中一处供用，希公家为解决房屋。余想此亦甚难。渠欲再与愈之畅谈一回。余又知其此次来京，看人甚广遍，尝托邵力子欲见周总理。不知其有何重要意见。

夜间，选民小组开第一次会，于王城之屋中。全组四十余人，缺席者不多。推出小组长二人，一为周姓女同志，一为王城。大家领得选民证一纸。下次再开会，将讨论提出候选人。会开一时许散。

灯下看明年出版建设计划之排样，共二十三面，匆匆过目，至十点半乃毕。

一月四日（星期一）

在署中续作文字，所成不多。

饭后至北京医院，看内科，谓亦是风湿症，请理疗科考虑。医生谓试用电疗与按摩，凡十次。电疗为太阳灯照射，凡十五分钟，背部甚烫而不至于灼伤，自觉舒服。按摩由一女同志为之，凡十分钟，在背部轻轻摩擦，远不若理发师之得窍，然亦略感松快。

回家已将四点，续作文字，迄于夜九点，一篇完成，题曰《在西安看的戏》，全篇不过四千余言耳。

一月五日（星期二）

上午在署看丁酉成所译小学文学教学法三十余页。

午刻，偕愈之、洛峰、灿然至文化俱乐部，会晤陈叔通、俞寰澄二老，共聚餐。二老皆商务印书馆之董事，与谈商务公私合营事，初步交换意见。俟其他董事来京之后，再正式协商。

两点半，余先出，至北京医院，照射按摩如昨。护士问余昨日治疗后如何，余答曰当时固有舒适之感，夜间酸胀如常。

至社中，无甚事，看我社新出各种书籍，检查其印刷装订。五点半回家，文叔在候我，留之晚餐闲谈。

七点半，选民小组开第二次会，提候选人。搜索枯肠，仍复曳白。结果即在本组提出七人，余在内，墨与至善亦在内。此为初步意见，交与工作组汇合其他小组所提，研究而淘汰之，然后交党派、团体协商，协商之结果还须交各小组讨论，然后确定正式候选人名单。余所属之选区为辛寺区，选民八千四百余人，当选出代表九名云。

一月六日（星期三）

上午续看丁君译稿十余页。开始作第四篇游记，记羊皮筏、雁滩、兰州瓜果等项。

下午之学习会仍为漫谈。总路线之学习将延长至二月底而止。

一月七日（星期四）

续作昨文，今日共得千余言。

东单区之选民小组代表三人来访问。盖东单区小组中亦有提出余名者。访问为求得认识更明白，此法固至周密也。

下午仍至北京医院理疗。昨日星期三，医院中亦学习，故停止治疗。

一月八日（星期五）

上午开署务会议，讨论本年第一季度工作要点，偏重于计划之修订核定，外则完成商务、中华两家公私合营之手续。

饭后小睡片时。至医院理疗半小时，遂至社中。孙玄常、卢芷芬来谈事。写信两封复投书问事者。

一月九日(星期六)

专作文字。下午仍至北京医院。

报上发表关于发展农业生产合作社之决定,详密周至。三官来信言松江农村情况,土改以来不到二年,农村两极分化已甚显著,有购地至百亩以上者。若不合作化,走上老路固至易也。

一月十日(星期日)

晨起续完前数日所作之游记,全篇不足四纸,题目《坐羊皮筏到雁滩》,明日将送与《新观察》社。作游记已四篇,合计之亦有一万六七千字,为时不过二十五日,亦为难得。今年当可写稿十万字,此目标甚低,宜可达到。

一月十一日(星期一)

开始校改《斯大林全集》第八卷。半日看一篇有半,计四十页。其较长之一篇为《论列宁主义的几个问题》,大足细究。

下午两点半仍至北京医院。既而至社中,与辛安亭谈事。萃中来长谈,直至六点。调用人员陆续而来,今后将重行规划编辑工作,重点在文史。

夜七点半,选民小组开第三次会。自第二次会之后,汇集辛寺区各小组提出之名单共七百余人。就此名单作重点访问,结果得具有代表性之人物十余人,各组分别报告,介绍于选民。今夕重行推选,提出小组之初步候选人名单。我组提出九人,其七人皆为经介绍之人物,余二人则王城与至善也。

一月十二日(星期二)

续看斯氏集译稿,半日看四篇有半,约四十页。午后自北京医院出来,即回家休息。

一月十三日(星期三)

续看斯氏集译稿五篇,凡二十余页。

下午开学习会,据近日党中央所布之学习总路线提纲。此提纲包括全面,循文诵读,自可通晓。然究明其义,施于实际,亦大非易易。

一月十四日（星期四）

上午看丁西成译稿，计二十余页。至北京医院循例治疗。

至社中，接云彬信，抗议我社改其史稿而致误。即与晓先商量，觉所谓错误处并不若云彬所想之严重。余先作一简信复之。安亭来谈社事，兼及同人情况。黎明肠癌，方在医院割治。田世英一家十口，夫妇二人收入不足应用。病贫皆无善法。

一月十五日（星期五）

上午开署务会议，讨论新华书店于北京设发行所事。发行所为进货及内部批发之机构，而后，北京总分店则纯负管理之责云云。

午后去北京医院，仍返署中开公债推销委员会，到我署各系统凡四十余人。公教人员认购公债数平均只须全年薪金之百分之一点五，估计大家之政治觉悟与经济情况，定可超额完成。定明日动员，由余作报告。

一月十六日（星期六）

上午准备动员认购公债之报告。诵现成之稿殊觉无聊，自拟之稿虽简略，总算自家的话，讲来比较有劲。稿成已十一点过。

下午仍至北京医院。按摩毕，往询理疗科大夫，告以十次治疗已毕，而迄未见效。大夫劝我再挂内科之号，再行检查。余唯唯，心念手续麻烦，日日到院又费事，既无效果，亦可以止矣。

返署，四点作报告，听者总署、人民出版社而外，尚有附近几个单位之同人。五十分钟而毕，浩飞补充说明具体作法，我署准备以下星期一认购完毕。

夜间开第四次选民小组会，组长报告由各党派团体协商提出之代表候选人名单，其中七人系我组上次会上提出者，另外二人为其他小组所提。我组同意此九人，于是只余下投票之一事矣。

一月十七日（星期日）

晨起不舒，索性执笔草第五篇游记，记雁塔之游。但未能坚持，得四百余言而辍笔。

晚间，与伯祥、晓先、芷芬共饮。晓先来商云彬史稿之修改，芷芬杂谈社事，伯祥则闲谈而已。八点半客去。

子恺来信，告杭州虎跑建弘一法师纪念塔已落成。抄示马一浮、蒋国□（此字不明）两诗。

一月十八日（星期一）

上午续作游记，居然顺利，得千五百言，颇为难得。

下午两点到社，与安亭、萃中谈事。教部请调吴伯箫来我社编辑中学之文学课本。吴自东北来京先了解一下，再回东北师院交代，解副院长之职。余与吴虽相识而不太熟，话题不多，共谈半时许而别。下午背部特不舒，早归。

一月十九日（星期二）

上午续作游记，亦尚顺利，得千余言。归家午饭，休息。

墨于夜间仍看校样，直至九点半。渠之勤于工作，亦性使然也。

一月二十日（星期三）

上午续作游记，不如前两日顺利，盖以夜眠未安，精神有些恍惚。

下午开学习会，讨论生产关系与生产力目前是否适应之问题。余听诸君发言，名词与概念皆距实际较远，为抽象之辩难。至于余自己，固亦莫明究竟也。

一月廿一日（星期四）

晨间作完游记，凡九纸，亘五日而成。送与《新观察》社。

致书安亭、萃中，谈数学课本事。薰宇、蔡德祉等按计划编三种数学课本，而教部调来之吴君谓不宜用，可用东北译本。同人中亦以为吴言可据。余意则以为此是变更计划，宜经详商，何去何从，则最后当由教部决定之。又作书致建功、家霖，告以灿然自字典中看出毛病，颇严重，宜急谋补救，作勘误。

午后看斯氏集译稿，直至五点半，身体仍不舒，亦不去管他。

晚饭后又开选民会，王城讲投票注意之事项。

一月廿二日（星期五）

上午开署务会议。卜明报告北京印刷生产力之情形。灿然报告出版局所拟管理报社、出版社、杂志社企业经营之办法。洛峰报告与商务、中华谈公私合营之经过，此事于第一季度内将办完。

一点半,开公债推销委员会,结束推销公债之事。我署系统十五个单位,共认十四亿以上,我署则认一亿两千余万。均踊跃,出于自愿,且又量力。

至社中,萃中、安亭来谈。介新调来之巩君、李君与余见面。谈数学课本事,定于明日由数学编辑室集会讨论。

至辞书编辑室,与魏、萧、恽三君商补救错误之办法。尚有二百万册未印,可以改版。已印之三百万册只得刊误矣。所谓错误,系于"国民"下解作"人民民主专政的对象"。当时油印分发原稿,多数人看过,余亦看过,未经发觉,仅恽一人曾标明应改动,而萧君等未之改。

薰宇、文叔候于余室。薰宇为数学课本事颇牢骚,余劝其平心静气。而余觉事多麻烦,实未能平心静气。自己实力既不充,同人又甚力弱,复萌退缩之想矣。入睡后于一点半醒来,又念念于日间之事,因而不复安眠。

一月廿三日(星期六)

彬然交来一译文,将刊于《翻译通报》者,内容为马恩二氏对于翻译工作之意见。嘱余润色,并对译者提意见。余即为看之,原稿十一页有余,逐页签注修改意见,至午后二时而毕。

一月廿四日(星期日)

作一书致董纯才,表示两点意见。一点为教育出版社之选题编辑计划与出版计划宜经教部之审核与批准。又一点为各种教本原稿之最后决定,宜出之于教部,不宜由余签字付排。往者皆由余签字,以个人而代教部之职权,大非所宜。书末谓此二点希教部商论,有所决定,即定为制度。教部作事拖沓,不示人以明确之办法,余故促之。

十二点,余偕墨与凤祥往九条胡同投票。以选民证领得选举票一纸,上书九人姓名,即全区各小组共同提出之候选人。余悉圈九人,投票于甄而返。

一月廿五日(星期一)

自晨迄晚校读外国经济地理稿苏联之部分。外国经济地理已编成一部行用,今又依据各方面所提意见而改编,名曰改编,实为重编。

一月廿六日（星期二）

作一书致胡绳、乔木，希望他们同情与支持，俾余得解除人民教育出版社社长与总编辑之名义。理由之主要者为余不善组织与领导，不胜此任。外则此事宜由教部中人主之，乃可顺理成章，一气呵成。次要之理由为余身体不佳，欲减轻责任，俾心头稍松。今年拟写作十万字，故欲缩小任务之范围。署中亦有若干事，更难兼顾其他。余怀此意甚久，尝与愈之、灿然诸君言之，皆以为余随便说说。今商之于乔木，或可得适当之解决。

一月廿七日（星期三）

上午续看外国经济地理稿，将交来之稿看毕送回。附一书致芷芬，请渠转告各编辑室主任，说明教科书不应由余负最后决定之责之故，以后编成新稿，须俟教育部批准可用，余乃签名于发批单云云。

下午仍为学习会，愈之提出之问题值得细论。渠谓一般言之，经济在先，文化在后。而出版工作负宣传教育之责，培养干部，提高科学技术，均须出版方面供给书刊。故于此过渡时期中，出版工作究居何等地位，必如何认识之乃为恰如其分，此一点也。又，对于私营工商业，今之方针为逐步利用、限制、改造。而出版之事不同于一般工商，私营出版业之改造将与其他工商同其速度乎，抑当先于其他工商乎？此又一点也。出版工作包括出版、印刷、发行三项，是三项者，将同时改造纳入国家计划轨道欤，抑应有所先后欤？此又一点也。大家以为其言触及我人之工作实际，下次学习会将专讨论之。

一月廿八日（星期四）

上午续看外国地理稿。

下午三时，我署与高等教育部会同商务董事会代表讨论商务公私合营事。此为末了一次会谈。据前数次会谈结果，写成会谈纪要，将来即按此办事。愈之宣读纪要，大家略有修订，即复通过。于是组织高等教育出版社筹备处，公方、私方各出六人，以洛峰为主任。筹备处下分设北京、上海两个工作组，期于三月底筹备完毕。

五点半，齐至萃华楼聚餐。尚有中华方面董事会之代表。中华以今日上午谈妥,同样写成会谈纪要,组成财政经济出版社筹备处。余未尝参加其会谈也。

灿然言商务于"一·二八"受日本侵略者之厄,今日亦为一·二八,而决定公私合营,前途光明,亦可传为佳话也。

一月廿九日(星期五)

上午署务会议,议题为整理上海私营出版业之方案。我只得缺席,缘世英催促甚急,续看外国经济地理稿。

午后到社中,与芷芬、晓先、孙玄常闲谈。芷芬告余教部已决定初中不读外国语,高中有条件则开外语课程,无条件亦不读。此决定甚好。外国语实无大家学习之必要,第须认真培养翻译人才,则少数人可以代表多数人服劳,而多数人诵览译文,亦可以吸收各种新知,绝不吃亏。百年以来,我国人学习英语,所费心力未可计数,而通晓英语者殊无多人。今后固不宜易英语为俄语而再蹈覆辙也。

一月三十日(星期六)

上午看丁酉成所译语文教学法五六十页。此稿全部在三百五十页以上,所余约一百页矣。

下午两点半到社。萃中告余数学教本事已商得解决办法,修改旧本应用,新编稿则俟细磨细琢而后问世。

三点半董纯才来访,口头答余上星期日致渠之书。谓将以吴伯箫、巩绍英、戴白韬(将自上海调来)三人为副社长,本年度之计划及五年计划纲要俟三人来齐后共商,然后由教育部讨论而决定之。至于每种教科书之最后决定,教育部可以如余之所请办理,原则上固应尔也。

晚,至善邀仇重来共饮。余谈拟作小说,以中学生生活为题材,希望青年出版社同志相助云云。现只想写若干短篇,用第一人称,此外则尚未有所定也。

二月(略去四天)

二月一日(星期一)

竟日看丁酉成语文教学法译稿,亦不过六七十页。

午前愈之来谈，谓有若干文字改革方面事皆与出版有关，如拼音字、简笔字、异体字、排列方式（横行直行，自左至右、自右至左）等项，我署宜集数人研究之，自出版之观点，根据切实之考察，得若干结论，以与各方研究此事者共商榷之。余以为然。谈及印刷书报用楷体字，愈之与余意见相同，皆以为不若宋体字。宋体字形式方正，排植可以整齐，笔画有粗细，辨认比较方便。一般人多有成见，以为楷体字便于儿童及初识字之成人，实则说不出若干道理也。愈之谓我国刻书，相传用宋体，各国文字，印刷皆有印刷体，其中必有道理，盖合于人之心理也。

六点至社中，今夕为春节联欢会，为此一会，大家不必复在阴历元旦彼此走动。六点三刻开会，余随谈二十分钟。薰宇以工会主席名义谈一刻钟。随即放电影。余不之观，径归。饮酒时招甥女亦多、怡官谈她们之学校生活。

二月二日（星期二）

上午仍看丁酉成译稿。

今夕为阴历大年夜，晚餐时无他客，只阿琰一人。母亲仍在床上进食。

二月三日（星期三）

今日为阴历元旦，又是甲午，余甲子一周矣。

午后两点到署中文化宫。署中为新春小集，发帖九十左右，来者仅及半数。余与来者谈叙，坐颇久，至五点半乃归。

二月六日（星期六）

上午到署，续看丁酉成译稿，全稿以今日看毕。此书印行而后，当于小学语文教学有所助。然必须教师能力较强，一乃有益也。

二月八日（星期一）

上午看保卫儿童委员会送来之被推选之儿童读物。共看六册，皆大体尚可，而欲言如何佳胜，实属未必。愈之、彬然来谈有顷。

下午两点到社，杂看书报。芷芬、孙功炎来谈。上月廿六致书胡绳，未接回音，本月一日又致一书，今日再致一书。殆以渠觉余之所求未易遽答，故延缓至半月之久，想不致别有他故也。

二月九日（星期二）

上午写昨日所看儿童读物之简单意见，将书本送回保卫儿童委员会。十时，三十四中学初中三年级一小队同学来访，随谈一时许。共摄一影。

下午到社。为小字典之编辑大纲召开座谈会。外间来者仅五人，他皆社中人。各就大纲发言，颇有修正补充处。余殊少信心，即大纲定得完善，恐实践亦未必佳。

二月十日（星期三）

九点半到文委。教育部方开过中等教育会议，作报告。规定今后之方针任务在配合总路线之精神。思想政治教育特别注重爱国主义教育、劳动教育、集体主义教育。对毕业生不宜强调升学，宜兼顾参加劳动生产。以余观之，今日教育尚有旧日之遗留，未能布置环境，使学生浸渍于劳动之空气中，徒为口说，单讲道理，收效自少。宜从此一方面多所留意也。

接胡绳复书，言余之所愿，自可考虑，唯最好能减轻行政工作而不脱离人教社云云。其实余在社中行政工作并不多，只因无能力组织编辑工作，领导编辑工作，故有知难而退之想耳。

两点开学习会，愈之提出其意见，一部分为出版工作如何为总路线服务，一部分为出版业之社会主义改造问题。语甚长，大家据以讨论，兴复不浅。

夜间，丁士方适来，与谈学校生活情形，渠告我颇不少。

二月十一日（星期四）

印管局召开直属六个印厂（新华、美术、外交、民族、人民日报、光明日报）劳动模范之座谈会，以交流经验。到六厂之生产模范、工作模范六十三人，外则各厂之党政工团人员，凡一百余人。上下午报告经七小时，所谈多有可听，惜尚觉语焉不详，有数人又未免公式化。余末后讲话，谓所谈充分表现劳动精神、集体精神、爱国主义精神云云。于是赠以锦旗而散。

二月十二日（星期五）

八点半开署务会议，讨论五年（五三至五七）出版工作之主要指标数字。余对此一大叠表格实无从下心思，只有听人讲说而已。主其事者为计划财务司，冰岩总其成。十二点散会，其他议题留至明日继续开会。

二月十三日（星期六）

上午续开署务会议，讨论发行管理局准备在新华书店管委会上之报告。所拟草稿甚长，大家谓未能抓住当前之精神，政治性不强。克寒谓宜分供需问题、公私关系问题、企业管理问题三部分发挥，而以第二部分贯穿全部。俟草稿重行修订后，大家再看。

下午两点，偕灿然、邹雅至琉璃厂荣宝斋，参观木刻彩色套印制作过程。此一艺甚为国内外所珍重，所印画幅几与真迹无异。余拟写一记叙文刊于《新观察》，为之宣传，故必须观其工厂。经其处负责人讲说，又观其刻版、印刷、调色之各室，大约领会。执笔时如有疑问，再当设法打听。负责人出所藏日本之彩色套印画相示，工作之繁细胜于我国，一画有用几百块木版套印者（荣宝斋所制新罗山人花鸟画共印四十九次），而比较呆板，终觉与真画有别。

二月十四日（星期日）

晨起作一小文，记至善所谈在朝鲜之一种观感。渠言每日清早，青年音乐家与技艺家皆从事练习，极为认真，至可感动。至下午三点完篇，仅一千二三百字耳。

二月十五日（星期一）

看发文数件。下午到社中，与吴伯箫谈。吴今后主持语文室编辑文学课本之工作，聆其所谈似颇有办法。余老实告以余之短处即在不会组织力量，不善作领导。

孙功炎、晓先二人各来谈少顷。外则安亭相告，教育部与重工业部换房已成议，换得之房屋悉归我社，其处在西城，比教育部更西，略加修理，即当搬动云。

二月十六日（星期二）

北京图书馆冯宝琳女士来访，彼馆辟新善本室，收藏现代书籍之稀有本，并及作家之原稿。欲余与开明旧友相商，将开明所有作家原稿交与。余一口应承，谓凡有所藏，必可办到。余有《倪焕之》原稿装订成册，自四川回沪时尝取归置寓所中，今不知在何处，若能检得，即可交赠。于是陪冯女士参观我署之图书馆。

及冯去,即作书致均正、调孚、锡光,专谈此一事。

愈之来,谈苏联专家之在京者邀我国各方面人物报告我国情形,我署有应任之一题为出版事业之沿革,将由愈之往讲,因谈应讲之要项。我国木刻书自大可一讲,及于维新而后,学校创立,教科书流行,乃转入现代之出版事业。唯目前出版事业尚未有大进步,如何展望前途,非可草率臆断。谈一时许未有结论。

饭后睡一小时,懒往西城,取《斯大林全集》第二卷与余之校改意见对照之,视编译局采纳余之意见达若何程度。看两小时,颇觉心烦,遂止。

夜间取星期日所作短文略加修改,重誊一过,将刊载于《中学生》。

二月十七日(星期三)

写一纲要,为叙述木刻彩色套印之准备。分三部分:分析底版,刻板,印刷。各部分记其应行说明之项目,俟动笔时再为排比先后。

下午为学习之会。谈出版工作为总路线服务主要在思想方面,务宜宣传布社会主义思想,排斥封建思想与资产阶级思想。目前此一方面甚为薄弱,检查批评,殊少致力。其次则选题虽善,而如何写成尽量好之书本,尚少所研究。于是就选题而言,似为人民所需要,而就内容实质而言,多一种书与少一种书无甚差别。此亦应努力改进之点。又谈私营出版业之改造,编辑出版方面总当于第一五年计划完成前后消灭私营,发行业当在其后,印刷业尤当在后,缘此二者与他种工商业相比较,究为次要之事。

二月十八日(星期四)

上午看保卫儿童委员会送来之儿童文学数种,张天翼之作较近于儿童之生活性习。作家协会儿童文学组一位同志来访,邀余参加其组之讨论会,应之。看愈之所草将在政务会议提出之报告,又看人民出版社之报告一份。

下午到社,仅与芷芬、晓先二人谈事而已。小学语文室无人负责,仅王绮一人在那里作编辑工作,余无能为力,安亭、萃中亦不措意,思之甚难过。芷芬言民进会议中曾提此点,并告党组,甚望党组助行政解决此事。

二月十九日(星期五)

上午开署务会议,先讨论财政经济出版社之方针任务、组织机构、与其他出版社之分工。此社缘原有中华书局之底子，尚须出文史方面书籍，则以中华书局名义出版之。

其次讨论保障著作权之规定。此事甚有事实上之需要，缘一般投机出版家，其出版物往往侵害他人之著作权，若有所规定，即可以限制此辈之投机行为。规定由出版管理局草拟，署内已几经研究，余亦提出若干意见。今日讨论之后，尚须送各方面征求意见，如无问题，再经政务院批准，乃可发布。

二月二十日（星期六）

地理室送来小学地理第一册原稿，即为改之。此稿从地球构造讲起，亦为自然地理，盖据苏联之课本。

二月廿二日（星期一）

上午续改小学地理稿。下午到社，诸人来谈事，竟未得暇。

有一事最可欣，龙志霍写成俄语读音研究之稿，余决定为之出版，供俄语教师参考。渠之研究注重在中国人读俄语之音，并顾及我国各地区之人。编列若干供练习之单字，单字之后按发音之难易为次，学生能正确读出此若干单字，即于发音无大问题矣。龙之研究精神，可于其治英文文法知之，预料此稿必能精到。苏联人不能编如此之稿，我国人亦未有编者。或可成为共誉之作，非臆断也。

吴伯箫领导中学语文室，似颇有办法，亦复可慰。

二月廿三日（星期二）

续看小学地埋第一册稿。编辑室盼望早早发回，不可辜负其意。

二月廿四日（星期三）

上午改《图书评论》刊用稿一篇，不过三千字，余改之亦费三小时。

愈之来谈，谓文改会已拟定统一异体字与规定简笔字之方案，其简笔字拟采用草书笔势。此颇成问题，草书笔势固简，然几微相差，即为另一字，辨认至难。印刷体能否杂以草书笔势，亦未可知。自学习心理言之，草书之价值又复如何。余谓统一异体规定简体，其事皆易办，今若掺入草书笔势，则大须商究，不易骤决矣。

下午为学习之会,发行局诸君谈改造私营发行业。

夜间,看斯氏集第八卷之长篇译稿,伏案两小时。

二月廿五日(星期四)

续改小学地理,上午仅得数页。

愈之、祝志澄、卜明来谈,商量试制草体简体字之报页样张,供各方观览,是否合用。余猜草体笔势与正体混合,必甚难看;难看且不说,学习、辨认、书写皆必有困难。又谈及机器排版。目前在此方面用心者颇有人,苏联、德国亦有研究中国排字机者,日本前已有机器,利用光学之理排汉文书版,可供胶印。我署既为出版总署,注意既不足,研究更谈不到。

午后到社,续改小学地理。夜间改斯氏集译稿,候墨民进开会归来,至十点半,改了十余页。

二月廿六日(星期五)

上午开署务会,讨论时代出版社与新华地图社之工作及今后方针任务。时代出版社之专业为出版介绍苏联建设成绩及社会生活之书、各种有关学习俄语之书,次及有关中苏友好之书。专业以此为限,即不与其他出版社重复。余猜此社向只从事迻译,今后以学习俄语之书为重点,尚须下功夫多为业务学习也。地图社在最近期间先学校用后一般用,先普通图后专门图。但建设事业发展至速,专门图之需要自必迫切,宜有所准备。

饭罢续改小学地理稿毕,续改斯氏集之长篇毕,皆即送出。居然了结此两项稿件,心头为之一松。

中国青年出版社将开董事会,章守宪、章雪山、傅耕莘三人自上海来京,上午来我家,仅与至善晤面。日内拟邀他们小叙。

二月廿七日(星期六)

开始作记述彩色木刻画之文,得七八百言而止。克寒、愈之来谈甚久。

克寒谈出版社陆续有新成立者,编辑干部只能向各方呼吁,要求调配;经理部门干部自应由我署解决,我署唯有从新华书店抽调。但新华方面有本位主义,不肯调出干部,须改变其思想乃可解决。又谈时代与通俗两出版社皆不甚健全,大需致力予以协助。

愈之谈昨日参加文改会,逐字研究如何简化之情形。多造新字,以"忈"易"感",以"比"代"辟",造成"述""皆"等字形。正体无法可想,则济它以草书笔势,第求其笔划之少,不顾笔势之难。且逐字解决,遂无条例。又以为只须政府颁布,即可全国通行。余谓若出此必天下大乱,我署当提出意见,期其改弦易辙。文改会诸君如此研究,亦可谓钻牛角之尖也。

放工后至萃华楼,应中国青年出版社之招宴。彼社负责人及董事而外,有社中之一部分职员,我署之司局级人员。

二月廿八日（星期日）

晨起精神恍惚,勉强续写昨开始之文。饭后小睡。四时,甥女亦多邀其同班同学十人来,为余谈帮助受伤同学补课事,供余作小说之参考。所谈虽不多,颇有真情实感,念皆志之于心,未作笔记。

六点,客咸集,雪村、雪山兄弟,守宪、耕莘、伯祥、彬然、均正、调孚、锡光、祖璋,凡十人。谈叙甚欢。满子治馔,大家称赏。

三月（略去一天）

三月一日（星期一）

上午续作文字,所成甚少。午后到社,与文叔谈稍久。至检查科,与隋树森、张中行闲谈文笔及文字改革。余时则续作文字,总计上下午仅得七八百言耳。

散班后至森隆餐馆,邵老、雪村、伯祥、彬然四人作东,宴请守宪、耕莘、雪山。余则愈之、伏园、士敫与余。八时半散。守宪明日回上海矣。

三月二日（星期二）

续作文字。三点半回家,仍作文字。今日所得亦不过千言。

三月三日（星期三）

续作文字,完篇。此文共写五日,凡五千言。

下午为学习会。题为出版工作与国际宣传工作如何学习苏联先进经验。王子野谈前一题,略谓出版工作亦已一鳞一爪地学习苏联,然大嫌不够。就其人民出版社而言,于编制选题计划,联络作家,培养编辑干部,订定制度,改进企业经营,注意装帧设计诸方面,以后尚须分别致力学习。刘尊棋谈后一题。彼去岁曾游苏联,与其作国际宣传工作者交接。据言苏联之国际宣传,非于国内宣传之外另有一套,唯针对国内外读者之需要而轻重有所区别。总之以平实易明为事,不为新奇偏颇之论。次谈其外文出版社条件尚差,学习苏联暂非易易。二人谈甚久,意皆充实,听之不倦。

三月四日(星期四)

西北出版局之王乃夫同志来京,九点作汇报,所谈大多与去秋在西安所闻相近。

明日为斯大林逝世周年纪念日,署中黑板报邀余作文,写四百言之短文应之。

下午到社,与芷芬谈事。龙志霍来,商定其书之名称为《俄语语言教程及其教法》。

四点至荣宝斋,意欲以所作文请董寿平校读一过,视有无说错处。董适去沈阳,废然而出。过中山公园,入观捷克斯洛伐克之版画展览。大有可观,画皆精美。唯所举种种版子之名称,不知其以何方法制成。

三月五日(星期五)

上午开署务会议,新华、美术两印刷厂报告去年之工作总结,提出今年之工作计划。讨论至十二点半而散。

三时许,胡绳来。谓宪法初稿已草成,将邀叔湘与余为斟酌其文字,即以明日为始。允之。看毕斯氏全集八卷之注释部分,即送回编译局。

三月六日(星期六)

九点后至叔湘所,少坐,即偕往北京市委之会所,作修润宪法草稿之事。邀集者凡六人。余与叔湘、胡绳为一组,注意文字之修正。钱端升、周鲠生、张友渔为一组,注意条文之实质。中午,董老来招呼,共午餐。董盖实际主持此事之人也。自上午十点至下午五点半,中间午餐并休息二十分钟,计修正条文二十余条,颇有几条,斟酌大费时间。大约连作三日,其事可毕。

回家时,余托张中行校读余所为文已送回。渠提意见凡十一纸,有若干处,余原文较板滞,经渠一点,即见灵活。灯下一一改定,极大部分皆从其言,未照办者仅三数处耳。以后为文,拟逐篇请渠读过,然后发表。

三月七日(星期日)

九点偕叔湘至市委,与胡绳三人继续研读条文。至十二点,读至第五十条,进程亦殊不快。午饭时彭真来。彭亦主持起稿之人。渠谓毛主席之意,宪法须全国人民共晓,务求其明白浅显,宜尽量用白话。余谓全体读过而后,再通读一遍,期其更与语言接近。餐毕,茗坐,周鲠生、钱端升多谈内容方面之意见,听之亦有味。

两点归家,取记彩色木刻画之一文再作修正,明日将送与《新观察》社。

三月八日(星期一)

九时起仍与叔湘、胡绳斟酌条文。下午将九十余条研磨完毕。重又从头起读一遍,改去文言用法之"以""其"等字。于国徽之形式,余之改语为"齿轮和麦穗稻穗环绕着五星照耀下的北京天安门",自以为颇得意,不知大家讨论后结果如何。六点过读毕,两天半之工作到此结束。

三月九日(星期二)

上午看斯氏全集第八卷之年表译稿,看毕即送回。

又看《翻译通报》准备刊用之译稿一篇,为之修润。此文论列宁极重视翻译,自己实践并劝他人实践,先将外国文翻为本国文,又据翻出之本国文翻为外国文,以此试验自己之外文造诣。又谓列宁极不赞同破坏俄语之纯洁。此皆大可注意者也。

与愈之闲谈半小时,余告以颇思脱离教育出版社之意愿。

到社中,看《编辑工作》第二期之原稿。与安亭谈事半时许。写壁报之题辞一纸。

三月十日(星期三)

到署后看编译局交来列宁文章之译稿一篇,四十余页。彼局本要余看《斯大林全集》,今扩而充之,并及其他译稿。余固亦不以为忤,然若今日之一篇,谈市场问题,所据皆《资本论》之公式,近于数学书,余实未能全晓。看毕后因致书编译局,谓希望勿将此一类文章送余。

三月十一日(星期四)

上午听中南、东北出版行政机关之负责人之汇报。于听话之际,带看斯氏集第八卷之译稿。初以为此卷已看完,不知其尚未完也。

下午三点至政务院,列席政务会议。愈之报告我署去年之工作及今年之方针任务。周总理插语颇多。其中有一义,谓宜多写以往之历史,文艺作品宜多写旧社会之情况。周意以为青年不甚知旧时之种种,而旧时之影响则将及于若干代,不知其故,即无从警惕。又言写新时代新经验,此后必大有人在,而知旧时代者则越后越少,宜从早注意。此可谓有心人之言也。愈之之报告历三小时半以上,有五六人发言讨论,最后批准此报告已八点半。吃晚饭而后归。

三月十二日(星期五)

晨偕印管局之张榕至军委印刷厂,观杨秀芝创制之配页机。杨为其厂之装订工,未睹外国之配页机,欲改手工配页为机器配页,研究三年,已底于成,第一架机器已制成,并投入工作。其机器似简单,余观之未能彻底明晓。总之各帖顺序配齐,不致错误,多一帖或少一帖,机器即自动停止,皆由电钮控制。印管局欲余为文表扬其人,而今日所知,尚未克动笔也。杨尚欲延续此机器,加上打钉与包封面部分,使书页入机器,出来就是成书。据云可以成为事实。

复出城至新华印刷厂,观购自东德之配页机,以资比较。东德之机器漂亮灵便,其原理与杨之创制同。又观购自东德之巨型自动印机,凡十余架,观之甚觉欣快。

三点至文委,文教会议开幕。会场设于紫光阁。郭沫若致开幕辞,次则通过议程及主席团、秘书长名单。三点四十分已毕,开会未有如此短者。明日起大会小会每日都有,须至下星期六闭幕也。

回家,续看斯氏集译稿,至六时停止。

三月十三日(星期六)

上下午俱出席文教工作会议。上午,习仲勋报告今年文教工作之方针任务。下午,钱俊瑞报告一九五四年文教事业计划和五年文教事业之主要指标。二人之报告均贯彻总路线之精神,以服务于经济建设为主,与此相应,逐步满足人民之文化要求。余兀坐竟日,大疲。

三月十五日(星期一)

文教会议今日仍为大会,余与乔峰相约,上午由渠往,下午由余往,轮流出席,可留出时间作事。

八点半,听内蒙出版行政机关来京同志汇报,并讨论西南、东北两同志提出之问题。散会已十二点过,张友渔方面来电话,邀往市委再读宪法初稿,于是文教会议下午之会不克参加。

两点至市委,与叔湘处一室,共同研究本月九日之四读初稿。胡绳因事未来。研讨至六点廿分,读毕六十余条,写修改意见三纸交与张友渔而归。就语文而言,起草者颇不注意于精密,往往说出即算数,不顾其达意与否。余与叔湘语感较灵敏,一看即感知毛病所在。修改意见虽说明所以然,自忽视此事者观之,或尚以为系属吹求。究竟被采用至若干程度,且待他日定稿出来时观之乃可知也。

三月十六日(星期二)

晨间忘带眼镜,不能看什么,只能写若干复信,大字随涂,总觉异样,眼睛颇酸。余用眼镜始于抗战初期,迄今已十余年,遂成不可离之物矣。

饭后到社中,开扩大社务会议。一题为我社之组织机构及人员编制。迩来人员渐多,机构略有变动,由安亭等人拟一草案,布置于最近期内全社讨论一次,然后确定。又一题为报告并通过去年之决算。由徐保衡报告。我社之财务工作颇不差,与编辑工作相较,似有过之。

三月十七日(星期三)

晨看斯氏集译稿半篇,凡二十余页。听华东区周新武之汇报,多言改造私营出版业发行业之事。

余记荣宝斋之一文,已交董寿平、侯恺看过,到家重誊一份,拟送外文出版社,请他们看要否翻译。

三月十八日（星期四）

晨间克寒来谈，谓教育部方面已知余有离去出版社之意，托渠劝余勿存此想。克寒谓大家可以分工，余可只管一部分之书稿，他皆不管。余答以如此亦所愿，唯名为社长兼总编辑，总觉于心未安云云。

八点半后复至市委，与叔湘共读宪法之后半部分修改稿，提出文字方面之意见颇不少。十一点半完毕。

誊完文稿，以一份送《新观察》社，一份送外文出版社。

三月十九日（星期五）

上午署务会议。外文印刷厂报告去年之工作及今年之方针任务。此厂所印出版物皆销国外，而印刷质量尚不够国际水平。至于厂之设备，则已为上乘。今后宜致力于提高质量。次一议程为高等教育出版社、财经出版社两个筹备组报告筹备情形。本拟四月一日正式实行公私合营，今筹备尚未就绪，须少迟。

午后两点半至紫光阁，今日为大会发言。余或听或不听，以其时间看完斯氏集译稿一篇。

三月二十日（星期六）

上午看完儿童文学评选委员会送来被推荐之作品十余篇，皆无甚意趣，书简短之评语送回。

一点半至国际俱乐部，文联邀朝鲜来华访问代表团之文学艺术家举行座谈会。我国方面到者殆百人，朝鲜代表将二十人。由雁冰致欢迎辞，周扬继之发言，朝鲜代表一人亦致辞。于是分组座谈，余在文学组。所谈为接受古典文学遗产问题，俄国与苏联文学影响及于我国问题，儿童文学问题，作家体验生活问题，我国作家参加抗美援朝斗争问题。余于前两题略谈数语。其他发言者为周立波、沙汀、萧三、刘白羽、白朗、冰心。至五点二十分毕。尚有冷餐会，余先归。

三月廿一日（星期日）

开始作小说，即写亦多校中同学友爱互助之故事。得二千言，成绩可谓不坏。余尝令亦多请受伤之同学写其病中经过，渠书三纸交来，能自叙其心情，语言亦生动顺适。余据其稿抒写，有如为之润色，得稿较多，即由于此。此篇小说估计可有万言,不知须写几日方能完成也。

三月廿二日(星期一)

上午续作小说,约得一千字。

两点半到社。吴伯箫以编辑文学课本之要点一稿交余。余即修改此稿,约花一点半钟而毕。

洛峰、灿然在高教部开会,与同载而归,留共餐。谈及余拟退出教育出版社,二人均言退出恐办不到,但须建立集体领导之制度,其事当较易办。二人以八点半去。

三月廿三日(星期二)

九时至紫光阁。文教会议以今日闭幕。陆定一讲话,言作事有先后缓急,凡所谓重点皆急要之事,其非重点亦非无关紧要。以是无论其工作为重点与否,皆宜奋勉积极。末后郭沫若作总结报告,大致谓会议成功,为工作打好基础,语多勖勉。十二点二十分散。

于是至市委,彭真设宴酬数日斟酌宪法草稿之劳。据云中共中央今日将以此草稿提供于宪法起草委员会。此后将在京中发动多数人士讨论,以四、五两月为期。然后综合各方面意见而修正之,通过于中央人民政府委员会,成为正式之宪法草案。于是广泛讨论于全国范围内,以六、七、八三个月为期。再作修正,乃交全国人民代表大会通过。如此周详,亦学习苏联之经验也。酒罢,闲谈一小时而散。

余偕叔湘至其语言研究所,与张志公、张中行共谈,无非语文问题。六点过回家。

三月廿四日(星期三)

上午仍至紫光阁,习仲勋邀集党外人士座谈党员与非党人士之团结问题。以余而言,并无不团结之感觉,且亦不大存党与非党之想。然听多人发言,似他处确有此一问题。大概愈在下级,此情形更严重。或谓双方之间总似有一薄膜,必须揭去此膜,乃可共同生活,共同工作,水乳交融,泝合无间。至十二点四十分,尚有人拟发言,延至明日再谈。

三点,至紫光阁后之武成殿,李维汉召集讨论分组讨论宪法初稿之问题。宪法起草委员会以昨日开会,由毛主席向会中提出中共中央之初稿。今后在京中请各方人士五百零四人分十七小组讨论,各地方分四十七个单位讨论,随时汇报其意见于宪法起草委员会。大家商定今后各组每周讨论三次,期于五月中旬完毕。余与叔湘由起草委员会请为语文顾问,周鲠生、钱端升被请为法律顾问,仍先时之旧。五时散会。讨论时余在第十组,雁冰为召集人。组中皆文艺界人士也。

三月廿五日(星期四)

上午继作小说,心思不贯,仅得千字而已。

下午到社中,芷芬来谈。知黎明迩日忽又病发,重复入院。医生言渠前次入院割治肠癌,癌实已遍及脏腑,准渠出院,不过聊尽人事,一别亲友耳。察医生之言,已无多希望,闻之怅然。又知王泗原神经衰弱,入夜视而不见,身体瘦削可虑。

四点后,安亭、薰宇来共谈,商量如何重订今年之编辑计划,及明、后两年编辑计划之大体轮廓。据教育部之要求,迄于一九五七年(第一个五年计划完成时),中学、小学、工农中学、师范学校,须各有新教本,与教本相应,又须有教师用之教学参考书。此大非轻易也。

三月廿六日(星期五)

上午开署务会议,讨论新华书店会议之总结报告草稿。谈甚久,于改造私营发行业,大家意见发挥颇多。又讨论版本记录之规定。

两点半,集出版系统之人员于会堂,由余传达习仲勋在文教工作会议上之报告。大体循诵文件,偶加穿插。至六点十分讲毕,余大疲,胸膈有酸痛之感觉。

三月廿七日(星期六)

昨日疲甚,上午未到署。

下午三点至文化部,开第一次之宪法座谈会。大家漫谈读此草稿后之印象,至六点乃散。

报载文化部与文联评奖三年来之群众歌曲,三官所作之《啥人养活啥人》得二等奖，作曲者为叶林。其歌余于广播中听过一次，似与太湖流域语言之格调不一致。

三月廿八日（星期日）

晨间王泗原来访，云身体衰弱，原因殆由于生活紧张。余劝其休养，渠谓尚不需。以所作《离骚语文疏解》之清样交余，嘱为阅看，能提修改意见最妙。余只得允之。

既而蠖生、至美来，既而元善来，遂共饮，所谈多及宪法。三点后，他们均去。我遂续作小说，得一千三百余言。

三月廿九日（星期一）

上午续开传达报告大会。余传达郭沫若之总结报告。空了传达周总理之报告，内容为争取国际与国内之有利形势，为经济建设而奋斗，甚有新义，勖勉之处语重心长，大有可听。

三点仍至文化部，漫谈读过宪法草案后之印象。

夜间续作小说，得千字。

三月三十日（星期二）

上午开署务会议，先讨论我署第二季度之工作要点。其次讨论人民美术出版社之方针任务。

两点至社中，与少数人谈事。晓先将去杭州，与云彬商谈修订其所撰高中近代史教本。

三月卅一日（星期三）

上午续作小说。很难得半日之闲执笔，今日得之，意较舒快，然亦不过写成一千余言耳。

三点仍至文化部讨论宪法。今日讨论序言，发言踊跃，亦不免有咬文嚼字之弊。

夜间王泗原来谈，谓上海棠棣出版社来信云渠之《离骚语文疏解》不久即可出版。此作于《离骚》之研究工作大有助益。谈及声音训诂之学现已很少人注意，泗原数当世人物，似亦无可举者。

四月（略去二天）

四月一日（星期四）

上午仍作小说，仅得千字而已。

午后三点至和平宾馆，教育部与我社邀请文艺界同人开座谈会，讨论编辑中学文学课本之问题。此是吴伯箫所主张。邀请五十余人，而到者三十余人。董纯才与余致辞一时许，余则大家发言，至六点半而毕。期以此会为始，以后在编辑过程中，请大家随时相助。于是会餐，尽欢而散。

四月二日（星期五）

上午开署务会议，讨论二事。一为北京市改造私营出版业之计划，由北京市新闻出版处之同志报告。二为关于教材、教科书、教学参考书之规定，大致谓私家不得出版此类书籍。以计划尚未周全，修改后再作讨论。

三点仍至文化部座谈宪草。仅讨论第一章《总纲》之七条而已。

四月三日（星期六）

上午重行传达习仲勋、郭沫若二人在文教工作会议上之报告，听者为非直属出版社及杂志社之人员。余既任讲说，必求清楚响亮，使听者领会，且不厌倦。然吃力实甚，讲毕之时，身子似有坍下来之感。

四月五日（星期一）

上午续作小说，仅得一千余言。

下午三点仍至文化部座谈宪法。雁冰转述，田家英答复各组所提疑问，说明起草时之用意，凡数十处。此亦甚有用，可省却各组之乱猜一阵。雁冰谈一点半有余，继之讨论，迄六点，尚未将《总纲》看毕。

至善调查归来。渠谓德州、石家庄一带之中学生年龄较大，若以儿童适用之书刊与之，彼辈将觉其幼稚无聊。又谓此辈有劳动习惯，但入校目的则为脱离农村之劳动。此是历来之传统观念，排而除之，使明学习即所以为劳动，尤须宣传教育也。

四月六日（星期二）

上午续作小说，所得不足千字。

广播电台来人，言儿童节目之大半为文艺，而适当之材料难得，请余作稿。新创刊之《文艺学习》来催稿，请作文谈如何写通文章。《人民日报》之艺术组来信，言图片之说明甚难办，请余作文说如何作说明文字。彼辈属望甚殷，余亦深愿为之助，然时力俱不敷，不克静心思索，颇难酬彼辈之愿望也。

两点半，集各出版社座谈提高纸张利用率。到者二十五社，由人民出版社赵晓恩谈其社之经验，甚详尽。大家即据以讨论。大致皆同意淘汰不合理之二十五开，改为大三十二开。白页空行，宜尽量节省，在不损美观与实用之条件下，达到节约纸张之目的。大家言此等座谈会大有益处，可经常举行。

四月七日（星期三）

上午开署务会议，讨论高教出版社、财经出版社之组织机构。又讨论两社近期内之工作计划。继又讨论新华总店有关教科书发行之通知。

三点仍至文化部讨论宪草，始将《总纲》讨论完毕。

四月八日（星期四）

上午续作小说，仅得六七百字。

两点到社，芷芬、安亭来谈社事，吴伯箫亦来。五点至叔湘所。渠无暇主持汉语课本之编辑，我社拟以托志公，俾志公脱离《语文学习》之编辑工作。此事尚须与中国青年出版社商量。

至善归来言，青年出版社拟重出余之童话集，以明年交稿。冷饭又需重炒，实无多意味。拟令至善选之，选出后就语言方面作修润，他不更动。

夜间校阅王亦春为余抄写之小说前半篇，至十点乃毕。

四月九日（星期五）

上午开署务会议，讨论人民出版社今年之方针任务。彼社去年工作有进步，然组稿不易，编辑亦有未尽善处。今后二三两季将总结几方面之经验，一以改进自身之工作，二以为其他国营出版社之倡。在所有国营出版社中，人民出版社固是优良者也。

三点仍至文化部讨论宪草,讨论者为全国人民代表大会一节之十余条也。

四月十日(星期六)

续作小说。徐伯昕自苏联归来已一周,十点至其寓访之。据言其病主要为神经衰弱,在苏联治疗后大体就痊,睡眠已能照常,看书谈话如不太久,亦不觉疲乏。肌肉颇丰满,耐寒力亦增强。坐半时而出。

下午仍作小说,并上午所写,亦不过一千余字。傍晚至萃华楼,为伯昕接风。

四月十二日(星期一)

上午续作小说,毕。此篇历二十三日,共一万五千字以上。自觉只算平平,不知他人观之如何。拟付油印,请亦多之同班同学观之,她们或许有意见可提也。写复信数封。

下午三点仍至文化部讨论宪草。

傍晚伯祥来共饮,商量如何招待少量之友朋,为我母亲祝寿。

四月十三日(星期二)

下午到署,改斯氏全集第十卷之译文,迄六点而止。

六点半,到作家协会,出席儿童文学组之座谈会。会中邀约数次,余勉允之,随谈所见,历两小时。到者将三十人,为报社、出版社、广播电台、小学校之人员,皆与儿童文学有关者。

四月十四日(星期三)

继续上星期二之座谈会,邀各出版社谈纸张利用率之问题。我社与机械工业出版社各有一同志作报告,余最后略致数语而散。以后将汇集较好之经验,写成文字,通报各社。

下午三点仍至文化部讨论宪草。

四月十五日(星期四)

上午写复信数封。看斯氏译稿一篇。下午到社,仅孙功炎来谈少顷。于是又作复信数封。

夜间与墨及满子计算星期日将到我家为我母祝寿之客约四十余人。连自家之人,会餐当六席。地位不敷,实感局促。

四月十六日(星期五)

上午开署务会议,讨论通俗读物出版社之方针任务与工作计划。此社新成立,尚待摸索。所出书平常者多,印刷方面亦欠讲究。

下午三点,仍至文化部讨论宪草。今日为第十次矣。此草成之颇仓卒,未及周密审虑,大体不错而疏漏颇多。起草委员会据各方面繁多之意见为之修整,其事亦非易。

四月十七日(星期六)

下午二时,至中山公园,观唐花坞,陈列品以海棠为主。三时至来今雨轩,系萧乾相约,谓十余人共坐闲谈翻译。不意到则见四十余人,计有《译文》社、《文艺报》社、《人民文学》社、《文艺学习》社四单位之同志。设曲折形之桌子,宛如开会形式。余居中坐,信口而谈,诸人提问,余据所见作答。一谈竟历三小时。彼此颇不嫌勉强。

四月十八日(星期日)

早上全家早起,整理收拾,一片忙碌。九点以后,客陆续至。余家容纳不下,则分于我妹屋中与王城屋中。至午刻,统计来客及我家老幼共六十六人。设六席,开筵会餐。我母七十岁在上海汾安坊,亦尝宴客,大半皆今日在坐之人,然作古者亦有数人。八十岁生日在成都陕西街,客为另外一批。今九十岁则在北京。二十年间,我国变化綦大。共谓至于一百岁则已在第三个五年计划时期,景象之光辉灿然必更有不同。宴毕已两点过,坐于庭中闲谈。招摄影师来,与诸客合摄一影。四点,客始去。我母已惫,即入睡,未进晚食。余亦疲,入睡一小时许,起来仅小饮而已。

四月十九日(星期一)

《人民中国》之编辑二人来谈。缘余以记荣宝斋一文寄刘尊棋,谓可刊于对外宣传之外文杂志。彼第研究后以为可用,但供外人阅览,繁简之间宜有所更改,故来相商。彼等已提出修改意见,余允照改。俟二人去,即动笔改之,至午后二时而毕,即送去。此文将译成英、俄、日三种文字也。

三点仍至文化部讨论宪草。

七点,辛安亭偕戴白韬来访。戴久任上海市教育局长,今调来我社为骨干人员。吴伯箫、巩绍英、戴白韬三人究负何种名义,尚未确定。二君谈一时许而去。

四月二十日(星期二)

上午看斯氏集第三卷之译稿,皆系短篇,半日看不到十篇。外文出版社荒芜来访,约余于星期四到彼社,为其同人谈编辑之事,勉允之。

托邻居油印之小说稿已印成,校对毕,又为配页装订,完毕时已十点矣。

四月廿一日(星期三)

上午写信数封,续看斯氏集译稿数篇。

下午未往文化部。缘乔木约晤谈。乔木在北京医院治目疾,所谈为余欲摆脱人教社之事。渠亦无甚表示,仅询余之所怀如何而已。旁及字典、古籍出版等项,谈一点半而出。至中山公园散步,墨在音乐堂听邓拓时事报告,俟其散出,同归。

四月廿二日(星期四)

今日不到署。九时偕叔湘至政务院,开讨论宪法各小组之召集人会议。李维汉言召集人可先讨论各组提出之意见(意见甚多),帮助起草委员会做工作。办公室亦当加紧工作。继之,田家英就问题最多之各条,据起草之初意作解释。十二点散。

三点至外文出版社,为其图书编辑部之同人杂谈编辑工作。未作准备,信口而言,似尚能使听者惬意。六点归。

四月廿三日(星期五)

上午开署务会议,讨论重行修正之保障著作权暂行规定草案。又讨论与他国互译书稿之办法。

下午三点仍至文化部。雁冰转达昨日上午之所闻,历三小时,未复讨论宪草。

夜间董纯才来,言余必仍主持人教社,今后教部方面当作具体领导云云,谈一时许仍去。

四月廿四日（星期六）

上午十点，愈之邀往文化俱乐部，与叶遐翁会谈，并邀建功。叶遐翁在文字工作委员会工作二年有余，主持整理汉字之一组，热心甚盛，而会中领导不强，组织不健全，渠颇有不申其意之感，缘愈之与余皆新被此会聘为委员（建功原为此会委员），故以相语，并谈如何可以改善。愈之慰勉之，余则无甚意见。

午刻，愈之预约之振铎、储安平、张明养、邵宗汉四人来，遂共餐。安平将远游新疆，即为作饯。两点半散，余至社中，与白韬、安亭、萃中、伯箫、芷芬、少甫诸人谈社事。皆所谓交换意见而已。

四月廿五日（星期日）

取张中行为余润色之小说稿观之，大部分意见皆可采，即据以改定。就其所指出者而言，多为北方不用之词汇与说法。近年来余已多用北方之词汇与说法，自今日观二三十年前所作之文，几不成样子矣。

四月廿六日（星期一）

上午看杂件，写回信数封。

下午仍至文化部讨论宪草。全部已毕，回头重看，亦无多可谈。因议小组会到此为止，此后如有需讨论者，再行召集。

四月廿七日（星期二）

上午看斯氏集译稿数篇，复邓宝珊一信。下午到社中，仅文叔来谈。

王城为余之小说提少数意见，酌采而改之。明日即投寄《中国青年》。

四月廿八日（星期三）

上午校《新观察》送来之余稿校样。洪深送来其所拟英译本《长生殿》导言之提纲。今年我国文学界将纪念洪昉思，故以《长生殿》译为英文。洪之导言提纲太繁富，恐于外国读者不甚相宜，即以此意函告之。

傍晚至萃华楼。财经出版社开首次董事会，故宴客。

四月廿九日（星期四）

晨看杂件。看灿然为余所起在财经出版社成立大会上之讲话稿，此稿已由洛峰、克寒修改过。

作家协会交来余在儿童文学座谈会上讲话之记录稿。此事余最怕,看一回实际上等于重作一文。然彼既送来,只得勉为之,迄于放工仅改其半,三纸而已。

四月三十日(星期五)

上午开署务会议,讨论外文出版社、民族出版社之工作与今年之方针任务。两社之出版物皆未能摸清读者之需要。发行方面皆有问题,而问题不相同。讨论毕,克寒报告与科学院会商改龙门书局为公私合营,组成科学出版社之情形。议定先与科学院各推出数人,作筹备工作。

两点,赴财经出版社之成立大会。余代表出版总署讲话。诸人报告、演说毕,有余兴节目。六点散。高等教育出版社亦以今日成立。于是商务、中华两家俱为国家资本主义之企业矣。

五月(删去二天)

五月二日(星期日)

十点半,愈之、灿然来电话,约共往访叔湘,谈语文书籍之出版事,即允与偕往。至叔湘所,复邀莘田,往中山公园。坐憩于河旁石凳上闲谈。遇振铎父子。即共至国际俱乐部午餐,谈及辞书、语文书、古籍之出版工作,颇有味。

五月三日(星期一)

晨间改毕讲话之记录稿,送回作家协会。

叶籁士来谈简笔字问题,渠亦以为文字改革委员会之方案行不大通。叶近兼任宣传部事,专管语言文字方面,又兼科学院语言研究所事,与叔湘同为副所长。叶去,看斯氏集译稿一篇。

下午到社,知黎明以昨日去世。今日十数人往视其殡,即付火化。其夫人有神经病,如何处理尚待商量。芷芬来嘱改一文稿。与文叔、安亭、白韬、伯箫共谈,至六点半而后出。

到家,伯祥在候余,遂共饮。伯祥在文学研究所之工作为选注《史记》,以已成之稿交余看，嘱提意见云。

五月四日（星期二）

上午看伯祥所注《孙子吴起传》一篇。伯祥作注，周密妥帖无问题，而用语多近义言，恐不为一般读者所晓。向尝与言之，今观斯注，确有此感，提意见若干条归之。

又看斯氏集译稿数篇。

五月五日（星期三）

晨间续看斯氏集译稿。

十点，偕叔湘至政务院，应齐燕铭约晤。缘法律、语文顾问将增加人员，为两小组，佐召集人讨论会工作，整理宪草。余与叔湘提出钟敬文、冯至二人，再加通俄文之一人，五人为语文小组。据知宪草期于月底完稿，中下旬恐须加力工作也。谈一小时而散，余仍返署，看译稿。

下午三点到文化部，讨论宪草之小组拍全体照为纪念。今日到者特多，有三十余人。从未出席之丁西林、老舍、程砚秋、齐白石皆至。

五月六日（星期四）

九点偕叔湘至紫光阁，参加十七组召集人讨论宪草之第一次会。先就全部结构讨论。各组所提意见中颇有主张更动次第、增加内容者。今日会中多数主悉仍原文，不为改变。次讨论《序言》之结构，结果亦复如是。此一会议之性质系帮助起草委员会工作，究竟如何决定，自当定之于起草委员会。语文小组定为余与叔湘、敬文、冯至、尊棋、椿芳六人，定明日开会，先就《序言》之文字研磨，备后日召集人第二次会中随时提供大家考虑。午餐毕到署。

两点半开署务会议，讨论外文出版社苏联专家工作之报告。我国请苏联专家颇多，而各机关有不重视此事者，以为徒供顾问，不存向彼学习之诚意。周总理察此情形，谓急宜改善，否则影响我之建设。于是各机关皆就此事为检查。在我署系统中，仅外文出版社有专家五人。检查结果虽无大谬，亦颇有未妥处，遂定今后改进之方。其次讨论报纸减价问题。全国性之报纸可减，地方报纸极应减价以利推广，而事实上不能减。讨论无结果，再作调查研究，然后再论。

五月七日(星期五)

上午写信,看文件。愈之来谈宪草,谓将于公民之自由条提出修改意见。

下午两点半,在我署开语文小组之讨论会,刘尊棋未到。看各方提出之意见,视其可采者摘出之。三个半小时,仅毕《序言》之三段文字而已,可谓迟缓之至。

五月八日(星期六)

九时仍至紫光阁。恐未能于十余日内将宪草讨论完毕,商定增加时间,每星期一、三、五上下午俱开会。今日以四小时讨论《序言》部分,亦仅至第三段而已。第三段原文第一句通过第一个宪法后,下半句为"作为全国人民和一切国家机关必须遵守的根本法"。多数人谓其无力。余嫌"作为"殊不恰当。后乃渐趋于在通过第一个宪法之处圈断,改"作为"为"这个宪法是"。钱端升主张将此句移在第三段末了,大家均赞赏。于是第三段共四句,后三句皆以"这个宪法"发端,庄重而劲健有力,意义亦周至。

饭罢到署已两点。教育部来电话,董纯才欲来看余,余乃往访董。渠所谈为人事安排。谓我社以戴白韬、辛安亭、吴伯箫三人为副社长,萃中不复为副社长。至于副总编辑,则戴、辛、吴三人而外,又有萃中、薰宇、文叔及巩绍英四人。余谓悉可同意,无他意见。至社中与安亭、文叔谈少顷而归。

五月九日(星期日)

八点至劳动文化宫,我署直属十个单位假其处举行春季球类比赛大会。参加篮球、排球、乒乓球比赛者四百余人。球员举旗列队入场如仪,余与戈茅均略致数语,于是开始赛篮球。看半时许,偕彬然至中山公园。文叔、薰宇、伏园、寿白、伯祥已先在,茗坐闲谈。遇熟人有元善、邵老、陈调甫、平伯、李儒勉诸人。牡丹将残,芍药尚未开。十二点归。

五月十日(星期一)

上下午俱至紫光阁。上午讨论完《序言》之后三段,下午讨论完《总纲》之六条。尚有未尽妥尽帖之处,除由法律、语言两小组研究外,复由民族事务委员会邀集若干人商量,缘牵涉少数民族问题之事项至多也。晚饭罢回家,甚感疲惫矣。

五月十一日（星期二）

九点至文化俱乐部，语文小组五人集会，就前两次召集人讨论商定之《序言》及《总纲》六条，再加研磨。亦颇有修改意见，往往提出两种方案，供会众选择。

即在文化俱乐部午餐，然后到署。看斯氏集译稿。三点半，戈茅、天行、牛平青、伏园、彬然来我室，讨论干部语文补习班之事。议定于本星期六开学，先由彬然任教。伏园将回南方一行，余则以宪草事忙，且俟下月任课耳。

五月十二日（星期三）

九时仍至紫光阁，讨论《总纲》之条文。下午因与会者多数人有其他集会，改于五点开始，至于六点四十分，《总纲》部分讨论毕，宣布进晚餐后再开会。

余因老舍之约，即趋其寓所，余心清、洪深、振铎、曹禺、白尘、沙汀诸人先在。酒系余所携，大家称赏，饮约十斤。老舍夫妇治花木颇称能手，庭中品种至多，皆修洁壮健。散归已将十点矣。

五月十三日（星期四）

今日上午"加班"，仍往紫光阁。三点钟工夫，仅再度讨论《总纲》之各条。《序言》第六稿已重拟，尚未讨论。第二章前三节由原起草小组依据各方面意见重写，印发而未讨论。匆匆翻看，较之初稿清楚明白，讨论时或可少费时间。

三点至文化俱乐部开语文小组之会，就《总纲》各条再加研磨，略有修改意见。六点散。

五月十四日（星期五）

上下午俱在紫光阁。上午重行研磨《总纲》，又有所改动。下午讨论第二章之第一节"全国人民代表大会"，初步通读一过。自三点至十一点，中间仅进晚餐半小时而已。

五月十五日（星期六）

九点，语文补习班开学，余讲话一小时。报名者五十一人，闻上课时将有旁听者。余时则校读编译局译稿。

下午三点仍至文化俱乐部，开语文小组之会。历三小时而散。

五月十七日（星期一）

九时仍至紫光阁，上午三小时，讨论"中华人民共和国主席"一节。下午三点复往，讨论"中央人民政府"一节。此节原名"国务院"，中共中央再度提出之修改稿易为今名。晚饭后讨论"自治机关"一节，九点散。一天开会九小时，疲惫殊甚。

五月十八日（星期二）

九点至文化俱乐部，开语文组之会，研磨昨日通过之各条。午饭后复为会，至两点而散。

驱车到社中，已十日未到矣。三点三刻开扩大社务会议，由余宣布副社长、副总编辑之人选与分工。至此，副社长有三人，副总编辑有七人，阵容较前为强，而主要倚靠戴白韬。白韬、安亭俱发表谈话。最后为黎明沉默致悼。

五月十九日（星期三）

晨至紫光阁。上午九至十二点，下午三至九点，计讨论第二章第四节"地方人民代表大会和地方人民政府"、第六节"法院和检察署"两节。深感疲乏。

五月二十日（星期四）

上午到署。数日未来，收到新书颇多；未看之发文亦不少，一一看之。愈之来谈，共谓宪草经补充与修改，采纳各方面意见而未暇顾及体例与逻辑，转较当初讨论时为乱。如何再作整理，大须工夫。

下午三点仍至文化俱乐部，谈昨日所讨论之两节。若干内容俱未得解决，我语文组亦无能为力也。

五月廿一日（星期五）

如前日然，在紫光阁开会九小时余，将"公民的基本权利和义务"一章"国徽国旗首都"一章讨论完毕，仅是初读而已。讨论"公民"一名费时颇久，而概念已明，大家认识一致。先时多数人以为"公民"之中，地主、官僚资本家等不在其内。今日讨论结果，凡有中国国籍之人俱为公民，地主、官僚资本家等人为被剥夺政治权利之公民。彼辈除政治权利外，其他权利仍然享有，公民义务均当担负。如是，"公民"并无特殊含意。颇有人谓先时之解释今须放弃，不无可惜云。

午间饭后，抄写语文组讨论之结果预备交出去，伏案两小时，未及午睡，惫益甚。

五月廿二日（星期六）

仍在紫光阁上下午讨论，至八点半乃散。今日系解决前此未解决之各项问题，解决者仅为大意，如何写定，留于法律组、语文组为之。召集人会至此告一段落，而余辈于下星期仍须开会也。

五月廿三日（星期日）

《中国青年》送来余小说之校样。有数处更动，而看不出更动之故，为尊重编者之意，亦不与抗议。唯更动之文句与余之格调不复一致，必须为之修改。思索，写录，亦费两小时。

饭后，在家洗澡，以天气较寒，于浴室生一煤炉。初未思及其他，入浴三刻许，觉左胁不适，头脑昏沉，竟忘其为煤炉之故。及擦干站起，墨适来看余，余仅言"头昏"，即有站不住之势。墨于是唤至美、凤祥共来异余，约一二分钟失去知觉。凤祥着急，电话告总署，于是愈之、洛峰、戈茅、光暄等旋即驰至。光暄往北京医院邀一位赵姓大夫至，据检查呼吸与脉搏均无恙，血压亦正常，嘱多事休息而去。愈之诸位亦叮咛而去。余第觉头晕，他无所苦。余经常在外洗澡，室内又从不置煤炉，今日忽因缘凑合，漫不经心，遂发生此事。设为时较久，竟不及救，则此死可谓太无名目。

念明日不复能往开会，令至善往访叔湘，告以关于修改《序言》第六段之意见。

五月廿四日（星期一）

竟日休卧。上午伯祥、白文彬、刘敏如三位来，下午彬然、灿然、郑缤、武运生四位来。已不复头昏，唯觉疲软而已。

五月廿五日（星期二）

仍在家休卧。晨间浩飞来探访。即而叔湘来，言昨日至紫光阁，于各条次第有所更动，体例稍觉整饬。据召集人会讨论结果之印刷本已印成，今日下午尚须碰头一次。起草委员会日内即开会，开四次或五次，余辈须往列席云。

饭后,许广平、高祖文二位来探访,闲谈至三点始去。晚饭时,周振甫来,坐亦甚久。

既而田家英来,言宪草之修整须仗叔湘与余。此君年才三十有余,从毛主席十余年,头脑清澈,见理甚明,谦谦其得,大可钦。九点乃去。

五月廿六日(星期三)

今日仍未到署。九时半至眼科医生陈希礼所,请其为余验光,余现用之眼镜已嫌其太浅。至眼镜公司重配一副,值八万有余,越一星期往取。

五月廿七日(星期四)

九点至文化俱乐部,为语文组之会。就召集人会讨论所得之稿检读,提出可商之处,并商定修改意见。

四点至勤政殿,宪法起草委员会开会于东大厅,余与叔湘及周、钱二位以顾问名义参加。此外参加者尚有政府委员十余人,起草会办公人员十余人。刘少奇为主席,据召集人会之修改意见讨论,大多通过,有所更改者仅数条而已。至六点三刻,讨论《序言》与《总纲》毕。遂进餐,餐毕回家。

今日疲甚。上床后复思索通过之部分应如何再加修润,竟夜未得安眠。

五月廿八日(星期五)

上午就昨日讨论之部分,提出若干条修改建议,写稿得三纸。午饭后仍未得酣眠,虽饮白兰地一杯亦无效,可见疲劳之甚。

四时仍至勤政殿。晚餐而外,皆兀坐讨论,至于九点。初步通过第二章之前三节。第三节又回复原草稿,称为"国务院",不称为"中央人民政府",仅于条文中说明国务院为中央人民政府。希望以明夕通体通过,然后再开会一次,复读一遍,其事甚匆急矣。

安亭、白韬、伯箫三位曾来探余。

五月廿九日(星期六)

晨至署中,开署务会议,讨论上半年完成计划之情形。出版社方面大多未完成出版计划。书店存书增多,有积压之患。印刷厂工作减少,时或停班。三个环节不能配合,足见计划工作尚未入常规。下月内当修改下半年之计划云。

四时仍至勤政殿,至九点半,讨论至第三章毕。

墨之腹部(右侧)作痛已将两月,痛不经常,时作时辍,按之似有块。此甚须注意,下星期当往北京医院检查。

五月三十日(星期日)

晨间叔湘来电话,谓约了一来我处。既而伯祥、雪村来访,叔湘、了一继至,志公亦由叔湘邀来。六人同至中山公园,茗于柏树林。灿然、愈之以余之电邀来会。所谈无非辞典、字典、语文书籍之编辑与出版。虽曰漫谈,而殊非言不及义。至十二点,共至全聚德吃烤鸭,饮酒适量,谈叙称心。两点半散。

五月卅一日(星期一)

到署中写复信数通,杂看新收到之书志。

下午四点仍至勤政殿。讨论第四章既毕,从头复读,解决悬而未决之若干处。《序言》第六段末一句以余之修改方案通过,为之心慰。会散已十一点,余事尚未了,越二三日尚须作整理工作。

到家,墨尚未睡。渠往北京医院,内科大夫检查后未下断给药,嘱明日再往妇科外科就诊。右腹中之块有手心大,余深惧其病非寻常。墨自谓能医固佳,医不好就算。余闻之难过,竟夕未得好睡。

六月

六月一日(星期二)

至署中,与彬然谈语文补习班上课情形。彬然已上课三回,以后将轮到余矣,渠谓学员皆甚认真。又谈汉字简化方案及美术装帧座谈会即将举行等事。

两点半至社中,吴伯箫来谈,中学文学课本编辑提纲又经修改,将据以开座谈会,谓余必当参加。文叔来谈其近日所修订之书稿。仲仁来谈,渠病愈回社,半日工作,主持小学语文编辑室,将研究着手另编小学语文课本。芷芬来谈编辑部近况。如是则消磨三个小时以上。

回家,知墨再往北京医院检查,妇科方面无毛病,则病当在肠。医生嘱住院,便于 X 光检查,决以明日入院。墨因有病,自言愈后亦拟不复工作,事究不轻,已与年龄不相应。余深然之。

六月二日(星期三)

晨八点半,送墨至北京医院,由满子陪入,办入院手续。余取新配之眼镜而后到署,看新到之书志,看发文之稿数件。

三点重为学习之会。此事久已搁置,今重行振作,自下周起,每星期三下午集体阅读《联共党史》,或共为讨论。

到家,满子告余墨之病房宽敞舒适,两人一间。何日透视检查,尚未定。忧虑未能排遣。

六月三日(星期四)

看斯氏集译稿。

回家,至善告余今日偕至美视其母。谓意兴较家居为佳,X 检查定于八日,未免久延。兄妹曾访医生探询,据推测殆有三种可能,一为肾脏移位,二为淋巴腺肿,三为恶性瘤云。唯冀其不为第三种。

田家英来访,谓明日或将邀数人为会,再将宪草整理一过。

六月四日(星期五)

晨开署务会议,卜明报告往上海调查印刷界之所得。次之,讨论改进《图书评论》之工作。余先退,缘重印之宪草已送来,余须统计其语词之用法,以觇其一致与否。

下午三点至紫光阁,与李维汉、叔湘、周钱二公、田家英、屈武六人为会,就重印之宪草再加研磨。至于六点,依次看到第二十九条。晚饭而归。

满子往视墨,谓已透视过一次,以肠中多气体,未能清楚观察。再度透视,云将在下星期二。令人焦虑。

六月五日(星期六)

九时仍至紫光阁,续为研读与修改。上午多邓小平一人来参加。午饭后稍休即工作,至于六点,全文研磨毕。初不意修改之处若是之多。多数人在一起讨论,往往注意其大者,不免流于粗疏。少数人仔细考虑,粗疏之处乃见,非为之修补改动不可。此后再经起草委员会开会,据我人之修改意见讨论一次,起草之事即告完成矣。晚饭设酒,菜特精,缘今日为端午也。

回家,知未有人往医院探墨。余本拟往,而以事牵未果。明日必当一往。

六月六日(星期日)

九时许伯祥来问墨病状。既而晓先偕巩绍英来,商量邀请史学家为座谈会,讨论编辑历史课本之若干重要问题,并希诸家随时相助。议定座谈会将于中旬举行,日期再定。

午刻,偕伯祥至萃华楼,《光明日报》之副刊《文学遗产》之编辑委员会宴客,到者六十余人,一半为熟人。此刊实际负编辑之责者为陈翔鹤。振铎发言,谓此刊不宜多载考证文章,宜解决当前若干关于古典文学之重要问题,其言殊中肯。

席散回家,偕我妹至医院探墨。墨谓昨日腹中殊不舒服,今日则无甚事。在院安适,入睡不太熟,不思多饮食。明日将作第二次透视。察其面色,似较入院之日清爽。坐五十分钟而出。

余至叔湘所,田家英旋至,三人相约为会,讨论宪草尚有未安之语句,又拟定鼓励各种文教工作者之条文一条。即此小事,亦费两点钟有余。

六月七日(星期一)

晨间晓先来署,与余共商巩绍英昨日交余之历史教本、编辑座谈会讨论举要,预备印发者。其稿殊不清楚明白,按文字而求之,则莫晓其究竟。余修改其稿,屡屡停笔而叹。直至午后二时始改毕,全稿不过六七纸耳。

满子今日往视墨。渠觉墨数日来甚见瘦削,且舌苔作黑色,不思吃东西。余闻之愁虑。今日照 X 光片四张,照时须服一种药,甚难吃,有作呕之感。明日尚须续照。据照片而得结论,当是两三日以后事。

六月八日(星期二)

上午清缮宪草之修改部分。始看伯祥所作之《史记》注解。伯祥习于文言,其注文往往未必为今时青年所晓,余为指出,俟其自作修改。

下午三点又至勤政殿,起草委员会开会,据上星期五六两日我人所拟修改之点一一研读通过,至九点乃散。闻起草委员会尚须开一次会也。

回家,知满子往视墨。透视照片洗出而后,仅能知硬块究在何部,是何病症,尚须研究一个星期乃定。苏联大夫与我国大夫谈话之顷,尝谓或恐是结核性之病。此系与墨同室之女青年所说。此女青年患腿骨损坏之病,住院已两年,自收音机学习俄语,已略能听辨矣。

六月九日(星期三)

晨间安亭、伯箫二位来谈社事。俟其去,续看伯祥之注释稿。

下午三时,至医院视墨。谓改换面食及粥,食量较好。察其形貌,并不如满子所说之特见瘦削。照片尚未洗出。渠谓医院如此按部就班,亦只得静心待之。幸同室之女青年可以交谈,尚不寂寞。坐五十分钟而出。

回署,与诸君同坐学习,阅斯大林在第一个五年计划期间之演讲两篇。夜间答陈叔老一信。叔老就宪草中提出三点与余商榷,可见其认真。

六月十日(星期四)

续看伯祥所作注释,至于下午三点,将《项羽本纪》看毕,先送还之。

看文学出版社油印送发之傅雷之意见,关于提高翻译工作者。傅君甚有见地,于译事要求颇严。自余观之,皆表同意。

封秀根、王殿梅二人往视墨,谓今日墨胃口颇开,睡眠亦适。自医生口中约略听见,谓照片上盲肠部分糊涂。若竟是盲肠之病,则情形即不严重矣。

六月十一日(星期五)

续观伯祥之注释,毕《陈涉世家》一篇。看新到之《人民文学》,中有介泉所译英国小说一篇,其译笔深可佩。惜如此译笔,国内甚少。一般译品,皆仅能晓其事,未能领其味也。

下午五点至勤政殿,宪法起草委员会开末次之会,毛主席出席。就宪草通读一过,诸委员举手表决,全体通过。于是起草之事终了,此历史大事也。会毕会餐,设酒。回家尚早,才八点半。

六月十二日(星期六)

宪草将公布,于是报纸杂志又须作文。《光明日报》已来约,《人民文学》亦有人来谈过此事。今日又有《中国语文》《文艺报》《新观察》打电话来,以此事相嘱。余何能一写成数篇，一一应付，只得谢之。今日作准备交《光明日报》之一篇，不顺利，又值彬然来谈颇久，几于无所成。

午后两点，至天桥剧场，儿童保卫会举行儿童文艺作品授奖大会。余以参与评选，被邀参加。

两甥女今日去视墨，至善亦往。墨昨日较差，缘检查与来客多，疲累，今日精神颇好。一医生与墨非正式闲谈，推测其病或是结核性，与瘰疬相类。断知究竟，云尚须俟下星期也。

六月十三日（星期日）

三点到医院视墨。墨精神尚好，据医生言，进院而后健康有所增进，若病毒瘤，即不能有此现象。此言闻之可慰。坐四十分钟而归。

续写昨日之短文，毕，于宪草殊无所发挥，将投《光明日报》。伯祥来，留之共饮，谈《史记》之注释。既而文叔来，闲谈至九时，二人乃去。

六月十四日（星期一）

晨间写信数通。十点，为语文补习班上课，讲余之小说《夜》。又讲语法、标点半小时。共两小时。

五点至勤政殿，列席政府委员会之会议，议程为讨论并通过宪法草案。宣读而后，发言者至多，皆言宪草之精善，其言或有当，或无当，或有味，或无味。至九点，毛主席作结论，主要谓此宪草结合历史之经验与建国以来之经验，结合我国之经验与国际之经验，结合原则性与灵活性，故深得人心，大家称誉，通过后即散会。

余到家，知满子往视墨。墨上午腹部作痛，甚不舒，服止痛药而止。因是精神又稍差。闻之怅怅。

六月十五日（星期二）

上午写短文一篇，送《文艺报》与《人民文学》，请他们协商刊于何处。

印刷管理局送来一模型，系东北方面一工业学校学生所创制。作用为：一、机器排字；二、打孔制型，用此有孔之纸条装入机器，即可排第二次之版；三、电传排字，此处排字，彼处之机器亦可排字。付诸实用尚有困难，然用心甚巧，企图不小,此学生年仅二十有余也。

下午三时到医院视墨。腹痛已平,精神略好。上午又灌肠透视。余坐四十分钟而出。

今日公布宪草,全国报纸俱登载。大事也。

六月十六日(星期三)

中央广播电台来索稿谈宪法,即重抄昨日所写一稿送去,请其考虑。彬然来谈,颇久。下午学习,余看斯大林之报告。

五点至勤政殿,列席政府委员会会议。今明两日之议程为一九五四年之预算。邓小平首作报告,先言去年执行预算之情形,谓颇不错,次言今年之预算,以发展工业,尤其是重工业为主,所列皆可靠,其准确性有进于去年。次由李富春报告工业建设之情况,陈云报告商业建设之情况。会散已九点半。

到家,满子言今日往视墨。墨又透视肺部,医生迄未能下断语,明日将请院外医生数人共同会诊云。据此,病虽未必为严重,其属于疑难之类,已无问题,为之怅惘。

六月十七日(星期四)

上午看伯祥注释《留侯传》一篇。

下午三点半至和平宾馆。教部与我社邀集座谈会,讨论历史教本之编辑问题。董纯才与余先致辞,来客发言者十人,皆言历史教学至关重要,愿尽力相助,使新教本提高一步。六点半会餐,八点散。

到家,知医院会诊已获结论,几可肯定为癌,唯为时尚早,可施割治。至善往医院,医生言如是。余闻之凄然,初冀其非是,而竟是,奈何奈何!至美、蠖生接满子电话而来,大家商议决定开割。唯不直言以告墨,第言盲肠部分有肿胀,据医生言其物诚在盲肠之外也。动手术需作若干准备,当于下星期行之。手术固可靠,而是否能根治,实难断言。吉凶未卜,心中悬悬。明日将打电报给至诚,望其能与姚澄同来。

六月十八日(星期五)

上午看翻译局列宁集之译稿,所看不多。

下午三点，各出版社人员来署，开装帧设计座谈会。前已开过展览会，大家甚注意。今日由人民、美术、外文、机械工业、青年、文学六个出版社之同志发言，各有所见，各有所得，而皆不自满，觉缺点甚多，提出问题，愿与众讨论。会以六点半散，下周将再开一次。

至善、满子今日往医院。墨闻医生告以结核性之病，于开割甚表乐观。嘱二人慰余，谓余于此等事未免胆小。开割之期为下星期一或星期三。至善携余之图章签字于志愿书，完成手续。夜得至诚复电，谓即日来家。

明日又将举行政府委员会议，余不拟往列席。会议之议程为撤销大区一级行政机构，合并若干省市之建制。此事甚关重要，预发之文件略谓自建国以来，大区一级行政机构代表中央人民政府领导并监督地方政府，于各方面均起重要作用。今国家入于计划经济建设之时期，中央须加强集中统一之领导，缘此撤销大区一级之行政机构，为因时制宜之道也。又为减少中央直接领导之行政单位，合并若干省市之建制如下：一、辽东、辽西两省撤销，合并为辽宁省；二、松江省撤销，并入黑龙江省；三、宁夏省撤销，并入甘肃省；四、沈阳、旅大、鞍山、抚顺、本溪、哈尔滨、长春、武汉、广州、西安、重庆十一个中央直辖市改为省辖市；五、绥远省撤销，划归内蒙古自治区。

六月十九日（星期六）

晨间浩飞相告，渠昨日特往医院，找医生谈话，并往探墨。关切周至，可感。

八点开署务会议，议程凡二，一为第三季度工作要项，二为年画发行工作之改进问题。十二点半始散。

三点至医院视墨，墨精神甚不坏，慰余勿着急，谓此类手术仅比割盲肠稍大而已，尽可放心。余携至美所购齐白石画《虾》示之，墨评谓未见精，究为老年之作。我们可物色一幅作于较早之时期者。余观其兴致甚好，心为稍宽。一冀其安然度过此次之开割，二冀其割治净尽，不留余孽。此后岁月必好好共享，随时关护。坐一时许而返署。

看张中行为余重写之《稻草人》一篇。中国青年出版社欲重印余之童话集，余勉应之，拟不改其内容而改其语言，当时所用之语言，自今日视之实多别扭。

余商之于张中行,承渠代余重写,此为其第一篇。看过而后提出少量意见,将与彼再为商酌云。

今夕为球类比赛与文艺会演之授奖大会。八点开会,余略致辞,并授奖品。继之有文艺节目,归已十点半。睡至一点后,至诚到。渠颇瘦,谈一时许乃睡。

六月二十日(星期日)

昨睡未帖,念墨之病,时时不能放开。开割而后如并非毒瘤而为他症,且割去甚轻易,自属至佳。如为毒瘤,能一割而根治,亦尚不坏。最坏之情形为开割而识为毒瘤,而察其不能割除,只得仍与缝合,勉以他法医治,医生言此亦非不可能。则今后岁月,将无时不战战兢兢矣。

今日往医院者有我妹、满子、至美、至诚。归来告余谓明日动手术为上午,由一苏联大夫主之,历时须两三小时,家属可于午后往听消息。又谓墨甚放心,确为意识上之镇定而非故作乐观。此甚关重要。

叔湘来慰问,坐谈一时许而去。既而伯祥、芷芬来,留饮,谈至八点半而去。

六月廿一日(星期一)

到署后心不宁帖,时时念及开割之事。九时以后,想墨当已在手术室中,悬想其情形如何,又想不清楚。聊为排遣,取黄绍湘所著《美国简明史》观之,迄午刻居然看一百余面。饭毕就睡,竟未成眠。将近两点,至诚来,首言开割情形好。医生谓确是毒瘤,无流窜之痕迹,今并盲肠一同割去,但愿其悉已根除。仅麻醉局部,墨稍觉痛,且见割出之物甚大,颇受惊恐。不知此于休养有妨否。墨此次吃苦甚重,凡此等事,至亲亦莫能代也。

四时后,满子来电话,谓领得特别探视证一纸,可随时入院,嘱余往视。余遂往。墨移于一单人房间,方在注射盐水,针插于脚背。见余至,能作数语,谓吃苦太甚,谓何受苦至于斯。烦躁,时作恶心。面色尚不难看,体温则较余为凉。余为轻轻按摩肘部,能入睡,但未久即醒,不得安眠。

晤外科主任王历耕,据谓割去之肠不少,方在切片检验,但已断定为癌症无疑。癌而自能觉察,已非初期。输血输盐水之量颇少,皆以年事较高之故。须经四昼夜无恙,乃可脱离危险期。余闻之悬悬,恍如无依。

七点半离院回家,满子即驰往医院陪伴过夜。彼方发胃病,坚欲往,实可嘉。就睡后与至诚闲谈,谈戏剧,谈农村情况,甚久,而余意实不属。唯冀能安然度过此数昼夜耳。

六月廿二日（星期二）

晨送我妹至医院,代满子在院看护。满子言昨夕墨颇烦躁,时作恶心,谓麻醉后宜有此现象,乃未得安眠,由渠为之按摩。墨亦言幸有满子相陪。

到署,浩飞、伏园、彬然皆殷勤来相问。既而安亭、仲仁来谈社事,并言拟往探墨,余谢之。

回家午饭。饭后我妹归来,由至善往代。我妹言墨恶心已止,情形甚好。方注射盐水,墨以为苦,缘为时甚久,一腿不得活动。皮色不见苍白,唇亦仍有红色。三点,余偕满子往医院,至善出。二人为墨随手按摩,观盐水滴滴入血管,至五点乃毕。墨自言肚饥,而尚未能进食。五点半,余先出。至美入夜后来,以十点到院代满子。余家幸人手尚多,可以更代。

六月廿三日（星期三）

送至诚到医院,与至美调班。至美谓墨昨夕颇安静,入眠时间较长,殆麻醉剂之性已过去矣。

到署,看杂件。致吴伯箫一书,答以中学文学教材编辑计划可送于乔木看后再说。

下午三点,偕凤祥至医院。墨今日较昨大好,说话有精神,自谓舒服多多。仍注盐水,其中和有葡萄糖与维他命C。据闻明日尚须注射,以后即可进食,不复需矣。余陪伴至五点半出。今夕请封秀根看护。

六月廿四日（星期四）

今晨由亦多往医院代封秀根。余到署,看发文稿若干件,神思困倦,他无所作。

下午三点到医院,至诚在旁。墨又有进步,说话与平常无异。仍注射葡萄糖盐水,量已减半。初进鸡汤、藕粉、果汁等。墨言昨日王历耕来与谈话,告以其病实已颇久,肺部照片有钙化之迹,可见曾患结核云。今肠之患处悉已割尽,即可康复,唯年事究已大,此后可勿复工作矣。又云割治而后日见转健,可云大幸。余闻是言,深以为慰。坐至五点半出。

今夜由满子陪侍。此后墨可得安眠,夜间无须家属守护矣。

六月廿五日(星期五)

今晨由至诚往医院代满子。余到署,为社中之墙报写一有关宪法之短稿。看发文若干件。看新到之书籍。

下午三点,续开装帧设计座谈会,至六点四十分散。此后将请各出版社之较有经验与研究者,向各社设计人员作专题报告数次。此事今已引起大家注意,然不可期之过切。

回家,至诚言其母精神颇好,为渠谈评剧《红楼梦》之非佳,赞美此剧者之短于识见。今日进鸡汤之量增多,且进稀粥。夜间仍由封秀根往医院陪护。

六月廿六日(星期六)

今日未到署,缘周身不舒。午后三点至医院,坐两点半钟。墨谈话如平常,仍进流质。入夜,至美来,即往省其母,至十点归。自今夕始,不复有人陪伴过夜。

六月廿七日(星期日)

今日往医院者有我妹、至善、至诚、夏弘琰、封秀根。墨开始起坐片时,夜间睡眠颇好,欲略食蔬菜,医生尚不许。

晚八点至统战部,为全国人代大会代表提名事。统战部昨召集一会,余未往,会中推愈之、长江、戈茅、邵宗汉、王芸生与余六人为一小组,提出新闻出版界之初步名单。今夕愈之未到,五人坐谈两小时有余,提出三十余人。尚须仔细研讨,期明日再为一会。

六月廿八日(星期一)

上午在署杂看书志及发文。

午后两点到医院,知墨今日坐起较久,进较稠之粥,初食菠菜蛋汤。卧时左右转侧,皆无不便。谈话精神颇好,可谓日进佳境。开刀之苏联医生每日来看,于其成绩甚自欣悦。余坐一点有余而出。

至社中,安亭患腹泻在寓,未值。与文叔、伯箫、芷芬、晓先、刘御五位谈话。女同志咸来问墨安否,情意可感。

晚饭后仍至统战部,继昨日之会,谈一点有余而散。初步决定提出二十二人,算是六人小组之拟稿,尚须经多次之反复研讨磋商也。

至诚上午往医院一次,夜间再往,缘明日将回南京。渠言明年春节必偕新妇同来。

六月廿九日(星期二)

至诚六点半离家往车站。渠来家旬日,大家心思不定,闲时甚少,谈亦无多。

余到署后看斯氏集译稿。此为第三卷,多短篇,皆十月革命以前宣传鼓动之作。

下午五时至统战部,新闻出版界十余人为会,统战部副部长于毅夫亦出席。范长江报告六人小组提出之名单,略加说明,到会者俱以为善。此项名单将由统战部汇交政协全国委员会,全国委员会则下达于各地方,编入候选人名单,提出于各地方人民代表大会;果获省选与否,则决之于地方人民代表大会。如此选举方式,旧民主思想之人实不易理会,究其实际,则为高度之民主与精审之选举也。

回家,知满子今日往医院,谓墨颇佳健,腹部缝缀之线已撤去。

六月三十日(星期三)

续看斯氏集译稿。

下午三点,至医院视墨。渠今日曾离床少顷,进食仍为面条与粥。谈话颇有劲,面上有清明之气。克寒缘来医院接其夫人回寓,乘便来访,极言病后宜充分休养,不必急求离院。子恺自上海来信,知墨开割后安然,亦以注意休养为言。余因嘱墨静养,医院环境远胜于家中,非院中嘱退院不宜早退。墨以为然。

坐五十分钟回署。本当看学习文件,余翻阅有关宪法草案之文件,为明日之报告作准备。各机关定于七、八两月讨论宪法草案,署中派余作报告也。

七月(删去一天)

七月一日(星期四)

上午玩索宪草,准备作讲。

十一点半至文化俱乐部，统战部李维汉邀集文教方面参加拟议人大代表名单之人约三十余人为会。李谓此范围内之各方面所提名单，统战部研究一过，认为比较适当。提名与选举为严肃之事，既经提名，自当保证其选出云云。次复询有无意见，尚可修正补充，审慎周详之意甚至。会散聚餐，至两点乃毕。

余返署，两点半始作报告，听者逾一千人。仅就宪草各条看下去，有可疏解者即为疏解，无之则跳过。至六点半而毕。稍觉惫累。王城语余，听讲之人有久未见余者，谓余见得瘦损。余固不自觉也。

回家，知封秀根今日往视墨，墨甚安佳。为墨开刀之苏联医生即将回国。余曾言赠以齐白石之画一幅，并致书申谢。墨促余速办此事。灯下，起一信稿谢苏联医生叶米利亚诺夫副教授，齐白石画俟明日置之。

七月二日（星期五）

上午开署务会议，讨论大区撤销时，我署有关各单位交接之方针与办法。次由王益报告工矿区发行工作会议、新华书店经理会议、年画发行工作会议之经过与收获。

下午到社，先与安亭、白韬谈，次与数人谈《新华字典》修订再版之事。此字典实不能令人满意，而销行将尽，势须再版。不能别编满意之本，只得酌量修订。今日讨论者为改按音序排列为按部首排列。缘非北方话地区反映，以音序排列实难检查。建功之意，既按部首则悉照《康熙字典》，余则坚主稍加改动，如"玉"部之改为"王"部，"月"与"肉"、"阜"与"邑"之并家，"水"与"氵"、"火"与"灬"之分家。总之，我人可不顾造字之本意，唯以便利初学为尚。余又主酌用互见，以便读者，如"和"字互见于"禾"部、"口"部，"问"字互见于"门"部、"口"部。同人多以为然，决照此编排。此次修订稿之最后审读以建功、逸群二公任之，余则不过问矣。

至荣宝斋，晤侯恺同志。选定白石老人所画雄鸡一幅，旁有鸡冠花一株，意甚雄健，色亦灿烂，以赠苏联友人，颇为适宜。镶配楠木镜框，而值仅二十万元，盖荣宝斋收入人家之旧藏也。到家，知满子今日去医院，墨盼赠送之画未到，略感性急。

七月三日（星期六）

晨间送满子往医院，渠以白石老人之画及余所作一信交医院，托转致叶米利亚诺夫。

三点至医院视墨。渠于白石老人之画殊满意。日来已能离床行数步，唯感觉右腹有抓紧之感。腹中甚需食物，送来之食品无不食尽。大便已正常，且每日有定时。此皆好现象也。

七月四日（星期日）

晨至署中作文，缘《文艺学习》屡来催索，非赶写一篇不可。星期日署中极静，半日工夫，居然得一千余言。至善携三午往医院，归来言墨安好。

七月五日（星期一）

续作昨文。非星期日，即不见安静，又兼工人出版社一刘姓同志来谈话，费一时许，至下午四点，亦仅得千字而已。

至医院探墨。墨今日曾走出室门，坐于走廊之椅上。躺于床上时亦常坐起，以活动腹部，使切开复缝合之肌肉习于种种姿势与动作。又示余开刀之处，一条缝长六七寸，缝线虽去，痕迹尚留，一道道如武生所穿衣服之密门纽扣。按之，皮下之肌肉僵硬，旋化为柔软，恐须若干时日也。

遂至文化俱乐部，我署与《光明日报》社邀开座谈会，旨在展开书评工作，重点在推荐好书。今日所请者为文学与语文两方面之友人，计孟实、萧乾、王任叔、李长之、叔湘、志公、文叔七人而已。我署则余与彬然、王城。《光明日报》有谢公望。客皆至熟，谈甚畅适，会餐而散。

七月六日（星期二）

上午续作昨文，得不足千字而完篇。

午后一点，出西城至机场，迎周总理回京。周出席日内瓦会议，使我国之影响及于全世界，其功甚伟，自宜盛大欢迎，到机场者不知其几何人也。两点四十分，飞机穿云层而降。周与随行者下机，一片鼓掌声。周与站在前列者握手，未讲话。

余回家犹未到四点，即伏案缮写所作之文，预备明日交与《文艺学习》。满子自医院归,言墨今日已至前廊小坐。

七月七日(星期三)

上午杂看书报,看斯氏集译稿数篇。愈之、彬然来谈著作权问题、简笔字问题,甚久。

下午两点到社中。假座师大女附中,由余谈宪草。听者为我社同人及教育部同人。自两点半至七点,中间休息一刻钟,谈《序言》《总纲》较详,后见时间不够,即开快车,讲得极略。若详细讲之,须历八小时矣。余觉极疲。

今日由女工李幼桐往医院探墨,归言安适。

七月八日(星期四)

晨为沈兹九改《新中国妇女》之短稿一篇。杂看书报。看斯氏集译文两篇。

下午三点至医院视墨。察其舌苔已甚薄,但不甚红,殆是血少之故,面色亦略见白。自谓力弱,想休养与多事营养,可以恢复。又言此后生活宜好好的过,居室须加修整,栽植花卉,使望而可娱。余皆以为然,唯愿其心神舒适,康复甚速耳。坐四十分钟出。

至勤政殿,全国委员会常委会开扩大会议,周总理作报告,言日内瓦会议事。大致谓日内瓦会议讨论朝鲜问题与印度支那问题,而后者尤为关键。朝鲜问题虽未达成任何协议,但我与苏联、朝鲜民主主义人民共和国已尽一切努力,而美国始终阻挠,此义已大白于天下。印度支那问题则达成协议之可能颇大,殆可获致和平。周列叙越南战事八年以来,世界情势所发生之变化。中国站起来,美之侵入政策处处失败,美统治者内部之矛盾,美统治者与人民之矛盾,美英、美法之矛盾,凡此种种,皆为今日有希望获致印度支那和平之因素。我之政策在联法,其次为联英,彼二国唯欲维持现状,而美务欲破坏现状而掌握东南亚,故我之外交策略如是,可以孤立美国。又其次为联合东南亚各国。东南亚各国人民共愿独立,解除压迫。最近与印度、缅甸均发表联合声明,表示和平共处,此原则最得人心。东南亚苟能致区域和平,其影响自近而远,可及于全世界,于是可致全世界之和平云云。周明日又将动身赴日内瓦,贤劳勤敏,深可敬佩。

周报告历两小时，继之发言者甚众，历两小时有半。最后毛主席作结语，要点如下：一、印度支那殆可恢复和平；二、在东南亚建立区域和平；三、与英改善关系，争取建立邦交；四、与法亦然；五、我于一切和平力量均须争取，国家建设首宜有此条件，但今后与资本主义国家打交道，首须国内团结与提高警惕；六、加强外交方面之力量，外交工作极重要，必须努力去做云云。

七月九日（星期五）

上午改斯氏集译稿若干篇。写信，看书报。

愈之来谈，谓昨日所闻之外交策略，可见马列主义之妙用。建国之初，我不与资本主义国家往来，缘彼仍以对旧中国之态度对我。今者我已显示其实力，我之和平共处之方针已普示天下，与彼接触，其局势全异。故转而争取联法联英，此所谓彼一时此一时也。愈之又谓原云两大阵营，今则统一战线及于彼方阵营之中，此又为全新之局。

下午三点，各出版社之出版部、编辑部同人一百五六十人来署，由邹雅报告装帧设计之事，盖继此前之两次座谈会而谈一般之原理。余听邹雅之言颇有见地，于各社同人当有所启发。

封秀根往视墨，归言安好。

七月十日（星期六）

上午未到署。午后两点半至社中，特约叔湘、志公来社谈汉语课本之编辑问题。此事困难至多，进程甚缓，而明年秋后必当有课本行世。即未必普遍推行于初中，亦将重点试用。一谈三小时有半，颇有商定。

满子往视墨，谓墨尝步行逾十数房间，与同院之廖沫沙谈话。归室而后两腿奇酸，可见体力尚弱也。

七月十一日（星期日）

今日到医院视墨者甚众，殆逾十人。我妹归来言，护士尝以有轮子之卧榻推墨至小花园中休憩。

七月十二日（星期一）

晨间改斯氏集译文数篇。

十点为语文补习班上课,以宪草之《序文》为例,示分析句子之方法:认清骨干,然后看附加部分与骨干之间的关系。讲说两小时,尚自觉惬意。

下午四点后至医院视墨,谈一时许。墨今日曾入浴,由护士相助,体重较开割时增加一公斤。昨日来客太多,谈话疲劳,致夜间弗克安眠。因言出院而后决往至美所休养一个月,以免应酬多累。次问及家中榴树开花多少,结实与否,荷缸中有无花蕾。意兴颇好,余为之心慰。

七月十三日(星期二)

看斯氏集译稿约十篇。

愈之、洛峰诸君谈为邹韬奋逝世十周年举行纪念会事。愈之又劝余出外休养,余意不属,未有所定。

封秀根与新来之女工刘小菊往医院视墨。

七月十四日(星期三)

上午看斯氏集译稿若干篇。第三卷大概至此已全看过。自去年上半年迄今,盖已看六卷矣(一、二、三、八、九、十)。

明日文字改革委员会将开全体会议,因看准备讨论之件,拼音字母方案及简体汉字之字表。简体字有将近二百之数为新创,又多通假之字(如以"付"代"傅""副""腐",以"叶"代"葉""業")。余自感情上言甚不赞成,然自不识字之人而言,则一名可以代数名,究为方便。唯其简体字仅限于常用字,其他之字未加注意,自出版界之观点观之,固当全面解决,凡异体必取其一而舍其他,使所用之字定于一,乃为方便也。

下午四点后至医院视墨,闲谈一小时有余而归。

七月十五日(星期四)

九点至教部,文字改革委员会开全体大会。韦老报告工作。讨论简体字,再经一度修订之后,将先行宣布一批,凡五百余字,供社会讨论。愈之提出修订标准字体之意见,皆云赞同,但谓不可仓促即就。自出版界而言,自读者之方便言,标准字固甚切需也。

饭罢已两点,小睡于社中之办公室。三点开社务会议,讨论我社之方针任务。此经教部之党组、社中之党支部讨论过，意见较成熟。到会之十余人均发言，余略作结论，六点一刻散。

满子往医院视墨。墨又作仍欲工作之想，当徐劝之。

七月十六日（星期五）

上午开署务会议，讨论新华书店因雨损失两亿以上之存货一事。又讨论调整工资之方针与办法。据政务院命令，今年加增每级工资之实得钱数，故普遍略有增加，此外尚有个别调整。

看仲仁所起之一长稿，谈小学语文教学之若干重要问题，甚详密，识见亦清澈，看罢即送还之。

今日三午往医院，携去鲫鱼一尾，墨甚嗜家中之菜也。

七月十七日（星期六）

上午在署看发文，看报志。午后三点至医院，与墨闲谈一小时。

四点应市政府之邀，参加教学纲要编辑工作座谈会。参加者有大学教师及中小学教师约六十多人。北京市最近开人民代表会议，提出提高教学质量之议。党与政府据此作若干决定，其中一项为以集体力量编辑若干丛书，为教师之助力。期以暑假期内赶为之，教学纲要而外，尚有各科之参考资料。我社义不容辞，已推出数人参加此项工作。余于谈话之顷即表此意。谈者甚众，八点乃毕。会餐而归已九点。

七月十八日（星期日）

九点后伯祥来。其夫人之病已甚危，一腿剧痛，止痛药无效，苏联红十字医院给以吗啡，食之乃止。察知毒瘤蔓延已广，致无法医治。伯祥尚能镇定，谓唯有设法减轻其痛苦，以好言好语慰病人之心耳。

七月十九日（星期一）

上午十点为语文补习班上课，讲诸子寓言四则，偏重于文言虚字及文言与口语之语法异同。

下午四点到医院视墨，均正夫人先在，闲谈至五点半归。

七月二十日(星期二)

上午为愈之修润其所作纪念韬奋之文。又为荣宝斋修润其目录上之说明文字数短篇。

午后到社,与白韬、安亭、伯箫、文叔、仲仁、超尘、王微诸君为会,讨论仲仁所提小学语文教学之诸问题。三小时有半,仅及目的任务与识字教学两问题耳,后一问题且未曾终结,后日将续为讨论。

七月廿一日(星期三)

九点至语言研究所,文改会之临时七人小组为会,讨论如何将整理汉字之方案公之于社会,俾大家提意见。决定将简化之汉字与选定其一之异体字同时发表,字数约三千,为期在全国人民代表大会以前。推定由叶遐庵、丁西林、魏建功三位主其事。

回家午饭。四时后到医院,与墨闲谈一小时。

七月廿二日(星期四)

上午看刘御谈小学语文课本之文一篇,系针对吴研因之文而为辩难者。与愈之谈昨日文改会所谈之事。

午后至社中,继续讨论小学语文方面之问题。所谈为识字教学之改革及识字量之多寡。仲仁准备充分,大家亦尽所欲言,比上一次谈得酣畅。

今日报纸出版甚迟,缘待电讯。日内瓦会议已于印度支那问题达成协议,通过最后宣言,越南、老挝、柬埔寨三国交战双方签订停止敌对行动之协定。此是影响全世界之大事,标志美之侵略意图受严重之打击。

七月廿三日(星期五)

上午开署务会议,戈茅报告往东北处理交接事宜之情形。又讨论企业单位之奖励金问题。洛峰转述中央对于中医之方针,谓以往卫生部门不重视中医,名为团结,实有宗派思想。中医中药久已为人治病,见效者不鲜,必须加以研究,使成科学。今后将翻印、翻译(译为今语)中医旧籍,又于医院中增设中医治疗部,西医宜研究中医之理论与经验云云。

修润保障著作权之文件,历三小时而毕。

下午三点,至总工会礼堂,参加纪念韬奋逝世十周年纪念之会。愈之、雁冰、刘导生三人讲话,胡绳报告韬奋之生平。

七月廿四日(星期六)

晨至社中,八点继续讨论小学语文教学之问题。仲仁于何谓发展儿童语言,说明甚详密。半日工夫,仅讨论此一题。

中午回家午饭,睡起至医院视墨,坐一小时。预计八月一日出院,径往至美所静养若干日然后回家。

七月廿六日(星期一)

上午杂看书志及发文稿。改毕荣宝斋目录所用之文稿,送还之。

午后睡起,偕愈之、洛峰、浩飞至外文出版社,与彼社之外国专家十四人会面叙谈。此亦所谓专家工作之一项,向不加意而今后应加意者。十四人之中,苏联占六人,外则为英、奥、西班牙、印尼四国之人。愈之为谈今年出版建设工作之方针任务,即据前在政务院通过之文件。诸专家略有所询问,愈之一一答之。六点散。

昨日我妹、至善、至美往视墨,今日则封秀根、王殿梅往。归来俱言墨安好。必闻斯言,乃为心慰。

七月廿七日(星期二)

上午八时半,与愈之、彬然、雪村、芷芬及其他三人为会,讨论部首之异体,如"示"之与"礻"、"糸"之与"纟"等,凡三十七类。此皆印刷体中所有,将来须趋一致。最后提出我署之意见,供文字改革委员会参考。

午后至社中,续谈小学语文教学方面之问题。中心为如何发展小学生之思维。文叔看书多,先为中心发言,而后大家据以讨论,至五点半毕,共以为不坏。

七点至萃华楼,科学出版社筹备处宴客。此社系科学院编译局与龙门书局合成,经我署接头,龙门即改为公私合营。到者科学院与我署之同人,龙门方面之董事。九时散。

满子往视墨,墨言每餐后俱出汗,殆身体尚虚弱,拟请中医诊脉,服药调理云。又谓王历耕曾告墨,今后每四个月须往医院检查一次。

七月廿八日（星期三）

修润昨日上午会议之记录，将分送有关人员与单位。看斯氏集第三卷注释之前半部分。下午为学习之会，漫谈宪草。

四点后至医院，与墨闲谈一小时有余。

七月廿九日（星期四）

续看斯氏集第三卷注释之后半，毕。

午后三点至作家协会参加座谈会，商量提倡于文艺刊物中刊载文艺性之政论。听大家所谈，即指所谓杂文，缘时代之需要，尤须注重于国际问题方面。最后归结到此须大家动手，有人试作若干篇以后，乃可有所依据，研究如何改进与提高。

家中搬动竟日。余移居至善之室，可以闭户静坐，胜于以前之处于交通路口矣。至善移居我妹之室，而我妹移居余室，便于照顾老母。

七月三十日（星期五）

晨至社中，续开小学语文之座谈会。论题为阅读教材编辑方面之诸问题。诸人各有所见，皆颇实际。

径返署中，收到期刊颇多，逐一看之，遂至傍晚。

至善自医院归来，谓晤王历耕医师。王言墨须按期检查，如发现以下情形，则当及早检查：一、腹中作气，二、腹中作痠痛，三、大便不正常。又言为熟悉墨之身体情况，检查易于有头绪计，往医院挂号时最好指名请王检查。关切如此，深可感激。

七月卅一日（星期六）

晨至社中，续谈小学语文问题。今日谈语汇方面之事，须建立词的观念，排版主张用词类连书，实词、虚词之出现，须按教育之需要与学生之年龄特征云云。

返署中。下午，适夷来访，以所译小林多喜二《蟹工船》之稿嘱余修润。谈及傅雷翻译之郑重其事，闻之大为佩服。

满子自医院归。墨住院两个月，自家所费仅膳食之资一百二十万元，其余皆公费也。

八月

八月一日（星期日）

上午八点半，偕满子、小沫至医院，迎墨出院。一场重病，今得康复，大可欣慰。出复兴门至至美所，坐汽车不过半点钟左右，墨已觉背部不舒，急须休卧，可见身体尚虚弱。中午，墨初进烂饭不足半碗，食欲尚未开。今后食自己所治菜肴，当可有进。

四点，余与满子入城，小沫留至美所伴其祖母。

八月二日（星期一）

上午写复信数封。看新收到之书籍。

傅东华来访，多年不见矣。因其女婿在京，故来游观。谓近致力于文字学，据形体与声音究各个字之源，其事同于消遣。余谓将来编辑大字典，此项成绩当有用处。余劝其再从事翻译，可与文学出版社商之。

下午到社中，续行讨论小学语文之事，所谈为改革教法与改进课本中之图画两项。至此，应谈之问题俱已谈到。即请仲仁据所谈之结果写出，社内再讨论一二次，即作为小学语文教学大纲之底稿，提出于教育部。

八月三日（星期二）

署内同人学习宪草，提出若干问题，将由余解答，今日一一看之。

下午到社中，开编辑部部务会议。论题为如何完成今年之计划与拟定明年之计划。问题甚多，仅能扼要解决。至六点一刻散。

八月四日（星期三）

上午，与愈之、洛峰、彬然及其他数人谈话，商量筹备古籍出版社事。所谓古籍不限于旧籍，研究旧籍之著作亦包括在内。木版书已无新印者，旧存之书渐就损耗。铅印之书不为重版，亦同于珍本。研究参考需要之时往往求索不得，遂有重印一批旧籍之必要。讨论结果，谓此出版社可与拟议中之语文出版社、辞书出版社为一个机构，即一个出版社分设三个编辑室。将来力量充实，再为划分。今先筹备古籍与语文之部分,辞书暂缓。拟定余与彬然、伯昕数人为委员云。

两时半始为学习之会,漫谈日内瓦会议以后之国际局势。休息以后,漫谈宪草。

今晚至美来电话,谓墨安好。曩在医院,隔二日总须往视一次。今相距较远,只能俟星期日矣。

八月五日(星期四)

看适夷所译《蟹工船》。译笔颇有问题,少数部分可为改动,大部分余无能为役,即书之于纸,俟适夷自己解决。小林多喜二之作同于粗线条之绘画,描写海洋甚有出色处。迄于下午四点,仅看一万字而已。

田家英来,谓宪草经全国讨论,汇集到之意见已甚多。将以本月下半月统行看过,讨论之后,决定取舍。渠正在拟各项组织法云。谈半时许而去。

八月六日(星期五)

上午开署务会议,沈静芷汇报视察江苏、浙江、湖南、广西四省出版行政机关之所得。次之讨论本年下半年就出版工作对群众宣传之事项。

三点到社中,召开座谈会,讨论中学文学及历史课本之编辑问题。参加者为各大学来高教部开会之文学、历史教师,有予同、光燾、了一及其他熟友多人。余略致辞,即分两组座谈,余参加文学之一组。诸人皆甚热心,各抒其见,不待催促。至七点半毕。实则如此题目,谈一天两天亦难谈完也。于教育部食堂宴与会者,谈饮甚欢。

八月七日(星期六)

上午续看适夷译稿。

两点至社中,开社务会议,讨论下半年全社工作计划。

八月八日(星期日)

八点后偕我妹、至善、大奎出城视墨。一星期来,墨胃口渐开,食量有加。食后发汗之象渐少。唯腿力仍不佳。杂谈一星期来琐事。坐至四时返城。

八月九日(星期一)

竟日看适夷之译稿,仅得六十余页。此译之病在语汇枯窘,语言单调。欲求其精,唯有另起炉灶重译耳。

八月十日(星期二)

续看适夷之译稿,毕。写一信送还之。作复信数通。看译本《苏联宪法通论》。

午后睡起,写一提纲送《学文化》杂志社。彼社邀余作文谈语文之事,预备连载。余之提纲拟连载八次。

八月十一日(星期三)

上午,市教育局教育参考材料编辑会来电话,邀往彼处座谈。彼处在海淀之八一小学,九点半驱车而往,晤中学语文教师约二十人。彼辈就编辑时有所怀疑之点相问,余据能答者答之。十二点散,驱车回家。

饭后返署,三点向署中同人及直属单位同人再度讲宪草。无非重讲一遍,于有疑问处加详,讲至六点而毕。

八月十二日(星期四)

杂看书志。又看《逻辑问题讨论集》。此集各篇皆苏联学者所作。苏联初年曾有不正确之看法,以为逻辑与辩证法相违,学校弃而不教。列宁、斯大林极言逻辑之要,而定课程者与写课本者仍复摸不清头路。自斯大林之语言学之著作出,一般人乃有清楚之认识。逻辑与语言相类,并无阶级性。逻辑之规律非由人造,盖客观现实之规律之反映。以数学相比,逻辑如初等数学,辩证法如高等数学也。

下午接统战部电话,嘱往听周总理讲话。五点往,集于礼堂者将三百人。周讲今后我之对外方针为保障印度支那协议之实施,解放台湾,建立集体和平。日内英国工党代表团将到京访问,周详言与彼交谈时应取之态度,主要为实事求是,不夸饰,不虚假,接之以诚以礼,而不失我人之立场。其言入情入理,和平中正,令人心折。场中设晚餐,餐后复谈,至九点半乃散。

八月十三日(星期五)

晨看报,见余已由江苏省人大选出为全国人大代表。

前讨论小学语文教学之意见已由仲仁整理,写成一稿,今日看之,顺便为修润。稿印成五页,半日仅看二页。

十二时到社中,为方宗熙作饯。方以暑假期间来京,修改其所编之教本,明日将回青岛,故与一叙,饮谈甚欢。

四点,邀我署及直属单位之主要人员来署,转述周总理昨日之言。愈之有他事,遂属之余。余记忆不佳,笔记又极简略,幸有冯宾符为之补充。

六点,赶往萃华楼,出版管理局邀少数学人,请从事书评工作。到向达、邓广铭、杨人楩、陈翰笙、马特、朱智贤六位。余与灿然、彬然、王城为主人。彼此至熟,谈甚欢。

八月十四日(星期六)

上午续看仲仁所拟小学语文教学改进意见之稿。

午后到社中,开社务会议,讨论上半年之工作总结。稿系安亭所起,综合各部门之总结而成。余为循诵一遍,大家随提意见。至四点二十分,余先退,至紫光阁。英国工党代表团已于今午到京,外交学会张奚老在此开酒会欢迎之。至六点半散。

报载中央人民政府委员会决议,第一届全国人代大会第一次会议于下月十五日召开。

八月十五日(星期日)

至美携宁宁、小沫俱来,余遂不出城视墨。至美言母安好,下一星期日希望与余共游颐和园。

八月十六日(星期一)

上午九点至民革总部,参加小组讨论会。讨论者为五个组织条例:全国人民代表大会者、国务院者、人民法院者、检察机关者、地方各级人民代表大会与人民委员会者,皆系初稿。据云此初稿已反复修改多次。须以两个星期讨论完毕,故每日上午均须讨论。此次讨论仅有六个小组,共百余人。余之一组共十六人,以李济深、章乃器、李德全为召集人。今日讨论人代大会之组织条例,至十余条而止。

午后至社中,讨论仲仁所拟改进小学语文教学之意见,此后一二月内,将多外务,本位工作不得不争取时间赶为之。结果大体依余之修改本改定,文叔亦有若干重要意见。尚自数点未决,俟仲仁再作考虑。

六点半至怀仁堂,周总理以政府名义宴请英工党代表团。周讲话强调和平共处。艾德礼答词亦表示此意。席间,周以种种理由劝众干杯,多及日内瓦会议之成就,最后为英国女皇干杯。艾德礼亦起立,为毛主席干杯。九时席散,继有京剧晚会,散场到家已逾十二点。

八月十七日(星期二)

九时仍参加小组讨论,至十二时,人代大会组织条例讨论完毕。到署午饭。睡起写复信数封,彬然来谈半小时。

八月十八日(星期三)

上午仍参加小组讨论,国务院组织条例讨论完毕。观条例所列,国务院下设三十一个部,四个委员会。如出版总署,系属"按工作需要设若干直属机构,主办各项专门业务"之列,其名不见于条例也。

作家协会召开之文学翻译工作会议以今日始。午睡未获入眠,缘构思会议上之讲话大意。三点往文化部,会众约一百五十人,其中熟友约二十人。讲话者五人,郭沫若、丁西林、余、振铎、老舍。余所讲即平日常为朋友谈起者,以时间无多,语焉不畅。雁冰有一报告,俟明后日讲,会众将就其报告而为讨论。

五点半至北京饭店,政协全国委员会欢迎英工党代表团。郭沫若致欢迎辞,艾德礼与比万演说。八点宴会,十点散。

至美曾来电话,谓墨安好。

八月十九日(星期四)

上午,统战部在紫光阁召开茶话会,余未参加小组之讨论。到紫光阁者为各地选出之全国人大代表之已在京者。云彬亦已来,为浙江选出之代表。李维汉报告今后将开种种之会,直至九月底无虚日。年老力衰者可量力而行,不必每会必到。分发两种文件,一为各党派各团体为解放台湾联合宣言,一为财委所拟公私合营企业条例,皆将于日内举行之政协全国委员会扩大会议中讨论者。

四点至文化俱乐部,到会者即上午茶话会中诸人。彭真报告法院与检察机关两个组织条例之起草意旨,供大家讨论时参考。报告历两小时半而毕。余邀云彬同归,闲谈共饮。既而王泗原来。三人共取解放台湾联合宣言稿观之,斟酌其词句。九点半,二人去。

八月二十日(星期五)

上午至民革会所,讨论法院组织条例。余于法院殊无所知,今听会众发言,亦长新知。

三点至紫光阁,参加政协全委会扩大会议,讨论为解放台湾之宣言稿。周总理作报告两小时,申言我之解放台湾乃解决我之内政。继之多人发言,至七时犹未毕,延至明日再为之。于是会餐。

餐毕,李维汉邀余与起草宣言之诸君共同修改此草稿。第二段中有一处依余之意修改,甚为重要。其余则他们或接受或不接受。今记其人如下:李维汉、陆定一、邵力子、张奚若、沫若、雁冰、罗隆基、许德珩。外有乔冠华、陈家康二君。余觉他们之语感较敏锐,与余最接近。

八月廿一日(星期六)

晨间开署务会议,遂不参加小组讨论。署务会议决定接受私营地图出版社之申请,改为公私合营,与地图编绘社合而为一。又讨论社中处科级个别人员调整级别工资之方案,讨论报社、出版社之工资标准。

下午三点再至紫光阁,听多人发言。宣言之稿今日又发一次,据昨日之改稿印刷。第二段中余所谓甚关重要之改动,昨夕经大家同意者,此本仍未改。陆定一相告,谓毛主席以为原文无病,故不改。余则以为尚可商。其原文如下:

"六十年前,日本帝国主义强占了台湾。中国人民进行了长期的斗争,终于在伟大抗日战争的胜利中,使台湾同胞在一九四五年十月二十五日回到了祖国的怀抱……"

余觉"中国人民进行了长期的斗争",自当包括台湾同胞在内,不宜谓"使台湾同胞……"。因拟修改

"中国人民进行了长期的斗争,在伟大抗日战争胜利中,台湾同胞终于在……回到了祖国的怀抱……"

后经乔冠华提议，又改成

"中国人民进行了长期的斗争，台湾同胞终于在……回到了祖国的怀抱……"

乔之改法余不甚同意，以"台湾同胞"紧接在"中国人民"之后，主语重出，意不明显。然避免用"使"字，尚较胜于原文也。

发言至七点，尚有十余人未轮到，因定明日上午再开会。

八月廿二日（星期日）

晨八点出城，至至美所视墨。墨较之前二星期又有进步，说话行动有劲，恢复以前精神。午睡后小睡，驱车至碧云寺，茗憩于水泉院，高树交荫，凉意宜人，墨顾而乐之。去年署中，余二人亦尝来此一游也。五点半返至美所。晚餐后，余七时入城。墨言定于下星期日回家。

至诚来信，言渠与姚澄于本月底来京，姚澄之锡剧团将在京表演。此自是墨所乐闻。

八月廿三日（星期一）

上午仍至民革总部，讨论检察署条例，问题不多，两小时即完毕。

午后，改余在翻译会议中之发言记录稿。改记录稿为余所深惧，而会议之秘书处迫令修改，亦复无可奈何。

三点，与伯昕、灿然、彬然、戈茅、逸群五人共谈古籍出版社事。决定先于下月集少数人成立编辑室，然后讨究工作之计划与方法。

七点应人民文学出版社之邀，与翻译会议诸君会餐。来京旧友有李青崖、施蛰存、罗玉君、伍蠡甫等，谈饮甚欢。

八月廿四日（星期二）

上午仍参加小组讨论，迄于十二点，地方各级人民代表大会及人民委员会组织条例已讨论逾大半，明日即可完毕。

午睡后，继修改记录稿，迄于六点犹未完。晚饭后，颉刚来访，渠已移家来京，八万册藏书悉数运来，工作于科学院第一历史研究所。及其去，将纪录改毕。费时将七小时，原稿保留极少，几乎重写一遍也。

八月廿五日（星期三）

晨到署中，与愈之、乔峰、克寒、洛峰、戈茅商量司局级人员调整级别问题。谈一小时，粗有所定。

至民革总部，此小组开会九次，讨论五种条例，至今日十一点半，功德圆满矣。

回家午饭。小休醒来，写一说明，自叙《古代英雄的石像》之作意。此篇收入语文课本，来问者甚多，社中及余个人写复信不胜其烦。今北京市中学教学参考资料编委会嘱余自写一通，交彼编入参考资料，自为余所乐从。写成约一千字，即寄去。

七点至中山公园中山堂，彭真市长设酒会，欢送英工党代表团离京。遇陈家康。陈力言宜整顿文风，开国已五年，总须有若干可诵可传之文。渠主张办一散文杂志以为提倡，余深表赞同。如此意见，似尚少人提出也。

八月廿六日（星期四）

八点，总署系统之青年团开第二届代表大会，邀余讲话。余言今日之青年宜求全面发展，智育方面须设法补修，达于高中毕业之程度。又言体力劳动宜养成习惯，须于极琐细之事随时关心别人。继之戈茅讲话。俟其讲毕，余即退出会场。

与愈之、彬然、灿然、欧建新坐谈。愈之将向苏联专家谈我国出版事业之历史及现状，写一简要提纲，请大家讨论，谈一小时而毕。又邀祝志澄来，商谈新铸铜模之事。整理过之若干汉字有尚无铜模者，须即补铸，备决定通过后使用。全部铜模亦须重铸，以求字体之划一与美观。手工刻模甚迟缓，闻国外有刻铜模之机器，请祝志澄打听之。

午后三点至语言研究所，文改会之七人小组开会，叶遐庵、丁西林、魏建功三位报告一个月来之工作，然后就他们整理之字表再加斟酌，于字体之取舍颇有改动。至六点三刻乃毕事。

八月廿七日（星期五）

整日在署中杂看书籍报志。连日开会，颇感烦腻，今日独坐萧然，殊有佳趣。

八月廿八日（星期六）

仍在署中杂看书报。《新观察》社来征文，嘱就当选为全国人大代表书其所感。此题较易作，即执笔属草，就认真讨论宪草、全力支持解放台湾联合宣言两点立言。迄于夜间完稿，不过一千一百余字耳。

明日墨将回家。身患重病，幸得康复，自属大可欣慰。此三月间，余独居室中，辄觉不自在，有逆旅寄居之感。综计六十年间，与墨共处之岁月乃占大半，短期暂别，便觉怅怅，固宜有此不习惯之感觉也。

八月廿九日（星期日）

晨驱车出城，迎墨回家。蝗生、至美、宁宁同载而来。墨视移居之房间，颇感满意。

《新观察》社夏宗禹来，谈彼志经毛主席指示，将力谋改进。

八月三十日（星期一）

九点至紫光阁。小组讨论召集人、少数宪法起草委员、起草会办公室同人共二十余人，商量修订全国人大之组织条例。所据为修改稿，又按各组提出之意见酌加改动。至十二点三刻而毕，留饭。

饭罢回家，小睡一时许，起来作文，写开国以来之感想，系《文艺报》所嘱托，限下月八日交卷。日后将屡日开会，苟不抓紧时间，势必误期。至于九点，仅得一千余言耳。

八月卅一日（星期二）

九点至紫光阁，讨论国务院组织条例，十二点过始完毕。

下午续作昨稿，而意思不属，半日仅成数百字，犹以为不合，拟全部作废。勉强作文，实为苦事。

九月

九月一日（星期三）

九点仍至紫光阁，讨论法院组织条例。十二点回署。

三点后至北京饭店，办理全国人大代表报到手续。手续甚简单，付与江苏省寄来之当选通知书,领取代表当选证书,又摄影一帧而已。胜任愉快之代表亦至不易当,唯有勉为之耳。

四点再至紫光阁,讨论法院组织条例毕,又讨论检察机关组织条例。至七点而止,晚餐。

闻邓小平言,于此五六日内必当将宪草与五个组织条例修订完毕,经起草委员会通过,乃可交全体代表讨论。此项讨论不宜于大会中为之,唯有于大会前分组讨论耳。

九月二日(星期四)

九点至紫光阁,讨论地方人代会人民委员会组织条例,十二点半毕。至此,五个条例又经一回讨论修改,余等之整理工作于是须开始,就五个条例为之调整,使无矛盾,语句说法略趋一致。缘为时迫促,约定下午即动手。

三点再至紫光阁,开始整理工作。参加者为余与叔湘、周鲠生、田家英、屈武、陶希晋、张苏,尚有法院方面之三位同志。自三点至十一点过,整理完毕全国人代会、国务院、地方人代会人民委员会三个组织条例,中间仅晚餐约半小时耳。余大惫,夜眠遂不佳。

九月三日(星期五)

自上午九时至下午十一时半,除饭后两小时外,俱在文化俱乐部作讨论修改工作。法院与检察机关之组织条例俱毕,五个条例之不统一处亦略予调整,工夫之细致不如宪草。余大疲。明日可休息一日,后日起又须根据全国讨论之意见修改宪草矣。

九月四日(星期六)

晨间安亭来访,谈社事。晓先在社中与同事之关系搞不好,历史室新来者渐多,史学知识较强,渠亦无从领导,安亭与白韬商量,拟将晓先调出,由教育部介绍至河北师范任教。余表同意。

到署中,看来文发文。至愈之室,愈之方与叶籁士谈文字改革,因共谈。

午睡醒来,续作前数日所为文,勾去数节,仅得八百字。

昨日中央选举委员会开会,以全国选举已完成,报告经过,即此结束。今日各报载全国人民代表全部名单，凡一千二百二十六人，其中妇女一百四十七人，占百分之十一点九九；少数民族一百七十七人，占百分之十四点四四。

九月五日（星期日）

九点至文化部，重行修订宪草。参加者周鲠生、钱端升、楼邦彦、王铁崖、梅汝璈、费孝通、田家英与余，尚有青年同志五六人。午后休息二小时，晚饭后休息一小时，余时皆坐而谈论，直至夜十二点半，通体讨论一过。各地提出之意见可采者不多，以宪草公布已久，先入人心，能不改处即不改。然尚有欠周密之处，前后不合拍处，大家有此感觉，亦颇难于仓促之间修补也。今日又大惫。

九月六日（星期一）

晨间晓先来，言安亭已以调职事与渠商谈，渠不愿任高等学校之教师，愿任中学教师，或仍在出版界工作。

九点至北京饭店，与江苏代表组诸人讨论宪草。江苏代表六十七人，讨论时又分成两组。余相识与不相识者参半。宪草已讨论多次，今又温习一遍。历三小时，讨论《序言》与《总纲》。下午仍为会。余以疲甚请假。

回家午饭。睡起后续作前日之文，迄傍晚得千余言，完篇。全篇不过三千余字耳，意殊空洞，不自惬意。

九月七日（星期二）

九点仍至北京饭店，精神恍惚，有举步不自由之感，所以若是，盖身体困倦之故。讨论三小时，计谈及宪草第二章四、五、六三节。

回家午饭，昼寝未稳，起来乃觉晕眩，似将站立不稳。记昨日傍晚自桌下取酒瓶，忽觉一阵晕眩，急按椅背瞑目少顷，乃见复原。今日之感觉与昨似有关连。究属何因，亦难自解。

两点后至署中静坐。与彬然谈有顷，与戈茅、牛平青谈语文补习班事。此补习班举办已三月，学员尚觉满意，唯嫌余辈选材讲授均无计划。余谓此一点极当承认，今后宜商订计划，并与学习之小组长共定之。又写复信数通，余时则杂看书志，唯头脑总觉昏沉，意兴阑珊。回家即就睡，未进晚餐，食蛋糕两小块而已。夜眠沉酣。

九月八日（星期三）

晨起仍觉昏沉，必须扶墙摸壁而行，独立似将倒仆。今日宪法起草会有会，邀余列席，只得托愈之代为请假。至善谓余之情形或系脑部有微血管破裂，因电胡序介，托渠与北京医院联系，挂急诊号前往检查。既而序介来，陪余往医院。医生检查全身，谓并非脑溢血之现象，殆由疲劳所致。嘱余在家休息三天，勿往开会；给药水一瓶，分三日服用。回家仍休眠。

彬然、灿然下午来探视，闲谈片时。情意可感。

九月九日（星期四）

昨夜眠甚酣，今晨起来似稍好，早餐后仍休卧。

叔湘夫妇来探视。叔湘昨日往紫光阁，谓竟日工夫，将五个条例与宪草之修改稿全部作原则通过。系邓小平任主席，掌握甚紧，作断明快，故能若是。至于若干文字上之修饰调整，于明日再由余辈研磨一过。叔湘已告家英，不复招余矣。

下午忽悟余此次之不舒，与前次中煤气之感觉相类。头脑昏沉而影响及于运动神经，致肆应不灵。入夜早睡，甚酣。

九月十日（星期五）

仍不外出，卧床休息。

入夜，元善夫妇来访。既而愈之来，谈及全国人代会进行之程序，又言我出版总署不列于国务院各部之林，如为国务院之直属机构，无从对各地方发号施令，缘据地方各级人民委员会之组织，其所属机构并无新闻出版一项也。愈之谓日内将好好商量，提出如何处理之意见云。

九月十一日（星期六）

九点至北京饭店，登高远眺，不若星期二之恍惚。小组中先讨论大会主席团之拟议名单。主席团凡九十七人，以各方面衡之，均照顾甚周，众无异议。

继之讨论法院与检察院之组织法。原名"组织条例"，八日起草委员会中始一律改为"组织法"。总检察长原由人代大会任命，此是苏联之办法，而各地讨论中提出意见者甚多，八日乃改为由人代大会选举，与最高法院院长同，名称则改为最高人民检察院检察长。至于法院上检察院上原不用"人民"二字，各地意见主张用"人民"者多，遂皆加上。大家于法律方面知见不多，讨论遂少，至十二点，两份组织法循诵完毕。回家午饭。

两点至署中，愈之约乔峰、克寒、空了、洛峰、戈茅数人谈我署之归属问题。大家意见，似以并入文化部为宜，谓日内且与文委负责人一谈，不知文委有何打算。

人民出版社赵晓恩来，以宪法即将通过，商量各种印本与排版格式。至六点始谈毕。

今日照常外出，回家微觉吃力。

九月十二日（星期日）

文叔、伯祥、雪村、调孚、晓先、芷芬六位来访，皆因闻余不适之故。雪村、调孚、晓先三位均由灿然、彬然调全古籍编辑室，晓先之问题遂得解决。六位坐有顷即去。

九月十三日（星期一）

九点至北京饭店，将宪法起草会重行修改之宪草复阅一过，仅就改动之处略加讨论，一小时即了。

余与克寒问钱俊瑞（三人皆江苏代表），政务院与文委方面于出版总署作何考虑。钱答习仲勋与周总理皆有并入文化部之打算，但未作决定。

下午三点再至北京饭店，组长报告上午会商会议之日程，及提案审查委员会、代表资格审查委员会之名单。半小时即了。于是回家。

九月十四日（星期二）

昨夕屈武来电话，嘱以今日往中南海修润刘少奇关于宪法起草之报告。十点，迎叔湘偕往。至则鲠生、端升、乔木、陈伯达、胡绳、尚有两位不相识者已先在，刘少奇后至。此报告叔湘、鲠生诸君者商讨过一回，恐余困疲，未邀余参加，故余为初睹。稿凡三万余言，余先通读一遍，然后加入讨论。改动处颇不少，要皆增删数字或改换句读符号。此稿内容充实，大见分量。既已通过于宪法起草会，又复屡次研磨斟酌，足见领导同志深明内容与形式之不可分，必须语言明确乃足以畅达思想。此在我辈固当深表赞同也。

迄于下午六点半,全篇完毕,其间进午餐、晚餐,又有数回短暂之休息,综计用心时间在六点钟以上,余又感头脑不舒。

至诚来信,言将以二十日左右到京。

九月十五日(星期三)

九点至北京饭店,组长报告昨日中央人民政府委员会开临时会议,于宪草之两处又作修改。一处为《序言》第三段之"庄严地通过我国第一个宪法",改为"庄严地通过中华人民共和国宪法"。此处余在初见草稿时即如是提出,今竟照此修改。唯余之初意,以为今后社会主义实现,宪法自当另有一个,但不须于今日提明"第一个",暗示将来还有第二个。而领导方面所以修改,则缘自今以前已有过若干宪法,虽性质与今之宪法完全不同,而今之宪法不得谓第一个已甚明。又一处修改为宪草第三条,原文为"各民族……都有保持或者改革自己的风俗习惯和宗教信仰的自由",今删去"和宗教信仰"五字。理由为"公民有宗教信仰的自由"已见于第八十八条,不必再在第三条重出。其实原文亦有语病,苟舍此种信仰而取彼种信仰,或自信仰而转为不信仰,皆只能谓之"改变",不能谓之"改革"也。

组长又述毛主席之语,谓宪法草案大体无疵即可,不宜过事精求。毛谓恒言云"天衣无缝",天衣初未之见,而寻常衣服则未有无缝者。此可谓妙语。

下午两点半,趋怀仁堂。全国人民代表大会开幕,此我国历史上之大事也。三点,毛主席宣布开会。开幕辞简短有力。于是奏国歌,为所有为革命而牺牲之烈士默哀。继之通过主席团名单,通过议事日程。四点,刘少奇作关于宪草之报告。全篇至七点半读毕,中间休息十五分钟。

怀仁堂坐一千余人,实嫌太挤,休息之际,离坐、入坐均极困难。将来必须另修一大会堂,乃克从容应付。

九月十六日(星期四)

九点至北京饭店。小组讨论刘少奇之报告。报告阐发甚详尽透辟,实亦无甚可以讨论。黄任老闲谈辛亥当时情形,他人则随摘报告中数语而为引申。十二点散。

下午三点仍至怀仁堂,听代表就宪草及刘之报告发言。发言者三十人,中间休息两次,各十五分钟。听诸人之发言虽未免公式化,而亦有真切、实抒己见之部分。

九月十七日（星期五）

上午赖一次,未参加小组讨论。下午仍至怀仁堂听发言,至七点半散,发言者不足三十人。

到家,至诚偕其新妇已在,相见欣然。他们在京有二十日之留,将演戏八九场。姚澄颇有静致,而身体瘦弱。九点去,宿于文化部之宿舍。

九月十八日（星期六）

九点至北京饭店。讨论集中于资产阶级之改造。下午三点仍至怀仁堂听发言,计二十五人。余思诸人如删去套语,不说与人重复之语,则可省去一半时间。丁玲之发言不同寻常,以散文之调子出之。然不尽为口头语言,听之不觉明快爽利。

九月十九日（星期日）

九点仍至北京饭店。缘明日将通过宪草,小组长报告应用无记名投票方式及投票之程序。谈一小时而散。

回家。蠖生、至美来,候至诚、姚澄共午餐。而他们方在排演至诚所草之戏,至午后一点半始来。于是会餐。老母有兴,亦来共餐。至于三点过,各离去。各以工作所牵,不克从容闲叙,亦今日生活之特征也。

九月二十日（星期一）

九点仍至北京饭店。组长又谈关于投票之事,不足一小时而散。至署中,杂看书志,写复信。

下午三点到怀仁堂。周总理作主席。令一工作人员宣读宪草。于是投票表决。开票结果,出席者一千一百九十七人,全体可决。于是宪法成立,全体大鼓掌,历时五分钟以上,欢呼毛主席与中华人民共和国者杂作。此历史大事也。

休息之后又通过人代大会组织法,则用举手表决,七点散。

饭罢,至诚夫妇来,闲谈剧艺,九点半去。

九月廿一日（星期二）

八点到署。《北京日报》嘱作文字，昨日又来催索。余因就昨日投票之事，写一短篇。历三小时，仅千余言耳，题名《我打上个圈》。

下午仍至怀仁堂。全体代表先集于大厅后之草坪拍照。毛主席最后至，鼓掌之声骤涌。摄影毕，然后开会，议程为逐一通过四个组织法。皆先通读一过，次则举手表决，无不全体通过。通读者为男女二人，念字准确，送音稳重，调子亦悉达文意。当众发言必须如是，乃可使听众聚精会神，然能如是者至不易得也。

休息之顷，钱俊瑞找余谈，谓拟以余入教育部为副部长，主要在领导教育出版社。此是旧话重提。余最望不入行政部门，教育出版社则不居社长之名，为一编辑，因此得暇可写些文字。即以此意语之，谓容徐徐考虑。在政府方面，出版总署既将归并，作如是安排，自是最为顺当之事。

九月廿二日（星期三）

上午，迎安定于东四旅馆（山西省代表住此），偕往社中。晤曹孚，叙谈有顷。曹系新调来我社，以其于教育学有研究，特请其离去华东师大之教职，来任我社教育编辑室之编辑。尚有新来之专家数人，未之晤。

至文叔之室，与安亭、伯箫、仲仁共谈中小学语文编辑事。最困难者仍为选材。得可诵之文篇供学生阅读，为语文编辑首要之事，而其难得实非局外人所能意料。

十二点回家，今日大会休会。

九月廿三日（星期四）

上午在署中，写复信。看陈元晖所著《实用主义批判》。陈君新调来我社，观其著作，识力殊不错。

下午三点至怀仁堂。周总理作政府工作报告。全文长二万余言，历列五年来之工作，而以社会主义工业化及外交政策为重点。报告历两小时有余。继之陈云发言，就若干物资之计划购销作说明。郭沫若发言，补述文化工作方面之成绩。邓子恢发言，就农业发展前途有所发挥。又有程潜之发言。七点散。

到家，总理办公室送来周之报告稿，嘱于文字方面琢磨一过，须于十点前送回。于是匆匆进食，食毕即重读此稿。既而至善回来，即与共读，有所更改即书于印本之上。读至九点五十分始毕，皆小修改，亦有数十处。急令风祥送回。此等稿件皆嫌出之仓促，若提早属稿，从容研磨，必能使文质相符也。

九月廿四日（星期五）

晨至署中。人民出三种宪法本子，皆附毛之开幕辞，刘之报告。其小型之一种排横行，拟以此为横行之提倡。余为看其校样，使格式美观些，于读者易生好感。

下午仍至怀仁堂，听二十余人之发言。发言者多政府中人，于周之报告作补充。大多先叙五年来之成绩，次则实言工作中之缺点，颇有可听者。

七点半散，于是发各项人选之名单草案，嘱各小组于明日上午讨论。名单中毛为主席，朱为副主席。刘为人大常务委员会之委员长，副委员长若干人，委员若干人。凡列名于常务委员者，即不入政府部门。愈之、乔峰皆为委员，盖以愈之为民盟要员，乔峰为民进要员之故。他则有政府各部门负责人之名单，周仍为总理云。

九月廿五日（星期六）

九点至北京饭店，小组讨论昨日所发之各项名单。组长一一介绍名单中比较生疏之人，甚为详备。大家表示此诸名单屡经考虑而后提出者，必属周妥，于今后国家机关工作必能有利，自宜全部赞同。

到署中，与浩飞、刘敏如商量邀请姚澄等之锡剧团来署表演一场之事。其期定于二十八。署中会场之台太浅太狭，于布景之剧不相宜，可演《罗汉钱》。饭后至诚来，商量向戏剧学院借灯光。

两点三十分到怀仁堂，彭真相约，于法院、检察院两个组织法之标点拟有所修改，意见为张奚老所提出。结果改动六处，皆易分号为逗号。入会场听发言，至于七点一刻，发言者十九人。明日上午亦开会，仍为发言。

到家匆匆进餐。周总理之报告校样又送来，谓前夕所改者送到已迟，故发表于报上者均未据改，今将重印一本布发，嘱余再为校改。余重校一过送回，费时一点有半，计改动六十余处。

九月廿六日（星期日）

上下午俱在怀仁堂听发言，发言者三十余人。于是通过决议，批准周总理之报告。此外又通过两个决议，一为同意提案审查委员会之审查报告，二为宣布以前之法律除与宪法相违者外一律继续有效。

此次国庆，和平民主阵营之各国俱派重要人员组成代表团来贺，盖大团结之表示耳。

九月廿七日（星期一）

晨至署中，知灯光已借到，明夕演《罗汉钱》不成问题。十一点至北京饭店，小组长就选举事再有所传达。回家午饭，至诚、姚澄俱在，谈明日演出之事。

下午三点，大会开会，专事选举。凡投票三次，一次选中华人民共和国主席副主席，一次选常务委员会组成人员，一次选最高法院院长、最高检察院院长，并表决国务院总理人选。发票、投票、点票均甚费时间。五点半，主席、副主席开票结果揭晓，毛主席、朱总司令当选，一时全场欢腾，鼓掌至十余分钟。

七点休会，将于十点钟续会，揭晓其他项投票结果。归途经天安门，群众拥挤，打锣鼓擎旗帜结队而来者无数。汽车行于人众之狭巷中，知我人为代表，皆拍手相迎。

十点半再至怀仁堂，揭晓刘少奇为人大常委会委员长，欢腾不减于日间。董必武当选为最高人民法院院长，张鼎丞为最高人民检察院院长。主席提名以周恩来为总理，全体同意。开会仅二十五分钟。归途绕道西交民巷、东交民巷，以避开天安门之拥挤，亦行二十五分钟。

今夕心情激动，身体疲乏，久久不能成睡。

九月廿八日（星期二）

晨至署中。写一简稿，预备晚间署中文艺晚会时讲之。与愈之偕往东院，观古籍编辑室。仅调孚、晓先、王叔明三人在，方准备作选题计划也。

下午三点至怀仁堂。开会较迟，外国来我国庆祝国庆之代表团团长俱来旁听。毛主席任执行主席之首。通过周总理提出之国务院组织人员名单。通过国防委员会副主席及委员之名单。通过人大民族委员会、法案委员会、预算委员会之名单。于是毛主席宣布首届全国人大第一次会议已胜利的完成其任务,随即奏国歌闭幕。全场鼓掌欢呼,不欲遽散,历时逾五分钟。

余回家休卧,惫甚而不能成眠。圣南妹携其两女今日来京小住,将作十日之留。

六点至北京饭店,全体代表会餐,凡一百数十席。六点半,毛主席到,乐声欢呼声大作,盛况空前。七点五十分散,怀仁堂有晚会。

余以署中有晚会,则赶往署中。八点开始,余言今夕晚会为预祝国庆,今年之国庆,较之往年,意义尤为重大云云。赠锡剧团以锦旗。于是开始表演。首为《双推磨》,次则姚澄主演之《罗汉钱》。演罢已十一点半。至后台向团员致谢,团员欢甚。观者皆称满意,认为逾于预料。余觉锡剧与越剧同类,唱调较越剧为动听,音乐伴奏能助成效果,亦为可取。姚澄之唱清楚而有韵味,表演亦极自然,能达感情。唯锡剧之唱与越剧同,皆平平而下,无抑扬之致。此则限于吴语区之语言,系此二种剧种之先天之弱点也。

今夕除老母而外,全家均往观,在家庭生活中为未有之事。我家之熟友亦大多往观。

九月廿九日(星期三)

八点半,偕洛峰、灿然等十余人驰往西直门外,应苏联国际图书公司马卡洛夫之约,观苏联展览馆之文化馆,以书籍陈列于此馆也。展览馆将以下月二日开幕,进门为一大厅,文化馆在东首。书籍、绘画、工艺美术品、文化生活用品,皆分部陈列。书籍仅能观其外表,赏其门类之繁多,装帧之精美。余最赏其绘画之部门,展览者皆原作而非复制品,有若干幅皆为我人所熟知,今见其原作,自与观复制品有所不同。仅一文化馆,历两小时乃看毕。

十二时到家。至诚、姚澄来,询昨夕观众之观感,告以一致满意,皆大慰。

九月三十日(星期四)

上午未到署。午刻,偕墨至国际俱乐部,我署以国庆之名义,宴请外文出版社之外籍专家,及苏联国际图书公司之人员,为展览事宜来我国之出版行政人员。兼宴各出版社之负责人。与署内同人合计,凡百有余人。三点散,宾主尽欢。

六点后至怀仁堂,周总理召开庆祝国庆大会。外宾甚多,我辈人大代表皆坐于后座。七点过开会,来我国之各国代表团长皆与我高级人员同坐于主席台。周总理作简短之报告,次则各国代表团团长讲话,皆盛称我国人民革命之胜利,共产党之领导有力,我国在世界地位中之力量,解放台湾之全属正义,等等。明日传播于世界,其意义迥非寻常也。散会已逾十点。

十月（删去十九天）

十月四日（星期一）

晨至署中,杂看新到书志。十点后,灿然邀往古籍编辑室,共谈者为郭敬、曾次亮、叔明、晓先、调孚。先定今年可以付刊之选题,从商务、中华、世界各家之书存有纸型者而为选择,然后定明年之选题。旧书种类繁多,亦不能断定何者首要,何者次要,仅能就便印出,以供各界之需耳。

午后一点半到社中,芷芬为余言讨论明年选题计划、发稿计划之大要。两点开扩大社务会议,即讨论此两个计划。结论为再由各编辑室考虑修订,即作为通过。次谈如何保证此两个计划之执行,于选题计划为认真组稿,于出版计划为详定施工计划。五点二十分散。

看《译文》所载萧乾译斐尔丁之《大伟人魏尔德传》,随即在印本上校改其文句。

十月五日（星期二）

晨九点至文联会所。文联全国委员会自今日始开会三日,依章程办事也。周扬先讲话,大旨为一年来文艺各方面俱有成绩,唯推动创作颇嫌不够,次则言批评尚未能展开,因而收获不大。继之各协报告工作,计有作协、剧协、美协、音协四单位,阳翰笙则报告文联之工作。

下午开小组会,讨论各个报告,余未往。在署中续看萧乾所译小说,至五点而毕,所提意见亦有数十处,即将印本送与萧乾。

六点至北京饭店,中苏友好协会宴请苏联文化代表团。尚有歌舞晚会,十一点半乃散。余又大疲。

十月六日（星期三）

上午开署务会议。讨论第四季度之工作要项,归结为制定检查计划、作各项总结、作我署改制之各项有关工作。其次,杨赓报告宝文堂公私合营,为通俗出版社之附属单位之情形。其次,讨论我署为人大代表之诸人为全体同志作传达之办法,决定作三次报告,余任报告刘少奇宪法报告之要旨。

午后三点至文联参加小组讨论,余仅听之而已,无成熟之见可言。

夜间,至诚、姚澄来闲谈,他们定于后日南归。

十月七日（星期四）

上下午俱在文联参加全体大会,听诸人发言,或谈自己业务方面之问题,或就推动创作、展开批评为言。余与外间接触无多,闻之亦长知识。余则就教育出版社要求文艺界相助发言,限于时间,言之未畅。最后周扬作一小时有余之发言,大好。渠谓此次会中,大家同意于创作方面为自由竞赛,竞赛乃能逐步提高,产生社会主义现实主义之作品。批评方面则宜自由辩论,正反面互表意见,乃可以归于至当。过去批评太少,今后宜求其多,多则于创作有助,于读者界亦有助。最后言党与非党向系团结的,今后宜加强团结,共认文学艺术为共同之事业云云。周扬谈毕,三日之会告结束,至新侨饭店聚餐,八点归。

十月八日（星期五）

上午偕灿然至北京饭店访邓宝珊,谈叙一小时有余。

我署邀各出版社同志为座谈会,讨论书刊文学横行排版之事。我署欲推动此举。来者表赞成者居多,仅《人民文学》之编者不欲改。但望横排者越来越多,蔚成风气。

至诚、姚澄以今日动身,尝回来辞别,余未之见。圣南已购得车票,明日动身回沪。

十月九日（星期六）

上下午俱在署中预备报告之提纲。重将刘之宪法报告翻阅,欲作重点发挥,殊为不易。仅能就各章节述要旨,且未能毕事。

洛峰、戈茅劝余于下周末离京作休养旅行，愈之、克寒俱谈过。余从之，拟偕墨同往，至无锡、上海、杭州三地，为期或二十日，或一个月，视兴趣而定。

与邓宝珊约定，于下星期二中午小叙。今夕开绍酒一坛，糟香颇浓而酒味较淡。

十月十一日（星期一）

续作提纲，至下午三时写毕。甚不自满意，托克寒看看，请提示意见。

体本困惫，又兼伤风，意兴索然。五点回家，服阿斯匹林两颗，休卧一小时。起来饮绍酒，似觉稍舒。

十月十二日（星期二）

晨间克寒以提纲交还，所提意见不多。作书数封，所谈皆人家托看原稿之事。余无能亦无暇看原稿，只得转托其他出版社看之。

报纸送来，第一版载我国政府与苏联代表团十余日会谈之结果，发表两国政府联合公布之文件七种。此为世界性之重大事件。

中午至丰泽园宴邓宝珊，同座者振铎、空了、安亭、洛峰、戈茅、浩飞、灿然、彬然。菜不坏，大家尤赞余携往之绍酒。

两点半，仍返署中，就提纲稿略加补充。身体又不舒，头脑昏沉，遂回家休卧。墨为开汤头，服其第一煎，入眠后似微微出汗。

十月十三日（星期三）

上午在家休卧。午后一点，至北京饭店晤捷克广播工作人员三人，系作家协会所约，与贺宜同往。三人中二人为作家，其中一人治儿童文学，欲知我国儿童文学简况。我二人谈亦不能深刻。经三度迻译，华语由女译员译为俄语，捷克之一人又译为捷克语，殊不能畅言。坐三小时而出。

傍晚高祖文来，嘱修改宪法起草办公室同志所拟《宪法之全民讨论》一文。与至善、祖文修改之，草草而过，至九点而毕（中间饮酒约一小时）。计删去三分之一。余又表示此文章不痛不痒，能不发表为佳。

十月十四日（星期四）

上午开署务会议，讨论三个议程。一为王益、卜明二位往西北西南办交接工作之报告，一为明年出版事业之方针任务，一为新闻出版系统配纸之改革办法。至十二点半而议程未完，明日上午尚须继续开会。

两点半始作报告，据提纲讲说，至五点三刻毕，自觉发挥未畅，观听众表情似尚满意。用力作讲，发汗较多，身体似见松爽。

浩飞相告，拟买后日之车票，渠将与我们同行。

文学出版社重印余之短篇集，今日以校样送来，拟自校一过。余本不欲出，而雪峰、适夷屡言之，遂从其请。余以往所作短篇究竟如何，余亦不自知，中肯之评论似亦未见也。

十月十五日（星期五）

上午续开署务会议，讨论两个议程。一为关于重印古籍及近代著作之请示报告。实即古籍编辑室之方针任务。此室掌握方针任务，出版则由有关出版社分任之。诸人发言甚多，涉及标准问题、分工问题、发行问题，均极复杂。其次讨论书刊横行排印之通报。则意见一致，无多谈说。

二时到社中，全体同志为会，由余与安亭二人讲出席人代大会之感想。余谈二小时有余，自觉较昨日差，安亭谈一时许。

十月十六日（星期六）

至署中，修改关于推行横排书籍之通知。午间回家。

四点，克寒来访。渠言文委通知我署并入文化部，已可向全体同人宣布。余意仅宣布此点，同人情绪未免不安，不如先商量并入文化部后此局之大体机构如何，粗有计议乃为宣布。至于人事调整，可缓一步再宣布。克寒言渠意亦复如是，将于下星期开署务会议讨论之。又谈此局局长人选，洛峰、灿然二人以谁为宜。余言今后此局宜注意出版，自以灿然为宜，但在出版界之声望，洛峰较高，尚以洛峰为宜。克寒坐一小时而去。

晚饭罢，辞老母偕墨出门，全院之人送于门口。至车站即登车。余与墨住一双人房间，浩飞与凤祥另居一间。灿然、白文彬等来送行，情意可感。七点半后开车。

十一月（止于六日，删去四天）

十一月二日（星期二）

今日报载任命国务院内各部分人员及各部副职之名单。余列在教育部。自此即为决定矣。教部副职有七人，董、韦、林砺儒、柳湜、林汉达而外，尚有陈曾固为余所不识。

十一月六日（星期六）

醒来时车将到天津。九点三十六分到京，在站相候者有洛峰、戈茅、吴伯箫、白文彬、黄啸曾（教部办公室主任）五位。出站，与浩飞各自归，戏谓此次出外旅行，至此"胜利完成"矣。到家，知老母安好，为慰。

午后两点，董纯才来访，为余谈教育部之编制。并言知余于行政兴趣不多，不强余管部中之司，唯嘱主持教育出版社，此于余心稍慰。复谓下星期一将举行部长副部长碰头会，讨论分工问题云。

既而统战部副部长于毅夫来，谓任命余为教部工作，本当先来商量，以余出外，遂未及商量而先任命。今日知余回京，亟来访问，有无意见，尽可畅言。余实无意见，径答之。

二人去，即至署中，与克寒、灿然诸君晤。知改制筹备大略就绪。总署并入文化部，成立出版事业管理局，拟以洛峰为局长，灿然、应申、卜明、志澄为副局长。其他同志或在文化部之其他单位工作，或转入他部门，皆磋商妥帖，无大波折。

四点，开最末一次之署务会议，大家谈五年来之感想，今后之瞻望。五点半散。

旅 印 日 记

一九五六年

十二月（十八日始）

十二月十八日（星期二）

晨三时,余以炉火太旺而醒,起来加小煤块。墨以室内太暖而醒,遂不复能好睡。四点半,至诚起来,为墨温参汤进之。五点半,余辞墨出室,私祝于归来时渠佳适,未敢多语。墨则泪下,余冀其少泣即止。老母以说不明白,此次出门竟未之告,俟其问起,由我妹告知。六点五分离家,至善陪行。至社中,晓风候于门首,登车送余,车径驶西郊机场。

候机室中客已不少,各线飞机皆以早晨出发也。送我们者亦有一二十人。我代表团中增二人,一为女作家白朗,一为维吾尔族青年作家孜亚。抵昆明之包机以七点四十五分起飞。朝鲜三位作家与我团同载。向西南飞,经常高度为二千七百公尺,经太原而不停,十点四十五分抵西安降落,于机场进午餐。天气晴明,余升降无甚不舒,第觉鼓膜翁张有些不适耳。

十二点复起飞,旋即过秦岭,升高至三千三百公尺。两点过抵重庆,出至站中休息。吃川橘,甚大,一角买四枚,未能运销外地,故便宜若是。久别重庆,四望山与田亩,湿润笼雾,颇唤起当年之印象。但亦知若察其社会,观其建设,则进步不胜计矣。

两点三刻复起飞。于飞过川滇边界时,升高至三千七八百公尺。颠簸殊甚,如小舟在大海狂澜中,其声音气势俱肖似。同载者多数感不舒,欲呕吐,余居然尚好,亦出乎初料。五点十分抵昆明,视机中标示高度之表,犹为二千公尺稍弱,昆明高于黄山矣。

出机,迎者十数人。余仅识李广田,他人亦不便问询。广田在云大任校长也。在站中小坐休息,遂驱车入城,宿翠湖宾馆。此馆亦相当讲究,房间不少。余住四二六室。即书一短简寄至善,遥念墨甚,而书之殊简略。估计星期四或星期五可以投递到家。

十二月十九日(星期三)

晨六点起。八点至机场,相送者仍为昨日来迎之诸人。皮大衣、毛皮靴皆留于昆明,人民币亦然,于是我人身边皆不名一钱。为行李检点不仔细,多方查点,延至九点过乃起飞。初时亦有三千多公尺。有极短时间小有颠簸,以后大多为两千多公尺。十一点后抵曼德勒。一望皆绿,如我国北方之初秋景象。缅甸式之建筑与塔,往在图画中所见者,此处四望皆是。飞机加油,我人办护照验看手续,停一小时有余而复飞。三点过,抵仰光。在机中已觉热,脱去毛线衣,离机而汗出。

大使馆有人来迎,延我人憩于机场之餐馆,等候办理签证手续。日内周总理正在仰光受缅甸政府之隆重招待。仰光旅馆本不多,既有周总理一行人,又有我国之艺术代表团数十人,我人遂无屋可赁。磋商之后,决分处而住,大使馆、大使公馆、中国银行三处各住数人,在餐馆坐两小时乃离机场,至大使馆休息,晤姚仲明大使。余与老舍被指定住大使公馆,遂往洗脸更衣。途中望见大金塔,塔顶缀彩色电灯,据云终夜光明。

五点半(至此,钟点改晚一点半矣)再至大使馆。今日有盛会,周总理招待缅甸各界,缅之总统亦莅临。会于馆内园地上举行,彩纸灯夹道,高树缀以五色电灯,别有风味。入门时晤总理,总理谓我人此为远行。余即就座进冷饮,四顾宾客之众,殆无异北京饭店也。

此会中端菜送酒,皆由华侨男女学生任之,此亦保安之一道。据云凡大使馆动员学生,学生无不踊跃参加,此可见彼辈爱国心之强。

七点半招待会毕,晚会开始,始由我国艺术代表团表演。歌舞而外,并演《钟馗嫁妹》《卧虎沟》,表演皆中乘,无甚出色处。表演以九点半毕。小休时闻贺龙副总理言,印度之舞蹈、戏剧、服装,俱大有精彩,我国宜留意学习云云。

旋即返宿所。蚊虫甚多,触处皆是。余张蚊帐甚周,居然得入睡,未受侵扰。自参加晚会就睡,皆时时拭汗,入睡时盖绒毯一角于胸腹耳。

十二月二十日(星期四)

晨以四点半起,夜间醒数次,醒即复睡,熟睡总计当在五小时以上。闻同行诸君言,或以蚊扰,或以失眠,多数皆不如余也。

六点至大使馆,七点至机场,送周总理之行。总理今日访问巴基斯坦,于七点半莅机场。送行者极众,记者围绕总理问事。八点过,送行仪式毕,总理一行登机而去。

我人今日包印度之飞机,较大,有二十七座(我国之机为十八座),以十点过起飞。同乘者有朝鲜、越南、蒙古赴印度之代表,尚有危地马拉籍赴会之观察员夫妇,皆一路人也。

飞行以无表可看,不知几何高,甚觉平稳。飞于孟加拉湾上空,下望碧波如细鳞,晴光明耀,远处则白雾空濛,此景未前见也。

嗣见机上填发之临时报告,知是机不以公尺而以英尺计高,所填数目为六千五百英尺。

抵加尔各答,时为午后一点。此处时间,比仰光又延后一点,以仰光计,则为午后二点。仰光比昆明又延后一点半,故加尔各答之午后一点,在我国为午后三点半也。在机场之餐馆茶憩,我国领事馆有人来招呼。我国以史良为团长之妇女代表团在加尔各答参观数日,以此时乘机往新德里。彭子冈为此团团员,闻我人至,来匆匆一握手,即往登机起飞。

今日各国之飞机场,殆如公共汽车之中心站。一时数机并达,又顷之,即有数机次第起飞。空中交通宛同陆地,非亲见不能有此实感也。

我人以两点复起飞。所经皆平原,下瞰树木与土色,知其地之润泽。河流弯曲殊甚,如泥滩中之小沟道,不知泛滥之际是否将一片汪洋。

此次飞行最长,至六点半,始抵新德里。下机,德里市长首先来欢迎,其他欢迎者各以花环挂于我人之项。花环甚香。此风俗甚可爱。次则我国驻印大使潘自力相迎。憩于机场餐馆,印度、日本、缅甸之作家握手相见者颇有人,余皆不能记其名。

坐约一时许,乃驱车至旅馆。此旅馆颇华富,为政府之招待所。我团多数人住次一等之房间,亦简而精。进晚餐,用西菜,兼尝咖喱鸡饭,咖喱确好。餐毕回舍就睡,已十点过矣。

十二月廿一日(星期五)

晨六点过即起,以凉水洗脸刮胡子。旅馆常例,不通知要热水即仅有凉水,余初未之知,以为只有凉水。出室观旅馆周围,无凋零之树。高树开小红花,不知其名。余仅识丛植之美人蕉,花方有精神,绿亦浓绿。

九点半后,我团全体至甘地墓献花圈。先在上台阶时脱去皮鞋,以袜着地而行。白朗惜其丝袜,则赤足而行。甘地墓作方形,高起约二尺许,我团花圈即置其上。有一同大之花圈先在,不知何人所献。有一印度人贴着墓侧,念念有词,其声凄哀,如怀人生之大烦闷。最后声转高,长号一声,仆身于墓,不复动弹。此殆是虔诚之宗教感情也。

遂至大使馆,晤潘大使,与谈作家会议之情形。印度为原发起者,而发起之三作家即不相团结。此外印度作家甚多,大致分三派,一派为进步分子,一派为中间分子而右倾者,又一派为较恶劣者。中间分子以参加者多社会主义国家之人,心怀疑惧,甚或不欲是会开得好。较恶劣者则且设法捣乱。我团之意,则务欲开诚布公,表明无他。来参加此会,无非以文会友,加强团结,交流文化,巩固和平之意。定于今日下午由雁冰、周扬、老舍与印度发起人之两位分别接谈。于兄弟国家之代表,另由人告以我之态度,请审度其可否。余于此等事至生疏,不能赞一词,从旁听之而已。

回旅馆午餐毕,已两点过。昼眠未成眠。五点,偕白朗、任叔、孜亚赴全印妇女食品委员会之茶会。我团全体接请帖,我四人代表全体往。此会之宗旨,盖在改进食品,此亦妇女运动之一个项目,到会场听说明方知之。莅会者多数为印度之议员,及此次来印开会之各国作家。茶会开始时,则出种种点心,供客饱尝,味尚可口,甜品甜得厉害。坐不足一点钟即归。

生活秘书知余要热水浴,令侍者取来一大桶热水。余遂于洋铁盆中洗一马虎之澡,尚不觉寒冷。浴罢擦干,全身较浴前更温。八点进晚餐,又是西餐。一个多月不吃中国饭,亦是乏味之事。

寄至善一信于今日交出,不知何日可到。

十二月廿二日(星期六)

上午十点,我团往旁听全印作家协会之开会。凡此次来印之各国代表均被邀请。会场为新落成之建筑,明日全亚作家会议亦于此举行。座位前排低,后排高,作半圆形。桌椅俱极舒适。主席台亦落落大方。我以为比我国之怀仁堂与政协礼堂均胜。云以十点开会,而十点时场中人殊稀,至十点四十分,乃始开会。先为致欢迎词,致开幕词,其人名全皆弄不清楚。次之,按节目单,当由一人作一报告,题为《印度文化传统及其影响》。其人方至讲台侧,而场中发言者连续不止。主席台上之执行主席屡屡答辩,而会众之问难不息。翻译同志告余,他们所言,大致为今日此会之程序问题,作此报告之人何自推出之问题,参加亚洲作家会议之代表如何产生问题(明日将开会,而代表尚未举出,亦为奇事)。听发言者之语调,似皆意气激昂。杨朔、韩北屏二君谓印度人开会就是这样开法,他们自以为甚得意,此是西方式之民主也。我人听之乏味,遂先退出。

下午三点半,驱车至旧德里,参观红堡。红堡者,印度末一王朝莫卧儿朝之宫廷也。其宫墙全用红色石,故名。此宫全用石料,尤多大理石。雕镂之纹,多用花草图案,并镶嵌宝石(存者当然极少)。大殿便殿,并皆庄严。他则舞厅凉馆,均于地面作池或渠,引水其中,取凉增艳。又至浴室,以地皆白大理石,须脱鞋或加穿鞋衣而后入。浴池、凉床、妆台,琢磨雕镂,穷极工致。又有祈祷殿,未入观。最后入博览馆,皆藏此宫之遗物,王与后之服装镜奁皆备。余独欣赏宫中之大树。菩提树类四川之黄桷树。尚有一种树,叶狭长,色深绿,甚可爱。又有一种似合欢树而高,不知果是合欢树否。

观此王宫,乃觉我国之故宫不见如何华奢,此红堡乃为穷奢极欲之作品。此宫建于十七世纪。成此巨构,民必尽瘁,然艺术至高也。

乘便观旧德里市区。驰车而过,到眼纷纭,不能悉记。唯于此区颇见贫苦之人。司机导观一古董铺,中有一毯二枕,红绒为面。毯之四边绣花纹,嵌各色宝石,沿边则为金线流苏。铺中人谓此是百年以前之物。

回旅舍,招一理发匠来为余理发。技术甚劣,以轧剪轧光头,窥镜则见参差不齐。

今日团中发零用钱每人二十八罗比,于是囊中复有钱。据云一罗比合我国半元。虽有钱而用之亦甚难,语言不通,即为一难。

十二月廿三日(星期日)

今日下午接至善打来电报,殊为心慰。电系昨日所发,谓乃母平安,并未伤风。此盖指十七日之深夜,墨曾觉一鼻孔闭塞,且曾咳嗽数声,彼与余均惧其又染伤风。今知其未也,谅别后数日,必以常态度过。或因高丽参之力,稍进佳健,亦未可知。

余来此殊闲,而雁冰、老舍、周扬、杨朔、韩北屏诸位则殊繁忙。印度人不善处事,又不甚识大体,纳之于正轨,使知此会应如何充分协调,多方照顾,我团以上诸君皆尽力至多。昨夕今晨,于团长会议、秘书处会议中皆示人以大方之范,所表示之意见,能得多数之同意。似此会已渐就熨帖,不至一场无结果矣。

九点前,抵昨日上午所到之大会场,亚洲作家会议于此开幕。通知云会以九点开,实则延至九点三刻乃开。我中国代表团坐于最前排之右侧,盖依拉丁字母次第排列之故。首先一印人致欢迎词,次秘书处通读各地来之祝贺电。次一印人致开幕词,其词甚长,翻译同志简略译告,其意义尚不错,又次则各国代表团长与各国观察员致词,凡二十余人。十二点半散。

下午再往。云以两点一刻开会,延至将近三点。秘书处一人致词,言交流宜多事翻译。次则各团团长谈其国之文学情况,仅数人作讲,因至四点即休会。雁冰报告我国文学现况,其全文译为英文印发,今日仅简短叙述,由译员口译英语。

五点至市政府,德里市民欢迎我们与会者,于此为会。亦延迟二十分钟乃开会,大概准时开会之观念,尚未存于印人心中也。由市长致欢迎词。渠口说用印地语,观其英语之译稿,辞颇华赡。次之,又是各国代表团团长致辞。雁冰之一篇甚有诗意,由使馆中一人用印地语口译之,博得掌声不少,此稿盖王任叔执笔。会以六点半散,我人即驱车而归。

十二月廿四日(星期一)

上午九点到会,仍拖延四十分钟始开。场地易于二楼之小会场,虽较大会场小,而设备则一,坐其中弥舒适。苏联代表团以昨日到此,今日到会,大家鼓掌。有二印度老人被邀作演说,亦甚得欢迎。其一人酷似甘地,印度独立之后,渠曾任总督,今已退休。其言甚幽默,说英语音节动听。其意旨大致不错,强调此会为作家之会,不必涉及其他,或针对印度作家而言,或亦怀对于民主国家代表之疑惧。二老演说之外,又有苏联西蒙诺夫之演说。西蒙诺夫为欧洲之苏联人,故为观察员。苏联作家之代表,则皆苏联亚洲方面各加盟共和国人也。继之,则为各国代表报告其国之文学情况。午后一点休会。

午饭罢,会于雁冰之房间。商量二事,一为我团各人,应分别与各国代表联络,建立友谊;二为预作归计。据云按飞机之购票情况,全团离印始不可能。包机价特贵,且亦未必包得成,故必须乘仰光至昆明之班机。自印度至仰光则航机颇多,相当容易。自仰光至昆明,下月三日与十日为班期,我团拟分两批,乘此两班飞机归国。余当然在前一批,此为同人所同谅。据此,则二十八日会毕而后,在印仅有三日之留,不能多所游览;元旦即当飞仰光,候三日之班期。余自宜早归,今日此决定,超乎预料,为之私慰。

下午再至会场,轮及余作中国传统之补充发言。其稿亦余冠英所草,已译成英文。余念开头二小节,此后由翻译同志孟君读毕英文稿,为时十余分钟耳。四点又休息。又回寓,用茶。此云是英国人之风习,早晨用茶,下午亦用茶。而我人则自晨及晚,固无时不喝茶也。

新华社记者孔迈同志来访,嘱作短文略谈观感,电国内发表。余允思之,未敢谓必能成章也。

六点半再至会场,又是各国代表言其文学传统或现状。印度人发言者多,以印度语言繁复,一种语言即有其传统,故分别谈之。据云同为印人,不闻谈说,彼此亦鲜了解也。至八点休会。其时一印人就余谈,自云曾译余之短篇,自英语译为印地语云。

十二月廿五日（星期二）

上午十点，再至会场。今日之报告，系嘱"作家与自由""作家的事业"两个范围。老舍之报告由译员以英语念之，反应颇好。余听英语不甚了了，听译语前后不贯，枯坐而已。午后一点休会。两点再往，开大会一小时有余，遂分而为四个小会，分别开会。余与雁冰、余冠英、叶君健参加"亚洲传统"之小组。此会名曰座谈，实亦各说各的互不相干。以余名义印发之报告未能人人到手，有人要求再说，遂由译员摘要念之。共五人发言，至四点三刻休会，缘旁遮普俱乐部以五时邀全体代表为茶会也。

驱车而往。旁遮普为一省份名称。曩在上海当巡捕之锡克人即属此省。其地人豪放勇健，以首先抵抗英国人自豪。状貌亦威武，一部大胡子，极为美观。此所谓俱乐部，殆如我国之同乡会。招待我人者，大多包头浓髯。其跳舞之女郎，则大多穿鼻，戴金属或钻石之饰品。此在上海亦常见。茶毕，表演会开始。会场在露天，四围与上顶俱用花毯密护，如在大幕中。坐椅不足，印人即席地而坐于首排椅子之前。表演为男子或女子之舞蹈与歌唱。男舞有豪爽之感，女舞尽婀娜之致。至于歌声，虽似单调，细辨之亦有味，唯其味莫能名。观印人之神色，观如是表演，皆眉飞色舞，大约其造诣必相当高。会以八点散。

今夕我团宴巴基斯坦代表团于旅馆，联络感情。彼团共十余人，据云皆进步之作家。分别问询，互谈其文学工作，甚欢。十点始散。

寄至善之第二封信，今日发出。

十二月廿六日（星期三）

上午为大会，由若干印度人作报告。余未往，缘将偕雁冰拜访印度之教育部长。在家开始作文记此会，预备交与孔迈同志。下笔当然不甚爽利，得三四百字即止。十一点三刻，偕雁冰与我使馆之文化参赞及译员一人往。此处议会、总统府、政府各部聚集一起，建筑颇壮观，道路亦修洁。到教育部，入部长之办公室，与部长相见。部长为一老者，闻邃于学问。坐定，雁冰与说应酬话，外交辞令，其实说如未说。坐十五分钟辞出。据云此礼节上之访问，为之不为过，然我人既以代表名义参加民间集会，不之访问亦无妨也。

一点后我团宴请锡兰之代表团,联络感情。至两点半始散。

即驱车至会场,参加小组会。报名发言者类多自顾自说一通,或竟毫不切题,与所谓亚洲传统无甚关系。如此之会,殊感无聊。恐一般国际性之会议,亦大都如是耳。五点散,小组讨论或即此完毕,明日会议将闭幕矣。

有印度代表邀请之招待会,到会者朗诵诗篇,余未往。七点半越南使馆有招待会,我团去数人,余亦未往。晚餐毕室中独坐,颇觉静而适。

十二月廿七日(星期四)

上午"作家与自由"一小组讨论未毕,十一点开始,将此小组之讨论改为大会发言。余来往,在家续作昨文。午后一点,我团宴请缅甸代表团,联络感情。两点到会场,续开大会。"亚洲传统""作家及其事业""文化交流"三个小组提出讨论情形之报告,皆获通过。唯"作家与自由"一小组之报告颇有争论,余能略知其所争何在,不能详悉领会各人之所言。至三点三刻休会,会议不克闭幕,延至明日上午再开会。

四点到总统府,总统招待全体代表。总统从大厅中门出,客人立两旁,与客人行合十礼,或亦握手。此总统于照片上常见,以貌观之,大约为一忠厚长者。相见毕,总统入,客人用茶点。

此大厅极为华丽,屋顶皆有彩绘,华灯长垂,颇有古风。窗外俯瞰园地,则水池草地,界画整齐,为东方式,而树木皆修剪成半圆形或圆柱形,老舍云是法国式。此总统府原为英国驻印度之总督府,体制类王宫,亦殖民主义应有之办法也。

归旅馆小憩。五点半又赴印度文学会之招待会。此会如何性质,不甚清楚,殆是半官性之组织。屋舍亦华好。适间在总统府之大群人,一时又涌至。纷纷交谈,照相,吃茶点。周旋约一小时而归,余甚觉其惫。我国大使馆亦有招待会,并放映我团携来之影片。我不愿往矣。

续作短文毕,全篇二千字,即以《以文会友》为题,俟明日交与孔迈。

顷闻购飞机票不如初料之容易,下月三日之班机轮不到,将延至十日之一班。如是,在印势必多留一星期,可以略事游览。余只盼家中再来电报,告墨安好,则薄游数日,亦自佳。

十二月廿八日(星期五)

上午十点,大会,延至十点半始开。先由秘书处拟就一公告,甚冠冕堂皇,而殊无实义,听起来颇好听,会议获得全体通过。次之,各国代表团长就此会议之结果致辞。埃及之代表近日方到,于其登台致辞时,全体起立鼓掌,可见对于埃及之支持,实为人同此心。最后由今日之主席雁冰致闭幕辞,于是此会结束。

继之,即开世界作家圆桌会议。各国代表团团长与来从各洲之观察员为与会代表,其他之人列席。名曰"圆桌"而并非围坐,仍是此一会场也。一意大利人为主席,其人致辞而后,请各国代表发言。有一澳洲黑人作家登台时,全体复起立鼓掌。此深可感动,余几欲泪下。雁冰亦发言。至一点休会。下午仍须开会,余与多数同人即不复往。

午餐时,我团宴请组织此亚洲作家会议之印度朋友,到四人,中有阿诺德与哥玛尔。二人皆常到我国,阿为进步作家,哥为不左不右之人。阿以英文写东西,哥则用印地文。哥为甘地主义者,服装简朴,素食。

餐毕,昼寝约一小时,多日未昼寝矣。四点半,至苏联使馆,应其招待会。所有代表均到,谈叙,用茶点。六点半,我国大使馆复有招待会,又是此一套。余甚感不惯,且疲累。放映歌舞纪录片,尚可观,回寓已八点半。

十二月廿九日(星期六)

今日又甚欣慰,接至善之第二个电报,云母安。

晨间早餐时有我国来印留学之八九学生来。彼辈大多在其他城市入大学,今放年假,例须到德里来,寓于大使馆,如出嫁女儿之返娘家。闻我团来此,切盼一晤。早餐后,余与任叔邀诸同学共谈。彼等来印度学语言与文学,数人学印地文,数人学乌尔都文。据云欲求相当有成,期以四年。谈文学,谈翻译,意兴颇好。由二位同学陪余与任叔,冠英入市买零物,观市场。余购某一画家之印度风格之画集一巨册,彩色纱头巾数方,檀香雕小象两只。从团中借得二百罗比,不敢多买东西也。

卖小象之一家专售美术工艺品,店员导观一室。其中陈列屏风一叠,双人椅一,单人椅四,皆象牙细雕,匀净光洁,无可描状。据云此出于父子二人之手,历二十五年而成,又云,能有此造诣者,雕刻此作品之印人而外,世界上尚有一中国人。渠未言此中国人在何处,姓甚名谁也。

午后一点半,旅馆之女经理作东,特治旁遮普餐邀我团与苏联代表团共尝。两团各赠以礼物,旁遮普餐喝酸牛奶,吃烘饼,菜皆如泥如酱,女经理自言此是乡间风味也。女经理且为文学爱好者,席间诵一诗,我人虽不懂,亦赏其人之风趣。

两点半驱车至会场。盖以印度之副总统与尼赫鲁总理均将到会演说,故我人须往列席。二人先后至,先后演说,全体皆起立鼓掌。演说辞均抽象之词,不着边际,以尼赫鲁之言较有意义。圆桌会议将续开,我人先归。

倦甚,小睡约半小时。起来写信寄至善,此为来印后之第三封信。信中云,希望乃母之病痛随一九五六年而去,一九五七年为复健之年头。深冀克如所祝。

七点半,至大使馆,潘大使夫妇请我团吃本国饭。来印而后,非西餐即印度饭,本国饭此为第一次。且余不饮连十日,亦难得之事,今夕饮白兰地、茅台、葡萄酒各一小杯,聊以解渴。

归旅馆后,女经理请我人看电影。皆纪录片,有某地寺庙之石刻,有某地之乡村风习,有落后地区之开化,最后则为国庆日之阅兵与游行。一般言之,印度影片摄影技术胜于我国,配合之音乐亦有印度味,看毕已十一点。

今日出外买东西,物价之外,须加一笔税款,此为初所未知。画册则无税,殆是优待文化商品之意。

十二月三十日(星期日)

上午九点半,全体驱车往 Agra。其地距德里一百二十五英里,有泰妃陵可看,为世界七奇迹之一。一路多大树夹道,接叶交柯。所过村落不少,大致与我国村落相似,耕种技术似颇差,松土皆随意为之,不甚得劲。水牛成群放牧,询之,知村人皆饮牛奶,此牛非力耕之助。然其牛颇瘦,恐产奶不多。有数处满地小黄花,余以为是菜花,未知然否。

抵 Agra 亦可坐火车,公路与铁路并行,而或在其左,或在其右,因而汽车时时跨过轨道。

午后一点抵 Agra。其地为游览区。旅馆不少。我人入一旅馆,有丛树草地,相当宏伟。今日为星期日,此时为旅行季节,游人集于门前茶座者甚众。午餐毕小睡,余与萧三一室。

二点半往泰妃陵。此妃为莫卧儿王朝某王之妃(此王名沙加汗,卒于一六六六年),妃先死,王为营此墓,其宫相距不远,云有一望陵台,每日登之,眺望妃墓,及其卒后,亦葬于此。同人中有人戏谓此皇是钟情帝王,类我国唐明皇也。

此陵纯用白大理石建筑,用回教形式。作方形,四面完全相同。顶上耸起,如冠冕。四角有圆柱形之高塔。雕镂之工,琢磨之精,不可言状。入之,中心有长方形匣状物二,低者为妃墓,高者为王墓。又有阶梯入下一层,则又有相似之二墓。云上层为疑冢,下层乃真冢,帝王之心思往往如是,亦可笑也。

此一纯白石之建筑,远望之如最精工之象牙细雕美术品,大可赞叹。韩北屏谓月夜来尤佳。届时线条已模糊,背景之云天亦不复明亮,此白色建筑前,时有一二长纱披拂之印度妇女身影徐徐移动,乃觉如在梦境中。

回旅馆,憩于茶座。与老舍、萧三共饮啤酒。入暮,鸟声甚繁。老舍谓此皆鹦鹉,望之果皆绿羽。鹦鹉几如我国之麻雀,出乎初料。因思佛经所称伽陵频伽,殆即指此类鸟也。

行于旅馆附近,入一照相馆,选购泰妃陵之照片。及付钱,而余夹中之一百二十一个罗比已无存,立即醒悟为失窃。我人昼睡之时,余悬衣于钩上,皮夹即在衣袋中。其时旅馆侍者来送浴巾,并移皮鞋于浴室门前,钱即于此时窃去。我人以不设防之心理来此,宜吃此亏,印度社会秩序固并不佳也。幸昨日冠英借余三十罗比,知余失钱即还余,余乃不致不名一文。

七点后,唤一印人来玩魔术。皆小戏法,而手脚干净,其理多想不通。一一记之,大非容易,只好不记。

十二月卅一日(星期一)

晨醒甚早,听鹦鹉喧噪出林。起来时觉头晕,有站不起来之感,殆是疲倦之故。

九点驱车出游，行不久即到一故宫，盖即昨日所参观之泰妃庙之修建者之行宫。此宫一部分用红石，一部分用大理石。因观察而知印度此处之建筑，多用红石，至今犹然，其石甚坚实。大理石有粗有细，其致密者光润如玉。既用石材，即不能有可以开闭之窗牖。凡窗牖皆雕极工细之图案，以通光与空气。此宫大理石之部分，大部镶嵌宝石。

观其所谓望陵台，设想晨光夕照之时，月色明耀之夜，此王居此，望其后之陵墓，必将哀感百端矣。柱上镶嵌之宝石中有一小镜，如两角银币大小，窥之则泰妃陵全部在其中。此殆是当时匠人持以悦其王者。然此王固多嫔妃，同样之房间栉比而列，云每室居一妃。今其中开设各色小铺，出售纪念品。同人皆随购数事。大致较好者价贵，便宜者品质不佳。而游览之所，例须敲竹杠，固不必计较吃亏与否。十二点归旅馆。

观弄蛇。此在电影中常见，观其真为初次。印人呜呜吹其下端膨大之管，两尾大头蛇直伸其颈，略作袅动之势，即为闻乐而舞。其人又出示粗于人臂之蟒蛇，小型而含毒之蛇。又令黄鼠狼与蛇斗。黄鼠狼殊无斗意，经其人促迫再四，乃衔蛇首不放。蛇则卷其身欲困其敌。结果黄鼠狼松其口，蛇首被伤，血徐徐渗出。至此，表演毕，其人索酬。

余迁一房间，独居，较小而舒适。午饭后小睡片时，又驱车而出。行约一小时，至另一故宫。此宫为建筑德里红堡之王所建。云先建此宫，而供水不便，遂于德里建红堡，此宫即不之用。此宫外围已废坏，留者其中心之部分。其中多层台，台上又有台，逐层缩小。有露天表演歌舞之台，围以水池。王与观者则居其旁之廊榭。又有露天棋盘，据云当时以宫女为棋子。而王与后之寝宫，则皆作方形，殊觉狭窄。

回旅馆已日暮。进晚餐尚早，共议至 Agra 市内看电影。相距半英里，徒步而往。影院并不大，尚整洁，胜于北京最好之影院。我人买头等票，将近三罗比，等于我国钱一元三四角，其贵殊甚。场中观者至少，上座殆不足十分之二。如此价钱，自非多数市民所能享受。我人初恐买不到票，又恐买票须排队久候，不知大谬不然。所映为宽银幕片。宽银幕横阔，面积大。在他国已习见，我国尚无之，余此次为初见。正片为美国米高梅公司出品，曰《情网》，完全胡闹，趣味低劣。久不看美国片，不知至今而更糟。而彼国以此欺弄人民，争夺各国市场，诚为资本主义之一支柱。影片之制片技术则甚好，彩色鲜明而柔和。以此好技术，摄此种无聊作品，亦为先进技术之浪费。易言之，若思想内容终将如是，又何需所谓先进技术乎。

回旅馆晚餐，以今夕为除夕，自加酒类。余饮不知名之洋酒两种各一杯，并饮啤酒。

一九五六年乃在 Agra 送之，诚非始料。就睡已十一时，遥念家中，不知何如。

一九五七年

一月（止于十日）

一月一日（星期二）

晨以六时起，洗澡。今年第一事也。八点半离 Agra。行未久，至阿克白(Akbar)陵，入而观之。阿克白为沙加汗之祖。其墓之建筑甚高，分两层。上层四角耸起四高亭如塔，此是回教建筑之通则。余惧升降，未观上一层，同人登之者，言上层之墓为假墓，下层乃真墓。余乃猜想，或者是体制如此，未必与我国所谓疑冢同其意义。余观下层之墓。自高而宽之隧道入，地稍稍向下倾斜。入于正屋，则正中一长方形匣状之墓，白石为之，镂刻精工。屋顶为穹形，仰之弥高。我国古代帝王陵墓几乎无不被发掘盗窃，而我人在印观两处陵墓，未闻有是言。以其时代较近欤，抑宗教信仰有以制之欤。正墓两侧各有五巨间，葬阿克白之家属。营葬既毕，则于前面障白石细雕之门。十间仅三间有墓葬耳。

此墓附近林中多长尾猿。有人携玉米干果之类，供客饷猿，借取报酬。其人数声呼哨，则致长尾猿大小二十余头。手持食品喂之，猿则一手捉住人手，一手急遽取食品纳于口，取尽乃释手。

印度各处多猿猴,城市之中,屋顶电杆,亦时见攀援上下。有人至谓印度粮食不足,为猿猴所耗损亦为一因。然印人和善,与鸟兽和平共处,初不欲摈斥猿猴也。

十二点半回新德里原住之旅馆。饭后思睡,而冠英相邀,偕叶君健、余宝驹出游街市。观旧德里,行人拥挤,店铺招徕,弥觉其烦乱。新德里之市场则整齐得多,环绕一圆形大草坪,行人道宽广。既而司机倡议观高塔,从之。行驶约一刻钟而至其处。

此高塔不知几何高,直觉言之,似比我苏州之北寺塔西安之大雁塔高。全以石砌。凡五层,下一层最高,以上数层递减其高度,平面积亦递减。下三层均砌成半圆柱形与直角形轮次环列之形式。底下一层仅有从入之门,无窗牖。石上有图案之外,并有文字,大约是印地文或阿拉伯文。后来杨朔告我,其文之意义为"能在地上为上帝建造天堂者,上帝为之建造天堂于天上"。我等从门口入,知其石梯旋转而上。暗黑,又惮疲困,未之登。然登之者固大有人。仰望第五层之顶,有许多人凭铁栏而下望。此铁栏自是后加,不知当初如何结顶也。高塔之外,复有石构殿堂,或仅存基础,或尚完好,或半圮,余往于图片中见雅典神庙之古墟,今游此地,似乎相仿。塔中有说明牌,云建自一二〇二年。此殿与塔,据云是诵经之所。今其周围布置草地花园,供市民游憩。游人甚不少(上文所记塔之构造不确。细观照片,乃知底下一层则为半圆柱形与直角形间次环列。第二层则周围均砌成半圆柱形,第三层周围均砌成直角形)。

晚七点,我人应《新世纪》记者之邀,赴其招待会。闲谈,进晚餐。设餐甚丰,劝食殷勤,并设酒。食后观民间舞蹈之纪录片。十点散归。

一月二日(星期三)

昨夜闻雨声,来印后尚为初次。今晨复下一阵,不大。既而晴光明耀,静昼如三春佳日。

今日同人自由行动,上午余未外出,向白朗借得《印度古佛国游记》观之。此书为华侨李俊承(闽人)所作,商务出版,记其一九三九年到印度参拜鹿野苑之行。此人为佛教徒,多谈佛迹,然亦略有可观。

下午四点后,偕白朗、冠英、杨朔、蒙古同志出游市肆。余购牛角雕之虎与鹤,尚可爱。

七点,印度驻我国大使尼赫鲁来访雁冰、老舍、周扬与余四人。渠既返国在京,宜有此交际上之访问。谈约半小时而去。

晚饭后,在白朗室内闲谈,冠英同坐。多谈及疾病之痛苦,九点半各归其室。明日多数同人将乘火车往加尔各答矣,中途将游鹿野苑,大约于六日与乘飞机往者在加尔各答会集。

今夕接至善第三个电报,报告乃母安好。余方遥念,得之聊可自慰。电以上午发,当日到。

一月三日(星期四)

早晨,多数同人启程赴车站,送之于汽车旁,约六日会于加尔各答。留者七人。余与雁冰、老舍及潘景怡以明晨乘飞机往加尔各答。杨朔、萧三与译员潘同文则将于一星期后赴开罗。此是在此间开各国团结会议商量出来之一事。埃及抗侵略取得胜利,英法军队退出,于是苏、中、朝、日、印之和平运动工作者共议派人往作友好访问,借表祝贺之意。各国之代表均以赴作家会议之代表任云。

与老舍闲谈。观买来之关于德里与阿格拉之导游手册,英文,不甚了了。

发一电与至善,告以八日可抵仰光,希望在仰光接其第四个电报。

十二时,偕雁冰、老舍至我使馆文化处之办公处所。略翻前一周之《人民日报》。观其处之园圃,有自种之白菜。据云自食之外,且以赠印人,印人皆称赏之。又闻我国驻各国使馆往往自磨豆子,制豆腐食之。文化参赞林林同志赠我人以小礼物,余得锡兰制之木盒一具。

一点半,我人即在文化处宴请印度哥玛尔君。吃中国菜,且饮白兰地,称意适口。哥玛尔素食,殆是甘地主义者,特制素菜以飨之。饭后闲谈。送哥玛尔归其居,见其子女与友人。此君于其处营一出版社,如我国抗战期间出版社之简陋。共照一相片,赠我人一大堆著作(皆印地文)而别。

回旅馆已四点,倦而就睡,但未得沉酣。晚饭后早睡。

一月四日（星期五）

晨五点半起，六点半离旅馆。萧三亦加入我人之小组，同行者遂有五人。渠往开罗在十日之后，自可一游加尔各答。在机场送行者，潘大使及使馆中人，又有阿诺德及其友人。

飞机本云七点半开，不知何故，延至八点卅五分方开。此为印度公司之飞机，大型，四个推动机。座位共十排，每排五座，唯后两排左侧为开门之处，各少两座，全机有客座四十六座。起飞之后，觉其平稳不震动，胜于来时所乘之诸机。

在机中欲睡不睡，历四小时稍不足，而抵加尔各答。在机场相迎者有我国之领事，据云姓刘。导至 GRAND HOTEL 寄宿。此旅馆规模颇大，一切陈设相当讲究。加尔各答气候比德里暖得多，经行市中时，觉如北京之初夏。到旅馆遂脱去两件毛线衣。据云三月以后，温度即在华氏一百度以上矣。

进餐后就睡，然亦未成眠。起而独坐，虽舒适，殊无聊。六点与同人出观电影，楼上要价比 Agra 更贵，连税款每张三罗比九安那，折合我国之钱，将近两元矣。电影亦为宽银幕彩色片，为马戏演员之三角恋爱故事。故事无意义，亦复可消遣。晚餐时晤苏联代表团全体人员。彼等已游孟买，今日抵此。

夜睡未得沉酣。其一，通风器虽已关上，仍有声如流水。其二，软垫甚厚，上盖一绒毯犹嫌其热。

一月五日（星期六）

早餐后偕雁冰逛街。即在近处。渠购玩具，能行走之象与熊，皆日本所制。

十点参观博物院。此院甚大，收藏颇丰。我人仅观其石刻，古器物，印度画幅之部分（印度古画亦不甚古，多十五世纪以后物。皆小幅，工笔，宫廷画家之作为多。据云画人物画鸟兽画花边各有专人，一幅往往由数人合成之）。又观其美术展览会，油画与水彩皆不坏。亦有未来派、象征派之类。

午饭后略入睡。三点驱车游植物园。经过胡利河大桥，此桥用铁架，下无桥柱。车行廿五分钟而达。此植物园在印度为最大。多高树少见花朵，殆以时方冬季故。有一大榕树，其本株已无有，而其支株蔚为大林。气根下垂，凡触及地面,即伸根入地,如立一支柱而撑其枝。据说明牌言,此大榕寿命二百多年耳。入一大屋,以铁丝为墙与屋顶,令藤蔓植物爬满之。中植各类之棕榈。园中有曲沼,亦有游船,但甚少,我人仅见载游人之两艘而已。我北海公园与之比,则为洋洋大观矣。

休息于冷饮店。初尝椰子汁。嫩椰子削去其顶,用吸管吸之。其味尚可,不甚甜。

游此园以汽车,亦太匆匆。若作竟日游,随处席地而坐,当多乐趣。

回旅馆,游于市街。行人多,感觉其杂乱,如上海、如香港。乞丐到处而有。身上钢笔衣袋,随时须留意,实为无聊。无事可为,又买票看电影。所进之影院建设讲究,座位多。片名《山》,故事尚可。摄高山岩崖,以及雪山云海,甚可爱。

抵仰光之飞机票已订齐,八日可全体飞仰光。自仰光至昆明,则分九日与十一日两批。余切念家中,抵昆明后拟先归,不欲在昆明、重庆逗留。

一月六日(星期日)

上午九点游动物园,行约十分钟而达。林树沟池,颇近自然。动物有河马,为向所未见。其状丑陋,头大而目小,殊不相称。人以干草引之,则张口而待。其口腔肉至厚,使人起异感。鹤类孔雀类甚多,白孔雀最可爱,其洁白真有“欲仙”之感。

遇青年华侨四人,来相问询。接谈后知二人为中学教师,一人为报馆记者,一人为国内派来留学于热带病院之医学毕业生。陪同游观,并谈加城侨胞情形。此地华侨大多业商。工业方面则制革制皮鞋。无特别巨富,生活尚过得去。侨胞有中学一所,小学五所,皆自办,不受印度教育部门管理。学医者在此研究几种疾病,疟疾,橡皮腿,麻风。据云我国麻风症多在沿海,自山东至于广东,蔓延地区成一曲尺形。又云,印度有一亿人口患麻风。余询印度人口三亿,麻风患者何至多达三分之一。渠言谈者皆如是说,似近夸张,又谓患者以轻性居多云。

总领事携其家属僚友来,遂同茗坐,照相数四。

十一点归旅舍,则乘火车之一批同人已到。据谈两日游观,颇开眼界。入印度教之寺,其教除几个神而外,尚有原始之生殖器崇拜。石刻有男女交接之像,表现各种姿势。观展间教徒浴于恒河,作祈祷。又观火葬。尸体烧将半,亲属则击破其脑壳,令灵魂升天。环于尸体之花环,牛则食之。尸体既化灰,则弃之于恒河。有四种人不火化,麻风患者,天花患者,修行者,幼孩。此四种人死,则系石于尸,沉诸恒河。系石之绳断,尸体有上浮于河面者。晨浴祈祷之人见之,略推之使远,不以为意也。总之,在恒河旁所见,全是宗教气氛,不履其地,殊难悬想也。

午饭前后俱小睡,俱未睡熟。老舍、雁冰谈起,情形正同。我人年岁相仿,精力俱不济,稍受疲累,即至于此。

四点,全体同人应此间作家之邀,会于某资本家之家中。印人有二十余人,不能记其姓名。草地露坐,闲谈,进茶点,应酬一时许而归。

同人又相告,彼等所游恒河旁之一城,人口五十万,只三万信伊斯兰教,此外皆信印度教。印度教主要之神有三,创造之神,毁灭之神,保护之神。同教之人,各信各的神。其俗于眉间鼻上涂黄色红色,所画纹样互异,即表示其所奉何神。或则谓所云信奉何神者,意即偏重于某一神,然决不排斥他神。每晨必浴于恒河者,意在洗去一切罪恶。彼以为恒河乃圣河,洁净无比,可以掬而饮之。而科学家亦曾化验,结论云恒河之水确无甚细菌。老舍戏谓此殆是印度教之科学家也。

今日在动物园尝见二巨龟,其大如我国承碑石之赑屃。我人常见之龟,背部之壳与胸腹部之壳于体两侧相连。此巨龟则不然,背部之壳如覆于体上,大抵胸腹之壳自成一块,其四足粗如人之臂,徐徐举步,从容不迫。其头相形见小,翘起而望。不知此二巨龟年几何矣。

一月七日(星期一)

早餐后与老舍闲坐闲谈。雁冰、萧三、余宝驹出游市肆,从之。市中携筐而候者甚众,见我人购物,即欲代为携带,冀取薄酬。而店铺招徕亦颇凶,不惮言说。又有贫苦青年,伸手乞讨,贴近余身,一手欲攫余袋中之钢笔。而余早有备,未受其扰。前日老舍亦复遇之,亦未受损。此次旅行中,不记何人尝为余言,身居印度,即觉一般人为钱而奋斗,其紧张其不顾一切,皆达高度。我人处新社会虽仅数年耳,已颇不能适应此纷扰混乱之旧社会矣。

购物多数可以还价,令人时有吃亏与便宜之计较,亦复为我人所不惯。

午餐后小睡。醒后仍复在室中打瞌睡,消磨时光。无可为,无可阅览,殊为无聊。晚餐后偕余宝驹再至市肆,花去最后之三十罗比,购象牙卷烟盒二,可以送人。同人身边之钱皆已于下午花去,余未得结伴外出,故独后。

回旅馆仍复枯坐候时刻,至十一点乃搬运行李,以车驰往飞机场。我国访印之妇女代表团以今日返抵加城,亦住此旅馆,将与我团同载至仰光。

一月八日(星期二)

此次我人所乘为英国 B.O.A.C 公司之飞机,此公司之航线遍及各洲。机甚巨,号为"空中霸王",有五十余座位。机身大如一节火车。机以晨一点廿分开。自窗际外窥,仅见天空之星,地面与孟加拉湾皆无所见。今日是阴历初八或初九,月已西沉,若在月正当空之夕,不知光景如何。飞行时灯光改为暗弱,便客入睡。然余仅得朦胧而已。此机甚快,出乎初料,航行仅两小时四十五分(手表上短长针指四点零五分)即降落于仰光机场。仰光时间应提早一点钟,故为五点零五分,天犹未明也。此次升降之时,殊不觉耳中鼓膜作响,耳根胀痛,据云是机中有调节空气之设备故。

姚大使与使馆同人相迎。在机场茶座休息约半小时,即驱车至柬埔寨旅馆。余即休卧,但未成熟睡。午饭后汗出不休,室外如盛夏,只得仍复闭门休卧,居然入睡约二小时。到五点光景方有凉风,遂至凉台,与同人闲谈。明日飞昆明之票只有三张,犹是大使馆所特别调剂。同人知余归心急,共谓余必以明日行。其外二人则雁冰与蒙古同志也。

余嘱至善以今日来一电,致大使馆,而今日无之,不禁焦急,时时弗克释念。

此旅馆之房屋原为一华侨所建,仿柬埔寨宫殿之式,名之曰柬埔寨宫。后售与缅甸政府,改为旅馆,寓居他们所聘之外国专家,而仍以柬埔寨名之。其建筑甚高大,所用木材皆上选,雕绘亦工,而不免俗气。我国侨胞之趣味往往如是。

全体同人共坐,商量作参加此次亚洲作家会议之总结。先随谈一阵,归北京后再开一次会,然后写定。晚餐之后继续漫谈,大家发言,至十点而毕。与明晨不动身之诸同人为别,他们在此多留两日,将以十一日飞昆明。洗澡毕已十一点半。为少数蚊虫所扰,起块数处,成睡在十二点以后。

一月九日(星期三)

五点即起。君健来告,缘缅甸吴努将于今日接待我团同人,雁冰以团长,且与吴努熟识,不得不去,遂改周扬与余先行。而蒙古同志亦将缓日成行。六点,姚大使夫妇以车来,送我二人至机场。我国妇女代表团全体与我人同机归。缅甸妇女界送行者颇有人。

使馆人员交余至善发来之第四电,云母安,心为稍慰。云昨夜电到已甚晏,故以今晨交余。

今日所乘为我国飞机,十八座(我国飞机苏联制,皆十八座)。机以七点五十分起飞,在曼德勒停约二十分,午后两点抵昆明。七点五十分为缅甸时间,午后两点为我国时间,相差一点半钟,实际飞行时间共四点有余也。虽是小机,而余耳膜之作响亦复甚稀,耳根亦不觉胀痛。或者飞行数次,已习惯矣。

来迎者仍为前此送行之诸君。询明日有无飞北京之机,答云有之。副站长言可致一票。余大慰,明日即可到家矣。仍宿翠湖宾馆。诸君好意,俱言以前未游昆明,此次宜留数日。余言诚有此心,然心念家中,急欲返视,游览只得俟诸异日矣。

作家协会送来家中一电一信。电系三日所发,亦言"母安"。至善接余在印所寄信,以为或早归,故致昆明一电相慰。信系至诚二日所书。一年来余之日记多记墨之病况,此三周出国,缺于记载。因录至诚之信,聊存大概。"母亲的身体这两个礼拜没有多少变化。十二月十八、十九两日曾有微热,吃了几颗绿霉素就退了,以后一直很正常。睡眠仅仅有一夜,因为腹胀,没有落晄,其余的日子都还睡得不错。每夜醒一次或二次,解小溲,喝开水,吃参汤。饭量和您走的时候相仿,除鸡汤、牛肉汁外,吃一些粥和面条。有几天,母亲想吃广东馒头,谁知吃了以后胀气,听了郭大夫的话不再吃了。章、徐二位大夫来过三回,说脉象还不错。这两天，除去有些腹胀外，没有别的问题。前天年夜，昨天元旦，来客比较多，母亲也颇有精神。今天就安静了。"

独游翠湖公园。其结构琐碎，湖面不宽广。腊梅已过。梅花不多，仅数树，盛开。茶花亦盛，朵大，株高，大概只是普通品种，其名贵品种可惜未得见。柳已吐青，杜鹃亦开。此地皆红沙土，种花卉至相宜。

中苏友协邀请苏联文化代表团来我国访问。代表团先到北京，留若干日，次至重庆，今日来昆明，亦寓翠湖宾馆。七点，昆明中苏友协宴之，邀周扬与余作陪。代表团约十人，以凯洛夫为首。此为教育家，其所著《教育学》，我国教育工作者奉为圭臬。又有文学家卡达耶夫，其所著《团的儿子》《时间前进呀！》为我国文艺界与青年所熟习。又有艾德林，专事研究我国文学，非第现代著作，古典文学亦复有素养，且能说汉语。此外诸人，虽传告者言其名，余不能记忆。相见之后，客人颇有话讲，余仅能略为肆应耳。吃中国菜，凡三席。中苏友协主持人致欢迎辞，念现成草稿，译员翻译，索然无味。凯洛夫致答，随便发挥，意味深长，且有文学趣味。周扬亦致辞，略谈作家会议情形，兼及中苏团结，总算稍补主人说辞公式化之缺陷。席散后艾德林来我室，赠余其所著关于中国现代文学之著作一册，且约回北京归国之前，相晤一谈，谈如何研究陶渊明。苏人一见如故，且善于表达其感情，我人弗逮也。

整理行箧毕就睡，已十一点过。

一月十日（星期四）

昨夜少睡即醒，为恐误早起故。四点半即起。既而昆明作协秘书长王松同志来，陪余驰往机场。机以七点四十分起飞。至重庆而浓雾笼地面。在重庆机场买川橘三十枚，此是飞机上准许携带之限度。离重庆而晴明。既而白云平铺，绝无波涛之状，承日光一片明亮。将抵西安，又复浓雾弥空。在西安进午餐。一点廿分复起飞。四点十分抵北京。下机后，即见安亭、刘子余、晓风、至善在站相迎。辛、刘二位特来迎，盛意可感。急询至善，答谓其母近日尚安善，为之心慰。驰归，晤墨，觉其与上月十八日相较，似乎精神差胜，面色亦较好。即往见老母，知日来安好，唯其言语前后无序，似益加甚。

详谈而后,乃知墨转佳为近日事,八日尚觉腹胀无可奈何。章、徐二位第言此是气胀而非水胀,亦不知究为何因。至诚为购一玻璃制之大型注射器,以甘油加水,注入肠中。原意在略通大便,俾腹中稍舒。不意经此一灌,果然排出粪便甚多,当夜即得安睡。今日食欲颇增。余又觉墨有一进境,即以前腹中硬处时觉疼痛,今其痛渐轻,有时竟不之觉。又,余离家之时,几乎无时可停按摩,今则唯两腿颇欲按摩或敲打,但停止亦复可耐。又,食量视前有增。此皆可喜之现象也。

全家人观余携归之小玩意儿。晚饭时余饮为别兼旬之绍酒。墨就睡视前容易,余又为之窃喜。

附录：

《旅印日记》按语
叶至善

《散文世界》问我，我父亲留下什么未曾发表的散文没有。我回答说，现在没找到，大概没有；如果一定要刊登我父亲的遗作，只好抄一段日记。说定以后，我选了父亲去印度参加亚洲作家会议的一段日记，让儿子三午、儿媳兀真两个抄了下来，近两万字，看来只好分期连载了。

这段日记自父亲离开北京开始，到返回北京为止，前后二十四天。母亲那时病得很重，父亲在日记中随处记下了忡忡不安的心情。母亲患的是癌症，五四年六月动过手术，割除了病灶；五五年秋复发，五六年三月再动手术，癌症已扩散，无法再割除。这无异于宣判死刑。医院和家属相约，编了些谎话瞒住病人。看来母亲也猜到了自己的病，只是不说穿罢了；要不然，她不会把照料祖母的事嘱咐给我姑母，照料父亲的事嘱咐给满子的。死刑已经判定，大家互不说穿，都盼着缓刑期尽可能延长。母亲承受着病痛折磨，家里人除了祖母（祖母老得糊涂了），都愁得不得了，尤其是父亲。

那年十二月，作协要组织一个代表团，去印度参加亚洲作家会议，问我父亲愿不愿去。我们都怂恿父亲去：他这样日夜犯愁，我们看着都不忍，让他离开二十来天，同行的又大多是熟人，也好稍稍摆脱点儿；看母亲的病况，暂时还不会出事。母亲也怂恿父亲去，看来跟我们一个想法。父亲对生活上的事一向不大有主见，母亲和我们都这样劝他，他勉强答应了，极其勉强地答应了。于是跟我们说定，哪一天向他报告母亲的病况，电报打到哪儿，信寄到哪儿。我们按说定的办，一天不差，日记中都有记载。

父亲从印度回来，母亲的病况跟他离开的时候差不多，这次远游，总算没造成终身遗恨。隔了五十天，三月二日下午，母亲终于永远离开我们了。

　　害怕着要来的事终于要来的,四十天前,父亲也永远离开我们了。回想《东归江行日记》《北上日记》《内蒙日记》《旅川日记》发表的时候,父亲让我代他起"小记"的草稿,总是先跟我说清楚他要说些什么;草稿写成了,我用大字抄好,父亲戴上老花镜,左手拿着放大镜,右手拿着塑料彩笔,总要凑着日光灯反复修改好几遍。这一回发表父亲的《旅印日记》,父亲要说些什么呢? 我无从知道了。我写的这篇"按语"能合父亲的意吗? 也无从知道了。我都七十了,才尝到了骤然失去依傍是个什么滋味。

1988 年 3 月 28 日作

颇有回味的旅行

一九六一年

四月(十八日始)

四月十八日(星期二)

晨起略整理出门携带之衣物。十点晓风来,十点半离家,至善、满子、永和送我们到车站。登车厢,颇空,二人占一四座之房间,殊为舒适。

十一点二十分开车。于是看报,闲谈。晓风为余谈去年在遂平农村之见闻。午后睡尚酣。进晚餐时,车过邯郸。以九点半睡,半夜醒来,车方停于洛阳。

四月十九日(星期三)

晨以六点醒,计之,昨夜得睡约七小时,可谓不少。早餐后于稿本上起草,作听评弹之短文。

午后两点十三分准时到西安。教育厅长刘若曾、冯一航二位相迎于车站。二位皆初见,而刘君尝观余之《文心》。导至人民大厦寄住,二位少谈即去。余遂据上午之草稿写成千余言之文一篇,题曰《听评弹小记》,即寄与曲协马锐同志。了却一事,亦觉舒畅。

晚餐后与晓风出外闲步,至解放路一观而归。

近日美国支持古巴之反革命分子,以飞机轰炸古巴,组织雇佣军在古巴登陆。古巴总理卡斯特罗号召古巴人民奋起抵抗侵略。我周总理发表声明,支持古巴之正义斗争。苏联赫鲁晓夫致电美国总统,对美国之侵略行为表示极端愤慨,谓苏联必全力支援古巴。夜间听广播,知各地均举行集会,拥护周总理之声明,愿尽力支持古巴人民。此一浪潮甚大,反美之激情遍于我全国,亦遍于全世界矣。

四月二十日(星期四)

晨起甚早,与晓风徘徊于庭园间。此人民大厦前后两排楼房,皆有六层,可容数千人寄宿,可谓大矣。

听北京之新闻广播,一片支援古巴之声。社会主义国家态度一致,无不斥美国而助古巴。拉丁美洲各国虽其统治者或系反动势力,而人民则有愿为志愿军助古巴抗战者。

九点,冯一航厅长来,陪往厂史博物馆参观。中心之大殿(原大成殿)以电线走火焚毁,现方修建。幸大殿中无甚陈列品,而火又未蔓延至他屋(后据教育厅之女同志杜静言,大殿中陈列之物实不少,导观者盖讳言之耳)。馆中陈列品极多近几年出土之物,陶俑,殉葬各种房室器具,铜器,秦代唐代地下水管,佛像,墓饰,皆可观。据馆员王翰章言,仓库中积存甚多,尚未清理完毕,而今后将陆续有所获,自在意中也。又言为显示陕西之特点,今后陈列将突出周秦汉唐。各处巡行一周,殊不仔细观看,已历三小时。前一次来西安,余尝观两回。今此次如有时间,当再往一回耳。

午饭后酣睡一时有余。两点半,刘、冯二位厅长偕来,为余谈陕西编辑教材与课本使用之情况。历两小时。

晚餐后往易俗剧场观秦腔,刘、冯而外,尚有教育厅其他人员同观。戏为《貂蝉》,演者多青年演员,尚佳,十点二十分散。

西安气暖,已是初夏光景。牡丹已谢,芍药作花,月季之类亦呈艳矣。余观树木花卉之生意盛发,深感关中土壤气候得天之厚,殆与成都平原不异也。

四月廿一日(星期五)

晨听广播,古巴已击溃美国所遣雇佣军之进攻。援助古巴之各国人民同时祝贺古巴之胜利,又谓美国必不就此甘心失败,将会伺机再来,宜提高警惕云。

八点半,冯一航副厅长与杜静同志偕来,陪我人往游临潼。

先往观半坡遗址。此为新石器时代先民之遗址,距今五六千年,以其址在西安东郊之半坡村,故名。此遗址发现于一九五三年,因修筑纺织厂而显露。遗址有四万平方米,考古研究所发掘之,至一九五七年底,计发掘一万平方米,所获已不少。即就其地建一博物馆,将遗址原状保存,上盖弧形顶之屋,屋内回廊绕遗址,可以周行参观。此外则有陈列室二,墓葬室一,窑灶室一。

据研究断定,此时之先民尚在原始共产社会阶段,临浐水而居,筑方形或圆形之小土屋安身,狩猎而外,兼事农耕。有贮藏小米之圆形大穴,犹能见其中小米化成之灰。一切用具,陶器为多,属于仰韶文化。有驯养家畜之兽栏。聚集小屋周围,绕以防护沟,以御猛兽。死者葬于居住区外,排列颇整齐,有四人、二人同葬者,察知其中非有夫妇关系,盖或皆为男,或皆为女,母系社会尚无夫妇之观念也。小孩死则盛于罐中,葬于住屋近侧,不入大人丛葬之区。石器颇有精品。装饰品亦有工致者。陶器上之绘画,或鹿或鱼,简笔而写实。陶器上或有刻划符号,或如 k, 或如 p, 或作 x, 或作 圭,殆是记事之符号。

观此遗址,今唯见高低不平之地面。因柱穴而知其于此立柱建屋,因地低陷而平整,而知其为睡眠之所。总之,参观者须加以想象,乃能了知。不感兴趣者,必将视为无聊。此半坡遗址,我社之厂史课本与常识课本皆已叙入矣。

十一点离半坡遗址往临潼。浐桥、灞桥皆已改为水泥建筑,余一九五五年来,犹是石建筑也。行约半时许到达,入华清宫。

华清宫者,建于一九五九年,为欲赶于国庆前供人游观,以四十日工夫建成。布置规模,据云系参考唐代记载。余观其建筑之质量殊为草率,有粗俗之感。有殿曰飞霜殿,殿之南为池塘。池之西侧设若干室,为洗浴之所,皆以"汤"为名。最大者曰"九龙汤",室为旱船之后半截。招待所主任夏君令我人居其中。午餐后与冯君同浴于九龙汤。其池颇大,温泉热度适中,殊觉畅适。

浴罢小休,然后观人凭栏钓鱼,居然颇得小鱼。余词句云,"观钓颇逾垂钓趣",今复验之。晓风借人钓竿试钓,得鱼二,其一特大,有半斤许,大是佳运。

傍晚出外闲行,观东侧旧有之华清池,购票待入浴者不少。入从前中国旅行社所布置之小园林,当时印象,犹能记起。至于登山再看"捉蒋亭",则无此足力矣。冯君相告,温泉附近,各单位建立之休养所疗养院颇多。

晚餐后,坐石阑上,凉风阵阵,新月偏西,颇尝静趣。九点即就寝。蛙声作于窗外,彼此应答,然未足为余扰也。

四月廿二日（星期六）

晨起再浴于九龙汤。四人偕入临潼城，自南门入，出其北门，绕城墙入西门，出南门而返。其城极小，殆与宝山仿佛，立于城中心，四门俱在望（城门已拆除）。街道整洁，明沟砖砌极整齐。早餐后少顷，复食醪糟（为临潼名产），然后驱车回西安。到人民大厦为十一点二十一分。余理发，午饭后睡一时许。

三点，教厅杜静、张永兴二君陪我人观钟楼鼓楼。此二楼皆明初建筑，钟楼曾于万历间修过，迄于清乾隆间，二楼又皆修过，解放以后重复整修，焕然一新。钟楼系正方形，鼓楼系长方形。木结构绝坚固，某次地震，小雁塔受损，而二楼无恙。登楼四望，虽不如雁塔之高，而西安全景历历在目。惜有云气，未能望见南山。楼中陈设红木器具，以及磁盆景泰蓝清玩，颇不恶俗。钟楼之下层系四个穹门，国民党反动派宪兵闭其三门，而于墙壁凿洞穴，为拘囚革命人物之所。钟楼之建筑，实植基于四个基脚之上，此尤可惊异。鼓楼则植基于实砌之基础上，循砖级而上，如北京之天安门神武门然。参观二楼凡两小时，五点归旅舍。

今日西安四十万人集会，庆祝古巴抗击美国雇佣军之胜利。观今日报纸，北京昨日已开过庆祝大会，夜听广播，则今日各大城市均举行集会，声讨美国之罪行，庆祝古巴之胜利。又从广播获知老挝之首相富马与爱国战线党领袖苏发努冯同到北京。此二人偕来，足见老挝之反帝力量益坚，诚佳事也。

四月廿三日（星期日）

昨夜得雨，今晨未已。关中麦正抽穗，得此极适时。冯君相告，关中旧三八十（阴历三月、八月、十月）得雨，则麦可丰收，今时正在阴历三月上旬也。本约今日上午往游兴教寺，以雨而作罢。写信一通致白韬。打一电与至善，告行程。看所携杂志为遣。

午饭后酣睡一小时，起来偕晓风步行市街，约一时许。此次出门，带至美之照相机。而余与晓风俱未习此，胶片装反，拆开视之，全卷走光。向照相器材店请教，装入另一卷胶片。此后是否能拍出像样之照片，恐尚未能定。而前日在临潼拍过之几张，实未拍也。

晚餐罢，冯君、杜静及教厅办公室主任某君来相迎，往南大街剧场观省戏曲剧院二团之秦腔《恩仇记》(前次所观之《貂蝉》为一团表演)。此剧故事殊平常,而演员之唱工做工,均远胜一团,观之殊为惬心。旦角马兰鱼,反派小生李继祖,尤为佳胜。戏散已将十一点。

一九五三年来西安看观,余见剧场中池座两旁立而观者甚众,认为此是好制度,可令群众以低价看好戏。今其制犹存,立观者之拥挤,两夕皆然。

殆以看戏疲劳,夜睡未酣。

四月廿四日(星期一)

昨夜又雨,较久较大,今晨未已。

八点半,冯老、孙主任、陈家兴、杜静四位来,陪我至一家孙姓泡馍馆吃牛肉泡馍。牛肉煮之甚烂。余食小馍二,已极饱,饮西凤酒约二两许。

于是往参观八路军西安办事处纪念馆。在抗战时期,党与国民党有联合有斗争,又招收一批革命青年送往陕北,此办事处起极大作用。国民党监视此办事处,特务之机关与居家环绕左右,经常作暗中斗争。董老、林老、朱委员长、周总理、刘主席皆尝驻此,而林老居此之时间为多。各室皆保持当时原状,陈列当时之书报文件,观之甚有意义。

参观毕,返人民大厦小坐,即共往车站。北京开往重庆之快车已到站,即登车。十二时半开车,与四位招手为别。

四点后到宝鸡。火车头于此改用电机车,前挽后推,越过秦岭,俟至凤州再改用蒸汽车。自宝鸡开出,停车之站为杨家湾、观音山、青石岩、秦岭、凤州。停时皆甚久。观音山停至五十余分钟。殆以青石岩一段为最高处,及至秦岭站已见平田矣。车常行于山洞中,洞有几何不能确计,殆有四五十个。出洞入洞之间,时见瀑布湍涧,削壁断崖。惜雨甚,停车时不能下车眺望。铁路盘旋而上之总形势未能观之清晰。宝成路初成之时,此一段亦用蒸汽车推挽。改用电机车未知始于何时,或是去年乎。工程之大而难,思之即觉可惊,而以短期成之,诚可赞叹。

晚餐进面条,购五加皮酒一小瓶,饮数小杯。旋即就寝。

四月廿五日（星期二）

晨醒未久即抵中坝。眺窗外麦子茂盛，菜籽将熟，稻秧葱绿，大似我苏。而慈竹丛丛，楠木幼苗时时可见，铁道两旁则桉树成行，此是川省特色，唤起回忆，如返故乡。车停绵阳、德阳，再停时即到成都，时为十点半。教厅二位同志在站相候，引导入城，住于永兴巷招待所。此招待所现居外国专家为多。

午后三时，张秀熟、曹振之、杨立之三位厅长来访。张、杨皆旧相识，曹为初见。坐有顷，张言可往观青羊宫花会，余欣然从之。余以为花会犹是从前模样，而不知殊不然。青羊宫旁拓地三百亩，广栽花木，并种蔬菜，谓之花菜并举。花木多引来他地品种，且用人工催花早开。于梅则延迟其花期，俾与春花同开。技术员刘君相告，现有木本一百余种，草本二百余种，共四百余种。巡行花径未能周遍，已觉其为洋洋大观。盆栽陈列极多。成都之盆栽，余觉其较少画意。盆栽之银杏盘曲殊多，他处所少见。又有手工艺品陈列室，美术作品陈列室，皆入而观之。见"诗婢家"之木刻水印大有进境，印名家画幅不亚于荣宝斋。前闻荣宝斋中人言，其处曾派技术人员帮助诗婢家改进技术。

游览二小时，与三君为别，径归招待所。此间饭食极好，食之有过奢之感。八时半如在家时之例，听各地电台联播节目。知我国与老挝建交，下月将召开十四国会议，讨论老挝问题云。

四月廿六日（星期三）

上午九时半，到新南门外龙江路小学。杨厅长与市教育局马局长先在。听袁丽华老师教六年级语文，课文为《詹天佑》，教法颇不错。袁为先进工作者，去年曾到北京出席文教群英会。课毕，与数人共谈约一时许，并商定明后日参观程序。

午饭后睡四十分钟。两时半杨厅长与陈同志来，询余何往。余主闲步市街，遂共出至祠堂街，入少城公园，今名人民公园。此园规模已大变，整洁逾于前。茶馆止余一家，乃共啜盖碗茶。杨君健谈，雅安人，年六十一，余于其谈话中知之。五时后仍步行回寓。于春熙路购石烟嘴四个，成都之水印木刻画八幅。

晚餐后康副省长来访，叩门而入。余乃不知其何名（后知名乃尔）。招待所放电影,观之。新闻片为乒乓球赛之下集,继之为苏联片《风》。此片甚杂乱,虽译为汉语,亦不明其详细,仅知为苏联初期之事而已。

今日放晴。观报上所叙,川省下雨数日,已嫌其多。而黄河流域一部分地区旱象严重,抗旱斗争为当前要举。

四月廿七日(星期四)

晨九时到新南门外第七中学,此校有三十二班,学生一千五百多人。张秀老、杨厅长、马局长先到。第二节课时参观萧曼倩老师教初中一年级语文,课文为《延安求学的第一课》。萧之范读甚佳,能使学生听而增进了解。第三节课时参观全校一周,设备颇端整。师生菜地八亩,略嫌面积小,所种菜蔬皆好。第四节课时参观白敦仁老师教高三年级语文,课文为胡绳所作之《又红又专为世界观的问题》一文。此是议论文,一般老师往往感议论文难教,而白老师讲得甚好,约言之,即如余平日所怀想,按作者之思路为学生指点之。要言不烦,思想内容与文章技法兼顾,学生静听一遍,必比自己玩索更多理会。余深佩之。白老师尝被派往波兰教汉文二年,固成都之优秀教师也。课毕已十二时,即归招待所。

午后未外出,在寓中看杂志为遣。晓风患牙痛已数日,往医院治疗,归来言居然止痛。

晚餐后至锦江剧场看川剧,张老、杨厅长、罗承烈厅长同观,尚有高教局之副局长二位,未记住其姓名。锦江剧场即从前之"悦来",建筑甚宽舒,休息处所作回廊,廊外有树木花卉,为他处所少见。戏名《王三巧》,即《蒋兴哥重会珍珠衫》,川戏之传统节目,今为改编,使王三巧为一坚贞不二之女子。此剧唱词特多,演王三巧者为竞华,演蒋兴哥者为谢文新,皆中年名演员。听之观之,甚觉"过瘾"。至于此剧之意义则无足称。十时散,为时整三个钟头。

四月廿八日(星期五)

晨九时偕张、杨、马三位共出老西门,至于茶店子。沿路景色,仿佛犹能记忆,余在茶店子作事,盖历一载有余也。入二十中,此校有农地六十亩,以搞好生产见称。观语文课两节。一为女教师王镜蓉教初三《陈涉起义》,王由小学教师改教初中,讲此篇不甚透彻,然知其备课已费相当力气。余于此唯觉如《陈涉世家》之文殊不宜用于初三。又一节为某君教初一《公社的一家》，能讲说，而头绪杂乱，离开课文而提问，而发挥，此殆亦是一般情形。课毕，巡行校舍周围，观菜地，然后驰车返城。

日来以菜肴较好，进食略多，胃部不舒。今日注意少吃，饭罢得酣睡。起来作诗，得二绝，拟合若干首题曰《成都杂诗》。

入夜，招待所请看川剧，再至锦江剧场。戏名《金玩钗》，其中穿插人面桃花故事。及观数场，乃悟前曾在北京看过。此戏非高腔，无帮唱。唱作俱佳，殊为赏心。九时五十分散。

四月廿九日（星期六）

晨九时到东城区第一中心小学，杨、马二位已先到。第二节课时听陆姓女教师教二年级语文，课文为《李春花的话》。第三节课时听毛姓女教师教三年级语文，课文为《怎样预防传染病》。二位皆中等水平教师，教法陆胜于毛。此校学生由教师领导养兔甚多，且作试验，改进兔之品种，或使毛皮丰厚，或使毛色如意之所欲，以便纺织之前节约染料，皆有所成就。据云自一年级至六年级皆参与此事。余闻之深感兴味。十二时归寓。饭后得好睡一时许。

三时杨厅长来，偕游武侯祠南郊公园。天气阴沉，刮风颇烈，盖有北方之冷空气袭来，高树枝叶，吹落颇多。南郊公园树木葱郁，是其佳胜处。原刘湘墓之祭堂与墓台，望之颇形恶俗。又经华西坝沿锦江而至望江楼。其中种竹视前为多，且拓地颇广。有一处陈列国内外各种竹一百余种，多栽于盆中，少数种地上，竿枝叶各异其形状，观之至有味。以风大，未登楼，茗憩于茶座中。杨厅长为余谈四川工农业前途。坐一时许，遂归。

六时半胡赞平来，余先与通电话约晤。渠任事于博物馆，近则出至生产基地治农事。共饮，杂谈种种，至八时半而去。余乃洗澡，水热，出汗不少。

四月三十日（星期日）

上午看报而外，与晓风闲谈余生平杂事。午饭后胡赞平来，与其夫人子女偕。渠索得锦江剧场之日场票，邀我们往观。日场由青年演员表演，所演为折子戏，计《磨房放奎》《玉莲刁窗》《做文章》《折红梅》《桃花村》五折。青年演员唱工较不纯熟,声音不甚清亮,做工亦有生涩处,然假以时日,皆可有大进。所见几个小生皆面目清秀,体态温文。各种剧种均感小生难得,而川剧似无此虑。川剧多以背景描写衬托人物之心情,在各种剧种中可谓最富于诗趣者。未到四时即散场,且是白天观看,不若观夜场之吃力。赞平到余寓稍坐即为别。

今夕在省人委红照壁礼堂举行庆祝"五一"大会,余收到一柬,乃以七时往。休息室中六七十人,余所识殊少。既而朱委员长来,众皆起立相迎,朱与诸人一一握手。于是入会场开会。市长某君讲话,讲毕即休息。继之为文娱晚会,音乐、歌唱、舞蹈、川剧、清音、杂技、京戏,皆颇精妙。于此又得观川剧之折子戏曰《胡琏闹钗》。散场已十一时,为时过久,余感疲惫矣。

昨夕雨,今日天气转凉,夜眠兼盖棉被与绒毯。

五月

五月一日(星期一)

今日天气晴明,庆祝"五一",令人心喜。十一时到北校场参加庆祝大会。成都全市分数处举行集会,而规模以北校场为大。朱委员长到此参加庆祝。会上讲话者四人,工会代表、先进工业生产者、公社代表、学生代表。讲话毕,在广场上作文艺表演。分三处同时表演,锣鼓并作,唱声齐起,殊有应接不暇之感。迄于十二点半即散会,为时不长,亦复令人舒适。

为庆祝"五一",招待处备菜特好,并吃饺子。食罢酣睡一小时,颇酣,连日如此,夜眠不好而午睡较酣。起来与晓风至春熙路闲步,购木刻水印笺二十余张,又购林则徐书对联一副,其字颇工整。

夜间有焰火,有戏剧电影,余得票而未往观,与晓风对坐闲谈。招待所有跳舞会,乐声时作。下望草地周围,缀以五色电灯。放焰火之声蓬蓬相继,亦略可望见火花。过节情景,颇为齐备。十时半就寝。

五月二日(星期二)

九时张老、杨厅长来,同来者有处长董君与厅中人员二人。董君为余述川省有关教材之各种情况。末后对部中提出数点希望。谈两小时而毕。俟诸君去,余即作书致董副部长,以川省所提数点希望告之。

午后睡起,杨厅长来,陪我们出北门游昭觉寺。此寺占地甚广,有田地与树林,僧众六十余人,种地足以自给。大殿之前有两座前殿。前一座中居弥勒,旁列四天王。后一座中间似为地藏,旁列十余塑像,不知何名。如此布局,前所未见。一和尚名能真,导我入观大殿。殿系明建,五大开间,屋顶盖瓦而无衬砖,日光下漏,据云并不漏雨。中间佛像极好,旁之十八罗汉则不好,头部特大,与身体不称。悬有竹禅和尚所绘巨幅画三,以竹枝一幅为佳。又观大殿西侧之观音殿。佛龛前蟠龙为饰,极精工。观音像极好。观音背面则塑其寺之历代祖师,面貌各各不同,想当肖其本相。此殿之塑造工作,据云由三个匠人以数年之时力完成之,良可赞叹。又至其方丈,庭植卉木,室宇洁静。橱中有藏经。陈列各种古玩不少。余最爱一幅缂丝,作一雁俯飞状,姿态生动,画笔苍劲,殆是较旧之物,至五时半辞出。回身而望,寺之周围树木郁然。

晚饭后闲谈少顷,至九时过就寝。日来睡而不酣,易辞言之,四肢百体感紧张而不得松弛,因而入睡而不甚得入睡之益。不知究以何故也。

五月三日(星期三)

昨托杨厅长与李劼人约,往访其郊外之居。晨九时杨来,遂驱车出东门,至沙河堡,问道数次,乃抵李之菱窝。高柳当门,屋内简雅。促膝同谈,李君风度依然。云写《大波》叙辛亥革命预计须四卷,今方写第三卷,仅成其小半。四卷完成,当在数年之后。其职务为副市长,似管事不多。谈及昭觉寺,李君告余今之昭觉寺系吴三桂出资重建,方丈内陈列僧鞋一双,系陈圆圆赠与当时之方丈者。全寺唯方丈之屋未遭兵燹,为明时之建筑云。李君导登其楼,楼藏书籍,所收字画颇富。壁间悬挂者颇有佳品,一一观之。谈至十一时半辞出,约于下半年人大开会时在京再晤。

午后睡起,与二十余位小学语文教师座谈(男教师仅一人耳)。张、杨二位亦来参加,并有市教育局中人。教师谈课本之取材与安排者为多,皆注重于政治思想方面,于语文教育方面不甚措意。谈至五时,余就教法方面谈约四十分钟,观诸人之面部表情,似尚觉有味。张老、杨君亦谈话,然后散,已六时半矣。

明日下午与中学语文教师座谈,后日休息一天,六日即往重庆矣。

五月四日(星期四)

上午无事,与晓风闲步近处市街,未久即回。日来于闲时构思作诗,到今日共得八绝句,谓之《成都杂诗》。录之于此:

慈竹垂梢见异裁,护溪桤木两行栽。成都郊景常萦想,第二故乡今再来。

花会青羊异昔时,辟园拓地众营之。广罗异域珍奇种,妙改诸花前后期。

菜与花兼尚厚生,园林规制创新型。舒红夹径随心赏,积翠连畦亦眼明。(以上观青羊官花会二首)

楼边丛竹势干霄,江上烟波入望遥。顿忆佩弦埋骨久,隔江忍对宋公桥。(登望江楼)

文心思绪逆而通,赏析融于一贯中。奚谓论文难指授,白君固已得其宗。(听第七中学白敦仁老教师讲议论文)

畜兔连笼诸种名,毛丰体硕各殊形。旨归人择创新品,为教如斯我意倾。(观东区第一中心小学所畜兔)

构思善寓情于景,时出诙谐余味深。我语定知非武断,应推川剧富诗心。

川剧多源悉融化,自成风格衍流长。能承旧艺开新境,喜见青年竞吐芳。(以上观川剧二首)

午后二时半与中学语文教师十余人座谈,张、杨二公亦到。发言者皆优秀教师,多及教材教法,认识与言辞皆胜于昨日之小学老师。余杂谈所怀约五十分钟,张、杨二公亦谈有顷,六时半散。白敦仁君以自波兰携归之波兰文译《稻草人》一篇相赠,余深谢之。

晚饭后写字为遣。写《成都杂诗》两份,一赠晓风,一呈张秀老。又单书听讲之一首致白敦仁君。

五月五日（星期五）

致一电于至善，告行踪。

九时过，与晓风出门，雇得三轮车往人民公园。入博物馆陈列室观之，近年新出土之陶俑为多。又观盆栽，于小桥边照相。及归欲雇三轮车，车固不多，偶遇之，则皆谓将往吃饭，不复载客。于是步行而归，晓风虑余劳累，而余步行甚缓，未觉劳累。午饭后睡较久。起来与晓风闲谈，晓风询余作旧体诗之方法。

夜间张秀老来叙别，谈一时有余。渠主持四川省志之编撰，谓动员全省各部门共为之，将分册出书，全书完成当在数年之后。又谓湖南省为此较早，完成将先于四川。九时半张老去，殷勤握手而别。

我人原拟游湘，今以省旅程之周折，决自重庆直达九江，游庐山，下山即往南京。闻广播言湘省五月内将多雨，亦为改变游程之一因。

近来各剧种争编越王勾践之戏，旨在鼓励群众自力更生，发愤图强。前日李劼人为余言，川戏编《卧薪尝胆》不用伍子胥与西施之情节，专从越王图自强着笔，迥不犹人。又言提出"尝胆"极有力，开场即为越王自吴获释而归，归即告庙，祭毕分胙肉，越王独取牲畜之胆。余觉李言诚是，因记之。

五月六日（星期六）

晨起整理行李。与服务员二人共拍照。将十时，杨厅长与陈同志来，亦共拍照。于是驱车往车站，少憩即登车。此车自北京至重庆，软席卧车之客到成都皆下。余乃与晓风占一间，颇为舒适。及开车，与杨、陈二位招手而别。

成渝车于一九五八年初坐过一次，系夜行，沿路景物一无所见。今乃知成渝线自成都到内江一段，山洞亦不少。洞皆不甚长，穿小丘陵而过。沿铁路两旁均种桉树，他则油桐洋槐。竹树弥望，丘侧丘面儿全种植。麦已黄。秧田嫩绿，已插秧之田亦不少。包谷长约一二尺。此一路所经，盖皆川中富饶之区。铁路先与沱江并行，后乃贴近长江。傍晚眺望长江，安流不惊，至日没而后已。午饭晚饭后皆小睡，颇酣。

十时零五分准时抵重庆站。教育局长刘、张二位（刘名西林）在站相候，导我人驱车至人民礼堂，居三楼甚为宏大之两间。刘、张少坐即去。

天气甚热,已是夏令情形(今日立夏)。余擦身而后睡。

五月七日(星期日)

竟日未外出。此巨厦朝西,午后甚热,室内至华氏八十三度。上午理发。写信致杨厅长,致至善。午饭时购五粮液一瓶,饮一杯。饭罢酣睡一小时。起来写一信致三官、姚澄。看《人民文学》。

四时刘局长来,略谈重庆市学校语文教学概况。刘谓重庆近决定天然气化,以天然气代煤,后年可以完成。往后,采煤运煤方面之劳动力可以改为别用。刘又告余,宝成路秦岭一段改为电气化系今年三月间事。以前过山洞时煤烟熏塞,颇为难受。余颇喜此行适逢初改电气化,得一观电气车头之效能。刘去时约以明日同游南温泉。

已购得民众轮之票,船以后日上午开,此轮为次等船,所定舱位并不在船边,似乎不太满意。此间无直达上海之船,到九江须在汉口换船,亦只得在汉口小住耳。

五月八日(星期一)

晨八时半刘局长来,即相与驱车渡江。渡江仍用轮船所带之驳船载汽车。观候渡车辆等待需时,公路大桥必当从早修筑。现在重庆之大桥,仅成跨江之铁路桥一座,据云按远景规划,重庆之大桥将不止二三座。

过江后一路见学生背负行李而步行者甚众,刘局长相告,中学以今日始放农忙假,此辈皆往各个公社参加农忙劳动者。一路见山上隙地无不栽培作物,土地之利用率可谓达于高度。

到南温泉时为十点。两面山作浓绿,中流一道花溪,观而神怡。小憩于招待室,然后出而闲行。天气极热,而竹树浓荫中颇凉爽。众绿映水,花溪亦作深绿。高树有法国梧桐,有楝树。楝树系初识,其叶作羽状。我意此字作"栾"即可,无须再加木旁。又种樟树甚多,他年长大成为高林,必增幽深。梅树亦多,据云冬腊间来此观梅,亦为一景。溪旁有垂钓者。溪上有划船者,歌声方已,忽改而作川江号子,良有别趣。来浴者不少。露天游泳池中有男女青年游泳。我人信足而行,避免登山。见石凳即小坐,亦徘徊于回廊溪桥间。既而进食于餐厅,小休于招待室,然后入浴室洗浴。此为硫磺泉,温度似高于临潼之泉。余洗最久,遍体细擦,起而复横卧,殊感畅适。

盘桓至三时半即驱车而返。于江边待渡较久,阳光照射,汗出不止,车座发烫。车至市区,下车观市容,访百货商店二家。一家名"三八",全部人员皆女子。刘局长言重庆人已做到充分就业。余观路上从事运输工作者,女子殊不少。

到旅舍已将六时。晚餐后完成五绝四首,书之赠刘局长,为同游之纪念。晓风云彼甚爱第三首。

> 学子农忙假,负装纷下乡。新秧明眼绿,小麦叠坡黄。
> 花溪高下绿,舟载笑歌轻。偶效川江棹,忽传号子声。
> 高栾舒羽叶,樟树郁浓香。峦影侵衣碧,竹丛护径凉。
> 华清方试浴,今又浴南泉。一样人纷集,日新喜众贤。

五月九日(星期二)

晨起较早,整理行装。八时半刘局长来,谈语文教学约四十分钟,然后动身赴磨儿石码头登轮。刘局长为我人找到舱位,即为别。余觉刘君甚可亲,直爽,毫无矫揉之意。我人之舱位系二等,实为此轮之头等。二人共一室,较火车软席房间宽畅得多。有小桌,有椅子,可凭而写字。室外走廊颇宽,移椅而坐,凭阑眺望江景,当是一乐。余谓晓风,余以前乘江轮皆当心中愁烦之际,心无牵萦,适然畅然,盖无如今日者也。

船以十时开行。长寿于余午睡时经过,泊涪陵在下午三时许。夜十一时到万县,停四小时而后开。闻船上广播,重庆到汉口之航程为一千三百七十公里。询之服务员,云后日下午六时左右可抵汉口。

沿线布置航标颇密。航标以木条构成粽子形,涂以红色,顶端装红色电灯,他时灯光昏暗,而天黑时甚为明亮。航标或装在小舟上,或装在竹筏上。赖有此设置,故能夜航。

初上船时热甚,下午亦复须开电风扇,入夜则风渐大,居室内不复出汗,倚阑则嫌其太凉爽矣。

船上饭食一律,每人素菜一盆,饭一盆。素菜为腌菜煮萝卜,饭较硬,余仅食少许。服务员见余弗习,来相问询。晓风因与言可否照顾,服务员商之于领导,得允可。夜餐即送来室中进食,三素菜一汤,皆系特做。而饭硬依然。余乃小饮,进饭半碗。服务员之关切,殊为可感。

船上睡眠极酣畅,为出门以来所未有,大为欣快。

五月十日(星期三)

晨起甚早,缘有饱观三峡之兴。约七时半入峡,凭阑而望,应接不暇。滟滪、瞿塘不知于何时经过。闻说炸去险滩多处,亦不知所去者何滩。唯夔门确能辨认。高壁临江,诚为壮观。巫山十二峰无人指点,亦不知孰为何峰。余以为不知名固无妨,第观山川气势,即为眼福。高峰下腰画线一痕,细观之乃是凿山填平之路,有人行其上。画家常作蜀山行旅图。此乃真图画矣。左右山脚错互,望之如将碰壁。航向一折,前路复开。远观似窄甚不能过,及近则尚宽,可容三舟并行。山根之石,形态种种,殊可观玩。或如枯木之纹理,或如叠卷帙,或如列镞,或如和豆之蒸糕,可谓难以描状。巫峡之山多洞穴,瀑布所经之道作白色,当是石灰岩也。大概近日少雨,万道流泉,仍未之见,憾惜与前两回同。峡中之山,低处多种麦,坡面有极斜者。麦已黄熟,界画成块,望如和尚之袈裟。

将出西陵峡而下雨。峡中风甚大,扑来令人作呃,出峡后风仍肆。午后两时半到宜昌,登船离船之旅客皆满身淋漓。既不便眺望,则偃卧作诗,得《出峡》一律:"俯仰周旋殊不遑,峰姿江势变难量。树荣叠嶂连云碧,麦熟层坡铺绣黄。人力既施滩失险,浮标遍设客安航。往时两度经三峡,意兴都无此度长。"

午餐晚餐均在室中小饮,舟中特为我人供黄鱼成鸭,饭则易以馒头,如此照顾,甚为可感。

入夜雨益大。九时许泊沙市,我人已入睡而醒矣。

五月十一日(星期四)

昨夜雷雨大作,今晨雨不已,风势甚肆。船栏上放下帆布,无可眺望,则盖毯子而坐。天气转凉,毛线衣裤俱自箱中取出,前日如盛夏,今日入深秋矣。

晓风曾说一意,余谓可以作诗。渠言今时人皆注意天气,而着重在农事,与往日"今天天气哈哈哈"者大不相同。今日无以为遣,即作此诗,未完成。

午后雨止,江云飞逝。将到武汉,见所谓"电气走廊"者。两岸建挺立之高塔,架设电线,横跨大江,自武昌输电至于汉口。电线计八根,上排两根,次排两根,第三排四根。电线下弯之弧形甚为秀美,当为摄影家之好资料。而如此工程,又为巨构矣。继之则观长江大桥之侧形,旋即从桥下过,而轮泊码头矣。

时为六点一刻,岸上胡伊默、杨湘君(女)二位厅长在相候,初不相识,遥问而知。二位导我人至胜利饭店,又是最讲究之招待所。独占二间,晓风别居,余居之颇感不安。而二位又招晓风详问余之生活习惯,唯恐招待不周。其意固殷勤,然未能免俗矣。二位言可购得明日之船票,船以夜间开,明日尚可小游,大约是长江大桥与东湖也。

五月十二日(星期五)

八点半,胡、杨二位来,尚有办事女职员张懋兰偕来,导我人观汉口与汉阳市容,然后登长江大桥。车至半中,我人下车步行。天气晴明,远望澄澈,江流浩浩,大是壮观。复观靠武昌岸之一个桥头堡。先以电梯至最下一层,观正中三个工人之群像。后乘电梯至休息室,头顶上即为铁路轨。坐而听火车于头顶开过,隆隆作响,茶杯茶壶震动。杨厅长言此值得体验也。复升至铁路轨一层。据云铁路公路两层,于车辆经过时皆有震动,唯此震动乃物理之当然,毫无危险之意味也。

于是驱车往东湖。较之一九五七年春,两旁新建筑又增不少。树木更见茂盛。而湖水之蓝,实令人望而心怡,此为东湖之特色。先观九女墩。九女墩者,盖太平军中之九个女兵,牺牲之后,民众埋之,口头相传,不见记载。解放以后,为立碑而表之。小憩于长天楼。楼上开阔无障隔,三面玻璃窗,敞亮殊甚。于是参观屈原纪念馆,观鲁迅广场。广场上立鲁翁胸像,乃殊不像鲁翁。经游泳池而至翠湖宾馆,一九五七年曾寓此者也。进午餐,小饮。胡厅长能饮,饮较余为多。食罢,驱车回汉口。

昼睡不成寐,写出峡一律赠杨厅长。晨间已书一纸赠胡、杨二位,杨言欲独得一笺,故复书之。

四点半,胡、杨二位来谈湖北省教育概况,要之为发展颇快,而教师水平不够,教学成绩不甚佳。言语文教学,可谓远不逮时势之要求。杨之言尤直率,唯谓终当多方设法扭转之。余亦谈余之老一套,云或可供参考,杨皆记之。

夜八点十分,胡、杨、张三人送我人到码头,登江新轮,殷勤握手为别。江新轮大于民众轮,房间开阔,我二人居之,良感舒适。轮以九点开航,据云明晨九点过即抵九江。十点半就寝。

五月十三日(星期六)

晨起船方抵武穴。天气晴朗为快。九点二十余分抵九江。登码头,有文化教育局余素珍、唐文魁二局长与交际处郭泉水相候。三君导我人至一新建宾馆小憩。十点过,即登车上庐山。自山下抵牯岭计二十三公里有余,沿山凿公路,盘旋曲折,徐徐而上。一路树木葱茂,望之心喜。十点半到达,招待所孙学恩相迎,居我人于一别墅式之建筑,旧为熊式辉之屋。房舍颇多,家具讲究,避暑来者可居人数众多之一家,而今留我二人,心有所不安。饭菜亦太好,又增不安。询之,此屋服务员炊事员共四人,若来住者众,尚须增加。庐山交际处为一较庞大之机构,计分七所,山下一所,山上六所。余今所居者属于第五所,第五所掌握别墅四十六处。

午饭后酣睡一时许。起来眺望,高树四围,全屋在林中,溪声微闻,清静无比。注意两种植物。一种开淡红色极鲜艳之花,花形如杜鹃,而叶不相类。一种为高树,其叶作鸭掌形,如此树叶前所未见。前一种花之美艳,实为可喜,晓风取照相机拍之。

孙君陪我人于近处步行,至庐山大厦而止。此大厦招待集体之来客,云可居千人。日光自树隙下漏,满径清凉。余一到即加穿衣服,犹觉凉生衣袂也。庐山果甚佳,私计住六七天,聊享清福。名胜之区不必尽去,近处盘桓亦复足矣。晓风为伴,自亦是条件。若令余独居此,则不胜其寂寞矣。

晚餐后洗澡。看新知识出版社出版之《庐山》。此书于一九五六年编撰,今庐山之实况又有进于书中所叙矣。九点钟就寝,静极,一无所闻。

五月十四日（星期日）

晨以六点起，开窗一望，又是晴天。八点，孙同志陪我人访植物园，相去不远，在含鄱口附近，行约一刻钟即到。此植物园系静生生物调查所所创办，时为一九三四年。抗日战争时期颇受摧残。一九五七年由中国科学院接管，今属科学院江西分院领导。全园占地将五千亩。入其门，见一石上刻"三逸乡"三字。

遇一工作人员，系二十四岁之青年，名刘燕铭，为我人介绍园之概况。其中专事化验工作，研究植物之综合利用，朴实清澈。余对渠印象极佳。余随意询问请教，渠即作令人满意之回答。北园分树木区，灌木区，岩石区，沼泽区，温室，冷温室，荫棚。岩石区叠石，于石间种植物。沼泽区在溪流之旁，种宜于水边之植物。冷温室不加温，备幼苗过冬之用。荫棚中放置各种喜阴之植物。其园多引他地之种使之驯化，种数颇多。嫁接新品种亦有成就，木本番茄已结果得种子。综合利用方面，注意于油料香料云。

余询刘君以昨所见之二种植物，答谓二者皆庐山名种。鲜艳之花为云锦杜鹃，唯庐山与天目山有之。叶形颇奇之高树为鹅掌楸，四川湖北江西皆有之。此植物全世界仅三种，我国有二种，美国有一种。余一见即注意者果皆珍品，亦自喜眼力尚可也。

刘君导我人观花房。花房建筑讲究，内陈品种极多，不能悉记。又于小范围园地内巡行一周，于云锦杜鹃盛开处共拍一照，然后为别。承园中赠余《庐山植物园栽培植物手册》一本，深可感谢。

午饭后睡一时许。三点，孙君又邀我人出游。先至花径，云是白居易咏桃花诗处。其处亦有花房，入而观之，当然不逮植物园。继至一滴泉，泉在仙人洞。泉水醇厚，满注于杯，高起而不溢。其下为御碑亭，系朱元璋之碑，记道人周颠事，殊无意思。其上为竹林寺，有刻石三字而无寺。下望长江，一片混茫。其处石壁松杉林颇好。归途经拦河大坝，水下冲发电，庐山所用之电全靠此水力电站也。又经柏树林，车行其中，荫不见日光。此殊有味，较之观名胜为佳。

上午出游三小时，下午出游两小时，不觉疲劳。如此游山，似胜于按图索骥每胜必到之辈。

在植物园尝云雾茶,大佳。刘君为余言,云雾茶以少受日光,茶叶面不致革质化,茶叶内所储单宁素与咖啡碱又较多,故而品之特有味。茶叶革质化,揉之即易碎。不革质化,制茶可保持整叶也。此为余向所不知,特记之。

致一书于至善,告以旅中简况。夜听广播,绝大部分皆谈老挝问题,各国代表团俱已到达日内瓦,而美国代表团借辞不即参加,致会议不能如期开幕。老挝国内,则富马政府之代表,爱国战线党之代表,与叛乱集团之代表已经会晤,开始商谈停战问题云。

五月十五日(星期一)

补记一事。昨日孙君为余折得带花之鹅掌楸一枝,又折得金钱松一枝。鹅掌楸之花生于嫩叶之顶端。花瓣中心雌蕊伸出,围以七八个雄蕊。金钱松亦为庐山特产,树上丛叶节节而生,每丛略作圆形,观之特觉其细气。

今晨天不佳,徐见作微雨。九点许孙君来相商,言无妨携雨具出。我人因谓往栖贤寺,观观音桥与玉渊之瀑如何。孙君言此一路须乘车至山下,循环山公路再上山,其程较远。我人遂谓俟他日晴佳再说,或竟不去,亦无不可。余于是作诗,晓风则看"毛选"。余诗赠昨日所遇之青年刘燕铭,思之已有时,下笔乃甚快。篇成即书之,得两笺,邮寄与刘君。诗如下:

> 多谢青年刘燕铭,导我植物园中行。温室诸品乱目睛,木本番茄嫁接成。循径为指众木名,云锦杜鹃灿繁英,鹅掌楸高叶殊形,厚朴叶端缺刻生。告我数语我心倾,究研大异往日情。往日究研无所营,描写形态归种型,琐琐记之纸幅盈,即此自谓尽其能。今日究研标的明,引种驯化使变更,荟萃众类察其征,综合利用业大兴,食用工用制药精,生产为先理固应。频频颔首着意听,我与刘君起共鸣。更羡刘君年方青,愿祝前途无限程。

前在轮船中作关于谈天气一诗,亦以今日足成,录之。

> "今天天气哈哈哈",无语强语资笑哗。旧日虚文良可哂,习焉弗察似无他。年来时闻谈天气,用心颇与旧日异,发之由衷形于面,喜则轩眉咸凝睇。或谓雨足正应需,或谓墒歉盼雪腴,或谓催熟炎阳好,或谓扬花风堪

虞。言者未必事农业,非农与农同关切,农为基础入人深,即此端倪堪欣悦。复忆张市听雨眠,晓看群山浴后鲜。地委书记与客言,夜来雨情指掌间,某县某区量若干,顷已通话遍询焉。念农无时忘知天,群切知天为制天。

午睡起来,复欲作词,以《水龙吟》记东湖之游,未完篇。四面雾起,时刻变幻,忽一片混茫,忽数峰稍露,近处高树,时或数株清晰而数株模糊。入夜风极大,似有雨声,亦不知究是雨声树声也。

五月十六日(星期二)

晨间孙君来,探知今日未必下雨,可作竟日之游。于是以七点三刻出发,循公路直至山下。半山以上雾气极浓,前望几无所见,唯觉车身左右转向耳。自牯岭至山下系东北向,到山下,折而南向,循九星公路而行。一路可望见鄱阳湖。

先至白鹿洞书院。车不能径达,循田塍,涉小丘,渡溪涧,其境渐幽,树木深茂,约五里许而达。书院前一小阁,犹是宋时建筑。近进砌石为穹形,中有石雕一鹿,刻工粗甚。右侧一堂供吴道子画孔子像之石刻。此两座院落之左右旁均有门形长廊,砌历代石刻,以明清者为多,无意细看。小阁前有桂二株,极茂,坐其下小憩,然后出。于门前桥下山石上观"白鹿洞"三字,云是朱子所书,端严可喜。

再循公路南行,折而西,至秀峰寺。远望一瀑,狭而长,其名为马尾。至于寺,已在瀑下,全身乃不可见。大石夹瀑,名为青玉峡。水注于潭,名为龙潭。潭溢,复淙淙而下。石上刻字极多,其"第一山"三字为米襄阳所书。小坐石栏上,观潭中鱼出没,颇为赏心。

再循公路西南行,至于温泉疗养院,其处近陶村栗里,为渊明之旧乡。疗养院系供工人就医,温泉治皮肤病关节炎甚有效。孙君请院中厨房略作数肴,陈携来之点心,遂进午餐。

餐罢已两点。于是返身循来路行,折而西,至于观音桥。此桥为宋建,圆弧为拱,以长条石构成。桥跨瀑上,高树幽深,荫翳其上。此处瀑大可观,层层下泻,为潭凡六七,其名为玉渊。惜以须早归,迟则雾封山路,留其处一刻钟即行。

上山到寓舍,时方六点。

今日走路稍多,共计在十里以上,稍疲累。庐山党委书记蔡绍玉邀我看戏,不宜却,遂往。戏院相距甚近,戏为《刘三姐》,系评剧班子所演,而此戏已非评剧矣。九点四十分散。

晓风沿途拍照,拍得五卷。在庐山洗印,印出五十余张。就布局光线而言,绝大部分可以成立。其中余与偕游之人之像最多,他则景物也。

五月十七日(星期三)

晨听广播,扩大的日内瓦会议已于昨日开幕。经过各方斗争,美国不让老挝爱国战线党以正式代表资格参加会议之主张被迫取消。会虽已开,此后波折一定尚多。

决定以后日早晨离此,即乘轮到南京。庐山五天半,亦云够矣。预购轮船票,仍为江新轮,亦殊巧。

今日足成前日未完成之词,即书二纸,分赠胡、杨两位厅长,为同游东湖之纪念。词如下:

> 净蓝最爱东湖,西湖虽好输明艳。沿堤信步,绿阴筛日,水天平远。怀屈行吟,念周奋笔,阁高场坦。更遗墩九女,丰碑耸峙,沉埋久,今方显。
>
> 遥见浓烟云起,倚长江、武钢雄占。人言到夜,烟红景异,半天霞焕。跃进宏观,清游佳概,一时兼揽。偶凭栏看钓,浑忘诸想,候垂丝颤。

下午有庐山管理局文教办公室朱而义同志来访,谈约一小时。据云其处中小学尚好。于师范生未毕业时,即注意其语文程度。此诚是根本之计。在职教师水平较差者,用轮训办法提高之。

作一诗赠孙学恩同志,酬其殷勤招待之雅。

> 小住匡庐日,至谢孙君情。伴我访幽胜,扶我拾级登,殷勤顾冷暖,随时察雾情。受之良有愧,心感莫可名。开诚承相问,一言酬君听。遍览庐山景,峰瀑无弗经。寺院记其概,花木辨其形,前者关往史,后者系厚生。以语来游客,游客皆深铭。工作求更进,或可此途行。

上午理发于另一招待所。入夜洗澡,甚舒快。庐山之自来水特清甘,盖泉水也,不可不记。

五月十八日(星期四)

昨夜下雨较大,今日上午犹滴沥不已,至午刻而放晴光,但旋即转阴。

八点半,孙君与朱而义陪同观博物陈列室,其地在花径附近。系集庐山旧有收藏于一处。在抗日期间,日寇据此,收藏颇有损失,国民党盗去者亦有之。所藏以瓷器为多,有二千多件,古瓷极少,大部分为清末与民国时期之出品,当然为景德镇所产。书画亦有之,观其数件。一为清许从龙所绘五百罗汉像,原藏山上某寺,今归其处。画以三四罗汉为一幅,皆用粗笔,似有气魄。全数有一百余幅,已不全。观高其佩指画山水一幅。又观沈归愚游山诗册,工楷行草皆极精,甚为心赏。

于是至庐山剧院,观文化艺术学校之孩子练习扑打武功。此学校系培养京剧演员者,孩子皆十岁左右,文化程度为小学。彼辈有舞台供练习,实为好条件。坐观约半小时而归。

午睡醒来忽得一念,以《水龙吟》咏庐山之雾。遂提笔书之,至晚未完篇。六点后,蔡绍玉书记与交际处刘处长邀我便餐,朱而义与孙君同座。虽云便餐,亦殊丰盛。席间蔡、刘二君皆殷勤劝多留些时,并嘱留题于山为纪念。余允食罢即书一纸,遂足成顷未完之词,书于宣纸。书毕已九点半矣。

> 庐山雾景难描,影机画笔都无济。晴岚叠翠,倏萦一缕,缟裾轻曳。顿失前峰,旋迷旁壑,混茫而已。又披封却障,忽呈半面,分明见青螺髻。
>
> 楼外丛杉挺峙,似迷藏、与人游戏。近株已隐,远株犹显,霎时更替。变复多端,无分远近,影形俱翳。但排窗雾入,沾衣润席,够清凉意。

席间闻蔡、刘二君言,毛主席登庐山曾作诗,不记其句,有登山四百曲之意。二君言上山公路曲折,实为三百数十曲,毛主席盖就成数言之也。

五月十九日(星期五)

晨起甚早,居然晴天。偶尔选此日下庐山,乃得凑巧,良以为欣。六点一刻启行,孙君陪我人下山。沿山景色,鄱阳晓景,一一观之。车行一点钟有余而至九江,憩于招待所第一所。候至八点过,江新轮到埠,遂登轮,与孙君及第一所所长某君握手为别。第一所背临甘棠湖,尝往一眺,颇开阔,有划船可雇。

又有一天之轮船生活,坐定解衣,顾盼适然。江岸多见护堤林,远望茂密平齐。过小姑山时细观之,远望如屹立江中,近知与平地相连。上有建筑物占地颇广,不知为何也。

午饭后仍小睡。睡起又思作词,以《蝶恋花》咏云锦杜鹃。几回改易,到夜乃定稿。

> 五月庐山春未尽,浓绿丛中,时见红成阵。耀眼好花初识认,杜鹃佳品名云锦。　　攒叶圆端苍玉润,托出繁英,色比棠樱嫩。避暑人来应怅恨,芳时未及观娇韵。

午与夜俱小饮。服务员特为治肴,有新鲜之鱼。到处受人优待,良为欣愧。

五月二十日(星期六)

晨六点五十五分,轮抵南京码头。有教厅副厅长刘定汉,处长高君,办公室干部刘君,《雨花》杂志编者章品镇在相候。曾在船上发电报与三官、姚澄,而二人未来,殆是探询船到时刻未准之故。驱车入城,至中山路福昌饭店,前尝数次住此也。刘厅长希余多留数日,游息而外,略及编辑教学方面之事。而章品镇又言希与青年作者会面。情不宜却,决定作一周之留。

诸君去少顷,而三官、姚澄来,诚由探听未准,误以轮将以下午到埠也。姚澄经休养治疗,颇见丰腴,三官亦较到京时佳健。姚澄旋即去,以须排戏,今日晚会招待越南胡志明主席。三官则陪余共午餐。餐时晤文化部徐光霄及其他数人,徐言雁冰、愈之亦将来此,盖开会也。

饭后仍睡一时许。既而三官、姚澄携其抚育之子兆言同来。小孩颇活泼,不怕生,爱说话,一口南京音;缘见余照片,一见即相认。姚澄又即去,缘晚会表演,四点即须化装。余与晓风、三官出外,闲行中山路,观百货店数家。南京街道宽阔,行步颇从容。行一时许而归。我三人谈,拟于二十九日到苏州,盘桓数日,即从苏州乘火车回京。下星期之活动,已由教厅高、刘二位与晓风排定,每日以半日谈晤,以半日游散。

晚餐后,至福昌对面小巷中之百花书场听书。凡三档,一为《母亲》,系现代革命故事,一为《三笑》,一为《雷雨》,均尚不坏。共两小时,亦不嫌其长。九点半散,归即就寝。

三官告余,至善来信言甥女亦多生一女,我妹为之料理,颇见高兴。家中均安好。所种瓜豆之类皆已萌发。

五月廿一日(星期日)

上午九点许,姚澄、三官来,同驱车游玄武湖。先乘车周行各洲,然后下车,憩于茶亭。此间之广玉兰与雪杉皆高大,极可爱。游两小时而归。

下午三时许,二人复来,坐于室中杂谈戏剧。文化部诸君与此间文化局约定,今晚组织评弹之内部表演,邀余往听。七点半后,余与晓风、姚澄、三官共往。书凡三档,表演者皆为老辈。俞筱云、俞筱霞之《白蛇传》,周玉泉之《玉蜻蜓》,徐云志之《三笑》。余觉周玉泉最好,叙说甚干净。此君已六十五矣。幼时听《三笑》多次,今夕听周文宾男扮女装,与王小姐说破真情一段,觉其构思极粗俗,唱句甚不堪,殊为可厌。十点一刻归。

五月廿二日(星期一)

上午八点半,教厅厅长吴天石、刘定汉二位偕来,尚有编教材之同志与厅中人员五六人。刘为余谈编半日制中学课本之情况与所遇之问题。一位张君为余谈苏省去年编十年制课本与修改之情况。至十点半而散,约定明日上午余与编辑同志晤面,略为座谈。

午睡起来,应昨日之约,至锡剧团,与编导、音乐作曲者、演员漫谈。到者有锡剧、越剧、扬剧、昆曲各方面之人,约三十余。此数个剧种今合在一处,组成地方戏曲院,姚澄且为其院之副院长也。他们要余谈辨字之声韵,余乃略言唱词总须注意平仄协调。又为讲《牡丹亭》之《游园》中数曲,谓体会曲文,则演之能入化。谈两小时而毕,听者似尚感兴味。

于是至三官、姚澄之宿舍闲坐,观姚澄之大量照片。锡剧团团长已准备小菜,留我人晚餐。即共饮,饮南京制之大曲。团中人咸来招呼,至感亲切。余闻别室方在唱昆曲,因言可否往一听。彼辈闻之,即欣然而来,笛与鼓板并至。听唱《游园》《小宴》《埋玉》《山门》数出,皆不坏。询之,此辈青年已习昆曲五六年或七八年,早能上场。原在苏州,今一部分人分来南京。见余为苏人,又是三官之父,如见亲戚也。余兴会甚好,乃于无意中得之。九点许归寓所。

五月廿三日（星期二）

晨八点半,教厅之高君来,迎余至省人委办公处,晤刘厅长与古楳厅长。半日制课本之编辑人员与审查人员已到齐,坐于一室,约百人。至九点,余为大家作讲。无非言平日之所怀,逾二小时。观听者之神情,似尚感兴味。先曾记要点于小纸,而说话未出小纸,居然遗漏者不多也。

午刻,吴厅长与刘、古二厅长设便宴饮余于福昌饭店,邀来同叙者有宣传部长钱静人,《雨花》编者章品镇,并姚澄、三官。菜甚好,饮大曲,三官饮而半醉。

午睡起来,愈之来访。彼偕沈衡老同出游散,今日方到。三点,偕至前夕听评弹之处,观昆曲表演,表演者即昨日清唱之诸青年。一排演厅甚宽广,铺毯子于地板上,即为舞台,此是从前演戏之方式也。亦设水银灯数架,演时开亮之,此则从前所无有。戏为《游园》《思凡》《佳期》《相梁刺梁》四出,皆不错。余来南京本拟小住,今有此乐,颇愿多留几日。

晚餐后为钱静人、章品镇写字各一张。继之,为三官改其剧本稿。剧为《柳毅传书》,彼欲据旧本更改数场,重编新词。三官之稿不顾声韵,造句用词多勉强。余与晓风共为商酌,集体考虑,集体修改,至于十一点,居然改得三纸有余。明后日再赓为之。如此改稿,晓风、三官皆言甚有意思也。

五月廿四日（星期三）

早起即洗浴。晨间,教厅之《江苏教育》编者钱闻与办公室刘君偕来,陪我人往参观紫金山天文台。三官随往。每到南京,辄思一观天文台,至今日始践之。山不高,车渐渐向上,两旁丛树荫翳,乃见其境幽深。台中青年工作人员梅女士迎候。先引我人观台中所陈古代天文仪器,计有天球仪、浑仪、简仪、圭表诸件。次则观观测室中之大望远镜,镜之直径六十公分。每晴明之夜,必于此观测天体。较小之望远镜尚有三架,各占一观测室,未之观。又观我国自制之望远镜,盖大跃进中之产物,功用不异,而一切皆简化,制成之时间颇短。屋则木顶,亦能移动,观测时镜即露于露天。此可谓"土"望远镜也。

下山回寓,顺便往参观当年中共驻南京办事处之纪念馆。其处在梅园新村。周总理、董老诸人之居室皆如其旧,陈列之物大部为原物。图示其处周围当时国民党特务人员居址,可谓四面包围,与西安所见者相同。

回到寓所,钱闻与余谈教育刊物之编辑工作。俟其去,复与晓风助三官修改其剧本。午睡起来,赓续为之,至五点钟而停止。天气大热,余之一室西晒,不能坐,商量改稿,于五楼餐厅中为之。

章品镇君来谈明天与青年作者晤面事。初以为仅约少数人,彼此随便谈谈,不意作协方面发出入场券多张,要余个人独讲。余无多可讲,而势必一讲,只得勉强为之耳。

党委书记彭冲邀于南京饭店,以六点往。被邀者有沈衡老、愈之、戈茅、仲秋元,苏省方面有管文蔚、吴贻芳、高一涵,尚有民主党派方面之人,余相识者仅陈觉玄一人,共二席。肴馔极精,劝酒不勉强,颇舒适。餐毕,听弹词三档。徐云志之《三笑》,周玉泉之《文武香球》,俞氏兄弟之《玉蜻蜓》,所选段落皆精彩。听罢归寓已十点矣。

五月廿五日(星期四)

晨七点半,章品镇与作协主席张慧剑来,慧剑系旧识。驱车至文联与作协之会址,其地即太平天国之天王府,清之两江总督府,余曾到过数次者。八点即开始作讲。面前听者约二百人有余,多为业余作者、编辑人员,有少数助教,以青年为多,有自苏州、扬州来者。余仅于晨间略想一下,就平时所怀,随口讲说,居然历时三点钟,中间休息一刻钟,听者感应如何,不得而知,而余颇劳惫矣。

张、章导余观蒋介石于此任伪总统时之居室,据云蒋退出南京时,此室凌乱不堪。又观孙中山任临时大总统之办公室与起居室,陈设略如其旧,颇见简朴。次观太平天国时布置之西花园。然后返寓,决以半日留寓休息,不复出外参观。

午睡起来,疲惫稍舒。三官来,即又共改其剧本。三人共为磨研,颇有乐趣,时得佳句,则共欣然。姚澄旋至,共进晚餐而去。余语渠能共往苏州一行最好,望与团长商之。晚餐后仍共改稿,至十时,三官乃去。

五月廿六日(星期五)

晨起即洗澡。三官来颇早,继续商改其剧本,至十点半而止。彼尚未完成所任修改之一场戏,须待写出初稿,方可续改。

午后三点,教厅高处长来,陪余至南京师院。院长温建平相迎。少坐,即与此院之全体教师晤面。尚有江苏教育学院之全体教师,教师进修学院之教师,共八九十人。古楳厅长亦来参加。师院中文系主任孙望提出若干问题。余就其所称,说说个人之见,亦未全及其所提。谈约二小时而毕,观与会者之表情,似尚感满意。

夜间三官有事未来。姚澄来坐少顷,渠言团中恐有临时演出之任务,是否能同游苏州,尚未可必。

来南京一星期,而作讲四次,实出乎初料。

五月廿七日(星期六)

晨作一书与至善、满子,久不写信矣。

方俊玖来访。方旧为部中人员,今在甘肃省任教厅副厅长,此来即为探听江苏编审半日制课本之情况,准备采用其一部分。谈约一时许而去。

偕晓风、姚澄、三官往参观南京博物馆,而其馆方事重新布置,准备迎接"七一",暂停开放。晤院长曾昭燏女士,言拟略观所藏画。曾慨允,请一位老者与一中年人某君来,嘱挑选若干,俾余观之。馆中藏画在万件以上,二君挑数十幅,一一展轴,令余细赏。最可爱者为徐青藤杂卉长卷,青藤如此之画极多,据云以此幅为魁首。他则八大石涛,扬州八家,不仅画笔超绝,题辞亦至可玩味。惜一卷方开,顷即卷起,仍嫌匆匆耳。观一小时有半而归,此行深为满意。

午睡起来,至人民剧场,观苏昆剧团演《窦娥冤》。彼院据关汉卿原作,仅去其末了一折,为作谱演唱,此为向所未有。前日余提出颇思一观,乃约定以今日为内部表演。演窦娥者即张继青,前此观渠演杜丽娘与邬飞霞者,演来极佳,能传出窦娥激愤之情。就全剧而论,法场一场甚精彩,前二场嫌其松,似尚须于说唱动作方面加工。此剧演两小时而毕。继之演淮剧《一家人》，系革命斗争故事，历一小时有余，亦尚可观。

夜间助三官续写剧本，成唱词二十余句，至十点而罢。

五月廿八日（星期日）

晨五点即起，洗澡甚舒快。今日刮大风，殆至四五级，高楼窗外，吼声时作。不欲出外，则构思作词，酬谢苏昆剧团为余表演与清唱之美意。至十点时，词成。

喜闻旧曲薪传，金陵小住多清赏。吐芳挺秀，芝兰玉树，照人明朗。不坠前规，承而能化，频传新创。与好花百种，并陈艺苑，争明艳，齐开放。

杜丽春游惆怅（游园），更崔张共归罗帐（佳期）。智深酣醉（山门），色空彻悟（思凡），飞霞悲壮（相梁刺梁）。上苑观娱（小宴），马嵬悽惨，玉环泉壤（埋玉）。睹窦娥慷慨（窦娥冤），汉卿原制，慰长时想。

调为《水龙吟》。日来所观所闻诸曲，悉纳其中矣。晓风、三官为余出外买纸，欲书此词，空手而回。三官言只得俟明日商之于章品镇，文联方面当有纸也。

午睡起来已将三点。三人复共同斟酌剧本词句。既而姚澄来，亦偶出其意见，颇有中肯者。至六点半，三官所担任之一幕已修改完毕。统观全文，意较贯通，词句较顺适，而文言气息颇重，与其他数幕不相称。余戏谓此一幕若能演唱成功，可为越剧之折子戏也。

晚餐罢已八点，回室中闲谈。姚澄谈其幼年习戏，所历种种艰难压迫，又言其父嗜酒嗜赌，其母辛苦一生，甚为动听。至十点，二人乃去。

五月廿九日（星期一）

晨起看《雨花》之小说数篇。

九点过，教厅之刘君来，陪我人往观太平天国纪念馆。其地为徐达故邸，有小园名瞻园，清时为布政司署，太平天国时，杨秀清尚居之。陈列分两大室，以六点为纲要。一、革命背景与金田起义，二、土地制度及社会政策，三、工商业及对外关系，四、军事，五、文化、教育、艺术、卫生，六、失败原因。大多为书籍、照片、文契,其文契皆复制品,模仿至工,余深赞赏。又摹有太平天国之壁画数巨幅及年画若干幅。又见当时之缂丝两匹,极精工。往观瞻园,亦以池塘为中心,而池旁之假山树木亭榭,布置颇胜于天王府之西园。参观历一小时有半而出。

雨花台已近,顺便往一观。法国梧桐之林荫道接叶交柯,登台而望,树木葱郁。于革命烈士纪念碑前伫立有顷。买雨花石子十余颗,皆平平。

午睡起来未久,高处长与市教育局长某君来,偕同到教厅。吴天石在彼相候。中小学语文老师三十余人已集,即为座谈会。市教育局科长邬女士谈全市语文教学概况,教师数人发言,谈其经验与感想。最后余发言,随意所至,述平日之所思。时至六点,只得截断,共谈一小时有半。察听者似感兴味,惜言之未尽。余只得谓他日再来,复图晤叙耳。

三官、姚澄来共晚餐。餐罢,共往中华剧场观荀慧生演《金玉奴》。系荀相邀,不能不往。沈衡老与愈之、戈茅皆在座。荀甚肥硕,演小姑娘,观之不甚舒服。剧情有所变动,金玉奴棒打薄情郎之后,并不与莫生重为夫妇。此一点似可取也。散场已十点半。

今日疲惫,夜眠乃不得酣。

五月三十日(星期二)

清早洗澡。旋即磨墨,准备写字赠苏昆剧团。早餐毕书之,写一小时有半而就。不自满意,结构不合之字颇不少。旅中数度写字,未有一纸通体无疵者。欲臻此境,固非易易也。此次之纸系数厅向美术界要来,甚佳,负此纸矣。

十点后,三官偕其越剧团中之同事万放来。万为武大出身,据云曾入余之课堂旁听。二人之来,系邀余往其团中午餐。即往。晤行政与编导数人,尚有演员而任团长之祝、商二女士。杂谈戏剧。午餐备菜颇丰,祝水招女士殷勤劝食,良可感。午后一点返寓。

睡起时,高处长与三官已来,偕至古生物研究所参观,其地在鸡鸣寺。晤所长斯行健与李君。斯为人大代表,与余相熟,见余至颇兴奋,极言后继研究人员必须培养,分配人员往往嫌少。斯之专门为古植物,解放以后有论文不少。各地掘得化石,多送彼处鉴定。近则深感个人研究不如培养后进之重要。余言渠之心情,余深能体会也。其所之标本皆置于柜中,未有陈列,观之不便,则介绍至地质矿产陈列馆参观,斯陪我人同往。此馆收罗甚富,陈列十二室。六室就各种矿石,以种种方法分类陈列。六室则按地质年代,依次陈列各种化石。馆中二位同志为作解说,斯君亦时作简要说明,虽未必了了,亦颇开眼界。参观两小时而出,大家觉此行甚有兴味。殷勤与斯君为别,谓再见当在今秋人代开会之时。

返旅舍,姚澄来电话,云请假已获准,唯下月三日必须回来。于是商定以明日到苏,俾姚澄得两整天之彻底游散。留南京十一日,活动不少,亦云足矣。

晚餐后闲谈大炼钢铁时之情形,至十点,三官乃去。

五月卅一日(星期三)

晨起即整理行李。八点过,三官偕苏昆剧团之陶团长,导师徐子权,演员张继青来。徐子权为昆曲前辈徐凌云先生之子,幼习昆曲,今在南京指导数个地方剧团,尤致力于苏昆。张继青则其团之优秀女演员,前观《游园》《刺梁》《窦娥冤》皆渠所演。今日之来,意欲听余之意见。余实无甚意见,共谈一时有余而去。

十一点,教厅宋云旂厅长与高处长、刘同志偕来,盖来送余,与我人共进午餐,酌酒数杯。饭后,章品镇亦至。一点四十分,我们四人,送行者四人,共往车站,即登车,与送行者为别。车甚空,与三官、姚澄共为短途旅行,此为初次,余意颇快适。望沿线麦黄,若干地区则秧已插罢。工厂似比前年又多若干。

六点廿九分到苏州。教育局局长瞿芑丰与交际处朱中浩在站相候。即驰车抵南园招待所。南北纵贯街道,自车站至古市巷一段,三元坊以南一段,俱已拓宽。中间一段以民房甚多,迁徙非易,尚有所待也。南园招待所占地甚广,即在余旧居青石弄之东,树木森茂,房屋为分别独立之小洋房。我四人占一幢之三间,亦复太宽舒矣。

晚餐后,古厅长来访。古为修订省编十年制教本,来苏与师院同人商讨也。古去后,与三官姚澄闲话,十点乃睡。

六月（止于八日）

六月一日（星期四）

晨起颇早，闲步庭园。观花匠常熟人陈姓管理之盆景。苏州风气，盆景以老干新枝为尚，观花圃中所陈，大盆小盆皆属此类。老干或如怪石，或如枯木，而新枝则甚畅茂，自饶意趣。有石榴两大盆，树身仅存其皮，皮且破裂，而透出数枝，今方作花，云日后且结实。陈姓谓此是数十年之物矣。其处数百年之物亦不少。原来皆花圃或人家所藏，今萃于一处，乃成大观。拙政园方面更多。

教育局副局长杨授经来访，陪我人往游东山。同往者尚有江苏军区政委徐君及其朋友家属。招待所厨师先往，供应午餐。车行一小时，九点半到达。憩于招待所，即前曾留宿之处，以其屋多雕饰，名曰雕花大楼。时方作小雨，而到达紫金庵已可通汽车，遂乘车至庵前，沿路见枇杷林，黄实累累，亦有已经采摘，全无果实者，盖今正是枇杷成熟季节。杨梅尚早，今欲观杨梅结于枝头作何状，惜未及细观。

紫金庵观罗汉像。殿之屋面已整修，且装有避电器，似颇周妥。坐于听松堂，听守者谈果农生活。谓去年每一劳动力可得三百五十元至四百元，今年积极性更高，还当更多。果木之灌溉，以筑一小小之青年水库，取水较往日便利不少。以施肥量多，大小年之别基本上已消灭。土药剂与化学药剂并用，虫害易除。改良品种，亦复注意。培养青年技术人员，青年皆乐于为此。如是种种，皆与贯彻农业指示十二条至有关系也。

余坐听松堂，念及同游此地之剑三与振铎，今皆作古人，未免怅然。

回雕花大楼午餐，餐罢小睡，睡余先曾睡过之红木大床。起来即驱车回城。观招待所附近之网师园。此园余幼年曾从伯南先生游过一次，已不能记忆。今此园新修，誉者甚众。园不甚大，以精而简胜。小池为中心，池之左右各有轩堂，轩前堂前布置石笋庭树，随处可坐憩观玩。有一室，陈大小佳石极多，姿态皆可观。同游者咸谓此园甚满意。

杨局长陪我人闲谈，将六点乃去。晚餐时晤古厅长，言明早返南京矣。姚澄观招待所安排之电影。余与晓风、三官复将《柳毅传书》一场之修改稿斟酌一过，又有所改动。十点半睡。

六月二日（星期五）

晨起仍下细雨。询知此招待所之大门即临滚绣坊，门对木桥，过木桥到十全街。念青石弄旧居即在西侧，因冒雨往观。门方启，屋内似杂居数家。庭中树木，柳树、槭树、石榴、洋槐尚是余所植，皆高大，他则殆是后来居者所植。园中殊荒乱。伫立有顷而去。

又往滚绣坊东口访赵孟韬。孟韬不意余之至，相见欣然。渠甚矍铄，犹为人教太极拳。与言约集老同学日内一叙，时地随便。渠以其自记生平之手稿《拙斋纪年》首册相示。幼年之情况，记之颇详，余与颉刚之名屡见也。

八点过，交际处朱君陪我人往游留园。全园周行遍之，时或停步细观。次则往观刺绣研究所。余每来苏必至其处，一次胜一次，其进展极多。细观缂丝、作绣、习画之老幼进行工作。黄杨雕、牙雕系附属项目，亦细观其艺人之奏刀。询知刺绣之针法，新创者已极多。青年必习画，此大有益于作绣。余提出一点，希注意诸人之坐椅，并察其坐之姿势，务使坐之安适，姿势正确。否则积年累月，必影响身体之健康，尤以青年女子为然。参观毕，一望其西侧之假山。晓风、三官、姚澄皆登山，颇惊其小而不觉小。已毁之四面厅方动工重建，西侧之廊似无恢复之意。余以为其廊亦当重修也。

午睡起来，往游拙政园。东侧之园已布置完毕，大门移于东边。东园空旷，广植树木，有新凿之沟池。自东园而中部，而西园，一一细观。余颇忆幼年常来中部游散之迹。坐玉兰堂茗憩，听朱君谈招待工作之经验，殊有味。四点半归寓。

六点半，市委第一书记王人三，书记处书记凡一，邀我人便宴。菜颇精，得食久未获尝之炒虾仁与莼菜。凡一同志谈及此间有喉科名医，劝姚澄往访，俾得保护嗓子之方。又言有针科名医，余既有背痛之患，可往一谈。我二人皆有一试之意。散归宿舍，姚澄又为余谈其幼年经历，听之极有味。

托朱君借到《苏州园林》一册，系同济大学建筑系所印，陈从周所编，大佳。主要记拙政园留园，甚详，照片则旁及他园，摄影技术至高明。每幅皆题昔人词句，皆与照片吻合，此颇不易。又有拙政园、留园之测绘图。此册为其系之教材，不公开发售,惜无由致之也。

白沙枇杷久未得尝,昨今乃畅食之。

六月三日(星期六)

因陈政委与朱中浩之劝说,姚澄决多留一日,以明日傍晚回宁。与团中通长途电话,获得同意,遂留。渠与三官结婚以来,共同出游此为初次,且与余相伴,实非常难得也。

上午游虎丘。虎丘整治至清洁,花木亦盛。山下开环山之溪,筑环山之路。塔已逐层加一道箍,外涂水泥,乃不露其痕迹。顶层则新砌。远望之,塔不复如一个玉米棒子。修治费十五万元。据朱君云,塔之倾斜度,顶与底层相去一公尺四,较之比萨斜塔,尚不算太倾斜也。茗憩于致爽阁。

继之游西园。观罗汉堂。观放生池群鱼争食,鱼有甚大者。鼋仅见其二,皆不大。次观佛教文物陈列室。遂归。

下午三点,出至对门之另一招待所参观。此所规模大,房屋皆巨型,树木极高大,有荷池,周行一圈亦颇费时。然后往观沧浪亭,整修亦颇雅洁。幼年经常来此,游踪尚能记认。于是观玄妙观,入三清殿。于古董商店购金心兰山水屏四条,陈叔老之父亲所画山水一幅。后者拟以赠叔老。

晚餐后,孟韬夫妇来访。孟韬言已约定诸位旧同学以明日晤叙。喉科大夫马友常来,为姚澄开一常服之方,言欲保护喉咙,避免感冒,根本之道在于锻炼,在于增进身体之健康。其言自有理。

朱君陪我人往北局听书。《啼笑因缘》《三笑》《双珠凤》,弹唱者不记其名。后二档皆不错。回寓已十点矣。来苏三日,以朱君之安排颇紧,尽量游观,余感其疲惫。

六月四日(星期日)

晨餐后,酬答陈政委之访问。归舍,听三官读《柳毅传书》之第一场,略为指出应为改动之处。

十点,与三官至公园之东斋,老同学已集。到者共八人,以年龄为序如下:蒋西林七十三岁,徐畴青、黄焕文、赵孟韬、李延甫、陶蓉初五人皆七十二岁,李映娄七十一岁,徐伟士七十岁。独余一人尚未入七十岁之林耳。蒋与陶皆龙钟。黄则耳聋,须为笔谈。李最矍铄,赵亦佳健,一则练气功,一则常打太极拳者也。叙谈之顷,以李谈其医事为多。李治中医,殆颇不坏。茗叙之后,即于东斋买饭菜聚餐。餐毕,于树荫下共拍一照而散,共九人,可戏为《九老图》也。

睡起后,朱君劝我人出游,而余意不欲,则言不如访旧书店。至文学山房,余购《京尘杂录》与《娉花媚竹馆宋词集联》。后者于一九三七年出版,撰人名俞镇。

怡园在近处,入而访之。遇陈涓隐。陈涓隐负责园林之工作,听渠言整理园林,甚有意思。周游一圈而出,遂返寓。

晚餐而后,姚澄、三官动身回宁,朱君与晓风送之于车站。余与他们在宁叙首十一日,在苏周游四日,殊为难得,大可纪念。深盼以后再有此乐耳。

作《浣溪纱》一阕赠朱中浩,谢其殷勤之意。

> 新貌云蒸旧淡忘,故乡却似在他乡,导游深感意周详。

> 屡接清言通大体,从知笃好出专长。一辞一对尽文章。

六月五日(星期一)

晨八点后,朱君陪余出。先至悬桥巷访沈嘉平,遇之。沈问墨林安否,余答以去世已四年,乃愕然。余至其家,另一因由盖欲一观幼年读书之所,所谓报春草堂者。此屋原属陆氏,后辗转入嘉平之母家。读书之所为一花厅,西侧有书房,夏日读于花厅,冬日移于书房。厅前有紫藤架,架前花树颇繁,有围廊、旱船、亭子、山石。余久思一观,询之嘉平,则云全不存矣。盖已改建房屋,园庭布置尽去。坐有顷而出。是屋大厅用作工人宿舍也。

乃驱车至北街,观檀香扇制造厂。以檀香来源不畅,其处亦制绢扇。作画之人兼画大轴小幅,不仅画扇而已。烫扇者不仅烫扇,且烫纸作画。烫纸画尚为初见,传之者为南京人龚福其。龚方作画,观之。通电于铁笔,铁笔划纸作画,如作钢笔画然,以用力之轻重,定烫痕之浓淡,其色为咖啡色。纸为裱过之宣纸,烫痕不破不焦,山水画浓淡有致。龚已七十余岁,询以此技之来历,谓始于高邮,初创者为一僧人,传至南京,渠为第三辈,历史不过百年耳。始以铁笔就油灯烧热,然后烫之。继改为铁笔上方以器盛燃着之炭墼,使其热传于笔尖。改用电流,则是近年之事。据渠自称,通电不如用炭墼之好。渠在此传授学徒,青年能为此者已将十人。人物、山水、花卉、翎毛皆画之。画固平常,而此技为国内他处所无,故可贵。因选购数张,并购绢扇数柄而出。

到寓,专署教育局局长张友聚在相候,谈有顷即去。午睡起来,朱君复来询何往。余谢之。到苏数日,无日不出游观,颇感其惫,两腿作酸矣。傍晚,孟韬来谈,别时殷勤期后会。

六月六日(星期二)

竟日未外出。午前孟韬复来,以前日所摄照片之底样见示。余谈及前题其《击剑图》之诗,篆字殊不惬意,彼即要余重书,余应之。午睡起来时,孟韬以旧纸来,余言篆字更无把握,还是楷书为便,渠无意见,余因作楷书。写来仍未能惬意,大小不匀,全幅气不贯,仅能谓略胜于篆书之一纸耳。既而共闲谈,杨局长与朱君来共坐,余偶言及尚应童子试,孟韬乃大谈科举之情形。杨、朱与晓风皆三十余岁人,闻之至感兴味。谈至六点半,孟韬乃去。

晚餐后余入浴,晓风则整理行李。余小睡,为蚊虫所咬而醒。候至十二点过,乃驱车赴车站,朱君送之登车,殷勤握别。朱君作招待工作极周到,余深感之。车开动后,余即就寝。热甚,以毯子之一角掩腹部而已。

六月七日(星期三)

晨间醒来,车方渡江。车中观北大中文系五六级语言班所撰之《汉语发展史》初稿。此稿携于行箧,昨日始展观之,毕其甲骨文时期之部分。今日观其西周至西汉之部分。此稿成于群力,植基于统计与归纳,材料与结论皆可观。从前文字学家训诂学家无此条件也。

昨夕少睡,今日午前午后皆入睡一小时有余,头脑乃不复昏昏然。夜八点半到济南,俟车开动,即就寝。

六月八日(星期四)

醒来为四点半,车已在京津线上。五点卅五分到北京站,五十日之旅行于是结束。至善、永和、老田在站相候,即与晓风为别而归家。

《旅川日记》小记

抗战胜利后乘木船出川的时候我曾经想："蜀道如此之难，重来恐怕无望了。"谁知不然，解放以后三十多年间，我入川已经四次，每次像回到了故乡一样，处处感到亲切。

头一次是一九五八年一月间，与周有光先生结伴。其时《汉语拼音方案》刚通过，周总理作了关于文字改革的方针任务的报告，胡乔木同志也作了报告，就《汉语拼音方案》设七问，逐个予以解答。为了赶快传达，立即分几路派出人员，有光先生和我被派往西南一路。我们带着周、胡二位报告的录音带在成都、重庆两地传达，逗留了一个星期。到成都乘的是飞机，离开重庆往昆明也乘飞机，跟抗战时期的旅行相比，真可谓"不亦快哉！"但是究竟太匆促，旧地不能畅游，反而增添了留恋。

第二次是休息旅行，在一九六一年四五月间，陪伴我的是史晓风同志，从西安乘火车入川。我初次走宝成路，火车在丛山叠嶂中穿行，正好碰上下雨，朦胧变幻的景色给我留下了深刻的印象。在成都逗留了十来天，旧游之地都到了，还看了几所学校，气象跟抗战期间大不一样。后来经成渝路到重庆，乘轮船出川，为的是重温三峡风景。江水初涨，轮行甚速，航道中的险滩暗礁大半已经清除。一路上与晓风谈当年乘木船东归的经历，心情自然有特殊的欣快。

第三次是一九六五年十一月间，我参加中共中央统战部组织的学习参观团，去四川参观内地新建的工业和成昆铁路工程。同往的朋友很多，到了十来个大工厂和几处铁路工地。刚度过三年困难时期，看到处处是兴旺景象，大家的兴奋自不待说。可是在出川的轮船上就读到了那篇所谓批判海瑞的檄文，第二年动乱开始，四川遭到了极严重的破坏。

第四次是一九七八年五六月间，也是由中共中央统战部组织，去参观学习的。其时距离打倒"四人帮"已经一年有余，四川由于执行政策得力，工农业生产已经开始恢复,在这个当口去参观学习,对辨认"左"倾路线和增强拨乱反正的信念都大有好处。可惜我在出发那一天就感到腹内轻微作痛,旅行中总提不起精神,后来竟发起低烧来。回到北京进医院检查,发现胆道阻塞,并且已经发炎,马上动手术,取出一颗黄豆大小的胆结石。这次大病卧床竟达一百天之久。

以上四次入川,第一次日子比较短,日记中主要记事务;后两次到的地方多,涉及的方面广,日记不免丢三落四,有些部分还得作一些必要的整理。唯独一九六一年那一次是个人活动,不带任何任务,到哪儿都比较随便,日记也记得比较随便。也许正因为随便,自己读来觉得颇有回味,于是叫至诚把这一段日记抄了下来。

1983 年 3 月 22 日作

内 蒙 日 记

一九六一年

七月（廿九日始）

七月廿九日（星期六）

晨早起。七点过离家，至善、永和送余至车站。社中张玺恩与牛君已在站相候，道别即去。未几，同行者齐集，即登包定之一节车，余与老舍同一室。车以八点五分开。车中颇不寂寞。听徐平羽与谢稚柳谈书画。听老舍谈戏剧界不民主之情形，谓今后当可渐改。

读曹禺新作《胆剑篇》，匆匆完毕，晚食时与曹禺谈余之所见。此剧写越王卧薪尝胆故事，分五幕，余觉诸幕不集中，似未能凝集而表现一个总的精神。此剧对话颇有译古语为今语之处，一个角色说话，杂出此类语句与纯粹之现代语，似不调和。余谓曹禺前作《雷雨》《日出》，皆以对话见长，有若干段令人百读不厌，而此作中无之。余又举出有关古代文物之数点，谓可商之于博物院，期其无背于历史。尚有语言方面之小疵，缓日再与商谈云。

余从未出关，此为初次。观关外庄稼，见地力之厚。他则工厂时见，工业之发达可知。缘谈话看书时多，未能多外眺，即所过诸站之站名亦未注意。

午食后小睡有顷。夜九点即睡，居然得酣。

七月三十日（星期日）

晨四点半即起。八点过到哈尔滨。我人之一节车卸下，留于车站，候至夜间再挂车启行。哈尔滨之负责人数位来迎，虽然介绍，其姓名未能记忆。到北方大厦，各占房间小休。此间如新秋天气，不复出汗，晨间曾穿薄毛衣，老舍谓我人换季矣。

十点半，东道主导我人出观市容，乘汽车走马看花，方向亦记不清。先经学校区,次则工业区,商业区。解放以后新建房屋为以前之一倍。旧房屋以俄式为多,其教堂尤为显著。人口二百万,解放以前为七十万,增多之数皆工人,可见工业之进展。工业偏重于重工业。市区树木颇密。

入儿童公园。中有儿童铁路,建成已数年,服务人员皆少先队员充之。凡两站,一名"北京",一名"莫斯科"。车票价五分,自"北京"抵"莫斯科",再回"北京",历数分钟。小车头。有顶无窗之小车厢,比一般公共汽车略窄。车厢计四节。我人全体登车,来回一次。诸少先队员皆殷勤相问询,与合影数张。此为我国唯一之儿童铁路,殊可记也。

返大厦午餐。于座中闻人言,"哈尔滨"为满洲语,其义为晒网场。又闻黑省今年夏收不差,以现状测之,秋收亦不会差。黑省从无大灾之年,仅有微歉耳。

午睡一小时,颇酣。三点,全体游松花江。登一游艇,自下游上溯,复自上游下驶,往回于两条铁路桥之间。沿市区之大堤皆用石块铺成斜面。此堤为前数年抵御洪水,集全市之人力所成,石块则随后加固者。其长一百里,亦巨功也。两岸游泳之人甚多,有横渡比赛,观者密集。又有国防体育运动员方演习登陆战斗。又有独人小汽船之驾驶比赛。值此夏季,哈市之人固以松花江为游息胜地也。

天如圆幕四垂,其色淡蓝,缀以白云。一江平铺,两岸直长,为天与江之界线。眺望宽广,至感空阔。老舍时作趣语,令人解颐。此乐殊可珍也。

旋登太阳岛。四围筑高堤,岛上之屋乃有低于堤面者。设有休养所。此岛尚须加工,将来可为游览区。

五点半返大厦休息。东道主设宴款我人,菜甚丰。有松花江之鲤,大而嫩。又有腌甜瓜,香甜酸脆,人人赞不绝口。酒为本省之葡萄酒与啤酒,亦皆醇厚。食毕复休息半时许,乃往车站,东道主殷勤相送,期望再来。车以九点过开行,附挂于开往满洲里之慢车,站站皆停。

七月卅一日(星期一)

醒来为四点半,老舍已先我而起,云已过昂昂溪。渐入草原,一望平绿。间有树木,而不成林。看地图,铁路线为自东南向西北,大兴安岭之走向为东北与西南,路线与山脉交叉,越过大兴安岭,即到达海拉尔。

经大兴安岭,则山上尽是林木,望中觉此岭并不高大。间有突出之山石。山下仍为草地,时时见小沟与池沼。草地上亦有划小块种庄稼者。牛马羊之群常见,而房屋与人绝少见。草原花开,其色不一,有时见一色之花成片。初以为大兴安岭必当高峰连亘,今临其境,乃知不然。盖坡度甚缓,渐高渐低,乃不之觉,实则高处海拔达一千四百米。

眺望之余,为曹禺说其剧作中语言方面之疏漏。彼一一记之。组缃、老舍听余所说,时表同意。

午饭后小睡一时许,亦酣。四点过,望见海拉尔,房屋颇盛,厂房四立,市区殊不小。四点二十分到达。本地各方面负责人相迎,虽经介绍,一时尚未能记其姓名。导至招待所,即各投房间休息,余居三百十一号。招待所为新建之大楼,虽精美不及他省,规模亦复不小。

海拉尔为元朝发祥之地,今为呼伦贝尔盟专署所在地。据闻草原之土壤虽亦为黑土,而与我苏州或成都盆地之黑土不同。今年较干旱,故牧草尚未长足。

夜间,当地领导人设宴款我人,刘书记(名保华)为首。菜甚好。有禽名飞龙,其肉视山鸡更嫩。有甲鱼,昨在哈尔滨尝食甲鱼,不意北边亦有之。有烤羊腿,殆是主菜,而余不能嚼之。宾主互劝酒,余饮稍多,刘书记最多。

有政协组织之六十余人在此,到已将一月,其中熟友颇多,元善夫妇、颉刚夫妇亦在内,闻将以下月五日回京。今夕,彼辈举行舞会,我人观有顷即返室。余洗澡而后睡。

八 月

八月一日(星期二)

晨起方五点半。洗脸后,偕老舍、组缃、思成出旅舍闲行,往西,至伊敏河上之桥下,折而南,行于河岸。气清望远,殊为畅适。今年雨少,伊敏河颇清浅。

政协来游者常为讲习会,各以其所知饷友好。今日有农业大学李连捷讲土壤,以九点开始,余往听之,记所闻之要。

能长庄稼者为土壤,必有肥力。农事之有收无收决于水,多收少收决于肥。土壤虽成于自然,而亦为劳动之产物。呼伦贝尔盟耕种仅四五十年,土壤尚为自然状态,人力未加之处至广。盟之东部,无霜期一百五十日,山区之两边一百二十五日,山地则为一百日。至于海拉尔,平均温度为零下二点四度。雨量以山区为多,最高处兴安为六百五十毫米。海拉尔为三百二十毫米。就土壤言,山地为山地灰化土,酸性,适于针叶树之生长。岭之两侧为森林草原土,次则草原黑土,所含腐殖质多者至百分之六。

李提出其意见,谓在牧区营农业,旨在支援牧业。种庄稼而外,如能种牧草,当更于牧业有利。利用轮作制度,可以培养土壤。气候早晚凉,中午热,宜于种块茎块根之植物。总之,耕作方法、耕作制度、所种植物之品种,此地均大可研究也。

下午三点,参观呼盟展览馆。此馆布置有期,尚未正式展出。于此见各方面发展之速,农业亦颇见发达。林木为绝大资源,落叶松占百分之七十,白桦占百分之二十几。今主采伐与更新并重,定出种种规划。天然之松,一百二十年乃当伐,今欲速其成长,俾六十年即可采伐。观两小时有半而出,亦颇疲矣。

夜,观此间歌舞团为我人演出,地点在职工俱乐部。节目皆见各民族之特点,有颇佳者。十点散。

八月二日(星期三)

晨八点出发,往观牧区。地点为海拉尔北一百五十里之陈巴尔虎旗,简称陈旗,所访者为白音哈达牧业公社之夏季牧场。出市街,有一段车路极不平,车身颠簸如跨劣马。行四十分钟乃见平坦,然非特造之公路,仅于草地辟路,行之既久,压之已平耳。至此,望中乃无一树木,唯见草地,略有起伏。今年干旱,草未长发。有一河名莫尔冈,屈曲如盘香,如织物之图案,宽度各段相等,远望可取柳子厚之“明灭可见”四字状之。牛马羊之群随处可见。时见蒙古包,包外歇大车与马,盖牧民之所居。

十一点半抵所访之地,数十人驰马来迎,其势之盛,初所未料。经介绍,知为旗与公社之负责人,亦有社员。入蒙古包,周围以芦干为之,地铺毯子,为一社员之居。先进奶茶酪干。酪干极硬,余取一小块,嚼之久久仍不碎,只能囫囵吞下。据云彼辈所居在三百里外,五月末始来此放牧,居三个月回去。此区牧业年有发展。改良品种之工作,各地皆有进展,而多少不等。牧民于农事,初感不习惯,旋知非农不足以促牧之进步,乃渐知重视。

既而出包观马群。社员表演套马之技。自马群中择一马御之,必先套马。牧人跨马,手持长竿,竿端系长绳为大圈,驰入马群,向所选马追逐,及距离能相及,则挥竿俾绳套其颈。套之而中,马奔驰益急。牧者疾追之,手则转其竿,使绳圈渐缩小,及紧扣其颈,则已能控之使不复疾驰。于是另一牧人以马络头套之,此马即套住矣。追逐之际,牧人往往侧身如欲坠而并不坠,其技殊可观。亦有套而不中者,有套中而复逸去者。

复观表演骑劣马。择一劣马套住之,加上络头,骑者腾身而上。马则腾跃扭其项,务欲掀之使下。骑者左右狂鞭,身体左右前后倾侧,而竟不下。此辈盖视马如无物矣。复观赛马,若干骑疾驰,争取先到目的地。

入包进食,吃羊肉。今日共宰三羊,于草地掘穴,置锅其上煮之,以牛粪为燃料。是名"手抓羊肉",盘中盛大块之肉,各人以小刀割下若干,手执而食之。今日则为我人设箸。肉绝无膻气,唯甚硬,余嚼之终不能烂,不敢多吃。本系淡食,今日为我人设酱油。尝牛奶酒,殊无酒味,所含酒精殆不多。

食罢,复出至包外。同人有试骑者。余少年时尝习骑,因请选一老实之马一试,居然走一小段路。他人有戒心,促余速下。曹禺试骑最久。旋皆席地而坐,观牧民舞蹈歌唱,复为摔跤之戏。摔跤,余系初见,两人相扑,使对方仆于地者为胜。为此戏者身体皆壮健非常。

将四点,辞别东道主而登车。数十骑飞驰相送,视来时更形欢跃。蒙人好客,善于表其感情,于此可见。

六点十分抵旅舍。余小睡,乃甚酣,晚餐时由他人唤醒。晚餐尝大鲫鱼,系特往数十里外捕得者,鱼长尺许,大而甚嫩。九点过即睡。

八月三日(星期四)

今日上午休息。余作书二通,一致亦秀,一致晓风。颉刚来谈,言其工作甚忙。询以何忙,答言三事,一为译《尚书》为今语,二为答国外学者之来问,三为受北大之委托,为一朝鲜留学生研究朝鲜古史者之导师。此诚忙矣,且关系皆至重,不能草率应付。颉刚又言学术方面,青年研究者跟不上,大是可虑,亟须培养。今日为此言者甚众,不唯史学界也。

下午三点,我人与呼市文艺工作者为座谈会。一堂集六七十人,彼方以青年男女为多。平羽述北京文艺座谈会之大要,彼辈甚感新鲜,恍然于文艺与政治之关系,并不如前此所知之狭隘。老舍与余谈写作须下工夫练习,虽为常言,似亦动听者之心。曹禺、组缃、思成、凤眠、稚柳各有所陈说。会以六点散。

八点开联欢会,先为呼市人员之歌舞,次则我方一位吹笛,一位为女声独唱。继之为交际舞。余观之有顷,即归室休息。今日平羽告知,明日下午将动身往满洲里矣。

得诗二绝,记之于此。其一云:"天似穹庐始信然,草原一碧望中圆。临风呼侣笑相语,到此真知覆载宽。"其二云:"齐驰群马如涛涌,套马男儿若有神。马欲不羁终就勒,颠腾无奈扣缰人。"

八月四日(星期五)

今日上午有雨,不大。

九点,往参观奶品厂。此厂建于开国之初,由小到大,今为国内之大厂。牛奶由全盟之公社与国营农场供给。制品主要为奶油、奶糖、干酪素三种,综合利用,又有种种副产品,与多种工业有关。我人试尝其冰棍,其水即奶中滤出之水,食之极甘鲜,大异于一般之冰棍。参观其车间,入时须穿白长衣,戴白帽,如入医院然,足须换穿胶鞋,缘地上全湿,不使有纤毫之尘灰飞扬。操作全用机器,总之为分析牛奶之各种成分,并彻底杀菌消毒。奶油既成,切块包装,亦用机器。参观一点半钟而返旅舍。

午后一点,刘保华书记为我人作饯,又是丰盛之宴饮。三点过,往车站,刘与其他负责人殷勤握别,切嘱再来。我人重入车厢,如返其家。车以四点三刻开。余入睡一小时余。眺望窗外,尽是草原。听诸君闲谈,听青年歌唱家唱歌,颇不寂寞。草原全暝,时已八点,到达满洲里,则已过九点半。又是党政方面多人相迎。驰车到旅舍。余又独居一大间。进食毕就寝,已十一点半矣。

八月五日(星期六)

昨闻此间人言,今年此间亦干旱,草未长发,麦收无望。七月来方得雨,补种青稞之类,冀其有秋。市区人口仅五万,连煤矿区在内为九万。

草长之期为牛奶多产之时。今年草未长发,想牛奶必当减产。草长之期须割之以为冬季饲料,草长不好,冬季饲料亦复堪虞。

晨八点进餐后,即驱车往呼伦池,系向南而行。司机言去此九公里即我国与苏联之分界处,指远处白色之屋舍,谓此为两国边防部队所居。见国营农场所种之油菜,方开花,甚细小,恐收籽不多。此时方开菜花,初未料想。

行一时半而到呼伦池。此池稍狭长,方向自东北而西南,据云面积二千平方公里。注于此池者有三河。一为贝尔池流来之乌尔顺河,贝尔池,我国与蒙古人民共和国共有之。一为西自蒙古人民共和国流来之克鲁伦河。一为木达那亚河。此池增水甚速,面积扩大至快。池中无礁石,水深五米至七米。冬季结冰,厚达一米半,冰上驶大卡车绝无危险。凿冰捕鱼,为冬季之生产事业。

此池望之亦有浩淼之感,唯岸边绝无树木,殊觉单调。今日晴美,池面微波如银鳞闪耀。观渔工起网,所获不甚多。池上有国营渔场,分场有六,又有罐头厂。去年产鱼一万零八十吨,今年计划超过之。初任鱼自然生长,今已注意养殖。

又观同人发枪打鱼鹰。本市李书记独中一羽,浮池面不能起飞。划船取归,知伤一翼。鱼鹰状若海鸥。

渔场方面为我人设篷帐,中陈铁床,床铺市中携来之枕褥,备我人休坐小睡。入篷帐坐有顷,即登小汽轮游行池中,历一小时有余。清风徐拂,船至平稳,良快。

进午餐于另一帐中,尝新得之鱼。宾主劝饮,颇为欢快。食罢,各小睡,余居然酣睡一小时许。起来时观人游泳。然乌云自西上,雷声作,旋即雨至。我人即登车而归,时为四点。雨势极猛,然未久即止,东天见彩虹。车驰草原上,溅起积水。五点半抵旅舍。余乘有暇,理发。

隔壁为剧院,晚餐后往观河北梆子《渔家乐》。剧团系本市者,成立才二年。《渔家乐》改动原来之故事,不甚完密,剧名则改为《枫洛池》。青年演员之唱与做则有可取处,皆堪深造。散场已十一点半,又迟睡矣。

八月六日(星期日)

上午休息。余在室内观所携书志。又写一信寄至美,告以旅中简况。午餐前后均酣眠一小时许,补偿前昨两夕之不足。

三点,与昨所观剧团之领导与演员座谈,谈昨夕之《刺梁》。平羽与曹禺所谈最有意义,余仅说数句而已。青年演员皆有志好学,可爱殊甚。座谈两小时有余而散。

明日清早将登火车往牙克石。其地为林区,又名喜桂图旗,在海拉尔之东,大兴安岭之西。据云其地气温较满洲里为低。

晚餐又是盛宴。劝饮而外,座中客起而吹奏歌舞,自海拉尔陪我人同来之蒙古族女歌唱家(名努玛)亦唱数曲。食毕,又举行交际舞会,中间插入歌舞表演。地处边疆,干部文娱活动较少,舞会乃不可少。余与老舍、风眠诸君观至十点先归室,即就寝。

八月七日(星期一)

晨四点即起,五点离旅舍,登火车。车以六点过开。进早餐后听组缃、曹禺、老舍闲谈,小睡一小时许。

午后一点四十分到牙克石,迎者又甚众,仅记市之书记名萨义尔,为达斡尔族人。据云市区人口近经压缩,不足十万人,林区有五十万人,其中林业工人十万人,他则矿业工人与其他工作人员及家属。牙克石原亦有林,但国民党时期与日本占领时期采伐已尽,近方植苗谋恢复。今往林区参观,尚须乘火车经铁路之支线乃见森林。深入则须换乘小火车。然所到之处犹在大兴安岭之边缘也。

招待所为三层楼房,建筑较平常。我人皆居三楼,余独居一室。午餐毕小休。

五点,萨书记为我人介绍林区概况,摘其要于此。

据调查,林区有木材九亿立方米。一年生长之数为八百万立方米。树之截面直径达二十五厘米者,其年为百岁至百二十岁。树木百分之八十以上为落叶松,此外则白桦、青杨、樟子松等。落叶松为大材,三分之一供煤矿用,他则作枕木与建筑材料。白桦可制胶合板,其树多水分,割其皮,有汁渗出,可以解渴。樟子松不落叶,适于制作精细之家具。

林中产果品。硬果有榛子、橡子,浆果有越橘、雅克达(此二种制酒)、高丽果(类似草莓)。兽类有狍子、犴。犴亦名驼鹿,重五百斤,其皮为毛皮,其鼻为名贵之山珍。鹿则禁猎,任其繁殖,且设有养鹿场。公鹿之茸,母鹿之尾与胎,皆名贵药材。灰鼠、猞猁,皆珍贵之皮毛兽。林中之珍鸟则为飞龙(我人在海拉尔已尝之)。

解放之初,林业颇残损,当时即成立三所林业局,工人仅二千有余。迄于今日,已有二十五局,三所筹备处,以管理局统辖之。工人有十万二千人,其中干部一万二千余人。局有大有小,大者三万人,小者数千人。每一局实即一城市,一切建设俱白地而起。一切应用之资源物品人力,俱须自外输入,乃克达采木而输出之目的。自第一个五年计划时期迄于今,计采木材二千万立方米。每立方米木材,干时重约七百五十公斤,故运输为主要之工作。

今之政策为一手砍树,一手栽树。落叶松之每个松球有三十二鳞片,每片内包种子二粒。种子有翅,乘风而飞,可达百米之远。今收集其子种之于苗圃,苗长至适当程度,移植于林中。

害虫有花蝇,其幼虫食树木。有软体之天牛幼虫,钻入落叶松,到处为害。有小蠹虫,食树之表皮。又有病菌。苔藓林型区之树木,最受病菌之损害。

林中修铁路已有五百余公里。分中、东、西三线,现尚未按规划修毕。管理局又修小铁路与公路。故林区之交通道密如蛛网,主要为便于运木材。小铁路之轨距为零点七六二米。

运材现已百分之九十机械化。自山上往下拉,一部分用拖拉机。锯木则尚多为手工作业,由双人锯改为单人锯,由站着锯改为一腿跪着锯。锯木为重劳动,且颇危险。机械化锯木仅一部分耳。电锯有电缆,横梗地上,不甚方便。烧柴油发动机械,较便,约五分钟可采一株。又有烧木柴之拖拉机,拉木出林。

工人平均工资六十八元,又有森林津贴百分之二十至四十。

冬季为采伐最盛之季节,于冰道上运输,方便殊甚。

林区文教卫生均发达。有中学九所,小学一百三十八所。又有师专、医专。戏剧歌舞团有四,各局均有业余剧团。又均有电影院。有科学研究所,为林业服务。

明日所到之地名甘河。

萨书记谈两小时,我人听之,咸深感兴趣。此君三十余岁,来此已久,为内行矣。

晚餐又丰盛之甚。得尝狍鼻,颇烂,有软骨,并无特殊之味,略似猪舌。

八点半往剧场看京剧。《杨排风》《古城会》《别姬》三折皆不坏。散场已十一点半。

八月八日(星期二)

今日立秋。

早餐后偕思成往观建筑未完成之宾馆。规模不小,而思成谓设计颇有缺漏,不讲经济,不多为使用之人着想。三层皆观览一周而出。

九点半往车站登车,管理局之局长陈捷三与另一位同志陪我人同往。车以十点过开。往林区之支线名牙林线,我人循东线抵甘河(东线通车现止于此),凡三百五十公里。线路初不分岔,下午七点许乃分岔为东、中二线。中线前伸至某地,又分出西线。

初行于草原地带。杂花甚繁,有红、紫、黄、蓝、白诸色。渐见散立之白桦与松树。稍有冈陵起伏,冈陵之上树木较多。午饭后入睡醒来,则两旁平地树木颇繁,以白桦为多。陈捷三谓山阳一般多白桦,山阴一般多落叶松。

下午四点许抵岭顶,为此线路之最高处。停车时下车望岭北,丛林皆在眼底。铁道盘曲,运木之列车徐徐升高而来。

管理局之下为林业局,林业局为各自独立之企业单位。林业局下为林场,分设于林区,为管理之分支部门。林场下分若干工段,任采伐运输等工作。工段常移动,一条山沟采伐之役毕,则移往他沟。

车抵甘河将在夜十二时。余于晚食后即睡,尚未到九点。

八月九日(星期三)

晨七点半,全体下车,甘河林业局之党政人员十余人相迎,抵局之办事所。进早餐时,闻知其干部中有一鄂伦春族青年,名泉博胜,邀来共桌,问鄂伦春人情况。据云其族现有二千余人,聚居于鄂伦春自治旗者一千有余。迄于今年国庆,为建旗之十周年。其族之定居始于一九五五年。从前以猎物易需用品,备受欺侮与剥削,今则国家特与照顾。受教育,就医疗,皆为公费,其族已有受高等教育者矣。以前为部落长制,部落长系由公推。猎得野兽,大家均分。盖越过奴隶社会、封建社会、资本主义社会而进于社会主义社会,故人多乐道之。

鄂伦春人善猎,泉博胜自言本领不错,盖童而习之。渠毕业于中学,与汉人为婚,从前则不与他族通婚也。其人甚秀健,状貌类江浙青年。

九点半登小火车,曲折前进,深入林区。两旁林渐密。行于河边时,则见河水澄清,流梳荇藻,丛柳覆岸,宛如江南景色。十二点半抵库中,计行五十公里。下车入林,仰视松与白桦,皆挺立向上,似觉其徐徐升高,所见蓝天白云,皆仅林隙之小片而已。于是席地而坐,与当地之党政人员共进野餐,食品与用具皆自甘河带来。如此畅适,得未曾有。地上草密,又加松之落叶,践之陷履。

泉博胜发枪,中乌鸡一羽。此鸡一名雷鸟,大如鹅,黑羽,翅缘有数白羽。共称泉之神技,并谓将携归尝之。

餐毕,二工人为我人表演锯木。用油锯锯之甚快,一分钟有余即锯一株。次用手推锯,则需二三分钟。数其一株之年轮,凡八十有余,而其树并不见粗大。树长足需百年至百二十年,以后则衰老而自枯死。据云我人所在之地为原始林,未经采伐。余与曹禺有同感,希望得见粗株密立遮天蔽日之景,而不知落叶松并不甚粗,故林虽密而仍敞亮也。

三点,复登小火车。老舍戏谓来库中之林中野餐一次,乃行四百公里(牙克石到甘河三百五十,甘河到库中五十),合华里八百里,可云"野餐八百里"矣。六点半返抵甘河,晚食于林业局,尝中午所获之乌鸡。八点半返火车宿。

今日得二绝句,记林区之游。其一云:"应接不遑顾盼频,大兴安岭乍游人。

连山林绿真成海,满地花鲜胜似春。"其二云:"株株竞上望如伸,原始林中卧碧茵。倏见乌鸡应声坠,神枪无愧鄂伦春。"

八月十日(星期四)

晨以五时许醒,车方开行未久。一路眺望两侧林绿,听诸友闲谈。午间下雨,及晚未止。车以下午六点四十分到牙克石,即返招待所。

今夕晚餐多清淡之味,唯饮茅台解乏,皆出萨书记之安排。此君能体贴人情,注意生活,颇了不起。饭罢,往参加联欢晚会,交际舞而外,又有歌舞节目。余与老舍、思成诸君以九点半先退,深觉疲惫。

今日又得二绝句。其一云:"波梳水草成文理,澄澈甘河天影蓝。高柳临流蝉绝响,清秋景色宛江南。"(来此从未闻蝉声,海拉尔、满洲里亦未闻。不知蝉之生地北至何处为界也。老舍得句云,"蝉声不到兴安岭"。)其二云:"母林绿暗幼林鲜,嫩绿草原相映妍。间以桦林挺银干,画家着笔费精研。"

八月十一日(星期五)

晨起略感头昏,殆疲劳未除。看当地报纸,知苏联又有载人飞船环绕地球飞行十七周,安然飞归,其人名格尔曼·斯捷潘诺维奇·季托夫。此较之加加林之飞行又进一步矣。又知一不幸消息,梅兰芳以本月八日逝世,所患为冠状动脉梗塞症。梅与余同岁。

作书致亦秀、晓风,告以近日之游踪。于是理发洗澡。午饭后睡一小时许,头昏仍不去。三点参观工厂,勉强随众共往。

先到烤胶厂,系取松树之皮提炼单宁,供鞣革及尖端科技之用(不知是何种尖端科技)。机器来自民主德国,粉碎松皮,烤而干之,加工后之成品为粉末,包装运出。此厂中甚热,入观颇不舒适。

次观细木厂。用机械锯刨木材,制造各种家具,有普通者,有颇为精致者。出口销国外,以苏联为多。

又观酒精厂,实为酒厂,近以粮食紧张,不制酒精。参观一过,坐会客室中品酒。酒主要有三种。越橘酒,以野果"都实"酿之;红豆酒,以野果"雅克达"酿之。此二野果曾于林中见之,皆附生于低矮之小灌木,小颗粒如葡萄。又一种为枣子酒。老舍言其酒失之于甜,若能少加糖分或不加糖分,当为嗜酒者所赏。旋取储藏之"都实"汁尝之,既经发酵,藏亦较久,觉颇有酒趣。因与主持者言,似不妨酿造甜与不甜之两种,应各人之爱好。

最后参观奶品厂,又须穿胶鞋易白衣帽而入车间。其厂出品主要为奶粉。又制奶油粉,尚未大量生产,此为精美之品,颇得佳誉。遍尝其所制之各种食品,奶油粉、糖果、冰糕、奶油点心,凡七八色。余虽留意少吃,而已感其饱。回旅舍吃晚饭,只能勉进半碗耳。

夜间看歌剧《刘三姐》,余又勉强而往。余颇不喜此戏,坐观唯觉疲累。十点十分散。返寓颓然而卧。

八月十二日(星期六)

晨以七点半返火车,牙克石诸位领导皆送至车上,殷勤叙别。车以八点半后开。余仍头昏,背部酸痛殊甚,偃卧之时为多。同行者多咳嗽,余亦然,穿衣虽当心,亦感冒矣。

下午四点半到扎兰屯,迎者十余人,即趋招待所。扎兰屯今为布特哈旗所在地。当俄人修中东铁路之时,见其处树木茂密,有山有水,辟为游憩之所,时为一八八七年。今之房屋,有当时所建者。

晚餐后,往观附近之公园。园中林茂,多高柳,排列并不整齐,错落有致,树之姿态亦复入画。有一吊桥,跨于颇为宽广之溪上。铁链系于吊架,成弧形,挂桥面之木板,行其上微微动荡。溪流系导雅鲁河之水,筑坝拦之,坝以上波平如镜,可以划船。大树之下,草地之绿色特鲜美,老舍谓大似英国之公园。总之,此园以自然之趣胜,唯吊桥与亭榭见人工耳。据云若此园中之树林展布甚广,则诚可贵矣。

又有歌舞晚会,余未往,八点即就榻卧。头昏背酸,未遽入眠,成诗一绝,记前在陈旗之游踪:"奶茶奶酒劝殷勤,掘地烹羊牛粪薪。歌意舞姿多颂美,健儿骏马草原春。"

八月十三日(星期日)

晨醒以四时许,昨夜睡不甚酣。头昏尚未尽除,咳嗽则加甚。自临睡迄今晨,时时出一身汗,殆不至于发烧。晨间往公园散步,气清,晴光明洁,较昨之晚阴天又有不同。

早餐后,平羽集同人宣布,渠因部中有事,今夜明早须乘车回京,访问团团长由余代之。渠先已坚嘱余勿推却,故从之。曹禺先于前日赴海拉尔,候飞机往呼和浩特,盖应乌兰夫副总理之电邀,据闻系商量编话剧叙王昭君事。而平羽之秘书亦相从先归。于是全体将减少三人矣。

十点半,再往公园,坐轩中闲眺,柳树方飘絮。溪上有游人划船。树林之美,观之不尽。回至门首,同来之数位音乐家方邀一蒙古族歌者拉四弦胡琴唱歌,而记录其曲谱,因从旁听之。

午后睡起,似较松爽。三点,往相距十余里之秀水,大汽车行于不平之马路,乃须三十分钟。路两旁多虬枝屈曲之大树,其树为柳,为榆,为大叶小叶之白杨,又有榛树橡树。榛子出产甚富,橡树(即柞)养蚕,已见成功。路旁时时见水流,既而略登高坡,则低处树林全在望中,树冠葱郁,水流绕于林际。盖雅鲁河冲积之沙滩,上生茂林,水足气温,遂成胜观。人以其处有林有山有水,故谓之秀水也。

于一白桦筑成之亭中坐憩,眺望畅适。进冷饮,吃榛子。余不能咬破其壳,青年朋友剥而惠我以其仁。携影机者多方拍照。既而下山坡,循来时路,择一池塘钓鱼。所获皆小鱼,有人得一三寸许之鲫鱼,共誉为魁首。

晚间又有歌舞与交际舞晚会,共往旁坐,至九点半先退。明日下午动身往通辽。至此,呼盟之游已毕,通辽属于哲盟也。大约再历十日当可返京。

八月十四日(星期一)

感冒居然不加重,咳嗽渐止,而并未服药。

早餐后往吊桥公园。同来者各驾一小船划行,余则由副旗长鄂君划桨,并有一位调来招待我人之女同志共载。碧波深树,四望幽静,大胜于北海泛舟矣。鄂君为鄂温克族人,三十余岁,能说五种语言,自谓说得颇好,而此五种语言之差别固相当大。五种语言为鄂温克语、鄂伦春语、达斡尔语、蒙古语、汉语。

泛舟一小时许,憩坐于凉亭。听郑景康谈摄影,其见解甚高。渠为新华社记者,摄影界之前辈。近年往各省区办训练班,谓以一个月之时间,可授毕摄影方面之基础理论与知识,所到者有十余省区矣。

午间进餐,书记莽义与二位副旗长尚有其他领导人来共叙,劝饮祝健康。三点半返火车,诸君皆送至车上。呼盟之宣传部长韩峰陪我人访问各处,今将分别,彼此依依。车以四点三刻开。夜十一点将近,抵齐齐哈尔。我侪之车须换挂另一线之列车,于明日午间开行。车窗外时有机车列车驶过,夜眠不甚安帖。

八月十五日(星期二)

晨间齐市文化局长蒋君与交际处长来迎,昨夜已来过,见我人已入睡,遂回去。驱车至湖滨饭店,为一颇为雅整之大厦,思成亟赏之,谓此行所见各地之建筑,以此为胜,设计者富于巧思。

进早食后入浴。既而市委书记章君来谈。齐市包括昂昂溪与富拉基尔及十二个县。全市人口约二百万,市区五十余万。市区与富拉基尔为工业要区,昂昂溪则盛产奶牛,著名于苏联。市区之树皆解放以后所植,今已成林,四望葱然。

饭店之旁为龙沙公园,初无基础,亦解放后所经营。群众义务劳动,挖积水洼为湖,可以划船,冬季封冻,可以滑冰,名之曰劳动湖。小丘上筑一亭,曰望江楼,可望嫩江。园中畜动物甚富,东北虎、狍子、猞猁、四不像,皆东北特产。此园之广,大约与北京西郊动物园相仿,我人仅览其四之一耳,其缺点为花木较少。此间移植苹果,以耐寒野树为砧木,从事嫁接,采用封纸三重于干枝,厚培土壤于近根部之办法,已获成功。现仅有一二代,若耐寒性能巩固,且逐代加强,则大佳矣。

在饭店进午餐,即返火车。齐齐哈尔甚可留恋,章君、蒋君亦劝留数日,然只得期之他日矣。车已挂上开往北京之列车,十二点三刻开。

入睡一小时许。醒来与老舍修改端木蕻良所撰《大兴安岭歌》,此歌已由杜宇作谱,由余淑岩在一次晚会上唱过。修改之后,意义与文辞较好。与谢稚柳谈绘画,并听谢谈湖帆近况。又听杜宇谈各少数民族之民歌,及其风俗习惯。此君尚在青年,能作曲,曾访蒙古,并曾访云南之若干民族。听渠所述,颇广异闻。

车于十点达郑家屯,我人之车又须卸下,候两小时有余挂上另一列车,乃抵通辽。余以九点睡,停车,挂上另一列车,皆于朦胧中仿佛觉知之。

八月十六日(星期三)

昨在车中完成一绝,补记陈旗牧区之游。诗云:"众骑飞驰迎远人,笑呼下马倍情亲。掀帘蒙古包中坐,共谓如归忘主宾。"

今晨醒来,车已停于通辽站上。六点半,迎者二三十人到来,一一握手。仅记书记为石君,又有一位女同志系布赫同志之姊,他则尚待徐徐记之。即驰车往招待所,系一新建大楼,去年以五十七日完成之,格式尚好,工程稍感粗糙。早餐后洗澡。

布赫同志与当地同志商定参观日程,排至二十三日而止,则在此将有九日或十日之留矣。余无主见,表示同意。作一书寄至善,度书到之日,至善当已自青岛回京。

午睡醒来,独居室中无事,以《采桑子》之调记扎兰屯之游,作二阕,而皆有一二句未就。五点,石书记(石光华)为我人介绍哲里木盟之概况,摘要记之。

内蒙各盟之中,哲盟蒙古族最多,有四十余万。其他则汉、回、朝鲜、达斡尔诸族。盟分五旗,一县,一市。生产以农业为主,半农半牧,牧业发展甚快。农作物为高粱、大豆、玉米、糜黍,亦种小麦、水稻。可耕地之面积三千余万亩,其大半尚未开发。

哲盟承担粮食之任务较大,八年间送出粮食将近四十五亿斤,平均每年五亿五千万斤(供应十几个省市)。第一个五年计划期间以所产百分之四十四供商品粮,近则提高至百分之五十三。由于承担供粮任务大,终年须以极大之劳动力从事运输。丰收之后,运输更忙,往往因劳动力不足而致减产,此可谓"丰收成灾"也。

农牧结合,肥多粮多料多,料多畜多,互有好处。现有牲畜二百二十二万头,大牲畜占多数。大牲畜中,牛占绝大部分。平均每人有奶牛一头。因此,每年四月以后,老百姓普遍得饮牛奶。

哲盟有三灾,辽河泛滥,鼠疫,风沙。于此三者,皆须付出极大之劳动力。

连年兴修水利,近来昭盟之水库完成,辽河泛滥问题已基本上解决。凡兴修水库之处皆养鱼。以前老百姓食鱼甚少,今普遍食鱼矣。

鼠疫常发生于四月五月,水患常发生于七月八月,应付之均须甚多劳动力,而时令正与农事相交错。去年动员四五百万人次,灭鼠一千余万,为根本解决鼠疫之计。鼠甚大,有重至三斤者。今可谓鼠已基本上消灭,明年后年尚须巩固此成绩。在灭鼠之战役中,全盟出现能手与专家四千余人。

至于风沙,虽因兴修水利与植树造林,较之已往稍好,尚未解决,以后将继续植林云。

工业较一九四九年增十倍,与一九五七年比,增三倍。人民购买力,一九五七年平均每人六十元有余,迄于去年,平均每人九十元。

中学二十八所,小学二千一百又九所。

六点宴饮,治肴甚讲究。八点为歌舞晚会,由文工团演出,仅一小时有余,观之不觉疲劳。

八月十七日(星期四)

今日外出四十余公里,至茂林公社,故七点即出发。其地在市之西北。吉普车四辆出市区,经辽河桥折而向西。桥之长将一华里,辽河甚狭,水道两旁为沙渚与草地。西行二十公里间,旁皆庄稼地,大片之玉米与高粱生长皆壮盛,往时则为草地与沙地。

行至三十公里之处,地名莫力庙,茂林公社有一生产队(兼事农牧)在此,往访之,入办公室坐定。队之书记为蒙古族人,五十余岁,为我人言今昔对比,热情洋溢。其汉语较勉强,盖近年方习之,自谓有六年级之程度。又谓以前所到之处不出周围百十里,近时则曾往北京参加"五一"观礼,又往他地游观,眼界大开。我人皆钦其言之恳切,悉出本意。既而陈糜黍俾我人尝之,谓蒙人以此为主食。一种为炒糜黍,一种为磨成之面。余取其面一匙,加糖与牛乳拌和之,略如我乡之炒米粉也。观其生产队所畜牛羊马,皆为经过改良之品种。

离生产队不远,车不复循公路而折入草地中之小路。十一点半抵莫力庙水库之管理处。大吃西瓜。管理处之主任为我人谈水库。谓此水库为沙漠水库,大坝全用沙子堆成。坝之长一万一千米,在水库之东南边。水自辽河上游引入,引水道之长一万二千米。蓄水量为一亿五千六百万立方米,今所蓄不到一半,盖以大坝尚须加固,未能多蓄。水库面积四十平方公里,西北风大时,水波冲刷堤坝,坝上之沙即削去一部分。今正从事加固,使其坡度更缓,达到坝高与底线之比为一与十二(原计划为一与四,今已达一与六七),则无虑矣。沙坝渗水为量不多,故非严重问题。此坝始筑于一九五八年,翌年完成,迄今三年尚未满,已改变自然之面貌,渠道所经,可资灌溉。沙地得滋润,变为草地。积水多处,芦苇自生,投入鱼苗,今大者已达十数斤。而气候亦复改变。此后更将广植林带,则原来之沙地完全改观矣。哲盟范围内,若此之大型水库凡六,中型小型者更多。余念仅三年之时间,而厥绩若此,人力诚未可限量也。近旁水池中红莲方作花,系去年所植。池畔小立,颇生异感,沙地见莲花,苟非亲历,谁则信之。

午餐又殊别致,菜凡十六盘,全是鱼。惜厨师手法不多,均为红炙,其味无甚差别。据云清炖鱼以时间未足,未及端出,而我人已饱矣。鱼秧来自长江流域。

于职员榻上小睡,起来上堤坝眺览。无风,波平如镜,亦有浩淼之致。问对岸相距几许,云有十数华里。闸门放水入干渠,我人来时所经公路与此渠并行。闸门下小鱼可见,同人持竿钓之,水激,浮标不定,偶得数尾而已。

四点登车回程,行至莫力庙,憩于公社之办事处。又大吃西瓜,并尝熟透之西红柿。既而参观两所喇嘛庙,公社办事处即庙之旁屋也。

此二庙建筑已一百余年,为藏式之庙。东庙四层,西庙二层。东庙名集宁寺,西庙名隆佑寺,皆某王拜祷之所。余登东庙之最高层。其阶梯皆在正屋外,升阶登露天平台,然后入殿内。阶高一尺有余,举步颇感吃力。西庙一切陈设悉仍其旧,佛龛,经卷,法器,触处皆是,几无隙地。旁侧一殿,有本庙第一代大喇嘛之肉身,面部塑泥镀金,亦如普通佛像耳。余生平初次进喇嘛庙,观之甚略,不能详记。西庙有喇嘛,每日做功课,然亦种地,粮食自给,且有余粮卖于国家。

登车径抵招待所,时已七点半。出游十二小时有余,颇惫矣。餐后洗澡,至觉舒快。

今日足成昨日起草之小词二首,录之。其一云:"扎兰屯爱无边绿,榆柳虬枝,杨树高姿,静映清溪尽倒垂。   塞垣八月吹飞絮,淡影轻移,飘坠涟漪,错认江南四月时。"其二云:"山亭览胜临空阔,雅鲁河宽,洲渚岩峦,弥望晴明万树圆。　　数声汽笛飙轮过,轨道徐弯,列载龙蟠,尽是良材出宝山。"

八月十八日(星期五)

今日上午休息。九时许,应招往果木园游观。园距招待所仅里许,占地数百亩,多植苹果一类之果木。朱实满株,皆花红、沙果之类。苹果尚青绿,须至十月初方成熟。此地之果树亦经嫁接,已具耐寒性,繁殖更不须嫁接。盖园之经营已七八年矣。坐林中尝鲜果及西瓜。又有本园所产之蜂蜜与来亨鸡蛋,谓鸡蛋加蜂蜜食之,有殊味。余以方饱,未之食。穿行林中,观所畜之鸡与乳牛。鸡蛋牛奶,所产不少。十一点半归旅寓。

下午三点,与本市文艺工作者座谈,到者五六十人。所提问题甚多,印刷得三纸。老舍所谈最多,亦最动人听。余与组细皆言之不畅达,恐未餍听者之望。谈二小时有余,合影而散。

八点,举行交际舞会,到者一百五十人以上。中间插入歌舞节目。蒙古族爱歌舞,以哲盟为甚,颇出歌手。有一种舞曰"安代",几乎全场参加。右手各执彩绸一方,挥之按节拍,与足踏地之声相应。初时列为四五人一排之长行,绕舞场行进,挥巾侧身,间数拍则着力踏地,歌声亦与之相应。歌由一人领唱,众皆和之。继则不复行进,各于其位为种种舞姿。据云安代舞之排列与舞姿,方式极多,歌词有旧传者,有新编者,句数或多或少。群众与干部皆习之,集会之顷,往往全部参加。至九点半,余与少数同人先退,他人则舞兴方浓也。

八月十九日(星期六)

今日往大林,访大林公社。本可乘吉普车,因道路不平,乘火车而往。乘火车按平时客车班次,不能当日来回,则商之车局,将我人之一节车挂于货运之列车,乃可当日来回。

车以八点半开,车行经钱家店站而至大林站。一路皆见高粱玉米,兼有谷子,通辽市之东部盖为盛产粮食之区。车行约四十分钟。下车则吉普四辆先已开到,即乘之行于田野间。作物夹道,除上述三种外,尚有各种麻类,亦见菜蔬与烟叶,并闻有种水稻者。行约十数里,抵大林公社保安屯生产大队之办公处。坐定,又大吃西瓜与香瓜。

保安屯先前民穷人少,今人有九百余口,地有八千余亩,生产丰饶,物资渐充,且讲究卫生,为模范区。听大队书记介绍毕,观其展览室,有十年发展远景之模型,则各种建筑,布置极整齐完备矣。今之新建住房即按此修建,虽为土房,而房前皆有宽广之园地,两排房屋间之道路甚宽。于田间观糜子,结实饱满。据云其地尚嫌少雨,而今年实为丰收。访卫生标兵二家,石大娘家与沈大娘家,确甚整洁,炕上柜上绝无纤尘。石家有一井,即在灶边。自创吊水桶,洋铁为之,穿孔于其底,内着橡皮一块,水自底入,水满则压橡皮贴着于底,汲取甚便。

返抵车站近旁,入公社之办公处,又大吃其瓜。午餐有鱼数味,盖附近有水库也。食后,午睡于干部宿舍,居然酣睡一小时有余。

公社之杨书记为我人谈全社概况。全社将五万人,耕地平均每人七亩。以前此区丰产而民穷,今则共享丰收之成果,因而文教卫生亦得进展。四点半返火车,候时开行,抵通辽站方六点。

今日之游不若前日之劳累,然安排如此之周,亦太费事矣。洗澡而后进晚餐。

八月二十日(星期日)

上午参观展览馆,相距不远,车行不足十分钟。馆为一大屋,分门别类,色色俱全,如他处之展览馆。哲盟生产以农牧为大宗,谷类几乎应有尽有。余初不分谷子(小米)糜子与黍子,今见并排陈列,得详察其殊异。农牧之发展赖水利,哲盟于水利确经营不少。讲卫生,重灭鼠,捕鼠之方多端。见传染鼠疫之黄鼠之标本,其目特大。西部矿产甚富,主要者为钨与煤。仅能略记此数端,未能详也。

休息之顷,馆中人嘱留字画为纪念。风眠画一雄鸡,老舍为题十字于其上。稚柳画西瓜三片(其时方吃西瓜),附以莲蓬一,苹果一,葡萄一串。余为题六句,匆促凑成,无多意义。句云:"哲盟之美灿如霞,佳绩种种并堪夸。休坐忆访莫力湖,沙漠乃见红莲花。眼前盘陈殊不绝,开怀共喜吃西瓜。"

午后睡起,在室中作词,拟以《玉楼春》二首叙呼伦池之游,吟哦久之,仅成一首而已。"晴波万顷银鳞闪,几抹轻蓝天际岸,无山无树更茫茫,颇觉相形笠泽软。 烹鲢炙鳜陈盘案，帐饮多欣杯屡满。试枪惊起白鸥闲，放艇看投鱼网远。"

夜八点，往附近之电影院看戏，系特为我人演出者。先为"二人转"《杨宗保问路》。此系由说唱转变为戏剧之过渡形式。唱句每段以"宗保""桂英"开头，显为叙述口气。动作程式尚不多，二人唯来回旋转，作数种姿态而已。其次为评剧《蜜耘风尘》，系据神话传说新编之戏。一旦角唱做俱不错。戏以十点散，为时不多，尚不甚疲。

八月廿一日（星期一）

青年歌舞家与郑景康今日往库伦，与彼地歌舞家联欢，布赫同志同往，以明日回来。缘距离较远，坐火车汽车往回劳顿，年龄较大之同人俱不往。上午九点，通辽各级学校之负责人以及盟与市之教育行政人员共十四人与余座谈。事先提出一份书面意见，多谈关于教材方面之问题。余据其所提，略述个人之看法想法。次请诸位谈语文教育之现况与问题，发言者四人。余就其所谈复言余之所见。观彼辈面部表情，似尚满意。饭时已到，颇嫌时间之短促。另有师专教师八人与组绌座谈。

午睡起来，以一小时许成《玉楼春》之第二首。"闻称塞上凉秋后，池面坚冰逾米厚。冻云笼罩玉琉璃，驰道随开车马走。 凿冰齐发捞鱼手，冰上摊鱼常百亩。严寒宁肯惜辛劳，无失池鱼丰产候。"

于是抄齐呼盟记游之作，计七绝八首，词四首，寄与黎丁，请刊于"光明"。并以今日教育界方面交来之书面意见寄与晓风，嘱交部中普教司一观。

晚餐时面饭而外，复有蒸煮之新鲜包谷。昨夕则陈涮羊肉。餐食甚精，时有变换，招待无微不至，诚有愧矣。

灯下作书二通，一与至善，一与亦秀。

今日天阴，偶有微雨。连日相当热，今日乃觉有凉意。

八月廿二日（星期二）

今日小雨。

上午九点，偕组绌参观师专与师范学校。师专成立于一九五八年，教师未充,分七个专业,而开课者每专业仅一二人,虽勉成教研组,未能收集思广益之效。师范学校之设已十周年,其教师阵容似颇充实。下午三点半,又偕组缃往参观第一、第二中学。第二中学为民族学校,学生中蒙古族占绝大多数。今日所观四所学校皆占地甚广,又皆有生产基地,副食品或自给而有余,或能半自给。第一中学有地三十垧。学生每日食蔬菜,师范学校可得二斤,第一中学可得三斤。学生粮食定量三十五斤,去冬各地皆闹浮肿病,而通辽地区则甚少此病。学生营养条件之好,殆为各地之冠矣。各校现方复习,准备考试,盖上学期终未曾考试。正式上课或在下周,或在下月。学生似颇驯良,我人到时,绝不如他处之笑呼奔观。第二中学之学生,蒙古族能听汉话,汉族能听蒙古话,不能者极少。教师授课大多用汉话,不熟悉汉话之教师则说蒙古话。今日皆由布赫之姊云大姊陪同参观,云大姊在盟委宣传部。

往库伦之诸位以今日傍晚回来,据云所见歌舞场面绝佳,安代舞尤胜。盖歌舞已成人民生活之必需,非少数专业者之事矣。惜未能同往一观。

今日又稍咳嗽,云大姊闻之,请一中医为余诊脉,一西医为量血压。中医谓无事,仅是轻度感冒,血压则正常。余固知不须延医,而照顾周到如此,深可感矣。夜与老舍闲谈一小时许。

八月廿三日(星期三)

今日本定往近郊某公社参观其菜园,以微雨地尚泥泞而作罢。余独坐室中,构思二小时许,完成近日酝酿之一诗,咏莫力庙沙坝水库者。"大坝万米众聚沙,辽河引水一道斜,波光云影顿涌现,干渠东出分枝杈。沙土解渴气沾润,庄稼牧草绿无涯,沼泽水滋蒲苇盛,清池风动红莲花。远从长江移鱼种,银鳞塞北新有家,一尾何止十斤重,烹鲜共叹鱼味佳。人力胜天岂虚语,党群奏绩良堪夸,三年全改自然貌,谁信往时荒沙而外更无他。"

下午五点,石书记与其他领导同志邀我人座谈,希对哲盟之工作提意见。余言个人实无意见,仅略叙来此之好印象。老舍据其所作诗为言,谓当以诗入文,叙此游所见,俾国人知哲盟之新貌,此固作家应为之事。思成就城市建设提出其建议,复言建筑宜更求其经济切用。组缃与余相似,亦述其感想。发言者四人而已。

于是宴饮,吃抓羊肉。劝酒频频,甚欢。八点,举行交际舞会与歌舞会,余淑岩之歌,高玉、李胜顺之舞,皆佳。本地各艺术团体成员之表演,亦颇有佳者。十点,余与老舍先退。

明日离此矣,闻须于后日到赤峰。

八月廿四日(星期四)

上午九点后离旅舍,诸位领导同志与服务员皆以相叙八日,已极稔熟,殷勤送别。皆送至车上,及车开犹在站台上招手不止。

车向南行,午后三点光景抵新立屯,于其处候五小时许,挂上往赤峰之列车,则转而西行。翌晨抵建平,于建平折而向北,乃至赤峰。此行所经线路盖成矩形也。夜九点光景过产煤名区阜新,灯火明亮,范围甚广。

今日听老舍谈京戏流派,盖余淑岩、高玉等要求老舍谈之。据云今日京戏缺老旦与丑之好手。一般老生之唱多近于老旦,非正宗也。

八月廿五日(星期五)

晨起已见两旁有山丘,既而见小平原,远处山色青青,并不甚高。庄稼似不及哲盟之壮硕,而耕作颇整齐干净,时见荞麦花成片,望之如雪。

于一小车站停车时,昭盟文教局刘局长登车相迎。十点到赤峰,则诸位领导同志与文工团人员数十人迎于车站。至招待所,房屋虽较小于哲盟,亦复陈设齐全。布赫同志与此间同志商定,我人在此留一星期,参观访问之节目殊丰富多样。午饭时设酒,因而食时甚长。饭罢小睡,睡起理发。五点,第一书记为我人介绍昭盟概况。余初以为赤峰亦属哲盟,今乃知赤峰盖昭乌达盟公署所在地也。

相迎于车站者为盟委第一书记雷代夫,书记处书记昭盟盟长乌力更,书记董鸿业与曹万高,副盟长罗进与袁若愚,军分区司令员张生银,赤峰市委书记兼市长李春华,副市长张晓峰。

昭盟分七旗二县一市(赤峰为市),面积九万平方公里。水汇入辽河。有林区三千多万亩,其中犹有原始林。农地一千五百余万亩。农业为主要生产事业。牧业亦盛,今有牲畜四百六十万头。矿产以煤为主,他则有铁锰铜锌金十余种,金之年产量最高达一万多两。所产麻黄素与地毯,在国际市场上有名。牧业方面之生产亦繁富。全盟人口二百三十二万,赤峰市现为十二万。人民之购买力平均每人七十八元。

六点晚餐,又是丰盛之宴饮,诸位领导人相陪。劝饮太勤,余自控制,不至多饮。八点半举行晚会。先为歌舞节目,蒙古族歌舞居多,亦有汉语之歌与其他民族之舞,系文工团所表演。次则京剧团演《坐宫》。饰杨四郎者为女演员孟幼冬,中年人,据老舍云,其唱苍老有韵味,颇为难得。拉胡琴者亦甚佳。饰公主者有嗓子而尚须训练,宜得名手指授之。晚会共二小时,小嫌其长。此亦领导人善体人情处。

八月廿六日(星期六)

晨七时半出发,至市区西边偏南,相距十八里之五三公社参观。市区行尽,见城墙之遗迹,为不甚高之土墙数段。墙外即英金河,河道甚宽,皆沙草,细流数道灌其间。河上有着底之桥,实即堤坝,水涨时则漫桥而过。我人之车过桥而西,一路见农民乘大车入市,所载为蔬菜与西瓜。行逾半小时,即达五三公社。此社始于一九四九年之互助小组,今则将有九千户,人口八万余。分四大队,二十一小队。生产以农事为主,此外林牧副渔无不经营。建设事业如水利造林,无不举办。自然灾害主要为雹灾,他则风灾,有此二患,农业生产未能稳定。

介绍情况者为赵彬,其发言底稿条理较乱,言之又不清晰,故听之不尽了了。既而观其社所办之农业中学。此中学尚须保留,因于社中甚为合算,既培养农村人才,又种若干谷类与果树,学校自给而外,更可以所余缴与公社也。校中有地四百余亩,我人行经其瓜地苹果园葡萄园。见学生方摘瓜,瓜为南瓜与白兰瓜。苹果树结实者尚不多,葡萄架上则殊累累,品种非一。望较远处小丘上为鱼鳞坑,云亦皆种苹果树,不知用何物编成"青年花果山"五大字。

又观公社所办养蜂场。云近日荞麦花开,大部分蜂箱皆外移。主持者为我人开一蜂箱,取出巢础一片示我人,其上栖蜂几满。此人又从一箱中取出一片,指示蜂王之形状。初以为蜂王特大,今所见不然,大小与他蜂不异,唯身体略长耳。工蜂之寿命一般为四个月,蜂王则为二年至四年。

离公社车行不久,抵盟所办之农业研究所、畜牧兽医研究所。此二所主要试验本地之品种与引来之品种,择其优良者推广于全盟。本盟主要农作物为谷子、玉米、高粱,皆颇培出良种。畜类注重研究牛与羊,他则猪。附设农牧中专一所,有六个专业,学生八百余人。

旋观其畜牧场之牛、羊、猪。又见水狸鼠,大于兔,形绝类鼠。守者驱之入水池,则没水游泳,颇为灵活。其皮可为皮衣之领,其肉云亦可食。

又往观其庄稼地,种种作物皆特丰硕。我人拨叶披干,行于高粱玉米谷子之间,种种皆可欣羡。导引者为言某种特性如何,优点如何,不能悉记。

回至研究所,先尝奶豆腐奶茶,次食全羊。又是盛餐,惜余不能嚼烂,未敢多食。食罢休息于特为准备之床铺,余居然做梦。醒来时窗外作小雨。原定往观当铺地人民公社,以雨而作罢。三点径归宾馆,各自休息。

夜八点,有京剧晚会,系京剧团之学员班表演,演员小者十三岁,大者十七岁。演二折,《二进宫》《辕门斩子》,皆唱工戏,盖欲我人一观其学力如何。演罢,我人与全体演员合影而散。据老舍云,其中有数人为可造之才,有数人恐将倒嗓。

八月廿七日(星期日)

晨醒时完成数日来咏哲盟安代舞之《浣溪沙》一阕,尚有第二阕,缓日赓为之。"脆竹柔铜宛转弦,红巾挥拂队回旋,欹腰踏足舞蹁跹。　一唱群和齐顿拍,移时高啭彻云天,赓歌继阕尽流连。"

今日往赤峰东北一百九十里之红山水库参观,以晨七点半出发,夜八点半返宾馆,出门共十三小时。所经车路,以时有大车经行,不平处多,因而大汽车颠簸殊甚,又须涉五六道河流而过,故单程即须四小时有半,来回坐车中九小时。老舍与余淑岩、高玉诸位惮其颠簸,俱来往。

出市区后,所经数十里地原为荒沙,云于一九五三年始稍稍种树。旋知种树先须固沙,乃种沙蒿,使蒿根团沙,然后种树木。树木多白杨与柳。今大树已成林,齐膝之小树亦成丛,庄稼丰硕,弥望皆绿。此不足十年工夫,荒沙地悉改旧观矣。

行二小时有余,憩于安庆沟人民公社之办事处,瓦屋数排,远望疑为工厂。大吃西瓜与西红柿,皆社委会自种。安庆沟一带原为好地,今又开辟渠道,益见发达。复登车行,逾十二点而抵红山区,其地本为沙地,无人居,今因修建水库,乃成市集,商店饭馆之类大致粗备。过红山区又十里许,乃抵辽河工程局之水库指挥部。进午饭,又不免受东道主之劝饮。小休于职员宿舍,然后听负责人之简要介绍。

此水库始于一九五八年,今已基本完成,仅余扫尾工程。水库盖控制老哈河之水,老哈河入于辽河,有此水库则辽河之患可以基本消除。大坝系土石坝,所用土石方八百一十余万。主坝长一千一百米,高二十余米。尚有副坝长数百米。水库之最高蓄水量可达二十亿公方,可御千年难遇之洪水。受益地区以哲盟为多,昭盟受益者四十五万亩。去年合十七个县旗各族民工五万余人之力,取大兵团作战之方法,今则仅余一万二千人。此一万二千人,下月亦将次第回乡,从事秋收矣。尚有未了工程,俟明年完成之。工地上大搞卫生,自产副食品,故民工之生活颇不错。

于是往观大坝。登坝而望,水面似不甚宽广,盖蓄水仅数千公方耳。将来蓄水多时,当有汪洋之观。民工推土来往,坝上旗帜翻飞,与他处所见水库工地相仿。眺览不过半小时,即登车回程,时已四点矣。

今日所经之地,两旁时见连山,作黛色,近者可见其石骨。距赤峰市区不远,有山略作红色,水库之处亦有略作红色之山,故皆以红山名。赤峰蒙语为"乌兰哈达",乌兰者,红也,哈达者,山峰也。

八月廿八日(星期一)

今日上午休息。余看报而外,写信寄至善、亦秀。作成咏安代舞之《浣溪沙》第二首,又完成咏保安屯住宅区之五律一首,并录之。《浣溪沙》云:"安代流传遍哲盟,引喉起舞欲忘形,儿童翁媪亦称能。 时出新词非偶发,当前歌颂吐衷诚,全场豪兴更云蒸。"五律云:"土屋皆南向,比邻相间宽。家家蔬圃绿,树树午阴圆。窗敞盆栽灿,院清鸡啄闲。儿童欣客过,拍手立篱前。"

下午三点,举行数个座谈会。余与组绀参加教育方面之座谈会,往师专。事先提出若干问题,希我人作答,大致分二类,一类为师专文艺理论与文学史课程方面之问题,一类为中学语文教学与教材方面之问题。到者三四十人,皆教育行政人员与学校校长教研组主任。就所提问题观之,似颇着拍,并非空泛之言。组细就前一类问题谈一小时有余,余就后一类问题亦谈一小时许,未能遍及,只得致歉而已。归宾馆时已六点半。

夜间举行联欢晚会,又是交际舞与唱歌吹弹节目。余与老舍坐至十点先退。旁观交际舞,实觉无多兴趣。

八月廿九日(星期二)

今日往平庄参观煤矿,七点十五分乘火车而往。车行甚缓,行二小时而达,其地固我人来时所经也。平庄矿务局之书记与厂长等迎至局中,少休即驰汽车往观矿区。所至者为"西露天",系露天矿。轰山炸石,以机铲起土石,倾入火车头拖带之翻转车中,运往山之附近平地倾卸之。轻便铁道数道,高下不等,运土石之翻转车更番来往。此举谓之"剥离",意即剥去盖于煤层上之土石。据云此煤层上所盖之土石不及二百米,如此情形者,宜于为露天矿。建设露天矿,所费较开凿矿井为大,然建成而后则所费颇轻。露天矿之煤每吨成本三元有余,矿井之煤则需八元有余。且露天矿不需用坑木,可省木材,露天采掘又卫生,又安全,以故能露天即当露天也。

既而至机车修配厂,厂系新建,尚未竣工。旋登敞车(即工人上下工所乘者),由火车头拖带,循轻便铁道而行,至卸土石之处,观翻转车卸下土石。其车可左翻或右翻,动力藉火车头之蒸汽,扳动机关,则车立翻转,土石一泻而下。卸土石之处本为平地,今已高起甚多,将来剥离完毕,其地将成平顶之丘。此"西露天"煤层已露头,据云明年第三季度即可正式移交,开始生产。煤层之厚度,自三十米至五十米云。

回到矿务局,已午后一点。又受丰盛之款待,饮酒颇久。饭罢就寝,入睡将一小时有半,甚酣。于是听厂长同志为我人介绍厂矿之概况。

此矿分两区,一平庄区,在西,一元宝山区,在北。煤藏之面积,已测知者为八十平方公里。元宝山曾经开采,已历二百年。一九五四年勘探,已查明之含量为十亿六千万吨,平庄区四亿四千万吨,元宝山区六亿二千万吨。合已查未查者而估计之,殆有二十亿万吨。两区各分为四个矿,露天矿四,矿井矿四。"西露天"年产一千零七十万吨。全部之矿可开采一百年。矿务局建立于一九五八年。已经生产者有矿井五对,正在建设者有矿井二对。正在建设露天矿者,即"西露天"。已经生产之五对井,计划产量为一百三十五万吨,去年超产。已建者正建者合计,年产可五百五十二万吨。现有职工二十一万四千五百九十四名。工人操作分班,昼夜不停。其他生活与文化娱乐之措施,应有尽有,不悉记。教育方面,现有中技煤校一所,技工学校二所,子弟小学三所,干部学校一所,又有函授大学。

此矿建成而后,规模比阜新为大。又闻此地区之煤,其年龄为一亿五六千万年,盖属年轻之煤。

未及六点,又邀我人进晚餐,菜肴仍甚丰。余实在吃不下,仅进少许,酒则绝未饮。七点过返火车站,候有顷,即附挂于列车,九点回赤峰。

今日在车中吟成四绝句,咏红山水库。其一云:"大堤横截老哈河,扼要宏图洵可歌。自此辽河灾患绝,更欣沾润灌区多。"其二云:"登堤满眼好秋光,如镜晴湖波不扬。一旦洪流冲泻下,库容二十亿公方。"其三云:"经营各族齐输力,才阅三年伟绩成。多少劳模先进者,治河能手尽新生。"其四云:"三门峡畔三门市,红山库边红山区。一样工兴成市镇,安知先日是荒墟。"

八月三十日(星期三)

今日上午八点出门,先在市内参观两个厂。一为毛织厂,以制作地毯为主,兼及毛织小商品。地毯以出口为主,先时主要输英国,近年大宗往苏联。历年已出口一万二千余平方米。近又试织毛织画,大致如都锦生之丝织画,尚未投入生产。出口之品先送样本与外国,俟彼指定花色与尺寸,然后织造。现厂中有工人五百三十人。旋观其织造车间,工人结各色毛线于经线,随结随割断,以平口钝刀敲之使紧贴,其工作甚琐细。次观其修剪车间,许多工人坐于地毯上,修剪花纹之边缘,使花纹突出,亦为极琐细之工作。工人以青年女子为多。

又一厂为制药厂,主要以生产麻黄素为主。麻黄产于蒙古地区,此处取原料至便。我国制麻黄素之厂，此厂而外，大同亦有一厂。二厂产品合计，产量占世界各国之首位，质量亦高，优于西德。此厂年产麻黄素四十余吨（其价每吨十二万八千元），出口者十吨，其名为"红马牌"，主要输往英国与南洋。此厂又制其他各种药品。职工七百五十人。厂方注意文化教育，职工业余学习，大部分已入初中班，入大学班高中班者占百分之十七。有四十二名工人充任理论教师。旋观其各个制药车间，地上皆洒水，以防尘埃飞扬，有若干间仅于窗外一望，未入观。又观其玻璃车间，所用各种瓶罐皆系自制。玻璃随人意成种种形状，观之共感有味。

于是往市区西北十余里之当铺地公社之当铺地大队参观，将到之际，望见林木郁然。坐定，大队书记陈同志介绍其地之概况。此大队有四百十九户，二千余口，为汉、回二族，回族少，仅二十七户。贫下中农三百七十九户，占绝大多数。全大队为四个自然营子（即自然村），分八个小队。地有九千余亩，水浇地占百分之九十以上。其处向为沙地，无树木，十年九旱，人民生活极苦。一九五〇年开始兴修水利，改良土壤，植树造林，抵御风沙，保持水土。迄于今日，造林已达五千八百亩，分固沙林、护岸林、护渠林、护路林、经济林、用材林诸目。又有果树二万余株。水利方面，今有干渠二道，一长十八里，一长二十五里，支渠七道，又有防洪坝，可谓全已水利化。引洪淤灌之面积逐年扩大，今已达五千三百余亩（所谓引洪淤灌者，当洪水发时，引水灌土地，此水中带来上游之肥分甚多，较之施肥犹胜。改良沙地，此为上法）。尚未改良之土地二千余亩，迄明年亦可改良。既有林带与水渠，土壤与气候均改变，以故播种可提前五六十天（以前芒种以后播种），且可种小麦、玉米、高粱之类（以前只能种糜子、黍子，取其需时较短）。作物单产之量，一九四九年仅七八十斤，迄于一九五八年，达二百二十斤。社员生活逐年上升，每年每户收入，一九五三年为二百五十元，去年为五百元，各户大多有存款。

听陈同志之言，知此大队之兴旺，得力于造林开渠与引洪淤灌。实绩如此，听之深为感动。出观田野，于树荫下听支渠流水，观干渠支渠之分岔处，复观高过人顶远甚之高粱。陈同志从地上抓起一撮土，皆干泥片，约三四分厚，谓此即淤灌后沉积之土也。四望皆树木,不能见远景。树为柳与杨。往日沙荒,今成茂林,十年功夫,改变如此,更阅十年二十年,其进展岂能想象乎。

下午休息。《昭乌达报》之记者二人来索稿,以咏红山水库之四绝句付之。夜八点,往剧院观京剧《巴林怒火》,系昭盟五十年前之故事,情节为奴隶反抗王爷,火其居,戮其人。表演尚可。十一点始散。

八月卅一日(星期四)

晨八点过,往观文物馆。陈列之品不多,诸橱挤于一大间中。昭盟地区之古文化遗存不少,梁思成之弟思永(已故)曾来勘察,近年间裴文中亦来过,公社开渠翻地,时有所获。石器时代铜器时代之遗物都有。辽之上都、中都均在昭盟,故契丹之遗物颇多。其瓷器可注意者,盆碗内面底部皆有三四个乃至一圈无釉小点瘢痕。可以想见烧制之时盖倒覆入窑,垫以三四小撮或一圈之泥土,烧成后将泥土铲去者。又陈有金之瓷器。据老舍云,金瓷甚罕见,又云不知何据而断为金瓷也。观一小时许而出。

次至市区东北不远之红山。其山甚小,大致比虎丘稍大,亦不甚红,略有红意而已。山前有近年新辟之鱼池,将来拟再加点缀,杂植花木,使成风景区。于露轩中憩坐吃茶。罗进盟长嘱留字画,于是林风眠图红山之景,谢稚柳对盆栽吊钟花写生,老舍率成七绝一首,余无可写,即为记事诗一首。凑以梁思成吃茶。"林老挥豪写山貌,谢公妙绘吊钟花,舍予诗就不思索,梁老凭阑闲吃茶。"

旋返市区,观一花圃。花之品种不多,而地较宽,为市民游散之所。至此,赤峰参观之节目已毕,明日将去此矣。

午后睡起,写一纸留赠所居昭盟宾馆,句盖昨日所想,今日足成者也。诗云:"楼观三面山,山色翠深浅。室坐几窗净,旅怀悠然远。"第二首云:"殷勤意无尽,客至如到家。多谢诸青年,祝愿惜春华。"此间服务员皆女青年(他处招待所亦然),其殷勤周至,确深可感也。

《昭乌达报》之总编辑来,言红山与平庄煤矿今尚保密,昨日所与之诗不便登,请易他作。余更无他作,只得以留赠宾馆之诗与之。

五点半,此间诸领导同志邀我人座谈,嘱提意见。实无甚意见,仅老舍、思成与余各简述观感而已。合摄一影,然后晚餐。又是大吃大喝。食后分两批为娱乐,跳舞,看电影。余宁取看电影。片为《潘杨讼》,曾于电视中看过。其片颇长,十点半乃毕,余倦矣。

九月(止于廿三日,略去二天)

九月一日(星期五)

晨进食较早,七点即往车站,相送者三四十人,叙别于站台。及将开车,我人乃登车,殷勤握别。

在车中思作诗,而无所就。下午,高玉、李孙顺二位女同志请老舍谈京剧,余听之颇长知识。夜七点后抵锦州,将改挂沈阳来之列车,须候三小时许。我人在站台游散。能舞者温习安代舞。十点后开车,余已睡矣。

今日布赫相约,谓到京后休息三日,于五日午间自北京出发,往呼和浩特,然后参观包头,为时约二星期。回京之时,顺便一游云冈。询同游者,均欲往观西部,唯林风眠、谢稚柳二位前已去过,即将回上海矣。

九月二日(星期六)

晨以五点起。八点到京,至善来迎,旋见晓风、玺恩、牛君亦在站相迎。出站,与同游诸君叙别,然后登车回家。

九月五日(星期二)

余以十一点一刻出门,至善陪乘。到车站,同行者到已不少,既而齐集。此次加入吕骥一人。为余淑岩伴奏吹笛之王君因事不能同往,易一位拉手风琴之白君。徐平羽来送行,渠嘱回来时作一简单总结,于此次访问述其所见所思,供他日参考。

车以十二点半开,余即午睡。醒来看南口至青龙桥一带山色,既而眺望官厅水库。郑景康出其在东部所摄之照片相示。佳者极多。郑君照相机好,技术又高,宜其然也。傍晚进餐,与布赫对饮白酒数杯,饭罢困倦,早睡。

九月六日(星期三)

昨睡尚熟,晨醒已五点。将七点,到呼和浩特,天雨。此间上月曾遭大雨,一年之雨量一齐冲下,交通阻绝,庄稼大损。今犹时见积水之处。相迎者一时记不住姓名,且待徐徐记之。宾馆甚讲究。余与老舍,思成与吕骥,皆另居一幢较小之屋,静极,兼之下雨,静而至有寂寞之感。

作七律一首,题为《鲁迅先生二十五周年祭》,盖《上海文学》编辑部来书嘱托,为文殊不易,只得以诗应之。"自息劳生廿五春,亦知世运变于今? 阵营协力东风盛,党群同心故国新。齐放百花光艺苑,精研万众宝鸿文。料应额首轩眉笑,无复缊衣感慨吟。"

下午四点,雨中乘车至附近之博物馆参观。博物馆成立于建国十周年之时,今方重行布置,预备明年五月一日内蒙解放十五周年纪念时展出。各部分随意一看,殊觉内蒙之丰富多彩。有一巨幅画,原藏于某喇嘛庙,系绘康熙微行到蒙古某地,于大饭馆吃饭看戏,费银仅八两有余,而囊中所携不足,地方恶霸(殆即饭馆老板)欲令打手殴之。有一佣工模样之人出而担当,言自愿将所得工资徐为代偿。此画人物甚多,各有姿态,多数人皆集中注意此纷争之场面,亦有不之顾者。正中画戏台,方演《凤仪亭》。此画价值,在描绘当时之风习与各色人等之神态及服饰。原本已破烂不堪,近日重为装裱。

回至宾馆,党政领导人设宴款我人。为全羊席,烤好一羊,抬至席间供客一观,然后抬去斛割之,如吃烤鸭然。初尝驼峰,其味略与鱼肚相似,无甚好吃。又有发菜,亦称珍品。

餐毕,即在宾馆之小礼堂为晚会。小礼堂甚精雅。所演为"二人抬",与"二人转"同类之剧种也。节目多生活小故事,或叙爱情,或言财主之贪财好色,或唱各个季节之景色而无情节。十点半散。洗澡而后睡。

九月七日(星期四)

今日天晴,而道路尚有积水,故上午不出门。二位教育厅长来,约明日为教师作讲。余言只能就语文教学为随谈,决不能用"报告"二字。二位从之。看报,看所携《四溟诗话》《姜斋诗话》。写一信寄亦秀。

午后三点,乘车观市区,自新城到老城。老城街道狭窄,其景象有如北京前门外之数条斜街。抵一所喇嘛庙,其名为舍利图召,召者,蒙语庙也。二十岁之活佛出迎,伴之者为一大喇嘛,今为呼市佛教会之秘书长。此活佛毕业于高小。其庙为藏式建筑。入其殿,佛龛而外,彩绘之宗教画满布,经卷法器,到处皆是,殿楹皆围之彩毡,总之,绝不见空隙之地与墙壁。既而至方丈,坐于活佛憩坐之炕上,听秘书长谈庙史。盖旧为明代之庙,清时重建,抗战时破坏不堪,解放而后修葺一新。有喇嘛三数十人,修持与生产并重云。共摄一影而出。

次至公园,园在旧城新城交界处。杨树颇高大,有池塘可划船,其水为地下水。呼市凿须掘地,泉即涌出。于是诸人分散,随意游观。余往观所畜动物,虎、豹、狮、犴、鹿之类皆备。旋泛小舟,布赫划桨。登岸则入图书馆,馆中藏有关蒙古之书籍特丰。仅于特藏书库中穿行一周而出。又观满城,登留而未拆之城墙。今城中居者仍多为满族。满城在新城区。

夜八点为京剧晚会,演戏三折,《武松打店》《宇宙锋》《杨排风》。演者为青年演员,皆尚好。十点半散。

九月八日(星期五)

晨起即写一简单之说话提纲,备座谈会时用。九点,哈丰阿副主席与张副厅长来迎,偕至另一宾馆。至则二百余人已坐齐,前置桌椅,延余面众而坐,殊不似座谈会之格局。张副厅长言先由余一人谈,众则于会后谈之,此亦巧词,意即令余独讲耳。余遂据所拟提纲作讲,至十二点而毕,中间休息十五分钟。观听众面部表情,似彼辈尚感兴趣。余作讲颇感疲惫,午饭时小饮,饭罢醋睡,乃觉较松适。起来写信两封,一寄至善,一寄晓风。

傍晚出室散步,循宾馆之宽阔步道南行。知全馆共有独立之屋七排,形式各不同,唯余与吕骥、思成所居之两排相同。七排房屋之东为俱乐部、舞厅、会堂,又有一极长之廊,两面玻窗,地铺地毯。所有空地则盛种土豆、向日葵与波斯菊。向北而望,大青山如屏障,连绵不断。

夜间观晋剧,云是中路梆子,戏为《西厢》。从赖婚演起,至许婚遣张生应试而止。其唱词用昆曲原文处颇多。其调柔和,声音不高,殊不类他种梆子。老舍言近来各剧种修改《西厢》,强调莺莺之性格,乃使红娘失其娇俏机灵,此剧亦复如是。余则以为今夕所观红娘殊不错,动作与姿态与他剧种皆有不同,或是其剧种之特点也。未到十点即散。

九月九日（星期六）

上午《草原》月刊之编者二人来，与之以《保安屯》五律二首。十点，哈丰阿副主席为我人介绍内蒙概况，记其要。

内蒙民族自治区成立于一九四七年。内蒙面积一百四十万平方公里，在各省区中居第三位。东西相距约两千五百公里，南北相距五百至一千公里。太阳升起，须历一小时有半，乃照遍全区。人民以蒙古族为主，而汉族之人数为多。共二十余族，人口总数一千一百余万人，蒙族一百二十余万，汉族八百余万，此外为其他各族，回、满二族占多数，大多在西部。全自治区分七个盟，两个直辖市（呼市与包头）。盟之下为旗、县、市，共八十一个。其中有三个民族自治旗。大概蒙族居多者称旗，汉族居多者称县，城市则称市。大山脉有二，西为阴山山脉，东为大兴安岭。水系凡四，黄河、黑龙江、嫩江、西辽河。河流长在四十公里以上者凡八十余道。湖泊不少，在伊盟、希盟、巴盟有盐湖与碱湖，大青盐甚著名。矿藏颇富，已发见者有六十余种，煤矿极多。全自治区牧地最广，占一半以上。农地不足十分之一。林区则相当宽广。

党在二大宣言中即提出民族自治。一九四五年内蒙东部解放，即于张家口成立内蒙自治联合会。至一九四七年五月一日，以两个盟为基础，于乌兰浩特成立自治区。今日之区划既顾历史，亦顾现实，最为正确。自治区之经济文化建设，均贯彻党之民族政策。培养民族干部实为要务，期致自治机关民族化。基层干部之中，蒙古族占百分之五十七。盟一级较少，自治区一级又较少。遵照宪法，蒙汉语文并用，行使立法权、经济权、成立公安武装权，以改变旧的民族关系，建立新的民族关系。而彻底消除民族间事实上之不平等，则有赖于经济与文教之充分发展。

自治区之工业以包钢为中心，东部以森林为中心，故云东林西铁。包钢系从无到有，白地起家。现有高炉二，平炉三，但对外宣布仅云一个高炉。自治区现有大小工厂二千二百余个单位。重工业产值占工业总产值百分之六十六。自治区之铁路，现有四千余公里，在各省区中占第二位。唯直贯东西之铁路，今尚无有。至于航空线,七个盟中已有五个盟有之。

自治区现有耕地八千余万亩,年产达一百亿斤。平均每人有水浇地三亩,产粮食一千斤。

牧业方面,现有牧畜三千余万头。主要措施为农牧结合,纠正重农轻牧之思想。

至于林业,占全国六分之一。

以下谈文教方面,从略。总之,自治区所以有今日,盖党之民族政策之胜利。哈副主席屡屡强调此点,是可深思也。

午后睡起,理发。老舍作记游之诗,邀余商量,共同推敲乃历二小时许。同来之多数同志分别与此间之人座谈,唯我二人在寓。

夜间举行联欢会。先为交际舞,次则歌舞表演。余淑岩之唱,李、高二位之舞,大受欢迎。表演毕,复为交际舞,余与老舍即退。

九月十日(星期日)

上午登大青山。车行二十公里而止。于二十公里之处始登山。山上之树木,过去砍伐殆尽,谷间冲刷之痕显然,蜿蜒而下,如长蛇。解放以后虽历年植树,似成长不快,四望仍多草而少树。据云山之背面即有树木,殆以不便砍伐,乃获保存也。我人停车处为公路之最高点,公路北抵武川。其处路旁有一钢骨水泥之掩体,系日寇所留,盖以扼守公路者。南望呼市,为几个钢铁厂之烟雾所蒙,迷糊不可辨。荞麦已收割,燕麦方灌浆。地多野花,同人皆采之盈握。携猎枪三支,无鸟兽可猎,则以石块为标的,共为打靶。青年人固乐于活动,我辈年较长,则无此兴矣。四望山峦,浓淡各殊,轻风拂襟,亦为登高一快。盘桓一小时许即回车,到寓时为十一点四十分。

午后四点,偕老舍、思成诸君访满城。老舍为满族,有意访同族之家,询其状况。先至一关姓家,家主将六十岁,在某医院为园艺员。此君之子女皆有工作,妻为蒙古族,媳妇中有汉族,可谓民族家庭。极言苟非解放,生活决不能如今日之美满。其居屋之布置格局,全为北京旧式,老舍对之似颇有怀旧之情。关君出其曾祖所遗之盔甲相示,盔为铁壳,甲分上身下身,其背面缀长方形之铁片,举之相当重。余思御此盔甲,当非低级军官,究属何级,关君亦莫能言也。次至另一家,仅遇一妇人,忘其姓。其夫解放后得工作。子女四人皆为学生,长者即将毕业于医学院,且将结婚,最幼者为小学四年生。妇人自叙境况,不能掩其内心之欢快。所居正屋两间,云是二百年物,盖当年派与旗兵居家者。满营内如此房屋尚颇有留存者。

夜观电影,皆内蒙制片厂之记录片,叙内蒙各地之新貌。余于盐池碱池深感兴趣,取之不尽,用之不竭,第须交通运输更发展,则其用大显矣。

九月十一日(星期一)

上午参观两所高等学校。先至农牧学院。此校初办于一九五二年十一月,一九五三年建造校舍,今有五系八专业,畜牧系(分畜牧、草原二专业),兽医系,农学系(分农学、土壤农化二专业),植保系(分植保、果木蔬菜二专业),农业机械系,另一专业为农业气象。外有基础课部,加强基础课之教学。一九五六年开始有毕业生,迄今共五百七十四人。坐有顷,即参观其各个陈列室、实习室。羊毛羊皮之品种收集极富。草原之草有千种左右,殊觉观之不尽。畜类病害、虫害之标本,观之有感战栗者。兽害之解剖标本,以实物使冻结,再行加工,使不复腐烂,于是以颜料涂其神经与动脉静脉,观之至为清晰。据云此法为其创造,较之浸于防腐药水中为胜。观约一点半钟而出。

于是至内蒙古大学。此校成立仅数年,副校长举其校之特点:一为民族团结,贯彻民族政策;二为年青有朝气,教师平均年龄不到三十岁,共信能办好此校;三为得到全国兄弟院校之助,教师与图书仪器由他校支援者至多。科学研究方面,颇致力于本自治区稀土元素之鉴别分析(富于稀土元素之地区,我国凡四,内蒙而外,为新疆、辽宁与华中一带。此四地区中,勘察较明白并已着手开发者为内蒙)。于是参观其图书馆,物理楼,化学楼。化学楼中有科学院分院之青年研究者八九人,正在作分析稀土之工作。及辞出,已过十二点。

下午三点半,至内蒙教育出版社,一位副厅长与社之社长额尔赫来迎。此社编辑人员约四十人,蒙古族多于汉族,盖若干课本须翻译,故然。与十余人座谈,皆语文方面之编辑。彼辈先提出十一题,余或答或未答,于注意编辑业务言之较详。六点谈毕,与合影而后归。

七点半,往剧院观歌舞表演,全属蒙古族艺术之特色,有颇佳者。十点散。

九月十二日(星期二)

上午八点半出发,自市区南行约二十里,至昭君墓。土堆高约十数丈,围以绿阑,栽树一周,南面稍高处有一亭而已。循土级登其巅,北望呼市,近处左右各有一村落,土屋成集。此处是否即向所称之青冢,其中是否埋昭君,疑莫能明。南面有石刻数块,皆清代物,固未尝致疑于此。有数诗可诵,录之。耆英之诗曰:"忆昔出宫闱,志在不负主。挥手去遐荒,非死无以处。悲调马上弹,肝肠向谁吐。声泪动天地,名始垂千古。边草伴芳魂,红颜余朽骨。呵护若有神,一抔万世睹。王嫱有青冢,炎汉无寸土。要知作传人,还应更奇苦。"彦德之诗曰:"闺阁堪垂世,明妃冠汉宫。一身归朔漠,数代靖兵戎。若以功名论,几于卫霍同。人皆悲远嫁,我独羡遭逢。纵使承恩宠,焉能保始终。至今青冢在,绝胜赋秋风。"傅增湘之诗曰:"麟阁云台盖世勋,论功一例逊昭君。若从边塞争芳烈,顺义夫人亦不群。""和亲自是中朝策,难得佳人慷慨行。高冢祁连空百尺,休教宠幸玷英名。"

回入市区,参观毛纺织厂。原有第一、第二两厂,今合为一,所至者为原来之第一厂。合而言之,有锭子一万三千六,工人三千。产品为绒线、长毛绒、哗叽、华达呢。分八个车间,自处理原料迄制成成品,全套悉备,其中包括动力与机修两个车间。原料大部分为国产,小部分进口。入车间参观,其工作与棉纺织厂大同小异。云一斤羊毛,经过种种处理,仅能出绒线三两耳。

至此,在呼市活动之日程已毕,明日下午将启程往包头矣。

晚餐后偕老舍观宾馆之室内游泳池,设置甚讲究。东边又有网球场篮球场。八点,看电影,片为苏联之《海之歌》,余曾看过。其片尚佳,重看一次亦不以为嫌。今日作书寄至善、晓风。

九月十三日(星期三)

晨间作书寄亦秀。九时半,偕思成、组缃、景康、布赫往观五塔寺之五塔。昨日思成先观之,云大佳,欲再观,余因偕往。寺在市内,与公园相近,殿堂于去年坍塌,仅存五塔。唯"金刚座舍利宝塔"七字为汉文,他则围绕五塔周围与座基周围者皆藏文蒙文。佛像菩萨像遍布,无论大小,雕镂工致而有神。造像而外,尚有各种装饰图案,亦精美。残缺处有修补者,其工远逊,优劣显然。除塔座外,中一塔七层,旁四塔五层。塔座中空作穹形,有石级,循级而升,可细观塔之各层。思成、景康多方照相,阳光正适宜,二位兴致至佳。瞻观几及一小时。下至塔之北面,墙上有石刻三大方,一为星象图,一为地理图,一为轮回图,皆有细密之藏文蒙文。此至可珍,共谓宜加意保护。此寺云建于雍正五年,思成则谓观塔之形式,当属明之中叶。若查地方志,当可决之。

午间,王铎书记、哈丰阿主席来,先合影,既而共餐,为我人作饯。吃烤羊肉,又吃骆驼之蹄筋,为平生初尝。饮酒较多,食罢睡甚熟,醒来已三点。旋即往车站,送行者三四十人。车以四点过开,七点半到包头。一路望见之山,云皆为大青山。南望则见黄河,颇明净。迎于车站者数人,奎璧书记正在包头,亦来迎。他则市之书记兼市长李质,余人尚待记忆。

驱车约一刻钟至宾馆。建筑极讲究,胜于呼市。晚餐毕,往观电影。片为香港出品,名《华灯初上》,叙舞女之悲惨生涯,殊无可观,有时且觉其恶劣。观毕就寝,已十一点。

九月十四日(星期四)

上午休息。景康以前在东部所摄之相片四百余幅相示,嘱作诗或文,谓回京而后,索相片诗文稿者必多,宜预为之备,为内蒙作宣传。余因录诗词数首于其册。又思作一小词,记参观地毯厂,得数句而未完篇。

午后两点半,往观国营糖厂。我人所居之宾馆在包头西区,西区新建,原为田野。糖厂在东区,处旧城之东。经大道名建设路,二十余里,笔直,两旁杨树数行,组成碧障,车行其间,殊为一快。亦唯白地兴建,乃得如是。行约三刻钟而抵糖厂。

此厂建于一九五二年,一九五五年投入生产,建厂得民主德国之助力。以甜菜制糖,副产品为酒精。甜菜来自铁路两侧六十里以内之地。此业有季节性,现在甜菜未收,仅事加工,以粗糖制精糖。国庆而后,乃开始制糖。制糖一昼夜可出一百五十吨,酒精可出十吨。职工一千三百余人,女工约五分之一。制糖全部机械化,一部分自动化。

入其车间,满目机器。攀登楼梯二架,仅从大圆筒之玻璃槽见筒中糖汁翻腾耳。云粗糖化而复凝,须经四道手续,乃成精糖。所用粗糖盖古巴产。车间内相当热,出门乃特感凉爽。

黄河即在厂南一里许,因往一望。近日洪峰方过,泥浆浑浊,不知何以昨日在车中望见之黄河似颇清澈。回车经一寺名龙泉,寺门外有石刻三龙首,各吐泉水,终年不息。榆柳树十株,皆高大。据云包头树少,大树唯此。入其大殿,塑像无可观。共谓此处有树有泉,略有高下之势,可布置小公园也。于是自包头旧城之东,通过大街西行,复经建设路而归。

今晚见市委高书记。高设便宴款我人,其他领导人咸集,奎璧亦莅。又是劝酒殷勤。餐罢,观京剧《望江亭》,颇不错。高书记与同来之自治区委宣传部阎部长谈及余所作《天气》一诗。偶刊小诗,居然有人注意,亦可慰也。戏毕,归室洗澡,十一点半睡。

九月十五日(星期五)

今日往观五当召,庙在五道山涧之间,故名。处包头之东北,相距一百二三十里。大车以九点十分开,先至旧城区,转北,行于山间,路尚好。尚余三十里许,至一煤矿区,名曰石拐,有市集,有工人住所。过石拐则更无车道,车行于河床石砾上,颠簸极甚。忽车陷泥中,司机屡设法,同人亦为垫石铲泥,车仍不动。先发之吉普车回来,分批载同人至五当召,大车终亦开动到庙。

此庙为藏式,规模之大,远过于呼市之舍利图召。正庙而外,尚有旁庙,又有旧日喇嘛所居之住所,皆刷白色,高高耸起,颇为壮观。喇嘛十数人相迎,中有一大喇嘛,六十三岁,据云通蒙文藏文,由渠招待我人。石拐区之负责同志任翻译,因与通话。是庙建于乾隆十三年,传活佛七代。第七代活佛死后,不复找转生活佛,此大喇嘛即为庙之最高人物。庙之盛时有喇嘛千余人,今则年轻者往矿区当工人,尚有六十余人在庙中种菜牧畜,仍做功课。由政府拨款,庙貌修葺一新。

谈有顷,乃参观各处。先观活佛所居之独院,次观供奉七代活佛骨灰之殿。

骨灰盛于龛中之小金塔中。从前来此殿朝拜者极众。门外地上砌一绿色圆石，朝拜者必拜而舔之，积年舔者极众，石乃下凹。进至门廊，其处铺地板，朝拜者拜必五体投地，地板亦凹陷，其长与人体等。庙内有四处学院（犹如课堂），为喇嘛学习之所，我人观其三。四学院按学力而分，自初级至高级，为时须二十五年，能独立诵经卷亦须十年。经卷皆藏文。又观供满身挂骷髅之佛之殿及供一大铜佛之殿。

余于庙中所挂之彩绘佛画，甚觉其可珍，皆用工笔，挼以金泥，构图与线条有绝佳者。此种画各殿都有，且必四壁遍满。至于塑像，则颇庸俗，殊非名手之作。各处参观，往往须升阶降阶，其阶甚高，腿感疲乏矣。与大喇嘛为别，出庙已三点半。

归途系下坡路，车行较快，到寓所时为六点十分。夜间有电影，余未往观，归室洗澡。

今晨作成《菩萨蛮》一阕，题为《赤峰毛织厂观工人织地毯》。"匀垂经线明珠色，彩毛巧系轻轻割。出手似无心，工夫个个深。　　加修操巨剪，修得图纹显。望若水波平，细观镂刻精。"

九月十六日（星期六）

晨八点半，包市孟书记为我人介绍包市概况。以将往包钢参观，包钢之刘副总经理与李书记（女）来相迎，亦同坐。

包市附近富煤矿铁矿，冶炼所需之矿石，亦都有之。交通至便，铁路，公路，黄河水运，更有民航，此为适于为工业基地之条件。再则国家工业发展之布局，与夫促使民族地区工业化之政策，亦须于此建立工业基地。解放以前，人口仅八九万，今以建设发展，人口已达一百二十万有余。全市分七个区：工业区三，东河区（旧城所在），昆都仑区（包钢所在），青山区（我人所居宾馆所在）；矿区二；农业区二。自一九五三年始办工业。先则筹备，勘察，调集干部。一九五五年至一九五七年为基本建设，并发展地方工业以支援大工业。一九五九年十月，包钢始有第一高炉投入生产，去年五月，平炉投入生产。至此乃进于边建设边生产之阶段。今年则进于执行"调整，巩固，充实，提高"八字方针之阶段。去年出铁七十余万吨,出钢三十余万吨。

包头将成为钢铁基地,机械工业基地,煤炭基地,电力基地,且为铁路枢纽。

轻工业方面,有糖厂,棉纺厂,食品厂,皮革厂,中小工厂共一百有余。

原来仅有行道树六十三株,宾馆周围多大树,乃先时地主之护田树。逐年营绿化,今已有树二千余万株。

现有各类中学共四十余所。大专学校有医学院,钢铁学院,铁道学院,师专。小学有五百余所。各级学校学生共十六万有余。医院有二十余所,病床五千有余。

耕地四百余万亩,其中水浇地一百余万亩。平均每一农业人口有地十余亩。

总之,近三五年内,包头面貌大变,亲身参加工作者,尤深感之。

刘副总经理亦略作说明。旋即驰车往厂区参观。先观炼焦炉出焦,炽煤卸出,浇之以水,白色水汽如云。次攀登一号高炉,此高炉近日不生产,而他高炉之声响轰然。入其调度操纵室,四壁皆仪表,莫能明也。高炉之容量为一千五百十三立方米,在今日居世界之第三等。继观平炉,今日平炉亦不生产。其出钢口分为三叉,循三路出钢。管事者令吊车开动,吊起极重极大之盛钢水筒,俾我人观之。

厂区之广,今有十里。他日发展,当不止此。我人由此至彼,皆以汽车代步。

十二点半离厂区回宾馆。饭后睡一小时许,起来往理发。回来时完成《忆秦娥》一阕,以《包头》为题。"轻轮捷,须臾卅里长衢直。长衢直,杨荫夹道,车窗飞碧。　　青山南面黄河北,望中高突东西立。东西立,新兴城市,规图雄阔。"

晚饭后有联欢会与电影。余与组细往观电影,片为内蒙厂与长春厂合制之故事片《草原晨曲》。叙白云鄂博附近之牧民往时抵抗日寇,今则拥护包钢之建设,藉此表现包钢之新貌。尚可观。布赫邀往观联欢会,则尚在跳舞。老舍方在诵其新作诗,余因亦以今日所作词诵之,并略讲解。恐发音不准,请话剧团之女同志重诵。听数人之独唱,见大家舞兴犹酣,先退,已十一点矣。

九月十七日（星期日）

今日上午,同人分别与当地人士座谈,老舍与文艺界,吕骥与音乐界,组缃及余与教育界。开会地点在另一宾馆,于九点乘车到彼。包市教育局二位局长招待我二人。教育界人士约八十人,多中、大学教师,有少数师专之教师。余独谈二小时,大致与在呼市所谈相仿,缘彼辈所提问题相仿。组缃谈约一小时。

午后三点半,乘车向南,到麻池生产大队,其地有一泉,向曾于泉池中沤麻,故名麻池。云附近有古城,有汉墓,稍远又有战国时赵城。听书记介绍,抗战时期遍种鸦片,居民亦多吸鸦片。解放以后试种蔬菜,近年来蔬菜业大发展。修一小水库,灌溉益便。派人到他处学习,并请人来传经,冬季能于暖房种菜。暖房有八百余,俨然与北京西郊之四季青公社相仿。农民收入年有增长,生活颇好。

往所谓古城之处观之。菜地中耸起土墙一段,层层打实,版筑之痕显然,据云一尺土打实成三寸。莫能明究为何代之城也。随地有小砖块,陶片,瓷片,亦有人骨。砖块极坚实,其色带青。陶片有细条纹或粗条纹。瓷片有粗有细,有釉彩甚佳,为片极薄者。吕骥谓殆是元代之瓷。同人大感兴趣,分头寻检。余随便检得三块,皆不佳。至于所谓赵城,以道远车行不便,未往观。

地中所种菜蔬色葱绿,柳树特繁茂,见其地深得水利之便。车从居民区穿过,土屋整齐,窗台修治,足见富裕。

夜八点,有歌舞晚会。节目皆良选,足以赏心。十点一刻散。

九月十八日（星期一）

晨间完成昨日始作之《三姝媚》一阕,题为《访包钢》。"大青山作障,耸高炉,轰轰宛然雷响。火候臻时,乍壁开焦吐,满车红亮。吊架移来,盈巨桶、铁浆犹烫。注入平炉,再炼重熔,钢龙腾浪。　　乘兴凭高环望,看眼底包钢,一何雄壮! 石拐乌金,白云佳铁,近连双矿。建设输劳,诸族共、热情奔放。伟业成唯今代,临风久想。"

九点,全体同人为会,准备作此次参观访问之总结,供组织我团之诸机关参考。推端木蕻良、陆治国、海啸三人为起草人。大家谈五十天内之见闻观感,皆非勉强发言。三人皆记之。谈至十一点三刻始散。午后睡起,以《三姝媚》付

《包头日报》刊登。

夜间有电影与联欢晚会,余未往。于灯下改前在呼市作讲之记录稿。此为最可怕之事,而实逼处此,只得勉为之。稿十五纸,改其三纸而止。早睡,以偿连夕欠缺之睡债。

九月十九日(星期二)

昨夕睡时较多,然仍嫌未足。上午续改记录稿四页。十点半,往观布置未就之包头展览馆,是馆将于国庆日展出。馆借文化宫之址,下层为大会场,展览处在二楼三楼。观一小时而归。午后睡起,续改记录稿四页。

傍晚,奎璧将回呼市,与我人合影,包市之书记市长咸莅。继之,为饯别之宴,主人言希望再来,客言深愿再来。八点,举行晚会。先为歌舞,次则"二人抬"《走西口》与《探病》,又次则晋剧折子戏《挂画》。《探病》中之彩旦,《挂画》中之花旦,均是老艺人,做工确有长处。戏毕已十一点半。明早即将登车,抵大同留一宿。

九月二十日(星期三)

晨五点起,七点一刻到车站。送行者约二十人。车以七点半开。余续改记录稿,改毕所余之四页,即交与布赫。布赫在呼市下车。我人与渠相叙五十余日,其人豪爽,临别颇觉依依。到呼市时为十一点过,哈副主席及其他领导同志特来车站晤叙,其情可感。

午间在车中进点心,以无餐车故。端木蕻良等三位已将总结稿起好,大家传观,提出意见不多。再请三位据所提意见酌改。

六点半到大同,迎者八九人。驰车入城,抵大同宾馆。晚饭后,地委市委几位书记与市长来访,未能记住其姓名。本定明日傍晚即登车回京,而东道主劝留,遂决定多留二十四小时,于后日傍晚登车。明日观云冈,后日大约须开座谈会。

九月廿一日(星期四)

八点半出发,往观云冈。出西门车行约三四十分钟即到。于管理处小坐,即观石窟。已编号者凡二十一窟,自东至西长一公里。北魏时在此凿窟造像,后迁往洛阳,大同即不复营建。各窟佛像皆高大,一露天而无窟者亦极大。形制不尽相同,而工美则一。佛旁之菩萨或力士,以及供养人,尚有藻井与当门通光方孔之上方,与夫满壁之小佛像及装饰图案,虽经剥蚀,均极耐细观。所惜者此处之石质粗松,若干处又为片页岩,故千余年以来,自然损坏殊甚。诸佛像大部经过重修,外涂颇厚之泥,又涂上彩色或金,致使其像浮肿,人体之线条与生动之衣褶皆不可睹。又或拟修而未修,像身已凿若干圆孔(涂泥时必先凿孔插木,乃可涂而不脱),窟壁亦复凿孔累累。愿修之人盖出于宗教信仰,其事似为好事,然其实则损坏精美之造像艺术。复有盗窃佛像者,恶棍,军阀,不怀好意之外国人都有,或凿整个中型像而去,或仅窃像之头部。以故残缺之痕到处皆是。文化部近已列云冈为重点保护古迹之一,方派人研究试验,务使此遗存得以永保,不再损坏。作好此事,须赖许多科学部门之共同努力也。及归,已十二点半。

下午三点半,往观城内三所古寺。先至下华严寺,其殿为辽代建筑。殿榜"薄伽教藏"四字,盖殿之三面壁为木制之藏经库,可谓我国现存最早之藏书库。其库作房屋形,屋檐楹柱皆雕镂极工。殿中佛菩萨像有二三十尊,塑造极精。有加修者,有后添而毫无道理,破坏整个构局者。亦见若以艺术眼光观之,修葺实非易事。惜从前之修葺往往不从艺术眼光出发也。

次至上华严寺,在下华严寺之东北。中隔一小巷。从前二寺实为一寺,上华严寺盖金代所重建。塑像亦极佳。又至靠近南门之善化寺。大殿广甚,亦辽代物。殿两旁二十诸天极佳妙,惜亦有经加工而精神全失者。

又观某街旁之九龙壁,为明代某藩王府之照壁。九龙姿势各不同,泼辣有生气,大家认为比北京北海之九龙壁为佳。

匆匆进晚餐,即赴招待晚会。一为歌舞表演,二为新挖掘整理之地方剧种"耍孩儿",三为晋剧。"耍孩儿"演二折,《送京娘》《扇坟》(孙行者与猪八戒作耍,化一寡妇扇坟,猪八戒引与成亲,卒乃说破)。其腔调颇难听,但地方上人甚喜之。京娘跨马有种种动作,为他剧种所无者。晋剧演《岳母刺字》,唱做俱佳,但剧本不佳。岳母教子,简直不近人情,老舍谓"毫无道理"。剧终已十一点,余甚疲矣。秋分将近,背部又不甚舒服,睡眠不甚酣。

九月廿二日（星期五）

九点，全体同人至西门外大会堂，与大同干部、文艺界、教育界、工人文艺爱好者一千余人会面。余先说话，题为《内蒙观感》，即取总结稿之一部分言之，历一小时而毕。余淑岩唱歌三阕，甚受欢迎。继之，老舍作讲，从文艺工作座谈会谈到文艺工作者"基本功"之重要，历一小时有余。

午后三点半，分两组（一为音乐，一为文学）与大同文艺界座谈。余在文学组。老舍、组缃、端木与余皆发言。五点半散。于是进晚餐，餐毕即驱车到车站。大同诸位领导人殷勤相送，以我人不能多留几日为怅。车以六点五十四分开。车中与诸人闲谈，九点睡。

九月廿三日（星期六）

晨六点到北京。至善、满子、永和三人在站相候。与诸同人为别，共同生活五十余日，皆有甚深之感情，较之出发时迥不同矣。

《内蒙日记》小记

　　这是二十年前的日记,记的是在内蒙古自治区访问旅行的所见所闻所感所想。

　　这次访问旅行同去的有二十多人,老舍、梁思成、吴组缃、曹禺、端木蕻良都是老朋友,还有画家、摄影家、作曲家、歌唱家、舞蹈家,等等。名义是"文化参观访问团",旨在促进各民族间的文化交流,所以参加者也包括好几个民族的人。组织这样的访问团,这是第一次,算是试办,不知道以后有没有再行组织。

　　我重读这五十多天的日记,重温二十年前的这次访问旅行,事事处处都值得怀念。首先值得怀念的当然是人。内蒙接待我们的是文化局局长布赫,一位豪爽开朗又极善于体贴人的蒙古族同志,他一直陪伴我们,给我们留下了非常深刻的印象。还有许多蒙古族的同志和别的兄弟民族的同志,满族的,回族的,达斡尔族的,鄂伦春族的,跟他们接触的时间虽然比较短暂,现在翻看日记都还能想起他们的声音笑貌来。同去的人朝夕共处将近两个月,有的虽然本不相识,也成了极熟的朋友。尤其是老舍,我跟他在一块儿起居,听他那幽默风趣的谈吐,咀嚼他那独到的引人深思的见解,真可以说是一种无比的享受。旅行结束的时候还相约有朝一日再结伴同游,可惜那样欢快的日子永远不会再有了。

　　其次值得怀念的是内蒙这个地方。森林、草原、河流、湖泊,境界异常开阔,林业、牧业、农业、工业、矿业,又色色俱全。我们到过内蒙东部和西部的好些地方,就我个人而言,较之其他省区为多。在日记里看到每一个地名,我总要想,不知道那个地方现在怎么样了。在十年浩劫中,内蒙是个重灾区,那些新栽的防护林,那些新建的水库,那些林场、牧场、农场、工厂、矿山、学校,现在都恢复起来而且更加发展更加完善了吗? 身体渐衰,视听不便,再去访问大概是不可能了,只希望每天早晨听新闻广播,常能听到从内蒙传来的叫人兴奋快慰的好消息。

1981 年 6 月 15 日作

可记的一年

一九七六年

一月

一月一日（星期四）

晨听广播,毛主席于昨日会见美国前总统尼克松之女朱莉·尼克松及其夫戴维·艾森豪威尔。继之则播昨夕所闻毛主席之词,以及两报一刊之元旦刊论。

与至善同出洗浴。浴罢,见理发部不挤,余即买票理发。回家已十点半。则叔湘、徐仲华相候于余室中。叔湘谈其工作情形,并及伯翁之逝。既而王泗原来。泗原接余书,于伯翁之逝感怅至深。吕、徐先去。王坐至十二点十分而去。

今日与三友皆共摄影于廊下,留为一九七六年元旦之纪念。

一月二日（星期五）

上午写赠姚雪垠之《水调歌头》于宣纸,俟下午令至善托人交与之。

午后睡起,写信复绍虞。绍虞托问叔湘,于其语法修辞之稿究竟如何看法。昨日叔湘来,即答其所问而嘱余转达。余乃据叔湘所言而详述之。

文学研究所之何其芳偕所中人员许立华、乔女士同来,为伯翁治丧之事有所商论。嘱余列入治丧委员,并言悼辞稿草成之后将交余一观。余因于伯翁之撰著记忆不真,电邀润华、湜华兄弟来共谈。客来谈话一小时有余,余略感吃力。

至美近日委顿殊甚,半日上班,半日在家休息。右臂有一小疙瘩,不知为良为恶。通电话问之,云已约定于数日后往医院诊断。

一月三日（星期六）

今日未曾看何书,报刊亦约略翻阅而已。平伯书来,言其闻伯翁逝世,欲往小雅室而家人阻之,乃写一挽联稿令其女送去,辞至凄怆。即作书复之。

一月四日(星期日)

下午,清华之子与汉华之子偕来,携来伯翁悼念会上家属之答谢辞稿子,嘱余过目。余为提若干意见,俾自去修改。

既而至美来,云近日全日上班,身体总是困疲无力,两脚举步吃力。携来毛主席新发表二词之英译稿。共晚餐,旋却去。

一月五日(星期一)

上午看毛主席二词之英译。不知自英语国家之人看来,此英译本之"诗味"如何。

姚雪垠欲往访谢刚主,询问有关晚明史实之问题,即作一介绍书,托出版社同志转交雪垠。雪垠来书抄示其所作七律若干首,有佳句,但亦有生硬勉强处。

一月六日(星期二)

晨九点到建国门哲学社会科学部,下车时遇东菀亦刚到,多日未与晤见矣。今日之来,盖为伯翁之治丧委员会开会,到者有叔湘、余冠英、何其芳、蔡仪、唐弢、贾芝诸位,唯学部之第一书记林修德为初见。主要讨论悼辞之稿,并及其他琐事。悼辞请唐弢、叔湘二位最后改定。于是散会,历一小时有余。

叔湘偕余往访平伯,坐半小时许。平伯尚觉腿软,其他似已无甚病象。

到家,知宁宁自医院来电话,言其母方在医院割除臂上之小疙瘩,历时不足一小时。为良为恶,须越数日方知。

一月七日(星期三)

晨八点,偕至善、满子同载,过元善寓,与共往八宝山礼堂。王家诸人先到,而吊客则我人最先。既而吊客陆续至,余之相识者为多。候至九点过,入礼堂举行追悼会。林修德主持,何其芳致悼辞,王润华致答辞。于是至后面陈遗体之室,未入室而闻家属之哭声。于伯翁之遗体旁绕行一周,从此永别矣。

至美亦到会参加,遇余告知身体尚可,以此相慰。彼仍从地下铁道回去。

到家未久,有《人民文学》王万清、吴泰昌、阎纲、周明四位来访,言系袁水拍所嘱托,袁盖《人民文学》之主编。其编辑部将于后日举行座谈会,研习毛主席之两首词,邀余参加,并嘱发言。且谓亦可用诗或词之形式。余颇怕动脑,而此约未便拒绝,只得勉允之。既允即有事在心,午后未能入睡,决定用《水调歌头》作一词。思之思之,迄于夜九点半,仅得一半。夜间入眠不过二小时,专思此事,排之不得。及天明,始搭成全首之架子,尚须推敲修改。

傍晚得至诚自南京来信,言姚澄又经一场危病,今始转安,其病为急性胰腺炎。全家看信,相与惊叹。

一月八日(星期四)

晨间作书复至诚。前数日已写四笺,今日仅及怀念姚澄,期其保重将息,早日恢复而已。

午后酣睡一小时,困倦稍减。

至善助我思索,直至晚饮时,全首词稿修改完毕。

一月九日(星期五)

晨听广播,恐惧其发生之事竟尔发生,周总理于昨日九时五十七分逝世,终年七十八岁。发讣告者为中共中央、人大常委会、国务院。讣告中谓:"周恩来同志是中国共产党的优秀党员,是中国人民伟大的无产阶级革命家,是中国人民的忠诚的革命战士,是党和国家久经考验的卓越的领导人。"又云:"周恩来同志忠于党,忠于人民,为贯彻毛主席的无产阶级革命路线,争取中国人民解放事业和共产主义事业的胜利,英勇斗争,鞠躬尽瘁,无私地贡献了自己毕生的精力。"在各方面的斗争中,"都作出了不可磨灭的贡献,建立了不朽的功绩,受到全党全军全国人民的衷心爱戴和尊敬"。结语云:"中国人民伟大的无产阶级革命家、杰出的共产主义战士周恩来同志永垂不朽!"

王家润华、湜华、汉华、漱华四人来,商处置伯翁所遗书籍之问题。谓其父平时谈及,书籍希勿分散,赠与公家,供需用者用之。拟探问文学研究所能否收受,约定明日与余同访唐弢谈此事。

《人民文学》编辑部三人来告,以周总理之丧,下午之座谈会不复举行。

至美来电话,告医院割下之小疙瘩并无毒性。

一月十日(星期六)

今晨广播,皆为各国领导人发来之唁电。又有治丧委员会之公告,谓深谢有若干国家之政府或兄弟党以及友好人士要求来我国吊唁,唯依我国之惯例与礼宾改革之旨,决定不邀请上述各方面派代表来我国。——此一决定殊关重要,一则省却许多事务,二则在国际间以实际行动表破旧立新之义。

晨间接到通知,令于下午往北京医院与周总理之遗体告别。乃与润华通电话,言往访唐弢须改期。润华及其全家方自八宝山送其父之骨灰入藏灰室回来,言既然如是,彼与姊弟等当自去,但言其事曾与余商量即可。傍晚满子往访王家回来,告余润华等往访唐弢,唐弢谓文学研究所愿意接受伯翁所藏书之捐赠。如是则此事可谓满意解决矣。

下午四点,乘车往北京医院,部中派一同志来陪往。到者列单行入遗体室,于周总理灵床旁绕行,其夫人邓颖超居侧,与吊者握手。余瞻遗容尚能忍住,及与邓握手,不禁泣下。

今明两日,皆属告别遗体之日,十二日、十三日、十四日则举行吊唁仪式,十五日举行追悼大会,同日全国下半旗志哀,停止娱乐活动一天。

上午作五律一首悼周总理,亦几经改动。

夜间周涌之母及大哥、二哥来访。二哥前曾来过,母与大哥则初次见面。所谈为本月二十九定为小沫与周涌之婚期,是否合适。余与至善、满子皆云择日之事,我人固久已忘之矣。

一月十一日(星期日)

今晨广播,仍复为各国领导人及兄弟党发来之唁电。《人民日报》《光明日报》皆以过半之版面刊载此诸电文。

晨间与至善同出洗澡,十点归来。

三午于上午、兀真于下午,皆随后巷曾家之人乘车到北京医院向周总理遗体告别。爱戴之诚可嘉。

宁宁午间来共餐。彼谈及周总理遗嘱中之两点,一为因癌病而逝须明白宣布,又一为骨灰勿置于八宝山,须归还祖国大地。余闻而深感之。宣布其致死之病,意盖在策励国人努力于癌病之研究,终于操克制之权,解决此举世恐怖之恶病之防治问题。已与世违,而仍心系人世,伟哉。骨灰留置,本来无甚意义,取之大地,归之大地,实为至当。余久蓄此意,今闻同调,因告至善,我亦"照办"。至善允之。特记于此。

晚餐后接永和电报,言明日下午六点将到家。

今日收到祖璋寄来之水仙十本。

一月十二日(星期一)

今晨仍广播各国发来之唁电。周总理遗体于昨日傍晚护送往八宝山火化。下午志成来,言胡愈老于送往之途中,见两旁皆站满数排之人,静肃无声。此皆自动送葬,非由招致,人心之向往感动,于此可知。又闻三午言,天安门人民英雄纪念碑前摆满花圈,无数人自佩黑纱,自悬白纸花,在碑前致哀。此皆不获往北京医院向遗体告别者。

上午将所作挽诗书于宣纸,寄与治丧委员会。

上午夏瞿禅夫妇来访,坐约四十分。下午志成来,谈约一小时。余抄所作挽诗示之。

上午唐弢来电话,于伯翁书籍之捐赠事有所商谈,余听不清,因令至善于下午访唐。至善归来言,唐转达文研所之意旨,于王家家属所提要求更为优异,且提出家属所未言之意,将酌酬现款而不名为书值,且谓此固有先例(殆指振铎书籍捐赠北京图书馆之事)。至善于归途中到王家,对王氏兄弟言其事,嘱大家斟酌,然后向文研所作正式答复。

夜七点,电视播两日来各界人士向周总理遗体告别之实况,我家电视机前齐集二十余人观之。

永和到来,正及看电视。小沫、周涌二人迎之于车站。永和身体颇健,同怀四人中,以彼为无甚疾病。彼已转为正式工人,此来盖照章享受正式工人之探亲假也。

一月十三日(星期二)

今晨仍广播外国各方面发来之唁电唁函。

写二信,一复平伯,一复至诚。复平伯信中抄与周总理挽诗,寄至诚信中亦然。至诚来信言姚澄仍卧医院中,药剂与葡萄糖仍从脉管输入,发炎尚未全止。

闻知十一日周总理遗体火化之后，骨灰自八宝山送来天安门劳动人民文化宫已将十二点光景。沿途两旁久候之人肃然观灵车经过，然后散归。

昨夜七点所播之电视记录告别遗体之实况者，闻通过卫星播送世界各地，故各国之人同时得观。据云此系应他国人之要求而然。

又闻前日有数百人守候于八宝山火葬场所，要求一瞻遗体。主其事者允之，然后火化。

从九日晨传出噩耗后，电台即绝无音乐歌唱节目，殆将到十五日以后乃恢复此类节目。

夜间劳动人民文化宫门已关闭，而门前桥之南块立满致哀之人，哭泣之声相应。

今日买银翘解毒丸服之。似将患感冒，先为预防。

一月十四日（星期三）

至善从他人处借得《瓯北诗话》，今日翻看之。

三午、小沫、永和皆至天安门广场，归来言英雄纪念碑前之花圈益多，于广场上静默致哀者益众，劳动人民文化宫哀乐闻于外，入而致吊者络绎。

至善晚归，从他人处抄得朴初所作挽诗，五言十韵，颇有深致。其中有错字，待他日得校正时再录之。

一月十五日（星期四）

晨间由永和陪往首都医院，盖约定之日期为今日。王大夫言上颚右侧二大牙按理须拔去，但以余之年龄则可商。既而谓余，今姑装上假牙，如装上之后二大牙有何问题，则再作考虑。余谓此最妙。于是调料作模子，上下各一块。约定二十四日十一点再来，试所制之假牙。

乘便往视林老。林老咳嗽，睡眠不佳，胃口差，形容颇见憔悴。其女其幼子及保姆皆在侧。坐约二十分而出。

周总理追悼会于下午三点在人大会堂举行。通知云须于两点一刻到达，而余于一点三刻即到达，先余而到者已不少。会场设于大会堂北门内之大厅中，此大厅之上一层即宴会大厅。先坐于大厅之旁休息，既而鱼贯入会场。及三点，大会开始,王洪文副主席宣布开会,奏哀乐共致默哀如仪。继之,邓小平副总理致悼词,历叙周总理毕生之重要斗争与功绩,并言我人宜如何学习周总理,化悲痛为力量,益坚奋斗。至此会毕,到会者循序在正中周总理相片与骨灰盒前徐徐经过,然后出会场。到家时将四点。

至善亦参加追悼会,彼列入团中央之行列,其出版社有两个名额,彼与另一同志被派前往。彼于一点光景即到会场,排齐立候,及散会,五点以后方到家。

兀真、小沫各于其厂中参加追悼会。此盖统一之布置,各厂咸于下午二点开会。

今日报载,十二日至十四日,三日间入劳动人民文化宫吊唁之人凡四万有余,其中包括外国各方面之人。而在文化宫以外,在整个天安门广场致哀泣下者,其数盖不可量矣。

一月十六日(星期五)

今日广播与报纸报道昨日追悼大会之情形。于邓小平副总理之悼词中特提出要语,广播则播之于先,报纸则作为提要刊于报道之前。报道中言"遵照周恩来同志生前的遗言,周恩来同志的骨灰撒在祖国的江河里和土地上"。至于已撒或将撒以及如何撒,均未详说。

接到通告,严景耀于十二日逝世,十八日上午开追悼会。景耀病脑入院,状颇危险,余于七日闻徐楚波告知。去年往辽宁参观,余与严同在一小组,日夕相见者三周。严终年七十一岁。

《瓯北诗话》中有《陆放翁年谱》,余抄之为遣,大约抄十日可毕。

一月十七日(星期六)

午前有永和厂中之三位同志来访。一姓赵,为厂中一个车间之主任。一姓于,为工人老师傅。彼三人皆为我国飞机工业方面之第一代人,有二十多年历史,最先在沈阳,后乃迁至汉中。彼三人出差来京,承他们要好,知永和在家,特来看余。与谈约一小时,留共午饮。饭罢余先休息,彼等坐至两点乃去。

据闻今日仍有列队持花圈到天安门广场致哀者。入夜看电视,与昨晚同,放映前日追悼会之纪录影片。

一月十八日（星期日）

九点半偕至善乘车至八宝山,赴严景耀之追悼会。到者以北大与师大之教师为多。遇朱孟实,久未晤面,与谈一刻许。彼小余三岁,自云注意锻炼身体,健康情况不差。追悼会以十点半举行,继之则瞻观遗容。于是驰车而归。不半月之间,吊丧已三次矣。

至美已来,骤观之,觉其面容消瘦。又喉咙发哑,至下午四点,彼辞去。

一月十九日（星期一）

作书复李芳远。李来二书,其书附悼子恺之诗及前此数年拟赠周总理之诗。

下午为蔡超尘写字,书札兰屯即景《采桑子》二阕。徐仲华来,谈一小时许。

一月二十日（星期二）

平伯之外孙韦奈来,取《春在堂诗编》去。平伯书中云,将就诗编成一选本,他日或将共商。

今日大部时间缮抄《陆放翁年谱》。

夜间与满子、兀真、永和打牌。打二圈有余,三午接替之。

一月廿一日（星期三）

下午《人民文学》之人来,言前所云毛主席二词之座谈会,将于廿四日下午举行。此次来者二人之中之一位曰施延滨,系从上海调来,实际负责编辑之事。袁水拍与严文井等,皆挂名主席、副主席耳。余询《人民文学》之印数,云八十万。而《诗刊》之印数为六十万。今日刊物印数如此之大,而欲得观者犹难买到。

一月廿二日（星期四）

上午我妹与修甥来,至下午四点许去。

下午张纪元来,谈及朴初悼周总理之诗于闻耗之日下午三点即完稿,可谓迅速之极。纪元又谓见其诗者咸谓"无私功自高,不矜威益重"两句最好,唯周总理足以当之。谈约一小时有半而去。

傍晚徐仲华来谈。

连日服银翘解毒丸,似感冒可以抵住。只流鼻涕,喉间尚无不舒。体温卅七度三四(口含),但廿三日晨六点量之,已为三十六度五。

一月廿三日(星期五)

《陆放翁年谱》以今日抄毕。

昨接至诚来信,言姚澄仍居医院中,基本上已好转,每餐能进半碗粥,然尚挂盐水瓶注入体内,以消炎。

今日加服感冒清热剂,系粉末,冲而服之,即是汤药。如今中药有种种办法,使病者便于服用。

一月廿四日(星期六)

上午十点半到医院,应约试王大夫据上次所打之阴模制成之阳模(即具有两列假牙之模),满子陪余往。王大夫颇细心,先观上方下方密贴与否,次观装上之后口部之容态何如,反复修改,经历一小时。约定下月五日再往,其时则假牙已据阳模而制成矣。

下午一点半后《人民文学》之同志以车来接,至善陪余往。车中有曹靖华先在,盖十余年不见面矣。到中华、商务两家所在之礼堂,其处即旧时之文联大楼。两点过后开会,袁水拍说开场白。出版局局长石西民讲话,盖如《人民文学》《诗刊》之类所谓中央刊物归出版局领导也。继之进行座谈,而间之以毛主席二词之朗诵与歌唱,朗诵者为名演员,歌唱者为总政文工团之音乐家。发言者包括工农兵与老中青之文艺工作者,余大多不相识,相识者仅曹靖华、曹禺、浩然、谢冰心数人耳。余诵所作词,尚觉读得不错,然未必能使在座者听清全文也。散会时已五点。散出时遇见相识者十余人。

一月廿五日(星期日)

今晨广播,我国又成功地进行一次新的核试验。以下仍声明我国对于核武器之态度,如历次宣告者。而试验之实况则绝不提及。

接韩惠沅来信,告我其弟玉麟以脑溢血逝世,年五十七。余七一年曾偕永和到玉麟家坐一小时许。去年到苏,玉麟在医院中,未往探视。

朱光暄、许觉民来访。二人同在北京图书馆,谈及其馆将建新馆之事。新馆址在西郊紫竹院旁,将为现代化之图书馆,云于八〇年可建成。

下午三点许,陈次园来访,谈约一时许。

今日写信五封,复平伯、至诚、惠沅、吴甲丰、陈加章。吴以所作挽周总理之一词一诗相示。陈托余代求人家写字,余拒之。

一月廿六日(星期一)

写信二封,一与圣南妹,一与李业文。李代人索书挽周总理之诗,即与之。

下午郑缤来访。彼本欲请退休,而未获批准,尚须任教。观其容貌,视上一次来时为健。坐一小时许。

一月廿七日(星期二)

午后汉华偕其夫刘宗昆来访。彼二人方整理伯翁所遗之书,以便交与文学研究所。彼姊妹兄弟八人,此次因父丧会于北京,此后殆难同时聚首矣。

一月廿八日(星期三)

随便阅览,辄复放下,感冒未至于厉害,而仍流鼻涕,喉音犹有些发哑。

下午写一信复平伯。

一月廿九日(星期四)

今日为小沫与周涌结婚之日。午间我家设二席。其一席余与至善、满子款周家来迎新娘之一男客三女客,为周涌之姊夫及姊与嫂,复有周涌、小沫并阿牛。他一席除我家之人外,尚有宁宁、筠嘉、小夏、余沅。餐毕,余照例午睡,余人在庭中拍照,被拍与看人拍。至两点半后,迎者、送者往周家去(周家即在七条胡同),送者皆青年人。及五点光景,周家人来邀我家往其家进餐。我家除余与大奎外,全体去,宁宁、小夏亦去。筹备许久,迄于今日,婚事办成矣。

下午三点半,部中同志照例来作春节慰问。来者为姚力、董绍杰、韩志明及晓风。坐约半小时而去。

一月三十日(星期五)

上午王泗原来,徐仲华来。闲谈约一小时许。

浩然来信,索余书《水调歌头》词。下午睡起,令大奎磨墨,即为书之。大奎索余写七一年所作《小庭花事五绝句》,亦为书之。两张不过三百字光景,而费时亦在两小时半以上。自视尚可。

今夕为阴历除夕,夜间照例吃年夜饭。余、至善、满子、三午、兀真、大奎、永和、佳佳、阿牛,尚有小夏,刚好十人。至善、满子戏谓小夏如干女儿也。小沫已算是周家之人,当在周家吃年夜饭矣。昨日开五粮液二瓶,尚有余剩,余今夕试饮数口,确然醇厚。余试饮此酒,最初在六一年游四川时,六七年病后从未饮之。此酒胜于茅台,近年之茅台欠陈,益不逮五粮液矣。

一月卅一日(星期六)

晨间偕至善出外洗澡。前以阴历年底浴室拥挤,以不欲挤在此际而延迟赴浴之期,今晨一浴,大为舒快。

回家时周振甫来已许久,即共闲谈,既而晓风来,谈部中近事。振甫不肯留餐,而晓风则与余父子共午饮,谈至一时半乃去。

下午小沫、周涌来,由永和迎之。据云所谓“回门”应如此,不知是何代何人所定规矩。他们在此共晚餐,至八点半乃去。

二月

二月一日(星期日)

今日上午客来六人。先是胡绳与吴潜英夫妇来,一年未晤,以阴历新年,特来一晤。继之,隋树森、王微、陈侠三位偕来。人教社同人不忘余,良为可感。三位去未久而戈宝权来访,谈译事,又言拟为鲁翁著作译成外文者以及鲁翁与翻译工作之关系,作些研究工作。此一题目范围甚广,宝权一向注意收集材料,自当胜此。

二月二日(星期一)

上午有周有光、赵平生二位来访。周因文字改革而谈及通信、排字、印刷、迻译之机械化,听之有味。我国于此道须急起直追,云各方面均在努力。而赵平生则传一噩耗,谓冯雪峰已于前日去世。余于去年十月卅日上午往访一次,当日雪峰颇见憔悴,发音作哑,不意即此次为最后之晤谈矣。此后胡愈老来电话,入夜有至善之友某君来电话,皆以雪峰之死相告。

今日至美来,我妹系统之七人偕来,共进午餐。下午,她们打牌。至五点,我妹系统之人先去。至美则进晚餐而后归。阴历新年,照例有此热闹。

二月三日(星期二)

今日为我母逝世十五周之纪念日。

上午先是姚雪垠与江晓天来访。雪垠修改《李自成》之第二部将竣,将与小修改之第一部一并出版,大概在今年第三季度。其次来者为萧乾。彼谈及几种新出版之内部书,皆系译品。余久未往内部书店,故未之知。萧又言及雪峰蓄意写作关于太平天国之长篇小说,已写有成稿若干,且曾亲历当时太平军所到诸地,想象其形势。此事为余所未闻,他日有机会当问其家属。而文学出版社当详知其事。继之,邱汉生夫妇来访。邱为余谈数年来与工农理论组之人及院校教师共同编书之经验,余亦乐闻。此即所谓"开门搞出版工作"也。

至诚信以昨日到。姚澄尚卧病于医院。兆言眼病,亦入医院,而不详其眼何病。至诚则患重感冒,至于喉咙失音。今日作书复之。又复他人信三封。

春节假期以今日为止,明日,上班者须上班矣。

二月四日(星期三)

上午令永和为余理发。今小沫往内部书店购书,购得七八种回来。写一信复平伯。

下午令大奎磨墨,余写字。写毛主席词《重上井冈山》,系至诚所索,将与其友陶德贤者。写未完而志成来,继之徐盈、子冈夫妇来,遂不复能写第二幅。三人谈约一小时有半乃去。徐盈患心脏病,子冈腿部风湿,云已有二年未来访,今则二人略愈,故又出街走动。

夜间开始看今日购得之美国赫尔曼·沃克所著之长篇《战争风云》。此作写第二次大战,主要写希特勒入侵波兰讫于珍珠港事变一段时期之欧洲战场。全书三册,一千二百六十面。萧乾参与此作之翻译。

二月五日(星期四)

上午,永和陪余到首都医院。假牙已做好,试装之似颇合适。医生云尚须加工,约定十四日再来,无不妥时,是日即可携归应用。

下午起来后,写毛主席《重上井冈山》两幅,一与叶立群,系晓风所托,一寄广东澄海杨冠珊,系寄纸来求索者也。

张纪元来访,闲谈一小时有余。知国务院总理由华国锋代理,已有中央一号文件传达此事云。

今日完成赠晓风一诗。

二月六日(星期五)

上午仍写字。先写昨所作诗与晓风,又写毛主席《水调歌头》与厦门陈加章。其时高晋生来访,偕其夫人女儿及一孙儿。尚是去年人大开会时相见,为别又一年有余矣。晋生曾因毛主席二词之发表,亦作《水调歌头》《念奴娇》,刊于《光明日报》,询余见过否,并索观余之词。余当即书余之《水调歌头》赠之。坐约一小时许而去。

前数日接李芳远来信。嘱题其《空照庵诗》。言其所作诗六百余首,已经散失,尚存者百余首,而自己以为尚可者仅三十余者,并有空照庵图,系南海招学庵(鉴芬)所作。余所见者,仅其数次抄寄之十首左右耳。今日下午作一诗成,俟明日写寄之。

二月七日(星期六)

写昨所作诗于李芳远寄来之诗笺,即寄出。

午后睡起,永和有兴洗澡,因与偕出。等候约一小时始轮到入浴。遇以前常为余按摩之理发师于姓者,今以身体不佳改任服务员,彼按余之肌肉,谓尚不算疲弱。闻此言亦可慰也。

二月八日(星期日)

上午有钟敬文来访,示余其所作哀周总理之诗七律六首,历叙各方面之事迹,观之觉尚可。钟君来访不多,觉更见其老矣。

下午视《战争风云》为遣。尚不到第二百面,未及全书六分之一也。

二月九日(星期一)

上午又写毛主席词两张,一张与陈加章,一张留存,俟有人嘱托时与之。

朱光潜夫人奚今吾来访,特馈浙江某地之黄酒一瓶,其情可感。坐仅半小时而去。

午后睡起,与永和出门游散,天气已颇暖和。先至中山公园,观兰花之展览,春兰蕙兰皆盛放。次则入花坞,水仙、仙客来、瓜叶菊、海棠、山茶,皆大足观玩。于凉椅上休坐二次,在园中盘桓一小时有半,乃出园。乘车到西单,于食品商场购水果,然后乘两段车回家,时为五点。

二月十日(星期二)

今日看《战争风云》。余看得甚慢,尚未到全书四分之一。

夜张志公、徐仲华、张寿康偕来,他们盖饮于仲华家,饮罢乃来访。至善出其近时所作之二词与他们看。一为《沁园春》,写访问井冈山。又一为《念奴娇》,以秦始皇墓近时出土之兵马俑为题。至善作此二词颇用心思,余亦为之提些意见。两相比较,以后一首为胜。三君坐约一小时乃去。

二月十一日(星期三)

永和买来书面纸二十张,八开,订成一册,以贴友人之来信。如此之本子已贴满二册,此为第三册。来信并不皆贴,以书法可观者,所叙有意味者为限。以此之故,二册中平伯之信最多。

夜间与满子、兀真、永和打牌四圈。

二月十二日(星期四)

昨夜下雪,今日上午亦下,屋上庭中,居然琼瑶一白。来京居住将近三十年,前数年每冬春皆有数场大雪,近年则下雪为难得之事矣。

今日大部时间看《战争风云》。

夜间又打牌三圈,末一圈大奎代。入睡已过十点。

二月十三日(星期五)

续看《战争风云》。作书复平伯,与谈其《遥夜闺思引》长诗(其长至三千余言)。此诗作于三十年以前,手写,珂罗版印,曾赠余二册。近日余偶于信中言及未晓此诗之旨,平伯乃令寄还一册,加圈点其上,并作简单说明还我。今日作书,余则言观圈点符号及说明,仍未能有进境。平伯言此仿效屈子离骚阮籍咏怀及温飞卿词,余言余于此三者皆似懂非懂,其实不懂,故于闺思引亦难了悟云。

夜间与至诚通电话,询两病人情况如何,何以久未来信。至诚答兆言眼已愈,今日出院。姚澄尚在医院,进食已能增多。

二月十四日(星期六)

晨间永和陪余同到首都医院。王大夫以做好之上下两块假牙为余装入口腔。卸下数次,于假牙上稍加磋磨,余觉无甚不适,即算装牙完成。王又约余于廿四日到院一次,看使用此假牙十日之间有无不适当之情形。装牙不能支用公费,须自付。其值为十八元三角,可谓极低廉。王言外国人须加十倍计算也。

于付款时,永和望见林老在病房之走廊中散步。因往握晤,入其室中。观林老精神尚佳,且言其排泄物颜色正常已久,或者其病并不甚严重欤。坐有顷而出,遂回家。

明早永和将离家回汉中,今夕设圆桌,全家聚餐。

二月十五日(星期日)

晨九点永和离家往车站,送之者六人,小沐、周涌而外,皆其友或友之友。据云下次探亲假当在明年春节之后。但或有出差之机会来京,亦未可知。

至美以上午来,共午餐,午后两点即去。

上午有陈守勤、孔黎明来访。二人皆开明之人,后入人教社,继之入干校,今又回人教社者。陈仍为校对工作,孔仍为会计工作。二人皆有三十年之工作经验矣。

二月十六日(星期一)

上午写信三封,寄叔湘、平伯、至诚。致叔湘信,为寄与绍虞语法修辞稿之前言,此前言刚寄到,余已看过一遍。致平伯信,主要言不同意春在堂诗选标明系余所选,主张用《春在堂诗简编》之名而不标明由谁选之。致至诚信系复其来信。彼言二十日以后将到常熟住于招待所,避免烦扰,开始与同事执笔撰新剧本。此系江苏省之规划。无米为炊,石中榨油,其事殊可笑,而身处其境者苦矣。

下午两点半,附胡愈老之车,与至善同参加冯雪峰之追悼会。遇见熟人不少。追悼会只有"默哀",无有"致悼词"之节目。归途中问愈老。愈老言雪峰系开除出党者,今次举行追悼会,尚是文学出版社反复讨论,呈报批准者。不致悼词与不登报纸,盖皆讨论后所作之决定也。

二月十七日(星期二)

晨间部中安置办公室之谭、马二位同志以及萧林(女)同志来访,交余看中央文件。文件系有关"反击右倾翻案风"者(皆去年所发),本来传达至一定范围,今又特发文件,谓此两份须普及全国,其意自在使全国人民知此次运动之所以然也。

人民出版社之范用来访,赠余新出版之赵纪彬所撰《论语新探》之第三版。此书解放以前出初版,后修订而出再版,余皆未之知。今之三版又大加修订。范用刚收到印刷所订成之本即特来送与余,其意至可感激。

二月十八日(星期三)

看《论语新探》与《战争风云》,他无所作。

二月十九日(星期四)

晨间独自出外理发。天气并不冷,风亦甚微。

下午王泗原来访。前于元旦同拍之照印出时甚模糊,今日令三午重拍。闲谈二小时有半。

陈从周来信,又寄赠墨竹一幅,颇不错。

二月二十日(星期五)

上午与三午同出洗澡。下微雪,天仍不冷。

写信三通,其二通复陈从周、王传缨,其一通致蔡超尘。今晨蔡来访,遇于胡同口,余未能返身延坐,作书道歉。

二月廿一日(星期六)

昨夜又下雪。晨间已停,庭中屋面一白。

今日他无所作,仅作成一诗,酬陈从周赠余墨竹。即书于其寄来之笺上寄与之。

与至善、满子、周涌打牌二圈,以后由小沫替之。

二月廿二日(星期日)

今日上午,先有上海之陈勋华(至诚、姚澄之友)来访,彼为上海公安局人员,近出差来京。继之,广播文工团之殷之光来访,彼盖昨日电话约定者。殷与陈前曾在上海共事,不期而遇,相见欣然。殷专研朗诵,余略与谈广播员朗诵旧诗词颇见呆板,不辨字之平仄,意之连贯。

既而王湜华来,于整理伯翁所遗藏书中发见余旧时书信之粘贴本,视同发见宝物,希余题记而归之。此本中所贴余之信件,系从三七年秋余自汉口往南昌接全家人不遇,怅惘无聊中寄与一明信片开始,至三九年乐山遇炸而后驰书告人口无恙而止。略有缺失。然此一段时间所遇事至多,且余此时之日记已不存,今日重观之,颇有意味。至善、满子取去先看,余将徐徐翻看之。

此一批信非专与伯翁者,有时请伯翁交上海诸友传观,有时多封信写在一起,而分别标明致某人,亦请大家传观。

当时自重庆自乐山寄信到上海皆经航空,寄到香港,再由香港转到上海。

二月廿三日(星期一)

十九日接平伯信,未即作复,今日上午平伯令其女打来电话,问十八日信收到否。下午睡起,即作一书复平伯。其实彼此之信皆无关紧要,特记此事,亦见老友间交情之切,"乒乓球"之勤。

二月廿四日(星期二)

晨听广播,昨日毛主席会见美国前总统尼克松。尼克松系应我国之邀请,以美国公民身份来我国,而其到来之时日,实为彼前此来访,签署"上海公报"之四周年。

晨八点由满子陪余到首都医院,应约检查所装假牙之妥否。假牙装上之后,上颚及龈肉上有数处因压紧而破碎,微有痛感,以故卸下不用者已四五日。余一一告王大夫。王即为磨去假牙上压及口腔之部分。屡磨屡试,历一小时许,余觉已妥适,自己装卸亦较前便当,遂言即此可矣。若更有未尽善处,缓日当再来。径归。

到家未久而叔湘来访。彼此看毕绍虞之稿,书其所见有七纸之多,字数当在五千以上。与谈约一小时许。及叔湘去,乃观其致绍虞书,觉其细密周详,思致明辨,大可钦佩。其所致疑者,余亦疑之,而余不能说明其所以,叔湘则能之。绍虞之思想方法不免于玄,叔湘则步步踏实如数学算式。

叔湘之书与绍虞之原稿当于明日寄出。

二月廿五日(星期三)

今日写信三通。一致绍虞,告以其稿子及叔湘长信先已付邮,并略言余观其稿尚有未明晓处。他二信则复许杰与祖璋。

二月廿六日(星期四)

今日唯续看《战争风云》。平伯来信,立即复之,并寄还《春在堂诗简编》之拟目。平伯书中言此简编由彼缮写,恐未能计日完工,若托他人,则写手殊难其选。

二月廿七日(星期五)

绍虞之婿来信,附来去年十二月二日彼为余所摄之照片两张,并索观余诗词。因抄近作数首寄与。

二月廿八日(星期六)

晨间有小雪,未久即止。

今日续看《战争风云》。又看《论语新探》二篇。

二月廿九日(星期日)

晨间与至善同出洗澡。洗毕到家,至美已来,骤然望之,觉彼干瘦目陷,总之非健康人形相。至诚为彼托人买得西洋参一两有余寄到,即交与之。共谈近事,至下午三点回去。

平伯令外孙韦奈送来其高祖(曲园之父)仪伯公(名鸿渐)之《印雪轩诗抄》四册及佩弦之文集一册,皆于来信中谈及,交余展观者。夜间写信答之,九点而毕。

三月

三月一日(星期一)

今日翻看佩弦文集之时间为多。诸篇前皆看过不止一遍,重温之,再忆其人之声音笑貌,怀念多端。大约此亦是老年人之恒情也。

二月二日（星期二）

墨之逝世，至今日为十九周年矣。

昨与小沫约，今晨往游动物园。八点离家，乘两段车，皆不甚拥挤。入园观熊猫，他则徘徊于水禽所居之周围，听鹤鸣声声应和。坐露天椅有顷。春风稍厉，约一小时即出。到广东小吃店吃馄饨一碗，遂归。到家时为十一点。

小沫以血沉太高，近日休假闲居，故能陪余出门。

上次游动物园为去年九月二十四日，与至善、小沫偕。

三月三日（星期三）

晨间独自出外理发。

下午张纪元来访，谈近事，坐一小时有余而去。

三月四日（星期四）

今日看完《战争风云》。于上月四日开始看之，一个月乃毕，可谓极慢。此书所叙时间始于希特勒开始发动战争，入侵捷克，至日本袭击珍珠港而止。作者以为德意日三国之轴心系虚有其名。希特勒若早日攻苏，若能令日亦攻苏，结局即可能大不同。罗斯福本不甚能鼓动美国人起而作战，唯能以"租借法案"援助英与苏，及珍珠港被袭，则美国人愤而敌忾，罗斯福乃得参战。故日本袭击珍珠港，实为第二次大战关键性转折点，决定德意日失败之前途。作者此种观点系根据纳粹方面军人冯·隆将军之回忆录《失去了的世界帝国》，小说中按事件发展之时间，摘译此书叙及当时局势之部分，插入为独立之若干章。此诸章与书中故事不相干，文体则为评论而非小说，仿佛托尔斯泰之《战争与和平》中有若干章脱离故事而纯发议论者然。小说中之主人公为美国海军人员，彼与希特勒、丘吉尔、斯大林皆曾接近，且为罗斯福所信任，以此之故，书中于希、丘、斯、罗四人皆有详悉之描述。主人公本人以及其二子一女皆有恋爱故事，所占篇幅不少。小说中非有恋爱故事不可，此殆是资本主义世界之常识也。

今日看完一本小书《斯姆尔科夫斯基回忆录》。斯为捷共中央主席团委员及捷国民议会主席，此书专叙苏修侵捷前后之事。苏入侵之后，其职务悉被解除，并被开除出党。此人已于七四年一月去世。此书发表于罗马尼亚出版之刊物

《通讯》上。

三月五日（星期五）

今日看埃及穆罕默德·哈桑宁·海卡尔所撰之《斋月战争》。此书记述六七年六月战争以后，直至七三年十月战争（即斋月战争）前后一段时期，埃及经历之主要事件，反映埃及与阿拉伯民族反对两个超级大国之斗争。书中以较多篇幅介绍埃及与苏联关系之演变过程。此中之事皆近年看报所知，但看报不知其内幕，观此类书乃得知其内幕。然说话写书悉本于其人之立场观点，立场观点不同，虽云知悉内幕者，叙述亦可以互异。此所以真相难知也。

三月六日（星期六）

今日看平伯之高祖之《印雪轩诗抄》。

午后三点，与小沫出门，不乘车而步行。走至隆福寺街，各喝酸奶一瓶，入人民市场闲观，仍步行而归，为时计二小时许。以后拟常作短程之步行，以免腿力之迅速衰退。但不知能否持久，又不知其效如何。

三月七日（星期日）

得至诚书，言其创作计划已商定，今后将执笔写稿。本拟住于常熟以避嚣，今则剧团将外出，创作组即可居南京构思动笔，无须出外矣。

昨今两接祖璋信，告其居地即将自平和迁往福州，缘其子调动工作，调往省渔捞公司，此公司在福州。

三月八日（星期一）

今日作二书，复祖璋及谢刚主。祖璋书寄福州。刚主近丧其妻，到上海散心，居其女之家。来信言将至苏州探梅，并于书肆访书，自谓意兴不错也。

三月九日（星期二）

晨八点半，偕满子、兀真出门，至隆福寺街口新建之影院观《难忘的战斗》。此片系解放之初江南某地为购粮与反动派及奸商斗争之故事。编剧、剪接、演员表演、风景拍摄皆不错。散场时为十一点廿分。

下午三时元善来谈，历二小时。

前托张纪元告耿鉴庭大夫，请为满子看病。耿近时在海运仓某机关与数人共订《药典》之稿子,每日自西郊入城,而海运仓距我寓固甚近,今日渠略为早退,径来我寓,其意可感。为满子诊脉后详谈,又为小沫诊脉,皆为开方,两共一小时。往医院求医,决无如此详细,此所以求医须在医院之外也。留晚餐不肯,由至善送彼到十三路汽车站。彼回寓须乘三段汽车,历时当在一小时左右。

今日接张香还信,言见余所用印章殊平常,特委托上海书画社编辑方去疾刻一方赠余。此亦平常,少韵味,"叶"字下方颇难看。

三月十日(星期三)

下午作书复张香还、平伯。

傍晚王湜华来,为余取来荣宝斋所裱陈从周之画幅,两件工价十六元。一裱之后,觉陈之画更有精神。留湜华共饮。据彼言余为伯翁所刻印不少,余皆不记得,请渠打出俾我一观。

今日满子往药店配药,缺少三味,薏仁、砂仁、橘络,只得不配。现时中医颇为人重,而药材来源不足,亦是一难。

三月十一日(星期四)

费在山编《鲁迅十记》,皆叙鲁迅艺事之爱好,要余题诗。余于前日开始构思,今日完成之。即抄寄在山。

夜间王湜华又来,打若干印章示余,请余辨认。余观之,其一部分确认为余所刻,其时皆在甪直与伯翁联床之际。另一部分则不能断言是否余所刻。其可以确认者共十多方,苟非见此印蜕,则久已忘怀矣。

至诚书来,言不久将动手草剧本之稿,须"开夜车",须反复讨论改动,颇露忧虑之感,胆怯之情。灯下作书复之,期其自振。

三月十二日(星期五)

循向例,上午到中山公园内中山堂,纪念中山先生之逝世。今年为五十一周年。遇相识者不少,然仅与葛志成略谈而已。

志成语余近闻人传毛主席关于老年人摄生之四语云,"动为纲,素经常,无喜怒,酒适量"。第三句第一字究是"无"抑"毋",不可得知。无论为"无"为"毋",此句总不易做到。于第四句,余则行之久矣。

因记上一事,念及集会时常遇见之一老人王葆真,今日上午亦见之。此老九十六岁,为民革之成员,腰背甚挺,虽携杖而步履犹健,谓为七十许人,亦未始不可。

三月十三日(星期六)

晨间与三午同出洗澡,十点半归。

满子为余取得张香还所寄方去疾为余刻之印章。石系青田,颇佳,不知是张君抑方君之贻也。张香还嘱余为方君书一张字,余因思作一诗赠之,昨已得句,今日完成。

三月十四日(星期日)

上午写昨所作诗两份,一与张香还,一与方去疾,托张转致。

至美以九点半来,初面时之印象,气色较上一次来时为好。共午餐,至三点即去。

大奎找在街头游行,用大型铁钳刮抈作响以为标记之理发师理发。余亦令此人理之。居然有电推子。只令推发,洗头刮脸皆余自己为之,与两毛钱。

偕兀真到内部书店,购杂书十余册。步行到东四,然后挤六路电车而归。

傍晚忽接徐调孚自四川江油寄来之挂号信,启之,乃是佩弦于抗战时自昆明寄余之信,及回清华之后寄余之信,共数十通,信末但有月日或但有日,须加整理,乃可知其先后。总之,此为我二人于成都相见后未再谋面之时期内之信件,不知何以留在调孚处。调孚书中亦未说明所以,第言寄还与我,俾便保存而已。老年怀旧,忽来此珍贵资料,其情殆超越"悲喜"二字矣。

三月十五日(星期一)

写信复调孚。久不晤面,且不通信,书之自不能简短,怀念往昔同事共游,不免有天各一方之感。于复平伯书中,则告以收到佩弦寄余书札由调孚寄还之事。

兀真之五哥有一架钢琴自长春运京,置于兀真室中已有年余。兀真曾习钢琴,其五哥为歌唱家,亦能弹琴。彼二人教佳佳、阿牛弹琴,今习练习曲之简单者。今夕余往兀真室中,令二女孩弹琴,居然成调,且不用看谱。

三月十六日（星期二）

佩弦寄余之信由调孚寄还者，今日计之，实不满二十通。为欲定次第，取箧中所藏之《东归日记》观之。《东归日记》凡四册，始于四六年之初在宜昌接洽船只之时，迄于四九年年初离开上海之日。翻观之际，回忆当时情事，乃不复专注于佩弦来信之时日矣。

三月十七日（星期三）

今日仍看《东归日记》，回忆往日，目离于纸，较阅览之时为长。此三年间，看稿，作稿，与人往来，饮酒，皆较以前为多，可谓"活动量"极大之时期。

三月十八日（星期四）

晨听广播，毛主席于昨日会见由凯山·丰威汉率领之老挝党政代表团。

四九年三月十八日余到北京，与墨偕，今居京已二十七周年，而墨离我十九年矣。

将佩弦之信贴于一册，寄余者十五通，致彦威者二通。后二通由他人抄录，不知彦威为何人。

下午王泗原来谈，坐两小时有半。此次又带来所撰笔记数十则。

三月十九日（星期五）

因翻看自川返沪以后之日记，见此三年间平伯寄示之诗词皆粘贴于收到时之日记中，因汇而抄之，共得诗十七首，词一首。其时平伯之心绪颇不佳。

三月二十日（星期六）

因自日记本辑录平伯之诗，乃念及佩弦见赠之诗亦可辑录。今日上午检出其所在之处，下午则缮写之。以此为遣，亦为一法。

三月廿一日（星期日）

晨间偕至善出外洗澡。回家则王湜华在候我。湜华取余为伯翁所刻印打两份，一份贻余，一份嘱为题之。又有平伯家所存四代印蜕一册，颉刚祖父廉军公之印蜕一册，亦请余题之。余幼时尚及见廉军公，其印谱署"古慕轩"，幼时亦见之。颉刚遗失此印谱，后居然于旧肆中购得，四册仅存其二。今之所见则非印谱所印，而为零星纸片上所存，颉刚以其重复者赠与湜华也。颉刚题其封面曰"古慕轩印蜕零拾"。

下午继续抄录佩弦之诗。

至诚来信,言其戏剧稿已开始,常以夜二三点起来写稿,进行不甚顺利。须赶于五月廿三日(文艺座谈会讲话纪念日)之前排演,因而殊感紧张。姚澄已自医院回家,尚不见佳健。

三月廿二日(星期一)

今日续抄佩弦之诗。复平伯信,告以解放前二三年间所寄诗及佩弦之诗皆抄辑于册,以便展阅。

上午晓风来,特持余所写赠诗之裱成品相示。此幅余自观以为尚可。询以教部中近何所事,答言每日上午下午三段,皆为学习批判,"反击右倾翻案风"。余思此似太甚,不免使人疲而思休矣。

三月廿三日(星期二)

抄毕佩弦之诗,又检得昌群之诗数首,亦抄之于簿。

午后倪农祥来访,言亦秀已返崞阳校中。仅任一班之课,每周五节,且可不随学生出外劳动,而请长假或退休,则尚难办到。

三月廿四日(星期三)

今日查日记,欲知在成都与佩弦聚首时期之长短。查知凡分三段时期。四〇年十一月十六日访佩弦于宋公桥,此为抗战期间之初次会面,其时余家在乐山。翌年余家迁成都,居新西门外村舍,与佩弦居一东一西。则常约晤于少诚公园,茗叙谈诗。至十月四日叙别,佩返昆明。此为第一段时期。四四年暑假,佩回成都视其家。七月十五日与会面。暑假既终,余于九月三十日访之,则佩已于前日返昆明。此为第二段时期。四五年六月佩又回成都,三十日见访。此第三段时期,共居成都不足两个月。八月廿八日与叙别,从此未复见面,唯通函札而已。

三月廿五日(星期四)

昨日有杨若楠(前神州女学之学生)来电话谓将来访,而今日未至,殆以路滑不便行走也。

湜华将余为其父所刻印二十余方打一份与大奎,大奎请余作题记。今日下午为写之,借此遣半日之时间。

三月廿六日(星期五)

今日撰一小记,书于湜华嘱题之余为伯翁所刻印之印蜕册子。颉刚祖父廉军公之印存上,仅为题数语。于俞家三代之印存上,则书一观款。俟湜华来,此三册即可交还之。

上午,杨若楠与李仲昭偕同来访。李与杨为表姊妹,亦为神州女学之学生,二人皆七十五岁,白发盈头,老太太矣。忆李为学生时,为一颇为秀美之小姐。二人坐约一时许去。

三月廿七日(星期六)

昨日接至诚信,有苏州二人托彼要余写字。今日令大奎磨墨,而书之不顺利,缘笔已破败,两纸俱废,且俟他日再说。以余纸写毛主席一词与殷之光,应其所嘱,亦总算写成了一张。

午后起来,王家溶华、清华、汉华三姊妹在相候。清华方从太原来京。她们告余,伯翁之书捐赠与文学研究所,研究所与家属六千元,聊以表意,并非书之代价。润华已签字受之。今姊妹兄弟共商,觉既云捐赠,即不宜受资,意欲往退还,故商之于余。余言试往退还自可,但未必竟能退还也。汉华告余,捐赠之书计一万零二百余册云。

姊妹三人临去,葛志成来。共谈至五点而去。

三月廿八日(星期日)

上午周振甫来谈一时许。既而邱汉生来,系来送人教社所出之《法家诗选》,去年五月初曾为看数篇稿子者也。继之则徐仲华来,无非谈花草栽培。

至美循例来,午后三点过回去。

三月廿九日(星期一)

上午复为经至诚托写之人写字,又作废二张,勉强写成二张。下午即寄至诚令交去。

三月三十日（星期二）

上午为三午之友万仲翔、蒋定粤夫妇写字。他们"点戏"要篆书书"君问归期未有期"一绝，依其所欲书之。

下午为湜华作余所寄与沪上诸友书信集之题记，得四百余字，简略言之而已。夜间缮清，俾湜华贴于此集之首。

三月卅一日（星期三）

晨间蔡超尘来访，坐一小时有余。此君发声至低，又为山东高密口音，余听其言殊不了了。

上午写信三封，复圣南妹、韩惠沅、祖璋。

午后王湜华来，告余彼与潗华、润华同往文学研究所退还所致之六千元，未能如愿，仍携之而归。

接人民文学出版社寄来鲁翁《呐喊》之新注本之样本，嘱提意见。余本无所事，闲得无聊，得此亦可以消磨十日光景。看之至夜十点，仅看其二十四面耳。

四月

四月一日（星期四）

续看《呐喊》注释三十余面。

午后偕满子出外闲行，日晴风轻，感畅适。至于人民市场，观其前后两部分，稍购零星物品。乘电车而归。

四月二日（星期五）

续看《呐喊》注释二十余面，下午未之看。

前问起陈从周所用章是谁所刻，彼谓苏州矫毅。彼意以为我欲托刻，则以石请刻之。余曾与言刻石之事麻烦，我无此意，希取消所托。彼又来书章已刻就，不及婉却。今日又寄来二章之蜕，而石章将托一位顾君带来。此二章诚佳，而从周竟未言矫毅何姓。因作书问之，并致感荷之意。

平伯又连来二书，因作书答之。余与平伯写信确如打乒乓球，来回无已，所谈皆不相干之语，近来乃近乎谈玄。彼之夫人因妇人病入医院，或须动手术，彼亦不相语,俟余询及而后言确有其事。即此亦可见书信之不切实际矣。平伯言我二人晚岁得此,良为胜缘,观"胜缘"二字,可见其思致之近乎佛家。

我家诸人均在看大仲马之《基度山恩仇记》,均言非常好看。余未尝观此书,篇幅多,观之必甚吃力,因令三午为余说之。三午早已看此书,且曾为人说过数次,记之相当熟。今日傍晚,三午开始为余说此书一小时,据云仅及五分之一耳。

四月三日(星期六)

今日续看《呐喊》注释二十余面。

费在山寄来其所集《望舟楼印聚》,全部六册,寄来者仅二册,已大有可观。彼向各方设法搜集,绍虞者,平伯者,启功者,沈尹默者,子恺者,尚有他人之印章,而彼自己之章颇多,分请各印人镌刻,其中颇有佳作。观玩再四,良觉娱目。彼寄来此集,盖要余作序,已允勉为作之。

调孚昨有书来,较前次为长,今日作书复之,并寄与去年之照片三张。彼居蜀中,余在北京,会面不易,寄照片亦代面晤耳。

四月四日(星期日)

今日为清明节,前此数日即有广大群众往天安门广场献花圈,而中心主题不在纪念革命英雄而集中于怀念周总理,又有大书之标语口号,以及新体旧体之诗。花圈大者至七米八,取义于周总理之生年七十八岁。三午、周涌、小夏皆曾往观。至今日则广场满是花圈与大小字幅,人众拥挤,水泄不通。松柏树上无不挂满,各个电灯杆亦然,总之超过周总理初逝之时。有一青年自称工农兵学员,破指书大幅血书,口呼怀念周总理之语,群众则举而升起之,为之拍照。至诚与李业文来信,言南京与常州近日之情形亦类此。群众所以如此,盖有激而然,此中亦难免有坏人兴风作浪。而群众所激者为何,则余所不欲书,亦余所不甚明晓者也。

吴晓铃与张寿康来访。不见吴数年矣,腿不好,已挂杖。询其年,六十四岁。略谈语言规范化之问题,坐约一时而去。

今日大奎离家去泰康,于下午六点二十分别去。小沫、周涌、小夏三人送之,视其坐入车厢乃归。大奎于去年十二月廿六到家,在家留居百日,外貌似较好。

续看《呐喊》注释四十余页。

四月五日(星期一)

《呐喊》注释以今日看完,共写意见十二张信笺,即寄与人民文学出版社。信中言望择其可取者而用之。

传言昨日天安门前有打伤或打死人之事,今日则有焚烧汽车拘捕人众之事。此种情形,开国以来为初见。

四月六日(星期二)

上午与三午同往洗澡。浴罢而归,则元善相候已一小时许。彼以闷怀,找余共谈,余亦无辞以广之。谈至十一点半,元善去。

午后睡起,小沫问欲外出否,余乃言往平伯家何如。遂以三点过出门,挤车而达建外,登平伯之楼。坐少定,俾余听录音。系平伯夫人所作八十自叙之《鹧鸪天》一首,某君为之作谱,其调类昆曲。重复三遍,唱者各异。又有整折之《游园》。吹笛者为平伯之外孙韦奈,其他乐器则未详何人所奏。平伯在室内来往似已能自如,走楼梯则尚须他人扶持。其夫人住医院治病,云不须动手术。坐一小时有余,为别,仍挤车而归。

于崇文门路上遇汪刃锋,呼余而不相识,言明乃忆起。其人将六十岁矣。

四月七日(星期三)

夜间听联播节目,中央发布两项决议。一、以华国锋任中共中央第一副主席及国务院总理。二、撤销邓小平党内外之一切职务,但仍保留其党籍,以观后效。此外新闻报道则叙述近日天安门之纷扰为反革命政治事件,首都民兵警察如何起而与反动家伙奋斗,广大群众如何热烈拥护之情形。

至诚又来信,言作稿不顺利,限期又紧迫,大为苦事。余灯下写复书,与彼闲谈而已。

四月八日(星期四)

今日各厂与其他单位在城内游行,表示拥护党中央之二决议,并祝镇压反革命政治事件之胜利。开国以来,如此之举,未之有也。

为《望舟楼印聚》作序,约二小时完成,三百字光景。即书寄在山,请彼观之,彼若以为可,即当书之于第一册之卷首。无事可为,如此亦算有事,总之借以遣兴而已。

四月九日(星期五)

兀真购得二券,今日上午观广州杂技团之表演,地点在首都体育馆。晨间早起,未及八点,偕兀真出门。乘十三路汽车尚容易,抵平安里则待之甚久始获挤上五路电车。车中几乎无法站直,抵体育馆,颇为吃力。而杂技已上演半小时矣。杂技节目大多如是,不看亦可意料。至十点四十分散场。步行抵动物园。见有出租汽车站,往雇一辆,径直抵家,与去时之难易判若天渊,付款二元二毛五。看杂技只是名目,借此名目,总算与兀真出门一趟耳。

午后睡起写信复李芳远与孙功炎。李芳远有遗老气,孙功炎有为作诗而作诗之习气,余皆简略答之,不作附和口气。

有一位顾同曾君来访,陈从周托彼带来矫毅为余镌刻之印章二方。顾毕业于同济大学已二十年,陈从周之学生也。即作书致从周告印章已收到。

四月十日(星期六)

今日《人民日报》发表社论,题为《伟大的胜利》,言中央所作两项决议为"反击右倾翻案风"之伟大胜利。各省市皆于昨日举行集会游行,祝此胜利,并皆发出致毛主席与党中央之电文,表示衷心拥护。

四月十一日(星期日)

晨间偕至善出外洗澡,十点半归。至美依例来,观其面色似较前为好。至下午三点即回去。

近日将移入室内之各种盆栽移至庭中或廊下,到今日乃全部移出。浴之以水,去其枯枝叶。庭中东边一株海棠之嫩叶中已露花蕾。西边一枝则高枝已枯死,唯除自根部生出之枝条上有嫩叶,殆不会开花矣。丁香亦渐透花蕾。今春寒期长,故花木生发较慢。

下午听三午续讲《基度山恩仇记》。此书情节繁复,听之有味。再听一次,即可毕其全部矣。

四月十二日（星期一）

接陈从周信,告为余刻二章者矫姓毅名(初未知乃有矫之一姓)。乃忆去年五月在苏时,惠沅之长女交余一印,刻余之姓名,边款亦书矫毅,盖系苏州美术工艺厂中之人员。因陈从周有酬以小件之嘱,乃思作一诗,书而寄与之。半日完成得六韵。下午书之,并作书致矫,俟明日寄出。

夜间陈次园来,从王湜华处得余为伯翁所刻印之蜕,订之成册,嘱余题之。余示以费在山之《望舟楼印聚》,共赏佳印,乃历一小时许。

四月十三日（星期二）

昨得通知,嘱今日下午往政协礼堂开会。午后两点四十分至政协,登三楼。三点开始,刘有发宣读两项决议,继之讲话。然后到会者相继发言,计十五人。为时三小时。诸人之言大致相同,意同语句同,唯次序不尽同,所谓"表态"之发言,殆亦只能如此耳。近日各方面皆开如此之会,而我人所参加者,乃"爱国人士"之集会也。

所乘车之司机同志告我,周荣鑫于昨夕以脑溢血逝世。殆以几个月来心理上之重压影响生理,以致脑血管破裂乎。周与余同事时间甚短,仅曾识面,竟未对面谈话也。

四月十四日（星期三）

晨间小沫陪余出外游散。乘电车到崇文门,观其处新建之菜市场。建筑甚宽敞,入其中殊不感拥挤,乃觉胜于百货大楼。旋至东单公园。坐于凉椅,观舞剑者打拳者认真运动。约坐二十分钟而出。购鸭梨若干而归。

写信复平伯及费在山,他无所事。

四月十五日（星期四）

上午得叔湘昨日书,言昨往中山公园,玉兰正开,又西南角之土山上杜鹃亦方作花,嘱余往观。余遂于下午两点许偕满子往。乘车两段,居然不太挤。玉兰两处共二十株光景,花已略败者仅三四枝,余皆正盛开,略无蔫萎之态。又观土山之杜鹃,其色紫,其花小而少精神,不知方从何方移来。又观唐花坞之花。于社稷坛西侧见两株贴梗海棠。坐廊下阑干者三次,乃出园。复乘两段车回家,方五点。若非叔湘来告，今日自不会出游，亦见叔湘关照为有缘矣。

四月十六日（星期五）

晨间早起，未及八点即偕兀真出门，此时电车尚不甚挤，居然得座。至天坛公园，一路向东徐行。见迎春碧桃杏花。海棠尚未开。月季播植甚广，将来开花，可为大观。亦有玉兰若干株方花，亦有习画者对花写生。有若干人方在搭台，备五一节表演之用。坐于凉椅上约二十分钟，然后出园之北门，乘两段电车而归，则已过十点矣。

到家接平伯信。余之蜀中书简，湜华送与平伯观之。平伯大感兴趣，写其观感至四笺之多。余览之深感相知之雅。摘录其少数语句于此："粗粗地看来，至少可说有三点。一、从多方面反映了抗战初期动乱时代的现实。以知识分子的角度来看，虽有局限性，未得其全。却非常清切，如一剪影，即可识庐山真面也。二、交游踪迹备见于斯，虽其人其事，览者或未详知，而就作书人说，实为那时最佳之自叙传。如对人接物之恳切，律己之严谨，工作之认真，与人为善之乐，教诲青年之盛，非特他人万万写不到，即吾兄自己着意为之，恐亦不能到也。三、当然是思想。各信中虽非有意谈此，而偶于字里行间流露出来的，皆光明宝珠也。不偏重知解谈说而特重体验践履，如兄在蜀沪第十号信中所赞许者，亦即弟今日所向往者也。"

写信复平伯，叙余览其书之所感，入夜乃毕。今日疲矣。

调云如往年之例，今日采未放之海棠花数枝插瓶。

李业文所赠之鸟芙蓉于今日下午死去。近日但见其羽毛蓬松，他亦无甚异状。此鸟来我家二年有余耳。李业文知之，或将感伤。

四月十七日（星期六）

上午有周勖成之子来访。自三八年离开重庆巴蜀学校而后，似未与见过。彼久在铁路工作，今因开会来京。

又有三午之小学同学万仲翔夫妇来访，即前曾为写篆字"君问归期未有期"条幅者。约余明日同游香山，应之。

十一点偕满子到首都医院，再行修正假牙下一块之左侧，左侧常觉压痛。王大夫听余所说,为刨去假牙左侧边缘少许,装上即不复觉痛,遂归。大概可以不再为假牙跑医院矣。

下午,张纪元来谈一小时有半。

今日又接平伯书,谈诗文之事。余又复之。论文之乐,除与平伯共谈,殊难得矣。

四月十八日(星期日)

今日全家出游,并周涌在内。组织者为杨捷与万仲翔,彼二人各携家属与亲戚朋友。小孩则全为女性,可谓巧事。总人数将近四十人。他们借得二辆面包车分载此一批人。先至碧云寺。碧云寺久已不开放,杨捷与管理人员相熟,启锁而入。无其他游人,清静之极,此趣为以前所未尝。观罗汉堂,憩于东侧之水泉院。观看守人之儿童布网捕山雀。至善为余摄影数帧。及攀登高处之人俱下,乃偕出而入香山公园,径趋食堂。食堂客满,则至管理人员之游艺室,以乒乓球桌为餐桌,布陈二席,众人围之而坐。杨捷、仲翔、兀真等人分杯箸,递盘盅。余畅喝啤酒。听同来之总政文工团之两位弹琵琶者(二人名刘宝珊、李国魂)谈近年来对于琵琶各方面之改进,大有趣味。会餐约历一小时有半。食罢,只在附近游散,于湖边拍照,看盛开之迎春与榆叶梅。三点半开车回城。今日之游甚为闲适,与青年们在一起,颇无拘束。余亦不觉太乏累。

接至诚信,言其剧本初稿已毕,前途修改之事尚多。

四月十九日(星期一)

昨平伯之女来电话,言今日其父来访。上午九点过,平伯偕其子雇汽车而至,其子方自天津来省亲。此为彼病后第二次出门。写信谈玄谈诗文,兴致甚好,故复来面谈。余与彼相同,无事且欲寻事,当然非常高兴。共谈共摄影共看庭中杂植,而海棠正在半开时。十一点过,邀彼父子徐步往十条口江苏餐厅共餐,满子陪往,三午亦继至。点菜数色,皆不错,包子饺子亦好,各满意。进餐亦历二小时。平伯之子往雇一三轮摩托,于餐厅门前为别。平伯走平地已无甚困难,上下楼梯则较为吃力。

午睡起来已将三点。忽陈从周来访,初次见面,握手殷勤。从周系应学部之招来京开会,讨论建筑史之编撰工作,昨日方到,会期约十日。从周杭州人,五十九岁。健于谈,熟稔文物掌故,颇为可亲。于苏州尤熟,听之忘倦。坐一小时半而去,言将再来,为余之寓所拍照,并拍余之像。

今日上午晤平伯,下午晤神交而初见面之陈从周,可谓乐甚。

四月二十日(星期二)

费在山来信,言余为彼之《望舟楼印聚》所作之序文希即写入其第一册,午后即为写之。写来殊不满意,字不匀称且不严整,行款亦差。此亦不能勉强,只得即此算数。

三午续为余说《基度山恩仇记》一段,尚未完。

满子偕汉华往首都医院探望平伯夫人,云不日将回家,取药带回,在家治疗。乘便往探林老,知林老身子尚好,唯排泄不畅,数日之间须用药,乃能排出若干。殊无何日出院之说。

四月廿一日(星期三)

晨听广播,毛主席于昨日接见来我国访问之埃及副总统胡斯尼·穆巴拉克。

晨间偕三午共出洗澡,回来已十点半。

午后睡起,丁士秋方与满子谈话。士秋奉母来京。其母以为终当与儿子士中同住,固坚欲来京。其母与儿媳并不融洽,且识解不清。

今日《光明日报》载一新闻,题为《我国吉林地区降落了一次世界历史上罕见的陨石雨》。其事发生在三月八日。今裁而贴之于余之日记。

四月廿二日(星期四)

李芳远与费在山又寄纸来嘱写字。今日上午,写李之二纸,而费画成格子嘱写对联,只好却之。因作书复二人,言余实不喜写字,希他们觉察我意,无复屡次索写。

下午王泗原来,言其母于前十日逝世,年八十九岁。泗原极惨伤,面部显见瘦削。君之孝思甚笃,知其心戚而难表达。平日奉母成习,今后无复此役,独居念母,其难堪可想。

夜间王湜华偕吕剑同来。吕剑任英法文版之《中国文学》之编辑,以前作新体诗,今诗不复作,而以刻印为遣。余因取近日所得之数印俾观之。

四月廿三日(星期五)

本拟往日坛公园,闻其处有樱花,以风狂而止。庭中海棠一株盛开,花光耀目,经此一吹,即将飘散矣。

陈次园前交来自王湜华处得来之余所刻印章拓本二册,一本系其亲戚某君所有,昨晚吕剑亦交来同样之本,皆嘱余题字其上。今日上午作一短稿,稿成,即写于三本之首,总算了却一事。

傍晚接至诚、姚澄信,知姚澄胆石病又发作,复入医院治疗。兆言则在上海某医院治眼病,已动手术,但云手术顺利,未详究竟如何。灯下写复信。

四月廿四日(星期六)

上午写信复平伯。又有郑逸梅来信索写字,乃写前数年所作"三百篇前早有诗"之律句与之,并作复书。郑逸梅亦草桥中学学生,后于余三或四班,自言八十二岁。李芳远常与通信,谈及余,近日谢刚主在沪,与晤见,言及余之生活情形,故来书通问。抄来胡石序师之诗数首。彼离开中学之后常与胡师接近也。

今日至善生日,夜间吃面。

四月廿五日(星期日)

上午至美来。本知我妹亦将以今日来,待之不至,乃与通传呼电话。修甥答言其母欠安,故未能来。午饭之后,满子、至美即同去省视姑母。

三点许,陈从周偕冯其庸、卞孝萱同来。冯今与袁水拍诸君校注《红楼梦》,预备出版一较好之阅读本。卞则在学部之历史研究所。二人皆闻名而初相见。余取陈师曾、弘一法师、姚茫父数人之书画与三君观之。从周为余拍照,书桌前一张,室外梅棠花下一张,至善为余与三客合拍一张。从周又拍余居屋数张,彼据建筑之观点,觉此屋尚有可取。谈至四点,三君去。

四月廿六日(星期一)

上午倪农祥来访,言亦秀于本周内将暂归。既而叔湘来,以其语言研究所共同商论而由彼执笔之《现代汉语语法(提纲)》之打印稿一册见赠。此盖余闻而向彼索观者。

上午写字二张。一为张纪元所托,与其友方行。一为张贡三之女儿棣华所嘱。

三午洗印照片,余于碧云寺所拍一张颇不错,不似八十以上人。

四月廿七日(星期二)

上午写信复平伯。为"自非不为"一句之"自非"有所疑惑,写信与陈次园,托彼代为检查书籍。余将"自非"用作现代语之"除非",忽念及此是否正确,不能断定,手头又无书可查,故托次园代为考虑之。

写信毕,将昨日印出之照片贴于簿中。

下午有复旦大学中文系之许宝华来访。彼言受绍虞与文祺二位之托,特来看余。复旦拟增设汉语专业,现今国内大学设汉语专业者,仅有北大与广州之中山大学,此来盖向北大"取经"也。谈约一小时而去。

傍晚接调孚来信,附来余四九年自香港寄沪之一笺,今抄于此。"在台寄一书,想先达览。昨日下午登岸,暂寓旅舍。已晤云少爷,略谈大概,其详须俟晤夏公方知。此行甚安适,无风无浪。长乐有兴,亦可出此途。乞容翁转告之。在台游三小时,吃一餐饭,市中甚脏,恐以前不若是也。大西瓜大橘子皆甘,啖之称快。刻须外出,匆匆上书,余俟续闻。"调孚言此时恐鲜有人能知此书中所用代称之为谁氏者。"云少爷"即云彬。"夏公"即夏衍。"长乐"指振铎。"容翁"则伯祥也。

四月廿八日(星期三)

上午写信复平伯、臧克家。克家每逢庆节必来一信,余必照例复之。彼以肺病不常出门也。

夜间,杨捷偕刘宝珊、李国魂二位来,因余说起听二位之琵琶,杨捷特为邀致之。闻刘之琵琶居全国第二位,李则居第四位,好意来为余演奏,且音乐会从未有专听琵琶者,而余家得之,亦可欣矣。余先细审近来改进之琵琶形状,不可详记,第记其背面为红木,正面为桐木,按弦之横格多于旧式之琵琶。二位演奏达二小时,计奏八曲:《阳春白雪》《寒鸦戏水》《飞花点翠》《山丹丹开花红艳艳》《春江花月夜》(又名《夕阳箫鼓》《浔阳夜月》)《十面埋伏》《浏阳河》《天山的春天》。来听者有万仲翔夫妇及小孩,尚有故宫博物院之巫君。客去就寝,已十点矣。

四月廿九日(星期四)

昨既听琵琶,自须思酬答。刘、李二位均欲得余所写字,杨捷亦嘱托,今日乃写字。他人以篆书难得,余乃勉书篆字。应写三张,今日仅成一张耳。

下午陈从周来,言明日将返沪,特来叙别。漫谈园林及假山石。留晚餐,承同意,乃邀冯其庸来共叙。冯居附近原人民大学宿舍,至善往邀之,六点半至。饮谈一小时有余,多及于《红楼梦》。八点,二位去。

四月三十日(星期五)

今日又写篆字条幅,仅得二条,觉写之颇惫,而自己看又颇不满意也。

下午周振甫来闲谈。

今日得明日上午游中山公园之券一张,附家属随往者二张。以有天安门政治事件故,券之外附说明,言必须亲往,随往者必须同去同归。如或遗失,须立即通知。余乃决定不去。游园无非在人丛中挤来挤去,不去亦未必为遗憾也。

五月

五月一日(星期六)

晨间与至善出外洗澡,十点归。

今日广播,毛主席于昨日会见新西兰总理马尔登。

写信六封,五封皆复信,唯致香港王纪元一信不然。前夕闻陈、冯二位言,香港中华书局新出版叶恭绰所编之《全清词》,故向王纪元询问可否容余函购一部,如不可能,则亦无妨云。

陈次园为余查书,抄得有关"自非"之若干例,言余之用法可通,不必改动。余尚有所疑,因复书再与商量。

夜间分四处放焰火,余未往门首观看。

五月二日（星期日）

作书复费在山，为费润色其所撰《印聚》与《子恺画集》之短跋。此君文笔殊平平，无甚思致。

竟日无所事，看书不欲看，徘徊无聊。下午四点史晓风来，与闲谈，较觉欣适。共晚饮。至八点，晓风乃去。

五月三日（星期一）

上午又将前此所写篆书重写一张，然后于三张上落款，分赠刘宝珊、李国魂、杨捷三位。

傍晚得李芳远书，附来弘一民国七年于灵隐寺受戒之"护戒牒"之照片，此颇可玩味，因作书答李君。

又接至诚书，言彼之身体情形，姚澄又复胆囊作痛，兆言在沪治眼病尚未回宁。夜间作书与至诚闲谈，满三笺。

五月四日（星期二）

陈次园再来复书，言"自非不为，为则童子犹能之"语气至顺，仍主不改。余乃决意从之。

今日看《文物》月刊及《论语新探》。

午后农祥、亦秀偕来，坐不足一小时。亦秀盖请短期假来京，不日即返原平。下次回京，当在暑假矣。

五月五日（星期三）

上午偕兀真往游中山公园。今年春寒期久，牡丹仅开小半，余则骨朵尚不大。唐花坞中所陈杜鹃至多，色各殊异，花皆盛开，大有可观。于园之西南角水边小坐，柳条垂影水中，风来轻微，颇得佳趣。回家将十二点。

前冯其庸交来《红楼梦》前十回之校订样本及注释稿，至善看之数日，记录其意见凡十笺。今日下午余看至善之所提，及夜乃毕。其说大多有见。余更将补提少数意见，然后交卷。

五月六日（星期四）

上午张纪元来访，谈二小时有余。彼语我世界经济大势之现况，余听之似理会,而重述其意则莫能为也。纪元极用功,喜钻研,余所钦佩。

上午看《红楼梦》之注释稿。就余之所见,或为改动,书于其印本,或提意见其上。仅看十面而已。

至善社中明日将往参观植物园,余可同去,颇为高兴。已多年未往此园矣。

五月七日(星期五)

晨七点偕至善到其社中。庭中两台牡丹方盛开,精神胜于中山公园之花。

七点半开车,挤满,殆有四十余人。开行五十余分钟到植物园。参观其热带亚热带植物之温室。全为玻璃所构成,分室颇不少,前度来时尚未有此屋也。先有一批人在听讲解员讲说,候之稍久,乃得入。先听讲解,然后参观各室。不可悉记,亦不能细看,随众周行各室而已。遇见又一批参观者,其中一位女士呼余叶老,握手,余认之,似为白杨,然不好意思问足下是白杨否,只得应之而已。此人已十余年未见矣。参观温室毕,他人皆以为参观之事已毕,其实此园中露天植物亦大有可观。众既回入汽车等候,余亦随之。十点一刻即开车,到家才十一点过不久也。

下午续看《红楼梦》之注释。

夜间湜华来,携陈从周托转交之两幅画,一为朱竹,赠至善、三午父子,一为葫芦,未落上款。此君富于人情,书画皆佳,可亲也。

五月八日(星期六)

上午写信三件,一复平伯,一谢陈从周赠画幅。昨湜华相告,今秋从周将再来,缘承德避暑山庄须整修,彼将参与其役也。

下午续看《红楼梦》之注释。

五月九日(星期日)

今日至美来,脸色又见得憔悴,自谓颇觉吃力。午后三点过即去。

为《红楼梦》编校组提关于注释与排版格式之意见,写了两张半信笺,尚未完。提意见未必被接受,而既已见到,自当说出,供人家考虑。

五月十日(星期一)

气候转暖,已过立夏,有夏令之感觉。

续为《红楼梦》编校组提意见,今日写得三笺。

写信复祖璋及孙玄常。

五月十一日(星期二)

又为《红楼梦》编校组提意见,写得二纸有余,遂告结束。又通体看第五回之原文一遍,就其点句及排式为作符号或短句批语。其他九回则不复看。即作书致冯其庸,告以看毕,希托人来取。

五月十二日(星期三)

下午周建老来访,坐约二小时,闲谈种种,甚为畅适。志成于四点后来,共谈。周先去,志成则于六点许去。彼之子(嗣子)近方结婚,子媳与彼同住一起。而其结婚之夫人则住十条《人民日报》社之宿舍,彼有时亦来十条住。盖其生活情况胜于前数年矣。

五月十三日(星期四)

今日广播并报载毛主席于昨日会见应邀来访之新加坡总理李光耀。新加坡与我尚未建交,而邀其负责人来访,除邀请美国之两总统外,无他先例矣。

建老之秘书欲余为写字,昨托周夫人向满子言之,不令建老知,意谓建老必不赞成烦余写字,致费精神。今日上午为书鲁翁"曾惊秋肃临天下"一律,作篆书。下午卷而寄与之。

五月十四日(星期五)

今日兀真休假,上午八点半与偕往故宫游散,三午则骑车而往。不为参观,但于花园中观玩憩坐。三午为余与兀真摄像数张。遇曹禺,观其神态似不甚健康,又遇杨若梅,与其表弟偕,七十余岁老妇人,尚颇健朗。又遇三午之友巫君(在故宫青铜器组工作,前游香山偕往,与万仲翔为连襟),言故宫将出古印玺汇编,按字归集,编为十二册,将于今年或明年出版。十一点半出故宫。至新桥饭店进餐。久未吃西餐,偶一吃之亦有趣,一点到家。

今日晓先夫人由其女士秋陪侍来我家,至善因往迎我妹来,与之叙谈并共餐。下午三点过,乃分别回去。我妹前有不适,今日观其状貌尚健好。

五月十五日(星期六)

昨日士秋留纸一张嘱写字,今日上午写之。其纸为四尺宣,一裁为二,写两幅,一与士秋,一与其子谢白。字皆甚不佳,只得不管它。

昨李芳远书来,为其友人托写字,且"点戏"要篆字。下午为写之。芳远颇好事,将去信告以勿复为我揽生意。

夜听广播明日发表之两报一刊之重要社论,题为《文化大革命永放光芒》,盖纪念六六年五月十六日中央发布之通知十周年也。文中主要之点,在前此十年即已言及之矣。

五月十六日(星期日)

晨间偕三午出外洗澡。

十点半,黎丁偕欧阳文彬来访。欧阳陪同两位青年往朝阳农学院,俾体验生活,准备撰作关于教育革命之作品,购票未得,暂寓于此。留共午餐,食后谈有顷,二位乃去。

午睡起来,写复信四封。

傍晚陈次园来,又是代人托写字。闲谈将一小时。

五月十七日(星期一)

上午写字,即昨日陈次园交来托写者。

下午四点半,姚雪垠、江晓天偕来。姚改其《李自成》第二部已毕,工作告一段落,故至善约彼来闲谈。既而共饮,饮且谈,至八点乃毕。本拟共照相,以天气不佳,云多,故作罢。

五月十八日(星期二)

昨写篆书,一张中错一字,因重写之。写字颇觉厌倦,写不好,又吃力,希望他人少来嘱托。

傍晚至夜间,写复信与至诚、姚澄闲谈。姚澄买到核桃,问如何吃法。此盖张纪元所传偏方,余前书告姚澄,而已忘其吃法,因作书问纪元。纪元接书立刻来电话,余乃依其所叙告姚澄。

五月十九日（星期三）

兀真购得电影票，今早余偕满子往东四影院观之。系朝鲜之片，名《火车司机的儿子》，叙朝鲜少年游击队抗击美国侵略者之故事。看罢回家将十一点矣。

今晨所看者已是第二场，如今北京各家影院每日放映大概均为六七场。忆余自二十余岁时到上海在尚公学校任教即看电影，其后回苏州住二年，避寇居蜀八年，回上海又居三年，彼时无论为沪苏蜀，电影皆每日两场，午后一场，入晚一场，未有如今时北京之每日六七场者。其故多端，骤难总括，姑志之于此。未知他国电影放映次数又如何也。

五月二十日（星期四）

徐仲华昨来邀看花，今晨到其家。令箭荷花方开三朵，绣球花已有四球全开。其庭院收拾整洁，各种盆栽与地栽皆见管理之勤。彼以血压高不上班，暇闲多，故能致此。彼有《四部丛刊》初集之缩印本，今向假姜白石、陈迦陵、朱竹垞三人之集子而归。

三点后王泗原来，既而王湜华来，闲谈至六点，二位皆去。

五月廿一日（星期五）

晨与兀真偕出，本拟至天坛，而电车挤不上，乃改乘十三路汽车至地坛。余未尝到过地坛，此公园管理颇差，花卉不多，唯多杨树槐树与不甚大之柏树，积年老柏仅十余株而已。坐凉椅约二十分钟，出其西门，乘二路汽车到王府井，闲观市肆。乘四路电车而归。于胡同口店中买西瓜一枚，听说海南岛产品。此为今年第一批，所过经售水果之店铺皆有陈列矣。

下午王湜华偕韩瀚同志来。韩（字朱壂）为《人民中国》日文版之编辑人。昨先以其编辑室之公函托湜华交余，谓今年为鲁翁逝世之四十周年，《人民中国》日文版将于今年第十期出一纪念鲁翁之特辑，希余供稿。余当即告湜华，余恐无甚可说，且怕动脑筋，只得辞谢。而韩今日复与湜华同来，第言探望之意，至于作稿，若有可能，仍希望为之。余因答以容徐图之，倘至截稿期六月底无所成，则即作罢。二人共谈约四十分钟而去。

五月廿二日（星期六）

翻看陈迦陵诗，意不属。平伯书来，满四笺，下午复之，亦四笺。

张贡三之女婿曰钱大礼，学国画，今日接其所画之红梅一幅。作书答之。

五月廿三日（星期日）

晨间偕至善出外洗澡。

至美循例来，气色尚好。但以脊椎骨质增生，致各处关节皆感不舒，而以右臂右手为甚。午后三点去。

兀真之四姊夫陆费君偕其前在清华之同学萧默君来访。萧本学建筑，嗣改往敦煌研究所工作，亦已十余年，研究古代建筑（从壁画上研究）。据云敦煌壁画之总面积为二万余平方米，而数十年来整理护持描绘者，不过一千有余平方米耳。近则将借调往麦积山，参加加固此山古迹之工作。又云敦煌研究所共有七十多人，仅某一侧相距三十里之外有人烟，食物供应，皆须开汽车出外采购。此真是与世隔绝之境，非有耐性，难以安居矣。

五月廿四日（星期一）

费在山来信，语我自宁自苏自杭到其湖州游览，皆极方便，希余今秋能前往。余答以往游固所愿，但须视有无为伴者乃定。

五月廿五日（星期二）

不欲看书，想起平伯之联语，近得吴小如之父玉如先生为书草书，云颇佳，因思以篆字书之。其语为"欣处即欣留客住，晚来非晚借明灯"，"即"字系吴老先生书时所改，不知其有意抑无意，原为"可"字。余与平伯均谓"即"胜于"可"，此见推敲之功。篆字写就，自观亦不甚佳，总之，余写字尚在自己并无把握之阶段也。姑寄与平伯，博其一笑而已。

五月廿六日（星期三）

竟日看《论语新探》。

夜间有高晋生之子名彦者受其父之命来探望。询知此子为第四，长为女，二三四皆男，第五又为女。此子参军五年，近方复员，在首都图书馆工作。今与晋生夫妇同在京寓者，为彦与其姊其妹。晋生不甚佳健，近方整理其旧稿曰《古字通》者,将谋出版云。又询知晋生生于一九〇〇年。

五月廿七日(星期四)

得平伯书,谈事与答问颇有致。前曾约同往访佩弦夫人,而彼尚不便远行,余询以是否由余先往,他日再谋偕访。平伯以为可。余作答乃告以将于最近期间与至善往清华访朱夫人。

夜间看电视,为上海杂技团之表演,有几个新节目。

五月廿八日(星期五)

晨听广播,毛主席于昨日会见来访之巴基斯坦总理布托。布托先访朝鲜,于前日来我国。

林老之女来电话,言林老已离院返寓,实以住院太久,嫌其烦闷。至于病情则依然,唯亦不见增剧。

我妹偕修甥以上午来,母女状貌似皆健好。闲谈至下午三点过乃去。

拟以"相濡以沫"为题,勉为短文,应《人民中国》日文版纪念鲁翁之嘱。今日写得六百字光景。

五月廿九日(星期六)

续作昨文,亦得六百余字,即此完篇。本不欲应嘱作文,后以想到有些话可说者,随即成篇,也算了此一事。

五月三十日(星期日)

晨间偕至善出门往清华园。本当到平安里乘出城之汽车,而至善误记,以为须到和平里再乘车。以此之故,多走了好些路,耽搁了时间,十点乃到朱夫人所居之宿舍。朱夫人独居一室,右眼以青光眼动过手术,患肺气肿,常觉气喘,总之身体不甚佳健。子女五人,在京者止二人,仅能每周或间一周来省视。有一每日来三小时之保姆,帮做杂事。坐约一小时而辞出。多年想望,今日总算实现,亦复慰心。到家时已十二点二十分。

今日下午,小沫与至美往耿鉴庭之寓所求诊。小沫归来言,耿为二人谈说开方费时一小时许,寻常往医院看病哪得有此。

夜间有美术公司之林树芳来访,携来其所藏当代人之书画数册,俾余观览。

此辈作者之姓名,余仅知其半数耳。林留二纸,要余写字。

五月卅一日(星期一)

晨间偕三午出外洗澡。回来写信复平伯。昨今两日俱接平伯信,皆甚长,所谈皆佛家之论。余莫能与讨论,然颇喜观玩之。

下午有《文物》编辑室四同志来漫谈,俞筱尧、姚涌彬、沈玉成、屈育德(女)。谈考古发掘,谈编辑出版,颇有兴。谈一小时有余而去。

有魏荒弩者,北大教师,来书嘱写字,指明要余年初所作之《水调歌头》,即书而寄与之。

六月

六月一日(星期二)

上下午皆写字,居然写成五张。平伯嘱为吴小如之父玉如先生写余之周总理挽诗,而万仲翔亦有此嘱,乃各为写一张。为前夕来访之林树芳写二张,一写篆书,鲁翁之"横眉冷对"二句,一写余之论诗绝句一首。而前日来访之萧默同志欲得余篆字,亦为写"横眉冷对"一张。写书如还债,还出若干,总觉轻松些。

下午忽怡甥来访。彼系出差来京开会,与少数无线电机械厂之人讨论某种机件之规格统一问题。

六月二日(星期三)

晨听广播,上月二十九日夜间,云南西部地区发生两次强烈之地震,一次七点五级,一次七点六级。中央即去电慰问,并立即派出慰问团。其处系横断山脉之区,料想居民不至繁密也。

昨接胡纪生来信,言将来京探望,亦将往杭州探望张贡三。今晨调云开大门,则胡已候于门外,谓昨夜到此,于车站候到天明,乃来我寓。据云其友在某工厂工作,将往东北出差,多派一人,将胡纪生也算出差人员,经其厂之负责人批准,乃得不花自己之钱而出外旅行。此事亦属应当反对之恶例,而对胡则说不明白,彼固以此为得意也,故余唯心非之而已。胡在此大概得玩数日而后往杭州。到傍晚,其同来之唐姓青年来,亦暂住焉。

耿鉴庭令小沫带回一扇面,要写篆字,要写己作。今日上午为书之,书论诗绝句之一首"诗与画同夸隐居"。扇面不易写,写得颇不自满,即寄与之。

六月三日(星期四)

昨日下午得陈从周来信,又赠兰花一幅,所摄两张底片亦寄来,余独立庭中之一张已印出,颇清晰。又寄来其友人王京盙之篆书一幅,系余之旧作张家口赐儿山望长城内外一绝。据云王君执教于上海某中学,书画金石无所不好,言其斋曰力学斋,嘱余为书一额。今晨即写此三字,篆书,下附跋语数十字,自观尚可。即寄与从周托转致,并复从周书。余越老而越性急,人家嘱托,必欲赶紧了之乃快。连日皆写字,即以此故。

上午林老之女爱娣来访,语我林老回家颇安适,病情不加重,饮食起居均正常。嘱余不须往访,苟有事彼当来相告。坐半小时而去。

六月四日(星期五)

晨偕兀真出门,以较早,居然不须等待而上六路电车,到天坛。树静气爽,徐行畅适。抵月季花圃,真可谓大观。其圃不知其广几何,砌成多种形式之花坛,月季或植土中,或植盆中,诸色缤纷,蜜蜂成阵。此圃周围皆种蔷薇,有如围墙,而花坛中亦间有野蔷薇十姊妹之类。徘徊花圃中约半小时,此外则休坐于凉椅者二次。十点许出园。念我妹居不远,则往访之。坐而吃茶,约半小时乃归。

到家则知张中行曾来访,留书言四五月间曾南游苏南各处,且曾至甪直。午睡起来,写一书答之。

六月五日(星期六)

上午张中行来。彼昨日未出城回其所居北大公寓,而住于其友人家,故今日再来看我。详谈此次南游所历,兴致颇好。彼在南京访得郭翼舟,在苏州访得王芝九,皆与偕游。而辛安亭在太湖边休养,亦复晤叙。在杭州则遇陈乐素。皆人教社之同事也。

既而元善来,张乃先去。元善示余其所撰一联云,"昨昔颠预客,今朝褪襁人",谓其性格如是。余聆之,觉颇能抓住其自己之特点。元善嘱余书之,旋即去。

午后睡起,即磨墨书元善之自状联语,作楷书,亦殊平平。封而寄与之。

六月六日(星期日)

昨夜今上午雨,干旱为之稍解。

至美仍来,既而丁士秋亦来,共长谈,彼二人盖在苏州乐益女中曾为同学也。及余午睡起来,士秋已去,至美以三点光景去。

萧师傅托三午转告,欲得余之字裱而挂之,前赠彼一诗,写小字,装于镜框中,以为未足。余乃思再作一诗书之,今日居然成之。

盆栽陆费所赠之藕一株,连发八九叶,近日居然挺出一个小花蕾。此亦可喜。

六月七日(星期一)

昨元善来电话,言其句之"颠顸客"改为"颠顸子"。今日乃为重写之。赠萧师傅之一诗亦今日写就,而于跋语中不觉将"仙人球"写成"水仙球",经满子看出,于是亦重书之。

下午写信与至诚、兆言。与兆言书中杂谈我家琐屑,至善栽花草,芙蓉鸟已死去之类,竟得四笺,前所未有也。

六月八日(星期二)

前与王湜华同来之韩瀚嘱写字,希写余自己之作,今日录六一年游内蒙之四绝句并词二首于一纸,与之。为人写字,大多写纪游诗词,而所作不多,反复抄录已不记其几回矣。

六月九日(星期三)

无聊,取朱竹垞之集句词《蕃锦集》抄之,大约可抄十日光景。

王泗原来,共闲谈,既而蔡超尘亦来。二人至十一点过同去。

至善借得周汝昌之《红楼梦新证》新印改订本,颇可供消遣。其书量大,可以看好多日。

六月十日(星期四)

张纪元来谈一小时有半。代周而复托写字。

续抄《蕃锦集》。

王湜华以傍晚来,托彼往荣宝斋嘱裱赠萧师傅之诗并购纸。彼乐于为此,且骑自行车飞驰,甚方便也。

胡纪生问其家之往事,余与至善、满子据所知答之。

六月十一日(星期五)

晨偕兀真于八点前出门。登车甚拥挤。入陶然亭公园,则甚觉其清静舒畅。面湖坐一刻许,然后租一小艇登之。兀真不能划船,余亦无能为力,各操一桨,小艇唯打转。既而兀真渐得其窍,操两桨居然能使小艇前进。约行五十米,于岸旁柳树下歇,则弥觉舒适。既而划回船埠,弃艇登岸,往观月季花圃。其月季之盛不及天坛。出园乘电车到家,已过十二点矣。

午后睡起,续抄《蕃锦集》。

满子带胡纪生访元善,就询胡家往事。

六月十二日(星期六)

晨间与三午、胡纪生同出外洗澡。

续抄《蕃锦集》。集句真是弄花巧,而如朱竹垞之运用自然,有如己出,亦不太容易。

晚饭后接永和电报,言明日傍晚到家。其来盖为出差,任务为向小沫所在之工具厂购买钻头。先曾通电话联系,问可否购买。厂中以小沫之关系,谓可以买与之。故永和得借此回来一次。

六月十三日(星期日)

上午为周而复写字,写访甘河林区四绝句。

续抄《蕃锦集》。《四部集刊》之缩印本字较小,有时眼镜犹不济,须更靠放大镜。

傍晚小沫、周涌往车站接永和。既而归来,言车站写示,西安火车误点,计当于明早三点后方到。

六月十四日(星期一)

晨起甚早,而永和尚未至。直至八点许始见永和负行李而来。据云在洛阳附近有载煤之火车翻倒四节,故其所乘之车停于西安等待,乃致误点十二余小时。永和留京久暂,视接洽购置之顺利与否而定。

傍晚,香港归来之李祖泽君来访,彼为香港中华书局之人员,王纪元托彼带来精装本《全清词抄》相赠。李君少坐即去。夜间展阅《全清词抄》,知叶退庵编成此编在五二年,交中华书局排版。版排成而未付印,不悉何故。今香港中华书局取当时之纸型印行之。此抄所收词家凡三千一百九十六人,可谓甚多,然仅录一二首者亦不少。每一作者只书简历,无有评品之语。全书二千零二十面。灯下作书,谢王纪元。

六月十五日(星期二)

上午偕永和至内部书店,购得宋元明清四朝诗别裁集,周汝昌《红楼梦新证》之新出修订本,以及冯承钧之《西域南海史地考证论著汇辑》。

仍续抄《蕃锦集》。

六月十六日(星期三)

几乎竟日雨,时密时疏。

昨说起往江苏餐厅吃小笼包子,今日虽雨,午间仍冒雨而往,计我家老小八人,加胡纪生九人,围坐一圆桌。菜尚可,余则嫌其油腻。据三午言,今日为彼与兀真结婚之纪念日,则聚餐亦复有个名目也。

六月十七日(星期四)

上午陈次园来访。余赠以陈从周不署上款之画两幅。陈从周兴到则寄来一画,或兰或竹或梅,皆小品,共有八九幅矣。余留之亦不过偶展一观,以赠好事者,正其宜也。

六月十八日(星期五)

晨与永和出门,至建外,先访叔湘。叔湘以语言所迁至东北郊,书桌尚无定所,故不往上班,唯在家闲居。坐约一小时许,则同到平伯之居。观吴玉如所书草书之"欣处即欣留客住,晚来非晚借明灯"之对联,及陈从周之竹枝小横幅。平伯来书言挂此二件于壁,居然小室生春,邀往一观,故今日赴之。闲谈无中心,而三人难得此叙,殊为畅适。至十一点,乃辞出。叔湘送至马路旁,遂别。

六月十九日(星期六)

今日看《清诗别裁集》。

昨平伯交余一书,多谈佛家之说,今日作书复之。

六月二十日(星期日)

上午偕至善携阿牛出外闲行。乘车至农展馆下车,于使馆区之街道徐步,清静,树木多,颇好。行约一小时许,乃乘车而归。

到家则至美已来,云近日身子不甚好,右腿无力,有时麻木,顷在廊下阶上且曾蹉跌。总之,至美今年不如去年,去年五月中南游,兴致与体力皆甚好也。

午间接林爱娣电话,言林老身子不好,呕吐,又复入医院,谓余勿着急。至善言明后日陪余往探视。

午后睡起,王汉华及其夫及湜华在,与至美、满子闲谈。及四点,彼等去,至美亦归其寓。

六月廿一日(星期一)

上午胡愈老来闲谈,坐二小时有余而去。彼言雁冰今年八十岁,生日在下月上旬。而愈老自己亦八十,不言其生日为何日,但言已过矣。

下午三点,偕至善往医院探望林老。至室门口见林老方入睡,而保姆亦睡于旁榻。候之半小时,见皆醒,乃入室。林老卧于床上,精神尚好,头脑清晰,唯消瘦特甚,手与臂真成皮包骨矣。上星期五来医院,此后未复呕吐,大便不通畅,自言胃肠之功能颇差,而不见悲观。闲话半小时辞出,则随意观王府井各店铺。忽云集雷鸣,阵雨将至,乃挤上四路电车。到宽街下车,雨势颇猛,乃躲于卖菜摊子之凉棚下。候半小时许雨止,乘十三路汽车而归。

前由平伯告余,谓有佩弦怀平伯之七律三首,刊于解放前朱孟实所编之《文学杂志》上。因作书致孟实探询之。今得孟实复书,并寄来《文学杂志》第三卷第五期一册(四八年十月出版),此册盖为佩弦而出之纪念特辑也。其中刊佩弦之诗不仅怀平伯之三首,尚有余未前见之作十余首,此外尚有佩弦之文及诸友悼念佩弦之作。佩弦名其斋曰犹贤博弈斋。杂志所载佩诗选录之前有《犹贤博弈斋诗抄》自序一篇,系骈文,颇有趣致。一问而得此丰获,大为可欣,作书谢孟实。

六月廿二日（星期二）

晨偕永和出外洗澡。

下午写信复费在山。费为余寄来狼毫二支，兼毫一支。因余言自杭州所购之豹狼毫已破败，故为余寄来湖州笔店之狼毫。

六月廿三日（星期三）

胡纪生将于本周内离去，请余写字，因勉作一诗，于午后书之。其同行之唐忠明、窦瑞龙二人，则各书"世上无难事，只要肯登攀"二语与之。他们将往登泰山，然后到南京、上海、杭州。

六月廿四日（星期四）

上午与胡纪生、唐忠明共拍照。由三午拍之。

费在山为上海书画社之周志高托写字，谓可写鲁翁诗，因为写"惯于长夜过春时"一首。

荷花一朵今日开放。兀真之四姊夫陆费君所贻一小藕，居然开得一花，亦非所料。近日只透叶芽而无花蕾，殆其力已不足矣。令箭荷花红者白者已开过五朵。蜀葵花开已数日，作雪青色。萱花、石竹、茑萝、铺地锦、万寿菊、金盏菊，皆正开花。

六月廿五日（星期五）

我妹与怡甥（及其子女）偕来，至午后四点乃去。怡甥尚须在京采购，暂不动身回去。余问彼在兰州大学之校办工厂何所作，彼之车间盖制造扩音器及其有关设备者。此次来京与同行之人开会，旨在判定此项器物之统一规格也。

晚七点过，胡纪生与其唐、窦二友辞去赴车站，明日早上即将攀登泰山矣。

六月廿六日（星期六）

昨夜三午洗印胶卷三卷，两三月间所摄之照片得一观究竟。五月十四日在故宫花园所摄者皆不错。本月十一日游陶然亭，余坐小艇之尾，兀真为余摄两张，眉目神态甚清晰，大可满意。于是将新印之照片贴之于簿。

今日甚热，最高至三十五度。

六月廿七日（星期日）

今日续贴照片，并写题记。至善照各种花，并照天安门一带及公园之建筑，亦贴而存之。

余则写信三通，复平伯、费在山、冯其庸。有事可做，不觉无聊，斯亦得矣。

六月廿八日（星期一）

上午王泗原来访，闲谈二小时有余。

下午为兀真之三姊夫张天鹏写字一幅，写"钟山风雨起苍黄"。

平伯寄来其旧作读白香山诗二首，颇不坏。

六月廿九日（星期二）

随意翻书，旋即放下。

晚饭时下大雨，庭中成为方塘。

与满子、兀真、永和打牌四圈，就寝已十点半。

六月三十日（星期三）

上午与永和出外洗澡。

三午屡请余为兀真写字，因欲作成一诗书之，今日八句想就，皆记近日出游之事。

平伯前书示夫妇唱和之作，《望江南》各一首，言五十余年前苏州之游观，夫人唱而平伯和之，皆以"苏州好"开头。《鹧鸪天》记近年往干校之事，前半为平伯所撰，后半三句则二人各自续之。余欲答赠，亦作《鹧鸪天》一首，寄与平伯请推敲。今日平伯书来，为余商定数处，皆可取。

夜间湜华夫妇偕来。湜华为余取得荣宝斋之裱件余赠萧师傅之诗。彼又带来平伯托交之照片一张。平伯端坐于桌旁，壁上吴玉如所书草书联全拍，盖为此一联而拍此照也。二人谈约四十分钟而去。

七月

七月一日（星期四）

今日为中国共产党成立五十五周年纪念日，两报一刊发表社论，题为《在斗争中建设党》。

七月二日(星期五)

抄录《文学杂志》所载佩弦诗抄选录,昨下午开始,今日抄毕。

至诚、姚澄来信,知胡纪生到他们家去过,姚澄勉强出去上半天班。

七月三日(星期六)

上午与永和出门,往访颉刚。不料彼出院一个月之后又于上月下旬住入医院。病情为感冒,有三十八度之热度。余与其夫人谈十余分钟即辞出,而往访元善。与元善夫妇谈约四十分钟辞出。挤车而归。

七月四日(星期日)

晨间偕至善访姚雪垠于青年出版社之宿舍楼。其《李自成》之第二部已排校大半,全部在一千面以上,今年殆可出书。姚之儿媳自武汉来,曾在新疆建设兵团十多年,近时方与雪垠之子一同调到武汉林业局工作。听姚之儿媳谈新疆之情形,颇有味。一点半辞出。到家则至美来已多时。与至美谈近事一小时许。

午睡起来已将三点。王湜华、陈次园偕来,谈一小时许,甚快。彼二人今日上午往访平伯,平伯以《寒涧诗存》付与,谓先俟余阅览一过,然后交彼二人缮录。其诗皆未前见,平伯须余先睹,其意可感。

七月五日(星期一)

昨日收到嘱提意见之鲁翁《彷徨》注释本,今日下午开始看之,照以前模样书修改意见于另纸。此册有一百六十六面,今日伏案三小时有余,仅看十面耳。

七月六日(星期二)

上午叔湘来访,携来佩弦之《敝帚集》。此系叔湘应余之托致书季镇淮,季乃寄此一册来。季致叔湘信中言近曾访佩弦夫人,而夫人未言诗稿失去之事。季又言佩弦诗稿之一份存入北京图书馆,当为借出。此《敝帚集》乃前期之作,《犹贤博弈斋诗抄》则后期之作也。大约所存至少有两个本子。叔湘谈一小时许而去。

午后致书朱光暄。朱在北京图书馆,托其为设法借出佩弦存馆之诗稿。又致书平伯,告以此事。

继续看《彷徨》之注释。

七月七日(星期三)

晨听广播,突闻朱德委员长逝世之讣告。年九十岁,时间为昨日下午三时一分。最近尚于报纸上见朱会见外宾之照片,神态极好,而不数日遽传噩耗,殆以年岁较大,经不得轻微疾病之侵袭欤。四六年朱六十岁,中共驻上海办事处为此在马斯南路举行祝寿集会,到者极多。开宴时饮烟台运沪之酒(其时烟台在中共手中),此酒极好,而又为解放区来者,余饮之过多,沉醉自午后至夜间始醒。此事永不能忘,而已越三十年,而朱老逝世矣。

与永和出外洗澡。

下午写字两幅。一为毛主席之"重上井冈山",与永和厂中之负责人江放同志。听永和述其工作作风,切实,以身作则,大可佩服。又一幅写赠与兀真之一律。

七月八日(星期四)

上午继续看《彷徨》之注释。

午后四点,至善陪余往北京医院,向朱老之遗体告别。形容仍丰满,不如周总理之瘦削。在周围绕行一周,与以康克清为首之朱老家属一一握手而出。

于是乘车到公安医院探望彬然。彬然久未晤见,近知其因憋气而入医院,已历三日。其幼子与媳妇侍侧。目光似不能专注,告以余父子到来,似明白似不明白。脸与身体颇消瘦。说话甚多,大意谓其病没有什么要紧。其幼子言彼兴奋多说话,已一日有余。不进食,以注射葡萄糖维持。情形如是,不知能好转否。出医院到家,时方五点。

七月九日(星期五)

晨八点偕兀真、永和出门,乘两段车而抵紫竹院。三午则骑自行车而往。紫竹院树木茂密,马缨花方盛开。荷叶之绿色在嫩阳下殊可爱。红荷稍多,白荷甚少,似尚未到盛开之候,然已有花瓣落尽之莲蓬。抵船埠,租划船登之,由永和划桨,彼固能操纵自如。既而兀真执桨试划,较前又有进步。坐划船一小时,颇感舒适。登岸于凉椅上小坐,望整个荷塘,目光寻觅躲于叶间之荷花。十点半出园,至展览馆餐厅,候其开门,趋入得座。服务员工作颇迟缓,我人亦本不求其快速,饮啖一次,乃历两小时。乘车到家,已过两点,即午睡。

起来之后杨捷来,谈写字,坐约四十分钟。

七月十日(星期六)

上午杨东莼来访,彼知林老再次入医院,今日往探视,以不合规定之探视时间未得入,乃来看余。彼言又曾于夜间起床时蹉跌,嗣知以多服安眠药致头脑昏沉之故,乃止不服,近日似乎健朗些。久未晤见,闲谈一小时许而去。

下午冯其庸、李希凡偕来,云来看余,并携《红楼梦》第十一回至二十回之新校本及注释,嘱我父子二人过目。二位谈约四十分钟而去。

续看《彷徨》之注释。

怡甥来辞别,其采办事已完毕,明日回兰州矣。

七月十一日(星期日)

上午朱光暄来访,彼为余查询北京图书馆之善本室,只收藏佩弦之稿十三种,并无诗稿。是则季镇淮之所闻未确,而余未免因而失望。光暄谈约一小时而去。

今日举行朱德委员长之追悼会,而未有通知来嘱往参加,殆是通知名单与前日有所不同之故。

午后起来,至善说陪余出外走走。乃步行到人民市场闲观,又步行至灯市口,乃乘电车而归,历时一小时又半。

绍虞将其《前言》稿依叔湘意见又改过一通,重复寄来托叔湘再看,嘱余向叔湘"善为说辞"。明日当令永和将其稿送与叔湘。

七月十二日(星期一)

上午有三人来访,系从延边来。陈琼芝(女)最大,约四十岁,为延边大学中文系教师。次则章新民,二十七八岁,为延边大学中文系毕业生。又一人为王华祥,吉林省开山屯化学纤维浆厂之电工,不到二十五岁。彼辈在延边成立一个小组,负责注释鲁翁之《二心集》,共十一人,而此三人则应召而来参加鲁迅著作注释工作会议,再留一个月将回延边去。三人询余者皆当时上海之人与事,与鲁翁著作有关者。余大多能回答,然未能言之详悉。共谈一小时四十分,已稍疲累,然于三人之求知之恳切,颇为欣赏,虽惫亦不以为嫌也。

午睡起来写字,写年初所作之《水调歌头》两张,分赠李业文与刘火子金端苓夫妇,皆求索而允之者。写就寄出,心中即了却一事。

七月十三日(星期二)

上午张纪元来访,携来朴初托带之朱委员长挽诗。其诗恳切而音节响亮,颇不错。纪元闲谈一小时有半而去。

昙花株上有两个骨朵,才如谷粒大,今日自落,殆是其株生活力不强之故。余处不见昙花开已十余年,今此株种之将三年,前几日以为今年该可再见花开,不知又须待来年矣。

七月十四日(星期三)

晨间与永和出外洗澡。归来续看《彷徨》注释稿。下午三点后全稿看毕,提意见共十六纸,即寄与鲁迅著作编辑室。

对门《人民文学》编辑室之二位同志来,言袁水拍之嘱,托彼二人邀余往观曲艺调演,缘今日之节目多苏沪之说唱。余允之。六点三刻,偕至善乘对门所备之车驰往西郊后勤部礼堂。本定七点半开场,以停电而延至八点始开场。节目多以"批邓反复辟"为内容,余虽不用助听器亦能听见,而不能听之甚清晰,则以一般皆发高音而节奏又快之故。散场驰车到家已将十一点。满子、三午、兀真、永和方在打牌等候我们。

七月十五日(星期四)

昨接吴缉熙之子树德(聋哑人)自无锡标准件厂来信,言告余一大好消息,彼以五十五岁光荣加入中国共产党,且赠余以相片。今日作书向彼致贺,回赠余近年之照片两帧,且书毛主席"重上井冈山"词与之,为其入党之纪念。此君与余通信已久。

又作书致季镇淮,告以北京图书馆并无佩弦之诗稿,彼之料想非确,并告以佩弦之《敝帚集》一册,将俟抄毕后径还佩弦夫人。

七月十六日（星期五）

至善已将《红楼梦》第二个十回之新校本及注释看毕，交与余，余以今日始看之。及于傍晚，看至第十三回将尽处。

缮抄佩弦之《敝帚集》今为第三日。

七月十七日（星期六）

上午元善偕其弟来访。弟为居天津之幼者，据云前曾晤见，而余已不记忆。今年六十九岁。留共午餐，餐后略谈有顷而去。

今日满子、永和往视至美。至美患感冒，精神不佳，又排尿有问题，尿中有血球，尚未弄清原因。

今日续看《红楼梦》校点及注释，至第十五回止。

七月十八日（星期日）

续看《红楼梦》注释稿，至第十七回止。竟如从前一样，上午下午皆治此事，乃觉时光逝去之快。

连日沉阴下雨，潮湿殊甚，颇盼转晴得出去游散。

七月十九日（星期一）

续看《红楼梦》二回，于是交来之稿仅余一回矣。

续抄佩弦之《敝帚集》。

七月二十日（星期二）

又是竟日下雨。

《红楼梦》注稿以今日看毕。再写些有关标点之意见，即可交卷矣。

今日写信六通，复平伯、孙公炎、欧阳文彬、费在山、陈从周、至诚。

续抄《敝帚集》。

七月廿一日（星期三）

今日写关于使用标点的意见得三张半纸。即与《红楼梦》新校本及注释一同封固，寄还校订小组。了却一事，总觉一度舒松。

七月廿二日（星期四）

王湜华交余陈从周水墨芙蓉一幅，嘱余题之，搁置已多日。今日作一诗书于另纸,俟其来付之。

为福建王凤池写字两幅,彼指明索余旧作之诗。

续抄《敝帚集》。

颇有人传言,日内将有一场大雨,大至一公尺。至善今日闻人说,大雨将于廿八日前降下,记之于此以觇之。

七月廿三日(星期五)

《敝帚集》以今日抄毕。其原册将以明日寄还竹隐夫人,并作一书告竹隐夫人以探访佩弦诗稿之经过。

叔湘书来,告我季镇淮言佩弦诗稿或与其日记本放在一起,叔湘已致书竹隐夫人问此事。

下午有阵雨。潮湿之极,闷热难受。

今日至善闻知彬然已自医院回寓。亦非身体恢复健康,不过不需吸氧和注射葡萄糖,则回寓较住医院为安适耳。

七月廿四日(星期六)

上午与永和出外洗澡。归时遇雨,躲于胡同口之药铺中二十分许,俟雨止,乃归。

今日开始抄平伯六十以后之诗曰《寒涧诗存》者。平伯以为余劳累而致歉,余答以此盖无事找事做,无所用其抱歉也。

七月廿五日(星期日)

上午偕至善、永和、阿牛游陶然亭。星期日游人多,划船已租完。乃徐步沿湖而行,偶见空椅则小坐。此园方逐步增加建筑物,廊榭楼馆,略采旧花园之设计。回家时为十一点四十分。

今日至美、宁宁、筠嘉携小孩同来。而铜山侯集中学之教师吴海发来游北京,今日特来访余,相候将二小时。此君通信已久,而见面则为初次。留与共餐,旋即辞去。言动身之前将再来一次。

至美近日尚好,然总觉其憔悴。

七月廿六日（星期一）

今日仅写一信复平伯。又抄平伯之诗数首。

眼发痒，感模糊，有眼屎，因而不能多看多写。每日点眼药水已多时，近日多点一次，未知如何。

七月廿七日（星期二）

上午葛志成来闲话二小时许。

仅复平伯一书，抄平伯诗稿少许。眼睛不舒虽不为大苦，而影响情绪。

夜间有满子之侄弘奕自陕西来。彼与陕西各厂之人共一百人将往大庆参观学习，以明日之晚登开往东北之火车。弘奕今为陕西蒲城县化肥厂之主任，云其工作颇紧张。所出化肥供蒲城全县之用。其县粮食产量占陕西全省之八分之一。

七月廿八日（星期三）

今晨三点四十分许，余方醒来，觉卧床震动，似闻隆隆声，知为地震。全家皆惊起，共趋中庭。同居各家亦无不起而趋于庭。有人言见有光露于空际。震动不知历若干秒。于是大家不敢复睡。余先则立于庭中，既乃坐于廊下，直到天明。

老田之妻杜秀英为街道干部，出去一周归来言，我八条胡同以地震死二人。一为老妇人，屋塌受压，去砖瓦视之，已死。一为心脏病患者，突然受惊而死。

永和骑自行车出外一观，言塌墙倒屋者颇有之。居人皆集于街巷之中央，盖屋小无院子，故以街巷为院子。而居民委员会皆敦劝居民务必勿留居屋内，防再有震，故人咸集于露天。

我寓后院东侧与人家相隔之墙亦塌其上半截。零星损坏亦有数处。正屋房顶之泥墁，沿墙之处，皆落下所涂之白垩。

亲友来电话询问者不少，且有来话多次者，皆言得传说消息，将再有较重之震动。其时间则逐步降后，先为九点以前，次则十一点以前，次则下午三点以前，甚有言夜一点以前者。余乃坐于中间之窗边，俟震动即可入院中。他人亦或立或坐，无复有所作为。小孩则大欢，群集院中笑闹。

但下午及夜间降雨皆极大,院中积水成池,小孩则为水戏。前有预测言廿八日有大雨,今证其准确。大人则不免愁烦,深感其甚于抗战时期之"逃警报",彼时尚有"解除警报"可企,而今则不知何时乃得解除也。

今日有数次余震,其中两次较重,家中人言闻房屋结构轧轧作响,余则见庭中盆栽石榴树之晃动。

吴海发于下午五点许来,言将赴车站归徐州,缘遇地震颇感惶恐。彼来数日,未尝游观而归,诚为不巧。

弘奕于傍晚赴车站,九点以后复来,言开往东北之火车不发车,其同来之人皆挤上赴西安之车离京,大庆之参观即此作罢。彼不欲受挤,故又回来。

入夜,至善移余室中之软榻于正间,铺以被褥,期余即此过夜。但余睡之数小时,虽亦朦胧,而背心颇感疼痛,胸次亦微微作痛,乃起来徘徊,看庭中雨势。延至两点过,入室睡于床上。

七月廿九日(星期四)

昨之地震甚为严重,摘录今日之报以代替日记。

中央发出之慰问电中云:"唐山、丰南一带发生强烈地震,并波及天津市北京市,使人民的生命财产遭受很大损失,尤其是唐山遭到的破坏和损失极其严重。"此电末了作结处用了毛主席语"下定决心,不怕牺牲,排除万难,去争取胜利!"亦为历次地震后发出之慰问电所未用,可证此次之严重。

新华社之报道载明强烈地震发生之时间为三时四十二分。据测定,此次地震为七点五级。震中在北纬三十九点四度,东经一百一十八点一度。

永和出外观看,马路上张篷而居者甚众。电影院不开门。商店亦有不开者,顾客不多。电车汽车中乘客亦不拥挤。

今日接平伯书,抄示诗三首,为人代嘱写字。书作于昨日,于此见其镇定。余于昨日竟无所事,或徘徊或闲卧而已。

七月三十日(星期五)

今日屡有传言,近日内尚有较大之震,须共警惕。

怡甥自兰州来长途电话问安否。至善下午出前门往视其姑母,则知我妹与其同院之数家皆于天安门前历史博物馆西侧搭棚而居,已过二宵。此一带搭棚而暂避者极众。但不知何日方可归其居。

马路上搭棚者益众。棚之形式不一,有颇为精良者。

施衍滨来看视。既而王泗原亦来看视。

居民委员会来言务必勿宿室中,院中须搭棚。下午乃搭棚于中庭,兀真、永和、调云为主力。东西横三长索,于其中段铺数层塑料布,可以避雨。临时卧榻设其下。

余则搭一行军床于中间东侧玻窗下,如有警,二三步即可到庭中。

夜间三点钟,宁宁来电话,言闻传震将作,余乃出坐于庭中。而三午、兀真、满子本在室内者亦皆出外。直至天明无事。

七月卅一日(星期六)

今日王泗原再度来看视,谓昨访林老之家,遇其幼子,云林老仍居医院,已移入地下室。泗原少坐即去。此外来访者,上午有陈次园、吕剑,下午有冯其庸。

下午在小庭中浴身,永和相助,惯于浴盆满水,今用一小面盆,两瓶热水,即感未甚畅适。

与永和出外观看。出八条,走一段大街,折入六条,经南板桥而归。胡同中之帐篷床铺皆在中间,大街上则靠两旁。如此景象,非目睹则难以想象。而各家各户竟能取出如许物资来居于露天,亦见相当宽裕。

至善往天安门前找姑母,请彼来我家暂居,彼欣然同意,由修甥陪来。我妹数日不敢饮水,未得入睡,未得洗濯,来我家自可较舒适。修甥仍回天安门前。

张友渔令其子打电话与三午,言闻动物园中动物有异常反应,可知地震将近。又有人来电话,言震期即在明晨。于是余亦移行军床于庭中,上悬蚊帐。他人亦全睡于庭中。诸人皆倦,竟夕酣眠,及晨尚无恙。

八月

八月一日(星期日)

上午周振甫来闲谈一小时有半。

怡甥再来长途电话。彼误会疏散系散往别地,不知系自室内疏散至露天旷地,因言欲来迎母至兰州。至善为说明之。

至诚亦来长途电话,言昨日电话拥挤未接通,今始接通。至善答以全家安然。

建老之夫人王蕴如来电话问安否。

夜间小雨时下,余乃移居廊下。竟夕未得好睡。至善亦睡廊下。他人则仍居布棚下。

八月二日(星期一)

葛志成来电话,言近日唐山地区多次余震皆在五级左右,而北京亦未觉察。

胡愈老与臧克家皆来电话,询问安否。

姚澄来长途电话,邀我家全部避往南京,又问近日食品如何。彼盖未能料知北京之实况,故有此言。至善告以一切如常,不须避之他地云云。

今夕余睡于中间之东侧。他人亦皆睡于室内。室外究极凉,只恐受病。然胡同中马路上帐篷尚在增多,不知何日乃返其家也。

八月三日(星期二)

杨东莼、张纪元皆来电话问安否。

昨日开始写答复外地来问安否之信,两日共写十一封,受信人为至诚、怡甥、李业文、徐调孚、胡纪生、绍虞、仰之、祖璋、郑逸梅、孙玄常、李节之。总之来信必复。外地来信皆稍迟于平时,航空信亦然。

夜间八点就睡,诸人与昨日同,皆睡室内。但至晨四点许,老田来呼起,令各至庭中。于是诸人拥被而出。夜间有雨,幸此时已停止。候至六点过,无恙,乃照常入室洗脸。后询知不知谁传来消息,谓动物园中之动物有异常反应,故互相传告云。

八月四日(星期三)

上午,人教社之高纪译、吕润泉二位来看望,颇见情意。而教育部中未有人来,并电话亦未通一次。

作复书答刘火子、金端苓夫妇之慰问。

胡同中搭篷帐数日，缘大型汽车不能开入，有两事受阻碍。一为各家倒出之垃圾堆积于道旁。二为数处公共厕所粪便盈满，通至地面下之管道亦满。今日居然已得解决。垃圾改用小型之摩托车运至马路上，然后装上大车。粪便亦改用较小之车来胡同中吸取，篷帐有碍则稍稍移动之。此亦见公用工作之效率甚高。

据传今后六级以上之震不致复发生。下午街道传达，日内将普遍检查房屋，房屋无问题者，即可回居室内。又言所有京中损坏之房屋，将于国庆以前修好。

今夜回居余之室中。自廿八日清早离此床，盖七日矣。

八月五日（星期四）

天气清爽，似雨季已过去。今夏尚未甚热，后日立秋，此后或将为晴热之暑天乎。

今日作书五封，答张棣华、张香还、吴海发、王凤池、平伯，前两封皆谢来书慰问。

上午隋树森来访，其家房屋亦有坍塌处。

闻知此次巨震，唐山死亡七十五万人，天津死亡十一万人。*北京死亡殆不至如此之多，尚未闻其估计数。

高晋生令其子来看望，坐半小时而去。

八月六日（星期五）

写信六封，致江冬、费在山、韩惠沅、吴树德、王传缨、赵朴初。前四封皆答其慰问。王传缨则寄赠金针菜二斤，因谢之。赵朴初则代陈从周请其写字。朴初之寓墙稍塌，闻移居西四广济寺，兼问候之。

今日来访者有王湜华，张志公之子，统战部之二位同志，入夜则有萧焕然（即善养仙人球之工人）。

房修公司二同志来检查我寓房屋，据云无甚问题，可在室内居住。余固知其所云无甚问题仅言房屋不致坍塌，并非即再遇强震亦不塌也。

---

* 原文如此。——整理者注

传言还得防朔望,而十日则为望日,即大后天。其理论谓朔日太阳与月亮在一边,望日则地球居太阳与月亮之中间,朔望潮水大,即太阳月亮之引力所致。今地壳内有一股震荡之力将冲击而出,此是内因,苟加上太阳与月亮之引力为其外因,或将促动其爆发。此似言之成理,究竟如何,余未能判也。

八月七日(星期六)

初以为雨季已过,不知今日又是数阵小雨。据闻此次将连续三天,越数日还将连续三天。

上午有林斤澜夫妇及宗志刚来访。皆系三午近时所识之人。林为作者,云曾写过若干作品。宗为中学教师。闲谈约四十分而去。

教育部事务部门之三位同志来,检查我寓之房屋,据云将催促房修公司,俾从早来此修理。

宁宁来言,有大港油田之地质专家一人云地震将再作,震中在平谷,震级不低,其期在十二日左右。而其他测验人员则咸谓高潮已过去,即再震亦轻微,不以其人之言为然。然又传其人曾测出上月廿八晨之剧震云。——既经测出,何以不提出报告,请有关部门注意,莫悉其故。

我国剧震,外国有欲捐赠金钱与物资者。我国皆谢绝之,表示意诚可感,而灾难能自己解决,不须援助。此在各报未见报道,而见之于《参考消息》转载香港报纸之报道。

《参考消息》又载日本人之文章,言日本近时亦在虑强烈地震之骤发。原因为自然环境与动植物之各种异常情形,其一项为竹子开花。云竹子开花以一百二十年为周期,其原因为干旱或地下水异常。至于地震地区,预料在东京大阪一带云。

八月八日(星期日)

晨听广播,北京到山海关之铁路昨已修复通车。才十日耳,群力奋斗,遽如其原状,诚可赞颂。

接林爱娣电话,告其父已自医院回家,缘首都医院自知其建筑已旧(殆将七十余年),无防震措施,故请病人各回其家。

写字二幅,与曹辛之、李荒芜,皆平伯所托,书游内蒙时所作之词。

写信三封,复张中行、季镇淮、吴玉如。吴盖接到余依其所嘱书挽周诗而来道谢也。

至美以下午来,云甚疲惫,特来看余。未二小时即去。

仍有再震之传说,云十天内尚须警惕。

八月九日(星期一)

上午写篆字联一副,系陈从周代苏州叶寄深托写,书余旧句"观钓颇逾垂钓趣,种花何问看花谁"。叶寄深专治盆景,云有一盆"雀梅椿"交从周转来。

写信三封致圣南妹、欧阳文彬、陈竹隐夫人,前二书乃答其慰问,后一书则问渠安否。

上午来访者两位,葛志成与张毕来。毕来言彼亦在看冯其庸、李希凡等所为之《红楼梦》新校本,因与谈此稿之校注工作尚须改进。

兀真厂中自制简单之地震报警器,震则自鸣。今日上午自鸣凡三次,午后又鸣一次。余坐室中则觉到微震一次。近日间微震轻震盖不知其数,因此莫能知其趋势究如何,将自轻微而止息欤,抑自轻微而转强烈也。

昨日万仲翔于夜十一点许来电话,言密云水库鱼大集,且有死鱼浮集水面,此亦动物异常之征,宜注意。其时余已入睡。我妹闻此说,竟夜未得安眠。

平伯之外孙婿齐嘉正送来平伯书及抄示之旧作七夕诗。据齐云,学部之领导以平伯夫妇不欲离开二层楼为虑,特来劝说,昨日平伯夫妇已下楼宿于帐篷中。于是永安里之人无复留宿楼房中者。

黎丁来电话,言《光明日报》之编辑不复留报社中,而迁至先农坛帐篷中工作。

万仲翔之妻蒋定粤来言,其朝阳医院所收之唐山伤员已悉撤往他地,医院中留下之床位准备容纳可能需来之伤员(意谓再震则必有伤员)。

闻此诸消息,知此际实未能放心。

八月十日(星期二)

云昨前两日,唐山地区五级六级之震又有十多次。又有传言,平谷、延庆二县已发现种种迹象,具备地震之条件。此则距北京弥近矣。

薛佛影命其子来探望,其子名万竹,亦能刻绝细之字于象牙,今在轻工业部设计院玻璃工艺组工作。

午后忽王汉华之夫刘宗昆来电话,言下午三点至五点务必勿居室内。余遂与我妹、满子等坐于庭中丁香树侧。直至五点,未有何警。

今日写信三封,答吴文祺、薛佛印、李芳远之慰问。

夜间睡于中间之行军床上,竟夕未得酣眠。

八月十一日(星期三)

晨间均正来访,彼盖居于篷帐中,起身后即来。大凡居于大楼之人家,皆严格不得宿于楼中,日间则匆匆返其居治家事作餐饭,总之以少留居楼中为好。均正坐四十分钟即去。

又接吴玉如来书,言已离津来京,缓日将见访。作书复之。因投邮,与永和外出闲步。自东口出八条,向北经十条。十条两旁布帐篷几满,皆贴着墙壁。此似不甚稳妥。我八条中之帐篷则减少,闻移至较远稍空处。

地震威胁不知何时始已,甚有言须谋于室外越冬者,则大难办矣。

抄平伯《寒涧诗存》以今日毕。分量不多,余之红格本子不满二十页也。

今夕仍回宿室中。夜十一点后,万仲翔又来电话,云当心一点至三点,且将为大震。于是全家皆不敢安眠,独余未之闻,无所萦心。

八月十二日(星期四)

写信复平伯与陈从周。未知姚韵漪近时是否居天津,因作一书致其女徐昉询之。

午后刘皑风、韩志明来访,亦劝近时尚须警惕。去后越一小时有余,韩志明再来,送来芦席二张,木条六根,塑料布、铁丝若干,意为供余搭篷之用。而其时至善、永和、兀真、调云已为余重移行军床于庭中,架起蚊帐。余之出此,盖不欲辜负他人之好意,他人既相劝,自不宜不听。

入夜坐于庭中,万仲翔、蒋定粤夫妇偕来,闲谈将一小时。万仲翔固劝余居外最力者,见余坐于床侧,自当心慰。然今夜睡于帐篷中者,仅永和、佳佳、阿牛三人,余人则仍居室内也。

八月十三日(星期五)

晨作书复至诚及李业文。二人皆劝余暂往南方者,至诚且谓我们全体住其家中。余答以看些时再说,苟今后尚须长期防震,须连续几个月,则余或往南京。

叔湘来访。谈及其内侄出差往唐山附近某地,宿于旅舍,一室二人,彼仅腿部受伤,而对床之人则受压而死。据云此次之大震先为上下震荡,继之则左右摇动。唐山之数层楼房因而挤扁,底下两层陷入地下,三层则与路面相齐。从此可以想见,居楼中者皆压在水泥结构之间,无一存活者矣。又言其侄见路旁之水泥电线杆不倒,树木也不倒。

傍晚,老田、老高、戴正贵三人为余将昨日教部送来之材料搭成芦席棚,下盖一单人棕绷床,位置即在昨置行军床之处。芦席上又加塑料布,小雨自无可虑。余以彼三人既为出力,不宜辜负,决意宿其中。棚窄不能挂蚊帐,则先喷"敌敌畏",复点蚊香。夜寒渐加,一被之外再加一薄被。睡得较昨夕为酣。芦席之孔隙透入月光,夜醒时下弦月已偏西矣,仰卧看月,唯昨今两宵耳。

八月十四日(星期六)

上午王泗原来,又携来笔记若干则。谓皆近日所写。彼写笔记,系余所提出,意云虽不出版,供少数友人观之,亦有意义。彼从余之言,陆续写之,殆已逾一百则矣。

毛之芬来访。彼在民族出版社出版部工作。谈次言及冯宾符之母年将九十,其家中人隐瞒宾符已逝世,告以派出国外工作。老太太问何以久不归来,则答以国外工作至忙,不能回来。其事至堪凄伤。

下午阵雨作,今夏少听见隆隆不断之雷声,而今日则作响颇久。雨约二小时而止。观庭中篷帐中席棚中,居然未沾湿。但余已两夕睡于庭中,足以向关切之人交代,今夕回入室中睡原来之床矣。

作书复祖璋与许杰。附荛萝种子九粒与祖璋,彼收到即种下,今秋犹及看花。

小庭中文殊兰挺出一花茎,今日已破苞露出白花之花尖。此一盆原系萧师傅之邻居所有,去岁由萧携来赠与我家。今年雨水多,此本叶肥色深绿,其劲颇足。他如君子兰与棕竹,亦以得水多而壮茂。今年玉簪花花芽仅挺五支,许多丛之中心皆不出花,不知何故。

八月十五日(星期日)

下午三时许,与至善出门,乘电车至前门下,沿路两旁皆篷帐,电车只能徐徐而行。下车向北,自东南角至天安门广场。则见有邮局与银行之帐篷,书店服装店之帐篷,方在进行其业务。又见出售方出笼之馒头者,推车停于路侧。各个帐篷已编号,如门牌然。帐篷或颇扎实,或极简陋,篷中器物亦多少优劣不一。亦有置煤炉于篷侧烹煮者,靠躺榻而看书者,床上有方昼寝者。沿帐篷之界线装临时自来水管,取水洗濯者络绎不绝。帐篷悉在纪念碑之南松树丛中。闻劳动人民文化宫与中山公园亦容纳许多帐篷,而文化宫则居外国人。确否不可知。观眺有顷,乘二路十三路汽车而归。地震以来,此为余出门观看之第三次。

八月十六日(星期一)

晨间方洗漱毕,兀真自厂中回来言,顷听传达,云近期内不至有大震,以故东西长安街之帐篷限于今日午前拆除,公园及其他处街道可稍缓。由此观之,殆据观察结果,震势趋于缓和矣。然兀真于晨六点到厂后,报震器曾自鸣一次,而人亦感觉之。

至善到社中探问,归言社中决定于今日拆除宿舍大楼对面之所有篷帐,明日则往通县某大队帮助劳动,后日放假一日,俾各家得以洗濯曝晒,恢复日常生活。于此可料防震殆成尾声矣。

接绍虞来信,邀余到沪居其家暂避,并邀叔湘。即答书告以今日之所闻,并致谢意。又致书叔湘,以绍虞相邀之意告之。又作书答广西钦县尝与通信之青年张镜,彼亦来书慰问,并嘱看文稿。

至善言天津百余家较大工厂,今大部分毁坏,其能勉强开工者,仅十余家耳,可见受损之严重。至于京市工厂,似皆未遭破坏。

城中里巷受损之民居,已在开始修筑。解放军与建筑工人混合,又招中学生加入。中学生每日酬以八角。

八月十七日（星期二）

上午与至善出外洗澡。浴池恢复营业，以今日为始，故浴者不多。胡同中与马路旁之篷帐已大部拆除。

满子于下午往视其二嫂。陆联棠与二嫂同寓，陆之女在丰南，此次及于难。其婿亦受伤，近来京告知，联棠为之神伤，本有心脏病，今乃木然如痴。此等事凡身受者，自为莫大惨痛，无可劝慰。

据闻此次之通知部分地段拆棚，实为观瞻与交通之故，非确知地震之不复作。并云有如是之说，凡构篷帐之物资，务必保留于近旁，俾需用时可立即重搭。是则大家尚须警惕不懈焉耳。

纪元于上午来访，余出外未归，与满子谈有顷而去。

八月十八日（星期三）

今日广播与报载，十六日廿二时六分，四川省松潘平武一带发生地震，为七点二级，震中在北纬三十二点七度，东经一百零四点一度。四川成都市与甘肃武都地区均有强烈感觉。唯“地震部门对这次地震曾作了预报，四川省委在事前采取了防震措施，因而损失很小。现在各有关地震台网正在进一步监视震情”云。据闻四川将发生地震知之已久，因之地震工作人员与测试仪器大部分调往四川，致唐山之震未能先期测知。此说未知确否。

叔湘来书，言曾托人买火车票往南方，居然一买即得，故虽震情已缓和，仍于昨日动身，藉此一晤宁沪亲友，回来时将溯江至武汉而后北上。

写信复平伯及李业文。满子之侄弘奕之子夏迅本在工程兵团部，在北京飞机场扩建跑道，今下放至连队，将以明日夜间动身南下，所到处为无锡。而彼欲在南京玩二三日，寄居至诚处。因作一书与至诚托彼带去。

今日又发见文殊兰透出一花芽，大约越十天以后又可开花。第一花芽于十四日破苞，花共二十六朵，次第开放。花以六瓣为多，花瓣狭而长，但有多至八瓣少至四瓣者。八瓣之花，数其雄蕊有七，六瓣者雄蕊亦六，四瓣者雄蕊亦四。花瓣纯白，花药淡黄，略有香气。据至善查书，文殊兰属于百合科，并不属于兰科。

八月十九日（星期四）

上午葛志成来访。据言昨日彼处接通知，言以后若有震情即电话传告，但言顷悉有震情，望即离开屋舍。从知并无解除之意，尚须随时当心。

今日《参考消息》载十七日菲律宾南部发生强烈地震，十三日墨西哥西南部亦发生两次地震。

念及川北地震，距调孚所居之江油非远，因作一书问之。我妹接冬官信，言川北地震之夕，彼处感觉尚不剧烈，亦避居室外。

夜十二点许，万仲翔来电话，言有震情，或将拉响警报器，恐我家不知所以而惊恐，特此相告。至善、满子及我妹闻之，遂不能安睡。而未以告余。

八月二十日（星期五）

今日《参考消息》载瑞典来访之代表人员报道，彼等于本月初到成都，四日即得我方通知，测知距成都北一百至二百公里地区将发生强震，其期最可能在本月十七日前后。彼等于十一日离开成都往桂林广州，而强震果然于十六之夜发生。——测候如是准确，可知我国地震研究工作之猛进。记得六六年邢台地震之后，周总理即发出指示，务须于十年之内能作到先期预报。今于四川此次之震，可谓已如周总理之所期矣。

接至诚来信，仍欲余与他人往南京暂住，以期精神上之安定。但信中又云，江苏徐州、沛县，以及宝应、高邮、扬州、高淳一带，近日亦有地震警讯。果尔，则寓居南京亦乌能安定乎。明日将作书复之。

永和闻其友人言，近来同时有十个省或市有地震警讯。大地忽然特别不安定，不知何也。

今日竟日雨，时密时疏。余穿毛线衣。

八月廿一日（星期六）

上午写信复陈从周及至诚。

陈从周画竹一幅赠朴初，托余转致。午后放晴，余偕永和于三点访朴初于广济寺。山门内之广场布帐篷不少。人家尚居其中。朴初居大殿稍后之东侧。此时渠病不发作，气色颇好。谈彼此近况，现其近作和友人地震一律。余从未入此广济寺，因言欲略为参观。朴初言大殿上有傅青主之孙之指画佛像一幅，他则大殿背后之多宝殿，收藏佛教诸国友好人士僧侣赠与我国之物品。遂观多宝殿，以日本之赠品为最多而精。有几个名寺之大型画册，惜不及逐页展观。大殿之锁未开，指画佛像未获观。辞出，径乘车回家，到时为五点廿分。

八月廿二日（星期日）

至美以上午来，宁宁携其儿亦来。至下午四点许，至美携儿回去，缘宁宁在厂上班。

下午与永和至内部书店，殊无可购，购《魏源集》，米高扬回忆录，及《摘译》外国文艺一册而归。

作一书复季镇淮。

兀真归来言，前日之夜，今日之晨，皆有余震，其同事居西直门外者觉察之。李业文来信，言扬州专区亦发出警告，将有震情。至善归来言，上海传来消息，黄海中将发生地震，濒海之区须预防云。

今日工人来修我寓房屋，先修东边与邻居分隔之墙。我寓属于机关房屋，由房修公司派工人修之。一般居家之房屋则由居民委员会组织修理，解放军与学生及各家劳动力协同修之。昨今两次外出，见沿路修屋者纷纷。

八月廿三日（星期一）

接至诚信，言南京已发出震警，彼处亦构搭篷帐，夜宿其中。又闻数处传来消息，广东茂名地区亦有此警。

接姚韵漪之女徐昉复信，言其母近居其家，地震之夕先避居地下室，继则迁至他处篷帐中。原所居屋须待修理，乃令其子陪外祖母至上海，初不甚佳健，近得来信谓好转云。

至善告余，机关单位修理房屋，由本机关单位之人员自任之，房修公司不复顾及，故青年出版社近日正在修理其坍塌之墙与屋。至善往参加，他人看其腰背部不甚灵便，劝彼无须参加。于是至善回家看排校样张。

八月廿四日（星期二）

上午与永和出外洗浴。

昨日午前,今晚七点前,皆震一次,兀真厂中之报警器自鸣,余寓中人亦有察觉者,余则未之觉。

据言沿海轮船近停驶,以防海中发生地震。想捕鱼船队亦当不复出海。

三午之友赵君来言,上海亦有震情,且测知将在宝山发生。上海人多屋密,防震恐须更周密之计划。

八月廿五日(星期三)

下午蔡超尘来访,坐未久即去。据言王芝九自苏州来京视其子,适于火车中闻唐山丰南地震之消息。蔡又言周有光夫妇则自京避居苏州。

八月廿六日(星期四)

竟日雨。修房者初犹工作,见雨不已且益大,乃皆散去。

李业文来信,言常州亦传地震之警,人皆避居室外。发生中心谓在扬州。业文甚惊恐,自言寝食难安。

写信三封,复李业文、至诚、费在山。费居湖州,浙江似尚无震情。

八月廿七日(星期五)

上午陈利生来,言上海亦提出警戒,但尚无移居宿屋外之事。京沪车全程中,沪宁线全皆号召宿室外,过江则蚌埠徐州。共谓发生地震将在扬州。

来修筑房屋之人有二人来与我闲谈,其中一系队长,为苏州人,毕业于苏州工专。工作服上标"冶建"二字,为冶金部之建筑队伍。彼辈在甘肃河西走廊及山西太原工作多年,近因北京房屋亟需修筑而调来支援北京房建公司。修理房屋以今日毕事。

八月廿八日(星期六)

今年欧洲英法意诸国大旱,水位降低用水须限制。不仅影响农业,且危及工业,工厂有每周开工减至三天者。而葡萄牙西班牙则又多雨。

大奎来信,其处今年早寒,气温曾降至零下二度。

气候几乎全球变常,而地震亦各地都有,不知是何缘故。

兀真于晚间语余,其厂数年来生产之计算机约二千台,大多为铁路上之单位及科研机构应用,分散全国各地。购用者或以不熟习应用方法,或以不知此机之构造原理,小有障碍亦不能修理,常常来电来信相问。厂中为解决此一问题,今日选出十二人为短期训练,务期做到能使用并能修理,俾分赴各地,解决用户之疑难。兀真在此十二人中。据云熟习此机不须一周也。

八月廿九日（星期日）

王芝九来京视其子,于上月廿九日到京,车中闻知地震消息。其子在外经部工作,宿舍在甘家口,高楼须戒备,故到即宿篷帐中。今日星期,约张中行共来访余。芝九多年不见,精神颇好,迁回苏州丧妻之后,常出外旅行。其年小于余七岁。为余详谈黄山及武夷之游。武夷九曲,泛竹筏而下,计三小时,听彼描摹,颇为神往。此外则谈苏州变化,以及在苏之人,皆有味。谈约三小时,留二位共进午餐。食毕即去。

修甥来视其母。我妹闻同院各家之人皆已回舍,即欲归住,留之不可,遂与修甥同去。嘱以如有震情,仍即来此。

陈次园偕其子与王湜华同来。其子在湖南师院,原参加法家著作之编辑工作,今改任《辞源》之编辑工作。据言《辞源》由两广及湖南河南四省分任,每省参加者三四十人。隔几个月集会一次,商讨并解决遇到之问题。预期完工之日,殆将在八十年代初矣。三位谈约一小时而去。

八月三十日（星期一）

午后三点过,朴初、纪元偕来。朴初得从周之墨竹,酬以一诗,甚好。又写旧作词一首于从周寄来之诗笺。闲谈约一小时,甚欢快。余乃作书致从周,寄与朴初之写件,并代达朴初之意,希转托矫毅为刻"无尽意斋"小章。

夜间与至善、满子、永和打牌四圈。

八月卅一日（星期二）

今日广播并报载,昨日我国又成功地发射一颗人造地球卫星,卫星工作正常。工作为何,未之说明。此乃第六颗,第五颗去年十月廿六日发射。

接至诚、李业文来信,知南京、常州仍戒备地震,人心不安定。

今日午前,兀真厂中之报震器自鸣二次。其一次至善、满子亦觉察之,且闻中间东侧之玻窗作响。余则未之觉察。此可见京地仍在震动,其趋向如何,亦可虑也。

上午王泗原来,闲谈二小时。下午倪农祥来。彼曾到长春视其女与婿。亦秀则往上海省母,尚未回来。

写信复平伯及杨冠珊(广东人,通信已数年),亦来问地震受惊否。

九月

九月一日(星期三)

晨与永和出外洗澡。归来知蒋仲仁来访,因作一书谢之。又作书复至诚。

闻北京市方在有计划地布置,某段某几条胡同防震棚搭于何处,旨在作到即遇地震不损伤一个人。其故则云据推测今冬明春北京将有震灾。从知拆除各街各巷之棚,非缘震情已减轻,实因有碍观瞻,且妨碍交通之故。据调云从外面听来,我寓有庭院,院中有篷帐,可不加入指定之区域。然深秋寒冬倘居室外,亦甚难矣。

九月二日(星期四)

昨日京中举行"唐山丰南地震抗震救灾先进单位和模范人物代表会议",自震区来京者三千五百人。此次抗震救灾系在实践中作极大规模之锻炼,自宜举行此会议发扬光大之。

接费在山信,言湖州亦因扬州有震情,恐遭波及,人心慌慌,夜宿室外。彼托上海一位林熙(闽人,其业为医务工作,而好刻印)为余刻三印,朱文"葉"字,朱文"艸木世家",白文"聖陶無恙"。其石不知何人所具。余屡却之,今已刻成,自只能接受。今寄来其蜕,石则尚在林处。因作书答在山,略提对此三章之看法,并表谢意。余本无多印章,今他人相赠,渐渐多矣。

九月三日(星期五)

上午偕永和访平伯。去时绕远路,乘十三路电车到光华路,然后换乘九路汽车到日坛路下车。平伯夫妇均好。平伯近阅《庄子》自遣,且写简短之札记,记其所见。闲谈一小时有余而辞出。到家时十一点半。

午饭时闻兀真将往视其三哥之长媳,其居在右安门内地质部宿舍,忽然心动,念吴玉如亦居地质部宿舍,其处颇远,前函中言拟往访,而余个人殊难寻问而往,今与兀真同行则至便,乃决定前往。睡起于两点半动身,乘十三路汽车。不意工农兵大街直到平安里几乎到处修房,而锣鼓巷附近尤多阻。拆下之砖块泥土堆积路旁,用铲土机铲起盛入大卡车,俟一卡车装满开走,等候之汽车电车乃得通过。余所乘车停止约二十分钟乃得开动。到地安门下,换乘五路汽车。而车到城外西南地区,修房之役亦颇热闹,到右安门大街下车,亦有跋涉长途,行路非易之感。

地质部宿舍占地甚广,房屋至多,兀真屡屡打听,乃得到吴玉如所借居之楼。坐定,兀真乃往找其侄媳之居。吴小于余三岁,清癯,耳目尚好,写读不需眼镜,精神清健。听其言谈,大有一切今不如昔之致,余闻而含糊应之。自言耿介,今之生活,由天津图书馆之六十元维持。彼与周总理为天津中学之同学,周总理念旧,为致此挂名而不必上班之职。吴居然能说吴语,且颇熟练,知余为吴人,一开始即说吴语。闲谈约一小时,兀真来,即辞别而出。回程亦时时有停顿,锣鼓巷附近又停顿极久。到家将七点矣。

今日下午出门亦有意思,有此一行,乃亲见北京全城突击修房之规模之大,动员人手之众,所用砖瓦泥灰之多。

九月四日(星期六)

上午有南开大学之教师张学植、苏振鹭二位来访,皆参加鲁翁《彷徨》一集之注释工作者。谓余所提意见多数于彼等有助益,尚有未尽明者,故来面谈。至善亦共谈。谈约一小时而去。此二人皆四十四岁,观其态度,似甚愿将工作做得更好者。

姚韵漪自上海来信,盖其女告以余之函询。作书复之。张香还为《文汇报》社之徐开垒托写字,即写刘梦得一绝寄与之。

九月五日(星期日)

昨得陈从周书,附来淡红梅花一幅,并转致朴初一书,又为徐君(云是湖帆之弟子)托书“初拓曹全碑”五字之题签。今晨写就题签,即作一复书寄陈。至其致朴初之书,则已于昨夜写一书转致矣。

午前晓风来,留午饭。彼谈所闻唐山救灾之事迹不少。饭罢又谈有顷而去。

至美以下午三点来,晚餐罢乃去。

九月六日(星期一)

作书复祖璋及孙玄常。

兀真之大哥患病重,兀真与其三哥四姐往张家口探视之,携阿牛俱往。今夕先到宣化,明日乃到张市,缘其母与五哥皆以避震居大姐家也。

九月七日(星期二)

有浙江医学院林乾良者,来书嘱写五个字,一为"寿"字,一为"莺歌燕舞"四字。此殊容易,即写而寄与之。

下午得兆言信,言本月一日南京大雨滂沱,忽闻警报大鸣,以为地震将作,群奔室外,淋漓全身,狼狈至极。不知此是警报器损坏,电线相触,乃致发声。嗣经说明,全城之人已大受惊大受湿矣。我家诸人观其书皆发笑。夜间作书复之。

九月八日(星期三)

晨与永和偕出洗澡。

回来时接吴海发之信,彼自侯集中学调往大许中学任教。云大许距离淮海战役之中心碾庄四十华里,碾庄有纪念碑与烈士陵园。又言其处亦在防震,据称鲁南之郯城,江苏之新沂、邳县、东海,安徽之宿县为地震中心。大许与此等处至近,故亦宿于芦席棚中,学生于室外上课,遇雨放假。唯此一推断系国家地震局所作,而上海地震局则以为中心区将为无锡常熟一带云。余观此信,乃知沪宁全线及津浦南段均甚紧张,盖以此故。即作一书复吴海发,并寄还其文稿。

午后作书复费在山,彼处已不复慌张于地震。

今夕中秋夜,调云做菜颇好。有北京鸭,红烧鱼,色拉,冬瓜盅。食者仅七人,余与至善、满子、三午、永和、调云、佳佳。

九月九日(星期四)

毛主席于今晨零点十分逝世,巨星陨落,非止我国,举世将永远追念。先是周涌来告,下午四点有重要广播。届时收听,乃闻此耗,广播者为中共中央、人大常委会、国务院、中央军委告全党全军全国各族人民书。书中历叙毛主席之勋业，影响及于全世界，极为得要。后半分数段举示国人今后之前进事业，皆以"我们一定要继承毛主席的遗志"发端，殊为恳切得体。入夜再听广播，则有治丧委员会之名单，以及追悼办法。十一日至十七日党政各界与各方代表到人民大会堂悼念，瞻仰遗容，十八日下午三点在天安门广场开追悼大会，全国从电视与广播中收看收听实况。

人民文学出版社送来新作注之《且介亭杂文》，今日始看之，竟日看二十余面。

九月十日（星期五）

续看《且介亭杂文》之注释。

下午葛志成来，闲谈约一小时而去。

夜间兀真携阿牛归来。谓其长兄病况较好转，彼自宣化侍母归来。昨日宣化曾地震一次，兀真感觉之。

九月十一日（星期六）

今日开始，各方面往人大会堂吊唁，并瞻仰毛主席遗容。至善社中，兀真与小沫厂中，皆有若干人前往。广播中重复播《告全党全军全国各族人民书》，并播各省、市、自治区之党委会革委会对中央表示决心继承毛主席遗志之电文，以及各国最高领导人与党政机关之唁电。《参考消息》载属于第三世界之若干国家有下半旗致哀三日至七日者。

九月十二日（星期日）

广播言昨日往人大会堂瞻仰毛主席遗容者五万余人。周涌于昨夜与其单位之人同往，候数小时乃入。报纸篇幅增多（《人民日报》《北京日报》皆三张十二版），印数增多，至夜间两点始送来。

青年出版社自在社中布置会场，于今日下午七点光景集会悼念。各单位各工厂皆然，唯时间不一，各自定之。余所居八条之居民革委会以今日午前集会悼念。院内各家之男女少年共制花圈，送往居民革委会。

昨今皆续看《且介亭杂文》之注释，已逾一百面。

九月十三日（星期一）

下午睡起，因久坐疲乏，想出去散步，乃偕永和出门。乘电车到农展馆下车，于使馆区闲步。见各使馆皆下半旗。今日为外国人员前往人大会堂吊唁之日（我国人当然仍结队而往），永和细心，见汽车来往之外人男佩黑领结，女亦穿素服，大概系往吊唁者。回家时已五点。

今日接到通知，嘱于明日傍晚往吊唁。

九月十四日（星期二）

下午四点过，部中车来，即偕永和往人大会堂。长安街靠近天安门之处，只有公用车辆行驶，徒步者与骑自行车者不得通过，以是安静而空阔，唯有站岗之民兵按等距离站立。永和不能陪入大会堂，由服务员扶余上台阶，签名，到休息处等候。觉甚凉，盖开冷气机降温也。饮料为姜糖汤，并备大衣与到场者披上。陆续来者颇多相识之人，皆默坐等候。第闻中间之大厅传来哭声，女同志有号啕大哭者。退出之人中有外国人不少。及有人来招呼，余遂与等候之人徐步入大厅，成双行，走近毛主席遗体。怅惘之甚，未能伫立瞻仰。记于一九四九年三月间初次见到，今日为最后一见矣。回到家时为五点半。

余甚喜兀真之多张照片，特购一相片簿为排次贴之，且题十绝句于其上（有可题者题之）。此工作为之多日，照片贴好，诗亦写好贴好，近已完工。今夕将此簿付于兀真藏之。

九月十五日（星期三）

仍看《且介亭杂文》之注释。

傍晚接姚澄来信，言彼将往戏剧学校兼课，教锡剧之唱法，彼虽于移植样板戏之唱尚未熟习，愿边学边教，借此作些贡献。余写与复书，深赞其意，此外述家中诸人状况。

九月十六日（星期四）

晨与永和出外洗澡。

日来夜间皆看电视。人大会堂之吊唁实况，我国人外国人之哀痛情状，皆见之。电视又播送全国各地之吊唁实况。

九月十七日（星期五）

明日天安门前之追悼大会将有一百万人参加。开会时间为下午三点。而较远之地区来参加者，须于上午七点列队出发，到天安门前之指定地位等候。兀真之厂中去一百多人，彼亦在内，则于午前十点到达，等候之时间较少。

九月十八日（星期六）

下午三点，在室内看电视播送之追悼大会实况。大会由王洪文主持，华国锋致悼辞。所奏之乐为国歌、国际歌与《东方红》。全部时间三十分钟。与余同观者，满子、三午、永和、周涌之母、兀真之侄女五人而已。至善在社中，兀真在天安门前，佳佳在彼校中，阿牛在街道革委会集会之所。追悼会之实况，以广播及电视播送及于全国，故在此时间中，实为举国参加追悼也。

九月十九日（星期日）

下午与至善同访胡愈老。缘沈同豫电话来问，人教社成立之初，毛主席曾书社名，今社中将设一纪念室，须为此社名之手书作说明，而不知此一纸何时书写，由何人经手发出来，故以为问。余思之不能答，同豫因托我问愈老。而与愈老通电话，彼此听力不好，谈不明白，故往面询。唯愈老亦不能记忆，与余同。谈一小时有半而归。

九月二十日（星期一）

下午张纪元来，携来朴初录示之毛主席挽诗。七律二首，颇为精要。中有"悲逾失父嗟无怙，杞不忧天赖有纲。""人心早有丰碑在，真理争从宝藏探。月满中天瞻圣处，遗言永忆勖登攀。"诸句尤好。纪元谈一小时有半而去。

九月廿一日（星期二）

上午王汉华、宋蕴庄偕来，留午饮，闲谈颇畅。

《且介亭杂文》注释以今夜看完，写提出之意见二十七纸。即写一书致编辑室，明日寄与。

九月廿二日（星期三）

上午与永和偕出，乘车至天安门前，观追悼大会之陈设。门楼前特搭之台，以及两旁陈列之花圈皆如十八日之状，全未变动。特来观者甚多，有人则摄影以为永念。仍乘车而归。

至善今日不舒,偏头痛,有些热度。下午在家休息。

九月廿三日(星期四)

上午与永和出外洗澡。

前数日冯其庸交来其处所排《红楼梦》新校本之校样十回(自廿一回至三十回),意欲先由余父子看其所校妥否,然后发还印刷所改正。至善先看之,提出标点符号之须改动者颇多,然后交余看之。余今日共看六回。标点实非易事,点前人之书尤难。

九月廿四日(星期五)

下午,元善偕其子阿鼎夫妇,其新婚之孙与媳来访。彼四人均在上海,缘孙之新婚故来访老家。孙名兆真,乳名铮,孙媳名小芹。谈有顷,共同在庭前照相。又看余之照片册,他们均感兴趣。留此逾一小时而去。

兀真傍晚至母家,于东单买得蟹数斤,来电话嘱永和去取回。于是吃蟹佐酒,此为今年第一次吃蟹。

九月廿五日(星期六)

上午看完《红楼梦》之校样,即书一信,明日送回冯其庸。

近日将墨所有照片重贴于新购之相片册,并重写简短题记,每日贴数张,至今日已贴其一半。墨化为西山土已将二十年,怀之思之,渐归渺茫,为此举以寄意,亦无聊之至而且可悲矣。

今夕晚饭后地微震,余未之觉,满子、永和坐于中间一间,闻木结构窸窣作响。兀真自厂中归,言仪器自鸣不止一次。

九月廿六日(星期日)

至美上午即来,至下午四点许去。

为元善之孙与孙媳写毛主席之"世上无难事,只要肯登攀"二语,写篆书,自视尚可。

设于庭中之篷帐,今日下午由永和、周涌拆除之。

今日宁宁来,言天安门楼下之追悼会陈设,于昨日拆除,恢复原来形式。

九月廿七日(星期一)

今日广播并报载,昨日我国又进行一次成功之核试验,并宣布目的只在防御,旨在最后消灭核武器,决不首先使用核武器,如以前屡次宣布者然。

作书复平伯及费在山。

下午继续贴墨之照片。徐徐贴之写之,不觉时间之过去也。

九月廿八日(星期二)

上午偕永和出外。先至元善家小坐,以前日所写之篆书交与之。然后闲步王府井,自北往南,入美术工艺店与新华书店闲观。左折走东单二条,然后乘电车归。

下午志成来闲谈约一小时。既而蔡超尘来,言其友山东大学教师孙昌熙与同来之三人拟来看余,托彼先客。彼辈担任注释鲁翁《故事新编》也。

令永和往平伯处,借来《古今说部丛书》十五册。前已借得十八册。此书出于民国初年,发行者中国图书公司,系商务书馆之另一牌号,所出皆较为随便之书。余与至善随取一册观之,以为消遣。

九月廿九日(星期三)

继续贴相片,他无所作。

九月三十日(星期四)

辛安亭来书,嘱余写字留念。今日下午写咏庐山雾之《水龙吟》一首寄与之。

十月

十月一日(星期五)

今日为建国二十七周年,《人民日报》发表社论,题为《学习毛泽东思想,继承毛主席遗志》。今日无游园活动,而改为各个单位举行座谈会,缅怀毛主席,共谈建国以来各方面进展,或批判右倾复辟。

昨日至诚来信中有二人托写字,今日上午写两张,抄张惠言之《水调歌头》,即寄与至诚。

十月二日（星期六）

上午先是周振甫来。既而张志公偕一杨姓同来，又有徐仲华伴之。杨为山西大学英文教师，兼通法德俄文，目的在识余之面。继之，晓风亦来。电视广播新出之鲁迅生平文献纪录片，共同观之。观毕，共看庭中之花卉，乃去。唯晓风留，共午饮，一点半去。

下午至美来，闲谈至夜，晚餐毕乃去。

十月三日（星期日）

晨间与至善出外洗澡。回来之后写字一张，与上门来访之青年工人刘起凤。

傍晚收到竹隐夫人寄来佩弦钢笔自抄之《犹贤博弈斋诗抄》，喜甚。此经季镇淮之询问，竹隐夫人乃翻捡而得之。余当抄录一过，然后归赵。佩弦之诗，应几其全矣。

下午至善、永和出外买得螃蟹归来，晚饮吃之。此为今年第二次吃蟹。

十月四日（星期一）

开始抄佩弦之诗稿。前虽曾抄其选录，今重复全部抄之。大约半个月可以抄毕。

十月五日（星期二）

上午先是王泗原来，既而叔湘来。叔湘去南方四十日光景，仅游黄山数日，在武汉勾留数日。余则居上海会晤亲友。谈一小时有余而去。

写信四封，复平伯、费在山、李业文、王伟。

十月六日（星期三）

晨听广播，全文播送我国外交部长乔冠华在联合国大会第三十一届全体会议上之发言。主旨为我国政府坚决执行毛主席之革命外交路线与政策。

今日满子往朝阳医院作全身检查，由兀真陪往。蒋定粤在此医院为医生，以此关系，一切皆便，不同于一般看病者。满子近两月来膝盖部觉疲软，不敢举步，有时借助于手杖。电疗及扎针亦已作过多回。今日医院为拍照片，则知其病为骨质增生，医生言胀大颇甚，故致不良于行。其病亦属于类风湿性关节炎。无多办法,服药亦仅能使其发展较缓耳。至于糖尿病之近况如何,须待得知化验结果乃可判断。设无蒋定粤之关系,一般求诊者必不能得此详细之检查与解说。

永和将于后日回厂,与宋小刚同行。

余思往南京苏州作小游,以二三周为度,由兀真为伴。已与至善、满子说起,唯阿牛难办。带与同行多麻烦,留在家亦难为照料。如真动身,当即在四五日内。

夜间冯其庸来,言我父子所提关于《红楼梦》点句之意见,彼全组之同人共为讨论,历三日,以为大多可取也。

十月七日(星期四)

下午,山东大学之孙昌熙偕一女教师一军人一工人同来。彼等为注释《故事新编》者,孙为组长,为此已历一年。前蔡超尘来言,其组于鲁翁之《故事新编》有若干问题不得解决,余言此恐无能为力。前日孙寄来问题二纸,余观之果一题亦不能回答,立即复书老实告之。而彼等今日仍来访,意在识面耳。谈约四十分钟而去。

晚间至善归来,言在社中所得传达,十日左右可能又有地震,震区在通县三河宝坻一带。今后若得更确之迹象,再当通知。明日为望日,十日为望后二日。前此屡传震息,多在望日稍后。不知地球之震果与月亮有如是密切之关系乎。此稽诸地震记载即可得知者也。

十月八日(星期五)

上午九点半,永和离家往车站,兀真、小沫、周涌送之。彼行李不少,有宋小刚同行,不致困窘。

兀真往购软席卧铺票,拟以十日动身到南京。入夜兀真来电话,言票已无有,余言既不得票,只好不去。

临睡听到可惊消息,今暂不之记。

十月九日(星期六)

今日广播并报载中共中央于昨日所作之两个决定。其一为建立毛主席纪念堂于首都北京,俟建成之后,安放毛主席遗体之水晶棺移入堂内,俾广大人民群众瞻仰遗容。其二为尽速出版《毛泽东选集》之第五卷,并陆续出版以后各卷,同时筹备出版《毛泽东全集》。此项工作"由以华国锋同志为首的中共中央政治局直接领导",下设编辑出版委员会任具体工作。毛主席所有各种文书原件,由中央办公厅负责收集并保存。各地区各单位凡保有此项文书者应尽速送交办公厅,办公厅则以复制件交与送交者保存。并号召全党全军全国各族人民帮助收集此项原件,亦希望各国马列主义政党、组织以及进步团体友好人士予以协助。

下午,兀真之二姊及其夫范君来访,彼二人系七一年余到沪时曾见面者。闲谈之余,范君请余同照相留念,由三午摄之。留晚餐,然后别去。

十月十日(星期日)

今日两报一刊发表联合社论,题曰《亿万人民的共同心愿》,论昨日发表之中央两项决定。末后号召全国须学习毛主席"三要三不要"之教导,与一切违反此教导之言论和行动作坚决之斗争。又言"历史经验证明,要搞垮我们的党是不容易的。任何……搞修正主义、搞分裂、搞阴谋诡计的人是注定要失败的"。又言"领导我们事业的核心力量是中国共产党。我们要最紧密地团结在以华国锋同志为首的党中央周围,维护党的团结和统一,加强组织性和纪律性,……争取社会主义革命和社会主义建设的更大胜利,进一步巩固我国的无产阶级专政"。此末后之言词可觇最近局势矣。

十月十一日(星期一)

下午有民族学院中文系学生参加注释鲁翁《且介亭杂文末编》之工作者来访,问关于《骸骨之迷恋》之作意。随即答之。女名吴淑清,辽宁人,系蒙古族,二十六岁。男名隆求琳,湖南凤凰人,系苗族,二十一岁。

今日抄毕佩弦之《犹贤博弈斋诗抄》,四日开始,仅历一周耳。全册约一万五千字。昨平伯书来,言欲重览佩弦此稿。日内当送与之。

昨雨今阴,天气已凉,余夜眠盖丝绵被加棉被矣。

十月十二日(星期二)

晨与三午同出洗澡。

前由王湜华交来王芝九所作去岁游黄山武夷之纪游诗,五绝、七绝、七律将四十首。览之有兴,前昨两日成七绝三首酬之。今日书之,即寄与芝九。

有上海魏绍昌、方去疾寄纸来嘱书,下午半日,写旧作与之,不过三纸耳。

十月十三日(星期三)

上午又为人写字。前数日冯其庸代他人托写篆书,只须书"人贵有自知之明"七字,两人所欲者同,不知何故也。下午睡起以至诚为其友人托写字,写陈迦陵之词一首,寄与之。写字亦是消闲之一法也。

傍晚,吴玉如远道来访,坐约四十分钟。彼作一首五古示余,则托湜华转交。及送吴至门首,则湜华方驰车而至。回入室中观其诗,知颇表其狷介。留湜华共晚饮,饭罢又谈有顷乃去。

十月十四日(星期四)

今日《参考消息》载外国记者之电讯,言我外交部人员告知彼等,华国锋被推选为党之主席与军委之主席。此事已在各机关单位传达,街道上亦已有热烈拥护此推选之大字标语,特未见诸报端耳。大约须待有适当机会正式公布也。

十月十五日(星期五)

今日兀真休假,因令陪余往访平伯。来回乘车皆尚顺利。在平伯处坐一小时有半,谈甚畅。彼示余前所木刻之一卷词,即借以归。佩弦之诗稿留彼处,彼欲重观。又询知彼所见上海所出王羲之墨迹选释文之错误数处,皆甚确。余遂据实以告其编者方去疾。盖近得方君以此册赠余也。

下午作书致方君。又致一书与魏绍昌,魏来索写字者。灯下无事,取平伯之《古槐书屋词》抄之。

十月十六日(星期六)

作书致季镇淮与佩弦夫人,皆言佩之诗稿送寄季镇淮之事。又作书复平伯,缘昨日又收到其前日所寄一书言"知恬交养"者之故。

杨捷、万仲翔来邀明日出游,因电告至美,望以今下午来。至美于五时至,言腰背酸痛,今日下午本请假。听渠谈近事,甚详晰。至八点至美乃去。而三午又来告,明日出游将推迟至下星期日,缘开车之司机不得空之故。于是至善言明日陪余随意出游,兴尽而返。

十月十七日（星期日）

晨七点半，偕至善出门，乘汽车到火车站，乘地下铁道之车。余以前仅试乘一次，今日再乘，详看车之结构，详味乘坐时之感受。地铁线路已向西延长，今之终点曰苹果园。我人自起点至终点，乘坐历四十分钟，而票价则一律一角，可谓迅速且便宜。出车站候开往八大处之汽车。车来极少，来一辆则许多人挤上，我人不敢参加此斗争，只能退后。且念观此情形，第二辆来时亦未必能挤上，颇存复乘地铁车东还之意。遇见相识之李一平，彼全家出游，亦望洋兴叹。既而汽车又一辆至，居然挤上，且有一女青年让座，余乃得坐而前进。及下车，尚须步行里许乃到八大处之第一处。与李一平徐行闲谈，路稍稍升高，举步乃觉其重。初不知佛教团体于十数年前所建之佛牙塔在何所，原来即在此第一处，望之尚完全如新。此盖以示佛教国家之来宾者。而原来之寺已不存，塔则仅存塔基，殆是相当古远矣。与一平合拍一照，至善又为余拍数张。坐凉椅上有顷，即与一平别。周游一圈，见小池小亭之类。即到候车场等车。候许久，乘上开往动物园之汽车。复换乘七路电车十三路汽车而回家，则已午后一点矣。虽稍腿瘘，兴致颇佳。

我妹与修甥在我家谈叙，及余饭后睡起，则已去。

平伯之《古槐书屋词》以今夜抄毕。

十月十八日（星期一）

今日广播并报载，昨日我国又成功地作一次地下核试验。

上午写字两张，皆书旧作，系杨捷所索，一与杨，一与杨所识之司机薛金明，日内将开车载我人出游者。

下午至善往听团中央负责人传达华国锋讲话之要点，党员已先听之，今日则告知党外人员。要点即宣布王洪文、张春桥、江青、姚文元"四人帮"之种种反动行为，又有彼辈之爪牙迟群、谢静宜，现皆扣留，隔离审查。余八日所记之可惊消息，即指此事。连日报上所载各方面之群众表示要与违反毛主席"三要三不要"原则之言论与行动作坚决斗争，要与篡改毛主席指示之人作坚决斗争，即指此事。实际上已通国皆知，唯未见于报上耳。据各方面消息，凡闻此者无不称此举之英断，诚为大快人心之举。至其具体恶行，闻之亦多，余惮于记之。总之，此

"四人帮"之野心与恶行,盖不下于林彪也。

十月十九日(星期二)

今日为鲁迅逝世之四十周年,《人民日报》特撰社论,题曰《学习鲁迅,永远进击》,文中亦联系最近发生之事。忆四十年前此日,余家已迁至苏州,而其时余方依惯例到上海,编辑《中学生》。鲁翁入葬之日,余与丏翁雇一出租汽车到墓地,亲见当时之群众热烈场面。不意此时情景,至今已历四十年而余犹能回忆及之也。

忽平伯之外孙来电话,言彼陪同外祖父即将到我家,闻之欣喜。越数十分钟,韦奈果扶平伯而至。询之,亦乘公共汽车而来,与余之往访正同。平伯居然能挤车,足见其腿力之恢复,堪以欣慰。又忆今年四月十九日平伯与其子润民偕来,今日为十月十九,恰后半年,亦为巧事。谈次及元善,即与通电话。元善欣然答应即来,到时为十二点十六分。于是共小饮,饭罢已一点半。仍在庭前摄影留念。

至善携归昨日所听传达之记录稿,约四千字。平伯、元善取而观之。此盖华国锋对中直机关与国务院各部委之部分负责人打招呼之讲话之提要。观此提要所述,已足见王张江姚四人之野心与罪恶,宜为举国共讨矣。

韦奈往雇一小汽车,将元善带去,时为两点半。

睡后起来,写信复至诚与李业文,彼二人来信皆言及近事,皆称非常欣快。此事殆可谓举国称快,而称快之中,亦有从此庶几可以走上正轨之殷望也。

十月二十日(星期三)

上午部中来电话,云下午听传达,两点时以车来接。届时车至,即驰往北郊人教社印刷厂。到则人已挤满大会堂,皆教部及所属单位之人,余仅望见张志公、陈守勤、沈同豫数人而已。台上坐五人,中有二人穿军服。询知派到教育部者四人,乃因此次事件而予以军管。中坐军服者先发言说开会之旨,继之则旁坐之二人据文件徐徐念诵。前一文件即昨日至善抄回来者,故余尚能听明白,但中坐者之插话则虽有助听器亦不甚了了,盖以不熟习其人之语音故。次之传达中央第十六号文件,则余听明者不多。唯记得断言王张江姚"四人帮"为党内资产阶级,此外则交代政策,凡受其欺骗听其指使者"改了就好"等意思。此二件皆念诵两遍。散会已五点过。至善亦必将听见此十六号文件,余未听明之处,彼可以为余述之。

十月廿一日(星期四)

上午,王家濬华、汉华姊妹来,所谈皆"四人帮"之事。彼辈所闻者,有一部分为余所未闻。其恶毒有为意想所不到者。谈约一小时有半,她们乃去。

至善回来,言今日开始群众游行,游行将连续三天。星期日则在天安门开百万人之大会,且将通过人造卫星,将当日之大会实况播送到全世界。此举使举世周知,大有意义。

夜间湜华及其侄女元官偕来,亦谈此事,坐一小时有余乃去。

本想去南方而未成事实,因设想令至诚、姚澄、兆言三人偕来,小叙若干日,亦为一欣。两日来作成《望江南》五首,姑写与他们观之。

十月廿二日(星期五)

本欲偕兀真出外,观天安门热闹情形,以小雨而止。后知即不雨而出门,亦未能到天安门,缘游行队伍太多,电车汽车不能前进,乘客皆不耐而下。余令兀真出外买热水袋与薄围巾,以为少顷即归,孰知未得乘车,徐徐而行,竟历三小时有余乃归,可见游行者之众。

今晨听广播,昨之游行者达一百三十余万人。游行之题目凡二,一为庆祝华国锋当党与军委之主席,二为庆祝粉碎"四人帮"之胜利。

忽刘仰之之次子尚礼来访。彼在重庆当中学教师,来京系为与原所居之后勤部商量,希望改"复员"而为"转业",最终期能调到上海,常在父母之侧。据云争论数日,未能达到目的,尚须继续商谈。至于"转业"与"复员"之差异,主要在工资方面,转业可得原来之数,复员则降低,且必回居原来之地方,彼于重庆入伍,故回至重庆。留午饭,至三点许去,云将再来。

至善下午参加团中央各单位之大会,各单位于此次事件皆发言表态。回来已七点。

十月廿三日（星期六）

今日作成一首五律,酬答吴玉如于本月十三日由湜华交来之诗。写于诗笺,寄与吴老。

近日无事,抄朱竹垞之《静志居琴趣》为遣。抄之数日,已逾一半。此一卷词殆据本事,言艳情有新鲜自得之趣。然尚嫌其多用旧想法旧词藻。苟能不用此等东西,或可更胜。

今日上午,至善参加社中之队伍上街游行,到天安门。今日为游行庆祝之第三天。累计三日游行人数,当有四五百万矣,此亦向所未有者也。

至善原与姚雪垠约定,明日上午偕游紫竹院。而夜八点后部中来电话,询可否参加明日天安门之百万人大会。此自当参加。唯须中午先到部中,午后乃与部中人同往天安门,于是紫竹院之游只得取消矣。

十月廿四日（星期日）

部中之车于十二点来接。以为时尚早,往观林老。遇其外孙女,知林老又住医院,已二旬。住院之故,一以身体又稍差,二以输血方便。近日则情况转好,食量颇增。坐约二十分钟而出。

车以一点开行,余与段洛夫、姚力同乘。先至中山公园,坐围廊之栏杆上休息。天宇晴明,人含笑容。继至观礼台之休息室,遇朴初,共闲谈。彼言向不喝酒,近乃喝酒,效余喝白兰地。余云知其喝酒之因。候至两点五十分,始登观礼台。余不登此台盖十年矣。弥望广场,红旗如林,人众整队,殊为伟观。

三点开会。先奏国歌与《东方红》。继之,吴德讲话。又继之,工人、农民、军人、红卫兵之代表各一人发言。至四点二十毕。华国锋主席亦如当年毛主席,先东行至城楼之东角,次则至西角,向群众招手致意,全场欢腾。散出颇迟缓。余到家已过五点。

至善以清早出门,本欲告姚雪垠园游作罢,至则亦有一请柬与彼,乃步行至团中央而后附车到天安门。其台亦为西二台,彼望见余,及散会则不复望见,仍附车至团中央,步行回出版社宿舍,乃骑自行车而归。所以须步行,在此期间电车公共汽车皆暂停也。

十月廿五日（星期一）

上午王泗原来，谈二小时有半而去。

下午抄《静志居琴趣》。

十月廿六日（星期二）

杨捷、万仲翔数次来言共游香山，今日居然实现。由杨捷借得一大轿车，将近十点驶来我寓。同往者杨捷夫妇及女孩，仲翔夫妇及女孩，三午夫妇及佳佳、阿牛，兀真之二姊与姊夫，弹琵琶之刘同志夫妇，杨捷之妹之同学及其男孩，连余老小一十七人。

天气晴朗，出城驶行颇舒快，十一点到香山公园。杨、万二人先去接洽香山饭店，定下一席。余人徐徐步行到其处。菜颇不恶，共饮啤酒。一点后徐徐上山，一路照相。余与兀真、杨捷至玉华山庄而止，他人则再上而至半山亭。在玉华眺望，对面树木深郁，中有数片已染红。其时天色转阴，略有雾霭，故不觉其鲜艳。看红叶亦只是个名目，无非借此共同游散而已。四点登车，五点到家。

夜间早睡，睡颇酣。

十月廿七日（星期三）

上午写信六封。五封皆复信，致至诚、姚韵漪、李业文、张香还、孙玄常。一封寄魏绍昌，问余寄与之书及写件收到未。

有旅大市之注释鲁翁著作者来访，一为辽宁师院之教师宫永康，又一为红旗造船厂之机修工人吕传琳，彼等所注者为《鲁迅佚文集》。据云注释此册者多至三万人，可谓走最广泛之群众路线矣。云下星期将再来，取回余所提之意见。

下午仍抄《静志居琴趣》。

今日开始觉患感冒，喉头不舒畅，时欲咳嗽，大概是二十四日在天安门前站立二小时受寒之故。服首都医院之"感冒四号"四粒，银翘解毒丸二颗，临睡又服感冒清热剂一包。冀其迅即解除，不致拖长时日。体温三十七度八。

十月廿八日（星期四）

至善、满子要余往医院诊视。八点半，至善陪余偕往。首都医院修治房屋，一般门诊暂停，第二门诊则不停。医生为余量血压，颇正常。前胸后背听察，无异样。又取耳朵之血检验,并为透视,均从知不为肺炎,仅是感冒。乃为开药数种,主要为四环素与"感冒五号"。乘便看眼科,医生谓余结膜炎,为开药水二种。回家将十点。

下午曾世英来访,知余有小恙,少坐即去。

今日以十九日所拍之照片寄与平伯、元善。

按阳历,今日为余之生日,夜间吃面。

十月廿九日(星期五)

感冒似已挡住,不复发展,体温已在卅七度以下。

对门《人民文学》编辑吴君前日来索稿,望于最近事件作些诗文。昨今两日构思,今日完成《满江红》一阕,即送与之。

《静志居琴趣》今日抄完。

十月三十日(星期六)

至善与姚雪垠夫妇今日同游长城与十三陵。余本可同往,以方小恙而止,殊惜失此一游。

夜餐时吃蟹,蟹甚小。

十月卅一日(星期日)

至美、宁宁、筠嘉携小孩而来,闲叙至下午四点乃去。所谈大多为"四人帮"之事,此辈之恶劣狠毒,出乎意料。而生活之腐化,亦臻乎其极。

十一月

十一月一日(星期一)

畏寒。目力不佳,无心闲览。徘徊起坐,殊为无聊。以后殆须有五个月之蛰居,连城内园林也不去走走,想想也无聊。

十一月二日(星期二)

仍是浑身无劲,天又阴寒,意兴索然。

至诚来信,言正考虑三人同来京,未能遽决。

十一月三日（星期三）

上午谢刚主来谈居上海八个月，购书访友，颇多兴致。余于其语言不甚能听辨，不免多加注意，因而感觉疲累。下午觉体内极冷，乃脱衣就睡。既而热作，体温将达卅九度。

傍晚王湜华来，携来谢刚主托带之《石湖棹歌百首》，嘱余题咏者。此为刚主在上海时所得。作者许达夫（名锷），道光咸丰时人，家居葑门，布衣，工诗，善楷书。其诗作于道光乙巳（一八四五）。平伯已为题一绝。陈从周为绘一图，甚佳。顾起潜为书其端，作篆文。郑逸梅题一短文，其孙女有慧亦绘一图。湜华又交来托刘博琴所刻小章两方。刘在京中颇有印人之名，余得此二章殊满意。二章之石系吕剑所赠。

夜服四环素及感冒清热剂，未进晚食。兀真为开始烧锅炉布暖气。至九点许入睡。

今日上午得宋剑行来电话，言其母于今日八点后病逝。

十一月四日（星期四）

晨量体温，已退至卅七度略有余。至善言还是去医院为妥，因趋首都医院。医生为开方如上月廿八日，又加一种注射剂。每日注射二次，共八次，先在院注射一次，余则由至善为余陆续注射之。

下午常休卧，不想什么，似觉闲适。

入夜稍饮酒，吃炒米粥。至善为余注射。

十一月五日（星期五）

上午下雪。今年雪特早，庭中菊花尚未全开也。

作二书，一与至诚，一与费在山，以二小印之样张寄与之。

万仲翔、蒋定粤夫妇特来看余。蒋言用"庆大霉素注射液"宜验尿，以觇是否于肾脏有影响，坚嘱明日令三午以尿送往彼所在之朝阳医院，代为检验。其意殷切，自当依其所嘱。

午后吴伯箫来访。见余小恙，稍坐即去。

十一月六日(星期六)

下午,王汉华与章士敩偕来。士敩以出差来京,为余谈山西一般情形。约一小时半而去。

三午将余之尿送往朝阳医院检验,归来言从尿中看得出注射剂之影响,唯不损及肾,无甚关系。

不看书,唯酝酿为谢刚主题许达夫之《石湖棹歌》,拟作四绝句,已有眉目。

十一月七日(星期日)

今日上午,云彬夫人之追悼会,余与满子未能往,至善独往。于地铁遇至美,于是我家亦有二人参加矣。二人回来时已十一点半。至美留至下午四点去。

题《石湖棹歌》四绝句完成。

十一月八日(星期一)

昨收到鲁迅著作编辑室寄来《而已集》之注释样本,当夜即开始看之。此次拟每日看少许,不若以前之整日不释手,以免劳累。

十一月九日(星期二)

前数日渥华交来袁行云(教师,以前常来访伯翁者)托交之裱好之册页一张嘱写字,今日以谢刚主所赠之长锋狼毫笔书之。书旧作论诗绝句数首。未毕而愈老来,遂停笔。愈老所谈皆解决"四人帮"之事,极言华国锋处置此事之有谋有断。设布置稍有错乱,俾上海起而作乱,则其损失之巨将历多年而难弥补。余听愈老之言须用心(以耳力差之故),对谈一小时有半,颇感吃力。

午后睡起,写毕袁君之册页。因砚上有余墨,而笔亦应手,思写一幅应吴泰昌之嘱。奈数次起头皆觉不满意,旋感心烦头晕,知是肝阳上升,乃止而休卧。晚餐减饮,进粥数口,即就寝。

十一月十日(星期三)

今日不看不写。亦无甚不舒服,只是胃口不佳,对酒无兴趣。头部略有昏沉之感。

上午刘尚德来,言将回重庆。其事尚未谈妥,尚须继续商谈。

午后睡起,倪农祥夫妇已来。因晚间章士敩、王汉华等要来我家小叙,留农祥、亦秀共叙。入夜，士敫、汉华、湜华、刘宗昆相继来，饮酒历一小时有半，余仅饮半杯。及诸人去，已九点矣。诸人所谈，多"四人帮"之恶事丑事，余亦不欲记之。

十一月十一日（星期四）

竟日偃卧。亦无甚不舒服，总之没有精神。少进食，不欲饮酒。惯饮之人而不欲饮，似非佳事。积来信十多封，无劲作复，只好从缓。

上午张纪元来，坐床前谈约一小时。

十一月十二日（星期五）

与昨日同，仍竟日偃卧。说不出什么不舒服，而总之不舒服。

今日孙中山诞生一百十周年，未能去参加纪念仪式。

下午有杨捷来，坐床前闲谈半小时许。

十一月十三日（星期六）

仍偃卧，似稍有精神，或者服了香砂六君子丸有些见效。此是昨日杨捷所说，兀真于傍晚为余购来，即服之。

上午有鲁迅著作编辑室之同志倪墨炎偕同《且介亭杂文》注释组之五位同志来看余。五人为汤逸中、王自立、王铁仙，皆上海师大中文系教师，又二人为女，康明琴，上海第三帆布厂工人，今为研究生，金丽娟，上海服装公司工人，今为学员。彼辈殆尚欲有问，见余卧床，少坐即去。

午后至美请假来看余。携有上海抄来之上海九十月之际"四人帮"党羽阴谋造反之按日记录，至美为余择要诵之。原上海市委之人几乎无不陷入，其凶狠者之言词，可恶可恨之极。晚饭后，至美乃去。

夜餐余饮酒半杯，吃炒米稀饭。

傍晚时，三午为余把蒋定粤邀来。蒋带一听筒，为余听心脏及肺，云皆无恙。又为余按摩腹部，余均不觉疼痛。蒋建议抽血检验，看肝脏有无毛病。余应之而不欲多跑医院也。

兀真归来言，昨日唐山又发生一次七级地震。

至诚来信，言本旬内或来京。而姚澄又患数种毛病，皆非短期可愈。至善即与回信,望看情形,勿勉强而行。

十一月十四日(星期日)

万仲翔、蒋定粤夫妇又特来看余。蒋携血压计来为余量血压,云极正常。又为听心肺及肠,云皆好。知余近日不通便,仲翔于下午来电话,言已为购得麻仁滋脾丸。彼二人待余如此之好,深可感。

因从定粤之言,昨今饮盐汤各一杯。午后居然通便,排出不少,于是肠部觉甚舒服。

进饮食如昨日。仍是偃卧时多。

十一月十五日(星期一)

徐仲华前日访叔湘,谈及余微疾,今日上午叔湘特来探视。余多日未作书复友人,方作一书复平伯,叔湘见之,谓可携归于下午交与,以期速达。余乃付与之。办唯至友及克如是也。叔湘坐约一小时而去。

今日始悟出,日来之不甚舒服,可用"轻微之晕船感觉"描状之。此感觉为头脑不清醒,略有昏眩。微感恶心,无胃口,进食即打饱呃。又昏昏欲睡。自知此两周以来,身上消瘦特快,原来有肌肉处,今皆皱瘪。至善、满子又促余再去医院,请验血液,看肝脏有无问题。余从之。余因言既往医院,拟另外请中医大夫诊脉,服几剂中药试试。大家以为然。

夜间已就寝而未入睡,忽然地震,晃动颇甚,约二十秒光景,电灯镜框皆动摇,余觉如在舟中。余自问不觉心慌。至善来伴余约半小时。昨夕徐仲华来,言外间传说,十三日至十五日将有地震,今果然,亦见预测之准确。至善为余言,本月七日四川云南交界处发生地震,中央曾有慰问电,四川报纸刊登之,而《人民日报》则未登也。

十一月十六日(星期二)

八点半到首都医院,至善陪从。告医生以近状,医生同意抽血检验。即往抽血若干 CC。复就中医之诊室。大夫为开中药方,皆开胃助消化之品,令服四剂。十点半回家。

亦秀曾来访,见我不在家,少坐即去。馈素什锦。

今日似觉好些,然仍以偃卧时为多,不看不写,还是躺着舒服。

闻知昨夕地震在天津附近之宁河。

十一月十七日(星期三)

闻知毛主席纪念堂近日已动工,地点即在天安门广场之南面部分。松树已逐渐移去,两侧原交民巷之房屋将拆除其一部分。又闻纪念堂将设周总理朱总司令之纪念室,此亦大得人心之举措也。

上午王泗原来,因余新愈,坐未久。前次谈及欲观定庵集,泗原今日带来四部丛刊本之定庵集一册。又带来影印本归庄手写诗稿二册,俾余随便消遣。

今日写信三封,复臧克家、李业文、费在山。

夜间接至诚电话,言彼与姚澄以明日下午动身,后日午后到京。昨天得彼来信,言姚澄近日又有数种病痛发作,勉强来京,必增疲劳。余闻之既慰且虑。他们赶于近日来,盖欲凑上余之生日,二十日为阴历九月底也。余前去信曾言不必管什么生日,而他们仍欲于生日一叙,亦是人之常情。

满子近日浑身酸痛,食欲不振,颇委顿。而至美亦复不舒服,宁宁来电话言方去医院回家。

十一月十八日(星期四)

晨听广播,言昨日我国成功地作一次氢弹试验。公告中仍宣布我国对于核武器之一贯态度。今年之内,我国作核试验,此为第四次。

上下午写信五封,复季镇淮、吴树德、胡纪生、吴海发、平伯。今日总算照往时一样,除午睡外,未尝偃卧。

傍晚,万仲翔送来一大把剪枝菊花,皆佳种,谓祝余寿,此君意至殷拳,可感。

又传近日内将地震。或谓即在今夕。但竟夕安然。

十一月十九日(星期五)

至诚、姚澄本当以午后一点过到达。至善、兀真迎之于车站,则以电话来告误点。直到四点半,四人始到家。姚澄言近日病不发,至诚则颇健好。于是杂话盈室,无头无绪,想到什么说什么,顿见热闹。

杨捷送来一盆景。寿山石拼成长方形之盆,中置形如山峦之泥石。布置极小之亭塔人形,又植小植物。杨捷托老艺人为之,特以此送余祝寿。诚可感。杨又带来刘宝珊托带之假花一瓶。

今日写二书,复叔湘、费在山。

十一月二十日(星期六)

作书复贾祖璋。

下午,兀真之五哥与二姊夫范启明来,馈酒二瓶为寿。

夜六点,设两席会餐。我妹系统老幼六人,宁宁、张筠嘉伉俪二人,小沫、周涌伉俪二人,兀真之五哥二姊夫二人,范仲翔伉俪及女孩三人,杨捷伉俪及女孩三人,我家四代老幼九人,加上小夏,共二十八人。至美以身体欠佳未能来,姚澄、至诚则特地来,此为与往年生日之不同点。谈笑饮食甚欢,聚餐历一小时有半而毕。餐后复闲谈"四人帮"之事,至八点半客乃散去。

民进办事室送来关于"四人帮"之材料卅四份,皆记叙此辈之妄言恶行者,嘱看一二日送还。此项材料各机关单位普遍分发,意在使举国皆知此辈之阴谋与劣迹。余大略翻看,无心细阅也。

十一月廿一日(星期日)

今日无外客来,唯与姚澄、至诚闲话。

今日又为地震而略见紧张。部中韩志明、白晶二位来,言近日或当震,须注意,并问设防如何(其实并无设防)。余在室内,未与他们晤面,他们亦言不须惊动我。杨捷、蒋定粤、宁宁皆来电话嘱注意。大多楼居之人家皆退至底层。店中现成食品抢购一空。

夜间余照常睡,睡仍酣。至善、满子、至诚、姚澄皆未得好睡。

十一月廿二日(星期一)

震前之动物征象已出现。谓郊野有蛇数十条出土,冻死。老鼠乱跑。晨间杨捷来电话亦如此说,并言震期在廿四日前。

今日看《而已集》之注释本十余页,不敢多看,免致心烦。

大部时间听至诚、姚澄、满子三人之闲谈。

十一月廿三日（星期二）

写信复平伯及杨德友。杨系前与张志公偕来者，为山西大学教师，通数国语言者。彼见我家种花卉，特寄化肥数种。故作书谢之。

自昨夜迄今日上午，曾有四次微震，我家诸人皆未之觉。云电影院与浴室已停止营业。

调云购得颇大之螃蟹八只，夜餐时吃之，人各一只，两个小孩分一只。

十一月廿四日（星期三）

今日闻传言地震之势缓和，即震亦不强，但仍须警惕。盖近日地震局每日有简报分发各部门各个总单位，然后各部门各总单位又通知其所属机构也。

傍晚姚澄觉不舒服，背部疼痛，乃偃卧。满子想起，试以硝酸甘油一片置舌下含之。逾十数分钟而觉好得多。于是知其疼痛系心绞痛，唯不厉害耳。姚澄亦有冠心病嫌疑，先此固已知之。离开南京，在此未免有作客心情，故不劳而亦疲。甚冀其不致加甚耳。

十一月廿五日（星期四）

晨听广播，昨日下午，毛主席纪念堂举行奠基典礼。华主席作讲话，并持铲铲土定基石。

下午，至诚带佳佳、阿牛往至美家，直至夜九点后归来。姚澄恐出门疲累，未偕往。

作书复吕剑。吕作五古一首赠余，语多夸饰。而观其诗功，则已入门。此君以前专作新体诗。

十一月廿六日（星期五）

看《而已集》注释少许。写一信复费在山。

我妹偕修甥偕来。午后三点回去。

十一月廿七日（星期六）

上午王泗原来，携来新撰笔记数则。彼作笔记系余所倡议，今已有二百余条矣。

及王去，在廊下与姚澄、至诚、至善、满子摄影数帧，由三午、至善二人轮换拍摄。此为澄、诚二人来京之纪念。

下午有徐邦达来访。彼自苏州带来凌虚所绘赠余之金鱼一幅。凌虚系刺绣研究所之人员,绘有用直罗汉之工笔摹写图,邦达已为题一绝,嘱余亦为题之。然其罗汉如何,未获见也。

既而杨捷偕常大绳师傅来。常师傅即赠余之盆景制作者,今日来为再为加工,并补种青苔及小植物。常系治象牙雕刻者,其作品销行国外不少。余顺便托杨捷托其友买澄、诚二人回宁之硬席卧铺票,希望买下月三日之票。

继之张纪元来,时已傍晚,留彼共夜饮。畅谈甚欢。八点纪元去。今日客来,稍感疲劳。

十一月廿八日(星期日)

至美来,携其外孙女。彼形貌颇见憔瘦。

善琵琶之刘宝珊,送来今日下午上演之《万山千水》话剧入场券三张。此君好书画,喜收藏。谈一小时有余而去。

午前至善又为大家拍照若干张。

下午看话剧,由至美、至诚、姚澄三人去。至美、姚澄身体皆不佳,坐观三小时有余,必难免疲累。

冯其庸偕一无锡小学教师来,托写字。

十一月廿九日(星期一)

看《而已集》注释若干页。

上午李一平来访,谈约四十分钟。

至诚、姚澄回宁日期推迟至下月七日,此是满子、三午诸人之意见,嘱杨捷延后购买车票之日期。

十一月三十日(星期二)

晨间与至诚出外洗澡。不洗已一月有余,垢污颇多,洗涤一通,竟体舒适。出门计二小时。

作成一诗,即写于徐邦达交来之纸上,即将寄还凌虚。诗殊平常,近乎敷衍。然用直之罗汉,甚思再往一观。十月初倘果往南方,则必已到过用直矣。

十二月

十二月一日（星期三）

上午看《而已集》注释少许。

午后农祥、亦秀夫妇偕来，闲谈约一小时有半。傍晚湜华来，携来谢刚主致余书。谢以避震，又往上海矣。

晚饭后，丁士中夫妇偕来，其母又往南京士秋处，亦以避震故。其母于满子致士秋信中知余近稍不适，特嘱士中回京后即来看余，其意可感。士中在文化部工作，而文化部实为"四人帮"之情报机关，听士中谈此辈之恶劣行径，颇可恶。士中于八点半去。

十二月二日（星期四）

上午八点三刻许，余方写字，感觉地震一次，不太重。

所写字即系冯其庸所托，皆作篆书，一为"双陶斋"三字，一则临俞曲园所摹秦会稽刻石残字十六字。

十二月三日（星期五）

看《而已集》注释。此次看得甚慢，然亦将完毕，未看者只余四十面矣。

至诚、姚澄、满子、兀真、阿牛于上午同到至美处，与至美全家会餐于展览馆餐厅。然后游观王府井。回来时已下午三点过矣。

十二月四日（星期六）

上午吕剑来访，托写篆字联，坐半小时许而去。

看《而已集》注释。

下午有周涌之二姊偕其夫来访姚澄、至诚，她出差到南京曾与姚澄、至诚款叙。既而杨捷、刘宝珊偕来，闲谈将一小时。余与宝珊约，将作诗赠之。

十二月五日（星期日）

《而已集》注释以今日上午看完，即寄与鲁迅著作编辑室。

至善、至诚应金韵铬之邀，午间到其寓聚餐。

夜间合家围坐吃涮羊肉。小火炉居中，沸汤有声，殊有新鲜趣味。余吃羊肉最少。兀真则为不吃羊肉者。

十二月六日(星期一)

今日下小雪。

上午写十月下旬所作之《满江红》赠与《人民文学》之吴泰昌,盖前已许之。下午写龚定庵诗二绝,赠与前曾来访之山西大学杨德友,酬彼寄赠宜于种花之化学肥料。

至诚以上午出去访友,下午三点始归。旋又偕姚澄应友人之招,共餐于新桥饭店。彼二人明日夜间将乘车回南。余与至诚约,若余明年健康情况许可,当于五月间到宁,由彼陪余游苏南数处,从容不迫,尽量游观。姑志于此,看明年究竟如何。

十二月七日(星期二)

上午贴新印出之照片于簿。

下午至美来,与至诚、姚澄叙别。余亦共闲谈。至美晚餐毕即回去。

至诚、姚澄于九点半出门往车站,共言明年五月间在南京再见。兀真、马肃领送他们到廿四路汽车站。至善、杨捷、周涌各骑一自行车,载运他们之行李。杨捷与车上人员熟悉,保证他们必得卧铺,故必同往。余俟一行人动身即就寝。

自六七年秋余患心肌梗塞诚与澄来看余时算起,至诚之来今为第四次,姚澄之来今为第三次。

据行车时刻表,车以十一点五分开,明日下午五点半到宁。

十二月八日(星期三)

晨听广播,我国于昨日又发射一颗人造地球卫星。

徐仲华屡次向至善、满子进言,我家总须作防震之准备。今日下午又来。彼言须用材料,彼有可以借到之处,且有相识工人师傅可以于假日来相助构架。余感其意,表示愿意接受盛情。余以为我寓系平屋,木结构,苟非强烈之地震,不致坍塌。又以为一般所谓防震设备,无非抬高床铺,睡于床下,或于床上搭架子,上铺木板,以防震时砖瓦打着身体。然地震不一定发生于夜间,苟于并非睡眠之时发生,仍有受伤之虞。故于卧铺上设防,目的唯在安慰自己,不致因担心而失眠耳。而余则无此担心,夜夜入睡如常,故于设防不感兴趣。今日领受徐仲华之盛情,尚有他故。街道居委会时来嘱咐,须注意设防,关心我家之友好亦常不以我家之若无其事为然。今我床上设防,即可以对答各方面之关心者,以示并非不领受关切之美意。此亦处世之道也。

今冬派来烧锅炉之农村社员姓骆,五十岁有余。昨知彼有三子,一为空军,一为拖拉机手,一为医生。旧时普通农民家庭安得有此。

十二月九日(星期四)

傍晚万仲翔夫妇来,带来本月四日所发之震情通报,由蒋定粤为余念之。据此通报,近期内北京及附近即有震亦非重。余深谢二人之关切。

十二月十日(星期五)

上午叔湘来,彼亦嘱余写字。其实余之字殊拙劣,仅能应不知书者之要求耳。多谈及防震,彼以居大楼之二楼,唯恐有警之时群众不许楼居,故须作考虑。既思往武昌就其子之居,又于东城某胡同借得一间平房以为退步。然据叔湘所闻,谓地震活跃时期将延至八○年,然后渐渐趋于平息,则此后尚有四年之顾虑,亦殊烦扰矣。

今日为吕剑写其嘱书之篆字联。联语曰"望崦嵫而勿迫,恐鹈鴂之先鸣"。篆字尚可,落款不舒畅,只得就此算数。

十二月十一日(星期六)

晨听广播,七日发射之地球卫星于昨日按照计划回到地球安然落地。此在我国为第二次。

得林老女儿爱娣来电话,告林老病情转甚,医院谓宜告知亲友。余乃偕至善于下午三点到首都医院探视之。语以某某来,林老似知之,而不能张目。一位特别女看护员言彼心情固清晰,唯惫不能视。又作简单之语,余不能辨,后至善相告,一语为"完了",一语为"恶化"。余坐榻旁十余分钟,见林老似沉沉入睡,而口部翕张扭动频繁,料系肺部憋气,甚为难受。看护员告言旁挂之瓶系注射葡萄糖,小便不能自制,故以一瓶承之。旋即辞出,未呼林老而告之,不禁怅惘。于王府井闲行,即挤车而归。

十二月十二日（星期日）

晨与至善出外洗澡。归来未久,晓风来访,谈教部中近时运动之情形。既而湜华来,看余近时所写之字幅。留晓风共午饮,一点过乃去。

得至诚信,言一回南京即有任务,将于春节之前编成一本较大之戏,于是又将拼命矣。

十二月十三日（星期一）

祖璋又寄来水仙头多个,尚有罐装之茶叶与白木耳,至为丰厚。作书谢之,并请以后勿复如是。连年祖璋皆寄赠水仙,而开花总不能满意,往往半途转萎,叶子辄长得甚高。近闻徐仲华言,我寓生暖气,南窗阳光面积少,此皆不宜于水仙。果尔,则今年亦未必有开好之望。兀真之四姊夫陆费君昨日亦送来水仙头十多个,较祖璋寄来者略小。苟环境适宜,如许多水仙头,开花可为大观。惜乎其不然也。

昨湜华携来其所抄之《犹贤博弈斋诗抄》,嘱为题句。余先抄此册,而未尝有所题,今既有人相促,则亦试构思。到夜成二绝句,先请平伯斟酌之,然后定稿。

十二月十四日（星期二）

晨间泗原来,言顷往探视林老,林老甚好。进早餐,食量如常人。询泗原之来是否由叶老告知,又言室内至暖,要否宽衣。又昨方大便,量不少。似其病况与十一日大异。或者可以转危为安乎。泗原又告余近丧其幼弟,弟家居吉安。意颇悲切。坐未久而去。

午后两点过,与至善同往八宝山,参加郭小川之追悼会。郭亦曾受"四人帮"之迫害,久居干校。近闻"四人帮"被揪出,喜而多饮,饮后吸烟,火烧及草棚,身亦被焚而死。今日到会者颇众,但余相识者不多。

三点一刻会毕,乘便往访云彬,坐约一刻钟。云彬心思木然如故。询余年岁者二回,谓余眉发白亦二回,他则似想不出话可谈。辞出时请彼明岁春暖时城中相见。

十二月十五日（星期三）

北京师大有一个组，担任注释鲁迅之《集外集》，尚未由人民文学出版社印成征求意见本，先以油印本交来嘱余看之。今日竟日看之，大约看了五六分之一。

十二月十六日（星期四）

上午葛志成来访，多时未晤矣。所谈无非"四人帮"。既而冬官来，彼以出差来京津，不相见亦已年余。志成以十一点去。冬官则闲谈至下午四点始去，云尚有一星期之留。

十二月十七日（星期五）

余曾答应刘宝珊写字，并谓将特作一诗书之。至善代余之劳，近日作成《菩萨蛮》一阙，咏《春江花月夜》之琵琶曲。今日余书之，跋文中叙明"父子合作"云。

十二月十八日（星期六）

今日唯看《集外集》之注释，他未有所为。

十二月十九日（星期日）

至美来，闲谈近闻，下午四点去。

续看《集外集》之注释。

十二月二十日（星期一）

上午王泗原来，告其弟自吉安安葬于本乡，意颇郑重。于此一点，泗原有古人之风。

《人民文学》编辑部之吴泰昌来，询以郭小川之死状，乃知传说系误传。郭居安阳之招待所，因兴奋而多饮，确有其事。酒后抽烟而入睡，火烧灼其胸部而死。翌晨服务员入室始发觉之。火灼宜醒而不醒，或猜是其凤患之心脏疾突发之故。

续看《集外集》之注释。

十二月廿一日（星期二）

下午，郭霞同志送来中央所发《王洪文、张春桥、江青、姚文元反党集团罪证》

(材料之一)嘱看,言后日当来取回。此件至善已曾带回来一宵,余约略观之。此云须"家喻户晓,人人明白",故部中必送来阅看。然余仍只能约略翻看也。

十二月廿二日(星期三)

看注释有些厌烦,看得极少,然亦将完毕矣。

十二月廿三日(星期四)

今日将《集外集》之注释看完,即写信与注释组,请派人来取去。

十二月廿四日(星期五)

叔湘尝以纸来嘱写字,因拟作诗赠之,思之数日,今日完成两绝句。

十二月廿五日(星期六)

明日为毛主席之诞辰。夜间听广播,发表毛主席于五六年在政治局扩大会议上所讲之《十大关系》。此稿后经各方印布其记录,迄未刊于报章。余尝见之,诚为治国之要道,全局之综握。今恶帮揪出,气象全新,中央诸端兼顾,众务并举,以补偿蹉跎之岁月,特发毛主席此纲领之文件,实为非常得要之措施。

十二月廿六日(星期日)

山东大学中文系担任注释鲁翁之《故事新编》,其小组人员前曾来过。昨日寄来其油印之讨论稿,今日看之。《故事新编》共有八篇,今日看其两篇。

徐仲华来,谈及为余之床铺搭架事,言铁条初以为可以致之,今知不易,此事恐只得作罢。余本不一定欲设防,作罢自亦无所谓。

下午至善往看我妹及林老。归来言我妹近日不甚佳健,进食不多,颇有衰象,因而出言颓唐。林老则甚好,谈话有兴致,以收音机听《论十大关系》终篇,情形与本月十一日迥不同。此是大可喜事。

晚间晓风来,共晚餐。湜华以傍晚来,携来其所收得友朋所用印章之拓本,有八册之多。

十二月廿七日(星期一)

今日满子亦去探望我妹,归来言我妹气喘,脉间歇,殆是心脏有病,而近日只看中医,未尝量血压作心电图。因与冬官、修甥商量,决定即往医院求诊云。

下午得通知,韦老逝世,明日开追悼会。近年遇见韦老数次,知来京后住其子处,其子在外交部工作。彼此均言奉访,而迄未相访,今已矣。

今日为兀真生日,夜餐略添菜,吃面。

十二月廿八日(星期二)

午后冬官来,言其母昨往医院量血压,作心电图。血压尚正常,心脏则供血不足。开药品数种而归。同时仍服中药。总须能开胃口,吃得下东西,乃能复健。

三点过,偕至善出门,驰车到八宝山。遇葛志成,葛谓韦老系避震而往宜昌,即殁于宜昌,离京时身体已有病象云。于廖承志之悼辞中得知韦老终年八十岁。会散到家,已将五点。

十二月廿九日(星期三)

今日写信六封,无非回答来书。可记者有臧克家,彼每逢节令,必来书致祝,可谓未能免俗。又有姚韵漪大姊,书极简短,言近月身体颇不好,北来之期难必,未免怅怅。余书亦唯有慰之而已。

十二月三十日(星期四)

前数日平伯送来其父之诗词稿木刻本,名曰《小竹里馆吟草》,嘱余读过之后,为书篆字书名于其封面。余恐写得不成样,无法更换,建议书两条签条,如以为可用贴黏上。平伯同意。今日上午写此签条,共书四条,取其二而撕其二。

下午书叔湘嘱写之字幅,其交来之纸为高丽笺,下笔殊舒适。裁其一半,书近日所作之二绝句赠之。其另一半则书题佩弦《犹贤博弈斋诗抄》之二绝句,又书去年之初所撰之《兰陵王》。连续写字将三小时,感觉疲劳,未写完,俟他日续写。

部中郭霞同志来电话,言明日上午批斗迟群,邀往参加。迟群前为科教组之负责人,又为清华大学之书记,系江青之爪牙。去年恢复教育部,迟群并无名义,而操纵部中之事,派其手下人窥伺诸事,极为群众所愤恨。"四人帮"揪出后,迟群亦即拘禁,指之为反党分子。部中已小规模批斗过,明日则为数百人之会,系属中型之批斗会。将来尚将有大型之会。余曾向郭霞及晓风说过,欲一观此批斗会,故郭霞今日来电话通知也。

十二月卅一日（星期五）

晨起极早。七点半，部中车来，乘之出城接董纯才，到政协礼堂。会场在三楼礼堂，榜书"愤怒声讨王张江姚四人帮，批斗反党分子迟群大会"。八点半开会。主持者云将反党分子迟群押上来，二民兵挟迟群而入，令站于会场之东北隅。于是诸人相继揭发其罪行，指斥其言论行动，询以何故说此，何故作彼，令老实作答。迟之答言余听之不清，且往往为怒斥声打断，大概为抵赖与避重就轻耳。如此场面，在余为初见。会至十一点半散，仍与董纯才同车，彼先到家。

纯才以其在干校时所作诗若干首交余带回，嘱为过目，且提意见。

午后周振甫来访，闲谈一小时有余。

夜餐时全家围坐小饮辞岁。今年为变化极大之一年，而结果则举国欢畅，此可记也。

耄耋流水

一九八二年

四月(缺一日)

四月一日

（原缺）

四月二日(星期五)

至善代余起一稿,应《辅导员》之嘱托,今日交来。余为看之改之,颇为满意。至善熟知余之想法,故其所拟稿竟与余自起之稿不异。

看至诚所抄余之旧信,今日所看为自渝迁嘉及初到嘉定时之信,重温当时情形,大有兴味。

上午洗澡,永和仍为余相助。

下午志成来,谈及夏瞿髯移籍北京,统战部似正在考虑,曾向民进通电话打听云。

四月三日(星期六)

晨间湜华来,导余与至善到其任事之文学艺术研究所。缘冯其庸主持之《红楼梦》新校点本经历七年,已由人民文学出版社出版,今日特开座谈会志庆。冯其庸曾亲来招邀,故往。

文学艺术研究所所在之处系清代之某王府,传说曹雪芹写贾府及大观园即据此府叙写,其实此府之建筑在后,为曹雪芹所不及见。我们到时早,湜华即导我们观此府之一小部分,而未及观其园林。院落至大,门窗雕镂精工,颇有可玩赏之点。此府今已定为重点保护之单位。

九点半开会,冯其庸、严文井说此新版本编辑出版之经过,次则余随口说几句,继之为三位红学家说话(吴世昌、张毕来、周汝昌),余皆未听清。以下有听某地民歌之录音之节目,我们先退,各得一部新印本而归。

下午看至诚所抄余之乐山书信。

四月四日(星期日)

至美循例来,与其兄商量文稿时为多。

近日用目力较多,二目干涩不舒服,影响及于心绪。以后宜恢复少看或不看。

四月五日(星期一)

庭中海棠将开,作书致元善、平伯,约于十日依向例为看花小叙。此会比以前诸年为早。

湜华来,告我往访夏瞿髯,身体精神尚好。又依余托往潘家,言介泉仍是默默独语,见人来则避入他室,总是精神不正常。潘太太则尚健好,唯亦不出门访友而买菜矣。

四月六日(星期二)

《烹饪杂志》托王湜华写我家传与他家之"蛋肉"之做法,湜华起草千余字,交我看之。今日为之修改,共费二小时有余。"蛋肉"系叔母传来,我母习之,手段甚佳。叔母姓钱,木渎镇人。由我家又传与伯祥家。

四月七日(星期三)

看至诚所抄旧信,他无所事。

海棠已有开者,而南风甚大,诗人词人尝叹息,而花与风皆无所谓也。

四月八日(星期四)

因眼药水已用毕,上午兀真陪余往首都医院眼科访医生。仍如前数次,于精密仪器量眼压,云皆正常。取药而归,费时一小时有半。

至善代起田汉散文集序文稿已作完,下午交来,随即看之改之。稿凡十七纸(每纸约百余字),迄于晚餐,尚有三纸俟明晨看之。

四月九日(星期五)

晨起改毕至善稿,至善随即抄之,又了却一事。

九点后电视台之人携机械来,刘宇一随后来,摄取刘为余画像之镜头。又在余室中摄余看稿,又至庭中摄余看海棠,兀真、永和、扬扬亦在内,海棠开得正好。刘将于十五日开其画之展览会。

四月十日(星期六)

至善于八点二十分出门,往迎元善与平伯。未回来而杜草甬来访,言《浙江画报》托至善作文叙述丐翁之事。草甬未去而元善、平伯及成(平伯之长女)来。草甬即去,而王益知来,言夏瞿髯事,意谓夏望所冀早成,而其事实未易速决,谈有顷而去。

于是与元善、平伯共谈。三聋居然彼此能大略听清,如此晤叙共言难得。又言海棠适盛开,尚未有一片花飞,亦为可喜。平伯携来曲园老人《诸子平议》之《老子》稿本一册,上有改动涂抹处。又老人最后一年之诗稿,别周围人与物者,及训诫后辈之语,合订一册。元善观之较详。

俞钧硕以今日来京,拟游览旬日,至诚迎之于车站。到来为十一点半,携一外孙女同来,六岁。元善与钧硕甚熟,喜于此相遇。于是午餐,平伯父女,元善,钧硕,余与二子一女,共八人。调云治馔益精,共言色色俱佳。大家未吃饭,纯是吃菜。食毕复闲谈,至两点客去,至美送元善归其寓所。皆折海棠一支而去。于是余小睡。

今日吃得较多,谈话亦较多,颇感困倦。夜眠因而不甚好。

四月十一日(星期日)

昨日下午至美去看望姑母,夜间来电话,言姑母近日身体欠佳。仍是旧日之瘰疬发作,全身缺钙,腰部作痛。曾去医院看过,医生令服钙片与鱼肝油,多晒阳光。余念我妹值此衰老,昼间常是一人独居,其事殊可虑。然无法可以解决也。下午至善至诚同往探望,今日则冬官在家。归来言姑母之痛相当厉害,体温如常,与闲谈则稍慰。

四月十二日(星期一)

《文献》杂志来索稿已久,至善以为宜勉应之。今日上午起一简约之稿殆六百字,将令至善扩充之以应需求,谈标点本之古籍系供专业之需,与一般人无涉。伏案半日,颇感疲劳。

下午到人大会堂,出席宪法修改委员会第三次全体会议。三点始,由胡乔木说明再次修改稿本之所以然,至五点而散。明日起将讨论三个半天,余只得不出席矣。

晚餐后早睡,困乏殊甚。

四月十三日(星期二)

晨间量体温,卅六度八,唯觉困乏,晨餐后即睡。入睡二次,皆一小时而后醒。其时章熊偕二人来,谈拟设奖金奖优秀语文教师事(其事由数家语文杂志社主之),至善与交谈,未曾呼醒余。又有钟博约托自川航空来京之二人交来广柑若干枚,皆大而新鲜。

午饭后睡至三点后始起来。晚餐后量体温,仅为卅六度。至八时半即睡。

四月十四日(星期三)

晨间体温又是卅六度八。左眼眼白部分发红,或又是眼病作祟。仍是卧休时多,至晚餐后体温仍为卅六度。早睡。

钧硕来后,每日携其外孙女往各处游观,午间不回来,至三四点回来。今日往游八大处,以得便往福田公墓视墨林之墓,言石碑有一处小损坏,他皆如旧。我家不往省视,而钧硕往焉,可感也。

四月十五日(星期四)

晨起体温如昨晨,仍如前昨两日服"消炎痛"少许,体温稍降,午后为卅六度二。

傍晚全家到和平门烤鸭店聚餐。题目为三个人整数生辰,至美六十岁,三午四十岁,永和三十岁。外客有俞钧硕及夏弘福与其夫,外加调云及司机小王,共二十九人。惜我妹与冬官未能来。询知江修亦四十岁。菜不错,大家不拘束,松快不吃力。七点半散归。

四月十六日(星期五)

昨晚自外归来后服少量"消炎痛",今日数次量体温均为卅六度左右。

至善取余六十年前之童话《瞎子与聋子》抄出修改,交余看之。六十年前之文字别扭颇多,余就至善所改者又改之。不能迅速,至全篇三分之一而止。至善意欲加入童话选集,当然不仅此一篇。然是否值得加入,可考虑也。

四月十七日(星期六)

至善就余之草稿拟成一文与《文献》者,今日交来看之改之。此稿殊不易改,竟日仅改其四分之一,不过三四百字耳。

四月十八日(星期日)

至美循例来,仍以下午四点去。

上海文艺出版社之丁景唐偕女编辑员张达民来访,谈出版界事甚多。余之《论创作》即其社所出。

下午晓风来闲谈。忽厦门张人希偕其同乡人陈淑潘来访,陈为宝珠商,偕来者有其弟及子。张人希与余通讯多年,今日为初见。陈淑潘赠布幅西洋参。共摄影数幅。携有弘一印存一册,其中诸印皆存于泉州开元寺者,嘱余题字,余言只能书观款。陈言缓日将偕其妻同来。

续作昨稿,约得四百字。

四月十九日(星期一)

续作昨文,竟日为之,亦不过得五六百字。

开元寺所藏弘一刻印皆颇小,且多极小者。余于册上书"叶圣陶敬观"五字,勉用毛笔,殊为笨拙。

夜间电视,有范寿康昨日自美抵京之镜头。坐于推车,欢迎者随之而行,似已不便独立行动。吴觉农前曾来约余,与夏衍同写信致统战部,告以范寿康拟返国定居。余与范为别,大约在四五年冬自渝动身东归时,距今卅六年矣。当年乘木船启行,与范之妻及岳母同载。

统战部通知来,范暂寓北京饭店。

四月二十日(星期二)

上午雨不小,为今春所仅有,庭院树木,均得洗濯干净。张人希、陈淑潘冒雨来,陈偕其妻与子,又在室内合影若干幅,取弘一之印存而去。

续作昨文,至傍晚而完篇,全篇约二千五百字。近今所为文,皆至善起草而余润色之,唯此篇几乎全由余自作。自作颇感吃力,此篇连作四日始完成也。

四月廿一日（星期三）

上午继续修改《瞎子和聋子》，又改其三分之一。

下午五点到人大会堂，统战部宴回国定居之范寿康。统战部之平杰三、国务院之杨静仁为主人，陪客者为胡愈老、屈武与余，他则为寿康之子、女、媳、婿及孙女，全体二十五人。寿康尚清健，去年到美国居其第三子樟年所，接洽到今，乃得商定归国定居。樟年五十岁，在美国工作，回国已多次，与余邻座，听其谈吐，其人颇清澈。

四月廿二日（星期四）

上午改毕《瞎子和聋子》。

下午三点，到人大会堂，开第二十三次常委会会议。此次会议议题多，将历半个月。今日彭真报告宪法修改委员会所改成之宪法草案之要点，一小时而毕。

四月廿三日（星期五）

上午校阅小沫所抄之《瞎子和聋子》，亦费三小时。

昨日徐仲华送来月季一盆，两朵已开，一朵含苞。

午后过两点，与至善、吴泰昌往北大，盖先与朱孟实约定者。入北大，先访了一，谈一小时，甚欢畅，平时集会遇见，往往仅一握手而已。了一夫人殷勤，设茶点，馈茶叶及糖果。然后到孟实寓，孟实夫妇已等客，心急，出舍相望矣。彼此极熟，无所不谈。既而出观屋前自栽花卉，于运动场畔望学生赛球。六点始小饮，同坐者孟实之女与婿及二外孙。饮啖一小时，又闲谈半小时，乃辞归。此半日之游，甚为难得。

四月廿四日（星期六）

看毕至诚所抄居乐山时寄上海诸友之书信。其字数约七万光景。

四月廿五日（星期日）

上午，至善陪余到文史馆所，与天津文史馆来京参观之馆员会晤，合影于台阶前。继之，天津之男女馆员写字作画，余旁观有顷，遂归。

至美来，仍以下午四点去。余今日未作甚事。

四月廿六日(星期一)

上午出席人大常委会全体会议,通过决议,将宪法草案公布,俾全国讨论,如有意见提出,至八月截止。

下午又出席全体会议,听赵紫阳报告国务院机构改革已大体就绪。机构减少,人员亦减少,诸人平均年龄减低,不足六十岁。各部委之长官或前已通过,或提名请批准。

办事之要,在各负其责,审慎而迅速处理。以往习于层层请示,依赖上级,自己不究实际,不作主张,此最为弊病。机构改革必须改革此大病,固不宜但讲人数少与年纪轻也。

四月廿七日(星期二)

上午,王艮仲来访,言职教社将于下月六日开会,纪念其社之成立六十五周年及创始人黄炎培先生,邀余务必到会。余应之。

至诚缮抄余四四年自蓉到渝由渝返蓉之日记已毕,交余校阅之。稿凡六十页,今日观二十余页。此次到渝值盛夏,杂事甚多,遇友不少,回忆之至有味。

俞钧硕于晚饭后往车站,返上海,兀真、永和送往车站,视其安顿妥帖而后与别。钧硕此次来,留十七日。

四月廿八日(星期三)

上午到人大会堂,出席全体会议。副总理姚依林作关于本年度之经济和社会发展之报告。财政部长王丙乾作关于本年度预算草案之报告。基建委员会副主任吕克白作关于《国家建设和征用土地条例》之说明。三人念印发之稿子皆流畅,不足二小时即毕。

下午续看至诚所抄之旅渝日记。

四月廿九日(星期四)

上午在建老家开民进办公会议。六月上旬,将开中央委员全体会议云。

下午看至诚所抄四四年赴渝日记毕。

四月三十日(星期五)

至诚作一文,记幼年在中学时一位体育老师因丧妻而自杀事,其文尚佳。余为改之,亦费二小时。

下午三点,周建老偕夫人来访,闲谈约一小时许。建老殊少出门看友人,今来访,盖昨日开会时闲谈犹以为未畅之故。

五月

五月一日(星期六)

至诚又为余缮抄四二年自蓉到渝,经筑到桂,然后返蓉之日记。此一段日记甚长,今日始看之。

五月二日(星期日)

上午,晓风来谈。言教育部长已新定,蒋南翔与高圻为顾问,以前之顾问皆取消。余以此欣慰,教部之各种文件不复送来,余可以不复见此类并无实用之印刷品而生厌矣。教部果欲办好,必须大加改革乃可。

下午叔湘来,至善、至美、至诚在旁共谈,多及出版与创作翻译方面,谈兴颇好。坐一小时有余乃去。

至善之录音机忽不响,电话招张筠嘉来修理,即发音如常。筠嘉在电视机厂负责一个车间,其技能颇高明,而基础则是幼时弄简陋之收音机也。

五月三日(星期一)

今日永和为余挂床上之蚊帐。永和作事样样认真,余见而心喜,渠在工厂中每届评为先进工作者,可谓无愧。

下午偕至善到民进会所,今日开始讨论宪法修改草案。余发言约十分钟。他人发言皆听不清。四点后散。

到家有曾沛霖(章君畴)之女与其夫钮君在相待。钮君夫妇在京工作,近自沪返京,君畴托渠带来白参数枚相赠,且赠蒸参汤之瓷盅,嘱余试饮用,意极可感。

昨夜大风,北风最强至八级。今日风亦肆。

五月四日(星期二)

续看至诚为余缮抄之黔桂日记。

下午出席人大常委全体会议,通过决议十项,仅一小时耳。于是第二十三次会议结束。

五月五日(星期三)

继续看至诚所抄旅桂日记。

傍晚湜华来,告余平伯近为《烹饪杂志》作文谈杭州食品,长至五千言,似可知其哀思少减,为之心慰。

五月六日(星期四)

上午偕至善到政协礼堂,参加职教社六十五周年并纪念黄任老之会。开会历二小时,发言者七八人。余以王艮仲先来嘱托,发言二十分钟。遇熟人极多,中有高祖文。高瘫痪已久,近能稍稍行动,不相见殆有二十年矣。

五月七日(星期五)

成都有种杂志曰《龙门阵》,至诚去书索取,寄来已出之八期,唯谓必须作稿付之。至诚即就余日记摘录寓居成都时所记关于抓壮丁之记载数段贯穿成篇,交余看之。修改虽无多,亦费二小时。

五月八日(星期六)

至善作一文,因前数年调孚在江油寄来一信,令孙辈笔录其所记忆丏翁二轶事,即就此信叙丏翁之为人。稿以今晨交余,余以半日看之改之。文长二千余言。

下午忽思出游。司机王春幕家中有事,即附至善径往友谊宾馆之车到北海公园后门下,陪余者至诚及佳佳。沿北岸徐行,见旧时文史馆门首挂"镜清斋"匾额,门紧闭,闻他日将售票任人游观。五龙亭北原为少年文化馆处今改为花圃,门票五分,欲观温室则多交一角五分。我们买两角之票。入内见种植花卉颇广。入温室,则有香蕉,枇杷树,开花之大形龟背,极佳之棕竹,不可悉记,余甚感兴味。出园稍坐于五龙亭之中间一亭之栏杆,遂徐行出园。其时余两腿已觉甚累,至诚、佳佳相扶,缓缓而行。乘十三路汽车,至诚、佳佳拥余而上。久不乘公共汽车矣。勉力徐行到家,颓然坐下,浑身汗出。晚餐后兀真为余擦身。

五月九日（星期日）

昨徐仲华来邀往观其新开之芍药，上午与至善往看之。其花之品种为单瓣者，粉色，共四五朵。仲华之院子不大，仅于阶前一二尺地种花陈盆栽，以其勤劳且富于经验，所有花卉无不极有精神。入其室，闲谈半小时而归。

校阅毕至诚为余缮抄之旧时日记。此一部分共约三万八千字，定名为《抗战时期蓉桂往返日记》。

五月十日（星期一）

昨日吴伯箫之夫人及女儿来，言伯箫将出散文选集，要余作序文，明日亲自来看余。又言伯箫去冬卧病，迄今始稍愈，其病为食道癌，医生与家中人均讳而不之告。曾服强烈之中药，致大吐血数次云。今日九点后伯箫来，夫人女儿扶之，满面皱纹极深，望而知甚瘦弱不堪。语声低弱，眼中渗出泪水。余一口答应决为作序文，伯箫表现心慰之神态。渠言怕余疲累即欲辞去，余言闲谈殊不以为累，女儿言其父亲不能多说话，遂为别。此一晤面颇生异感，我猜伯箫心中必自伤极深矣。

商金林昨日送来余在成都时所作之文三篇，系费三小时之工夫于成都旧报刊中搜得之。至诚缮清之，今日交余自为润色。至下午四点看毕。三篇皆不错，题为《成都的树木》，《"算了，算了"要不得》，《血和花》。

今日有赵孟轺长子人龙之子是铮来访，廿八岁，在苏州市园林局工作，今来京系局中派出数人参观各地园林。

五月十一日（星期二）

上午兀真陪余往首都医院，意在取药。平日常令兀真往取药，护士即照抄前时之药与之，今请医生简略看一看，可决定药品应否有所改动。内科医生听余自述身体情况，为余量血压，言是极好，开药品则仍如往日，无改动。又到眼科，医生照前为开左右眼分用之药水，遂归。

下午到人大会堂参加沙千里之追悼会。

至诚为余抄六一年与晓风访问四川之日记。此一段不足一万字，昨今两日看其三分之二强。

五月十二日（星期三）

至善作一文，记当年开明出版《抗战八年木刻选集》之详细经过情形，将付与《新文学史料》刊载。今晨交来，余看之改之，至午睡起来一小时后而毕。此篇言木刻选集出版之迅速，种种设计之用心用力，开明同人之协力合作，皆足为今时出版界之针砭。余戏言此篇可得八十分。

看昨日未完之日记抄毕，又看四五年蓉渝往返日记抄一份，计五千余字。今日之工作量不小矣。

五月十三日（星期四）

今日作吴伯箫嘱作之散文集序文，至午后三点完篇，仅一千字耳（午后睡而不成眠，当是大脑不得松弛之故）。适泗原来访，即请斟酌，有二三处小改动，至善亦参加。至善即誊清之，明日即可托老田送与伯箫。此为一快。

五月十四日（星期五）

上午至善陪余到民进会所，与会中工作同志漫谈一小时许。缘本月三日我会讨论宪法修改草案，交新华社发表于报上者全非余当日之言。因与同人谈新闻报道之必须真实，文风与思想之关系，并言对此等事不宜笑而置之等等。又谈及我会不宜专务循例办事。应改可改者不妨自我改之。余自认所见多偏，性情并不平和，希同人批评。

午后洗澡，仍由永和相助，已能自己入盆，唯站起必须他人帮助。

五月十五日（星期六）

上午偕至善到政协会堂，我民进与政协秘书处共同召开座谈会，邀集者十数人，以民进人员为多，会外者了一、仲仁、振甫、翁独健数人而已，讨论题目为落实知识分子政策的问题。余先发言，不说落实政策，唯言余之烦恼。邀作顾问或名誉主席，拉稿，采访，嘱写字题词，拍照，录像，寄稿嘱看，如此种种，暮年实属可怕。余谈半小时，大家似表同情。他人发言则切题，皆言落实政策有关之事。散会已过十一点半。

下午开始作杨贤江《青年思想修养》之序文，其女徐昉所嘱。文篇皆贤江当年刊载于《学生杂志》之文，将由天津出版社出版。先令至善看其数篇，告余其要点,余取而发挥之。自午睡起来直至进晚餐离座,疲甚。早睡。

五月十六日(星期日)

上午续完昨之序文,居然完篇,计二千数百字。一部分抄前此所作纪念贤江之文,又一部分引用三节贤江之原文,余之作不过千余字耳。小沫为余缮录之,作一书致姚韵漪,明日寄往天津。

至美来,午饭后即去。

五月十七日(星期一)

伯箫看过余所作序文,缘余少叙其已出之一种散文集子,略加改动,征余同意,余又小作修改而归之。

至诚缮抄余于五八年初偕周有光入川宣传汉语拼音方案之日记,凡五千六百字,今日看之且润色之。此次入川,为解放以后第一次。

五月十八日(星期二)

上午无聊,思出外游散,又惮其劳。适王春幕开车来问欲出去否,乃偕至善游景山公园,殆有十五年以上未入此园矣。牡丹已毕,仅有极少残朵。芍药方盛,观其数畦。复观柏与松,赏一株极有画意之古松。见人教社同人十余人以工间休息来此游散,皆尚识其面,或尚记其名。——握手谈数语。遂归。

傍晚葛志成来谈一小时许。

五月十九日(星期三)

上午郑作新来访。郑于开国之初来出版总署工作,不久即调往科学院动物研究所,为鸟类之专家。不相见者将三十年,而小沫因少年报派往采访,郑屡言欲来看余,今日则践之。谈次知郑为福州协和大学之学生,入学在二二年,余往协和则在二三年,当时固同在鼓山之麓而互不相知也。谈约四十分而去。

上海文艺出版社三十周年,丁景唐嘱作纪念文字,本定至善起草,而至善欲写他稿,今日请余自为之。自上午迄于午后三点完篇,得千字,借此机会,谈如今出版界事事俱慢,总须改进。至诚为余缮抄之,明日即可寄往上海。

五月二十日(星期四)

上午蒋仲仁来访,谈约一小时。仲仁识见深密,所论汉字简化,推广普通话,编辑小学生字典,所谓做思想政治工作,无不可佩。今日之来,盖由上星期在政协会堂座谈散出时余曾与言希得晤叙之故。

了一寄来七律一首,叙上月廿三日余之往访,即作二绝句酬之。

看至诚所抄余六五年入川日记若干页。

五月廿一日(星期五)

今日除看六五年日记外,唯作二书。一以昨所作一绝寄了一,一复平伯。平伯丧妻之后心情总不好,余亦不能有何好言语慰之。

已是夏令气候,他人仅穿单衣裤,余尚穿毛线衣。上午洗澡。

五月廿二日(星期六)

续看旧日记若干页。

下午至善陪余到北京医院,向马寅初先生遗体鞠躬。马终年一百有一岁。二二年在北京大学之教员休息室同坐,彼此未问姓名。四九年初相识,同乘海轮自香港到烟台,以后唯于开会时遇见耳。

五月廿三日(星期日)

上午有新加坡籍叶松英来访,系张人希所介绍,馈茶叶。叶来京系与我国商谈在京兴建饭店事,据云尚未谈妥。合影数幅。

封秀根与其长女及江亦多同来。长女为省视祖母从陕西来,亦多为省视其母从河南来。据言我妹近日稍好,能在室内行动。

明日之夜将偕至善、小沫乘火车往烟台,参加科普创作协会之科学童话学术讨论会。此系至善之创意。余欲稍稍变换日常生活,欲跟去稍稍游散,乘一次火车,坐一次海轮,一切自费,后协会中人以为还是作为参加开会为宜。然而既云参加,即不免发言矣。

五月廿四日(星期一)

仅看日记若干页,他无所作。

傍晚吴泰昌来闲谈。彼近从上海回来,言巴金背部生疮,开刀治疗已愈,而精神不甚健旺。

晚饭罢卧床消磨时间,未能成睡。至十点乃离家,全家送于门首。周涌送我与至善、小沫三人到车站。周涌与王春幕同去交涉,候之许久,乃得开车到站台,直至去烟台列车之旁。余与至善乘软卧,一室中更无他人来。小沫与同往之男女八人乘硬卧。

车以十一点半开,我人先睡。车中热甚,余不敢不盖被,而盖则汗出不止,只得忍之。初不得成睡,继得成睡约二三小时。

五月廿五日(星期二)

坐车中不外眺,吃自带东西,午餐自去取来,可谓未离座位。有时同往之人来谈,自以小沫来得最多。余于停车时续看日记,居然将六五年入川日记看完。此一份日记甚长,将近二万七千字。

车行不算慢,而停歇之站多,知必误点。于傍晚忽辗死一人,据云此人系自杀。本当将近七点到,实则到烟台已将八点。有山东科协之人持字牌相候,以彼此不相识也。

在车中已觉转凉,余加毛线衣,一下车则风力甚猛,似向所未遇,站台又极长,至善与相迎者扶余而行,相当狼狈。出站乃登一小汽车到旅舍。有数人招呼登楼(此数人尚未知其姓名与职位),入一最讲究之房间。知烟台地区久旱,供水困难,洗面盆之龙头旋不出水,另用暖瓶供热水,用铝壶供冷水。于是知洗浴绝望矣。

余受风吹恐致病,服感冒冲剂两包。进晚餐,我父子二人送来房间中吃。食毕即登床,已将十点。

五月廿六日(星期三)

昨睡颇酣。早食之后与至善、小沫出门游观。此旅舍门首挂烟台行政公署招待所之牌子,左边面海,云系在沙滩上铺土而筑路建屋者。在此特觉空气之清鲜,与北京悬殊。走街道一小段,路人极少,亦特有清静之感。于海边石凳上坐约半小时,乃返舍。念此来居一周以上,实为避暑,亦是一乐。

于小卖部购得烟台葡萄酒及金奖白兰地。午食时余饮葡萄酒觉其佳,真是葡萄酒而非糖汤。小沫出去买草莓与樱桃回来。草莓廉而好,甚可称赏。

晨间自来水放水。服务员谓明日将不放,因于浴盆中贮水满之。

有到来之与会者相访,余记不住其姓名,问答亦不易听辨,只能任至善与谈话。开会在后日,他们要余作讲,余当随意讲之。

五月廿七日（星期四）

早食后偕小沫散步海边。遇一位山东摄影协会之会员陈之平。自言前为新华社摄影记者,识余为谁,因携影机相随。在海边照若干帧,又到余室中照若干帧,或余独坐,或与至善、小沫合影。云他日将以印出之片寄京。

晨间午后量体温,均为卅六度五,不知何以较高。腰脊之部分又不舒,坐而起立时须费力支撑。

有冯中一、侯民治、张绍骞三位来访。冯为山东大学教师,民进会员,侯、张二位为山东师院教员。他们来烟台缘写作研究会山东分会来此开年会。写作研究会由吴伯箫来说,邀余与朱东润为名誉会长。今适逢其会,在此相遇,三位要余于后日到彼会开会场所说话,只得勉允之。

五月廿八日（星期五）

上午偕至善、小沫出旅舍,从其西侧之道路徐徐东行,渐有坡度,至一半光景而止,坐于露出之石上。望最高处殆亦不过百米,此名为烟台山,实为伸出海滩之石嘴。海风吹来,稍觉其过凉。反身而下,遇少儿队员若干队上坡而去。

此间饭菜不错,前二日余进食稍多,饮葡萄酒吃草莓亦稍多,今日特自留意控制。体温晨间卅六度一,午睡起卅六度五。睡眠尚酣适。

五月廿九日（星期六）

上午八点,科学童话讨论会开始。会场在旅舍之另一座楼中,系旧时德国人所建而保留下来者,颇有古趣。至善先说开幕辞。余继之,讲一点又十分钟。信口而谈,希望到会者听了就算,不必写成记录,载于刊物。余谈毕先退归宿舍,尚不觉吃力。

下午三点,向写研究会山东分会之到烟台集会者作讲。他们就余之便,假会场于余所居二层楼之会议室,听者约六七十人。大学与师院之写作课仍是讲范文,仍须将学生之作文本精批细改,而作文或偏于文艺。余向不知此情形,至善先为余向与会者打听方知之。此皆不求实效,劳而无功之方法,向为余所反对者。乃据平日常说之意见婉言之,希望有所改变。谈一小时有半而止,复与全体与会者合影而散。

今日体温,晨卅六度五,午睡后及晚间皆卅六度三,可见说话劳累未影响及体温。上下午作讲,皆逾一小时,此为多年来所未有。

天气颇凉,加穿毛线衣。

五月三十日(星期日)

今日竟日未出房间,至善、小沫自去参加科学童话之讨论。至善修改余早期之童话《燕子》,交余再改,以资消遣。下午改约二小时,仅改其小半篇。

今日体温,晨间及午睡后均为三十六度。天气更凉,余穿毛线衫外,又加余自己与至善之毛线背心。

五月卅一日(星期一)

晨起知下雨。烟台久不下雨,此是喜雨。今日余又加穿薄毛线裤。

烟台市今日开六一儿童节大会,会场在体育馆,到会儿童四千人。专署方面来邀参加,八点半后与至善同乘来迎之车而往。于休息室晤见多位领导同志,皆不记其姓名。与诸位言明不说话,得蒙同意。于是入会场。所有诸人之讲说,余第闻迴声,不明其语云何。下半段为体育表演,我们先退,返旅舍,时尚未到七点。

下午续改《燕子》毕,此篇有牵强处,不宜收入集子。

有副专员刘韶亭来访,谈约一刻钟。询以今日之雨量,谓他处有一二十毫米,市区不过五毫米而已,久旱得此,殊嫌其少。

今日体温,晨间卅五度八,午睡后卅六度一。

夜间余已入睡,有地区书记王济夫来访,至善与交谈。王言四九年我人到烟台,彼亲见之。

六月

六月一日(星期二)

上午九点半,童话讨论会之全体与会者合影。小沫言外间凉,余因于布上衣之外加穿毛线上衣。而闻方自北京来者言,前数日北京热至四十度,则来此真为避暑矣。合影二幅,地点不同。余与至善、小沫三人傍岸边石栏合影一幅。

今日体温,晨间卅六度三,午后睡醒卅六度一。

夜间全体与会之人为会于另一幢屋之三楼,庆祝儿童节,邀余往参加。所有节目,歌唱说笑,以有关儿童者为限,笑声盈室,大家几乎忘其为成人。至善唱幼年所习之《青蛙》歌及英语儿歌。

六月二日(星期三)

今日共游蓬莱,天晴而风不小,余初不欲去,大家说机会难得,遂决去。一位同志以帽子假余。所有衣服悉穿上。大汽车二乘,以七点半开,九点半至蓬莱。面海保留一城门洞,云是戚继光御倭寇时所筑。余不能上坡登蓬莱阁,则与至善、小沫凭雉堞眺望。海天无际,岸边渔舟方集,运鱼上岸,鱼白如银。

既而余返车中休坐,至善、小沫乃上坡游蓬莱阁。忽一张姓司机来车中,言专署命渠开小汽车来接余。余原云共乘大汽车则去,否则不去,今小汽车空车开来,真叫人没有办法。既而又有蓬莱县委书记王君来找,邀往县委招待所休息。余言余与全体同人偕来,一切须共同行动。王君固请,乃与至善、小沫随往。小坐后即午餐,备菜极丰,且有山东黄酒。王君,张司机,余祖孙三人,共五人而已,频频劝酒,计饮三瓶。最后吃馄饨,制作颇精。王君劝余午休后返烟台,余言返烟台再休息,乃辞别。王君之招饮,殆是专署所通知,在余为又一突然袭击。

小汽车行不到一小时半即到旅舍,余乃登床。然已失其时,未得美睡。傍晚王济夫同志来访,言烟台"有海无腥,有浪无声",实为避暑胜地。坚请余以八月间再来,各处看看,唯意所适,决不特殊化。其辞意至恳切,余则答以未能随便答应,唯极感其盛意而已。旋即握别。而送来之晚餐又特丰,异于常日,且有葡萄酒一瓶,此必是王书记所嘱咐。此又是一突然袭击。

余今日初有所悟,知改革任何习尚,实非容易,小汽车,县委招待,晚食特丰,究宜如何对付方合理,余未之思,实质大值思考也。

十数位同志来余室谈话送别,他们将于四日离此。至八点半出旅舍,郭以实与小沫送到车上即回去。我二人一室,余即脱衣而卧。车以九点光景开。

六月三日(星期四)

车中居然能睡熟,醒二次,晨五点起来。烟台到济南之段车行颇缓。望黄河尚未涨水。所有毛衣裤、背心逐渐卸下,终至仅穿单衣裤,犹热不可耐。晨间食所携糕饼,午间进食于餐车,各饮啤酒一瓶。午睡起量体温,卅六度九,不知何故。

五点二十余分到北京车站,永和在车窗外,汽车即在站台上。即登车回家,一路行人拥挤,觉与烟台大不相同。到家知诸人皆好。今日天气特热。夹竹桃一盆盛开,繁花耀眼。

于是兀真助余擦身,十日所积垢污,一时尚不能尽去。至诚将于后日返宁,八月间再来。晚餐毕有顷,以疲劳甚,早睡。

六月四日(星期五)

至诚昨夜接姚澄电话,言扬剧团取至诚前数年所作之《红娘子》上演,卖座不甚好,明日之夕演末了一场,盼望至诚于明晨乘飞机回宁,庶几到夜可往一观。至诚出去设法,居然得明晨之飞机票,于是退去火车票。

至诚抄余旧作谈青年治文艺之言八百字光景,供其友编文艺刊物应用,余重新过目,又改了一小时以上。

下午写信三通,谢王西彦、冰心赠新出之集子,寄与陈伯吹嘱书之"儿童的诗篇"五字(用水彩笔写)。

六月五日(星期六)

至诚于晨五点后即往民航公司,永和送之。余未起床。渠于九点半光景即可到宁。

偕至善到建老家开办公会议。所讨论者皆后日开始之六届中央委员会第二次全体会议之事。明日上午须开中央常委会议,下午将开中委全体会议之预备会议,至善谓余皆可不去。余最怕开会,诸友固熟知之矣。

下午写信三通,复平伯、章熊、周颖南。

六月六日(星期日)

延安大学之赵步杰来访,由黎泽渝之丈夫陪来。此君于七八年曾到医院看余。今来北京参加训诂学会之讨论,将如何在大学文科增设训诂课程。坐约四十分钟而去。

至美来闲谈种种,午饭后即去。

下午写信复苏州中学蔡慰,系询问草桥中学初办数年间之事。蔡慰为草桥中学首任校长云笙夫子之孙。

至诚为余抄四〇年冬视察成都附近数县学校之日记,看其大半。此后即入教学科学馆工作。

六月七日(星期一)

晨偕至善到第一招待所,民进全体中委会今日开幕。九点开始,到会者在百人以上,不知确数。志成代建老读开幕词。继之,伯昕作工作报告。印发之工作报告有一万数千字,从余之建议,伯昕不照印发稿全文诵读,仅就每一节段扼要说数语,此数语并非印发稿之原文。伯昕说一小时有余而毕。于是即休会。闻有人言,作报告如此改革甚好。以后之分组讨论,志成嘱余可不参加。

下午仍看日记。看完视学日记,又看三九年夏到蓉日记。看其三分之一而止。

四月八日(星期二)

晨间兀真陪余到医院。遇熟悉之李大夫(女),非常殷勤。为量眼压,一为十二,一为十三,云属正常。嘱左右二目仍当分别点药水。又嘱以后每月去一次,量眼压。

下午改至善为余改过之早期童话《小黄猫的恋爱故事》。为儿童说恋爱,似乎非宜,至善以为无妨。

六月九日(星期三)

续看三九年夏到蓉日记,又看其三之一。此次到蓉即为乐山被炸之时,闻讯仓皇赶回。

复刘延陵一书,此为第二次与渠通信。余以《创作论》寄与之,渠乃复信,多言治疗目疾之事。

六月十日(星期四)

看毕昨看之日记,止于乐山被炸,余自成都赶回乐山。当日情形,于今回想,亦复可慨。

六月十一日(星期五)

上午与至善到建老家开办公会议,共谈中委全会进行情况。分组讨论将完毕,继之将为大会发言,选择分组讨论时优良之发言重说一次,俾全体与会者共听之。十一点散。

下午看至善一稿,说明渠参加改编《倪焕之》为电影剧本之经过。盖某一电影刊物须与此剧本同时刊载。

下午洗澡。近时已能自己坐入浴盆,唯起立时无把握,尚须至善扶持耳。

六月十二日(星期六)

上午段力佩来谈教育方面之问题及其校实况。段能思索,能自定办法,可佩之甚,谈约一小时有半。

今日下雨,下午尤大。院中有如池塘。

看至诚所抄七八年入川日记。此次入川参观,时为胆结石发作之前夕,故参观甚简略,记载亦无多意义。

章熊交来其文稿,谈电报之拟稿应考虑之点。渠拟写一书,专谈各科实用文字之写作。

六月十三日(星期日)

除写信复章熊外,未作甚事。

至美来,仍是午饭罢即去。

六月十四日(星期一)

近日困倦,常思瞌睡,体温卅六度四或五。

管理局派人来为余之室中装一窗式空调器,在前窗之最西边。其实余不甚怕热,装在那里未必常用也。

泗原来谈一小时许。谈其近撰古语法之笔记,听之颇有味。

六月十五日(星期二)

今日亦未作甚事。贴平伯之来信于簿,以为消遣。数年来信已满六厚册,其中平伯之信占十分之九强。他人之书可观者少,平伯之书无所不留,可谓洋洋大观。

六月十六日(星期三)

晨偕至善到第一招待所,今日为民进中委全会闭幕之期。九点先在露天照相,然后开会。通过决议,通过新选出增加常委之名单。继之余发言五分钟,他人代读谢冰心、吴若安二位之书面发言。于是雷洁琼致闭幕辞,赵朴初宣布大会胜利闭幕。

为欢迎新增之中常委,常委会集会,各人发言多及教育问题。余又说"端正教育思想,改革教学方法"之必要。十一点半散。

夜间,李星五之子将父命来看望余,馈蜂王浆二盒。李星五为当年尚公学校之学生,朱和钧之外甥,年亦八十二矣。其母百岁征诗文,余曾作一诗。今其母已逝世。

六月十七日(星期四)

至善写巴斯德发明遏止狂病的方法之故事已久,屡次改稿,近方完成,篇名《祈求》,共五十四纸。交余看之。今日全日看其稿,共看三十纸,记下修改意见六纸。

六月十八日(星期五)

上午看完《祈求》。其第四段中巴斯德在各界为他举行之音乐大会上之即席演说,系三午之草稿由至善加工者。此段演说表现巴斯德之高尚的人生境界,足以感人,余深喜焉。

午睡起来即洗澡。

福州之郭风来访,闲谈约半小时。文联将于明日始开会,郭为闽省文联主席,故来京。

文联来电话问余赴会否,余怕开会,答以拟不赴。

六月十九日(星期六)

今日仅写二信。一复常熟中学教师朱泳燚。朱多年来注意余修改自己之文篇,比较而研究之,近以此类文篇印成一书,寄来一册。

又一书复日本人福田一郎。此人于二十七年前曾通一信,近日见余刊于《人民画报》中谈商务印书馆之文,又来信致意。

六月二十日(星期日)

刘海粟来信,欲余为其美术论集作序。余允之,请将目录寄来。目录旋即寄来。今日乃开始动笔。先言其办美术学校始行人体模特儿写生,我国画人体模特儿殆以李叔同为最早,而海粟当是第二人也。上下午各写一段,共得五百字。连写三四日,当可完篇。

六月廿一日(星期一)

今日续作昨文,竟日得八百字有余。预先想定,任笔写下去,尚不感吃力。

今日收到广州花城出版社寄来刚出版之《日记三抄》二十五册。此稿于去秋寄往广州,至今出版,不能算快。书之款式尚不错,系由曹辛之所设计。

六月廿二日(星期二)

仍续作昨文,约得八百字。

上午志成来谈,下午湜华来谈。

近日下午辄下阵雨,今日下午之阵雨颇大,且降冰雹,大如樟脑丸。扬扬见之,云“掉豆豆了”。以扬扬之年龄之智力,说此语可谓极妙之创作。

六月廿三日(星期三)

上午作完昨文,下午至善抄之,得十一纸,盖三千字有余矣。一口气完成一文,为近年所未有。明日即可寄与刘海粟。

六月廿四日(星期四)

云彬所撰历史故事集《玄武门之变》今将重行排版印行,至善作一篇后记,交余看之。

王泗原偕其走从之女学生来访。此女学生在师范大学历史系修业,每星期日到泗原家请教。泗原不为讲解,令自览经史子,于有关紧要处询能否理解,所答如不当,则令渠再思,或为之指点。数年来大有进境,觉在校修业之无甚得益。今日来访,谈及不满于学校种种感想,语滔滔不绝。谈一小时有余而去。

六月廿五日(星期五)

欧阳文彬来信言上海将出一种有关出版史料之杂志,嘱余于其首期作笔谈一篇寄与。至善希余应之。今日开始作此文,上下午伏案,得八百字耳。

下午洗澡,仍是自己入盆,仅赖至善扶起。

六月廿六日(星期六)

续作昨文,约得七八百字。

下午吴文祺来访,其女陪来。吴八十二岁,来京系参加农工民主党之中央全会。谈约四十分钟去。

六月廿七日(星期日)

上午有苏州教育局之李炳荣来访,渠系来教部开会者。七一年余与永和南游,住苏州之日,承李陪同往各处。

至美来,饭后即去。

续作昨文,又得七八百字。

六月廿八日(星期一)

青年出版社将重行出版《文心》,至善特作一篇后记,今日交余看之。余就原稿改一次,誊清后再改一次,约历三小时以上。

黄裳送余其新出书《榆下说书》,观其目录皆有趣之作,但不能看,看数行目力即不支。今夕兀真为余读其中《杨龙友》一篇,历一小时有余。此篇材料丰富,以《桃花扇》中之杨龙友与复社中人诗文集中之杨龙友相比,议论甚允当。

六月廿九日(星期二)

上午至善陪余到政协会堂,民革为程潜、邵力子二人举行百岁诞辰纪念会,相当苏州所谓"阴寿"。彭冲讲话,赞程、邵二位之功绩。此外则屈武、董其武、傅学文三人讲话。余皆未能听清。余去参加此会系代表民进。各个民主党派有此等事,必须互相往来,如亲友之互通庆吊也。

下午续作前日之文,得五百字。

六月三十日(星期三)

刘海粟寄来复书,言余之序文知其艺与为人。并拟将先交《艺谭》杂志发表。

续作昨文,得五百字而止。此固不急之务也。

《北游日记》(乙钞)整理后记

叶至善

《北游日记》乙钞收入《片断之三》的后半截——《出版总署的五年》(下),还有以后的五个片断。

《出版总署的五年》终于一九五四年十一月六日。依据第一届全国人民代表大会的决议和国务院的决定,原出版总署的大部分业务和人员归入文化部,建成出版事业管理局;作者却调到教育部担任副部长,仍兼任人民教育出版社社长。这样一来,教育部和人教社的领导关系算是理顺了,作者的工作却并无变更。因而在往后的日记中,记的仍旧是编撰修订中小学各科教材,参加社内社外各种名目的大会小会,接受各机关、团体、报刊以及个人的嘱托,限时限刻为各方面看稿改稿写稿。真个"勤靡馀劳",得到的回报却并非"心有长闲"。因而接下去三个较短的片断都是未加节略的旅行记,一点儿不牵涉日常的工作。请读者诸君松弛一下,随同作者去各处散散心。

一九五六年年底到一九五七年年初,作者作为中国作家代表团的一员,去印度参加亚洲作家代表会议。那二十四天的日记曾在一九八八年的《散文世界》双月刊上连载,题作《旅印日记》, 由至善写了《按语》。如今作为《北游日记》的《片断之四》,附上至善的《按语》代替说明。

一九六一年四月至六月间,作者由秘书史晓风同志陪同,到西安、成都、重庆、武汉、庐山、南京、苏州,作了长达五十二天的休息旅行。其中的十六天,从乘火车经宝成路入川到乘轮船经三峡出川,曾以《旅川日记》为题,编入一九八四年出版的《我与四川》。作者当时写了篇《小记》,说"自己读来觉得颇有回味"。如今把这五十二天的日记抄齐了,改题《颇有回味的旅行》,按顺序编作《片断之五》;附上《旅川日记》的《小记》代替说明。

　　一九六一年七月至九月间，作者参加文化部组织的文化参观访问团，几乎游遍了内蒙古自治区的东部和西部。那五十五天的日记曾以《内蒙日记》为题，发表在一九八一年《收获》第六期上。作者当时也写了《小记》，抒发了他对内蒙各地和同游诸友的怀念。如今按顺序编作《片断之六》，仍附上《小记》作为说明。

　　《片断之七》抄录了作者一九七六年全年的日记，从元旦到除夕，未作删节。"文革"开始后不久，教育部改组，作者不再担任任何公职，社会活动全部中断，连朋友，能维持交往的也只剩下不多的几位。这长长的十年，可不是"闲愁最苦"四个字所能概括得尽的。一九七六年，大小事件层出不穷，终于急转直下，"四人帮"彻底垮台，使作者又看到了新的希望。除夕晚上，作者记完了辞岁家宴，特地加上一句："今年为变化极大之一年，而结果则举国欢畅，此可记也。"因而就把这三百六十六天的日记，题作《可记的一年》。

　　《片断之八》抄录了作者一九八二年四、五、六三个月的日记，也没作删节。"文革"过后，随着拨乱反正，作者又忙碌起来，虽然不再担任实职，社会活动却比先前更加频繁；跟教育界、文化界、出版界的老关系依然在，看稿、改稿、写稿的嘱托又源源不断。作者是主张"多活几年，多做些事"的，可是究竟力不从心了，几场大病损害了他的健康；加上视力衰退，日记只好写得短些，还不免时有间断。一九八二年是他在第一场大病之后，身体恢复的最好时期，居然能鼓起余勇，去烟台作一生中的最后一次旅行。作者那年八十八，称作"耄耋"是绰绰有余了；日记本来是流水账，因而就把这九十天的日记题作《耄耋流水》。

2001 年 12 月 30 日改写